印 度

本书作者

阿比盖尔·布拉西(Abigail Blasi)　　林赛·布朗(Lindsay Brown)

阿尼尔班·玛哈帕塔拉(Anirban Mahapatra)　　伊莎贝拉·诺贝尔(Isabella Noble)

约翰·诺贝尔(John Noble)　　凯文·劳勃(Kevin Raub)　　萨瑞娜·辛格(Sarina Singh)

迈克尔·本纳夫(Michael Benanav)　　马克·艾略奥特(Mark Elliott)　　保罗·哈丁(Paul Harding)

安娜·卡明斯基(Anna Kaminski)　　布拉德利·梅休(Bradley Mayhew)　　伊恩·斯图尔特(Iain Stewart)

Himachal Pradesh 喜马偕尔邦 235页

Punjab & Haryana 旁遮普邦和哈里亚纳邦 210页

Uttarakhand 北阿肯德邦 368页

Agra & the Taj Mahal 阿格拉和泰姬陵 308页

NEW DELHI 新德里 56页

Uttar Pradesh 北方邦 329页

Sikkim 锡金邦 505页

Northeast States 东北地区 530页

Rajasthan 拉贾斯坦邦 108页

Bihar & Jharkhand 比哈尔邦和恰尔肯德邦 484页

West Bengal & Darjeeling 西孟加拉邦和大吉岭 447页

Madhya Pradesh & Chhattisgarh 中央邦和切蒂斯格尔邦 590页

Gujarat 古吉拉特邦 657页

Odisha 奥里萨邦 560页

Kolkata 加尔各答 413页

Maharashtra 马哈拉施特拉邦 752页

Mumbai 孟买 710页

Telangana & Andhra Pradesh 特伦甘纳邦和安得拉邦 909页

Goa 果阿邦 792页

Karnataka & Bengaluru 卡纳塔克邦和班加罗尔 837页

Kerala 喀拉拉邦 943页

Tamil Nadu & Chennai 泰米尔纳德邦和金奈 1011页

Andaman Islands 安达曼群岛 1107页

中国地图出版社

计划你的行程

欢迎来印度 6
印度亮点 8
印度Top 16 10
行前参考 18
如果你喜欢 20
每月热门 24
旅行线路 29
预订火车票 34
徒步 36
瑜伽、水疗和灵修 38
志愿者服务 43
带孩子旅行 47
地区速览 50

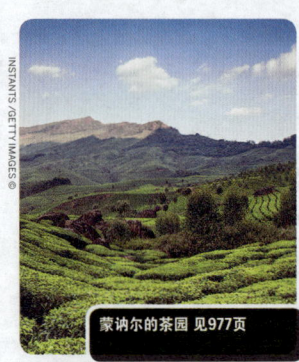

蒙讷尔的茶园 见977页

金庙 见222页

在路上

德里 56

拉贾斯坦邦 108
斋浦尔 109
珀勒德布尔和
盖奥拉德奥奥国家公园 132
阿尔瓦尔 135
沙里斯卡老虎保护区
及国家公园 137
阿杰梅尔 139
布什格尔 142
伦腾博尔国家公园 148
本迪 150
科塔 154
吉多尔格尔 156
乌代布尔 159
阿布山 172
讷沃尔格尔 177
Jhunjhunu 179
法塔赫布尔 180
曼德瓦 180
焦特布尔 182
杰伊瑟尔梅尔 192
比卡内尔 203

旁遮普邦和
哈里亚纳邦 210
昌迪加尔 212
皮恩乔雷花园 220
Morni Hills 220
安纳波沙希贝镇 221
阿姆利则 222
帕蒂亚拉 229
Sirhind 230
伯坦果德 230
巴廷达 231
法利德果德 232
Kapurthala 232

Kurukshetra
(Thanesar) 233
苏尔坦普尔鸟类保护区 .. 233
Surajkund 234

喜马偕尔邦 235
西姆拉 238
Naldehra及周边 245
金瑙尔 246
Rampur 246
Sarahan 247
Sangla Valley 248
Rekong Peo 249
Kalpa 249
Rekong Peo至Sumdo 250
门迪 251
雷瓦萨湖 252
蒂尔坦谷和班加谷 253
布恩塔 256
帕尔瓦蒂河谷 257
库鲁 261
纳贾尔 262
默纳利 265
达兰萨拉 274
摩洛甘济 275
达兰萨拉至门迪 288
昌巴河谷 290
拉胡尔 296
思比堤 300

阿格拉和泰姬陵 308
阿格拉 309
法塔赫布尔西格里 325

北方邦 329
瓦拉纳西 332
鹿野苑 346
戈勒克布尔 347

目录

拘尸那揭罗............348
勒克瑙............350
阿约提亚及周边............357
安拉阿巴德............359
马图拉............364
维伦达文............366

北阿肯德邦........368
瑞诗凯诗............370
赫里德瓦尔............378
拉贾吉老虎保护区............382
台拉登............383
穆苏里............387
印度教四神庙............391
亚姆诺德里............391
根戈德里和
戈慕克冰川徒步............393
Kedarnath............394
伯德里纳特和马纳村............395
北卡什............396
乔西莫斯............396
奥里............398
花之谷和Hem Kund...398
科比特老虎保护区............399
奈尼塔尔............403
阿尔莫拉............407
Kasar Devi............409
Binsar............409
贾斯瓦............410
高山尼............410
巴盖什沃尔............411
皮特拉加尔............412
Munsyari............412

加尔各答........413

西孟加拉邦和
大吉岭............447
加尔各答以南地区.....450

孙德尔本斯
老虎保护区............450
曼德马尼............451
加尔各答以北地区............452
胡格利河上游............452
比什努布尔............452
桑提尼克坦............453
纳巴德维普和
玛亚普尔............455
穆尔希达巴德和
巴哈兰布尔............456
西孟加拉邦群山........457
西里古里和
新杰尔拜古里............457
贾达帕拉野生
动物保护区............461
柯斯昂............462
大吉岭............463
辛加利拉山脊徒步.....474
噶伦堡............476

比哈尔邦和
恰尔肯德邦........484
巴特那............486
吠舍离............491
盖瑟里亚............492
莫蒂哈里............492
拉克绍尔............492
格雅............492
菩提伽耶............493
拉杰吉尔............498
那烂陀............500
兰契............502
贝特拉（伯拉穆）
国家公园............503

锡金邦............505
甘托克............508
隆德............516

桑古湖............517
从甘托克到曼甘............517
锡金邦远北地区............518
南奇............519
拉旺格拉............520
泰米茶园............522
裴林............522
凯曲帕里湖............525
域松............526
宗里和戈察拉——
徒步干城章嘉峰............527
大西定............528
曲鲁克和林钦篷............529

东北地区........530
阿萨姆邦............532
古瓦哈蒂............532
提斯浦尔............537
纳梅利国家公园............538
加济兰加
国家公园............539
焦尔哈德............540
马久里岛............541
西瓦萨加尔............542
迪布鲁格尔............543
玛纳斯国家公园............544
那加兰邦............544
迪马布尔............544
科希马............545
曼尼普尔邦............549
因帕尔............549
米佐拉姆邦............550
艾藻尔............551
特里普拉邦............552
阿加尔塔拉............552
乌代布尔............554
水宫和
麦勒哈尔............554
梅加拉亚邦............555

在路上

西隆 555
加洛和
贾因蒂亚丘陵 558
乞拉朋齐 558

奥里萨邦 560
布巴内什瓦尔 563
普里 572
科纳尔克 576
吉尔卡湖 577
滨海戈巴尔布尔 580
科拉普特 581
拉耶加达 584
普什帕基里遗迹 586
比塔卡尼卡
野生动物保护区 588

中央邦和
切蒂斯格尔邦 590
瓜廖尔 592
奥恰 598
克久拉霍 603
潘纳老虎保护区 ...611
博帕尔 612
桑吉 617
伯杰默里 623
印多尔 627
乌贾因 631
曼杜 634
玛呵什瓦 639
翁卡列史瓦 641
贾巴尔普尔 643
甘哈老虎保护区 645
班德哈瓦
老虎保护区 648
蓬其老虎保护区 650
切蒂斯格尔邦 651
赖布尔 651

锡尔布尔及周边 653
杰格德尔布尔 653

古吉拉特邦 657
艾哈迈达巴德 660
瓦多达拉（巴罗达） .673
索拉什特拉 677
巴夫那加尔 677
印度黑羚国家公园 ...679
帕利塔纳 679
第乌 681
索姆纳特 686
吉尔国家公园及
野生动物保护区 687
朱纳格特 689
贡达尔 693
贾姆讷格尔 695
喀奇 699
普杰 699
曼德维 707
喀奇小盐沼 708

孟买 710

马哈拉施特拉邦 ...752
纳西克 754
奥兰加巴德 760
埃洛拉 765
阿旃陀 768
贾尔冈 771
那格浦尔 772
康坎海岸 774
马泰兰 779
洛纳瓦拉 780
卡尔拉石窟和
巴甲石窟 781
浦那 781
戈尔哈布尔 789

果阿邦 792
帕纳吉 796
果阿老城 803
马普萨 805
坎多林 807
卡兰瓜德和巴加 809
安朱纳 813
阿萨高 817
瓦加托和恰波拉 818
莫尔吉姆 821
阿斯万 822
曼德雷姆 823
阿朗博尔 823
马尔冈 825
坚多尔 827
柯尔瓦 828
贝瑙利姆 829
阿贡达 830
帕洛伦 831
帕内姆 835

卡纳塔克邦和
班加罗尔 837
班加罗尔 839
迈索尔 867
本迪布尔国家公园 ...876
讷格尔霍莱国家公园 ..878
果达古（库格）地区 879
哈桑 882
贝卢尔 883
赫莱比德 883
斯莱湾娜拜拉古拉 884
门格洛尔 884
德尔默斯德拉 887
乌迪比 888
马尔佩 889
焦格瀑布 889

戈卡那..............890	拉克沙群岛..........1009	**了解印度**
亨比..............893	**泰米尔纳德邦和**	
霍斯佩特............901	**金奈............1011**	今日印度...........1130
胡布利.............902	金奈（马德拉斯）....1014	历史..............1133
巴达米.............903	马默勒布勒姆	生活方式...........1151
比贾布尔...........905	（默哈伯利布勒姆）...1036	印度宗教...........1158
比德尔.............908	甘吉布勒姆.........1043	印度美食...........1166
特伦甘纳邦和	韦洛尔............1045	印度市集...........1176
安得拉邦........909	蒂鲁文纳默莱.......1047	艺术..............1184
海得拉巴......... 911	京吉..............1050	宗教建筑...........1189
蓬吉尔............929	本地治里...........1051	印度野生动物和公园..1194
瓦朗加尔...........930	奥罗维尔...........1059	风景..............1199
帕拉姆派特.........931	吉登伯勒姆.........1060	
维杰亚瓦达.........931	贡伯戈讷姆.........1062	**生存指南**
纳格尔久纳贡达.....934	坦贾武尔（坦焦尔）..1065	
维沙卡帕特南.......935	蒂鲁吉拉伯利.......1068	
蒂鲁马拉和蒂鲁帕蒂..940	切提纳度...........1073	**欺诈.............1204**
	马杜赖............1075	**女性和独自旅行者....1207**
喀拉拉邦........943	拉姆斯沃勒姆.......1080	**出行指南.........1210**
特里凡得琅.........945	根尼亚古马里	**交通指南.........1226**
戈沃勒姆...........951	（科摩林角）.......1082	**健康指南.........1239**
沃尔格莱...........956	科代卡那（科代）...1086	**语言.............1246**
奎隆..............961	哥印拜陀...........1091	**幕后.............1260**
阿拉普扎（阿勒皮）..964	古努尔............1095	**索引.............1261**
戈德亚姆...........971	Kotagiri..........1097	**地图图例.........1268**
佩里亚尔	乌提	**我们的作者.......1269**
野生动物保护区.....973	（乌德格曼德勒姆 ）..1097	
蒙讷尔............977	默杜马赖	
科钦..............982	老虎保护区.........1104	**特别呈现**
德里久尔...........998	**安达曼群岛......1107**	红堡...............62
喀拉拉邦北部....1000	布莱尔港..........1111	泰姬陵............850
科泽科德	哈夫洛克岛........ 1116	法塔赫布尔西格里...852
（卡利卡特）.......1000	尼尔岛............ 1121	克久拉霍神庙......854
瓦亚纳德地区......1002	中安达曼和	迈索尔皇宫........856
坎纳诺尔及周边.....1005	北安达曼..........1123	
贝格尔及周边......1008	小安达曼岛........1126	

欢迎来印度

这片土地拥有非凡的多样性——从古老的传统和艺术遗产到壮丽的风景和富有创意的美食，印度将点燃你的好奇心，震撼你的感官，温暖你的灵魂。

自然魅力

从北部山脉高耸的冰峰，到南部海岸阳光明媚的海滩，印度复杂多样的地貌令人叹为观止。除了丰富的自然景观外，精美的寺庙庄严地屹立于无垠的沙漠，残破的古堡俯瞰着深邃的峡谷。户外运动爱好者可以参加野生动物游猎之旅，寻找大型丛林猫；在波光粼粼的海面上泛舟，感受海风拂面；在喜马拉雅山区进行令人血脉贲张的徒步之旅，挑战生理极限；在森林漫步时呼吸充满松树香味的空气，享受冥想的乐趣。

饕餮美食

打起精神——你即将开始旅行生涯中最为疯狂的美食之旅。在这里，你会遇到煎、炖、烤、揉、烧、弹等多种手法烹饪出来的美味。饥肠辘辘的旅行者将品尝到极具异域风情的自助大餐，每一种食物都融合了独特的传统烹饪技巧和表现方式——从精心腌制的肉类和塔利纯正的素食咖喱和深海美食，无不如此。

预期的意外

印度时常让人感到意外。对初次到此的旅行者，这颇具挑战性：印度的贫困令人震惊，印度官方部门的繁文缛节令人恼火，非人性化的处理方式让简单的事情变得异常复杂。即使是在印度旅行的常客，有时也会为一些司空见惯的事情恼火，而这正是印度体验的一部分。这将是一段交织着激励、挫折、兴奋和迷惑的旅途，想要保持神志清醒，最好怀抱"顺其自然"的态度。要么喜欢它，要么讨厌它——大部分旅行者在两者之间摇摆不定，接受印度的不可预见性就意味着拥抱了印度的灵魂。

神圣的庆典

当代印度如同一幅广阔而绚烂的画布，宗教信仰是遍布其上的鲜明色彩。众多的圣地和古老的宗教仪式见证了这个国家悠久、灿烂又时而混乱的宗教历史。还有那些节日！世界上最为精彩的宗教庆典在印度举行——从各种宗教节日中盛大的城市游行到村庄里向当地保护神致敬的丰收庆典，不一而足。

我为什么喜欢印度
本书作者 萨瑞娜·辛格（Sarina Singh）

当我认为自己正要揭开印度最隐秘的面纱时，它却用一种不可思议的方式提示我，也许今生今世我都无法看清它。事实上，对印度的探索是一种永无止境的揭秘之旅，而这正是让我难以自拔的原因。旅途上充满无尽的探索和有趣的不可预知性。正因如此，你会不经意地经历一些时刻，它们足以改变你对世界的看法以及你与世界的关系。

想更多地了解本书作者，请参见1269页。

上图：泰姬陵（见310页）

印度亮点

500 km / 250 miles

海拔高度: 6000m / 5000m / 4000m / 3000m / 2000m / 1000m / 0

图例: 地区界 — 铁路线

阿姆利则
金碧辉煌且备受尊敬的金庙的所在地（222页）

德里
古老的遗址、魔力、混乱和街头美食（56页）

杰伊瑟尔梅尔
犹如沙堡一样的城堡和沙漠游猎（192页）

阿格拉
泰姬陵——建筑史上的杰作（309页）

克久拉霍
性主题的雕塑为雄伟的南宇增添了乐趣（603页）

瓦拉纳西
在神圣的恒河边上进行的宗教仪式（332页）

大吉岭
在这片茶叶飘香的山间避暑地享受新鲜空气和绿色植被（463页）

UZBEKISTAN 乌兹别克斯坦 · DUSHANBE 杜尚别
TAJIKISTAN 塔吉克斯坦
KYRGYZSTAN 吉尔吉斯斯坦
TURKMENISTAN 土库曼斯坦
KĀBUL 喀布尔
AFGHANISTAN 阿富汗
ISLĀMĀBĀD 伊斯兰堡
PAKISTAN 巴基斯坦

Indus R. 印度河
(巴基斯坦实际控制区)
乔戈里峰 8611m
喀喇昆仑山脉
Srinagar 斯利那加
(印度实际控制区)
Jammu 查谟
Pathankot 伯坦果德
Manali 马纳利
Kullu 库鲁
Shimla 西姆拉
Dehra Dun 台拉登
HIMACHAL PRADESH
UTTARAKHAND
Nanda Devi 楠达德维峰 (7816m)
Nainital 奈尼塔尔
Haridwar 哈里德瓦尔
Corbett Tiger Reserve 科比特老虎保护区
Firozpur 菲罗兹布尔
Chandigarh 昌迪加尔 PUNJAB
Bathinda 伯蒂恩达
Hansi
Delhi 德里 · NEW DELHI 新德里
HARYANA 哈里亚纳邦
Keoladeo Ghana National Park 盖奥拉德奥国家公园
Mathura 马图拉
Agra 阿格拉
Lucknow 勒克瑙
Kanpur 坎普尔
Ganges 恒河
Ayodhya
Gorakhpur
Varanasi 瓦拉纳西
Allahabad
Bodhgaya 菩提伽耶
Patna 巴特那
Gaya
Muzaffarpur
NEPAL 尼泊尔 · KATHMANDU 加德满都
Annapurna 安纳普尔纳 (8090m)
Lhasa 拉萨
PEOPLE'S REPUBLIC OF CHINA 中华人民共和国
Everest 珠穆朗玛峰 (8844.43m)
SIKKIM 锡金
Darjeeling 大吉岭
Gangtok 甘托克
BHUTAN 不丹 · THIMBU 廷布
Jaldhapara Wildlife Sanctuary
Siliguri 西里古里
WEST BENGAL 西孟加拉邦
BANGLADESH 孟加拉国 · DHĀKĀ 达卡
Agartala 阿加尔塔拉
MEGHALAYA
Shillong 西隆
Guwahati 古瓦哈蒂
Kaziranga National Park 加济兰加国家公园
Dibrugarh
NAGALAND · Kohima 科希马
MANIPUR · Imphal 因帕尔
MIZORAM · Aizawl
PEOPLE'S REPUBLIC OF CHINA 中华人民共和国
Jhansi
Khajuraho 克久拉霍
Shivpuri
Gwalior 瓜廖尔
Jaipur 斋浦尔
Ranthambhore National Park 伦腾博尔国家公园
Ajmer 阿杰梅尔
Bundi
Kota
Udaipur
Chittaurgarh
Mt Abu
Barmer
Jodhpur 焦特布尔
Jaisalmer 杰伊瑟尔梅尔
Bikaner 比卡内尔
Churu
Thar Desert 塔尔沙漠
RAJASTHAN 拉贾斯坦邦
Great Rann of Kachchh
Satna

印度 Top 16

1

泰姬陵

1 美轮美奂的泰姬陵（见310页）可以说是全世界最美丽的建筑，它既是祭奠死亡的陵墓，也是缅怀爱情的纪念碑，并在泰戈尔和吉卜林的作品中被奉为神圣。沙贾汗国王修建了这座乳白色的大理石陵墓，表达对第三任妻子蒙塔兹·玛哈尔的浓浓爱意。陵墓镶嵌着书法、宝石和次级宝石以及精美的花卉图案，象征着永恒的天堂，它是莫卧儿王朝建筑与浪漫爱情的巅峰。

超凡脱俗的亨比

2 亨比（见893页）已成遗迹，却辉煌如故，它曾经是宏伟的毗奢耶那伽罗王朝的都城，铺展于一片翠绿与赤褐交织的风景中。庙宇和宫殿建筑与地形完美结合：在一座古老的象厩附近，巨大的岩石巧妙地堆聚在细长的基座上；寺庙完美地嵌入岩石之间的缝隙内；在一座前朝王后沐浴的巨大浴缸附近，用柳条编制的渔筏驶过稻田和洗澡的水牛。当夕阳将玫瑰色的余晖洒向这片梦幻之景，你会感到恍如隔世。

ELENA-STUDIO / GETTY IMAGES ©

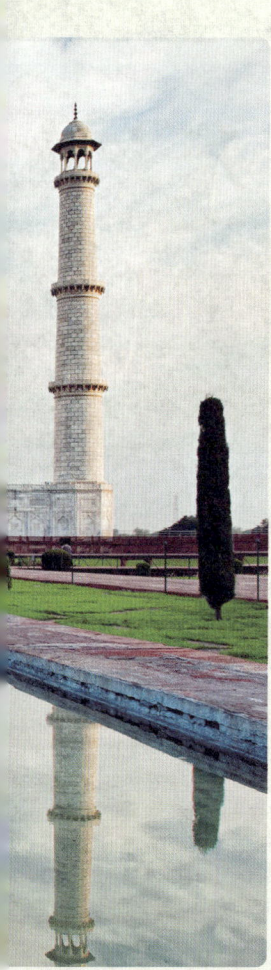

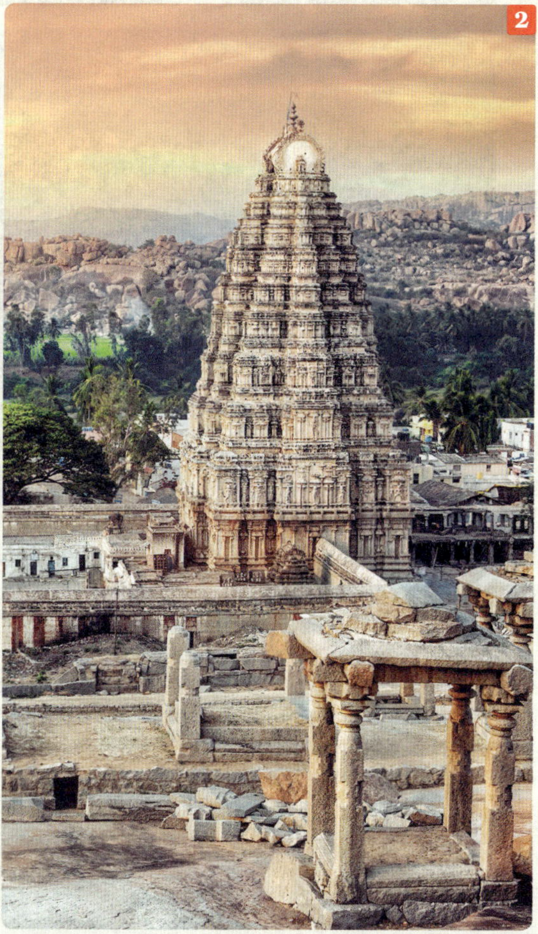

2

PIKOSO.KZ / SHUTTERSTOCK ©

阿旃陀石窟

3 虽信奉禁欲主义，但这些公元前2世纪的苦行僧修建的阿旃陀石窟（见769页）却极其前卫大胆。30座佛教石窟位于森林中一座马蹄形悬崖边，曾有一条台阶直接通往河边。佛塔四立，这些石窟也因此成为冥思和修行的绝佳场所。几个世纪后，描述佛陀得道前生活场景的雕刻和绘画则为其带来真正的辉煌。世俗外的生活原来可以如此祥和精彩。

喀拉拉邦回水区

4 在喀拉拉邦（见943页）波光潋滟的热带回水区悠悠航行，就如同进入一场梦：喀拉拉很可能是印度最悠闲惬意的邦，有900公里纵横相连的河流、湖泊、运河和湖，两岸是摇曳生姿的茂密椰树林和风景如画的村庄。在这里，近距离体验当地风情的最佳方式莫过于在一艘柚木、棕榈和茅草建造的屋上住几天。在水上徜徉——最好是一边赏薄暮晚霞，一边畅享鲜美多汁的喀拉拉邦海鲜——暂时忘却陆地上的生活吧。

孟买建筑

5 孟买(见710页)以典型的印度方式海纳百川,为己所用。这里的建筑是诸多设[计]风格结合后的产物。艺术装饰和摩天大楼让[城]市显得很时髦,但真正令孟买魅力倍增的是[融]合了新哥特式、印度-撒拉逊和其他老派装[饰]风格的维多利亚时期折中主义建筑。这些尖[顶]、山墙、拱门和穹顶与高大的棕榈树和繁茂[的]菩提树相映成趣,恰到好处地装点着这座影[视]之城。

观赏野生动物

6 要在印度看到老虎或者猎豹,你得有好人品和好运气,但这并非不可能。即使没有看到,你也会非常享受在印度众多美丽的森林保护区(见1194页)漫游,观赏斑鹿、孔雀和叶猴,头顶还有五颜六色的鸟儿和盘旋飞翔的蝴蝶。或者选择一次截然不同的游猎之旅,骑上"沙漠之舟":在杰伊瑟尔梅尔和比卡内尔等城镇,可以骑骆驼穿越沙漠灌丛,晚上在沙丘间扎营,领略漫天繁星。图为本迪布尔国家公园的斑鹿(见876页)。

在山间避暑地品茗

7 印度的峡谷、沙漠和棕榈林立的海滩都很有吸引力,但夏季酷热难耐。印度昔日的王公贵族和英国殖民者都会到大吉岭(见463页,左上图)这样的山间小镇避暑纳凉。如今,这些避暑胜地依然林木葱郁,空气清新。因此不妨蜷缩在毛毯里,享受一杯热气腾腾的本地茶,看鸟儿在云雾缭绕的山间飞翔,白云在圆球状的茶树上空飘荡,听乡野顽童在山雾和野花间嬉戏。

圣城瓦拉纳西

8 欢迎来到瓦拉纳西(见332页),一座充满生与死的城市,印度最受尊崇的圣城之一。朝圣者们蜂拥而至,敬拜神灵,在恒河圣浴,火葬至爱亲人。印度教徒相信恒河之水将洗去罪恶,而死在这里可以从生死轮回之苦中解脱,是莫大的福气。瓦拉纳西会迅速将你卷入令人眼花缭乱的精神旋涡之中——做个深呼吸,让自己沉浸在对生死与超脱的思索之中吧。
图为Dashashwamedh Ghat(见335页)。

果阿的海滩

9 果阿邦的海岸线上有一连串美丽的海滩(见792页),轻松享乐的氛围在印度是独一无二的。白沙滩一侧是摇曳的棕榈树林,另一侧则是轻柔的蔚蓝海浪。这里早已声名远扬:沙滩上游人如织,摊贩忙碌,海滩小屋餐厅热闹非凡。果阿得天独厚的海滩正吸引越来越多热衷于交际和物质享受的游客,到这里来享受生猛的海鲜和轻松的假期。图为帕洛伦海滩(见831页)。

杰伊瑟尔梅尔古堡

10 一座巨大的金色沙堡如海市蜃楼般从"帝王之地"——拉贾斯坦邦的沙漠中升起,这座12世纪的杰伊瑟尔梅尔古堡(见193页,下图)浪漫如画。砂岩城堡、棱角分明的城墙和高低错落的塔楼共同构成一座精妙绝伦的建筑,与周围暗金色的沙漠典雅地融为一体。城堡内有一座皇家宫殿、充满情调的哈维尔(传统民居)、精雕细琢的耆那教庙宇以及狭窄的巷道,让这里成为全国最易迷路的地方之一。

肆无忌惮的克久拉霍

11 想要看一场九人狂欢?奇葩的交合姿态?热辣仙女?克久拉霍一定不会让你失望。有人说,克久拉霍神庙群(见854页)中的性感雕刻描述的是《印度爱经》,或是密宗的修行;也有人认为这些是教育孩子用的方式,或讲给信众的寓言。但大家一致认同,这些雕刻简直是恶搞。在最初的感官刺激消退后,你会注意到这些古老寺庙内的雕刻和建筑独具匠心,多姿多彩,震撼人心。

史诗般的火车之旅

12 从太阳炙烤的平原到碧绿的稻田,穿越印度的漫长火车之旅(见34页)是一种史诗般的体验。国内航班正日益普及,但每天2500万的火车乘客会告诉你,在飞机上你根本无法饱览印度多姿多彩的风景,也不能与如此多的人打成一片。在火车上,你可以捧着一杯热腾腾的茶与别人谈天说地,也可以伴着火车"哐当哐当"的节奏,凝望窗外掠过的土地与人。图为尼尔吉里山区铁路(Nilgiri Mountain Railway;见1103页)。

德里

13 德里(见56页)坐拥昔日帝国的雄伟,从宏伟的莫卧儿王朝的陵墓,到英国统治时期富丽堂皇的宅邸,这里精彩纷呈,令人目不暇接:贾玛清真寺、红堡和其中的哈维尔、长格拉卡巴德古城和旧堡的古老堡垒、顾特卜高塔和梅赫饶利考古公园的奇观……旧德里历经沧桑,壮美辉煌。此外,这座城市还有众多精致的餐馆,从街头小吃到新派印度菜,一应俱全,再加上让人叹为观止的博物馆和令人惊喜连连的购物体验,难怪有那么多人为德里倾倒。图为贾玛清真寺(见67页)。

计划你的行程 印度 Top 16

阿姆利则金庙

14 锡克教圣地——阿姆利则金庙(见22页)是一个充满魔力的地方。这座圣庙好似浮在一个被称作"永恒甘露"的池塘中央,波光粼粼,金碧辉煌,其外壁由货真价实的黄金镶嵌(莲花状穹顶为镀金)。即使朝圣者络绎不绝,这座庙宇依旧祥和宁静,科尔坦(kirtan,锡克教的祷歌)的歌声四处飘荡,堂外鸟儿啾啾,环绕金庙的圣池平如明镜。

本地治里的法国风情

15 本地治里将瑜伽、法式巧克力面包、印度教神灵和殖民时期建筑一并奉上供游客尽享,是个绝妙的去处。在这个昔日的法国殖民地(见1051页),鹅卵石街巷两边黄房子林立,宏伟的大教堂建筑装饰华美,羊角面包口味正宗。不过本地治里也是个泰米尔人的城镇——历史、庙宇和拥挤喧嚣的场面都与之息息相关。此外,这里还是经典的静修小镇,师利·奥罗宾多静修地(Sri Aurobindo Ashram)就位于中心地带。图为圣母大教堂(见1054页)。

雄伟的梅兰加尔

16 印度有许多雄伟至极的堡垒,其中焦特布尔的梅兰加尔(见182页)出类拔萃,它傲立于石山之上。与其他堡垒一样,巨大的门道可供大象出入,入口通道的设计意在迷惑入侵者,但这是最令人印象深刻的设置之一(虽说竞争激烈)。印度的堡垒往往居高临下,如同奇幻故事书中的场景,梅兰加尔则俯临拉贾斯坦邦美妙的"蓝色之城"焦特布尔,令人心醉的美景为城堡增光添彩。

行前参考

更多信息,请参考"生存指南"章节(见1203页)。

货币
印度卢比(₹)

语言
印地语、英语

签证
中国公民既可持有90天单次入境的旅游签证,也可持有30天两次入境、1年多次入境或者5年多次入境的电子旅游签证(见1211页)。该签证有效期从签发之日算起,而不是抵达印度之日。

货币
大部分城镇都有自动柜员机。凡贴有标识的商户均可使用银联卡。万事达卡和维萨卡是被广泛接受的信用卡。去往偏远地区记得带上现金。

移动电话
城镇地区的手机信号还不错,但在偏远地区和喜马拉雅山区则不尽如人意。当地预付费SIM卡十分容易获取,办理手续简单,有时需等待激活,最多24小时。

时区
跨越东5区和东6区,全国使用的标准时间是东5.5区,其标准时间比北京时间晚2.5小时。

何时去

沙漠,干燥气候
夏季温和,冬季寒冷
热带气候,全年雨量丰沛
热带气候,干湿两季
夏季炎热,冬季温和

- NEW DELHI 新德里 11月至次年3月前往
- Kolkata 加尔各答 11月至次年3月前往
- Mumbai 孟买 11月至次年2月前往
- Bangalore 班加罗尔 11月至次年3月前往

旺季(12月至次年3月)

➡ 气候舒适——白天温暖,夜晚凉爽。旅游高峰期。价格高峰期。

➡ 在12月和1月,北部地区夜晚极为寒冷。

➡ 气温从2月起稳步上升。

平季(7~11月)

➡ 前往喜马拉雅高海拔地区的山口在7~9月可通行。

➡ 季风带来的降雨一直持续至9月。

➡ 东南沿海和喀拉拉邦南部地区10~12月初降雨不断。

淡季(4~6月)

➡ 4月天气炎热;5月和6月则是炙烤。旅馆价格很低。

➡ 从6月开始,印度洋季风从南至北席卷而过,湿度大为增加。

➡ 可以到凉爽的深山里避暑(但无法避开人流)。

网络资源

Lonely Planet（www.lonelyplanet.com/india）目的地资讯、"荆棘树旅行论坛"（Thorn Tree Travel Forum）及其他。

Incredible India（www.incredibleindia.org）印度旅游局官方网站。

印度旅游局微博（https://weibo.com/incredibleindia）印度旅游局官方微博。

印度驻华大使馆微博（https://weibo.com/indianembassy）印度大使馆的官方微博。

重要号码

从印度以外国家拨打印度电话，需加拨印度国家区号（↗91），然后直接拨电话号码（无须先加"0"）。

国家区号	↗91
国际接入代码	↗00
紧急情况（急救/火警/报警）	↗112

汇率

人民币	CNY 1	INR 10.3
港币	HKD 1	INR 8.3
澳门元	MOP 1	INR 8.1
新台币	TWD 1	INR 2.2
美元	USD 1	INR 65
欧元	EUR 1	INR 80
英镑	GBP 1	INR 90

了解当前汇率，请浏览www.xe.com。

每日花费

经济：
少于3000卢比
- 宿舍床位：400~600卢比
- 经济型酒店双人大床房：400~700卢比
- 塔利套餐：120~300卢比
- 汽车票和火车票：300~500卢比

中档：
4000~9000卢比
- 酒店双人大床房：1500~5000卢比
- 中档餐馆：600~1500卢比
- 历史古迹和博物馆门票：500~1000卢比
- 当地出租车/机动三轮车：500~2000卢比

高档：
高于9000卢比
- 酒店豪华房间：5000~22,000卢比
- 高档餐厅用餐：2000~5000卢比
- 头等舱火车票：1000~8000卢比
- 租一辆带司机的小汽车：每天1800卢比以上

营业时间

银行、政府部门和餐厅全年营业时间固定；许多景点则分为夏季和冬季开放时间。

银行（国有） 周一至周五10:00~14:00/16:00，周六10:00至正午/13:00/16:00，每月第二个和第四个周六休息。

餐馆 8:00~22:00或午餐12:00~15:00，晚餐19:00~22:00或23:00。

酒吧和夜总会 中午12:00至次日凌晨0:30。

商店 10:00~19:00或20:00，部分商店周日歇业。

抵达印度后

英迪拉·甘地国际机场（见101页）预付费出租车前往市中心费用为₹450起；直达巴士每20分钟一趟（₹100）；机场快轨（周日/周一至周六₹60/100）可与地铁换乘。如需从1号航站楼前往3号航站楼转机，至少应留出3个小时，搭乘往来班车需要1个小时。

贾特拉帕蒂·希瓦吉国际机场（见748页）前往Colaba和Fort的预付费出租车费用为₹680/820（无/有空调），前往Bandra需要₹400/480。非高峰时间从Colaba乘坐UberGo大约需要₹385。

坎皮高达国际机场（见864页）乘坐使用计价器的空调出租车前往市中心需要₹750至₹1000。Vayu Vajra的空调大巴定时往返机场和市区各地的站点，票价最低₹180。

金奈国际机场（见1032页）每15分钟有一班前往金奈市中心的市郊铁路车次（₹10），从机场的Tirusulam车站出发，运营时间为每天清晨4:53直至23:43。前往市区的预付费出租车费用为₹450至₹600。

当地交通

印度的交通运输班次多，票价低，但有时不够快捷。不妨考虑选择国内航班或卧铺火车，替代车程长又不舒服的长途汽车。

飞机 大多数中心城市和各邦的首府间都有航班往来；廉价航空公司可提供低价机票。

火车 频繁的线路前往绝大多数目的地；即使是卧铺火车也可以购买到便宜票。

长途客车 长途客车线路四通八达，一些目的地24小时发车，但是较长的线路每天可能只有一两趟车。

了解更多**当地交通**信息，请参考1226页。

如果你喜欢

骑自行车

班加罗尔和卡纳塔克邦 在比德尔堡和附近的巴赫马尼陵墓进行一段宁静的骑行。(见839页)

奥里萨邦 科拉普特周边是奥里萨邦的部落地区,路况优良,车辆极少,适合骑车欣赏美丽的风景。(见560页)

城堡和宫殿

印度的建筑讲述着征伐、统治和穷奢极侈的故事。

拉贾斯坦邦 "帝王之地"的浪漫璀璨无与伦比,杰伊瑟尔梅尔、焦特布尔、安布尔和乌代布尔都在这里。(见108页)

马哈拉施特拉邦 在希瓦吉这片土地上矗立着防御工事杰作,包括道拉塔巴德城堡,以及位于小岛上的金吉拉堡。(见752页)

海得拉巴 易守难攻的戈康达城堡为这座拥有诸多精美宫殿的"珍珠城市"锦上添花。(见911页)

德里 在这个历史战略要地,宏伟堡垒就如同其他地方的交通环岛那样随处可见。(见56页)

迈索尔 气势恢宏的迈索尔王宫从前是迈索尔王公的寝宫。(见867页)

宏伟的寺庙

世界上,没有任何地方像印度这样集各种寺庙之大成——从色彩绚烂的印度塔庙到沉睡千年的佛教石窟,再到阿姆利则镀金的锡克教圣殿。

泰米尔纳德邦 寺庙之乡,各种玄妙结构拔地而起,墙壁廊柱上雕刻着各路神灵。(见1011页)

金庙 锡克教神庙之冠,犹如一枚从阿姆利则池塘升起的闪耀宝石。(见222页)

拉贾斯坦邦 位于杰伊瑟尔梅尔、热那克普和阿布山的耆那教神庙有印度最复杂精美、震撼人心的雕刻。(见108页)

克久拉霍 有神灵、鬼怪、音乐家、凡人、神话中的野兽的精美石刻,以及大量性爱场景。(见603页)

锡金邦南部 在南奇(见519页)和拉旺格拉(见520页)森林密布的山麓丘陵地带,巨大的佛教和印度教雕像矗立在3道山脊之上,背靠着白雪皑皑的喜马拉雅山峰,令人难忘。

阿旃陀 历史悠久、规模巨大、雕刻精美的石窟,僧侣也喜欢它们。(见768页)

德里 阿克萨达姆神庙令人晕眩的复杂结构与巴哈伊灵曦堂的质朴简约相映生辉。(见56页)

奥里萨邦 科纳尔克的太阳神庙有一辆太阳神苏利耶的巨型石战车,雕刻着复杂的性爱场面。(见560页)

古代遗址

如果没有为数众多的古迹遗址,就称不上五千年文明古国。众多文化和王朝都在印度各地的城市和乡间留下印迹,让人轻易就能在时光之间穿梭。

亨比 玫瑰色的寺庙和强大的毗奢耶那伽罗王都宫殿散布在亘古巨石和山顶上。(见893页)

曼杜 在方圆20平方公里的绿色平原上,分布着众多陵寝、宫殿、古迹和清真寺,它们都是印度最精美的阿富汗风格建筑。(见634页)

那烂陀 这所历史长达1600年的学院已被列入联合国教科文组织世界遗产名录,高峰时期曾有1万名僧侣和学生。这里的寺院、庙宇和佛塔在遗迹中仍然光彩夺目。(见500页)

德里 在过去3000年中不断被征服和重建,德里遍布古代帝国的不朽遗址。(见56页)

法塔赫布尔西格里 一座幽寂的莫卧儿古城，靠近阿格拉和泰姬陵。（见325页）

马哈拉施特拉邦 岩石上凿刻出的壮丽佛教石窟寺。（见752页）

城市风尚

印度的城市与小镇或乡村的生活方式大相径庭。城市的经济飞速发展，蕴含万千风情，拥有充满活力的艺术场所、出色的餐厅和丰富的格调。

孟买 宝莱坞的所在地孟买可谓应有尽有：时尚、电影明星、精品餐厅、迷人酒吧和该国最佳的美术馆（与德里齐名）。（见710页）

德里 大都会风情的德里以文化生活著称，除了定期举办的文化节，还有不错的购物场所、博物馆、街头小吃和豪华餐厅。（见56页）

加尔各答 以诗歌与诗意名扬四海，加尔各答还有许多殖民时期建筑以及活跃的艺术氛围。（见413页）

班加罗尔 这个IT产业中心的夜生活围绕着豪饮展开，微酿啤酒馆、美食酒吧和摇滚酒吧里挤满寻欢作乐的当地人。（见839页）

金奈（马德拉斯） 高耸的寺庙、典雅的酒吧、豪华的酒店、美妙的购物体验和飞速发展的餐饮业。（见1014页）

市集（巴扎）

印度的超级购物中心如雨后春笋般涌现，但依然无法撼动市集在人们生活中的重要地位。香料与黄金对摆，垃圾和鲜花为邻。

上图：花卉市场，班加罗尔
下图：凯拉萨神庙（见765页），埃洛拉

计划你的行程 如果你喜欢

计划你的行程 如果你喜欢

旧德里 莫卧儿时代的市集仿佛直通过去，从黄金到滚珠轴承，各种物品应有尽有，还有印度最可口的街头食物。(见60页)

果阿邦 在北部海岸地区，游客跳蚤市场非常活跃，帕纳吉(Panaji)和马尔冈(Margao)的市集也是闲逛的好去处。(见792页)

孟买 在这座特大城市，古老而充满魅力的市场分类明确：Mangaldas(纺织品)、Zaveri(珠宝)、Crawford(农产品)和Chor(一些所谓的古董收藏)。(见710页)

海得拉巴 查米纳塔小周边的街巷是人头攒动的花花世界，售卖手镯、鸟、蔬菜、婚礼纱丽、古玩及其他琳琅满目的商品。(见911页)

迈索尔 德瓦拉加市场已有125年历史，有让人目不暇接的花朵、水果和蔬菜。(见867页)

艾哈迈达巴德 Manek Chowk白天有生鲜市场，晚上是熙熙攘攘的夜市，周围的街道还售卖铜器和纺织品。(见660页)

海滩

印度拥有一些堪称人间天堂的旖旎海岸，海岸上有高大的棕榈树和细腻的白沙。在其他地方，海岸线更加华丽多彩，极具个性，适合享受观看人来人往的乐趣，还有小贩推车叫卖各种商品和小吃。

喀拉拉邦 沃尔格姆背靠着美丽的海崖，背包客络绎不绝；戈沃勒姆(见951页)是一处迷人的度假胜地，有一片金色的海湾。(见956页)

果阿邦 即使人头攒动，仍难掩海滩的迷人之处。曼德雷姆和帕洛伦是最美海滩中的两颗明珠。(见792页)

哈夫洛克岛 位于安达曼群岛，这里有全世界风景最动人的海滩之一，清澈蔚蓝的海水轻轻拍打着洁白细腻的沙滩。(见1116页)

戈卡那 逃离人山人海的果阿，戈卡那的海滩风景优美，毗邻一座宗教古村。(见890页)

乘船观光

印度的河流水道是美妙的避世之地。从独木舟到蒸汽船再到水上船屋，有许多方法可以体验印度柔情似水的一面。

喀拉拉邦 在阿勒皮(见964页)附近的回水区泛舟，在奎隆(见957页)乘坐独木舟观光，或者搭乘竹筏到佩里亚尔野生动物保护区巡游。(见973页)

果阿邦 在曼多维河上乘船观赏海豚和鳄鱼，乘坐带舷外托座的渔船前往一片僻静的海滩。(见792页)

安达曼群岛 在圣雄甘地海洋国家公园观赏红树林、雨林和生长着50种珊瑚的礁石。(见1107页)

北方邦 参与瓦拉纳西的河边火葬台拂晓之旅，或者在吉德勒古德、马图拉和安拉阿巴德的圣河上乘船巡游，探索喧闹又神圣的北方邦。(见329页)

阿萨姆邦 4至10晚的蒸汽船巡游沿奔腾的布拉马普特拉河向东北方前行。(见532页)

奥里萨邦 游览亚洲最大的咸水潟湖——吉尔卡湖，观赏珍稀的短吻海豚。(见577页)

旅行者聚集地

有时，你只想找些志同道合的人，交流旅途见闻，讨论奇闻。有些去处会合你心意。

亨比 拥有令人叹为观止的美景和建筑，人们在这里停下脚步，流连忘返。(见893页)

果阿邦 海滩度假地果阿邦吸引着大量旅行者，帕洛伦(见831页)和(比较便宜的)阿朗博尔(见823页)是主要的聚集地。

瑞诗凯诗 坐落在山间，是一个主要的国际旅行者瑜伽中心，资深爱好者和新手各得其所。(见370页)

加尔各答萨德街 加尔各答著名旅游街道的住宿混乱不堪，但却是遇见其他旅行者的好地方。(见413页)

布什格尔 旅行者、朝圣者和骆驼全部聚集在这个拉贾斯坦邦的城镇参加骆驼集市，不过一年到头都有朝圣者和旅行者前往当地风景如画的湖泊。(见142页)

德里 无论对它是爱还是恨，几乎每个在印度的旅行者都要在某个时间点到德里的帕哈拉甘走一遭。首都的青年旅舍是最新的热门旅行者聚集地。(见56页)

本地治里 昔日的法国殖民地，如今是大受欢迎的瑜伽与静修地点，欧洲风情令人耳目一新，有波希米亚风的精品店和悠闲惬意的咖啡馆。(见1051页)

帕尔瓦蒂河谷 人们在这个喜马拉雅山谷流连数周或数月，享受从容之乐和空灵之美。(见257页)

瑜伽、阿育吠陀和灵修

比哈尔邦 菩提伽耶是佛陀得道之地，有世界各地的庙宇和佛教

大象在哈夫洛克岛的海滩上漫步（见1116页）

计划你的行程 如果你喜欢

禅修课程。（见484页）

喀拉拉邦 这个南部之邦是阿育吠陀的发源地，草药精油护理几乎无处不在。（见943页）

瑞诗凯诗 印度最热门的瑜伽中心之一，各种水平都有适合的课程。（见370页）

迈索尔 帕塔比·乔伊斯（K Pattabhi Jois）在此发明了阿斯汤加瑜伽，如今这里仍是参加长期或短期课程的好去处，不论你的水平如何。（见867页）

本地治里 一个大型瑜伽与静修中心，有各种各样的学校和教师培训，还举办瑜伽节。（见1051页）

艺术和手工艺品

几乎每个城镇、乡村和街区都有别具一格的独门手艺，包括宗教绘画、丝绸织造、骆驼皮装饰、镜子绣花，或者在其他地方找不到的各种艺术品。

古吉拉特邦 印度一些精美至极的纺织品和刺绣就产自喀奇的部落村庄，传统工艺已在当地传承了数个世纪。（见657页）

拉贾斯坦邦 印度的传统纺织品不胜枚举。拉贾斯坦邦村庄的镜子刺绣颇具特色：仿佛在衣服上镶上珠宝。（见108页）

比哈尔邦 被称为"米提拉"（Mithila或Madhubani）的五彩民间绘画描绘了村庄生活图景，在德里比在当地更易寻获。（见484页）

泰米尔纳德邦 泰米尔传统的"舞蹈之神"娜塔罗伽的铜像制作，已经有上千年的历史，甘吉布勒姆的丝绸衣服和纱丽也很有名。（见1011页）

每月热门

最佳节庆
胡里节，2月或3月
甘尼许节，8月或9月
欧南节，8月或9月
九夜节和十胜节，9月或10月
排灯节，10月或11月

1月

季风过后的凉爽吹遍全国，山区则严寒刺骨。令人愉悦的气候和诸多节日使1月成为极受欢迎的旅游时段。在此期间，德里将举办盛大的国庆节庆祝活动。

国庆节

国庆节，又称共和纪念日，为庆祝印度共和国于1950年1月26日成立。届时，德里将举行最盛大的庆祝活动，国王大道（Rajpath）上将举行隆重的阅兵，三天后还会举办"凯旋归营"（Beating of the Retreat）仪式。旧德里有赛鸽活动。（见61页）

风筝节

又称桑格拉提节（Sankranti），是印度教庆祝太阳向摩羯座（北半球）移动的节日，在1月14日或15日举办，会进行多种方式的庆祝——从赠送香蕉到斗公鸡等。但是在安得拉邦、北方邦和马哈拉施特邦，人们会在这一天通过放风筝来庆祝节日，场面蔚为壮观。

南方丰收节

同风筝节齐名，泰米尔纳德邦的丰收节（Pongal）标志着丰收季节的结束。人们会在家里准备好一罐罐的pongal（一种米饭、蔗糖、木豆和牛奶的混合物），象征着丰收和富足，然后用它们去喂那些盛装打扮的牛群。

超大型朝圣活动

大壶节（Kumbh Mela）是超大型印度教朝圣活动，每3年举行一次，在4个地点之间轮换，但是每次都是上千万人的大场面。下一次圣河沐浴是在安拉阿巴德（2019年）和赫里德瓦尔（2021/22年）。（见378页）

2月

正值来印度游玩的好时节，大部分非山区地带的气候都舒适宜人。此时仍然是旅游旺季，可进行日光浴和滑雪活动。

庆祝萨拉斯瓦蒂节（Saraswati）

在Vasant Panchami，印度教徒身着黄衣，将书籍、乐器和其他教育物品摆放在知识女神萨拉斯瓦蒂神像前，以接受她的赐福。节日有时是在2月份。

藏历新年

整个印度的藏传佛教信徒都会欢庆这个节日，尤其是在喜马偕尔邦、锡金邦，前后长达15天。藏历新年通常是在2月或3月，各地区日期可能有所不同。

在北部山区滑雪

喜马偕尔邦和北阿肯德邦有一些滑雪和单板滑雪胜地，适合各种水平的爱好者。1月到3月通常是雪季，2月最有把握。

湿婆神节（Shivaratri）

这个印度教节日是为了纪念湿婆神的tandava（宇宙胜利之舞）。届时寺庙僧侣将进行游行并吟唱经文，并且给林迦（湿婆神的男性生殖器化身）涂抹油膏。湿婆神节也可能在公历3月。

Taj Mahotsav

这是阿格拉最盛大又最精彩的狂欢节，文化、美食和手工艺的盛宴持续10天。节日在Shilpgram举办，来自印度各地的400多位工匠齐聚当地，民间音乐和古典音乐交织回响，还有不同地区的特色舞蹈，地方美食会令你在咖喱中沦陷。

3月

作为旅游旺季的最后一个月，印度大部分地区都进入炎热季节，东北部则开始下雨。此时很容易观赏到野生动物，因为它们会跑出来饮水。

胡里节（Holi）

印度北部地区最热闹的节日之一。印度教徒会在2月或3月印度历春天来临的时候，同周围的人互相泼洒彩色的水和gulal（粉末）进行庆祝。在节日前一天晚上，人们会点燃篝火，象征着邪恶魔鬼的Holika被毁灭。（近年日期：2019年3月21日，2020年3月10日）

观赏野生动物

当天气变暖后，水源渐渐干涸，动物们也纷纷出窝饮水；这时你能看到大象和鹿，如果你足够幸运，还能发现老虎和猎豹。了解详细信息，请访问www.sanctuaryasia.com。

罗摩诞辰

在为期1天至9天的罗摩节（Rama Navami）期间，印度教信众会用游行、音乐、斋戒和盛宴，以及再现《罗摩衍那》中的场景来进行庆祝。在一些寺庙，人们会用罗摩和悉多的神像举办婚礼仪式。（近年日期：2019年4月14日，2020年4月2日）

摩诃毗罗诞辰

这一节日专门纪念耆那教第二十四任也是最重要的tirthankar（耆那教的祖师和圣者）的诞辰，庆祝活动很多。寺庙张灯结彩，信众川流不息，摩诃毗罗神像会进行圣洁的沐浴，人们会举行游行，供品最后分发给穷人。（近年日期：2019年4月17日，2020年4月6日）

4月

炎热气候覆盖了大部分地区，这意味着你可以获得折扣并且避开旅游人群。与此同时，东北部地区会很潮湿，但此时却是锡金邦和西孟加拉邦山地的旅游旺季。

复活节

这个基督教节日纪念耶稣的受难与复活，只有基督徒群体用祈祷和美食进行庆祝。（近年日期：2019年4月21日，2020年4月12日）

5月

到处都变得炎热，简直是酷热无比。节庆有所减少，因为湿度增加会带来降雨。山区的避暑胜地开始绿碌起来，山区的雨季来临前徒步季也拉开帷幕。

佛诞节

纪念佛陀诞辰、涅槃（得道）和圆寂（脱离轮回之道），佛诞节（Buddha Jayanti）安静却动人：信众们衣着朴素，吃素食，倾听法师讲经，参拜佛寺或庙宇。（近年节日：2019年5月12日，2020年4月30日）

斋月

在30天时间里，信徒们从黎明至黄昏都要斋戒，这标志着进入伊斯兰历的九月。按照传统，穆斯林在这一个月会将生活重点转向真主，主要是祈祷和净化心灵。斋月开始日期：2019年5月6日，2020年4月24日。

北部山区徒步

5月和6月，北部山区雨季前的几个月是徒步的好季节，有和煦的阳光和适宜的天气。可以考虑前往喜马偕尔邦和北阿肯德邦。

印度历法

许多节日都遵循印度阴历（一套基于天文学的复杂体系）或者伊斯兰历（每年都会比公历提前11天），因此按照通用历法每年都会不一样。这些节日准确的公历日期请联系当地旅游办事处了解。

芒果节

芒果原产于印度，所以这里的芒果美味得不可思议（真的，不可思议）。芒果季从3月开始，5月的芒果香甜多汁，随处可见。

6月

6月酷热难耐，是旅行淡季中的淡季，但适合在北方徒步。雨季，或者雨季前的极热天气，笼罩着除北部地区之外的各处。

开斋节（Eidal-Fitr）

穆斯林在这个节日里举行宴会庆祝斋月结束，活动会持续三天——祈祷、购物、互赠礼物。对妇女和女孩来说，mehndi（曼海蒂手绘）也是庆祝活动之一。（近年日期：2019年6月5日，2020年5月24日）

7月

正常情况下，现在到处都在下雨，许多偏远地区的道路都被冲毁。

奥里萨战车节（Odisha Festival of Chariots）

在Rath Yatra（战车节），人们用五颜六色的巨大战车载着贾格纳特（毗湿奴化身为世界主人）和他的兄弟的雕像穿越城镇，最著名的节庆活动在奥里萨邦的普里，有数百万人参加。（近年日期：2019年7月4日，2020年6月23日）

8月

雨季仍在徘徊，热带地区会赢得一些旅行者的青睐，例如喀拉拉邦或果阿邦：丛林茂盛、绿意盎然、在雨中闪耀着光芒，有时一天只下几个小时的雨。

独立日

每年8月15日的这个公众节日是为了纪念印度于1947年脱离英国独立。庆祝活动包括升旗仪式和阅兵。德里的场面最壮观，届时总理会在红堡发表全国讲话，旧德里还有赛鸽和放风筝活动。

黑天诞辰节

黑天诞辰节庆祝仪式在克利须那出生地马图拉持续整整一周；在其他地方，庆祝活动包括斋戒、祈祷（puja）和供奉糖果，在家宅外面画上精美的rangoli（蓝果丽，用米粉作的画）。Janmastami通常在8月或9月。（近年日期：2019年9月3日，2020年8月23日）（见295页）

拜火教新年

拜火教教徒（Parsis）在这一天庆祝他们的新年（Pateti），尤其是在孟买。房屋被打扫得干干净净，并且用鲜花和蓝果丽装饰一新，全家老少身着盛装，享用特制的鱼类菜肴和甜点，并且在火神庙祭献供品。

宰牲节（Eidal-Adha）

穆斯林纪念先知易卜拉欣的节日，敬佩他即使牺牲自己的儿子也要服从神的决心，人们会宰杀山羊或绵羊，与家人、亲朋和穷人们一起分享。（近年日期：2019年8月12日，2020年7月31日）

欧南节

8月或9月的欧南节是喀拉拉邦最盛大的文化庆典，整个邦用10天的时间庆祝神话中的玛哈巴立国王（King Mahabali）的黄金时代。（近年日期：2019年9月10日，2020年8月30日）

大蛇节

又名Naag Panchami（纳嘉潘查密节）的印度教节日，将蛇奉为抵御洪水和其他邪灵的图腾。这个节日供奉大蛇Ananta，毗湿奴就坐在它之上休息于各宇宙之间。妇女会回到娘家并且斋戒。（近年日期：2019年8月5日，2020年7月25日）

配锡节

又称Raksha Bandhan（Narial Purnima）节，意为"守护链"，女孩子们会为她们的兄弟和亲密的男性友人在手腕上佩戴名为rakhis的护身符，以保佑他们来年平安。兄弟们则会回赠礼物，并且许诺会照顾他们的姐妹。（近年日期：2019年8月15日，2020年8月3日）

9月

降雨越来越少（气温仍然很高），拉贾斯坦邦等地的雨季通常画上了句号。喜马拉雅山区一年中的第二个徒步季节从9月中旬一直持续到10月。

甘尼许节

甘尼许节持续10天，印度

教信徒热情洋溢地为深受爱戴的象头神甘尼许庆祝生日，尤其是在孟买、海得拉巴和金奈。人们会抬着甘尼许的陶土神像穿街过巷，然后在庆典中将神像浸入河水、水池（水库）或海水中。（近年日期：2019年9月2日，2020年8月22日）

穆哈兰姆月（Muharram）

什叶派穆斯林纪念先知穆罕默德之孙伊玛目侯赛因的殉难，也被称为Ashura节，人们斋戒，举办精彩的游行，用一个月的时间哀悼和纪念。逊尼派穆斯林也通过斋戒和庆典纪念这个节日，但纪念的是摩西因真主在埃及拯救希伯来人而斋戒的时间。（近年日期：2019年9月10日，2020年8月29日）

10月

印度正式迎来旅游季节。10月亦称平季，但有许多节庆活动，而且大多数时间天气良好，温度舒适，到处都是雨季结束之后生机勃勃的绿色。

甘地诞辰

Gandhi Jayanti（甘地纪念日）是纪念圣雄甘地诞辰的庄严节日。人们会在10月2日前往德里的甘地陵（Raj Ghat，见67页）——他被火化的地方，举行祈祷仪式。

雨一直下

在雨季结束后，所有河流湖泊水位直线上升，带来壮观的瀑布景致。这也是在某些地区进行漂流的好季节；详细信息参考www.indiarafting.com。

杜尔迦女神节

杜尔迦女神消灭牛头魔摩西娑苏罗的故事说明正义必定战胜邪恶。庆祝活动在十胜节前后举办，在加尔各答尤其盛大，成千上万尊女神像被抬上街头，再请到河流和水池中沐浴。

九夜节

印度教热闹非凡的"九夜节"是在十胜节之前的九个夜晚，庆祝杜尔迦女神的所有化身。节日是在9月或10月，西孟加拉邦、马哈拉施特拉邦和古吉拉特邦的庆祝活动尤为隆重；在加尔各答，人们会将杜尔迦的神像请到河流或水池中沐浴。（近年日期：2019年9月29日，2020年10月17日）（见666页）

十胜节

五彩缤纷的十胜节（Dussehra）旨在庆祝印度教神灵罗摩杀掉魔王罗波那的胜利，象征着正义战胜邪恶。库鲁的庆祝活动尤为盛大，200多个村庄的神像被轿子抬进城镇里，欢庆活动持续一周。（近年日期：2019年10月8日，2020年10月25日）（见261页）

布什格尔骆驼集市

这个集市在Kartika月（印度历八月，通常是公历10月或11月）举办，吸引约20万人，骆驼、马匹和牛的数量近5万。集市色彩斑斓，别具魅力，熙熙攘攘，乐师、神秘主义者、游客、摄制组、商贩、虔诚信徒和各种动物齐聚一堂。（见144页）

11月

大多数地方都气候宜人，炎热但不再令人不适，南方季风会横扫泰米尔纳德邦和喀拉拉邦。

排灯节

在印度历的Kartika月，印度教信众会欢庆为期五天的排灯节（Diwali）。人们大张旗鼓地为节日做准备，会在当天互赠礼物、燃放烟花、点亮灯火，来照亮罗摩从流亡之地回家的路。这是印度最美丽也最喧闹的节日之一。（近年日期：2019年10月27日，2020年11月14日）

那纳克诞辰

Nanak Jayanti这一节日纪念锡克教创始人那纳克（Guru Nanak）的诞辰，人们会以诵祷、kirtan（唱圣歌）和游行的方式来开展为期三天的庆祝活动，尤其是在旁遮普邦和哈里亚纳邦。这个节日也会在4月14日举行，也许这是那纳克在1469年的公历生日。

12月

12月是理所当然的旅游旺季：你可以避开其他地方的严寒，安心享受无可挑剔的天气（除了寒冷的山区），湿度较低，人们心情畅快，海滩格外精彩。

先知穆罕默德诞辰

伊斯兰教节日中的先知日（Eid-Milad-un-Nabi），庆祝先知穆罕默德的诞辰，人们会举行祈祷和游行。（近年日期：2019年11月10日）

单板滑雪运

👁 观鸟

从11月至次年1月或2月,印度的1250多种鸟会进行冬季迁徙,在全国各地都有观鸟的好地方;www.birding.in是不错的信息资源网站。

🚶 在拉贾斯坦邦骑骆驼旅行

寒冷的冬季(11月至次年2月)是爬到骆驼背上穿越拉贾斯坦邦大漠黄沙的好时候。从杰伊瑟尔梅尔或比卡内尔出发,你可以探索塔尔大沙漠,在漫天繁星下安营扎寨。

✨ 圣诞节

果阿的基督教徒区在圣诞前夕变得热闹,12月24日会举办午夜弥撒,圣诞节当天人们大摆宴席,燃放烟火。

旅行线路

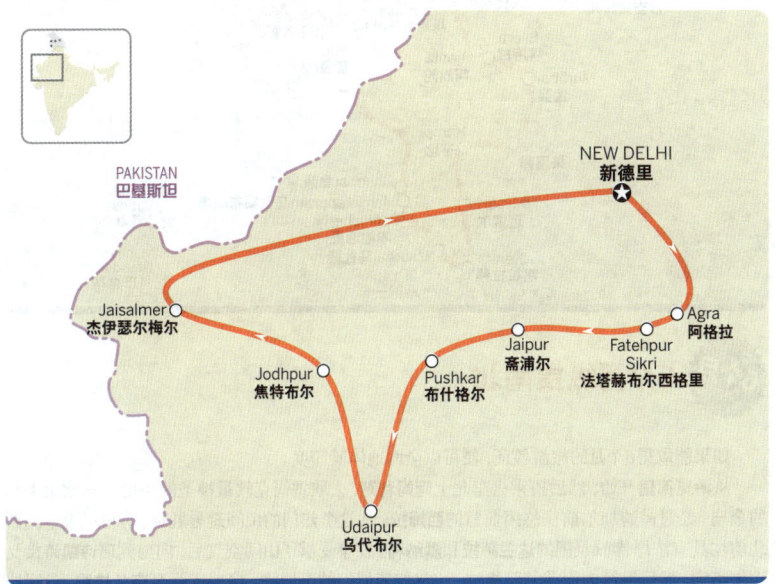

 金三角和帝王之地

这条线路游人如织,却名不虚传。德里、阿格拉和斋浦尔组成的金三角线路,串联印度众多令人叹为观止的景点。

从**德里**出发,先游览喧嚣的旧德里,参观莫卧儿王朝的红堡和贾玛清真寺,在洛迪花园和胡马雍陵悠闲漫步。然后,搭乘火车前往**阿格拉**,游览美轮美奂的泰姬陵——这座世界上最奢侈的爱情纪念碑。探索阿格拉古堡,然后用一天时间去附近的**法塔赫布尔西格里**——一座幽灵般的莫卧儿古城。继续前往粉红之城**斋浦尔**,然后花几天时间逛逛熙熙攘攘的市集(巴扎)、城市宫殿、风之宫殿和琥珀堡。

然后返回德里,或者前往**布什格尔**,徜徉于湖滨庙宇之间。接下来,在湖畔小住,泛舟湖上,游览优美的**乌代布尔**。然后在前往**焦特布尔**的路上游览山顶壮美的贡珀尔格尔和热那那克普的寺庙。在梅兰加尔古堡的雄伟城垛上欣赏"蓝色之城"在脚下延伸。在固若金汤的**杰伊瑟尔梅尔**结束旅程,走进电影《阿拉伯的劳伦斯》的世界,骑一匹骆驼穿越沙丘,在漫天繁星下入睡。随后返回德里,最后一次骑车在旧德里穿行,清晨去看看顾特卜高塔的遗迹,或者在迷人的百货商场、市集和精品店血拼一番。

6个月纵贯南北

如果能取得6个月的旅游签证，便可以全面地体验印度。

从游览**德里**开始，然后搭乘火车北上**阿姆利则**，去欣赏锡克教最神圣的圣地——熠熠生辉的金庙。经过昌迪加尔前往悠闲惬意的**西姆拉**。从这个热门的山间避暑胜地，你可以继续向西北前往具有浓厚佛教氛围的**达兰萨拉**和**默纳利**。在享受够了山间空气后，向南到**瑞诗凯诗**接受瑜伽培训，然后继续向南前往**阿格拉**，欣赏如梦似幻的泰姬陵。接着南行至**克久拉霍**，参观这里的情色庙宇，然后到**班德哈瓦国家公园**的丛林中寻觅虎踪。继续前往圣城**瓦拉纳西**，在神圣的恒河上乘船旅行。

乘火车向东前往繁忙的西孟加拉邦行政中心**加尔各答**的路上，不妨花一点时间绕道旅行。向北前往**大吉岭**或**锡金邦**，观赏壮丽的喜马拉雅风景，然后游荡到奥里萨邦海岸上的寺庙之城——**科纳克**和**普里**。搭乘飞机向南前往**金奈**（马德拉斯），见识印度的别样风采。

从这里有机会欣赏**马默勒布勒姆**（默哈伯利布勒姆）的寺庙雕刻、**本地治里**的殖民时期遗产和现代魅力，以及**马杜赖**镶嵌了无数神像的寺庙。旅行至此，你完全可以去**喀拉拉邦**海滩长住休整，然后前往内陆具有浓浓怀旧风格的**迈索尔**，去看看印度王公贵族曾经的奢华生活。

继续向北，前往**亨比**，那里的巨石上矗立着寺庙和破落的城池，紧接着到**果阿邦**再次享受海滩生活。然后前往**孟买**——西海岸快节奏的城市，享用美酒佳肴，为宝莱坞疯狂。然后到**埃洛拉**和**阿旃陀**欣赏石窟壁画和雕刻。

作为精彩收尾，前往拉贾斯坦邦，用三色之城——粉色的**斋浦尔**、蓝色的**焦特布尔**和白色的**乌代布尔**为自己的印度之旅画上圆满句号。你可能还有时间绕道，去看看**古吉拉特邦**迷人的寺庙、精致的刺绣和自然保护区，最后乘火车前往德里，完成环游印度之旅。

1个月 山区和部落文化

锡金邦和东北地区的山景美不胜收，却仍像一个被严守的秘密，不为众多旅行者所知。长久以来，叛乱和许可证的限制令游客却步，但是印度这一地区的边境线渐渐向外部世界敞开了大门。从加尔各答启程，你可以向北前往大吉岭，在锡金邦畅享喜马拉雅的壮观景色，然后游览让人心驰神往的印度山区部落世界。前期计划十分必要——许可证是强制性要求，而且必须充分考虑安全问题。

从**加尔各答**出发，第一站是古朴清静的**大吉岭**。在这里，你可以品尝印度最棒的茶叶，然后申请前往锡金邦的许可证，那里是印度最为安详宁静的角落。以锡金邦的行政中心**甘托克**为起点，搭乘越野车拜访一连串历史悠久的佛教寺庙。前往**南奇**瞻仰湿婆神和莲花生大士的巨大造像，在**裴林**观赏白雪皑皑的干城章嘉峰和被花园僧舍环绕的波玛扬兹寺。参加从**域松**至**戈察拉**为期一周的徒步，中途经过海拔4940米的山口，饱览无敌美景，然后从**大西定**离开锡金，其间会邂逅不胜枚举的美景以及另一座令人惊叹的藏传佛教寺院，随后经由**西里古里**（Siliguri）东行。

在**古瓦哈蒂**安排好前往东北地区的跟团游。游览那加兰邦将为你打开**蒙**奇附近神秘部族村庄之门，岩石突兀的乡间散布着传统长形房屋和偏远的定居点，还有邦行政中心**科希马**，这里有一些"二战"遗迹。一路向南，在你乘飞机返回加尔各答前，可以在**曼尼普尔邦**偶遇Meitei文化，在**米佐拉姆邦**邂逅米佐文化。

另外，还可以尝试这条经典环线：从古瓦哈蒂出发，去**加济兰加国家公园**观赏珍稀犀牛。然后绕道前往**西隆**（Shillong），徒步游览壮观的瀑布和让人大开眼界的**乞拉朋齐**活树根桥。驾车前往特里普拉邦首府**阿加尔塔拉**，然后乘飞机或由陆路经孟加拉国返回加尔各答。

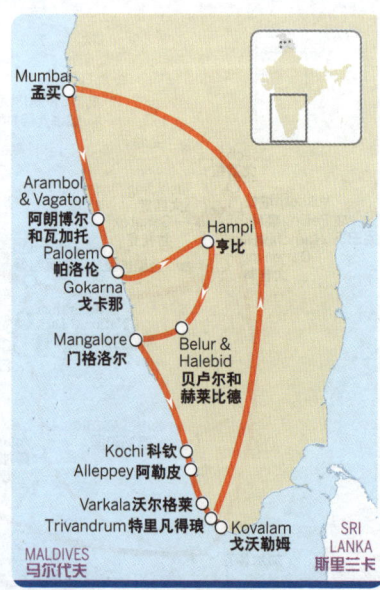

3周 宗教中心

中部平原的寺庙之旅纳入了一些印度最令人惊叹的庙宇。

从混乱不堪但充满文化气息的**加尔各答**出发，逃离城市喧嚣前往宁静的灵性之地**菩提伽耶**，佛陀就是在这里得道。穿过平原去往**鹿野苑**，这里是佛陀第一次讲经说法之地。

向圣城**瓦拉纳西**进发，在恒河岸边参观仪式，然后漫游拥有情色雕刻的**克久拉霍**印度教寺庙群。继续向西南进发至**桑吉**，阿育王在这里皈依佛教，进而沿着博帕尔前往贾尔冈，在这里下车去观赏充满各种雕刻的**阿旃陀**石窟。

接下来进入拉贾斯坦邦，在拥有湖泊和宫殿的**乌代布尔**稍事停留，接着去探索**热那克普**或者**阿布山**的耆那教神庙。继续去往环抱着圣湖的**布什格尔**，然后前往附近的**阿杰梅尔**，这是印度一处重要的伊斯兰教圣地。最后一站是独具风情的**斋浦尔**，接着在**德里**结束旅程之前，去参观宏伟的伊斯兰遗迹和Hazrat Nizamuddin的圣陵。

2周 南部海滩

这条线路囊括了印度最棒的海滩和最有魅力的海滨城镇。

从**孟买**出发，在Girgaum Chowpatty海滩看人来人往，悠闲散步，品尝bhelpuri（脆面沙拉）。乘船前往神象岛游览石窟寺，然后乘火车向南，前往拥有众多海滩的果阿邦。

阿朗博尔、**瓦加托**和**帕洛伦**的热带沙滩任你挑选，然后继续沿着海岸线前往圣城**戈卡那**。现在开始转变步伐吧：经由内陆去往**亨比**，参观安宁的毗奢耶那伽罗王都遗址；接着在**贝卢尔**和**赫莱比德**的曷萨拉寺庙参观中世纪雕刻艺术的巅峰之作。乘火车返回**门格洛尔**，在这里享用海鲜大餐，然后向南抵达迷人悠闲的城镇**科钦**，其建筑风貌甚至融合了远达中国和中东地区的特点。

在喀拉拉邦的水乡悠闲泛舟，从**阿勒皮**起航，接着到**沃尔格莱**或**戈沃勒姆**的海滩度假村享受温暖的海水。将你的最后一站设在**特里凡得琅**，这里有迷人但往往被忽略的博物馆，最后乘飞机返回孟买。

马默勒布勒姆的石匠

3周 南部环线

金奈是探索印度南端最方便的起点。10月至次年2月是最理想的旅游季节，天气温和宜人，既不太热，又避开了雨季。

首先在**金奈**品尝火辣的塔利套餐，然后游览**马默勒布勒姆**的精致雕刻，这里曾经是帕那瓦王朝的都城。

接下来，前往**本地治里**感受法国风情，然后离开海岸线，向内陆的泰米尔纳德邦庙宇城镇进发：游览巨石覆盖的**蒂鲁吉拉伯利**，以及塔楼（gopurams）遍布的**马杜赖**，这些高耸的塔楼上雕刻着无数神灵。从这里出发，很方便前往**根尼亚古马里**，这里是印度的最南端。

在**戈沃勒姆**和**沃尔格莱**的海滩上悠闲放松，然后前往湿热的**佩里亚尔野生动物保护区**的丛林之中，这里是老虎和象群的栖息地。也可以去喀拉拉邦的茶园中心**蒙讷尔**，在静谧的山间漫步。在返回金奈的路上，可以访问五光十色的**迈索尔**，这里有印度王公的奢华宫殿，以及巨型公牛南迪石像。

计划你的行程
预订火车票

在印度,乘坐火车有一种独特的浪漫感。印度的铁路网络四通八达,风雨无阻,不同等级的火车票价可满足各阶层人士的需求。然而,预订火车票并非易事——在线预订通常是最佳选择。

火车等级

空调卧铺1类(1AC)

最贵等级,每一隔间有两张到四张卧铺,门可上锁,提供膳食。

空调卧铺2类(2AC)

双层卧铺,一个开放式车厢隔间有两张到四张铺位。铺位白天可调为座位,带遮挡帘,隐私性较好。

空调卧铺3类(3AC)

三层卧铺,一个隔间有六张铺位,开放式的车厢,没有窗帘,颇受印度家庭青睐。

空调软座(AC Executive Chair)

舒适、带躺椅、空间宽敞,通常设置在Shatabdi特快列车上。

空调硬座(AC Chair)

类似于空调软座车厢座位,但座位舒适度稍低。

无空调卧铺(Sleeper Class)

三层卧铺、不带空调的开放式车厢,透过敞开的窗户可观赏美景。

无预订/有预订二等车厢(Unreserved/reserved 2nd class)

木质或塑料座位,人很多,但是够便宜!

在线订票

长途火车目前在出发前120天接受车票预订(可能变更),短途火车的预订时间可能较短。车票很快就会被订完——因此至少提前一周订票,不过短程车票一般更容易买。

特快列车和邮政列车是印度火车运行的主要种类。并不是每辆列车都设置所有等级的车厢,但是大部分长途列车一般都有带不预订座位的普通(二等)车厢和更舒适的预订座位车厢,通常还有卧铺供旅行过夜者选择。卧铺列车用于长途出行,费用与中档酒店房间价格相当。

Shatabdi特快列车一般都是当天抵达,仅设有座位;Rajdhani特快列车提供德里和各邦首府之间的长途过夜服务,有空调1类、空调2类、空调3类及二等车厢。较贵的卧铺类车厢提供卧具。无论选择什么等级,用挂锁和长链将行李固定在行李架上都是必要的。

以下网站适合国外旅行者订票:

Cleartrip(www.cleartrip.com)可靠的私人代理商,提供最简单的订票方式:接受万事达卡(MasterCard)和维萨卡(Visa)等国际信用卡。只能预订直达车。如果订票时不在印度国内,没有印度当地的手机号码,可以随便输入一个手机号,然后仅使用电子邮件联络。

IRCTC(www.irctc.co.in)提供定期列车和豪

铁轨上的奢华享受

想要体验王公的待遇，可乘坐印度的豪华列车，票价包含车上住宿、旅行、门票和就餐费用。

Palace on Wheel（车轮上的宫殿；www.palaceonwheels.net）从德里出发前往拉贾斯坦邦8天至10天的豪华之旅。列车在9月到次年4月间的固定日期运行，7晚的票价为每人6500/4890/4325美元起（单人间/双人间/三人间舱位）。尽量提前10个月订票。

Royal Rajasthan on Wheels（车轮上的皇家拉贾斯坦；www.royalrajasthanonwheels.co.in）10月至次年3月间为期一周的奢华之旅，在德里出发和结束。单人/双人豪华舱的票价为每人每晚875/625美元起。

Deccan Odyssey（德干奥德赛；www.deccan-odyssey-india.com）为期7晚，可游览马哈拉施特拉邦和果阿邦的主要观光景点。单人/双人舱室的费用分别是每人5810/4190美元起（印度游客₹371,900/268,360起）。另有几条路程更短的奢华之旅可供选择。

Golden Chariot（黄金战车；www.goldenchariottrain.com）10月至次年3月游览南部地区的7晚豪华游，从班加罗尔出发。单人/双人舱室的费用分别是每人5530/4130美元起（印度游客₹182,000/154,000起）。

Mahaparinirvan Express（Mahaparinirvan特快列车；亦称Buddhist Circuit Special；www.railtourismindia.com）9月至次年3月间运行，游览佛教圣地，全程8天，从德里启程，晚上在酒店过夜。每人乘坐1AC/2AC车厢的费用分别是1155/945美元起。行程中包含尼泊尔（价格不含签证费）。

华旅行列车预订的政府网站；接受万事达卡（MasterCard）和维萨卡（Visa）付费。

Make My Trip（www.makemytrip.com）著名的私人代理商，接受国际信用卡。同样要用到印度的手机号码。然后需要创建一个IRCTC用户ID：选一个用户名，输入你的姓名、生日和地址。"Pincode"（邮编）输入"123456"即可，邦（State）一栏选择"其他"（Other）。

Yatra（www.yatra.com）预订飞机票和火车票，接受国际信用卡。

预订

所有的硬座（chair-car）、软座（executive chair-car）、卧铺（sleeper）、1AC、2AC和3AC车厢都需要提前订票。普通车厢（二等车厢）的车票无须预订。乘坐过夜火车或者在节假日期间出行要提前把票订好。不建议出行当天购买火车票。

火车通行卡

持有IndRail通行卡，可以在半天至90天之间的固定期限内无限次乘坐火车旅行，不过优惠幅度有限，而且也要预订。24小时体验票价为19/43/95美元（卧铺/2AC、3AC和软座/1AC）。点击www.indianrailways.gov.in/railwayboard的Passenger Info/Tourist Information部分了解更多细节。

计划你的行程
徒 步

印度提供世界一流的徒步机会,尤其是在喜马拉雅山脉,令人惊叹的雪山、传统的部落村庄、神圣的印度教圣地、古老的佛教寺院、漫山遍野灿烂的野花……带给游客无与伦比的山地旅行体验。从轻松的半日徒步游到长达数周的艰苦跋涉,任你选择。

最佳徒步路线

喜马拉雅山区

喜马偕尔邦 高山探险唾手可得,线路包括从摩洛甘济徒步前往Bharmour,从帕尔瓦蒂(Parvati)到皮恩谷(Pin Valleys,见304页),或者在充满佛教气息的思比堤(Spiti)地区(见300页)进行民宿之旅。

北阿肯德邦 享受Kauri山口、米拉姆冰川以及Har-ki-Dun(见392页)等徒步线路的原始风光,或者加入前往Kedarnath寺庙(见394页)或Hem Kund(见398页)等宗教圣地的朝圣者队伍。

锡金邦 在戈察拉(见527页)徒步线路上远眺干城章嘉(海拔8586米)——世界第三高山峰。

印度南部

卡纳塔克邦 在果达古(见879页)探索静谧的山峦和树林。

喀拉拉邦 在佩里亚尔野生动物保护区(见973页)寻找老虎、大象和鹿。

泰米尔纳德邦 前往科代卡那(见1086页),可以沿着薄雾弥漫的小径体验森林徒步,与乌提相比,这里是更加迷人也更加惬意的山区徒步大本营。

步道小贴士

和邻国尼泊尔相比,印度的户外徒步行业的商业痕迹不深,因此许多地方仍然感觉天然、原始,受外界影响相对较小。不过,在大部分徒步路线上都可以雇用背夫或驮畜来背负装备。如果你选择了徒步游旅行公司,对方可能会提供部分装备。一定要详细列明每件物品,最好是落实在纸面上。

无论去哪儿,首先要确保已经获得全部必要的许可证。

关注自己的健康状况——在海拔3000米以上的线路上,急性高山症(见1244页)是一种经常发生的严重疾病。

务必当心牧羊犬,它们极具攻击性。

路线规划

印度喜马拉雅地区的详细地图在印度国内很难买到。有些在网上找到的电子地图足以用来规划线路,甚至用来做导航,如果你善于使用它们。

在热门朝圣徒步线路上,你很难迷失方向;人烟稀少的偏僻路线可能有岔路或者消失,雇请一位当地向导是明智的选择。

Lonely Planet公司出版的*Trekking in the Indian Himalaya*是很不错的规划徒步路线的参考。

要了解攀登海拔6000米以上的喜马拉雅山峰的信息，参见印度登山协会的网站（www.indmount.org）。

安全登山

在喜马拉雅山脉各地，向高海拔目的地进发时，多留出几天适应环境的时间。面对这些高山应怀有敬畏之心，徒步应在自己的体能和技术能力范围内进行。

登顶

在攀登海拔6000米以上的山峰之前，登山者需要从位于德里的**印度登山协会**（Indian Mountaineering Foundation; ☏011-24111211; www.indmount.org; 6 Benito Juarez Rd, New Delhi）获得许可证。登山费用不定，具体金额与山峰高度和队员数量成正比。幸运的是，许多适合高海拔徒步的山峰仅需US$30至US$100的许可费，尤其是在拉胡尔、思比堤和锡金邦。

打包

➡ 根据可能遇到的气象和地理条件，准备合适的装备和衣物。

➡ 在成熟路线上，沉重的徒步靴会损耗体力，但是在偏远的山路上，它们可能是你的救命绳。

➡ 急救包和水净化用品通常非常必要。

➡ 雨具必不可少，保暖衣物在高海拔地区非常重要。

➡ 记得带防晒霜！

徒步原则

➡ 遵循"影响最小化"徒步原则（你知道那句格言——除了脚印，什么都不要留下；除了照片，什么都不要带走）。

➡ 用燃气/油炉灶烹饪，因为当地人要靠数量有限的薪柴维持生计。

➡ 尊重当地风俗，穿着保守服装；拍照前先征得对方允许。要记住：虽然当地人的热情是无穷的，但他们的食物却是有限的；克制给孩子礼物的念头。

何时去

由于印度地形多样，不同地区的最佳徒步时间也不尽相同。

5月至6月 正是山区徒步的好时节，但也是印度国内旅行者扎堆的旺季。前往印度教圣地的徒步路线上可能挤满了朝圣者。

7月中旬至9月中旬 在雨季期间，选择错误的地点徒步可能会有生命危险。思比堤此时十分干燥，适合徒步。还有北阿肯德邦著名的花之谷国家公园（见398页），峡谷内鲜花遍野，让人眼花缭乱。

9月中旬至11月中旬 雨季已经过去，碧蓝如洗的天空成为喜马拉雅山的背景。虽然夜间温度可能降到零摄氏度以下，但白天通常都是暖阳高照。许多设施都会闭门冬歇，因此最好提前了解哪些地方仍在营业。

4月 前往各山间避暑地，此时低海拔地区热浪袭来，而高海拔地区仍然大雪封山。

计划你的行程
瑜伽、水疗和灵修

印度为信众们提供了独具特色的灵修之旅。即使是无神论旅行者,也可以前往水疗和瑜伽中心,获得非同寻常的体验。

选择什么

静修所(Ashrams)
印度有众多静修所,这是围绕锡克教古鲁(灵修宗师或导师)的哲学思想建立的公共居所。你可以选择延长住宿时间,依照静修所特有的准则生活。

阿育吠陀(Ayurveda)
阿育吠陀是古老的印度草药科学以及自然疗法,以自然植物的精华、按摩和各种疗法来治疗身体和心灵。

禅修冥想
佛教地区有许多中心可提供vipassana(冥想)和佛教教义训练;许多地方要求参与者禁言、戒烟、戒酒、禁欲。

水疗
印度的水疗完美地融合了国际疗法和以古老阿育吠陀传统为基础的当地技艺。

瑜伽
瑜伽植根于印度,你会发现成百上千的培训学校,训练方法各不相同,面向各种技术水平和投入程度的练习者。

瑜伽

你可以在任何地方修炼瑜伽,从海滩度假村到山间休闲地。2014年,在印度的倡议下,联合国通过了一项决议,将6月21日定为国际瑜伽日。

卡纳塔克邦
迈索尔(见867页)是阿斯汤加瑜伽的诞生地,瑜伽中心分布在全邦各地。

喀拉拉邦
Sivananda Yoga Vedanta Dhanwantari Ashram(见951页)瑜伽长期课程非常有名,靠近特里凡得琅。

马哈拉施特拉邦
Kaivalyadhama瑜伽医院(见780页)在洛纳瓦拉提供瑜伽治疗。

艾扬格瑜伽学院(见785页)位于浦那,提供高级瑜伽课程。

孟买
Yoga Institute(见728页)一日课程和长期课程。

Yoga House(见728页)哈他瑜伽,环境优美。

Yogacara(见728页)依旧是哈他瑜伽。

泰米尔纳德邦
国际瑜伽教育和研究中心(见1054页)位于本地治

里，提供为期10天的入门课程和高级培训。

Krishnamacharya Yoga Mandiram（见1021页）位于金奈，推出了瑜伽课、治疗和培训。

安达曼群岛

Flying Elephant（见1120页）在哈夫洛克岛的热带环境中体验瑜伽和禅修。

果阿邦

Himalaya Yoga Valley（见823页）很受欢迎的培训学校，位于曼德雷姆。

Swan Yoga Retreat（见818页）位于阿萨高的丛林之中，静谧祥和。

Himalayan Iyengar Yoga Centre（见824页）在阿朗博尔提供瑜伽课程。

Bamboo Yoga Retreat（见836页）在帕内姆组织海滨瑜伽。

北阿肯德邦

瑞诗凯诗（见370页）有无数瑜伽中心和静修所可供选择，面向各种水平的练习者。

静修所

许多静修所（ashram，即"求索之处"）都由富有个人魅力的古鲁创办，其中一些在宗教团体和个人崇拜之间实现了很好的平衡。许多古鲁导师依靠信众积累丰厚财富，另外一些则被指控对追随者进行性侵犯。在报名参加课程前，尽量多打听一下这些静修所的口碑。

大部分静修所都提供研修课程，通常包括哲学、瑜伽或禅修，来访者通常会被要求遵守严格的规定。适当的捐款用于支付你的开销。

喀拉拉邦

玛莎·阿姆里塔南达玛伊布道所（见964页）位于Amrithapuri，因女性古鲁Amma而声名远播，她被誉为"拥抱的母亲"（The Hugging Mother）。

马哈拉施特拉邦

Brahmavidya Mandir Ashram（☎07152-288388；合住房间₹150；⏰6:00至正午和14:00～19:00）由甘地的信徒Vinoba Bhave创建，位于塞瓦格拉姆。

赛瓦格拉姆静修院（见774页）由甘地创建，位于塞瓦格拉姆。

奥修国际静心社区（见784页）颇有争议的奥修教学，位于浦那。

泰米尔纳德邦

师利·奥罗宾多静修地（Sri Aurobindo Ashram）（见1051页）位于本地治里，由师利·奥罗宾多创建。

Sri Ramana Ashram（见1048页）由Sri Ramana Maharsh创立，位于蒂鲁文纳默莱。

加尔各答

贝卢尔庙（Belur Math；见425页）由辨喜创立的罗摩克利须那传道会总部。

阿育吠陀

阿育吠陀即印度草药，旨在实现人体的平衡。

果阿邦

Shanti Ayurvedic Massage Centre（见823页）一所位于曼德雷姆的阿育吠陀中心。

卡纳塔克邦

Ayurvedagram（见844页；班加罗尔）在花园中开展各种治疗。

Soukya（见844页；班加罗尔）阿育吠陀疗法和瑜伽课程。

Indus Valley Ayurvedic Centre（见869页；迈索尔）从古老经文中衍生出的各种疗法。

Swaasthya Ayurveda Retreat Village（见881页；库格）静修和疗法。

喀拉拉邦

Dr Franklin's Panchakarma Institute（见955页；Chowara）戈沃勒姆南部。

Eden Garden（见958页；沃尔格莱）提供单次治疗以及套餐治疗。

Santhigiri Ayurveda（见962页；奎隆）提供7天至21天的套餐，以及单日治疗。在库木日依设有分支机构（见974页）。

Ayur Dar(见986页；科钦)提供1至3周的治疗。

喜马偕尔邦

Men-Tsee-Khang(见277页)藏医药的绝对权威，摩洛甘济是总部所在地，还有两个诊所，在印度各地另设有近50个治疗处。

Ayuskama Ayurvedic Clinic(见286页；巴克宿)Dr Arun Sharma的诊疗水平大受好评，还为有志从业的人准备了课程。

泰米尔纳德邦

Sita(见1053页；本地治里)阿育吠陀疗法和瑜伽。

Sivananda Yoga Vedanta Centre(见1077页；马杜赖)在马杜赖中心区有教学班和培训，在静修地还有课程和教师培训。

马默勒布勒姆(见1036页)有许多瑜伽教学班(水准参差不齐)。附近的戈沃勒姆村有海滩瑜伽以及一年一度的冲浪和瑜伽节(见1037页)。

北方邦

Swasthya Vardhak(见337页；瓦拉纳西)阿育吠陀治疗。

中央邦

Kairali Spa(见599页)奥恰的阿育吠陀中心。

Ayur Arogyam(见608页)位于克久拉霍，提供专业的阿育吠陀治疗。

马哈拉施特拉邦

Yogacara(见728页)阿育吠陀和按摩。

禅修冥想

无论是想初步了解还是寻求更深层次的研修，在印度各地都可找到各种课程和静修。

喜马偕尔邦

Himachal Vipassana Centre(见276页地图；☎9218414051；www.sikhara.dhamma.org；Dharamkot；◉4月至11月中旬)为期10天的严格静修，位于摩洛甘济附近的达拉姆科特。

Tushita Meditation Centre(见285页)10天的静修课程和无须预约的禅修活动，位于达拉姆科特。

Deer Park Institute(见289页)介绍佛教与印度哲学体系的课程和研习班，还有佛学大师带领的冥想静修，位于比尔(Bir)。

比哈尔邦

Root Institute for Wisdom Culture(见496页)2天到21天的课程，位于菩提伽耶。

International Meditation Centre(见494页地图；☎0631-2200707；bsatyapala@gmail.com；每天含食宿₹500)非正式的10天课程，位于菩提伽耶。

孟买

世界内观大佛塔(见725页)设有1至10天的内观课程，位于Gorai Island。

马哈拉施特拉邦

Vipassana International Academy(见759页)10天的内观课程，位于伊格德布里。

安得拉邦

安得拉邦的许多中心可提供缅甸式内观课程，包括海得拉巴附近的内观国际禅修中心(见920页)、埃卢鲁附近的Dhamma Vijaya(见934页)，以及Dhamma Nagajjuna(见935页；Nagarjuna Sagar)。

水疗

从独自执业的技师到奢华的水疗馆，全国各地的水疗选择多种多样。要小心通过"一对一按摩"招摇撞骗的私人运营商(通常不具备资质)——不妨参考其他人的推荐，或者相信直觉。

中央邦和切蒂斯格尔邦

Jiva Spa(见596页)位于瓜廖尔，可以在美丽的环境中享受按摩、磨砂和身体裹敷。

孟买

Antara Spa(☎022-66939999；www.theclubmumbai.com；197 DN Nagar, Andheri West；1小时按摩₹2975~3320；◉10:00~19:30)多种国际通用的护理项目。

Palms Spa(见728页)知名的Colaba水疗馆。

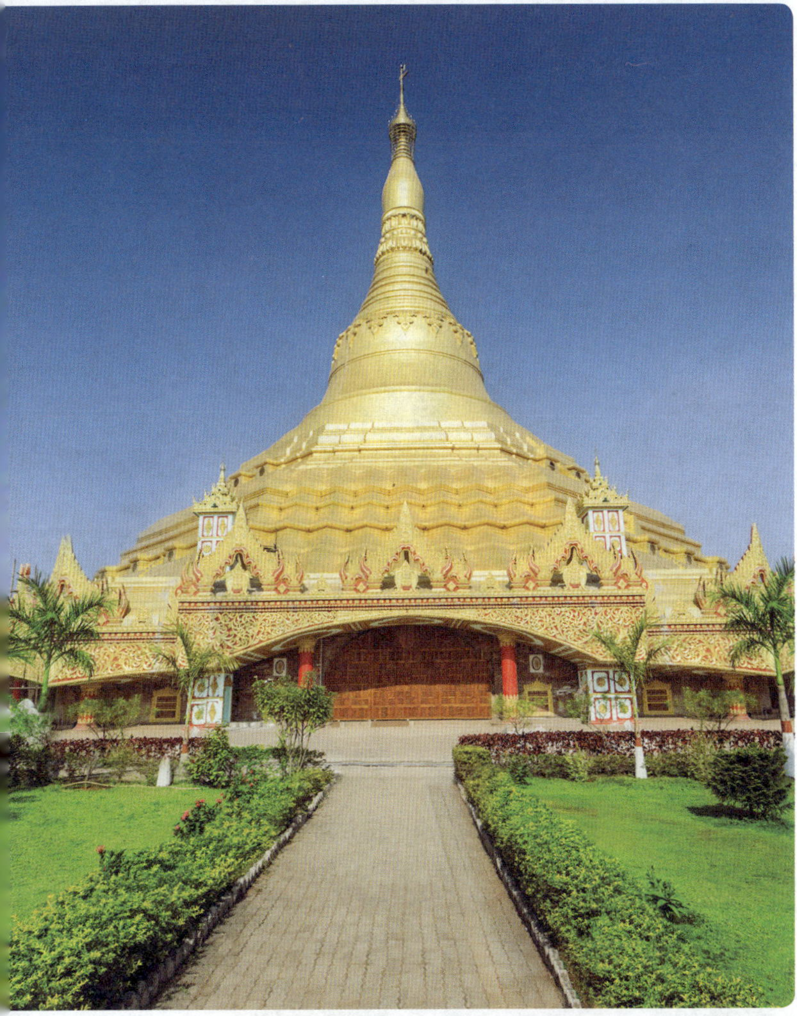

MILA SUPINSKAYA GLASHCHENKO / SHUTTERSTOCK©

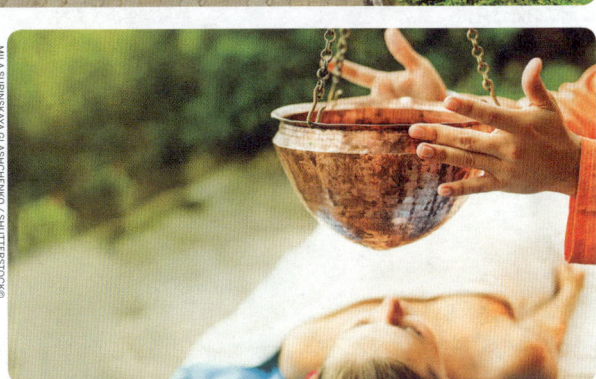

上图：世界内观大佛塔（见725页），孟买

下图：阿育吠陀疗法

计划你的行程 瑜伽、水疗和灵修

练习瑜伽的女

北阿肯德邦

Haveli Hari Ganga(见380页)位于赫里德瓦尔,俯瞰着恒河。

加尔各答

Vedic Village(见453页)号称拥有印度最好的医药水疗,靠近加尔各答。

卡纳塔克邦

Emerge Spa(见869页)位于迈索尔附近,提供亚洲式的舒适疗法。

果阿邦

Humming Bird Spa(见832页)提供各种各样的护理项目,位于帕洛伦。

北方邦

Aarna Spa(见337页)位于瓦拉纳西,提供阿育吠陀疗法、香氛疗法和各种护理。

喀拉拉邦

Neeleshwar Hermitage(见1008页)靠近贝格尔的海滨生态度假村。

计划你的行程
志愿者服务

印度除了美丽的景色,还拥有丰富的文化和历史,但贫困而艰苦的生活也是许多人面对的残酷现实。许多旅行者都自发地想要提供帮助,全国各地的慈善机构和援助组织都非常欢迎志愿者。

援助项目

志愿者会在印度发现无数的工作机会。在你抵达之后也许能立刻获得安置,但慈善机构和非政府组织往往更希望志愿者能提前申请,或者能够胜任他们所安排的工作。对于接触儿童的工作,声誉良好的机构可能会坚持进行犯罪背景核查。**Ethical Volunteering**(www.ethicalvolunteering.org)为你选择慈善组织提供实用指引。

与国际组织一样,当地慈善机构和非政府组织都能提供机会,但是很难评估这些组织的真正工作实效。了解上述地方机构的名单,可查阅www.ngosindia.com或者联系总部位于德里的**Concern India Foundation**(见79页地图;☏011-64598584; www.concernindiafoundation.org; A-52 Amar Colony, Lajpat Nagar IV, ⓂLajpat Nagar)。

以下项目可提供机会给志愿者;提前联系他们以获取工作安排。注意:Lonely Planet不为任何与我们没有直接合作关系的机构背书,在同意参与志愿者工作之前,务必深入了解相关组织。

护理

如果你具备医疗经验,那么可为印度最底层社会人群提供医疗保健和支持。

如何成为志愿者

选择组织
选择一个适合发挥你个人能力和专长的组织。

所需时间
你能抽出多少时间参与项目?如果希望取得实际效果,至少需要付出一个月的时间,当然越多越好。

资金
牺牲时间去参与志愿者活动而不取分文,这只是其中一部分,大多数组织希望志愿者负担自己的住宿、就餐和交通费用。

朝九晚五的工作
确保你了解自己报名参加的工作;许多组织希望志愿者全职工作,每周工作5天。

透明度
确保你选择的是信誉良好、财务透明的组织。如有可能,向该组织的前任志愿者咨询意见。

加尔各答

仁爱传教会（见427页）特蕾莎修女慈善机构（特蕾莎修女之家）安排志愿者到医院和家庭，为贫困儿童和成人提供帮助。

Calcutta Rescue（033-22175675；www.calcutarescue.org；4th fl, 85 Collin St）为医疗卫生专业人员安排加尔各答以及西孟加拉邦其他地方的志愿者岗位。

马哈拉施特拉邦

Sadhana Village（020-25380792；www.sadhana-village.org；1, Priyankit, Lokmanya Colony, Paud Rd）位于浦那的成年残疾人住所，要求至少两个月的志愿者服务。

拉贾斯坦邦

Marwar Medical & Relief Society（0291-2545210；www.mandore.com；Dadwari Lane, c/o Mandore Guesthouse）该非政府组织在焦特布尔地区的乡村运营教育、健康、环境及其他方面的项目。欢迎短期或长期的志愿者。

社区

许多社区志愿者项目可为村庄提供卫生保健和教育服务。

比哈尔邦和恰尔肯德邦

Root Institute for Wisdom Culture（见496页）偶尔有培训菩提伽耶当地卫生工作者的志愿者工作。

德里

Hope Project（希望工程；见81页）开展多种多样的社区工作，欢迎有儿童照管、医疗、英语教学、IT或其他方面专长的短期或长期志愿者。

卡纳塔克邦

Kishkinda Trust（见897页）招募在亨比协助可持续社区发展的志愿者。

中央邦和切蒂斯格尔邦

Orchha Home-Stay（见602页）安排不同岗位的志愿者帮助村民改善生活。

孟买

Slum Aid（www.slumaid.org）致力于改善孟买贫民窟居民的生活，可安排2周到6个月的志愿者岗位。

拉贾斯坦邦

URMUL Trust（0151-2523093；www.urmul.org；Ganganagar Rd, Urmul Bhawan, Bikaner）在干旱的拉贾斯坦邦西部向沙漠居民提供初级医疗服务和教育服务。可安排英语教学、医疗保健及其他方面的志愿者岗位（最少1个月）。

Seva Mandir（0294-2451041；www.sevamandir.org；Old Fatehpura, Udaipur）该非政府组织在拉贾斯坦邦南部运营多个项目，涉及植树造林、水资源、健康、教育、女性赋权和村庄风俗等多个方面。

喜马偕尔邦

Lha（见280页）位于摩洛甘济，有多个与藏人社群相关的项目可安排志愿者，包括语言教师和医护或IT专业人士。

西孟加拉邦

Human Wave（033-26854904；www.humanwaveindia.org；Mankundu）为社区发展和健康管理提供短期志愿服务。

Makaibari Tea Estate（见462页）位于柯斯昂，志愿者协助开展小学教学、卫生工作和有机耕作。

教学

许多佛教学校需要长期英语教师，可到锡金邦、喜马偕尔邦、西孟加拉邦当地咨询，有教学经验者优先。如有机构对接触孩子的成年人不进行安全核查，应提出疑问。

西孟加拉邦和大吉岭

Hayden Hall（见472页）位于大吉岭，提供至少两个月的志愿者服务机会，需要具备医疗、教学和商业经验的志愿者。

儿童服务

多个慈善机构为弱势儿童提供支持。旅行者如果遇到慈善机构对接触孩子的成年人不进行安全核查，应提出疑问。

德里

Salaam Baalak Trust（见80页）需要英语教师、医生、心理辅导员和计算机专家志愿者，为流浪儿童提供教育及救助。

Reality Tours & Travel（见729页）贫民窟教育项目，志愿者应具备相关的从业资格或学历。最少服务3个月。

Torch（见72页地图；torchdelhi.wixsite.com/torch；30D Nizamuddin Basti, Nizamuddin West; Ⓜ JLN Stadium）服务于无家可归的儿童，寻找能在艺术活动、音乐和写作领域提供帮助的志愿者。

果阿邦

Mango Tree Goa（见805页）位于马普萨，给志愿者提供协助教育和护理贫困儿童的机会。

El Shaddai（见817页）位于阿萨高，帮助贫困和无家可归的儿童；至少一个月的服务时间。

北方邦

Learn for Life Society（见337页）位于瓦拉纳西，为志愿者提供在小规模学校帮助弱势儿童的机会。

喜马偕尔邦

Kullu Project（☎9418102083; www.kulluproject.org）将志愿者安排到库鲁谷的学校、孤儿院和其他机构，帮助弱势儿童。

Rogpa（见278页地图；☎9857973026; www.tibetrogpa.org; Mithanala Rd, 紧邻Bhagsu Rd; ⊙周一至周六 9:00~17:00）位于摩洛甘济，志愿者帮助藏人家庭照顾孩子。

妇女服务

印度有一系列本地慈善机构致力于女性赋权和技能培训。

拉贾斯坦邦

Sambhali Trust（见190页）位于焦特布尔，志愿者为弱势妇女提供技术培训，并帮助建立工作坊。

泰米尔纳德邦

RIDE（见1044页）位于甘吉布勒姆，致力于村庄女性赋权，欢迎志愿者。

环境保护

如果想在环境教育和可持续发展方面提供帮助，有一系列当地机构可以选择。

安达曼群岛

ANET（见1115页）志愿者在实地项目、日常维护等方面助力环保活动。

Reef Watch Marine Conservation（见1116页）从事海洋保护的非营利组织，从海滩清洁到鱼类调查，方方面面都需要志愿者。可直接联系，探讨合作的可能性。

喜马偕尔邦

Ecosphere（见304页）这个位于Kaza的非政府组织从多个方面推动可持续发展，招收长短期志愿者，包括清洁能源项目和咖啡馆工作。

Kullu Project 安排志愿者与大喜马拉雅国家公园的社群共同发展有机耕作和当地农产品。

卡纳塔克邦

Rainforest Retreat（见881页）这个僻静葱翠之地位于库格，坐落在香料种植园之间，以有机耕作、可持续农业和废物管理为工作重点。可在网站查看志愿者岗位。

马哈拉施特拉邦

Nimbkar Agricultural Research Institute（☎02166-220945; www.nariphaltan.org; Phaltan-Lonand Rd, Tambmal, Phaltan）为农业、工程和理科专业毕业生提供为期两到六个月的实习机会，专注于可持续农业的发展。

泰米尔纳德邦

Keystone Foundation（见1095页）位于Kotagiri，提供少量志愿者服务机会，与当地团体合作帮助改善环境条件。

动物保护

看到街头的流浪狗，你会想伸出援手，幸运的是，动物保护者有许多展现爱心的机会。

安得拉邦

海得拉巴蓝十字会（Blue Cross of Hyderabad; 见919页）超过1300只动物的收容所；志愿者帮忙照顾动物或在办公室里工作。

果阿邦

国际动物救援（International Animal Rescue; 见817页）救助并照顾狗、猫和其他动物，欢迎志愿者，但必须有狂犬疫苗接种证明。

孟买

流浪狗之家（Welfare of Stray Dogs; ☎022-

计划你的行程　志愿者服务

海外机构

数量繁多的国际志愿者服务机构让人难辨良莠。有些项目提供机会让你做任何想做的事、去任何想去的地方，通常都是相关机构为志愿者专门设计的，并非为所需工作寻找合格的志愿者。尽量寻找可以让你发挥技能并使帮扶对象真正获益的项目。如果想寻找你所在地区的机构，敬请阅读Lonely Planet公司出版的 *Volunteer:a Traveller's Guide* 或者登录以下网站：

Himalayan Education Lifeline Programme（HELP; www.help-education.org）总部在英国的慈善组织，招募教师志愿者前往锡金邦的学校。

Indicorps（www.indicorps.org）寻求志愿者协助开展位于印度各地的项目，主要是社会发展项目。

Voluntary Service Overseas（海外志愿服务社；简称VSO；www.vso.org.uk）一个英国组织，提供在印度和世界各地的志愿者长期专业安置。

Workaway（www.workaway.info）帮助人们找到酒店、客栈、有机农场、餐厅等地，可以通过一周工作5天换取免费食宿。

64222838; www.wsdindia.org; Yeshwant Chambers, B Bharucha Marg, Kala Ghoda）志愿者可参与动物保护、照看商店，或参与学校儿童的教育工作。

拉贾斯坦邦

动物救助无极限（见165页）位于乌代布尔，接受志愿者，帮忙照顾受伤、被遗弃或流浪的动物。

泰米尔纳德邦

Madras Crocodile Bank（见1036页）一家位于Vadanemmeli的爬行动物保护中心，需要志愿者至少两周的时间承诺。

Arunachala Animal Sanctuary（见1049页）位于蒂鲁文纳默莱，欢迎旅行者提供帮助，登门拜访即可。还可能招收长期志愿者。

建筑设计与修复

有建筑技能的人能在许多地方提供帮助。

泰米尔纳德邦

ArcHeS（见1074页）旨在保护切提纳度（Chettinadu）的建筑和文化遗产；需要历史学家、地理学家和建筑师，通常需服务3到4个月，位于Kothamangalam。

计划你的行程
带孩子旅行

这是一个迷人又令人激动的国度;相对于他们的父母而言,孩子们对印度会感到更为惊讶。印度的味道、风景和声音会构成一次令人难以忘怀的冒险之旅,大多数孩子都能从容应对。

孩子们的印度

和孩子一起在印度旅行通常是快乐的,不过你(和孩子)要适应被当作关注的焦点。当地人会兴奋地与你泼辣的小孩拍一两张照片,这可能会让小孩觉得烦躁甚至不安,但你随时可以礼貌地拒绝。

身为在印度旅行的家长,重点在于态度坚决地掌控局面,即使这样会冒犯善意的当地人。他们对孩子的关注几乎全是善意的,孩子是许多印度家庭的生活中心,你的孩子也会受到同等对待。所有酒店几乎都能提供加床服务,餐厅也有常见的儿童餐。

孩子喜爱的亮点
最佳童话场景

杰伊瑟尔梅尔 杰伊瑟尔梅尔数世纪屹立不倒的古堡(见193页)是全世界最大的沙堡,孩子们会开心地扮演骑士,还可以在塔尔沙漠骑骆驼。

德里 在壮丽的古堡奔跑,探索洛迪花园(见71页)和梅赫饶利考古公园(见105页),或者在国立铁道博物馆(见76页)动手体验展览,乘坐小火车。

伦腾博尔国家公园 走进迪士尼动画片《丛林故事》(Jungle Book)的世界(见148页),如今这里已变成猴子窝,然后跳上一辆越野车寻找动画片中的老虎谢尔汗。

最适合孩子的地区
拉贾斯坦邦

充满活力的节日,中世纪的城堡,童话般的宫殿,骆驼骑行穿越沙漠沙丘,还有提供一站式旅行服务的良好旅游基础设施。对于大一点的孩子而言,焦特布尔的Flying Fox(高空滑索)惊险刺激,分外有趣。

果阿邦

洁白的棕榈树沙滩,经济实惠的异国美食;无论预算多少,都是家庭度假的理想目的地。

北方邦

风景如画的泰姬陵和附近的失落之城法塔赫布里西格里会激发孩子们的想象力。

喀拉拉邦

独木舟和船屋探险、海滩冲浪、阿拉伯海日落、蛇船比赛、观赏野生动物和大象节。

喜马偕尔邦

可以骑小马和牦牛漫步殖民时期的山中避暑胜地,也可以漂流、骑马、玩双人滑翔伞(孩子可以参加)、徒步、在默纳利附近溪降。

乌代布尔 在湖上泛舟（见554页），试试骑马游览，探索童话般的宫殿。

奥恰 在鲜为人知的奥恰，漫步于年代久远的古旧宫殿和城垛上。（见598页）

中央邦 吉卜林作品《丛林故事》（*Jungle Book*）中的世界，有丛林和观虎之旅。（见590页）

最佳自然景色

老虎公园，中央邦 深入甘哈（见645页）、蓬其（见650页）或班德哈瓦（见648页）老虎公园的丛林里或在草原上漫步。你可能见不到老虎，但有很多其他值得观看的野生动物。

大象，喀拉拉邦 在佩里亚尔（见973页），孩子们能看到野生大象。

海豚，果阿邦 从果阿邦任何一处海滩出发，在乘船观海豚之旅中欣赏海豚在海浪中跳跃。（见792页）

避暑胜地的猴子 径直前往西姆拉（见238页，喜马偕尔邦）或马泰兰（见779页，马哈拉施特拉邦），近距离接触顽皮的猴子（但也别靠得太近，它们很凶的！）。

狮子，古吉拉特邦 在清晨或黄昏参加野生动物之旅，穿越吉尔国家公园（见687页），观看仅存的亚洲狮。

盖奥拉德奥国家公园，拉贾斯坦邦 骑自行车在这个保护区观赏数不胜数、色彩斑斓的鸟儿。（见132页）

默杜马赖老虎保护区，泰米尔纳德邦 参观大象营（见1104页），里面有人给公园的工作象（许多是被救助的，不适合重返野外）喂食、洗澡。

有趣的交通方式

机动三轮车，随处可见 乘坐这些全速行驶的小车，在令人兴奋的颠簸中前进。（见104页）

自行车，德里 参加DelhiByCycle的团队游（见80页）骑车游览，适合能熟练骑车的大孩子，或者能坐进儿童座椅的幼童。

小火车，大吉岭 乘坐可爱的蒸汽观光小火车（toy train）奔走在柯斯昂（Kurseong）与大吉岭之间，沿途经过五光十色的山村和倾泻的瀑布。（见474页）

人力车，马泰兰 从这个猴子频繁出没的山间避暑胜地出发，你可以选择骑马或者乘坐人力车继续前往更远的村子。（见779页）

船屋，阿勒皮 在喀拉拉邦美丽的回水区（见964页）乘船游览，途中有许多有趣的停靠站。如果在8月的第二个星期六来到小镇，就带小孩去看壮观的尼赫鲁杯划船竞赛（Nehru Trophy Boat Race）。

最佳海滨休闲

帕洛伦，果阿邦 精挑细选一间面朝大海的棕榈小屋，在美丽的帕洛伦海滩（见831页）悠闲放松，这里是果阿邦最浅最安全的水域。

帕内姆，果阿邦 在安静的帕内姆（见835页）惬意享受，这里有迷人的沙滩和凉爽、安静、方便儿童的沙滩餐厅。

哈夫洛克岛 懒洋洋的哈夫洛克岛（见1116页）是安达曼群岛的一部分，可以在浅水区嬉水，这里的潜水条件也相当好。

计划
出发前

➜ 查阅天气走势，选择出发日期时，避免幼童可能遭遇危险的极端天气。

➜ 在旅行之前，向医生咨询疫苗接种、健康报告和其他涉及孩子健康的相关问题。

➜ 要了解更多在印度旅行的小贴士和第一手资料，阅读Lonely Planet公司出版的《带孩子旅行》（*Travel with Children*）或者浏览lonelyplanet.com网站上的荆棘树论坛（Thorn Tree Forum）。

携带物品

你可以在印度很多地方买到这些东西：

➜ 一次性或可洗尿布、尿布疹膏（金盏花罐能有效治痱子）、额外的奶瓶、湿纸巾、婴儿配方奶粉以及罐装、瓶装或再水化食品。

➜ 由于酒店的床可能不够安全，因此你需要携带一张折叠婴儿床或尽可能轻的婴儿床（类似KidCo公司生产的质量良好的弹出式帐篷床）。不要携带手推童车，因为有人行道的地方很少，不方便推行。用专门的背包把幼儿背起来是更好的选择，这样能远离令人生畏的人群，而且高处的视野很棒。

➜ 带一些便宜玩具，即使丢了坏了也不可惜。

➡ 带一套游泳装、救生衣或游泳圈以备下海或进游泳池。

➡ 结实耐穿的鞋子。

➡ 有声读物，在漫长的旅途中消磨时间。

➡ 驱虫剂、蚊帐、帽子和防晒霜。

就餐

➡ 如果在拉贾斯坦邦、喜马偕尔邦、果阿邦、喀拉拉邦等地区或是各大城市旅行，喂饱孩子不是难事。在大城市和游客聚集的城镇总能找到丰富的各国风味菜肴。

➡ 一路上可以买到便于携带的零食，如香蕉、咖喱角（samosas）、puri（蓬松的面团饼）、白面包三明治和包装饼干（Parle G品牌常年热销）。

➡ 许多孩子都会喜欢加印度奶酪（paneer；未发酵的奶酪）的菜肴、简单的木豆菜（些许扁豆咖喱粉）、奶油咖喱、刷了油的馕（烤饼）、肉饭（米饭菜式）和藏式饺子（momos，蒸或煎的饺子）。

➡ 即便是不爱尝鲜的孩子也很难抵御用手指抓一大块南印度多莎饼（dosa，扁豆磨成粉制成的薄煎饼）吃进肚子的乐趣。

住宿

➡ 印度提供一系列住宿选择——从海滩小屋到五星级豪华酒店，你一定能找到全家人都喜欢的住所。

➡ 漂亮的高档酒店通常适宜儿童居住，许多中高档的酒店也是这样，他们的工作人员常摆上一两张额外床垫，有些酒店允许几个孩子与他们的父母同住一间普通的双人房。

➡ 最好的五星级酒店都提供儿童游泳池、游戏房甚至是儿童俱乐部，晚上定时提供温暖的泡泡浴，提供送餐服务——奶酪通心粉和卫星电视的精彩节目让无精打采的孩子立刻神采飞扬。

在路上

➡ 在印度旅行，整个家庭集体乘坐出租车、当地公共汽车、火车或飞机出行很难。在大部分地区，少有干净的公共厕所、更衣室和安全的游乐场。公共交通往往异常拥挤，因此在乘坐长途客车或火车之后，要花几天时间来好好休息给身体充电。

➡ 准备大量的娱乐装备（下载大量电影的iPad或笔记本电脑会让旅程不再枯燥，有声读物亦可；起同样作用的还有在印度到处都能找到的老式故事书、便宜的玩具以及游戏设施）。

➡ 雇一辆带司机的小汽车是明智又灵活的选择。要求加装安全座椅、儿童保护座或防护座椅，要么自带，要么尽早将这些需求清楚地告知租车公司。别指望有现成的物品能当场提供给你。还有，别忘了提醒司机保持低速驾驶。

健康

➡ 在印度，医疗保健服务可谓良莠不齐。向你国内的医生咨询关于目的地疫苗接种建议，以及要在急救箱里装些什么。

➡ 在印度热门旅行目的地，医疗条件较为便利，很容易在短时间内找到医生（大多数酒店都能推荐可靠的医生）。

➡ 一般在医院附近的众多药房里，可以快速找到便宜的非处方药物。

➡ 幼儿腹泻的后果非常严重；如果持续腹泻或伴有发烧，要寻求医疗帮助；补液是至关重要的。用装备良好的急救箱，就可以应对痱子以及脓疱病、蚊虫叮咬或刺痛等皮肤病，在当地药房也能找到对策。

地区速览

从21世纪的时尚都市到偏远的部落村庄,从棕榈环绕的回水区到刀劈斧削的山脉,从古老的庙宇到丛林缠绕的堡垒,印度的不同地区充满了鲜明的对比,五色斑斓,体验迥异,令人惊叹不已。

德里

美食
购物
古迹

这里有王朝都城的宏伟遗迹,也有极其现代化的卫星城古尔冈。在德里,你可以在时光中穿梭,与此同时,从新派印度菜到街头小吃,美食等你尽情享用。在德里的市集和大型商场,你将体验到购物天堂的美妙。

见56页

拉贾斯坦邦

宫殿和古堡
艺术和手工艺品
野生动植物

拉贾斯坦邦的古堡和宫殿是这个"帝王之地"的无价财富,昔日的王室狩猎场如今已摇身变为受保护的国家公园,适合观赏老虎和其他野生动物。在拉贾斯坦邦的市集里,还能找到琳琅满目的文化遗产。

见108页

旁遮普邦和哈里亚纳邦

建筑
边境
美食

除了令人叹为观止的金庙,旁遮普邦还有宫殿和华丽的装饰性建筑,而且这里是黄油鸡、印度香米、馕、杂豆汤(tarka dhal)和泥炉(tandoor)菜肴的发源地。阿塔瑞—瓦嘎边境站精彩的边境较量秀也值得一看。

见210页

喜马偕尔邦

探险
风景
文化

险峻的喜马拉雅山口和深邃的山谷非常适合徒步、攀登、摩托车骑行、滑翔伞和滑雪运动。自然风光永远令人惊叹。从丰富多彩的印度教节日到古老的佛寺,文化多样性令人大开眼界。

见235页

阿格拉和泰姬陵

建筑
陵墓
城堡

阿格拉的莫卧儿建筑展现了莫卧儿帝国登峰造极的技艺。泰姬陵的名气之大,已是无人不知,无人不晓,但它空灵超凡的美依然会令你屏息。当地的其他杰作也不应错过,比如阿克巴陵和雄伟的阿格拉堡。

见308页

北方邦

建筑
宗教
迦特

北方邦有许多古老的伊斯兰教城市,两个最重要的佛教圣地,以及印度教七大圣城中的两座。恒河及其支流流进北方邦,两岸有许多迦特(祭拜石阶)。

见329页

北阿肯德邦

徒步
瑜伽
野生动物

徒步者可以任意挑选寺庙、圣洁的湖泊、偏远的冰川和连绵起伏的高山草甸,可以去瑞诗凯诗修身养性,也可在国家公园寻找雪豹、亚洲黑熊、棕熊和岩羊的踪迹。

见368页

加尔各答

文化
美食
建筑

加尔各答曾经是英国殖民时代的印度首府,到处都是殖民时期的建筑。这座现代化的城市将混乱喧嚣与文化气息集于一身,洋溢着一种迷人且充满印度风情的气质。这里的美食享誉整个南亚次大陆,新鲜的鱼虾是其主要食材。

见413页

西孟加拉邦和大吉岭

避暑地
野生动物
酒店

大吉岭是典型的印度山区避暑地,有壮观的喜马拉雅景观和历史悠久的住宿地点。去西孟加拉邦游览,观赏威风凛凛的孟加拉虎。

见447页

计划你的行程 地区速览

比哈尔邦和恰尔肯德邦

宗教
遗迹
野生动物

佛陀悟道之地——菩提伽耶吸引着络绎不绝的朝圣者,而被联合国教科文组织列入世界遗产名录的那烂陀寺遗址只是众多早期佛教遗址之一。恰尔肯德邦贝特拉国家公园以野生大象著称。

见484页

锡金邦

风景
寺院
徒步

锡金邦森林覆盖的山脊上散布着佛教寺院和梦幻般的印度教神庙。背后矗立着壮丽的喜马拉雅山峰,摄人心魂的干城章嘉峰是摄影师的焦点,对体力充沛的徒步客有着无尽的吸引力。

见505页

东北地区

部落
野生动物
探险

这里是印度一些最神秘部落的家园,而印度独角犀牛仅仅是这片荒野边境地区的珍稀动物代表之一。

见530页

奥里萨邦

庙宇
部落
野生动物

奥里萨邦令人眼花缭乱的庙宇述说着一个引人入胜的故事:历代君王为敬奉神明如何地不惜代价。Onkadelli和Chatikona的部落市集是融入当地的绝佳机会,另外,当地还有老虎保护区、鳄鱼聚集的红树林和滨海湿地。

见560页

中央邦和切蒂斯格尔邦

野生动物
遗迹
部落

中央邦有印度一流的老虎栖息地,看到老虎的可能性很大。寻觅虎踪时,还能看到其他许多野生动物。

见590页

古吉拉特邦

野生动物
手工艺品
徒步

在这里,你能看到亚洲仅存的野生狮子和印度独有的野驴,也可以参观古吉拉特邦的刺绣工、织布工和印染工制作印度最精美的纺织品。或者加入印度教和耆那教朝圣者的行列,徒步登上神庙矗立的绝美山峰。

见657页

计划你的行程 地区速览

孟买

建筑
美食
夜生活

　　孟买的建筑将英国的庄严和印度的华丽集于一身,多种风格兼收并蓄。在餐饮方面,从地方小吃到各国菜肴,印度本土和世界各地的风味在此交融。时尚的酒吧里时常有宝莱坞明星悄然出现。

见710页

马哈拉施特拉邦

石窟
海滩
红酒

　　阿旃陀和埃洛拉的石窟中,隐藏着精美的洞窟壁画和石雕;康坎海岸上分布着一些印度最僻静的海滩。纳西克是印度方兴未艾的红酒之都,因出产令人惊艳的精酿红酒而声名鹊起。

见752页

果阿邦

海滩
美食
建筑

　　果阿邦的海滩已不是秘密,但有棕榈树在头顶摇曳,有金沙在脚下闪烁,你仍会觉得不枉到此一游,而且仍能找到远离人群的清静之地。还有新鲜的海鲜和美丽的殖民时期建筑。

见792页

卡纳塔克邦和班加罗尔

庙宇
野生动物
美食

　　卡纳塔克邦的寺庙里随处可见各种精美雕刻。尼尔吉里生态圈保护区是亚洲最大象群之一的栖息地。餐桌上也很丰盛,从乌迪比(Udupi)的素食塔利套餐到门格洛尔(Mangalorean)的海鲜,一应俱全。

见837页

特伦甘纳邦和安得拉邦

宗教
美食
海滩

　　海得拉巴拥有昔日的辉煌和现代的格调,是印度最具魅力的城市之一,著名的印度香饭和辛香的素菜带来丰富的美食体验。古老的佛教遗迹散布整个地区,蒂鲁马拉是一处重要的朝圣地。

见909页

喀拉拉邦

回水区
美食
野生动物

　　由水湾和湖泊构成的喀拉拉邦回水区远离现代生活的纷扰,是一个幽静祥和的世界。陆地上有众多供野生动物栖息的国家公园,而喀拉拉邦的地方菜以椰子和香料调味,鲜美可口。

见943页

计划你的行程 地区速览

泰米尔纳德邦和金奈

寺庙
避暑地
城市生活

古老传统和都市魅力在金奈交会碰撞,而泰米尔纳德邦精雕细琢、色彩绚烂的庙宇吸引了大批朝圣者从印度各地前来。西高止山中的英国统治时期的避暑山庄或本地治里迷人的法国区都是理想的避世之地。

见1011页

安达曼群岛

潜水
海滩
部落

安达曼群岛拥有葱郁的草木、清澈的海水和金色的海岸线,特别适合在晒得暖洋洋的沙滩上惬意放松。这里是一流的浮潜和潜水胜地,无论是初学者还是老手,都会感到满意。当地部落众多,在文化方面也极具魅力。

见1107页

泰米尔纳德邦节日庆典上的神牛。

在路上

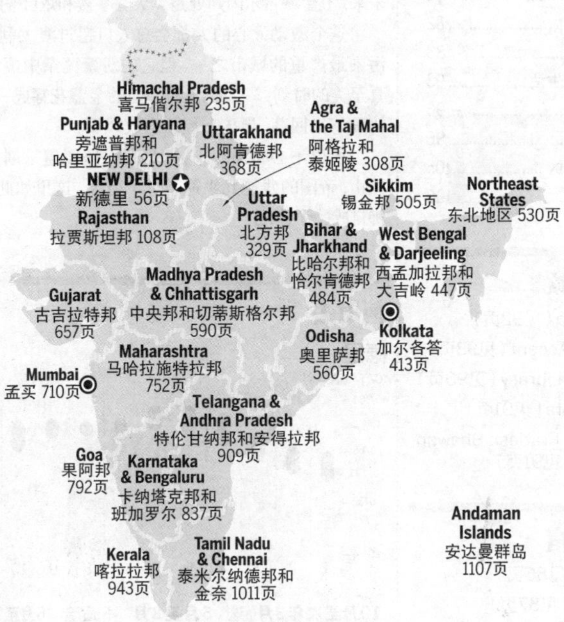

Himachal Pradesh
喜马偕尔邦 235页

Punjab & Haryana
旁遮普邦和
哈里亚纳邦 210页

Uttarakhand
北阿肯德邦
368页

Agra & the Taj Mahal
阿格拉和
泰姬陵 308页

NEW DELHI
新德里 56页

Rajasthan
拉贾斯坦邦 108页

Uttar Pradesh
北方邦
329页

Sikkim
锡金邦 505页

Northeast States
东北地区 530页

Bihar & Jharkhand
比哈尔邦和
恰尔肯德邦
484页

West Bengal & Darjeeling
西孟加拉邦和
大吉岭 447页

Gujarat
古吉拉特邦
657页

Madhya Pradesh & Chhattisgarh
中央邦和切蒂斯格尔邦
590页

Odisha
奥里萨邦
560页

Kolkata
加尔各答
413页

Mumbai
孟买 710页

Maharashtra
马哈拉施特拉邦
752页

Telangana & Andhra Pradesh
特伦甘纳邦和安得拉邦
909页

Goa
果阿邦
792页

Karnataka & Bengaluru
卡纳塔克邦和
班加罗尔 837页

Kerala
喀拉拉邦
943页

Tamil Nadu & Chennai
泰米尔纳德邦和
金奈 1011页

Andaman Islands
安达曼群岛
1107页

德里

☑ 011 / 人口 25,700,000 / 海拔293米

包括 ➡

历史	57
景点	60
活动	78
团队游	79
课程	81
住宿	82
就餐	88
饮品和夜生活	93
娱乐	96
购物	96
大德里地区	105
古尔冈	106

最佳餐饮

➡ Bukhara（见92页）
➡ Indian Accent（见93页）
➡ Masala Library（见90页）
➡ Cafe Lota（见91页）
➡ Andhra Pradesh Bhawan Canteen（见91页）

最佳住宿

➡ Lodhi（见86页）
➡ Manor（见87页）
➡ Madpackers Hostel（见86页）
➡ Stops @ The President（见82页）

为何去

时空穿梭在德里（Delhi）切实可行。登上你的时间机器（流线型的高效地铁），从旧德里这片工人们拖动着一袋袋香料、珠宝商用落灰的磅秤称金子的地方，穿越到现代化的新德里，这里殖民时期的议会建筑林立，人们喜爱享用晚茶。下一站进入未来，卫星城古尔冈到处是摩天写字楼和炫目耀眼的商场。

这个激动人心的大都会总人口超过澳大利亚，是全世界污染最严重的城市之一。但它的纷繁芜杂中蕴含着无数个至真至美的时刻：一位老人将寺庙的金盏花穿成一串，苏非派的祷歌悠扬回荡，男孩在屋顶上放风筝。

所以不必望而却步。德里是一座屡遭重创又重获新生的城市，帝国的残迹几乎遍布每个街区。这里如此精彩纷呈，仿佛自成一个国度。

何时去

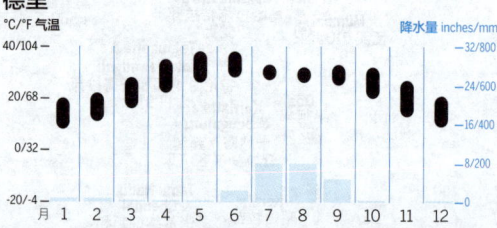

10月至次年3月 这是德里最舒适的季节——天气温暖、天空晴朗，但是晨雾可能导致航班延误。

5月至8月 不适合旅行的季节——炎热、潮湿、不舒适。

6月至9月 雨季气温高，加上降雨频繁，感觉闷热不适。

历史

印度教徒认为德里是印度史诗《摩诃婆罗多》中般度族的家园——因陀罗普罗司泰（Indraprastha）所在地，在旧堡附近的考古发掘表明，这里人类居住的历史可以追溯至3000年以前。"德里"之名源自公元前1世纪统治该地区的孔雀王朝国王Dhilu。但在历史上大部分时间里，征服者给这座城市起了各种不同的名字。

有明确考古学证据的第一座城是由印度国王Prithviraj Chauhan于12世纪建立的Lal Kot，又称Qila Rai Pithora。这座城市于1191年被阿富汗侵略者攻陷，在随后的600年内，德里被一系列穆斯林苏丹和皇帝所统治。第一任统治者顾特卜·乌德—丁·艾巴克（Qutub-ud-din Aibak）将这座印度教城市夷为平地，用废墟上的石头建造了梅赫饶利和高耸入云的顾特卜高塔。

顾特卜·乌德—丁·艾巴克的"Mamluk"（奴隶）王朝很快在一次政变后被Khilji王朝所推翻，后者在梅赫饶利东北的Siri建立了新都城，用浩兹卡斯村的皇家水池给王城供水。在另一次叛变后，杜格拉克（Tughlaq）苏丹夺取了这片疆土，在杜格拉卡巴德（Tughlaqabad）建立了一座新的堡垒之城作为首都，另外还建立了两座城市：Jahanpurah和菲罗扎巴德（Firozabad）。

1398年帖木儿攻陷这座城池后，杜格拉克王朝轰然坍塌，后继者是赛义德和洛迪王朝。如今在洛迪花园附近还分布着洛迪王朝苏丹的陵墓。随后，莫卧儿王朝统治期到来。第一任莫卧儿皇帝巴布尔（Babur）于1526年占领德里后，在Shergarh（如今的旧堡）建立了一座新首都。这座新城由其子胡马雍（Humayun）主持修建。

在莫卧儿王朝统治时期，不计其数的城市建筑拔地而起。沙贾汗（Shah Jahan）于1627年登上孔雀王座之后，以红堡为中心建立了一座新城沙贾汗阿巴德（Shahjahanabad）。1739年，这座莫卧儿城市落入波斯国王纳迪尔·沙（Nadir Shah，"沙"即国王）之手，莫卧儿王朝自此开始迅速没落。最后一位莫卧儿皇帝巴哈杜尔·沙·扎法尔（Badahur Shah Zafar），因在1857年支持第一次独立战争而被英国人流放到缅甸，德里迎来了新的统治者。

1911年，英国人将英属印度的首都从叛乱日益严重的加尔各答迁往德里，带来了新一轮建筑热潮。建筑师埃德温·勒琴斯（Edwin Lutyens）规划了一座拥有宽敞林荫大道和庄严行政大楼的新城，以容纳殖民政府——新德里就此诞生。

德里的重要节日

可联系印度德里旅游局（见101页）以确定具体日期。

共和国日（☺1月26日）在国王大道（Rajpath）举办隆重的阅兵式。

"鸣金收兵"仪式（Beating of the Retreat；☺1月29日）在国王大道（Rajpath）再次举行盛大的军队游行仪式。

St.Art（☺12月至次年3月）街头艺术节。

独立日（☺8月15日）印度庆祝从英国独立。

十胜节[Dussehra，杜尔迦女神节（Durga Puja）；☺9月/10月]印度教徒欢庆正义战胜邪恶，其间会举行五彩缤纷的花车游行。

顾特卜节（Qutb Festival；☺10月/11月）在顾特卜高塔建筑群（Qutb Minar Complex）附近举行的苏非派吟唱和古典音乐舞蹈演出。

排灯节（Diwali；☺10月/11月）排灯节期间，全城各地会燃放烟火进行庆祝。

德里国际艺术节（简称DIAF；www.diaf.in；☺11月/12月）展览、行为艺术、电影、文学和烹饪技艺展示活动。

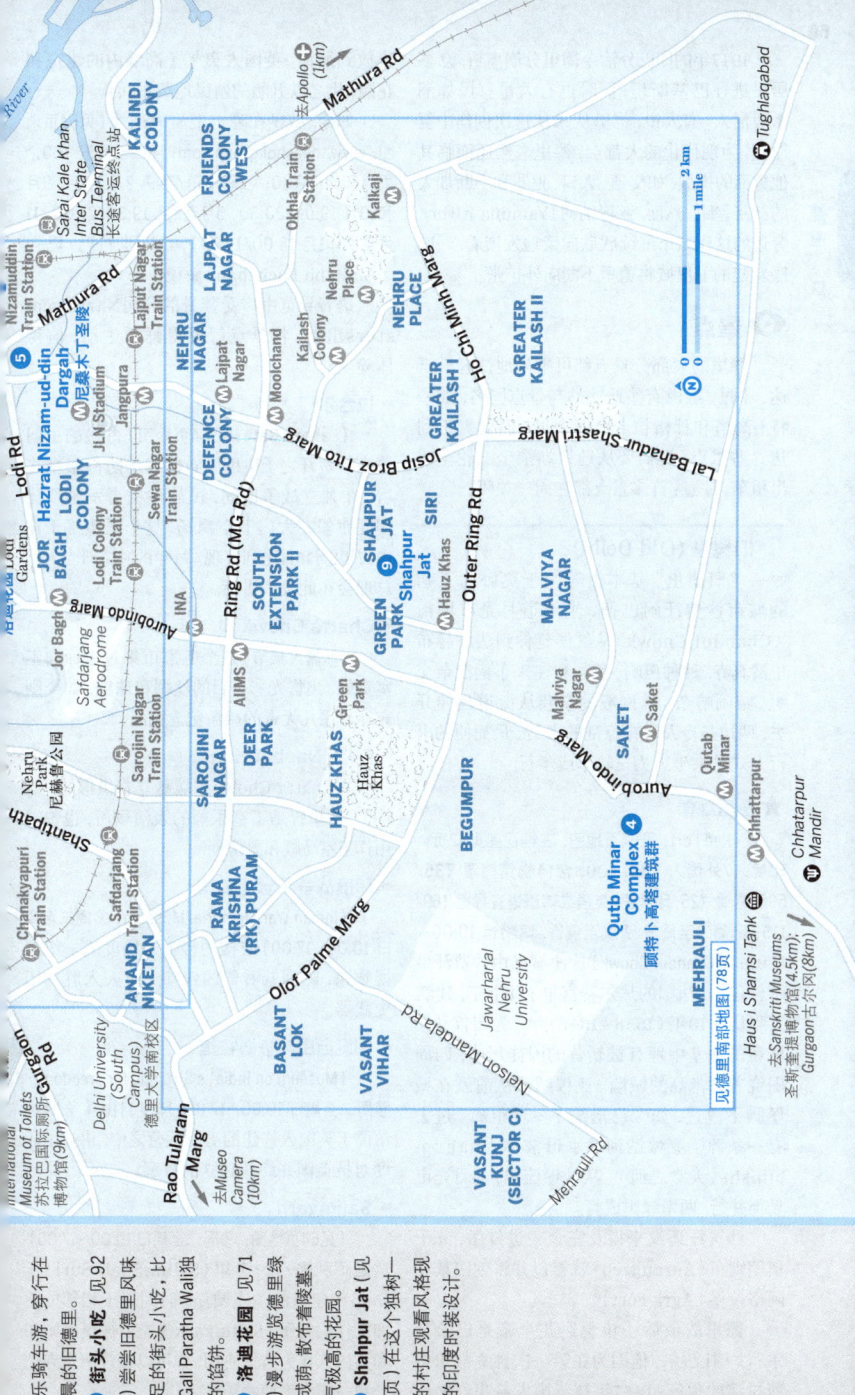

1947年的印巴分治令德里分崩离析，众多居民逃往巴基斯坦，同时也有大量移民如潮水般涌入。有人说，德里从未从这次创伤中复原。作为现代化的大都会，德里当然还面临其他方面的挑战，如交通、人口、犯罪和不断加大的贫富差距。然而，亚穆纳河（Yamuna River）旁边的这座城市继续欣欣向荣地发展着，一座座新建的卫星城将德里不断向外扩张。

⊙ 景点

德里的大部分景点都可乘坐地铁轻松抵达，不过，虽说有些地铁站与景点同名，如顾特卜高塔和杜格拉卡巴德古城，但要真正到达这些景点，还需要从地铁站乘坐三轮车或出租车。注意：许多景点都在周一关闭。

⊙ 旧德里（Old Delhi）

"旧德里"基本上等同于莫卧儿王朝的城市沙贾汗阿巴德，主干道月光市场街（Chandni Chowk）从红堡延伸到法塔赫布里清真寺，种种声响、色彩和往来车辆混杂交织，喧闹嘈杂。蛛网般的窄巷从街道延伸开去，两边是令人眼花缭乱的市集。最简便的出行方式是乘坐人力三轮车或步行。

★ 德里红堡　　　　　　　　　　城堡

（Red Fort；见64页地图，三维视图见62页；印度人/外国人 ₹30/500，含博物馆门票 ₹35/500，录像 ₹25，印地语/英语或韩语语音导览 ₹69/115；◎周二至周日 清晨至黄昏，博物馆 10:00～17:00；MChandni Chowk）这座城堡由沙贾汗皇帝创建，比法国的凡尔赛宫早了几十年，建筑工程历时10年（1638～1648年）。为图吉利，城堡的地基中埋有被斩首的囚徒尸体，四周围绕着18米高的城墙。亚穆纳河从前就在城堡脚下流过，如今已退缩了一段距离。过去有一条源于亚穆纳河的水道被称为nahr-i-bihisht（天堂之河），从城堡流出，与月光市场街并行，两岸绿树成行。

沙贾汗还没来得及完全搬进红堡，儿子奥朗则布（Aurangzeb）就篡位并将他囚禁在阿格拉堡（Agra Fort）。

德里的最后一位莫卧儿皇帝是巴哈杜尔·沙·扎法尔，他因为在第一次独立战争中所扮演的角色，1857年被英国人赶出红堡后流放到缅甸。英国人夷平了高墙内的建筑和花园，代之以丑陋的殖民地英军兵营。

如今，城堡在晚上上演声光秀（见64页地图；www.theashokgroup.com；周二至周五 ₹60，周六和周日 ₹80；◎印地语/英语 2月至4月，9月和10月 19:00/20:30，5月至8月 19:30/21:00，11月至次年1月 18:00/19:30），由阿米特卜·巴强（Amitabh Bachchan）解说。

语音导览由广受赞誉的公司Narrowcasters出品，将景点解说得鲜活生动，值得体验。

➡ 拉合尔门

（Lahore Gate；见64页地图）古堡的主门藏在沙贾汗之子奥朗则布修建的防御堡垒之后。在独立战争期间，民族主义者发誓要让印度旗帜在大门上空飘扬，这个愿望终于在1947年8月15日得到实现。每年的独立日当天，总理会在此发表讲话。

➡ Chatta Chowk

（非露天集市）这个皇家市集过去面向王室贵妇，出售光彩夺目的丝绸和珠宝，如今则充斥着平凡无奇的旅游纪念商品。

➡ 鼓楼（Naubat Khana）

在Chatta Chowk东端矗立着拱形的"鼓楼"，这里曾是王室乐师的表演场所，也曾被用作王室马厩和象房。

➡ 印度战争纪念博物馆

（Indian War Memorial Museum；◎周二至周日 10:00～17:00）鼓楼的楼上是印度战争纪念博物馆，陈列着看似凶残却又引人入胜的历史武器。

➡ 印度自由斗争博物馆

（Museum on India's Struggle for Freedom；◎周二至周日 10:00～17:00）印度自由斗争博物馆位于英国人修建的丑陋兵营之中，讲述了印度对抗英国并终获独立的故事。

➡ Salimgarh

（见64页地图；◎周二至周日 10:00～17:00）这是萨利姆·沙·苏里（Salim Shah Suri）于1546年建造的一座城堡，时间早于相邻的更加宏伟的红堡。Salimgarh曾先后被奥朗则布和英国人作为监狱使用，你可以参观清真寺遗址和一座小型博物馆。

➦ 公众大厅（Diwan-i-Am）

这条由砂岩柱构成的拱形走廊就是公众大厅。过去皇帝会在大理石高台顶端的宝座上接见宾客和显贵,高台后方精美的宝石镶贴艺术品（pietra-dura）描绘的是俄耳甫斯,显得格格不入,据说来自佛罗伦萨。

➦ 私人大厅（Diwan-i-Khas）

私人大厅从前是对皇帝行三拜九叩之礼的地方。南北两侧角落的拱门上方用乌尔都语刻着"世间若有天堂——正是此地,正是此地,正是此地"。纳迪尔·沙在1739年从这里掠走了传说中镶满宝石的孔雀王座。1857年5月,巴哈杜尔·沙·扎法尔在此成为最后一位莫卧儿皇帝,但7个月后便遭遇叛变,（又是在这里）被英国人审判后流放。

私人大厅南边是优雅的**私人宫殿**（Khas Mahal）,里面是皇帝的私人住所,隐藏在类似网眼风格的雕花大理石屏风之后。名为"nahr-i-bihisht"（天堂之河）的人工溪流,以前经这里流入附近王后居住的**彩宫**（Rang Mahal）。彩宫外曾经有辉煌奢华的装饰画,宫内有一座精美的莲花形喷泉。

➦ 宝宫（Mumtaz Mahal）

在彩宫南边,这个建筑据说是为阿姬曼·芭奴·贝古姆（Arjumand Banu Begum,亦称蒙塔兹·玛哈尔）建造的,泰姬陵正是她的陵墓。如今,这里是**考古博物馆**（Museum of Archaeology; ⊙周二至周日10:00~17:00）,从阿克巴的御用品到玫瑰香水的喷洒器和最后一任皇帝巴哈杜尔·沙的墨宝,展品丰富多彩。

➦ 皇家浴室（Royal Baths）

皇家浴室不对公众开放,里面曾设有王室家族专用的一间桑拿房和热水浴池。

➦ 珍珠清真寺（Moti Masjid）

这个白色的小型清真寺是奥朗则布修建的私人礼拜场所。它的外墙与整个古堡外墙融合到一起,内墙倾斜,朝向麦加。清真寺不对游客开放。

➦ 皇塔（Shahi Burj）

皇塔是一座三层高的八角塔形建筑,沙贾汗喜欢在此处理国事。塔前是一座优雅的王宫花园遗址,其中心是Zafar殿（Zafar Mahal）——一座被深深的空水池所环绕的砂岩建筑。

月光市场街   景区

（Chandni Chowk；见64页地图；ⓜChandni Chowk）在这条旧德里的主干道沿线,耆那教、印度教和锡克教寺庙林立,还有一间教堂,街道的一端是法塔赫布里清真寺。在莫卧儿时代,这里绿树成荫,环境优美,如今已变得嘈杂混乱,许多古老的小型巴扎如同街道的触手向四周延伸。莫卧儿时期,街道的中央有一个水潭,月光映照着水面,因此得名Chandni Chowk,即"月光街"。主街上的车辆川流不息,到处都是机动车、小贩、摩托车、三轮车和搬运工,过街难如登天。

天衣派耆那教庙宇   耆那教庙宇

（Digambara Jain Temple；见64页地图；Chandni Chowk; ⊙6:00至中午和18:00~21:00；ⓜChandni Chowk）天衣派耆那教庙宇的赤砂岩建筑位于红堡对面,建于1658年。里面有一家颇为有趣的**鸟类医院**（bird hospital；见64页地图；欢迎捐赠；⊙10:00~17:00）,创办于1956年,其运营宗旨是践行耆那教保护所有生物的教义,每年可治疗30,000只鸟。这里只有松鼠和素食鸟类可以入住,食肉鸟类被当作"门诊病人"对待。进庙前记得脱鞋并摘下身上所有的皮具。

金色清真寺   清真寺

（Sunehri Masjid, Golden Mosque；见64页地图；⊙清晨至黄昏；ⓜChandni Chowk）这座清

旧德里的鸽子

在旧德里,养鸽子（kaboota bazi）是一项很受欢迎的业余爱好,但首先要养得起——每只鸽子至少要₹5000。有些鸽子受训参赛,有些飞得很快,有些以耐力著称。养鸽最早在莫卧儿王朝流行开来,当时鸽子主要用于通信,沙贾汗阿巴德刚建成时,养鸽俱乐部遍地开花,相互竞争。据说纳迪尔·沙的德里大屠杀就是由他的一位士兵为买鸽子与当地养鸽人产生争吵而引发的。如今养鸽人依然很多,放飞需要按时间表进行,鸽群才不会产生冲突。养鸽人等级严明,成为养鸽大师（Khalifa）需要20多年。最精彩的赛鸽（haqaana）盛会在共和国日举办。

红堡

亮点

红堡的主要入口是 ❶**拉合尔门**——奥朗则布为增强安全性而修建的城门。门上1857年的子弹痕迹仍清晰可见，当时正值第一次独立战争期间，印度军队奋起反抗英军。

步行穿过曾经向贵族出售丝绸和珠宝的Chatta Chowk（非露天集市），后面就是 ❷**鼓楼**（Naubat Khana）——一栋赤褐色的建筑，内有象门（Hathi Pol），之所以有此称号，是因为过去来访者至此要从大象或马背上下来以示尊重。从这里直走可至 ❸**公众大厅**（Diwan-i-Am），那是接见公众的大殿。公众大厅后面是 ❹**私人宫殿**（Khas Mahal）和 ❺**私人大厅**（Diwan-i-Khas），后者是堡内最奢华的大殿，只有高级官员才可以进入。人造溪流Nahr-i-Behisht（天堂之河）中曾经流淌着清凉的溪水，贯穿所有这些建筑。旁边是 ❻**珍珠清真寺**（Moti Masjid），往南是 ❼**宝宫**（Mumtaz Mahal），内有考古博物馆；或者你可以朝北走至红堡花园，花园里散布着富丽堂皇的楼阁和旧时英军兵营。在这里你会看到曾经是蓄水池、现已废弃的 ❽**阶井**。再走5分钟，过马路并经过一座铁路桥，就会看到岛上的 ❾**Salimgarh**城堡。

重要贴士

➜ 避开人群，清晨或傍晚到此；避免在周末和公众假期到来。

➜ 极具气氛的游览方式是晚上来看红堡，天黑之后这里有夜间声光表演。

Salimgarh
由萨利姆·沙·苏里建造的16世纪城堡。它建在亚穆纳河上的一座岛上，最近才向公众开放。部分城堡仍归印度军队使用。

Museum on India's Struggle for Freedom 印度自由斗争博物馆

Chatta Chowk

拉合尔门
拉合尔门的意义尤为重大，1947年印度独立时，贾瓦哈拉尔·尼赫鲁就是在此处升起第一面三色旗。

鼓楼
鼓楼雕刻着花卉图案，上面的长廊曾设有音乐家表演。内有象门，访客至此下马或从象背上下来。

阶井

红堡的阶井很少有人参观,是让人难以忘怀的荒芜之地,如果你想起1942年8月以后它的房间曾被英国人用作牢房,这种感觉会更强烈。

珍珠清真寺

珍珠清真寺由奥朗则布于1662年修建,供他个人使用。圆顶最初覆盖着铜,但后来铜被英国人拆走卖掉。

私人大厅

堡内最奢华的建筑,由镶嵌着玛瑙和其他宝石的白色大理石建造而成。屏风嵌满各色玻璃,昔日从这里可以看到下面的河流(如今已经被改造为环路)。

Baidon Pavilion

Zafar Mahal Zafar 殿

Hammam 浴室 ❺

❻

❹

Rang Mahal 彩宫

Mumtaz Mahal 宝宫 ❼

❸

小食点

想要找吃的就去Gali Paratha Wali,这是月光市场街附近小贩林立的一条巷弄,因其新鲜制作的各种各样的paratha(传统扁面包)而闻名。

❷

Delhi Gate 德里门

NORTH 北

公众大厅

这些红色砂岩柱曾经覆盖着石膏壳,如象牙般光亮平滑,在炎热的天气里,冗重的红色窗帘还可挂在柱上阻挡阳光。据说大理石宝座后的镶板是由佛罗伦萨珠宝匠Austin de Bordeaux建造的。

私人宫殿

皇帝私人住所中最壮观的物品是房间北端的一块精美的大理石屏风,屏风上方有"正义之秤"(Scales of Justice)雕刻,悬于新月之上,周围是星星和云朵。

Old Delhi 旧德里

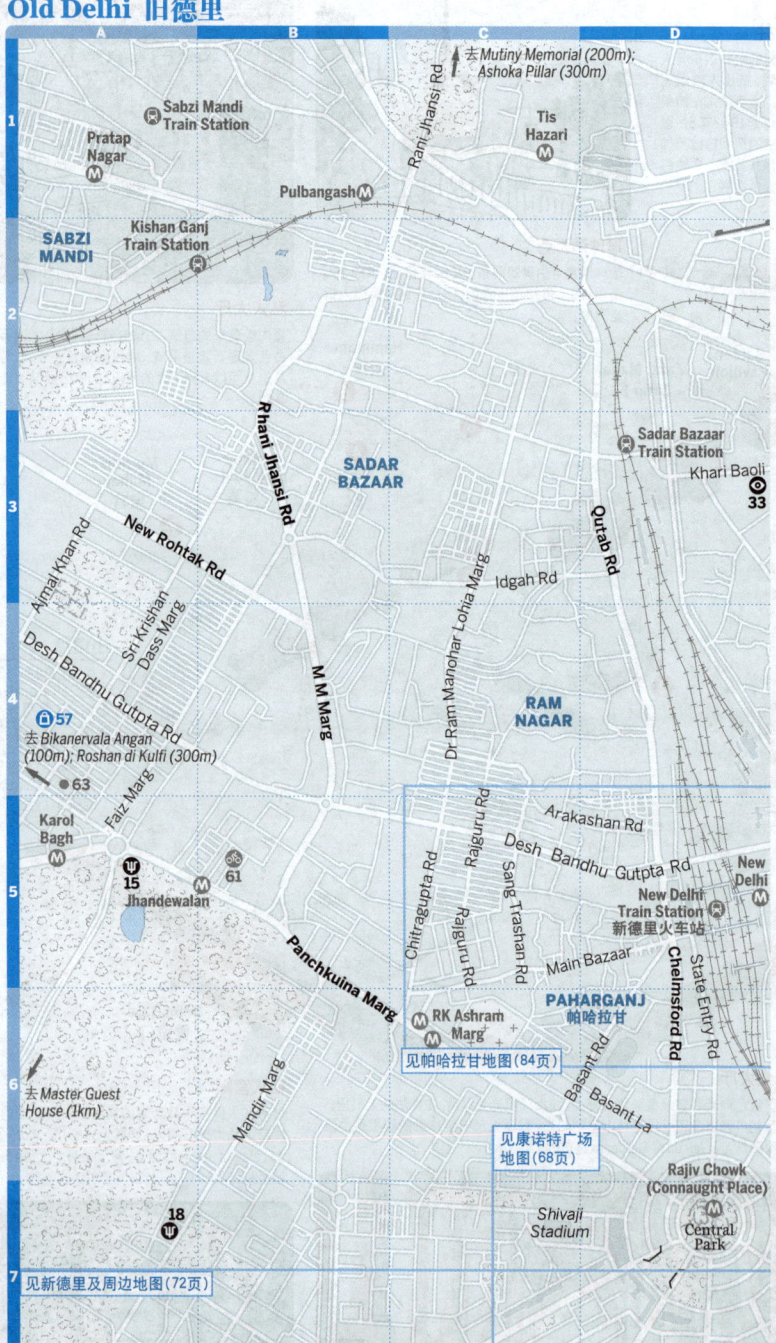

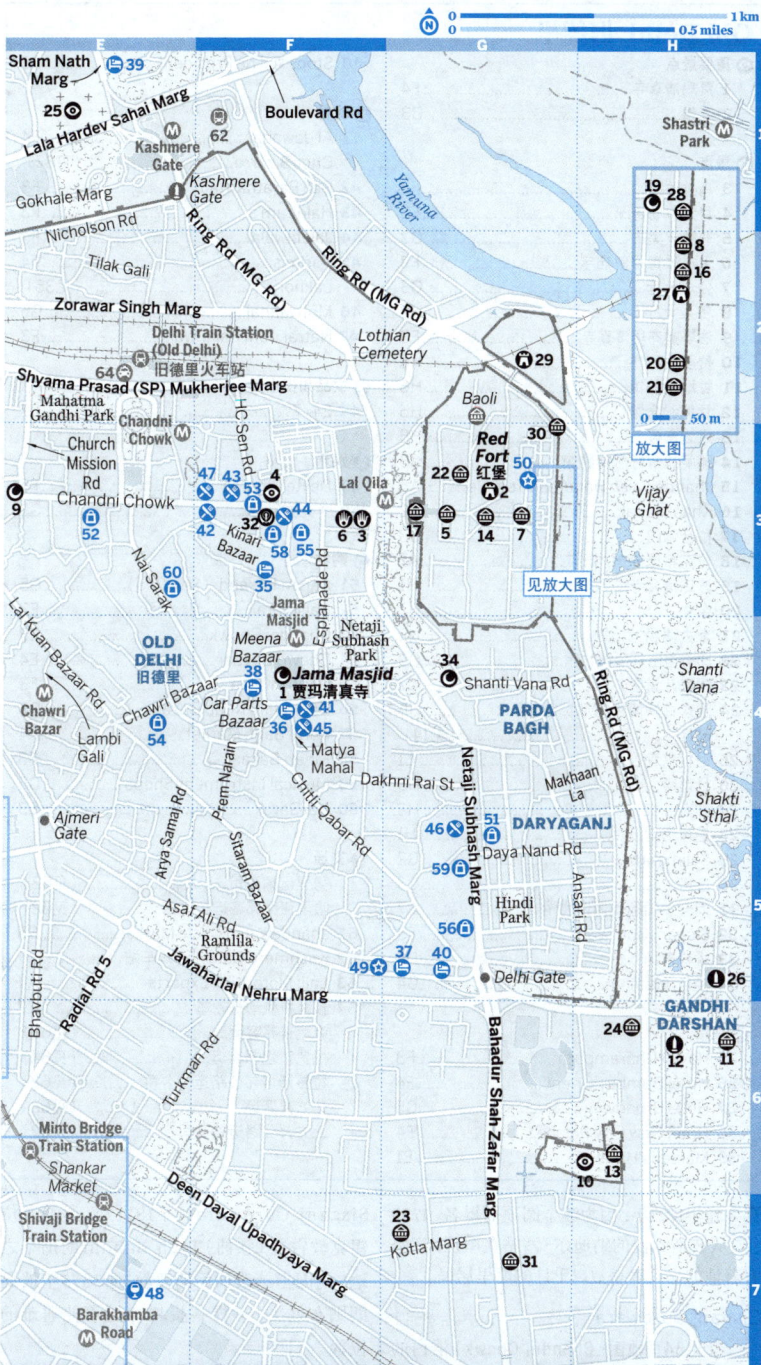

Old Delhi 旧德里

◎ 重要景点
1 贾玛清真寺 F4
2 红堡 G3

◎ 景点
3 鸟类医院 F3
4 月光市场街 F3
5 非露天集市 G3
6 天衣派耆那教庙宇 F3
7 公众大厅 G3
8 私人大厅 H2
9 法塔赫布里清真寺 E3
10 费罗兹沙堡 H6
11 甘地功德馆 H6
12 甘地纪念馆 H6
13 风之宫殿 H6
14 印度战争纪念博物馆 G3
15 Jhandewalan Hanuman Temple A5
16 Khas Mahal H2
17 拉合尔门 G3
18 拉克希米·纳拉扬庙 A7
19 珍珠清真寺 H1
20 宝宫 H2
21 考古博物馆 H2
22 印度自由斗争博物馆 G3
23 国家儿童中心 G7
24 国家甘地博物馆 H6
鼓楼 ....(见14)
25 尼科尔森公墓 E1
26 甘地陵 H5
27 彩宫 H2
28 皇家浴室 H1
29 Salimgarh G2
30 皇塔 G3
31 尚卡尔国际玩偶博物馆 G7
32 Sisganj Gurdwara F3
33 香料市场 D3
34 金色清真寺 G4

ⓛ 住宿
35 Haveli Dharampura F3
36 Hotel Bombay Orient F4
37 Hotel Broadway G5
38 Hotel New City Palace F4
39 Maidens Hotel E1

40 Stops @ The President G5

ⓧ 就餐
41 Al-Jawahar F4
Chor Bizarre ....(见37)
42 Gali Paratha Wali F3
43 Haldiram's F3
44 Jalebiwala F3
45 Karim's F4
Lakhori ....(见35)
46 Moti Mahal G5
47 Natraj Dahi Balle Wala F3

◎ 饮品和夜生活
48 24/7 .... E7

✪ 娱乐
49 Delite Cinema F5
50 声光秀 G3

ⓖ 购物
51 Aap Ki Pasand（San Cha）............... G5
52 Ballimaran E3
53 Chandni Chowk F3
54 Chawri Bazaar E4
55 Dariba Kalan F3
56 Daryaganj Kitab Bazaar G5
57 Karol Bagh Market A4
58 Kinari Bazaar F3
59 Musical Instrument Shops G5
60 Nai Sarak E3

ⓘ 交通
德里运输公司 ....(见62)
哈里亚纳邦客运 ....(见62)
61 Jhandewalan Cycle Market.............. B5
62 Kashmere Gate邦际汽车站 F1
63 Lalli Motorbike Exports A4
64 预付费机动三轮车 E2
旁遮普邦客运 ....(见62)
拉贾斯坦邦客运 ....(见62)
拉贾斯坦邦公路运输公司 ....(见62)
北方邦客运 ....(见62)
北方邦公路运输公司 ....(见62)

真寺建于1721年，因为镀金圆顶而得名。1739年，从波斯入侵的纳迪尔·沙站在屋顶，亲眼看着他的士兵屠杀数以千计的德里居民。

Sisganj Gurdwara 锡克教庙宇

（见64页地图；Chandni Chowk）洁白的Sisganj Gurdwara建于18世纪，是第九位锡克教古鲁（领袖）Tegh Bahdur的殉难之地，他因拒绝改信伊斯兰教，于1675年被奥朗则布处决。一棵菩提树标记着他遇难的位置。

法塔赫布里清真寺　　　　　　　　清真寺

（Fatehpuri Masjid；见64页地图；Chandni Chowk；◎5:00~21:30；ⓂChandni Chowk）这座清真寺是沙贾汗的王妃法塔赫布里·贝古姆（Fatehpuri Begum）于17世纪修建的。在穿过周围街道的喧嚣之后，这里能让你享受片刻宁静。清真寺中央的水池来自一个贵族之家，造型精巧。1857年起义之后，这座清真寺被英国人以₹19,000的价格卖给了一位印度教贵族。20年后，用4个村庄作为交换，清真寺才重新成为穆斯林的礼拜场所。

★ 贾玛清真寺　　　　　　　　　　清真寺

（Jama Masjid，星期五清真寺；见64页地图；照相和录像 各₹300，登塔 ₹100；◎非穆斯林 8:00至日落前1小时，宣礼塔 9:00~17:30；ⓂChawri Bazaar）在喧嚣混乱的旧德里的中心，贾玛清真寺是一片优美祥和之地。这是印度最大的清真寺，建在10米高的高地顶端，耸立于周边嘈杂的街道之上，可容纳的人数惊人，多达25,000人。它又被称为"星期五清真寺"，由大理石和赤砂岩打造，是沙贾汗留下的最后一座建筑瑰宝，建造时间为1644年至1658年。四座瞭望塔用于维护安全。清真寺有两座高达40米的宣礼塔，其中一一可以登顶，欣赏动人的美景。三座大门均可进入清真寺。

东门起初仅供皇室使用。在入口购票后，登上121级台阶，可到达狭窄的南宣礼塔顶部（注意：女士需男士陪同方可登塔），从那里能看到建筑师埃德温·勒琴斯如何将清真寺纳入他对新德里的设计之中——贾玛清真寺、康诺特广场和议会大厦（Sansad Bhavan）排成一条直线。

游客应在台阶顶端脱掉鞋子。进入清真寺不收费，但需要支付摄影费用，不管你是否打算使用相机。

甘地陵　　　　　　　　　　　　　纪念碑

（Raj Ghat；见64页地图；◎10:00~20:00；ⓂJama Masjid）免费 这个宁静的公园坐落在亚穆纳河畔，有一个很简单的黑色大理石平台，这里就是圣雄甘地于1948年遇刺身亡后的火化之处。这处纪念馆（见64页地图）是个引人深思的地方，铭刻有据说是甘地临终前最后的言辞："Hai Ram"（噢，神啊）。每周五（甘地去世之日）的17:00这里会举办纪念祈祷，每年的10月2日和1月30日，即甘地的诞辰和忌日，也有纪念祈祷活动。

在Kisan Ghat路对面就是甘地功德馆（Gandhi Darshan；见64页地图；◎周一至周六 10:00~17:00；ⓂIndraprastha）免费，这栋建筑里展示了与圣雄甘地相关的照片。附近还有多个纪念场所，纪念贾瓦哈拉尔·尼赫鲁（Jawaharlal Nehru）、英迪拉·甘地和拉吉夫·甘地火化的地点。

国家甘地博物馆　　　　　　　　　博物馆

（National Gandhi Museum；见64页地图；☏011-23310168；http://gandhimuseum.org；Raj Ghat；◎周二至周日 9:30~17:30；ⓂJama Masjid）免费 这是一座吸引人的博物馆，保存着甘地的一些私人物品，其中包括他的眼镜，甚至还有他的两颗牙齿。还有些令人动容又心惊的展品，包括甘地在遇刺时身穿的腰布、披肩和佩戴的手表，以及夺走他生命的子弹之一。

费罗兹沙堡　　　　　　　　　　　历史遗迹

（Feroz Shah Kotla；见64页地图；Bahadur Shah Zafar Marg；印度人/外国人 ₹15/200，录像 ₹25；◎清晨至黄昏；ⓂITO）菲罗兹巴德是德里的第五座城，由费罗兹·沙·杜格拉克（Feroz Shah Tughlaq）于1354年建造，是当地首个建在河畔的城市。只有堡垒保存至今，残败的城墙守护着贾玛清真寺（星期五清真寺），还有一个阶井，以及金字塔形的风之宫殿（Hawa Mahal；见64页地图），顶部是一根13米高的阿育王石柱（Ashoka Pillar），上面刻有公元前3世纪的佛法。这个遗址有一种超脱俗尘的梦幻氛围。

每周四下午，人们会聚集在清真寺，点燃香烛，留下一碗碗的牛奶来供奉德里的"djinns"（无相神灵），据说神灵们就栖居在清真寺的地下室里。进入清真寺和风之宫殿之前要脱鞋。

尚卡尔国际玩偶博物馆　　　　　　博物馆

（Shankar's International Dolls Museum；见64页地图；☏011-3316970；www.childrensbooktrust.com；Nehru House, 4 Bahadur Shah Zafar Marg；成人/儿童 ₹17/6；◎周二至周日 10:00~18:00；ⓂITO）这座博物馆由政治漫画家K.尚

Connaught Place 康诺特广场

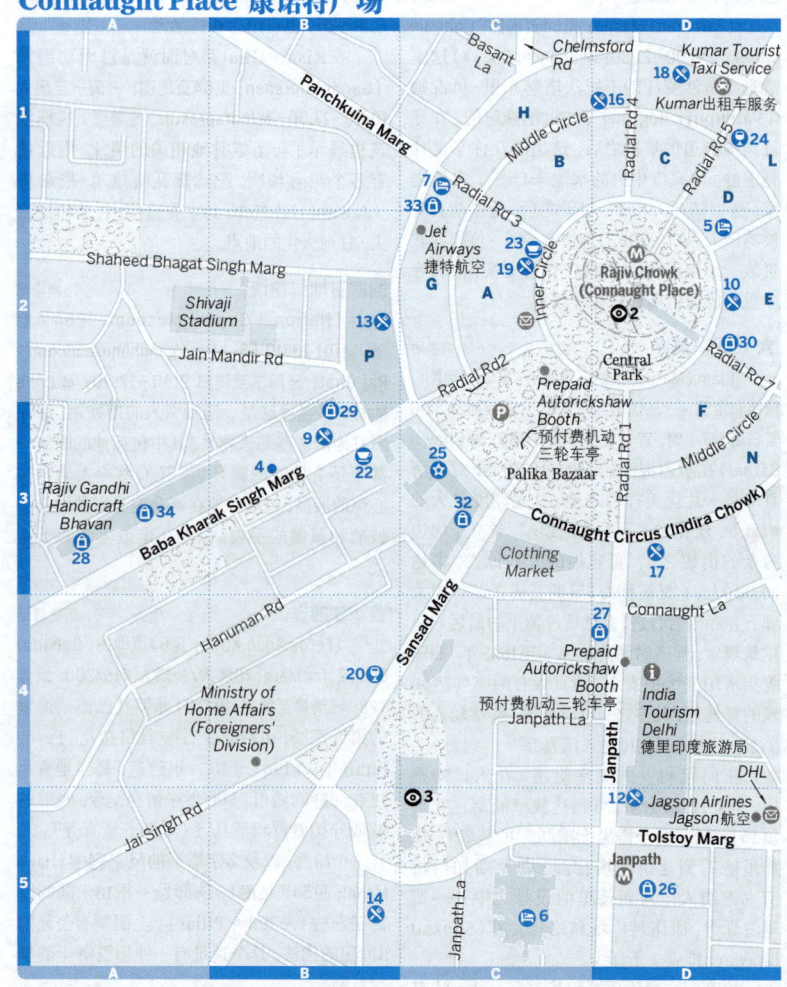

卡尔·皮莱（K Shankar Pillai）创办，他从20世纪50年代开始收集玩偶。博物馆收藏的6500个衣饰玩偶来自85个国家，古怪有趣，令人印象深刻。

国家儿童中心
博物馆

（National Bal Bhavan；见64页地图；www.nationalbalbhavan.nic.in；Kotla Marg；成人/儿童₹20/免费；⏲周二至周六 9:00～17:30；MMandi House）德里的儿童博物馆混乱迷人，有色彩斑斓的玩具小火车、鹦鹉、豚鼠、兔子和一个小水族箱。

尼科尔森公墓
公墓

（Nicholson Cemetery；见64页地图；Lala Hardev Sahai Marg；⏲4月至9月 8:00～18:00，10月至次年3月 9:00～17:00；MKashmere Gate）位于Kashmere Gate附近，这座被遗忘的公墓很有吸引力，是数百位德里殖民地时期居民的长眠之地，其中许多都是在孩提时代就不幸夭折的。安葬于此的最著名的人物是约翰·尼科尔森（John Nicholson）准将，他在1857年第一次独立战争中负伤身亡，公墓也因他得名。他一度享有极高的声望，深受一些士兵的爱戴，

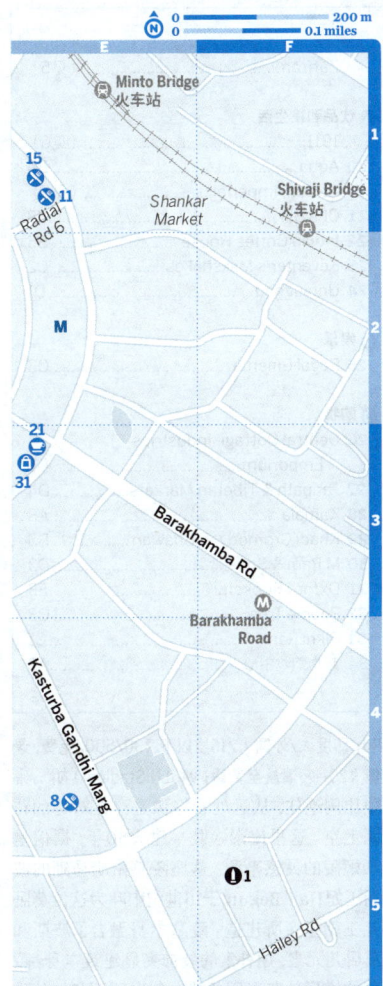

座方尖碑,用来纪念英国国王乔治五世(King George V)于1911年被加冕为印度皇帝的地点。这里曾在1877年和1903年举行过盛大的"durbars"(庆典集会),以表示印度效忠于英国统治者。邻近的公园里点缀着几个英国官员的大理石半身像和一尊巨大的乔治五世雕像。可从地铁站搭乘机动三轮车前往。

拉克希米·纳拉扬庙　　　印度教神庙

(Lakshmi Narayan Temple, Birla Mandir; 见64页地图; Mandir Marg; ⊙4:30~13:30和14:30~21:00; MRamakrishna Ashram Marg)这座洋溢着奥里萨风格的神庙由富有的工业家BD Birla在1939年出资修建,主殿供奉财富女神拉克希米。圣雄甘地主持了揭幕仪式,宣布这座神庙面向所有种姓开放——正如大门上的标牌所示:"这里欢迎每一个人"(Everyone is Welcome)。

Jhandewalan Hanuman Temple　印度教神庙

(见64页地图; Link Rd, Jhandewalan; ⊙清晨至黄昏; MJhandewalan)如果你刚好在Karol Bagh, 这座神庙不容错过(其实要错过也很难)。绕一小段路就能看到34米高的猴神哈奴曼像矗立在火车轨道上方。走近后,有通道穿过恶魔之口,通往一系列气氛十足、满是神灵的小室。

◎ 康诺特广场地区
(Connaught Place Area)

康诺特广场　　　　　　　　景区

(Connaught Place; 见68页地图; MRajiv Chowk)这个混乱的圆形购物区得名于英皇乔治五世的叔父——康诺特公爵,仿照巴斯的帕拉第奥式柱廊打造。柱廊成行的灰白街道呈放射状,由位于中间的圆形Rajiv Chowk向外辐射。外环是G至N区,内环是A至F区。如今这里主要聚集着大同小异但人气很高的酒吧和国际连锁店,还有几家不错的酒店和餐厅。到处都是兜揽生意的人。

甚至激发了一种近乎宗教般的崇拜。但是,他蔑视"原住居民",对敌人非常残暴。

可搭乘地铁去参观英国人竖立的平叛纪念碑(Mutiny Memorial, Rani Jhansi Rd; MPulbangash)和阿育王石柱(Rani Jhansi Rd; MKashmere Gate), 后者被费罗兹·沙运到这里。

加冕公园　　　　　　　　纪念牌

(Coronation Durbar Site; Shanti Swaroop Tyagi Marg; MModel Town)如果你喜欢探索被遗忘的角落,这个奇特的历史景点值得一看。在旧德里北部约10公里处,孤独地耸立着一

简塔曼塔天文台　　　　历史遗迹

(Jantar Mantar; 见68页地图; Sansad Marg; 印度人/外国人 ₹25/200, 录像 ₹25; ⊙清晨至黄昏; MPatel Chowk)这是斋浦尔的统治者——印度大公贾伊·辛格二世(Maharaja Jai

Connaught Place 康诺特广场

景点
1 阿格拉森阶井..................................F5
2 康诺特广场......................................D2
3 简塔曼塔天文台..............................C5

活动、课程和团队游
4 德里旅游与交通发展集团售票处..........B3

住宿
5 Hotel Palace Heights D2
6 Imperial..C5
7 Radisson Blu Marina C1

就餐
8 Caara Cafe.....................................E4
9 Coffee Home.................................B3
10 Farzi Cafe......................................D2
11 Haldiram's......................................E1
12 Hotel Saravana Bhavan D5
13 Hotel Saravana Bhavan B2
14 Kerala House.................................B5
15 Naturals...E1
16 Nizam's Kathi Kabab.....................D1
17 Rajdhani..D3
18 Sagar Ratna..................................D1
19 Wenger's.......................................C2
Zaffran......................................（见5）

饮品和夜生活
1911..（见6）
20 Aqua..B4
Atrium, Imperial ....（见6）
21 Cha Bar...E3
22 Indian Coffee House B3
23 Keventer's Milkshakes..................C2
24 Unplugged....................................D1

娱乐
25 Regal Cinema...............................C3

购物
26 Central Cottage Industries
    Emporium..................................D5
27 Janpath & Tibetan Markets...........D4
28 Kamala..A3
29 Khadi Gramodyog Bhawan B3
30 M Ram & Sons..............................D2
31 Oxford Bookstore..........................E3
32 People Tree C3
33 Rikhi Ram C1
34 邦立购物中心...............................A3

Singh Ⅱ）修建的五座天文台之一，建于1725年。简塔曼塔（源自梵语，意为"仪器"，又演变成了印地语的"口诀咒语"）天文台是一个弧线形建筑群，经过了精心校准，以监控行星和恒星的移动轨迹。

阿格拉森阶井
纪念碑

（Agrasen ki Baoli；见68页地图；Hailey Lane；⊙清晨至黄昏；MJanpath）这个极具氛围的阶井建于14世纪，从前位于乡间，后来城市扩张到了周围。103级台阶直通底部，两边墙壁上有许多拱形壁龛。在康诺特广场东南部的办公楼群之间，这个阶井格外引人注目。在2015年的电影《我的个神啊》（PK）之中，阶井是阿米尔·汗的一处藏身之地，因此受到越来越多的关注。

新德里及周边
（New Delhi and Around）

★胡马雍陵
历史建筑

（Humayun's Tomb；见72页地图；Mathura Rd；印度人/外国人/15岁以下 ₹30/500/免费，录像 ₹25；⊙清晨至黄昏；MJLN Stadium）胡马雍陵比例绝佳，从远处看好像是浮在对称的花园上空。这里比泰姬陵早建成60年，据信是泰姬陵的灵感来源。这座陵墓由胡马雍的波斯王妃Haji Begum于16世纪中叶为这位莫卧儿王朝皇帝所建造。陵墓本身融合了波斯和莫卧儿元素，用朴素的装饰突显建筑本身。陵墓的拱形外壁采用条状白色大理石和红色砂岩镶嵌装饰，建造时严格遵循了伊斯兰教的几何哲学，尤其强调对数字8的运用。

胡马雍陵的修复工程历时6年，一个新建的游客中心即将在景区开放。周边花园里，还有皇帝最宠爱的理发师——想想剃刀离皇帝的喉咙有多近，就知道托付有多重——以及Haji Begum本人的陵墓。莫卧儿王朝末代皇帝巴哈杜尔·沙·扎法尔于1857年被英国人捕获并流放之前，曾在此躲避。

进入陵墓区后，右边的**伊萨汗墓**（Isa Khan's tomb；见72页地图；⊙清晨至黄昏）建于16世纪，是洛迪王朝建筑的典范。继续南行就到了宏伟的Khan-i-Khanan墓（见76页），它在莫卧儿时代因为建造萨夫达尔疆（Safdarjang）陵墓而曾遭到洗劫。

★尼桑木丁圣陵 圣陵

（Hazrat Nizam-ud-din Dargah；见72页地图；紧邻Lodi Rd；⏰24小时；Ⓜ️JLN Stadium）去穆斯林苏非派圣人尼桑木丁·奥里亚的大理石圣陵参观是德里最神秘最奇妙的体验。圣陵隐匿于杂乱的售卖玫瑰花瓣、attars（香水）和供品的巴扎中。每周四晚上，从日落时开始，你就能听见苏非派信徒吟唱卡瓦力（qawwali，伊斯兰教的祷歌），虔诚的崇拜者聚集在周围。禁欲克己的尼桑木丁逝于1325年，享年92岁，他的包容信条让他不仅受到穆斯林的爱戴，也在印度教、锡克教和佛教信徒中广受推崇。

后来的国王和贵族都希望葬在尼桑木丁附近，所以附近有很多莫卧儿陵墓。这个地区的其他墓地还有Jahanara之墓（沙贾汗之女），以及著名的乌尔都语诗人Amir Khusru之墓。周围的巷道中还有更多墓地和一个巨大的阶井。进入免费，但是游客们可能会被要求捐款。

Hope Project（见81页）组织的团队游把这处圣陵作为最后一站，会介绍一些背景信息，值得推荐。

洛迪花园 公园

（Lodi Gardens；见72页地图；Lodi Rd；⏰10月至次年3月 6:00～20:00, 4月至9月 5:00～20:00；Ⓜ️Khan Market或Jor Bagh）这是德里最迷人的清静之地，起初得名于英国特派代表之妻威林登夫人（Lady Willingdon），为了打造一个像家乡的公园，她清走了两个村子。如今的公园因花园里洛迪时期的陵墓得名，吸引了德里的精英人士和谈恋爱的情侣。花园中包括15世纪的Bara Gumbad墓（见72页地图）和清真寺，以及与众不同的Mohammed Shah墓（见72页地图）和Sikander Lodi墓（见72页地图；Ⓜ️JLN Stadium）。湖上八墩桥（Athpula）的历史可追溯到阿克巴大帝统治时期。

国王大道 景区

（Rajpath；见72页地图；Ⓜ️Central Secretariat）国王大道是一条笔直宽阔的大道，两端分别是印度门（India Gate）和印度政府办公区。这些规模宏大的建筑建于1914年至1931年，由埃德温·勒琴斯和赫伯特·贝克（Herbert Baker）设计，突显英国统治者的权威，但是仅仅16年后，英国人就被赶出这个国家，印度政客们步上权力的舞台。

在国王大道西端的总统府（Rashtrapati Bhavan）是印度总统官邸，现在部分对公众开放，可随学览游参观。总统府两侧是外形完全相同的两座穹顶建筑，分别是北秘书处大楼（North Secretariat；见72页地图）和南秘书处大楼（South Secretariat；见72页地图），政府各部委就在此办公。印度议会位于附近的议会大厦（Sansad Bhavan；见72页地图；Sansard Marg），那是一栋圆形柱廊式宏伟建筑，位于Sandad Marg末端。

国王大道东端是雄伟的印度门（India Gate；见72页地图；⏰24小时）。这座42米高的石造纪念拱门由勒琴斯设计，旨在纪念第一次世界大战、西北前线行动以及1919年英国—阿富汗战争中阵亡的约9万名印度陆军士兵。

总统府 历史建筑

（Rashtrapati Bhavan；见72页地图；☎011-23015321；www.presidentofindia.nic.in/visit-to-rashtrapati-bhavan.htm；₹50，需要在线预约；⏰周五至周日 9:00～16:00；Ⓜ️Central Secretariat）总统府从前是英国总督的官邸，共有340个房间，走廊全长2.5公里，能进去一窥究竟的机会很吸引人。导览游会参观穹顶的会客厅（Durbar Hall）、幽静的总统图书室和镀金的阿育王厅（Ashoka Hall）。

总统府博物馆 博物馆

（Rashtrapati Bhavan Museum；见72页地图；☎011-23792177；www.presidentofindia.nic.in；gate 30, Mother Theresa Crescent Rd；团队游₹50；⏰周五至周日 9:00～16:00；Ⓜ️Patel Chowk）这座豪华的博物馆占据着总统府的马厩和车库，最先进的展览包括在虚拟现实的环境中与甘地一起散步，以及总统演讲的3D影像，还有多辆汽车，其中包括约旦国王赠予拉吉夫·甘地的一辆奔驰车。参观需在线预约。

New Delhi & Around 新德里及周边

莫卧儿花园

花园

（Mughal Gardens；见72页地图；⊙通常2月中旬至3月中旬 周二至周日 9:30～16:00；ⓂCentral Secretariat）免费 这些绚烂的花园极尽奢华，据说印度的最后一任总督蒙巴顿（Mountbatten）共雇用了418名园丁。园内有喷泉、柏树、九重葛、藤本月季、对称的草坪和漫步的孔雀。如果你在花期（也就是花园开放的月份）来到德里，一定不要错过这里。

国家博物馆

博物馆

（National Museum，见72页地图；☎011-23019272；www.nationalmuseumindia.gov.in；Janpath；印度人/外国人 ₹20/650，拍照 印度人/外国人 ₹20/300；◉周二至周日 10:00~17:00，免费导游 周二至周五 10:30和14:30，周六和周日 10:30、11:30和14:30；MCentral Secretariat）这个灰扑扑的博物馆精彩绝伦，满是珍宝。哈拉帕文明留下的精致小雕像古老得令人难以置信，拥有近5000年的历史，其中包括引人注目

New Delhi & Around 新德里及周边

◎ 重要景点
- 1 班戈拉·撒西比谒师所...............D1
- 2 尼桑木丁圣陵..............................G5
- 3 胡马雍陵....................................H4

◎ 景点
- 4 Bara Gumbad墓.........................E4
- 5 手工艺博物馆............................G2
- 6 甘地纪念馆................................E4
- 7 印度门..F2
- 8 英迪拉·甘地纪念馆...................D4
- 9 伊萨汗墓....................................H4
- 10 Khairul Manazil清真寺.............G3
- 11 Khan-i-Khanan墓......................H5
- 12 洛迪花园....................................E5
- 13 Mohammed Shah墓...................E5
- 14 莫卧儿花园................................C2
- 15 国家现代艺术馆........................F3
- 16 国家博物馆................................E3
- 17 国立铁道博物馆........................B5
- 18 印度动物园................................G3
- 19 尼赫鲁纪念馆............................C3
  - 尼赫鲁天文馆.......................(见19)
- 20 北秘书处大楼............................D2
- 21 旧堡..G3
- 22 国王大道....................................E2
- 23 总统府..C2
- 24 总统府博物馆............................C2
- 25 萨夫达尔疆陵墓........................D5
- 26 议会大厦....................................D2
- 27 Sikander Lodi墓........................E4
- 28 南秘书处大楼............................D2

✪ 活动、课程和团队游
- Aura...(见61)

- 29 Delhi Golf Club..........................G4
- 30 Hope Project..............................G5
  - Lodhi Spa..............................(见35)
- 31 Torch..H5

🛏 住宿
- 32 Bloom Rooms @ Link Rd.........G6
- 33 Claridges...................................E4
- 34 Devna..G3
- 35 Lodhi..G5
- 36 Lutyens Bungalow.....................E5
- 37 Zaza Stay..................................H5

🍴 就餐
- 38 Alkauser....................................B3
  - Altitude Cafe........................(见62)
- 39 Andhra Pradesh Bhawan Canteen......F2
- 40 Basil & Thyme..........................G4
- 41 Bukhara.....................................A4
- 42 Cafe Lota..................................G2
  - Chicken Inn..........................(见52)
- 43 Chor Bizarre..............................F3
- 44 Dhaba..E4
  - Diva Spiced..........................(见62)
- 45 Gujarat Bhawan.......................C4
  - Gulati....................................(见52)
  - Havemore............................(见52)
- 46 Karim's......................................G5
- 47 Kebab Stands...........................G4
- 48 La Bodega.................................F4
- 49 Lodi Garden Restaurant..........E5
- 50 Masala Library.........................E2
- 51 Nagaland House......................E4
- 52 Pandara Market.......................F3
  - Perch....................................(见48)

的雕像"舞蹈的女孩"(Dancing Girl)。还有一些上好的陶器,来自更加古老的纳尔(Nal)文明。其他展品中还有佛陀舍利、精美珠宝、细密画、中世纪木雕、纺织品和乐器。

参观至少需要2个小时。带上个人证件以获取语音讲解(暂无中文,包含在外国人门票价格中;印度游客需另付₹150)。馆内还有一间咖啡馆。

国家现代艺术馆　　　　　　美术馆

(National Gallery of Modern Art;见72页地图;☎011-23386111;www.ngmaindia.gov.in;Jaipur House, Dr Zakir Hussain Marg;印度人/外国人 ₹20/500;⊙周二至周日 10:00~17:00;

Ⓜ Khan Market)德里的旗舰美术馆位于斋浦尔王公从前的圆顶宫殿(建于1936年)之中,馆藏追溯了19世纪中期至今印度艺术的发展,从印度艺术家为取悦英国殖民者而绘制的"Company Paintings"(一种融汇印欧画风的作品),到诺贝尔文学奖得主拉宾德拉纳特·泰戈尔(Rabindranath Tagore)的艺术作品。馆内禁止摄影。

甘地纪念馆　　　　　　博物馆

(Gandhi Smriti;见72页地图;☎011-2301 2843;5 Tees Jan Marg;⊙周二至周日 10:00~17:00,每月第二个周六闭馆;Ⓜ Racecourse) 免费 这个让人心碎的圣雄甘地纪念馆位于

	Pindi..（见52）	65	澳大利亚高级专员公署............................C4
53	Sagar Ratna..C4	66	孟加拉国高级专员公署............................A5
54	Sana-di-ge...B4	67	不丹大使馆...B5
	Sodabottleopenerwala..............（见61）	68	英国高级专员公署......................................C4
55	Triveni Terrace Cafe..............................F1	69	加拿大高级专员公署................................B5
		70	中国大使馆...C4

🍷 饮品和夜生活
- Café Turtle......................................（见59）
- Café Turtle......................................（见61）

✪ 娱乐
- 56 Habitat World...F5
- 57 India International Centre....................E4

🛍 购物
- 58 Aap Ki Pasand（San Cha）..................C4
- Anand Stationers..........................（见61）
- Anokhi..（见58）
- Anokhi..（见61）
- 59 Anokhi...H5
- Bahrisons...（见61）
- Fabindia...（见61）
- 60 Fabindia...F5
- Full Circle Bookstore....................（见61）
- Kama..（见61）
- 61 Khan Market..F4
- 62 Meharchand Market..............................F5
- Mehra Bros.......................................（见61）
- OCM Suitings..................................（见61）
- 63 Sunder Nagar Market............................G3
- The Shop..（见60）

ℹ 实用信息
- 64 印度考古局..E3

- 71 Dr Ram Manohar Lohia Hospital.........C1
- 72 East West Medical Centre....................E4
- 73 法国大使馆...C4
- 74 德国大使馆...B5
- 75 India Post..D1
- 76 爱尔兰大使馆..B4
- 77 以色列大使馆..E4
- 78 日本大使馆..C5
- 79 马来西亚高级专员公署...........................C5
- 80 缅甸大使馆..C4
- 81 尼泊尔大使馆..F1
- 82 荷兰大使馆..B5
- 83 新西兰高级专员公署...............................B5
- 84 巴基斯坦大使馆..C4
- 85 锡金办事处..B4
- 86 新加坡高级专员公署...............................B5
- 87 斯里兰卡高级专员公署..........................C3
- 88 美国大使馆..C4

ℹ 交通
- 89 Bikaner House..F3
- 90 Chanderlok House...................................E1
- 91 Himachal Bhawan....................................G1
- 92 喜马偕尔邦旅游发展公司......................E1
- 93 Metropole Tourist Service...................G6
- 94 预付费机动三轮车...................................H5
- 拉贾斯坦旅游公司...........................（见89）

Birla House，是1948年1月30日圣雄甘地被印度教狂热分子射杀身亡之地，当时甘地刚刚结束一场反对社群间暴力相向的宣传。

甘地在这所房子里度过了人生最后的144天，房间一直维持着甘地辞世时的样子，可供参观，还有对甘地生平和一生最后24小时的详细介绍，并且通过生动的微缩立体模型展示了甘地的一生。

英迪拉·甘地纪念馆　　　　　　　博物馆

（Indira Gandhi Memorial Museum；见72页地图；☎011-23010094；1 Safdarjang Rd；◎周二至周日 9:30~16:45；ⓂRacecourse）免费 在颇受争议的前总理英迪拉·甘地的昔日住所中，这个引人入胜的博物馆介绍了她的生平和她的家族——堪称印度的肯尼迪家族，展出了她的一些个人物品，包括她于1984年遇刺时身穿的染血纱丽。许多房间仍保持原样，让人们有机会管窥这个家族的生活。楼后的展览介绍英迪拉之子拉吉夫（Rajiv）同样短暂的一生，他也遭遇了相似的暴行，在1991年遇刺身亡。

尼赫鲁纪念馆　　　　　　　　　博物馆

（Nehru Memorial Museum；见72页地图；☎011-23016734；www.nehrumemorial.nic.in；Teen Murti Rd；◎周二至周日 9:00~17:30；ⓂUdyog Bhawan）免费 庄严的Teen Murti Bhavan在建成时是英军总司令的居所，曾被称为"旗杆屋"，后来成了印度首任总理贾瓦哈拉尔·尼赫鲁（Jawaharlal Nehru）的官邸。如今这里

成了一座博物馆，展示尼赫鲁的生活和工作。卧室、书房和客厅都保持原样，仿佛他刚刚走出房间。

庭院里有一座14世纪的狩猎小屋，由费罗兹·沙建造，还有一座后期建成的天文馆（见72页地图；☎011-23014504；www.nehruplanetarium.org；45分钟表演 成人/儿童 ₹60/40；⊙演出 英语 11:30和15:00，印地语 13:30和16:00），有关于星星的印地语和英语演出。

旧堡　　　　　　　　　　　　　　　　古堡

（Purana Qila；见72页地图；☎011-24353178；Mathura Rd；印度人/外国人 ₹5/200，录像 ₹25，声光秀 成人/儿童 ₹100/50；⊙清晨至黄昏；MPragati Maidan）名字缺乏新意的旧堡是莫卧儿皇帝胡马雍在1556年暴毙的地点，他从用作图书馆的Sher Mandal的台阶上失足跌落，不治身亡。这座城堡为阿富汗统治者谢尔·沙（Sher Shah, 1538~1545年在位）所建，他曾从胡马雍手中短暂夺权。旧堡非常值得一游，宁静的花园里有许多保存良好的赤砂岩古迹，其中包括图案错综复杂的谢尔·沙阿清真寺（Qila-i-Kuhran Mosque）。

一个游船如织的湖泊由旧堡从前的护城河改建而成，有脚踏船可供出租。

在繁忙的Mathura Road路对面有更多Shergarh城的历史遗迹，其中包括美丽的Khairul Manazil清真寺（见72页地图），当地穆斯林仍会到这里做礼拜，成群的鸽子常在此出没。

手工艺博物馆　　　　　　　　　　博物馆

（Crafts Museum；见72页地图；☎011-23371641；Bhairon Marg；⊙周二至周日 10:00~17:00；MPragati Maidan）免费 这个迷人的博物馆大部分设在户外，雕塑和建筑都掩映在树荫里。展览呈现印度的传统手工艺，室内展示着一些精美的纺织品，如旁遮普邦的十字绣。精彩展品包括一栋重建的古吉拉特邦哈维尔（haveli, 传统房屋），十分精致。工匠们在后面的庭院里出售他们的作品。博物馆内有一间出色的咖啡馆Cafe Lota（见91页），还有一家相当不错的商店。

国立铁道博物馆　　　　　　　　　博物馆

（National Rail Museum；见72页地图；☎011-26881816；Service Rd, Chanakyapuri；成人/儿童 ₹20/10，录像 ₹100；⊙周二至周日 10:00~17:00；MSafdarjung）国立铁道博物馆有实力当选德里最好（且最具价值）的博物馆之一，11英亩的展区里分布着各种老式蒸汽车头和车厢。在这些年岁久远的奇特火车里，有前总督餐车（Vicseregal Dining Car）和迈索尔王公的私人专列。新的室内展览里有一些可以动手参与的展览，一段微型铁轨和三套模拟装置（仅限周末）。一列蒸汽小火车（成人/儿童 ₹20/10）围着展区不断转圈。

国家动物园　　　　　　　　　　　　动物园

（National Zoological Gardens；见72页地图；☎011-24359825；www.nzpnewdelhi.gov.in；Mathura Rd；印度成人/印度儿童 ₹40/20，外国成人/外国儿童 ₹200/100，拍照/录像 ₹50/200，电瓶车 成人/儿童 ₹67/34；⊙周六至周四 9:00~16:30，10月至次年3月 9:00~16:00；MPragati Maidan）这座动物园创建于1952年，占地86公顷，是市区内一片开阔的绿地。动物们的生存条件不错，有狮子、老虎、大象、河马、犀牛，观赏鸟类和猴子。可以租电瓶车在园内游览。

萨夫达尔疆陵墓　　　　　　　　　　陵墓

（Safdarjang's Tomb；见72页地图；Aurobindo Marg；印度人/外国人 ₹15/200，录像 ₹25；⊙清晨至黄昏；MJor Bagh）这座庄严的陵墓由阿瓦德（Avadh）的行政长官为他的父亲萨夫达尔疆（Safdarjang）修建，建于18世纪中叶，装饰华美，是晚期莫卧儿建筑的典范。由于资金不足，陵墓无法通体使用大理石，覆盖圆顶的材料是从附近的Khan-i-Khanan墓攫取的，余下部分使用赤砂岩。

Khan-i-Khanan墓　　　　　　　　历史建筑

（Khan-i-Khanan's Tomb；见72页地图；印度人/外国人 ₹15/200；⊙清晨至黄昏；MJangpura）Khan-i-Khanan是一位诗人，也是阿克巴大帝的朝臣，他在1598年为妻子修建了这座陵墓，他本人也在1627年安葬于此。后来修建萨夫达尔疆陵墓时，这座墓遭到劫掠，19世纪时，陵墓又有更多装饰物被去除。

★班戈拉·撒西比谒师所　　　　锡克教庙宇

（Gurdwara Bangla Sahib；见72页地图；

Ashoka Rd; ⊙4:00~21:00; MPatel Chowk)这座壮观又雄伟的白色大理石谒师所拥有闪闪发光的金色洋葱形圆顶,是在第八位锡克教祖师Harkrishan Dev于1664年去世前居住的地方修建的。尽管非常年幼,年仅6岁的古鲁却用圣水照料着德里霍乱和天花病疫中的患者,据说谒师所大水池中的水有治疗疾病的功效。这里充满生机和色彩,却分外宁静,现场演唱的圣歌在院落四处飘荡。

◎ 德里南部(South Delhi)

浩兹卡斯村 景区

(Hauz Khas; 见76页地图; ⊙清晨至黄昏; MGreen Park)浩兹卡斯意为"壮观水池",是阿拉丁·卡尔基(Ala-ud-din Khilji)苏丹于13世纪建造的,当时的蓄水池面积曾达到28公顷,在雨季积蓄的雨水足够供Siri城堡在整个旱季使用。如今蓄水池已大幅缩小,但仍是个美丽的景点,鸟儿成群,绿地环绕。旁边是费罗兹·沙于14世纪建造的"madrasa"(宗教学校)的遗址,以及他在1388年过世前修建的陵墓(见78页地图)。

如果去湖边,可以直接穿过附近的鹿苑(白天开放),鹿苑里有更多的陵墓遗迹和一个维护良好的鹿场。这里还有众多洛迪王朝时代的陵墓散落于通往浩兹卡斯村的公路边和附近的绿色公园(Green Park)里。

巴哈伊灵曦堂 寺庙

(Bahai House of Worship, 莲花寺; 见78页地图; ☏011-26444029; www.bahaihouseofworship.in; Kalkaji; ⊙4月至9月 周二至周日 9:00~19:00, 10月至次年3月 9:00~17:30; MKalkaji Mandir)德里美丽的莲花寺为宁静的礼拜而设计,是喧嚣城市中一片难能可贵的安宁之地。这个建筑杰作是由伊朗裔加拿大建筑师Fariburz Sahba于1986年设计建造的,外形似一朵莲花,由27个精巧的白色大理石花瓣组成。寺庙旨在将所有信仰融合到一起;游客们会被邀请根据自己的信仰安静地祈祷或冥想。附设的游客中心讲述了巴哈伊信仰的故事。寺内禁止拍照。

切德尔布尔寺庙 印度教神庙

(Chhatarpur Mandir, Shri Adya Katyayani Shakti Peeth Mandir; ☏011-26802360; www.chhattarpurmandir.org; Main Chhatarpur Rd; ⊙4:00至午夜; MChhatarpur)这座壮观的砂岩及大理石寺庙是印度第二大寺庙(仅次于阿克萨达姆神庙),始建于1974年,供奉女神Katyayani[帕尔瓦蒂(Parvati)的九个化身之一]。庙内有数十个印度南部gopurams(庙里的塔状建筑)外形的神殿,院落中有一尊巨大的猴神哈奴曼像。周一至周五这里散发着宁静而神圣的气息,但是到周末和9月/10月的九夜节(Navratri),这里就是一片人山人海。

◎ 其他地区

★ 阿克萨达姆神庙 印度教神庙

(Akshardham Temple; ☏011-43442344; www.akshardham.com; National Hwy 24, Noida路口; 神庙门票 免费, 展览 ₹170, 水影秀 ₹80; ⊙神庙 周二至周日 9:30~18:30, 展览 9:30至17:00, 水影秀 日落后; MAkshardham)阿克萨达姆神庙矗立在德里东郊,是古吉拉特印度教斯瓦米纳拉扬宗(Swaminarayan)的神庙,建于2005年,奢华程度令人叹为观止。工匠们用传统技法在淡红色的砂岩上雕刻出繁复精美的浮雕,包括两万尊神像、圣人像以及神话动物像。最引人注目的是一尊3米高的Bhagwan Shri Swaminarayan金像。

在神庙建筑群内可乘船感受一万年的印度历史,看电子动画讲述的斯瓦米纳拉扬生平故事,以及各种音乐喷泉等。

苏拉巴国际厕所博物馆 博物馆

(Sulabh International Museum of Toilets; ☏011-25031518; www.sulabhtoiletmuseum.org; Sulabh Complex, Mahavir Enclave, Palam Dabri Rd; ⊙4月至9月 10:00~17:00, 10月至次年3月 10:30~17:00; MJanakpuri West) 免费 在印度的12亿人口之中,仍有超过半数人的家中没有厕所,但从20世纪70年代起,非政府组织苏拉巴(Sulabh)一直致力于应对印度的卫生设施问题,修建新的公共厕所,推广"无须手动清理"的冲水厕所——长久以来,从事手动清理未经处理的排泄物的工作是不合法的,但这个由特定种姓从事的工作在许多地区依旧常见。这个机构还从事教育工作,他们开了这个古怪的小博物馆,追溯了从公元前2500年到近代厕所的历史。从地铁站乘坐三轮车可达。

South Delhi 德里南部

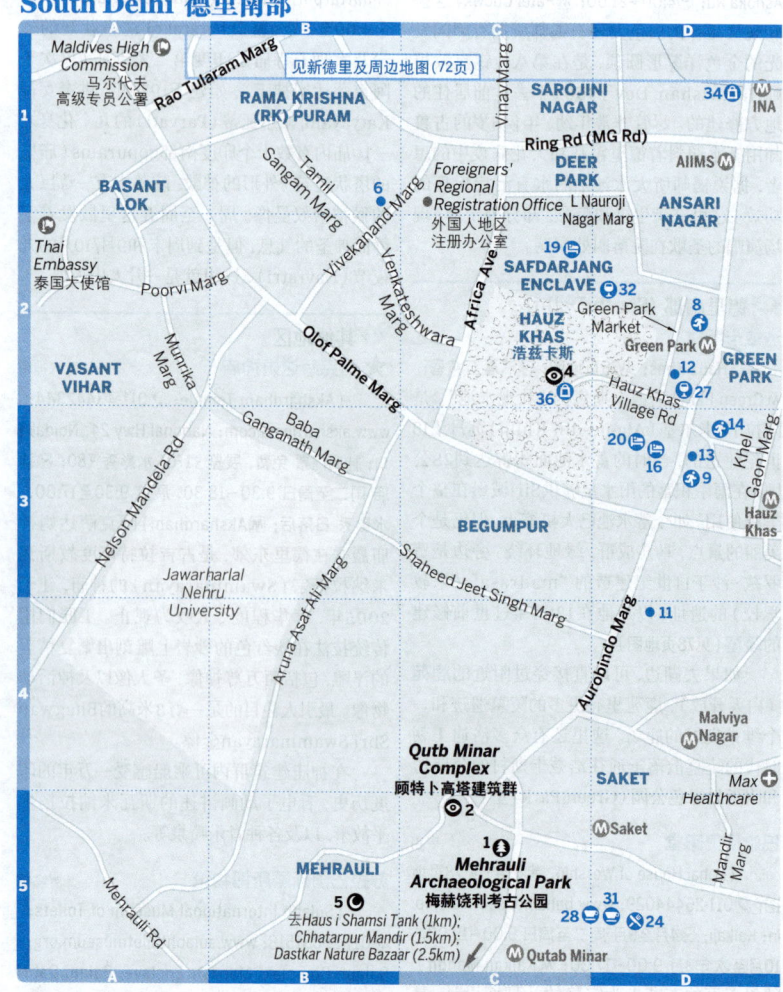

圣斯奎提博物馆　　　　博物馆

（Sanskriti Museums；www.sanskritifoundation.org；Anandagram, Mehrauli Gurgaon Rd；⊙周二至周五10:00~17:00；MArjangarh）免费 在去往古尔冈的途中，这个鲜为人知、维护良好的地方有多个以"日常艺术"和印度赤陶器及纺织品为主题的博物馆。博物馆大部分在户外，占地7英亩。厨房用具和水烟筒等物品都堪称艺术品，还有富有表现力的赤陶雕塑和精美的纺织品，产自古吉拉特邦、拉贾斯坦邦和孟加拉国等地。

活动

Delhi Golf Club　　　　高尔夫

（见72页地图；☏011-24307100；www.delhigolfclub.org；Dr Zakir Hussain Marg；18洞球场 周一至周五/周末 印度人₹6000/8000，外国人US$100/150；⊙清晨至黄昏；MKhan Market）这个高尔夫俱乐部是于1931年在灌木丛中开辟的，现在占地220英亩，是打高尔夫的绝佳地点，拥有精心打理的漂亮球道、四处逡巡的孔雀和莫卧儿时期的陵墓。这里周末会变得非常繁忙。

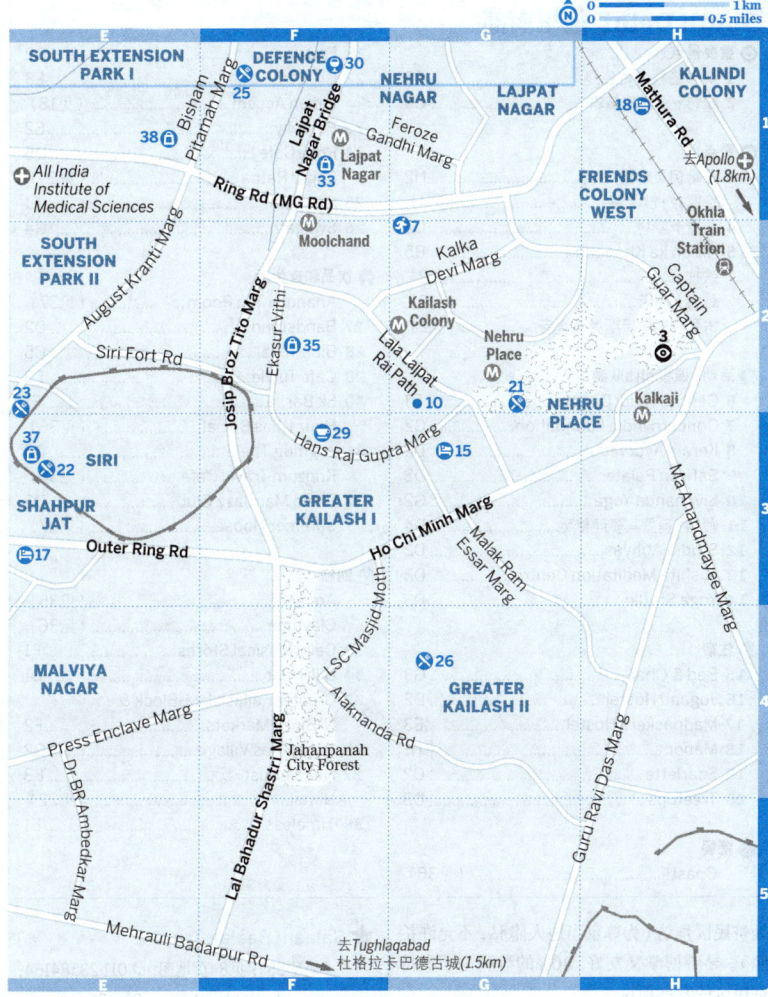

Kerala Ayurveda 阿育吠陀

（见78页地图；☏011-41754888；www.ayurvedancr.com；E-2 Green Park Extn；1小时蒸汽同步按摩 ₹1500，前额温油按摩 ₹3000；◉8:00~20:00；MGreen Park）护理项目包括sarvang ksheerdhara（酪乳按摩）和sirodhara（温油洒在前额上）。

Aura 水疗

（见72页地图；☏8800621206；www.aurathaispa.com；Middle Lane, Khan Market；1小时干爽/精油按摩 ₹1400/2800；◉10:00~21:00；MKhan Market）这家豪华的水疗中心提供泰式按摩和护理。在Karol Bagh、GK1、GK2和Green Park都有分店。

团队游

★ Reality Tours & Travel 团队游

（☏9818227975；http://realitytoursandtravel.com；2小时团队游 ₹850；◉10:00~18:00）专业度极高的Reality Tours在孟买经营已久，现在也在德里推出了团队游，其中包括出色的Sanjay Colony团队游——前往德里的一

South Delhi 德里南部

◎ 重要景点
- **1** 梅赫饶利考古公园 C5
- **2** 顾特卜高塔建筑群 C5

◎ 景点
- **3** 巴哈伊灵曦堂 H2
- 费罗兹·沙陵墓 .... （见4）
- **4** 浩兹卡斯村 C2
- **5** Hijron ka Khanqah B5
- 铁柱 .... （见2）
- 顾特卜高塔 .... （见2）
- 古瓦特乌尔伊斯兰清真寺 .... （见2）

◎ 活动、课程和团队游
- **6** Central Hindi Directorate B1
- **7** Concern India Foundation G2
- **8** Kerala Ayurveda D2
- **9** Saffron Palate D3
- **10** Sivananda Yoga G2
- **11** 师利·奥罗宾多静修地 D4
- **12** Studio Abhyas D2
- **13** Tushita Meditation Centre D3
- **14** Yoga Studio D3

◎ 住宿
- **15** Bed & Chai G3
- **16** Jugaad Hostel D3
- **17** Madpackers Hostel E3
- **18** Manor H1
- **19** Scarlette C2
- **20** Treetops D3

◎ 就餐
- Coast .... （见36）
- **21** Epicuria G2
- **22** Greenr E3
- Indian Accent .... （见18）
- **23** Potbelly E2
- **24** Rose Cafe D5
- Sagar Ratna .... （见25）
- **25** Swagath F1
- **26** Swagath G4

◎ 饮品和夜生活
- Anandini Tea Room .... （见37）
- **27** Bandstand D2
- **28** Blue Tokai C5
- **29** Café Turtle F3
- **30** Ek Bar F1
- Hauz Khas Social .... （见36）
- **31** Jugmug Thela D5
- Kunzum Travel Cafe .... （见36）
- **32** Piano Man Jazz Club D2
- Summer House .... （见27）

◎ 购物
- Anokhi .... （见35）
- Claymen .... （见36）
- **33** Delhi Musical Stores F1
- **34** Dilli Haat D1
- **35** Greater Kailash I: M-Block & N-Block Markets F2
- **36** Hauz Khas Village C2
- **37** NeedleDust E3
- Nimai .... （见22）
- **38** Timeless E1

处贫民区拜访（为尊重当地人隐私，不允许拍照）。导游博学又友好，80%的盈利用于支持贫民区的发展项目。

★ DelhiByCycle   骑车

（☎9811723720；www.delhibycycle.com；每人 ₹1850；⏱6:30～10:00）由一位荷兰记者创办，组织的骑车团队游富有新意，水准一流，是一种很棒的游览德里的方式。观光游目的地包括一些特定街区——例如旧德里、新德里、Nizamuddin和亚穆纳河岸等——为避开交通最拥堵的时段，出发时间很早。价格包含茶饮和一顿莫卧儿风味早餐。提供儿童座椅。

★ Salaam Baalak Trust   步行

（简称SBT；见84页地图；☎011-23584164；www.salaambaalaktrust.com；Gali Chandiwali, Paharganj；建议捐赠 ₹200；Ⓜ Ramakrishna Ashram Marg）1988年，米拉·奈尔（Mira Nair）拍摄了一部讲述流浪儿童生活的电影《早安，孟买！》（*Salaam Bombay!*），这个慈善机构就是用此部电影的收益创办的，推出的2小时"街道漫步"由曾经的流浪儿童导游，将带你亲身感受德里无家可归的青少年的悲惨生活。基金会将用捐赠费用为流浪儿童提供帮助。

Intach
步行

(☎011-41035557; www.intachdelhichapter.org; 团队游 ₹200) Intach组织的步行游由专业导游带队，探索不同地区，如月光市场街、Nizamuddin、浩兹卡斯村和梅赫饶利。还可以定制步行游。

Delhi Heritage Walks
步行

(www.delhiheritagewalks.com; 3小时步行游 ₹500) 趣味十足的步行游，由博学的导游带队，游览梅赫饶利、旧德里、杜格拉卡巴德等地。

Delhi Metro Walks
步行

(www.delhimetrowalks.com; 半天到全天步行团队游 每人 ₹300~600) 德里人Surekha Nurain组织的团队游或私人游值得推荐，她会在途中分享建筑、历史和文化方面的渊博学识，行程涵盖主流景点和小众目的地。还专为家庭游客推出了几种主题步行游。

Street Connections
步行

(www.walk.streetconnections.co.uk; 3小时步行游 ₹500; ⓒ周一至周六 9:00至正午) 🌿这个穿越旧德里的步行游引人入胜，带队的导游是曾经的流浪儿童，接受过Salaam Baalak Trust(简称SBT; 见80页) 的帮助。步行游探索旧德里鲜为人知的角落，从贾玛清真寺出发，以SBT的一个庇护所为终点。

Hope Project
步行

(见72页地图; ☎011-24357081; www.hopeprojectindia.org; 127 Hazrat Nizamuddin; 1.5小时步行游 建议捐赠 ₹300; MJLN Stadium) 🌿Hope Project推出的步行游很有趣，游览Nizamuddin的穆斯林贫民区(basti)。参加下午的步行游，可以在结束时到尼桑木丁圣陵聆听卡瓦力(qawwali, 伊斯兰教的祷歌)，周五在Hazrat Inayat Khan的圣陵有气氛更加动人的祷歌演唱。穿着要得体低调。

Peteindia
步行

(www.peteindia.org; 2小时团队游 ₹750) 这是个非政府组织在德里中心地区组织的导览步行游，这里居住着德里的魔术师、木偶师和马戏演员，被称为"浮华贫民区"(Kathputli Colony)。团队游虽然组织不算最为有序，但与表演者们见面的机会很难得，还可以深入了解这一群体，2015年的纪录片《土地正义：消逝的玩偶村》(*Tomorrow We Disappear*) 正是以他们为主题的影片。

Ho Ho Bus Service
团队游

(Hop-on, Hop-off; ☎1280; http://hohodelhi.com; 印度人/外国人 ₹350/700, 两日票 ₹600/1200; ⓒ发车时间 周二至周日 8:30~14:40) 德里旅游与交通发展集团(Delhi Tourism & Transport Development Corporation, 简称DTTDC)经营有空调、随时上下(Hop-on, Hop-off, 简称为Ho Ho)的Ho Ho Dilli Dekho巴士游线路，环行各大景点，8:30至18:30每45分钟左右1班，末班车的最后一站是简塔曼塔天文台，18:45到站(最晚发车时间为14:40)。可在DTTDC办事处附近的售票亭(见68页地图)购票。

❷ 课程

Sivananda Yoga
静修

(见78页地图; www.sivananda.org.in; A41 Kailash Colony; 每节课 建议捐赠 ₹400; MKailash Colony) 这个出色的静修地推出了多种课程和研习班，同时面向初学者和高阶学员，还有1到2小时的旁听体验课。周日有一堂免费的入门课，不用预约。

Yoga Studio
瑜伽

(Seema Sondhi; 见78页地图; www.theyogastudio.info; 43 D-Block Hauz Khas; 4节/8节/12节课 ₹2200/3200/3700, 无预约 ₹800; MHauz Khas) Seema Sondni的75分钟课程练习多种形式的阿斯汤加瑜伽。从初学者到高阶学员都可参加，提前联系，确定适合的课程。

Studio Abhyas
禅修、瑜伽

(见78页地图; ☎011-26962757; www.abhyastrust.org; F-27 Green Park; MGreen Park) 组织瑜伽和禅修课以及吠陀唱诵，面向各种水平的练习者，还推出了儿童课程。

师利·奥罗宾多静修地
禅修、瑜伽

(Sri Aurobindo Ashram; 见78页地图; ☎011-26567863; www.sriaurobindoashram.net; Aurobindo Marg; MHauz Khas) 这家静修地为认真的训练者组织免费的瑜伽和禅修课。

Tushita Meditation Centre 禅修

（见78页地图；☎011-26513400；www.tushitadelhi.com；9 Padmini Enclave；欢迎捐助；⏰周一和周四 18:30~19:30；MHauz Khas）导师带领的藏式/佛教禅修。

Saffron Palate 烹饪

（见78页地图；☎9971389993；www.saffronpalate.com；R21 Hauz Khas Enclave；烹饪课不含/含逛市场 ₹6000/8000；⏰时间不定；MHauz Khas）2.5小时的印度菜烹饪课值得推荐，下课后可享用自己的手艺成果，在讲师Neha Gupta的家中上课。还可以选择4.5小时的课程，包含逛市场的行程。

Central Hindi Directorate 语言

（见78页地图；☎011-26178454；http://hindinideshalaya.nic.in/english；West Block VII, RK Puram, Vivekanand Marg；60小时基础课程 ₹6000）有印地语的证书课程和文凭课程，基础课程共60小时，每周3节课。

🛏 住宿

从经济实惠的小旅馆到奢华的五星级大酒店，德里的住宿选择多种多样，不管选择什么价位的住处，都最好预订，并在到店前24小时再次确认。大多数酒店都提供接机服务，可提前联系安排。

每晚房价在₹1500以上的酒店会加收8.4%的服务税、15%的奢侈税和极少的Krishi Kalyan税（一项国家农业提案）与Swaccha Bharat Abhiyan税（一项国家公共卫生和基础建设提案），后两者的税率均为0.05%。

🏴 旧德里（Old Delhi）

★ Stops @ The President 青年旅舍 $

（见64页地图；☎011-41056226；www.gostops.com；4/23B Asaf Ali Rd；铺 ₹500~800，双 ₹3000；❄@🛜；MNew Delhi）这是德里新一批青年旅舍之中数一数二的，地理位置优越，地处旧德里的边缘。旅舍内有一间贴着明亮瓷砖的厨房，还设有休息区，养着3只友好的狗，提供舒适又干净的多人间和客房。

Hotel New City Palace 酒店 $

（见64页地图；☎011-23279548；www.hotelnewcitypalace.in；726 Jama Masjid；房间 ₹700；❄；MChawri Bazaar）不要被名不副实的酒店名称（"新城市皇宫酒店"）所误导。不过，这个有如迷宫般的酒店坐拥得天独厚的地理位置，可俯瞰壮观的贾玛清真寺。房间不大，小床很硬，床单发灰，但部分房间有窗户和不错的风景；卫生间（蹲厕）亟待彻底清理，但员工非常热情友善。

Hotel Bombay Orient 酒店 $$

（见64页地图；☎011-43101717；Matya Mahal；标单/双 ₹970/1430起，配空调 ₹1370/1830；❄；MJama Masjid）这是个气氛友好的住宿地点，位于旧德里著名餐厅Karim's的对面，你会住在最热闹的地带。房间干净整洁，但是在确定入住之前最好多看几间客房。建议预订。

Hotel Broadway 酒店 $$

（见64页地图；☎011-43663600；www.hotelbroadwaydelhi.com；4/15 Asaf Ali Rd；标单/双含早餐 ₹3250/4805起；❄@🛜；MNew Delhi）Broadway在1956年开业时，是德里第一家高层酒店。如今这里舒适、奇特，位于旧德里的上佳地段。餐厅Chor Bizarre（见89页）和Thugs酒吧就值得你来这里住。部分客房用复古的木镶板装饰，另外一些客房则由法国设计师Catherine Lévy打造得别具一格。可以要一间俯瞰旧德里的客房。

★ Haveli Dharampura 历史酒店 $$$

（见64页地图；☎011-23263000；www.havelidharampura.com；2293 Gali Guliyan；双 ₹13,640起；❄🛜；MJama Masjid）这是一座修复得très漂亮的哈维尔（haveli，传统房屋），充满莫卧儿风情，围绕着一个中心庭院。房间配有气派的抛光木床，但有必要花钱住大一点的房间，因为最小的客房空间略显拥挤。餐厅Lakhori（见88页）很出色，供应历史悠久的莫卧儿风味佳肴，周五到周日晚上还有卡塔克（kathak）舞表演。

Maidens Hotel 酒店 $$$

（见64页地图；☎011-23975464；www.maidenshotel.com；7 Sham Nath Marg；房间 ₹19,840起；❄@🛜❄；MCivil Lines）Oberoi下的Maidens酒店始建于1903年，是一座雍容华贵的历史酒店，精美的新古典主义风格

建筑呈淡黄色,前方是翠绿的草坪。勒琴斯在监督新德里的建造工程时就住在这里,挑高很高的客房有一种殖民地时期的风情,兼具现代的舒适感。酒店里有两家餐厅、一个游泳池和一家酒吧。

帕哈拉甘及周边
(Paharganj & Around)

无论你对它是爱还是恨,这个熙熙攘攘的旅行者活动中心绝不是什么宁静的绿洲。这里到处都是酒店、饰品店和各种风味的餐厅,乘坐地铁前往新德里火车站/飞机场也很方便。

如果你的酒店位于Main Bazaar或Arakashan Rd,出租车司机可以把你送到门口,不过因为道路相当拥挤,他们可能并不情愿。如果遇到问题,可以要求在Chhe Tooti Chowk下车,然后步行前往预订的住处。

从Ramakrishna Ashram Marg地铁站步行几分钟即可到达Main Bazaar。去Arakashan Rd在New Delhi地铁站下车更加方便,过一座桥步行大约10分钟即到。

★ Backpacker Panda 青年旅舍 $

(见84页地图; http://backpackerpanda.com; 8人间铺 ₹400, 6人间铺 ₹450; 🛜; Ⓜ Ramakrishna Ashram Marg) Panda是在帕哈拉甘替代廉价低档酒店的好选择,多人间(一间为女生专用)明亮干净,自带浴室,配充电插头、储物柜、窗户、干净的床单和舒适的床垫。旅舍还靠近地铁站,将是你的首选!

★ Hotel Amax Inn 酒店 $

(见84页地图; ☎ 011-23543813; www.hotel-amax.com; 8145/6 Arakashan Rd; 标单/双/标三 ₹850/950/1350起; ❄@🛜; Ⓜ New Delhi) 这家旅馆坐落于嘈杂的Arakashan Rd旁边的一条小巷里,经营已久,深受旅行者喜爱,拥有干净实惠但有时通风不够的标准经济房,友好的员工了解旅行者所需,酒店里还有一片植被环绕的小露台。三人间(403号房间)直通屋顶,额外享有一扇窗户和一面图案优美的墙壁。

Zostel 青年旅舍 $

(见84页地图; ☎ 011-39589005; www.zostel.com/zostel/Delhi; 5 Arakashan Rd; 6~8人间铺 ₹549, 双 ₹1499; 🛜; Ⓜ New Delhi) Zostel连锁店之一,这里比德里的其他一些背包客青旅更破旧,不过有赶时髦的亮丽壁画,多间相当实惠,而且气氛友好,能结识其他背包客。

Hotel Namaskar 酒店 $

(见84页地图; ☎ 011-23583456; www.namaskarhotel.com; 917 Chandiwalan, Main Bazaar; 房间 ₹400~650, 带空调 ₹700; ❄🛜) 在Dayal Boot House对面的一条窄巷内,这家老牌廉价旅店由和蔼可亲的兄弟俩经营,令人感觉宾至如归。房间略显潮湿吵闹,但每年都用粉色的涂料重新粉刷一次,所以比许多同类旅店显得更清新。

Cottage Ganga Inn 酒店 $

(见84页地图; ☎ 011-23561516; www.cottagegangainn.com; 1532 Bazar Sangtrashan; 标单/双 ₹1000/1300起; ❄@🛜; Ⓜ Ramakrishna Ashram Marg) 这家酒店比帕哈拉甘的大部分旅舍都要安静,隐匿在Main Bazaar附近的一片庭院里,隔壁是一所幼儿园。酒店干净、宁静又舒适,性价比很高。靠前的房间有窗户,价格略贵。

Hotel Rak International 酒店 $

(见84页地图; ☎ 011-23562478; www.hotelrakinternational.com; 820 Main Bazaar, Chowk Bawli; 标单/双 ₹650/750, 带空调 ₹850/950; ❄; Ⓜ Ramakrishna Ashram Marg) Hotel Rak International与Main Bazaar隔开了一段距离(因此比较安静),俯瞰着一片小广场和一座寺庙。酒店很受欢迎,布置朴素,是同价位客房中较好的选择,配有大理石地面和浴室,而且有不多见的双床双人房以及难得的窗户!比较贵的房间俯瞰着广场。

价格区间

以下是一间带私人浴室的双人房的价格区间,价格含税。

$ 低于 ₹1500

$$ ₹1500~5000

$$$ 高于 ₹5000

Paharganj 帕哈拉甘

Paharganj 帕哈拉甘

活动、课程和团队游
 1 Salaam Baalak Trust C2

住宿
 2 Backpacker Panda A3
 3 Bloom Rooms @ New Delhi C1
 4 Cottage Ganga Inn B2
 5 Diya A2
 6 Hotel Amax Inn B1
 7 Hotel Godwin Deluxe B1
 8 Hotel Hari Piorko B2
 9 Hotel Namaskar B2
 10 Hotel Rak International B2
 11 Metropolis Tourist Home A2
 12 Zostel C1

就餐
 13 Brown Bread Bakery B2
 Cafe Fresh ....(见11)
 14 Everest Bakery C2
 Malhotra ....(见11)
 15 Narula Bakery B3
 16 Shimtur B2
 17 Sita Ram Dewan Chand A2
 18 Tadka B3

饮品和夜生活
 19 Gem C2
 20 Karen Cafe B1
 21 Metro Bar A3
 22 My Bar A3
 23 Sam's Bar B2

购物
 24 Main Bazaar C2

★ Bloom Rooms @ New Delhi 酒店 $$

（见84页地图；☎011-40174017；http://bloomrooms.com；8591 Arakashan Rd；标单/双含早餐 ₹2200/2900起；❄@⊛；Ⓜ New Delhi）Bloom Rooms白黄相间的简约设计美学在这个地区是独一无二的，还提供柔软的枕头、舒适的床铺、好用的Wi-Fi和免费的矿泉水。酒店内的餐厅略显昏暗，但食物很可口。

Diya 民宿 $$

（见84页地图；☎9811682348；http://stay.streetconnections.co.uk；Tilak St；标单/双含早餐 ₹2000/2750；⊛；Ⓜ Ramakrishna Ashram Marg）

这里是那种你舍不得与别人分享的秘密基地，很像德里南部的客栈，却坐落在帕哈拉甘的一条后街上。有三间精心打理的迷人客房，其中一间带阳台；还有一间公用厨房。Diya由Street Connections经营，店员和管理人员从前都是流浪儿童，受到Salaam Baalak Trust的帮助。必须预订。很适合独自旅行的女性。

Hotel Hari Piorko 酒店 $$

（见84页地图；Main Bazaar；房间 ₹1450~1850；❄@☎；MRamakrishna Ashram Marg）只需多付一点点钱，就可以住进摆着鱼缸的房间——据我们所知，在德里提供这种服务的酒店仅此一家。就算没有鱼缸，住在这里也很不错——比较贵的房间也更加宽敞。酒店内还有Fire & Ice餐厅，餐厅的阳台俯瞰着Main Bazaar。

Hotel Godwin Deluxe 酒店 $$

（见84页地图；☎011-23613797；www.godwinhotels.com；8501 Arakashan Rd；标单/双 含早餐 ₹3000/3250；❄@☎；MNew Delhi）Godwin Deluxe和隔壁的Grand Godwin由相同的老板经营，提供相似的优质服务，客房也同样舒适、宽敞又干净。

Metropolis Tourist Home 酒店 $$

（见84页地图；☎011-23561794；www.metropolistouristhome.com；1634-5 Main Bazaar；房间 ₹2000起；❄@☎；MRamakrishna Ashram Marg）这家酒店在这片背包客云集的地区经营已久，是人气火爆的住宿地点，翻新过的客房很舒适，有深浅不一的棕色装饰。屋顶餐厅价格略贵，绿色植物、昏暗灯光和外国顾客令餐厅弥漫着欧洲风情。

康诺特广场及周边 (Connaught Place & Around)

★ Imperial 酒店 $$$

（见68页地图；☎011-23341234；www.theimperialindia.com；Janpath；房间 ₹24,300起；❄@☎❄；MJanpath）Imperial将古典风格与装饰艺术风格完美融合，建于1931年，由勒琴斯的合作伙伴FB Blomfield设计。房间有高高的天花板、飘动的窗帘、法式床上用品和大理石浴缸。酒店里有外观像寺庙的泰国餐厅Spice Route，1911酒吧（见94页）非常值得推荐，Atrium咖啡馆（见91页）提供无与伦比的晚茶。

走廊和中庭都摆放着酒店珍贵的18世纪和19世纪艺术收藏品。

Hotel Palace Heights 酒店 $$$

（见68页地图；☎011-43582610；www.hotelpalaceheights.com；26-28 D-Block；标单/双 ₹8100/8650；❄@☎；MRajiv Chowk）这家小型精品酒店在熙来攘往的康诺特广场提供数一数二的客房，房间采用白得耀眼的亚麻寝具，以焦糖色和琥珀色为主色调。这里有一家非常不错的餐厅Zāffrān（见68页地图；☎011-43582610；Hotel Palace Heights, 26-28 D-Block；主菜 ₹350~650；⏱正午至15:30和18:30~23:30；MRajiv Chowk）。

Radisson Blu Marina 酒店 $$$

（见68页地图；☎011-46909090；www.radisson.com/hotels/indnedl；59 G-Block；标单/双 ₹10,000/11,000；❄@☎；MRajiv Chowk）Radisson是康诺特广场最豪华的住宿选择，富丽堂皇，房间简约优美，富有格调，配套设施都是最先进的。酒店里有餐厅Great Kebab Factory，还有一家很酷的酒吧Connaught，你可以在红色的吊灯下小酌几杯。

德里西部 (West Delhi)

Master Guest House 客栈 $$

（☎011-28741089；www.master-guesthouse.com；R-500 New Rajendra Nagar；标单/双 含早餐 ₹2071/3270起；❄@☎；MRajendra Place）这家时髦雅致的客栈位于一片安静的城郊地带，经营良好，店主Ushi和Avnish都很有见识。客栈有三间颇具品位的客房，卫生间也非常干净。楼顶有一个绿荫掩映的露台。

Shanti Home 酒店 $$$

（☎011-41573366；www.shantihome.com；A-1/300 Janakpuri；标单/双 含早餐 ₹5500/6500起；❄@☎；MUttam Nagar East）这家小型精品酒店位于德里西部，离地铁站很近，拥有很漂亮的客房，房价越贵，房间越豪华。酒店有开阔的休息区，还有一家点着灯笼的出色的屋顶餐厅和一个健身房，提供烹饪课程和水疗服务。

新德里 (New Delhi)

Bloom Rooms @ Link Rd　　　酒店 $$

(见72页地图; ☎011-41261400; bloomrooms.com; 7 Link Rd; 标单/双 含早餐 ₹2900/3700起; ❈@⚡❄; MJangpura) 从地铁站步行几分钟即可到达,环境安静,去Khan Market、胡马雍陵和洛迪花园游览都很方便。Bloom Rooms黄白相间的设计以讨喜的北欧风格为主题。枕头很软,Wi-Fi够快,在当地很受喜爱的意大利餐厅Amici在这里开有分店。

★ Lodhi　　　酒店 $$$

(见72页地图; ☎011-43633333; www.thelodhi.com; Lodi Rd; 房间 ₹21,800起; ❈⚡❄; MJLN Stadium) Lodhi是德里最出色的奢华酒店之一,有非常宽大又迷人的客房和套房。每个房间都有一个带私人跌水池的阳台,楼层较高的客房视野极佳,有些能眺望胡马雍陵。酒店对细节的重视达到极致。还有家一流的**水疗馆**(见72页地图; ☎011-43633333; www.thelodhi.com; Lodhi Hotel, Lodi Rd; 1小时按摩 ₹3800起; MJLN Stadium)。

Claridges　　　酒店 $$$

(见72页地图; ☎011-39555000; www.claridges.com; 12 Aurangzeb Rd; 标双 ₹13,050起; ❈@⚡❄; MRacecourse) 典雅的Claridges建于1952年,前方是修剪整齐的绿草地。在殖民时期风格的客房里,设施一应俱全。这里还有一些出色的就餐选择,Mediterranean Sevilla有帷幔悬垂的亭阁,气氛浪漫; **Dhaba** (见72页地图; ☎011-39555000; The Claridges, 12 Aurangzeb Rd; 菜肴 ₹700~2000; ◷12:30~14:30和19:00~23:30; MRacecourse) 有种公路餐馆的风格,供应传统的旁遮普美食。

Zaza Stay　　　客栈 $$$

(见72页地图; ☎011-47373450; www.zaza.co.in; G54, Nizamuddin West; 标单/双 含早餐 ₹4000/5000) 这家客栈的主人是一对夫妇,有自创的家居用品品牌,房间装修得很漂亮,能看到Nizamuddin枝繁叶茂的风景。这是一个宁静闲适的地区,但仍然靠近尼桑木丁圣陵和胡马雍陵。

Lutyens Bungalow　　　客栈 $$$

(见72页地图; ☎011-24611341; www.lutyensbungalow.co.in; 39 Prithviraj Rd; 标单/双 含早餐 ₹6500/8000起; ❈@⚡❄; MRacecourse) 这家布局不规则的客栈有种殖民时期的感觉,四周环绕着外廊,挂着吊灯。客栈为家庭经营,有一片美妙的花园,有草坪、鲜花和振翅而飞的长尾小鹦鹉。房间很宜人,装饰着木头的家具陈设,有一种老派风情。客栈向四处延伸的空间很大,十分难得,因此特别适合带孩子入住。

德里南部 (South Delhi)

★ Madpackers Hostel　　　青年旅舍 $

(见78页地图; S39-A 4楼, Panchsheel Park Sth; 6人间至14人间铺 ₹650~850; ❈⚡; MHauz Khas) 这是一家气氛友好而放松的青年旅舍,客厅明亮通风,是在德里放松一番、结识志同道合的旅友的最佳地点之一。多人间为男女混住(只有一间为女生专用),墙上绘有涂鸦。青旅位于德里南部一处枝叶茂密的地方。

Jugaad Hostel　　　青年旅舍 $

(见78页地图; Mohamed Pur; 铺 ₹600~800, 房间 ₹2400) 这家出色的青年旅舍地处一片游人罕至但略显偏远的地区,靠近一个大型周五市场。多人间中有一间为女生专用,还有私人客房,屋顶上有秋千椅,待客友好周到。

Bed & Chai　　　青年旅舍 $$

(见78页地图; www.bedandchai.com; R55 Hans Raj Gupta Marg; 铺 ₹850, 双 不带/带浴室 ₹2500/3100起) 如果想住得清静些,这家由法国人经营的旅舍有简朴的房间,以缤纷的色彩和一些奇特又有创意的设计元素做点缀。旅舍有一个多人间、一片屋顶露台,当然也少不了美味的印度茶。

Treetops　　　客栈 $$

(见78页地图; ☎9899555704; baig.murad@gmail.com; R-8B Hauz Khas Enclave; 标单/双 ₹2500/3500起; ❈⚡; MHauz Khas) 这间雅致的客栈由一对夫妻经营, Murad是汽车记者、小说家兼哲学家,他的妻子Tannie热爱下厨。住在这里的感觉很像拜访另一个时代的上流社会亲戚。客栈有两个大房间通往

MAJNU-KA-TILLA

大约从20世纪60年代起,Majnu-ka-Tilla一直是藏人聚居地。这是一个另类的旅游者聚集地,比帕哈拉甘更加悠闲,有一种惬意的氛围。该地区得名于当地一位船夫隐士,他外号叫"疯子"(majnu),在这里的一座小山丘(tilla)上遇见了锡克教的创始人那纳克古鲁。附近建于18世纪的Majnu-ka-Tilla Gurdwara谒师所是为纪念这位古鲁在当地停留而修建的。

Majnu-ka-Tilla的街道过于狭窄,不能通车,离亚穆纳河很近。这里有一个寺院,还有许多身穿赫红色长袍的僧侣和藏人。乞丐数量也很多,但街头弥漫着一种安稳小城的气氛。

住宿价格低廉的Ga-Kyegu House(☏011-23815196; gakyeguhouse@hotmail.com; H-158, Block 7, Tibetan Colony;房间 ₹700,不带浴室 ₹550; ☏; MVidhan Sabha)有一些实惠的客房,能看到亚穆纳河景。气氛友好的Wongdhen House(☏011-23816689; 15-A New Tibetan Colony;房间 ₹800~1000,不带浴室 ₹500; ✱☏; MVidhan Sabha)有简朴破旧的房间和一间不错的餐厅。隔壁的Lhasa House(☏011-23939888; lhasahouse@rediffmail.com; 16 New Aruna Nagar;房间 ₹500~1000; MVidhan Sabha)性价比更高。Ama(H40, New Aruna Nagar; ⓢ7:00~21:30; ☏; MVidhan Sabha)和Kham Cafe(New Aruna Nagar; ⓢ7:00~19:30; MVidhan Sabha)都特别适合喝着咖啡放松一番,Ama楼下的Akama(ⓢ9:00~19:30; MVidhan Sabha)售卖藏式手工艺品,物有所值。有两处不错的就餐地点:Tee Dee(32 New Aruna Nagar;菜肴 ₹60~210; ⓢ8:30~22:30; MVidhan Sabha)和人气老店Dolma House(Block 10, New Tibetan Colony;菜肴 ₹70~180; ⓢ7:00~22:00)。如果想换个口味,可以去韩国餐厅Kori's(Tsampa Café; Tsampa House, 18-19 New Camp;菜肴 ₹80~290; ⓢ7:30~22:00; ☏)。

要到这里,先乘坐地铁到Vidhan Sabha,那里有合乘的机动/人力三轮车(₹40/20)会将你送到聚居地所在的KB Hedgewar Marg。跟司机说停在"逆行道"(wrong side)。

郁郁葱葱的屋顶露台。楼下比较小的房间更便宜,但感觉不够私密。提供晚餐。

★ Manor   酒店 $$$

[见78页地图;☏011-26925151; www.themanordelhi.com; 77 Friends Colony(West);双含早餐 ₹11,000起; ✱@☏]这家精品酒店只有16个房间,到处都散发着私密和优雅的感觉。它位于Mathura Rd附近修剪整齐的草坪中,宽大的房间配有风格现代的家具陈设,采用柔和的大地色调,提供极致的舒适体验。酒店的餐厅Indian Accent(见93页)是德里的最佳就餐地之一。

★ Devna   客栈 $$$

(见72页地图;☏011-41507176; www.tensundernagar.com; 10 Sunder Nagar;标单/双 ₹5450/5800; ✱@☏)Devna魅力十足,有古董木家具、印度王公的照片和艺术品。楼上的房间对着小露台,可以俯瞰美丽的庭院花园,占地面积很大的德里动物园就在附近。

Scarlette   客栈 $$$

(见78页地图;☏011-41023764; www.scarlettenewdelhi.com; B2/139 Safdarjung Enclave;双 ₹7000起; ✱☏)Scarlette是一家客栈(maison d'hôtes),位于幽静安谧、绿意盎然的Safdarjung Enclave,靠近浩兹卡斯村和鹿苑。客栈有4个房间和一间公寓,被从事纺织品设计的法国主人装饰得美丽时髦,富有艺术气息。适合独自旅行的女性。

机场地区及更远处(Airport Area & Beyond)

德里的Aerocity地区大酒店林立,出行方便,距机场只有4公里——如果只是逗留一夜,住这里很理想。乘坐地铁在Delhi Aerocity站下车即可。可供选择的住宿地点有

Hotel Pullman、Lemon Tree等品牌酒店，还有希尔顿经营的超豪华Andaz Delhi，最便宜的是Hotel Delhi Aerocity。附近的Vasant Kunj也有些住宿选择。

要了解机场区域的几个住宿地点的详细信息，可登录www.newdelhiairport.in。

✖ 就餐

✖ 旧德里

★ Jalebiwala　　　　　　　　　甜品 $

（见64页地图；Dariba Corner, Chandni Chowk; jalebis 每100克 ₹50; ⊙8:00~22:00; ⓜLal Qila）这家百年老店有德里——甚至可能是全印度——最棒的jalebis（浸在糖浆里的炸面圈），尽情大快朵颐吧，将卡路里的烦恼留到明天再去考虑。

★ Gali Paratha Wali　　　　街头食物 $

（见64页地图；Gali Paratha Wali; paratha ₹15~35; ⊙7:00~23:00; ⓜJama Masjid）月光市场街附近的这条小巷供应由tawa（热铁盘）制作的可口抛饼，经营世代，早在莫卧儿时代就接待过朝圣者。你可以选择各种五花八门的馅料，从青椒和印度奶酪到柠檬和香蕉，无所不有。

Natraj Dahi Balle Wala　　　街头食物 $

（见64页地图；1396 Chandni Chowk; 盘装菜 ₹50; ⊙10:30~23:00; ⓜChandni Chowk）这家小店有个红色的大招牌，总是人头攒动，招牌菜是dahi bhalle（炸小扁豆丸子配酸奶和酸辣酱）和酥脆可口的aloo tikki（五香土豆饼）。

Haldiram's　　　　　　　　　快餐 $

（见64页地图；1454/2 Chandni Chowk; 主菜

> **餐饮税**
>
> 饮品税会让你的账单金额暴涨20%（酒类）或12.5%（非酒类），餐厅还会对食物加收12.5%的增值税，另外，有空调的场所会收取一笔14%的服务税，放在账单的"服务"栏。许多地方还要收一笔10%的服务费。所以要知道，林林总总的税和服务费加在一起，你可能要比菜单上的金额多付大约30%或更多。

₹70~180; ⊙10:00~22:30; ⓜChandni Chowk）这家干净、明亮的自助餐厅和甜品店，是人们停下来品尝一流的多莎饼（dosa, 大片的南印度咸味薄饼）和塔利套餐的地方。店里还售卖可以边走边吃的namkin（开胃菜）和mithai（甜品）。这家店在康诺特广场还有一家非常受欢迎的分店（见68页地图；6 L-Block, Connaught Place; 小吃 ₹70~230; ⊙8:30~22:30; ⓜRajiv Chowk）。

★ Karim's　　　　　　　　莫卧儿菜 $$

（见64页地图；Gali Kababyan; 主菜 ₹120~400; ⊙9:00至次日0:30; ⓜJama Masjid）就在从贾玛清真寺向南延伸的巷弄边，Karim's 从1913年起就开始招待众多的肉食爱好者。菜单上大部分都是莫卧儿风味的肉菜，例如羔羊肉burrah（切片）、美味的羊肉咖喱（mutton Mughlai）和早餐的羊肉加饼组合nahari。这家餐厅在全城各地都有分店，其中一家在Nizamuddin West（见72页地图；168/2 Jha House Basti; 菜肴 ₹120~400; ⊙周二至周六 8:00~22:00; ⓜJLN Stadium），但此处的这家餐厅经营最久，水准也最高。

Al-Jawahar　　　　　　　　莫卧儿菜 $$

（见64页地图；Matya Mahal; 主菜 ₹60~350; ⊙7:00至午夜; ⓜJama Masjid）虽然被隔壁的名店Karim's（见本页）抢了风头，但Al-Jawahar也相当出色，布局井然有序，在胶木餐桌上提供可口的莫卧儿风味菜肴，顾客还能看到在店前新鲜制作的饼。菜单上大多是烤肉串和羊肉咖喱，黄油鸡和korma（咖喱炖菜）也非常不错。

Lakhori　　　　　　　　　　印度菜 $$$

（见64页地图；Haveli Dharampura, 2293 Gali Guliyan; 品尝套餐 素食/非素食 ₹1800/2200, 其他菜肴 约₹400~600; ⊙10:00~22:30; ☎; ⓜJama Masjid）这个经过修复的哈维尔是老城里一次别样的用餐体验，它是政治家Vijay Goel出于兴趣打造的，很高兴看到旧德里有一座宏伟的哈维尔终于得到了悉心的照料。餐厅在晚上特别有情调，庭院里摆放着餐桌，菜单上有莫卧儿风味的食物和本地美食。

Moti Mahal　　　　　　　　莫卧儿菜 $$

（见64页地图；☎011-23273661; 3704 Netaji

Subhash Marg；主菜 ₹290~620；◎正午至午夜）正宗的Moti Mahal仅此一家，经过了六代人的传承，餐厅充满魅力，有一种时光停驻的气氛，简直是韦斯·安德森（Wes Anderson）电影的完美布景。德里人最喜欢这里的黄油鸡和dhal makhani（木豆酱浓汤）。周三至周一（20:00至23:30）还有现场卡瓦力（quawwali，伊斯兰教的祷歌）表演。

Chor Bizarre
克什米尔菜 $$$

（见64页地图；☏011-23273821；Hotel Broadway, 4/15 Asaf Ali Rd；主菜 ₹325~500；◎正午至15:00和19:30~23:00；ⓂNew Delhi）光线昏暗的空间里，摆放着各种小摆件，还有一辆古董车。餐厅名字的意思是"窃贼市场"。这里供应可口又地道的克什米尔菜肴，其中包括wazwan（传统的克什米尔宴席）。

❀ 帕哈拉甘和德里西部

帕哈拉甘是主要的背包客活动中心，这里的餐厅提供五花八门的各国风味的菜肴，从比萨到香蕉煎饼，应有尽有。在Karol Bagh的巴扎里有更加便宜的小吃。

★ Sita Ram Dewan Chand
印度菜 $

（见84页地图；2243 Chuna Mandi；半盘/整盘 ₹30/55；◎8:00~17:00；ⓂRamakrishna Ashram Marg）一个家庭经营的袖珍快餐店，仅供应一种廉价菜肴——chole bhature（辣味鹰嘴豆），配上美味、新鲜、蓬松的面包。这是一款传统早餐，但许多人不分时间来吃，因为喜欢。

Narula Bakery
面包坊 $

（见84页地图；三明治 ₹15~25；◎9:00~22:00；ⓂRamakrishna Ashram Marg）这是家一流的外卖面包坊，如果你想吃顿实惠的午餐，这里有蔬菜、奶酪和谷物三明治或印度奶酪kulcha三明治。

Everest Bakery
尼泊尔菜 $

（见84页地图；Chandiwalan；菜肴 ₹50~250；◎8:00~23:00；ⓂRamakrishna Ashram Marg）这家气氛轻松的小店紧邻帕哈拉甘的主干道，天热时有风扇，供应常见的大众菜，但其中有藏式饺子（momos）和美味的沙拉。店里还有一台真正的意式咖啡机，这在帕哈拉甘实属难得。

Brown Bread Bakery
面包坊 $

（见84页地图；Ajay Guest House, 5084-A, Main Bazaar；小吃 ₹65~150；◎7:00~23:00；☏；ⓂRamakrishna Ashram Marg）主打有机食品的Brown Bread是一家热门的旅行者聚集地，室内风格质朴，有很多柳条装饰，食物简单却讨喜，有煎蛋饼、比萨、琳琅满目的面包和非常好吃的薯条。

Bikanervala Angan
快餐 $

（82 Arya Samaj Rd, Karol Bagh；主菜 ₹35~170；◎11:00至22:30；ⓂKarol Bagh）这家位于Karol Bagh的餐厅店面狭窄但是生意红火，是品尝南印度菜肴、快餐和小吃的好地方。塔利套餐价格低至₹165。

Roshan di Kulfi
冰激凌 $

（Ajmal Khan Rd, Karol Bagh；印度冰激凌 约₹70；◎8:30~21:30；ⓂKarol Bagh）Karol Bagh地铁站附近的一家名店，特制的pista badam kulfi（加开心果、杏仁和小豆蔻的冰冻乳制甜品）非常可口。位于Karol Bagh地铁站西北方向约500米处。

★ Shimtur
韩国菜 $$

（见84页地图；4楼, Navrang Guesthouse, Tooti Galli；餐 ₹240~500；◎10:00~23:00；ⓂRamakrishna Ashram Marg）找到这家店需要有决心：在通往Hotel Rak International的路口转弯，酒店对面是条件恶劣、没有招牌的Navrang Guesthouse。沿着楼梯走上客栈的屋顶，会发现一片竹子围绕、光线柔和的小露台。这里的韩国菜新鲜又美味。可以尝尝石锅拌饭（bibimbap，米饭搭配各色蔬菜、鸡蛋和泡菜；₹240）。供应啤酒（₹170）。

Cafe Fresh
素食 $$

（见84页地图；Laxmi Narayan St；菜肴 ₹115~240；◎8:00~23:00；☏；ⓂRamakrishna Ashram Marg）这家咖啡馆的素食很有吸引力，顾客中既有印度人也有外国人。虽然与熙来攘往的街道只隔着几步路，但店内环境安静宜人，适合喜欢清静的人。

Tadka
印度菜 $$

（见84页地图；4986 Ramdwara Rd；主

菜 ₹150~190；⊙8:30~22:30；MRamakrishna Ashram Marg）Tadka有人见人爱的木豆菜肴，是可以信赖的素食就餐地点，提供无可挑剔的奶酪菜和其他素菜（普通/特色塔利套餐₹200/280），店内风扇转个不停。

Malhotra　　　　　　　　各国风味 $$

（见84页地图；1833 Laxmi Narayan St；主菜₹80~425；⊙7:00~23:00；☎）Malhotra与嘈杂的Main Bazaar一街之隔，是当地可靠的就餐选择，同时受到本地人和外国人的喜爱，拥有各种早饭套餐和常见的北印度菜，如mattar paneer（豌豆和农家奶酪咖喱）。

🍴 康诺特广场

★ Naturals　　　　　　　　冰激凌 $

（见68页地图；8 L-Block, Connaught Place；杯装/蛋筒 ₹65，双球 ₹130；⊙11:00至午夜；MRajiv Chowk）创始人Mr Kamath的父亲从前在班加罗尔售卖芒果，他对水果的喜爱可能正由此而来。后来他开了Naturals，出售香浓柔滑、新鲜可口的冰激凌，有西瓜、椰子、芒果（天赐美味）和烤杏仁等口味。

★ Hotel Saravana Bhavan　　南印度菜 $$

（见68页地图；46 Janpath；菜肴 ₹95~210，塔利套餐 ₹210；⊙8:00~23:00；MJanpath）绝好的多莎饼、idlis（米糕）和其他南印度美食。这是德里最大也是最好的Saravana Bhavan分店，可以在店后方看到厨师制作多莎饼。还提供美味的南印度咖啡。

Kerala House　　　　　　南印度菜 $

（见68页地图；3 Jantar Mantar Rd；餐 ₹50；⊙8:00~10:00, 12:30~15:00和19:00~21:45；MPatel Chowk）Kerala的员工食堂对外开放，可口的套餐令人回味，而且价格实惠，有不限量的米饭、鱼肉咖喱、炸鱼、sambar（扁豆汤）、几种素食菜肴和腌菜。

Coffee Home　　　　　　印度菜 $

（见68页地图；Baba Kharak Singh Marg；餐 ₹50~150；⊙11:00~20:00；MShivaji Stadium）Coffee Home有一片阴凉的花园就餐区，室内空间开阔，风扇转个不停。店里的生意总是很红火，上班族慢悠悠地喝着印度茶，享用马沙拉多莎饼（masala dosa）等南印度小吃。这里位置便利，旁边就是政府经营的商场。

Hotel Saravana Bhavan　　南印度菜 $

（见68页地图；15 P-Block, Connaught Place；主菜 ₹95~210；⊙8:00~23:00；MRajiv Chowk）这里有德里最棒的塔利套餐，虽然就餐环境乏善可陈——仅仅是康诺特广场边上的一家简单的泰米尔餐厅。每到就餐时间，这里就会排起长队，人们喜欢这里丰富多彩的香辣蔬菜咖喱、蘸酱、面包和各种调味品，这些都是塔利套餐盘中必不可少的食物。

Wenger's　　　　　　　　面包坊 $

（见68页地图；16 A-Block, Connaught Place；小吃 ₹30~100；⊙10:45~19:45；MRajiv Chowk）富有传奇色彩的Wenger's是由一对瑞士夫妇在1926年创办的，一直在制作高水准的烘焙美食。可以来享用蛋糕、三明治、饼干和可口的馅饼。

Nizam's Kathi Kabab　　　快餐 $

（见68页地图；5 H-Block, Connaught Place；烤肉串 ₹80~270；⊙11:30~23:00；MRajiv Chowk）这家外卖食品店供应无与伦比的烤肉串、biryani（焖饭）和kati（加尔各答卷饼，即将肉串包裹在热乎乎的paratha中）。这里一直是肉食者的心头所爱，但也有印度奶酪、蘑菇和鸡蛋类菜肴，素食者也不会错失品尝的机会。

★ Masala Library　　　　新派印度菜 $$$

（见72页地图；21A Janpath；品尝套餐 ₹2600；⊙正午至14:45和19:00至次日1:00；MJanpath）餐厅主人Zorawar Kalra将他的Masala Library开到了德里（第一家店在孟买），用富有创意的烹饪方式在你的盘中餐里平添少许魔力，分子料理和多种新派菜肴：椰子芒果餐前点心被伪装成鸟巢的模样，巧克力球悬浮在空中。饿着肚子来，尝尝包含19道菜的品尝套餐吧。

★ Rajdhani　　　　　　　印度菜 $$$

（见68页地图；☎011-43501200；1/90 P-Block, Connaught Place；塔利套餐 ₹475；⊙正午至15:30和19:00~23:00；MRajiv Chowk）帝王级别的塔利套餐。美味绝伦的素食塔利套餐包含花样繁多的古吉拉特邦和拉贾斯坦邦特色菜肴，很适合犒劳自己。

Farzi Cafe 新派印度菜 $$$

（见68页地图；☎9599889700；38 E-Block, Connaught Place；主菜 ₹360~560；◎正午至次日0:30；ⓂRajiv Chowk）在这家康诺特广场的热闹餐厅可以看出德里美食爱好者对奇特事物的追捧。"分子美食"大行其道，还有不同寻常的创意菜，如黄油鸡包子。翠鸟（Kingfisher）啤酒只需₹85，还有banta（传统自制汽水）鸡尾酒。周五和周六从22:00起有苏非音乐、印度音乐和流行音乐的现场演出。

Chor Bizarre 克什米尔菜 $$

（见72页地图；☎011-23071574；Bikaner House, Pandara Rd；主菜 ₹325~500；◎12:30~15:00和19:30~23:00；ⓂKhan Market）Chor Bizarre（"窃贼市场"）位于修复得很漂亮的殖民时期比卡内尔风格建筑内，是这家旧德里著名餐厅新开的分店。室内弥漫着奇特又老派的魅力，菜单上的菜肴地道、美味，比如Kashmiri haaq（辣椒菠菜）。

🍴新德里及周边

如果想享用豪华大餐，新德里正是理想的去处。光彩夺目的奢华五星级酒店、商场和高档街区分布在Khan Market、Lodi Rd和Mathura Rd周边，菜肴风味极为丰富。

★Andhra Pradesh Bhawan Canteen 南印度菜 $

（见72页地图；1 Ashoka Rd；菜肴 ₹130~160，塔利套餐 ₹110；◎8:00~10:30，正午至15:00和19:30~22:00；ⓂPatel Chowk）这家位于安得拉邦驻德里办事处的小餐馆物美价廉，提供便宜、可口而实惠的南印度塔利套餐，因此吸引了大量回头客。周日在这里可以品尝到海得拉巴风味的biryani（₹200）。

★Triveni Terrace Cafe 咖啡馆

（见72页地图；205 Tansen Marg, Mandi House；菜肴 ₹55~220；◎10:00~19:30；ⓂMandi House）这家店和手工艺博物馆的Cafe Lota由同一套班子经营，是德里艺术圈子的活动中心，供应物美价廉的印度套餐和小吃，如辣椒吐司，座位区很宜人，要么在一片绿意盎然的露台上俯瞰着绿草如茵的圆形露天剧场，要么在一个开着风扇的房间里。

Gujarat Bhawan 古吉拉特菜 $

（见72页地图；11 Kautilya Marg, Chanakyapuri；早餐 ₹60，塔利套餐 ₹110~140；◎8:00~10:00，12:30~14:30和19:30~22:00；ⓂRacecourse）古吉拉特邦驻德里办事处经营的餐厅十分朴素，但家常风味的素食古吉拉特塔利套餐有营养、分量足，而且非常便宜。

Kebab Stands 街头食物 $

（见72页地图；Hazrat Nizam-ud-din Dargah；烤肉串 ₹30起；◎正午至23:00；ⓂJLN Stadium）位于尼桑木丁圣陵前面的小巷，每天晚上都热闹非凡，因为信众们离开神庙后会寻找食物。这家食堂风格的烤串店能烤出让你意犹未尽的牛肉、羔羊肉和鸡肉串，并且物美价廉，biryani和roti（薄饼）都是扎实饱腹的配菜。

Nagaland House 印度菜 $

（见72页地图；29 Dr APJ Abdul Kalam Rd；塔利套餐 ₹120~200；◎正午至14:00和19:30~22:00；ⓂRacecourse）Nagaland餐厅环境简朴，俯瞰着一丛棕榈树，风味浓郁的猪肉菜肴值得专门找上门尝尝，菜肴中有猪肉竹笋和一款那加风味（Naga-style）的猪肉塔利套餐。还供应蔬菜和鸡肉塔利套餐。

★Cafe Lota 新派印度菜 $$

（见72页地图；Crafts Museum；菜肴 ₹215~415；◎8:00~22:00；ⓂPragati Maidan）这是一家露天餐厅，竹子遮挡着阳光，形成斑驳的道道柔光，供应的美味菜肴也融入新意。可以尝尝店里的炸鱼和（红薯）薯条，或者palak patta chaat（香脆的菠菜、马铃薯和鹰嘴豆搭配香料调味的酸奶和酸辣酱），还有非常好吃的甜点和早餐。非常适合小朋友。

Caara Cafe 咖啡馆 $$

（见68页地图；☎1204569000；British Council, 17, Kasturba Gandhi Marg；主菜 ₹160~350；◎周一至周六 8:00~20:00，周日 8:00~18:00）这家咖啡馆位于英国文化协会内，非常幽静，洒满阳光，挂着收藏的英国艺术品。所以你可以在达米恩·赫斯特（Damian Hirst）多幅作品的衬托下，悠然细品茶和咖啡，享用看起来很健康的蛋糕、蔬菜咖喱和沙拉。

★ Sodabottleopenerwala　帕西菜 $$

（见72页地图；Khan Market；菜肴 ₹85～900；⊙正午至23:00；MKhan Market）店名是一个典型的以职业为重要组成部分的帕西人姓氏，这家店模仿孟买的伊朗咖啡馆，食物是地道的波斯风味，包括蔬菜浆果pulav、混合浆果查佛蛋糕和lagan nu custer（帕西人婚礼上吃的蛋奶糕）。

★ Alkauser　街头食物 $$

（见72页地图；www.alkausermughlaifood.com；Kautilya Marg；烤肉串 ₹170起，biryani ₹280起；⊙18:00～22:30）这家店面局促的外卖店由家族经营，他们的烤肉手艺世代相传，其祖先曾经在19世纪90年代为勒克瑙（Lucknow）的行政长官烹饪。这里的招牌菜是kakori烤肉，它巧妙地融合了羊肉和香料的风味；其他菜肴还有biryani、烹制得恰到好处的羔羊肉burra（腌羊排）和murg malai tikka（香料和印度奶酪腌鸡肉）。

Epicuria　美食城 $$

（见76页地图；Nehru Place；快餐菜肴 ₹100～300；MNehru Place）在这个美食中心，有多种多样的快餐店可供选择，包括Karim's、Khanchacha、Sagar Ratna等。可以付₹500买一张卡，用来在任意的快餐店消费——如果卡内还有余额，可以在收银台退卡。这里还有一些更加正式的餐厅，其中包括Italian Fio和Dhaba by Claridges。

Sagar Ratna　南印度菜 $$

（见72页地图；The Ashok, 50B, Diplomatic Enclave；菜肴 ₹240～350；⊙8:00～23:00）在德里所有Sagar Ratna的分店里，这家声名远扬的南印度餐厅是公认的最棒的一家，店内永远人头攒动，顾客中有一家人，有情侣，也有开kitty party的妇女们。多莎饼、idlis（米糕）、uttapams（咸味米饼）和塔利套餐丰富又美味。在**康诺特广场**（见68页地图；15-K Block, Connaught Place；菜肴 ₹115～170；⊙8:00～23:00；MRajiv Chowk）和**Defence Colony**（见78页地图；Defence Colony Market；菜肴 ₹115～170；⊙8:00～23:00；MLajpat Nagar）也开有分店。

★ Sana-di-ge　门格洛尔菜 $$$

（见72页地图；☎011-405077777；24/48 Commercial Centre, Malcha Marg；主菜 ₹345～900；⊙正午至15:45和19:00～23:30）这家生意红火的餐厅位于使馆区内，每天都有新鲜的鱼从门格洛尔送到店里。餐厅分为3层，幽静温馨，装饰着几何图形的屏风，有露台和吧台。食物地道又美味，可以来吃炸anjal、胡椒炒蟹、marvai（蛤蜊）或招牌菜elaneer payasam。

★ Bukhara　印度菜 $$$

（见72页地图；☎011-26112233；ITC Maurya, Sardar Patel Marg；主菜 ₹800～2600；⊙12:30～14:45和19:00～23:45）这家酒店餐厅是德里的最佳餐厅之一，有低矮的座位和用不规则的石片拼铺的墙壁，"西北边境"（Northwest Frontier）风味菜肴令人叫绝，有柔嫩的烤肉串和著名的Bukhara dhal（木豆汤）。务必提前订位。

Perch　各国风味 $$$

（见72页地图；Khan Market；小吃和菜肴 ₹110～950，杯售葡萄酒 ₹300～650，鸡尾酒 ₹450～650；⊙11:30至次日1:00；☎；MKhan Market）高档购物区Khan Market的新潮时髦感在Perch得以延续，这家葡萄酒吧兼咖啡馆将简约美学贯彻始终，侍者们身穿铅灰色衬衫，音乐舒缓柔和，店内供应来自世界各地的葡萄酒，还有诱人的各国风味小吃，如威尔士干酪吐司和虎虾荞麦面。

La Bodega　墨西哥菜 $$$

（见72页地图；☎011-43105777；29, 2楼, Middle Lane, Khan Market；菜肴 ₹325～925；⊙正午至午夜；MKhan Market）这家又时髦又酷的餐厅有大窗户对着枝繁叶茂的风景，供应美味的小盘墨西哥街头小吃，如鸭肉塔可饼配炸豆泥、pico de gallo和鳄梨酱，还有鸡肉馅的油炸玉米粉饼或卷饼以及好吃的沙拉。

Basil & Thyme　意大利菜 $$$

（见72页地图；Sundar Nagar Market；主菜 ₹465～745；⊙11:00～23:00；MKhan Market）这家高雅名店变过店址，但依然生意兴隆，外籍居民和本地人络绎不绝，在安静又葱郁的环

境里享用精致可口的地中海风味食物（不供应酒精饮料）。

Lodi Garden Restaurant　　地中海菜 $$$

（见72页地图，☏011-24652808；Lodi Rd；主菜 ₹600~1400；⊗12:30至次日0:30；MJor Bagh）这家花园餐厅以优雅的氛围见长，灯笼在树枝上摇曳，幕帘凉亭和木车里摆着餐桌。尽管菜肴给人的印象不及用餐环境令人惊艳，但菜单包括欧洲和中东风味，周日的早午餐很受欢迎。

Pandara Market　　印度菜 $$$

（见72页地图；Pandara Rd；主菜 ₹400~800；⊗正午至次日1:00；MKhan Market）要品尝出色的莫卧儿和旁遮普美食，这个经久不衰的就餐场所是理想去处。每家餐厅的价格都很高，水准和氛围也堪称一流。如果想品尝可口的食物，不妨试试Gulati（见72页地图；Pandara Market；主菜 ₹385~685；⊗正午至午夜；MKhan Market）、Havemore（见72页地图；Pandara Market；主菜 ₹375~725；⊗正午至次日2:00；MKhan Market）、Pindi（见72页地图；Pandara Market；主菜 ₹330~570；⊗正午至午夜；MKhan Market）或Chicken Inn（见72页地图；Pandara Market；主菜 ₹380~700；⊗正午至午夜；MKhan Market）。

🍴德里南部

一些令人惊艳的独立餐厅隐藏在南部城郊浩兹卡斯村、Shahpur Jat、Saket和梅赫饶利。

Potbelly　　北印度菜 $$

（见78页地图；116C Shahpur Jat Village；主菜 ₹250~420，塔利套餐 ₹250；⊗12:30~23:00；MHauz Khas）在德里能找到一家比哈尔邦餐厅实在难得。这家富有艺术气息的餐厅风格怀旧又别致，视野极佳，有地道的塔利套餐和litti鸡肉（全麦面团里包着sattu，搭配khada masala鸡肉）等菜肴。

★ Indian Accent　　印度菜 $$$

[见78页地图；☏011-26925151；Manor, 77 Friends Colony (West)；菜肴 ₹725~1425，非素食/素食品尝套餐 ₹2995/3095]餐厅位于精品酒店Manor（见87页）内，主厨Manish Mehrotra烹制各种新派印度菜，将时令食材用惊人又极富创意的方式组合呈现。品尝套餐水准极佳，搭配令人惊艳，如培根大虾泥炉菜，以及薄多莎饼包野生蘑菇和荸荠。尽早预订。

Rose Cafe　　咖啡馆 $$$

（见78页地图；☏011-29533186；2 Westend Marg, Saidullajab；菜肴 ₹299~520；⊗正午至21:00；MSaket）Rose Cafe位于一幢其貌不扬的建筑里，几乎正对着冒充Dilli Haat市场的"Delhi Haat"市场。店内装饰着迷人的淡蓝和淡粉色调，摆满蛋糕架，提供新鲜制作的地中海风味和安慰食物，有牧羊人派等暖心菜肴、煎饼和全天供应的早餐。

Swagath　　南印度菜 $$$

（见78页地图；M9 M-Block Market；菜肴 ₹300~1300；⊗正午至23:45；MKailash Colony）Swagath主打美味绝伦的印度海鲜（特别是螃蟹、大虾、龙虾和鱼），带你踏上南印度渔村的美食之旅，环境却有种不真实的时髦感。餐厅开了几个分店，其中一家在Defence Colony Market（见78页地图；14 Defence Colony Market；菜肴 ₹365~1300；⊗11:30~23:30；MLajpat Nagar）。

Coast　　南印度菜 $$$

（见78页地图；Ogaan楼上, Hauz Khas；菜肴 ₹360~580；⊗正午至午夜；MGreen Park）雅致的Coast是一间明亮清新的餐厅，分几个楼层，能欣赏浩兹卡斯村的绿地风光。餐厅供应清淡的南印度菜肴，如avial（蔬菜咖喱）配南瓜erisheri（加入黑扁豆），另有塔可饼、沙拉和令人满足的芥末酱薯条。

🍷饮品和夜生活

德里的咖啡行业蓬勃发展，一些使用精品咖啡豆、有咖啡菜单、供应土耳其甜点的咖啡馆随之兴起。这座城市的酒吧和现场音乐演出场所也日益增多，不过官方许可的营业时间极少能晚至凌晨0:30。要了解夜生活的最新去处，可参考时髦且信息量大的Little Black Book（http://littleblackbookdelhi.com）或Brown Paper Bag（http://bpbweekend.com/delhi）。了解现场音乐演出信息，见Wild City（thewildcity.com）。

咖啡馆

★ Blue Tokai  咖啡馆

（见78页地图；Khasra 258, Lane 3 West End Marg, Saidulajab；◎9:00~20:30；MSaket）在假冒的Dilli Haat购物中心（名叫"Delhi Haat"）后方，Blue Tokai开在一条令人想不到的小巷里，自己生产并研磨美味的咖啡。提神醒脑的咖啡饮品中有注入氮气的冷萃咖啡——甚至还推出了试味套餐。还供应"南瓜无叶沙拉"等小吃。

这家店给人的感觉更像在旧金山，而不是梅赫饶利某条灰扑扑的小巷。店里坐满紧追时尚的德里人，说着"这可真是千禧世代"之类的时髦话。

★ Atrium, Imperial 咖啡馆

（见68页地图；Janpath；◎8:00~23:30；MJanpath）还有什么比在Imperial吃晚茶还要高雅的享受吗？用骨瓷杯品茶，从多层点心架上拿起美味的三明治和蛋糕，一边同伴聊聊西姆拉（Shimla）和达尔豪西（Dalhousie）发生的新鲜事。晚茶地点设在中庭，供应时间是每天15:00~18:00（工作日/周末 ₹1200/1500，税费另加）。

Indian Coffee House 咖啡馆

（见68页地图；3楼, Mohan Singh Place, Baba Kharak Singh Marg；◎9:00~21:00；MRajiv Chowk）Indian Coffee House有一种历尽沧桑的破败魅力，侍者们羽毛般的帽子和制服让他们显得潇洒又神气。你可以像回到1952年那样，享用薯条和三明治。屋顶露台非常安静，适合放松。

Jugmug Thela 茶室

（见78页地图；Khasra 258, Westend Marg, Saidulajab；◎10:00~20:30；MSaket）藏在一条不起眼的后巷里，是一个惊喜。这是一间专业的精品茶室，打造得像一个街头茶摊。店内有180多种可供调配的香草和香料，供应美味的阿育吠陀茶饮和优质的混合茶，如金诺橘玫瑰伯爵茶，还有多种冰茶和咖啡饮品。另外还出售有机咖啡豆和自制曲奇。

Keventer's Milkshakes 咖啡馆

（见68页地图；17 A-Block, Connaught Place；◎9:00~23:00；MRajiv Chowk）Keventer's香浓可口的奶昔（₹100）有众多忠实拥趸，店外人行道上到处都是举着牛奶瓶喝奶昔的人。

Café Turtle 咖啡馆

（见72页地图；Full Circle Bookstore, Khan Market；◎9:30~20:30；MKhan Market）与Full Circle书店（见99页）在一起，这个波希米亚风格的咖啡馆粉刷着鲜艳的色彩，有很多爱书人在闲聊，如果你想在温馨舒适的环境里喝杯咖啡，吃块蛋糕，这里是理想的去处。咖啡馆还有一片枝繁叶茂的户外露台。它在GK1的N-Block Market（见78页地图；N-Block Market, Greater Kailash I；◎8:30~20:30；MKailash Colony）和Nizamuddin East（见72页地图；8 Nizamuddin East Market, Full Circle Bookstore；◎8:30~20:30；MJangpura）都设有分店。

Kunzum Travel Cafe 咖啡馆

（见78页地图；www.kunzum.com；T49 Hauz Khas Village；◎周二至周日 11:00~19:30；☎；MGreen Park）Kunzum奇特有趣，自助法压壶咖啡和茶实行随意付费政策，出售自创的德里旅行指南。这里有免费Wi-Fi，还有大量旅行书籍和杂志可供浏览。

酒吧

★ 1911 酒吧

（见68页地图；Imperial Hotel, Janpath；◎11:00至次日0:45；MJanpath）建于20世纪30年代的Imperial，昔日的辉煌令人追忆。这家酒吧在后期诞生，但依然弥漫着英属印度时期的风情。在褪色的照片和印度王公的壁画映衬下，你可以和一身名牌的顾客们一起悠闲品味完美的鸡尾酒（约₹900）。

★ Piano Man Jazz Club 夜店

（见78页地图；http://thepianoman.in；B 6 Commercial Complex, Safdarjung Enclave；◎正午至15:00和19:30至次日0:30）这家夜店很正宗，人气高，氛围好，乐师也很有水平，店内灯光昏暗，会举办精彩的现场爵士演出。

★ Bandstand 酒吧

（见78页地图；Aurobindo Market；◎正午至次日1:00；☎；MGreen Park）这间人气酒吧靠近浩兹卡斯村，有一片用玻璃包住的惬意露台，

能看到绿色公园里的陵墓。这里也是德里的现场音乐演出场所之一，周四和周日的21:00有现场演奏会。

★ Ek Bar 酒吧

（见78页地图；D17, 2楼, Defence Colony；⏰正午至15:30和18:00至次日0:30；MLajpat Nagar）在高档街区Defence Colony，这家酒吧位于一幢建筑的较高楼层，装修奇特又有格调，采用大地色和珠宝色系的深色调，调酒功夫了得（饮品₹250到₹800），对印度风味加以呈现（想不想尝尝加入姜黄粉的金汤力？），供应新派印度酒吧小吃，每晚都有DJ助阵，还有来出风头的顾客。

★ Unplugged 酒吧

（见68页地图；☎011-33107701；23 L-Block, Connaught Place；⏰正午至午夜；MRajiv Chowk）这家酒吧在康诺特广场是独一无二的。事实上，你会忘掉自己正置身于康诺特广场。酒吧有一个大花园，摆着铁艺桌椅，还有秋千座位，一棵挂着编织灯笼的巨大菩提树将这一切笼罩在树荫里。晚上定期举办现场演奏会，从另类摇滚到电子融合，音乐风格多种多样。1瓶"翠鸟"啤酒卖₹100。

Hauz Khas Social 酒吧

（见78页地图；9A & 12 Hauz Khas Village；⏰10:30至午夜；MGreen Park）这个悠闲的酒吧是浩兹卡斯村的一处热闹中心，宽大的酒吧间有平板玻璃窗，可以看到满目葱翠的风景。酒吧供应鸡尾酒和小吃，吸烟区的露台总是很热闹。这里也会定期举办现场音乐演出和DJ表演。

Summer House 酒吧

（见78页地图；2楼, Aurobindo Place Market；⏰11:00至次日1:00；MGreen Park）在浩兹卡斯村附近，这个位于2楼的宽敞酒吧风格质朴，有一片开阔的露台，是男男女女都喜爱的热闹的夜生活场所。定期举办现场音乐演出。一瓶"翠鸟"啤酒卖₹175。

24/7 酒吧

（见64页地图；Lalit Hotel, Maharaja Rajit Singh Marg；⏰24小时；MBarakhamba Rd）这家24小时营业的大堂酒吧位于Lalit酒店内，是在飞抵德里的漫长旅程后喝一杯庆祝的好地方。

Aqua 酒吧

（见68页地图；Park Hotel, 15 Sansad Marg；⏰11:00至午夜；☎；MJanpath）在探访简塔曼塔天文台或在康诺特广场购物之后，如果你需要的是五星级的格调，Aqua是理想的去处。你可以窝在这里，将外面的世界抛到脑后，在泳池边慢慢品味鸡尾酒。

Karen Cafe 酒吧

（见84页地图；Arakashan Rd；⏰9:00～23:00；MNew Delhi）这家小小的屋顶咖啡馆让人避开街头的纷扰，有几张餐桌，俯瞰街道的视野不错。店里装饰着鲍勃·马利的海报、藤椅和吊灯。虽然服务慢吞吞，食物也很平常，但气氛是这一带最悠闲的。

Sam's Bar 酒吧

（见84页地图；Main Bazaar；⏰11:00至次日1:00；MRamakrishna Ashram Marg）Sam's Bar的氛围比大部分帕哈拉甘的酒吧都更惬意自在，是喝一杯聊聊天的好去处，顾客中有男有女，有本地人也有外国人。酒吧供应小吃，还有一系列本土（"翠鸟"₹150）和国外的啤酒及烈酒。

Gem 酒吧

（见84页地图；1050 Main Bazaar, Paharganj；⏰11:00至次日0:30；MRamakrishna Ashram Marg）这个装饰着木镶板的邻家酒吧是帕哈拉甘的一家老字号，店内很昏暗，让人分不清当下是白天还是黑夜。酒吧受到本地（男）人和旅行者的喜爱，瓶装本地啤酒最低₹140。楼上更有情调。

My Bar 酒吧

（见84页地图；Main Bazaar, Paharganj；⏰11:00至次日0:30；MRamakrishna Ashram Marg）一个光线昏暗、空气污浊的酒吧，气氛热闹、嘈杂又欢乐，顾客都兴致高昂，有背包客也有本地人，有时还会跳起舞来。在康诺特广场和浩兹卡斯村还有几家分店。饮品价格为₹70到₹300（啤酒₹85起）。

Metro Bar 酒吧

（见84页地图；19 Panchkuian Rd；⏰11:00

至次日1:00; MRamakrishna Ashram Marg)在Ramakrishna Ashram Marg地铁站附近隐藏一连串大同小异的酒吧，受到本地商务人士的喜爱，有唱功并不出众的女歌手高唱顾客点的歌。Metro Bar是其中最好的一家，气氛欢乐又友好，印度食物也不错。

☆ 娱乐

音乐和文化表演

Habitat World 现场演出

（见72页地图；☎011-43663333；www.habitatworld.com；India Habitat Centre, Lodi Rd；MJor Bagh）这是德里一处重要的文化场所，定期举办艺术展、演出和音乐会，大部分免费。还定期组织德里步行游。

India International Centre 现场演出

（见72页地图；☎011-24619431；www.iicdelhi.nic.in；40 Max Mueller Marg；MKhan Market）IIC是德里以老年知识分子为主的社会阶层的主要活动中心。俱乐部仅对会员开放，但这里还定期举办高水平的免费展览、讨论会和音乐会，欢迎公众参加。

电影院

Delite Cinema 电影院

（见64页地图；☎011-23272903；www.delitecinemas.com；4/1 Asaf Ali Rd；MNew Delhi）Delite创建于1954年，是当时德里最高的建筑，后于2006年进行了翻修。这里不是普通的电影院，有彩绘的穹顶和捷克产的枝形吊灯。这里最适合欣赏马沙拉电影（加足马力的宝莱坞电影，集动作、喜剧、浪漫和戏剧性情节于一身），幕间休息时可以买到著名的超大咖喱角。

Regal Cinema 电影院

（见68页地图；前排/后排 ₹80/100，楼上座位 ₹100/120；MRajiv Chowk）这家电影院位于康诺特广场，于1932年开业，定期展映宝莱坞热门影片，是观看最新电影的热门去处。自2017年起，杜莎夫人蜡像馆在德里的分馆也开在这里。

🛍 购物

Meharchand Market 市场

（见72页地图；Lodi Colony；MLodhi Colony）在Lodi Colony公营住宅的马路对面，有一长排小精品店售卖家居用品和服装。店铺中有Fabindia（见72页地图；⏱11:00~20:00）和the Shop（见72页地图；⏱周一至周六10:00~20:00，周日11:00~18:00），出众的就餐地点包括供应有机食品的Altitude Cafe（见72页地图；主菜 ₹340~580；⏱8:00~17:00；

德里的大力士

漫步于旧德里Kashmere Gate以北的地区时，你也许会注意到大街上冒出许多肌肉发达的男人。不，这并非你的错觉！这个灰尘满天的街区是德里传统泥地摔跤最热门的比赛场地。古什蒂（Kushti，也作pehlwani）是一种全身接触的武术，融合了瑜伽和格斗技巧以及高强度的身体训练。

小伙子在十几岁时就入学akharas（培训中心）并接受严格的每日训练，科目包括徒手攀绳、举重和拉木头，以塑造从事这项强对抗身体运动所必备的肌肉。即便是饮食和生活方式也受到严格控制，性生活、烟草和酒精都被禁止，摔跤手在简朴的环境里过着集体生活，在身兼精神导师的教练的监督下开展训练。

比赛在刚刚耕过的土地上进行，这进一步增加了动作难度。与其他类型的摔跤一样，这种比赛的目标也是将你的对手压倒在地，但是比赛往往持续到一方认输或是体力耗尽时方能停止。在地区挑战赛上，摔跤手们会为金色的gadas（权杖）进行角逐，据说这是摔跤守护神——猴神哈奴曼最喜欢使用的兵器。

大部分培训中心都欢迎观众观看每天清晨和黄昏的训练，只要不影响训练就行。观看之前先征求许可，以免冒犯这些肌肉发达的大力士。在线博客kushtiwrestling.blogspot.com是了解这项运动以及主要训练中心的好地方。

）和主打亚洲风味西班牙小吃的餐厅Diva Spiced（见72页地图；西班牙小吃₹320~560，主菜₹390~1200；11:30~23:30）。

Timeless
书籍

（见78页地图；011-46056198；46 Housing Society, Part I, South Extension；周一至周六 10:00~19:00）Timeless隐藏在一条后巷里（四处打听一下），出售品质一流的大本精装书，主题涵盖印度纺织品和建筑等，有一群忠实的拥趸。

Delhi Musical Stores
乐器

（见78页地图；23276909；www.indianmusicalinstruments.com；C99 Lajpat Nagar；周一至周六 11:00~20:00；Lajpat Nagar）Delhi Musical Stores有品质一流的手鼓、簧风琴和西塔琴等。

Aap Ki Pasand（San Cha）
饮品

（见64页地图；15 Netaji Subhash Marg；周一至周六 10:00~19:00）专营上好的印度茶叶，茶叶产区包括大吉岭（Darjeeling）和阿萨姆（Assam），以及尼尔吉里（Nilgiri）和康格拉（Kangra）等地。在购买前可以试喝，茶叶用可爱的束口袋包装。还有一家分店位于Santushti Shopping Complex（见72页地图；011-264530374；www.sanchatea.com；Racecourse Rd；周一至周六 10:00~18:30；Racecourse）。

Daryaganj Kitab Bazaar
市场

（书市；见64页地图；周日 8:00~18:00）每逢周日，从Delhi Gate北至红堡近2公里的人行道上会摆满图书，西侧Jawaharlal Nehru Marg沿线也有，但没那么长。从米尔斯与布恩（Mills & Boon）出版公司的言情小说到旧时童书，可供挑选的书籍琳琅满目。最好尽早到场，逛书市的人非常多。

Anokhi
服装

（见72页地图；www.anokhi.com；32 Khan Market；10:00~20:00；Khan Market）Anokhi专门经营木版印花布衣和家居用品，将传统设计的古朴与现代设计的感性融为一体。这家店在Santushti Shopping Complex（见72页地图；周一至周六 10:00~19:00；Racecourse）和N-Block Market（见78页地图；Greater Kailash I；10:00~20:00；Kailash Colony）都设有分店，还有一间折扣店开在Nizamuddin East（见72页地图；周一至周六 10:00~20:00）。

OCM Suitings
服装

（见72页地图；011-24618937；Khan Market；周一至周六 11:00~20:00；Khan Market）男士羊毛西装₹9500起（含布料），女士及踝裙₹550起（不含布料）。西装制作需要7到10天。

Musical Instrument Shops
乐器

（见64页地图；Netaji Subhash Marg；周一至周六 约10:00~20:00）要选购价格实惠的乐器，可以去Daryaganj逛逛Netaji Subhash Marg沿线的乐器行。

Rikhi Ram
音乐

（见68页地图；011-23327685；www.rikhiram.com；8A G-Block, Connaught Place；周一至周六 正午至20:00；Rajiv Chowk）一家美丽的老店，出售专业的古典及电子西塔琴和手鼓等。

🔒旧德里

Main Bazaar
手工艺品、服装

（见84页地图；Paharganj；周二至周日 10:00~21:00；Ramakrishna Ashram Marg）这个市集绵延穿过帕哈拉甘，主要面向背包客，几乎能满足你的一切所需，还有其他许多五花八门的商品。这里很适合选购礼品、服装、便宜的小首饰，还有离开印度时把一切打包带走的行李袋，以及旅行时穿着的嬉皮服饰。有意购买时再砍价。

Karol Bagh Market
市场

（见64页地图；周二至周日 约10:00~19:00；Karol Bagh）这里适合购买服装和婚礼用品，有许多闪闪发光的商品，从时髦的lehanga choli（裙子和上衣套装）到公主风格的鞋子，应有尽有。Gaffar市场还出售电子产品（要给手机换屏可以来这儿）和镀铬的摩托车部件。

旧德里的巴扎

旧德里的巴扎一定会给你带来强烈的感官冲击：熏香、浓烈到让人打喷嚏的香料、机动三轮车的尾气、斑斓的色彩、弹丸小店里亮闪闪的各种商品，这一切交织在一起，不是"购物疗法"，而是突显的现实生活。前往市集的最佳时段是上午10:00左右和傍晚，街上的人会少些。

整个区域都已经被分门别类地划分妥当。**月光市场街**（见64页地图；⊙周一至周六10:00~19:00；ⓂChandni Chowk）是购买服装、电子产品和不耐用的新鲜小玩意儿的地方。如果想要购买银质首饰，可以去**Dariba Kalan**（见64页地图；⊙10:00~20:00；ⓂChawri Bazaar），这是Sisganj Gurdwara附近的一条巷子。在这条巷道附近，**Kinari Bazaar**（字面意思是"饰品市场"；见64页地图；Kinari Bazaar；⊙11:00~20:00；ⓂJama Masjid）的zardozi（绣金制品）、寺庙饰品和婚礼头巾者赫赫有名。从老市政厅向南，**Nai Sarak**（见64页地图；⊙大约10:00~20:00；ⓂJama Masjid）有许多卖纱丽、披肩、雪纺绸和lehanga的摊铺，附近的**Ballimaran**（见64页地图；Ballimaran；⊙10:00~20:00；ⓂChandni Chowk）有镶亮片的拖鞋和非常有意思的jootis（尖头便鞋，即传统懒人鞋）。如果想购买漂亮的包装纸和贺卡，可以去从贾玛清真寺向西延伸的**Chawri Bazaar**（见64页地图；⊙10:00~19:00）。

在法塔赫布里清真寺附近的Khari Baoli路上，可以找到芳香扑鼻的**香料市场**（Gadodia Market；见64页地图；Khari Baoli；ⓂChandni Chowk），摊铺上堆放着耀眼的红辣椒、生姜和姜黄根、小茴香、芫荽籽、小豆蔻、水果干和坚果。总有一个接一个的工人把装满香料的大麻袋顶在头上送货，空气中弥漫着浓烈的辛香气味，每个人都喷嚏不断。

🏠 康诺特广场

★ Central Cottage Industries Emporium
工艺品

（见68页地图；☎011-23326790；Janpath；⊙10:00~19:00；ⓂJanpath）这里由政府经营的多层购物场所如同一个美妙的宝库，价格固定，汇聚了来自印度各地的手工艺品。这里的商品价格高于邦立购物中心，但是种类更加丰富，包括木雕、首饰、陶器、混合纸浆制品、文具、铜器、纺织品（包括披肩）、玩具、地毯、美容品和细密画，是挑选美丽工艺品的精彩的一站式购物场所。楼下有Smoothie Factory咖啡馆。

★ Kamala
工艺品

（见68页地图；Baba Kharak Singh Marg；⊙周一至周六 10:00~19:00；ⓂRajiv Chowk）出售工艺品、古玩、纺织品和家居用品。商品都来自印度工艺品理事会（Crafts Council of India）。设计精巧，运用传统技艺，但又有些风格现代而独特的巧思。

★ People Tree
手工艺品、服装

（见68页地图；Regal Bldg, Sansad Marg；⊙11:00~19:00；ⓂRajiv Chowk）🌿这家不起眼的小商店出售公平贸易的T恤，价格固定，风格超酷，充满了时尚的印度设计和都市腔调。此外还有手袋、首饰和印度神灵图案的抱枕。

★ 邦立购物中心
手工艺品、服装

（State Emporiums；见68页地图；Baba Kharak Singh Marg；⊙周一至周六 11:00~13:30和14:00~18:30；ⓂShivaji Stadium）这些购物中心连成一排，逛起来很方便，里面满是印度各地区的珍宝特产。与多数国营场所一样，这里的气氛略显懒散沉闷，但在这里购物如同周游印度——较热门的有拉贾斯坦邦的细密画和木偶，北方邦的大理石雕刻品，卡纳塔克邦的檀香木雕塑，泰米尔纳德邦的金属雕像，以及奥里萨邦的石雕等。

Janpath & Tibetan Markets
工艺品

（见68页地图；Janpath；⊙周一至周六 11:30~19:00；ⓂRajiv Chowk）这两个毗邻的市场出售闪闪发亮的镜面刺绣、色彩鲜艳的披肩、藏族饰品、黄铜制品和摇曳生姿的耳环。如果你花时间仔细淘宝，也可以找到一些值得购买的物品,有些东西在杀价后性价比超高。

Khadi Gramodyog Bhawan　　服装

(见68页地图;Baba Kharak Singh Marg; ⊙10:30~20:00; MRajiv Chowk) 以其质地优良的khadi(印度土布)而远近闻名,同时还出售物有所值的披肩、手工纸制品、熏香、香料、海娜染料和迷人的天然香皂。

M Ram & Sons　　服装

(见68页地图; ☎011-23416558; 21 E-Block, Connaught Place; ⊙10:30~20:00; MRajiv Chowk)一家极受欢迎的德里裁缝店,套装价格₹8000起。提供24小时取衣的定制服务。

Oxford Bookstore　　书籍

(见68页地图;N81 Connaught Place; ⊙周一至周六 10:00~21:30,周日 11:00~21:30; MRajiv Chowk)这是一家豪华却缺少个性的书店,倒也能逛上几个小时。与德里其他书店相比,这家的店员不够博学。店里出售的礼品不错,有手工笔记本。毗连的Cha Bar(见68页地图; Oxford Bookstore, N81 Connaught Place; ⊙周一至周六 10:00~21:30,周日 11:00~21:30; MRajiv Chowk)是个热闹的聚会场所。

新德里
★ Khan Market　　市场

(见72页地图;⊙周一至周六 约10:30~20:00; MKhan Market) Khan Market是德里最高档的购物地段,店面租金是全印度最贵的,深受外籍人士和德里精英阶层的青睐。这里的精品店主要经营时装、书籍和家居用品,还有一些不错的餐饮场所。

如果想购买手工纸制品,可以去Anand Stationers(见72页地图;⊙周一至周六 10:00~20:00,周日 正午至18:00),或者到Mehra Bros(见72页地图;⊙周一至周四和周六 10:00~19:00,周五 10:00~20:00,周日 11:00~18:00)寻找用棒的混合纸浆制作的装饰品。文学爱好者不妨前往Full Circle Bookstore(见72页地图;www.fullcirclebooks.in; ⊙9:30~20:30)和Bahrisons(见72页地图;www.booksatbahri.com; ⊙周一至周六 10:30~19:30,周日 11:30~19:30)。如果想寻找印度时装和家居用品,

Fabindia(见72页地图;⊙10:30~21:30)和Anokhi(见97页)都是不错的选择。若是想购买优雅的阿育吠陀疗法药草包,可以逛逛Kama(见72页地图;⊙10:30~20:30)。

Sunder Nagar Market　　工艺品

(见72页地图;Mathura Rd;⊙周一至周六 约10:30~19:30)这个优雅又沉闷的老店正变得越来越时髦。这里长期专营印度和尼泊尔手工艺品、古董的复制品、家具和上好的印度茶叶。备受喜爱的餐厅Basil & Thyme(见92页)已经搬到了这里,还有很酷的酒吧No 8。

德里南部
★ Dilli Haat　　工艺品

(见78页地图;Aurobindo Marg;外国人/印度人 ₹100/20; ⊙10:30~22:00; MINA)这个露天的食物和工艺品市场是个色彩斑斓的花花世界,出售印度各个地区的手工艺品;要狠狠杀价。这里有许多食品摊,适合品尝物美价廉的地方特色美食——尝尝那加兰邦或泰米尔纳德邦的食物(菜肴₹70至₹100)。

SHAHPUR JAT

从Hauz Khas地铁站乘坐三轮车向东北方向前行1公里,即可到达城中村Shahpur Jat,这是在德里选购独立设计的高档服装的最佳地点之一。有一些值得留意的店铺:Nimai(见78页地图; ☎011-64300113; 416 Shahpur Jat Village; ⊙11:00~19:30; MHauz Khas)出售独一无二的人造珠宝饰品,NeedleDust(见78页地图;www.needledust.com; 40B,1楼,Shahpur Jat; ⊙周一至周六 10:30~19:30,周日 11:00~18:30; MHauz Khas)售卖绣花皮鞋,还有一些独立餐馆可供选择,如艺术派头的Bihari Potbelly(见93页)和适合严格素食者的有机餐厅Greenr(见78页地图; ☎7042575339;主菜 ₹250~375; ⊙11:00~19:30; 🛜; MHauz Khas)。Anandini Tea Room(见78页地图;12A, DDA Flats; ⊙11:00~19:00; MHauz Khas)将带给你无与伦比的品茶体验。

★ 浩兹卡斯村 手工艺品、服装

（Hauz Khas Village；见78页地图；⊙周一至周六11:00~19:00；ⓂGreen Park）这里不如几年前时髦了，但依然值得一逛。这个地区纵横交错的窄巷里挤满了各种设计师的精品店，所售商品包括印度服装、手工艺品、风格现代的陶器、手作家具和宝莱坞老电影海报。值得留意的店铺有Claymen（见78页地图；⊙营业时间不定）、Maarti、Ogaan和Bodice。

Dastkar Nature Bazaar 市场

（http://dastkar.org；Andheria Modh；⊙周二至周日10:00~19:00；ⓂChhatarpur）Dastkar是非营利性质的非政府组织，推广地方手工艺，其露天手工艺品市集每月都举办主题活动，展示最前沿的地方文化、手工艺和食品。

Greater Kailash I: M-Block & N-Block Markets 市场

（见78页地图；⊙周三至周一 约10:00~20:00；ⓂKailash Colony）分成两部分的中档购物区，有豪华的精品店和高级餐厅，最有名的Fabindia在这里开了几个分店。服装店Anokhi也可以逛逛。

ⓘ 实用信息

危险和麻烦

在轻微犯罪方面，德里相对安全，不过偷窃在拥挤地带时有发生，要保管好贵重物品。

火车站的麻烦

在新德里火车站的兜售者，不遗余力地阻止旅行者去正规的国际旅游局（International Tourist Bureau），而是让人去他们可以吃回扣的私人旅行社。这些揽客的人往往会告诉游客他们的车票是无效的，火车出了问题，或者不能进站。然后他们会"帮忙"联系一辆很贵的出租车，或者用3等座车票冒充其他等级。深夜抵达又很疲惫时最容易上当。一条经验法则：在火车站时，不管谁来跟你说什么都不要相信，就算对方穿着制服或持有看似正式的通行证也不要信。

女性旅行者

很遗憾，德里落下了对女性不安全的名声，而且名副其实。女性旅行者应注意：绝对不要在空荡冷清的地方走动，就算在白天也不行，留意你的路线，不要迷路（下载一份离线地图），天黑后要特别小心——务必找到返回住处的安全交通方式，比如一家信誉良好的出租车公司或一位值得信赖的司机。

兜售者

机场和旅游区附近的出租车司机经常客串旅馆揽客者，通常的说辞是你选择的酒店客满、差劲、危险、失火了或者关门大吉，甚至告诉你德里发生骚乱了。此类说辞都是套路，最终目的是带你到他们可以获得佣金的旅馆。坚持去你想去的地方——上车前做出抄写他们车牌号的举动，致电机动三轮车/出租车服务热线也许有助于避免他们的纠缠。康诺特广场附近也有人会设下相似的骗局，他们常常"热心"地告诉你要去的地方关门了，然后引你去他们的关联商店和旅行社。

上网

现在几乎所有酒店和大部分咖啡馆都提供免费Wi-Fi。

媒体

➔ 介绍德里演出信息的刊物有介绍每周活动的小册子《德里日记》（*Delhi Diary*，₹30），可在当地书店购买。*Motherland*（www.motherlandmagazine.com）是一本时尚的双月刊文化杂志。

➔ 要了解德里的近期活动，可参考超酷的Little Black Book（www.littleblackbookdelhi.com）或Brown Paper Bag（brownpaperbag.in/delhi）。不要错过博客Delhi Walla（www.thedelhiwalla.com），它是一窥德里日常生活的美妙窗口。

医疗服务

大部分商业街和绝大多数郊区市场内都有药房。医院有：

全印度医药科学学院（All India Institute of Medical Sciences，简称AIIMS；见78页地图；☏011-65900669；www.aiims.edu；Ansari Nagar；ⓂAIIMS）

Apollo Hospital（☏011-29871090；www.apollohospdelhi.com；Mathura Rd, Sarita Vihar；ⓂSarita Vihar）

Dr Ram Manohar Lohia Hospital（见72页地图；☏011-23365525；www.rmlh.nic.in；Baba Kharak Singh Marg；ⓂPatel Chowk）

East West Medical Centre（见72页地图；☏011-24690429；www.eastwestrescue.com；37 Prithviraj Rd；ⓂRacecourse）

Max Healthcare（见78页地图；☎011-26515050；Press Enclave Rd, Saket；ⓂSaket）

邮局

德里各地都有邮局，可以发送信件和包裹（大部分附近都有打包服务）。**印度邮政**新德里分局（见72页地图；☎011-23743602; Gole Dakhana, Baba Kharak Singh Marg；◷周一至周六 10:00~17:00）设有留局待取服务；确保邮寄地址是：GPO, New Delhi-110001。有一个位置便利的印度邮政分局位于**康诺特广场**（见68页地图；6 A-Block, Connaught Place；◷周一至周六 8:00~19:30；ⓂRajiv Chowk）。

寄送包裹可以选择位于康诺特广场的**敦豪快递**（DHL；见68页地图；☎011-23737587；1楼, Mercantile Bldg, Tolstoy Marg；◷周一至周六 8:00~20:00；ⓂRajiv Chowk）。

旅游信息

印度考古局（Archaeological Survey of India, 见72页地图；☎011-23010822；www.asi.nic.in; Janpath；◷周一至周五 9:30~13:00和14:00~18:00；ⓂCentral Secretariat）印度考古局位于国家博物馆隔壁，有介绍印度主要考古遗址的多种出版物。

印度德里旅游局（India Tourism Delhi, Government of India；见68页地图；☎011-23320005, 011-23320008；www.incredibleindia.org；88 Janpath；◷周一至周五 9:00~18:00, 周六 9:00~14:00；ⓂJanpath）除了机场的服务台，这是德里唯一的印度官方旅游局，别管那些宣称（误导）自己与这个办事处有特别关系的揽客者。在这里可以获取关于在德里、德里周边以及前往邻邦的实用信息。提供免费的德里地图和宣传册，以及一份旅行社和民宿推荐名单。在这里还可以提交和旅游相关的投诉。

❶ 到达和离开

飞机

英迪拉·甘地国际机场位于市中心西南14公里处。国际和国内航班都使用焕然一新的3号航站楼（Terminal 3）。1号航站楼（Terminal 1）主要服务于低成本的航空公司。每20分钟就有一趟免费巴士（出示登机牌和联程机票）在两座航站楼之间往返，但实际所需的时间可能长得多。为保险起见，转机时间应至少预留3个小时。

3号航站楼抵达区有24小时营业的货币兑换处、自动柜员机、预付费出租车和小汽车租赁柜台、旅游信息咨询处、药房、书店以及咖啡馆。

Plaza Premium Lounge（☎011-61233922；标单/双 3小时 US$37/52, 6小时 US$52/66）有钟点房供旅客休息（在1号航站楼的抵达区还有一家）。

需要出示登机牌才可进入航站楼。在办理登机手续时，确保所有手提行李都贴上标签并盖上安检戳。

德里的机场在11月到次年1月间经常为浓雾所困扰（通常会导致航班延误）。如果在此期间出行，预留1天的转机时间是非常明智的选择。

印度航空（Air India；☎1800 1801407；www.airindia.com）

Jagson Airlines（见68页地图；☎011-23721593；www.jagsongroup.in; Vandana Bldg, 11 Tolstoy Marg；◷周一至周六 10:00~18:00；ⓂJanpath）

捷特航空（Jet Airways；见68页地图；☎011-39893333；www.jetairways.com；11/12 G-Block, Connaught Place；◷周一至周六 9:30~18:00；ⓂRajiv Chowk）

香料航空（SpiceJet；☎1800 1803333；www.spicejet.com）

长途汽车

大部分旅客都乘坐火车到达和离开德里。但是如果无法买到一些目的地的火车票时，长途汽车也是实用的选择。

大部分邦际客运从旧德里规模很大的**Kashmere Gate邦际汽车站**（Kashmere Gate Inter State Bus Terminal, 简称ISBT；见64页地图；☎011-23860290；ⓂKashmere Gate）发车，乘坐地铁可以到达。汽车站的运输公司办事处包括：

德里运输公司（Delhi Transport Corporation, 见64页地图；☎011-23370210；www.dtc.nic.in）

哈里亚纳邦客运（Haryana Roadways, 见64页地图；☎011-23868271；www.hartrans.gov.in）

旁遮普邦客运（Punjab Roadways, 见64页地图；☎011-44820000；www.punbusonline.com）

拉贾斯坦邦客运（Rajasthan Roadways, 见64页地图；☎011-23386658, 011-23864470；Counter 36, Kashmere Gate Inter State Bus Terminal）

拉贾斯坦邦公路运输公司（Rajasthan State Road Transport Corporation, 见64页地图；☎011-23864470；http://rsrtc.rajasthan.gov.in）

北方邦客运（Uttar Pradesh Roadways，见64页地图；☏011-23868709）

北方邦公路运输公司（Uttar Pradesh State Road Transport Corporation，见64页地图；☏011-2622363；www.upsrtc.com）

Anand Vihar邦际汽车站（Anand Vihar Inter State Bus Terminal）有车开往北阿肯德邦的奈尼塔尔和Kumaun。一些票价较便宜的长途汽车开往北方邦、中央邦和拉贾斯坦邦的目的地，从Nizamudin火车站附近环路上的**Sarai Kale Khan邦际汽车站**发车。

至少在发车前30分钟到达车站。如果想省去这种麻烦，你可以多付一点钱，搭乘从德里城中心发车的私营豪华大巴——具体信息请咨询旅行社或你所住的旅馆。订票或查询信息还可以选择登录网站**Cleartrip**（www.cleartrip.com），**Make My Trip**（www.makemytrip.com）或**Goibibo**（www.goibibo.com）。

有长途汽车开往阿格拉，但考虑到出发地和抵达地的交通状况，火车是更好的选择。**喜马偕尔邦旅游发展公司**（Himachal Pradesh Tourism Development Corporation，简称HPTDC；见72页地图；hptdc.gov.in；Chanderlok Building, 36 Janpath；ⓂJanpath）经营的长途汽车从**Himachal Bhawan**（见72页地图；☏011-23716689；Sikandra Rd；ⓂMandi House）开往默纳利（₹1300, 9小时）和西姆拉（₹900, 10小时），18:30发车，售票地点在Himachal Bhawan和**Chanderlok House**（见72页地图；☏011-23325320；36 Janpath）。

喜马偕尔邦公路运输公司（Himachal Road Transport Corporation，简称HRTC；☏011-23868694；www.hrtc.gov.in）还经营空调长途车，从Himachal Bhawan开往西姆拉（₹935，每天7班）和默纳利（₹1430, 19:00）。这些车在出发后1小时会停靠在Kashmiri Gate邦际汽车站（ISBT Kashmiri Gate）。

拉贾斯坦旅游公司（Rajasthan Tourism，见72页地图；☏011-23381884；www.rtdc.com；Bikaner House, Pandara Rd；ⓂKhan Market）运营的豪华大巴发车地点是印度门附近的**Bikaner House**（见72页地图；☏011-23383469；Pandara Rd；ⓂKhan Market），前往以下目的地：

阿杰梅尔（Ajmer）沃尔沃₹1200, 9小时，每日3班

斋浦尔 非空调车/超豪华大巴/沃尔沃₹400/625/900, 6小时，每1至2小时1班

焦特布尔 沃尔沃₹1625, 11小时，每日2班

乌代布尔 沃尔沃₹1800, 15小时，每日1班

女性乘客乘坐拉贾斯坦旅游公司的所有车次均可享受30%的车票优惠。

火车

德里有三座主要火车站——旧（老）德里火车站（也称为Delhi Junction）、帕哈拉甘附近的新德里火车站，以及Sunder Nagar以南的Nizamuddin火车站。一定要弄清楚你乘坐的火车从哪里出发。

对外国旅行者而言，首选**国际旅游局**（International Tourist Bureau，简称ITB；见84页地图；☏011-23405156；新德里火车站2楼；◷24小时），在进入1号站台（位于新德里火车站靠帕哈拉甘的一侧）前，站台入口的右侧有一条楼梯，走上去就是国际旅游局。不要相信任何人说它搬走了、关门了甚至是烧毁了——这些说辞都是为了把你骗到别处。自信地走过去，不要理会那些接近你的"好心人"和"官方工作人员"。国际旅游局是一个大房间，有十几个计算机终端——不要被骗进其他"官方"办事处。

在这里预订车票时，只能付现金（卢比）。记得带上护照。

抵达之后，先在排队机取号，然后填写一份订票表格，可在问询台咨询余票情况，然后等待前往相应柜台支付票款完成订票。这是在最后关头成功订到热门目的地额火车票的最佳地点，但要做好排队的准备。

在康诺特广场附近还有一个**公共订票处**（见84页地图；Chelmsford Rd；◷周一至周六 8:00～20:00，周日 至14:00），但这里的揽客者对旅行者纠缠不休是出了名的。

❶ 当地交通

抵离机场

不管你的航班何时抵达，都最好提前订好酒店，并通知酒店你的到达时间——一些酒店允许住客提前登记入住。系统性的城市交通多以3号航站楼为起始点；每20分钟就有一趟免费巴士往返于3号航站楼和1号航站楼之间。

预订接机 酒店可预先安排机场接机，费用往往高于自己乘坐出租车——不过省去了一些麻烦，还算值得。你需要额外支付机场停车费（可能高达₹220）和₹100的进楼费用。为了避免交纳进楼费，司机可能会在4~6号门外等待。

地铁 机场快线（Airport Express line；www.delhimetrorail.com）在5:15至23:40之间每10到15

从德里出发的主要列车

目的地	车次和名称	票价(₹)	车程(小时)	班次	发车时间和车站
阿格拉	12280 Taj Exp	100/370(A)	3	每天1班	7:00 NZM
	12002 Bhopal Shatabdi	515/1010(B)	2	每天1班	6:00 NDLS
阿姆利则	12029/12013 Swarna/Amritsar Shatabdi	790/1620(B)	6	每天1~2班	7:20/16:30 NDLS
班加罗尔	22692 Bangalore Rajdhani	2960/4095/6775(C)	34	每周4班	20:50 NZM
金奈	12434 Chennai Rajdhani	2795/3860/6355(C)	28	每周2班	15:55 NZM
	12622 Tamil Nadu Exp	780/2040/2990(D)	33	每天1班	22:30 NDLS
果阿邦(马尔冈, Margao)	12432 Trivandrum Rajdhani	3385/4730/7815(C)	26	每周3班	10:55 NZM
	12780 Goa Exp	170/540/740(D)	27	每天1班	15:00 NZM
赫里德瓦尔	12017 Dehradun Shatabdi	595/1190(B)	4.5	每天1班	6:45 NDLS
斋浦尔	12958 ADI Swama Jayanti Rajdani	1210/1660/2755(C)	4.5	每天1班	19:55 NDLS
	12916 Ashram Exp	235/590/825(D)	5	每天1班	15:20 DLI
	12015 Ajmer Shatabdi	355/740(B)	4.5	每天1班	6:05 NDLS
Kalka[前往西姆拉(Shimla)]	12011 Kalka Shatabdi	640/1295(B)	4	每天1班	7:40 NDLS
克久拉霍	12448 UP Sampark Kranti Exp	365/955/1350(D)	10.5	每天1班	20:10 NZM
勒克瑙	12004 Lucknow Swran Shatabdi	885/1850(B)	6.5	每天1班	6:10 NDLS
孟买	12952 Mumbai Rajdhani	2085/2870/4755(C)	16	每天1班	16:45 NDLS
	12954 August Kranti Rajdani	2085/2870/4755(C)	17.5	每天1班	16:50 NZM
乌代布尔	12963 Mewar Exp	415/1095/1555(D)	12.5	每天1班	19:00 NZM
瓦拉纳西	12560 Shivganga Exp	415/1100/1565(D)	12.5	每天1班	18:55 NDLS

火车站:NDLS——新德里,DLI——旧德里,NZM——Hazrat Nizamuddin。

票价:(A)二等座/软座,(B)软座/空调卧铺1类,(C)空调卧铺3类/空调卧铺2类/空调卧铺1类,(D)非空调卧铺/空调卧铺3类/空调卧铺2类。

分钟1趟，从3号航站楼到新德里火车站全程需要约20分钟（国际/国内航站楼—新德里₹60/50）。车厢通常很空，因为这是一条单独的线路，与其他地铁线路分开。可以使用智能卡，也可以在机场地铁站购买其他线路的地铁票。详情可咨询客服。

公共汽车 空调大巴从3号航站楼外直至Kashmere Gate邦际汽车站（Kashmere Gate ISBT），每10分钟1班，中途经停红堡、LNJP医院、新德里火车站2号门、康诺特广场、Parliament St和Ashoka Rd。

出租车 在3号航站楼和1号航站楼到达区外面，设有**德里交通警察预付费出租车柜台**（Delhi Traffic Police Prepaid Taxi counters；投诉56767，女性服务热线1091；www.delhitrafficpolice.nic.in），提供价格固定的出租车服务。前往新德里或旧德里的车费约为₹350，去南郊的费用为₹450，乘坐的是黑黄相间的老旧出租车。23:00至次日凌晨5:00间加收25%的附加费。有旅者称很难说服司机前往自己想去的酒店。坚持让司机开到你选择的目的地，在抵达你要去的地点之后再将凭单（收据）交给他。

你还可以在国际和国内航站楼到达区的**Megacabs**（011-41414141；www.megacabs.com）柜台预订预付费出租车。前往市中心费用为₹600到₹700，但是你可以乘坐带空调的干净的车辆。

机动三轮车和出租车

当地出租车（车身统一为醒目的黑黄相间色）和机动三轮车都有计价器，但是这些都是徒有其表的装饰品，大部分司机都拒绝打表。德里交通警察（Delhi Traffic Police）运营一套预付费机动三轮车站点网络，在新德里、**旧德里**（见64页地图；24小时）和**Nizamuddin**（见72页地图）三个火车站都设有24小时柜台，你可以支付统一定价的费用搭车；在其他地方，你需要在上车前与司机商定费用。

其他站点分别位于**印度德里旅游局**（见68页地图；88 Janpath；11:00~20:30）外和康诺特广场的**Central Park**（见68页地图）。

司机对外国人会索要不靠谱的高价，因此记得狠狠还价。如果要价听起来高得离谱，那就另找一辆出租。如果乘坐机动三轮车从康诺特广场出发，前往下列地点的大致费用应该是：₹30至帕哈拉甘，₹60至红堡，₹70至胡马雍陵，₹100至浩兹卡斯。不过还价到这个程度很困难。要了解以上路线及其他路线的建议车费，参见www.taxiautofare.com。要报告收费过高、纠缠骚扰或其他问题，记下车牌号，并致电机动车投诉热线011-42400400/25844444。

出租车费用通常是机动三轮车费用的两倍。请注意由于燃油价格会波动，费用也可能发生变化。从23:00至凌晨5:00，机动三轮车和出租车会加收25%的附加费。

Kumar Tourist Taxi Service（见68页地图；011-23415930；www.kumarindiatours.com；14/1 K-Block, Connaught Place；9:00~21:00）是一家值得信赖的公司。德里观光一日游费用从₹2000起步（行驶上限为8小时和80公里）。

Metropole Tourist Service（见72页地图；011-24310313；www.metrovista.co.in；224 Defence Colony Flyover Market；7:00~19:00）是另一个可靠且经营已久的出租车服务公司，性价比很高，车加司机一天的费用是₹1500，行驶上限80公里，超限部分每小时/每公里加收₹100/15。

还可以选择合乘电动三轮车，这样车费更便宜，但要有其他乘客与你同路才行。

无线电出租车

你需要一个当地的移动电话号码来预订无线电出租车，或者请求商店或酒店的协助。这些空调汽车干净、高效，而且使用可靠的计价器，起步价通常是₹23，每公里加收₹23。可以选择**Easycabs**（011-43434343；www.easycabs.com）或**Quickcabs**（011-45333333；www.quickcabs.in）。

网约车App

共享汽车服务商**Uber**（www.uber.com）和**Ola Autos & Cabs**（www.olacabs.com）已经改变了在德里的出行方式。如果你有本地手机号码和一部智能手机，下载以上应用，即可约车来你的准确位置接你（不过有时会停在稍远的地方），到达目的地后按照应用计算出的车费付现金即可，省去了不少车资麻烦。2014年，Uber因一位司机侵犯他人而遭禁，但监管已随之加强。

公共汽车

随着地铁系统日臻完善，旅行者很少选择乘坐德里拥挤的公共汽车，但是有几条线路非常实用，包括机场快线大巴（₹75）和GL-23巴士，后者的起点和终点分别是Kashmere Gate和Anand Vihar汽车站。空调车的票价为₹10到₹25。

人力三轮车

人力三轮车在探索旧德里和城郊地区时非常

实用,但是在新德里的许多地方都被禁止,其中包括康诺特广场。在上车前先商定价格——每公里的车费约为₹10。

地铁

德里完善的**地铁**(☏011-23417910; www.delhimetrorail.com)系统快速而高效,并且设有印地语和英语的标牌以及到站/离站广播。列车运行时间为6:00至23:00,列车运行方向的第一节车厢为女性专用车厢。注意地铁列车在高峰时段(9:00~10:00和17:00~18:00)可能会非常拥挤——除非实在没办法,否则一定要避免在高峰时段带行李乘车(不过,机场快线总是空空荡荡,它独立于其他线路)。

地铁票(₹8到₹50)在地铁站有售。1天/3天的"游客卡"(₹150/300,₹50押金,还卡时退回₹30)可以无限次短途乘车;还有一种智能卡(Smart Card,₹150,₹50押金,交还卡时退回₹30),这种卡可以进行₹200~1000的充值——乘车费用比直接购票便宜10%。

出于安全原因,所有随身包都需要进行X光检查,乘客必须穿过一道类似机场安检的安检门。

大德里地区
(GREATER DELHI)

★ 顾特卜高塔建筑群 历史遗迹

(Qutb Minar Complex; 见78页地图; ☏011-26643856; 印度人/外国人 ₹30/500, 录像 ₹25, 声光秀 印度人/外国人 ₹20/250, 语音导览 ₹100; ◯清晨至黄昏; MQutab Minar)如果你时间有限,只能参观德里的一处古迹,这里是不二之选。这里的第一批纪念碑由梅赫饶利的苏丹们建造,随后的统治者在前人基础上进一步进行扩建,雇用手艺最好的工匠和手艺人在石头上雕刻记录下穆斯林统治的胜利。每年10月/11月在这里举办的印度顾特卜节(见57页),有精彩的印度古典音乐和舞蹈表演。前往高塔建筑群,可乘坐地铁至Qutab Minar站,然后搭乘机动三轮车到1公里外的遗址所在地。

➡ 顾特卜高塔

(Qutb Minar; 见78页地图)顾特卜高塔建筑得名于醒目的顾特卜塔,这是一座高耸入云的阿富汗风格的胜利之塔和宣礼塔,由苏丹顾特卜·乌德—丁建于1193年,以昭示天下他征服了Qila Rai Pithora的印度教统治者,成为这里至高无上的统治者。塔身砂岩上精心雕刻着《古兰经》经文,塔高近73米,塔基直径15米,顶端直径减小到只有2.5米。

➡ 古瓦特乌尔伊斯兰清真寺

(Quwwat-ul-Islam Masjid, Might of Islam Mosque; 见78页地图)在顾特卜高塔脚下就是印度的第一座清真寺。根据刻在东门上的文字,这座清真寺的建筑材料来自被摧毁的"27座邪教庙宇"。精美的雕刻显示出伊斯兰教和前伊斯兰教风格的融合,清真寺的墙壁上满是日轮、shikhara(塔)和其他可辨认出来的印度教及耆那教寺庙元素。这里在1360年以前曾是德里主要的清真寺。

➡ 铁柱

(Iron Pillar; 见78页地图)在古瓦特乌尔伊斯兰清真寺的庭院内,耸立着一座6.7米高的铁柱,比周围的古迹建筑要古老得多。铁柱历经1600年,却并未生锈,一则因为空气干燥,还有就是铁柱本身纯度极高。柱上的六行梵文铭刻显示,它最初竖立在毗湿奴神庙(也许位于比哈尔邦),以纪念公元375~413年的统治者旃陀罗笈多二世(Chandragupta Ⅱ)。科学家们一直没有研究出以当时的技术是如何铸造出铁柱的。

★ 梅赫饶利考古公园 公园

(Mehrauli Archaeological Park; 见78页地图; ◯清晨至黄昏; MQutab Minar) **免费** 在梅赫饶利周边散布着无与伦比的宝藏,440多个纪念建筑——从10世纪到英属印度时期——分散在森林和村庄之中。在森林里,最引人注目的是Balban和其子Quli Khan历尽沧桑的陵墓,以及紧挨着苏非派诗人Jamali之墓的Jamali Khamali清真寺。西侧建于16世纪的Rajon ki Baoli是德里最精美的阶井,拥有宏伟的台阶步道。

梅赫饶利村村的北端是阿达姆汗陵(Ad-ham Khan's Mausoleum),曾作为英国特派代表官邸,后又作为警察局和邮局。前伊斯兰教的Lal Kot的城墙从陵墓向北延伸。

村庄南侧是曾坐落于丛林深处的莫卧儿宫殿Zafar Mahal的遗迹。旁边是苏非派圣陵Dargah of Qutb Sahib。在小片的墓地之中有块空地,本来是留给德里的最后一任皇帝巴哈杜尔·沙·扎法尔的,但是后来他于1862年客死在流放地缅甸。从这里往南是洛迪时期的海吉拉斯(hijras,变装者和阉人)墓地——Hijron ka Khanqah(见78页地图;Kalka das Marg;⊙清晨至黄昏),埋葬于此的人们身份不明,但墓地维护良好,安宁祥和,深受德里海吉拉斯群体的尊崇。再往南一点是Jahaz Mahal("船宫",也由莫卧儿人建造)和Haus i Shamsi水池(紧邻梅赫饶利—古尔冈公路)。

要前往公园的森林区,在地铁站右转进入Anuvrat Marg,步行约500米即可。参加导览步行游是探索遗迹的好方式。

★ 杜格拉卡巴德古城 堡垒

(Tughlaqabad;印度人/外国人 ₹15/200,录像 ₹25;⊙清晨至黄昏;MTughlaqabad)这座宏伟的14世纪遗迹曾是德里的第三座王城,由苏丹吉亚斯—乌德-丁·杜格拉克(Ghiyas-ud-din Tughlaq)建造,堡垒已有一半被丛林覆盖,而且正渐渐被村庄侵占。为了建造这座城市,苏丹带走了苏非派圣人尼桑木丁的信徒,后者于是诅咒堡垒仅会有牧羊人居住。然而,如今占领堡垒的并不是牧羊人,而是猴子。这里的风景葱翠欲滴,美不胜收。地下室相互连通,曾用作仓库。从Tughlakabad地铁站乘坐机动三轮车可到达堡垒(单程/往返 ₹80/160)。

古尔冈[Gurgaon(Gurugram)]

据说古尔冈地区从前的统治者俱卢族(Kaurava)和般度族(Pandava)曾将这片土地赠予Guru Dronacharaya,以感激他的教诲,因此它在近期把名字改成了出自《摩诃婆罗多》的地名Gurugram。如今这里是德里最杰出的卫星城,但在从前只有村庄和农田,直到20世纪70年代,玛鲁蒂铃木印度公司在这里建立汽车制造基地,古尔冈的命运才随之转变。20世纪90年代,变化加速来袭,如今,古尔冈是一个繁荣的新城,混凝土高楼林立,电信公司、电话服务中心、商场、办公大楼和酒店遍地开花,人均收入位列印度第三。

◉ 景点

苏尔坦普尔国家公园 国家公园

(Sultanpur National Park; http://haryana forest.gov.in/SultanpurNationalPark.aspx; Sultanpur; 外国人/印度人 ₹40/5, 拍照/录像 ₹25/500; ⊙7:00~16:30)苏尔坦普尔国家公园与古尔冈仅相距15公里,令人感到不可思议。公园内的湿地吸引了缤纷多彩的本土鸟类和迁徙的候鸟,包括翠鸟、火烈鸟、雁、水鸭和鹳。最好在清晨到达,你可以在政府经营的Rosy Pelican Tourist Complex(☎0120-4355020;房间 ₹2175起)过夜。从古尔冈乘出租车到这儿最方便。

相机博物馆 博物馆

(Museo Camera; ☎9810009099; www.indiaphotoarchive.org; T-23/5, DLF Phase III; 要求每人捐款 ₹300; Rapid Metro Phase III)这间美妙的博物馆脱胎于印度摄影师Aditya Arya的收藏,最老的相片来自19世纪80年代。你将看到相机中的劳斯莱斯——仙娜(Sinar)相机,以及当年登月用的哈苏同款。还能看到一些精彩的早期照片,其历史可追溯到19世纪50年代。

🛏 住宿

古尔冈遍地都是五星级酒店和豪华商务酒店,面向在当地住宿的众多商务旅客,而且由于住宿条件奢华,价格比德里市中心便宜,又靠近当地的许多高级商场,一些度假客也对这里青睐有加。古尔冈也有少量客栈和档次稍低的酒店。

Harry's Bed & Breakfast 民宿 $$

(☎987169996, 9810158515; www.harrysbedandbreakfast.com; Plot 40, Silver Oaks Avenue, DLF 1; 标单/双 ₹2300/2800; ✳ ☎; MSikanderpur)清晰可辨的南部香料气息将你迎进这个泰米尔人经营的民宿之中。它位于古尔冈安静的一隅,房间宽敞明亮,装修得很豪华,自带浴室,还提供免费Wi-Fi和丰盛的早餐。有一个房间自带小花园。如有住客事先通知,主人会准备一桌丰盛的泰米尔餐。

★ Tikli Bottom 酒店 $$$

(www.tiklibottom.com; Manender Farm, Gairatpur Bas; 标单/双 含全餐 ₹12,000/21,000; ☎✳)在德里中心区以南约50公里处,这个肉粉色的勒琴斯式别墅被青山环绕,由一对英国夫妇经营，仿佛来自那个有烤茶点、草坪和印花棉布的年代。酒店有4间挑高很高的客房和开阔的休息区，还有个美丽的游泳池，可以欣赏山景和一座矗立的佛塔。

你还可以来这里一日游，悠闲地享用午餐（成人/12岁到18岁/12岁以下 ₹1750/800/300），探索乡间，看小鸡和鹧鸪悠闲漫步。如果一日游的客人想游泳，白天租用房间的价格是₹4500。

Trident 酒店 $$$

（www.tridenthotels.com；443, Udyog Vihar, Phase V, Sector 19；房间 ₹15,500起；❄❖⚡；MIFFCO Chowk）这家酒店风格现代，富丽堂皇，有莫卧儿风格的圆顶和倒影池。房间极大，设施齐全，与市中心的五星级酒店相比性价比很高。就餐选择极佳，周日还为小朋友和成人特别准备了早午餐。

🍴就餐

古尔冈有许多优秀的就餐地点，但全部属于中高档位价，而且因为都是新店，往往显得缺少灵气。然而，除了一些出色的酒店餐厅，这里还有DLF Cyber Hub——一个彻头彻尾的美食区。

Fat Lulu's 比萨 $$

（☎0124-4245497；Cross Point DLF City IV, DLF Galleria Rd, Gurgaon；比萨 ₹425起；⏰11:30~23:00）这是一家令人愉快的小餐馆，位于热门的Galleria Market对面，薄底比萨上铺满馅料，既有经典的意大利口味，又有新颖的印度风味（咖喱鸡块）。就餐区风格独特，五彩缤纷，对注重就餐氛围的人们很有吸引力。

DLF Cyber Hub 各国风味 $$

（www.dlfcyberhub.com；DLF Cyber City, Phase II, NH8；主菜 ₹200起；⏰大部分餐厅 11:00至午夜；Rapid Metro DLF Cyber City）这是一个出类拔萃的美食区，汇集了所有你喜欢的风味。有几家尤为出色：Sodabottleopenerwala供应帕西菜；时髦的Gurgaon Social有包间；Farzi Café有分子料理和便宜的啤酒；People & Co举办现场喜剧表演；Yum Yum Cha装修独特，供应泛亚美食；Sion 7有在店里酿制的精酿啤酒。

★Amaranta 海鲜、印度菜 $$$

（☎0124-2451234；The Oberoi, 443 Udyog Vihar, Phase V；主菜 ₹1900~2100；⏰12:30~15:00和19:00至午夜；MIFFCO Chowk）Oberoi Gurgaon酒店的这家豪华餐厅以富有创意的印度菜而备受赞誉。这里的海鲜非常出彩，每天从海边空运到店，但含7道菜或9道菜的品尝套餐（素食/非素食 ₹4000/5900）会带给你更完整的就餐体验。

🍷饮品

古尔冈的饮品和夜生活场所丰富多彩，在DLF Cyber Hub和Golf Course Rd沿线尤为集中，受到本地中产阶级的喜爱，许多酒吧和餐厅都有现场音乐演出。DLF Cyber Hub还有一家热门喜剧俱乐部People & Co.。和德里一样，大部分地方只营业到凌晨0:30。

☆娱乐

Kingdom of Dreams 剧院

（☎0124-4528000；www.kingdomofdreams.in；Auditorium Complex, Sector 29；Culture Gully ₹599, 购物可抵扣, 演出 周二至周五 ₹1099起, 周六和周日 ₹1199；⏰周二至周五 12:30至午夜, 周六和周日 正午至午夜, 演出时间不定；MIFFCO Chowk）对于宝莱坞电影迷而言，Kingdom of Dreams是一个光彩夺目的娱乐场所，带给人们彻头彻尾的感官轰炸。在Nautanka Mahal有三场音乐剧可供欣赏，在世界尖端技术的支持下，演员们从高空横梁上悬挂摆荡，翩翩飞舞，放声歌唱。每15分钟有一班免费班车从地铁站开到这里。

🛍购物

古尔冈算是购物天堂，几条街上都是奢华的商场，大牌云集，连锁店林立，也有少数本土独立店铺增光添彩，如Atelier Mon（www.ateliermon.com；27/4, Deodar Marg, Block A, Sector 26A；⏰周一至周六 11:00~18:00；MSikanderpur）。

🛈交通

Rapid Metrorail Gurgaon（http://rapidmetrogurgaon.com/home；票价 ₹20）这是一条5公里的环线，每5分钟有一班地铁，连通Sikanderpur和DLF Cyber City。

拉贾斯坦邦

包括 ➡

斋浦尔 109
珀勒德布尔和
盖奥拉德奥国家公园 132
布什格尔 142
伦腾博尔国家公园 148
本迪 150
吉多尔格尔 156
乌代布尔 159
阿布山 172
焦特布尔 182
杰伊瑟尔梅尔 192
比卡内尔 203

最佳城堡和宫殿

- ➡ 杰伊瑟尔梅尔古堡（见193页）
- ➡ 焦特布尔（见182页）
- ➡ 本迪（见150页）
- ➡ 吉多尔格尔（见156页）

最佳历史酒店

- ➡ Rambagh Palace（见122页）
- ➡ Pal Haveli（见188页）
- ➡ Taj Lake Palace（见166页）
- ➡ Bundi Vilas（见153页）
- ➡ Laxmi Niwas Palace（见207页）

为何去

人们常说，拉贾斯坦邦（Rajasthan）的历史比印度其他地方的历史加到一起还要长。欢迎来到"帝王之地"（Land of the Kings）。这里曾经是印度王公们富有传奇色彩的领地，庄严的古堡和奢华的宫殿无处不在。璀璨的建筑在印度随处可见，但大气宏伟的堡垒却是拉贾斯坦邦独有；赫然屹立的高大建筑就像童话般的海市蜃楼，或者冒险片的布景。

虽然时光的遗迹非常迷人，但这个最受尊崇的地区还有许多比建筑奇观更让人神往的地方。这里沙丘和丛林并存，骆驼队和野生虎齐奔，闪闪发亮的珠宝、撩动人心的色调和多姿多彩的文化都让人对它刻骨铭心。这里一年到头的各种精彩节日会让你大饱眼福，特产和美食也会让你觉得不虚此行。老实说，拉贾斯坦邦包罗万象，是你在印度的必经之邦：惊喜无处不在，灵感信手拈来，最终演化成一段毕生难忘的旅程。

何时去

斋浦尔

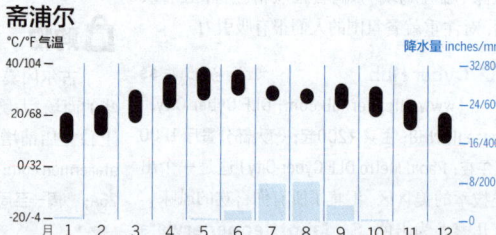

12月至次年2月 白天温度适宜，但夜晚较冷。游客数量和价格都达到高峰。

9月至11月、2月和3月 温暖的夜晚符合从寒冷地区来避寒的游客的需求。

4月至8月 4月到6月的雨季前天气炎热，7月和8月降雨频繁。

历史

拉贾斯坦邦是拉其普特人（Rajputs）的祖籍。拉其普特人属于武士种姓，声称自己是太阳、月亮和火焰的后裔，一千多年前开始统治这片土地。他们实行利益联姻与短暂结盟，但尊严和独立永远是至高无上的。这种缺乏团结的状态最终使拉其普特人成为莫卧儿帝国的臣民。

莫卧儿王朝对拉贾斯坦邦的统治写满反叛、起义和不幸，多个城市的居民宁愿集体自杀（jauhar），也不向莫卧儿人低头。随着莫卧儿帝国走向衰亡，拉其普特人逐渐重获独立，他们与英国人签订条约，让每个拉其普特王国在英国统治者的保护下，作为独立的土邦运作。

在独立时，拉贾斯坦邦的众多王公被允许保留他们的名衔和私人财产，并且每年还会获得与其地位相称的薪俸，为的是确保他们参与联邦。然而，这种对他们有利的局面在20世纪70年代终止，拉贾斯坦邦完全服从了中央的控制。

拉贾斯坦东部

斋浦尔（Jaipur）

☑ 0141 / 人口 3,050,000万

斋浦尔，拉贾斯坦邦的行政中心，是一座迷人的历史重镇，也是通往印度最令人神往之邦的门户。

这座城市的街道异彩纷呈却又混乱不堪，同时交织着让人心醉神迷的古老和现代风景。疾驶的公共汽车闪避着闲逛的骆驼，从容不迫的人力车士众多摩托车无可奈何，无处不在的嗡嗡作响的机动三轮车时刻在寻找着乘客。在这片混乱中，斋浦尔光辉灿烂的往昔岁月如同一座相对平静的岛屿，唤起人们对另一种生活节奏和另一个世界的向往。

在城市中心地带，城市宫殿（City Palace）仍是从前王室家族的住所，简塔·曼塔天文台（Jantar Mantar，皇家天文台）依旧迷人美丽，如同蜂巢般的风之宫殿（Hawa Mahal）静静凝视着脚下的市集。视线之外，在干旱的城郊山地，矗立着童话般富丽堂皇的琥珀堡（Amber Fort），它是斋浦尔不容错过的明星景点。

历史

斋浦尔得名于其建立者——伟大的战士和天文学家杰伊·辛格二世（Jai Singh Ⅱ, 1688~1743年）。11岁时，他的父亲比山·辛格王公（Bishan Singh）去世后，他继承了王位。杰伊·辛格的家世可以上溯至拉其普特人的卡奇瓦哈支系（Kachhwaha），他们于12世纪成为这里的统治者。他们的王都设在如今斋浦尔东北11公里处的安布尔（Amber，读作"amer"），并在那里建立了蔚为壮观的琥珀堡。

随着王国变得日益富饶，同时也为了满足日渐增加的人口的生活需要，再加上旧都安布尔面临的水资源短缺的问题，王公于1727年着手建立了一座新王都——斋浦尔。作为印度北部第一座有规划的城市，这是一个携手合作的成果，融合了辛格的创意卓见和首席建筑师维德亚德哈尔·巴塔查尔亚（Vidyadhar Bhattacharya）非凡的专业知识。杰伊·辛格在科学方面的造诣，在这座新城市精确的对称性上展露无遗。

1876年，为了迎接威尔士王子（即后来的英国国王爱德华七世），拉姆·辛格王公（Ram Singh）下令将整座旧城都涂成了粉色（代表热情好客的传统颜色）。如今，法律规定旧城中的所有居民都必须保持房屋的粉色外墙。

◉ 景点

◉ 旧城（粉红之城）[Old City (Pink City)]

旧城（Old City，常被称为"粉红之城"）是斋浦尔跳动的心脏，它是18世纪城镇规划的奇迹，值得花上数日探索。

街道将粉红之城划分成整齐的矩形，每个街区都有专属的行业，这些都遵照古老的印度建筑学专著 *Shilpa-Shastra* 关于城市区划的严格准则而设计建造。旧城中的主要市集有Johari Bazaar（Bazaar，巴扎，意思是集市）、Tripolia Bazaar、Bapu Bazaar和Chandpol Bazaar等。

拉贾斯坦邦亮点

❶ **杰伊瑟尔梅尔**（见193页）在蜜色古堡熙熙攘攘的小巷中漫步，然后骑骆驼在沙丘间穿行。

❷ **布什格尔**（见142页）踏上湖畔朝圣之旅，前往拉贾斯坦邦最神圣的城镇。

❸ **伦腾博尔国家公园**（见148页）在峡谷和森林中寻觅虎踪。

❹ **梅兰加尔**（见183页）在焦特布尔壮观堡垒的雄伟城墙上欣赏蓝色之城的风景。

❺ **乌代布尔**（见159页）在拉贾斯坦邦宫殿林立、湖泊秀美的浪漫田园风光中惬意放松。

❻ **粉红之城**（见109页）逛逛斋浦尔多姿多彩的市集和让人叹为观止的琥珀堡。

❼ **本迪**（见150页）这个城镇弥漫着低调的背包客氛围，有童话般的宫殿和一座庄严的堡垒，可以稍作休息。

❽ **什卡瓦提**（见177页）欣赏破败的哈维尔上斑驳奇特的壁画。

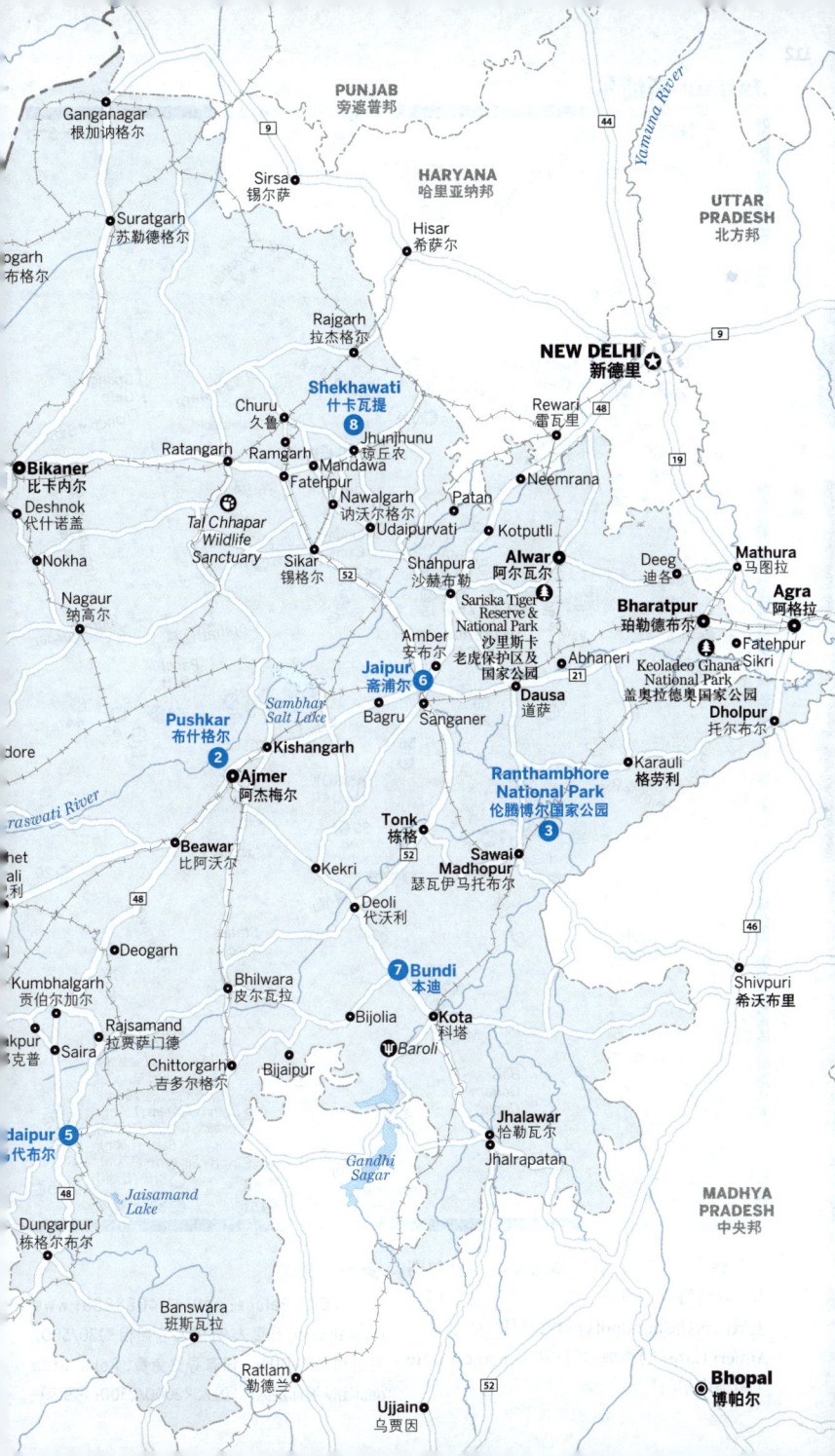

Jaipur 斋浦尔

拉贾斯坦邦 斋浦尔

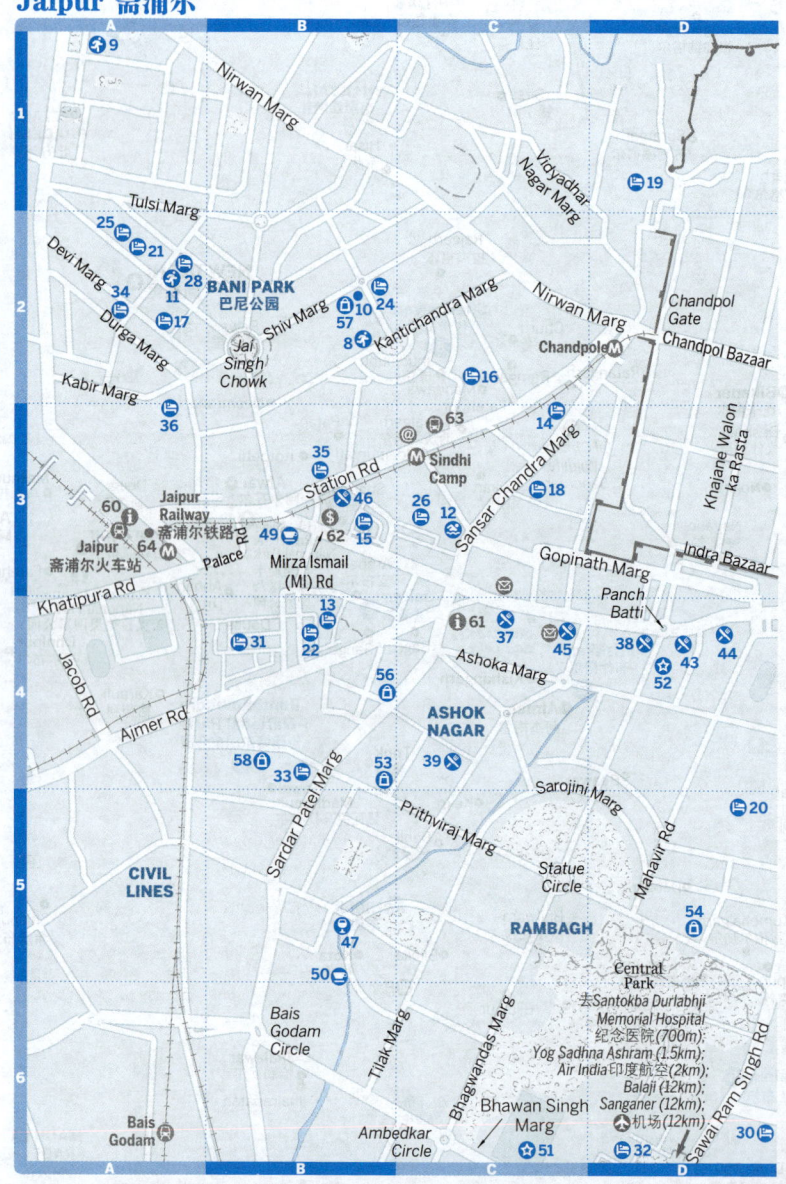

整个城区被带有垛墙的城墙部分包围着。城墙每隔一段就建有一扇宏大的城门。主城门包括Chandpol（pol意思是"大门"）、Ajmeri Gate（阿杰梅尔门）和Sanganeri Gate（桑格内尔门）。

★ **城市宫殿**

（City Palace；☎ 0141-4088888；www.royaljaipur.in；印度人/外国人 含照相 ₹130/500，导游讲解 ₹300起，语音导览免费，Royal Grandeur团队游印度人/外国人 ₹2000/2500；⊙9:30~

宫殿

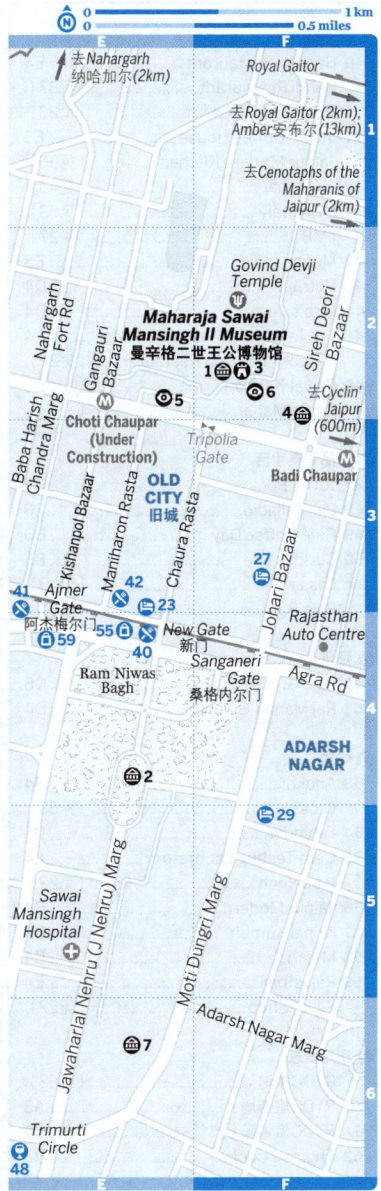

20世纪初。宫殿整体融合了拉贾斯坦和莫卧儿的建筑风格，令人叹为观止。

这里的门票也包含了王室纪念堂（Royal Gaitor）和王妃纪念堂（the Cenotaphs of the Maharanis），以及杰加尔堡（Jaigarh Fort，在琥珀堡上方，要经过一段长长的爬坡），联票有效期为两天，印度人需在城市宫殿门票之外另付₹60（外国人无须额外付费）。

→ 迎宾宫殿（Mubarak Mahal）

从Virendra Pol进入城市宫殿内，你就能看到迎宾宫殿（Mubarak Mahal），它是19世纪末由王公玛多·辛格二世（Madho Singh Ⅱ）为了接待来访的达官显贵所修建。这座带有多层拱顶和列柱的建筑是由建筑师斯温顿·雅各布爵士（Sir Swinton Jacob）所设计，融合了伊斯兰、拉其普特和欧洲时尚风格。如今它成为曼辛格二世王公博物馆（Maharaja Sawai Mansingh Ⅱ Museum）的一部分，里面陈列着王室服装和超赞的披肩，包括产自克什米尔的羊毛披肩（pashmina）。其中引人注目的展品当属玛多·辛格一世（Madho Singh Ⅰ）的宽体服装展。据说这位胖嘟嘟的王公有2米高、1.2米宽，体重250公斤。

→ 军械库（The Armoury）

这座王公的宫殿被称为Anand Mahal Sileg Khana，是军械库所在地，拥有印度最完备的武器藏品。许多仪式所用的武器都有精美的雕刻和镶嵌，掩盖了其令人生畏的真实用途。

→ 私人大厅 (Diwan-i-Khas, Sarvatobhadra)

这座露天庭院坐落于军械库和公众大厅美术馆之间，在梵语中被称为Sarvatobhadra。庭院中心是一座粉色和白色相间、由大理石铺建的美术馆，这里曾经被用作私人大厅（Diwan-i-Khas），王公们在这里与大臣们议事。在这里你能看到两个高1.6米的巨大银罐，据说是世界上最大的银器。

→ 公众大厅美术馆 (Diwan-i-Am Art Gallery)

奢华的公众大厅（Diwan-i-Am）内设有一座美术馆。展品包括《薄伽梵歌》（经文）全本微型手写稿，以及其他印度教神圣经文

17:00）由庭院、花园和各种建筑构成，令人瞩目的城市宫殿就坐落于旧城中心。杰伊·辛格二世当年修建了外墙，但是在接下来的数百年时间里，宫殿内部被不断扩建和改建。在这里能看到不同时期的宫殿建筑，其中一些建于

Jaipur 斋浦尔

◎ 重要景点
1 曼辛格二世王公博物馆 F2

◎ 景点
2 中心博物馆 E4
3 城市宫殿 F2
4 风之宫殿 F2
5 Iswari Minar Swarga Sal E2
6 简塔·曼塔天文台 F2
7 SRC印度学博物馆 E6

⊕ 活动、课程和团队游
8 Charak Ayurveda B2
9 Kerala Ayurveda Kendra A1
10 Kripal Kumbh B2
11 Madhavanand Girls College A2
12 Mansingh Hotel C3
RTDC .... (见60)
Vintage Jeep Tour ....(见31)

🛏 住宿
13 All Seasons Homestay B4
14 Alsisar Haveli C3
15 Atithi Guest House B3
16 Dera Rawatsar C2
17 Hotel Anuraag Villa A2
18 Hotel Arya Niwas C3
19 Hotel Bissau Palace D1
20 Hotel Diggi Palace D5
21 Hotel Meghniwas A2
22 Hotel Pearl Palace B4
23 Hotel Sweet Dream E3
24 Jaipur Inn B2
25 Jas Vilas A2
26 Karni Niwas C3
27 LMB Hotel F3
28 Madhuban A2
29 Nana-ki-Haveli F5
30 Narain Niwas Palace Hotel D6
31 Pearl Palace Heritage B4
32 Rambagh Palace D6
33 Roadhouse Hostel Jaipur B4
34 Shahpura House A2
35 Tony Guest House B3
36 Vinayak Guest House A3

🍴 就餐
Anokhi Café .... (见53)
37 Copper Chimney C4
38 Dāsaprakash D4
39 Four Seasons C4
40 Ganesh Restaurant E4
Handi Restaurant .... (见37)
Hotel Sweet Dream .... (见23)
41 Indian Coffee House E3
Jaipur Modern Kitchen .... (见56)
Jal Mahal .... (见43)
Little Italy .... (见53)
LMB .... (见27)
42 Mohan E3
43 Natraj D4
44 Niro's D4
45 Old Takeaway the Kebab Shop C4
Peacock Rooftop Restaurant ....(见22)
46 Rawat Kachori B3
Surya Mahal .... (见43)

🍷 饮品和夜生活
47 100% Rock B5
48 Bar Palladio E6
49 Café Coffee Day B3
50 Curious Life B5
Lassiwala .... (见43)
Polo Bar .... (见32)

★ 娱乐
51 Polo Ground C6
52 Raj Mandir Cinema D4

🛍 购物
53 Anokhi B4
Crossword .... (见53)
54 Fabindia D5
55 Gem-Testing Laboratory E4
Inde Rooh .... (见22)
56 Jaipur Modern B4
57 Kripal Kumbh B2
58 Mojari B4
59 Rajasthali E4
Silver Shop .... (见22)

ⓘ 实用信息
RTDC旅游局 .... (见63)
60 RTDC旅游局 A3
61 RTDC旅游局分支机构 C4
62 Thomas Cook B3

ⓘ 交通
63 中心车站 C3
64 订票处 A3
订票处 .... (见63)

的微型版本，在狂热的莫卧儿敌人试图毁灭所有印度教圣典时，它们凭借微小的身材幸运地逃过一劫。

➡ **Pitam Niwas Chowk和月神殿（Chandra Mahal）**

Pitam Niwas Chowk对着宫殿内部庭院，这里四扇光彩夺目的大门象征着一年四季。孔雀门（Peacock Gate）描绘了秋天，莲花门（Lotus Gate）象征夏天，绿门（Green Gate）代表春天，而玫瑰门（Rose Gate）象征冬天。

这个chowk（广场）另一边就是一个私人宫殿——月神殿（Chandra Mahal），这里仍是王室后裔的居所，你可以在里面的指定区域进行一段45分钟的Royal Grandeur导览游。

★ **简塔·曼塔天文台** 古迹

（Jantar Mantar；印度人/外国人₹50/200，导游讲解 ₹200，语音导览 ₹100；⊙9:00~16:30）毗邻城市宫殿的就是简塔·曼塔天文台，这座由杰伊·辛格二世于1728年开始修建的建筑是一个拥有各种稀奇古怪的巨型雕塑的天文台。它为丈量天空而建，得名于梵语中的"yenta mantr"，意思是"计算仪器"。2010年它被列入联合国教科文组织世界遗产名录。如果你希望了解每一部迷人的仪器是如何运作的，强烈建议付费请一位当地导游。

杰伊·辛格对天文学的爱好甚至超过了战争和城镇规划。在建造这座天文台前，他派遣学者赴国外学习外国建筑理念。他总共建造了5座天文台，这个是最大的，保存也最为完整（1901年进行了翻修）。现存的另外3座天文台分别位于德里、瓦拉纳西（Varanasi）和乌贾因（Ujjain）。位于马图拉（Mathura）的第五座天文台则被湮没在漫漫历史长河里，至今踪迹全无。

持有效的琥珀堡/风之宫殿联票亦可进入天文台。

★ **风之宫殿** 历史建筑

（Hawa Mahal；Sireh Deori Bazaar；印度人/外国人 含照相 ₹50/200，导游讲解 ₹200，语音导览 印地语/英语 ₹115/170；⊙9:00~17:30）斋浦尔最有特色的地标性建筑——风之宫殿

不 要 错 过

直冲云霄的宣礼塔

在城市宫殿附近有一座直冲云霄的宣礼塔，这就是非比寻常的**冲天塔**（Iswari Minar Swarga Sal；印度人/外国人 ₹50/200；⊙9:00~16:30）。这座尖塔由杰伊·辛格二世的儿子，也是他的王位继承人Iswari在18世纪40年代建造。入口位于Chandpol Bazaar前面一排商铺的后面——沿着Chandpol Bazaar市集从高塔以西50米的小巷前行，或者经由高塔以东150米的城市宫殿Atishpol入口进入。你可以沿旋梯登上塔顶，将旧城风光尽收眼底。

Iswari在后来没有选择勇敢地面对马拉地军队的进攻，而是让一条毒蛇咬死自己（在月神殿里），他的21位妻妾随后在他的葬礼上实行了jauhar（仪式性的集体殉葬）。

持有效的琥珀堡/风之宫殿联票亦可进入参观。

拉贾斯坦邦

斋浦尔

（Palace of the Winds），是一个粉刷成粉色的非凡建筑，这个令人眩晕的五层建筑看上去如同一个精致的蜂巢拔地而起。它于1799年由王公Sawai Pratap Singh建造，目的是让王室中的女性成员可以观看城市生活和游行。在顶层的一端可以看到简塔·曼塔天文台和城市宫殿的壮观景色，另一端能看到Sireh Deori市集。

这里有一个小型博物馆（周六至周四开放），里面陈列有一些细密画和贵重文物，例如能够让人们领略往昔王室风采的庆典盔甲等。

幽闭恐惧症患者应注意：风之宫殿内的狭窄通道有时极为逼仄拥挤。

风之宫殿的入口位于整个建筑的后面。想要去那里，首先要回到面朝风之宫殿左手边的交叉路口，然后向右拐，接着在第一个路口再次右转穿过拱门。商店老板会指给你另一条路——经过他们的店铺！

持有效的琥珀堡联票亦可进入宫殿。

◎ **新城（New City）**

到19世纪中期，这座规划整齐的城市显

然已经人满为患。在王公拉姆·辛格统治期间（1835~1880年），城市开始向高墙外扩张，邮政系统和自来水等城市设施开始建成。这段时期，一个与市集熙熙攘攘的旧城截然不同的城区兴起，这里有宽阔的林荫大道，庭院造景优美，有欧洲风情的富丽堂皇的建筑。

中央博物馆　　　　　　　　　　　博物馆

（Central Museum；阿尔伯特大厅；J Nehru Marg；印度人/外国人 ₹40/300，语音导览 印地语/英语 ₹115/175；◎9:00~18:00）这座博物馆位于旧城南部修饰过度华丽的阿尔伯特大厅（Albert Hall）内。建筑由斯温顿·雅各布爵士设计建造，融合了英格兰和北印度建筑元素，巨大的横饰带赞颂着世界上伟大的文化。1887年对外开放时，这里被视为新斋浦尔的骄傲。宏伟的老式建筑里，展品五花八门，陈列着部族服装、透视画、雕塑、细密画、地毯、乐器甚至还有一具埃及木乃伊。

SRC印度学博物馆　　　　　　　　博物馆

（SRC Museum of Indology；24 Gangwell Park, Prachyavidya Path；印度人/外国人 含导游讲解 ₹40/100；◎8:00~18:00）这座摇摇欲坠、布满灰尘的珍宝库是一个出色的私人收藏展厅。这里陈列有民间艺术珍品和其他物品——从奥朗则布的手稿到来自比卡内尔的一个有200年历史的镜饰钟摆，还有一张玻璃床（为一位身材矮小的王后打造）。这个博物馆在J Neheru Barg上设有指路标志。

⊙ 近郊（New Edge）

在市区周边有几处古迹，包括堡垒、神庙、宫殿和花园。其中一些可在前往琥珀堡的途中游览。

纳哈加尔　　　　　　　　　　　　堡垒

（Nahargarh；虎堡；印度人/外国人 ₹50/200；◎10:00~17:00）这座坚固的城堡于1734年建成，1868年再次扩建。它坐落于城市北边的陡峭山脊上，俯瞰着整座城市。据说堡垒得名于Nahar Singh，他是一位故去的王子，他的灵魂不得安宁，干扰堡垒的修建，白天建成的部分晚上就会全部塌掉。最后王子同意离去，但堡垒必须冠以他的名字。这里的景色极为壮丽，还有一家餐厅，特别适合喝杯啤酒。

探访这里的最佳方式是步行或者搭乘人力车（从MI Rd上车₹50）前往Nahargarh Fort Road的末端，然后沿着陡峭盘旋的2公里小径攀爬到顶端。如果驾车前往，你需要绕道安布尔地区，往返大概需要绕行8公里。

持有效的琥珀堡/风之宫殿联票亦可进入堡垒。

王室纪念堂　　　　　　　　　　　古迹

（Royal Gaitor；Gatore ki Chhatriyan；印度人/外国人 ₹40/100；◎9:00~17:00）位于城墙之外纳哈加尔古堡下方的王室纪念堂，是一个值得前去拜访的墓地，在这里一种世外桃源之感会油然而生。石碑不同凡响，雕刻异常精美。王公Pratap Singh、玛多·辛格二世、杰伊·辛格二世和其他几位王公都葬于此处。杰伊·辛格二世的大理石纪念堂最引人注目，它由20根带有雕饰的柱子支撑着一个圆顶。

水之宫殿　　　　　　　　　　　历史建筑

（Jal Mahal；◎不对公众开放）在斋浦尔王妃纪念堂附近，这座梦幻宫殿坐落在开阔的Man Sagar湖中央。宫殿的起源未知，但即便不是杰伊·辛格二世所建，也由他进行了大规模的整修（1734年）。通过后方的一条堤道可进入宫殿，目前在Jal Tarang（www.jaltarang.in）项目的支持下，宫殿正在进行整修。

斋浦尔王妃纪念堂　　　　　　　　古迹

（Cenotaphs of the Maharanis of Jaipur；Maharani ki Chhatri；Amber Rd；印度人/外国人 ₹40/100；◎9:00~17:00）斋浦尔王妃纪念堂就在斋浦尔和安布尔之间，距中心区5公里，值得漫步游览一番。

加尔塔（Galta）　　　　　　　印度教神庙

岩谷中的加尔塔被峭壁夹在中间，荒芜却触动人心。神庙内有一些圣水池，有勇敢者从旁边的悬崖跳入其中。据说水深可淹没几头大象。池水的源头是一眼泉水，水从一个牛雕像的口中汩汩落下。

在底部水池的尽头有一个小室，里面有一些保存状况良好的原有壁画，描绘着玩马球的王公和克利须那与gopis（挤奶女工）的功绩。

邦内重要节日

杰伊瑟尔梅尔沙漠节（Jaisalmer Desert Festival；⊙1月/2月）大胡子的壮汉们在比赛中角逐"沙漠先生"称号。

干高尔节（Gangaur；⊙3月/4月）旨在纪念湿婆和帕尔瓦蒂的爱情，全邦各地都会庆祝，斋浦尔的气氛最热烈。

梅瓦尔节（Mewar Festival；见164页）乌代布尔版的干高尔节，其间举行各种免费的文化庆典，以及前往湖畔、五彩缤纷的花车游行。

提吉节（Teej；⊙7月/8月）斋浦尔和本迪欢庆雨季来临，纪念湿婆和帕尔瓦蒂的婚姻。

十胜节（Dussehra Mela；⊙10月/11月）纪念罗摩战胜罗波那。这是游览科塔（Kota）的好机会——最盛大的时刻是22米高、填满鞭炮的魔王像被付之一炬。

马尔瓦尔节（Marwar Festival；见186页）用音乐和舞蹈纪念拉贾斯坦邦的英雄，一天在斋浦尔庆祝，另一天在奥西扬。

布什格尔骆驼集市（Pushkar Camel Fair；见144页）拉贾斯坦邦最负盛名的节日；这是骆驼、马、牛、朝圣者和旅行者齐聚的狂欢节。

这里也被称作猴庙，有数以百计的猴子在此栖息——猕猴大胆好斗，叶猴还算温顺。可以在门口买花生喂猴子，但很容易被龇牙咧嘴的猴子围攻。

加尔塔坐落于城市宫殿以东几公里外，但从斋浦尔市中心出发的车程大约为10公里。机动三轮车往返加等待大约需要₹300，出租车至少需要₹600。

太阳神庙（Surya Mandir）位于加尔塔上方的山脊上，海拔比斋浦尔高100米，从斋浦尔东郊就看得见。有一条2.5公里的步行小径从太阳门（Suraj Pol）通往神庙，也可以从加尔塔一侧登上神庙。从这里能看到生机勃勃的城市笼罩在薄雾里。

✈ 活动

许多酒店都能让你付费使用他们的游泳池；可以去Narain Niwas Palace Hotel（见122页）和**Mansingh Hotel**（Sansar Chandra Marg；非住客₹350；⊙7:00~20:00）。

Kerala Ayurveda Kendra　　阿育吠陀

（☎0141-4022446；www.keralaayurvedakendra.com；32 Indra Colony, 巴尼公园；⊙9:00~21:00）斋浦尔有没有让你神经紧张？阿育吠陀按摩和治疗会对你有所帮助。治疗包括sirodhara（50/90分钟₹1500/2400），将药油不断滴到前额上，有舒压、健脑、助眠的功效。按摩（男性按摩师服务男性顾客，女性按摩师服务女性顾客）的价格是55分钟₹500起。

提供酒店免费接送服务。

Charak Ayurveda　　阿育吠陀

（☎0141-2205628；www.charakayurveda.com；E-7 Kantichandra Marg, 巴尼公园；⊙周一至周六9:00~14:00和15:00~19:00，周日9:00~13:00）提供齐全的阿育吠陀按摩服务。按摩₹500起。

Yog Sadhna Ashram　　瑜伽

（☎9314011884；www.yogsadhnaindia.org；Bapu Nagar；⊙周三至周一）在University Rd（靠近拉贾斯坦大学）旁边的树林里举办的免费瑜伽课，内容包含呼吸练习、瑜伽体位和瑜伽训练。大部分课程用印地语授课，但7:30到9:30的瑜伽课有一些英语讲解。你可以来参加单节课程，也可以报名长期课程。

Madhavanand Girls College　　瑜伽

（C19 Behari Marg, 巴尼公园；⊙6:00~7:00）这所学院每天都举办免费的休闲瑜伽课，采用印地语和英语教学。如果你刚好住在巴尼公园——学院的旁边是Madhuban hotel——来这里上瑜伽课非常方便。

🎓 课程

Jaipur Cooking Classes 烹饪

(☎9928097288; www.jaipurcookingclasses.com; 33 Gyan Vihar, Nirman Nagar, 靠近Ajmer Rd; 素食课/非素食课 ₹2000/3700起)大厨Lokesh Mathur在餐厅和酒店有25年的从业经验,他开办的烹饪课程很受欢迎。课程涵盖经典菜式和拉贾斯坦邦风味,有素食和非素食可供选择。课程长3个小时,下课后可以在午餐或晚餐时享用你的烹饪成果。Lokesh的厨房位于斋浦尔西郊之外。

提前致电确认准确方位,以便告知机动三轮车司机。

Kripal Kumbh 艺术

(☎0141-2201127; B18A Shiv Marg, 巴尼公园)免费的蓝色陶器课程必须预约。6月下旬至9月中旬的雨季会停课。还有一间展室(www.kripalkumbh.com; ⊙周一至周六 9:30~18:00)。

Dhamma Thali Vipassana Meditation Centre 疗愈中心

(☎0141-2680220; www.thali.dhamma.org; 课程依赖于捐赠)这个宁静的内观禅修中心隐藏在加尔塔附近丘陵起伏的乡间,从市中心驾车向东12公里即到。这里全年组织禅修课程,同时面向初学者和进阶学员。课程一般持续10天,其间必须禁语——不能与其他人交流。

👉 团队游

Cyclin' Jaipur 骑车

(☎7728060956; www.cyclinjaipur.com; 4小时团队游 ₹2000; ⊙团队游6:45)早起避开交通高峰,骑自行车游览粉色之城,探索斋浦尔隐秘的小巷、神庙、市场和食品摊。要了解这座城市的运作和文化,骑车游是一种独一无二又妙趣横生的方式。游览费用包含早餐和途中的饮品,可应要求提供头盔。

团队游从老城Ramganj Chaupar的Karnot Mahal出发。还可以按需定制步行游和美食之旅。

Vintage Jeep Tour 观光游

(☎9829404055, 0141-2373700; www.pearlpalaceheritage.com/exclusive-vintage-jeep-tour-jaipur; Lane 2, 54 Gopal Bari; 每人 ₹2500; ⊙9:00~17:30)游览斋浦尔主要景点(包括琥珀堡和城市宫殿)的一个有趣方式是乘坐吉普车——名副其实的美国陆军1942年款福特吉普车。每辆车上都有专门的司机和一位导游,保证小团出游(最多3位旅客),灵活度很高。游览费用中不包含门票和午餐。

RTDC 团队游

(☎2200778; tours@rtdc.in; RTDC旅游办事处,斋浦尔火车站1号站台; 半天/全天团队游 ₹400/500; ⊙周一至周六 8:00~18:30)全天团队游(9:00~18:00)涵盖了斋浦尔所有的重要景点(包括琥珀堡),在纳哈加尔用午餐休息。但是午餐时间可能会很晚,甚至到15:00,因此记得早饭一定要吃饱。走马观花般的半日团队游(8:00~13:00、11:30~16:30和13:30~18:30)也把琥珀堡塞进了行程。费用不包括门票。

Pink City by Night tour (夜游粉红之城; ₹700)在18:30出发,线路覆盖几处知名景点,还包括在纳哈加尔用晚餐。

旅行团从斋浦尔火车站出发;这家公司还可到RTDC Hotel Teej、RTDC Hotel Gangaur和中心车站的旅游办事处接送游客并接受预订。

🛏 住宿

斋浦尔的住宿几乎面面俱到,各种类型的经济型住宿地点都会让旅行者们挑花眼。从5月到9月,大部分中等和高档酒店都会提供折扣,房价相比旺季降幅在25%~50%。

🛏 MI路附近

★ Hotel Pearl Palace 酒店 $

(☎0141-2373700, 9414236323; www.hotelpearlpalace.com; Hari Kishan Somani Marg, Hathroi Fort; 铺 ₹400, 房间带空调 ₹1310~1910; ❄@🛜)值得信赖的Pearl Palace继续带来惊喜。酒店正在翻修,所以许多出色的客房都便宜得令人难以置信。这里有多种房型可供选择——小的,大的,带空调的,配风扇的,并且所有房间都一尘不染。酒店提供货币兑换、市区游览和旅行安排等服务。房顶餐厅Peacock

步行游览
粉红之城

起点: 新门 (NEW GATE)
终点: 阿杰梅尔门 (AJMER GATE)
距离: 4.5公里，3~5小时

从 ❶ **新门** (New Gate)进入旧城，在城墙内右转进入 ❷ **Bapu Bazaar**。颜色鲜明的纺织品、jootis（传统尖头鞋）和芬芳的香水使这里成为斋浦尔妇女们最爱的去处。在Bapu Bazaar的尽头，你就会看到 ❸ **桑格内尔门** (Sanganeri Gate)。左转进入 ❹ **Johari Bazaar**，在这个珠宝市场你可以找到珠宝商和金匠，以及正在制作meenakari（上釉术工艺）的工匠们。这种极其光滑精细的珐琅工艺品是斋浦尔的特产。

继续往北，你会经过著名的 ❺ **LMB Hotel**、❻ **贾玛清真寺**（Jama Masjid）和高耸的宣礼塔，以及熙熙攘攘的 ❼ **Badi Chaupar**。在这里过马路要非常小心。北侧是 ❽ **Sireh Deori Bazaar**，又被称为Hawa Mahal Bazaar。这个名字来源于北部不远处雄伟壮丽的 ❾ **风之宫殿**（见115页）。左转进入 ❿ **Tripolia Bazaar**，你会看到一条小巷通往风之宫殿的入口。向西走几百米就是 ⓫ **三重门**（Tripolia Gate）。这是 ⓬ **简塔·曼塔天文台**（见115页）和 ⓭ **城市宫殿**（见112页）的主要入口，但是只有王公的家族成员才能从这里进出。公众入口位于较远处相对朴素的Atishpol（马厩门）。

游览城市宫殿之后，返回Tripolia Bazaar，继续向西是 ⓮ **冲天塔**（Iswari Minar Swarga Sal，见115页），值得登上塔顶饱览风景。从这里走到市集的另一边，向西前行。左侧的下一条小巷是 ⓯ **Maniharon Rasta**，非常适合选购五颜六色的树脂（lac）镯子。

返回Tripolia Bazaar，继续往西穿过Choti Chaupar，沿着Chandpol Bazaar一直到交通信号灯处左转，进入 ⓰ **Khajane Walon ka Rasta**，那里有雕刻大理石和粗陶器的工匠在工作。继续向南，一直走到紧邻城墙内侧的一条宽阔的马路上，这里是 ⓱ **Indra Bazaar**。沿此路向东便是游览路线的终点 ⓲ **阿杰梅尔门**。

Rooftop Restaurant（见123页）也非常不错。建议预订。

Karni Niwas 客栈 $

（☏0141-2365433，9929777488；www.hotelkarniniwas.com；C5 Motilal Atal Marg；房间 ₹1000，带空调 ₹1500；❄@⛶）这个酒店气氛友好，客房干净、凉爽又舒适，往往还带阳台。酒店没有餐厅，但可以在点缀着植物的惬意的露台上享受客房送餐服务。而且酒店地理位置居中，不远处就有餐厅。店主不向三轮车司机提供佣金，可免费从火车站或汽车站接客人到店。

Roadhouse Hostel Jaipur 青年旅舍

（☏9945522299；www.roadhousehostels.com；D-76 Shiv Heera Path；铺/标单/双 ₹300/1000/1200；❄⛶）这家明亮的青年旅舍很宜人，位于一个安静的居住区，距离MI Rd沿线的所有餐厅都不远。6人间和8人间一尘不染，配有空调，还有几间私人客房。可免费使用厨房和游艺室，管理人员会帮忙订车票。

在道路尽头就有个三轮车站，很方便。

Tony Guest House 客栈 $

（☏9928871717；www.facebook.com/tonyguesthousejaipur；11 Station Road；铺/标单/双 ₹180/280/340，房间带浴室 ₹600；☺@⛶）位于一条繁忙的马路上，无疑是一个非常合适的选择。这里的一切都是为了迎合旅行者和预算紧张的背包客的需求，有一个屋顶花园，并提供实在的旅行建议、互联网和免费印度茶。房间非常简朴，一些房间只是用木夹板墙隔开，只有一间房带有独立卫生间（仅有凉水淋浴）。但是公共浴室的水是热的。

★ Atithi Guest House 客栈 $$

（☏0141-2378679；www.atithijaipur.com；1 Park House Scheme Rd；标单/双 ₹1200/1310，带空调 ₹1530/1750；❄@⛶）这家布置舒适、风格现代的客栈恰好位于MI Rd和Station Rd之间，整洁简朴的房间分散在一片安静的庭院周围。它地处中心却安宁祥和，而且这里的服务员热情友善。客栈供应餐食（塔利套餐特别值得推荐），你也可以在让人心情愉悦的天台上喝一杯。

Pearl Palace Heritage 酒店 $$

（☏0141-4106599，9772558855；www.pearlpalaceheritage.com；Lane 2, 54 Gopal Bari；房间 ₹3260~3815；❄⛶）Pearl Palace成绩卓著的经营团队打造的第二家酒店是一间非常有特色的中档酒店。走廊里点缀着石雕，每间宽敞的客房都鲜活地再现了一个独特的文化主题，如村庄小屋、砂岩堡垒，还有一间点缀着镜子的宫殿闺房。现代的奢华感和便利设施都被小心翼翼地融入了迷人的传统设计之中。

Dera Rawatsar 酒店 $$

（☏0141-2200770；www.derarawatsar.com；D194 Vijay Path；房间含早餐 ₹4500~5500，套₹8000；❄@⛶≋）这家静谧的酒店位于城郊一条安静的街道上，但仍靠近汽车站，管理酒店的三代女性来自比卡内尔一个亲和的贵族世家。酒店有一系列装饰迷人的客房，庭院阳光明媚，还供应家庭式的印度餐。非常适合年轻家庭和独自出行的女性旅行者入住。

All Seasons Homestay 民宿 $$

（☏0141-2369443，9460387055；www.allseasonshomestayjaipur.com；63 Hathroi Fort；标单/双 ₹1600/1700起，豪华房 ₹2000；❄⛶）Ranjana和她的丈夫Dinesh一起打理着这个热情好客的家庭客栈。这是一座美丽的平房，位于Hathroi Fort背后的一条宁静小街上，有10间干净的客房，其中两间配小厨房，适合长住。这里有令人赏心悦目的草坪，供应家常餐食，还组织烹饪课。建议预订。

Nana-ki-Haveli 历史酒店 $$

（☏0141-2615502；www.nanakihaveli.com；Fateh Tiba；房间 ₹1800~3000；❄@⛶）这个安静的酒店隐藏在Moti Dungri Marg附近，房间舒适迷人，装饰风格传统（素雅的壁画、木家具）。酒店由亲切友好的一家人经营，很适合独自旅行的女性。酒店前方有一片令人舒心的草坪，供应家常菜，夏季会推出优惠房。

Hotel Arya Niwas 酒店 $$

（☏0141-4073456；www.aryaniwas.com；Sansar Chandra Marg；标单 ₹1635~2725，双 ₹2350~3110；❄@⛶）这里非常受旅行者的欢迎，紧邻Sansar Chandra Marg，位于一座高

塔后方,提供旅游咨询、书店和瑜伽课程。酒店有92间客房,但经营有方,不过这种规模的酒店不会像比较小的客栈那样贴心。房间非常干净,布局和大小各不相同,因此入住前不妨多看几个房间。

酒店外有一片开阔的露台对着令人赏心悦目的草坪。自助式素食餐厅不卖啤酒,但可以自带。

Alsisar Haveli 历史酒店 $$$

(☎0141-2368290; www.alsisar.com; Sansar Chandra Marg; 标单/双 ₹7605/10 530起; ❋@⚑)这个名副其实的历史酒店位于一栋雅致的19世纪老宅之中,坐落在美丽葱翠的花园里,酒店有一个宜人的泳池和富丽堂皇的就餐区。房间也不负期待,有精致的拉其普特拱门和古典装饰品。酒店少了些人情味,或许是因为接待了许多旅行团,直接在线订房偶尔可享受折扣。

Hotel Diggi Palace 历史酒店 $$$

(☎0141-2373091; www.hoteldiggipalace.com; 紧邻Sawai Ram Singh Rd; 标单/双含餐 ₹4000/5000起; ❋@)这是Diggi贵族(thakur)的故居,坐落在阿杰梅尔门以南约1公里处,四周是绿树成荫的开阔草坪。这里从前是经济型酒店,价格较高的客房大大优于便宜的房间。管理人员可以在餐厅里使用自家花园和农场的有机农产品为荣。

🛏 巴尼公园 (Bani Park)

巴尼公园区域相对平静,远离主路,位于旧城以西约2公里处(MI Rd西北部)。

Vinayak Guest House 酒店 $

(☎0141-2205260; vinayakguesthouse@yahoo.co.in; 4 Kabir Marg, 巴尼公园; 房间 ₹500~1100; ❋⚑)这个舒适惬意的客栈位于人来人往的Kabir Marg后方一条安静的小街上,去火车站非常方便。酒店房型和价位多样,空调房有翻修一新的浴室,是住宿的首选。屋顶的素食餐厅颇受好评。

★ Madhuban 酒店 $$

(☎0141-2200033; www.madhuban.net; D237 Behari Marg; 标单/双/套 ₹2290/2615/3865起; ❋@⚑⚐)Madhuban的房间明亮又一尘不染,装饰着古玩。酒店还有一片带围墙的私家花园,是露天就餐地点。餐厅装饰着醒目的壁画,供应拉贾斯坦邦特色菜和欧陆与北印度风味菜肴,餐厅紧邻着庭院里的冷水池。由于巴尼公园的环境相对清静,在这里住宿会很舒适。可在汽车站和火车站接住客到店。

Hotel Anuraag Villa 酒店 $$

(☎0141-2201679; www.anuraagvilla.com; D249 Devi Marg; 标单/双 ₹1080/1310, 带空调 ₹1800/1970起; ❋@⚑)这个宁静舒适的地方有简洁宽敞的房间和一片大草坪可以让你摆脱观光旅行的疲惫,享受自然的宁静。这里的素食餐厅广受好评,配备开放式厨房。员工们服务非常高效,而且服务热情。

Jaipur Inn 酒店 $$

(☎9829013660, 0141-2201121; www.jaipurinn.com; B17 Shiv Marg, 巴尼公园; 房间 ₹1500~2000起; ❋@⚑)这里从前是预算有限的旅行者的最爱,现在变成了中档酒店,有许多种风格多样、别具一格的客房。多看几间再做决定。经理很热心,酒店还有几个公共休息区,旅客们可以在那里泡咖啡、用Wi-Fi、简单吃一餐。也可以在屋顶上瑜伽课和宝莱坞舞蹈课。

Hotel Meghniwas 酒店 $$$

(☎0141-4060100; www.meghniwas.com; C9 Sawai Jai Singh Hwy; 房间/套 ₹5760/8220; ❋@⚑⚐)这家非常惬意的酒店位于辛格准将(Brigadier Singh)1950年建造的建筑之中,现在由他的后代经营,客房舒适又干净,配传统雕花木家具,窗外景色葱茏。标准间很宽敞,虽然酒店在主干道,但中间隔着一片枝繁叶茂的花园。酒店内有一间优秀的餐厅和一片迷人的泳池。

Jas Vilas 酒店 $$$

(☎0141-2204638; www.jasvilas.com; C9 Sawai Jai Singh Hwy; 标单/双含早餐 ₹6250/6960起; ❋@⚑⚐)这家小巧但是让人印象深刻的酒店建于1950年,目前依然由开业之初那个魅力十足的家庭经营。这里有宽敞的客房,其中大部分都面朝一个浪漫的庭院,庭院里有波光粼粼的大泳池。三个面朝花园的房间可供轮椅进出。除了惬意的庭院和花园外,酒店

里还设有一间舒适的餐厅。管理人员非常乐意提供帮助。

Shahpura House
历史酒店 $$$

(☎0141-2203069; www.shahpura.com; D257 Devi Marg; 标单/双/套 ₹7140/8330/9520起; ✹@☎❄) 这家历史酒店经过精心打造，采用传统风格的装饰，客房十分整洁，有些带阳台，配壁画、彩色玻璃灯、平板电视，套房连天花板都覆满小镜子。酒店布局不规则，富丽堂皇，有一个装饰着巨大枝形吊灯的接待厅（durbar hall）和一个幽静惬意的鸡尾酒吧。

酒店还有一个迷人的游泳池和一间典雅的屋顶露台餐厅，餐厅会举办文化演出。

🛏 旧城

Hotel Sweet Dream
酒店 $

(☎0141-2314409; www.hotelsweetdreamjaipur.in; Nehru Bazaar; 标单/双 ₹900/1150, 带空调 ₹1600/1850起; ✹☎) 很可能是老城之内最好的住宿选择，也是斋浦尔比较好的经济型酒店之一。有几间客房翻新扩大了（总房间数减少），房间价格（和楼层）越高，配套设施越齐全，可乘坐摇摇晃晃的电梯。酒店有一间酒吧和一家出色的屋顶露台餐厅。

Hotel Bissau Palace
历史酒店 $$

(☎0141-2304391; www.bissaupalace.com; Chandpol外; 房间 ₹3270~6540; ✹@☎❄) 如果你想节省开支，又希望住在宫殿里，这里值得一来。它就在城墙外，从Chandpol（老城的一个入口）步行前往用不到10分钟。酒店有一个游泳池、一间装裱着木镶板的漂亮书房和三间餐厅。这里历史传统气氛浓郁，古老的家具陈设和纪念品随处可见。

🛏 Rambagh附近

Rambagh Palace
历史酒店 $$$

(☎0141-2385700; www.tajhotels.com; Bhawani Singh Marg; 房间 ₹43,560起; ✹@☎❄) 这座辉煌的宫殿曾经是王公曼·辛格二世（Man Singh Ⅱ）和他迷人的王妃Gavatri Devi在斋浦尔的寓所。酒店深藏在数公顷精心打理的花园内，由奢华的Taj Group品牌经营，草坪洁净，景色优美。房间越贵，设施自然越豪华。

非住客也有机会同享奢华，可以在高档的餐厅用餐，或者在高雅的游廊喝茶。至少也要去超棒的Polo Bar（见125页）犒赏自己一杯。

Narain Niwas Palace Hotel
历史酒店 $$$

(☎0141-2561291; www.hotelnarainniwas.com; Narain Singh Rd; 标单/双含早餐 ₹8425/10,530起, 豪华双 ₹13,455; ✹@☎❄) 这间正宗的历史酒店就在城南的Kanota Bagh, 有种沧桑的华丽气势。这里的餐厅非常宽敞，服务人员全部统一着装。酒店里摆放了许多古董，还有一个老式阳台，你可以在上面惬意地品茶。标准房位于花园一侧，不如挑选很高的豪华房宽敞，后者的气氛和配套设施也不尽相同。

酒店后方有一个僻静的大游泳池（8:00~16:00，非住客2小时₹300）和一间分外宜人的水疗中心，孔雀为不规则延伸的花园增添了几分景致。

🍴 就餐

🍴 MI路周边

Indian Coffee House
咖啡馆 $

(MI Rd; 咖啡 ₹20~40, 小吃 ₹35~60; ⓒ6:00~21:00) 这个传统咖啡馆（一家合作社经营的老字号）与街道隔开了一段距离，位于一条很容易错过的小巷里，可以在非常放松的环境里享用一杯美味的滴滤咖啡。风扇吹送凉意，淡绿色营造氛围，印度咖啡馆的铁杆粉丝们不会失望而归。菜单里有物美价廉的pakoras（炸蔬菜）和多莎饼。

Jal Mahal
冰激凌 $

(MI Rd; 杯装和蛋卷 ₹30~120; ⓒ10:00~23:00) 这家出色的小冰激凌店从1952年营业至今。大约有50种口味可供挑选，但天气炎热时，芒果是无敌的。还有不少其他的冰激凌种类，如圣代和香蕉船，许多冰激凌的名字都很花哨。

Old Takeaway the Kebab Shop
烤肉串 $

(151 MI Rd; 烤肉串 ₹90~180; ⓒ18:00~23:00) 这是MI路这一段店名相似的几家路边烤串店中的一家（位于清真寺旁边），是最老牌的(被如此告知)和最棒的(这点深以为然)。这里供应非常可口的泥炉烤串,包括印度奶酪sheesh、羊肉sheesh和泥炉烤鸡。正如招牌所言:美味肉食集中营。

Rawat Kachori 甜点 $

(Station Rd; kachori ₹30,印度奶昔 ₹50,甜点每公斤 ₹350~850; ⓧ6:00~22:00)这个热门的外卖店连着一间餐厅,可以买到美味的印度甜点和这里的招牌kachori(油炸酥皮包马沙拉土豆)——一款非常美味的咸味小吃。一杯咸味或甜味的印度奶昔或者一块好吃的牛奶王冠(milk crown,松软的奶油糕点)是令人满足的下午茶点。

★ Peacock Rooftop Restaurant 各国风味 $$

(☎0141-2373700; Hotel Pearl Palace, Hari Kishan Somani Marg; 主菜 ₹175~340; ⓧ7:00~23:00)这个多层屋顶餐厅位于Hotel Pearl Palace,因为味美又实惠的菜肴(印度菜、中国菜以及欧陆风味)和欢乐的气氛而大受好评。周到的服务、奇特的室内陈设和Hathroi Fort的浪漫景致成就了这间一流餐厅。在晚餐之外,还供应健康的早餐,午餐有性价比很高的汉堡、比萨和塔利套餐。

晚餐建议预订。

Four Seasons 各国风味 $$

(☎0141-2375450; D43A Subhash Marg; 主菜 ₹125~295; ⓧ11:00~15:30和18:30~23:00; ❄🍴)Four Seasons是斋浦尔最好的素食餐厅之一,人气很高,就餐区分为两层,有一面玻璃幕墙隔开忙碌的厨房。餐厅供应五花八门的菜式,包括美味的拉贾斯坦邦特色菜、南印度多莎饼、中国菜和多种塔利套餐和比萨。不供应酒精饮料。

Anokhi Café 各国风味 $$

(☎0141-4007245; 2nd fl, KK Square, C-11 Prithviraj Marg; 主菜 ₹250~350; ⓧ10:00~19:30; 🛜🍴)这家令人放松的咖啡馆有一种时髦又天然的感觉,如果你渴望吃到一份调味得当的爽脆沙拉、一块法式咸派或者馅料很厚的三明治,这里是首选的去处。当然也可以喝杯拿铁或冰茶,躲开忙碌与喧嚣,享受片刻的轻松。美味的有机面包现做现做,可以单独购买。

Handi Restaurant 北印度菜 $$

(MI Rd; 主菜 ₹220~440; ⓧ正午至15:30和18:00~23:00)自1967年开业以来,Handi用美味的泥炉和烧烤菜肴以及品类丰富的莫卧儿咖喱菜征服了无数食客。到晚上,会在餐馆大门旁架起烟雾缭绕的烤串摊。餐厅也有不错的素食菜品,不供应啤酒。

这家店位于邮政总局对面,藏在Maya Mansions后方。

Surya Mahal 南印度菜 $$

(☎0141-2362811; MI Rd; 主菜 ₹130~310,塔利套餐 ₹240~350; ⓧ8:00~23:00; ❄🍴)这家人气餐厅靠近Panch Batti,主打南印度素食,可以尝尝美味的马沙拉多莎饼和好吃的dhal makhani(黑扁豆和红芸豆)。还有中国菜和意大利菜,以及可口的冰激凌、圣代和冷饮。

Natraj 印度菜 $$

(☎0141-2375804; MI Rd; 主菜 ₹150~250,塔利套餐 ₹250~520; ⓧ9:00~23:00; ❄🍴)这家高档素食餐厅距Panch Batti不远,菜单上拥有各种北印度和中国菜肴。用土豆包住的"蔬菜炸弹"咖喱镇住了很多食客。此外这里还提供各种塔利套餐和南印度食物——paper masala多莎非常美味——以及丰富多彩的印度甜品。

Dāsaprakash 南印度菜 $$

(☎0141-2371313; 5 Kamal Mansions, MI Rd; 主菜 ₹115~240, 塔利套餐 ₹310~345; ⓧ9:00~22:30; ❄🍴)Dāsaprakash属于一个创建于1921年的知名连锁品牌,主打南印度素食菜肴,包括塔利套餐和几种多莎饼以及idli(绵软的圆形米发糕)。餐毕还有五花八门的冷饮和超大份的冰激凌圣代可供选择。

★ Niro's 印度菜 $$$

(☎0141-2374493; MI Rd; 主菜 ₹250~500; ⓧ10:00~23:00; ❄)Niro's开业于1949年,是MI Rd路上备受喜爱的老字号,如同一瓶陈年美酒,历久弥新。你可以逃离街头的混乱,躲进这个清凉干净、天花板装着镜子的私密空间,品味素食和非素食的印度菜,享受专业的服务。餐厅还供应经典的中国菜和欧陆风味,但印度菜绝对是首选。

就连当地人都对这里的黄油鸡和咖喱番茄炖羊肉（rogan josh）赞不绝口。并供应啤酒和葡萄酒。

Copper Chimney 印度菜 $$$

（☎0141-2372275; Maya Mansions, MI Rd; 主菜₹300~475, 塔利套餐素食/非素食 ₹490/575; ⊙正午至15:30和18:30~23:00; ※）这是一家随意、近乎雅致而且服务非常热情的餐厅，拥有必不可少的服务员队伍和满冰柜的冰啤酒。这里有非常不错的素食和非素食印度菜肴（分量充足），包括芬香扑鼻的拉贾斯坦特色菜。餐厅还供应欧陆风味和中国食物，以及种类有限的精选印度葡萄酒，不过咖喱菜和啤酒的套餐是无敌的。

Little Italy 意大利菜 $$$

（☎0141-4022444; 3rd fl, KK Square, Prithviraj Marg; 主菜₹300~500; ⊙正午至22:00; ※）堪称斋浦尔最佳意大利餐厅，这是一家全国连锁店的分号，提供素食意面、调味饭和柴火烤比萨，店面装修酷炫而富有当代气质。菜品种类繁多，其中包括一些墨西哥菜和一流的意大利甜品。这家店有售酒许可，相连的姊妹店Little India主打印度菜和中国菜。

Jaipur Modern Kitchen 地中海菜 $$$

（☎0141-4113000; www.jaipurmodern.com; 51 Sardar Patel Marg, C-Scheme; 主菜₹300~550; ⊙11:00~23:00; ※♪）除了家居用品和时装，Jaipur Modern还有这家超棒的地中海风味餐厅，使用有机食材，支持当地的可持续农业。美味的比萨、意大利面、momos（藏式饺子）和卷饼都是在店内制作的。餐厅还主打本地种植的藜麦。菜单里有汤、开胃菜、主菜和甜点，全都包含用途广泛的藜麦。

✖ 旧城

Ganesh Restaurant 北印度菜 $

（Nehru Bazaar; 主菜₹100~160; ⊙9:00~23:30; ♪）这家小巧的露天餐馆位置极佳，在旧城城墙上面，靠近新门（New Gate）。厨师在城墙一面的凹进处工作，因此你可以亲眼看着自己点的纯素餐出炉。如果你想找家本地餐馆，尝尝Paneer Butter Masala之类的新鲜可口的食物，你一定会爱上这里。招牌很容易被错过，但一定有摊贩把窄楼梯的位置指给你。

Mohan 印度菜 $

（144-5 Nehru Bazaar; 主菜₹25~150, 塔利套餐₹80; ⊙9:00~22:30; ♪）Mohan并不起眼，很容易错过：沿着街角的人行小道走几步路即到。餐厅简朴便宜，还有点脏，但是塔利套餐、咖喱（半盘和整盘）和小吃都是新鲜制作的，非常受欢迎。

LMB 印度菜 $$

（☎0141-2560845; Johari Bazaar; 主菜₹210~320; ⊙8:00~23:00; ※♪）Laxmi Misthan Bhandar（简称LMB）是一家位于旧城的素食餐厅，从1954年开业以来一直顾客盈门。这里能让你摆脱Johari Bazaar的喧嚣，躲进凉爽的空调室内，欣赏这里独一无二的装饰、忙碌专注的服务员以及琳琅满目的甜品柜台。现在这里已不再是严格纯素（sattvik）餐厅，有加入洋葱和大蒜的餐食可供选择。

这家餐厅同时受到本地人和国外游客的青睐。尝尝拉贾斯坦塔利套餐（₹540），再点一份招牌kulfa（₹100，带有干果和藏红花的冰激凌饮品）。

Hotel Sweet Dream 各国风味 $$

（☎0141-2314409; www.hotelsweetdreamjaipur.in; Nehru Bazaar; 主菜₹130~285; ※）在这家老酒店的屋顶上有一间非常棒的餐厅，可以俯瞰熙熙攘攘的Nehru Bazaar。这里特别适合在疯狂采购后歇歇脚，吃一顿清淡的午餐，或者喝一杯用新鲜水果和凝乳制成的makhania印度奶昔（₹140）提提神。菜单中有比萨和中国菜，但印度菜是最好的。

🍷 饮品和夜生活

★ Lassiwala 咖啡馆

（MI Rd; 印度奶昔小杯/大杯 ₹25/50; ⊙7:30至售罄）这家大名鼎鼎、群起效仿的老店是一个让人赞不绝口的简单小铺，装在陶质杯子里的奶昔香滑美味。早点来以避免失望而回！如何辨别真正的Lassiwala？认准一条巷子口挂有"Shop 312"（312号店）和"Since 1944"（源自1944年）的小铺就不会错了。面朝小巷时，山寨店都分布在右边。

⭐ Curious Life 咖啡馆

(☎0141-2229877；www.facebook.com/curiouslifecoffeeroasters；P25 Yudhisthira Marg, C-Scheme；咖啡 ₹75起；◉9:00~22:00；📶)最新的咖啡风潮席卷了这个印度潮人的聚集地。单品、浓缩、法压、爱乐压、V60手冲……冲煮咖啡的方式一应俱全，店内顾客大多是20多岁的年轻人。店里还供应冷萃咖啡、果昔、奶昔和玛芬蛋糕，不断飘荡的背景音乐却莫名地复古。

⭐ Bar Palladio 酒吧

(☎0141-2565556；www.bar-palladio.com；Narain Niwas Palace Hotel, Narain Singh Rd；鸡尾酒 ₹500~700；◉18:00~23:00)这家很酷的酒吧餐厅饮品种类相当丰富，菜单以意大利风味为主(主菜₹350~400)。碧蓝的主题色从浪漫东方风情的室内曼延到烛光摇曳的露天座位区，营造出非常令人放松的氛围，顾客们可以小酌一杯，享用意大利烤面包，轻松交谈。Il Teatro是酒吧不定期举办的现场音乐活动——活动日期见网站。

100% Rock 酒吧

(Hotel Shikha, Yudhishthir Marg, C-Scheme；一品脱啤酒/鸡尾酒 ₹190/300起；◉11:00至次日0:30；📶)位于Hotel Shikha内但独立经营的酒吧，是斋浦尔最具啤酒花园气质的地方，有许多户外座位，周围也有带空调的房间，还有带小舞池、适合交际的主屋。买一送一的啤酒促销活动经常举行，从而使这里成为深受当地年轻人喜欢的场所。

Polo Bar 酒吧

(Rambagh Palace Hotel, Bhawan Singh Marg；◉正午至午夜)这家很棒的酒吧里点缀着马球纪念品，带贝壳边的拱形窗户衬托着修剪整齐的草坪。一瓶啤酒₹400起，取决于品牌，一杯葡萄酒₹550起，鸡尾酒₹600起。全天供应美味的小吃。

Café Coffee Day 咖啡馆

(Country Inn & Suites, MI Rd；咖啡 ₹80~150；◉10:00~22:00)这家咖啡专营店成功地用浓缩咖啡征服了咖啡迷，还有一些奶香浓郁的饮品和玛芬蛋糕，在斋浦尔开了几家分店。除了这一家，在Sawai Jai Singh Hwy(亦称Collectorate Rd)的Paris Point、中亚博物馆和琥珀堡的出口附近都能凭着香味找到咖啡喝。

☆ 娱乐

斋浦尔的夜生活并不发达，但是许多酒店都会安排晚间音乐、舞蹈或者木偶剧表演。英语电影偶尔会在电影院放映——详细情况可查询剧院信息或当地媒体报道。

Raj Mandir Cinema 电影院

(☎0141-2379372；www.therajmandir.com；Baghwandas Marg；票价 ₹120~400；◉订票10:00~18:00,电影放映12:30、15:00、18:30和22:00)紧邻MI路，Raj Mandir是观看印度电影的最佳场所。这家豪华影院看上去如同一个巨大的粉色奶油蛋糕，里面有一个蛋白色礼堂和一个介于庙宇和迪士尼乐园风格之间的大厅。你可以在9号和10号窗口预订上映前1小时到7天之内的电影票。

提前订票是确保订到座位的最好办法，但是在新片刚上映的几天还是打消订票的想法吧。如果你不怕排队，还可以加入购票窗口的长龙，即将放映的电影提前45分钟开始售票。不要买那些最便宜的票，你会坐在距离大屏幕非常近的位置。

Chokhi Dhani 现场演出

(☎0141-5165000；www.chokhidhani.com；Tonk Rd；成人/儿童含拉贾斯坦风味塔利套餐 ₹600/350起；◉18:00~23:00)Chokhi Dhani的意思是"特别的村落"，这个位于斋浦尔南边20公里处的搞笑拉贾斯坦村落，是带孩子游玩的好去处。这里有几间露天餐厅，你可以享用一顿可口的拉贾斯坦利套餐，同时还能欣赏到许多传统娱乐活动——跳舞、杂技、小吃摊，以及类似于冒险乐园的儿童游乐活动，孩子们能在此荡秋千、滑滑梯、躲猫猫。

还有更贵的门票，取决于你的就餐选择。从斋浦尔乘坐出租车往返(含等待时间)费用约为₹800。

Polo Ground 观赏运动

(☎门票信息0141-2385380；Ambedkar

购买宝石

斋浦尔的珍稀宝石和半宝石早已声名远扬。许多商店都有很不错的价钱,但你需要略通一二才不至于上当。最主要的宝石交易场所在旧城东南角Pahar Ganj周边的穆斯林地区。在这儿,你能在那些位于狭窄偏僻街道上的作坊里,亲眼看着工匠们如何将石头切割打磨。

印度最古老的骗局之一就是宝石欺诈,诈骗者会骗游客相信能将这些宝石带到其他地方转手卖出高价。要拿到鉴定证书,可以在每天10:00~16:00将宝石送到宝石鉴定实验室(Gem Testing Laboratory; ✆0141-2568221; www.gtljaipur.info; Rajasthan Chamber Bhawan, MI Rd; ⏱周一至周六 10:00~16:00),然后在次日的16:00~17:00到这里取证书。这项服务价格为每块宝石₹1050,当日取证费用为₹1650,但是必须在13:00前将宝石送到这里。

Circle, Bhawan Singh Marg)曼·辛格王公二世(Maharaja Man Singh Ⅱ)酷爱马球,于是在Rambagh Palace旁边修建了一个巨大的马球场,至今仍是马球比赛的场地。购票看比赛还可以进入休息室,里面装点着历史照片和纪念品。马球赛季会持续整个冬季。可联系Rajasthan Polo Club咨询购票信息。

🔒 购物

斋浦尔是购物者的天堂。世界各地的生意人蜂拥而至,采购拉贾斯坦邦各地出产的首饰、珠宝、纺织品和手工艺品。你必须大刀阔斧地砍价,在主要旅游景点更是如此。

许多店铺都可以帮你将包裹寄回家,往往比你自己寄更省钱。

整座城市大致上仍可被分为不同的传统工艺区域。Bapu Bazaar有许多纱丽和针织品,也是购买小饰品的好地方。Johari Bazaar和Sireh Deori Bazaar则是珠宝首饰店聚集地,这里能买到金饰、银饰以及闪闪发光的被称为meenakari的珐琅饰品,后者是斋浦尔特有的工艺品。在Johari Bazaar的棉布商人那里,你能买到物美价廉的各色针织品。

Kishanpol Bazaar是著名的纺织品市集,尤其是bandhani(扎染)制品。Nehru Bazaar除销售针织品外,还有jootis(传统鞋子)、小饰品和香水出售。买镯子的好地方是Maniharon Rasta。

在通往安布尔的路上,Zorawar Singh Gate和Park Regis Hotel之间有许多工厂和展示厅,吸引了大量游客前往购物。在这里,你会发现大型商业中心里出售的木版印刷、蓝陶、地毯和古董。注意:这些商店已经习惯了花钱不眨眼的一拨拨旅行团游客,因此你需要花费一番力气来讨价还价。

三轮车夫、酒店和旅行社都会从他们介绍你去的商店获得极高的佣金。许多没有经验的游客都被说服买了一些东西,尤其是宝石,以期能转手卖出大价钱。一定要警惕这些所谓能让你快速发财致富的骗局。

Jaipur Modern 时装和饰品

(✆0141-4112000; www.jaipurmodern.com; 51 Sardar Patel Marg, C-Scheme; ⏱11:00~23:00)这个现代风格的展厅展示着本地的艺术品、手工艺品、服装、家居用品、文具和时尚饰品。工作人员都很放松(不会强行推销),如果你没有购物的兴致,这里有一间很棒的咖啡馆,供应Lavazza咖啡和地中海风味小吃。

Inde Rooh 服装

(✆9829404055, 9929442022; www.inderooh.com; Hotel Pearl Palace, Hari Kishan Somani Marg; ⏱10:30~22:30)这家小店位于Hotel Pearl Palace之内,着意呈现斋浦尔传统木版印刷技艺与现代设计的融合。店里的女装和男装均为手工缝制,品质和价值均可媲美于斋浦尔更加知名的时装店。还销售家居用品。

Rajasthali 工艺品

(MI Rd; ⏱周一至周六 11:00~19:30)这个邦政府经营的商场位于阿杰梅尔门对面,拉贾斯坦邦的工艺品琳琅满目,品质一流,包括珐琅制品、刺绣、陶器、木制品、首饰、木偶、木版印刷的床单、微型画、黄铜制品、镜饰等。前往市集之前,先在这里了解一下价格。市集的东西可能比较便宜，但国营商场的商品质量通常更好，而且也不会贵很多。

Anokhi
服装、纺织品

(www.anokhi.com; 2nd fl, KK Square, C-11 Prithviraj Marg; ⊙周一至周六 9:30~20:00, 周日 11:00~19:00) Anokhi是一家典雅而高档的精品店，有琳琅满目的高品质纺织品销售，例如木版印刷的织物、桌布、床罩、化妆包和围巾，以及融合了印度和西方风格的漂亮衣服，设计精美，手工上乘。这里有一家非常棒的小咖啡室，同一栋建筑内还有一家书店。

Fabindia
服装

(☏0141-4015279; www.fabindia.com; B 4 E-Prithviraj Road; ⊙11:00~21:00) 琳琅满目的面料任你发挥色彩搭配的功力，还有家具和家居饰品。在这里还能找到有机认证的服装、化妆品和调味品。位于Central Park的4号门对面。

Silver Shop
首饰

(Hotel Pearl Palace, Hari Kishan Somani Marg; ⊙18:00~22:00) 一家信誉良好的首饰商店，有店铺所在的酒店管理层做后盾，所有商品都提供全额退款保证。这家店位于酒店的Peacock Rooftop Restaurant的孔雀顶篷下方。

Crossword
书籍

(1st fl, KK Square, Prithvirag Marg; ⊙11:00~21:00) Crossword是一家出色的书店，虚构和非虚构类图书都很齐全，有最新的畅销书、绘本和印度历史题材的书籍。还出售音乐CD和DVD。同一幢楼里还有一家咖啡馆和一家餐厅。

Mojari
服装

(☏0141-2377037; D-67 Shiv Heera Marg; ⊙10:00~18:30) 店名源自传统装饰的拉贾斯坦鞋子。这家店是联合国资助的项目，旨在帮助农村的皮革匠——他们是这个社会最贫穷的阶层。这里的鞋子款式丰富（₹300~1000），其中包括带刺绣、贴花的露趾的鞋子、拖鞋和凉鞋等。女鞋的种类尤为多样。这里还有少部分手工制作的皮包和钱包。

127

❶ 实用信息

上网
网吧在这里寥寥无几，但是几乎所有酒店和客栈都提供Wi-Fi和/或上网服务。

Mewar Cyber Café (Station Rd; 每小时₹30; ⊙7:00~23:00) 位于中心车站附近。

医疗服务
大部分酒店都能安排医生上门服务。

Santokba Durlabhji Memorial Hospital (简称SDMH; ☏0141-2566251; www.sdmh.in; Bhawan Singh Marg) 私立医院，有24小时急诊室、友善的员工和明确的双语标牌。诊费₹400。

Sawai Mansingh Hospital (简称SMS Hospital; ☏0141-2518222, 0141-2518597; Sawai Ram Singh Rd) 邦立医院，却是Soni医院集团（www.sonihospitals.com）的成员。在15:00前，门诊病人都在CT和MRI中心就诊。15:00之后需要前往毗邻的急诊室就诊。

现金
这里有许多提供货币兑换服务的地方，其中包括众多酒店和大量的自动柜员机。大部分自动柜员机都接受外国银行卡。

Thomas Cook (☏0141-2360940; Jaipur Towers, MI Rd; ⊙9:30~18:00) 兑换现金和旅行支票。

邮局
DHL Express (☏0141-2361159; www.dhl.co.in; G8 Geeta Enclave, Vinobha Marg; ⊙10:00~20:00) 先留意MI路上的一家分店，然后沿它旁边的小巷向前走，就能找到DHL Express。如果要邮寄包裹，首公斤价格较贵，但是之后每500克的价格较便宜。邮费中包含打包服务。接受信用卡和现金付款。

中心邮局 (☏0141-2368740; MI Rd; ⊙周一至周五 8:00~19:45, 周六10:00~17:45) 划算而且比较高效，尽管各种烦琐手续让人感到恼火。大厅里的包裹包装员会帮你装箱、封箱和盖章，再收一小笔服务费，然后你就可以将包裹寄走。

旅游信息
Jaipur Vision和Jaipur City Guide是两本实用又不贵的小册子，在书店和部分酒店大堂（免费领取）都能找到。两本的内容都是最新的活动清单、地图、本地广告和特色内容。

拉贾斯坦邦 斋浦尔

从斋浦尔出发的主要长途汽车

目的地	票价(₹)	车程(小时)	班次
阿格拉	261~289,空调470~573	5.5	每天11班
阿杰梅尔	150,空调316	2.5	至少每小时1班
珀勒德布尔(Bharatpur)	195,空调410	4.5	至少每小时1班
比卡内尔	334,空调596	5.5~7	每小时1班
本迪	216	5	每天5班
吉多尔格尔	339,空调585	7	每天6班
德里	273,空调800	5.5	至少每小时1班
杰伊瑟尔梅尔	593	14	每天2班
Jhunjhunu	181,空调321	3.5~5	每半小时1班
焦特布尔	340,空调741	5.5~7	每2小时1班
科塔	252	5	每小时1班
阿布罗阿德(Abu Road)	486,空调866	10.5~13	每天6班
讷沃尔格尔	145,空调258	2.5~4	每小时1班
布什格尔	161	3	每天1班
乌代布尔	420,空调914	10	每天6班

RTDC旅游局(RTDC Tourist Office;☎0141-5155137;www.rajasthantourism.gov.in;此前的RTDC Tourist Hotel, MI Rd;◎周一至周五9:30~18:00)有关于斋浦尔和拉贾斯坦邦的免费地图和宣传册。其他分支机构位于**机场**(☎0141-2722647;◎周一至周五9:00~17:00)、**琥珀堡**(☎0141-2530264;◎周一至周五9:30~17:00)、**斋浦尔火车站**(☎0141-2200778;1站台;◎24小时)和**中心车站**(☎0141-5064102;3站台;◎周一至周五10:00~17:00)。

❶ 到达和离开

飞机

斋浦尔国际机场(☎0141-2550623;www.jaipurairport.com)位于市区东南方向12公里处。

　　欧洲、美国等地有航班飞往斋浦尔,在德里转机。有少量直飞航班前往曼谷、新加坡和波斯湾。

印度航空(Air India;☎0141-2743500,机场柜台0141-2721333;www.airindia.com; Nehru Place, Tonk Rd)每天都有航班飞往德里和孟买。

靛蓝航空(IndiGo;☎9212783838;www.goindigo.in; Terminal 2, Jaipur International Airport)有航班飞往艾哈迈达巴德(Ahmedabad)、班加罗尔、金奈(马德拉斯)、德里、海得拉巴(Hyderabad)、加尔各答、孟买和浦那。

捷特航空(Jet Airways;☎0141-2725025, 1800 225522;www.jetairways.com;◎5:30~21:00)有航班飞往德里和孟买。

香料航空(SpiceJet;☎9871803333;www.spicejet.com; Terminal 2, Jaipur International Airport;◎6:00~19:00)每天有航班飞往德里。

酷航(Scoot;☎8000016354;www.scoot.com)每周有3个航班飞往新加坡。

微笑泰航(Thai Smile;☎泰国+662-1188888;www.thaismileair.com)每周有3个航班飞往曼谷。

长途汽车

　　拉贾斯坦邦公路运输公司(Rajasthan State Road Transport Corporation,简称RSRTC,亦称Rajasthan Roadways)的长途汽车都从**中心车站**(Main Bus Station; Station Rd;每件行李24小时的寄存费为₹10)发车,在Narain Singh Circle停车上客(在那里也可以买车票)。中心车站设有行李寄存处,以及一个预付费机动三轮车站。

　　普通长途汽车被称为"快速(express)"车,同时还有"豪华(deluxe)"车(其实是软座客车,但仍被称为bus),"豪华车"车型和配置各不相同,但与普通快速车相比,它们票价较贵,乘坐较为舒适（通常有空调，但也有例外）。豪华车从3号站台发车，这个站台在汽车站右手边的角落里。与普通快速车不同，豪华车的车票可以在这里的**订票处**（Reservation Office；☏0141-5116032；Main Bus Station）预订。

除了发往德里（半小时一趟）的车次以外，豪华车发车班次要远远低于普通车。

小汽车和摩托车

大部分酒店和RTDC旅游局都可以安排带司机的小汽车，每公里车费在₹9~12之间，具体价格依车型而定，最低起租费用相当于每天250公里。如果要过夜，得另外支付₹200的过夜费。要注意的是，你必须支付司机返回斋浦尔的费用，不论你自己是否返回。

你可以在**Rajasthan Auto Centre**（拉贾斯坦机动车中心；见1235页）租赁、购买或修理Royal Enfield Bullet摩托车（或其他不那么拉风的摩托车），这是印度最干净的摩托车小店。如果要租用350cc的Bullet摩托车，费用是斋浦尔城内每天₹600（含头盔）。

火车

订票处（Reservation office，☏咨询131，预订135；⊙8:00~14:00和15:00~20:00）在进入火车站后的左手边。这里只提供提前订票服务（即发车时间在5小时以后的列车车票）。你可以加入"自由战士和外国游客"（Freedom Fighters and Foreign Tourists）窗口前的队伍中（769号柜台）。

如果要购买当日车票，须从火车站北边1号站台的10号窗口（⊙非工作时间为6:00~6:30；14:00~14:30和22:00~22:30）。

1号站台的设施包括RTDC旅游局、旅游协助部队（警察）、行李寄存处（每件行李24小时保管费为₹16）、休息室、餐馆以及专门面向一等和二等空调车厢乘客的空调候车室。

在通往火车站的路口有一个预付费机动三轮车站，当地的出租车也停在那里。

车次包括：

阿格拉 无空调卧铺₹185，3.5~4.5小时，每天9班

艾哈迈达巴德 无空调卧铺₹350，9~13小时，每天7班（0:30、2:20、4:25、8:40、1:45、14:20和20:35）

阿杰梅尔（去布什格尔）无空调卧铺₹90，2小时，每天21班

比卡内尔 无空调卧铺₹275，6.5~7.5小时，每天3班（0:45、16:15、21:45）

德里 无空调卧铺₹245，4.5~6小时，每天至少9班（1:00、2:50、4:40、5:00、6:00、14:35、16:25、17:50和23:15），特定日期班次更多

杰伊瑟尔梅尔 无空调卧铺₹350，12小时，每天3班（11:10、16:15和23:45）

焦特布尔 无空调卧铺₹250，4.5~6小时，每天10

从斋浦尔出发的主要列车

目的地	车次和名称	开车时间	到达时间	票价（₹）
阿格拉（兵站）	19666 Udaipur-Kurj Exp	6:15	11:00	185/510（A）
阿格拉（堡）	12035 Jaipur-AF Shatabdi	7:05	10:35	505/1050（D）
艾哈迈达巴德	12958 Adi Sj Rajdhani	0:30	9:40	1130/1580（B）
阿杰梅尔（去布什格尔）	12195 Ajmer-AF Intercity	9:40	11:50	100/325（C）
比卡内尔	12307 Howrah-Jodhpur Exp	0:45	8:15	275/705（A）
德里（新德里）	12016 Ajmer Shatabdi	17:50	22:40	570/1205（D）
德里（S Rohilla）	12985 Dee Double Decker	6:00	10:30	505/1205（D）
杰伊瑟尔梅尔	14659 Delhi-JSM Exp	23:45	11:40	350/935（A）
焦特布尔	22478 Jaipur-Jodhpur SF Exp	6:00	10:30	515/625（E）
Sawai Madhopur	12466 Intercity Exp	11:05	13:15	180/325/560（F）
乌代布尔	19665 Kurj-Udaipur Exp	23:00	6:45	270/715（A）

票价：（A）无空调卧铺/空调卧铺3类，（B）空调卧铺3类/空调卧铺2类，（C）2等座/空调硬座，（D）空调硬座/空调卧铺1类，（E）空调硬座/空调卧铺3类，（F）无空调卧铺/空调硬座/空调卧铺3类。

班（0:45、2:45、6:00、9:25、11:10、11:25、12:20、17:00、22:40和23:45）

伦腾博尔国家公园（Sawai Madhopur）无空调卧铺₹180，2~3小时，每天至少9班（0:30、5:40、6:40、11:05、14:00、16:50、17:35、19:35和20:45），特定日期班次更多

乌代布尔 无空调卧铺₹270，7~8小时，每天3班（6:15、14:00和23:00）

❶ 当地交通

抵离机场

机场未开通公共汽车线路，机动三轮车/出租车到城区至少需要₹350/450。航站楼内有一个预付费出租车柜台。

机动三轮车

汽车站和火车站的机动三轮车车夫可能是拉贾斯坦邦最纠缠不休的。固定价格的预付费机动三轮车柜台才是正确的选择。拿好你的收据，抵达目的地交给车夫。其他情况雇车，那么就要做好狠狠杀价的准备了。从火车站或汽车站到旧城的车费至少₹80。

人力车

要为环保出一份力，可以挥手叫住一位四肢精瘦的人力车夫。看着别人为你辛苦蹬车可能不好受，但他们要以此谋生。短途乘车大约需要₹50。

公共交通

斋浦尔地铁（Jaipur Metro，☎0141-2385790；www.jaipurmetrorail.info）线路长约10公里，被称为粉线，共有9站。始发站位于粉红之城西南部的Mansarovar，途中经过Civil Lines，目前终点站是Chandpole。在撰写本指南期间，这段穿越粉红之城的地铁正在修建延伸线，从Chandpole通往Badi Chaupar。票价在₹5~15之间。

出租车

这里有许多不用计价器的出租车，需要和司机定好价钱。

Metro Cabs（☎0414-4244444；www.metrocabs.in；起步价含2公里₹50，之后每公里₹10~12，加时费每分钟₹1，22:00至次日6:00加收25%夜间附加费；⊙24小时）你还能够以4/8小时为单位包租一辆出租车带你观光，费用分别为₹700/1350。

斋浦尔周边地区

安布尔（Amber）

金黄色调的琥珀堡（发音为"amer"）是拉其普特建筑的杰出代表，从斋浦尔东北11公里的石山上拔地而起，是这座城市不容错过的精彩亮点。

安布尔是斋浦尔之前的王城所在地，由卡奇瓦哈的拉其普特人建立。拉其普特人最初来自瓜廖尔（Gwalior），位于如今的中央邦（Madhya Pradesh），他们在这里的统治时间超过了800年。他们用战利品资助修建起这座城堡。建筑工程于1592年由王公曼·辛格（Man Singh）下令修建，他是阿克巴大帝手下拉其普特军队的指挥官。后来杰伊·辛格对这里进行了扩建，不过最后还是将都城迁往山下平原上的斋浦尔。

堡垒脚下的安布尔城镇同样值得一游，特别是阿诺基手工印花博物馆。从博物馆出发，可以步行游览老城，前往修复过的 Panna Meena Baori（水井）和 Jagat Siromani Temple（被当地人称为Meera Temple）。

⦿ 景点

★ 琥珀堡
堡垒

（Amber Fort；印度人/外国人 ₹100/500，夜晚进入₹100，导游讲解₹200，语音导览₹200~250；⊙8:00~18:00，17:30停止检票，夜场19:00~21:00）这座气势恢宏的古堡由占地面积很大的皇家宫殿构成，用浅黄色和粉红色砂岩以及白色的大理石修筑，分为4个主要的区域，每个区域都有独立的庭院。可以骑象前往堡垒，但已有动物福利组织对琥珀堡饲养大象提出批评，因为有虐待大象的传闻，而且载客会对大象的身体造成持久的伤害。

有一种替代骑象的方法，你可以经过10分钟的跋涉抵达古堡，或者乘坐越野车往返，车费₹400（最多可乘坐5人），其中包括1小时的等待时间。夜场的外国人门票价格与印度人相同。

不管以何种方式来，都会从 Suraj Pol（太阳门）进入琥珀堡，进去之后就是 Jaleb Chowk（中心庭院），这里曾经是凯旋的军队向人们展示战利品的地方——妇女们可以透

过宫殿的纱窗看到这片区域。院内正对着太阳门的地方设有售票处。如果乘车抵达，你将从中心庭院另一侧的Chand Pol（月亮门）入内。古堡内的介绍标志很少而且有许多死胡同，所以雇一位导游或者租一台语音导览设备是非常必要的。

从中心庭院出发，一排庄严的台阶可以通往主殿，但在此之前，你可以走右手边的台阶，先去看看小巧的Siladevi神庙，精美的银门装饰着凸纹。

回到主台阶，接着上到第二个庭院，就能看到Diwan-i-Am（公众大厅），这里有两列柱子，每一根柱子顶端都为大象形状，上方还有带格窗的长廊。

王公寓所就围绕第三个庭院而建——你可以通过Ganesh Pol（象神门）进到里面，这座精美的大门让人叹为观止，拱部装饰着美丽的壁画。Jai Mandir（胜利宫）以其镶嵌面板和镜面天花板而闻名遐迩。大厅四周的大理石浮雕墙面非常精致迷人，而且略显奇特，上面描绘了漫画风格的昆虫和摇曳的花朵图案。

胜利宫对面是Sukh Niwas（娱乐大厅），有用象牙装饰的檀香木大门和穿过整个房间的引水渠，这里曾有凉爽的潺潺流水穿屋而过。从胜利宫你还能透过城墙俯瞰山下风景如画的Maota湖。

Zenana（闺房）环绕在第四个庭院四周。这里的房间布局设计精巧，晚上，王公可以悄悄走到王后或任何一位王妃的房间，而不为其他妻妾所知，所有房间都是独立的，但出口都面向一个公用的走廊。

琥珀堡声光秀（☎0141-2530844；Kesar Kiyari complex；印度人/外国人 ₹100/200；⊙英语19:30，印地语20:30）在堡垒脚下靠近Maota湖的区域举办。

杰加尔堡　　　　　　　　　　堡垒

（Jaigarh；印度人/外国人 ₹50/100，小汽车₹50，印地语/英语导游 ₹200/300；⊙9:00~17:00）一座绿油油的小山高耸在安布尔上方，山顶那座威严的古堡就是杰加尔。这座古堡由杰伊·辛格于1726年建造，建有许多顶着奇特"帽子"的瞭望塔，堡垒从未被攻占过，几个世纪以来保存完好。

值得一游

艾芭奈丽（ABHANERI）

艾芭奈丽拥有拉贾斯坦邦最壮美的水井之一。建于10世纪的**月亮水井**（Chand Baori，⊙清晨至黄昏）免费大约有11层可以用肉眼看到（取决于地下水的水位），台阶纵横交错，构成一个几何图形的奇观，令人叹为观止。水井侧面是一座破败的小宫殿，皇室成员曾在宫殿中的私人房间里野餐沐浴（水是用牛拉上来的）。

艾芭奈丽距斋浦尔约95公里，距连通阿格拉和斋浦尔的公路National Hwy 21约10公里。先从斋浦尔乘坐长途汽车到Sikandra（₹70，1.5小时），再乘坐拥挤的合乘出租车（₹10）前往5公里外的Gular，之后再从Gular搭乘合乘出租车或面包车到艾芭奈丽（车程还是5公里，票价₹10）。如果你自己有车，在斋浦尔和阿格拉/珀勒德布尔之间往来时，艾芭奈丽和当地的水井值得一游。

从琥珀堡到这里要爬一段陡峭的山路（长约1公里），从Diwa Burj瞭望塔可以看到颇为壮观的风景。这里有水库、居民区、一座木偶剧院以及世界上最大的轮式大炮——Jaya Vana。

在莫卧儿王朝时期，斋浦尔为莫卧儿和拉其普特统治者制造了大量武器。火炮是最壮观的典范之作，是在莫卧儿时期修建的堡垒铸造厂里打造的。这尊巨型武器的历史可追溯到1720年，拥有一根近6米长的炮管，由8种不同的金属混合铸造而成，重达50吨。开炮需要100公斤的火药，射程30公里。这个大火炮的使用次数颇有争议。

精密的排水渠网络将水引入3个大水库中，供堡垒内的所有士兵、居民和牲畜使用。最大的水库可容水2280万升。这座堡垒从前是卡奇瓦哈家族的藏宝库，在很长一段时间里，人们坚信至少有一部分王室财宝仍藏在这个大水库里。印度政府甚至在其中搜寻过，但一无所获。

堡垒内部有一个军械库和一间博物馆，收藏着一些致命武器和王室小物件，包括有趣的照片、杰加尔堡的地图、痰盂和圆形的18

世纪纸牌。建筑内还有多个开放式大厅,其中的Shubhat Niwas(武士议事厅)里有一些饱经风雨的轿子和鼓散布各处。

凭借一张两日之内的斋浦尔城市宫殿有效门票,你可以免费到此游览。

阿诺基手工印花博物馆
博物馆

(Anokhi Museum of Hand Printing; ☎0141-2530226; Anokhi Haveli, Kheri Gate; 成人/儿童₹80/25; ⓧ周二至周六 10:30~16:30,周日11:00~16:30,5月至7月中旬闭馆)这个有意思的博物馆位于一座修复过的哈维尔之内,展出了手工印刷工艺,古老传统和现代设计并存。你可以观看大师们雕刻繁复至极的雕版,还有机会亲手为自己印围巾或T恤。博物馆还有一间咖啡馆和一间礼品店。

住宿

★ Mosaics Guesthouse
客栈 $$

(☎0141-2530031,8875430000; www.mosaicsguesthouse.com; Siyaram Ki Doongri; 标单/双含早餐₹3300/3800; ✱@☎)这个富有艺术气息的美丽客栈让你远离一切纷扰(法国主人是一位镶嵌画艺术家,会向你展示他的工作坊),4间客房都很迷人,屋顶露台能欣赏优美的堡垒风景。法国和印度风味的套餐价格固定,素食/非素食₹800/1000。客栈靠近Kunda Village,过了堡垒再前行约1公里即到——先到Siyaram Ki Doongri,那里有路标。

珀勒德布尔和盖奥拉德奥国家公园(Bharatpur & Keoladeo Ghana National Park)

☎05644 / 人口 252,350

珀勒德布尔以其被联合国教科文组织列入世界遗产名录的盖奥拉德奥国家公园(Keoladeo Ghana National Park)而远近闻名。这座美妙的湿地公园是一个重要的鸟类保护区。除公园之外,珀勒德布尔还有一些历史遗迹,但是不值得特意为了这些遗迹而来此。这座嘈杂的城镇尘土飞扬,也没什么旅游开发。在胡里节(洒红节)开始前,珀勒德布尔会先迎来喧腾又多彩的Brij Festival。

◉ 景点

Lohagarh
堡垒

免费 Lohagarh建于18世纪,如今依然有人居住。它又被称为"铁堡",得名于其坚固的防卫。如今在某种程度上而言,它虽然已经有些荒凉失修,但还是有着往昔的峥嵘风采。它雄踞城中心,被护城河围绕。北门是Austdhatu(八种金属)Gate——很显然门上的尖刺是由8种不同的金属制成;南门被称为Lohiya Gate。

古堡的建造者和珀勒德布尔的奠基者Suraj Mahl王公还在城墙内修建了两座塔楼,分别是Jawahar Burj和Fateh Burj,用以纪念他在与莫卧儿王朝和英国的战斗中所取得的胜利。古堡内还有3座受损严重的宫殿遗迹。

其中一座宫殿位于一个宁静的庭院里,里面是一座博物馆(印度人/外国人₹20/100,馆内禁止照相; ⓧ周二至周日 9:45~17:15)。楼上是略显混乱的王室物品展,包括各种武器。让人印象深刻的是耆那教雕塑馆,其中有一些精美的7~10世纪雕塑品。然而,这座博物馆最引人注目的展品是这座宫殿原来的浴室(hammam),里面保存了很多完好的雕刻和壁画。

盖奥拉德奥国家公园
(Keoladeo Ghana National Park)

这个巨大的鸟类保护区和国家公园(Keoladeo Ghana National Park; 印度人/外国人₹75/500,录像₹600/900,导游每小时₹150,租自行车/山地车/双筒望远镜每天₹25/40/100; ⓧ4月至9月 6:00~18:00,10月至次年3月 6:30~17:00)长久以来都被认为是世界上最重要的鸟类繁育和饲养基地之一。在连绵的雨季里,公园超过1/3的面积都会被淹没在水下,方圆29平方公里内栖息着360多种鸟类。这里的沼泽地是水禽越冬的场所,它们从阿富汗、土库曼斯坦、中国和西伯利亚等地飞来这里。公园还是鹿、蓝牛羚和野猪的家园,看到它们的身影很容易。

19世纪50年代,盖奥拉德奥曾经是一个皇家狩猎场。它一直为王公的餐桌供应着新鲜的野味,直至1965年。1982年,盖奥拉德奥被划为国家公园;1985年,它被列入《世界遗

Bharatpur 珀勒德布尔

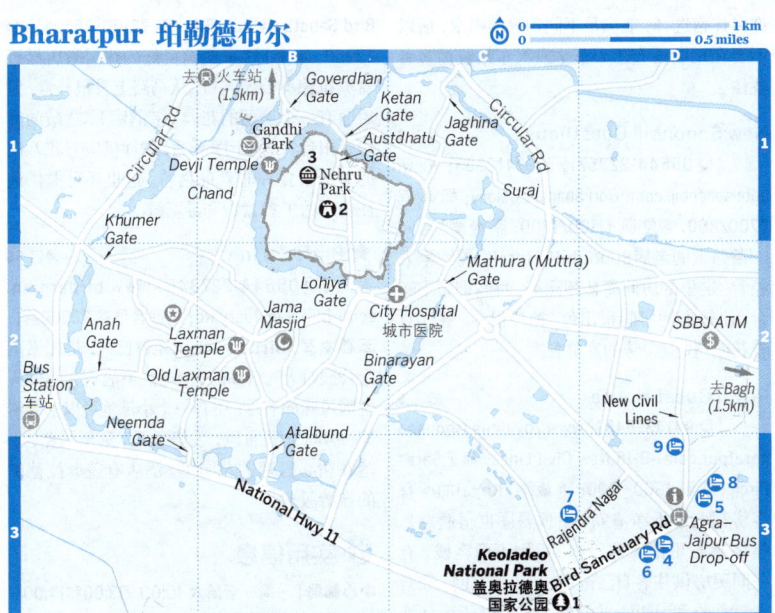

产名录》。

目前公园的最佳游览时间是每年10月至次年2月,这段时间你会看到许多迁徙的鸟类。其他时间公园很干旱,鸟儿比较少见。

游览公园

一张门票一天之内仅允许进入公园一次。一条狭窄的小路(经过2号检查站后就禁止机动车辆通行)贯穿整个公园,还有许多土路和小路从这条窄路辐射延伸出来,在较浅的湿地间纵横交错。通常而言,离大门越远,风景也就越精彩,能见到的野生动物种类也越多。

只有经政府授权的人力车(可通过黄色执照牌来识别)能够进入2号检查站之后的地区,而且只能在公园的主要道路上行驶。你无须为车夫买门票,但是他们每小时收费₹100。一些车夫知识相当渊博。

游览公园的另一种很不错的方式是在公园大门处租一辆自行车。骑车是安安静静游览这里的好办法,而且使你能够离开大路的拥堵路段,找一片专属于自己的天地。但是,建议独自一人的女性旅行者在游览时,最好雇请一位导游(会从旁陪伴骑行),因为近年

Bharatpur 珀勒德布尔

◎ 重要景点
1 盖奥拉德奥国家公园..................C3

◎ 景点
2 Lohagarh..................................B1
3 博物馆......................................B1

🛏 住宿
4 Birder's Inn...............................D3
5 Falcon Guest House................D3
6 Hotel Sunbird..........................D3
7 Kiran Guest House..................C3
8 New Spoonbill Guesthouse.....D3
9 Royal Guest House.................D3

ⓘ 实用信息
印度国家银行自动柜员机..........(见5)

来不止一次接到报告称,许多独身女性在公园被年轻男子骚扰。

门票附带有一幅小地图。公园不大,因此并不容易迷路。

🛏 住宿

在靠近公园的Bird Sanctuary Rd沿线有

许多住宿选择，能满足不同预算的需求，所以不要在珀勒德布尔火车站或汽车站被揽客者唬住。

New Spoonbill Guesthouse 酒店 $

(☎05644-223571, 7597412553; www.hotelspoonbill.com; Gori Shankur Colony; 标单/双 ₹700/800, 带空调 ₹1100/1200; ❈@令) 与同一条路上的老店Spoonbill Hotel由同一家人经营，这里的房间简朴却漂亮，每间都带小露台。比较大的房间很出色，窗户很多。餐厅对着花园，供应美味的家常餐。

Royal Guest House 酒店 $

(☎9414315457; www.royalguesthousebharatpur.com; B-15 New Civil Lines, 靠近Saras Circle; 房间 ₹300~900; ❈@令) Royal的所有客房都非常干净清新，屋顶餐厅也很惬意，整体感觉更像家庭寄宿，反倒不像客栈。有一间厨房供住客自己做饭，可免费上网。经营者就住在酒店里，非常热心，提供货币兑换服务，还在3.5公里之外经营着姊妹店Royal Farmhouse。

Falcon Guest House 客栈 $$

(☎05644-223815; falconguesthouse@hotmail.com; Gori Shankur Colony; 标单/双 ₹600/800起, 空调房 ₹1200~1500; ❈@) 由同一个大家庭经营的好几家酒店排成一排，Falcon是其中的首选。这是个经过精心打理且温暖舒适的住处，由和蔼可亲的Mrs Rajni Singh经营。有一系列宽敞舒适的房间，价格不同，其中包括一间家庭房。那些最好的房间带阳台。

Kiran Guest House 客栈 $

(☎05644-223845; www.kiranguesthouse.com; 364 Rajendra Nagar; 房间 ₹400~800, 带空调 ₹1100; ❈) 这家客栈由热情友好的兄弟经营，性价比很高，7间客房简朴、干净又宽敞，在令人愉快的天台可以品尝可口的家常菜。客栈位于一条安静的路上，离盖奥拉德奥公园不远。可安排自然游向导，还可以免费去珀勒德布尔火车站和汽车站接客人。

★ Hotel Sunbird 酒店 $$

(☎05644-225701; www.hotelsunbird.com; Bird Sanctuary Rd; 标单/双 ₹2100/2550起, 套 ₹2950; ❈令) 这家经营良好的热门酒店靠近盖奥拉德奥公园入口，从马路上看很朴素，但后面有一个美丽的花园（带酒吧），宽敞的客房带阳台。房间干净舒适，餐厅供应五花八门的美味素食和非素食菜肴。这里还可提供前往公园的午餐盒饭和导览游。

★ Birder's Inn 酒店 $$

(☎05644-227346; www.birdersinn.com; Bird Sanctuary Rd; 房间含早餐 ₹3500起; ❈@令❈) Birder's Inn经营已久，是探索国家公园时人气很高的大本营。酒店有一间供应各国风味的餐厅，还有一个小泳池可以享受清凉。房间宽敞通风，装修雅致，远离马路，坐落在精心打理的花园里。酒店有盖奥拉德奥的导游服务。

❶ 实用信息

中心邮局（⏰周一至周六 10:00~13:00和14:00~17:00）靠近甘地公园（Gandhi Park）。

旅游局（☎05644-222542; Saras Circle; ⏰9:00~17:00）位于距国家公园入口约700米的交叉路口，有珀勒德布尔和盖奥拉德奥国家公园的免费地图。

❶ 到达和离开

长途汽车

往返阿格拉和斋浦尔的长途汽车会在旅游局停靠，如果你和司机提前说明，也可以在盖奥拉德奥国家公园入口处外边下车。

珀勒德布尔车站始发的客运班车包括：

阿格拉 非空调/空调 ₹68/171, 1.5小时, 每半小时1班, 日夜发车

阿尔瓦尔 ₹136, 4小时, 20:00之前每小时1班

迪各 ₹39, 1小时, 20:00之前每小时1班

德里 ₹192, 5小时, 6:00~19:00每小时1班, 19:00~23:00每小时1班

法塔赫布尔西格里 ₹28, 45分钟, 每半小时1班, 日夜发车

斋浦尔 ₹195, 4.5小时, 每半小时1班, 日夜发车

火车

火车站距离盖奥拉德奥和主要酒店聚集区约4公里，乘坐三轮车大约需要₹70。

阿格拉 二等座/无空调卧铺/空调卧铺3类 ₹60/

150/510，1.5~2小时，4:45~20:10之间每天9班

德里 二等座/无空调卧铺/空调卧铺3类₹95/180/510，3~4小时，每天12班火车，特定日期另加3班

斋浦尔 二等座/无空调卧铺/空调卧铺3类 ₹110/150/510，3~4小时，2:00~22:00每天9班

伦滕博尔国家公园（Sawai Madhopur）二等座/无空调卧铺/空调卧铺3类 ₹135/180/560，2~3小时，1:00~21:40每天10班。这些火车全都继续前往科塔（4小时），从那里可以乘长途车去本迪。

❶ 当地交通

乘坐人力三轮车或机动三轮车从汽车站前往主要酒店聚集区大约需要₹40（从火车站出发要再加₹30）。

阿尔瓦尔（Alwar）

☏ 0144 / 人口 341,430

阿尔瓦尔也许是拉贾斯坦邦最古老的王国，公元前1500年就已是Viratnagar的Matsya领地的一部分。18世纪，在Pratap Singh统治时期，它重现辉煌。这位王公将斋浦尔的统治者赶回南边，将珀勒德布尔的贾特人（Jat）赶到东边，并且成功抵御了马拉地人（Maratha）的进攻。它是首批与崛起的大英帝国结盟的拉其普特邦，但是英国人对阿尔瓦尔内部事务的干预，说明这段合作关系并非一帆风顺。

阿尔瓦尔是离沙里斯卡老虎保护区及国家公园最近的城镇，有一座引人入胜的博物馆，但游客罕至。

⊙ 景点

城市宫殿 历史建筑

（City Palace；Vinay Vilas Mahal）古堡下方盘踞着色彩斑斓且错综复杂的城市宫殿建筑群，有几座巨型大门和一个水池，水池中倒映着周围对称的台阶和亭子。如今这片区域的绝大部分都被政府办公室占用，到处都是布满灰尘的纸堆，还有鸽子粪带来的污染以及paan（一种槟榔果和槟榔叶的混合物，用于咀嚼）的污渍。

城市宫殿中隐藏着一座很棒的**阿尔瓦尔博物馆**（Alwar Museum，印度人/外国人 ₹50/100，⊙周二至周日 9:45~17:15）。这里的展品五花八门，向人们展示了王公们的奢侈生活：惊人的武器、苏格兰野鸡标本、皇家象牙拖鞋、细密春宫图、皇室礼服、一张坚固的银桌以及许多石雕，例如，一座11世纪的毗湿奴雕塑等。

在混乱的政府办公室之中，找到博物馆并不容易，它位于宫殿顶层，可以从中心庭院沿着一条坡道走上去。应该有很多人能为你指明正确的方位，然后跟着路标走就好。

王公Bakhtawar Singh纪念堂 历史建筑

（Cenotaph of Maharaja Bakhtawar Singh）这座建于砂岩平台上的双层结构大楼，由王公Vinay Singh于1815年所建，旨在纪念他的父亲。如想进入纪念堂，在面朝宫殿时，选择最左侧的台阶上去即达。这座纪念堂也被称为Moosi Rani之穹（Chhatri of Moosi Rani），王公Bakhtawar Singh的这位情人在他的丧葬仪式上执行了sati仪式（自焚殉夫）——她随后被授予了妻子的名分。

Bala Qila 堡垒

这座庄严的古堡在300米高的地方俯瞰城市，它的防御工事紧靠着城市东部边缘陡峭的悬崖。这座古堡可追溯到Pratap Singh统治时期之前，是早在莫卧儿王朝崛起前拉贾斯坦已建成的几座城堡之一，后来莫卧儿王朝将这里作为进攻伦腾博尔的大本营。莫

从珀勒德布尔出发的主要列车

目的地	列车	开车时间	到达时间	票价（₹）
阿格拉（兵营）	19666 Udz-Kurj Exp	9:46	10:55	150/510（A）
德里（Hazrat Nizamuddin）	12059 Kota-Jan Shatabdi	9:25	12:30	135/415（B）
斋浦尔	19665 Kurj-Udaipr Exp	18:55	22:50	150/510（A）
Sawai Madhopur	12904 Golden Temple Mail	10:30	12:55	180/560（A）

票价：(A) 无空调卧铺/空调卧铺3类，(B) 二等/空调座。

值得一游

迪各的SURAJ MAHL宫殿

迪各是一座很小、游客罕至、尘土飞扬的小镇，位于珀勒德布尔以北约35公里处。在小镇的中心赫然屹立着一座辉煌的宫殿，旁边是庄严规整的花园。Suraj Mahl宫殿（印度人/外国人 ₹15/200；◎周六至周四 9:30–17:30）是印度最美丽、比例最匀称的宫殿建筑群之一。在大门处取一份带地图的免费小册子。注意某些bhavan（建筑）内禁止拍照。

18世纪建造的Gopal Bhavan融合了拉其普特和莫卧儿的建筑风格，前面宏伟的拱形结构可以充分利用清晨的光线。雨季时，底层会被附近Gopal Sagar水池中暴涨的水所淹没。这座宫殿直到20世纪50年代还被王公使用，里面有许多最初的家具，包括褪色的沙发、超过200年历史的巨大punka（从天花板上垂下的幕帘）、躺椅、老虎标本、象足桌台，以及来自中国和法国的精美瓷器。

在宫殿后部，楼上的一间房里是一个印度式大理石餐桌——一个离地只有20厘米的椭圆形台面。宾客们围坐在桌边，从中心开始上菜。王公的卧室里有一张巨大的木床，长3.6米，宽2.4米，床腿为银质。

宫殿旁有两个大水池，前面提到的Gopal Sagar在东边，Rup Sagar在西边。池中的水灌溉着精心打理过的花园和花坛，和2000多座喷泉一起将奢华风情延续始终。许多喷泉仍能正常工作，每逢8月的季风节（monsoon festiva），都有色彩缤纷的水从喷泉中倾泻而出。

Keshav Bhavan（夏季或雨季楼阁）是一座单层结构的建筑物，每侧各有五座拱门，拱中有细小的喷嘴向外喷水，水道中滚动的铁球发出如同雨季雷鸣般的声响。同样值得一看的还有迪各巨大的城墙（最高处距地面28米）和12座堡垒，其中有些还保留着以前的大炮。你可以从宫殿登上城墙。

其他的楼阁（处于不同翻修阶段）包括据称是从德里运来并在此组装的大理石Suraj楼阁、Kishan楼阁，以及坐落在宫殿庭院北侧的Nand楼阁。

从珀勒德布尔或是阿尔瓦尔乘坐小汽车可以轻松来迪各一日游（这里没有好的住宿地）。通往迪各的所有公路路况都不好，长途汽车也很拥挤。这里有长途汽车频繁往返于阿尔瓦尔（₹60，2.5小时）和珀勒德布尔（₹28，1小时）。

卧儿皇帝巴布尔和阿克巴都曾在此过夜，而萨利姆王子（后来的皇帝贾汗季）曾在Salim Mahal流放了3年。

如今这里大部分都已经坍塌，里面设有一座无线电发射站，只有在获得警方批准后才能进入部分区域参观。不过获得参观许可很容易，只需前往城市宫殿建筑群里的警务站提出申请。前往古堡是一段几公里长的陡峭上山路，乘坐三轮车的路程是7公里。

食宿

★ Aravali Clarks Inn 酒店 $$

（☎0144-2332316； www.clarksinn.in； Nehru Rd； 标单/双含早餐 ₹2500/3000起，套 ₹6000；❄@🛜🏊）这个位置便利的酒店是全城数一数二的住宿选择，近期归入Clarks Inn旗下，正在进行翻修。房间宽大且布置得当，带很大的浴室。Bridge餐厅供应各国风味菜肴，是城里最好的餐厅之一，还有一间酒吧。游泳池仅在夏季开放。

出火车站后左转，这家旅馆就在300米开外的路边。

Hotel Hill View 酒店 $$

（☎0144-2700989； www.hillviewalwar.com； 19 Moti Dungri Rd； 房间 ₹2100起；❄🛜）在这个位置居中的酒店，不同的房间差别很大，比较便宜的"豪华房"可能比贵的"超级豪华房"更讨你的欢心，不妨多看几间再决定。经营者还在城里开了3家Inderlok餐厅，其中之一就在这里，所以住这儿能吃得不错。至于相连的酒吧算不算一个优点，取决于顾客的喜好。

酒店位于市中心以南，环绕Moti Dungri的路边。

RTDC Hotel Meenal　　　　　　　酒店 $$

(☎0144-2347352; meenal@rtdc.in; Topsingh Circle; 标单/双 ₹900/1100, 带空调 ₹1100/1300; ❄)一个得体的住宿选择，房间整洁但缺少特色，是这个连锁酒店的一贯风格。酒店位于城区以南约1公里处，前往沙里斯卡的途中，因此环境安静，草木葱茏，但是远离繁华热闹的区域。

Prem Pavitra Bhojnalaya　　　印度菜 $

(☎9314055521; Hope Circle附近; 主菜 ₹75~100; ⊙10:30~16:00和18:30~22:00; ✉)阿尔瓦尔著名的餐厅，从1957年经营至今。餐厅位于老城区的中心，供应新鲜可口的纯素食——试试美味的aloo parathas（香辣土豆馅的饼）和palak paneer（菠菜酱拌未发酵的奶酪块）。这里的菜肴分量很大，可点半份。可用著名的kheer（香浓的米布丁）为一餐收尾。

在空调区就餐需要多付10%，不过这钱值得花。出汽车站后右转，在第一个路口左转（Hope Circle方向），这家餐厅就在你左边100米处。

❶ 实用信息

比卡内尔和斋浦尔邦立银行(State Bank of Bikaner & Jaipur, Company Bagh Rd; ⊙周一至周五 9:30~16:00, 周六至12:30)提供主流外币和旅行支票兑换服务，还有一台自动柜员机。银行靠近汽车站。

旅游局(Tourist Office; ☎0144-2347348; Nehru Rd; ⊙周一至周六 10:00~17:00)很有帮助的服务中心（如果它能在工作时间正常开门），提供阿尔瓦尔的地图和沙里斯卡的相关资讯。位于火车站附近。

❶ 到达和当地交通

乘坐人力车往返车站和火车站的费用为₹80。可以找找在城里沿着固定线路运行的合乘出租车(₹10)。它们的外形是白色面包车，侧门上印有"Vahini"字样。一条非常方便的线路经过Aravali Clarks Inn、旅游局、火车站，再继续前往汽车站，终点设在离城市宫殿建筑群不远的地方，步行即可抵达。

乘出租车往返沙里斯卡老虎保护区大约需要₹1500。

长途汽车

阿尔瓦尔汽车站位于Old Bus Stand Rd, 靠近Manu Marg。客运班车有：

珀勒德布尔(₹128, 4小时, 从5:00~20:30每小时1班)

迪各(₹87, 2.5小时, 从5:00~20:30每小时1班)

德里(₹176, 4小时, 从5:00~21:00每20分钟1班)

斋浦尔(₹160, 4小时, 从6:00~22:30每半小时1班)

沙里斯卡(₹35, 1小时, 从6:00~22:30每半小时1班)

火车

火车站的位置比较居中，位于Naru Marg。每天大约有十几趟火车开往德里（无空调卧铺/空调卧铺3类 ₹180/560, 3~4小时）。

从这里乘坐火车前往斋浦尔（无空调卧铺/空调卧铺3类 ₹180/510）也需要3~4小时。每天有16趟火车，票价与前往德里相差无几。

沙里斯卡老虎保护区及国家公园（Sariska Tiger Reserve & National Park）

☎0144

位处景色壮丽、林木繁茂的阿拉瓦利岭（Aravallis）山坳处的**沙里斯卡老虎保护区及国家公园**(☎0144-2841333; www.rajasthanwildlife.in; 印度人/外国人 ₹105/570, 车辆 ₹250; ⊙11月至次年2月 早晨动物之旅 7:00~10:30, 傍晚动物之旅 14:00~17:30, 与3月至6月和10月的时间安排相差30分钟, 7月至9月没有动物之旅, 售票时间比入园时间早1小时)，园内有半落叶的丛林、陡峭的峡谷以及隐蔽于其中的小溪和繁茂的草木。这个公园占地866平方公里（核心区域面积498平方公里），栖息着孔雀、猴子、大黑鹿、蓝牛羚、白斑鹿、野猪和豺。

遗憾的是，虽然名叫老虎保护区，但在沙里斯卡不太可能看到老虎。不过这里仍然是一个值得游览的迷人保护区。观赏野生动物的最佳时间是11月至次年3月，大部分野生动物都在傍晚出现。从7月1日到9月30日公园不开放野生动物之旅。在此期间看到野生动物的机会本就微乎其微，公园仅对神庙的朝圣活动开放。

◎ 景点

除了野生动物，沙里斯卡保护区及其周围还有一些奇妙的景致，绝对值得前往。如果时间充裕，你还可以参观其中一个或多个景点。其中一些景点乘公共汽车即可抵达。

坎克瓦利古堡（Kankwari Fort） 堡垒

这座庄严的小古堡坐落于保护区深处丛林里，距离沙里斯卡22公里，在这里你可将整个国家公园平原的风景，以及星星点点的红色砖墙村落尽收眼底。从靠近保护区大门的森林接待处（Forest Reception Office）参加4~5小时的四驱车动物之旅（可搭载1~5名乘客加规定的导游）可抵达坎克瓦利古堡，费用为₹2600再加导游费（₹300）。

奥朗则布选中了这个难以到达的堡垒，用于囚禁他的兄弟——沙贾汗指定的莫卧儿皇位继承人Dara Shikoh，后者在关押几年后被斩首。

斑嘎（Bhangarh） 古迹

距离沙里斯卡55公里。在内部公园保护区之外的一片旷野中，坐落着这座荒无人烟、保存完好的城镇，也是远近闻名的鬼城。它于1631年由玛多·辛格（Madho Singh）建立，当时居民数量曾达到1万人之多，但是在距今300年前突然被荒废，其原因至今仍是一个谜。

如果想要前往斑嘎，可以乘坐每天两次穿过保护区开往附近Golaka村的公共汽车（₹39）。要提前问好公共汽车返程时间，否则你将有可能会受困于此。

☞ 团队游

私家小汽车，包括出租车，都只能在通往寺庙的公路上行驶，而且仅限周二和周六。探索公园的最佳方式是乘坐四驱吉普车（gypsy，敞篷，可搭载6位乘客），因为它可以离开主路行驶。敞篷四驱车动物之旅的出发地为公园大门。参加3小时的动物之旅，租车加请司机一共需要₹2100，一辆车最多可载5人（包括导游）。更大的20座canter需要₹5000，含车费和司机费，但旅行体验大大缩水。规定必须雇请导游（3小时₹300）。

预订处设在森林接待处（Forest Reception Office；☎0144-2841333；www.rajasthanwildlife.in；Jaipur Rd；⊙售票11月至次年1月 6:55~7:30和13:00~15:00，3月至6月和10月时间相差30分钟），公共汽车在这里停车下客。

沙里斯卡的老虎问题

沙里斯卡老虎保护区（Sariska Tiger Reserve）在印度的野生动物保护话题中频繁出镜。2005年，一位印度记者爆出一条新闻稿，这里的老虎濒临灭绝。官方立即开展紧急普查，后来发布的报告正式确认了这一消息。

对这次危机的深入调查，使政府决心从根本上改变这里的管理体制，再将老虎重新引入这个保护区。政府计划拿出额外的资金，用于迁移公园内的村落以及增加守卫人力等。但是这些措施的落实却进展缓慢，尽管媒体对此进行了广泛报道，印度民众也表达了高度关切。

虽然如此，一对老虎于2008年被直升机从伦腾博尔国家公园运到沙里斯卡。到2010年，共有5只老虎陆续在此安家。然而，2010年11月，首批运来的那对老虎中的公虎被发现遭当地村民毒杀，因为他们并不支持重新引入老虎。印度最贫困且不断扩张的村落人口与他们门口值钱的稀有野生动物之间的战争不可避免，将园内村落搬迁并为村民提供赔偿的计划多半未能实现，非法开采大理石和放牛人与公园员工的冲突仍是棘手的难题。

2012年初，人们首次发现了小老虎。在撰写本书期间，沙里斯卡的老虎数量估计有14只。

只有时间能告诉人们这类物种迁移是否成功——少量老虎之间的近亲繁殖令人高度担忧。虽然国家层面大肆称赞Project Tiger（www.projecttiger.nic.in）的成功，但沙里斯卡老虎保护区依然无声地控诉着印度老虎的保护现状，无论是对上至身处高位的政府官员，还是对下到收入低微的森林守卫。

🏠 住宿

RTDC Hotel Tiger Den 酒店 $$

(☎0144-2841342; tigerden@rtdc.in; 标单/双含早餐₹1860/2645, 带空调₹2505/3290, 套₹4780; ❄) Hotel Tiger Den并不豪华——只是一幢水泥大楼, 前面是草坪, 后面是一个不规则延伸的花园。酒店最大的优点就是靠近保护区的入口。而且管理人员很友好, 自带酒吧, 房间有阳台, 景色也宜人。记得带蚊帐或驱蚊剂。

Hotel Sariska Palace 历史酒店 $$$

(☎7073474870; www.thesariskapalace.in; 房间含早餐₹8400, 套₹13,500起; ❄⊛≋) 在保护区入口附近, 这个壮观的建筑从前是阿尔瓦尔王公们狩猎时的居所。一条车道从森林接待处对面通往酒店。房间内天花板很高, 床垫柔软, 泳池边的附属建筑里的客房视野很好。酒店的Fusion Restaurant供应高价印度菜和欧陆菜肴, 还设有自助餐 (午餐/晚餐₹750/900)。

Sariska Tiger Heaven 酒店 $$$

(☎9251016312; www.sariskatigerheaven.com; 房间 含全餐₹7500起; ❄⊛≋) 这家偏远的酒店位于Thanagazi村车站以西3公里处 (可提供免费接站服务)。房间由石头和瓷砖修建, 拥有宽大的卧床和带窗的凹室。这是个幽静的住宿地点, 只是价格过高。员工们可以为住客安排前往保护区的四驱车和导游。

ℹ️ 到达和离开

沙里斯卡距阿尔瓦尔35公里, 从这里去保护区十分方便。阿尔瓦尔 (₹35, 1~1.5小时, 每小时至少1班) 频繁有 (拥挤的) 客运班车经过这里开往斋浦尔 (₹129, 4小时)。班车下客站点在森林接待处前面。

阿杰梅尔 (Ajmer)

☎0145 / 人口 542,330

阿杰梅尔是一座混乱嘈杂的城市, 位于斋浦尔西南方向130公里处, 距离印度教朝圣地布什格尔13公里。它环绕着开阔的Ana Sagar湖, 而它本身又被崎岖的阿拉瓦利岭包围。阿杰梅尔是拉贾斯坦邦最重要的伊斯兰历史和遗迹中心。这里有印度最重要的穆斯林朝圣地点之一——赫瓦贾·穆因-乌德-丁·契斯提 (Khwaja Muin-ud-din Chishti) 之墓, 他是印度最重要的苏非派团体Chishtiya的创始人。此外还有一些早期穆斯林建筑的精品。阿杰梅尔也是一个具有重要意义的耆那教中心, 拥有一座令人惊叹的耆那教金庙。然而, 阿杰梅尔人多车多, 在斋月和圣人忌辰更是如此, 令人生畏, 因此大部分旅行者只是将这里作为前往惬意的布什格尔路上的歇脚地。

👁 景点

赫瓦贾·穆因-乌德-丁·契斯提之墓 伊斯兰教圣陵

(Dargah of Khwaja Muin-ud-din Chishti; www.dargahajmer.com; ☼夏季4:00~21:00, 冬季5:00~21:00) 这是苏非派圣人赫瓦贾·穆因-乌德-丁·契斯提的陵墓, 他于1192年从波斯来到阿杰梅尔, 1236年在这里去世。莫卧儿王朝时期, 这座陵墓逐渐变得重要起来——历代皇帝都为它添砖加瓦。胡马雍 (Humayun) 最终完成了圣陵的建造工作, 海得拉巴的尼扎姆 (Nizam of Hyderabad) 给这里加盖了一道大门。莫卧儿的阿克巴大帝每年都会从阿格拉来这里朝圣。

在进入圣陵内部某些地方的时候, 你需要遮盖住你的头, 所以记得带上围巾或者帽子, 通往神殿路上的热闹市集有大量围巾出售。那里还有可以用作供品的鲜花和可口的太妃糖。

主要入口是Nizam Gate (尼扎姆门, 建于1915年)。里面是绿白相间的Akbari Masjid (阿克巴清真寺), 始建于1571年, 如今是一所面向阿拉伯人和波斯人的宗教学校。第二道门由沙贾汗建造, 因此被称为Shahjahani Gate (沙贾汗门), 亦称Nakkarkhana, 这个名称源自上方固定的两面巨大的nakkhara (鼓)。

第三道门Buland Darwaza (建于16世纪) 通往纪念堂庭院。入口侧面有两口deg (巨大铁锅), 其中一口由阿克巴大帝于1567年捐献, 另一口则由贾汗季于1631年捐赠, 用来为穷人烹煮食物。

在庭院内, 圣人的穹顶墓外侧环绕着一个银色平台。朝圣者们相信圣人的灵魂会

Ajmer 阿杰梅尔

Ajmer 阿杰梅尔

◎ 景点
1. Adhai-din-ka-Jhonpra A4
2. 赫瓦贾·穆因-乌德-丁·契斯提之墓 ... A3
3. 红庙 B2

◎ 住宿
4. Badnor House C1
5. Haveli Heritage Inn C3

◎ 就餐
6. Madina Hotel C3

帮助他们消除疾病以及生意和个人问题的困扰，所以你会在周围栏杆上看到写有他们的感谢和祈愿的丝线和留言。

每年，世界各地的朝圣者和苏非教徒都会在圣人辞世的周年纪念日——Urs——来到这里朝拜。这个纪念日是在伊斯兰历的第7个月。届时人山人海，令人窒息。

必须将包放在大门外的寄存处（每个包₹10，带相机的₹20）。

红庙

耆那教寺庙

（Nasiyan Temple; Prithviraj Marg; ₹10; ⊙8:30~17:30）这座绝妙的耆那教寺庙建于1865年，也被称为Golden Temple（金庙），因为在两层的寺庙大殿里有一尊巨大的黄金立体模型，繁复精美，阐释了耆那教思想中的古老世界，有13片大陆和海洋、黄金之城阿约提亚、飞翔的孔雀和大象船，以及长有许多长牙的镀金大象。大殿里还装饰着黄金、白银和宝石。这座寺庙与拉贾斯坦邦的其他任何庙宇都不同，非常值得一游。

Adhai-din-ka-Jhonpra

古迹

（两天半建筑；⊙清晨至黄昏）在赫瓦

贾·穆因—乌德—丁·契斯提之墓另一头的城镇外围，你会看到Adhai-din-ka-Jhonpra清真寺的非凡遗迹。根据传说，这座清真寺在1153年修建时仅用了两天半的时间。也有人说，它是以一个持续了两天半的节日而得名。建造之初它是一座梵文学院，但是1198年穆罕默德·廓里攻占了阿杰梅尔，通过在柱厅前建起一道刻着伊斯兰书法、有七个拱门的墙，将这处建筑转变为一座清真寺。

食宿

Haveli Heritage Inn 酒店 $$

（☎0145-2621607；www.haveliheritageinn.com；Kutchery Rd；房间₹1340～3000；※@）位于一座历史长达140年的古老哈维尔（Haveli）内，这个宾至如归、平和宁静的城市中心旅馆很可能是阿杰梅尔最好的中档住宿选择。房间拥有挑高天花板、宽敞（有些接近套房的标准）、简朴素、通风良好、远离繁忙的大路，还有一个绿草如茵、让人心情愉悦的庭院。旅馆里充满了家庭般的温馨气氛，而且还提供各种家常菜。

Badnor House 客栈 $$

（☎0145-2627579；www.badnorhouse.com；Savitri Girl's College Rd, Civil Lines；标单/双含早餐₹2600/3000；※ ）这家客栈提供了与一个可爱家庭相处的绝好机会，你将受到亲切的款待。客栈有3间传统风格的双人房，还有一间更加古色古香的套房，宽大舒适，设施齐备，带私人庭院。主人还兼职旅行摄影师。

Mansingh Palace 酒店 $$$

（☎0145-2425956；www.mansinghhotels.com；Circular Rd；房间₹4200起，套₹7000；※@ ）这家风格现代的酒店位于Ana Sagar湖畔，距市中心约3公里，相当偏远，但房间舒适迷人，有些带阳台，可以欣赏风景。酒店内还有一片阴凉的花园、一间酒吧和一家不错的餐厅Sheesh Mahal。

Madina Hotel 北印度菜 $

（Station Rd；主菜₹30～100；◉9:00～23:00）等火车的时候来很方便（就在火车站对面），这个简朴的街边小餐馆供应价格实惠的素食和非素食，特色菜包括莫卧儿鸡肉（chicken Mughlai）和rumali roti（大薄饼）。

Sheesh Mahal 各国风味 $$

（Circular Rd；主菜₹150～375；◉正午至15:00和19:00～22:30）这家高档餐厅位于阿杰梅尔最好的酒店Mansingh Palace（见本页）之内，供应出色的印度菜、欧陆风味和中国菜，还为旅行团推出自助餐。服务无可挑剔，空调偏冷，食物口味非常棒。餐厅还自带酒吧。

❶ 实用信息

JLN Hospital（☎0145-2625500；Daulat Bagh；◉24小时）
中心邮局（Prithviraj Marg；◉周一至周六10:00～13:00和13:30～18:00）距火车站不到500米。
Satguru's Internet（60-61 Kutchery Rd；每小时₹30；◉9:00～22:00）
旅游局 阿杰梅尔枢纽火车站（Ajmer Junction Train Station, ◉9:00～17:00）；**RTDC Hotel Khadim**（☎0145-2627426；◉周一至周五9:00～17:00）

❶ 到达和离开

如需继续前往布什格尔，找一辆私营出租车狠狠杀价——₹350比较合理。

长途汽车

政府运营的长途汽车从阿杰梅尔**中心车站**发车，而且这个车站全天都有长途汽车开往布什格尔（₹14，30分钟）。除此之外，还有班次较少的"豪华"客运班车开往包括德里和斋浦尔在内的主要目的地。汽车站内有一个24小时营业的寄存处（每个包每天₹10）。

目的地	票价（₹）	车程（小时）
阿格拉	392	10
艾哈迈达巴德	543	13
珀勒德布尔	330	7
比卡内尔	267	7
本迪	184	5
吉多尔格尔	195，空调348	5
德里	404，空调1096	8.5
斋浦尔	148，空调314	2.5
杰伊瑟尔梅尔	458	11
焦特布尔	205，空调445	6
乌代布尔	285，空调542	9

火车

阿杰梅尔是一个繁忙的火车枢纽站。订票可前往火车站**订票处**（◎周一至周六 8:00~20:00，周日至14:00）的5号窗口。车次包括：

阿格拉（阿格拉堡火车站）无空调卧铺/空调硬座 ₹275/570，6.5小时，每天3班（2:10、12:50和15:00）

吉多尔格尔 无空调卧铺/空调硬座3类 ₹180/560，3小时，每天至少6班（1:25、2:15、13:00、16:10、20:30和21:05）

德里（主要开往旧德里火车站或新德里火车站）二等座/无空调卧铺 ₹165/300，8小时，每天11班，日夜发车

斋浦尔 二等座/无空调卧铺/空调硬座 ₹100/150/325，2小时，全天发车，至少24班

焦特布尔 无空调卧铺/空调硬座3类 ₹185/510，4~5小时，每天2班直达（13:40和14:25）

阿布罗阿德（Abu Road）无空调卧铺 ₹245，5小时，每天12班

孟买 无空调卧铺 ₹495，约19小时，每天3班（6:35、9:20和12:40）

乌代布尔 无空调卧铺 ₹245，5小时，每天4班（1:25、2:15、8:25和16:10）

布什格尔（Pushkar）

📞 0145 / 人口 21,630

布什格尔拥有一种独特的魅力，这与拉贾斯坦邦其他任何地方都截然不同。这里是一个声名显赫的印度教朝圣地点，每一个虔诚的印度教徒一生中都至少会来这里一次。这个城镇簇拥着一个圣湖，传说是由梵天失落的一朵莲花化成。这里也拥有世界上为数不多的梵天神庙之一。52座迦特（ghat，即水畔石阶）和400座天蓝色的神庙，使这个小镇萦绕着齐整puja（祷告）的声音，伴着吟诵锣鼓和颂歌，汇集成动人的乐章。

于是这里混合着宗教和旅游场景也就不足为奇。布什格尔的主要街道是一个长长的市集，出售任何能够勾起游人兴趣的东西，从新潮漂亮的扎染衣物到迪吉里杜管（didgeridoo，澳洲土著人的乐器，为一长木管，常用空树枝制成）。抛开浓厚的商业气氛和香蕉薄饼不提，这个小镇依然非常迷人，而且保持着一种纯正的神秘氛围。

布什格尔离阿杰梅尔仅11公里，中间隔着崎岖多岩的Nag Pahar（蛇山）。

◎ 景点

52座迦特环绕湖泊，朝圣者们可以在这片神圣的湖水中沐浴净身。如果你想加入他们的行列，要举止得当。记住，这是一个神圣之所：脱掉鞋，不要抽烟，不要嬉闹，也不要拍照。

有些迦特具有特殊意义：毗湿奴曾化身为野猪出现在 Varah Ghat，梵天曾在 Brahma Ghat 沐浴，甘地的骨灰曾撒在 Gandhi Ghat（过去曾被称为Gau Ghat）。

布什格尔有数百座神庙，但是真正古老的并不多，其中大部分都被奥朗则布毁坏，随后又加以重建。

Old Rangji Temple 印度教神庙

Old Rangji Temple靠近市集，常有络绎不绝的朝拜者。

Savitri Mata Temple 印度教神庙

（Saraswati Temple；索道往返₹92；◎索

从阿杰梅尔出发的主要列车

目的地	列车	开车时间	到达时间	票价（₹）
阿格拉（阿格拉堡）	12988 Ajmer-SDAH Exp	12:50	18:50	275/695（A）
德里（新德里）	12016 Ajmer Shatabdi	14:05	22:00	720/1530（B）
斋浦尔	12991 Udaipur-Jaipur Exp	11:30	13:30	100/325/440（C）
焦特布尔	15014 Ranighat Exp	13:40	17:35	185/510（A）
乌代布尔	09721 Jaipur-Udaipur SF SPL	8:25	13:15	140/245/490/560（D）

票价：（A）无空调卧铺/空调卧铺3类，（B）空调硬座/空调卧铺1类，（C）二等座/空调硬座/空调卧铺1类，（D）二等座/无空调卧铺/空调硬座/空调卧铺3类。

Pushkar 布什格尔

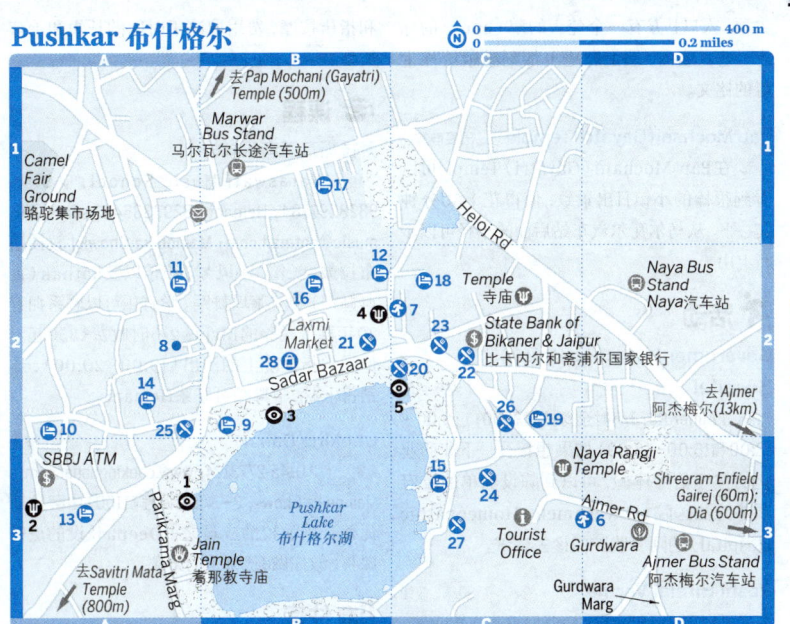

Pushkar 布什格尔

◎ 景点
1. Brahma Ghat.................................A3
2. 梵天神庙.......................................A3
3. Gandhi Ghat.................................B2
4. Old Rangji Temple......................B2
5. Varah Ghat..................................C2

✪ 活动、课程和团队游
 Cooking Bahar..............................（见8）
6. Government Homeopathic Hospital..D3
7. Roshi Hiralal Verma...................C2
8. Saraswati Music School............A2

⊜ 住宿
9. Bharatpur Palace........................B2
10. Hotel Akash................................A2
11. Hotel Everest..............................A2
12. Hotel Kanhaia Haveli.................B2
13. Hotel Navaratan Palace...........A3
14. Hotel Paramount Palace..........A2
15. Hotel Pushkar Palace................C3
16. Hotel Tulsi Palace.......................B2
17. Hotel White House.....................B1
18. Inn Seventh Heaven..................C2
19. Shyam Krishna Guesthouse....C2

✪ 就餐
20. Falafel Wrap Stalls.....................C2
21. Honey & Spice B2
22. Naryan Café................................C2
23. Om Baba Restaurant.................C2
24. Om Shiva Garden Restaurant..C3
25. Out of the Blue...........................A2
26. Shri Vankatesh...........................C2
 Sixth Sense................................（见18）
27. Sunset Café................................C3

🛍 购物
28. Sadar Bazaar...............................B2

道9:30~19:30)有了索道,前往位于山顶的Saraswati Temple轻而易举。神庙俯瞰着湖泊,风景在任何时候都美不胜收。也可以选择不坐索道,徒步1小时登上山顶,在黎明前出发可以避开炎热,捕捉到最美的光线。

梵天神庙(Brahma Temple) 印度教神庙

布什格尔最著名的就是这座梵天神庙了,据说它是世界上极少数梵天神庙之一,这种局面是由梵天的配偶萨拉斯瓦蒂(Saraswati)的诅咒所造成。这座神庙有一个红色尖顶，入口上方有一个梵天的鹅（hans）的标志。进入庙内，墙上和地上都刻满献给往生者的铭文。

Pap Mochani (Gayatri) Temple 印度教神庙

在Pap Mochani (Gayatri) Temple可以看到很棒的小镇日出景致，值得花上30分钟爬一下。从马尔瓦尔汽车站后面的小径可以步行上山。

活动

Government Homeopathic Hospital 阿育吠陀

（Ajmer Rd；1小时全身按摩₹500；⊙9:00~13:00和16:00~18:00）如果想接受一下非商业化的按摩治疗体验，可以到陈设简单的政府顺势疗法医院（Government Homeopathic Hospital）的阿育吠陀门诊去试试。

Roshi Hiralal Verma 灵气、瑜伽

（☎9829895906；Ambika Guest House, Laxmi Market）提供灵气疗法（reiki）、瑜伽和指压按摩，费用取决于时间的长短和治疗类型。

课程

萨拉斯瓦蒂音乐学校 音乐

（Saraswati Music School；☎Birju 9828297784, Hemant 9829333548；saraswati_music@hotmail.com；Mainon ka Chowk）教授塔布拉鼓、长笛、小风琴、声乐以及kathak（古典舞蹈）和宝莱坞舞蹈。学音乐可以联系拥有20年舞台经验的Birju，2小时收费₹350起。他通常指挥晚上的演出（19:00~20:00），还销售乐器。学舞蹈可联系Hemant。

Cooking Bahar 烹饪

（☎0145-2773124；www.cookingbahar.com；Mainon ka Chowk；2~3小时课程₹1100）由萨拉斯瓦蒂音乐学校的成员之一Deepa开设的烹饪课程，教你做3道拿手的素菜。

住宿

布什格尔在背包客群体中享有明星地

布什格尔骆驼集市

每当到了印度月历上的第8个月——最神圣的月份Kariika，来自塔尔沙漠的骆驼骑手便打扮好他们的沙漠之舟，长途跋涉前往布什格尔，并要赶在Kartik Purnima（满月）之前到达。每年大约有20万人齐聚**布什格尔骆驼集市**（⊙10月/11月），带着约5万头骆驼、马匹和其他牲口。

届时这个地方就会变成一个色彩、声音和活动的海洋，到处都是音乐家、神秘人物、游客、商人、动物、朝圣者以及摄制组。

官方集市开始前一个星期，这里的交易便已经开始了（是观看重要交易的好时机），但是RTDC mela（节日）一开始，各种交易都会黯然隐退，将中央舞台让给各种各样的怪异表演者（耍蛇人、儿童平衡杆表演等）。就连文化活动也很怪诞，有胡子大赛和扮相最美的骆驼大赛。活动鼓励游客参加：可以去RTDC办事处领取一份节目单，看看你是否有兴趣参加化装婚礼游行，或者参与游客对战本地人的体育竞赛，如拉贾斯坦邦传统摔跤。

尽管非常难以置信，但是所有这些热闹的混乱场面其实都只是序曲。Kartik Purnima是印度教朝圣者在布什格尔的圣水中沐浴的日子。在集市的最后一天夜晚，成千上万的信徒会在这里洗去他们的罪恶，并在圣湖上点燃漂浮的蜡烛，这个宗教节日也和骆驼集市一起变成了一个充满焚香、吟诵和游行的时刻。

虽然这个节日非常奇妙、神秘，而且每年只有一次，但不得不说它同时也非常拥挤、旅游气息浓重、异常喧闹（睡眠轻的人要带上耳塞），而且有些低俗。那些对尘土或者动物毛发过敏的人应该带上合适的药品。但是，它就像一部宏伟的史诗，如果你那时就在附近，绝对不要错过。

这个节日通常在11月举办，但具体日期随印度月历变化。

位，因此经济型住宿的数量远远超过中档住宿，不过许多经济型住宿地点都提供一些中档价位的客房。在骆驼节期间，这里的房价会飙升3倍或更多，而且一定要提前几周预订。

★ Hotel Everest 酒店 $

(☎9414666958, 0145-2773417; www.pushkarhoteleverest.com; 紧邻Sadar Bazaar; 房间 ₹300~850, 带空调₹1000~1150; ❄@🛜) 这家温馨的经济型旅馆藏在Sadar Bazaar北边的安静小巷里。由一对友好的父子档经营，他们毫无保留的服务令客人赞叹。房间大小不一，但是都色彩丰富且一尘不染，还有很舒适的床。屋顶是用餐或放松的好地方。

Hotel Tulsi Palace 酒店 $

(☎8947074663; www.hoteltulsipalacepushkar.com; VIP Rd, Holika Chowk; 房间₹500~700, 带空调₹1000~1500; 🛜) Tulsi Palace是一个出色的经济型住宿选择，房型多样，都明亮通风，围绕着一个中央庭院。相连的Little Prince Cafe位于二楼的阳台上，供应欧陆早餐和印度风味的午餐及晚餐，欣赏街头景致的视野一流。友好的员工会帮忙处理交通需求。

Hotel White House 客栈 $

(☎0145-2772147; www.pushkarwhitehouse.com; 紧邻Heloj Rd; 房间₹350~950, 带空调₹1000~1500; ❄@🛜) 这里确实是白色的，房间一尘不染。有些客房确实偏小，但最好的房间很宽敞，还带阳台。屋顶餐厅摆满绿植，为旅行者供应美味的餐食，还可以欣赏葱翠的风景。客栈由一位女士和她的两个儿子共同经营，井井有条。这里组织瑜伽活动，还用芒果茶款待每位客人。

Hotel Akash 酒店 $

(☎0145-2772498; filterboy21@yahoo.com; Badi Basti; 双₹600, 标单/双不带浴室₹300/500; 🛜) 这家朴素的经济型住房由热心的年轻人经营，庭院里有一棵大树为屋顶露台遮阴。简朴的房间配有风扇，朝向一间阳台餐厅，餐厅很适合观察下方的街景。

Bharatpur Palace 酒店 $

(☎0145-2772320; bharatpurpalace_pushkar@yahoo.co.in; Sadar Bazaar; 房间₹400~1000, 不带浴室₹250~600; ❄) 这座布局不规整的建筑占据着布什格尔的最佳位置之一，毗邻Gandhi Ghat, 酒店位于较高楼层，粉刷着蓝色，有一种简约的美感。极简的房间能看到圣湖无与伦比的风景。屋顶露台(带餐厅)的开阔视野令人赞叹，但有意在此住宿的人必须把尊重沐浴的朝圣者放在首位。

1号房三面临湖，是最浪漫的住宿选择。9号、12号、13号和16号房也很棒。

Shyam Krishna Guesthouse 客栈 $

(☎0145-2772461; skguesthouse@yahoo.com; Sadar Bazaar; 标单/双₹400/700, 不带浴室₹300/500; 🛜) 这家客栈位于一幢粉刷成蓝色的迷人老建筑里，有草坪和花园。客栈的环境如静修地般朴素无华，管理人员真诚友善。一些比较便宜的房间相当狭小，但简单真挚的氛围无处不在。露天餐厅和花园座位特别适合放松享用丰盛的素食美味，但要当心路过的猴子大军。

Hotel Paramount Palace 酒店 $

(☎0145-2772428; www.pushkarparamount.com; 房间₹200~1000; 🛜) 位于布什格尔的最高处，可以俯瞰一座历经沧桑的神庙。这家宾至如归的旅馆能看到很好的小镇和湖泊风景(以及许多阶梯)。房间各不相同。最好的房间(106、108、109)带有可爱的阳台和彩绘玻璃窗，物超所值; 但较小的房间光线略显昏暗。屋顶天台让人心旷神怡。

Hotel Navaratan Palace 酒店 $

(☎0145-2772145; www.navratanpalace.com; 标单/双含早餐₹800/900, 带空调₹1000/1200; ❄🛜≋) 这家酒店靠近梵天神庙，带围墙的美丽花园里有美妙的泳池(非住客₹100)、儿童游乐场和宠物乌龟。房间里摆满雕花木家具，干净舒适，但比较小。

★ Inn Seventh Heaven 历史酒店 $$

(☎0145-5105455; www.inn-seventh-heaven.com; Choti Basti; 房间₹1350~3300; ❄@🛜) 穿过几道厚重的木门，你就进入了这个由哈维尔(haveli)改建而成的可爱地方。里面有一个充满香气的庭院，中间有一座大理石喷泉，四周藤蔓悬垂。旅馆共3层，分布

着12个装修各异的房间。所有房内都有传统手工家具和舒适的床。房间大小不一，既有楼下的经济型客房，又有宽敞的Asana套房。

在屋顶有非常棒的Sixth Sense餐厅（见本页），以及沙发和摇椅，你可以在这里悠闲地看书。建议提早订房（至少提前两个晚上，不能用信用卡）。

Hotel Kanhaia Haveli 酒店 $$

（☎0145-2772146；www.pushkarhotelkanhaia.com；Choti Basti；房间₹400~600，带空调₹1500~1800；✱⃝）拥有各种档次的房间，从经济型客房到套房，你一定能找到价格合适的心仪房间。价钱越高，房间越大，窗户越多，采光越好，有些甚至带有阳台。所有房间都配有线电视。屋顶有一间各国风味餐厅，适合观景。

Dia 民宿 $$

（☎0145-5105455；www.diahomestay.com；Panch Kund Marg；房间含早餐₹3550~4950；✱@⃝）这间设计精美的民宿由Inn Seventh Heaven的经营者打造，有5间非常私密的双房，从镇上步行一小段路即到。客房仿佛直接出自设计杂志，会令你心醉神迷，流连忘返。可以在惬意的屋顶餐厅就餐，也可以前往Inn Seventh Heaven的Sixth Sense餐厅。

Hotel Pushkar Palace 历史酒店 $$$

（☎0145-2772001；www.hotelpushkarpalace.com；标单/双/套含早餐₹7715/8310/17,805；✱@）高端的Hotel Pushkar Palace坐拥浪漫湖景，曾经属于吉申格尔的王公所有。房间有雕刻的木质家具和床，一楼以上的所有客房及全部套房都正对着湖泊。布什格尔没有任何一家酒店的视野能与之媲美。一片宜人的露天就餐区俯瞰着湖泊。

Ananta Spa & Resort 度假村 $$$

（☎0145-3054000；www.anantahotels.com；Leela Sevri, Ajmer Rd；房间含早餐₹6000起；✱@⃝）Ananta的入驻开启了朝圣之旅的新时代，这个（接近）五星级的度假村占地3.5公顷，坐落在崎岖的山峦间，距布什格尔4公里。幸运的朝圣者可以乘坐高尔夫车从接待处直奔巴厘岛风格的小屋。房间宽敞，设施齐备，但大部分住客都会被吸引到美妙的游泳池、水疗馆、游艺室、餐厅、休息室或酒吧。

🍴 就餐

布什格尔有许多别具情调的湖景餐厅，菜单反映出背包客的偏好。连鸡蛋都禁食的严格素食是主流。

Naryan Café 咖啡馆 $

（Mahadev Chowk, Sadar Bazaar；早餐₹100起；⏱7:30~22:00）这里在任何时间都生意红火，早餐时特别热门。你可以享用一杯新鲜制作的咖啡（₹40起）或果汁（₹80起），加上超大的一碗水果堆成小山的自制什锦麦片，悠闲坐看人来人往。

Shri Vankatesh 印度菜 $

（Choti Basti；主菜₹60~100；⏱9:00~22:00）去这家平实的、非常受当地人欢迎的餐厅，尝尝这里的木豆、奶酪或肉丸，然后将酱料抹到新鲜出炉的煎饼（chapatis）上，和着很棒的老派印度茶一起咽到肚子里。塔利套餐（₹70~150）同样性价比超高。你可以看厨师烹制你点的食物，或者去楼上俯瞰街景和行人。

Falafel Wrap Stalls 中东菜 $

（Sadar Bazaar；卷饼₹70~130；⏱7:30~22:30）如果突然想吃东西了，这里是快速填饱肚子的好地方，也是以色列旅行者经常光临的地方。这些彼此为邻的路边小吃摊使食客们能饱餐香炸豆丸和鹰嘴豆泥卷饼，品种丰富。可以在街边的凳子上坐着吃，也可以一边走一边狼吞虎咽。

Out of the Blue 各国风味 $$

（Sadar Bazaar；主菜₹170~280；⏱8:00~23:00；⃝）Out of the Blue是一家值得信赖的餐厅，在这座天蓝色的城镇，餐厅更深的蓝色分外醒目。菜单中既有面条和藏式包子，又有比萨、意大利面、香炸豆丸和煎饼。街边的浓缩咖啡吧台（咖啡₹60~80）和德国面包坊很讨喜。

Sixth Sense 各国风味 $$

（Inn Seventh Heaven, Choti Basti；主菜₹100~200；⏱8:30~16:00和18:00~22:00；⃝）

这个凉爽的屋顶餐厅是一个用餐的好去处,即便你没有住在这家非常受欢迎的旅馆里。比萨和时令的印度蔬菜和米饭都口味尚可,滴滤咖啡和新鲜果汁也不错。这里的氛围让人立刻感到轻松自如,将菜肴从一楼厨房送到二楼的滑轮装置非常巧妙。

为甜品留点肚子,自制的水果馅饼很美味。

Om Shiva Garden Restaurant 各国风味 $$

(☎0145-2772305; www.omshivagardenrestaurant.com; 主菜₹140~250; ◎8:00~23:00; 🛜)这家餐厅靠近Naya Rangji Temple,忠实服务于旅行者,依旧令人满意,菜式以意大利和北印度风味为主,特色是木柴烤比萨和浓缩咖啡。比萨不容错过,但还有一些墨西哥菜、中国菜和"德国面包坊"食品值得一尝。

Honey & Spice 各国风味 $

(Laxmi Market,紧邻Sadar Bazaar; 主菜₹90~250; ◎8:00~17:30; 📝)🌿这家供应全营养食物的早餐和午餐小店由友好的一家人经营,有美味的南印度咖啡和自制糕点。更出彩的是沙拉和丰盛的炖杂蔬配糙米——既美味,又有益健康,由于印度食物往往偏油腻,能换种口味令人愉快。

Sunset Café 各国风味 $

(主菜₹80~250; ◎7:30至午夜; 🛜)位于东部迦特(水畔石阶)旁,这间咖啡馆有无敌湖景。它提供常见的旅行者菜单,包括咖喱、比萨和意大利面,还有一个德国面包坊供应味道尚可的糕点。湖畔特别适合看日落,总能吸引大批游客。

Om Baba Restaurant 各国风味 $$

(☎0145-2772858;紧邻Sadar Bazaar; 主菜₹130~220; ◎8:30~23:00)Om Baba Rooftop Restaurant与附近的许多餐厅一样,供应旅行者喜爱的食物(比萨、意大利面、炸豆丸子、鹰嘴豆泥),但是让它与众不同的是屋顶的风景。

🛍 购物

Sadar Bazaar 市场

布什格尔的Sadar Bazaar有许多魅力四射的小商店,是挑选礼物的好地方。这里许多色彩艳丽的拉贾斯坦邦针织品都来自杰伊瑟尔梅尔南边的巴尔梅尔(Barmer)。这里有许多适合本地人和外国人口味的银饰品和串珠饰品,其中包括一些沉甸甸的部落饰品。布什格尔旅游气氛浓厚,需要杀价。

市场还出售各种印度音乐CD,是欣赏本地曲调的绝佳去处。

ℹ️ 实用信息

接受外国银行卡的自动柜员机和非官方货币兑换处散布在Sadar Bazaar周边。

邮局(紧邻Heloj Rd; ◎周一至周五 9:30~17:00)靠近马尔瓦尔汽车站。

比卡内尔和斋浦尔邦立银行(State Bank of Bikaner & Jaipur,简称SBBJ; Sadar Bazaar; ◎周一至周五10:00~16:00,周六10:00~12:30)可兑换外币现金和旅行支票,SBBJ的自动柜员机接受国际卡。

旅游局(☎0145-2772040; Hotel Sarovar; ◎10:00~17:00)派发免费地图和骆驼市集的节目单。

危险和麻烦

有任何人要为你献上鲜花做puja(祈祷),都要当心:在不知不觉间,你会陷入精心策划的骗局之中,被迅速带到迦特(水畔石阶)处,捐款₹1000。有些祭司是真的完全依靠他人捐助度日,这是已经流传了几百年的传统。但如果你觉得受到威胁,就立即走开,在接受红绳(布什格尔"护照")或鲜花前务必先谈好价格。

在骆驼节期间,布什格尔会有很多小偷,在拥挤的市集上行窃。为避免被"剃刀帮"盯上,不要使用纤薄的背包,把包背在身前。在一年中的任何时间都有鲁莽的年轻人骑着摩托车在市集横冲直撞,务必当心。

ℹ️ 到达和离开

布什格尔的小火车站基本没什么车次与外界相连,因此可以忽略不计。可以前往阿杰梅尔枢纽火车站进行中转。

乘坐私营出租车前往阿杰梅尔大约需要₹300(注意:返程车费几乎总是更贵)。开车进入布什格尔需缴纳每人₹20的通行费。

长途汽车

频繁有长途汽车往返阿杰梅尔(₹14,车程30分钟),发车地点是**Naya Bus Stand**和**Ajmer Bus Stand**,后者位于向东出城的路边。其他长途汽车

从布什格尔（NAYA BUS STAND）出发的长途汽车

目的地	票价（₹）	车程（小时）	发车时间
比卡内尔	225	6	每小时1班
本迪	200	6	每天1班（11:00）
斋浦尔	160	4	每天7班（7:15、7:45、8:00、8:30、9:30、14:00和16:00）
焦特布尔	185	5	每天3班（8:00、10:30和12:30）

大多从Naya Bus Stand发车，不过也有些车仍在使用老旧的 **Marwar Bus Stand**（RSRTC的长途汽车除外）。

当地的旅行社出售私营长途汽车的车票——应该多逛几家再买票。这类长途汽车一般从阿杰梅尔（见139页）发车，不过旅行社通常会免费送你过去。注意确认你的车是不是直达车，因为布什格尔发出的许多车辆并非直达。还要注意的是，就算真的是直达车，也可能会在阿杰梅尔停留一段时间，这也意味着先去阿杰梅尔，然后在那里换乘其他车辆会更加方便快捷。

ⓘ 当地交通

布什格尔中心区没有机动三轮车，但是步行也会很轻松。如果你想探索周边乡村地区，镇上许多地方都可以租到摩托车（每天₹400）。如果想更拉风一些，可以考虑 **Shreeram Enfield Gairej**（Ajmer Rd；租Enfield Bullet每天₹700，押金₹50,000），这里出租并出售Enfield Bullet摩托车。

伦腾博尔国家公园（Ranthambhore National Park）

✎ 07462

这座著名的 国家公园（www.rajasthanwildlife.in；◐10月至次年6月）是你在拉贾斯坦邦最有可能看到野生老虎的地方。公园占地1334平方公里，陡峭的石壁包围着茂密的丛林，公园中心是建于10世纪的伦腾博尔古堡。古堡周边散布着许多古代庙宇和清真寺、狩猎亭、鳄鱼遍布的湖泊以及藤蔓丛生的chhatris（坟墓）。直到1970年，这座公园仍是王公们的狩猎场，奇怪的是，那时它成为保护区已有15年了。

能否看到老虎（2016年这里有52~55只老虎）完全要靠运气。留下足够开展两到三次动物之旅的时间，以提升你看到这种动物的概率。记住，这里还有丰富的各种野生动物可以观赏，其中包括300多种鸟类。

公园第一道门距Sawai Madhopur（通往伦腾博尔的必经小镇）有10公里，要到主门和伦腾博尔古堡则还有3公里。

⊙ 景点

伦腾博尔古堡 堡垒

（Ranthambhore Fort；◐6:00~18:00）免费 美妙的伦腾博尔古堡建于10世纪，坐落在山顶，从远处看几乎难以辨认，当你越靠越近，堡垒仿佛从岩石上渐渐长高。古堡占地4.5平方公里，从北侧的Badal Mahal（云宫）逐渐瓦解的城墙上能看到无与伦比的风景。城墙绵延超过7公里，7个巨大的城门依旧保存完好。

如果想要俭游，可以加入去供奉象鼻神的神庙朝拜的当地人队伍。合乘四驱车（每人₹40）从火车站前往公园入口处——对司机说"national park（国家公园）"，他们就知道你想去哪儿。在那里，其他合乘四驱车（每人₹20）往返于公园内的古堡和大门之间。另一种方法是通过酒店自己租gypsy（带司机），3小时的价格大约为₹1000。

✦ 活动

动物之旅在清晨和下午出发，启程时间是6:00~7:00或14:00~15:30，具体视季节而定。旅途全程历时3小时左右。如果是清晨出发，坐在敞篷车里将非常冷，所以记得带上御寒的衣物。

游览公园的最佳选择是搭乘gypsy（可坐6人的敞篷四驱车；印度人/外国人₹730/1470）。如果选择乘坐canter（可坐20人的敞篷卡车；印度人/外国人₹510/1250），你依旧有机会看到老虎，但是有时其他游客也许会很吵。

注意：预订动物之旅的相关规定（和价格）都会变化。你可以通过公园官方网站预订（www.rajasthanwildlife.in），或者亲自去动物之旅预订处，它在距离Hammir Circle 1.5公里处，位于前往公园的反方向，非常不方便。而且为了确保能够获得座位，你需要在动物之旅开始前至少排队1小时（也许2小时），这意味着你得非常早就开始晨间动物之旅！通过酒店预订会方便得多，但要注意，他们会在价格中加入佣金。

🛏 住宿

Hotel Aditya Resort　　　酒店 $

（☏9414728468；www.hotelad ityaresort.com；Ranthambhore Rd；房间₹400～700，带空调₹900；❄@🛜）Ranthambhore Rd沿线有少量超便宜的住宿地点，这个气氛友好的酒店是其中比较好的一家。这里只有6个朴素无华的房间（要一间带外窗的，只有两个房间配空调）和一个简单的屋顶餐厅。工作人员可协助预订野生动物之旅，但务必问清楚他们收多少服务费。

★ Hotel Ranthambhore Regency　　酒店 $$

（☏07462-221176；www.ranthambhor.com；Ranthambhore Rd；标单/双含全餐₹6500/7500起；❄@🛜♨）一家非常专业的酒店，面向旅行团，但对自助旅行的客人也服务周到。房间整洁，设施齐全（大理石地面、平板电视等），达到大部分酒店的套房标准。中央花园有一个迷人的泳池，是一片真正的绿洲，餐厅旁边还有一个水疗馆，适合尽情享受。

Tiger Safari Resort　　酒店 $$

（☏07462-221137；www.tigersafariresort.com；Ranthambhore Rd；房间含早餐₹1800～2200；❄@🛜♨）值得信赖的中档住宿选择，宽敞的标双房和"小屋"（更大的房间加更大的浴室）面向一片花园和一个小泳池。酒店组织野生动物之旅，提供电话叫醒服务，在早晨的动物之旅出发前供应早餐。与其他酒店一样，提供这项服务会收费，可要求查看花销明细。

Ankur Resort　　　酒店 $$

（☏07462-220792；www.ankurresorts.com；Ranthambhore Rd；标单/双含全餐₹3500/4000，小屋₹4000/5000；❄@🛜♨）Ankur Resort擅长组织野生动物之旅，为看老虎的游客提供电话叫醒服务和大清早的早餐。标准间朴素无华，但干净舒适，配有电视。小屋的床铺质量更好，还有冰箱和长沙发，面向周围的花园和泳池。

★ Khem Villas　　　精品酒店 $$$

（☏07462-252099；www.khemvillas.com；Khem Villas Rd；标单/双含全餐₹12,000/14,000，帐篷₹19,000/23,000，小屋₹21,000/25,000；❄@🛜）这个美轮美奂的生态酒店坐落在9公顷的有机农田和再造林地里，由Singh Rathore家族打造，正是他们推动了伦腾博尔的老虎保护。可供住宿的房型中既有殖民时期风格的平房房间，又有豪华的帐篷和富丽堂皇的石屋。私密性有保障——你甚至可以在星空下洗澡。

除了丛林野生动物之旅，Khem Villas还在昌巴尔（Chambal）河组织河上动物之旅（双人₹5000），能观赏到恒河鳄、沼泽鳄和种类繁多的鸟。

ⓘ 实用信息

Hammir Circle有一台自动柜员机，火车站附近也有几台。

Ranthambore Adventure Tours（☏9414214460；ranthambhoretours@rediff.mail.com；Ranthambhore Rd）组织动物之旅的旅行社，颇受好评。

旅游局（☏07462-220808；Train Station；⏱周一至周五9:30~18:00）有Sawai Madhopur的地图，可提供动物之旅方面的建议。

动物之旅预订处（Safari Booking Office，www.rajasthanwildlife.com；⏱5:30~15:30）可在网站上预订gypsy和canter的座位，不过在距火车站500米的林区办公室（Forest Office）也预留了一辆gypsy（价格贵）和5辆canter，可以直接预订。

ⓘ 到达和离开

这里基本没有发往旅游目的地的直达长途汽车，因此火车是出行首选。

火车

Sawai Madhopur枢纽火车站靠近连通Ranthambhore Rd的Hammir Circle。

阿格拉（阿格拉堡火车站）无空调卧铺 ₹210，6小时，每天3班（11:10，16:10，23:15）

德里 二等车厢/无空调卧铺/空调卧铺3类 ₹190/260/660，5.5~8小时，每天13班

斋浦尔 二等座/无空调卧铺/空调卧铺3类 ₹100/180/560，2小时，每天11~13班

盖奥拉德奥国家公园（珀勒德布尔）二等车厢/无空调卧铺/空调卧铺3类 ₹95/180/560，2.5小时，每天12~13班

科塔（可在此乘车去本迪）二等车厢/无空调卧铺/空调卧铺3类 ₹90/180/560，1~2小时，每小时1班

🛈 当地交通

在中心市集能租到自行车（每天约₹40）。火车站有机动三轮车：从火车站乘坐机动三轮车前往Ranthambhore Rd的费用为₹50~100，具体取决于你在何处下车。如果你提前致电，许多酒店都会安排免费的火车站接站服务。

如果你想步行，出火车站后左转，沿着这条路行走到天桥（200米）。左转后过铁路桥，到达一个名为Hammir Circle的环岛（200米）。在这里右转可前往动物之旅预订处（Safari Booking Office；1.5公里），左转是住宿地。

乌代布尔和拉贾斯坦南部

本迪（Bundi）

📞0747 / 人口 103,290

这个迷人的小镇里，狭窄的巷子中布满婆罗门的蓝色房屋，还有湖光山色、市集和随处可见的庙宇。本迪最醒目的是一座奇妙的宫殿——在这座屹立于悬崖上的雄伟古堡，可见淡黄色的炮塔和凉廊。尽管这里越来越受到旅行者的关注，但依然还没有斋浦尔或乌代布尔那样的大批游客。拉贾斯坦已经很难找到这样保留着百年前氛围的魅力小镇了。

本迪于12世纪被一群来自阿杰梅尔的乔汗（Chauhan）贵族所占据——他们被廓里的穆罕默德（Mohammed of Ghori）驱赶到南方。这片土地被他们从米纳（Mina）人和比尔（Bhil）人手里夺过来，并成为他们王国的都城——Hadoti。从16世纪末起，本迪大体上忠于莫卧儿王朝，但保持了独立的地位，在1947年以后才并入拉贾斯坦邦。

⦿ 景点

本迪大约有60座漂亮的水井（baoris），有些就位于镇中心。但遗憾的是，许多水井的庄严壮观都因缺水——这是地下水不断减少的结果——和井内积聚的垃圾而大打折扣，似乎也没人来清理垃圾。其中最雄伟的Raniji-ki-Baori（女皇水井；印度人/外国人₹50/200；⏱9:30~17:00）深46米，装饰着蜒的雕刻，包括毗湿奴的各种化身。Nagar Sagar Kund则是在旧城Chogan Gate外一对结构相同的水井。

城镇里的三个景点：Raniji-ki-Baori、84柱纪念碑（84-Pillared Cenotaph，印度人/外国人₹50/200；⏱9:30~17:00）和Sukh Mahal（见152页），可使用联票（印度人/外国人₹75/350）——如果你打算游览不止一个景点，联票非常省钱。

本迪宫殿　　　　　　　　　　　　　宫殿

（Bundi Palace；Garh Palace；印度人宫殿/堡垒/照相₹80/100/50，外国人宫殿、堡垒和照相₹500；⏱8:00~18:00）这栋璀璨而部分损毁的建筑——被著名作家鲁德亚德•吉卜林描述为"鬼斧神工"，看起来像是从它所屹立的山坡上的石头里长出来的。尽管大部分区域都未开放，成为蝙蝠的栖息地，但是从面向公众开放的房间依然可以感受到这里曾经的辉煌，褪色的绿色和金色壁画是这座宫殿的宝贵财富。跟随一位当地导游（半天₹700）游览宫殿效果最好，导游进入宫殿需支付₹100。

这座宫殿建于Rao Raja Ratan Singh（1607~1631年在位）执政时期，并由后来的继位者不断扩建。直到1948年，宫殿的一部分仍是本迪皇室的居所。

如果你打算游览塔拉加尔（Taragarh）和宫殿，可以在宫殿入口处购买通票。在进入宫殿的Hathi Pol（象门）后，抬阶而上到Ratan Daulat或Diwan-e-Aam（公众大厅），这里摆着白色的大理石王座。随后你会进入Chhatra Mahal，它由Rao Raja Chhatra Shabji在1644年增建，这里壁画精美，但已褪色斑驳。沿着台阶就到了Phool Mahal（建于1607年），这里的壁画描绘了盛大的王室仪仗。随后是Badal Mahal（云宫，同样建于1607年），这里有本迪最精美的壁

Bundi 本迪

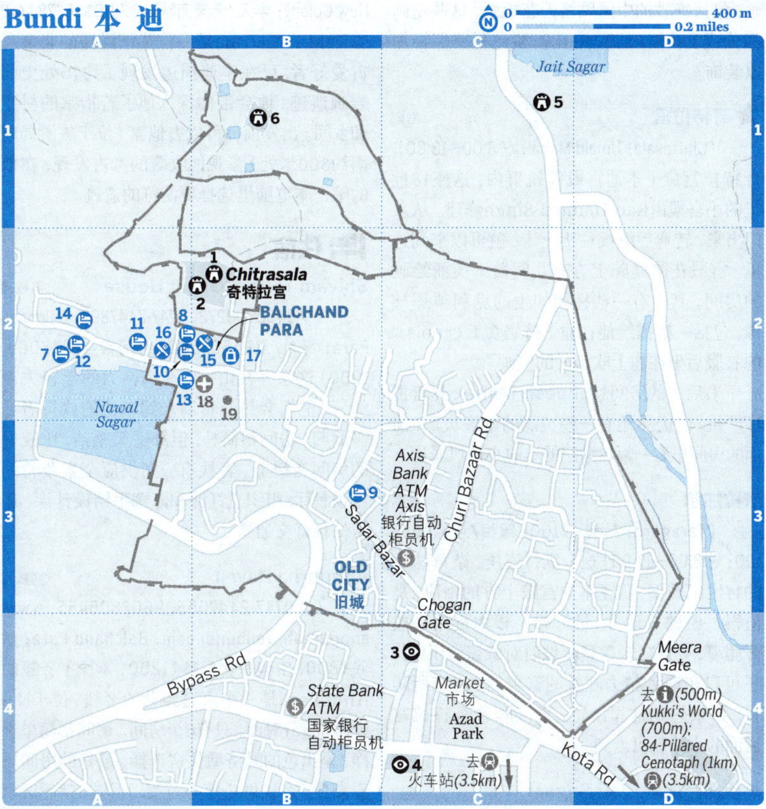

拉贾斯坦邦 本迪

Bundi 本迪

◎ 重要景点
1 奇特拉宫 B2

◎ 景点
2 本迪宫殿 B2
3 Nagar Sagar Kund C4
4 Raniji-ki-Baori C4
5 Sukh Mahal C1
6 塔拉加尔 B1

🛏 住宿
7 Annpurna Haveli A2
8 Bundi Vilas A2
9 Dev Niwas B3
10 Haveli Braj Bhushanjee A2
11 Haveli Katkoun A2
12 Hotel Bundi Haveli A2
13 Kasera Heritage View A2
14 Shivam Tourist Guest House A2

🍴 就餐
 Bundi Vilas ....（见8）
15 Morgan's Place B2
16 Rainbow Cafe A2

🛍 购物
17 Yug Art B2

ℹ 实用信息
18 Ayurvedic Hospital B2
19 Roshan Tour & Travel B2

★ 奇特拉宫　　　　　　　　　　　宫殿

（Chitrasala；Umaid Mahal；◎8:00~18:00）奇特拉宫位于本迪宫殿建筑群内，这座18世纪的小宫殿由Rao Ummed Singh修建。从象门出来，转弯后继续往山上走，就可以来到这里。宫殿花园庭院上方有几间覆满美丽绘画的房间。其中有一些栩栩如生的克利须那神像，包括一幅描绘他在偷了挤奶女工（gopis）的衣服后坐在树上吹笛子的壁画。

右后方的房间是 **Sheesh Mahal**，尽管损坏严重，但仍然还有一些美丽的镶嵌玻璃，前面的房间里有一幅18世纪的本迪小镇风景图。

塔拉加尔　　　　　　　　　　　　堡垒

（Taragarh；星堡；₹100，照相/录像₹50/100；◎8:00~17:00）这个满目疮痍、杂草丛生的14世纪城堡，位于本迪宫殿上方的山顶，是值得一游的好地方。最好带一根木棍用来拨开藤蔓，并且减轻攀爬陡坡时对膝盖的压力，还可以在遇到精力旺盛的猴群时，能有所防备。如果想到这里游览，直接顺着奇特拉宫后面的小路就可走到。

杰伊德萨加尔（Jait Sagar）　　　 湖泊

这座1.5公里长的湖泊在塔拉加尔山的远端，城镇中心以北约2公里处，风景如画，两侧山丘连绵，雨季和冬季有美丽的莲花铺满湖面。**Sukh Mahal**（印度人/外国人₹50/200；◎9:30~17:00）坐落于湖泊的近岸，是一个小巧的夏宫，四周围绕着梯台式花园，鲁德亚德·吉卜林曾经在这里居住并写出了《基姆》的一些章节。

👉 团队游和活动

Keshav Bhati　　　　　　　　　团队游

（☎9414394241；bharat_bhati@yahoo.com）Keshav Bhati是一位退役的印度空军军官，对本迪情有独钟。他还是一位官方导游，知识渊博，对这一地区了如指掌，受到极力推荐。团队游价格可商量。

Kukki's World　　　　　　　　　团队游

（☎9828404527；www.kukkisworld.com；43 New Colony；半天/全天团队游2人US$56/78）OP"Kukki"Sharma是一位热情洋溢的业余考古爱好者，已在本迪周边发现了约70处史前岩画遗迹。他会带你深入他了若指掌的村庄和乡间。出发前你可以去他家（位于旅游局以南约300米处）参观他收藏的考古发现，在他的笔记本电脑里选择要游览的遗迹。

🛏️ 住宿

Shivam Tourist Guest House　　　客栈 $

（☎9460300272，0747-2447892；Balchand Para；标单/双₹450/500，房间带空调₹800~1000）这家客栈由一对充满活力的年轻夫妻经营，他们会热心帮助来到本迪的旅行者尽兴而归。房间很简朴，但舒适又整洁，比较好的房间在楼上。客栈有一间供应全素菜肴的屋顶餐厅，组织烹饪课和海娜手绘设计课，还帮忙预订交通票。

Annpurna Haveli　　　　　　　　客栈 $

（☎0747-2447055，9602805455；www.annpurnahavelibundi.com；Balchand Para；房间₹800，空调房含早餐₹1200；❄🛜）宁静的Annpurna是一个家庭经营的客栈，位于Nawal Sagar对面，只有6个房间。房间都简单干净，是出色的经济型住宿选择，最好的房间可看湖景。客栈供应家常饭菜，可以在就餐区享用，天气晴好时，还可以在天台用餐。

★ Haveli Braj Bhushanjee　　　历史酒店 $$

（☎0747-2442322，9783355866；www.kiplingsbundi.com；Balchand Para；房间₹1500~6000；❄🛜）这一栋巨大的哈维尔建筑已有两百多年历史，目前由热情友好又博学多才的Braj Bhushanjee家庭经营，他们的先辈曾经担任过本迪的领导人。这个迷人的地方是本迪的第一间客栈，保留了原汁原味的石质内饰、一片私人花园、无与伦比的屋顶风景、保存完好的精美壁画，以及各种其他具有历史意义的珍贵手工制品。

这里房间分为多种类型，其中包括一些最近才经过现代化装修但仍保留了传统特色的可爱房间。这里如同一个引人入胜的实景博物馆，让你真真切切地感受本迪的历史底蕴。这处哈维尔位于Ayurvedic Hospital对面，不过正门在街角。

★ Hotel Bundi Haveli 酒店 $$

(☏9929291552, 0747-2447861; www.hotelbundihaveli.com; Balchand Para; 房间₹1300~4750; ❋⊙) 精心整修后的Bundi Haveli因现代格调和高雅风情而出类拔萃。宽敞的房间、白色的墙壁、石头地面、鲜亮色彩和镶框的工艺品与现代化的管道和电路系统相得益彰。酒店非常舒适惬意，迷人的屋顶就餐区能眺望宫殿风景，菜式丰富多彩，以印度菜为主（主菜₹100~280）。

Dev Niwas 历史酒店 $$

(☏0747-2442928, 8233345394; www.jagatcollection.com; Maaji Sahib-ki-Haveli; 房间₹870~1300, 带空调₹3050, 套₹4350; ❋⊙)🍃 Dev Niwas是一座精美的哈维尔，紧邻熙熙攘攘的Sadar Bazaar。酒店里是一片静谧的绿洲，有庭院和亭阁。房间各不相同，但全都布置得很舒适，配现代化的浴室。亭式餐厅配有软坐垫，能看到优美的城堡风景。

Bundi Vilas 历史酒店 $$

(☏0747-2444614, 9214803556; www.bundivilas.com; 房间含早餐₹4000~5000; ❋@⊙) 这座拥有300年历史的哈维尔位于一条侧巷里，翻修得很雅致，有金色的杰伊瑟尔梅尔砂岩、大地色的墙壁和巧妙的室内设计。5间豪华房和2间套房古色古香，配备出色的浴室。在宫殿城墙的庇护下，客栈将城镇风光尽收眼底，屋顶露台餐厅欣赏宫殿的视野也很开阔。

Kasera Heritage View 客栈 $$

(☏9983790314, 0747-2444679; www.kaseraheritageview.com; 标单/双₹800/1000起, 空调房含早餐₹2000起; ❋@⊙) Kasera是一座修复过的哈维尔，现代风格的大堂显得格格不入，但房间还保留了少许往旧日风情。待客友好热情，装修风格明快，屋顶餐厅景色一流，夏季可享20%到30%的折扣。主人的姐姐还有一座名叫Kasera Paradise的哈维尔，就在宫殿脚下，联系方式和房价同上。

Haveli Katkoun 客栈 $$

(☏0747-2444311, 9414539146; www.katkounhavelibundi.com; 标单/双₹700/1200, 空调房含早餐₹2400; ❋⊙) Katkoun就在西城门外，是一座彻底翻修过的哈维尔，经营客栈的一家人就住在楼下，待客友好。房间宽大整洁，视野一流，面对着湖泊或宫殿。屋顶餐厅也不错（主菜₹65~200），印度风味的非素食菜肴很有名。

🍴 就餐

★ Bundi Vilas 印度菜 $$

(☏0747-2444614; www.bundivilas.com; Balchand Para; 主菜₹210~250, 晚餐套餐₹700; ⊙7:30~10:00, 13:00~15:00和19:00~22:00; ⊙☏) 本迪最浪漫的餐厅欢迎其他酒店的客人。可以在有顶篷但侧面敞开的露台上用餐，也可以登上可观赏堡全全貌的屋顶。晚餐最好预订，因为在被泛光灯照亮的宫殿脚下享用烛光晚餐的席位有限。晚餐套餐包含九道美味佳肴，还供应葡萄酒。

Bundi Vilas在本迪郊区有自己的农场，提供餐厅所需的大部分新鲜果蔬。有机会一定要尝尝自制果酱。

Morgan's Place 各国风味 $$

(Kasera Paradise Hotel; 主菜₹130~240; ⊙9:00~22:00; ⊙) Morgan's Place是一个轻松随意（似乎随意过头了）的屋顶餐厅，浓缩咖啡味道不错（咖啡₹60~100），如果需要咖啡因，不介意爬很多楼梯，又不赶时间，这里能满足需求。餐厅还供应鲜榨果汁、口味尚可的比萨和意大利面，以及香炸豆丸。

Rainbow Cafe 各国风味 $$

(☏9887210334; 主菜₹120~260, 塔利套餐₹250~500; ⊙7:00~23:00; ⊙) 波希米亚风格，有种惬意的氛围，地板上放着软座垫，提供美味的小吃和特制印度奶昔。等菜需要耐心，但食物最终是会从小厨房里端出来的。位于镇上西门的楼顶，用竹墙将四处觅食的猴子挡在外面。

🛍 购物

Yug Art 工艺品

(www.yugartbundi.com; 靠近Surang Gate; 肖像明信片₹800~1600, 连环漫画₹3000起; ⊙10:00~19:30) 许多艺术品店都出售拉贾斯坦邦的细密画，但Yug Art会让你入画。只需提供一张照片，你就可以被画在象背上或许多

本迪和科塔的袖珍杰作

拉贾斯坦邦一些最出色的细密画和壁画就是在本迪和科塔附近创作的,因为当时掌权的哈达(Hada)拉其普特人对赞助艺术非常热衷。风格方面则结合了民间绘画的主要特征——浓烈的色彩和大胆的形式——和莫卧儿人对自然主义的关注。

本迪画派和科塔画派起初很相似,但逐步发展出了截然不同的风格,不过画面的背景通常都是茂密的枝叶、多云的天空和落日余晖中的风景。有建筑出现时,则用细腻精心的笔触加以描绘。婀娜多姿的女性都长着圆润的脸庞、花瓣形状的大眼睛和小巧玲珑的鼻子——正是宝莱坞海报女郎的先驱。

本迪画派以蓝色调著称,对绿松石色和天蓝色的运用在其他任何地方都难得一见。本迪宫殿(见150页)特别展出了一些精彩的典范之作。

科塔画派钟爱兽走鸟飞。枝叶茂盛的狩猎场景,鲜活细致地描绘在科塔密林覆盖的周边地区的狩猎行。科塔的城市宫殿(见155页)有一些全邦保存最完好的壁画。

经典场景中。除此之外,Yug还会用独一无二的旅行连环漫画记录你的印度之旅——你提供脚本,他负责出图。

❶ 实用信息

去Sadar Bazar能找到自动柜员机。

Ayurvedic Hospital(☏0747-2443708; Balchand Para; ⓧ周一至周六 9:00～13:00和16:00～18:00,周日9:00～11:00)这家慈善医院开的药方都是天然植物配方。各种小病都有对应的药物,比如肚子不适和关节炎,而且许多药都是免费的。

Roshan Tour & Travel(上网每小时₹40; ⓧ8:00～22:00)这家旅行社预订火车票,兑换外币,还有一间网吧,位于宫殿以南300米处。

旅游局(Tourist Office; ☏0747-2443697; Kota Rd; ⓧ周一至周五 9:30～18:00)有汽车和火车时刻表,提供免费地图和有用建议。

❶ 到达和离开

长途汽车

如果前往伦腾博尔,较快捷的方法是乘坐火车或客车前往科塔,然后在那里搭乘火车前往Sawai Madhopur。

从**本迪汽车站**发车的直达班线有:

阿杰梅尔 ₹186, 4小时, 每小时1班
斋浦尔 ₹216, 5小时, 每小时1班
焦特布尔 ₹376, 8小时, 每天5班
科塔 ₹39, 40分钟, 每15分钟1班
布什格尔 ₹200, 4.5小时, 每天2班
Sawai Madhopur ₹120, 5小时, 每天3班

火车

本迪火车站位于旧城以南4公里处,不定期有火车发往斋浦尔、阿杰梅尔或焦特布尔。最好乘坐长途汽车前往,或者去科塔或吉多尔格尔乘坐火车。

阿格拉(阿格拉堡女车站) 无空调卧铺₹160, 12.5小时, 每天1班(17:35)

吉多尔格尔 无空调卧铺₹180, 2.5～3.5小时, 每天3～5班(2:08、2:24、7:05、9:16和23:00)

德里(Hazrat Nizamuddin车站) 无空调卧铺₹325, 8～12小时, 每天2班(17:48和22:35)

Sawai Madhopur 无空调卧铺₹180, 2.5～5小时, 每天3班(17:35、17:48和22:35;最后一班火车最快)

乌代布尔 无空调卧铺₹220, 5小时, 每天1班(12963 Mewar Express; 2:08)

❶ 当地交通

机动三轮车从城内到火车站白天需要₹70,夜间需要₹100～120。

科塔(Kota)

☏0744 / 人口 1,000,000

从本迪可以轻松到此进行一日游。科塔是个粗犷的工商业城市,位于拉贾斯坦邦唯一一条常流河——昌巴尔河的河畔。你可以乘船在河上漫游,观赏鸟儿和鳄鱼,也可以去古老的城市宫殿探索一番。

⊙ 景点

城市宫殿
宫殿、博物馆

(City Palace; Kotah Garh; www.kotahfort.com; 印度人/外国人₹100/300; ◉10:00~16:30) 城市宫殿和周围的堡垒是拉贾斯坦邦同类建筑群中规模最大的一座。这里曾经是王公居所和最高权力所在地,科塔国王的国库、宫廷、军火库、军队和国务办公室都设在这里。门廊顶上饰有后腿站立的大象雕像,从这里进入宫殿,里面设有不落俗套的 Rao Madho Singh 博物馆,在这里你会发现王公奢华生活的各种用具,从银质家具到兵器,还有印度最破旧、令人沮丧的猎物标本。

这座宫殿最古老的部分可以追溯到1624年。楼下是一个王室会堂,这里有漂亮的镜面装饰,楼上优雅的小型公寓拥有精美、保存完好的绘画,尤其是闻名于世的科塔狩猎场景。

要前往宫殿,从汽车站乘坐机动三轮车大约需要₹40,从火车站到这里至少需要₹70。

✈ 活动

乘船游
划船

(Boat Trips; 5分钟/1小时每人₹60/1300, 最多6人; ◉10:30到黄昏) 昌巴尔河乘船游带你暂别城市,令人愉快。河流的上游位于科塔,是**达拉国家公园**(Darrah National Park)的一部分,离开城市后,景色变得优美,河流两岸草木葱茏,峭壁林立。船从**昌巴尔花园**(Chambal Gardens, 印度人/外国人₹2/5)出发,花园位于堡垒以南1.5公里处的东河岸上。

参加乘船游有机会看到许多种鸟,还有恒河鳄(以鱼为食的细吻鳄鱼)和沼泽鳄(切勿将你的四肢伸出船外)。

🛏 住宿

Palkiya Haveli
历史酒店 $$

(☏0744-2387497; www.palkiyahaveli.com; Mokha Para; 标单/双₹2725/3315; ❄☎) 这座精美的哈维尔在同一个家族里传承了200年。它坐落在旧城静谧迷人的一隅,地处城市宫殿以东约800米处,是个令人愉快舒心的住宿地点,有热情的主人和围墙很高的花园,庭院里有一棵亭亭玉立的尼姆树。

酒店的壁画令人印象深刻,古色古香的房间富有魅力,食物水准一流。

ℹ 实用信息

旅游局(Tourist Office; ☏0744-2327695; RTDC Hotel Chambal; ◉周一至周六 9:30~18:00)免费提供科塔的地图,工作人员很热心。出汽车站后左转,第二个环岛右转,它就在你右边。

ℹ 到达和离开

长途汽车
从中心车站(在Bundi Rd, 昌巴尔河上的桥梁东侧)发出的长途汽车线路包括:

阿杰梅尔(去布什格尔) ₹230, 4~5小时, 每天至少10班

本迪 ₹35, 40分钟, 每15分钟1班, 全天发车

吉多尔格尔 ₹184, 4小时, 6:00起每半小时1班

从科塔出发的主要列车

目的地	车次	发车时间	到站时间	票价(₹)
阿格拉	19037/19039 Avadh Exp	14:40	21:50	225/600/850 (A)
吉多尔格尔	29020 Dehradun Exp	8:45	11:35	150/715/1180 (C)
德里(Hazrat Nizamuddin)	12903 Golden Temple Mail	11:05	18:45	315/805/1115/1855 (E)
斋浦尔	12955 Mumbai–Jaipur Exp	8:55	12:40	225/580/780/1275 (E)
孟买	12904 Golden Temple Mail	14:25	5:20(次日)	490/1275/1805/3035 (E)
Sawai Madhopur	12059 Shatabdi	5:55	7:03	125/370 (D)
乌代布尔	12963 Mewar Exp	1:25	7:15	245/580/780/1275 (E)

票价: (A)无空调卧铺/空调卧铺3类/空调卧铺2类, (B)无空调卧铺, (C)无空调卧铺/空调卧铺2类/空调卧铺1类, (D)二等车厢/空调硬座, (E)无空调卧铺/空调卧铺3类/空调卧铺2类/空调卧铺1类。

斋浦尔 ₹240，5小时，5:00起每小时1班
乌代布尔 ₹350~400，6~7小时，每天至少10班

火车

科塔地处孟买—德里（经Sawai Madhopur）的主要铁路沿线，所以有很多火车可供选择，但是发车时间有时不够方便。

阿格拉（阿格拉堡垒） 无空调卧铺₹225，5~9小时，每天3~4班（7:30、9:50、14:40和21:00）

吉多尔格尔 无空调卧铺₹150，3~4小时，每天3~4班（1:10、1:25、6:05和8:45）

德里（新德里车站或Hazrat Nizamuddin车站） 无空调卧铺₹315，5~8小时，几乎每小时1班

斋浦尔 无空调卧铺₹225，4小时，每天6班（2:55、7:40、8:55、12:35、17:35和23:50），特定日期还有其他火车

孟买 无空调卧铺₹490，14小时，每天5班快速火车（7:45、14:25、17:30、21:05和23:45）

Sawai Madhopur 二等座/无空调卧铺₹125/180，1~2小时，每天超过24班

乌代布尔 无空调卧铺₹245，6小时，每天1班或2班（1:10和1:25）

当地交通

小巴和合乘机动三轮车往返于火车站和中心车站之间（每人₹10）。单租一辆机动三轮车费用约为₹50。

吉多尔格尔（Chittorgarh）

📞01472 / 人口 116,410

吉多尔格尔（Chittorgarh）——吉多尔（Chittor）的城堡（garh），是印度规模最大的城堡建筑群，也是一个非常值得游览的地方。它如同一座巨大的石岛从平原上拔地而起，长约6公里，雄踞在四面都超过150米高的悬崖之上。

此地历史可谓拉其普特浪漫主义、骑士气质和最终悲剧的缩影。在许多拉其普特人的内心，吉多尔格尔都占据着一个很特别的位置。吉多尔格尔曾经三次（1303年、1535年和1568年）遭到比他们强大数倍的敌人的进攻。每一次，这里的人都选择勇敢地面对死亡而不是偷生蒙辱，实行了集体自杀（jauhar）仪式。男人们披上藏红色的殉道者长袍，从城堡中拍马而出，英勇战至死，妇女儿童则自焚于巨大的丧葬火堆中。在最后一次攻击之后，拉纳·乌代·辛格二世（Rana Udai Singh Ⅱ）撤往乌代布尔，在那里建立了梅瓦尔（Mewar）王国的新都城。1616年，贾汗季将吉多尔归还给拉吉普特人。但是他们没有再迁居回来，虽然这座古堡在1905年进行了翻修。

👁 景点

★ 吉多尔格尔　　　　　　　　堡垒

[Chittorgarh；印度人/外国人₹15/200，声光秀（印地语）₹100；⊙黎明至黄昏，声光秀黄昏时上演]从Padal Pol出发，步行超过1公里的崎岖上升山路，穿过6座门廊，你就会来到西侧的主门——Ram Pol（曾经的古堡后门）。Ram Pol内是一个仍然有人在此生活的村子（在此右转可前往售票处）。除了从辉煌鼎盛时期幸存下来的精致宫殿、高塔和寺庙，以及近期新建的一些庙宇外，堡内可谓一片荒芜。有一条环路连接各处建筑。

乘车游览堡垒一般需要2~3小时。持证导游收费₹400左右，行程最多4小时，步行或乘坐机动三轮车都可以，通常在售票处就能找到。

➤ Meera寺庙和Kumbha Shyam寺庙

位于Rana Kumbha王宫东南的这两座宇由Rana Kumbha按照华丽的印度及雅利安风格建造，有经典的、高大的sikharas（尖塔）。其中较小的Meera庙，如今供奉着神秘的女诗人Meerabai，这位16世纪的梅瓦尔贵族被她的姐夫投毒，但是在克利须那神的庇佑下竟然奇迹般生存了下来。Kumbha Shayam神庙（Temple of Varah）供奉的是毗湿奴，庙内的雕刻面板描绘了15世纪的梅瓦尔市井生活。

➤ 胜利之塔（Tower of Victory）

光辉的胜利之塔（Jaya Stambha）是吉多尔格尔的标志性建筑，于15世纪40年代由Rana Kumbha修建，可能用来纪念他战胜了摩尔瓦（Malwa）的Mahmud Khilji。这座025精致雕刻的九层建筑高37米，供奉毗湿奴神，你可以登上157级狭窄台阶（内饰也有雕刻）来到第8层，在这里可以饱览整个地区的景色。

Chittorgarh (Chittor) 吉多尔格尔(吉多尔)

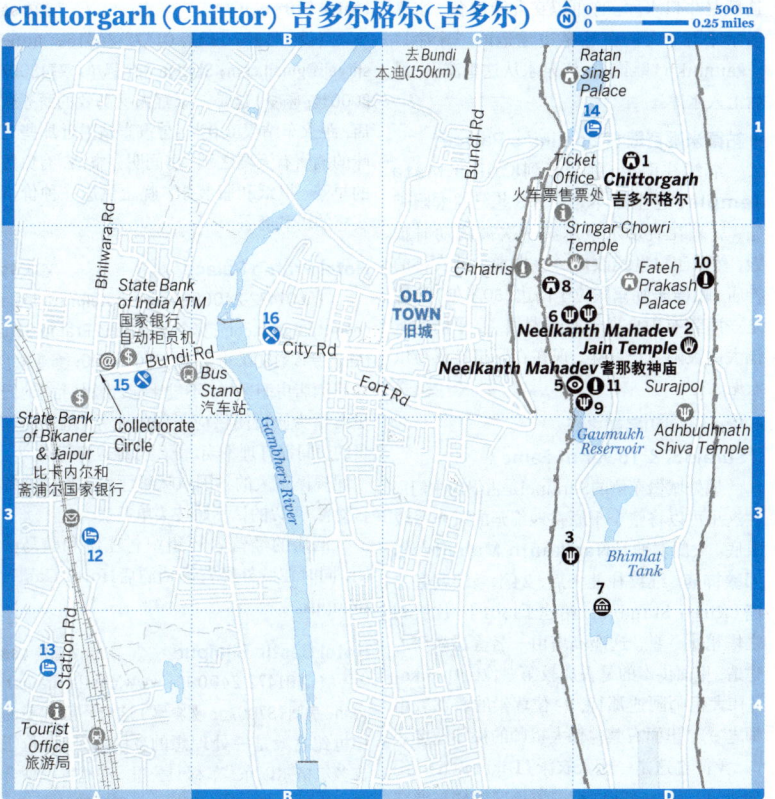

Chittorgarh(Chittor) 吉多尔格尔(吉多尔)

◎ 重要景点
- 1 吉多尔格尔..................................D1
- 2 Neelkanth Mahadev耆那教神庙..........D2

◎ 景点
- 3 Kalika Mata Temple......................C3
- 4 Kumbha Shyam寺庙.......................D2
- 5 Mahasati....................................D2
- 6 Meera Temple..............................C2
- 7 帕德米妮宫殿................................D3
- 8 Rana Kumbha王宫..........................C2
- 9 Samidheshwar寺庙.........................D2
- 10 名誉之塔....................................D2
- 11 胜利之塔....................................D2

◎ 住宿
- 12 Hotel Pratap Palace.....................A3
- 13 Hotel Shree Ji............................A4
- 14 Padmini Haveli...........................D1

◎ 就餐
- 15 Chokhi Dhani Garden Family Restaurant...............................A2
- 16 Saffire Garden Restaurant.............B2

在塔下方的西南方向有一片被称为Mahasati的区域，那里有许多纪念sati（自焚）的石头——这里是王室火葬场，也是1535年13,000名妇女实行自我献祭的地方。附近还有一座始建于6世纪后于1427年经过重建的Samidheshwar寺庙。其精美雕塑中有一尊三面（Trimurti）湿婆神像尤为醒目。

➡ **牛口水库（Gaumukh Reservoir）**

过了Samidheshwar寺庙继续下行，走到悬崖边上你就会看到一个很深的水池，这就是牛口水库。你可以在此喂喂鱼。水库名字来源于人们在悬崖边建造的一个牛口（gaumukh）雕饰，一汪泉水从这里流出，最后汇入水库。

➡ 帕德米妮宫殿（Padmini's Palace）

继续往南走，你会来到**Kalika Mata Temple**，这里原本是一座8世纪的太阳神庙，后来在吉多尔格尔第一次被洗劫时损毁，然后于14世纪改成一座供奉卡莉女神的神庙。**帕德米妮宫殿**位于南边250米处，旁边是一座带有中央亭子的小湖泊。亭子前的青铜大门被阿克巴夺走，现在在阿格拉堡可以看见。

➡ Surajpol和名誉之塔 （Surajpol & Tower of Fame）

地处城堡东侧的Surajpol是古堡的主门，在这里可以将整个平原耕地绵延的风光尽收眼底。大门对面是**Neelkanth Mahadev耆那教神庙**。继续往北一点，24米高的**名誉之塔**（Kirtti Stambha）始建于1301年，比胜利之塔稍小一些。这座高塔由一名耆那教商人建造，里面供奉的是耆那教第一位tirthankar（伟大祖师阿迪那特，24位尊崇的耆那教祖师之一），里面有其他伟大祖师的裸体塑像装饰，象征着这是一座天衣派（Digambara）纪念建筑。塔身分7层，有一道狭窄的楼梯通往顶端。旁边就是一座14世纪的耆那教寺庙。

🛏 食宿

★ Padmini Haveli　　　　　　　历史酒店 $$

（☏9414734497, 9414110090；www.thepadminihaveli.com; Annapoorna Temple Rd, Shah Chowk, Village, Chittorgarh Fort; 房间/套含早餐₹4000/5000; ❉@🛜）这个美妙的客栈是城堡内唯一一处住宿地点，主人富有魅力，热情洋溢，见多识广。房间很有格调，配花岗岩浴室，采用传统风格的装修，朝向这座哈维尔的公共庭院。主人都是吉多尔格尔的官方导游，就在酒店里居住，供应意式咖啡、家常饭菜和自制果酱。

酒店只有6个房间，3个是标准间，3个是套房，所以建议预订。在村庄迷宫般纵横交错的巷道里，很难找到这处粉刷成白色、有一扇大黑门的哈维尔，最好先电话联络。

Hotel Shree Ji　　　　　　　　酒店 $$

（☏9413670931, 01472-249131; hotelshreeji@gmail.com; Station Rd; 标单/双₹1800/2000起; ❉🛜）这是一家宜人又高效的商务酒店，距火车站仅300米，与汽车站附近那些乏味的酒店有天壤之别。房间明亮整洁，有免费的早茶、报纸和瓶装水。晚上供应一种价格实惠的塔利套餐。

Hotel Pratap Palace　　　　　酒店 $$

（☏01472-240099; www.hotelpratappalacechittaurgarh.com; 紧邻Maharana Pratap Setu Marg; 房间₹1500, 带空调₹1800~4500; ❉@🛜）这家酒店房型多样，不过比起经营住宿，他们更看重为旅行团供应午餐的业务。就连比较贵的房间都打理不当，卫生标准也有待提高。一间规模很大的各国风味餐厅为旅行团准备自助餐。可以的话不妨按菜单点菜。

酒店的经营者还组织村庄游和骑马活动，同时在城外经营高档酒店Hotel Castle Bijaipur。

Hotel Castle Bijaipur　　　历史酒店 $$$

（☏01472-240099; www.castlebijaipur.co.in; 房间₹8700起; ❉🛜❉）这个环境优美的16世纪宫殿是一处理想的乡村隐居地，位于吉多尔格尔以东，车程41公里。这里特别适合安心地读一本好书，编织一个童话般的美梦，或者懒洋洋地放松。房间浪漫又奢华，有一片宜人的花园庭院和一间通风的餐厅，供应拉贾斯坦风味。这里深受旅行团的喜爱。

可通过网站或吉多尔格尔的Hotel Pratap Palace预订。经营者可安排从吉多尔格尔过来的车辆，以及骑马游、四驱车之旅、观鸟、烹饪课、按摩和瑜伽。

Chokhi Dhani Garden Family Restaurant　　　　　　　印度菜 $

（☏9413716593; Bundi Rd; 主菜₹80~150, 塔利套餐₹110~290; ⏰9:00~22:30; ❉🍴）带电扇的路边摊（dhaba），后院里还有更多座位。供应许多经济实惠的素食菜肴，其中包括能填饱肚子的塔利套餐及多种北印度和南印度菜肴。

Saffire Garden Restaurant　各国风味 $

（City Rd; 主菜₹100~170; ⏰8:00~22:00;

⊛)在绿荫遮掩的小草坪上的餐桌边或是在后面带空调的房间里用餐,品尝多种常见但足够美味的印度菜和中国菜。

❶ 实用信息

在Collectorate Circle附近能找到自动柜员机。

比卡内尔和斋浦尔邦立银行(State Bank of Bikaner & Jaipur,简称SBBJ; Bhilwara Rd; ⏰周一至周五9:30~16:00,周六至正午)有自动柜员机,可兑换货币。

Mahavir Cyber Cafe(Collectorate Circle; 每小时₹40; ⏰8:00~22:00)

旅游局(Tourist Office; ☎01472-241089; Station Rd; ⏰周一至周六10:00~13:30和14:00~17:00)热情友好且乐于助人,提供城镇地图和宣传册。

❶ 到达和离开

长途汽车

没有直达班车开往本迪,需要乘坐火车。从吉多尔格尔**汽车站**出发的直达班线包括:

阿杰梅尔(去布什格尔)₹197,空调₹350,4小时,傍晚前每小时1班

斋浦尔 ₹339,空调₹667,7小时,大约每1.5小时1班

科塔 ₹184,4小时,每半小时1班

乌代布尔 ₹120,空调₹255,2.5小时,每半小时1班

火车

阿杰梅尔(去布什格尔)无空调卧铺₹150,3小时,每天5~7班(0:35、2:50、8:20、10:10、19:30、19:45和23:30)

本迪 无空调卧铺₹150,2~3.5小时,每天3班(13:50、15:35和20:50)

德里(Delhi Sarai Rohilla车站或Hazrat Nizamuddin车站)无空调卧铺₹380,10小时,每天2班快速火车(19:30和20:50)

斋浦尔 无空调卧铺₹220,5.5小时,每天4班(0:35、2:45、8:20和8:35)

Sawai Madhopur 无空调卧铺₹210,4~9小时,每天3班(13:50、15:35和20:50;最晚的一班最快)

乌代布尔 无空调卧铺₹150,2小时,每天6班(4:25、5:05、5:33、6:35、16:50和19:25)

❶ 当地交通

乘坐机动三轮车环古堡完整一圈费用约为₹400。你可以在镇上自己安排行程。

乌代布尔(Udaipur)

☎0294 / 人口 451,735

坐落于风光旖旎的皮丘拉湖畔(Lake Pichola),林木葱郁的阿拉瓦利山(Aravalli Hills)山脉赭石色和紫色山岭环绕四周,乌代布尔拥有拉贾斯坦邦乃至整个印度都无可比拟的浪漫场景。曼妙的宫殿、神庙、哈维尔和无数狭窄蜿蜒、时光停驻的街道,为这座坐拥秀丽自然风光的城市平添了几丝人文风情。游客们可以体验在湖上泛舟的平静、古老市集的喧嚣和色彩、艺术圈子的勃勃生机、高档旅馆的怀旧风情、引人入胜的商店以及美妙的乡村——可以徒步、骑车或骑马前往游览。

乌代布尔"印度大陆上最浪漫的地方"的称号由东印度公司在该地区的首任政治监

从吉多尔格尔出发的主要列车

目的地	车次	发车时间	到站时间	票价(₹)
阿杰梅尔(去布什格尔)	12991 Udaipur-Jaipur Exp	8:20	11:25	120/410/550(A)
本迪	29019 MDS-Kota Exp	15:35	17:45	160/735/1200(B)
德里(Hazrat Nizamuddin)	12964 Mewar Exp	20:50	6:35(次日)	370/975/1380/2325(C)
斋浦尔	12991 Udaipur-Jaipur Exp	8:20	13:30	160/545/750(A)
Sawai Madhopur	29019 MDS-Kota Exp	15:35	21:25	210/735/1200(B)
乌代布尔	19329 Udaipur City Exp	16:50	19:15	160/530/735/1200(C)

票价:(A)二等座/空调座/一等座,(B)无空调卧铺/空调卧铺2类/空调卧铺1类,(C)无空调卧铺/空调卧铺3类/空调卧铺2类/空调卧铺1类。

Udaipur 乌代布尔

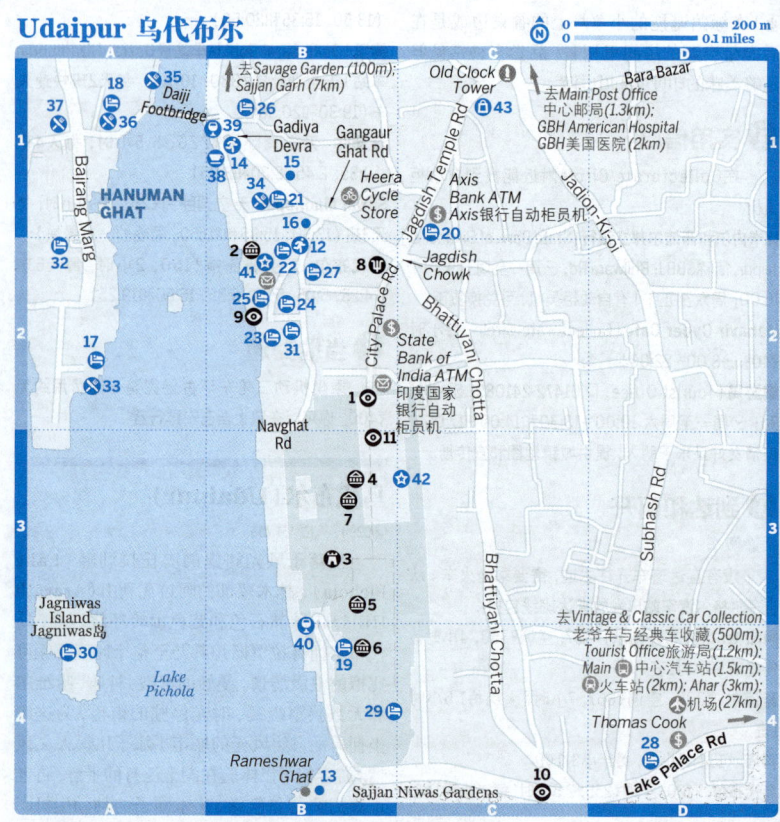

督官詹姆斯·托德上校（Colonel James Tod）于1829年首次提出。如今越建越高的酒店争夺着最佳视野，古老的大街拥堵不堪，这种浪漫气息已经渐渐淡去。

乌代布尔于1568年由王公乌代·辛格二世在吉多尔格尔被莫卧儿皇帝阿克巴最后一次攻破后所修建。这座梅瓦尔的新都城在战略位置上比吉多尔格尔更加易守难攻。尽管如此，梅瓦尔仍然要面对莫卧儿王朝以及之后马拉地人的一次次进攻，直到19世纪早期英国人开始介入这片地区。梅瓦尔与英国人签订了一份条约，使乌代布尔免受入侵者袭击，同时梅瓦尔的统治者仍能在内部事务上保持全权决策。前王室家庭的影响力一直延续至今，近几十年来他们也是推动乌代布尔旅游业发展的幕后力量。

◉ 景点

★ 城市宫殿　　　　　　　　　　　　宫殿

（City Palace; www.eternalmewar.in; 成人/儿童₹30/15; ⊙9:00~23:00）这座俯瞰湖面的雄伟城市宫殿是拉贾斯坦邦最大的宫殿，四面筑有阳台、瞭望塔和炮塔，正面宫墙长244米，高30.4米。宫殿由城市的创建者——王公乌代·辛格二世——在1599年开始建造，后来经过多位王公的不断扩建，变成了一个建筑物的聚集区（包括11幢规模较小的独立宫殿），但是它仍然令人惊奇地保持着设计的一致性。

你可以从北边的 Badi Pol（大门）进入建筑群，也可以从南边的 Sheetla Mata 门入内。这两座门前都设有城市宫殿博物馆的售票处。注意：即使你只是想向南穿过 Chandra Chowk 门，前往水晶艺术馆（Cry-

Udaipur 乌代布尔

◎ 景点
- **1** Badi Pol B2
- **2** Bagore-ki-Haveli B2
- **3** 城市宫殿 B3
- **4** 城市宫殿博物馆 B3
- **5** 水晶艺术馆 B3
- **6** Durbar Hall B4
- **7** 政府博物馆 B3
- **8** 加格狄许寺庙 B2
- **9** Lal Ghat B2
- **10** Sheetla Mata门 C4
- **11** 三重门 B3

◆ 活动、课程和团队游
- Art of Bicycle Trips .... (见14)
- Ashoka Arts .... (见21)
- **12** Ayurvedic Body Care B2
- **13** Lake Pichola Boat Trips B4
- Millets of Mewar .... (见36)
- **14** Prakash Yoga B1
- **15** Prem Musical Instruments B1
- **16** Shashi Cooking Classes B1
- Sushma's Cooking Classes .... (见22)

🛏 住宿
- **17** Amet Haveli A2
- **18** Dream Heaven A1
- **19** Fateh Prakash Palace Hotel B4
- **20** Hotel Baba Palace C1
- **21** Hotel Gangaur Palace B1
- **22** Hotel Krishna Niwas B2
- **23** Jagat Niwas Palace Hotel B2
- **24** Jaiwana Haveli B2
- **25** Lal Ghat Guest House B2
- **26** Nukkad Guest House B1
- Poonam Haveli .... (见22)
- **27** Pratap Bhawan B2
- **28** Rangniwas Palace Hotel D4
- **29** Shiv Niwas Palace Hotel B4
- **30** Taj Lake Palace A4
- **31** Udai Garh B2
- **32** Udai Kothi A2

🍴 就餐
- **33** Ambrai A2
- **34** Cafe Edelweiss B1
- Charcoal .... (见27)
- Jagat Niwas Palace Hotel .... (见23)
- **35** Little Prince A1
- Mayur Rooftop Cafe .... (见20)
- **36** Millets of Mewar A1
- **37** Queen Cafe A1

🍷 饮品和夜生活
- Jaiwana Bistro Lounge .... (见24)
- **38** Jheel's Ginger Coffee Bar B1
- **39** Paps Juices B1
- **40** Sunset Terrace B4

☆ 娱乐
- **41** Dharohar B2
- **42** Mewar Sound & Light Show C3

🛍 购物
- **43** Sadhna C1

---

stal Gallery)或到Rameshwar Ghat乘船游览皮丘拉湖,你也必须花₹30购买城市宫殿门票,尽管你持有城市宫殿博物馆的门票。

在Badi Pol门内,左边有8座拱门,这是为了纪念王公们曾在这里称过8次体重,而与他们体重数量相等的黄金或白银则被分发给幸运的当地群众。然后你会经过有三个拱的**三重门**(Tripolia Gate),进入一个名为**Manek Chowk**的大庭院。在这里可以看到巨大的捕虎笼,其工作原理如同一个大号的捕鼠器,较小的那个笼子用来捕捉猎豹。

★ 城市宫殿博物馆
博物馆

(City Palace Museum;成人/儿童₹250/100,照相或录像₹250,导游₹250,语音导览₹200;⊙9:30~17:30, 16:30停止检票)城市宫殿的主体如今已作为城市宫殿博物馆对公众开放,房间里奢华地装饰着镜子、瓷砖和绘画,并且陈列着丰富的手工艺展品。博物馆入口设在**Ganesh Chowk**,你可以从Manek Chowk走到这里。

城市宫殿博物馆之旅从**Rai Angan**(皇家庭院)开始,乌代·辛格就是在这里被圣人告知要于此地修建一座城市。一侧的房间里陈列有各种历史画作,其中许多以发生在1576年的Haldighat之战为主题。在这场战役中,梅瓦尔部队在拉其普特最伟大的英雄之———王公Pratap的带领下,英勇地对抗莫卧儿王朝阿克巴大帝的军队,最后双方以平局告终。在宫殿内继续前行,你会经过宫殿的众多亮点,其中就包括**Baadi Mahal**(建于1699年），这里美丽的中心花园能俯瞰到城市美景。Kishan（Krishna）Vilas里面有许多杰出的细密画收藏，作品最早可上溯至王公Bhim Singh时期（1778~1828年在位）。传说Bhim Singh之女Krishna Kumari饮下一杯致命毒酒，以摆脱困境，同时拒绝斋浦尔和焦特布尔两位王子的竞相求婚，因为他们都威胁说如果不能娶到公主就会入侵梅瓦尔。Surya Choupad有一个巨大、华丽的太阳装饰——这是自称太阳后裔的梅瓦尔王朝的标记。然后进入Mor Chowk（孔雀庭院），这里可以看到一些马赛克镶嵌的孔雀图案——孔雀是拉贾斯坦邦最受欢迎的鸟类。博物馆南边有Zenana Mahal，这是建于17世纪的王室贵妇的房间。如今这里有个狭长的图片展厅，收藏着许多表现王室狩猎场景的美术作品（注意每幅画中描绘狩猎行动的连环漫画风格）。Zenana Mahal的中心庭院Laxmi Chowk，有一座美丽的白色亭子，以及收藏了象舆、轿子和其他载人工具的厩房。

水晶艺术馆　　　　　　　　　　画廊

(Crystal Gallery; City Palace Complex; 成人/儿童含语音导览和饮品₹550/350，禁止拍照；◎9:00~19:00) 水晶艺术馆陈列着一些稀有的水晶，都是由王公Sajjan Singh（1874~1884年在位）于1877年从英格兰的F&C Osler & Co订购的。但在这批水晶运到之前，王公就不幸离世，这些物品彻底被遗忘，在箱子里整整尘封了110年。这些非比寻常的奢华展品中包括水晶椅子、沙发、桌子甚至是床。门票相当贵，还包含进入宏伟的Durbar Hall。在城市宫殿的各个大门或水晶艺术馆门口都有售票亭。

政府博物馆　　　　　　　　　　博物馆

(Government Museum; 印度人/外国人₹20/100；◎周二至周日 10:00~17:00) 从Ganesh Chowk进入，这座妙趣横生的小博物馆有梅瓦尔流派类似珠宝的细密画展品，以及属于泰姬陵缔造者沙贾汗的长头巾。更奇怪的展品包括一只手持油灯的猴子标本。还能看到雍容华贵的王公侧面画像，记录着梅瓦尔统治者们的风采和他们不断变化的小胡子式样。

★皮丘拉湖（Lake Pichola）　　　湖泊

皮丘拉湖广阔而清澈，在它镜面般泛着波澜的湖面上倒映着蓝灰色的山脉。王公乌代·辛格二世在建立城市之后用水淹了Picholi村，扩大了湖的面积，而这座湖也因此而得名。这座湖有4公里长，3公里宽，但湖面很浅，而且在严重的干旱季节还会完全干涸。城市宫殿建筑群，包括位于南端的花园，分布于湖东岸近1公里长的地带上。

乘船游（成人/儿童10:00~14:00₹400/200，15:00~17:00₹700/400；◎10:00~17:00）大约每小时1班，发船地点是城市宫殿建筑群内的Rameshwar Ghat（注意：你需要支付₹30进入）。其间会靠泊加格曼狄尔岛，你可以在岛上随意游玩，然后搭乘其他船返回岸上。记得自行携带饮料和零食，因为岛上出售的东西堪称天价。你也可以从Lal Ghat（每人₹250）乘船花25分钟游湖，从而无须进入宫殿建筑群内；日落乘船游人气很高，最好提前查看出发时间。

加格曼狄尔岛　　　　　　　　　　岛屿

加格曼狄尔岛上的那座宫殿，位于Jagniwas南边800米处，是由王公Karan Singh二世于1620年修建，其继承者王公Jagat Singh进行了扩建，之后基本没有变化，直到过去几年这里部分地方改建成另一座（稍小的）酒店。在夜晚华灯初上时，这里显得比湖宫酒店更加浪漫。除了7间酒店客房，这个岛上还有餐厅、酒吧和水疗中心，对非住客也一样开放。

这个岛的入口侧面有一排巨大的石象，岛上还有一座华丽的17世纪高塔Gol Mahal，采用蓝灰砂岩雕筑而成，里面设有描述这座小岛历史的展览，外面有一个花园，塔上能观赏美丽的湖光山色。

加格狄许寺庙　　　　　　　　　印度教神庙

(Jagdish Temple; ◎5:30~14:00和16:00~22:00) 这座神庙位于城市宫殿的Badi Pol以北150米处，门前一段陡峭的台阶两侧有大象石雕。这座香火旺盛的印度—雅利安神庙由王公Jagat Singh建于1651年。精心雕刻的主殿内供奉有一尊黑色石像，是宇宙之神毗湿奴的Jagannath化身。主殿前还有一尊迦楼罗（Garuda，毗湿奴半人半鸟的坐骑）铜像。

Bagore-ki-Haveli　　　　　　博物馆

(印度人/外国人₹40/80，照相₹50；

◎9:30~17:30)这座典雅的18世纪哈维尔,建于Gangaur Ghat区的湖畔。它由一位梅瓦尔大臣建造,并且得到了精心修复。庭院周围共有138个房间,有些房间布置会让人禁不住遥想当年仍有人居住时的场景,其他房间则陈列着一些文化展品,包括异常精美的世界上最长的头巾。这座哈维尔内还有一座美术馆,收藏着令人着迷的乌代布尔老照片,还有一些离奇的用聚苯乙烯精雕的世界著名纪念碑模型。

雨季宫殿   宫殿

(Sajjan Garh; Monsoon Palace)这座屹立于遥远的山顶宛如童话中的城堡,让人略感忧伤。这是一座曾被历史淹没的19世纪末期宫殿,由王公Sajjan Singh修建。最初它是一个天文中心,后来成为雨季宫殿和狩猎行宫。现在它收归政府所有,显得残破不堪,令人遗憾。但是游客们依然蜂拥而至领略这里的壮观景象,尤其是在日落时分。这里位于旧城以西直线距离5公里的地方,蜿蜒山路里程约为9公里。在山脚下,你会进入5平方公里的**雨季宫殿野生动物保护区**(Sajjan Garh Wildlife Sanctuary;印度人/外国人₹50/300,车辆₹200)。游览这里的最好方式是乘坐有生意头脑的出租车司机的面包车,参加每天的日落游览活动。他每天17:00会在Gangaur Ghat的Bagore-ki-Haveli入口处等待乘客。往返费用为每人₹300,包含等待时间(但不包含保护区门票)。他的面包车前面写有"Monsoon Palace-Sajjangarh Fort"字样。或者你可以乘坐机动三轮车(往返₹400,含等待时间)前往保护区大门,但是它们无法入园。这里会有出租车将游客送往最后4公里外山上的宫殿,费用约为每人₹150。

老爷车与经典车收藏   博物馆

(Vintage & Classic Car Collection; Garden Hotel, Lake Palace Rd; 成人/儿童₹250/150, 午餐或晚餐₹230; ◎9:00~21:00)王公的汽车收藏带给人一种截然不同的美妙体验,这种感觉同时来自这些汽车所展示的奢侈生活和车辆本身的魅力。展厅位于旧日的王公车库,里面有22辆很棒的车,包括一辆带有窗帘系统的1938年的7座凯迪拉克、在007电影《八爪女》中出现的那辆绝妙的1934年劳斯莱斯幻影、1961年将伊丽莎白二世女王载到机场的凯迪拉克敞篷车。沿Lake Palace Rd向东步行10分钟可抵达这个博物馆。

🏃 活动

Krishna Ranch   骑马

(☎9828059505; www.krishnaranch.com; 全天含午餐₹1200)位于乌代布尔西北方向7公里处,Badi村附近的美丽乡间,由Kumbha Palace guesthouse的主人经营。店主兼导游Dinesh Jain经验丰富,大部分旅行路线都由他亲自带队,骑着本地的Marwari马穿越周边的山地。牧场里还有迷人的小屋(见166页)。

Prakash Yoga   瑜伽

(☎0294-2524872; Chandpol之内; 学费乐捐; ◎课程8:00和19:00)宜人的哈他瑜伽中心,组织1小时的课程。教师有20余年的经验。这里藏在Chandpol之内,靠近人行桥,但路标清晰。

Ayurvedic Body Care   阿育吠陀、按摩

(☎0294-2413816; www.ayurvedicbodycare.com; 38 Lal Ghat; ◎9:30~20:30)位于旧城区的一座受欢迎的小型设施,以合理的价格提供阿育吠陀按摩,其中包括20分钟的头部或背部按摩(₹350)以及50分钟的全身按摩(₹850)。这里还可出售阿育吠陀产品,例如精油、保湿霜、洗发露和肥皂等。

📚 课程

Shashi Cooking Classes   烹饪

(☎9929303511; www.shashicookingclasses.blogspot.com; Sunrise Restaurant, 18 Gangaur Ghat Rd; 4小时课程₹1500; ◎课程10:30和17:30)Shashi的烹饪课程气氛高涨,教授许多基础的印度菜做法,受到读者们的盛赞。课程时长3.5~4小时,附赠一本菜谱小册子。

Sushma's Cooking Classes   烹饪

(☎7665852163; www.cookingclassesinudaipur.com; Hotel Krishna Niwas, 35 Lal Ghat; 2小时课程₹1000)热情洋溢的Sushma推出的烹饪课程备受推荐。教学内容五花八门,包括传统拉贾斯坦邦菜肴、混合香辛料的方法、

饼的制作和完美印度茶的冲煮绝学。

Prem Musical Instruments 音乐

(☏9414343583; 28 Gadiya Devra; 每小时₹700; ◐10:30~18:00) Rajesh Prajapati (Bablu)是一位成功的本地音乐家，在这里讲授西塔琴、塔布拉鼓和长笛课程。他还销售和修理上述乐器，而且可以安排演出。

Ashoka Arts 工艺品

(Hotel Gangaur Palace, Ashoka Haveli, Gangaur Ghat Rd; 每小时₹200) 在这里你可以跟一位当地大师学习绘制古典细密画的基本知识。

👉 团队游

Art of Bicycle Trips 骑车

(☏8769822745; www.artofbicycletrips.com; 27 Gadiya Devra, Chandpol之内; 半日游₹1950) 这个经营有方的机构用趣味盎然的方式带游客远离城市。湖城环线（Lakecity Loop）是一条30公里的半日游线路，你可以骑车飞速将乌代布尔抛在身后，在村庄、农田、Fateh Sagar湖和Badi湖的岸边穿行。还有其他行程可供选择，比如在车辆的辅助下，前往更远的贡伯尔加尔和热那克普。自行车维护良好，而且全配头盔。

Millets of Mewar 步行

(☏8890419048; www.milletsofmewar.com; Hanuman Ghat; 每人₹1000, 最少2人) 健康餐饮专家Millets of Mewar（见167页）组织2.5小时的城市游，你可以拜访在乌代布尔生活工作的当地工匠。团队游需提前1天预订，10:00从餐厅出发。

🎉 节日和活动

胡里节（洒红节） 宗教节日

(Holi; ◐2月/3月) 如果在2月/3月来到乌代布尔，可以体验乌代布尔风格的胡里节，届时整个城镇色彩斑斓，热闹非凡。

梅瓦尔节 宗教节日

(Mewar Festival; ◐3月/4月) 胡里节之后的3月/4月，人们用盛大的游行喜迎梅瓦尔节——这是乌代布尔版的春季干高尔节（Gangaur festival）。

🛏 住宿

许多经济型及中档住宿集中在湖畔，尤其是湖东岸的Lal Ghat。这里街巷交错，靠近城市宫殿。这里是乌代布尔的游客核心区，有大量餐厅和商店。在Lal Ghat对岸的Hanuman Ghat，你能感受到当地人的生活气息以及更美丽的风景，但是仍位于旅游区内。

🛏 Lal Ghat

Lal Ghat Guest House 客栈 $

(☏0294-2525301; lalghat@hotmail.com; 33 Lal Ghat; 铺₹200, 房间₹1000, 不带浴室₹750, 带空调₹2000; ❄@🌐) 这家老牌客栈位于湖畔，是乌代布尔最早开业的旅馆之一，如今它依然是可靠的住宿选择，有各具异的旧式和新式房间。住宿条件多样，有整洁禁烟的多人间（配挂着帘子的床铺，床垫下有寄物柜），最好的房间带一面石墙、一张大床、一面大镜子和空调。

大部分房间都能看到湖景，位于旧楼里的那些房间通常更有特点。这里有一间小厨房可供自炊的住客使用。

Nukkad Guest House 客栈 $

(☏0294-2411403; nukkad_raju@yahoo.com; 56 Ganesh Ghati; 标单/双不带浴室₹100/200, 房间₹300~500; @🌐) 这里的房间干净简朴，配风扇，性价比颇高，而且有一间适于交际且通风的楼上餐厅，供应非常棒的印度菜和国际风味菜肴（主菜₹60~85）。足不出户，你就可以参加下午的烹饪课程和晨间瑜伽训练（随喜捐赠）——晚归不要超过关门时间，也不要被发现在自己的浴室里洗衣服。

★ Jagat Niwas Palace Hotel 历史酒店 $$

(☏0294-2420133, 0294-2422860; www.jagatniwaspalace.com; 23-25 Lal Ghat; 房间₹2000~3185, 湖景房₹4860~8100; ❄@🌐) 这个一流的中档酒店位于两座改造后的湖畔哈维尔之中，地理位置优越，工作人员效率很高，而且总是彬彬有礼。湖景房非常迷人，带有木雕家具、带坐垫的飘窗以及漂亮的版画。非湖景房也非常舒适和吸引人，而且异常便宜。这栋建筑充满独特个性，有着许多富有

吸引力的座位区、露台和庭院，屋顶餐厅更是集所有吸引力之大成，在这里可以拍出完美的照片。

Jaiwana Haveli　　　　　　酒店 $$

（☎0294-2411103，9829005859；www.jaiwanahaveli.com；14 Lal Ghat；房间₹3265起；❋@🛜）由乐于助人、高效专业的两兄弟经营，这座时尚的中档酒店有干净务实的房间，配不错的床、电视和迷人的木版印刷织物。预订转角房以享受美景。屋顶餐厅能看到优美的湖景，供应印度菜（主菜₹140~300），一楼还有一间时髦的咖啡馆（见168页）。

Hotel Baba Palace　　　　　　酒店 $$

（☎0294-2427126；www.hotelbabapalace.com；Jagdish Chowk；房间/豪华房含早餐₹2250/2750；❋@）这家酒店外观优美，房间清新闪亮，房门坚固，床铺舒适，还有一部电梯。酒店对着加格狄许寺庙，所以许多房间都能看到有趣的风景。所有房间都带空调和电视，有些还配赏心悦目的四柱床。顶楼是人气很高的Mayur Rooftop Cafe（见167页）。可到火车站或机场免费接客人到酒店。

Hotel Krishna Niwas　　　　　　酒店 $$

（☎0294-2420163，9414167341；www.hotelkrishnaniwas.com；35 Lal Ghat；双₹1500~2000；❋@🛜）Krishna Niwas由一个艺术世家经营，房间时髦又干净，全部带空调。适合观景的房间偏小，有些带阳台。屋顶风光开阔优美，还有一间不错的餐厅。这里的烹饪课（见163页）也很受欢迎，课后可品尝自己的厨艺作品。

Pratap Bhawan　　　　　　酒店 $$

（☎0294-2560566；www.pratapbhawanudaipur.com；12 Lal Ghat；房间₹1450~2250；❋🛜）一条弧形的大理石楼梯从宽敞的大堂通向楼上的大房间，房间的浴室也宽大又令人满意，许多房间还有带坐垫的飘窗。这里虽然在近期涨价后，略微超出了经济型酒店的范畴，但依旧是一个当之无愧的热门住宿地点。屋顶的Charcoal餐厅是在夜晚露天而坐的好地方。

Poonam Haveli　　　　　　酒店 $$

（☎0294-2410303；www.hotelpoonamhaveli.com；39 Lal Ghat；房间含早餐₹3215；❋@🛜）外表传统、内里现代、热情友好的Poonam酒店共有16个宽敞、干净的房间，带有大理石地面、大床、电视和简约但不失品位的装饰，以及惬意的休闲座椅区。房间都看不到湖景，但是屋顶餐厅可以，并且除了常见的印度菜和旅行者食物外，还提供木柴烤比萨。

Hotel Gangaur Palace　　　　　　历史酒店 $

（☎0294-2422303；www.ashokahaveli.com；Ashoka Haveli, 339 Gangaur Ghat Rd；标单₹400~2000，双₹500~2500；❋@🛜）这座造型优雅但饱经风霜的哈维尔围绕一个石柱中庭而建。在各层楼上有许多不同风格的房间。它正逐渐向高档酒店转变，房型从没有窗户、墙面斑驳的老旧房间到明亮和新近装修的湖景房等。许多房间都有壁画和飘窗。酒店里还有一个常驻的看手相的人、一间艺术品商店、一所艺术学校（见164页）和一间屋顶餐厅。

Udai Garh　　　　　　酒店 $$

（☎9660055500，0294-2421239；www.udaigarhudaipur.in；21 Lal Ghat；房间含早餐₹2600~3400；❋🛜☷）Udai Garh离湖岸不远，是一片宁静的绿洲，有一片中央庭院和宽敞的客房。遗憾的是，从房间里不太能看到湖景，不过美妙的屋顶当然适合观湖，而且有一个美观的泳池和一间宜人的餐厅。

动物救助无极限（ANIMAL AID UNLIMITED）

这处宽敞的动物救助所（☎935 2511 435，9602055895；www.animalaidunlimited.com；Badi Village）每天都会照顾200只街边流浪动物（主要是流浪狗、驴和牛），每年还会接到3000余个紧急救援求助电话。这个动物救助所欢迎志愿者和游客前来：你可以在9:00~16:00来访，不必电话预约，但要避开午餐时间（13:00~14:00）。救助所位于乌代布尔西北7公里处的Badi村；乘坐机动三轮车往返，含等待时间的费用约为₹350~400。如果在乌代布尔看到任何受伤或者生病的流浪动物，都可以给动物救助所打电话。

🛏 Hanuman Ghat

Dream Heaven 客栈 $

(☎0294-2431038；www.dreamheaven.co.in；Hanuman Ghat；房间₹400~1200；❄@🛜)在这个杂乱无章的建筑里，干净的房间装饰着壁挂和绘画。浴室偏小，但有些房间带可爱的阳台和/或观景视野。屋顶餐厅俯瞰着湖泊，食物（菜肴₹100~150）新鲜可口，这里特别适合窝在一堆靠垫里悠闲放松，而且是唯一一处有Wi-Fi信号的地方。

Amet Haveli 历史酒店 $$$

(☎0294-2431085；www.amethaveliudaipur.com；Hanuman Ghat；标单/双₹4165/4760起；❄@🛜≋)这是一座已有350年历史的湖畔历史酒店，有赏心悦目的房间，带有坐垫飘窗、彩色玻璃和小护窗。房间都围绕一个漂亮的庭院和池塘而建。不妨挥霍一下，感受带有阳台或者巨大浴缸的房间。乌代布尔最浪漫的餐厅之一Ambrai（见167页），也位于酒店内。

Udai Kothi 酒店 $$$

(☎0294-2432810；www.udaikothi.com；Hanuman Ghat；房间₹6500~10,000；❄@🛜≋)Udai Kothi有点像一个5层的婚礼蛋糕，是一座华丽又现代化的建筑（有一部电梯），又有大量传统风格的装饰——圆屋顶、引人入胜的艺术品和纺织品、部分房间带飘窗、大理石浴室和雕花木门——和周到体贴的小细节，比如随处可见的花朵漂浮的碗。房间很漂亮，设计各不相同，而且设施齐备。

最高点是屋顶露台，你可以在餐厅享用美餐，在乌代布尔最好的屋顶泳池游泳（非住客₹500）。

🏛 城市宫殿

Shiv Niwas Palace Hotel 历史酒店 $$$

(☎0294-2528016；www.hrhhotels.com；City Palace Complex；房间₹18,000~103,000；❄@🛜≋)酒店位于旧宫殿的客房区，拥有豪华的公共区域，例如泳池庭院、酒吧和草坪花园。一些套房确实非常壮观，内设喷泉和银饰，但是标准间却算不上物有所值。预订一间套房，或者到这里来喝酒、用餐或按摩。4月至9月房费会大幅下降。

Fateh Prakash Palace Hotel 历史酒店 $$$

(☎0294-2528016；www.hrhhotels.com；City Palace Complex；房间/高级套房₹23,000/45,000；❄@🛜≋)建于20世纪初的Fateh Prakash起初是举行王室典礼的场所，有奢华的客房和美轮美奂的套房，所有房间都设施齐全，几乎全部对着皮丘拉湖。除开景色，酒店整体的豪华感比Shiv Niwas Palace Hotel稍逊一筹，不过Sunset Terrace酒吧（见168页）是夜晚小酌的好去处。

Taj Lake Palace 历史酒店 $$$

(☎0294-2428800；www.tajhotels.com；房间₹38,250起；❄@🛜≋)乌代布尔的标志性建筑，这个浪漫的白色大理石宫殿看上去如同漂浮在湖面上，壮观非凡。酒店内有露天庭院、荷塘和一个有芒果树遮掩的泳池。房间内以明快的丝绸装饰，配以精雕细琢的家具。部分最便宜的房间对着荷塘而不是湖泊，装饰着壁画的套房会带给你王公般的尊贵感受。

🏛 其他地区

★ Krishna Ranch 小屋 $$

(☎9828059505，9828059506；www.krishnaranch.com；标单/双含餐₹2000/2500起；🛜)这座让人心旷神怡的乡村僻静住所，是散布在一座小农场上的5间小屋。每间都带有独立的卫生间（以及太阳能热水淋浴）、品位颇高的装饰和农场景色。所有餐费都已包含在房费中，而且都是用农场自己种的有机食材烹饪。农场离镇上有7公里，在Badi村附近，但是可以安排免费的乌代布尔接送。

这是开展步行游和骑马游（见163页）的理想大本营，其管理人员——一对荷兰-印度夫妻，可以负责组织游览，就算你不住店也可以参加。

Rangniwas Palace Hotel 历史酒店 $$

(☎0294-2523890；www.rangniwaspalace.com；Lake Palace Rd；标单 ₹1090~1420，双 ₹1310~1635，套 ₹3050~4360；❄🛜≋)这个19世纪的宫殿古色古香，有一片宁静的中央花园，成熟棕榈树的树荫笼罩着一个小泳池。在年代更久的酒店区，古雅的客房最为迷人，套房非常惬意，摆满了雕花木家具，还有带秋

千椅的露台或俯瞰花园的阳台飘窗。

🍴 就餐

乌代布尔拥有数十家阳光明媚的屋顶餐厅,其中许多都可以观赏美丽湖景,食物有时缺乏新意,千篇一律,但在竞争之下,大部分餐厅都力求改进。

🍴 Lal Ghat

Cafe Edelweiss　　　　　　咖啡馆 $

(73 Gangaur Ghat Rd;咖啡₹60起,三明治₹140起;◎8:00~20:00;📶)Savage Garden餐厅的经营者开了这间小巧玲珑的咖啡馆,供应烘焙食品和咖啡。能吃到肉桂糯米卷、蓝莓巧克力蛋糕、加入菠菜和蘑菇的法式咸派或苹果卷,早餐的什锦麦片或鸡蛋,还有多种多样的三明治。

★ Jagat Niwas Palace Hotel　印度菜 $$

(📞0294-2420133;23-25 Lal Ghat;主菜₹250~325;◎7:00~10:00、中午至15:00和18:00~22:00)一家美妙又高级的屋顶餐厅,提供美丽的湖景、美味印度菜肴和热情的服务。有种类丰富、令人垂涎的咖喱菜可供选择(很对西方人的口味)——羊肉、鸡肉、鱼、时蔬,以及经典泥炉菜等。这里还有诱人的鸡尾酒单、印度葡萄酒和冰啤酒。晚餐时段最好提前订位。

Charcoal　　　　　　　　各国风味 $$

(📞8769160106;www.charcoalpb.com;Pratap Bhawan, 12 Lal Ghat;主菜₹140~480;◎8:00~23:00;📶)正如店名(意为"木炭")所示,烧烤和泥炉菜是这家创意屋顶餐厅的招牌特色菜。有许多素食菜肴和多汁的肉菜可供选择,自制的柔软玉米卷饼搭配五花八门的馅料,是当之无愧的人气之选。

Mayur Rooftop Cafe　　　各国风味 $$

(Hotel Baba Palace, Jagdish Chowk;主菜₹150~290;◎7:00~22:00;❄📶)这家惬意的屋顶餐厅视野极佳,可眺望加格狄许寺庙的绚烂灯光秀。室内就餐区有空调,也可选择清风习习的露天就餐区。菜单上是常见的各国风味菜肴,水准一流。塔利套餐性价比极高,9道可选的印度奶酪菜会让素食者心满意足。

Savage Garden　　　　　地中海菜 $$$

(📞8890627181;Chandpol之内;主菜₹280~520;◎11:00~23:00)Savage Garden隐藏在Chandpol附近的后街里,这里的汤、鸡肉和自制的意大利面都让人赞不绝口。可以尝尝羊肉酱小方饺,还有甜咸搭配,加入坚果、奶酪和胡萝卜炒饭的酿鸡胸。餐厅位于一栋粉刷成白色、有250年历史的哈维尔房屋里,装饰着盆栽花草。屋内和惬意的庭院里都摆有餐桌。供应印度葡萄酒。

🍴 Hanuman Ghat

Millets of Mewar　　　　　印度菜 $

(www.milletsofmewar.com;Hanuman Ghat;主菜₹110~180;◎8:30~22:30;📶)🌿这家注重环保的慢食餐厅尽可能用当地种植的小米替代小麦和大米,这里还有严格素食菜肴、无麸菜、新鲜沙拉、果汁和草本茶可供选择。菜单中还有杂粮三明治和小米比萨饼,以及常规的咖喱菜、印度小吃、意大利面和煎饼。

Little Prince　　　　　　各国风味 $

(Daiji Footbridge;主菜₹100~160;◎8:30~23:00)这家可爱的露天餐厅供应美味的素食和非素食菜肴,外面就是古色古香的Daiji Footbridge。这里有许多印度菜可供选择,还有比萨、意大利面以及对包括韩国料理和以色列菜等经典烹饪进行改良的原创菜肴。这里的环境让人超级放松,服务态度热情友好。

Queen Cafe　　　　　　　印度菜 $

(14 Bajrang Marg;主菜₹70~80;◎8:00~22:00)这家餐厅就像一个家庭的起居室,供应可口的家常印度素食。不妨试试薄荷和椰子调制的南瓜咖喱,以及用水果、蔬菜和椰子制作的克什米尔拌饭(pulao)。店主Meenu也在这里推出了烹饪课程和步行游,游览从一顿家常早餐开始。

★ Ambrai　　　　　　　　北印度菜 $$

(📞0294-2431085;www.amethaveliudaipur.com;Amet Haveli, Hanuman Ghat;主菜₹315~515;◎12:30~15:00和19:30~22:30)餐厅坐落在湖畔,可隔湖眺望被泛光灯照亮的城市宫殿和另一个方向的Jagniwas岛。餐厅在晚上

特别浪漫，餐桌摆在高大的树下，铺着白色桌布，烛光摇曳。服务与食物与餐厅所处的优越位置很相称。

🍷 饮品和夜生活

Jaiwana Bistro Lounge   咖啡馆
(☎9829005859; Jaiwana Haveli, 14 Lal Ghat; 咖啡₹100起; ⊙7:00~22:30; 🛜) 这间咖啡馆现代、时髦又干净，有浓缩咖啡和新鲜健康的果汁，可用来搭配美味的烘焙食品和其他正餐。

Paps Juices   果汁吧
(Chandpol之内; 果汁₹60~180; ⊙9:00~20:00) 这个亮红色的果汁吧小巧却非常吸引人，有种类丰富的美味混合果汁，是白天补充维生素C的好去处。如果想吃更有饱腹感的东西，这里的什锦麦片也相当好吃。

Jheel's Ginger Coffee Bar   咖啡馆
(Jheel Palace Guest House, 56 Gangaur Ghat Rd; 咖啡₹80~110; ⊙8:00~20:00; 🛜) 这家华丽的小咖啡馆位于湖畔Jheel Palace Guest House一楼。大大的玻璃窗带来美丽的湖景，咖啡非常棒。同时供应各种蛋糕和小吃。注意：如果愿意，你可以将咖啡拿到露天的屋顶餐厅。

Sunset Terrace   酒吧
(Fateh Prakash Palace Hotel; 啤酒/鸡尾酒₹400/650起; ⊙7:00~22:30) 这家露台上的酒吧可俯瞰皮丘拉湖，是在日落时分喝一杯金汤力鸡尾酒的完美地点。这里也是一间餐厅（主菜₹400~950），每晚都有现场音乐演出。

☆ 娱乐

Dharohar   舞蹈
(☎0294-2523858; Bagore-ki-Haveli; 印度人/外国人₹90/150, 照相₹150; ⊙19:00~20:00) 漂亮的Bagore-ki-Haveli（见162页）有最棒（和最方便）的拉贾斯坦民间舞蹈表演。这里每晚都会上演精彩绝伦、活力四射的梅瓦尔、Bhil和西拉贾斯坦舞蹈，以及传统的拉贾斯坦木偶戏。

Mewar Sound & Light Show   现场演出
(梅瓦尔声光秀; Manek Chowk, 城市宫殿;

成人/儿童₹150/100; ⊙9月至次年3月19:00, 4月19:30, 5月至8月20:00) 1500年多姿多彩的梅瓦尔历史浓缩为怀旧氛围浓郁的一个小时的解说和声光秀——9月至次年4月有英语版，其他时间为印地语。

🛍 购物

从Jagdish Chowk往四周辐射开来的街道两侧，挤满了旅游品商店，店内销售细密画、木雕、银饰、镯子、香料、骆驼骨盒子和琳琅满目的纺织品等。乌代布尔的当地工艺品远近闻名，尤其是拉其普特—莫卧儿风格的细密画，和一些有趣的当代艺术品。

当地的市场区从Jagdish Temple Rd北端的老钟楼向东延伸，夜晚人声鼎沸，最为热闹。一边闲逛一边尽情感受当地的气氛和购物同样引人入胜。就在老钟楼东面的Bara Bazar售卖金银，而狭窄的小街Maldas St专卖纱丽和布料。再往东一点，Mochiwada售卖传统鞋子。

食品和香料主要集中在市场区东端的新钟楼周围和位于钟楼以北200米处的Mandi Market。

Sadhna   服装
(☎0294-2454655; www.sadhna.org; Jagdish Temple Rd; ⊙10:00~19:00) 🍀 这是非政府组织Seva Mandir的零售商店。该组织成立已久，旨在为农村和部落居民提供帮助。小商店并不起眼，销售颇具吸引力的固定价格纺织品。所得利润都用于手工业者和社区开发工作。

ℹ 实用信息

紧急求助

警察（Police; ☎0294-2414600, 紧急情况100) 在旧城墙的三个大门Surajpol、Hatipol和Delhi Gate都设有警务站。

上网

有许多可以上网的地方，尤其是在Lal Ghat周边，上网费用为每小时₹40。许多网吧还身兼旅行社、书店、艺术品商店的角色。

医疗服务

GBH American Hospital（☎24小时咨询0294-

2426000，急救9352304050；www.gbhamerican hospital.com；Meera Girls College Rd, 101 Kothi Bagh, Bhatt Ji Ki Bari）读者推荐的现代化私立医院，设有24小时急救服务，位于旧城东北约2公里处。

现金
有许多自动柜员机分布在City Palace Rd的加格狄许寺庙附近、汽车站附近和火车站外。
Thomas Cook（Lake Palace Rd；◉周一至周六9:30~18:30）可兑换外币现金和旅行支票。

邮局
DHL（1 Town Hall Rd；◉周一至周六 10:00~19:00）在乌代布尔提供免费取件服务。

DHL Express（☏0294-2525301；Lal Ghat Guesthouse, Lal Ghat）位置便利，就在Lal Ghat Guesthouse之内。

中心邮局（Chetak Circle；◉周一至周六 10:00~13:00和13:30~18:00）位于旧城以北。

邮局（City Palace Rd；◉周一至周六 10:00~16:00）这家小邮局就在城市宫殿的Badi Pol售票处旁边，可以邮寄包裹，能够打包，几乎不用排队。

旅游信息
火车站和机场的小型旅游办公室营业时间不定。

旅游局（☏0294-2411535；Fateh Memorial Bldg；◉周一至周六 10:00~17:00）位置不算特别方便，位于加格狄许寺庙以东1.5公里处（不过距离车站只有约500米），分发数量有限的小册子，提供不够丰富的资讯。

❶ 到达和离开

飞机
乌代布尔机场位于城镇以东25公里处，有来自德里、孟买及其他交通枢纽的航班。从机场乘坐预付费出租车前往Lal Ghat地区需要₹450。

印度航空（☏0294-2410999，机场办事处0294-2655453；www.airindia.com；222/16 Mumal Towers, Saheli Rd）每天有航班飞往孟买和德里（经焦特布尔）。

靛蓝航空（☏9212783838；www.goindigo.in）每天有3班飞机去德里，2班飞机去孟买。

捷特航空（☏0294-5134000；www.jetairways.com；Maharana Pratap Airport, Dabok）每天有航班直飞德里和孟买。

香料航空（☏9871803333；www.spicejet.com）每天有2班飞机去德里，1班飞机去孟买。

长途汽车
RSRTC的长途汽车和私营长途汽车从位于城市宫殿以东1.5公里处的**中心汽车站**出发。在Lake Palace Rd尽头左转，第一个路口右转，到头后走到主路的另一边，经过沧桑的Surajpol门后就到了。乘坐机动三轮车前往车站的费用约为₹40。

如果乘坐长途汽车抵达，出车站之后左转，过马路，穿过Surajpol门，然后在路尽头左转，第一个路口右转就到了Lake Palace Rd。

私营长途汽车车票可以在加格狄许寺庙至Daiji人行桥一线路边的众多旅行社购买。

火车
火车站距城市宫殿东南2.5公里，位于中心汽车站正南1公里处。乘坐机动三轮车往返火车站和

拉贾斯坦邦 乌代布尔

从乌代布尔出发的RSRTC长途汽车

目的地	票价（₹）	车程（小时）	班次
艾哈迈达巴	236，空调585	5	5:30起每小时1班
阿杰梅尔（去布什格尔）	296	7	5:00起每小时1班
本迪	328	6	每天1班（7:45）
吉多尔格尔	120	2.5	5:15起每半小时1班
德里	672，空调1685	15	每天4班
斋浦尔	424，空调903	9	每小时1班
焦特布尔	273，空调604	6~8	每小时1班
科塔	291	7	每小时1班
阿布罗阿德（Abu Road）	166	4	5:30起每天10班

Jagdish Chowk的单程费用约为₹50。在火车站外有一个预付费机动三轮车站台。

这里没有开往阿布罗阿德（Abu Road）、焦特布尔或苏伊瑟尔梅尔的直达火车。

阿格拉 无空调卧铺₹370，13小时，每天1班（22:20）

阿杰梅尔（去布什格尔） 硬座/无空调卧铺₹145/215，5小时，每天4班（6:00、15:05、17:15和22:20），途经吉多尔格尔（硬座/无空调卧铺₹95/150，2小时）

本迪 无空调卧铺₹220，4.5小时，每天1班（18:15）

德里 无空调卧铺₹425，12小时，每天2班（17:15和18:15）

斋浦尔 硬座/无空调卧铺₹180/270，约7小时，每天3班（6:00、15:05和22:20）

❶ 当地交通

机动三轮车

机动三轮车不用计价器，所以要先谈好价格再上车——前往城区内任意地点的正常车费在₹40左右，但要谈到这个价格需要讨价还价，甚至佯装走开，过程漫长。有些司机会向游客要₹100或更多。包一辆机动三轮车在当地观光一天大约需要₹350。

司机赚旅游回扣成风，因此务必坚持前往你最开始选择的住宿地点。

自行车和摩托车

骑自行车游览当地既经济又环保（租金每天约₹200），不过由于摩托车往来不断，制造污染，骑自行车令人疲倦，也比较危险。轻便摩托车和摩托车特别适合探索周边的乡间。

Heera Cycle Store（☎9950611973；紧邻Gangaur Ghat Rd；⏲7:30~20:00）出租自行车/轻便摩托车/Bullet，每天的价格是₹200/500/800（押金US$200/400/500），必须出示你的护照和驾照。

乌代布尔周边地区

贡伯尔加尔（Kumbhalgarh）

☎02954

位于乌代布尔以北约80公里处，贡伯尔加尔是一座偏远而奇妙的古堡。这个充满浪漫色彩的地方栩栩如生地向人们展示了拉其普特富有骑士色彩的峥嵘岁月。

还可以从贡伯尔加尔去游览辽阔又崎岖的贡伯尔加尔野生动物保护区。

◉ 景点

贡伯尔加尔
堡垒

[Kumbhalgarh；印度人/外国人₹15/200，声光秀（印地语）₹100/200；⏲9:00~18:00，声光秀18:30]这座与世隔绝的古堡是率领梅瓦尔达到鼎盛时期的Rana Kumbha（1433年至1468年在位）修建的众多城堡之一。它屹立于1100米的海拔高度，在城堡里放眼远眺，无垠的景致与天际线融为一体。从阿拉瓦利山间的崎岖小路爬上这座古堡，本身就是一段精彩的旅程。

贡伯尔加尔是梅瓦尔王朝仅次于吉多尔格尔的最重要古堡，统治者们在遇到危急情况时，会明智地撤退到这里。也难怪，贡伯尔加尔牢固的防御使它在整个历史中只被攻占过一次，而且还是被安布尔、马尔瓦尔和莫卧儿皇帝阿克巴的联军所攻破，但联军仅占领了两天。

古堡厚厚的城墙绵延约36公里；有些地方的宽度足够八匹马并排而行，可以徒步环绕城墙一圈（预留2天的时间）。城内有360座

从乌代布尔出发的主要列车

目的地	列车	发车时间	到达时间	票价（₹）
阿格拉（兵营）	19666 Udaipur-Kur Exp	22:20	11:00（次日）	370/995（A）
阿杰梅尔（布什格尔）	Udaipur-Jaipur SF SPL	15:05	20:00	140/490（B）
本迪	12964 Mewar Exp	18:15	22:33	220/560（A）
吉多尔格尔	12982 Chetak Exp	17:15	19:10	180/560（A）
德里（Hazrat Nizamuddin）	12964 Mewar Exp	18:15	6:35（次日）	425/1115（A）
斋浦尔	12991 Udaipur-Jaipur Exp	6:00	13:30	180/625（B）

票价：（A）无空调卧铺/空调卧铺3类，（B）二等座/空调座。

另辟蹊径
贡伯尔加尔野生动物保护区

以热那克普为大本营,可以探访拥有崎岖山地和茂密森林的**贡伯尔加尔野生动物保护区**(Kumbhalgarh Wildlife Sanctuary;印度人/外国人₹50/300,四驱车或小汽车₹200,照相/录像免费/₹400;⊙动物之旅6:00～9:00和15:00～16:30),保护区绵延540600平方公里。这里的猎豹和野狼赫赫有名,但是看到羚羊、瞪羚、鹿和懒熊的概率更高一些,尤其是3月至6月。你肯定会看到保护区内200多种鸟类中的一部分。

在公园办公室旁,热那克普的耆那教神庙附近,就是备受推荐的团队游公司**Evergreen Safari**(☎7568830065;敞篷车动物之旅₹2500)。在通往贡伯尔加尔堡垒的路上也有几家动物之旅公司,其中包括**A-one Tour & Safari**(☎8003854293; Pratap Circle;2人/6人₹3000/4500;⊙动物之旅6:00～9:00和15:00～16:30)。大部分酒店都通过这些机构或其他相似的公司为你安排动物之旅。

在乘公共汽车前往耆那教神庙的下车点旁边就有一个保护区的售票处,但在保护区的4个入口之中,最近的一个也在2公里之外。

保存完好或已经损毁的庙宇,其中一些可追溯至公元前2世纪的孔雀王朝时期(Mauryan period),还有许多座宫殿、花园、阶梯井以及700座炮台。

如果你住在这里并且希望早点开始环绕城墙一圈,你可以在9点前进入古堡,而且没有人会向你售票。

每天晚上城堡内都会举行一场**声光秀**(印地语)。

🛏 住宿

Kumbhal Castle 酒店 $$

(☎02954-242171; www.thekumbhalcastle.com; Fort Rd; 房间₹3130起; ❋⊚✿)风格现代的Kumbhal Castle距离堡垒2公里,白色的房间朴素却宜人,配弧形花纹的铁艺床、颜色鲜亮的床罩和飘窗,有公用阳台,视野不错。超豪华客房面积要大得多,只贵几百卢比,值得考虑。酒店自带一间餐厅。

Aodhi 酒店 $$$

(☎8003722333, 02954-242341; www.eternalmewar.in; 房间₹8775起; ❋@⊚✿)这座豪华和赏心悦目的宁静酒店距离古堡本身不到2公里,有极富魅力的泳池和繁茂的花园,冬季还会生起篝火。石头建筑内的宽敞房间都带有专属棕榈顶的露台、阳台或者亭子,以及各种野生动物和绿植的工艺品和图片。非住客可以在餐厅用餐,水准一流、美味可口的印度菜是最佳选择。还可以到舒适的

Chowpal Bar喝一杯。房间价格在4月至9月间会大幅下降。

ⓘ 到达和离开

从乌代布尔的中心汽车站出发,乘坐一辆开往热那克普方向的长途汽车,在公路枢纽Saira小镇(₹78,车程2.25小时,每小时1班)下车,然后搭乘前往贡伯尔加尔的长途车(₹41,1小时,每小时1班)。这辆车是前往Kelwara,它会把你放在通往古堡道路的起点处,从这里轻松步行1.5公里即可抵达古堡大门。

发往Saira的末班车时间为17:30(而且绝对是挤满了人)。从Saira返回乌代布尔的末班车发车时间约为20:00。

从贡伯尔加尔前往热那克普,首先乘车到Saira,然后再转车到热那克普(₹20, 40分钟,至少每小时1班)。

从乌代布尔租一辆私营小汽车前往贡伯尔加尔和热那克普进行一日游,往返费用约为每车₹2000。

热那克普(Ranakpur)

☎02934

热那克普村位于阿拉瓦利山西坡,乌代布尔西北方向75公里处,贡伯尔加尔以西直线距离12公里(但公路经由Saira,全程50公里)处。印度规模最大、最重要的耆那教神庙建筑群就在这里。

这个村庄特别适合作为大本营,去探索

令人印象深刻的贡伯尔加尔野生动物保护区（见171页），或者参加一日游去参观贡伯尔加尔的堡垒（见171页）。

◎ 景点

热那克普 耆那教寺庙

（Ranakpur；印度人/外国人含语音导览 免费/₹200，带相机/平板电脑₹100/200；⊙耆那教徒6:00~19:00，非耆那教徒12:00~17:00）热那克普的主庙是Chaumukha Mandir（四面神庙），建于15世纪，大量采用了乳白色的大理石。该神庙供奉的是阿迪那特[耆那教第一位tirthankar（伟大祖师，庙内有许多这位祖师的画像，面容与佛陀颇为相似）]。作为耆那教不可思议的壮举，这座神庙由29个大殿、80个穹顶和1444根精雕细刻的支柱构建而成。内部覆满了工艺精美的雕刻，让人深切地感受到一种平静和谐的绝妙空间感。鞋子、香烟、食物和一切皮革制品都必须留在入口处，经期女性禁止进入。

这片寺庙群内还有另外两座雕刻精美、值得膜拜的耆那教寺庙，分别供奉的是Neminath（第22位祖师）和**帕拉斯那特**（Parasnath，第23位祖师），附近还有一座**太阳神庙**。距离主要建筑群1公里处有一座Amba Mata神庙。

⊨ 住宿

★ Aranyawas 酒店 $$

（☎02956-293029；www.aranyawas.com；房间含早晚餐₹5000；❄@☼）在神庙以南12公里处，Aranyawas坐落在紧邻Hwy 32的绿树成荫的僻静庭院里。酒店有28间富有魅力的客房分布在两层的石头小屋里。房间并不豪华，但宽敞、整洁又雅致，配松木的家具陈设，大部分房间还有阳台俯瞰着一条河和丛林覆盖的山丘。酒店有一个以阶梯井为灵感、绿树掩映的大泳池，冬季的晚上会燃起篝火，可以围坐饮酒。

就算不在此住宿，来这里的餐厅（主菜₹150~250，自助午餐/晚餐₹450/500）吃一餐也很不错。

Ranakpur Hill Resort 酒店 $$$

（☎02934-286411；www.ranakpurhillresort.com；Ranakpur Rd；标单/双₹5850/6435起；❄@☼☀）这家经营良好的酒店有宜人的游泳池和花园，独具风情的小屋环绕周围。房间采用大理石地板、彩色玻璃和植物版画装饰，还点缀着镜饰。酒店内有一间不错的各国风味餐厅，可安排骑马套餐。在网站上能查看折扣。酒店位于寺庙群以北3.5公里处，Hwy 32沿线。

ⓘ 到达和离开

乌代布尔（₹93，车程3小时）和焦特布尔（₹189，车程4~5小时）的中心车站都有客运班车直达热那克普，大约每小时1班。除非你提前说明，不然班车都会将你放在寺庙建筑群外。返程车在19:00左右停止运营。开往乌代布尔的长途汽车可在位于热那克普以南约25公里处的Saira（₹20，40分钟，每小时1班）将你放下，从那里可以换车前往贡伯尔加尔（₹41，1小时，每小时1班）。

乘坐私家车从乌代布尔到热那克普和贡伯尔加尔的一日往返车费大约是₹2000。

阿布山（Mt Abu）

☎02974 / 人口 22,950 / 海拔 1200米

拉贾斯坦邦唯一的避暑山庄坐落于邦内最高的阿拉瓦利山（Aravalli Hills）西南端的葱郁森林里，靠近古吉拉特邦（Gujarat）边界。与拉贾斯坦邦其他地方不同，阿布山为拉贾斯坦邦和古吉拉特邦居民以及数量稳定的外国游客提供了躲避夏日高温和干旱的世外桃源。这里尤其受到古吉拉特邦蜜月夫妻和中产阶级家庭的青睐。

阿布山镇坐落于山区高原地带的西南端，南北相隔19公里，东西距离6公里。这个小镇被占地289平方公里的阿布山野生动物保护区（Mt Abu Wildlife Sanctuary）所环绕。这个保护区覆盖了大部分山区。

这座高山对印度教徒和耆那教徒而言都具有重要的宗教意义，山里有80多座庙宇和神龛，其中最引人注目的当属精美的耆那教迪尔瓦拉神庙，它们建造于400~1000年前。

注意：如果在排灯节（Diwali，10月或11月）或之后的两周时间内到此游览，房价会飙升而且到处都是人山人海。阿布山在雨季来临前的5月中旬到6月中旬也会非常忙碌。在较

不要错过

迪尔瓦拉神庙（DELWARA TEMPLES）

迪尔瓦拉神庙（欢迎捐款；耆那教徒 6:00~18:00，非耆那教徒 正午至18:00）是阿布山最引人注目的旅游景点，拥有一些全印度最精美的神庙装饰。它们比阿布山小镇的历史还要早几百年，当此地还只是偏远荒山时，这些寺庙就已经修建完成。据说工匠们是按照他们收集到的灰渣数量获得报酬，从而鼓励他们能够更卖力地雕刻。无论工钱是如何支付的，这里两座大理石寺庙上的装饰的确让人叹为观止。

两座庙中历史更久远的是Vimal Vasahi，始建于1031年，由一位名叫Vimal的古吉拉特大臣出资修建。这里供奉的是第一位tirthankar（耆那教的伟大祖师）阿迪那特。据说此庙由1500名工匠和1200名工人花了14年时间建成，总共花了1.853亿卢比。庭院入口外是大象堂（House of Elephants），你会看到一列石象队伍正在向神庙前进，其中有些在很久以前就被入侵的莫卧儿人毁坏。在庭院内，数十根雕饰美丽的石柱环绕着中央神殿，神殿中供奉着阿迪那特像。

Luna Vasahi神庙供奉的是第22位祖师Neminath，它是由Tejpal和Vastupal这对兄弟耗资1.253亿卢比于1230年建成的。与Vimal一样，这兄弟俩都是古吉拉特政权的大臣。这里的大理石雕由2500名工人花了15年时间才最终完成，最显著的特点就是它们的复杂样式和精细工艺，有些地方的做工精致到大理石几乎是透明的。穹顶中央悬垂的层次繁复的莲花尤其令人叹为观止。

与其他耆那教庙宇一样，皮革制品（包括皮带和皮鞋）、相机和手机都必须留在入口处。经期妇女禁止入内。

迪尔瓦拉神庙位于阿布山镇中心以北3公里处：你可以步行至此，仅需不到1小时；还可以在Chacha Cafe对面的街上找一辆合乘出租车（每人₹10）。如果自己包一辆出租车，往返费用应该要₹200，含1小时等待时间。

拉贾斯坦邦 阿布山

寒冷的月份，你会发现每个人都披着披肩、戴着帽子。因此一定要带上一些厚衣服以抵御冬季的严寒，这里的旅馆房间供暖条件乏善可陈。

⊙ 景点

你在镇上遇见的那些身穿白袍的人就是**布拉马·库马里斯世界灵修大学**（Brahma Kumaris World Spiritual University; www.bkwsu.com）的成员。这个全球组织的总部就设在阿布山。大学的**世界和平大厅**（Om Shanti Bhawan; ⊙8:00~18:00）就在纳基湖北岸。可提供免费的30分钟游览，包括布拉马·库马里斯哲学介绍（做好被传教的心理准备）。这个组织在镇中心还有一座**世界重生灵修博物馆**（World Renewal Spiritual Museum; ⊙8:00~20:00）**免费**。

纳基湖（Nakki Lake） 湖泊

风光旖旎的纳基湖是这座小镇的焦点，也是阿布山最主要的名胜之一。据说这座湖是被一位神灵用他的指甲（nakh）挖出来的，因此才会如此命名。一些印度教徒认为这是一座圣湖。环湖徒步一周需要45分钟，是一段愉悦的体验——这个湖被群山、公园和造型奇怪的岩石所包围。最著名的**Toad Rock**，看起来像是一只正准备跳进湖里的蟾蜍。

日落点（Sunset Point） 观景点

日落点是一个很受欢迎的观赏美妙日落场景的地方。每天傍晚都会有许多人步行来到这里感受美丽的日落、小吃摊上的美食以及一些常见的山庄娱乐活动。沿Polo Ground以西的Sunset Point路出城可到达日落点。

阿布山野生动物保护区 野生动物保护区

（Mt Abu Wildlife Sanctuary; 印度人/外国人₹50/300, 车辆₹200; ⊙8:00~17:00）这个占地289平方公里的保护区覆盖了大部分山区高原，围绕着阿布山镇。这里栖息着豹、鹿、狐狸和熊。可联系Mt Abu Treks安排过夜住宿。

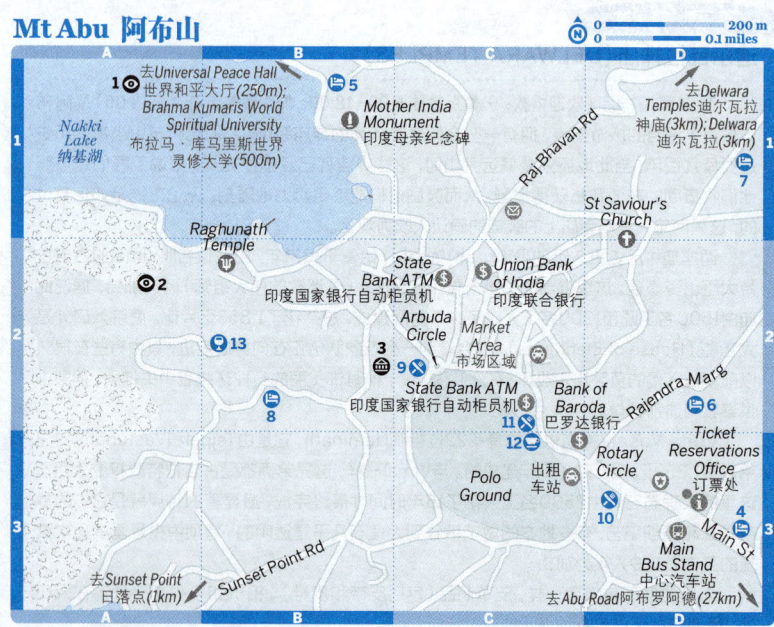

Mt Abu 阿布山

◎ 景点
- **1** 纳基湖 A1
- **2** Toad Rock A2
- **3** 世界重生灵修博物馆 B2

⊙ 活动、课程和团队游
- Mt Abu Treks .... (见5)
- Shri Ganesh Hotel .... (见8)

🛏 住宿
- **4** Hotel Hilltone D3
- **5** Hotel Lake Palace B1
- **6** Kishangarh House D2

- **7** Mushkil Aasan D1
- **8** Shri Ganesh Hotel B2

⊗ 就餐
- **9** Arbuda C2
- **10** Kanak Dining Hall D3
- Mulberry Tree Restaurant ...... (见4)
- **11** Sankalp C2

🍷 饮品和夜生活
- **12** Cafe Coffee Day C3
- **13** Polo Bar B2

Guru Shikhar 山

在阿布山高原的东北端，距离镇上有17公里蜿蜒山路的地方，屹立着海拔1722米的Guru Shikhar——拉贾斯坦邦的最高峰。有一条路几乎可以直通山顶以及Atri Rishi神庙，这里有一位祭司以及瑰丽壮观的景致。这是一个非常热门的景点，也是RSRTC团队游的亮点。如果你决定自行前往，从阿布山乘坐四驱车往返的费用为₹600。

👣 团队游

Mt Abu Treks 徒步

(☎9414154854; www.mount-abu-treks.blogspot.com; Hotel Lake Palace; 3~4小时徒步每人₹500,全天含午餐₹1200) Mahendra "Charles" Dan可定制徒步游，既有轻松的村庄游，又有行程更长、风景更原生态的阿布山野生动物保护区之旅。他热情洋溢，对本地动植物非常在行。在短途徒步游之外，还有一种过夜村庄徒步游，含全餐(₹2000)。

费用中不包含保护区门票（印度人/外国人₹50/300）。

Shri Ganesh Hotel　　　　　　　徒步

（☎02974-237292；lalit_ganesh@yahoo.co.in；每人1小时₹200，4小时₹1000）组织精彩的短程徒步游，7:00或16:00出发。

RSRTC　　　　　　　　　　　团队游

（半日游/一日游₹50/110；⏱半日游13:00，一日游9:30）RSRTC设有阿布山主要景点巴士游，从汽车站发车，也可在汽车站预约参加。半日游和一日游都游览Achalgarh、Guru Shikhar和迪尔瓦拉神庙，把日落点作为终点。一日游行程还包括Adhar Devi、布拉马·库马里斯和平大厅和蜜月点。门票、拍照费用和₹20的导游费用另外收取。

🛏 住宿

在5月中至6月中、排灯节和圣诞节/新年等旅游旺季时段，房费可能翻番甚至增加两倍，但是在其他时间，中档和高级住所通常都会有较大的折扣。如果不得不在排灯节期间来这里，你需要预订，而且在此期间街上会变得人山人海，寸步难行。许多旅馆都不近人情地将退房时间设定为早晨9点。

Shri Ganesh Hotel　　　　　酒店 $

（☎02974-237292；lalit_ganesh@yahoo.co.in；铺₹250，标单/双₹500/600，房间带浴室₹700~1500；@🛜）名不虚传的经济型游客的热门选择，位置比较居中，非常适合旅行者，带有一间价格低廉的咖啡厅，提供许多有帮助的旅行信息。房间略显陈旧，但是打理得很干净，一些房间配蹲式厕所，热水限时供应。这里每天都可组织森林徒步和烹饪课程。

Mushkil Aasan　　　　　　　客栈 $

（☎9426057837，02974-235150，942 9409 660；mushkilaasan.abu@gmail.com；标单/双/四₹1000/1300/1650；❄🛜）这个迷人的客栈坐落在城镇北部一道幽静的山谷中（靠近Global Hospital），有9个装修温馨舒适的房间和一片草木葱茏的花园。供应古吉拉特风味的家常菜，24小时均可办理退房，十分方便。挨着接待区的房间比较吵。

Hotel Lake Palace　　　　　　酒店 $$

（☎02974-237154；www.savshantihotels.com；房间含早餐₹4165起；❄🛜）宽敞宜人的Lake Palace坐拥非常有吸引力的位置，小草坪俯瞰着湖泊。房间简单、整洁、明亮、干净。所有客房都带有空调，一些还有能看到湖景的共用露台区。设有屋顶餐厅和花园餐厅，供应各国风味菜肴。

Kishangarh House　　　　　历史酒店 $$$

（☎02974-238092；Rajendra Marg；小屋含早餐₹4950，房间含早餐₹6500起；❄🛜）曾经是王公Kishangarh的夏宫，如今是一家奢华的历史酒店。主楼内的豪华房很宽敞，有着挑高的天花板。后面小屋内的房间比较小，但是很舒适。这里有一间采光良好的惬意客厅，以及可爱的露台花园。

Hotel Hilltone　　　　　　　酒店 $$$

（☎02974-238391；www.hotelhilltone.com；Main St；标单/双含早餐₹5355/6545起；🅿❄🛜🍴）店名一语双关的Hilltone（与希尔顿酒店发音相近）是一家风格现代、经营良好的酒店，坐落在开阔的庭院里。它模仿名气更大的希尔顿，打造时尚舒适又现代的客房，性价比很高。酒店内的餐厅Mulberry Tree Restaurant供应酒水和非素食印度菜——在阿布山实属难得。

在阿布山徒步旅行

离开喧嚣的旅游区，进入阿布山的森林和山区令人大开眼界。这里有与世隔绝的神龛和湖泊、奇形怪状的岩石、瑰丽的连绵山景、游牧的村民、兰花、野果、阿育吠陀治疗时使用的植物、懒熊（比较常见）、野猪、叶猴、150种鸟类甚至包括偶现踪影的猎豹。

来自当地人的行前警告：没有向导就在山中漫游是非常危险的。已有旅行者受到熊的袭击，更令人不安的是，还有游客被其他人抢劫（甚至遭遇更严重的伤害）。

🍴 就餐

Kanak Dining Hall
印度菜 $

(Lake Rd；古吉拉特/旁遮普塔利套餐₹110/140；⏱8:30~15:30和19:00~23:00)这家非常棒的塔利自助餐是阿布山最佳套餐头阵的有力角逐者。可以选择坐在繁忙的室内用餐区，或者到绿荫繁茂的户外就餐。餐厅靠近汽车站，方便在参加RSRTC一日游时吃午餐。

Arbuda
印度菜 $

(Arbuda Circle；主菜₹100~150；⏱7:00~22:30；📱)这家大餐厅坐落于一个开阔露台上，摆着镀铬椅子。这里的古吉拉特、旁遮普和南印度素菜都非常受欢迎，还供应美味的欧陆早餐和新鲜的果汁。

Sankalp
南印度菜 $$

(Hotel Maharaja, Lake Rd；主菜₹90~250；⏱9:00~23:00)这是古吉拉特一个优质连锁品牌的分店，供应出色的南印度素食菜肴。著名的多莎饼和uttapams（咸味的南印度米饼）都可搭配多种多样的酱汁和作料，还有一些独特的馅料，如菠萝或菠菜加奶酪和大蒜。masala pappad（薄脆饼上铺着辛香的配料）是美味的开胃菜。

Mulberry Tree Restaurant
各国风味 $$

(Hilltone Hotel, Main St；主菜₹250~350)阿布山的古吉拉特游客众多，因此素食塔利套餐成了镇上的主流，如果你渴望吃些不那么素的东西，Hilltone Hotel的时尚餐厅Mulberry Tree Restaurant是不二之选。菜单里有许多肉类印度菜，还有酒水可以佐餐。

🍷 饮品和夜生活

Polo Bar
酒吧

(📱02974-235176; Jaipur House；⏱11:30~15:30和19:30~23:00)在昔日斋浦尔王公的夏宫Jaipur Hotel，露台是夜晚小酌的梦幻场所，可欣赏醉人的湖光山色和城镇的万家灯火。

Cafe Coffee Day
咖啡馆

(Main St；咖啡₹110起；⏱9:00~23:00)印度热门连锁咖啡店的分店。茶和蛋糕也还不错。

ℹ️ 实用信息

在Raj Bhavan Rd路上能找到自动柜员机，在旅游局外就有一台，在Lake Rd路上也有。

巴罗达银行(Bank of Baroda, Main St；⏱周一至周五10:00~15:00，周六至12:30)兑换外币和旅行支票，可使用信用卡提现。

印度联合银行(Union Bank of India; Main Market；⏱周一至周五10:00~15:00，周六至12:30)兑换旅行支票和外币现金。

中心邮局(Raj Bhavan Rd；⏱周一至周六 9:00~17:00)

旅游局(⏱周一至周五 9:00~17:30)这个旅游局位于中心车站对面，免费发放城镇地图。

ℹ️ 到达和离开

通往阿布山的路是一条壮观的28公里道路，从阿布罗阿德(Abu Road)小镇（也是最近的火车站所在地）开始沿着森林茂密的山坡蜿蜒上行。从其他城市出发的一些长途汽车会直接开到阿布山，但有些只到阿布罗阿德。公共汽车(₹30, 1小时)在阿布罗阿德和阿布山之间往返运行，6:00~19:00每半小时1班。从阿布罗阿德乘坐出租车到阿布山的费用为：白天₹350，夜晚

从阿布罗阿德(Abu Road)出发的主要列车

目的地	列车	发车时间	到达时间	票价(₹)
艾哈迈达巴德	19224 Jammu Tawi-Ahmedabad Exp	10:50	15:00	150/510 (A)
德里（新德里）	12957 Swarna J Raj Exp	20:50	7:30(次日)	1265/1775 (B)
斋浦尔	19707 Aravali Exp	10:07	18:55	270/715 (A)
焦特布尔	19223 Ahmedabad-Jammu Tawi Express	15:30	19:55	195/510 (A)
孟买	19708 Aravali Exp	16:50	6:35(次日)	365/985 (A)

票价：(A)无空调卧铺/空调卧铺3类，(B)空调卧铺3类/空调卧铺2类。

₹450。车辆进入阿布山需要收费（小型车/大型车₹100/200）。

长途汽车

从阿布山**中心汽车站**出发的长途汽车班线包括：

艾哈迈达巴德 ₹182，7小时，每天4班（6:00、7:30、10:15和14:45）

斋浦尔 空调₹924，11小时，每天1班（18:30）

乌代布尔 ₹198，4.5小时，每天4班（8:00、9:15、12:45和19:00）

火车

阿布罗阿德火车站位于德里经由艾哈迈达巴德到孟买之间的铁路干线上。从阿布罗阿德火车站乘坐机动三轮车前往阿布罗阿德汽车站费用为₹20。阿布山的旅游局楼上设有一个**火车订票处**（train reservations office；◎周一至周六8:00~14:00），可以订到大部分特快火车的车票。

❶ 当地交通

包一辆吉普车或出租车观光游览的费用大约是半天/全天₹650/1200。许多酒店都可安排车辆，你也可以在镇中心自己找带司机的车。

拉贾斯坦邦北部(什卡瓦提)

什卡瓦提（Shekhawati）地区不像拉贾斯坦邦其他地方那样游客纷至沓来，但是这里灿烂的彩绘哈维尔（haveli, 华丽装饰的传统住宅）却声名远扬，而让人眼花缭乱的壁画更是增色不少。在斋浦尔北部荒凉的乡间，这些富有艺术感的作品出现在只有单行小道连通的小村里，正是该地区的一部分吸引力和魅力所在。过去人们在这些偏远地方的房屋上花费了如此大量的精力和金钱，现在看起来似乎令人费解，但其实这些地方从前都是富商的家乡。

从14世纪起，什卡瓦提地区的村镇就已经成为商队路线上重要的贸易站，这些贸易通道连接古吉拉特的港口和恒河平原上富饶繁荣的城市。19世纪，加尔各答和孟买等英国统治下的港口城市扩张，什卡瓦提原本可能就此走向终结，但是迁往大城市的商人们在发迹之后又将财富输送回故乡，用以建设他们无与伦比的家宅。

讷沃尔格尔（Nawalgarh）

☎01594 / 人口 63,950

讷沃尔格尔是一个非旅游业小镇，几乎就位于什卡瓦提地区的正中心，因此可以作为不错的出行大本营。这里有一些精美的哈维尔、一个色彩斑斓的步行市集和一些非常不错的住宿选择。

◉ 景点

Podar博士哈维尔博物馆　　博物馆

（Dr Ramnath A Podar Haveli Museum; www.podarhavelimuseum.org; 印度人/外国人₹75/100，照相₹30；◎8:30~18:30）这栋位于城镇东边的建筑始建于1902年，被当地人简称为"Podar Haveli"，是该地区为数不多的经过精心修复的建筑之一。这栋哈维尔房屋的彩绘运用了具有强烈视觉冲击力的色彩，是镇上最生动的壁画，尽管有人声称它们是被重新绘制而非修复翻新。一楼有几个很棒的拉贾斯坦文化艺术展，包括服装、长头巾、乐器和拉贾斯坦邦的古堡模型等。

莫拉卡哈维尔博物馆　　博物馆

（Morarka Haveli Museum；₹70；◎8:00~19:00）这座博物馆拥有精心展示的原创画作，在水泥墙封住的门廊后保存了数十年。内庭里描绘了一些非常漂亮的《罗摩衍那》场景，注意看在庭院东南角屋檐下那幅略显不协调的耶稣像。

Bhagton ki Choti Haveli　　历史建筑

（Bhagat Haveli; 门票₹70）在Bhagton ki Choti Haveli西墙外面绘有一辆蒸汽机车和一艘蒸汽船。在它们上面，肥胖的挤奶女工（gopis）在翩翩起舞。邻近的绘画上描述了女士们在胡里节上跳舞。进入里面，你会发现更多壁画，包括一幅很奇怪的欧洲面孔的男士肖像画（在西侧的一个房间里），他手里拿着拐杖和烟斗，肩膀上还趴着一只小狗。

➤ 团队游

Ramesh Jangid's Tourist Pension　　团队游

（☎01594-224060; www.touristpension.com; 导览徒步游2~3天每人₹2250起）Ramesh Jangid组织导览徒步游和乘坐骆驼车的导览游（半

Shekhawati 什卡瓦提

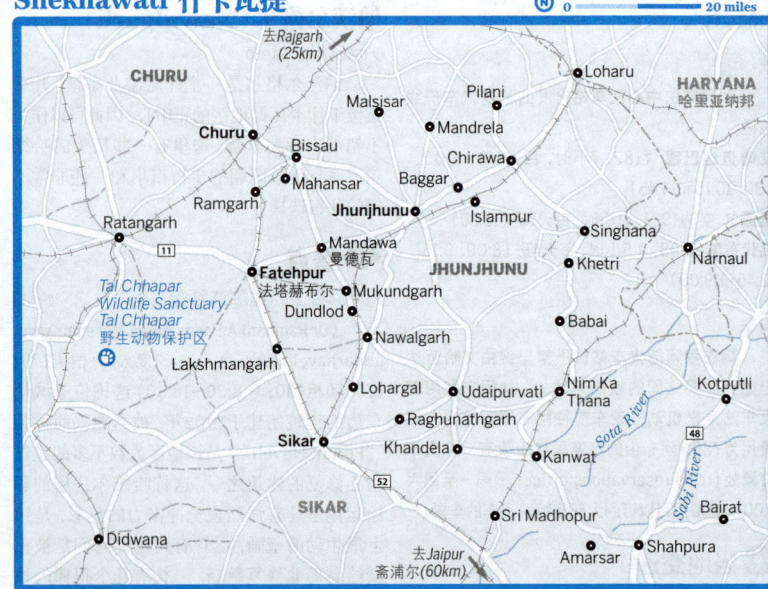

天2人₹2000),前往边远村庄,还有乘车导览游(全天₹3500,最多4人)前往当地的其他城镇。另外还能安排印地语、塔布拉鼓、烹饪和bandhani(扎染)等当地手工艺的课程。

住宿

Ramesh Jangid's Tourist Pension 客栈 $

(☎01594-224060;www.touristpension.com;标单/双/标三₹800/1050/1350起;@☎)亲切的Rajesh是这家客栈的经营者,他是运营Apani Dhani农庄的Ramesh的儿子。客栈提供温馨干净的住宿环境,房间宽敞凉爽,床铺很大。一些房间里的家具是Rajesh的爷爷亲手雕刻的,比较贵的房间里还有到访艺术家创作的壁画。供应用有机食材烹制的纯素餐,其中有一款₹250的蔬菜塔利套餐很美味。

这家人还在什卡瓦提周边组织各种各样的团队游(见177页)。

这间客栈位于城镇的最西边,靠近Maur Hospital,广为人知,如果你找不到路,可以请当地人为你指明方向。

DS Bungalow 客栈 $

(☎9983168916;房间₹400~500)这个简朴的客栈由一对友好朴实的夫妻经营,房间方方正正,通风凉爽。客栈位于城镇外不远处,去往Roop Niwas Kothi的途中。后面有一片花园,花园里有一间宜人的露天土墙餐厅,供应美味的家常菜。精力充沛的游客可在此参加骆驼之旅。

Shekhawati Guesthouse 客栈 $

(☎01594-224658;www.shekhawatiguesthouse.com;房间含早餐₹600/800,空调房₹1000~1500;❋@☎)这个充满田园野趣的角落更像是一处家庭寄宿,由一对非常友好的夫妻经营。主楼有6间客房,花园里还有5座可爱的土墙茅草屋。客栈还有一间可爱的露天餐厅,所需食材大多来自自家的有机菜园,可以去尝尝。

这家客栈位于汽车站以东4公里处(乘坐出租车₹70)。旅馆提供汽车站或火车站的免费接站服务,此外还能安排烹饪培训课程。

★ Apani Dhani 客栈 $$

(☎01594-222239;www.apanidhani.com;标单/双房₹1080/1420起,空调房₹2500起;❋☎)这个曾经获奖的生态旅行农庄是一个令人愉快的休闲场所。房间都是舒适的传统泥墙小屋,上面有稻草苫顶,里面有舒服的床,房间

环绕一个枝叶繁茂的庭院而建。毗邻的有机农场出产食材,客栈还配太阳能灯、热水器和堆肥式厕所。它位于斋浦尔公路的西侧,房费中的5%被用于社区项目。

可安排当地的游览活动,骑车、乘坐小汽车、骆驼车或步行皆可。

❶ 到达和离开

长途汽车

中心车站不过是一个尘土飞扬的停车场,入口是一个黄色的连拱大门。几乎每小时都有长途汽车开往斋浦尔(₹145~258,3.5小时)、Jhunjhunu(₹40,1小时)和曼德瓦(Mandawa,₹35,45分钟)。

火车

讷沃尔格尔位于每周两班的Sikar Dee Express火车路线上。火车在6:50(每周三和每周五)从Dehli Sarai Rohilla火车站出发,在12:15到达讷沃尔格尔火车站(无空调卧铺/空调卧铺3类₹195/510,还有其他等级的车厢)。火车继续沿宽轨开往Sikar(13:10到站),但Sikar到斋浦尔段正对旧的窄轨进行改建。返程的火车在14:45(同样在每周三和每周五)从讷沃尔格尔出发,在21:00到达德里(途经Jhunjhunu;2等车厢₹55)。

Jhunjhunu

📞01592 / 人口 118,470

作为什卡瓦提最重要的商业中心,Jhunjhunu与其他小城镇相比有一种截然不同的气质,街上的车水马龙、水泥楼房和熙熙攘攘的人群是地区中心的最好写照。同时,这里有一些非常有吸引力的哈维尔,还有一个生机勃勃的市集。

◎ 景点

Mohanlal Ishwardas Modi Haveli 历史建筑

(Nehru Bazaar;₹50)Mohanlal Ishwardas Modi Haveli(1896年)位于Nehru Bazaar北侧。正面墙壁上绘有一列缓缓行驶的火车。外庭入口上方描绘着克利须那的生活场景。在毗邻的一道小拱门上,描绘了一些英国王室人物,包括几位君主和穿长袍的法官。对面墙壁上绘的就是一些印度统治者,包括几位王公和地方官。在连接内外庭的拱廊里,有一些被玻璃罩住的细密肖像画,还有一些精美的镜面和玻璃砖饰。

Khetri Mahal 历史建筑

(₹50)在Nehru Bazaar西端有一连串小巷(从汽车站乘坐三轮车向北走一小段路)通往壮观的Khetri Mahal,这个小型宫殿的历史可追溯到大约1770年,从前是什卡瓦提最精美的建筑之一。人们相信宫殿由Bhopal Singh修建,他是创建Khetri的Sardul Singh的孙子。遗憾的是,如今这里弥漫着荒芜凄凉的气氛,但建筑依旧壮美,侧面敞开,有一系列复杂精细的拱门和立柱。

Modi Havelis 历史建筑

(Nehru Bazaar;₹50)两座Modi Havelis相向而立,里面有一些Jhunjhunu最好的壁画和木雕。东侧的哈维尔有一幅画,描绘了一位身穿蓝色纱丽的女子坐在一个留声机前,还有一条雕带上有火车和骑马奔驰的士兵。上方托架间的空间描绘着克利须那的传说。西侧的哈维尔有一些有趣的图画,能看到一些吸引眼球的面部表情和小胡子。

🛏 住宿

Hotel Jamuna Resort 酒店 $$

(📞9414255035, 01592-232871;www.hoteljamunaresort.in;靠近Nath Ka Tilla;房间₹1500~3500;❄@🛜☰)Hotel Jamuna Resort能满足旅行者的一切需求。旧楼中的房间不是拥有色彩鲜明的壁画,就是装饰着传统的镜面工艺,而新楼中的房间则显得更为现代化,通风更好。花园里有极富吸引力的泳池(非住客₹100),还有专为酒店烹饪课程打造的厨房。

友好的主人Laxmi Kant Jangid对什卡瓦提的村庄非常了解,这里还组织团队游。可以免费去火车站或汽车站接客人。

❶ 到达和离开

长途汽车

这里有两个汽车站:**中心汽车站**(Main Bus Stand)和**私营汽车站**(Private Bus Stand)。二者的线路和价格都差不多,但是从中心汽车站发车的政府经营的长途汽车班次更加频繁。合乘机动三轮车往返于两座车站之间(每人₹8)。

中心汽车站运营线路包括：

比卡内尔 ₹226，5~6小时，每小时1班

德里 ₹230，5~6小时，每小时1班

法塔赫布尔 ₹45，1小时，每半小时1班

斋浦尔 ₹183，4小时，每半小时1班

曼德瓦 ₹25，1小时，每半小时1班

讷沃尔格尔 ₹40，1小时，每半小时1班

火车

Jhunjhunu位于每周两班的Sikar Dee Express火车路线上。火车在6:50（每周三和每周五）从Dehli Sarai Rohilla火车站出发，在11:30到达Jhunjhunu火车站（无空调卧铺/空调卧铺3类 ₹180/510，还有其他等级的车厢）。返程的火车在15:30（同样在每周三和每周五）从Jhunjhunu出发，在21:00到达德里。经讷沃尔格尔到Sikar（2等车厢₹55）的铁路是宽轨，但Sikar到斋浦尔段正对旧的窄轨进行改建。

法塔赫布尔（Fatehpur）

☎01571 / 人口 92,600

法塔赫布尔建于1451年，最初是穆斯林纳瓦布（Nawab，穆斯林执政亲王）的都城，在接下来的数百年里这里一直都是在他们的统治下，直到什卡瓦提的拉其普特人在18世纪占领这里。这是一座繁忙的小镇，有许多哈维尔，大多都已经年久失修，令人遗憾，但是也不乏一些例外。

◉ 景点

除了宏伟的Le Prince Haveli之外，其他景点包括附近的Chauhan Well；Jagannath Singhania Haveli；Mahavir Prasad Goenka Haveli（经常上锁，但是有非常棒的绘画）；Geori Shankar Haveli，前厅天花板上贴有精美的镜面马赛克；Vishnunath Keria Haveli，位于私营汽车站南侧；Harikrishnan Das Saraogi Haveli，拥有色彩鲜艳的正面外观和铁质网格。

Le Prince Haveli 历史建筑

（☎01571-233024；www.cultural-centre.com；门票含导游游₹200；◉9:00~18:00）这座建于1802年的哈维尔经过法国艺术家Nadine Le Prince翻修后，已经重现昔日的光辉，如今已成为什卡瓦提地区最精美的哈维尔之一。Nadine的家人和到访的艺术家们来帮忙管理这栋建筑并开展极致全面的导游游（30~45分钟）。这里有一间餐厅（需要预约）和一间小画廊，建筑里的许多房间被改建为装饰精美的客房。

这所哈维尔位于两个汽车站以北约两公里处，在紧邻主路的一条小巷里。出汽车站后右转，走一段后这座建筑就会出现在你右边，或者直接搭乘机动三轮车。

☞ 团队游

Shekhawati Bikers 团队游

（☎01571-233024；每人每天₹3600起）Le Prince Haveli会让你骑上一辆经典的Royal Enfield Bullet摩托车，跟随向导在车辆稀少的什卡瓦提公路上漫游。

🛏 住宿

★ **Le Prince Haveli** 精品酒店 $$

（☎8094880977，01571-233024；www.leprincehaveli.com；靠近Chauhan Well；房间₹1500起，带浴室₹2200起，带空调₹3500~6000；❄❂）修复得很精美的Le Prince Haveli将艺术家居住的房间对旅行者开放。18个极富变化的传统风格房间俯瞰着中心庭院。露天酒吧和泳池区是休闲放松的好去处，毗邻的露台餐厅供应自助餐（印度和法国风味）和意式咖啡。

夏季可享20%的折扣。

ℹ 到达和离开

私营汽车站 位于Churu-Sikar公路上，全天有长途汽车从这里开往以下什卡瓦提的站点，客满发车：

Churu ₹39，1小时

Jhunjhunu ₹45，1小时

曼德瓦 ₹34，1小时

Ramgarh ₹25，45分钟

RSRTC汽车站 位于更往南的同一条路上，有车开往：

比卡内尔 ₹195，3.5小时，每小时1班

德里 ₹288，7小时，每天5班

斋浦尔 ₹157，3.5小时，每天2班

曼德瓦（Mandawa）

☎01592 / 人口 23,350

在什卡瓦提地区的所有城镇里，曼德瓦

什卡瓦提的户外画廊

在18世纪和19世纪,精明的马尔瓦尔(Marwari)商人们背井离乡,前往印度新兴的商业中心过着精打细算的生活,积攒下大量的财富。他们将赚到的巨额财富送回什卡瓦提的家里,建起了壮观的哈维尔(传统的豪华装修别墅),以向邻居们展示他们在外面有多么成功,同时也用这种方式弥补他们长期离家在外给家庭造成的缺失。商人们由此开始攀比,看谁能建造出更华丽的建筑——家宅、庙宇、阶梯井——里里外外都会用彩色壁画精心装点。

负责装饰这些哈维尔的艺术家们大多都属于陶工(kumhar)种姓,身兼哈维尔建筑师和绘画师之职。这些被称为泥瓦匠(chajera)的工人通常都被花钱雇自什卡瓦提以外的地区——尤其是斋浦尔,他们被雇用装饰这座新王都的宫殿——而且还有从更远地方蜂拥而来献艺的工匠。很快,当地艺术家就能从新到来的人们那里学到更多东西,新的创意和技术也层出不穷。

早期绘画深受莫卧儿装饰图案的影响,能看到阿拉伯花饰和几何图形。拉其普特宫廷的影响力也很深远,印度教神话中的场景很流行,克利须那尤其受欢迎。

随着欧洲人的到来,装点墙面的绘画中出现了崭新的技术奇观,是什卡瓦提的商人在加尔各答等中心城市见识到的。火车、飞机、电话、留声机和自行车频频出现,而且常常是艺术家完全凭着想象绘制的。可以看到驾驶着汽车飞翔的克利须那和Radha,而英国人总是被描绘成士兵,牵着狗或举着酒瓶。

如今大多数哈维尔仍归原有家庭的后代所有,但主人并不在此居住,因为在他们眼中,小镇风情的拉贾斯坦邦已经失去了魅力。许多哈维尔里只住着一位管理员(chowkidar),也有些成了当地家庭的住所。今天的哈维尔虽然很难反映那段马尔瓦尔商人大家庭齐聚一堂的历史,但依然用迷人的方式见证了时代的变迁。仅有个别哈维尔得到了修复,大部分都已荒废,渐渐崩塌。

要完整了解当地的历史、人、城镇和建筑,可以买一本Ilay Cooper的优秀著作*The Painted Towns of Shekhawati*,当地或斋浦尔的书店有售。

是设施最好的旅游目的地,有许多住宿场所和一些上好的餐厅。对某些人来说,这里的旅游业显得太过发达(相对于拉贾斯坦邦的其他地区而言),但是这个建于18世纪的小镇,依然是你探寻哈维尔之旅的愉悦大本营。

这里只有一条主路,沿线有许多窄巷辐射开来。Hotel Mandawa Haveli,很容易被找到,就在这条街的半路上,从而成为一个很好的参照点。大部分客运班车都会将乘客放在主街边或是汽车站。

◉ 景点

Binsidhar Newatia Haveli   历史建筑

这座建于20世纪20年代的哈维尔坐落在法塔赫布尔—Jhunjhunu公路的北侧,如今是比卡内尔和斋浦尔邦立银行所在地。东侧的外墙上仍能看到一些极富娱乐效果的图画——一位欧洲妇女坐在一辆司机驾驶的小汽车里,一群身穿纱丽的女子正在观看飞行中的莱特兄弟,一名大力士向前拉动一辆小汽车,一位飞行员用带翅膀的装置飞翔。

Murmuria Haveli   历史建筑

Murmuria Haveli建于20世纪30年代。从门前铺满沙子的庭院里,可以清楚地看到旁边成对修建的另一座哈维尔的南外墙:墙上有一条长长的饰带,描绘的是一列火车和一处铁路交叉口。画中的尼赫鲁骑在马上,高举印度国旗。庭院南侧的拱门上方有两幅画,描绘着威尼斯运河上的贡多拉。

🛏 住宿

Hotel Shekhawati   酒店 $

(📞01592-223036,9314698079;www.hotelshekhawati.com;房间₹400~2800;❄@🛜)这是镇上唯一一家真正的经济型旅馆,靠近Mukundgarh Rd,由一位退休的银行经理和

拉贾斯坦邦 曼德瓦

他的儿子一起经营（后者是一位注册导游）。由于过去住在这里的艺术家客人创作的明亮、天真但略显古怪的壁画，让这里的房间充满了亮丽色彩。酒店在宁静的屋顶上供应可口的餐食。

旅馆还能以实惠的价格帮你安排骆驼、马匹和四驱车游览。

Hotel Mandawa Haveli 历史酒店 $$

（☎01592-223088，8890841088；www.hotelmandawahaveli.com；标单/套₹1750/5500起，双₹2200~2800；❀❀）这间酒店靠近Sonathia Gate，位于主干道上，是一座19世纪90年代的哈维尔，经过翻修，富丽堂皇。客房围绕着粉刷过的庭院。最便宜的房间很小，所以值得为套房挥霍一次，套房里有很多拱门、飘窗和数不清的小窗户。

有一间屋顶餐厅供应美味的食物，晚餐时分，城镇的灯火在下方闪烁，气氛尤为浪漫。晚餐套餐价格是₹550。

Hotel Radhika
Haveli Mandawa 历史酒店 $$

（☎01592-223045，9784673645；www.hotelradhikahavelimandawa.com；标单/双/套含早餐₹1800/2800/3600；❀❀）这座哈维尔修复得很迷人，坐落在城镇安静的一隅，有一片草坪（和宠物兔），房间舒适又雅致，风格传统，但没有花哨的壁画。酒店内有一间不错的素食餐厅，不过如果你想吃鸡肉，Monica Rooftop Restaurant近在咫尺。

Hotel Heritage Mandawa 历史酒店 $$

（☎01592-223742，9414647922；www.hotelheritagemandawa.com；房间₹1635~6215；❀@❀❀）这个雅致的老哈维尔位于Subash Chowk南侧，有装饰传统的房间。套房风格多样，卧室或浴室位于小跃层上。不同房间差别极大，多看几间再做决定。在小花园里会举办音乐演出和木偶秀。

Hotel Castle Mandawa 历史酒店 $$$

（☎01592-223124；www.castlemandawa.com；房间含早餐₹10,230起；❀@❀❀）曼德瓦的高档大酒店位于经过改造的堡垒之内，是大体上很舒适的豪华住宿选择。一些房间的布置远远好于其他房间（塔楼内的套房最好，有四柱床和吊床），所以不妨多看几间再决定。花园和庭院里有餐厅、咖啡店和鸡尾酒吧，还有一个游泳池和一间阿育吠陀水疗馆。

✖ 就餐

Monica Rooftop Restaurant 印度菜 $$

（☎01592-224178；主菜₹180~400；⊙8:00~21:00）这间宜人的屋顶餐厅位于堡垒大门和主市集之间，供应可口的印度菜和中国菜，还有凉啤酒。餐厅位于一座改造过的哈维尔之内，但壁画都在外墙上，餐厅里没有。

Bungli Restaurant 印度菜 $$

（☎9929439846；Goenka Chowk；主菜₹140~220，塔利套餐₹260~360；⊙5:00~23:00）一个广受欢迎的露天旅行者餐厅，靠近比卡内尔汽车站，在破旧的环境里供应热辣的泥炉菜和冰爽的啤酒。食物由一位来自Hotel Castle Mandawa的大厨新鲜烹制，早起的人可以在这里享用印度早餐和瑜伽课（5:30、6:00、6:30），二者费用加在一起为₹400。

❶ 到达和离开

中心车站有时被称为比卡内尔汽车站（Bikaner bus stand），发车较为频繁（基本上半小时1班），目的地包括下面这些地方。注意：这里还有另一个**讷沃尔格尔车站**（Nawalgarh bus stand），就在主路旁，仅有开往讷沃尔格尔的长途汽车。这两个汽车站都比较小，除非有车在里面候客，否则很难意识到它们是车站。留意周围聚集的茶摊，大概就能找对地方了。中心车站位于主路的一头，公路折向右时，车站就在你的左边。

比卡内尔 ₹223，5小时
法塔赫布尔 ₹34，1小时
Jhunjhunu ₹25，1小时
讷沃尔格尔 ₹35，45分钟

杰伊瑟尔梅尔、焦特布尔和拉贾斯坦西部

焦特布尔（Jodhpur）

☎0291 / 人口1,033,900

雄伟的梅兰加尔（Mehrangarh）是一座傲然屹立于"蓝色之城"焦特布尔山上的古

堡，同时也是一处奇观和建筑杰作。在梅兰加尔古堡脚下，由蓝色的婆罗门房屋构成的焦特布尔旧城，一直延伸至10公里长的16世纪城墙之外。"蓝色之城"真的很蓝！在城内有无数蜿蜒曲折、闪闪发光的中世纪街道，你似乎永远也不知道它们究竟通往何处。街巷中飘荡着焚香、玫瑰和下水道的气味，商店和市集里的商品应有尽有，从小号、庙宇装饰品到鼻烟和纱丽，无所不包。

现代的焦特布尔早已延伸至城墙之外，但是蓝色旧城的生动和喧嚣以及充满英雄色彩的古堡，是赋予旅行者无限遐想的魅力所在。这片拥挤、繁忙兴旺的地区也是焦特布尔的主要旅游区。旧城更靠西边的地区，例如Navchokiya，同样很有气氛，但又不会有那么多人打扰。

历史

公元1200年前后，拉索雷（Rathore）的拉其普特人被廓里的穆罕默德麾下的阿富汗人驱赶，从阿格拉东边的家园Kannauj来到位于焦特布尔东南70公里处的巴利地区（Pali）。随后他们逐渐繁荣强大，1381年他们设法赶走了曼多瓦（位于今天的焦特布尔以北9公里处）的Pratihara人。1459年，拉索雷人的领袖Rao Jodha选择在附近的岩石山岭上修建一座面积惊人的新城堡，这就是梅兰加尔，后来Jodha的城市也在古堡周围生根发芽，演变成如今的焦特布尔。

焦特布尔位于德里和古吉拉特之间的重要商贸线上。拉索雷王国通过檀香木、鸦片、大枣、铜的贸易来赚取利润，而且控制了一大片地区。由于严酷的地貌和气候，这里曾被称为马尔瓦尔（Marwar，意思是"死亡之地"）。这个王国鼎盛时期的边界曾经向西延伸至如今的印度与巴基斯坦边界地区，南与梅瓦尔（乌代布尔）交界，西北至杰伊瑟尔梅尔，北抵比卡内尔，东接斋浦尔和阿杰梅尔。

◉ 景点和活动

★ 梅兰加尔　　　　　　　　　　堡垒

（Mehrangarh; www.mehrangarh.org）这座古堡气势雄浑、坚不可摧，宛如从石山上拔地而起，120米高的挺拔身姿傲立于焦特布尔的地平线上。梅兰加尔堪称印度最壮观的城堡之一。城垛高6～36米，由于筑城的材料就是从古堡脚下的岩石中开凿出来的，所以整座建筑与地基浑然一体。梅兰加尔如今仍然由焦特布尔的王室经营，堡内到处都是奇闻逸事和历史传说。古堡本身无须门票，博物馆凭票入内。

梅兰加尔的主要入口是位于东北的大门Jai Pol，从旧城爬山步行到入口有300米。或者你可以乘坐机动三轮车（约₹120），行驶5公里的曲折道路到达。

Jai Pol由王公曼·辛格于1808年在击败斋浦尔的入侵军队之后修建。经过博物馆售票处和一个小咖啡馆之后，就到了16世纪的Dodh Kangra Pol，这是Jai Pol建成前的古堡大门，1808年被炮弹轰击留下的疮痍依然历历在目。穿过这里，沿着左边的主干道继续往上走，经过16世纪的Imritia Pol和Loha Pol，城堡最早的大门，门上的铁刺用来阻止敌方大象进攻。门内有两行小手印，这是sati（自我献祭）的标记，王室遗孀投身于死去的王公丈夫的丧葬火堆中——王公曼·辛格的遗孀们于1843年在这里实行了最后一次献祭。

经过Loha Pol后，你会发现一家餐厅和太阳门（Suraj Pol），后者可以通往博物馆。在参观完博物馆后，从这里继续往前，能看到壮观景象的城墙排列着让人叹为观止的古董大炮。在2016年因为一次自拍造成的致命事故后，城墙已禁止公众进入。但愿这是临时措施，因为景色实在太美了。

另外，从Jai Pol右转，有一条小径蜿蜒通往Chokelao Bagh，这是一个18世纪的拉其普特花园，经过修复，草木繁茂，令人心旷神怡（懒洋洋地坐在成荫的树下看书就能消磨掉一下午）。同样值得一游的还有Fateh Pol（胜利门），从这里走出去就能进入旧城区Navchokiya。

★ 梅兰加尔博物馆　　　　　　博物馆

（Mehrangarh Museum; www.mehrangarh.org; 印度人/外国人含语音导览₹100/600，照相/录像₹100/200，印地语/外语导游₹170/225; ◉9:00～17:00）关于堡垒的博物馆曾经是城垒内的宫殿，堪称拉其普特建筑的典范。在庭院和殿堂建筑群里，石头网格结构的雕刻是

Jodhpur 焦特布尔

拉贾斯坦邦 焦特布尔

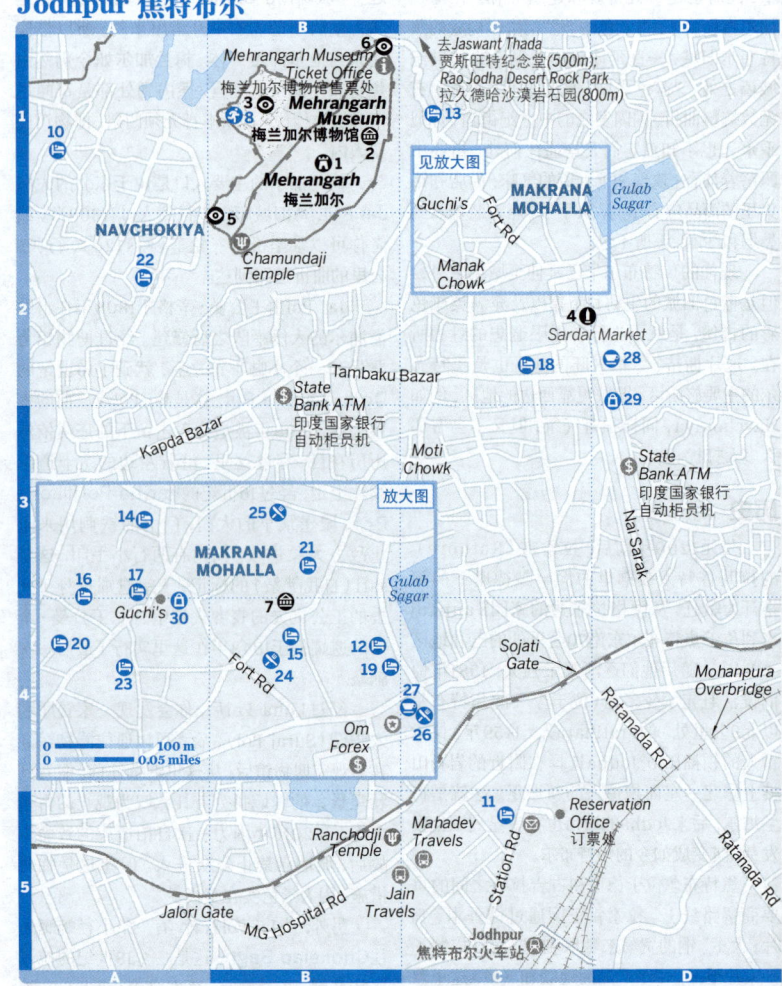

如此精美,以至于看上去更像是檀香木而非砂岩。

Shringar Chowk(涂油礼庭院)周边的展厅展示了印度最棒的象舆和焦特布尔王室轿子。博物馆门票中包含精彩的语音导览(有11种语言可选),但要用身份证明或信用卡作为抵押。

Daulat Khana Chowk两个展室其中的一个展出了莫卧儿王朝阿克巴皇帝的纺织品、绘画、手稿、头饰和弯刀;另一个展室则是一个军械库。楼上有一个美妙的**细密画展厅**,展出复杂的马尔瓦尔派画作,画面上有美丽的18世纪Phul Mahal(花之宫)。19世纪的壁画阐述了古典raga(拉格,一种传统曲调)的36种类型,还有一些王室肖像画;艺术家花了10年时间,用金箔、胶水和牛尿制成的奇特混合物创作出这些画作。

Takhat Vilas曾经是王公塔克哈特·辛格(Maharaja Takhat Singh, 1843~1873年在位)的寝宫。这位王公有30位王妃和无数姬妾。这里美丽的天花板上挂满了圣诞饰物。随后你将走进宽敞的zenana(闺房),这

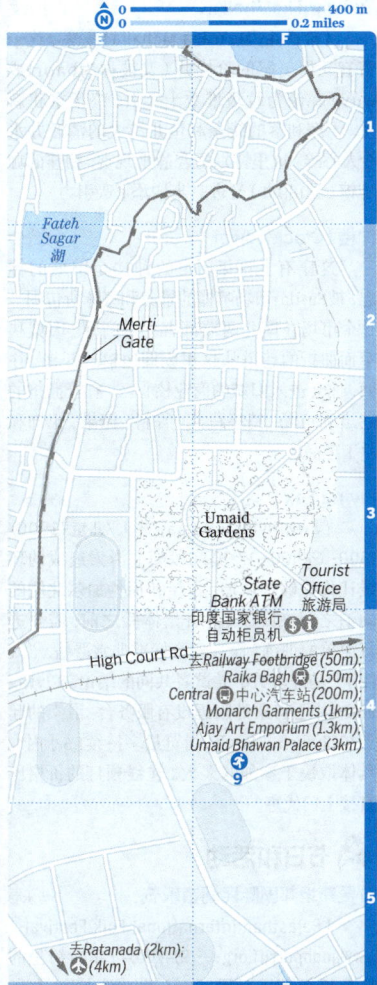

Jodhpur 焦特布尔

◎ 重要景点
- **1** 梅兰加尔 B1
- **2** 梅兰加尔博物馆 B1

◎ 景点
- **3** Chokelao Bagh B1
- **4** 钟楼 C2
- **5** Fateh Pol（胜利门）............................... B2
- **6** Jai Pol B1
- **7** Tunwarji ka Jhalra B4

◎ 活动、课程和团队游
- **8** Flying Fox B1
- **9** Sambhali Trust F4

◎ 住宿
- **10** Cosy Guest House A1
- **11** Govind Hotel C5
- **12** Haveli Inn Pal B4
- **13** Hill View Guest House C1
- **14** HosteLavie A3
- **15** Hotel Haveli B4
- **16** Kesar Heritage Hotel A3
- **17** Krishna Prakash Heritage Haveli A3
- **18** Nirvana Home C2
- **19** Pal Haveli B4
- **20** Pushp Paying Guest House A4
- **21** Raas B3
- **22** Singhvi's Haveli A2
- **23** Yogi Guest House A4

◎ 就餐
- Indique .... （见19）
- **24** Jhankar Choti Haveli B4
- **25** Jharokha B3
- Nirvana .... （见18）
- **26** Omelette Shops C4

◎ 饮品和夜生活
- **27** Cafe Sheesh Mahal C4
- Govind Hotel .... （见11）
- **28** Shri Mishrilal Hotel D2
- Stepwell Cafe .... （见7）

◎ 购物
- **29** MV Spices D2
- **30** Sambhali Boutique A4

里可爱的格子窗据说有超过250种不同设计（女士们可以透过这里看到院子里发生的事情）。在这里，你还会看到一个**摇篮展室**，展示着小王子们的优雅摇篮。最后是17世纪的**Moti Mahal**（珍珠宫），这里是王宫的主殿，用来进行正式会议和接待，有着绚烂多姿的彩色玻璃。

拉久德哈沙漠岩石园　　　　　　公园

（Rao Jodha Desert Rock Park；⌕957 1271 000；www.raojodhapark.com；Mehrangarh；₹100，导游₹200；⊙4月至9月7:00~19:00，10月至次年3月8:00~18:00）这个占地72公顷的公园是生态旅游的典范，坐落于梅兰加尔的背风处。公园经过精心修复，栽种着本土植物，展示着当地的自然多样性。公园内的徒步小径纵横交错，带你登上城墙，环游Devkund湖，观赏当地的鸟儿、蝴蝶和爬行动物。要更多地了解该地区土生土长的动植物，可以与一位出色的当地导游同行。

如果印度的忙碌喧嚣令你渴求喘息的空间，在这里徒步会让你恢复元气。在清晨或傍晚游览，气温最为宜人。游客中心打造得周到贴心，还有一间小咖啡庐。

贾斯旺特纪念堂　　　　　　　历史建筑

（Jaswant Thada; 印度人/外国人₹15/50, 照相/录像₹25/50, 导游₹50; ⓘ9:00~17:00）这座乳白色大理石纪念堂是为了纪念王公贾斯旺特·辛格二世（Maharaja Jaswant Singh Ⅱ）而建，坐落于梅拉加尔东北方向1公里处的一个小湖边，有几个奇妙的穹顶。在经过城市的喧哗之后，这里是一个宁静安详的地点，而且从这里看古堡和城市可谓气象万千。这座纪念堂建于1899年，有几处美丽的jali（大理石雕刻的栅格屏风），墙壁上悬挂有追溯至13世纪的拉索雷统治者肖像画。

仔细看还能找到关于一只孔雀的纪念品，它飞进了炽热的火葬堆中。

乌迈德·布哈旺王宫　　　　　　宫殿

（Umaid Bhawan Palace; 博物馆 印度人/外国人₹50/100; ⓘ博物馆9:00~17:00）可以乘坐机动三轮车前往这座位于旧城东南3公里处的山顶王宫。王公Gaj Singh二世依然居住在这个宫殿的一部分建筑内。这座拥有365个房间的巨大建筑于1929年破土动工，由英国建筑师Henry Lanchester为王公乌迈德·辛格（Umaid Singh）设计，3000多名工人花了15年时间才修建完成，最终花费约为1100万卢比。

整个建筑没有用灰泥，内部建筑用了大约100车的莫格拉纳大理石和缅甸柚木。很显然，这座一流的王宫建造时正赶上这个地区严重的干旱，所以它也可以算作解决就业的王室工程。大部分建筑都合乎时宜地改建成了一座大酒店。

王室宅邸或酒店都不太欢迎普通游客，但是你可以访问建筑一侧的**博物馆**。里面的照片向人们展示着王宫内部典雅的艺术装饰设计，此外还陈列有一些奇妙的钟表收藏。不要错过陈列在大门旁边、博物馆前面的王公闪闪发光的老爷车。

Tunwarji ka Jhalra　　　　　历史建筑

（阶梯井; Makrana Mohalla）**免费** 这个富有几何美感的阶梯井（又被称为baori或wav）在沦为垃圾堆数十年后，终于重获新生。干净利落的线条和鱼儿游弋的清澈井水令人心醉。这里特别适合静坐观赏，相连的咖啡馆（见189页）又进一步增添了吸引力。

钟楼（Clock Tower）　　　　　纪念碑

这座有上百年历史的钟楼是旧城的标志，被Sardar市场喧嚣的景象和气味所包围。这个市场在南北两端都有三重门廊。旧城狭窄而曲折的巷道从这里朝周边辐射开来。往西，你会进入旧城的商业核心区，有着拥挤的巷道和市场，销售蔬菜、香料、糖果、银饰和手工艺品。

Flying Fox　　　　　　　　　探险运动

（www.flyingfox.asia; 成人/儿童₹1900/1600; ⓘ9:00~17:00）6段高空滑索组成的环线让你能够在城墙、古堡和梅兰加尔北侧的湖泊之间来回往返。开始体验之前，需要进行简单的训练，而且安全标准非常严格，"太棒了"是许多勇于尝试者共同的结论。Flying Fox在中心售票处附近设有服务台，滑索的起点在Chokelao Bagh。游览最多持续1.5小时，具体取决于参加的人数。在线预订的价格比直接上门优惠。

✯ 节日和活动

拉贾斯坦邦国际民间音乐节　　　音乐节

（Rajasthan International Folk Festival; www.jodhpurriff.org; ⓘ9月/10月）精彩纷呈的拉贾斯坦邦国际民间音乐节为期5天，有印度和国际音乐人献上的音乐会，在梅兰加尔举办。

焦特布尔弗拉门戈与吉卜赛音乐节　音乐节

（Jodhpur Flamenco & Gypsy Festival; www.jfgfestival.com; Mehrangarh; ⓘ4月）最壮观的音乐演出场地梅兰加尔在4月举办焦特布尔弗拉门戈与吉卜赛音乐节。

马尔瓦尔节　　　　　　　　　表演艺术

（Marwar Festival; ⓘ9月/10月）在9月或10月，焦特布尔会举办精彩纷呈的马尔瓦尔节，届时会举行马球比赛和骆驼文身。

🛏 住宿

旧城区有上百家旅馆，其中大部分都会在你刚一到达Sardar市场附近，就开始竞相拉客，招揽你入住。

许多住处可以安排火车站或汽车站的接站服务，即使是在晚上，你要做的只是提前打个电话。此外，如果你要入住旧城区的众多旅馆之一，为了避免麻烦，你可以在钟楼附近下车，然后步行前往住处。

🛏 旧城 (Sadar Market)

HosteLavie　　　　　　　　　青年旅舍 $

(📞0291-2611001; www.hostelavie.com; Killi Khana, Fort Rd; 铺₹400~450, 房间₹1600; 📶) 一间欧洲风格的青年旅舍，提供干净的空调多人间，每张床都有一个可以锁的寄物柜和手机充电插头。多人间分为四人间和六人间，每间都自带浴室。旅舍还有标双房，是堡垒和钟楼之间一处很不错的经济型住宿选择。"标配"的屋顶露台餐厅当然也少不了。

房间很朴素，朝向内部的房间比较昏暗，但更安静，其他房间对着熙来攘往的大街，更通风。

Hill View Guest House　　　　客栈 $

(📞0291-2441763; hill_view2004@yahoo.com; Makrana Mohalla; 铺₹150, 房间₹300~700; 📶) 这家酒店位于城镇上方，就在堡垒的城墙下，由一个热情友好的穆斯林家庭经营，宾至如归。房间朴素、干净又简单，全部带浴室（但只有部分房间有像样的窗户），从露台能看到优美的城市风光。供应素食和非素食的美味家常菜。

可组织村庄游和骑骆驼之旅。

Kesar Heritage Hotel　　　　　客栈 $

(📞9983216625; www.kesarheritage.com; Makrana Mohalla; 房间₹900~1800; ❄📶) Kesar是一个热门经济型住宿地点，经营有方，房间宽大通风（有几间带阳台、空调和平板电视），经营者友好热心。客栈位于小街上，睡觉轻的人也听不到三轮车嘀里啪啦的噪音。从屋顶餐厅可仰望梅兰加尔。

Pushp Paying Guest House　　客栈 $

(📞0291-2648494; www.pushpguesthouse.com; Pipli-ki-Gali, Naya Bass, Manak Chowk; 房间₹600, 带空调₹900; ❄@📶) 这个家庭经营的小客栈有5间干净而色彩奔放的房间，有窗户。客栈藏在狭窄至极的小巷深处，但从屋顶餐厅可以近距离欣赏城堡风景，客栈主人Nikhil会麻利地烹制美味的素食（菜肴₹30~90），还可以派三轮车去火车站接你，车费₹60~100。

Yogi Guest House　　　　　　客栈 $

(📞0291-2643436; www.yogiguesthouse.com; 房间₹800, 带空调₹1500~1900; ❄📶) Yogi是一个老牌旅行者聚集地，在堡垒城墙下一幢有500年历史的蓝色哈维尔之内提供经济型和中档客房。客栈气氛友好，整洁的房间得到用心打理。还有一间迷人的屋顶餐厅，视野很棒。

★ Krishna Prakash Heritage Haveli　　　　　　　　历史酒店 $$

(📞0291-2633448; www.kpheritage.com; Nayabas; 房间含早餐₹1550~3850; ❄@📶🏊) 这座多层历史酒店地处城堡墙脚，物超所值，而且很安静。房内有雕花装饰的家具和颜色鲜艳的壁画，房间大小正好合适；豪华房间更加漂亮，而且通常更宽敞，并且位于楼上，因此通风更好。这里有一个阴凉的游泳池，以及一间惬意的露台餐厅。

免费提供汽车站和火车站的接站服务，有面向自驾人士的便利设施。

Haveli Inn Pal　　　　　　　历史酒店 $$

(📞0291-2612519; www.haveliinnpal.com; Gulab Sagar; 房间含早餐₹3500~4680; ❄@📶) Haveli Pal的姊妹店，地方略小，从同一个气派的入口进入酒店，但是坐落在宏伟的哈维尔的右翼楼内。这是一种更简单的历史酒店体验，房间很舒适，价格更高的房间拥有湖景或城堡风景。酒店自带的屋顶餐厅Panorama 360非常棒，Indique餐厅近在咫尺。

免费提供焦特布尔车站的接站服务，单人入住往往可享折扣。

Hotel Haveli　　　　　　　　酒店 $$

(Haveli Guesthouse; 📞0291-2614615; www.hotelhaveli.net; Makrana Mohalla; 标单/双₹1465/1815起; ❄@📶) 这个有250年历史的建

筑位于城墙之内，人气高，效率高，气氛友好。房间差别很大，装修各不相同，装饰看不一样的主题色和绘画，许多房间都带小阳台，能看到堡垒的风景。屋顶餐厅Jharokha（见189页）视野极好，每晚都有娱乐演出。酒店位于修复过的美丽阶梯井Tunwarji ka Jhalra对面。

Nirvana Home 酒店 $$

（☎0291-5106280；www.nirvana-home.com；1st fl, Tija Mata ka Mandir, Tambaku Bazaar；标单/双₹1200/1600起，套₹3000；❄@🛜）在改造过的印度教神庙倒头大睡的机会可不多，Nirvana Home将带给你这种难得的体验。酒店位于一个热闹的市集之中，但房间紧依着一片摆满盆栽植物的美丽内部庭院。窗子都朝内，能看到300年前原有的神庙壁画（幸好固定设施比较新）。

★ Pal Haveli 历史酒店 $$$

（☎0291-3293328；www.palhaveli.com；Gulab Sagar；房间含早餐₹5935~11,115；❄@🛜）这家让人叹为观止的哈维尔，是旧城区保存最完好、最具吸引力的哈维尔建筑，由帕尔（Pal）的Thakur（贵族和地主）于1847年修建。这里有21个养眼而宽敞的房间，大部分都比较宽敞而且采用传统风格装潢，围绕在一个中心庭院四周。主人一家在这里保留着一间小博物馆。屋顶餐厅Indique（见本页）是全市最高档的餐厅之一，风景无与伦比。

Raas 精品酒店 $$$

（☎0291-2636455；www.raasjodhpur.com；Tunwarji ka Jhalara；房间含早餐₹19,000~41,000；❄@🛜）由一座19世纪的城市大宅改建而成，也是焦特布尔首家当代风格的精品酒店。它隐藏在城堡般的大门后面，拥有干净整洁的房间。红色砂岩和水磨石打造的房间配置了各种豪华设施，大多数房间都带有能看到梅兰加尔的阳台。从花园庭院里的迷人泳池亦可观赏城堡。酒店还有两家餐厅和一间奢华的水疗馆。

🛏 旧城 (Navchokiya)

Cosy Guest House 客栈 $

（☎9829023390，0291-2612066；www.cosyguesthouse.com；Chuna Ki Choki, Navchokiya；房间₹400~1550，不带浴室₹250；@🛜）地理位置十分方便，员工待人热情友好，这座有500年历史、熠熠生辉的蓝色房屋有好几层略显杂乱的屋顶，以及各种类型的房间，一些陈设简单，另一些则非常舒适。可以让三轮车夫载你去Navchokiya Rd，这家客栈在街上设有指路标志，或者给热情的主人Joshi先生打电话。

★ Singhvi's Haveli 客栈 $$

（☎0291-2624293；www.singhvihaveli.com；Ramdevji-ka-Chowk, Navchokiya；房间₹700~2800；❄@🛜）这个红色砂岩建造的家庭式经营的哈维尔有500多年历史，是一块尚未被人发现的宝石。它由非常友善的兄弟俩经营，内设13间独立客房，从最简单的房间到有10扇窗户和城堡风景的王公套房。惬意的素食餐厅特别适合品尝拉贾斯坦风味的塔利套餐，用纱丽窗帘装饰并带有地垫。

🛏 火车站地区

Govind Hotel 酒店、青年旅舍 $$

（☎0291-2622758；www.govindhotel.com；Station Rd；铺₹250；标单/双₹800/900起，标单/双带空调₹1400/1600；❄@🛜）非常适合旅行者入住，有乐于助人的管理人员，一间网吧，而且去焦特布尔火车站也非常方便。所有房间都干净整洁，铺有瓷砖，有非常好的卫生间。这里有一间屋顶餐厅和咖啡店（Govind Hotel, Station Rd；⌚10:00~22:00），可供应非常棒的浓缩咖啡和蛋糕。

🍴 就餐

Omelette Shops 街头小吃 $

（蛋饼₹25起；⌚10:00~22:00）当你从Sadar市场北门离开时，这两个蛋饼摊就分别在你左边和右边。他们会互相较劲以吸引路过这里的旅行者，方法就是飞快制作似乎永远也做不完的各种物美价廉的蛋饼。两家做得很好吃，而且都值得你花点时间和摊主聊一聊。

3个好吃的五香煮蛋卖₹15，2个鸡蛋做成的马沙拉奶酪蛋饼配4块面包卖₹30。

★ Indique 印度菜 $$

（☎0291-3293328；Pal Haveli Hotel；主菜

₹250~400；⊙11:00~23:00)这家屋顶烛光餐厅在Pal Haveli酒店内，是享用一顿浪漫晚餐的完美去处，城堡、钟楼和Umaid Bhawan的夜景无与伦比。这里的食物包括传统泥炉菜、比尔亚尼菜和北印度咖喱菜，但是拉贾斯坦风味的羊肉咖喱(laal maas)十分可口。晚餐开始前，可以请调酒师为你做一杯金汤力鸡尾酒。

Nirvana　　　　　　　　　印度菜 $$

(⃞0291-5106280; 1st fl, Tija Mata ka Mandir, Tambaku Bazar; 主菜₹130~200; ⊙9:00~22:00) Nirvana与一座罗摩神庙和一间酒店共用场地，室内咖啡馆的墙面上都是古老的《罗摩衍那》壁画，屋顶就餐区能看到开阔的风景。印度素食的口味是拉贾斯坦邦数一数二的。特色塔利套餐分量超大，两个人完全够吃。咖啡馆还供应欧陆风味和印度风味的早餐。

Jhankar Choti Haveli　　　各国风味 $

(⃞9828031291; Makrana Mohalla; 主菜₹130~360; ⊙8:00~22:00; ❀❀) 葱翠庭院里的石头墙和大藤椅、养眼的木头门窗和呼呼旋转的吊扇，构成了这处受旅行者钟爱的半露天餐厅的景象。这里供应好吃的印度素食菜肴，还有比萨、汉堡和烤奶酪菜。同时设有空调就餐区和屋顶的观景就餐区。

On the Rocks　　　　　北印度菜 $$

(⃞0291-5102701; Circuit House Rd; 主菜₹130~375; ⊙12:30~15:30和19:30~23:00) 这个枝繁叶茂的花园餐厅位于旧城东南方向2公里处，深受当地人和旅行团的喜爱。餐厅供应可口的印度菜，包括许多种烧烤和香浓的咖喱。餐厅还有一小片游乐场和一个洞穴般的酒吧(11:00~23:00营业)，酒吧内有舞池(仅限情侣使用)。

Jharokha　　　　　　　　印度菜 $$$

(⃞0291-2614615; www.hotelhaveli.net; Hotel Haveli, Makrana Mohalla; 主菜₹225~355; ⊙8:00~23:00) 这间高级餐厅位于Hotel Haveli的屋顶露台上，员工身穿制服，供应印度葡萄酒和西班牙啤酒。素食和非素食菜肴都很出色，其中有拉贾斯坦邦的特色菜，如govind gatta (在酸奶咖喱中加入农家奶酪和鹰嘴豆粉团子)和其他北印度咖喱。尝尝aloo Simla mirch (口味辛香的青椒炖马铃薯)。

🍷 饮品和夜生活

★ Shri Mishrilal Hotel　　　　咖啡馆

(Sardar Market; 印度奶昔₹30; ⊙8:30~22:00) 位于Sardar市场南门内，这家店朴实无华，但是它能提供最香浓的makhania lassis，口味绝对是全城最佳，很可能是拉贾斯坦邦第一，没准还是印度之最。

★ Cafe Sheesh Mahal　　　咖啡馆

(Pal Haveli Hotel; 咖啡₹100起; ⊙9:30~21:00) 在空调凉爽宜人的Cafe Sheesh Mahal，稀有的咖啡豆和制作咖啡的用心会让顾客感到满足。如果肚子饿了，试试这里的煎饼，它正在变成明星产品。

Stepwell Cafe　　　　　　咖啡馆

(⃞0291-2636455; Tunwarji ka Jhalra; 咖啡₹120起; ⊙正午至22:30; ❀) 这家现代风格的宜人咖啡馆供应浓缩咖啡、蛋糕和意大利菜，位于修复精美的阶梯井Tunwarji ka Jhalra的一侧。这里特别适合放松下来，静思逝去的时代，这样的阶梯井在那时曾是城市的命脉。也可以看看孩子们跃入水中，激起水花四溅。

🔒 购物

焦特布尔可以买到许多拉贾斯坦邦的手工艺品。销售纺织品和其他商品的商铺集中于Sardar市场周边以及Nai Sarak沿线，你需要大刀阔斧地砍价。这座城镇的古董远近闻名。

MV Spices　　　　　　　　　食物

(www.mvspices.com; 107 Nai Sarak; ⊙9:00~21:00) 焦特布尔最著名的香料商店(请相信，这里有许多山寨商店)，在镇上有几家小分店，其中一家在梅兰加尔，由最初摆摊的创始人的7个女儿经营。100克袋装香料价格为₹100~500，而且店主会将食谱通过电子邮件发送给你，从而能够让你在家里正确地使用这些香料。

Sambhali Boutique　　　　时装、饰品

(Killi Khana; ⊙10:00~19:00) 🗸 这家商店虽小但非常有趣，所售商品的制作者都

> ### 焦特布尔的马裤
>
> 全世界自豪的骑手们都非常喜欢的时尚着装,马裤(jodhpurs)是骑马时的标准穿着——通常是淡奶油色——膝盖以上非常宽松,膝盖至脚踝却很紧。据说具有传奇色彩的焦特布尔政治家、军人和骑手普拉塔普·辛格爵士最先为他的马球队(焦特布尔枪骑兵)设计了这身专属制服。当他于1897年率领焦特布尔马球队到访英格兰时,这种设计在伦敦引起人们的关注,随即风靡全球。
>
> 如果你想从马裤的发源地带一条正宗的马裤回家,可以到位于通往乌迈德·布哈旺王宫道路对面的Monarch Garments(☏9352353768;www.monarch-garments.com;A-13 Palace Rd;⊙10:30~20:45)去逛逛。在这里你可以购买已经做好的成品马裤,或者量身定制一条,两天内即可做好。价格也符合马球俱乐部的定位,起价约₹9000。

是Sambhali Trust(☏0291-2512385;www.sambhali-trust.org;c/o Durag Niwas Guest House, 1st Old Public Park, Raika Bagh, Jodhpur)出资帮助其学习手工技巧的当地妇女。该组织致力于帮助弱势妇女和女童掌握自己的命运。产品包括漂亮的宽松裤、丝绸或布料材质的可爱玩具象和玩具马、陶珠串的手链、丝绸背包以及木版印花的薄棉窗帘和围巾。

Ajay Art Emporium 古玩

(Palace Rd;⊙10:00~19:00)质量上佳的拉贾斯坦邦古玩和家具复制品。

❶ 实用信息

城内到处都有外国银行卡可使用的自动柜员机,不过旧城内较少。

Om Forex(Sardar Market;上网每小时₹30;⊙9:00~22:00)兑换外币,还有一个网吧。

Guchi's(Killikhana, Naya Bass, Makrana Mohalla;上网每小时₹50;⊙8:00~22:00)除了提供各种各样的售票和租车服务,Guchi's还配备了高速宽带网络,而且对于游玩活动和去处非常了解,包括如何去奥西扬短途旅行。

中心邮局(Main Post Office; Station Rd;⊙周一至周五 9:00~16:00,周六至15:00;周日10:00~15:00仅销售邮票)

旅游局(Tourist Office;☏0291-2545083;High Court Rd;⊙周一至周五9:00~18:00)提供免费地图,而且乐于回答各种问题。

❶ 到达和离开

飞机

机场位于市中心以南5公里处,乘出租车/机动三轮车前往大约需要₹400/150。

捷特航空(Jet Airways;☏0291-2515551; www.jetairways.com; Jodhpur Airport)和**印度人航空**(Indian Airlines;☏0291-2510758; www.indian-airlines.nic.in; 2 West Patel Nagar, Circuit House Rd, Ratanader)每天都有航班飞往德里和孟买。

长途汽车

政府经营的长途汽车从Raika Bagh火车站正对面的**中心汽车站**(Raika Bagh)发车。沿High Court Rd东行,然后经过地下隧道右转。开通的运营班线有:

阿杰梅尔(去布什格尔) ₹207,空调₹447,5小时,每小时1班,直至18:30

比卡内尔 ₹243,5.5小时,5:00~18:00频繁发车

斋浦尔 ₹336,空调₹730,7小时,4:45至午夜频繁发车

杰伊瑟尔梅尔 ₹266,5.5小时,每天10班

阿布罗阿德(Abu Road)₹271,7.5小时,每天9班,直至21:30

奥西扬 ₹62,1.5小时,半小时1班直至22:00

Rohet ₹47,1小时,每15分钟1班

乌代布尔 ₹273,空调₹604,车程7小时,每天10班直至18:30

如果选择私营长途汽车,你可以通过所在酒店预订,但是直接找焦特布尔火车站前的长途汽车经营者会更加便宜。**Jain Travels**(☏0291-2643832; www.jaintravels.com; MG Hospital Rd;⊙7:00~23:00)和**Mahadev Travels**(☏0291-2633927; MG Hospital Rd;⊙7:00~22:00)都很靠谱。长途汽车从镇外的车站发车,但是经营者会免费为你提供交通工具从售票处前往发车点(通常是乘机动三轮车)。部分运营班线有:

阿杰梅尔(去布什格尔) ₹180,5小时,每天至少6班

比卡内尔 座位/卧铺₹220/320,5小时,每天至少

5班

斋浦尔 座位/卧铺₹260/380，7.5小时，每天5班

杰伊瑟尔梅尔 ₹300，5.5小时，每小时1班

阿布山（直达）座位/卧铺₹315/550，7.5小时，每天1班

出租车

你可以通过大多数旅馆安排市际旅行（或者更长）的出租车，也可以直接与司机谈价钱。在焦特布尔火车站外面有一个出租车站。合理的车费是每公里₹12（非空调车）。司机会收取过夜（至少₹100）和返程费用。

火车

联网售票的**订票处**（Station Rd；◎周一至周六8:00~20:00，周日至13:45）位于焦特布尔火车站东北300米处。786窗口出售游客预留票。车次有：

阿杰梅尔（**去布什格尔**）无空调卧铺/空调卧铺3类₹185/510，5.5小时，每天2班（6:35和7:00）

比卡内尔 无空调卧铺/空调卧铺3类₹210/530，5.5~7小时，每天5~8班（7:25、7:40、9:50、10:30、10:55、14:25、16:35和20:10）

德里 无空调卧铺/空调卧铺3类₹380/986，11~14小时，每天4班（6:35、11:15、19:50和21:15）

斋浦尔 无空调卧铺/空调卧铺3类₹250/625，5~6小时，每天6:10到午夜，6班到12班

杰伊瑟尔梅尔 无空调卧铺/空调卧铺3类₹215/565，5~7小时，每天4班（5:20、7:25、17:50和23:00）

孟买 无空调卧铺/空调卧铺3类₹485/1270，16~19小时，每天2~6班（5:35、14:45、18:20、18:45、19:20和23:55），所有火车都经阿布罗阿德（Abu Rd）前往阿布山（4.5小时）。

乌代布尔 没有直达火车，需在马尔瓦尔Junction换乘。

❶ 当地交通

不要理会某些胡乱要价的机动三轮车司机，在钟楼地区和火车站或中心汽车站之间乘车的车费应在₹60~80。少数出租车公司有值得信赖的出租车可以预约，车费固定。

焦特布尔周边

南部村庄

焦特布尔东南部Pali路沿线和周边有许多传统村落。焦特布尔大多数酒店和旅馆都可以安排前往这些村落的团队游，它们通常被称为Bishnoi村落探寻之旅（village safaris）。比什诺伊（Bishnoi）是一个印度教宗派，500年来一直遵守古鲁Jambheshwar的教导，在环保成为主流意识之前，这位古鲁就开始在教义中强调对环境的保护。许多游客对这里野生动物的密度和大胆感到意外，在Bishnoi村附近能看到印度羚、蓝牛羚（nilgai）、瞪羚和沙漠狐等动物。

1730年363名村民为保护耶里树（khejri）而牺牲的事件，每年9月都会在Khejdali村被纪念，在那里的一小片耶里树丛前有一座为死难者立的纪念碑。

在Guda Bishnoi，当地人有从事畜牧业的传统。这里有一个小湖泊（只在降水充沛的雨季过后才着满水），能看到蓑羽鹤等候鸟以及印度羚和印度瞪羚等哺乳动物，特别是在黄昏，动物们会来此饮水。

Salawas村庄是编织美丽地毯（dhurries）的中心，许多其他村庄也从事这门手艺。由42个当地家庭组成的合作社经营着

从焦特布尔出发的主要列车

目的地	车次	发车时间	到达时间	票价（₹）
阿杰梅尔（去布什格尔）	54801 Jodhpur-Ajmer Fast Passenger	7:00	12:35	185/510
比卡内尔	14708 Ranakpur Exp	9:50	15:35	210/530
德里	12462 Mandor Exp	19:50	6:40（次日）	380/986
斋浦尔	14854 Marudhar Exp	9:45	15:30	250/625
杰伊瑟尔梅尔	14810 Jodhpur-Jaisalmer Exp	23:00	6:00（次日）	215/565
孟买	14707 Ranakpur Exp	14:45	9:40（次日）	485/1270

票价：无空调卧铺/空调卧铺3类。

> ### ⓘ 穿越边界——从焦特布尔到卡拉奇
>
> 如果要前往卡拉奇(巴基斯坦),14889 Thar Express(又名Jodhpur-Munabao Link Express)每周六凌晨1:00驶离焦特布尔火车站以南4公里的Bhagat Ki Kothi车站。你需要比发车时间早6小时到达车站,火车开到边境上的穆纳巴奥(Munabao)也需要6小时(约7:00到站)。在经过冗长的通关手续后,你可以继续乘坐巴基斯坦的火车前往卡拉奇(前提是你已获得巴基斯坦签证),周日凌晨2:00就可到达。车上只有卧铺,从焦特布尔到卡拉奇的卧铺票价总共约为₹500。如果是反方向旅行,巴基斯坦的火车在周五23:00左右驶离卡拉奇,印度火车14890次于周六19:00驶离穆纳巴奥,23:50抵达焦特布尔。目前无法在线预订这个车次的车票,需要去火车站买票。

Roopraj Dhurry Udyog (☏0291-2896658; rooprajdurry@sify.com; ◷清晨至黄昏),全部利润归工匠所有。一块3英尺宽、5英尺长的地毯(dhurrie)最少需要₹3000,这个价格意味着两位织工要每天工作几小时,连续1个月,而每天只能挣₹50。其余家庭从事雕版印刷。

Bishnoi村庄游通常共持续4小时,每人大约₹800。**Bishnoi Village Safari** (☏9829126398; www.bishnoivillagesafari.com; 半日游每人₹800)的Deepak Dhanraj组织的游览颇受好评,不过许多其他地方也做这种游览。

奥西扬 (Osian)

☏02922 / 人口 12,550

位于焦特布尔以北65公里处的塔尔沙漠古镇奥西扬,曾经是8世纪至12世纪期间重要的商贸中心。这里被称为Upkeshpur,生活在此的大多是耆那教徒,他们的财富给这里留下了一些雕刻精美、保存完好的庙宇。

摩诃毗罗寺庙(Mahavira Temple;印度人/外国人免费/₹10,照相₹100; ◷6:00~20:30)供奉着一尊用沙土和牛奶制作的第24位tirthankar(耆那教伟大祖师)的神像。**Sachiya Mata Temple**(◷6:00~19:15)是一座让人印象深刻的围墙建筑群,印度教徒和耆那教徒都会到此朝拜。

每年9月/10月,奥西扬和焦特布尔共同举办马瓦尔瓦节(见186页),精彩纷呈地展现拉贾斯坦邦的民间音乐、舞蹈和服装。

Prakash Bhanu Sharma,一位平易近人的婆罗门祭司,在摩诃毗罗寺庙对面开设了一间为朝圣者准备的**客栈**(☏9414440479, 02922-274331; 标单/双不带浴室₹400/600)。**Safari Camp Osian** (☏9928311435; www.safaricamposian.com; 标双帐篷含早晚餐和骑骆驼₹9000起)是一个更高档的帐篷露营住宿地点。

👉 团队游

Gemar Singh   *动物之旅*

(☏9460585154; www.hacra.org; 每人每天约₹2050,最少2人)Gemar Singh可安排前往奥西扬周边沙漠以及拉其普特和Bishnoi村落的热门骆驼骑行、家庭寄宿、露营、沙漠徒步和四驱车游览等项目。还可以安排奥西扬车站或者焦特布尔的接站服务。

ⓘ 到达和离开

焦特布尔频繁有长途汽车发往奥西扬(₹62,1.5小时)。还有长途汽车从Phalodi出发(₹83,2小时)。往返于焦特布尔和杰伊瑟尔梅尔之间的列车也在此停靠。从焦特布尔乘坐出租车往返费用约为₹1500。

杰伊瑟尔梅尔 (Jaisalmer)

☏02992 / 人口 65,480

杰伊瑟尔梅尔古堡是一个让人叹为观止的景点:沙漠平原上,一座恢宏的砂岩古堡犹如远古时代的海市蜃楼般拔地而起。没有其他地方能比这里更好地唤起人们对于异域风情的驼队商道和沙漠之谜的追忆。99座巨大的碉堡围绕着仍住有居民的狭窄巷道。城内有出售鲜艳刺绣制品的商店、一座王宫和无数试图从游客身上赚钱的店家业者。除了浓郁的商业氛围外,你很难不被这片沙漠城堡所迷倒。在城墙下面,尤其是在北部,旧城的狭窄街道上有许多华丽的哈维尔,它们都用与古堡材料相同的金色砂岩进行雕刻装饰——于是杰伊瑟尔梅尔被人们称为"金色之城"。

这座城市在半个世纪前,才从濒死状态中复苏。杰伊瑟尔梅尔也许地处偏远,但从未被人遗忘——事实上它是拉贾斯坦邦最热门的旅游目的地之一。

历史

杰伊瑟尔梅尔历史可追溯至1156年,由巴蒂拉其普特支系一个名叫Jaisal的领袖所建立。巴蒂人自称自己的祖先可以上溯至克利须那神,直到1947年印度独立前一直是这片土地的统治者。

城市的最初几百年的历史动荡不堪,部分原因是当时的统治者都靠劫掠来获取他们想要的东西。但是到16世纪时,杰伊瑟尔梅尔却因为重要的战略位置而逐渐繁荣——这座城市地处印度和中亚的驼队商贸路线要冲。最终它与莫卧儿王朝建立了亲密的关系。17世纪中期,王公Sabal Singh将杰伊瑟尔梅尔的疆域拓展至史无前例的范围,其中包括了如今的比卡内尔和焦特布尔等行政区。

在英国统治时期,海上贸易的兴起(尤其是通过孟买)和铁路的修建使杰伊瑟尔梅尔的重要性降低,人口逐渐减少。1947年印巴分治后,前往巴基斯坦的贸易路线被切断,这似乎注定了这座城市的命运。但是,1965年和1971年印度和巴基斯坦之间的两次战争重新凸显出杰伊瑟尔梅尔的战略重要性。从20世纪60年代开始,北部英迪拉·甘地运河的开凿给这片沙漠带来了生命之水。

如今,旅游业、风力发电以及该地区许多军事设施已然成为这座城市的经济支柱。

◉ 景点

★ 杰伊瑟尔梅尔古堡
(Jaisalmer Fort) 堡垒

杰伊瑟尔梅尔古堡是一座生机勃勃的城市中心,有约3000人生活在城堡的高墙内。这里的街巷狭窄,如同迷宫般纵横交错,许多房屋和庙宇散布其间——还有大量的手工艺品商店、旅馆和餐厅。你从东边靠近Gopa Chowk的地方进入古堡,穿过4道巨大的门,沿着蜿蜒的道路去到古堡上部。第四道门内的广场名为Dashera Chowk,是堡垒的中心。

杰伊瑟尔梅尔古堡由拉其普特统治者Jaisal于1156年修建,并由后来的继任者不断加固,是巴蒂人、德里的莫卧儿王朝和焦特布尔的拉索雷人在数次交战中的争夺焦点。近年来,由于用水不加限制,城堡建筑的保护问题日益严峻,居高不下的游客人数是主要原因。

★ 城堡宫殿 宫殿
(Fort Palace;印度人/外国人含语音导览₹100/500,照相₹100;⊙4月至10月8:00~18:00,11月至次年3月 9:00~18:00)在城堡的主广场上方,部分建于Hawa Pol(城堡第4道大门)之上,是此前统治者修建的优雅的7层宫殿。

ⓘ 到达杰伊瑟尔梅尔后

揽客者从焦特布尔开往杰伊瑟尔梅尔的长途汽车上就开始招揽生意了,希望能让旅行者入住他们能够获得佣金的杰伊瑟尔梅尔客栈或酒店。有些揽客者甚至在长途车驶离焦特布尔之前就会接近你,有些会从焦特布尔上车,乘坐一段路或坐满全程,或者在距杰伊瑟尔梅尔还有1小时车程时上车。在到达杰伊瑟尔梅尔后,长途汽车可能会被一大群希望引起你注意的揽客者所包围。不要相信那些只要几个卢比就能带你到"任何想去的地方"的人,而且一定不要听信关于你想要入住的酒店已经"住满""关闭"或者"不像以前那么好了"等诸如此类的信息。许多酒店都提供汽车站或火车站的接站服务。

此外要特别小心房价₹100或类似荒唐数字的报价。提出这类价格的住处随后一定会开始骆驼骑行强卖推销,他们的目的就是让你离开房间,尽快开始一段骆驼骑行之旅。如果你不接受他们的观光游,房间价格就会暴涨,或者你会被告知没有空房间了。

在火车上没有那么多揽客者,但是在走出火车站后你也会陷入同样的困境。

Jaisalmer 杰伊瑟尔梅尔

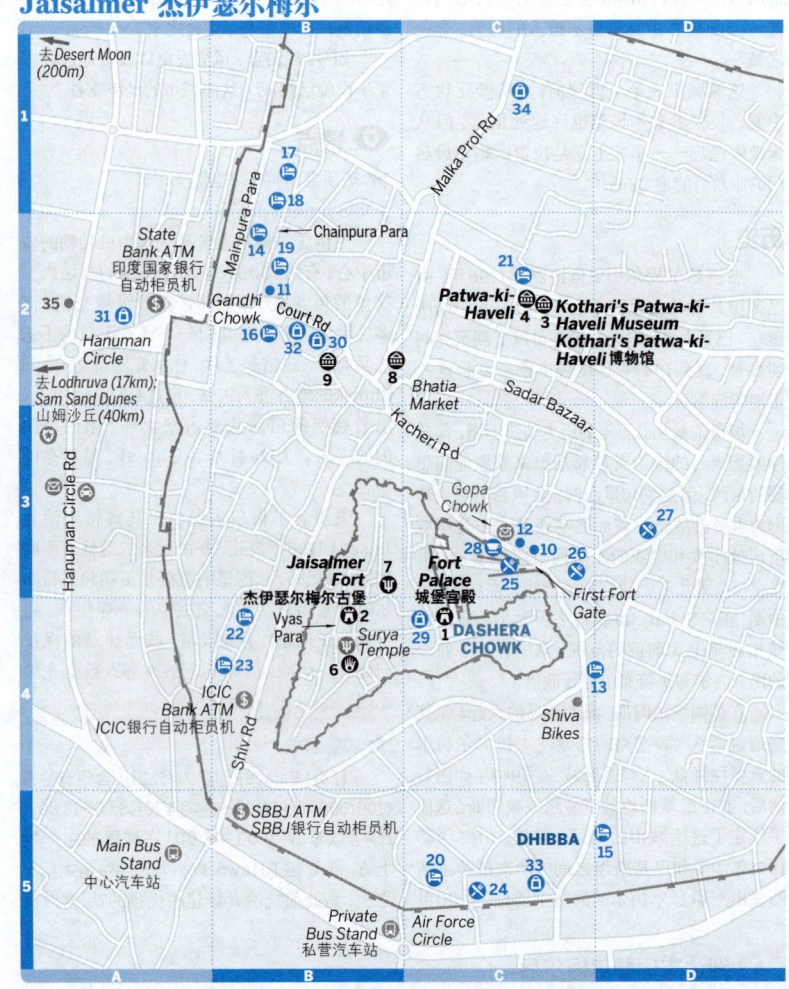

游览的亮点包括以镜面和涂绘装饰的彩宫（Rang Mahal；18世纪统治者Mulraj二世的卧室），陈列着由城堡寺庙建造者献给统治者的15世纪精美雕塑的艺术馆，以及能够欣赏到360度全景的屋顶空间。

其中一个房间还展出了来自以前拉吉普特王国的有趣邮票。在宫殿的东墙上有一个带有雕刻的楼阁式阳台。在堡垒受到围攻时，鼓手就在阳台上敲响警报。还能看到许多圆石堆在城垛的顶部，准备滚向逼近的敌军。宫殿大部分对公众开放，一层接一层的小房间用引人入胜的方式展现了这类建筑的设计初衷——暗中监视外面的世界。连通宫殿各间的门道相当低矮，这不是因为拉其普特人身材矮小，而是为了迫使人们弓背行走，姿态卑微，因为要进入的房间里可能有王公。

游览的最后一段从国王宫殿（Raja-ka-Mahal）进入王后宫殿（Rani-ka-Mahal），宫殿里有一个有趣的区域介绍了春季杰伊瑟尔梅尔一年一度的干高尔节游行。值得体验的1.5小时语音导览游（有6种语言可选）包含在门票之中，但必须留下₹2000作为押金，也可

Jaisalmer 杰伊瑟尔梅尔

◎ 重要景点
1	城堡宫殿	C4
2	杰伊瑟尔梅尔古堡	B4
3	Kothari's Patwa-ki-Haveli博物馆	C2
4	Patwa-ki-Haveli	C2

◎ 景点
5	沙漠文化中心及博物馆	E4
6	耆那教寺庙	B4
7	拉克西米·纳拉扬神庙	B3
8	Nathmal-ki-Haveli	B2
9	塔尔文化遗产博物馆	B2

✪ 活动、课程和团队游
10	Sahara Travels	C3
11	Thar Desert Tours	B2
12	Trotters	C3

⌂ 住宿
13	1st Gate Home Fusion	D4
14	Arya Haveli	B2
15	Hotel Gorakh Haveli	D5
16	Hotel Nachana Haveli	B2
17	Hotel Pleasant Haveli	B1
18	Hotel Renuka	B1
19	Hotel Swastika	B2
20	Hotel Tokyo Palace	C5
21	Killa Bhawan Lodge	C2
22	Roop Mahal	B4
23	Shahi Palace	B4

✖ 就餐
	1st Gate Home Fusion	（见13）
24	Desert Boy's Dhani	C5
25	Jaisal Italy	C3
26	Monica Restaurant	C3
27	Natraj Restaurant	D3
	Saffron	（见16）

♨ 饮品和夜生活
28	Bhang Shop	C3

⛬ 购物
29	Bellissima	C4
30	Desert Handicrafts Emporium	B2
31	Gandhi Darshan Emporium	A2
32	Jaisalmer Handloom	B2
33	Khadi Gramodyog Bhavan	C5
34	Zila Khadi Gramodan Parishad	C1

ⓘ 交通
35	Hanuman Travels	A2
	Swagat Travels	（见35）

使用护照、驾照或信用卡。

耆那教寺庙　　　　　　　　　　　　耆那教寺庙

（Jain Temples；印度人/外国人₹50/200，照相₹50；☉Chandraprabhu, Rikhabdev和Gyan Bhandar8:00至正午，其他寺庙11:00至正午）在古堡里有7座相互连通、如同迷宫一般的黄色砂岩建造的耆那教寺庙，其历史可上溯至15世纪和16世纪。开放时间经常变化，需咨询管理员。这里的复杂雕刻工艺可与热那克普（Ranakpur）和阿布山（Mt Abu）的大理石耆那教寺庙相媲美，而且这里石头质地没那么硬冷，因此质量也更加出众。在进入寺庙前，你必须脱掉鞋子并取下身上的所有皮革制品。

Chandraprabhu将是你看到的第一座神庙，你会在这里发现售票处。这座神庙供奉以月亮为标志的第8位祖师，它始建于1509年，在mandapa（阁楼）里还摆放着几座精美的雕塑，这里密集的雕刻石柱构成了一系列toranas（拱廊）。在Chandraprabhu右边是宁静的Rikhabdev神庙，它周围的墙上有许多精致的雕塑，如今已被用玻璃罩保护起来，石柱上也雕刻着栩栩如生的神祇和apsaras（仙女）形象。在Chandraprabhu后面是Parasnath，你会穿过一座美丽的torana（拱门）进入里面，门廊上雕刻着耆那教伟大祖师的形象。南侧的门通往一座较小的神庙Shitalnath，这里供奉的是耆那教第十位伟大祖师，他的雕像是由八种珍贵金属制成。北墙上的一道门可以通往一个迷人的昏暗房间，这是Sambhavanth的神殿，在前面的庭院内，耆那教的神职人员在砂浆中压入檀香木以作祭祀之用。从台阶上走下去就到了Gyan Bhandar，这座奇妙的小型地下图书馆修建于1500年，里面藏有一些珍贵的古代插图手稿。剩下的两座寺庙——沙恩提纳西（Shantinath）和Kunthunath，建于1536年，都有许多表现肉欲的雕刻。

注意：限制参观时间只针对非耆那教徒。这些寺庙对耆那教朝拜者全天开放。

拉克西米·纳拉扬神庙
（Laxminarayan Temple） 印度教神庙

这座位于古堡中心的印度教拉克西米·纳拉扬神庙，结构上比这里的耆那教寺庙简单，拥有一座装饰亮丽的穹顶。信众会到这里供奉谷物，然后这些谷物会在神庙前被分发。在内殿的入口周围有一圈银质浮雕的门板，里面则有一座挂满花环的神像。

★ Patwa-ki-Haveli 历史建筑

（Government sections 印度人/外国人₹50/200；◐9:00~18:00）哈维尔建筑中最光彩夺目的当属屹立于一条窄巷内的Patwa-ki-Haveli，它精美的石刻如同蜂蜜色的蕾丝。它由5部分组成，于1800年至1860年由5个耆那教徒的兄弟修建，他们的财富来自锦缎和珠宝生意。从外面看，它给人一种惊艳的感觉，

然而，这5部分建筑中只有第一部分值得购票进入参观，那就是私人经营的Kothari's Patwa-ki-Haveli博物馆（印度人/外国人₹100/250；◐9:00~18:00）。

其他区域包括两个大部分空空荡荡的政府经营的"博物馆"和两个开有店铺的私人区域。

Nathmal-ki-Haveli 历史建筑

（要求捐款，◐8:00~19:00）这座19世纪晚期的哈维尔曾是一座官邸，目前仍有人居住在内。它有着非比寻常的外表，上面装饰以雕刻，一层的一些美丽绘画用掉了1.5公斤的金箔。建筑的左右两翼分别由两兄弟建造，他们之间的相互竞争最终使这里变成了艺术珍品——两侧看起来有些类似，但并非完全相同。砂岩雕刻的大象守卫在门口。

沙漠文化中心及博物馆 博物馆

（Desert Cultural Centre & Museum; Gadi Sagar Rd；博物馆₹50, 照相₹50, 博物馆和木偶秀联票₹100；◐博物馆10:00~18:00, 木偶秀18:30~20:30）这个有趣的小博物馆内陈列有关于拉贾斯坦邦各王国的历史资料，并且展出了拉贾斯坦传统文化。其中看点包括拉贾斯坦音乐（带有视频）、纺织品、一座kavad流动寺庙和一幅phad卷轴画，这幅画描绘了拉贾斯坦民族英雄Pabuji的故事，是巡游歌手在吟唱Pabuji的丰功伟绩时使用的。到晚上，这里还会举办带英语解说的半小时木偶秀。门票还包含参观杰伊瑟尔梅尔民俗博物馆。

塔尔文化遗产博物馆 博物馆

（Thar Heritage Museum; 紧邻Court Rd；门票₹40, 照相₹20；◐10:00~20:00）这座私人博物馆拥有各种引人入胜的杰伊瑟尔梅尔手工艺展品，既有头巾、乐器、化石和厨房设备，又展示生育、婚嫁、丧葬和鸦片习俗。你也许会遇到这里的创始人、当地历史学家和民俗学家LN Khatri，他的导览游会让一切展品变得生动起来。蛇梯棋游戏被用作印度教精神之旅的教学指引，值得留意。如果大门紧闭，你可以在Khatri先生开的商店里找到他。这家名为Desert Handicrafts Emporium的商店位于附近的Court Rd。

👥 团队游

旅游局（见201页）组织日落之旅，前往山姆沙丘（每人₹200，最少4人）。如果还想骑骆驼走一小段路，需多付₹100。还有其他游览线路，乘小汽车前往Amar Sagar、Lodhruva和Bada Bagh。

🛏 住宿

住在古堡里似乎是杰伊瑟尔梅尔最具氛围的选择，但在城堡内住宿——很大程度上是旅游业造成的——正对古堡造成不可修复的破坏。因此，不推荐住在城堡里。幸好，古堡之外有多种多样的好地方可供选择。在4月到8月间，你会获得大幅折扣，因为这期间的杰伊瑟尔梅尔处于极度的炎热之中。

遗憾的是，一些经济型酒店特别喜欢强行推销骆驼之旅，如果你不采纳他们的建议，气氛就会变得不愉快。如果房价便宜得可疑，那几乎一定有问题。

Arya Haveli 客栈 $

(📞9782585337; www.aryahaveli.com; Mainpura Para; 铺₹175, 带空调₹275, 房间含早餐₹450~1500; ❄@📶) 热心的工作人员为这间焕然一新的客栈锦上添花。房间设施齐全，得到用心打理，最便宜的房间面朝一片内部庭院，最好的房间自带阳台。顶层的Blues Cafe适合放松下来，听着好听的音乐品尝可口的食物。

Hotel Tokyo Palace 酒店 $

(📞02992-255483; www.tokyopalace.net; Dhibba Para; 铺₹150~200, 标单含早餐₹500~2000, 双含早餐₹900~3000; ❄@📶🏊) 这家酒店由热情真诚、对旅行者十分友善的老板经营，有干净的中档房间，有些带可爱的飘窗，还有许多经济型住宿选择，包括地下室里的男生和女生专用宿舍（再升一级才有浴室）。闪亮的泳池和屋顶餐厅是额外的大福利。

Roop Mahal 酒店 $

(📞02992-251700; www.hotelroopmahal.com; 紧邻Shiv Rd; 房间₹600~1500; ❄📶) 这是一个可靠的经济型住宿地点，有干净宽敞的房间，管理者足以信赖，楼顶咖啡馆坐享瑰丽的城堡风景，旅馆中到处都有免费Wi-Fi。比较便宜的房间只配风扇，窗户朝内；较贵的房间有空调，可以观景。

Desert Moon 客栈 $

(📞9414149350, 02992-250116; www.desertmoonguesthouse.com; Achalvansi Colony; 标单₹600~1200, 双₹900~1800; ❄@📶) Desert Moon位于城镇的西北边缘，距Gandhi Chowk 1公里，坐享Vyas Chhatri日落点下方的安静位置。客栈的经营者是一对分别来自印度和新西兰的夫妻档，友好亲切，可免费到火车站和汽车站接站。11个房间凉爽、干净又舒适，配抛光石材地面、雅致的装修和光洁如新的浴室。

Hotel Renuka 酒店 $

(📞02992-252757; www.hotelrenuka.net; Chainpura Para; 标单/双₹450/550, 带空调₹850/950; ❄@📶) 这栋旅馆共有3层，内设非常干净的房间——最好的房间带有阳台、浴室和空调。这里从1988年开始热情接待四方宾客，因此老板知道如何为客人提供最好的服务。楼顶露台能看到壮观的城堡风景，并设有一间不错的餐厅。酒店还提供汽车站和火车站的免费接站服务。

Hotel Swastika 酒店 $

(📞02992-252483; swastikahotel@yahoo.com; Chainpura Para; 铺₹100, 标单/双/标三₹200/300/400, 空调房₹600; ❄📶) 在这个经营有方的酒店，你只需为如何放松而操心。房间朴素、安静又干净，性价比非常高，有些房间还带小阳台。附近有许多餐厅。

★ Hotel Nachana Haveli 历史酒店 $$

(📞02992-252110; www.nachanahaveli.com; Goverdhan Chowk; 房间/套含早餐₹3950/4950; ❄@📶) 这座已有280年历史的王室哈维尔，环绕三座庭院修建——其中一座设有水声潺潺的喷泉——这是一家迷人的酒店，酒店内的餐厅Saffron深受好评。原始的砂岩房间有拱顶石质天花板，散发着一种中世纪城堡的氛围。房间采用奢华浪漫的装修风格。公共休息区有各种拉贾普特人的装饰，包括秋千椅和熊皮地毯。

酒店虽然位置居中，但远离马路，石头围墙确保住客能睡得安稳。

杰伊瑟尔梅尔的骆驼骑行

骑在骆驼上到周边游览是感受塔尔沙漠生活的最精彩有趣的方式。但是不要指望能看到连绵不断的沙丘——塔尔大部分地方都是干旱的灌木丛林地,散布着村庄和风力发电机,偶尔会有沙丘出现在眼前。你时常会遇到小米田,还有牧童赶着一群绵羊或山羊,它们脖子上的铃铛回响在寂静的沙漠中。

如今大部分观光游都可安排四驱车载你游览人迹罕至的区域。骑骆驼之旅被安排成两小时的两段,分别在午饭前和午饭后。这种安排很难称为"骑骆驼之旅",但也算充满乐趣。除了在杰伊瑟尔梅尔安排一切的做法外,另一种更经济的方法是,前往西南方48公里处的克胡利小村(Khuri,见202页),以此作为落脚点,这里也有类似的骑骆驼活动,而且你这时已经身处沙漠中。

出发之前

骑行组织者们之间的竞争早已陷入白热化,而且服务标准也有天壤之别。大部分酒店和旅馆都会很乐意帮你安排一次骆驼骑行。尽管其中许多都能提供优质的服务,但有些人也会偷工减料,给你并非自己想要的那种骑行。一些廉价旅馆尤其喜欢用各种强迫的方式让客人接受"他们"的骑行活动。其他旅馆则会特别声明"没有强迫参加骑行的麻烦"。

你可以直接与杰伊瑟尔梅尔口碑良好的专业经营者联系。由于这些旅行社专门从事骑行业务,因此他们会想方设法让客户感到满意。最好的办法是向其他旅行者打听消息,从他们推荐的经营者中选择2~3家再进行比较。

单夜骑行项目一般在下午从杰伊瑟尔梅尔出发,第二天上午返回,晚上在沙丘露营,这是获取沙漠骑骆驼体验的最简单方式:每天你也许会获得1.5~2小时的骑骆驼时间。如果你愿意,还可以将游览行程延长几天甚至几周。骑行时间越长,你对沙漠村庄、绿洲、野生动物和居民的了解就越深刻。

最著名的沙丘在山姆(见202页,位于杰伊瑟尔梅尔以西40公里处),晚上总是人满为患,更像是一场狂欢而非重返自然的体验。克胡利附近的沙丘在日落时分也非常热闹,但是其他时候都会非常安静。经营者在推销行程时都会打出前往"游客罕至之处"或"不走寻常路"的招牌。具有讽刺意味的是,这使得克胡利再次安静下来,但是山姆沙丘依然挤满了参加一日游活动的游客。

行程包括四驱车转运在内,一天一夜的普通骑行费用通常为每人₹1200~2500(第一天上午出发,第二天上午返回)。费用包括用餐、矿泉水和毛毯,有时还有一张薄垫子。确定每人都有自己专属的一匹骆驼。你可以为过得舒服一点付出更多费用(例如营帐、更好的食物),但是一定要白纸黑字在合同上写清楚。

如果你在下午从杰伊瑟尔梅尔出发并在第二天上午返回,那么价格较便宜(每人₹1000~1500)。在山姆沙丘开展的黄昏骑骆驼短途观光价格为每人₹600,其中包括吉普四驱车中转费用。如果想深入体验,你可以安排为期20天的前往比卡内尔之旅。如果要进行长途、多日骑行,费用为每人每天₹1200~2000,具体金额取决于支持设施的档次(四驱车、骆驼车等)。

Hotel Gorakh Haveli 酒店 $$

(☎02992-252978; www.hotelgorakhhaveli.com; Dhibba Para; 标单/双₹1000/1500,带空调₹1500/2500; ❈❄) Gorakh Haveli是一个宜人又低调的住宿地点,位于堡垒南侧,风格现代,以传统砂岩打造,装饰着迷人的雕刻。房间舒适又宽敞,工作人员亲切友好,有一间不错的屋顶餐厅供应全素的各国风味菜肴(主菜₹30~150),当然也可欣赏堡垒风景。夏季房价有30%的折扣。

Hotel Pleasant Haveli 酒店 $$

(☎02992-253253; www.pleasanthaveli.com; Chainpura Para; 房间₹2450起; ❈❄)这家感觉惬意舒适的酒店有大量漂亮的石雕、一

携带物品

建议带上一顶宽檐帽（或者电影《阿拉伯的劳伦斯》里面的头巾）、长裤、长袖衬衫、驱虫剂、厕纸、手电筒、防晒霜、水瓶（带挂绳的那种）和一些现金（给赶骆驼人的小费）。女性应当考虑穿着运动文胸，因为跑起来的骆驼会很颠簸。晚上会很冷，因此如果你有睡袋最好也带上，即使被告知会提供几条毯子。在夏天，下雨并非稀罕事，因此也要有所准备。

选择旅行社

这里的推荐不应取代你自己的实地研究。无论你选择哪家旅行社，一定要坚持将所有垃圾带回杰伊瑟尔梅尔。

Sahara Travels（☎02992-252609; www.saharatravelsjaisalmer.com; Gopa Chowk; ☉6:00~20:00）如今由已故的LN Bissa（又名"沙漠先生"）之子经营，这家旅行社非常专业，运作也非常透明。开设的观光线路仅前往"游客罕至"地区。过一夜（9:00至次日11:00）观光之旅的价格：每人₹1900，所有费用全包。还有一种比较便宜的过夜行程可供选择，避开正午的烈日，在14:00出发，次日11:00结束，每人₹1500。

Trotters（☎9828929974; www.trottersjaisalmer.net; Gopa Chowk; ☉5:30~21:00）这家公司运营也非常透明，有明确的收费清单，他们所提供的服务列得一清二楚。设有前往"游客罕至"地区和去山姆沙丘或克胡利的便宜行程安排。过夜游（6:30至次日11:00）价格为：每人₹1950~2450，所有费用全部包含。

Thar Desert Tours（☎91-9414365333; www.tharcamelsafarijaisalmer.com; Gandhi Chowk; ☉8:30~19:30）这家运作良好的公司收费为每人每天₹1200，含饮用水和餐食，根据旅行时间还会对价格进行相应调整。这里限制旅行团人数，最多5人，本书收到的都是关于他们的积极反馈。客人需预付80%。

在沙漠中

晚上在外面露营，在星空下围坐一小簇篝火边，听赶骆驼的人唱歌，这是一种很奇妙的体验。

在一天中最炎热的时候会停下来休息并吃午餐，时间很长。到达休息点时，人们会摘下驼背上的鞍座，将它们拴起来。在赶骆驼的人煮茶或是准备食物的时候，这些骆驼通常都会先在沙地里打个滚，然后晃到附近的山坡上寻找食物。全队人都在荆棘树下乘凉。

看管好你的财物，尤其是在返程路上。如果你有任何投诉，可以报告至Superintendent of Police（☎02992-252233）、旅游局（见201页）或是位于First Fort Gate里面和Gadi Sagar路边的游客协助部队（Tourist Assistance Force; Gadi Sagar Rd）的工作人员。

在旅行结束时，赶骆驼的人会期望一点小费（每天₹100以内），所以别忘了满足他们的小小要求。

片美丽的天台（带餐厅）和少量色调迷人的宽敞客房。所有房间都带设施齐全的现代浴室和空调。赠送瓶装水，可免费去机场或车站接住客到店。

Shahi Palace 酒店 $$

（☎02992-255920; www.shahipalacehotel.com; 紧邻Shiv Rd; 房间₹350~2000; ❄@☎）Shahi Palace是当之无愧的热门住宿地点。这是一幢传统风格的现代化建筑，有一些雕刻精美的砂岩。房间富有吸引力，保留着自然状态的砂岩墙壁，装饰着色彩缤纷的刺绣，配雕花的石床或木床。比较便宜的房间大部分在沿街增建的Star Haveli和Oasis Haveli之内。屋顶餐厅（主菜₹80~200）很出色。

供应印度风味的素食和非素食菜肴，还有一些欧洲菜和凉啤酒，能看到美不胜收的堡垒夜景。

★ 1st Gate Home Fusion 精品酒店 $$$

(☎02992-254462, 9462554462; www.1stgate.in; First Fort Gate; 房间含早餐₹8190起; ❋@🛜) 采用意大利风格设计，高端大气。这是杰伊瑟尔梅尔最奢华的酒店，处处都洋溢着美感，有一种沙漠风情与现代气息碰撞的精品气质。独特的地理位置使其拥有优美至极的古堡风景，尤其是从错层式的露天餐吧望出去时。房间非常干净，免费迷你吧（软饮）、果篮和瓶装水每天补充。

Killa Bhawan Lodge 酒店 $$$

(☎02992-253833; www.killabhawan.com; Patwa-ki-haveli Chowk; 房间含早餐₹4165起; ❋🛜) 这家靠近Patwa-ki-Haveli的小型酒店很惬意，有5个装修得很漂亮的宽大客房，宜人的屋顶餐厅KB Café可仰望堡垒，全天供应免费的茶和咖啡。

★ Suryagarh 酒店 $$$

(☎02992-269269; www.suryagarh.com; Kahala Fata, Sam Rd; 房间/套含早餐₹18,000/23,000起; ❋@🛜♨) Suryagarh是当地无可争议的豪华酒店之王，在Sam路旁如堡垒般拔地而起，地处城镇以西14公里处。这是一幢以传统杰伊瑟尔梅尔风格打造的全新建筑，中心是一片宫殿般巨大的庭院，装饰着精美的石雕。特色配套设施包括一个绝妙的室内泳池和各国风味餐厅Nosh（主菜₹650~800；欢迎非住客）。房间采用传统/现代主题。

酒店美轮美奂，却并未就此止步。这里还组织五花八门的活动与短途旅行，而且每晚都有娱乐演出。

🍴 餐饮

★ 1st Gate Home Fusion 意大利菜、印度菜 $$

(☎02992-254462, 9462554462; First Fort Gate; 主菜₹220~460; ⏰7:30~10:30，正午至15:00和19:00~23:00; 🛜♨) 这家错层式的露天餐吧位于同名精品酒店的楼顶，能看到壮美的堡垒风景，菜单中地道的素食意大利菜和印度菜令人垂涎。餐厅还供应出色的木柴烤比萨和香浓的意式咖啡。在正餐时间之外供应小吃和饮品（7:30~23:00）。

★ Saffron 各国风味 $$

(Hotel Nachana Haveli, Goverdhan Chowk; 主菜₹195~415; ⏰7:00~23:00) 这家餐厅位于Hotel Nachana Haveli宽敞的屋顶露台上，素食和非素食菜肴都很出色。夜晚特别有情调，有公用和私人就餐区，餐位安排也更为正式。印度菜是无敌的，但意大利菜也很不错。供应酒水。

Monica Restaurant 各国风味 $

(Amar Sagar Pol; 主菜₹100~300，素食/非素食塔利套餐₹175/375; ⏰8:00~15:00和18:00~23:00) Monica空气流通的露天就餐区刚好把堡垒风景插进了视野，不过如果你的餐位看不到风景，就用美味的素食和非素食安慰自己吧。用泥炉烹制的肉尤其调味得当，味美多汁。塔利套餐种类丰富，沙拉新鲜可口。

Jaisal Italy 意大利菜 $$

(First Fort Gate; 主菜₹180~290; ⏰7:30~23:00; ❋🛜) Jaisal Italy就在First Fort Gate之内，供应口味不错的素食意大利菜，包括意大利烤面包、开胃食物、意大利面、比萨饼、沙拉和甜点，加上西班牙风味的蛋饼，就餐地为采用异国情调装修的室内餐厅（冬季很舒适，夏季开空调后也很凉爽）或者在令人愉悦的城堡低墙的露台上欣赏如诗如画的风景。供应酒水。

Desert Boy's Dhani 印度菜 $$

(Dhibba Para; 主菜₹120~250, 塔利套餐₹400; ⏰11:00~16:00和19:00~23:00; ❋🛜♪) 这是一家围墙花园餐厅，桌椅都围着一个大型的铺石庭院布置，院内有一棵成荫的大树。还有传统软垫座位摆在凉篷里和开着空调的室内。每天20:00~22:00都会有拉贾斯坦音乐和舞蹈表演，这里也是愉悦地享用口味一流、价钱实惠的拉贾斯坦和其他印度素食的好地方。

Natraj Restaurant 各国风味 $$

(Aasani Rd; 主菜₹120~180; ⏰10:00~22:00; 🛜♪) 这间屋顶餐厅能看到隔壁的Salim

Singh-ki-Haveli的上部,视野令人满意。纯素菜肴一向美味,服务很出色。可口的南印度多莎饼(大片的咸味薄饼)性价比超高。

Bhang Shop

咖啡馆

(Gopa Chowk; 印度奶昔₹150起)杰伊瑟尔梅尔有经营许可的Bhang Shop朴实无华。魔法作料是印度大麻(bhang):将大麻叶和花穗与牛奶、印度酥油和香料一起搅成糊状。除了印度奶昔,这家店还售卖一系列加入印度大麻的饼干和糕点——效果有中等和强劲两种选择。印度大麻是合法的,但并不适合所有人,请谨慎食用。

🛍 购物

杰伊瑟尔梅尔闻名遐迩的特产有精美的刺绣、床罩、镜子工艺墙饰、油灯、石雕和古董。在购买银器时要格外小心:这种金属制品里有时会被掺进铜。

有几家不错的印度土布(khadi,土布)商店,能找到固定价格的桌布、地毯和服装,加花纹的方式很多,包括扎染、雕版印刷和刺绣。可以逛逛Zila Khadi Gramodan Parishad(Malka Prol Rd; ⏰周一至周六 10:00~18:00)、Khadi Gramodyog Bhavan(Dhibba; ⏰周一至周六 10:00~18:00)或Gandhi Darshan Emporium(靠近Hanuman Circle; ⏰周五至周三 11:00~19:00)。

Bellissima

工艺品

(Dashera Chowk; ⏰8:00~21:00)这家小店靠近堡垒的中心广场,售卖美丽的拼布作品、刺绣、绘画、包、毯子、垫子套和各种拉贾斯坦艺术品。这里的收益会用来帮助周围村庄中的贫困妇女,包括那些离婚或是守寡的女性。

Jaisalmer Handloom

工艺品

(www.jaisalmerhandloom.com; Court Rd; ⏰9:00~22:00)这家店有琳琅满目的床罩、挂毯、服装(成衣和定制服装,含丝绸)和其他纺织品,由店内工人和其他人制作。如果你需要一块带刺绣的骆驼鞍布(谁会不需要呢),可以来这里找找。

Desert Handicrafts Emporium

工艺品

(Court Rd; ⏰9:30~21:30)有一些非同寻常的首饰、绘画以及各种纺织品,这是镇上无数手工艺品商店中最具原创气质的一家。

ℹ 实用信息

现金

自动柜员机分布在Hanuman Circle附近、Shiv Rd沿线和火车站外。Gandhi Chowk和周围有许多持照经营的外币兑换商。

邮局

中心邮局(Hanuman Circle Rd; ⏰周一至周六 10:00~17:00)位于堡垒西侧。

邮局(Gopa Chowk; ⏰周一至周五 10:00~17:00,周六至13:00)就在堡垒大门外,出售邮票,可寄明信片。

旅游信息

旅游局(Tourist office; ☎02992-252406; Gadi Sagar Rd; ⏰9:30~18:00)热情友好的办事处,提供免费城镇地图。

ℹ 到达和离开

飞机

杰伊瑟尔梅尔的新机场位于城镇以南5公里处,目前已开始运营,每天有一趟航班飞往德里。与此同时,**Supreme Airlines**(☎9820588749; www.supremeairlines.com)曾计划推出一架小飞机,从德里飞往杰伊瑟尔梅尔,途经比卡内尔。可在当地查询该航线是否在运营中。

长途汽车

RSRTC的长途汽车从**中心汽车站**(Shiv Rd)发车。全天有车开往阿杰梅尔(₹430,9.5小时)和焦特布尔(₹266,5.5小时)。开往克朗利(₹39,1小时)的长途汽车从紧邻Gadi Sagar Rd的**汽车站**发车,该车站位于Barmer Rd。

许多私营客运公司在Hanuman Circle设有售票处。**Hanuman Travels**(☎9413362367)和**Swagat Travels**(☎02992-252557)是其中比较典型的两家。这些车都从**私营汽车站**(Air Force Circle)发车。主要路线如下:

阿杰梅尔(去布什格尔)座位/无空调卧铺₹300/450,9小时,每天2班或3班

比卡内尔 座位/无空调卧铺₹200/400,5.5小时,每天3~4班

斋浦尔 座位/无空调卧铺₹400/500,11小时,每天2~3班

焦特布尔 座位/无空调卧铺₹200/400，5小时，6:00~22:00每半小时1班

乌代布尔 无空调卧铺₹350/450，12小时，每天1~2班

出租车

出租车前往焦特布尔单程费用约为₹4500，去往比卡内尔单程₹5000，到乌代布尔单程₹8000。在Hanuman Circle Rd有一个**出租车总站**。

火车

火车站（⊙售票处周一至周六 8:00~20:00，周日至13:45）位于城镇的东部边缘，紧邻通往焦特布尔的公路。有一个外国人专用的售票窗口。

比卡内尔 无空调卧铺/空调卧铺3类₹250/625，约6小时，每天1班或2班（1:10和23:55）

德里 无空调卧铺/空调卧铺3类 ₹450/1205，18小时，每天2班或3班（0:45、1:10、17:00），途经斋浦尔（12小时）

斋浦尔 无空调卧铺/空调卧铺3类 ₹350/935，12小时，每天3班（0:45、17:00、23:55）

焦特布尔 无空调卧铺/空调卧铺3类 ₹215/565，5~6小时，每天3班（0:45、6:45和17:00）

❶ 当地交通

机动三轮车

从火车站到Gandhi Chowk费用约为₹40。

小汽车和摩托车

可以从Hanuman Circle Rd的站点包出租车或四驱车。到克胡利、山姆沙丘或Lodhruva的往返费用约为₹1000~1200，包含约1小时的等待时间。

Shiva Bikes（First Fort Gate；摩托车每天₹500~2000；⊙8:00~21:00）是一家正规经营的租赁商店，出租摩托车（包括Royal Enfield Bullets）和踏板摩托车，可用来探索城镇和周边景点（含头盔和当地地图）。

杰伊瑟尔梅尔周边地区

山姆沙丘（Sam Sand Dunes）

山姆沙丘 景区

（Sam Sand Dunes；机动车/骆驼₹50/80）柔软光滑的山姆沙丘位于杰伊瑟尔梅尔以西41公里处，有一条状况非常好的柏油路连接（这条路由印度陆军负责维护）。这座沙丘是从城市出发最热门的短途项目的地。这片沙丘长2公里，毫无疑问是该地区风景最美的地方之一。这里有一些骆驼骑行者的帐篷，但是更多人到这里都是为了感受黄昏——被如牛皮糖般推销短途骑行的骆驼主人追逐不放。还有许多人会到靠近沙丘的几座帐篷营地中过夜。从黄昏到第二天清晨，这里都弥漫着一股嘉年华的气息。如果你只是纯粹地希望获得"大漠孤烟直，长河落日圆"的体验，就一定要避开这里。

如果你想在现场参加骑骆驼游，1小时的日落骑行费用为₹300，但是要提防赶骆驼的人的一些小花招，例如中途提出要加钱等。

克胡利（Khuri）

☏03014

克胡利村位于杰伊瑟尔梅尔西南48公里处，有辽阔的沙丘区吸引众多游客到这里观看日落，还有许多规模偏小的"度假村"，推出和山姆沙丘相同的过夜套餐。村庄里也有几家低调的客栈，你可以在传统风格的黏土牛粪墙和茅草苫顶的小屋里住一晚，感受这里的平静安宁，到相对偏远和空旷的周边地区开展妙趣横生的骑骆驼游。

克胡利位于杰伊瑟尔梅尔西南方的**沙漠国家公园**（Desert National Park）内。这座公园占地面积3162平方公里，旨在保护塔尔沙

从杰伊瑟尔梅尔出发的主要列车

目的地	车次	发车时间	到达时间	票价（₹）
比卡内尔	12467 Leelan Exp	23:55	5:20（次日）	250/625
德里	14660 Jaisalmer-Delhi Exp	17:00	10:55（次日）	450/1205
斋浦尔	14660 Jaisalmer-Delhi Exp	17:00	4:50（次日）	350/935
焦特布尔	14809 Jaisalmer-Jodhpur Exp	6:45	13:00	215/565

票价：无空调卧铺/空调卧铺3类。

漠的生态系统，这里栖息着沙漠狐、沙漠猫、瞪羚、蓝牛羚以及一些珍稀鸟类，例如已经濒临灭绝的印度大山雀等。

注意，回扣制度在克胡利较大的住宿地点已经根深蒂固。如果你只是想来一次简单的沙丘骆驼骑行，每人的费用约为₹150。

住宿

★ Badal House 家庭寄宿 $

(☎8107339097；房间或小屋每人含三餐₹400)你可以住在村子中心的住家大院里，有几间一尘不染的泥墙草顶小屋，以及同样干净的房间(其中之一带蹲厕)。住在这里可以吃到不错的家常菜。主人Badal Singh从前是赶驼人，为人友好和善，可以帮助安排在沙丘过夜的骑骆驼旅行，收费₹600。

他不给回扣，所以不要理会那些劝你去别家的揽客者。

❶ 到达和离开

你可以搭乘当地长途汽车从杰伊瑟尔梅尔到克胡利(₹30，车程1小时)，乘车地点在Gadi Sagar Rd附近的一条路边。从杰伊瑟尔梅尔古堡步行前往火车站，经过游客咨询处后在第二个路口右转，然后在左边的树底下候车(旁边有一座小神龛)。客运班车经过这里的时间为10:00、11:30、15:30和16:00左右。

从克胡利返回杰伊瑟尔梅尔的长途汽车发车时间为8:00、9:00、10:30、11:30和14:30左右。

从杰伊瑟尔梅尔乘出租车前来至少需要₹1200~1500。就算要在此过夜，你还是要付返程车费。

比卡内尔(Bikaner)

☎0151 / 人口 644,400

比卡内尔是一座活力四射、尘土飞扬的沙漠城镇，拥有一座雄伟的古堡和一种沧桑的边陲气质。这里的旅游业发展虽不及拉贾斯坦邦的其他城市，但是也有许多旅馆和繁忙的骆驼骑行场景，吸引一些旅行者避开杰伊瑟尔梅尔的麻烦前来这里。

历史

这座城市于1488年由焦特布尔的创建者Rao Jodha之子Rao Bika建立，但是拉索雷的两个贵族家庭后来因为继承权之争而引发内乱。从公元16世纪后期开始，比卡内尔凭借沙漠商队路线上补给站的重要地位实现了快速发展，与莫卧儿王朝构筑友好关系使得这里进一步繁荣兴旺，但是随着莫卧儿王朝在18世纪逐渐衰落，比卡内尔也渐渐沉寂。到了19世纪，这个地区已经明显很落后了，但是由于在第一次英阿战争期间与英国人进行了一些骆驼租赁交易，这个地区的面貌得到了很大的改善。1886年，它成为第一个安装电力设施的沙漠土邦。

◉ 景点

★ 居那加尔 堡垒

(Junagarh；印度人/外国人₹50/300，录像₹150，语音导览₹50，需提供身份证件；◷10:00~17:30，16:30停止检票)这座蔚为壮观的古堡建于1589年至1593年，建造者是莫卧儿王朝阿克巴大帝麾下的一位将军、比卡内尔的统治者Raja Rai Singh。从东侧的Karan Prole门进入古堡，然后穿过另外三道门，就到了宫殿博物馆的售票处。语音导览(要求用身份证明文件作为抵押)有英语、法语、德语和印地语，可提供大量信息。

装饰精美的Karan Mahal是宫殿内的Diwan-i-Am(公众大厅)，始建于17世纪和18世纪。Anup Mahal Chowk里有精美雕刻的jarokhas(阳台窗户)和jali屏风，由王公Anup Mahal于17世纪末出资建造。这附近的房间包括奢华的Anup Mahal，是一座私人大厅，墙壁被涂成红色和金色，Badal Mahal(云宫)的墙壁全都被涂上了蓝色云朵的美丽图案，以及红色和金色闪电。

Gaj Mandir是王公Gaj Singh(1745年至1787年在位)和他的两位王后的寝宫，房间里布满了金色涂料、色彩绚丽的壁画、檀香木、象牙、镜子、壁龛和彩色玻璃大气磅礴。从这里你可以爬到宫殿屋顶，欣赏壮丽风景，然后逐渐下到建于1896年的华丽Ganga Durbar Hall，它粉色的石头墙壁上面刻有迷人的浮雕。随后你会进入王公Ganga Singh的办公室，最后是Vikram Vilas Durbar Hall，它里面陈列着镇宅之宝：一架第一次世界大战期间的De Havilland DH-9型双翼轰炸机，王公

Bikaner 比卡内尔

拉贾斯坦邦 比卡内尔

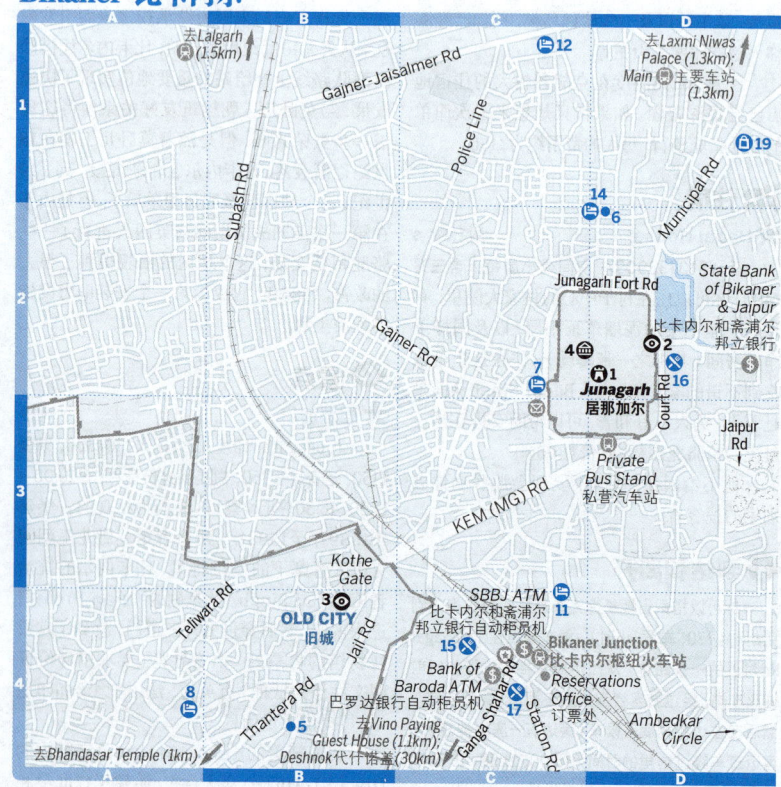

Ganga Singh将军在第一次世界大战期间统率比卡内尔骆驼军团,是帝国战时内阁唯一一位非白人成员。

普拉齐纳文化中心及博物馆 博物馆

(Prachina Cultural Centre & Museum; Junagarh; 印度人/外国人₹30/100; ☉9:00~18:00) 这家博物馆与宫殿入口分别位于堡垒中心庭院的两侧,馆藏引人入胜,标识清晰。博物馆主要展示比卡内尔王室在印度独立之前受到的西方影响,能看到来自英国和法国的餐具、1936年的菜单卡、一些精美的服装、珠宝和纺织品,以及当代比卡内尔工艺品的展览。

旧城(Old City) 景区

旧城依然给人一种中世纪的感觉,虽然摩托车和机动三轮车时不时呼啸而过。在比卡内尔枢纽火车站西南方向1.5公里处的南城墙之内,狭窄蜿蜒的街道如同迷宫一般,里面藏着许多精美的哈维尔和几座引人注目的耆那教寺庙。在旧城漫步一番很有趣,保证你至少会迷路一次。旧城被建于18世纪的7公里长的城墙所包围,间隔设有5个大门,主要门户是三重拱顶的Kothe Gate。

★ Bhandasar Temple 耆那教寺庙

(☉5:00~13:00和17:30~23:30) 在比卡内尔的两座耆那教寺庙中,Bhandasar分外美丽,有黄色的石雕和鲜艳的绘画。寺庙的内部美轮美奂,立柱上装饰着阿拉伯式花饰,还描绘着24位tirthankars(耆那教伟大祖师)的经历。据说在建造寺庙的灰泥中用40,000公斤的印度酥油替代了水,当地人坚持说天热时酥油会渗出地面。神职人员可能会要求进入寺庙的人捐款,虽然有基金机构承担寺庙的保养费。

Bikaner 比卡内尔

◎ 重要景点
1 居那加尔 D2

◎ 景点
2 Karan Prole D2
3 旧城 B4
4 普拉齐纳文化中心及博物馆 C2

✈ 活动、课程和团队游
5 Gouri Guide B4
6 Vinayak Desert Safari D2

🛌 住宿
7 Bhairon Vilas C2
8 Bhanwar Niwas A4
9 Chandra Niwas Guest House E3
10 Hotel Harasar Haveli E1
11 Hotel Jaswant Bhawan C4
12 Hotel Kishan Palace C1
13 Udai Niwas E4
14 Vinayak Guest House D2

🍴 就餐
15 Amberwalla C4
Café Indra ....（见13）
16 Gallops D2
17 Heeralal's C4
18 Road Runner Cafe E4
Shakti Dining ....（见18）

🛍 购物
19 Bikaner Miniature Arts D1

拉贾斯坦邦 比卡内尔

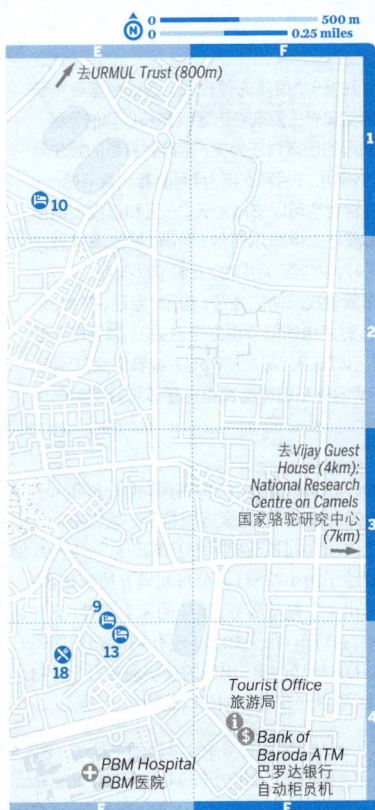

👉 团队游

Camel Man
团队游

(☎9799911117、9829217331、0151-2231244；www.camelman.com；Vijay Guest House, Jaipur Rd；半日游/一日游/多日游每人每天₹800/1200/1800起）Vijay Singh Rathore 又名Camel Man，在Vijay Guest House经营的骆驼之旅在品质、信誉和透明度方面都是比卡内尔最突出的。

Vino Desert Safari
团队游

(☎0151-2270445、9414139245；www.vinodesertsafari.com；Vino Paying Guest House；一天一夜每人₹2500，多日游每人每天₹1500~2000）Vino Desert Safari是一个经营已久的人气机构，由来自Vino Paying Guest House的Vinod Bhojak经营。

Vinayak Desert Safari
团队游

(☎0151-2202634、9414430948；www.vinayakdesertsafaris.com；Vinayak Guest House；四驱车半日游每人₹500，四驱车一日游或多日游每人₹900~2000）Vinayak Desert Safari组织的四驱车之旅由动物学家Jitu Solanki带队。游览活动关注沙漠动物和鸟类，翼幅达3米的秃鹫令人印象深刻，从11月到次年3月，许多秃鹫会造访当地。

Gouri Guide
团队游

(☎0151-2543306、9461159796；gouriguide@yahoo.in；Shanti House, New Well, Old City；每人每小时₹50）Gouri是一位知识渊博又风度翩翩的导游，扎根在旧城，可以带游客游览比卡内尔的所有知名景点和许多小众景点。他还经营着一家小客栈。

比卡内尔骑骆驼

比卡内尔骆驼骑行是杰伊瑟尔梅尔骆驼骑行的一个很棒的替代品。这里经营骆驼骑行的人比较少，因此你遇到的困扰也会少很多。骆驼观光主要前往市区以东和以南的地区，以贾特人、比什诺伊人、梅瓦尔人和拉其普特人偏远的沙漠村庄为主，能看到有趣的野生动物，如蓝牛羚、印度瞪羚、沙漠狐、刺尾飞蜥和许多鸟儿，9月到次年3月间能看到蓑羽鹤。

三天两夜是骑骆驼之旅的常规计划，但是经营者也可以安排半天、一天和过夜短途旅行。如果你真的想深入尝试骆驼之旅，可以参加前往杰伊瑟尔梅尔（两周）的沙漠穿越之旅。进入沙漠的最佳月份是10月到次年2月。避开4月中旬到7月中旬，此时酷热难耐。

通常价格为每人每天₹1800~2500，包括露营过夜所需的帐篷、垫子、毛毯、餐食、矿泉水，每人一匹骆驼，一辆骆驼车来运输装备（有时疲倦的骑手也会坐进去），以及除了赶骆驼人之外的一位向导。许多线路都是从比卡内尔以东8公里处的Raisar或者以南30公里处的代什诺盖（Deshnok）出发。乘坐大巴而不是四驱车前往出发点也是节约开支的一个办法。

🛏 住宿

★ Vijay Guest House   客栈 $

(📞0151-2231244, 9829217331; www.camelman.com; Jaipur Rd; 房间₹500~1000, 带空调₹1200~1500, 套₹1800; ❋ 🐾) 位于城中心以东4公里处，这是一个宾至如归的地方，有宽敞明亮的房间、热情友好的招待和美味的家常菜套餐。老板Vijay是一位骆驼专家和值得推荐的观光游经营者（见205页）。客栈提供火车站和汽车站的免费接送。

除了骆驼游，客栈还推出了前往比卡内尔周边景点的四驱车之旅，也可前往老板位于什卡瓦提（Shekhawati）的Thelasar村的房屋参观。

Vino Paying Guest House   客栈 $

(📞9414139245, 0151-2270445; www.vinodesertsafari.com; Ganga Shahar; 标单₹250~300, 双₹350~400; @ 🐾) 这家客栈位于中心火车站以南3公里的家庭住宅内。这里非常舒适，是比卡内尔一位优秀的骆驼骑行游经营者（见205页）的大本营。房子里有6间客房，还有6个房间位于花园周围凉爽的土坯小屋里，花园里还有个小泳池。客栈性价比很高，老板家庭热心友好。

可提供家常菜食物，还组织烹饪课。它位于Gopeshwar神庙对面，提供免费接站服务。

Vinayak Guest House   客栈 $

(📞0151-2202634, 9414430948; vinayakguesthouse@gmail.com; 房间₹400~800, 带空调₹1000; ❋ @ 🐾) 这家客栈位于一幢安静的民宅之内，有6间各不相同的干净客房，还有一片铺着沙子的小花园（部分房间只有桶装热水）。提供免费接站服务、美味的家常菜肴、烹饪课程、自行车（每天₹25），还有Vinayak Desert Safari（见205页）组织的骑骆驼和野生动物之旅。客栈位于居那加尔以北约500米处。

Chandra Niwas Guest House   酒店 $

(📞0151-2200796, 9413659711; chandraniwas@yahoo.in; Rangmanch Rd, Civil Lines; 房间₹500, 带空调₹800~1500; ❋ 🐾) 这家惬意舒适的小客栈地处一个相对安静的位置，不过前往比卡内尔的景点依然很方便。房间干净、舒适又整洁，还有一家迷人的露台餐厅，素食/非素食塔利套餐的价格是₹180/250，隔壁还有一家咖啡店。

Hotel Jaswant Bhawan   酒店 $

(📞9001554746, 0151-2548848; www.hoteljaswantbhawan.com; Alakh Sagar Rd; 房间₹1000~1600; ❋ @ 🐾) 这家宁静宜人的酒店酒店内有一个小花园，舒适又老派的客厅里装饰着家庭旧照片。房间宽敞朴素又通风，配空调。供应美味的餐食（还推出了烹饪课）。从中心火车站出发，经车站的"人行天桥"步行2分钟即到。

★ Bhairon Vilas   历史酒店 $$

(📞9928312283, 0151-2544751; www.

bhaironvilas.com；房间₹1500~2000起；※@令）这家酒店位于居那加尔西侧，由历史上一位比卡内尔首相的后裔经营。大部分房间都很宽敞，而且采用了古董、金丝窗帘和家庭旧照片进行多姿多彩、精心细致的装饰。酒店有一间仿佛出自《亚当斯一家》的酒吧、一间花园餐厅、一间咖啡店和一间专卖美丽的原创婚礼纱丽的精品店。

可安排骑骆驼游和本地导游。

Hotel Harasar Haveli　　　　酒店 $$

（☎0151-2209891；www.harasar.com；房间₹1800~2800；※）这家现代酒店的正面像一座老旧的砂岩哈维尔，住宿条件气派得出人意料。装修很有格调：客房的墙面上不是蓝色配金色的高档壁纸，而是精心手绘的花卉图案。老旧的深色木家具延续了典雅的气质。服务出色，自带的露台餐厅供应酒水。

酒店位于Karni Singh体育场对面，居那加尔东北方向约1公里处。

Udai Niwas　　　　家庭寄宿 $$

（☎9971795447, 0151-2223447；Rangmanch Rd, Civil Lines；标单/双₹2000/2500；※）这是一家气氛友好放松的家庭寄宿，位于宜人的联营咖啡馆Café Indra后方。房间宽大舒适，你可以选择与主人一家一起在餐厅里享用美味的家常菜，也可以自己觅食。还有一间洗衣房，可以自己洗衣服。

Hotel Kishan Palace　　　　酒店 $$

（☎9829512610, 0151-2527762；www.hotelkishanpalaceheritage.com；8B Gajner-Jaisalmer Rd；风扇房₹750，空调房含早餐₹1500；※令）这间酒店位于一幢比卡内尔老宅之内，是比卡内尔骆驼军团的一位上校的故居，现在由他的孙子经营。房间简朴但很宽敞，酒店里装饰着老照片和军队纪念品——可以看看其祖父的英帝国勋章和他看守过的日本战俘画的水彩画。要一间远离主路的靠后客房。

Laxmi Niwas Palace　　　　历史酒店 $$$

（☎0151-2202777；www.laxminiwaspalace.com；房间₹10,500~14,500，套₹22,000~31,000；※@令）这个粉色砂岩酒店位于市中心东北方向2公里处，是皇家宫殿的一部分，始建于1902年。酒店坐落在迷人的大庭院里，室内装潢奢华，装饰着石雕。房间大多宽敞典雅，古色古香，酒吧和桌球室里作为狩猎纪念品的虎皮可能比拉贾斯坦邦依然存活的老虎还要多。

Bhanwar Niwas　　　　历史酒店 $$$

（☎0151-2529323；www.bhanwarniwas.com；Rampuria St；房间₹6000；※@令）这家杰

> **不要错过**
>
> ## 老鼠神庙
>
> 在比卡内尔以南30公里处的代什诺盖（Deshnok），有一座非常特别的**克勒妮·玛塔神庙**（Karni Mata Temple；照相/录像₹30/50；⏰4:00~22:00）。这是印度比较古怪的景点之一，居住着大量被视为圣物的老鼠。神经脆弱的人会受不了，但大多数到了比卡内尔的游客宁愿冒脚踝挨咬的风险也要把来这里半日游放进行程。比卡内尔的中心车站有汽车频繁发往这里。从比卡内尔乘坐机动三轮车往返（含1小时等待时间）费用为₹400~450。
>
> 克勒妮·玛塔（Karni Mata）生活在14世纪，她在世的时候曾多次展现奇迹，当她最小的儿子Lakhan被淹死后，她曾命令死神Yama将其复活。Yama回复说他做不到，但克勒妮·玛塔作为杜尔迦女神的化身，本身就可以让Lakhan死而复生。于是她这样做了，同时判令她的家庭成员永远不会死去而是转生为老鼠（kaba）。在代什诺盖，大约有600户人家声称自己是克勒妮·玛塔的后人，并且表示自己会转生为老鼠。
>
> 这座神庙并非被老鼠所占据，但这里确实有许多老鼠，尤其是在边边角角以及神职人员和朝圣者为它们留下食物的地方。而且你猜对了，进入神庙之前，确实要脱掉鞋子。人们认为有老鼠跑过你的脚面是非常吉利的——它们肯赏光是你的福气，不管你情不情愿。
>
> 神庙外有许多提供吃喝的小吃摊。

出的酒店由美丽的Rampuria哈维尔改建而成——这栋漂亮建筑是旧城区的一枚珍宝。它位于City Kotwali警察局西南300米处，有26个各不相同、宽敞、装饰精美的房间，其中包括模板绘制的墙纸、大理石或马赛克地板以及古典家具等。舒适的公共区古色古香，围绕在一个巨大的庭院四周。

餐饮

Café Indra   咖啡馆

（☎8287895446；Rangmanch Rd, Civil Lines；主菜₹120~170；◎11:30~22:30；❄）这家明亮又干净的咖啡馆特别适合喝杯咖啡或冷饮放松一番，来吃午餐或晚餐也很不错，有多种比萨、汉堡和卷饼可供选择。

Amberwalla   各国风味 $

（☎0151-2220333；Station Rd；主菜₹60~120，塔利套餐₹190~200；◎7:00~23:00；❄♪）这家宽大明亮又通风的"小餐馆"迎合每个人的需求，主菜有欧陆、中国、北印度和南印度风味，还有甜食、冰激凌和一间大面包坊。

★ Gallops   各国风味 $$

（☎0151-3200833；www.gallopsbikaner.com；Court Rd；主菜₹200~350；◎10:00~22:00；❄♪）这家充满现代感的餐吧靠近居那加尔的入口，被三轮车夫称为"Glops"。有比萨、卷饼和三明治等小吃，还有五花八门的印度和中国素食及非素食菜肴。你可以坐在室外，也可以在开着空调的室内窝进扶手椅，喝一杯凉啤酒或浓缩咖啡（咖啡₹100起）。

Shakti Dining   印度菜 $$

（☎9928900422；Prithvi Niwas, Civil Lines；主菜₹150~260；◎11:00~23:00；❄♪）Shakti位置居中，风格现代，供应美味的印度经典菜肴，可以在花园里享用，也可以坐在室内舒服地吹空调。时髦又独特的Road Runner Cafe（☎0151-2545033, 9928900422；主菜₹150~260；◎11:00~23:00；❄♪）也在这里，就餐体验更加随意自在。

Heeralal's   各国风味 $$

（☎0151-2205551；Station Rd；主菜₹150~210，塔利套餐₹165~270；◎7:30~22:30；❄♪）这个明亮而且人气超高的餐厅在一楼，里头摆着一大堆塑料假花，提供相当不错的印度素食菜肴，以及一些中国主菜和比萨饼（可惜没有啤酒）。如果在等火车，来这里坐坐休息一会儿很不错。底层的快餐区没什么吸引力，但有一个甜品柜台很不错。

购物

Bikaner Miniature Arts   工艺品

（☎9829291431；www.bikanerminiturearts.com；Municipal Rd；◎9:00~20:00）Swami家族已有四代人在比卡内尔绘制细密画，现在经营着这间艺术学校兼画廊。作品的水准令人惊叹，价格也比较大的旅游区更便宜。可安排艺术课堂。

实用信息

中心邮局（Main Post Office；◎周一至周五 9:00~16:00，周六至14:00）位于Bhairon Vilas酒店附近。

PBM Hospital（☎0151-2525312；Hospital Rd）拉贾斯坦邦最棒的公立医院之一，有24小时急诊服务。

旅游局（☎0151-2226701；◎周一至周五 9:30~18:00）这个旅游局（靠近Pooran Singh Circle）服务态度友好，能解答大部分与旅游相关的问题，还提供交通时刻表和地图。

从比卡内尔枢纽火车站出发的主要列车

目的地	车次	发车时间	到达时间	票价（₹）
德里（Sarai Rohilla）	22471 Dee Intercity SF Exp	9:30	17:25	305/785
斋浦尔	12467 Leelan Exp	6:00	12:35	275/705
杰伊瑟尔梅尔	12468 Leelan Exp	23:15	4:50（次日）	250/625
焦特布尔	14887 KLK-BME Exp	11:00	16:00	200/510

票价：无空调卧铺/空调卧铺3类。

❶ 到达和离开
飞机
Supreme Airlines（见201页）有一班小飞机（单程₹560起）在周一到周六从斋浦尔飞往比卡内尔（7:00起飞），再从比卡内尔飞往斋浦尔（8:45起飞）。起飞时间可能会变化。

长途汽车
政府经营的客运班车从古堡正北2公里处的中心汽车站（城堡到车站机动三轮车₹20）发车；在居那加尔南侧城墙外面有一个**私营汽车站**，也有与中心汽车站类似的班线（但是票价略贵、班次略少）。

从中心汽车站发车的长途汽车线路如下：

阿杰梅尔(去布什格尔) ₹269，6小时，半小时1班，直至18:00

德里 ₹445，11小时，每天至少4班

代什诺盖 ₹35，1小时，半小时1班，直至16:30

法塔赫布尔 ₹136，3.5小时，半小时1班，直至17:45

斋浦尔 ₹334，空调₹596，7小时，每小时1班，直至17:45

杰伊瑟尔梅尔 ₹309，7.5小时，每天正午一班

Jhunjhunu ₹226，5小时，每天4班（7:30、8:30、12:20和18:30）

焦特布尔 ₹243，5小时，半小时1班，直至18:30

Pokaran ₹211，5小时，每小时1班，直至12:45

如果要去杰伊瑟尔梅尔，有时更快捷的方式是先到Pokaran（那里车次更多），再在那里换车。

火车
主要的火车站是比卡内尔枢纽火车站（Bikaner Junction）。在火车站主楼东边的一栋独立楼房内设有一个**联网订票处**（computerised reserations office; ⊙周一至周六 8:00~22:00，周日至14:00）。外国人窗口是2931。城市北边的Lalgarh车站开通有其他一些实用的列车车次（机动三轮车费用₹50）。

德里（Delhi Sarai Rohilla）无空调卧铺/空调卧铺3类 ₹305/785，8~14小时，每天3~5班，6:30、9:30、16:45、17:05和23:30

斋浦尔 无空调卧铺/空调卧铺3类 ₹275/705，6.5小时，每天5班，0:05、6:00、18:45、23:05和23:55

杰伊瑟尔梅尔 无空调卧铺/空调卧铺3类 ₹250/625，5.5小时，每天1或2班，18:30和23:15

焦特布尔 无空调卧铺/空调卧铺3类 ₹200/510，5小时，每天6~7班，0:45、6:35、9:30、11:00、13:40、21:40和22:10

这里没有直接发往阿杰梅尔（以便转车去布什格尔）的列车。

❶ 当地交通
乘坐机动三轮车从火车站前往居那加尔宫殿应该需要₹30，但要价很可能更高。

比卡内尔周边
国家骆驼研究中心　　　　　　博物馆
（National Research Centre on Camels; ☏0151-2230183; www.nrccamel.res.in; 印度人/外国人₹30/100，照相₹50，骑骆驼₹50; ⊙14:00~18:00）国家骆驼研究中心位于比卡内尔市中心东南方向8公里处，在焦特布尔—斋浦尔支路（Jodhpur-Jaipur Bypass）边。在这里你可以观看小骆驼，体验短途骑骆驼，参观小型博物馆。研究中心大约有400头骆驼，分属4个不同品种。在"一战"期间，英国陆军从比卡内尔召集了一个骆驼军团。可以请导游，收费₹50以上。馆内的Camel Milk Parlour（骆驼奶店）提供试吃，包括印度冰激凌和印度奶昔。

从比卡内尔可乘坐机动三轮车/出租车来游览，车费大约为₹150/₹400，包含在骆驼农场半个小时的等待时间。

旁遮普邦和哈里亚纳邦

包括 ➡

昌迪加尔..................212
皮恩乔雷花园............220
Morni Hills..................220
安纳波沙希贝镇........221
阿姆利则....................222
帕蒂亚拉....................229
巴廷达........................231
法利德果德................232
Kurukshetra
 (Thanesar)..............233
Surajkund..................234

最佳餐饮

- ➡ Kesar Da Dhaba (见226页)
- ➡ Bharawan Da Dhaba (见226页)
- ➡ Makhan Fish (见227页)
- ➡ Virgin Courtyard (见217页)
- ➡ Gopal's (见217页)

最佳住宿

- ➡ Baradari Palace(见229页)
- ➡ Ramada Amritsar (见226页)
- ➡ Mrs Bhandari's Guesthouse (见225页)
- ➡ Vivanta By Taj (见234页)
- ➡ Hotel Icon (见216页)

为何去

　　相邻的旁遮普邦（Punjab）和哈里亚纳邦（Haryana）是在1947年印巴分治后，由原印属旁遮普省分裂成的。从那以后，旁遮普邦不断壮大，成为印度热情友好的锡克教社群的家园；哈里亚纳邦则发展成为活跃的工商业中心。两个邦共同的首府城市昌迪加尔就坐落在它们之间。

　　旁遮普邦拥有众多流光溢彩的锡克教寺庙（gurdwaras），阿姆利则美不胜收的金庙（Golden Temple）就是其中之一，是旅游环线上热门的一站。哈里亚纳邦更具有旅游的神秘感。两个邦周边的内陆地带零星分布着一些游人罕至却不乏迷人之处的历史城镇——它们见证了城邦之间交战和王公花天酒地的历史，在尘土飞扬的市集之中还藏匿着一些印度最具吸引力的堡垒遗迹。

何时去

昌迪加尔

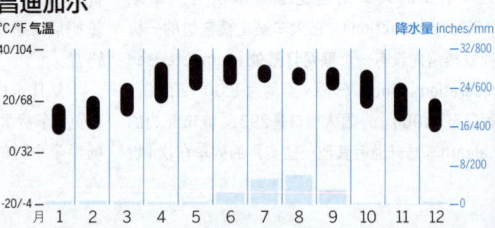

3月 安纳波沙希贝镇举办的锡克教庆典霍拉莫哈拉节持续3天。

4月 旁遮普邦最盛大的节日拜萨哈节标志着锡克教历新年的开始，同时也是纪念Khalsa（锡克教兄弟教派）的创立。

10月 排灯节期间处处都是彩灯、蜡烛和烟花，金庙尤为绚丽醉人。

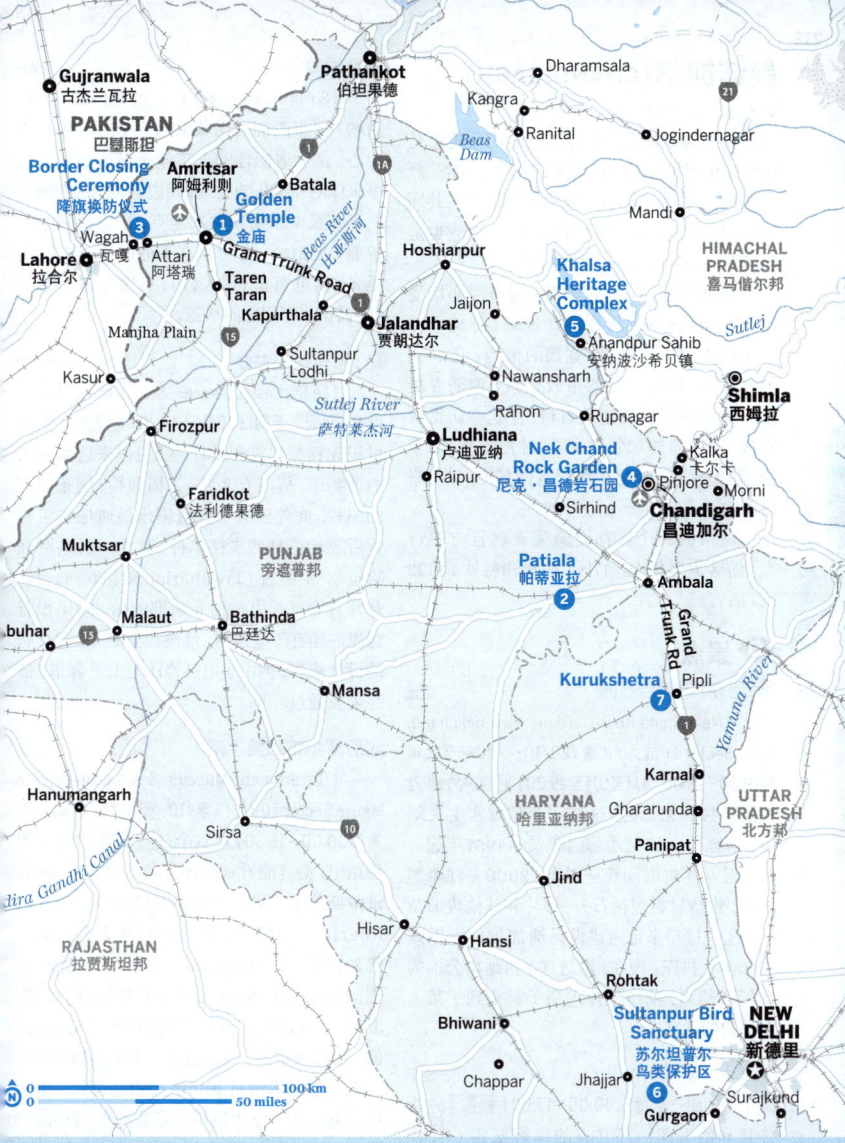

旁遮普邦和哈里亚纳邦亮点

❶ 金庙（见222页）在阿姆利则的锡克教最神圣的地方感受纯粹信仰的力量。

❷ Qila Mubarak（见229页）领略帕蒂亚拉18世纪城堡的魅力。

❸ 阿塔瑞—瓦嘎士兵换岗仪式（见230页）观看印度和巴基斯坦的边境士兵在降旗换防仪式上关于霸主地位的较量。

❹ 尼克·昌德岩石园（见212页）在昌迪加尔独一无二的岩石园陷入一场时空交替的旅行。

❺ Khalsa Heritage Complex（见221页）参观这座莲花形状的锡克教历史博物馆。

❻ 苏尔坦普尔鸟类保护区（见233页）暗中观赏来此处保护区栖息的候鸟。

❼ Brahmasarovar（见233页）在Kurukshetra温习印度的史诗和神话历史。

昌迪加尔（CHANDIGARH）

0172 / 人口 1,055,000

　　昌迪加尔展现给全球旅行者的面貌正是印度文化圈想要展示给世人的形象：富裕、舒适、繁华。作为旁遮普邦和哈里亚纳邦的共同首府，昌迪加尔是中央政府的直辖地。它也是印度独立后第一个规划建立的城市。

　　1950年，瑞士建筑师勒·柯布西耶接受委托，对昌迪加尔进行设计规划。他构思出一个以人为本的城市：宽阔的街道，还有湖泊和花园，以及宏伟的市政建筑。钢筋混凝土——他最喜欢的建筑材料，使这一切得以实现。于是昌迪加尔建成了：时光飞逝，如今公园、纪念碑和市民广场仍各就其位，只是略显陈旧。

　　城市的每个区都设施完善而且方便行人。游客大多集中于17区（购物和餐饮）和22区（酒店）。

◉ 景点

★ 尼克·昌德岩石园　　　　花园

　　(Nek Chand Rock Garden; www.nekchand.com; Sector 1; 成人/儿童₹20/10; ⓘ10月至次年3月9:00~18:00, 4月至9月至19:30) 尼克·昌德岩石园是独一无二的：这是一个超现实主义幻境，当地的一位交通部门职员从1957年起，花了近20年的时间独立创作了2000多件雕塑作品，建造材料包括石头、碎片和其他废旧杂物，这些材料来自为建设昌迪加尔城而拆毁的50多个村庄。现在，走进这个占地10公顷的奇幻雕塑园，就仿佛掉进兔子洞来到了某人想象力的迷宫里。

★ Capital Complex　　　　知名建筑

　　(ⓘ周一至周五 10:00~17:00) **免费** 旁遮普邦和哈里亚纳邦共有的**高等法院**（High Court）、**书记处**（Secretariat）和**下院**（Vidhan Sabha）宏伟的混凝土建筑就矗立于勒·柯布西耶规划城市的中心地区。3栋建筑都经典地体现了20世纪50年代的原始粗犷风格，大胆地运用了几何线条和大片平整的水泥制模。参观建筑必须先到**高等法院旅游办公室**(High Court Complex; ⓘ周一至周六10:00~18:00)登记护照信息。然后可参加约1.5小时的免费导览游。

苏赫纳湖　　　　湖泊

　　(Sukhna Lake; Sector 1; ⓘ8:00~22:00) 作为勒·柯布西耶宏伟城市构想中的娱乐功能中心，这个地标性的人工湖是昌迪加尔居民举家休闲和娱乐的胜地，湖边有美丽的花园、一个儿童游乐场和餐饮地点，还出租脚踏小游船（见213页），可以在平静的湖面上悠闲泛舟。有电瓶车（每人₹10）载客在这里和尼克·昌德岩石园之间往返。

勒·柯布西耶中心　　　　博物馆

　　(Le Corbusier Centre; Madhya Marg, Sector 19-B; ⓘ周二至周日 10:00~17:00) **免费** 喜爱20世纪先锋派建筑和设计的人可以来这家迷人的博物馆，展品有文件、素描和勒·柯布西耶的照片，此外还有一些透露出昌迪加尔工程背后政治信息的来往信件，其中一封是贾瓦哈拉尔·尼赫鲁（Jawaharlal Nehru）向旁遮普邦首席部长引荐柯布西耶的信。同样很有意思的还有一些速写、绘画，以及一个邦长府的设计模型，但由于尼赫鲁认为太过奢华，最终未获通过。

政府博物馆和美术馆　　　　画廊

　　(Government Museum & Art Gallery; Jan Marg; Sector 10-C; 门票₹10, 照相₹5; ⓘ周二至周日 10:00~16:30) 在这个气势恢宏的邦立博物馆里，游客能看到各种艺术品和瑰宝，例如俄罗斯艺术家尼古拉斯·罗厄烈治（Nicholas Roerich）震撼人心的喜马拉雅系列作品，佛教犍陀罗（Ghandara）文明留下的优雅雕刻，phulkari（刺绣），以及常被后世临摹的Sobha Singh所绘制的古鲁Gobind Singh肖像。在博物馆的一端，通过一个单独的入口可进入儿童美术馆（Child Art Gallery），里面展示着本地小学生缤纷多彩的画作。₹10的门票可进入政府博物馆和美术馆、昌迪加尔建筑博物馆和自然历史博物馆。

昌迪加尔建筑博物馆　　　　博物馆

　　(Chandigarh Architecture Museum; 城市博物馆; Jan Marg, Sector 10-C; 门票₹10, 照相₹5; ⓘ周二至周日 10:00~16:30) 这个博物馆运用相片、信件、模型、新闻报道和建筑绘图来介绍昌迪加尔的城市规划和发展，包括Albert Mayer和Matthew Nowicki所设计的昌迪加

邦内重要节日

吉拉赖布尔体育节(Kila Raipur Sports Festival,乡村奥运会; www.ruralolympic.net; ⊙2月)为期3天的传统比赛与竞技,其间有牛车赛、卡巴迪(kabaddi)、铁人竞赛、民族舞等活动,在卢迪亚纳(Ludhiana)附近的吉拉赖布尔举办。

Surajkund Crafts Mela(⊙2月1~15日)这个集市节日在Surajkund举办,来自北印度各地的民俗艺术家、工匠、乐手和舞者齐聚一堂,精彩纷呈(见234页)。

霍拉莫哈拉节(Holla Mohalla, ⊙3月)在安纳波沙希贝镇,锡克教徒使用武术表演和重现战争场景的活动来庆祝Khalsa(锡克教兄弟教派)的创立。

拜萨哈节(Baisakhi, ⊙4月13~14日)旁遮普邦各地的锡克教徒前往谒师所(gurdwaras,锡克教寺庙)庆祝旁遮普新年,纵情于丰富多彩的欢庆、音乐、舞蹈和盛宴。

皮恩乔雷传统文化节(Pinjore Heritage Festival, ⊙12月下旬)在昌迪加尔附近的皮恩乔雷花园举办为期2天的文化节日,不仅有歌舞表演,还有小摊出售工艺品和食物。

Harballabh Sangeet Sammelan(www.harballabh.org; ⊙12月末)已有140年历史的音乐节,在贾朗达尔市(Jalandhar)举办,为期3天,演奏印度古典音乐。

Gita Jayanti(⊙11月/12月)为期一周的文化活动在Kurukshetra举办,纪念《摩诃婆罗多》中发表《薄伽梵歌》的日子。

尔最早、后被弃用的规划方案。这是昌迪加尔博物馆区域的主要建筑之一。

自然历史博物馆　　　　　　博物馆
(Natural History Museum; Jan Marg, Sector 10-C;门票₹10,照相₹5; ⊙周二至周日10:00~16:30)这是带孩子旅行时不可错过的一站,博物馆内有化石、恐龙模型、精致的手绣小鸟藏品和一个立体模型——画面上竟然是一个穴居人拿着手电筒照亮他的洞穴壁画!

九重葛园　　　　　　花园
(Bougainvillea Garden; Sector 3; ⊙8:00~17:00) **免费** 因园内繁茂惊人的九重葛而得名,这是一座为纪念自独立以来在边境冲突中牺牲的印度士兵而建的园林,发人深省。

活动

Chandigarh Ayurved Centre　　阿育吠陀
(☎0172-2542231; www.chandigarhayurvedcentre.com; 1701, Sector 22-B; 护理₹450起; ⊙8:30~13:30和16:00~20:00)这个惬意的小型阿育吠陀疗养中心也为直接上门的顾客提供放松疗法。40分钟的全身按摩需要₹900。20分钟的takradhara(治疗时,酪乳持续流向前额)需要₹500。

Pedal Boats　　　　　　划船
(Sukhna Lake; 2座/4座每30分钟₹100/200; ⊙8:30~17:30)全天都能租到颜色鲜艳的船,可以在苏赫纳湖(见212页)的平静水面上逍遥地泛舟。售票柜台在去往码头的路上,与一堆小吃摊和果汁摊隔着一个庭院。

团队游

Tourist Bus　　　　　　巴士游
(☎0172-2703839; 1站₹10,半日游₹50; ⊙10:00和14:30)昌迪加尔旅游局经营的敞篷双层游览客车可以随上随下,发车地点是Hotel Shivalikview外面,上车时买票。每天安排两次游览,每次半天,沿途游览玫瑰园、政府博物馆和美术馆、尼克·昌德岩石园以及苏赫纳湖。

住宿

昌迪加尔的酒店价格高于旁遮普邦和哈里亚纳邦的其他地方。极少有经济型住宿愿意接待外国游客。

Kisan Bhawan　　　　　客栈 $
(☎0172-5039153; Dakshin Marg, Sector 35-A;铺/双₹80/1200; ❄)Kisan Bhawan很

Chandigarh 昌迪加尔

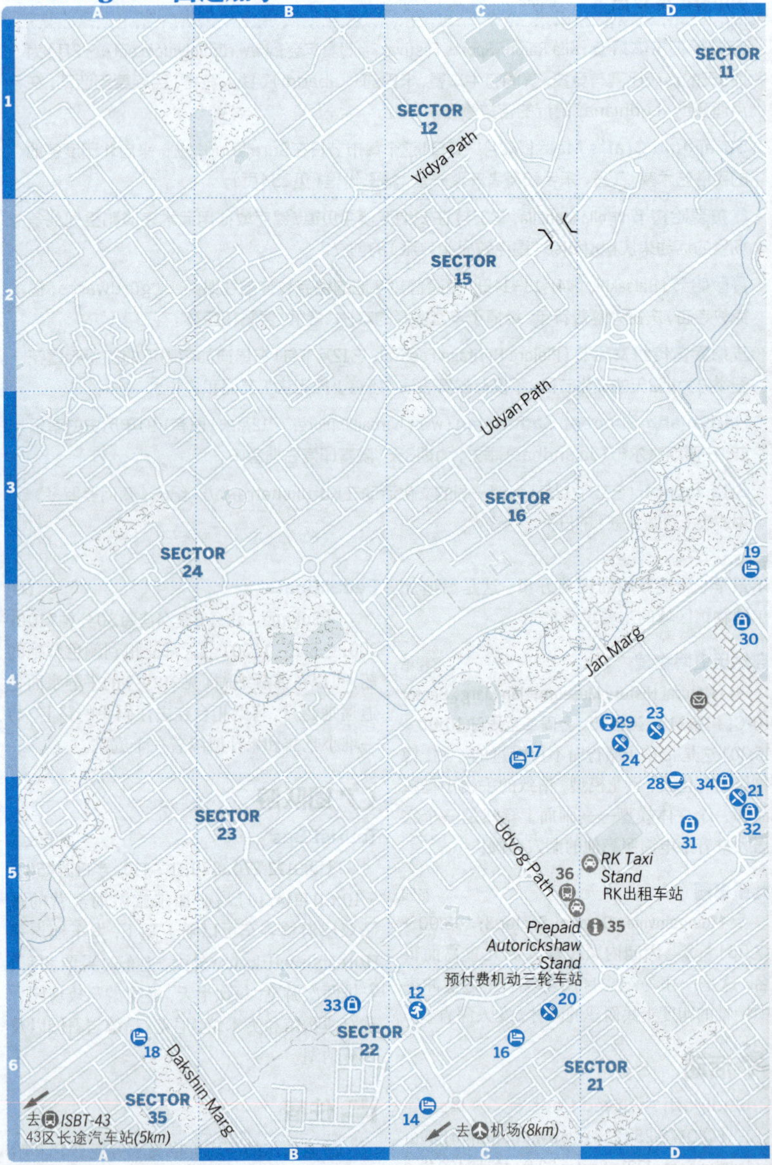

旁遮普邦和哈里亚纳邦 昌迪加尔

大很显眼，是个可靠的住宿选择，但前提是你能住进去。这是一个受到补贴的招待所，优先接待来访昌迪加尔的农民和其他农业人员。不过客栈也对公众开放，简朴但维护良好的空调房和多人间床位适合俭游的旅行者。

Hotel Satyadeep 酒店 $

(☏0172-2703103; hddeepsdeep@yahoo.com; SCO 1102-3, Sector 22-B; 双₹1750起; ❄@)Satyadeep的经营者是赛巴巴的虔诚信徒，态度彬彬有礼。木镶板装饰的走廊通向

简朴整洁、明亮清新的房间，房间都对着公共阳台。酒店位于Sai Sweets楼上，可以满足你晚餐后对甜品的渴望。

Hotel Shivalikview 酒店 $$
(☏0172-4672222; www.citcochandigarh.com/shivalikview; Sector 17-E; 双含早晚餐₹4550; ❉@☎☒) 这家酒店由邦旅游局经营，是一幢庞大的建筑，内部远比外观宜人。房间没什么特色，但宽敞、干净又舒适。酒店有友好的工作人员、一个露天泳池、一间健身房、一间印

Chandigarh 昌迪加尔

◎ 重要景点
1 Capital Complex G1
2 尼克·昌德岩石园 G2

◎ 景点
3 九重葛园 F1
4 昌迪加尔建筑博物馆 E3
5 政府博物馆和美术馆 E3
6 高等法院 H1
7 勒·柯布西耶中心 G6
8 自然历史博物馆 E3
9 书记处 G1
10 苏赫纳湖 H4
11 下院 G1

◎ 活动、课程和团队游
12 Chandigarh Ayurved Centre C6
13 Pedal Boats H3
Tourist Bus ....（见17）

◎ 住宿
14 Hotel Aquamarine C6
Hotel Divyadeep ....（见20）
15 Hotel Icon F5
16 Hotel Satyadeep C6
17 Hotel Shivalikview C4
18 Kisan Bhawan A6
19 Vivanta By Taj D3

◎ 就餐
20 Bhoj Vegetarian Restaurant C6
21 Ghazal D5
22 Gopal's F4

Hibachi ....（见15）
23 Hot Millions D4
24 Indian Coffee House D4
Sai Sweets ....（见16）
25 Stop 'N Stare Food Point E3
26 Swagath G6
27 Virgin Courtyard G5

◎ 饮品和夜生活
28 Barista D5
29 Blue Ice D4
Lava Bar ....（见19）

◎ 购物
1469 ....（见23）
30 Fabindia D4
31 Khadi India（17-E）........................ D5
32 Khadi India（17-G）........................ D5
Phulkari ....（见31）
33 Sector 22 Market B6
34 Tiny Shop D5

◎ 实用信息
35 Chandigarh Tourism D5
E-Net ....（见24）
Himachal Tourism ....（见35）
Uttar Pradesh & Uttarakhand
Tourism ....（见35）

◎ 交通
36 17区长途汽车站 C5
火车订票处 ....（见35）

度餐厅和一间屋顶中餐厅。从Sector 17商业区步行5分钟即到。

★ Hotel Icon 精品酒店 $$$

（☎9501113920; www.iconhotels.asia; SCO 58-61, Madhya Marg, Sector 8-C; 双含早餐₹5200起; ❄@⊜）Icon无疑是昌迪加尔最好的精品酒店之一，你的每分钱都不会白花，典雅的客房铺着木地板，装饰着缎子，一间面包坊供应美味的咖啡，全城数一数二的高级餐厅也在这里。在同一个购物中心里还有几间水疗馆，前台可以为你预约护理项目。

Hotel Divyadeep 酒店 $$

（☎0172-2705191; hddeepsdeep@yahoo.com; SCO 1090-1, Sector 22-B; 双₹3100; ❄）由赛巴巴的一些虔诚信徒共同经营，客房整洁朴素，员工很热情。楼下是Bhoj Vegetarian Restaurant。

Vivanta By Taj 酒店 $$$

（Taj Chandigarh; ☎0172-6613000; www.vivanta.tajhotels.com; Sector 17-A; 双₹10,600起; ❄@⊜❄）在Taj集团旗下不算最奢侈的，但也足够豪华了，服务热情，房间有落地玻璃窗、迷你吧、平板电视、电子保险柜以及一应俱全的与酒店价位相符的现代化设施。附设几家餐厅、一个宜人的泳池、时髦的Lava Bar（见218页）、一个水疗中心和一家24小时的商务中心。

Hotel Aquamarine 精品酒店 $$$

（☎0172-5014000; www.hotelaquamarine.

com; Himalaya Marg, Sector 22-C; 双含早餐₹5200起; ❈@🛜) 这是昌迪加尔名副其实的精品酒店之一, 位于路边高处, 掩映在绿树丛中。房间里摆放了大量有质感的纺织品和镶框工艺品。酒店附设一个不错的餐厅和咖啡馆, 但没有泳池和健身房。

🍴 就餐

昌迪加尔各类高级餐馆逐年增多, 快餐店也遍布各处, 足够让美食鉴赏家心满意足。

★ Gopal's   北印度菜

(SCO20-21, Sector 8-C; 小吃₹80~100; ⊙8:00~23:00; ❈🖉) 印度的每一个城市或城镇都应该拥有一家Gopal's这样的餐厅——一间安有空调, 干净又时髦的小餐馆, 从早到晚将一盘盘价格低廉又非常美味的多莎饼、puris和chhole bhature(炸面饼配辛香的鹰嘴豆咖喱)呈上饥肠辘辘的食客的餐桌。一楼的甜食店有琳琅满目的印度甜点可以带走享用。

Sai Sweets   甜点 $

(SCO 1102-3, Sector 22-B; 小吃₹60~80; ⊙7:30~20:30; 🖉) 这家提供健康美食的甜品店在Hotel Satyadeep楼下, 按公斤出售美味的mithai(印度甜品)。同时供应丰盛的小吃, 如tikki chaat(土豆饼)、panipuri(圆形中空的炸脆饼, 里面放入酸辣酱、辣椒、马铃薯、洋葱和鹰嘴豆)和pav bhaji(以西红柿为主的菜肴配小餐包)。

Stop 'N Stare Food Point   咖啡馆 $

(Sector 10, 政府博物馆和美术馆后; 小吃₹40~60; ⊙10:00~18:00; 🖉) 逛完昌迪加尔的博物馆, 这家简朴的咖啡馆是歇歇脚的绝佳去处, 可以坐在阴凉的花园里享用印度奶昔、茶和速溶咖啡, 还有各种印度小吃, 如小馅饼、paratha(印度酥饼)和kulcha(柔软的发酵饼搭配马沙拉鹰嘴豆)。

★ Virgin Courtyard   意大利菜 $$

(☎0172-5070045; SCO 1A, Sector 7; 主菜₹250~400; ⊙11:30~23:30; ❈) 这间美妙的露天餐厅占据着一座象牙白的别墅和一片绿树成荫的庭院, 很可能是昌迪加尔最接近意大利风味的餐厅——虽然有印度味的改动。可以尝尝炸饭球(arancini), 搭配开胃的番茄酱汁和萝卜片, 或者口感细腻的意式奶冻配蛋白脆饼。还供应凉啤酒(₹300)。

★ Hibachi   各国风味

(SCO 58-61, Madhya Marg, Sector 8-C; 主菜₹250~400; ⊙11:30~23:30; ❈🛜) Hibachi位于Hotel Icon的一楼, 如果特别想吃日本菜或东南亚风味, 这里就是首选去处。餐厅供应一些富有创意的寿司, 还有缅甸的khao suey、pad thai, 中国的加入花生的宫保鸡丁, 甚至还有马来风味的叻沙。吧台存酒丰富, 供应凉啤酒(₹250)和优质的苏格兰麦芽威士忌。

Indian Coffee House   南印度菜 $

(SCO 12, Sector 17; 主菜₹40~60; ⊙9:00~22:00; 🖉) 这家40年的老店总是坐

废品艺术天才

听起来或许有点不可思议, 但昌迪加尔最受欢迎的旅游景点尼克·昌德岩石园(见212页)原本并不打算向公众展示。当公路巡查员尼克·昌德·萨伊尼(Nek Chand Saini, 一个从巴基斯坦来到旁遮普省的新居民)开始用建造勒·柯布西耶本城市所剩下的废旧材料来打造这个超现实主义的石头花园时, 这一切只是他的爱好。但很快爱好就变成了痴迷。他秘密地建造, 大多在夜晚动工, 在一块荒地上, 创造出了大量陶瓷马赛克动物和众多的用破碎手镯做成的"跳舞女孩"; 打造出从天而降的水泥峡谷, 和从树林中奔腾而出、飞流直下的瀑布。昌德的秘密在开工15年后最终被一位政府调查员发现了, 差点被毁于一旦。幸好市议会看到了这个石头花园的文化闪光点, 由政府向昌德发工资, 并为他安排了专门的施工团队完成了整个工程。目前, 尼克·昌德岩石园占地超过10公顷, 人物、动物和神兽的塑像将近5000个。可通过www.nekchand.com了解更多尼克·昌德的故事。

> ### 住宿价格区间
>
> 本章节的住宿价格区间适用于一间带浴室的双人房的含税价:
>
> $ ₹2000以下
> $$ ₹2000~4000
> $$$ ₹4000以上

满当地人,是极好的早餐或午餐去处,菜单上既有鸡蛋、吐司和价格低廉的滴滤式咖啡(₹30),也有南印度风味的人气食品,如idli(松软的米发糕)、vada(甜甜圈形状的咸味油炸扁豆小吃)和多莎饼(咸味的大薄饼)。在这里还能买到很不错的印度咖啡粉(每公斤₹700)。

Bhoj Vegetarian Restaurant 印度菜 $$

(SCO 1090-1, Sector 22-B;塔利套餐₹140~170;◎7:30~22:30;图)这个惬意的小店与Hotel Divyadeep相邻,老板是赛巴巴的虔诚信徒,全天变着花样供应巧妙烹调的咖喱饭菜。塔利套餐有大盘和小盘之分。餐厅的印度甜点也很不错。

Hot Millions 各国风味 $$

(SCO 73-4, Sector 17-D;小吃₹100~150,主菜₹200~300;◎11:30~23:00;图)这间热门餐馆位于昌迪加尔的中心购物区,楼下出售快餐,楼上是舒适雅致的餐厅(通过建筑侧面的一扇门上楼)。印度风的比萨口味混杂多样,似乎有一群忠实顾客。全城都有分店。

★ Ghazal 莫卧儿菜 $$

(☏0172-2704448; SCO 189-91, Sector 17-C;主菜₹350~550;◎11:30~23:30;图)昌迪加尔的老牌餐馆,生意兴隆,店内气氛高雅,菜肴美味,除了鸡肉、羊肉等经典莫卧儿菜之外,还制作颇有水准的西餐和中餐。蔬菜jalfrezi(₹275)口感辛辣。餐馆后面有一位称职的酒保在"保卫"着一大排进口单一麦芽威士忌和啤酒(₹300)。

Swagath 印度菜 $$$

(☏0172-5002626; SCO 128, Madhya Marg, Sector 26;主菜₹250~550;◎11:00至午夜;图)26区Madhya Marg沿线有一排时髦餐馆,Swagath是其中一家,这家南印度主题餐厅擅长烹制门格洛尔和切提纳度的海鲜,如虾、章鱼、螃蟹、泥炉鲳鱼、gassi(椰浆咖喱)鱼。不过,北印度菜式同样令人印象深刻,有一些用泥炉烹制的莫卧儿和旁遮普美食。

🍷 饮品和夜生活

昌迪加尔的红酒和烈酒商店很多,到了晚上会摇身变成酒吧,此外还有许多环境宜人的高档喝酒去处。如果有男性陪同,女性被骚扰的可能性会降低很多。

Lava Bar 酒吧

(Vivanta By Taj, Sector 17-A;啤酒/鸡尾酒₹450/600;◎正午至23:30)这家小酒吧位于豪华的Taj酒店之内,但气氛相对轻松随意,感觉很惬意,大多数晚上都有现场乐队或DJ演出。虽然价格很贵,但这里仍然是喝一杯的好去处,特别是对于单身旅行者和女性旅行者而言。

Blue Ice 酒吧

(SCO 7, Sector 17-E;啤酒/鸡尾酒₹400/500;◎正午至午夜)这家错层式的漂亮餐厅酒吧吸引着衣着光鲜的俊男靓女。供应简单的下酒小吃,周末有现场音乐演出。

Barista 咖啡馆

(1st fl, SCO 63-4, Sector 17;咖啡₹90,小吃₹90~200;◎9:00~22:00)连锁咖啡馆,是纸醉金迷消费主义的17区中便利的一方绿洲。除了制作香浓的Lavazza咖啡,还供应几款三明治、泡芙和玛芬蛋糕。

🛍 购物

开阔的17区步行街是购物天堂,是你在昌迪加尔多停留一天的充分理由。

★ 1469 礼品和纪念品

(www.1469workshop.com; SCO 81, Sector 17-D;◎11:00~20:00)这间时髦又独特的独立服装店以那纳克古鲁(Guru Nanak,锡克教创始人)的出生年份命名,出售绚丽多彩的围巾、披肩和传统旁遮普服装,也在新潮的T恤上加入调侃旁遮普的元素。店内还有一些可爱的首饰,包括锡克教徒佩戴的kara钢手镯。

Fabindia
服装

(www.fabindia.com; SCO 50-1, Sector 17-A; ◎11:00~20:00) 这家高档印度连锁店出售精美的服装,设计和图案都融合了印度和西式风格。还有一系列亮眼的家居用品,如餐垫、抱枕套、床单和地毯,都非常适合作为纪念品和礼物。

Khadi India (17-E)
服装

(SCO 28, Sector 17-E; ◎周一至周六 10:00~19:00) 这个非政府组织出售物有所值的手织布和草药化妆品,品质一流,销售所得直接用于支持印度乡村的小社区劳动者。向东走几分钟还有一家专卖店(SCO 192-193, Sector 17-G; ◎周一至周六 10:00~19:00)。

Phulkari
工艺品

(SCO 27, Sector 17-E; ◎周一至周六 11:00~20:00) 这是旁遮普邦政府商业中心,从镶嵌图案的木桌和色彩艳丽的phulkari刺绣纺织品到dupattas(女士围巾)和jootis(传统刺绣尖头鞋),一切应有尽有。

Sector 22 Market
市场

(紧邻Sector 22 Market Rd; ◎10:00~22:00) 这个熙熙攘攘的市集杂乱无序地伸展,售卖的家居用品和服装令人眼花缭乱,还有零星冒出的街头小吃摊出售美味的本地小吃。

Tiny Shop
工艺品

(Basement SCO 186-188, Sector 17-C; ◎周一至周六 11:00~20:00) 店如其名,小巧可爱。这个地下室精品店开业于1980年,地处人来人往的Sector 17市场区,藏匿在一排店铺和餐厅下方。出售有美感的小装饰品和家居用品,适合作为独特的纪念品带回家。

🛈 实用信息

上网

市中心的各个市场区都至少有一个网吧,网络稳定速度快。价格大约是每小时₹30,营业时间通常是10:00到19:00,除了周日。

E-Net(3楼, SCO-12, Sector 17; 每小时₹30; ◎10:30~20:00) 这家网速很快,从Indian Coffee House旁边上楼梯即到,上网需要出示带照片的身份证件。

医疗服务

Silver Oaks Hospital(📞0172-5097112; www.silveroakshospital.com; Phase 9, Sector 63, Mohali) 这是一家非常先进的有世界级水平的医院,位于昌迪加尔市中心西南方向约7公里处,非常具备为外国游客提供医疗服务的条件。

现金

大多数市场区有自动柜员机,外国银行卡可用。17区的自动柜员机和本地银行最为集中。

Thomas Cook(📞0173-6610901; SCO 17, Sector 9-D; ◎周一至周五 10:00~19:00, 周六到16:00) 可兑换外币。

邮局

昌迪加尔的**中心邮局**(Sector 17; ◎周一至周六 10:00~16:00) 提供国际包裹寄送和特快专递服务。

旅游信息

Vardhman出版的《昌迪加尔旅游和公路地图》(*Chandigarh Tourist & Road Map*, ₹50) 比较好,在几个书摊和书报亭有售。

Chandigarh Tourism(📞0172-2703839; 2楼, ISBT 17; ◎周一至周六 9:00~17:00)

Himachal Tourism(📞0172-2708569; 2楼, ISBT 17; ◎周一至周六 10:00~17:00, 每月第二个周六不营业)

Uttar Pradesh & Uttarakhand Tourism(📞0172-2713988; 3楼, ISBT 17; ◎周一至周六 10:00~17:00, 每月第二个周六不营业)

🛈 到达和离开

飞机

昌迪加尔机场在市中心东南方向约9公里处。201路空调公共汽车从两个主要公共汽车站开往机场,运营时间是早7:30至晚18:00(₹30)。也可以乘坐机动三轮车,费用大约是₹200;若乘坐出租车的话,费用大约是₹500。

下列航空公司每天都有航班飞往德里、孟买、班加罗尔和斯利那加:**印度航空**(Air India; 📞1800-1801407; www.airindia.in)、**GoAir**(📞9223222111; www.goair.in)、**靛蓝航空**(IndiGo; 📞9910383838; www.goindigo.in)、**捷特航空**(Jet Airways; 📞1800-225522; www.jetairways.com)和**香料航空**(Spicejet; 📞9654003333;

www.spicejet.com)。

有两个国际航班飞往迪拜，由印度航空和靛蓝航空运营。

长途汽车

昌迪加尔有两个主要的省际长途汽车站（Inter State Bus Termianl，简称ISBT），一个在17区，另一个在43区。连接两个汽车站的红色空调公共汽车班次频繁（₹20）。

ISBT Panchkulla离市中心更远，有长途汽车开往Morni。本地公共汽车2F和30B往返ISBT 17和ISBT Panchkulla（₹30）。

火车

火车站在市中心东南方向7公里处，但17区长途汽车站二楼有个很方便的**火车订票处**（◎周一到周六 8:00～20:00，周日到14:00）。从市中心到火车站没有预付费机动三轮车，车费大约要₹100。

每天有几趟火车快车开往新德里，其中最便捷也最豪华的是每天两趟的Kalka Shatabdi（空调座/空调卧铺1类₹605/1205，3.5小时），分别在6:53和18:23发车。想节省去德里的车费，可以直接到火车站买一张未被预订的"普通"车票（₹110），然后挤进下一班火车的二等车厢。

开往卡尔卡（Kalka）的火车超过6趟（2等车厢₹45，35分钟），那里有火车顺着窄轨铁路越过山丘轰隆隆开往西姆拉（Shimla）。

每天有2班火车开往阿姆利则（2等车厢/空调硬座₹120/435，4.5小时），在7:00和17:10发车。

❶ 当地交通

在城里短途乘坐机动三轮车大约需要₹50，包车半天（最多4小时）游览尼克·昌德岩石园和苏赫纳湖等景点大约需要₹500。在苏赫纳湖入口处可以租到自行车（每8小时₹200，押金₹500）。

包括203路和22路在内的多辆本地公共汽车在17区长途汽车站和火车站之间往来（₹10）。17区长途汽车站外有一个预付费机动三轮车站，但只出售市中心以内站点的车票，如43区长途汽车站（₹60），要去更远的目的地，需要直接与司机谈价钱，如火车站（约₹100）或飞机场（约₹200）。

RK Taxi Stand 出租车站位于17区长途汽车站后面，去机场的车费是₹500，往返Morni的车费是₹1500，半天/全天的市区观光需要₹1000/1500。

昌迪加尔周边

皮恩乔雷花园（Pinjore Gardens）

17世纪莫卧儿时代的**皮恩乔雷花园**（Yadavindra Gardens；☎01733-230759；Pinjore；门票₹20；◎7:00～22:00）修复得很漂亮，位于小镇皮恩乔雷的边缘，分为7层，都有庭园水景，每层都能看到湿婆力克山丘（Shivalik Hills）秀美的山景。

庭院内有一间**餐厅**（主菜₹80～180；◎10:00～19:00；❄）开在彩宫（Rang Mahal）亭内，那里还有一间酒吧。12月皮恩乔雷传统文化节（Pinjore Heritage Festival，见213页）期间这里不仅有本地传统美食，还有文化表演。

如果你打算在这儿过夜，**Budgerigar Motel**（☎01733-231877；pinjore@hry.nic.in；双₹2350起；❄）的房间迷人，摆放着莫卧儿风格的家具，能欣赏花园的风景。酒店的正门就在花园墙外，面向花园入口时的右手边，但也可以在花园里穿过餐厅进入酒店。

附近的**Bhima Devi Museum**（◎10:00～17:00）**免费**展示着一系列小型文物，是从华丽的10世纪寺庙**Bhima Devi Temple**分散的遗迹出土的。这座庙在当初修建花园时被拆除了。要前往博物馆，走出花园后左转，走过水上游乐园即到。

昌迪加尔的43区长途汽车站有班次频繁的客车开往皮恩乔雷（₹30，1小时）。乘车进入城镇时，花园在你的左侧。17区长途汽车站的车次较少。

Morni Hills

哈里亚纳邦唯一的山区避暑胜地Morni Hills海拔1220米，是湿婆力克山丘向西蜿蜒而出的支脉，周围的森林里有许多猴子。这里有几个田园风味的度假村、村庄Morni和——从村庄向下7公里——美丽的Tikkar Taal湖泊群，湖上可以租船泛舟（₹200起）。

Tikkar Taal Tourist Complex（☎01733-250166；Tikkar Taal；双₹3500；❄）位于第二个湖泊的岸边，位置宜人，干净舒适的客房带私人浴室，可看湖景。餐厅带阶梯座位，花园直通湖畔。在这里无事可做，但如果你想躲开城市的喧扰，放松一两天，这个宁静美妙的地方是个好去处。

每天都有长途汽车从昌迪加尔的 ISBT Panchkulla（Panchkulla）出发，开往 Morni（₹30，2小时）。有3班面包车从 Morni 村开往 Tikka Taal（₹20；6:30、7:30和15:30），返程车在7:30、8:30和16:15从 Tikkar Taal Tourist Complex 外出发。乘坐16:15的车可以赶上返回昌迪加尔的最后一班长途车，这班车在17:00从 Morni 村出发。

包车从 Morni 村前往 Tikka Taal 的往返车费大约是₹700，包含等待时间。也可以选择步行，2小时的7公里下山路景色宜人。回程时，先徒步返回通往昌迪加尔的公路上，在公路向右急转弯时（前行不到1公里）左转。

旁遮普邦（PUNJAB）

印巴分治之后，原旁遮普省划归印度的部分成了旁遮普邦，这里是印度锡克教民众的家乡。在喜马拉雅山脉浩荡河流（如比亚斯河、拉维河和萨特莱杰河）的灌溉下，广阔肥沃的土地既大量供给印度所需的小麦和稻米，又成了印度纺织业与制造业的中心。有很多来自英国和加拿大的外侨在此生活，因此这个地区的旅游环境特别好，旁遮普邦将带给你漫游北印度"后院"的绝妙机会。

旁遮普邦必尝美食包括 kulcha（烤饼）、chhole（辛香的鹰嘴豆咖喱）、泥炉炭烤羊肉、dhal markhani（加奶油和黄油的黑扁豆和红芸豆）、泥炉鸡肉、rajma chawal（芸豆咖喱配印度香米）、阿姆利则煎鱼和招牌黄油鸡——咖喱鸡块的原型。

安纳波沙希贝镇（Anandpur Sahib）

✆01887 / 人口 16,500

对于锡克教徒而言，安纳波沙希贝镇是仅次于阿姆利则金庙的第二大圣地。第九任锡克教古鲁 Guru Tegh Bahadur 于1664年建立了该镇，几年之后他就被莫卧儿皇帝奥朗则布砍了头。为了反抗对锡克教徒的迫害，1699年，他的儿子古鲁 Gobind Singh 在此地创建了 Khalsa（锡克教兄弟教派）。如今举办的霍拉莫哈拉节（Holla Mohalla，见213页）就是为了庆祝这一重要事件。

◉ 景点

Kesgarh Sahi
锡克教神庙

Kesgarh Sahib 是安纳波沙贝镇最大、最有气势的谒师所，远离主要公路，坐落在老城区的边缘。这是一幢典雅的白色建筑，有一座圆顶的中央尖塔，它标志着 Khalsa 教派的开创地，供奉了大量神圣的锡克教武器。

安纳波沙希贝堡
堡垒

（Anandpur Sahib Fort, Kesgarh；⊙清晨至黄昏）**免费** 在 Kesgarh Sahib 谒师所的后面，有一条宽阔的铺石小径沿着山势通往小巧的 Kesgarh 堡垒，在那里往下俯瞰，可以看到连绵不绝的谒师所屋顶。Kesgarh 是安纳波沙希贝5座堡垒中最突出的，这5座堡垒都是古鲁 Gobind Singh 建造的防御城垛。

Khalsa Heritage Complex
博物馆

（Virasat-e-Khalsa；www.virasat-e-khalsa.net；⊙周二至周日 8:00~20:00）**免费** Khalsa Heritage Complex 拥有醒目的五瓣梅花形状，其外形的构思来自五位勇士兼圣人。这里在2011年对外开放，是印度最令人印象深刻的现代建筑之一。这座迷人的博物馆用精美的壁画和雕刻生动地讲述了锡克教历史。

🛏 食宿

Hotel Holy City Paradise
酒店 $

（✆9815135800；Academy Rd；双₹1780；✼❄）安纳波沙希贝镇的住宿选择寥寥无几，这家经营良好的小酒店无疑是其中最棒的一家，房间干净舒适，有一间不错的餐厅供应本地食物，而且位置优越，就在城镇的中心。

Hotel Paramount Residency
酒店 $

（✆01887-233619；Academy Rd；房间₹1050起；✼）Hotel Paramount Residency 位于连接 Kesgarh Sahib 和堡垒的小路上方，房间简朴素，但气氛友好热情，位置优越，离 Khalsa Heritage Complex 很近。

Pal Restaurant
印度菜 $

（主菜₹50~100；⊙7:30~23:00）Pal

Restaurant位于Pal Sweetshop楼上，靠近汽车站，供应物美价廉的印度菜，包括本地的塔利套餐。出汽车站左转后再次左转，餐厅就在你的左手边。

❶ 实用信息

Mata Nanki Charitable Hospital（📞01887-230284；Ropar Rd，靠近Khalsa College）距市中心约2公里，是一家规模不大但声誉良好的综合性医院，由一个总部在英国的慈善机构经营。

❶ 到达和离开

长途汽车站和火车站都在城外的主路边，两地相距300米。开往昌迪加尔（₹100，2小时）、阿姆利则（₹190，4.5小时）和帕蒂亚拉（₹120，3小时）的长途汽车班次频繁。

每天5:45到16:40，有5班火车开往昌迪加尔（2等车厢/无空调卧铺/空调卧铺3类 ₹95/170/540，2~3小时）。夜行的14554 Himachal Express（无空调卧铺/空调卧铺3类 ₹215/580，7.5小时，22:05）开往新德里。

阿姆利则（Amritsar）

📞0183 / 人口 1,130,000

阿姆利则由锡克教第四任古鲁Ram Das于1577年创建，美轮美奂的金庙是锡克教最神圣的庙宇，也是印度最令人平静和谦恭的景点之一。可惜，神庙周围的街道却一点也不安静，不过走一走也很有趣，可以带给你视觉、听觉和嗅觉的超负荷体验。

◉ 景点

★ 金庙

锡克教寺庙

（Golden Temple, Golden Temple Complex；⏰24小时）**免费** 富有传奇色彩的金庙实际上是被锡克教徒称为Harmandir Sahib的大型谒师所的一小部分。

信徒的注意力都集中于金碧辉煌的中央圣殿四周环绕的水池，即**玉液池**（Amrit Sarovar; Golden Temple Complex）。该池由第四位锡克教古鲁Ram Das于1577年建造，阿姆利则即得名于该池。水池的四周是大理石铺成的步道，水池据说拥有治愈的力量，来自世界各地的朝圣者都沐浴在"圣水"里。

❶ 金庙参观礼仪

进入神庙之前，脱掉鞋袜（入口处设有鞋架），在浅浅的足浴池里浣足，头部要包起来（免费借用围巾或花10卢比从附近的纪念品小贩那里买一条）。场地内严禁携带烟酒。如果你想坐在水池旁边，要盘起腿坐好，不能将脚悬在池水中。仅水池周围的步道可以照相，金庙内部不能拍照。被称为jathhedars的寺庙守卫身穿蓝袍，夜以继日地在院子里巡逻，需要任何协助或有礼仪方面的疑问都可以找他们。

金庙位于一条长堤道的尽头，建筑本身结合了印度教和伊斯兰建筑风格，令人沉醉。下层是优雅的大理石，用宝石镶嵌艺术（pietra dura，与泰姬陵相同）装饰着花朵和动物图案。第二层金光闪闪，镶嵌着繁复的金片，圆顶是用750公斤黄金制成的。教士和音乐家在溢彩辉煌的神庙内室（禁止拍照）不停地唱诵《格兰特·沙希卜》（Guru Granth Sahib，锡克教圣典）的内容，使原本就肃穆的气氛显得更加庄严。由于信徒络绎不绝，你通常只能在神殿里停留几分钟，就会有人温和地催促你离开，为其他信徒让出位置。进出金庙都要走堤道。

《**格兰特·沙希卜**》每天早晨被安放在寺庙，晚上放回**Akal Takhat**（永恒的王位），即Khalsa兄弟教派的位置。仪式时间分别为：冬季5:00和21:30，夏季4:00和22:30。Akal Takhat内收藏着一批神圣的**锡克教武器**。1984年"蓝星行动"（Operation Blue Star）中，印度军队的突袭对建筑造成了极大的破坏，政府对其进行了修缮，但锡克教徒拒绝接受千疮百孔的建筑，重新建造了这个塔楼。

院子周围还有一些圣殿和纪念碑。位于主入口钟楼内的**锡克教博物馆**（Sikh Museum；免费；⏰夏季7:00~19:00，冬季8:00~18:00）**免费** 向人们展示了锡克教徒在莫卧儿王朝、英国统治期间和英迪拉·甘地在任期间所遭受的迫害。位于水池东南端的**Ramgarhia Bunga**是一个防御城堡，房顶建有两个伊斯兰风格的尖塔。城堡内有一块曾用于莫卧儿皇帝加冕礼的石板，它是兰吉特·辛格（Ranjit Singh）于1783年从德里夺取过来的。

★ Guru-Ka-Langar　　　　　　锡克教圣地

(Golden Temple Complex; ⏱24小时) 免费
Guru-Ka-Langar位于金庙建筑群的东南端，是个庞大的食堂，每天估计有大约10万名朝圣者在祈祷后来此进餐。吃饭不要钱，但欢迎捐款或自愿帮助清洗堆积如山的碗碟！这里对贫民和富翁一视同仁，谦恭地体现了锡克教热情好客、服务众人、慈善博爱的理念。

札连瓦拉园　　　　　　　　　历史遗址

(Jallianwala Bagh, Golden Temple Rd; ⏱夏季6:00~21:00, 冬季7:00~20:00) 免费 这是个令人悲伤的公园，穿过通往一个封闭庭院的狭窄门廊就到了。这里纪念的是1919年死伤于英国士兵枪口下的近1500名手无寸铁的印度民众。另外还有数百名绝望的民众为了躲避子弹而跳入井中。至今墙上和井边的弹孔还清晰可见。纪念的火把长明不熄，还有讲述牺牲者故事的展厅和挂着独立英雄肖像的殉道者纪念厅（Matryrs' Gallery）。

拉姆巴格　　　　　　　　　　公园

(Ram Bagh; MMM Rd; ⏱清晨至黄昏) 免费 拉姆巴格位于火车站东侧约1公里处，从前是王公兰吉特·辛格的宫殿庭院，现在成了一个公园。在精心打理、修剪整齐的绿地中心，能看到昔日王公在1818年到1837年使用过的夏宫（summer palace）。与印度其他一些宫殿相比，这座夏宫很朴素，但仍不失为一个非常有情调的建筑。

巴巴·阿塔尔寺
(Baba Atal Tower)　　　　锡克教神庙

免费 八角形的巴巴·阿塔尔寺就在金庙建筑群外，位于南侧，是1784年为纪念锡克教第六任古鲁Har Gobind的儿子Atal Rai而建。传说他让一个伙伴死而复活，为惩罚自己违背了上天的意愿而献出生命。巴巴·阿塔尔寺共有9层，代表Atal短短9年的一生。

喀尔萨学院　　　　　　　　　历史建筑

(Khalsa College, www.khalsacollegeamritsar.org; GT Rd; ⏱清晨至黄昏) 免费 沿着GT Rd向城西走，这座占地广阔、城堡般的大学就在你的右侧。它建于1890年，受教育的都是旁遮普的社会精英。建筑是印度—撒拉逊（Saracenic）风格的卓越典范，带圆顶的红色砂岩建筑很雄伟，前面是草地。不能进入大学的教学楼和行政楼，但可以在校园里逛逛。

市政厅　　　　　　　　　　　历史建筑

(Town Hall, Golden Temple Rd) 市政厅位于金庙北侧，是一幢美轮美奂的19世纪大楼，也作为艺术展、会议和公共活动场所使用。2017年，一个长期展览入驻市政厅，详细介绍印巴分治后阿姆利则和旁遮普邦的动荡历史。

👉 团队游

Grand Hotel经营的日间团队游（每人₹500）参观各主要景点，晚间团队游（每人₹800, 15:00开始）参观阿塔瑞—瓦嘎士兵换岗仪式、Mata Temple和金庙。

旅游局（见228页）组织时间为2小时的文化遗产步行游（印度人/外国人₹25/75），很有趣，行程中包含老城的市集。每天早晨8点从市政厅出发（12月至次年2月早晨9点出发），在金庙外结束。在出发前10分钟到达市政厅即可。

🛏 住宿

阿姆利则的经济型酒店大多都饱受街道噪音困扰。自带耳塞！更舒适的住处要么很贵，要么离热闹的地方很远。

Grand Hotel　　　　　　　　酒店 $

(☎0183-2562424; www.hotelgrand.in; Queen's Rd; 双₹1510起; ❄@🛜) 在火车站马路对面，但一点也不脏乱，在喧嚣混乱的环境中是一片宁静的绿洲。房间谈不上"华丽"，但宽敞，围绕着一片美妙宜人的庭院花园。餐厅有座位能俯瞰庭院里的花园，迷人的酒吧供应冰凉的啤酒，同样非常值得推荐。老板还组织团队游。

Sri Guru Ram Das Niwas　　　客栈 $

(Golden Temple Complex; 宿舍床位免费但欢迎捐款, 双不带/带空调₹300/₹500; ❄@) 这家niwas（朝圣者客栈）位于金庙建筑群的东南端，收费很低。外国人通常住在Sri Guru Ram Das Niwas的宿舍，邻近的其他建筑里也有房间。在附近的Guru Arjan Dev Niwas

Amritsar 阿姆利则

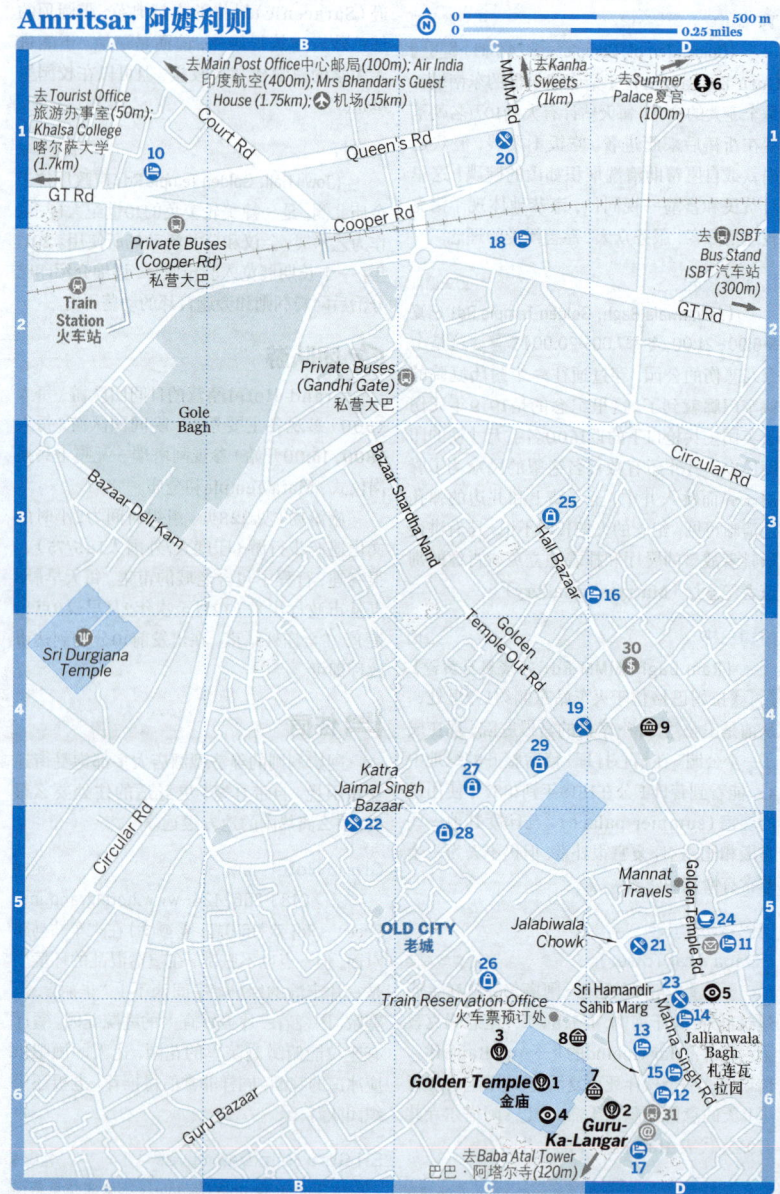

看看哪种房型有床位并办理入住。

在这儿住宿是个奇妙的体验,但客房和宿舍都很简陋,只有共用卫生间,而且最多只能住3晚。宿舍里每人都有储物柜可以使用,但要自己准备挂锁。

Tourist Guesthouse 客栈 $

(☎9356003219; www.touristguesthouse. com; 1355 GT Rd; 铺/双￥200/600; @⑨) 这家性价比很高的客栈忠实服务背包客,价格实惠,房间很简朴,天花板很高,配风扇。有一

Amritsar 阿姆利则

◎ 重要景点
- **1** 金庙 C6
- **2** Guru-Ka-Langar D6

◎ 景点
- **3** Akal Takhat（永恒的王位） C6
- **4** 玉液池 C6
- **5** 札连瓦拉园 D5
- **6** 拉姆巴格 D1
- **7** Ramgarhia Bunga D6
- **8** 锡克教博物馆 C6
- **9** 市政厅 D4

◎ 住宿
- **10** Grand Hotel A1
- **11** Hotel Golden Tower D5
- **12** Hotel Grace D6
- **13** Hotel Indus D6
- **14** Lucky Guest House D6
- **15** MK Sood Guesthouse D6
- **16** Ramada Amritsar D3
- **17** Sri Guru Ram Das Niwas D6
- **18** Tourist Guesthouse C2

◎ 就餐
- Bharawan Da Dhaba ....（见19）
- **19** Brothers' Dhaba C4
- **20** Crystal Restaurant C1
- **21** Gurdas Ram D5
- **22** Kesar Da Dhaba B5
- **23** Neelam's D5

◎ 饮品和夜生活
- Bottoms Up Pub ....（见10）
- **24** Café Coffee Day D5

◎ 购物
- **25** Booklovers Retreat C3
- **26** Kathian Bazaar C5
- **27** Katra Jaimal Singh Bazaar C4
- **28** Shashtri Bazaar C5
- **29** Tahali Sahib Bazaar C4

◎ 实用信息
- **30** HDFC Bank D4
- ICICI Bank ....（见30）

◎ 交通
- **31** 免费黄色小客车 D6
- 预订费出租车站 ....（见31）

间花园餐厅，屋顶有座位，整体氛围面向旅行者。缺点是，Wi-Fi收费（每天₹100），这在全城都不多见。另外，客栈位于一道繁忙的立交桥和铁路线之间，实在算不上安静。

MK Sood Guesthouse 酒店 $

（☎0183-5093376; Braham Buta Bazaar; 房间₹1100; ❄@☎)面积不大、古雅干净，与老城区金庙附近的大多数酒店相比，这家酒店所在之处比较安静。房间都带空调，但有些房间更加宽敞舒适。先看看不同的房间再做决定。仅在大堂提供免费Wi-Fi。

★ Mrs Bhandari's Guesthouse 客栈 $$

（☎0183-2228509; www.bhandariguesthouse.wordpress.com; 10 Cantonment; 双₹2570起; ❄@☎⛱)开办者是受到众人怀念的Bhandari夫人（1906～2007年）。这家短暂沉寂过的友好客栈位于阿姆利则兵营的宽敞院子里，距离市中心约两公里。宽大的客房看起来有着些许殖民地时代的风采，气氛很友好。大片的花园维护良好，有秋千、跷跷板、许多座位和一片小泳池。

预算有限的旅行者可以在这里露营，如果自带装备，费用是每人₹300。店方可以免费去火车站接客人，还能提供三餐（早餐/午餐/晚餐₹350/600/600）。从老城区乘坐人力三轮车到这里大约需要₹70。客栈在21:00关门，如果你打算晚归，需要到办公室留个话。

Hotel Grace 酒店 $

（☎0183-2559355; www.hotelgrace.net; 35 Braham Buta Bazaar; 双不带/带空调₹800/1200; ❄@☎)这个不引人注目的酒店位于金庙东侧的一个市场区，有多种房型，实惠的价格是无与伦比的。靠前的房间最好，采光充足，靠后的房间较小，也更朴素，性价比超高。

Hotel Golden Tower 酒店 $

（☎0183-2534446; 紧邻Golden Temple Rd, Fuwara Chowk; 双₹1650起; ❄@☎) Golden Tower外表比内部迷人，地段好，是旅行者的理智选择。客房内装饰简单，但宽敞干净，还配备电视、小冰箱和Wi-Fi。这是个住宿的好

地方，如果你打算在夜晚或清晨参观金庙，住这里特别合适。

Lucky Guest House 酒店 $

（☎0183-2542175；Mahna Singh Rd；房间₹650起；❋）这是老城区一家可靠的经济型住宿地点，房间很简朴，略显狭小，但地理位置不错，而且附近就是市场，有很多购物观光的机会。部分房间没有窗户，所以要先看几间再办理入住。

Hotel Indus 酒店 $$

（☎0183-2535900；www.hotelindus.com；211/3 Sri Hamandir Sahib Marg；双₹2100起；❋@🛜）在房顶能看到千金难买的金庙壮观风景，仅凭这一个原因你就应该在这家现代化风格的酒店下榻。房间紧凑而舒适，布置与价格相匹配。能看到神庙的只有两间房，所以一定要尽早预订！

★ Ramada Amritsar 酒店 $$$

（☎0183-5025555；www.ramadaamritsar.com；Hall Bazaar；双含早餐₹4700起；❋@🛜🏊）这家外观气派的酒店是旧城高端住宿的首选（也是唯一的选择）。大堂略显艳俗，但房间现代又时髦，服务非常出色。从金庙步行可达，带玻璃幕墙的房间可欣赏美妙的旧城风光，露台上还有一个不大却很惬意的游泳池。

🍴 就餐

阿姆利则的dhabas（供应小吃和简餐的小餐馆）很有名，出售美味的旁遮普美食，例如kulcha（炸饼）、夹馅抛饼、口味辛香的各种小扁豆和阿姆利则炸鱼块（搭配柠檬、辣椒、大蒜和姜）。金庙一带的酒店和餐馆通常只供应素食，而且不供应酒。

★ Kesar Da Dhaba 旁遮普菜 $

（Shastri Market, Chowk Passian；主菜₹70~130；⊙11:00~17:00和19:00~23:00；☎）这家百年餐馆起初在巴基斯坦的旁遮普省创建，印巴分治后，搬迁到了阿姆利则，此后一直供应美味的抛饼塔利套餐（₹200~250）和盛在小陶碗里、上面放着银箔的firni（碎米布丁，₹20），另外还有可能是全城最美味的印度奶昔（₹50）。食客可以参观厨房，在接待台咨询即可。

★ Bharawan Da Dhaba 旁遮普菜 $$

（Town Hall Chowk；餐₹160~190；⊙8:00至

札连瓦拉园大屠杀

"罗拉特法案"（Rowlatt Act, 1919年）赋予英国当局权力，只要怀疑印度人有煽动民心的行为就可以不经审判直接投入监狱，法令实行后，阿姆利则成为独立运动的焦点。在一系列hartals（冲突）发生后——许多抗议者和3名英国银行经理死于这些冲突，准将Reginald Dyer受命恢复城中秩序。

1919年4月13日（拜萨哈节），5000多名印度人聚集在札连瓦拉园（Jallianwala Bagh，见223页）进行和平抗议。那是一个高墙围绕的公共庭院，进出庭院只能走北侧的一条窄巷。受命惩治抗议者的人做效尤，Dyer率领150名士兵赶到，并下令士兵开火。枪声停了，将近400名抗议者被打死（这是英国当局公布的结果，然而印度国民大会党估算的数字是超过1000人），1500人受伤，其中许多是妇女和儿童。

Dyer的行动得到英国当局的支持，但被温斯顿·丘吉尔称为"骇人听闻"，印度事务大臣埃德温·蒙塔古（Edwin Montagu）将这场屠杀描述成"一场野蛮而且不合宜的愚蠢行为"。获诺贝尔奖的诗人罗宾德拉纳特·泰戈尔（Rabindranath Tagore）宣布放弃爵士号，以示对大屠杀的抗议。大屠杀唤醒了印度的民族觉醒，甘地的回应是"非暴力不合作"，宣布"与这个邪恶政府的任何形式、任何程度的合作都是有罪的"。

1927年，退休后的Reginald Dyer逝于英格兰；1940年，大屠杀发生时任旁遮普总督的Sir Michael O'Dwyer被锡克教革命者Udham Singh暗杀于伦敦。Richard Attenborough的著名电影《甘地》（Gandhi, 1982年）戏剧性地再现了发生在札连瓦拉园的事件。

阿姆利则的市场（BAZAAR）

金庙位于迷宫般拥挤的市场街边。从庆典用的宝剑，到婚纱礼服，市场里什么都有。你的探索旅程从金庙的主入口开始，从这里向西北方向漫步（背对着金庙时向左走），走到寺庙场地的尽头，进入氛围独特的 Kathian Bazaar，那里出售毯子、文具、锡罐和红色与银色相间的婚礼手镯。在市场远端，右转进入熙熙攘攘的Guru Bazaar Rd路，走过一排挂着闪闪发光的女性服饰的店铺后，在第一个路口左转，进入Shashtri Bazaar，这里卖羊毛披肩的小摊多于卖围巾的小摊。在市场尽头右转，继续前行穿过一排食物和水果摊后，来到忙乱不堪的 Katra Jaimal Singh Bazaar，这个市场里以定做成衣和出售时装的店铺为主。在丁字路口左转，进入Tahali Sahib Bazaar，那里高高地堆放着闪亮的鞋子（juttis）和缎子围巾（dupattas）。

也有没那么混乱的去处，如果你想在人少的地方清静地购物，从市政厅通往金庙的旅游走廊有几个商店出售优质的纪念品，价格可以。

午夜；✺◨）这家质朴的阿姆利则老牌餐馆的名字读作"praa-waan"，从1912年开始出售令人回味的旁遮普美食。为自己点一份地方塔利套餐，你会得到一份味美可口的拼盘，包括木豆和印度奶酪（paneer），搭配馕、薄饼或米饭（或全部3种）。透过餐厅店面的玻璃墙，可以欣赏市政厅区域的美丽风景。

Kanha Sweets　　　　　　　　　北印度菜 $

（Lawrence Rd；甜点₹20~40；⊙早餐8:00~22:00；◨）这间人气超高的小外卖店不但是一流的甜食店，还以阿姆利则最好的puri拼盘（₹70）著称，拼盘中包含气球状的puri饼、风味浓烈的土豆咖喱和泡菜。拼盘只作为早餐，在8:00到14:00之间供应，但甜点柜台一直营业到22:00。

Gurdas Ram　　　　　　　　　印度菜 $

（Jalebiwala Chowk；jalebi每份₹20；⊙9:30~22:30；◨）这家jalebi小店已经开了60年，jalebi是一种好吃的印度甜点，盘成圈的橘黄色油炸面糊浸过糖浆，会把你的手指弄得黏糊糊的。这家店的名气太大，所在的交叉路口都是以它命名的（Jalebiwala Chowk）。

Neelam's　　　　　　　　　各国风味 $

（Golden Temple Rd，札连瓦拉园；主菜₹70~170；⊙9:00~23:00；✺◨）离金庙不远，店面很小，用两种颜色做装饰，去放松休整一下很方便。这里制作一些各国风味简餐，包括一款背包客早餐和一些南印度家常菜，但不要错过性价比超高的kulcha（₹50），还搭配一份鹰嘴豆小菜和辛香的酸辣酱。

★ Makhan Fish　　　　　　　旁遮普菜 $$

（Old Jail Rd，靠近Trillium Mall；主菜₹150~350；⊙11:00~23:00；✺）这家朴实无华的餐厅将阿姆利则名菜炸鱼和烤鱼块做到了极致，还有一系列本地风味的鸡肉、羊肉和鱼肉菜肴。注意：招牌鱼肉菜称重售卖——250克大概是2人份。奇怪的是，还有一份中国菜菜单，里面都是不正宗的常见菜。

Brothers' Dhaba　　　　　　旁遮普菜 $$

（Bade Bhai Ka；Town Hall Chowk；餐₹140~180；⊙8:00至午夜；✺◨）这家高档小吃店上菜迅速，服务热情，供应的夹馅抛饼是全阿姆利则最好吃的，加入香草、马铃薯和石榴籽，入口即爆，唇齿留香。餐厅还有温热可口的早餐拼盘，包含咖喱马铃薯和炸kulcha。

Crystal Restaurant　　　　　各国风味 $$$

（Crystal Chowk；主菜₹300~450；⊙11:00~23:30；✺）这家豪华餐厅值得你挥霍一次，它位于一楼，有种世纪末的氛围，墙上贴着镜子和灰泥装饰。菜肴以莫格莱美食为主，招牌特色菜是好吃的murgh tawa frontier（₹390，浓稠洋葱肉汁里的鸡块）。这里还有一份不错的欧洲菜单，包含常见的牛排和烧烤烘焙类食品。

🍷 饮品和夜生活

Bottoms Up Pub　　　　　　　　　酒吧

（Queen's Rd，Grand Hotel；啤酒₹120；

11:00~23:00）Grand Hotel附设的酒吧，气氛友善，出售冰镇的翠鸟牌无醇生啤和由酒店公共厨房制作的美食。

Café Coffee Day 咖啡馆

（Golden Temple Rd；咖啡￥80起；◎9:00~23:00）这间连锁咖啡店有空调和新鲜咖啡，令人舒心，位置便利，金庙区域近在咫尺。还有可口的蛋糕、泡芙、卷饼和街景座位搭配你的拿铁咖啡或浓缩咖啡。

🛍 购物

Booklovers Retreat 书籍

（Hall Bazaar；◎周一至周六 9:00~20:00）Booklovers是一间老式书店，摆满了有趣的书籍，题材多样，包括印度和国际上最新的英语畅销书。

ⓘ 实用信息

上网

阿姆利则的酒店普遍有免费的客房内Wi-Fi。
Guru Arjun Dev Niwas Net Cafe（Guru Arjun Dev Niwas；每小时￥30；◎6:00至次日1:00）这间网吧很方便，靠近金庙建筑群。

医疗服务

Fortis Escorts Hospital（☎0183-3012222, 9915133330；www.fortishealthcare.com；Majitha Verka Bypass）这个国际标准的医院位于阿姆利则的郊区，在旧城东北方向约7公里处。

现金

阿姆利则的自动柜员机越来越多，不过在机场没有兑换外币现金的地方。**Mannat Travels**是个值得信赖的外币兑换点。
HDFC（1楼，RS Towers, Hall Bazaar；◎周一至周六 10:00~16:00）和**ICICI**（1楼，RS Towers, Hall Bazaar；◎周一至周六 9:00~18:00）可兑换外币，有外国银行卡可用的自动柜员机。

邮局

中心邮局（Court Rd；◎周一至周五 10:00~16:00, 周六至14:00）位于Court Rd和Albert Rd的交叉路口，提供快捷的邮递和包裹寄送服务。在金庙附近也有一个方便的**邮局**（Golden Temple Rd, Fuwara Chowk；◎周一至周五 10:00~16:00, 周六至14:00），提供类似的服务。

旅游信息

火车站入口旁有一个**旅游局**（☎0183-2402452；www.punjabtourism.gov.in；Train Station exit, Queen's Rd；◎周二至周日 10:00~17:00），提供旁遮普邦各地的小册子和免费地图，包括阿姆利则、帕蒂亚拉和Kapurthala的详细街道地图。

ⓘ 到达和离开

飞机

阿姆利则的Sri Guru Ram Dass Jee国际机场在市中心西北约11公里处，有航班飞往德里和孟买等主要印度城市，航空公司有**印度航空**（☎0183-2214062；www.airindia.in；◎10:00~17:00）、**捷特航空**（☎1800-225522；www.jetairways.com）和**香料航空**（☎1800-1803333；www.spicejet.com）。还有少量国际航班（主要飞往中东，但印度航空有航班飞往伯明翰）。

长途汽车

私营汽车公司的车辆分别从**甘地门**（Gandhi Gate）周围和火车站附近的**Cooper Rd**路发车。晚上有空调客车开往德里（￥800, 10小时）和斋浦尔（座位/卧铺￥700/900, 16小时），还有非空调车开往查谟（￥250, 4小时）。整天有空调车开往昌迪加尔（￥600, 4小时）。

邦际长途汽车站（简称ISBT；GT Rd）位于金庙以北约3公里处、Mahan Singh Gate附近。每天至少有一班长途汽车开往昌巴（Chamba, ￥260, 6小时）、达兰萨拉（Dharamsala, ￥280, 7小时）和默纳利（￥600, 12小时）。

班次频繁的长途汽车开往阿塔瑞（￥30, 1小时）、法利德果德（￥120, 3小时）、伯坦果德（￥120, 3小时）和帕蒂亚拉（￥230, 5小时）。

火车

除火车站之外，金庙那里还有一个比较清闲的**火车票预订处**（Golden Temple；◎周一至周六 8:00~20:00, 周六到14:00）。

Amritsar Shatabdi（空调硬座/1AC ￥790/1620, 6小时, 5:00和16:50）是去往德里最快的火车，每天两趟。同一列火车从新德里火车站返回的时间分别是7:20和16:30。每天还有另外十几班火车开往德里（无空调卧铺/空调卧铺3类/空调卧铺2类￥290/760/1060），需要7~9小时。

每天5:15到17:50有4班火车开往昌迪加尔（二等车厢/空调硬座￥120/440, 5小时）。每天

4:40到20:30有10班火车开往伯坦果德（无空调卧铺/空调卧铺3类₹140/490，3小时）。

每天一趟的Amritsar-Howrah Mail在18:40发车，连接阿姆利则、瓦拉纳西（无空调卧铺/空调卧铺3类/空调卧铺2类₹500/1350/1965，22小时）和加尔各答的豪拉火车站（无空调卧铺/空调卧铺3类/空调卧铺2类 695/1860/2740，37小时）。

❶ 当地交通

4:00至21:00之间，有**免费黄色小客车**（Sri Harmandir Sahib Marg）在火车站和金庙之间往来。如果乘坐人力车/机动三轮车，从火车站到金庙的费用为₹50/100左右，但你必须先猛砍价。车站周围有许多出租车，金庙东侧还有一个**预付费出租车站**。Ola Cabs（☎0183-3355335）有干净快捷的无线电出租车在阿姆利则运营，昼夜不停。乘坐机动三轮车或出租车前往机场，大概费用分别为₹250和₹500。

载你前往金庙区域的出租车一般会在Fuwara（喷泉）Chowk或市政厅把你放下，从那里还要步行几百米，穿过一个游客走廊和纪念品市场，走廊两侧都是典雅的红色砂岩商店街。

帕蒂亚拉（Patiala）

☎0175 / 人口 405,200

旁遮普邦最不为人知的瑰宝帕蒂亚拉曾经是一个锡克独立邦的首府，由一个生活奢靡的王公家族统治。随着莫卧儿帝国式微，帕蒂亚拉的统治者转投英国人的怀抱，并在自己的城市里大肆修建王宫楼阁，过着挥金如土的生活。印度独立后，王室专用金随之废除，王族的财产渐渐挥霍殆尽，昔日豪华气派的城市空余残迹，宏伟的宫殿也灰飞烟灭，但被10座古老城门包围起来的老城区古韵犹存。每年1月中旬举办Basant风筝节，届时帕蒂亚拉的天空将飘满风筝，一派生机。

◉ 景点

Qila Mubarak 　　　　　　　　堡垒

（Adalat Bazar；博物馆₹10；◷博物馆周二至周日 10:15~16:45）帕蒂亚拉王公昔日的宫殿装饰华美，18世纪的堡垒有高耸的城垛和带格栅的露台，仿佛来自《天方夜谭》（Arabian Nights）。游客不能进入堡垒内部，但可以在令人震撼的内、外墙之间游览四周空余破败的砖瓦瓦砾和一群群的长尾鹦鹉。在要塞内部，右侧是建于1859年的 Durbar Hall博物馆，收藏着武器、王室肖像、令人惊叹的枝形吊灯和其他从摇摇欲坠的王宫里找出的宝贝。

Sheesh Mahal 　　　　　　　　博物馆

（Sheesh Mahal Rd；₹10；◷周二至周日 10:30~17:00）Sheesh Mahal造型夸张，有两座结婚蛋糕形状的塔楼和一个装饰性吊桥，或许是旁遮普邦最漂亮的建筑之一。殿内装饰穷奢极侈，如今是展示皇家财宝的博物馆。展品包括绘画、钱币、奖章和各种精雕细琢的工艺品。宫殿前方是绿树成荫的公园，里面有一些精美的大理石国王雕像和王后雕像，其中有一尊1903年的维多利亚女王雕像分外引人注目，是著名的英国雕塑家弗朗西斯·德文特·伍德（Francis Derwent Wood）的作品。

🍴 食宿

★ **Baradari Palace** 　　　　历史酒店 $$$

（☎0175-2304433；www.neemranahotels.com；Baradari Gardens；双₹6440起；❄︎⊛）原是王公Rajinder Singh的花园宫殿，充满复古气息，无疑是旁遮普邦最优雅的酒店。经过精心修缮后，客房兼具格调与奢华感。壮观的阳台和华美的露台能俯瞰美丽的花园。从汽车站向西步行20分钟即到，也可以花₹50乘坐人力三轮车。

Gopal's 　　　　　　　　北印度菜 $

（Lower Mall Rd；主菜₹60~120；◷8:00~22:00；⊛）这间热门的素食餐馆以自家的美味菜肴为骄傲，全天供应chhole bhature、塔利套餐和甜点，令热切的食客狼吞虎咽。另外还有一些口味尚可的泛印度菜和不伦不类的中国菜，但最好只尝试招牌菜。

❶ 到达和离开

从帕蒂亚拉开往昌迪加尔（₹70，2小时）、阿姆利则（₹230，5小时）、Sirhind（₹40，1小时）和安纳波沙希贝镇（₹120，3小时）的长途汽车班次频繁。预订一辆出租车从阿姆利则到帕蒂亚拉一日游需要₹2500。

Sirhind

从昌迪加尔出发，来Sirhind（发音为"surr-hind"）一日游很方便。Sirhind的出名景点是 Gurdwara Fatehgarh Sahib：1704年，锡克教第十任古鲁Gobind Singh的两个幼子殉难，因为拒绝改信伊斯兰教，被莫卧儿人活埋于此。每年12月，谒师所举办为期3天的 Shaheedi Jor Mela 节。参观谒师所应脱掉鞋子，遮住头发。

Sirhind还有几处荒凉的莫卧儿时代遗址。每年8月的Urs节，苏非派圣人Shaikh Ahmad Faruqi Sirhindi之墓 Rauza Shariff 会吸引大批朝圣者。沿着汽车站附近的一条小巷走下去，荒凉破败的 Aam Khas Bagh 在莫卧儿时代曾经是一个美丽的花园，有一口很大的baoli（阶井），能拍出一些有趣的照片，还有机会和当地人愉快地交流。

❶ 到达和离开

Sirhind有公共汽车开往帕蒂亚拉（₹40, 1小时）和昌迪加尔（₹50, 1.5小时），不过发车地点在不同的城区。合乘机动三轮车从Gurdwara Fatehgarh Sahib出发，开往从Sirhind到昌迪加尔的汽车站（每人₹10）和到帕蒂亚拉的汽车站（每人₹10）。

印度与巴基斯坦边境的阿塔瑞-瓦嘎

由于印度和巴基斯坦关系紧张，几乎没有外国人从位于阿姆利则以西30公里处的阿塔瑞-瓦嘎过境。但是，每天晚上有相当多的人前往阿塔瑞-瓦嘎边境关卡观看有趣的士兵换岗仪式。

◉ 景点

降旗换防仪式 大门

（Border-Closing Ceremony；阿塔瑞-瓦嘎）每天下午，就在日落之前，印度和巴基斯坦的边防军队在阿塔瑞-瓦嘎边境碰面，进行时间为30分钟的军事仪式，这是一个场面近乎夸张的表演。理论上，仪式的目的是降国旗，并于夜晚正式关闭边境，但实际上，两边的士兵在此过程中会一本正经地相互较劲，迈正步、折叠国旗、捶胸、跺脚以及滑稽地高跨步。

❶ 到达和离开

长途汽车从阿姆利则开往阿塔瑞（₹30），从那里步行2公里可到达边境关卡（也可花₹10合乘机动三轮车）。边境仪式在关卡另一边的几百米外上演。注意：允许观众带相机，但禁止带包，无论大小。入口门旁边有储物柜（₹50）。

大部分人通过在阿姆利则入住的酒店安排出租车，包车费₹1500。也可以从金庙东南门乘坐合乘出租车（每人₹250）。只需在接近下午3点时在预付费出租车站附近等候，会有司机来找你。

伯坦果德（Pathankot）

☏0186 / 人口 148,500

尘土飞扬的边境城市伯坦果德是前往附

过境巴基斯坦

边境开放时间
虽然官方规定了边境开放时间，但在从阿姆利则动身之前一定要确认边境（阿塔瑞-瓦嘎；⊙10:00~15:30）是否开放。在边境关闭前至少1小时到达边境站。

外币兑换
边境两侧都有可兑换外币的银行和自动柜员机，但最好先在阿姆利则换些钱。

后续交通
瓦嘎（巴基斯坦）那里有班次频繁的公共汽车和出租车开往30公里之外的拉合尔市（Lahore）。

签证
需在国内办理。建议电话咨询巴基斯坦驻华大使馆（☏010-65322504），或咨询所在地旅行社代理。

近喜马偕尔邦（Himachal Pradesh）的交通枢纽，但没什么值得停留的亮点。

伯坦果德汽车站有一家客栈（房间₹500），提供非常简单的房间和一间公用淋浴室。Hotel Comfort（0186-2226403；Gurdaspur Rd；双₹1890起；❄）就在汽车站外，如果你希望在第二天一早方便快捷地离开伯坦果德，这家酒店可能是最好的住宿选择。

伯坦果德汽车站有几家小餐馆，面向中转的旅客，全天供应物美价廉的本地北印度风味。一顿快餐的价格在₹60～100之间。

在伯坦果德枢纽火车站有一个喜马偕尔邦旅游服务亭（Himachal Tourism booth，0186-2220316；⏰周一至周六10:00～17:00），提供邻近的喜马偕尔邦的旅游资讯。

ℹ 到达和离开

伯坦果德枢纽火车站位于Gurdaspur Rd，每天4:15到23:50之间有12班火车开往阿姆利则（二等车厢/空调硬座₹65/260，2～3小时）。每天2:20到20:05有10班火车开往新德里（无空调卧铺/空调卧铺3类/空调卧铺2类₹285/765/1095，8小时）。

如果要去达兰萨拉和摩洛甘济，白天有4班火车沿窄轨铁路开往Kangra Mandir（座位₹35，5小时），发车时间分别为6:45、10:00、13:20和15:50。

汽车站也在Gurdaspur Rd，每天上午有3～4班直达车开往摩洛甘济（₹170，4.5小时），也可以经达兰萨拉（₹150，4小时）前往。全天都有班次频繁的长途汽车开往阿姆利则（₹100，3小时）、昌迪加尔（₹280，6小时）、达尔豪西（₹110，3.5小时）、德里（普通车/沃尔沃空调车₹520/1140，11小时）、查谟（₹100，3小时）和默纳利（₹390，11小时）。

巴廷达（Bathinda）

☎0164 / 人口 218,000

巴廷达是一个气氛友好的安静小镇，外国游客极少见（印度游客也不多）。不过，逛逛汽车站周围的市集很有趣，你还可以去拍卖中心看看，农民们会在特定的日子聚集在那里售卖农产品。

⦿ 景点

戈温德格尔 堡垒

（Govindgarh；⏰清晨至黄昏）**免费** 在旁遮普邦的所有堡垒遗迹之中，巴廷达的戈温德格尔最为雄伟壮观。它也是最古老的堡垒之一，其历史可一直追溯到7世纪，不过现存的红砖建筑是在12世纪重建的。堡垒规模极大，引人注目地坐落于城市中央，是游览这个地区时一个出人意料的亮点。堡垒的城墙高36米，厚6米，雄踞旧城的市集上方，最棒的是，游人可以自由探索。

与这个地区的其他古堡不同的是，戈温德格尔有两个谒师所，因此随时对公众开放。除了参观谒师所，你还可以在城墙内的草坪花园中漫步，甚至爬到城墙上眺望壮丽的城市风光。一定要沿着堡垒的外围走到西侧，那里的高墙最为壮观，矗立在灰尘弥漫的街道上空，街头的洗衣工（dhobi-wallahs）和棉织工忙忙碌碌。

要前往堡垒，出汽车站左转，在环岛再次左转，然后直走约1公里。

🛏 住宿

Hotel Appreciate 酒店 $

（0164-3201875；双₹1650起；❄）在汽车站附近的几家酒店之中，Hotel Appreciate的性价比最高。从正面看去，酒店建筑像乐高玩具，提供简朴的空调房，配热水淋浴和干净的床单。

Hotel Stella 商务酒店 $$$

（0164-5015000；Barnala Bypass Rd；双含早餐₹4600起；❄🅿🛜）以巴廷达的标准看非常高档，这家豪华商务酒店的房间布置得整洁漂亮，有现代化的配套设施保障舒适度，露台游泳池和酒吧在安逸的夜晚极具吸引力。酒店有一间不错的餐厅，供应美味的旁遮普风味和印度菜。酒店位于汽车站以北约2公里处。

🍴 就餐

Sagar Ratna 南印度菜 $

（GT Rd；主菜₹80～120；⏰11:00～22:00；❄🌿）如果吃厌了当地的旁遮普风味，想换个口味，可以来这家位于主街上的地道南印度餐厅，在味道多样的多莎饼中选一款尝尝。店内还提供美味的南印度咖啡，搭配你选择的餐食。

Yellow Chilli 新派印度菜 $$

(Barnala Bypass Rd；主菜₹150～300；⊙正午至15:00和19:00～23:00；图)在这家时髦的餐厅，一位名厨设计的创意菜肴将新派印度菜带到了巴廷达。如果想点鱼和肉类菜肴，这里是个好去处。

❶ 到达和离开

每天有10班火车开往新德里（无空调卧铺/空调卧铺3类 ₹200/490，5.5小时至7小时），昼夜不停。白天有5班火车开往帕蒂亚拉（二等车厢/空调硬座₹80/260，3小时），发车时间在6:30到17:50之间。

车次频繁的长途汽车开往阿姆利则（₹180，4小时）、昌迪加尔（非空调/空调₹250/480，5小时）、法利德果德（₹70，1.5小时）和帕蒂亚拉（₹170，3小时）。

法利德果德（Faridkot）

法利德果德是鼎盛一时的锡克教之邦昔日的都城，随着时间的流逝，那个邦国的遗迹已几乎湮没殆尽。这是旁遮普邦最鲜有人涉足的城镇之一，远离游人如织的旅游路线。

如今，孔雀在辉煌已逝的Qila Mubarak饱经沧桑的城垛上昂首阔步。这个堡垒被15米高的城墙保护着，从前是法利德果德王公们祖上的居所。附近的Tilla Baba Farid Ji是一座在近期重建的古老谒师所，供奉着13世纪的苏非派诗人Baba Sheikh Farid，他的诗作曾启发了锡克教的创始人那纳克古鲁。同样位于城内的Raj Mahal是昔日王室目前的居所，他们在19世纪80年代从堡垒迁居至此。其他景点还包括法国人设计的30米高的美丽维多利亚钟楼（Victoria Clock Tower，大约建于1902年），以及富有魅力的淡绿色的区图书馆（District Library）。

从汽车站步行约750米就有几间酒店。出汽车站左转，在环岛再次左转，然后在第一个路口右转，很快就能走到。

在汽车站周围拥挤的街道上有几个小餐馆全天候供应抛饼和本地小吃，另外在Hotel Trump Plaza（☏9216800789；Kotkapura Rd；双₹1650起；图）和Sangam Hotel & Restaurant（☏01639-252144；Kotkapura Rd；双₹1420起；图）也有餐厅。

Hotel Trump Plaza有一间啤酒吧。

❶ 到达和离开

班次频繁的长途汽车从法利德果德开往阿姆利则（₹120，3小时）、巴廷达（₹70，1.5小时）、昌迪加尔（₹240，5小时）和帕蒂亚拉（₹120，2小时）。

Kapurthala

作为一个富裕而独立之邦的前首府，Kapurthala是个不同寻常的地方。住在此地的王公Jagatjit Singh酷爱旅游，他娶了西班牙弗拉门戈舞蹈家Anita Delgado为妻，还根据无数次旅行得来的灵感修建了不计其数的建筑。

Jagatjit Palace王宫（现在是私立的Sainik School学校）以凡尔赛宫为原型，而摩尔清真寺（Moorish Mosque）则完全是马拉喀什（摩洛哥）大清真寺的翻版。其他值得一观的建筑包括英伦风格的Jagatjit Club、Jubilee Hall和Shalimar Gardens（内有Kapurthala王朝的纪念碑）。

Hotel Ramneek（☏9781322478；Sultanpur Rd；双₹1650起）位于Sultanpur Rd，比Kapurthala的其他经济型酒店高出几个档次。Hotel Royal（☏01822-505110；Jallandhar Rd；双₹1100起；图）距汽车站200米，有一些不错的空调房。

城里有几家朴素的餐馆，供应可口的抛饼（paratha）、酸奶早餐和木豆、薄饼、泡菜套餐，Hotel Ramneek和Hotel Royal内也有餐厅。

Hotel Ramneek内有一间啤酒吧。

❶ 到达和离开

要从Kapurthala前往阿姆利则，需要先乘坐公共汽车前往Subhanpur（₹10，30分钟），然后换车去阿姆利则（₹60，1.5小时）。6:00到10:30之间有4辆早班长途汽车开往法利德果德（Faridkot，₹120，2.5小时）。

哈里亚纳邦（HARYANA）

繁荣的哈里亚纳邦毗邻德里的西部和西

北部，北印度历史上的几次关键性事件都发生在这里。尽管如此，在广袤的农田与蓬勃发展的工业热点地区之间，现代化的哈里亚纳邦极少有真正吸引外国游客的景点。除了个别满足特定兴趣点的去处，全邦大部分地区都尚未受到游客的关注。

Kurukshetra (Thanesar)

☏01744／人口964,200

根据印度教传说，Kurukshetra（古称Thanesar）是梵天创造世界的地方，也是克利须那神在《摩诃婆罗多》（*Mahabharata*）中18天战争开战前发表《薄伽梵歌》的地方——Gita Jayanti（见213页）就是纪念后者的节日。由于这个城市在宗教和神话中意义重大，这里挤满了朝圣者、苦行僧和教育类的旅行团，人数远超寥寥无几的外国游客。

在Sri Krishna博物馆的售票柜台有当地的英语地图，购买每张博物馆门票都附赠一份。

◉ 景点

Brahmasarovar 古迹

免费 神圣的Bhramasarovar是Kurukshetra最令人瞩目的景点，它是印度最大的用于宗教仪式的水池。根据印度教经文，环绕着迦特（ghat，水畔石阶）的水池是梵天神创造的。苦行僧们挤在石阶上，水池旁边的静修所（ashrams）还展示着印度教史诗场景的立体模型和圣地模型。在古迹中央的一个公园里矗立着一尊巨型现代雕塑，描绘着《摩诃婆罗多》中克利须那神向阿周那（Arjuna）讲述《薄伽梵歌》的场景。

Sheikh Chehli之墓 陵墓

（印度人／外国人₹5/100；◐9:00~17:00）这个令人印象深刻的陵墓属于17世纪的苏非派神秘主义者Sheikh Chehli。他是莫卧儿王子达拉·舒科（Dara Shikoh）的精神导师。陵墓位于城镇中心西北方向约2公里处的一个古雅的街区里，砖石结构的陵墓后面是一个被称为Harsh Ka Tilla的土丘，它的历史要比陵墓还早一千多年。在这里可以看到Thanesar古城的7世纪的挖掘遗迹。遗迹总长约1公里。

Sri Krishna博物馆 博物馆

（Sri Krishna Museum, Pehowa Rd；₹30；◐10:00~17:00）Sri Krishna博物馆有大量吸引人的雕塑、雕刻和绘画展品，此外还有一个低技术的多媒体展览，能看到立体透视模型、巨型塑像、超现实的音效和迷宫。有一些稀有的展品值得留意，如奥里萨邦的棕榈叶蚀刻画和从印度河流域的古村落发掘出的文物。博物馆有一家简单的餐厅（素食塔利套餐₹80，印度茶₹10），在博物馆的花园里摆着露天座位。

🛏 食宿

Yatri Niwas 酒店$$

（☏01744-291615；Pipli-Jyotisar Rd；双₹1750起；❄）这个粉刷成白色的建筑是标准的政府宾馆，前方有一片绿茵如茵的草坪。房间没有新意但布置得当，保证物有所值，服务和安全性也有保障。酒店内的餐厅供应的食物（素食塔利套餐₹130）值得推荐，一日游的游客也可以来用餐。酒店位于Brahmasarovar北侧，步行5分钟即到。

ℹ 到达和当地交通

在昌迪加尔（₹90，2小时）和德里（₹160，4小时）之间往来的本地长途汽车在国道上的Pipli经停，约6公里之外就是Kurukshetra。这里有合乘机动三轮车（₹20）载乘客往返汽车站和Brahmasarovar。

可以包一辆三轮车带你游览城内的主要景点，车费大约是₹300。

苏尔坦普尔鸟类保护区 (Sultanpur Bird Sanctuary)

苏尔坦普尔鸟类保护区位于德里西南方向约48公里处，四周散布着湿地，是一座占地145公顷的国家公园，栖息着超过250种留鸟和候鸟。

◉ 景点

苏尔坦普尔鸟类保护区 自然保护区

（Sultanpur Bird Sanctuary，印度人／外国人₹5/40，照相／录像₹25/500；◐周三至周一7:00~16:30）经常来到这个公园的许多鸟类都

来自遥远的国度，如俄罗斯、中国和阿富汗。比较好认的鸟儿有白鹤、白头鹦鹉、黑颈鹳、大火烈鸟、小火烈鸟、小水鸭、黄鹦鹉和黑头白鹳。10月到次年3月是最佳观鸟季。保护区一次轻松的观鸟之旅最多需要3小时。

住宿

Bird Sanctuary Tourist Complex 酒店 $$

（☎0124-2375242；双₹1750起；❄）这个由哈里亚纳邦旅游局运营的游客服务中心位于一片林中地带，紧依着公园围栏，有一系列从条件尚可到令人满意的客房，是个安静惬意的过夜地点。服务中心自带餐厅，供应小吃和套餐，不住宿的一日游游客预约后也可在餐厅就餐。

到达和离开

当地的公共交通有限，从德里包出租车来一日游方便得多（大约₹1800）。尽早出发，避开高峰时间一路上越来越严重的交通拥堵。

Surajkund

Surajkund位于德里市中心以南约30公里处，名字来自10世纪由拜日部落Tomar的头领Raja Surajpal在此建造的太阳水池（sun pool）。每年2月举办为期两周的Surajkund Crafts Mela，届时村将人山人海，但其他时间游客寥寥无几。

节日和活动

Surajkund Crafts Mela 集市

（☉2月1日至15日）来自北印度各地的民间艺术家、工匠、乐手和舞者齐聚一堂，精彩纷呈，这个充满生机的手工艺市集是了解当地鲜活的艺术与民俗传统的绝佳去处，也便于选购质量上乘的手工艺品及其他纪念品。娱乐活动丰富多彩，食品摊和各种文化演出更是为市集锦上添花。

住宿

★ **Vivanta By Taj** 酒店 $$$

（☎0129-4190000；www.vivanta.tajhotels.com；Shooting Range Rd；双₹8400起；❄❀≋）在Surajkund的集市场地附近，豪华住宿地点寥寥无几，这间酒店时髦雅致，房间超级舒适，俯瞰着修剪整齐的开阔绿地。无边泳池无疑是全印度数一数二的，而奢华的水疗馆是度过慵懒午后时光的完美地点。

到达和当地交通

在整个手工艺市集期间，**哈里亚纳邦旅游局**（Haryana Tourism，☎011-23324911；www.haryanatourism.gov.in；36 Chander Lok Building, Janpath）运营专线大巴从德里开往Surajkund。在其他时间，有本地客车（₹10）从Badarpur发车，从德里乘坐地铁可到达Badarpur。从德里乘出租车来一日游大约需要₹1000。

喜马偕尔邦

包括 ➡

西姆拉	238
Sangla Valley	248
Rekong Peo	249
门迪	251
帕尔瓦蒂河谷	257
库鲁	261
默纳利	265
达兰萨拉	274
摩洛甘济	275
昌巴河谷	290
拉胡尔	296
思比堤	300

最佳餐饮

- La Plage(见270页)
- Cecil Restaurant(见243页)
- Hotel Deyzor Restaurant(见302页)
- Moonpeak(见282页)
- Evergreen(见259页)

最佳住宿

- Orchard Hut(见294页)
- Wildflower Hall(见245页)
- Hotel Deyzor(见301页)
- Alliance Guesthouse(见263页)

为何去

美不胜收的喜马偕尔邦(Himachal Pradesh)有着白雪皑皑的壮丽山峰和幽深的河谷,它是印度户外探险的游乐场。从徒步旅行和登山,到泛舟漂流、滑翔伞和滑雪,只要是能在山上做的,在这里都可以做得到。喜马偕尔山脉纵横交错,地势错综复杂,万般精彩亟待探索,长途汽车、小汽车、摩托车、吉普车和你的双脚皆是交通工具。每座通往新山谷的山口都将引领你进入一个不一样的世界,有自己的文化、神灵甚至语言。村庄坐落在令人惊愕的斜坡上,迷人的建筑好像神话故事里的一样,人们逍遥自在,热情友好。山中避暑之地弥漫着度假氛围和殖民时代的风情。同时,那里极度欢乐的氛围和美丽的山景都深深地吸引着背包客们。喜马偕尔是如此姿态万千,神秘莫测,在摩洛甘济以及佛教文化源远流长的拉胡尔和思比堤,你可能会认为自己到了中国的西藏。

何时去

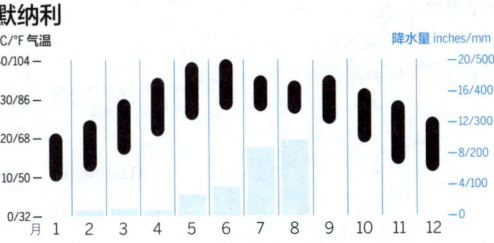

5月至6月和9月上旬至10月 雨季以外,是徒步旅行和其他户外活动的绝佳时节。

7月中旬至9月上旬 雨季,可游览依旧少雨的拉胡尔和思比堤。

11月至次年4月 非常适合冰雪运动爱好者,但通往拉胡尔和思比堤的高海拔山口会被积雪阻断。

喜马偕尔邦亮点

❶ **金瑞尔—思比堤环线**（见300页）勇敢挑战惊心动魄的山口、峡谷和悬崖公路,体验亚洲精彩绝伦的公路之旅。

❷ **徒步**（见285页）有数十条令人惊叹的山地穿越线路可供选择,有的轻松,有的费力,有的难度适中,如Indrahar La。

❸ **摩洛甘济**（见275页）沉浸在藏族文化或瑜伽的世界里,为藏人提供志愿服务,或者干脆在山中悠闲放松。

❹ **默纳利**（见265页）在喜马偕尔邦的背包客乐园滑雪、徒步、登山、玩滑翔伞、漂流,或者与其他旅行者打成一片。

❺ **思比堤**（见300页）在这个美不胜收的偏远地区探索矗立在石山上的古老佛寺、高海拔的村庄和荒凉壮丽的风景。

❻ **西姆拉**（见238页）乘坐小火车从平原一路爬升,在英属印度时期的夏都游览当时的遗迹,这里至今仍是印度最受喜爱的山间避暑地。

❼ **帕尔瓦蒂河谷**（见257页）在这个美得摄人心魄的河谷满怀喜悦地踏上"嬉皮之路"。

喜马偕尔邦南部

从哈里亚纳邦一跨过邦界，风景骤然变换，群山险峻，层峦叠翠，这片山麓丘陵地带预告着北方的喜马拉雅山脉的巍峨雄伟。南部的主要旅游目的地是热门的山间避暑地西姆拉，从前这里是英属印度的夏都。

西姆拉（Shimla）

☏ 0177 / 人口 170,000 / 海拔 2205米

喜马偕尔邦的首府西姆拉沿着12公里的山脊伸展开来，森林覆盖的陡峭山坡从四面八方倾斜而下，让人对喜马偕尔邦腹地令人惊叹的崇山峻岭愈发期待。西姆拉是印度最热门的山区度假胜地之一，开开心心来度假的印度人络绎不绝。作为英属印度时期的夏都，那段历史的遗迹无处不在。由于城市中心地区禁止汽车进入，漫步令人愉快，即使是气喘吁吁上山的时候。

长而蜿蜒的主街——商场步行街（the Mall）沿着东西方向在山脊下方延伸。南面熙熙攘攘的集市街巷如迷宫一般，陡峭的山下就是车水马龙的Cart Rd路。

从7月中旬到9月中旬，西姆拉常常阴云密布，到了冬季，白雪时常覆盖苍茫大地。

历史

在英国人来到这里之前，西姆拉什么都没有，除了一片被称为Shyamala（印度女神卡莉的当地名字，她是邪恶的毁灭之神）的宁静的林中空地。1822年，山区新任的英国政务官查尔斯·肯尼迪（Charles Kennedy）在这里建造了一座别墅，从此一切都不一样了。1864年，西姆拉（殖民时期被称为Simla）变成了英属印度的夏都，1939年以前，整个印度政府每年都从闷热高温的低地到这里避暑半年，他们用几百头骡子驮来不计其数的文件、表格单据以及政府其他的随行物品装备。

1906年，卡尔卡—西姆拉铁路（Kalka-Shimla railway）开通，西姆拉成为印度最早的山中避暑之地。这个城镇不但是政府中心，也是英属印度时期精英群体的交际享乐之地。王公和殖民时期的达官贵人在这里修建公馆，整个避暑季期间，总督公馆举办盛大的舞会，人们在树林中野餐，业余戏剧在欢乐剧院上演，打情骂俏和轻浮享乐至上。鲁德亚德·吉卜林（Rudyard Kipling）在此度过了几个夏天，他的作品《基姆》（*Kim*）和短篇小说集《山中故事》（*Plain Tales from the Hills*）的部分内容正是以西姆拉为背景创作而成的。

邦内重要节日

藏历新年（Losar；⌚1月下旬、2月或3月上旬）喜马偕尔邦各地（包括摩洛甘济和思比堤）的藏族人欢庆新年，有游行活动、音乐和舞蹈，僧侣们会举行戴着面具的舞蹈表演（chaams）。

明加尔节（Minjar Festival；⌚7月最后一个周日至8月第一个周日）在昌巴举行为期一周的游行、音乐、舞蹈和市集活动。

Ki Chaam Festival（⌚7月/8月）在Ki Gompa举办的仪式持续一周，最后一天有衣着鲜艳、头戴面具的喇嘛旋转起舞。

曼尼玛什朝圣（Manimahesh Yatra；⌚8月下旬/9月上旬）成千上万名湿婆教信徒登上海拔4200米的高度，在Bharmour附近的曼尼玛什湖（Manimahesh Lake）沐浴，这是湿婆在神话中的居所之一。

Phulech Festival（⌚9月/10月）Kalpa和金瑙尔各地的村民们将鲜花摆满寺庙的庭院。圣人们举行祭祀活动，并为来年进行预言。

十胜节（⌚10月；日期不定）在库鲁（见261页）为庆祝打败恶魔罗波那（Ravana）而举行的庆典，盛大隆重，持续一周。

◉ 景点

★ 山脊街
街道

从Scandal Point向东延伸的宽阔大道被称为山脊街，一天到晚挤满漫步的本地人和游客。天气晴朗时，在遥远的北方，白雪皑皑的嶙峋峰峦清晰可见。

基督教堂
教堂

(Christ Church; ☏0177-2652953; the Ridge; ⓘ10:30~13:00和14:00~17:30, 英语礼拜周日 9:00) 这座十分英式的基督教堂位于山脊街的东端，在1846年对外开放，是印度北部现存的最古老的教堂之一，也是西姆拉最著名的地标。教堂内包含了一些动人的英属印度时代的纪念品，以及典型的维多利亚时代的彩色玻璃。

欢乐剧院
历史建筑

(Gaiety Theatre; ☏0177-2650173; www.gaiety.in; the Mall; 印度人/外国人 ₹10/25, 照相 ₹15/25; ⓘ团队游 周二至周日 11:00~13:30和14:00~17:30) 这个迷人的维多利亚时代剧院开业于1877年，现已修复得美轮美奂，长期作为西姆拉社交生活的中心。鲁德亚德·吉卜林、沙希·卡普尔(Shashi Kapoor)和多位总督都曾在剧院的缅甸柚木舞台上演出过。如今这里是来访剧团和15个本地剧社的演出场所，还举办音乐会及展览。由Mr R Gautam带队的导览游很精彩，你可以一边欣赏总督私人包厢的景致，一边听他解说这里的历史。

★ 总督公馆
历史建筑

(Viceregal Lodge, 印度进修学院; www.iias.org; 团队游 印度人/外国人 ₹40/85, 仅庭院 ₹20; ⓘ周二至周日 9:30~17:30, 5月中旬至7月中旬 至19:00, 团队游 10:00~16:45 每45分钟1次) 这是英国总督的夏季公馆，从1888年建成后直到"二战"开始，每年中超过一半的时间里（通常从4月上旬到10月下旬），英国人在这里统治整个南亚次大陆。这座宏伟的灰色砂岩建筑由Henry Irwin打造，看起来好像哈利波特的霍格沃茨魔法学校和一座苏格兰角塔式城堡的结合体。半小时的建筑之旅会参观3个展示着有趣照片的房间（其中之一是台球室）以及以缅甸柚木装饰的三层高的门厅。

喜马偕尔邦立博物馆
博物馆

(Himachal State Museum; 印度人/外国人 ₹20/100, 照相 ₹50/100; ⓘ周二至周日 10:00~17:00) 这家邦立博物馆位于Scandal Point以西大约2.5公里处，靠近电信天线塔。博物馆位于一幢19世纪60年代的宅邸之中，收藏着来自喜马偕尔邦、拉贾斯坦邦和旁遮普邦的细密画，令人印象深刻。同时，馆内还展出色彩鲜艳的传统服装和首饰、精美的石雕和木雕，以及喜马偕尔邦寺庙的精彩照片。

Jakhu Temple
印度教寺庙

Jakhu Temple是西姆拉最著名的寺庙，它是献给印度教猴神哈奴曼(Hanuman)的。寺庙位于当地最高的山顶之上，从山脊街东端走1.2公里的陡峭上坡路可以到达，值得一去。成百上千只恒河猴(rhesus macaque)在寺庙里游荡，期待从游客手中获得圣食(prasad; 供奉寺庙祈福的食物)。它们惯于抢夺未被看牢的物件，如帽子、手机甚至眼镜，因此最好带上手杖来阻止它们，在寺庙门口也能租到手杖(₹10)。

✈ 活动

Great Escape Routes
户外

(☏0177-6533037, 9418012500; www.greatescaperoutes.com; 6 Andhi Bhavan; ⓘ9:00~20:00) 专门在喜马偕尔各地及更远地区组织徒步游，还有山地自行车、摩托车、野生动物游等其他探险游。可以安排金瑙尔-思比堤之旅，乘坐舒适的Innova或Xylo车型（参考价：5人5天交通费₹18,000，另加每天₹1200的导游费），出租恩菲尔德牌摩托车（每天₹1600到₹1800）。

Shimla Walks
步行

(☏9459519620, 9817141099; http://shimlawalks.com) Shimla Walks是当地作家Sumit Vashisht经营的一家非常专业的机构，在热门及小众旅游地点组织精彩的导览步行游。一日游或半日游(4人以内 ₹2000到₹3500)会在去往总督公馆的热门路线上带给你独到的见解，还可以带你参观作家和艺术家的住宅或西姆拉隐蔽的英属印度时期的公墓。

Shimla 西姆拉

Shimla 西姆拉

◎ 重要景点
1. 山脊街 D4

◎ 景点
2. Bantony B3
3. 基督教堂 F2
4. 欢乐剧院 D4
5. 戈顿城堡 B2
6. 铁路局大楼 C2
7. 市政厅 C4

⊕ 活动、课程和团队游
8. Great Escape Routes G2

⊜ 住宿
9. Ballyhack Cottage G2
10. Chapslee G1
11. Hotel City View G3
12. Hotel White G1
13. YMCA G2

⊗ 就餐
14. Ashiana D4
15. Baljee's C4
16. Café Simla Times F3
17. Indian Coffee House B3
18. Wake & Bake C4

⊜ 购物
19. Asia Book House D4
20. Himachal Emporium B3

⊙ 实用信息
21. 附属地区行政官办公室 B3
22. 喜马偕尔邦旅游发展公司旅游办事处 ... C3

⊙ 交通
23. HPTDC Bus Stop B2
    喜马偕尔邦公路运输公司售票亭 ... (见25)
24. 老汽车站 D3
25. 铁路订票处 C3
26. Rivoli Bus Stand D3

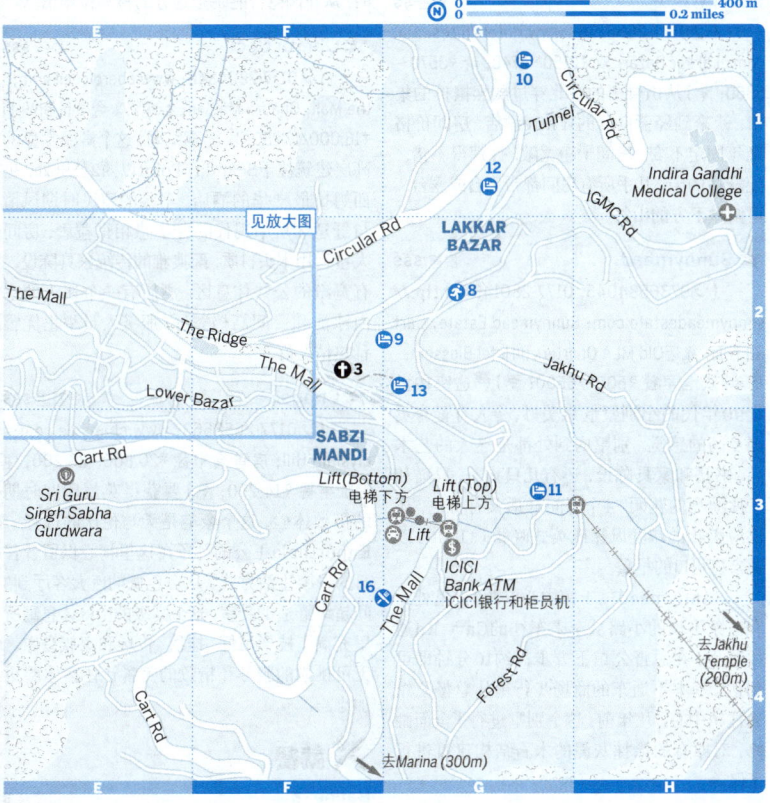

🛏 住宿

西姆拉酒店众多,但大多远离中心区。这座城镇深受印度国内游客的喜爱,因此地段较好的住宿地点房价居高不下,在旅游高峰季(大概是4月中旬到7月中旬,10月到11月中旬,圣诞节、新年和其他重要节假日)往往性价比不高。但在旅游高峰季以外,许多地方的折扣可达到30%或40%。

YMCA 青年旅舍 $

(☎0177-2650021; ymcashimla@yahoo.co.in; the Ridge; 房间 含早餐 ₹1500, 标单/双 无浴室 ₹600/800; ⛨)从基督教堂后方的Ritz Cineplex旁边拾级而上,就是亮红色的YMCA,这里不论年龄、性别或宗教信仰,来者不拒。房间整洁宜人,公用浴室一尘不染,有漂亮的日落平台,可以玩台球或乒乓球。

Hotel City View 酒店 $

(☎0177-2811666; jagdishthakur80@gmail.com; US Club Rd; 房间 ₹700~1500; ⛨)这个友好的地方有10个各不相同、维护较好的房间,其中最好的是前面的房间,那里光线明亮。顶层有一小片公用平台,非旺季有不错的折扣,对于西姆拉来说性价比很高。

Spars Lodge 客栈 $$

(☎0177-2657908; www.sparslodge.com; Museum Rd; 标单/双 ₹1200/1700, 套 ₹2200~2700; ⛨)Spars客栈位于Scandal Point以西2公里处,在通往邦立博物馆的坡路沿线。这里气氛温馨,主人待客热情,房间明亮干净,楼上的就餐区和休息区阳光明媚,令人愉快。餐厅(主菜 ₹160到₹420)供应不错的食物,包括当地的鳟鱼,全天供应英式早餐,有Wi-Fi。

Hotel White
酒店 $$

(☎0177-2656136；www.hotelwhitesimla.com；Lakkar Bazar；双 ₹2150~2740，套 ₹3570~5360；🛜)从山脊街的东北穿过熙熙攘攘的集市，就来到经营良好的White酒店。房间价格全年固定不变。房间干净宽敞，打理得不错，配舒适的床。几乎所有房间都带阳台或露台，可俯瞰下方的山谷。

★ Sunnymead
民宿 $$$

(☎9736584045，0177-2801436；http://sunnymeadestate.com；Sunnymead Estate，Cart Rd下面，靠近Old MLA Quarters和Hotel Blossom；标单/双 含早餐 ₹5000/6500；🛜)这座19世纪90年代的小别墅惬意美妙，令人有置身英国乡间的感觉。别墅内到处都是迷人的艺术品、书籍和家具陈设，还有几只狗、一只猫和一片漂亮的花园。4个房间舒适又有特色，还供应美味的印度风味或英式晚餐（₹1200）以及丰盛可口的早餐。

Sunnymead位于镇中心以西3公里处，有一条不长的小路从车来车往的Cart Rd通往这里，在总督公馆下方步行约10分钟即可到达，基本不通车的商场步行街从总督公馆通往镇中心。几年前，这个别墅进行了全面翻修，对原有的涂抹灰泥的木石结构建筑进行了保养。

Ballyhack Cottage
民宿 $$$

(☎8091300076；www.ballyhackcottage.com；Sidhowal Lodge Estate，the Ridge；双 含早餐 ₹4500；🛜)Ballyhack是一幢新建筑，坐落在西姆拉最古老的地产上，紧邻山脊街，位置非常居中。这里共有5个房间，将怀旧的殖民时期风情（抛光木地板和木家具、老版画、贴砖地面、地毯）和现代化的设施（舒适的床、茶/咖啡器具和现代风格的浴室）相结合。天气晴朗时，从花园露台能眺望远方的喜马拉雅山脉。

★ Oberoi Cecil
酒店 $$$

(☎0177-2804848；www.oberoicecil.com；the Mall，Chaura Maidan；标单/双 含早餐和Wi-Fi ₹16,000/17,250起；❋@🛜♨)这个富丽堂皇的高层建筑位于Scandal Point以西2公里处，是西姆拉最豪华的酒店。素雅的殖民时期风情与舒适客房中现代的奢华感相得益彰，房间大量运用木头材质，配典雅的传统家具陈设，有宽敞的公共休息区。酒店有一个迷人的室内泳池和一间高档餐厅，服务人员举止优雅且热情友好。

★ Chapslee
历史酒店 $$$

(☎0177-2658663；www.chapslee.com；Elysium Hill；房间 含半餐 ₹20,800~30,200，住房加早餐 ₹14,250；🛜)要获得英属印度时期的极致体验，这个豪宅是无与伦比的选择。Kapurthala王公的孙子在这里精心保留着昔日的贵族生活方式。从金色调的巨大客厅到5间超级舒适的卧室，这个高级的山区休息寓所里充满了枝形吊灯、挂毯、古玩和家族肖像。无可挑剔的服务和精致的美餐让住宿体验更加难忘。

🍴 就餐

Baljee's
印度菜 $

(26 the Mall；小吃和主菜 ₹85~235；⏱9:00~22:30)干净惬意，配有空调，侍者打着领结，Baljee's总是坐满印度家庭，很多人都为了小吃和南印度特色菜而来。早餐的煎蛋饼、吐司和多莎饼也不错。

Indian Coffee House
咖啡馆 $

(the Mall；菜肴 ₹25~80；⏱8:00~20:30)这是西姆拉的老字号，它就像个老男孩俱乐部，有变旧的皮座椅、穿着制服的服务生以及黑板菜单。一天中的大部分时间，店内都坐满闲聊的本地人（并不都是男性），这是城中气氛最好的地方，供应早餐、便宜的多莎饼和咖啡（不要在这里点茶！）。实际上，感受这里的氛围，比食物更重要。

Wake & Bake
各国风味 $

(34/1 the Mall；菜肴 ₹120~320；⏱9:30~22:00；🛜)这间在楼上的咖啡馆差不多是西姆

住宿价格区间

本章节的住宿价格区间（指双人含税住宿价，不含任何餐食）：

$ 低于₹1200
$$ ₹1200~3500
$$$ 高于₹3500

商场步行街,西姆拉7公里漫步

商场步行街(the Mall)基本不通车,是西姆拉的生活中心,酒店、店铺、餐馆和殖民时期建筑沿街林立,修复状态各不相同,到处都是人。这条街道从市中心东南部的Chotta Shimla通往正式的市中心,然后继续向西通向总督公馆。

沿商场步行街自东向西漫步,你会经过一系列重要的地标:优美的 **Clarkes Hotel** 建于19世纪90年代,是半木结构建筑;欢乐剧院(见239页)自1877年经营至今;而 **市政厅** 几乎挨着Scandal Point,它的历史可以追溯到1910年,奇怪地让人联想到汉默恐怖电影(Hammer Horror)中的大宅子。

在Scandal Point西侧,商场步行街上方,中心邮局(见244页)位于一幢1883年的近似都铎风格的漂亮装饰性建筑之内。同样位于商场步行街上方的还有古怪有趣的 **Bantony** (Kali Bari Rd),这是一座有角楼的红砖公馆,建于1880年,从前是Sirmaur王公的宅邸。很遗憾,Bantony现在正是西姆拉那种古旧破败感的缩影。

继续向西走500米,带角楼的 **铁路局大楼** (Railway Board Building)建于1897年,使用耐火的铸铁和钢打造,现在是政府机构和警察局的所在地。刚走过这里就到了朴素的灰色石头建筑 **戈顿城堡** (Gorton Castle),城堡建于1904年,以前是殖民政府秘书处,现在是喜马偕尔邦总会计师办事处(Himachal Pradesh Accountant-General's Office,游客只能在建筑外转转)。继续前行1公里,就是西姆拉最著名的豪华酒店Oberoi Cecil,它创建于1902年,又在20世纪90年代进行了彻底翻新整修,但保留了建筑西端有百年历史的半露木架。从Oberoi向西步行1.4公里,即可到达总督公馆(见239页),在西姆拉所有英属印度时期的建筑之中,它是最壮观的。

拉最时髦的餐馆(其实这说明不了什么),供应有机南印度咖啡、早餐、切块比萨、鹰嘴豆泥、香炸豆丸、烤三明治、炒蔬菜、意大利面和美味的可丽饼。有免费Wi-Fi。

Ashiana
印度菜 $$

(the Ridge;主菜 ₹115~275;◷9:00~22:00)这家颇为高雅的餐厅位于一座稀奇的环形建筑中,是个观察路人的好地方,有一个令人愉快的阳光平台。这里除了有美味的北印度菜肴,还有中餐以及少量泰国及南印度人气菜肴。

★ Cecil Restaurant
各国风味 $$$

(☎0177-2804848;Oberoi Cecil, the Mall, Chaura Maidan;主菜 ₹1000~1700;◷19:30~22:30)如果想享受一次特别的晚餐,没有比殖民时代高雅的Cecil更合适的了,它位于Oberoi酒店中。菜单偏重印度各地和泰国的咖喱,但也有很多欧陆风味菜肴可供选择,包括库鲁谷的鳟鱼。旺季需要预订。

🍷 饮品和夜生活

最有格调的饮酒场所是高端酒店的休闲酒吧,如Oberoi Cecil(见242页)或(如果你喜欢DJ音乐) **Marina** (☎0177-6629999;www.marinashimla.com; the Mall)。一些餐厅的酒水比较便宜,如Ashiana和 **Café Simla Times** (the Mall;主菜 ₹245~445;◷正午至22:30;🛜),这两家都有全景露台。

🛍 购物

印度游客在商场步行街沿线的时髦商店选购喜马偕尔和克什米尔的披肩及其他服装。如果想体验更加传统的购物,可以去商场步行街下方迷宫般的巴扎逛逛。在这里,你可以买到任何东西,从孔雀羽毛和海娜手套套装到手镯和自行车,一应俱全。蔬菜(Sabzi Mandi)、香料、纺织品和其他商品都在不同的区域售卖。

Asia Book House
书籍

(the Mall;◷周一至周六 10:30~20:30,周日13:00~19:30)小说、旅行指南和其他印度题材的书籍。

Himachal Emporium
手工艺品

(☎0177-2011234;www.himcrafts.com; the

Mall；◎周一至周六 10:00~13:00和14:30~19:30）这是邦政府经营的手工艺品商店，出售库鲁和金瑙尔的披肩、厚实的拉胡尔羊毛袜以及其他吸引人的喜马偕尔手工艺品，价格合理。

❶ 实用信息

喜马偕尔邦旅游发展公司旅游办事处（Himachal Pradesh Tourist Development Corporation, Himachal Tourism；简称HPTDC；☎0177-2652561；www.hptdc.gov.in；Scandal Point；◎9:00~19:00，4月中旬至6月和9月中旬至11月中旬至20:00）提供很有帮助的当地资讯和建议，并可以预订喜马偕尔邦旅游发展公司（HPTDC）的长途汽车、酒店和团队游。

印度工业信贷投资银行（ICICI Bank, Scandal Point；◎周一至周六 10:00~16:00，每月第2个和第4个周六休息）兑换外币，有一台24小时服务的自动柜员机。

Indira Gandhi Medical College（☎0177-2803073；IGMC Rd）大型公立医院，设有24小时门诊。

❶ 到达和离开

长途汽车

喜马偕尔邦公路运输公司（Himachal Road Transport Corporation，简称HRTC）运营开往德里（₹915；10小时）的舒适沃尔沃空调长途汽车，每天7班，另外还有10班更便宜的空调及非空调客车（₹414到₹684）。喜马偕尔邦公路运输公司还有空调车开往默纳利（Manali，9小时），途经仲迪和库鲁，发车时间是9:30（₹544，非沃尔沃车）和19:30（₹871，沃尔沃车），开往达兰萨拉（₹475，8小时，非沃尔沃车）的长途汽车在16:30发车。所有喜马偕尔邦公路运输公司的长途汽车全部从**邦际长途汽车站**（Inter State Bus Terminus，简称ISBT，New Bus Station；Tutikandi）出发，从西姆拉中心区向西5公里即到。可以在位于Scandal Point的**喜马偕尔邦公路运输公司售票亭**（HRTC booth；Scandal Point；◎8:00~19:30）订票，也可以前往**中心邮局**（Scandal Point；◎周一至周六 9:30~17:30，周日 10:00~17:00）订票。

喜马偕尔邦旅游发展公司运营1班开往德里（₹900，10小时）的沃尔沃空调车，在20:30发车，还有1班开往默纳利（₹550，9小时）的非空调豪华车，在8:30发车，两班车的出发地点都是位于Cart Rd沿线、Victory Tunnel西侧的一个**车站**（Cart Rd），可在喜马偕尔邦旅游发展公司旅游办事处购买车票。

出租车

卡尔卡－西姆拉喜马偕尔出租车联合会（Kalka-Shimla Himachal Taxi Union；☎0177-2658225；Cart Rd）在老汽车站附近有自己的办公室，**Vishal喜马偕尔出租车经营联合会**（Vishal Himachal Taxi Operators Union；☎0177-2805164；Cart Rd）的运营地点在电梯的下面。大多数酒店和旅行社都能安排车辆送你前往其他城镇，如果旅程延长，还能包一辆带司机的车。一辆不带空调、可载4人的出租车前往默纳利大约需要₹5200，

从西姆拉邦际长途汽车站出发的长途汽车

目的地	票价（₹）	车程（小时）	发车频率
昌迪加尔	172~229	4	4:00~22:00每15~30分钟1班
台拉登	322~517	8	每天3班
德里	414~915	10	每天17班
达兰萨拉	360~497	8~10	每天7班
Kalpa	400	11	6:15
库鲁	319~740	7~8	每天8班
默纳利	377~871	8~9	每天7班
门迪	218~502	6	每天15班
Rekong Peo	355	10	4:00~11:15和18:30~23:15约每小时1班
Sangla	350	10	7:15
Sarahan	300	7	9:30和10:30

"喜马拉雅女王"号时刻表

出发	到达/离开卡尔卡	到达	车次
德里Sarai Rohilla 5:35	11:10/12:10	西姆拉17:30	14095和52455
西姆拉10:25	16:10/16:55	德里Sarai Rohilla 22:40	52456和14096

去昌迪加尔（Chandigarh）需要₹2100，去德里要₹6200。空调车要多付₹300到₹1000，由路程决定。

Vishal的一日游费用是₹1550，行驶上限是80公里，超出部分每公里加收₹12。

火车

从卡尔卡乘坐卡尔卡—西姆拉铁路的窄轨小火车到达西姆拉是这里的小乐趣之一，卡尔卡就在昌迪加尔的北边。这趟"小火车"从1906年运营至今，是印度列入世界遗产名录的山区铁路之一。虽然蒸汽火车早已成为历史，但这段车程风景如画，耗时5~6小时，蜿蜒96公里，途中经过102条隧道和988座桥梁。西姆拉火车站位于Cart Rd路，Scandal Point以西1.5公里处，步行上山到城镇里需要20~30分钟。

从卡尔卡开往西姆拉的火车在3:30、5:00、5:20、6:00和12:10发车，返程的发车时间是10:25、14:25、16:55、17:50和18:30。最舒适的选择是Shivalik Express（52451次列车5:20从卡尔卡出发，52452次列车17:50从西姆拉出发），车上仅有空调硬座，上坡方向/下坡方向的含餐票价是₹420/510。其他火车有条件相当简朴的一等车厢（₹270至₹320），通常还有二等车厢（无预订₹25，有预订₹40至₹65）。

"喜马拉雅女王"号列车（Himalayan Queen）往返德里的Sarai Rohilla火车站，到卡尔卡中转的时间很方便，德里—西姆拉（或相反方向）的总票价是₹700/135（空调硬座/二等车厢）。德里—卡尔卡（或相反方向）段还有一个更快捷的选择——Kalka Shatabdi：12011次列车7:40从新德里火车站开往卡尔卡（空调硬座₹640），12012次列车17:45从卡尔卡开往新德里（₹725）。

有一个**火车票预订办事处**（Scandal Point；⊙周一至周六 9:00~13:00和14:00~16:00）。

ⓘ 当地交通

若想在西姆拉中心附近四处看看，唯一方法就是步行。山脊街和商场步行街的大部分区域都禁行车辆，包括出租车。但幸运的是，有一个分为两部分的**电梯**（每人₹10；⊙7月至次年4月 8:00~21:00，5月和6月 8:00~22:00）连接**Cart Rd**和**商场步行街**，电梯位于Scandal Point以东约600米处。从火车站/邦际长途汽车站搭乘出租车到达电梯下面，费用是₹150/250。绿白相间的本地公共汽车（₹7）在邦际长途汽车站和**老汽车站**（☏0177-2656326；Cart Rd）之间往来，每隔几分钟一班。

背夫会帮你搬行李上山（从Cart Rd到商场步行街约₹100），但许多背夫都帮酒店揽生意。

Naldehra及周边

☏0177

西姆拉的四面八方都是丘陵地带，风光秀丽，河谷幽深葱翠，远方山色壮美，最好远离车来车往的主干道尽情欣赏。一些破败的城镇吸引成群的一日游旅行者来游乐场玩，骑小马，或者在Narkanda体验条件有限的冬季滑雪，不过也有一些不同寻常的地点散布在当地。

Naldehra高尔夫俱乐部（Naldehra Golf Club；☏0177-2747656；http://naldehragolfclub.com；场地费 印度人/外国人 ₹575/863，球杆租金₹288；⊙4月至9月 7:00~19:00，10月至次年3月 9:00至17:00）位于西姆拉东北方向25公里处，由英国总督柯曾勋爵（Lord Curzon；他非常喜爱Naldehra，以至于后来他为女儿取了这个名字）创建于1905年。球场建在山脊上高大的雪松之中，很有挑战性，因为许多球洞共用同一条球道，以不同的角度交叉。雇用一名球童（每9洞₹150），否则你将不知道你要去哪里。不管是否打球，都可以在俱乐部会所喝一杯。

★ Wildflower Hall 历史酒店 $$$

（☏0177-2648585；www.oberoihotels.com；标单/双 ₹28,560/29,750起；❄@🛜🏊）Wildflower Hall是喜马偕尔邦最华贵气派的住

宿地点，在西姆拉以东14公里处赫然耸立于Chharabra小村庄的上方，从装饰着柚木镶板的大厅到用枝形吊灯照明的室内泳池，再到配大理石浴室的华丽殖民风情客房，处处都流露着奢华感。房价波动巨大。

餐厅（☎0177-2648686；主菜₹1150~2700；⊙12:30~15:30和19:00~22:30）有一个宜人的全景露台，供应印度、欧陆和亚洲风味，菜式每天更换，接待非住客。

ℹ 到达和当地交通

西姆拉有客车开往几乎所有大大小小的城镇，每天有11班车从西姆拉规模不大的**Rivoli**汽车站（Circular Rd）开往Naldehra（₹34，1小时）。西姆拉的出租车公司（见244页）提供价格合理的送客和一日游服务。

金瑙尔（KINNAUR）

在喜马偕尔邦东南部，金瑙尔地区一直延伸到中国的边界，拥有高山幽谷的壮丽风景，文化与民族的融合独具特色，从印度教雅利安人逐渐过渡到藏传佛教徒，一路东行的人会感知到这种变化。金瑙尔人骄傲却友好，他们头戴绿色毛毡basheri帽，在印度各地一眼就认得出来。

令人惊叹的5号公路（从前的22号公路）直通萨特莱杰河谷[Sutlej（Satluj）valley]，与历史上的印度斯坦－中国西藏公路重叠或并行，后者是英国人在19世纪为入侵中国西藏修建的。如今，为了利用萨特莱杰河的巨大能量发电，多个筑坝工程让河谷主线伤痕累累。要欣赏金瑙尔的最佳面貌，你需要深入山间和侧谷。

要事先查看路况，雨季的滑坡、洪水或冬季的降雪都可能造成数日甚至数周的道路受阻。

从金瑙尔再过去是偏远的思比堤，两地可一并纳入从西姆拉到默纳利或吉隆的环线，该线路为一系列惊险的公路，仿佛永无止境，沿途美景令人窒息。

金瑙尔南部在7月和8月迎来雨季降水，但在Rekong Peo以东，当你穿过喜马拉雅山脉的一个山口，进入山脉的雨影区，地表很快变得干旱。每年4月中旬到6月和9月中旬到10月中旬是金瑙尔的印度国内游客高峰季，热门旅行地点的住宿有必要预订，如Sarahan、Sangla Valley、Kalpa和Nako。其余时间你或许能享受房价优惠。

Rampur

☎01782 / 人口 10,300 / 海拔 1005米

这个熙熙攘攘的集市城镇是进入金瑙尔的门户，它曾经是在18世纪到20世纪中叶统治金瑙尔的Bushahr王公的冬季首府。从西姆拉来此的旅行者大多会继续前往Sarahan或更远的目的地，但是如果你有时间停留，可以参观一下非常优美的帕达姆宫（Padam Palace），它是在20世纪20年代为Bushahr王公修建的。目前只有花园对参观者开放，但从花园就能完整欣赏建筑的石头拱门、上层的木雕、塔楼和有多层山墙的室外演奏台。每年11月的第二周，Rampur都会举行拉比集市（Lavi Fair），这个盛大的商业和文化聚会吸引着来自印度西北部各地的贸易商和圣者。

Rampur现在有金瑙尔数一数二的酒店：**Nau Nabh**（☎01782-234405；www.hotelnaunabh.com；房间 ₹2975~6545；❄☎），宽敞的房间布置得很漂亮，就位于帕达姆宫一片经过修复、有着200年历史的区域内。酒店的餐厅（主菜 ₹180~350；⊙7:00~23:00）无疑也是全城最佳。镇中心比较便宜的住宿地点是**Hotel Satluj View**（☎01782-233924；hotelsatlujview@yahoo.in；房间 ₹550~2380；❄☎），房间条件各异，有的昏暗却干净，有的则是宽敞的空调房。

ℹ 到达和离开

Rampur的长途汽车站位于城镇中心以东2公里处，但是许多人都是在城中心乱哄哄的老汽车站直接乘车。汽车站有车开往Rekong Peo（₹160；5小时），16:30之前每小时至少1班，开往西姆拉（₹205；5小时）的车21:30之前每小时1班，去Sarahan（₹65，2小时）的车17:45之前大约每20分钟1班，去Sangla（₹160，4小时）的车分别在6:00和12:30发车，此外，9:40有车开往Jalori Pass（₹123，4小时）、班加（Banjar，₹157，6小时）和库鲁（₹237，10小时）。

Sarahan

📞01782 / 人口1700 / 海拔1920米

Sarahan是以前Bushahr王国的夏都，城镇的核心建筑是Bhimakali Temple（⊙6:00~20:00），这座双塔楼寺庙供奉着女神卡莉在当地的变体，采用金瑙尔的传统方式修建，用层层垒建的石头和木材吸收地震释放的能量。

右手边的塔（从入口看）是近期重建的，原建于12世纪的塔已经倒塌；左手边的塔建于20世纪20年代，里面保存着一个备受尊崇的Bhimakali神龛，位于顶层精美的银丝透雕天篷之下。

弧形的尖塔顶体现着藏式风格对金瑙尔建筑的影响，沿山谷一路北上，这种影响会变得更加显而易见。

要进入两座塔所在的最深处的庭院，男性参观者必须戴帽子（可以在寺庙内借到），相机、手机和皮革制品必须留在寄物柜里。

大部分住宿地点都供餐，在寺庙下方的市集区也有几个街边摊可选。

在Civil Hospital对面有一台国家银行的自动柜员机（Main Bazar）。

Temple Resthouse 客栈 $

（📞01782-274248；铺₹70，房间₹350~550）这个客栈位于古老的寺庙区域之内，房间朴素简单，但与大多数寺庙住处不同的是，一点都不昏暗。上层的房间尤其明亮、宽敞且通风良好，还有热水。

Hotel Trehan's 酒店 $

（📞9816687605；www.hoteltrehansarahan.com；房间₹600~1000；❄）这家布局不规则的经济型酒店由一个友好的家庭经营，房间有着装饰华丽的天花板、大窗户和印花棉布制作的印度史诗挂毯画，给这个地方增添了些许特色。可以在公用露台上俯瞰河谷，风景美极了。餐厅供应三餐。

Hotel Srikhand 酒店 $$

（📞01782-274234；www.hptdc.gov.in；标单₹1430~2860，双₹1900~3810）在本书调研期间，这里是人气最高的酒店，也差不多是全镇最好的住宿地点，但这也算不上是热烈的称赞。房间铺着地毯，能看山景，大多带阳台，但急需用心打理。酒店还有一间尚可的餐厅（主菜₹100~275；⊙7:30~22:00），但说实话，这里最大的优点就是酒吧的全景露台。

❶ 到达和离开

开往西姆拉（₹300，7小时）的长途汽车在4:00、6:30、8:00和12:00发车，但也可以乘坐车次频繁的长途汽车前往Rampur（₹65；2小时），然后在那里换车。要向东进入金瑙尔，可先乘车到位于Sarahan下方、5号公路沿线的Jeori（₹30，45分钟），从那里乘坐往东行驶的长途汽车。从Jeori开

---

❶ 内线许可证（INNER LINE PERMITS）

外国人如果打算游览壮美的金瑙尔—思比堤环线，不管走哪个方向，金瑙尔的Rekong Peo和思比堤的Sumdo之间的路段都需要持有内线许可证才能通行。申请许可证方便快捷，除了周日和每月的第二个周六，可在任意一天前往Rekong Peo（见249页）或Kaza（见300页）办理。如有必要，也可在西姆拉的附属地区行政官办公室（Additional District Magistrate，简称ADM；📞0177-2657005；Room 207/208，Block B，Collectorate Building；⊙周一至周五10:00~13:30和14:00~17:00，每月第2个周六休息）办理许可，办公室位于Scandal Point以西300米的一家紧邻商场步行街的小巷里，不过这里的办理流程稍微复杂了一些，必须至少2人一起申请，还要先从一家有授权的旅行社取得担保函（最多收费₹200），然后携带担保函和护照的身份页和签证页复印件前往ADM办公室。他们会让你去位于同一个政府办公区里的Sugam Centre填一张表，拍照，交纳每人₹300的费用。然后返回ADM办公室，许可证通常会在30分钟内办好。

注意：包括中国在内的个别亚洲国家的游客不能办理内线许可证，必须前往位于德里的内政部申请一种特殊许可证。

往山上Sarahan的最后一班车在18:30左右发车。乘出租车大约需要₹350。

Sangla Valley

Sangla Valley也被称为Baspa谷,宛如刀劈斧削的深壑,为两岸雄伟的山体所夹峙,山上的常绿森林随着海拔升高逐渐变为高山草甸,山顶积雪覆盖。这里的村庄散布着独特的房屋和寺庙,是按照传统的金瑙尔木石风格修建的。5号公路的分岔路在Karcham进入山谷,经过大型水力发电站厂的喷涌的排水管道,最初的15公里路段攀上谷内唯一的城镇Sangla正下方的水坝,令人心惊胆战。

Sangla及周边

☑01786

小镇Sangla是河谷中最大的聚居地,你可以在此逗留吃午餐,换乘长途汽车,如果你无法找到继续前往河谷高处的交通工具,也可以在这里过夜。主街上有几家网吧和一台国家银行的自动柜员机。

康如堡　　　　　　　　　　　　堡垒

(Kamru Fort; ⏰5:00~18:00)在Sangla以北2公里处(步行约30分钟)坐落着康如村,这个倚着岩石尖坡而建的村落曾经是Bushahr王国最早的首府。从村庄脚下登上329级台阶即可到达古老的康如堡,周围分布着几座优美的弧形尖顶木石建筑,引人注目的主塔有供奉女神Kamakhya Devi的神龛。上山途中经过的**伯德里纳特庙**(Badrinath Temple)是金瑙尔宗教融合的经典体现,兼具印度教和佛教圣殿的特点。

Baspa Guest House　　　　　客栈 $

(☎9816385065; Sangla; 双 ₹600~700, 标三和标四 ₹1200~1400)从汽车站沿着街往山下走,就能找到这家非常简朴但足够干净的客栈。Baspa是一个热门经济型住宿地点,房间条件不一,可以多看几间:顶层房间的浴室配有淋浴,其他房间配热水龙头、水桶和水瓢。

★ Banjara Camps　　　　　帐篷营地 $$$

(☎011-65152334; www.banjaracamps.com; Batseri; 标单 含三餐 ₹7000~11,500, 双 ₹8000~12,500; ⏰11月至次年3月中旬歇业)Banjara的帐篷宽敞舒适,配有床铺、家具和像样的浴室,围绕着一片鲜花盛开的苹果园分布。这里坐落在风景如画的河湾附近,从Sangla沿河谷上行6公里即可到达。在河畔还有两座小屋,在一幢名为the Retreat的漂亮石头建筑里还有14间布置优美的客房。这是出色的住宿选择,提供美味的各国风味食物,环境堪称诗情画意。

❶ 到达和离开

从Sangla出发的长途汽车有(大致时间):
Chitkul (₹35, 1.5小时) 11:00、13:30、17:30
Rampur (₹160, 4小时) 6:30、11:30、12:30、17:30
Rekong Peo (₹65, 2.5小时) 7:00、13:00、14:45
西姆拉 (₹350, 10小时) 6:30、17:30 (或先到Rampur,再从那里换车)

乘出租车到Chitkul需要₹1500,到Karcham需要₹800。

Chitkul

人口 600／海拔 3450米

Chitkul是一条通往中国的古老贸易路线的最后一站,也是几条徒步路线的交叉点。Chitkul无疑是Sangla沿线风景最美的聚居区,国际和国内游客络绎不绝,但村民保持着相当传统的生活方式,对外人仍持有保留态度。

◉ 景点和活动

虽然铁皮屋顶的混凝土房子越建越多,但此地仍有不少带石板屋顶的传统金瑙尔式木屋保留了下来。**Mohatmin Mandir**寺庙位于村庄中心,供奉着当地的Mathi神,有一些出色的木雕和石雕。

步行与徒步

沿着山坡走到村庄上方不远处,美妙的风景即刻在眼前展开,若沿着秀丽的山谷往上放走3公里,到达Nagasti的**印度-中国边防哨所**,景色会更上一层楼。Tholla白雪皑皑的山峰在前方召唤,但平民不允许越过边防哨所,尽管中国还在大约40公里以外。如果想进行更长距离的一日徒步游,可前往Baspa的几座侧谷。

Chitkul也是Kinner Kailash环形徒步路线下前往Sangla Valley的地点，该环线全程需3天。去往Pabbar Valley和北阿肯德邦Garhwal地区的徒步路线翻越山谷南侧的山口（到达根戈德里附近的Harsil需要8到10天）。

包括Banjara Camps在内的多家旅行社都组织这个地区的徒步游。Kinner Heights客栈的Baabe可帮忙安排向导、背夫、食物和装备。

食宿

在村庄脚下有几家客栈，以及少数规模更大但没什么吸引力的酒店。**Kinner Heights**（☎8988238129；标单₹500~550，双₹750~1200；☺12月至次年3月歇业）是数一数二的住宿选择，有条件不错的干净房间。店主Baabe做得一手好菜，可以给你徒步游的建议。经营已久的**Thakur Guest House**（☎8988209604；房间₹500~900；☺11月至次年3月歇业）也很可靠，房间像样又干净，楼上还有一间餐厅。

❶ 到达和离开

从Chitkul前往Rekong Peo（₹100；4小时）的长途汽车发车时间是6:00和13:30左右，开往西姆拉（₹380，11小时）的长途汽车发车时间是15:30，所有的车次都途经Sangla。

Rekong Peo

☎01786／人口2400／海拔2290米

Rekong Peo是金瑙尔的主要行政和商业中心，又是一个交通枢纽，但是来这里主要还是因为它是前往美丽的Kalpa村的"跳板"，也是办理北金瑙尔和思比堤旅行所需的内线许可证的地方。当地人都称这座城镇为"Peo"，它沿着一条大约10公里的环形公路伸展开来，这条环形公路位于5号公路上方。大部分酒店位于汽车站下方的中心集市里，那里还有一台印度国家银行的自动柜员机。

Hotel Fairyland（☎9459700037；Main Bazar；房间₹550~650）是中心集市里最好的酒店，其余的经济型酒店都很简陋。

去**Little Chef's Restaurant**（Main Bazar；主菜₹130~260；☺8:00~22:00）可以享受最宜人的就餐环境和一系列可口的印度菜。

❶ 实用信息

有几家旅行社可办理内线许可证，这些旅行社位于旅游信息中心大楼里，从中心集市的环岛沿主路走200米即到。**Monk Travels**（☎9805530056；www.themonktravels.com；Office 201, TIC Bldg）可在约1个小时之内为你办好许可证，收费₹400，但你要在10:00到16:00间（最好在上午）把护照带过去——周日和每月第2个周六签发许可证的办公室休息，不能办理。所有旅行者必须本人到场拍照片。许可证的有效期是14天。

❶ 到达和离开

从公路附近的中心集市向山上走2公里就是长途汽车站，或者从ITBP Rd路顶端的警察大院旁上台阶步行500米也能到达（ITBP Rd从中心集市的Little Chef's餐厅向山上延伸）。

从4:30到18:30，大约每小时都有开往西姆拉（₹355；10小时）的长途汽车，5:30和13:30是豪华车（₹435）。去Sarahan要在Jeori（₹135，3.5小时）换车。开往Sangla（₹65；2.5小时）和Chitkul（₹100；4小时）的长途汽车在9:30和14:30发车，正午和16:00还有车只开到Sangla。

想要去思比堤的话，可以乘坐7:00开往Kaza（₹355；11小时）的车，途经Nako（₹175；5小时）和塔布（Tabo，₹270；8小时）。另一趟车在正午开往Nako。从11月到次年3月，两班车都提前30分钟从Rekong Peo出发。

搭乘出租车到Chitkul的费用是₹3500，到西姆拉需要₹7000，到Kaza需要₹8000。

Kalpa

☎01786／人口1250／海拔2960米

一条7公里的山路从Rekong Peo蜿蜒上行，穿过松林和苹果园，通往Kalpa这座小宝石般的村庄。宏伟的Kinner Kailash山峦映入眼帘，令人目不暇接，Kinner Kailash（6050米）和Jorkanden（6473米）的身姿格外巍峨挺拔。

Kalpa的中央寺庙群包括色彩鲜艳的佛教寺院**Lochawa La-Khang**（Samdub Choeling），上方一座近期重建的塔楼式堡垒，以及印度教神庙Narayan-Nagini。后者经过Lochawa La-Khang沿小路前行约50米即到，华美的雕塑中有老虎（神庙供奉的女神杜尔迦的坐骑）和龙。

如果想进行雄心勃勃的全天徒步的话，可以咨询当地人前往Chakkha草甸和池塘的上山路线，起点位于Roghi Rd路旁的Hotel Kinner Kailash。

食宿

Kalpa的住宿选择多样，在村庄的中心区Chini有几家客栈，在Roghi Rd还有一些风格现代的酒店，从中心区往上走500米（车程更长）即到。

Hotel Blue Lotus 酒店 $

（☏01786-226001；khokanroy.bluelotus@gmail.com；房间 ₹800~1200；☎）这家混凝土修建的酒店气氛友好，距汽车站仅100米，便利条件无与伦比。房间略显陈旧，但性价比尚可，宽敞的阳光平台正对着巍峨群山，可以一边观景一边就餐（主菜 ₹60到₹250）。

Chini Bungalow Guest House 客栈 $

（☏9805495656；房间 ₹1200）从Kalpa中心区沿一条小道往上走100米即到，这个气氛友好的小客栈有5个干净舒适的房间，从阳台和花园能看到美丽的寺庙和山景。楼上的两个房间最好，但所有房间都令人满意。不供餐，但你可以去附近的Hotel Blue Lotus吃饭。淡季折扣高达50%。

★ Grand Shamba-La 酒店 $$$

（Grand Shangri-La；☏9805695423，01786-226134；http://thegrandshambala.com；Roghi Rd；房间 ₹3850~4950；☎）这里的房间非常舒适，装饰着美丽的松木镶板和藏式花纹的纺织品，最好的房间能透过观景窗欣赏令人惊叹的风景。床很软，浴室配出色的热水淋浴。印度菜和中国菜（主菜 ₹120到₹300）的水准都相当高。酒店内还有一间很棒的书房，有印度和中国西藏题材的书籍。

到达和离开

从7:00到19:00，每小时至少有1班车往返于Rekong Peo中心集市环岛和Kalpa（₹15，30分钟）之间，你也可以乘坐出租车（从Rekong Peo到Kalpa低处/高处 ₹400/500）。从Kalpa下山的第一班车在6:30发车。如果喜欢走路，有一条带台阶的老路长约3公里，可以抄近道取代7公里的蜿蜒公路。

开往西姆拉的长途汽车（₹400，11小时）在6:30、10:30和14:30发车，开往Sangla（₹60，3小时）和Chitkul（₹90，4.5小时）的大车大约在8:30发。更多长途汽车从Rekong Peo发车。

Rekong Peo至Sumdo

从金瑙尔到思比堤的公路大多紧贴着崖壁，惊心动魄，沿途的景色令人叹为观止，汹涌的河水在悬崖下方几百米奔腾而过。5号公路上的Akpa检查站位于Rekong Peo支路口以东17公里处，外国人必须在此出示内线许可证。

在Khab附近，5号公路通向Shipki La（外国人止步）的中国边境。这条山谷公路（现在的505号公路）继续延伸2公里，到达萨特莱杰河和思比堤河的交汇处，然后向壮观的思比堤峡谷上游延伸。Nako村高踞在思比堤河的上方，是中途停留的有趣地点。在Nako北侧，公路再次下行，通往河畔的Chango。继续向前14公里就是Sumdo，这里标志着金瑙尔和思比堤的行政区域界线：外国人在这里必须再次出示内线许可证。

Nako

人口 570 / 海拔 3660米

Nako坐落在Hangrang Valley（下思比堤谷的名称）的高处，村庄里有很多石头和泥砖房屋，有种近乎中世纪的感觉，特别适合途中在此停留一两天。村子由金瑙尔管理，但在文化上贴近信奉佛教的思比堤，村中心是一个小圣湖，湖泊后面高耸着岩石遍地的山脉，佛塔点缀其中。

在Nako的最西边是Nako Gompa的4座11世纪的寺庙，里面有一些精美的壁画和雕塑，风格近似思比堤著名的塔布寺。

活动

要欣赏美丽的山景，可以前往湖泊山上的转经轮（距村中心约500米）。继续走大约

800米（更陡的上山路）就是海拔3900米的Nako Pass，这个山口在南侧的岩石山脊上很显眼，风景更加开阔精彩。

过了Nako Pass，一条风光秀丽的朝圣及徒步小径继续通往偏远小村Tashigang的古寺，从山口走过去大约需要3小时，还算平坦。人们相信莲花生大士（Guru Padmasambhava）曾在Tashigang冥想传道。实力超群的徒步者可以继续走2个小时，前往Tsomang（或Somang）的洞穴和小寺院。

Tashigang的寺院可住宿就餐：带一份礼物赠给僧侣们（糖是一种会合他们心意的选择）。Nako官方希望游客请向导同行（₹500到₹1500），不过路线很清晰，许多人都自己走。

住宿

Nako有条件简朴的家庭寄宿和客栈，Amar Home Stay（☑9418629453；标单/双 ₹500/550）路标清晰，从汽车站沿台阶往下走20米即到，房间干净，带热水浴室，对着一片漂亮的花园。出色的Knaygoh Kinner Camps（☑9418440767；www.knaygohkinnercamps.com；双帐篷含半食宿 ₹4500~5500，房间 ₹3500；◎4月下旬至10月下旬）条件更好，但有时有很多旅行团，从湖边往山上走一小段路即到，提供自带浴室的舒适帐篷和4个干净的房间。外观难看却相当舒适的Hotel Reo Purguil（☑9459494111；vjneginawa69@gmail.com；房间 ₹700~2000；◎5月至10月）在汽车站旁。

到达和离开

开往Rekong Peo的长途汽车（₹175, 5小时）大约在8:00和正午从Nako发车。正午前后有一班开往塔布（₹105, 3小时）和Kaza（₹177, 5.5小时）的长途汽车在此停靠，还有一班开往Sumdo的车大约在16:00或17:00发车。

喜马偕尔邦中部

喜马偕尔邦中部以库鲁谷（Kullu Valley）为中心，这是一条葱翠的山谷，两侧是崇山峻岭，比亚斯河（Beas River）从Rohtang La山口向南奔流。默纳利位于Rohtang下方，是北印度人气最高的旅游目的地之一，形形色色的印度和外国旅行者聚集于此，有嬉皮士、徒步客、度蜜月的新婚伴侣、周末度假客和冒险爱好者。

库鲁谷被称为Dev Bhumi（众神之谷），或许是因为圣地众多，也可能只是因为美丽非凡。让它声名远扬的不只是温暖的羊毛披肩和大麻脂（哈希什）。帕尔瓦蒂河谷和蒂尔坦谷等侧谷甚至更加美丽。在数以百计的山村之中，生活方式依旧相当传统，远离城镇、融入壮丽风景的机会不可错过。

门迪（Mandi）

☑01905 / 人口 26,500 / 海拔 800米

喧闹的集市城镇门迪（名字意为"市场"）是公路交会之处，从库鲁、西姆拉和达兰萨拉过来的主要公路在此相交。它不是一个旅游城镇，湿热的空气让人联想到平原地区。但城镇里分布着（根据官方统计）81座寺庙，其中不少是古老的湿婆教神庙。你可以在集市中和比亚斯河沿岸寻找它们的踪迹，很有乐趣。

门迪以英迪拉市场（Indira Market）为中心，这是一个沉降式花园兼购物中心，北面的台阶直达Raj Mahal Palace酒店。在门迪东侧，3号公路穿过比亚斯河畔一道壮丽的峡谷，然后转向北，进入库鲁谷。

◎ 景点

Bhootnath Mandir 印度教寺庙

在Bhootnath集市的入口处，英迪拉市场西北方向100米，这座16世纪的寺庙在近期去除了花哨的油漆部分，精美石雕的呈现效果大大提升。向湿婆神致敬的Shivaratri Festival在2月/3月举办，场面热烈，以这里为活动中心。

河畔寺庙（River Temples）

如果你沿着Bhootnath集市前往比亚斯河，你会发现色彩艳丽的Ekardash Rudra Mandir寺庙、英国人修建的维多利亚桥（Victoria Bridge）、一些火葬迦特（水畔石阶），以及几处刻有石雕的尖塔式（sikhara, 玉米芯或蜂巢形状）寺庙。其中最令人印象深刻的是南岸的Panchvaktra Mandir和北岸

从门迪出发的长途汽车

目的地	票价（₹）	车程（小时）	发车频率
德里	525~1072	13	每天20班
达兰萨拉	197	6	每天5班
库鲁	106	2.5	每半小时1班
默纳利	170~340	4	每半小时1班
巴伦布尔	160	4	每小时1班
Rekong Peo	218~295	12	每天7班
西姆拉	218~250	6	每天16班

的Triloknath Mandir，这两座精雕细琢的寺庙有数百年的历史，在比亚斯河的两岸彼此相对，就在迦特以东150米处。

食宿

Hotel Krishna 酒店 $

（☎01905-223088；面向英迪拉市场；标单/双 ₹400/550）Krishna的房间充足，大小适中，干净且配有吊扇，同一条街上的其他酒店客满时，这里可能还有空房间。

Raj Mahal Palace 历史酒店 $$

（☎01905-222401；www.rajmahalpalace.com；District Court Gate；房间 ₹1600~4300；❄☎）Raj Mahal酒店占据着门迪前王室家族宫殿的一部分，他们仍居住在宫殿里。这里散发着些许古色古香的魅力，但维护不当。标准间平平无奇，但宽大的豪华房和超豪华房仍有些贵族气息。

酒店的餐厅Copacabana Bar & Restaurant（主菜 ₹160~350；⏱7:00~22:00）也是其部分魅力所在，可以选择在一片绿树成荫的大草坪上用餐，早餐很安静，晚餐很热闹。

到达和离开

汽车站位于镇中心以东500米处，Suketi Khad小河对岸，乘坐机动三轮车前往需要₹30。去达兰萨拉如果没有直达车，可以先到巴伦布尔（Palampur）再换车。

雷瓦萨湖（Rewalsar Lake）

☎01905 / 海拔1350米

神圣的雷瓦萨湖隐藏在门迪西南方24公里的群山之中，深受佛教徒、印度教徒和锡克教徒的尊敬。藏传佛教徒将此湖称为Tso-Pema（莲花湖）。传说门迪国王曾经试图烧死受尊崇的佛教圣人莲花生大士（Padmasambhava, Guru Rinpoche），以阻止自己的女儿曼达拉娃（Mandarava）追随这位长发密宗大师而去。藏传佛教徒相信，这座湖就是在那个时候被创造出来的。湖泊周长800米，环湖的神庙、寺院和纪念碑多数是现代的，三种信仰均有体现。

景点和活动

湖泊东侧的拱门前方是喂鱼点，翻腾的鲤鱼吞吃着游客投喂的面团或米花，这些鲤鱼在当地也受到敬仰。藏式的Drikung Kagyu Gompa寺院（www.dk-petsek.org）就矗立在此地的右侧，寺院内有僧侣学院，佛殿的中心有巨大的释迦牟尼像，左侧是莲花生大士。

绕湖顺时针行进，你会经过湖畔一处彩缤纷的莲花生大士佛龛，然后是Tso-Pema Ogyen Heruka Nyingmapa Gompa寺院，寺内有精致的壁画，下午和早晨还会举办气氛庄严的礼拜仪式（puja）。从雷瓦萨湖绕湖上山，走几分钟之后会经过Zigar Drukpa Kargyud Institute，这里的佛殿供奉着大型的密宗护法神像。继续前行就是雷瓦萨的标志性纪念碑——一尊12米高的巨型莲花生大士像，佛像怒目圆睁，右手做出阻挡恶魔的手势（mudra），这正是莲花生的标志性形象。从这里可俯瞰雷瓦萨湖的壮丽美景。

继续绕湖顺时针行进，会经过一小片印度教寺庙，然后到达一个精巧葱郁的湖畔公

园，里面有几个长椅，可以坐下来欣赏风景，感受气氛。远处的湖岸边是金色穹顶的 Guru Gobind Singh Gurdwara，这是一个锡克教寺庙，建于20世纪30年代。雷瓦萨对于锡克教教徒具有特别意义，1701年，第10位锡克教祖师 Guru Gobind Singh 在这里向旁遮普山区的印度教王公发出呼吁，共同抵抗莫卧儿人。

另一个主要的佛教场所是莲花生大士洞（Padmasambhava Cave），位于湖泊上方的高处，据说那里是莲花生大士禅修的地方，从莲花生大士像后方攀登约1.5公里即到，也可以乘坐出租车（单程/往返₹500/600），或者搭乘在9:30、10:30、11:30、14:00和17:00从雷瓦萨汽车站开往Naina Devi Temple的客车（₹30），在寺庙前1公里的地方下车。

食宿

Hotel Lotus Lake 酒店 $

（☎01905-240239；hlotuslake@yahoo.com；房间₹500~700）这家由佛教徒经营的酒店靠近湖畔的莲花生大士佛龛，最好的房间很明亮，能看到湖景。最便宜的房间比较破旧，看不到风景。所有房间都足够干净，有热水浴室。

Drikung Kagyu Gompa Guesthouse 客栈

（☎01905-240243；www.dk-petsek.org；房间₹500，不带浴室₹200）可能是几家寺院客栈之中最好的一家，在公用的平台上可以欣赏宁静的湖景。

Emaho Bistro 咖啡馆 $

（Drikung Kagyu Gompa；菜肴₹40~120，早餐₹150；⏰8:00~20:00；📶）有上好咖啡，Wi-Fi信号好，可看湖景，全天供应出色的早餐，还有蛋糕、果汁、茶和其他小吃及清淡的菜肴。我们还能要求什么呢？

到达和离开

从门迪开往雷瓦萨的长途汽车（₹35，1.25小时）在傍晚之前发车频繁，发车地点在英迪拉市场和Suketi Khad桥之间的街道上。回程的最后一班车在18:00前后发车。出租车费为单程/往返₹600/1000。

蒂尔坦谷和班加谷 (Tirthan & Banjar Valleys)

蒂尔坦谷从库鲁谷的南端向东南方向爬升，进入被称为Inner Seraj的地区。这里的峡谷与高山景色壮观非凡，村庄与大自然质朴纯粹，还有精彩的徒步路线和温馨的客栈。它的名气在那些离开平原、寻找低调避世之地的印度游客中流传，但仍未受到广大外国旅行者的瞩目。这里是前往壮丽的大喜马拉雅国家公园的门户，这个列入世界遗产名录的原生态公园占地754平方公里，河谷两侧峭壁陡立，崇山峻岭直逼喜马拉雅山脉高于6000米的雄峰。

Inner Seraj有两道主要的山谷——蒂尔坦河流经的蒂尔坦谷和从小镇班加（Banjar）向南爬升的班加谷。班加谷延伸到海拔3132米的Jalori Pass，与山口另一头的萨特莱杰河谷连通，构成库鲁谷和金瑙尔之间最直接的路线。

◉ 景点和活动

进入大喜马拉雅国家公园的核心区需要做准备，办手续，如果你至少有两整天的时间（再多几天更好）就值得一去。不过，在公园西部边缘被称为Ecozone的缓冲区也有不错的徒步路线，就连公园外也有适合徒步的地方，如Jalori Pass。蒂尔坦谷也是一流的观鸟（4月、5月、10月和11月最好）和钓鳟鱼（4月到6月和8月到10月）的地点。

★ Jalori Pass 观景点

在班加谷的顶部，305号公路翻越海拔3223米的Jalori Pass，这处山口有壮观的全景风光、几个路边小吃摊和一座Mahakali神庙。天气无风时，这里是观赏印度喜马拉雅地区最大的鸟类——喜马拉雅兀鹫的绝佳地点。从山口可向东步行6公里（地势比较平坦），前往小圣湖Saryolsar Lake，或者向西3公里（上山），走到Raghupur Fort所剩无几的遗迹。两条路线都在常绿栎林中穿行。

乘出租车从Jibhi到山口的往返车费是₹1800，包含等待你徒步前往Saryolsar湖或Raghupur遗址的时间。翻越山口的公路有16公里没有铺砌，这段路从北侧的Ghiyagi一直延伸到南侧的Khanag。山口大约在12月中旬到次年3月上旬会因雪封闭。

从Saryolsar湖可以继续徒步前往Lamb-hari（或Lambri）Top，这是一处海拔约3600米的山脊，山景辽阔壮美（往返需2到3天）。

大喜马拉雅国家公园（Great Himalayan National Park）

公园 （简称GHNP；www.greathimalayannationalpark.org）内有4座河谷从喜马拉雅山脉向西下斜延伸，其中游客最多的显然是蒂尔坦谷。如果你自西向东往蒂尔坦谷高处走，可在Gushaini村进入Ecozone，从那里往上游走8公里就是核心区。高海拔园区的冰川、积雪和高山草甸在低海拔山麓被郁郁葱葱的森林取代，公园内还栖息着种类多样的野生动物，其中包括雪豹、熊和200多种鸟类。

如果想在核心区内过夜，必须获得许可证（印度人/外国人 每天₹100/400），还要雇用有执照的当地向导和背夫。请当地旅行社帮忙安排最简单，比如在Gushaini设点的 Sunshine Himalayan Adventures（☎01902-225182, 9418102083; www.sunshineadventure.com; Akhara Bazar, Kullu）,或者位于班加的 Himalayan Ecotourism（☎9816091093; http://himalayanecotourism.in; Banjar），两个旅行社都与当地社群密切合作，在组织徒步游的同时还推出了观鸟和野生动物之旅。包含装备、人员和向导的徒步游的费用大约是每人每天₹2000到₹4000，具体取决于团队的人数、徒步的路程和其他可变因素。

徒步的最佳时间是4月到6月和9月到10月。12月到次年3月期间许多路线都因雪关闭。

🛏 食宿

Doli Guest House 客栈 $

（Rana Swiss Cottage; ☎01903-228234; www.kshatra.com; Jibhi; 标单/双/标三 ₹660/770/880, 小屋 双/标三 ₹1650/2200; ❄）Doli从1992年开始营业，是当地性价比最高的住宿地点之一。建成了50年的木房子里有6个带浴室的简朴客房，装饰着色彩斑斓的纺织品。客栈的咖啡馆连着一片漂亮的花园，俯瞰着Jibhi Nala小河，供应印度菜、欧陆风味和以色列菜，主打有机食材（主菜 ₹100到₹250，塔利套餐₹200）。

★ **Raju Bharti's Guest House** 客栈 $$

（☎9459833124; www.facebook.com/Rajub

大喜马拉雅国家公园最佳步行和徒步游

Ecozone

GUSHAINI到公园大门

这条宜人的单日徒步线路全长8公里，从Gushaini的大桥走到国家公园核心区的大门，在峭壁陡立、森林茂密的蒂尔坦谷（Tirthan Valley）穿行，下方的蒂尔坦河一路相伴，途中还会经过一些美丽的瀑布。这条线路共爬升约500米，上山大约需要3小时，下山用时更短。

RANGTHAR徒步

一条2~3天的中级难度徒步路线，全程海拔高度大约在2100米到2800米之间，山景开阔壮美，起点是Pekhri村，从Gushaini乘四驱车北上可达该村。

核心区

RAKHUNDI徒步

中低等级难度的徒步路线，前往海拔约3600米、视野开阔的高山草甸，目的地位于国家公园核心区内的蒂尔坦谷北侧，从Gushaini往返需要4~5天。

THIRAT（TIRTH）徒步

核心区最精彩的徒步路线之一，从Gushaini前往海拔约4000米的蒂尔坦河源头，然后再返回，全程用时6~9天，中高等级难度。

Kullu, Parvati & Tirthan Valleys
库鲁谷、帕尔瓦蒂河谷和蒂尔坦谷

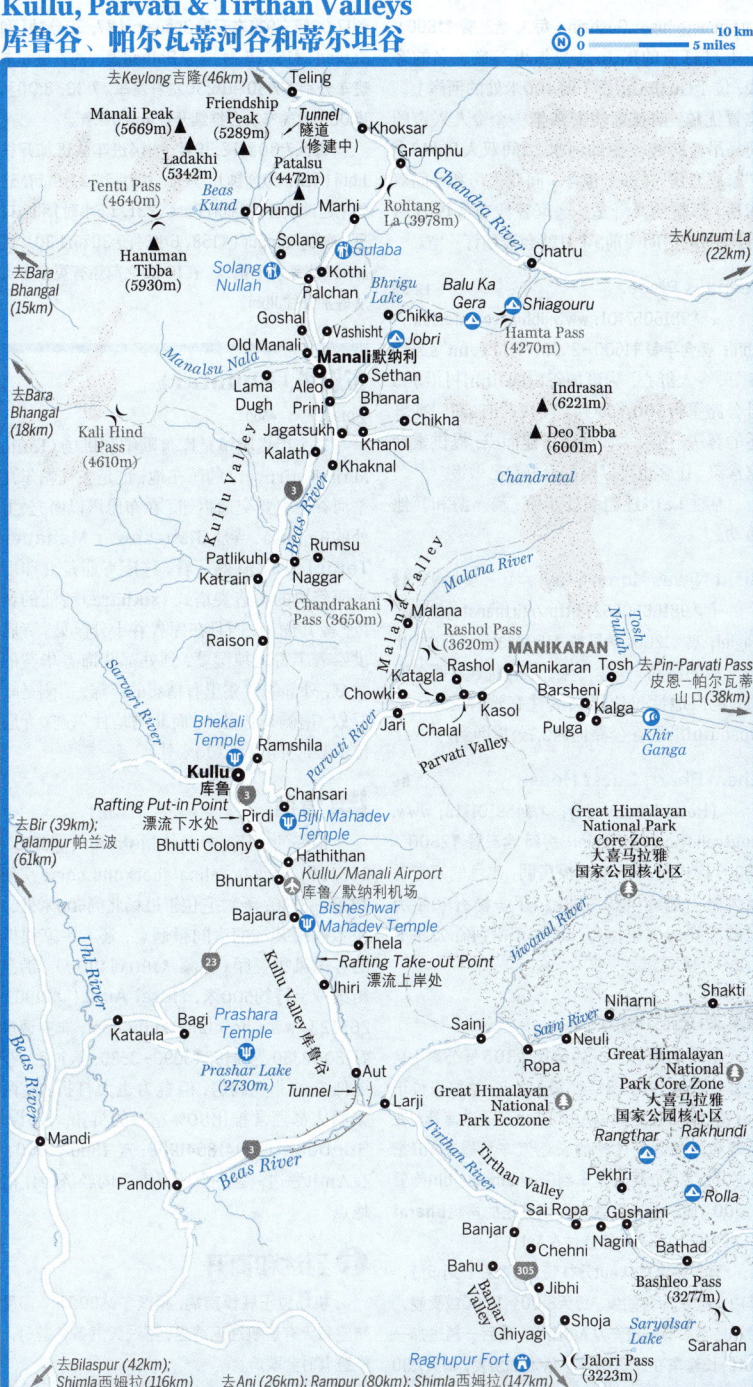

hartiguesthouse; Gushaini; 每人 含三餐 ₹1800) 用木材打造的Raju是蒂尔坦谷最著名的客栈，位于Gushaini桥下游400米处的河岸上，位置优越。前往客栈需乘坐一个令人兴奋的简易吊篮跨越湍急的河水。2间双人房和6个"家庭套房"(每个包含一间双人房和一间双床房)都整洁又舒适。这家客栈非常热门，4月到6月的房间提前3个月就会被预订一空。

Leena's Place 客栈 $$

(📞9816057101; www.jibhiadventure.com; Jibhi; 双 含早餐 ₹1600~2500; 📶) Leena's经营良好，令人舒心，从班加谷内的Jibhi村沿305号公路下行500米即到。客栈共有5间明亮舒适的客房，由松木和泥砖搭建而成，提供素食家常菜。住客也可以根据喜好自己做饭。

店主Lalit还组织徒步游、骑车游和其他活动。

Bisht Niwas Home Stay 家庭寄宿 $$

(📞9816650262; http://tirthanstay.com; Nagini; 双 ₹1200, 含早餐 ₹1500) Bisht有6个几乎全新的房间，一尘不染，位置优越，就在河边，是当地性价比最高的住宿选择之一。从Gushaini沿河谷公路向西2.7公里即到。

Khem Bharti Guest House 客栈 $$

(Hotel Trout Valley; 📞9459101113; www.troutvalley.co.in; Nagini; 房间 含三餐 ₹2800~3800) 提供优秀的木镶板房间、出色的家常餐及大量当地资讯和协助，位于一幢有50年历史的漂亮房屋里，从Gushaini沿河谷公路下行2.8公里即到。

❶ 到达和离开

沿蒂尔坦谷上行的公路(305号公路)从库鲁—门迪公路(3号公路)岔出，岔路口位于Aut镇以南3公里长的Aut Tunnel隧道南端。在门迪和库鲁之间往来的长途汽车可以在Aut把你放下。从Aut乘出租车到Gushaini或Jibhi需要₹1000；提前约车可致电会说英语的司机**Bharat**(📞9816610023)，他就住在Aut。

有长途汽车从Aut开往班加(₹37, 1.5小时)，其中一些从库鲁始发。每天8:00到16:00或更晚，每小时至少有一班车从Aut出发。最后一趟班加—Aut的长途车在17:30发车。从班加出发，每天7:30到17:00间有9班车开往Gushaini(₹7, 30分钟)和Bathad(₹15, 1小时)。从Bathad返回的首班和末班车分别在7:30和16:30左右发车。7:30、8:00和15:00出发的车次会继续开往Aut和库鲁。

每天7:30到12:30至少有4班车从班加开往Jibhi(₹12, 30分钟)，另外，从3月到12月中旬，这些车还继续开往Jalori Pass(₹31, 1.5小时)和山口另一侧的Rampur(₹158, 6小时, 7:30和11:30从班加发车)等多个地点。在16:30之前还有更多车次从班加开往Jibhi。

布恩塔(Bhuntar)

📞01902 / 人口4500

这个市集城镇是库鲁默纳利机场(Kullu Manali airport)的所在地，也是去往帕尔瓦蒂河谷的主要交通枢纽。在布恩塔以南5公里处的Bajaura，寺庙**Bisheshwar Mahadev Temple**非常值得一看。这座寺庙是北印度平原经典的石造尖塔式(sikhara)寺庙的典范，极其优美，而且在库鲁谷十分罕见。寺庙供奉着宇宙之神湿婆，到处都装饰着华美的雕刻，外部的壁龛里有精彩的浮雕，西侧是毗湿奴，南侧是甘尼许，而北侧是杜尔迦。寺庙位于3号公路以东200米处。

🍴 食宿

最好的酒店是Hotel Malabar(📞01902-266199; www.hotelmalabarkullu.com; 房间 ₹2380~3340; ❄)，它位于机场北侧500米处，松木镶板装饰的房间很惬意，还有一家很棒的各国风味餐厅(主菜 ₹180到₹300)。沿主街继续上行约500米，Hotel Amit(📞01902-265123; www.hotelamitkullu.com; 非空调房 ₹1780~2380, 空调房 ₹3090~3680; ❄)有一些更便宜的非空调房，但魅力也大打折扣。两家酒店都经常推出30%左右的折扣。Hotel Sunbeam(📞9418641908; 双 ₹500~1000)在Amit旁边，是一个还算干净的经济型住宿地点。

❶ 到达和离开

机场位于城镇南端，距汽车站600米。印度航空每天有班机往返德里，不过天气条件差时，航班有时会取消。

开往库鲁(₹15,30分钟)和门迪(₹90,2小时)的车次很多,末班车大约在22:00。如果要去默纳利(₹70,2.5小时),可以在主路上招手叫停一辆长途汽车,或者在库鲁换车。从5:30到18:00,大约每半个小时有一班车沿帕尔瓦蒂河谷往上开。从默纳利开往达兰萨拉、西姆拉和德里的长途汽车在车行2小时到2.5小时后会从布恩塔经过;通常需要在主路上招手拦车。出租车站在汽车站朝面;乘出租车去Kasol的费用约为₹950,去Barsheni为₹1550,去默纳利为₹1400。

大麻脂(CHARAS)

许多旅行者都被帕尔瓦蒂河谷和默纳利地区著名的大麻脂(哈希什)所诱惑,这种东西效力很猛。尽管在帕尔瓦蒂河谷、老默纳利和Vashisht吸食它是相当公开的,但它仍是违法的,当地警察会逮捕持有者(或殴打他们以索要大额贿赂)。

帕尔瓦蒂河谷(Parvati Valley)

帕尔瓦蒂河在布恩塔上方汇入比亚斯河,而空灵飘渺的帕尔瓦蒂河谷延伸到Manikaran的温泉,一直通向远方海拔5000米以上的喜马拉雅山脉。帕尔瓦蒂河谷因大麻脂(哈希什)而远近闻名,有几个村庄已变成嬉皮士/背包客的聚集地,这里有便宜的住处、国际化的食物以及无休止的音乐,吸引了成群的国际旅行者。和默纳利一样,帕尔瓦蒂也备受服完兵役的以色列旅行者青睐,是"鹰嘴豆泥路线"(hummus trail)上热门的旅游目的地,同时越来越受到印度年轻人的喜爱。警方有时沿路设置检查站,搜查大麻脂。

在这个地区可以进行许多极好的徒步旅行,包括经过Chandrakani Pass山口往返纳贾尔(Naggar),或者翻越皮恩—帕尔瓦蒂山口往返思比堤。为安全起见,不推荐独自一人在此徒步旅行。

住宿选择很多,而且价格便宜,面向背包客的客栈主要聚集在Kasol及周边地区,但也有一些分布在Jari和Manikaran另一头的Pulga、Kalga、Tosh和Khir Ganga等地。议价空间很大,在小地方经常能找到₹300或更便宜的房间。

沿河谷上行的长途汽车从布恩塔出发,从5:30到18:00大约每半小时1班,开往Jari(₹30,1.25小时)、Kasol(₹40,1.75小时)和Manikaran(₹50,2小时),其中一半车次会继续开往Barsheni(₹75,3小时)。有几班车从默纳利或库鲁一直开到Manikaran(再返回),但你通常需要在布恩塔换车。

有许多出租车可载客进入河谷或前往河谷周边地区。通常车费为:从Jari到Kasol₹300,从Kasol到Manikaran₹150,从Kasol到Nerang(由此前往Malana)单程/往返₹1000/1500,从Kasol到默纳利₹2200,从Manikaran到Barsheni₹550。

Jari

Jari是一个破败的路边市集村庄,从帕尔瓦蒂河谷的谷口往上20公里即到。旅行者都前往山腰上的宁静小村Mateura Jari,那里有便宜的住宿地点和几座传统的木石结构的寺庙,从Jari汽车站朝上坡走700米可到达(沿着"Village Guest House"路标走)。

如果前往Malana或者帕尔瓦蒂河谷的任何地方徒步需要导游服务的话,可以联系 Negi's Himalayan Adventure (☎9418281894,9816081894;www.negis-kasol-malana-parvati.com;Hotel Negi's Nest II, Chowki),这家旅行社位于Jari河对岸的Hotel Negi's Nest II(乘出租车₹150),老板Chapu Negi是本地区高山救援队的队长,值得信赖。向导每天收费₹2000,徒步每人每天约₹3000,交通费另算。酒店房间(☎9418281894;www.negis-kasol-malana-parvati.com;双₹2500~3000,标三₹3500,三人帐篷₹1500;☎)很舒适,装饰着松木镶板,配干净的浴室。还有为住客准备的餐厅和厨房,如果预算较低,可以选择帐篷。

食宿

除了Mateura Jari的住宿地点之外,在小路边和1公里之外的Punthal还散落着几处家庭寄宿和客栈。

Village Guest House   客栈 $

(☎9816594249;www.facebook.com/village-guest-house-kasol-jari-205081383167806;

⚠ 警告：致命假期

从20世纪90年代中期开始，有超过20名外国游客在库鲁谷和帕尔瓦蒂河谷失踪。有些人是卷入当地的毒品交易，或是遇到了不良人士；还有些人是独自徒步穿过容易迷失方向、崎岖的山脉地区时，迷了路或受到致命伤。

如果你计划进入山区，我们建议你跟随导游一同前往，他可以带你远离自然或者人类的侵害。同时，让入住的客栈知道你要去哪儿、计划什么时间返回，是个不错的方法。避免独自出行，遇到待人如友的苦行僧或者其他在树林闲逛的人时要小心谨慎。出行、远足、享受这个不可思议地区的同时，一定要学着聪明一些，为了你的家人！

房间₹500，不带浴室₹300；⏰）这个规模颇大、感觉惬意的客栈是你到Mateura Jari会遇到的第一间客栈，有最舒适的房间，带浴室的房间排列在漂亮的花园边，尤其出色。主人一家很友好，还供应美味的印度菜和游客餐（主菜₹100至₹350）。

Malana

偏远的Malana位于Jari以北一道侧谷上方20公里的山坡上，是个奇特的村庄。当地人——距传说是亚历山大大帝军队逃兵的后裔——说自己的独特语言，实施所谓的"世界上最古老的民主制度"，认为外人是不洁的，会在外人经过的时候躲开，以免被碰触。Malana著名的大麻脂（哈希什）被称为"奶油"，是当地的经济支柱，也是许多游客来这里的主要原因。现在有一条高低不平的公路通往Malana附近，但在数百年里，这里曾是当地最偏僻孤立的地方之一。做好在路上遇到警察临时检查的准备，记得带护照，途中水电站的保安人员可能会检查。

◉ 景点和活动

Malana传统的木石结构房屋在2008年的一场大火中损毁大半，有些已被煤渣砖房取代，但寺庙仍以传统木石结构重建，带精雕细刻的阳台。寺庙供奉着当地的神灵Jamdagni（Jamlu）Rishi，吸引该地区各地的朝圣者，在Malana的重大节日期间尤其热闹，节日从8月15日开始，持续4到5天，有华服、游行、音乐、舞蹈，当然还有很多大麻。当地共有2个主要的寺庙，其中之一矗立在村庄中心的空地上，面对着一个石头平台和阶梯式座位，那是村庄会议（Malana的"议会"）的场所。

一旦进入村庄，你必须遵守一系列难以理解的规定，否则将面临高达₹3500的罚款。不能走出主路，不能触摸寺庙，未经允许也不能拍摄寺庙，不得在任何神圣场所闲逛（但并没有显眼的标识帮你分辨出这些场所），也不能触碰任何村民以及他们的东西。为了获得最全面的文化体验同时避免触犯任何规定，非常值得聘请一位有见识的导游一起参观。

当地有一些优秀的徒步路线。从Malana可以徒步前往Chandrakani Pass，要走2个小时的陡峭上坡路，还可以继续用2到3天的时间走到纳贾尔（Naggar），或者朝东南方向翻越Rashol Pass前往Kasol（17公里），途中在Rashol的家庭寄宿住一晚。

🛏 住宿

Malana有六七个条件相当简陋的客栈，大多集中在村庄的最高处，由外来人经营，卫生状况很差。**Dragon Guest House**（☎9805105400；房间 不带浴室₹300~600）是最热门的住宿地点之一，木墙围出的房间勉强算干净，厨房制作以色列菜、印度菜和意大利菜（主菜₹80到₹200）。**Chand View Guest House**（☎9805261446；房间₹250~500）有几间房带有浴室。

ⓘ 到达和离开

去Malana的简单方法是先乘出租车从Jari到Nerang（单程₹800，往返及等待3小时₹1500），那里有一些路边棚屋，再朝山上走30到45分钟可到达村庄。

每天9:00有1班长途汽车从Nerang开往Jari和库鲁（3小时），大约15:00从库鲁返回。

Kasol

☎01902 / 人口 750 / 海拔 1600米

Kasol沿着秀美的帕尔瓦蒂河铺展开来，四周都矗立着高山，是山谷中旅行者的主要聚集地。虽然只是个小村庄，但Kasol到处都是雷鬼酒吧、面包店和主要服务背包客的便宜客栈，现在印度游客也越来越多。到了夏天，果阿邦的迷幻派对会转移到这里。如果要探索草木丛生的峡谷或只想休息放松，这个安逸的地方全年都适合作为大本营。村庄被分成了位于桥边布恩塔一侧的老Kasol和位于Manikaran一侧的新Kasol。

住宿

Royal Orchard 客栈 $
（☎9459342032；房间 ₹600~1000；❀）这幢近期修建的3层建筑坐落在一片苹果园里，共有21个宽敞干净的房间，非常抢手。楼上的两层带私人阳台，所有房间都有国际电视频道和Wi-Fi。客栈还开有一间咖啡馆。沿着一条通往河边的小巷下行100米即到，过了新Kasol的Evergreen餐厅再走80米。

Taji Place 客栈 $
（☎9816461684；chetanthakurkasol@gmail.com；双 ₹1500~3500，不带浴室 ₹500，3人小屋 ₹3000；❀）Taji位于一片有大草坪和苹果树的迷人河滨地带，有一系列整洁的客房，房价₹3500的4个房间装饰着松木镶板，住宿条件一流，配崭新的浴室。这里没有招牌，在一条通往河边的小巷尽头，过了新Kasol的Evergreen餐厅再走80米。

Alpine Guest House 酒店 $$
（☎9418400328；alpinehimachal@gmail.com；房间 ₹1000~2500）这家酒店位于老Kasol的松林里，房间宽敞，维护得不错（楼上的房间更大更明亮），但非常加分的是河畔带露天餐厅的开阔露台，河水湍急汹涌，分外美丽。

就餐

★ Evergreen 各国风味 $$
（New Kasol；主菜 ₹200~400；⏱10:00~23:00）这里一直深受喜爱，有比萨、千层面、自制豆腐、土耳其烤肉串、羊肉和鸡肉菜肴以及

皮恩-帕尔瓦蒂徒步

这条徒步旅行线路只能在6月下旬至9月下旬/10月上旬进行。旅程紧张艰苦，但是绝对不虚此行。徒步为期6~9天，在荒野中行进，从帕尔瓦蒂河谷出发，穿过被大雪封住的皮恩-帕尔瓦蒂山口（Pin-Parvati Pass，海拔5319米），到达思比堤的皮恩谷（Pin Valley）。7月和8月雨水很多，9月是徒步的最佳月份。在Khir Ganga有住宿地点，而且有泡温泉的区域，然后要到Mudh才有住宿的地方，中间这段路无住处，所以你必须自带装备，或者跟随徒步旅行社一同前往。有组织的徒步活动价格相对较高，因为驮载动物过不了山口，需要背夫（由于线路长，每名游客通常配3名背夫），而且随行人员需要被车送回出发地点。

从Barsheni（或Pulga或Kalga）开始，路线海拔逐渐上升，穿过森林和草地，到达Khir Ganga温泉和Thakur Khan。再用两天时间穿过一个荒芜的高山带，途经Pandupul岩桥（雨天很难走）和Mantalai Lake，到达高山营地High Camp（也作Plateau Camp）。经过一段充满挑战的徒步，越过积雪和碎石坡（需要用到绳索），你将翻越山口，下山进入皮恩谷。在上山阶段，多花一到两天的时间去适应海拔、休整或短途行进非常有帮助，最后阶段比较容易，可分成两天完成，徒步穿过皮恩谷国家公园（Pin Valley National Park），到达Mudh。

这条徒步路线也可以从东往西进行。

阶段	路线	路程（小时）	距离（公里）
1	Barsheni至Khir Ganga	3~4	12
2	Khir Ganga至Thakur Khan	6	15
3	Thakur Khan至Mantalai Lake湖	7	16
4	Mantalai Lake湖至高山营地（High Camp）	4	12
5	高山营地至皮恩谷营地，经由皮恩-帕尔瓦蒂山口	5~6	12
6	皮恩谷营地至Mudh	8	20

值得一游

KHIR GANGA

Barsheni位于Manikaran上坡方向13公里处，从这里沿帕尔瓦蒂河谷往上走3~4小时，就是分布在山坡上的美丽高山草甸Khir Ganga。这里有迷人的温泉，还有一些破旧的棚屋旅舍（房间₹200到₹500）和咖啡馆餐厅，每年4月到10月营业，是隐居几天的热门去处。当天往返Khir Ganga的一日游也同样值得体验。从Barsheni出发的徒步路线爬升约800米，也是皮恩-帕尔瓦蒂徒步的第一阶段。河谷两侧都有小路，北侧的路线穿过Nakthan村，南侧的经过Kalga村，两条路线在距Khir Ganga还有大约45分钟路程的位置会合。经过Nakthan的路线风景更美，阳光更充足，走的人更多。

温泉（⊙清晨至黄昏）免费 位于草甸顶端，温度恰到好处，暖而不烫，有一个很大的男士温泉，视野一流，还有一个稍小的封闭式女士温泉，至少能看到天空。温泉是寺庙的一部分，需要恪守礼仪，不能混浴、裸浴或吸烟！

开往Barsheni的大巴（₹30, 1小时）从Manikaran汽车站上方的公路发车，其中一些是从布恩塔来的。7:30到正午大约每半小时1班，然后每小时1班，直到17:30。最后一班下山的返程车在17:00驶离Barsheni。

好吃的以色列特色菜——烧烤鸡肉（chicken sipoodim）非常好吃，配餐是炸薯条和鹰嘴豆泥。你可以在前厅的餐桌用餐，也可以走进室内烟雾腾腾、摆着坐垫的区域。

Moon Dance Café & German Bakery
各国风味 $$

（主菜 ₹180~400；⊙9:00~23:00）Moon Dance就在桥的西侧，在众多面向旅行者的餐厅中很突出，在阳光明媚的庭院里供应美味的烘焙食品、香浓咖啡、法棍面包、华夫饼、可丽饼、奶昔、果汁和物有所值的早餐（₹200到₹300）。

ⓘ 实用信息

Kasol有几家网吧，上网每小时₹40。**印度中央银行自动柜员机**（Central Bank of India ATM）位于桥东的侧街上，部分国际银行卡可用。

Manikaran

☎01902 / 人口 6100 / 海拔 1730米

朝圣者络绎不绝的小镇Manikaran位于Kasol以东4公里，这里的温泉闻名遐迩，在宏伟的寺庙脚下，水蒸气不断从河岸升腾而起。Manikaran是锡克教和印度教的圣地，据传说，一条巨大的蛇偷了正在沐浴的帕尔瓦蒂女神的耳环（在她和湿婆长达11,000年的禅修期间），然后将耳环和许多其他珠宝从地底喷出，由此形成了温泉。刚从地下涌出的水是烫的，温度高得足以煮饭，温泉水必须与河水混合降温才能够洗浴。当地人称这里的温泉水包治百病，从风湿病到支气管炎全都可以。

◉ 景点

五层的Sri Guru Nanak Ji Gurdwara（Gurdwara Sahib）谒师所坐落在白浪滔滔的河流北岸，建于1940年。大殿铺着地毯，玻璃立柱闪闪发亮，位于顶层（男性和女性都要把鞋脱掉，把头罩上）。往下一层是用餐大堂，日夜不停地为所有访客免费供应米饭、木豆、咖喱、薄饼和茶（味道不亚于在镇上吃到的任何一餐）。楼下是男士和女士的室内浴池，在侧面还有一个像桑拿房的"热洞"。人行桥对面还有一个更有吸引力的露天男士浴池和另一个有围墙的女士浴池。如果你想在这里泡一泡，记得带泳衣、毛巾和拖鞋。

谒师所旁边是一座湿婆神庙，池中沸腾的温泉水里摆着大锅，煮着谒师所要用到的米饭。两座庙宇都弥漫着一种快乐又无忧无虑的氛围。

在车辆禁行的城镇北侧，华丽的Naina Bhagwati Temple位于步行大道沿线，是一幢木石结构的小屋式建筑，供奉着诞生于湿婆的第三只眼睛的女神，是她找到了帕尔瓦蒂遗失的耳环。

🛏 住宿

Fateh Paying Guesthouse
客栈 $

（☏9816894968；房间₹300；@）位于老城区，沿没有路标的小路向上走，就能找到这家客栈的绿色的大房子，这里仅有5间简单但舒适的客房。店主热情友好，有阳光充足的屋顶露台和一个小小的温泉池。和许多住宿地点不同，Fateh全年价格不变。供应本地餐食。

库鲁（Kullu）

☏01902 / 人口 18,500 / 海拔1220米

这个熙熙攘攘的城镇是库鲁谷的行政中心，到了这里，就是从山谷中嬉皮的度假氛围回归到印度的日常生活。几乎没有旅行者会在此停留很久，但这里其实很讨喜，每年10月还会举办当地最盛大也最多彩的节日——库鲁十胜节。

比亚斯河流经库鲁东侧，它的支流Sarvari河从城镇中间穿过，将库鲁分为南北两半。城南（Dhalpur）有出租车站、旅游办事处、十胜节场地（两片开阔相连的空地），大部分的餐厅和酒店也在这边。汽车站和拉古纳特寺位于河的北面。在汽车站附近有一座人行桥跨过Sarvari河，通往一条市集街道，Hotel Shobla International就在沿街的不远处。

👁 景点

拉古纳特寺
印度教寺庙

（Raghunath Temple；⏱7:00~20:30）拉古纳特寺是库鲁非常杰出的寺庙，这里供奉着库鲁谷最重要的神像——一尊Raghunath Ji（罗摩）的小青铜像，它在十胜节的庆典上居于至尊地位。这座17世纪的寺庙位于苏尔坦普尔（Sultanpur）地区的山上，在汽车站上方，靠近昔日库鲁王公的宫殿Raja Rupi。庙宇主殿在中午关闭几小时，但你仍然能透过窗户往里看。

★ Bijli Mahadev Temple
印度教寺庙

库鲁周边的山中分布着几座重要的寺庙，Shaivite Bijli Mahadev就是其中之一，开车向东南方向的山上行驶20公里至Chansari，再徒步登山2.5公里即可到达。寺庙位于海拔2460米的山顶，可将库鲁谷和帕尔瓦蒂河谷的壮美全景尽收眼底。寺庙旁矗立着一根高达20米的木杆，偶尔引来闪电的神圣祝福，寺庙中的石头湿婆神林迦曾被闪电击碎，之后用酥油黏合了起来。

7月中旬到8月中旬的Shaivite Sawan Kamaina节期间，Bijli Mahadev吸引成群结队的朝圣者。每天有几班长途汽车从库鲁汽车站出发，最远开到Chansari（₹28，1.25小时）。乘出租车从库鲁到Chansari的往返费用是₹1300。

库鲁十胜节

库鲁镇和库鲁谷最重要的神Raghunath Ji是《罗摩衍那》中的英雄神罗摩的变体，所以可以预见，10月庆祝罗摩战胜魔王罗波那的十胜节（⏱10月；日期不定），在这里格外特别。十胜节在其他地方只庆祝一天，库鲁却要欢庆七天。第一天最激动人心，200多个村庄的神像（devtas）被用轿子抬到库鲁，再被欢乐的游行队伍簇拥着前往十胜节场地。一路上锣鼓喧天，号声嘹亮，轿子上装饰着绚丽的花环和缀满银面具的帷帘。在这里，小巧的Raghunath Ji神像被安放在一辆很大的双轮战车里，一队队虔诚的信徒拉着绳索拖动战车，在激动的人群中前往指定的地点。村庄的神像先是"跳舞"——左右倾斜，前后摇晃——然后被安置在场地周围指定的位置。为期一周的节日期间，这些神像和照顾神像的人就在原地露营。

一周剩下的时间里，整个十胜节场地变成盛大的零售市集；神像所在的帐篷周围不时奏起音乐，跳起舞蹈；在毗邻的礼堂里，晚上的民间舞蹈、音乐和其他演出精彩纷呈。节日的第七天还有更多游行，人人都踏上归程。

购买披肩

库鲁谷以传统羊毛披肩闻名,这些披肩轻薄却非常保暖,还带有美丽的图案。布恩塔和默纳利之间的公路两边排列着许多商店和产品展示厅。库鲁披肩是用木制手工织布机以绵羊毛、细羊毛(帕什米纳山羊毛)或安哥拉兔毛纺织出来的,这个产业为数以千计的当地妇女提供了收入,她们中的许多人组织起来成立了披肩纺织合作社。

如果想要高质量的披肩,且不想被强行推销打扰的话,可以直接去最近的Bhuttico(www.bhutticoshawl.com)分店——Bhutti纺织合作社(Bhutti Weavers' Cooperative),它创立于1944年,在河谷中的每个城镇和谷外的几个城镇都设有产品展示厅,还有一个工厂产品展示厅(Bhutti Colony;◎9:00~19:00)位于库鲁以南8公里。Bhuttico价格固定,是一个衡量价格和质量的好地方。一条羔羊毛披肩的售价至少要₹700;安哥拉兔毛-羔羊毛混纺披肩售价₹1200到₹1600;细羊毛-羔羊毛混纺₹3500;纯正的细羊毛披肩售价₹6000。Bhuttico还制作围巾、帽子、夹克衫、背包、手套、pullas(大麻茎制成的拖鞋)和pattus,后者为图案精美的裹身羊毛服装,是库鲁女性的传统服饰。

食宿

Hotel Aaditya 酒店 $

(☎9418001244, 01902-224263; Lower Dhalpur; 双₹660~2640; ☎)从汽车站穿过天桥就是Aaditya酒店,它比这个价位的大多数店处要好一些,服务态度友好,床铺舒适,房型多样,多间房间带阳台,可以俯瞰Sarvari河。

Hotel Vikrant 酒店 $

(☎9816438299; vikramrashpa@gmail.com; Dhalpur; 双₹400~1200) Vikrant位于喜马偕尔邦旅游发展公司(HPTDC)办事处后方的一条小路里,很适合背包客,木镶板和公共阳台让房间有了一种简朴的魅力。楼上的房间更大也更明亮,但所有房间都带风扇和热水淋浴。

Hot Spice 各国风味 $

(Dhalpur; 主菜₹120~250; ◎9:00~22:00)如果想吃实惠的塔利套餐和早餐,或者尝尝美味的泥炉鳟鱼,可以去这家令人愉快的露天咖啡馆,位于旅游办事处后方的小巷里。

到达和离开

喜马偕尔邦公路运输公司(HRTC)的长途汽车和私营长途汽车都开往布恩塔(₹15; 30分钟)、默纳利(₹60; 90分钟)和门迪(₹106; 2小时),大约每15分钟1班,收车时间为21:00或22:00。开往纳贾尔(₹30; 1小时)的车在7:00到18:00间每半小时1班。有几班车开往帕尔瓦蒂河谷内的站点,但通常需要先到布恩塔再换车。从默纳利开往库鲁谷之外目的地的长途汽车,行驶约1.5小时后经停库鲁。

纳贾尔(Naggar)

☎01902 / 人口 550 / 海拔 1710米

宁静的纳贾尔坐落在库鲁谷东侧的高处,曾是库鲁王国的都城,如今或许是库鲁谷最迷人的村庄。俄罗斯画家、探险家尼古拉斯·罗厄烈治(Nicholas Roerich)非常喜欢这里,以至于在20世纪初期曾定居在此。从默纳利到纳贾尔的一日游简单易行,但这里有吸引人的景点、精彩的徒步路线(包括徒步Chandrakani Pass山口前往帕尔瓦蒂河谷的Malana)和一些不错的客栈和餐厅,悠闲地停留几天也很棒。

纳贾尔的景点和住宿都在村庄的高处,要从汽车站往山上走1~2公里,汽车站位于主路上的市集区。

景点

纳贾尔城堡 堡垒

(Naggar Castle; ₹30; ◎9:00~18:00)这座堡垒兼府邸由库鲁的王公建于公元1500年前后,是喜马偕尔建筑抗震性的优秀范例,这种建筑风格以交替使用石头和木材为特色。1846年,城堡被卖给了英国的助理行政长官,后来变成了法院,1976年又成了酒店。

★ 国际罗厄烈治纪念基金会 博物馆

（International Roerich Memorial Trust；☏01902-248590；http://irmtkullu.com；印度人/外国人/照相/录像 ₹50/100/30/60；⊙周二至周日 10:00~13:00和13:30~18:00，11月至次年3月至17:00）这个引人入胜的纪念馆兼博物馆地处城堡上方1公里，位于尼古拉斯·罗厄烈治和妻子埃莱娜·罗厄烈治的故居之中。尼古拉斯·罗厄烈治是俄罗斯画家、作家兼亚洲内陆探险家，他的妻子则是哲学家、作家和翻译。他们于1928年在此定居，直到尼古拉斯·罗厄烈治1947年去世。这对夫妻在世时，因兼具神秘主义与东方美学的哲思而收获了世界各地的追随者，但吸引力最经久不衰的是尼古拉斯的艺术作品。

房子的楼下展示着尼古拉斯的一些风景画（多幅画作描绘了喜马拉雅山脉）和这对夫妻的儿子Svyatoslav的画作，而楼上则保留着一些私人房间（只能透过窗户参观）。在风景优美的山坡花园里是尼古拉斯之墓（samadhi）和一个介绍Svyatoslav和他的妻子——印度影星Devika Rani的展览。

同一条路上有一间不错的小商店出售书籍、版画和明信片，朝山上走5分钟就是 Urusvati Himalayan Research Institute （包含在罗厄烈治纪念基金会门票中；⊙周二至周日 10:00~13:00和13:30~18:00，11月至次年3月至17:00），继续展示罗厄烈治家族及其同伴们的作品。

寺庙

纳贾尔有几个迷人又美丽的小寺庙。在城堡旁的街道远处，11世纪的 Vishnu Mandir 是一幢矮而宽的朴素尖塔（sikhara）式建筑。走过它后立刻左转，在下一个岔路口再次左转，就是漂亮精巧的寺庙 Gauri Shankar Temple，这两座寺庙的风格和年代都相近，但后者的比例更协调，雕刻更精美，供奉的是湿婆。

从城堡沿马路上行约400米，就是宝塔式寺庙 Tripura Sundari Temple，供奉的是当地的地母神。现存建筑是在大约35年前修建的，但其所在旧址自印度教时期有可能就是圣地。从马路旁的一条小路向山上步行1公里，到达岔路口后右转，前行150米就是 Murlidhar Temple，供奉着吹笛子的克利须那。这座寺庙的历史可追溯到约11世纪，矗立在古城Thawa的旧址上，Thawa比纳贾尔早建成约1000年。

✈ 活动

Ragini Treks & Tours 徒步

（☏9817076890；raginitours@hotmail.com；Hotel Ragini）Ragini Treks & Tours就在纳贾尔城堡上方，组织徒步游的经验很丰富，包括Chandrakhani Pass和该地区的其他徒步线路。

Chandrakani Pass山口徒步

从纳贾尔翻越海拔3650米的Chandrakani Pass山口到Malana的徒步路线精彩又热门，在5月下旬到10月可以通行。这基本上是一条2天的徒步路线，登上山口的实际徒步时间是6~8小时，然后还需要2~3小时下山到Malana。纳贾尔信誉良好的旅行社组织带向导、装备和背夫的徒步游，每人每天的费用大约是₹3000。

部分路线并不清楚，危险的恶劣天气随时可能降临，因此必须与向导同行（6月或许是例外，因为走这条路线的人很多）。9月中旬到10月中旬是理想的徒步季，人不多，又没有雪。7月和8月可能下大雨。

跟往常一样，应该事先就完整的最终价格达成一致，包括向导和背夫的返程交通费、他们和你的餐费等。

如果不想跟团，至少要请一位客栈推荐的当地向导。每天的向导费至少要₹1000，请背夫至少要₹600。做好过夜露营的准备，带够食物。

🛏 食宿

★ Alliance Guesthouse 客栈 $

（☏9418025640，9817097033；www.alliancenaggar.com；Roerich Marg；房间 ₹440~1800，标三和四 ₹2200；@🛜）这家友好的客栈由一个法国人/印度人家庭经营，位于通往罗厄烈治博物馆的路上，环境安静，房间多样，一尘不染，配舒适的床铺，从带公用卫生间的便宜房间到适合家庭居住的复式套房全都有。Alliance经营得非常用心，注重客人的舒适和方便，房间里的贴心细节包括水壶、茶、咖啡、阅读灯，甚至还有棉签。

客栈为住客提供出色的印度和欧陆风味美食，包括本地的鳟鱼和几样略带法国风味的特色菜（主菜 ₹100到₹400）。房价可谈，特别是连住几天的时候。Alliance还有一间图书室和许多公共休息区，可预订交通，提供当地和徒步游的信息，满足你的一切所需。

Mannat Home　　　　　　　　　　　　客栈 $$

（📞9816048116；www.mannathome.com；房间 ₹1200~3000，每月 ₹14,000~35,000；@📶）Mannat位于城堡对面，有7个各不相同的干净房间，都铺着拼花地板，多数都很宽敞。大部分房间都能观景，有些配阳台和/或厨房。客栈供餐，经营者很友好，而且为长住的客人推出了超值的包月价。

The Castle　　　　　　　　　历史酒店 $$$

（📞01902-248316；www.hptdc.gov.in；含早餐 标单 ₹1800~3510，双 ₹2400~4680；📶）这家喜马偕尔邦旅游发展公司（HPTDC）旗下的酒店位于城堡内，历史感十足，建筑采用传统的木石结构，但装潢和家具陈设相当简朴。价格主要取决于房间的面积和景色（有些房间的视野一流）。餐厅的菜价还算比较实惠（主菜 ₹170~440；⏰8:00~22:00），在餐厅平台上可以俯瞰河谷。

❶ 到达和离开

从8:00到18:00，大约每小时有1班长途汽车

默纳利周边的户外活动

默纳利是喜马偕尔邦的探险运动之都，这里的旅行社可以组织各种各样的户外活动。

山地自行车

旅行社出租自行车，每天₹400至₹800（并可提供最新的路线信息），也组织导览骑行游，既有一日游，也有前往思比堤的两周之旅，价格大约为每人每天₹3000，有后勤车支持。**Himalayan Bike Bar**（见269页地图；www.facebook.com/himalayanbikebar；Mission Rd；⏰周一至周六 10:00~20:00）是山地自行车专业机构，出租并出售自行车，新车的售价大约是₹22,000到₹72,000。

登山

Himalayan Caravan（见267页）和Himalayan Extreme Centre（见267页）等机构组织10~14天的登山游，攀登Solang谷源头的山峰，其中的Friendship Peak（5289米）和Ladakhi（5342米）适合经验有限的登山者（提供培训），Hanuman Tibba（5930米）和Manali Peak（5669米）难度更高。Deo Tibba（6001米）雄踞库鲁谷东侧，是另一座令人兴奋的山峰，适合经验丰富的登山者。每人每天的费用通常为₹4500到₹5000，包含教练/向导、装备、交通、食物和露营。登山季从4月持续到11月，后几个月的登山条件最佳。

滑翔伞

从4月到10月（雨季除外），滑翔伞是Solang Nullah、Gulaba和Marhi的热门项目，后两者位于Rohtang La下方，不像Solang那么拥挤。9月和10月的上升热气流通常最理想，不过Gulaba与Marhi在5月和6月的条件也不错。在Solang Nullah体验双人滑翔伞的价格是1~2分钟约₹900，5~10分钟₹2000到₹3000，从缆车的最高处一跃而下。飞行员应持有喜马偕尔邦旅游局签发的执照。经营探险游的机构可在Gulaba与Marhi安排双人滑翔伞体验，收费₹1000到₹4000，具体取决于滑翔时长。

漂流

Pirdi位于库鲁以南3公里的比亚斯河畔，和下水点Jhiri之间有14公里的二级激浪漂流和三级激浪漂流。默纳利的探险游旅行社组织的漂流费用是每人₹650至₹1150，交通费另算

往返默纳利（₹30，1小时）；从7:30到19:00，大约每半小时有1班车开往库鲁（₹30，1小时）。乘出租车从默纳利前往纳贾尔大约需要₹800。从汽车站乘机动三轮车/出租车前往城堡（上坡1公里）大约需要₹70/100。

默纳利（Manali）

☎01902 / 人口 8100 / 海拔 1900米

默纳利坐落在风光旖旎、青葱翠绿的比亚斯河谷之中，周围高山环绕，四面八方的高山探险活动令人心动，这里一年到头都牢牢吸引着旅行者。背包客们来到这里，在中心城镇周围的嬉皮士村落里闲适度日；热爱探险的旅行者来此徒步、登山、漂流和滑雪；度蜜月或全家出游的印度人到此享受山间新鲜空气，或者在海拔3978米的Rohtang La山口上看雪。在为进山游览做准备的同时，有必要在默纳利放松几天，吃饱喝足，养精蓄锐。

默纳利在印度游客中人气爆发，这个昔日的田园隐居地现在估计有800~1000家酒店和客栈，散布在城区城郊区各地，4月中旬到7月中旬、9月中旬到10月中旬，以及圣诞节到新年期间，当地人满为患，狭窄的小巷和通往城区的主路上严重拥堵。

⊙ 景点

★哈迪姆巴神庙　　　　印度教寺庙

（Hadimba Temple；见266页地图）这座备受尊崇的木石结构寺庙建于1553年，坐落在一片雪松林中的空地上，就位于默纳利市中心以西约2公里处。朝圣者从印度各地来到这

（每辆面包车约₹2000到₹2500）。5月、6月、9月下旬和10月是漂流的最佳时间（7月15日至8月15日为雨季，禁止漂流）。

滑雪和单板滑雪

从1月到3月中旬，Solang Nullah摇身一变，成为喜马偕尔主要的滑雪和单板滑雪胜地。滑雪装备可以通过默纳利的旅行社或在Solang Nullah租借，费用是每天₹500起。滑雪道对于滑雪老手来说选择有限，但乘缆车登顶，可体验自由滑雪和越野滑雪。4月和5月可在Hamta谷、上Solang谷和Gulaba周边地区参加雪鞋越野滑雪，可体验雪鞋徒步登山。Himalayan Caravan（见267页）、**Himalayan Adventurers**（见269页地图；☎01902-252750；www.himalayanadventurers.com；44 The Mall；◉9:00~21:00）和Himalayan Extreme Centre（见267页）等旅行社都推出了越野滑雪套餐。2月和3月，**Himalayan Heli Adventures**（☎9816025899；www.himachal.com）可以安排直升机高山滑雪，用直升机将游客载到高山上，体验高海拔粉末雪滑雪。

步行和徒步

默纳利是组织山区徒步活动的一个很受欢迎的起点。大多数旅行社可以提供多日徒步，费用大约是每人每天₹1600到₹3000，包括向导、交通、背夫或驮畜、食物和露营装备。通常参加的人数越多，人均价格越低。总的来说，6月、9月和10月是最好的月份。距离较短的热门徒步路线包括Beas Kund（3天，可选择增加天数，在周边登山）、4250米的Bhrigu湖（3天）、Hamta Pass（见274页）至拉胡尔（4天）和Chandrakani Pass（见263页，从纳贾尔到Malana，2~3天）。更有难度、通常也更贵的路线包括6~9天的皮ల–帕尔瓦蒂徒步（见259页），以及向西前往偏远村庄Bara Bhangal，再继续到昌巴河谷或康格拉谷（至少11天）的路线。

也有许多从默纳利出发的短途步行很适宜参加。徒步安全的常识在此同样适用：告诉他人你要去的地方，不要独自出行。一日步行游的向导费用通常是₹1500。有一条不错的徒步一日游路线（爬坡约5小时，下坡约4小时），前往海拔3380米的**Lama Dugh**草甸，起点在默纳利Log Huts Area的Hotel Delfryn上方，那里有一条小路从一个水箱（见266页地图）处通往山上。还有一条精彩的短途步行游（单程约1小时），从Vashisht北行前往Jogini瀑布再返回。

Manali & Vashisht 默纳利和Vashisht

去Goshal (1km) | 去Goshal (1km) | 去Solang Nullah (11km); Rohtang La (49km) | School | 去Jogini Waterfall 瀑布(1.2km)

VASHISHT
SBI ATM
SBI柜员机
6, 4
18, 5, 16
17

Bike Rentals Manali
默纳利租车行
30
9

Manu Temple Rd

3
28
Enfield Club

23
Anu Auto Works

OLD MANALI
默纳利老城
14
11, 15
Club House Rd
HPTDC Club House
TIBETAN COLONY
藏人社区

20, 13, 22
31, 32, 19, 25
10, 29
33, 34, 8
27
24
Nature Park

Manalsu Nala
Log Hut Rd
21, 12
2
去Lama Dugh (5km)
7

Club House Rd
Hadimba Rd
Circuit House Rd

1 **Hadimba Temple** 哈迪姆巴神庙
Dhungri Van Vihar
26

Vashisht Rd
Beas River

见默纳利中心地图(269页)

里参拜哈迪姆巴（Hadimba），在史诗《摩诃婆罗多》（*Mahabharata*）中，她是般度人Bhima的魔妻。寺庙拥有宝塔式三层屋顶，木制门口刻满了神像、动物和舞者，外墙上还装饰着鹿角和野山羊角。

老默纳利（Old Manali）

老默纳利位于商场步行街（the Mall）西北方向约2公里处，在Manalsu Nala溪流较远的一侧，在新城区创建前存在已久。如今这里是背包客活动的中心，但当你穿过背包

Manali & Vashisht 默纳利和Vashisht

◎ 重要景点
- **1** 哈迪姆巴神庙..................................B6

◎ 景点
- **2** Hotel Delfryn....................................A5
- **3** 摩奴圣人寺 A3
  公共浴池 ....(见6)
- **4** 公共浴池..D1
- **5** 罗摩神庙..D1
  湿婆神庙..(见5)
- **6** Vashisht Mandir...............................D1
- **7** 水箱..A5

✪ 活动、课程和团队游
- **8** Himalayan Caravan..........................B5
- **9** Himalayan Extreme Centre.............D2
- **10** Himalayan Extreme Centre............A4
  Himalayan Trails..........................(见13)

🛏 住宿
- **11** Apple View Guest House C4
- **12** Banon Resorts.................................C5
- **13** Dragon Guest House.......................A4
- **14** Drifters' Inn.....................................A4
- **15** Eagle Guest House..........................C4
- **16** Hotel Dharma..................................D1
- **17** Hotel Surabhi..................................C1
- **18** Hotel Valley of Gods.......................C1
- **19** Manali Yes Please...........................A4
- **20** Mountain Dew Guesthouse.............A4
- **21** Sunshine Heritage..........................C5
- **22** Tourist Nest Guest House...............A4
- **23** Zostel..B4

◎ 就餐
- **24** Casa Bella Vista..............................B5
  Drifters' Inn ....(见14)
- **25** Dylan's Toasted & Roasted B4
- **26** Il Forno..C6
- **27** Kathmandu Cafe B5
- **28** La Plage C3
- **29** Lazy Dog Lounge.............................A5
- **30** Rasta Cafe D2
- **31** Rendez-Vous A4
- **32** Shiva Garden Cafe..........................A4
  World Peace Cafe ....(见17)

✪ 娱乐
  Hangout..(见13)

ℹ 交通
- **33** Nirvana Travels...............................A5
- **34** Shalom Travels...............................B5

客的核心地带,仍然能感受到些许印度山村风情。这里有一些引人注目的木石结构老屋,还有高耸的**摩奴圣人寺**(Manu Maharishi Temple;见266页地图),该寺建在传说中文明的创造者摩奴(Manu)驾着类似诺亚方舟的大船在大洪水后靠岸的地方。

佛教寺院

城镇中心区以南有一个小型藏人社区。访客众多的**喜马拉雅宁玛派佛寺**(Himalayan Nyinmapa Buddhist Temple;见269页地图;◎6:00~18:00)矗立着一座两层高的释迦牟尼塑像。这座寺庙的西边是更加传统的**Von Ngari Monastery**(见269页地图;◎6:00~19:00),有一间飘散着松香味的佛堂,里面有菩萨像和受尊崇的喇嘛。

🏃 活动

Himalayan Extreme Centre 户外

(见266页地图;☎9816174164;www.himalayan-extreme-centre.com;Old Manali;◎9:00~20:00)这家户外机构经营已久,专业又友好,在Vashisht也设有一家分店,几乎可以安排任何探险活动。可到店浏览活动目录。

Himalayan Caravan 户外

(见266页地图;☎9816316348;www.himalayancaravan.com;Old Manali;◎办公室 3月中旬至12月中旬 9:00~22:00)专业的户外活动经营机构,擅长徒步、攀岩、登山、单板滑雪和滑雪。

Himalayan Trails 户外

(见266页地图;☎9816828583;www.himalayantrails.in;Dragon Market, Old Manali;◎9:30~22:00)充满活力的年轻公司,组织徒步、一日远足、山地自行车骑行、攀岩等活动。经营开放团队的徒步游,个人可加入,还出租山地自行车。

🛏 住宿

旺季一过,许多中档和高端酒店大幅降

价。默纳利城镇有许多经济型和中档住处，但到目前为止，最物美价廉的地方是北边几公里外的老默纳利和Vashisht村。最好的高档酒店位于镇中心和老默纳利之间的Circuit House Rd和Club House Rd沿线，那些开阔又依旧葱翠的地产曾属于早期英国居民。

默纳利

★ Banon Resorts　　　　　酒店 $$$

（见266页地图；☎01902-253026；www.banonresortmanali.com；Club House Rd；双₹7140，套₹8330~10,710，小屋₹21,420；❄️🛜）这家安静、豪华的酒店要比它的竞争对手时髦一点。主楼里的房间很宽敞，可集中供暖，松木、白漆和现代艺术品营造出一种简洁的现代感，还带宽大的浴室。双卧室的乡村小屋奢华宁静，私密性很好。

Johnson Hotel　　　　　酒店 $$$

（见269页地图；☎01902-253764；http://johnsonhotel.in；Circuit House Rd；房间/公寓₹5330/10,900；❄️🛜）Johnson和其他几处地产同属英属印度时期一位著名贵族地主的后裔，这是一个木石结构的高档酒店，12个房间很宽敞，地毯和床罩营造出一丝民间风情。酒店另有5个包含2间卧室的公寓（"小屋"），位于原建于1900年的屋舍里，还有迷人的花园和一间出色的餐厅（见270页）。酒店里里外外都维护良好，尽善尽美。

Johnson Lodge　　　　　酒店 $$$

（见269页地图；☎01902-251523；www.johnsonlodge.com；Circuit House Rd；双₹5935，4人小屋₹13,650；❄️🛜）Johnson Lodge共分为4层，客房宽大明亮，色彩淡雅，富有现代感，还有包含2间卧室的豪华复式公寓（"小屋"）。每周有几晚时尚的酒吧和各国风味餐厅（主菜₹265到₹485，酒水单出色）会举办现场音乐演出（可能是苏非派音乐、印度独立音乐、蓝调……）。

Sunshine Heritage　　　　历史客栈 $$$

（Sunshine Guest House；见266页地图；☎01902-252320；www.thesunshineheritage.com；Club House Rd；房间₹3990；🛜）Sunshine具有地道的殖民时期风情，紧邻熙来攘往的Club House Rd，坐落在安静隐蔽的宜人庭院里。建于1921年的木石结构老建筑里有宽大的三间房和四人间，房间里铺着抛光的胡桃木和松木地板，浴室近期完成了现代化的改造。隔壁还有一幢历史没那么悠久的建筑，里面有4间宽敞的双人房。

老默纳利

老默纳利有许多客栈，以经济型为主，分布在唯一的街道Manu Temple Rd沿线和附近的多条小巷里。部分客栈在12月到次年4月不营业。

Zostel　　　　　　　　　　青年旅舍 $

（见266页地图；☎9816655763；www.zostel.com；铺₹450~500，房间₹2000；🛜）经营有方的Zostel有一种融洽友好的背包客氛围，经营者和员工都热情又热心。旅舍有一个不错的花园咖啡馆，供应印度和欧陆风味的食物（主菜₹110到₹250），住宿方面也有一些出众细节，比如每个床位都有阅读灯和电源插座，私人客房里配超大号床。

Apple View Guest House　　　客栈 $

（见266页地图；☎9816887844；www.appleviewmanali.com；房间₹300；🛜）从HPTDC Club House对面写有招牌的"Red House Cafe"楼梯处上楼，这个家庭经营的温馨客栈是默纳利性价比最高的住宿地点之一，有12间维护良好的朴素客房和一个宜人的小露台，供应简单但美味的印度菜和欧陆风味（主菜₹60到₹80）。

如果这里客满，可以沿着小路走50米到 **Eagle Guest House**（见266页地图；☎9816397788；liatasher@hotmail.com；房间₹400~600，含早餐₹600~800；⏰1月和2月歇业；🛜）。

Mountain Dew Guesthouse　　客栈 $

（见266页地图；☎9816446366；Manu Temple Rd；标单₹500~600，双₹600~900；🛜）这间性价比颇高的客栈共有3层，房间大小适中，维护得当，有朝东的公共露台。顶层是最好的：房间很新，视野最佳。

Tourist Nest Guest House　　客栈 $

（见266页地图；☎01902-252383；

Central Manali 默纳利中心

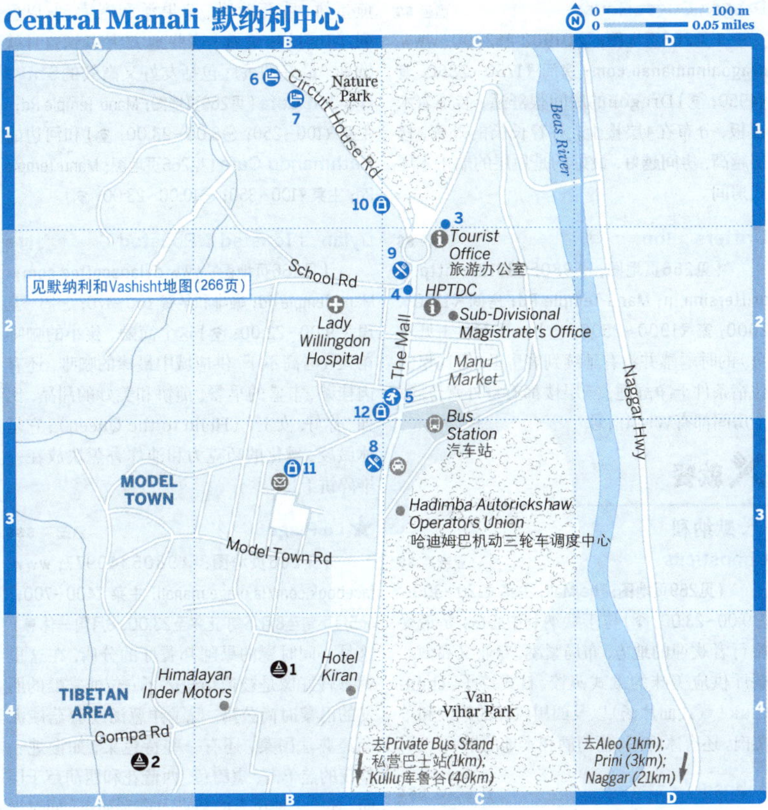

喜马偕尔邦 默纳利

Central Manali 默纳利中心

◎ 景点
1 喜马拉雅宁玛派佛寺 B4
2 Von Ngari Monastery A4

⊕ 活动、课程和团队游
3 Him-aanchal Taxi Operators Union C1
4 Himalayan Adventurers C2
5 Himalayan Bike Bar C2

🛌 住宿
6 Johnson Hotel B1
7 Johnson Lodge B1

✕ 就餐
8 Chopsticks B3
  Johnson's Cafe .... (见6)
9 Khyber C2

🛍 购物
10 Bhuttico B1
11 Bookworm B3
12 Shashni Communications B2

ℹ 交通
铁路订票处 .... (见3)

touristnest@gmail.com; 房间 ₹700~1000; ☎) Tourist Nest位于老默纳利的中心,房间明亮干净,贴着瓷砖,维护良好,带私人阳台。

Manali Yes Please   酒店 $
(见266页地图; ☎9418523125; www. manaliyesplease.com; Manu Temple Rd; 房间₹1000)以老默纳利的标准来看,这间酒店规模较大,共有3层,房间沿宽阔的外廊排列。房间略显陈旧,但足够干净,除6月和7月外房价一般只有₹500,因此很受欢迎。

Dragon Guest House　　　酒店 $$

（见266页地图；☎01902-252290；www.dragoninnmanali.com；房间 ₹1760~2860，套 ₹4950；☏）Dragon的房间很舒适，装饰着木镶板，分布在4层楼上，对着长长的外廊，楼层越高，房间越好，最好的是顶层的瑞士木屋式房间。

Drifters'Inn　　　酒店 $$

（见266页地图；☎9805033127；http://driftersinn.in；Manu Temple Rd；房间 ₹1100~2000，家 ₹1900~2500；☏）一楼餐厅（见本页）的时髦感并没有延续到客房里，但这里的住宿条件干净舒适，三层楼都有室外露台，每个房间都有Wi-Fi信号。

🍴 就餐

🍴 默纳利

Chopsticks　　　亚洲菜 $$

（见269页地图；The Mall；主菜 ₹120~300；⏰9:00~23:00；☏）位于默纳利中心区，是最受旅行者欢迎的地方，布局紧凑，专业又高效。餐厅供应美味的藏式蒸饺、日式饺子、then-thuk（藏式面片汤）以及四川风味的鸡肉和羊羔肉。还有冰啤酒、葡萄酒和本地的果酒。

Johnson's Cafe　　　各国风味 $$$

（见269页地图；Circuit House Rd；主菜 ₹300~550；⏰8:00~23:00；☏）这家餐厅位于Johnson Hotel，是城镇中吃欧洲食物最好的地方，特色菜包括薄荷羔羊肉汤（lamb and mint gravy）、柴火烤鳟鱼，还有苹果奶酥配冰激凌。餐厅酒吧十分惬意，但是花园露台才是最值得去的地方，尤其是在酒水打折的"欢乐时光"期间（16:00~20:00）。

Il Forno　　　意大利菜 $$$

（见266页地图；Hadimba Rd；主菜 ₹180~500；⏰10:30~22:30；☏）在往返哈迪姆巴神庙的途中，这个有150年历史的传统木石结构房屋的漂亮花园是宜人的歇脚处，而且比萨也相当好吃！

🍴 老默纳利

有很多价格实惠的半露天餐厅，供应背包客聚集地所有常见的食物，如藏式饺子、煎蛋饼、香蕉薄饼、苹果派和意大利/以色列/印度风味菜肴。这些地方大多到11月就歇业。最好的餐厅包括友好又高效的 **Shiva Garden Cafe**（见266页地图；Manu Temple Rd；主菜 ₹100~250；⏰8:00~23:00；☏）和河边的 **Kathmandu Cafe**（见266页地图；Manu Temple Rd；主菜 ₹100~350；⏰10:00~23:00；☏）。

Dylan's Toasted & Roasted　　　咖啡馆

（见266页地图；www.dylanscoffee.com；Manu Temple Rd；咖啡和早餐 ₹50~170；⏰周一至周六 9:00~22:00；☏）这个简陋、狭小的咖啡馆人气居高不下，供应城中最棒的咖啡，还有肉桂茶、丰盛的早餐、煎饼和美妙的甜品，比如"你好，女王"（Hello to the Queen），它是冰激凌、融化的巧克力和油炸香蕉块放在一堆碎饼干上。

★ La Plage　　　法国菜 $$$

（见266页地图；☎9805340977；www.facebook.com/la.plage.manali；主菜 ₹400~700；⏰5月下旬至8月下旬 正午至23:00，8月周一休息）这是一间时髦的果阿邦餐厅的分店，在这里就餐就好像是被邀请进入了一位非常酷的朋友的巴黎时尚公寓。除了洋葱汤或蘑菇咸派等经典法国菜，还有一些特色菜，如慢炖一整夜的羔羊肉、熏鳟鱼、西蓝花和西葫芦千层面，还有一种诱人的巧克力塔利甜点。同时供应品质不错的本土和国际葡萄酒。

食物的风味或许不能满足价位带给你的期待，但这里仍然值得一来，它位于距离老默纳利桥1公里的一片苹果园里。如果提前致电，可免费派车去老默纳利桥接送。

Drifters'Inn　　　各国风味 $$$

（见266页地图；Manu Temple Rd；主菜 ₹230~380；⏰9:30~23:00；☏）这是一家休闲舒适的餐厅-咖啡馆，适合享用丰盛的早餐、浓咖啡，以及包括佛罗伦萨烤鸡蛋（eggs Florentine）和泰式咖喱在内的国际风味菜肴，还供应富有创意的饮品，如沙棘起泡饮料，以及多种酒精类饮品。

Lazy Dog Lounge　　　各国风味 $$$

（见266页地图；Manu Temple Rd；主菜 ₹180~600；⏰11:00至次日1:00；☏）漂亮整洁的餐厅兼酒吧，新鲜美味的各国风味食物盛在大盘子里，从南瓜椰子汤到炉烤鳟鱼和泰式米饭，五花八门，还有味道不错的印度菜，口味远远超过常见的背包客食物。室内就餐环境时髦漂亮却很质朴，可以坐在椅子上、长椅上或者软垫上，也可以在河滨花园里放松。

Casa Bella Vista　　　　欧陆菜 $$$

（见266页地图；Log Huts Rd；主菜₹350~500；⊘5月至9月 10:00~22:30；⌘）在老默纳利地区供应水准一流但价格也不便宜的比萨——柴火烤的薄底比萨搭配多种美味的馅料组合。沙拉和意大利面也很好吃。

🍷 饮品和娱乐

兼做酒吧的餐厅是默纳利主要的夜生活场所，举办的现场音乐之夜（大部分集中在老默纳利，音乐类型多样，水平也参差不齐）往往是最热闹的。老默纳利还有通宵的迷幻派对，时间地点靠口耳相传，偶尔也会张贴海报。

Hangout（见266页地图；Manu Temple Rd；主菜 ₹150~500；⊘正午至午夜，周四 17:00起）的人气超高，有室外篝火坑，举办即兴演奏会（食物也好吃）。其他体验现场音乐之夜的地方还包括Lazy Dog Lounge、**Rendez-Vous**（见266页地图；Manu Temple Rd；主菜 ₹120~590；⊘8:00~23:00；⌘）、Drifters' Inn、Kathmandu Café、朝默纳利中心走，还有Johnson Lodge（见268页）的酒吧。

Johnson's Café和Banon Resorts（见268页）也有比较高档的好酒吧。在默纳利城里，最好的饮酒去处是**Khyber**（见269页地图；The Mall；主菜 ₹180~500；⊘10:00~23:00）和Chopsticks（见270页）。

🛍 购物

默纳利各种商店林立，出售来自喜马偕尔邦和中国西藏的纪念品，包括绿松石首饰和大量的黄铜佛像。当地的特产是库鲁的披肩（见262页），选购披肩的好去处是**Bhuttico**（见269页地图；☏01902-252196；The Mall；⊘周一至周六 9:00~19:00），这里收费公道、价格固定，在镇上还开有几个分店。

Bookworm　　　　书籍

（见269页地图；☏01902-252920；Shop No 5，靠近Post Office；⊘周一至周六 10:00~19:00）书店精心挑选的书籍出色多样，有不少喜马拉雅山脉题材的书，地图中包含Leomann的徒步地图。

ℹ️ 实用信息

医疗服务

Lady Willingdon Hospital（见269页地图；☏01902-252379；www.manalihospital.com；School Rd）被视为库鲁谷最好的医院，有24小时急诊服务。

电话

在商场步行街及周边的几家手机店能买到外国手机可用的SIM卡。**Shashni Communications**（见269页地图；紧邻The Mall；⊘10:00~21:00）含2GB流量的SIM卡售价为₹500，大约含₹40的预存话费。

旅游信息

喜马偕尔邦旅游发展公司（HPTDC；见269页地图；☏01902-252116；The Mall；⊘4月中旬至7月中旬和9月中旬至11月中旬 8:00~20:00，其余月份 9:00~19:00）可以预订HPTDC长途汽车和酒店。

旅游办事处（Tourist Office；见269页地图；☏01902-252175；The Mall；⊘周一至周六 10:00~17:00，每月第2个周六休息）回答咨询，分发少量宣传页。

ℹ️ 到达和离开

默纳利最近的机场位于南边50公里的布恩塔。

在商场步行街的最高处有一个**铁路订票处**（见269页地图；The Mall；⊘周一至周五 8:00~13:30，周六 8:00~12:30）。

长途汽车

政府运营的喜马偕尔邦公路运输公司（HRTC）的长途汽车从**汽车站**（见269页地图；The Mall）出发。Himachal Tourism（喜马偕尔邦旅游发展公司，简称HPTDC）有少量车次开往德里和西姆拉，而且是这些线路上最舒适的车。发车地点是汽车站，但售票地点在**喜马偕尔邦旅游发展公司办事处**（HPTDC office）。有私营长途汽车开往少量站点，从位于汽车站以南1.2公里处的**私营汽车站**（Hwy 3）发车，车票在商场步行街沿线的旅行

从默纳利出发的HRTC长途汽车

目的地	票价(₹)	车程(小时)	发车频率
阿姆利则	542~594	11~14	13:45和15:30
布恩塔	15	30	5:00~21:00每15~30分钟1班
昌迪加尔	451~854	9	每天18班
台拉登	665~1187	15	每天3班
德里	684~1412	14~16	每天13班
达兰萨拉	360~820	10	沃尔沃空调车20:00,普通车8:20和19:00
赫里德瓦尔	662~1311	15	每天4班
Kaza	300	11	6月中旬至10月中旬6:30
吉隆	175	7	5月中旬至11月上旬每天7班
库鲁	60	1.5	4:00~22:00几分钟1班
门迪	170	4	5:00~21:00每半小时1班
纳贾尔	30	1	8:00~18:00每小时1班
西姆拉	390~544	9	每天6班

社有售。

如果要去帕尔瓦蒂河谷,先乘车到布恩塔再换车。

德里 喜马偕尔邦旅游发展公司(HPTDC)的舒适空调沃尔沃大巴(₹1300,14小时)在17:30发车,旺季在17:00和/或18:00加车。私营长途汽车公司也有相似的过夜车,票价在₹900到1800之间,取决于季节。喜马偕尔邦公路运输公司(HRTC)每天下午有5班空调沃尔沃(₹1412),17:50还有1班空调豪华车(₹1122)。每天还有7班普通车或"半豪华"车。

拉胡尔和思比堤 位于默纳利和拉胡尔之间的Rohtang La通常在5月中旬至11月上旬开放通行,拉胡尔和思比堤之间的Kunzum La是在6月上旬至11月中旬(具体日期视下雪情况而定)开放通行。Rohtang La的穿山隧道尚未通车,预计在2019年开通,届时拉胡尔有望全年可达。在可以通行的季节里,喜马偕尔邦公路运输公司(HRTC)每天有7班车开往吉隆(拉胡尔),有1班车开往Kaza(思比堤)。

摩托车

许多人会骑着买来或租来的摩托车穿越山口,前往思比堤。你可以报名参加团队游,包含住宿、餐食和后勤车辆的费用大约是每天₹5000,也可以租一辆摩托车自己走。

如果要租摩托车,排量350cc的恩菲尔德摩托车每天需要₹1200或₹1300,500cc的恩菲尔德摩托车需要₹1400到₹1500,220cc的摩托车大约要₹800。务必确保费用中包含备件、工具,至少要有第三方保险,还应包含办理Rohtang La许可证时需要用到的登记证明和污染排放证明。

Anu Auto Works (Royal Moto Touring;见266页地图;☎9816163378;www.royalmototouring.com;Vashisht Rd;◑办公室 9:00~21:00或更晚,大约在6月至9月)大名鼎鼎、备受推崇的专业机构,组织"恩菲尔德"摩托车之旅,还出租并维修恩菲尔德摩托车。

Bike Rentals Manali (见266页地图;☎9816044140;www.bikerentalsmanali.com;Vashisht;◑4月至10月 9:30~23:00)出租恩菲尔德摩托车,组织骑行游。

Enfield Club (见266页地图;☎9805146389;Vashisht Rd;◑4月中旬至次年1月 9:00~21:30)发烧友的小型工坊,出租恩菲尔德摩托车,还能维修。

Himalayan Inder Motors (见269页地图;☎9816113973;Gompa Rd)出租恩菲尔德及其他品牌的摩托车,店主Kaku已从业25年。

出租车和吉普车

喜马偕尔邦出租车经营协会 (见269页地图;☎01902-252205;The Mall)有多功能休旅车(MUV,常被称为吉普车)开往列城,车费在₹14,000到₹24,000之间,可乘坐6人,舒适度不错。6月中旬到7月末的价格最高。私营旅行社也推出了类似的客运服务，有时还能按座位售票，每座₹2000到₹3000。

去Kaza（思比堤）的吉普车单程车费约为₹9000。有合乘吉普车在6:00开往Kaza（每座₹1000），可提前一天去老默纳利南边的**Hotel Kiran**（见269页地图；☎01902-253066）问问，来自思比堤的司机常聚在那里。只要Rohtang La和Kunzum La正常开放，这些车就会一直运营。

租一辆配司机的吉普车多日价格一般是每天₹3000到₹3500。要游览思比堤或拉达克等地，这种方式比较省钱，特别是五六个人合乘的时候。车型不尽相同，既有比较低端的高底盘Sumo或Spacio，又有舒适度更高、没那么颠的Innova、Xylo或Tavera。几乎所有旅行社都能安排这类车。价格比较优惠的是**Shalom Travels**（见266页地图；☎9816746264；Manu Temple Rd）和老默纳利的**Nirvana Travels**（见266页地图；☎9816023222；紧邻Manu Temple Rd）。

其他常见的单程出租车费：

目的地	车费（₹）
布恩塔机场（Bhuntar airport）	1500
达兰萨拉	5000
吉隆	5000
库鲁	1100
Manikaran	2000
纳贾尔	800
Solang Nullah	800

ⓘ 当地交通

哈迪姆巴机动三轮车调度中心（Hadimba Autorickshaw Operators Union，见269页地图；☎01902-253366；The Mall）在商场步行街南端设有一间办事处，但在商场步行街最高处等客的司机往往报价更合理一些，运气好的话，去老默纳利桥只需₹50，去哈迪姆巴神庙₹60，去Vashisht₹70。不过他们总会想办法多要钱，特别是天黑后（如果你能找到一辆车的话）。

默纳利周边

Vashisht

☎01902 / 人口1600 / 海拔1970米

Vashisht位于默纳利以北约2公里，地处比亚斯河上方的山坡上。它与老默纳利相似，但更安静一点，布局也更加紧凑，是热门的旅行者聚集地。印度旅游者来到这里，主要是为了在温泉中沐浴以及拜谒寺庙，而外国旅行者来这里多半是为了寻找便宜的住处、清爽舒适的氛围以及大麻脂。从11月到次年4月，许多客栈和餐厅停止营业。

Vashisht Mandir　　　　　　　印度教寺庙

（见266页地图；⊙9:00~21:00）古老的神庙Vashisht Mandir以石头建造，供奉着圣人Vashisht，本地含硫的温泉水被引入神庙内的小型**公共浴池**中（见266页地图；⊙9:00~21:00）**免费**。山坡上还有个男士专用的露天**公共浴池**（见266页地图；⊙6:00~21:00）**免费**，走过一些当地人洗衣洗碗的温泉出水口即到。附近是一座尖塔式的**罗摩神庙**（Rama Temple，见266页地图），有古老的石雕和木造顶篷，还有一座相对朴素的**湿婆神庙**（Shiva Temple，见266页地图）。

🛏 食宿

村里的小巷中和上山的小路上隐藏着很多不贵的小型客栈和家庭寄宿。

Hotel Dharma　　　　　　　　　　酒店 $

（见266页地图；☎01902-252354；www.hoteldharmamanali.com；房间₹300~1200；⊙1月和2月关闭；@☎）从神庙Vashisht Mandir往上方走一小段陡峭的山路就是这家酒店。在比亚斯河两岸的所有酒店之中，这里的风景是数一数二的。年代更久的那座楼前面有一片大露台，有朴素但是干净的房间，价格在₹300到₹600之间，相当实惠。新楼里的房间价格要高一些，条件也更好，铺着地毯，还有阳台。

Hotel Surabhi　　　　　　　　　酒店 $$

（见266页地图；☎9816042796；www.surabhihotel.in；房间 含早餐₹1660~2760；☎）Surabhi是主街上几座还算现代的大酒店之一，宽敞的房间铺着地毯，打理得不错，有视野一流的阳台。住在这里，你真的不需要去找最贵的房间了。

Hotel Valley of Gods　　　　　酒店 $$

（见266页地图；☎01902-251111；www.

HAMTA PASS徒步

这条需要露营的徒步路线从库鲁谷前往拉胡尔的Chandra Valley，途经海拔4270米的Hamta Pass，从默纳利出发很方便。大多数人会开车沿着Hamta谷从Prini村上山到Jobri，那里是Hamta Nullah和Jobri Nullah两条溪流的交汇处。开始的两天很轻松，总爬升高度约800米，有利于适应海拔。从Balu Ka Gera的露营地爬上山口的这段路陡峭累人，但从最高处可将白雪皑皑的壮丽山景尽收眼底。走这条徒步路线的最佳时间是雨季过后的9月下半月和10月。Chatru位于Rohtang La和思比堤之间的公路上。

阶段	路线	路程（小时）	距离（公里）
1	Jobri至Chikka	2	5
2	Chikka至Balu Ka Gera	4	9
3	Balu Ka Gera至Shiagouru，途经Hamta Pass	8	15
4	Shiagouru至Chatru	4	10

hotelvalleyofgods.com；房间 ₹3000~3500，套₹4000；@🛜）这是一座令人印象深刻的木石结构建筑，酒店由一个当地家庭经营，明亮、宽敞的房间里铺着松木地板，浴室很大，条件很好，房间的阳台可以俯瞰河谷。

Rasta Cafe 各国风味 $$

（见266页地图；主菜 ₹100~240；⏱8:00~23:00；🛜）Rasta是一流的旅行者聚集地，供应精心制作的早餐、汤、沙拉、藏式饺子、印度菜、香炸豆丸、鹰嘴豆泥、意大利面、比萨、甜品、果汁、果昔（我们还能继续列举……）。服务很友好，就餐空间明亮通风，摆着松木餐桌和藤椅，也有矮桌配软坐垫。雷鬼音乐时时飘荡。

World Peace Cafe 各国风味 $$

（见266页地图；Hotel Surabhi；主菜 ₹120~300；⏱7:00~22:00；🛜）这间屋顶餐厅有开阔的露台，可欣赏美不胜收的河谷风景，还有一个室内就餐区，摆着低矮的餐桌和地板坐垫。厨房烹制丰富多样的各国风味菜肴，味道不错，夏季有时举办音乐会。

❶ 到达和离开

在Vashisht村和默纳利之间定时往来的机动三轮车，价格是₹70。但在19:00以后，不管是Vashisht村还是默纳利，这两个方向都不可能搭到车。步行大约30分钟；Bike Rentals Manali旁有一条下山的步行小道，通往Vashisht岔口以北300米的主路。

Solang Nullah

☎01902

这是喜马偕尔邦主要的冬季运动胜地，位于默纳利以北13公里处，就在Solang谷的低处。1月至3月期间，滑雪和单板滑雪爱好者可以尽情享受长达1.5公里的高山雪道。有一部缆车（单程或往返 ₹600；⏱10:00~18:30）升至海拔3200米，在山顶还可进行自由滑雪和越野滑雪。

Solang一年到头都是游览胜地，可以玩滑翔伞（见264页）、四轮摩托车，在雨季前的旅游季，当地处处弥漫着类似狂欢节的气氛。缆车全年运行，周围的小山非常适合步行和登山，北面的Patalsu峰（4472米）是精彩的徒步登山游目的地，全程需要1~2天，相当难走。

喜马偕尔邦西部

摩洛甘济是喜马偕尔邦西部的主要旅行者聚集地，有很多做志愿者的机会，也可以参加瑜伽、禅修及其他课程。Dhauladhar山脉和Pir Panjal山脉都是出色的徒步游地点，而两道山脉之间的昌巴河谷有美丽的风景和迷人的文化。另外，Bir-Billing地区是世界一流的滑翔伞胜地，还有众多藏族寺院，吸引着越来越多的人来探险和修行。

达兰萨拉（Dharamsala）

☎01892 / 人口20,000 / 海拔1380米

长途汽车停靠的地方实际上是下达兰

萨拉（Lower Dharamsala），一个凌乱的市场镇。大多数旅行者的目的地是上达兰萨拉（Upper Dharamsala），又被称为摩洛甘济（McLeod Ganj）。当地人口中的达兰萨拉往往指的是下达兰萨拉。

康格拉艺术博物馆
博物馆

（Museum of Kangra Art；见276页地图；印度人/外国人 ₹20/100；◎周二至周日 10:00~13:30和14:00~17:00）这间博物馆紧邻主街，展示了一些康格拉画派的优秀细密画和昌巴的rumal刺绣，同时还展出当地的传统服饰和1905年毁灭性的康格拉地震的照片。

Hotel Dhauladhar
酒店 $$

（见276页地图；☎01892-224926；www.hptdc.gov.in；标单 ₹1720~2050，双 ₹2290~2730，套 ₹3270起；❄）这个喜马偕尔邦旅游发展公司（HPTDC）旗下的酒店位置居中，房间干净宽敞，还有一片开阔的餐厅露台，能看到美妙的河谷风景。酒店还开有一家酒吧。

❶ 到达和离开

长途汽车

达兰萨拉机场（Dharamsala Airport）位于西南方向13公里处的Gaggal。印度航空和香料航空每天都有飞机往返德里，不过恶劣天气下航班有时会取消。

达兰萨拉长途汽车站（Dharamsala bus station；见276页地图）有开往摩洛甘济（₹15；35分钟）的公共汽车，从6:00到21:00大约每半小时一班。前往德里的沃尔沃空调车（₹1240）在5:15、18:30、20:00和21:30发车，还有1班空调豪华长途汽车（₹950）在20:30发车。

达兰萨拉出租车协会（Dharamsala Taxi Union，见276页地图；☎01892-222105）位于汽车站旁的楼梯顶部，登上185级台阶即可到达。乘出租车到摩洛甘济需要 ₹200。

摩洛甘济（McLeod Ganj）

☎01892 / 人口 10,000 / 海拔 1740米

当旅行者们讨论说要去达兰萨拉的时候，其实他们的意思就是去摩洛甘济。从达兰萨拉镇向北大约3公里，或者搭环线巴士走10公里，可以到达摩洛甘济。摩洛甘济每年吸引数以千计的国际游客来为藏人群体提供志愿服务，参加佛教、禅修或瑜伽课程，在Dhauladhar山脉徒步，选购藏式手工艺品，或者以低成本悠然享受宗教和另类的氛围，在众多优质咖啡馆和餐厅享用印度、意大利、以色列、中国藏式风味美食。

旅行者、志愿者、身穿赭色长袍的僧侣和尼姑、世界各地的达摩僧众和日益增多的印度游客一起构成了有趣的组合，在这里你从

从达兰萨拉出发的长途汽车

目的地	票价（₹）	车程（小时）	发车频率
阿姆利则	255	7	5:00
昌巴	364	8	每天3班
达尔豪西	171	5	7:00
台拉登	535~1045	12	每天3班
德里	542~1240	12	每天10班
Gaggal	15	40分钟	每15分钟1班
Jawalamukhi	60	1.5	频繁
康格拉	25	1	每15~30分钟1班
默纳利	360~815	10	沃尔沃空调车21:30，普通车7:00和18:00
门迪	195~400	6	每天4班HRTC客车，另有私营客车
巴伦布尔	50	2	20:45前约每半小时1班
伯坦果德	136	3.5	5:00~17:30约每小时1班
西姆拉	363~522	10	每天7班（早晨和晚上）

Dharamsala 达兰萨拉

喜马偕尔邦

摩洛甘济

来不乏有趣的话题。

摩洛甘济得名于旁遮普邦的副总督唐纳德·摩洛（Donald McLeod），创建于19世纪50年代，当时是英国驻防的达兰萨拉外围的一处平民聚居地，在1905年康格拉地震中被摧毁，在印度独立后变得默默无闻。

摩洛甘济的雨季（6月下旬至9月上旬）尤其潮湿，而在11月至次年3月，天气寒冷，保暖的衣服非常有用。周一许多商店关闭歇业。

◉ 景点和活动

★ 楚拉康寺综合区 　　　　　　　　佛教寺庙

（Tsuglagkhang Complex；见278页地图；Temple Rd；⏱4月至10月 5:00~20:00，11月至次年3月 6:00~18:00）楚拉康寺综合区是来访的朝圣者、僧侣和众多游客关注的焦点，它由楚拉康寺本身（藏式主殿）和尊胜寺（Namgyal Gompa）组成。

➡ **楚拉康寺**

（Tsuglagkhang；见278页地图）备受尊崇的

Dharamsala 达兰萨拉

◎ 景点
1	巴克宿瀑布	D1
2	Men-Tsee-Khang	B4
	Men-Tsee-Khang Museum	（见2）
3	康格拉艺术博物馆	B5
4	湿婆神庙	D1
5	圣约翰在旷野教堂	B2
6	藏族儿童村	A1
7	Vashnu Mata Temple	C1

◎ 活动、课程和团队游
8	Ayuskama Ayurvedic Clinic	C1
9	Himachal Vipassana Centre	C1
10	Himalayan Iyengar Yoga Centre	C1
11	Terrestrial Adventures	C1
12	Tushita Meditation Centre	C2

◎ 住宿
13	Hotel Dhauladhar	B5
14	Raj Residency	C1
15	Trimurti Garden Cafe	C1
16	Valley View	C1

◎ 就餐
17	Cool Talk Cafe	C1
18	Space Out	C1

◎ 实用信息
19	印度国家银行	B5
20	印度国家银行自动柜员机	B5

◎ 交通
21	达兰萨拉长途汽车站	B5

楚拉康寺建于1969年。寺庙中央供奉着一尊镀金释迦牟尼佛像，左侧是观音菩萨和莲花生大士的镀金像。寺内还有一尊木质佛像，表现了佛陀在菩提伽耶的6年苦修即将结束时的样子。

➡ **尊胜寺**

（Namgyal Gompa；见278页地图）尊胜寺是楚拉康寺庙群的寺院。每天14:00到15:00（周日除外），你可以在庭院里观看场面热烈的僧侣辩经，他们会通过跺脚和夸张的击掌动作来增强辩论的力度。

➡ **时轮寺**

（Kalachakra Temple；见278页地图）在参观楚拉康寺之前，朝圣者们会先参观西侧的时轮寺，内部有令人惊叹的时轮（Kalachakra；时间之轮）坛城壁画，特别是与观音菩萨有关的。

➡ **转经环线**

（Kora Circuit；见278页地图）大部分朝圣者都会绕着楚拉康寺的外围进行顺时针方向的转经仪式（kora）。如果想加入他们的行列，沿下坡路走走，在寺庙入口左转，150米后沿着挂着经幡的小路再向右走。

圣约翰在旷野教堂 教堂

（St John in the Wilderness；见276页地图；◎9:00~17:00）教堂位于摩洛以西1.5公里的参天雪松林里，就在通往Forsyth Ganj的路上，这座阴郁的哥特式教堂（可追溯至1852年）是摩洛作为英国统治时期山中避暑地这段历史仅存的遗迹之一。这里的墓地中有许多1905年大地震遇难者的墓，同时还有第二任印度总督埃尔金伯爵（Earl of Elgin）之墓，墓地外形像火箭一样。

藏族儿童村 学校

（Tibetan Children's Village；见276页地图；☎01892-221348；www.tcv.org.in；◎办公室周一至周五 9:00~12:30和13:30~17:00）平平无奇的达尔湖（Dal Lake）位于摩洛西北方向3公里，从那里走一小段路就是藏族儿童村，近2000名藏族儿童在这里接受免费教育，其中大部分儿童在村内居住。欢迎访客参观。

★ Men-Tsee-Khang 佛教场所

（藏医学及占星协会；见276页地图；☎01892-223113；www.men-tsee-khang.org；Gangchen Kyishong；◎周一至周六 9:00~13:00和14:00~17:00，每月第2个和第4个周六关闭）这里致力于保存藏医药和占星学的传统技艺。Men-Tsee-Khang是学校、诊所、博物馆、研究中心和占星机构的集合体。占星师提供45分钟的口头咨询（₹2000；本人提前半天报名，提供出生的日期、时间和地点），还有一种详细的在线占星算命，可在4个月内通过邮件收到结果，还有一份打印件（US$85以及US$20税金）。

Men-Tsee-Khang Museum

（见276页地图；₹20；◎周一至周六 9:00~13:00和14:00~

喜马偕尔邦 摩洛甘济

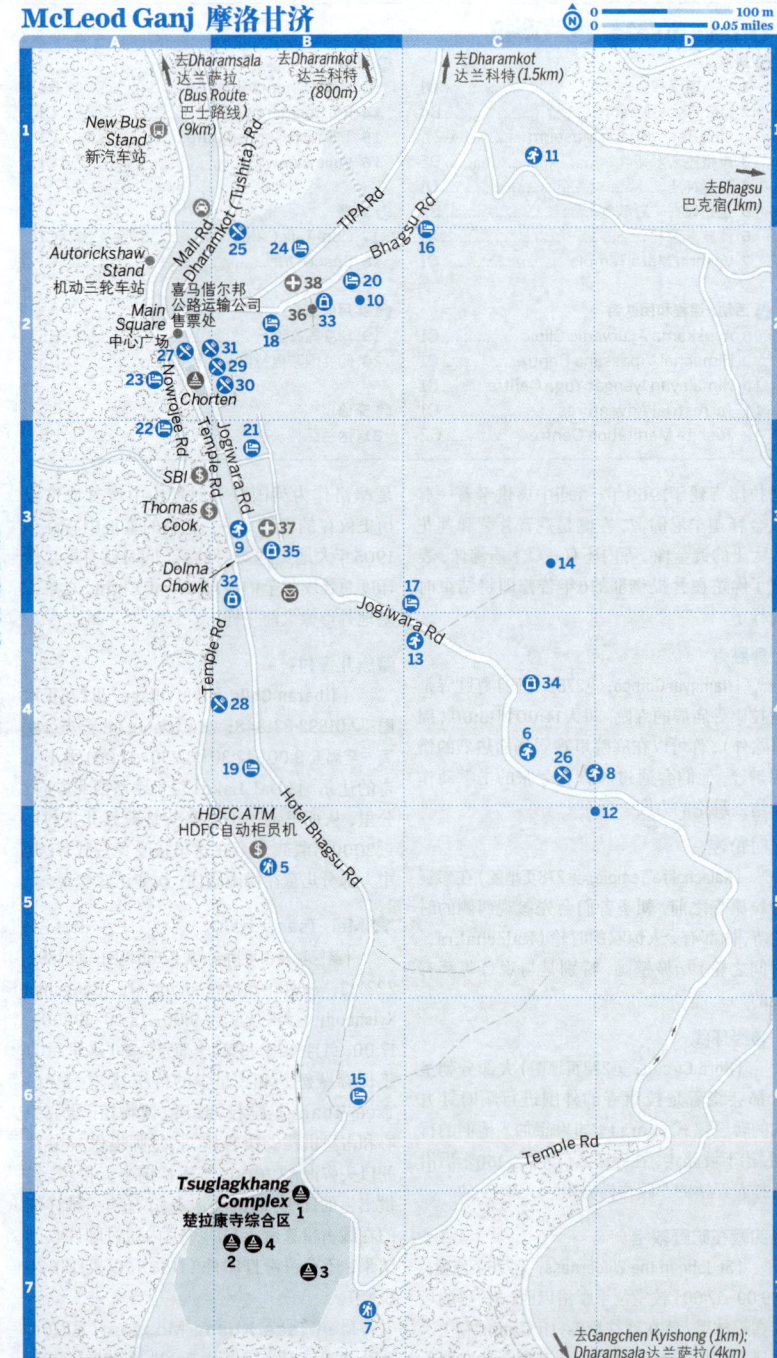

McLeod Ganj 摩洛甘济

◎ 重要景点
- **1** 楚拉康寺综合区 B7

◎ 景点
- Gu-Chu-Sum Movement Gallery .... (见26)
- **2** 时轮寺 B7
- **3** 尊胜寺 B7
- **4** 楚拉康寺 B7

✦ 活动、课程和团队游
- **5** High Point Adventure B5
- High Point Adventure .... (见19)
- **6** Holistic Centre of Ayurveda C4
- **7** Kora Circuit B7
- **8** Learning & Ideas for Tibet D4
- **9** Lha B3
- **10** Lhamo's Kitchen B2
- **11** Rogpa C1
- **12** Sangye's Kitchen D5
- **13** Tibet World C4
- **14** Universal Yoga Centre C3

⊜ 住宿
- **15** Chonor House B6
- **16** Green Hotel C2
- **17** Hotel Mount View C3
- **18** Hotel Tibet B2
- **19** Kareri Lodge B4
- **20** Kunga Guesthouse B2
- **21** Loseling Guest House B3
- **22** Om Hotel A3
- **23** Serkong House A2
- **24** Seven Hills Guest House B2

⊗ 就餐
- **25** Common Ground Café B2
- Green Hotel Restaurant .... (见16)
- **26** Lung Ta C4
- **27** McLlo Restaurant A2
- **28** Moonpeak B4
- Namgyal Cafe .... (见22)
- Nick's Italian Kitchen .... (见20)
- **29** Shangrila Vegetarian Restaurant B2
- **30** Snow Restaurant B2
- **31** Tibet Kitchen A2

⊙ 购物
- **32** Bookworm B3
- **33** Green Shop B2
- **34** Pick & Speak Mobile Shop C4
- **35** Tibetan Handicraft Center B3

ⓘ 实用信息
- **36** Branch Security Office B2
- **37** Yeshi Dhonden医生 B3
- **38** Men-Tsee-Khang Therapy Centre B2

17:00，每月第2个和第4个周六闭馆）共分为3层，用引人入胜的方式展现藏医药和占星学的复杂精妙，展品包括绘图的唐卡（thangkas）和药品样本、药用植物及矿物质，还有用于治疗的仪器——比如一把治疗肿瘤、精神失常和身体疼痛的黄铜锤。你还可以学会一些有用的偏方，比如用肉桂来预防肠胃胀气，用孜然和香菜治疗厌食症，而黄金则有延年益寿的功效。

Men-Tsee-Khang偶尔还组织藏医药的短期基础课程。

瑜伽、阿育吠陀和按摩

摩洛甘济与邻近的达兰科特（Dharamkot）和巴克宿（Bhagsu，见284页）有几十个自然疗法和另类疗法的执业医师，其中一些声誉良好，而另一些只是从容易上当受骗的旅行者那里投机赚钱。想要找到好的执业医师，最好的方法是和朋友及其他旅行者交流。

Holistic Centre of Ayurveda　　按摩

（见278页地图；☏9418493871；holisticmassage16@gmail.com，Ladies Venture Hotel, Jogiwara Rd；1小时 ₹800~1000；◎10:30~19:00）常驻按摩师Shami人气超高，因此要提前1~2天预订。他提供放松按摩、阿育吠陀按摩及深层组织按摩，可以按摩你的头部、背部、面部、双脚或全身。

Universal Yoga Centre　　瑜伽

（见278页地图；☏9882222011；www.vijaypoweryoga.com；Youngling School, Jogiwara Rd；1.5小时课程 ₹200~400；◎4月至9月）每天有反响很好的单节瑜伽课，无须预约，教授多种技法，面向各种水平的学员，还有教师培训课程。

徒步

从摩洛甘济徒步至昌巴河谷或库鲁谷

是可行的，甚至可以走到拉胡尔。摩洛甘济、达兰科特或巴克宿（见284页）有几家旅行社可以进行必要的安排，包括露营、向导、背夫或驮畜。除了难度颇高的前往昌巴河谷的Indrahar La徒步（见285页）以外，最受欢迎的是闲适轻松的3～5天环Kareri湖徒步。包含向导、食物、露营和（1名或多名）背夫的徒步费用大约为每人每天₹1500至₹3000。务必确认清楚费用中包含的具体项目——食物和随行人员的返程交通费有可能没包含在最初的报价中。

High Point Adventure 徒步

（见278页地图； 9816120145；highpointadventure@gmail.com；Kareri Lodge, Hotel Bhagsu Rd）这里有一个经验丰富、知识渊博的团队，价格是全城相当合适的。在Temple Rd还有一个**办公室**（见278页地图；9:00~18:00）。

志愿者服务

摩洛甘济的志愿者活动机会几乎比印度其他任何地方都多，主要为藏人群体提供方方面面的支持和帮助。一些语言会话课程欢迎直接上门的参与者。参加其他志愿者活动最好提前两三周联系。免费杂志《接触》(*Contact*, www.contactmagazine.net）会刊登许多志愿者机会。旅行者务必要亲自调研志愿者机会，评估项目是否规范，是否合适。专家建议志愿者服务应至少做满3个月。Lonely Planet不能为无直接合作关系的任何机构提供担保。

志愿者一般要自己安排食宿，不过Lha可安排在藏人家庭寄宿（每天US$20，含早晚餐，最少住1周）。

以下是部分提供志愿者活动机会或相关信息的机构。

Lha（见278页地图； 9882323453；Temple Rd； 办公室 周一至周五 9:00~13:00和14:00~17:00，第1个和第3个周六 9:00~11:00）这个非政府组织可以协调安排各种各样的本地团体组织项目，包括做英语及其他语言的老师、筹集资金，还需要医疗和IT专业人士。服务期从1周到2个月不等。任何人都可以到办公室参加与藏人一起的英语会话课，时间是周一至周五的16:00至17:00。

Tibet World（见278页地图； 9816999928；http://tibetworld.org；Jogiwara Rd； 周一至周五办公室 9:00~17:00）这里每年有约600名藏人学生，有多个岗位需要志愿者，包括英语、德语和普通话教学，最好服务1个月以上。这里的瑜伽课也由志愿者授课。同时推出无须预约的会话课，11:00和16:00是英语课，16:00有法语和普通话课。

课程

最有名气、声誉最好的瑜伽和禅修学校主要集中在达兰科特和巴克宿（见284页）。

Lhamo's Kitchen 烹饪

（见278页地图； 9816468719；lhamoskitchen@gmail.com；Bhagsu Rd；2小时课程₹300； 10:00至正午和17:00~19:00）推荐藏式素菜烹饪课程。每天的主要内容是藏式饺子、汤或饼，每种讲两三样。

最低2人开课，需要至少提前5小时报名。

Sangye's Kitchen 烹饪

（见278页地图； 9816164540；Jogiwara Rd；课程 ₹250； 周四至周二 10:00至正午和16:00~18:00）藏式菜肴烹饪课程，周日和周四主要教授制作藏式饺子（竟然包括巧克力味的!），周二和周六是面条。

节日和活动

在1月下旬、2月或3月上旬，摩洛会庆祝**藏历新年**，届时会有游行活动，当地寺院中还有面具舞表演。

藏戏节（Tibetan Opera Festival， 3月/4月）大多数年份在Tibetan Institute of Performing Arts（见283页）举办，12台藏戏连日上演，来自印度和尼泊尔的不同剧团轮番上阵，每台戏持续7到8小时。

住宿

受欢迎的地方很快就会被住满。建议预订，尤其是在4月至6月以及10月期间。

Kunga Guesthouse 客栈 $

（见278页地图； 9857421180；www.kungaguesthouse.com；Bhagsu Rd；房间 ₹400~1500； ）Nick's Italian Kitchen（见282页）是

藏医药

传统藏医药是指持续了数个世纪的自然疗法和受欢迎的对各种各样顽固小病的治疗。治疗方法包括按摩、熨敷、药浴、蒸浴，使用由植物和矿物制成的药品，规定饮食，提供生活方式的建议。镇上有几家诊所，包括Men-Tsee-Khang Therapy Centre（见278页地图；01892-221484；www.men-tsee-khang.org；TIPA Rd；⊙周一至周六 9:00~13:00和14:00~17:00，每月第2个和第4个周六关闭），由藏医学及占星协会（Tibetan Medical & Astrological Institute）经营。

Yeshi Dhonden医生（Dr Yeshi Dhonden；见278页地图；01892-221461；Ashoka Niwas；⊙周日至周五 9:00~13:00）是全城最受欢迎的藏医（amchi），他的小型诊所藏在一条紧邻Jogibara Rd的过道里。他的自然疗法声誉极好，慕名而来的病患中有不少癌症患者。每一两个月会指定一天，从8:00开始派发看诊号，所有在附近的Ashoka Guest House外排队的人都可以领。Yeshi医生每天问诊45名患者，每周工作6天，但前来求诊的人太多，两个月的名额可能在一天之内全部派完。看诊时，患者必须准备好一份尿液样本，进行一个快速检查，医生需要根据所有检查结果来开具适当的草药丸剂处方。

Kunga客栈最重要的资产，它分布于好几个建筑内的房型多样，房间平平无奇但很干净，提供的旅行预订服务很有帮助。最便宜的房间配公用浴室。

Om Hotel 酒店 $

（见278页地图；9816329985；Nowrojee Rd；房间 ₹550~650，不带浴室 ₹300~350；🎧）家庭经营的Om气氛友好，从中心广场走进一条小巷里就到了，房间简单但是讨人喜欢，而且视野很好。这里的平台可以尽享河谷落日。这里不接受预订，所以尽量上午去占个房间。

这里的Namgyal Cafe（见278页地图；主菜 ₹90~350；⊙9:30~22:00）很受欢迎，供应馅料丰富又有嚼劲儿的比萨，豆腐和土豆类菜肴都做得不错，还有汤和其他食物。

Loseling Guest House 客栈 $

（见278页地图；9218923305；紧邻Jogiwara Rd；双 ₹350~500；🎧）Loseling位于紧邻Jogibara Rd的一条小巷里，它由卡纳塔克邦（Karnataka）的一个藏族寺院经营管理。这里价格便宜，所有房间都有热水淋浴。屋顶上的三间客房无疑是最好的。

Hotel Mount View 酒店 $

（见278页地图；9816261717；mountmagic786@yahoo.co.in；Jogiwara Rd；房间 ₹500~1200；🎧）Mount View是一家朴实无华但经营良好的经济型酒店，坐落在人来人往的Jogiwara Rd，有旅游服务台、屋顶咖啡馆和一系列客房，房间都带浴室。房间的视野、大小、采光和通风状况各不相同，多看几间再做选择。

Seven Hills Guest House 客栈 $

（见278页地图；9736597593；TIPA Rd；双 ₹450~600，标单 不带浴室 ₹250；@🎧）Seven Hills是一家规模偏小的客栈，有一个洒满阳光的大露台，房间很干净，还带一间咖啡馆，位置便利，就在TIPA Rd上。

Green Hotel 酒店 $$

（见278页地图；01892-221479；www.greenhotel.in；Bhagsu Rd；房间 ₹800~2500；❄🎧）Green非常受中档消费层次的旅行者和小旅行团的喜欢，有多种多样的房间，阳光充足、超级干净，房间位于三栋建筑中，大多带阳台，可以看到河谷和群山的景色。经营有方的主人Choekyi总是快快乐乐的。酒店还有一间出色的咖啡馆。

Hotel Tibet 酒店 $$

（见278页地图；01892-221587；hoteltibetdasa@yahoo.com；Bhagsu Rd；房间 ₹1190~2380；🎧）这家经营良好的酒店位于城镇正中心，有一丝高档酒店的感觉，但价格实惠。房间铺着拼花地板，这里还有一间舒适惬意的餐厅，供应各国风味，有售酒许可。酒店还自带一家实用的旅行社。

Kareri Lodge
酒店 $$

(见278页地图; ☎01892-221132; karerilodge@gmail.com; Hotel Bhagsu Rd; 房间 ₹770~2120; ⊛)Kareri挤在一排大部分偏高档的酒店里,有5个一尘不染又很舒适的房间,配柔软的床铺,其中4个房间有巨大的窗户,可眺望美丽的远景。这里气氛不错,经理热心又友好,组织的徒步游值得信赖。

★ Chonor House
精品酒店 $$$

(见278页地图; ☎9882976879; www.norbulingka.org; 紧邻Temple Rd; 房间 ₹5360~7860; ❋@⊛)Chonor House隐藏在楚拉康寺附近的一条小巷里,是一件真正的瑰宝。它由罗布林卡学院(Norbulingka Institute,见288页)经营,房间装饰着极好的手工家具和纺织品。18间客房都很亮堂且阳光充足,而且每间客房都有一个藏式主题,从地毯到床罩再到壁画,无一不围绕着这个主题。即使是最便宜的房间也很宽敞。

★ Serkong House
酒店 $$$

(见278页地图; ☎9857957131; www.norbulingka.org; Nowrojee Rd; 标单 ₹2740~4110, 双 ₹3430~4790, 套 标单/双 ₹5480/6160; ⊛)Serkong是罗布林卡学院旗下的酒店,典雅舒适,经营良好。宽敞的房间装饰着藏式地毯和Norbulingka制作的桌子,比较贵的房间可欣赏优美风景。工作人员礼貌又高效。藏式—印度—欧陆风味餐厅(主菜 ₹150~240)很出色,避免使用精白面粉和味精。

✕ 餐饮

摩洛甘济到处布满了旅行者餐厅,供应非常相似的餐食——煎蛋饼、煎betti、印度菜、中国菜等,还有比萨、意大利面和其他多种欧洲菜。幸好,许多餐厅的味道都不错。摩洛还有一些北印度数一数二的咖啡馆,供应美味的咖啡和英式茶。如果想吃快餐的话,Jogiwara Rd上部和楚拉康寺入口外有藏人出售的藏式菜馅饺子。

Nick's Italian Kitchen
意大利菜 $

(见278页地图; Bhagsu Rd; 主菜 ₹80~190; ⊙7:00~21:00; ⊛)Nick's朴实无华,经营良好,多年来一直供应美味的素食比萨饼、千层面、意大利饺、意式土豆团和乳蛋饼。餐毕喝一杯研磨咖啡,搭配一份店内的甜点,如苹果派或美味无比的柠檬芝士蛋糕切块。

Shangrila Vegetarian Restaurant
印度菜 $

(见278页地图; Jogiwara Rd; 主菜 ₹70~90; ⊙7:30~20:30; ⊛)Shangrila由Gyudmed寺院的僧侣经营,一些僧侣负责招待客人,帮助营造出特别好的气氛。餐厅供应味美价廉的藏式主食,包括汤饺和baglebs(藏式炸饺)。

Snow Restaurant
多元风味 $

(见278页地图; Jogiwara Rd; 主菜 ₹80~150, 早餐 ₹160~195; ⊙7:00~21:00; ⊛)这里实惠的早餐套餐和美味的咖啡特别受欢迎,藏式饺子和藏式汤面(thukpa)也很好吃,店里有舒适的座位和摆着书的书架。

★ Moonpeak
多元风味 $$

(见278页地图; www.moonpeak.org; Temple Rd; 主菜 ₹150~300; ⊙7:00~21:00; ⊛)简直就是西雅图的一角被运到了印度。来这里可以品尝到极好的咖啡、早餐、蛋糕、富有创意的黑面包薄片三明治(尝尝清蒸鸡肉搭配芒果、柠檬、香菜酱汁)、汤、沙拉和许多制作精良的素食和非素食主菜。

餐厅还是一间画廊,选择音乐的品位极佳,偏重轻松的蓝调。

Green Hotel Restaurant
多元风味 $$

(见278页地图; Bhagsu Rd; 主菜 ₹110~180; ⊙6:30~21:30; ⊛)这家面向旅行者的酒店餐厅有一片阳光明媚的露台,室内有舒服的长沙发椅,供应非常好吃的素食,并且可以吃到城中最早的早餐。

Common Ground Café
亚洲菜 $$

(见278页地图; www.facebook.com/commongroundcafe09; Dharamkot Rd; 主菜 ₹80~230; ⊙9:00~21:00; ⊛)菜单里有令人眼花缭乱的亚洲特色菜,包括台味豆腐和sha tag(一种味浓的蔬菜炒肉),如果你愿意,也可以要求不放味精。另外全天供应西式早餐。咖啡也很好喝。气氛惬意自在又融洽,有公用餐桌和地板坐垫。

Tibet Kitchen亚洲风味 $$

（见278页地图；Jogiwara Rd；主菜₹120~300；◎12:00~21:30）在这里排队等位是值得的，可以尝到辛辣的不丹食物，比如kewa datse（马铃薯、豆子和辣椒配奶酪酱），还有不常见的藏式菜肴，比如辣椒洋葱烤羔羊肉片（shapta），藏式饺子也很好吃。这里还有泰国菜和中国其他地方风味菜。餐馆共有三层，通常挤满了旅行者、僧侣和当地人。

Lung Ta日本菜 $

（见278页地图；Jogiwara Rd；套餐₹200；◎周一至周六 12:00~20:30）这家素食日本餐厅广受欢迎，每日套餐是最好的选择，尤其是周二和周五，套餐里有寿司卷和味噌汤。食物和气氛都十分正宗，会有许多日本游客为了吃一口家乡的味道而来到这里。

McLlo Restaurant多元风味 $$

（见278页地图；Main Sq；主菜₹200~400；◎9:30~23:30）这家四层的大型餐厅每天晚上都顾客盈门，受欢迎的程度无可非议。供应的食物多得令人难以置信，有印度菜、中国菜以及各国风味的食物，包括比萨饼和意大利面。半露天的顶层是在摩洛享用冰啤酒（₹220以上）最好的地方之一。

☆ 娱乐

不定时举办的现场音乐之夜或即兴音乐会在城区各地做广告宣传。**Tibetan Institute of Performing Arts**（简称TIPA；☎9418087998；http://tipa.asia；TIPA Rd；◎周一至周六 9:00~17:00，每月第2个和第4个周六休息）不定期举办文化演出，包括名为"世界屋脊之舞"（Dances from the Roof of the World）的1.5小时民间和仪式歌舞表演，还有电子民俗合成音乐团体Aa Ka Ma的音乐会。可查阅Facebook主页或网站了解最新活动安排。Tibet World（见280页）在周四的18:30举办藏人民俗表演（₹200），在周六的16:00播放纪录片免费。

🔒 购物

摩洛甘济有几十家商店和摊位出售藏式手工艺品，包括唐卡、铜像、金属转经筒、绿松石项链、牦牛毛披肩和唱钵。一些由藏人经营，但许多是由克什米尔贸易商们经营，后者会大力推销，强行让你购买。几个当地合作社也出售同样的货物，但是不会那么喋喋不休。另外——书迷们要开心了！——摩洛的书店与人口数比率无疑是全印度最高的。

Tibetan Handicraft Center手工艺品

（见278页地图；☎01892-221415；www.tibetan-handicrafts.com；Jogiwara Rd；◎周一至周六 9:00~17:00）你可以花大约₹13,500购买一块0.9米宽、1.8米长的传统羊毛地毯，如果愿意，这家店可为你寄送（到欧洲₹2500至₹3500，到美国₹4500），并且欢迎观看编织者们工作。还有一家店出售其他迷人的商品，包括质量上乘的唐卡（₹20,000以上）。

Bookworm书籍

（见278页地图；☎01892-221465；Hotel Bhagsu Rd；◎周二至周日 9:00~19:00）摩洛最好的综合书店。

Green Shop手工艺品

（见278页地图；Bhagsu Rd；◎周一至周六 9:30~19:00）出售吸引人的手工再生环保纸品、有机花生酱、芝麻酱等。

ⓘ 实用信息

《接触》（Contact；www.contactmagazine.net）是一本信息量大的免费当地杂志，提供课程和志愿者工作的实用信息，可在线浏览，在摩洛甘济的少数咖啡馆、餐厅和酒店还能领取纸质版。

Delek Hospital（见276页地图；☎01892-222053；www.delekhospital.org/delek；Gangchen Kyishong；问诊 上午/下午 ₹10/50；◎门诊 周一至周五和每月第1个周六 9:00~13:00和14:00~17:00，每月第3、4、5个周六 9:00~13:00）一个由藏人经营的小医院，采用对抗疗法，有24小时急诊服务。

Pick & Speak Mobile Shop（见278页地图；Jogiwara Rd；◎8:30~20:30）出售SIM卡，价格₹200（不含流量和话费）。购买时带上你的电话和护照。

Thomas Cook（见278页地图；Temple Rd；◎周一至周六 9:30~18:30）兑换现金和旅行支票，收取0.15%的税金（最少₹35）和₹50的交易手续费；信用卡提现，收取3%手续费。

❶ 到达和当地交通

摩洛的许多旅行社都可以预订火车票,需要支付₹100的手续费。

飞机

达兰萨拉机场(见275页)有往返德里的航班。

机动三轮车

机动三轮车站(autorickshaw stand;见278页地图)位于中心广场的正北方。去巴克宿的车费约为₹60,去达兰科特约为₹70。

长途汽车

长途汽车的起点和终点是位于中心广场以北150米处的**新汽车站**(见278页地图)。从4:00到20:00,大约每15分钟到30分钟就有长途汽车和过度拥挤的吉普车开往达兰萨拉(票价都是₹15, 35分钟)。

一些长途汽车从摩洛出发,但达兰萨拉长途汽车站的车次更频繁。如果要购买从上述两地发车的政府运营(喜马偕尔邦公路运输公司,HRTC)的长途汽车票,可前往摩洛的**喜马偕尔邦公路运输公司售票处**(见278页地图;Main Sq;◎9:00~19:00)。此外,旅行社出售私营长途汽车票,目的地包括德里(₹900至₹1100;12小时;18:00至19:00发车)、默纳利(₹400至₹600;11小时;20:30和21:30发车)、阿姆利则(₹600,7小时,上午和晚上发车)等。

出租车

摩洛的**出租车站**(taxi stand;见278页地图;☎01892-221034; Mall Rd)位于中心广场的北边。租用出租车一天,车程80公里以内,预计花费₹1600。

单程车费为:Gangchen Kyishong、达兰科特或巴克宿(₹100)、达兰萨拉长途汽车站(₹200)、达兰萨拉机场(₹800)、昌巴(₹4000)、默纳利(₹4500)。

摩洛甘济周边

巴克宿和达兰科特
(Bhagsu & Dharamkot)
☎01892

穿过摩洛甘济北部和东部的松树林,可到达巴克宿(Bhagsu,正式名称Bhagsunag)村和达兰科特村。这两个村庄比摩洛甘济更有乡村气息,更加悠闲也更加另类。许多俭游的旅行者和长期停留的游客会选择住在这里,以色列人对这两个村庄更是情有独钟。你可以在这里学习塔罗牌、灵气疗法、数字占卜、水晶疗法和各种闻所未闻的瑜伽流派,参加西塔琴、手鼓或长笛课,体验或学习十几种类型的按摩,编藏辫、染发或接发,要么只是在咖啡馆里放空,或练习你杂耍抛球的手艺。这个地区的一些最好也最专业的瑜伽和禅修学校也在这里。

◉ 景点

达兰科特保留着一种安静的小村氛围,上达兰科特分散的房屋几乎一直延伸到半山脊处小巧的神庙Gallu Devi Temple。相反,下巴克宿熙熙攘攘,有很多完全面向印度国内游客的混凝土制的酒店、商店和迪斯科舞厅。但从巴克宿的主路往山上走2分钟便能返回背包客的乐园:上巴克宿与上达兰科特非常相似,几乎融为一体。下巴克宿建于16世纪的小型**湿婆神庙**(见276页地图)的前方有一个泉水灌注的游泳池,冰凉又干净,从那里步行1公里就是**巴克宿瀑布**(Bhagsu Waterfall,见276页地图),在雨季最为壮观。在去往上巴克宿的途中,从主路往上走200米,可以去俗气又令人难忘的寺庙**Vashnu Mata Temple**(见276页地图)随意逛逛,你要穿过混凝土制的狮

从摩洛甘济出发的HRTC长途汽车

目的地	票价(₹)	车程(小时)	发车频率
台拉登	550~1080	12	每天3班
德里	580~1275	12~13	4:00、18:00和19:30(普通);17:00(半豪华);18:30和19:45(豪华);17:30和19:00(沃尔沃空调)
默纳利	400	11	16:30
伯坦果德	150	4	每天5班

INDRAHAR LA徒步

这条热门的徒步路线用时4到5天,穿越Indrahar La(4420米)前往昌巴河谷,两个方向都能走。山口通常在6月到11月上旬开放,但9月和10月最好。

第一天用3~4小时登上高山草甸Triund,那里可以露营,还有几个简陋的客栈,路边小吃店(dhabas)也出租睡袋和/或帐篷。第二天登上高山草甸Laka Got(3350米)和有岩石遮蔽的Lahesh Cave(3600米)。第三天早早出发,可以穿越Indrahar La——艰难的攀爬会换来令人惊叹的风景——然后沿着陡峭的下坡路前往Chata Parao的草甸露营地。

小道继续向下通往Kuarsi,穿越夏季牧场,有些地方的路不好找。最后一天,在Hilling会走到一条公路上,前方大约5公里就是Lamu。从Lamu往下走到Holi-Kharamukh-Chamba公路还有3公里到5公里(看是否抄近路),每天有几班长途汽车往返这条公路(其中有几班开往山上的Lamu或Hilling)。要前往Bharmour,可以乘车到Kharamukh再换车。

阶段	路线	路程(小时)	距离(公里)
1	摩洛甘济至Triund	3~4	9
2	Triund至Lahesh Cave	3~4	8
3	Lahesh Cave至Chata Parao,翻越Indrahar La	6	10
4	Chata Parao至Kuarsi	5~6	15
5	Kuarsi至Lamu	4	10

口走进内室,再从鳄鱼的嘴里钻出来。

🏃 活动

Terrestrial Adventures 徒步

(见276页地图;☎9418656758, 9882858628; kcnehria@yahoo.com; Main Sq, Bhagsu; ⏰8:00~19:00)这个机构经验丰富,声誉良好,组织一系列深度徒步游,包括走Indrahar和Minkiani Pass到昌巴河谷的路线、前往库鲁谷的多条路线,还有一条前往Pattan Valley的10日徒步游路线,途中翻越Dhauladhar山脉和Pir Panjal山脉。Indrahar徒步游的费用大约是每人每天₹3000。

Gallu Devi和Triund徒步

要前往坐落在达兰科特上方山脊上的小神庙Gallu Devi temple,沿着达兰科特的**Himalayan Tea Shop**(见276页地图;商品₹30~80;⏰6:00~20:30)对面的水池左侧前行约50米,然后拐进右侧的小路。这条迷人的小径蜿蜒向上,穿过森林,1公里后到达一条吉普车道。朝右边走500米即可到达Gallu Devi。

也可以从达兰科特最高处直接上山,走20~30分钟即到。小神庙所在的山脊上视野开阔,开着几家咖啡馆和客栈。这里有一条平缓的下山小道向西延伸,通往Naddi村(2.5公里)和达尔湖(Dal Lake, 3公里),不远处就是藏族儿童村(见277页)。向北继续朝山下走大约2公里有一道瀑布,主路在此向东爬升,穿过杜鹃花丛,通往景色开阔的高山草甸Triund(海拔2900米)——这段徒步线路景色优美,海拔提升800米,全程2.5~3小时,颇为难走。途中会经过几间茶馆,Triund还有几个路边小吃店(dhabas)供应简餐、帐篷、睡袋和床铺。在此过夜休息,能让你在返程或继续登山前,有机会在白天花上1小时登上Laka Got草甸(海拔3350米),那里时常被称作"Snowline"(雪线),有茶馆和观景台,然后你就可以折返或是继续向上攀登(如果你参加的是Indrahar La徒步)。

🎓 课程

要学习瑜伽、禅修、佛学和阿育吠陀,达兰科特和巴克宿有许多当地数一数二的去处。有些地方对禁语、禁酒和禁烟的规定很严格。

Tushita Meditation Centre 禅修、哲学

(见276页地图;http://tushita.info; Dharamkot；10天课程 含食宿 ₹6000起；⊙2月至11月）Tushita组织为期10天的"佛学入门"禁言静修课程，每天9:30（周日除外）还有无须预约的禅修活动。

Himalayan Iyengar Yoga Centre　　瑜伽
（见276页地图；www.hiyogacentre.com；TIPA Rd, Dharamkot；5天课程 南亚区域合作联盟公民/其他国籍 ₹3200/4000，提前预约订金 ₹1000；⊙3月至10月）专门打造的训练大堂坐落在一片葱翠之中，每周一都推出为期5天的艾扬格瑜伽课。

在摩洛甘济西部的静修所还有强化课程、教师培训课程和治疗。

Ayuskama Ayurvedic Clinic　　阿育吠陀
（见276页地图；☎9736211210；www.ayuskama.com; Hotel Anand Palace Bldg, Bhagsu；⊙9:00~17:00）Dr Arun Sharma的阿育吠陀疗法和课程大受好评。课程中既有一周的按摩或营养课（₹6500至₹7500），也有3个月的文凭课程（₹65,000）和最长达2年的从业者课程。

🛏 食宿

两个村庄都有很多便宜的客栈（许多都没有招牌）。想长住的人可以在家庭经营的小旅馆找到大约₹6000一个月的房间，往往还可使用厨房。

Trimurti Garden Cafe　　客栈 $
（见276页地图；☎9816869144；www.trimurtigarden.in; Lower Dharamkot；房间 ₹600，标单/双 不带浴室 ₹300/400；☎）僻静的Trimurti气氛友好，8个整洁的房间围绕着一片葱翠迷人的花园。客栈的咖啡馆对所有人开放（8:00到21:00），供应出色的家常食物，从什锦麦片到沙拉、蛋糕和素食塔利套餐，一应俱全。客栈由一家人经营，爸爸Ashoka可以教手鼓、长笛、西塔琴或声乐课。两只友好的小狗令客栈更有家居气氛。

4月到6月和9月中旬到10月中旬，热门的瑜伽教师培训课（www.trimurtiyoga.com）在此举办，房间会被预订一空。

Raj Residency　　客栈 $
（见276页地图；☎9736129703, 9418607040；Upper Dharamkot；房间 ₹700~1000；☎）这是一座两层的石头房屋，前面有一片开阔的草坪朝着达兰科特的高处，景色优美。8个房间都宽敞干净，浴室贴砖颇有艺术感。供应早餐。这里是住2~3周或更长时间的热门选择。

Valley View　　客栈
（见276页地图；☎9418054693；Dharamkot；标单/双 ₹500/600；☎）这家客栈没有招牌，但很好找，穿过达兰科特往山上走时，这幢4层小楼就在Himachal Trekkers后面。客栈有多间朴实无华但足够干净的客房，而且气氛友好。

Cool Talk Cafe　　各国风味 $
（见276页地图；☎9736365156; Dharamkot；菜舍 ₹90~200；⊙9:00~21:00）这家干净整齐的小餐厅位于达兰科特主街上方的一条安静小巷里，有坐垫区和座椅区，菜做得很棒，既有印度家常菜，又有藏式饺子、鹰嘴豆泥、茄子酱或烤三明治，还供应茶、咖啡、果汁或印度奶昔等饮品。餐厅还有两间明亮的客房（₹800），带阳光明媚的阳台。

Space Out　　各国风味 $$
（见276页地图；Dharamkot；主菜 ₹160~190；⊙8:30~23:00）Space Out的老板是波兰人，墙上装饰着壁画，食客可以悠闲地坐在地板坐垫上，享用美味的蒸粗麦粉、泰式咖喱、意大利面、素汉堡或用粉笔写在黑板上的其他菜式。

康格拉（Kangra）
☎01892 / 人口 9500 / 海拔734米

这座熙熙攘攘的城镇距达兰萨拉18公里，曾经是康格拉土邦的首府，从摩洛甘济来这里进行一日游非常不错。康格拉有一座壮观的堡垒和一处重要的印度教寺庙。你可以将康格拉与西面40公里之外的Masrur结合起来游览，后者有令人印象深刻的10世纪寺庙。

⊙ 景点

康格拉堡　　堡垒
（Kangra Fort; www.royalkangra.com；印度人/外国人 ₹15/200，语音导览 ₹100/200；⊙清

晨至黄昏)看上去坚不可摧的康格拉堡至少有1000年的历史,高耸在Manjhi河和Banganga河之间一片高地上。穿过一系列大门和走道登上最高处的宫殿区,可领略北部群山和南部平原的风景。

康格拉堡位于城镇南端,从汽车站乘机动三轮车前往需要₹100。堡垒曾先后被印度王公、莫卧儿和锡克教征服者,甚至英国人(1846年起)占据,最终被1905年的康格拉大地震损毁。

Maharaja Sansar Chand Museum 博物馆

(01892-265866;印度人/外国人₹30/100,语音导览₹150/200;9:00~17:30)从康格拉堡沿路上行约200米,就是布展得当的Maharaja Sansar Chand Museum,那些华丽的轿辇、孔雀羽毛的扇子和帕什米纳羊毛的拂尘让你更深入地了解昔日的康格拉王室——Katoch家族的生活方式。这个王朝非常古老,早期王室成员曾与《摩诃婆罗多》中的般度族交战(至少一块介绍历史的解说牌是这么说的)。

Brajeshwari Devi Temple 印度教神庙

印度教徒来到康格拉,会拜谒Brajeshwari Devi Temple神庙,这是51座Shakti peeths之一,这些著名的寺庙标记着湿婆神的第一个妻子萨蒂(Sati)女神被火焰吞没后身体各个部位落下的地点(这座寺庙标记了萨蒂的左侧乳房最终落下的地点)。

要前往神庙,从汽车站以南1公里处的主路朝山上走,穿过一个供品(prasad)和宗教小饰品店林立的热闹市集走10分钟即可到达。

🛏 食宿

康格拉的酒店大多很乏味。最好的无疑是Hotel Grand Raj(01892-260901;www.hotelgrandraj.com;Dharamshala Rd;双₹2250~5820;❄🛜),它位于汽车站对面,不过最便宜的房间很小,往往通风不畅,而且很吵。沿主路继续向南800米就是Royal Hotel(01892-265013;royalhotel@rediffmail.com;Civil Hospital对面;房间 不带/带空调₹900/1500;❄),这是个价格公道的经济型住宿选

> ### 康格拉谷小火车
>
> 一辆缓缓行驶的窄轨火车从伯坦果德向东开去,沿途风景优美、速度缓慢,依次经过:康格拉(5小时)、巴伦布尔(6小时)、拜杰纳特(Baijnath;7小时)、Jogindernagar(9小时)。两班火车最远到Jogindernagar,另外4班最远只到拜杰纳特。前往任意站点的票价最高为₹35,但是车厢内通常挤满了人,并且座位也无法预订。早点上车,找一个靠近车窗的座位,尽情享受沿途的美景吧。

择,整洁的房间面积适中,贴着瓷砖,配热水淋浴。两个酒店都有不错的餐厅。

❶ 到达和离开

大约每30分钟有长途汽车开往达兰萨拉(₹25;1小时)、巴伦布尔(₹55;1.5小时)和伯坦果德(₹130;3小时)。

从摩洛甘济到康格拉堡的往返出租车费是₹1300,包括等候时间。

Masrur

蜿蜒曲折的公路从康格拉向西延伸40公里(或从Gaggal向西南延伸31公里),穿过令人心旷神怡的青山,通往Masrur建于10世纪的壮观寺庙群(印度人/外国人₹15/200;黎明至黄昏)。虽然在1905年大地震中受损严重,但是有着精巧雕刻、尖塔结构的砂岩寺庙——印度北部非常罕见的由岩石凿刻而成的寺庙典范——仍然令人印象深刻,与柬埔寨吴哥窟或马哈拉施特拉邦(Maharashtra)埃洛拉(Ellora)的印度教寺庙有异曲同工之妙。你可以爬上寺庙的高处欣赏高山景色,寺庙前方水池的倒影很上镜。

到达这里最轻松的方法是乘出租车一日游(从摩洛甘济出发,连同游览康格拉约₹2500,不去康格拉₹2000)。或者也可以从达兰萨拉乘长途汽车先到Lunj(₹50;1.5小时),然后乘坐开往Nagrota Surian的长途汽车向西南行进4公里到达Pir Bindli的交叉路口,再步行2.5公里或乘坐每小时1班的公共汽车到达寺庙群。

达兰萨拉至门迪（Dharamsala to Mandi）

从达兰萨拉向东南方向延伸的宽阔河谷风景壮丽，Dhauladhar山脉矗立在北方，河谷向平原延伸而下。

巴伦布尔（Palampur）

◨01894 / 人口 10,000 / 海拔 1260米

巴伦布尔位于达兰萨拉东南方约35公里处，是一个熙熙攘攘的市集小镇，坐落在Dhauladhar山脉脚下，周围环绕着茶叶种植园和稻田。你可以参观茶厂和寺庙，在城镇后方的山中徒步。

◉ 景点和活动

郁郁葱葱的Bundla河谷在城镇北侧重又深入群山，谷内和山上都有精彩的徒步路线。Vindhyavasini神庙高踞河谷东侧，徒步前往大约要走9公里，爬升500米，沿途风景如画，从镇中心以北4公里处的"Water Tank Point"（乘出租车大约要₹350）出发，大约要走3个小时。Atul Sharma（◨9816272105; atulsharma2k@yahoo.co.in）是一位很棒的徒步和观光导游，对巴伦布尔地区和当地的山非常了解。

Vaidyanath Temple 印度教神庙

（Baijnath）在巴伦布尔东南方向17公里处的拜杰纳特（Baijnath），这座雕刻繁复精美的13世纪神庙高踞Binwa河上方，供奉着湿婆的化身——医师之神Vaidyanath。在巴伦布尔和门迪之间往来的长途汽车经停拜杰纳特汽车站，对面不远就是神庙。

Wah Tea Estate 茶园

（◨9418026354; www.wahtea.com; Deogran; ⊙周二至周日 9:00~17:00）免费 在1个小时的游览中，你将漫步穿过茶园和草药园，参观茶叶的干燥、揉捻、烘焙和分级过程，还有机会品尝绿茶和红茶。茶园位于巴伦布尔以南7公里处，乘出租车往返大约要₹600。

🛏 住宿

镇上的首选是 Norwood Green（◨9736031300; www.norwoodgreen.in; Bundla Tea Estate, Lohna village; 房间 含半膳宿 ₹8000~

罗布林卡学院

精彩的**罗布林卡学院**（Norbulingka Institute, ◨9418436410; www.norbulingka.org; 本地人和藏人 ₹20, 游客 ₹50; ⊙9:00~17:30）位于达兰萨拉东南方向6公里处，创建于1988年，旨在传授和保护传统的西藏艺术形式，参观一番非常有趣。你可以参加免费导览，观看工匠们创作木雕和金属雕像、绘制唐卡、刺绣。在学院受日本风格影响的宜人花园里还有**Deden Tsuglakhang寺庙**，庙里有一尊4米高的镀金释迦牟尼像，而**洛色玩偶博物馆**（Losel Doll Museum, 本地人和藏人 ₹5, 游客 ₹20）用迷人的实景模型和身穿传统服装的玩偶展示传统藏族文化的方方面面。周日和每月的第2个周六，工作坊关闭，但学院的其他部分照常开放。

学院的商店出售一些昂贵却精美的手工艺品，都是在这里制作的，包括珠宝、彩绘盒子以及刺绣服装和靠垫。游客可以加入手工艺工作室，参加定制的讲习班，课时不限，每半天/全天₹1500/2000。至少提前2天预订。

Norling House（◨9816646423; www.norbulingka.org; 房间/套 ₹3690/5430; ❄🅿🛜）宁静又有格调，位于学院的花园里，舒适的客房里装饰着佛教壁画和学院的手工艺品，房间围绕着阳光明媚的中庭而建。**Hummingbird Cafe**（主菜 ₹150~200; ⊙7:00~21:00; 🛜）供应素食和美味的咖啡。

要前往学院，可在达兰萨拉乘坐去巴伦布尔的客车，在Sidhpur的Sacred Heart School下车（₹7, 15分钟），从那里走1公里平缓的上山路即到（或花₹80乘坐出租车）。乘出租车抵离摩洛甘济需要₹350。

9000，小屋₹32,000~36,000；@），这里的小屋明亮光洁，含4个房间（但通常只在周一到周四晚上可以单独订房间）。当地最有情调又最豪华的住宿地点是Taragarh Palace（☎01894-242034，在德里011-24692317；http://taragarh.com；房间₹7000~10,000；※@※），沿通往门迪的公路向东南方前行12公里即到。这里从前是查谟和克什米尔王室的宫殿。Tea Bud（☎01894-231298；www.hptdc.gov.in；标单₹1520~2150，双₹2030~2860；@）是个条件尚可的中档住宿地点。

❶ 到达和离开

巴伦布尔汽车站位于镇中心以南1公里处，全天有长途汽车发往达兰萨拉（₹60，2小时）和门迪（₹175，3.5小时）。伯坦果德—Jogindernagar的火车也经停巴伦布尔。

Bir和Billing

小村Bir（海拔：1400米）位于巴伦布尔和Jogindernagar之间，154号公路以北2公里处，是世界一流的滑翔伞胜地，驰名海外。滑翔伞的出发地点是Billing，从Bir沿着一条蜿蜒的公路向上14公里即到，海拔提升1000米。几乎每年的10月或11月，Bir和Billing都会举办重要的飞行赛事。滑翔经验丰富的高手从这里最远可以飞到达兰萨拉、门迪和默纳利。

Bir也是藏人社群的活动中心，有几座20世纪60年代以来创建的藏传佛教寺院（gompa），其中一些开办吸引外国人的课程和静修活动。村庄里至少有3座寺院，还有2座印度最大也最壮观的寺院坐落在Bir村外几公里，分别是Sherabling Monastery（www.palpung.org；Bhattu village）和Dzongsar Khyentse Chökyi Lodrö Institute（http://khyentsefoundation.org/dzongsar-khyentse-chokyi-lodro-college；Chauntra）。一般说来，这些寺院都欢迎来访，参观主殿和露天区域通常都无须特别许可。

Bir Portal（http://birhp.com）有实用资讯。

🏃 活动

有几家旅行社推出了双人滑翔伞活动，30分钟左右的价格是₹1600到₹2500（含交通），具体取决于滑翔体验和飞行员的水平。租用GoPro相机需另付₹500。10月和11月的飞行条件最好。7月中旬到9月中旬的雨季停飞。

印度对滑翔伞运动的管控微乎其微：想要知道选哪家最好，主要靠玩过的人口耳相传。**Golden Eagle Paragliding**（☎9816577607；www.geparagliding.org）的口碑不错。如果要参加3~6天的训练课，**PG-Gurukul**（www.paragliding.guru；Blue Umbrella Bldg）值得推荐。**Himalayan Sky Safaris**（www.himalayanskysafaris.com）由来自英国的顶级滑翔伞运动员经营，组织滑翔伞导览游，可选择单人或双人飞行。

除滑翔伞运动之外，Bir和Billing地区还很适合步行、徒步和山地自行车运动。

📚 课程

Deer Park Institute　　　　艺术、哲学

（☎01894-268508；www.deerpark.in；Tibetan Colony, Bir；学费捐，房间 不带/带浴室₹400/600，铺₹100；⊙办公室 周一至周六 9:00至正午和14:00~18:00）🖉Deer Park的课程和讲习班每年都吸引来自数十个国家的近5000名学生，教学内容涵盖佛学与印度哲学，摄影、写作和电影制作等艺术门类，以及梵语、巴利语、藏语和汉语，还有佛学大师引导的禅修。课程不偏重理论，从经验出发，持续时间从2天到1个月不等，对所有人开放。

🛏 食宿

几个住宿地点开有餐厅。还有很多小餐馆，供应藏餐或其他食物。

Chhokling Guest House　　　　客栈 **$**

（☎8894112325；chodak_tenzin@yahoo.com；Tibetan Colony；房间 ₹600~1500；@）Chhokling Guesthouse维护良好，管理有方，由街对面的Chhokling Gompa经营，那是Bir最大的藏式寺院。客栈对所有人开放，有16个干净的房间，既有朴实无华，配硬板床的便宜房间，也有带软床和大浴室的明亮客房。

★ Colonel's Resort　　　　酒店 **$$**

（Colonel's Retreat；☎9882377469；www.colonelsresort.com；Chougan, Bir；含早餐 标单/

双 ₹2200/3300，豪华房₹4400，帐篷 单人/双 ₹700/1200；🛜）Colonel's是当地最好的住宿选择，坐落在开阔的花园中，有几个经济型房间可选，而宽敞的豪华房以任何标准来衡量都非常舒适，床铺又大又软，宽大的浴室里配优质的洗漱用品，房间里还装饰着藏式地毯和做工上乘的实木家具。供应高水准的自助晚餐（₹450），以印度风味为主，管理人员会在旅行安排和活动方面提供帮助。

❶ 到达和离开

在巴伦布尔和门迪之间往来的大多数长途汽车都能在154号公路沿线的Bir Road站把你放下，这个车站位于Chauntra以西约2.5公里。那里有本地客车（₹10）或出租车（₹100）会载你到Bir。乘出租车到门迪大约需要₹1500，到巴伦布尔需要₹800。

昌巴河谷（Chamba Valley）

风景如画的昌巴河谷是个壮美独立的峡谷体系，与康格拉谷之间隔着Dhauladhar Range山脉，与拉胡尔隔着Pir Panjal山脉。这个地区作为昌巴土邦被统治了几个世纪，昌巴土邦是北印度最古老的邦之一。这里会让寺庙爱好者、徒步客和喜爱欣赏风景的人们尽兴而归，但尚未受到大部分游客的关注。

达尔豪西（Dalhousie）

📞01899 / 人口10,500 / 海拔2050米

达尔豪西有着松林覆盖的险峻河谷以及远山景色，又是一个英国人遗留下来的凉爽山间度假地。它由达尔豪西总督在19世纪50年代创建，并以他的名字命名，在20世纪20年代、30年代和40年代迎来鼎盛时期，拉合尔的上流社会成群结队前来度假。印巴分治后，拉合尔划入巴基斯坦，达尔豪西的命运就此改写。如今，它成了一个缺少生气的度假地，有平原居民来这里度蜜月或举家同游。

◉ 景点

除了在绿树成荫的小巷里漫步，这里可看可做的并不多。不同寻常的是，作为一个山中避暑地，这里的陡峭道路少之又少。Thandi Sarak路（Cold Rd）和Garam Sarak路（Hot Rd）连接着Subhash Chowk和Subhash Chowk的市场区域。Garam Sarak的阳光更充足。有一条2.5公里的步行路线很不错，从Gandhi Chowk沿公路前往东北方向的Jandrighat，这是从前的昌巴统治者的避暑住所（不开放参观）。英国殖民时代的圣约翰教堂（St John；1863年）和圣弗朗西斯教堂（St Francis；1894年）坐落在山脊另一端的松林之间。

DHAINKUND

高地Dhainkund（2745米）是达尔豪西周边最令人振奋的地方，一条4公里的岔路（有近路小道）从达尔豪西以东12公里的贫困的Lakkar Mandi村盘绕而上，通往高地。出租车（从达尔豪西往返大约需要₹1000）要停在一个军事区的关卡处，从那里沿着风景如画的山脊步行1.5公里可到达寺庙Jai Pohlani Mata Temple，那里有一间茶室，能眺望Pir Pinjal山脉的壮丽风景。观景路线沿山脊继续延伸5公里，通往小小的Jot，它位于昌巴—Chuari Khas公路沿线的山口Chuari Pass（海拔2772米），那里有几个路边小吃摊。

经Khajjiar开往昌巴的长途汽车在Lakkar Mandi停靠（₹15，30分钟）。昌巴—达尔豪西的长途汽车大约在8:30、10:45、14:45和15:45经过Lakkar Mandi。

🛏 食宿

Grand View Hotel（📞01899-240760；www.grandviewdalhousie.in；房间 含早餐₹3930~5240，套₹6070起；🛜）和邻近的**Hotel Mount View**（📞01899-242120；www.hotelmountview.net；Club Rd；餐₹500~600）的餐厅环境优美，各国风味菜肴口味不错（自助早餐 ₹250到₹300，午餐或晚餐 ₹500到₹600）。如果想吃得实惠些，在Subhash Chowk周围有旁遮普风味的路边小吃摊。

Hotel Monal　　　　　　　　　酒店 $$

（📞9418106230；www.hotelmonal.com；Garam Sarak；房间 ₹2000~2500）这家酒店的经营历史超过10年，房间明亮干净，维护良好，坐拥美不胜收的河谷风景。顶层带私人阳台的房间最好。这里还供应素餐。从8月中旬到次年4

Dalhousie 达尔豪西

月中旬，酒店的性价比很高，房价降幅过半。

Silverton Estate Guest House 客栈 $$$

（☎9418010674；www.heritagehotels.com/silverton；Circuit House之上，Moti Tibba；房间₹5000~8000；◎4月至11月；☎）Silverton位于Thandi Sarak上方的树林里，环境清幽，散发着殖民时期风情和一种老派的舒适感，是最好的住宿选择。住在这里的感觉就像走进了一个惬意又有爱的家，这并非错觉，因为热情的主人也在这里生活。可以在大花园里尝试一下槌球游戏。

Kwality Restaurant 印度菜 $$

（Gandhi Chowk；主菜 ₹140~370；◎9:00~22:00；☒）这家餐厅是个颇有些时髦的地方，供应的菜式五花八门，其中包括中餐、汉堡包和比萨，不过印度菜无疑是最佳选择，套餐（₹250到₹300）非常不错。

❶ 到达和当地交通

汽车站位于城镇西端。长途乘车时，位于镇西7公里处的Banikhet（公共汽车/出租车₹8/220）是一个交通枢纽，选择更多，但是无法保证你能有座位。

Dalhousie 达尔豪西

◎ 景点
1 圣弗朗西斯教堂..................A2
2 圣约翰教堂..........................D2

ⓗ 住宿
3 Grand View Hotel..............A1
4 Hotel Monal........................C3
5 Silverton Estate Guest House B1

ⓧ 就餐
6 Hotel Mount View..............A1
7 Kwality Restaurant............D2

出租车站分布在**汽车站旁**、**Subhash Chowk**和**Gandhi Chowk**。从汽车站到Subhash Chowk费用约为₹100，到Gandhi Chowk为₹150。出城的参考车费为去昌巴₹1500，去达兰萨拉₹3000。

昌巴（Chamba）

☎01899 / 人口 20,000 / 海拔 930米

昌巴是昌巴区的首府，它坐落在水流湍急的拉维河（Ravi River）河谷中，是一个引人入胜的老城，分布着几座精美的寺庙、一间优秀的博物馆和一些熙熙攘攘的市场。昌巴创

建于公元920年，当时Raja Sahil Varman将都城从Bharmour迁移至此，此后这里一直是昌巴王国的都城，直到1947年与印度合并，不过从1846年起，这里受英国人统治。

昌巴实际的中心是被称为Chowgan的开阔草地区，主要用于节日庆祝、板球比赛、野餐和休闲活动。

⊙ 景点

★ 拉克希米·纳拉扬庙
印度教寺庙

(Lakshmi Narayan Temple Complex; ⊙ 清晨至黄昏) 在Dogra Bazar最高处的一片场地里，6座美轮美奂的尖塔式石庙连成一线，表面布满了雕刻。这些寺庙建于10世纪到19世纪，最大的一座（也是最古老的）是献给拉克希米·纳拉扬（毗湿奴）的。其余的寺庙中，有三座献给湿婆的不同化身（寺庙外有湿婆的坐骑公牛南迪的雕像，可据此辨认），还有两座献给毗湿奴。

Bhuri Singh Museum
博物馆

(☎01899-222590; Museum Rd; 印度人/外国人 ₹20/100, 照相 ₹50/100; ⊙周二至周日 10:00~17:00) 这个布展精彩的博物馆在喜马偕尔邦数一数二，展出着昌巴及其他画派的一系列高水准的山地（Pahari）细密画。还有吸引人的铜板铭文（从前一种保存重要文献的方式）以及拥有数百年历史和华丽雕刻的喷泉石板——这是昌巴河谷独有的传统。

其他神庙

从汽车站附近登上378级陡峭的台阶（或乘坐出租车），可到达查蒙答·提毗庙（Chamunda Devi Temple），其历史可追溯到1762年，在这里可将城镇与河谷的美妙风景尽收眼底。寺庙供奉着表情愤怒的地母神提毗（Devi），寺庙前的亭子（mandapa）里有排钟，顶部是富丽的雕刻。向北约500米的道路上方是现代的小型Sui Mata Shrine，有颜色鲜艳的绘画讲述昌巴女王Sui的故事。她献出自己生命以安抚造成严重干旱的水神。这位女神深受当地妇女敬仰，每年3月或4月Chowgan都举行3~4天的Sui Mata Mela节庆祝活动，向她致敬。

沿同一条路继续前行约600米，路边一个小拱门通往精美的12世纪尖塔式的神庙Bajreshwari Devi Temple，庙里供奉着杜尔迦的一个化身。神庙有繁复的雕刻，后墙上有幅雕刻作品再现了杜尔迦杀死（看似弱小的）巨人Mahisasur，并将他的水牛踩在脚下的场面。

Harirai Mandir寺位于Chowgan附近，建于11世纪，是献给毗湿奴的。Chowgan上方的窄巷里还分布着3座精雕细琢的尖塔式寺庙。10世纪的Champavati寺是Raja Sahil Varman为纪念他的女儿Champavati修建的，当地人把她当作杜尔迦女神的化身来敬拜。16世纪的Bansi Gopal Temple供奉克利须那，17世纪的Sitaram Temple供奉罗摩。

⚡ 活动

Mani Mahesh Travels
徒步

(☎9816620401, 9418020401; www.orchardhuts.com; Lakshmi Narayan Temple Complex外; ⊙周一至周六 9:00~21:00) Mani Manesh专业且经验丰富，可以安排有向导和背夫的徒步游，前往或翻越附近的Pir Panjal山脉和Dhauladhar山脉，同时还安排增长见识的昌巴寺庙之旅（₹550起）。徒步每人每天的费用为：在昌巴河谷内₹2000到₹2800，翻越Pir Panjal或Dhauladhar山口₹3500到₹4500，交通费另算。

从达尔豪西出发的长途汽车

目的地	票价 (₹)	车程（小时）	发车频率
昌巴经Banikhet	80	2.5	7:00/9:15/10:30/11:15
昌巴经Lakkar Mandi和Khajjiar	80	2.5	9:00/9:30/14:30/16:30
德里	610~1380	14	每天3班
达兰萨拉	170	5	7:15/11:50/13:15/14:00
伯坦果德	100	3	每天7班

Chamba 昌 巴

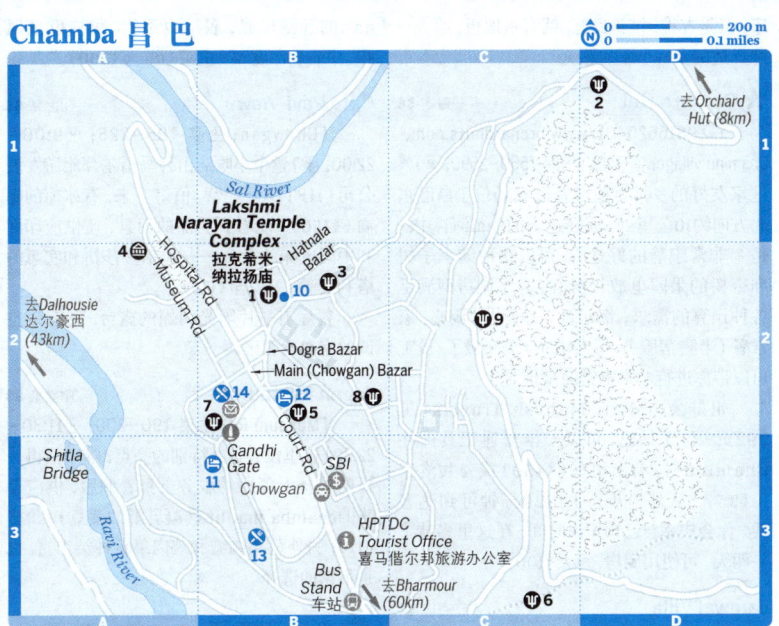

Chamba 昌 巴

◎ 重要景点
1 拉克希米·纳拉扬庙 B2

◎ 景点
2 Bajreshwari Devi Temple.....................D1
3 Bansi Gopal Temple............................B2
4 Bhuri Singh Museum A2
5 Champavati寺.....................................B2
6 查蒙答·提毗庙....................................C3
7 Harirai Mandir寺.................................B2
8 Sitaram Temple..................................B2
9 Sui Mata Shrine C2

◎ 活动、课程和团队游
10 Mani Mahesh Travels B2

◎ 住宿
11 Chamba House B3
12 Hotel City Heart.................................B2

◎ 就餐
13 Cafe Ravi View B3
14 Jagan Restaurant B2

经营这间旅行社的家庭还拥有出色的Orchard Hut。可以咨询一下在偏远舒适的Ridgemoor Cottage中住宿过夜，从Orchard Hut往山上走3到4小时（爬升1000米）可达。Mani Mahesh还安排远程吉普车游猎和摩托车之旅。

✲ 节日和活动

明加尔节 文化节

(Minjar Festival; ☺7月最后一个周日至8月第一个周日)从公元935年至今，昌巴每年都用明加尔节庆祝一年一度的丰收，向神灵Raghuvir（罗摩的一个化身）致敬。现在为期一周的庆祝活动包括游行、体育运动、民间舞蹈和音乐，在Chowgan还有一个大型跳蚤市场。

⊟ 食宿

Chamba House 客栈 $

(☏01899-222564; Gopal Nivas; 双 ₹880～1210, 套 ₹1650; ☺)这座吱嘎作响的建筑是昌巴最好的廉价住处，从这里的阳台可以欣赏到拉维河的美丽景致。6个房间不大，配硬板床，但是古雅，维护良好，铺有木地板，给人一种舒适的乡村小屋的感觉。

★ Orchard Hut
家庭寄宿 $$

（☏9816620401；www.orchardhuts.com；Chaminu village；铺 ₹400，房间 ₹560~2590；🅿️）这家友好的乡村客栈及有机农场位于昌巴东北方向约10公里处，就在迷人的Saal河谷中，是个非常宁静的好地方，可以在种满李子树和杏树的果园里放松身心。有不同房型满足各种预算的需求，都超级干净，设计用心，家常餐（半膳宿服务 每人₹650）美味极了，员工可以带你进行非常不错的步行活动。

姐妹公司Mani Mahesh Travels（见292页）位于昌巴，可以安排交通工具前往Chaminu村，有出租车（₹450）或公共汽车（₹25），从那里步行上山20分钟可到达客栈。你会庆幸自己预留出时间，在这里多待了一两天。可使用厨房，每天₹100。

Jamwal Villa
家庭寄宿 $$

（☏8894555246；www.jamwalvilla.com；Kuranh village；房间 ₹1500~1800；@）在昌巴东南方向10公里处，这个迷人又小巧的隐居地坐落在拉维河畔，环境优美，漂亮的花园里养着鸭子和兔子。3个房间很有魅力，有雅致的现代艺术品和各不相同的装饰元素，如用河里的石头砌的墙壁，而且处处都非常舒适，一尘不染。出色的早餐和以地方菜为主的晚餐塔利套餐价格是₹150起。

Hotel City Heart
酒店 $$

（☏01899-222032；www.hotelcityheartchamba.com；房间 ₹2600~3430，套 ₹3790~5450；🅿️🛜）这里的房间宽敞干净，装饰得很漂亮。套房和一些"超豪华"房能看到Chow-gan的开阔风景，餐厅也不错，供应欧陆风味、中餐和印度菜（主菜₹180至₹300）。

Cafe Ravi View
印度菜 $$

（Chowgan；主菜 ₹95~225；⊙9:00~22:00；🅿️）这个小吃店由喜马偕尔邦旅游发展公司（HPTDC）经营，值得一来，有冰凉的啤酒（₹150），能看到秀丽的河景，还供应印度和中国风味的素食——包括多莎饼和实惠的塔利套餐（₹125至₹175）。

餐厅有一片阳光明媚的露台，还有带空调的室内就餐区。

Jagan Restaurant
印度菜 $$

（Museum Rd；主菜 ₹90~200；⊙11:30~22:30）这里没有什么特别的亮点，唯一值得一提的是楼上餐厅的服务员身着制服，供应美味的chamba madhra（凝乳酥油菜豆），价格₹110；另外蔬菜咖喱和鸡肉菜肴种类丰富，也是不错的选择。

ℹ️ 到达和离开

长途汽车

在多半时间拥挤又混乱的**汽车站**，有政府经营的喜马偕尔邦公路运输公司（简称HRTC）长途汽车和私营长途汽车开往众多站点。去Bharmour的途中风景壮美，坐在车左侧视野最好。去达兰萨拉时，如果短时间内没有直达车，可以先乘车到Gaggal（₹230，5~7小时），那里隔几分钟就有车开往达兰萨拉（₹15，40分钟）。想欣赏最美的景色，可以乘坐途经Jot的客车，途中会翻越海拔2772米的Chuari Pass山口。去德里最好的车次是18:00发车的沃尔沃空调车。

出租车和吉普车

在Court Rd的**出租车站**，出租车前往Bhar-

从昌巴出发的长途汽车

目的地	票价（₹）	车程（小时）	发车频率
阿姆利则	277	7	23:15
Bharmour	95	3.5	5:00~17:00每小时1班
达尔豪西经Banikhet	80	2.5	每天4班
达尔豪西经Khajjiar	80	2.5	每天4班
德里	675~1516	15	每天3班
达兰萨拉	260~330	6~8	每天5班

mour报价约为₹1500，去达尔豪西为₹1800，去达兰萨拉为₹3500。

从7月到9月，多数日子里都有合乘吉普车（₹500）翻越Sach Pass山口开往Pangi Valley的基拉尔（Killar）——可咨询**Mani Mahesh Travels**（见292页）。

Bharmour

☎01895／人口2000／海拔2195米

Bharmour几乎悬在深不可测的Budil Valley河谷边缘上，经过一条山区道路可以到达这里，这条道路从昌巴向东蜿蜒60公里，沿途风景优美但十分危险（在Kharamukh离开Budil Valley后会变得非常精彩）。这座古老村庄曾是地区首府，直到在公元920年被昌巴取代，至今仍保留着几座美丽的老寺庙，不过大多数旅行者来此是为了徒步前往周围的河谷和山口。Bharmour周围的村子是半游牧民族Gaddis的家园，夏季的时候，牧民们赶着他们的牛群前往高山牧场，冬天再返回这里（或前往库鲁谷或康格拉谷）。

◉ 景点和活动

Chaurasi Temples　　　　　印度教寺庙

(☉6:00～20:30) 从汽车站沿街向山上走500米即可到达Chaurasi寺庙群。寺庙群占据着一片宽阔的石板庭院，这个庭院既是户外教室又是板球训练场。这里有3座主要的湿婆教神庙，还有几十座更小的神庙（chaurasi意为84，这个数字似乎夸张了）。中心的**Manimahesh Temple**是一座经典的石头尖塔式寺庙，建于公元7世纪，矮而宽的**Lakshna Devi Temple**与前者年代相近，饱经沧桑但是布满雕刻的木质门廊很有特色。

想要欣赏最棒的河谷景色，可以从Chaurasi的入口步行3公里至城镇上面的**Brahmani Mata Temple**。这条路线穿过村庄的上部，那里依然到处是石板瓦屋顶的传统木房子。

徒步

适合徒步的季节从5月持续到10月底，不过7月和8月有时会遇到雨季的降水。以当地为起点的徒步路线很多，包括：从Kugti出发至拉胡尔的Jhalma，中途翻越海拔5040米的Kugti Pass山口（全程5天）；从拉维河谷的Lamu出发至摩诃甘济，中途翻越海拔4420米的Indrahar La（全程5天）；还有难度较高、路途较长的徒步路线，经由偏远村庄Bara Bhangal前往默纳利或Bir。

一条很受欢迎的短途徒步路线是前往神圣的曼尼玛什湖（Manimahesh Lake），往返需要2～3天（单程约13公里，高度差2100米），从Bharmour以东13公里的Hadsar出发。由于一路上有许多小吃店提供住宿，没能备帐篷也可以完成这条路线。在黑天诞辰节（Janmastami，克利须那诞辰；8月下旬或9月上旬）之后的2周里，多达30万名朝圣者在**曼尼玛什朝圣**（Manimahesh Yatra）期间走这条路线，以敬拜湿婆神，朝圣的高潮是在冰冷的湖水中沐浴。在此期间，整个昌巴河谷都挤满往返圣湖的人。

Anna Adventures & Tours (☎8894687758，9805659622；www.bharmourtreks.com；Main Bazar) 在Bharmour地区和周边的山脉里组织各种各样的徒步之旅。可以去找Gopal Chauhan。

🛏 食宿

Hotel Mahadev　　　　　　　酒店 $

(☎9816544000；Main Bazar；房间 ₹400～1000；❄) 在通往Chaurasi Temples的街道右侧，Mahadev占据着楼上的3层，有的房间昏暗无窗，有的宽敞明亮（顶层靠前的房间）。

Chaurasi Hotel　　　　　　酒店 $$

(☎9418025004；http://hotelchourasi.in；Main Bazar；房间 ₹800～2000；❄) 在通往Chaurasi Temples的街道上，这座红色多层建筑十分显眼。房间很宽敞，许多房间视野开阔，靠边的新楼里的房间普遍条件更好。餐厅（主菜 ₹70至₹190）是Bharmour最好的，当然这里也没多少竞争者。

ⓘ 到达和离开

从5:30到17:30，大约每小时都有长途汽车前往昌巴（₹95，3.5小时），道路崎岖不平。乘出租车前往需要₹1500到₹2000，有些车可以合乘，每人₹200。

有一班长途汽车在17:30开往达兰萨拉

(₹450，12小时)。每天有几班客车开往Hadsar（₹35，1小时)，也有合乘的吉普出租车走这条路线，每人₹30。要乘坐沿拉维河谷上行、远至Holi的长途汽车，可以先乘坐开往昌巴的车到Kharamukh，在那里换车。

拉胡尔和思比堤
(LAHAUL & SPITI)

喜马偕尔邦荒凉的北部和东部是地球上最壮观、最人烟稀少的地区之一。从默纳利穿越Rohtang La山口，最先到达的是拉胡尔相对葱翠的Chandra Valley。沿着Chandra一路向西，再沿Bhaga Valley上行，穿过吉隆（拉胡尔的首府）。如果向东沿Chandra Valley上行，翻越Kunzum La进入思比堤，你就进入了喜马拉雅山脉的雨影区。思比堤占地达7000平方公里，分布着白雪皑皑的群山和高海拔荒漠，小块的绿色植被和刷白房屋点缀其中，这些房屋多数依着河流和冰川融水形成的溪流而建。藏传佛教在拉胡尔和思比堤是占主导地位的宗教，但在下拉胡尔主要信仰印度教。拉胡尔的一些寺庙同时被佛教徒和印度教徒参拜。

历史

人们相信，佛教是随着传奇的印度术士、圣人兼传播宗教人士莲花生大士（藏语中称为Guru Rinpoche），在公元8世纪传入思比堤和拉胡尔的。莲花生大士曾在中国西藏地区帮助传播佛教。10世纪末和11世纪初，大译师仁钦桑布（Ringchen Zangpo）在思比堤创建了一系列佛教知识中心，包括塔布寺——印度喜马拉雅山脉最卓越的佛教寺院之一。

16世纪，kullu王公控制了拉胡尔地区，并于17世纪对思比堤进行松散的控制。1846年的英国—锡克战争之后，英国人控制了这一区域，并在这里建立了与中国西藏地区的紧密联系。

近几十年来，这一地区的文化和宗教生活有所复苏，拉胡尔和思比堤的许多寺庙被修复，旅游业的收益和水电改善了农耕社区的生活条件，以前每个冬天他们都被大雪困在这里。

气候

降水极少，特别是在思比堤，高海拔导致气温很低，冬季温度可能会降到−30℃以下！有利的方面是，夏季白天的气温经常升至20℃以上，当雨季来临（7月中旬至9月中旬)，邦内其他地区都潮湿浸水时，这一带通常很干燥，阳光明媚。

无论你在什么时候游览此地，都需要带些衣服以抵御寒冷的天气。

❶ 到达和离开

从默纳利向北翻越Rohtang La(海拔3978米)的公路，通常从5月中旬前后开放到11月上旬。从Rohtang北侧向西可到达吉隆，向东可到思比堤。

从吉隆通往拉达克的公路继续翻越雄伟的Baralacha La(海拔4950米)和Taglang La(海拔5328米)两座山口，通常从6月上旬开放到10月。通往思比堤的公路翻越Kunzum La(海拔4551米)，从6月中旬开放到11月。

翻越山口可乘坐面包车、吉普车、摩托车或长途汽车，全都可以在默纳利安排行程。

山口关闭时，拉胡尔基本与外部世界隔绝，要前往思比堤，只能走从南部绕道金瑙尔的崎岖公路。如果在通车季快结束时来此游览，应事先确定山口的状态——一旦下雪，你可能会被困一整个冬季！网站www.bcmtouring.com和http://devilonwheels.com提供最新消息。

隧道开通后（预计在2019年)，不用再翻越Rohtang La山口，从默纳利到拉胡尔（但不是思比堤或拉达克）应该可以实现全年通车。隧道在山脉底部穿行8.85公里，从默纳利以北的Solang Valley通往拉胡尔的Chandra Valley。

拉胡尔(Lahaul)

默纳利至吉隆(Manali to Keylong)

从默纳利开始，3号公路沿着比亚斯河一路向北，穿过松林缓慢地向上爬升，形成无数个之字形转弯，蜿蜒通往Rohtang La山口下方光秃秃的岩质山坡。该山口字面之意是"成堆的尸体"，千百年来成百上千的过路人在这里被冻死。如今，一到印度国内的旅游季，山口挤满了从默纳利来一日游的游客，享受打雪仗的新奇感。靠近山口顶部，留心寻找圆拱形的小型寺庙，它标志着比亚斯河源头的位置。

翻过山口，道路很快变差，急转直下进入Chandra Valley，在河谷之中，Chandra河在高耸的峭壁之间咆哮奔流，缎带般的瀑布从高处的冰川飞流直下。经过蜿蜒曲折的14公里即可到达Gramphu（4座石头建筑），它标记着前往思比堤的岔路。

科格瑟尔（Khoksar）位于谷底，有几家小吃店和一个检查站，警察会在那里记录外国人的护照详细信息。绕过Rohtang La山口的新隧道将在科格瑟尔以西7公里处与这条路相连接。

Tandi距离吉隆还有8公里，是Chandra河与Bhaga河的交汇处（形成Chandra-Bhaga河）。从这里的Bhaga桥南端可以向上坡步行100米至Tupchiling Gompa，在此找人要一下Guru Ghantal Gompa的钥匙，后者需要再向山上走1小时才能到达，是拉胡尔最古老的寺院，据说是莲花生大士创建的。尽管Guru Ghantal Gompa寺院有些破败，但它保存了古老的唐卡，天花板上绘有坛城，还有罕见的木制莲花生大士像、其他菩萨像和印度教神灵Brajeshwari像，以及一尊黑色的卡莉石像。

吉隆（Keylong）

☏01900 / 人口1150 / 海拔3100米

吉隆位于默纳利-列城公路下方，沿着葱翠的Bhaga河谷北侧延伸开来，是这条路线上许多旅行者的过夜地点。大多数游客只是从吉隆匆匆而过，或是晚上转转，其实在这里多待些时间，你会看到宏伟的山景，感受悠闲的小镇生活形态，还可以在众多风景小径徒步，参观古老的佛教寺院。

主街起了个乐观的名字——商场步行街（the Mall）。它在公路下方蜿蜒1公里，与公路大致平行，汽车站（New Bus Stand）就在主街东端上方。

◉ 景点和活动

拉胡尔-思比堤部落博物馆　　　博物馆

（Lahaul-Spiti Tribal Museum; The Mall; ⊘周二至周日10:00~13:30和14:00~17:00）免费 这个还算有趣的博物馆位于城镇西端，展示着传统手工艺品，包括chaam舞蹈面具和一个thod-pa（部分头骨，以前amchis或喇嘛用它来存放有疗愈效果或神圣的液体），还展出历史照片和版画，以及当地寺院和村庄的当代照片。

Kardang Gompa　　　佛教寺院

Kardang Gompa建在混凝土支柱上，在河谷另一侧对着吉隆。寺院已有900年的历史，但现存的建筑是在1912年修建的。寺院的维护由Drukpa Kagyu（红帽）的僧侣和尼姑进行，这里供奉着一个巨大的转经筒，据说里

ROHTANG的规定

如果计划从默纳利自驾或骑摩托车向北翻越Rohtang La山口，必须事先前往镇上的助理地方行政官办公室（Sub-Divisional Magistrate's Office，简称SDM Office；见269页地图；☏01902-254100；HPTDC后面，The Mall；⊘周一至周六10:00~16:30，周日和每月第2个周六10:00~13:00）办理许可证。办理过程通常需要1小时左右，不收费（不过有些申请者被要求捐款）。携带你的护照和驾照，以及车辆的登记证明和污染排放合格证明，还要填一份表格。之后在你驾车向山口爬坡的途中，需要在Gulaba检查点出示许可证。

为保障道路养护工作顺利进行，每周二的6:00开始，山口不对包括出租车在内的所有北行车辆开放。如果在6:00之前通过Gulaba，可以继续前行。

南行的车辆不需要许可证，整周都能穿越山口。

从默纳利前往山口一日游，当天返回的车辆需要在线办理（www.hpkullu.nic.in）另一种许可证（₹550）。实际上，个人游客想办理这种许可证相当困难，几乎所有去Rohtang一日游的人都乘坐出租车往返。

Rohtang相关规定的细则经常变化。但愿2019年Rohtang隧道通车后，前往拉胡尔或更远的地方不再需要办理许可证。

面有一百万张写着六字真言"唵嘛呢叭咪吽"（如意宝莲花生）的纸条。寺院里还有出色的壁画，但是你可能要先找到一位僧侣或尼姑开门才行。

寺院内还有一个大经堂，收藏着宗教经典和唐卡，还有古老的武器和乐器。要前往寺院，先朝着位于吉隆西端最下面的医院走，在快到医院前方30米左侧的一条小路下坡，沿着这条路经一道人行桥过河，到Bhaga河对岸后上坡1公里走到一条公路上。右转进入Kardang村，询问寺院的方向，还要继续往山上走800米。回程可走另一条路，先返回Kardang村，往右沿公路前行3公里至Lapchang村，那里有一条1公里的下山小路通往另一座人行桥，过桥后上坡1.25公里到主路上。向左走1.5公里就回到吉隆。

Shashur Gompa　　　　　　　　　佛教寺院

从吉隆朝山上步行约2公里（乘车约7公里）就是Shashur Gompa。这座寺院创建于17世纪，原有的寺院里有5米高的唐卡，现在被供奉在一座现代的混凝土建筑内，寺院俯临风景优美的河谷。

Brokpa Adventure Tours　　　　　徒步

（☎9418165176；brokpatrek@yahoo.com；Hotel Dupchen, The Mall；上网和Wi-Fi每小时₹60；◎5月、6月和9月 9:00~20:00，7月和8月7:00~22:00）要获得徒步一日游的建议，或者安排当地或前往赞斯卡的长线徒步游，都可以来这里和Amar聊聊。办公室还提供上网服务。

🛏 食宿

大多数客栈和酒店只在5月至10月营业。在汽车站的街上有几个地方提供条件简陋的宿舍，供清晨赶车的人以最低花销过夜。

Nordaling Guest House　　　　　酒店 $

（☎01900-222294；www.nordalingkeylong.in；房间 ₹800~1500；◎5月至10月；🅿）这间令人愉快的酒店位于汽车站上方100米处，宽大的房间一尘不染，在酒店外的苹果园里有一间舒适放松的餐厅（主菜 ₹80到₹180）。这里是出色的住宿选择，旺季过后，房间价格大幅下降。

Hotel Tashi Deleg　　　　　　　酒店 $$

（☎01900-222450；hotel_tashideleg@yahoo.in；The Mall；房间 ₹1250~3050；◎5月至10月；🅿）这个白色的大酒店朝着商场步行街的西端，是吉隆最好的住宿选择。在酒店新建的一侧，房间很宽大，带软椅和好用的淋浴，大部分有阳台。酒店旧楼的一侧也不错，而且价格更便宜（楼层越高，价格越贵）。

酒店的餐厅在吉隆首屈一指，有Wi-Fi，供应印餐、中餐和欧陆风味的食物（主菜 ₹100到₹220）以及凉啤酒。

Hotel New Gyespa　　　　　　　酒店 $$

（☎9418136055；房间 ₹1200~1800；◎5月至10月）位于汽车站上方20米处，房间很干净，铺有地毯，大部分都能看到河谷对面的风景。最好的房间在顶层，很宽敞，是2016年新建的。酒店还开了一间很吸引人的餐厅，装饰着松木镶板（主菜 ₹100到₹300）。附属酒店 **Hotel Gyespa**（☎9418133522；The Mall；房间 ₹800~1200；◎5月至10月）更便宜，同样物有所值，也有餐厅。两家酒店都在旅游季伊始和尾声时打折。

❶ 实用信息

帕蒂亚拉邦立银行自动柜员机（State Bank of Patiala ATM, The Mall）位于Hotel Dupchen对面，可使用国际银行卡。

❶ 到达和离开

从6月中旬到9月中旬，每天5:00有1班喜马偕尔邦公路运输公司（HRTC）的长途汽车开往列城（₹540，约14小时），要在4:00到4:30之间在汽车站买票。私营面包车和合乘吉普车会一直运营至10月，根据下雪的情况而定。在**Brokpa Adventure Tours**可以订座。每个座位的价格在₹1500至₹3000之间（6月至8月最贵）。

大约从5月中旬到11月上旬，喜马偕尔邦公路运输公司（HRTC）每天还有6~7班长途汽车开往默纳利（₹173，7小时，4:30至13:30发车），1班车开往西姆拉（₹565，16小时，13:30发车），2班车开往德里（₹850，23小时）。

大约从5月到11月中旬，每天6:30和13:00有长途汽车开往Darcha Valley的Chika（₹60，2小时），然后越过Shingo La山口进入赞斯卡。在所有情况下，车次开行情况都取决于路况。

如果要去Kaza，先乘坐在4:30或6:30开往默纳利的长途汽车,在Gramphu换车(₹75, 2.5小时),从默纳利开往Kaza的车在9:00左右到达Gramphu。

Pattan Valley和Pangi Valley

在吉隆西南方向8公里的Tandi,一条公路的分岔路向西北方向延伸进入Pattan Valley,这座美丽肥沃、人迹罕至的河谷由Chandra-Bhaga(Chenab)河雕琢而成。河流和公路随后向北转弯,进入Pangi Valley,这座河谷更加美丽,也更加偏远(从12月至次年3月常常彻底与外界隔绝)。在众多风景秀美、崖壁陡立的侧谷上方,白雪皑皑的崇山峻岭拔地而起,连绵不绝,与西侧的Pir Panjal山脉和东侧的喜马拉雅山脉会合,有高难度的徒步路线翻山越岭,分别通往昌巴河谷和赞斯卡(Zanskar)。

喜马偕尔邦最惊心动魄的山区公路就在这里,从Pangi唯一的城镇基拉尔(Killar)继续沿Chenab河谷延伸,无所畏惧的旅行者可以体验史诗级的"K3"之旅,从吉隆到基拉尔再到基斯赫特瓦尔(Kishtwar)。

◉ 景点和活动

如果有时间,一些风景如画的侧谷值得探索,位于河流东侧的尤其精彩,比如从Pattan Valley内的Udaipur向高处延伸的Miyar Valley,还有从Pangi延伸爬升的Saichu Valley、Parmar Valley、Hudan Valley和Sural Valley。河谷的低处是印度教人口的聚居地,高处则生活着被称为Bots的藏传佛教徒。Udaipur或基拉尔每天都有长途汽车开往上述的大部分侧谷。

Triloknath Temple　　　　　　　　寺庙

从Tandi沿Pattan Valley前行约36公里,有一条侧路通往5公里以外的山顶村庄Triloknath,那里有一座矮而宽的石头寺庙,是印度教和佛教融合的精彩范例。白色大理石的主神像被佛教徒尊为观音菩萨,被印度教徒当作湿婆供奉。对于这两种宗教而言,这座寺庙都是朝圣地点,特别是在为期3天的Pauri Festival(◉8月的第3周)期间,这是纪念寺庙神灵的节日。

Markula Devi Temple　　　　　印度教神庙

(Udaipur)位于Pattan Valley最大的村庄Udaipur, Markula Devi Temple的外观平平无奇,但内部到处是11世纪到16世纪的木雕,繁复精美,在墙壁的顶部有《摩诃婆罗多》和《罗摩衍那》里的场景。

🛏 住宿

Udaipur和基拉尔有几个小酒店、客栈和政府招待所,有空房的时候接待游客。从基拉尔的汽车站步行2分钟就是Raj Hotel(☏9418890045; Killar; 房间 ₹1000~1500, 套₹4500; ◉4月至11月),房间干净舒适,出人意料,风景也不错,酒店内的餐厅(主菜₹70到₹200)是镇上唯一一处选择较多的就餐地点。从基拉尔汽车站经过两个急转弯上坡(过了Raj Hotel)可到达Killar Rest House(Killar; 房间 ₹500起),这里有6个维护良好的房间。客栈没有招牌,但就在显眼的Senior Secondary School学校旁边。

ⓘ 实用信息

Udaipur和基拉尔的主街上有自动柜员机。

ⓘ 到达和离开

Udaipur全年有长途汽车开往吉隆(₹85, 3小时,每天7班)。大约从4月中旬到11月中旬,每天有2班长途汽车从吉隆继续开往基拉尔(从吉隆上车₹210, 125公里的路程大约要走10小时),大约在9:15和13:45经停Udaipur。这条路尘土飞扬,崎岖不平,许多路段非常狭窄,但景色令人惊叹。进入基拉尔的最后50公里大部分都在一连串惊心动魄的岩脊上摇摇晃晃地行驶,河水在下方的深谷中奔流。返回吉隆的长途汽车在5:00和10:00从基拉尔出发。

有一条公路从基拉尔通往昌巴,途中翻越Sach Pass(海拔4390米),大约在6月下旬到10月上旬开放。通行期间,每天有1班长途汽车(₹260,约12小时)在6:30从基拉尔出发,在7:00到9:00间还有合乘吉普车(₹500)。

如果要去位于查谟和克什米尔的基斯赫特瓦尔,通常需要先从基拉尔到Gulabgarh(53公里),这是印度最危险但景色绝美的公路之一,只适合勇者! Luj-Tayari路段要在光秃秃的石头地上颠簸,过了Ishtiyari,还要在窄得吓人的岩脊上前行,有时头顶上还有匕首般的岩石摇摇欲坠。通常在10:00左右有一辆查谟和克什米尔的吉普车从基拉尔开往Gulabgarh（₹300，4小时）。留意寻找查谟和克什米尔牌照的车辆。包一辆吉普车大概要₹3000。

思比堤（Spiti）

思比堤横跨喜马拉雅地区，被巍峨高耸、海拔4551米的Kunzum La山口与富饶的拉胡尔隔开。在月球表面般凹凸不平的荒凉大地上零星散落着几座村庄，宛如海市蜃楼般，绿色的大麦田里点缀着成片的刷白泥砖民宅，寺院高踞在300米高的峭壁之上。思比堤河如同一条灰绿色的缎带，几乎与你一路相伴，河水沿着一道比较宽阔的河谷奔流，然后在Sumdo转南，流入Hangrang Valley悬崖壁立的峡谷。

思比堤吸引着众多旅行者，其中包括络绎不绝的骑摩托车来此旅行的印度游客。思比堤有点像"游客不扎堆的小拉达克"，原生态的自然景观（高海拔荒漠）和质朴的文化（藏传佛教文化）依然保存完好。通往思比堤的各条道路仍属于印度最崎岖壮美的公路之列，金瑞尔—思比堤环线是亚洲精彩的公路之旅之一。

Gramphu至Kaza

Gramphu位于Rohtang La山口北侧，通往思比堤的公路从这里开始，沿着令人惊叹的冰川雕琢而成的Chandra Valley爬升。经过小小的Batal再前行1公里，一条高低不平但可以开车经过的崎岖小道一路向北通往Chandratal（Moon Lake，月亮湖），它是一座2公里长的冰川湖，海拔4270米，坐落在雪峰之间，湖水的蓝色随着天空的阴晴雨雪不断变幻。小道在12公里后来到尽头，到湖边的最后1公里是一条人行小路。你可以中断行程，在附近的帐篷露营区过夜，尽情感受这片美不胜收的地区。徒步者可以从Chandratal跋涉到默纳利—列城公路沿线的Baralacha La，全程需要3天，费力但很精彩。

主路蜿蜒陡峭，一路爬坡，延伸到Kunzum La，为表达敬意，到达山口的车辆都会先围绕挂着经幡的佛塔行驶一圈，再继续向山下驶去，进入思比堤。还有一条10.5公里的步行小路，从佛塔通往下方的Chandratal。

Losar是你经过的第一个思比堤村庄，村里有个护照检查站。从这里开始，公路向思比堤河下游延伸，沿着壮丽的河谷一路通往Kaza。

🛏 住宿

Tashi Gatsel Hotel　　　　　　酒店$

（☎9418931909；Losar；房间₹800~1000；☺5月下旬至10月下旬）Tashi Gatsel几乎紧挨着Losar的检查点，房间干净，条件不错，有舒适的床铺和热水浴室，从露台能欣赏开阔的风景，还供应印餐/欧陆风味/中餐食物（主菜₹100至₹200）。

Nomad's Cottage　　　　　　客栈$$

（☎9650824268；www.nomadscottage.in；Losar；标单/双₹1300/1900，不带浴室₹1300/1500；☺5月至10月）裸梁天花板的房间很出色，床铺很舒适，客栈还有一片惬意的休息区，有一个烧木柴的火炉，还摆着矮餐桌，可在此享用美味的早餐和印度或藏式风味的晚餐（₹300到₹400）。

Parasol Camps　　　　　　帐篷露营地$$

（☎9418845817；parasolcamps@gmail.com；Chandratal Camps；双人帐篷 带床铺和全膳宿₹3000，带床垫和半餐₹1600；☺6月中旬至10月中旬）Parasol是Chandratal最好的露营地之一，有舒适的帐篷、美味的印度餐（包括大蒜汤，适合在高海拔地区喝）、坐便器和用于洗漱的桶装热水。

Kaza

☎01906 / 人口1700 / 海拔3640米

Kaza是思比堤的行政中心，坐落在侵蚀形成的思比堤河冲积平原上，四周矗立着嶙峋高山，在地球上这空旷的一隅，它将是你遇到的最大定居点。这里有点边疆小镇的感觉，生活节奏悠闲从容。经常干涸的Kaza Nullah小河将新Kaza（河西）和位于河东的市集区旧Kaza隔开。汽车站和出租车站都在市集的底部。

大多数人至少会在这里住上一晚，办理前往更远的塔布旅行需要的内线许可证。Kaza也是前往Ki Gompa和坐落在河谷东侧高处的Kibber、Langza、Hikkim、Komic和

Demul等村庄的起点,而且还是安排思比堤及更远地区的徒步和团队游的理想地点。

🚶 活动

由经验丰富的当地人经营的几个旅行社可以为你安排徒步游、吉普车游猎、一日游及其他旅行活动。

Incredible Spiti 探险运动

(www.incrediblespiti.com)Incredible Spiti专门组织徒步、摩托车和吉普车之旅,它与Sakya Abode(见本页)联系紧密,后者在旅行和活动方面的服务范围也很广泛,因此可协助安排你想体验的几乎一切活动。

Spiti Holiday Adventure 徒步

(☎9418638071; www.spitiholidayadventure.com; Main Bazar; ⓒ办公室 3月至11月 8:30~21:30)可以组织包括所有服务的徒步,行程2天以上,同时还能安排吉普车旅行,出租山地自行车和摩托车。这里组织一些定点出发的游览活动,个人可参加。它同样是个了解旅行信息的好地方。

Spiti Valley Tours 徒步

(☎9418537689; www.spitivalleytours.com; Main Bazar; ⓒ办公室 6月至10月 8:00~19:00)组织徒步、吉普车之旅、野生动物之旅、登山等活动,着重推广当地的家庭寄宿。

🛏 住宿

Kunzaum Guest House 客栈 $

(☎9418521541; New Kaza; 房间 ₹500, 不带浴室 ₹250; ⓒ4月至10月)一家干净友好、家庭经营的客栈,楼上的3间面朝Kaza Nullah的房间最好。客栈就在人行桥上方。

Butith Gangri Home Stay 家庭寄宿 $

(☎9459228510; tnguisem@gmail.com; New Kaza; 房间 不带浴室 ₹400; ⓒ5月至10月)这个气氛友好的家庭住宅有3个房间,布置得规整又干净,但床很硬。厨房和餐厅、公用浴室(桶装热水)和鲜花盛开的庭院都同样质朴迷人。位置靠近Kaza Nullah,从人行桥往下走90米即到。

ℹ️ KAZA的内线许可证

要在思比堤东部的Sumdo和Rekong Peo(金瑙尔)之间往来,外国旅行者需要办理内线许可证。负责免费签发许可证的是位于新Kaza的助理地方行政官办公室(Assistant Deputy Commissioner's Office, ☎8988384472; New Kaza; ⓒ周一至周六 10:00~13:30和14:00~17:00, 每月第2个周六休息), 大约需要20分钟。办公室位于Community Health Centre(医院)斜对面一幢白色的大楼里。需要携带2张护照照片、护照身份页和签证页的复印件,以及申请和许可表(在外面的政府食堂有售, 每份₹20)。独行的旅行者在此办理许可证不会遇到问题。

Ösel Rooms 客栈 $

(紧邻Main Bazar, Old Kaza; 标单 ₹800, 双和标三 ₹1000~1200; ⓒ4月至11月)在Taste of Spiti餐厅楼上,7个房间宽大干净,用太阳能供热水。客栈由Ecosphere(见304页)经营,可联系他们预订。

★ Hotel Deyzor 酒店 $$

(☎9418402660; www.hoteldeyzor.com; 在BSNL office后面, New Kaza; 房间 ₹900~1750; ⓒ4月中旬至11月中旬; ☎❄)维护良好的房间很明亮,配舒适的床铺,有一种温暖惬意的魅力,装饰着民族风的纺织品和思比堤主题的照片。主人对思比堤由衷地热爱,知识丰富,可以帮忙安排徒步、观赏野生动物或搜寻化石等游览活动。酒店的餐厅是我们在Kaza的最爱。不出意料,十几个房间很容易就住满,所以建议预订。

Sakya Abode 酒店 $$

(☎9418208987; www.sakyaabode.com; New Kaza; 标单 ₹900~1300, 双 ₹1100~1500; ⓒ4月下旬至11月; @☎)这家酒店位于主路上,靠近Sakya Gompa, 是Kaza经营最久(1992年开业)的酒店,也是性价比最高的酒店之一。舒适的房间沿公用平台排开,在平台上可以俯瞰绿草如茵的庭院。餐厅供应印度、藏式和中式菜肴(主菜 ₹100到₹250),水准颇高,

喜马偕尔邦

思比堤

尝尝让人上瘾的甜点"copper Eliza"！酒店还提供全方位的旅行和活动服务。

就餐

Sol Cafe
咖啡馆 $

(Main Bazar；热饮和小吃 ₹50~110；⊙5月至11月 周一至周六 9:00~20:00) 这间很酷的小咖啡馆由Ecosphere（见304页）经营，有超级浓郁的咖啡、草本茶及其他茶饮，还有法式吐司、煎饼和全麦烘焙食品等轻食，另有一些主打沙棘的食品，这种浆果养生功效惊人。

★ Hotel Deyzor Restaurant
各国风味 $$

(New Kaza；主菜 ₹100~350；⊙4月中旬至11月中旬 8:00~22:00) Deyzor餐厅擅长烹制五花八门的菜式，大概得益于店主周游世界的经历。菜单里有印度、思比堤（与藏餐相近）、欧陆及其他风味，每天都有新鲜制作的美味特色菜，而且以应季的本地食材为主。

Himalayan Café
各国风味 $$

(www.facebook.com/thehimalayancafe；紧邻Main Bazar, Old Kaza；主菜 ₹100~350；⊙5月至10月 8:00~22:30；⊛) Himalayan由一位来自孟买的转行律师经营，将明快、干净和宜人诠释到了新的高度，非常热门。令人满足的食物中既有加入新鲜水果的什锦麦片，又有藏式饺子、沙拉、煎饼，当然也少不了印度风味，从土豆花菜（aloo gobi）到咖喱番茄炖羊肉，一应俱全。

❶ 实用信息

集市中的Shambhala Homestay对面有一家**网吧**（每小时 ₹80；⊙9:00~19:00），附近还有一台印度国家银行（SBI）的自动柜员机。

❶ 到达和离开

从6月中旬到10月中旬，开往默纳利（₹350；11小时）的长途汽车在6:30发车，需提前30分钟到60分钟到场买票。前往吉隆，需要在Gramphu（₹230；9小时）换车。7:30有1班车开往Rekong Peo（₹357，11小时），途经塔布（₹73，2.5小时）和Nako（₹177，5.5小时）。另外在15:00还有一辆开往塔布的长途汽车。

Lhungta Traveller Union (☏9418190083；汽车站对面, Old Kaza) 有固定价格的出租车开往各地，包括Dhankar（₹1550，1.5小时）、塔布（₹2000，1.5小时）、Ki（₹700，45分钟）、吉隆（₹10,000，8小时）和默纳利（₹10,000，8小时）。大部分车辆可载客10人或11人。往返乘车加1小时的等待时间需多付20%，每增加1小时的等待时间要多付₹100。大约从6月中旬到10月（山口可通车时），还有1班合乘吉普车开往默纳利（₹1000），6:00发车。

Kaza周边

思比堤谷东侧的高海拔小村庄（海拔全部超过4000米）自有一种质朴荒凉的美感——在光秃秃的崇山峻岭映衬下，粉刷成白色的平顶房屋挤在一起，这里鲜有植被，只有村民们精心打理的大麦田和其他作物。个别村庄在旅游季有客栈或家庭寄宿，也有吸引人的古老寺庙或寺院。参观寺庙可以从Kaza出发进行一日游，但也可以留下来过夜，在当地徒步，或者沿着"家庭寄宿小径"（见304页）在几个村庄之间徒步，这条路线将Langza、Komic、Demul和Lhalung、Dhankar连接起来，能让你领略坚韧的思比堤人的生活方式。

每天有1班客车从Kaza开往Ki（₹25，30分钟）和Kibber（₹34，50分钟），8:30从Kibber返回。但是要前往家庭寄宿徒步路线上的村庄，只能步行或乘出租车（除非你自己有车）。从Kaza到Langza、Hikkim、Komic、Demul再返回Kaza的环线长70公里，乘车游览只需1天。

KI

人口 370 / 海拔 3800米

小村庄Ki位于通往Kibber村的路上，Kaza西北方向大约12公里，粉刷成白色的**Ki Gompa**（⊙6:00~19:00）很上镜，俯视着这座极小的村庄。这座寺庙坐落于圆锥形小丘的山顶上，是思比堤最大的寺庙，大约有350名高僧和僧侣学徒。每天早晨8:00左右，新大殿中都会举行气氛十足的礼拜仪式。如果有人要求的话，僧侣将会打开中世纪的佛殿。**藏历新年**和**Ki Chaam Festival**（Guitor Festival；⊙7月/8月）期间，这里都会上演身穿鲜艳服装的面具舞蹈。Ki Chaam Festival持续一周，用一系列仪式为来年祈求好运。其中一天是节日的高潮，喇嘛们伴着号角、打击乐器和低沉的吟诵声跳起生动的舞蹈——所有来客都能免费享用午餐。

KIBBER
📍01906 / 人口 370 / 海拔 4200米

在Ki前方8公里处，Kibber这个规模较大但依旧传统的村庄是一条高难度徒步路线的起点，这条8~10天的徒步路线，翻越海拔5578米的Parang La山口，前往拉达克的莫里里湖（Moriri lake，7月中旬到9月中旬）。Kibber也很适合作为落脚点，住在客栈里，在周边徒步。

Kibber地区也是观赏思比堤野生动物的好地方，能看到岩羊、野山羊、赤狐和喜马拉雅兀鹫。冬季看到行踪诡秘的雪豹的机会也比较高（3月最好）。

你可以走到海拔更高的小村Gete（约2小时，附近有小湖泊）或Tashigang（约3小时），在村子里可以打听禅修窟的位置，窟内有岩石雕刻的佛教神灵，到洞窟大约要再走45分钟。前往Khanamo峰（海拔5964米）的徒步游也很精彩，往返需要2~3天（无须专业技巧），8月或9月上半月最好。

这里有几家客栈和家庭寄宿，提供房间和餐食。大部分在10月至次年3月或4月间会关闭停业。使用太阳能的Norling Home Stay（📞9418556107；房间 ₹500~700，主菜 ₹90~140）俯瞰着村庄的大部分区域，有一些条件最好的房间，供应出色的有机食品，而且全年营业。Norling Guest House（📞9459662148；房间 ₹600~700，不带浴室 ₹300；⊘4月至9月中旬）位于村口，房间不错，很干净，还有一间带露台的公共餐厅，供应美味的以色列、欧陆和印度风味菜肴（主菜 ₹100到₹200）。

LANGZA
小巧的Langza海拔4325米，坐落在6300米高的峻峭山峰Chau Chau下方，从Kaza向北沿之字形路线行驶14公里即到。村庄的最高处有一尊高大又现代的药师佛像凝视着河谷，佛像后方的寺庙有近500年的历史。再走约2公里，是一个菊石化石很多的区域，这些化石约有1亿年的历史。在8月上半月的某天，男性村民会参加醉酒赛马，前往Komic再返回（或者从Komic到Langza再返回，由年份决定），在赛前、赛中和赛后一直猛灌当地酿的酒。

村里一共有二十几间房子，其中有几间是家庭寄宿，通常的价格是每人₹500，含三餐。大部分配蹲厕（冲水或旱厕），有些没有床，只在地上放了床垫。可以多转转，选合意的住。

没有客运服务。从Kaza乘出租车的单程/往返车费是₹950/1140。

HIKKIM
小村Hikkim位于Langza以南6公里，从通往Komic的公路向下坡稍一绕路即到。这里有号称世界最高的邮局（⊘周一至周六9:00~17:00)，海拔4440米。有些扫兴的人说中国西藏珠峰大本营的邮局更高（5200米），但几乎可以肯定，这里是印度最高的! 邮局也是一处住宅，常为客人奉上一杯茶。这里可能有明信片卖，但不妨自己带几张。

从Kaza可以沿着Kaza Nullah直接徒步前往Hikkim，需要2~3小时，与15公里的车道相比，徒步路线更陡更难，但距离缩短了。

KOMIC
这里的寺院外有一块标牌声称，海拔4587米的Komic是全世界最高的可通汽车的村庄。不过，玻利维亚的Santa Bárbara（海拔4754米）会提出质疑，但Komic大可在亚洲独占鳌头。村里大约有10栋房屋，Tangyud Gompa坐落在高处，约有50位喇嘛。寺院有着数百年的历史，但形似堡垒的主体建筑好像是寺院在1975年一次地震后从附近Hikkim迁移到这里时修建的。8:00举办礼拜仪式供奉玛哈噶拉（Mahakala，圣观音化现的愤怒形象）。附近一个更老的小建筑里有一只豹子标本（人们相信触碰它会获得力量）挂在门内，女性不允许进入内部佛殿。

在本书调研期间，Komic的大部分家庭都参与了一项社区家庭寄宿计划，轮流接待游客，每人₹600，含三餐，不过有一两个家庭独自行动，收₹500。可以找家庭寄宿协调人，或者去他的住处Kunga Homestay（下坡时

家庭寄宿小径（THE HOMESTAY TRAIL）

作为印度最成功的生态旅游项目之一，思比堤谷东侧5个相当偏远的高海拔村庄（Langza、Komic、Demul、Lhalung和Dhankar）推出了家庭寄宿，可以住在真正的村民家里，领略原汁原味的思比堤生活。游客支付每人每晚₹500到₹600（含餐）的费用，住在简朴但干净的传统房屋里，享用家常食物，收获体验乡村生活的机会。家庭寄宿通常供应桶装热水，普遍配蹲厕。

这些村庄都通车，但也被一条热门的"家庭寄宿小径"（Homestay Trail）徒步路线连接起来。训练有素的向导（每天₹1000到₹2000）——不是必需但值得推荐——可以带你在村庄间徒步或进行徒步一日游，向你介绍文化和独特的自然环境。参加观赏野生动物的徒步游，有机会看到野山羊、岩羊（bharal）以及世界上最古老的狼种——喜马拉雅狼（shanku）。

这个旅游项目很好地示范了如何利用一个地区的旅游资源让当地居民获益。一些村子（在本书调研期间是Demul和Komic）实施一种合作制度，当地家庭轮流接待游客，其他村庄的家庭寄宿则独立经营。不管采用哪种方式，这个项目都将宝贵的额外收入带给了在极端严酷的自然条件下维持生活的当地居民。

可以直接到村子里找家庭寄宿，也可以通过服务机构安排游览或徒步活动，致力于思比堤保护与发展的非政府组织 **Ecosphere**（☎9418860099; www.spitiecosphere.com; Main Bazar, Kaza; ◎办公室和商店 4月至12月中旬 周一至周六 10:00~19:00&就是其中之一，他们曾密切参与创办该家庭寄宿项目。如果想请一位向导，提前安排绝对是最好的。

Ecosphere还为旅行者组织许多其他活动，包括山地自行车骑行、文化或野生动物之旅、骑牦牛游猎、烹饪/陶艺/用牦牛毛编绳的课程、其他多日徒步游，以及在思比堤的尼姑庵体验一天尼姑的生活。如果你能在深冬来到这里（2月最好），在高海拔的村庄住7~10天，Ecosphere保你有90%的机会看到雪豹（每人每天₹2500到₹4000）。

在左手边）。大多数房子都配生态旱厕和桶装热水。家庭寄宿从5月经营到10月。

从Kaza乘出租车的单程/往返车费为₹1500/1800。从Komic向南步行约16公里可到达"家庭寄宿小径"的下一个村庄Demul，车程是26公里。无论是徒步还是开车，从Komic向南几公里就会到达海拔近4700米的高度。这是家庭寄宿徒步路线上最好的一段，举目千里，而且还有机会看到岩羊。

DEMUL

Demul是家庭寄宿路线上比较大的村庄之一，有280名村民，坐落在高地山谷之中，周围是菜地和令人惊叹的辽阔山景。思比堤各地都有女性披着色彩鲜艳、有图案的披肩，其中不少都出自这个村庄的织工之手。村民们过着一种半游牧的生活，每年有4~5个月的时间，他们会赶着成群的奶牛和牦牛离开村庄，前往夏季草场。

Demul实行全村合作的家庭寄宿计划，家家户户轮流接待游客，每人₹600，含三餐。先找到寄宿协调人，他会帮你安排住宿的家庭。

家庭寄宿徒步路线的下一段是陡峭的下山路，往东下降600米前往Lhalung（只有小道，不能通车）。在西侧，有一条令人忘的之字形下山路通往思比堤谷主路上的Lidang，那里比Demul低800米。从Kaza乘出租车大约要₹2000。

皮恩谷 (Pin Valley)

在Kaza东南部，思比堤河与皮恩河汇合，从喜马拉雅山脉的高地穿过一道美丽的风蚀谷奔流而出。地质层倾斜的角度千奇百怪，甚至有垂直的，见证着创造出世界最高峻雄伟山脉的地壳运动的伟力神工。

离开公路，沿河谷路上行33公里，即可到达**Mudh**（3770米）。精彩又有难度的皮恩—帕尔瓦蒂徒步(见259页)就从这里出发,同样以这里为起点的还有一条相对轻松但风景优美的4日徒步路线,翻越海拔4850米的**Bhaba(Bawa)Pass**前往金瑙尔的Kaphnu,通常在6月到9月可通行。就算你不打算徒步,在Mudh漫游几天也很棒。

在两条徒步路线上走一小段路都能进入占地675平方公里的皮恩谷国家公园(Pin Valley National Park),这里号称"野山羊和雪豹的领地"。你有很大机会看到野山羊(以及岩羊)。

Ugyen Sangnak Choling Gompa 佛教寺院

这座寺院位于Gulling上方3公里的Kungri,而Gulling位于谷内16公里处。寺院有着680年的历史,里面有一座巨大的新寺庙和另外三个更加有趣的中世纪偏殿,其特色是变黑的壁画和节日庆祝面具。女性不允许跨过其中两个偏殿的门槛。

★ Tara Homestay 客栈 $

(☎8988062293; www.facebook.com/taraguesthousespiti; Mudh;房间 ₹800,不带浴室 ₹300~600,主菜 ₹60~110;◉5月至10月)出色的Tara Homestay是Mudh几家客栈里的首选,自带的小餐厅向所有来客供应塔利套餐、藏式饺子、煎蛋饼和炒米饭。店主Sonam Gialson可以安排带背夫的全套徒步游,还有包括吉普车巡游在内的其他游览活动。

❶ 到达和离开

在Kaza东南方向15公里处,塔布公路的分岔路进入皮恩谷。沿岔路前行8公里就是**Kirgarang Nullah**,有时在6月期间,那里的泥石流可能造成公路中断受阻,有时甚至长达数周,因此在进入河谷之前要打探一下情况。

开往Mudh(₹82, 2小时)的长途汽车每天在16:00从Kaza出发,在6:00返回。有些日子还有一辆合乘吉普车(每人₹100)从Mudh开往Kaza,大约在6:00发车,在15:00返回。从Kaza乘出租车到Mudh需要₹2100。

Dhankar

人口 300 / 海拔 3880米

Dhankar村高踞思比堤河和皮恩河交汇处的上方,从Kaza—塔布公路沿线的Sichling向山上步行或开车8公里即到。这里曾经是统治思比堤的Nono国王的都城。村内古老的寺院是思比堤最壮观的景点之一。

◉ 景点

壮观的**Dhankar Gompa**(₹25;◉通常7:00~18:00)有1200年的历史,坐落于悬崖边缘的顶峰之间,摇摇欲坠却屹立不倒。顶层的天井里有一只山羊的标本吊在楼梯井上方,还有一个禅修院和一个摆放仪式面具的佛龛。另一个佛殿矗立在上方的岩石顶端,有药师佛的壁画,可通过单独的混凝土台阶进入。从这些建筑看到的风景令人叹为观止。Dhankar的喇嘛已不在老寺院居住,他们在2009年搬到了规模很大、闪闪发光的**新寺院**,距老寺院800米。

寺庙上方的山顶是废弃的泥砖结构的**堡垒–宫殿遗迹**,这座堡垒在战事频起时保护了山谷的全体居民,也是村庄名字的来源(khar意为"堡垒",而dhak意为"悬崖")。从村子沿陡峭的上山路攀登一小时,可以到达小湖泊**Dhankar Tso**,在这里可以俯瞰山谷的景色,欣赏东南部Manirang(海拔6593米)的双子峰。

🛏 食宿

Dhankar Monastery Guesthouse 客栈 $

(☎9418646578;铺 ₹200,房间 ₹500~1200;◉4月至10月中旬,餐厅 7:00~21:30)位于新寺院旁边,这家客栈是寺院的一部分,但面向游客。房间和露台都能看到如画的风景,餐厅还会制作五花八门的美食(主菜 ₹120到₹280)。

Manirang Home Stay & Cafe 家庭寄宿 $

(☎8988053409;铺 ₹150~200,房间 不带浴室 含半膳宿 每人 ₹500,含全膳宿 ₹600;◉咖啡馆 7:00~20:00)Manirang在老寺院和新寺院之间的公路下方,有5个干净宜人的房间和一个在地上摆着床垫的多人间,还有一间咖啡馆供应各国风味菜肴(主菜 ₹60到₹120)。主人Anil Kumar是一位徒步向导,还有一辆可以载客的吉普车。

❶ 到达和离开

在Kaza和塔布之间往来的长途汽车途经

Sichling（₹40；从Kaza出发需要1小时），从Sichling或许能搭到车。乘出租车从Kaza到Dhankar的单程/往返车费是₹1550/1860。

Lhalung

Lhalung隐藏在Lingti山谷之上，从Dhankar沿一条比较平坦的土路向东北方前行12公里即到，这个迷人的传统村庄有一座极好的中世纪寺院（₹25），值得你绕道而来。气氛颇佳的主殿里面有宏伟的古老壁画，殿后方的横向饰带是华丽的木制雕刻。单独的Langkharpo主殿里保存着一尊独特的白色四面神像。不要错过偏殿中的皮质转经筒。

村子里有几家民宿，含餐每人费用约为₹600，你可以上门咨询，也可以通过Ecosphere（见304页）等旅行社进行安排。

一班开往Lhalung（₹43，2小时，不经过Dhankar）的长途汽车在17:30从Kaza出发，第二天8:00返回。

塔布（Tabo）

◪01906 / 人口 600 / 海拔 3280米

小小的塔布位于Kaza东南方向48公里处，山谷环境壮美，四周都是碎石山坡。塔布是思比堤谷中除Kaza以外仅有的另一座城镇，塔布寺的泥砖墙内保存着一些最好的印度-中国艺术瑰宝。塔布是悠闲放松几天的好去处。

⊙ 景点

★ 塔布寺　　　　　　　　　　佛教寺院

(Tabo Gompa; www.tabomonastery.com; 接受捐助; ⊘殿 9:00~13:00和14:00~17:00) 这座寺院可能是大译师仁钦桑布在公元996年创建的，当时西藏的古格王朝扩张到了这些偏远地区。人们认为这里是印度持续运作的最古老的佛教寺院。在泥墙建筑中共有9座佛殿，其中5个的历史可追溯到10世纪和11世纪，佛殿内的壁画是那个时代顶尖的佛教壁画师的作品，融合了藏式、印度和克什米尔风格。佛殿内很暗，需携带手电筒。

其他佛殿大部分建于15~17世纪。如今一些寺院活动仍在老寺院举行，但日常生活大多已转移至旧址旁的新寺院。

穿过老寺院的Zal-ma前厅，就是壮观的主殿Tsuglkang。4尊巨大的蓝色护法神像（每个方向一尊）立在Tsuglkang的门口两侧（门内2尊，门外2尊），殿内沿墙矗立着28尊几乎与真人一样大的泥塑精美菩萨像。主殿的中心是一尊四面毗卢遮那佛（Vairochana Buddha，大日如来）——整个主殿立体地呈现了金刚界坛城（Vajradhatu mandala），坛城正是以毗卢遮那佛为中心。菩萨下方的壁画描绘着10世纪的生活。在毗卢遮那佛后方的内殿中还有一尊灰泥的阿弥陀佛和两尊较小的菩萨像。后面的走廊里装饰着数百尊大小不一的莲花坐雕像。

要进入寺院中的其他寺庙，可能要请喇嘛为你开门。其他值得参观的早期寺庙中还有Ser-Khang（金殿），它是Tsuglkang左侧的第二座寺庙，北墙上有绿度母和尊胜佛母的杰出壁画；Kyil-Khang（密坛殿）位于Ser-Khang后方，入口对面有一幅毗卢遮那佛的壁画，描绘众神的坛城被北墙和南墙上的另外8尊神像围绕。就在Tsuglkang右侧的Byams-Pa Chen-po Lha-Khang（弥勒菩萨殿）有一尊3米高的弥勒菩萨（未来佛）像。

古寺院外的现代寺院里有一座闪闪发光的镀金神龛和一座崭新的寺庙，每天6:00举行有很多人参加的礼拜仪式（欢迎访客）。

洞穴群（Caves）　　　　　　　　洞穴

在主路上方的山坡上有一些洞穴，从前是老寺院的一部分——从Vijay Kumar商店对面拾阶而上，有一条200米的步行小路通往洞穴。

🛏 食宿

★ Tashi Khangsar Hotel　　　　客栈 $

(◪9418817761; vaneetrana23@gmail.com; 房间 ₹600~800，露营 每个帐篷 ₹200; ⊘4月到10月) 这里的4个房间明亮干净，很吸引人，位于一片绿草如茵的开阔花园边，花园中的一个大凉棚下面摆放着桌椅。客栈供应美味的各国风味菜肴，价格实惠，还有许多露营空间，气氛轻松友好，是放松休息一晚或几晚的好去处。

从新寺院大门朝河边走，在直升机停机坪右转即到。

Tiger Den
客栈 $

(☎9459349711; naveen.chauhan82@gmail.com; 房间 ₹900~1200; ◎4月至10月)这是一个很棒的住宿选择,几乎紧挨着新寺院的入口,干净的粉色调房间大小适中,配热水淋浴。

这里有塔布数一数二的餐厅(主菜 ₹120~300; ◎4月至10月 7:00~22:00),室内和室外都有座位,提供种类繁多的印度和藏式菜肴以及旅行者食物,还有美味可口的凉爽苹果汁。

Sonam Homestay
客栈 $

(☎9418503966; www.prospiti.ch; 标单/双 ₹800/1000, 房间 不带浴室 ₹400~500; ◎5月至10月)🍃这里有塔布性价比最高的房间,非常整洁,有太阳能热水。店主人在本地出生,还经营着自己的旅行徒步公司。

客栈还有一间不错的餐厅Cafe Kunzum Top(Sonam Homestay; 主菜 ₹100~150; ◎7:00~21:30),供应可口的藏式、思比堤、印度和欧陆风味菜肴,咖啡也好喝,可在阳光明媚的花园里和舒适的室内用餐。

Dewachen Retreat
酒店 $$$

(☎9459566689; www.dewachenretreats.com; 标单/双 ₹4320/4800, 含半膳宿 ₹5490/6100; ◎4月中旬至11月中旬)门口的木雕令人印象深刻,但这种感觉没能延续到室内。不过,这里的房间是塔布最接近奢华标准的,装饰着松木镶板,贴着瓷砖的浴室条件不错,能看到寺庙和高山的风景。酒店位于城镇后方的主路上,有时会被旅行团住满。餐厅不错,对所有人开放。

❶ 实用信息

新寺院大门附近有一台印度国家银行(SBI)的自动柜员机。

❶ 到达和离开

开往Kaza(₹73; 2.5小时)的长途汽车经过塔布,时间大约是9:00(从Chango始发)和15:00(从Rekong Peo始发,所以时间非常不固定)。每天还有开往Rekong Peo的车(₹270; 9小时),9:00或10:00发车,经过Nako(₹105; 3小时),但这趟车从Kaza始发时就可能满员了,特别是在5月和10月,季节短工四处奔波的时候。

出租车价格:前往Kaza约₹1900, Dhankar ₹1600, Nako₹1900, Rekong Peo₹6000。

阿格拉和泰姬陵

包括 ➡

历史 309
景点 309
活动 315
团队游 315
住宿 317
就餐 319
饮品和夜生活 ...322
购物 322
法塔赫布尔西格里 ...325

最佳餐饮

➡ Pinch of Spice（见321页）
➡ Mama Kitchen（见321页）
➡ Esphahan（见320页）
➡ Vedic（见321页）

最佳住宿

➡ Tourists Rest House（见319页）
➡ N Homestay（见318页）
➡ Oberoi Amarvilas（见317页）
➡ The Retreat（见318页）

为何去

充满魔力的泰姬陵（the Taj Mahal）诱惑着旅行者们奔赴阿格拉（Agra），如同飞蛾扑向一团美妙的火焰。虽然关于泰姬陵的宣传铺天盖地，但人们对它的赞美绝非夸大其词。不过泰姬陵并不是这里唯一的景点。莫卧儿帝国还遗留了一座宏伟的堡垒和几处不拘一格、别具魅力的陵墓，就连在熙熙攘攘的集市（chowks）上当受骗也别有一番乐趣。负面的体验来自成群结队的人力车中介、揽客者、非官方导游和兜售纪念品的小贩，他们坚持不懈的纠缠往往令人抓狂。

阿格拉坐落在神圣的亚穆纳河（Yamuna River）的一个大转弯处。堡垒和泰姬陵相隔2公里，在这个转弯的不同位置均可俯瞰河流，主要的火车站和长途汽车站位于其西南方向数公里处。

何时去

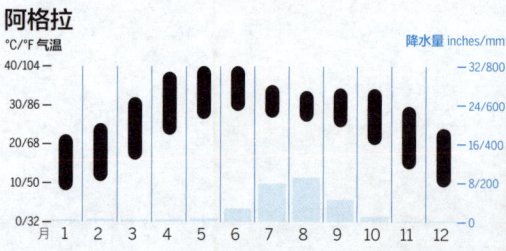

9~10月 最适合到访的时节，雨季大致上已结束，夏季气温已渐趋凉爽。

11月至次年2月 白天的温度较舒适，但主要景点都人满为患。夜晚感觉凉飕飕。

3~4月 夜晚的寒意有所减弱，夏至的热浪还未汹涌而至。

关于泰姬陵的谣言

泰姬陵是一座印度教神庙
"泰姬陵其实是在12世纪修建的一座湿婆神庙,后期才被转变成了蒙塔兹·玛哈尔著名的陵墓。"这个广为流传的言论是由普鲁肖坦·纳格什·奥克(Purushottam Nagesh Oak)在1989年提出的[奥克还声称天房(Kaaba)、巨石阵(Stonehenge)和罗马教皇(Papacy)都起源于印度教]。他曾要求开放泰姬陵封闭的地下室以证明自己的理论(已被拒绝),2000年他认为应将一位印度国王列作泰姬陵建造者的理论被印度最高法院驳回。但这个争议目前还在进行中。有个将湿婆列为原告之一的诉讼已在2015年判决。考古学家和印度政府无法接受这套说词。

黑色泰姬陵
传说沙贾汗打算在河对岸用黑色大理石为自己建造一座与泰姬陵相对应的陵墓,这个工程在他被儿子奥朗则布囚禁于阿格拉堡之前就已经开始了。后人在Mehtab Bagh进行了大量的挖掘工作,但至今还没有找到这个建造工程的蛛丝马迹。

遭截肢的工匠
相传在泰姬陵完工后,沙贾汗下令斩断参与建造的工匠的双手,以防止他们再建造出任何可与泰姬陵相媲美的建筑。另有人说沙贾汗甚至把工匠们的眼睛都挖出来了。谢天谢地,这两个故事都毫无历史依据。

正在下沉的泰姬陵
一些专家认为,有证据表明泰姬陵正在缓慢地向河床倾斜并下沉,原因是亚穆纳河日益干旱,河边的土质正在发生变化。印度考古局称,从统计数据来看,泰姬陵海拔高度的变化是微乎其微的,并表示自1941年对泰姬陵进行第一次科学研究至今的70余年里,考古局从未在泰姬陵的基部检测到任何结构上的破损。

或任何食物在通过安检的时候会被拦下来。

从南门往里走,进入内部庭院之前会先经过一座令人印象深刻的高达30米的红色砂岩**大门**(gateway),大门位于前院南侧,雕刻着《古兰经》的经文。

➡ 庭院之内

泰姬陵内的**观赏花园**(ornamental gardens)布局采用古典的莫卧儿charbagh(规整的波斯式花园)风格——正方形的花园被水道分割成大小相同的四个部分,中心有一个装饰性的大理石基座。当喷泉静止的时候,泰姬陵在水中的倒影非常美丽。

泰姬陵的主体建筑坐落在观赏花园北端的一个突出的大理石平台之上,背靠着亚穆纳河。因为地势较高,天空成了唯一的背景——这样的设计堪称绝妙。单纯作为装饰的40米高的白色**尖塔**(minarets)点缀在平台的四个角落上。历经3个多世纪,这些尖塔如今已有些倾斜,不过它们也可能是被故意设计成略微朝外倾斜的样子,目的是一旦发生地震尖塔会向外围倒塌,而不是砸向珍贵的泰姬陵。西侧以红色砂岩建成的**清真寺**(mosque,见316页地图)是阿格拉的穆斯林集会的重要场所。东侧还建有一座一模一样的**配称建筑**(jawab,见316页地图)以保持整体的对称性。

泰姬陵的中心结构由半透明的白色大理石建成,雕刻着花朵,又用成千上万的半宝石镶贴成了精美的图案。对称之美在这里被运用到了极致,建筑的4个侧面完全相同,拱门上装饰着以碧玉镶贴工艺制成的旋涡花纹和手写体的《古兰经》经文,令人叹为观止。整体结构的最上方是4个小穹顶围绕着著名的球形中央穹顶。

主穹顶的正下方是**蒙塔兹·玛哈尔纪念碑**(Cenotaph of Mumtaz Mahal),这是一座精心建造而成的假墓,四周围绕着精美的镂空大理石屏风,屏风上镶嵌着数十种各

泰姬博物馆（TAJ MUSEUM）

在泰姬陵建筑群内，位于花园西侧的是小而出色的**泰姬博物馆**（Taj Museum；见316页地图；◎周六至周四 9:00~17:00）**免费**，这里收藏着一些莫卧儿细密画的原作，其中包括一对作于17世纪的沙贾汗大帝和他的爱妻蒙塔兹·玛哈尔的象牙画像。另外还有一些与画像年代相同并保存完好的金币和银币，以及泰姬陵的建筑绘图和一些精致的青瓷餐盘，据说如果盛的食物有毒，这些餐盘就会碎掉或者变色。

不相同的半宝石。在它旁边的是打破了泰姬陵的对称性的**沙贾汗纪念碑**（Cenotaph of Shah Jahan），沙贾汗在1666年被篡位的儿子奥朗则布葬在这里，几乎没有举行任何葬礼仪式。光线透过雕工精致的大理石屏风照进中央墓室。真正的蒙塔兹·玛哈尔和沙贾汗之墓位于主墓室之下的一间锁着的地下室之中，不能参观。

★ Mehtab Bagh 公园

（见314页地图；印度人/外国人₹15/200，录像₹25；◎黎明至黄昏）这个公园是当初巴布尔大帝曾在亚穆纳河东岸先后建造的11座公园之一，是其中最后建成的一座，修建时间远远早于泰姬陵，后来则逐渐破败，直到仅剩一片大沙丘。为了保护泰姬陵不受从河对岸吹来的风沙的侵蚀，公园得到重建，如今是欣赏宏伟的泰姬陵的最佳地点之一。这里的花园与泰姬陵的花园完美地相互辉映，从公园大门前的喷泉可以直接看到泰姬陵，这样的视角很特别。

★ 阿格拉堡 要塞

（Agra Fort；见314页地图；印度人/外国人₹40/550，录像₹25；◎黎明至黄昏）在泰姬陵的光环之下，人们很容易忘记阿格拉还存在着印度最精美的莫卧儿堡垒之一。走过这座富丽堂皇的红砂岩和大理石堡垒的一座座庭院，待你意识到这座城堡的规模后只会越来越感到惊喜。

1565年，阿克巴大帝（Emperor Akbar）开始在亚穆纳河岸边建造这座雄伟的红砂岩堡垒。后人不断对堡垒进行增建，尤其是阿克巴大帝的孙子沙贾汗，他下令在增建时使用自己最喜欢的建筑材料——白色大理石。堡垒原本是一座军事建筑，不过沙贾汗把它改造成了一座宫殿，1658年，他的儿子奥朗则布篡权后，在长达8年的时间里，阿格拉堡成了沙贾汗富丽堂皇的监牢。

这座耳朵形状的堡垒的巨型双层墙高20多米，周长2.5公里。亚穆纳河起初曾流经堡垒笔直的东部边缘地带，这里有皇帝们专属的沐浴石阶。堡垒中有迷宫般的建筑群，形成了城中城，其中包括庞大的地下部分，不过多年以来许多建筑先后遭到了纳迪尔·沙（Nadir Shah）、马拉地人、贾特人以及英国人的破坏，其中英国人还曾将堡垒作为驻防区。如今，堡垒的许多区域仍然为军队所用，禁止民众入内。

如今，位于南侧的**阿马尔辛格门**（Amar Singh Gate，见314页地图）是进入堡垒的唯一入口，也是购买门票的地方。急转弯的设计意在迷惑那些突破了第一道防线——满是鳄鱼的护城河——的进攻者。

有一条路从这里一直通向规模很大但不对外开放的**珍珠清真寺**（Moti Masjid，见314页地图）。当你即将到达珍珠清真寺的时候，位于你右侧的就是宽敞开阔的**公众大厅**（Diwan-i-Am；见314页地图），这里是沙贾汗处理国家政务的地方，大厅内还设有一个王座室，皇帝在这里听取臣民的谏言。它的前方是很小又显得相当不协调的**约翰·科尔文之墓**（grave of John Colvin），这位西北省的副总督在1857年第一次独立战争期间因病在堡垒内去世。

就在公众大厅王座的左侧有一小段楼梯向上通往一个大庭院。你的左侧是小巧而精致的**宝石清真寺**（Nagina Masjid），是沙贾汗在1635年为妻妾们修建的。清真寺底下曾经是**女性集市**（Ladies' bazaar），后宫女眷们在此购物。

私人大厅（Diwan-i-Khas）在大庭院的远端，靠近堡垒东墙，这里是接待达官显贵或外国使节的场所。沙贾汗传奇的孔雀宝座（Peacock Throne）曾经摆放在大厅之内，宝座上镶嵌着珍贵的宝石，其中包括著名的光之山钻石（Koh-i-noor）。宝座被奥朗则布带往德里，之后在1739年被纳迪尔·沙带到了伊朗，1747年纳迪尔·沙遭到暗杀后，宝座也被拆除。Takhti-i-Jehangir俯视着河流和远方的泰姬陵，这块巨大的黑色石板的四周边缘上刻有铭文，曾经摆放在这里的宝座是为贾汗季打造的，当时他还是萨利姆王子。

从这里向右走（面朝河流），就到达了墙壁里镶嵌着许多小镜子的镜宫（Shish Mahal）。在本书调研期间，这里因需要进行修缮而暂时关闭了，不过你可以从门缝窥见里面那些闪闪发光的镜子。

位于堡垒东端的更远处的是茉莉宫（Musamman Burj）和私人宫殿（Khas Mahal，见314页地图），在其华美的白色大理石八角塔和宫殿之内，沙贾汗被囚禁了8年，直到他在1666年去世。他从这里可以远眺亡妻的陵墓——泰姬陵。沙贾汗去世后，遗体被船从这里运到了泰姬陵。如今处于关闭状态的Mina Masjid与东端有一小段距离，曾经是沙贾汗的私人清真寺。

这里的大庭院叫作葡萄园（Anguri Bagh），这座花园近年来重新焕发了生机。庭院中有一个看起来平淡无奇的入口——现在已经上了锁——一段楼梯从那里向下通往一个两层高的由很多房间和走廊组成的地下迷宫，阿克巴曾在那里安置他的500多名妻妾。

继续向南行进，前方这座庞大的红砂岩建筑贾汗季宫（Jehangir's Palace，见314页地图）很可能是阿克巴为他的儿子贾汗季修建的。它融合了印度和中亚的建筑风格，让人不禁想起莫卧儿人的阿富汗文化根基。宫殿前

观赏泰姬陵的最佳视角

泰姬陵内部

你要花₹1000才能进入泰姬陵，不过只有当你走进泰姬陵，才能够真正比与这座世界上最美的建筑亲密接触。不要忘记欣赏四面外墙上的巨大拱门（pishtaqs，大型拱形壁龛）里的大理石镶嵌成（pietra dura，宝石镶贴艺术）。记得随身携带一个手手电筒，以便在陵墓内部光线暗淡的中央墓室之中观赏相似的大理石镶嵌图案。值得注意的是，白色大理石和镶嵌在上面的半宝石都具有半透明的质感。

在Mehtab Bagh观赏

如今游客们已经不能再在亚穆纳河另一边的河岸上自由走动了，不过，你还可以在建于16世纪的莫卧儿公园Mehtab Bagh隔着流淌的河水欣赏对岸泰姬陵的背影。在公园旁边的一条通往河边的小路上也能看到相同的景色，而且免费，不过视角比较受限。

从河的南岸仰望

这里是欣赏日落的好地方。沿着紧靠泰姬陵东墙外侧的小路可以一直走到河边的一座小寺庙。如果想欣赏更浪漫的风景，这里应该会有船夫愿意划着船带你在河面上观赏泰姬陵。每艘船收费大约₹100。出于安全方面的考虑，最好不要独自一人散步到这里看日落。

在Taj Ganj的屋顶咖啡馆

这是拍摄日出的完美地点，在Taj Ganj的许多屋顶咖啡馆都能拍到出色的照片。我们认为绿意盎然、位置绝佳的Saniya Palace Hotel（见317页）是最好的选择，当然许多屋顶咖啡馆也很不错。而且每一家都可以让你在欣赏泰姬陵的美景的同时，享受一杯清晨咖啡带来的惬意感觉。

在阿格拉堡

在阿格拉堡，一个出色的变焦镜头就可以为你捕捉到泰姬陵的绝美画面，特别是当你愿意一大早起来，捕捉太阳从泰姬陵背后升起的瞬间的时候，你就更加不会失望了。拍摄这个画面的最佳地点很可能是茉莉宫和私人宫殿，这是一座八角塔，也是沙贾汗曾被囚禁了8年、直至去世的宫殿。

Agra 阿格拉

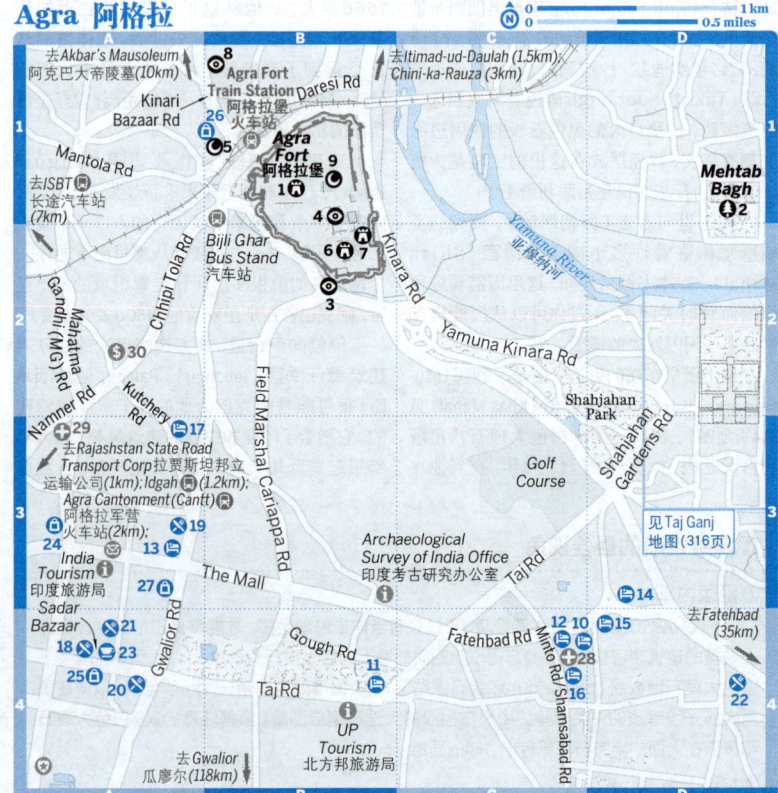

方的Hauz-i-Jehangir是用一整块石头雕刻而成的大盆,用来洗澡。走过这里,你就回到了通往阿马尔辛格门的主路上。

你可以从Taj Ganj走到这里,也可以花40卢比乘坐人力车来到这里。

阿克巴大帝陵墓　　　历史建筑

(Akbar's Mausoleum;印度人/外国人₹15/300,录像₹25;⊙黎明至黄昏)这座非同寻常的砂岩和大理石陵墓是用于纪念历任莫卧儿皇帝之中最伟大的一位而修建的。穿过一扇美得令人惊叹的大门就能进入巨大的庭院,庭院的每个角落里都有一座三层高的尖塔,陵墓由红砂岩建造而成,又用白色大理石镶嵌出了醒目的几何图案。

陵墓位于阿格拉堡西北10公里处的Sikandra。从毕吉利加尔长途汽车站(见324页)出发前往马图拉的巴士(₹25,45分钟)会路过陵墓,或者你也可搭出租车前往(来回大约₹800)。

小泰姬陵　　　历史建筑

(Itimad-ud-Daulah;印度人/外国人₹20/210,录像₹25;⊙黎明至黄昏)Mizra Ghiyas Beg的精致陵墓被称为小泰姬陵,是个不应该错过的景点。这位波斯贵族是蒙塔兹·玛哈尔的祖父,也是贾汗季的首席大臣(wazir)。他的女儿努尔·贾汉(Nur Jahan)嫁给了贾汗季,并在1622~1628年建造了小泰姬陵,陵墓的风格与她在巴基斯坦拉合尔(Lahore)附近为贾汗季建造的陵墓风格相似。

它不像泰姬陵那样美轮美奂,不过它的外观显得更加精致,这多亏了精雕细琢的大理石格子屏风(jalis)。这是第一座完全用大理石建造而成的莫卧儿建筑,也第一次大量运用了宝石镶贴艺术,同时还是第一座建在

Agra 阿格拉

◎ 重要景点
1 阿格拉堡		B1
2 Mehtab Bagh		D1

◎ 景点
3 阿马尔辛格门		B2
4 公众大厅		B1
5 贾玛清真寺		B1
6 贾汗季宫		B2
7 私人宫殿		B2
8 Kinari Bazaar		B1
9 珍珠清真寺		B1

◎ 住宿
10 Bansi Homestay		C4
11 Clarks Shiraz Hotel		B4
Dasaprakash		（见28）
12 Hotel Amar		C4
13 Hotel Yamuna View		A3
14 Howard Plaza		D3
15 Mansingh Palace		D4
16 N Homestay		C4
17 Tourists Rest House		A3

◎ 就餐
18 Brijwasi		A4
19 Dasaprakash		A3
Dasaprakash		（见28）
20 Lakshmi Vilas		A4
21 Mama Chicken		A4
22 Pinch of Spice		D4
Vedic		（见19）

◎ 饮品和夜生活
23 Café Coffee Day		A4
Costa Coffee		（见10）

◎ 购物
24 Khadi Gramodyog		A3
25 Modern Book Depot		A4
26 Subhash Bazaar		B1
27 Subhash Emporium		A3

◎ 实用信息
28 Amit Jaggi Memorial Hospital		C4
Bagpacker Travel		（见17）
29 SR Hospital		A3
30 印度国家银行		A2

亚穆纳河岸边的陵墓，在此之前，这里一直都是一个美丽动人的花园。

你可以把这里和同样位于河东岸的Chini-ka-Rauza、Mehtab Bagh和Ram Bagh一起游览。从泰姬陵搭乘人力车前往这4个景点的往返费用大约是₹300，包含等待的时间。乘坐机动三轮车的费用大约需要₹450。

Chini-ka-Rauza
历史建筑

(◎黎明至黄昏) **免费** 这座波斯风格的河边陵墓修建于1628~1639年，是阿夫扎尔汗（Afzal Khan）的陵墓，这位诗人曾经是沙贾汗的首席大臣。陵墓隐藏在亚穆纳河东岸的一条林荫路深处，人迹罕至。

贾玛清真寺
清真寺

(Jama Masjid；见314页地图；Jama Masjid Rd) 这座精美的清真寺是沙贾汗的女儿于1648年在Kinari Bazaar（见322页）建造的，曾经与阿格拉堡相连，其特色是穹顶上十分醒目的大理石图案。

✦ 活动

允许非住客使用游泳池的酒店包括Howard Plaza（见318页），一小时₹500；以及Hotel Amar（见318页），整日₹575，还有滑水道。

⮞ 团队游

Agra Walks
徒步

(☏9027 7111 44；www.agrawalks.com；₹2200) 很多人在阿格拉只停留一天，参观完泰姬陵和阿格拉堡就踏着夕阳的余晖离开了。如果你对深度游有兴趣的话，这个用徒步/人力三轮车进行探索的方式可以带你看这个城市不为绝大多数旅行者所知的另一面。

导游很有亲和力。阿格拉老城的亮点包括深入Kinari集市和参观几座很不错的寺庙，比如Mankameshwar Mandir和Radha Krishina Mandia。他们还可组织令人愉悦的**美食观光之旅**(₹2000，包括品尝)。

Amin Tours
文化

(☏9837411144；www.daytourtajmahal.com) 如果你想省去安排行程奔波之苦，这家值得推荐的旅行社可以为你量身打造全包的阿格拉一日游，从德里出发，可选择乘坐汽车(₹9000起，依照团队人数而定)或火车

Taj Ganj

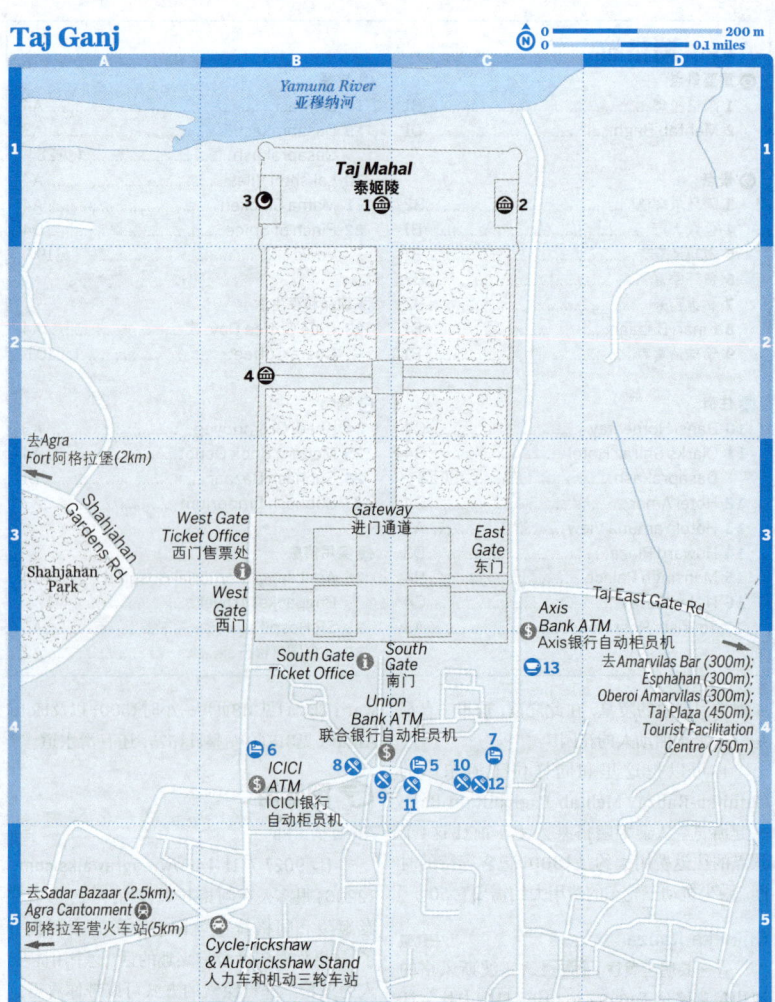

（₹10,200起）。警告：如果他们带你去购物而你不想的话，请有礼貌地拒绝。

北方邦旅游局

长途客车

（UP Tourism；**☎**0562-2421204；www.uptourism.gov.in；含门票印度人/外国人₹650/3000）北方邦旅游局组织的长途客车游周六至周四上午10:30，在阿格拉军营火车站接到从德里乘坐Taj Express到达的旅客之后出发。行程包括泰姬陵、阿格拉堡和法塔赫布尔西格里，每个景点停留1.25小时。之后大巴会返回火车站，这样打算当天往返的游客可以赶上晚上6:55的Taj Express返回德里。可以联系北方邦旅游局的火车站办事处（见323页）或Taj Rd办事处（见323页）预订座位，或者在上午9:45直接在火车站的旅游办事处报名参加当天的游览。除非通过UP Tourism网站预订，否则五人或五人以上才会出团——我们得知在这种情况下，无论注册人数有多少，你的预订都可以出团。浏览该网站有点难：在主页上，点击在线预订网站入口套餐旅游一览阿格拉套餐之旅（在套餐之旅中，不是一日游的选项），然后从那里开始……

Taj Ganj

◎ 重要景点
1 泰姬陵..................................B1

◎ 景点
2 Jawab....................................C1
3 清真寺..................................B1
4 泰姬博物馆...........................B2

🛏 住宿
5 Hotel Kamal..........................C4
6 Hotel Sidhartha....................B4
7 Saniya Palace Hotel.............C4

🍴 就餐
8 Joney's Place.......................B4
  Saniya Palace Hotel...........(见7)
9 Shankara Vegis....................B4
10 Shanti Lodge Restaurant....C4
11 Taj Cafe...............................C4
12 Yash Cafe............................C4

🍷 饮品和夜生活
13 Café Coffee Day..................C4

🛏 住宿

熙熙攘攘的Taj Ganj地区紧靠着泰姬陵的南侧，是经济型住宿场所的主要集中地，再往南，沿着Fatehabad Rd路边则密集分布各种中档酒店。Sadar Bazaar是个以优质餐馆著称的地区，也是另一个可供选择的住宿区。特别提醒：阿格拉地区好一点的酒店不提供免费Wi-Fi上网，使用24小时可能要付₹500。

🛏 Taj Ganj地区

Saniya Palace Hotel 酒店 $
（见316页地图；☎0562-3270199；www.saniyapalace.com；Chowk Kagziyan, Taj South Gate；房间不带空调/带空调 ₹600/1300起；❄@🛜）这家酒店位于一条不太吸引人的巷子内，离主街稍有一段距离，酒店里铺着大理石地板，墙上挂者镶了框的莫卧儿风格地毯，不是Taj Ganj地区最酷的酒店，但还是努力地呈现其特色。房间干净又足够宽敞，不过非空调房的浴室非常小。

这里的亮点是绿意盎然，怡人的屋顶十分宽敞，与其他酒店比起来，这里有着可观赏泰姬陵的绝美视野。

Hotel Kamal 酒店 $
（见316页地图；☎0562-2330126；hotel kamal@hotmail.com；Taj South Gate；房间₹700~1400，带空调₹2000；❄🛜）Taj Ganj地区最时髦的酒店，房间干净舒适，还有一些美好的小装饰，例如墙上泰姬陵的镶框照片和瓷砖地板上的地毯，5间较新的房间布置精巧，配了漂亮的木器，还有更大的空间和石墙淋浴间。一层有一个温馨的用竹墙围起的餐厅，屋顶还有一个使用得不多的餐厅，观赏泰姬陵的视线受到遮挡。

Hotel Sidhartha 酒店 $
（见316页地图；☎0562-2230901；www.hotelsidhartha.com；Taj West Gate；房间含早餐₹950起；带空调₹1200起；❄@🛜）这个位于泰姬陵西门的有着21间客房的酒店，底层的客房十分对得起这价格，配有大理石墙壁、有线电视和带热水的洁净浴室（111A号房间的装修堪称未来所有地下客房的标准化配置）。较高楼层的客房较小，没那么令人兴奋。不过，所有的房间都是环绕或对着一个小巧而充满绿荫的中庭，那里有一棵绿意盎然的tameshwari植物。

Taj Plaza 酒店 $$
（☎0562-2232515；www.hoteltajplazaagra.com；Shilpgram VIP Rd；双₹1500，带空调₹2500，朝向泰姬陵₹3200；❄@🛜）根据需求，这家位置优越的酒店的价格在经济和中档之间波动；如果是淡季，价格可能下降50%。住在这里你不会觉得失望——它有专业的接待和干净且配有电视的房间，其中6间能看到泰姬陵——另外还有一个宜人的屋顶区，能看到泰姬陵和日落的美景。而且与大多数相同价位的酒店相比，这里离泰姬陵的距离要近得多。

★ Oberoi Amarvilas 酒店 $$$
（☎0562-2231515；www.oberoihotels.com；Taj East Gate Rd；双带/不带阳台₹97,750/80,500；❄@🛜♨）延续了Oberoi始终如一的经营理念——王公级别的服务、精致的美食和让人惊叹不已的住宿环境，这座目前全阿格拉最好的酒店散发着时尚和奢华的气息。高雅的室内设计充满莫卧儿风情，室外的喷泉庭院和游泳池也沿用了同样的风格，它们都坐落在一片令人愉悦的水景花园之中。所有的房间（甚至在一些浴缸里）都能看到泰姬陵的美景。

The Retreat 精品酒店 $$$

(☎8810022200；www.theretreat.co.in；Shilpgram Rd；标单/双含早餐₹5750/6900起；❄@⛾☷)这是一间时尚的拥有52间客房的酒店，内部所有设施都以精致的印度风格（舒缓的淡紫色、摩卡色和绿松石色）以及现代化的设备而闻名。还有一个小游泳池和一间可供应全国各种特色菜的全国风味餐厅。酒店内有免费Wi-Fi。

🛏 Fatahabad Road地区

★ N Homestay 家庭住宿 $$

(见314页地图；☎9690107860；www.nhomestay.com；15 Ajanta Colony, Vibhav Nagar；标单/双含早餐₹1800/2000；❄@⛾)这家很棒的民宿的女主人Naghma和她的儿子Shiron都是很有趣的人，他们温馨的家隐藏在一片住宅区里，从泰姬陵西门步行15分钟就能到达，是一个绝佳的住宿选择。3层高的房屋里全部是大理石地板，6间宽敞并且陈设讲究的房间之中，有几间有着舒适的阳台（先到先得）。Naghma甚至还会为你做晚餐（₹400），真的很好吃！你很少能像在这里一样如此轻松地突破文化的差异。

Bansi Homestay 家庭住宿 $$

(见314页地图；☎0562-2333033；www.bansihomestayagra.com；18 Handicraft Nagar, Fatehabad Rd；标单/双含早餐₹3000/3500；❄⛾☷)这个高档寄宿家庭的主人是北方邦旅游局的一位退休干部，它藏身在Fatahabad Rd附近的一个安静的住宅区。五个大房间内都有巨大的浴室，配有加压太阳能淋浴和侧翼视野极佳的公共区域，还有定制家具和克利须那画作。这里感觉更像是一家精品酒店，而不是寄宿家庭。

令人愉悦的二楼花园是观赏四周景色的绝佳避风港，而食物——特别是自制咸菜和aloo paratha（土豆馅饼面饼）——非常美味。主人热情好客。班斯（Bansi）是克利须那的长笛，象征着和平与宁静，这正是你在这里找到的。

住宿价格范围

此区住宿价格范围：

$ 低于₹1500
$$ ₹1500~4000
$$$ ₹4000以上

Dasaprakash 酒店 $$

(见314页地图；☎0562-4016123；www.dasaprakashgroup.com；18/163A/6 Shamshabad Rd；标单/双含早餐₹3100/3450；❄⛾)这间友好而干净的度假酒店提供28间带小桌子、平板电视和漂亮浴室的现代化客房，所有客房都还很新，因此没有时间侵蚀的迹象。这里可以让你避开柴油和粉尘的气味，并且距离Fatahabad Rd够远。提供免费Wi-Fi。

如果有空房间，直接进入议价可以轻松获得超过50%的折扣。

Howard Plaza 酒店 $$$

(见314页地图；☎4048600；www.howardplazaagra.com；Fatehabad Rd；标单/双含早餐₹8050/9200起；❄@⛾☷)这家迷人的酒店的标准间配有高雅的深色木家具和时髦的装饰性瓷砖。豪华房采用了令人身心放松的水绿色调，你在任何方面都挑不出毛病。

这里的游泳池有点旧了，还有一间不大但设备齐全的健身房和一间提供全套阿育吠陀理疗（ayurvedic treatments）服务（即所谓"情色沐浴"）的水疗馆。微风轻拂的露天屋顶餐厅到了晚上会变成当地罕见的有气氛的酒吧之一（啤酒₹175起，鸡尾酒₹400），四楼的露台可看到泰姬陵的景色。Wi-Fi全店可用。

Hotel Amar 酒店 $$$

(见314页地图；☎0562-4027000；www.hotelamar.com；Fatehabad Rd；标单/双含早餐₹4000/4600起；❄@⛾☷)房间有一点旧，Amar的66间客房均有Wi-Fi，配备大电视和干净的浴室，而门廊的大理石镶嵌工艺和镶有镜子的走廊让人宾至如归。面积很大的泳池配上碧绿繁茂的草坪和一座3.5米高的水上滑梯，简直棒极了。房价通常能打八五折。

Mansingh Palace 酒店 $$$

(见314页地图；☏0562-2331771；www.mansinghhotels.com；Fatehabad Rd；房间₹5200起；❋@✿) 该酒店的服务质量不高，但如果你可以忍受接待处工作人员暴躁的脾气，就可以享受这里繁复的莫卧儿设计主题和布置着异国情调家具的豪华客房。花园里有个形状有趣的游泳池和户外烧烤区。有一个健身房，Sheesh Mahal餐厅不错，每晚都有乌尔都语歌曲（ghazal）的现场表演。

🏨 Sadar Bazaar地区
★ Tourists Rest House 酒店 $

(见314页地图；☏0562-2463961；www.dontworrychickencurry.com；4/62Kutchery Rd；标单/双₹500/600，带空调₹950/1100起；❋@✿) 如果你不是非要住在泰姬陵附近不可，这个旅行者的大本营远比绝大多数的阿格拉住宿地点更加物有所值。这间酒店由同一个家族从1965年一直管理至今（虽然看不出已经有50多年历史了）。

如果你不介意没有空调，那么这里的全新装修的房间真的物超所值。每间房内都有免费的Wi-Fi、电视、浴室和很大的窗户，围绕着一个棕榈树掩映的安静的庭院（一个真正的亮点）和一个印度北方纯素食餐厅。努力取悦客人的店主们会说英语和法语，非常乐于助人，甚至有时会用酒店的人力车把你送到某些地方。提前打电话可以享受免费接站服务，或从火车站搭乘人力车前往，费用是₹40。这里的印度香料奶茶（masala chai）也相当地道。

Clarks Shiraz Hotel 酒店 $$$

(见314页地图；☏0562-2226121；www.hotelclarksshiraz.com；54 Taj Rd；房间含早餐₹9200起；❋@✿) 阿格拉最早的五星级酒店，于1961年开业，和Hotel Jonese有得拼。标准双人间价位如此之高但并没什么特别的，不过大理石地板的豪华双人间很出色，所有浴室都重新铺了瓷砖，一尘不染。酒店有三家很不错的餐厅，两间酒吧（旺季有三间），一间健身房，一个绿树成荫的花园泳池区（阿格拉最棒的），还提供阿育吠陀按摩服务。从部分房间里可以眺望泰姬陵。

Hotel Yamuna View 酒店 $$$

(见314页地图；☏0562-3293777；www.hotelyamunaviewagra.com；6B The Mall；标单/双₹7500/8500起；❋@✿) 这家可靠的优质酒店在我们参观时得到了全面改造——完工后我们预计它会比以前更现代化，更舒适。这里列出的价格是对酒店重新营业时可能的价格的估计。

这里有一个很棒的花园游泳池、一家时尚的鸡尾酒吧和一间豪华的中国餐厅（有一个真正的中国厨师——适合暂时不想吃印度食物的人）。

🍴 就餐

Dalmoth是阿格拉特色的著名辣味小吃（namkin）。Peitha是一种方形甜品，以南瓜和葡萄糖为原料，用玫瑰水、椰肉或者藏红花调味，在阿格拉到处都能买到。从10月到次年3月可以尝尝gajak——一种略带辣味的芝麻饼干条。

🍴 Taj Ganj地区
Saniya Palace Hotel 各国风味

(见316页地图；主菜₹100~200；⏰6:00-22:00；✿) 这里有可爱的桌布，几十盆盆栽和一个竹凉棚，是Taj Ganj最宜人的屋顶餐厅。它也有最好的泰姬陵屋顶景观，没有酒吧。厨房有点粗糙，食物过熟，但它的西餐和西式改良印度菜通常没人会抱怨。

Taj Cafe 各国风味

(见316页地图；主菜₹50~200；⏰7:00-23:00 ✿) 走上一段台阶，俯瞰Taj Ganj繁忙的街景，这家友善的家庭式经营的餐厅是一个不错的选择，假设你对于泰姬陵的美景不太坚持的话。有不错的早餐选择：塔利套餐（₹90~140）和比萨（₹160~200），这里的印度酸奶不会让人失望。

Shanti Lodge Restaurant 各国风味 $

(见316页地图；主菜₹90~250；⏰6:30-22:00) 泰姬陵的屋顶风景非常棒，所以这里是享用早餐或日落啤酒的好地方。炎热的下午有一些遮蔽处，虽然它不如附近的Saniya Palace Hotel那样舒适。唯一让人失望的是菜单，虽然不错，但缺乏创新。有人要吃香蕉煎饼吗？

阿格拉最佳节日

Taj Mahotsav(www.tajmahotsav.org；2月)这场为期10天的文化、美食和工艺品狂欢节是阿格拉最大并且最棒的派对。这个节日在Shilpgram举行,展出来自印度各地的400多名工匠的作品,还有民间音乐和古典音乐,以及来自不同地区的舞蹈。节日期间品种繁多的各区美食,几乎可以用咖喱迷昏众人。

Kailash Fair(8月/9月)在距离阿格拉12公里的凯拉什神庙举行,这个文化和宗教博览会供奉湿婆神,因为他曾传奇般地以石岭形式出现在这里。博览会吸引了来自北印度各地的信徒。

Ram Barat(9月)在印度十胜节(Dussehra)前庆祝,Ram Barat是皇家/神圣的拉玛和斯塔婚礼队伍的戏剧性娱乐活动。在为期三天的活动中,五彩灯光闪烁,印度击鼓节奏回响在四周,历时12小时的游行堪称亮点,其中包括大象、马匹,以及展现神话故事的超过125个流动花车和30个游行乐队。

Shankara Vegis　　　素食 $

(见316页地图;Chowk Kaghzi;主菜₹90~150;8:00~22:30)大多数位于Taj Ganj的餐馆都散发着极度接近平均水准的平庸感觉,但Shankara Vegis不是这样。这家体现好旧时光的餐馆有红色的桌布和稻草墙,装饰和绝佳的素食塔利套餐(₹120~160)显示着它的与众不同。更令人感到愉快的是这家的老板,他真诚又友好,为人又很随和,对所有亲力亲为。

Joney's Place　　　多种风味 $

(见316页地图;Kutta Park, Taj Ganj;主菜₹70~129;5:00~22:30)从1978年做出自己的第一杯印度奶昔(lassi)至今,这家袖珍的老字号一直受到大家的喜爱,虽然它做业的厨房可能是整个阿格拉最小的。这里的奶酪西红柿烤三明治、香蕉印度奶昔(banana lassi,不满意可退款!)和malai肉丸(malai kofta)都值得推荐,不过这里没有美食家的超级盛宴,更适合在大清早来一顿营养丰富的早餐。

Yash Cafe　　　多种风味 $

(见316页地图;3/137 Chowk Kagziyan;主菜₹100~260;7:00~22:30)这家气氛悠闲的一楼咖啡馆摆放着藤椅,电视播放体育频道,晚上会播放DVD,食物的种类也很丰富,从物有所值的早餐套餐到塔利套餐(thali,₹90)、比萨(₹90~300)和印度式法国吐司(Indian-style French toast,搭配椰子,我们觉得这个菜是他们瞎编的)。这里还向不在当地过夜的游客们提供淋浴和行李寄存的服务(总共收费₹50)。

★ Esphahan　　　北印度菜 $$$

(2231515;Taj East Gate Rd, Oberoi Amarvilas Hotel;主菜₹1550~3500;晚餐18:30和21:00)这间阿格拉最出色的餐厅每晚只能接待两批顾客(18:30和21:30),所以必须要预订。菜式不算多但是很精致,充满了独特的美味佳肴和罕见的区域传统菜肴。

来自北印度的多汁烤肉处理得很棒(尤其是bharwan aloo——一个塞满了坚果、香料、薄荷和香菜的土豆)。像aloobukhara maaz(塞满了梅干的莫格莱羊肉串)和safri gosht(腌羊肉配腌洋葱、干西红柿和五香菜)等口感融合的菜肴重新定义了一般人所知道的羊肉。这一切还搭配现场演奏(弦乐器)的浪漫音乐作为背景。

Fatehabad Road地区

Dasaprakash　　　南印度菜 $$

(见314页地图;www.dasaprakashgroup.com;18/163A/6 Shamshabad Rd;塔利套餐₹230~330;主餐₹230~330;7:00~23:00)这家经营多年的南印度高档餐厅配上北印度的烤肉真的很棒。这里也有其他Dasaprakash分店的纯素食餐点,还有北印度菜肴可供选择,例如从中午开始提供的素烤串(烤炉需要几个小时来加热)。餐厅就在同名的酒店内。

Vedic
北印度菜 $$

（见314页地图；www.vedicrestaurant.com；1 Gwalior Rd；主菜₹150~275；⏰11:00~22:45；❄🍴）现代风格的装潢与北印度素食热点的传统氛围相得益彰，配以印度奶酪（未发酵奶酪）的菜肴也颇具特色。paneer tikka masala和Navaratan korma特别好。还有一系列美味的素食烤串。

★ Pinch of Spice
当代印度菜 $$

（见314页地图；www.pinchofspice.in；1076/2 Fatahabad Rd；主菜₹280~410；⏰正午至23:30）这家时髦的北印度菜五星级餐厅位于Fatahabad Rd的起点，就在一家五星级酒店的外面，是你让自己享受一餐香浓的咖喱和美味多汁的泥炉烤肉串（tandoori kebabs）的最佳地点。这里的murg boti masala（味道浓郁的辣味乡村肉汁烩鸡块）和paneer lababdar（辣味红肉汁浸新鲜奶酪块和炒洋葱）都很棒。餐厅位于ITC Mughal 酒店对面，食物分量很大。

🍴 Sadar Bazaar地区

★ Mama Chicken

达巴菜 $

（见314页地图；Stall No 2, Sadar Bazaar；食物₹40~440；⏰正午至子夜）你必须尝尝这家明星达巴菜，这家制作重口味荤素食物的街边摊雇用的厨师多达24名，在高峰时段，人人都露天操作着烤炉或其他传统炊具。他们做的卷饼（kathi）超级棒（你可以尝尝鸡肉或者奶酪口味的），数不清的整只鸡、咖喱、炒面等食物被源源不断地输送到拥挤得几乎只能站着吃的店里来。

明亮的灯光、不太令人愉快的招牌和时髦的印度流行音乐环绕着这家充满节日气氛的餐馆，这里可以说是阿格拉的必来之处。

Lakshmi Vilas
南印度菜 $

（见314页地图；50A Taj Rd；主餐₹110~130；⏰11:00~22:30❄🍴）这个毫不花哨、装修朴素又禁止吸烟的餐厅是在阿格拉品尝实惠的南印度菜的理想去处。在中午15:30和19:00~22:30两个时段会供应塔利套餐（₹145），味道不错，不过价格似乎相对较贵。

Brijwasi
甜点 $

（见314页地图；Sadar Bazaar；甜点每公斤₹320起，主餐₹95~170；⏰7:00~23:00❄）一层供应各种让人垂涎欲滴的印度传统甜点、干果和饼干，楼上还有一个物有所值的印度餐厅。这里最著名的是奶制甜品peda。

Dasaprakash
南印度菜 $$

（见314页地图；www.dasaprakashgroup.com；Meher Theater Complex, Gwailor Rd；主餐210~325₹；⏰正午至22:45；❄🍴）Dasaprakash的南印度素食始终保持着高水准，这里的食品美味得令人难以置信，又保持着宗教意义上的洁净，其中包括丰盛的塔利套餐（₹230~330）、薄饼（dosa）和几种具有代表性的西式菜肴。冰激凌甜品（₹100~220）是店里的另一个特色。舒适的卡座和木质格子屏风营造了私密的就餐空间。

泰姬陵的"水疗"

如果印度最辉煌的纪念碑在你的访问中看起来特别美好，它可能是因为刚做完"水疗"。经过多年的研究，印度和美国的科学家已经确定了使得最初闪闪发光的白色陵墓变色的罪魁祸首。多年来，阿格拉日常生活中的灰尘和空气污染使泰姬陵的表面变得黯淡，并呈现出褐色的色调。最近，由于在被污染的亚穆纳河（Yamuna River）中滋生的数百万昆虫的粪便被吸入泰姬陵的白色墙壁，绿色的色调开始呈现出来。

为了恢复大理石的早期光辉，基于印度妇女用于恢复自己面部光泽的传统配方，印度开发了一种泥浆清洁剂。整个全面清洁计划从2017年4月持续一年，专家认为这次不会像以前用的那些方法那样损伤泰姬陵表面。完成后它应该看起来很棒，但请注意，如果在清洁期间参观，你会发现这个世界奇迹周围到处都是脚手架！所以，如果游览泰姬陵是重要行程，那么请在预订航班之前检查并确认清洁工作已完成。

🍷 饮品和夜生活

阿格拉的夜生活往往会围绕着屋顶餐厅和几瓶啤酒展开。Taj Ganj没有任何一家餐厅有酒类经营执照，不过如果你礼貌地要求，他们都能为你弄到点酒，而且只要你低调一点，他们也不介意你自带酒水。

Amarvilas Bar 酒吧

（Taj East Gate Rd, Oberoi Amar Vilas Hotel; ⊙正午至午夜）如果想在十分奢华的环境中享受一杯啤酒或鸡尾酒，阿格拉最好酒店的酒吧就是你的选择。这里有一个露台可以让你欣赏到泰姬陵的风景，就算不是酒吧顾客也可以走上露台，不过工作人员的态度就不好说了。

Costa Coffee 咖啡馆

（见314页地图；www.costacoffee.com；8 Handicraft Nagar, Fatehabad Rd; ⊙8:00~23:00 📶）阿格拉唯一的英国咖啡连锁店紧邻Fatahabad Rd，提供清凉干净的咖啡因饮品（咖啡₹90~240）和网络。

Café Coffee Day 咖啡馆

（见316页地图；www.cafecoffeeday.com；21/101 Taj East Gate; ⊙6:00~20:00）这家热门咖啡连锁店的分店内设有空调，是距离泰姬陵最近的供应靠谱咖啡（₹90~140）的地方。另一家分店位于Sadar Bazaar（见316页地图 ⊙9:00~23:00）。

🛍 购物

阿格拉镶着彩色石头的大理石镶嵌品很出名，技法和泰姬陵的宝石镶贴艺术相似。Sadar Bazaar、老城区和泰姬陵的周边地区都有很多大商场和购物中心。

其他热门的商品还包括毯子、皮革和宝石，不过宝石都是从拉贾斯坦邦引进的，在斋浦尔更便宜。

一定要去贾玛清真寺后面的狭窄街道逛一逛，那些错综复杂、极度拥挤的小巷子里到处都是丰富多彩的市场，统称为Kinari Bazaar（见314页地图; ⊙周三至周一 11:00~21:00）。

★Subhash Emporium 艺术品和工艺品

（见314页地图；📞9410613616; www.subhashemporium.com; 18/1 Gwalior Rd; ⊙9:30~19:00）这个著名的大理石店展出的一些作品简直令人惊叹。虽然也许多其他商店要贵一些，但高质量的石材和精湛的工艺一定会让你觉得物有所值。一些作品是装饰性的，但其中一些是功能性的，如桌面、托盘、灯座和内部的火焰发出光芒的烛台。

Subhash Bazaar 市场

（见314页地图; ⊙4月至9月8:00~20:00; 10月至次年3月9:00~20:00）紧邻阿格拉的贾玛清真寺的北部边缘，特别适合购买丝织品和纱丽（sari）。

远离骗局

除了老一套的购物回扣勾当和历久不衰的进口宝石骗局，让阿格拉的游客们钱袋中来之不易的钞票遭殃的特殊骗术还包括以下这些：

人力车

如果你需要乘坐一辆机动或人力三轮车前往泰姬陵，务必在讲价的时候说清楚你要去哪个门。否则车夫们几乎无一例外，都会把你送到位于Shahjahan Gardens Rd南端的环形路口——那里有收费昂贵的马车（tongas）或是骆驼等着送旅行团去西门——还狡辩称他们以为你本来就是想来这里。根据污染法规，只有无污染的机动三轮车才可以进入泰姬陵周围半径不超过500米的范围内，不过他们可以进到比这个距离近得多的地方。

假大理石

许多"大理石"纪念品其实是雪花石膏，或者仅仅是皂石，因此你可能花很多钱购买了廉价的商品。那些袖珍泰姬陵都是雪花石膏做的，因为用大理石无法在短时间内雕刻出泰姬陵精密复杂的结构。

Modern Book Depot 书籍

（见314页地图；Sadar Bazaar；⊙周三至周一10:30~21:30）在这家有60年历史的老店有很多小说可供选择，还能买到Lonely Planet指南。

Khadi Gramodyog 服装

（见314页地图；MG Rd;⊙周三至周一11:00~19:00）在这里可以买到款式简单、质量好的男士印度服装，衣服的材质是经由圣雄甘地（Mahatma Gandhi）推广而闻名遐迩的手织布khadi。这家店没有英文标志：注意在Mahatma Gandhi（MG）Rd寻找一双手围绕着一座土屋的店标。

❶ 实用信息

阿格拉的网络普及率比大多数地方都高，甚至在餐厅也能上网。Taj Ganj 到处都有网吧，费用通常是每小时₹40起。

印度考古研究办公室（Archaeological Survey of India Office；简称ASI；见314页地图；⌕0562-2227261; www.asiagracircle.in; 22 The Mall; 印度人/外国人₹540/1000；⊙周一至周五 9:30~17:00）在这里可以购买泰姬陵满月门票，请上网站查询相关信息。

紧急情况

旅游警察局（Tourist Police, ⌕0562-2421204; Agra Cantonment Train Station;⊙6:30~21:30）警察总部设在Fatahabad Rd路，不过在游客便利中心（Tourist Facilitation Centre）外就有个办公室。在泰姬陵东门售票处、Taj Ganj路上的北方邦旅游局办事处和其他主要景点附近身着天蓝色制服巡逻的警官也属于这个警察局。

医疗服务

Amit Jaggi Memorial Hospital（见314页地图；⌕0562-2230515, 9690107860; www.ajmh.in; 紧邻Minto Rd, Vibhav Nagar）如果你生病了，经营这家私人诊所的Jaggi医生（Dr Jaggi）就是你该找的人。他接受大多数国外的医疗保险方案，就诊费用是₹1000（白天）或者₹2000（晚上）。他甚至还可以上门出诊。

SR Hospital（见314页地图；⌕0562-4025200; Laurie's Complex, Namner Rd）阿格拉最好的私立医院。

现金

自动柜员机到处都有。泰姬陵附近共有4台——每个大门附近各有一台（虽然东门的Axis Bank自动柜员机经常坏掉），还有一个则是在东门售票亭建筑群中。如果你需要换钱，又担心在Taj Ganj会上当受骗，在东门售票处综合楼有一家政府批准设立的货币兑换处。

邮局

印度邮政（India Post，见314页地图；www.indiapost.gov.in; The Mall;⊙周一至周五 10:00~17:00, 周六至16:00）阿格拉历史悠久的邮政总局（General Post Office，简称GPO）始建于1913年，还设有一个方便外国人的"便利办公室"（facilitation office）。

旅游信息

印度旅游局（India Tourism, 见314页地图; ⌕0562-2226378; www.incredibleindia.org; 191 The Mall;⊙周一至周五 9:00~17:30）非常有帮助的分支机构，有介绍本地和全印各景点的宣传册。

游客服务中心（Tourist Facilitation Centre, Taj East Gate; ⊙周六至周四 9:00~17:00）这个对游客很有帮助的旅游办事处是位于Shilpgram的泰姬陵东门售票处综合楼的一部分。

北方邦旅游局（UP Tourism, ⌕0562-2421204; www.up-tourism.com; Agra Cantonment Train Station⊙6:30~21:30）服务态度友好的火车站办事处在1号月台的游客便利中心内，可提供有用的建议，还可以在那里预订阿格拉的长途巴士团队游。这个分支还兼任旅客警察局。另一家北方邦旅游局的办公室位于Taj Rd（见314页地图；⌕0562-2226431; www.up-tourism.com; 64 Taj Rd; ⊙周一至周六 10:00~17:00）。

旅行社

Bagpacker Travel（见314页地图; ⌕9997113228; www.bagpackertravels.com; 4/62 Kutchery Rd; ⊙9:00~21:00）这是一家能满足你所有旅游和交通需求的诚实经营的旅行社，老板是旅行者休闲室的Anil，会说英语和法语。

❶ 到达和离开

飞机

目前还没有商业航班起降阿格拉的Kheria机场，但将来这里的航空交通可能会有所改善，因为计划了很久的Taj国际机场终于在2016年被批准建设,官方声称他们准备在2017年动工建设。但目前他们是否能实现目标还不好说。

长途汽车

2012年,全长165公里的收费公路亚穆纳高速公路(Yamuna Expressway)开通,将从德里到东南部郊区Noida的行车时间缩短了30%。一些豪华大巴现在沿这条道路行驶,以便更快地到达德里中心地区。

从**伊德加长途汽车站**(Idgah bus stand, 紧邻National Hwy 2, 靠近Sikandra)出发可以前往:

珀勒德布尔(Bharatpur, ₹65, 1.5小时, 每30分钟一班, 6:00~18:30)

德里 非空调车(₹180, 4.5小时, 每30分钟一班5:00~23:00)

法塔赫布尔西格里(₹40, 1小时, 每30分钟一班, 6:00~18:30)

瓜廖尔(Gwalior, ₹115, 3小时, 每小时一班, 6:00~18:30)

斋浦尔(₹262, 6小时, 每30分钟一班, 5:00~23:00)

占西(₹215, 6小时, 20:30和22:30)

拉贾斯坦邦国家道路运输公司(Rajasthan State Road Transport Corporation; ☎0562-2420228; www.rsrtc.rajasthan.gov.in)位于伊德加(Idgah)以东一个街区, Hotel Sakura前面, 这里有更加舒适的大巴前往斋浦尔, 全天发车。其中包括非空调车(₹256, 5.5小时, 7:30、10:00、13:00和23:59)、空调车(₹440, 5小时, 6:30和11:30)以及豪华沃尔沃(₹530, 4.5小时, 11:30和14:30)。

在**ISBT长途汽车站**(☎0562-2603536), 有豪华沃尔沃长途车前往德里(₹595, 4小时, 7:00、13:00、15:00和18:30)和勒克瑙(₹930, 7.5小时, 10:00和22:00);另外还有标准非空调车前往戈勒克布尔(₹625, 16小时, 15:30和19:30)和安拉阿巴德(₹450, 9小时, 4:30、5:30和16:00), 之后继续前往瓦拉纳西(₹600, 13小时)。前往台登(Dehra Dun)的长途汽车也从这里发车(沃尔沃空调车₹1190, 21:30;空调车₹700, 16:30;非空调车 ₹425, 19:00、20:00、21:00和21:30)。还有长途汽车去往瑞诗凯诗(Rishikesh, 座位/卧铺₹348/464, 10小时, 18:30、19:30和22:00)。有几辆夜间行驶的长途汽车前往赫里德瓦尔(Haridwar, 空调/非空调₹1050/400, 10小时), 从那里可以转车前往瑞诗凯诗(Rishikesh)。

毕吉利加尔长途汽车站(Bijli Ghar bus stand, Agra Fort Bus Stand, 见314页地图)有车前往马图拉(₹65, 90分钟, 每30分钟一班, 6:00~18:30)和Tundla(₹35, 1小时, 每30分钟一班, 8:00~19:00), 如果从阿格拉前往瓦拉纳西的火车票卖光了, 你可以从Tundla乘坐20:15出发的12382 Poorva Express前往瓦拉纳西。

在伊德加和毕吉利加尔两个长途汽车站之间可以坐合乘机动三轮车往返(₹10)。如果要前往ISBT长途汽车站, 可以搭机动三轮车过去(依起站位置₹200~250)。

火车

大多数火车都从**阿格拉军营火车站**(Agra Cantonment train station)发车, 不过也有一些从阿格拉堡火车站(Agra Fort station)出发。有几个火车, 例如Kota PNBE Express, 在不同日期运行的车次编号会和列示的编号稍有不同, 不过车次时间是一样的。

特快列车很适合打算当日往返德里的游客, 不过全天都有火车开往德里。如果你未能预订到座位, 就买一张下一班火车的"普通车票"(general ticket, 大约₹90), 在卧铺车厢(Sleeper class)找个座位, 等到检员过来的时候再升

德里—阿格拉火车(当日往返的游客)

行程	列车编号和名称	票价(₹)	车程(小时)	发车时间
新德里—阿格拉	12002 Shatabdi Exp	550/1010(A)	2	18:00
阿格拉—新德里	12001 Shatabdi Exp	690/1050(A)	2	21:15
Hazrat Nizamuddin—阿格拉	12280 Taj Exp	100/370(B)	2.45	7:00
阿格拉—Hazrat Nizamuddin	12279 Taj Exp	100/370(B)	3	18:55
Hazrat Nizamuddin–Agra*	12050 Gatimaan Exp	755/1505(A)	1.75	8:10

票价:(A)空调硬座/空调卧铺, (B)2等车厢/空调硬座;*从周六到周一。

从阿格拉出发的其他快捷的车次

行程	列车编号和名称	票价(₹)	车程(小时)	发车时间
戈勒克布尔*	19037/19039 Avadh Exp	249/697/1050(A)	15.45	22:00
斋浦尔*	12036 Shatabdi Exp	415/890(C)	3.5	17:40(周四除外)
克久拉霍	12448 UP SMPRK KRNTI	207/546/805(A)	7.5	23:10
加尔各答(Howrah)	13008 UA Toofan Exp	394/1119(B)	31	12:15
勒克瑙	93238/93237 Kota PNBE Exp	164/446/655(A)	6.5	5:50
孟买(CST)	12138/12137 Punjab Mail	410/1139/1770(A)	23	8:35
瓦拉纳西	93238/13237 Kota PNBE Exp	262/733/1110(A)	14	20:30

票价:(A)卧铺(sleeper)/空调卧铺3类(3AC)/空调卧铺2类(2AC),(B)只有卧铺/空调卧铺3类,(C)只有空调硬座/空调卧铺1类,(D)2等座/空调硬座;*从阿格拉堡火车站出发。

级车票。大多数时候他甚至都不会再让你多付钱。德里和阿格拉之间的新快速列车Gatimaan Express现在已开始运行。它每小时行驶160公里(印度最快),时速比Shatabdi Express快30公里。

如果要去奥恰(Orchha),可搭乘每天都有很多班次的火车前往占西(Jhansi,卧铺₹165起,3小时),之后先坐合乘机动三轮车去汽车站(₹20),在那儿全天都可以坐合乘机动三轮车前往奥恰(₹15)。搭乘机动三轮车走同一条路线的价格是₹200。若你要在周四前往斋浦尔,7:15从阿格拉发车的12403/12404 ALD JP Express是你最好的选择。

❶ 当地交通

机动三轮车

预付费的机动三轮车售票亭 就在阿格拉军营火车站外面(⊙24小时)。通常不超过3公里的路程不会超过₹50,上车前请先议好车费。

从阿格拉军营火车站出发的机动三轮车收费情况如下:Fatahabad Rd ₹150;ISBT长途汽车站₹200;Sadar Bazaar₹70;Sikandra ₹400;泰姬陵(西门)₹100,泰姬陵南门₹130;Shilpgram(泰姬陵东门)₹150;半天(4小时)游览₹400;全天(8小时)游览₹600。如果你只是要快速去泰姬陵然后立即乘车回来,中间会收取₹250的等待费用。请注意,人力三轮车不可到法塔赫布尔西格里。

人力车

从泰姬陵出发的人力车价格为:阿格拉军营火车站₹80;阿格拉堡₹40;毕吉利加尔长途汽车站₹50;Fatahabad Rd ₹30;Kinari Bazaar ₹100;Sadar Bazaar ₹50;半天游览₹400。如果两人乘坐可多加₹10~20。

出租车

在阿格拉军营火车站外面的**预付费出租车售票亭**(24小时)可以大致了解出租车的收费情况。非空调车的价格一般是:德里₹3500;Fatahabad Rd ₹200;Sadar Bazaar ₹100;泰姬陵₹200;半天(4小时)游览₹750;全天(8小时)游览₹1000。价格中没有包含₹10的手续费和停车费。

阿格拉周边

法塔赫布尔西格里(Fatehpur Sikri)

☎05613 / 人口 30,000

(三维视图见852页)这座修建了防御工事的宏伟古城位于阿格拉以西40公里的地方,在阿克巴大帝统治时期,这里在1572~1585年曾经短暂地作为莫卧儿帝国的首都。阿克巴曾经来到西格里村庄(Sikri)寻求苏非派的圣人谢赫萨利姆·奇什蒂(Shaikh Salim Chishti)的指点,圣人预言了莫卧儿皇位继承人的诞生。预言成真之后,阿克巴在这里修建了他的新首都,其中包括一座宏伟的清真寺——如今仍在使用中——和3座宫殿,这些宫殿被分别献给了他最爱的3位皇后,她们一位是印度教徒,一位是穆斯林,还有一位是基督徒(不过西格里的印度教村民对这些说法中的部分内容存有异议)。这座城市曾经

退役的跳舞熊之家（DANCING BEAR RETIREMENT HOME）

数百年来，许多幼熊从母熊（常被杀害）身边被偷走，并通过痛苦的过程被迫成为"跳舞熊"，用它们奇特的步法取悦国王和公众。1996年，野生动物救援组织（Wildlife SOS；www.wildlifesos.org）——一家经常被请到阿格拉的动物救援组织，从当地人家中以人道的方式驱走蟒蛇和眼镜蛇——开始努力解救印度的大约1200只跳舞熊。到2009年，几乎所有熊都被释放了，其中200多只住在阿格拉熊救援中心（Agra Bear Rescue Facility；☏9756205080；www.wildlifesos.org；Sur Sarovar鸟类保护区；2小时/全天₹2000/4000；◎9:00~16:00），它位于通往德里的道路上，距离阿格拉30公里的Sur Sarovar鸟类保护区内。

欢迎游客参观这个公园般的场地，看到熊享受它们的新家和更美好的生活。野生动物救援组织也在马图拉附近为马戏团大象提供避难所（2小时/全天₹1500/3000），在这里你可以更贴近动物，因为你可以喂食大象并与大象一起散步。提前通过电子邮件或电话安排参观。

是一座融合了印度和伊斯兰风格的杰作，但是建立在一个据推测严重缺水的地区，因此在阿克巴去世后不久就被遗弃了。

从阿格拉来参观这个被列入世界遗产名录的景点，当日来回很方便。不过这里有几个不错的住宿选择，除了主要景点以外，法塔赫布尔村的集市也多姿多彩，位置就在遗迹的下方，而几公里以北的小村庄西格里也值得探索一番。宫殿建筑群最近贾玛清真寺，二者都位于法塔赫布尔和西格里之间的山脊顶端。另外，到了日落时分，红砂岩的宫殿墙壁的美感达到顶峰，这时也是最佳的摄影时间。

◎ 景点

贾玛清真寺（Jama Masjid）　　　　　　　　　清真寺

这座美丽而雄伟的清真寺于1571年完工，集波斯和印度的设计元素于一身。主要入口位于一段石头台阶上方，需要穿过高54米、气势恢宏的**胜利之门**（Buland Darwaza），修建这座大门是为了纪念阿克巴在古吉拉特邦（Gujarat）取得的军事胜利。

清真寺的庭院内是用白色大理石建造的精美的苏非派圣人**谢赫萨利姆·奇什蒂之墓**（tomb of Shaikh Salim Chishti），这座陵墓于1581年修建完成，乌木制成的大门仍然保存完好，是进入陵墓的入口。陵墓内部有色彩鲜艳的花朵壁画，檀木天篷上装饰着珠母贝壳。正如400年前阿克巴拜访圣人希望求得一子，如今没有孩子的女人们也会来拜访这座陵墓，在大理石格子屏风上系一根线，而这里的屏风也是全印度最精美的屏风之一。

陵墓的右侧是谢赫萨利姆·奇什蒂的家人的墓碑，附近有一个地下隧道的入口（被一扇上锁的大门封住了），据说这条隧道一直通到阿格拉堡！隧道入口后面的远处墙壁上有3个洞，是古老的通风系统的一部分，你仍然能感觉到清凉的风从这些洞中穿过的力量。谢赫萨利姆·奇什蒂之墓的东侧就是红砂岩的**伊斯兰汗之墓**，这是谢赫萨利姆·奇什蒂的孙子——曾经的孟加拉总督——的安息之所。

庭院的东墙有一个相对较小的清真寺入口——**国王之门**（Shahi Darwaza），通向宫殿建筑群。

宫殿与亭阁　　　　　　　　　　　　　　宫殿

（印度人/外国人₹40/510，录像₹25；◎黎明至黄昏）法塔赫布尔西格里的主要景观是令人惊叹的皇家宫殿建筑群和宫殿，这些宫殿和亭阁分布在一个被莫卧儿杰作包围的大型废弃"城市"中：里头有庭院、错综复杂的雕刻、仆役区、广阔的门廊和观赏池。

公众大厅（Diwan-i-Am）有一个庞大的庭院占据着东北方向的入口。阿克巴曾经就在沿西墙而立的5个相同席位的正中间主持朝政，身边则是他的顾问。而如今这里是一座精心修整过的花园。公众大厅在建造时合理利用了回音的效果，在这样开阔的空间里，无论从何处传来的任何声响，阿克巴都可以随时听见。如果传说属实，审判进行得很快，公开处决据说就在这里进行，被判死罪的犯人会被大象踩死。

位于巴西吉庭院（Pachisi Courtyard）北端的私人大厅（Diwan-i-Khas）从外面看上去平淡无奇，不过内部耸立着一根壮观的石雕中柱。这根柱子逐渐向外展开形成了一个平顶的底座，4条狭长的石桥将底座和房屋的4个角相连。据说，阿克巴就在这个底座之上与站在4条石桥末端的学者和大臣们议政。

在私人大厅旁边的宝库（Treasury）的一些角落里摆放着神秘的石头保险箱（作为展示品，其中一个箱子的石盖是打开的）。天花板的支柱上雕刻着海怪，意在保护曾经收藏于此的巨额财富。位于前方的占星师的亭子（Astrologer's Kiosk）蛇形的屋顶支柱体现了耆那教（Jain）的风格。

占星师的亭子的南侧是巴西吉庭院，以如今在印度被称为"鲁多"（ludo）的一种古老游戏的名称命名。巨大的十字形棋盘位于庭院中间，从四周都看得见。位于东南角的是整个建筑群之中雕工最为精密复杂的一座建筑——小而优雅的苏坦娜殿（Rumi Sultana），据说这里是为阿克巴来自土耳其的穆斯林皇后修建的，不过也有人认为它是阿克巴本人在议政期间的休息区/盥洗室。位于皇后花园（Ladies Garden）的一角、巴西吉庭院西侧的，是令人印象深刻的风之宫（Panch Mahal），这座亭阁建筑的5层结构逐级缩小，顶层只是一个小亭子。下层有84根柱子，各不相同，整栋建筑的柱子总计176根。

向逆时针方向继续前行就到了观赏水塘（Ornamental Pool）。当歌者和乐师在这座水面上的舞台表演时，阿克巴可以直接在他的私人寝宫藏宝阁（Daulat Khana）的亭子里观赏。亭子的后面就是梦之宫（Khwabgah），其中的卧室里有一张巨大的石头做成的双层床。如今还在这里就寝的只有那些挂在天花板的蝙蝠。位于远处角落里的那个小房间已经被它们占领了！

从观赏水塘向西走就能看到久德哈拜宫（Palace of Jodh Bai），这里是阿克巴的印度皇后——据说是他最爱的人——曾经的寝宫。这座宫殿围绕着一座巨大的庭院，将传统的印度式柱子、穆斯林的高塔和蓝绿色的波斯风格屋顶瓦融合于一身。就在久德哈拜宫外面，位于久德哈拜（Jodh Bai）从前的厨房左侧的是基督徒皇后宫（Palace of the Christian Wife）。这里曾经属于阿克巴的果阿（Goan）皇后玛丽亚姆（Mariam），1569年，她在此生下了贾汗季，不过也有人认为阿克巴根本就没有过一位基督徒皇后，玛丽亚姆这个名字是Mariam-Ut-Zamani的缩写，是阿克巴赐予久德哈拜的称号，意为"像玫瑰一样美丽"或"世界上最美的女人"。和宫殿建筑群里的许多建筑一样，这里也包含了不同宗教的元素，与阿克巴宽容的宗教信仰相适应。穹顶状的天花板是伊斯兰教的风格，另外，在这里还能看到残存的印度教湿婆神壁画。

再次走过基督徒皇后宫，向西前行，你会到达比尔巴尔宫（Birbal Bhavan），这里从内到外都雕刻得十分华美，据说曾居住着阿克巴最资深的大臣之一。Lower Haramsara就在它的南边，是阿克巴数量庞大的女仆的住处。

整个建筑群的后面还分布着许多遗迹，其中包括商队旅馆（Caravanserai），供来访的商人居住的众多客房围绕着一个巨大的庭院。破损严重的大象雕像仍然守卫在大象之门（Hathi Pol），小型的石匠清真寺（Stonecutters' Mosque）和一处浴室（hammam）的遗址就在一小段步行距离之外。造币厂（Mint）——不过据说这里其实是马厩——以北还有其他无名的遗迹可以探索一番，其中一些就位于北边有趣的西格里村子里。

考古博物馆
博物馆

（Archaeological Museum；靠近Diwan-i-Am；◯周六至周四 9:00~17:00）免费 该博物馆于2014年在阿克巴的前宝库内落成，距离公众大厅大约100米，展示了法塔赫布尔西格里多年前发掘出的前莫卧儿文物。虽然规模不大但很不错，其中的展品包括一些保存完好的公元982年至公元1034年间的砂岩Jain tirthankars（24位圣洁的耆那教祖师）。

👉团队游

在售票处能请到印度考古协会（Archaeological Society of India）的官方导游（讲英语），价格是₹450，不过这些导游并不总是知识最丰富的（其中一些人能加入是因为有特权而不是有能力）。阿格拉导游相当不错，雇用价格是₹750。我们最喜欢的导游是 **Pankaj Bhatnagar**（☎8126995552；₹750），可通过whatsapp和他联络。

🛏️食宿

法塔赫布尔西格里的特色食品是kha-taie，这是一种在当地的集市里被堆放得高高的点心。若要找寻餐厅，请走进酒店里。

Hotel Goverdhan　　　　　　酒店 $

（☎05613-282643；www.hotelfatehpursikriviews.com；Agra Rd；房间₹750~950，配空调₹1300；❄@🛜）这间古老的建筑内有几间不错的客房，分布在一座经过精心打理的花园周围。这里有公共阳台和平台座椅、免费的网络和Wi-Fi，每间房间里都有新床，配置了空调的房间也有电风扇和监视器。餐厅还不错（餐₹70~180）。

Hotel Ajay Palace　　　　　　客栈 $

（☎9548801213；Agra Rd；房间₹500）这家非常友好的家庭式客栈不是很漂亮，有一些设备简单而且价格便宜的双人间，铺着大理石地板，配有坐式抽水马桶。这里也是个非常受欢迎的午餐地点（主菜₹50~150）。你可以坐在屋顶宽阔的加长大理石餐桌边，欣赏村庄街道的风景和高耸的贾玛清真寺。需要注意的是，这家店不是位于汽车站的Ajay Restaurant By Near Palace，还要沿着马路再往前走50米才到。

ℹ️实用信息

危险和麻烦

在法塔赫布尔西格里至阿格拉的长途汽车到达终点站伊德加长途汽车站之前，不要理睬任何一个上车告诉你已经到了市中心或是泰姬陵的人。还没到呢。还要乘机动三轮车走很远，而这个试图把你骗下车的人，不稀奇，当然就是机动三轮车司机了。

ℹ️到达和离开

从法塔赫布尔长途汽车站，5:30~18:30每半小时有一班长途汽车（₹40）开往阿格拉的**伊德加长途汽车站**（见324页）。如果你错过了这些长途车，可以步行1公里到阿格拉门，再走350米到主要道路上的岔路口停靠点，在主路上拦一辆到阿格拉的长途汽车，车次很多，每30分钟一班，白天和晚上都有。

如果要前往珀勒德布尔（₹25，40分钟）或者斋浦尔（₹190，4.5小时），可以在阿格拉Bypass Crossing Stop拦一辆西行的长途汽车。

定时开往阿格拉堡火车站的火车从法塔赫布尔西格里出发的时间是4:43（59811 Haldighati Pass）和20:16（19037/9 Avadh Express），不过在10:14和15:54还有更快捷的客运列车，另外还有其他4个车次在不同的时间经过。只需要在火车站买一张普通车票再挤上车就行了（₹20，1~2小时）。

北方邦

包括 ➡

瓦拉纳西.................332
鹿野苑.....................346
戈勒克布尔.............347
拘尸那揭罗.............348
苏那利和尼泊尔边境....350
勒克瑙.....................350
阿约提亚及周边......357
安拉阿巴德.............359
马图拉.....................364
维伦达文.................366

最佳餐饮

➡ Oudhyana（见355页）
➡ Darbangha（见342页）
➡ Tunday Kababi（见354页）
➡ Eat On（见363页）

最佳住宿

➡ Brijrama Palace（见340页）
➡ Kanchan Villa（见363页）
➡ Hotel Ganges View（见341页）
➡ Ganpati Guesthouse（见340页）

为何去

除了北方邦（Uttar Pradesh）之外，没有几个邦更能呈现印度的典型风貌。历史和宗教——印度教、佛教、伊斯兰教和一般民俗信仰——与神圣的河流和广阔的平原在这片土地上交织，凸显了其重大而深远的意义。

除了具有标志性地位的阿格拉外，北方邦还有印度最神圣的城市瓦拉纳西，该城市以恒河边的水畔石阶和充满活力的仪式而闻名。古老的故事告诉我们，克里希纳出生在马图拉，而罗摩出生在阿约提亚——这是一个现代悲剧冲突的地方，揭示了印度集体心理的阴影面。佛陀在鹿野苑第一次布道，并在现在宁静的朝圣地拘尸那揭罗去世。而且莫卧儿帝国和纳瓦布的统治也留下了印记，留给后世建筑和美食杰作——特别是在勒克瑙（当然还有阿格拉）。北方邦足以满足任何旅客的感官需求和好奇心。

何时去

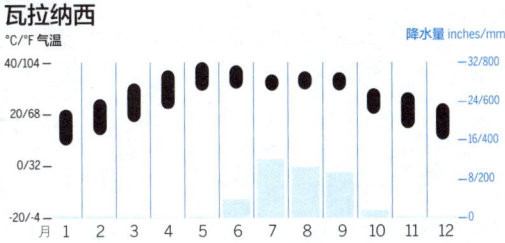

9月中旬至10月 雨季基本结束，气温下降得……刚刚好。

11月至次年2月 冬季的白天舒适，晚上凉飕飕的，这个时间不错，但人潮汹涌。

3月 夜晚寒意减弱，夏至的热浪还未汹涌而至，有人认为这是完美的时节。

北方邦亮点

❶ **瓦拉纳西**（见332页）让印度好好地颠覆你的想法，正如你一直想象的那样，恒河沿岸的神圣高地和每个小巷迷宫的角落里都充满了惊喜。

❷ **勒克瑙**（见350页）在印度的烤肉首府吃饭，然后漫步在令人印象深刻的莫卧儿建筑群中。

❸ **鹿野苑**（见346页）在佛陀发布第一篇布道的宁静公园中漫游。

❹ **安拉阿巴德**（见359页）和1亿信徒一起在大壶节期间聚集在两条（或三条）神圣河流的汇合处。

❺ **吉德勒古德**（见359页）在这个悠闲的河边小镇体验印度教的热情。

❻ **维伦达文**（见366页）在这个精神中心和克利须那国际中心的各间寺庙中进行体验。

❼ **阿约提亚**（见357页）亲自走一趟罗摩神话故事发源地。

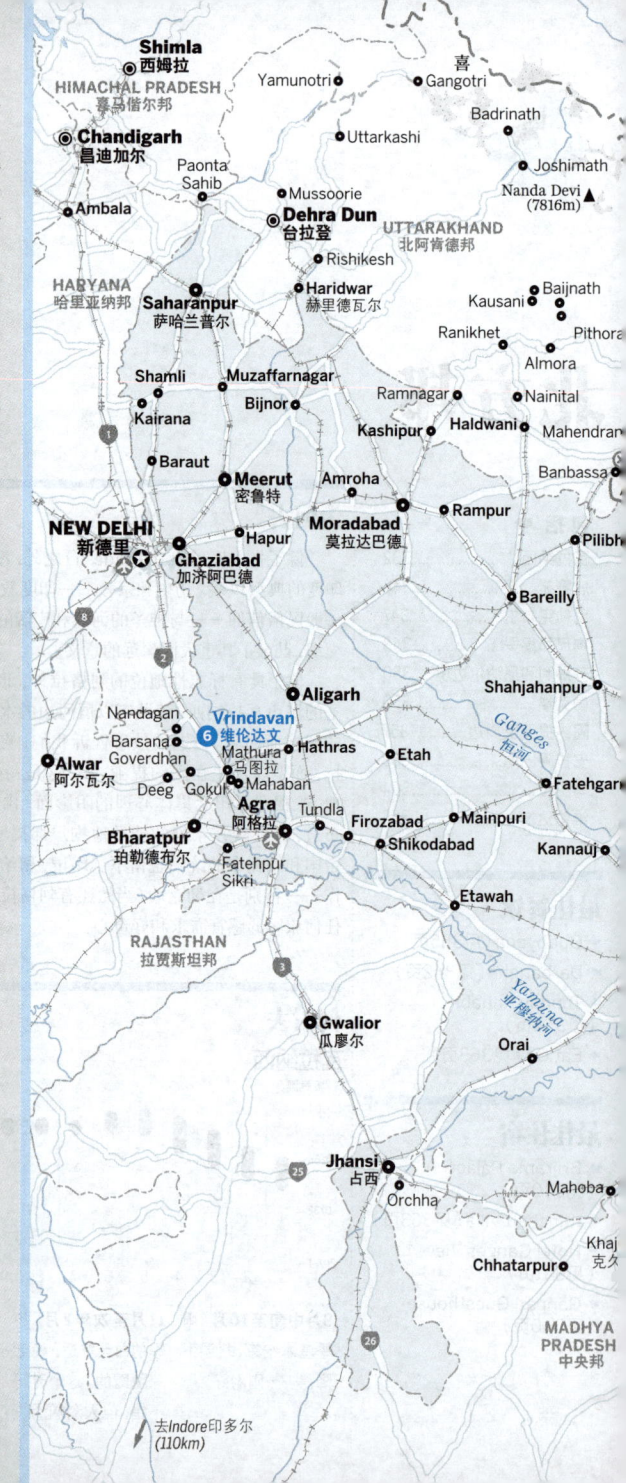

历史

两千多年前，这个地区是阿育王庞大的佛教帝国的一部分，如今，在瓦拉纳西附近的朝圣中心鹿野苑的遗迹当中，仍然残留着当时的遗迹。自11世纪起，穆斯林从西北方向入侵，到了16世纪，这一地区已经成为莫卧儿帝国的一部分，阿格拉和德里曾先后作为其首都，之后莫卧儿帝国在法塔赫布尔西格里也曾短期建都。

随着莫卧儿帝国的衰落，波斯人曾短暂地登上历史舞台，随后阿瓦德（Avadh）的纳瓦布（相当于总督）在这一地区的中心地带（现为勒克瑙一带）崛起。纳瓦布们将勒克瑙发展成了一个欣欣向荣的艺术、文化和美食中心，然而，当英国东印度公司（British East India Company）罢免了最后一位纳瓦布，并引发了1857年第一次独立战争（印度民族起义），莫卧儿帝国也就戏剧性地灭亡了。在这为期147天的勒克瑙战役（Siege of Lucknow）中，英国指挥官亨利·罗伦斯（Sir Henry Lawrence）在捍卫其英国住所的过程中丧命，这栋建筑物至今仍被完整地保存在勒克瑙。

之后阿格拉和阿瓦德合并，这一地区被称为联合省（United Province），印度独立之后又被更名为北方邦，自此一直是印度政治领域最具影响力的地区，历任印度总理之中超过半数都来自这里，其中大多数来自安拉阿巴德（为尼赫鲁/甘地家族后人）。然而，北方邦的居民似乎并没有因此受益，落后的管理水平、较高的出生率、较低的识字率和不稳定的电力供应在过去的70年中阻碍了这里的经济发展。

2000年，北方邦的西北部山区被分离出来，成立了新的北安查尔邦（Uttaranchal），现名为"北阿肯德邦"（Uttarakhand）。

瓦拉纳西（VARANASI）

0542 / 人口 1,400,000

瓦拉纳西正是旅人们想象中的印度的模样。这里是地球上色彩最为丰富绚丽的地方，每一个转角都可能让你遇见惊喜。

瓦拉纳西是世界上持续有人居住的最古老城市之一，也被奉为印度教最神圣的圣城之一。朝圣者们来到沿恒河排列的水畔石阶上，用神圣的水洗去罪孽，或者为去世的至爱亲朋举行火葬。这里被看作是尤为吉祥的往生之地，因为死在这里可以从重生轮回中得到解脱（moksha）。

大多数旅人都同意瓦拉纳西是一个十分神奇的地方——但这里不适合胆小的人。生与死的仪式就在与你相距很近的公共场合中进行，周遭的景象、声音和气味历历在目——更不用说水畔石阶上一直有喧扰的掮客——行为甚至可能有点过火。尽管如此，所谓的光之城也许会成为你最喜欢的地方，行走在河畔和小巷或在船上观赏日出的经历，均令人十分难忘。

历史

人们认为瓦拉纳西的历史可以追溯到大约公元前1200年。公元8世纪，当印度教改革家商羯罗查尔雅（Shankaracharya）将敬仰湿婆确立为主要教派后，瓦拉纳西真正地崛起了。公元1300年左右，阿富汗人在破坏了附近的鹿野苑之后又摧毁了瓦拉纳西，不过最具破坏力的是狂热的莫卧儿皇帝奥朗则布，他洗劫并毁坏了几乎所有的寺庙。如今瓦拉纳西的老城区也许显得很古老，不过拥有数百

北方邦主要节庆

佛浴节（安拉阿巴德；⊙1月/2月）这个庞大的年度宗教博览会如今已成为世界上最大的人类聚会，大壶节（Kumbh Mela）每12年举行一次（下一次是在2025年）。

胡里节（见365页）这也许也是世界上最丰富多彩的节日。准备好全身沾粉！

Purnima（⊙4月或5月）可谓佛陀的生日派对。

黑天诞辰节（见365页）克利须那的生日派对。

排灯节（恒河排灯节；瓦拉纳西；⊙11月）在"光之城"举办的光节。

Ram Lila（瓦拉纳西；⊙9月/10月）罗摩从恶魔罗波那那里找回他的妻子悉多的戏剧性的复述。

来自印度各地的王公和其他富裕家庭在水畔石阶附近建造了宫殿和豪宅，以接近神圣的河流；其中大部分现在都处于严重失修状态，尽管有一些已经被酒店公司购买，并重新装修，以期恢复其过往的荣耀。

⊙ 景点

★ 湿瓦纳神庙
印度教寺庙

（Vishwanath Temple；金庙；见338页地图；⊙3:00~11:00, 12:30~20:00, 21:00~23:00）寺庙在瓦拉纳西几乎随处可见，不过这是其中最著名的一间。这座寺庙是献给湿瓦纳（宇宙之神湿婆神）的。现存的寺庙是由印多尔的Ahalya Bai在1776年修建的；塔楼和穹顶上重达800公斤的镀金是由拉合尔王公兰吉特·辛格（Ranjit Singh）在寺庙建成50年后捐献的。

由于治安问题和紧张的社会局势的存在，这一地区到处是军人。在你进入神庙所在的小巷之前，必须把包、相机、手机、笔或者其他任何电子设备寄存在储物柜里（₹20）；或者就把你的东西留在酒店。虽然关于外国人是否可以进入圣殿本身的记录各不相同，但我们发现它相当直接：前往第2号门（见338页地图），保全人员将指示你走过等候在长长的队列中的印度人，然后通过金属探测器和安全检查。经过另一队印度人直到你来到一张桌子前，在那里你必须出示护照（不是副本），并留下你的鞋子。然后穿过胡同的门进入寺庙。

一旦进入其中，你会发觉寺庙里面异常拥挤，人们互相推挤，争先恐后地献出贡品并触摸林迦（lingam，湿婆神的阴茎图腾），从而去除人性的其中一项罪恶。在其他时候，神庙里的氛围宁静安详。在特别的宗教节日里，印度教徒经常排队等待48小时方能进入。

湿瓦纳神庙的北侧是智慧之井（Gyan Kupor Well，见338页地图）。信徒们认为喝了这里的井水可以达到更高的精神境界，不过这里有一块牢固的安全屏障，避免这种行为发生。这里也禁止非印度教徒进入，而且这个规定在这里执行得更加严格。

贝拿勒斯印度大学
古迹

（Benares Hindu University，简称BHU；见334页地图；www.bhu.ac.in）贝拿勒斯印度大学成立于1916年，长期以来一直被视为顶尖学府，瓦拉纳西追求最高教育水平的传统被这所大学传承至今。绿树成行的宽阔街道和方圆5平方公里的公园般的校园环境营造出宁静的氛围，与校外的城区相比仿佛是另一个世界。位于校园里的Bharat Kala Bhavan（见334页地图；印度人/外国人₹10/150；⊙周一至周五10:00~17:30）是一座宽敞的博物馆，收藏着一系列出色的细密画，以及12世纪写在棕榈叶上的手稿、雕塑和当地历史展览品。

迦特（ghats）

在恒河的西岸，那些一路向下通往河水的台阶连成长长的一片，在这些水畔石阶周围，瓦拉纳西的光芒灿烂至极，既有启迪心灵的力量，又不可思议地上镜。大多数水畔石阶都作为沐浴场使用，不过也有几处火葬石阶是尸体当众火化的地方。Manikarnika（见338页地图）是其中主要的一座：经常能看到葬礼队伍穿过后街小巷来到这片石阶。

参观水畔石阶的最佳时间是黎明时分——那时的恒河沐浴在柔和的光线里，朝圣者们来到河边面对太阳做祷告（puja）；还有日落时分，在Dashashwamedh Ghat（见338页地图）会举行主要的祭河典礼（ganga aarti）。

河边共有约80处石阶，不过从大学附近的Assi Ghat（见338页地图）向北直到公路和铁路桥附近的Raj Ghat是主要的石阶分布区。

一次沿恒河而行的乘船之旅是初识水畔石阶的完美方式，不过在一年中的大部分时间里，河水的水位都足够低，你可以步行将全部石阶从头到尾走一遍。这会是一次世界级的以"看人"为目的的闲逛：当你置身于恒河边迷人的人潮之中的时候，就会发现他们不只是来做圣浴的，还有人来这里洗衣服，做瑜伽，为别人送祝福，卖花，做个按摩，玩玩板球，给自己的水牛洗澡，通过施舍乞丐来行善积德，或者只是在闲逛。

南段

★ Assi Ghat
水畔石阶

（见338页地图）Assi Ghat是主要石阶中

Varanasi 瓦拉纳西

最偏南的一座，也是规模最大的石阶之一，它尤为重要的原因在于，阿西河（River Assi）与恒河就在这附近交汇，而朝圣者们会来到一棵菩提树下参拜一尊湿婆林迦（湿婆的男根）。当夜晚降临时，这里特别热闹，石阶宽阔的混凝土地带挤满了小贩和表演者。日出时会播放音乐，还会有瑜伽活动，这里是乘船之旅的热门出发点，也有几家出色的酒店。

Tulsi Ghat

水畔石阶

（见338页地图）此石阶得名于一位16世

Varanasi 瓦拉纳西

◎ 景点
- **1** Alamgir Mosque D3
- **2** 贝拿勒斯印度大学 B6
- **3** Bharat Kala Bhavan B6
- **4** Panchganga Ghat D3
- **5** Ram Ghat D3
- **6** Trilochan Ghat D2

✪ 活动、课程和团队游
- Aarna Spa .... (见11)
- **7** Hotel Clarks Varanasi A1
- **8** International Centre B6
- **9** Learn for Life Society B3

⊜ 住宿
- **10** Homestay B3
- **11** Hotel Surya A1
- **12** Stops Hostel B4

⊗ 就餐
- Canton Royale .... (见11)
- **13** Open Hand C5

⊙ 饮品和夜生活
- Mangi Ferra .... (见11)
- **14** Prinsep Bar A1

⊕ 购物
- **15** Mehrotra Silk Factory B2
- **16** Mehrotra Silk Factory D2
- **17** Shri Gandhi Ashram Khadi B5

纪的印度诗人，石阶已经开始向河里倾斜，不过卡尔提卡月（Kartika，10月/11月）有一个献给克利须那神的节日会在这里进行庆祝。

Bachraj Ghat
水畔石阶

（见338页地图）这座小石阶的特色在于上面有3座耆那教寺庙。

Shivala Ghat
水畔石阶

（见338页地图）Shivala Ghat是一座由贝拿勒斯王公修建的建筑，离它稍远的地方有一座小型的湿婆寺和一座由尼泊尔王室于19世纪修建的宅邸。

哈奴曼迦特（Hanuman Ghat）
水畔石阶

（见338页地图）这里深受罗摩信徒的喜爱[哈奴曼是罗摩的坚定盟友，通过不懈努力将悉多（罗摩的妻子）从恶魔罗波那手中拯救出来]。

★ Harishchandra Ghat
水畔石阶

（见338页地图）这是一座火葬石阶，与Manikarnika相比规模较小，重要性也在其次，不过是瓦拉纳西最古老的水畔石阶之一。

老城区沿线

Dashashwamedh Ghat
水畔石阶

（见338页地图）这是瓦拉纳西最热闹且色彩最绚丽的水畔石阶。石阶的名字表示梵天在这里献祭了（medh）10匹（das）马（aswa）。尽管那些船主、卖花人、按摩师和想要把你拉进某家丝绸店的掮客让人难以忍受，这里依然是个可以沉浸在它独特氛围之中、一边漫步一边看人的好去处。每晚19:00，这里会上演一场融合了祷告（puja）、火焰与舞蹈的盛大祭河典礼（ganga aarti）。从Godaulia Crossing的主干道末端很容易到达。

Man Mandir Ghat
水畔石阶

（见338页地图）位于Dashashwamedh Ghat北侧的石阶由拉贾·曼·辛格（Raja Man Singh）在1600年修建而成，不过在19世纪被拙劣地修复过。石阶的北角有一片不错的石头阳台。

★ Manikarnika Ghat
水畔石阶

（见338页地图）这是主要的火葬石阶，亦是印度教徒最吉祥的火葬场所。处理遗体的是一群被剥夺了种姓的人，他们被称为doms。遗体用布包裹后放置在竹制担架上，然后被抬着穿过老城区的小巷，一直到达神圣的恒河边。在火化之前，遗体会被浸在恒河里。沿着石阶顶端堆放着巨大的木柴堆，每一根木头都用大型磅秤精确地称重，这是为了计算火葬的费用。不同种类的木头价格各异，其中檀木是最贵的。如何使用数量刚好的木柴将一具遗体完全烧成灰是一门学问。你可以参观火葬仪式，不过请谨言慎行以示尊重。严禁拍照。

你几乎一定会遇到一位祭司，或者更可

瓦拉纳西的骗局

→ 不要在进行火葬的石阶处拍照,如果有人提出"跟我来能看得更清楚"不要跟随前往,他们会强迫你付钱,并且很可能把你置于尴尬的境地。

→ 不要和导游或者人力车夫一起去任何一家商店。务必坚定地拒绝。千万记住。你会为了惊人的购物回扣多付40%到60%的钱,同时也是在被动地助长这种不良风气。如果要去商店,要么自己走过去,要么在一个街区之外提前下车。

→ 瓦拉纳西的山寨商店泛滥,店名通常只有一个字母的差别,有时甚至一模一样。我们推荐的商店都是正规的。建议要一张商店的名片——如果上面的信息不吻合,那么你被骗了。

→ 和船夫们讲价的时候,先把价格和币种都确认清楚再出发。他们很喜欢只说"100",等回来了再表示那是100美元或100欧元的意思。

→ 不要雇用大多数客栈会选择的非官方导游。如果你需要导游,通过北方邦旅游局办事处(见344页)预约,可以帮你省去不少上述的麻烦。如果你执意雇用黑导游,那只能祝你购物愉快了!

→ 小心bhang lassis——这些都是用hash(降解大麻)制作的,如果这不是你要找的东西(我们听说有关醉酒的人被抢劫的报道),那么你应该了解,它的作用非常强大。

→ 谨防假冒的"瑜伽老师",他们主要借此对年轻女性上下其手。

能是一位导游,他要带你去附近某个建筑的楼上全程观看火葬仪式,之后他们会要你为木头的消耗捐助一点钱(美元)。如果你不想捐钱,就别跟他们走。

这些台阶之上有一个水池,叫作 **Manikarnika Well**。相传帕尔瓦蒂在这里遗失了耳环,湿婆挖坑寻找,汗水滴落在坑中汇聚成水池。水池和石阶之间有一块石头,名为 **Charanpaduka**,上面有毗湿奴的脚印。享有特权的重要人物的火葬仪式会在Charanpaduka进行,这里还有一座供奉象头神甘尼许的寺庙。

Dattatreya Ghat　　　　　　　　水畔石阶

(见338页地图)这座石阶因一位名为Dattatreya的婆罗门圣徒而得名,其脚印被保留在附近的一座小型寺庙之内。

Scindhia Ghat　　　　　　　　水畔石阶

(见338页地图)Scindhia Ghat始建于1830年,不过因为太过庞大和宏伟而向恒河倒塌,不得不进行重建。

北段

Ram Ghat　　　　　　　　水畔石阶

(见334页地图)这座石阶位于Scinghia Ghat北边,是由一位斋浦尔王公修建的。

Panchganga Ghat　　　　　　　　水畔石阶

(见334页地图)在Ram Ghat下方,这里是5条河流交汇的地方。

Alamgir Mosque　　　　　　　　水畔石阶

(见334页地图)这座小型清真寺主宰着Panchganga Ghat,它是奥朗则布在一座大型的毗湿奴寺庙的原址上修建的。

Trilochan Ghat　　　　　　　　水畔石阶

(见334页地图)在Trilochan有两座矗立在河中的小塔,流淌在它们之间的河水显尤为神圣。

活动

瓦拉纳西值得你少睡两天懒觉早早起床,一天去参加恒河乘船之旅,感受这里的生生不息;另一天在水畔石阶亲身体验嘈杂喧哗背后的活力。Hotel Surya(₹300,见341页)和 **Hotel Clarks Varanasi**(见334页地图;The Mall;非住客₹500;⊙9:00~18:00)的露天**泳池**对非住客开放。

DarkLotus　　　　　　　　瑜伽

(www.banarasyoga.com)走出工作室,

在瓦拉纳西的圣地附近练习瑜伽，这些课程相当值得推荐，通常会在河流沿岸和城市周围的寺庙上课。可通过网站查询瑜伽课程和价格。

Aarna Spa 按摩
（见334页地图；☎0542-2508465；www.hotelsuryavns.com; Hotel Surya, S-20/51A-5 The Mall; 按摩₹1400起；⏱8:00～20:00）在Hotel Surya的水疗馆可以享受到令人放松的阿育吠陀按摩。

Swasthya Vardhak 阿育吠陀
（见338页地图；☎0542-2312504；www.swasthyavardhak.in; Assi Crossing; ⏱8:00～19:30）🍃瓦拉纳西有很多店都打着阿育吠陀的幌子，这家瓦拉纳西正宗的阿育吠陀药房才是认真寻找的人应该来的地方。咨询医生是免费的（9:00至正午，17:00～19:30），药品价格从₹20到₹2000不等。另外，他们还参与一个政府性项目，帮助穷困的当地农民通过种植阿育吠陀草药的方式改善生活。

志愿者服务
Learn for Life Society 志愿者服务
（见334页地图；☎0542-2390040；www.learn-for-life.net; D55/147 Aurangabad）通过Brown Bread Bakery（见342页）可以联络到这个由两个外国人运营的慈善团体。该团体为生活贫困的儿童建立了一座小型学校，同时还成立了一个妇女赋权小组，为当地女性提供薪酬合理的工作。尽管短期志愿者有一些机会，但在教室里做志愿者需要承诺做数月才可参与。

👉 课程
Pragati Hindi 语言
（见338页地图；☎9335376488；www.pragatihindi.com; B-7/176 Harar Bagh）为人亲切的Rajeswar Mukherjee（Raju）在这里进行一对一的教学，课程的灵活性受到了读者们的好评。单独授课每小时₹300起价，可以提前打电话或者直接来学校和Raju见面制订上课计划。沿Chowki Ghat对面的小巷往上走，在第一个路口左转，跟着"印度语"的指标广告牌往前走即可。

International Music Centre Ashram 音乐
（见338页地图；☎9415987283; tablateeteete@gmail.com; D33/81 Khalishpura; 每堂课₹400）这个由家庭经营的教学中心隐藏在Bengali Tola旁边交错混乱的后街之中，教授西塔琴（sitar）、塔布拉鼓（tabla）、长笛和古典舞蹈，每周六和周三晚20:00有演出（₹150）。在Bengali Tola有一个不容易发现的小路标可以为你指路。

International Centre 课程
（见334页地图；☎0542-2368130；www.bhu.ac.in; C/3/3 Tagore House; ⏱周一至周六10:00～17:00）如果你有兴趣在贝拿勒斯印度大学就读，可以联系这个中心。可选的课程包括印地语、梵文（Sanskrit）和瑜伽等。

Yoga Training Centre 瑜伽
（见338页地图；☎9919857895；www.yogatrainingcentrevaranasi.in; 5/15 Sakarkand Gali; 两小时团体/私人课程₹300/800, 灵气课程最低₹800; ⏱8:00、10:00和16:00）前任军队职员和瑜伽大师Sunil Kumar及其合作伙伴在Meer Ghat附近的这座小型后街大楼的二三楼开设套装课程，每天有四个时段（但你可以随时加入任何时段）。

他教授的瑜伽课程综合了哈他（hatha）、shivananda、satyananda、pranayama和艾扬格（Iyengar）多种类型，认真的学生可以继续参加瑜伽和灵气的证书和文凭课程。

👉 团队游

如果你时间不多，北方邦旅游局（见344页）可以安排乘出租车前往主要景区的导览游，行程中包括早上5:30出发的乘船之旅和下午的鹿野苑之旅。

Varanasi Walks 游览
（☎9793714111; www.varanasiwalks.com; 团队游₹1000～1600）这家旅行社致力于组织有主题的步行游览活动，去探索最热门石阶和寺庙之外的地方。这里推出的各种文化主题步行游览项目令人耳目一新，创办人是美籍的Jai，已在瓦拉纳西居住许多年，导游大多都是土生土长的瓦拉纳西本地人。步行游览可经由电话、网络事先预约。

The Old City & Assi Ghat Area
老城和 Assi Ghat 地区

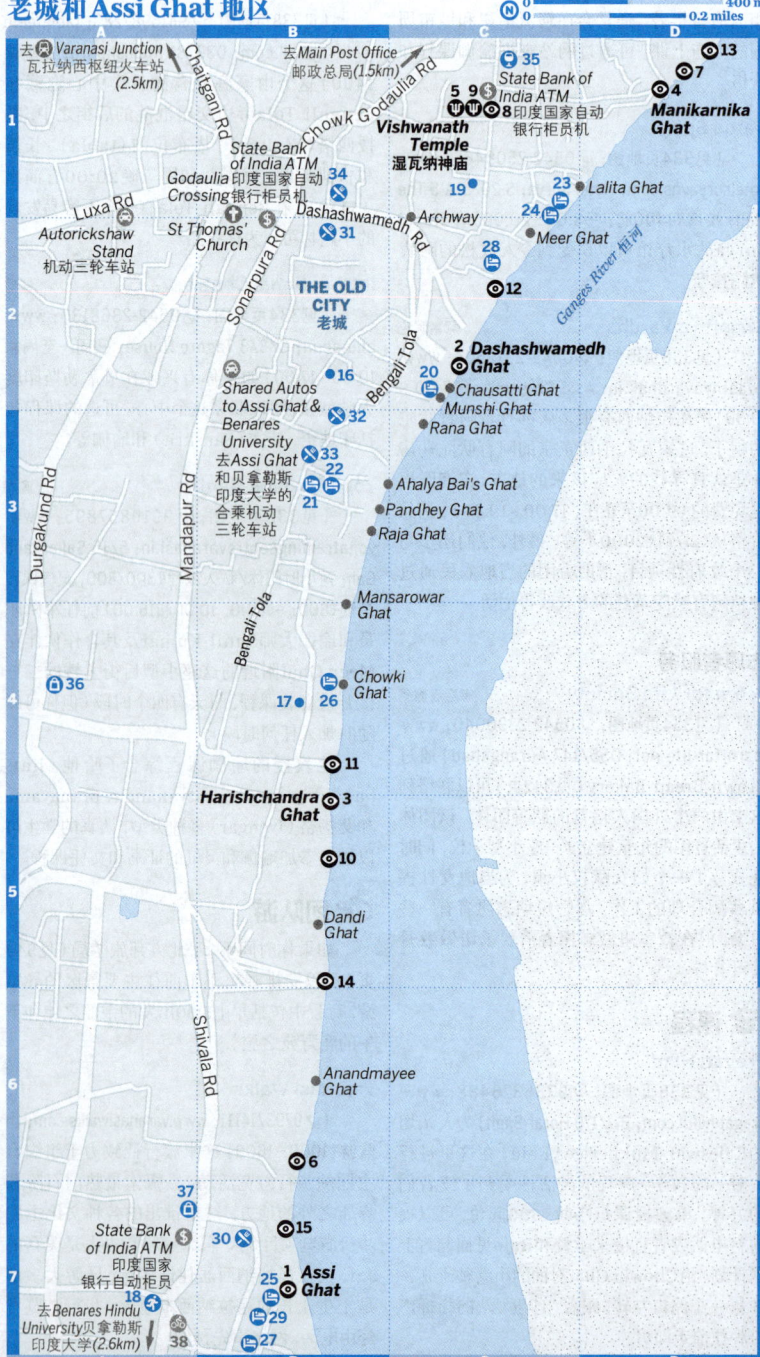

The Old City & Assi Ghat Area 老城和Assi Ghat地区

⊙ 重要景点
- **1** Assi Ghat B7
- **2** Dashashwamedh Ghat C2
- **3** Harishchandra Ghat B5
- **4** Manikarnika Ghat D1
- **5** 湿瓦纳神庙 C1

⊙ 景点
- **6** Bachraj Ghat B6
- **7** Dattatreya Ghat D1
- **8** 2号门 C1
- **9** 智慧之井 C1
- **10** Hanuman Ghat B5
- **11** Kedar Ghat B4
- **12** Man Mandir Ghat C2
- **13** Scindhia Ghat D1
- **14** Shivala Ghat B5
- **15** Tulsi Ghat B7

⊙ 活动、课程和团队游
- **16** International Music Centre Ashram ...B2
- **17** Pragati Hindi B4
- **18** Swasthya Vardhak A7
- **19** Yoga Training Centre C1

⊙ 住宿
- **20** Brijrama Palace C2
- **21** Brown Bread Bakery Guesthouse B3
- **22** BunkedUp Hostel B3
- **23** Ganpati Guesthouse C1
- **24** Hotel Alka C1
- **25** Hotel Ganges View B7
- **26** Kedareswar B4
- **27** Palace on Ganges................................B7
- **28** Rashmi Guest House C2
- **29** Sahi River View Guesthouse B7

⊙ 就餐
- **30** Aum Cafe B7
- **31** Ayyar's Cafe B2
- **32** Bhumi French Bakers B3
- **33** Bona Cafe B3
- Brown Bread Bakery ....(见21)
- Darbangha ....(见20)
- Dolphin Restaurant ....(见28)
- **34** Keshari Restaurant B1
- Vegan & Raw ....(见37)

⊙ 饮品和夜生活
- **35** Blue Lassi C1

⊙ 购物
- **36** Baba Blacksheep A4
- **37** Organic by Brown Bread Bakery A7

⊙ 交通
- **38** Cycle Repair Shop A7

北方邦

瓦拉纳西

🛏 住宿

瓦拉纳西大部分的经济型酒店以及一些不错的中档酒店都在水畔石阶旁的交错混乱的狭窄街道之中。Assi Ghat附近比较密集，其余的则分布在Scindhia Ghat和Meer Ghat之间老城区（Old City）的热闹小巷中。若想体验当地生活，不妨在客栈住一晚。

河的西边有不少五星级饭店可供选择，例如Bhelpura、Aurangabad Rd和Cantonment街道附近的区域。

老城区（Old City Area）

Brown Bread Bakery Guesthouse 客栈 $

（见338页地图；☎0542-2450472，9838888823；www.brownbreadbakery.com；Bengali Tola, Pandey Ghat；标单 不带浴室 ₹250，带浴室和空调 ₹750，双 带/不带空调 ₹1200/750；❋🛜）这家经营良好的旅馆位于瓦拉纳西，拥有最干净的经济型客房，是市内最优惠的旅馆之一。加分之处：与同名的优秀餐厅（见342页）共用空间，并提供可靠的乘船看日出之旅的最佳优惠——你甚至可以在船上用早餐！从Pandey Ghat步行两分钟即可到达。

Hotel Alka 客栈 $

（见338页地图；☎0542-2401681；www.hotelalkavns.com；2/23 Meer Ghat；房间₹1200，带空调₹1800~6300；不带浴室₹700；❋@🛜）Alka是水畔石阶附近的一家优秀的住宿场所，外观或许不起眼，但是房间里几乎一尘不染，全都通往或面向一座满是植物的宽敞庭院，面对着恒河，有充沛的河水灌溉。较远的角落有一个突出的露台，正好在Meer Ghat的上方，这里的视野是瓦拉纳西全城数一数二的。8间价格较高的房间的阳台也有同样的视野。

BunkedUp Hostel 客栈 $

（见338页地图；☎0542-2450508；www.bunkeduphostels.com；紧邻Bengali Tola；铺带/不带空调₹460/360，房间 带/不带空调₹1500/1000；※@令）这家全新的旅馆旨在满足客人的各项需求，设有两间混合性别宿舍和一间女性专用宿舍以及一些私人客房。在屋顶咖啡厅可观赏到河流的美景，地下室设有电影院。目前，它是老城区唯一的青年旅舍。

★ Ganpati Guesthouse 客栈 $

（见338页地图；☎0542-2390057；www.ganpatiguesthouse.com；3/24 Meer Ghat；房间₹1300~5630；※@令）这是一座受人喜爱的古红砖建筑，有个树荫掩映的宜人庭院以及宽敞的阳台空间，四周就是美丽的河景。客房很干净，天花板刷着色彩明亮的油漆，并配有高雅的壁挂和现代化的浴室。最好的房间里还有私人河景阳台。房间的价格较便宜——很划算的经济价位——位于胡同旁边的附属建筑内，这里少了主栋的氛围。请小心附近十分具有攻击性的猴!

Homestay 家庭旅馆 $$

（见334页地图；☎9415449348；www.homestayvaranasi.in；61/16 Sidhgiri Bagh；标单₹2300~2800，双₹2500~3000；※@令）这座家庭旅馆位于距离老城后巷1.5公里处的住宅区，它是建于1936年殖民时期的住宅，找到它无疑会让旅人备感喜悦。善良的主人Harish是从事纺织行业（备受推崇的固定价格商店）30年的经验丰富的老手，拥有6间经过精心维护的豪华客房和超大型豪华客房，阻光、隔音、防蚊一应俱全。能在这里休憩，你会感到很开心。

他的妻子Malika会做精致的家常餐，他们的即兴烹饪课也很有名。如果你不介意离开城市核心地带住在郊区，这会是一个令人愉快的选择。

Kedareswar 酒店 $$

（见338页地图；☎0542-2455568；www.kedareswarguesthouse.com；B14/1 Chowki Ghat；房间₹1840，河景₹3680，全部含早餐；※令）酒店位于一幢被粉刷成明亮的浅绿色的建筑里，气氛友好，6间客房狭窄但是干净，浴室光洁如新。在晴天或天气不太热的时候，可以在屋顶享用早餐。这间酒店很热门，须预订。

Rashmi Guest House 酒店 $$$

（见338页地图；☎0542-2402778；www.rashmiguesthouse.com；16/28A Man Mandir Ghat；房间含早餐₹3200~6900；※@令）充满烟客味、铺着白色瓷砖的走廊和大理石楼梯一路通向狭小但设施齐全的客房，房间很小但很干净时髦，其中不少都有绘有艺术画作的墙面且能看到Man Mandir Ghat，不过出色的屋顶餐厅Dolphin（见342页）的视野是最好的，这里的晚餐也很适合配啤酒，也是城里少数可供应非素食料理的餐厅。

★ Brijrama Palace 历史酒店 $$$

（见338页地图；☎9129414141；www.brijrama.in；Munshi/Darbhanga Ghat；房间₹21,850~42,550；※令）这座经过精心修复的滨河宫殿建于1812年，被称为Darbangha Mahal，非常精致。从具有时代意义的吊灯到东方地毯，再到墙壁上的雕刻石柱和艺术品，这是沿着石阶一带的最正宗和最豪华的历史酒店。其Darbangha餐厅（见342页）可能是瓦拉纳西最好的餐厅。

从河畔石阶的电梯进入——这可是印度第一座电梯的所在地，当年这个电梯是由马和滑轮所驱动的!

Assi Ghat区域

Stops Hostel 青年旅舍

（见334页地图；☎9506118023；www.gostops.com；B20/47A2, Vijaya Nagaram Colony；11月至次年2月 帐篷₹250，铺₹500起，双 带空调₹2000，含早餐；※@令）瓦拉纳西的原创青年旅舍位于距离Assi Ghat大约2公里的一座四层的住宅大厦内，以色彩缤纷的储物柜打造6床、8床和14床的多人间，各层楼都有充足的休闲活动空间，借此营造活跃的气氛——这在北方邦中很少见。

这里还有少量配备了基本设施的私人房间，价格稍高；真正物有所值的是宿舍、公共区域和屋顶淋浴间，每个淋浴间都由艺术志愿者们绘制成独特的样式。这家旅馆提供各种团队游和活动，从烹饪课程到日出河流游览均有，让你可以在轻松享受住宿的同时也将行程排满。若想要增加社交互动，这里无疑是可选择的最佳住宿地点。唯一的缺点是离河畔石阶有点距离。

Sahi River View Guesthouse　　客栈 $

（见338页地图；☎0542-2366730；www.sahiriverview.co.in；B1/158 Assi Ghat；标准/双￥400/800起，带空调￥1450起，含早餐；✱@⛨）这间气氛友好的客栈房间种类相当多，且比其从入口走廊所看到的还要好，大多数房间都优质干净，其中一些带有私人阳台。每层楼都有一个可以欣赏河景的舒适的公共休息区，营造了出色的整体空间感。

★Hotel Ganges View　　酒店 $$$

（见338页地图；☎0542-2313218；www.hotelgangesview.co.in；Assi Ghat；房间 带空调￥5100~8000；✱@⛨）简而言之，这里太漂亮了，这座殖民风格的房屋得到了精心的修复和维护，俯瞰着Assi Ghat，里面挤满了书、艺术品和古董。宽敞的房间里一尘不染，另外还有一些很迷人的公共休息区供人放松和小坐，还包括一个可爱的二楼花园露台。记得预订。

Palace on Ganges　　酒店 $$$

（见338页地图；☎0542-2315050；www.palaceonganges.com；B1/158 Assi Ghat；房间￥6900~9200；✱@⛨）这里每个房间都以印度某个地区的风格为主题，搭配古董家具并采用色彩鲜艳的设计元素。殖民风格的房间Rajasthan和Jodhpur是数一数二的。不妨多看几个房间再决定，因为较便宜的房间不一定比昂贵的差。

🛏 Cantonment地区

Hotel Surya　　酒店 $$

（见334页地图；☎0542-2508465；www.hotelsuryavns.com；S-20/51A-5 The Mall；标准/双含早餐￥3450/4025起；✱@⛨⛱）Surya是瓦拉纳西带泳池的酒店里最便宜的一家，拥有标准的印度三星酒店客房，装修现代的两种高级客房（superior room和premium room）空间略显拥挤，配置了时髦的新家具和装饰等。

住宿价格范围

此区的住宿价格范围如下：
$ 低于￥1500
$$ ￥1500~4000
$$$ 高于￥4000

酒店尽显尊贵，整体围绕着一片广阔的草坪区，里面有一座惬意悠闲的色彩鲜明的风格咖啡馆，旁边是一栋拥有将近200年历史的绝美历史建筑（一位尼泊尔国王从前出行时的宅邸），物超所值的 **Canton Royale**（见334页地图；主餐￥200~390；⏱11:00~23:00）就在里面。另外还有不错（不过烟雾弥漫）的Sol酒吧和值得推荐的Aarna Spa（见337页）。

🍴 就餐

留意尝尝当地夏天的芒果（langda aam）或秋天的番荔枝（sitafal）。Singharas是生的（绿色）或熟的（黑色）的荸荠——若吃生的会有吃到肠道寄生虫的风险。

夏季老城区的许多餐馆由于无法忍受的湿气会选择关门，水位也会上涨到淹没石阶甚至周边一些地方。

🍴 老城区

Bhumi French Bakers　　面包坊 $

（见338页地图；Bengali Tola；糕饼￥50；⏱6:00~18:00；⛨）这家休闲咖啡厅供应瓦拉纳西最好吃的糕点，以及可能是全印度最美味的巧克力羊角面包。

Keshari Restaurant　　印度菜 $

（见338页地图；14/8 Godaulia；主菜￥130~200；⏱9:30~22:30；✎）这家挺有气氛（雕刻的木镶板装饰着墙壁和天花板）的餐厅的美味食物和粗暴服务一样出名，而且已经红红火火地开了将近半个世纪。为品尝优质的素食菜肴而来此光顾的印度人来自全国各地。这里的菜式多到令人眼花缭乱（仅印度奶酪咖喱就有超过40种之多）。喜欢挑战的人应该尝尝paneer Kadahi（辣味西红柿肉汁），肯定辣到让你流鼻涕。请注意，这间餐厅位于紧邻Dashashwamedh Rd的岔路上，不要

把这家和不太令人满意的Keshari Ruchiker Byanjan搞混，后者位于Dashashwamedh Rd街角。

Ayyar's Cafe
南印度菜 $

（见338页地图；Dashashwamedh Rd；主菜₹35~120；◎9:30~20:30）咖啡馆很出色又不花哨，不在观光热门路线上，南印度马沙拉薄饼（South Indian masala dosa）以及口味更辛辣的迈索尔薄饼（Mysore dosa）都值得一尝；同时这里也是少有的供应过滤咖啡的廉价餐厅之一。它隐藏在紧邻Dashashwamedh Rd的一条很短的小巷尽头，小巷标有"New Keshari Readymade"字样。

★ Brown Bread Bakery
多国风味 $$

（见338页地图；☏9792420450；www.brownbreadbakery.com；Bengali Tola，靠近Pandey Ghat；主菜₹125~400；◎7:00~22:00；❄☎♪）这家餐厅丰盛的菜单之中包括超过40种欧洲品质的奶酪和超过30种面包、饼干和蛋糕以及优秀的意大利面、三明治、比萨饼等。你可坐在楼下的临街层（夏季有空调）或楼上的休闲屋顶咖啡厅，矮桌四周摆着软坐垫，可眺望恒河。

早上来此可吃到令人惊异的欧式早餐自助餐（7:00至正午；₹300），或欣赏晚间的免费现场古典乐演出（19:30开始）。这里的部分利润会捐献给慈善团体Learn for Life Society（见337页）。注意：餐厅已迁到新址（在Bengali Tola上，靠近Pandey Ghat），同时它从不代为接受捐给Learn for Life的现金捐款。

Bona Cafe
韩餐 $$

（见338页地图；Bengali Tola；主菜₹100~500；◎9:00~22:00）这家舒适的餐厅什么都好吃，但一定要品尝的是优异的韩国食物。试试正餐，如jabchaebab（炒粉丝），还附上汤和泡菜。可坐在地板上，有靠垫，也可以坐在桌上或者可俯瞰Bengali Tola的露台上。店主Bona人很和善。

Dolphin Restaurant
印度菜 $$

（Rashmi Guest House；见338页地图；16/28A Man Mandir Ghat；主菜₹130~340；◎7:00~22:00）Dolphin是Rashmi Guest House（见340页）的屋顶餐厅，高高地坐落在Man Mandir Ghat之上，这里的气氛胜过食物，不过仍然是享受一顿晚餐的好地方。清风吹拂的阳台上有着老城区最有格调的就餐环境，这里也是少数几家供应非素食菜肴的餐厅之一。

★ Darbangha
印度菜、各国风味 $$$

（见338页地图；☏9129414141；Brijrama Palace Hotel, Munshi/Darbhanga Ghat；主餐₹750~1100，塔利套餐₹1750；◎正午至15:00和19:30~22:30）认真地说，这是我们吃过的最

不要错过

全瓦拉纳西最好的印度奶昔

如果你一直在印度充满渴望地寻找最好的印度奶昔，Blue Lassi（见338页地图；印度奶昔₹40~90；◎9:00~22:00；☎）就是你要找的答案。这家狭小简陋的奶昔店从1925年起就一直在制作最新鲜最香浓又满是水果的印度奶昔。创始人的孙子仍然在店里工作，他就坐在用于混合奶昔的大锅旁边，身后的小屋摆着为客人准备的长木凳，墙上贴着心满意足的食客写的留言。

这里一共有80种美味的组合，不过在主流的口味——原味、香蕉、苹果、石榴、芒果、木瓜、草莓、蓝莓、椰子和番红花——之中我们觉得香蕉和含有果肉的苹果口味是最棒的（管他的，就点香蕉苹果口味吧）。

这里的一切都很超现实：印度奶昔要等上好久久，其间你可以跟同样口渴的国际旅客们边等边聊天，等到奶昔终于做好了，它就被小心翼翼地递到你手里，好像是一个无价的艺术品。而就在此刻，店门前走过抬着遗体前往火葬石阶（Manikarnika）的队伍。Namaste（行合十礼）！

好吃的印度食物。Palak chaman(菠菜和香料所做的印度奶酪)是你的口中的天堂,aloo chaat是街头美食的升级版。还有一个很好的欧陆和泰国菜肴选项。非住客的最低收费为每人₹1000,但真的物有所值。

✖ Assi Ghat 地区

Aum Cafe 咖啡馆 $$

(见338页地图;www.touchoflight.us;B1/201 Assi Ghat;主菜₹70~180;◐周二至周日8:00~16:30;🛜🖉)🖉这是一家色彩缤纷的咖啡馆,经营者是一位来到印度超过20年的美国女士,全天候供应早餐(柠檬煎饼很美味)、令人大开眼界的柠檬和有机绿茶印度奶昔以及几种口味清淡的三明治和主菜,是咖喱食物之外的美味享受。也提供按摩疗法和身体穿孔服务。

★ Open Hand 咖啡馆 $$

(见334页地图;www.openhandonline.in; 1/128-3 Dumraub Bagh;主菜₹160~280;◐8:00~20:00;🛜)🖉这间需要脱鞋进入的咖啡馆兼礼品店的意式浓缩咖啡和法式咖啡是我们在印度喝到的最地道的,搭配的早餐有煎饼、蛋饼和多谷类,同时也提供各式沙拉、三明治、面食和烘焙点心供你选择。你可在这里用免费的Wi-Fi上网懒洋洋地度过一整天。

这里还有各式各样精美的手工艺品(首饰、玩具、服装),都是由当地社区制作的。总之舒适惬意到了极点。

Vegan & Raw 素食 $$

(见338页地图; Shivala Rd,靠近Tulsi Ghat;主菜₹170~220;◐9:00~21:30;🛜)这家休闲庭院餐厅是Brown Bread Bakery(见342页)的一个分店,提供优质的素食菜肴,菜单上有一整页列出了各式各样的沙拉,包括菠菜、胡萝卜、核桃做成的沙拉和番木瓜、石榴、亚麻籽做成的沙拉。前菜类似于意大利面,但也有豆腐、momo(西藏饺子)和北非小米。周二、周四和周六晚上7点左右有折衷主义的现场音乐表演。位于Organic by Brown Bread Bakery(见344页)的后面。

🍷 饮品和夜生活

经营葡萄酒和啤酒的商店低调谨慎地分布在城区各处,通常都远离恒河(注意:在神圣的恒河上或河边喝酒会遭人白眼)。酒类管理法规确保寺庙附近没有人能得到酒类经营执照,不过这里的各个屋顶餐厅一般都能低调地为你弄到一瓶啤酒。如果想去酒吧,就得去远离水畔石阶的中高档酒店了。

Mangi Ferra 咖啡馆

(见334页地图; www.hotelsuryavns.com; S-20/51A-5 The Mall Rd;◐11:00~23:00)Hotel Surya(见341页)这个色彩缤纷的悠闲休息室位于花园内,是你放松的地方,可以在花园里享用浓咖啡(₹70)、冷饮或鸡尾酒(₹120~480),亦可在沙发和扶手椅上休息。

Prinsep Bar 酒吧

(见334页地图; www.tajhotels.com; Gateway Hotel Ganges, Raja Bazaar Rd;◐周一至周六正午至23:00,周日至午夜)如果想在颇有历史感的氛围中安静地喝一杯的话,可以来这家小酒吧,酒吧得名于James Prinsep,他以瓦拉纳西水畔石阶和寺庙为题材绘制过很多优秀的画作(但在这儿只喝啤酒就行了,25毫升一份的鸡尾酒喝着不太过瘾)。

☆ 娱乐

在Brown Bread Bakery每晚都有印度古典音乐演出。

International Music Centre Ashram (见337页)在周三和周六晚上有小型演出(票价₹150)。

🛍 购物

瓦拉纳西以丝绸和美丽的贝拿勒斯纱丽闻名是当之无愧的,但是不要过于相信丝绸销售员对于产品质量孰好孰坏的评价,就连政府商业中心也算在内。多逛逛,相信自己的判断。

在Bengali Tola上(靠近Rana Ghat)有许多贩卖乐器的店铺也开设了教学课程。

★ Baba Blacksheep 流行和饰品

(见338页地图; www.babablacksheep.co; B12/120 A-9, Bhelpura;◐9:00~20:00)旅行者对这里的热情已经能说明一定的问题,这里是印度最值得信赖、也最不会强行推

> ### 买家注意:"穿越"公车票
>
> 购买从尼泊尔的加德满都或博克拉到印度的瓦拉纳西的票时请注意:一些旅行者反映他们在边境被威吓要多买一张票。不管是往哪个方向行驶,最好乘坐当地的公共汽车到边境,走过去再乘坐另一辆公共汽车(在交通工具上支付给售票员)——不过,每天这里都会有一辆合法的长途汽车直接从瓦拉纳西开往加德满都(你可以在巴士站购买车票)。
>
> 旅行者也有抱怨从苏那利离境会被强迫支付额外的行李费。你不需要付这笔费用,因此请礼貌地拒绝。

销的商店。这是你能买到丝绸(丝巾/纱丽₹500/4000起)和羊绒(披肩₹1700起)的最佳地点之一。价格是固定的(虽然没有标价),友好的店主拒绝玩那套购物提成的把戏,因此,机动三轮车和出租车都不喜欢来这里(不管谁告诉你不能开车到这里都不要相信,并确定你是来到真正的店铺而非盗版的商店)。店铺位于清真寺下的Bhelpura十字路口。这里的商品或许不是最便宜的,但绝对会带给你舒服的购物体验。

Mehrotra Silk Factory　　　流行和饰品

(见334页地图;www.mehrotrasilk.in; 4/8A Lal Ghat;☉10:00~20:00)在Lal Ghat背后迷宫般的小巷里,这家固定价格的店铺地板上铺着坐垫,以公平的价格出售优质的丝绸。可买小如围巾或大如床罩的织品,火车站附近另有别的**分店**(见334页地图;www.mehrotrasilk.in; 21/72 English Line;☉10:00~20:00)。

Organic by Brown Bread Bakery　　　化妆品、食物

(见338页地图;www.brownbreadbakery.com; 2/225 Shivali;☉7:00~20:00)这家小型商店出售的自然化妆品来自政府发起的Khadi项目,还有来自Brown Bread Bakery(见339页)的烘焙食品、谷类食品和奶酪。

Shri Gandhi Ashram Khadi　　　服装

(见334页地图;Sankat Mochan Rd;☉10:00~19:30)出售衬衫、库尔塔裙(kurta skirts)、纱丽和头巾,都是用著名的手织布khadi制作而成的。

❶ 实用信息

有几台自动柜员机分布在市区各处,其中包括一台印度国家银行的自动柜员机,位于火车站的出站大厅里。

Heritage Hospital(见334页地图;☎0542-2368888; www.heritagehospitals.com; Lanka)工作人员和医生都说英语;药店24小时营业。

中心邮局(见334页地图; GPO; www.indiapost.gov.in;紧邻Rabindranath Tagore Rd, Visheshwarganj;☉周一至周六 10:00~18:00)往国外寄包裹的最佳邮局。

旅游警察局(见334页地图; UP Tourism office, Varanasi Junction train station;☉7:00~19:00)旅游警察身穿天蓝色制服。

北方邦旅游局(见334页地图;☎0542-2506670; www.up-tourism.com; Varanasi Junction Train Station;☉7:00~19:00)在火车站之内的北方邦旅游局办事处,耐心的Umashankar先生多年以来一直在为初来乍到的旅行者们客观而恰到好处地提供各种信息,他本人就是一个知识宝库,因此如果你是乘火车来的,这里是你必到的第一站。

❶ 到达和离开

飞机

Lal Bahadur Shashtri机场位于Babatpur以北24公里的地方,有几家航空公司提供服务,直达班前往印度各城市,包括德里、孟买、班加罗尔和海得拉巴。泰国航空公司的航班周一、周二和周四直飞曼谷。

长途汽车

主要的**长途汽车站**(见334页地图)位于瓦拉纳西枢纽火车站(Varanasi Junction train station)对面,至勒克瑙的沃尔沃空调车亦可以在车站专属窗口预先订票。

安拉阿巴德 ₹120, 3小时,每30分钟1班; 4:00~22:00;另外每天有8班空调车,₹193

新德里 ₹1227; 16小时; 10:00和14:30

法扎巴德 ₹195, 7小时,每天5:00~21:00频繁发车

戈勒克布尔 ₹185, 7小时, 4:00~22:00大约每30分钟1班;另外每天有6班空调车,₹317

勒克瑙 非空调车₹275, 7.5小时,每30分钟1班,

4:00~23:00；另有空调汽车₹480~900，7.5小时，于8:00、10:30、21:00、21:30和22:30发车

火车

瓦拉纳西枢纽火车站也被称为瓦拉纳西军营（Varanasi Cantonment，简称Cantt）火车站，是主要的火车站。

有几班每天发车的火车开往安拉阿巴德、戈勒克布尔和勒克瑙；也有一些每天发车的车次开往新德里、加尔各答和豪拉，但没有火车前往阿格拉（不过，每天都有来自Mughal Sarai Junction的火车，从距离瓦拉纳西18公里处开往距阿格拉24公里的Tundla）。直达克久拉霍的火车只在周一、周三和周六发车。其他时间可以先去较大的转运车站瑟德纳（Satna），再从那里搭长途汽车前往克久拉霍。

前往/离开瓦拉纳西的火车上经常有偷行李的贼，你需要格外小心。还有一些人曾报案称食物或饮料中被人下药，所以最好礼貌地拒绝陌生人给你的东西。

穿越边界——往返尼泊尔

从瓦拉纳西长途汽车站有长途汽车定时出发开往苏那利（见350页；293卢比，10小时，4:00~23:00每30分钟1班），另外还有一班夜间空调长途汽车开往加德满都（1370卢比，16小时，22:00）。如果乘火车，先前往戈勒克布尔再换乘开往苏那利的长途汽车。乘坐飞机的话可由德里前往。

ⓘ 当地交通

往返机场

机场位于市区西北方向24公里处的Babatpur，搭乘机动三轮车前往需要₹350，乘出租车需要大约₹800。

自行车

在Assi Ghat附近一家小小的**自行车修理店**（cycle repair shop，见338页地图；📞7860154166；1/105 Assi-Dham；租车每日₹30；⏰8:00~19:00）可以租到自行车。

人力车

短途乘车，不超过2公里的话，需要₹50。从Godaulia Crossing出发的价格大约为：至Assi Ghat₹50，至贝拿勒斯印度大学₹60，至瓦拉纳西枢纽火车站₹60。砍价会很费劲，做好准备。

出租车和机动三轮车

预付费机动三轮车和出租车的站点就在瓦拉纳西枢纽火车站外，但这里没有其他城市来得方便有效，主要是因为没有管理机关把关，因此也得要讨价还价一番。如果司机照规矩来，你需要付管理费（三轮车₹5；出租车₹10），等你到达目的地之后，把这张票和车费一起交给司机。注意9:00~21:00出租车和机动三轮车不能进入Dashashwamedh Ghat区域，因为这一时间段的往来行人过多。你得在Godaulia Crossing路口下车，步行大约400米到达老城区的入口；步行大约700米可以走到Dashashwamedh Ghat。在禁止进入期间，会有很多三轮车在Godaulia Crossing附近Luxa Rd上的一个站等候（见338页地图；Luxa Rd）。列

从瓦拉纳西出发的常用车次

目的地	列车编号和名称	票价（₹）	车程（小时）	发车时间
阿格拉	14853 Marudhar Exp	350/950/1365（A）	13	17:25
安拉阿巴德	15159 Sarnath Exp	140/490/695（A）	3	12:25
戈勒克布尔	15003 Chaurichaura Exp	170/490/695（A）	6.5	0:35
贾巴尔普尔（Jabalpur）	12168 BSB-LTT Sup Exp	315/810/1140（A）	8.5	10:25
克久拉霍	21108 BSB-Kurj Link E	265/720（B）	11.5	17:45*
加尔各答（Howrah）	12334 Vibhuti Exp	415/1100/1565（A）	13.5	18:08
勒克瑙	14235 BSB-BE Exp	210/570/810（A）	7.25	23:40
新德里	12561 Swatantra S Exp	415/1100/1565（A）	12	0:40

票价：（A）卧铺/空调卧铺3类/空调卧铺2类，（B）卧铺/空调卧铺3类；*只在周一、周三、周六有车。

举车费如下：

机场 机动三轮车/出租车₹225/650
Assi Ghat 机动三轮车/出租车₹90/300
Godaulia Crossing 机动三轮车/出租车₹95/250
鹿野苑 机动三轮车/出租车₹120/400
半日游(4小时)出租车₹500
一日游(8小时)出租车₹900

机动三轮车不提供半日/一日游，可搭乘合乘三轮车（见338页地图；Mandapur Rd；₹15）前往Assi Ghat和贝拿勒斯印度大学，从Mandapur Rd发车。

鹿野苑（SARNATH）

☎ 0542

佛陀在菩提伽耶（Bodhgaya）悟道成佛之后，来到了鹿野苑讲解佛法，阐述了涅槃的中道，在这里完成了著名的初次说法。公元前3世纪，阿育王在这里建起了宏伟的佛塔和寺院，以及一根雕刻石柱。公元640年玄奘来访的时候，鹿野苑已经有了一座100米高的佛塔和居住了1500名僧侣的雄伟寺院。然而在不久之后，佛教走向衰落。穆斯林入侵者在12世纪晚期洗劫了这座城市，鹿野苑彻底消失了。1835年，英国考古学家们让这里"重见天日"。

如今这里作为佛教圣地环游的四大圣地之一（另外三个是菩提伽耶、拘尸那揭罗和尼泊尔的蓝毗尼），吸引着来自世界各地的追随者。一般是在4月或5月，庆祝佛陀的诞生、成道和涅槃的纪念日期间，这里尤为热闹。

◉ 景点

在考古学博物馆花园对面的售票处可以购买鹿野苑景点的门票。除了主要景点之外，还可以游览各个佛教国家建造的一些寺庙和花园。

答枚克佛塔和寺院遗迹　　佛教遗迹

（Dhamekh Stupa & Monastery Ruins；印度人/外国人₹12/500，录像₹25；⊙黎明至黄昏）在一座平静的寺院遗迹公园之内，坐落着令人印象深刻的高达34米的佛塔（Stupa），这一标志性建筑正是佛陀初次说法的地点。塔身上的花朵和几何图案是公元5世纪雕刻而成的，不过一些砌砖的历史可以一直追溯到公元前200年。

附近就是建于公元前3世纪的阿育王石柱（Ashoka Pillar），柱身刻有敕文。石柱曾经高达15米，顶端是著名的四狮柱头（four-lion capital），现珍藏于博物馆，不过如今只剩碎成5段的柱身留存了下来。

泰国寺庙和寺院　　佛教寺庙

（Thai Temple & Monastery；⊙4月至9月6:30~18:00，10月至次年3月7:00~17:00）此寺庙独特的红墙和白色屋顶设计很值得一看，但真正吸引人来参观的是周围宁静的花园。

缅甸寺庙和寺院　　佛教寺庙

（Burmese Temple & Monastery ⊙7:30~18:00）缅甸寺的特色在于坐落在郁郁葱葱的花园中的三塔屋顶和几尊佛像。

考古学博物馆　　博物馆

（门票₹5；⊙9:00~17:00）这座博物馆是一座拥有100年历史的砂岩建筑，经过了彻底的现代化改造，精彩地展示着馆藏的古老珍宝，例如修建于公元前3世纪的阿育王石柱的四狮柱头，保存完好，它已被作为印度的国徽，还有一把拥有2000年历史的巨大石伞，上面雕刻着繁复的佛教符号。

库提寺院　　佛教寺庙

（Mulgandha Kuti Vihar；录像₹25；⊙6:00~18:00）这座炮塔般的寺院是由菩萨学会（Mahabodhi Society）在1931年修建完成的，以其独特的壁画而闻名，看起来像动画片。这里每天都会诵读佛陀初次说法的经文，开始时间在18:00~19:00，随着季节而变化。外面的一棵菩提树（bodhi tree）是1931年从斯里兰卡阿努拉德普勒（Anuradhapura）的菩提树移植过来的，而后者据说是菩提伽耶最初那棵菩提树的后代。须从答枚克佛塔的入口进入。

🛏 食宿

Agrawal Paying Guest House　　客栈 $$

（☎0452-2595316；agrawalpg@gmail.com；14/94 Ashok Marg；房间₹700~800，带空调₹1400；❉⊛）气氛平静的客栈，主人举止文雅，铺着大理石地面的房间一尘不染，可以俯瞰一座大花园的景色。

Sarnath 鹿野苑

Sarnath 鹿野苑

◎ 景点
1 考古学博物馆 A1
2 缅甸寺庙和寺院 A1
3 答枚克佛塔和寺院遗迹 A1
4 库提寺院 A1
5 泰国寺庙和寺院 A2

住宿
6 Agrawal Paying Guest House B2
7 Jain Paying Guest House B1

就餐
8 Green Hut A1
9 Vaishali Restaurant B1

Jain Paying Guest House 客栈 $

(☏ 0452-2595621; www.visitsarnath.com; Sa 14/37; 标单/双 ₹500/750, 不带浴室 ₹400; ☏) 这家简单的客栈由一位友善的地理学博士经营,他的妻子会亲自下厨做纯素食塔利套餐(₹180)。5个房间都很宽敞,略显陈旧,不过每个窗户都有纱窗。4月到9月房价会降至₹300。

Vaishali Restaurant 印度菜、中国菜 $

(主菜 ₹80~230; ⊙8:00~21:00) 宽敞现代的一楼餐厅供应的菜肴以印度菜为主,不过也有少数中国菜。这是城里最好的一家餐馆。

Green Hut 印度菜、中国菜 $

(主菜 ₹60~230; ⊙9:00~19:30) 这是一家微风吹拂的开放式咖啡馆兼餐厅,有小吃、塔利套餐(₹90~140)和中国菜。

❶ 实用信息

HDFC有个自动柜员机。

❶ 到达和离开

开往鹿野苑(₹20, 40分钟)的当地长途汽车从瓦拉纳西枢纽火车站前经过,但你可能要等上很长时间才能等到一趟车。

从瓦拉纳西枢纽火车站出发的机动三轮车需要₹150(如果你找到一辆从老城区过来的车,可根据这个价位砍价);回程的价格与此相同。或者,如果你愿意,也可以这样返回瓦拉纳西:与人拼车,乘坐合乘的出租车或机动三轮车(₹15)到Pandeypur,在那里再换乘另一辆合乘出租车至Benia Bagh(₹15),从瓦拉纳西的Godaulia乘坐人力车到Benia Bagh只需₹40。

每天6:55,周一至周六 9:40,周日至周五 21:50有从瓦拉纳西到鹿野苑的不对号入座的列车;直接上车再付₹20。从鹿野苑到瓦拉纳西有11:35的15159号列车(Sarnath Express; 卧铺/空调3类₹140/490; 45分钟),也可以于周日至周五 5:43或周一至周五 15:38乘坐不对号入座的列车。

戈勒克布尔(GORAKHPUR)

☏ 0551 / 人口 675,000

戈勒克布尔本身没什么可游览的地方,不过这个四通八达的交通枢纽距离朝圣中心拘尸那揭罗——佛陀的涅槃地——很近,所以来往于瓦拉纳西和尼泊尔之间的旅行者可能会在这里中途停留。

🛏 食宿

Grand Kaushal Inn 酒店 $

(☏ 0551-2200690; Railway Station Rd; 房间 ₹600起, 带空调 ₹990起; ❈ ☏) 绝对是火车站前酒店的最佳选择。客房面积虽小,但风

Chowdhry Sweet House   多国风味、甜品 $

(Cinema Rd; 主菜₹70~200; ◎7:00~23:00) 这座无比吵闹的二层楼里挤满了当地人，在类似小吃店的气氛里享用种类繁多的可口印度菜和中国素食菜肴，其中包括特大号的薄饼和美味的塔利套餐（₹160~210）。圣代也是这里的特色食品，令人眼花缭乱的选项均很美味。可从火车站花₹30乘人力车到这里。

Shahanshah   印度菜 $$

(Royal Residency Hotel, Golghar Rd; 主餐₹170~375; ◎11:00~22:30) 这家餐厅位于皇家居住酒店（Royal Residency Hotel），充满对宝莱坞巨星Amitabh Bachhaan致敬的特色装饰，墙上布满了该明星的大头照和壁画。拥有现代而舒适的氛围，并配备高雅的照明设备和电子菜单。食物也很好吃——绝对值得一游。

ⓘ 实用信息

在火车站停车场和Hotel Adarsh Palace对面有印度国家银行的自动柜员机。

北方邦旅游局（ℐ0551-2335450; ◎周一至周六10:00~17:00）位于戈勒克布尔火车站内。

ⓘ 到达和离开

车次频繁的长途汽车从主长途汽车站开往法扎巴德（Faizabad; ₹155, 3.5小时, 每30分钟1班）、拘尸那揭罗（₹56, 1.5小时, 每30分钟1班）和苏那利（Sunauli; ₹90, 3小时, 30分钟1班）。前往法扎巴德（₹245, 3.5小时）和勒克瑙（₹500, 6小时）的私人空调巴士也全天从这里出发。在火车站正对面有到苏那利的快速020乘车和吉普车（每人₹150~300, 2小时），每天5:00~18:00坐满就出发。

前往瓦拉纳西的长途汽车（₹200, 7小时, 快车7:30发车, 之后10:00~22:00每小时1班）从Katchari长途汽车站出发。这里也有前往安拉阿巴德（₹250, 10小时, 快车7:00发车, 之后10:00~22:00每小时1班）的长途汽车。

如果要前往主要的长途汽车站，走出火车站后继续直走大约400米。如果要乘坐前往瓦拉纳西的长途汽车，你得去Katchari长途汽车站，需要再往南走大约3公里。

每天有3班火车（周二、周四有4班，周五和周六有5班）从庞大又繁忙的戈勒克布尔枢纽（Gorakhpur Junction）火车站开往瓦拉纳西（卧铺/空调卧铺3类/空调卧铺2类₹170/490/695, 5.5小时）。每天也有数趟列车开往勒克瑙（卧铺/空调卧铺3类/空调卧铺2类₹190/490/695, 5小时）和德里（卧铺/空调卧铺3类/空调卧铺2类₹395/1080/1555, 14~17小时），还有一班前往阿格拉堡（19038/40 Avadh Express, 卧铺/空调卧铺3类/空调卧铺2类₹335/910/1305, 14小时; 13:20发车）。

火车票预售处距离火车站500米，在你出火车站时的右侧方向。

拘尸那揭罗（KUSHINAGAR）

ℐ05564 / 人口23,000

作为在佛陀的一生中具有重大意义的四大朝圣地之一——其他三处分别是蓝毗尼（尼泊尔）、菩提伽耶和鹿野苑——拘尸那揭罗是佛陀的涅槃之地。这里有几处宁静而现代的寺庙可供住宿，你可以与僧侣聊聊，或者只是在沉思冥想中感悟你在这个世界上处在什么样的位置。这里有3个主要的历史景点，其中包括一座简单但是宁静美好的佛塔，据说是佛陀被火葬的地方。

◉ 景点

除了主要的遗迹之外，拘尸那揭罗的一条道路上布满了许多佛教国家经营且精心筑造的寺庙。

★ 大涅槃寺   佛教寺庙

(Mahaparinirvana Temple; Buddha Marg; ◎6:00至日落) 这座朴素的寺庙重修于1927年，坐落在大面积的草坪和古老的颓圮遗迹之中，一条小路绕行其间，这里的亮点是一尊建于5世纪的安详的卧佛像，出土于1876年。卧佛像全长6米，展现了佛陀在古老的卧床上入灭的形象，是世界上最动人的佛像之一。在日落时分，僧侣用长长的藏红色丝绸覆盖着雕像的肩膀，仿佛为佛陀准备好就寝。

Kushinagar 拘尸那揭罗

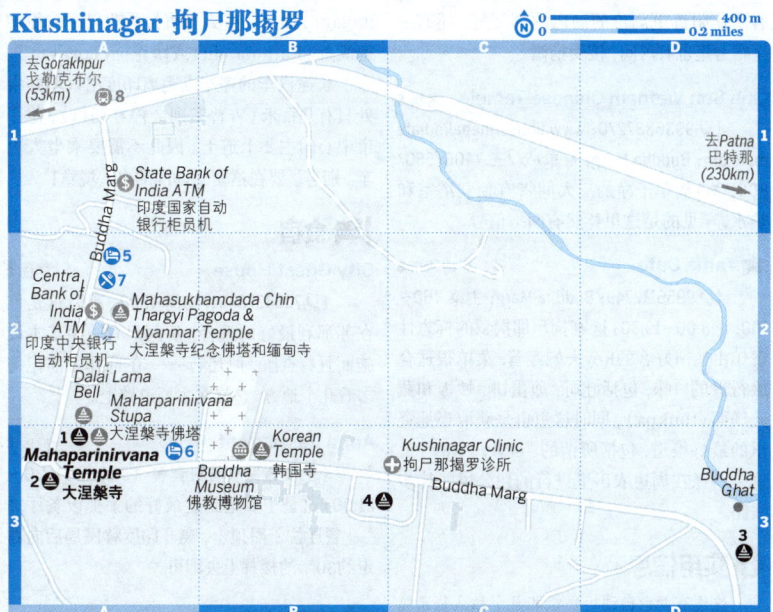

寺庙后面有一座19米高的古老佛塔。

Wat Thai Complex
佛教寺庙

(www.watthaikusinara-th.org；Buddha Marg；◎9:00~11:30和13:30~16:00) 这里有一座精心建造的寺庙，修整得很漂亮的花园中摆放着盆栽树，还有一间寺院和供奉着一尊镀金佛像的寺庙。对街另有一座周日学校和健康诊所，都欢迎参观。这里有客房，只可惜非泰国公民无法入住。

Ramabhar Stupa
佛教圣地

从建筑上看，这里已经是半个废墟了，15米高的佛塔如今只剩一座巨大的圆顶红砖石堆，不过它有一种很难被忽视的独特氛围。据说这里是佛陀的遗体被火化的地方，经常能看见僧侣们和朝圣者们在建筑周围棕榈树成行的小路边冥想。

Mathakuar Temple
佛教寺庙

(Buddha Marg；◎日出至日落) 这间小小的寺庙位于一片寺院遗迹之中，据说这一标志性建筑就是佛陀最后一次说法的地方。现在这里供奉着一座3米高的蓝色石头佛像，据推测，它的历史可追溯到公元10世纪。

Kushinagar 拘尸那揭罗

◎ 重要景点
1 大涅槃寺..................................A3

◎ 景点
2 Mathakuar Temple..................A3
3 Ramabhar Stupa......................D3
4 Wat Thai Complex..................B3

◎ 住宿
5 Linh Son Vietnam Chinese Temple......A2
6 Tibetan Temple........................A3

◎ 就餐
7 Yama Cafe................................A2

◎ 交通
8 至戈勒克布尔长途汽车................A1

🛏 食宿

一些寺庙为朝圣者提供条件简单的住宿，也可接待游客。

Tibetan Temple
客栈 $

(☎8795569357；Buddha Marg；双/三 ₹600/800) 这是一处出色的寺庙住宿场所——部分

客房比附近更高价的酒店的都要好。还有一个宿舍里也有房间，接受捐赠。

Linh Son Vietnam Chinese Temple　客栈 $

（☎9936837270；www.linhsonnepalindiatemple.org；Buddha Marg；标单/双/三 ₹400/550/800；☎）简单干净的三人间带有独立浴室和热水，罕见的是这里竟然有网络信号。

★ Yama Cafe　多国风味 $

（☎9956112749；Buddha Marg；主菜 ₹60~100；⊗8:00~19:30）这家拘尸那揭罗的标志性餐馆由热情好客的Roy夫妇经营，菜单很适合旅行者的口味，包括吐司、煎蛋饼、炒饭和藏式汤面（thukpa），同时这里也是获取当地资讯的最好渠道，包括所谓的"Holy Hike"，这是一条在周边农田里进行的13公里的徒步线路。

❶ 实用信息

这里有两台自动柜员机和几个私人货币兑换商。

印度中央银行（Buddha Marg）
印度国家银行（Buddha Marg）
Kushinagar Clinic 医疗服务机构，由附近的Wat Thai提供。

❶ 到达和离开

附近已有一个新的国际机场被批准建设，但没有确定的完成日期。

可在主要道路上招停到戈勒克布尔的长途汽车（₹56，1.5小时），车次频繁，从黄色拱门入口处到镇中心的中间车道上即可上车。

苏那利和尼泊尔边境（SUNAULI AND THE NEPAL BORDER）

☎05522 / 人口700

苏那利这座尘土弥漫的小城差不多只有一个长途汽车站、几家酒店、几家商店和一个边防哨所。边境24小时开放，过境也很简单，因此大多数旅行者都会继续前往尼泊尔，不会在这里停留。预留够长的时间以获得护照盖章。有些人会前往附近的白拉瓦镇（Bhairawa，正式命名为Siddharthanagar），而另一些人则直接乘坐巴士前往加德满都（Kathmandu）或博克拉（Pokara）。

长途汽车的停车点距离印度出入境办事处只有几百米（吉普车则会停在门口），位于市中心的主要干道上。因此不需要乘坐人力车。别忘了要在这里盖印度的出入境章！

🍴 食宿

City Guest House　客栈 $

（☎7054378491；房间 ₹500~700）这是你在苏那利最好的选择。房间只有一些基本设施而且有点脏，但还行——在选择之前记得多看几个地方。它就在主要道路上。

Apna Restaurant　手抓饭 $

（主要道路；塔利套餐 ₹50；⊗11:00~21:00）这是主要道路上最好的手抓饭餐厅之一。餐厅位于屋顶上，离开印度移民局后向右走约30米的楼梯上去即可。

❶ 实用信息

当你离开印度时，非常有帮助的**尼泊尔旅游局信息中心**（Nepal Tourism Board information centre，www.welcomenepal.com；⊗10:00~17:00）在你右边的无人地带内。

❶ 到达和离开

频繁的政府和私人运营的长途汽车从苏那利开往戈勒克布尔（₹90，3小时，4:00~19:00），从那里你可以搭火车和巴士到瓦拉纳西和其他地方。有两辆巴士直接前往瓦拉纳西（11小时）——空调车在17:00发车（₹466），非空调车在18:00发车（₹292）——但这是一段漫长而颠簸的旅程。

到戈勒克布尔更快的共乘车和吉普车在印度出入境办事处外面的道路上停留，并在满员（₹150~300，2小时）时离开。

勒克瑙（LUCKNOW）

☎0522 / 人口3,300,000

这里到处都是很有特色的英属印度时代（Raj-era）建筑，还有两座精致的陵墓。作为北方邦的首府，这里因其美食而闻名于世，还有许多值得一看的地方，但往往被旅客所忽略。勒克瑙的中央设有宽阔的林荫大道，超

穿越尼泊尔——苏那利到白拉瓦（BHAIRAWA，又名SIDDHARTHANAGAR）

关口时间

边境关口24小时开放，但车辆在22:00至次日6:00期间不能通行。如果你半夜到达的话，可能需要叫醒某个人为你盖出境章。

你可以在shop.lonelyplanet.com购买Lonely Planet《尼泊尔》中关于加德满都的章节，那是一份可下载的PDF文件。

外币兑换

在苏那利有一些换钱的人。尼泊尔的那一侧有一些自动柜员机，包括Hotel Akash内的印度国家银行自动柜员机，都可以接受国际银行卡。

在尼泊尔那边可以用小面额的印度卢比支付车费。

往来交通

前往加德满都最舒适的选择是Golden Travels（☏071 520194）空调车（15美元，6~7小时）；7:00从距离尼泊尔移民局100米的地方发车。空调面包车在同一地点发车，6:00至10:00每隔30分钟就有1班（₹800，6小时）。

当地巴士（20卢比）和机动三轮车（100卢比）载乘客从边境前往4公里以外的白拉瓦，在那里也可以乘长途汽车经纳拉扬嘉（Narayangarh，350卢比，3小时）前往加德满都（550卢比，8小时），或者沿悉达多公路（Siddhartha Hwy）经丹森（Tansen，250卢比，5小时）前往博克拉（550卢比，9小时），也可以沿Mugling Hwy（650卢比，8小时）前往博克拉。当地开往佛陀诞生地蓝毗尼（80卢比，1小时）的长途汽车发车地点在悉达多公路和通往蓝毗尼的公路交会口，大约位于Bank Rd以北1公里处。

佛陀航空（Buddha Air; www.buddahair.com）和雪人航空（Yeti Airlines; www.yetiairlines.com）运营从白拉瓦飞往加德满都的航线（$135起）。

签证

尼泊尔出入境检查站能办理多次入境签证（15/30/90天 $25/40/100）。中国公民可免交签证费（注意：你必须用美元现金支付，而不是卢比）。你现在可以通过在线申请（http://online.nepalimmigration.gov.np/tourist-visa）节省时间。你必须在申请15天内出现在边境，并提交收据，那上面详细描述了边境程序。

请事先和尼泊尔移民局（☏+977-1-4429659; www.nepalimmigration.gov.np; Kalikasthan, Kathmandu）联系，以便获取有关签证的最新资讯。

大的纪念碑，几座公园和花园，但感觉有点破旧，营造出一种低调的宏伟的效果。当地人往往很欢迎游客，而且不会有观光都市带给游客的麻烦。

勒克瑙在作为阿瓦德土邦的纳瓦布们的大本营时崛起，他们是美食和艺术的支持者，尤其热衷于舞蹈和音乐。勒克瑙崇尚文化、优雅生活和丰盛美食的美名一直延续到今[用印地语说起来很押韵：Nawab（纳瓦布）、Aadaab（重视）、Kebab（烤肉串）和Shabab（美）]。

◉ 景点

★ 旧址 古迹

（Residency；印度人/外国人 ₹10/105，录像₹25；⊙黎明至黄昏）大量的花园和遗迹构成了这座曾经的英国总督府，从中可以一窥英属印度时代开始走向结束的那段引人入胜的历史。总督府修建于1800年，是1857年第一次独立战争（Indian Uprising）中最具戏剧性的围攻勒克瑙事件的发生地，这次长达147天的围攻夺去了数以千计的生命。

如今这个院子仍然保持着其最后获得解

Lucknow 勒克瑙

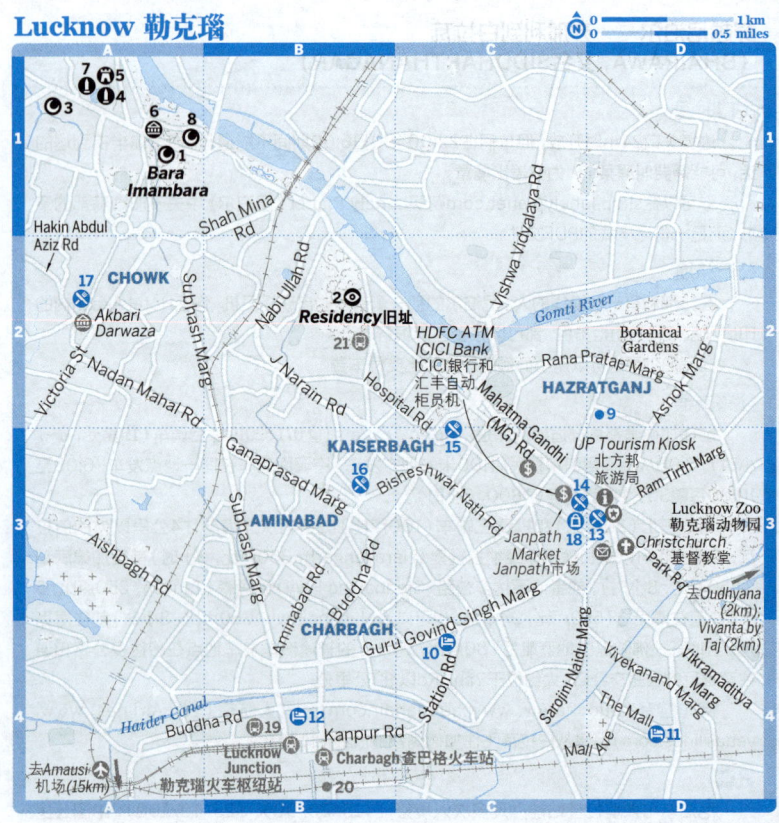

救时的原貌,墙壁上的弹孔和炮火痕迹清晰可见。

设计巧妙的博物馆(☉周六至周四8:00~16:30)是值得关注的重点。它位于总督府的主体建筑之内,拥有总督府建筑原型的成比例模型。楼下巨大的地下室是许多英国妇女和儿童在围攻期间生活的地方。

围绕在破败的圣玛丽教堂(St Mary's church)四周的公墓(cemetery)埋葬着2000名防御者,其中包括他们的领导者亨利·劳伦斯爵士(Sir Henry Lawrence),他饱经风霜的墓碑上写着那句著名的题词:"他尽力履行了他的职责。"

★ Bara Imambara 伊斯兰墓地

(Hussainabad Trust Rd; 印度人/外国人₹50/500; ☉6:00~18:00)这座庞大的陵墓本身就值得一看,不过让游览这座imambara(什叶派圣人的陵墓)变得尤为特别的,是楼上那些极不寻常的迷宫般的走廊。门票价格内还包含了进入Chota Imambara(见353页)、钟楼(见353页)以及Hussainabad Picture Gallery(见353页)的费用,从这里步行均可到达。

入口是两座巨型大门,通向一个宽敞的庭院。一侧是一座迷人的清真寺(mosque);另一侧有一处大型梯井(baori),可以探一番,记得带一个手电筒。庭院的远端是宏伟的中央大厅,这里是世界最大的穹顶回廊之一。tazia(伊玛目·侯赛因位于伊拉克的卡尔巴拉陵墓的小型复制品)被保存在内,什叶派穆哈兰姆月的哀悼仪式期间人们会围着它游行。

不过,真正抢风头的是中央大厅左侧的那个小入口[神秘地标注着"迷宫"(laby-

Lucknow 勒克瑙

◎ 重要景点
- **1** Bara Imambara A1
- **2** 旧址 B2

◎ 景点
- **3** Chota Imambara A1
- **4** 钟楼 A1
- **5** Hussainabad Picture Gallery A1
- **6** Rumi Darwaza A1
- **7** 七层塔 A1
- **8** Tila Wali Masjid A1

⊙ 活动、课程和团队游
- **9** UP Tourism Heritage Walking Tour D2

⊜ 住宿
- **10** Hotel Ganga Maiya C4
- **11** Lucknow Homestay D4
- **12** SSJ International B4

⊗ 就餐
- **13** Moti Mahal Restaurant D3
- **14** Royal Cafe C3
- **15** Sakhawat C3
- **16** Tunday Kababi B3
- **17** Tunday Kebabi A2

⊖ 饮品和夜生活
- EOS .... (见13)

⊛ 购物
- **18** Sugandhco C3

⊙ 实用信息
- 北方邦旅游局 .... (见9)

⊗ 交通
- **19** 查巴长途汽车站 B4
- **20** 外国游客协助资讯台 B4
- **21** 凯泽巴格长途汽车站 B2

北方邦

勒克瑙

rinth)一词]通往的 Bhulbhulaiya,在陵墓建筑的较高几层里,狭窄的走廊蜿蜒交织形成一张迷人的网,最终通向屋顶的阳台。和去梯井一样,带一只手电筒会很方便。

在Bara Imambara另一边的,是与众不同又很庄严的大门 Rumi Darwaza(Hussainabad Trust Rd),据说这是一座位于伊斯坦布尔的入口大门的复制品。在伊斯坦布尔还是东罗马帝国首都拜占庭的时候,穆斯林用"Rumi"[与罗马(Rome)相关]这个词指代伊斯坦布尔。路的另一头是美丽的白色清真寺 Tila Wali Masjid,这座看似不高的建筑修建于1680年,内部会定期重新粉刷,覆盖原来的设计。

如果异性夫妇一同到访,则需要付费雇向导(₹100),以防止在迷宫中出现任何奇怪的暧昧行为(是的,我们认真的)。

★ Chota Imambara　　伊斯兰墓地

(Hussainabad Imambara; Hussainabad Trust Rd;门票 印度人/外国人 ₹20/200,包含Bara Imambara门票; ⊙6:00~18:00)这座陵墓是由穆罕默德·阿里·沙(Mohammed Ali Shah)在1832年修建而成的,他和他的母亲都被葬在这里。虽然规模小于Bara Imambara,但这里装饰着花体字,氛围更加宁静私密。

在这里,能看到穆罕默德的银色宝座和红色王冠,还有无数的枝形吊灯以及一些装饰得色彩鲜艳的tazia。花园里有一个蓄水池和两座泰姬陵的复制品,分别是穆罕默德·阿里·沙的女儿和女婿的陵墓。还有一座传统的土耳其浴室紧挨着陵墓的一侧。

在陵墓建筑群之外,马路对面破败的瞭望塔被称为七层塔(Satkhanda; Hussainabad Trust Rd),不过实际上它只有4层,因为在1840年穆罕默德·阿里·沙去世时,这座建筑的修建工作就中止了。

67米高的红砖钟楼(clock tower,门票包含在Bara Imambara门票内; ⊙黎明至黄昏)是全印度最高的一座,修建于19世纪80年代。位于附近的 Hussainabad Picture Gallery (baradari;印度人/外国人 ₹20/200,门票包含在Bara Imambara门票内; ⊙7:00~18:00)是一座醒目的红砖建筑,修建于1842年,过去曾是夏宫,俯瞰着一个人工湖,里面有几位纳瓦布的肖像。

⊙ 团队游

★ UP Tourism Heritage Walking Tour　　步行

(☏9415013047;3小时团队游 ₹300; ⊙4~9月7:00;10月至次年3月8:00)这个由北方

邦旅游局组织的3小时文化遗产步行之旅很出色，可能成为你的300卢比花得最值得的一次经历。在Tila Wali Masjid外面和讲英语的导游会合之后，先跟他游览这座清真寺，再去Bara Imambara，之后会前往魅力非凡的Chowk区。

你可以沿途品尝有意思的小吃，例如thandai（一种混合了牛奶、小豆蔻、杏仁、藏红花等东西的食物——不管有没有大麻），还可以一窥各种传统工艺的面貌，从靛蓝色的街头壁画到传统unani药品或vark（可以食用的银箔）制作。这段令人大开眼界的精彩旅程，可以让你在夜幕降临、独自游览前，先搞清勒克瑙最古老的街区里的各种方位。注意：此行程最好先以电话预约，全程大概2.5～3小时。

住宿

Lucknow Homestay　　　　　家庭寄宿 $

（☎9838003590; lucknowhomestay@gmail.com; 110D Mall Ave; 标单/双₹1000/1100, 不带浴室₹600/700, 带空调₹1500/1600, 含早餐; ✱ ⓢ）这里是勒克瑙最合适的经济型住宿场所。位于一个枝繁叶茂的街区，店主Naheed一家会与人保持合适的距离，他们提供6间简单的客房——其中4间配有浴室。房费含早餐，前门上方有一个标牌，走上一层阶梯后即可抵达。这里有很多长住客人，记得事先预订。

人力车夫都知道Mall Ave, 指的其实是一个街区（不仅仅是一条街），不过到了那里之后你就得靠自己找到回旅馆的路了，如果你不是从Mahatma Gandhi（MG）Rd一侧进入这个街区的，那你回旅馆的路就是一片迷宫。更好的方法是：认识一下Naheed最喜欢的人力车夫——诚实可靠又讲英语的Guatam, 和他保持联系。

SSJ International　　　　　酒店 $$

（☎0522-406609; www.ssjinternational.com; 46 Chandran Gupt Nagar, Charbagh; 标单/双₹1725/2200）如果你想靠近火车站或巴士站，但不想太靠近贫民窟，那么这里是个好去处。它拥有新颖且现代化的住宿环境加上优秀的管理和客房，可提供商务等级的舒适度。酒店位于Subash Marg东部的一条小型交叉街道上, Kanpur Rd北边一个街区的地方。

Hotel Ganga Maiya　　　　　酒店 $$

（☎9335282783; www.hotelgangamaiya.com; 62/9 Station Rd; 标单/双₹1400/1600起）干净，营运良好，即便是最便宜的房间都有Wi-Fi、平板电视和舒适的床；价格较高的客房有更多的空间和一些额外的摆饰。这个地方的区别在于非常热心提供协助的员工。总的来说，这是勒克瑙的最超值的酒店之一。交通便利，位于火车站和MG Rd之间。通常会有折扣。

✕ 就餐

纳瓦布们不俗的美食品位让勒克瑙因为丰盛的莫格莱菜肴而声名远播，这个城市的餐桌也深受阿拉伯世界的影响。如今勒克瑙的印度香饭（biryani dishes）和多种多样的烤肉串都很出名。

同样知名的还有dum pukht——这是一种使用蒸汽压力烹饪的"艺术"，将肉类和蔬菜放入一个密封的陶罐中烹制而成。在冬季，记得品尝namash, 这是一种由牛奶、奶油和清晨露水制成的令人惊艳且清淡可口的美食。

★ Tunday Kababi　　　　　北印度菜 $

（Naaz Cinema Rd, 紧邻Aminabad Rd; 菜肴₹55～200; ⓢ11:00至23:00）这是著名且拥有百年历史又很难找到的**烤肉串店**（靠近akbari Gate; 烤串₹5; ⓢ10:00～23:00）的更新版，更干净也更好客，老店的水牛牛肉串只要5卢比！新店的价格较高，但是店员为了外带客人所提供的街边服务更特殊，在餐厅后面的空间里，为肉食群众提供了美味的印度香饭、烤羊肉串和唐杜里鸡肉。

羊肉串（4人份₹95, 与paratha共同食用）在这里可不可思议地美味可口，辣味直击肠道。人力车夫们都知道怎么来这个地方。它藏在熙熙攘攘的Aminabad区的一条狭窄的街道上。在市区里你还会看到其他的Tunday烤肉串餐厅，其中有一部分是授权加盟经营的，大多数都是山寨的。

Sakhawat　　　　　北印度菜 $

（www.sakhawatrestaurant.com; 2 Kaiserbagh Ave, Awadh Gymkhana Club后面；烤肉串₹110~140；◎周三至周一 16:30~22:30）这家强烈推荐的小餐馆是本地人常去的地方，虽然看起来很普通，但这里的羊肉（galawat）肉串真的很美味——微焦的烟熏味和完美的酥脆口感是制胜法宝。尽管其貌不扬，但是这里获得过多种国际奖项，而且还是一所烹饪学校，同时也提供印度香饭和咖喱等菜肴。

Royal Cafe　　　　　　　　　莫格莱菜 $$

（51 MG Rd；chaat50~180₹，主菜₹190~470；◎正午至23:00）就算你不打算走进这家优秀的餐厅吃一顿饭，也不要错过位于餐厅前面的极受欢迎的chaat（辣味小吃）窗口，形形色色的chaat被装在土豆（aloo）做的小筐或者小小的puris里出售。

餐厅里面的菜式相当丰富，包括精致的莫格莱菜肴、令人垂涎欲滴的烤肉串，还有中餐、欧陆餐、比萨、圣代和奶昔。餐厅提供优雅的服务，这些美食很快就被客人一扫而空，包括锡克教徒、穆斯林、印度教徒和时尚人士都来到这里大快朵颐。我们吃到的无骨murg mirch masala（含椰肉、罂粟籽的辣味西红柿肉汁配鸡肉）堪称完美。

Moti Mahal Restaurant　　　　印度菜 $$

（75 MG Rd；主菜₹50~150；◎11:00~23:00）如果你被莫格莱菜没完没了的肉类菜看打败了，可以到位于MG Rd的这家著名的素食餐厅换换口味。这里是享用一顿早午餐（可口的poori sabji是将面包炸过之后配上土豆）或午餐的完美地点。如果晚上来，楼上灯光幽暗并且有空调，优质的环境适合你在此享受一顿讲究的晚餐。

这里的勒克瑙dum aloo（混合了干果和印度奶酪的土豆，配上以西红柿为主的汤汁）和kadhai paneer（由辣椒、西红柿、洋葱和传统印度香料制成的肉汁芝士）为素食主义提供一个绝佳的飨宴，真的很好吃。

★ Oudhyana　　　　莫格莱菜、北印度菜 $$$

（www.vivantabytaj.com；Vivanta by Taj Hotel, Vipin Khand, Gomti Nagar；主菜₹780~1350）如果你想尝尝纳瓦布们对美食的追求被演绎到极致是怎样的滋味，Oudhyana就是你的不二之选。在这间城市顶级酒店（☎0522-6771000；标单/双 ₹13,110/14,375；※@令※）的标志性餐厅里，主厨纳根德拉·辛格（Nagendra Singh）重现了勒克瑙著名的Awadh菜肴的贵族风范。

从出名的噶拉瓦（galawat）和卡科里（kakori）烤肉串到菜单上各式各样的失传了很久的传统菜式，辛格烹制出的所有风味仿佛一本用美食写成的环环相扣的间谍小说，在你的舌尖上逐渐变得明朗。私密的就餐空

勒克瑙烤羊肉串大解析

卡科里烤肉串（Kakori Kebab）

这种烤肉串起源于勒克瑙城外的小镇卡科里（Kakori）。相传卡科里的纳瓦布老得掉光了牙，他要求自己的御用大厨（bawarchi）做出入口即化的烤肉串。于是这种烤肉串诞生了，秘诀就是：在生肉糜和混合香料之中添加木瓜使口感变嫩，之后用烤肉叉穿起，再放到木炭上烤熟。

噶拉瓦烤肉串（Galawat Kebab）

这种令人垂涎欲滴的烤肉串由勒克瑙最著名的烤肉串餐厅Tunday Kababi呈上餐桌。在Tunday Kababi（见354页）它被简单地称为烤羊肉（mutton kebab），而其他餐厅一般都叫它Tunday。噶拉瓦（Galawat）是制作这种烤肉时使用的嫩肉剂的名字。本质上讲，这种烤肉串和卡科里烤肉串相差无几，只不过它们不是烤制的，而是做成肉饼再用油或酥油煎熟的。这种烤肉串也有用牛肉做的，这在印度很少见。

沙米烤肉串（Shami Kebab）

将生肉糜与各种香料和黑鹰嘴豆一起煮过后，在石头上研磨成糊，然后加入切碎的洋葱、香菜叶和青椒拌匀，再做成肉饼煎熟。

间采用舒心的淡蓝色调，还装饰着枝形吊灯，非常引人注目。你会在这里度过一个特别的晚上。

🍷 饮品和夜生活

EOS
酒吧

（72 MG Rd；⊙周一至周五正午至23:45；周六至次日1:00）这家别致酒吧位于Best Western Levana酒店的屋顶上，是勒克瑙真正的时尚。它吸引了年轻和不安分的人们，特别是周六晚上的DJ时间。除此之外，你可以在户外或在智能空调休息室内享受习习凉风，在长满各式植物的地方舒服地喝上一杯鸡尾酒（₹350~450），那感觉也很不错。

🛍 购物

勒克瑙的chikan很有名，这种带刺绣的布料常用于男女服装。几家销售这种布料的商店分布在Tunday Kebab附近的集市里、Chowk区迷宫般的街巷里以及规模不大只能步行的Janpath Market里，后者位于MG Rd以南的Hazratganj。

Sugandhco
香水

（www.sugandhco.com；D-4 Janpath Market；⊙周一至周六正午至19:30）散发着香味的Sugandhco是一家创始于1850年的家族企业，这里将香精油（attar，使用传统方法从鲜花中萃取的纯精油）制作成女士香水、男士古龙水和线香出售，香气袭人。

ℹ 实用信息

印度工业信贷投资银行（ICICI Bank；Shalimar Tower, 31/54 MG Rd, Hazratganj；⊙周一至周五 8:00~20:00，周六9:00~14:00）兑换旅行支票（仅限周一至周五，10:00~17:00）和现金，还有一台自动柜员机。

中心邮局（Main Post Office；www.indiapost.gov.in；MG Rd；⊙周一至周六 10:00~16:00）英属印度时期的宏伟建筑。

Sahara Hospital（☎0522-6780001；www.saharahospitals.com；Gomti Nagar）勒克瑙最好的私立医院。

旅游警察局（Tourist Police；MG Road, Hazratganj；⊙周一至周六 8:00~21:00）位于MG Rd的北方邦旅游局。

北方邦旅游局（☎0522-2615005；www.up-tourism.com；6 Sapru Marg；⊙周一至周六 9:00~19:00）并不是特别有帮助，不过作为官办旅游局可以提供丰富资讯，也可组织出色的勒克瑙文化遗产步行之旅（但无法告诉我们任何信息）。在MG Rd的主街上还设有一个较小的信息亭（MG Rd, Hazratganj；⊙周一至周六8:00~21:00），另外还设置了旅游信息热线（☎0522-3303030）。

ℹ 到达和离开

飞机
崭新而又现代化的乔杜里·查兰·辛格国际机场（Chaudhary Charan Singh International Airport）位于勒克瑙西南方向15公里处。许多航空公司为德里、孟买、艾哈迈达巴德、加尔各答和班加罗尔等许多国内城市提供国内直达航班。另有不间断的国际航班飞往海湾地区，包括阿布扎比、迪拜和马斯喀特（阿曼）。

长途汽车
长途汽车从位于火车站正对面的**查巴长途汽车站**（Charbagh Bus Stand; Kanpor Rd, 在Subhash Marg）出发，前往如下地点：

阿格拉 非空调车（₹395，7小时，16:30和20:30）；一般空调车（₹530，6小时，20:45和21:45）；Scania空调车（₹905，6小时，10:00和22:30）。

安拉阿巴德 非空调车（₹175，5小时，每30分钟1班）；空调车（₹280，5小时，整日各时均有发车）；沃尔沃空调车（₹480，4.5小时，一天10班）。

德里 非空调车（₹510，11小时）；沃尔沃/Scania空调车（₹835/1510，9小时），整日各时均有发车。

法扎巴德（Faizabad）非空调车（₹145，4小时，每30分钟1班）；沃尔沃空调车（₹345，3小时，10:00和22:00）。

戈勒克布尔 非空调车（₹285，7.5小时，每30分钟1班）；空调车（₹718，6小时，10:00、22:00和23:00）。

占西 非空调车（₹350，8小时，18:00、19:00和21:30）。

瓦拉纳西 非空调车（₹290，8小时，每30分钟1班）；一般空调车（₹405，6小时，9:00和22:30）；沃尔沃空调车（₹710，6小时，15:00和22:00）。

凯泽巴格长途汽车站（Kaiserbagh bus stand;

☏0522-2622503；J Narain Rd）也有每小时1班的车次前往法扎德（₹145，4小时）和戈勒克布尔（₹285，8小时，6:00~22:00每30分钟1班），另外还有长途汽车前往Rupaidha（₹210，7小时，9:30、11:00、19:30、20:30、21:30和23:00），从那里能到达很少有人使用的前往尼泊尔的过境口岸。

火车

勒克瑙NR站[通常被称为查巴格（Charbagh）火车站]和勒克瑙枢纽（Lucknow Junction）火车站这两个主要火车站是相邻的，位于主要景点以南约4.5公里。前往大多数主要目的地的车次都从查巴格火车站出发，其中包括每天几班前往阿格拉、瓦拉纳西、法扎巴德、戈勒克布尔和新德里的车次。勒克瑙枢纽火车站有一班每天开往孟买和Haldwani的火车，确认火车票上的出发站名，以免搞错！

刚走出查巴格火车站，往右手边走150米就是订票区，里面的601窗口是**外国游客协助资讯台**（火车预订和预购中心；查巴格火车站内；◎8:00~13:50和14:00~20:00），可以预订火车票。

❶ 当地交通

抵离机场

从火车站外的预付费出租车站乘坐机动三轮车前往机场，车费是₹125（加上₹20机场过路费），大约需要30分钟。

当地交通工具

短途乘坐人力车的价格是₹30。从火车站外面的预付费机动三轮车站乘坐需要花时间议价。前往Hazratganj价格是₹80，至Bara Imambara价格是₹120。最好的方式是合乘机动三轮车——告诉司机你要前往的地区（例如要去MG Rd就说Hazratganj，要去火车站就说Charbagh），然后如果顺路他们就会招手让你上车，根据行程的长短支付₹5到₹15的乘车费用。

地铁系统已于2017年投入运营。

阿约提亚（AYODHYA）及周边

☏05278 / 人口 58,000

这里的街道上猴子成群，出现几头牛是常事，甚至偶尔还会看到在干活的大象，相比之下车辆反倒不多。就算将这里的宗教意义忽略不计，阿约提亚也不失为一个值得花些时间品味的有趣地方。

阿约提亚曾是一座被标记为罗摩出生地的早期罗摩寺庙，这里不仅是罗摩的诞生地和印度教的七大圣城之一，也是耆那教的24位祖师（tirthankar）之中4位的诞生地，是当代印度最有争议的宗教争端之一发生的地方（见1158页）。但你今天看到的唯一证据是警方的部署和阵容远远大于这样一个小镇所需，而且在罗摩出生的地方周围还有严谨的安全防范措施。

7公里以外的城镇**法扎巴德**（Faizabad）是前往阿约提亚的出发点，比阿约提亚略大一些，有更多的住宿场所可供选择。

从勒克瑙出发的常用车次

目的地	列车编号和名称	票价（₹）	车程（小时）	发车时间
阿格拉	12179 LJN AGC INTRCT	145/515（C）	6	15:55
安拉阿巴德	14216 Ganga Gomti Exp	340（B）	4.15	18:00
法扎巴德	13010 Doon Exp	140/490/695（A）	2.5	8:45
戈勒克布尔	13020 Bagh Exp	190/490/695（A）	6	6:20
占西	11016 Kushinagar Exp	195/490/695（A）	6.5	0:40
加尔各答（Howrah）	13006 ASR-HWH Mail	480/1300/1890（A）	20.5	10:50
孟买（CST）**	12533 Pushpak Exp	626/1627/2337（A）	24	19:45
新德里	12553 Vaishali Exp	335/865/1220（A）	8	22:25
瓦拉纳西	14236 BE-BSB Exp	210/570/810（A）	7.5	23:25

票价：（A）卧铺/空调卧铺3类/空调卧铺2类，（B）只有空调硬座，（C）卧铺/空调卧铺3类；**从勒克瑙枢纽火车站出发。

◉ 景点

Bahu Begum Ka Maqbara
历史建筑

(⊙黎明至黄昏) 免费 在法扎巴德,所谓的"东方的泰姬陵"(OK,夸大其词)是为舒哈达德拉女王(Shuja-ud-Daula)建造的独特陵墓。它有三个穹顶,分别建在彼此之上,墙壁和天花板上有奇妙的华丽装饰,被认为是Awadhi建筑的典范。

Hanumangarhi
印度教寺庙

(⊙黎明至黄昏) 这是城镇最受欢迎的寺庙之一,也是所有主要寺庙之中距离主干道最近的一间。登上76级台阶就是雕刻得很华丽的大门和堡垒一样的外墙,可以在寺庙里加入献上prasad(得到寺庙祝福的食物)的行列。

Kanak Bhavan
印度教寺庙

(金之宫;⊙4月至9月8:30至11:30和16:30~21:30;10月至次年3月9:00至正午和16:00~21:00) 这座重建为圣殿的宫殿是阿约提亚最令人印象深刻的宫殿之一,这座宫殿是献给罗摩王子和他的妻子悉多的婚礼礼物,内部设有三座献给这对圣人的圣地。

Ramkatha Museum
博物馆

(☎9415328511;⊙周二至周日 10:30~17:00) 免费 这座博物馆位于主干道北端,藏有绘画和古代雕塑,除了周一之外,每天晚上博物馆还举办免费的Ram Lila表演——这是罗摩和罗波那之间激烈战斗的重现,情节如印度史诗《罗摩衍那》(Ramayana)所描述的那样——18:00~21:00在附近的公园Tulsi Smarg Bhawanu演出。

沿着主干道往阿约提亚方向走大约500米,看到Akash Circle Company对面的警察局后向右转,再走大约500米,博物馆就在你的右手边。

Ram Janam Bhumi
印度教寺庙

(⊙7:00~11:30和12:30~17:00) 这里就是据说是罗摩诞生地的极具争议性的寺庙。这里的安保措施会让你傻眼(就像是从约旦河西岸进入以色列那样)。你必须先出示你的护照,之后把除了护照和现金之外的所有个人物品(连你的腰带都算在内)留在附近的储物柜里。之后你会被搜身几次,再在工作人员的陪同下穿过一个封闭在笼子里的狭长走廊,来到一处地点,20米开外那个供奉神龛的临时帐篷,就标志着罗摩的诞生地。

你在被赶走之前大概有10秒钟可以看它,建议去感受这种超现实体验,而不是不起眼的帐篷神殿(如果排队的队伍很长,这个景点可跳过)。要到达那里得从Hanumanghari出发,在Dashrath Bhavan左转。

交通枢纽:占西(JHANSI)

这个不起眼的小镇靠近中央邦边界,因与1857年第一次独立战争(印度起义)中的关键角色占西女王有关而得名。它通常被用作交通枢纽和通往奥恰(Orchha)、克久拉霍(Khajuraho)和瓜廖尔(Gwalior)的门户。

长途汽车从占西长途汽车站出发去往Chhatarpur(₹130, 3小时, 5:00~22:00每小时1班),在那里你可以换车去往克久拉霍(₹50, 1.5小时)、吉德勒古德(₹250, 6小时, 8:30)和瓜廖尔(₹100, 3小时, 每小时1班)。合乘大机动三轮车(₹20)全天在占西长途汽车站和奥恰之间往返行驶;私人机动三轮车收费₹200。方便的火车包括:

名称和目的地	列车编号	票价(₹;卧铺/空调卧铺3类/空调卧铺2类)	车程(小时)	发车时间
Punjab Mail至瓜廖尔	12137	170/535/735	1.5	14:30
Punjab Mail至阿格拉	12137	195/540/740	3.5	14:30
Punjab Mail至孟买	12138	530/1395/2010	19	12:35
Grand Trunk Express至德里	12615	280/830/1010	7.5	23:40
Bundelkhand Express至瓦拉纳西	11107	305/720/1190	12.5	22:25
Udz Kurj Express至克久拉霍	19666	160/490/695	3	15:30

> 值 得 一 游

吉德勒古德（CHITRAKUT）

这座小而宁静的城镇因为拥有众多寺庙和水畔石阶而被称为"小瓦拉纳西"，它坐落在曼达基尼河（River Mandakini）的河岸上，也经常出现在印度教的神话之中。印度教的三大主神——梵天、毗湿奴和湿婆，就是在这里化身的。人们还相信，罗摩被嫉妒他的继母驱逐出他的出生地阿约提亚之后，在被放逐的14年之中有11年半都在这里。如今，朝圣者蜂拥而至，赋予这一地区十分突出的宗教气质，这样的氛围在城镇的活动中心Ram Ghat附近和两公里以外的圣山Kamadgiri体现得尤为明显。

数十名——有时甚至达到数百名——信徒在清晨时分来到 Ram Ghat 做圣浴，一天结束后再返回那里做夜间aarti（灯笼和蜡烛的视觉盛宴）。色彩鲜艳的小船（还画着兔子）可以载乘客过河前往实际上属于中央邦（Madhya Pradesh）的对岸（₹20）地区，或者去河流沿线景色优美的地点游览。

可以步行2公里前往玻璃庙（Glass Temple），这座寺庙周身覆盖着用成千上万的彩色玻璃拼贴成的宗教图案。白天有很多人会前往Kamadgiri，这座山被奉为罗摩的神圣化身。在山脚下绕行一周的5公里路程（90分钟）中会看到行跪拜礼的朝圣者、数不清的猴子和众多寺庙。

食宿

Hotel Shane Avadh 酒店 $

(☎05278-222075; www.hotelshaveavadh.com; Civil Lines, Faizabad; 标单/双 ₹450/500起，带空调 ₹1300/1600起; ❄) 这家经营得很好的酒店位于法扎巴德，房间种类相当多（虽然只有几间重新装潢得像网站上那样），最便宜的客房有点粗糙，但如果多付一点就可以升级。床很硬。记得先预订。

Awantika 多国风味 $

(Civil Lines; Faizabad; 主菜₹95~235; ⓢ11:00~22:30) 这间餐厅干净又时髦，显得与周遭环境格格不入。全素的菜式相当出色，从中国菜到意大利菜再到印度菜应有尽有。特色菜塔利套餐（₹200）会让你大饱口福，而且就餐环境有一种时尚的休闲酒吧的氛围。餐厅位于Bharat Petroleum的对面（不要跟附近的New Awantika点心铺搞错了）。

实用信息

法扎巴德有一台HDFC Bank的自动柜员机，在**Hotel Shane Avadh**附近。

Cyber Zone (Civil Lines; Faizabad; 每小时 ₹20; ⓢ10:00~20:30) 是一家网吧，在前往阿约提亚的路上，从Hotel Shane Avadh过去50米的第一个十字路口的右手边。

到达和离开

从法扎巴德公交车站左转来到主要道路上，你可以找到前往阿约提亚的合乘人力车（₹10~20，20分钟）。

长途汽车从法扎巴德长途汽车站出发前往勒克瑙（₹140，3小时）、戈勒克布尔（150₹, 3.5小时，5:00~20:00）和安拉阿巴德（150₹, 5小时，7:00~22:00），开往勒克瑙的空调车（190₹）每小时左右有一班。

每天都有自法扎巴德出发的火车开往**勒克瑙**（13307 Gangasutlej Express, 卧铺/空调卧铺3类/空调卧铺2类₹140/485/690, 3.5小时, 11:08）、**瓦拉纳西**（13010 Doon Express, 卧铺/空调卧铺3类/空调卧铺2类₹140/490/695, 5小时, 11:10）和**德里**（12225 Kaifiyat Express, ₹380/995/1410, 11.25小时, 19:52）。

从长途汽车站乘坐人力车去火车站需要₹30。

安拉阿巴德（ALLAHABAD）

☎0532 / 人口 1,200,000

人们相信印度教的创造之神梵天（Brahma）就是在安拉阿巴德（曾被称为Prayag）降临人间的，因此这座城市成为所有朝圣中心之中的王者。的确，在印度各个庆祝大壶节（Kumbh Mela）的地点之中，位于安拉阿巴

Allahabad 安拉阿巴德

◉ 重要景点
- **1** 桑格姆 G4

◉ 景点
- **2** 阿克巴堡和帕塔普利寺 G4
- **3** 纪念馆 E1
- **4** Khusru Bagh A3
- **5** 尼赫鲁水畔石阶 E4
- **6** Nesa Begum's Tomb A3
- **7** Prince Khusru's Tomb A3
- **8** 萨拉斯瓦蒂水畔石阶 F4
- **9** Shah Begum's Tomb A3
- **10** Tamolon's Tomb A3

🛏 住宿
- **11** Hotel Prayag A3
- **12** Hotel U.R. B2
- **13** Milan Hotel B3

🍴 就餐
- **14** Eat On B2
- **15** El Chico B2
-     El Chico Cafe ....（见15）
- **16** Kamdhenu Sweets B2

🍷 饮品和夜生活
- **17** Patiyala Peg Bar B1

🚌 交通
- **18** Civil Lines长途汽车站 C2
- **19** Zero Road长途汽车站 C3

德郊区的河流交汇口桑格姆（Sangam）是最有声望的。安拉阿巴德也是尼赫鲁家族的所在地，尼赫鲁家族的房子是反抗英国贵族、开展独立运动的总部。

作为一座在印度教神话、印度历史和当代政治里都扮演着重要角色的城市，安拉阿巴德显得十分低调。这里可看的景点有一大堆，却几乎没有让人避之不及的纷扰。有几个令人惊讶的好地方供你吃喝玩乐，主要景点也相当平易近人。由于这里充斥着灰尘、废气和燃烧的垃圾，傍晚的空气会令双眼感到刺痛不适。

◉ 景点和活动

★ 桑格姆（Sangam）   宗教圣地

这里是印度最神圣的两条河（恒河和亚穆纳河），与印度教最具神话色彩的河流之一（萨拉斯瓦蒂河）交汇的地方，因此被视为非同寻常的宝地。在全年各个时间段里，都有朝圣者划船来到这个神圣的地点，不过在一年一度的佛浴节（Magh Mela）——一个在1月到3月举行的为期6周的节日——朝圣者的人数激增，达到高峰时会有6次集体"圣浴"。

每隔12年，盛大的**大壶节**（Maha Kumbh Mela）将数百万民众吸引至此，而大壶节之后第6年会举办**小壶节**（Ardh Mela），同样以12年为周期。

在20世纪50年代初，350名朝圣者在奔向洗涤灵魂之水的人群中遭遇踩踏致死[维克拉姆·塞斯（Vikram Seth）的著名小说《如意郎君》生动地重现了这次事故]。最近一次小壶节在2007年举办，吸引了超过7000万人参加——当时被看作最大规模的人类集会；直到2013年的大壶节，在主要的圣浴日Mauni Amavasya当天，据推测大约有3200万人蜂拥而至，在持续55天的节庆之中参与的总人数达到1亿；下一次大壶节将在2025年举行，相信参与人数将同样惊人。

老道的船夫载人前往神圣的河流交汇处，要价大约每人₹50（尽力砍价的印度人）或者每人₹100（尽力砍价的外国人），或者每船₹600~800。

在桑格姆附近（沿着阿克巴堡前的河堤边缘）的**萨拉斯瓦蒂水畔石阶**（Saraswati Ghat）和**尼赫鲁水畔石阶**（Nehru Ghat）是每晚举办aarti（点亮灯或蜡烛祈福）的地方，但若你已在瓦拉纳西或马图拉看过，则可能会觉得这两者都不够精彩。

Khusru Bagh   公园

（⏰黎明至黄昏）**免费** 这座四周围绕着高大墙壁的迷人公园，里面有4座令人难忘的**莫卧儿陵墓**。其中一座属于**Khusru王子**（Prince Khusru），他是贾汗季大帝的长子，在1606年曾试图暗杀他的父亲，但是被弄瞎双眼并囚禁起来，1622年在篡位的同父异母皇兄沙贾汗（Shah Jahan）安排下被杀。如果当时Khusru的政变成功了，他的兄弟沙贾汗就不会成为皇帝，而泰姬陵也就不会存在了。

另一座陵墓属于Khusru的母亲（贾汗季的第一位妻子）Shah Begum，因为丈夫与儿子之间的纷争，她在1603年服用过量的鸦片自杀。在这两座陵墓之间的第三座尤为迷人的陵墓是由Khusru的姐姐Nesa Begum建造的，不过从未真正作为陵墓使用。还有一座相对较小的建筑被称为Tamolon's Tomb，位于另外三座建筑的西侧，不过来源不详。

如果你徘徊在Khusru王子和Shah Begum王后的坟墓周围，有人会带着钥匙出现让你进入内部，在那里你可以看到一系列美丽的自然画和独特的树形窗口（雕刻的方格）。你得跟对方谈个价格——为四座坟墓总共支付的费用一般在₹100以内。

纪念馆
博物馆

（Anand Bhavan；印度人/外国人₹10/100；⊙周二至周日 9:30~13:00和13:30~17:00）这座美丽如画的两层建筑记载着尼赫鲁家族的辉煌，从莫迪拉尔·尼赫鲁（Motilal Nehru）到最近的政治人物拉胡尔·甘地（Rahul Gandhi），从这个家族走出了5代政坛领军人物。正是在这座庄严的宅邸之中，圣雄甘地、贾瓦哈拉尔·尼赫鲁（Jawaharlal Nehru）等人成功地策划了推翻英国殖民统治的运动。这里到处是书和个人物品，还有许多关于那个激动人心的年代的老照片。

阿克巴堡和帕塔普利寺
要塞、印度神庙

（Akbar's Fort & Patalpuri Temple；可捐助；⊙6:00~17:30）这座落成于16世纪的堡垒，由莫卧儿阿克巴大帝建造，坐落在亚穆纳河的北岸，宏伟的城墙上有三座侧面建有塔楼的城门。堡垒的很大部分都被印度军队占用，不能参观，不过最靠近桑格姆的东墙有一个小门通向堡垒允许进入的部分——位于地下的帕塔普利寺（Patalpuri Temple）。

这座独特的寺庙里满是各式各样的神像——建议跟寺外换零钱的人换一些硬币，这样在参观时可以留一些小额的功德钱（在一些神龛你可能会被迫拿出₹10~100，但几枚硬币是完全可以接受的）。

寺庙之外是永恒的菩提树（Undying Banyan Tree），曾经有朝圣者从树上跳下自杀，相信这样做能从轮回中得到解脱。

🛏 住宿

Hotel Prayag
酒店 $

（📞0532-2656416；www.prayaggroupofhotels.com；Noorullah Rd；标单/双₹500/700起，不带浴室₹300/350，带空调₹1200/1350；❄@🛜）这家位于不规则建筑中的酒店坐落在距火车站南侧一步之遥的地方，经营状态良好。酒店能提供有用的信息，内部还有一间网吧（每小时₹30）、一台印度国家银行自动柜员机和一间时髦的餐厅。房间种类很多，都比较老式和简朴，不过工作人员很友好，甚至会帮你和机动三轮车司机讨价还价。

Milan Hotel
酒店 $$

（📞0532-2403776；www.hotelmilan.in；46 Leader Rd；标单₹2300~4000，双₹3000~4900；

沐浴日期

桑格姆广阔的河岸每6年都会吸引数千万朝圣者到来，为了大壶节（见1153页）或小壶节，但每年都会有一个较小的佛浴节。下一个小壶节是在2019年；下一个完整的大壶节是在2025年。

以下是即将到来的大壶节吉祥沐浴日期：

沐浴日	2019	2020	2021
Makar Sankranti	1月15日	2月15日	2月14日
Mauni Amavasya	2月4日	2月20日	2月11日
Vasant Panchami	2月10日	2月29日	2月16日
Magh Purnima	2月19日	2月9日	2月27日
Mahashivatri	3月5日	2月21日	3月11日

)在这个价格范围内,这是安拉阿巴德最好的酒店之一:客房现代而干净,色调柔和,床铺舒适。若要更大的房间可多付点钱,但即使是最便宜的房间质量也不错。

Hotel U.R. 酒店 $$

(☎0532-2427334;mj1874@gmail.com;7/3, A/1 MG Marg, Civil Lines;房间₹1600~2200;☀@⚡)这家专业的中档酒店位于MG Marg一个很好的位置,拥有20间客房,并且比同等价位的酒店更具竞争力。搭乘玻璃电梯来到有些狭窄(因为床很大)但很干净的房间,其中最好的客房通向摆放着成排的植物盆栽的露台。以这个价格来说,员工比其他地方更专业。通常会打折。

★ Kanchan Villa 家庭寄宿 $$

(☎983863111; www.kanchanvilla.com; 64, Lukerganj;标单/双₹3000/3850, 公寓₹4950起;☀@⚡)会弹吉他的麦萨威士忌鉴赏家Ivan和他的妻子Purnima是来自南印度的基督教徒,也是这座极好的家庭寄宿的店主人。在这里,你会接触到极少见的印度基督教文化。在这栋拥有近一世纪历史的老房子里,6间客房采用时髦的家具装潢(我们最喜欢Bengali),早餐(价格已包含)地点是一片绿意盎然的二楼露台。

店主人还会亲自下厨,例如用室外的泥炉烤出新鲜的烤肉串,而这里的客厅和酒吧也会让你有回家的感觉。提供接送服务,不过从火车站乘人力车到这儿也不远,车费₹20。

🍽 就餐

★ Eat On 莫卧儿菜 $

(MG Marg;主菜₹50~200;☀周三至周一11:30~22:00)这家空间仅供人站立的简陋馆子,只提供4种食物,但每一样都令人惊讶地便宜又好吃:令人垂涎的shami kebabs(带有黑扁豆和香料的羊肉末),完美的五香鸡肉印度香饭,烤鸡(仅在晚上提供)以及当配餐的香脆薄饼。做好心理准备要等很久——这是安拉阿巴德最好吃的餐厅之一。

Kamdhenu Sweets 甜点 $

(37, Palace Cinema Compound, MG Marg;零食₹20~80;☀8:30~22:30)这家零食店非常受欢迎,出售美味的自制甜点,比如蛋糕、萨莫萨三角饺(samosa)、三明治和冰激凌。

El Chico Cafe 多国风味 $$

(24/28 MG Marg;主菜₹200~400;☀正午至22:30)在这里,置身于思想前卫的印度人群体之中,你的思乡之情会立刻被治愈。想象一下丰盛的早餐(肉桂薄饼、华夫饼、培根配煎蛋、比萨配意式浓缩咖啡);还有全天供应的帕尼尼(panini)、炭烤比萨以及更为精致的创意菜。千万别错过了热布朗尼!咖啡馆与El Chico餐厅在一起。

El Chico 多国风味 $$

(26/28 MG Marg;主菜₹200~500;☀10:00~22:30)这家老店很精致,供应口味绝佳的印度菜[蒜香辣椒鸡肉串(chicken chilli garlic kebab)和它听起来一样美味]、卖相很好的中国菜、流行的热菜和欧陆料理,并搭配装在锡瓶里的咖啡,地点就在El Chico Cafe楼下。

🍷 饮品和夜生活

Patiyala Peg Bar 酒吧

(Grand Continental Hotel, Sardar Patel Marg;☀7:00~23:00)对于游客而言,这是最有趣的一家酒吧,每晚从19:00~22:30有现场ghazal(乌尔都语情歌)音乐表演,现场提供啤酒(₹300起)和威士忌。

ℹ 实用信息

Civil Lines地区到处都分布着自动柜员机。

Apollo Clinic(☎0532-2421132; www.apolloclinic.com; 28B MG Marg;☀24小时)一家现代化的私人医疗机构/24小时营业的药店。

邮局(www.indiapost.gov.in; Sarojini Naidu Marg;☀周一至周五10:00~13:30和14:00~17:00, 周六10:00~16:00)

北方邦旅游局(☎0532-2408873; www.up-tourism.com; 35 MG Marg;☀周一至周六10:00~17:00, 每月第二个周六休息)位于Rahi Ilawart Tourist Bungalow的Civil Line巴士站隔壁。可提供非常多的帮助。

ℹ 到达和离开

飞机

安拉阿巴德机场(Allahabad Airport)位于安

拉阿巴德以西15公里处。

印度航空（Air India；☎0532-258360；www.airindia.com）每天都有航班飞往德里（价格₹3800起；15:00）。乘机动三轮车前往机场需要₹450，乘出租车需要₹600。

长途汽车

非空调长途汽车从**Civil Lines长途汽车站**（MG Marg）定时发车前往瓦拉纳西（₹120，3小时，每10分钟1班）、法扎巴德（₹170，5小时，4:30至次日1:00每30分钟1班）、戈勒克布尔（₹250，10小时，4:00至子夜每30分钟1班）和勒克瑙（₹176，5小时，正午至20:00每小时1班）。每天有空调长途汽车前往瓦拉纳西（₹195，3小时）、勒克瑙（₹510，5小时）和德里（₹1680，14小时，19:00）。如需前往德里或阿格拉，可以在勒克瑙转车，或乘坐火车。

如果要乘坐每2小时1班的长途汽车前往吉德勒古德（₹125，3小时，4:00～20:30每30分钟1班），需要前往**Zero Road长途汽车站**（Zero Rd）搭乘开往Karwi的巴士，接着再与人合乘机动三轮车完成最后10公里的路程（₹10）。

火车

安拉阿巴德枢纽火车站（Allahabad Junction）是主要的火车站。每天有几班火车开往勒克瑙、瓦拉纳西、德里、阿格拉和加尔各答。开往瑟德纳（Satna）的车次也很频繁，从那里你可以搭长途汽车去克久拉霍（Khajuraho）。

❶ 当地交通

有很多人力车（1~2公里的短途行程收费₹20，不过准备好为砍价打一场硬仗吧）。MG Marg是最有可能找到机动三轮车的地方。可以考虑包车半天（₹500，4小时），以便前往更多景点。

Vikrams（大型合乘机动三轮车）会在火车站南侧等待乘客，前往的目的地包括Zero Road Bus Stand（₹10）、Civil Lines长途汽车站（₹10）和桑格姆（₹15）。

北方邦西部

在北方邦的西部，从德里到阿格拉的道路上，马图拉（Mathura）和维伦达文（Vrindavan）是一对在印度宗教历史上起关键作用的神圣城镇。

马图拉（Mathura）

☎0565 / 人口540,000

马图拉作为印度教备受爱戴的克利须那神的出生地而闻名于世，并且是印度教的七大圣城之一，吸引着如潮水般涌入的朝圣者，在8月/9月的**黑天诞辰节**（Janmastami）和2月/3月的胡里节（Holi）期间尤为如此。城市里分布着年代不同的各种寺庙，神圣的亚穆纳河流经的区域排列着25个水畔石阶。黎明时分有许多人在此进行圣浴；日落之后在夜晚的aarti仪式举办期间，可以看到成百上千的蜡烛漂浮在河面上，都是前去参观的最佳时间。

马图拉曾经是一个佛教中心，有20座寺院，居住着3000位僧侣。不过之后印度教崛起，马图拉又遭到阿富汗和莫卧儿入侵者的洗劫，如今最古老的景点中得以留存于世的只有从遗迹中找到的那些美丽的雕塑，现展示于考古博物馆。

从安拉阿巴德出发的常用车次

目的地	列车编号和名称	票价（₹）	车程（小时）	发车时间
阿格拉	12403 ALD JP Exp	295/765/1075（A）	7.5	23:30
加尔各答（Howrah）	12312 Kalka Mail	435/1150/1640（A）	14.5	17:20
勒克瑙	14209 PRG-LKO Intercity	330（B）	4	15:40
新德里	12559 Shiv Ganga Exp	375/985/1395（A）	9.75	22:30
瑟德纳（Satna）	12428 ANVT REWA Exp	170/540/740（A）	3	6:55
瓦拉纳西	15017 Gorakhpur Exp	140/490/695（A）	4	8:45

票价：（A）卧铺/空调卧铺3类/空调卧铺2类，（B）只有空调硬座。

◎ 景点

★ Kesava Deo Temple　　　　　印度教寺庙

(Shri Kirshna Janmbhoomi; ◎夏季5:00~21:30，冬季5:30~20:30) 在这座马图拉最重要的寺庙中，有一个被称为 **Shri Krishna Janambhoomi** 的小小的空房间，据说大约5000年前克利须那神就是在这里出生的。大得多的主庙装饰着壁画，描绘了克利须那生活的场景，并安置了神和他的随从Rhada的几尊雕像。这里在过去的1000年中被毁坏和重建了很多次，现在的庙宇是在20世纪50年代建造的。

维什拉姆水畔石阶（Vishram Ghat)　景区

在主要的跨河公路桥的北侧，水畔石阶和寺庙沿亚穆纳河一字排开。位置居中也最受欢迎的是维什拉姆水畔石阶，据说克利须那神在杀死残暴的坎萨王（King Kansa）之后曾在这里休息。这附近的河岸边聚集着船只，可以带游客沿亚穆纳河观光（2人每30分钟₹150；包船₹300）。

梵歌寺　　　　　　　　　　印度教寺庙

(Gita Temple; ◎黎明至黄昏) 这座宁静的大理石寺庙位于通往维伦达文的路上，花园里的一根红色柱子上写着整部《薄伽梵歌》。

Katra Masjid　　　　　　　　　清真寺

这座美丽的砂岩清真寺是1661年由莫卧儿王朝的统治者奥朗则布（Aurangzeb）修建的。为了清理场地，他下令破坏Kesava Deo寺庙当时的建筑，而这座寺庙标志着克利须那诞生的地点。这座清真寺位于Kesava Deo寺庙现址的旁边，现在被士兵全天候严密监控，以防止1992年在阿约地亚（Ayodhya，见1150页）发生的悲剧事件再度重演。

在进入之前必须检查相机、行李和手机，并且通过安全检查。

考古博物馆　　　　　　　　　博物馆

(Archaeological Museum; Museum Rd; 印度人/外国人₹5/25; ◎周二至周日10:30~16:30) 这家大型博物馆收藏着极为优秀的宗教雕像，是公元前3世纪到公元12世纪处于鼎盛时期的马图拉学校的作品。我们到访时正在整修，暂时停止运营。

Mathura 马图拉

◎ 重要景点
1 Kesava Deo Temple A1

◎ 景点
2 考古博物馆 B2
　Katra Masjid .... (见1)
3 维什拉姆水畔石阶 B1

🛏 住宿
4 Hotel Brijwasi Royal B2

🍴 就餐
　Status Restaurant .... (见4)

✦ 节日和活动

黑天诞辰节　　　　　　　　　宗教节日

(Janmastami; ◎8月/9月) 在克利须那神的生日期间，你几乎寸步难行，此时寺庙里装饰得富丽堂皇，而关于克利须那神的音乐剧也将在这里演出。

胡里节　　　　　　　　　　　宗教节日

(Holi; ◎2月/3月) 也许是这个世界上最

丰富多彩的节日——你可能已经看到了人们被荧光粉覆盖的照片——这个全国性的庆典旨在庆祝春天的到来和善打败恶的胜利。马图拉和维伦达文一带作为克利须那的出生地和精神家园，在活动举办期间气氛尤为热烈。

🛏 食宿

Hotel Brijwasi Royal 酒店 $$

（☎8191818818；www.brijwasiroyal.com；Station Rd；房间 含早餐 ₹3500~4900；❄🛜）这间干净的现代化酒店有40间商务风格的客房，客房内铺设着大理石地板或地毯，部分房间面朝酒店后面的水生池塘。若生意不太好，则会提供相当好的折扣价格。

Status Restaurant 印度菜 $$

（SBI Crossing, Station Rd；主菜₹195~275；⏰7:00~23:00）这个人手充足的地方位于Hotel Brijwasi Royal（见本页）内，供应一些美味的印度蔬菜盘，理所当然地大受欢迎。可尝试泥炉烤肉拼盘。

ℹ 实用信息

新长途汽车站（New bus stand）附近的SSI Crossing有一台**印度国家银行自动柜员机**。Shri Krishna Janmbhoomi则有另外一台自动柜员机。

ℹ 到达和当地交通

长途汽车

被称为**新长途汽车站**（Vrindavan Rd）有定点发车的长途汽车开往德里（₹135，4小时，5:00~22:00每30分钟1班）和阿格拉（₹65，90分钟；4:00~21:00每15分钟1班）。大型合乘机动三轮车（Tempos）走马图拉—维伦达文这条13公里的线路的价格是₹15。

火车

定点发车的火车前往德里（卧铺/空调硬座₹170/260，2~3小时）、阿格拉（卧铺/空调硬座₹170/330，1小时）和珀勒德布尔（卧铺/空调硬座₹100/270，45分钟）。开往珀勒德布尔的火车还会继续前往Sawai Madhopur（可前往参观伦腾博尔国家公园，2小时）和科塔（Kota，5.5小时）。

维伦达文（Vrindavan）

📞0565／人口65,000

维伦达文村据说是年轻的克利须那神长大的地方。聚集在这里的朝圣者来自印度各地，而克利须那派（Hare Krishna）的成员则来自世界各地。有数十座或现代或古老的寺庙分布在这一地区，形态和规模各不相同，许多都拥有独到的特质，因此拜访这里比普通的寺庙之旅收获更大。

◉ 景点

大部分寺庙从清晨到黄昏都开门，并且不收费。这其中值得一看的有Rangaji Temple（⏰夏季5:30~10:30和16:00~21:00，冬季6:00~11:00和15:30~20:30），是维伦达文最大的寺庙；Madan Mohan Temple，是维伦达文历史最悠久的寺庙；Radha Ballabh Temple，是为克利须那的随从Radha而建的寺庙；以及Nidhivan Temple，据说克利须那每晚都降临的寺庙。

★ 克利须那·巴拉茹阿玛寺庙建筑群 印度教寺庙

（Krishna Balaram Temple Complex, Iskcon；⏰冬季7:30~12:45和16:00~21:00；夏季16:30~21:00）**国际克利须那意识协会**（International Society for Krishna Consciousness, Iskcon；☎0565-2540343；www.iskcon.org）也被称为克利须那派，总部设在这片建筑群。入口是一座美丽的白色大理石大门，也是克利须那派的创始人斯瓦米·帕布帕德（Swami Prabhupada，1896~1977年）之墓的所在地。

寺庙内部经常会举办一场场的活动，回响着诵经和吟唱的声音，信徒在祈愿时叩头，打鼓声和僧侣谈话声此起彼落。每年都有数百位外国人士来这里参加课程和研讨会。

寺庙每天不对外开放的时间不同，12:45到16:00（夏季至16:30）这个时段关闭的可能性更大。若你带着背包来，得从侧门进入。

Pagal Baba Temple 印度教寺庙

（⏰冬季6:00至正午和15:30~20:30；夏季5:00~11:30和13:00~21:00）这座十层楼高的建筑看起来像一座童话中的城堡，底层的玻璃展柜里有一系列栩栩如生的木偶和实景模型,生动有趣地展现了罗摩和克利须那神生平的场景。整年都有木偶戏表演。

Govind Dev Temple 印度教寺庙

(⊙8:00~12:30和16:30~20:00)这座红色砂石城堡是由安布尔王公拉贾·曼·辛格(Raja Man Singh of Amber)于1590年修建而成的,柱子上雕刻着精巧的铃铛。定居在这里的猴子们和印度其他地方的猴子一样调皮,要小心!

食宿

可以选择在寺庙建筑群后面的**客栈**(☎0565-2540021; www.iskconvrindavan.com; 空调房间₹950🅿)住宿(不过信徒们享有优先权)。不然,寺庙建筑群的西边主要道路上也有许多住宿场所可供选择,从低调到华丽的风格都有。

Sri Govinda Restaurant 印度菜 $

(主菜₹100~200; ⊙8:00~14:30和18:00~21:30)供应印度素食、意大利面、蛋糕、奶昔、沙拉和汤。位于克利须那·巴拉茹阿玛寺庙建筑群内。

❶ 实用信息

最近的自动柜员机是**Andhra Bank**柜员机,从寺庙建筑群大门走250米(靠近Bhaktivedanta Swami门)即可到达。

克利须那·巴拉茹阿玛寺庙建筑群里有一个**咨询处**(Krishna Balaram Welcome Office; ☎9557849475; ⊙10:00~13:00和17:00~20:00),提供维伦达文各个住宿地点的名单,还可以帮忙预约Gita课程(学习古老的印度教经典《薄伽梵歌》),并可提供所有旅游咨询服务。

❶ 到达和当地交通

搭乘大型机动三轮车、合乘机动三轮车或者

Vrindavan 维伦达文

Vrindavan 维伦达文

◉ 重要景点
1 克利须那·巴拉茹阿玛寺庙建筑群......A2

◉ 景点
2 Govind Dev Temple B1
3 Madan Mohan Temple A1
4 Nidhivan Temple..................................B1
5 Pagal Baba Temple A2
6 Radha Ballabh Temple........................B1
7 Rangaji Temple B1

🛏 住宿
ISKCON Guest House .... (见1)

🍴 就餐
Sri Govinda Restaurant .... (见1)

❶ 实用信息
国际克利须那意识协会 .... (见1)
咨询处 .... (见1)

乘坐长途汽车,从维伦达文前往马图拉的费用都是₹15。大多数寺庙位置很分散,因此搭乘人力车游览是一个很好的方式。半天的游览费用大约是₹200~250(机动三轮车则是₹350~400)。

北阿肯德邦

包括 ➡

瑞诗凯诗	370
赫里德瓦尔	378
台拉登	383
穆苏里	387
Kedarnath	394
奥里	398
科比特老虎保护区	399
奈尼塔尔	403
阿尔莫拉	407
贾斯瓦	410
巴盖什沃尔	411
皮特拉加尔	412

最佳就餐

➡ Prakash Lok（见380页）
➡ Chetan Puriwallah（见385页）
➡ Little Buddha Cafe（见376页）

最佳住宿

➡ Mohan's Binsar Retreat（见409页）
➡ Gateway Resort（见402页）
➡ Haveli Hari Ganga（见380页）
➡ Kasmanda Palace Hotel（见389页）

为何去

北阿肯德邦（Uttarakhand）是一个流传着动人神话的高山环绕的地方。印度教徒把北阿肯德邦看作是 Dev Bhoomi——众神之地——这片精彩纷呈的地域遍布神圣的高山、湖泊和河流。蜿蜒曲折的道路和高海拔的徒步小路带你通往印度史诗中故事的发生地——壮美的朝圣地。虽然湿婆和雪山女神帕尔瓦蒂（以几种不同的形象出现）高耸在这片大地，但英国的印记也很明显：吉姆·科比特（Jim Corbett）的传说依然在那座以他的名字命名的著名的老虎保护区中流传；热门的度假城镇都曾是英国殖民时代的山间避暑胜地；披头士乐队则将瑞诗凯诗变成了全世界灵性探寻者和瑜伽练习者的圣地。

北阿肯德邦看似各方面都略逊一筹：它是印度老虎数量第二多的邦（名列卡纳塔克邦之后），有着全国第二高的山峰（楠达德维峰）；但这里多样化的活动以及纯粹的自然美景却足以让它在游客的心中赢得金牌。

何时去

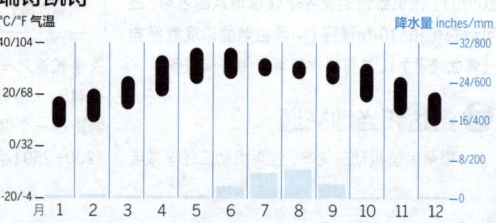

4月至6月中旬 这是在科比特老虎保护区寻觅虎踪的最佳时间。

7月至9月中旬 雨季为旅行带来不便，7月和8月是花之谷的花朵盛开的时间。

9月中旬至11月 在喜马拉雅山徒步的最佳时间。

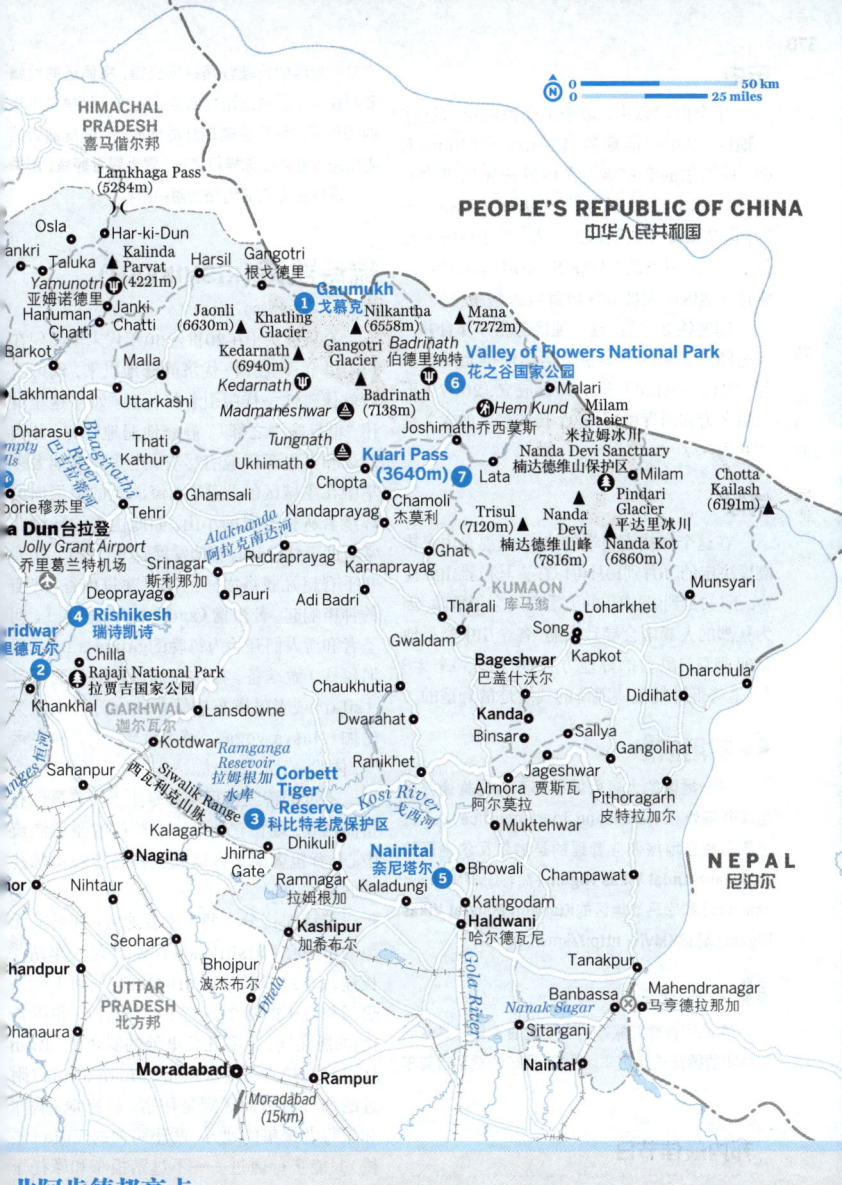

北阿肯德邦亮点

1. **戈慕克**（见393页）徒步游览壮美的山麓，前往神圣恒河的源头。

2. **水畔迦特**（见378页）在赫里德瓦尔华美的夜间庆典上，点一根蜡烛沿恒河顺流漂下。

3. **科比特老虎保护区**（见399页）在这座印度的第一座国家公园，寻找老虎的踪影。

4. **瑞诗凯诗**（见370页）在这世界瑜伽和冥想之都，寻求内心的平静。

5. **奈尼塔尔**（见403页）在这座风景如画的英国统治时代的山城，远离热浪的侵袭。

6. **花之谷国家公园**（见399页）漫步绚烂的野花丛中，背景就是覆盖着积雪的山巅。

7. **Kuari Pass徒步**（见392页）在令人震撼的喜马拉雅山脉的风景中徒步。

历史

几个世纪以来,多个王朝曾经统治过这一地区,其中包括笈多、Kuturyi和Chand王朝。尼泊尔的廓尔喀人在18世纪先后进攻了库马翁(Kumaon)和迦尔瓦尔(Garhwal)王国,但结果却导致英国人介入,并于1816年签订了《苏高利条约》(the Sugauli Treaty),将这一地区的大部分区域都收入囊中。

印度独立之后,这一地区与北方邦合并,不过随之而来的分离主义运动使得北安查尔邦(Uttaranchal)于2000年成立,2007年正式更名为北阿肯德邦,这个传统名字的含义是"北国"。

气候

在这个海拔走极端的地区,气温是由海拔高度决定的。5月到10月可以在喜马拉雅山脉徒步,不过7月到9月中旬的雨季期间会很危险,因为猛烈的大暴雨会导致山崩。各个山中避暑地是躲避夏日酷暑的好地方,而从10月到来年3月,地势低洼的瑞诗凯诗的气候是最舒适的。

❶ 实用信息

这一地区的大多数城镇都有北阿肯德邦旅游局办事处(Uttarakhand Tourism office),不过主要负责当地旅游业管理的是迦尔瓦尔地区的**Garhwal Mandal Vikas Nigam**(简称GMVN; www.gmvnl.in)和库马翁地区的**Kumaon Mandal Vikas Nigam**(简称KMVN; http://kmvn.gov.in)。

❶ 当地交通

在北阿肯德邦旅行的主要交通工具就是老旧而结实的国营长途汽车。另外,拥挤的载客吉普车在这一地区的行驶线路纵横交错,将偏远的城镇和村庄与主要的道路枢纽连通起来。付拼车价格的10倍可以租下整辆车舒适地旅行。蜿蜒曲折的盘山路可能会让你神经紧张,胃也跟着翻腾,雨季山体滑坡还会造成道路受阻中断。

瑞诗凯诗(RISHIKESH)

☏0135 / 人口 102,200 / 海拔 356米

自从披头士在20世纪60年代末期出现在玛哈里希·玛赫西·优济静修地以来,瑞诗凯诗就像磁铁一样吸引着修行者。如今这里自诩"世界瑜伽之都",静修地遍地开花,各类瑜伽和冥想课程应有尽有。这些静修地大多集中在主城区的北部,水流湍急的恒河周围环绕着丛林密布的小山,如此优美的环境非常有助于冥想和心智的发展。到了晚上,让人几乎有超凡脱俗之感的清风吹进山谷,寺庙的钟声响起,苦行僧(sadhus,"圣"人)、朝圣者和游人们开始为每晚的ganga aarti(祭河仪式)做准备。在这里你可以学弹西塔琴(sitar)或者敲塔布拉鼓(tabla),尝试欢笑瑜伽(Hasya yoga),练习冥想,或者碰碰运气,体验一下水晶疗法。

不过瑞诗凯诗可不只专注于培养灵性和扭曲四肢,现在它也是一个热门的激流漂流中心、背包客聚集区以及去喜马拉雅山脉徒步的关口。

瑞诗凯诗分为两个主要地区:拥挤又无趣的市中心(Rishikesh town)是火车站、长途汽车站以及Triveni Ghat[恒河上一处热门和吉庆的沐浴迦特(水畔石阶)和祷告地]的所在地;上游几公里处的罗摩桥(Ram Jhula)和拉克希曼桥(Lakshman Jhula)附近的那些河边社区则是住宿、静修地、餐厅和旅行者聚集的地方。两座跨河的jhula(吊桥)只能步行通过——不过踏板车和摩托车在桥上也畅通无阻。坐落在东岸上的Swarg Ashram是瑞诗凯诗的"精神中心",禁止车,而位于拉克希曼桥西侧的High Bank是一片受背包客欢迎的小天地。

◉ 景点

◉ 拉克希曼桥(Lakshman Jhula)

瑞诗凯诗最经典的画面是从拉克希曼桥

邦内最佳节日

赫里德瓦尔,大壶节(Kumbh Mela;见378页)

瑞诗凯诗,国际瑜伽节(International Yoga Festival;见374页)

台拉登,湿婆节(Shivaratri;见385页)

阿尔莫拉,楠达德维节(Nanda Devi Fair;见412页)

这座吊桥望向对岸宏伟的Swarg Niwas and Shri Trayanbakshwar寺庙。寺庙共有13层，形似婚礼蛋糕，是由Kailashanand古鲁组织修建的，看起来宛如仙境中的城堡，每一层都有数十个供奉着印度教神灵的神龛，首饰店和纺织品店散布其间。日落时分尤其适合从吊桥上拍摄寺庙，早晚还能听见钟声和信徒们念经的声音。出售祈祷用的CD的店铺给河的这一边带来了不和谐的噪音。恒河两岸遍布各种市场、餐厅、静修地和客栈，近几年来这一地区已经发展成为瑞诗凯诗北部最繁忙、最生机勃勃的一部分。

◎ Swarg Ashram

沿着那条紧邻恒河东岸的小路朝拉克希曼桥南面惬意地走上2公里，就到了灵修社区Swarg Ashram，在那里你能看到不少寺庙和静修地、一片拥挤的集市以及苦行僧们和沐浴迦特——在日出和日落时分，这里会举行宗教仪式。每晚日落时分在Parmarth Niketan Ashram的河边寺庙都会举行祭河仪式，内容丰富，包括歌唱、念经、乐师演奏和点蜡烛，不过取悦游客的感觉相当明显。

玛哈里希·玛赫西·优济静修地　　历史建筑

（Maharishi Mahesh Yogi Ashram；印度人/外国人₹100/600；⊙9:00~16:00）玛哈里希·玛赫西·优济静修地的旧址遗迹就在Swarg Ashram南部，披头士乐队曾在此居住，而且显然《白色专辑》（White Album）里的不少作品都是在这里诞生的。在被遗忘了几十年之后，林业部已决定废弃这里，静修地几乎被森林中的灌木吞噬，如今转而成为披头士粉丝的朝圣地，也正在成为一座涂鸦艺术博物馆。冥想室是不容错过的，那里有两边镶有岩石的狭窄走廊，还有一些引人注目的新画作。

🏃 活动

瑜伽和冥想

在印度瑜伽之都瑞诗凯诗，瑜伽和冥想无处不在。这里的教学风格和瑜伽种类千差万别，因此在决定参加一个课程之前，多找几家教学班看看，多咨询别人的经验。许多地方也提供阿育吠陀按摩服务，一些静修处还严令禁止学生在停留期间吸毒、喝酒、抽烟和吃肉。

迦尔瓦尔和库马翁（GARHWAL & KUMAON）

北阿肯德邦分为两个行政区：迦尔瓦尔和库马翁。当地人认为，西部的迦尔瓦尔因为地形尤其陡峭，因此是具有男性化特质的一半。这里的风景——有人说，包括人在内——大体上是由四座自喜马拉雅山脉冰川流淌下来的大河所塑造而成的，它们将地势雕塑成一张点缀着山脊和峡谷的错落有致的大网。

因为风景与迦尔瓦尔相比显得较柔和甜美，库马翁被认为是女性化的一半。这里有起伏不平的阶梯状山岭，优雅的喜马拉雅山巅，以及女神崇拜的坚韧文化，这里有一些尤为特别的地方，很容易体会到，但却难以道明。

Omkarananda Ganga Sadan　　瑜伽

（☎0135-243 0763；www.iyengaryoga.in；Lakshman Jhula Rd；房间带/不带空调 ₹2000/600，最少住3天）这座静修地坐落在罗摩桥附近的河边，房间很舒适，在Patanjala Yoga Kendra中心专门从事备受好评的艾扬格瑜伽（Iyengar yoga）教学。从10月到次年5月会推出7到10天的强化班（₹1200），建议预约；另外还有穿插在强化班之间的单日班（₹300，初学者周一至周六 16:00~17:30，一般练习者18:00~19:30，如果参加1次以上的课程，价格可降低）。

Anand Prakash Yoga Ashram　　瑜伽

（☎0135-244 2344；www.anandprakashashram.com；Badrinath Rd, Tapovan；私人/共享 房间含3餐 ₹1200/900）位于拉克希曼桥以北约1公里处，在这里你想住多久就住多久，同时还可以参加上午和下午的Akhanda瑜伽课（费用包含在房费内）。这里的食物很不错，房间设施简单，不过舒适又干净。每天21:00至次日9:00要求保持安静。如果你不打算住在这里，也可以来上课，价格是₹200。

Parmarth Niketan Ashram　　瑜伽

（☎0135-243 4301；www.parmarth.com；Swarg Ashram；房间 带/不带空调 ₹1600/600）它

Rishikesh 瑞诗凯诗

北阿肯德邦 瑞诗凯诗

去 Neer Garh Waterfall (3km); 步行至 Neelkantha Mahadev Temple by road (20km)

Swarg Niwas & Shri Trayanbakshwar Temple

Lakshman Jhula

见放大图

放大图

Axis Bank ATM

HIGH BANK

Laxman Jhula Rd

Ganges River 恒河

Ram Jhula

State Bank of India ATM 印度国家银行自动柜员机

SWARG ASHRAM

Axis Bank ATM

步行至 Neelkantha Mahadeva Temple on foot (7km)

Kailash Gate

RISHILOK

Lakshman Jhula Rd

MUNI-KI-RETI

Uttarakhand Tourism Office 北阿肯德邦旅游局办事处

Dehra Dun Rd

Bank of Baroda ATM

Railway Rd

HDFC ATM

Haridwar Rd

Chandrabhaga River

Dhalwala Bypass Rd

Share-jeep Stand 合乘吉普车车站

去 Haridwar 赫里德瓦尔 (19km)

Train Station 火车站

Rishikesh 瑞诗凯诗

◎ 重要景点
1 Swarg Niwas & Shri Trayanbakshwar Temple G1

◎ 景点
2 玛哈里希·玛赫西·优济静修地 D3

⊙ 活动、课程和团队游
3 Anand Prakash Yoga Ashram F1
4 De-N-Ascent Expeditions F1
5 GMVN Trekking & Mountaineering Division A3
6 Omkarananda Ganga Sadan D2
7 Parmarth Niketan Ashram D2
8 Red Chilli Adventure F1
9 Rishikesh Yog Peeth E2
10 Shiva Yoga Peeth G4
Sri Sant Seva Ashram ....（见10）

⊙ 住宿
11 Bhandari Swiss Cottage E1
12 Dewa Retreat F1
13 Dhiraj Guest House F1
14 Divine Ganga Cottage F1
15 Divine Resort F1
16 Hotel Ishan F1
New Bhandari Swiss Cottage ..... （见11）
17 Sudesh Guest House E2
18 Vashishth Guest House D3

⊗ 就餐
19 Bistro Nirvana E1
20 Chatsang Cafe F4
21 Devraj Coffee Corner F1
22 Ganga Beach Restaurant G3
23 Little Buddha Cafe F4
24 Madras Cafe D2
Oasis Restaurant .... （见11）
25 Pyramid Cafe F4
26 Tip Top Restaurant D2

⊙ 购物
27 Adventure Axis F1

⊙ 实用信息
28 Shivananda Ashram E1

⊙ 交通
载客吉普车站 .... （见22）
29 主汽车站 B3
出租车和机动三轮车停靠点 .... （见24）
Yatra/GMOU Bus Stand .... （见29）

占据着Swarg Ashram的中心位置，晚间河边的ganga aarti吸引着不少游客，Parmarth还拥有一座华美而宁静的花园庭院。房价包括一间带私人浴室的客房、一日三餐以及哈他瑜伽（hatha yoga）基础课程。

Rishikesh Yog Peeth 瑜伽
（☎0135-244 0193; www.rishikeshyogpeeth.com; Swarg Ashram; 40天的课程US$1400）这家热门的瑜伽教师培训学校口碑相当不错，现已在当地该领域内有了一定名气。

Sri Sant Seva Ashram 瑜伽
（☎0135-243 0465; www.santsewaashram.org.in; 房间 不带/带空调 ₹600/1500）这里地处可俯瞰恒河的拉克希曼桥地区，房间也宽敞，很受欢迎，因此需要预订。价格较高的房间有阳台，能欣赏到绝佳的河景。任何人都可报名参加这里的混合式瑜伽课程，初级班（₹100）和中高级班（₹200）每天开课。还有备受好评的 **Shiva Yoga Peeth**（☎9622724204; www.shivayogapeeth.org; 200/300/500小时 $210/315/420）瑜伽教师培训项目。

漂流、皮划艇和徒步

超过100家店面可组织全天和半天的漂流之旅，在上游下水再顺流而下回到瑞诗凯诗。有些店还推出了多日漂流之旅，晚上在河边露营。正式的漂流季节从9月15日开始，一直持续到次年6月30日。半日游的价格大约是每人₹1000起，而一日游需要至少₹1800。大多数公司还会组织一价全包的喜马拉雅山脉徒步之旅，前往Kuari Pass、Har Ki Dun和根戈德里（Gangotri）/Tapovan等地，价格是每天₹3500左右。

Red Chilli Adventure 徒步、漂流
（☎0135-243 4021; www.redchilliadventure.com; Lakshman Jhula Rd; ◎9:00~20:00）这家值得信赖的机构组织喜马拉雅山脉徒步和遍及北阿肯德邦各地的漂流之旅，另外还有前往喜马偕尔邦和拉达克（Ladakh）的线路。

De-N-Ascent Expeditions 皮划艇、徒步

(☎0135-244 2354; www.kayakhimalaya.com; Badrinath Rd, Tapovan)皮划艇教学和远足旅行专家。可以跟资深的教练学习划桨和爱斯基摩翻滚(Eskimo roll; 让皮艇在水中翻转后继续划行的技能),或者参加多日的皮划艇或漂流探险之旅。这里也可组织徒步旅行。

GMVN Trekking & Mountaineering Division 徒步

(☎0135-243 1793; www.gmvnl.in; Lakshman Jhula Rd, Muni-ki-Reti; ◉10:00~17:00)可以组织迦尔瓦尔喜马拉雅山脉(Garhwal Himalaya)的高海拔徒步,出租徒步装备,还可以安排向导和背夫。

步行

有一条轻松的15分钟步行路线,可通往两座小型瀑布,从拉克希曼桥以北3公里处的河流南岸出发,起点处有一些饮品摊和一个位于路边的神龛,路很好找。如果从拉克希曼桥乘坐四驱出租车前往需要₹100。

在河北岸,向北走大约2公里就能看到通往可爱的Neer Garh Waterfall(门票₹30)的道路,从这里向山上走20分钟(有路标)就能到达瀑布。

如果想走得更远,可以跟随那些从恒河取水献给Neelkantha Mahadev Temple的虔诚信徒的脚步,从Swarg Ashram出发,沿一条森林小路前行,全长7公里,需要走将近3小时的时间。也可以从拉克希曼桥出发走公路前往寺庙(约20公里)。

✱ 节日和活动

国际瑜伽节 瑜伽

(www.internationalyogafestival.com; ◉3月)在3月的第一周,瑞诗凯诗会举办国际瑜伽节,吸引来自世界各地的斯瓦米(swami,印度宗教大师)和瑜伽大师前来参加讲座和培训。多数活动都集中在Swarg Ashram的Parmarth Niketan Ashram(见371页)。具体日期请参考节日网站。

🏨 住宿

大多数住宿地都分散在拉克希曼桥周围的河流两岸;在Swarg Ashram的众多静修地之中只有为数不多的几家酒店,河对岸的罗摩桥附近也有几家,在High Bank有一些不错的廉价住宿场所。

虽然许多酒店都主打背包客,但每年出现的像样的中等价位住宿处也越来越多,为数不多的高端酒店也很好。

🏨 拉克希曼桥 (Lakshman Jhula)

这一地区的河流两岸是瑞诗凯诗最生机勃勃的地方,有几个不错的廉价住宿场所可供选择。一些位于Tapovan区域的客栈非常超值,就在通往Divine Ganga Cottage的小巷两边。

Dhiraj Guest House 客栈 $

(☎9719357411; 标单/双 ₹450/550)干净、友好,便宜——这家由家庭经营的住宿处得了三连胜。客房简单怡人,每一间客房内都有小厨房(天然气另收费)。从拉克希曼桥步行前往大约需要7分钟。

Divine Ganga Cottage 酒店

(☎0135-244 2175; www.divinegangacottage.com; 房间 ₹2400, 带空调 ₹3200~3800; ❄@)这座整洁的酒店四周围绕着小小的水稻田和带花园的当地民居,巨大的楼上露台有着绝佳的观河视野。楼下的无空调房狭小并且定价过高,不过楼上宽敞时髦的空调房算是城里数一数二的,配有写字台和现代化的浴室。

Hotel Ishan 酒店 $$

(☎0135-243 1534; 房间 ₹2000~4000; ❄@≋)这家拉克希曼桥附近的河边酒店已经开了很长时间,最近升级成为高端住宿处。客房舒适,装饰典雅,在公共和私人露台上能俯瞰恒河。

Divine Resort 酒店 $$$

(☎0135-2442128; www.divineresort.com; 房间 ₹3500~7000, 套 ₹10,000~15,000; ❄@≋)在这家高端酒店里,一些房间能看到壮美的河景——但是很少有能与其中面朝恒河的玻璃升降电梯相媲美的,这座电梯本身就足够成为一处景点。这里还有高耸在河畔的无边际游泳池……我们得说,这里是拉

希曼桥周边最好的酒店。有半数房间正在进行重装。

Dewa Retreat　　　　　　　　　酒店 $$$

(✆0135-2442382; www.dewaretreat.com; 房间 不含/含河景 ₹4500/5000; ❄@☎) 这是拉克希曼桥附近最新修建的一座高档酒店,其中一尘不染的房间融简洁与奢华于一体。最好的客房带有能眺望恒河河谷风景的阳台,户外游泳池足以洗去一天的闷热潮湿。

🏠 High Bank

Bhandari Swiss Cottage　　　酒店 $

(✆0135-243 2939; www.bhandariswisscottagerishikesh.com; 房间 ₹300起,带空调 ₹800起; ❄@☎) 这家背包客最爱的酒店房间有几种价位——住得越高,房价越贵。房间新旧程度不一,需要多花些心思打理,但是大阳台是制胜法宝,在上面能看到连绵的群山。附设一间出色的小庭院餐厅和网吧,还开设了瑜伽课。

New Bhandari Swiss Cottage　酒店 $

(✆0135-243 5322; www.newbhandariswisscottag.com; 房间 ₹400~800,带空调 ₹1000~1500; ❄@☎) 位于High Bank小巷的尽头,规模很大,很受欢迎,房间类型多种多样,有的简单干净,有的令人难忘。许多最近刚进行过装修。附设一间按摩中心,还有一间不错的餐厅**Oasis Restaurant**(主菜₹90~170; ⓥ8:00~22:00),菜单上囊括了世界各地的菜肴。

🏠 Swarg Ashram

如果你想认真学习瑜伽和内省,那就在Swarg的众多静修地里挑一间住。除此之外,从河流往回走一个街区,面朝Swarg最南端的地方还有一些酒店。

Sudesh Guest House　　　　　客栈 $

(✆9760313572; sudeshguesthouse771@gmail.com; 房间 不带/带空调 ₹300/800; ❄) Swarg Ashram不错的廉价住宿选择,在这里你能找到周边最值的客房。有一座瑜伽练习厅、屋顶露台、公共厨房,还可提供过滤水。

住宿价格区间

下面列出的价格指的是带浴室的双人房,含税:

$ 少于₹1000

$$ ₹1000~3000

$$$ 超过₹3000

★Vashishth Guest House　精品酒店 $$

(✆0135-2440029; www.vashishthgroup.com; 房间 不带空调 ₹950, 含₹1500~1800; ❄☎) 这家可爱的精品酒店中有粉刷得五彩缤纷的墙壁,舒适的床垫,和一间可借阅图书的小图书室。有几个房间有相当大的厨房,配备有厨具、餐桌和椅子。从性价比来看,这里是瑞诗凯诗数一数二的选择。

🍴 就餐

几乎每一家瑞诗凯诗的餐厅都只供应素食,不过许多面向旅行者的餐厅提供西餐、以色列菜、印度菜和中国菜等各色菜肴。High Bank是唯一能找到肉食的区域。

拉克希曼桥 (Lakshman Jhula)

★Devraj Coffee Corner　　　咖啡馆 $

(小吃和主菜₹50~230; ⓥ8:00~21:00) 这间德国面包店坐落在吊桥的上方,可以看到河对岸的Shri Trayanbakshwar寺庙,在一天中的任何时候都是歇脚的绝妙地点。这里的咖啡是全城最好的,菜品种类繁多,从独具特色的黑面包配牦牛奶酪到各种汤和烧烤都有,另外还有常见的羊角面包和苹果卷(apple strudel)等。

隔壁是一间很好的书店。

Pyramid Cafe　　　　　　　　多元风味 $

(主菜₹110~180; ⓥ8:00~22:00; ☎) 你可以在金字塔形状的帐篷里坐在垫子上,从家庭式烹饪的印度菜、几种藏餐和包括煎饼在内的西式菜肴之中做选择。经营这家餐厅的一家人超级亲切,他们也出租几顶安静又整洁的金字塔帐篷,带双人床和附加的浴室(₹600)。

Chatsang Cafe 创意菜 $$

(主菜₹150~250；⊙8:00~22:00)听到这里开放式厨房里传来的咔嚓咔嚓的切菜声和煎锅发出的"嗞嗞"声，你会期待很快就有美食呈上餐桌——你不会失望的。这里的食物创意性地融合了印度和各国风味，包括几种khichdi(印度米豆粥)，而且看上去比镇上其他地方的都新鲜。

★ Little Buddha Cafe 多元风味 $$

(主菜₹110~250；⊙8:00~23:00；🛜)这间别具一格的树屋风格餐厅的顶层极为安逸，就餐度俯瞰着恒河，国际化的食物非常美味。比萨的个头都很大，蔬菜拼盘绝对是美味佳肴。正因为这些，这一餐厅成为拉克希曼桥地区最热闹的地方之一。

Ganga Beach Restaurant 多元风味 $$

(主菜₹100~200；⊙7:30~22:30)绝佳的河边位置，宽敞的露台，菜品丰富的菜单中包括了可丽饼(crepes)和冰凉的印度酸奶(lassis)。

🍴 High Bank

Bistro Nirvana 各国风味 $$

(主菜₹80~250；⊙9:00~22:00)这家新开的餐厅恰到好处，有绿荫庭院，高桌子搭配的是带坐垫的长椅座位。采用竹子主题装饰，各个地区的食物都很美味。

🍴 Swarg Ashram和罗摩桥 (Swarg Ashram & Ram Jhula)

Madras Cafe 印度菜 $

(Ram Jhula；主菜₹100~180；⊙8:00~21:00；🛜)这间当地的名店最近正在进行现代化的整修，不过依然供应美味的南/北印度素食、塔利套餐、绝妙的蘑菇咖喱、全麦煎饼和有趣的喜马拉雅式的"健康印度米饭"(health pilau)以及口味超级醇厚的酸奶奶昔。

Tip Top Restaurant 多元风味 $

(Swarg Ashram；主菜₹90~200；⊙9:00~21:30)这间亲切的小店坐落在高处，既看得到河景，又吹得到清风。你可以定做三明治，或者在3个"I"中选择——印度菜(Indian)、意大利菜(Italian)或是以色列菜(Israeli)。

🛍 购物

Swarg Ashram是购买书、阿育吠陀草药、衣服、手工艺品、首饰和藏式颂钵等小玩意儿的地方，不过在拉克希曼桥附近也有许多类似的小摊。如果你需要户外装备，最好的选择是储量丰富的**Adventure Axis**(Badrinath Rd, Lakshman Jhula；⊙10:00~20:00)。

ℹ 实用信息

危险和麻烦

与苦行僧交朋友需谨慎——虽然有些是真正在修行之中，不过从中世纪开始，那一身橙袍也被逃犯们利用来掩盖身份，曾有人被抢劫，甚至更严重。

恒河的一些位置水流非常湍急，偶尔会有人在这里溺水。不要游到超过你能承受范围的水深处去。

上网

城里到处都有能上网的地方，比如**The Great Himalaya**(每小时₹30；⊙8:00~21:30；🛜)，一般每小时₹30。

医疗服务

Himalayan Institute Hospital(📞0135-247 1200；⊙24小时)最近的大型医院，沿着通往拉达的马路前行17公里，过了乔里葛兰特机场(Jolly Grant Airport)再往前1公里即可到达。

Shivananda Ashram(📞0135-243 0040；www.sivanandaonline.org；Lakshman Jhula Rd)提供免费医疗服务，还有一间药房。

现金

拉克希曼桥和Swarg Ashram附近有几家旅行社可以兑换旅行支票和现金。

旅游信息

北阿肯德邦旅游局办事处(Uttarakhand Tourism Office；📞0135-243 0209；main bus stand；⊙周一至周六 10:00~17:00)位于主要汽车站后面的那幢建筑中，工作人员很热心。

从瑞诗凯诗发车的长途汽车

下面车次从**主要长途汽车站（A）**或**Yatra/GMOU长途汽车站（B）**出发。

站点	票价(₹)	行程(小时)	出发班次
伯德里纳特(B)	425	14	5:00
台拉登(A)	51	1.5	半小时1班
德里(A)	255/500(普通/空调卧铺)	7	半小时1班
戈根德里(B)	380	12	5:30
赫里德瓦尔(A)	35	1	半小时1班
乔西莫斯(Joshimath; B)	360	12	3:30~6:00之间半小时1班，9:00
Kedarnath(B)	400	12	6:00
北卡什(Uttarkashi; B)	240	7	4:15至正午之间8班

❶ 到达和离开

长途汽车

这里有很多开往赫里德瓦尔和台拉登的班车，去穆苏里(Mussoorie)需要在台拉登转车。在朝圣(yatra)季节(5月至10月)有长途汽车向北开往各个朝圣中心，不过在本书调研之时，开往根戈德里的班次较少——要前往那里，可在北卡什(Uttarkashi)换乘；此外，这里也没有开往亚穆诺德里(Yamunotri)的车次——必须在台拉登和巴尔科特(Barkot)换车。

每天还有几班私人运营的AC和沃尔沃汽车前往德里(₹600~900，7小时)。

前往斋浦尔(座位/卧铺/空调卧铺₹600/700/1200，13小时)和布什格尔(Pushkar;座位/卧铺₹650/700，16小时)的私营夜行长途汽车都可以通过位于拉克希曼桥、Swarg Ashram和High Bank的旅行社预订，不过发车地点是赫里德瓦尔(Haridwar)。也可以预订前往阿格拉(空调卧铺/沃尔沃₹750/1300，12小时)的车次，从台拉登出发。

载客吉普车和出租车

载客吉普车会等到车里挤得满满的才从靠近Dehra Dun Rd和Dhalwala Bypass Rd的交叉路口出发，开往北卡什(₹280，5小时)和乔西莫斯(Joshimath，₹380，8小时)。最好在5:00到7:00之间抵达发车地点。

如果想租车前往城市外的目的地，可前往拉克希曼桥的**出租车停靠点**，就在主汽车站和朝圣汽车站(yatra bus stands)之间；或者去Swarg桥的**出租车和机动三轮车停靠点**。车费为赫里德瓦尔(₹920，1小时)、台拉登(₹1250，1.5小时)、乔里葛兰特机场(₹820，1小时)、北卡什(去根戈德里;₹4080，7小时)、乔西莫斯(₹5610，9小时)和阿尔莫拉(₹7000，10小时)。如果路程长，多找几家旅行社和客栈问问也许能找到更便宜的价格。

乘vikrams(大机动三轮车)去赫里德瓦尔需要₹400。

火车

瑞诗凯诗本地运营的火车很少，所以最好是乘坐长途汽车或出租车到赫里德瓦尔(Haridwar)的火车站乘车。在瑞诗凯诗火车站可预订赫里德瓦尔的车，也可在拉克希曼桥和Swarg Ashram周边的各个旅行社(收手续费)订票。

❶ 当地交通

合乘的大三轮车从市中心的Ghat Rd路口出发，一路经过罗摩桥(每人₹10)和High Bank通往拉克希曼桥的岔路。如果包一辆私营的大三轮车或机动三轮车从市中心前往拉克希曼桥，到"上面"(upside；拉克希曼桥地区所在的山顶)的价格是₹100，而到离桥比较近的"下面"(downside)需要₹120。从罗摩桥去High Bank或者拉克希曼桥需要₹40。准备好大砍价。从罗摩桥到High Bank或拉克希曼桥的价格为₹50。

如果要去恒河的东岸，要么步行通过其中一座吊桥，要么从罗摩桥乘坐**渡船**(单程/往返₹10/15；⏰7:30~18:15)前往。

在恒河的东岸，随处可见出租车和载客吉普车等着载乘客去瀑布和Neelkantha Mahadev寺庙(拼车/包车₹120/1000)，不过要从河的一侧到另一侧，全程有16公里的路程。如果乘吉普车从拉克希曼桥去Swarg Ashram，拼车需要₹10，包车

₹80。可在Swarg Ashram的**出租车站**或拉克希曼桥的**吉普车站**乘车。

在拉克希曼桥地区能租到自行车（每天₹100）、踏板车（每天₹300）和摩托车（每天₹400~700）。没有专门租车的店铺——直接在街上找人租或者到各个客栈打听一下。

赫里德瓦尔（HARIDWAR）

☏01334 / 人口 311,000 / 海拔 249米

赫里德瓦尔（也被称为Hardwar）是位于喜马拉雅山脉崇山峻岭之中恒河流域的一片吉祥之地，是北阿肯德邦最神圣的印度教城市，成群结队的朝圣者们来到这里，在水流湍急的恒河中沐浴。聚集在Har-ki-Pairi Ghat的庞大人群让赫里德瓦尔有种混乱却虔诚的气质。在印度的宗教层级当中，赫里德瓦尔的地位远远高于瑞诗凯诗，后者位于赫里德瓦尔北部，与它相距1小时的路程。每天晚上，漂浮着祭品的恒河在烛光摇曳之中显得生机勃勃。赫里德瓦尔在5月到10月的朝圣（yatra）季节特别热闹，尤其是在7月，届时会有成百上千被称为Kanwarias的湿婆信徒驾临城市。

赫里德瓦尔的主要街道是Railway Rd，延伸至与恒河运河（恒河本身在更东边）平行的地方则成了Upper Rd。在Laltarao Bridge和Bhimgoda Jhula（Bhimgoda Bridge）之间通常只允许人力车通行，因此机动车辆须从河对岸绕行。Bara Bazaar的小巷通往Har-ki-Pairi Ghat的南侧。

◉ 景点

★ Har-ki-Pairi Ghat 迦特

Har-ki-Pairi（神的足迹）据说是毗湿奴洒落琼浆并留下脚印的地方。每晚都有数百名信徒聚集在这里参加ganga aarti（祭河典礼）。身穿蓝色制服的官员会收集捐款（而且会给收据），在日落之后，有节奏的钟声响起，火把燃了起来，装着花瓣放着蜡烛的叶子做的小篮子（₹10）被点亮，然后放到河面上顺流而下。

游客和旅行者可以融入人群，体验一下至今仍保持着影响力的古老宗教仪式。也许会有自称祭司的人来指导你做puja，之后再向你要₹200或更多钱。如果你想要捐款，最好把钱交给穿着制服的收集者。

参观水畔石阶的最佳时间是清晨或黄昏来临之际。

◉ Mansa Devi & Chandi Devi Temples

可以乘坐**缆车**（往返₹95；⏲4月至10月7:00~19:00，11月至次年3月8:00~18:30）前往山顶拥挤的**Mansa Devi**寺庙。通往缆车的小路上排列着许多小摊，出售一包包的prasad（宗教仪式中使用的食物供品），供人带给山上的女神。你也可以步行上山（1.5公里的陡路），不过把prasad拿好了——猴子会来偷的。

许多参观者和朝圣者会在同一天乘另一辆**缆车**（往返₹163；⏲8:00~18:00）前往位于赫里德瓦尔东南部4公里的Neel Hill，拜访**Chandi Devi Temple**。该寺庙是由克什米尔的拉贾·苏切·辛格（Raja Suchet Singh）在1929年修建而成的。

在Mansa Devi付₹312你就可以乘坐两地的缆车以及在两座寺庙之间往返行驶的空调大巴。寺庙中禁止拍照。

⑦ 团队游

Mohan's Adventure Tours 探险游

（☏9837100215, 9412022966；www.mohansadventure.in；Railway Rd；⏲8:00~22:30）Mohan's Adventure Tours的Sanjeev Mehta可以组织各种类型的游览项目，包括徒步、钓鱼、观鸟、骑自行车、骑摩托车和漂流。作为一位有造诣的野生动物摄影师，他还专门推出了拉贾吉国家公园（Rajaji National Park）内的5小时观赏动物之旅（2人或2人以上参加每人₹2250，1人参加₹3500）。Sanjeev也组织前往科比特老虎保护区（Corbett Tiger Reserve；₹9950起）的过夜游。全年都可以参加各种团队游。

✪ 节日和活动

大壶节（Kumbh Mela） 宗教

大壶节是世界上规模最大的宗教集会，会吸引数百万名信徒。这是一个吉庆的时间，可以到圣河中冲走罪恶。节日每12年在赫里德瓦尔举办一次[在12年之间的年份则会轮流在安拉阿巴德（Allahabad）、乌贾因

Haridwar 赫里德瓦尔

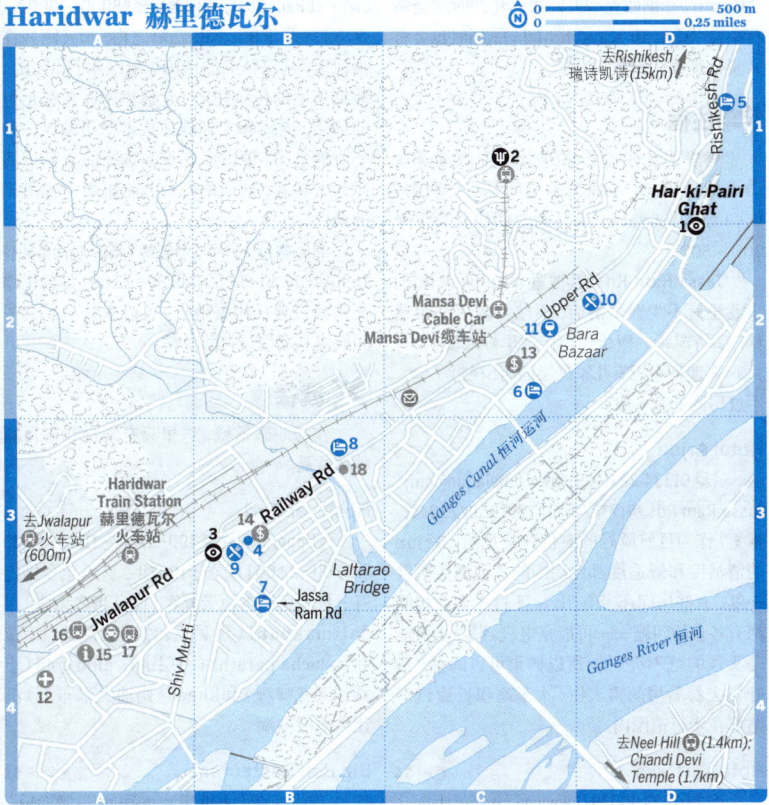

Haridwar 赫里德瓦尔

◉ 重要景点
1 Har-ki-Pairi Ghat.................................. D2

◉ 景点
2 Mansa Devi Temple............................. C1
3 湿婆像... B3

◉ 活动、课程和团队游
4 Mohan's Adventure Tours B3

◉ 住宿
5 Bhaj-Govindam.....................................D1
6 Haveli Hari Ganga................................ C2
7 Hotel Arjun B3
8 Hotel La Casa...................................... B3

◉ 就餐
9 Big Ben Restaurant.............................. B3

Haveli Hari Ganga
Restaurant .... （见6）
10 Hoshiyar Puri D2

◉ 饮品和夜生活
11 Prakash Lok C2

◉ 实用信息
12 Rishikul Ayurvedic Hospital A4
13 Sai Forex... C2
14 印度国家银行...................................... B3
15 北阿肯德邦旅游局办事处 A4

◉ 交通
16 GMOU Bus Stand A4
17 UK Roadways长途汽车站.................... A4
18 去瑞诗凯诗的合乘大三轮车................. B3

🛏 住宿

赫里德瓦尔有许多迎合印度教朝圣者需求的酒店。每年最忙的时间是5月到10月的朝圣季节（yatra），其余时间房价会下降20%~50%。

Jassa Ram Rd和其他紧邻Railway Rd的小巷里有不少廉价酒店，不过大多数都很糟糕。瑞诗凯诗的廉价住宿比这里好太多了。

在迦特附近有几家高层酒店，视野不错，不过房间非常一般。

Hotel Arjun 酒店 $

（☏01334-22 0409；www.hotelarjun.com；Jassa Ram Rd；房间带/不带空调₹950/750起；❄☎）作为目前最好的廉价住宿场所，Arjun的清洁度和舒适度都比周围的其他酒店更胜一筹。有些房间还带有阳台。不过大多数房间都有各自的问题——可能是电视坏了，也可能是头顶的灯不亮——所以如果可以的话，最好先去看看房间再入住。火车站和长途汽车站都在步行范围内。

Hotel La Casa 酒店 $$

（☏01334-221197；www.lacasahotels.in；Bilkeshwar Rd，Gurdwara对面；房间₹2200起；❄☎）赫里德瓦尔少数几家值得信赖的中档住宿处之一，房间是城里磨损程度最轻的。这里追求个性化色彩，色彩明亮，装饰典雅，还有现代化的浴室。总之非常超值（虽然看上去并不如酒店官网上那么漂亮）。

Bhaj-Govindam 酒店 $$

（☏8881007007；http://hotelbhajgovindam.com；Upper Rd；房间₹1500起；❄☎）Bhaj-Govindam在Bhimgoda Jhula以北大约100米处，是城区最安静的酒店。酒店围绕着一片绿草如茵的花园，坐落在恒河的岸边（就在一座金属围墙的后面，很容易就可以到达），正对着河景。房间舒适，套房面积很大，但是干净程度不太理想。砍价空间很大。

★ Haveli Hari Ganga 传统酒店 $$$

（☏01334-22 6443；www.havelihariganga.com；21 Ram Ghat；房间含早餐₹8000~10000；❄☎）深藏于Bara Bazaar之内，却又刚好在恒河边，这座精美的1918年哈维尔（haveli，装饰华丽的传统住宅）是赫里德瓦尔最出色的酒店。内庭和大理石地板都赋予酒店一种华贵的魅力。值得多花点钱选择能看到恒河风景的房间，通风的阳台上能俯瞰河流沿岸的景色。

酒店**餐厅**（午间塔利套餐₹450，晚间自助餐₹650；⏰12:30~14:30和19:30~22:00）是赫里德瓦尔最经典的用餐地点。可以来这里品尝午间的塔利套餐或自助晚餐。

🍴 就餐

作为一座圣城，这里只有素食和不含酒精的饮品。

Hoshiyar Puri 印度菜 $

（Upper Rd；主菜₹90~175；⏰11:00~16:30和19:00~22:00）成立于1937年，这里至今仍拥有一批忠实的本地老顾客（而且当之无愧）。dal makhani（黑兵豆、红芸豆配奶油、黄油）、lacha paratha（多层饼）、aloo gobi（土豆和菜花咖喱）和kheer（奶油大米布丁）都让人垂涎欲滴。

Big Ben Restaurant 多元风味 $$

（Railway Rd，Hotel Ganga Azure；主菜₹110~200；⏰8:00~22:30）在这间装饰着镜子、回响着轻音乐的旋律、工作人员彬彬有礼的餐厅，可以一边透过巨大的窗户欣赏人来人往的风景，一边享受赫里德瓦尔数一数二的美食。这里是吃早餐的不二之选，咖啡很不错。在相邻的大厅里有Wi-Fi。

🍷 饮品和夜生活

★ Prakash Lok 酸奶奶昔 $

（Bara Bazaar；⏰10:00至午夜）这间赫里德瓦尔名店以那些盛在锡杯（₹50）里的酸奶奶昔而闻名，奶昔冰凉爽口、口味绝佳，不可错过。在Bara Bazaar，差不多每个人都能告诉你这家店在哪里。

ℹ️ 实用信息

Rishikul Ayurvedic Hospital（☏01334-22 1003；Railway Rd）一间开办了很久的医学院和医院，信

誉良好。
Sai Forex(Upper Rd; ◎10:00~14:00和16:00~21:00)可兑换现金和旅行支票,收取1%的手续费。也提供上网服务,每小时₹50。

北阿肯德邦旅游局办事处(☎01334-26 5304; Railway Rd, Rahi Motel; ◎周一至周六 10:00~17:00)在这里可以获得Char Dham biometric card。

❶ 到达和离开

在赫里德瓦尔乘坐长途汽车和火车都很方便,不过在朝圣季节(5~10月)要预订火车票。

公交汽车

政府运营的长途汽车从贯通城镇的主要公路上的**UK Roadways长途汽车站**(UK Roadways bus stand; Railway Rd)出发。私营的豪华长途汽车可前往德里(₹400)、阿格拉(座位/卧铺 ₹500/600)、斋浦尔(₹580/680)和布什格尔(₹500/600)。可以向帮你订票的旅行社经纪人询问乘车地点。

出租车

主要的**出租车站**(Railway Rd)就在火车站外面。可到达的目的地包括Chilla(拉贾吉老虎保护区,₹570)、瑞诗凯诗(₹820,1小时)、台拉登(₹1320)和乔里葛兰特机场(Jolly Grant Airport; ₹1120),不过实际的出租车费很可能低于这些官方定价。从4月到10月,你可以租私人Sumo吉普车前往印度教四神庙(Char Dham)的某个或全部朝圣地点。如果只去一座寺庙,单程价格₹6550至₹7550;包含全部4个地点的9日游需要₹22,600。租吉普车前往印度教四神庙的价格会稍高,对于雨季或者四人以上团队来说非常划算。

从赫里德瓦尔出发的长途汽车

下面列出的车次从UK Roadways长途汽车站出发。前往达兰萨拉(Dharamsala)和西姆拉(Shimla)的车次信息可前往6号窗口询问。

站点	票价(₹)	行程(小时)	发车班次
阿格拉	350	12	清晨
昌迪加尔	211	10	每小时1班
台拉登	68	2	半小时1班
德里(沃尔沃空调卧铺)	665	6	每天5班
德里(标准)	230	6	半小时1班
达兰萨拉(普通/沃尔沃空调卧铺)	555/1190	15	14:00, 16:00/17:00
哈尔德瓦尼	265	8	每小时1班
斋浦尔(普通/空调卧铺)	484/930	12	16:30, 18:40, 午夜/17:30
瑞诗凯诗	35	1	每小时1班
西姆拉	430	14	10:00, 11:00, 正午
北卡什	315	8	5:00

在从5月到10月的朝圣(yatra)季节,下列长途汽车从**GMOU bus stand**(Railway Rd)发车。雨季期间(7月至9月中旬)偶尔会暂停发车。要了解最新信息,可以致电01334-265008。如需前往亚姆诺德里,可先去台拉登,再乘坐前往Barkot的长途汽车。

站点	票价(₹)	行程(小时)	发车班次
伯德里纳特(Badrinath; 途经乔西莫斯)	480	15	3:15、5:00、8:00和11:00
根戈德里	450	13	5:30
乔西莫斯	395	10	7:45
Kedarnath	345	10	5:15
北卡什	280	8	7:00, 10:00

从赫里德瓦尔出发的列车

站点	列车编号和名称	票价（₹）	行程（小时）	发车时间/到站时间
阿姆利则（Amritsar）	12053 Jan Shatabdi	二等车厢/座车 185/615	7.5	14:45/22:05（周五至周三）
阿姆利则	14631 Dehra Dun-Amritsar Exp	卧铺/空调卧铺3类 250/670	10	21:25/7:30
德里（新德里火车站）	12018 Shatabdi Exp	座车/软座 805/1275	4.5	18:15/22:45
德里（新德里火车站）	12056 Jan Shatabdi Exp	二等车厢/座车 140/470	4.5	6:22/11:15
德里（新德里火车站）	14042 Mussoorie Exp	卧铺/空调卧铺3类/空调卧铺2类/空调卧铺1类 195/490/695/1160	8.5	23:15/8:30
哈尔德瓦尼（前往奈尼塔尔和阿尔莫拉）	14120 Dehra Dun-Kathgodam Exp	卧铺/空调卧铺2类/空调一等车厢 190/695/1160	6.5	12:25/6:48
加尔各答/Howrah	13010 Doon Exp	卧铺/空调卧铺3类/空调卧铺2类 595/1600/2340	32.75	22:15/6:55（两晚之后）
勒克瑙	13010 Doon Exp	卧铺/空调卧铺3类/空调卧铺2类 285/765/1095	10.25	22:15/8:35
瓦拉纳西	13010 Doon Exp	卧铺/空调卧铺3类/空调卧铺2类 405/1105/1595	17.75	22:15/16:00

火车

从赫里德瓦尔枢纽站乘坐火车前往德里、哈尔德瓦尼（Haldwani）等地非常便捷。从这里往返赫里德瓦尔的车次比附近的瑞诗凯诗的要多。

❶ 当地交通

短途乘坐人力车需要₹10，路程较远的话需要₹30，例如从赫里德瓦尔火车站去Har-ki-Pairi。Railway Rd上有合乘**大三轮车**（vikrams）运营（₹10），可一路从Upper Rd的Laltarao Bridge前往瑞诗凯诗（₹40，1小时），不过在这趟路途中，乘坐汽车会更舒服。包3~4小时的出租车游览当地各个寺庙和静修地的价格是₹800左右，包一辆机动三轮车需要₹350。

拉贾吉老虎保护区
（RAJAJI TIGER RESERVE）

这座原生态的**拉贾吉老虎保护区**（拉贾吉国家公园；☏0135-2621669；www.rajajitigerreserve.co.in; 印度人/外国人每天₹150/600，汽车费用₹250/500；⊙11月15日至次年6月15日）位于赫里德瓦尔附近森林密布的山麓丘陵地带，占地面积超过1000平方公里。虽然辖区内只有大约13只老虎，但在2015年经官方宣布成为老虎保护区。这里最出名的是野生大象（最近一次统计时共有大约600头）和豹子（约250只）。位于赫里德瓦尔东北部13公里的小村庄Chilla是参观公园的大本营。

在这里茂密的落叶林中，还生活着白斑鹿（chital）、印度水鹿（sambar）、难得一见的懒熊（sloth bear）和大约300种鸟类。虽然很难见到老虎的身影，但有可能看到其他一些野生动物，领略到其野性魅力。

拉贾吉的森林之中，有一部分区域是1000多个Van Gujjar水牛牧民家庭的传统冬季领地——大多数牧民都在迫不得已的情况下被逐出公园。如果想要了解这一事件和其他有关这一独特部落的信息，可以访问www.himalayanmigration.com。

团队游

在Chilla的游客客栈附近有一个护林员办公室,可以安排吉普车团队游(最多6人,一次标准巡游每人₹885起,另加₹500的车辆入园费)——此价格包括请一名导游的费用。

想要专家导游带领的更加私密的团队,可以去赫里德瓦尔城外的Mohan's Adventure Tours(见378页),那里组织精简版的观赏动物之旅,就连公园正式关闭的时候也不例外。5小时的游览包括一次观赏动物之旅,一趟丛林徒步,还会去拜访一个Van Gujjar的森林营地。

住宿

Chilla Guesthouse(☎0138-226678; www.gmvnl.com; 房间₹2200起; ❋)是GMVN的客栈,也是在Chilla最舒适的住宿场所。

你也可以住在公园里由林业部门经营的那些客栈当中。如需咨询和预订,可以联系Rajaji National Park Office(☎0135-262 1669; 5/1 Ansari Rd, Dehra Dun; ⓒ周一至周五10:00~17:00)的主管。在Mohan's Adventure Tours(见378页)也可以预订。同样在公园里的Camp King Elephant(☎98 7160 4712; 小屋含三餐印度人/外国人₹8500/US$240起)度假村采用太阳能发电,配备私人浴室,提供全餐服务,还可以选择参加吉普车之旅。

到达和离开

开往Chilla(₹35,1小时)的长途汽车从赫里德瓦尔的GMOU bus stand出发,从7:00~14:00每小时1班。最后1班返程车17:30从Chilla发车。该线路全程13公里,乘坐出租车的单程价格是₹700。

台拉登(DEHRA DUN)

☎0135 / 人口 600,000 / 海拔 640米

北阿肯德邦的首府最出名的或许是那些英国人留下的机构——庞大的林业研究所博物馆(Forest Research Institute Museum)、印度军事学院(Indian Military Academy)、印度野生动物研究所(Wildlife Institute of India)和印度测绘局(Survey of India)。这座繁忙而拥挤的城市坐落在喜马拉雅山麓和西瓦利克山脉(Siwalik Range)之间的杜恩河谷(Doon Valley)。大多数旅行者只是在前往附近的瑞诗凯诗、赫里德瓦尔、穆苏里或者喜马偕尔邦(Himachal Pradesh)时路过这里,不过如果你有时间,台拉登有足够多的看点,值得成为你旅途中的一站。

◎ 景点

敏珠林寺 佛教寺院

(Mindrolling Monastery; ☎0135-264 0556; www.mindrolling.org)台拉登周边有一个繁荣的藏传佛教社区,即以敏珠林寺为中心,位于市中心以南约10公里处的Clement Town。寺院的一切都规模宏伟:60米高的大佛塔据说是世界上最高的佛塔,内含多个佛堂,展示着纪念物、壁画和藏族艺术品。寺院内矗立着让人印象深刻的35米高的金质释迦牟尼佛像(Sakyamuni Buddha Statue)。

寺院周围的街上排列着由藏民经营的咖啡馆。可惜的是,因为政府新法规,Clement Town不再允许外国人过夜——不过寺庙中Devaloka House旅馆的经理可能会愿意通融一下。那里简单的房间价格为₹350;寝具有些破旧。可以从市中心乘坐5号超大型机动三轮车(vikram; ₹10)前往。乘机动三轮车需要大约₹200。

印度测绘局博物馆 博物馆

(Survey of India Museum; Survey Chowk; ⓒ周一至周五 10:30~17:00)**免费** 在19世纪,绘制印度地图是一项艰巨的任务,这里展示着为了完成这项任务而使用的各种工具,其中一部分是由带头人乔治·埃弗里斯特(George Everest)专门设计而成的。在这里能看到美观的黄铜经纬仪和望远镜,还有一根部分是铁部分是黄铜的条形物,测绘员们用它来校正工具因热胀冷缩导致的测量误差。不过这个博物馆不正式对公众开放。参观需要得到许可。

申请许可需要前往位于Harthibarkala的印度测绘局办公区(Survey of India Compound)内的测绘局长办公室(Surveyor General's office)。在那里你得写一份简短的说明,解释你想参观那些收藏品的原因。只有因为学术或职业原因对博物馆感兴趣的人

Dehra Dun 台拉登

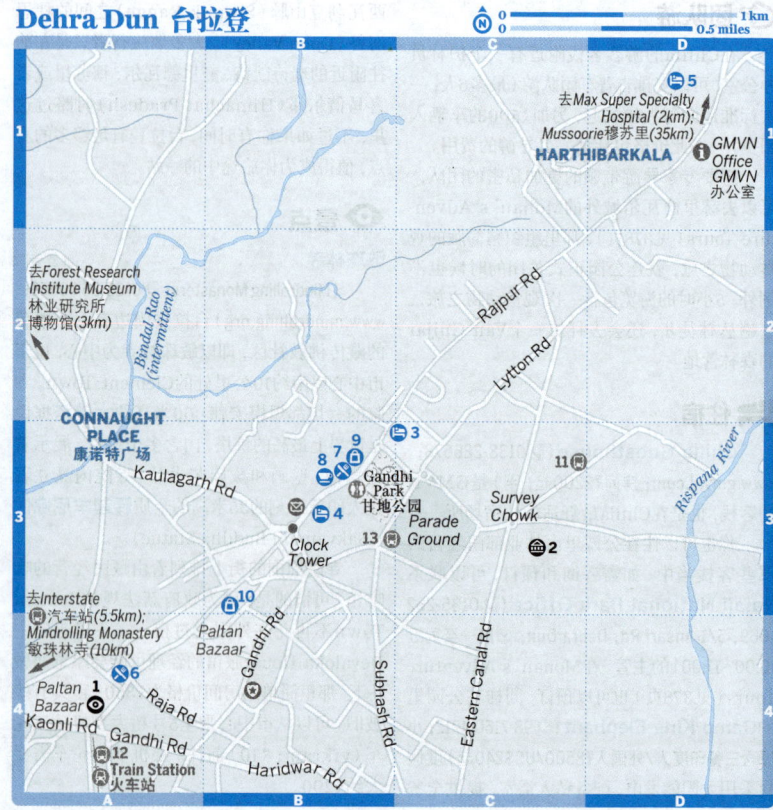

Dehra Dun 台拉登

◎ 景点
1. Ram Rai Darbar A4
2. 印度测绘局博物馆 C3

🛏 住宿
3. Hotel President C3
4. Moti Mahal Hotel B3
5. Samar Niwas Guest House D1

🍴 就餐
6. Chetan Puriwallah A4
7. Kumar Vegetarian & South Indian Restaurant B3
   Moti Mahal .... (见4)
   Salt & Cravings .... (见3)

🍷 饮品和夜生活
8. Barista B3
   Polo Bar .... (见3)

🛍 购物
   English Book Depot .... (见8)
9. Natraj Booksellers B3
10. Paltan Bazaar B3

ℹ 交通
11. Chunabata长途汽车站 C3
12. 穆苏里长途汽车站 A4
13. 练兵场长途汽车站 B3
    出租车停靠站 .... (见12)

才能得到许可——例如地理系的学生或是历史学家——不过不会要求你提供职业或主修科目的证明。

森林研究所博物馆

知名建筑

（Forest Research Institute Museum; http://fri.icfre. gov.in; 门票₹25; ⓒ9:00~17:00）这座博

物馆最大的看点是建筑本身。坐落在一座面积达5平方公里的公园里的这座英属印度时代宏伟的遗留物——印度的大多数林业官员都在这里接受培训——比白金汉宫还要大。博物馆修建于1924年至1929年间，这座巨型红砖建筑内有莫卧儿风格的塔楼、形态完美的拱门和罗马柱，以及由雅致的回廊围合出的一系列方形院子。6间宽敞的大厅里有印度林业方面的展览，看起来像是某个中学科学节结束之后的遗留。

亮点包括Afshan Zaidi绘制的漂亮的动物和植物图画，关于各种树木药用价值的展览，以及一棵树龄为700年的喜马拉雅雪松的横断面。从市中心乘机动三轮车往返需要大约₹300，包含1小时等待的时间。或者从康诺特广场（Connaught Place）乘坐6号大型机动三轮车在博物馆大门处下车。

Tapkeshwar Temple　　印度教寺庙

（⊙黎明至黄昏）在Tons Nadi River风景优美的河岸边，一个滴水的小洞穴之中，有一座与众不同又很受欢迎的湿婆神庙，这里是一年一度的湿婆节（Shivaratri festival；⊙通常在3月）的庆祝地点。在台阶底部左转就可到达主殿。过桥走到河对面还有另一座庙，你得先从一个狭小的洞穴里钻过去，之后才能看到Mata Vaishno Devi像。

寺庙位于市中心以北大约5公里处。乘坐黄包车前往需要₹300（往返）。

Ram Rai Darbar　　陵墓

（Paltan Bazaar；⊙黎明至黄昏）**免费** 这个独特的陵墓属于Ram Rai——锡克教第7代古鲁哈尔·拉伊（Har Rai）离经叛道的儿子。陵墓由白色大理石建造而成，墙壁、拱门和天花板上满是绘画。花园庭院中4座相对较小的陵墓里面是Ram Rai的4个妻子。这里向所有有需要的人提供免费的公共午餐，包括木豆、米饭和印度烤饼，以此来获得捐赠。

🚶活动

Har Ki Dun Protection & Mountaineering Association　　徒步

（☏9412918140，9410134589；www.harkidun.org）这个知名度很高的公司可以组织Har-ki-Dun以及迦尔瓦尔喜马拉雅山脉（Garhwal Himalaya）周边的导览徒步游。

🛏住宿

火车站外的赫里德瓦尔路（Haridwar road）沿线有许多破旧便宜的住宿地点可供选择，一些地方的双人间价格低至₹350，不过在Rajpur Rd沿线能找到更好的住处。

Samar Niwas Guest House　　客栈 $$

（☏0135-2740299；www.samarniwas.com；M-16 Chanderlok Colony；标双₹1600~1800；❄@）这间迷人的只有4间房间的客栈，位于紧邻Rajpur Rd的一片安静的住宅区，会让你有宾至如归的感觉。这里的主人是Tehri王室家族的后裔，不过那些在舒适的大厅休息区漫步的友好哈巴狗更像这所房子的统治者。房间设施齐全，不过打扫得不够细致。

Moti Mahal Hotel　　酒店 $$

（☏0135-2651277；www.motimahal.net；7 Rajpur Rd；标单/双1600/1900起；❄🛜）位于中心地带，提供经过精心打理的客房，带有衬垫的家具营造出一丝优雅的气氛。在面朝Rajpur Rd的房间听得到一点街头噪音，不过不严重。有一家出色的餐厅。

Hotel President　　酒店 $$$

（☏0135-265 7082；www.hotelpresidentdehradun.com；Rajpur Rd, 6 Astley Hal；房间₹3000；❄🛜）虽然被满是店铺、餐厅和快餐店的Astley Hall夹在中间，台拉登的这间老字号酒店依然是全市最高档的酒店之一。房间最近被重新修复过，非常超值。楼下有一间不错的餐厅和Polo Bar。

🍴餐饮

台拉登的餐厅兼容并包，不过截至目前最好的觅食地是位于钟楼东北侧的Rajpur Rd沿线。Astley Hall很受欢迎，同时还有几家高档酒吧。

⭐Chetan Puriwallah　　印度菜 $

（Hanuman Chowk附近，Paltan Bazaar；每个炸面饼₹18；⊙8:00~16:30）如果你一直在寻找地道（而且美味）的当地餐厅，来这家就没错了。这家人潮熙攘的实惠小店供应各种塔利套餐，菜就盛在叶子做的盘子上，你只需要

付puri（炸面饼）的钱就可以。甜甜的gulab jamun（玫瑰味糖浆浸油炸面团）是我们吃过当中最好的。

Kumar Vegetarian & South Indian Restaurant 印度菜 $$

(15B Rajpur Rd；主菜₹120~300；⊙11:00~16:00和19:00~22:30)这间光洁如新的餐厅很受欢迎，这里的马沙拉薄饼（masala dosa；咖喱蔬菜馅儿的脆饼）无疑已经接近了理想水准，这也是当地人蜂拥而至的主要原因。其他印度菜肴也接近完美，就连中国菜也做得相当好吃。侍者的服务非常周到。

Moti Mahal 南印度菜 $$

(7 Rajpur Rd；主菜₹160~450；⊙8:00~22:45；🕸)Moti Mahal被当地人一致评为Rajpur Rd沿线最好的中档餐厅之一。这里有不少吸引人的素食和荤食菜肴，其中包括果阿咖喱鱼（Goan fish curry）和阿富汗烤鸡（Afghani murg），同时还有传统的南印度菜肴和中餐。

Salt & Cravings 各国风味 $$$

(Astley Hall；主菜₹300~500；⊙11:00~22:45)这家国际化的法式小馆与Hotel President相连，菜单比台拉登其他地方更现代，也更多元化，菜品有三明治、卷饼、意大利面和各种晚间开胃菜。甜点有冰激凌和苹果派。

Barista 咖啡馆

(15A Rajpur Rd；⊙8:00~21:00)一家热门的现代化咖啡馆，后部有一间出色的书店。饮品和小吃的价格为₹90至₹190。

Polo Bar 酒吧

(Rajpur Rd, 6 Astley Hall；⊙11:00~23:00)在台拉登为数不少的酒店、酒吧之中，这是比较干净、健康的一家，位于Hotel President之内，最近翻修过。

🔒 购物

★ Paltan Bazaar 市场

(⊙开放时间不同)Paltan Bazaar从钟楼向南延伸，虽然拥挤不过相对而言车辆较少，很适合在晚上随意逛逛。从便宜的衣服和纪念品到露营和徒步的装备，这里应有尽有。大多数商铺营业时间为10:00至21:00。

English Book Depot 图书

(📞0135-265 5192; www.englishbookdepot.com; 15 Rajpur Rd; ⊙11:00~13:30和14:30~19:00)这里有CD、徒步指南图书和地图，与Barista咖啡馆相连。

Natraj Booksellers 图书

(17 Rajpur Rd; ⊙周一至周六 10:30~20:00)主要出售生态、灵修方面的图书以及当地图书，有很多本土作者拉斯金·邦德（Ruskin Bond）的作品。

❶ 实用信息

Rajpur Rd上的银行可以兑换旅行支票和现金，还有许多接受外国信用卡的自动柜员机。

GMVN Office(74/1 Rajpur Rd; ⊙周一至周六 10:00~17:00)如果想获得在迦尔瓦尔（Garhwal）的徒步信息，不管是预约参加GMVN组织的游览还是打算自助游，都可以咨询旅游办公室一楼的BS Gusain，或者拨打9568006695咨询。

Max Super Specialty Hospital(📞0135-6673000; Mussoorie Diversion Rd)台拉登最好的医院，位于中心区以北。

❶ 到达和离开

飞机

每天有几趟航班[捷特航空（Jet Airways）、香料航空（SpiceJet）和印度航空（Air India）]往返于德里和台拉登的乔里葛兰特机场（Jolly Grant Airport）之间，单程票价大约₹3200起。机场在赫里德瓦尔路（Haridwar road）上，位于市区东部20公里处。乘出租车前往机场或从机场去市区需要₹600，乘坐空调大巴需要₹100。

长途汽车

几乎所有长途汽车都把位于市中心以南5公里处的规模巨大的邦际长途汽车站（Inter State Bus Terminal；简称ISBT）作为始发站和终点。乘坐当地公共汽车（₹5）、5号vikram（₹10）或者机动三轮车（₹150）都能到达车站。个别前往穆苏里的车次从这里出发，不过大多数都从火车站旁边的**穆苏里长途汽车站**（Mussoorie bus stand, ₹56, 1.5小时, 6:00~20:00每半小时1班)发车。有些车次开往穆苏里的电影院长途汽车站（Picture Palace bus stand），其余的开往城市另一边的穆苏里图书馆长途汽车站（Library bus stand）。穆苏里长途汽车站还有车开往Barkot——从那儿可以去亚姆诺德里（Yamunotri；₹220，5小时，5:30和正午），Purola——从那儿可以去Har-Ki-Dun（₹230，7小时，6:30、9:00和13:30），北卡什（₹255，7小时，530）和乔西莫尔（₹480，12小时，5:30）。

去乔西莫斯（₹400，12小时，7:00）和北卡什（₹280，8小时，7:00、9:00和13:30）的私营长途汽车从**练兵场长途汽车站**（Parade Ground bus stand）发车，可以上车买票。如果想预订以确保有座位，可以提前一天到Raipur Rd上的**Chunabata长途汽车站**（Chunabata Bus Stand）售票厅购票。

出租车

包出租车前往穆苏里需要₹1060，与别人合乘出租车的价格大约是每人₹180；两种车都可以在火车站前的**出租车站**乘坐。乘出租车去赫里德瓦尔或瑞诗凯诗的拉克希曼桥需要₹1410，去乔里葛兰特机场需要₹910。

火车

从台拉登乘坐火车前往德里非常方便，还有一些车次开往勒克瑙、瓦拉纳西、金奈（马德拉斯）和加尔各答。每天从台拉登开往德里之间的众多车次之中，最好的是特快列车：Shatabdi（12018号列车；硬座/软座₹885/1405，6小时，17:00）、Janshatabdi（12056号列车二等车厢/硬座₹160/520，6小时，5:10）和Nanda Devi Express（12206号列车；空调卧铺3类/空调卧铺2类/一等座₹590/825/1375；6小时，23:30）。

夜间行驶的台拉登－阿姆利则特快列车（14631号列车；Dehradun-Amritsar Express，卧铺/空调卧铺3类₹270/730，13小时）每晚开往阿姆利则（Amritsar）的发车时间是19:00。

❶ 当地交通

数百辆的8座vikram（每次₹5至10）沿5条固定线路行驶（车前面有号码）。最常见的5号vikram途经邦际长途汽车站、火车站和Rajpur Rd，并且一路向南直到抵达Clement Town的藏人聚集区。1号vikram在甘地公园（Gandhi Park）以北的Rajpur Rd来来回回，有的车也去往Harthibarkala（和司机确认一下他在沿哪条线路行驶）。机动三轮车短途行驶要价₹30，从邦际长途汽车站到市中心需要₹150，游览市区每小时₹180。

穆苏里（MUSSOORIE）

📞0135 / 人口 30,200 / 海拔 2000米

穆苏里坐落在一条海拔高度为2000米的山脊之上，被称为"山中避暑地女王"，与奈尼塔尔（Nainital）竞争着"北阿肯德邦最受欢迎的度假胜地"的名号。当雾霭消散的时候，碧绿的杜恩河谷和远处白雪皑皑的喜马拉雅山峰的景色美不胜收，酷暑时节这里凉爽的天气和清新的山间空气与低处的平原截然不同，因而深受欢迎。

由英国人在1823年建立的穆苏里因其独

从台拉登出发的长途汽车

下列车次从邦际长途汽车站（ISBT）出发。

站点	票价（₹）	行程（小时）	发车班次
昌迪加尔	230	6	4:00～22:00每小时1班
德里（空调卧铺/沃尔沃）	538/750 普通/空调卧铺	7	班次频繁
德里（普通）	270	7	4:00～22:00每小时1班
达兰萨拉	576	14	17:00
哈尔德瓦尼（前往奈尼塔尔和阿尔莫拉）	320	10	每小时1班
赫里德瓦尔	68	2	半小时1班
默纳利	500	14	6:45、15:00、22:15
拉姆纳格尔（Ramnagar）	300	7	每天7班
瑞诗凯诗	51	1.5	半小时1班
西姆拉（Shimla）	440	10	每天5班

Mussoorie 穆苏里

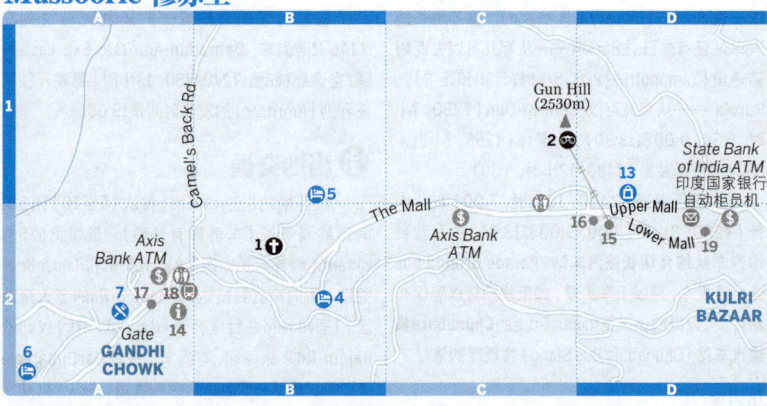

Mussoorie 穆苏里

◎ 景点
- 1 基督教堂..B2
- 2 Gun Hill..C1

✪ 活动、课程和团队游
- Trek Himalaya...............................(见13)

🛏 住宿
- 3 Hotel Broadway..E1
- 4 Hotel Padmini Nivas...............................B2
- 5 Kasmanda Palace Hotel.........................B1
- 6 Savoy..A2

🍴 就餐
- 7 Imperial Square..A2
- 8 Lovely Omelette Centre..........................E1
- 9 Neelam..E1
- 10 Urban Turban...E1

🛍 购物
- 11 Star Walking Stick Mfg..........................F1
- 12 Vinod Kumar..F1
- 13 Wildcraft...D1

ℹ 实用信息
- 14 GMVN Booth...A2
- Trek Himalaya.................................(见13)

🚌 交通
- 15 缆车站...D2
- 16 人力三轮车停靠站....................................D2
- 17 人力三轮车停靠站....................................A2
- 18 图书馆长途汽车站....................................A2
- 19 北方铁路售票代理....................................D2
- 20 电影院长途汽车站....................................F2
- 出租车停靠站....................................(见18)
- 出租车停靠站....................................(见20)

具特色的殖民时期景观而广受欢迎。如今在教堂、图书馆、酒店和夏季宫殿等建筑中还可以看到那个时代的影子。每年5月至7月这座小城都会被游客淹没，看起来就像个为家庭游和度蜜月准备的俗气的度假村，不过在其他时间，这里的300间酒店大多都住不满，房价也会大幅下降。当雨季来临时，整座小城时常云雾缭绕。

穆苏里的中心地带由两个发展成熟的区域组成：西端的Gandhi Chowk（也被称为Library Bazaar）与东端更热闹的Kulri Bazaar和Picture Palace，两端之间由一条全长2公里的Mall相连，那里现在依然主要是行人通行，不过遗憾的是，车流和噪音也显著增多了。Kulri Bazaar另一头有一条小路通向1.5公里以外很有氛围的Landour Bazaar。

◎ 景点和活动

Gun Hill
观景点

沿着Mall走到半路有缆车（cable car；往返₹100；⊘10:00~19:00）可通往Gun Hill（2530米），天气晴朗时在那里可以看到几座高峰。另有一条蜿蜒陡峭的小路也通向观景点。日落之前1小时左右是上山的高峰时间。到了旅游旺季，那里弥漫着小型嘉年华的气氛，有儿童游乐设施、小吃摊、魔术店、

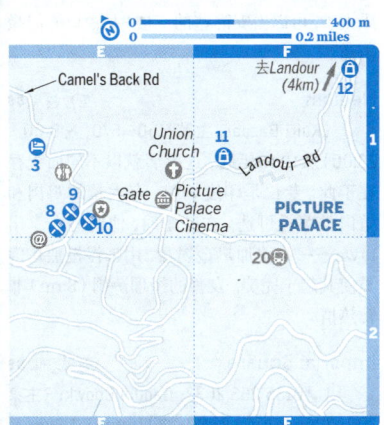

还有身穿Garhwali服装拍照的正在度蜜月的情侣。

基督教堂 教堂

（Christ Church；紧邻Mall）建于1836年，装饰有彩绘玻璃窗，据称是喜马拉雅地区最古老的教堂。

Trek Himalaya 徒步

（☏9837258589；www.trekhimalaya.com；Upper Mall；◉11:00~21:00）可以组织穆苏里地区为期1~3日的徒步游，也可订制路程长一些的徒步游前往Har-ki-Dun、Darwa Top等地。如果天气或路况不佳，他们不会出行。地址在Wildcraft户外用品商店之外。

步行

如果没有云雾遮挡视线，在穆苏里周边步行游览可以欣赏到非常优美的景色。Camel's Back Rd是一条很受欢迎的3公里步行路线，从Kulri Bazaar走到Gandhi Chowk，中途会经过一块形似骆驼的岩石。一路上有几个很不错的山地观景点，如果你从Gandhi Chowk那一头出发的话，还可以骑人力车（单程/往返₹200/350）。还有一条更长一些（单程5公里）的路线也很有趣：从Picture Palace Cinema出发，经过Union Church走到Landour和Sisters' Bazaar地区。

在Gandhi Chowk以西还有一条难度更大的步行路线——前往位于Benog Hill的Jwalaji Temple（往返约20公里），途经Cloud's End Hotel。一路上在茂密的森林之中穿行，有些地方风景极佳。如果乘出租车到Cloud's End（单程/往返₹600/1100）可以将步行距离缩短一多半。另外一条稍短一些的路线的终点是已经废弃的Everest House（往返16公里）——乔治·埃弗里斯特爵士（Sir George Everest）的故居。他是第一位印度测绘局长。你还可以先乘人力车（₹130）到Park Toll，这样可以少走5公里。

课程

Landour Language School 语言

（☏0135-263 1487；www.landourlanguageschool.com；Landour；每小时集体/私人₹350/575，单独授课每小时₹275；◉2~12月）这里的初级、中级和高级印地语口语教学水平在印度数一数二。需要交₹750的报名费，买教材要另付₹2200。

住宿

在夏天（5~7月）的旅游高峰季期间，这里的酒店房价会飙升到荒唐的地步。10月和11月前后的蜜月期以及圣诞和新年期间属于旅游旺季。其他时间房价会有优惠。

价格低廉的住宿选择很少——Picture Palace附近藏着几家。不过淡季期间许多酒店的房间都会降到廉价酒店的价位。

Hotel Broadway 酒店 $

（☏0135-263 2243；Camel's Back Rd, Kulri Bazaar；旺季双人间 ₹650~1500）最好的廉价住宿场所，水准远远超出其他同类酒店。这家历史酒店是一座建于19世纪80年代的木制建筑，窗户上摆着五颜六色的花箱，独具个性。酒店所在的位置很安静，却靠近Mall。相对便宜的楼下房间有点旧，不过楼上的房间都不错；最好的一间拥有可爱的朝阳的凸窗。

★Kasmanda Palace Hotel 传统酒店 $$$

（☏0135-263 2424；www.welcomheritagehotels.in；旺季标单/双 ₹7400/8500）穆苏里最浪漫的酒店，紧邻着Mall。这座白色的罗马式城堡是在1836年为一位英国官员修建的，1915年被Kasmanda王公买下。铺着红地毯

的大厅里有一段华丽的楼梯，楼梯两侧是陈旧的狩猎纪念品。全部房间都很有吸引力，不过以木板镶嵌装饰又摆满了古董的王公房（Maharaja Room）是最高贵的选择。

Hotel Padmini Nivas   传统酒店 $$$

（☎0135-263 1093; www.hotel-padmininivas.com; The Mall; 旺季标双₹3900~5550, 套₹6670~7520; @）这间传统酒店是由一位英国上校在1840年修建而成的，具有一种真正的老派风情。带有古雅的日光房的巨大房间布置得很漂亮；主楼里的房间比偏楼好多了。布置了古董家具的餐厅别具一格。整座酒店坐落在一片2公顷的园林之内。

Savoy   传统酒店 $$$

（☎0135-2637000; www.fortunehotels.in; behind Gandhi Chowk; 旺季房间₹13,680起）穆苏里这座著名的酒店建于1902年，经历7年重修后现已重新开业。酒店内外的公共空间都气势宏伟，营造出一种豪华的氛围，全无一般历史古建的破旧感。餐厅装潢优美，菜肴美味。不过卧室却流于一般。

✖ 餐饮

穆苏里最好的就餐地点多数都位于Kulri Bazaar和Picture Palace一带。这里有许多快餐店，和度假的气氛很搭调，大多数酒店都有自己的餐厅。

★ Lovely Omelette Centre   快餐 $

（The Mall, Kulri Bazaar; 主菜₹60~90; ◎8:00~22:00）穆苏里最著名也最袖珍的餐厅是位于Mall沿线上的一家小店，许多人说这里的煎蛋饼是全印度最好吃的。特色菜是加入了辣椒、洋葱和香料的奶酪煎蛋饼（cheese omelette），上菜时将煎蛋饼放在吐司上。如果顾客有要求的话，煎锅前的大厨可以麻利地做出一份巧克力煎蛋饼。周末可能必须等位。

Urban Turban   旁遮普菜 $$

（主菜 ₹190~400; ◎11:00~23:00）这家新开办的旁遮普风味的法式小馆香味浓郁，有完美的香辣蔬菜和素食类菜肴可供选择；Turban马沙拉酱（Masala）很好地刺激了我们的味蕾。员工非常热情。如果嫌二楼的音乐太吵，可以去安静些的三楼。从窗口能俯瞰街道。

Neelam   旁遮普菜 $$

（Kulri Bazaar; 主菜₹160~570; ◎9:00~23:00）从1949年起，这家店就以不同面貌存在于此。专长是印度奶酪，有大量的鸡肉和羊肉类菜肴可选。在旺季时，他们还会拿出tawa——一块加热金属盘，用来慢慢煎烤肉类使其趋于完美。友善的经理萨姆（Sam）非常热情。

Imperial Square   各国风味 $$

（☎0135-263 2632; Gandhi Chowk; ₹主菜300~700; ◎7:30~23:00; 🛜）Imperial Square巨大的窗户俯瞰着Gandhi Chowk，从装修、服务到食物，这里的各个方面都让人满意，不过价格很贵。菜单主打西式菜肴，提供各种拼盘和烤肉，还有大份的烤三明治。早餐还可以吃到华夫饼。与这里相连的酒店（₹5700起）房间很出色，能看到山谷的风景。

🛍 购物

穆苏里有大量的纪念品商店，出售各种常见的纪念品。最有趣的商店是由Vinod Kumar经营的古玩杂货店（Clock Tower, Landour Bazaar; ◎10:00~18:00），商店在钟楼附近，Landour Bazaar的尽头，从Picture Palace步行10~15分钟就到了。如果想买一些阻止猴子侵扰的东西，去Star Walking Stick Mfg（◎10:00~18:00）就对了！

Wildcraft   运动和户外用品

（Upper Mall; ◎11:00~21:00）穆苏里最好的户外用品商店，也是Trek Himalaya（见389页）公司的大本营。

ℹ 实用信息

GMVN Booth（☎0135-263 1281; Library bus stand; ◎8:00~17:00）可以报名参加当地团队游、徒步游，或者预订位置偏远的客栈。

Om Cybercafe（紧邻Mall; Kulri Bazaar, Upper Mall; 每小时₹60; ◎周一至周六 10:00~21:00; 🛜）位于Lovely Omelette Centre后面。

Trek Himalaya（☎0135-263 0491; Upper Mall; ◎11:00~21:00）兑换主流外币，汇率相对合理。

❶ 到达和离开

长途汽车

从台拉登的穆苏里长途汽车站（Mussoorie bus stand）开往穆苏里（₹56，1.5小时）的车次很频繁。有些车开往**电影院长途汽车站**（Picture Palace bus stand；✆0135-263 2259），其余的开往位于城区另一端的**图书馆长途汽车站**（Library bus stand；✆0135-263 2258）——如果你知道住宿地点的位置，注意合理选择车次。穆苏里没有直达瑞诗凯诗或赫里德瓦尔的车次——需要在台拉登转车。

如果要前往迦尔瓦尔西部的小山村，随意乘坐一辆穿过Gandhi Chowk的长途汽车即可。如果要去亚姆诺德里（Yamunotri），先乘坐去Barkot的长途汽车（₹147，3.5小时，发车时间大约为6:30、7:30和13:30），之后转乘前往Janki Chatti（₹65，3小时）的车。有几班长途汽车可直达Purola（₹158，5小时，发车时间大约为7:30和14:30）。如需前往北卡什，先乘车前往Barkot，到那里换乘，或者在Landour的Tehri bus stand乘车前往昌巴（Chamba），再在那里转车。

出租车

在**电影院和图书馆两个长途汽车站**的出租车站都可以包车前往台拉登（₹1050）和瑞诗凯诗（₹2250），也有前往北卡什的吉普车（₹4550）。合乘出租车去台拉登的价格大约是每人₹180。

火车

北方铁路售票代理（Northern Railway booking agency；✆0135-263 2846；Lower Mall, Kulri Bazaar；⏰周一至周六 8:00~14:00）可以预订从台拉登和赫里德瓦尔出发的火车票。

❶ 当地交通

穆苏里的中心地带非常适合步行——对于一个山中避暑地来说，Mall和Camel's Back Rd可以说是出人意料的平坦。Mall沿线有人力车（₹50）可以乘坐，不过只能走从**Gandhi Chowk**到**缆车站**那段路。

印度教四神庙
（THE CHAR DHAM）

在高高的迦尔瓦尔喜马拉雅山脉上，坐落着一些印度教中最神圣的地点：亚姆诺德里、根戈德里、Kedarnath和伯德里纳特，这些地方的寺庙标志着四大圣河——亚姆纳河（Yamuna）、恒河、曼达基尼河（Mandakini）和阿拉克南达河（Alaknanda）的灵性之源。将这些地点连在一起，就是全印度最重要的朝圣（yatra）线路之一，被称为char dham（四神庙）。在每年的4月到11月之间，数十万信徒在令人毛骨悚然的山区公路和高海拔的小径上勇往直前，走向这些圣地。

在前往一间或多间圣地寺庙的旅程中，你将触摸到这片次大陆的宗教脉搏，同时置身于壮美的高山风景之中。因为这条朝圣之旅（yatra）是很大的商机，所以有无数的长途汽车、载客吉普车、背夫、马匹——现在还有了直升机——提供运输服务，客栈、静修地和政府招待所也发展得很完善。结果是前往这些寺庙变得很容易，都不用雇向导或者携带补给品。根戈德里和伯德里纳特的寺庙甚至不用徒步走很远就能抵达。然而夏季的雨季可能会让路况变得很危险，引发山体滑坡，将道路和小径堵塞数日或数周时间。

2013年6月，一次来势凶猛的大暴雨引发了一场前所未有的大洪水，冲走了整片地区的村庄——以及数千名当地人和朝圣者。官方公布的死亡人数为将近6000人，但是当地人坚称实际人数接近50,000人。从那以后，北阿肯德邦的人民和政府一直致力于重建人们对本地区安全的信心，试图重振区域主要经济引擎。经过数年的衰退之后，印度教四神庙终于重新焕发了生机。在到访各处圣地之前，需要注意的是，你应该获取一个免费的光度计身份证（free photometric ID card；这是政府为了预防自然灾害再次发生而设计的寻人方法），本邦的许多城镇都可提供。虽然可能永远不会被要求出示，但你还是应该领取一张。

印度教四神庙所有圣地周边都可提供素食。

亚姆诺德里（Yamunotri）

亚姆诺德里神庙（Yamunotri Temple，⏰4月底至10月底）隐藏在一条狭窄的山谷之中，靠近印度教中仅次于恒河的第二大圣河——

徒步喜马拉雅

在北阿肯德邦有许多绝佳的徒步路线。如需了解更多信息,可以联系台拉登的GMVN或当地徒步组织。

Har-ki-Dun山谷徒步(Har-ki-Dun Valley Trek)

偏远得恰到好处的Har-ki-Dun(3510米)是一座冰川河流纵横交错的植物天堂,周围环绕着原始森林和白雪皑皑的山峰,坐落在戈文德野生动物保护区和国家公园(Govind Wildlife Sanctuary & National Park;印度人/外国人₹150/600最多3天,超过3天另付₹50/250)之内。如果你够幸运,可能会在海拔3500米以上的山地看到行踪不定的雪豹的身影。

耗时3天,全长38公里的前往Har-ki-Dun的徒步路线的起点是Sankri(也被称为Saur),这里的最佳住宿处是新开的**Wild Orchid Inn**(☎9411500044; www.wildorchidin@gmail.com; Sankri; 标单/双 ₹600/800)。在Sankri以及Taluka和Osla村庄沿路都有非常简易的GMVN游客小屋,不过在山谷里你只能住在林业部门的旅馆中或是自带帐篷。如果你乘坐载客吉普车到Taluka出发就只需要两天。如果顺便去Jamdar Glacier还要多花一天。6月到10月期间这条路线会很热门。

Chain Singh和Bhagat Singh是两位带队从Sankri出发的向导,声誉很好,他们经营着**Har Ki Dun Protection & Mountaineering Association**(见385页)。他们不仅可以组织Har-ki-Dun之旅,还可以带你前往Rupin Valley和Supin Valley那些独特的小村庄,或是带队从Sankri徒步前往喜马偕尔邦的Sangla(Baspa)Valley。另外还有其他风景优美的徒步路线。如有可能,请发电邮预约——这些人很忙的!

如果要前往Sankri,在穆苏里的Gandhi Chowk和台拉登的穆苏里长途汽车站都有直达车——也可以搭乘其他长途汽车和载客吉普车。

Kuari Pass徒步(Kuari Pass Trek)

这条路线也被称为寇松小路(Curzon Trail,不过寇松勋爵的同党在走这条路线的时候遭遇野蜂袭击被迫中途放弃)。Kuari Pass(3640米)徒步在英属印度时代就很流行,至今仍是北阿肯德邦最出色而且门槛最低的徒步路线,可以一边欣赏着楠达德维峰——印度第二高山,7817米——那白雪覆盖的山峰的壮美风景,一边穿越楠达德维保护区(Nanda Devi Sanctuary)的外围。这条路线的起点在奥里(见398页),终点是Ghat,全长为75公里,沿途经过湖泊、瀑布、森林、牧场和村庄,一共需要5天,不过也可以缩短行程,用3天时间走到Tapovan。一顶帐篷、向导、通行证和食物补给都是必备的,在乔西莫斯(Joshimath)就能轻松地全部搞定。

亚穆纳河——的源头。亚姆诺德里在印度教四神庙之中是来访人数最少的,因此最不发达,不过一旦你走到了小道的起点,徒步进去并不困难。

这条全长5公里、耗时1.5小时的徒步路线从小村庄Janki Chatti开始。亚姆诺德里寺有几处温泉是可以泡的,其余的是朝圣者们煮土豆和米饭制作供品(prasad)的地方。有许多教士都提供收费的协助礼拜服务。在寺庙的1公里以外,Kalinda Parvat山上海拔4421米的冰湖和冰川是亚穆纳河(Yamuna River)的发源地,不过登上这个位置非常困难,需要一定的登山技术。

Janki Chatti的河对岸是友好的小村庄Kharsali,如果有时间的话,那里也很值得前去逛一逛。

在Janki Chatti和Hanuman Chatti有简易的客栈或GMVN的游客旅馆可供住宿。

在朝圣季节的高峰期(5~6月)会有长途汽车从台拉登、穆苏里和瑞诗凯诗开往Janki Chatti,不过发车频率最高的是Barkot。从Barkot前往Janki Chatti的车次发车时间为9:00、13:00和15:00;返回Barkot的时间大概为6:00、8:30和14:00。同样的路途偶尔也能

米拉姆冰川徒步（Milam Glacier Trek）

这条富有挑战性的徒步线路需用时8天，全长118公里，最终到达海拔3450米的巨大的米拉姆冰川，曾经是一条通往中国西藏的古老贸易通道。这条线路穿越楠达德维东侧壮丽而崎岖的大地，沿着有时风景极美的Gori Ganga River的峡谷前行。很多人喜欢顺路前往东楠达德维山大本营（Nanda Devi East base camp），一路很艰苦，需要多走32公里，多花3天的时间。

在Munsyari（见412页）的地方行政官（District Magistrate）那里可以免费领到许可证（需要护照）。你还得准备一顶帐篷和充足的食物，因为路上的很多村庄可能都被废弃了。KMVN组织全包的8天徒步之旅₹10,500起。最好是通过奈尼塔尔的KMVN Parvat Tours（见404页）安排，不过Munsyari的KMVN Rest House也可以帮你准备。

这条徒步路线的大本营是地理位置让人叫绝的小村庄Munsyari，在那里能请到向导、厨师和搬运工，请联系Nanda Devi Tour N Trek（☎05961-222015, 9411130330; beerubugyal@yahoo.co.in）。

游客较少，但也一样（或者说更加）让人惊艳的徒步路线还有乔西莫斯以北的Begini/Dunagiri路线，以及Dharchula以北的Panchachuli East/Chota Kailash路线。

平达里冰川徒步（Pindari Glacier Trek）

这条需用时6天、全长94公里的徒步路线穿越真正的原始地带——只有几个牧羊人住在那里。沿途可以欣赏位于楠达德维保护区南部边缘的Nanda Kot（6860米）和Nanda Khat（6611米）的美景。长3公里、宽365米的平达里冰川海拔3353米，因此不要走得太急，避免高原反应。这里不需要许可证，不过记得带上护照。

位于巴盖什沃尔（Bageshwar）以北36公里的小村庄Loharket（1700米）是这条徒步路线的起点和终点。在Loharket或者它前面的村庄Song（1400米）都能轻松地找到向导和背夫，阿尔莫拉（Almora）的各个公司还可以帮你安排徒步套餐。KMVN组织全包的8天徒步之旅，从Song出发，每人₹7000，住在政府经营的旅馆里。沿途分布着KMVN的旅舍（地铺₹200）、简易的客栈或者小吃店的小屋（dhaba hut, ₹100至₹300）可提供食物。KMVN的团队游最好是通过奈尼塔尔（Nainital）的KVMN Parvat Tours（见404页）来安排。

Song和巴盖什沃尔之间有长途汽车（₹50, 2小时）或载客吉普车（₹60, 1.5小时）往返。在巴盖什沃尔和Song/Loharket之间乘私人出租车需要₹3500/4000。

找到拼车吉普（₹80, 2.5小时）。出租车包车费用大约为单程₹2000。

根戈德里和戈慕克冰川徒步（Gangotri & Gaumukh Glacier Trek）

地处海拔3042米的偏远地带，根戈德里神庙（Gangotri Temple, ⊙4月底至10月底）是印度最神圣的地方之一。这座神庙靠近恒河[在流到Deoprayag之前被称为巴吉拉蒂河（Bhagirathi）]的源头，为供奉这条印度教最神圣的河的起源而建——附近的岩石据说是湿婆用自己的发辫减缓天降之水冲击力的地方，由此就免除了这份大礼对大地的毁坏。

这座神庙是由廓尔喀指挥官阿马尔·辛格·塔帕（Amar Singh Thapa）在18世纪修建的，作为一个意义如此重大的圣地，神庙平凡得让人惊讶。除非你是一位虔诚的印度教徒，不然你可能得从根戈德里徒步到恒河真正的源头——位于上游18公里处的戈慕克——才能找到敬畏的感觉。巴吉拉蒂山脉（Bhagirathi Parvat, 6856米）西面的高耸的山体之下，恒河从根戈德里冰川（Gangotri

Glacier)中流出,南侧则是巍然屹立的Shivling峰(海拔6543米的"印度的马特洪峰")。

不要被这条徒步路线吓到——其实上坡的小路坡度平缓,而且非常坚固。沿小路上行14公里(4~6小时),在Bhojbasa(3790米)有一座GMVN游客小屋(GMVN Tourist Bungalow; Bhojbasa; 铺₹320)和其他简易的旅馆;从那儿再走4公里(1.5小时)就到了戈慕克。在晴朗的日子里,正午刚过到15:00之间是参观恒河源头的最佳时间,因为没有遮挡。在根戈德里可以找到背夫(单程₹1000)和马匹(单程/往返₹1700/2500)。那些更加雄心勃勃的自带露营装备的徒步者们经常会继续前往戈慕克6公里外的塔波万(Tapovan),那里的牧场非常美。

在徒步去戈慕克之前,你必须先拿到许可证,因为每天只限150人前往。如果要获得许可证,可以去北卡什长途汽车站以北3公里处的地方林业办事处(District Forest Office; ☎01377-22 5693; ⊙周一至周六 10:00~17:00,每月第二个周六休息),或者位于根戈德里长途汽车站上方的下属办事处办理,后者每天6:00~14:00办公。去这两个办事处你都要带一张护照个人信息页的复印件和签证。许可证的有效期是2天,费用是每个印度人/外国人₹150/600(每增加1天要另交₹50/250)。

根戈德里村有许多客栈、静修地和朝圣者旅馆(dharmashalas),每个房间收费₹300或更少。肚子饿的时候,可以跟随当地人前往Hotel Gangaputra Restaurant(主菜₹70~150; ⊙7:00~23:00)用餐,那里生意兴隆是有理由的。

去往根戈德里的长途汽车很少。最好的抵达方式是从北卡什乘坐客吉普车(₹200)和包出租车(单程/往返₹3000/4000),在瑞诗凯诗或赫里德瓦尔也可搭乘出租车。

Kedarnath

在史诗《摩诃婆罗多》(Mahabharata)中,班度族(Pandavas)与俱卢族(Dhartarashtras)作战,在战争中,班度族杀死了自己的表亲(也是他们的敌人)。战后,他们坚持不懈地向湿婆请求宽恕。湿婆拒绝了他们,最后不得不化身为一头公牛钻入地下寻求躲避。他留在地面上的脊背就在Kedarnath之后,在神圣的曼达基尼河(Mandakini River)的源头之下,那里有一座宏伟的石头寺庙,由商羯罗古鲁(Guru Shankara)在8世纪标记并建造而成。湿婆变成的公牛的其他身体部位由另外四座panch kedar神庙供奉,虽然需要些功夫,不过值得参观:四肢在Tungnath,脸在Rudranath,肚脐在Madmaheshwar,毛发在Kalpeshwar。

Kedarnath位于一座6970米山峰的山脚下,到最近的道路有18公里的距离,跟其他印度教四神庙相比有着最具戏剧性的地理位置,景观反差强烈。印度教puja仪式在神庙中举行,在周边特别是在石头"驼峰"的背景映衬下,寺庙显得神圣而庄严。寺院的地理位置是如此超脱,以至于朝圣者们过去常常从寺院后面的悬崖纵身而跃,以期望立即获得解脱(moksha)。

在2013年的那场毁灭性的洪水之中,Kedarnath是重灾区。数千人——包括朝圣者和当地人,挑夫和马队向导等——在此丧生。寺庙周围的大部分村庄都被汹涌的洪水冲毁,巨大的岩石从四周山坡上滚落而下。现在人们对位于寺庙后面的那块巨型圆石也致以和寺庙本身相同的敬意——让人难以置信的是,正是它阻挡住了洪水最凶猛的冲击,使其免于崩溃。

Kedarnath正在缓慢恢复生机,游览体验逐年改进。要抵达这里,先要从Gaurikund村走一段18公里的上山路。洪水过后,这里已经无法居住,不过现在已恢复成为从前熙攘场景的缩小版。在上山之前,必须先到5公里以外的Sonprayag村免费领取一张光度计身份证,那里是所有长途汽车和出租车的终点站。你还可合乘吉普(₹20)从Sonprayag村出发前往山路的起点。

你将和其他朝圣者一起,走上一条在曼达基尼河峡谷中陡峭的坡壁上开凿出的石头小路,向河流的上游行进。天气晴朗时,在抵达寺庙前很长一段时间,你就会看见覆盖着积雪的高耸山峰。在Kedarnath村,洪水遗迹周围正逐渐恢复生机,在巨石和粉碎的建筑之间,出现了几家商店、餐厅和酒店。目前这里最好的住宿处是Himachal House,从寺庙步行一分钟即到。

Sonprayag和Gaurikund村也提供基本住宿处（房间₹200~400起）——Gaurikund安静得多，氛围也更好，因此是徒步前后更好的住宿处。在前往Sonprayag村的路上，距离村庄2公里处的Sitapur有几家更好的酒店。

本地区的主要中转站是Guptkashi，从那里你可以乘坐合乘/私营吉普（₹80/1000）前往Sonprayag。或者可乘坐GMOU的长途汽车，从瑞诗凯诗或赫里德瓦尔前往。到了Sonprayag后，早上有长途汽车可前往瑞诗凯诗（₹310，7小时）、赫里德瓦尔（₹340，8小时）和台拉登（₹350，9小时）。如果要在Guptkashi停留，汽车站旁边的 New Viswanath Hotel （☎9720895992；Guptkashi Bus Stand；房间₹500起）是个好选择。

对于印度人来说，乘坐直升飞机往返Kedarnath是一个越来越受欢迎的选择，已经有一家运营商开始经营这条路线。去程价格为₹3000到₹3500，返程为₹2500至₹3000，往返₹6000至₹6500。有一些公司的飞机可飞往Guptkashi和Sonprayag之间的Phata，公司在那里有办公室，Himalayan Heli Services（☎7895479452；www.himalayanheli.com；Guptkashi-Sonprayag Rd）的总部在Sersi附近。所有的公司在Kedarnath的直升机机坪都有办公室。航班一般下午很早就停运了。需要注意的是，科学家们很关注频繁的直升机班次对地区周边的Kedarnath野生动物保护区产生的影响。

伯德里纳特和马纳村（Badrinath & Mana Village）

☎01381 / 人口 850 / 海拔 3133米

沐浴在白雪覆盖的Nilkantha山附近壮美的景色里，伯德里纳特朝圣神庙（Badrinath Temple，⊙4月底至11月）几乎已经跟周围破旧的村庄融为一体。这座色彩鲜艳的神庙供奉着毗湿奴，是印度教四神庙之中最容易到达也最热门的一座。它最早是由商羯罗大师在8世纪修建的，不过现存的建筑要更新很多。

越过伯德里纳特，沿着阿拉克南达河（Alaknanda River）边（过河到神庙同侧会找到小路）一条风景优美的小路步行3公里，途经被石头墙分隔的原野，最终即可到达很小不过魅力非凡的 马纳村（乘出租车前往需要₹250）。小村庄里到处是石巷和传统房屋——有些用石板做墙壁和屋顶，有些则是带阳台的木制结构。你可以到处逛逛，看看村民工作和休闲的情景。在11月到次年4月之间，村民们会迁移到更加温暖也没那么偏远的地方——通常会去乔西莫斯（Joshimath）。

拥有5000年历史的超小型 Vyas Temple 就在马纳村外的一个小洞穴里。附近是 Bhima's Rock，这座横跨在河上的天然岩石拱门据说是由班度族兄弟之中最强大的Bhima修建的，在《摩诃婆罗多》（Mahabharata）里有关于他的传说。沿阿拉克南达河徒步5公里可以到达高度达145米的 瓦苏达拉瀑布（Vasudhara Waterfall）。在山谷之上看伯德里纳特的山丘就像一颗巨大的尖牙直指天空，这时你会觉得沿途的辛苦都是值得的。

🛏 食宿

如果你早早地从乔西莫斯出发，用一天时间可以很轻松地玩遍伯德里纳特，不过如果你还想去马纳村看看，再加上徒步，就需要在伯德里纳特留宿。在通向城镇里的主干道两旁排列着大量糟糕的廉价客栈（每间客房要价₹400到₹600），因为住了朝圣者可能会比较吵闹。

Hotel Urvashi　　　　　　　　　　酒店 $

（☎9411565459；房间₹800起）伯德里纳特少数像样的廉价住宿处之一，员工很友好。

Badriville Resort　　　　　　　　别墅 $$$

（☎9412418725；www.badrivilleresort.in；房间₹3000起）我们在伯德里纳特最喜欢的酒店。有干净舒适的独立别墅，配备的床铺是镇上最好的。大多数都带有阳台，能饱览峡谷风景。员工热情友好，餐厅提供美味的新鲜食品。距离主路100米远，就在进入伯德里纳特的地方。淡季有很大折扣。

Hotel Snow Crest　　　　　　　　酒店 $$$

（☎94 1208 2465；www.snowcrest.co.in；房间₹2500~4000）伯德里纳特最好的标准酒

店,虽然价格过贵,但很现代,干净程度也过得去,房间里有加热器、电视和蒸汽加热机。5月和6月会涨价。

❶ 到达和离开

伯德里纳特的入口处有一座大型长途汽车站,GMOU的长途汽车在5:30、7:00和8:00出发经瑞诗凯诗(₹455)前往赫更德瓦尔(₹420),不过记得多看看发车时刻表,因为可能有变。要去乔西莫斯或Govindghat(去花之谷)也可以在7:00左右或更早时刻与人合乘吉普车。

北卡什(UTTARKASHI)

☎01374 / 人口 17,500 / 海拔 1158米

北卡什距离瑞诗凯诗155公里,是迦尔瓦尔北部最大的城镇,也是前往根戈德里神庙和戈慕克冰川徒步途中一个主要的停靠站。主集市值得一逛,能买到所有你可能会需要的补给品。许多装备商都能组织本地区的徒步活动,包括前往塔博万(Tapovan;过根戈德里/戈慕克)。

镇上最出名的应该是**尼赫鲁登山研究所**(Nehru Institute of Mountaineering;见本页),许多在印度经营徒步和登山组织的向导都是在这里接受训练的。研究所位于主市场的河对面,有一间博物馆和户外攀岩墙。入门和进阶级的登山教学以及冒险课程向所有人开放——可以浏览网站了解详情和价格。

每年1月北卡什会举办**玛克桑格拉提节**(Makar Sankranti,☉1月)。

尼赫鲁登山研究所　　　　　　户外活动

(☎01374-22 2123;www.nimindia.net;◉10:00~17:00)提供备受好评的登山课程和导游培训,还有去往整个迦尔瓦尔喜马拉雅山脉及更远地方的徒步向导。

🍴 食宿

Monal Guest House　　　　　　酒店 $

(☎01374-22 2270; www.monaluttarkashi.com; Kot Bungalow Rd; 房间 ₹700~2300; @)这座山坡上的酒店感觉像一座巨大而又舒适的家庭住宅,有干净通风的房间和窗户很大的餐厅,周围还有安静的花园。翼楼A比翼楼B更有家的感觉。位于城镇以北3公里处,紧邻通往根戈德里的马路,与办理戈慕克许可证的办事处相距大约100米。

Hotel Govind Palace　　　　　　酒店 $

(☎01374-223815, 9411522058; 长途汽车站附近; 房间₹500起)如果你要赶早班车,这里是最物有所值的选择之一。床铺舒服,配有热水淋浴和电视,经理GS Bhandari能为你提供非常多的帮助。还有一间镇上比较好的餐厅。

❶ 到达和离开

要前往根戈德里,可乘坐合乘吉普/包出租车(₹200/3000, 5小时)。5:00至14:00间,最多每半小时就有一趟长途汽车前往瑞诗凯诗(₹230, 7小时)。前往赫更德瓦尔(₹280, 8小时)的长途汽车出发时间为6:45和12:30,前往台拉登(₹200, 9小时)的车次出发时间为6:00、7:30和正午。前往斯利那加(Srinagar, ₹210, 8小时)的车次出发时间为5:30和8:00,前往Barkot(₹120, 5小时)的车次很多,一直运营到15:00。夏季,每天7:45有一班车可直达Janki Chatti(₹190, 9小时)的亚姆诺德里寺。一些路线的座位可能会卖完,所以最好提前一天订票。

包一辆出租车前往瑞诗凯诗的价格为₹4500。

乔西莫斯(JOSHIMATH)

☎01389 / 人口 13,860 / 海拔 1875米

乔西莫斯是通往伯德里纳特朝圣神庙和Hem Kund的大门,从5月到10月印度教和锡克教朝圣者络绎不绝。而且这里还是前往花之谷和Kuari Pass等地徒步以及去奥里(Auli)滑雪度假的大本营,因此一年到头都吸引着许多热爱冒险的旅行者。

一条蜿蜒曲折的山路可从瑞诗凯诗通往乔西莫斯,这座只有两条街的小镇完全是出于实际需要建设而成的,电力供应不稳,吃东西的地方也有限。从镇子里虽然看不到山景,但只需要乘坐一小段缆车到奥里,就可以远眺楠达德维山(Nanda Devi)壮丽的风景。

🏃 活动

如果要去Kuari Pass和楠达德维保护区内沿着其他路线徒步,你需要一个许可证和一位注册过的向导。镇上有3家优秀的组织者,可以为你安排好一切,包括路途更远且更具挑战性的多日探险。

★ Himalayan Snow Runner　　户外探险

(☎9756813236,94 1208 2247;www.himalayansnowrunner.com)强烈推荐这家的徒步(每天大约₹3000起)、滑雪和探险活动,这里还提供露营装备。店主Ajay还会按要求安排特别徒步路线,组织前往Bhotia和Garhwali村庄的文化之旅,他在家里还经营着一家客栈,位于距乔西莫斯5公里的Mawari村(房间₹1550至₹4550)。

Adventure Trekking　　户外探险

(☎98 3793 7948;www.adventuretrekking.org;Hotel Mount View Joshimath对面)这里能组织从2天到10天去任意地方的徒步之旅,价格大约是每人每天US$50(至少2人),另外还有激流漂流、滑雪和登顶活动。店主Santosh还在前往奥里(Auli)的半路上开了一间客栈(房间₹1000~2000)。

Eskimo Adventures　　户外探险

(☎9756835647;www.eskimoadventure.com)组织徒步和攀岩之旅,每天的价格大约₹3000起,也出租装备(徒步和滑雪用),另外还组织恒河上的激流漂流活动。

🛏 食宿

Hotel New Kamal　　酒店 $

(☎9411577880;Main Market;房间₹500)小而干净,有桶装热水和电视,虽然床铺很硬,但确实是乔西莫斯比较好的一家廉价旅店。

Malari Inn　　酒店 $$

(☎01389-22 2257;www.hotel-malari-inn.weebly.com;Main Market;房间₹1800~3500)乔西莫斯最新也最好的酒店。标准房布置得很简单不过宽敞又干净,房价贵些的房间条件更好,比如有加厚的床垫和能欣赏到山谷风景的阳台。所有房间里都配有热水器。过了旅游旺季(5月到9月)会有折扣。

Hotel Mount View Annexy　　酒店 $$

(☎9634255572;房间₹1000)从汽车停靠的地方沿着主路步行很短的一段距离即到。这是一家标准酒店,房间中有许多元素都是乔西莫斯其他地方所缺少的:值得信赖的清洁度,松软的床垫,平板电视,24小时热水,以及精心打理的感觉。

Auli D's Food Plaza　　多元风味 $$

(Main Market;主菜₹90~450;⊙7:00~22:00)这间位于二楼的餐厅菜式丰富,包括印度菜、中餐和西式菜肴,既有素食也有荤食。餐桌上铺了塑料桌布,椅子上套了椅套,有种宴会厅的感觉。

ℹ 实用信息

这里有一间**GMVN旅游办事处**(GMVN Tourist Office;☎01389-22 2181;⊙周一至周六 10:00~17:00),就在小镇的北面(跟着Upper Bazaar Rd旁Tourist Rest House的路标走)。

ℹ 到达和离开

尽管通往乔西莫斯的主干道由印度军方维护,而且在通向伯德里纳特的路上有一座水电站,路况有所改善,但乔西莫斯周边地区仍然避免不了山体滑坡的发生,在6月中旬到9月中旬的雨季尤为严重。

前往伯德里纳特或Govindghat(去往花之谷和Hem Kund)的最佳方式是与别人合乘吉普车(₹100/50),发车地点是位于Upper Bazar Rd远端的伯德里纳特出租车站(Badrinath taxi stand)。包整辆吉普车需要₹1000。每天有几班长途汽车(₹65)也从相同地点发车。

从乔西莫斯开往瑞诗凯诗(₹360,10小时)和赫里德瓦尔(₹400,11.5小时)的车次的发车时间是4:00、4:30、6:00和7:00,发车地点是小小的**GMOU booth**(Upper Bazaar Rd;⊙3:00~19:00),在那可以预订车票。在主要的吉普车站,偶尔会有私营的长途汽车前往Chamoli(₹80,2小时)和Karanprayag(₹130,4小时),其中有些还会继续开往瑞诗凯诗。

如果想去东部的库马翁(Kumaon)地区,先随便坐一辆长途汽车或合乘出租车前往Chamoli,接着转车去Karanprayag,那里有许多当地的长途汽车和载客吉普车可以带你沿着一条美丽的马路

开往高山尼(Kausani)、巴盖什沃尔(Bageshwar)和阿尔莫拉(Almora)。一路上可能要换好几次车。在下午晚些时候，车次会减少，所以请早些出发。

可以通过旅行车或酒店包出租车，因为没有前往这些地方的出租车站。乘出租车前往瑞诗凯诗的价格大约为₹6000。

乔西莫斯周边

奥里(Auli)

☎01389 / 人口 300 / 海拔 3019米

奥里是印度一流的滑雪胜地，它高耸于乔西莫斯上方，从陆路前往的路程为14公里，乘坐封闭式缆车前往则只有4公里。不过你不需要等到冬天，就能从缆车站的顶部欣赏到楠达德维山(印度第二高峰)的绝美风景。

作为一个滑雪胜地，奥里基本算不上壮观，5公里的滑道坡度平缓，主滑道旁边有一条500米长的拖拽索道(每次₹100)，较高的滑道和较低的滑道之间还连着一条800米的升降椅索道(₹200)。不过这里的雪况一直很好，环境非常优美。1月到3月是滑雪季，在奥里或者乔西莫斯都有出租滑雪装备和组织滑雪训练的地方。

这里有印度最长的运用最先进技术的**缆车**(往返₹750；◉8:00~17:00每20分钟1趟)，将乔西莫斯与奥里高处的滑道相连。在最上面有一间算是咖啡馆的地方，供应热的印度茶和西红柿汤。

滑雪村周围散落着几家酒店，它们就算被放在瑞士的阿尔卑斯山也不会显得不搭调。**Cliff Club Resort**(☎7417936606；www.clifftopclubauli.com；单间公寓₹8500，套₹16,000)提供餐饮服务，还有全包的滑雪套餐(含滑雪装备)。

如果预算有限，可以住在位于升降椅索道起点的**GMVN Tourist Rest House**(☎01389-22 3208；www.gmvnl.in；含早餐铺₹280，房间₹1650~4500)，条件好得出人意料。另外还有**Devi Darshan**(☎97 1931 6777；www.mountainshepherds.com；房间含餐₹4000)，那里的餐厅和公共休息室有观赏楠达德维景致的最佳视野，不过房间内的光线比较暗。

花之谷和HEM KUND (VALLEY OF FLOWERS & HEM KUND)

1931年，英国登山家弗兰克·斯迈思

TUNGNATH和CHANDRISILLA

前往**Tungnath Mandir**(3680米)和**Chandrisilla Peak**(4000米)的小路是北阿肯德邦最好的一日徒步路线之一，可以看到一座神圣的Panch Kedar神庙以及美不胜收的喜马拉雅山脉全景。

路线的起点在**Chopta**，位于Chamoli(乔希莫斯以南)和Kund(Gaurikund以南)之间蜿蜒曲折的马路旁边，这座小村庄不通电。从这里出发，沿着一条平坦的之字形小路迂回而上前行3.5公里，海拔高度升高750米，就到了**Tungnath**——全世界海拔最高的湿婆神庙。之后再沿着一条泥土小路走1.5公里，可达Chandrisilla的顶端。在山顶上，可以看到迦尔瓦尔喜马拉雅山脉和库马翁喜马拉雅山脉在你眼前绵延伸展，还能看到一些主要山峰例如楠达德维山、特里苏尔山(Trishul)和Kedarnath周边群山的绝美远景。趁云雾还没出现的时候早点出发，或者下午出发，当晚在Tungnath周围简朴的客栈之中挑一家住下，第二天去Chandrisilla看日出。Chopta有一些设施简单的住宿地点：**Hotel Neelkanth**(☎7500139051；www.neelkanthcampchopta.in；房间₹600起)的房间最好，不过**Hotel Rajkamal**(房间₹400)的气氛最亲切。

从Chamoli乘车去Chopta本身就是一项不错的消遣，沿途会经过修建着梯田的陡峭山坡，质朴的村庄点缀其间，之后进入一片有着茂密森林和拔地而起的悬崖的麝鹿(musk-deer)保护区。

（Frank Smythe）偶然发现了花之谷。高海拔牧场（bugyals）上满是高挑的野花，在晴朗的日子里这里的风景光彩夺目，花海在微风的拂动下泛起涟漪，四周环绕着海拔6000米以上的雄伟高山，装点山顶的冰川与积雪终年不化。

300种不同花卉使得这座被列入世界遗产名录的山谷成了一座独特又珍贵的药用植物宝库。遗憾的是，大多数花都在7月和8月的雨季开放，而降雨会让进入山谷的路变得危险难行。有一个很常见的错误观念：非开花高峰期的山谷不值得一看。可是就算褪去那层彩色的地毯，山谷也仍然美得令人惊叹。而且大多数时候天气都很晴朗。

花之谷和Hem Kund圣湖不允许过夜，所以你只能住在Ghangaria。这座只有一条街道的村庄在朝圣季节（6月1日至10月1日左右）以外的其他时间会关闭。

前往87平方公里的 花之谷国家公园 (Valley of Flowers National Park; 印度人/外国人最多3天₹150/600，超过3天另付₹50/250; ☉6~10月7:00~17:00, 最晚入园时间14:00) 需要先徒步行进一整天，从Govindghat走到位于公园外的Ghangaria村庄（也被叫作Govinddham）。从Ghangaria的售票处向山上走2公里就到了这座梦幻山谷的起点，山谷从这里向前绵延5公里，路很好走。

从Ghangaria出发还有一条难度更大的徒步线路：和数百名锡克教朝圣者一起艰难攀爬到海拔4300米高的Hem Kund (☉5月至10月)。这个由7座山峰环绕的圣湖据说是锡克教古鲁Gobind Singh前世冥想的地方。如果你更愿意选择骑马走这条长达6公里的之字形小路，马匹的价格是₹500。值得注意的是，山路上经常有小朋友以及腿脚不灵便或是肺功能较弱的人参与其中——他们有些由kandi背夫用布绑在背上的藤椅背上山（₹400起），有些斜靠在由4个人用肩膀扛着的dandi轿子里（₹5000起），像以前的贵族一样。

从Govindghat到Ghangaria的14公里的上坡路沿途风景优美但不好走，需要5到7小时——不过最近路况有了"改善"，开始的3公里路途经过铺砌可以通行车辆，许多人选择乘吉普车（₹30）前来。也可以到阿拉克南达河（Alaknanda River）上的桥边或铺砌公路尽头租一匹马（₹800）或雇一名挑夫（₹800），省些力气的同时，也支持当地的经济发展。重要提示：如果你有时间，徒步去Ghangaria的前一晚可以住在伯德里纳特，以便让身体适应当地的海拔高度，徒步时可以轻松一些。

食宿

Ghangaria水电供应都不稳定。这里可能会很冷，记得带保暖衣物。所有的住宿处都相对较简陋，都没有供暖设备，不过都准备了无数的毛毯。

Govindghat有几家₹300左右的酒店可供选择，Hotel Bhagat (☎94 1293 6360; www.hotelbhagat.com; Badrinath Rd; 房间₹2100~3000) 位于乔西莫斯和伯德里纳特之间的主干道上，拥有非常干净的河景房，配有热水器，提供餐饮服务。

不需要带食物，因为一路上都有为前往Hem Kund的朝圣大军服务的小吃（dhabas）和饮品摊，Ghangaria有许多餐厅。

Hotel Kuber Annex 酒店 $

(Ghangaria; 房间₹400~800) 这里超级豪华的房间比Ghangaria本地其他房间的条件都稍微好一点。

到达和离开

在乔西莫斯（Joshimath）和伯德里纳特（Badrinath）之间来往的所有长途汽车和载客吉普车都会经过Govindghat，因此不管你从哪个方向过去都很容易，不过每天稍晚的时候车次会减少，晚上就完全没有了。

如果想去花之谷，但不敢走山路，可以乘坐 **Deccan Air** (☎9412051036; www.deccanair.com; 单程/往返₹3500/7000) 的直升机从Govindghat前往Ghangaria; 售票处在从乔西莫斯到伯德里纳特的路边，过了Govindghat就是。

科比特老虎保护区 (CORBETT TIGER RESERVE)

☎05947 / 海拔 400~1210米

举世闻名的 科比特老虎保护区（www.corbetttigerreserve.in; ☉11月15日至次年6月15

北阿肯德邦 科比特老虎保护区

日，Jhirna和Dhela区域全年开放）建立于1936年，是印度第一座国家公园，拥有1318平方公里的野生森林。保护区得名于传奇的英国猎虎人吉姆·科比特（Jim Corbett, 1875~1955年），他的著作《库马翁的食人兽》(*The Man-Eaters of Kumaon*)让这一地区蜚声国际。科比特因为射杀那些吃人的老虎而深受当地人的爱戴，不过最后他用来对准野生动物的更多是相机镜头，而不是猎枪，并且成为老虎保护领域的著名人物。

虽然保护区周边村落遭受老虎袭击的次数日渐增多，但在巡游中要看到老虎仍需要些运气，因为人们不会投饵引诱或是追踪保护区里的大约230只老虎。最有可能看到老虎的时间是观虎季节的后期（4月至6月中旬），那时森林覆盖率低，动物们可能会出来找水喝。

不管有没有看到老虎，真正的野生动物爱好者都不会失望而归，因为在这座公园之内，有各种各样的野生动物生活在草地、婆罗双树林和河边栖息地里，而且公园地处喜马拉雅山脉的山麓丘陵地带，又毗邻拉姆根加河（Ramganga River），风景如画。常见的野生动物包括野象（有200~300头）、懒熊、叶猴（langur monkey）、恒河猴（rhesus macaque）、孔雀、成群的水獭以及几种鹿，这些鹿包括白斑鹿、印度水鹿、豚鹿（hog deer）和麂（barking deer）。你还可能会看见豹、沼泽鳄（mugger crocodile）、恒河鳄（gharial）、巨蜥（monitor lizard）、野猪（wild boar）和胡狼（jackal）。拉姆根加水库（Ramganga Reservoir）吸引着大量迁徙的鸟类，尤其是在12月中旬到次年3月底，已经有超过600种的鸟类在此出现。

科比特共有6个区域：Bijrani、Dhikala、Dhela、Durga Devi、Jhirna和Sonanadi。Dhikala是公园的亮点。这个位于拉姆根加西北部49公里处保护区深处的特定核心区域，是你最期待见到的那些动物最集中的地方。不过这一区域会在11月15日到次年6月15日期间对在公园过夜的游客和在公园接待中心（reception centre; ☎05947-25 1489; Ranikhet Rd; ◎6:00~16:00）报名参加一日游的游客开放。接待处位于拉姆根加汽车站对面。

位于保护区南部的Jhirna和Dhela是唯一会全年对外开放的区域。不过在这些区域看到大型动物的概率很不确定——至少现在是这样。Dhela于2014年12月对公众开放，最后会修建一座带围栏的大片区域，用以拯救老虎，这样就应该很容易观察到它们。Dhela还计划修建两条森林小路；我们得到的消息是，小路主要还是用来观鸟，两边也会有围栏保护，所以不用担心成为老虎捕食的对象。需要注意的是，在某些年份，其他4个区域会在10月开放，视具体情况而定，得到确切消息的唯一办法就是登录网站查看。

来这里一定要带双筒望远镜（可以在公园大门处租用）、大量的驱蚊产品和矿泉水。

游览保护区

位于拉姆根加（Ramnagar）的接待中心每天都会组织巴士游（☎05947-251489; Ranikhet Rd; 印度人/外国人₹1125/2250; ◎6:00和正午）前往Dhikala——被称为Canter Safaris——时间是6:00和正午。

在拉姆根加的接待处或者通过住宿地和旅行社都能租到吉普车。吉普车的主人们已经组成了一个联盟，所以理论上讲价格是固定的（价格以每辆吉普车为单位，最多可以载6人）。参加半天的观赏动物之旅（上午和下午出发）去Bijrani大约需要₹1600，去Jhirna大约需要₹1750，去Dhela大约需要₹1750，去Durga Devi大约需要₹2350——其中不包括你和向导的门票。全天的观赏动物之旅价格翻一倍。前往Dhikala的过夜游览需要₹5200，去Sonanadi的价格为₹7000。租吉普车之前最好先在接待处和酒店看看最新的价格。Karan's Corbett Motel（见402页）的经营者Karan Singh组织的观赏动物之旅十分值得推荐。

只有Dhikala和Bijrani推出了2小时的骑象（elephant rides; 印度人/外国人₹300/1000; ◎6:00和16:00）活动，先到先得。不过动物权益保护组织提醒，载客会使大象的脊椎受到损伤。

食宿

如果想深度观察野生动物，位于保护区深处的Dhikala是住宿的首选，不过针对外国人的房价过高。房间需要至少提前一个月通过公园网站（www.corbettonline.uk.gov.in）

ⓘ 科比特许可证（CORBETT PERMITS）

为了控制游客带来的影响，科比特老虎保护区限制每天进入每个区域的车辆数量。必须提前预约入园许可，你可以通过公园的网站（www.corbettonline.uk.gov.in）预约，或者在组织观赏动物之旅的机构报名。如果是网上预约（费用₹50），不管你是通过预约中心还是旅行社租车，都要把预约确认书交给你的司机。一日游可以提前45天预约，如果你没有提前做计划，也许也能进入公园，观赏动物之旅的组织者们会互相询问有没有吉普车还有空位可以让你加入。如果想参加前往Dhikala的过夜游，最好致电接待处或者通过组织观赏动物之旅的公司预订。

一日游的车辆门票（不包含乘客）价格是印度人/外国人₹250/500；如果是过夜游，价格是₹500/1500。之后还有游客的门票，这大概是我们在一段时间以来见过的最疯狂的规定。官方规定，1天的门票（有效期4小时，适用于除了Dhikala的所有区域）价格是每个印度人/外国人₹100/450；3天的票需要₹200/900。不过公园要求你为吉普车的每一个座位买门票，就算没有人坐在上面也要买。值得庆幸的是，他们是按照印度人的标准收费，所以乘客除了要付自己的门票钱，还要支付司机的门票₹100，并为那几位隐身的印度同伴支付每位₹100！除此之外，还有₹450的公路税。

那么你一共要花多少钱呢？把你租吉普车的车费、车辆门票费、游客门票费、司机门票、空位费、公路税和在线预约费用……加在一起就知道了。自助游的花销只比参加观赏动物之旅或酒店组织的团队游少一点点，但团队游配有英语流利的专业导游，多花那一点钱也很值得。

预订。拉姆根加镇上有廉价住宿，而高档度假村则在紧邻公园东侧的Dhikuli和Dhangarhi Gate之间的马路旁边一字排开。

🏨 Dhikala

毫无疑问，公园里最便宜的住宿处在Log Huts（☏05947-251489, 9759363344; www.corbettonline.uk.gov.in; 铺 印度人/外国人₹200/400），总共有24张简易床位。Tourist Hutments（☏05947-251489, 9759363344; www.corbettonline.uk.gov.in; 印度人/外国人₹1250/2500）是Dhikala最物有所值的住宿选择，最多可以住6个人，通过www.dhikalaforestlodge.in或www.corbettonline.uk.gov.in预订。Dhikala有几家素食餐厅。公园里不允许喝酒。

New Forest Rest House（☏05947-251489, 9759363344; www.corbettonline.uk.gov.in; 房间 印度人/外国人₹1250/2500）、附属楼（☏05947-251489, 9759363344; 房间 印度人/外国人₹1000/2000起）和Old Forest Rest House（☏9759363344, 05947-251489; www.corbettonline.uk.gov.in; 房间 印度人₹1500~2500, 外国人₹3000~5000）的VIP住宿都可以通过位于拉姆根加的接待中心预订。

🏨 保护区内其他地方

Dhikala以外地方的其他大多数住宿处都提供厨房设施，但没有餐厅，所以问一下导游，看看是否需要自带食物。

Bijrani Rest House　　　　度假屋 $$$

（☏05947-251489, 9759363344; www.corbettonline.uk.gov.in; 标单/双 印度人₹500/1250, 外国人₹1000/2500）这是从Amdanda Gate进入保护区之后看到的第一家酒店，可提供餐饮服务。

Khinnanauli Rest House　　　别墅 $$$

（☏9759363344, 05947-251489; /www.corbettonline.uk.gov.in; 房间 印度人/外国人₹5000/12,000）Dhikala附近的VIP住宿，位于保护区深处。

Sarapduli Rest House　　　酒店 $$$

（☏05947-251489, 9759363344; www.corbettonline.uk.gov.in; 房间 印度人/外国人₹2000/4000）房间干净简单，坐落在一片有许多野生动物的地区，尤其是鸟类和鳄鱼很多，

也有老虎和大象。

Gairal Rest House　　　别墅 $$$

(☎9759363344, 05947-251489; www.corbettonline.uk.gov.in; 房间 印度人/外国人₹1250/2500) 位于拉姆根加河畔, 从Dhangarhi Gate进入, 提供餐饮服务。

拉姆根加 (Ramnagar)

拉姆根加是一座繁忙且毫无吸引力的城镇, 有许多便利设施, 包括网吧（每小时₹30)、自动柜员机（印度国家银行的自动柜员机在火车站, 在Ranikhet Rd有一台巴罗达银行的自动柜员机 (Bank of Baroda ATM) 和交通运输工具——大多数在Ranikhet Rd路沿线。

★ Karan's Corbett Motel　　　酒店 $$

(☎98 3746 8933; www.karanscorbettmotel.com; Manglar Rd; 房间₹1000~1200; ❄) 位于小镇边缘, 周围环绕着芒果树和花园, 房间宽敞, 阳台上摆有桌椅。店主Karan Singh知识渊博, 会热心解答你的问题, 无疑是拉姆根加最好的住宿处（不要和Corbett Motel混淆）。Karan组织的公园吉普车观赏动物之旅也非常值得推荐。

Hotel Corbett Kingdom　　　酒店 $$

(☎7500668883; www.corbettkingdom.com; Bhaghat Singh St; 房间₹2500起; ❄🛜) 这家风格明快的酒店很舒适, 而且保持得很好, 地址就在拉姆根加。大理石地板增添了一丝优雅感。

Delhi Darbar Restaurant　　　印度菜 $

(Ranikhet Rd; 主菜₹80~160; ⏰9:00~23:00) 这是镇上最干净也最安静的用餐地点之一, 靠近汽车站, 供应典型的印度菜和比萨。

拉姆根加北部 (North of Ramnagar)

越来越多的高档非洲巡游风格度假村开始出现在紧邻保护区东部边界的Ramnagar-Ranikhet路旁边。其中多数都围绕着一个叫作Dhikuli的地方——注意不要和Dhikala弄混了！当绝大部分的保护区关闭的时候（6月15日至11月15日）, 房价折扣最高能达到50%。

大部分价格都仅限房间, 不过大多数度假村都推出了包含就餐和观赏动物之旅的套餐。每一个度假村都有常驻的博物学家、娱乐设施、餐厅和酒吧。注意本地区有大量度假村都因为有可能对戈西河 (Kosi River) 造成污染而受到警告。

★ Gateway Resort　　　度假村 $$$

(☎05947-284133; www.thegatewayhotels.com; 房间/小别墅 ₹15,000~16,500; ❄🛜🏊) 这座度假村隶属于泰姬酒店集团, 其中的现代化房间和小别墅围绕着一座郁郁葱葱的花园铺展开来。有一座户外泳池和一座全方位服务的水疗中心, 不过真正堪称瑰宝的是这里的餐厅, 户外露台上能看到戈西河 (Kosi River) 的如画美景。它堪称度假村区域的最佳选择。

Namah　　　度假村 $$$

(☎05947-266666; www.namah.in; 房间₹12,000~13,000, 套₹20,000; 🛜🏊) 从外表看来, 这座新建的度假村感觉更像是一座公寓大楼。不过房间却很有个性色彩, 装饰着两种色调的墙壁和丛林主题的艺术品。运动场、开放式空间、游泳池和娱乐室使得这里成为家庭游客的好选择。价格根据游客量而上下浮动, 波动区间很大。

Tiger Camp　　　度假村 $$$

(☎05947-284101; www.habitathotels.com; Dhikuli; 房间/小别墅 ₹10,700/11,700; ❄🛜) 这座物超所值的有着古色古香柔美建筑风格的度假村坐落在戈西河河畔一片丛林式的花园之中, 与拉姆根加相距8公里。舒适的小别墅比"高级"房间要好很多, 其中有现代化的设施, 酒店可安排观赏自然风光的步行游览活动和参观村庄的团队游。

ⓘ 到达和离开

差不多每小时都有长途汽车从拉姆根加开往德里（₹260, 7小时）、赫里德瓦尔（₹200, 6小时）和台拉登（₹275, 7小时）。开往哈尔德瓦尼 (Haldwani; ₹64, 2小时) 的车次很频繁, 从那里可以转车去任何地方。如果要去奈尼塔尔 (Nainital), 可以乘坐UK Roadways的长途汽车到哈尔德瓦尼 (Haldwani) 换车, 或者乘坐直达奈尼塔尔（₹80）的私营车——上午有几班从主要汽车站外发车。

拉玛根加火车站（Ramnagar train station）位于主要接待中心南部1.5公里处。每晚1班的Ranikhet Express-Slip 15013（卧铺/空调卧铺3类/空调卧铺2类₹175/490/695）在22:30从旧德里出发，次日4:50到达拉姆根加；返程的火车25014在22:00从拉姆根加出发，次日3:55到达旧德里。一班白天行驶的火车15035-Slip（二等车厢/硬座₹100/375）在16:00从旧德里出发，20:40到达拉姆根加；返程的火车25036在9:50从拉姆根加出发，15:25到达德里。

奈尼塔尔（NAINITAL）

05942 / 人口 42,000 / 海拔 2084米

奈尼塔尔是库马翁最大的城镇和最受欢迎的山中度假胜地，它紧凑地围绕在深邃碧绿的火山湖奈尼湖（Naini Lake）周围，占据了湖边陡峭的森林山谷。它是由思乡的英国人建立的，因为这里让他们想起了坎布里亚湖区（Cumbrian Lake District）。

许多酒店都坐落在湖畔的山坡上。这里有一个熙熙攘攘的集市，蛛网般的步行小路遍布草木丛生的山坡，通向可以远眺喜马拉雅山峰的观景点。对于旅行者们来说，这里是休息放松、享用大餐、骑马或者湖心泛舟的好地方。在旅游高峰期——大约是5月到7月中旬以及10月，奈尼塔尔挤满了度假的家庭和度蜜月的人，酒店价格飙涨。

位于湖泊东南端的Tallital（湖水下端）是汽车站的所在地，城镇主干道从这里向东延伸至Bhowali。被称为Mall的1.5公里人行道通向位于湖泊西北端的Mallital（湖水上端）。大多数酒店、客栈和餐厅都集中在Mallital和Tallital之间的Mall的路边。包括药店在内的大多数的商店都位于Bara Bazaar。

◎ 景点和活动

★ 奈尼湖（Naini Lake） 湖泊

这座美丽的湖泊是奈尼塔尔的主打景点，据说是由湿婆的妻子萨蒂（Sati）自焚后一颗翠绿的眼珠落在地上变成的（naina是梵文，意为眼睛）。船夫们会用形似贡多拉的颜色鲜艳的小船载着你环湖而行，价格是₹210，或者Nainital Boat Club（www.boathouseclub.in; Mallital; ◎10:00~16:00）的船会带你环游湖面，价格₹500。而Pedal的船每小时₹150。

Naina Devi Temple在传说中标志着眼珠掉落的准确地点。附近是贾玛清真寺（Jama Masjid）和一座谒师所（gurdwara）。你可以步行环湖一周，需要大约1小时的时间——湖的南侧更加安静，而且可以看到不错的城镇景色。

总督府 历史建筑

（Raj Bhavan; ₹50; ◎周一至周六，1月至3月，9月和10月 8:00~17:00，4月至8月至18:00，11月和12月至16:00）这里是北阿肯德邦总督的官邸，位于Tallital以南大约3公里处。宫殿采用的是白金汉宫的风格，是英属印度时期建筑的主要范本，周围环绕着花园、草坪和森林。提供花园团队游服务，不过建筑本身只有当总督不在时才开放。

花园中有一座可爱的18洞高尔夫球场（入场费男/女₹800/100），提供俱乐部租赁和球童服务。从Tallital乘坐出租车往返大约₹200，或者可以沿步行小路1公里前往。

Snow View 观景点

缆车（往返成人/儿童 ₹290/130; ◎5月和6月8:00~20:00，7月至次年4月10:30~16:30）一路向上通往海拔2270米的热门观景点Snow View，在那里（天气晴朗的时候）可以看到喜马拉雅山脉的全景，包括楠达德维山。售票处在山脚下。山顶上有常见的食品、纪念品和嘉年华小摊，以及**Mountain Magic**，这是一座拥有儿童游乐设施包括碰碰车、蹦床和滑索的游乐园。

Snow View的一条特色线路是前往4公里之外的Cheena/Naina Peak等其他观景点。会有当地向导提出带你过去。如果你想去Snow View看日出，乘出租车需₹200。

Tiffin Top & Land's End 骑马、步行

朝湖泊的西面走4公里就到了Tiffin Top（2292米），又叫Dorothy's Seat。从这里穿过一片橡树、雪松和松树林，惬意地走上30分钟就到了Land's End（2118米）。在城镇以西3公里处通往拉姆根加的马路边聚集着很

Nainital 奈尼塔尔

多脏兮兮的马,可以带你去上述地点。

★ Tranquility Treks 徒步

(☎9411196837; www.tranquilitytreks.in)由资深向导Sunil Kumar带队徒步,以观赏鸟类和野生动物为重点。他既组织白天的步行游览(₹1500),也组织需要在当地村庄过夜的徒步游(₹2000),以及为期两周全包的自然之旅(₹75,000起)。

Snout Adventures 户外探险

(☎9412306615; www.snoutadventure.com; Bara Bazaar)这是一间值得推荐的机构,组织奈尼塔尔地区的徒步活动(根据团队规模,每天₹2200起,费用全包)。也有攀岩课程(每天₹700),组织探险露营活动。

KMVN Parvat Tours 徒步

(☎05942-231436;; www.kmvn.org; Tallital; ◉8:00~19:00)一个很有帮助的机构,提供信息,预订KMVN的招待所和徒步团队游。

⊨ 住宿

Traveller's Paradise 酒店 $$

(☎7417743236; www.travellersinparadise.in; Mallital; 房间₹2000~4500; ⛯)从Mall略向北一点,就是这家气氛极其友好的超值酒店。宽敞的房间里有平板电视、沙发、仿木镶板、无线网络和高质量床铺。这里的经营者是待人亲切的Anu Consul,他曾经在墨西哥住了10年,他的父亲也很有意思。房间淡季价格₹1800起。

Hotel City Heart 酒店 $$

(☎05942-23 5228; www.cityhearthotelnainital.com; Mallital; 双₹2000~5500)这间酒店

Nainital 奈尼塔尔

◎ 最佳景点
1 奈尼湖.....................................E3

◎ 景点
2 Snow View..............................E1

◎ 活动、课程和团队游
3 Boat Hire.................................D2
4 Cable Car................................D1
5 KMVN Parvat Tours F4
6 Nainital Boat Club D2
7 Pedal-boat Hire.......................D2
8 Snout Adventures C1
9 Tiffin Top & Land's End...........B3

◎ 住宿
10 Evelyn Hotel............................E3
11 Hotel City Heart......................D1
12 Palace Belvedere...................D1
13 Traveller's Paradise C1

◎ 就餐
14 Embassy..................................D2
15 Sakley's Restaurant................D1
16 Sonam Chowmein Corner.............D2

◎ 饮品和夜生活
Nainital Boat Club ....（见6）

◎ 实用信息
17 Bank of Baroda ATM D1
Cyberden.................................（见8）
18 HDFC Bank..............................E2
19 印度国家银行..........................D1

◎ 交通
20 Sukhatal bus stand B2
21 Tallital bus stand F4
火车票订票代理..........................（见21）

北阿肯德邦

奈尼塔尔

就位于Mall的街边,房间类型从小巧可爱到精美豪华带湖景,应有尽有。淡季的时候,这里的降价幅度比大多数酒店都大,房间₹800起,从屋顶露台餐厅能看到美丽的湖景。

Evelyn Hotel　　　　　　酒店 $$

(☎05942-23 5457; www.hotelevelynainital.com; The Mall, Tallital; 标双₹2000~3500, 套₹5000~6500)这间俯瞰着湖泊的维多利亚风格酒店体现了奈尼塔尔的精髓——迷人又有那么点儿古怪。酒店很大,层层叠叠的楼梯和露台依着山坡而建。虽然看起来有点过时,不过精心打理过的配有复古家具的客房让人有种温馨舒适的感觉。你不妨多看几间房。

Palace Belvedere　　　传统酒店 $$$

(☎05942-23 7434; www.palacebelvedere.com; Mallital; 标单/双/套₹6700/7900/10,200起; ☎)这家修建于1897年的酒店曾经是Awagarh的王公们的夏宫。墙上装饰的兽皮和老照片散发出淡淡的殖民时代的气息。酒店的房间宽敞,天花板很高,有一种虽破旧但复古的年代感。楼上房间的光线更明亮。楼下是高雅的就餐区/休闲吧/外廊。这里冬天会很冷。

🍴 餐饮

Sonam Chowmein Corner　　快餐 $

(The Flats, Mallital; 主菜₹30~60;

（11:00~19:30）在Tibetan Market市场有顶棚的小巷里，这间正宗的小吃店（dhaba）供应十分美味的炒面和藏式饺子，是全镇最美味的平价小吃餐厅。

Embassy

印度菜 $$

（The Mall, Mallital；每餐₹150~450；⏱9:00~22:30）Embassy拥有小木屋风格的室内装修、穿着时髦的工作人员、5页长的菜单和超过40年的历史。饮品可以尝尝"跳舞的咖啡"（dancing coffee）或者玫瑰味的酸奶奶昔（rosewater lassi）。这里的露台很适合观察来往的行人。

Sakley's Restaurant

多元风味 $$

（Mallital；小吃₹125起，主菜₹250~650；⏱9:30~21:30）这间一尘不染的餐厅就在Mall的街边，供应新颖的各国菜肴，例如泰国咖喱（Thai curries）、蜜汁鸡肉（honey chicken）、烤羔羊肉（roast lamb）、胡椒牛排（pepper steaks）以及许多中式菜肴、比萨和烧烤。这里的蛋糕和点心非常好吃，就算你不在这里用餐，也可以买些甜点带回房间吃。

Nainital Boat Club

酒吧

（The Mall, Mallital；⏱10:00~22:00）这间酒吧是经典的英属印度时代的产物。临时会员的规定荒唐得可笑（男/女/情侣₹870/440/870），不过酒吧的气氛很不错——里面有木头房梁，留着八字胡的沉默寡言的酒吧侍者，以及可以俯瞰湖泊景色的室外露台，是午后小酌一杯的完美地点。着装要求明确说明不能穿短裤和拖鞋，还有指示牌提醒"请保持礼仪"。

❶ 实用信息

Cyberden（每小时₹40；⏱9:00~21:00）位于Bara Bazaar市场中一座古雅旧房的楼上。

印度国家银行（The Mall, Mallital；⏱周一至周五10:00~16:00,周六到13:00）兑换外币和旅行支票。

北阿肯德邦旅游局办事处（Uttarakhand Tourism Office；☎05942-23 5337；The Mall；⏱周一至周五10:00~17:00）有时不遵守官方规定的工作时间。

❶ 到达和离开

火车票售票代理处（⏱周一至周五 9:00至正午和14:00~17:00,周六9:00~14:00）这座火车票售票代理处位于奈尼塔尔长途汽车站旁边，有车次前往台拉登、德里、莫拉达巴德、勒克瑙、戈勒克布尔（Gorakhpur）和加尔各答。

长途汽车

大多数长途汽车都从**Tallital bus stand**发车。

虽然有长途汽车直接从奈尼塔尔发车，但从哈尔德瓦尼（Haldwani）和Bhowali这两个交通枢纽出发的车次更多。在哈尔德瓦尼，有长途汽车定时开往拉姆根加、德里、赫里德瓦尔和位于尼泊尔边境的Banbassa。哈尔德瓦尼也是一个主要的铁路枢纽。如果要前往北方的地点，先从奈尼塔尔乘长途汽车或载客吉普车到Bhowali（₹20, 20分钟），再换乘定时发车的长途汽车去阿尔莫拉、高山尼（Kausani）和Ranikhet。

有7班直达拉姆根加（₹80, 3.5小时）的私营长途汽车从位于Mallital西北部的**Sukhatal bus stand**出发，发车时间在8:00~15:30。

旅行社出售前往德里（₹350至800, 9小时）的私营夜行豪华大巴（座椅靠背可调节）车票，在11:00和22:00左右从Tallital出发。

从奈尼塔尔出发的长途汽车

下列车次从Tallital bus stand出发。如要前往Kathgodam，需乘坐去哈尔德瓦尼的长途汽车。

站点	票价（₹）	行程（小时）	发车班次
阿尔莫拉	110	3	14:00
台拉登	480	10	清晨4班，晚上3班
德里（空调卧铺/非空调卧铺）	660/410	9	9:00、9:30、20:30、21:00（空调卧铺）
哈尔德瓦尼	60	2	每半小时1班
赫里德瓦尔	350	8	18:30
瑞诗凯诗	330	9	5:00

穿越边境进入尼泊尔：从BANBASSA前往马亨德拉那加

Banbassa是距离尼泊尔边境口岸马亨德拉那加（Mahendranagar，又名Bhimdatta）最近的印度村庄，两者间相距仅5公里。去过境之前确认一下尼泊尔西部的最新情况，因为雨季期间和雨季刚过的时候，山体滑坡和桥梁受损可能导致道路不通。

从哈尔德瓦尼（Haldwani）和皮特拉加尔（Pithoragarh）乘坐长途汽车前往Banbassa很方便。附近的Tanakpur换乘车次更多。

边境24小时开放，不过6:00之前和18:00之后在两个国家都不太可能找到能为你办理出入境手续的人。虽然官方规定的车辆通行时间是6:00~8:00、10:00至正午和18:00~19:00，但黄包车和摩托车通常可以随时在两个边防哨所之间长1公里的桥上通行。否则你就得步行通过了。

尼泊尔的单次入境签证有效期15/30/90天的费用为US$25/40/100，尼泊尔边境办事处上班时间为9:00~17:00。在这里需要准备好美元。

Banbassa的酒店和尼泊尔边防哨所附近的一个小办事处可以兑换印度卢比和尼泊尔卢比。马亨德拉那加的纳比尔银行（Nabil Bank）有一台自动柜员机，也可以兑换外币。Banbassa也有自动柜员机。

继续前行

在尼泊尔边境可以乘坐机动三轮车（₹100）或合乘出租车前往马亨德拉那加。长途汽车站位于距离中心地带大约1公里的Mahendra Hwy上，那里每天5:30~16:30有8班长途汽车开往加德满都（₹1100，16小时），还有1班车在14:20开往博克拉（16小时）。

出租车和载客吉普车

在Tallital的库马翁出租车工会（Kumaon Taxi Union）车站，乘坐前往Bhowali的价格是₹400，前往Kathgodam或哈尔德瓦尼（1.5小时）的价格是₹125/500（拼车/包车），去拉姆根加和阿尔莫拉（都是3小时）需要₹1500。

载客吉普车坐满发车，开往Bhowali（₹20，20分钟），从那里可以搭乘长途汽车，或者拼出租车前往阿尔莫拉和其他地方。

火车

加特戈达姆（Kathgodam，位于奈尼塔尔以南35公里）是最近的火车站，不过再往南一站的哈尔德瓦尼是这一地区的交通枢纽。位于Tallital bus stand隔壁的**火车票订票代理**（train booking agency；见404页地图）可以预订前往台拉登、德里、莫拉达巴德、勒克瑙、戈勒克布尔和加尔各答的火车票。每天1班的12039 Kathgodam—New Delhi Shatabdhi（空调硬座/高级₹745/1320）车次于15:35从Kathgodam出发，15:50停靠于哈尔德瓦尼，到达新德里火车站的时间是21:05。返程的车次12040在6:00从新德里火车站出发，11:18到达哈尔德瓦尼，11:40到达加特戈达姆。

阿尔莫拉（ALMORA）

☏05962 / 人口 35,500 / 海拔 1650米

阿尔莫拉紧依着一个陡峭的山谷，是库马翁（Kumaon）地区的首府。1560年，库马翁的昌德王公们建立了阿尔莫拉作为夏季首府。如今这里有殖民时期的建筑、几家可靠的徒步机构和几间以社区为基础的纺织企业。在车站下车之后，千万不要被眼前那只考虑实际用途的主要街道打消了兴致，只需向南走一个街区就是铺着鹅卵石的步行街集市Lalal Bazaar，那里成行排列着的商店有着传统的木头外墙。不论是闲逛、看人来人往，还是购物，这都是一个很有魅力的地方。在晴朗的天气里，从城市周围的许多地方都能看到喜马拉雅山脉的雪山山巅。

◎ 景点和活动

楠达德维山寺庙　　　　　印度教寺庙

（Nanda Devi Temple；Lalal Bazaar）用石头建成的楠达德维山寺庙的历史可以追溯到昌德（Chand）王朝时期，寺庙的外墙满是民间艺术的雕刻图案，其中有些以性爱为主题。每

年9月，这里会主办为期5天的楠达德维集市（Nanda Devi Fair，见本页）。

Panchachuli Weavers Factory　　　工厂

（☏05962-23 2310；www.panchachuli.com；紧邻Bageshwar Rd；◎周一至周六10:00~17:00）**免费** Panchachuli Weavers Factory有700名女性员工负责编织、宣传和销售羊毛披肩。这里的商店商品种类比Mall的店铺更丰富。出租车往返工厂的价格是₹150，或者你可以步行走这3公里路——沿着Mall Rd朝东北方向走，然后问问路。

High Adventure　　　徒步、山地自行车

（☏9412044610；www.trekkinghimalayas.in）这里可以组织北阿肯德邦周边的徒步活动，以及阿尔莫拉和奈尼塔尔附近的山地自行车之旅。价格根据路线和团队规模而定，所以请致电详细咨询。

✦ 节日和活动

楠达德维集市　　　文化

（Nanda Devi Fair；◎9月）在这个为期5天的集市上，会有数千名宗教皈依者举着女神肖像四处游行，观看舞蹈和其他文化表演。仪式的最高潮时刻要屠宰一头公牛，不过这项传统近年来因为反对声浪而停止了，但在其他偏远的Kumaoni村庄仍在延续。

🛏 住宿

Bansal Hotel　　　酒店 $

（☏05962-23 0864；Lalal Bazaar；房间₹400）在Bansal Cafe的楼上，位于熙熙攘攘的集市里，不过从Mall过去很方便，是一家不错的廉价住宿酒店，房间小而整洁（有些配电视），还有一个屋顶露台。

Hotel Shikhar　　　酒店 $$

（☏05962-23 0253；www.hotelshikhar.in；The Mall；房间₹600~3500，套房₹5000；❄）占据着城镇中心的位置，拥有绝佳的景观，这座如同巨大箱子一般的酒店有多种不同价格的房间，能满足所有预算的需求。便宜的房间了无生气，还都有些陈旧，但不至于太差。高端客房是阿尔莫拉最好的。

Savoy Hotel　　　酒店 $$

（☏05962-230329；www.ashoknainital.com；The Mall；房间₹1000~1800）Savoy位于Mall的最南端，刚过旅游局办事处就是，环境很安静。楼下有些便宜的房间内的设施很简易，还有点发霉，楼上贵些的房间比较舒适时髦。最棒的是有一片摆着桌椅的公共露台，可以俯瞰阿尔莫拉下面的山谷。

🍴 就餐

Saraswati Sweet & Restaurant　　　中国菜 $

（Pithoragarh Rd；菜肴₹30~60；◎7:30~20:30）这间生意很好的餐厅楼上也是就餐区，上菜很快，供应各种素馅和肉馅的藏式饺子等藏族风味菜肴，以及中国其他地区的美食。这里的藏式汤面（thukpa）辣到可以帮你通鼻塞。此外还有羊肉汉堡和多种多样的冷饮。

Glory Restaurant　　　印度菜 $

（LR Sah Rd；主菜₹65~190；◎9:00~22:00）这间已经营业很久的家庭式小饭馆可供应各种受欢迎的南北印度菜肴，素食和荤食都有，其中包括印度香饭（biryanis）和柠檬鸡肉。比萨的奶酪很足。

ⓘ 实用信息

Joshi's Cybercafe（每小时₹30；◎周一至周六9:00~20:00，周日9:00~13:00；☎）是几家可以上网的店之一，位于主要邮局的对面。

北阿肯德邦旅游局办事处（☏05962-23 0180；Upper Mall；◎周一至周六10:00~17:00）

ⓘ 到达和离开

开进阿尔莫拉的长途汽车和吉普车车身上常会有斑斑点点的呕吐物，这附近的路况怎么样？你懂的。

KMOU的长途汽车从Mall出发——发车时间从清晨开始到14:30或15:00——开往高山尼（Kausani；₹85，2.5小时）、巴盖什沃尔（Bageshwar；₹120，2小时）和哈尔德瓦尼（₹125，3小时），途经奈尼塔尔附近的Bhowali（₹80，2小时）。附近的Roadways车站也有开往上述地点（Ranikhet除外）的长途汽车，而且还有开往德里（₹448，12小时）的长途汽车，发车时间为17:30

和18:30——最好早上就预订去德里的车票。位于集市东部Bypass Rd路上的Dharanaula长途汽车站有几班长途汽车开往皮特拉加尔（Pithoragarh，₹165，5小时），大约在8:30到11:00之间出发。如果要去尼泊尔边境上的Banbassa，先乘车去哈尔德瓦尼再转车。

可以乘坐出租车或吉普车前往高山尼（拼车/包车₹120/1200，2.5小时）、巴盖什沃尔（₹250/1800，2小时）、Bhowali（₹200/1000，3小时）、Kasar Devi（₹30/300）、皮特拉加尔（₹350/2000，5小时）和Munsyari（只能包车₹5000，10小时）。除了合乘出租车前往皮特拉加尔是从Dharanaula长途汽车站出发，其他车辆都从Mall发车。我们推荐Kishan Bisht（9410915048），他是一名超好的司机。

最近的火车站在加特戈达姆（Kathgodam）和哈尔德瓦尼。在城市最南端有一个**铁路预订中心**（Railway Reservation Centre；☎05962-230250；KMVN Holiday Home, Mall；⊙周一至周六 9:00至正午和14:00~17:00）。

阿尔莫拉周边

Kasar Devi

海拔2100米

这个安静的地方位于阿尔莫拉以北约8公里处，在近100年里一直吸引着特立独行的人们——于是得到了"怪人山"（Crank's Ridge）的名号。有不少名人曾经来过这里，其中有些还住了一段时间，其中包括鲍勃·迪伦（Bob Dylan）、凯特·斯蒂文斯（Cat Stevens）、蒂莫西·利里（Timothy Leary）、艾伦·金斯伯格（Allen Ginsburg）和曾在山顶的Kasar Devi Temple冥想的辨喜（Swami Vivekananda）。如今这个小村庄是一个低调的背包客目的地，气氛悠闲，天气晴朗的时候可以看到喜马拉雅山脉的景色。这里没有很多事情可做，不过是个清静的好地方。Mohan's Binsar Retreat（见本页）可以组织多日钓鱼、皮划艇和徒步之旅。

🛏 食宿

Manu Guest House 客栈 $

（☎94 1092 0696；Binsar Rd下方；房间₹400~600）坐落在一片果园之中，有几头母牛常住在此。这家客栈有一种乡村家庭寄宿的感觉。最大的石头或砖砌房屋自带小厨房，非常适合打算长期居住的人。

Kripal House 酒店 $

（☎9690452939；紧邻Binsar Rd；房间₹800起，不含浴室₹600起）这座基本型的客栈位于紧邻主路的一条土路的尽头，从不加装饰的屋顶露台上能看到震撼的喜马拉雅山脉的风光。贵些的房间带有独立厨房，其余的要两间合用一间厨房。

★ Freedom Guest House 客栈 $$

（☎7830355686；www.freedomguesthouse.in；Binsar Rd；₹1500起）一尘不染的大房间所连接的公共露台上能看见山谷风景，下午和日落时能晒到阳光。上层较新的房间更奢华，不过每一间都各有特色。店主Sunder和Gita使出浑身解数来取悦顾客。

★ Mohan's Binsar Retreat 客栈 $$$

（☎9412977968，05962-251215；www.mohansbinsarretreat.com；Binsar Rd；含早餐₹5250起；🛜）Mohan's可能是Kasar Devi最好的客栈。美观而宽敞的房间里有超级舒服的床，天花板和地板都是木头的。但最有吸引力的是可以在室内或室外同时用餐的露台餐厅，从那里能看到优美的山谷风光和峰峦叠嶂的喜马拉雅山脉远景。据说在20世纪60年代这里还是一家简陋的茶店时，鲍勃·迪伦（Bob Dylan）曾在此逗留。

Rainbow Restaurant 各国风味 $$

（☎9720320664；mehra.harsh145@gmail.com；Binsar Rd；主菜₹100~250起；⊙9:00~21:00；🛜）在这家餐厅，坐在桌边或地上的坐垫上，可以选择印度菜、亚洲菜、西方或中东食物，还有多种新鲜水果可供选择。我们吃过的所有东西都很美味——尤其是甜点！店主还拥有一家顶级的崭新客栈，以及瑜伽疗养地，房间₹3500起（经常有折扣）。

Binsar

海拔2420米

越过Kasar Devi，距离阿尔莫拉26公里

的Binsar风景如画，曾经是昌德王公们的山顶夏季首府。如今这里是一片45平方公里的保护区，你也许会看见一只豹或一些麀，但超过200种的鸟类却是许多人来这里的原因。当天气晴朗的时候，喜马拉雅山脉的全景美得惊心动魄——Binsar的顶峰"Zero Point"（2420米）有一座塔，从那里能看见Kedarnath、特里舒尔（Trishul）、楠达德维、Panchachuli，等等。苍翠的森林里到处是徒步小路，各条小路的主要交叉点是KMVN Rest House。林业部门出版了一份不错的Binsar地图，上面标有徒步小路和地形图，不过非常不好买到，保护区入口处都没有。

进入保护区的门票价格是每个印度人/外国人₹150/600，再加上₹250到₹500的车辆门票费，具体价格要看你坐的是什么车。在保护区大门口或是Rest House可以找到向导，徒步1.5小时收费₹250。

从阿尔莫拉乘出租车到此处的往返价格大约是₹1100。

有两家备受好评的装备店可组织保护区内及周边村庄之间的一日或多日徒步团队游，可以深入体验本地区的自然环境和乡村文化。**Village Ways**（☎9759749283; www.villageways.com）在几个村庄中有自己的独立客栈。**Grand Oak Manor**（☎9412094277; shikhatripathi.travel@gmail.com）由探险旅行作家Shikha Tripathi及丈夫Sindhu Shah经营，他们家族在Binsar已经生活超过100年，可订制在村民家中过夜的徒步游。

贾斯瓦（Jageshwar）

海拔1870米

贾斯瓦村庄位于阿尔莫拉东北方向38公里处，村庄在喜马拉雅雪松林里一条小溪边坐落着一片令人印象深刻的热闹的**寺庙建筑群**。124座寺庙和神祠的历史可以追溯到公元7世纪，从林迦神祠到供奉着不同神灵和女神的巨大sikhara（印度教寺庙），各不相同。街边有一座**Jageshwar Archaeological Museum**（www.asi.nic.in; ◉周六至周四 10:00~17:00）免费，博物馆里收藏着少量精致的宗教雕塑，是以保护为目的从各个寺庙上取下来的，很值得一看。2016年，这里第一次举办了国际瑜伽节（International Yoga Festival; 见374页）的十月节日庆典部分。

村庄正中心的下方有一条3公里长的小路，通往村庄后面的山脊顶端，从那里能看到山的另一侧令人目眩神迷的景色——仿佛经过雕刻般的山谷和远方的崇山峻岭。

贾斯瓦有几家酒店，其中最好的是**Tara Guest House**（☎94 1154 4736; www.jageshwar.co.uk; 房间₹400; ☏）。

从阿尔莫拉去贾斯瓦最简单的方法就是乘出租车（往返₹1200）或合乘出租车（₹75）。每天正午前后有一班直达的长途汽车，第二天8:00返回阿尔莫拉。你还可以随便乘坐一辆路过Artola的长途汽车，在那儿下车之后要么步行4公里，要么乘出租车（₹80）到贾斯瓦。

高山尼（KAUSANI）

☎05962 / 人口 4100 / 海拔1890米

坐落在一片生长着茂密的森林的高高的山脊上，小村庄高山尼遥望着远处覆盖着白雪的山峰的迷人全景，还有着清新的空气和悠闲的气氛。圣雄甘地（Mahatma Gandhi）认为这个村庄是一个能够启迪心灵的清净之地，1929年他曾经于此撰写关于《薄伽梵歌》的论述"Anasakti Yoga"，现在这里仍然有一个纪念他的静修地。向北19公里的Baijnath村有一片引人入胜的12世纪希诃罗式（sikhara）寺庙建筑群，坐落在一片树木葱郁的美丽地区，附近的古老村庄里还有其他神祠。

◉ 景点

高山尼茶园　　　　　　　　　　　种植园

（Kausani Tea Estate; ◉3月中旬至11月中旬9:00~18:00）免费 高山尼茶园是一座私营企业、政府和当地农民共同参与的茶叶种植场。你可以到处参观，也可以品尝和购买其远销世界各地的产品。它位于村庄北部3.5公里处，通往Baijnath的马路边，步行前往很轻松，而且沿途风景优美。

Anasakti Ashram　　　　　　　　古迹

（☎05962-25 8028; Anasakti Ashram Rd）

免费 位于长途汽车站上坡大约1公里处的Anasakti Ashram,是圣雄甘地花两周的时间沉思和撰写*Anasakti Yoga*的地方。这里有一座小型**博物馆**(Anasakti Ashram Rd; ☉6:00至正午和16:00~19:00) **免费**,用照片和文字的形式展示了甘地的一生。在18:00可以参加每晚为纪念甘地而举行的祈祷仪式。

食宿

在两个短期的旅游高峰(5月到6月和10月到11月)之外,住宿价格一般会降低50%。

Hotel Uttarakhand 酒店 $$

(☎05962-25 8012; www.uttarakhandkausani.com; 双₹1250~2550; @🛜)这家酒店就在汽车站北边,不过这里很安静,从外廊上能看到喜马拉雅山脉的全景,是高山尼最物有所值的住宿地点。较便宜的房间空间狭小,有桶装的热水;楼上的房间很宽敞,配有热水淋浴和电视。这里的经理能提供很多帮助,而且很亲切。

Krishna Mountview 酒店 $$$

(☎9927944473; www.krishnamountview.com; Anasakti Ashram Rd; 双₹3650~6250, 套₹8550~10,250; 🛜)紧邻Anasakti Ashram,这是高山尼最时髦的酒店之一,拥有修建得很整齐的花园(欣赏山景的完美地点)。可以试试楼上宽敞的房间,有阳台和凸窗,甚至还配了摇椅。

Garden Restaurant 多元风味 $$

(主菜₹80~250; ☉7:00~22:00)位于Hotel Uttarkhand前面,能欣赏到喜马拉雅山脉的美丽风光,这间由茅草屋顶和竹子搭建的餐厅是高山尼最酷的。提供包括瑞士煎土豆饼(Swiss rösti)、印度烤鸡(chicken tikka)和进口意大利面等一流美食,以及选用新鲜食材烹制而成的库马翁特色菜。

❶ 到达和离开

长途汽车和载客吉普车停靠在村庄中心。有几班长途汽车开往阿尔莫拉(₹125, 2.5小时),不过下午的时候一般都会停在支路旁的Karbala,得再换乘载客吉普车(₹10)。如果打算往北走,差不多每小时都有1班长途汽车经Baijnath前往巴盖什沃尔(₹55, 1.5小时)。乘载客吉普车(₹30, 30分钟)前往位于高山尼以北16公里处的更加活跃的交通枢纽Garur,可找到载客吉普车前往Gwaldam,之后可再乘长途汽车和吉普车去往迦尔瓦尔(途经Karanprayag)。乘出租车前往阿尔莫拉需要₹1500左右,前往奈尼塔尔或Karanprayag大约需要₹3200。

巴盖什沃尔(BAGESHWAR)

☎05963 / 人口 9100 / 海拔 975米

巴盖什沃尔位于戈默蒂河(Gomti River)和萨尔朱河(Sarvu River)的交汇处,这里古老的石头寺庙**Bagnath Temple**是印度教朝圣者来访的原因。对于旅行者来说,这里更重要的意义是往返Munsyari以及包括高山尼和阿尔莫拉在内的东部目的地的中转站。附近有几家网吧,在主集市里有一台印度国家银行的自动柜员机。在镇子周围的山谷中,有高耸在河畔上的风景美不胜收的田地,主集市也值得一逛。

基本型的**Hotel Annapurna**(☎05963-22 0109; 房间₹300~400, 标单/双 不带浴室₹100/200)就在长途汽车站旁边,位置便利。**Hotel Narendra Palace**(☎05963-220166; Pindari Rd; 房间₹500~1500; ❄🛜)的条件要好得多,位于距离长途汽车站约1公里的Pindari Rd。

❶ 到达和离开

每天有几班长途汽车前往阿尔莫拉(₹120, 3小时),或者高山尼(₹50, 1.5小时)。去Bhowali(₹185, 6小时)和哈尔德瓦尔(₹230, 7.5小时)的车次很频繁。如果要去迦尔瓦尔,先乘长途汽车去Gwaldam(₹60, 2小时)再转车。上午有几班长途车前往皮特拉加尔(₹170, 7小时),9:00有一班车前往Munsyari(₹160, 6小时)。

长途汽车站附近有一个吉普车车站,镇上其他地方也分布着几个。乘载客吉普车可前往Garur(₹35, 45分钟)、高山尼(₹55, 1.5小时)和Gwaldam(₹85, 2小时)。出租车去Song拼车/包车需要₹200/2000(2小时),去Loharket需要₹300/3000(2.5小时),去Munsyari需要₹400/4000(5小时),去皮特拉加尔需要₹350/4000(6小时),去阿尔莫拉需要₹200/2000(2小时)。

皮特拉加尔(PITHORAGARH)

☎05964 / 人口 56,050 / 海拔 1514米

皮特拉加尔坐落在一条被称为"小克什米尔"(Little Kashmir)的风景优美的山谷上方的山坡之上,是一个鲜有外人涉足的中国和尼泊尔边境地区的主要城镇。景点包括几座昌德时期的寺庙和一座古老的堡垒,不过这里真正的优势是远离游客聚集地。繁忙的主要集市是闲逛的好地方,镇上的居民们都特别友好。这一地区风景如画的徒步路线包括登上Chandak(7公里)遥望Panchachuli(5个烟囱)绝美的崇山峻岭,值得一试。

如果想找到好吃又不贵的食物,可以去当地人大力推荐的集市里的Jyonar Restaurant(Gandhi Chowk;主菜₹90~250;◉10:00~21:30)试试。

Hotel Yash Yatharth　　　　　　酒店 $$

(☎05964-225005;www.punetahotels.com;Naya Bazaar;铺₹200,房间₹1200~3500)皮特拉加尔最值的住宿处,房间包括合用浴室的简单型客房和有家具的大房。位于主集市,靠近长途汽车站,可以砍价。

❶ 实用信息

集市有一家印度国家银行的自动柜员机。

旅游办事处(☎05964-225527;◉周一至周五10:00~17:00 周六 至14:00)位于吉普车车站上坡50米处,可以帮忙安排徒步向导和提供实用信息。

❶ 到达和离开

上午5:30和9:00有长途汽车开往阿尔莫拉(₹280,5小时)和哈尔德瓦尼(₹336,10小时)。一直到16:00,去德里的车次都很频繁(₹600,18小时)。从5:00~14:00每小时都有车次开往尼泊尔的边境通道Banbassa(₹260,6小时)。要前往Munsyari,可以合乘吉普车(₹300,7小时)。

MUNSYARI

坐落在山腰之上,四周围绕着陡峭的梯田,在Johar Valley另一边,海拔6000米的攀查术立(Panchachuli)山峰高耸入云——Munsyari(2290米)是北阿肯德邦风景最优美的村庄之一。造访这里的绝大多数游客都是前往米拉姆冰川(Milam Glacier)的徒步者——也没有其他地方可去,不过就算你没有绑紧鞋带踏上徒步之旅的打算,周遭的风景也值得你来看看。

这个地区有几条出色的一日徒步路线——可以咨询怎样前往Kalya Top(位于前往巴盖什沃尔的上山路旁边3公里处),那里能看见楠达德维峰和Nanda Kot,以及攀查术立峰(Panchachulis)。从集市往下坡走2公里有一间小型的部落遗产博物馆(Tribal Heritage Museum,☎9411337094,₹10,◉大多数时间10:00~17:00),由很有魅力的学者SS Pangtey经营,展示着Munsyari作为与中国西藏之间的重要贸易纽带时代的手工制品。Munsyari也是每年9月举行楠达德维节(Nanda Devi Festival)的地方。

Munsyariye现在也出现了一些新的现代化酒店,不过我们最喜欢的还是长途汽车站边的Hotel Pandey Lodge(☎94 1113 0316;www.munsyarihotel.com;房间₹200~1850),它有多种物有所值的房间,有些还看得到惊人的美景,这里的主人也极为乐于助人。街对面的Snow View Hotel(☎7534881686;房间₹500~1200;❄)尤其友好。

前往巴盖什沃尔的长途汽车(₹150,6小时)7:30出发。另一趟6:30出发的车次一路可前往台拉登。载客吉普车可前往皮特拉加尔(₹180,8小时)、阿尔莫拉(₹180,8小时)和Thal(₹120,3小时),从这几个地方可以换乘其他车次。如果你准备经Thal前往Munsyari,找一个右侧的窗边座位就可以欣赏到沿途最美的景色。如果你从Thal出发准备前往皮特拉加尔,可以考虑绕行到Jauljibi看看不同的风景,其中包括库马翁喜马拉雅山脉和尼泊尔喜马拉雅山脉的绝美远景。

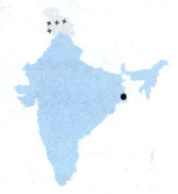

加尔各答

033 / 人口 14,500,000

包括 ➡

历史..................................415
景点..................................415
活动..................................428
课程..................................429
团队游..............................430
住宿..................................430
就餐..................................434
饮品和夜生活..................438
娱乐..................................439
购物..................................440

最佳餐饮

- 6 Ballygunge Place（见438页）
- Arsalan（见436页）
- Kewpies（见436页）
- Fire and Ice（见436页）
- Tamarind（见438页）

最佳住宿

- Astor（见432页）
- Corner Courtyard（见434页）
- Oberoi Grand（见431页）
- Park Hotel（见432页）
- Sunflower Guest House（见432页）

为何去

在这座印度第二大的城市里，你能够看到世间百态：高贵与卑微同在，文质彬彬与露骨欲望并存，在充满未来感的同时又有着过往时光留下的璀璨痕迹。这座城市旧时的拼写（Calcutta）会让大部分西方人联想到人类的痛苦，事实上如此联想并不能代表这座有着350年历史的古城的完整面貌。在当地人眼中，加尔各答（Kolkata）被视为印度的知识、艺术和文化之都。贫穷在这里显而易见，但越来越多白手起家的中产阶级人士成为这座城市的中流砥柱。年轻人中流行着带有嬉皮士精神的时尚文化，而孟加拉绅士们仍然常常光顾殖民地时代的俱乐部。作为英属印度的前首都，加尔各答拥有殖民地时代建筑的盛宴。都市里的贫民窟和充满活力的近郊新城形成了鲜明对比。这里也是品尝口感清淡却层次丰富的孟加拉菜系美食的好地方。它比印度其他大都市更具亲和力，是一个值得全身心投入去"感悟"而不仅是到此一游的地方。

何时去

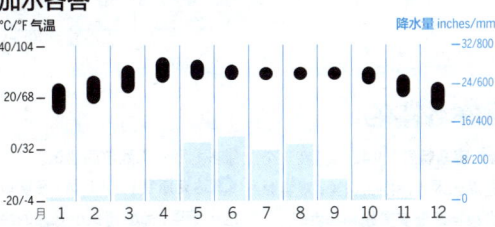

5月至9月 最好避开这段时间，大暴雨会让整座城市到处都湿漉漉的。

9月和10月 全城都会盛装打扮，以迎接五彩缤纷的杜尔迦女神狂欢节。

11月至次年1月 气候凉爽而干燥；冬季是举办各种电影节和音乐庆典的时节。

加尔各答亮点

1. **库马特里**（见425页）在这个充满艺术氛围的街区里,观看黏土女神逐渐变得栩栩如生。

2. **穆利克码头花卉市场**（见424页）欣赏在摊位出售的热带花卉。

3. **维多利亚纪念堂**（见415页）瞻仰这座英属印度总督向英国维多利亚女王致敬的建筑。

4. **达克斯巷**（见437页）在蜿蜒的小巷里,品尝街头小吃摊的经典克里奥尔美食。

5. **南园街公墓**（见418页）通过刻在墓碑上的故事探索这座城市的历史。

6. **大理石宫殿**（见425页）在这座城市最有趣的博物馆里,欣赏地方王公拥有的物质财富。

7. **迈丹公园**（见420页）在这座树木郁郁葱葱的殖民地时代公园里,享受愉快的电车之旅。

历史

在西方人尚未通过航海入侵的数个世纪以前，Kalikata[即如今的卡莉戈特（Kalighat）]这个聚落就是一座极受尊崇的寺庙的所在地，这座寺庙主要供奉印度女神卡莉（Kali）并将这一传统沿袭至今。除此之外，当年这个区域可谓穷乡僻壤，一直都有关于老虎在城外无人的森林中游荡的故事（也就是现在的公园街一带）。当英国商人约伯·查诺克（Job Charnock）于1690年抵达这里时，他认为这里非常适合新建一座可防御的殖民定居点；在短短的数十年时间里，庄严的高楼大厦和英式教堂拔地而起，宽阔的大道和宏伟的花园也纷纷出现，使得这里成为微缩版的伦敦。然而，这种宏大如幻象的景色到了城郊附近就突然变得荡然无存了，为印度王室服务的印度人大都居住在破败拥挤的贫民窟里。

这座城市最值得铭记的起义事件发生在1756年，当时附近的穆尔希达巴德（Murshidabad）的纳瓦布（nawab）西拉杰·乌德·达乌拉（Siraj-ud-daula）取得了这座城市的统治权。数十名殖民地贵族家庭的成员被囚禁在英军威廉堡（Fort William；现为印度军方所有）地下的一个狭小房间里。到清晨时分，大约40人因窒息而死。英国媒体在报道时夸大了死亡人数，从而在英国本土引发了公众谴责：关于"加尔各答黑洞"（Black Hole of Calcutta）的传说就此诞生。

第二年，有"印度征服者"之称的罗伯特·克莱夫爵士（Lord Robert Clive）率军重新夺回了加尔各答。由于前盟友的临阵倒戈，纳瓦布虽然获得了法国人的支持，还是在普拉西之战（Battle of Plassey；普拉西即今天的Palashi）中遭遇大败。1758年，英国人在这里修建了一座更为坚固的堡垒，这座城市也正式成为英属印度的首都，不过直到18世纪人们仍然可以在竹林里猎取豹子——这片竹林就在如今的萨德街（Sudder St）附近。

发端于19世纪末的孟加拉文艺复兴运动为加尔各答的中产阶级带来了文化上的复苏。1905年广受争议的孟加拉分治种下了印度独立运动的火种。1911年，孟加拉国重新合并，但是英国人很快将他们的殖民地首府迁往麻烦较少的新德里（New Delhi）。

一开始，政治力量的迁移并未对加尔各答的经济地位产生太大的影响。但是，1947年的印巴分治却带来毁灭性的打击。如果说西巴基斯坦（West Pakistan）和旁遮普邦（Punjab）是对等的人口迁徙（且充满血腥），那么孟加拉的人口流动则是单向的。大约有400万印度教难民从东孟加拉（East Bengal）来到加尔各答，这使得这里已经人口过剩的城市棚户区更显得拥挤不堪。在一段时间里，大街上经常出现饿死的人，从而使加尔各答给世人留下了持久的贫穷印象。还没等这些难民完全融入当地，1971年的印巴战争（India-Pakistan War）就又带来了第二波难民。

印巴分治之后，加尔各答港口遭受重创，因为它主要的天然腹地被划归关闭边境的巴基斯坦东部（后来的孟加拉国）一侧。工人运动濒临失控，这座城市的主要执政党（印度共产党）将主要精力用来攻击封建的土地制度，主张无产阶级的要求和利益。尽管是善意的，但这些举动仍旧带来了许多问题。几乎每两周工会就会召集组织罢工，严重影响该地区的商业生产力。保护租户利益的租金管理制度被滥用，直至今日还有一些租客们仅需支付极少的租金即可占据历史建筑物的一隅，这些建筑物也年久失修，因为房东们没有兴趣在这些没有市场价值的建筑上付出维护费用。

2001年，加尔各答正式将城市名称改为Kolkata。与此同时，市政府开始实施一项相对鼓励经商的新政策，从而带来了明显的经济复苏。最显而易见的成果就是无数的城郊购物中心和公寓大楼平地而起，盐湖城（Salt Lake City）的第五区（Sector 5）也逐渐成为加尔各答的企业聚集地和娱乐中心（尽管这里还没有成为旅游热点）。2011年草根国大党（Trinamool Congress Party）在州选举中完胜，结束了共产党在西孟加拉邦（West Bengal）为期34年的统治，并承诺将开始大规模的paribartan（变革）。这是一项时至今日仍在推进中的工作。

◉ 景点

◉ 乔林基（Chowringhee）

★ 维多利亚纪念堂
历史建筑

（Victoria Memorial，简称VM；见416页地

Central Kolkata 加尔各答中部

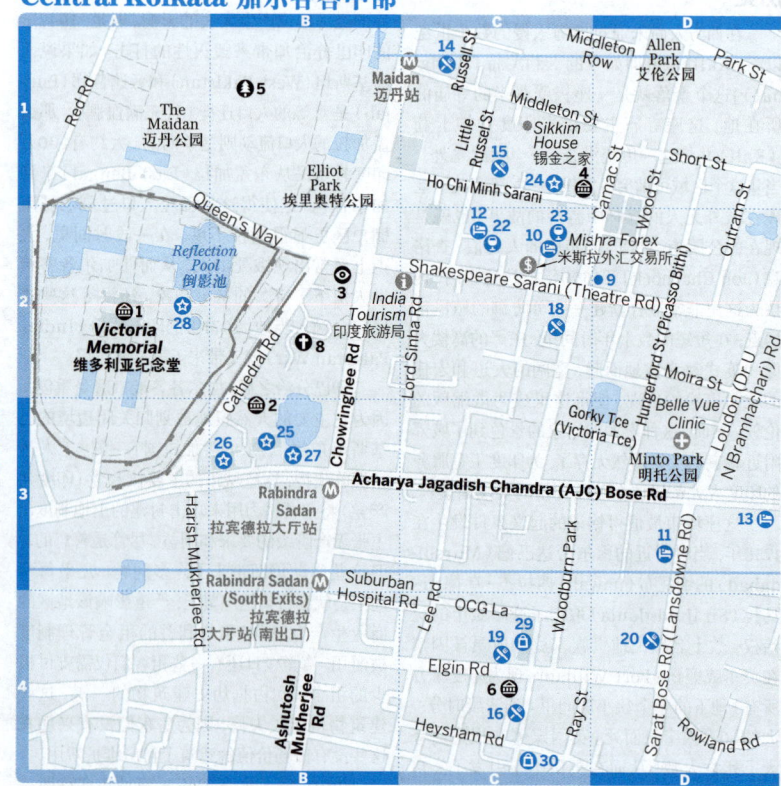

图；☏033-22235142；www.victoriamemorial-cal.org；印度人/外国人含停车₹20/200；⊙周二至周日10:00~16:30）令人瞩目的维多利亚纪念堂是一座规模巨大且比例堪称完美的白色大理石建筑：试想一下将美国国会大厦与印度泰姬陵结合到一起会是什么样子吧。如果说它的修建是为了纪念一位美丽的印度王妃而非为了向一位殖民地女王致敬，那么这座位于迈丹公园（Maidan）南端的建筑则无疑堪称印度最伟大的建筑之一。这座宏伟的建筑由当时的印度总督Curzon勋爵发起建造，它的设计初衷是缅怀在1901年逝世的维多利亚女王，但整个工程直到她逝世后20年才全部竣工。

在室内，亮点在于高耸的中央会堂和加尔各答美术馆（Calcutta Gallery），其经过精心布置的客观公正的展览追溯了这座城市的殖民地时代历史。如果你不想进入室内，这栋建筑也值得你遥望赏玩：从西北方与东北方的倒影池（Reflecting Pool）边可以欣赏到它的宏伟身姿。也可以靠得更近一点，购票进入经过精心打理的公园，这里从日出至日落对外开放。可从北门或南门进入（两边都设有售票处），东门只在白天开放，在冬天的夜晚，可从东门进入维多利亚纪念馆，观看一出壮观的长达45分钟的英语声光秀[《加尔各答的故事》（Story of Calcutta）；见本页地图；印度人/外国人₹10/20；⊙10月中旬至次年2月周二至周日19:15，3~6月周二至周日19:45]，17:00开始售票。座位设在户外且毫无遮挡。夏季则不对外演出。

★ 印度博物馆　　　　　　　　　　博物馆

（Indian Museum；见418页地图；☏033-22861702；www.indianmuseumkolkata.org；27

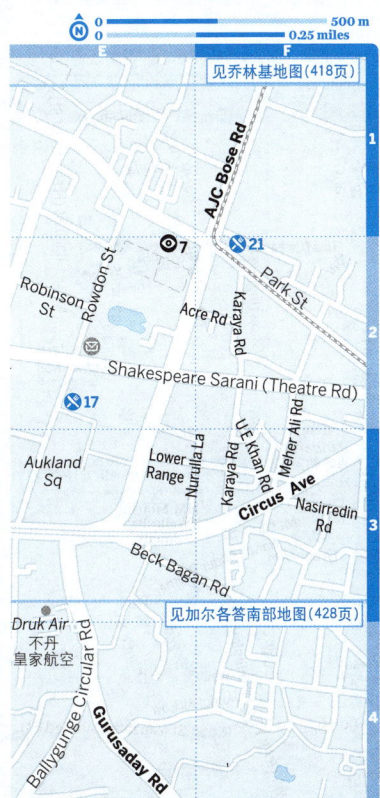

Central Kolkata 加尔各答中部

⊙ 顶级景点
1 维多利亚纪念堂.................................A2

⊙ 景点
2 美术学院...B3
3 比尔拉天文馆...................................B2
4 哈林顿街艺术中心..............................C1
5 迈丹公园...B1
6 领袖故居...C4
7 南园街公墓......................................E2
8 圣保罗大教堂...................................B2

✪ 活动、课程和团队游
9 Mystic Yoga Studio............................D2

🛌 住宿
10 Astor..C2
11 Central B&B...................................D3
12 Kenilworth....................................C2
13 Park Prime....................................D3

🍴 就餐
14 Fire and Ice..................................C1
15 Gabbar's Bar & Kitchen....................C1
16 Kewpies.......................................C4
17 Kookie Jar....................................E2
18 Monkey Bar...................................C2
19 Oh! Calcutta..................................C4
20 Picadilly Square..............................D4
21 Shiraz..F2

🍷 饮品和夜生活
22 Big Ben...C2
23 Plush..C2

🎭 娱乐
24 ICCR..C1
   Nandan Cinema.......................（见25）
25 Nandan Complex...........................B3
26 拉宾德拉大厅..................................B3
27 Sisir Mancha..................................B3
28 VM Sound & Light Show..................A2

🛍 购物
29 Anokhi...C4
30 FabIndia..C4

Chowringhee Rd；印度人/外国人₹20/500，照相₹50；⊙周二至周日10:00~16:00）这座印度最大、最古老的博物馆在2014年2月欢庆了它200岁的生日。这座老式风格的博物馆是一栋廊柱式建筑，周围环绕着中央草坪。馆内陈列着各种令人称奇的丰富展品，包括有2000多年历史的雕塑[特别是公元前2世纪雕刻的华丽的巴尔胡特门（Bharhut Gate）］，古埃及木乃伊，来自古代印度河流域哈拉帕（Harappa）遗址和摩亨佐-达罗（Mohenjo-daro）遗址的遗存，被药剂浸泡的胎儿遗体，悬挂的鲸鱼骨骼以及在宛如图书馆一般的商业植物展览厅里展出的大约37种类型的鸦片。

圣保罗大教堂 教堂

（St Paul's Cathedral；见416页地图；Cathedral Rd；⊙9:00至正午和15:00~18:00）有人说圣保罗大教堂是加尔各答最具代表性的哥特式建筑物，其高耸入云的锯齿状尖塔让看到它的人们感觉如同置身于英国的剑桥郡，

Chowringhee 乔林基

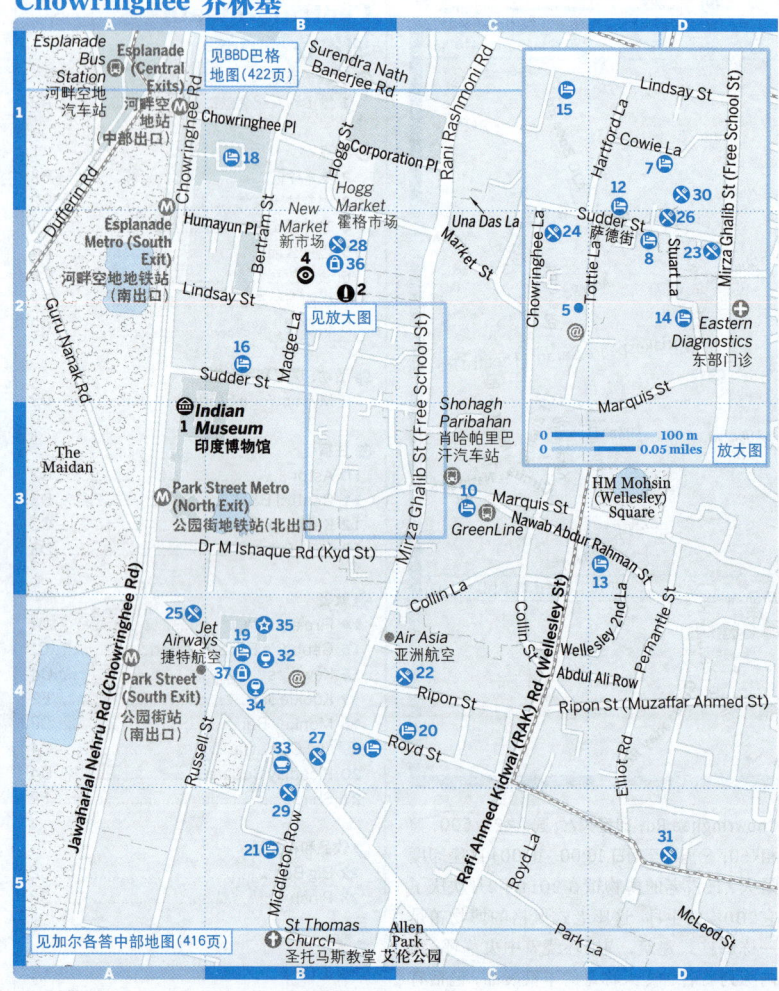

是出现在加尔各答天际线上的一抹倩影。教堂建于1839年至1847年间,有一个非常宽敞的中厅,以及由拉斐尔前派大师爱德华·伯尔尼-琼斯(Edward Burne-Jones)设计而成的彩色西窗。圣保罗大教堂因其是第一座建于英国领土之外的大教堂而闻名于世,因此每到平安夜,都会有数百位信徒涌进教堂来这里参加圣诞子夜弥撒。

南园街公墓 墓地

(South Park Street Cemetery;见416页地图;公园街;捐献₹20,导览小册子₹100;◎8:00~16:00)这座在1767年至大约1840年间启用的墓园,至今仍为人们提供着一片宁静的都市绿洲。在修剪整齐的丛林中,分布着诸多具有殖民地时代特征的从圆形到尖顶的各种金字塔,表面长满青苔。可以欣赏这里美丽的雕塑艺术,此外,一些破败的坟墓属于加尔各答殖民时期的杰出公民,包括学者亨利·迪罗齐奥(Henry Derozio)、学者威廉·琼斯(William Jones)和杰出的植物学家罗伯特·基德(Robert Kyd)。可由位于公园街的北门进入。允许摄影。

Chowringhee 乔林基

◎ 重要景点
1 印度博物馆...............................A3

◎ 景点
2 钟塔...B2
3 特蕾莎修女修道院....................F4
4 新市场.......................................B2

◆ 活动、课程和团队游
5 Backpackers.............................C2
6 儿童院.......................................F3

◉ 住宿
7 Afridi International.....................D1
8 Bawa Walson Spa'O'Tel............D2
9 Corporate..................................B4
10 DK International.......................C3
11 Georgian Inn...........................E2
12 Golden Apple Hotel.................D1
13 Hotel Aafreen..........................D3
14 Hotel Galaxy............................D2
15 Hotel Lindsay..........................C1
16 Lytton Hotel.............................B2
17 Monovilla Inn...........................F3
18 Oberoi Grand..........................B1
19 Park Hotel...............................B4
20 Sunflower Guest House..........C4
21 YWCA.....................................B5

◎ 就餐
22 Arsalan....................................C4
23 Bhoj Company........................D2
Blue & Beyond..........................（见15）
24 Blue Sky Cafe..........................C2
25 Hot Kati Rolls..........................A4
26 JoJo's Restaurant...................D2
27 Mocambo................................B4
28 Nahoum Bakery......................B2
29 Peter Cat................................B5
30 Raj Spanish Cafe....................D1
31 Suruchi...................................D5

◉ 饮品和夜生活
32 Aqua..B4
33 Flury's.....................................B4
34 OlyPub....................................B4

☆ 娱乐
35 Someplace Else.....................B4

◉ 购物
36 Chamba Lama.........................B2
37 Oxford Bookstore....................B4

新市场

市场

（Hogg Market；见418页地图；Lindsay St）这片巨大的狭窄街区的历史可追溯至1874年，其中最醒目的地标是用红砖修建而成的钟塔（clocktower；见418页地图），但在1980年发生火灾后进行过大幅重建。白天这里挤满了各种手工艺品小贩，可能会给你带来一些困扰。到了傍晚人潮涌动，周末则更是热闹。拂晓时分的体验更吸引人，在肉食区看着禽畜到来的体验具有令人难过（和病态的）的吸引力：灰白的砧板、溅血的地板和一根根柱子撑

游览加尔各答

三天游
第一天，欣赏维多利亚纪念堂（见415页）和周边景点，然后拜访印度旅游局，获取大理石宫殿的许可证（在两天内使用）。从胡格利河岸的码头上船欣赏夜晚风光，然后在OlyPub（见438页）或Peter Cat（见436页）这样的公园街（Park St）的餐厅中享用美酒和美食。

第二天，漫步穿越殖民地时代的BBD巴格（见421页），体验老中国城（见424页）和巴拉巴扎尔（见423页）迷人的（尽管也有些拥挤）市井生活，并从穆利克码头花卉市场（见424页）眺望缤纷的豪拉大桥（见424页）。

第三天，最好是花点时间参观大理石宫殿（见425页）及周边景点，可直接到达库马特里（见425页），或者绕远路从心灵圣地**达克希什瓦**（Dakshineswar; www.dakshineswarkalitemple.org; ⊙6:00~12:30和15:30~20:00）**免费** 和贝卢尔庙（见425页）前往。

一周游
除了上述为期3天的行程以外，你还可以来到有着强烈反差的**加尔各答南部地区**体验一下，这里拥有艺术画廊、纺织品精品店、热闹的咖啡馆、绿地、繁荣的购物商场、美味的孟加拉食物以及卡莉女神庙特殊的宗教仪式（见426页）。然后，可以短暂地参观一下位于地势较低地带的恒河三角洲的**孙德尔本斯老虎保护区**（见450页），探索位于胡格利（Hooghly）河岸上的迷人的欧洲碉堡。

起的顶棚。

位于主市场中的**Chamba Lama**（见418页地图；⊙周一至周六11:00~20:00）是当地最具知名度的银饰珠宝店之一。另一家值得探访的是**Nahoum Bakery**（见地图418页；摊位F-20；点心/布朗尼蛋糕₹30/50；⊙周一至周六9:30~20:00，周日至13:00），玻璃橱窗上展示着梅子蛋糕和柠檬蛋挞，这里的摆设自1902年以来就没什么太大的改变，当初是一些来自巴格达的犹太人在此开店，那小小的收银桌已经有超过80年的历史。

特蕾莎修女修道院　　　　　历史建筑
（Mother Teresa's Motherhouse；见418页地图；☎033-22497115；www.motherteresa.org；54A AJC Bose Rd；⊙周五至周三8:00至正午和15:00~18:00）**免费** 基督教的朝圣者定期会前来参观这座仁爱传教会（Missionaries of Charity）的"圣母院"，并向特蕾莎修女（现已被尊为圣人）朴素的坟墓致敬。邻近的一个小博物馆展室内陈列着特蕾莎修女穿过的旧拖鞋以及用旧的搪瓷饭碗。楼上是她在1953~1997年间工作和休息的房间，至今仍保持着简朴的布置。从萨德街（Sudder St）出发，沿Alimuddin St前行15分钟，然后向南步行2分钟，修道院就在右手边的第二条巷子里。

迈丹公园　　　　　　　　　　公园
（Maidan；见416页地图）在加尔各答的砖石和灰泥建筑之间，迈丹公园是一片广阔的绿地，是加尔各答的居民散步、进行板球和足球比赛、家庭郊游、约会、乘坐双轮马车和发呆的地方。旁边是维多利亚纪念堂（见415页），南侧是圣保罗大教堂，西侧是**胡格利（Hooghly）河岸**。一条电车轨道穿过绿地，跳上缓慢前进的车厢是相当有趣的体验。

回顾历史，迈丹公园是在1758年设立的，是在"黑洞事件"（Black Hole）之后。第二座有护城河的威廉堡为八角形建筑，采用沃邦式风格（Vaubanesque）。同时，为了给新城堡的火炮提供清晰的视野，整个Gobindapur村庄被夷为平地。尽管这对当时在这里生活的居民而言并非好事，但也造就了迈丹这座长达3公里的公园。如今它对于加尔各答的重要意义正如同中央公园之于纽约市。而威廉堡依然隐藏在城墙围绕的军事区内。

比尔拉天文馆　　　　　　　　天文馆
（Birla Planetarium；见416页地图；Chowringhee Rd；₹30；⊙英语13:30和18:30）外观仿照

桑吉（Sanchi）的佛塔，这座建于1962年的圆顶建筑中会上演移动缓慢的、长达30分钟的声光秀，展现浩瀚宇宙的奥秘和外太空的未解之谜。在白天观光的时候不妨到此地稍事休息，这里的展览和演出表现不俗（充满磁性的旁白演绎效果尤其出彩）。

领袖故居　　　　　　　　　　　博物馆

（Netaji Bhawan；见416页地图；☎033-24868139；www.netaji.org；38/2 Elgin Rd；成人/儿童₹5/2；⊙周二至周日 11:00~16:00）博物馆是为纪念富有争议的孟加拉国领袖和独立派激进运动家苏巴斯·钱德拉·鲍斯（Subhas Chandra Bose）而建的。这座由住宅改装而成的博物馆目前是研究机构的办公场所，黄色的石灰浆涂刷的建筑过去曾是鲍斯的哥哥的住所。1941年1月，苏巴斯就是在这里上演了摆脱英国软禁的著名"大逃亡"，之后才与日本人合作一起对抗英国势力。一些房间仍保持着20世纪40年代的特色，他逃亡时乘坐的漫游者（Wanderer）小汽车仍停在原来的车道上。

美术学院　　　　　　　　　　　画廊

（Academy of Fine Arts；见416页地图；2 Cathedral Rd；⊙14:00~20:00）**免费** 这间建于1933年的建筑物有许多明亮且宽敞的展示间，每隔一段时间便展出了当地艺术家的作品。这里是发现年轻而具有潜力的城市新秀的好地方，同时也有不少学院派的资深艺术家进驻。这里还有个剧院，当地团体在此演出当地方言编写、表演的剧目。在大门口可以看到近期演出和未来展览的信息。

哈林顿街艺术中心　　　　　　　画廊

（Harrington Street Arts Centre；见416页地图；☎033-22829220；www.hstreetartscentre.com；2nd fl, 8 Ho Chi Minh Sarani；⊙14:00~20:00）**免费** 这里有充满想象力、通过多种材质和媒介呈现的当代艺术作品，来自印度和国际艺术家，陈列在这栋加尔各答典型的殖民时期风格建物的4个宽敞房间内，画廊负责人为了改装和维修这栋建筑费了不少心力。方格瓷砖铺就的走廊尽头是一间令人感到舒适惬意的咖啡馆。有趣的是，画廊有2间迷人的客房（双人房包括早餐₹5000）在展览空间旁边，通常为来访的艺术家保留，但空闲时也对游客开放。相关细节请致电画廊。

◉ BBD巴格

作为殖民地时代加尔各答最重要的广场之一，BBD巴格（过去称为Dalhousie Sq）位于棕榈树环绕的水库湖泊中心，这座湖泊被称作**Lal Dighi**，它曾经为这座年轻的城市提供饮用水。虽然钢筋水泥的高楼有损于整体景观，但是许多恢宏的殖民地时代建筑至今依然屹立于此，其中一些已成为禁止随意进入的写字楼，但仍可从外面欣赏其结构。

最前面的一栋是建于1780年的**作家楼**（Writers' Buildings；见422页地图），是一座双栋建筑，从南侧外墙看起来像是法国某个省的政府大楼。这里曾经是东印度公司文职人员（即所谓"作家"）的办公场所，自2013年起便在整修中。在其后方则是经过重新粉刷的**东方铁路大楼**（Eastern Railways Building；见422页地图；NS Rd），曾经的**渣打银行大楼**（Chartered Bank Building；见422页地图；India Exchange Pl）则隐约流露着摩尔式风情，无人居住的顶端塔楼上露出了灌木丛。建于19世纪60年代的旧GPO大楼（见423页）有一个高耸的圆形大厅，**标准人寿大厦**（Standard Life Building；见422页地图；32 BBD巴格）则因一个修复项目而获得新生，有些相当不错的细节。曾经壮观的**货币大厦**（Currency Building；见422页地图；BBD Bagh East；⊙周一至周五 10:00~17:00）**免费** 如今虽然变得破败不堪，但也足够稳定，现在有一个有趣的印度考古调查所的展示书店。北面矗立的则是**圣安德鲁鲁教堂**（St Andrews Church；见422页地图；15 Brabourne Rd；⊙7:00~11:00和15:00~18:00）**免费** 则有一个不错的雷恩式尖塔。

高等法院　　　　　　　　　　历史建筑

（High Court；见422页地图；www.calcuttahighcourt.nic.in；Esplanade Row West；⊙周一至周五 10:00~17:00）**免费** 作为加尔各答最伟大的建筑杰作之一，高等法院大楼建于1864~1872年间，与建于中世纪的比利时伊普尔（Ypres）的纺织会馆（Cloth Hall）有几分相似。宏伟的哥特式外观最适合从南面观赏。若想进入室内，请在东边的入口安检处申请一个入门许

BBD Bagh BBD巴格

⊙ 重要景点
- **1** 泰戈尔故居 D1

⊙ 景点
- **2** 拿撒勒的亚美尼亚教堂 C3
- **3** 礼拜堂犹太教堂 C4
- **4** 黑洞纪念碑 A5
- **5** 渣打银行大楼 B4
- **6** 货币大厦 B5
- **7** 东方铁路大楼 B4
- **8** Hap Hing C5
- **9** 高等法院 A6
- **10** 老香水铺 C4
- **11** 玫瑰圣母圣殿主教座堂 C3
- **12** 豪拉大桥 A1
- **13** 玛汗大卫犹太教堂 C3
- **14** 约伯·查诺克陵 A5
- **15** ML Bhunja C5
- **16** 穆利克码头花卉市场 B2
- **17** 纳克霍达清真寺 D3
- **18** 纳威沙洛姆犹太教堂 C3
- **19** 旧GPO大楼 B5
- **20** 波洛克街邮局 C4
- **21** 斯里库奇耆那教寺庙 C4
- **22** 圣安德鲁教堂 C5
- **23** 圣约翰教堂 A5
- **24** 标准人寿大厦 B5
- **25** Toong On寺庙 D5
- **26** 作家楼 B4

⊙ 活动、课程和团队游
- **27** 加尔各答步行游 C6
- **28** 历史电车 B7

⊙ 住宿
- **29** Bengal Buddhist Association D6
- **30** Broadway Hotel D6
- **31** Lalit Great Eastern B6

⊙ 就餐
- **32** Amber C6
- **33** Anand C6
- **34** 达克斯巷 B6
- **35** KC Das C7

⊙ 饮品和夜生活
- Broadway Bar .... （见30）

⊙ 购物
- **36** Central Cottage Industries C7
- **37** Mondal & Sons C5

⊙ 交通
- **38** 不丹公共汽车售票亭 B7
- **39** 电子火车票务办公室 A5
- **40** 东部铁道旅游局的国际旅游办事处 B4
- **41** 河畔空地汽车站 B7
- **42** 迷你公共汽车站 B5

可（携带证件），一旦进入，你会看到一道拱门，律师们身穿白色立领衬衣，外披黑色律师袍，往来穿梭于其中。

圣约翰教堂 教堂

[St John's Church；见422页地图；Netaji Subhash(NS) Rd；门票₹10，开车进入₹25；◎8:00~17:00]这座带有石质尖塔的教堂竣工于1787年，四面被廊柱所环绕。教堂内有一个悬挂肖像（在进入房间后右边的墙壁上）的小房间，这里曾经是印度的首任英国总督沃伦·黑斯廷斯（Warren Hastings）的办公室。你需要穿过后廊才能进入主教堂。树荫遮蔽的广场上有一些有意思的古迹，包括**约伯·查诺克陵**（mausoleum of Job Charnock；见422页地图）和迁至此处的**黑洞纪念碑**（Black Hole Memorial；见422页地图）。教堂收藏着18世纪的德国艺术家约翰·佐法尼（Johann Zoffany）临摹的《**最后的晚餐**》。

旧GPO大楼 建筑

（Old GPO Building；见422页地图）老邮政总局是BBD巴格地区最具标志性的建筑之一，中央圆形大厅高达近40米，中间有一个挥舞着长矛的邮差。然而，大多数邮政业务都在位于Koilaghat St的一栋建筑里办理，距离这里约100米。室外有一个集邮局，在那里你可以购买纪念邮票，或者花300卢比自己设计一张面额为5卢比的邮票。但可能需要7天的时间才能交付到你的手上。

⊙ 巴拉巴扎尔和豪拉 (Barabazar & Howrah)

接下来的步行路线串联起一些小一点的宗教景点，但穿梭于喧闹的小巷弄之间也很有意思，当年这里到处都是商人、人力车夫和头上顶着巨大的包裹却又不可思议地保持着平衡的搬运工。建于1707年的拿撒勒的**亚美**

尼亚教堂（Armenian Church of Nazareth；见422页地图；Armenian St；◎周一至周六9:00~16:00）被周围的中国集市老街（Old China Bazaar St）上众多纸制品商铺所环绕，据称是加尔各答历史最悠久的基督教敬拜场所。葡萄牙传教士于1797年建立的玫瑰圣母圣殿主教座堂（Holy Rosary Cathedral；见422页地图；Brabourne Rd；◎6:00~11:00和17:00~18:00）规模更大，并拥有令人叹为观止的侧塔，塔顶为绚丽的皇冠形，教堂内的圣水池透着一股世俗的欢乐气息。

加尔各答的犹太人社区一度有约30,000人口，但是如今只剩下不到30位上了年纪的教友会出现在玛汗大卫犹太教堂（Maghan David Synagogue；见422页地图；Canning St）里。在角落处的纳威沙洛姆犹太教堂（Neveh Shalome Synagogue；见422页地图；Brabourne Rd）几乎完全被商店所淹没。一旦你穿过Brabourne St，就往Pollock St走，经过卖五彩气球、装饰品和塑料植物的店面，就可以看到同样年久失修的波洛克街邮局（Pollock St Post Office；见422页地图；Pollock St），以及这里曾经是一座宏大的犹太学校建筑的礼拜堂犹太教堂（BethEl Synagogue；见422页地图；Pollock St）免费，外观类似一座20世纪30年代的电影院，内部有精美的柱廊，但要进入这个或其他犹太教堂，你通常需要联系犹太社区事务处（☎9831054669；63 Park St）。

与Pollock St平行而且更宽的Ezra St上有一个精美的老香水铺（Hindperfumerie；见422页地图；55 Ezra St；周一至周五10:00~19:00），就在斯里库奇耆那教寺庙（Shree Cutchi Jain Temple；见422页地图；Ezra St）前面。从那里可沿着东边的Parsee Church St前往老中国城（Old Chinatown），或者回到迷人的拉宾德拉萨拉尼（Rabindra Sarani）去寻找被店铺淹没的落成于1926年的纳克霍达清真寺（Nakhoda Mosque；见424页），这座清真寺是模仿锡根德拉（Sikandra）的阿克巴陵墓（Akbar's Mausoleum）建造的。

豪拉大桥
地标

（Howrah Bridge；Rabindra Setu；见422页地图）豪拉大桥是横跨胡格利河（Hooghly River）的交通要道，它是一座长达705米的钢结构悬臂桥，桥上是直达通道，便于行人和机动车辆通行。它建于第二次世界大战期间，是世界上最繁忙的桥梁之一，也是加尔各答最显眼的建筑标志。这座桥梁禁止拍照，但是你可以在乘坐渡船前往1906豪拉火车站时，在船上偷偷拍几张。

为了减轻桥上的交通负荷，并提供一道由豪拉前往城市南部地区的更为便捷的通道，新的维迪亚萨迦大桥（Vidyasagar Setu）在1992年建成。它在豪拉大桥下游约3公里的地方，若从豪拉大桥向南看，可到到这座金门大桥一般的大桥横跨河的两岸。

穆利克码头花卉市场
市场

（Mullik Ghat Flower Market；见422页地图；紧邻Strand Rd）这个鲜花市场位于豪拉大桥东南端附近，24小时都摆满了五彩缤纷的迷人花朵。如果你在清晨时分造访，则会看到许多批发商带着大量的鲜花来到这里，准备将花卖给竞标得价的零售商。不少工人就住在临时搭建的棚屋里，会在屋后的河里洗澡，出现在豪拉大桥的日落景色中。每天清晨7点，当地的摔跤手们都会在河边的一片沙地上切磋技艺。

纳克霍达清真寺
清真寺

（Nakhoda Mosque；见422页地图；Zakaria St）免费 纳克霍达清真寺位于喧嚣混乱的拉宾德拉萨拉尼（Rabindra Sarani）街道，出现在周边繁华的商店群之上。这座红砂岩建筑建于1926年，屋顶是翠绿色的穹顶或者尖塔，整体上模仿锡根德拉（Sikandra）的阿克巴陵墓（Akbar's Mausoleum），而正门则受到法塔赫布尔西格里的胜利之门（Buland Darwaza）的启发。这是加尔各答最大的清真寺，是斋月每晚节庆活动的中心。

◉ 老中国城 (Old Chinatown)

近200年以来，Bentinck St和Phears Lane周围是加尔各答的中国城。这里的华人在加尔各答海上贸易繁盛的时候便定居在这里。然而，随着商业逐渐萎缩，许多华人已搬迁到较新的郊区，后代亦移民到美国和澳大利亚，人口逐渐萎缩，今天的"老"中国城主要居民为穆斯林。然而，在黎明之后，在Tiretta集市的小广场上有一个热闹的市场，上午10点关门,老字号商店**Hap Hing**(见422页地图; 10 Sun Yat Sen St; ⏰6:00~10:00)亦是如此,店长Stella Chen会告诉你关于华人社区的更多的故事。

附近其他的老店有乐器制造商Mondal & Sons(见442页)和极具吸引力的建于1948年的枪支店**ML Bhunja**(见422页地图; ☎9831134146; 301 BB Ganguli St, Lal Bazar; ⏰周一至周五11:00~18:30),后者出售步枪、军刀、燧发枪以及涂有蛇毒的古老剑刀。

在一度繁荣的建于1924年的**Toong On 寺庙**(见422页地图; Blackburn Lane) `免费` 周围,贫穷的拾荒者在垃圾堆中翻找食物,在人行道旁的箱子和棚子里睡觉。在这里周围经过时请尊重他人。

◉ 拉宾德拉萨拉尼(Rabindra Sarani)及周边

拉宾德拉萨拉尼相当迷人,一条有着密密麻麻的商店和作坊的街道从河畔空地区(Esplanade)经由**库马特里**(Kumartuli)的神像工作坊向北延伸,一直通往**Galiff St**。每个周日上午这里都会举办宠物市集,趣味十足。**加尔各答大学**在拉宾德拉萨拉尼以东的College St上,附近有一些不错的景点,包括1817年建立的**总统大学**(Presidency University),其外观令人印象深刻。

★ 大理石宫殿 `博物馆`

(Marble Palace; 46 Muktaram Babu St; ⏰10:00~15:00, 周一和周四闭馆) `免费` 这座宏伟的豪宅建于1835年,由富裕的马里克(Mallick)家族建成。它可以说是印度保得最完好的皇室宫殿之一,其大理石装饰的大厅里放置着落满灰尘的思想者雕像和舞女雕像,还有许多维多利亚时代的物品,比利时玻璃器皿、麋鹿头像标本和牟利罗、乔舒亚·雷诺兹、鲁本斯等著名画家创作的精美画作。可免费入场,但需要得到西孟加拉邦旅游局的书面许可(见443页)。

在建筑物内,特别值得一提的是音乐厅,地板上镶嵌着大理石,其图案呈现的是拿破仑三比一击败惠灵顿的故事。宴会厅里的多排枝形吊灯保留了下来,蜡烛外面是镀银玻璃球面,散射出多条光线(19世纪的迪斯科

球)。建筑的底楼有一个历史比较悠久的私人动物园,现在这里有好几种猴子和鸟类。

从MG Rd地铁站到大理石宫殿得向北步行,在第一个红绿灯[171 Chittaranjan (CR) Ave]左转。宫殿在东面,在拉宾德拉萨拉尼198号至200号之间拐出的小巷上。

★ 泰戈尔故居 `博物馆`

(Tagore's House, 又名Jorasankho Thaur Bari; 见422页地图; www.rbu.ac.in/museum; Dwarkanath Tagore Lane, 紧邻Rabindra Sarani; 印度人/外国人₹10/50, 学生₹5/25; ⏰周二至周日10:30~16:30) 这栋建于1784年的州立泰戈尔家族故居已成为瞻仰这位印度最伟大的现代诗人的圣地。即使他的个人事迹无法打动你,一些精选的诗句也一定会让你对泰戈尔深刻的普世主义和现代主义哲学感慨不已。这里有一个很棒的画廊,展品都出自他的家人和同时代的艺术家之手,此外还有一个展现他与日本的文学、艺术和哲学之间的联系的展览。在这里还有一张摄于1930年的泰戈尔和爱因斯坦的合影,取自当年的一场知名的会面。

◉ 加尔各答北部

★ 库马特里神像工匠区 `区域`

(Kumartuli Idol-makers; Banamali Sarkar St) 在加尔各答五彩缤纷的宗教仪式puja中,无数用黏土制成的神像与恶魔像被沉入河里,这些神像就是由库马特里地区的神像工匠(kumar)所制作的。在拉宾德拉萨拉尼西边,Banamali Sarkar St这条街上工坊林立。每年8月到10月是工匠们最为忙碌的时期,因为在此期间会举行杜尔迦(Durga)和卡莉(Kali)朝圣祭,他们要忙着制作稻草框架,填满黏土材料,再画上神像的外表特征。在11月,工匠们则会在河岸上冲洗稻草框架,以便来年继续使用。

★ 贝卢尔庙 `宗教景点`

(Belur Math; ☎033-26541144; www.belurmath.org; Grand Trunk Rd; ⏰6:30至正午和15:30~18:00; 🚌54, 56) `免费` 这处大型宗教中心坐落在棕榈树林和整齐的草坪中,是罗摩克利须那传教会的总部所在地,其灵感来自19世纪倡导所有宗教归于一统的印度圣人——罗

摩克利须那·帕拉马哈(Ramakrishna Paramahamsa)。其中心建筑是1938年修建的**罗摩克利须那神庙**(Ramakrishna Mandir; ⏱6:30至正午和15:30~18:00),它兼具天主堂、印度王宫和伊斯坦布尔的圣索菲亚大教堂的特色。在胡格利河岸边有一些较小的神殿,其中包括**斯利萨拉达戴维寺**(Sri Sarada Devi Temple; ⏱6:30至正午和15:30~18:00) 免费 ,这位精神领袖的妻子萨拉达(Sarada)就被葬于此处。

从停车场可进入漂亮的双层**博物馆**(⏱周二至周日 8:30~11:30和15:30~17:30) 免费 内,这里展示了罗摩克利须那的生平,以及他伟大的弟子辨喜(Swami Vivekananda)的旅行经历。在杜尔迦女神节(Durga Puja)期间,大家会涌入这里参加仪式和欢庆节日,最后一天在胡格利河浸入女神的仪式也相当壮观。

在户外的主路上,贝卢尔庙和豪拉(车程25分钟)之间每天有6班郊区列车,最多人搭乘的是10:45和16:45这两班。小巴以及54和56路公共汽车往返于河畔空地和豪拉之间,会在贝卢尔庙火车站旁停车。南行的车会经过巴达戈特(Bandaghat)。从那里出发,你可以搭乘每小时3班的渡轮至阿希里托拉(Ahiritola),然后在巴巴扎尔(Bagbazar)乘船前往库马特里。从**贝卢尔码头**出发,有渡轮(每小时一班)和开放船只(客满开船)开往达克希什瓦(Dakshineswar),而南行经过巴巴扎尔到达豪拉的渡轮则于18:30和20:00出发(工作日与星期日分别在9:15和13:30加开一班)。

◉ 卡莉戈特 (Kalighat)

围绕着卡莉女神庙(Kalighat Temple)的是犹如迷宫一般的蜿蜒巷弄,里面是兜售鲜花、铜器和宗教圣器皿的市集摊贩。这个宗教圣地的景点值得旅人花上几个小时探索一番,最好是带着相机前往。

卡莉女神庙
印度教神庙

(Kalighat Temple; 见428页地图; Kali Temple Rd; ⏱5:00~22:00, 中央圣殿 14:00~16:00关闭) 这座古老的卡莉女神庙是加尔各答最神圣的印度教圣地,很可能也是这座城市名字的由来。如今你看到的建筑是在1809年重建的,用鲜花和孔雀图案的瓷砖装饰,看起来更具维多利亚风格,而非印度本土产物。比建筑本身更精彩的看点是拥挤的朝圣者队伍,他们列队慢慢进入大殿后,会将芙蓉花瓣抛撒在一尊头戴王冠和舌头镀金的三眼卡莉神像上。钟楼后面,山羊在宗教仪式中被虔诚的教徒斩首(通常是在清晨)以祭奠这位印度教女神。

◉ 巴利衮德、加里亚特和兰丝塘 (Ballygunge, Gariahat & Lansdowne)

在卡莉戈特以东,现代化和国际化的住宅和商业区新旧混合,随处可见迷人的餐厅、闪闪发光的购物商场、精致的画廊、别致的精品店和手冲式咖啡馆。

拉宾德拉湖
公园

(Rabindra Sarovar; 见428页地图; 紧邻 Southern Ave) 免费 当朝阳初升的金色光芒洒在湖面上时,加尔各答的中产阶级会到这里来慢跑、快走和冥想,这个绿荫遮蔽的公园曾是"二战"时驻军的医用帐篷所在地。一些人会围成一个圈,练习集体瑜伽,这时园内到处都会充满"嚯嚯"、"哈哈哈"的爽朗笑声,托尼·豪克斯(Tony Hawks)在《周末旅行者:加尔各答探险》(*The Weekenders: Adventures in Calcutta*)一书中将这种情景生动地描述为"笑声俱乐部"(Laughing Clubs)。年轻的情侣也会来到此处,在周末这里则回荡着街头艺人的灵魂乐章,吸引了许多人驻足聆听。

比尔拉庙
印度教神庙

(Birla Mandir; 见428页地图; Gariahat Rd; ⏱6:00~11:00和17:00~21:00) 免费 这座建于20世纪的优雅建筑是用乳白色砂石修筑而成的,里面祭拜的是印度教的神祇纳拉扬(Narayan, 即毗湿奴)和他的妻子拉克希米(Lakshmi)。这3座玉米芯形状的塔的尺寸庞大,给人留下的深刻印象远大于塔的雕刻装饰,院子里很适合静静地坐一会儿。寺庙建筑群旁边有一个使用先进技术建造而成的礼堂,名叫**GD Birla Sabaghar**(见428页地图;www.gdbirlasabhaghar.com; Queens Park Rd),经常举办音乐节目和其他表演;可查看网站上的节目表。

特蕾莎修女

对于很多人来说，特蕾莎修女（1910~1997年）是人类的慈悲和奉献精神的生动象征。特蕾莎修女原名为艾格尼丝·刚察·博亚丘（Agnes Gonxha Bojaxhiu），出生于奥斯曼的于斯屈普（Üsküp；现为马其顿的斯科普里），父母为阿尔巴尼亚人。她加入了爱尔兰洛雷托修女会（Irish Order of Loreto），并在加尔各答的圣玛丽高中（St Mary's High School）教书十多年。震惊于加尔各答的贫困灾难，她创建了仁爱传教会（the Missionaries of Charity；见429页），并为穷困和濒死的人建立了避难所。其中第一个是于1952年开放的尼尔玛里德利（Nirmal Hriday；见428页地图；251 Kalighat Rd）。虽然该机构迅速扩展为国际慈善机构，但特蕾莎修女本人继续生活在简陋的环境中。她于1979年被授予诺贝尔和平奖，2003年被梵蒂冈列入天主教宣福名单，并于2016年被封圣。

但是，有些人对这些社会工作者所宣扬的人类义务有所质疑。女权主义作家杰梅恩·格里尔（Germaine Greer）曾指责特蕾莎修女的宗教帝国主义（religious imperialism），而记者克里斯托弗·希钦斯（Christopher Hitchen）的书《传教士的位置》（*The Missionary Position*）则谴责来自独裁者和腐败大亨的捐款。许多人也质疑该机构人员的最低医疗标准以及特蕾莎坚决反对避孕的观点。无论如何，她的捍卫者们仍继续延续着她高尚的终生使命，为将死之人和贫困者提供爱、关怀和尊严，并且带动周围的人跟随她的脚步继续行善。

CIMA
画廊

（见428页地图；☎033-24858717；www.cimaartindia.com; Sunny Towers, 43 Ashutosh Chowdhury Ave; ◎周二至周六 正午至19:00, 周一15:00~19:00）**免费** 位于南加尔各答建筑群3楼的尖端当代艺术画廊CIMA，是欣赏印度顶级古今艺术家作品的好地方。展览每两周或每月更换一次，偶尔还会举办专门的活动。店内还有一家设计店和礼品店，出售各种深受好评的纪念品，包括手工艺品和时尚别致的设计作品。

⊙ 阿力波尔（Alipore）及周边

★ 植物园
公园

（Botanical Gardens；印度人/外国人₹10/100; ◎周二至周日 6:00~17:00; ➡55, 213）虽然到此地的公共交通颇为麻烦，但加尔各答的这处占地109公顷的可爱植物园可以说是逃避城市喧嚣的好去处。这座建于1786年的花园（约有超过12,000种植物）在茶树被英国人从中国引入的过程中扮演了重要角色，那时茶叶还未能成为印度人的家常饮品。如今这里有仙人掌室、棕榈区、临河区以及栽种着巨大的亚马逊睡莲的可以划船的内湖。

最吸引人的当属已经250岁高龄的"世上最大的榕树"。这其中还有一个小误会：这棵树的中央躯干于20世纪20年代已经腐烂，因此只留下一些交叉的树枝和彼此相连的气根，从而使它看上去更像是树丛而不是单独的一棵树。如果想观赏这棵大榕树，你可以乘坐55路或213路公共汽车在公园的200周年大门（Bicentenary Gate）处下车，然后步行5分钟；亦可乘坐55路公共汽车并从河畔空地经由豪拉慢悠悠地开往终点站植物园大门的小巴，之后再步行30分钟。从莎士比亚萨拉尼（Shakespeare Sarani）搭乘出租车到这里的价格约为200卢比，途中会经过优雅的维迪亚萨迦大桥（Vidyasagar Setu）。

园艺花园
公园

（Horticultural Gardens；见428页地图；Belvedere Rd; 门票₹10; ◎6:00~10:00和14:00~19:00）这个令人愉快的花园建筑群位于加尔各答市中心，宁静的隐秘岛屿为游客提供了一个个了解热带植物的机会，同时还可以在平静的绿色环境中来一场视觉盛宴。中央草坪周围有数百种热带灌木和开花植物、日式主题花园和可爱的石头瀑布。还有一个果园（不可采摘）和一座独立的花园（栽种着仙人掌和兰花）。

Southern Kolkata 加尔各答南部

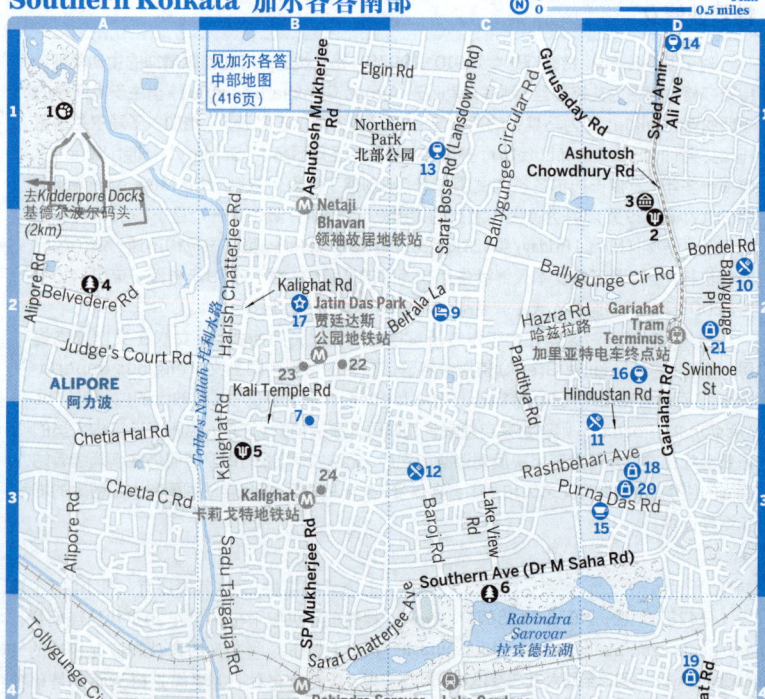

阿力波尔动物园　　　　　　　　　　动物园

（Alipore Zoo；见428页地图；www.kolkata zoo.in；Alipore Rd；门票₹20；录像₹250；◎周五至周三 9:00～17:00）占地16公顷的加尔各答动物园于1875年建成开业，为英属印度的展示动物园之一，但多年来其地位和各项指标在逐渐衰落。宽敞的草坪和湖滨长廊在周末非常受野餐人士（因此常常有各种垃圾）的欢迎。避免在圣诞节和新年之间造访，因为这里会挤满当地人。附近有厕所，还有贩卖小吃和瓶装水的摊位。

★ 活动

搭船　　　　　　　　　　　　　　划船

（Outram Ghat）在黄昏时，乘坐小船进入水域是观看夕阳落入胡格利河的绝佳方式。船家会在乌特勒姆码头（Outram Ghat）排队等候，并提供游客从码头往返维迪亚萨迦大桥的行程。乘船1个小时的价格约为500卢比。

历史电车　　　　　　　　　　　搭火车

（Heritage Tram；见422页地图；车票含点心₹260；◎周六和周日 7:00和14:00）加尔各答国营电车公司只在加尔各答经营部分电车路线。然而，若希望体验加尔各答特殊的有轨电车，您可以从河畔空地电车车站跳上经过装修的空调历史电车，享受一场愉快的电车之旅：穿过迈丹公园，或者沿着拉比德拉萨拉尼（Rabidra Sarani）前往北部地区。

皇家加尔各答高尔夫球俱乐部　　高尔夫球

（Royal Calcutta Golf Club；☏033-24731352；www.rcgc.in；18 Golf Club Rd；非会员果岭费 ₹6500；9/18洞球童费 225/450占比）宏伟的皇家加尔各答高尔夫球俱乐部成立于1829年，是英国以外的世界上最古老的高尔夫球俱乐部。这也

Southern Kolkata 加尔各答南部

◎ 景点
- **1** 阿力波尔动物园 A1
- **2** 比尔拉庙 D2
- **3** CIMA画廊 D1
- **4** 园艺花园 A2
- **5** 卡莉女神庙 B3
-   尼尔玛though德利 .... (见5)
- **6** 拉宾德拉湖 C3

✪ 活动、课程和团队游
- **7** Help Tourism B3

🛏 住宿
- **8** Bodhi Tree B4
- **9** Corner Courtyard C2

✪ 就餐
- **10** 6 Ballygunge Place D2
- **11** Bhojohori Manna D3
-   Corner Courtyard .... (见9)
- **12** Tamarind C3

⊙ 饮品和夜生活
- **13** Basement C1
-   Dolly's Tea Shop .... (见19)
- **14** Irish House D1
- **15** Mrs Magpie D3
- **16** Smoke Shack D2

✪ 娱乐
-   GD Birla Sabaghar .... (见2)
-   Inox（Quest Mall）............................... (见14)
- **17** Seagull Arts & Media Resource Centre B2

🛍 购物
-   Aranya .... (见19)
- **18** Byloom D3
- **19** Dakshinapan Shopping Centre D4
- **20** Sienna Store & Cafe D3
- **21** Weaver's Studio D2

ℹ 交通
- **22** 机动三轮车站（哈兹拉—博得尔路线）...B2
- **23** 机动三轮车站
    （哈兹拉—基德尔波尔路线）.............B2
- **24** 机动三轮车站
    （拉什贝哈里—加里亚特路线）......... B3

是印度为数不多的几个殖民地时代遗留下来的高尔夫俱乐部之一，非会员也可入内散步，不过费用颇高。需要会员的宾客身份方能使用其他设施（如游泳或网球）。

责任慈善机构　　　　　　　　　　　　志愿活动

（Responsible Charity；www.responsiblecharity.org）这间美国的人道主义慈善机构主要帮助加尔各答贾达夫（Jadavpur）地区的贫困家庭。志愿者最好接受过医学培训或有教育经验。也可以将（体面的）旧衣服捐赠到JoJo's Cafe的资源回收银行（见436页）。

仁爱传教会　　　　　　　　　　　　　志愿活动

（Missionaries of Charity；☎033-22497115；www.motherteresa.org）这个由圣人特蕾莎修女（St Teresa）建立的慈善宗教机构帮助了这座城市的大批穷困病人和垂死者。欢迎来自世界各地的志愿者，没有最低的服务期限、无须经验或特殊的技能要求，只要有颗温暖的心、有足够的耐心倾听并同情他们的倾诉，即使语言上可能会有所隔阂也不要紧。

志愿者需要先参加迎新培训，然后每周在特蕾莎修女修道院（见420页）往北两个街区的儿童院（Sishu Bhavan；见418页地图；78 AJC Bose Rd；☉周一、周三和周五15:00）举行3次。志愿者的一天开始于上午7点，在修道院享用面包和香蕉早餐，下午早些时候就会结束。

🎓 课程

Mystic Yoga Studio　　　　　　　　　　　瑜伽

（见416页地图；www.mysticyoga.in；2nd fl, 20A Camac St；临时加入课程每堂₹600；☉8:00~20:00）这个镶有镜面墙的商业工作室为临时到来的客人提供时长1小时的入门瑜伽课程（大部分是基础的）。如果长期逗留，可尝试其中一个更成体系的包月课程。还有附属的果汁吧和有机咖啡馆，会播放录制的经文。营业时间在各周末不同，但通常会开放至下午5点。

Kali Travel Home　　　　　　　　　　　　烹饪

（☎033-25550581；www.traveleastindia.com；每人每堂课₹1200起）这里有热心的外籍人士在当地家庭中为旅行者提供个性化的孟加拉烹饪课程。课程涵盖基础菜和特别菜

（包括素食和非素食），包括完整的孟加拉菜肴（午餐）。另外也提供加尔各答和周边地区的导游服务。可致电询问以了解更多信息。

👉 团队游

★ 加尔各答步行游
步行

（见422页地图；📞033-40052573，9830184030，9830604197；www.calcuttawalks.com；9A Khairu Pl；费用每人₹2000起）由知识渊博的环保主义者Iftekhar经营的专业机构，提供步行、自行车和摩托车之旅，还有在当地家庭的寄宿。这里制作出售的地图可以说是加尔各答最好的印刷地图。除了固定行程的步行游之外，还可以更高的价格定制私人行程。

Backpackers
摩托车游

（见418页地图；📞9836177140；www.tourdesundarbans.com；Tottee Lane；每人每车含午餐₹2200）这里的孙德尔本斯红树林游是最有名的游览项目，善于鼓舞人心的"兄弟们"还提供城市观光之旅，用皇家恩菲尔德摩托车（Royal Enfield motorbike）载客。经典之旅（8:30~15:00）会驱车经过几个著名景点，如老中国城、维多利亚纪念堂、南园街公墓、豪拉大桥和库马特里，也可能会随时增加一些景点。

Bomti
团队游

（Surajit Iyengar，📞9831314990；bomtiyengar@yahoo.com；团体一天₹8000~10,000，个人含餐费₹2500~3000）Bomti不仅是一位导游，还是一位艺术收藏家，非常了解这座城市所有的历史信息。这家机构位于一栋充满艺术氛围的旧式公寓中，Elle Décor杂志曾对它进行过专题报道。个性化团队游最多可为4人量身定制行程，通常以在Bomti家享用一顿奢华传统的孟加拉餐作为旅途的结束。

Calcutta Photo Tours
摄影

（📞9831163482；www.calcuttaphototours.com；每人₹1750起）这个专业机构提供一系列徒步摄影之旅，主题是加尔各答文化、殖民时期遗产和市场。行程开始于6:00或14:00，全年均有。

🛏 住宿

在加尔各答，要想住得体面是相当昂贵的，而经济型住宿场所则往往令人沮丧。顶级酒店在网上有很大的折扣。中档酒店通常更适合直接进入酒店询价，而低价的酒店则很少需要预订。盐湖地区有许多商务酒店，但交通很不方便，所以旅客入住后可能会后悔。杜尔迦女神节（见449页）前夕和祭典期间的住

加尔各答重要节日

多弗巷音乐节（Dover Lane Music；www.doverlanemusicconference.org；Nazrul Mancha, Rabindra Sarovar；⏱1月底）在拉宾德拉湖举办的印度古典音乐和舞蹈研讨会。

萨拉斯瓦蒂节（Saraswati Puja；⏱1月底/2月初）为了祈祷教育成功，所有礼服都是黄色的。

加尔各答书展（Kolkata Book Fair；www.kolkatabookfair.net；Milan Mela, EM Bypass；⏱1月底/2月初）亚洲最大的书展。

开斋节（Eid-ul-fitr）在伊斯兰教的斋月之后庆祝。

乘车节（Rath Yatra；7月底/8月初）重要的克利须那战车节庆，与普利的节庆相似。

杜尔迦女神节（Durga Puja；9月底/10月初）加尔各答最盛大的节日（见449页）。

加尔各答电影节（Kolkata Film Festival；www.kff.in；⏱11月中旬）为期1周的国际电影节。

加尔各答爵士节（Kolkata Jazzfest；www.jazzfest.in；Dalhousie Institute；⏱11月底）为期3天的音乐节，涵盖爵士乐、蓝调和世界音乐。

Boro Din 加尔各答版本的圣诞节。

城外还有各种乡村手工艺节。Bangla Natak（www.banglanatak.com）是一个非政府组织，帮助大众加深对手工艺的认知，并鼓励大众前往参观。

宿将会爆满；11月中旬至次年2月份的需求量很大。

萨德街 (Sudder Street) 周边

离加尔各答最近的平价旅客区是萨德街附近。这里有一系列为背包客服务的设施，几乎每隔一栋建筑就是一家宾馆或酒店，从迷人的历史宫殿到超低价格的普通客栈都有，可以说是廉价酒店的一级战区。我们列出的价格低于1000卢比的萨德街住宿点，并不是我们推荐的住宿地点，只是至少还算得上是住宿的选择。

Hotel Lindsay 酒店 $$

（见418页地图；☎033-30218866；www.thelindsay.in；8 Lindsay St；标单/双含早餐₹4150/4750起；❄@☎）Lindsay客房和走廊的一次全面整修带来了传统加尔各答的历史氛围，让它们与其所处的20世纪70年代的塔楼迥然不同。在一些客房中可以俯瞰热闹的新市场区。直接前往询问房价的话，或许可以便宜一些，但由于其无与伦比的位置和不错的室内阳台酒吧餐厅，若没有事先预订的话很难订到空房。

Afridi International 酒店 $

（见418页地图；☎033-66077525；goldenapplegrouphotels@gmail.com；3 Cowie Lane；双含早餐₹1450；❄☎）这里可能是萨德街管理最专业的经济型酒店，家具和设施是一流的，而入口处的地板铺的是水晶般的大理石。有些房间很小且有受潮的痕迹，但维护得算是正常的，室内装饰精巧，床很舒适，在这里愉快地住几天还是有保证的。

Golden Apple Hotel 客栈 $$

（见418页地图；☎033-66077500；www.goldenapplehotel.in；9 Sudder St；铺₹700，双含早餐₹3550起）这里的住客大多是因为较新的装修和吸引人的价格而来。即使是狭小的最便宜的房间也会塞进一张小桌子。便利、时尚且适合背包客的是顶层的15间豪华宿舍，每一个床位均可上锁，以毛玻璃墙隔开，并在床垫下面配置了存储区。

Bawa Walson Spa'O'Tel 精品酒店 $$

（见418页地图；☎033-22521512；5A Sudder St；标单/双 含早餐₹3600/4230；❄☎）许多黄铜的佛像手印、佛头和漂亮的金属叶雕塑以及五颜六色的纺织品为这里增添了不少泰式精品酒店风格。然而，虽然漂亮，但是价格较低的房间太小，缺乏足够的自然光线，容易受潮。酒吧里张贴着好莱坞经典电影海报，可见其装饰之用心。

★ Oberoi Grand 历史酒店 $$$

（见418页地图；☎033-22492323；www.oberoihotels.com；15 Chowringhee Rd；标单/双含早餐₹12,100/14,200起；❄@☎）门口敬礼的卫兵将带你从Chowringhee路的混乱之中带入一个平静的高档的豪华绿洲，这家酒店的水准不愧为五星级。无可挑剔的住宿环境是永恒的经典，游泳池周边环绕着高达五层楼的棕榈树，积极主动的工作人员会回应每一个需求。客房非常舒适，提供5种枕头的选择，还有令人惬意的泳池景色。

网上订房8454卢比起。

Hotel Aafreen 酒店 $

（见418页地图；☎033-22654146，033-32261780；www.goldenapplehotel.in；Nawab Abdur Rahman St；双含/不含空调₹1400/1250；❄☎）Aafreen以经济实惠的价格提供中档质量的住宿选择，铺有粉红图案的大理石地板，宽敞的客房经常重新粉刷，并配有漂亮的家具和干净的床单。有风扇的房间对于预算有限的旅客来说更具吸引力。

Hotel Galaxy 客栈 $

（见418页地图；☎033-22524565；hotelgalaxy.kol@gmail.com；3 Stuart Lane；双/三₹900/

住宿价格区间

以下价格范围区间是指包含税费（超过1000卢比的房间为5%，超过3000卢比的房间为17.42%）的双人间费用。讨价还价时，仔细检查报价是否为"加上税"。

$ 低于₹2000

$$ ₹2000~6000

$$$ 高于₹6000

1200；❄️📶）这个安静的曾大受欢迎的宾馆从外面看起来似乎有些其貌不扬，它的小房间却出人意料的舒适及设备齐全。浴室有充沛的热水，且提供免费的Wi-Fi（开空调得多付200卢比）。这里还有一个小前厅休息区和一个小型图书馆，在那里你可以在墙上留下你的手印作为纪念。

DK International　　　　　　酒店 $$

（见418页地图；📞033-22522540，033-40019283；www.dkinthotel.com；11/1A Marquis St；双₹2400起；❄️📶）这是一座5层高的玻璃塔楼，其走廊具有新派装饰风格，房间里则有肥皂石"玉"装饰和金色窗帘。这里虽然属于经济型酒店，但试图做到商务酒店的水平，会免费投放报纸和水果篮，并提供快速且高效的服务。

Lytton Hotel　　　　　　精品酒店 $$$

（见418页地图；📞033-22491872，033-39841900；www.lyttonhotelindia.com；14 Sudder St；标单/双含早餐₹5800/7100；❄️📶）萨德街唯一"真正的"高档酒店，虽略显老式，但仍保持良好的服务，楼梯间的墙上有些小型的蒂凡尼式镶板。卧室休息区很不错，有水壶、保险箱、冰箱和无线网络，但床垫稍稍薄了一点，浴室则不够现代化。房间的大小有很大的差别。

🛏️ 公园街（Park Street）周边

Sunflower Guest House　　　客栈 $

（见418页地图；📞033-22299401；www.sunflowerguesthouse.com；5th fl，7 Royd St；双含/不含空调₹1650/1450起；❄️@📶）这里是加尔各答所有经济型酒店应该努力的方向。它坐落在一栋宏伟的1865年的住宅建筑中，搭乘老式的电梯到顶层后，再爬一层楼即可办理入住。房间略显简单，但都经过精心的整理，而且室内空间够高。愉快的公共空间可供住客使用，在黄昏时分，屋顶花园的风景美极了。

YWCA　　　　　　　　　　　　青年旅舍 $

（见418页地图；📞033-22292494；www.ywcacalcutta.org；1 Middleton Row；标单/双₹700/1000，无浴室₹450/750，含空调₹1000/1300；❄️）并非只有女性才能入住这个保存完好、气势非凡建于1925年的建筑物内。高天花板的房间有绿色门板通向一个宽敞的拱形走廊，走廊另一侧面向中央网球场。宽敞的客厅有时光流逝的感觉，没有丝毫的奢华感。

★ Park Hotel　　　　　　　酒店 $$$

（见418页地图；📞033-22499000；www.theparkhotels.com；17 Park St；标单/双含早餐₹6250/7250起；❄️@📶）这里是追求时髦和高档住宿的最佳选择。现代化的客房十分舒适且装饰时尚。隐藏在二楼后方的是传统餐厅的中厅以及瀑布绿植旁的走道，通往印度最酷的池畔酒吧之一Aqua。有趣的是，酒店的正门穿过了一家叫作the Street的咖啡熟食店。

Corporate　　　　　　　　　酒店 $$

（见418页地图；📞033-22267551，8981011686；www.thecorporatekolkata.com；4 Royd St；双含早餐₹4650；❄️📶）这是一家极简风格的酒店，在特别设计的厅堂里，接待员仿佛漂浮在发光的大理石上。房间精致且维护良好，主要色系为米色和棕色，配备了舒适的厚床垫、缎面窗扇和淡色的抛光石浴室。套房有小阳台，厨房的窗户后面有个"花园"，还摆了4张桌子。提供水壶、冰箱和吹风机等舒适的设施。

🛏️ 乔林基（Chowringhee）南部

Central B&B　　　　　　　　民宿 $$

（见416页地图；📞9836465400；www.centralbnb.com；Flat 28，7th fl，Lansdowne Crt，5B Sarat Bose Rd；双含早餐₹3550；❄️📶）这可能是加尔各答最好的公寓兼客栈，在民宿圈早已颇负盛名，提供所承诺的住宿质量。4间房间均宽敞舒适，设有一个大型的共享休息室和公共厨房。这里有快速的无线网络，提供基本但丰盛的早餐和一篮免费小吃，仿佛隐形人一般很少现身的民宿主人永远竭诚为住客服务。

Astor　　　　　　　　　　历史酒店 $$$

（见416页地图；📞033-22829950；www.astorkolkata.com；15 Shakespeare Sarani；标单/双₹8300/8900；❄️📶）绚丽的夜间泛光照明展现了这座建于1905年的建筑的精美外观，而内

墙则装饰着加尔各答的黑白历史照片。2012年进行了全面翻新,巧克力色、米色和荧光蝴蝶蓝的创意配色使得客厅布置得更为精美。部分套房配有四柱床。房间面积和形状各不相同。这里没有电梯。

Kenilworth 酒店 $$$

(见416页地图; ☎033-22823939; www.kenilworthhotels.com; 1 Little Russell St; 双含早餐₹7150起; ※令)这家上流酒店拥有令人愉快的明亮环境,设备齐全的客房里有加尔各答最舒适的床。大理石、深色木材和枝形吊灯装饰的大堂,与较现代的咖啡馆形成了鲜明对比,还有一片吸引人的绿色草坪。爱尔兰风格的室内酒吧吸引着这座城市里美丽的人们在夜晚造访。

Park Prime 商务酒店 $$$

(见416页地图; ☎033-30963096; www.chocolatehotels.in; 226 AJC Bose Rd; 标单/双含早餐₹6800/7600起; ※@令≋)酒店共7层楼,充满了艺术氛围,外观看起来像是七排早期计算机的穿孔卡,房间内部的装饰则运用了视错觉的纹样。床板可以提起来竖直对着天花板,然后隐藏在墙边,就像在桌子里藏匕首的机关一样,但这一切并未使其舒适度有丝毫减少,门厅极宽敞,Henry's Lounge Bar就在屋顶游泳池旁。

修道院(Motherhouse)周围

修道院和公园街地区有几间普通的酒店和客栈,适合希望参观该地区景点的人士。然而,它们相当分散,缺乏适合背包客的设施或"旅行者社群"的感觉。

Monovilla Inn 客栈 $

(见418页地图; ☎033-40076752; www.monovillainn.com; 79/26/D AJC Bose Rd; 标单/双₹1200/1500,含空调₹1800/2100; ※@)新颖而现代的客房位于修建于20世纪40年代的3层建筑中,每层仅有两间客房。住在楼上的住客享有更好的采光。这里的公共空间很小,所以大部分时间你都得待在房间里。厕所的性价比非常高。

Georgian Inn 客栈 $

(见418页地图; ☎9830156625,9830068355; www.georgianin.com; 1 Doctor Lane; 标单/双₹1150/1350,含空调₹1500/1750; ※)这家酒店非常实用、便宜而且友善,周围迷人又乱的塔塔拉市场(Taltala Market)为它增添了不俗的气氛。博士巷(Doctor Lane)直走往东的街景是老槟城(Penang)的风格。它在新市场和萨德街地区的步行范围内。

BBD巴格

Bengal Buddhist Association 客栈 $

(Bauddha Dharmankur Sabha; 见422页地图; ☎033-22117138; bds1892@yahoo.com; 1 Buddhist Temple St; 标双/三无浴室₹300/400; ※)这间客栈虽然是为拜访佛教地点的学生

杜尔迦女神节(DURGA PUJA)

就像狂欢节会改变里约热内卢和新奥尔良等城市一样,杜尔迦女神节也给加尔各答带来狂热多彩的混乱,这是该城市为庆祝神明的母性光辉而举办的最大庆典。在9月下旬或10月初的5天里,人们崇拜有10只手的杜尔迦女神及其随从的华丽圣像,在广场、小公园和街区道路上到处都可看见临时神坛(pandal)。

在过去的30年中,设计比赛和不断增加的赞助经费都让神坛变得更为华丽而复杂,这里举办的有些比赛活动还传达着特定的主题或政治信息。西孟加拉邦旅游局(见443页)提供团体游,让游客浏览其中一系列最好的神坛,但由于节日的关系,此时想前往这个城市的任何地方都可能需要几个小时的时间。在节日的高潮时,无数杜尔迦女神像在歌唱声和洒水仪式中沉入神圣的胡格利河中,四处都是烟火,交通十分拥堵。如果你只想给神坛拍照而不参与节庆活动,可以考虑在节后到访,此时神像已经不在,但神坛还没被拆除。注意:这个城市在这5天内几乎处于停摆状态。节日期间不要安排重要的事务。

而设,但却向所有旅客敞开大门,只是要求住客遵守这里的规矩即可(大门从22:00到次日6:00会上锁不得进出,且你不能喝得酩酊大醉)。简单的客房提供基本的共享浴室和热水,但只有几间是有空调的标间(₹750)。

Broadway Hotel 酒店 $

(见422页地图;☏033-22363930;www.broadwayhotel.in;27A Ganesh Chandra(GC)Ave;标单/双/标三₹980/1150/1610/1980;❋⃝🖥]这里是一个简单的殖民地时代酒店,保持其风格而不走高档路线。通过古老的电梯可进入很简朴但维护良好的客房,其中有高高的天花板和20世纪50年代风格的家具。门口有很好的服务和免费的报纸;但在便宜的房间,热水得用水桶装。酒店内的酒吧氛围令人愉快。

Lalit Great Eastern 酒店 $$$

(见422页地图;☏033-44447777;www.thelalit.com;1 Old Court House St;双含早餐₹8400起;❋⃝🖥)1840年的大东方酒店(Great Eastern Hotel)曾经是印度最好的酒店之一。它多年来一直处于废弃状态,原本朝西的外立面如今仍然在施工中。然而,内部是一家全新的时尚商务酒店。客房宽敞而现代,配有非常舒适的超级特大号床和时尚的黑色鹅卵石环绕式淋浴间。可由Waterloo St进入。

🛏 加尔各答南部

★ Corner Courtyard 精品酒店 $$

(见428页地图;☏033-40610145;www.thecornercourtyard.com;92B Sarat Bose Rd;双含早餐₹5000;❋⃝)这个时髦的地方有7间完美的客房,各以颜色命名,同时也以摄影作品为副主题:如"木炭色"房间中的孟加拉语电影主题,"朱红"房间的库马特里女神主题和"象牙白"房间里的加尔各答建筑遗产主题。客房分布在一间极好的小餐厅楼上的两层楼内,位于一栋新近翻修过的1904年联排别墅。还有一个迷人的屋顶花园,布满下垂的九重葛。

Bodhi Tree 客栈 $$

(见428页地图;☏033-24246534,8017133921;www.bodhitreekolkata.com;48/44 Swiss Park;双含早餐₹2500起;❋⃝🖥)这里的氛围很有个性,佛教主题客房建筑群由石块砌成,与迷人的"艺术修道院"画廊咖啡厅相连,是嬉皮时尚人士的聚集地,十分适合短暂停留的游客。从拉宾德拉湖地铁站东南出口后面进入,往东走约10分钟即可到达。

🛏 机场周边

Celesta 精品酒店

(☏033-71000131;www.celesta.in;VIP Rd,Ragunathpur;双含早餐₹3600起;❋⃝🖥)Celesta是Raghunathpur地区十几家酒店中最豪华的,其目标客户群是需要转机的旅客(从机场乘坐出租车到这里需15分钟的时间)。大堂的大型玻璃外墙以及看起来有如一幅蒙德里安(Mondrian)画作的建筑外墙营造出这里特殊的艺术风格。客房里是复古艺术风格,有花洒喷头和一张堆满了枕头的豪华睡床。

这家酒店位于机场以南4公里处的VIP Rd的东侧,就在十分醒目的肯德基旁边。

Hotels Balaji & Tirupati 酒店 $$

(☏033-25120065,033-25132005;www.hotelbalajiinternational.in;32 Jessore Rd;Balaji/Tirupati ₹1550/1850起;❋⃝🖥)在Jessore Rd上,位于机场1号门和2号门之间,这家漂亮的双子楼酒店(以南印度神灵命名)有着厚重的木门,楼梯上种着各种各样的植物,客房里都有优质的浴室,不过床垫很薄,且一些镜子上有一只画得不太协调的唐老鸭。房间价格包含前往机场的乘车费用。

🍴 就餐

一旦掌握了新的烹饪词汇,就可以开始你的探索孟加拉料理的美妙旅程了。相对便宜的餐馆通常会供应餐前小吃分量的菜肴,所以每人可以点两到三道菜,配上米饭或luchi(孟加拉风味炸鲶鱼)。大多数餐馆会另收19.4%的税(含在价格中)。较高档的地方则会增收服务费。在便宜的地方小馆或昂贵的餐厅均可给小费。相关信息可查阅《时代食品指南》(*Times Food Guide*;₹239)和Zomato网站(www.zomato.com/kolkata)。

🍴 萨德街及周边

Bhoj Company 孟加拉菜

(见418页地图;Sudder St;主菜素食₹60~

90，非素食₹100~200；⌚8:30~23:30；🌿）这个小餐厅为你宾上的是优质而便宜的孟加拉食物，五颜六色的装饰显得自然而朴素，白色的墙壁内嵌入了小小的陶土小雕像。这里一定会可口好吃的是生姜和大蒜风味的鱼肉咖喱（rui kalia）、椰奶肉汁大虾（giant prawn malaikari）、木豆（dhal）以及添加了脆土豆（jhuri alu bhaja）以增加松脆口感的米饭。

Suruchi 孟加拉菜 $$

（见418页地图；📞033-2229 0011；89 Elliot Rd；主菜₹150~200；⌚10:00~17:00；🌿）这是一处由致力于女性赋权的非政府组织运营的食堂式餐馆，供应美味的鱼、肉和素食菜肴，佐以自制酱料和香料。餐厅装饰走的是简朴路线但很有民族风，窗户上挂着芦苇窗帘，食物盛在精致的不锈钢餐具中。它位于Elliot Rd上易于辨认的朱红色门的后面。

Raj Spanish Cafe 咖啡馆 $

（见418页地图；紧邻Sudder St；主菜₹90~150，比萨₹240~390；⌚8:30~22:00；📶）作为慈善组织志愿者的聚集之处，这个朴素的地方非常受欢迎，供应咖啡、印度酸奶、煎饼以及各种意大利、墨西哥和西班牙风味的菜肴。比萨是在一个烧木柴的烤炉内烤制的，这在城里很少见。有一个小的室外区域，随意地布置了一些植物。它隐藏在Roop Shringar布料店背后的一条小巷内。

Blue Sky Cafe 咖啡馆 $

（见418页地图；Chowringhee Lane；主菜₹70~250，果汁₹100；⌚8:00~23:00；🌿）这家旅行者咖啡馆的员工在长长的玻璃桌上提供许多站立可食的餐点（包括老式香蕉煎饼和奶昔），玻璃桌之间的距离比较近，足以让坐在两边的陌生人聊聊天。在用餐时间里，这个

孟加拉菜肴

孟加拉菜肴具有相当特殊的发展沿革，在烹饪中常常使用芥末油，所以其特点就是芥末油的涩味。典型的孟加拉餐会先把少量绿叶蔬菜和一些茄子、苦瓜或土豆等油炸蔬菜作为开胃菜。下一道菜包含一些咖喱，里面大多会用到罂粟种子（Posto）。其他可口的素食选择包括mochar ghonto（捣碎的香蕉花配马铃薯、椰子）、doibegun（炖茄子）。有一种名为shukto的前菜相当受欢迎——5种不同的蔬菜用椰奶做的酱汁拌在一起，最上方会放上炸苦瓜和用木豆泥制成的酥脆可口小菜（bori）。

接下来是鱼，孟加拉菜因此赢得了传奇般的声誉。典型的孟加拉鱼类咖喱包括清淡口味、孜然口味或带有nigella香味的jhol，还有更干且更辣的jhal或用大量生姜和大蒜做成的kalia。芭蕉叶包覆后蒸煮的shorshe咖喱和paturi菜肴带有强烈的芥末酱特色。受欢迎的鱼虾包括河虾（chingri）、肉感丰富的白黛鱼（rohu）、脂肪肥厚的chital和有着鲷鱼般口感的bhetki。如果你不怕鱼刺，则可以尝试ilish（hilsa），它被认为是最美味的鱼。虽然不是必点的，在餐点结束时可常会有肉类或鸡肉（murgi）的菜肴。所有这些菜都可以与蒸香米饭（gobindobhog bhaat）或小印度香饼（luchi）搭配起来吃。

甜点（Mishti）是菜单上的最后一个项目，也是孟加拉餐的重要组成部分。味道微妙的mishti doi（变甜的酸奶）、roshogolla（浸泡在糖浆中的油炸海绵酸奶酪球）和cham-cham（双纹理奶油甜点）是更具标志性的甜食。

在两餐之间，有孟加拉式著名快餐卡蒂卷（Kati Roll），沾着油的蓬松肉饼（paratha）和着鸡蛋、洋葱、辣椒和你选择的内馅（咖喱鸡、烤肉或印度奶酪）一起油炸，它通常可通过窗户直接点餐外带食用。你也可以尝试辛辣的phuchka——将夹有罗望子酱的辛辣土豆泥塞入空心面球里，或者试试混合米饭和花生的辣味jhal muri。

若想系统地体验丰富多彩的加尔各答美食，并了解几个世纪以来在殖民地时代传统饮食受到的影响和发生的变化，可购买由Minakshie Dasgupta、Bunny Gupta和Jaya Chaliha撰写的《加尔各答烹饪书》（*The Calcutta Cookbook*；399卢比），主要书店均有售。

JoJo's Restaurant
咖啡馆 $

(见418页地图; Sudder St; 小吃₹50~70, 主菜₹80~120; ⊙8:00~23:00; ❈)这家舒适、经营良好的背包客咖啡馆以原汁原味的新鲜果汁和名字特殊的冰沙(液体早餐、功夫战士等)为骄傲。提供免费的Wi-Fi,旗帜和装饰壁画营造出了令人愉悦的氛围。

Blue & Beyond
多国风味 $$

(见418页地图; 9th fl, Lindsay Hotel, Lindsay St; 主菜₹250~350, 啤酒/鸡尾酒₹220/300起; ⊙正午至22:45; ❈)这里最棒的是屋顶露台,可以欣赏到新市场的开阔景色,还有一个由玻璃墙围起的小鸡尾酒吧,装潢格调在20世纪70年代的复古风格和太空旅行之间徘徊。菜单包含了来自世界各地的美食,从khawsuey(缅甸式咖喱面条)和Roquefort烤明虾到希腊式烤肉和墨西哥"素牛排"均有提供。

🍴公园街周边

Peter Cat
多国风味 $$

(见418页地图; ☎033-22298841; Middleton Row; 主菜₹200~430; ⊙11:00~23:00; ❈)这个非常受欢迎的餐厅以伊朗风味的chelo烤肉串(抹了黄油的米饭上的五香肉馅的烤肉串)而闻名。此外,譬如泥炉菜混合烧烤和烤鸡这样的菜肴也令人食指大动。啤酒(₹190)被盛在锡制大酒杯中供应给顾客,服务员穿着拉贾斯坦服装。无法订位,要吃只能排队。

★ Arsalan
莫格莱菜 $$

(见418页地图; 119 Ripon St; 主菜₹120~280; ⊙11:30~23:30; ❈)这个加尔各答最好吃的印度香饭餐厅的中央分店一直受到当地人的欢迎,它拥有高高的天花板和迷人的现代氛围,但并没有刻意地追求时尚。店里最吸引人的菜肴是著名的印度香饭,用令人唇齿留香的巴斯马蒂米饭搭配蒸马铃薯和多汁的大块羊肉或鸡肉,最好和鲜嫩的鸡肉烤串、羊肉烤串Seekh kebab以及肥美的烤羊肉galawati kebab搭配着吃。

Hot Kati Rolls
孟加拉菜 $

(见418页地图; Park St; 卷₹40起; ⊙11:00~22:30)这是加尔各答最知名的一个卡蒂卷(kati roll)美食名店。初次尝试的人可能会觉得这款小吃很像一种肉饼(paratha),单面煎一层鸡蛋,然后装满切片的洋葱、辣椒和你选择的馅料(咖喱鸡、烤肉或奶酪)。店家会把它卷起来,再用纸包着让你带走享用。

Mocambo
多国风味 $$

(见418页地图; Mirza Ghalib St; 主菜₹300~450; ⊙11:00~23:00; ❈)Mocambo的历史可以追溯到1956年,虽说红色扇形皮革的老式座椅让人感觉这里更像一个充满情调的建于20世纪70年代的牛排餐厅。忠诚的食客会定期来吃混合烤肉、芥末螃蟹、鱼肉卷、基辅炸鸡和柠檬黄油酱烧鱼片(bhetki meunière)。虽未明文写出,但这些有最低消费。

🍴乔林基南部

★ Kewpies
孟加拉菜 $$

(见416页地图; ☎033-24861600; 2 Elgin Lane; 塔利套餐₹450~1050, 主菜₹150~500; ⊙周二至周日 12:30~15:00 和19:30~22:30; ❈)Kewpies是一家加尔各答美食专业机构,在这里用餐感觉就像在温馨的传统家庭参加豪华晚宴。菜肴都由孟加拉菜厨师精心烹制而成,他们用最好的当地食材做出无可挑剔的传统和正宗的孟加拉菜,即使价格较为昂贵,但就美食来说,这里的食物(及用餐体验)对得起你花的每一卢比。

Kookie Jar
咖啡馆 $

(见416页地图; Rawdon St; 点心/咸食₹60/80起; ⊙8:30~21:00; ❈)这个甜食铺一直是加尔各答糕点爱好者的最爱。可尝试各式各样的巧克力蛋糕和布朗尼蛋糕,或咬一口新鲜出炉的比萨、肉馅卷饼或味道美妙的三明治。对于素食主义者而言,这里也有几种无蛋食品可供选择。

★ Fire and Ice
意大利菜 $$$

(见416页地图; ☎033-22884073; www.fireandicepizzeria.com; Kanak Bldg, Middleton St; 主菜₹500~700, 啤酒/鸡尾酒₹200/450起; ⊙11:30~23:30; ❈)Fire and Ice由一位来自意大利那不勒斯的女士创立与管理的,可提供

纯正意大利风味的意面和加尔各答最好的薄皮比萨。古老的电影海报赋予宽敞的用餐环境独特的风格。餐厅在一座巨大的历史建筑后面。很少有其他加尔各答餐厅的服务时间可以持续到这么晚,也很少有哪家餐厅能够如此一贯地保持经营状态。

它有一个储藏丰富的地窖,你可以点一杯佐餐的香醇的葡萄酒。店主也时常会在店里提供建议。

Picadilly Square 咖啡馆 $$

(见416页地图;☏033-30990354;15B Sarat Bose Rd;主菜₹150~300,饮品₹120起;⊙11:00~22:00;❄☏)这可爱的六桌咖啡馆配有两个维多利亚风格的灯柱和一个像街头购物车一样的服务柜台,地板的设计让人感觉像是巴黎的人行道。它提供富有创造力的美味薄饼(试试Rakakat Jibneh)、皮塔饼、意大利面、冰激凌、酥饼和非常好喝的浓缩咖啡,以及不断播放的火星哥(Bruno Mars)的歌。

Gabbar's Bar & Kitchen 多国风味 $$$

(见416页地图;☏033-40602507;11/1 Ho Chi Minh Sarani;主菜₹350~650,啤酒₹200;⊙12:30~23:00;❄)这家出色的餐厅是由加尔各答最酷的Tex-Mex餐厅发展而来。它现在是一个以宝莱坞为主题的怀旧餐厅酒吧,名字源于一部著名的印地语电影。这里的布置简单而氛围轻松,菜单融合了印度、中国、意大利和墨西哥美食,还有可搭配辛辣食物一起享用的冰啤酒。

Shiraz 莫格莱菜 $$

(见416页地图;135 Park St;主菜₹180~300;⊙5:00~23:30)作为加尔各答经典菜肴印度香饭(带有多汁羊肉块和烤土豆的印度香米)同名的餐厅,Shiraz也提供一系列咖喱菜肴,包括一直供应到正午的羊肉五香肉末(keema)早餐,口味超棒,只要100卢比。

Monkey Bar 美食 $$$

(见416页地图;☏033-30990381;Fort Knox Bldg, Camac St;主菜₹350~600;⊙16:00至午夜;❄)这家高档餐厅是加尔各答精美餐饮场所中的新兴亮点,掀起一系列富于想象力的融合性和实验性美食。你可以选择品尝一些特别的料理,例如塞满五香油封鸭的皮塔饼,配蒜蓉和咖喱叶子的胡椒鱿鱼,或配焦糖洋葱和果酱的烤咸味干酪。唯一的缺点是没有酒精饮品。

Oh! Calcutta 孟加拉菜 $$$

(见416页地图;☏033-22837161;4th fl, Forum Mall, Elgin Rd;主菜₹250~600,鸡尾酒₹290起;⊙12:30~15:00和19:30~23:00;❄)坐落在购物中心内,如同快门镜片一样的窗户、书架、绘画和黑白照片营造出一种高档、休闲的氛围,在这里你可以品尝到加尔各答最好的孟加拉创意菜。温润香浓的Daab Chingri(₹790)盛在绿色的椰子内,配菜是特别好的芳香酸橙沙拉(₹90)。

🍴 BBD巴格

Amber 印度菜 $$

(见422页地图;☏033-22486520;11 Waterloo St;主菜₹200~450,啤酒₹250;⊙正午至23:00;❄)这间两层大厅的中档餐厅供应可口的印度美食,招牌咖啡并不一定符合每个人的口味。在两个用餐区中,Amber(2面一层)可供家庭用餐,而Essence(3层)则较为昏暗,适合商业人士。两个地方的菜单基本相同。

达克斯巷 街头小吃 $

(Dacres Lane;见422页地图;James Hickey Sarani;主菜₹20起;⊙8:00~21:00)这里有一系列出售独特的克里奥尔美食(creole cuisine)的小吃摊,附近还有一些酒吧餐厅散布其间,它们有如童话般的灯饰为狭窄而肮脏的小巷增添了一丝温暖。这里有一些快速便捷的食物,包括蓬松肉饼paratha(印度风味片状面包)和咖喱、烤羊肉面包、木瓜胡萝卜炖肉、蔬菜煎饼、炒面和咖喱鸡饭。

KC Das 甜点 $

(见422页地图;Lenin Sarani;甜点₹20起;⊙7:30~21:30;❄)这家热闹非凡的孟加拉甜品店自称早在1868年就创造出了标志性的roshogolla(浸有糖浆的玫瑰味油炸奶酪球)。也可尝试mishti doi,一种孟加拉甜点,口感如豆腐的甜品。这里有简单的锻铁桌椅可供客人用餐。

Anand 南印度菜 $

(见422页地图;19 CR Ave;多莎饼₹80~

130，新鲜果汁₹70；⊙9:00~21:30，周三休息；圖♪）这座家庭餐厅经营状况良好，供应美味得惊人的纯素多莎饼（dosas），天花板有些低，上面镶嵌着的八角形镜面和木条显得有些过时。它还全天候提供美味的乳白色南印度咖啡（₹50）。

加尔各答南部

★ 6 Ballygunge Place   孟加拉菜 $$

（见428页地图；☎033-24603922；6 Ballygunge Pl；主菜₹200~300；⊙正午至15:30和19:00~22:30；圖）这间一流的餐厅坐落在一栋经过翻新的20世纪中期豪宅内，供应镇上最好的孟加拉菜。如果你在选择配料、香料和肉汁时有些困惑，那么也可以跳过菜单，点自助午餐（素食者/非素食者₹600/700），你将获得一顿梦幻般的传统和现代孟加拉大餐。

这里的口味不如其他几家孟加拉特色餐厅那么重，提供相当多样化的菜肴。

★ Tamarind   南印度菜 $$

（见428页地图；☎033-30990434；177 Sarat Bose Rd；主菜₹250~400；⊙正午至15:30和19:00~22:00；圖）这家朴实无华的餐厅位于加尔各答南部的一条主要街道之上，供应来自喀拉拉邦、卡纳塔克邦和泰米尔纳德邦的传统和简易菜肴。诸如炒Coorgi羊肉、Chettinad鸡肉、kottu抛饼（一种以鸡蛋和香料为特色的蓬松肉饼）以及配有炖羊肉的南

革命咖啡馆 (REVOLUTIONARY CAFE)

如果你沿着学院街（College St）步行到MG Rd的阿什图什印度艺术博物馆（Ashutosh Museum of Indian Art），在一个街区后左转进入左边第4个门，爬上楼梯后即到达传说中的**印度咖啡馆**（Indian Coffee House; 1st fl, 15 Bankim Chatterjee St；⊙周一至周六 9:00~21:00；周日 9:00~12:30和17:00~21:00）。我们并不推荐这里味道寡淡的廉价咖啡，只是这座朴实无华的高层建筑曾经是自由战士、波希米亚人和革命者的聚会地点，置身于现场的感觉很棒。

印度米饼（appams）等菜肴都无与伦比，甚至能跟南印度的好餐厅一较高下。

Bhojohori Manna   孟加拉菜 $$

（见428页地图；www.bhojohorimanna.com；18/1 Hindustan Rd；主菜₹50~270，小份/大份蔬菜塔利套餐₹210/280；⊙12:30~22:30；圖）Bhojohori Manna在城镇里的每家分店都有很大的差别，但都以合理的价格提供优质的孟加拉食品。Hindustan Rd上的分店比较宽敞，装饰着部落器具，你可以根据菜单在多种鱼类中进行选择，和你喜欢的酱汁搭配。在夏季，不要错过echorer dalna（绿色菠萝蜜咖喱）。

★ Corner Courtyard   创意菜 $$$

（见428页地图；☎9903990597；92B Sarat Bose Rd；主菜₹350~650，啤酒/鸡尾酒₹180/300；⊙8:00~23:00，15:00~19:00供应品种减少；圖）这座始建于1904年的宅邸经过改建后又重新焕发了光彩，墙上挂着门把手、锁和旧书，与其时尚的装修风格相得益彰。菜单十分富有创意和想象力，旨在满足挑剔的美食客的需求，从泰国咖喱五香烩饭、巴西鲑鱼到芬兰火锅、乌拉圭鱿鱼应有尽有，还有许多大胆的味道创新的组合。

🍷饮品和夜生活

加尔各答中部和乔林基

OlyPub   酒吧

（见418页地图；啤酒₹190；⊙11:00~23:00）这是一家低调的加尔各答经典酒吧，在中心位置有个邋遢又奇特的吧台。楼上设有舒适的沙发座位；一层的休息室则配有摇摇晃晃的椅子，酒客们吵吵闹闹的，更加有趣。通常会有精选品牌的特别促销优惠。每天晚上供应数种夏多布里昂式（Chateaubriand）的烤牛排（250卢比一大盘）。

Big Ben   小酒馆

（见416页地图；Kenilworth Hotel, Little Russel St；啤酒₹300；⊙正午至午夜）这是一个以"英国"为主题的高档酒吧，舒适的吧台提供各种精选啤酒，电视上播放着现场体育赛事。这是一个相当休闲的地方，但不要穿短裤或拖鞋入内。

Flury's
咖啡馆

（见418页地图；Park St；咖啡/茶₹130/140起；⊙7:30～22:00）Flury's的历史可以追溯到1927年，它特别有加尔各答的地方特色，是一个充满吸引力的艺术宫殿。最好在早餐时造访；或是在晚上来，此时你可以只喝咖啡，吃点绵软的Sacher-Torte蛋糕切片（蛋糕70卢比起）。这里无疑是全世界唯一一家将豆类放在烤面包上并以此作为传统特色的咖啡馆。

Plush
休闲酒吧

（见416页地图；Astor Hotel, 15 Shakespeare Sarani；啤酒₹200；⊙16:00至次日2:00）这个时尚又不失休闲气氛的酒吧在周四晚上最具吸引力，年轻的本地音乐家会演奏爵士乐、蓝调和打击乐（从21:00开始）。这也是本市少数夜生活场所之一，在午夜之后仍开放。所有客人都需以"时尚休闲"的着装入场。

Aqua
休闲酒吧

（见418页地图；☎033-22499000；Park Hotel, Park St；鸡尾酒₹400；⊙19:00至午夜）在这个豪华而悠闲的露天休息区域，你可以好好地品尝酒类饮品，同时舒缓一下眼睛，眺望环绕在四周的霓虹灯照耀下梦幻般的水池。晚上有衣着规定（勿穿短裤或拖鞋入内）。

Irish House
小酒馆

（见428页地图；Quest Mall, Syed Amir Ali Ave；啤酒₹200；⊙正午至23:30）虽然完全不是爱尔兰风格，但这是加尔各答做得最好的非酒店经营的体育酒吧。周末很适合待在这里，酒吧储存丰富，还有一位相当厉害的常驻调酒师。

🍷 BBD巴格

Broadway Bar
酒吧

（见422页地图；Broadway Hotel, 27A GC Ave；啤酒₹150，单杯₹50～150；⊙正午至22:30）巴黎后街？20世纪30年代的芝加哥？20世纪80年代的布拉格？这个朴实无华的深受老男人们钟爱的酒吧很容易被人忽略，事实上却是很棒的左岸风格酒吧，提供廉价酒，还装饰了老吊扇、裸露的墙壁、大理石地板，还好没有音乐。

🍷 加尔各答南部

Smoke Shack
屋顶酒吧

（见428页地图；Hotel Park Plaza, Dover Pl；鸡尾酒/啤酒₹450/300；⊙16:00～23:30）这个很棒的露天阳台酒吧吸引了许多时尚人士，并在晚上提供各种莫吉托和鸡尾酒。有美味的烤肉串和其他什锦手抓食物可让你搭配饮品享用。

Dolly's Tea Shop
茶室

（见428页地图；G62 Dakshinapan；茶/无精鸡尾酒₹100/150；⊙11:00～19:00）若想品尝正宗的大吉岭茶以及以酿造为特色的清爽无酒精鸡尾酒，就来这间十分受欢迎的茶馆吧，这里的茶师经验非常丰富。如果你喜欢的话，可尝试一下橙色的薄荷甜药草茶（julep）或柠檬大麦茶，搭配烤培根三明治。

Mrs Magpie
咖啡馆

（见428页地图；570 Lake Tce；咖啡₹50起；⊙9:00～22:30）这家咖啡馆装饰着美丽的壁纸，氛围舒适而令人愉快，供应便宜可口的各种口味蛋糕（40卢比起），最好搭配一杯新鲜的浓咖啡。此外，也供应早餐拼盘和下午茶套餐。

Basement
夜店

（见428页地图；Samilton Hotel, Sarat Bose Rd；啤酒₹200；⊙19:00至午夜）这是一个轻松而便宜的迷你俱乐部，周四21:00会有现场音乐演出，这是在观光一整天后放松身心的好地方。但是，音乐有时会有点吵。

⭐ 娱乐

Seagull Arts & Media Resource Centre
艺术中心

（见428页地图；www.seagullindia.com；Rupchand Mukherjee Lane；⊙11:00～20:00）这家备受赞誉的艺术中心由经营海鸥书店（Seagull Bookstore）的同一家管理机构拥有，定期组织艺术和媒体展览、电影放映、研讨会、小组讨论和其他一系列以社会学、哲学、宗教和政治为主题的活动。大多数活动是免费的；可查看网站了解详情。

Someplace Else
现场音乐

（见418页地图；www.theparkhotels.com/

kolkata/someplace-else.html; Park Hotel, Park St)自20世纪90年代中期以来,这家夜总会一直在稳定推广加尔各答的现场音乐。每晚均有演出,但你必须很幸运才能赶上一些原创音乐。大多数是传唱摇滚和蓝调的口水歌。氛围悠闲,到了周末这里的人群变得相当喧闹。

Jamsteady 现场音乐

(www.jamsteady.in; Princeton Club, Prince Anwar Shah Rd)加尔各答的地下音乐和独立音乐圈中最为流行的地方是Jamsteady,每周五晚上都会有各种音乐家在这里演奏爵士乐、蓝调、电子乐、民谣和世界音乐。交纳最低消费的钱即可进入,并且可用预先购买的优惠券买到便宜的酒。

ICCR 文化活动

(Rabindranath Tagore Centre; 见416页地图; 033-22822895; www.tagorecentreiccr.org; 9A Ho Chi Minh Sarani)这座国营的文化综合体是一个多层的大型建筑,在其众多画廊和礼堂里定期举办展览、舞蹈表演、朗诵和讲座。这些课程通常是免费的,在典礼期间还有免费零食提供给客人。

Inox(Quest Mall) 电影院

(见428页地图; www.inoxmovies.com; Syed Amir Ali Ave)这是加尔各答最多元化的电影院之一,播映一些经过精选的来自好莱坞、宝莱坞和本地最新的孟加拉语电影。它位于Quest Mall的顶层。

Nandan Complex 文化活动

(见416页地图; 033-22235317; 1/1 AJC Bose Rd)这栋建筑由拉宾德拉大厅(Rabindra Sadan; 见416页地图)、Sisir Mancha(见416页地图)和Nandan Cinema(见416页地图)的礼堂和剧院大厅组成。除了举办一年中的各种文化节日以外,这栋大楼还举办过著名的加尔各答电影节(见430页)。旅游信息办公室里的小册子上列出了这里和其他场所的活动信息。

🛍 购物

Sienna Store & Cafe 礼品和纪念品

(见428页地图; 033-40002828; 49/1 Hindustan Park; ⏲11:30~22:00)这家精品店非常时髦,非常别致,但价格出人意料的合理。它坐落在装修高雅的豪宅中,出售令人愉快的衣物、纪念品、时尚产品以及小工艺品,都是可以带回家的礼物。后方有一家舒适、迷人的咖啡厅,供应清淡可口的有机三明治、果汁、意大利面和沙拉(菜肴250卢比)。

Byloom 服饰

(见428页地图; www.byloom.co.in; 58B Hindusthan Park; ⏲11:00~20:00)这家特色精品店出售加尔各答最精致的手工纱丽,还有一些漂亮珍贵的珠宝以及令人印象深刻的披肩和围巾。可购买纹路错综复杂的kantha刺绣风格的作品,或者购买用布条编织而成的khesh织物。这里还有一间咖啡馆,可以在此品尝美味的小吃(小吃100卢比)。

Weaver's Studio 服饰

(见428页地图; www.weaversstudio.in; 5/1 Ballygunge Pl; ⏲周一至周六 10:00~18:00)这家高档精品店中华丽的手工和传统纺织品一定会引起你的注意,它是由一个与手工社区合作的组织运营的。你可以在多种款式中选择,如精美的手工印花、贴花、部落图案、蜡染和刺绣,因其独特性而单价较高。

Aranya 礼品和纪念品

(见428页地图; F56 Dakshinapan Shopping Centre, Gariahat Rd; ⏲11:00~19:30)🌿 这里出售主要由回收材料制成的经过精心设计的玩具、文具和纪念品,出自两位城市设计师之手。还有一系列服装可供选择,主要是一些雅致的休闲装。

Anokhi 服饰

(见416页地图; Shop 209, Forum Mall; ⏲11:00~20:00)这家精品店出售别致的高品位民族风服装,由手染和手工印花织物制成。尽管这里的扎染和蜡染服饰也很不错,但以古吉拉特印版为特色的服装似乎是最受欢迎的。大多数商品都面向女性,男性则只有一些衬衫可挑选。

Central Cottage Industries 手工艺品

(见422页地图; Metropolitan Bldg, Chowringhee Rd; ⏲周一至周六 10:00~19:00)这个储

备丰富的国营商场出售一系列令人印象深刻的传统的和部落生产的手工艺品。服务员有点不客气，价格可能比一些路边摊贩要高一些，但可以让你放心，在这里你所买到的都是真货。除此之外，还有纺织品、手工制品、金属制品、木制品和手工纸等。

FabIndia 织品、手工艺品

（见416页地图；www.fabindia.com；11A Allenby Rd；⊙11:00~20:30）这个位于城中的店铺是民族服饰和印度西部服装的顶级销售场所。除了服装，还有各种室内装饰、珠宝、陶瓷、木制品、家居装饰和有机食品等。可找带有"Craftmark"印章的物品，这意味着它们的质量较高，并是与传统工匠联合制作的。

Dakshinapan Shopping Centre 购物中心

（见428页地图；Gariahat Rd；⊙周一至周六11:00~19:00）Dakshinapan这座惊人的大型建筑是在20世纪70年代建造而成的，是一家商品丰富的国营商场，很值得去看看。它将来自印度各地的多种手工艺品汇集到一个屋檐下。这里的确有一些质量一般的商品，但也有许多商店出售优质的纪念品、工艺品和纺织

街道名称

在印度独立之后，官方修改了带有殖民色彩的街道名称。然而，尽管街道标志和名片上都使用了新名称，居民和出租车司机仍然愿意继续使用英属印度时代的名称。在本章中，我们发现一些街道名称的变化并不科学，为了方便您的出行，我们将这些发生变化的街道名称列出来，其中常用的名称用斜体字标注在下面的列表内：

旧名称	新名称
Allenby Rd	Dr Sisir Kumar Bose Sarani
Ballygunge Rd	Ashutosh Chowdhury Ave (AC Rd)
Brabourne Rd	Biplabi Trailokya Maharaja Rd
Camac St	Abinindranath Tagore St
Central Ave	*Chittaranjan (CR) Ave*
Chitpore Rd	*Rabindra Sarani*
Chowringhee Rd	Jawaharlal Nehru Rd
Dalhousie Sq	*BBD Bagh*
Free School St	*Mirza Ghalib St*
Harrington St	*Ho Chi Minh Sarani*
Harrison Rd	*Mahatma Gandhi (MG) Rd*
Hungerford St	Picasso Bithi
Kyd St	Dr M Ishaque Rd
Lansdowne Rd	*Sarat Bose Rd*
Loudon St	Dr UN Brahmachari St
Lower Circular Rd	*AJC Bose Rd*
Old Courthouse St	Hemant Basu Sarani
Park St	Mother Teresa Sarani
Rawdon St	Sarojini Naidu Sarani
Theatre Rd	*Shakespeare Sarani*
Victoria Terrace	*Gorky Terrace*
Waterloo St	*Nawab Siraj-ud-Daula Sarani*
Wellesley St	*RAK (Rafi Ahmed Kidwai) Rd*
Wood St	Dr Martin Luther King Sarani

品。价格通常是固定的,但在商场购买意味着真实性毋庸置疑,质量与价格都是摆在明面上的。

Oxford Bookstore 书籍

(见418页地图;☎033-22297662;www.oxfordbookstore.com;17 Park St;◉11:00~20:00)这是一个出色的综合书店,出售各种书籍,包括印度咖啡桌书籍。它亦提供孤独星球的指南和不可或缺的加尔各答徒步旅游地图(Calcutta Walks Tourist Map;100卢比)。店内还有出售文具的区域、DVD区域和一个咖啡馆,可以允许你坐下来慢慢翻看这里的书。

Mondal & Sons 乐器

(见422页地图;☎9804854213;8 Rabindra Sarani;◉周一至周五 10:00~18:00,周六 至14:00)这个家族经营的音乐机构出售西塔琴(sitars;5000卢比起)和小提琴(3000卢比起),其历史可追溯到19世纪50年代。不要被其不显眼的外观所误导,据店家称,著名小提琴家耶胡迪·梅纽因(Yehudi Menuhin)对他们的商品可是相当满意的。

❶ 实用信息

危险和麻烦

在加尔各答感觉不到危险的存在,一般来说相当安全(除了街头上偶尔会有些流浪汉前来打扰旅人)。

➡ 在萨德街旅行者聚集区,常见的乞讨者会带来一些小麻烦。

➡ 罢工(bandhs)有时会让人感到烦恼,这期间所有陆上交通工具(包括郊区的火车和前往机场的出租车)停运。

➡ 雨季时的洪水可能会带来不便。

网络

廉价而分布广泛的4G LTE蜂窝服务已逐渐开始淘汰网吧。城中还有一个幸存者 **Cyber Zoom**(见418页地图;27B Park St;每小时20卢比;◉10:00~21:00),同时也可拍摄护照照片。在萨德街周围,一些后巷小房的收费标准为每小时20卢比。可以花费更多一点的钱去旅行社的 **R-Internet Travels** 网吧上网(见418页地图;ntrncf@gmail.com;Tottee Lane;每小时20卢比;◉9:00~22:00),那里的网速更快,座椅更舒适。

医疗服务

网站主页(www.justdial.com/kolkata)上列有丰富的医疗救助信息,包括药剂师、医生、医院和诊所的联系方式。

Apollo Gleneagles(☎033-23202122,紧急033-60601066;www.apollogleneagles.in;紧邻EM Bypass;◉24小时)

Belle Vue Clinic[见416页地图;☎9163058000;www.bellevueclinic.com;Loudon (Dr UN Brahmachari) St, Minto Park;◉24小时]

Eastern Diagnostics(见418页地图;☎033-22178080;www.easterndiagnostics.com;13C Mirza Ghalib St;◉周一至周六 9:00~14:00)

现金

不必走很远就能找到可接受Visa、Master Card、Cirrus和Maestro卡的自动柜员机。国际信用卡在商店里亦被广泛接受。

货币兑换商

萨德街附近的许多私人货币兑换商提供的免佣金汇率远远优于银行。有些人会使用旅行支票。多进行比较并仔细验算金额。在市中心,**米斯拉外汇交易所**(Mishra Forex;见416页地图;11 Shakespeare Sarani;◉周一至周六 10:00~20:00;周日 至16:00)提供合理的汇率且每日均营业。

机场的货币兑换商给的利率很低,收取的佣金高达5%。在出口3B和4A之间的抵达休息室(22号窗口)设有一台自动柜员机。

邮政

新的**邮政总局**(General Post Office;见422页地图;7 Koilaghat St;◉周一至周六 7:30~20:30;周日 10:00~16:00;包裹服务10:00~14:20;集邮局周一至周五 10:00~18:00)位于Koilaghat St。集邮局出售纪念品,可将您的照片变成一张面额为5卢比的邮票(300卢比),可能需要7天时间才能完成。

CR街邮局(CR Ave Post Office;见422页地图;CR Ave;◉周一至周六 10:00~19:00)位于昌德尼广场(Chandni Chowk),邮件为平信,亦可提供快递和包裹服务。

莎士比亚萨拉尼邮局(Shakespeare Sarani Post

Office;见416页地图;Shakespeare Sarani; ⊙周一至周五 10:00~16:00;周六 至14:00)规模较小但服务十分热心,且地点方便,提供普通和快捷邮递服务。

电话

萨德街代理商店出售SIM卡(200卢比),需提供身份证复印件、护照照片以及你的地址/酒店详情。SIM卡有微型和纳诺两版适用于智能手机,但要确保你的手机已解锁。可以拨打本地/国内电话,发送短信的价钱只需几卢比,而4G数据包的价格为每GB250卢比起。

旅游信息

印度旅游局(见416页地图;☏033-22821475; www.incredibleindia.org; 4 Shakespeare Sarani; ⊙周一至周五 10:00~18:00;周六 至13:00)办公室发放免费的加尔各答地图,上面标注着主要景点和车站,也有关于前往印度其他地区的有用信息。

西孟加拉邦旅游局(见422页地图;☏033-22488271; www.wbtdc.gov.in; 3/2 BBD巴格; ⊙周一至周五 10:30~13:30和14:00~17:30;周六 10:30~13:30)出售旅游局自营的团队游(最晚销售时间为16:30),并提供良好的免费城市地图。其网站对了解当地旅游信息以及预订国营的酒店和旅馆很有用。

❶ 到达和离开

航空

玻璃帷幕的**内吉塔·苏巴斯·钱德拉·鲍斯国际机场**[Netaji Subhash Chandra Bose International Airport,简称NSCBIA(CCU);☏033-25118036]于2013年重建,这里的航站楼令人印象深刻,但有时候服务上可能会出现奇怪的不足之处,特别是在离港区域。如果你要离境,须预留充足的时间,因为在护照检查和安检时需要排队。

加尔各答从清晨到深夜均有大量的内陆转机航班,也是连接孟加拉国(印度航空、孟加拉航空公司、捷特航空和丽晶航空)、不丹(不丹航空和不丹皇家航空)、缅甸(印度航空)和尼泊尔(印度航空)的区域航班的重要枢纽。东亚目的地包括曼谷(亚洲航空、靛蓝航空、捷特航空、香料航空和泰国际航空)、香港(中国港龙航空)、吉隆坡(亚洲航空)、昆明(中国东方航空)和新加坡(胜安航空)。乘坐欧洲和美国的长途航班的话,每天都有航班经过阿布扎比(阿提哈德航空)、多哈(卡塔尔航空)和迪拜(阿联酋航空)。

多家航空公司在该市设有办事处和预订柜台。

亚洲航空(见418页地图;☏033-33008000; www.airasia.com; 55A Mirza Ghalib St; ⊙周一至周六 10:00~20:00)

印度航空(见422页地图;☏033-22110730; www.airindia.in; 39 CR Ave; ⊙周一至周六 10:00~16:00)

不丹皇家航空(Druk Air;见416页地图;☏033-22900050; www.drukair.com; 51 Tivoli Crt; ⊙周一至周五 10:00~17:00)

阿联酋航空(☏033-40099555; www.emirates.com; Trinity Tower, 83 Topsia Rd; ⊙周一至周六 10:00~18:00)

捷特航空(Jet Airways;见418页地图;☏033-39893333; www.jetairways.com; Park St; ⊙周一至周六 10:00~19:00)

船舶

印度航运公司每月有5艘船按计划驶往布莱尔港。这些船只从**基德尔波尔**(Kidderpore)码头出发,穿过基德尔波尔通勤火车站对面的3号门。大约从航行之前的10天开始在公司办公室的二楼(1st fl)出售门票(铺位/客舱/豪华舱₹2500/6420/9750)。

长途巴士

国内

如果要前往大吉岭(Darjeeling)或锡金邦(Sikkim),须先搭乘巴士前往西里古里(Siliguri; 12~14小时)。所有过夜车都在17:00~20:00从**河畔空地汽车站**(Esplanade bus station;见418页地图;Esplanade)出发,坐车过夜(座位/卧铺₹550/650起,空调₹1200/1400)。前往Cooch Behar的NBSTC巴士在20:00离开(₹520, 18小时)。

开往**比哈尔邦和奥里萨邦**(Strand Rd)的长途汽车会沿着与伊甸花园通勤火车站(Eden Gardens commuter train station)以南与河岸平行的公路排列等候。长途巴士大多数都是在17:00~20:30出发的夜间巴士。如果你有行李,就要提早抵达。目的地如下:

布巴内什瓦尔(Bhubaneswar;风扇/空调₹380/430, 10小时)

格雅(Gaya；座位/卧铺₹300/450，13小时)
普里(Puri；座位/卧铺₹410/460，12小时)
兰契(Ranchi；座位/卧铺₹250/290起，10小时)

国际
孟加拉国(Bangladesh)前往孟加拉国的长途汽车实际上是在本纳波尔(Benapol；国际检查站)下车，在那里你得步行通关并登上同一公司经营的另一辆车到达卡(Dhaka)。肖哈帕里巴汗汽车站(Shohagh Paribahan；见418页地图；☎033-22520696；shohagh12@sify.com；23 Marquis St；⊙5:00~22:30)有5辆前往达卡的早班车(风扇/空调₹900/1550，14小时)。**GreenLine**(见418页地图；☎033-22520571；12 Marquis St；⊙5:00~22:30)有3辆前往纳波尔的空调公交(₹400)，全部都在7:00前出发。若要继续前往达卡，票价为1200孟加拉塔卡(约1000卢比)。

不丹 由不丹政府运营的前往彭措林(Phuent-

从加尔各答出发的列车

站点	列车	票价(卢比；卧铺/空调卧铺3类/空调卧铺2类，除非另行说明)	行程(小时)	发车时间
布巴内什瓦尔	12839 Chennai Mail	290/745/1045	6.5	23:45(HWH)
金奈(Chennai)	12841 Coromandal	665/1745/2540	26.5	14:50(HWH)
	12839 Chennai Mail	665/1745/2540	28	23:45(HWH)
德里	Poorva(Nos 12303/81)	630/1665/2415	23.5	8:05(HWH)
	12313 SDAH Rajdhani	空调卧铺3类/空调卧铺1类2105/4875	17.5	16:50(SDAH)
戈勒克布尔(Gorakhpur)	Purvanchal/KOAA-GKP(Nos 15047/49/51)	420/1140/1650	17.25~19	14:30(KOAA)
古瓦哈蒂(Guwahati)	12345 Saraighat	500/1315/1890	17.75	15:50(HWH)
	15657 Kanchanjunga	455/1235/1795	21.45	6:35(SDAH)
胡格利	Bandel Local	无预订 10	0.85	每小时数班(HWH)
勒克瑙(Lucknow)	13151 Jammu Tawi	470/1270/1845	22.75	11:45(KOAA)
	Upasana/Kumbha(Nos 12327/69)	510/1350/1980	18.25	13:00(HWH)
孟买CST(Mumbai CST)	12810 Mumbai Mail	740/1945/2840	33	20:15(HWH)
新杰尔拜古里(New Jalpaiguri)	12343 Darjeeling Mail k	350/920/1295	10	22:05(SDAH)
	12377 Padatik	350/920/1295	10.25	23:15(SDAH)
巴特那(Patna)	13005 Amritsar mail	315/840/1205	9	19:10(HWH)
	12351 Danapur	340/890/1250	9.5	20:35(HWH)
布里	18409 Sri Jagannath	300/815/1160	9.75	19:00(HWH)
	12837 Howrah-Puri	330/860/1210	8.75	22:35(HWH)
瓦拉纳西(Varanasi)	13005 Amritsar Mail	385/1055/1530	14	19:10(HWH)

HWH：从豪拉车站发车；SDAH：从锡亚尔达车站发车；KOAA：从Chitpur车站发车。

sholing；₹600,15小时)的长途汽车每天19:00(周日除外)从河畔空地汽车站围墙内的东北院子出发，这里有两个专门的**售票亭**(ticket booths；见422页地图；☏033-22627735；河畔空地汽车站；◉周一至周六 9:30~13:00和14:00~18:00)。乘坐从锡亚尔达火车站(Sealdah train station)发往哈西马拉(Hasimara)的13149 Kanchankanya Express (卧铺／空调3类／空调2类₹370/1000/1450,20:30,14小时)更快也更舒适，余下的去彭措林的18公里路程可乘坐公共汽车或出租车前往。注意：为了办理签证，你可能需要在这个边境城镇住一晚。

火车

火车站

长途列车从3个主要车站离开加尔各答：在城镇的河对岸的庞大的豪拉火车站(发音为"hao-rah"；HWH)的列车班次最多，可搭乘渡轮抵达；锡亚尔达火车站(Sealdah，发音为"shey-al-dah"；SDAH)位于MG路的东端；和城市同名的加尔各答火车站(或Chitpore；KOAA)还要再往北约5公里[靠近贝尔加契亚地铁站(Belgachia Metro station)]。

车票

外国人如果想要购买带有"旅游定额"的长途火车票，可前往**东部铁道旅游局**的**国际旅游办事处**(Eastern Railways' International Tourist Bureau；见422页地图；☏033-22224206；6Ferirlie Pl；◉周一至周六 10:00~16:00,周日至14:00)。记得携带护照，最好还带本书，因为等待时间可能很长，但通常有座位。抵达后，填写预订表格(表格会编号，作为排队顺序)。通常在开始营运前就大排长龙。如果你是加入团体旅行，只要携带其他人的护照，其中一人作为代表即可。注意：使用附近的**电子火车票务办公室**(Computerised Train Booking Office；见422页地图；Koilaghat St；◉周一至周六 8:00~20:00；周日至14:00)有时会更快，不过没有旅游定额票。

ⓘ 当地交通

大多数城市交通路线上的公交、电车和地铁的票价从5卢比至20卢比不等。男士不应坐在明确标有"女士"的席位上。

需要注意的是，在13:00~21:00，城市里大多数的单向道路的行驶方向会反转。公交路线也会随着倒转，单程通道上的出租车可能不愿意接需要往另一个方向行驶的活。

抵离机场

NSCBIA机场位于加尔各答市中心东北方向约16公里处。专用的支线公路经过机场大门1 (Airport Gate 1)从南部(VIP Rd)通往新的综合航站楼。在航站楼的到达大厅内，有若干进入城市的公共交通工具，可以在电子火车票预订柜台(第25号窗口)购买驶出城市的火车票。

空调公共汽车

机场公共汽车站台在Arrivals Gate 1A向南1分钟的步行范围内。上车后付款。准时的**AC-39** (8:00~20:00)每小时1班，中途在河畔空地汽车站(80卢比,1小时)停靠，开往终点站豪拉火车站(100卢比,1.5小时)。

城市公共汽车

如果你出机场航站楼向南步行500米左右到达VIP Rd的十字路口，就可乘坐票价便宜的普通公共汽车和小巴。注意寻找前往BBD巴格地区(20卢比)和豪拉(25卢比)的汽车。237路公共汽车会到达巴布加特(Babughat;20卢比)的渡轮码头，而L238路公共汽车则会前往豪拉火车站(25卢比)。车上拥挤、闷热，且可能没有空间容纳大包或手提箱。

出租车

固定价格的黄色出租车前往萨德街／豪拉火车站的价格为320/380卢比，不堵车时需要约1小时的时间。在机场3B和4A出口之间的新到达区域的12号窗口预付车费。进城的无线电出租车有空调，每公里收费20卢比左右，可在11号窗口等待。

机动三轮车

嘟嘟车式机动三轮车("autos")行驶路线固定，后座可载三名乘客，司机旁边可载一名乘客。根据距离不同，票价通常为6~10卢比。

主要路线：

洛哈水池—达拉塔拉路线(Loha Pool-Dharamtala; 见418页地图；Elliot Rd)从公园环形广场(Park Circus)出发，进入公园街(或在13:00后经过Nasreddin和Karaya道路)，沿AJC Bose路(靠近特蕾莎修女修道院)上行，然后沿着Elliot Rd或Royd St前行，最后再沿着萨德街环路(Sudder St. Loop)附近的Mirza Ghalib St或RAK Rd(上午／下午)上行，13:00后行驶方向相反。

哈兹拉—博得尔（Hazra-Bondel；见428页地图；HazraRd）从贾廷达斯公园（Jatin Das Park）地铁站以东的一个街区出发，沿着HazraRd行驶，然后前往巴利衮德（Ballygunge）。

哈兹拉—基德尔波尔（Hazra-Kiddepore；见428页地图；HazraRd）从贾廷达斯公园地铁站向西行驶，经过卡莉戈特神像工坊区，然后穿过阿力波尔（Alipore）。

拉什贝哈里—加里亚特（Rashbehari-Gariahat；见428页地图；Rashbehari Ave）这是一条较长路线的中段，并从卡莉戈特地铁站到达位于拉什贝哈里路（Rashbehari Ave）沿线的加里亚特购物区。

公共汽车和电车

加尔各答的公共汽车有多种形式。最好的是数量有限的闪亮的新空调公共汽车，但破旧的蓝黄色车和红黄色小巴的情况就差远了，司机狂躁，售票员喋喋不休。大量小巴从BBD巴格东侧的**小巴站**（见462地图）出发，其中有经过达姆达姆（Dum Dum）到达1号机场大门的公共汽车。

小而精致的电车沿着特定的城市轨道行驶，路线较为固定，并且不受单向交通的影响。

轮渡

要过胡格利河的话，乘船通常比从堵塞的公路桥通过更快，尤其是在高峰时段。从豪拉火车站开往加尔各答市中心码头的**渡轮**（River ferries；票价₹5~10；◎8:00~20:00）每15~20分钟1班。交通方便的下船点包括钱德巴尔（Chandpal；前往巴布加特）、巴巴扎尔（Bagbazar；前往库马特里）、贝卢尔（Belur）和达克希什瓦（Dakshineswar）。

地铁

加尔各答忙碌而拥挤的**地铁**（www.kmrc.in；票价₹5~20；◎周一至周六 6:45~21:55，周日 9:45~21:55）每5~15分钟（星期日班次较少）1班。前往萨德街的话，可以在河畔空地站（esplanade）或公园街站下车。有些列车有空调，但搭乘只有风扇的车厢仍得支付相同的费用。

到目前为止，只有一条线路（南北方向）正在运行，但扩展线路正在规划建设中。连接豪拉、锡亚尔达和盐湖的2号线仍在试运行中。

理论上，你不可以携带超过10公斤的包。如果你会在城内停留一段时间，可以考虑购买一张可多次使用的车票，以免每次乘坐地铁时都不得不排队买票。

人力车

人力车在有限的区域内运行，特别是在新市场和南部一些区域。人力车夫有时会向外国人收取过高的票价，然而许多人实际上很贫穷，晚上他们在人行道上租用车辆的下面睡觉，所以当你给小费时他们会衷心感谢你。

出租车

坐加尔各答的黄色出租车，花费25卢比可最多乘坐2公里，此后每公里收费12卢比。仪表是数字化的，并显示出确切的费用。一些空调出租车（带蓝色条纹的白底）也采用相同的收费结构，费用在里程打表计费的基础上增加25%作为空调附加费。除了17:00~18:00的高峰时间以外，出租车一般都比较容易打到；22:00后，一些出租车拒绝打表。在**豪拉火车站**（见422页地图）、锡亚尔达火车站和机场有需要预付费用的出租车亭。

干净且有空调的Uber出租车在加尔各答到处都是，而且可以通过智能手机上最新版本的应用程序来使用。最低收费是60卢比。高峰时间的附加费可以是普通黄色出租车收费的数倍。

西孟加拉邦和大吉岭

包括 ➡

孙德尔本斯
老虎保护区……………450
曼德马尼……………………451
胡格利河上游……………452
比什努布尔………………452
桑提尼克坦………………453
纳巴德维普和
玛亚普尔……………………455
穆尔希达巴德和
巴哈兰布尔………………456
西里古里和
新杰尔拜古里……………457
贾达帕拉野生动物
保护区……………………461
柯斯昂……………………462
大吉岭……………………463
辛加利拉山脊徒步………474
噶伦堡……………………476

最佳就餐

➡ Glenary's（见470页）
➡ Cochrane Place（见462页）
➡ Amber（见458页）

最佳住宿

➡ Dekeling Hotel（见468页）
➡ Holumba Haven
（见479页）
➡ Vedic Village（见453页）

为何去

西孟加拉邦（West Bengal）这片狭长的良田沃野，从布满茶园的喜马拉雅山麓一直延伸至湿热的孟加拉湾红树林，单单是这一个邦就有着一系列卓越的旅行目的地，能带给你丰富的旅行体验。在热带气候的南部地区，海滨小村曼德马尼吸引了大批游客，比什努布尔华丽的、用赤土瓷砖建造的印度教神庙和宫殿闻名遐迩。色彩斑斓的孟加拉虎悄无声息地游过孙德尔本斯的泥泞小溪；胡格利河（恒河的一条支流）上游的两岸有许多已经废弃了的欧洲风格小镇，这让你能够感受到这里航海时代的辉煌往昔。在气候凉爽怡人的北部山区，"观光小火车"在大吉岭迷人的英国殖民时代的避暑山庄间穿梭，沿途更可欣赏到干城章嘉峰连绵起伏的魁伟身姿。西孟加拉邦还拥有充满活力的艺术气息、令人回味无穷的美味佳肴以及热情好客的当地居民。

何时去

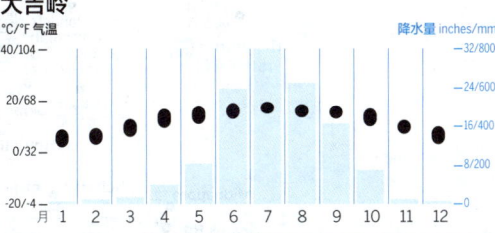

1月 此时是探索孙德尔本斯老虎保护区茂密的红树林的理想时节。

3月至5月和10月至12月 北方春暖花开，最适合观赏山景和徒步，不过10月才是旅游旺季。

10月至次年3月 远离湿热的南部低海拔平原的最佳时节。

西孟加拉邦和大吉岭亮点

① **辛加利拉山脊徒步**（见474页）在这条山脊徒步路途中，你可以一边在山顶度假屋里吃早餐，一边以360度视角尽览山景。

② **小火车**（见474页）你可以乘坐殖民时代的蒸汽小火车，在产茶重镇柯斯昂(Kurseong)和大吉岭间穿梭。

③ **桑提尼克坦**（见453页）游览这座大学城，探寻乡村奇观，尽情感受艺术气息吧。

④ **大吉岭**（见463页）参观茶园，在历史悠久的山间避暑小镇中啜饮可口的本地茶水，欣赏蔚为壮观的山景。

⑤ **比什努布尔**（见452页）在许多建于中世纪的赤陶神庙内欣赏雕刻，它们描绘了印度教史诗中的宏伟场景。

⑥ **孙德尔本斯老虎保护区**（见450页）乘船游览世界上最广阔的红树林河流水系，观赏飞过的翠鸟、梅花鹿以及本地独有的孟加拉虎。

历史

在印度史诗《摩诃婆罗多》中被称为"邦戈"（Bongo）的孟加拉邦在公元前3世纪曾是孔雀王朝的属地，后来先后被笈多王朝（Guptas）、信仰佛教的帕拉（Palas）王朝和信奉伊斯兰教的德里（Delhi）苏丹统治。随着奥朗则布（Aurangzeb）于1707年去世，孟加拉成为一个独立的伊斯兰教国家。

1698年，英国东印度公司在加尔各答（Kolkata）建立了第一个商贸站，贸易很快就繁荣起来，超过葡萄牙、荷兰和丹麦商人在胡格利河沿岸的其他欧洲贸易基地。随着英国势力的迅速扩张，对此感到忧虑不已的孟加拉执政官（又称为"纳瓦布"；Nawab）西拉杰—乌德—达乌拉（Siraj-ud-daula）于1756年率军从王都穆尔希达巴德（Murshidabad）出征，轻而易举地夺取了加尔各答。由于西拉杰—乌德—达乌拉的叔叔、纳瓦布军队的指挥官米尔·贾法尔（Mir Jafar）临阵倒戈，罗伯特·克莱夫（Robert Clive）于次年在普拉西之战（Battle of Plassey）中获胜。贾法尔成功地攫取了侄子纳瓦布的位置，但在1764年的布克萨尔战役（Battle of Buxar）之后，英国人完全控制了孟加拉。

西孟加拉邦是印度文艺复兴和民族自由运动的摇篮，长久以来一直被视为这个国家的文化和知识之都——加尔各答是印度的政治之都，直到1931年英国人将政府部门迁至德里。1947年，印度从英国独立出来，随后的印巴分治导致这个国家的孟加拉邦（在1905年出于行政目的已被一分为二）被分成印度教人口占多数的西孟加拉邦和以穆斯林为主导的孟加拉国，导致许多暴力活动的出现，以及孟加拉百万人口大迁徙。

从20世纪80年代末开始，大吉岭（Darjeeling）争取政治自治的意愿在该邦的北部山区引发了几波动荡。最终，廓尔喀兰领土管理组织（Gorkhaland Territorial Administration）于2012年成立，局面暂时稳定下来。

✖ 活动

徒步游

虽然西孟加拉邦的所有山中避暑之地都有松香弥漫的山道，可供游客惬意漫步，但最受欢迎的多日徒步路线仍是大吉岭附近的辛加利拉山脊（Singalila Ridge），在这里你可以白天徒步，晚上入住沿途的茶舍（teahouse-style trekking）。噶伦堡（Kalimpong）城里的后街小巷和周边可观赏

邦内重要节日

恒河萨格尔节（Ganga Sagar Mela; Sagar Island; ⏱1月中旬）数十万印度教信众会前往恒河入海口，伴着欢乐的节日气氛，共同在神圣的河水中沐浴。

孟加拉新年（Bengali New Year; Naba Barsha; Statewide; ⏱4月中旬）人们在这个节日欢庆孟加拉历新年第一天的到来，这一天也被称为Nabo Barsho。

乘车节（Rath Yatra, Chariot Festival; Mahesh, Serampore; ⏱7月/8月）参加节庆的人们拉着世界主宰贾格纳特神（Lord Jagannath）的战车来往于各个寺庙之间。

杜尔迦女神节（Durga Puja; 全邦各地; ⏱9月/10月）在全邦各处，尤其是加尔各答，会临时搭建起棚舍（pandals），并举行多姿多彩的活动，以表达对这位印度教女神的崇拜之情。色彩斑斓的庆祝活动将持续4天，在那以后，精美的十臂女神陶土像将被沉入河中。在喜马拉雅山脚下，该节日被人们当作十胜节（Dussehra）或德赛节（Dashain）庆祝。节日期间银行和机关单位放假一周。

贾加特哈吉节（Jagaddhatri Puja; Chandarnagar; ⏱11月）祭拜印度教女神贾加特哈吉的节日，她是杜尔迦女神的化身之一。

九月大集（Poush Mela; 见454页）民谣、舞蹈、戏剧和包尔歌唱演出活动在桑提尼克坦的大学城随处可见。

喜马拉雅风景的山脊沿线有几条极为出色的步行小道。

观赏野生动物

孙德尔本斯依然是全邦最美的森林地区,在这里可以见到鳄鱼、恒河豚、鹿、泽巨蜥、无数鸟类和孟加拉虎等物种。你可以在贾达帕拉(Jaldhapara)的丛林里面近距离地接触大象和脾气暴躁的犀牛。

❶ 到达和离开

加尔各答是前往该邦南部的天然门户,有来自印度各地的航班和火车,还有零星的国际航班。不管是经由印度东北各邦,还是从相邻的孟加拉国走陆路,西里古里(Siliguri)的巴格多格拉(Bagdogra)机场和新杰尔拜古里(New Jalpaiguri)火车站都是通向北部山区的主要门户。巴格多格拉机场有飞往帕罗(Paro;不丹城市)和曼谷的国际航班,还有飞往甘托克(Gangtok;锡金邦首府)的客运直升机航班。班次频繁的卧铺火车和日夜行驶的空调长途汽车往返于加尔各答和西里古里之间(12小时)。

萨格尔岛(SAGAR ISLAND)

在印度教神话里,位于恒河汇流处的萨格尔岛(Sagar Island)是萨格尔王的60,000个儿子被圣人卡皮尔·牟尼(Kapil Muni)化为灰烬后,在河流中起死回生的地方。每年的1月份,人们都会在这里的**卡皮尔·牟尼庙**(Kapil Muni Temple)附近举行恒河萨格尔节(见449页)的节庆活动。观看活动的最佳方式是在加尔各答报名参加西孟加拉邦旅游局组织的两天一夜的乘船团队游,包括船上住宿(每人 全包 ₹8800起)。这座岛屿在全年的其他时间都沉寂无声。

加尔各答广场长途汽车站(Esplanade bus station)有班次频繁的长途汽车(₹60, 2小时)开往纳姆哈纳(Namkhana)码头,在码头可乘坐驶往岛屿的渡船。岛上的公共汽车和合乘出租车穿梭往返于各处旅游景点。

加尔各答以南地区

孙德尔本斯老虎保护区 (Sunderbans Tiger Reserve)

作为这个星球上最大的孟加拉虎栖息地之一,这片占地2585平方公里的孙德尔本斯老虎保护区(门票/摄像 ₹60/200)拥有纵横交错的水系以及一半被淹没在水中的红树林,共同构成了世界上最大的河口三角洲。此地的生态系统与同一条海岸线沿岸的孟加拉国孙德尔本斯三角洲相邻;后者位于东侧国界的对面。老虎(据官方评估,其数量为100余只)潜伏在人迹罕至的红树林深处,并且在三角洲无数的水道中畅游。尽管它们有时确实会袭击村民,捕杀牲口,但是老虎通常都性格腼腆,踪迹难觅。尽管如此,在世界上最大的红树林保护区(如今已被联合国教科文组织列入世界遗产名录)的河流上泛舟巡游和观赏野生动物,无论是恒河豚(gangetic dolphin)、泽巨蜥(water monitor)、长达5米的湾鳄(saltwater crocodile),还是散发荧光的翠鸟(kingfisher),都会让你彻底地从加尔各答的喧嚣中摆脱出来,在这片远离尘嚣的世界中感受那清静的氛围。最佳参观季节是每年11月至次年2月之间——3月和4月这样天气暖和的月份更适合观赏老虎。

◉ 景点

红树林展示中心   博物馆

(Mangrove Interpretation Centre; Sajnekhali; ⏱8:30~17:00) **免费** 这片绿树成荫的建筑群坐落在保护区入口,由森林部门提供关于本地生态系统的有用信息,设有一个小型的乌龟和鳄鱼孵化场、一座野生动物博物馆,还有一块黑板,上面经常更新最后一次看到老虎的日期。

🚶 活动

India Beacons   划船

(☏9903295920; www.indiabeacons.com) 在去往沙因哈利(Sajnekhali)途中的戈尔卡利(Godkhali)可以租摩托艇,雇用向导。最多4人参加的团体游,预计花费约₹8000。India Beacons提供许多巡游孙德尔本斯深处水道的划船游览的路线可供选择。

👉 团队游

参加有组织的观光团是探索这片有趣但艰险的土地的最佳方式，至少你的许可证、文件、导游服务和车辆后勤等问题都会有人解决。事实上，我们不推荐旅行者独自前往这里。

团队游价格差别较大。它们通常包括从加尔各答出发至保护区的往返交通、住宿、用餐、公园门票以及导游和船只租赁费。需要确定费用中包括和不包括哪些项目。戈尔卡利码头位于通向沙因哈利的途中，可以在码头租摩托艇，雇用向导。最多4人的团队预计花费约₹8000。India Beacons有各种优质船只。

Backpackers 野生动物

(☏9836177140; www.tourdesundarbans.com; 11 Tottee Lane, Kolkata; 1/2夜 每人 全包价 ₹4000/4500; ⏱10:00~19:00)这家机构不仅服务可靠，而且有着悠闲的氛围，既重视娱乐性又重视心灵，由见识非常广博的"三兄弟"经营，开设的丛林观光游非常值得推荐，内容包括观鸟和当地音乐等活动。住宿或是在一艘由拖网渔船改造而成的船上，或是在传统村落风格的客栈里，晚上会举行民间音乐表演。费用取决于团队规模和入住天数。

Sunderban Tiger Camp 野生动物

(☏033-32935749; www.waxpolhotels.com; 71 Ganesh Chandra Ave, Kolkata; 1/2夜 每人 全包价 ₹4940/9880起)这家经营良好的机构提供专业导游和高品质的住宿（在干燥的陆地上）。住宿地是带有森林主题壁画的小木屋或可爱的红砖小屋。入住小木屋的价格最便宜，却让人有一种仿佛在探险的感觉。员工可以根据预先的要求，安排文化表演和观鸟游。

Help Tourism 野生动物

(见428页地图; ☏033-24550917; www.helptourism.com; 67A Kali Temple Rd, Kalighat, Kolkata; 2夜行程 每人 全包价 ₹16,400)这家旅行社与当地社区保持紧密协作，既能为你提供进入森林的绝佳途径，还能让你近距离感受河口三角洲地区的乡村生活。住宿地是一个奢华的生态主题营地。团队规模扩大的话，价格可以大幅度降低，直接询问即可。

West Bengal Tourism 游轮

(☏033-22488271; www.wbtdc.gov.in; 2夜 每人 全包价 ₹6600起)西孟加拉邦的旅游局（West Bengal's state tourism）在9月至次年4月间会组织每周1次的乘船巡游活动，包括膳食和专用船舶住宿。12月至次年2月的旺季期间，这项服务基本上都被国内游客预订一空。需要在网上及早预订。

ℹ️ 到达和离开

导览游包括加尔各答接送，所以不必担心交通问题。如果你打算自行前往，最好的办法是在加尔各答锡亚尔达（Sealdah）火车站乘坐本地火车前往坎宁（Canning; ₹15, 1.5小时），在那儿找找往戈尔卡利的小型班车（₹50）。前往沙因哈利的最后一段路程需要乘坐当地船只（₹20）。

曼德马尼（Mandarmani）

☏03220

曼德马尼坐落于加尔各答以南180公里处，是一座沉睡的小渔村，拥有绵延近15公里的绝美海滩。这里是印度尚未受到污染的海滩之一，为无数的沙滩蟹提供了寄居地。在黎明时分，海滩会格外热闹，当地渔船会在此抛锚，将捕获的海产运往岸上。

Adventure Zone（☏9830033896）在沙滩上开展水上帆伞运动（₹800），并提供极限运动套餐（₹1500），内容包含划独木舟、高空滑索、攀岩和绳索垂降等项目。

曼德马尼的大多数住宿场所位于海滩沿岸，品质千差万别。**Sana Beach**（☏933 063 3111; www.mandarmanihotels.com; 双 含早餐 ₹3750起; ❄️🏊）位于沙滩的最远端，截至目前是海边众多度假村中最棒的一家。这里有装饰着令人感到欢乐的色彩的舒适房间，极富民族特色的小屋和帐篷，以及可爱的游泳池和味道很棒的餐吧。

如果要到曼德马尼，可以搭乘6:40从加尔各答豪拉火车站（Howrah train station）出发的12857 Tamralipta Express（二等车厢/座席 ₹100/370; 3.5小时），在迪卡（Digha）

下车。然后在迪卡火车站搭乘一辆出租车前往曼德马尼,费用大约为₹500。

加尔各答以北地区

胡格利河上游（Up the Hooghly）

胡格利河岸边的**塞兰坡**（Serampore）位于加尔各答以北25公里处,曾经是丹麦在印度的商贸中心,直至丹麦于1845年将贸易主导权交给英国东印度公司。**塞兰坡大学**（Serampore College）于1818年由首位前往印度的浸信会传教士威廉·凯里（William Carey）创立,这里的图书馆曾经是全国最大的图书馆之一。

继续溯流而上,就到了曾经是法国前哨的**金德讷格尔**（Chandarnagar）,你可以参观这里的**圣心教堂**（Eglise du Sacre Coeur）和附近的修建于18世纪的大宅,后者如今是**金德讷格尔文化馆**（Cultural Institut de Chandarnagar; ⊙11:00~17:30,周四和周六闭馆）免费 所在地,里面的几场展览记录了这个殖民地贸易前哨的辉煌历史。每年的11月,这里都会灯火通明地迎接**贾加特哈吉节**（Jagaddhatri Puja）的到来;这个节日旨在表达对这位印度教女神的化身的崇敬。届时兴高采烈的当地人会涌入节庆场地,向供奉在临时搭建的祭坛（当地人称其为pandals）上的巨型四臂陶土神像致敬。

1571年,葡萄牙人在位于加尔各答以北41公里处的**班德尔**（Bandel）建立了一座工厂。附近的Saptagram早在加尔各答登上历史舞台之前就已是一个重要的葡萄牙商贸港口。在班德尔,你可以参观饱经风霜的**Imambara**（门票₹10; ⊙4~7月 10:00~18:00, 8~11月至17:30, 12月至次年3月 至17:00）,还可以登上高耸的钟楼饱览令人叹为观止的胡格利河景色;楼内保存着一座巨大的机械钟。这座建筑落成于1861年,原本被用作学校和朝拜中心,而且其宏伟的印度—阿拉伯风格的造型可以拍出一些引人入胜的照片。

坐落于班德尔以南1公里处的**钦苏拉**（Chinsurah）原本属于荷兰,1825年被用来与英国人交换其位于印度尼西亚苏门答腊岛上的领地。这里有一座堡垒和一座墓地,但都已风化残破,位于城镇以西1公里处。

在班德尔以北大约6公里处的**班斯贝里亚**（Bansberia）有两座有趣的寺庙。壮观的**Hanseswari Temple**供奉卡莉（Kali）女神的化身。塔楼有13个塔尖（sikharas;印度教神庙尖顶）,让你感觉只有在莫斯科才能见到。神庙场地内有小巧优雅、覆盖陶土瓦的**Vasudev Temple**,类似比什努布尔的陶土神庙。

从加尔各答出发前往这些地方进行一日游观光,可以在豪拉（Howrah）火车站乘坐任意一班开往班德尔方向的当地列车（₹15,1小时;每小时1班）。班德尔火车站有开往各个景点的机动三轮车——你可以预订一辆车,观光一日,费用约为₹500。或者可以在加尔各答租一辆全天出租车（₹3000）。

> ### 河上巡游
>
> 对于倾向于双鱼座特质（并且腰包鼓鼓）的人来说,胡格利河已经身兼豪华游轮航道的角色,从而使游客们能在船上获得舒适的享受,并且能以毕生难忘的方式来游览恒河三角洲。游轮巡航一般持续4天至2周左右的时间,中间在金德讷格尔（Chandarnagar）、班德尔（Bandel）、玛亚普尔（Mayapur）、穆尔希达巴德（Murshidabad）和Farakka[前往高尔（Gaur）和潘杜阿（Pandua）]靠岸,沿途将前往一些名不见经传的地方短途旅行。**Bengal Ganga**（☎011-41085922; www.bengalganga.com; 每人每天全包₹46,800起）和 **Assam Bengal Navigation**（☎9207042330; www.assambengalnavigation.com; 每人每天 全包价$210起）都值得强烈推荐。

比什努布尔（Bishnupur）

☎03244

从16世纪至19世纪初,比什努布尔曾经是马拉（Malla）王朝的繁荣国都,并以其美丽的赤陶庙宇闻名遐迩。这些让人神往

不要错过

SPA水疗胜地

想体验优美的孟加拉乡村风情,却又不愿错过精彩而奢华的康体项目,那么不妨前往下面推荐的两家水疗度假村之一,坐拥如诗如画的风景,享用让你欲罢不能的最佳康体和治疗设施,尽情感受该地区的田园魅力。

Vedic Village(☎033-66229900;www.thevedicvillage.com;Shikharpur village, Rajarhat;水疗套餐 ₹8500起;❄@≋)从加尔各答向北行驶仅需1小时车程即可到达这里,周围环绕着绿油油的菜园,中间还有一片绿树成荫的美丽湖泊,是一个豪华度假村,其热情好客的服务态度以及一系列治疗设施为其赢得了极佳的口碑,这里的特色水疗和自然疗法诊所尤其出色,据称是印度第一家(也是最好的)医药水疗中心。如果顾客提前提出要求,这里可以为顾客量身定制长期治疗方案,方案内容由顾客与医生经过多次商订共同制订。到此享受假期的旅行者只需在这里的豪华别墅内度假,在无数鸟儿的鸣叫声中放松身心,享受令人垂涎欲滴的美食,或者漂浮在深蓝色的泳池中间。

在前往钻石港湾(Diamond Harbour)的路上,离加尔各答向南约2小时车程的地方,有一座名为Ganga Kutir(☎033-40404040;www.raichakonganges.com;Sarisa village, Raichak;房间 含早餐 ₹8550起;❄@≋)的度假村,是想要远离喧嚣的度假者的另一个选择。这座瑞士风格的度假村位于胡格利河之畔,提供各种康体服务套餐以及瑜伽和冥想课程,是身心疲惫者恢复精力的好地方。你可以入住这里时尚的套房,房间内配有时尚的壁画墙,还可以望见瑰丽的河景。

的神庙(印度人/外国人 ₹30/750;◐黎明至黄昏)集孟加拉、伊斯兰和奥里亚(Oriya)等众多建筑风格于一身。许多神庙外墙上错综复杂的图案描绘了印度史诗《罗摩衍那》(Ramayana)和《摩诃婆罗多》(Mahabharata)中的场景。

比什努布尔位于班古拉(Bankura)地区,这里的Baluchari丝绸纱丽服和陶器远近闻名,尤其是风格化和标志性的班古拉马赤陶像。依照神庙内精致的赤陶瓷砖的样式制作的仿制品随处有售。

最引人注目的建筑有Jor Bangla和Madan Mohan Temple,多重拱顶结构的Ras Mancha以及精美的Shyam Rai Temple。你需要在Ras Mancha购票,在进入其他神庙时出示门票即可。人力三轮车夫可带你游览各个景点(探索迷宫般的小巷的最佳方式),费用为₹300。这里有一家小型博物馆(门票 ₹15;◐周二至周日 11:00~19:00),里面收藏的手绘原稿封面、石头饰品、乐器和民间艺术品都值得一看。

Bishnupur Tourist Lodge(☎03244-252013;www.wbtdc.gov.in;College Rd;双 ₹880起;❄)有着色彩鲜艳的红白相间的外墙,也许是镇上的最佳住处,客房干净而且色彩柔和,还有一间不错的餐吧。这里离博物馆很近,从火车站花 ₹80乘坐人力三轮车即可抵达。这里非常受欢迎,需要预订。

ℹ️ 到达和离开

客运班车定时往来于比什努布尔和加尔各答之间(₹160;5小时)。如果要去桑提尼克坦(Shantiniketan;₹120;4小时),你必须在Durgapur换乘。每天有2班火车从豪拉(二等车厢/座席 ₹110/395;4小时)发车,分别是6:25发车的12883 Rupashi Bangla Express和16:50发车的12827 Howrah Purulia Express。

桑提尼克坦(Shantiniketan)

☏03463

大学城桑提尼克坦是名副其实的孟加拉艺术文化中心,其孟加拉语名称的原意是"和平之邦"。诺贝尔文学奖获得者、诗人和艺术家拉宾德拉纳特·泰戈尔(Rabindranath Tagore;1861~1941年)于1901年在这片田园牧歌般的景致中创建了一所学校。后来学校逐渐发展成为著名的维斯瓦·巴拉蒂大学

（Visva Bharati University），其专业设置主要侧重于人文科学和人与自然的关系。这处轻松惬意的校园吸引了来自印度乃至世界各地的有志学子。

◎ 景点

在维斯瓦·巴拉蒂绿树成荫的校园里，散布着大量不拘一格的雕像，还有声名远扬的桑提尼克坦壁画（Shantiniketan murals）以及比利时玻璃隔板建造的大学祷告厅（university prayer hall）。

北扬建筑群　　　　　　　　　　博物馆

（Uttarayan Complex; Visva Bharati Campus; 成人/学生 ₹10/5; ◎周四至周一 10:00~13:00和14:00~16:00, 周二 至13:00）这片漂亮的建筑群位于林荫大道附近，铺着碎石的庭院和散发出异国风情的花园有几座风格各异的建筑，从装饰艺术风格到孟加拉乡村风格，不一而足。建筑群曾经是拉宾德拉纳特·泰戈尔的住所，如今则是大学的几间办公室，如果你是泰戈尔的"粉丝"的话，这里的博物馆和美术馆也值得游览一番。他的素描和油画的复制品在大门旁边的出版物销售柜台有售。

丰富多彩的宫殿

加尔各答附近地区分布着一些宫殿（rajbaris），属于曾经的地主（zamindars）家族。虽然大多数已然荒废，不过其中几座近来有了转机，赶上了高端旅游的潮流。距离加尔各答110公里的宫殿伊塔措纳（Itachuna; ☎9830142389; www.itachunarajbari.com; Halusai village; 双 ₹2100起; ✱）全面呈现了旧日王公贵族的生活，令人置身宫殿之间，获得一种奢华体验。富丽堂皇的内部经过修葺，还有孟加拉的珍馐佳肴和田园牧歌的氛围，极具冲击力。距离加尔各答向南1小时车程的巴瓦利（Bawali; ☎9830383008; www.therajbari.com; Bawali village; 双 含早餐 ₹8000起; ✱）宫殿同样是一座漂亮的行宫，拥有引人注目的多利安式柱体外观、精心保留的复古风格的内饰，以及无处不在的热情。

✱✱ 节日和活动

九月大集　　　　　　　　　　　文化节

（Poush Mela; Shantiniketan; ◎12月23日至26日）九月大集（Poush是孟加拉历法的九月，大约是公历的12月和1月）是桑提尼克坦最隆重盛大的节日。在为期4天的盛会期间，来自附近村庄甚至五湖四海的艺术家、音乐家、工匠和诗人们聚集一堂。你可以听着孟加拉的包尔（bauls，孟加拉游吟歌谣）消磨时光，聆听他们关于生命和爱情的歌曲，或者逛逛销售部落工艺品、服装和珠宝首饰的摊位。食品摊位上还有令人垂涎欲滴的地方美食。

佛浴节　　　　　　　　　　　　文化节

（Magh Mela; Shantiniketan; ◎2月6日至8日）为期3天的佛浴节在斯里尼克坦（Sriniketan; 邻接桑提尼克坦）村举行，工艺品和乡村艺术品被摆到了舞台中心。次日晚间，一场壮观的烟火表演将吸引大批的观众。

⬚ 住宿

Shantiniketan Tourist Lodge　　酒店 $

（☎03463-252699; www.wbtdc.gov.in; Bhubandanga; 双 ₹1180起; ✱）这家由政府经营的大型酒店有着浓厚的工业化气息，但是员工们热情友好，如果你只想入住带空调的豪华房间（₹2950），那么这个位于一片美丽草坪四周的别墅中的酒店值得考虑。这里有一家很不错的餐厅（主菜 ₹80~140），供应本地美味的孟加拉饮食。

Mitali Homestay　　　　　　家庭寄宿 $$

（☎9433075853; krishno.dey@gmail.com; Phool Danga; 双 含早餐 ₹3500; ✱）这个迷人的地方位于大学以北约2公里处的树木繁茂的普尔丹加（Phool Danga）村，是一位退休外交官及其设计师妻子的住处，一定会带给你慵懒的田园体验，主要特色是贴心的陪伴、舒适的空调房间（家庭住宅和配楼里面都有）和美味的家常菜（午餐或晚餐的价格为每人₹400）。从校园乘坐机动三轮车至此的费用是₹50。

居住3天以上经常可以享受折扣优惠。

Chhuti Holiday Resort　　　　度假村 $$

（☎03463-252692; www.chhutiresort.co.in; Charu Palli; 双 ₹1800起; ✱）这座树木

成荫的庄园中有以民族装饰为特色的乡村风格房间，各国风味的餐馆提供美食，弥漫着宁静安详的气氛。没有无线网络连接，不过前台可以根据预先要求安排文化活动。度假村位于博尔布尔（Bolpur）的詹布尼汽车站（Jambuni bus stand）旁边，乘坐机动三轮车前往大学的费用为₹50。

Park Guest House 客栈 $$

（☏9434012420; www.parkguesthouse.in; Deer Park; 双 含早餐 ₹1730起; ※⑧）这个低调的地方紧邻一座古朴的部落村庄，对喜欢保留一份纯朴本真和隐居度假的人来说很有吸引力。房间朴素却舒适，精心装点着部族饰品，精致的塔利套餐（thali；需提前告知）非常棒。这里还有一片可爱的草坪，在夜幕降临后你可以静静地在这里喝一杯啤酒。

✘ 就餐

Alcha Foods 孟加拉菜 $$

（Tourist Lodge Rd; 塔利套餐 素食/鱼₹100/190; ◷周一至周六 正午至15:00和16:00~20:00）这家小餐馆以美味的大盘午餐闻名，特色是丰盛的孟加拉传统菜肴。一周内每天都有独特的时令菜单。晚上，你可以给自己点上各种油炸小吃，再来一杯香气袭人的手冲咖啡。

Ghare Baire 孟加拉菜 $$

（Geetanjali Cinema complex; 餐 ₹190; ◷11:30~21:30）这是一家专门经营孟加拉传统菜式的餐馆，这家咖啡馆风格的小餐厅烹制美味丰盛的大盘午餐和晚餐，还提供一些普通的小吃和中国菜。餐馆内有一家纪念品商店，出售一系列精美的陶器和纺织品，在用餐间隙或许可以看看。

❶ 实用信息

邮局（Shantiniketan Rd; ◷周一至周六 10:00~16:00）位于主路上的这家邮局可以寄快递和包裹。
印度国家银行（State Bank of India; Shantiniketan Rd; ◷周一至周五 10:00~16:00，周六 至14:00）银行有一台自动柜员机，可以使用外国银行卡。

❶ 到达和离开

博尔布尔（Bolpur）镇邻接桑提尼克坦，是其交通枢纽。博尔布尔火车站位于大学以南2公里处，每天有数班列车往返于这座火车站和加尔各答之间。时间最好的是12337 Shantiniketan Express （二等车厢/座席 ₹95/305; 2.5小时），10:10从豪拉火车站发车。如果要前往新杰尔拜古里，可以乘坐9:20发车的15657 Kangchenjunga Express（卧铺/空调卧铺3类 ₹250/670; 9小时）。大学校园内有**火车售票处**（train booking office; Shantiniketan Rd; ◷周四至周二 8:00至正午和12:30~14:00），在这里可以打听信息，购买车票。

博尔布尔的詹布尼汽车站（Jambuni bus stand）有开往巴哈兰布尔/穆尔希达巴德（Berhampore/Murshidabad; ₹110; 4小时）和比什努布尔（₹100; 4小时）的班车线路。分别需要在Suri和Durgapur换乘。

纳巴德维普和玛亚普尔（Nabadwip & Mayapur）

☏03472

纳巴德维普位于加尔各答以北115公里处，是一个重要的克利须那神（Krishna）朝圣中心，吸引了大批信众到此朝拜。同时，这里还是一个古老的梵文（Sanskrit）文化中心。孟加拉的最后一任印度教国王Lakshman Sen将王都从高尔迁来此地。

与纳巴德维普一河之隔的玛亚普尔是国际奎师那知觉协会[Iskcon; 克利须那派（Hare Krishna）]运动的大本营。这里有一座多姿多彩的大型神庙，以及简单干净的

Iskcon Guest House（☏03472-245620; mghb@pamho.net; Main Complex; 双/标三/四 ₹600/800/900起; ※），提供客人们想要入住的各式房间。国际奎师那知觉协会还设有从加尔各答出发的巴士观光游套餐，每周五、周六、周日上午发车，次日傍晚返回。如需了解详情或进行预订，请致电Iskcon Kolkata。

除了Iskcon Guest House之外，这里没有接待外国游客的酒店。但从加尔各答前往玛亚普尔（Mayapur）的一日游相当方便。

Iskcon有一家朴素的咖啡馆，可提供素食小吃（₹40~70）。你还可以坐下来等等Gada Bhavan每天13:00供应的公共素食午餐（₹70）。

高尔和潘杜阿(GAUR & PANDUA)

在高尔(距离加尔各答335公里)的水稻田间屹立着许多清真寺,以及13~16世纪由孟加拉穆斯林执政官所统治的王都的废墟遗迹。一些不起眼的遗址的历史可追溯至7~12世纪的前伊斯兰时期,当时高尔是信奉佛教的帕拉(Pala)王朝和印度教塞纳(Sena)王朝的首都。

位于加尔各答以北340公里处的马尔达(Malda)是探索高尔和潘杜阿的便利基地。马尔达同样以夏季成熟的芒果而闻名。即使到访的时候不是芒果成熟的季节,你也可以在当地市场购买美味的芒果干和芒果蜜饯。

郁郁葱葱的芒果园里坐落着高尔最优美的两处古迹:一处是令人注目的Baradwari Mosque(建于1526年),其走廊的拱形过道保存得十分完好;另一处是Dakhil Darwaza(建于1425年)的堡垒式门廊。Qadam Rasul Mosque供奉着先知穆罕默德的足印。在附近的Chamkan Mosque和Gumti Gate两处遗迹上,你依然可以看到色彩鲜艳的瓷砖碎片。

在潘杜阿(距离高尔约25公里),有落成于14世纪的Adina Masjid清真寺的巨大废墟,这里一度是印度最大的清真寺。2公里以外有一座Eklakhi陵墓(Eklakhi Mausoleum),之所以得名,是因为1431年修建时耗用了约₹100,000的资金。

马尔达有几家非常朴素的酒店,主要接待本地旅行者,其中最好的是Hotel Kalinga(☎03512-283567; www.hotelkalingamalda.com; NH34, Ram Krishna Pally; 双 ₹1050; ❄),拥有不错的房间和各国风味的餐馆。前台可以安排出租车游览该遗址。

加尔各答豪拉火车站每天有几班快车开往马尔达,包括12041 Shatabdi Express(座席₹750, 5小时, 14:15)和13011 Howrah-Malda Intercity Express(二等车厢/座席₹130/470, 7.5小时, 15:25)。前者继续开往新杰尔拜古里(座席₹600, 3小时, 19:10),那里是前往大吉岭的出发地点。

长途汽车在固定时间发车前往西里古里(₹150, 6小时)、巴哈兰布尔/穆尔希达巴德(₹90, 4小时)和加尔各答(₹200, 10小时)。

如果想前往高尔和潘杜阿的遗址参观,你可以在马尔达租全天出租车(₹2500)。这里没有通往遗址的公共交通线路。

到达和离开

本地郊区火车(₹20, 2小时, 每小时1班)在加尔各答的锡亚尔达火车站(Sealdah train station)和克里希讷格尔(Krishnagar)镇之间往返行驶,从那儿合乘机动三轮车(₹20)可以往返玛亚普尔。或者也可以参加Iskcon Kolkata(☎033-64588777; 22 Gurusaday Rd)组织的巴士游。

穆尔希达巴德和巴哈兰布尔(Murshidabad & Berhampore)

☎03482 / 人口195,200

在穆尔希达巴德,孟加拉乡村生活和18世纪的建筑与胡格利河[当地亦称巴吉拉蒂河(Bhagirathi River)]的青葱河岸融为一体。当西拉杰—乌德—达乌拉还是孟加拉的执政官时,穆尔希达巴德是他的都城;1757年,当他在普拉西之战中被罗伯特·克莱夫击败并铩羽而归后,他在这里被暗杀。

这里的主要景点是宫殿Hazarduari(印度人/外国人₹30/750;◉周六至周四 10:00~16:30),这是一座有1000扇门(有真有假)的著名皇宫,建于1837年,供执政官使用。宫殿内部陈列的一系列18世纪和19世纪的古董藏品令人叹为观止。宫殿建筑群中的其他特色建筑还有Nizamat Imambara——曾经的钟楼以及Wasef Manzil(从前是王室居所),此外还有优雅的Madina Mosque。

Murshid Quli Khan于1700年迁都于此。他去世后被埋葬在Katra清真寺(Katra Mosque)废墟的楼梯下面。西拉杰—乌德—达乌拉在Nimak Haram Deori(背叛者门)遇刺身亡。在Kathgola花园(Kathgola Gardens; 门票₹10; ◎6:30~17:30)里面有一处趣味盎然的耆那教商人家族宅邸,其历史可追溯至1873年。

食宿

Hotel Sagnik 酒店 $

(☎09434021911; Omrahaganj; 双₹950起; ❋)这家酒店位于穆尔希达巴德和巴哈兰布尔之间,交通十分方便,服务员热情友好,房间超值,还有一家不错的餐厅,但最值得称道的还是非常及时和人性化的服务。从穆尔希达巴德火车站乘坐人力三轮车只需10分钟的时间即可抵达这里。

Hotel Samrat 酒店 $

(☎03482-251147; NH34 Panchanantala; 双含早餐₹1150起; ❋)这是巴哈兰布尔最老牌的旅馆之一,拥有面朝橙色和米色走廊的宽敞洁净的客房,楼下的Mahal餐厅(主菜₹80~150)是用餐的好地方。但是它坐落于主公路边,因此晚上难免会听到过往车辆发出的噪声。

❶ 到达和当地交通

13113 Hazarduari Express(二等车厢/座席₹85/320, 3.5小时)于6:50从加尔各答的火车站发车。客运班车定时开往加尔各答(₹150, 6小时)和马尔达(Malda; ₹90, 4小时)。如果要去暴提尼克坦/博尔布尔(₹110, 4小时),你需要在Suri中转。

合乘机动三轮车(₹50)全天穿梭于穆尔希达巴德和巴哈兰布尔之间。人力三轮车/机动三轮车可提供带导游讲解的半日观光游,游览周边景点的费用为₹500/800。

西孟加拉邦群山
(WEST BENGAL HILLS)

西里古里和新杰尔拜古里
(Siliguri & New Jalpaiguri)

☎0353 / 人口 701,000 / 海拔 120米

双子城西里古里和新杰尔拜古里(简称NJP)周边都是拥挤嘈杂的交通枢纽站,这里也是前往大吉岭、噶伦堡、锡金邦、东北地区、尼泊尔东部和不丹(Bhutan)的必经之地。可尽管它们是本邦最大的两座城市,但是城内基本没有值得游玩的地方,除了不得已需要过夜中转之外。

西里古里的大部分旅馆、餐厅和服务机构都位于Tenzing Norgay Rd沿线,出了名的嘈杂,这条路更多地被人们称为Hill Cart Rd。新杰尔古里的Station Rd向南延伸至6公里以外的NJP火车站。从Hill Cart Rd向东北方向延伸的支路是西里古里的其他主要街道,名字分别是Sevoke Rd和Bidhan Rd。

如果你有时间可以消磨,则可以参观位于城镇以北5公里处的色彩艳丽的藏式萨鲁加拉寺(Salugara Monastery; Sed-Gyued Gompa; www.sed-gyued.org; Sevoke Rd),该寺庙有一座高达30米的壮观高塔(藏式佛塔)。

住宿

Hotel Rajdarbar 酒店 $$

(☎0353-2511189; rajdarbarhotel@yahoo.com; Hill Cart Rd; 标单/双 含早餐₹2050/2280; ❋@)这个地方是一群类似的酒店中比较清新整洁的一家,有打理得相当妥善的房间和一间不错的餐厅,大堂内有Wi-Fi。酒店提供免费早餐。宽敞、安静的顶层套房(标单/双₹3930/4170)最出色。

Evergreen Inn 酒店 $

(☎0353-2510426; innevergreen@yahoo.in; Pradhan Nagar, Ashana Purna Sarani; 双 带/不带空调 ₹1440/990起; ❋@)这家酒店位于小巷之中,距离中央汽车站仅100米,却出奇的安静。11间房间各不相同,但全都干净清新,配

住宿价格区间

以下价格区间指的是旺季时带卫生间的双人间的费用。房费均含税,除非另有说明。

$ 少于₹1300

$$ ₹1300~3000

$$$ 高于₹3000

备平板电视和时髦的卫生间。你可以在汽车站对面的小巷里面找到这里。

Hotel Conclave　　　　　　　　　　酒店 $

(☎0353-2516155; hotelconclave@rediffmail.com; Hill Cart Rd; 标单/双 带空调 ₹1865/2035, 不带空调 ₹850/990; ❈ ⓦ) Conclave靠近城镇汽车站,位置便利,有优质的床铺和整洁的杉木装饰。比较便宜的房间更安静一些,价格较高的房间赠送早餐。所有房间都有小阳台。

Hotel Himalayan Regency　　　　酒店 $

(☎0353-2516624; himalayanhatchery@gmail.com; Hill Cart Rd, Pradhan Nagar; 双 带/不带空调 ₹1500/800; ❈ ⓦ) 虽然酒店的装修有些令人惊讶,但这里的房间干净、舒适,空调房间里有圆形的床。酒店位于Pradhan Nagar警察局附近。

Hotel Sinclairs　　　　　　　　　酒店 $$$

(☎0353-2512675; www.sinclairshotels.com; 紧邻NH31; 标单/双 含早餐 ₹5800/6200起; ❈ ⓦ ≋) 这家舒适的三星级酒店坐落于中央长途汽车站以北1公里处,使你能远离Hill Cart Rd的喧嚣。它是西里古里经营时间最长的豪华酒店之一,提供具有现代感的清新而舒适的房间,配备了不错的卫生间。酒店内有一间很棒的庭院餐吧,还有凉爽而干净的游泳池,非常适合躲避平原的暑热。

🍴 就餐

★ Khana Khazana　　　　　　　多元风味 $$

(Hill Cart Rd; 主菜 ₹120~200; ⊙9:00~22:00) 这家店位于紧邻主要公路的一条偏僻小巷内,环境幽静的户外花园使你能避开外界轰袭响的嘈杂。这里丰富的菜品涵盖了从优质咖喱和印度烤饼(naan; 泥炉烤饼)到孟买街头小吃等各种美食,有许多丰盛的素食可供选择,还有印度雪糕(kulfi),即硬邦邦的风味(常常加入开心果)冰激凌。

Amber　　　　　　　　　　　　印度菜 $$

(☎0353-2431682; Hill Cart Rd; 主菜 ₹190~330; ⊙10:00~23:00; ❈) 这家值得信任的餐馆配备了空调,属于Hotel Saluja Residency,提供令人垂涎欲滴的菜肴,包括软乎乎的印度烤饼、令人咂嘴的咖喱、鲜嫩的肉菜和口味清淡的印度比尔亚尼菜,备受城里的美食爱好者的欢迎。晚上来这里的话,特别热闹。

Sartaj　　　　　　　　　　　　印度菜 $$

(☎0353-2431758; Hill Cart Rd; 主菜 ₹120~220; ⊙9:00~23:00; ❈) 这家精致的小餐馆位于一大片类似的餐吧之间,供应各种口味一流的北印度泥炉菜(tandoori)、咖喱,以及一些不错的西餐主菜。服务非常周到,门口还有一位身着迷人制服的门卫。这里也是坐下来喝一杯冰啤酒的好地方。

❶ 实用信息

上网

Krishna Travels (Hill Cart Rd; 每小时 ₹80; ⊙周一至周六 9:00~21:00) 这家网吧(可以上网但是没有Wi-Fi)位于Hotel Conclave对面的一条小巷里。

医疗服务

Sadar医院 (Sadar Hospital; ☎0353-2436526; Hospital Rd) 西里古里的主要邦立医院,提供急诊和门诊服务。

现金

Delhi Hotel (Hill Cart Rd; ⊙9:00~14:00) 可兑换外币,位于丹增诺盖(Tenzing Norgay)中央长途汽车站对面。营业时间灵活,经常延长营业时间至晚上。

旅游信息

锡金邦旅游办事处 (Sikkim Tourist Office; ☎0353-2512646; SNT terminal; Hill Cart Rd; ⊙周一至周六 10:00~16:00) 可现场办理前往锡金邦的许可证。带上你的护照和签证复印件,以及一张护照尺寸的照片。

西孟加拉邦旅游局 (West Bengal Tourism; ☎预订热线 9832492417, 信息咨询 0353-2511974; www.wbtdc.gov.in; Hill Cart Rd; ⊙周一至周五 10:30~17:30, 周六至13:30) 可在网上预订前往贾达帕拉野生动物保护区(Jaldhapara Wildlife Sanctuary)的住宿,包括预订迷人的森林小木屋。

旅行社

在Hill Cart Rd路上有许多私营的订票代理商。

Help Tourism (☎0353-2535896; www.helptourism.com; 143 Hill Cart Rd) 我们推荐这家极富环保意识并致力于社区发展（包括开设志愿者项目）的旅行社。它与山区的数十家民宿和客栈建立了紧密的联系，其中包括Damdin的一座历史悠久的茶园，还有地处拉瓦(Lava)外围的时尚的Neora河谷丛林营地(Neora Valley Jungle Camp)。

❶ 到达和离开

飞机

巴格多格拉(Bagdogra)机场位于西里古里以西12公里处。这里每天都有航班飞往德里、加尔各答和古瓦哈蒂(Guwahati)；另外，不丹皇家航空(Druk Air)有的季节也有在曼谷和帕罗之间往返的国际航班。

在天气条件允许时，巴格多格拉机场每天14:30会有5座直升机(₹3500; 30分钟; 10公斤行李限额)飞往甘托克。你需要通过甘托克的**锡金邦旅游发展公司**(Sikkim Tourism Development Corporation; ☎03592-203960, 03592-209031; www.sikkimstdc.com/HeliServiceGeneral/HeliGeneralReservation.aspx)预订，或者在机场订票。

巴格多格拉机场的预付费出租车站有固定价格的出租车前往大吉岭(₹1800)、噶伦堡(₹1410)、甘托克(₹2200)及邻近尼泊尔边境的卡卡比塔(Kakarbhitta; ₹500)，使你能完全绕过西里古里。在机场你可以很轻松地找到刚下飞机

穿越边境: 孟加拉国、不丹和尼泊尔

往返孟加拉国

西里古里的许多私营旅行社，包括Shyamoli (☎9932628243; Hotel Central Plaza complex, Mallagauri More, Hill Cart Rd, 中央长途汽车站西北1公里处)，每天都有1班空调车直达达卡(Dhaka; ₹1200; 18小时)，发车时间为13:30。你需要在Chengrabandha完成边检手续。提前一至两天预订。

每天7:00~17:00，丹增诺盖中央长途汽车站(Tenzing Norgay central bus terminal)每隔45分钟就有1班客车发往Chengrabandha (₹60, 2.5小时)。边境站开放时间是每天8:00~18:00。从边境站附近你可以乘车前往朗布尔(Rangpur)、博格拉(Bogra)和达卡。孟加拉国签证可以在加尔各答和新德里(New Delhi)申请。

往返不丹

Bhutan Transport Services每天有两班从Sevoke Rd发车的长途汽车，开往不丹的彭措林(Phuentsholing; ₹100; 7:15和正午发车)。不过，在印度边境一侧乘坐班次频繁的本地长途汽车前往贾伊加奥恩(Jaigaon; ₹106, 4小时)的行程则更有意思，在那里你可以办理印度出关手续。彭措林和贾伊加奥恩之间的边境6:00对车辆开放，21:00关闭，但步行的人22:00前都可以过境。

在巴格多格拉机场包租一辆吉普车前往贾伊加奥恩，费用为₹2510。非印度国民需要通过不丹团队组织者办理入境签证，之后方可进入不丹。

往返尼泊尔

如果要去尼泊尔，Hill Cart Rd路上的丹增诺盖中央长途汽车站每隔30分钟就有1班客车发往边境小镇帕尼坦吉(Panitanki; ₹25; 1小时)。附近有合乘吉普车开往卡卡比塔(Kakarbhitta; ₹125)，速度更快，但是只有坐满才会发车。帕尼坦吉的印度边境站24小时开放，但是卡卡比塔的尼泊尔边境站开放时间为7:00~19:00。

在卡卡比塔，有无数长途汽车开往加德满都(17小时)和其他目的地。你还可以选择到卡卡比塔西南23公里处的巴德拉普尔机场(Bhadrapur Airport)乘坐佛陀航空(Buddha Air; www.buddhaair.com)的定期航班飞往加德满都($185)。在边境站可以办理尼泊尔签证(带上两张护照尺寸的照片)。

并愿意分担出租车费的乘客。标注价格指的是当地吉普车的价格,酒店接客的价格稍高。

长途汽车

北孟加拉邦立运输公司(North Bengal State Transport Corporation,简称NBSTC)的大部分客运班车都从**丹增诺盖中央长途汽车站**(Tenzing Norgay central bus terminal; Hill Cart Rd)发车,许多私营客车也经营着相同的客运线路。私营长途汽车公司都在车站门口设有办事机构。

NBSTC开通了开往马尔达(Malda; ₹175, 6.5小时)的长途汽车线路,此外每天还有6班客车发往加尔各答(₹390~420)。阿萨姆邦立运输公司(Assam State Transportation Corporation)每天16:00有1班客车从这里发往古瓦哈蒂(₹550, 15小时)。Hill Region Minibus Owners Association的站点每隔30分钟就有开往噶伦堡(₹200, 2.5小时)的小型公共汽车。

如果要在18:00去往巴特那(Patna;座位/卧铺 ₹350/400, 12小时),可以去车站外面的**Gupta Travels**(☎ 0353-2513451; Hill Cart Rd)。这家公司以及其他几家旅行社都有发往加尔各答(₹1200; 11小时)的豪华沃尔沃空调大巴,发车时间在19:00前后。非空调客车的价格约为₹400。

锡金邦国有运输公司(Sikkim Nationalised Transport,简称SNT)运营着开往甘托克(₹150, 4.5小时)的长途汽车,6:00至15:00每隔40分钟发车一次,发车地点为**SNT长途汽车站**(SNT terminal; Hill Cart Rd),它位于长途汽车站东南方向250米处。乘客需要提前到隔壁的锡金邦旅游办事处办理许可证。

吉普车

在山区,一种多少有些拥挤的高效出行方式

小火车的郁闷

由于廷迪里亚(Tindharia)附近的轨道受损,从西里古里开往大吉岭的小火车依然停驶。在它恢复之前,唯一的选择就是开车前往柯斯昂(Kurseong),然后搭乘小火车至大吉岭。即使这段线路开通,每天9:30发车前往大吉岭(座席₹350)的这班火车也仅限死忠粉乘坐,因为长为88公里的路程用时7小时,足足是公路行程的两倍!

是合乘吉普车(share jeep)。在Hill Cart Rd上有许多吉普车停靠站:前往大吉岭(₹130, 3小时)和柯斯昂(Kurseong; ₹70, 1.5小时)的游客可以到长途汽车站对面或Hotel Conclave外面的停靠站找车,傍晚之前通常都有车;前往噶伦堡(₹130, 2.5小时)的吉普车停靠在Sevoke Rd的Panitanki Mall停靠站(可以花费₹20乘坐机动三轮车去那里);前往甘托克(₹200, 4小时)的吉普车则从SNT长途汽车站旁发车,一直运营至16:00。在新杰尔拜古里候车站外,也有合乘和包租的吉普车可前往这些目的地。前往米里克(Mirik; ₹100, 2.5小时)的吉普车从位于丹增诺盖中央长途汽车站西南方向200米处的西里古里火车站(Siliguri train station)出发。

独自包租一辆吉普车的费用大约是合乘票价的15倍。对身材壮硕的旅行者来说,值得推荐的办法就是将靠近司机的两个或三个前排座位都买下来。

火车

在订购抵离西里古里的车票时,务必核实一下自己的车票是从西里古里枢纽火车站(central Siliguri Junction)还是从东南6公里处的新杰尔拜古里(NJP)火车站发车。

可在**西里古里枢纽火车站**或**火车订票处**(☎ 0353-2537333; Hospital Rd和Bidhan Rd的交叉路口; ⊙ 周一至周六 8:00至正午、12:30~14:00和14:15~20:00, 周日 至14:00)购买车票,后者位于Hotel Conclave东南方向1.5公里处。

每天共有多班火车发往**加尔各答**,其中速度最快的是20:00发车的12344 Darjeeling Mail(卧铺/空调卧铺3类₹350/915, 10小时),中途经停马尔达(Malda)。

如果想要前往德里, 13:15的12423首都特快(Rajdhani Express)是最优且最快的选择(空调卧铺3类/空调卧铺2类₹2200/3020, 21小时)。或者可乘坐17:15发车的12505 North East Express(卧铺/空调卧铺3类₹625/1630, 26小时)。

开往巴特那(Patna;卧铺/空调卧铺3类/空调卧铺2类₹280/750/1490, 13小时)的火车最容易买到的票是首都特快(Capital Express),不过到站时间是不太方便的3:20。想要前往古瓦哈蒂(Guwahati),需要乘坐8:35开往另一个方向的12506 North East Express(卧铺/空调卧铺3类₹275/710, 8小时)。

ⓘ 当地交通

从丹增诺盖中央长途汽车站到新杰尔拜古里火车站，搭乘出租车/机动三轮车的费用为₹230/100。乘坐出租车/机动三轮车往返巴格多格拉机场和西里古里之间的费用为₹460/250。

合乘机动三轮车（₹7）在Tenzing Norgay Rd沿线连续不断地行驶。

贾达帕拉野生动物保护区（Jaldhapara Wildlife Sanctuary）

☎03563 / 海拔60米

这处游客罕至的**贾达帕拉野生动物保护区**（☎03563-262239；www.jaldhapara.in；印度人/外国人₹60/200，照相/摄像₹50/500；◑9月中旬至次年6月中旬）保护着托尔萨河（Torsa River）沿岸方圆114平方公里的茂密森林和草原，也是150头印度独角犀牛（Rhinoceros unicornis）的最后栖身之所。独自游览这里不是很方便，需要提前几个月预订园内住宿，所以必须早做打算。到这里游览的最佳季节是11月中旬至次年4月，3月和4月是观赏野生动物的最佳月份。建议带上驱蚊剂。

骑象（elephant ride；☎03563-262230；印度人/外国人 每人₹600/1000；◑5:00~8:00）的时候你最有可能观赏到犀牛，但是这些步履缓慢的动物数量有限，经常被Tourist Lodge的住客们抢订一空；这项活动由于会对大象造成潜在危害，因此遭到动物保护组织的反对。即使你在Jaldhapara Tourist Lodge（见本页）住一晚，也无法确能预订到骑象的名额，因为小屋客满时所容纳的人数是每天大象能够搭乘人数的两倍。算上所有的费用，1小时的骑象活动至少需要每人花费US$50。注意，游客将坐在大象背部的象轿（howdah）上面，这正是动物保护组织极为反对的习俗。

吉普车游猎（Jeep safaris；☎03563-262230；4/6人吉普 外国人₹1840/2240，印度人₹1520/1640）在清晨和下午运营，中间在观景台停留，但是这也非常难订到，除非你刚好报名参加了相关的团队游览活动或者住在两家旅游度假屋中的一家。

Wild Planet Travel Desk（☎973 5028 733；easthimalayan3@yahoo.com）的Mithun和Hotel Relax都可以在似乎已经别无他法的情况下帮助你订到住宿和巡游，这也许是你开展包括骑自行车和观鸟的DIY之旅的最佳选择。

🛏 食宿

Hollong Tourist Lodge　　度假屋 $$

（☎03563-262228；www.wbtourism.gov.in；双 ₹2850）这个绿色的度假木屋位于公园的核心区，或许是最佳住宿地，不过要订到6间非空调房中的一间可不是易事。在走廊上你就能看到野生动物，套餐包括清晨的骑象活动，但你可能会因为动物保护的原因而回避。最早可提前6个月预订。

这家度假屋不能直接预订，需要通过网站www.wbtdc.gov.in或西孟加拉邦旅游局（West Bengal Tourism；见443页）预订。

Jaldhapara Tourist Lodge　　酒店 $$

（☎9733008795，03563-262230；www.wbtourism.gov.in；Madarihat；双 带空调 ₹2200~3200，不带空调 ₹1600；❄）这家功能齐全、舒适的西孟加拉邦旅游发展公司（West Bengal Tourism Development Corporation，简称WBTDC）酒店位于公园外面的Madarihat镇上，有木制房间和水泥房间以及新建的小屋。周末这里就会挤满吵吵嚷嚷的当地家庭和成群结队的年轻人。

这家度假屋同样不能直接预订，需要通过网站www.wbtdc.gov.in或西孟加拉邦旅游局（见443页）预订。

ⓘ 到达和离开

贾达帕拉位于西里古里以东124公里处。每天15:30以前，每隔30分钟会有一班当地客运班车从西里古里汽车总站发往Madarihat（₹87；4小时）。可以在Inter District Minibus Owners Association站点订票。

这里还有速度很慢但沿途风景很棒的邮政列车（无须预订的座位₹40~65，3~4小时），每天5:00、6:10、7:15、16:45和18:12从西里古里枢纽火车站发车，6:18、7:14、14:24、15:54和17:44从Madarihat返回。

从Madarihat到公园管理处有7公里的路程。

出租车往返费用为₹700，包含中间等待时间，此外，你还需要支付₹275的车辆入园费。

柯斯昂（Kurseong）

📞0354 / 人口 40,100 / 海拔 1460米

柯斯昂位于大吉岭以南32公里处，是一座热闹的小山城，最有名的是茶园和英国统治时期的寄宿学校。这座城市得名于雷布查语（Lepcha）的单词khorsang，意指该地区盛产的白色小兰花。两边都是山坡，上面是修剪整齐的茶园，这里目前是大吉岭喜马拉雅铁路（Darjeeling Himalayan Railway）上极其迷人的观光小火车南部终点站。

Hill Cart Rd（Tenzing Norgay Rd）是从西里古里到大吉岭的主干道，嘈杂而拥堵，而与它如影随形的铁路线却像风一样从镇上穿过。

◎ 景点

马卡巴力 茶园

（Makaibari；📞0353-2510071；www.makaibari.com；Pankhabari Rd；⊙3月中旬至11月中旬 周二至周六）**免费** 如果喜欢喝茶，你应该来参观一下这座使用生物能源的有机茶园；工厂也向游客开放。在巨大的分拣机和干燥机以及绿油油的灌木丛里，你也许会无意中遇到这里的老板——茶叶行家、当地名人Rajah Banerjee。短期参观免费，或者你可以在种植园散步，顺便体验茶叶采摘和品茶（每人 ₹200~300，然后到当地的民宿吃午餐，另加费用₹200）。

从3月中旬至11月中旬，上午10点以前是欣赏茶叶生产流程的最佳时段。周日不采摘或者周一不生产。茶园正在计划增添骑马甚至爬树活动，还有一座水疗度假村正在修建。

茶园位于柯斯昂以南3公里处的Pankhabari Rd路边，地处Cochrane Place以南1公里处。乘坐出租车到这里的费用为₹200，或者你可以尝试步行走完这段畅快怡人的下山路（返回时就比较痛苦了，可以从Cochrane Place花₹20搭乘合乘出租车）。途中会经过杂草丛生的圣安德鲁旧墓地，让你不禁回想起人工种植茶叶时代的辛酸生活。

这座茶园设有寄宿和志愿者计划，其办事处就设在大门以南50米处。志愿者可以找到教学、保健和社区项目的岗位安置机会；如需详细信息，可参见网站www.volmakaibari.org，也可现场询问Nayan Lama。这里还可以预订种植园散步活动。

安布提亚茶园 茶园

（Ambootia Tea Estate；📞9434045602；www.ambootia.com）**免费** 有机的安布提亚茶园欢迎游客参观这里芳香的工厂，这儿也是从附近的Cochrane Place出发散步的不错的目的地。

🛏 住宿

Makaibari Homestays 民宿 $$

（📞9832447774；www.volmakaibari.org；Makaibari tea estate；每人 含全餐₹800）这个开创性的计划旨在通过旅游业来改善当地采茶妇女的生活。该项目目前有16户家庭参与，并计划在附近一个新的环保型可持续发展中型竹林村落里招募更多的家庭参与到计划中来。住宿条件虽有些简单却很舒适，这些家庭都会说基本的英语。期间设置的活动包括采茶和观鸟之旅（向导 ₹100）。

★ Cochrane Place 精品酒店 $$$

（📞9932035660；www.cochraneplacehotel.com；132 Pankhabari Rd；标单/双 ₹3050/3820起；@ 📶）从这个迷人的度假胜地可以看到360度的种植园景色及下方西里古里的点点灯火，这里拥有明亮、通风的房间，采用柔和淡雅的色调，摆放着各个年代古雅寄奇的家具和奇特的工艺品。提供各种英印、欧洲和印度风格的美食，店内咖啡馆Chai Country可供应优质的大吉岭茶。

🍴 就餐

Kurseong Tourist Lodge 印度北部菜 $

（📞0354-2345608；Hill Cart Rd；主菜 ₹80~140；⊙7:00~20:30）这个老式度假地点由政府经营，有受欢迎的咖啡馆，你可以吃些美味的鸡肉或素馅饺子（momos），小火车就在外边呼啸而过。餐馆午餐和晚餐时提供各种印度饮食。从城区出发，沿着通向大吉岭的主路步行10分钟就能到达这里。

这里还有几间带阳台的房间（标单/双 ₹1850/2050）。

🛈 到达和离开

无数合乘吉普开往大吉岭（₹70, 1.5小时）和西里古里（₹70, 1.5小时），直至16:00前后，8:00和13:00有车发往噶伦堡（₹150, 3.5~4小时）和米里克（Mirik；₹80, 2.5小时）。

大吉岭喜马拉雅铁路上的观光小火车（一等车厢/二等车厢₹210/60, 3小时）按照时刻表于7:00和15:30从这里发车开往大吉岭，但所用时间是合乘吉普车的两倍。在本书调研期间，这条线路15:00停驶。

大吉岭（Darjeeling）

📞0354 / 人口 120,400 / 海拔 2135米

如同一道道缠绕在崇山峻岭之中的丝带，四周被翠绿的茶园所环绕，在干城章嘉峰（Khangchendzonga；8586米）的俯视下，大吉岭确实是印度的山中避暑之地，也可以说是西孟加拉邦的主要景点。除了让你心生敬畏的干城章嘉峰之外，你还可以在这里探寻殖民时期的特色建筑，参观佛寺，或者到附近的动物园观赏雪豹和小熊猫。喜欢冒险的人可以安排前往辛加利拉山脊（Singalila Ridge）徒步的行程，或者租一辆山地自行车，跟着向导环绕山顶骑行。与此同时，城镇下方位置陡峭、崎岖的市集随处可见喜马拉雅特产和来自锡金邦、不丹、尼泊尔和中国西藏的面孔。最后，如果逛累了，到处都可以找到口感丰润、热气腾腾的大吉岭红茶，一定会让你精神倍增。

历史

大吉岭最初属于信奉佛教的锡金君主们（chogyal），直到1780年从尼泊尔入侵的廓尔喀人（Gurkha）将其揽入怀中。东印度公司于1816年获得了该地区的控制权，不过随后不久就将大部分土地归还给了锡金，以换取英国人对未来任何边界争端的控制权。

在1828年发生的一次边界争端中，两名英国军官无意中发现了坐落在一片森林茂密的山脊之上的安静的Dorje Ling寺院。他们向加尔各答报告称，这是一处完美的疗养场所（当然同时被提及的肯定还有这个地方重要的军事战略地位）。锡金的君主（仍在为重新获得王国土地而沾沾自喜）同意将这些无人居住的土地以每年3000英镑的价格出租给东印度公司。1835年，大吉岭的避暑站正式竣工，英国人在这里首次引入了茶叶种植。到了1857年，大吉岭的人口数量达到10,000人，主要原因是从尼泊尔涌入了大量廓尔喀茶工。

自印度独立以来，廓尔喀人已成为大吉岭政治舞台上的主要力量。20世纪80年代，由于与邦政府摩擦不断，廓尔喀人要求成立一个独立的廓尔喀邦。1986年，廓尔喀民族解放阵线（Gorkha National Liberation Front, 简称GNLF）精心策划的暴力和骚乱让大吉岭陷入停摆，由此导致后来成立的大吉岭廓尔喀山地委员会（Darjeeling Gorkha Hill Council, 简称DGHC）从邦政府获得了较大限度的自治权，后来被廓尔喀地区行政委员会（Gorkhaland Territorial Administration, 简称GTA）所取代。目前这里的政治局势较为稳定，但是随时可能再度出现政治动乱和罢工运动。

👁 景点

虎山（Tiger Hill） 观景点

如果想观赏黎明时的第一缕阳光投射在绵延250公里的喜马拉雅群峰[包括最西边海拔高度为8848.43米的珠穆朗玛峰、8501米的洛子峰（Lhotse）、8475米的马卡鲁峰（Makalu）]的壮观景象，那么你需要在半夜起床，乘坐吉普车前往大吉岭以南11公里、位于甘姆（Ghum）上方的虎山（2590米）。整个天际线被干城章嘉峰（"巨大的五峰雪堡"）所占据，它是印度境内最高的山峰，也是世界第三高峰。干城章嘉峰两侧分别列着卡布鲁峰（Kabru；7338米）、贾奴峰（Jannu；7710米）和Pandim峰（6691米），它们都是独具魅力的高原雪峰。

观赏每天清晨的奇观（秋季和春季景色最美）是主要的旅游活动。你会发现，每天4:00前后都会有数百辆吉普车从大吉岭鱼贯而出来到这里——沿途交通拥堵的情况屡见不鲜。在山顶，你可以花钱站在观景亭平台上等待，或者进入温暖的休息室内等待日出（包括茶水 ₹30~100）。这里总是热闹非凡，所以如果你更想独自欣赏喜马拉雅的风景，或许想要去其他地方试试。

有组织的观赏日出之旅[通常在回程时还

Darjeeling 大吉岭

去 Himalayan Mountaineering Institute 喜马拉雅登山协会 (1.6km); Padmaja Naidu Himalayan Zoological Park 帕德玛贾·奈杜喜马拉雅动物园 (1.6km)

去 Tibetan Refugee Self-Help Centre 藏人自助中心 (600m)

去 Happy Valley Tea Estate 欢乐谷茶园 (1km); Rangit Valley Ropeway 兰吉谷索道 (2.5km)

Hill Cart (Tenzing Norgay) Rd

Bishop Eric Benjamin Rd

Lloyd Botanical Gardens Entrance 劳埃德植物园入口

Lochnager Rd

Bhanu Bhakta Sarani

Jawahar Rd W

Bhanu Bhakta Agharya Statue

CR Das Rd

去 Bhutia Busty Gompa 布提亚布斯寺 (1km)

Lloyd Botanical Gardens 劳埃德植物园

Old Super Market Complex 旧超市综合楼

HD Lama Rd

Chowrasta 乔拉斯塔

Bazaar Cart Rd

Nehru Rd (The Mall)

Tenzing Norgay Rd

Market Rd

Chowk Bazaar

HD Lama Rd

Planter's Hospital 茶农医院

Clubside Taxi Stand Clubside 出租车停靠站

西孟加拉邦和大吉岭 大吉岭

NB Singh Rd

JP Sharma Rd

Municipality Offices & Clock Tower

Hill Cart Rd

Laden La Rd

Darjeeling Transport Corporation 大吉岭运输公司

TV Tower 电视塔

Dr Zakir Hussain Rd

@Compuset Centre

Darjeeling Himalayan Railway 大吉岭喜马拉雅铁路

SM Das Rd

Gandhi Rd

Sinha Rd

Darjeeling Train Station 大吉岭火车站

Dhirdham Mandir

Taxi Stand 出租车停靠站

去 Druk Sangak Choling Gompa 德鲁克桑嘎廓乔林寺 (2.5km); Batasia Loop 巴塔西亚环 (3.8km); Ghum 甘姆 (7km); Kurseong 柯斯昂 (30km)

去 Revolver (50m); Dekeling Resort at Hawk's Nest (1km); Japanese Peace Pagoda 日本和平塔 (2km)

去 Mak Dhog Gompa 马克德霍格寺 (2.5km); Jore Bungalow (7km)

Darjeeling 大吉岭

◎ **重要景点**
  1 大吉岭喜马拉雅铁路 A7

◎ **景点**
  2 劳埃德植物园 A3
  3 观景山 D1

◎ **活动、课程和团队游**
  4 Adventures Unlimited D5
  5 Himalayan Travels C6
    藏族文化曼荼罗中心 ....（见15）
  6 骑小马 D3

◎ **住宿**
  7 Bellevue Hotel D4
  8 Dekeling Hotel C5
  9 Elgin Darjeeling C2
  10 Hotel Aliment C7
  11 Hotel New Galaxy D5
  12 Hotel Seven Seventeen C4
  13 Hotel Tranquillity D6
  14 Mayfair Darjeeling B1
  15 Tibet Home C6
  16 Windamere Hotel D2

◎ **就餐**
  Dekeva's ....（见19）
  17 Glenary's C4
  18 Hasty Tasty C5
  19 Kunga C5
  Lunar Restaurant ....（见8）
  20 Mamta Pizza C3
  21 Park Restaurant C6
  22 Shangri-La D4
  23 Sonam's Kitchen D5

◎ **饮品和夜生活**
  24 Gatty's Cafe D6
  Glenary's ....（见17）
  25 Himalayan Java D5
  26 House of Tea C5
  27 Joey's Pub C6
  28 Sunset Lounge D3
  Windamere Hotel ....（见16）

◎ **购物**
  29 Das Studios D4
  30 Dorjee Himalayan Artefacts C6
  31 Hayden Hall C6
  32 Life & Leaf Fair Trade Shop D3
  33 Nathmull's Tea Room C6
  34 Oxford Book & Stationery
     Company D3
  35 Rope C5

◎ **实用信息**
  36 GTA旅游接待中心 C2
  37 印度工业信贷投资银行自动柜员机 C5
  38 Poddar's C6
  39 Ridhi Siddhi C6
  40 印度国家银行 C6
  41 印度国家银行自动柜员机 D3

◎ **交通**
  42 广场市集长途汽车和吉普车站 B4
  43 大吉岭火车站 A7
  44 Samsara Tours, Travels & Treks C6

会绕道去巴塔西亚环（Batasia Loop）和甘姆（Ghum）修道院参观游览]可以在旅行社预订，或者直接到Clubside出租车站去找吉普车司机。旅程往返费用为每车₹1300，或者每个座位₹250。

观景山（Observatory Hill） 宗教圣地

这座山是佛教徒和印度教徒心中的圣地，也是最初的Dorje Ling寺院的所在地，大吉岭即得名于此。如今，信徒们会到山上的一座小洞内的寺庙进行参拜。庙中供奉的是玛哈嘎拉（Mahakala），他是佛教护法神灵，同样也是印度教湿婆灭之神湿婆的愤怒化身。在山顶上你会看到几处圣地以及随风飘舞的五色经幡，耳边回荡着无数铃铛发出的声响。而美中不足的是，一路上都无法看到山景。

布提亚布斯提寺
（Bhutia Busty Gompa） 佛教寺院

这座佛寺原本在观景山上，后来由锡金邦的君主于19世纪在如今的位置进行了重建。寺内有精美的壁画，讲述了佛陀的生平；干城章嘉峰成为寺庙的壮观背景。16:00举行晚课仪式；白天经常上锁。如果想到达这里，可以从乔拉斯塔广场（Chowrasta Sq）出发，沿CR Das Rd下行5分钟，途中会经过三块佛教岩雕。

日本和平塔 佛教寺院

（Japanese Peace Pagoda; ⊙4:30~19:00,

早课4:30~6:00，晚课16:30~18:30）这座熠熠生辉的白色佛塔屹立于AJC Bose Rd尽头的一座山坡上，是日本佛教组织Nipponzan Myohoji在世界各地出资修建的70余座佛塔中的一座。在鼓声隆隆的祈祷法会（puja）期间，游客会获得一个手鼓，并会受邀参加仪式活动。从Clubside交叉路口出发，沿着Gandhi Rd和AJC Bose Rd前行，30分钟后即可抵达这里。这是一段令人愉悦而舒适的步行路程，中途会经过名称令人好奇的天体物理和宇宙科学学院（Institute of Astroparticle Physics and Space Science）。

帕德马贾·奈杜喜马拉雅动物园　　　动物园

（Padmaja Naidu Himalayan Zoological Park；☎0354-2254250；www.pnhzp.gov.in；印度人/外国人 含喜马拉雅登山协会 ₹50/100，拍照/摄像 ₹10/25；◉周五至周三 8:30~16:00，15:30停止售票）这座建于1958年的动物园是印度最好的动物园之一，其初衷是研究、保护和维持喜马拉雅动物物种。在岩石遍布和森林繁茂的环境里生存着亚洲黑熊、云豹、小熊猫、藏狼等物种。动物园和附属的雪豹繁育中心（不对公众开放）是世界上最大的圈养雪豹种群的栖息之地（目前有11只）。从乔拉斯塔（Chowrasta）出发，沿着Jawahar Rd West轻松步行20分钟即可抵达动物园。

喜马拉雅登山协会　　　博物馆

（Himalayan Mountaineering Institute，简称HMI；☎0354-2254087；www.hmi-darjeeling.com；门票 含动物园 印度人/外国人 ₹50/100；◉周五至周三 8:30~16:30）这个远近闻名的登山协会隐藏在动物园内，成立于1954年，印度许多赫赫有名的登山家曾经在此接受过培训。建筑内有一座引人入胜的登山博物馆（Mountaineering Museum），里面有1922年和1924年攀登珠穆朗玛峰及最近登顶行动的各类资料和纪念品。这两次登山行动都是从大吉岭出发的。这里的卡尔·蔡司（Carl Zeiss）望远镜是由阿道夫·希特勒（Adolf Hitler）赠送给尼泊尔军队首领的礼物。

兰吉谷索道　　　缆车

（Rangit Valley Ropeway；成人/儿童 ₹175/90；◉10:00~16:00，售票处 14:00关闭，每月19日歇业）这条风景如画的索道线路因2003年严重的致命事故而停运，2012年重新开始运行。

游览大吉岭的风景名胜

大吉岭的景点相当分散，加上公路交通非常不便，所以最好能集中游览某些景点，节省一点儿力气。

流行的做法是4:00起床，乘坐吉普车上虎山（见463页），赶去干城章嘉峰欣赏蔚为壮观的日出。你可以按部就班地在大山前面拍照，下山前往甘姆，用一上午/全天时间参观巴塔西亚环（见467页）及那里的寺院。另外一条返回大吉岭的步行线路用时90分钟，从Jore Bungalow的路口出发，沿着安静的Tenzing Norgay Rd，途经迷人的马克德霍格寺（Mak Dhog Gompa；Alu Bari）。虽然看不到山景，但也是一条非常棒的骑行线路。

如果你不愿半夜起床去爬虎山，可以清晨围绕巴努巴克塔萨拉内（Bhanu Bhakta Sarani）散步，这条线路以乔拉斯塔（Chowrasta）为起点，环绕观景山北侧，有几处景色令人叹为观止的观景点。散步时可以顺便下去参观布提亚布斯提寺（见465页）或者登上观景山（见465页）。

还有一条不错的半日游线路是从乔拉斯塔广场（Chowrasta Sq）出发，步行20分钟到达动物园和喜马拉雅登山协会，然后沿着位于Hill Cart Rd上方的一条山路步行15分钟，绕过山脊行至兰吉谷索道。在这里，可以从North Point乘坐合乘面包车返回大吉岭，在欢乐谷茶园（Happy Valley Tea Estate；见467页）下车，然后沿一条穿过劳埃德植物园（Lloyed Botanical Garden；见467页）的捷径直接走到Chowk Bazaar吉普车停靠站。或者，也可以沿着Lebong Cart Rd走20分钟的坡道到达藏人自助中心，然后返回，沿着陡峭的山路上坡，途经布提亚布斯提寺抵达乔拉斯塔（Chowrasta）。

甘姆（GHUM）

位于大吉岭西南方向7公里处的甘姆枢纽是3座色彩艳丽的佛教寺院的所在地，彼此之间步行仅需10分钟。你可以从大吉岭乘坐小火车（二等车厢/一等车厢 ₹30/145）、合乘出租车（₹30）、包租出租车（单程₹300）或从虎山返回时顺路到达甘姆。

伊噶乔林寺（Yiga Choling Gompa；⊙黎明至黄昏）是该地区最著名的藏传佛教寺院，有非常精美的旧壁画，来自格鲁派（Gelugpa school）的大约30位喇嘛在此修行。这座寺院建于1850年，里面供奉着一尊5米高的强巴佛（Jampa；弥勒佛，又称"未来佛"）和300部装订精美的藏文典籍。这座寺院就在甘姆西边，从Hill Cart Rd步行10分钟可达。

周边其他值得探访的藏传佛教寺院还包括有着堡垒外形的**古鲁萨迦寺**（Guru Sakya Gompa；⊙黎明至黄昏），寺内僧侣每天早晨5:30~7:30举行早课仪式（从虎山看日出后返回的游客可以考虑到此一游）。山下香火旺盛的**桑登乔林寺**（Samten Choling Gompa；New Monastery；⊙黎明至黄昏）供奉着西孟加拉邦最大的佛像，以及一座纪念德国神秘派喇嘛的佛塔，还有一间小咖啡馆。

历时20分钟的索道旅程将带你从North Point下降到Takvar Valley茶园，途中你可以从空中俯瞰精心修剪的成片茶树，感觉就像是从长在山坡上的巨型花椰菜上方滑过。如果想探索村落和了解茶叶种植，就得早一点到达这里。最后一班缆车的返回时间是17:00。

藏人自助中心　　　　　　　　　　工厂
（☎2255938；www.tibetancentredarjeeling.com；Lebong Cart Rd；⊙周一至周六 9:00~16:30）这座自助中心由一座养老院、一所学校、一个孤儿院、一间诊所、一座藏传佛寺和工艺品作坊组成。作坊制作的产品包括地毯、木雕和羊毛织品。这里十分欢迎游客到作坊参观。手工艺品在展厅进行销售（见472页），所得收益直接用于藏族社区公益项目。

欢乐谷茶园　　　　　　　　　　种植园
（Happy Valley Tea Estate；☎8017700700；www.ambootia.com；Lebong Cart Rd；团队游₹100；⊙周二至周日 8:00~16:00）这个建于1854年的茶园位于Hill Cart Rd山下，在茶叶采摘和加工期间（3~11月）尤其值得一游。茶园会安排一位员工带你参观茶香扑鼻的工厂，并让你了解烘干、揉捻、发酵和干燥等制茶流程，讲解如何用同一种茶叶来制作绿茶、红茶和白茶。沿Hill Cart Rd前行，在城镇西北1公里处按照路牌所示沿着岔路走便可到达茶园。

劳埃德植物园　　　　　　　　　　花园
（Lloyd Botanical Gardens；☎0354-2252358；⊙8:00~16:30）**免费** 这些怡人的花园里种植着各种让人大开眼界的喜马拉雅植物，最著名的是兰花和杜鹃花。从Chowk Bazaar长途汽车站和吉普车停靠站沿Lochnager Rd跟随路牌前行，直到吉普车的喇叭声被清脆的蝉鸣所淹没，你就到了植物园门口。管理办公室位于花园的地势最高处，墙上贴着一张地图。

巴塔西亚环　　　　　　　　　　纪念碑
（Batasia Loop；₹10）如果你是乘坐观光小火车旅行，或者从虎山步行回城里，不妨留意这段著名的铁路环线及其环绕的廓尔喀战争纪念碑（Gorkha War Memorial），后者是为纪念该地区在"一战"和"二战"中牺牲的士兵而修建的。一些观光团在前往虎山观赏日出后会到这里参观游览。这里的风景毫不逊色，而且气氛更加宁静。

德鲁克桑噶乔林寺　　　　　　　　佛教寺院
（Druk Sangak Choling Gompa；Dali Gompa；⊙黎明至黄昏）宏伟壮观的德鲁克桑噶乔林寺坐落在甘姆和大吉岭之间。这里以栩栩如生的壁画而闻名，有300名喜马拉雅僧侣在这里研究哲学、文学、天文、冥想、舞蹈和音乐。可以在16:00~18:00的晚祷时间来此参观。

🚶 活动

Adventures Unlimited　　　　　户外活动
（☎9933070013；www.adventuresunlimited.in；Dr Zakir Hussain Rd；⊙周一至周六 10:00~

18:00)这里提供前往辛加利拉山脊(Singalila Ridge;每人每天US$50)和锡金邦(Sikkim;每人每天US$60~75)的徒步,另外出租恩菲尔德摩托车(Enfield,₹1500~1850)和山地自行车,还举办了各种活动。如需了解详情,可以询问高塔姆(Gautam)。

Himalayan Travels　　　　　徒步

(☎0354-2252254;kkguring@cal.vsnl.net.in; 18 Gandhi Rd, Darjeeling)这家经验丰富的公司从1975年开始就一直安排徒步(每人每天US$60~70)和前往大吉岭及锡金邦的登山探险活动。

骑小马　　　　　骑马

在乔拉斯塔(Chowrasta),孩子们可以骑马绕观景山一圈,费用为₹200;还可以选择骑马穿过茶园前往寺院参观,每小时费用为₹400(最少2小时)。马夫始终跟马匹在一起,活动相当安全,不过不提供骑行头盔。

🎓课程

喜马拉雅登山协会　　　　　登山

(Himalayan Mountaineering Institute, 简称HMI;☎0354-2254087; www.hmi-darjeeling.com; 印度人/外国人₹7500/US$800)3月至5月和9月至12月,喜马拉雅登山协会设有28天的基础和高级登山课程。这些课程旨在教会申请人各种高海拔登山所需的技巧。外国人需要至少提前3个月提出申请。

第一周在大吉岭学习理论、要点和基础知识等,然后前往锡金邦,度过两周。价格包括饮食和宿舍/帐篷住宿的费用。每班最多60人。

藏族文化曼荼罗中心　　　　　语言

(Manjushree Centre of Tibetan Culture;☎0354-2252977; www.manjushreetibcentre.org; 12 Gandhi Rd; 培训费 每小时 ₹200;⊙3月中旬至12月中旬)这个文化中心组织藏语书写和口语的私教课程,内有一间出色的图书馆,还可以安排学生住在当地藏民家中。办事处在喜马拉雅西藏博物馆(Himalayan Tibet Museum)上方。

🛏住宿

大吉岭有多家酒店,主要的背包客住宿地集中在沿大吉岭最高山脊而行的Dr Zakir Hussain Rd周边,因此,如果要入住最好的经济型住宿场所,就得做好步行一长段距离的准备。

这里列出的价格为旺季房价(10月至12月上旬和3月中旬至5月中旬),在此期间最好预订住处。在淡季,房价跌幅可能会达到50%。

Hotel New Galaxy　　　　　酒店

(☎9775914939; Dr Zakir Hussain Rd; 双 ₹700起)这是一个简单的经济型住宿选择,房间小而整洁,比较便宜的房间里有热水桶。房间质量悬殊,能够欣赏山景的转角房间无疑是最好的(尽量要求入住104号房间)。意想不到的福利包括阳光露台和正宗的泰国餐馆。

Hotel Tranquillity　　　　　酒店 $

(☎0354-2257678; hoteltranquillity@yahoo.com; 13A Dr Zakir Hussain Rd; 双/标三 ₹700/900;@)这家超值的住所非常干净, 24小时供应热水,有赏心悦目的前厅座位和小巧整洁的浅蓝色房间,可以在屋顶欣赏风景。乐于助人的老板是一位当地学校的教师,可以提供关于该地区的所有信息。

★Dekeling Hotel　　　　　客栈 $$

(☎0354-2254159; www.dekeling.com; Gandhi Rd; 双₹2380~3810, 不带卫生间₹998;@)这家客栈的装饰格调十分迷人,例如彩色菱形玻璃窗、舒适而且适合交流的休息室兼图书室内的传统bukhari(烧柴的炉子)、木制壁板和类似倾斜阁楼的天花板,从这里可以观赏到绝佳的风景。藏族老板Sangay和Norbu堪称完美的东道主,服务一流。中心位置也是一项优势,即便有的房间会受到车辆噪声的影响。

★Revolver　　　　　精品酒店 $$

(☎8371919527; www.revolver.in; 110 Gandhi Rd; 双₹1310~1760;@)这家披头士乐队主题酒店是粉丝们的必到之处。小巧而不失时尚气息的5间客房以乐队成员命名[加上布莱恩·爱泼斯坦(Brian Epstein)],因此你可以选择自己最爱的偶像[约翰·列侬永远炙手可热;林戈(Ringo)排在最后]。酒店内到处都是披头士乐队的纪念品,细节考虑周到（免费提供的过滤水），但服务态度有些冷淡。

楼下的餐厅提供不错的现磨咖啡及有趣的当地和那加（Naga）套餐（₹150）。大门在Union Church后面，非常不起眼。

Hotel Seven Seventeen　　　酒店 $$

（☎0354-2255099; www.hotel717.com; 26 HD Lama Rd; 标单/双 ₹2620/2975起; 🖥）这家友好的藏族酒店位于集市边上，有宜人的木衬房间，带干净的厕所。楼上的房间最好；后面的房间可以俯瞰山谷，景色优美。底层的餐馆（主菜 ₹150）宽敞而雅致，物美价廉，如果你跟老板聊聊，可能就会被邀请到楼上喝喝茶，吃吃饼干。

Hotel Aliment　　　酒店 $

（☎0354-2255068; alimentweb98@gmail.com; 40 Dr Zakir Hussain Rd; 房间 ₹870~1950; @🖥）这里颇受俭游者的青睐，有很棒的顶楼餐厅（有冰啤酒）、阅览室和木制房间，老板更是十分乐于助人。这里有各种各样的房间，从最便宜的小单间到楼上配有电视的双人间（₹1950）应有尽有，后者可欣赏峡谷风光。所有双人间都接通了热水管道，但只有早晚能用热水。

Bellevue Hotel　　　酒店 $$

（☎0354-2254075; www.bellevuehotel-darjeeling.com; 双 ₹2420起; @🖥）这家氛围独特却多少有些破败的老式建筑中有各种经过翻新的木衬房间，其中大多配备草垫地板和烧柴的炉子（bukhari）。公共早餐休闲区和靠近乔尔斯塔（Chowrasta）的位置弥补了管理方式怪异的不足之处。你可以前往屋顶露台欣赏风景。不要把这里跟道路前面的竞争对手Olde（Main）Bellevue Hotel搞混。

Tibet Home　　　客栈 $$

（☎0354-2252977; tibethome2006@gmail.com; 12 Gandhi Rd; 房间₹1900）干净、明亮的现代化房间使这里成为位置便利的靠谱选择，酒店的盈利都捐给附设的藏族文化曼荼罗中心。从屋顶可以望见美丽的风景。

★ Windamere Hotel　　　历史酒店 $$$

（☎0354-2254041; www.windamerehotel.com; Jawahar Rd West; 标单/双 含全餐₹12,630/15,750起; @🖥）这栋古色古香、散发着英国殖民时代气息的老建筑坐落于观景山上，是大吉岭最具独特氛围的住宿场所之一。迷人的Ada别墅建于殖民时代，曾是英国茶农的宿舍，经过精心维护的庭院非常宽敞，有许多怡人的休息区。舒适的房间、壁炉和热水瓶提供了恰到好处的舒适度和怀旧魅力。

非住客可以预订下午茶、周日午餐或晚餐套餐（₹1400），体验这个地方的复古风情。可以在茶室里找到英国旅行作家简·莫里斯（Jan Morris）留下的诗句。这里非常适合圣诞节度假。

Elgin Darjeeling　　　历史酒店 $$$

（☎0354-2257226; www.elginhotels.com; HD Lama Rd; 标单/双 含半食宿 ₹10,970/11,350; @🖥）气势恢宏、热情友好的Elgin充满了优雅的氛围，曾经是库奇比哈尔（Cooch Bihar）王公的避暑胜地。餐厅很典雅，花园露台是喝一杯啤酒（₹250）的好地方。滴水檐下面舒适的"阁楼房"更是独具历史魅力；如果想住最大的房间，可尽量选择新建成的现代化翼楼。

Dekeling Resort at Hawk's Nest　　　历史酒店 $$$

（☎0354-2253298; www.dekeling.com; 2 AJC Bose Rd; 双₹4760起; 🖥）这是由Dekeling Hotel的老板开设的另一家店，这里安静而隐秘，地处从大吉岭前往日本和平塔的路上，距离城区1公里。酒店里有4套历史长达140年、充满殖民地色彩的双房套间，配有各种古董陈设和壁炉；此外，这里还有一个阳光明媚的露台。后来增设的7间面向群山的超豪华客房崭新、现代。这是避开大吉岭日益喧闹的城中心的好地方。

Mayfair Darjeeling　　　酒店 $$$

（☎0354-2256376; www.mayfairhotels.com; Jawahar Rd West; 标单/双 含半食宿 ₹10,533/13,220起; 🖥）这里曾经是某位王公年久失修的夏宫，经过重新装修后已然焕然一新。这个豪华住所坐落于修剪整齐的花园和略显俗气的雕塑之间。公共区域的吸引力远不及大吉岭的其他几家传统酒店，但是豪华

的房间装修精致，许多房间都带有阳台。

🍴 就餐

大多数餐馆都在21:00打烊。大部分地方在结账时都要加收14.5%的税，其中包含服务费。

Dekeva's
中国菜 $

（51 Gandhi Rd；主菜 ₹100~180；⊙9:00~21:00）位于Kunga隔壁，这个舒适的地方提供丰盛的西藏风味主食和美味的中国其他地方的菜品，还为能够区分thenthug（一种藏面）和sogthug（另一种藏面）的行家提供各种面条。价格含税，所以特别合算。

★ Glenary's
多元风味 $$

（Nehru Rd；主菜 ₹235~300；⊙正午至21:00；☎）这家雅致的餐馆位于著名的同名面包店和咖啡馆的楼上，是大吉岭的餐饮主力军。其中最有名的是西餐、中国菜和泥炉特色菜；尝尝牛排和土豆或香气袭人的奶酪烤通心粉（macaroni）。木地板、亚麻桌布和最近经过扩建的窗边座位为这里平添了一种高雅的气息。

Kunga
中国藏式风味

（51 Gandhi Rd；主菜 ₹120~190；⊙7:30~20:30）这是一家用木板装饰的温馨餐馆，由一个热情友好的藏族家庭经营，主要食物是藏面和藏式饺子（momos），还有很棒的果汁、水果麦片粥和藏式馅饼（shabhaley）。顾客中有很多是当地人，这恰好证明了店里的饮食是相当地道的。餐馆位于Dekeling Hotel下方的街上。

茶园之旅

大吉岭最著名的出口产品是香气袭人的麝香茶（muscatel tea），其以琥珀般的色彩、单宁口感和麝香味的香气而闻名。如今这里除了种植传统的红茶之外，还种植绿茶、乌龙茶、优质白茶等其他茶叶，大部分产品是有机产品，最优等级产品的每公斤拍卖价可达到几百美元。纯粹主义者会告诉你，大吉岭的茶叶最好单独品尝，也可以在茶中加入一片柠檬（和/或少许糖），但千万别加牛奶。

来到大吉岭，在Sunset Lounge或House of Tea喝一壶好茶是最好的享受。**Windamere Hotel**（下午茶 ₹800；⊙16:00~18:00）的下午茶体验值得信赖，酥饼、烤饼、奶酪、酸黄瓜三明治和来自著名的卡斯尔顿茶园（Castleton Tea Estate）的茶，对于喜欢殖民地风情的人来说，可带来无穷的乐趣；需要尽早预订。

如果想要获得更引人入胜、更富有启发性的体验，我们建议前往目前欢迎游客参加的茶园一日游。最便于你了解茶叶生产工艺的地方是柯斯昂的马卡巴力（见462页）和大吉岭外围的欢乐谷茶园（见467页）。春季、雨季和秋季是最忙碌的时段，届时要采摘三种不同的"叶芽"。周日没有摘茶活动，也就是说大部分机器在周一都不会开工。

若你想在种植园之间住上一晚，可以试试到摘茶工人家中度过一晚，即入住马卡巴力的民宿（见462页），第二天早晨你就可以和主人家一起到茶田里采茶。如果你有3天时间，可以亲眼看着自己采到的茶叶被加工成为成品茶叶，然后将亲手摘的大吉岭茶叶打包带回家。

如果你想要奢侈一下，那么高端大气上档次的**Glenburn**（☎9830070213；www.glenburnteaestate.com；Darjeeling；标单/双 含全食宿 ₹19,900/31,500）一定会让你心满意足。它是位于大吉岭和噶伦堡之间的一座仍在使用中的茶园，也是一家度假村，自称为每位住客配备了5位服务员。据说，鬼才导演韦斯•安德森（Wes Anderson）正是在这里入住期间突发奇想，构思出了后来广受好评的电影《穿越大吉岭》（*The Darjeeling Limited*）。

了解更多关于大吉岭茶叶历史的前世今生，可以阅读杰夫•克勒（Jeff Koehler）在2016年出版的书籍《大吉岭：世间最优茶叶的历史》（*Darjeeling: A History of the World's Greatest Tea*）。

Sonam's Kitchen 多元风味 $

(142 Dr Zakir Hussain Rd; 主菜 ¥90~180; ⊙周一至周六 8:00~14:30和17:30~21:00, 周日 8:00~14:00; 🛜) Sonam's提供浓郁的现磨咖啡、正宗的法式烤面包片、松软的薄煎饼（早餐供应至14:30）、时令鲜汤（随季节而变）和好吃的意大利面；两间餐厅之间隔着马路。可口的全麦三明治可以打包用于野餐。提前3小时可以预订到尼泊尔风味的晚餐。

Hasty Tasty 印度菜 $

(Nehru Rd; 主菜 ₹90~140, 套餐 ₹160~190; ⊙8:30~20:30) 这家素食自助餐厅朴实无华，但是繁忙的开放式厨房却烹制出了非常美味的马沙拉薄饼（masala dosas）、咖喱蔬菜裹酥饼）和各种套餐。国内游客很喜欢这里，所以做好用餐时间人满为患的准备。价格含税。

Shangri-La 印度菜 $$

(Nehru Rd; 主菜 ₹200~300; ⊙正午至21:30) 这家雅致、现代的餐吧位于Mall楼顶附近，专门烹制中国菜和印度菜，环境时尚，有光滑的木地板、干净的桌布，冬天壁炉里还会燃起熊熊的火焰。楼上还有几间时尚的酒店房间（双 ₹4640）。

Mamta Pizza 意大利菜 $$

(☎8967203905; HD Lama Rd; 比萨 ₹150~220; ⊙10:00~19:00) 对于一家比萨店来说，这家店的地址（或名字）似乎不太合适。这个拥挤的地方只有一张桌子，适合交际，供应一流的欧洲风味比萨饼、意大利面食、三明治和沙拉，还有诸如培根、牛肉肠和尼泊尔奶酪（每公斤 ₹500）之类的熟食珍品。比萨预计要等上20分钟左右。

Lunar Restaurant 印度菜 $$

(51 Gandhi Rd; 主菜₹160~200; ⊙7:30~21:00) Dekeling Hotel楼下的这家餐厅明亮干净，也许是镇上最棒的印度素食餐厅，不仅服务热情，用餐时还能欣赏大窗户外的美景。马沙拉薄饼（masala dosas）配美味的水果干、坚果和奶酪是这里的招牌菜。这家二层餐馆与Hotel Dekeling共用同一段楼梯。

Park Restaurant 印度菜、泰国菜 $$

(☎0354-2255270; 41 Laden La Rd; 主菜 ₹200~350; ⊙正午至21:00) 比较私密的Park餐厅拥有非常受欢迎的北印度咖喱菜肴（咖喱鸡块令人回味无穷）和出人意料的正宗地道的泰国菜，包括可口的tom kha gai（椰子鸡汤）和香辣的青木瓜沙拉（green papaya salad）。整修计划要将泰国菜搬到单独的泛亚餐区；当你寻觅到那华丽的泰式大门的时候，你就找到了这家饭店。

🍷 饮品和夜生活

高级酒店内部设有华丽的酒吧；Windamere（见469页）是最有情调的放松场所，如果你在那儿吃晚餐，傍晚时可以喝杯金酒和奎宁水。

Gatty's Cafe 酒吧

(Dr Zakir Hussain Rd; 啤酒 ₹170; ⊙18:00~23:00; 🛜) 深受背包客欢迎的Gatty's是镇上唯一一个到了21:00后依然热闹的地方，周末这里会举办现场音乐演出，其他日子则会安排K歌和电影放映等不同主题的活动。这里供应的食物（主菜₹170~200）包括自制的意式千层面以及搭配鹰嘴豆泥和炸豆丸子的皮塔饼（pita），还有出色的意式浓咖啡和冰镇的翠鸟（Kingfisher）与Tuborg啤酒。

Joey's Pub 酒馆

(SM Das Rd; 啤酒₹180~250; ⊙13:00~22:00) Joey's的老板用自己的名字为酒馆命名，老板的去世对这里影响很大，但如果你对饮料的向往不是一壶茶而是一杯酒，那么这个邻近邮局的老牌酒馆就是结识其他旅行者的理想之地。这里的电视播放着体育比赛，为顾客提供冰啤酒，冬天还有热乎乎的棕榈酒。

Himalayan Java 咖啡馆

(Nehru Rd; 咖啡 ₹100; ⊙7:00~20:30; 🛜) 这里是尼泊尔连锁咖啡馆的分店，提供优质的咖啡和蛋糕，外加早餐薄煎饼、华夫饼和三明治（小吃₹150~250），室内装饰采用了时尚的工业风格。

Sunset Lounge 茶室

(Chowrastra Sq; 1杯茶 ₹25~400; ⊙9:30~21:00; 🛜) Nathmull's Tea在这间茶室为茶叶爱好者提供各种杯装白茶、绿茶和红茶，还

有自制的烘焙食品、美丽的峡谷景观,以及免费Wi-Fi。两个人可以要6杯样品品尝套装(菜单上没有)。

Glenary's
茶室

(Nehru Rd;壶₹80;⊙7:30~19:30;☎)这个茶室和面包坊(点心 ₹30~60)有巨大的窗户,可以从新建的室外阳台看到美丽的风景。不妨点一杯茶,选一块蛋糕,拿一本书,坐在舒适的柳条椅上享受时光的流逝。这里也是吃早饭的好地方,从燕麦粥到鸡蛋、培根,应有尽有。

House of Tea
茶室

(Nehru Rd;1杯茶 ₹30~80;⊙10:00~20:00;☎)坐下来,细心品尝来自当地Goodricke茶庄的不同品种茶饮,然后买下你最喜欢的品种。

🔒 购物

Nathmull's Tea Room
茶

(www.nathmulltea.com;Laden La Rd;⊙周一至周六 9:00~20:00,3月至5月、10月和11月 每天营业)大吉岭出产世界上最好的茶叶,Nathmull则是购买茶叶的最佳场所,店里有超过50个品种的茶叶供你挑选。优选茶叶价格为每100克₹200~400,精选茶叶每100克的价格则达到₹5000以上。这里还有一些精致的茶壶、过滤器和保温瓶,可以当作纪念品。前往Sunset Lounge,可以品尝这里出售的茶叶。

Hayden Hall
工艺品

(www.haydenhalldarjeeling.org;Laden La Rd;⊙10:00~17:00)🍃这家店销售藏族风格的牦牛毛地毯,这是慈善项目的一部分(一张1.8米长、0.9米宽的地毯价格为₹10,800),同时还可安排邮寄。你可以在后面观看地毯的制作过程。这里还有一些由当地妇女制作而成的精美的套衫、帽子、手套、披肩和背包。

Oxford Book & Stationery Company
书籍

(Chowrasta Sq;⊙周一至周六 10:00~19:30,3月至5月、10月和11月 每天)加德满都(Kathmandu)以东地区最棒的书店,销售各种小说和与喜马拉雅地区有关的书籍。

Dorjee Himalayan Artefacts
工艺品

(Laden La Rd;⊙周一至周六 11:00~19:00)这家小巧的商铺犹如阿拉丁的宝库,塞满了各种喜马拉雅风格的小饰品,还有一些其实是前一天刚制造出来的古玩,从藏族的gau(护身符)到金属佛像和银色的转经筒。这里还出售一些不错的面具和唐卡。

藏人自助中心
地毯

(☎0354-2252552;www.tibetancentredarjeeling.com;Lebong Cart Rd;地毯 含运输 US$380起)🍃如果你不介意等上6个月的话,可以在这里订购漂亮的藏毯。你可以从目录中选好,然后员工们会将织好的毯子按你留下的家庭地址发给你。

Das Studios
摄影

(Nehru Rd;⊙周一至周六 10:00~19:00)销售数码设备附件,并提供相片冲印、护照照片立等可取(6张照片₹75)等服务。这里出售的20世纪初老照片的重印版展现了大吉岭的过去及喜马拉雅风景,可作为非常不错的纪念品(₹500)。你可以向店内工作人员索要商品目录。

Rope
运动和户外运动

(NB Singh Rd;⊙周一至周六 10:00~19:00)这家商店出售高品质的进口装备以及中国生产的不错的仿制品,包括背包、炉头和徒步靴等。山寨商品的价格差不多只有原价的一半,物有所值。

Life & Leaf Fair Trade Shop
工艺品

(www.lifeandleaf.org;Chowrasta Sq;⊙周一至周六 10:00~19:00)🍃这家商铺通过销售来自当地小农场生产的有机蜂蜜和茶叶,来为当地艺术家和环保项目提供支持。店内还出售黄麻包和阿萨姆丝绸披肩。可选择的款式不多。

ℹ️ 实用信息

紧急情况

警察求助站(Police Assistance Booth;Chowrasta Sq)

萨德尔警察局(Sadar Police Station;☎0354-2254422;Market Rd)

上网

Compuset Centre(Gandhi Rd; 每小时 ₹30; ⊙周一至周六 9:00~19:00; 🛜)提供打印服务和护照照片拍摄服务(₹40),但是没有Skype。

医疗服务

茶农医院(Planter's Hospital; D&DMA Nursing Home; ☎0354-2254327; Nehru Rd)镇上最好的私立医院。

现金

大吉岭各地的许多商店和酒店都可以兑换现金和旅行支票,汇率相当优惠,可以货比三家。

印度工业信贷投资银行自动柜员机(ICICI Bank Atm; 49 Laden La Rd)

Poddar's(☎0354-2252841; Laden La Rd; ⊙10:00~21:00)提供比隔壁的印度国家银行更划算的汇率,营业时间更长,排队的人也更少;可兑换大多数货币和旅行支票且无须手续费。这一自动柜员机就在一家服装店内。

Ridhi Siddhi(Laden La Rd; ⊙9:30~20:00)以相对划算的汇率兑换外币,不收取手续费。

印度国家银行(State Bank of India; Laden La Rd; ⊙周一至周五 10:00~14:00和14:30~16:00,间隔周六 至正午)可以兑换主要外币,以及美国运通的美元旅行支票,每笔交易收取₹100的手续费。旁边一台自动柜员机,另一台则设在**乔拉斯塔广场**(Chowrasta Sq; ⊙24小时)。

邮政

中心邮局(Main Post Office; Laden La Rd; ⊙周一至周六 10:00~18:00,周日 至16:00)

旅游信息

GTA旅游接待中心(GTA Tourist Reception Centre; ☎9434247927; Silver Fir Bldg, Jawahar Rd West; ⊙周一至周六 9:00~18:00,间隔周六 至13:00)职员热情友好,这里是获取大吉岭资讯的最佳渠道。

旅行社

镇上的大部分旅行社都可安排本地团队游活动。

Samsara Tours, Travels & Treks(☎0354-2252874; www.samsaratourstravelsandtreks.com; Laden La Rd)

🛈 到达和离开

飞机

最近的机场位于90公里以外的巴格多格拉(Bagdogra),距离西里古里约12公里。在大吉岭包下出租车的费用为₹2200。为保险起见,最好留出4小时车程。

长途汽车

Samsara Tours, Travels & Treks能订到从西里古里发往加尔各答的"豪华"空调大巴(₹1300~1700; 12小时),以及开往瓦哈萨(₹600, 10小时; 16:00)、巴特那(₹550~700, 10小时, 18:00)和格雅(Gaya; ₹750, 16:00)的普通夜班客车。这些车票不含从大吉岭前往西里古里的费用。

外国人只能从卡卡比塔(Kakarbhitta)/帕尼坦吉[Panitanki,不是前往米里克(Mirik)时路过的帕苏帕蒂镇(Pasupatinagar)]入境尼泊尔(见459页)。

通过**Samsara Tours, Travels & Treks**可以预订从卡卡比塔发往加德满都的日班/夜班车的车票(₹1000~1500; 4:00和16:00发车),你可以包一辆吉普车前往卡卡比塔,或者找一辆合乘吉普车前往西里古里,然后再去卡卡比塔。Samsara还可以预订从巴德拉普尔(Bhadrapur)前往加德满都的尼泊尔国内航班(US$182),或者直接在网上预订佛陀航空(Buddha Air; www.buddhaair.com)的机票。

你在广告中看到的从大吉岭到加德满都的车都并非直达班车,需要在西里古里和边境中转——中途可能出现各种问题,还不如自己安排行程更加靠谱一些。

吉普车和出租车

不计其数的合乘吉普车从热闹的**广场市集长途汽车和吉普车站**(Chowk Bazaar Bus & Jeep Station; Old Super Market Complex)发车,前往西里古里(₹130, 3小时)和柯斯昂(₹70, 1.5小时)。发往米里克(Mirik; ₹100, 2.5小时)的吉普车从车站北端发车,每隔30分钟一趟。旧超市综合楼(Old Super Market Complex)一层的售票处销售前往噶伦堡的吉普车预售票(₹130, 2.5小时; 发车频繁),两个路边售票处销售去往甘托克的预售票(₹200, 4小时)。所有吉普车都在7:00~15:30之间发车。

去新杰尔拜古里或巴格多格拉,可以在西里

小火车

大吉岭喜马拉雅铁路（Darjeeling Himalayan Railway；蒸汽/柴油火车观光之旅 ₹1100/630）素有"玩具火车"（toy train）之称，是印度为数不多的仍在运行的山区铁路之一。冒着蒸汽的小火车从1881年9月开始在悬崖峭壁上的2英尺（约0.6米）宽的铁轨上运行。如今它们会经过当地商店门口，而且经常在主路上穿插飞驰，使交通暂时中断，而且在整个行程中持续鸣笛。这趟小火车线路于1999年被联合国教科文组织列入世界遗产名录。

柯斯昂以南的路段状况始终不稳定，季风性降雨似乎总会在工程师修好它们的时候再次冲垮轨道。在本书调研期间，据传往返新杰尔拜古里（NJP）火车站的线路应该很快就会恢复。

在本书调研期间，大吉岭和柯斯昂之间每天只有1班客车。52570号列车9:15从大吉岭发车，12:30抵达柯斯昂。到达柯斯昂的票价（一等车厢/二等车厢）是₹210/60。在本书调研期间，大吉岭10:15发车的班次停运，不过未来还会恢复。

蒸汽火车观光之旅（₹1100）10:40、13:20和16:05从大吉岭出发，往返历时2小时。同样路程的柴油火车线路8:00、11:00和13:30发车，价格为₹630，相当便宜。旺季（3月至5月和10月至11月）经常会加发3班蒸汽火车。所有的观光之旅都会在巴塔西亚环停留10分钟，然后在甘姆停车20分钟，那里有印度最高的火车站，乘客们可以下车参观小巧的**铁路博物馆**（railway museum；Ghum；₹20；⊙10:00～13:00和14:00～16:00）。火车爱好者可以到大吉岭火车站前马路对面的工棚去近距离观看铁路机车。

至少提前一两天在大吉岭火车站（见474页）或网站www.irctc.co.in预订观光之旅。

古里中转，也可以从大吉岭包一辆吉普车或出租车前往，车费为₹2200。

大吉岭运输公司（Darjeeling Transport Corporation；Laden La Rd）提供前往甘托克（₹3000）、噶伦堡（₹2500）、柯斯昂（₹1500）、卡卡比塔（₹3500）和米里克（₹2000）的吉普车包租服务。

火车

最近的大型火车站位于西里古里附近的新杰尔拜古里（NJP）。在**大吉岭火车站**（Darjeeling Train Station；☏0354-2252555；www.irctc.co.in；Hill Cart Rd；⊙周一至周六 8:00～17:00，周日至14:00）可以购买从新杰尔拜古里发车的火车票。从大吉岭出发有开往甘姆（一等车厢/二等车厢 ₹140/20；30分钟）和柯斯昂（一等车厢/二等车厢 ₹210/30，3小时）的火车。

❶ 当地交通

镇上有许多出租车站点，包括**Clubside**和火车站附近的**Hill Cart Road**（Hill Cart Rd），但是短途行程的车费高得离谱。大吉岭的街道走势比较陡峭，而且容易迷路。你可以雇一名背夫帮你拿行李，从Chowk Bazaar到乔拉斯塔广场（Chowrasta Sq）的费用约为₹100。

合乘面包车可抵达镇中心以北的任意位置（例如North Point），发车地点在**广场市集长途汽车站和吉普车站**（见473页）的北端。如果想前往甘姆，可以在Hill Cart Rd沿线搭乘一辆合乘吉普车（₹20）。

辛加利拉山脊徒步（Singalila Ridge Trek）

从大吉岭出发的多日徒步游路线中，最热门的是持续5天的辛加利拉山脊徒步，该徒步路线的起点和终点分别是玛尼班吉（Mane Bhanjhang）和帕鲁特（Phalut），途中将穿越风景如画的**辛加利拉国家公园**（Singalila National Park；印度人/外国人 ₹100/200，照相费/摄像费 ₹100/500）。这段路上最大的看点是从尼泊尔绵延至锡金邦和不丹的喜马拉雅群峰的壮丽景色。在桑达山（Sandakhphu）能看到尤为壮观的群峰全景，洛子峰、珠穆朗玛峰和干城章嘉峰仿佛就矗立在你的眼前。10月和11月的天气最为晴朗，白天温暖的气温使它成为徒步游的理想季节；而白天时间较长的4月下旬和5月正是杜鹃花盛放的季节，亦是不错的徒步季节。

进入公园必须雇请导游（每天₹1200；含食宿），如果你没有导游的话，必须在Highlander Trekking Guides Association（☎9734056944；www.highlanderguidesandporters.com；Mane Bhanjang）办事处雇请，如有需要还可在此雇用背夫（₹700）。

玛尼班吉距大吉岭的距离为26公里，大吉岭的广场市集长途汽车站和吉普车站（见474页）有车次频繁的合乘吉普车（₹70，1.5小时）和7:00出发的客运班车前往此地。包一辆吉普车到这里的费用是₹1200。7:00和正午有合乘吉普车从里姆比克（Rimbik）返回大吉岭（₹150，5小时），6:30还有1班长途汽车（₹90）沿同一线路返回。需要提前订票。公路目前通至斯里科拉（Sri Khola），所以你可以安排车辆单独去那儿接你。

如果你不得不在里姆比克过夜，最好的旅馆是Hotel Sherpa（Rimbik；双₹900），这里有宜人的草坪和阿尔卑斯风格的木屋；而位于其后的Green Hill（☎9593720817；Rimbik；房间₹500~700）则提供更为安静的小木屋。

通常的徒步行程是83公里，分为5天进行。如果选择第3天从桑达山下行至斯里科拉，可将全部行程缩短为4天。从玛尼班吉到帕鲁特的徒步线路旁有一条路况不太好的吉普车道，但是沿途基本见不到车辆，而且步行小路在某些地方和这条路相距甚远。有些旅行团从马山（Dhodrey）出发，旅行社提供从那儿到图姆玲（Tumling）的一日徒步游。身体强健且意志坚定的人骑着山地自行车，3天可完成这条线路，不过从卡利湖（Kalipokhari）至桑达山路段通常太过陡峭，无法骑行。

沿途都有私人旅馆可供歇脚，其中一些还带有卫生间，费用约为每个铺位₹200或每个房间₹700~1400。这些地方都可提供食物，通常是能够填饱肚子的米饭、木豆和与其搭配的蔬菜（₹200）。房间里有干净的床铺和毯子，因此也并不是绝对需要睡袋，当然，带上睡袋可确保万无一失，至少可以带上睡袋内胆和保暖衣物，在黎明观看日照金山时使用。找床位唯一成问题的地方是帕鲁特（Phalut），那里只有一个可靠的住宿地点。沿途都有瓶装水和开水出售，不过自己净化饮用水更好，也更便宜。在大吉岭的GTA旅游接待中心（GTA Tourist Reception Centre；见473页）可以预订徒步客小屋，但即使是他们也会告诉你，最好是在某个私营旅馆住宿。

下面按照价格和品质逐渐递增的顺序列出了沿途每晚入住的主要旅馆：

第1天： 图姆玲的Trekkers' Hut、Mountain Lodge、Siddharta Lodge和Shikhar Lodge；通卢（Tonglu）的Trekkers' Hut

第2天： 卡利湖的Chewang Lodge；桑达山的Trekkers' Hut、Namobuddha、Sunrise和Sherpa Chalet Lodge

第3天： 帕鲁特的Trekkers' Hut和Forest Rest House

第4天： 格克海伊（Gorkhey）的Eden Lodge；拉姆曼（Rammam）的Trekkers' Hut、Namobuddha Lodge和Sherpa Lodge

大吉岭的旅行社可以代为安排全包式徒

辛加利拉山脊徒步

天数	线路	距离（公里）
1	玛尼班吉（Mane Bhanjhang；2130米）至通卢（Tonglu；3070米）/图姆玲（Tumling；2980米），途经梅格玛寺（Meghma Gompa）	14
2	通卢至桑达克普（Sandakphu；3636米），经卡利湖（Kalipokhari）和加里巴（Garibas）	17
3	桑达克普至帕鲁特（Phalut；3600米），经过萨巴尔库姆（Sabarkum）	17
4	帕鲁特至拉姆曼（Rammam；2530米），经过格克海伊（Gorkhey）	16
5	拉姆曼至斯里科拉（Sri Khola）或里姆比克（Rimbik；2290米）	19

Around Darjeeling 大吉岭周边

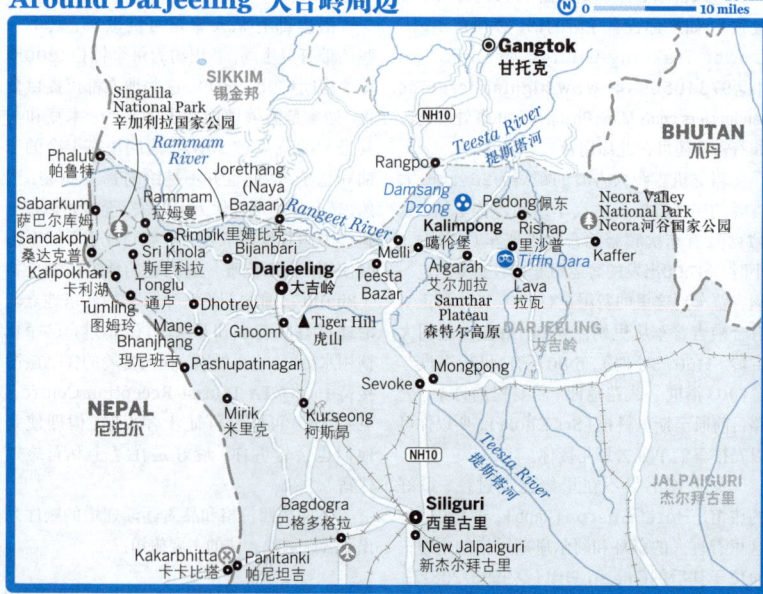

步游,每人每天的费用约为₹3000,但如果你自己安排徒步游的行程,则可以节省一大笔开支。在旺季10月和11月上旬,旅馆经常爆满,如果你计划秋季徒步,可以考虑安排11月中下旬的行程。

记得带上护照,因为沿途需要在好几个军队检查站进行登记。这道山岭是印度-尼泊尔边境的一部分,徒步小路实际上在有些地方已经进入尼泊尔境内。

在结束这段徒步时不妨放松一下,前往 Karmi Farm (www.karmifarm.com;每人 含全餐₹2000) 住几天。这里离Bijanbari附近的里姆比克有2小时车程,由Andrew Pulger-Frame经营。他的祖父母都是锡金邦人,如今主楼所在的地方就是他们购置下的产业。简单却舒适的客房采用五颜六色的当地布料作为装饰,浴室24小时供应热水。农场里有一间为当地村民服务的小诊所,为医学专业的学生以及医师们提供义工岗位。这里可以帮助安排辛加利拉徒步游和其他活动,但最好是在这里享受几天清静,与一本书和一壶茶相伴,欣赏群鸟翔集、百花盛开的前院花园和巍峨伟岸的远方雪峰的景致。提前告知的话,员工可以安排交通工具。

噶伦堡(Kalimpong)

☎03552 / 人口 43,000 / 海拔1250米

这个热闹的集市小镇分布在马鞍形的山脊一带,俯瞰着峡谷里咆哮奔涌的提斯塔河(Teesta River),位于雄伟的干城章嘉峰山脚下。这并不是一个非去不可的地方,但是这里有壮丽的喜马拉雅山景、古朴的藏传佛教寺院、充满殖民时代风情的老建筑以及迷人的苗木产业,所有这些地方都可通过风景宜人的步行路线抵达。在这儿待3天,你的旅程会很充实。

历史

早期的噶伦堡是印度喜马拉雅山区与中国西藏进行茶叶和羊毛贸易的主要商贸中心,翻过加里普山口(Jelep La Pass)就是中国西藏,这里还是维多利亚时代的旅行者进入西藏的中途补给站。与大吉岭一样,噶伦堡曾经属于锡金邦的君主,但是在18世纪落入不丹人之手,后来又交给英国人,印度独立后成为印度的一部分。苏格兰传教士,尤其是耶稣会士,在19世纪末为争取让当地佛教徒皈依而付出了艰苦卓绝的努力,这座小镇目前依然是整

个喜马拉雅东部地区最重要的教育中心。

👁 景点

杜尔平寺(Durpin Gompa) 佛教寺院

免费 这是噶伦堡最大的寺院,正式名称是Zangtok Pelri Phodang。这座佛寺坐落在风光旖旎的Durpin山(1372米)的山顶。楼下的主祷室中有精彩的宗教壁画(可以拍照),三层则有一个有趣的3D曼荼罗模型(冥想的视觉辅助),从露台上可以眺望令人惊叹的干城章嘉峰景色。早课于6:00开始,晚课于15:00开始。

麦克法兰教堂(MacFarlane Church) 教堂

这是噶伦堡最壮观的教堂,这座于1870年建成的教堂在2011年的地震中受损严重,其中一座尖顶已倒塌。经过修葺,教堂如今面向游客和信徒开放,内部有哥特式的木质扶壁,是在静心沉思中消磨片刻光阴的绝妙场所。

塔巴乔林寺 佛教寺院

(Tharpa Choling Gompa; 紧邻KD Pradhan Rd; ⊙5:30~17:00) **免费** 这座格鲁派的藏传佛教寺院建于1922年,寺内有50名僧侣,供奉着过去佛、现在佛和未来佛的雕像。不要错过不同寻常的中式寺庙旁边的**博物馆**,它就位于主寺上方,馆内的展览引人入胜。从镇上沿KD Pradhan Rd步行到这里需要30分钟的时间(沿上山路走),过了Tripai Rd路口后再走50米处就是。

德奥罗山 观景点

(Deolo Hill; 距离噶伦堡9公里; ₹50; ⊙黎明至黄昏) 在天气晴朗的早晨,从这座山顶公园眺望干城章嘉峰,风景无与伦比。在饱览美景后,你可以在附近的**Tourist Lodge**(从8:00起)吃早餐(₹100~150),然后步行前往噶伦堡,途经格雷厄姆医生故居。搭乘出租车的费用约为₹300。

格雷厄姆医生故居 历史建筑

(Dr Graham's Home; ⊙博物馆 周一至周五 9:00至正午和13:15~15:30) **免费** 这个孤儿院兼学校由苏格兰传教士J.A.格雷厄姆(JA Graham)博士于1900年建立,旨在为茶园工人的子女提供教育,如今这里有1300多名学生。校园里有一座为纪念格雷厄姆医生和他的夫人凯瑟琳(Katherine)而设立的小型**博物馆**。在学校上方有一座建于1925年的小礼拜堂,有灰色板岩、尖顶和精致的彩色玻璃窗,简直就像是直接从苏格兰教区搬过来的一样。

学校大门位于陡峭的山坡,在KD Pradhan Rd上方4公里处。许多人都选择包一辆出租车到这里(₹150),然后步行下山,返回镇上,中途会经过塔巴乔林寺以及喜马拉雅手工纸厂。有时也会有几辆合乘面包车(₹30)从下面的One Cup咖啡馆发车。

喜马拉雅手工纸厂 作坊

(Himalayan Handmade Paper Industry; ☎9932388321; Panlook Compound, KD Pradhan Rd; ⊙周一至周六 9:00至正午和13:00~15:00) **免费** 这家没有挂牌的小作坊非常欢迎游客前来参观传统的造纸工艺,全部流程包括将当地的argayli(瑞香)煮沸、制浆,之后再进行过筛、压制和干燥等一系列工序,最终制成的能防虫蛀的纸张主要用来以木版印刷的方式印刷寺院经文;这里也出售笔记本、纸牌等。上午是观看生产流程的最佳时段。这里离城镇有15分钟的步行路程,位于路的右手边。

雷布查文化遗产博物馆 博物馆

(Lepcha Heritage Museum; ☎9933780295; ⊙周一至周五 10:30~16:30) **免费** 这个非主流的雷布查(Lepcha)珍宝展会给你一种在祖父家的阁楼上翻箱倒柜找宝贝的感觉(如果他是一个雷布查酋长)。导游会解释雷布查的创世神话,同时为你讲解宗教经文、神圣的豪猪毛帽子和古老的穿山甲皮背后的故事。从运动场(Sports Ground)沿下山路走约10分钟即可到达。开放时间不定,所以要提前打电话。

圣特蕾莎教堂(St Teresa's Church) 教堂

这是一座迷人的传教士教堂,由瑞士基督教传教士于1929年建立,在设计时融入了不丹藏传佛教寺庙的建筑风格。木制使徒看上去像是佛教僧侣,大门上的雕刻也采用了tashi tagye——喜马拉雅佛教中的吉祥八宝图案。这座教堂紧邻9th Mile,距离城镇有约2公里的下坡路。如果大门上锁,可以向隔壁的邻居打听如何进去。

Kalimpong 噶伦堡

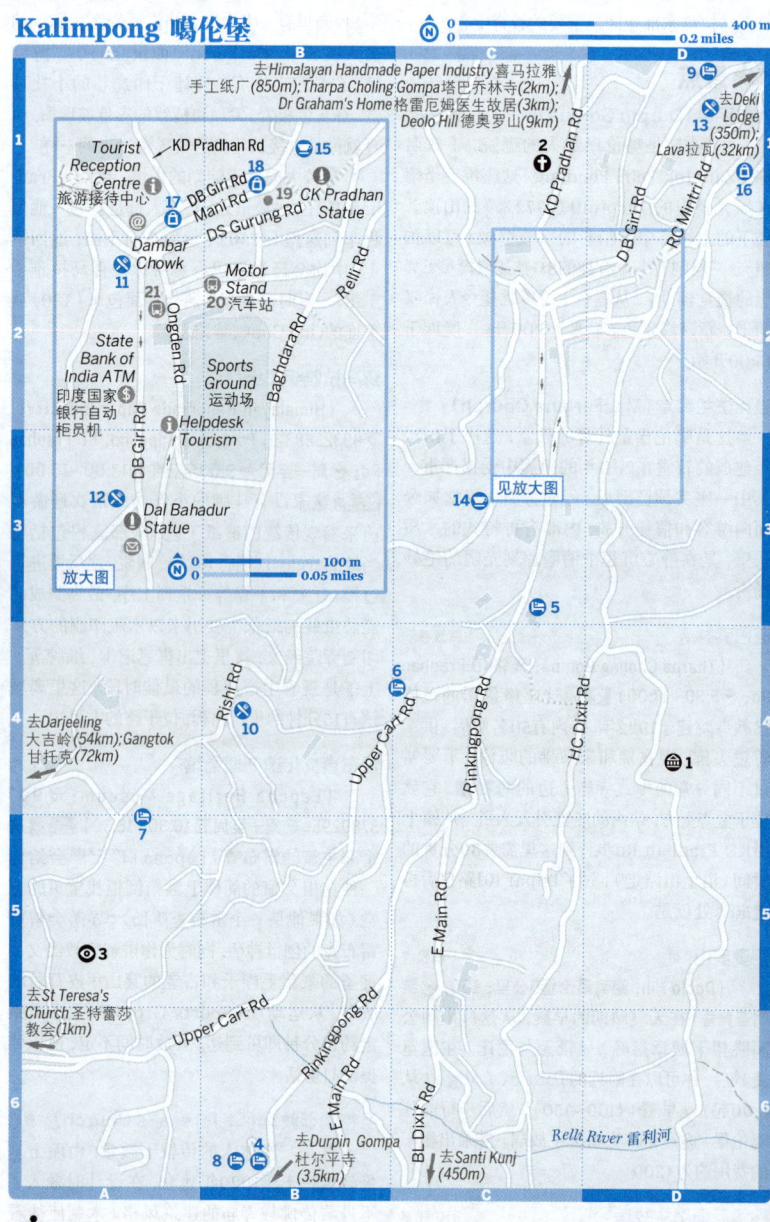

西孟加拉邦和大吉岭 噶伦堡

活动

Himalayan Eagle 滑翔

(☎9635156911; www.himalayaneagle.in) 居住在默纳利(Manali)的飞行员提供自德奥罗山(Deolo Hill)出发的滑翔飞行项目。双人伞飞行费用为₹3000/5000,从德奥罗山出发,飞行距离5/15公里。滑翔飞行时天气条件必须非常好。

Kalimpong 噶伦堡

◎ 景点
- **1** 雷布查文化遗产博物馆 D4
- **2** 麦克法兰教堂 C1
- Nurseryman's Haven .... （见7）
- **3** Pineview Nursery A5

⊕ 活动、课程和团队游
- Anandavan Yog Peeth .... （见7）

◎ 住宿
- **4** Cloud 9 .... B6
- **5** Elgin Silver Oaks C3
- **6** Himalaya Hotel C4
- **7** Holumba Haven A5
- **8** Kalimpong Park Hotel B6
- **9** Manokamana Lodge D1

⊗ 就餐
- **10** Cafe Refuel B4
- **11** Gompu's Bar & Restaurant A2
- **12** King Thai A3
- Lee's .... （见15）
- **13** Paris Kalimpong Bakery D1

◎ 饮品和夜生活
- **14** Art Cafe C3
- **15** One Cup B1

◎ 购物
- **16** Haat Bazaar D1
- **17** Kashi Nath & Sons A1
- **18** Lark's Provisions B1

◎ 交通
- Himalayan Travellers .... （见20）
- Kalimpong Mainline Taxi Driver's Welfare Association .... （见20）
- Kalimpong Motor Transport .... （见20）
- **19** 噶伦堡火车票代售处 B1
- Kalimpong, Sikkim All Highway Taxi Driver's Owner's Association .... （见20）
- **20** Motor Stand B2
- **21** 锡金邦国有运输公司 A2

课程

Anandavan Yog Peeth　　　　　　　瑜伽

（ ☎3552-256936; www.anandavanyogpeeth.com）这家瑜伽联盟注册机构经营为期17日的瑜伽教练培训课程，学费为US$1400，地址在Holumba Haven。

团队游

Gurudongma Tours & Travels　　　徒步

（ ☎03552-255204; www.astonishingindiatours.com; Rinkingpong Rd, Hilltop）这家本地旅行社由"General Jimmy"负责管理，组织有趣的徒步、山地自行车骑行和观鸟游，地处森特尔高原（Samthar Plateau）上的一座豪华农庄。

住宿

Manokamana Lodge　　　　　　　客栈 $

（ ☎03552-257047; manokamanalodge@gmail.com; DB Giri Rd; 标单/双 ₹500/700; @⊚）这个由家庭经营的朴素客栈介于本地酒店和背包客住宅之间，地处城镇中心区，集活动室、网吧和经济实惠的餐厅使它的吸引力又增添了几分，即便住宿条件相当简易，特色是铺着油毡的房间和与其相连卫生间里面的热水桶。建议要求住在后面比较安静的房间。

Deki Lodge　　　　　　　　　　　客栈 $

（ ☎03552-255095; www.dekilodge.yolasite.com; Tripai Rd; 标单/双 ₹990/1100起; ⊚）这个友好的地方由藏人经营，环绕一栋花团锦簇的宁静住宅，拥有一家通风良好的露台咖啡馆。房间普通，价格略高，但楼上价格较贵的房间（₹1330/1760）很舒适，带有共用阳台。从市中心沿一条小路往东北方向步行10分钟即可到达。

★ **Holumba Haven**　　　　　精品酒店 $$

（ ☎03552-256936; www.holumba.com; 9th Mile; 房间 ₹1800～3000; ⊚）这是一座独特而迷人的庄园，包括一间苗圃和一家庭客栈，Holumba坐落在森林之间，位于城镇下方1公里处，步行可以到达。一尘不染的舒适房间位于兰花园周围的温馨小屋里，气氛活跃的餐厅可提供各种家常菜套餐（仅限预订）。主人Norden对当地徒步和旅行的信息了如指掌。

不要错过

苗圃

噶伦堡是印度重要的花卉产区，印度80%的剑兰以及各类兰花品种都产自这里。你可以去参观Holumba Haven的 **Nurseryman's Haven**（☏03552-256936; Holumba Haven, 9th Mile），看一看那里的200多种兰花；**Santi Kunj**（BL Dixit Rd; ⏰周五至周五 8:30至正午和13:30~16:00）有各种火鹤花和天堂鸟；在 **Pineview Nursery**（☏03552-255843; Atisha Rd; 门票₹10; ⏰周一至周六 9:00~17:00），你可以见到各种非常上镜的仙人掌。

Kalimpong Park Hotel　　历史酒店 $$

（☏03552-255304; www.kalimpongparkhotel.com; Rinkingpong Rd; 标单/双 ₹2530/3200; @☎）这家店曾经是迪纳杰布尔（Dinajpur）王公的夏季行宫，坐落在山岩上，俯瞰着雷利谷（Relli Valley），弥漫着王公统治时期的独特气息。走廊上摆放着柳条椅和红色的花，还有一间迷人的休闲吧，以及供应奶油果冻等英国寄宿学校主食的餐厅（需要预订）。

Cloud 9　　酒店 $$

（☏03552-255410; cloudnine.kpg@gmail.com; Rinkingpong Rd; 标单/双 ₹1000/1400起; ☎）酒店有着令人愉快的氛围，二层的5间木板客房非常温馨，楼下的餐馆供应有趣的不丹菜肴和冰镇啤酒。老板比诺德（Binod）是披头士的粉丝，喜欢在夜晚用音乐会友——如果你吉他弹得不错，他甚至还会请你喝啤酒！前面的房间更加明亮，但价格略微高一些。

Himalayan Hotel　　历史酒店 $$$

（☏03552-255248; www.himalayanhotel.com; Upper Cart Rd; 标单/双 ₹2400/3600; ☎）这家历史悠久的酒店由弗朗西斯·扬哈斯本（Francis Younghusband）1904年前往拉萨时的翻译戴维·麦克唐纳（David MacDonald）开设，多年来保留了流传在喜马拉雅的传说故事，比如亚历山大·莉娅·大卫-妮尔（Alexandra David-Neel）、海因里希·哈勒（Heinrich Harrer）和查尔斯·贝尔（Charles Bell）的传奇经历。财大气粗的Mayfair连锁集团最近买下了这里，正在进行翻新整修，所以往日的情调还会留下多少尚不可知。

Elgin Silver Oaks　　历史酒店 $$$

（☏03552-255296; www.elginhotels.com; Rinkingpong Rd; 标单/双 含食宿₹8100/8400; @☎）这处建于英国统治时期的宅邸位于镇中心，被改造成为一家文化遗产酒店，氛围浓郁，但运营得不太良好。房间布置非常豪华，并且坐享通往雷利河峡谷的景观（建议要一间园景房）。房费已包括在优雅的餐厅用餐的费用。

Hotel Orchid　　酒店 $$

（☏03552-282213; www.hotelorchid.com; Lava; 双 ₹1200~2200）Orchid是一家位于城镇中心的小旅馆，特色是12间明亮的松木衬房间、风格清新的床上用品和供应热水的干净卫生间，是拉瓦少有的可以过夜住宿的一个选择。店内底层的餐馆提供一些不错的中国饮食。

Silk Route Retreat　　度假村 $$

（☏9932828753; www.thesilkrouteretreat.com; 21st Mile, Pedong; 标单/双 小屋 ₹1600/2500; ☎）5栋干净、现代的小屋成为在该地区徒步或骑自行车的良好落脚点（提供徒步向导），饮食不错（主菜₹180~250），游廊适合交际。

🍴 就餐

Gompu's Bar & Restaurant　　中国藏式风味 $$

（Gompu's Hotel, 紧邻DB Giri Rd; 主菜 ₹120~200; ⏰7:00~21:00）这家饭店超大的招牌式猪肉藏饺（₹130）赫赫有名，长期以来一直受到许多本地人和旅行者的青睐。午餐时段最适合来这儿。这里也是喝一杯冰啤酒（₹210）、再吃一盘蒜香土豆和酥脆猪肉的好地方。

Lee's　　中国菜 $$

（☏9593305812; DB Giri Rd; 主菜 ₹80~150, 套餐₹250; ⏰周一至周六 11:00~19:30）李

另辟蹊径
步行游览噶伦堡

噶伦堡周边有许多地方非常适合步行，因此不妨留出一两天时间来伸展一下四肢。Sherpa Lodge的Helpdesk Tourism（见482页）和Holumba Haven可提供关于这些步行线路的信息，如有需要还可帮你安排导游（每天 ₹800~1500）和车辆。

在噶伦堡当地，Helpdesk可安排由导游带领的工艺品半日步行之旅（导游 ₹600~800），带你参观传统的熏香工厂、金银作坊、面条厂以及唐卡（藏族布画）工作室，这些都隐藏在Haat Bazaar附近的集市小巷里。

一条轻松的噶伦堡周边半日游的线路是从Holumba Haven附近出发，前往Challisey和Chibo Busty等村落的观景点欣赏蜿蜒的提斯塔河（Teesta River）风光。你可以顺道参观LK Pradhan仙人掌苗圃以及Tharker农场里一座小型的酸奶生产中心，还可选择下行至Ngassey村去看看两栋迷人的传统雷布查房屋。

如果想走得更远，有一条不错的DIY徒步线路：沿着去佩东（Pedong）的道路前行，经过艾尔加拉（Algarah）之后再走2公里，此时你会看到20英里标记（20th Mile）处有一条比较宽的道路，这里就是这条徒步线路的起点。这条路沿着林木葱郁的山脊缓缓上升，一直到达静谧的17世纪的Damsang Dzong遗址，这里是雷布查国王最后一次面向不丹人站立的地方。继续沿山脊前行，然后向下到达Tinchuli Hill观赏干城章嘉峰的雄伟身姿，接着从西勒里（Sillery）走土路返回艾尔加拉-佩东的大路。从这儿往回走4公里，到达艾尔加拉，搭乘合乘吉普车前往噶伦堡（吉普车末班车的发车时间为15:00），或者继续往佩东方向走3公里，途经位于佩东下方的萨姜布斯蒂（Sakyong Busty）不丹风格的桑辰金刚寺（Sangchen Dorje Gompa）。长途汽车和吉普车8:15从噶伦堡发车前往佩东（₹30~50）和艾尔加拉（₹30），或者包一辆出租车全天往返（₹1000~1500）。如果你想要过夜，距离佩东还有1.5公里的Silk Route Retreat（见480页）气氛轻松，有5座小屋，是一处不错的徒步基地。

如果想感受干城章嘉峰无与伦比的日出和日落景象，可以前往Rishap村上方的Tiffin Dara观景台（Tiffin Dara viewpoint），它距离噶伦堡约30公里。从噶伦堡到拉瓦（Lava）的主路向山上岔出一条支路，沿这条路走3公里，在距离Rishap还有1公里的地方有一条带标志的小路。沿着这条小路向左前行，步行20分钟即可抵达观景台，然后继续穿过森林，步行45分钟后重新与噶伦堡-拉瓦的主路会合。在还没到这个路口之前，在一些挂有五色经幡的地方，有一条捷径小路可经Forest Lodge直达拉瓦村。如果要乘车前往拉瓦，可以搭乘7:00发车的合乘吉普车（₹80），或是8:00发车的速度较慢的长途汽车（₹60）。返回噶伦堡的末班车发车时间是13:30。包一辆吉普车的单程费用如下：到里沙普（Rishap）的费用为₹1600，当日往返的包车费用为₹2000，包括拉瓦。

距离噶伦堡34公里的拉瓦（2353米）本身也是个值得一游的地方，如果时间安排得当，你可以在徒步游的途中顺路去看看繁华的周二集市，或是刚好能够赶上现代化的Kagyupa Thekcheling Gompa上午10:00的辩经会或15:30的晚课，那将会是一段不俗的经历。邻近拉瓦的地方还有一座Neora河谷国家公园（Neora Valley National Park；印度人/外国人 ₹60/200，租车 ₹1500，向导 ₹200；◎9月15日至次年6月15日），公园中繁茂的森林是小熊猫、云豹和无数鸟类的家园。你可以选择参加吉普车游（₹1300~1600），旅行社可以安排前往Roche La（3155米）的4天露营徒步游，这个地方位于印度西孟加拉邦、锡金邦和不丹交界处的最高处。位于城镇上方的Lava Forest Lodge（☎033-23350064；www.wbfdc.com；Lava；双₹800~1500）有众多小屋，提供最棒的住宿，但是通常很难订到；可以通过西里古里的西孟加拉邦旅游局（见458页）或噶伦堡的Holumba Haven预订。私营的Hotel Orchid（见480页）是另一个不错的选择。建议避开孟加拉游客蜂拥而至的10月份。合乘吉普车（₹80）在客满后会出发返回噶伦堡，末班车的时间大约在15:30，13:30也有1班长途汽车。

西孟加拉邦和大吉岭

噶伦堡

先生和他的女儿会在这家红色内墙的小餐馆为你提供美味、独特的中国菜肴。这里的招牌菜包括锅贴（mun wontons）、红烧肉、家常米线和可口的蒜香鸡肉等，配上一壶优质提神的绿茶。这家餐厅位于One Cup咖啡馆顶层。

Paris Kalimpong Bakery 面包坊 $

（DB Giri Rd；点心 ₹30~50；◎周一至周六 9:00~18:00）这是法国人开设的面包坊，令人惊奇，提供一流的长棍面包、手指饼、芝士奶油蛋卷、乳蛋饼和蛋糕，还有咖啡。营业时间不固定，不过值得成为拥趸。

King Thai 中国菜 $$

（超市4层，DB Giri Rd；主菜₹160~200；◎11:00~21:00）这是一个多元文化融合的地方：取了一个泰国名字，供应中国菜，墙上贴着鲍勃·马利（Bob Marley）的海报。这个地方吸引了僧侣、商人，以及时尚的藏族儿童。菜肴分量很足，主要是带有印度风格的中国菜。这里还有一座小酒吧，里面有舒适的椅子。

Cafe Refuel 多元风味 $

（www.caferefuel.com；Rishi Rd, 9th Mile；◎10:30~20:00）这是一个以摩托车为装饰主题的炫酷场所，吧台座椅是经典的Vespas摩托车。饮食是墨西哥风味，有家常干酪玉米片和墨西哥卷，还有汉堡、比萨和皮塔三明治，外加意式浓缩咖啡，以及可以活跃气氛的桌上足球。

🍷 饮品和夜生活

★ Art Cafe 咖啡馆

（Rishi Rd；咖啡₹40；◎10:00~19:00）这是一间酷酷的咖啡馆，在微风习习的露台上可以俯瞰通往大吉岭的提斯塔谷（Teesta Valley）美景。这里有优质的咖啡、小吃、柠檬冷饮（装在玻璃罐中）和出色的薄皮比萨（₹160~180），还有可供阅读的杂志。这里是结识噶伦堡时尚人士的好地方，不过没有Wi-Fi。

One Cup 咖啡馆

（DB Giri Rd；咖啡 ₹50~90；◎周一至周六 11:00~18:00）这是噶伦堡的第一家咖啡馆，供应相当不错的浓缩咖啡，以及一些可口的蛋糕、布朗尼和特色冰激凌。没有Wi-Fi。

🔒 购物

Lark's Provisions 食品和饮品

（DB Giri Rd；◎9:30~18:30）这里是选购当地奶酪的最佳地点（每公斤 ₹600），自从耶稣会于19世纪在这里建立了一家乳制品厂以后，噶伦堡就开始生产这种食物。此外，这里还销售当地产的牛奶棒棒糖（₹30）和美味的自制泡菜。

Haat Bazaar 市场

（Relli Rd和RC Mintri Rd之间）每到周三，尤其是周六，这个原本宁静的集市就会变得热闹非凡，商品琳琅满目，从食品和纺织品到日用品以及各式各样的小玩意，应有尽有。

Kashi Nath & Sons 书籍

（DB Giri Rd；◎周一至周六 10:00~18:30）这里和隔壁相连的文具店都有一些关于喜马拉雅主题的书籍，此外还出售一些国际畅销小说和非小说类书籍。

ℹ️ 实用信息

Cyber Infotech（每小时₹30；◎周一至周六 10:00~19:00；📶）Gompu's对面的小网吧，提供电脑和Wi-Fi。

Helpdesk Tourism（📞7363818059，8967938378；helpdesktourism@gmail.com；Sherpa Lodge；◎9:00~17:00）这家私营信息中心位于Sherpa Lodge的一层，可以提供噶伦堡周边旅行线路的向导、实用地图以及有关徒步和本地区的家庭寄宿的有用信息。你可以询问吉格梅（Jigme）或诺登（Norden）。

邮局（Rinkingpong Rd；◎周一至周五 9:00~17:00，周六 至16:00）

印度国家银行自动柜员机（DB Giri Rd）众多自动柜员机中的一部。

游客接待中心（Tourist Reception Centre，简称DGHC；📞03552-257992；DB Giri Rd；◎周一至周六 10:00~16:30，每个月第二个和第四个周六休息）员工看起来无精打采，不过这里可以组织当地观光游并安排住宿。

❶ 到达和离开

所有长途汽车和吉普车以及它们所属公司的办公室都集中在喧闹的**Motor Stand**附近。

长途汽车和吉普车

每小时有1班孟加拉邦政府经营的NBSTC长途汽车开往西里古里（₹80；2.5小时）。

Himalayan Travellers（☏9434166498；Motor Stand）这家靠谱的运输公司有合乘吉普车发往拉瓦（Lava；₹80，1.5小时，每天7:00发车）的长途汽车站。

Kalimpong Mainline Taxi Driver's Welfare Association（KMTDWA；Motor Stand）有合乘吉普车频繁发往西里古里（₹130，2.5小时），每天还有2班发往Jorethang（₹100，2小时，7:30和正午）的合乘吉普车。

Kalimpong Motor Transport（Motor Stand）有车次频繁的合乘吉普车（₹130，3小时）发往大吉岭，直至15:00，也可选择包车（₹1800）。

Kalimpong, Sikkim All Highway Taxi Driver's Owner's Association（☏259544；Motor Stand）有合乘吉普车开往甘托克（₹140，3小时，每小时1班直到11:30）、锡金邦的拉旺格拉（Ravangla；₹150，3.5小时，14:00）和南奇（Namchi；₹110，8:00和13:00）。

锡金邦国有运输公司（Sikkim Nationalised Transport，简称SNT；Ongden Rd）运营1班开往甘托克（₹105，3小时）的长途汽车，13:00从汽车站（Motor Stand）发车。

火车

噶伦堡火车票代售处（Kalimpong Railway Out Agency；Mani Rd；☉周一至周六10:00~17:00，周日至13:00）销售新杰尔拜古里（NJP）火车站出发的列车的车票，但没有游客配额。

❶ 当地交通

你可以在DB Giri Rd沿路包出租车（大部分是没有标志的面包车）在本地游览观光。游览大部分景点的半天包车费用应为₹1000。

比哈尔邦和恰尔肯德邦

包括 ➡

巴特那	486
吠舍离	491
盖瑟里亚	492
莫蒂哈里	492
拉克绍尔	492
格雅	492
菩提伽耶	493
拉杰吉尔	498
那烂陀	500
兰契	502
贝特拉（伯拉穆）国家公园	503

最佳就餐

- Mohammad Restaurant（见535页）
- Be Happy Café（见497页）
- Pind Balluchi（见489页）
- Nook（见502页）

最佳住宿

- Rahul Guest House（见496页）
- Hotel Nalanda Regency（见499页）
- Chanakya BNR Hotel（见502页）
- Hotel President（见487页）

为何去

偏远乡村比哈尔邦（Bihar）是佛教的诞生地——甚至连它的名字都来源于梵文的"佛教寺院"（vihara）。宗教圣迹吸引了数以千计的来自世界各地的朝圣者涌入此地，其中最非凡的是菩提伽耶（Bodhgaya）——佛陀顿悟的地点，那里充满了灵性的氛围是吸引旅行者的主要因素。在洋溢着部落风情的恰尔肯德邦（Jharkhand），神圣的帕拉斯那特山（Parasnath Hill）是备受尊崇的耆那教朝圣地点，对于那些喜欢独辟蹊径的人来说，加入信徒的队伍，徒步攀上顶峰是最精彩的帕拉斯那特山超现实之旅。

说实话，整个地区都鲜有人涉足。在菩提伽耶以外几乎没有外国游客的身影，所以如果你准备踏上一次非主流的旅程，特别是如果你还对佛教感兴趣，那么印度这个不合时宜的角落将成为意料之外的亮点。

何时去

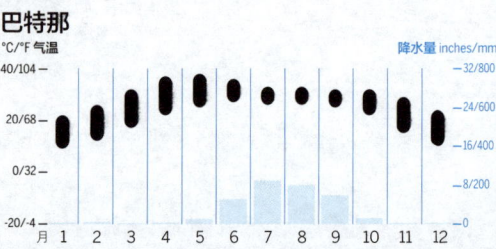

巴特那

1月和2月 气温徘徊在12℃~25℃，介于寒冷和舒适之间。

6月至9月 雨季，应尽量避开——比哈尔邦是印度最容易发洪水的地方。

10月和11月 10月份，气候温暖；11月份，凉爽舒适。

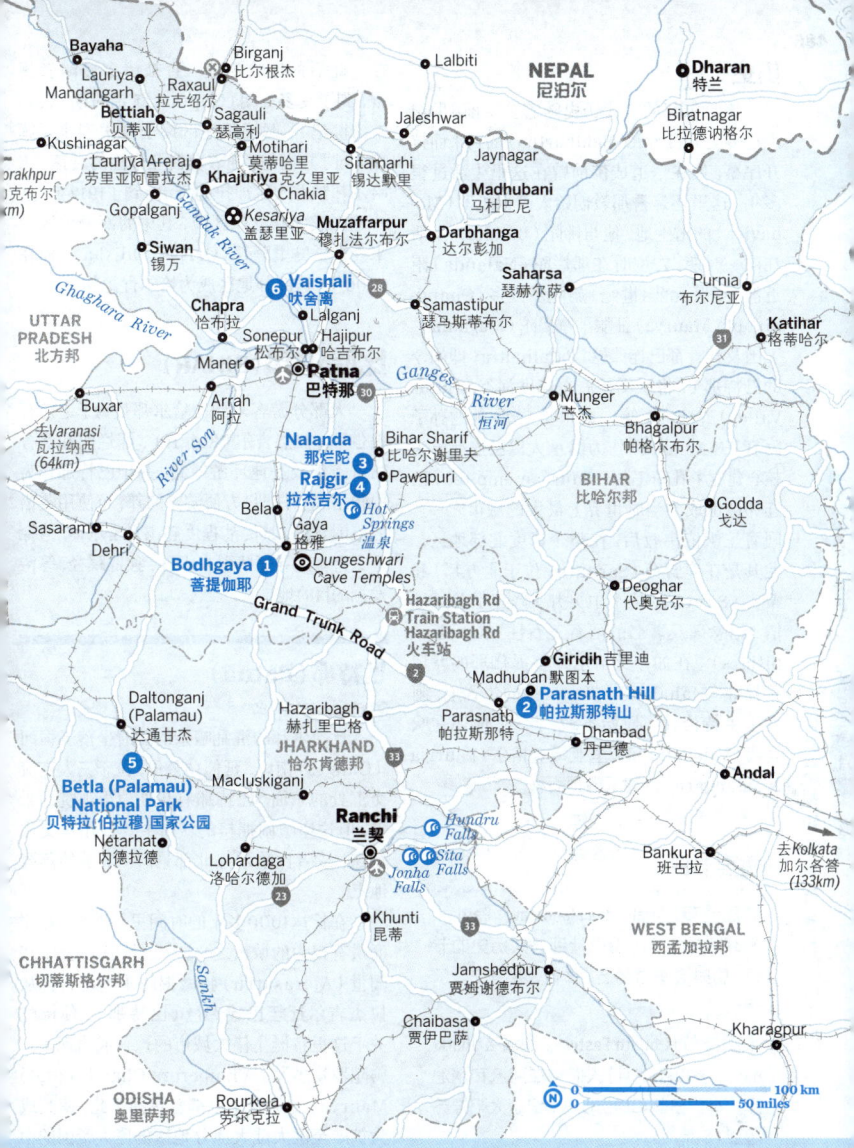

比哈尔邦和恰尔肯德邦亮点

❶ 菩提伽耶(见493页)见证了来自世界各地的佛教徒在寂静无声的佛陀觉悟地祈福、参拜和禅修。

❷ 帕拉斯那特山(见501页)凌晨4:00起床,攀登恰尔肯德邦最高的山峰,踏上一天的超现实耆那教朝圣之旅。

❸ 那烂陀(见500页)参观这座曾经庞大无比的古代大学的宁静遗址。

❹ 拉杰吉尔(见498页)雇一辆两轮马车,用一天时间探索这座悠闲村庄的佛教场所和佛塔。

❺ 贝特拉(伯拉穆)国家公园(见503页)游览保护区惬意而静谧的森林,邂逅野象和梅花鹿。

❻ 吠舍离(见491页)走过村庄,前往古老的佛塔及这处佛教朝圣遗址。

历史

比哈尔邦的古代历史随着公元前6世纪悉达多王子（Prince Siddhartha）的到来而拉开序幕，他在悟道成佛前曾在这里生活了很多年。这里还是耆那教创始人摩诃毗罗（Mahavira）的出生地，他与佛陀（Buddha）生活在同一时期，72岁时在那烂陀（Nalanda）附近涅槃。公元前4世纪，旃陀罗笈多（Chandragupta Maurya）征服了摩揭陀（Magadha）王国及其首都巴连弗邑（Pataliputra；即如今的巴特那），将版图扩展至印度河谷（Indus Valley）并建立了第一个印度王朝。他的孙子阿育王（Ashoka）作为继承人以巴连弗邑为核心建立了孔雀王朝（Mauryan empire），巴连弗邑也成为当时世界上最大的城市之一。阿育王皈依佛教后，在整个印度北部地区，尤其是在鹿野苑（Sarnath；位于北方邦）和桑吉（Sanchi；位于中央邦）修建了大量佛塔、纪念碑及著名的阿育王石柱（Ashokan pillars）。在如今比哈尔邦菩提伽耶的摩诃菩提寺（Mahabodhi Temple）的位置上，阿育王主持修建了原始圣殿；此外，他还在吠舍离（Vaishali）和劳里亚嫩登格尔（Lauriya Nandangarh）修建了狮顶石柱。

此后的比哈尔邦一直被诸多侵略者觊觎，到了笈多王朝（Guptas）统治时期（公元7~8世纪），摩揭陀地区终于再次迎来了辉煌。到了17世纪，随着莫卧儿帝国的衰落，比哈尔邦被并入孟加拉的统治，到了1912年，这一地区成为独立的区域，其中的部分地区后来变成了奥里萨邦（Orissa, Odisha），而在2000年，这部分地区成为恰尔肯德邦。

比哈尔邦（BIHAR）

大部分游客来到比哈尔邦是为了走访菩提伽耶、拉杰吉尔（Rajgir）、那烂陀和吠舍离这条佛教圣地环游线路，并把巴特那作为中转站。它并非最方便游览的邦，可使用英语的范围有限，其混乱程度超出平常水平，但探险家喜欢追寻那些引人入胜、独辟蹊径、等待发掘的目的地。

巴特那（Patna）

✉0612 / 人口 1,697,900

比哈尔邦的混乱嘈杂的首府坐落于恒河（Ganges）南岸，延伸15公里，位于三大支流交汇处的东面。巴特那有几处值得观赏的景点，但这座喧闹拥挤的城市主要被用作交通枢纽，或者比哈尔邦北部景点一日游的落脚地点。

在长达1000多年的时间里，巴特那是印度最有权力的城市之一。在公元前5世纪，阿阇世（Ajatasatru）将摩揭陀王朝的首都从拉杰吉尔迁至巴连弗邑（巴特那），使佛陀关于这里将诞生伟大城市的预言成为现实。旃陀罗笈多大帝（Emperors Chandragupta Maurya）和阿育王也都曾建都于此，使其成为扩展至次大陆大部分地区的庞大帝国的中心。如今，旧日的辉煌荡然无存。

重要节日

华氏城节（Pataliputra Mahotsava; Patna; ⏱3月）是为了庆祝巴特那悠久历史的节日，届时会举办游行、体育、舞蹈和音乐活动。

太阳神节（Chhath Festival; Bihar & Jharkhand; ⏱10月/11月）人们将在河流和水池岸边举行日落和日出仪式，纪念太阳神苏里亚（Surya）。

拉杰吉尔节（Rajgir Mahotsava; 见498页）一个表演艺术的节日，其间举办的活动包括舞蹈、灵歌演唱及乐器演奏等。

松浦节（Sonepur Mela; Sonepur; ⏱11月/12月）这场在松布尔（Sonepur）举行的长达3周的盛会将吸引近700,000人和数不尽的动物参与进来，盛会规模是布什格尔（Pushkar）骆驼节大会的4倍。

◎ 景点

★ 巴特那博物馆 博物馆

（Patna Museum; Buddha Marg; 印度人/外国人 ₹15/250, 拍照 ₹100; ⏱周二至周日 10:30~16:30）这座博物馆位于宏伟的殖民时期建筑内，收藏了一系列孔雀王朝和笈多王朝时期的石雕、一些美丽的青铜佛像，还有修建于19

世纪初叶托马斯（Thomas）和威廉·丹尼尔斯（William Daniells）的风景画画廊。千万别错过那些精美的唐卡，它们都是20世纪初由藏学家贝纳利（Benagli）和旅行者Rahul Sankrityayan带回印度的。

★ 戈尔伽尔　　　　　　　　历史建筑

（Golghar; Danapure Rd; ₹5; ⊙10:00~18:00）如果想在穹顶上远眺，就请登上这座巨大的球形粮仓，它是由英军于1786年建造的，2016年进行了翻修。这项工程建设的初衷是为了避免再出现1770年的可怕大饥荒（一侧找找古老的雕刻字迹，意思是："饥荒永决于此"），所幸悲剧没有重演。

比哈尔邦博物馆　　　　　　博物馆

[Bihar Museum; ☎0612-2235732; www.biharmuseum.org; Bailey Rd（Jawaharlal Nehru Marg）]这座令人印象深刻的新建博物馆是南亚最大的博物馆之一，在本书调研期间，仅有部分开放，完工之后，它将拥有三座备受瞩目的历史展馆，外加关于当地艺术和比哈尔邦民族的展览。它运来了巴特那博物馆的一些精美展品，包括那尊著名的孔雀王朝时期树神药叉女（Didarganj Yakshi）雕像，其历史可以追溯至公元前3世纪。

佛陀传承公园　　　　　　　公园

[Buddha Smriti Park; Muzharal Haque Path（Fraser Rd）; 公园 ₹20, 博物馆 ₹40; ⊙周二至周日 9:00~19:00]公园内的气氛安宁祥和，占地9公顷，因喷砂处理的木炭佛塔（₹50）而闻名，还有个独一无二的防弹密室遗迹，种植着来自菩提伽耶和斯里兰卡（Sri Lanka）古老阿努拉德普勒（Anuradhapura）的菩提树苗。醒目现代的佛教博物馆值得一游；这里还有图书馆（₹50）和禅修中心 **免费** 。

🛏 住宿

巴特那大部分经济型酒店不接待外国人。

Hotel Clark Inn　　　　　　酒店 $

（☎9939726620; Jamal Rd; 房间 ₹660起）这是我们能找到的最便宜的涉外酒店。Clark Inn有简朴的经济型房间，配备电视和蹲厕，还有更大、更干净的房间，配备冷风机

住宿价格区间

本章住宿价格区间（指的是旺季带卫生间的双人间的房费，含税）：

$ 少于₹1000

$$ ₹1000~2500

$$$ 高于₹2500

（₹1100）。有的房间带有小阳台。

★ Hotel President　　　　　酒店 $$

（☎0612-2209203; www.hotelpresidentpatna.com; 紧邻Fraser Rd; 标单/双 ₹2020/2620; ❄@🛜）这家由家族经营的酒店最近经过了改造，位于一处相对安静的交通便利的位置，紧邻Fraser Rd，靠近巴特那博物馆。房间内全都有空调，宽敞、时尚、清新，配有电视机、休息区和热水卫生间。有的房间里带有小阳台。它是一个出色的中低档住宿场所，尤其是打折的时候。

Hotel City Centre　　　　　酒店 $$

（☎0612-2208687; www.hotelcitycentre.in; Station Rd; 双 含早餐 带/不带空调₹2000/1000; ❄🛜）酒店外观是一座现代化的玻璃塔，从火车站出来右转就到，对于在此地转车需要过夜的游客来说，这里是个便利得令人动心的选择。房间装饰很朴素，价格很划算（不带空调的房间的卫生间是蹲式的），员工乐于助人，底层还有几家餐馆。高层有点儿像迷宫。

Hotel Maurya Patna　　　　酒店 $$$

（☎0612-2203040; www.maurya.com; Gandhi Maidan; 标单/双 含早餐 ₹15,780/17,000; ❄@🛜♨）巴特那的顶级商务酒店，拥有装修雅致的房间、相当空旷的游泳池、还有几家餐厅和一间健身房。总的说来，这里很舒适，并不奢华。在网上预订可以打五折。

🍴 就餐

Baba Hotel　　　　　　　印度菜 $

（Dak Bungalow Rd; 主菜 ₹70~110; ⊙9:00~22:00）干净、合算，袖珍餐馆Baba Hotel提供印度和中国菜肴（包括一些不错的素食选

Patna 巴特那

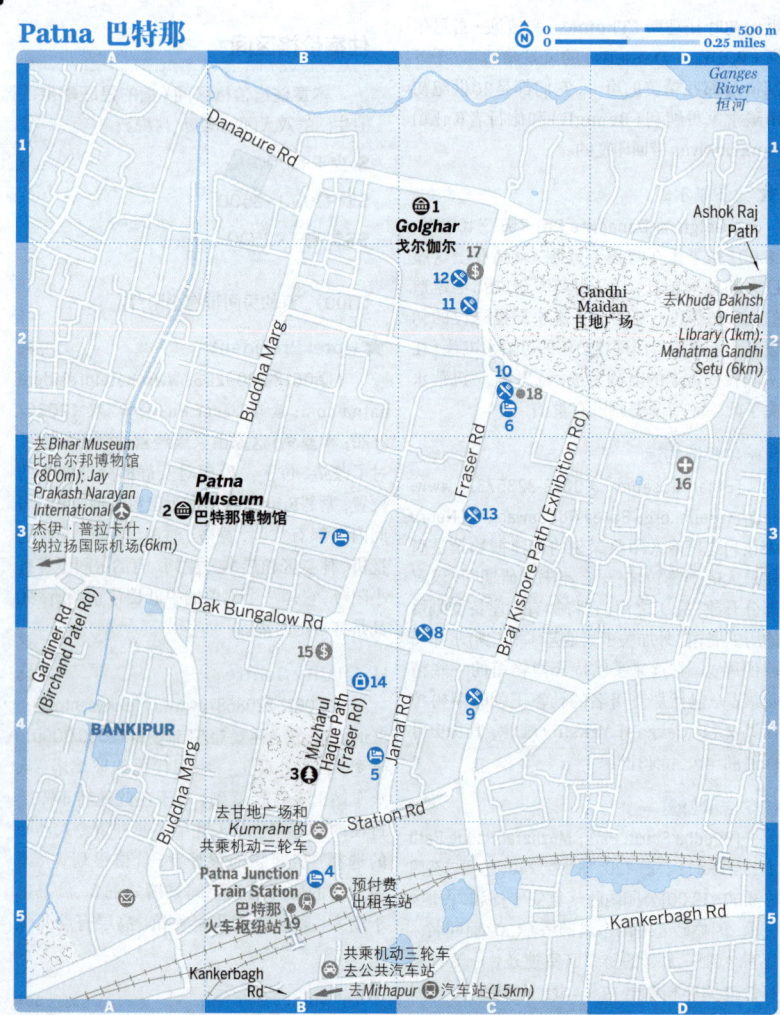

择），还有价格区间在₹85至₹95的塔利套餐。

Litti Chokha Stall 街头食品 $

（Gandhi Maidan对面；每盘₹15）这是分布在城市四周的众多街边摊位之一，烹制巴特那招牌小吃——烤鹰嘴豆泥团配番茄、茄子和土豆碎酱汁（litti chokha）。

Bollywood Treats 快餐 $

（Gandhi Maidan；主菜₹80~150；☉正午至21:00）这个快餐场所多少有些乏味，向巴特那新兴中产阶层提供印度南部小吃、中国炒菜、不错的比萨和诱人的布朗尼。这里有一家芭斯罗缤（Baskin-Robbins）冰激凌窗口，提供速溶咖啡（₹115）。正午开门，但从13:00才开始供应饮食。

★ Bellpepper Restaurant 印度菜 $$

[Hotel Windsor, Braj Kishore Path (Exhibition Rd)；主菜₹120~320；☉11:00至15:00和19:00~22:30；❄]这是Hotel Windsor里面的小餐厅，设计贴心而又现代。泥炉菜很受欢迎。无骨印度烤鸡（murg tikka lababdar）用大蒜、生姜和青辣椒腌制，撒上开心果和腰果仁糊，简

Patna 巴特那

◎ 重要景点
- **1** 戈尔伽尔 C1
- **2** 巴特那博物馆 A3

◎ 景点
- **3** 佛陀传承公园 B4

🛏 住宿
- **4** Hotel City Centre B5
- **5** Hotel Clark Inn B4
- **6** Hotel Maurya Patna C2
- **7** Hotel President B3

🍴 就餐
- **8** Baba Hotel C4
- **9** Bellpepper Restaurant C4
- **10** Bollywood Treats C2
- **11** Litti Chokha Stall C2
- **12** Pind Balluchi C2
- **13** Tandoor Hut C3

🛍 购物
- **14** Ajanta B4

ℹ 实用信息
- **15** Axis Bank B4
- **16** 鲁本医生纪念医院 D3
- **17** 印度国家银行 C2
- **18** Thomas Cook C2

🚌 交通
- **19** 外国游客订票柜台 B5

直入口即化。这儿的比尔亚尼菜也很不错。

Pind Balluchi 北印度菜 $$
(☎0612-2219101; www.pindballuchi.com; 16-18 fl, Biscomaun Tower, Gandhi Maidan; ⊘正午至22:00; ✱)想要寻找巴特那最美味的食物和最优美的风景,可以前往这家旋转餐厅,俯瞰甘地广场(Gandhi Maidan)、戈尔伽尔(Golghar)和远方的恒河,景色始终在变换。烤羊肉串非常棒[尝尝马来可巴鸡(murgh malai)],可供选择的素食种类齐全,比如印度奶酪(kadai paneer),还有精美的米布丁(kheer)甜点。从大楼的北侧进去。

Tandoor Hut 印度菜 $$
(☎delivery 9386851333; Fraser Rd; 烤羊肉串 ₹150~180; ⊘11:00~23:00)街边烧烤,提供美味的烤羊肉串及其他泥炉菜,还有大份的比尔亚尼菜和咖喱。在这里吃或者带回酒店都可以。烤鸡肉(malai)和烤鸡串(reshmi kebabs)都非常美味。

🛍 购物

Ajanta 工艺品
(Fraser Rd; ⊘周一至周六 10:30~21:00,周日 13:00~20:00)这家不起眼的小商店有色彩亮丽、讨人喜欢的弥萨罗(马杜巴尼)绘画[Mithila(Madhubani) paintings],藏在抽屉或柜子里面。价格从₹300(手工纸)到₹950(丝绸)不等。商店位于Harrison's Hotel旁边。

ℹ 实用信息

医疗服务
鲁本医生纪念医院(Dr Ruban Memorial Hospital; ☎0612-2320446, 0612-2320404; www.rubanpatliputrahospital.com; Gandhi Maidan; ⊘24小时)急诊室、诊所兼药店。

现金
Axis Bank(Fraser Rd; ⊘周一至周五和每月的第一、第三个周六 9:30~15:30)提供外汇兑换服务,并设有自动柜员机。

印度国家银行(State Bank of India; Gandhi Maidan; ⊘周一至周五和每月的第一、第三个周六 10:00~16:00)提供外汇和旅行支票兑换服务。有自动柜员机。

旅行社
Thomas Cook(☎0612-2221699, 9334942188; www.thomascook.in; Hotel Maurya, Patna Arcade; ⊘周一至周六 10:00~18:00)提供机票预订和租车服务,以及外汇兑换服务,手续费为₹150。如需预订服务可联系旅行社的萨米(Sami)。

禁酒
从2016年开始,比哈尔邦一直是禁酒邦,禁止出售任何形式的酒类。

ⓘ 到达和离开

飞机

巴特那的杰伊·普拉卡什·纳拉扬国际机场（Jay Prakash Narayan International Airport）位于市中心西南方向8公里处。**印度航空**（Air India；☎0612-2223199；www.airindia.in；Patna airport）、**靛蓝航空**（IndiGo；☎1800 1803838；www.goindigo.in；Patna airport）、**捷行航空**（Go Air；☎0612-2227148；Patna airport）和**捷特航空**（Jet Airways）☎612-2223045；www.jetairways.com；Patna airport）每天有直飞航班往返德里（Delhi）和加尔各答，可以继续转机前往其他城市。

长途汽车

主长途汽车站是一片大而脏的空地，位于火车站西南方向1.5公里处（从火车站后面乘坐公乘车来此的费用是₹10）。这个地方嘈杂、混乱，没法儿用英语交流，也没有售票处，但当你走进混乱中间并告诉别人你要去哪儿的时候，总会有人为你指出正确的长途汽车。上车买票。

全天班次频繁，开往下列目的地：

格雅（Gaya）₹100，3小时；每天还有2班直达车前往菩提伽耶（₹120）

盖瑟里亚（Kesariya）₹80，3小时

莫蒂哈里（Motihari）₹145~170，4.5小时

兰契（Ranchi）空调车/非空调车 ₹350/280，8小时

拉克绍尔（Raxaul）空调车/非空调车 ₹230/180，6小时

吠舍离（Vaishali）₹50，2小时

有21:00出发开往兰契和拉克绍尔的卧铺车。

小汽车

租汽车，雇司机，可以通过**Thomas Cook**（见489页），价格为每公里₹12起（至少200公里）外加司机小费，每晚₹300。从巴特那开往菩提伽耶的出租车费用约为₹3000。

火车

巴特那火车枢纽站（Patna Junction）的右翼楼二层预订办公处有个**外国游客订票柜台**（foreign-tourist ticket counter；巴特那火车枢纽站3号窗口；◐周一至周六8:00~20:00，周日至14:00）。

发往格雅的火车大概每小时1班（2等/空调座席 ₹25/260，2~3小时），Patna-Hatiya Express提供空调座席，11:40发车。如果要乘坐其他列车，只需购买2等"通用"车票，跳上下一班列车即可。

开往新德里（卧铺/空调卧铺3类/空调卧铺2类 ₹490/1300/1860，12~18小时）的火车每天超过12班；RJPB Rajdhani（空调卧铺3类/空调卧铺2类/空调卧铺1类 ₹2180/2660/3765）运行速度最快，而且时间最方便，晚上19:25发车，次日早上7:40抵达德里。

每天有10班火车开往加尔各答（卧铺/空调卧铺3类/空调卧铺2类 ₹340/890/1250，8~14小时），时间上最有优势的可能是Vibhuti Express（22:35，9小时）。

5:00至21:00之间，每天至少有20班火车开往瓦拉纳西（Varanasi；卧铺/空调卧铺3类/空调卧铺2类₹200/540/740，4~6小时）。

开往兰契（卧铺/空调卧铺3类/空调卧铺2类 ₹250/670/960，8~10小时）的3班快车6:00、11:40和21:45发车；前两班火车有座席（₹540~630）。

前往拉杰吉尔（Rajgir）最舒适的选择是9:15发车的13234 Rajgriha Express空调座席（₹260，3小时）。

注意，你还可以找到抵达巴特那中间站的列车，比如位于巴特那火车枢纽站以东3公里处的拉金德拉市镇（Rajendra Nagar）或者位于该火车枢纽站以东11公里处的交通不太方便的巴特那希卜（Patna Sahib）。

ⓘ 注意事项

比哈尔邦和恰尔肯德邦目无法纪的行为已恶名远扬。不过近年来情况已有改善，强盗活动（如拦截汽车、公交车及火车等）仅在偏远地区发生。

➜ 当地人会建议你不要在天黑后独自在山区旅行或徒步，这项警告非常中肯。

➜ 虽然游客不是专门的目标，但密切关注最新局势不失为一个好主意。可在到达前查阅《比哈尔时报》（Bihar Times；www.bihartimes.in）或《巴特那日报》（Patna Daily；www.patnadaily.com）。

ⓘ 当地交通

机动三轮车/出租车从火车站旁边的**预付**

费机动三轮车站点 (prepaid autorickshaw stand; 巴特那火车枢纽站) 开往巴特那机场的费用是 ₹160/350。

拥挤的**合乘机动三轮车**从火车站前方发车，开往甘地广场 (Gandhi Maidan; ₹7)。前往火车站后面，可乘坐开往汽车站的**机动三轮车** (₹10)。

地铁系统目前仍在建设中，据说将在2021年完工。

吠舍离 (Vaishali)

☎ 06225

宁静且意义重大的佛教朝圣地点吠舍离位于巴特那西北方向55公里处，是一处可以躲避巴特那的喧嚣的美丽乡村。小型博物馆十分迷人，科尔霍 (Kolhua) 遗址极其安静。围绕村庄和农田随意走走都是一种享受。

从巴特那过来的长途汽车会将你送到十字路口，从那儿往西步行1公里，经过泰国、柬埔寨、越南佛教徒修建的寺院，将到达名为灌顶水池 (Abhishek Pushkarini) 的大型古代加冕仪式圣水池。水池左侧是日本人修建的白色的现代风格的**世界和平塔** (World Peace Pagoda; ☉黎明至黄昏) 免费。

水池对面的**舍利塔** (Buddha Relic Stupa; ☉黎明至黄昏) 免费 更具有历史意义。这座建于5世纪的佛塔最初高达12米，如今已是一片废墟，但它曾经是安葬佛陀舍利的八大地点之一。盛放舍利的皂石舍利棺如今收藏在巴特那博物馆。本地这座小型的**考古博物馆** (Archaeological Museum; 门票 ₹10; ☉周六至周四 9:00~17:00) 保存了几尊有着千年悠久历史的精美佛像及耐人寻味的公元1~2世纪的厕所马桶。这里还有附近科尔霍遗址的比例模型，非常有趣。

舍利塔和考古博物馆之间有一条单车道的乡村公路，蜿蜒北上，穿过农庄，通往5公里开外的**科尔霍建筑群** (Kolhua Complex; 印度人/外国人 ₹15/200; ☉黎明至黄昏)。花点时间走走这条宜人的步行线路是非常值得的，不过合乘汽车也在这条线路上行驶。坐落在景观公园之间的科尔霍有一座巨大的砖制半球形舍利塔，由有着2300年历史的阿育王石柱守护着——石柱上虽有石狮盘踞，但不同于其他刻有阿育王法令的阿育王石柱，这根柱子的表面十分光滑。附近还有佛陀曾经待了几个雨季的小佛塔和寺庙的遗址，以及首批佛教尼姑庵中的一座。相传在这里小猴子给了

> **另辟蹊径**
>
> ### 劳里亚嫩登格尔 (LAURIYA NANDANGARH)
>
> 佛教史爱好者可以前往位于贝蒂亚 (Bettiah) 西北方向25公里处的劳里亚嫩登格尔，体验一次独辟蹊径的恢宏佛塔之旅。这座25米高的砖塔有2000年的历史，由5个弯弯曲曲的环形平台组成。上面的部分依然被枝叶所覆盖，你可以爬上去欣赏一马平川的乡村风景。如果想要从城镇西端到达这里，南行2公里，在刚过糖/乙醇厂时左转，沿着工厂外墙走1公里即可。乘坐机动三轮车的往返费用约为₹150。
>
> 同样在城镇西端，主路口往北500米处是18.5米高的阿育王 (Ashoka) 柱，是现存的几根以阿育王全部六条法令为特色的柱子之一，顶端还有坐狮雕刻，而且它还是这些柱子当中唯一依然矗立于原址的。还可以在这里寻觅殖民时代的涂鸦，这些涂鸦的历史可追溯至1873年。
>
> 若想从莫蒂哈里到达这里，可先乘坐开往贝蒂亚 (₹40, 90分钟) 的班次频繁的长途汽车，然后乘坐开往拉姆讷格尔 (Ramnagar) 的长途汽车到达劳里亚嫩登格尔 (₹30, 45分钟)。返回时，你没准儿能找到一辆开往巴特那方向并到达莫蒂哈里的长途汽车。如果想去拉克绍尔的话，可乘坐拥挤的合乘吉普车到达瑟高利 (Sagauli; ₹30)，在那儿换乘或租一辆吉普车前往边境，费用为₹1200。
>
> 如果你租了一辆车，从巴特那和盖瑟里亚出发旅行，沿途可以停下来探访另一根阿育王柱，就在贝蒂亚东南37公里的劳里亚阿雷拉杰 (Lauriya Areraj) 村庄以西。

佛陀一碗蜂蜜，并且挖了个水槽为佛陀蓄水。

吠舍离的就餐选择有限。享用午餐的最佳场所是 Buddha Fun & Food Village（☎997316874；主菜₹80~200），位于仪式水池的东南角。茅草屋的户外座位惬意宜人，提供小屋住宿。

从巴特那到吠舍离的长途汽车大约每小时1班，并继续行驶到盖瑟里亚。返回巴特那的末班车大约在16:00经过主路。

盖瑟里亚（Kesariya）

在佛陀临终赠于衣钵的地方，巨大的盖瑟里亚佛塔（Kesariya Stupa；☉黎明至黄昏）免费拔地而起，它向世人展示大自然是如何重塑一座被废弃的纪念碑的。从繁茂的草木下出土的是世界上最高的帕拉时期（Pala period；公元200~750年）的佛塔（38米）之一。佛塔周长425米的圆形底座上方5个形状独特的露台构建了庞大的佛教密宗坛城。每个露台都有数个佛龛，但里面的佛像早在中世纪时期就已经被外国侵略者损毁了。乡村环境其乐融融，但除了不允许攀登的佛塔之外，这里没有什么别的景点可看。

从巴特那来的长途汽车（经过吠舍离）可以将你送到从主路就能看到的那座佛塔。末班车大约15:30经过。从莫蒂哈里过来的长途汽车停在盖瑟里亚村的主路口，你可以在盖瑟里亚村的路边餐馆（dhabas）吃午饭，之后可往南步行或者乘坐三轮车前行2公里即可抵达佛塔。如果你没找到从盖瑟里亚村开往莫蒂哈里的直达长途汽车，可以乘坐一辆车到克久里亚（Khajuriya）的路口换乘。

莫蒂哈里（Motihari）

☎06252 / 人口100,000

熙熙攘攘的莫蒂哈里不是一个特别宜人的城镇，但你可能需要沿途在这里换乘长途汽车，去往盖瑟里亚、拉克绍尔或劳里亚嫩登格尔（Lauriya Nandangarh）。如果你需要住宿，现代、友好的 Hotel Rajeshwari Palace[06252-222222; Main (Bank) Rd；房间 带/不带空调 ₹2000/1000起；❄☎]提供清新、干净的房间，位于汽车站以西10分钟步程处。

开往巴特那（₹145~170，4.5小时）、拉克绍尔（₹50，2.5小时）和盖瑟里亚（₹40，2小时）的长途汽车班次频繁，可以从那些地方搭乘过路车前往吠舍离。

拉克绍尔（Raxaul）

☎06255 / 人口 41,600

拉克绍尔是个灰尘遍地又十分拥挤的边境小镇，从这里的无障碍边境口岸可以进入尼泊尔（Nepal）。这里没有任何值得留恋的，但如果你不得不在此过夜，Hotel Kaveri（☎06255-221148；Main Rd；房间 带/不带空调 ₹1200/500；❄）位于通往边境的主路上（距离边境约1公里），有不错的空调房间，带现代卫生间，还有非常朴素的非空调房间，带有水龙头和水桶淋浴间，厕所共用。餐馆不多，而且都没有英文菜单；Hotel Kaveri对面的路边小吃店可能是你最好的选择。

长途汽车站在距离边境约2公里的右侧，沿紧邻主路的一条小路走200米就到了。长途汽车班次频繁，日夜发车前往巴特那（空调车/非空调车 ₹230/180，7~8小时），经过莫蒂哈里（₹50，2.5小时）。通往莫蒂哈里的公路极其颠簸，所以如果可以的话，就坐在车辆前方。

火车站紧邻主路，距离边境750米，但这段路与边境并没有连接起来。Mithila Express每天开往加尔各答（卧铺/空调卧铺3类/空调卧铺2类 ₹365/990/1425，18小时，10:00）。Satyagrah Express每天开往新德里（卧铺/空调卧铺3类/空调卧铺2类 ₹455/1215/1765，24小时，9:05）。

格雅（Gaya）

☎0631 / 人口 395,000

繁忙的格雅城镇是印度教朝圣者心中的宗教中心，他们认为在城镇河边的维什努帕德寺（Vishnupad Temple）供奉祭品可以让刚刚故去的逝者摆脱轮回。但对于外国游客来说，这里只是去13公里开外的菩提伽耶的中转站。

🛏 食宿

Ajatsatru Hotel　　　　　　　　　　　酒店 $

（☎0631-2222961；Station Rd；房间 含/不

穿越边境至尼泊尔：从拉克绍尔到比尔根杰（BIRGANJ）

拉克绍尔与比尔根杰之间的边境口岸非常繁忙，开放时间为6:00至22:00，是前往加德满都和尼泊尔东部最直接的线路。

尼泊尔签证有15天、30天和90天3种（$25/40/100，1张护照照片），只能在6:00~18:00之间在尼泊尔边境办理。

拉克绍尔的银行不提供外汇兑换服务，但在边境两边有很多私人兑换处。拉克绍尔主路上的印度国家银行（☉周一至周五10:30~16:30，周六至13:30）有一台自动柜员机。注意，尼泊尔卢比与印度卢比的兑换汇率不同。

继续前行

在尼泊尔一侧，比尔根杰镇距离边境约3公里。你可以自由过境，步行前往比尔根杰，或者乘坐从边境到比尔根杰的合乘机动三轮车或二轮马车，每人费用为NRs25。三轮车的费用约为NRs300。

比尔根杰有开往加德满都（普通/豪华/空调 NRs550/600/800，6~7小时，5:00~20:00）的长途汽车，班次频繁。但最舒适、最快捷的选择是乘坐Tata Sumo"四轮驱动车"（NRs550~800，4~5小时，每隔20分钟1班 直至17:00）。这里还有开往博克拉（Pokhara; NRs600，8小时）的早班车，途经纳拉扬格尔（Narayangarh; NRs250，4小时），有5:00、6:30和7:30发车的车次。

佛陀航空（www.buddhaair.com）每天有多达5趟航班往返于锡马拉（Simara；去往比尔根杰的机场）和加德满都（US$105，20分钟）之间。机场距离比尔根杰22公里，搭乘出租车的费用约为NRs1000。

含空调 ₹1430/840；图图）如果你夜间滞留在格雅，这家酒店是火车站正对面的众多酒店里面性价比最高的。这里有大小适中却有些嘈杂的房间，还有一家不错的素食餐馆，以及几间比较便宜（比较小）的单人间。

❶ 到达和当地交通

机动三轮车

合乘车客满就会从格雅枢纽火车站（Gaya Junction train station）发车，开往菩提伽耶（每人₹20）、曼布尔汽车站（Manpur bus stand; ₹10）和甘地广场汽车站（Gandhi Maidan bus stand; ₹5）。

从格雅到菩提伽耶的私人叫车费用大约是₹150，不过他们经常会以₹200或者更高的价格起价。

长途汽车

巴特那（₹100，3小时，每小时1班）长途汽车从火车站发车。
拉杰吉尔（Rajgir; ₹55，2.5小时，每小时1班）长途汽车从东边河对岸的曼布尔汽车站发车。
兰契（₹180，7小时，每2小时1班）从Gandhi Maidan长途汽车站出发。

火车

开往巴特那（2等/空调座席 ₹25/260，2~3小时）的客车大约每2个小时发车一趟。购买二等"通用"车票，上车即可。快车（2小时）13:15和20:25发车，提供舒适的座席。

开往新德里（卧铺/空调卧铺3类/空调卧铺2类 ₹490/1560/2585起，11小时）最快的夜车22:38、22:55和23:11发车。

每天至少有8班车开往加尔各答（卧铺/空调卧铺3类/空调卧铺2类 ₹270/730/1045，8~10小时），最方便的是Doon Express（9.5小时，21:27）。

开往瓦拉纳西（卧铺/空调卧铺3类/空调卧铺2类 ₹195/540/740，3~6小时）的火车每天有将近12班。其中行驶速度最快的是Purushottam Express（至Mughal Serai; 14:05）和Poorva Express（14:55）。

菩提伽耶（Bodhgaya）

☑0631 / 人口 30,900

菩提伽耶是佛教的历练之地，在2600年以前，悉达多王子在这里的菩提树下悟道成佛（"觉醒的人"）。这个小城镇之于佛教徒，

Bodhgaya 菩提伽耶

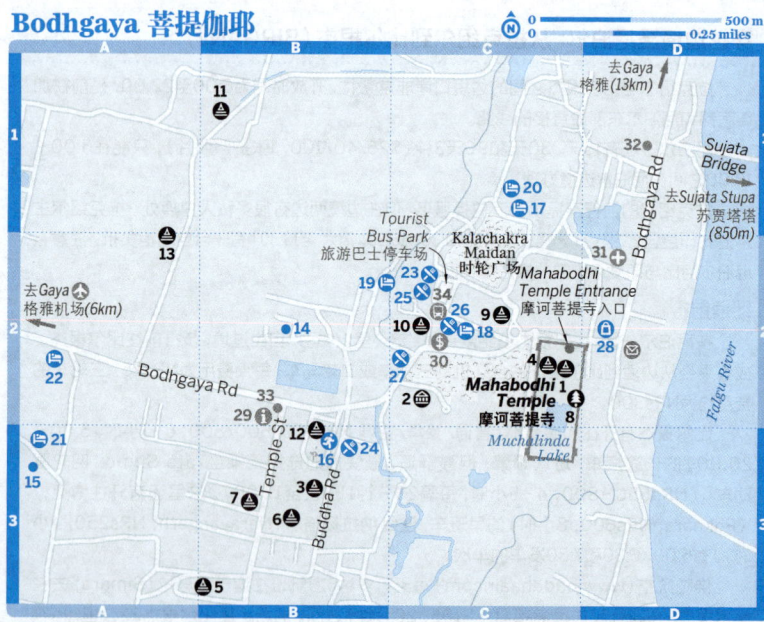

Bodhgaya 菩提伽耶

⦿ 重要景点
1 摩诃菩提寺 C2

⦿ 景点
2 考古博物馆 C2
3 不丹寺 B3
4 菩提树 C2
5 大佛像 B3
6 日本寺 B3
7 噶玛寺 B3
8 禅修园 C2
9 藏寺 C2
10 雪谦寺 C2
11 德嘎寺 B1
12 泰国寺 B3
13 越南寺 A2

⦿ 活动、课程和团队游
14 International Meditation Centre B2
15 Root Institute for Wisdom
   Culture A3
   Tergar Monastery .... (见11)
16 Thai Massage B3

⦿ 住宿
17 Gupta House C1

18 Kirti Guest House C2
19 Mohammad House B2
20 Rahul Guest House C1
21 Shantidevi Ashram's Guesthouse A3
22 Taj Darbar A2

⦿ 就餐
23 Be Happy Café C2
24 Bodhgaya City Cafe Restaurant B3
   Hari Om International Cafe .... (见17)
25 Mohammad Restaurant C2
26 Ram Sewak Tea Corner C2
27 Siam Thai C2

⦿ 购物
28 Middle Way Bookshop D2

⦿ 实用信息
29 BSTDC旅游综合大楼 B2
30 印度国家银行 C2
31 维尔玛健康关爱中心 D2

⦿ 交通
32 开往格雅的机动三轮车 D1
33 印度铁路售票处 B2
34 Jayjagdamba Travels C2

就如同圣地麦加（Mecca）之于穆斯林那样蒙福。因此这里每年都吸引了成千上万的朝圣者前来祈祷、学习和冥想。

这个镇上最神圣的地方就是摩诃菩提寺（Mahabodhi Temple）花园里那棵枝繁叶茂的菩提树，跟它的祖祖辈辈一样植根于同一片土壤里。此外，众多由外国佛教团体捐建的风格各异的寺庙散布在城镇各处。菩提伽耶有着寺庙的宁静、背包客胜地的舒适，也有小镇的喧闹奔忙，在无比虔诚的供养下，妙趣横生。

去往菩提伽耶的最佳时间是天气凉爽的11月至次年3月。12月至次年1月是旅游的旺季。

◎ 景点和活动

★ 摩诃菩提寺　　　　　　　　　　佛教寺庙

（Mahabodhi Temple; 照相 ₹100; ⊙5:00~21:00）**免费** 宏伟的摩诃菩提寺被列入了联合国教科文组织的世界遗产名录，这里是佛陀参透人生哲理的悟道之地，是菩提伽耶的精神中心。阿育王曾在此建立了一座寺庙，800多年后的公元6世纪，摩诃菩提寺在此原址重建，11世纪时外国入侵者几乎将这里夷为平地，此后寺庙还经历了几次大修。

寺庙顶端为50米高的金字塔形尖顶，金碧辉煌的内部还供奉了一座2米高的落成于10世纪时的金身坐佛像。令人惊叹的是，在众多的寺庙复制品中，包围着寺庙的四面巽伽时期（Sunga period; 公元前184年至公元前72年）的原始石雕围栏是留存下来的真品。其他的现存于考古博物馆。

信徒们和来自各行各业有着不同信仰的游客们都前来朝拜，抑或只是来感受这里神圣的氛围。你可以沿顺时针方向围绕内圈游览整个寺庙，欣赏茫茫人海中的红黄色彩，随着僧人们虔诚而无止境地逐一祈祷，就这样慢慢地开始或结束一整天的时光。寺庙里还有个没那么神秘的禅修园（Meditation Park; 访客/禅修者 ₹20/25; ⊙访客 10:00~17:00，禅修者 5:00~10:00和17:00~21:00），适合那些寻求心灵平和的人们。

你可以把行李和MP3等锁进入口以西50米处的储物柜。自从2013年建筑群内部发生炸弹爆炸以来，安检变得相当严格。

菩提树（Bodhi Tree）　　　　　　佛教场所

当年的悉达多王子在这棵树下参透人生悟道成佛，之后创立了佛教。据说他在悟道后，一直以敬求知的姿态目不转睛地盯着大树。如今，朝圣者和游客都涌向这里，在佛教四大圣地中最重要的这一处圣地祈祷和禅修。

最原本的那棵被称为"大菩提树"（Sri Maha Bodhi），当年强势的印度帝王阿育王（Ashoka）在佛陀涅槃近一两个世纪后，于公元前269年至公元前232年曾统治了南亚次大陆的大部分地区，他对大菩提树极为关照。但他的妻子Tissarakkhā却并不喜欢这棵树，当她成为皇后不久，在嫉妒和愤怒的刺激下，向菩提树投下毒刺，使大树最终死亡。

所幸的是，在大树死亡之前，阿育王的女儿僧伽密多（Sanghamitta）将一棵小树苗带到了斯里兰卡（Sri Lanka）的阿努拉德普勒（Anuradhapura），让其在那边生根发芽。后来，小树苗的一棵树权又被砍下并带回了大菩提树的原址。阿育王在菩提树和相邻的摩诃菩提寺（Mahabodhi Temple）之间立起了红砂石板，用于标记佛陀悟道的地点——它被称为"金刚宝座"（Vajrasan）。

大佛像　　　　　　　　　　　　佛教纪念碑

（Great Buddha Statue; 紧邻Temple St; ⊙7:00~17:30）**免费** 这座25米高的日式佛像在Temple St尽头的花园里，周围围绕着10座小型的佛教弟子雕像。佛像部分中空，据说内有大约20,000座青铜佛像。

考古博物馆　　　　　　　　　　　博物馆

（Archaeological Museum; 紧邻Bodhgaya Rd; ₹10; ⊙9:00~17:00，周五闭园）这座博物馆里藏着很多历史可追溯至8世纪至12世纪的佛教石像（大多是无头的），但亮点是来自摩诃菩提寺的花岗岩和砂岩围栏及石柱藏品，它们的历史长达2000年。禁止拍照。

大黑天洞　　　　　　　　　　　佛教场所

（Dungeshwari Cave; Mahakala Cave; ⊙黎明至黄昏）**免费** 这个相当平凡无奇的洞穴位于菩提伽耶东北的钵罗笈菩提山（Pragbodhi Hills），据说是佛陀苦行居住了7年的地方，其间差点儿饿死。这里没什么好看的,不过到达这里的过程很有趣;需要乘坐摩托车或者步行。

苏贾塔塔(Sujata Stupa) 佛塔

巨大的苏贾塔塔与菩提伽耶之间隔着一条法古河(Fagu River)。这座塔是为了纪念苏贾塔的住处而修建的。这位放牛女曾经给了饥饿的佛陀一碗米糜,结束了他长达7年的苦行生活,促使他走上了中观之道(the Middle Way;佛教中介乎贪欲和苦行之间的中道)。这座古代砖塔最初涂抹了石灰泥,刷成白色。从菩提伽耶走过来需要20分钟。

Thai Massage 按摩

(☎8294522534; Thai Temple; 1/2小时按摩₹800/1500; ⓢ8:00至正午和13:00~18:00)这是泰国医院(Thai Hospital)诊所里面正宗的泰式按摩,位于泰国寺的院子里;从入口走到主寺入口的左侧即可。建议提前一两天预订。

其他寺院

在菩提伽耶的一大乐趣就是能看到风格各异的寺庙,并借机了解不同的佛教文化。

日本寺(Indosan Nipponji Temple, Japanese Temple; Buddha Rd; ⓢ6:00至正午和14:00~18:00)显得安静而低调,17:00开始禅修活动。与它形成强烈对比的是附近华丽的不丹寺(Bhutanese Monastery; Buddha Rd),那里有不丹国王及不丹宗教领袖、蓄须的夏曾法王(Zhabdrung)的画像,还有一些不同寻常的3D壁画。所有现代寺院中最令人印象深刻的是藏传佛教噶举派的德噶寺(Tergar Monastery; Sujata Bypass Rd),17世噶玛巴活佛经常入住那里。那里有一家小咖啡馆。附近则是有着宁静氛围的越南寺(Vietnamese Monastery),里面有枝繁叶茂的花园和八层宝塔。另一处抢眼的景点是庄严的泰国寺(Thai Temple; Bodhgaya Rd),拱形的房顶贴着金箔,在花园里显得金碧辉煌。早晚的冥想都在这里进行。

藏人的噶玛寺(Karma Temple; Temple St;注意双龙黄铜门环)和藏寺(Namgyal Monastery, Tibetan Temple; Kalachakra Maidan Rd)都有巨大的转经筒。宁玛派的雪谦寺(Shechen Monastery)有一座大佛塔,里面保存着佛骨舍利。

寺院的开放时间为从日出至日落,正午至14:00关闭。16:00至18:00是最佳参观时间,因为那时经常有诵经和禅修活动。

🎓 课程

Root Institute for Wisdom Culture 禅修

(☎0631-2200714; www.rootinstitute.ngo; ⓢ办事处 9:00至正午和13:15~17:00)这家机构位于城镇中绿树成荫的安静角落,老板是外国人,每年10月至次年3月间开设各种禅修课程(从2天到21天不等)。课程学费约为每天₹1000,含食宿费用。早上6:45的禅修课程是开放的。

Tergar Monastery 禅修

(☎0631-2201256)提供藏传佛教课程,欢迎能够长期服务的优质的英语教师志愿者。

🛏 住宿

经济型客栈集中在时轮广场(Kalachakra Maidan)北侧。

如果有空房,你可以住在安静的Root Institute for Wisdom Culture(见本页),即使你并未参加任何课程。宿舍床位价格₹250,双人间价格₹900,带独立卫生间的房间价格为₹1500。

★ Rahul Guest House 客栈 $

(☎0631-2200709; rahul_bodhgaya@yahoo.co.in; Kalachakra Maidan附近;标单/双 ₹500/700,带空调 ₹800~1000; 🛜)这家客栈的房间整洁而安静,有适合社交的阳台座位,尽管服务态度稍微冷淡一些,却能让你远离喧嚣。楼上房间的墙壁都粉刷过,能让你感受到微风的吹拂,家具风格简洁,比楼下的房间好多了,不过房间全都物有所值,尤其是4间空调房间。提供洗衣服务。

Mohammad House 客栈 $

(☎9934022691, 9431085251; yasmd_2002@gmail.com; 房间 ₹300~600; 🛜)这家藏身于远离城镇旅游区域的客栈很难找到,只提供基本服务,散发出一种地道的乡村风情。

狭窄的小巷将村民们五颜六色的房子与时轮广场地区相连接，里面鸡飞鸭跑。

这家客栈有两栋几乎靠在一起的建筑；老楼有非常简朴的房间，带共用蹲厕卫生间（₹300）。新楼有比较整洁漂亮的现代标准间，附带干净的卫生间和水流强劲的热水淋浴（₹600）。房间都在楼上，可以眺望周围稻田的美景。如果想要找到这家客栈，要么沿着Mohammad Restaurant（同一老板）旁边的小巷前行，步行穿过村庄，先左转再右转，要么沿着泰国寺斜对面的小巷直行（设有指向International Meditation Centre的路标）即可。

Gupta House　　　　　　　　客栈

（☎0631-2200933；jyoti_gupta2000in@yahoo.com；靠近Kalachakra Maidan；双 ₹500~600；🛜）这家客栈刚刚装修过，房间简朴却足够舒适，后面的房间可以让你眺望新修的大型藏传佛教寺庙。前面露天的Hari Om International Cafe是一项优势。

★ Shantidevi Ashram's Guesthouse　　　　　　　　客栈 $$

（☎9852053186；www.shantideviashramguesthouse.com；房间 ₹2000；🛜）这家不起眼的精品式客栈装修雅致，是一处禅修式的简单休养地，远离主街的喧嚣。带风扇的房间中装饰着艺术品，水泥地上铺着绚丽的地毯，床非常硬。卫生间虽然小，却一尘不染。这里没有餐馆，不过客人们可以使用厨房和洗衣机。

Kirti Guest House　　　　　　　　酒店 $$

（☎0631-2200744；kirtihouse744@yahoo.com；紧邻Bodhgaya Rd；标单/双 含早餐 ₹2500/2750；❄@🛜）这家酒店由达兰萨拉（Dharamsala）的格尔登寺（Kiirti Monastery）经营，尽管位于城镇中心，却弥漫着安宁的气氛。酒店与公路之间稍微有一段距离，拥有60间舒适的现代房间。

Taj Darbar　　　　　　　　酒店 $$$

（☎7739320524，0631-2200053；www.hoteltajdarbar.com；Bodhgaya Rd；标单/双 含早餐 ₹5490/6570起；❄🛜）这家整洁的酒店是多少有些老派风格的中高档住宿场所，走廊铺着抛光的大理石。客房宽敞明亮，铺着象牙白色的床单，还有小小的休息区和书桌，有时配有浴缸。这里舒适却不豪华。一般都会打八折。

🍴 就餐

★ Mohammad Restaurant　　　多元风味 $

（主菜₹80~220；⏰7:30~21:30；🛜）Mohammad坐落在旅游汽车站（Tourist Bus Park）的市场摊位后面（从Fujiya Green餐馆旁边的小巷走过去），可烹制佛教世界的各种美食——中国菜、泰国菜、印度菜等。还有西方最受欢迎的强大饮食阵容，包括早餐和意式浓咖啡。鲜榨果汁非常棒，室外座位令人备感惬意。

Hari Om International Cafe　　　多元风味 $

（Kalachakra Maidan；主菜 ₹80~120；⏰7:00~22:00；🛜）这家露天餐馆不太正式，看起来像是棚屋，位于时轮广场北侧，有适合背包客的菜单，包括许多种类的素食可供选择。在这里你会发现香蕉薄饼和其他一些本地特产，比如烤鹰嘴豆泥团（litti chokha）和印度米豆粥（khichdi；搭配酸辣酱和土豆泥的米饭塔利套餐）。

Bodhgaya City Cafe Restaurant　　印度菜 $

（Buddha Rd；主菜 ₹60~200；⏰8:00~21:30）这是一家新建成的餐馆和咖啡馆，提供物有所值的本地饮食，有令人惬意的室外座位，靠近许多寺院，位置便利。

Ram Sewak Tea Corner　　　　快餐 $

（菜肴 ₹50~100；⏰6:00~22:00）如果你正想找寻便宜的美食，没有比这个路边小饭馆更好的选择了。虽然只是个路边小店，但这里供应的各种小吃[包括萨莫萨三角饺（samosa）、多莎饼（dosa）和蒸米浆糕（idli）——印度南部的一种圆形的松软发酵米糕]、甜点、奶昔（lassis）和塔利套餐的味道都很不错。建议选择在露天长凳座位上用餐，然后来一杯马沙拉茶（masala chai），悠闲的菩提伽耶生活就此开始了。

★ Be Happy Café　　　　　　　意大利菜 $$

（靠近Kalachakra Maidan；主菜 ₹150~420；⏰8:00~20:30；❄🛜）这家古雅、舒适的咖啡

馆提供现磨咖啡（₹100）、药草茶和健康的意大利饮食：沙拉、意大利面和现烤比萨。这里的沙拉和新鲜蔬菜值得信赖，甜点是城里最好的。预订午餐是个好主意。

Siam Thai　　　　　　　　　　　　　泰国菜 $

（Bodhgaya Rd；咖喱 ₹200；◎8:30~22:00）美味正宗的咖喱由从泰国空运来的食材制成，还有有趣的开胃菜，比如鱼饼和鸡肉沙拉（larb kai；鸡碎肉配柠檬、香茅草和薄荷）。鸡肉咖喱（chicken paenang）令人上瘾；如果想吃些甜的，可以尝尝马沙文咖喱（massaman curry）。穿黄袍的僧侣挤满了这个地方，他们能一眼认出好咖喱。

购物

Middle Way Bookshop　　　　　　　书籍
（◎10:00~21:00）这里有各种新旧小说及关于佛教和灵性的书籍。

实用信息

BSTDC旅游综合大楼（BSTDC Tourist Complex；☑0631-2200672；Bodhgaya Rd和Temple St交叉路口；◎周二至周六 10:30~17:00）提供基本信息。

邮政总局（Main Post Office；Bodhgaya Rd和Godam Rd的交叉路口；◎周一至周五 10:00~15:00，周六至14:00）

印度国家银行（State Bank of India；Bodhgaya Rd；◎周一至周五 10:30~16:30，周六 至13:30）这里兑换外汇和旅行支票的汇率是最好的；有自动柜员机。

维尔玛健康关爱中心（Verma Health Care Centre；☑0631-2201101，9934290324；◎24小时营业）急诊室兼药房。24小时有工作人员，但只有11:30至20:00有医生。

到达和离开

格雅机场位于菩提伽耶以西8公里处，即返回格雅的路上。**印度航空**（☑0631-2201155；www.airindia.com；Airport）每天都有飞往德里和瓦拉纳西的航班，每周有两趟航班飞往加尔各答。10月至次年3月，从泰国曼谷（Bangkok）、斯里兰卡的科伦坡（Colombo）、不丹的帕罗（Paro）以及柬埔寨的仰光（Yangon）都有可抵达本地国际直飞航班。

合乘**机动三轮车**（₹25）从摩诃菩提寺以北出发，行驶13公里至格雅，不过并非所有三轮车都开到火车站。租一辆私人机动三轮车至格雅需要₹150。

注意，车辆有时会从格雅返回菩提伽耶，经过Sikadia More，然后将乘客送至通向摩诃菩提寺的Bodhgaya Rd。

菩提伽耶有一些噪声小的电动三轮车，你可以尽量搭乘这种车，支持这种新趋势。

Jayjagdamba Travels（☑9472964873；Tourist Bus Park）运营开往瓦拉纳西（₹350，7小时）的非空调车，7:00、9:00和17:00发车，还有14:00开往德里古里（₹700~750，16小时）的长途汽车。花费₹4500，可以安排一辆开往瓦拉纳西的专车。

你可以在BSTDC旅游综合大楼（BSTDC Tourist Complex）旁边的**印度铁路售票处**（Indian Railways Reservation Counter；Bodhgaya Rd；◎周一至周六 8:00至正午和12:30~14:00）购买火车票。

拉杰吉尔（Rajgir）

☑06112 / 人口 33,700

拉杰吉尔以5座连绵的半干旱岩石山丘为界，沿山围绕的是摩揭陀（Magadha）古都的古代城墙。佛陀和摩诃毗罗（Mahavira）都曾在这里待过很长时间，所以对佛教和耆那教来说，拉杰吉尔都是非常重要的宗教圣地。由于《摩诃婆罗多》（*Mahabharata*）一书中提到过这里，因此大批印度教朝圣者会来到拉克希米·纳拉扬庙（Lakshmi Narayan Temple）中的温泉沐浴。

拉杰吉尔遍布着历史遗迹，所以可以在这儿待上两天，在此期间可前往那烂陀短途旅行一番。它是比哈尔邦的美丽地区，是该区域最绿意盎然并具有乡村风情的地方，而且相对而言没什么可烦恼的。

拉杰吉尔节（Rajgir Mahotsava；Rajgir；◎11月下旬）是当地重要的文化节，持续3天，有传统印度音乐、民乐和舞蹈表演，一般在11月下旬举办，有时在12月份。

景点和活动

拉杰吉尔的景点分散，最令人愉悦的游览方式就是租辆二轮马车（tonga）。半日行程包括乘坐索道至维湿瓦香提佛塔(Vishwa Shanti Stupa)及周边景点,费用约为₹500。你还可以支付单程费用前往单个景点(比如支付₹100前往秃鹫山)。

★ 维湿瓦香提佛塔 佛塔

(Vishwa Shanti Stupa; Shanti Stupa Rd; 索道往返票 ₹60; ⊙索道 8:15~13:00和14:00~17:00)这座40米高的白色佛塔建造于1965年,坐落在拉特纳吉里山(Ratnagiri Hill)的山顶处,距离城约5公里。佛塔的深处供有金色的佛像,刻画了佛陀一生中最重要的4个阶段:出生、悟道、布道和涅槃。山上有一条摇晃的、有趣的单人缆椅通往山顶,在那里你可以看到一望无垠的壮丽山景,以及点缀其间的几处耆那教圣地。

秃鹫山 佛教场所

(Vulture Hill; Griddhakuta) 据说,佛陀曾经在这座石山上讲解妙法莲花经(Lotus sutra),已有1500年历史的佛塔、若干经幡和佛教朝圣者前来朝拜的一处小佛龛就是残存的余韵。从维湿瓦香提佛塔走到这里,沿频婆娑罗王(King Bimbisara)2500年前修建的一条道路绕道往坡上走10分钟即可到达。

七叶窟 佛教场所

(Saptaparni Cave; ⊙黎明至16:00)从拉克希米·纳拉扬庙后面徒步上坡40分钟,经过耆那教和印度教神庙,即可到达这座具有神秘色彩的洞窟和天然石台。据说,佛陀曾经在此禅修。这里很可能是佛陀坐化后召开佛教结集大会的地方,与会者用了长达6个月的时间为这个新信仰确定方向。

拉克希米·纳拉扬庙 印度教寺庙

(Lakshmi Narayan Temple; ⊙黎明至黄昏) **免费** 印度教信徒们前来参观位于城南2公里处的拉克希米·纳拉扬庙(出汽车站右转直行),在此可享受有益健康的温泉。其中温度最高的温泉是灰暗的Brahmakund,水温能达到有点烫人的45℃。寺庙祭司会在你身边,为你用热水从头上淋下去祈福,并要求慷慨捐助(没有一定要捐助的义务)。

Buddha Jal Vihar 游泳

(游泳 ₹25; ⊙男士 5:00~10:00和正午至21:00, 女士 10:00至正午)Buddha Jal Vihar挨着拉克希米·纳拉扬庙(朝向神庙方向的左手边),它就像斋浦尔(Jaipur)的粉色寺庙一样迷人,池水清澈见底,坐落于精心修剪的花园内,是个避暑的好去处。

🛏 住宿

Hotel Vijay Niketan 客栈 $

(☎06112-255555, 9334647881; www.hotelvijayniketan.com; Police Station Rd; 房间 ₹750~900; ❄☎)这里的经济型房间细节稍微粗糙,但物有所值(价格经常可商议)。老板是一对乐于助人的兄弟,会说英语,热水或Wi-Fi的问题都能给你解决。楼上的房间最好,不过有些热,有两三间带有空调的房间(₹1650)价格过高。

Hotel Nalanda Regency 酒店 $$

(☎7766969099; www.hotelnalandaregency.com; 房间 含早餐 ₹4500; ❄☎)这里也许是城里经营最好的酒店,房间清新、现代,有带热水的卫生间,还有一家一流的餐馆(主菜₹125~225),从车站往北走两分钟就能到达。未经预订就能打六折,非常合算。

Indo Hokke Hotel 精品酒店 $$$

(☎06612-255245; www.theroyalresidency.co; Veerayatan Rd; 标单/双 含早餐 ₹6000/6500; ❄@☎)这座现代的红砖建筑周围是方圆3公顷的精致花园,特色是干净、现代的房间和良好的服务。这里是个宁静的地方,有佛堂和面向团体的热水浴室。铺着地砖的房间面积最大。从汽车站南行3公里再往西,过了威拉亚坦博物馆(Veerayatan museum)再走500米就是这家酒店。

🍴 就餐

Hotel Anand 旁遮普菜 $

(Dharmshala Rd; 主菜₹50~100; ⊙8:00~22:00; ☎)这家素食小餐馆有电风扇,提供物有所值的旁遮普和南印度菜肴,包括美味的塔利套餐(₹90~150)。过了Hotel Raj走100米就是这家餐馆。

Green Hotel 印度菜 $

(主菜 ₹60~150, 塔利套餐₹125~250;

比哈尔邦和恰尔肯德邦 拉杰吉尔

（7:30~21:30）这家简单的餐厅坐落在拉克希米·纳拉扬庙的斜对面，是一排提供令人惬意的户外座位的餐馆中的一家。这里饮食出色，是结束一天行程后放松一番的好地方。

Lotus Restaurant   印度菜、日本菜 $$$

（Veerayatan Rd；主菜 ₹150~375，日本菜 ₹300~600；⊙11:00~15:00和19:00~22:00；✳）位于Indo Hokke Hotel的这家空调餐厅供应超赞的印度菜和价格稍贵的日本菜，包括荞麦面、铁板烧和天妇罗，全部使用正宗又新鲜的食材制作而成（包括辣椒、酱菜和绿茶）。

❶ 实用信息

旅游信息中心（Tourist Information Centre；☎8292984850；⊙10:00~17:00）汽车站旁边的旅游信息中心中有一些宣传单和拉杰吉尔地图。

❶ 到达和离开

长途汽车站每隔30分钟有车去往格雅（₹50~55，2.5小时）和那烂陀（₹10，20分钟）。如果想去那烂陀的话，可以乘坐开往比哈尔谢里夫（Bihar Sharif）的长途汽车。

每天8:10（卧铺）和14:40（座席）有2班快车开往巴特那（2等/卧铺/空调座席 ₹50/140/260，2.5小时）。

汽车站位于市中心，在火车站以北1公里处；出汽车站右转，然后在第三个拐弯处左转，就能到达火车站。从火车站那条路出来右转，就是汽车站和市中心。

那烂陀（Nalanda）

☎06112

拉杰吉尔以北15公里的那烂陀始建于公元5世纪，是古代世界最伟大的学校之一，也是极为重要的佛教学术中心。中国高僧玄奘曾在公元685年至762年的某个时段来访，当时有10,000名僧人和学生居住在此，学习神学、天文学、形而上学、医学和哲学。到了1193年，外国侵略者放火烧毁了这里，据说由于3个书库藏书量极大，花了整整6个月才烧完。

从拉杰吉尔（₹10）出发的长途汽车可以把你送到那烂陀村。你可以在那儿乘坐合乘马车（每人/每辆马车 ₹5/50），最后前行2公里，抵达遗址。

探索这片巨大的遗址（印度人/外国人 ₹15/200，录像 ₹25；⊙9:00~17:30）需要花1~2小时。遗址经过精心维护，有着修剪整齐的草坪和灌木，如同一座花园。红砖遗址包括了11间寺院和6座主要的寺庙。最引人注目的要数大佛塔（Great Stupa；3号）及其周围的台阶、露台、僧房和一些完整的笈多王朝佛塔。据说，建筑顶端曾经有一尊巨大的佛像。禁止攀爬建筑。非正规导游（₹100）会试图接近你，但各个遗址旁边都有标识牌，上面有英文讲解。

遗址入口对面是考古博物馆（Archaeological Museum；门票 ₹5；⊙9:00~17:00，周五闭馆），虽然很小，却很吸引人。馆内珍藏有那烂陀寺学院（Nalanda University）的印章以及出土自那烂陀寺和拉杰吉尔的大量美丽石雕像和青铜像。除了拥有众多佛像和石像鬼面（kirtimukha）外，这里还有一个奇特的多嘴喷壶（可能过去是用来盛放香水的）。

位于博物馆和遗址2公里外（在第一个路口右转）的是恢宏而具有现代感的玄奘纪念堂（Xuan Zang Memorial Hall；印度人/外国人 ₹5/50；⊙8:00~17:00）。这座纪念堂由中国人出资建造，用于纪念中国高僧玄奘，他从中国一路走到印度，在那烂陀学习和讲经多年，最后带着佛教经典返回家乡，后来还将它们翻译成中文。他的传奇旅程被演绎成了中国古典文学作品《西游记》而传世不朽。这个故事在1986年搬上荧幕，拍成电视连续剧《西游记》。如今，背包客们都会前来瞻仰纪念碑前的玄奘雕像。乘坐马车往返这里的费用是 ₹100。

过了那烂陀遗址大约再走1.5公里[左转，再右转，过了苏里亚贡德（Surya Kund）水池，再在第一个路口右转]，就能在Kundalpur看到Nandyavarta Mahal（⊙5:00~21:00），耆那教的Digambar流派认为这片寺庙群是其最后一任祖师，即教派创始人尊者摩诃毗罗（Lord Mahavira）的出生地。你也可以从玄奘纪念堂步行至此。

在通往考古博物馆的路上，Cafeteria Nalanda（主菜 ₹150~250；⊙8:00~19:00）是个令人愉悦的午餐地点。路边有几家简陋的摊位出售小吃。

恰尔肯德邦（JHARKHAND）

为了满足原住民（部落）的独立自主要求，恰尔肯德邦于2000年从相邻的比哈尔邦分离出来，这片富饶的土地是人类的财富。尽管这里拥有全国40%的矿业资源（主要是煤矿、铜矿和铁矿石），还有丰富的林业资源和资金充足的工业园区，却依然被贫穷、社会不公、腐败以及纳萨尔（Naxalite）派和其他宗派之间不时爆发的暴力冲突所困扰。恰尔肯德邦最吸引游客的是帕拉斯那特山（Parasnath Hill）上的耆那教朝圣中心，以

另辟蹊径

徒步圣地帕拉斯那特（PARASNATH）

如果想要来一次独辟蹊径的非凡灵性体验，可以考虑加入每天攀登圣地帕拉斯那特山的数百名耆那教朝圣者的队伍。

帕拉斯那特，亦称"崇圣峰"（Shikarji），海拔1336米，是恰尔肯德邦最高峰及重要的耆那教朝圣中心。山脊顶端散布着31座神殿（tonk），包括醒目的白色帕拉斯那特寺庙（Parasnath Temple），据说耆那教24位祖师（tirthankar）中的20位（包括百岁的帕拉斯那特）都是在这里开悟的。

小小的寺庙城镇默图本（Madhuban）位于帕拉斯那特火车站东北方向13公里处，可以从那儿前往这座圣山。每天4:00左右，朝圣之旅从城镇拉开帷幕；徒步登顶路程为9公里，海拔提升1000米，接着顺时针环绕山脊，路程9公里，然后抵达最高峰的帕拉斯那特寺庙。若想校准顺时针线路，走到一半的时候拐上左边的岔路上山，不要走右手边的小路直接登上帕拉斯那特寺庙。上山、环游、下山，全程共27公里，用时约8小时——3小时上山，3小时环游群峰，2小时下山返回。你可以晚些时候出发，天黑前仍然能够返回，但如果你在天刚破晓时半睡半醒间跟数百名朝圣者一起徒步翻山越岭，倒是一次有分量的体验，而且还能避开中午最热的时候。途中可以买到水、印度奶茶和零食。如果遇到假日或重大节日，你最后可能会跟15,000人一起前行，其中很多人会花钱坐轿（dholi），让人抬上去。

你可能会在默图本至少住上一晚。镇上有三四家酒店（外加很多dharamsala——梵语中的朝圣者之家）。性价比最高的是由政府经营的陈旧的Yatri Nivas（☎9470184432, 8102761253; Madhuban；房间 ₹400~500），内有简朴却面积很大的房间。它位于通往山上的主路底端，挨着一条小溪，前面就是博物馆；没有英文招牌。快到Yatri Nivas的时候，左转，沿紧邻主路的小巷直行500米，就可以到达Shikarji Continental（☎9323360708, 9334294965; Madhuban；房间 ₹1500；※❆）。这是默图本最优质的酒店，拥有现代却有些肮脏的空调房间；按摩室（每小时₹400）正适合徒步之后使用。Hotel Sapna & Veg Restaurant（☎06558-232234; Main Rd, Madhuban；主菜 ₹50~130；◯11:00~22:00；✎）位于通往主路顶端的拐弯处，二层有餐馆，供应印度南部和旁遮普邦的简单菜肴。

从格雅前往帕拉斯那特最方便，那里有班次频繁的火车（2小时）。预订8:20发车的Janshatabdi Express或14:08发车的Patna-Hatia Express的空调座席（₹285~355）最舒适。返回格雅的这两班火车在10:10和17:45发车。或者，只要购买一张"通用"二等车票（₹65~80），跳上下一班列车即可；你通常都能找到座位，如果没有座位，也不过是站上两个小时。

帕拉斯那特火车站有拥挤的合乘车辆（吉普车、汽车，偶尔还有几辆的巴士）载送乘客前往默图本（每人₹30）。包租一辆面包车的费用为₹300。

帕拉斯那特也有开往兰契（二等₹110，空调座席₹300~375，4小时，10:20和16:25）和瓦拉纳西（二等/卧铺₹130/255，6小时，11:21）的火车，还有几班开往加尔各答的火车，其中最方便的当属Doon Express（卧铺/空调卧铺3类/空调卧铺2类₹210/555/790，7小时，23:55）。

及这里的国家公园；此外，这片较少受旅游业浸染的印度地区本身也值得旅行者前来探索一番。

兰契（Ranchi）

📞0651 / 人口1,100,000

恰尔肯德邦的首府兰契位于海拔高度为700米的高原上，比平地上略微凉快些，在英国殖民时期这里曾是比哈尔邦的夏季首府。这座城市没有任何吸引游客的地方，不过是去往贝特拉（伯拉穆）国家公园[Betla (Palamau) National Park]的门户，周边乡村有许多可以游览的瀑布。

⦿ 景点

邦立博物馆 博物馆

（State Museum；📞0651-2270011；www.statemuseumranchi.in；Hotwar, Khelgaon；印度人/外国人 ₹5/100，摄像/拍照 ₹25/100；⊙周二至周日 10:30～16:30）这座规模极其庞大的邦立博物馆有一些人类学方面的展览，以华丽的弓和珠宝首饰为特色，但主要亮点是雕塑展馆，里面有来自恰尔肯德邦各地的精美雕刻和偏远建筑景点的迷人照片。博物馆位于火车站东北方向8公里处；预计乘坐机动三轮车前往的单程车费约为₹200。

🛏 住宿

Station Rd在火车站和长途汽车站之间，路两旁有酒店和居家方便的地方，但大多数经济型住宿场所都没有许可证，无法接待外国人。

Hotel AVN Plaza 酒店 $$

（📞0651-2462231；www.hotelavnplaza.com；紧邻Station Rd；标单/双 含早餐 ₹1700/2190起；🅿@🛜）这家整洁、现代的酒店有一尘不染的小房间，配备电视、Wi-Fi和现代的热水淋浴。有的房间没有窗户。这里只有6间不带空调的标准间（双₹1070），但这些房间又小又闷热，没有自然采光。酒店位于一条小巷里面，紧邻Station Rd，所以相当安静。全天24小时均可以办理退房手续。记得在前台请求打八五折。

★ Chanakya BNR Hotel 历史酒店 $$$

（📞0651-2461211；www.chanakyabnrranchi.com；Station Rd；标单/双 含早餐 ₹6350/7880；🅿@🛜🏊）如果光是为了这家酒店而来到兰契，也不为过。这座酒店属于铁路局，就在火车站外，由红色陶土屋顶的王公遗址翻修而来，复古又高档。院内的树木是鹦鹉的乐园。这里有一座室外小游泳池、两家一流的餐馆和一家现代风格的酒吧。

🍴 就餐

Hotel AVN Plaza（见本页）和Chanakya BNR Hotel（见本页）都有餐馆，接待非住客；Chanakya BNR的两家餐馆尤其出色（主菜₹400）。

Nook 印度菜 $$

（Station Rd；主菜₹100～200；⊙7:30～23:00）可以说这家内部餐饮设施是火车站地区最好的中档酒店餐馆，环境舒适，服务周到而且恰如其分，并不显得谄媚。泥炉菜一级棒，尤其是奶油泥炉鸡咖喱（murgh tikka lababdar）。

ℹ 方位

出火车站左转，就可以到达Chanakya BNR Hotel（100米）、Nook、Suhana Tour & Travels（200米）、Hotel AVN Plaza（300米）和政府汽车站（government bus stand；500米），刚刚经过合乘机动三轮车接送乘客的路口。

ℹ 到达和当地交通

飞机

兰契的比尔萨·蒙达机场（Birsa Munda Airport）位于市中心以南6公里处。**印度航空**（📞2503255；www.airindia.com）、**靛蓝航空**（Indigo）和**GoAir**（📞1800 222111；www.goair.in）每天都有飞往加尔各答、德里、巴特那和孟买的航班。

从机场到Station Rd的预付费出租车价格为₹250。反方向的机动三轮车费用为₹150。

长途汽车

全天每小时有1班长途汽车从Station Rd的政府长途汽车站出发去格雅（₹160, 6小时），还有许

多夜车去巴特那（普通车/空调车 ₹250/450，9小时），21:00左右发车。

Station Rd东北2公里处的卡尔塔托利（Khartatoli）长途汽车站（合乘/独乘 机动三轮车₹10/100）有开往各城市的卧铺和空调客车，包括加尔各答（座席/卧铺₹250/300，空调车₹360~850，10小时，20:00以后）和布巴内什瓦尔（Bhubaneswar；卧铺₹500，13小时，19:00）。

开往达通甘杰（Daltonganj）的长途汽车从Station Rd西北方向8公里处的ITI长途汽车站（合乘/独乘 机动三轮车₹20/200）发车。

火车

便捷的12366 Janshatabdi Express每天14:25发车开往巴特那（二等/座席₹185/630，7小时），途经帕拉斯那特（Parasnath；₹110/375，3小时）和格雅（₹160/530，5.5小时）。或者，可以尝试乘坐6:35发车的18626 Hatia-Patna Express。

去往加尔各答（座席/空调卧铺3类/空调卧铺2类₹980/670/960，9小时）的最便利的火车是白天的Shatabdi Express（13:45）或夜车Kriya Yoga Express（21:40）。

开往布巴内什瓦尔（卧铺/空调卧铺3类/空调卧铺2类 ₹340/930/1335，13小时，15:55）的Tapaswini Express每天1班。

贝特拉（伯拉穆）国家公园[Betla (Palamau) National Park]

☎06562

贝特拉（伯拉穆）国家公园（☎06562-222650，9939341211；◉6:00~10:00和14:00~17:00）位于风景如画的伯拉穆区，在兰契以西140公里处，景色优美，游客罕至，野生大象在这里自由漫步。虽然老虎踪迹难觅，但来到恰尔肯德邦的这片原始森林可以让你了解这个园区丰富的部落文化。该园区占地面积约1026平方公里，其中的大部分地区组成了伯拉穆老虎保护区（Palamau Tiger Reserve）。生长着婆罗双树、常青树、柚木树和竹林的绿色林海中隐匿着大约17只老虎、52只豹子、216头大象和4头孤单的蓝牛（羚羊）。你还能见到许多猴子、梅花鹿，或许还能见到几头印度野牛。

公园全年开放，但来这里参观的最佳时节是11月至次年4月。如果你能忍受炎热的

> ### ℹ 吉普车巡游费用
>
> 可以在贝特拉（伯拉穆）国家公园大门处安排吉普车巡游。吉普车巡游的费用细目如下：
>
> **公园门票**（每辆车，每小时）₹150
>
> **必备导游**（每辆车，每小时）₹100
>
> **吉普车租赁**（每辆车，每小时）₹500
>
> **照相费**（每人，每次游猎）₹100
>
> 所以，打个比方：两人两小时的吉普车游猎，都带照相机，费用共计₹1700。单人的费用是₹1600。吉普车巡游的用时可以从1小时至3小时或4小时不等，取决于你想要在公园待多长时间。

天气，5月是观虎的最佳时节，这期间森林覆盖率有所降低，动物纷纷出来寻找隐秘的水源。

🚶 活动

游览贝特拉的两种主要方式是吉普车巡游或骑大象，都可以在公园大门处安排。但是，骑大象需要用到象轿（howdah）——印度常见的做法，但备受动物保护组织的诟病，因为它们会对大象造成伤害。

吉普车巡游可以在公园的上午班（6:00~10:00）或下午班（14:00~17:00）时间内进行，但大象游猎只能在上午进行，固定费用为每头大象₹400（最多4人）。大象可以带你独辟蹊径，进入茂密的森林，不过深入公园的程度不及吉普车。

前一晚预订上午巡游是个好主意，如果你参加上午巡游，就要多穿些衣服，因为阳光完全出来之前，树林里面非常寒冷。如果你没带保暖衣物，可以从客栈借一条毯子裹在身上。

如果你还有多余时间，可以考虑通过1小时的吉普车之旅参观废弃的伯拉穆堡（Palamau Fort），这座壮观的16世纪城堡是当地土著部落在Chero朝代特别在林中选址并建造的。另外，你可以在盖赫基河（Kechki River）的河岸沙地野餐。前往堡垒或盖赫基河的吉普车游费用与吉普车巡游一样，总费用减去公园门票₹150。

食宿

大多数游客都在公园入口前方100米处的国营旅店Van Vihar（☏9102403882；双₹1580；❄）过夜。房间舒适、宽敞、干净，有供应热水的卫生间和阳台，不过兴高采烈的团体游客可能会很吵闹。

另一个可选择的住宿场所在刚进公园大门的地方，只能通过达通甘杰（Daltonganj）的林业部预订，非常麻烦。最具情调的住宿场所是Tourist Lodge（☏预订 06562-222650；双₹1180起；❄）。这里虽不豪华，但房间又大又干净，带电视、宽敞的卫生间和单独的阳台，可以俯瞰前方森林鹿鸣呦呦的草地。

Tree House（☏预订 06562-222650；房间₹690）距离这个度假屋50米远，同样位于刚进公园大门的地方，有两套架高房间，与Tourist Lodge景色相同。这里更朴素，但物有所值。

贝特拉的饮食选择有限，所以要带些零食。Tourist Lodge旁边的食堂价格合理，提供巡游后的早餐，提前通知的话，午餐和晚餐会为你准备一顿丰富的素食塔利套餐（₹100）。

❶ 到达和离开

距离公园入口最近的镇子是大约20公里开外的达通甘杰，那里全天都有开往兰契的长途汽车（₹150，4.5小时），班次频繁。在达通甘杰乘坐当地公共汽车（₹20，大约每小时1班 直至16:00左右）或合乘机动三轮车（₹30）前往贝特拉。从达通甘杰发车的专车费用约为₹300。乘坐兰契开来的长途汽车，在通往贝特拉的Dubiamar岔路口下车可以节省时间，那里距离达通甘杰大约还有10公里的路程。在这儿可以招手拦停一辆过路车（₹10）或租一辆专车（₹200）前往公园。从贝特拉返回达通甘杰并继续前往兰契的长途汽车大概在16:00以前发车。

如果你不愿意独自前往，兰契的**Suhana Tour & Travels**（☏9431171394；suhana_jharkhandtour@yahoo.co.in；Gurunanak Market, Station Rd；◷周一至周六 8:00~20:00，周日 至14:00）提供前往贝特拉的两日游，每人费用为₹4600（最少2人）。

锡金邦

包括 ➡

甘托克	508
隆德	516
桑古湖	517
南奇	519
拉旺格拉	520
泰米茶园	522
裴林	522
凯曲帕里湖	525
域松	526
大西定	528

最佳住宿

- Chumbi Mountain Retreat（见523页）
- Bamboo Retreat（见517页）
- Lake View Nest（见525页）
- Mayallyang Homestay（见518页）
- Hotel Garuda（见523页）

最佳寺庙

- 雷苏木寺（见529页）
- 大西定寺（见528页）
- 林东寺（见516页）
- 班干确林寺（见521页）
- 恩嘎达克寺（见520页）

为何去

锡金邦（Sikkim）直到1975年以前都是一个独立的山地王国，而且至今依然保留着极为独特的个性。适合禅修的藏传佛教传统寺院中到处都是壁画，与不断扩张的尼泊尔社群建起的印度教神庙比邻而居，由这两种宗教造就的现代版宏大建筑装点着天际线，令人惊叹。

无忧无虑和热情洋溢的气息使我们轻而易举地就爱上了这个邦，或许这就是许可证规定要限制外国人在这里待得太久或者走得太远的原因吧！从2016年开始，锡金邦就走上了干净、绿色和"全部有机"的道路。锡金邦基本上是由深邃陡峭的山谷组成的迷宫，谷中的亚热带树木和杜鹃花丛浓密茂盛，北部地势逐渐升高，一直延伸至壮观无比、白雪覆盖的喜马拉雅东部山峰。在天高云淡之际，从许多山脊高处都能望见世界上第三高的山峰——矗立于西北方向曙光之中的干城章嘉峰（8586米）。

何时去

甘托克

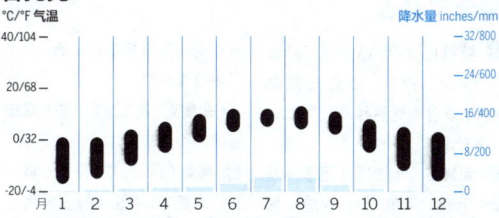

4月和5月 春季百花盛开，有时晴空万里，旺季游客众多。

6月中旬至9月 雨季有些破坏兴致，但优惠力度大。

10月中旬至11月中旬 天气最晴朗，风景绝佳，但高地上的气候会变得寒冷。

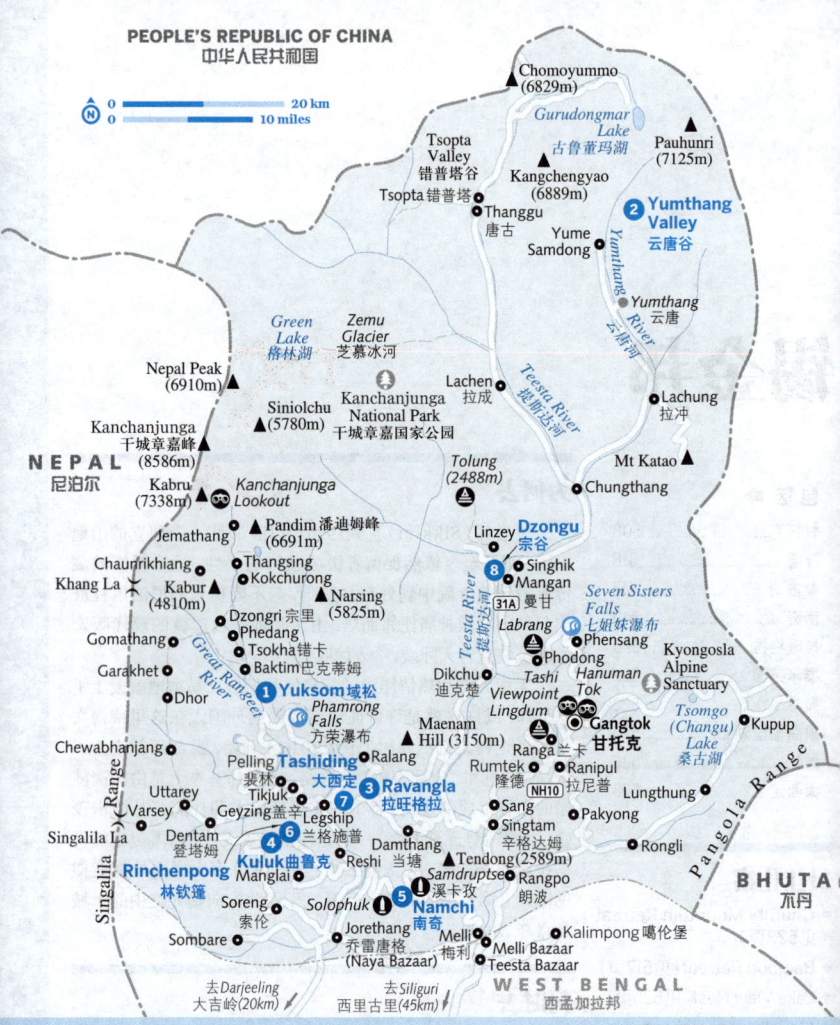

锡金邦亮点

① **域松**(见526页)从这座舒适的历史悠久的村庄出发,去短途徒步,或者为徒步喜马拉雅山做一番计划。

② **云唐谷**(见519页)驱车经过千变万化的风景,经过这座风景如画的山谷。

③ **佛园**(见520页)凝视拉旺格拉安详的巨型佛像,它的后面是被皑皑白雪所覆盖的山峰,四周回荡着诵经声。

④ **曲鲁克**(见529页)被干城章嘉峰的美景唤醒。

⑤ **南奇**(见519页)寻找一尊巨大的湿婆像,它让山脊上重建的那些印度最壮观的印度教神庙全都相形见绌。

⑥ **林钦篷**(见529页)探索那些几乎为世人所遗忘的寺院,那里的景色令人惊叹。

⑦ **大西定**(见528页)漫步在经幡、花篱和古佛塔之间。

⑧ **宗谷**(见518页)在地道的宗谷家庭寄宿,了解雷布查人的文化。

历史

锡金邦传统地名的词源显示，雷布查人（Lepcha）是最早在锡金繁衍生息的长住居民，13世纪以前就从阿萨姆邦（Assam）或缅甸（Myanmar）迁徙至此，后来到了15世纪，菩提亚族（Bhutias）从西藏向南移居至此，他们在卡比伦佐（Kabi Lunchok；见517页）与雷布查人建立了广受赞誉的友好关系。1641年，三位喇嘛在域松（Yuksom）相会，他们强调菩提亚人及其信奉的藏传佛教的红教应该占优势，以便拥立蓬楚格·纳姆伽尔（Phuntsog Namgyal；一位菩提亚人）加冕登基，成为锡金第一任国王（chogyal）。此后锡金先后迁都至拉达孜（Rabdentse；靠近裴林）和锡金邦北部的庭曼隆（Tumlong），最终定都甘托克（Gangtok）。

在鼎盛时期，国王的统治势力一度覆盖到如今尼泊尔东部的部分地区，上至孟加拉和大吉岭。然而，与不丹及尼泊尔的战争使其失去了大部分的土地。1835年，英国殖民者欺骗了国王，象征性地支付了租金，国王就将大吉岭割让给了东印度公司。当时的锡金是清朝的藩属国，清政府管辖下的西藏对这一举动提出了强烈的反对。1849年，英国强占了如今锡金邦边境至恒河平原间的整个区域，并随后在1886年击退了西藏人民组织的反击。19世纪下半叶，英国鼓励大量印度移民从尼泊尔涌入这里，这些移民最后占据了锡金邦人口的大部分。

1947年，印度独立，但锡金的地位尚不明朗，因为其从未与英国达成正式协定，锡金国王希望跟尼泊尔和不丹一样获得独立。这个过程持续了几十年，其间锡金王国一直保留着主权，只是允许印度代为行使一切外交政策。然而，1975年，最后一任锡金国王及其出生在美国的王后遭到废黜，锡金被印度吞并，成为锡金邦。

活动

徒步是逗留锡金邦期间最精彩的经历。登山人员认为徒步该邦内诸多6000米以上的山峰需要与甘托克的Namgyal Treks & Tours（见511页）一同仔细规划。甘托克和裴林（Pelling）有滑翔伞运动。BB Line（见511页）可以安排摩托车游，并且正在开发漂流、划皮划艇和蹦极项目。它和**Hub Outdoor**（☎9443203848；www.huboutdoor.in；NH31A, Bojoghari；自行车租赁 每天₹1000；⌚提前致电）都为那些身强体健的人开设山地自行车旅行活动项目。

❶ 许可证

普通许可证

外国人进入锡金邦需要办理**内界许可证**（Inner Line Permit，简称ILP；印度人不需要）。办理过程免费，只是一道手续，但申请时还是需要护照类型的照片以及护照和签证的复印件（原件也要出示）。你一般可以在梅利（Melli；24小时）和朗波（Rangpo；8:00~19:30签发许可证）的入境检查站现场申办。不过有些倒霉的旅行者报告称发现办公室在一段时间内无人值守。如果你将在朗波的工作时间以外抵达甘托克，需要提前办好内界许可证。如果你乘坐飞机前往巴格多格拉（Bagdogra），机场的锡金邦旅游局（Sikkim Tourism）的小型办公间通常可以为你签发许可证（10:00~16:00/17:00）。你还可以在加尔各答的**锡金办事处**（Sikkim House；见416页地图；4/1 Middleton St；⌚周一至周六 10:00~17:00）、西里古里的**锡金邦旅游办事处**（Sikkim Tourist Office；

邦内重要节日

藏历新年（Losar；⌚2月/3月）藏历新年的钟声将开启锡金邦规模最大的面具舞（chaam）仪式。

布姆楚（Bumchu；⌚2月/3月）喇嘛们打开盛放圣水（chu）的坛子（bum），预言一年的运势。

萨嘎达瓦节（Saga Dawa；⌚5月/6月）举行宗教庆典和游行，纪念佛陀的诞生、悟道和涅槃。

旁拉哈巴颂节（Pang Lhabsol；⌚8月）为了纪念锡金邦的守护神而举行的祈祷和宗教舞蹈仪式。

劳松节（Losoong；Namsoong；⌚12月/1月）锡金的丰收节日由华丽张扬的面具舞仪式拉开帷幕。

见458页）、德里的**锡金办事处**（Sikkim House；见72页地图）或者在大吉岭（见463页）申办，后者的手续比较复杂，需要两步：先前往外国人登记办公室（Foreigners' Registration Office，简称FRO），然后穿过市区前往地区专员办公室（District Commissioner's Office，简称DCO）。你还可以在国外的印度使领馆办理签证时申请为期15日的锡金邦许可证。

乔雷唐格（Jorethang）正在计划设立新的检查站。

普通内界许可证有效期为15日，不过有时可以要求提供更长的有效期。

许可证可以让你前往以下区域旅行：

→ 甘托克、隆德和林东（Lingdum）

→ 锡金邦东部的南部地区，最东边可达雷诺克（Rhenock）和阿里塔尔（Aritar）

→ 锡金邦南部所有地区

→ 锡金邦北部，最远可至辛格克（Singhik；刚过曼甘）

→ 锡金邦西部公路所及之处

特殊许可证

高海拔的徒步旅行需要由徒步旅行社组织，并要求办理**徒步许可证**（trekking permits），但你必须有向导陪同。申请手续需要甘托克批准，所以如果你在域松或乌特伊（Utterey）参加团队游，至少要留出一天（并交纳了应付的费用）的时间等待你的文件被送到首府并返回。

越过Singhik去往锡金邦北部的拉冲（Lachung Valley）和拉成山谷（Lachen Valley），外国游客还需要申请**受限区域许可证**（restricted area permits）。持有这些证件可以前往错普塔（Tsopta）谷和云唐（Yumthang）谷。印度人取得**警局许可证**（police permit）后可以前往Singhik以北的地区，可以探索唐古山谷（Thanggu Valley）到古鲁董玛湖（Gurudongmar Lake）的更远处，或者经过云唐，前往"零点"（Yume Samdong; Yume Samdong）。出发当天的上午可以在甘托克领取许可证，或者提前在曼甘（Mangan）领取，但都要经由代理机构办理，而且（对于外国人而言）至少需**要两名旅行者**。

前往宗谷[Dzongu]，迪克楚（Dikchu）以北的雷布查（Lepcha）地区）也需要一份特别许可证，一般可以通过预订的寄宿家庭办理。虽然许可证是免费的，但家庭寄宿的老板需要代你打印文件、打车前往曼甘办理手续，开销不菲，所以一般来说每次服务收费约为₹500。

前往桑古湖[Tsomgo (Changu) Lake]也需要受限区域许可证，只有印度公民准许前进到中印边境的乃堆拉山口（Nathu La）。另外，需要参加团队游，外国人最少两人成团。

❶ 到达和离开

飞机

锡金邦的新**机场**位于帕基永（Pakyong），已经完工投入使用。不过，多数旅行者可能还是会抵达西孟加拉邦西里古里（Siliguri）附近繁忙的巴格多格拉机场（Bagdogra airport）。那里每天都有往返甘托克的直升机，但只能运载5名乘客，而且一旦天气情况变得恶劣，航程就会取消。

陆路

最近的火车站在西里古里附近的新杰尔拜古里（New Jaipalguri）。从锡金邦大部分旅游中心前往西里古里换乘需要乘坐4至6小时的吉普车，但可能因为滑坡和堵车而耽搁很长时间，也就是说当地人至少会留出9小时的时间。可以考虑在大吉岭或柯斯昂（Kurseong）住一晚，然后从容地前往新杰尔拜古里一巴格多格拉乘坐航班或火车。

穿越边境

锡金邦与西孟加拉邦之间的内部边界有几个过境站，但由于许可证查验程序，外国人应该只能使用梅利和朗波过境站（均为24小时开放，但朗波仅于8:00至19:30之间签发许可证）。如果你想经过乔雷唐格（Jorethang）来往裴林和大吉岭，现在还很不方便，从2016年开始，那里的过境站仅限印度人通过，不过新的检查站正在规划中。

许可证的规定还让在阿里塔尔（Aritar）附近进行徒步活动的合法性变得不甚清晰，因为那里有几条主要小径都会过境进入西孟加拉邦。

锡金邦东部

甘托克（Gangtok）

✅03592 / 人口106,300 / 海拔1620米

甘托克是锡金邦的现代化首府，带有几分慵懒气息，而又令人愉悦，热闹宜人，层层叠叠地建在陡峭的山脊之上，沿着山坡逐级

下降。令人晕头转向的曲折小巷两边有许多高大的混凝土块建筑，从一边看可能是两层楼，但经常有一些从后面延伸下去还有好几层。除了一些小景点之外，这里还有无数观景点，可以尽览四周起伏绵延的青翠山谷。如果你运气好，遇上了好天气，还可以瞥见远处天边的干城章嘉峰（Khangchendzonga）。

最重要的是，甘托克是个适合徒步后休息、安排团队游和办理许可证，以及结识旅伴组建必要团队的好地方。

NH31A（朗格波—曼甘公路）像是甘托克弯曲的南北脊背。以步行为主的社交商贸枢纽Mahatma Ghandi（MG）Marg到处是餐馆、商店、旅行社，早晚都有悠然闲逛的散步者，热闹非凡。

◉ 景点

★ 朗杰藏学研究所　　　　　　　博物馆

（Namgyal Institute of Tibetology, 简称NIT; www.tibetology.net; Deorali; ₹10; ◷10:00~16:00）朗杰藏学研究所1958年建造的中心建筑看起来像是一座带有角楼的藏式迷幻宫殿，正面是彩色壁画，四周环绕着森林。主厅收藏的无价珍品都有详细的讲解，包括藏人/佛教徒的文化图腾和工艺品，从唐卡、铸币和护身符到密宗的头骨碗和人骨嗽叭，等等。这里有许多精美的佛像，其中包括一座八臂尊胜佛母（Namgyalama）青铜像，她似乎正在看不见的手机上编写短信。

游客几乎不会前往楼上神殿般的图书室探险，里面的柚木玻璃箱子存放的主要是被包裹起来的宗教经文，还有135卷的藏地百科（Encyclopaedia Tibetica）。屋顶风景宜人。

从代奥拉利市场索道站（Deorali Bazaar Ropeway Station; Deorali Chowk）和代奥拉利出租车站步行前往研究所需要6分钟。

★ 楚拉康寺　　　　　　　　　佛教寺庙

（Tsuklakhang; Bhanu Path; ◷黎明至黄昏, 法会 6:00和16:00）甘托克的"皇家"寺院拥有一座非常引人瞩目的中央寺庙，内部超凡绝伦，庙中的主像分别位于一对雕龙柱子的两边。整个场地是一处宁静的绿洲，四周的僧房则比较一般，不过你可以在走过僧侣足球场的时候瞥一眼不对外开放的王宫。

塔什观景台　　　　　　　　　观景点

（Tashi Viewpoint; Gangtok-Mangan Rd Km1.4; 瞭望塔 ₹5）**免费** 当浮云散去的时候，从甘托克眺望干城章嘉峰的最佳地点就是通向曼甘和乃堆拉山口线路交叉口的这个路边的土丘，其位置大概在市中心西北方向7公里处。

甘尼许观景台（Ganesh Tok）　　观景点

这处观景塔楼得名于与其有关的小型印度教寺庙，该寺庙居高临下，在那里可以尽览开阔的城市景观。注意看看恩泽寺（Enchey Gompa）那边被树木所环绕的皇宫。

山脊　　　　　　　　　　　　　景区

这座城市的绿色心脏由北端修剪整齐的花园组成，还有几家公园咖啡馆。树木之间，东西两面的景色美不胜收。继续往南，绕开皇宫（Chogyal Palace; 旧时皇家住所），你几乎就像是走进了丛林。

喜马拉雅动物园　　　　　　　动物园

（Himalayan Zoological Park; Gangtok Zoo; 印度人/外国人 ₹25/50, 摩托车/小汽车/吉普车 ₹10/40/100, 录像 ₹500; ◷周五至周三 9:30~16:00）喜马拉雅动物园算是印度国内维护得较好的动物园，占据整座山坡。明星景观是一对小熊猫，锡金邦的动物象征，有点儿像是小狐狸。这里还有喜马拉雅黑熊、云豹、雪豹等动物漫步在山林中。动物分布得非常分散，若是不开车，你需要用3小时才能看到主要景点。开车的话，1小时就够了。售票处在甘许观景台对面，但距离主围场还有很长一段路程。

恩泽寺　　　　　　　　　　　　寺院

（Enchey Gompa; ◷大殿 周一至周六 5:00~11:00和正午至16:00, 周日 至13:00）**免费** 位于城市的北部郊区，经过一片沙沙作响的松柏林就可以到达。恩泽寺虽然规模不大，却是一座迷人的佛教寺院，从某种意义上来说，甚至是甘托克存在的理由：正是这里的神圣性吸引人们来到这个曾经籍籍无名的地区。一座狭小但令人振奋的经堂供奉密宗神像，中间的佛像后面还有三维景观。

花卉展览中心　　　　　　　　　花园

（Flower Exhibition Centre; ₹10; ◷9:00~

Gangtok 甘托克

锡金邦

甘托克

Palijor Stadium
去Hidden Forest (2km)
PS Rd
DPH Rd
NH31A (National Hwy 31A)
Court Rd
去Enchey Gompa 恩泽寺(1km)
去Rachna Books (300m); Tashi Viewpoint 塔什观景台(5km)
White Memorial Hall
去Himalayan Zoological Park Ticket Booth 喜马拉雅动物园售票处(2.7km); Ganesh Tok 甘尼许观景台(3km); Himalayan Zoological Park 喜马拉雅动物园(3km); Tsomgo Lake 桑古湖(36km)
STNM医院
Ridge Park 山脊公园
The Ridge 山脊
Church Rd
Upper Arithang Rd
Tibet Rd
MG Marg
Central Jeep Stand 中央吉普车站
Gate
Bhanu Path
Raj Bhawan
Chogyal's Palace
Tsuklakhang 楚拉康寺
Kanchanjunga Market
MG Marg
Kazi Rd
Namnang Rd
NH31A (National Hwy 31A)
上索道站(未使用)
Ropeway 索道
去下索道站(1km); Namgyal Institute of Tibetology 朗杰藏学研究所(1.5km); Deorali Jeep Stand 代奥拉利吉普车站(1.5km); Rumtek 隆德(23km)
去Dynasty (100m); Namnang Ropeway Station 南囊索道站(100m)

Gangtok 甘托克

◎ 重要景点
- **1** 楚拉康寺 C5

◎ 景点
- **2** 花卉展览中心 D2
- **3** 山脊 D2

⊕ 活动、课程和团队游
- **4** BB Line B4
- Blue Sky Treks & Travels .... （见7）
- **5** Namgyal Treks & Tours C4
- **6** Potala Tours & Treks C2
- **7** STDC B3

🛏 住宿
- **8** Chumbi Residency C3
- **9** Gangtok Lodge B3
- **10** Hotel Nor-Khill B1
- **11** Hotel Pandim C4
- **12** Hotel Sonam Delek C2
- **13** Hotel Yavachi A3
- **14** Mintokling Guest House C3
- **15** Netuk House C3

😋 就餐
- **16** Bakers Cafe B4
- **17** Dekid C4
- **18** Golden Dragon B3
- **19** Mu Kimchi A7
- **20** Parivar Restaurant B4
- **21** Taste of Tibet B5
- **22** The Coffee Shop B6

🍷 饮品和夜生活
- Clique .... （见19）
- **23** Downtown B4
- The Square .... （见22）

🎭 娱乐
- Cafe Live & Loud .... （见5）

🛍 购物
- **24** Climate Zone C4
- Golden Tips .... （见4）
- **25** Golden Tips II B5

ⓘ 实用信息
- Pankhuri Enterprises .... （见29）
- **26** RS Enterprises B3
- **27** SBI B3
- **28** 旅游办公室 B3

🚍 交通
- **29** DJ Mandap Tours B3
- 火车票预订柜台 .... （见30）
- **30** SNT汽车站 C1

18:00）高山上花朵盛开时，特别是在3月下旬和4月，值得进来看看这座规模适中的有顶花园，围绕中央水池的盆花始终在更换。宝莱坞的音乐节奏经常在这里炸响——难道兰花在生长的过程中还要听音乐?

🏃 活动

Namgyal Treks & Tours 户外活动

（☎03592-203701, 9434033122; www.namgyaltreks.com; Enchey Compound, Tibet Rd; ⊙周一至周六 10:00~17:00）这是锡金邦最有建树的徒步尤其是登山探险机构之一，由纳姆加尔·谢尔帕（Namgyal Sherpa）创立于1991年，这位经验丰富的登山运动员如今是本地Rotary俱乐部的主席。

BB Line 探险运动

（☎03592-206110; www.bbline.co.in; 2nd fl, Yama House, MG Marg; ⊙9:30~18:30）BB Line是锡金邦最有远见的探险旅社之一。作为第一家出租摩托车并提供团队游的机构，它还开发了山地自行车游、皮划艇和漂流项目，并计划在宗谷开设蹦极体验项目。

STDC 观光飞行

（Sikkim Tourism Development Corporation, 简称STDC; ☎03592-203960; www.sikkimtourism.gov.in; MG Marg; ⊙9:00~19:00）这个管理良好的办公室提供预订出租车服务（前往你居住的酒店接你），出售转飞至巴格多格拉（Bagdogra）或娱乐飞行的直升机机票，甘托克上空飞行15分钟的项目最实惠（₹9500，最多5人）。时间更长的项目最远可以带你前往干城章嘉山脉（₹90,000，最多4人，75分钟）。及早预订。

Potala Tours & Treks 徒步

（☎9434257036; www.potalatreks.in; PS Rd）为学校团体提供徒步、游览、山地自行车和旅行，可以安排游览大吉岭和不丹的线路。

Fly Sikkim Adventure　　　　　滑翔伞

(☎9197207767; www.paraglidingsikkim.com; Banjhankri Rd)甘托克的主要滑翔机构之一。

Blue Sky Treks & Travels　　　　徒步

(☎03592-205113; www.blueskysikkim.com; Tourism Bldg, MG Marg; ◎10:30~19:00)外国人找上这家机构准没错,可以共享价格相对低廉但品质不错的经济型团队游去往拉冲(Lachung)。这里还可以安排徒步。

🛏 住宿

★ Hotel Pandim　　　　　　　酒店 $

(☎03592-207540, 9832080172; www.hotelpandim.com; Bhanu Path; 铺/双 ₹500/1500起; ❄)这里简直美好得不真实!这家家庭酒店可以从顶层的豪华房间(₹2000~2300)和极其干净的四床宿舍眺望一览无余的起伏山景,特别是办理入住手续的顶层藏式咖啡馆兼餐馆,令人感到十分惬意。即使便宜的地下室房间也同样舒适,空间宽敞,装饰着唐卡。

Gangtok Lodge　　　　　　　　客栈 $

(☎03592-206562; NH31A; 双 ₹1500)前身是Modern Central Lodge,这家整洁的小客栈有8间房间,简朴的房间里有小小的双人床。尼泊尔窗帘和锡金手绘柜子为这里平添了色彩。22:00宵禁。

★ Hidden Forest　　　　　　客栈 $$

(☎03592-205197; www.hiddenforestretreat.org; NH10, Middle Sichey; 标单/双 ₹2750/3300; @❄)🍃这些受到精心维护的高品质小屋用无数灌木和盛开的兰花点缀。虽然下方经营的新建筑遮挡了部分风景,但山谷中的景致依然绚丽,楼下还有藏书量丰富的图书室和花团锦簇的苗圃。提前安排,可以享用美味的家常菜(早餐/晚餐 ₹220/330)。

客栈距离甘托克大约2公里,乘坐出租车₹150。从Hotel Vajrakila后面的花园小路可以进去。

Hotel Yavachi　　　　　　　　设计酒店 $$

(☎03592-204666; www.hotelyavachi.com; Church Rd; 房间 ₹3300起, 未预订 ₹2400起; ❄)Yavachi价格不高,好似组织良好、令人惬意的现代节庆现场,每间客房内都有天花板照明和精心设计的抽象艺术品,与纺织布料和谐共存。从这里能看到的风景有限——但屋顶的Rockefeller Bar(啤酒 ₹100)所见的景观十分迷人,胜过客房的狭窄视角。

Hotel Tashi Tagey　　　　　　酒店 $$

(☎03592-231631; www.tashitagey.com; NH10, Tadong; 双 ₹1500~3500; @)如果想要寻找物美价廉的住宿场所,这家位于塔东(Tadong)的酒店值得探索,就在甘托克下方3公里处。走廊挂着植物印刷品,通向一尘不染的房间,大厅有Wi-Fi,装饰着女主人的刺绣作品。屋顶风景无与伦比,四周是贵重的盆栽树木,有的树龄已经超过50年。从市区乘坐合乘出租车至此的费用为₹20。

Hotel Sonam Delek　　　　　　酒店 $$

(☎03592-202566; www.hotelsonamdelek.com; Tibet Rd; 房间 不带/带景观 ₹1870/3960起, 套 ₹5610; ❄)风景超赞!20间无比舒适的房间稍显过时,但大多数能看到风景,甚至还有3间房间通向公共观景平台。楼上的房间和套房自带阳台,令人产生身处世界之巅的感觉。服务亲切而高效。停车位紧张。

Mintokling Guest House　　　　客栈 $$

(☎03592-208553; www.mintokling.com; Bhanu Path; 标单/双/套 ₹2530/2750/3300; @❄)客栈坐落在散发异国风情的青枝绿叶之间,中间是漂亮的草坪。这片平静祥和的绿洲拥有12间面积很大、维护良好的房间,只是稍微有些简朴,部分区域以木为衬。接待方式饱含家庭的温暖,餐厅提供能与餐馆媲美的各种客餐,其中有几种正宗的锡金菜式可供选择。

住宿价格区间

锡金邦住宿价格范围:

$ 少于 ₹1500

$$ ₹1500~5000

$$$ 高于 ₹5000

★ Netuk House　　　　历史酒店 $$$

(☏03592-206778; www.netukhouse.com; 房间/套 ₹5500/7500) Netuk House是一家豪华的历史遗产民宿，三栋截然不同的建筑内有12间房间。外观最令人兴奋的是两层寺庙式"配楼"，从楼上房间可以看见超凡绝伦、一览无余的风景，简直是色彩斑斓的锡金式盛典，而前方则是绚丽的花砖庭院。八边形的历史遗产建筑中有三间巨大的房间，里面用了很多老木头。酒店紧邻Tibet Rd。

Chumbi Residency　　　精品酒店 $$$

(☏03592-206618; www.thechumbiresidency.com; Tibet Rd; 标单/标双/双 ₹4740/5920/7100; ☎) 酒店所在的建筑是半木结构外观，近乎日式风情，房间雅致而低调。来到较高的楼层，坐在窗边欣赏干城章嘉峰的时候，你就不会介意乏味的老式卫生间了。较低的楼层大多也能观赏风景，虽然有些视野被树木遮挡。四层往下（没有电梯）是迷人的酒吧兼餐馆Tangerine，还有宜人的林荫花园区域。

Hotel Nor-Khill　　　　历史酒店 $$$

(☏03592-205637; www.elginhotels.com; 标单/双/套 含半食宿 ₹11,565/11,945/13,335; ℗☎) 这座庄严的酒店曾被作为皇室客房，因此进入酒店登记入住的时候，就好像回到了独立前的时代。走廊和令人沉溺的大堂酒廊里有无数历史照片、华丽的古式家具以及水晶吊灯，为其增添了一抹古意。房间同样宽敞、雅致，不过有的房间里稍稍有些发霉的味道。酒店紧邻PS Rd。

✖ 就餐

Taste of Tibet　　　　中国藏式风味 $$

(MG Marg; 主菜 ₹160~230, 藏饺 ₹90~140; ⏰11:00~20:30) 这家餐馆位于市中心，地段优越，拥有甘托克最好藏餐的名声，始终都能吸引来大批的食客来到这里大口吃炸肉饼（shyabhale）、大口喝汤面（thentuk），但装修没什么（或者缺乏）浪漫气息。尽量坐在可以观看人来人往的窗边座位。

Dekid　　　　不丹菜 $$

(1st fl, Tibet Rd; 主菜 ₹90~150, 半/整份 米饭 ₹60/120; ⏰8:30~20:30) 想要尝尝不丹菜？

锡金饮食

最常见的是藏式/泛喜马拉雅传统饮食，包括藏饺（momos）和浓汤面，后者分为抻面片（thentuk/thukpa）、藏式汤面（gyathuk）和藏面（bhathuk）。比较典型的锡金饮会使用本地的有机蔬菜烹制而成，有腌制的[腌菠菜（gundruk spinach）、泡萝卜（sinki radishes）]和新鲜的[苦瓜（karela bitter gourds）、荨麻（sisnoo nettles）]。咖喱包括炒蕨菜、地兰芽或米线。与印度大部地方不同，牛肉在这里非常普遍。如果要点猪肉，需要注意：当地人喜欢肥腻的猪肉，肉上经常带着肉皮。

这个地方质朴宜人，只有三张桌子且只简单地提供两道主菜：用肉干制成的橙红色沙卡（shakam）咖喱及美味的奶油芝士香料辣椒菜肴，搭配土豆（kawa）、胡椒、牛肉或肋排。赠送一碗米饭是加分之举。

The Coffee Shop　　　多元风味 $$

(www.facebook.com/thecoffeeshopgangtok; 比萨 ₹290~380, 小吃 ₹130~220, 主菜 ₹280~320; ⏰9:30~21:30; ☎) 位于The Square楼上的这家长盛不衰的咖啡兼餐馆，不仅仅因为一流的咖啡和冰沙而出名，还有许多让游客们感到熟悉的各国特色的多元风味菜肴，从墨西哥干酪玉米片和沙拉三明治到烤排骨、迷迭香里脊和各种薄皮比萨，不一而足。

Bakers Cafe　　　　面包坊 $$

(MG Marg; 点心/小吃 ₹20/65起, 主菜 ₹80~220, 烤杂排 ₹380; ⏰8:00~20:00) 这家木饰板咖啡馆中经常响起弦声阵阵的乡村音乐，尤其受到家庭出行的游客和当地女性的欢迎。浓郁的意式浓咖啡（₹70）、有机姜茶（₹60）及其他散发异国风情的饮品可以搭配面包店柜台提供的各种铁板三明治和西式点心。菜单上还有快餐和旅行者最喜爱的饮食，包括香蕉薄饼、鹰嘴豆泥及全天提供的早餐。

★ Mu Kimchi　　　　韩国菜 $$$

(☏9593340401; https://www.facebook.com/MuKimchi/; 5th fl, Clique Bldg, Namnang

Rd；小吃₹190~310，餐 ₹300~700；⊙10:00~22:30）想吃精美、地道的韩国料理？那么爬上80级台阶前往Mu Kimchi便是值得的。餐馆内部氛围独特，简朴的竹制天花板、现代简约的编织灯具与音响中不断响起的男低音混搭曲风相映成趣。

啤酒/鸡尾酒/烧酒价格为₹150/350/250起。

Parivar Restaurant　　　　　南印度菜 $

（MG Marg；咖喱₹100~180，多莎饼₹110~150，米饭₹70，小份/大份塔利套餐₹180/280；⊙9:30~21:00；✍）Parivar由于纯素食的印度南部菜肴而大受欢迎，值得信赖，拥有红色人造革长椅隔间，除了一根象征性的华丽龙柱之外，几乎没什么装饰。

Dynasty　　　　　　　　　中国菜 $$$

（☎03592-206444；1st fl，Namnang Ropeway Bldg，Kazi Rd；主菜₹180~440，半只/整只北京烤鸭₹800/1400，米饭₹80；⊙11:30~21:30；📶）你可以在南曩索道站（Namnang Ropeway Station）大楼（Kazi Rd）楼上，坐进黑色图案的沙发里面享受甘托克最地道的中国菜。Dynasty还会提供不错的类似泰国风味的饮食。

🍷 饮品和夜生活

拿起雕花锡制茶壶，吃着小桌垫上的司康饼，Hotel Nor-Khill王室般的环境可以让人恣意地享受英式下午茶（₹495）。如果你只想品尝锡金的泰米茶（Temi tea；₹40），可以前往Golden Tips（见本页）或Rachna Books（见515页）里面的Cafe Fiction，后者还有不错的法式压滤咖啡。如果想喝意式浓咖啡的话，可以去The Coffee Shop或Bakers Cafe。

Clique　　　　　　　　　　　酒吧

（Namnang Rd；啤酒/果汁 ₹120/110起；⊙10:00~23:00）这家小酒吧以古老的33转黑胶唱片为装饰，周末夜晚经常举办现场音乐演出（从流行音乐到尼泊尔传统音乐）。各式各样的酒水之外还有一系列健康的鲜榨果汁，它们的名字还有些"野蛮"，比如肝清洁剂（Liver Cleanser）、坚果摇摆（Go Nuts Shake）等。

★ Downtown　　　　　　　　　　酒吧

（MG Marg；啤酒/葡萄酒/烈酒 ₹130/60/40起；⊙正午至21:00）甘托克市中心最另类的小酒吧，座位像是填充物都露出来的小沙发，客人们似乎根本无视禁止吸烟的规定。挂着帷幔的阳台、面积不大的表演场地、轻松随意的爵士音乐演奏会，还有Marley、Lennon和Hendrix的壁画，不知怎么地，这里的昏暗的气氛就触动了你。

The Square　　　　　　　　　酒吧

（MG Marg；啤酒/烈酒/鸡尾酒/葡萄酒 ₹149/33/193/83起；⊙10:00~21:30）灯光变幻之下，隔间座椅、活泼的音乐、挂满黑白人物照片的墙壁，The Square在"受家庭欢迎"和"舒适现代"之间达成了平衡。酒水单包括各种鸡尾酒和葡萄酒，按杯出售。从多汁的烤肋排到培根裹虾，再到各种咖喱（主菜₹19~440），应有尽有。

☆ 娱乐

★ Cafe Live & Loud　　　　现场音乐

（www.facebook.com/CafeLiveAndLoud；Tibet Rd；啤酒/鸡尾酒/茶/咖啡₹160/350/54/95起，水烟 ₹250；⊙周日至周五 11:00~23:00，周六至次日1:00；📶）这是甘托克最热闹的音乐酒吧，周三至周五的夜晚，现场乐队通常会高唱摇滚或另类流行音乐，酒客们将沐浴在海啸般的声浪当中。周六18:00之后，支付₹300就可以参加DJ派对。白天，这里是悠闲的爵士乐氛围，尤其是在半挂帷幔的豪华露台上。菜单上各类菜品齐全（主菜₹200~600）。

餐费中的服务费、税和餐饮增值税份额高达25.5%。

🛍 购物

★ Golden Tips　　　　　　　　　茶

（www.goldentipstea.in；MG Marg；⊙9:30~20:30）这家精品茶叶店珍藏着包装精美的优质茶叶，主要是高品质的大吉岭和泰米（锡金）茶。咖啡馆式的品茶区域可以让你啜饮48种茶，一杯/壶的价格是₹40/160起；不过，若是想要品尝由日出前手工摘的嫩芽制成的可口白茶，就要破费一番，价格是₹160/800。

第二家店已经开业(Kazi Rd; ⊙9:00~19:30)。

★ Rachna Books 书籍

(☎03592-204336; www.rachnabooks.com; Jeewan Theeng Marg, Development Area; 茶/咖啡 ₹40/90起; ⊙周一至周六 9:30~19:00, 宰牲节期间歇业)Rachna是甘托克的"另类文化中心",也是全城藏书最全、氛围最为欢快的书店,还有三间民宿(房间₹1500~1900)和一家可提供法压壶过滤咖啡、泰米茶和小吃的爵士风格小咖啡馆。这里经常举办包括电影放映在内的各种活动。

Climate Zone 运动和户外活动

(Tibet Rd; ⊙9:30~21:00)这是一家品类丰富的户外用品店,出售徒步和露营装备,包括徒步杖、雨伞和各种型号的背包。

ℹ 实用信息

上网

有些酒店有Wi-Fi覆盖,有的餐馆和咖啡馆也有Wi-Fi。网速一般。**Internet Cafe**(MG Marg; 每小时 ₹30, 最低收费 ₹20; ⊙8:30~19:30)允许顾客用自己的电脑连接Wi-Fi; **Cyber Cafe**(MG Marg; 每小时 ₹30; ⊙9:00~21:00)则不可。使用BSNL的SIM卡,有效期1个月的1GB流量费用为₹198,在城市能用,但在锡金邦的乡村地区基本无法使用。

医疗服务

STNM医院(STNM Hospital; ☎03592-222059; NH31A)政府医院,有急诊和门诊。治疗重大疾病需要带上一份旅行保险单。

现金

自动柜员机分布广泛。甘托克基本上是锡金邦唯一设有货币兑换设施的地点。

货币兑换机构并不特别常见。MG Marg是一个可以去看看的地方,你可以在**Golden Dragon**(MG Marg; 主菜 ₹200~440; ⊙11:00~21:00)对面的大楼里面货比三家,比较一下汇率。**Pankhuri Enterprises**(www.pankhurienterprises.com; MG Marg; ⊙9:30~18:30)提供比较合算的汇率,但甘地像对面的**RS Enterprises**(MG Marg; ⊙9:15~19:15)汇率最划算。除了**印度国家银行**(State Bank of India, 简称SBI; NH31A; ⊙周一至周五、每月的第二个周六 10:00~16:00)之外,其他声称提供外汇服务的银行通常都会在兑换前要求你开户,汇率通常也很不合算。

邮局

邮政总局(PS Rd; ⊙邮票销售 周一至周六 10:00~16:00, 周日 至14:00)印度少有的提供"My Stamp"服务的邮政总局之一,你可以买到用自己的照片制成的邮票(一页12张邮票₹300)。

旅游信息

STDC(见511页)提供实用的安排,包括直升飞机和出租车预订。

旅游办公室(Tourist Office; ☎03592-209090; www.sikkimtourism.gov.in; MG Marg; ⊙9:00~19:00)在解惑答疑方面比较有帮助,并提供介绍综合信息的小册子,里面的简略地图很有用。

ℹ 到达和离开

飞机

在几经拖延的帕基永(Pakyong)机场投入使用之前,离锡金邦最近的机场在巴格多格拉,位于西孟加拉邦,靠近西里古里,那里有很多航班飞往加尔各答、德里和古瓦哈蒂(Guwahati)。

没有提前办理锡金邦许可证的外国人可以在机场的锡金邦旅游局(Sikkim Tourism)柜台快速办理,但是如果你不能在15:00前后到达机场,之后也不大可能在19:30前抵达朗波(Rangpo)边界。这一点很重要,因为到那时朗波就已停止审批许可证了。

长途汽车和吉普车

政府长途汽车从**SNT汽车站**(SNT bus station; PS Rd; ⊙售票 6:00~18:00)发车,6:00至13:30之间大约每小时有1班开往西里古里(₹190)的车,每天还有途经朗波开往帕基永(₹45, 16:15)和雷诺克(Rhenock; ₹80, 14:00)的班次。

开往锡金邦内目的地的吉普车大多从3层的**中央吉普车站**(Central Jeep Stand; Church Rd)发车。

开往隆德(Rumtek)和兰卡(Ranka)的车辆从顶层发车,开往锡金邦西部和南部的车辆使用中层,开往辛格达姆(Singtam)、帕基永和雷诺克的车从底层发车。订票处只出售当日车票,但当地人可以打电话给司机预订座位,尤其是早班车。主路上的一些酒店,包括**Hotel Tashi Tagey**(见512页)在内,很乐意为你效劳,所以你可以在门口上车，根本无须前往吉普车站。

有用的发车信息：

登塔姆（Dentam）₹250，6小时，6:15

盖辛（Geyzing）₹250，4.5小时，6:30、7:00、7:30、7:45

乔雷唐格（Jorethang）₹150，3小时，6:45~16:30每隔半小时1班，经过西孟加拉邦

南奇（Namchi）₹150，4小时，7:00~15:00每半小时1班

裴林（Pelling）₹300，5小时，13:00，或乘坐盖辛车辆

拉旺格拉（Ravangla）₹140，4小时，7:45、正午、12:30、13:30、14:00

雷诺克（Rhenock）₹120，2.5小时，7:00、9:30、10:30、12:30、15:30

辛格达姆（Singtam）₹60，1小时，7:00~17:00每小时3班或更多，交通拥堵时需要2小时

大西定（Tashiding）₹250，5~6.5小时，7:00

域松（Yuksom）₹300，6.5~8小时，7:00

注意，路程用时可能差别极大，取决于路况和交通。以上估计听起来可能有些悲观，实际上就是现实情况。

火车

最近的火车站在大约125公里外的新杰尔拜古里。购票可以通过SNT长途汽车站电脑操作的**火车票预订柜台**（SNT bus stand；◐周一至周六8:00~14:00，周日及公共假日 至11:00）或者比较靠近市中心的**DJ Mandap Tours**（☏9832373337；MG Marg；手续费₹100；◐10:00~18:00）。

隆德（Rumtek）

海拔1660米

穿过深邃的绿色山谷，就到达了与甘托克遥遥相望的隆德，这里有一大片寺庙建筑群，据说这是藏传佛教最神圣的机构之一，也是噶举派（Kagyu；黑帽）的大本营。主要线路从拉尼普（Ranipul）附近开始，经过景色美丽的城市向上延伸。你还可以将隆德纳入一日游环线，目的地包括更为安静而且可以说更为美丽的**林东寺**（Lingdum Gompa；www.zurmangkagyud.org；Ranka；酥油灯捐献小号/中号/大号₹10/20/100；◐黎明至黄昏）免费。虽然这条路的路段亟须维修，但线路在茂密的树林、竹丛和水稻梯田之间蜿蜒穿行，呈现出更为超凡的视角。靠近甘托克的时候，你将经过一些小景点，包括做作的**干城章嘉旅游中心**（Kanchendzonga Tourist Centre；www.ktcranka.com/；Ranka；成人/儿童/停车₹100/50/25，模拟装置/全景展示/迷你车 ₹80/90/40；◐11:00~20:00，骑乘设施直至 18:00）和低调的**班哈科里瀑布**（Banjhakri Waterfalls；Lower Sichey；₹50，停车 ₹20；◐7:30~18:30），后者所在的公园里面有描绘前佛教时期泛灵神话的花哨塑像。

◉ 景点

隆德寺 寺院

（Rumtek Gompa；Rumtek Dharma Chakra Centre；☏03592-252329；www.rumtek.org；寺庙₹10；◐6:00~18:00）隆德是锡金邦最具精神意义的寺庙建筑群。它本来是一座自给自足的村庄，拥有一座色彩艳丽的主殿，修建于1961~1966年间，内部中央是一座巨大的黄色宝座。因为这里常常发生有关噶玛巴（Karmapa；该教派的宗教领袖）的激烈争执，所以士兵全副武装，外国人如果要进入寺内，就必须在检查站出示护照和进入锡金邦的许可证。

在寺庙建筑后面，Karma Shri Nalanda Institute of Buddhist Studies旁边的台阶通向上方不远处的小房间，里面有一座华丽的**金塔**（Golden Stupa；◐6:00~11:45和正午至17:00）免费，上面镶嵌着绿松石和琥珀色的宝石。那是十六世噶玛巴的圣骨匣，他就是眼前这座建筑群的建造者，在这一带人的眼中，他近乎是一位圣人。

寺庙会举行锡金最优美的喇嘛（chaam）面具舞表演，主要在萨嘎达瓦节（Saga Dawa；见507页），尤其是在藏历新年（Losar；见507页）的喇嘛舞法会（Gutor Chaam）上表演。

旧隆德寺 寺院

（Old Rumtek Gompa；◐日出至日落）免费
旧隆德寺位于过了隆德大门约1.5公里处，是远离游客人流的一片宁静绿洲。大殿始建于1734年，但已经经过彻底的重建，内部色彩艳丽。从前面的草坪透过树木可以瞥见山谷景致，草坪上还有三座圆形建筑，可以供人野餐。

✸✸ 节日和活动

隆德最重大的活动为每年5月/6月和藏历新年（Losar；见507页）的前两天在旧隆德寺举行的竹千法会（drupchen）。2月间还会有隆重的**马哈卡拉喇嘛舞**（Mahakala Dance），传说届时巨型的凶猛守护神像会在庭院中间复活。

🛏 食宿

★ Bamboo Retreat 精品酒店 $$$

（☎9434382036, 3592252516, 9647851055；www.bambooretreat.in；Sajong；含早餐 标单 不带/带景观 ₹4700/6700, 双 ₹6000/7000, 公寓 ₹15,000；🅿🛜）走过有机菜园梯田中间的石阶，即可抵达这家孤零零的传奇式仿寺院度假村。这里环境宜人，周围的林木有些已被砍伐。舒适的房间以与其协调的颜色命名，除了3间房间外，这里所有的房间都带有景观优美的阳台。公共空间氛围独特，包括图书室、带壁炉的博物馆式餐厅、电视休闲室（房间内没有电视）和禅修室。

桑古湖
[Tsomgo (Changu) Lake]

海拔3750米

没有支流的**桑古湖**（发音Changu）尤为神秘，虽然不是世界上最美丽的山间湖泊，但前往这里旅行却是越过林木线最快捷的方式，对于那些从未观赏过高山风景又急不可耐的印度游客来说，是非常热门的旅行目的地。沿着湖岸骑牦牛（₹200）闲逛片刻，会让你的旅行体验更加完整。海拔高度可能会让你喘不过气，但不要相信那些建议你带上氧气或乙酰唑胺前去一日游的吓人说法。

外国人和印度人都需要许可证，但实际上甘托克的所有机构通常都能在第二天出发前办理妥当（需要照片和证件复印件）。

只有印度人可以继续前往中国的边境站点**乃堆拉山口**，那时只能拍几张照片，不能穿越出境——至少现在不能。

湖边有小吃摊，供应热茶、炒面和藏式饺子。

湖泊距离甘托克38公里。经济型一日游的费用一般约为每辆车₹4500。印度人组团

ℹ 导览游

这里本来有两座山谷可供探索：拉成（Lachen）和拉冲（Lachung）。但自从外国人被禁止前往古鲁董玛湖（Gurudomngmar Lake；拉成地区的主要景点）之后，大多数游客会选择拉冲—云唐线。从甘托克出发，你需要3天时间才能好好游览云唐和"零点"。从曼甘（Mangan）出发的行程则更加放松——两天就足够了。

如果你参加的团队有4个人的话，从甘托克前往云唐的三天两晚全包团队游，每人起价约为₹6000（包括食宿）。从曼甘出发且仅提供车辆的"团队游"费用约为吉普车每天₹3500，住宿费用单算。你需要仔细核实是否提供住宿及第二天是否前往"零点"，还是只去云唐（前往云唐和"零点"的公开价格是₹2500）。

很方便（每人约₹800，包括乃堆拉山口），不过对于外国人来说，几乎不可能，因为他们去不了乃堆拉山口，这将导致在其他团员继续前往中国边境时需要有人陪同他们的问题。

锡金邦北部

从甘托克到曼甘
(Gangtok to Mangan)

NH31A公路又狭窄又不结实，经常泥泞得令人气愤，弯弯曲曲地穿过提斯塔河（Teesta River）上方林木茂密的山坡。生满苔藓的巨石在草木和竹林间半隐半现，溪流从中间倾泻而下。从锦幡招展的桥上可以看见白浪滔滔的大河。但开往云唐（Yumthang）的团队游吉普车通常会飞速驶过，只在塔什观景台（Tashi Viewpoint；见509页）和令人印象深刻的**七姐妹瀑布**（Seven Sisters Waterfall；Gangtok-Mangan Rd Km30）停车。如果要想游览勉强值得一看的**卡比伦佐**（Kabi Lunchok；Gangtok-Mangan Rd, Km17.6）**免费**和**庭姆隆**（Tumlong；Gangtok-Mangan Rd Km36），你需要提出要求，因为司机急着在天黑前冲到拉冲，所以会有些勉强。

曼甘是锡金邦北部的地区首府,是组织自助拉冲游的好地方。它的商业中心沉闷无趣,好像一条Y形的混凝土伤疤,位于丛林覆盖的陡坡高处;但郊区比较有趣,隐藏着两个迷人的住宿选择。越过提斯塔河就可到达的雷布查人的**宗谷**保护区,提供低调的村民家庭住宿体验,令人愉快。

食宿

★ Mayallyang Homestay 家庭寄宿

(☎9647872434, 8348332721; www.mayallyang.com; Passingdang, Dzongu; 每人 含全食宿 ₹1800)锡金邦最神奇的隐居地点之一。年轻的主人盖特舍(Gyatshe)是一位精力充沛的反水坝活动人士,他把自己的家庭寄宿当成是分享自己关于生态和文化持续性思想的重要部分。你可以在迷人的休闲室观看有趣的录像,或者在令人陶醉的半木结构农庄门廊放松一番。房间比较普通,带共用卫生间。从帕斯丹格(Passingdang)的主街走下大约100级台阶,就可以到达这里。

锡金邦远北地区

拉冲 (Lachung)

☎03592 / 海拔2680米

岩石林立的山谷里盘绕着长丝带般的瀑布,拉冲的村庄便散落其中。如果想完整地欣赏这幅美景,需要走过横跨云唐河(Yumthang River)的悬臂铁桥,缓步穿过老城镇区,前往色彩艳丽的**拉冲寺**(Lachung Gompa; Sarchok Gompa; Katao Rd, Km1.8),寺庙修建于1880年;或者沿途前往观景点区域,那里矗立着与众不同的**沙卡通塔**(Shakathang Stupa)。

在壮观的云唐谷(Yumthang Valley)沿线多半可以找到美景——来此短途旅行是游客们待在拉冲的主要理由。

食宿

★ Kalden Residency 客栈 $

(☎8900085244; Yumthang Rd; 房间 ₹1000~2000, 全食宿 另加 ₹500)Kalden Residency是我们最喜欢的拉冲经济型住宿场所,以一座本地风格的木房子为基础,盆栽植物花团锦簇的院子四周有两三栋新房。房间普普通通却远远高于该价位客房的平均水准,而且这家客栈的主人们都非常有魅力。

Yarlam Resort 度假村 $$$

(☎9434330033; www.yarlamresort.com; Yumthang Rd Km1.3; 双 不带/带景观 ₹10,000/11,000, 套¥15,000; ◎3月至6月中旬和8月至12月; @)相对于偏远的拉冲来说,Yarlam相当豪华,新来的客人可以在半藏式大厅或安静的图书室接受茶水款待。奢华的房间有舒适的床,上面有挺多的枕头,室内还有DVD和

> **另辟蹊径**
>
> ### 唐古和错普塔(THANGGU & TSOPTA)
>
> 除了在拉成北部32公里处有一个军营以外,唐古(3850米)基本上是牧民的夏季定居点,散发出犹如世界尽头般的远离尘嚣的气息。一些能够吃苦耐劳的旅行者会在此过夜,但大多数团队游客只会在前往**古鲁董玛湖**(Gurudongmar Lake; 海拔5150米)的途中在这儿吃早餐。古鲁董玛湖的景观令人难忘,平静如镜的湖面上在尚未封冻的时候倒映出白雪皑皑的山峰。再往前行进约10公里处,就到达了印度海拔最高的湖泊**乔马鲁**(Chomalu)。遗憾的是,不允许外国人游览湖泊。
>
> 不过,外国人通常可以在**错普塔谷**(Tsopta Valley)走走,沿着一条遍地鹅卵石的溪流过去;溪流距离唐古约2公里。越过林木线以上,风景开始变得不一样,冰川覆盖的山峦从西方地平线上升起。经过2小时的徒步,你可以到达两个**冥想洞**(meditation caves),据说著名法国旅行家、神秘的女藏学家大卫·妮尔(Alexandra David-Neel)曾在其中一个洞中待了两年。
>
> 唐古的个别房屋提供家庭寄宿风格的住宿,但大多数游客选择在拉成住宿。

电视；套房有宽敞的阳台座椅（尤其是301房间）。在公共游戏室（斯诺克台球、乒乓球、印度桌游、国际象棋）可以眺望优美的山景。没有Wi-Fi。

云唐谷 (Yumthang Valley)

锡金邦北部最大的亮点之一，就是驾车走走拉冲与"零点"（Zero Point）之间的52公里线路，穿越云唐谷千变万化的优美景致。虽然你肯定希望天气晴朗，可以看见完整、壮观的山景，不过云卷云舒其实也能勾出山峦的轮廓，让你越发注意到自然中的草木之美。上行超过2000米，你会穿越繁茂的混生林、杜鹃花丛、覆盖苔藓的虬劲古松，以及林木线以上犹如苔原般荒凉的高地。

半路上不要错过云唐温泉（Yumthang Hot Springs; Yumthang Rd Km21.9）`免费`。注意：不要去没什么意思的小浴池，去走走挂满经幡的吊桥，可以欣赏高耸谷壁的如画风景。过了云唐的一片简易商店和咖啡馆，你还可以停下来在云唐草地（Yumthang Meadow; Yumthang Rd Km23）上踱步散步。有的团队游会在这里结束；有的则会继续前行30公里，经过似乎无穷无尽的一连串的U形转弯，一直到达"零点"（位于令人呼吸困难的海拔4825米高度的地方）。

乘坐的车辆是持有预先核准许可证的团队游吉普车。从拉冲到云唐草地大约用时1小时，继续前往"零点"的话，用时差不多。建议早点儿出发——沿途有很多地方可以停下来拍照，而且按照规定，14:00前后你就得回到拉冲。

拉成 (Lachen)

海拔2700米

拉成曾经是一座古香古色的村庄，老木屋底下是坚实的石头地基，有华丽的藏式窗框。然而，如今这里基本上都是众多的水泥盒子酒店，接待川流不息前往古鲁董玛湖的印度游客。从镇子向山上走15分钟就到了拉成寺[Lachen（Nyudrup Choeling）Gompa]，从那儿向下俯瞰，风景尤为迷人。

拉成还可以作为小径的起点，从此出发前往干城章嘉峰东北侧，进行一次为期8天的远征徒步，到达绿湖（Green Lake；5050米）。徒步的部分线路在芝慕冰河（Zemu Glacier）沿线，那个神奇的地方被认为是雪人（yeti；又称"喜马拉雅雪人"）的居住地。2015年以前，必须在德里申办许可证，而且审核时间长达数月。不过情况有了改变（至少在试行期），如今文件可以在一周左右办理妥当。了解信息或寻求帮助，可以联系甘托克的Namgyal Treks & Tours（见511页）。

因为你基本上必然是参加团队游前往，所以酒店应该也提前选择好了。如果可以选择的话，你可以找找距离主要中心地带稍远的Apple Orchard Resort（☎9474837640；www.theappleorchardresort.com；标双/双 含全食宿 ₹7479/9619；P），那里设施豪华，服务态度热情，值得考虑；旁边是一座尼姑庵（ani gompa）。漂亮的楼房中间是枝繁叶茂的多层建筑群，舒适、迷人的房间铺着优雅的木地板，贴着木镶板。

锡金邦南部

南奇 (Namchi)

☎03595 / 人口12,920 / 海拔1470米

两座位于南奇地平线附近的巨大宗教高层建筑是城里著名的"景点"，但作为中途站，这里足够惬意，有气氛欢快的步行中心，组成中心的两座广场上各有一棵古树。

◉ 景点

★ 溪卡孜   佛教纪念碑

（Samdruptse; Padmasambhava Statue; ₹30，停车₹30；⊙日出至日落）从几英里外就能看见这座45米高的莲花生像[statue of Padmasambhava（Guru Rimpoche）]，它被刷成闪闪发光的铜色和镀金色，端坐在南奇上方的高高的莲座（溪卡孜树木茂盛的山脊）上。

基座周围有一些讲述锡金历史的褪色老照片，里面有一间佛堂。从停车场乘坐15分钟缆车（往返₹173；⊙9:30~17:00）可以来到下方的一座假山园林（⊙9:30~17:30）`免费`游览并返回。

溪卡孜距离南奇7公里，从Damthang/Ravangla的公路下来走2公里左右即到。从

城里打车往返的费用为₹330；或者单程支付₹930，包车前往拉旺格拉（Ravangla），沿途可以顺便来一趟溪卡孜。

★印度教四神庙　　　　　印度教纪念地

（Char Dham; Siddesvara Dham；成人/学生/停车₹50/25/30；◎6:00~19:00）这座非凡的印度教主题公园坐落在索洛胡克（Solophuk）山顶，位于南奇西南5公里处，是一场不容错过的色彩盛宴。它汇集了印度著名朝圣地点的复制品，包括拉梅斯瓦拉姆（Rameshwarm）、德瓦卡（Dwarka）和渣根那（Jagarnath），上面有一座高达33米的湿婆像。不管你觉得它令人动容也好，低级庸俗也罢，这里的风景依然壮观，是拍照的好地方。

做好光着脚走很远的准备。从南奇乘坐出租车至此，加上1小时的等候时间，往返费用为₹330。

恩噶达克寺（Ngadak Gompa）　佛教寺院

占据恩噶达克寺建筑群首要地位的是一座于2014年修建的庞大大殿，里面有锡金邦最珍贵的一些新画作；旁边是受损严重、没有上漆的老寺院建筑。那里散发出古老的锡金气息，据说还闹鬼，曾经是蓓蒂旺姆（Pedi Wangmu）的宫殿——在1700年，她推翻了同父异母的哥哥，成为临时的锡金女王，并且最终在多年后杀害了自己的哥哥（但她随后也被处死）。

🛏 食宿

Dungmali Heritage Resort　　　客栈 $

（☎9734126039；minurai81@yahoo.com；Solophuk Rd；单 ₹600，双 后面/前面₹1200/1500，小屋₹2500；🛜）这家由家庭经营的客栈距离南奇约4公里，往上走向印度教四神庙的第一个U形拐弯处可以俯瞰城镇。客栈置身于有机豆蔻丛之间，有许多物有所值的房间，可以从前面的双人间欣赏山谷景色。经营者会根据预先的要求，组织附近的树林步行或观鸟团队游。

Summit Sobralia Resort　　　酒店 $$$

（☎9083246084，预订中心 0359-520113；www.summithotels.in；Chardham Rd；标单/双 ₹7000/8000，未预订 ₹4000/5000；🛜🏊）这是到目前为止南奇最豪华的住宿场所，从小型室外游泳池和几间整洁（只是稍显刻板）的高档房间可以尽览干城章嘉峰的风景。酒店位于通向印度教四神庙的路边，即南奇西南1.8公里处。

Hotel Sangay　　　　　　　多元风味 $

（主菜 ₹70~160；◎8:00~20:00）俯瞰中心喷泉和菩提古树的这家雅致时尚的餐馆比它的大多数竞争对手都要干净而且非常迷人——除了藏饺和简单的蔬菜塔利套餐之外，菜单上大部分的菜都要在点单一两个小时以后才能吃上。

ℹ 到达和离开

多层**吉普车站**建筑正位于市中心步行区以东。长途汽车和合乘吉普车从底层出发；定价出租车在二层排队候客。

去往甘托克（₹150，4小时）和西里古里（₹150；3~6小时，取决于交通状况）的合乘吉普车需要提前买票，6:30至15:00，每小时发车一两班。开往乔雷唐格（Jorethang；₹40，2小时）和拉旺格拉（₹60，1.25小时）的车辆满员发车，午后基本没有车次。

每天都有1班开往西里古里（₹90）和甘托克（₹90）的早班车，11:30和14:00还有2班车开往拉旺格拉（₹35）。

拉旺格拉 [Ravangla（Rabongla）]

☎03595／海拔2050米

位于山脊上的小型居住区拉旺格拉（亦称Rabongla或Rabong）是锡金邦最不容错过的目的地，这里有新建的非凡佛园（Buddha Park），巨大的金像沐浴在曙光之中，肃穆地端坐在白雪皑皑的喜马拉雅山前方。

拉旺格拉中心的酒店大多集中在两条主街上，那里基本上没有值得一看的风景，但距离中央出租车站不远，可以探索附近景点的风景，拉兰（Ralang）的寺院和勇朗昆德拉克林（Yungdrung Kundrakling）最有名。

👁 景点

★佛园　　　　　　　　　佛教纪念地

（Buddha Park; Tathagata Tsal; www.tathagatatsal.com; Ralang Rd Km2; 印度人/外国人 ₹50/200; ⏰9:00~17:30)这座41米高的**巨型佛像**背倚令人惊叹的喜马拉雅群峰,保存着来自11个国家的舍利。螺旋内廊用两种截然不同却色彩繁复的方式展示了佛陀的生平场景。佛像坐落在中央喷泉后面修剪整齐的草地上,回荡的诵经声为佛园平添了一种冥思的氛围。

班千确林寺
佛教寺院

(Palchen Choeling Monastery; New Ralang Gompa; Ralang; P)这座寺院群位于拉旺格拉西北10.5公里的拉兰(Ralang)附近,修建于1995年,有300多名僧侣。作为藏传佛教五大顶层人物之一嘉赞仁波切(Gyaltsap Rinpoche)的住所,这座寺院在藏传佛教噶举派中有着重要的意义。大殿有色彩斑斓的墙壁和镀金屋顶,恢宏壮观,中间的天井铺着卐字符瓷砖。内部那尊非凡的金佛像有两层楼高,头顶闪耀着蓝光。

勇朗昆德拉克林
寺院

(Yungdrung Kundrakling; Ravangla-Kewzing Rd; ⏰黎明至黄昏)这是印度仅有的两座苯教寺院之一,这座双主殿的小型建筑群坐拥无比优美的山间景色,但只有大约25名僧侣和3名教师,还有一所由年轻人(大多是孤儿)组成的学校。它位于从拉旺格拉中心出来5.5公里的Legship方向的主路边,刚过一片美丽幽深的树林。如果你前去参观,向寺庙捐赠将会备受感谢。

旧拉兰寺
佛教寺院

(Old Ralang Gompa; Ralang)旧拉兰寺建于1768年,位于距离班千确林寺(Palchen Choeling;见本页)大约1.5公里处的山下。从2012年开始,主寺彻底经过了重建,不过一些古老的木石结构僧房依然被保留下来,作为具有历史意义的菩提亚(Bhutia)建筑典范——走过外边大门的时候,右侧的山景令人难以忘怀。**大黑天护法仪式**(Mahakala Puja; ⏰12月)的庆祝活动在此举行。

马内琼卡林寺
佛教寺院

(Mane Choekhorling Gompa; ⏰黎明至黄昏)这座色彩艳丽的寺庙建造于1984至2008年间,依照经典的传统风格样式设计而成,拥有引人注目的八角形石基中央寺庙。在这里举办的一年一度的旁拉哈巴颂节(Pang Lhabsol;见507页)是为了向干城章嘉峰表达敬意。你从佛园走回拉旺格拉主集市(Main Bazaar)的路上,可以在这座迷人的寺院停留片刻。

🚶 活动

湄南山徒步 (Maenem Hill Hike)
徒步

如果想要参加艰辛的一日徒步游,可以询问**Kanchan Himalayas**(☎8768442600; khtoursntravels@gmail.com; Kewzing Rd; ⏰9:30~18:00)或自己找一名向导(₹500起),徒步穿越林地及**湄南野生动物保护区**(Maenam Wildlife Sanctuary)春季盛开的杜鹃和木兰,爬上湄南山并继续前往**巴勒栋加岩**(Bhaledunga Rock),欣赏一览无余的风景——遇到**小熊猫**(red panda)和**虹雉**(monal pheasant;分别是锡金邦的官方动物和鸟类)的机会只有这一次。

🛏 食宿

Red Panda
客栈 $$

(☎9733193884, 9735264819; Buddha Park Rd; 不带/带景观 ₹1500/2000)位于一家看起来不太有前景的快餐咖啡馆(鸡肉蒸饺很好吃)上方,从9间新客房中基本都能看到以喜马拉雅山为背景的那尊佛像,景色无与伦比。居住条件并不特别豪华,但比较舒适。

Mt Narsing Village Resort
度假村 $$

(☎8145841614, 8145294900; www.mtnarsingresorts.com; 紧邻Kewzing Rd; 双 ₹3025起)这群质朴的平房距离拉旺格拉—兰格施普(Legship)公路1公里,分布在漂亮的花园草地上,可以看到喜马拉雅的风景,如果没有讨厌的高压输电线铁塔,简直是完美。房间的价格不太合算,但中心的餐馆令人感到愉快,富于个性,摆满了当地的手工艺品。

Blue Spring Residency
酒店 $$

(☎8927479246, 9733121105; raju1881975@gmail.com; Main Bazaar; 标双/三 ₹2200/2500, 淡季 ₹1600/1800)Blue Spring比拉旺格拉四四方方的普通酒店更时尚一些,房间较小,墙上刷了两种柔和的色彩,带不错的卫生间。19间房间里面有15间带阳台,可以欣赏优美山景

(即使无法尽览山峰全景)。提供多元风味的餐馆(主菜₹60~180)通风良好,令人惬意,同样拥有优美景色,可能菜单上未必列出所有菜肴。

Taste of Sikkim 多元风味 $$

(Main Bazaar;主菜₹80~180;◐8:30~21:00)店名具有误导性,因为只提供藏饺和汤面(thukpa)等锡金菜肴,但它是主集市最漂亮的餐馆,挂着黑白旅行图片和装在框中的小件兵器。食物美味,摆盘富有想象力——搭配装饰性胡萝卜的炒饭是明星菜品。

Kookay Restaurant 印度菜 $

(Main Bazaar;主菜₹80~120;◐8:30~20:00)这家最受欢迎的老牌餐馆就位于吉普车站,提供西藏风味的汤、炸肉饼(shaya phalays)和6种美味的塔利套餐(₹100~200)。

❶ 到达和离开

长途汽车开往西里古里(₹170,5小时,7:00)和南奇(₹35,1小时,9:00和14:30);9:00那班车会继续开往乔雷唐格(Jorethang;₹70)。**SNT长途汽车办公室**(主集市)在Hotel 10Zing下方的主路口,出租车在同一地点附近候客。合乘吉普车使用距离那里500米远的**多层停车场**(Yangang Rd)。发车班次如下:

甘托克(₹140,7:00、7:30、8:00、11:00和正午),或者乘坐14:30开往辛格达姆(Singtam)的班次(有时会取消)并换乘。

盖辛(Geyzing)前往裴林(₹100,2小时,仅限9:00),或者也可在兰格施普换乘。

兰格施普(Legship;₹60)客满发车;没有固定时刻表,但经常发车,直到14:00前后。

西里古里(₹220,7:00和7:30)

开往**南奇**(₹60)的吉普车要等很长时间才会客满,因为大多数当地人都乘坐长途汽车。

泰米茶园(Temi Tea Garden)

沿着美丽的(只是实在有些坑坑洼洼)的辛格达姆—当塘(Singtam-Damthang)小路不断蜿蜒上行,高处线路多半是在大片碧绿的泰米茶园中穿过。细密陡峭的梯田本身就令人印象深刻,但如果天气晴朗,这里绝美的景色更加令人难忘——越过无比翠绿的山谷,干城章嘉峰(Khangchendzonga Massif)高高耸立。

茶园中间稍微单调的住宿场所**Cherry Resort**(☎8016488737;www.cherryresort.com;Temi Tea Estate;标单/双₹3040/3490起)坐拥美景。

Cherry Resort拥有一家还不错的餐馆,另外,茶园里面还有两家路边咖啡馆,可以喝杯茶,吃些简单的小吃;**Organic Tea Point**(◐7:00~21:00)更漂亮一些。

如果你自己租了一辆车,那么中途在茶厂、度假村和路边咖啡馆停留一会儿是很方便的。各个地方相距不过几公里,道路曲折颠簸,不过从茶树丛中抄小路更近。

从南奇或拉旺格拉乘坐出租车往返的费用是₹800。从南奇到拉旺格拉单程费用为₹1100,沿途可顺便前往泰米茶园,行程已经包括了你参观工厂时车辆的等待。

甘托克和泰米之间虽然有合乘吉普车往来,但只能到达茶园下方路途很远的**泰米村**(1400米)。

锡金邦西部

裴林(Pelling)

☎03595 / 海拔1930米

裴林的存在,就是为了向成群结队来到这里的游客奉上白雪皑皑的干城章嘉峰在黎明时分令人驻足的景色。乍看之下,这座小镇的建筑乏味,层层叠叠的混凝土酒店伸下绚丽的林地山脊——但走上几步,你就会发现自己正在景色优美的天然森林之间徜徉漫步。

各个机构都能为你提供帮助,这使组织短途旅行比较容易。裴林方圆3公里的范围内有两座历史悠久的寺院,位于同一山脊上——热闹的波玛扬兹寺(Pemayangtse Gompa;见523页)和安静的僧伽确林寺(Sanghak Choeling;见523页)。还有建于18世纪的拉达孜(Rabdentse;见523页)皇宫遗址。后者的正下方是Tikjuk——锡金邦西部的行政设施(可办理许可证延期),从那儿再走3公里就可以到达盖辛(Geyzing,Gyalshing)的商业和交通中心。

◎ 景点

波玛扬兹寺 佛教寺院

(Pemayangtse Gompa; ☎03595-250656; www.sangchenpemyangtse.org; ₹20; ⓧ7:00~17:00)波玛扬兹寺是锡金邦最古老和重要的宁玛派寺院之一,其后面是从2080米的山顶延伸下来的传统木片庙宇平房,一直延伸至拉达孜(Rabdentse)遗址。经过多次改造的中央寺庙是最令人难忘的景点,顶层是7层佛塔,代表了莲花生大士圆寂后进入的极乐世界(Zangtok Palri),由一位虔诚的喇嘛亲手艰苦建造5年完成。四周的阁楼走廊不太亮堂和显眼,像是一座博物馆,收藏了来自寺院建筑各个时期的服装、器具和残余物品。

从1647年至今,这里一直是佛教圣地。按照字面意思,"波玛扬兹"可以翻译为"完美庄严的莲花"。寺院距离盖辛公路(Geyzing Road)500米——从上裴林(Upper Pelling)以东1.5公里处转向北边继续前行即可到达。

拉达孜 历史遗址、遗迹

(Rabdentse; 停车₹20; ⓧ8:00~17:00, 停止入场 16:00) **免费** 拉达孜的宫殿群遗址仅剩下几段经过部分重建的残墙。从1670年开始,到18世纪被尼泊尔部队洗劫一空以前,这里一直是锡金的皇城。如今的主要特色是一处绝佳的观景点,从那里望去,遗址位于三座光秃秃的小石塔之间,最适合拍照。

遗址的入口在盖辛公路旁边,距离上裴林2.3公里,从波玛扬兹寺岔路再往东走800米即可到达。从大门出发只能步行前往遗址,穿过林地,经过一座新建的大型鸟舍即可到达,距离1公里。

僧伽确林寺 佛教寺院

(Sanghak Choeling Gompa; ⓧ黎明至黄昏)至少在新建的巨型观音像(Chenrezig Statue; Sanghak Choeling Rd)完工之前,这座寺院建筑群都是一个适合禅修的安静之地,坐落在7座迷人石塔除金色尖顶均未上漆后面,景色出众,适合拍照。

⌂ 住宿

★ Hotel Garuda 酒店 $

(☎9647880728, 9733076484; www.hotelgarudapelling.com; Main Rd, Upper Pelling; 铺/标单/双₹250/600/700起;网上预订 标单/双₹850/1100起; ⓦ)这里是裴林传统的背包客住所,非常适合结识旅伴,适用于外国人的门市价特别便宜。即使比较普通的房间也相当干净、宽敞,配备热水器、毛巾和肥皂。楼上的房间更漂亮、更明亮,价格不到₹1500,甚至能看到干城章嘉峰的景色。Garuda有免费Wi-Fi和可交换书籍的图书室,还提供旅行协助服务和正宗的锡金饮食,难以超越。

Rabdentse Residency 酒店 $

(☎9681292163, 03592-92163; www.saikripa.in; Main Rd, Lower Pelling; 双 不带/带阳台₹1200/1500, 套 不带/带景观₹3000/3500)这家酒店比最经济的酒店高出一个档次,房间里有洁白的床品、唐卡和木镶板,还有实用的小卫生间;朝北的房间景色佳。餐馆有休闲区域,朝向混凝土浇筑的大露台,可以更加一览无余地欣赏风景。酒店藏身于Hotel Sand & Snow对面一条有台阶的小路上。

Hotel Phamrong 酒店 $$

(☎9733085318, 9733240742; www.hotelphamrong.com; Main Rd, Upper Pelling; 标单/双/套 含早餐₹2450/3135/4290)在这家令人惬意的中档住宿场所中,奇珍异宝随处可见,比如藏式前台、悬挂装饰彩纸条的四层天井,还有位于二层楼梯平台的民族志角,以及杂七杂八的工艺品、地图和褪色的山景照片。房间不错,缺点是地面有尘土,镜子模模糊糊。楼上的一些房间有着非凡的视野。

★ Chumbi Mountain Retreat 历史酒店 $$$

(☎9933126619; www.thechumbimountainretreat.com; Chumbong Rd; 双 含半食宿 未预订/门市价 ₹9800/17,250; ℗ⓦ)这家度假村的确出类拔萃,实现了锡金传统建筑和21世纪奢华之风的巧妙融合,给游客留下深刻的印象。这里距离裴林仅1公里,四周是僻静的树林,可以看到优美的山景,奇妙的公共空间中有不丹老壁炉和类似博物馆的茅草顶农舍,负责的员工全都乐于助人、彬彬有礼。

★ Elgin Mount Pandim 历史酒店 $$$

(☎03595-250756; www.elginhotels.com; Pemayangtse; 标单/双/套 含半食宿 ₹9295/

Pelling 裴林

↑ Footpath shortcut to Khecheopalri Lake
从步行捷径前往凯曲帕里湖

去Yuksom 峪松 (36km)
去Chumbi Mountain Retreat (600m)
Father Tours
Playing Field
去Sanghak Choeling Gompa 僧伽确林寺 (800m); Chenrezig Statue 巨型观音像 (1.2km); Dentam 登塔姆 (20km); Utterey 乌特伊 (30km)
去Lotus Bakery (800m); Elgin Mount Pandim (1.5km); Pemayangtse Gompa 波玛扬兹寺 (2km); Rabdentse 拉б坐 (3km); Geyzing 盖辛 (9km)

Pelling 裴林

住宿
1 Hotel Garuda B2
2 Hotel Phamrong B2
3 Norbu Ghang A2
4 Rabdentse Residency A1

就餐
Hotel Garuda .... (见1)
5 Kabur Resto-Bar B2

9625/10,725；P@ඤ）这座昔日的皇家别苑坐落于四周风景绝美的山顶，亮点是修剪整齐的草坪和氛围热情的大厅。这里有你在遗产酒店所需的一切，身穿制服的员工忙忙碌碌，一步一景却并不憋闷，令人愉快。豪华舒适的房间配备清新脱俗的卫生间。从波玛扬兹寺缓步至此需要10分钟的时间，这儿距离上裴林也不到2公里。

Norbu Ghang　　　　　度假村 $$$

（☎03595-258272；www.norbughanghotels.com；Main Rd, Upper Pelling；双 度假村/疗养院 ₹6630/11,664起；ඤ）Norbu Ghang的斜对面就是干城章嘉峰的风景，有两个入口和两种形象："度假村"是锡金式半木结构复式村庄，位于繁茂的花园（非常漂亮却遮挡了风景）的中间；上面的"疗养院"，迎接客人的是迷人的休闲室和配备壁炉与角落浴缸的大房间，看起来就像是英式房屋为了参加藏式化装舞会而打扮了一番。

就餐

Kabur Resto-Bar　　　　　中国菜 $$

（Geyzing Rd；主菜₹90~250；◎9:00~21:00）裴林这家传统的游客餐馆用蜡烛和五颜六色、半明半暗的球形灯营造出一种非常舒适的氛围。白天，阳台上风景绝伦。菜单上的菜肴侧重藏汤、藏饺和拳头大小的美味蒸包（taipoo）。这里还有许多其他中餐菜式可供选择。

Hotel Garuda　　　　　多元风味

（Upper Pelling；ඤ）这家餐厅并未作为餐馆加以宣传，因为它只有在厨房不忙的时候才会为非住客提供菜肴。如果你住在Garuda，就不要错过这里的锡金家常饮食，包括美味的番茄奶酪汤（churpi）、奶酪煎藏饺和搭配巧妙的辣椒奶酪咖喱（ema datshi）。

Lotus Bakery　　　　　咖啡馆

（Geyzing Rd；蛋糕₹10~30；◎7:00~17:00；P）如果你是步行去波玛扬兹寺或者从那里步行出来，那么这个摇摇欲坠又可爱的Lotus Bakery值得进去看看。这里距离上裴林路口1公里，可以喝杯本地产的德玛容茶（Demajong Tea；₹15）或速溶咖啡（₹20）。他们还会烘焙小圆面包、锥形马卡龙和裱着佛教如意符号的蛋糕，有时也可提供比萨。

到达和离开

一辆破旧的SNT长途汽车开往西里古里（₹180，8小时），途经乔雷唐格（Jorethang）和梅利（Melli），大概6:15从Hotel Garuda外边发车，然后直到7:00才驶出裴林（在那儿之前可能就超载了）。之后又在盖辛（Geyzing）停车，最终7:45出发。上车买票。

从裴林开往甘托克（₹300，6小时）和西里古里（₹350，6小时）的合乘吉普车在7:00发车，可以提前通过**Father Tours**（☎7797283512；Upper Pelling）预订。另外还有裴林—噶伦堡（Kalimpong）的吉普车，可奇怪的是，你只能在盖辛预订。其他几乎所有车辆都从盖辛拥挤的**吉普车站**（Mani Rd）发车，那里是锡金邦西部实际的交通枢纽。

如果想去峪松、乌特伊（Utterey）、凯曲帕里湖和登塔姆（Dentam）的话，可以让你住的酒店打电话给能找到的合乘吉普车司机，尽量安排他们在上裝林接上你，因为他们在15:00左右从盖辛返回的途中都会经过——但并不总是有用，因为大多数车辆都坐满了本地人。很多游客只能从裝林的众多机构中找一家包车。

凯曲帕里湖（Khecheopalri Lake）

海拔1800米

发音类似"ketchup-perry"，凯曲帕里湖(Kechuperi Lake；₹10；⊙售票 5:00~17:30)是宁静的圣湖，四周环绕着地势陡峭、树木繁茂的群山。此处的魅力正是宁静，而不是什么视觉大餐：你最好不要在旺季的上午10:00前后到达，那时一日游的游客川流不息，打破了宁静的氛围。傍晚时分抵达不错，那时大多数游客已经离开，夕阳的光线透过树木洒下，景色美轮美奂，五颜六色的经幡永不停息地摆动。

更好的是，你可以从停车场出发，徒步半小时，穿过茂密的森林，前往上方山脊顶端（南侧）宁静祥和的凯曲帕里村(Kecheopalri Village)。那里散发出一种奇妙的似乎亘古不变的气息，拥有一座具有400年历史的佛塔、360度无边美景和两家特别出色的简单民宿。向你居住的民宿主人打听一下一日徒步游的线路，或者跟着80多岁的僧侣帕拉（Pala）进行禅修。

🛏 食宿

湖边停车场侧面有一连串简易的小餐馆和商店，提供方便面和藏饺。村里的民宿为客人提供饭菜；Sonam's Homestay (☏9735589678; zamyang22@gmail.com; Khecheopalri village; 每人 含餐 ₹600)可以为一日徒步游的非住客提供午餐，价格为₹100（大约提前1小时告知）。

★ Lake View Nest　　　　　家庭寄宿 $$
(☏9735945598, 9593976635; lakeviewnest@gmail.com; Khecheopalri village; 每人 含餐 ₹850~1250)这家令人愉悦的民宿孤零零地坐落于凯曲帕里村西端，从寺院走过来大约需要10分钟的时间，有4间客栈标准的房间，内有柳条灯、唐卡和舒适的床。楼下有一间非常干净的共用卫生间，有冲水式坐便厕所和大容量的热水器。

ℹ 到达和离开

经由裝林开往盖辛的两三辆合乘吉普车

另辟蹊径

域松至大西定徒步线路（YUKSOM TO TASHIDING HIKE）

这条超棒的一日徒步线路不需要任何许可证，而且如果你从域松出发的话，行程会非常简单。基本上就是步行至少6小时（19公里），不包括休息时间。如果你没有信心找到路的话，域松可以找到行李搬运和向导，费用为₹600左右。

首先上行至杜布底寺(Dubdi Gompa)，从寺庙后面下行，顺着公路等高线前行，到达钦宗(Tsong，总计约4公里)。这里有几级通向路左侧的陡峭台阶，往上走大约100米是钦宗有3辆吉普车的停车站和商店；如果你错过那条路，还有一处更显眼的台阶通向排球场。用石头加固过的小径从后面向上延伸，然后向下，而后再次沿着陡峭的坡度往上延伸，大概45分钟之后，可以抵达与世隔绝的红日寺(Hongri Gompa；小径分岔时往左)。小径在寺庙后面的洗手间分岔，出现三个方向——选择中间草木丛生的方向，5分钟后取道比较低的那条小径。留出1小时左右的时间，前往地势较高的小村庄内萨(Nessa)，它在任何一处路口的位置都很高。再走10分钟左右就是达拉湖(Pokhari Dara)村庄，那里在当地以浅绿色的小池塘而闻名。沿公路再走3公里（平行的小路杂草丛生，使用较少），你可以到达通向锡诺寺(Silnon Gompa)的小路。从那儿走下台阶和陡峭的小径，经过1小时左右就可以到达大西定（见528页），需从黄色校舍后面出发——跟僧侣确认一下是否走对了小路，因为如果错过了关键的近路，就得在公路上跋涉12公里。

如果14:00之前到达大西定，当天下午通常还可以找到返回域松的合乘吉普车。

（₹60，1.5小时）在6:00左右从停车场发车，午后不久经由裴林返回。从域松或裴林包一辆出租车的费用一般为单程/往返₹1500/2200左右，包括全天等待的时间。上午10:00左右，如果你礼貌地提出搭便车的请求，经常可以找到其他返回裴林的旅游车辆。

域松（Yuksom）

☎03595 / 海拔1750米

妩媚迷人但相对未遭破坏的域松是锡金民族的历史发源地，是他们的第一个首都，也是第一任国王的加冕之地。对于探险家来说，这座村庄也是行程的起点——徒步前往干城章嘉峰（Mt Khangchendzonga）的主要小径起点。但如果你体力不济，这里也可以只是一个供你放松的友好地方，你可以安安静静地在这里待上几天。

◎ 景点

诺布冈公园 历史遗址

（Norbugang Park；₹20；◎5:00~18:00）域松的意思是"三位喇嘛相遇的地方"：1641年，三位圣僧正是在这片遗址上为第一任锡金法王（chogyal）加冕的。经幡招展，迷人的林地花园包括一座小型寺庙、巨大的转经筒、一座存放来自锡金各个角落的佛塔和据说是真迹的四座加冕王座（Coronation Throne；Norbugang）。

杜布底寺 佛教寺院

（Dubdi Gompa；₹20；◎9:00~15:00）位于山脊上的这座紧凑、宁静的寺庙高踞于域松之上，坐落在受到精心照料的花园中间，环境优美。拂晓时分，可以眺望高大青翠的群山之间被白雪覆盖着的山峰。杜布底寺修建于1647年，是为了纪念拉尊钦布（Lhatsun Chenpo）而建造的，据说是锡金邦尚在使用的最古老的寺院，不过许多指示牌都莫名其妙地把建造时间错写成了1701年。

扎西登伽（Tashi Tenka） 观景点

当域松还是锡金首都的时候，扎西登伽皇宫就坐落于朝南的山脊之上，在山上可以看到城镇。如今，这里的石头大多早已消失，风景绝佳。如果要去这个地方，可朝裴林步行约5分钟，沿着长长的台阶上去，经过学校足球场边的一座"文化遗产公园"，再走10分钟即可到达。山顶只有4栋房子的小山村就是最好的观景点。

✈ 活动

Heavenly Traveller 徒步

（☎9733084983；www.goechalatrek.org）D.S.利姆布（DS Limboo）提供安排妥善的宗里（Dzongri）和戈察拉（Goecha La）普通徒步游服务，服务积极，性价比高。这里还开了一家客栈。

Red Panda Tours & Travels 徒步

（☎9733196470，9002322885；www.redpandatreks.weebly.com；Main Rd；◎8:00~18:00）这里位于Gupta Restaurant旁边，这位被称为"熊猫"的人以前是向导兼脚夫，相当专业，经验丰富。除了普通徒步套餐之外，他还提供戈察拉（Goecha La）徒步线路，并可为自行携带所有装备的旅行者办理许可证。

🛏 食宿

★ Limboo Homestay 客栈 $

（☎09733084983；www.limboohomestay.com；标单/双/小屋₹800/1000/1200）🍃这个著名的徒步机构（见本页）位于一家商店的上方，房间光亮洁净。虽然基本没什么装饰，但距离森林非常近，黎明时分可以听到鸟鸣啁啾，从屋顶可以欣赏到美景；后面的菜园很棒，为美味的家常饭菜（需要预订）提供了大部分的食材。

Hotel Tashi Gang 酒店 $$

（☎9933007720，9733077249；hoteltashigang@gmail.com；Main Rd；标单/双 ₹1650/2200起）Tashi Gang内外均为半木结构，具有一种老派的历史感，坐落于宽敞的草地上，四周鲜花盛开，灯光影影绰绰。过了有壁炉的休闲室，挂着黑白照片的灰色大理石走廊通向令人惬意的房间，房间内有锡金式花式床头板和色彩绚丽的唐卡，但卫生间多少有些陈旧。

Hotel Yangrigang 酒店 $

（☎03595-241217，9434164408；Main Rd；

标单/双 ₹600/800起）这家非常实用的酒店位于域松主街的起点附近，乍看起来没什么特别之处。不过这家人非常乐于助人，饮食出色，房间很大，配备加热速度很快（仅需半小时的时间）的热水器，物超所值。

Hotel Red Palace   历史酒店 $$

（☎9593668773; www.hotelredpalace.com; Nghadak Monastery Rd; 标单 ₹1830~2830, 双 ₹1980~3190, 套 ₹3790）这家酒店的外表像是大吉岭房屋，门口楣却是锡金风格，大厅更像是一座到处摆放着沙发的寺庙，餐厅装饰着代表性的藏式图案。普通房间虽然设施比较简单，不过舒适、干净。

Mama's Kitchen   锡金菜、面包坊 $

（Mangsabung Path; 主菜 ₹30~200; ⓥ6:00~22:00）迷人的老板娘佩玛（Pema）在这家只有一间房间的小咖啡馆提供美味、正宗的锡金家常菜，以及刚出炉的小松饼、松糕，甚至还有奶油意大利面。准备过程需要一阵子，所以应该考虑预订并且订好用餐时间。

Gupta Restaurant   多元风味 $

（Main Rd; 主菜 ₹50~120; ⓥ5:30~20:00）域松最好的旅行者集合地点不过是只有一张桌子的圆形茅草棚屋，但这里是老牌传统的就餐场所，提供塔utes套餐、汤面、比萨和印度奶酪咖喱，还有奇特的夹饼，能够将你的味蕾带到边界以南。

❶ 到达和离开

几辆合乘吉普车6:30左右发车，经由大西定（₹60, 1.5小时）开往乔雷唐格（₹250, 3~4小时），经由棠林（₹100, 2.5小时）开往盖辛，以及甘托克（₹300, 6小时）——建议在Gupta Restaurant旁边的商店提前一天订票。14:00左右还有1班开往甘托克的车, 12:30左右有1班经由大西定开往盖辛的吉普车（☎8763952216, 致电司机进行预订，不过要注意，据了解通常7个座位的车将会挤上去多达15人的乘客）。

宗里和戈察拉——徒步干城章嘉峰（Dzongri & Goecha La-The Khangchendzonga Trek）

对于带向导的团队（不是独行的徒步者）来说，锡金邦传统的徒步就是从域松至4940米的**戈察拉**并返回，走完漫长而艰难的全程需用时5~9天。这条线路上有十几座高峰，在黎明前精疲力竭地跋涉一番，可以欣赏到**干城章嘉山峰**无比美丽、令人难忘的景色（如果天气允许的话）。如果时间没那么多, 在往返**宗里**（Dzongri）的5日游途中依然能够欣赏到**潘迪姆山**（Mt Pandim）非凡的全景; 即使是往返**错卡**（Tsokha）的两日游也是一次值得怀念的体验，一路上有瀑布、吊桥和美丽的山谷景色。虽然徒步并非需要技巧的登山，但高海拔环境、漫长的徒步时间和登顶那天需要天不亮就出发，都让整个过程比较具有挑战性，在小径有雾或雨后湿滑的时候尤其是如此。

每年只有几个月可以徒步。3月下旬至5月中旬温度最适宜，但下午的时候常常下雨，小径会变得泥泞。10月至11月晴空万里的日子最多，但也可能下雪或温度降至0℃以下; 11月

干城章嘉峰徒步行程

阶段	路线	时长（小时）
1	域松至巴克蒂姆（Baktim）/错卡（Tsokha）	7~8
2	可选择在错卡休整1天	
3	错卡至宗里	4~5
4	在宗里休整1天，或者继续向柯柯楚荣（Kokchurong）前进	
5	宗里（或者柯柯楚荣）至拉姆尼（Lamuni）	6~7
6	拉姆尼至戈察拉，返回[大多数团体游客会继续前往唐辛（Thangsing）]	9~12 (11~14)
7	拉姆尼（唐辛）至错卡	8 (7)
8	从错卡回到域松	5~7

Dzongri & Goech La
宗里和戈察拉

份，在高处宿营会见到霜冻。

你必须通过有资质的机构办理许可证并安排向导。许可证只能在甘托克办理，但（神奇的是）如果你晚上预订，域松的大部分中介都能通过次日早晨的吉普车把你的证件复印件送到，送出去的第二天就可以办理好一切。

严格按照规定的话，外国人至少需要结成两人以上的团队。但我们遇到了两次例外情况——一名外国人带一名向导；一对印度人/非印度人夫妇（同样带向导）——所以在某些情况下，规定或许可以变通。

如果你自带装备，一路自费饮食和住宿，往返徒步的向导费用总计约为₹20,000，费用由团队内所有人共同分担。

帐篷、厨具、驮行李的牦牛和所有饮食，两人结伴，费用大概是每人₹30,000，或者参加十几人以上的大团队，每人费用可以降至₹20,000。

大西定（Tashiding）

海拔1240米

小小的大西定其实是只有一条街的低矮集市村庄，从吉普车站延伸上坡，暂时被域松—兰格施普（Legship）的公路绕过。这里因为可以前往3.5公里开外偏远山脊上的大西定寺及其令人陶醉的佛塔而闻名。虽然你在这里看不到大片被白雪覆盖的山峰，但俯瞰翠绿的山谷、树木茂盛的山坡和夹杂其间的一条条水稻梯田，也足以让你弥补遗憾。

大西定还是从域松（见526页）经由偏僻寺院红日（Hongri）和锡诺（Silnon）徒步一日游热门线路的目的地。

如果你在14:00以前抵达，通常可以乘坐合乘吉普车返回域松。如果包一辆出租车，你可以沿途观赏几条瀑布，其中令人印象最深刻的是方荣（Phamrong）瀑布。

◉ 景点

大西定寺　　　　　　　　　　　　寺院
(Tashiding Gompa; ⊙黎明至黄昏，主殿约15:00关闭) 免费 拉兰（Ralang）和域松之间的山脊一直延伸至一处向上升起的悬崖（1450米），上面坐落着一片建筑群，即宁玛派的重要寺院大西定寺。中间是一座比例优美匀称的主殿，拥有精美的顶饰，与下面两处石头地面形成鲜明的对比。殿内的壁画由于年代久远稍微暗淡，主要的画幅前面摆放着许多五颜六色的酥油雕像。古鲁拉康（Guru Lakhang）建筑背后是一片独特的"森林"，由佛塔、真言石和一口达摩钟组成，还有两棵居高临下的克什米尔古柏。

方荣瀑布　　　　　　　　　　　　瀑布
(Phamrong Falls; Yuksom-Tashiding Rd, Km6) 免费 方荣瀑布是域松和大西定之间的4条瀑布中最为扣人心弦的，汹涌的水流冲过绿意盎然的高谷，跌落陡峭的悬崖。从路上看去，瀑布前面还有几条小瀑布；大约5分钟之后，爬上一条杂草丛生的小路，你就会来到一处损毁的八角形观景亭；过了那里，有两口天然潭水，接着你会抵达主瀑。当地人会在这儿洗澡，但靠近瀑布是相当危险的。

🛏 食宿

Sanu Homestay　　　　　　　　家庭寄宿 $
(Sanoo Homestay; ☏9635060062; www.facebook.com/sanu.bhutia.94; Tashiding Gompa

Path; 每人 含餐 ₹600)这家店在外国背包客中有一些拥趸，萨努（Sanu）及其母亲提供优质的饭菜和非常简朴的住所，位置在一座荒凉的花园，沿着通向大西定寺的道路步行大约15分钟就可以到达。

❶ 到达和离开

吉普车站[大西定集市（Tashiding Bazaar）]位于不长的集市街南端。开往甘托克（₹200, 6小时）、乔雷唐格（150, 3小时）和西里古里（₹250, 7小时）的车辆全都在7:00左右发车。开往盖辛的几辆吉普车（₹100, 2小时）在6:30至8:30发车，14:00左右还有1班。若想前往域松（₹70, 2.5小时），9:00左右有1班吉普车（到站时通常都满员了），14:00至15:00之间还有几班。

包一辆车前往域松（₹600, 1.5小时）的费用高很多，但可以节省1小时车程。

曲鲁克和林钦篷（Kuluk & Rinchenpong）

海拔1600米

位于小山脊顶端的居住区**马坦**（Martam）、**贝尔米奥克**（Bermiok）、**曲鲁克**和**林钦篷**与北边裂开的山谷遥遥相对，眼前是壮观的山脉，白雪皑皑的喜马拉雅群峰绵延起伏，主峰东边是嶙峋低矮的悬崖峭壁。可以说，这里的风光甚至比发达成熟的裴林更加令人难忘，尤其是从林钦篷望去，那里还有两座历史悠久的寺院，而位于东边3公里处的曲鲁克则有方便的路口集市和出租车站。

◉ 景点

★ 雷苏木寺　　　　　　　　　佛教寺院

（Resum Gompa; Rinchenpong）如果你喜爱被人遗忘的、连绘制的壁画都质朴笨拙的寺庙，那么小小的雷苏木寺可能会成为你的锡金邦寺院之行的亮点之一。没有通向那里的道路，你不得不步行大约20分钟，穿过树林，邂逅坍塌的佛塔和铭刻着神圣文字的嘛呢墙，从而为旅途增添一分乐趣。这座晃晃悠悠的古老寺院宁静无比，拥有360度的视角，山景绝美，令人惬意。

🛏 食宿

★ Ghonday Village Resort　　　酒店 $$

（☎9593979695, 03595-210339; www.ghondayresort.com; Kuluk; 房间 ₹3500~4500, 未预订 ₹1500起; ☏）赠送一杯咖啡，献上传统的哈达，这家漂亮的度假村为客人们提供高品质的服务，体现了高档酒店的格调。从这里可以眺望令人目瞪口呆的广阔山景。房间很大，配置齐全，设施安装得很结实，令人满意。几座通风良好的小屋位于枝繁叶茂的山坡花园里面，那里还有一副操场大小的棋盘。

★ Biksthang　　　　　　农场寄宿 $$$

（☎9593779077; www.biksthang.com; Mangalbarey Rd; 标单 含半食宿 ₹6000~13,000, 双 ₹6450~22,050; ᴾ☎）🍴如果你想要逃避技术主导的现代生活，又能与受过高等教育、善解人意的主人们放松相处，很难想象还有哪个地方能胜过这个偏远却雅致的农场住宿场所。8座布置得富于艺术感的小屋坐落在姜黄、柑橘和小豆蔻树丛之间；独一无二的餐厅位于一间非常上相的落成于19世纪的农舍里面，干城章嘉峰的倒影赫然映在无边游泳池的水面上。

❶ 到达和离开

合乘吉普车在两条主要线路上运营：林钦篷—登塔姆（Dentam）—裴林—盖辛和登塔姆—贝尔米奥克（Bermiok）—曲鲁克—索伦（Soreng）—乔雷唐格。清晨出站，午后可从乔雷唐格或盖辛返回。

曲鲁克的小集市位于登塔姆—索伦主路拐向林钦篷的地方，比较容易找到独乘的出租车；班次频繁的登塔姆—乔雷唐格的合乘吉普车在这里上下乘客。林钦篷的中心有不太忙碌的小型**出租车候客站**，距离曲鲁克2.6公里。

东北地区

包括 ➡

阿萨姆邦	532
古瓦哈蒂	532
加济兰加国家公园	539
那加兰邦	544
科希马	545
曼尼普尔邦	549
米佐拉姆邦	550
特里普拉邦	552
阿加尔塔拉	552
梅加拉亚邦	555
西隆	555

最佳餐饮

➡ Paradise（见535页）
➡ Luxmi Kitchen（见550页）
➡ Moti Mahal（见544页）
➡ Maihang（见540页）
➡ Trattoria（见557页）

最佳住宿

➡ Diphlu River Lodge（见540页）
➡ Puroni Bheti（见541页）
➡ Ri Kynjai（见557页）
➡ Prabhakar Homestay（见534页）

为何去

东北地区位于印度边缘，由于这里有似乎亘古未变的森林和令人望而生畏的山脉，一直没有进入主流世界的视线之中，是整个亚洲地区现存的仅有的一大片自然和人类学保留地。整片区域与不丹、中国、缅甸和孟加拉国接壤，这些遥远的边境地区美丽又粗犷，是部落文化、气候、风景和人文的碰撞地带。在这个适合探险的仙境中，喜马拉雅冰川河流入阿萨姆邦（Assam）广阔的洪泛平原，犀牛在加济兰加（Kaziranga）的沼泽草原上吃草，往日的猎手们慢慢地在那加兰邦（Nagaland）老屋中追赶现代化的步伐。

当然了，这些偏远地区并不是在所有方面都一帆风顺的，一路上会出现各种需要克服的障碍（路很难走，基础设施建设很差，叛军出没，简直数不胜数），只适合那些具有强烈的冒险精神的人。

何时去

阿萨姆邦(古瓦哈蒂)

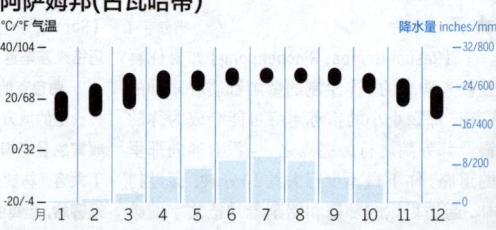

3月 去加济兰加观赏犀牛的最佳时节。

10月 此时喜马拉雅山的景色最为宜人，适合前往偏远地区旅行。

12月 威猛的那加勇士身着民族盛装，聚集在一起，庆祝科希马面宏大的犀鸟节（Hornbill Festival）。

东北地区亮点

❶ 加济兰加国家公园（见539页）游荡在辽阔的草原上，偶尔会邂逅犀牛。

❷ 乞拉朋齐（见558页）从高耸的悬崖上可以远眺孟加拉平原的景色。

❸ 乌纳科蒂（见554页）在荒野之中凝视岩石中开凿出来的庞大神庙。

❹ 科希马（见545页）参观静谧的"二战"公墓，感受那加人热情好客的传统。

❺ 罗克塔克湖（见550页）探索湖泊独特的生态系统及悬浮岛屿。

阿萨姆邦（ASSAM）

阿萨姆邦沿着绵长而宁静的布拉马普特拉（Brahmaputra）河谷铺展开来，像是一头史前时期的庞然大物。阿萨姆邦（又称Ahom）是东北诸邦中面积最大也最容易到达的，当地人热情好客，空气中飘着些许独特的香气，堪称艺术遗产的舞蹈形式充满异国风情，一系列优雅的印度教神庙在无数景点中名列前茅。阿萨姆邦的地貌风光质朴而原始，大地被一望无际的金色稻田和修剪整齐的碧绿茶园所覆盖，北面是云雾笼罩中的青山，南面是梅加拉亚和那加兰邦的高地。

阿萨姆邦的文化在这里占有绝对的主导地位。阿萨姆丝巾（gamosa；男人们脖子上围的红白围巾）和阿萨姆裙（mekhola sador；女性的传统服装）代表了地区服装和身份认同，味道微妙的鱼咖喱（fish tenga；酸味的咖喱）与其他地区的饮食截然不同。

古瓦哈蒂（Guwahati）

☎ 0361 / 人口 810,000

历史

人们普遍认为，古瓦哈蒂的位置就是光明城（Pragjyotishpura）——由阿修罗王（Asura King Naraka；后来入魔的毗湿奴其中一个化身的儿子，后被克利须那用一对魔法耳环杀死）创建的半神话城市。早在13世纪阿霍姆族（Ahoms）从东南亚来到这里以前，古瓦哈蒂曾是充满活力的文化中心，此后阿霍姆国王与莫卧儿帝国发生了领土纷争，在1681年前的50年内，该地曾8次易主。1897年，阿萨姆邦发生了大地震，紧随其后的是一系列毁灭性的山洪暴发，毁掉了老城区的大部分地区。

印度殖民时期的故事跟古瓦哈蒂都不太相关。印度独立后，古瓦哈蒂也随着阿萨姆邦的成立而发展成为一座大都市。虽然不是本邦的首府——邻近的城市迪斯布尔（Dispur）才是首府——但古瓦哈蒂才是当之无愧的头号城市。

⊙ 景点

迦摩伕耶寺
印度教神庙

（Kamakhya Mandir；不排队/排短队/排长队 ₹500/100/免费；◎ 8:00~13:00和15:00至黄昏）根据印度教传说，暴怒的湿婆将自己已逝妻子萨蒂（Sati）的身体分成108块，散布于大地各处，她的下体（yoni）落入迦摩伕耶山（Kamakhya Hill）。这使迦摩伕耶寺成为修行性力崇拜（shakti；女性精神力量）的信徒最神圣的圣地之一。迦梨女神节（Ambubachi Mela）正是在这里举行。迦摩伕耶寺位于古瓦哈蒂市中心以西7公里处，沿着一条螺旋上升的支路上行3公里即是。

阿萨姆邦立博物馆
博物馆

（Assam State Museum；GNB Rd；₹5，照相/录像 10/100卢比；◎ 3月至10月 周三至周一10:00~17:00，11月至次年2月 至16:00）博物馆位于一座壮观的殖民时期建筑内，馆内收藏了大量雕塑作品，楼上主要是部落文化展览，内容丰富。在人类学展馆，你可以穿梭于经过重建的部落家园中，一瞥乡村的日常生活。如果时间允许，值得一去。

地区重要节日

龙加利节（Rongali Bihu；◎ 4月）阿萨姆邦新年节庆。

迦梨女神节（Ambubachi Mela；◎ 6月/7月）在古瓦哈蒂迦摩伕耶寺（Kamakhya Mandir）举行的复杂的密宗生育仪式。

百鼓节（Wangala；◎ 10月/11月）加洛的丰收节，伴随阵阵鼓声起舞。

拉斯节（Ras Mahotsav；◎ 11月）马久里岛载歌载舞赞美克利须那神的节日。

犀鸟节（www.hornbillfestival.com；◎ 12月1日至10日）那加兰邦科希马周边的那加部落族人会身着战甲登台表演。

Guwahati 古瓦哈蒂

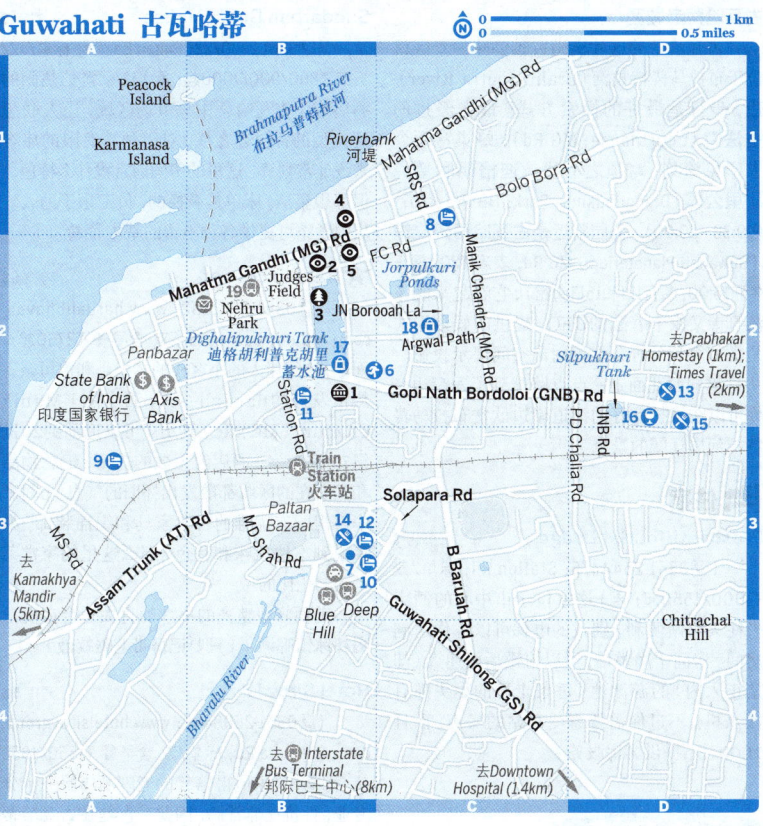

Guwahati 古瓦哈蒂

◎ 景点
1 阿萨姆邦立博物馆.................................B2
2 法院...B2
3 迪格胡利普克胡里公园...........................B2
4 古瓦哈蒂天文馆...................................B1
5 古瓦哈蒂老城区...................................B2

◎ 活动、课程和团队游
6 Assam Bengal Navigation...................B2
  Jungle Travels India.........................（见6）
7 Network Travels................................B3

◎ 住宿
8 Baruah Bhavan..................................C1
9 Dynasty...A3
10 Hotel Siroy Lily................................B3
11 Prashanti Tourist Lodge....................B2
12 Sundarban Guest House..................B3

◎ 就餐
13 Khorikaa..D2
14 New Maa Kali..................................B3
15 Paradise..D2

◎ 饮品和夜生活
16 Trafik..D2

◎ 购物
17 Artfed...B2
18 Northeast Network.........................C2

◎ 实用信息
阿萨姆邦旅游局................................（见11）

◎ 交通
19 格杰里汽车站.................................B2
  Network Travels............................（见7）

古瓦哈蒂老城区 街区

古瓦哈蒂的这片充满古雅韵味的景区就位于布拉马普特拉河（Brahmaputra River）边，步行是最好的探索方式。最先经过的是**法院**（Courthouse；MG Rd），蜂巢穹顶令人印象深刻；穹顶之下就是**迪格胡利普克胡里公园**（Dighulipukhuri Park；HB Rd；₹10；9:30~20:00）。公园附近是**古瓦哈蒂天文馆**（Guwahati Planetarium；MG Rd；表演 ₹20；正午和16:00，每月1日和15日闭馆），它看起来既像清真寺又像个着陆的UFO，提供的娱乐形式是类似穹顶的屏幕上投射出空间展示投影。从这里向西北面走一点点路就到了**河岸**边，你可以在维护良好的河道岸边欣赏布拉马普特拉河岸辽阔的景色。

🛏 住宿

Prashanti Tourist Lodge 酒店 $

（☏0361-2544475；Station Rd；标单/双 ₹1000/1550起；❄）这家位于市中心的酒店来往火车站便利。别致的电梯可以将你送到房间。房间干净整洁，可以俯瞰后面迷人（却禁止入内）的游泳池。每条走廊的尽头都有饮水机。不过你需要忍受车站的噪声，而且21:00后不提供客房服务。

不要错过

河上巡游

如果想换个独特（和威风）的视角体验美丽的阿萨姆邦，可以考虑来一次豪华的河上巡游。9月至次年4月从古瓦哈蒂出发，历时数日的豪华巡游将带你沿着布拉马普特拉河上行至迪布鲁格尔（Dibrugarh），沿途在加济兰加国家公园、马久里岛和西瓦萨加尔等多个不容错过的地点抛锚停留。途中有意思的活动包括野生动物之旅、文化之旅，或只是懒懒地在甲板上喝一杯。**Assam Bengal Navigation**（☏9207042330；www.assambengalnavigation.com；Dirang Arcade, GNB Rd；每人每天 费用全包 $195起）位于古瓦哈蒂，可以在这里获取所有的相关信息。

Sundarban Guest House 酒店 $

（☏0361-2730722；Paltan Bazaar；标单/双/标三 ₹800/900/1000起；❄）这家繁忙热闹的酒店位于古瓦哈蒂中央市场区域，让人联想到典型的背包客客栈，对于预算有限的旅客来说非常划算。这里的房间通常没什么特色，但都很整洁，床单是新换的，员工乐于助人。店内餐馆可提供各种不错的基本菜肴。

★ Baruah Bhavan 客栈 $$

（☏0361-2541182；www.baruahbhavan.com；MC Rd, Uzanbazar；双 含早餐 ₹2750起；❄@）这间迷人的小客栈的老板是和蔼可亲、热情友好的Baruah一家，酒店位于Manik Chandra（MC）Rd，其历史可以追溯到20世纪70年代——酒店内无数的古董、纪念物品和其所在的区域都散发出怀旧的气息。6间豪华客房配有优雅的古典家具和织锦装饰。如果说到本地风味和特色，那么这里的家常菜是无与伦比的。

前面修剪整齐的草坪简直太适合在夜里喝杯冰镇啤酒了（只要记得带上驱蚊液）。

Hotel Siroy Lily 酒店 $$

（☏0361-2608492；www.hotelsiroygroup.com；Solapara Rd；标单/双 含早餐 ₹1550/1950起；❄🛜）这家值得信赖的老牌酒店服务十分专业，性价比非常高，因此一直是在古瓦哈蒂中转的中档预算游客的最爱。房间维护得很好，入住空调房间则需要另加几百卢比的费用，但更划算。及早预订，因为大多数时候都客满。

★ Prabhakar Homestay 家庭寄宿 $$$

（☏9435033222；www.prabhakarhomestay.com；House 2, Bylane 2, KP Barua Rd, Chandmari；标单/双 含早餐 ₹4180/4640；❄🛜）这个令人惬意十足的地方位于安静的居民区，由担任过教授的谢拉（Sheila）及其丈夫马赫什（Mahesh）管理，可能是全印度最好的家庭寄宿场所之一。房子四周是树木繁茂的花园，内部采用原生态装修风格。店内厨师潘卡杰（Pankaj）准备的阿萨姆餐食（₹650）足以挑战城里的餐馆。

Dynasty 酒店 $$$

（☏0361-2516021；www.dynastyhotel.in；

导览游

虽然随团旅行似乎束手束脚，但要记住在印度东北地区独自旅行会遇到很多麻烦。该地区具有资质的旅行社在处理与许可证有关的繁文缛节以及跟地方官员协商方面有着丰富的经验，还可以帮你解决语言和文化障碍，可以这么说，如果你独自旅行，那几乎是不可能克服的问题。的确，如果没有当地中间人向你讲解合适的礼仪，跟部落的人进行有意义的交流就会非常困难。旅行社还能帮你设法避开动荡的地区和形势。

本地区声誉良好的旅行社：

Abor Country Travels & Expeditions（9436053870，0360-2292969；www.aborcountrytravels.com；B Sector）

Alder Tours & Travels（9402905046；www.alderstoursntravels.com；Imphal Rd；周一至周六 9:00~17:00）

Jungle Travels India（0361-2667871；www.jungletravelsindia.com；Dirang Arcade，GNB Rd）

Network Travels（0361-2605335；GS Rd；周一至周六 10:00~19:00）

Purvi Discovery（0373-2301120；www.purviweb.com；Medical College Rd，Jalan Nagar）

SS Rd；双 含早餐 ₹5500起；❄@⁂）位于Sir Shahdullah（SS）Rd的Dynasty曾经是古瓦哈蒂最好的酒店之一，它留存着一种怀旧感，酒店的华丽房间充满了殖民时期的风情。这里拥有所有你在高档酒店能想象到的设施，包括两家超级棒的餐馆，还有桑拿浴和水疗。

✘ 就餐

New Maa Kali　　　　　　　阿萨姆菜 $

（Paltan Bazaar，ME Rd；主菜 ₹70~120；9:00~23:00）这家简单利落的餐馆提供质朴美味的阿萨姆本地菜肴，特色是鱼类菜肴。菜单使用阿萨姆文，但服务员会乐于帮你作出选择。

★ Paradise　　　　　　　印度菜 $$

（9435548812；GNB Rd；主菜 ₹100~200；10:30~22:30；❄）Paradise午餐时段供应的塔利套餐（thali）被认为是将阿萨姆的原始烹饪技法发扬光大，它完美地将一系列本地美食融合在同一道菜中。尝尝这里的酸咖喱鱼（fish tenga），保证你吃过一次就难以忘怀。另外提供素食塔利套餐，特色是额外提供的几种不含荤腥的美食。

Khorikaa　　　　　　　阿迪瓦西菜 $$

（9864157454；GNB Rd；主菜 ₹100~180；11:00~16:00和19:00~22:30；❄）这家餐馆以阿萨姆烤菜（khorikaa）命名，提供各种美味的地方菜肴，有空调，环境高档而舒适。可以尝尝烤小鱼和炒鸽肉，或者尝尝可口的芝麻猪肉。

🍷 饮品和夜生活

Trafik　　　　　　　　　　　酒吧

（GNB Rd；啤酒 ₹140；11:00~22:00）这是一家灯光昏暗但很热闹的酒吧，主要消费人群为上班族，就跟酒吧的名字一样（含义是交通），所以很多人会在下班后过来小酌一杯。酒吧里有个电视大屏幕，常常播放板球赛或宝莱坞歌曲，周末有乐队在小舞台上演奏本地音乐。

🛍 购物

Northeast Network　　　　服装

（9435017824；www.northeastnetwork.org；JN Borooah Lane；周一至周五 11:00~16:00）这个非政府组织在村里推动建立了乡村妇女自助项目，为几家手工纺织合作社提供基层组织工作。在这里购买漂亮（和物有所值）的商品就是支持这项社会使命。

Artfed　　　　　　　　礼品和纪念品

（0361-2548987；GNB Rd；10:00~20:00）精美的竹制工艺品、纺织品、柳条制品、金属和陶瓦手工艺品，还有许多犀牛雕刻,尽在这家邦政府经营的商场。

❶ 实用信息

医疗服务
Downtown Hospital（☎0361-2331003, 9864101111; www.downtownhospitals.in; GS Rd, Dispur）这是城里应对紧急情况最好的医院。阿萨姆邦的行政中心迪斯布尔与古瓦哈蒂相邻,沿GS Rd往东即是。

现金
城镇各处都有自动柜员机和银行。如果你打算前往印度东北的偏远地区长途旅行,最好在这里多换一些当地货币。
Axis Bank（M Nehru Rd; ⊙周一至周六 10:00~16:00）设有一台自动柜员机,并可兑换外币。
印度国家银行（State Bank of India, Pan Bazaar; ⊙周一至周五 10:00~16:00,周六 至14:00）设有一台自动柜员机并可兑换主流货币。紧邻Hem Barua Rd。

邮局
中心邮局（Main Post Office; Ananda Ram Barua Rd; ⊙周一至周六 10:00~16:00）

旅游信息
阿萨姆邦旅游局（Assam Tourism; ☎0361-2544475; www.assamtourism.gov.in; Prashaanti Tourist Lodge, Station Rd; ⊙周一至周六 10:00~17:00）位于Prashaanti Tourist Lodge,不过是非正式的咨询台,大楼外面有个旅游信息亭。

❶ 到达和离开

飞机
印度航空（Air India; ☎011-24624075; www.airindia.in）、**靛蓝航空**（IndiGo; ☎9212783838; www.goindigo.in）、**GoAir**（☎9223222111; www.goair.in）、**捷特航空公司**（Jet Airways; ☎1800225522; www.jetairways.com）和**香料航空公司**（SpiceJet; ☎9654003333; www.spicejet.com）都有航班往返古瓦哈蒂和印度各大主要城市（通常经停加尔各答）。

梅加拉亚邦直升机服务（Meghalaya Helicopter Service; ☎9859021473; Guwahati Airport; ⊙飞行9:00~14:50）往返于西隆（Shillong; ₹1500; 30分钟; 9:00和12:30出发）和杜拉（Tura; ₹1900; 45分钟; 10:30和14:00出发）之间。请注意: 天气情况恶劣时,直升机不会起飞。

长途汽车和SUMO车
长途汽车从距市中心8公里的NH37旁边的邦际巴士中心（Interstate Bus Terminal, 简称ISBT）发车。私营长途汽车公司运营的摆渡车往返于他们的办事处和ISBT之间。**Blue Hill**（☎0361-2609440; HPB Rd; ⊙6:00~20:00）、**Deep**（☎9435118527; HPB Rd; ⊙6:00~21:00）和**Network Travels**（☎0361-2605335; www.networkbus.in; Paltan Bazaar, GS Rd; ⊙5:00~21:00）运营多条交通线路。所有这些公司都提供Sumo车和其他品牌的坚固四驱车的租赁服务,并按照相同的收费标准计费,客人可以租车在全区境内跑长途,每天₹4000,包括燃油和支付给司机的费用。**Times**

从古瓦哈蒂发车的长途汽车

目的地	票价（₹）	车程（小时）
阿加尔塔拉（特里普拉邦）	950	24~26
艾藻尔（米佐拉姆邦）	760	28
迪布鲁格尔	510	10
因帕尔（曼尼普尔邦）	750	17
焦尔哈德	320	7
加济兰加	260~350	6
科希马（那加兰邦）	410	13
西隆（梅加拉亚邦）	120	2.5
西瓦萨加尔	410	8
提斯浦尔	190	5

Travel (☎9435110947; timestravel24@gmail.com; GM Path, New Guwahati) 有一队出租车和四驱车,可供多日出租。

火车

古瓦哈蒂到德里每天有4班火车,其中12423 Dibrugarh-Rajdhani Express(空调卧铺3类/空调卧铺2类₹2560/3565; 28小时; 7:00发车)是最快也是最舒适的。到加尔各答[豪拉(Howrah)]的当日最佳线路是12346 Saraighat Express(卧铺/空调卧铺3类/空调卧铺2类₹500/1315/1885; 17小时; 12:30发车)。如果要去大吉岭和锡金邦,在新杰尔拜古里(New Jalpaiguri; 卧铺/空调卧铺3类/空调卧铺2类₹295/765/1075, 7小时)下车。

另外,还有很多从这里出发开往迪马布尔(Dimapur; 2等座/卧铺/空调卧铺3类 ₹105/180/460; 4~6小时)、焦尔哈德(Jorhat, 2等座/卧铺/空调卧铺3类₹175/235/585; 7~11小时)和迪布鲁格尔(卧铺/空调卧铺3类/空调卧铺2类₹180/315/860; 10~14小时)的火车。

ⓘ 当地交通

从古瓦哈蒂国际机场(Lokpriya Gopinath Bordoloi International Airport; 相距23公里)到城里,乘坐出租车/合乘出租车/机场大巴的费用分别为₹500/150/100。**合乘出租车**从GS Rd的Hotel Mahalaxmi出发去机场(每人/每车 ₹150/500)。机动三轮车城内短途的费用为₹50~100。你还可以用手机App叫一辆Uber,享受舒适的空调,去往城内目的地或去往机场的每公里费用不到₹10。

前往几处本地目的地的公共汽车从**格杰里汽车站**(Kachari bus stand; MG Rd)发车。

古瓦哈蒂周边

哈焦和波阿麦加 (Hajo & Poa Mecca)

小镇哈焦(Hajo)位于古瓦哈蒂西北方约30公里处,连绵的5座山丘上坐落着5座古老的寺庙,吸引着印度教和佛教朝圣者前来寻访。**马头明王马达夫寺**(Hayagriva Madhav Temple)是最主要的圣地,访客需要登上长长的石阶并穿过一座类似莫卧儿风格的装饰大门后方可进入寺内。寺庙内有一幅克利须那神的化身像,据说已有6000年的历史。若想到达这里,可以从古瓦哈蒂的阿达巴利(Adabari)汽车站乘坐25路公共汽车(₹60, 1小时)。

哈焦以东2公里处就是**波阿麦加清真寺**(Poa Mecca mosque),里面是苏丹哈扎拉特·沙·贾斯丁·奥利亚·拉赫马图拉·阿利克(Hazarat Shah Sultan Giasuddin Aulia Rahmatullah Alike)的陵墓,他是从伊拉克来此传播伊斯兰教的君主和圣徒,大约在800年前辞世。穆斯林需要沿着一条盘旋道路步行4公里(开车不够虔诚)走到这座建筑形式普普通通的清真寺。

坡比托拉国家公园 (Pobitora National Park)

坡比托拉国家公园(印度人/外国人₹50/500, 拍照₹50/500, 录像₹500/1000; ◎四驱车进入 11月至次年4月 7:30至正午和14:30至黄昏)坐落于古瓦哈蒂以东约40公里处,以一种数量不少的独角犀牛而闻名; 大约有将近100头这种庞大笨重的动物栖息在这个17平方公里的公园内。此外,坡比托拉还凭借其他物种获得野生动物爱好者的青睐,比如豹子、野生水牛、野猪和将近2000种留鸟和候鸟。游客需要先坐船渡过保护区外围的河流到达对岸的大象客运站。你可以从这里骑着大象走1小时左右穿过沼泽地,最终到达犀牛栖息地。但是需要注意的是: 骑大象需要使用象轿(howdah),据了解,那会对大象的脊椎造成损伤; 为了保护大象的权益,很多人宁可不骑。若想到达这里,可以在古瓦哈蒂租半天车(₹1500)抵达。

提斯浦尔 (Tezpur)

☎03712 / 人口105,500

对前往上阿萨姆邦的游客来说,提斯浦尔不过是个实用的中转站,不过这个城镇中有多座经过精心维护的美丽公园和独具魅力的湖泊,位于城市边缘的布拉马普特拉河的景色十分壮观。

◎ 景点

奇特拉莱卡公园 公园

(Chitralekha Udyan; Cole Park; Jenkins Rd; ₹20, 照相/录像 ₹20/100; ◎9:00~19:00)奇特

拉莱卡公园有一个U形池塘（脚踏船租赁 每人₹20），周围的草坪修剪得十分整齐，点缀着一些精美的古代雕像。4月至9月，公园内还有碰碰车和水上滑梯。向东走过一个街区，然后向南转即可到达Ganeshgarh Temple，寺庙位于一段石阶之上，俯瞰着布拉马普特拉河的滔滔河水，这里也是欣赏江边日落的好地方。

食宿

Prashaanti Tourist Lodge
酒店 $

（☎03712-221016; touristlodgetezpur@gmail.com; Jenkins Rd; 标单/双/标三 ₹850/950/1300）Prashaanti Tourist Lodge为国营酒店，正对着奇特拉莱卡公园，位于汽车站南面，整洁漂亮，面向来自各国的经济型旅行者。宽敞的房间物超所值，带有干净的卫生间，配备洁净的床单和蚊帐。员工服务高效而热情，符合政府规定的标准。

Hotel KRC Palace
酒店 $$

（krc.tezpur@rediffmail.com; JN Rd; 标单/双 ₹2530/2970起; ❄☎）自称"阿萨姆邦最好的酒店"的这家整洁的中档酒店提供物超所值的服务。宽敞的房间里有舒适的床、大窗户、干净透气的洗手间和诸如平板电视和Wi-Fi等现代化生活设施。从恰里亚利教堂（Mission Chariali）沿JN Rd步行5分钟就可以抵达。

KF
酒店 $$$

（☎03712-255203; kfhotel@gmail.com; Mission Chariali; 标单/双 ₹2420/2970起; ❄☎）这里提供美观而又现代化的房间，良好的客房服务十分注重细节。酒店位于城中心以北3公里处，拥有自营餐厅和一间咖啡店，最重要的是楼下还有一家商品丰富的百货商店，在你出发去偏远地区前，可以来这里购买必需品。

Chat House
快餐 $

（Baliram Bldg, NB Rd和NC/SC Rd交叉路口; 小吃 ₹50起; ⊙8:00~21:30; ☎）位于屋顶天台的Chat House拥有侧面敞开式的就餐区域，凉风习习，视野开阔，提供印度小吃、面条、比萨和藏式饺子（momos）。

Spring Valley
自助餐馆 $

（NC Rd; 小吃/小餐 ₹40/60; ⊙7:30~21:00; ☎）这家受欢迎的小餐馆相当忙碌，全天提供热乎、美味的小吃和小餐; 简单的炸面包干（puris）很好吃。面包坊区域有各种不错的泡芙、点心和面包，楼上的素食餐馆在午餐和晚餐期间非常热闹。

❶ 到达和离开

Jenkins Rd有预约吉普车的服务台，同一条街上还有前往纳梅利国家公园（Nameri National Park; ₹800）和加济兰加国家公园（₹1500）的私营出租车站点，车费可以砍价。再往前走一段就是**长途汽车站**（Jenkins Rd），有去往古瓦哈蒂（₹190; 5小时）、焦尔哈德（₹200; 4小时）和加济兰加的科赫拉村（Kohora; ₹100; 2小时）的长途汽车，班次频繁。

纳梅利国家公园（Nameri National Park）

风景秀丽的纳梅利国家公园专营低调的徒步观鸟旅行。

◉ 景点

纳梅利国家公园
自然保护区

（Nameri National Park; 印度人/外国人 ₹70/520, 拍照/录像 ₹50/500; ⊙黎明至黄昏）多达375种鸟类动物在纳梅利被记录在册，其中包括珍稀的乌雕（greater spotted eagle）和白翼木鸭（white-winged duck）。观鸟旅行是公园的专营，可以通过Eco-Camp（见538页）和Jia Bhorelli Wild Resort（☎03715-247109; 双₹2200）来安排行程。公园内的哺乳动物包括野生大象、难得一见的老虎和濒临灭绝的侏儒猪（dwarf hog）。公园的费用中包含强制性的武装守卫。Potasali位于提斯浦尔到Bhalukpong道路的2公里处，从Potasali进入公园。

食宿

Eco-Camp
帐篷营地 $$

（☎9854019932, 8472800344; ecocampnameri@gmail.com; Nameri National Park; 铺/双 ₹400/1900）Eco-Camp组织公园内的参观行

程，包括历时2小时的观鸟皮划艇旅行（2座/4座 ₹1650/2200）。住宿的条件虽然只是"帐篷"，但是多彩的织物、独立卫生间、坚固的床铺和草面屋顶让住宿体验独一无二。营地坐落于草木旺盛的花园之中，叽叽喳喳的小鸟和流连于热带花蜜的蝴蝶随处可见，而外来植物都被贴上了标签，很容易识别出来。

东喜马拉雅植物园　　　　　度假村 $$$

（Eastern Himalayan Botanic Gardens; Wild Mahseer; ☏03714-234354; wildmahseer@gmail.com; 双人间 全食宿 ₹12,000起; ❄）度假村距离Balipara 5公里，位于提斯浦尔东北方向30公里处，坐落在连绵起伏的茶园之中。9公顷的园林绿树成荫，4间完美翻修过的种植园主居所中有豪华的住宿条件。典型的历史悠久的农舍（双人 全食宿 ₹29,500）位于壮观的百年建筑里，保存了过去上层社会的生活片段。

🛈 到达和离开

出租车从提斯浦尔到纳梅利国家公园花费为₹800。

加济兰加国家公园
(Kaziranga National Park)

☏03776

著名的独角犀牛是印度最有名的野生旅游吉祥物之一，它们就生活在加济兰加国家公园的广袤草原上。

公园分为西区、中区和东区，清晨可以在中区进行大象游猎活动。

◉ 景点

加济兰加国家公园　　　　　自然保护区

（Kaziranga National Park; 印度人/外国人 ₹50/500, 拍照 ₹50/500, 录像 ₹500/1000; ⊙四驱车进入 11月至次年4月 7:30至正午和14:30至黄昏）公园里犀牛的数量约为1800只（1904年的时候只有200只），占全世界犀牛总数的三分之二以上。加济兰加提供热门的四驱车游览（见本页）和大象游览（见本页）活动，可以近距离地接触犀牛。在科赫拉（Kohora）村以南约800米的加济兰加旅游中心（Kaziranga Tourist Complex; 有一扇显眼的犀牛大门）的区域办公室（见540页）支付公园费用。

👉 团队游

大象游览　　　　　　　　　　团队游

（Elephant Safaris; ☏03776-262428; Kaziranga Tourist Complex; 包括公园 印度人/外国人 ₹875/1875; ⊙游览 5:30~8:30, 提前一晚预订）可以在加济兰加旅游中心（Kaziranga Tourist Complex; 位于科赫拉村以南约800米，有一扇显眼的犀牛门）或直接让你住宿的地方安排这些热门游览活动。注意，虽然大象游猎受到了林业部门的关照，但骑乘过程中使用的象轿会对大象的脊椎造成潜在的损伤。

虽然这里目前并未控制或限制骑大象，但你或许宁愿不参加这样的活动。

进入公园的时候会有一名持械护卫跟随大象。支付象夫和护卫₹100小费是惯例。

四驱车游览　　　　　　　　　团队游

（4WD Safaris; ☏03776-262428; Kaziranga Tourist Complex; 每辆车 含通行费 西区/中区/东区 ₹1600/1500/2000）可以在加济兰加旅游中心（Kaziranga Tourist Complex; 位于科赫拉村以南约800米，有一扇显眼的犀牛门）或直接让你住宿的地方安排这些热门游览活动。进入公园的时候会有一名持械护卫跟随所有车辆。支付司机和护卫₹100小费是惯例。

🛏 食宿

🛏 旅游中心内 (Tourist Complex)

Jupuri Ghar　　　　　　　　度假村 $$$

（☏9435196377, 0361-2605335; www.jupurigharkaziranga.com; 双 含早餐 ₹4200; ❄）这里拥有度假的氛围和漂亮的外观，周围有些传统风格的小屋，整体环境舒适安静，还有个成熟的花园。酒店管理到位，还有露天餐厅，你可以一边吃免费的早餐，一边跟其他客人交换关于游览的意见。

Aranya Tourist Lodge　　　　酒店 $$$

（☏03776-262429; 双 ₹1250起; ❄）这家由政府管理的酒店有点缺乏特色，四四方方，被装饰成了森林的样子，前面有个花园，房间

干净，服务及时到位，提供的食物也挺像样的，还有一间存货齐全的酒吧。酒店很受大型旅行团的追捧，所以会有点儿吵。

★ Maihang　　　　　　　　　印度菜 $$

（☏9435600879；Kohora Village；主菜 ₹200~250；⏰正午至15:30和19:00~22:00）芝麻酱汁炒鸭肉和鱼肉、笋干炒猪肉或香辣羊肉块——似乎没有哪家餐馆的当地美食比这家路边小餐馆更为丰富多样了。一辆报废老爷车被改造成接待台，指向以藤条为装饰的用餐区域，你可以在那儿品尝阿萨姆邦最美味、最正宗的民族美食。

旅游中心外 (Beyond The Complex)

Wild Grass Resort　　　　　　度假村 $$

（☏8876747357, 03776-262085；wildgrasskaziranga@gmail.com；双 含早餐 ₹2450）这个有点儿摇摇欲坠却令人愉快的度假村很受欢迎，位于科赫拉以东约10公里处，酒店甚至没有任何标志，而是以树木标记！殖民时期风格让人感觉仿佛时间放慢了脚步。餐厅提供美味的印度菜。旺季期间必须预订。

★ Diphlu River Lodge　　　　度假村 $$$

（☏0361-2667871, 9954205360；www.diphluriverlodge.com；丛林计划套餐 每人 印度人/外国人 ₹10,000/18,000；❈🛜）Diphlu River Lodge绝对是加济兰加地区最经典的度假村，这个奇妙的度假胜地完美地将精致奢华与质朴的外观以及别致的民族主题结合在一起。一排竹制小屋沿着Diphlu河排开，配有柔软的床铺，时尚的浴室里有淋浴设备，幸运的游客可以在小屋的露台看到犀牛在沼泽草地上吃草。对了，这里的食物非常美味。

Bonhabi Resort　　　　　　　度假村 $$

（☏03776-262675；www.bonhabiresort.com；双人间 ₹2010起；❈）这个安静而友好的地方有殖民时期风格的一栋旧别墅，还有一些坐落在绚丽花园间的舒适小屋。饮食烹饪考究，只是稍微有点儿缺乏想象力。度假村位于通向东区的路上，路标清晰。

Iora　　　　　　　　　　　　度假村 $$$

（The Retreat；☏9957193350；info@kazirangasafari.com；标单/双 含早餐 ₹6150/7380起；❈@🛜≋）这家大型私营度假村相对于加济兰加这样的地方来说，稍微有些正式和规模过大，房间都经过精心维护（共42间），设有高雅的装饰和现代化的设施，服务高效。游泳池是孩子们的乐园，大人们则喜欢在度假村里的各种水疗中心里慵懒地度过一个下午。

ℹ️ 实用信息

区域办公室（Range Office；☏03776-262428；Kaziranga Tourist Complex；每人 林地税/道路税/野生动物税 ₹100/300/100；⏰24小时）在位于加济兰加旅游中心内（Kaziranga Tourist complex；有个很醒目的犀牛大门）的办公室支付公园费用，位置在科赫拉（Kohora）村子以南约800米处。注意，前往公园入口需要经过一段土路，这条路转向旅游中心以西1公里的右侧。

ℹ️ 到达和离开

科赫拉村有长途汽车开往古瓦哈蒂（₹350；4小时；7:30~16:30间每小时1班）、迪布鲁加尔（Dibrugarh；₹300；4小时）和提斯浦尔（₹100；2小时）。

从提斯浦尔过来的独乘出租车费用为₹1500。

焦尔哈德（Jorhat）

☏0376 / 人口 140,000

焦尔哈德是去马久里岛的门户，但这座繁华的城市对于游客来说没什么好看的。Gar Ali是城里的商业街，与AT Rd（NH37）大道在热闹的**中央市场**（central market）前相接。

🛏️ 食宿

阿萨姆邦运输公司（the Assam State Transport Corporation，简称ASTC）长途汽车站后面就是Solicitor Rd，这条路上有一排不错的酒店。

Hotel Paradise　　　　　　　　　酒店 $

（☏0376-2321521；paradisejorhat@gmail.com；Solicitor Rd；标单/双 含早餐 ₹770/1050起；❈🛜）Hotel Paradise的内部经过精心打理，员工待客友好，大厅内有格子毛毯、油炸

小吃和免费Wi-Fi。

New Park 酒店 $

(☎0376-2300721; hotelnewparkjorhat@gmail.com; Solicitor Rd; 标单/双 ₹1050/1150起; ❄)New Park位于Solicitor Rd的尽头。房间狭小但通风不错,供应热水,采光很好。

★ Puroni Bheti 客栈 $$$

(☎9954150976; rajibbarooah@yahoo.co.in; Haroocharai Tea Estate; 双人间 含早餐₹5000起; ❄☷)焦尔哈德的亮点是令人惬意的Puroni Bheti,坐落在城镇西边的茂盛茶园之间,由非常友善的种植园主一家打理。个性化服务、优质的住宿条件、令人垂涎的家常菜,以及与主人一起共度的欢歌笑语的夜晚,一定会给你留下难忘和奢华的住宿体验。家里的狗狗埃尔莎(Elsa)和班比(Bamby)是非常棒的小伙伴。

❶ 到达和离开

阿萨姆邦运输公司长途汽车站(ASTC bus station; AT Rd)有途经加济兰加去往西瓦萨加尔(Sivasagar; ₹80; 1小时)、提斯浦尔(₹160; 4小时)和古瓦哈蒂(₹320; 7小时; 6:00至正午间共8班车)的长途车。

焦尔哈德的火车站位于城镇中心,在AT Rd以南约500米的Gar Ali旁边。12068 Jan Shatabdi Express(空调座 ₹585; 7小时; 周一至周六 14:30发车)是3班前往古瓦哈蒂的火车中较便捷的那班。

微风轻拂着**尼马蒂迦特**(Nimati Ghat),这里到处是售卖印度奶茶的棚屋,去马久里岛(成人/四驱车 ₹20/600, 1.5小时, 8:30、10:30、13:30和15:00)的渡船就从这里出发,渡船上常常是人满为患。你可以乘坐长途汽车从焦尔哈德到达尼马蒂迦特,全程12公里(₹30; 40分钟)。

马久里岛(Majuli Island)

☎03775 / 人口168,000

马久里岛的面积为约450平方公里,是印度最大的河心岛,周围是奔腾的布拉马普特拉河带来的谜一般变化着的赭石沙洲。马久里岛持续遭受大自然原始力量的破坏(每个雨季总会有很多区域被淹入水中),但其秀丽的风景依然无与伦比。整个小岛都是波光粼粼的稻田和开满风信子的水草甸。

岛上主要的两个村子是距离码头3公里的Kamalabari,以及距离Kamalabari以北5公里的Garamur。来此一行的亮点包括观鸟活动(将近100种鸟类栖息在此)以及在22座印度教的沙特拉(satra;古代印度教毗湿奴派寺院和艺术中心)学习新毗湿奴派(neo-Vaishnavite)哲学思想。

据调查显示,以目前的侵蚀量来看,这样持续下去该岛将在20年内消失。

☞ 团队游

Majuli Tourism 观鸟

(☎9435657282; jyoti24365@gmail.com; Garamur Village; 全天游 ₹1000, 出租自行车 每天₹200)Majuli Tourism由友好且知识渊博的Jyoti Narayan Sarma经营,组织观鸟团队游并出租自行车。

🛏 食宿

马久里岛的一些沙特拉(satra)也开设了拥有基本设施的客栈(每人 ₹200)。出入其中一定要穿戴得体,切记!

La Maison de Ananda 客栈 $

(☎9957186356; monjitrisong@yahoo.in; Garamur Village; 房间 ₹600~900)位于Garamur的这家茅草屋顶的客栈建在用竹竿支撑的高台上,房间里挂满了本地制造的艳丽布艺品,营造出一种嬉皮风格的别致气氛。这里还有一栋新建的混凝土房屋,突兀而醒目。客栈由一个友好的部落家庭经营,厨房供应本地的米什(Mishing)菜肴(餐 ₹250)。

Ygdrasill Bamboo Cottage 客栈 $

(☎8876707326; bedamajuli@gmail.com; Garamur Village; 双/四 ₹600/1200)这家客栈位于从Kamalabari去Garamur的路上,建在由支柱支撑起的平台上,旁边的沼泽湖里有很多鸟儿。听着无数的蝉一起鸣叫,就这样在舒适的竹床上慢慢入睡(带上防蚊液)。晚餐(₹250)可以提前预订。

Mepo Okum 客栈 $$

(☎9435203165; Garamur Village; 双

₹1800）应季鲜花盛开在草坪四周，附近还有8栋小屋组成的美丽建筑群，这个地方经常被高级国际旅行团订满，无疑是马久里岛最好的住宿场所。通过提前安排，可以享用极为美味的当地饭菜（₹500）。

ℹ️ 到达和当地交通

渡船（成人/四驱车 ₹20/600；1.5小时）每天8:30、10:30、13:30和15:00从焦尔哈德的尼马蒂迦特出发前往马久里岛；返程时间为7:30、8:30、13:30和15:00。是否能出发取决于潮汐情况和季节。

长途汽车/厢式车（₹20/30）每天从早到晚都挤得满满的，接到从码头渡轮下来的乘客后开往Garamur，途经Kamalabari。如果停留时间长，建议通过Majuli Tourism（见541页）租辆自行车（每天 ₹200）。

西瓦萨加尔（Sivasagar）

☏ 03772 / 人口 53,800

西瓦萨加尔（字面意思是"湿婆之海"）曾经是阿霍姆（Ahom）王朝的首都，这座沉寂的城市得名于位于城中心的广阔而优美的水库。这里还是混乱的郊区居民区，对于游客来说，则是探索几处美丽、偏远的阿霍姆遗址的重要基地，也是进入那加兰邦的交通枢纽。

◉ 景点

阿霍姆庙　　　　　　　　　印度教神庙

（Ahom Temples; Shiva Dol; ⊙黎明至黄昏）**免费** 城内的3座阿霍姆庙塔高高地耸立在西瓦萨加尔水库树木繁茂的南岸——矗立在西面的是**提毗庙**（Devi Dol），**毗湿奴庙**（Vishnu Dol）在东边，中间则是33米高的**湿婆庙**（Shiva Dol），分别供奉着女神提毗、主神毗湿奴和主神湿婆。这里是消磨一段时间的好地方，可以在热带树木的荫蔽下安静地看看四处走动举行仪式的朝圣者，感受神秘的气氛。拍照前要征求同意。

欢乐宫　　　　　　　　　　纪念碑

（Rang Ghar；印度人/外国人 ₹15/300；⊙黎明至黄昏）美丽无比的欢乐宫位于西瓦萨加尔中心以南约4公里处的AT Rd旁边，过了"二战"时期的金属吊桥大约2公里处的右边即是。这是一栋椭圆形的两层建筑，如今经过无可挑剔的修复，矗立在漂亮的草坪中间。闪闪发光的赭色外墙上有花卉图案的精巧灰泥装饰。内部基本没有装饰，但你可以走上顶层，阿霍姆的君主们曾在这里观看水牛和大象的竞技战斗。

沙特拉（SATRAS）

沙特拉（satra）是祭拜毗湿奴的寺院，这一祭拜这是阿萨姆邦独特的泛印度教崇拜形式。这种信仰在15世纪由阿萨姆哲学家Sankardev创立，避开了种姓制度和偶像崇拜，专注地将毗湿奴作为唯一的神，尤其是他的克利须那（Krishna）化身。大部分崇拜都以神圣的《薄伽梵歌》（Bhagavad Gita）中的舞蹈和夸张的戏剧场景为基础。任何一间沙特拉的核心都是namghar（大而简朴的祷告厅），供奉着不灭的圣火，并饰有梵歌或一些带有启发性（但不是预言）的图案。在传统的习俗中，沙特拉会资助典雅的Satriya舞蹈演出和作为传统民俗表演艺术的Ankiya Bhawna，后者是由蒙面舞者表演的印度神话故事。如果想要选购一款传统舞蹈面具（₹300~2000）作为纪念品，可以从加拉穆尔（Garamur）村出发，开车15分钟到Samaguri Satra去看看。

马久里岛最有趣且位于交通便捷的位置的沙特拉是规模较大而又美丽宁静的Uttar Kamalabari（从Kamalabari向北走1公里，然后向东走600米）和Auni Ati（位于Kamalabari以西5公里处），僧人们会很热情地带你参观他们的小**博物馆**（Auni Ati Satra；印度人/外国人 ₹10/50，拍照/录像 ₹50/200；⊙9:30~11:00和正午至16:00），这里展示的是阿霍姆时期的皇家工艺品。黎明、黄昏时分或者**拉斯节**（Ras Mahotsav Festival；见532页）是颂扬克利须那神诞生、生平和功绩的时间，也是观看咏唱、舞蹈、民俗表演的绝佳机会。

塔拉特宫

遗址

(Talatal Ghar; 印度人/外国人₹15/300; ⊙黎明至黄昏) 塔拉特宫的遗址位于西瓦萨加尔中心以南约4公里的AT Rd旁边。这座地下宫殿群是为阿霍姆的君主设计的，庞大的建筑如今大多已经成为废墟，不过还是可以沿着城墙走走，探索露出地面的拱形大门。宫殿毗邻的**戈拉宫**（Gola Ghar）是一座优雅的穹顶建筑，据说是王室的军械库。

高里萨加尔

印度教神庙

(Gauri Sagar; 印度人/外国人₹15/300; ⊙黎明至黄昏) 高里萨加尔稍显宏伟的建筑群有一个迷人的中央水池及修建于18世纪20年代的3座独特的寺庙——**毗湿奴庙、湿婆庙和提毗庙**——是由阿萨姆王后普莱斯瓦里（Phuleswari）建造的。三座建筑中令人印象最深刻的是毗湿奴庙，虽然没有西瓦萨加尔的湿婆庙高大，但有更多精美（不过受到了侵蚀）的雕刻。高里萨加尔位于西瓦萨加尔以南约16公里处的主路AT Rd沿线，就在通向加济兰加的途中。

🛏 食宿

Hotel Shiva Palace
酒店 $

(📞03772-222629; hotelshivapalace.1811@rediffmail.com; AT Rd; 标单/双₹990/1320, 带空调₹1650/1980起; ❄@🛜) 湿婆庙以南约500米的AT Rd旁边就是这家极人迷人的酒店，你可以在这里找到一排非常整洁的房间，内有舒适的床、干净的床单、雅致的板材家具和不错的卫生间。它无疑是西瓦萨加尔最好的经济实惠的住宿选择，比较贵的房间很容易让人误以为是商务酒店。还有一家不错的店内餐馆。

Hotel Brahmaputra
酒店 $$$

(📞03772-222200; www.hotelbrahmaputra.com; BG Rd; 标单/双 含早餐₹1800/2970起; ❄🛜) 这家可靠的酒店如今已经营25年，拥有34间客房，虽然舒适性的标准经常改变，但所有房间定制物超所值。服务专业、及时，店内餐馆Kaveri提供美味的印度和中国饮食。

Sky Chef
多元风味 $$

(Hotel Shiva Palace, AT Rd; 主菜₹160; ⊙正至22:30; ❄) 这家餐馆陈设时尚，以各种美味的印度北部、中国和本地阿萨姆饮食为特色，是在城里观光一整天之后享用晚餐的好地方。服务员乐于向你讲解本地饮食的细微差别，帮你点到更中意的菜肴。

ℹ 到达和离开

阿萨姆邦运输公司长途汽车站（ASTC Bus Station; AT Rd和Temple Rd的交叉路口）有很多去往焦尔哈德（₹80; 1小时）、迪布鲁格尔（₹100; 2小时）、提斯浦尔（₹250; 5小时）和古瓦哈蒂（₹410; 8小时; 首班车7:00, 每小时1班）的长途汽车。

如果想参加欢乐宫、塔拉特宫、高里萨加尔和Kareng Ghar的本地观光游，请乘坐大型机动三轮车（tempo; 半/全天₹300/600）。从AT Rd路出发，沿着BG Rd路上行300米左右，有一个未标记的车站，在这里可以找到很多大型的机动三轮车。

迪布鲁格尔（Dibrugarh）

📞0373 / 人口 137,500

迪布鲁格尔是阿萨姆邦的茶叶产地，这座城市的氛围快乐而宽厚。

🛏 食宿

Hotel Rajawas
酒店 $

(📞0373-2323307; www.hotelrajawas.com; AT Rd; 标单/双 含早餐₹1000/1400起; ❄@🛜) Hotel Rajawas有30间令人倍感惬意的房间，配备了现代化设施。管理人员的维护打理工作做得很出色。

Hotel Little Palace
酒店 $$

(📞0373-2328700; www.hotellp.com; AT Rd; 标单/双₹1320/1920起; ❄🛜) 什么都有，就是小了点，Hotel Little Palace拥有48间陈设齐全的客房，全都配有干净的床单。在走廊尽头的阳台上还能看到奔腾流淌着的布拉马普特拉河。

Mancotta Heritage Chang Bungalow
度假村 $$$

(📞0373-2301120; purvi@sancharnet.in; Mancotta Rd; 双 含餐₹8500; ❄🛜) Mancotta是享用一杯种植园主才能喝到的茶的最佳场所，提供迷人的种植园主平房住所，前面就是草坪。这里还可以根据要求安排茶主题游和河上巡游活动。

Moti Mahal

北印度菜 $$

(AT Rd; 主菜₹180~250; ⏰11:00~15:00和19:00~23:00; 图) Hotel Rajawas拥有备受推崇的Moti Mahal餐馆，这是一家受到城里美食家追捧的高档餐馆，提供出色的印度北部饮食，包括馕、黄油鸡、菠菜奶豆腐（palak paneer; 未发酵的奶酪配菠菜酱汁）和五香小扁豆（tarka dhal）等主要菜肴。

❶ 到达和离开

莫汉巴里机场（Mohanbari Airport）位于迪布鲁格尔东北方向16公里处，距Tinsukia公路4公里，印度航空公司（Air India）和捷特航空公司（Jet Airways）都有飞往古瓦哈蒂、加尔各答和德里的航班，靛蓝航空公司（IndiGo）也有飞往古瓦哈蒂和加尔各答的航班。

阿萨姆邦运输公司和私营的长途车都从**长途汽车站**（Mancotta Rd）出发，去往西瓦萨加尔（₹100; 2小时; 6:00~9:00多班车次）、焦尔哈傣（₹200; 3小时; 6:00~9:00多班车次）、提斯浦尔（₹400; 6小时; 6:00~18:00每小时1班）和古瓦哈蒂（₹550; 9小时; 6:00~8:00和20:00~22:00每小时1班）。另外还有开往古瓦哈蒂（₹790; 7小时; 20:30发车）的沃尔沃空调客车。

夜车12423 Dibrugarh–Rajdhani Express从市中心火车站发车去往古瓦哈蒂（空调卧铺3类/空调卧铺2类₹1150/1560; 20:35; 10小时）。

玛纳斯国家公园（Manas National Park）

✆03666

玛纳斯国家公园（✆03666-261413; 包括大象游览 印度人/外国人₹1100/2100, 拍照/录像₹50/500; ⏰11月至次年4月）距离古瓦哈蒂大约180公里，坐落于阿萨姆邦和不丹的边境附近的博多兰（Bodoland）。公园有3个区域，经由古瓦哈蒂西北的巴尔佩塔罗阿德（Barpeta Road）前往中间的**巴士巴里林区**（Bansbari Range）最容易。这里的森林毗邻边境另一侧不丹的同名荒野区。

🛏 食宿

Bansbari Lodge

度假屋 $$$

(✆0361-2667871; www.assambengalnavigation.com/bansarilodge.html; 每人含全食宿₹4500; 图) 可以在令人愉快舒适的Bansbari Lodge体验巴士巴里林区。丛林套餐（每人₹9000）包括全食宿、清晨大象游览、吉普车游猎、向导和公园门票。不过你可能出于动物保护的原因宁愿不去骑大象。询问一下河上漂流、村庄游和部落文化项目。经由巴尔佩塔罗阿德可以到达。通过古瓦哈蒂的Assam Bengal Navigation（见534页）预订。

记住，这里的大象游览使用会对大象造成损伤的象轿。

❶ 到达和离开

古瓦哈蒂—科格拉恰尔（Kokrajhar）的长途汽车（₹120）到达巴特瑟拉（Pathsala）路口，经过巴尔佩塔罗阿德附近3公里的范围。

15960 Kamrup Express（卧铺/空调卧铺3类₹140/490, 2.5小时, 7:45）和14055 Brahmaputra Mail（卧铺/空调卧铺3类₹100/490, 2.5小时, 12:50）连接古瓦哈蒂和巴尔佩塔罗阿德。

可以在巴尔佩塔罗阿德和Bansbari Lodge（仅限住客）租吉普车。

那加兰邦（NAGALAND）

那加兰邦是印度无可非议的"狂野东部"地区，大概也是吸引你来东北地区的原因之一。这里的原始之美浓烈丰富，令人眼花缭乱的山丘和峡谷——就在印缅边境——显得超凡脱俗，不过近年来有大约16个还保留着斩首习俗的那加（Naga）部落会全力驱逐企图进入部族范围的陌生人。当然，野蛮依然是那加兰邦目前无法摆脱的阴影，但很多南部地区如今已经相当发达。但是在北部，依然能看到部落族人身着奇异的装束继续维持自己的传统生活方式。注意，该邦反政府组织活动频繁，前往该地旅行之前，应该查看一下局势。

迪马布尔（Dimapur）

✆03862 / 人口122,800 / 海拔260米

迪马布尔是那加兰邦单调乏味的商业中心，内外周边地带都没什么可以吸引国外（甚至国内）游客的。但得益于这里的机场（距离

城镇4公里），它可以充当重要的到达地点，尤其是在12月份科希马非常忙碌的犀鸟节（见532页）期间。

🛏 食宿

★ Longchen Homestay　　　　客栈 $$

(☎9436160888; ajmynsong@yahoo.com; Airport Rd, Ao Yimti Village; 双₹2000起; ❄❀) 类似传统的迷人住宅，以竹子为装饰，四周是翠绿的稻田和菜地，Longchen足以成为你游览迪马布尔的原因。主人Anne和Toshi（印度军队的上校）还有他们家的狗爸爸会好好地陪伴你，香辣美味的那加菜肴太好吃了（餐₹350）。奥伊姆蒂（Ao Yimti）村距离迪马布尔3.5公里。

Hotel Acacia　　　　酒店 $$

(☎8415935254; www.hotelacacia.co.in; 双含早餐₹2530起; ❄❀) 被打理得无可挑剔的Hotel Acacia拥有干净、宽敞的房间，还有舒适的床、一尘不染的床单、网速快的Wi-Fi、及时的服务和不错的店内饮食。酒店位于东部警察局（East Police Station）对面的主街上。店内有两个旅游咨询台，可以在短时间内办理长途汽车和航班预订。

❶ 到达和离开

出城3公里，距离科希马（Kohima）公路400米的**印度航空公司**（Air India; ☎011-24624074; www.airindia.in）和靛蓝航空（Indigo; ☎9910383838; www.goindigo.in）每天都有从迪马布尔的小型机场飞往加尔各答的航班。**NST长途汽车站**（NST bus station; Kohima Rd）有汽车去往科希马（₹100; 3小时; 每小时1班）和因帕尔（₹450; 7小时; 6:00发车）。

科希马（Kohima）

☎0370 / 人口268,000 / 海拔1450米

撇开科希马的疯狂堵车和夸张的城市化进程不谈，这座位于林木茂密的山岭之间的那加兰邦首府之城，可以轻而易举地与印度最美的那些山中避暑胜地比肩。也就是说，它依然是前往东北地区旅行途中的游览胜地，在庆祝圣诞节的一周时间里，这座城镇尤为美丽。尽量不要在周日前往科希马，因为除了酒店，其他几乎所有地方都不开门。

◉ 景点

★ 战争公墓　　　　古迹

(War Cemetery; ⊙3月到10月 9:00~17:00, 11月至次年2月 至16:00) **免费** 这座墓地受到了一丝不苟的维护，是一栋杰出的现代建筑典范，修剪整齐的草坪中安放着"二战"期间牺牲的英国士兵、同盟军和印度士兵的坟墓共计1400座。这里是迪马布尔和因帕尔通路的战略交会点，见证了第二次世界大战期间反法西斯军队的士兵们在此与日军激战64天的科希马战役（Battle of Kohima）；这场战役如今被公认为"二战"中最悲壮的战役之一。

中央市场　　　　市场

(Central Market; Stadium Approach; ⊙6:00~16:00) 这个市场非常有趣，大多是为科希马的厨房供货，部落族人在这里购买或出售诸如活的黄蜂幼虫（borol）、蝌蚪、牛蛙、蚕等本地美食，还有风干和发酵的竹笋、火辣的拉贾红辣椒、山胡椒（jabrang）、豆豉等外来调料，以及各种不可思议的肉和蔬菜。在拍照前要征求同意，不过如果你买点儿东西，摊贩们往往都会允许你拍摄他们的摊位。

邦立博物馆　　　　博物馆

(State Museum; ₹5, 照相/录像₹20/100; ⊙周一至周六 9:30~15:30) 这座政府管理的博物馆在科希马中心北部3公里处，内容丰富，拥有两层展馆，主要展品包括部落文物、珠宝、人体模型场景，以及从古老村庄的收藏品中征收的猎杀人头的头骨展览。这里是了解各那加部落及其不同习俗、文化和工艺体系的好地方。

🛏 住宿

犀鸟节期间（12月上旬）住宿价格高涨许多倍，而且一房难求，有些酒店提前一年就开放预订了，所以一定要提前预订。

★ Heritage　　　　客栈 $$

(☎9436215259; theheritagekohima@gmail.com; Old DC Bungalow, Raj Bhavan Rd; 标单/双₹2000/2500; ❀) 这家邦营客栈曾经是科希

值得一游

科希马周边的村庄

那加兰邦逐渐开始流行文化游,如今人们已经可以参加一日游,前往偏僻的村庄,与村民交流,甚至与当地家庭同住——在科诺马和基萨马等地有家庭寄宿。联系**Explore Nagaland**（☏9856343037; www.explorenagaland.com; 每人 每晚 含全食宿 ₹1500起）。

科诺马（Khonoma）

这个历史悠久的安加米-那加（Angami-Naga）村落曾是一片战场,在1847年和1849年,英国与安加米族在这里爆发了两场攻城战。科诺马建在山脊之上,易守难攻,充满了传统的美感,高耸的山脊之间分布着大片的稻田,仿佛给村庄铺上一条翠绿的地毯。村里有几个朴素的家庭住宿场所可供选择,如果提前告知,团队游向导可以与本地的主人安排住宿。

基萨马民俗文化村（Kisama Heritage Village）

这个文化村有最具代表性的传统那加房屋和morungs（俱乐部和宿舍）,还有大尺寸的原木鼓和那加兰邦各个部落特有的建筑装饰物。那加兰邦一年一度最盛大的庆典犀鸟节（Hornbill Festival; 见532页）就在这里举行。村里有**二战博物馆**（WWII Museum; Kisama Heritage Village; ₹10; ◐10:00~16:00）,里面收藏了"二战"期间科希马周边战役留下的纪念物品。基萨马位于距离科希马市中心10公里的因帕尔（Imphal）公路旁边。

基圭马（Kigwema）

经过基萨马,沿因帕尔路（Imphal Rd）驱车10分钟,就能到达基圭马。这座安加米族（Angami）村庄具有重要的历史意义。1944年,日军与盟军最后决战,在那之前,日军首先来到这里安营扎寨。日军指挥官斋藤将军（General Saito）当时住的房子比较朴素,可以看到山谷景色,如今还矗立在村里,上面还有那次战役留下的弹痕。村里的几户人家欢迎游客（最好有当地向导的陪伴）,如果在这里住上一晚,你便可以一窥部落居民的日常生活。

马接待官员代表的官方居住点,可以从官员山（Officer's Hill）的顶端俯瞰城镇。4间迷人、豪华的房间令人怀念起它的辉煌过往,这个地方还保留了曾经高标准的政府生活痕迹。通知一声,就可以享用美味的饭餐（主菜 ₹120~180）。

Razhu Pru　　　　　　　　　　　　传统酒店 $$

（☏0370-2290291; razhupru@yahoo.co.in; Mission Compound; 双 含早餐 ₹2500起; ❈ ⬢）Razhu Pru这家传统酒店是由一栋家庭住宅精心翻修后建成的,铺有木地板的起居室里摆设着各种传家宝和手工艺品。典雅的藤制家具和蕨类植物盆栽更为酒店增添了魅力。房间有舒适的床铺和民族风格的内饰,在寒冷的冬天还有温暖的壁炉。如果预订的话,厨房可以为你烹制美味的那加饭菜（塔利套餐 ₹500）。

Blue Bayou　　　　　　　　　　　　酒店 $$

（☏0370-2292008; thebluebayoukohima@gmail.com; 标单/双 含早餐 ₹1600/2680起; ❈ ⬢）这家中心酒店位于战争公墓的马路对面,有维护良好的宽敞房间,其中很多可以看到后面绚丽的山谷风景。价格具有竞争性,是12月犀鸟节期间最早被订满的酒店之一,所以如果打算在那场盛会期间前往,一定要及早预订。

Hotel Vivor　　　　　　　　　　　　酒店 $$$

（☏0370-2806243; contact@hotelvivor.in; NH 61; 标单/双 含早餐 ₹3600/4150; ❈ ⬢）高档酒店Vivor位于城南3公里处。房间十分豪华,配有柔软的床铺、雪白的亚麻床单、超级干净的卫生间和大窗户。服务响应及时,下面的咖啡馆提供现磨的意式浓缩咖啡,大门旁边有一家纪念品商店,里面有不错的手工艺品,价格合理。

 就餐

Dream Café　　　　　　　　　　　　咖啡馆 $

（Dimapur Rd和Imphal Rd交叉路口; 主菜

₹80~120；⊙周一至周六 10:00~18:00）这个忙碌而愉快的地方是科希马大多数年轻人的聚集地，提供炒面或比萨等每日特价午餐，以及现磨咖啡和小吃。窗外是极美的山景，本地艺术家的展览和友好的食客也为这里加分不少。

Ozone Cafe　　　　　　　　　　　　咖啡馆 $

（Imphal Rd；主菜 ₹80~120；⊙正午至20:00；☎）时尚、热闹，这家位于市中心的咖啡馆就在印度工业信贷投资银行（ICICI Bank）的对面，拥有面积很大的体育馆式用餐区；科希马的青年才俊在那儿花上几小时品尝各种菜肴，包括藏饺、比萨、面条和姜味汽水。免费Wi-Fi覆盖。

Arudupa Spur Cafe　　　　　　　　多元风味 $$

（Arudupa Hotel；主菜 ₹120~160；⊙周一至周六 11:00~21:00）这里是科希马最忙碌的餐馆之一，属于Arudupa Hotel，年轻人在沙发上悠闲自在地吃遍菜单上的泛亚洲风味菜。全天播放好听的音乐，在严寒的冬夜会打开很多暖气。

❶ 到达和离开

NST长途汽车站（Main Rd）有车去迪马布尔（₹100；3小时；每小时1班）、莫科克琼格（Mokokchung）（₹200；6小时；6:00）和因帕尔（₹220；7小时；7:00）。对面的出租车站有合乘出租车前往迪马布尔（₹200；2.5小时）。包车带司机去基萨马（Kisama）和Khonoma的费用为一天₹1500。

那加兰邦北部（Northern Nagaland）

从科希马到蒙（Kohima to Mon）

从科希马到蒙要走一条风景优美却颠簸难耐的道路，穿越美丽的山岭，其中有一小段穿过阿萨姆邦的路。一路上你将穿过几个部落居住地，那里主要住着曾经能征善战的**奥族人**（Ao），如今他们依然会用精美的动物图案编织华丽的部落披巾。悠闲的**莫科克琼格**（Mokokchung）位于壮观的山间，是途中最大的城镇，也是你了解那加兰邦生活的理想地点。

⊙ 景点

伦迪卡拉苏邦博物馆　　　　　　　　博物馆

（Rendikala Subong Museum; Town Hall Rd, Mokokchung; ₹10）这座有趣的私营博物馆收藏了许多与本地奥族文化有关的部落工艺品，还有备受吹捧的所谓世界上最小的《圣经》。博物馆通常关门，但如果你在正常时间到来，看门人可以为你开门。

🛏 食宿

Hotel Metsuben　　　　　　　　　　酒店 $

（☎8014587442；metsuben@yahoo.com；Mokokchung；双 ₹990起；❄@☎）出色的Hotel Metsuben是莫科克琼格最好的住所，还有一些丰盛、火辣的那加菜肴。位置高踞于山顶——紧邻市镇公园（Town Park）附近的Kohima Rd——意味着你在这里可以愉快地

猎头

长期以来，那加部落一直将斩首视为实力和大男子主义的标志，他们在战争中的残暴和独立意识让人担忧。每逢部落间发生战争，胜利者都会立即将战败者的头颅砍下，而他在部落中的社会地位也会随即上升（包括在妇女心目中的地位）。在某些部落中，例如，蒙镇的Konyaks，本族男子以文面和身体上的V形文身来标记他们砍下的头颅数量，另外还会佩戴黄铜挂件（yanra）来记数。

砍头仪式在1953年被取缔（最后有记录的一次发生在1963年）。然而，情况发生改变主要应该归功于数十年来该地区的基督教传教士对于非暴力与和平共处理念的大力宣传。如今，将近90%的那加人都自认是基督徒，矗立于各个聚居区的巨大教堂就是他们不可动摇的信仰最为显著的证明。大部分村庄已处理掉了那些可怕的战利品，如今它们被视作不道德的物品。

Tuophema Tourist Village　　　家庭寄宿 $$

（☎9436005002；Tuophema；双₹2750）在这家位于科希马以北45公里处的旅游村庄，你将住在那加茅屋中，在镶嵌着玻璃的自助餐厅里享用传统食物（餐₹250）。提前告知你的到达时间，否则这里可能会歇业。

旅游村庄里的一座小型博物馆（营业时间不定）有少量部落工艺品和动物的身体部分标本。

ⓘ 到达和离开

合乘吉普车清晨从科希马的**NST长途汽车站**（见547页）发车，沿着150公里的路段缓慢前行，抵达莫科克琼格（Mokokchung；₹200，6小时，6:00）。你可以在那儿换乘次日早晨开往索纳里（Sonari；₹100，4小时，7:00）的几班车，接下来再乘坐从索纳里开往蒙（Mon；₹150，3小时，9:00和正午）的吉普车。

蒙及周边 (Mon & Around)

这座原始的山城小镇是进入科亚克人村庄的连接点。注意，在蒙很难订到当地一日游出租车，许多偏远村庄不通时间固定的公共交通车辆。如果想在这些偏远地区四处转转的话，包一辆带向导的车一定能派上用场。

⊙ 景点
科亚克人村庄（Konyak Villages）

在适合旅游的小村庄中，最热门的是距离蒙镇35公里处的**隆瓜**（Longwa），村里首领的长屋跨越了印缅边境，十分壮观。屋内有一系列令人惊叹的收藏品，包括各种武器、类似恐龙的图腾和一个在附近丛林里找到的"二战"飞机机舱座。你可以到本地家庭中待一些时间，有许多文面的前猎头勇士会允许你为他拍照，但你需要支付₹100作为酬谢。部落珠宝、雕刻面具和其他收藏品（₹200~1000）都可以从这些家庭买到。在旺季期间，村庄收取每人₹200的门票。

从蒙镇可以前往其他的很多村庄进行游览，其中就包括**老蒙镇**（Old Mon；5公里）。首领屋子的外墙上装饰着数不清的动物头骨；**Singha Chingnyu**（20公里）有一座巨大的长屋，屋内的装饰品包括各种动物头骨和3只填充的老虎标本；**Shangnyu**（25公里）的首领十分友好，木质神社里堆满了各种表现生殖崇拜的象征性雕塑。

🛏 食宿

Helsa Resort　　　小屋 $

（☎9436000028；Mon；双₹1200起）这个地方位于镇外去隆瓜（Longwa）村的路上。那里有6间传统茅屋，竹子地板富有弹性，只有很少的家具，热水也需要用桶自提。如果提前要求的话，可以安排供餐。

Konyak Tea Retreat　　　农场住宿 $$

（www.konyaktearetreat.com；Shiyong village；每人含全食宿₹2500）这个极为出色的家庭寄宿场所位于距离石永（Shiyong）村20公里的蒙镇主路旁边，由友好的披金

在东北地区旅行请注意安全

近几十年来，东北地区的讲众多不同语言的群体之间时常发生摩擦——通常是非常暴力的冲突。有的部落想从印度独立出来，有的希望实现自治，但大多数是为了宗族或地界而战。虽然局势基本和平，但是，这些地区的动乱可能是突发而不可预知的。2010年阿萨姆邦的部分地区和梅加拉亚邦的加洛丘陵（Garo hills）发生了爆炸。阿萨姆邦随后发生种族暴力冲突，2012年下半年在曼尼普尔邦发生的爆炸事件彻底打断了当地的和平之路。2014年12月，博多族（Bodo）的暴乱导致阿萨姆邦各地超过70人丧生。2015年6月，曼尼普尔邦的游击队伏击了一支军队车队，造成了18名士兵丧生。2016年下半年，该邦陷入了持续两个月的烧杀抢掠并戒严。更糟糕的是，阿萨姆邦和曼尼普尔邦还经常发生暴乱，许多工厂因而停产。通过电视和当地报纸的报道了解情况很有必要。如果你跟团旅游，可以跟经营者谈一谈，确保你的野外向导及时了解最新的局势。

（Phejin）打理，她是具有传奇色彩的猎头族科亚克人的后代，非常善于让客人们了解自己所在的部落文化根基。住宿地点是有吸引力的房间，环保而时尚，可以俯瞰茶园，而且传统的那加菜肴每一口都很美味。

ⓘ 到达和离开

合乘吉普车从蒙出发，开往迪马布尔（₹450，13小时，15:00）和阿萨姆邦的索纳里（₹100，3小时，6:00和9:00），一路颠簸得令人痛苦，你可以在那些地方换乘车辆前往焦尔哈德（₹100，2小时）和莫科克琼格（₹150，4小时）。周末没有公共车辆从蒙发车，所以要相应地安排好行程。

曼尼普尔邦（MANIPUR）

曼尼普尔邦位于绵延起伏的山脉之间，与缅甸接壤，这里孕育了优雅的古典舞蹈传统、繁复的艺术形式和丰盛的菜肴，而且据说是马球运动的发源地。曼尼普尔还有"宝石之地"的美称，Thadou、Tangkhul、Paite、Kuki Naga、Mao Naga和很多其他部落都在这里安家落户，其中最主要的部落社区是Hindu Meitei部落，他们一直遵循着新毗湿奴派的教义。本邦的大部分地区都覆盖着茂密的森林，珍禽、毒贩和游击队隐藏其中，使曼尼普尔邦成为东北地区最危险的地区。

目前，外国游客可游览的区域受到限制，只能去因帕尔及其郊区，这片区域被认为是"安全的"。大部分外国人都是乘飞机到因帕尔；但如果有专门的车辆和向导，也可以从科希马（Kohima；那加兰邦）或西尔恰尔（Silchar；阿萨姆邦）开车过去。

因帕尔（Imphal）

☏0385 / 人口268,500

因帕尔靠近印缅边境，这里融合了各种文化和习俗，充满活力。几个本地部落的成员在曼尼普尔邦这座唯一的主要城市里生活和工作。但由于反政府的历史源远流长，这里由重兵把守，随时关门和宵禁已经成为一种生活方式，也就是说这里没有什么可做的事情，尤其是在天黑之后。

⊙ 景点

★ 赫瓦伊兰巴德集市 市场

（Khwairamband Bazaar；Ima Market；◎7:00~17:00）这个庞大的女性市场（全世界最大的）位于柱廊建筑里面，由大约4000名母亲（ima）经营；按照传统，女性是曼尼普尔邦社会经济的主力。市场的一部分出售蔬菜瓜果、鱼和杂货；另一部分则出售家居用品、布料和陶器。场面宏大，适合拍照（当然，拍摄人物之前应该征求同意）。2015年的地震对建筑造成了一些损害，但修复工作已经开始，生意照常。

坎格拉堡 堡垒

（Kangla Fort；Myanmar Rd；印度人/外国人₹10/50；◎周四至周二 9:00~16:00）在1891年的英国-曼尼普尔战争中，曼尼普尔王公战败，英国继而接管了这座曾经断断续续地作为本邦权力中心的堡垒。这是一座规模庞大的矮墙堡垒，游客需要经过一条宽阔的护城河，从位于Myanmar Rd的一座极其高大的门进入堡垒内部。虽然整座建筑群有几个小景点，但更有趣的是后方的老建筑，由经过复原的3条巨大白龙（kangla sha）把守。

因帕尔战争公墓 墓地

（Imphal War Cemetery；Imphal Rd；◎8:00~16:30）**免费** 这座经过精心维护的宁静的纪念园中安葬了超过1600位英国和同盟军士兵，他们都是在因帕尔战役（Battle of Imphal）中牺牲的；那场战役1944年在此爆发，被认为是"二战"期间最激烈的战役之一。在紧邻Imphal Rd的一条小巷尽头，穿过树木成荫的公园，就能找到这座墓园。

🛏 食宿

★ Classic Hotel 酒店 $$

（☏0385-2443967；www.theclassichotel.in；North AOC Rd；标单/双 含早餐 ₹2000/2540起；❄@🛜）房间宽敞，一尘不染，配置着必不可少的便利设施，这家老牌酒店是印度东北地区最实惠的商务酒店之一。会说英语的员工十分热情，餐厅提供各种美味菜肴（地方美食需要提早下单）。干净的卫生间整齐地铺设了水管，算是一大优势，而且Wi-Fi的网速足以观看视频。

值得一游

罗克塔克湖（LOKTAK LAKE）

罗克塔克湖风景如画，引人入胜，是曼尼普尔邦除了因帕尔以外少数几个外国人可以去的地方之一。熠熠生辉的蓝色湖泊被一丛丛野草[被称为"浮岛"（phumdis）]分成几个小湖泊（正快速消失），居住在湖畔的村民在"浮岛"上建起茅草屋并乘坐独木舟来往出入。漂浮的杂草环绕着完美的圆形大鱼塘。景色最好的是森德拉岛（Sendra Island；₹15）。你还可以乘船（每条船₹200）前往，近距离观察湖上生活。

湖泊南部边缘是寂静的小村庄莫伊朗（Moirang）；1944年4月14日，反殖民主义的印度国民军（Indian National Army）首次在那儿宣布印度的主权，反抗英国殖民统治。

森德拉岛附近的湖边有一些出售瓶装水、小吃和茶的棚子。如果想要在湖畔野餐，可以从因帕尔带来午餐盒饭和饮料。

罗克塔克湖距离因帕尔的路程是45公里。出租车往返费用约为₹2500，包括等待时间。

Hotel Imphal 酒店 $$

(☎0385-2421373；www.hotelimphal.com；North AOC Rd；标单/双 含早餐 ₹2280/2800起；❄@🛜) 珍珠白的外观、修剪整齐的草坪、提供现磨咖啡的像样咖啡馆、明亮的点缀松木的房间及室内的舒适床铺、清新的白床单、瓷砖卫生间及大浴缸，当然还有热情及时的服务，这个庞大的经营场所凭借以上这些优势吸引着客人。这里的公共接待处面积很大，不过节日盛会期间有些嘈杂。

Anand Continental 酒店 $$

(☎0385-2449422；hotel_anand@rediffmail.com；Khoyathong Rd；标单/双 ₹1350/1550起；❄) 这间值得信赖的老牌酒店内部被刷成了令人愉悦的柠檬色，非常整洁。房间比较小，配置了过多的家具。但管理人员非常友好，而且备用发电机是个优势。店内的饮食单调乏味。前台在二层，要走上一段狭窄的小楼梯。

★ Luxmi Kitchen 印度菜 $$

(Jiribam Rd, Wahengbam Leikai；塔利套餐₹140；⊙11:00~14:00) 曼尼普尔邦午餐套餐的最新形式，这家超级热门的餐馆提供绝妙的塔利套餐，包括不下十几种本地美食，比如味道浓郁的烩鱼、炸鱼、绿叶蔬菜、炒菜、各种本地木豆菜、酸辣发酵鱼（iromba）和发酵虾酱（ngapi）。丰盛的一餐足以成为曼尼普尔一行的亮点之一。

❶ 到达和离开

机场位于因帕尔西南方向9公里处。印度航空公司、靛蓝航空公司（IndiGo）和捷特航空公司都有航班从这里飞往古瓦哈蒂和加尔各答。靛蓝航空还有到艾藻尔（Aizawl）和迪马布尔的航线。

私营长途汽车有线路去往古瓦哈蒂（₹750，17小时，6:00至10:00每小时1班）和迪马布尔（₹450，7小时，10:00），经停科希马（390卢比；5小时）。如果要去艾藻尔（Aizawl），你必须先在迪马布尔换乘。几家机构中的 **Manipur Golden Travels**（MG Ave；⊙5:30~19:00）在Classic Hotel和Hotel Imphal中间的丁字路口North AOC出售车票。

想要前往莫雷国际检查站（Moreh international checkpost；莫雷-德穆；⊙8:00~16:00）的话，最好租一辆车，费用约为₹3000。

米佐拉姆邦（MIZORAM）

米佐拉姆邦位于南北向的山脊上，地势非常陡峭。这里非常质朴，更适合进行一次体验之旅，并不太像是旅游目的地。从人种学角度上讲，本地人口大多跟邻近的东南亚国家有更多的相似之处，比如缅甸，而且几乎全民信仰基督教。米佐文化已经摆脱了种姓和性别的区别对待。在艾藻尔，女孩们可以公然抽烟，穿现代服装，成群结队地到音乐会约会小情人。

米佐拉姆邦有自己的生活节奏。大部分商铺清早开门，到18:00关门；周日基本全部停业。外国人到达本邦后，按理说应该在艾

藻尔的**警察监督局**(Office of the Superintendent of Police; ☎0389-2335339; CID Office, Bungkawn; ⊙周一至周六10:00~16:00)登记。

艾藻尔（Aizawl）

☎0389 / 人口293,500

艾藻尔位于接近垂直的山脊上，是印度所有邦首府中最慵懒、最闲适的一个。在这里除了享受衣食无忧的轻松生活外，别的真没什么好干的。Chanmari区域是艾藻尔市中心的居民区和购物区，最有意思，大部分旅游机构都在这里及附近。

◎ 景点

周六街头市场 市场

（Saturday Street Market; Mission Veng St）在这个有趣的周六街头市场——艾藻尔宁静的周末期间最繁忙的地方——可以见到各自背着柳条筐出售水果、蔬菜、鱼、家禽甚至活猪的村妇。美食家可以绕道来采购一些厨房干货和当地香料，充实一下准备带回家的美味。

救世军圣堂 教堂

（Salvation Army Temple; Zodin Sq）**免费** 这座救世军圣堂拥有复杂可爱的排钟，当钟声响起的时候，全城都能听见，尤其是在宁静的周日上午。笨重的白色哥特式外观值得拍照留念。在城镇中心的Chanmari区域搭乘出租车（₹50）或者步行大约30分钟就可以到达这里。

🛏 食宿

Hotel Regency 酒店 $$

（☎0389-2349334; www.regencyaizawl.com; Zarkawt Main St; 标单/双 含早餐 ₹2120/2490起; ❉ 🛜）按照艾藻尔的标准来说，时尚的Hotel Regency绝对算是豪华酒店，温馨的客房紧邻大理石走廊，房间内配有舒适的床、干净的卫生间和液晶电视。酒店员工能清楚了解住客的需求并提供合适的帮助，酒店有个不错的自营餐厅，俯瞰着城市的主干道，提供美味的印度、中国和欧洲风味的菜肴。前面一些低层房间会受到街道上传来的噪声的影响。

David's Hotel Clover 酒店 $$

（☎0389-2305736; www.davidshotelclover.com; G16, Chanmari; 标单/双 含早餐 ₹950/1500起; @🛜）这也许不是城里最豪华的酒店，但绝对是最友好的。这里的房间维护良好，有多种颜色的局部照明灯，浴室配件都非常棒。Wi-Fi随时可用，店内餐馆提供城里最好的中国菜肴和米佐饮食。距离街道有一段台阶。

Aizawl Masala 中国菜 $

（Zarkawt Main St; 主菜 ₹80~120; ⊙周一至周六 正午至20:00）沿着街边一处楼梯向下走就会来到Aizawl Masala，这个时髦的餐馆提供常见的中式菜肴（面条、炒饭、辣椒酱/蒜蓉/胡椒蘸肉等）。就餐的背景音乐也不错。

ℹ 到达和离开

Lengpui机场位于艾藻尔以西35公里处的地方，出租车/合乘吉普车前往这里的费用分别为

另辟蹊径

米佐拉姆邦的田园风光

越向东面的缅甸边境行进，米佐拉姆邦迷人的山陵地势就越高。**Champhai**是公认的最有魅力的区域，以白眉长臂猿（hoolock gibbon）的栖息数量而闻名的**Murlen国家公园**（Murlen National Park）便位于此地。**Saitual**小镇位于去往Champhai的公路上，是个挺不错的中途停留站。景色优美的**Tamdil Lake**紧邻Champhai，四周群山环绕，树木郁郁葱葱。更远处是令人惊叹的**蓝山**（Blue Mountain, Phawngpui），这座海拔2147米的山峰是米佐拉姆邦的最高峰。米佐人认为那里是众神的居所，但据说山坡上有鬼魂出没。该地区还提供徒步选择，但带着经验丰富的本地旅行团向导进入野外才是可取的。

位于乡村的家庭寄宿场所数量有限，但需要跟着本地向导，否则你根本不知道到哪儿去找或者如何与主人家沟通。这里没有酒店。

₹1500/150。**印度航空**（☎011-24624074；www.airindia.in）、**靛蓝航空**（☎9910383838；www.goindigo.in）和**捷特航空**（☎1800225522；www.jetairways.com）每天都有航班飞往古瓦哈蒂和加尔各答。

长途Sumo车的售票窗口都聚集在Zarkawt地区的Sumkuma Point周围，很好找。长途汽车的目的地包括**古瓦哈蒂**（₹1200；20小时；周一至周六 18:00发车）、**西隆**（Shillong；₹1000；16小时；周一至周六 18:00发车）和**西尔恰尔**（Silchar；₹500；6小时；每天4班）。

特里普拉邦（TRIPURA）

特里普拉邦远离印度的热门旅游线路，是个迷人的人文之邦，本邦内散落着一些皇家宫殿和寺庙，并希望有朝一日借此吸引到世界的目光。但就目前而言，外国游客实在是少之又少，尽管实际上游览该邦目前并不需要许可证。从阿加尔塔拉出发，一次漫长的一日游就可以囊括特里普拉邦南部最著名的景点。

阿加尔塔拉（Agartala）

☎0381 / 人口 400,000

低调的阿加尔塔拉算是特里普拉邦唯一的"城市"，这里半农业化的氛围让人觉得仿佛回到了旧时的印度。这是个拥挤但让人放松的地方，在很多方面给人的感觉更像个小镇，而非邦的首府。阿加尔塔拉的生活节奏不慌不忙，人们相当友善。

◎ 景点

除了城里的主要景点以外，在Battala集市后方的河岸边还静静地躺着一些皇室陵墓（向西沿着HGB Rd路往下走，到Ronaldsay Rd路左转，然后再沿河岸继续走即可到达）。

乌贾延塔宫   宫殿

（Ujjayanta Palace；博物馆 ₹10；☉周二至周日 11:00~17:00）这座令人惊叹的圆顶宫殿是阿加尔塔拉的核心景点，宫殿前面是两个对称的大型池塘。上层建筑内部是保存完好的**特里普拉邦立政府博物馆**（Tripura Government Museum），是主建筑唯一面向游客开放的部分，里面保存了令人印象深刻的王室和文化纪念品及工艺品，还有印度东北地区几个世纪以来传承下来的艺术品文物。湖滨步行道树木成荫，两边的建筑全天对外开放。

邦立部落文化学会   博物馆

（State Academy of Tribal Culture; Chowmuhani; ☉周一至周六 10:00~17:00）**免费** 维护良好的邦立部落文化学会位于乔穆哈尼（Chowmuhani），紧邻Central Rd，展览令人印象深刻，包括来自全邦19个部落文化的服装、手工艺品、乐器、日常生活器物，可以让游客全面了解特里普拉邦的民族构成。如果有时间，这里无疑值得参观。

🛏 食宿

Ginger   酒店 $$$

（☎0381-2411333；www.gingerhotels.com；Airport Rd；标单/双 ₹3290/3650起；❄@🛜）这家经营有方且价格低廉的商务酒店是Tata集团旗下的Ginger连锁酒店之一，房间被涂成漂亮的橙蓝色调。酒店内提供免费Wi-Fi、口味纯正的咖啡、供应美味自助餐的餐馆、一个小型健身房和店内的印度国家银行自动柜员机。从机场方向过来，酒店就在城外2公里处的道路右侧。

Hotel Rajdhani   酒店 $$

（☎0381-2323387；BK Rd；双 ₹1980起；

ⓘ **穿越边境：从阿考拉（AKHAURA）进入孟加拉国**

从阿加尔塔拉市中心出发，印度与孟加拉国的边境位于路程仅3公里开外的Akhaura Rd沿线（乘坐三轮车 ₹60）。位于孟加拉国一侧最近的城镇是过边境5公里的阿考拉（Akhaura），可以乘坐机动三轮车（"CNG"）前往。火车从阿考拉开往达卡（Dhaka）、库米拉（Comilla）和锡莱特（Sylhet）。**国际长途汽车总站**（International Bus Terminal）紧邻Hospital Rd，位于TRTC对面，13:30有开往达卡（₹480，6小时）的长途汽车。阿加尔塔拉边境8:00至18:00开放。这里没有货币兑换点，可以向本地商贩或者边境官员询问。

Agartala 阿加尔塔拉

☼@）这家值得信赖的酒店靠近乌贾延塔宫，有各式各样干净整洁的房间，有的房间还能直接观赏到高耸的皇宫城墙。员工乐于助人，脾气随和。这里有一家热门的餐厅提供不错的各国风味和本地菜肴。

Restaurant Kurry Klub
印度菜、中国菜 $$

（Hotel Welcome Palace, HGB Rd；主菜 ₹120~180；⊙11:00~22:00；☼）Hotel Welcome Palace的自营餐厅绝对可能让你品尝到美味可口的印度菜，包括本地一些口味独特的鱼类菜肴。晚餐时段非常繁忙，食客成群结队，叽叽喳喳。

Abhishek Restaurant
印度菜 $

（LN Bari Rd；主菜 ₹80~130；⊙正午至22:00；☼）你可以选择一间海洋主题的空调房间享用晚餐，或者在露天休息区里找个位于灌木和雕塑之间的桌子落座，再点些美味的北印度菜和本地菜肴饱餐一顿。灯光有些俗气，但氛围很活跃。

❶ 实用信息

孟加拉国签证

印度东北地区唯一的**孟加拉国签证办公室**

Agartala 阿加尔塔拉

◎ 景点
1 邦立部落文化学会......C3
2 乌贾延塔宫......C1

ⓖ 住宿
3 Hotel Rajdhani......C1

ⓧ 就餐
4 Abhishek Restaurant......B2
5 Restaurant Kurry Klub......B3

（☎0381-2324807；Airport Rd, Kunjaban；⊙申请 周一至周四 9:00~13:00，周五 至正午，领取 16:00）隐藏在阿加尔塔拉的一条小巷里面，位于乌贾延塔宫以北约2公里处。在名义上，孟加拉国的旅游签证应该免费签发。但是，快速服务经常要收取₹400的"手续费"，这种情况下签证通常会在一个工作日内发放。

❶ 到达和离开

阿加尔塔拉的机场位于城市以北12公里处；搭乘出租车的费用为₹250。**印度航空**（☎011-24624075；www.airindia.in）、**捷特航空**（☎1800225522；www.jetairways.com）、**靛蓝航**

另辟蹊径
乌纳科蒂（UNAKOTI）

乌纳科蒂考古遗址位于阿加尔塔拉东北约140公里处，是印度东北地区保守最完好的旅途中的秘密之一。山壁的岩石上凿出了巨大的印度教神像和女神像（有的神像的历史可以追溯至7世纪），包括巨大岩石上的一尊10米高的湿婆头像雕塑，还有3尊雕刻在瀑布下方石头上的甘尼许神像。看完考古区域内分布在山丘和丛林间的所有主要景点需要2小时左右。如果你想找到更隐蔽的雕像，需要花费一整天的时间。

若想前往乌纳科蒂，最好在阿加尔塔拉租一辆出租车（₹3000），安排一次一日游。没有公共车辆往返这处考古遗址。

空（☎9910383838; www.goindigo.in）和香料航空（☎9654003333; www.spicejet.com）每天都有从这里飞往加尔各答和古瓦哈蒂的航班。

私营长途汽车调度站都聚集在LN Bari Rd。长途汽车都从阿加尔塔拉市中心以东3公里处的**邦际长途汽车站**（Interstate Bus Terminal; Chandrapur）发车（机动三轮车₹50），车站位于钱德拉布尔（Chandrapur），开往古瓦哈蒂（₹950, 24小时, 6:00和正午）、西隆（Shillong; ₹800, 20小时, 6:00和正午）和锡尔杰尔（Silchar; ₹350, 12小时, 6:00）。Sumo车从**摩托车站**（Motor Stand Rd）和**长途汽车南站**（SBS）发车。

由政府运营的长途汽车连接阿加尔塔拉与特里普拉邦的较小城镇，从**TRTC长途汽车站**（Thakur Palli Rd）发车。

在阿加尔塔拉及周边观光一日游可以租出租车，每公里的费用约为₹8，外加每辆车每天₹600。可以试试**Hindustan Tours & Travels**（☎9206348911; Ginger Hotel, Airport Rd）。

乌代布尔（Udaipur）
☎03821

乌代布尔是特里普拉邦历史悠久的首府城市，如今这里依然有许多古老的寺庙和池塘。根据印度教的传说，被悲伤和愤怒所蒙蔽的湿婆将自己最爱的妻子萨蒂分解为108块。萨蒂的右腿落在了Matabari，那里是乌代布尔的热门遗址：特里普拉女神庙（Tripura Sundari Mandir）。

◉ 景点

特里普拉女神庙   印度教神庙

（Tripura Sundari Mandir; Matabari; ⊙4:30-13:30和15:30~21:30）红顶的特里普拉女神庙是一座建于1501年的卡莉（Kali）神庙。朝圣者们来到这里，沐浴这位印度女神的祝福。卡莉女神节（Kali Puja; 10月或11月）期间会有更多的人来到这里，在寺内的鱼塘里沐浴。该寺位于乌代布尔以南4公里处。乘坐人力车到这里需要₹50。

❶ 到达和离开

乌代布尔的长途汽车站每天都有频繁班车前往阿加尔塔拉（₹60; 2小时）和麦勒哈尔（Melaghar; ₹40; 45分钟）。

水宫和麦勒哈尔（Neermahal & Melaghar）
☎0381

古雅而寂静的村庄麦勒哈尔拥有特里普拉邦最具标志性的建筑——岛上水宫。来此一日游还可以在愉快的旅途中了解特里普拉邦的乡村生活。

◉ 景点

水宫   纪念碑

（Neermahal; Rudra Sagar; ₹5, 照相/录像₹10/25, 快艇 乘客/船₹20/400, 划艇₹20/100; ⊙8:30~16:00, 4~9月 至16:30）水宫是一座华丽的红白色相间的水上宫殿，如今内部已空，但宫殿依然在Rudra Sagar湖的沼泽岛上熠熠闪光。和坐落在拉贾斯坦邦的"兄弟"建筑一样，这座宫殿从美学角度来说也是一件相当杰出的作品。这座豪华的夏日宫殿由最优秀的工匠建造完成，完美地融合了印度教和伊斯兰教的建筑风格，里面的亭子是由曾经获得诺贝尔奖的著名孟加拉族文学家泰戈尔（Rabindranath Tagore）在1930年亲自揭幕并命名的。沿水路游览是最有趣的观光方式。

❶ 到达和离开

从上午到下午,麦勒哈尔每小时有1班开往阿加尔塔拉(Agartala,₹60,2小时)的长途汽车。末班车大约16:00发车。

梅加拉亚邦(MEGHALAYA)

梅加拉亚邦位于阿萨姆山谷和孟加拉平原的中间,这片寒冷的高地被称为"云的居所"。这里群山叠起,山陵上长满了松木,梅加拉亚邦就矗立于马蹄形的悬崖之上。据统计数据显示,乞拉朋齐(Cherrapunjee)和Mawsynram是地球上最潮湿的地方;降雨主要集中在6~9月,密集的雨水创造了令人惊叹的瀑布,以及一些亚洲最长的洞穴。

本邦主要人口为贾因提亚人(Jaintia)、卡西人(Khasi)和加罗人(Garo),他们分别居住在东部、中部和西部地区。秋季的百鼓节(Wangala;见532页)在加洛丘陵举行,此时非常适合去当地旅行。

西隆(Shillong)

☏0364 / 人口145,000

直到1972年,骄傲的西隆一直都是英国人建的阿萨姆邦的首府。自从这座小城变成梅加拉亚邦的首府之后,它就迅速发展成为一座典型的现代印度城市,但还保留了部分殖民时期的魅力。那些破烂的汽车就是这里全部的公共交通出行工具——到西隆后随便坐一次出租车,你就会明白了。

◉ 景点

城里的半木结构房屋已经基本被现代化的钢筋混凝土建筑所淹没,但在Oakland和Lumsohphoh区域依然保留着一些老式房屋。**松林酒店**(Pinewood Hotel; Rita Rd)是1920年的种茶者的住所,地处市中心,是一座非常具有殖民时代特色的建筑,在夜晚的灯光的照耀下显得十分宏伟。**万圣教堂**(All Saints' Cathedral; Kacheri Rd)建于1902年,被印在饼干盒子上,看起来非常精美。**圣公会教堂**(Anglican Church)俯瞰着Police Bazaar,建筑结构称完美,前面还有一片漂亮的草坪。

★ 鲍思高本土文化博物馆　　博物馆

(Don Bosco Museum of Indigenous Cultures; ☏0364-2550260; www.dbcic.org; Mawlai; 印度人/外国人 ₹100/200卢比; ⊙周一至周六 9:00~17:30,12月和1月 至16:30)这家经过精心维护的博物馆是一个巨大的部落文物仓库,穿插着一些描绘基督教传教士工作场景的画展。必须随团参观,逢半点钟发团,全程历时1个多小时。博物馆共分7层,陈列的展品包括部落编织品、乐器、兵器、日常生活用品、服装和珠宝,以及大量影像文档。这里还有一家纪念品商店,出售民族工艺品。博物馆位于西隆以北3公里处的GS Rd旁边。乘坐出租车往返费用约为₹400。

沃德湖　　湖泊

(Ward's Lake; ₹5, 拍照/录像 ₹10/20; ⊙11月至次年2月 8:30~17:30,3月至10月 至19:00)殖民时代风格的西隆的中心景观,这片迷人的湖泊上有装饰性的美丽小桥和花圃,修建整齐的草坪,谈情说爱的情侣,还有划船设施和鹅群。

🚶 活动

Campfire Trails　　户外

(☏9856001871; www.campfiretrails.com; DD Laloo & Co, GS Rd; 每人每晚 含全食宿 ₹1700~2000)Campfire Trails专门为游客提供前往梅加拉亚邦各地乡村的正宗村庄旅行体验,包括4座与本地部落有合作关系而且从未被探索过的自给自足的村庄。村庄体验之旅(还有无比美味的本地饮食)包括的活动有划皮划艇、骑山地自行车、高空滑索和徒步。

Pioneer Adventure　　户外

(☏9049442647; www.pioneeradventuretour.com; Jarman Villa, Hopkinson Rd)这家机构将潜水项目引入了山区!营地位于达乌基(Dawki)附近,提供开放水域设备(每人 ₹2500),那里的乌姆恩戈特河(Umngot River)能见度可以达到10米。另外还开设了PADI认证课程。其他活动包括浮潜、攀岩、漂流、探洞和露营。全包过夜套餐(每人 ₹7000)可以让你每种活动都稍微体验一下。

Shillong 西隆

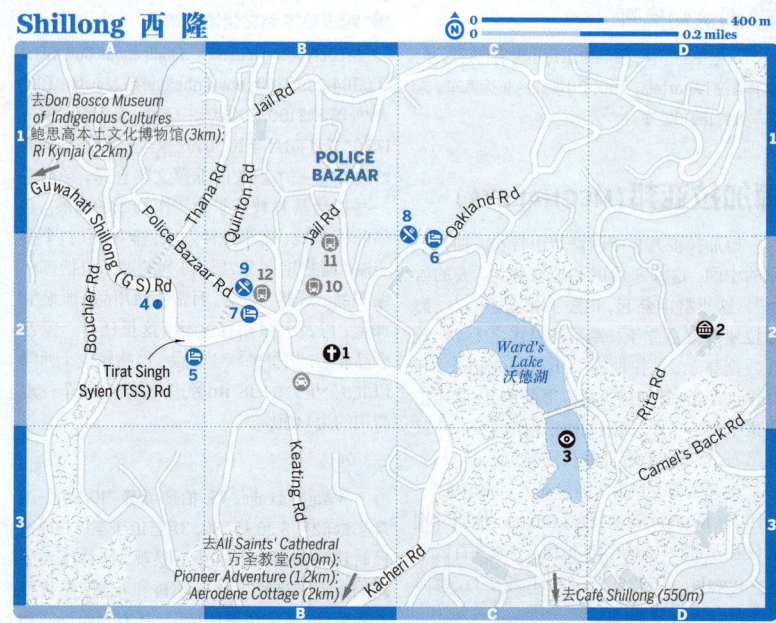

Shillong 西隆

◎ 景点
1 圣公会教堂..................................B2
2 松林酒店......................................D2
3 沃德湖..C3

⊕ 活动、课程和团队游
4 Campfire Trails...........................A2

⊜ 住宿
5 Baba Tourist Lodge...................A2
6 Earle Holiday Home C2
7 Hotel Centre Point....................B2

⊗ 就餐
8 City Hut Dhaba C1
9 Trattoria.......................................B2

ⓘ 交通
10 Deep..B2
11 MTC长途汽车站........................B2
12 Network Travels.......................B2

住宿

Baba Tourist Lodge 酒店 $

（☎0364-2211285; GS Rd; 双人/标三₹1350/1550; ☉）Baba非常受背包客和经济型旅行者的追捧，藏身于比街道地面低好几层的地方，提供干净、简朴的房间，整洁的铺着木镶板的接待区两边有鱼缸。比较昂贵的房间有热的自来水。这里供应普通的酒店饮食，大厅里面有免费Wi-Fi。

Earle Holiday Home 酒店 $

（☎9089184830; Oakland Rd; 双 ₹800; ❈）这家酒店的风格比较混搭。价格较便宜的房间都是经典的20世纪20年代的西隆山屋结构，配有可爱的小角楼。价格较高的房间位于混凝土造的附属建筑里，虽然缺少氛围感，但更舒适。

Hotel Centre Point 酒店 $$$

（☎0364-2220480; www.shillongcentrepoint.com; Police Bazaar Rd; 双 含早餐 ₹4160起; ❈☉）酒店位于Police Bazaar，无疑是西隆最干净且最好的商务酒店。员工专业且乐于助人，时髦的房间采用木镶板，透过大大的窗户可以俯瞰城镇的中心区。所需设施一应俱全，

顶层的露天酒吧Cloud-9云雾缭绕，是在夜晚喝啤酒的好地方，偶尔还会举办现场音乐表演。

Royal Heritage Tripura Castle 传统酒店 $$$

(☎0364-2501149; www.tripuracastle.com; Cleve Colony; 双含早餐₹5850起; ❄@✆)曾经的特里普拉邦王公的夏日别墅，造型别致，拥有小巧的角楼。后面的这座高档"城堡"拥有豪华客房，位于新楼（仿传统建筑）内。松木框架的房间配有具有历史特色的家具，酒店服务一流。如果选择套房，你还可以获得全套皇家体验。酒店位于西隆东南方向2.5公里处。

Aerodene Cottage 客栈 $$$

(☎9774065366; www.aerodene.in; Lower Cleve Colony; 双含早餐₹3500起; ✆) Aerodene客栈由一栋迷人的阿萨姆风格平房改造而成，前面有花园，它拥有氛围独特的房间，内有柔软的床、木地板、具有历史特色的装饰，以及充足的阳光和清新的空气。右侧新建的配楼有不太吸引人的房间，不过同样舒适。这里的饭菜简直是太美味了；晚餐费用是每人另加₹250。

★ Ri Kynjai 度假村 $$$

(☎9862420300; www.rikynjai.com; Umiam Lake; 双含早餐₹10,300起; ❄@)这间神圣的度假村位于Umiam湖岸边，距离西隆22公里，是个度假胜地。郁郁葱葱的花园四周散落着一座座宽敞的木制小屋，从屋内就可以望见绝美的湖景；每间房内都摆设着无可挑剔的家具并配有豪华浴室。度假村有传统装饰风格的水疗中心、供应各国风味食品的餐厅和能看到湖景的酒吧。

🍴 就餐

★ Trattoria 阿迪瓦西菜 $

(Police Bazaar Rd; 主菜₹100~120; ⏱正午至16:00)没有来这个热闹的本地餐厅吃顿午饭，西隆之行就不算完整。这里的卡西菜（Khasi）算是最棒的，大米炖猪血（ja doh）和咖喱猪杂（没错，就是字面意思）都是热门菜。如果想要尝一尝这里的菜肴，可以试试备受欢迎的午餐套餐（₹150）。旁边的摊位出售成堆的异国风味咸菜、南瓜和调味品。

City Hut Dhaba 多元风味 $

(Oakland Rd; 主菜₹100~150; ⏱10:00~21:00) City Hut由招牌式的小矮人守护，在4个房间里提供各种印度、中国菜，还有烧烤，包括一间仅招待家庭的房间和一间装饰着鲜花的迷人草亭。饮食品质相当值得称赞，在这里可以见到不少本地人。

🍷 饮品和夜生活

Café Shillong 咖啡馆

(☎0364-2505759; Laitumkhrah; 咖啡₹60; ⏱11:00~21:00; ✆)这家前卫的咖啡馆位于热闹的Laitumkhrah（lai-muk-rah）地区，有镇上最好的咖啡和美味的牛排（主菜₹140~200），还有摇滚、爵士、蓝调音乐演出。装潢时尚，最吸引人的是那把莱斯·保罗（Les Paul）吉他，上面有很多音乐家的签名。周末举办现场音乐演出时最热闹。

ℹ️ 到达和离开

MTC长途汽车站（MTC bus station; Jail Rd）有电脑

东北地区 西隆

不要错过

赌箭（THOH TIM）

赌箭是本地独特的运动和博彩形式，也被称为Siat Khnam（字面意思是"弓箭"）——每位卡西族（Khasi）的射手要将数十支箭射入稻草桶中。射击结束后统计命中的数量，取其最后两位数作为幸运号码。如果你正好押中这个数字（当然是在射击开始前），那天晚上的啤酒就归你请客啦。这项运动的爱好者说最好押前一天夜里梦见的数字！赌箭作为一种观赏性的表演，一般在16:00左右开始（不同季节的时间可能有所变动），你可以在西隆周边的社区和村庄看见此活动。西隆的大市场（Iew Duh）里面有出售精美手工箭矢（khnam）的工艺品店，你可以买一些留作纪念，每支箭的价格为₹120。

预订火车票的窗口（最近的火车站在古瓦哈蒂）。私营长途汽车从Dhankheti Point出发；预订车票请到Police Bazaar附近的柜台，**Deep**（Ward's Lake Rd）和**Network Travels**（☎0364-2210981；Shop 44, MUDA Complex, Police Bazaar Rd）在这里都设有订票柜台。

班次频繁的长途汽车和Sumo车从MTC长途汽车站发车，开往艾藻尔（Sumo车 ₹1000；16小时）、乞拉朋齐（长途汽车/Sumo车 ₹120/200；3小时）、迪马布尔（长途汽车 ₹450；10小时）、古瓦哈蒂（长途汽车/Sumo车 ₹120/200, 2.5小时）、西尔恰尔（长途汽车 ₹400, 6小时）、西里古里（Siliguri；长途汽车 ₹550, 12小时）和杜拉（Turu；长途汽车/Sumo车 ₹350/450；9小时；途经古瓦哈蒂）。

Khasi Hills Tourist Taxi Cooperative（☎0364-2223895；Kacheri Rd）包车去乞拉朋齐的费用为每天₹2200~2500；到Dawki附近的孟加拉国边境的费用为₹2000。乘坐出租车到古瓦哈蒂机场的费用为₹2000，或者你可以跟别的乘客拼车，价格为₹500。

加洛和贾因蒂亚丘陵（Garo & Jaintia Hills）

游客罕至的加洛丘陵树木茂盛，位于梅加拉亚邦的偏远的西部地区，如果你有几天时间（并且有探险意识）的话，这里值得你前来探索一番。从古瓦哈蒂来这里比从西隆出发更便捷，小镇**杜拉**（Tura）是该地区主要的城镇枢纽，友好的**旅游办事处**（⊙周一至周五10:00~16:00）可以安排当地向导。秋季，加洛丘陵会举办为期4天的百鼓节（Wangala；见532页）。贾因蒂亚丘陵位于该邦东部，**纳尔蒂昂**（Nartiang）是松林和美丽的部落村庄之间的一座孤零零的小镇，你可以在那儿体验该地区丰富多彩、原汁原味的文化传承。

⊙ 景点

诺克雷克生物圈保护区   自然保护区

（Nokrek Biosphere Reserve；⊙黎明至黄昏）**免费** 草木丛生的诺克雷克生物圈保护区距离杜拉约17公里，是濒危物种白眉长臂猿（Hoolock gibbon）的栖息地，另外，这里还有小熊猫、大象和几种猕猴。如果你在杜拉租了全天的车辆（₹1000），可以前往保护区游览。

纳尔蒂昂巨石   纪念碑

（Nartiang Monoliths; Nartiang；⊙黎明至黄昏）**免费** 纳尔蒂昂（Nartiang）村庄位于贾因蒂亚丘陵，你可以前去参观各个宗族于16至19世纪在此竖立的巨石建筑，引人入胜。由于平时无人照料，这些巨石附近杂草丛生——小心灌木丛中可能有蛇。

🛏 食宿

Rikman Continental   酒店 $$

（☎03651-220744；www.hotelrikman.com；Circular Rd；标单/双 含早餐 ₹1200/1500起；❄🛜）这个地方与杜拉的中央市场和交通站点仅有一步之遥，服务态度特别友好。高层房间比较贵，带空调、大窗户和瓷砖卫生间，里面有热水。Rikman的餐馆可能是品尝加洛饮食的最佳场所；可以尝尝自助午餐（₹250）。附属酒吧的酒水不错。

ⓘ 到达和离开

舒适、快捷的小客车（₹300, 6小时, 6:00）每天往返于杜拉和古瓦哈蒂之间，路程大约200公里。如果想要周游览纳尔蒂昂，你必须在62公里开外的西隆全天包一辆出租车（₹1800）。

乞拉朋齐 [Cherrapunjee（Sohra）]

☎03637 / 人口14,500

背靠刀锋般的山脊，乞拉朋齐（本地人称Sohra）高踞于喜马拉雅山脉的边缘地带，俯瞰整个加拉拉平原。由于季风带来的巨大的降雨量，这座村庄曾经被称作世界上最潮湿的地方。从该邦首府西隆通向这里的公路上，一路上都有美景相伴，而在**Dympep viewpoint**你会看到最壮丽的风景——一条V形山谷深深嵌入高原的大地之中，景色蔚为壮观。

⊙ 景点

★ **树根桥（Root Bridges）**   桥

乞拉朋齐最迷人的景点就是这个树根

桥——几十年来，鲜活的无花果树根在卡西村民的引导下穿过河流，形成了一条条天然通道。其中有3座树根桥（包括令人惊讶的双层树根桥）位于Nongriat附近。要到达树根桥必须途经距离Mawshamok2公里外的美丽村庄提尔纳（Tyrna）。再从提尔纳出发，艰苦跋涉往返8小时就可以进入树根桥所在的峡谷，其中包括要上上下下攀登2000级陡峭的台阶。

诺卡利凯瀑布
瀑布

（Nohkalikai Falls；观景点 ₹10，拍照/录像 ₹20/50；◷8:00~17:00）诺卡利凯瀑布在雨季期间的水量能翻20倍。观景点位于山脊尽头的高地上，到乞拉朋齐市场有4.4公里的距离，从那儿可以观赏瀑布。本地出租车（₹50）会往返观景点接送乘客。

🍴 食宿

Cherrapunjee Holiday Resort 度假村 $$$

（☎09436115925；www.cherrapunjee.com；Laitkynsew Village；双 含半食宿 ₹3700起；❄）这家令人愉悦的度假村由一名卡西族女人及其来自印度南部的丈夫管理，由旧楼（房费更便宜，旁边还有个大食堂）和新建的多层建筑（内有现代的豪华房间）组成。家常菜美味无比。度假村有本地向导组织徒步游，旱季期间还会安排帐篷露营。

> ### ℹ 穿越边境：从达乌基（DAWKI）进入孟加拉国
>
> 在此区域，印度与孟加拉国的边境口岸在孟加拉国的居民点塔马比尔（Tamabil），距离印度达乌基市场（出租车费用 ₹100）1.5公里。在边境另一侧，在塔马比尔与锡莱特（Sylhet）之间往返行驶的小型公共汽车班次频繁。边境开放时间为9:00至18:00。这里没有货币兑换点，但你会发现，孟加拉国那边的热心百姓非常乐于以不合理的汇率兑换现金。

Polo Orchid 度假村 $$$

（☎0364-2222341；www.hotelpolotowers.com；Seven Sisters Falls；双 含早餐 ₹7600；❄❄）这家度假村设施齐全，大量客房沿山脊而建，俯瞰着整个孟加拉平原。房间以环保时尚的家具陈设和鲜艳的装饰为特色，不过对于这样的乡村来说，稍微有些浪费。

ℹ 到达和离开

尽管长度绵延数公里，乞拉朋齐还是有一个小小的镇中心。市场旁边就是Sumo车站，有开往西隆的车辆（₹200，3小时）。

奥里萨邦

包括 ➡

布巴内什瓦尔..................563
普里..........................572
科纳尔克......................576
吉尔卡湖......................577
滨海戈巴尔布尔................580
科拉普特......................581
科拉普特周边..................583
拉耶加达......................584
普什帕基里遗迹................586
比塔卡尼卡
野生动物保护区................588

最佳餐饮

➡ Wildgrass Restaurant（见575页）
➡ Kila Dalijoda（见585页）
➡ Kanika（见567页）
➡ Odisha Hotel（见568页）

最佳住宿

➡ Kila Dalijoda（见585页）
➡ Chandoori Sai（见583页）
➡ Desia（见584页）
➡ Gajlaxmi Palace（见586页）
➡ Nature Camp Bhitarkanika（见589页）
➡ Garh Dhenkanal Palace（见585页）

为何去

对于喜爱探险的人来说，奥里萨邦（Odisha）是最受欢迎的独辟蹊径之旅，在这段旅程中你会觉得付出的艰辛都得到了回报，可观览这里的错综复杂的历史图景、引人入胜的部落文化和自然美景，再来体验一些传统旅游途中少不了的阳光和沙滩。

西南地区林木茂盛的山区让阿迪瓦西（Adivasi）人大多游离于主流旅游业的视线之外，但探访他们每周一次的有趣集市并与过着传统生活的村民交流一番并非不可能。其他地区（内陆和海岸）的森林是奥里萨邦出色的自然保护区，在那儿你可以窥探6米长的鳄鱼、珍稀的海豚、濒危的海龟和数以千计的筑巢鸟类的身影。美食爱好者可以品尝奥里萨厨房烹制的全新系列的地方风味，历史爱好者则可以垂涎于遗失已久的佛教学院、古代的耆那教岩雕和历经几个世纪之久的印度教遗迹，包括科纳尔克无与伦比的太阳神庙（Sun Temple）。

何时去

布巴内什瓦尔

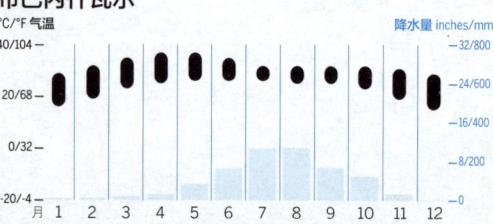

11月至次年3月 气候温暖干燥；这是最适合前往自然保护区观赏野生动物的时节。

6月和7月 热得像烤炉，但最盛大的节日庆典普里乘车节正是在此期间举行。

12月 科纳尔克节在受到联合国教科文组织保护的恢宏的太阳神庙举行。

奥里萨邦亮点

❶ 在**太阳神庙**(见577页)惊叹于科纳尔克有着800年悠久历史的宏伟建筑。

❷ **科拉普特**(见581页)深入奥里萨邦部落的乡间山区,游览部落集市和村庄。

❸ **比塔卡尼卡野生动物保护区**(见588页)置身于红树林沼泽中,乘船从湾鳄的身边经过。

❹ **布巴内什瓦尔**(见563页)逛逛屹立不倒的50多座古老寺庙。

❺ **Kila Dalijoda**(见585页)下榻这家历史酒店,骑自行车穿行于质朴古拙的村庄中。

❻ **吉尔卡湖**(见577页)见识伊洛瓦底江豚和种类丰富的鸟儿。

❼ **普里**(见572页)在这座极富魅力的城镇,融入让旅行者深受吸引的氛围。

❽ **萨科斯阿老虎保护区**(见571页)从帐篷眺望默哈讷迪河的沙滩对面。

历史

奥里萨邦最初叫作羯陵迦(Kalinga)、尤卡拉(Utkala)，近期又改名为奥里萨(Orissa)，然后再次更名为奥里萨邦(Odisha；经历了长期的更名运动，其新名称最终在2010年获得政府批准)，这里曾经是强大的海上帝国，贸易航线直达印尼，但其历史一直扑朔迷离，直到公元前260年羯陵迦王朝灭亡，强大的阿育王开始统治。但面对自己造成的生灵涂炭和严重破坏，阿育王的心灵受到极大震撼，并最终皈依佛门。

到公元前1世纪左右，佛教衰落，耆那教在当地盛行起来。在此期间(在布巴内什瓦尔)建立的乌达耶吉里(Udayagiri)石窟和坎达基里(Khandagiri)石窟都被认为是耆那教的重要宗教中心。

到了公元7世纪，耆那教被印度教所取代。在克萨里(Kesari)和Ganga国王的统治下，奥里萨文化蓬勃发展，各类商贸活动激增——该时期建立的无数经典庙宇直到今日依然屹立不倒。奥里萨人一直抗拒来自德里的穆斯林统治者，直到16世纪的莫卧儿王朝，布巴内什瓦尔的许多寺庙被毁。

奥里萨邦先后被阿富汗人、马拉地人(Marathas)和英国人统治，直至独立。

自1990年起，一支极端的印度教原教旨主义组织，印度青年民兵(Bajrang Dal, BD)，发起了一系列针对基督教的激烈反击运动，以回应基督教在该区的传教活动。那些没有文化、无依无靠的部落人民因此遭受了最严重的社区暴力，与其说是为了宗教信仰，不如说这些暴力的本质就是权力、政治和土地纷争。

2008年，Kandhamal地区再次爆发了暴力事件，该区域的印度教领导人被谋杀，成千上万的基督徒流离失所，最终只能转移至外区的政府救济营。从那以后，奥里萨邦的印度青年民兵活动几乎绝迹，但该组织近年来一直与北方邦的暴力活动有所牵扯。

相邻的恰尔肯德邦和切蒂斯格尔邦的先后独立，也燃起了奥里萨邦一个西北部落地区Koshal的分裂之心，欲从奥里萨邦中脱离，并立萨姆巴尔普尔(Sambalpur)为其首府。当地的分裂组织Kosal Kranti Dal(KKD)在2009年邦立选举中派出了候选人，并于2010年破坏交通以示抗议。奥里萨邦的部落乡村不时爆发起义活动。

邦内重要节日

阿迪瓦西节(Adivasi Mela；见566页)奥里萨邦布巴内什瓦尔的部落届时会展现他们的特色艺术，表演舞蹈，并展出他们的手工艺品。

乘车节(Rath Yatra；见573页)贾格纳特神(Lord Jagannath)、他的兄弟巴尔巴德拉(Balbhadra)和姐妹须跋陀罗(Subhadra)乘坐着巨大的战车，被人们从贾格纳特寺拉到贡迪查神庙(Gundicha Mandir)。

普里海滩节(Puri Beach Festival；见573页)节日期间人们在普里的海滩上载歌载舞，还会举办美食和文化活动。

巴里亚特拉(Bali Yatra；⊙11月/12月)克塔克(Cuttack)规模巨大的邦办集市，出售精美的银丝工艺品、伊卡特织物及其他手工艺品。

科纳尔克节(Konark Festival；见577页)特色的传统音乐和舞蹈表演，举行宗教仪式。

❶ 危险和麻烦

该地区有些地方的蚊子携带登革热和疟疾病原。建议携带蚊帐、衣物等和驱蚊药保护自己。

❶ 旅游信息

奥里萨邦旅游局(Odisha Tourism; www.orissatourism.gov.in)在大部分城镇都有办事机构，提供旅游信息和团队游/酒店预订服务。**奥里萨邦旅游发展公司**(Odisha Tourism Development Corporation; www.otdc.gov.in)是邦立旅游局的商务部门，运营全邦境内的团队游和酒店。

❶ 到达和离开

布巴内什瓦尔和班加罗尔、德里、海得拉巴、孟买、加尔各答和金奈(马德拉斯)之间都有航线。连接加尔各答和金奈的主要公路和铁路沿着奥里萨邦的海岸线和布巴内什瓦尔延伸,其支线通向普里。在萨姆巴尔普尔和加尔各答之间,以及切蒂斯格尔邦以及中央邦之间也通公路和铁路。

布巴内什瓦尔
(BHUBANESWAR)

☎0674 / 人口 885,363

曾经被称为"寺庙之城"的混乱的布巴内什瓦尔是个值得让你停留一两天的地方,旧城区的神圣中心环绕着被称为"仪式水池"的宾度萨加(Bindu Sagar);那里曾经有数千座中世纪石庙;其中大约有50座保存至今。除了寺庙之外,这里还有几座非常值得一游的博物馆、一处古代洞窟建筑群及奥里萨邦最多元化的餐饮界,还有少数不错的酒店。

◉ 景点

★ 林迦拉伊神庙 印度教寺庙

(Lingaraj Mandir; Lingaraj Temple Rd; ⊙黎明至黄昏)林迦拉伊神庙高达54米,供奉的是Tribhuvaneswar(主宰三界的神),始建于1090~1104年(尽管有的部分已有超过1400年的历史),周围有几十座小寺庙和神社。代表Tribhuvaneswar的花岗岩神像每天都要用水、牛奶和印度大麻沐浴。寺庙正门由两座留胡子的黄色狮子像把守,同时也代表了朝圣者的形象,手持圣食(prasad)。在马斯特坎迪(Master Canteen)汽车站乘坐333路车即可到达这里。

该寺庙四周高墙环绕,且不对异教徒开放,外国人只能远远地从观景台看个全貌(外国的印度教徒同样禁止入内)。面对正门,向右边走,然后顺着墙壁绕到左侧,就到了左手侧的这个观景台,接着就抵达了希特拉卡利尼神庙(Chitrakarini Temple)。观景台附近有时会出现咄咄逼人要求"捐款"的麻烦。但这些钱最终并不会真正归于寺庙:坚持自己的立场,不要给钱。

★ 穆格代斯沃尔神庙 印度教寺庙

(Mukteswar Mandir; Kedar Gouri Ln; ⊙黎明至黄昏)这座建于10世纪的美丽小寺庙是布巴内什瓦尔最华丽的寺庙之一;在奥里萨邦的各种海报上都能看到图片介绍。寺内的雕刻错综复杂,融合了佛教、耆那教和印度教的不同风格——记得找找Nagarani(蛇后),这个形象很容易被误解为西方的美人鱼,在附近的拉贾拉尼寺庙(Rajarani Mandir)同样可以看到。天花板的雕刻和石拱桥特别引人注目,其拱形的额枋(torana)清楚地显示出佛教对建筑的影响。

★ 部落艺术及手工艺品博物馆 博物馆

(Museum of Tribal Arts & Artefacts;紧邻National Hwy 16; ⊙周二至周日10:00~17:00)**免费** 对于爱好人类学且对奥里萨邦的62个部落感兴趣或者考虑前往奥里萨邦部落地区旅行的游客来说,这座出色的博物馆不容错过。展馆展示传统服装、珠饰、沉重的银项圈、钱币项链、精美的头饰、华丽的吸管杯和乐器,还有互动式展览。其中的一间展馆专门展示兵器、渔具、狩猎用具和农具。你可以在这里购买绍拉人(Saora)制作的五彩布画。乘坐801路车至Azad Marg附近即可到达。

博物馆后面是仿照加达巴(Gadaba)、坎达(Kandha)、桑塔尔(Santal)、绍拉(Saora)及其他部落传统建筑样式修造而成的房屋。

乌达耶吉里和坎达基里石窟 古迹

(Udayagiri & Khandagiri Caves;两处景点门票印度人/外国人 ₹15/200,录像₹25; ⊙黎明至黄昏)在布巴内什瓦尔以西6公里处有两座小山,山上岩石有许多雕凿出来的洞穴,形成了一层层古老的居室。坎达基里顶端是一座神庙。其中许多洞窟中有华丽的雕刻,公元前1世纪,耆那教的苦修者就居住在其中。公共汽车不到这些石窟洞穴,但801路车开往附近的拜拉蒙达(Baramunda)汽车站。合乘/独乘机动三轮车收费应该不会比₹30/250高出太多。

沿乌达耶吉里(Sunrise Hill)的坡度下来,就能看到右边的Swargapuri(9号洞)及其中的虔诚雕像。Hathi Gumpha(王后窟;14号洞)的顶部有117行铭文,提到了统治时期为公元前168年至公元前153年的石窟建造者喀罗吠刺王(King Kharavela of Kalinga),并赞颂了其丰功伟绩。

Bhubaneswar 布巴内什瓦尔

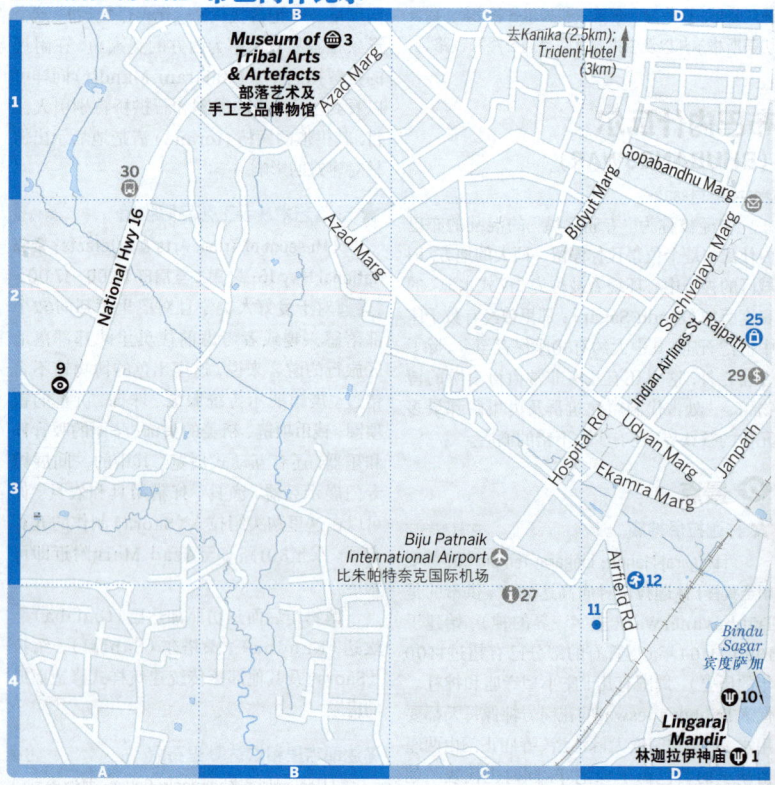

在左边你将看到的是老虎窟（Bagh Gumpha；12号洞），从其虎口入洞。净化窟（Pavana Gumpha）和较小的巨蛇窟（Serpent Gumpha）就在附近，后者的门口盘旋着一条三头眼镜蛇。防御阵地的遗迹在山峰上。靠近东南面的是大象守卫的单层甘尼许石窟（Ganesh Gumpha，10号洞），以及几乎垂直位于双层的Rani ka Naur（王后窟；1号洞）——雕刻着耆那教符号和一些战争场景。

经过雕有大象的Chota Hathi Gumpha（3号洞）和雕有一棵菩提树的双层洞Jaya Vijaya Cave（5号洞），再回到入口处。

穿过马路到坎达基里，在这个位于山顶的洞窟能看到整个布巴内什瓦尔的景色。陡峭的山路在上到三分之一的高度后开始分叉。右边的路去往Ananta Cave（3号洞），雕刻的形象为运动员、妇女、大象和驮着鲜花的鹅。稍远处是一系列耆那教寺庙；顶上还有另一座（建于18世纪的）耆那教寺庙。

锡德赫斯瓦拉神庙 印度教神庙

（Siddheswara Mandir；Kedar Gouri Ln；黎明至黄昏）与穆格代斯沃尔神庙（Mukteswar）同处一处，锡德赫斯瓦拉神庙的修建年代稍晚，比较普通，有一尊精美的红色甘尼许像（Ganesha）。

韦塔尔神庙 印度教神庙

（Vaital Mandir；Rath Rd；黎明至黄昏）这座建于8世纪的寺庙曾是密宗仪式、情色和血腥祭祀的中心，其双层筒形屋顶显示了佛教石窟建筑风格的影响。靠近点仔细看，会发现墙上有些很久以前的情色雕刻。在昏暗的殿内可以看到代表衰落和死亡的查蒙答

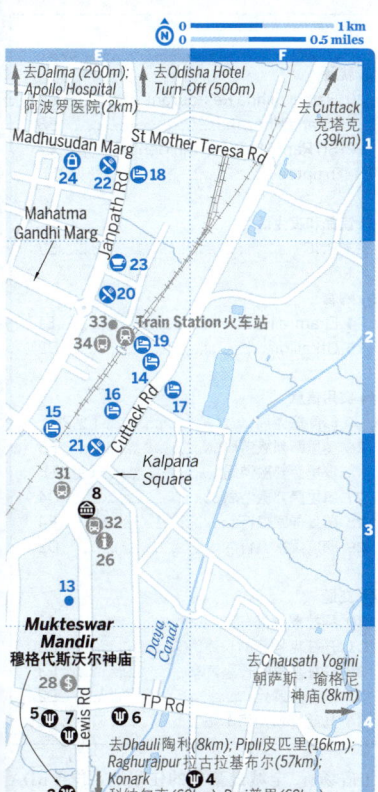

而闻名。围绕着中心建筑外围的8座神像代表8位寺庙守护神（dikpalas）。在庙宇和8座神像之间，是装饰着女神、拥抱的夫妻、大象和狮子的壁龛和石柱。

布拉姆斯瓦尔湿婆神庙　　印度教神庙

（Brahmeswar Siva Mandir；紧邻Brahmeswar Patana Rd；⊙黎明至黄昏）布拉姆斯瓦尔湿婆神庙坐落于精心打理的花园内，地基两侧是4个小型建筑结构，寺庙建于9世纪，是小版的林迦拉伊神庙（Lingaraj Mandir）。寺庙内的有一些雕塑包含了精巧细致的情色元素，值得一看。

邦立博物馆　　博物馆

（State Museum；www.odishamuseum.nic.in；Lewis Rd；印度人/外国人 ₹10/100，拍照₹10/100；⊙周二至周日 10:00~16:30）这座博物馆保存了奥里萨邦的最佳收藏品，珍藏了稀有的棕榈叶手稿，以及卷轴画、传统和民间乐器，青铜时代的工具、枪械库，以及一系列令人印象深刻的佛教、耆那教和婆罗门教的雕像（找找令人难忘的8世纪查蒙答女神雕像）。

🏃 活动

Kerala Panchakarma　　阿育吠陀、按摩

（☏0674-2590053；240/90 Airfield Rd, Airport Sq；护理₹600起；⊙6:00~21:00）小型阿育吠陀诊所，提供全身减压按摩。

👉 团队游

奥里萨邦旅游发展公司　　文化游

（Odisha Tourism Development Corporation，简称OTDC；☏0674-2431515；www.otdc.in；Lewis Rd；⊙7:00~20:00）OTDC每天的大巴游包括城市游（₹300，9:00），前往南丹卡南动物园、陶利、林迦拉伊和穆格代斯沃尔神庙、邦立博物馆以及乌达亚吉里和坎达基里石窟。另一条线路走的是皮匹里（Pipli）、科纳尔克（Konark）和普里（₹380，9:00），第三条线路包括普里和吉尔卡湖（Chilika Lake；₹400，8:00）旁边的萨塔帕达（Satapada）。在Panthanivas Hotel后面的这处OTDC办公室可提前一天预订。

团队游价格不含门票费用。

（Chamunda，一个可怕的女神）的形象，尽管她的头骨项链和尸床通常被藏在她的庙宇长袍里。

帕尔苏拉迈希瓦尔神庙　　印度教神庙

（Parsurameswar Mandir；⊙黎明至黄昏）Lewis Rd的正西面有一片大约20座神庙的建筑群，规模虽然比巴内什瓦尔的其他寺庙要小但非常重要。其中保存最完好的是帕尔苏拉迈希尔神庙，这座华丽的湿婆神庙建于公元650年左右。寺内有大象、马和湿婆图案的浮雕，十分生动。

拉贾拉尼寺庙　　印度教神庙

（Rajarani Mandir；TP Rd；印度人/外国人₹15/200，拍照₹25；⊙黎明至黄昏）拉贾拉尼寺庙建于公元1100年左右，周围是修剪整齐的花园，因其华丽的神庙避难所（deul）和塔楼

Bhubaneswar 布巴内什瓦尔

◎ 重要景点
- **1** 林迦拉伊神庙 D4
- **2** 穆格代斯沃尔神庙 E4
- **3** 部落艺术及手工艺品博物馆 B1

◎ 景点
- **4** 布拉姆斯瓦尔湿婆神庙 F4
- **5** 帕尔苏拉迈希瓦尔神庙 E4
- **6** 拉贾拉尼寺庙 E4
- **7** 锡德赫斯瓦拉神庙 E4
- **8** 邦立博物馆 E3
- **9** 乌达耶吉里和坎达基里石窟 A2
- **10** 韦塔尔神庙 D4

✪ 活动、课程和团队游
- **11** Alternative Tours D4
- **12** Kerala Panchakarma D3
- **13** 奥里萨邦旅游发展公司 E3

⌂ 住宿
- **14** Hotel Grand Central E2
- **15** Hotel Nirmal Inn E2
- **16** Hotel Upasana E2
- **17** Mango Hotel E2
- **18** New Marrion E1
- **19** Railway Retiring Rooms E2

⊗ 就餐
- **20** Hare Krishna Restaurant E2
- **21** Khana Khazana E3
- **22** Sri Ram Mandir Tiffin Centre E1
- Truptee .... （见21）

◎ 饮品和夜生活
- **23** BNC E2

◎ 购物
- **24** Ekamra Haat E1
- **25** Utkalika D2

ⓘ 实用信息
- 印度旅游局 .... （见26）
- **26** 奥里萨邦旅游局 E3
- 奥里萨邦旅游局 .... （见19）
- **27** 奥里萨邦旅游局 C4
- **28** 印度国家银行 E4
- **29** 印度国家银行 D2

ⓘ 交通
- **30** 拜拉蒙达汽车站 A1
- **31** 开往克塔克的长途汽车 E3
- **32** 开往普里的长途汽车 E3
- **33** 电脑售票处 E2
- **34** 马斯特坎迪汽车站 E2

Alternative Tours　　　团队游

（☎0674-2590830; www.alternativetoursindia.com; Room 5, BDA Market Complex, 紧邻Airfield Rd; ⊙周一至周六 10:00~18:45）✎资深旅行社，组织奥里萨邦和那加兰邦的部落游，全包价格约为每人每天₹9000起。它还经营奥里萨邦多日野生动物和文化遗产团队游，组织专门前往普里和科纳尔克的一日游。

✺ 节日和活动

阿迪瓦西节　　　文化节

（Adivasi Mela; ⊙1月26号至31号）布巴内什瓦尔的年度部落节日阿迪瓦西节期间，人们用奥里萨邦部落群体的艺术、舞蹈和手工艺品来庆祝节日。

🛏 住宿

许多酒店可以24小时办理退房。最便宜及环境比较宜人的酒店集中在火车站周边。Janpath Rd和Cuttack Rd沿线有几家中档住宿场所，全城最豪华的住宿地点位于BDA Colony，就位于环城的16号公路（Route 16）以北。

Mango Hotel　　　酒店 $$

（☎0674-7119000; www.staymango.com; Cuttack Rd; 房间 ₹2616~3815; ❋ ☎）Cuttack Rd沿线最好的中档住宿选择，前台员工态度友好，不错的餐馆可提供各种印度北部和奥里萨菜肴，一尘不染的房间里有舒适的床，可以连接Wi-Fi。步行5分钟就能到达火车站。

Hotel Upasana　　　酒店 $$

（☎9439865225, 9439865227; www.hotelupasana.com; 2282 Laxmisagar, 紧邻Cuttack Rd; 房间 ₹990, 带空调 ₹1300起; ❋ @ ☎）这个地方由家庭经营，位于Bhubaneswar Hotel后面，房间设施相当简单，可能还算是比较干净，有热水淋浴和小阳台。大厅有电脑，有些房间可以连接Wi-Fi。没有餐厅。

Hotel Nirmal Inn 酒店 $$

(☎0674-2534411; Rajpath; 房间₹1000, 带空调₹1400; ❄) 这家酒店只提供基本服务, 房间物有所值, 不太宽敞, 但比较干净、现代。这里有餐厅, 但只有大厅有Wi-Fi。

Railway Retiring Rooms 客栈 $

(Platform 1, Bhubaneswar train station; 铺₹90~300, 房间₹260~520, 房间带空调₹480~940; ❄) 这些普通的大房间适合预算紧张的客人在赶火车之前休息几小时。房间位于车站相对安静的角落, 但毕竟是火车站地区, 所以还是非常喧闹的。在车站主入口里面 "Enquiries"(问询处)旁边的预订窗口可以订房。

★ Trident Hotel 度假村 $$$

(☎0674-3010000; ww.tridenthotels.com; CB-1 Nayapalli; 房间/套₹12,000/22,000起; ❄ 🌐 🏊) Trident的房间宽敞而时髦, 以奥里萨典型的石制品、纺织品和金属制品为装饰, 可以望见静谧的花园。这里有专用慢跑小径、豪华游泳池和城里最好的一家餐馆。酒店位于火车站以北6公里处。

Hotel Grand Central 酒店 $$$

(☎9437001152, 9937439074; www.hotelgrandcentral.com; Old Station Bazaar; 标单/双含早餐₹2800/3200起; ❄ 🌐) 这家经济型酒店就在火车站后面, 白色的走廊和大理石地板通向整洁、配备齐全的房间。这里有餐厅、酒吧和租车机构。

New Marrion 酒店 $$$

(☎0674-2380850; www.hotelnewmarrion.com; 6 Janpath Rd; 标单/双 ₹6100/6500起; ❄ @ 🌐 🏊) Marrion是一家位于中心地段的高档酒店, 这里的房间设计优雅又现代化——配有液晶电视、深色的抛光木地板和小型沙发。餐厅的菜式包括南印度菜、意大利—墨西哥菜和中国菜, 还有间很不错的烤肉店, 大楼前面是连锁咖啡馆Café Coffee Day和一间现代的苏格兰酒吧。泰式水疗中心服务一流, 为酒店增添了吸引力。

🍴 就餐

Dalma 奥里萨菜 $

(www.dalmahotels.com; 157 Madhusudan Nagar; 主菜 ₹70~180, 塔利套餐₹150~240; ⏰11:00~16:00和19:00~22:30) 这家布巴内什瓦尔小型连锁餐馆受到了当地人的广泛好评, 被认为是城里品尝正宗奥里萨饮食的最佳地点, 菜品包括茄子土豆泥(aloo bharta)、达尔马(dalma; 餐馆特色木豆菜肴, 用椰子烹制而成)、奥里萨乡村奶酪甜点(chenna poda)及许多奥里萨塔利套餐。

这里看起来不豪华, 还有一种食堂的感觉, 菜看都被放在金属托盘上, 但饮食简直美妙非凡, 尤其是考虑到价格的时候。初来乍到的游客应该会喜欢翻译得体的菜单, 上面的每道菜都有清楚的英文介绍。

Khana Khazana 印度菜 $

(Kalpana Sq; 主菜 ₹50~170; ⏰17:30~22:30) 这家老牌街头摊位只在晚上经营——塑料桌椅摆在人行道上——烹制很棒的泥炉鸡(tandoori chicken)、美味的炒面和好吃的比尔亚尼菜。比尔亚尼鸡肉(chicken dum biryani; ₹100) 特别受当地人欢迎, 同样受欢迎的还有物有所值的烧烤卷(有各种馅料, 是加尔各答的特色; ₹40~60)。

★ Kanika 奥里萨菜 $$$

(www.mayfairhotels.com; Jaydev Vihar, Mayfair Lagoon; 主菜 ₹429~995; ⏰正午至15:00和19:00~23:00) 小小的Kanika位于Mayfair Lagoon酒店, 尤其擅长烧制本地海鲜, 这家餐厅出品的奥里萨邦地区美食绝对不容错过。特色菜包括咖喱蟹(kankada yarkari)、炖香辣鲳鱼、以芥末为主的菜肴, 还有奥里萨邦的传统甜点, 一吃就上瘾的干果烤乳酪 (chhena poda, 字面意思为烧焦的奶酪, 配料有糖、腰果、葡萄干)。这里还有美味的素食和非素食塔利套餐(₹399起)。

住宿价格区间

以下住宿价格适用于带卫生间的双人间, 含税:

$ 少于₹800
$$ ₹800~2500
$$$ 高于₹2500

奥里菜式（ODIA CUISINE）

芥末是奥里萨邦饮食的主料，以各种籽类、糊状和油等不同形式无所不在，让奥里菜味道普遍呛鼻。经典菜式为大米（bhata）配各种美味的小菜，如炒南瓜花（kaharu phula bhaja）、特色豆汤（dalma；煮豆子配上南瓜、土豆、芭蕉和茄子，然后放入加了葫芦巴、孜然、黑孜然、茴香、芥末这5种香料的油里煎炸，再撒上椰丝），以及蔬菜或河鱼蘸芥末肉汁酱（besara）。Saga bhaja（绿色蔬菜裹上蒜蓉轻微煎炸，并辅以叫作pancha phutan的含有5种元素的调料——孜然、芥末、茴香酒、黑孜然和辣椒）也是这里的特色。海边到处都是鱼和虾：sarison macha是一种超级美味的芥末咖喱味鱼火锅。

Odisha Hotel 奥里萨邦菜 $$

（Market Bldg, Sahid Nagar；塔利套餐₹140~340；⊙12:30~22:30）这家餐馆非常朴素，却是品尝正宗奥里萨美食的最佳地点之一，所有菜式都是分量很大的塔利套餐。餐厅的菜单全为奥迪亚语（Odia），所以只要选择素食还是非素食，然后就坐等这顿印度教徒的"最后的晚餐"吧！沿着Maharishi College Rd往东走，过了Bhawani Mall，餐馆就在左侧的第二条街上。

确定自己要的是小份，享用之前再次确认价格。否则，他们可能会端给你价格₹400的超大份的塔利套餐，一个人根本吃不完。

Truptee 南印度菜 $

（Cuttack Rd；主菜₹70~160；⊙7:00~22:30）享用印度南部风味早餐的好选择，这家干净的餐馆供应家庭烹制的各种美味的多莎饼（dosas；大咸薄饼）、炸豆饼（vada）和蒸米浆糕（idlis），稍晚的时候还会提供咖喱和泥炉饼。这里还有塔利套餐（₹100至₹150）。

Sri Ram Mandir Tiffin Centre 街头食品 $

（Janpath Rd；菜肴₹10~40；⊙6:30~21:00）酸奶炸豆饼（Dahi vada）是奥里萨的传统早餐，当地人聚集在斯里兰寺庙（Sri Ram Mandir）旁边的这家街头摊位填饱肚子，摊点还有其他美味，比如咖喱角（samosa）、炸土豆（alu chops）和小份蔬菜咖喱。指指你想吃的，然后坐下享用美餐就可以了。

Hare Krishna Restaurant 印度菜 $$

（Lalchand Shopping Complex, Janpath Rd；主菜₹120~260；⊙11:30~15:30和19:00~22:45）漂亮的古吉拉特漆木家具摆放在这家时尚低调的素食餐厅里，显得特别出众，你可以在舒缓的氛围中享用美味的咖喱、比尔亚尼菜和泥炉饼。穿过Lalchand Shopping Complex进去就可到达。

🍷 饮品和夜生活

BNC 咖啡

（Brown n Cream；Janpath Rd；⊙8:00~22:30）配备空调的咖啡馆，提供物有所值的现磨咖啡（₹80），还有三明治、小松饼和冰激凌。

🛍 购物

Utkalika 工艺品

（Odisha State Handloom Cooperative；📞0674-2530187；http://utkalika.co.in/contactus.php；Eastern Tower, Market Bldg；⊙10:00~20:30）位于被称为市场大楼（Market Building）的繁忙的市场街巷中，Utkalika出售奥里萨邦的特色纺织品，包括贴花和ikat（编织制前先进行扎染的技术），还有传统棕榈叶绘画、精美的石雕、克塔克（Cuttack）的银丝工艺品、黄铜制品和部落珠宝首饰。

Ekamra Haat 市场

（www.ekamrahaat.in；Madhusudan Marg；⊙9:00~21:00）这家常设市场有大约50个摊位，位于受到精心照料的景色宜人的花园之间，出售各类奥里萨邦的手工艺品（还有小吃摊）。

ℹ 实用信息

医疗服务

阿波罗医院（Apollo Hospital；📞0674-7150382, 0674-6661016；www.apollohospitals.com；Plot

No 251, Old Sainik School Rd; ⊙24小时)私立医院,有24小时创伤中心和药房看护,这里全天候营业。

现金

印度国家银行(SBI; Lewis Rd)等的许多自动柜员机分布在Janpath Rd、Cuttack Rd和Lewis Rd沿线。火车站还有两台。

印度国家银行(State Bank of India; Rajpath; ⊙周一至周五 10:00~16:00,周六 至13:00)可兑换外币,有自动柜员机。

邮局

邮局(Post Office; www.indiapost.gov.in; cnr Mahatma Gandhi & Sachivajaya Margs; ⊙周一至周六 9:00~19:00,周日 15:00~19:00)邮政总局。

旅游信息

奥里萨邦旅游局(Odisha Tourism; ☎0674-2432177; www.orissatourism.gov.in; Paryatan Bhavan, 2nd fl, Museum Campus, Lewis Rd; ⊙周一至周五 10:00~17:00)旅游办事处的主要分支机构,有地图和推荐导游的名单。其他分支结构位于**机场**(⊙根据航班时刻表而定)和**火车站**(⊙6:00~22:00)。

印度旅游局(India Tourism; www.incredibleindia.org; Paryatan Bhavan, 2nd fl, Lewis Rd; ⊙周一至周五 9:00~18:00,周六 至13:00)提供关于全国景点的信息;与奥里萨邦旅游局同在一栋大楼。

🛈 到达和离开

飞机

布巴内什瓦尔现代的**比朱帕特奈克国际机场**(Biju Patnaik International Airport; http://airport-departures-arrivals.com)距离市中心2公里。

航空公司有印度航空(Air India)、靛蓝航空(IndiGo)和GoAir。

班加罗尔 ₹5585, 2小时, 每天3班
德里 ₹5720, 2.5小时, 每天10班
海得拉巴 ₹2790, 1.5小时, 每天5班
加尔各答 ₹3130, 1小时, 每天5班
孟买 ₹5360, 2.5小时, 每天4班

火车

外国人需要在火车站前面的一栋单独的建筑中的**电脑售票处**(⊙周一至周六 8:00~22:00,周日 至14:00)的3号窗口排队买票。从这里发车的火车的目的地包括:

贝汉布尔(Berhampur)2等/卧铺₹35/170, 2~4小时, 12班以上, 7:00~21:25
加尔各答2等/空调卧铺3类₹160/745, 7~8小时,

长途汽车

前往布巴内什瓦尔东北方向的目的地,搭乘长途汽车至克塔克(Cuttack)的巴达姆巴里长途汽车站(Badambari bus stand)比较快捷,然后继续乘车;也可以乘坐任何一辆沿Cuttack Rd东行的**长途汽车**。开往普里的长途汽车从拜拉蒙达长途汽车站(Baramunda bus stand)发车,不过车辆要先在城里转上一圈,接上乘客;在**邦立博物馆外边**乘车可以节省时间,不过那时候车里的人会很多。

可以在马斯特坎迪(Master Canteen)汽车站(₹10, 20分钟)搭乘801路公共汽车或机动三轮车/Uber(从市中心出发大约₹100)前往拜拉蒙达长途汽车站。

以下是从**拜拉蒙达长途汽车站**(National Hwy 16)发车的班次:

目的地	票价(₹)	车程(小时)	发车班次
伯里巴达(Baripada)	300	6	9:00~23:00每小时1班
贝汉布尔(Berhampur)	150	4	每2小时1班
克塔克(Cuttack)	25	40分钟	班次频繁
杰伊布尔(Jeypore)	433~540	13~16	每天5班
加尔各答	非空调座席/卧铺340/700, 空调座席/卧铺475/800	9	19:30~21:00班次频繁
科纳尔克	55	2	每小时1班
科拉普特	非空调座席420	14	每天5班
普里	40	2	每小时1班

每天至少10班，4:55~23:55

普里 2等/普通 ₹55/70，2小时，12班以上，7:00至午夜

ℹ️ 当地交通

机动三轮车

如果在街上找一辆机动三轮车前往机场，费用约为₹200；用Uber/Ola叫一辆机动三轮车的费用约为₹60。如果想游览城市，你还可以在Uber/Ola上选择按照小时租机动三轮车。合乘三轮车在城市周边的主要线路上来回行驶，对当地人要价₹5；他们一般会向外国人收取更高的费用，除非你只支付自己那份车费，然后马上下车。

公交

布巴内什瓦尔的城市公交编号系统对外国人来说比较清楚，7:00至21:00从火车站旁边被称作**马斯特坎迪**（Master Canteen）的汽车站发车。一定要确认自己没坐错车，因为有些编号的公共汽车不只在一条线路上运行。

市内公共汽车从马斯特坎迪汽车站发车：

机场 207A路，₹10，15分钟

拜拉蒙达汽车站（Baramunda Bus Stand）801路，₹10，20分钟

陶利（Dhauli）225路，₹10，30分钟

林迦拉伊神庙 333路，₹10，20分钟

Mayfair Hotel 207N路，₹10，20分钟

穆格代斯沃尔神庙 225路，₹10，15分钟

皮匹里（Pipli）701路，₹50，50分钟

普里 701路，₹100，2小时

乌达耶吉里石窟（Udayagiri Caves）801路或405路，₹10，30分钟

小汽车和出租车

用Uber和Ola叫车一路穿行全城的费用约为₹100或更低。你还可以在Ola上选择按照小时计费（大约₹80）租车或安排单程送客（比如说，去往普里或科纳尔克）。

奥里萨邦旅游发展公司（见565页）提供游览该地区的小汽车，配有司机。200公里内的目的地，带空调的Indigo的费用为每小时110卢比，每公里₹11，不带空调的Ambassador的费用为每小时₹72，每公里₹7。请至少提前一天预订，需本人前往。

机场有预付费出租车候车处；开往市中心的出租车费用是₹300。

布巴内什瓦尔周边

在首府南边、东边和西边的乡村周边分布着几个值得一去的景点，可以从布巴内什瓦尔轻松前往那里旅行半日。这些景点包括动物园、野生动物保护区、工艺村、密宗寺院和已有几个世纪历史的摩崖石刻。

◉ 景点

★ 朝萨斯·瑜格尼神庙   印度教遗迹

（Chausath Yogini；☉黎明至黄昏）于20世纪50年代重见天日，这座建于9世纪的开敞式小神庙（发音"chorsat jorgini"）非常宁静，位于布巴内什瓦尔以南15公里处的稻田中间，供奉女瑜伽修行者（yoginis），是印度仅存的4座同类神庙的一座。神庙比一座小村小屋大不了多少，有64座女瑜伽修行者雕刻，她们各

从布巴内什瓦尔出发的火车

目的地	列车编号和名称	票价（₹）	车程（小时）	发车班次
金奈	12841 Coromandal Exp	560/1470/2110	19.5	21:25
加尔各答（豪拉）	18410 Sri Jagannath Exp	270/715/1015	8.25	23:55
科拉普特	18447 Hirakhand Exp	370/995/1425	14	20:25
孟买	12880 Bbs Ltt S Exp	705/1845/2685	30.5	7:10
新德里	12801 Purushottam Exp	705/1845/2685	29.25	23:15
兰契	18452 Tapaswini Exp	350/950/1355	13.75	21:20
拉耶加达	18447 Hirakhand Exp	310/830/1180	8.75	20:25

票价:卧铺/空调卧铺3类/空调卧铺2类。

萨科斯阿老虎保护区（SATKOSIA TIGER SANCTUARY）

由萨科斯阿峡谷保护区（Satkosia Gorge Sanctuary）和巴伊西帕利野生动物保护区（Baisipalli Wildlife Sanctuary）组成，占地964平方公里的萨科斯阿老虎保护区（☏8763102681；www.satkosia.org；每天印度人/外国人₹40/2000；◉6:00～18:00）树木茂密，位于布巴内什瓦尔西北方向125公里处，保护区内有壮丽的峡谷，默哈讷迪河（Mahanadi River）从中间流淌而过，是奥里萨邦最美丽的自然景区之一。然而，游客不能进入大多数野生动物栖息的公园核心区，而且不能参加四驱车游猎活动。这里的主要魅力是可以让你在令人赞叹的自然美景中消磨一段时间。

整个保护区栖息着数量众多的大鳄鱼和沼泽鳄，还有38种哺乳动物，包括大象、豹子、水鹿、豺狗、豺狼、巨松鼠及大约十几头老虎。从2016年开始，河上船游停运，但从河岸依然可以见到鳄鱼和鸟儿。

保护区的主要大门位于距阿努古尔（Angul）西南面30公里的潘帕萨尔（Pampasar）。

你还需要前往萨科斯阿野生动物部（Satkosia Wildlife Division；☏8763102681、06764-236218；www.satkosia.org；Hakimpada, Angul）办理许可证并进行预订——办理过程流于形式，但需带上护照和签证的复印件。从火车站乘坐机动三轮车至此大约需要₹100。

自站在坐骑（vaharna；通常是动物形式）顶端。没有公共汽车可抵达这里；乘坐三轮车/Uber往返的费用约为₹450/540。

游客几乎很难辨认出这个地方，这又为此地平添一分幽静。如果想要找奥里萨独特的工艺品，可以去附近的Handicraft（◉营业时间不定）看看。

陶利佛教
遗迹

（Dhauli；Ashoka Rock Edicts）公元前260年，阿育王颁布的著名的14条法令中有11条被刻在陶利的一块巨大岩石之上，位于布巴内什瓦尔南面8公里。在法令上方，奥里萨最早的佛教雕塑——代表佛陀的一头雕刻大象——浮现于岩石上。

布巴内什瓦尔－普里长途汽车（₹14，30分钟）抵达陶利的岔路口，那里距离法令摩崖还有3公里的步程，一路都有树荫，或者乘坐合乘/独乘机动三轮车（单程 ₹10/70），然后走过一段短暂的陡坡，就来到了这座佛塔。乘坐Uber的费用约为₹120。

每一条法令都被翻译成为英语，走过法令摩崖，就是右侧山上巨大的白色香佛塔（Shanti Stupa；和平塔），这座塔由日本僧人建于1972年。旧时佛教浮雕融入了这座现代建筑之中，从山顶可以俯瞰四周美丽的乡村景色。

皮匹里（Pipli）
村庄

这个丰富多彩的村庄位于布巴内什瓦尔东南面16公里处，当地的贴花工艺十分出众，制品包括挂在门上或墙上的小镜子，以及节日期间盖在家里和贾格纳特（Jagannath）神像上的华盖。商店外挂着的便宜灯罩和遮阳伞让村里的主街变成五颜六色的，犹如彩虹般绚丽。排灯节期间这里特别热闹。乘坐任意一班布巴内什瓦尔－普里的长途汽车都可以在路过这儿的时候下车。

南丹卡南动物园
动物园

（Nandankanan Zoological Park；www.nandankanan.org；印度人/外国人 ₹25/100，拍照/录像 ₹10/500；◉4月至9月 周二至周日 7:30～17:30，10月至次年3月 周二至周日 8:00～17:00）这座动物园以蓝眼白虎而闻名，是印度比较好的动物园之一，还有珍稀的亚洲狮、犀牛、丰富多样的爬行动物、猴子和鹿。猴子在动物园各处随意游荡，你不要在它们面前从包里拿吃的；请相信我们。45分钟的游猎可以见到狮子和老虎，费用为每人₹30。乘坐Uber的机动三轮车/小汽车至此的费用约为₹200/250。

❶ 到达和离开

布巴内什瓦尔有直接开往皮匹里和陶利的长途汽车。如果想要前往其他景点，你必须参加团队游或者租一辆带司机的机动三轮车或小汽车，进行一日游或半日游。

奥里萨邦东南部

奥里萨邦东南部坐拥孟加拉湾，拥有全邦最热门的地点，包括背包客聚集地普里和受联合国教科文组织保护的科纳尔克太阳神庙。小小的拉古拉基布尔（Raghurajpur）是工艺中心，吉尔卡湖（Chilika Lake）有许多观鸟和观赏海豚的机会，你还可以在滨海的戈巴尔布尔的海边玩耍。

普里（Puri）

☑06752 / 人口200,564

印度教朝圣者、孟加拉的度假客和外国游客都喜欢去普里。对印度教徒来说，普里是印度最神圣的朝圣地，伟大的贾格纳特寺（Jagannath Mandir）便位于此地，著名的乘车节（Rath Yatra）也在这里举行。这座城镇的另一大亮点是绵长的海滩——比起游泳，这里更适合散步。

20世纪70年代，亚洲的独行背包客开始被普里的大海和大麻（在当地为合法）吸引。这一幕如今已经难觅踪迹；来这儿的游客是为了放松和游览科纳尔克附近的太阳神庙。

普里的主要活动范围就是沿着海岸线的几公里附近地区。城里的背包客聚集在Chakra Tirtha（CT）Rd东端方向，孟加拉游客则都挤在New Marine Rd，附近的滨海大道上有很多活动地点。

◉ 景点

★贾格纳特寺
（Jagannath Mandir） 印度教寺庙

这座寺庙属于毗湿奴的化身（宇宙之王贾格纳特）。寺庙（非印度教徒禁止入内）建成于1198年，被两道城墙包围；不过你可以看到58米高的尖顶（sikhara）上面插着毗湿奴的旗帜和法轮。

非印度教徒可以"捐献"一小笔钱（₹50比较合适；别相信账上记录的数字），从对面拉古南丹图书馆（Raghunandan Library）的屋顶眺望寺庙。周日，招徕生意的人可以帮你到附近的屋顶，要价₹100。

贾格纳特是一位有着大而圆的白色眼睛的乌黑神灵，在奥里萨邦非常受欢迎；本邦境内佛塔中贾格纳特的形象备受关照，常常穿着新衣。

寺庙由两只石狮子守卫，门前的柱子顶上站着金翅鸟，跟科纳尔克太阳神庙的一样，寺庙东入口（狮门）是乘车节时的战车游行通道。

贾格纳特和他的弟弟巴尔巴德拉（Balbhadra）以及他的妹妹须跋陀罗（Subhadra）至高无上的神像被供奉在中央大殿（jagamo-

---

值得一游

拉古拉基布尔（RAGHURAJPUR）

引人入胜的画家村拉古拉基布尔位于普里以北14公里处，只有简单的一条街道，两边是茅草顶砖砌房屋，装饰着几何图案和一些描绘神话场景的壁画——这种传统艺术形式在奥里萨邦几乎已经失传。

多数房屋还是艺术家的工作室，出售各种工艺品，从棕榈叶蚀刻到五颜六色的丝印。设计风格沿袭奥里萨的绍拉人（Saora），但拉古拉基布尔尤其出名的是奥里萨布画（patachitra）。这项工艺要求艺术家们有十分专注的精细画工，描绘出各种动物、花卉、神与魔鬼，然后涂上艳丽的色彩。有的布画采用装饰神庙院墙的传统设计图案；有的则比较现代，但都可以成为独特的纪念品。

这里竞争相当激烈，会有商家抢着向你招揽生意。街道尽头红色和白色图案的房屋里面有特别精美的布画样品。隔壁是制作精美棕榈树叶蚀刻的店铺。

前往这里，在普里乘坐去布巴内什瓦尔的长途汽车，到达普里北面11公里找找"Raghurajpur The Craft Village"的标志牌，最后再步行1公里即可到达。

han)。每到仪式时间,祭司都要按照不同仪式要求为三尊神像献上花环,打扮一番。令人难以置信的是,寺庙要雇用约6000名男子共同参加复杂的祭神仪式。据估计,共有2万人(被分为36级97等)的生计都依赖于贾格纳特。

莫德尔海滩 海滩

(Model Beach; www.puribeach.net)普里是个没有棕榈树环绕的地方——这里的海滩宽阔,岸边休息区十分吵闹,而且没有任何遮阴,但莫德尔海滩是可持续发展的社区海滩先行者,长达700米的沙滩在普里算是最漂亮最干净的了。海滩上有用于遮阳的棕榈伞,水边小屋里的男孩儿/救生员也被称为海上骑士(Sea Riders),推销着沙滩椅(₹20)和按摩服务(₹50~200),同时还负责保持海滩的清洁。不过如果救了你,他们也希望得到报酬。

天国之门 宗教场所

(Swargdwar; 紧邻New Marine Rd; 24小时)这片神圣的火化场是印度东部的印度教徒最终的归宿地,这里每天约有40具尸体被火化。你可以在这里观看露天火化仪式,或在其中走动,只是要保持行为得体,不要拍照。火化仪式是件非常庄严的事情,但同时也是圣城普里迷人的一景。

✈ 活动

Barefoot 志愿者服务

(www.heritagetoursodisha.com)这家本地小规模的NGO组织由Heritage Tours创建,致力于推动可持续旅游的发展,希望借此改善当地社区的生活方式。加入志愿者行列,必须服务至少2周以上,提供的服务可以是英语教学,也可以是旅游海滩维护的监督和培训。每周₹1500,食宿全包。

👉 团队游

Grass Routes 文化游

(9437029698; www.grassroutesjourneys.com; CT Rd)Grass Routes的印度—澳大利亚夫妇一直以奥里萨部落全包多日游及历史游和自然游享有良好的口碑。普拉克(Pulak)和克莱尔(Claire)还组织出色的岛屿住宿——居住在吉尔卡湖畔的私营帐篷营地,还有深入普里周边美丽乡村的骑自行车一日游。请提前联系他们。

Heritage Tours 文化游

(06752-223656; www.heritagetoursorissa.com; Mayfair Heritage Hotel, CT Rd; 8:00~20:00)布布(Bubu)是经营部落及文化旅游的老手,他的旅行社主要组织乡村游和小众化的民族游。除了寄宿Desia的多日部落游和普里步行游之外,Heritage还提供环绕普里老城的自行车—三轮车团队游(2小时₹300),还有在布布家里开设的奥里萨饮食烹饪课程(半天₹500),包括午餐(1/2人₹1500/2500)。

OTDC 文化游

(06752-223524; www.otdc.in; CT Rd; 6:00~22:00)经营从普里出发的3条一日游线路:线路1(₹430,周二至周日 6:30出发)将带你快速游览科纳尔克、陶利、布巴内什瓦尔的寺庙群,乌达耶吉里(Udayagiri)石窟和坎达基里(Khandagiri)石窟,外加南丹卡南动物园;线路2(₹300,每天6:30出发)将带你乘船游览吉尔卡湖;线路3(₹80, 8:00)是前往拉古拉基布尔村的2小时之旅。报价不包含门票费用。

✦ 节日和活动

乘车节 宗教节日

(Rath Yatra; Car Festival; 6月/7月)贾格纳特神、他的弟弟巴尔巴德拉(Balbhadra)和妹妹须跋陀罗(Subhadra)乘坐着巨大的战车,被人们从贾格纳特寺拉到普里汽车总站旁边的贡迪查神庙(Gundicha Mandir)。

普里海滩节 文化节

(Puri Beach Festival; www.puribeachfestival.com; 11月底)节日期间人们载歌载舞,享用美食并举办各种文化活动,沙滩上还有沙雕艺术家。

🛏 住宿

接待外国人的住宿场所在CT Rd沿线的VIP Rd以东,接待本国游客的酒店位于Marine Dr前面。如果赶上乘车节、杜尔迦女神节(Durga Puja; 十胜节)和排灯节(Diwa-

Puri 普里

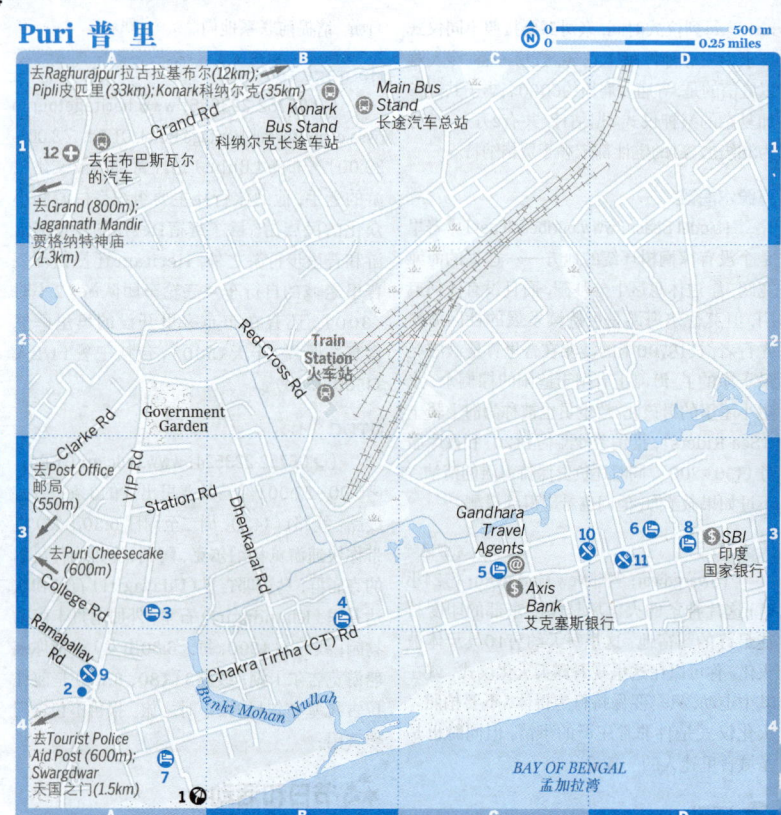

li），需及早预订。许多酒店的退房时间都在清晨。

Hotel Lotus 酒店 $

（☎06752-227033；www.hotellotuspuri.com；CT Rd；房间₹750，带空调₹1650；❄@ ）谦虚友好的Lotus可能是外国背包客中最受欢迎的经济型住宿选择，有一系列价格便宜的房间，干净又舒适。这里的无空调房间带小阳台，非常划算。长住游客应该争取住到顶楼的非空调房间（₹950）。

Backpackers' Inn 青年旅舍 $$

（☎06752-223656；www.heritagetourso rissa.com；紧邻VIP Rd；房间₹1000；❄@ ）这家新开的青年旅舍隐藏在紧邻VIP Rd的安静街道，由Heritage Tours经营，态度热情。这里的公共区适合交际，包括吸引人的屋顶舞台——非常适合欣赏夕阳，你可以选择入住舒适的套房或者宿舍。

Hotel Gandhara 历史酒店 $$

（☎06752-224117；www.hotelgandhara.com；CT Rd；历史房间₹850~1250，新区 标单/双含早餐₹1500/1570，带空调₹2290/2700；❄@≋）Gandhara的友好态度和性价比始终无人能及。这座有着200年悠久历史的柱廊建筑（曾经是孟加拉富裕家庭的度假居所）中有3间极具情调的房间，配备了电风扇。价格更贵的现代空调房可能不会让人印象深刻——位于草坪花园后面的新区，可以俯瞰游泳池。

Wi-Fi速度非常快（相对于印度的情况来说），你能收到塞到门缝下的报纸，而且冰箱里面还有啤酒（₹120）。

Puri 普里

◎ 景点
1 莫德尔海滩 A4

◇ 活动、课程和团队游
- Grass Routes .... （见11）
- Heritage Tours .... （见7）
2 OTDC A4

◎ 住宿
3 Backpackers' Inn A3
4 Chanakya BNR Hotel B3
5 Hotel Gandhara C3
6 Hotel Lotus A4
7 Mayfair A4
8 Z Hotel D3

◎ 就餐
9 Chung Wah A4
10 Honey Bee Bakery & Pizzeria C3
11 Peace Restaurant D3
- Two States .... （见7）
- Wildgrass Restaurant .... （见9）

◎ 实用信息
12 地区中心医院 A1
- 奥里萨邦旅游局办事处 .... （见2）

Z Hotel
历史酒店 $$

（☎06752-222554；www.zhotelindia.com；CT Rd；房间₹2100起；❋⑦⑧）这家不起眼却很迷人的历史酒店（发音"jed"）过去是王公的宅邸，依然是普里最具情调的住宿场所之一。房间很大，通风良好，有高高的天花板、厚重的木家具和一尘不染的卫生间。这里还有餐馆，晚上在电视房间播放电影，公共区域覆盖Wi-Fi。

Chanakya BNR Hotel
历史酒店 $$$

（☎06752-223006；www.therailhotel.com；CT Rd；房间含早餐₹4400；❋⑦⑧）这家华丽的铁路酒店有150年的历史，让人回忆起英属印度时期，昔日的风情充满了整间酒店，包括大堂楼梯和餐馆中有着90年历史的紫胶壁画艺术品。通过2.7米高的木门可以进入巨大的房间，里面有具有历史特色的家具和印度铁路老照片。二层房间朝向一条共用的大游廊，可以欣赏海景。

Mayfair
度假村 $$$

（☎06752-227800；www.mayfairhotels.com；紧邻CT Rd；双含早晚餐₹11,000起，小屋/套₹13,000起；❋⑦⑧）堪称普里豪华酒店的标杆，这家现代酒店分为并列的两栋楼。具有12年历史的Mayfair Heritage有宽敞、时尚的房间和小屋，全都可以欣赏海景，散落在修剪整齐的花园里，现代风格的Mayfair Waves有豪华房间和套间，还有健身房和水疗店。两栋建筑都有花园泳池和一流的餐厅。

✕ 就餐

普里有不错的餐饮界，从一流的奥里萨特色菜到印式中国菜和西餐，应有尽有。许多餐馆集中在CT Rd和VIP Rd沿线；迷宫般的老城中还有许多便宜的小餐馆。

Peace Restaurant
各国风味 $

（CT Rd；主菜₹50~260；⊙7:00~16:00和18:00~23:00）普里的中坚力量，座位在前面庭院的树荫下，依然是最惬意的经济餐厅，西式早餐和意大利面很美味，不过尤其擅长普通的塔利套餐。留着肚子尝尝这里的甜点，裹上糖、肉桂和蜂蜜的油炸裹馅煎饼（fried empanada），比如香蕉或苹果馅儿的。

★ Wildgrass Restaurant
奥里萨菜 $$

（☎9437023656；VIP Rd；主菜₹100~240，塔利套餐₹120~240；⊙11:00~23:00）Wildgrass安静宜人，在繁茂花园周边的茅草亭子下面找张桌子，享用按照起源地分类（奥里萨、吉尔卡、普里瓦拉）的美味地方特色菜肴。泥炉鲳鱼（tandoori pomfret）是吃过的最好的一道菜，特色应季蔬菜同样不应错过。

可以询问一下奥里萨菜式烹饪课程（₹500），课程包括前往本地菜市场购买午餐食材的行程。

Grand
北印度菜 $$

（Grand Centre, Grand Rd；主菜₹100~150；⊙11:30~15:30和19:30~22:30）这家当地人最喜欢的大型纯素菜馆有许多菜单以外的菜肴，如果你没有在菜单上看到秋葵（bhindi chatpati）、菜花（gobi Hyderabadi）或奶油咖喱蔬菜（kadhai veg）之类的佳肴，那就找店员问问。这里还有健康的多莎饼（dosa；₹40~80）。从餐厅的露天阳台还能看到贾格纳特寺的迷人景致。

Chung Wah
中国菜 $$

(VIP Rd; 主菜₹220~360; ⊙11:30~15:00和18:30~23:30) 位于Lee Garden Hotel, 无疑是传统的中国餐馆。深色木隔间、格子屏风和许多红色和金色的龙形意象。受益于从加尔各答移植过来的中国风味，这里的食物是非常美味的印式中国菜：人们特别喜欢热乎乎的蒜香虾。

Honey Bee Bakery & Pizzeria
咖啡 $$

(CT Rd; 比萨₹220~340, 主菜₹100~350; ⊙8:30~14:00和18:00~22:00) 像样的比萨和煎饼，机煮意式特浓咖啡(₹80)，烘烤三明治和早餐煎蛋(里面有培根)尽在这家屋顶有座椅的可爱咖啡馆兼餐馆里。早餐很受欢迎，但其他时间相当冷清。

Two States
印度菜 $$$

(Mayfair Heritage; 主菜₹275~600; ⊙12:30~15:00和19:30~22:30) 这家一流的新餐馆位于Mayfair Heritage酒店内部，特别擅长两种菜系：奥里萨菜和孟加拉菜。海鲜是这里的明星，菜单很简洁，上面的所有菜品都做得很棒。尝尝虾排(prawn cutlet)或椰汁咖喱虾(prawn malai curry)。

Puri Cheesecake
甜点 $

(Temple Rd, Dolamandap Sahi; 每份₹20; ⊙7:00~23:00) Bikram Sahoo和他的6个兄弟经营普里圣地的甜品店已经超过45年，他们的干果烤乳酪(chhena poda)——介于奶酪蛋糕和果馅饼之间——已经成为奥里萨邦独特的风景线。一口铁锅架在大火上，里面煮着松软干酪、糖和豆蔻——这样的美食将带给你真正的享受。

从贾格纳特寺出来，沿着Temple Rd向下走，穿过一个小广场后走300米向右转，这家小店就在右手边的Jagganath Pump House再走100米的地方。

❶ 实用信息

CT Rd沿线有几台自动柜员机，包括**Axis Bank**和**印度国家银行**(SBI; CT Rd)。

地区中心医院(District Headquarters Hospital; ✆06752-224097; Grand Rd; ⊙24小时) 提供24小时急诊服务。

Gandhara Travel Agents(www.gandharatravels.com; Hotel Gandhara, CT Rd; 上网每小时₹40; ⊙周一至周六 8:00~19:00, 周日 至13:00) 多功能网吧和货币兑换处。

奥里萨邦旅游局办事处(Odisha Tourism Office; ✆06752-222664; www.odishatourism.gov.in; VIP Rd和CT Rd交叉路口; ⊙周一至周六 10:00~17:00, 每月第二个周六关闭) 提供关于本地景点的信息。

邮局(www.indiapost.gov.in; Kutchery和Temple Rd交叉路口; ⊙周一至周六 10:00~18:00) 邮政总局。

❶ 到达和离开

长途汽车

科纳尔克长途车站(Konark bus stand; 紧邻Grand Rd) 有发往科纳尔克(₹30, 45分钟)的长途汽车，班次频繁。末班车返回的时间是18:30。科纳尔克长途车站旁边是规模巨大的**长途汽车总站**(main bus Stand; 紧邻Grand Rd)，这里有班次频繁的长途汽车到布巴内什瓦尔(₹40, 车程2小时)和萨塔帕达(Satapada;₹40, 2~3小时)，另外还有开往加尔各答的空调车(座位₹950, 11小时, 18:00~18:30 每天2班)和非空调车(座位₹400, 13小时, 15:00开始)。也可以在**Grand Rd**乘坐去布巴内什瓦尔的车。

乘坐布巴内什瓦尔方向的班车可以去往皮里和拉古拉基布尔岔路口。

小汽车

Heritage Tours(见573页)和**旅游办事处**(见568页) 可以安排小汽车和司机往返科纳尔克(大约₹1500)和萨塔帕达(大约₹2000)。

火车

每天至少有十几班列车开往布巴内什瓦尔(2等非预订座席 ₹15~55, 2小时, 5:45至13:50)。

科纳尔克(Konark)

✆06758 / 人口 16,779

被列入联合国教科文组织世界遗产名录的科纳尔克太阳神庙是印度的标志性地点，也是来奥里萨邦的理由之一。大部分游客都是从布巴内什瓦尔或普里参加一日游过来的，那也在情理之中，因为这座神庙是科纳尔克唯一的景点。

科纳尔克曾经靠海（如今的海岸线已经退到3公里外），从远海就能望见，被水手们戏称为"黑塔"，与普里的白色神庙贾格纳特形成了鲜明对比。靠近Chandrabhaga Beach的内陆灯塔就是对这个奇怪现象的证明。

◉ 景点

★ 太阳神庙
印度教神庙

（Sun Temple；印度人/外国人 ₹40/600，录像₹25，向导每小时₹150；◎黎明至20:00）被设计成太阳神苏利耶（Surya）的战车形状的这座庞大辉煌的神庙建于13世纪中叶，据说是当时的奥里萨国王Narashimhadev I为了庆祝战胜穆斯林而建立的。7匹立起的骏马（代表一周7天）拉着12分战车车轮（代表一天24小时）构成的这座石制庞然大物环绕底座。寺庙的位置经过精心设计，黎明的曙光正好能照亮圣殿（deul）的内部和祀奉的神像。

神庙仅仅只使用了3个世纪。16世纪末，40米高的寺庙尖顶（sikhara）部分倒塌了；对于事发原因的猜测有很多种，例如是强盗般的莫卧儿为了把寺庙塔顶的青铜清除下来，弄到Kalapahad的一座石拱桥上去，或者单纯的因为强风的磨损和撕扯——随着时间的流逝和海岸线的推移，真相已无人能知。神像在17世纪已被移到了普里的贾格纳特寺——1903年，按照孟加拉副总督詹姆斯·奥斯汀·鲍迪伦爵士（Sir James Austin Bourdillon）下达的命令，神庙内部被填满石头。

主要入口（gajasimha）由两只压在大象身上的石狮子把守，进入大门后通向精雕细刻的恩第亚舞蹈厅（nritya mandapa）。台阶的两侧雕刻着极具动感张力的马匹，往上是依然屹立的大殿（jagamohan）。后面的神庙内有3座绿泥石苏利耶神像，排成一排追逐黎明的日出、正午的太阳和黄昏的落日。

底座和墙壁就像一部用石头书写的羯陵迦生活编年史；在上面可以找到妇女赏任和男人狩猎的场景。还有许多雕塑表现了不加掩饰的性爱场面，比如男女交织在一起或裸露的场景，这也是该神庙雕塑最大的特点之一。

门口总有很多导游找上你。导游在这儿能派上用场，因为这座寺庙的历史融合了真实故事和神话传说，包含宗教和世俗意象，向导的解说发人深省。但一定要找一位经过政府审批的导游；考古博物馆旁边的Yatrinivas hotel的旅游办事处可以帮上忙。

考古博物馆
博物馆

（Archaeological Museum；₹20；◎周六至周四 10:00~17:00）这家博物馆展出了在太阳神庙发掘过程中同期出土的许多雕像和雕刻，令人印象深刻。

✥ 节日和活动

科纳尔克节
舞蹈节

（Konark Festival；◎12月1号至5号）科纳尔克节在太阳神庙前的一处露天礼堂举行庆典，整个节庆期间，人们都沉浸在传统音乐和舞蹈中。

ⓘ 实用信息

通向太阳神庙的小巷落满灰尘，里面有一台自动柜员机。

奥里萨旅游发展公司（☏06758-236821；www.odishatourism.gov.in；Yatrinivas hotel；◎周一至周六 10:00~17:00）这间旅游办公室可以安排登记的向导，跟你在太阳神庙碰面。可以在布巴内什瓦尔或普里参加OTDC的一日游，游览这座神庙。

ⓘ 到达和离开

汽车站距离主路有一段距离，距神庙还有200米。来往于科纳尔克和普里之间的长途汽车（₹30,1小时）每小时1班，车程33公里；从普里出发的机动三轮车/小汽车往返费用约为₹800/1500。开往布巴内什瓦尔（₹50, 2小时）的长途汽车班次频繁。

吉尔卡湖（Chilika Lake）

吉尔卡湖是亚洲最大的咸水潟湖。水域面积达到600平方公里，4月和5月雨季期间湖水面积达到1100平方公里，从孟加拉海湾中被60公里长的沙洲隔离的浅水湖叫作Rajhansa。

每到冬季（11月至次年1月中旬），数百万只候鸟——包括灰腿鹅、苍鹭、鹤和粉红色的火烈鸟——从遥远的西伯利亚和伊朗涌向这里，聚集在3平方公里的Nalabana Island岛上的鸟类保护区。

附近其他的景点还有萨塔帕达罕见的伊河豚，Rajhansa沿岸的朝圣者海滩，还有1月Makar Mela节庆期间，众多印度教朝圣者都会涌向卡利贾伊岛庙。

萨塔帕达 (Satapada)

小村庄萨塔帕达位于吉尔卡湖的西南岬角，是乘船游的起点，这里的建筑似乎只有码头旁边的一座汽车站、一家酒店以及一些路边棚屋餐馆。游览包括观赏海豚短途游、前往几座岛屿和观鸟地点的全天乘船游等。船会发出噪声，所以不算是真正的观鸟；同样，他们一般靠得海豚太近，所以要弄清楚，那不是你想要的动物观赏。尽管如此，看着渔船在迷宫般的芦苇荡之间纵横，渔夫们拉起捕获到的鱼，依然是广阔水面风景间的一次宁静体验。

你可以在村里小型的 吉尔卡生态公园 (Chilika Ecopark; Satapada Jetty) 看到12米长的须鲸骨架。

OTDC (06752-262077; Yatrinivas Hotel; 每人 ₹220~300，取决于人数) 经营3小时的游湖，每天上午9:30至10:00出发。

Dolphin Motor Boat Association (7377653372; Satapada Jetty; 1/3/7小时不同路线 ₹700/1300/2500) 本地船主合作社，经营7条价格固定的线路，包括观赏海豚 (₹700，1小时)、观赏海豚加河口及卡利贾伊岛庙 (Kalijai Island Temple; ₹1300，3小时)，以及观赏海豚、卡利贾伊岛庙和纳拉巴纳岛 (Nalabana Island) 鸟类保护区 (₹2500，7小时)。

萨塔帕达只有一个住宿场所——由政府经营的普通酒店Yatrinivas (06752-262077; 双人间 ₹630，带空调 ₹1650; ❄)。从普里跟随Grass Routes (见573页) 前来的游客可以住在岛上私营的帐篷营地。

吉尔卡游客中心 (Chilika Visitor Centre; 门票 ₹10; 10:00~17:00) 有关于吉尔卡湖以及当地野生动物和人类居民的展览。中心楼上的观景点有架望远镜，还配有鸟类识别图标。

❶ 到达和离开

萨塔帕达和Janhikuda码头西面之间的渡轮 (行人/自行车/摩托车/小汽车₹10/10/20/350，30分钟) 班次频繁，汽车可以向西行驶，从这里再开到湖的北边。这条线路沿途景色优美。渡轮每天7:30、10:00、13:00和16:00出发，返程时间为8:00、10:30、13:30和16:30。

开往滨海戈巴尔布尔 (Gopalpur-on-Sea) 附近贝汉布尔 (Berhampur; ₹150，3.5小时) 的长途

不要错过

海滨休养胜地

若想在距离普里和科纳尔克不远的地方度过一段祥和而快乐的假期，可以考虑海滨休养胜地。

Nature Camp, Konark Retreat (9337505022, 8908621654; www.naturecampindia.com; 帐篷 含早餐 ₹3000) 这处友好、闲适的露营地提供虽说不上豪华却配备电风扇的帐篷房间，位于稍显凌乱的森林空地周围。帐篷中配备了漂亮的淋浴间和坐式冲水厕所。提供美味的奥里塔利套餐。营地距离普里至科纳尔克的主路500米，位于拉姆金迪河 (Ramchandi River) 岸边；看到招牌就下车。需要预订。

Lotus Resorts (9090093464; www.lotusresorthotels.com; Puri-Konark Marine Dr; 小屋 含早餐 ₹4199起; ❄) 这些饱经风霜的加拿大松木小屋是一处美丽的度假地点，对面的小岛附近水面平静，可以游泳。便利设施有阿育吠陀水疗小店 (仅在旺季营业) 和漂亮的海滩餐馆。这里距离科纳尔克约6公里，位于美丽的拉姆金迪海滩 (Ramchandi Beach)。乘坐在普里 (₹25) 和科纳尔克 (₹8) 之间往返行驶的任意车辆均可到达，找找招牌即可。

汽车6:00从普里的汽车总站发车,乘上7:30的渡船,接下来就是在美丽乡村公路行驶的2小时车程,直到上主路。在渡船上等长途汽车,车要下船时上车。抵达萨塔帕达以前,车上已经坐满了村民,所以别指望有座位了。如果提出要求,长途汽车可以让你在通往滨海戈巴尔布尔的岔路口下车,你可以在那儿拦停一辆过路车(₹15, 20分钟)。长途汽车12:40从贝汉布尔返程,乘坐16:30的渡船可穿过吉尔卡湖,前往萨塔帕达。

普里几乎每家酒店和旅行社都经营前往吉尔卡湖的一日游(乘坐小汽车往返大约₹1500),不过自行乘坐长途汽车(₹38, 2~3小时)前往也很方便。返回普里的末班车大约18:00从萨塔帕达发车。

曼加拉乔迪 (Mangalajodi)

吉尔卡湖北岸的这座小渔村是前往吉尔卡湖和候鸟天堂的出发点,位于布巴内什瓦尔西南方向60公里的地方,这个生态游的典范景点直到2006年才被外界知晓,此前一直无人问津。6年前,NK Bhujabal成立了水鸟保障委员会Wild Orissa(www.wildorissa.org),将那些偷猎者转变为保护者,再到现在的生态游向导。在短短的10年间,水鸟的数量从当初的5000只繁衍到如今据估算大约300,000只,约160种不同物种。

一条土堤伸入湖中约1.5公里,渔船泊在一边,水牛被牧养在浅水,另一边的芦苇荡是鸟儿的栖息地。通向土堤尽头有一座观鸟塔和观鸟游出发的码头,导游会用竹竿慢慢地将狭长的小船推过芦苇水道,就像是威尼斯的贡多拉。

村里只有2个住宿选择:一家普通的客栈和由Mangalajodi Eco Tourism经营的旅客小屋。

❶ 到达和离开

曼加拉乔迪位于布巴内什瓦尔和贝汉布尔之间主路以南10公里处。长途汽车从布巴内什瓦尔出发,开往距离曼加拉乔迪最近的村庄坦吉(Tangi);剩下的路程,你得乘坐机动三轮车。普里的**Grass Routes**(见573页)组织前往曼加拉乔迪的观鸟游。

巴尔库尔 (Barkul)

巴尔库尔位于吉尔卡湖北岸,其实只是一片零散分布着一些房屋、小客栈和小吃摊的区域,从主路向下延伸至政府经营的Panthanivas Barkul。这里有船去纳拉巴纳岛(Nalabana Island; 12月和1月到处是筑巢的鸟儿)和卡利贾伊岛(Kalijai, 上面有一座寺庙),此外你可以包船前往任何地方;直接与船夫议价。

Panthanivas Barkul hotel组织前往卡利贾伊岛庙(Kalijai Island Temple)的2小时往返游,每条快艇(最多7名乘客)费用为₹1500,其间会在岛上待一段时间。前往卡利贾伊和纳拉巴纳的4小时旅行,每条船的费用为₹4000,但一般只在12月和1月组织,那时鸟儿都在纳拉巴纳。巴尔库尔还在尝试将自己重新定位为水上运动中心;遗憾的是,那将引进严重影响环保的水上摩托艇出租。

唯一像样的住宿地点是政府经营的**Panthanivas Barkul**(☎06756-227488; pns.barkul@gmail.com; 双 ₹1100, 带空调₹2400, 空调小屋 ₹2780, 均含早餐; ❄)。通向Panthanivas Barkul的小巷上还有几家价格比较便宜的客栈。

❶ 到达和离开

车次频繁的长途车沿5号国道(National Hwy 5)从当地往返于布巴内什瓦尔(₹90, 1.5小时)和贝汉布尔(Berhampur; ₹68, 1.5小时)。路上随时都可以下车。

Panthanivas Barkul距离主路约2公里。如果你的行李不多,可以步行走过村舍,沿途有路标,环境优美。或者,跳上一辆路过的机动三轮车(合乘/独乘₹20/60)。

兰帕 (Rambha)

兰帕位于吉尔卡湖西岸,是离Rushikulya海滩最近的村庄,可以在这里过夜,去海滩看海龟,但许多游客通常是来这儿乘船游湖的。可以在政府经营的Panthanivas Rambha hotel预订游湖团队游,包含7人快艇(每小时₹2300)或10人摩托艇(每小时 ₹750)。

这里只有一处住宿场所——位于湖滨由政府经营的**Panthanivas Rambha**

(☎06810-278346; rabi.dash09@gmail.com; 铺 ₹330, 双 ₹900, 双带空调 ₹1610, 空调小屋 ₹3300, 以上均含早餐; ❄)。

❶ 到达和离开

如果从西头进入村庄，从主路步行2公里就是酒店，要是从东头进去，大约需要走3公里。或者可以乘坐一辆路过的机动三轮车（₹20）。

你可以在公路上很容易拦停开往巴尔库尔（₹35, 30分钟）、贝汉布尔（Berhampur; ₹35, 1小时）和布巴内什瓦尔（₹140, 2小时）的长途汽车。

滨海戈巴尔布尔（Gopalpur-on-Sea）

☎0680 / 人口7221

如果你想寻找曾经辉煌的海边度假胜地，滨海戈巴尔布尔这个英国殖民者遗留下来的直到1980年才被孟加拉游客重新发现的滨海小城，应该就是你要找的地方。在此之前，这里曾是连接东南亚的海港城市，这一点从城里老建筑的浪漫风格里仍能窥见一斑。

海浪汹涌，不适合游泳，但比较干净的海滩十分适合海边漫步或划船，小城以奇怪又陈旧的方式表现了自己独特的魅力。

这座村庄与通往贝汉布尔（Berhampur）的公路沿线的海滩相距两三百米。

🛏 食宿

Hotel Seaside Breeze 酒店 $$

（☎0680-2343075; 标单/双₹600/950, 带空调₹1100/1350; ❄）这家浅黄绿色酒店待客态度友好，位于海滩，有粉刷艳丽的干净房间，带临海露台。转角的15号房间非常可爱，有独立阳台，可以尽览海滩景色——虽然最小、最便宜，却是这里最好的。阳台上有桌椅，物超所值的菜单（主菜₹50~140）上有新鲜鱼类。

Hotel Sea Pearl 酒店 $$

（☎0680-2343557; www.hotelseapearlgopalpur.com; 双₹900, 带空调 ₹1330~1780; ❄）Sea Pearl位于海滩，是不错的中档住宿选择。房间虽然不宽敞，但全都是海景房（最便宜的非空调房除外）。店内有餐厅。

Mayfair Palm Beach 酒店 $$$

（☎0680-6660101; www.mayfairhotels.com; 房间含早餐和晚餐₹12,100起; ❄🛜🏊）这家1914年的历史酒店经过装修，是滨海戈巴尔布尔最豪华的酒店，不过服务水平让人失望。院子里面有蜿蜒的小路、漂亮的水池、水疗店和阶梯式通向海滩的整洁花园。豪华房间值得多花₹2000，里面有面朝海滩的美妙阳台。这里还有出色的餐馆和醒目的柚木酒吧。

Sea Shell Fast Food 印度菜、中国菜 $

（主菜₹50~120; ⏰8:00~22:30）滨海大道上的户外餐厅，价格便宜，令人惬意，可以俯瞰海滩；提供面条和炒饭。

❶ 到达和离开

7:00~19:45，海滩和贝汉布尔（₹24, 30分钟）之间每半小时就有1趟舒适的班车，你可以在贝汉布尔继续搭乘火车或长途汽车。

贝汉布尔的新汽车站全天都有发往布巴内什瓦尔（₹170, 3小时, 班次频繁）的长途汽车，途经兰帕（Rambha; ₹35, 1小时）和巴尔库尔（Barkul; 70, 1.5小时）。这里有2班开往拉耶加达（Rayagada; ₹180, 8小时, 9:45和13:45）的长途汽车，每天还有1班车开往萨塔帕达（Satapada; ₹85, 3小时, 12:40），途经吉尔卡湖东南岸景色优美的线路，接着可以搭乘渡船。

奥里萨邦西南部

奥里萨邦西南部是印度传统部落文化最丰富多彩的地区之一。概括而言，62个部落居住在奥里萨邦，其中大多数是居住在科拉普特（Koraput）、杰伊布尔（Jeypore）和拉耶加达（Rayagada）周边村庄的邦达（Bonda）、科亚（Koya）、帕拉贾（Paraja）、孔德（Kondh）、马里（Mali）和迪达伊（Didayi）部落，他们大多仍然以自给自足的农业生产为中心，过着几百年来几乎没有改变的生活。对于大多数的游客来说，前往奥里萨邦这一地区旅行的亮点就是以主要城镇科拉普特和拉耶加达为跳板，游览绚烂多彩的部落市场，亲身感受传统的村庄生活——那是一个正在消失的世界。

科拉普特（Koraput）

☎ 06852 / 人口 47,468

科拉普特小集镇位于森林覆盖的凉爽山区，你可以从那儿进入该地区的部落乡村。这里有一种山间避暑胜地的感觉，每周的部落集市和主要神庙引人入胜，尤其是对于无法进入普里贾格纳特神庙的非印度教徒而言。

◉ 景点

贾格纳特寺 印度教神庙

（Jagannath Temple; ⊙黎明至黄昏）贾格纳特寺的白色尖顶（sikhara）俯瞰城镇，值得参观。尖顶周围的庭院里面有许多奥里萨神贾格纳特双眼圆睁的神像，色彩艳丽，全邦各地的住宅都能看到他的画像。你可以从尖顶下边的侧厅走过二三十根林迦（湿婆的吉祥象征），然后可以看到一些迷人的本地门阶图案（ossa；用白色和彩色粉末制作的传统图案）。

神庙位于汽车站后面200米处。在汽车站，从面朝警察局的汽车站左转走上Post Office Rd，在第一个路口左转，在交错的小路口找找右侧的神庙台阶。

科拉普特市场 市场

（Koraput Market; ⊙8:00~17:00）虽然这里每天都有集市，但科拉普特大型的周日全天集市非常值得你前来探访。部落居民和本地商贩等在汽车站周边和警察局后面的小巷

当地知识

每周集市

科拉普特地区的每周集市（haat）每天都会在不同的村庄开市，有时候同一天的不同地方会有两三场集市。来自周边村庄的部落居民都会在赶集的时候购买服装、珠宝首饰和食品。集市是个丰富多彩的地方，值得一游，同时也是外国游客与奥里萨邦部落居民交流的最佳机会。

翁卡代利市场（Onkadelli Market; 午餐时段最热闹）名气最大，因此这里的游客也比其他集市要多：胆子大的邦达（Bonda）部落妇女会凑上来推销串珠项链和金属项圈。科拉普特有周日集市，由于位于市中心，因此外国人可以随意进入，无须获得特别许可。在很多集市，你都能见到部落妇女出售用西谷椰子酿的酒，可以用吸管杯饮用（₹10一杯）。

精选集市：

周一 苏拜（Subai; ⊙周一 5:00~16:00）距离科拉普特34公里的农产品小集市。

周二 拉姆吉里（Ramgiri; ⊙周二 5:00~17:00）距离科拉普特64公里的农产品集市；戈德巴德（Kotapad; ⊙周二5:00~17:00）纺织品市场，距离科拉普特63公里。

周三 波达加达（Podagada; 见583页）帕拉贾（Paraja）和马里（Mali）部落的居民会到距离科拉普特18公里的这个农产品集市赶集；沙提科纳（Chatikona; 见584页）东格里亚孔德（Dongria Kondh）和德西亚孔德（Desia Kondh）部落的农产品集市，距离拉耶加达39公里。

周四 翁卡代利（Onkadelli; 见583页）距离杰伊布尔65公里的农产品集市，来赶集的部落众多，包括邦达部落。

周四/周五 贡德（Kundli; 见583页）该地区最大的农产品集市，有牲畜交易区。同样有众多部落前来；距离科拉普特20公里。

周六 拉克西米普尔（Laxmipur; 见583页）孔德（Kondh）和帕拉贾（Paraja）农产品集市，距离科拉普特56公里。

周日 科拉普特（Koraput; 见581页）位于科拉普特市中心；同样是规模最大的农产品集市之一。

买卖食品和手工艺品,从他们那儿买东西是你与部落居民交流的难得机会。

🛏 食宿

Maa Mangala Residency 酒店 $

(📞06852-251228;Jeypore Rd;房间₹599,带空调 ₹799,套₹1199;❄🌐)科拉普特没什么具有新意的住宿选择,这家新酒店位于城镇郊区,实际上有一尘不染的房间,覆盖Wi-Fi,这里还有旅行咨询台和不错的餐馆。如果你坚持步行,从这儿步行到城区的路途稍远。

Atithi Bhavan 酒店 $

(📞06852-250610;atithibhaban@gmail.com;双人间带电风扇 ₹300,带空调₹600;❄)不错的经济型酒店,由贾格纳特寺经营。房间比较干净,带卫生间,有配备水桶的淋浴。

Raj Residency 酒店 $$

(📞06852-251591;www.hotelrajresidency.com;Post Office Rd;标单/双₹750/950,带空调₹1250/1500起;❄🌐)Raj Residency拥有城里最好的几间住处,提供干净、现代的房间,配备了等离子电视和免费Wi-Fi(仅限大厅),服务态度友好。印度/中国餐馆(主菜₹80~200;⏰7:30~11:00,正午至15:00和19:30~22:30;🌐)是科拉普特最好的用餐场所。如果想要来这儿的话,从Post Office Rd左转,经过邮局直行(400米)即可到达。

ℹ 实用信息

科拉普特主街沿线有自动柜员机。
城内各地有几家网吧。

ℹ 到达和离开

长途汽车

6:00至20:30,科拉普特长途汽车站每隔半小时就有1班开往杰伊布尔(₹25,40分钟)的长途汽车。6:00至19:00,开往拉耶加达(₹110,4小时)的长途汽车共有7班,途中景色优美。17:00至19:00,至少有4班夜车发车前往布巴内什瓦尔(₹420,12小时)。

若要乘坐开往翁卡代利市场(Onkadelli Market)的长途汽车,你先得搭乘开往破旧城镇杰伊布尔(Jeypore)的长途汽车,然后乘坐7:30或9:30的车前往翁卡代利(₹45,3小时)。开往翁卡代利的长途汽车从杰伊布尔国营汽车站前面的私营汽车站发车。杰伊布尔国营汽车站有班次频繁的长途汽车开往安得拉邦维沙卡帕特南(Visakhapatnam;₹270,6小时,5:00至23:00)。

火车

火车站距离市中心3公里;从汽车站合乘/独乘机动三轮车到这里的费用约为₹10/60。目的地:

布巴内什瓦尔 18448 Hirakhand Express(卧铺/空调卧铺3类/空调卧铺2类₹370/995/1425,14.5小

奥里萨邦的土著部落

包括奥里萨邦、切蒂斯格尔邦(Chhattisgarh)和安得拉邦,整片区域共生活着62个土著部落(Adivasi)。其中奥里萨邦的部落群体占了本邦总人口数的四分之一,主要生活在中部和西南部的丛林和丘陵地区。其独特的部落文化蕴藏于音乐、舞蹈和艺术之中。

孔德(Kondh)是人数最多的部落,有将近100万人生活在西南方的科拉普特(Koraput)周围,中西部的拉耶加达(Rayagada)和Kandhamel区域也有分布。超过50万的Santal部落人生活在遥远的北部地区。30万左右的Saura部落则聚集在Gunupur附近与安得拉邦交界的区域。邦达(Bonda)部落的人口数约5000人,因穿着尽可能少但又色彩斑斓的服装而被称为"裸体的人",生活在科拉普特附近的山地里。

2012年,需要持有地区税收长官(District Collector)的许可证才能造访特定地区,即特殊弱势族群(Particularly Vulnerable Tribal Groups,简称PVTGs)的所在地,禁止留宿和私人性质的家庭拜访行为。这种情况最近有所改变。虽然可以自行前往部落地区,但大多数旅行者会选择定制团队游,由布里知名的私营旅行社组织的团队游最好,或者也可以通过奥里萨邦部落乡村的Chandoori Sai(见583页)和Desia(见584页)安排游览。

时，17:25)

杰格德尔布尔（Jagdalpur；切蒂斯格尔邦）18447 Hirakhand Express（卧铺/空调卧铺3类/空调卧铺2类₹150/510/715，3小时，13:00)

加尔各答 18006 Koraput Howrah Express（卧铺/空调卧铺3类/空调卧铺2类/空调卧铺1类₹490/1320/1910/3245，23.25小时，7:10)

维沙卡帕特南（安得拉邦）58502（普通/2等/卧铺₹45/60/110，7小时，13:45)

前往杰格德尔布尔的路中沿途景色尤其优美。

科拉普特周边

科拉普特本身并不是旅行的目的地，它附近的乡村才是。印度这个独特、偏远的地方拥有丰富多彩的基本保存完好的部落文化。大多数部落居民都是自给自足的农民，你可以见到身着传统服装种地和收割庄稼的村民，他们在该地区的许多集市上头顶着准备出售的东西，经常还得长途跋涉，因为这里的交通不便。乡村生活节奏缓慢，吸引着游客在此步行或者骑自行车探索。

◉ 景点

科拉普特周边最大的景点是色彩缤纷的部落集市和村庄。直到最近，如果严格按照法律规定的话，外国人必须在经过政府审批的向导的陪同下游览举办集市的部落地区，线路需要在当地警察局备案，不过这项措施并未得到严格执行。向导本人就能搞到本来需要外国人亲自办理的、要求游览集市的"事先批准"。你需要做的就是给他们一份护照和签证复印件，并告诉他们你要游览的地方。由于科拉普特没有旅游办事处，旅行者能够得到的信息不完整、不一致，这种情况可能仍没有改观。

此外，对于这些经过政府审批的向导，旅行者的抱怨也不少：比如，他们会拿了客户的钱，再把他们扔在市场上。实际上，旅行者自己在科拉普特或拉耶加达乘坐公共汽车或包车前往市场也没什么障碍，也可根据自己意愿来选择是否参观市场。

★ 翁卡代利市场 市场

(Onkadelli Market；⊙周四10:00~18:00)特别受欢迎的部落农产品市场，来的部落有邦达、马里、孔德和帕拉贾（Paraja）。

贡德市场 市场

(Kundli Market；⊙周四18:00至周五17:00)该地区最大的农产品市场，从周四下午到周五下午一直开放。在买卖牲畜的地方附近，还有人在市场上出售自酿的酒。

拉克西米普尔市场 市场

(Laxmipur Market；⊙周六5:00~17:00)这是一处距离科拉普特56公里的农产品市场，孔德和帕拉贾部落的人会来这里。乘坐任何一辆开往拉耶加达的长途汽车都能抵达。

波达加达市场 市场

(Podagada Market；⊙周三5:00~17:00)帕拉贾和马里部落居民会来距离科拉普特18公里的这个农产品集市。

🛏 食宿

★ Chandoori Sai 度假屋 $$$

(☎9443342241；www.chandoorisai.com；Goudaguda Village；每人含餐₹4000；❄ 🔊) 🖉由奥西·莱昂（Aussie Leon）经营，这里的土墙房屋铺着美丽的陶瓦地板，天花板上装饰着五颜六色的纱丽，共有5间现代风格的房间。西餐很出色，但最妙的是住客与部落妇女的互动，以及前往附近村庄和市场的趣味之旅。在布巴内什瓦尔和科拉普特之间运行的火车经停附近的卡基里古马（Kakirigumma），同样在那儿停车的还有科拉普特—拉耶加达的长途汽车。

客人们想干什么都可以；有的人参加的是由普里Grass Routes（见573页）安排的部落团队游，不过自行前来的背包客最受欢迎，因为莱昂热衷于本地文化，不想让它受到旅行社肆无忌惮的打扰。他可以为客人提供几本详细介绍印度部落的书籍。有时候，他还会开车带客人出去转转；有时候，他会找一位本地向导，带客人前往附近的集市，或是在前门外的制陶村庄古达古达（Goudaguda）等附近的村庄走走。

从布巴内什瓦尔开往科拉普特的18447 Hirakhand Express每天上午8:20左右抵达卡基里古马。从科拉普特出发的对向行驶的

车辆19:00在那儿停车。每天有3班列车从科拉普特绕行前往加尔各答,在距离Chandoori Sai25公里的Laxmipur Rd停车。可提前打电话,请求接站。

★ Desia
度假屋 $$$

(☏9437023656, 9437677188; www.desiakoraput.com; Bantalabiri Village, Lamptaput; 标单/双含餐 4月至9月 ₹3000/4000, 10月至次年3月 ₹3500/5500)这栋华丽的乡村度假屋由Heritage Tours(见573页)经营,有4间房间,使用本地材料建造而成,并用部落艺术家的作品作为装饰。这里可组织的活动有前往附近村庄的半天或全天步行游、烹饪课程、乡村自行车游、手工艺、烹饪,还有本地市场团队游。Desia位于科拉普特西南方向70公里处的默杰贡德(Machkund)村庄附近。最好打电话请求他们到科拉普特接你。

这个地方非常偏僻:没有Wi-Fi,基本没有手机信号,天黑后万籁俱寂,晴朗夜晚的星空最为美丽。你可以自己来这儿,或者参加"部落游"全包项目,两个人4天的旅行费用₹19,000起。由于度假屋位于通向翁卡代利市场的乡村公路旁边,所以欢迎前往市场的游客顺路来此享用美味的午餐(需要预订)。如果你真的对文化体验感兴趣的话,他们可以安排你在附近村庄住一晚;夜间游览也可以,你或许能够参加本地的满月舞会。Desia还为附近村庄的儿童开设了幼儿园和小学,教他们学习英语。

❶ 到达和当地交通

乘坐公共交通工具可以前往包括杰克西米普尔、翁卡代利、科拉普特和沙提科纳在内的一些市场;前往其他市场,你需要租车。想想部落居民吧,他们很多人去市场都要一连走上几小时!

拉耶加达(Rayagada)

☏06856 / 人口 71,208

住在工业城镇拉耶加达的唯一理由就是将其作为逛逛周三沙提科纳市场的落脚点。这个市场被认为是欢迎游客的。

拉耶加达本地的每日集市在位于火车站和汽车站之间的地方开市,衣着艳丽的部落居民在那儿编织竹筐,旁边的本地商贩在出售水果和蔬菜、香料、鱼干等。

◉ 景点

★ 沙提科纳市场
市场

(Chatikona Market; ⏰周三 5:00~16:00)沙提科纳市场每周在比瑟姆卡塔克(Bissamcuttack; 往北约40公里处)开市,市场上大多是从周边的尼亚吉利山(Niayamgiri Hills)一带赶过来的东格里亚孔德(Dongria Kondh)和德西亚孔德(Desia Kondh)村民。这里基本上是农产品集市,但也出售当地人用失蜡铸造工艺制造的青铜动物雕像。

拉耶加达市场
市场

(Rayagada Market; 紧邻R 326; ⏰7:00-17:00)拉耶加达的每天开市的集市位于火车站和汽车站之间;到了汽车站右转,在第二个路口再右转,市场就在你的左侧。你可以在这儿见到衣着艳丽的部落居民在编织竹筐,旁边是出售水果、蔬菜、香料和鱼干等的当地商贩。

🛏 食宿

Hotel Rajbhavan
酒店 $

(☏06856-223777; Main Rd; 双/三₹700/990, 带空调 ₹1360/1670起; ❄)Hotel Rajbhavan服务态度友好,是个可供选择的不错的住宿场所,有一家多元风味的美味餐馆(主菜₹60至₹200)。酒店与火车站隔着主路——不要把它跟附近的Hotel Raj弄混,那家没有这家好。

Tejasvi International
商务酒店 $$

(☏06856-224925; www.hoteltejasvi.in; Collector Residence Rd, Gandhi Nagar; 标单/双含早餐₹1500/1800起, 套₹4000; ❄📶)Tejasvi International是一家商务酒店,建筑形式独特,服务出色,有舒适的房间,随处都可以连接Wi-Fi。如果想要到这里,出了火车站右转,在第一个路口左转,直行(500米)走到头即可到达。

❶ 到达和离开

长途汽车站与火车站相距1公里步程;出了火

车站右转，沿左侧的火车轨道步行；两座车站都在主路326号公路（Rte 326）沿线。

拉耶加达长途汽车站一大早就有3班开往沙提科纳（Chatikona；₹38，2小时，4:45、6:30和9:30）的本地长途汽车。开往杰伊布尔（₹120，5小时，每天5班）的长途汽车全都经过科拉普特（₹100，4小时）；这条线路翻越林木茂盛的山区，沿途景色极其优美。16:00到19:00，开往布巴内什瓦尔（非空调₹390，12小时）的晚班车车次频繁。

布巴内什瓦尔和拉耶加达之间有3班列车，其中18447 Hirakhand Express（卧铺/空调卧铺3类/空调卧铺2类₹310/830/1180）每天20:25从布巴内什瓦尔发车，次日早上5:10抵达拉耶加达——时间非常适合搭乘开往市场的长途汽车。返程列车（18448）22:30离开拉耶加达。

奥里萨邦北部和东北部

奥里萨邦东北部最有名的就是自然保护区，尤其是著名的比塔卡尼卡野生动物保护区（Bhitarkanika Wildlife Sanctuary）和西密里波国家公园（Similipal National Park），还有拉特纳吉里（Ratnagiri）、乌达耶吉里（Udayagiri）和拉利塔吉里（Lalitgiri）杰出的佛教遗址。在布巴内什瓦尔以北，你可以住在历史宫殿，步行或骑自行车探索宁静的乡村。虽然克塔克不是一个特别迷人的地方，但值得你在此驻足，看看新建的奥里萨邦海事博物馆（Odisha State Maritime Museum），馆内呈现着奥里萨邦的历史情境。

◉ 景点

奥里萨邦海事博物馆　　　博物馆

（Odisha State Maritime Museum; www.odishastatemaritimemuseum.org; Jobra, Cuttack; ₹300; ⓘ周二至周日 10:00~16:30）这座一流的新博物馆坐落在默哈讷迪河（Mahanadi River）岸边，主要介绍奥里萨邦长达几个世纪的海上贸易和造船历史。部分互动式展览可以让你在羯陵迦（Kalingas）的海上活动、仪式和器械工具之间徜徉。船舶展厅以印度各地不同的河船模型为特色，乔拉（Jobra）作坊馆则向你介绍关于闸门和船只维修的各种知识。水族馆展示了让游客饶有兴趣的奥里萨邦的海洋生物，而临时展馆则展示了一些当代艺术品。

乌沙戈提野生动物保护区　　　野生动物保护区

（Ushakothi Wildlife Sanctuary；每天印度人/外国人₹20/1000；ⓘ10月至次年5月）乌沙戈提野生动物保护区位于萨姆巴尔普尔以东45公里处，保护区内栖息着大象、老虎、黑豹和熊。天气情况恶劣的时候，保护区会不经通知就关闭。如果你自己没有车，可以通过萨姆巴尔普尔的酒店安排车辆（四驱车）。

🛏 食宿

★ Kila Dalijoda　　　历史酒店 $$$

（☏9438667086; www.kiladalijoda.com; 标单/双₹4500/5500; ❉⊕）⏎位于曼加拉贾普尔（Mangarajpur）村庄，从布巴内什瓦尔开车过来需要1小时，德布吉特（Debjit）一家人欢迎游客来到他的祖宅，一栋格局凌乱的房屋，四周是宁静的乡村。家常菜是我们在奥里萨邦吃过的最好的饭菜，德布吉特会带着客人在部落村庄散步或骑自行车。另外还可以安排游览部落集市和附近的神庙。

这座城堡样式的石屋建于1931年，过去是一位本地王公的狩猎行宫，主要有3间设施齐全的客房，里面有古式家具和相当宽敞的卫生间。没有空调，房间使用传统的根帘，夏季被水滋润，为房间降温。这家人很讨人喜欢，德布吉特喜欢向客人介绍乡村生活的独特之处——参观古老的牛棚，或者走过丛林前往自给自足的部落村庄，那里的农民晚上有时会遭到野象的袭击。酒店附近的公路空旷，非常适合骑自行车探险。在饮食方面，由于涉及这家人保护神的缘由，鸡肉被鸭肉和鹌鹑肉代替。

Kila Dalijoda可以作为继续前往更远处旅行的落脚点；德布吉特可以安排前往比塔卡尼卡野生动物保护区、工艺村或克塔克以北的神庙的一日游，还可以前往布巴内什瓦尔或克塔克接你。

★ Garh Dhenkanal Palace　　　历史酒店 $$$

（☏9437292448; www.dhenkanalpalace.com; 房间₹6000）这座巍峨的城堡宫殿坐落在滕加纳尔村（Dhenkanal），对面就是东高止山脉的丘陵，里面有许多房间、院子和花园。它在19世纪曾是滕加纳尔的某位王公的住所,如今则开门纳客;华丽的房间有套内卫生间,客人们还可以走进现任王公的图书馆。这里还可以安排前往附近工艺和部落村庄的旅行。

★ Gajlaxmi Palace 历史酒店 $$$

(☏9861011221, 9337411020; www.gajlaxmipalace.com; Borapada, Dhenkanal; 标单/双含餐和自然徒步₹3500/6000; ❄)这座宫殿距离滕加纳尔村10公里远,隐藏在滕加纳尔未经开发的林区,风景迷人,其历史可以追溯至1935年。这座宫殿属于滕加纳尔的一位皇室成员。如今,他的孙子JP Singh Deo和JP可爱的妻子Navneeta将宫殿中两个房间面向游客开放。

住在这里就像是博物馆奇妙夜——屋里到处摆满了辛格·迪欧从世界各地收藏的古董,就像生活在宫殿的旧时光里。周围的森林里至少生活着22头野象,清晨或傍晚散步的时候常常能看到它们。野猪、原鸡和麂子在宫殿外自由漫步。JP从小在这里长大,他非常乐意带人去人迹罕至的Sabara部落村庄,或是到附近的Joranda Temples;要不就是一边吃着自己种的菜,一边说着那些疯狂的日子,大象和老虎互相厮杀的故事。这里就是人间天堂。

从布巴内什瓦尔乘坐火车前往滕加纳尔(Dhenkanal)非常方便。

❶ 到达和离开

在布巴内什瓦尔乘坐火车很方便就能到达拥有宫殿的滕加纳尔村,Kila Dalijoda可以安排前往布巴内什瓦尔或克塔克的接人服务。一次游览两个地方很轻松。可以从Kila Dalijoda出发前往比塔卡尼卡野生动物保护区一日游,从滕加纳尔前往阿努古尔和萨科斯阿老虎保护区也很方便。

普什帕基里遗迹 (Pusphagiri Ruins)

这些引人入胜的佛教遗址是印度最早期的大寺(mahaviharas;佛教寺院,实际上是当年的大学)遗址,其中最古老的可以追溯至公元前约200年。普什帕基里大寺(Pusphagiri Mahavihara)有3个园区——拉特纳吉里(Ratnagiri)、乌达耶吉里(Udayagiri)和拉利塔吉里(Lalitgiri)——各自修建于低矮的兰古迪山(Langudi Hills)的小山峰上。背后的科鲁阿河(Kelua River)景色优美,如今还为小型农业社区和散落在乡间的有许多茅草泥巴房屋的村庄提供水源。

如果你出发得早,可以从布巴内什瓦尔乘坐长途汽车来这个地区一日游,但自己有车或者在村里住一晚可以有机会充分探索3处遗址。首先参观拉特纳吉里的出色的博物馆,因为它会介绍3处遗址的背景信息。

◉ 景点

★ 乌达耶吉里 考古遗址

(Udayagiri; ⊙黎明至黄昏) **免费** 这里的2处寺庙建筑群的历史可以追溯至公元10世纪至12世纪。第一处有一座金字塔形状大型砖制佛塔,四面都有坐佛。过去之后,一尊大型佛像藏在几处精美的门柱雕刻后面。第二处已经被涂鸦破坏,以一幅精美的神像雕刻、一尊坐佛雕像和僧房为主。"导游"没什么用处,还会拐弯抹角地索要捐赠(并非必须)。遗址距离主路的步行路程为2公里。

★ 拉特纳吉里 考古遗址

(Ratnagiri; 印度人/外国人₹15/200,录像₹25; ⊙黎明至黄昏)拉特纳吉里是普什帕基里遗迹里面规模最大也最有趣的。公元5世纪至13世纪间,这里曾有2座香火旺盛的大型寺庙。第一处寺庙建筑群的大门和一座保存完好的佛塔雕刻细腻,值得细看。小山上是10米高的佛塔遗址,四周是较小的还愿塔;虽然有一名保安,但到处都是乱写乱画的痕迹。

拉利塔吉里 考古遗址

(Lalitgiri; 印度人/外国人₹15/200,录像₹25; ⊙黎明至黄昏)包含几处寺庙遗址,有的遗址的历史可以追溯至公元前200年,大多都是砌砖地基,分布在一道缓坡旁边;其中一处四周是几十座小还愿塔。一座小型博物馆收藏了来自遗址的几件精美雕刻,旁边的台阶通向一座建在山丘上的浅层佛塔。佛塔发掘于20世纪70年代,出土的棺木内还有黄金和白银制品。遗址入口附近有一座博物馆,展示着一些雕像。

奥里萨邦的太平洋丽龟

太平洋丽龟是世界上最小的海龟,这种备受威胁的小生物从斯里兰卡的深海游到奥里萨邦的海滩交配产卵。其主要巢穴分布于Gahirmatha(位于比塔卡尼卡野生动物保护区)——靠近科纳尔克附近的Devi河口和吉尔卡湖(Chilika Lake)的Rushikulya河口。

因渔业捕捞导致海龟死亡的不幸事件时有发生。尽管已有法律规定,拖网上要求安装驱散海龟装置(TEDs),而且若干养殖区禁止捕捞,但这些法律在奥里萨邦常被忽略。

Devi beach种植了木麻黄以保护海滩,这些树慢慢地占据了沙滩,而海滩正是海龟孵化的主要场地。其余潜在危险还包括即将兴建的Astaranga海港和火力发电站,以及Palur港口(如果真的按计划大兴土木,这里的环境将遭受破坏)。

1月至2月间,海龟聚集在海滩附近筑巢,如果条件合适他们就待在岸上。如果不合适的话,它们就不会筑巢,不会产卵便离开了。

经过了50至55天的孵化,小海龟就破壳而出了,它们跟随着海洋和星星的亮光指引最终进入大海。但它们很容易被别的光源搞得晕头转向;不幸的是NH5公路就在距离Rushikulya海滩不到2公里的地方。Gokharkuda、Podampeta和Purunabandha村庄的本地海龟俱乐部会把那些迷路的小海龟捡起来带回海里,最好的观赏时间是清晨或黄昏,这个时候不需要亮灯。

海龟筑巢孵化的最佳观察点是RushikulyaRiver北面,在普鲁南邦德拉(Purunabandha)和Gokharkuda村庄附近,距离Rambha最近的住宿点还有20公里。筑巢和孵化都是在夜间进行:不要使用灯光。

你可以向Panthanivas Rambh(见579页)或奥里萨邦野生动物协会(Wildlife Society of Odisha;见589页)的员工了解当地天气情况。乘坐人力车往返Rambha和Rushikulya的费用约为半天₹500,全天₹1000。

拉特纳吉里博物馆

博物馆

(Ratnagiri Museum;₹5;◎9:00~17:00)这家精美的博物馆有4个展馆,讲述了普什帕基里遗迹的故事。其中2间展示来自普什帕基里3处遗址的美丽雕像,其他两间展馆专门展示遗址里面发现的陶版、刻着梵文的铜板、神圣的青铜器及其他物品。

🛏 食宿

Toshali Ratnagiri Resort 酒店 $$$

(📞9937023791, 06725-281044; www.toshaliratnagiri.com; 房间₹6000起; ❄🛜❄) Toshali Ratnagiri Resort位于拉特纳吉里村尽头的拉特纳吉里博物馆对面,周围是一片稻田以及宁静的村庄池塘。漂亮的房间侧面连着内部庭院,而且这里还有餐馆(主菜₹100~250)和酒吧。价格过高,但你也没办法。

Toshali Udayagiri Resort 酒店 $$$

(📞9937212110; www.toshaliudayagiri.com; 房间₹4000; ❄)这家酒店位于乌达耶吉里村,距离乌达耶吉里遗址大约2公里。附近有阿育吠陀水疗店和不错的多元风味餐厅。

Toshali Lalitgiri Resort 酒店 $$$

(📞9937003223; www.toshalilalitgiri.com; 房间₹4000; ❄)这家舒适的酒店位于拉利塔吉里附近,店内有一家阿育吠陀水疗店。

ℹ️ 到达和离开

乌达耶吉里距离金迪霍尔(Chandikhol)23公里。过了乌达耶吉里再前行9公里就可到达拉特纳吉里。拉利塔吉里距离金迪霍尔22公里,不过在另外一条小路旁边,过了拉特纳吉里/乌达耶吉里的岔路口再走8公里即是。

如果在布巴内什瓦尔搭乘公共交通工具,可以乘坐开往克塔克(₹25,1小时,班次频繁)的长途汽车,然后换车前往金迪霍尔(₹31,1小时,班次频繁),在那里朝右延伸的路上搭乘合乘面包车前往拉特纳吉里(₹30,45分钟),经过乌达耶吉里(₹24,30分钟),或者前往拉利塔吉里(₹24,30分钟),途经Hotel Toshali Pusphagiri。大约15:30以

后,面包车不再发车。

在布巴内什瓦尔租一辆带司机的小汽车前往3处遗址一日游,费用约为₹3500。

比塔卡尼卡野生动物保护区（Bhitarkanika Wildlife Sanctuary）

比塔卡尼卡野生动物保护区包括红树林、广阔的湿地和流入孟加拉湾的3条河流,是野生动物丰富多样的大型生态系统,是鳄鱼、各种鸟类和濒危龟类的栖息地。

◉ 景点

★ 比塔卡尼卡野生动物保护区　　自然保护区

（Bhitarkanika Wildlife Sanctuar; www.bhitarkanika.org; 每天 ₹40, 拍照/录像₹200/10,000; ⊘8月至次年5月中旬 7:00~16:00）比塔卡尼卡是三江并流入海之地,三江水在这里形成了犹如迷宫般蜿蜒浑浊的小溪和红树林。这里是印度第二大的红树林地区,这座奇妙的保护区主要由占地672平方公里的三角洲组成,是生物多样性的热点地区。在保护区大部分地区四处转转的唯一方式是乘船,来这里主要是为了看看鳄鱼和鸟类（尤其是鹭群居巢）。

长吻大鳄鱼、短粗的泽鳄,以及巨大的湾鳄或者说"咸水鳄"正在泥滩上晒太阳,一旦你的船突突地经过,它们就会潜入水中藏起来。一条特别的鳄鱼长达7米,已经被列入吉尼斯世界纪录,没准儿你能看见。

最佳游览时间是12月至次年2月,但全年都能见到鳄鱼,或许还能看到巨蜥、梅花鹿、野猪和各种鸟类,包括8种颜色鲜艳的翠鸟。在6月初至12月初期间,苍鹭会前来筑巢,此后它们会迁徙至吉尔卡湖,而且声音刺耳的钳嘴鹳也常年栖息于此地。从保护区的码头穿过红树林步行片刻,可以到达观鸟塔。这里还有一条通向其中一座岛屿、延伸5公里的自然步行小路,不过最好在工作日前来,那时的游客比较少。

另外应该了解的是,这里是印度眼镜王蛇最集中的地区,还有其他六七种能够致命的毒蛇。

公园入口位于美丽却贫穷的村庄丹格玛尔（Dangmal; Dang-ger-mal）,村里都是土屋; 7:30,所有的乘船游客从同一座码头出发。你可以在丹格玛尔岛（Dangmar Island）

值 得 一 游

西姆里帕尔国家公园（SIMLIPAL NATIONAL PARK）

长期以来,占地2750平方公里的西姆里帕尔国家公园（ ☎06792-259126; www.similipal.org; 每天印度人/外国人₹40/1000,拍照每3天₹50/100; ⊘10月至次年6月中旬）一直是奥里萨邦最好的野生动物保护区。但是,由于该地区时常出现民众斗争活动,公园近些年一直不接待外国游客。在本书调研期间,公园重新面向游客开放,但动身之前应该提前向布巴内什瓦尔的西姆里帕尔国家公园办公室（ ☎06792-259126; rccfbaripada@gmail.com; ⊘周一至周五 9:00~17:00）或奥里萨邦旅游局（见562页）核实信息,因为安全形势不稳定,很有可能出现变化。公园里面有瀑布,野象比较常见,老虎则不太常见。游客大多是自己开车的孟加拉游客;如果你没有车辆,游览公园最简便的方式就是参加团队游。奥里萨邦旅游局可以安排配司机的车辆,或者伯里巴达（Baripada）的一些住宿场所也可以安排车辆,前往25公里外的公园。

伯里巴达有几家普通酒店。

大多数住宿地点要么自有餐馆,要么提供餐食。

伯里巴达有按照时刻表发往加尔各答（₹200,5小时）、布巴内什瓦尔（₹210~240,5小时）和巴拉索尔（Balasore; ₹45~60, 1.5小时）的长途汽车。12892 Bhubaneswar-Baripada Express（2等/空调座席 ₹135/475,5小时,17:10）每天从布巴内什瓦尔发车,周六除外,12891列车每天5:10返程,周日除外。配司机的小汽车从伯里巴达前往公园,费用为₹2500左右。

了解更多关于鳄鱼保护项目的信息；在5月至8月的鳄鱼繁殖季，保护区不对游客开放。

食宿

★ **Aul Palace** 　　　　　　　　　　历史酒店 $$$

（Rajbati；☎9437690565；www.kilaaulpalace.com；房间含早餐₹4000；❄）位于奥尔（Aul）村，这座有着几个世纪历史的前王宫已经被改造成为一处幽静的度假村。房间陈设华丽，有古式家具和宁静的院子，位于河畔的位置为这里平添魅力，饮食包括大个的河虾。可以安排前往比塔卡尼卡的半/全天乘船游（₹4000/6000）。克塔克有几班前往奥尔的直达车（₹70，3小时）。

王公有时在克塔克，有时在奥尔，如果他正好在场，可以接待你，那么住在这儿会更有意思。

★ **Nature Camp Bhitarkanika** 　　露营地 $$$

（☎9437029989，9437016054；www.bhitarkanikatour.com；每人 含餐和从布巴内什瓦尔出发的交通 标单/双/三/四 ₹12,000/6675/4821/3894；◷10月至次年4月）♪这处可持续性的小型私营帐篷露营地位于丹格玛尔（Dangmal）村中心，是在村民的帮助下建成的，距离保护区大门仅200米，居住在这里会给你带来一次独特的体验。时髦的瑞士小屋帐篷稍微有些发霉，但设备完善，有电源、风扇、坐式抽水马桶和舒适的露台，质朴的奥里萨饭菜非常可口。

Nature Camp接待没有预订的人，不过还是提前联系比较明智。过来的客人大多参加了过夜或多夜包价旅游团，费用已经包括从布巴内什瓦尔到这儿的交通、沿途参观普什帕基里遗迹、公园门票、乘船游和保护区自然徒步，以及所有饮食。1/2/3人的两晚全包游费用为₹22,000/25,000/29,000。

Dangmal Forest Rest House 　　客栈 $$

（www.bhitarkanika.org；双 ₹1500~2500）林业部经营的Forest Rest House正好位于保护区大门里面。麻烦的是，必须通过拉杰诺戈尔（Rajnagar）村的野生动物管理员（Wildlife Warden）预订房间，需要开车沿着公路往回走大约1小时。比较便宜的房间是面向印度游客的。

❶ 实用信息

许可证

比塔卡尼卡野生动物保护区当局可能会修改关于许可证的规定。在本书调研期间，外国游客必须提前备案，所以如果你对乘船游感兴趣的话，可以提前联系**Nature Camp Bhitarkanika**（见本页）或**Aul Palace**（见本页）。

旅游信息

奥里萨邦野生动物协会（Wildlife Society of Odisha；☎9437024265；www.facebook.com/wildlifesocietyoforissa；Shantikunj, Link Rd, Cuttack）可提供关于奥里萨邦太平洋丽龟生存环境的信息。

野生动物管理员（Wildlife Warden；☎943 7037 370, 06729-242460；Rajnagar）需要通过这个家伙预订Dangmal Forest Rest House。

❶ 到达和离开

游览比塔卡尼卡野生动物保护区最方便的方式就是参加**Nature Camp Bhitarkanika**（见本页）组织的旅行团，其行程包括前往布巴内什瓦尔接人及沿途参观普什帕基里遗迹。

乘坐公共交通工具到这里有些费劲。正午13:00，克塔克有两三班开往丹格玛尔的直达车。或者，克塔克开往帕塔蒙代（Pattamundai；₹70，3小时）的长途汽车班次频繁，可以从那儿搭乘其他车辆途经拉杰诺戈尔（Rajnagar）前往丹格玛尔（₹45，2.5小时，末班车17:00）。

早上有3班长途汽车从丹格玛尔发车。5:00和7:00发车的长途汽车最远可达根德拉巴拉（Kendrapara；过了帕塔蒙代的小镇），你可以从那儿继续乘车前往克塔克或金迪霍尔（前往普什帕基里遗迹）。6:00发车的长途汽车一路开往克塔克。到达那里之后，你得在丹格玛尔乘坐机动三轮车前往拉杰诺戈尔（大约 ₹600），从那里开往克塔克的末班车14:00发车。你还可以在布巴内什瓦尔乘坐火车（2.25至3小时）前往巴德拉克（Bhadrak；最近的铁路终点站，距离比塔卡尼卡60公里），大约有10个班次，然后请求Nature Camp Bhitarkanika接站。

❶ 当地交通

保护区里面唯一的交通方式是乘船。

中央邦和切蒂斯格尔邦

包括 ➡

瓜廖尔	592
奥恰	598
克久拉霍	603
博帕尔	612
桑吉	617
印多尔	627
曼杜	634
贾巴尔普尔	643
班德哈瓦老虎保护区	648
杰格德尔布尔	653

最佳就餐

- Under the Mango Tree（见616页）
- Ahilya Fort（见640页）
- Sarafa Bazar（见629页）
- Mediterra（见629页）
- Baghvan（见651页）
- Silver Saloon（见597页）

最佳住宿

- Kipling Camp（见647页）
- Orchha Home-Stay（见602页）
- Sarai at Toria（见612页）
- Baghvan（见651页）
- Salban（见647页）

为何去

由于被名气更大的邻邦抢走风头，中央邦（Madhya Pradesh）未能受到同样的瞩目，所以你既可以在旅行中得到同样卓越的收获，又不必循着其他游客的路线亦步亦趋。

在克久拉霍（Khajuraho）的神庙，印度最好的石雕俯拾皆是。精美的色情雕像群只是这个地区建筑奇观的冰山一角，这里不乏出色的宫殿、城堡、神庙、清真寺和佛塔，奥恰（Orchha）和曼杜（Mandu）村庄中的建筑最为壮观。另一条好消息和老虎有关，在中央邦观赏野生孟加拉虎的机会跟在印度其他地方一样多。

讷尔默达河（Narmada River）沿岸的玛呵什瓦（Maheshwar）和翁卡列史瓦（Omkareshwar）是朝圣游客的天堂，弥漫着印度闻名于世的充满灵性的宁静氛围。同时，爱冒险的游客们可以去探访切蒂斯格尔邦（Chhattisgarh）的部落群，那里与印度主流文化截然不同，另有一番趣味。

何时去

博帕尔

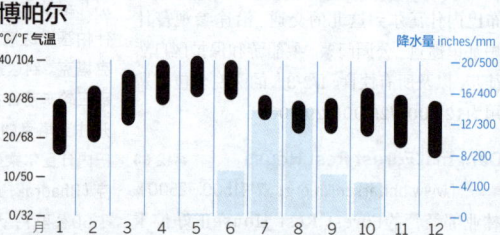

11月至次年2月 这是探访印度中部地区的最佳季节，尽管早晨会有点寒冷。

4~6月 虽然天气炎热，却是邂逅老虎的最佳时机——植被稀疏，水资源匮乏。

7~9月 正值雨季，不过切蒂斯格尔邦等地正处于最美的时节。

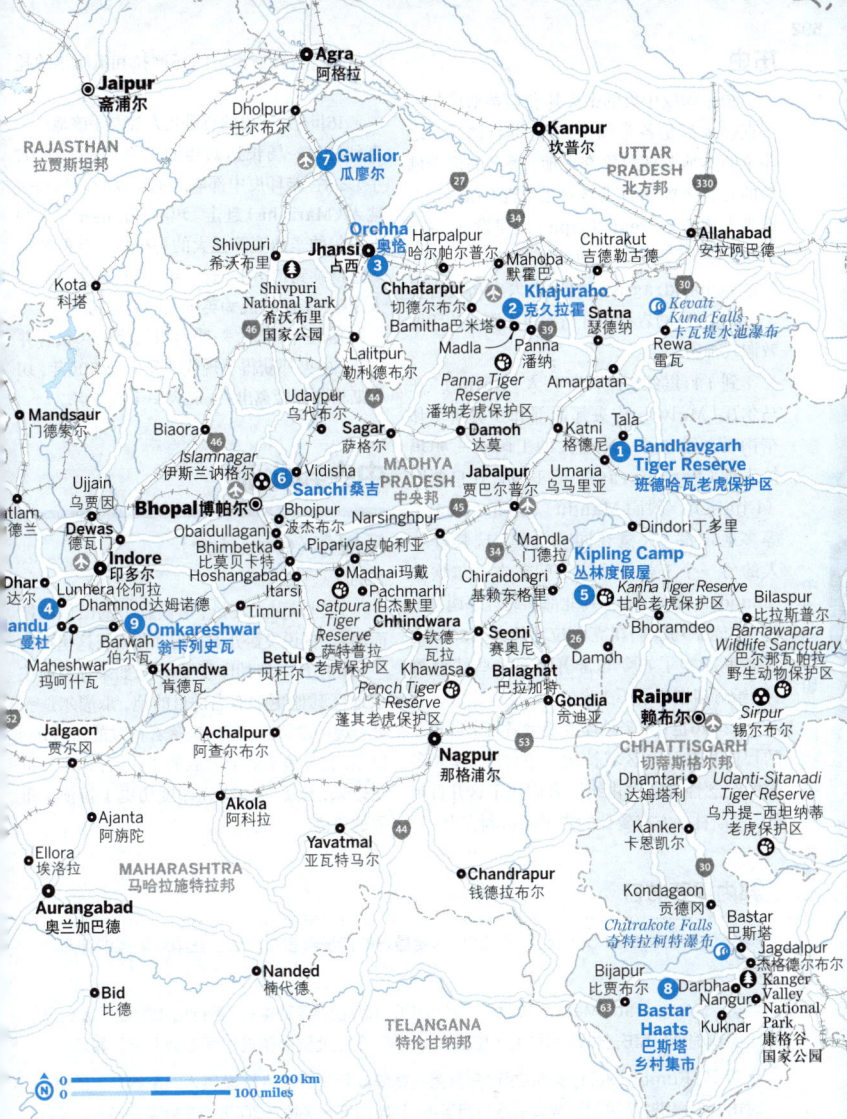

中央邦和切蒂斯格尔邦亮点

1. **班德哈瓦老虎保护区**（见648页）前往顶级的老虎公园，追踪丛林食物链最顶端的食肉动物。

2. **克久拉霍**（见603页）昌德拉王朝精美神庙的情爱雕刻让人面红耳赤。

3. **奥恰**（见598页）寄宿在乡村人家。

4. **曼杜**（见634页）骑自行车驶过乡村小路，前往中世纪建筑。

5. **丛林度假屋**（见647页）听从原野的呼唤，入住舒适、时尚的高档度假屋，比如Kipling Camp。

6. **桑吉**（见617页）穿越时光，回到印度佛教的黄金时代。

7. **瓜廖尔**（见592页）探索这座城市中历史悠久的悬崖城堡。

8. **巴斯塔乡村集市**（见655页）置身于乡村集市中，体验部落文化。

9. **翁卡列史瓦**（见641页）奔赴这座朝圣中心，感受灵性的氛围。

历史

位于印度中央的中央邦和切蒂斯格尔邦一直以来都是各帝国、王国、苏丹国及与之斗争的本地王朝的争夺之地。著名的信奉佛教的孔雀王朝阿育王选择了桑吉（Sanchi）作为大佛塔（Great Stupa）的建设地。在6个世纪之后，笈多王朝的皇帝旃陀罗笈多二世（Chandragupta II）命人在乌代吉里（Udaigiri）的岩石上开凿出引人瞩目的印度教洞穴神庙。

到了11世纪，拉其普特人（Rajput）在马尔瓦（Malwa；中央邦西部和拉贾斯坦邦东南部）建立了一个强大的王国——帕玛拉王朝（Paramaras），该王朝曾在乌贾因（Ujjain）、曼杜（Mandu）、达尔（Dhar）等多地定都。大概在同一时间，拉其普特人的另一个王朝昌德拉王朝在本德尔坎德（Bundelkhand；中央邦北部和北方邦南部）建立，能工巧匠们在克久拉霍的大约85座的寺庙里雕塑了如今非常著名的一些情色雕像，给寺庙增添了不少生气。

12～16世纪，当地印度统治者与来自北方的穆斯林在这个区域持续斗争。中央邦大多数的纪念性建筑都由统治者们建于这几百年间，穆斯林一方有曼杜的古里和希利吉士，印度教徒一方则有奥恰的邦德拉和瓜廖尔的托马尔。

16世纪，德里的莫卧儿人控制了该地区，直到经过一场长达27年的战争（1681～1707年）之后，被印度中部崛起的印度教政权马拉地人（Maratha）赶走。玛呵什瓦的霍尔卡和瓜廖尔的辛迪亚等强大的马拉地宗族的统治一直持续到1818年。这一年，马拉地人被英国人击败，辛迪亚成为英国人的有力同盟。

1956年，随着一些面积较小的邦被合并进来，中央邦获得了现代的身份。2000年，切蒂斯格尔邦脱离出去，成为一个独立邦。

中央邦北部

瓜廖尔（Gwalior）

☐ 0751 / 人口 1,050,000

这里以引人注目、居高临下的山顶城堡而闻名，据说莫卧儿君主巴布尔曾将这里称为"如同明珠一般的印度堡垒"。如果你要前往该地区其他更加有名的目的地，瓜廖尔是一处有趣的歇脚点。城内坐落着精致的Jai Vilas宫殿，它曾是辛迪亚家族的居住地；两个多世纪以来，该家族一直在印度历史上扮演重要的角色。

邦内重要节日

舞蹈节（Festival of Dance；见608页）印度最好的传统舞者在克久拉霍华灯璀璨的神庙之间跳舞。

湿婆节（Shivaratri Mela；见626页）多达100,000名湿婆朝圣者、苦行僧和原住民会在马哈德奥洞窟出席庆典，然后登上焦拉格尔山朝圣，在这处湿婆圣地的旁边插上三叉戟。

大壶节（Kumbh Mela；见632页）乌贾因是每隔12年举办印度规模最大的宗教节日的4座城市之一，届时将吸引数以千万的朝圣者。乌贾因下一次将在2028年举办大壶节。

阿亚巴荷尔卡贾扬蒂节（Ahilyabai Holkar Jayanti Mahotsav；见640页）备受尊崇的荷尔卡皇后阿亚巴的诞辰，玛呵什瓦的庆祝活动尤为热闹。

九夜节（Navratri；见631页）乌贾因的庆祝活动特别热闹，哈尔西济神庙灯火通明。

坦森音乐节（Tansen Music Festival；Tansen Samaroh；⊙12月的第一周）瓜廖尔的音乐节以来自印度各地的传统音乐人和歌手为特色。

巴斯塔十胜节（Bastar Dussehra；见654页）十胜节是献给当地女神Danteshwari的节日，为期75天。其中一周半的时间，杰格德尔布尔的街头有（巨大的）战车穿行，节日气氛达到高潮。

历史

瓜廖尔的传奇始于6世纪或8世纪,当时有一位叫作Gwalipa的隐士用Suraj Kund水塘里的水治好了拉其普特(Rajput)首领Suraj Sen的麻风病(这个水塘至今还在瓜廖尔城堡里)。Gwalipa还为首领改名为Suhan Pal,并预言只要Suhan的后代一直保留Pal这个称呼,他们就将继续执政。Suhan的前83代传人一直如此,不过第84代传人将名字改为Tej Karan,自然失去了他的王国。

瓜廖尔的重要性来自这里的山顶堡垒。这座堡垒至迟出现于9世纪,一直控制着重要的南北贸易线路,曾经多次易主,直到1398年比尔·辛格·德奥(Bir Singh Deo)在此建立托马尔王朝。该王朝在曼·辛格(Raja Man Singh,1486~1516年在位)的统治下进入了鼎盛时期,却在1526年覆灭。在接下来的两个世纪中,这里由莫卧儿统治。1765年,马拉塔人的辛迪亚宗族上台,1810年在瓜廖尔建都,不过1818年第三次马拉塔战争(Third Anglo-Maratha War)之后成为英国的附属国。

1857年第一次独立战争期间(印度民族起义),Jayajirao王公仍对英国人保持着忠诚,但是他的属下反叛了。一年后,英国人夺回瓜廖尔城堡,标志着这次起义的最终失败。正是在英国人的最后一场突袭中,著名的起义领袖占西女王[Rani(Queen)of Jhansi]被杀害了。

◉ 景点

★ 瓜廖尔堡   城堡

(Gwalior Fort;⊙黎明至黄昏)这座居高临下的城堡庄严肃穆地沿着一片3公里长的平地顶端伸展,从这里可以俯瞰整个瓜廖尔,是一个不可错过的景点,里面都是引人入胜的宫殿、神庙、博物馆及其他建筑。目前,城堡的大部分都被有名望的私立辛迪亚学校(Scindia School)所占用,学校由马托·拉奥·辛迪亚(Madho Rao Scindia)王公于1897年建立,致力于发展印度贵族的教育事业。

➢ 东边入口

在东侧,向上通往瓜廖尔城堡的古老小路被5扇石门隔断开来(从前有7扇,其中2扇已经不见了)。你可以从这座建于1660年的瓜廖尔门(Gwalior Gate,也叫作Alamgiri Gate)进入。接下来不久就会遇到巴达卡门(Badalgarh Gate;Hindola Gate),这是一扇以曼·辛格的叔叔Badal Singh命名的大门。穿过大门之后,右手边就是邦立考古博物馆(State Archaeological Museum;见本页)。

再往上走一点就会看到建于15世纪的甘尼许门(Ganesh Gate),接着是小型的纪念隐士Gwalipa的四柱印度教神庙——据说堡垒和这座城市都是以这位隐士的名字命名的。你还将通过一处9世纪时在岩石上开凿出来的毗湿奴圣地,名为恰图尔伯胡吉神庙(Chaturbhuj Mandir,四臂神的寺庙)。接着是大约修建于14世纪的拉希玛纳门(Lakshman Gate)。最后,你将穿过1516年修建的双塔象门(Hathi Gate;Elephant Gate),走进宫殿区域。

➢ 邦立考古博物馆

(State Archaeological Museum;Gujari Mahal;印度人/外国人 10/100卢比,拍照/录像50/200卢比;⊙周二至周日 10:00~17:00)这座博物馆位于15世纪落成的古贾里宫(Gujari Mahal)里面,这座宫殿靠近巴达卡门,是由曼·辛格为他最爱的王后修建的。入口两侧有两尊非同一般的14世纪的萨杜拉(sardulas;神话中的半人半狮)雕像,是从西何尼亚(Sihoniya)运来的。博物馆里有大量的印度教、耆那教(Jain)和佛教的雕塑艺术品,其中包括著名的树下女子(Shal Bhanjika)像,一尊来自吉亚勒斯布尔(Gyaraspur)的修造于10世纪的雕工卓绝的女性小雕像(可前往管理人员办公室请求打开那个房间)。

➢ 曼·辛格宫

(Man Singh Palace;含婆媳神庙群、代里寺套票 300卢比,录像 25卢比;⊙6:00~18:00)这座皇家风格的宫殿是由托马尔统治者曼·辛格(Man Singh)于1486~1516年间所建,在装饰方面无疑是印度比较奇特的建筑之一:五颜六色的外墙瓦作包括一条满是黄色鸭子图案的雕带以及以蓝色、黄色和绿色的大象、鳄鱼和老虎为图案构成的马赛克!因此这座宫殿有了一个别称:Chit Mandir(彩绘宫殿)。艺术行家曼·辛格若是知道自己的作品如今被视为印度唯一一座原汁原味的前莫卧儿时代宫殿,

Gwalior 瓜廖尔

Gwalior Fort 瓜廖尔城堡

Man Singh Palace 曼·辛格宫

Lower Western Rock Sculptures 下层西方岩雕

Jain Rock Sculptures 耆那教岩雕

GWALIOR FORT 瓜廖尔城堡

Suraj Kund 太阳水塘

OLD TOWN 老城区

HAZIRA 哈吉拉

Scindia School 辛迪亚学校

Rani Lakshmibai Memorial 拉希米巴依王后纪念碑

Train Station 火车站

Bus Stand 汽车站

LASHKAR 拉希卡尔

Archway

Jai Vilas Palace & Scindia Museum 杰维拉斯宫及辛迪亚博物馆

一定会很高兴。

它是一座如迷宫一般的4层建筑。较低楼层有两座立柱圆形大厅，设计目的是应对炎热天气，人们可以通过墙内的"通话管"来交流沟通——后来莫卧儿人曾将这里用作关押高级别犯人的监狱。

售票处在宫殿正对面。你还可以在这儿雇一名官方的导游，4小时470卢比。北边是维克拉姆宫（Vikram Mahal）、卡兰宫（Karan Mahal）以及堡垒以北其他荒废宫殿的遗址，这些历史遗迹统一被认定为邦立保护古迹（State Protected Monuments；印度人/外国人 10/250卢比，拍照25卢比；◎9:00~17:00）。南边是小型的印度考古调查博物馆（Archaeological Survey of India Museum, ASI；5卢比；◎周六至周四 9:00~17:00），里面是瓜廖尔地区的各种不太有意思的文物。

持门票还可以进入婆媳神庙群（Sasbahu Temples）和代里寺（Teli ka Mandir）。

➡ **婆媳神庙群**

（Sasbahu Temples, Mother-in-Law & Daughter-in-Law Temples；印度人/外国人 15/200卢比，录

Gwalior 瓜廖尔

◎ 重要景点
1 瓜廖尔城堡	B2
2 杰维拉斯宫及辛迪亚博物馆	B5
3 耆那教岩雕	A2
4 曼·辛格宫	B1

◎ 景点
5 印度考古调查博物馆	B1
6 巴达卡门	B1
7 恰图尔伯胡吉神庙	B1
8 甘尼许门	B1
9 谒师所	A3
10 瓜廖尔门	B1
11 象门	B1
12 印度教神庙	B1
13 拉希玛纳门	B1
14 婆媳神庙群	B2
15 邦立考古博物馆	B1
16 邦立保护古迹	B1
17 代里寺	A3
18 坦森之墓	C1

◎ 活动、课程和团队游
19 Jiva Spa	A5

◎ 住宿
20 Hotel DM	D4
21 Hotel Gwalior Regency	D4
22 Tansen Residency	D4
23 Usha Kiran Palace	A5

◎ 就餐
24 Indian Coffee House	D3
25 Moti Mahal Delux	D4
Silver Saloon	（见23）

◎ 实用信息
中央邦旅游局	（见22）

像25卢比；◉6:00~18:00）婆媳神庙群的历史可以追溯至9~11世纪间，柱梁撑起的诸多穹形屋顶跟中美洲的玛雅神庙类似，远远望去，仿佛一座小型城市。所谓的婆婆寺庙是指供奉毗湿奴的寺庙，по4根巨大的柱子及许多较小的柱子支撑起层层叠叠的沉重屋顶，每层屋顶上都有不同的雕刻。

➤ 代里寺

（Telika Mandir；印度人/外国人 15/200卢比，录像25卢比；◉6:00~18:00）1857年第一次独立战争（印度民族起义）后，这里被英国人用作饮料厂和咖啡店，这座修建于9世纪的30米高寺庙是这些寺庙中最古老的遗迹。

旁边现代风格的金顶**谒师所**（gurdwara）里供奉着锡克教古鲁哈尔戈宾德·辛格（Hargobind Singh），他在1617~1619年间被囚禁于曼·辛格宫。你得步行绕过太阳水塘（Suraj Kund）才能抵达这里。

➤ 耆那教岩雕（Jain Rock Sculptures）

城堡附近分布着几处岩雕，其中一些位于通往瓜廖尔门的道路沿线，令人印象最深刻的是位于西侧通路上方、Uvrai Gate和堡垒内墙之间的一组雕塑。它们中的大部分是在15世纪中期在崖壁上开凿的耆那祖师（tirthankar，24代）裸身像。1527年，这些雕塑遭到了巴布尔穆斯林军队的破坏，不过近年来大部分雕塑已经完成了修复工作。

★ 杰维拉斯宫及辛迪亚博物馆　宫殿、博物馆

（Jai Vilas Palace & Scindia Museum；http://jaivilasmuseum.org；印度人/外国人100/600卢比，拍照100卢比；◉周二至周日 10:00~18:00，11月至次年2月至17:30）1874年，王公Jayajirao动用堡垒里的囚犯建造了这座宫殿，辛迪亚博物馆占据了这座豪华的杰维拉斯宫中约35个房间。建成之后，囚犯们又用了12年来编织大厅的地毯——亚洲最大的地毯之一。

屋顶挂着据说是世界上最大的一对吊灯——两盏高12.5米、重3.5吨的枝形吊灯。你可以想象一下，建造者们曾将8头大象从接待室（宫廷）大厅的屋顶上悬吊下来以检查屋顶能否承受那对吊灯的重量。

屋内到处都是奇异的东西：雕花玻璃家具、老虎标本和配备了小船的仅供女士使用的游泳池。洞穴形的餐厅是重头戏，厅内有一条模型铁轨，有一列银色火车在上面运行，它会围绕着餐桌行驶来为食客们送上晚餐后的白兰地和雪茄。

注意：在本书调研期间，只有宫殿北门允许游客通过，而且必须从西边进入（Moti Mahal Rd上没有入口）。

坦森之墓　伊斯兰教墓地

（Tomb of Tansen；◉黎明至黄昏）这是一

值得一游

希沃布里和马达夫国家公园（SHIVPURI & MADHAV NATIONAL PARK）

从瓜廖尔出发参加一日游，一种可行的方案便是前往西南方向117公里处的古老的辛迪亚夏季首府希沃布里（Shivpuri）。

汽车站（机动三轮车30~40卢比）以东2.5公里的**辛迪亚纪念塔**（Scindia chhatris; Shivpuri; 40卢比, 拍照/录像10/40卢比; ◎8:00~18:00)记录了王公和他的妻子们的生活，是一座可以进入参观的宏伟的大理石纪念建筑。莫卧儿式楼阁与sikharas（印度教寺庙尖顶）隔着水池和十字通道相望。Madhorao Scindia纪念塔建于1926至1932年间，装饰着精致而复杂的宝石镶贴（pietra dura）。

过了纪念塔再前行2公里就可到达**马达夫国家公园**（☏07492-223379; 每辆车包括导游1110卢比, 6座吉普车出租1600卢比; ◎黎明至黄昏）的入口，这里有共计355平方公里的森林、湖泊和草地，是羚羊、鹿、懒熊、叶猴和几只豹子的栖息地，还散落着辛迪亚狩猎时期的遗迹——狩猎小屋、狩猎度假屋和帆船俱乐部。行程为20公里的吉普车游需要花费2至2.5小时。

从希沃布里汽车站发车前往瓜廖尔（110卢比, 2.5小时）的长途汽车班次频繁，还有前往占西（95卢比, 3小时）的班次，你可以在那儿换车前往奥恰和克久拉霍。

处隐藏在哈吉拉（Hazira）街区的草坪区域，就在苏非派圣人穆罕默德·高斯（Mohammed Ghaus）的华丽墓地的西南侧。坦森的墓地更为小巧而简单。坦森是一位深受莫卧儿皇帝阿克巴（Akbar）赞赏的歌唱家，同时也被称为印度斯坦古典音乐之父。咀嚼这里罗望子树上的树叶可能会让你的声音变得更洪亮。这两个人都生活在16世纪。

🛏 住宿

Hotel DM　　　　　　　　　　酒店 $

（☏0751-2341049; Link Rd; 标单500~1200卢比, 双600~1500卢比; ❄🛜）房间有点儿狭窄，不过比其他经济型酒店要略胜一筹。走廊尽头有叽叽喳喳的小鸟，对，叽叽喳喳。最好的房间内有空调和坐式厕所; 最便宜的房间里有冷风机和蹲式厕所。所有的房间都有锁在橱柜里的老旧电视机（开个玩笑：回想一下你上次偷酒店的电视机是什么时候）。

Tansen Residency　　　　　　酒店 $$

（☏0751-2340370; www.mptourism.com; 6AGandhiRd; 标单/双 含早餐2830/3260卢比起; ❄🛜🏊）作为政府经营的酒店来说，还不算差。中央邦旅游局的这家酒店有大房间，内有舒适的床和现代化的卫生间，一层有酒吧（大多数是男顾客），还有自助早餐，甚至不错的屋顶游泳池。

★Usha Kiran Palace　　　历史酒店 $$$

（☏0751-2444000; www.tajhotels.com; Jayendraganj; 标单/双含早餐10,280/11,450卢比起; ❄@🛜🏊）住在这家拥有将近140年历史且带一座巨大花园的豪华老式建筑物里，你会有一种皇室般的尊贵感受，这里起初是为威尔士亲王（后来成为乔治五世国王）而建的客栈。每个房间都有自己独一无二的特点，包括不同的手工瓷砖，不过这里最大的特色还是其低调而富有历史韵味的奢华气质，不过最便宜的房间（"高级"类型）比你想象的还要小。

房间价格不定，1月中旬的价格最高。酒店拥有豪华的室外游泳池，并配备了单独的儿童泳池，以及令人放松的**Jiva Spa**（☏0751-2444000; Usha Kiran Palace; 按摩护理1875卢比起; ◎8:00~20:00），按摩护理费用1875卢比起，还有卓越的Silver Saloon餐厅（见597页）。美观的**Bada Bar**拥有一张有着百年历史的重4吨的意大利石板斯诺克桌，在本书调研期间歇业，希望只是暂时牌照中断。

Hotel Gwalior Regency　　商务酒店 $$$

（☏0751-2340670; www.hotelregencygroup.

com；Link Rd；标单/双 含早餐 3930/5000卢比起；※@⊚）出类拔萃的印度商务酒店。房间宽敞，铺着地砖，可提供洗漱用品，配备茶水/咖啡设备，Wi-Fi覆盖。有的房间有玻璃淋浴间。这里有一家不错的各国风味餐馆，有售酒许可证，还有一家合法酒吧，每晚都有DJ。

就餐

Indian Coffee House 南印度菜 $

（Station Rd；主菜70~300卢比；⊗7:00~22:30）Indian Coffee House的这家十分受欢迎的分店提供各种经典的早餐食品，包括正宗的咖啡、多莎饼和摊鸡蛋。这里也有包括美味的塔利套餐（140卢比至250卢比）在内的主菜菜单。

Moti Mahal Delux 北印度菜 $$

（Link Rd；主菜 225~395卢比；⊗11:00~23:00）在这家从德里来的非素食时尚餐馆，泥炉菜的口味千变万化。他们如同施魔法一般地制作着西北边境地区的美食，尤其是鸡肉香饭和绿色的烤酱鸡（泥炉烤鸡，酱汁中掺有香料，由酸奶及香菜和薄荷等香草构成）。餐馆位于汽车站旁边。

★ Silver Saloon 印度菜 $$$

（Usha Kiran Palace, Jayendraganj；主菜520~1390卢比；⊗7:00~23:00；※）这间高雅的历史酒店供应令人直流口水的印度菜和欧式菜肴，同样还有泰国菜、尼泊尔和马拉地特色菜，你可以在装有空调的餐厅或棕榈树荫下的走廊间慢慢享用。

住宿价格区间

价格范围适用于2人，含税，不含餐：

$ 少于1500卢比

$$ 1500~4000卢比

$$$ 高于4000卢比

❶ 实用信息

中央邦旅游局（MP Tourism；☎0751-2234557；Tansen Residency, 6A Gandhi Rd；⊗周一至周六10:30~17:30）旅游办公室相当有用，在Tansen Residency酒店外边。

❶ 到达和离开

飞机

机场位于市中心东北方向10公里处。**印度航空**（Air India；www.airindia.in）每周都有3班往返孟买的航班。

长途汽车

汽车站（Link Rd）运营的**长途汽车线路**包括：

阿格拉（Agra）120卢比，3小时，4:30~22:00期间半小时1班。

德里 300卢比，8小时，每天7班。

占西（Jhansi）110卢比，3小时，5:30~23:00期间半小时1班。

希沃布里（Shivpuri）110卢比，2.5小时，5:00~22:00期间半小时1班。

火车

市中心的火车总站瓜廖尔枢纽站（Gwalior

从瓜廖尔出发的火车

目的地	列车编号和名称	票价（卢比）	车程（小时）	发车时间
阿格拉	12617 Mangala Lakshadweep	170/540/740（A）	2	8:10
博帕尔	12002 Bhopal Shatabdi	770/1525（B）	4.25	9:33
德里	12625 Kerala Exp	240/605/840（A）	5.5	8:25
印多尔	12920 Malwa Exp	385/1005/1425（A）	12	0:35
斋浦尔	19665 Udaipur-Khajuraho Exp	225/605/860（A）	7	15:45
占西	12002 Bhopal Shatabdi	310/650（B）	1.25	9:33
克久拉霍	19666 Udaipur-Khajuraho Exp	120/490/695（A）	5	13:40

票价：（A）卧铺/空调卧铺3类/空调卧铺2类；（B）座席/空调卧铺1类。

Junction）位于城堡东门东南2.5公里处。每天都有30多班列车开往阿格拉兵营车站（Agra's Cantonment station）和德里，以及占西（开往奥恰方向），另有20多班火车开往博帕尔，但开往克久拉霍和斋浦尔的火车每天只有1班。若要前往克久拉霍，你还可以先去占西，在那儿换乘长途汽车。

奥恰（Orchha）

☒07680 / 人口11,500

这个历史小镇坐落在贝德瓦河（Betwa River）岸边，壮观的宫殿、神庙和皇家纪念塔（chhatris）展示了最卓越的莫卧儿式拉其普特建筑的风采。与中央邦北部另一座著名的历史遗迹村庄克久拉霍相比，奥恰给人一种无忧无虑的闲适感，非常适合放松闲居。这里有很多不错的民宿供你选择，你还有机会享受周围田园牧歌的乡村生活——散散步、骑骑车、划划船，一切都可以提上日程。

历史

奥恰的辉煌应该归功于拉其普特人的邦德拉宗族。1531年，他们在奥恰建立根据地，统治着本德尔坎德地区（西至占西，东至潘纳，南至讷尔辛格布尔），直至1783年。奥恰在比尔·辛格·德奥（Bir Singh Deo；在位时间1605~1627年）的统治下达到了鼎盛，他与莫卧儿皇帝贾汗季（Jehangir）关系良好。17世纪30年代，比尔·辛格·德奥的儿子胡贾尔·辛格（Jhujar Singh）不明智地反抗贾汗季的儿子沙贾汗（Shah Jahan），导致后者的大军踏平了奥恰王国，这座城镇的许多精美的建筑也被损毁。

◉ 景点

奥恰景点的联票（印度人/外国人 10/250卢比，摄影/录像 25/200卢比）包括7处遗迹——贾汗季宫（Jehangir Mahal）、拉杰宫（Raj Mahal）、拉伊普拉温宫（Rai Praveen Mahal）、骆驼场（camel stables）、纪念塔（chhatris）、恰图尔伯胡吉寺庙（Chaturbhuj Temple）和拉克希米·纳拉扬庙（Lakshmi Narayan Temple）——只在拉杰宫售票处（◷7:30~17:30）出售。在这里的广场周边走走是免费的。这里还有正式导游，4小时收费470卢比，最多5人。

◉ 宫殿区（Palace Area）

走过横跨经常干涸的水道的花岗岩大桥，你便来到了邦德拉王朝建造的防御建筑群。其中最重要的是两座宫殿——拉杰宫和贾汗季宫。

拉杰宫（◷黎明至黄昏）修建于16世纪，在其中几个房间里，梵天、毗湿奴、罗摩（Rama）、克利须那（Krishna）和悉多神（Sita）还有奥恰皇族在遍布墙壁和天花板上生动鲜艳的壁画里面摔跤、打猎、格斗和跳舞。从较高楼层漂亮的石格窗户（jali）可以看到城镇各处的美景。声音比灯光更突出的声光表演（印度人/外国人 100/250卢比；◷英语3月至11月 19:30，12月至次年2月 18:30；印地语3月至11月 20:45，12月至次年2月19:45）每晚在拉杰宫外举行，只能吸引那些对奥恰历史满怀热情的人。

规模庞大的贾汗季宫（◷黎明至黄昏）是印度伊斯兰建筑风格的巅峰之作，它就像一个野战训练练场，有着陡峭的楼梯和险峻的步道。与拉杰宫相比，这里有更多装饰，最早完工于17世纪初叶，由比尔·辛格·德奥建造而成，可能是为了接待来访的贾汗季皇帝而建的。宫墙顶端是8座圆顶塔楼和8座细长的圆顶亭阁，出色的设计让你的视线穿过一连串拱门和门廊，直到格栅屏风，从那儿还可以俯瞰庭院或周边的城镇。

宫殿后面的骆驼场（camel stables; Ount Khana；◷黎明至黄昏），可能实际上是皇家游乐场，它俯瞰着一片宽阔的绿地，其间散布着几座纪念碑。从这儿下山就到达了有精美穹顶的皇家浴场（Khana Hammam; Royal Bathhouse；◷黎明至黄昏）和拉伊普拉温宫（◷9:00~17:00），后者是为一名16世纪著名交际花修建的亭阁，还有保存半好、布置井然的莫卧儿花园。建筑内部的壁画上，跳舞的普拉温（Praveen）及其马背上的爱人拉贾·英德拉吉特（Raja Indrajit）流传于世。

◉ 市中心（Town Centre）

★ 拉姆拉贾神庙　　　　　印度教神庙

（Ram Raja Temple；◷10月至次年3月 9:00~12:30和19:00~22:30，4月至9月 8:00~12:30和

20:00~22:30）橙粉色穹顶的拉姆拉贾神庙位于一片生机勃勃的广场西端，是唯一一将罗摩敬奉为王的寺庙，每天这里都有成群结队的信徒，热闹非凡。在16世纪，这里起初是Madhukar Shah妻子的宫殿，后来王妃暂时把罗摩的画像安放在这里，结果发现无法移走，这里才成为一座寺庙。

★ 恰图尔伯胡吉寺庙 印度教神庙

（Chaturbhuj Temple；⊙9:00~17:00）16世纪建成的恰图尔伯胡吉寺庙拥有壮观、高耸的尖顶，从城镇各处都能看到。恰图尔伯吉本来计划用于存放隔壁拉姆拉贾神庙的罗摩神像，但从未派上用场。你可以从中央内部空间的西北角大门爬上陡峭而昏暗的楼梯，在覆盖着苔藓的尖顶屋顶中间欣赏镇上最美的景色。

普尔巴格 花园

（Phool Bagh；⊙8:00~20:00）在本德尔坎德（Bundelkhand），丁曼·哈多尔（Dinman Hardol）王子被尊为英雄。因为他以死来表明自己在所谓和兄弟之妻有染一事上的清白。他的纪念碑位于其宫殿帕拉基宫（Palaki Mahal）旁边的普尔巴格，这是一座传统的charbagh（正统的四等分形式的波斯式花园）。女人们唱着关于他的歌曲，将丝线系在纪念碑的雕刻格屏上，然后围绕纪念碑走上5圈，许下愿望并希望他能应允，场面生动活泼。

◎ 其他地区

★ 纪念塔 伊斯兰教墓地

（Chhatris；⊙9:00~17:00）奥恰王室的陵墓纪念碑，宁静、庞大的纪念塔高耸于城镇南端的贝德瓦河畔。在傍晚的余晖下，孩童们在河堤上泼水，小鸟们在他们的头顶上盘旋，在河对岸夕阳西下的时刻的景色是最美的，如同电影画面中的场景一般。比尔·辛格·德奥（Bir Singh Deo）的纪念塔与其他的稍微远离，正位于河岸上。

拉克希米·纳拉扬庙 印度教神庙

（Lakshmi Narayan Temple；⊙9:00~17:00）这座高耸的神庙堡垒在通往甘计村（Ganj village）的路上，在它的屋顶上能看见很美的风景，半球形塔楼的屋顶上还有保存完好的天花板壁画。

✈ 活动

如果你住的酒店没有游泳池，你还可以跳进贝德瓦河凉快一下——它是印度最干净的河流之一。

奥恰野生动物保护区 骑自行车、步行

（Orchha Wildlife Sanctuary；印度人/外国人15/150卢比；⊙黎明至黄昏）岛上树木繁茂，占地44平方公里的这一小片区域位于贝德瓦河和岩礁散布的杰姆尼河（Jamni River）之间，适合惬意地骑行或（在天气适宜时）步行几小时。过了奥恰南端的堤道250米处是售票处。大多数人会从过了售票处1公里的大门出发，沿着大约8公里的线路前行，游览河边的潘恰玛（Pachmariya）和两座瞭望塔，然后回到位于原路以南2公里处的路上。

河上漂流 漂流

（River-Rafting；每个木筏1.5小时1500卢比）从纪念塔溯流而上至堤道下方，途中有些小激流，但其实只是一次令人惬意的观景漂流。在Betwa Retreat（见601页）购票；沿河漂流之旅从Betwa Retreat前的船只俱乐部出发。每条木筏最多可乘坐6人，不设最低人数。

Raju Bike 骑自行车

（Lakshmi Narayan Temple Rd；每小时/天10/50卢比；⊙6:00~21:00）出租摇摇晃晃的自行车，价格没得说。

Kairali Spa 阿育吠陀

（☎07680-252222；www.orchharesort.com；护理 900~2500卢比；⊙8:30~20:30）Orchha Resort提供优质的阿育吠陀按摩护理。

🛏 住宿

Aditya Hotel 酒店 $

（☎07680-252027；adityahotelorchha@gmail.com；房间 700~1500卢比；❄️🛜）Aditya就在普尔巴格后面，提供面积适中的干净的房间，都刷成白色，价格取决于它们位于楼上还是楼下以及是否有空调。楼上有的房间可以看到神庙和宫殿，你还可以在漂亮的屋顶小露台上吃早餐。

Orchha 奥恰

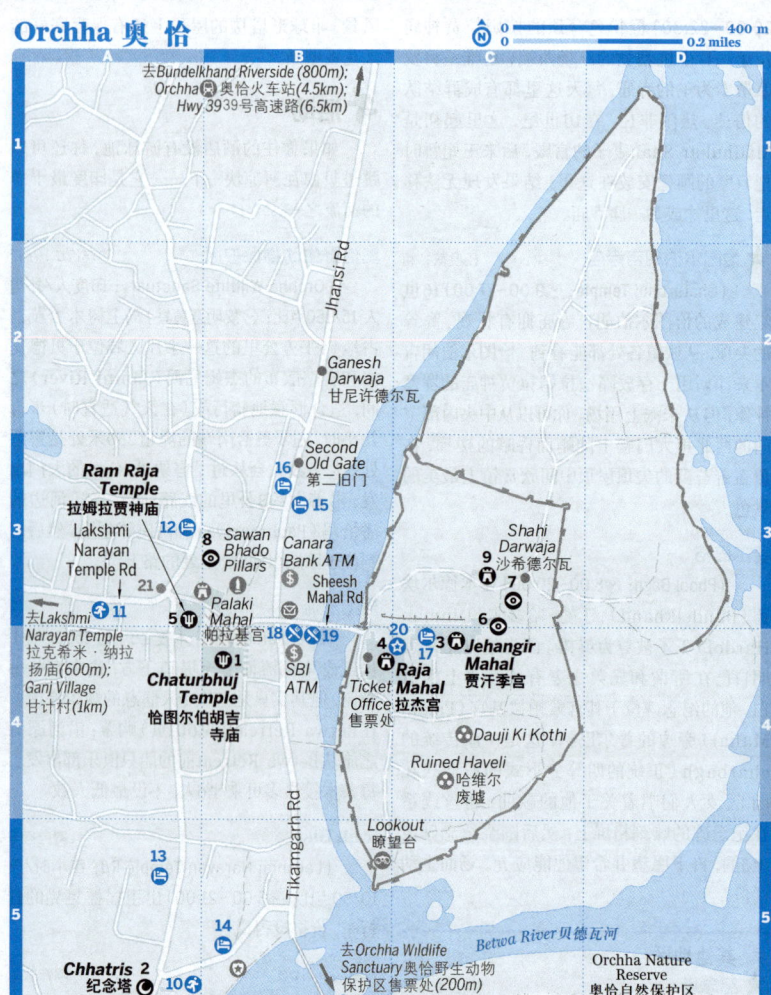

Hotel Monarch Rama 酒店 $

(07680-252015; hotelmonarchrama@gmail.com; Jhansi Rd; 房间800卢比, 带空调1200卢比; ❋@⊛)这里的房间比大多数经济型竞争对手的酒店房间更干净, 更有吸引力, 员工也很友好。床单干净, 卫生间没有什么气味, 墙上甚至还挂着微型的印度式印刷品。不过除了楼上的两个空调房间有些自然照明之外, 没有自然采光, 楼上还有一家小餐馆。

Hotel Fort View 酒店 $

(07680-252701; fortvieworchha@rediffmail.com; JhansiRd; 房间400~600卢比, 带空调1000卢比; ❋⊛)这家经济型酒店位于一座长长的庭院旁边, 房间最近粉刷一新, 硬床上铺着干净的床单。最好的房间是108、111和112, 可以眺望美丽的河景, 以及远处的贾汗季宫(Jehangir Mahal)和拉杰宫(Raja Mahal)。

★ Hotel Sheesh Mahal 历史酒店 $$

(07680-252624; www.mptourism.com; 含早餐标单/双1950/2830卢比, 套5390~6570卢比; ❋⊛)的确宏伟华丽, 这家仿佛与历史

Orchha 奥恰

◎ 重要景点
1 恰图尔伯胡吉寺庙	B4
2 纪念塔	A5
3 贾汗季宫	C4
4 拉杰宫	B4
5 拉姆拉贾神庙	A3

◎ 景点
6 骆驼场	C3
7 皇家浴场	C3
8 普尔巴格	B3
9 拉伊普拉温宫	C3

✈ 活动、课程和团队游
10 Kairali Spa	A5
Kerala Ayurvedic Centre	(见13)
11 Raju Bike	A3

🛏 住宿
12 Aditya Hotel	A3
13 Amar Mahal	A5
14 Betwa Retreat	B5
15 Hotel Fort View	B3
16 Hotel Monarch Rama	B3
17 Hotel Sheesh Mahal	C4

🍴 就餐
Bundela Restaurant	(见14)
Jharokha Restaurant	(见17)
18 Laxmi Betwa Tarang	B4
19 RamRaja Restaurant	B4

★ 娱乐
20 声光秀	C4

ⓘ 实用信息
21 奥恰旅游服务	A3

共眠的酒店位于一座18世纪落成的皇家驿馆内,与贾汗季宫毗邻。8个不同的房间全都极其华丽,有色彩艳丽的绘画、厚实的窗帘、可爱的壁龛和宽阔得能让你产生旷野恐惧症的卫生间。但是唯一的单人间又狭窄得能让人产生幽闭恐惧症,令人失望。

Betwa Retreat　　　　　酒店 $$
(☎07680-252618; www.mptourism.com; 小屋/房间/套 2830/3260/5040卢比; ❄🏨🍴) 这是中央邦旅游局在奥恰的主要产业,是一个非常令人满意的住宿场所,住处和不错的游泳池位于受到精心打理的花园中间,可以欣赏河景和纪念塔群。"小屋"是游猎风格的大帐篷,有实体地板和半截墙壁,还有卫生间、舒适的床、空调和小冰箱。房间略显传统,同样舒适,配备了茶水/咖啡设备。

★ Amar Mahal　　　　　酒店 $$$
(☎07680-252102; www.amarmahal.com; 标单/双 5460/6650卢比起,套间11,760卢比; ❄@🏨🍴) 像王公一样抬脚走进房间,里面有漂亮的雕花四柱床,四周的庭院绚丽无比,还有白色柱子的游廊或质朴的大水池。建筑采用奥恰传统风格,但楼房为现代风格(于2003年开业),配备所有现代化设施——包括服务不错的 **Kerala Ayurvedic Centre** (☎07680-252102 ext 167; 护理500~2000卢比; ⊘8:00~21:00)。这里也许是奥恰最奢华的住所了。

Bundelkhand Riverside　　酒店 $$$
(☎9009749630; www.bundelkhandriverside.com; 标单/双含早餐4300/4600卢比; ❄🏨🍴) 为奥恰末代国王的孙子所有的这家酒店感觉上就是一处真正的历史遗产景点,尽管主楼只有不到20年的历史。拥有大量古董式样的家具,走廊里还陈列了一些王公的私人艺术收藏。房间的风格十分高雅,在有的房间里可以俯瞰河流,在有的房间里可以俯瞰优美的花园,花园里包含4座16世纪的神庙以及一个小型游泳池。

🍴 就餐

Laxmi Betwa Tarang　　印度菜、欧洲菜 $
(Sheesh Mahal Rd; 主菜80~180卢比; ⊘7:00~22:00; 🏨🍴) 在奥恰所有便宜的餐馆中,这家餐馆的素食最棒——塔利套餐(130~350卢比)特别好吃。坐在屋顶的露台观赏拉杰宫的美景也是这里的一大特色。提供啤酒,尽管菜单上没有。

RamRaja Restaurant　　印度菜、欧洲菜 $
(Sheesh Mahal Rd; 主菜 75~395卢比; ⊘7:00~22:30; 🍴) 虽然卫生条件差一些,但这家待客友好的家庭街边餐馆供应鸡蛋类早

融入村庄的甘济（GANJ）民宿

得益于 Orchha Home-Stay（☎9993385405, 9410762072; www.orchha.org; 标单 700~800卢比, 双 1000~1200卢比, 餐 50~250卢比; ☎），非营利机构 Friends of Orchha 2009年开启的一项既成功又热门的家庭寄宿项目，旅行者得到了在奥恰市中心以西1公里处的甘济跟当地人同住并体验乡村生活的好机会。你可以住在简朴的乡村人家，吃上简单的乡村饭菜，但房子干净得一尘不染可能会让你感到惊讶，你还可以租一辆自行车（每天50卢比）探索奥恰及周边地区。

别期待什么豪华——大多数情况下，你会睡在印式轻便床（绳床）上——但小村庄里面6个人家的8个房间比许多经济型酒店还要舒适和迷人。房间有保温墙和瓦片屋顶，配备了电风扇和蚊帐。大多数房屋都有坐式厕所，不过也有一些是堆肥式或与沼气池连接的蹲厕。

与村民交流、融入村庄生活的经历是无价之宝（所以你可能不想要Wi-Fi; 每天 100卢比），客人们可以领到一份有用的信息资料，包括可以做什么或前往甘济和奥恰什么地方转转等建议。

如果你只想住一晚，房价会比长住的价格略高。不管怎样，甘济村缓慢的生活节奏的确为这里增色不少，大多数客人都会住上几晚的。

Friends of Orchha的办公室位于进入甘济的道路右侧，15:00开始办公，但直接在他们的网站上预订或者通过奥恰旅游服务（见本页）的项目经理罗米·扎梅尔（Romi Samele）安排比较简单。

Friends of Orchha还为村里的孩子们开设了一家可组织课余活动的青年俱乐部。接收志愿者（比如教师和医生）和捐赠。

餐、果蔬燕麦片、薄煎饼、美味的素食和相当不错的意式浓缩咖啡，你可以坐在一棵树的树荫下慢慢享用，还能找到啤酒。

Bundela Restaurant
印度菜 $$

(Betwa Retreat; 主菜 140~350卢比; ⊙8:00~22:30)这家有售酒许可的酒店餐馆提供欧洲和中国菜肴，还有优质正宗的印度饮食——本德尔坎德现场传统音乐三重唱和在露台上演唱的歌手给夜晚平添了一丝特别的韵味。

Jharokha Restaurant
印度菜 $$

(Hotel Sheesh Mahal; 主菜140~350卢比; ⊙8:00~22:30; ☎)这家餐馆曾经是皇家客栈，有着高雅的柱廊大厅，还有美味的食物与友好的服务员，比你想象的一般国营酒店略胜一筹。餐厅供应印度菜、中国菜和欧式菜肴，不过最推荐印度菜（尤其是各种泥炉菜肴）。他们经常还提供啤酒和威士忌。

❶ 实用信息

奥恰旅游服务（Orchha Tourist Service, OTS; ☎9981749660; www.otstoursindia.com; 拉姆拉贾神庙后面; ⊙8:30~21:30）这家机构由罗米·扎梅尔（Romi Samele）管理，是甘济Orchha Home-Stay在城里的代表处，而且擅长办理各种旅行预订业务。

❶ 到达和离开

搭乘公共交通工具往返奥恰基本上总要先到达位于西北方向18公里处的比较大的城镇占西。占西位于德里－阿格拉－瓜廖尔－博帕尔的火车线路上，每天开往各个方向的列车超过30班。从占西火车站前往奥恰的机动三轮车（45分钟）费用为200~250卢比; 出租车（30分钟）费用为500~600卢比。或者从火车站乘坐大型机动三轮车（10卢比）达到以东4公里的长途汽车站，然后换乘另一辆大型机动三轮车前往奥恰（20卢比, 45分钟）。

抵离克久拉霍

长途汽车从占西开往切德尔布尔（130卢比, 3小时, 5:00~22:00每小时1班），你可以在那儿换车前往克久拉霍（50卢比, 1.5小时）。从克久拉过来，你可以要求司机在39号公路（Hwy 39）的奥恰岔路口把你放下，在那里你应该可以挥手拦一辆车前往奥恰。

列车19666 Udaipur-Khajuraho Express理论上15:30从占西发车，18:30抵达克久拉霍（卧铺/空调卧铺3类/空调卧铺2类 160/490/695卢比），但从占西发车的时间平均会延误2小时。从位于城镇以北5公里占西公路上的奥恰小火车站前往默霍巴（Mahoba；30卢比，2.75小时）的54159列车更不可靠，发车时间7:25。10:40从默霍巴发车的51821中午抵达克久拉霍（15卢比）。这些列车的行驶速度慢，只有2等座不需要预订，经常非常拥挤。如果你错过了在默霍巴换乘（非常有可能），搭乘下一班开往克久拉霍的火车要等到18:05。

或者乘坐出租车（奥恰至克久拉霍2500卢比，4小时）。

克久拉霍（Khajuraho）

☎07686 / 人口24,500

（三维视图见854页）围绕着克久拉霍三大世界遗产寺庙群的那些情爱雕刻及其他雕刻堪称世界顶级寺庙艺术。在西寺庙群（Western Group of temples）内可以看到一些美得令人屏息赞叹的雕塑。

克久拉霍会出现在所有的旅行大巴的地图上，城镇里招徕游客的人非常多，招人讨厌。但这并不那么坏，起码你不会错过这些美丽的神庙。

这里的寺庙群是印度北部建筑风格的杰出典范，寺庙群中恣意生动的雕刻品使克久拉霍闻名于世。寺庙群的外围是一系列极具艺术美感的石雕作品，展示着一千多年前的生活场景——众神、女神、战士、音乐家、舞蹈家以及真正的神兽。

女人和性爱是这些雕塑中反复出现的两大元素。具有美感的故作姿态的仙女（surasundari）、跳舞的仙女（apsara）以及女英雄（nayika）被雕刻成半转身且微微斜倚的样子，这些生动的形象仿佛要从寺庙中旋转着飞舞出来一般。米特纳（mithunas；描绘男女性爱姿势的组合雕塑）的雕塑则展现了雕刻家们娴熟的技巧以及昌德拉人民身体的灵巧。

历史

据说克久拉霍是由月亮神昌德拉（Chandra）之子昌德拉瓦尔玛（Chandravarman）建立的，他下凡时看到一个美丽的少女贺嫚瓦蒂（Hemavati）在小溪中沐浴。历史学家告诉我们，在原有的85座寺庙中（其中的25座保留了下来）的大部分都是建于公元930~1050年的昌德拉王朝（Chandela dynasty）鼎盛时期；9世纪至16世纪，这支拉其普特宗族不同程度地统治本德尔肯德（横跨中央邦北部和北方邦南部），现在并不是很确定，克久拉霍究竟是本德尔肯德的首都还是宗教中心。从11世纪某个时期开始，位于北边50公里处的马霍巴（Mahoba）被确定为首都，不过克久拉霍的神庙在此后很长一段时间内仍在活动。

克久拉霍偏远的地理位置可能有助于这里的保护——使其免于那些四处破坏神明庙宇的穆斯林入侵者的亵渎。或许因为同样的原因，这片区域渐渐被杂草掩盖，许多建筑沦为废墟。直到1838年，英国官员TS Burt被他的轿夫带到这里，这片广阔的世界重新为世人所知。

👁 景点

◉ 西寺庙群——围墙之内

克久拉霍最引人瞩目和保存最完好的寺庙群就是位于围墙之内的西寺庙群（Western Group；印度人/外国人30/500卢比；录像 25卢比；⊙黎明至黄昏），它们也是这里唯一需要付费参观的寺庙建筑群。售票处或许会提供印度考古研究所（Archaeological Survey of India，简称ASI）出版的《克久拉霍旅行指南》（60卢比）。官方认证的导游收费为半/全天1190/1508卢比，英语或印地语以外的语言，外加476/635卢比。

夜晚的声光秀（印度人/外国人 200/500卢比，儿童 100/250卢比；⊙英语 10月至次年2月18:30，3月至9月19:30，印地语 10月至次年2月19:40，3月至9月20:40）可以见到彩色泛光灯的光芒笼罩下的西寺庙群，伴随印度古典音乐和由"雕刻大师"讲解的克久拉霍简史。禁止拍照。

Khajuraho 克久拉霍

中央邦和切蒂斯格尔邦 克久拉霍

- Jain Enclosure 耆那教画场
- OLD VILLAGE 老村
- Narora Sagar 纳哈拉湖
- Bypass Rd
- Basti Rd
- Jain Temples Rd
- 去Duladeo Temple 杜拉代奥神庙 (400m); Bijamandala Temple 种子曼荼罗神庙 (2.7km); Chaturbhuja Temple 查图尔布亚神庙 (3km)
- Link Rd No 2
- Community Health Centre 社区健康中心
- 去Lalit Temple View (500m); Archaeological Museum New Building 考古博物馆新楼 (550m); Tourist Interpretation & Facilitation Centre 旅游解说和便民中心 (250m)
- Gole Market
- Canara Bank ATM
- Main Rd
- Prem Sagar 爱湖
- Vishvanath Temple 维湿瓦纳塔神庙
- Lakshmana Temple 拉希玛纳神庙
- Kandariya-Mahadev Temple 坎达瑞雅-玛哈戴瓦神庙
- Snack Stall
- Shiv Sagar 希夫湖
- WESTERN GROUP 西寺庙群
- Airport (Banitha) Rd
- 去Hotel Chandela (400m); Hotel Isabel Palace (1km); 机场 (3km); 火车站 (7km); Bamitha 巴米塔 (10km)
- 去Lalguan Mahadev Temple 拉儿古安-马哈戴夫神庙 (800m)

Khajuraho 克久拉霍

◎ 重要景点
- **1** 坎达瑞雅·玛哈戴瓦神庙 B1
- **2** 拉希玛纳神庙 B2
- **3** 维湿瓦纳塔神庙 B1

◎ 景点
- **4** 阿迪那特寺庙 G4
- **5** 考古博物馆 C2
- **6** 梵天庙 F3
- **7** 朝萨斯·瑜伽尼神庙 A2
- **8** 契特拉古波塔神庙 B1
- **9** 迦甘丹巴寺庙 B1
- **10** 戈罕泰寺庙 F4
- **11** 哈奴曼神庙 D2
- **12** 迦瓦利神庙 G3
- **13** 拉克希米神殿 B2
- **14** 摩诃提婆神庙 B1
- **15** 马坦盖什瓦拉神庙 B2
- **16** 南迪神殿 C1
- **17** 帕尔斯瓦那特寺庙 G4
- **18** 帕尔瓦蒂神庙 B1
- **19** 普拉塔普斯瓦尔神庙 B1
- **20** 沙恩提纳西寺庙 G4
- **21** 瓦玛纳寺庙 F2
- **22** 瓦拉哈神殿 B2
- **23** 西寺庙群 C2

◎ 活动、课程和团队游
- **24** Ayur Arogyam C2

◎ 住宿
- **25** Hotel Harmony D2
- **26** Hotel Surya D2
- **27** Hotel Yogi Lodge C1
- **28** Zostel C2

◎ 就餐
- **29** Evening Food Stalls C2
- **30** La Bella Italia C2
- **31** Lassi Corner C2
- **32** Madras Coffee House C2
- **33** Mediterraneo D2
- **34** Raja Cafe C1

◎ 娱乐
- **35** Sound-&-Light Show C1

◎ 购物
- **36** Kandariya B4

◎ 实用信息
- **37** 印度国家银行自动柜员机 D2
- **38** 印度国家银行 C2
  - 联合银行自动柜员机 .... (见34)

◎ 交通
- 长途汽车售票处 .... (见39)
- **39** 汽车站 C4
- **40** Mohammed Bilal C2
- **41** Yashowarman Taxi Driver Union C2

★ 拉希玛纳神庙
(Lakshmana Temple) 印度教神庙

据mandapa（前方的石柱亭子）内的碑文记载，庞大的拉希玛纳神庙（Lakshmana Temple）花了20年的时间才建成——最终于公元954年Dhanga统治年间完工。这可能是克久拉霍寺庙群中保存得最完好的寺庙。基座南侧是克久拉霍最放荡的雕刻，包括一名男子与马交媾的场景，旁边的女子一脸惊恐，又忍不住从指缝里偷看。

你会在底座附近的雕带上看到很多士兵形象的雕塑——除非身处战场，否则昌德拉人总是在尝试各种新式的性爱姿势——还有乐师、猎人和许多大象、马和骆驼的雕塑。在Garbhagriha（内部的圣所）各处也有一些超凡绝伦的雕刻。虽然在设计上和献给湿婆的维湿瓦纳塔神庙（Vishvanath）及坎达瑞雅·玛哈戴瓦神庙（Kandariya-Mahadev）类似，但这座神庙供奉的其实是毗湿奴。

拉希玛纳神庙东侧面对的两座小神殿是**拉克希米神庙**（Lakshmi Temple；通常上锁）和**瓦拉哈神庙**（Varaha Temple），里面有1.5米高的毗湿奴野猪化身的砂岩雕像，非常精彩，其历史可以追溯至19世纪，上面细致地雕刻着一座万神殿。

★ 坎达瑞雅·玛哈戴瓦神庙
(Kandariya-Mahadev Temple) 印度教神庙

纵深30.5米的坎达瑞雅·玛哈戴瓦神庙建于1025~1050年，是西寺庙群中最大的一座，代表着昌德拉建筑风格的顶峰。在所有克久拉霍神庙中，这里的雕塑将女性美和性爱技巧表现到了极致。寺庙共有872座雕像，大部分都有近一米高——比其他寺庙的雕像都要高，南侧有一座雕像阐明了头手倒立姿势的可行性，因此常常被拍摄。神庙尖顶（sikhara）高达31米，形状像男性的生殖器，是湿婆阳物崇拜的象征，深受印度教徒们的崇拜——他们希望从轮回中得到解脱。神庙尖顶和柱厅（mandapa）上有另外84个呈山顶状的尖顶，让人联想到喜马拉雅山上众神的住所。

摩诃提婆神庙（Mahadeva Temple） 印度教神庙

摩诃提婆神庙与坎达瑞雅·玛哈戴瓦神庙及迦甘丹巴寺庙位于同一平台之上，是一座部分荒废的小型寺庙，主要供奉湿婆神，大门的楣梁上雕刻着湿婆神像。这里有克久拉霍最好的雕塑——萨杜拉（sardula，半狮半人的神话动物），它正与一名跪着的女人互相爱抚。

迦甘丹巴寺庙（Devi Jagadamba Temple） 印度教神庙

迦甘丹巴寺庙原本供奉的是毗湿奴，不过后来先后作为了帕尔瓦蒂（Parvati）和卡莉神（Kali）的寺庙。其中的雕刻品包括和毗湿奴排列在一起的萨杜拉（sardula）、仙女（surasundari）和在第三层上面呈嬉戏状的一对对男女雕像米特纳（mithuna）。其三段式的建筑结构比坎达瑞雅·玛哈戴瓦神庙和契特拉古波塔神庙（Chitragupta Temple）的结构更为简单。这里与契特拉古波塔神庙更为相似，不过少了一些做装饰的雕刻品，因此让人觉得稍显陈旧。

契特拉古波塔神庙 印度教神庙

（Chitragupta Temple；1000~1025年）契特拉古波塔神庙主要供奉太阳神苏利耶（Surya），这在克久拉霍是独一无二的，在印度北部寺庙中也比较罕见。虽然这里的环境不如西寺庙群其他寺庙那么好，但有一些舞女和仙女形象的精品雕刻，还有一些描绘象战和猎景的浮雕，以及米特纳组像和一系列石头运送者的雕像。

在雕像底部昏暗的内部圣所，你可以辨认出为苏利耶拉战车的7匹马；而在南侧墙壁尖塔下方的两座壁龛中较低的一座里面有一尊11头的毗湿奴雕像，代表神明和他22个化身的10个。

帕尔瓦蒂神庙（Parvati Temple） 印度教神庙

沿着西寺庙群的围墙走，你可以从契特拉古波塔神庙来到右边的帕尔瓦蒂寺庙（Parvati Temple），这座小型寺庙起初供奉毗湿奴，如今有一尊帕尔瓦蒂骑着鼍蜥的雕像。

★维湿瓦纳塔神庙（Vishvanath Temple） 印度教神庙

北侧和南侧的台阶通往维湿瓦纳塔神庙，这座庙宇据说建成于1002年，抢先实现了坎达瑞雅·玛哈戴瓦神庙的规划和风格。寺庙里供奉着湿婆，是昌德拉建筑的最佳典范，这里丰富多彩的雕像一直延伸至尖塔的最高层。雕像包括北侧壁龛里面头手倒立的女人，美丽的仙女有的在写信，有的搂抱着婴儿，有的在奏乐，有的在照镜子，有的在挠背；最底层的雕带上有小小的骆驼、马、乐师、大象、战士和舞者。

平台东侧是一座2.2米长的神牛南迪雕塑，它是湿婆的公牛坐骑，正面对着寺庙。由12根柱子组成的这座神庙的底座供奉着大象雕塑，这让人联想到拉希玛纳神庙正面的相似工艺。

普拉塔普斯瓦尔神庙（Pratapeswar Temple） 印度教神庙

位于维湿瓦纳塔神庙附近的白色的普拉塔普斯瓦尔神庙是一座较新的瓦泥建筑，大约建于200年前。

◎西寺庙群——围墙之外

马坦盖什瓦拉神庙 印度教神庙

（Matangesvara Temple；⊙黎明至黄昏）就位于拉希玛纳神庙旁边，只是被围墙隔开，马坦盖什瓦拉神庙是西寺庙群中唯一一座仍然用于日常敬拜的寺庙。它也许是这里最朴素的寺庙（暗示着这是一座早期建筑），不过内部筑有一座光滑的2.5米高的林迦（湿婆生殖器的象征）雕塑。

朝萨斯·瑜格尼神庙（Chausath Yogini Temple） 印度教神庙

走过希夫湖（Shiv Sagar），你就来到了朝萨斯·瑜格尼遗迹处，它的历史可以追溯到9世纪晚期，很有可能是克久拉霍最古老的寺庙。你或许会发现这里上了锁。这座完全用花岗岩铸成的庙宇是唯一一座不是东西方向的神庙。"朝萨斯"意为64——这座神庙曾经有64间卡莉尼（Kali）的瑜伽尼（yogini，女性侍者）雕像的小禅房，而第65间则属于她自己。据说这是印度最古老的瑜伽尼神庙。

拉儿古安·马哈德夫神庙
(Lalguan Mahadev Temple) 神庙

从朝萨斯·瑜伽尼神庙（见606页）往西走大约800米，沿着小路往下，再穿过几片田地（问问当地人），就来到了由砂岩和花岗岩筑成的**拉儿古安·马哈德夫神庙**（建于公元900年），这是一座荒废了的小型湿婆神殿。

考古博物馆 博物馆

（Archaeological Museum; www.museumkhajurahoasi.nic.in; Main Rd; ⊙周六至周四 9:00~17:00）这座考古博物馆有来自克久拉霍各处的出色雕像，从门厅开始就有一尊11世纪的甘尼许雕像，相当精致，正在为了象鼻神进行严肃而优美的舞蹈，脚边有一只小老鼠（他的坐骑）。仅限西寺庙群（见603页）当日门票。西寺庙群以北专门修建的新博物馆建筑更加明亮，于2016年开放，保存着更多的克久拉霍的雕像，还有关于昌德拉历史和艺术的信息牌。

在本书调研期间，新馆仍在布设陈展中，老馆最终是否会关闭或者两馆照旧开放，尚不清楚。

👁 东寺庙群

东寺庙群包括分散在老村（old village）周围的若干印度教神庙和更南边的耆那教寺庙，其中3座建在围墙之内。

哈奴曼神庙 印度教神庙

（Hanuman Temple; Basti Rd）白色的小神庙哈奴曼神庙内有一座2.5米高的印度猴神哈奴曼的橙色雕塑。有趣之处是其基座上的碑文，其历史可以追溯到公元922年，是克久拉霍可确认年代的最古老的碑文。

梵天庙（Brahma Temple） 印度教神庙

由花岗岩铸成的**梵天庙**是克久拉霍最古老的寺庙之一，其历史可以追溯至大约公元900年，寺庙的砂岩尖塔俯瞰着纳劳拉湖（Narora Sagar）。里面是不同寻常的四面湿婆林迦（导致这里被错误地命名为"四面梵天"），不过圣所大门上方的毗湿奴像表明这里最初供奉的是毗湿奴。

迦瓦利神庙 印度教神庙

（Javari Temple; ⊙黎明至黄昏）和南寺庙群中的查图尔胡亚神庙（Chaturbhuja Temple）很相似的迦瓦利神庙（1075~1100年）就在老村的北部。这里供奉毗湿奴，布满鳄鱼装饰的入口拱门和细长的尖塔使这里成为克久拉霍小型建筑中的一个典型代表。

瓦玛纳寺庙 印度教神庙

（Vamana Temple; ⊙黎明至黄昏）从那座古老的村庄向北再走300米便是瓦玛纳寺庙（1050~1075年），这里供奉的是毗湿奴的侏儒化身。寺庙的装饰工艺很奇特，有从墙上隆起的大象浮雕，不过这里的尖塔缺少辅助的尖顶，也没什么性爱场景的雕塑。

戈罕泰寺庙（Ghantai Temple） 耆那教寺庙

小型的戈罕泰寺庙坐落于老村和耆那教围场（Jain Enclosure）之间，也是耆那教寺庙，以它梁柱上的链子和铃铛（ghanta）装饰而命名。原始的寺庙和附近的帕尔斯瓦那特寺庙（Parsvanath Temple）很像，不过目前只有门廊和柱厅的柱状外形保留了下来，这里通常是不开放的。

沙恩提纳西寺庙
(Shantinath Temple) 耆那教寺庙

沙恩提纳西寺庙是古老和现代相结合的建筑，是耆那教群体的主要祭拜场所。这里收藏了一些来自更古老的寺庙的藏品，包括一尊4.5米高的阿迪那特（Adinath）雕像，底座上刻着灰泥题词，其历史大约可以追溯至1028年。

帕尔斯瓦那特寺庙 耆那教寺庙

（Parsvanath Temple; ⊙黎明至黄昏）虽然在规模和情爱雕塑方面无法和西寺庙群相比，但是高墙内耆那教寺庙中最大的帕尔斯瓦那特寺庙以其超级精湛的建筑细节和雕塑的美感而著称。在这里你可以看到一些保存得最为完好的克久拉霍的著名雕塑典范，包括一位正在挪去脚上荆棘的女子和另一位正在画眉的女子的塑像,它们都在南侧。

阿迪那特寺庙
(Adinath Temple)   耆那教寺庙

几个世纪以来,人们一直在对11世纪末叶的阿迪那特寺庙进行逐步修复。3条带状雕塑区内的精美浮雕使得这座寺庙看起来与克久拉霍的印度教寺庙更为相似,尤其是耆玛纳寺庙。只有殿内的黑色雕塑能让人联想到耆那教。

南寺庙群

一条柏油马路从耆那教围场附近向南延伸,通向3座寺庙;虽然它们并非克久拉霍最壮观的寺庙,但适合进行一次令人愉悦的乡间自行车之旅。

杜拉代奥寺   印度教神庙

(Duladeo Temple;◯黎明至黄昏)杜拉代奥寺供奉湿婆,位于小河上方被人精心打理的花园之间,是克久拉霍最新的寺庙,建于1100~1150年。这里的雕塑相对呆板,样式重复乏味,诸如有很多湿婆形象的雕塑,这一切都表明克久拉霍寺庙雕刻师那时已经过了艺术的巅峰期,虽然他们肯定没有丧失对性爱情怀的热情。

查图尔胡亚神庙   印度教神庙

(Chaturbhuja Temple;◯黎明至黄昏)小小的查图尔胡亚神庙(大约建于1100年)是杜拉代奥寺及其不足的先声,不过有一座保存完好的2.7米高四臂毗湿奴雕像。这是克久拉霍唯一一座没有性爱雕塑的寺庙。

过了杜拉代奥寺1.7公里即可到达:穿过哈特卡拉(Jatkara)村之后再走350米,在丁字路口左转。

种子曼荼罗神庙   印度教神庙

(Bijamandala Temple;◯黎明至黄昏)还有200米到达查图尔胡亚神庙的时候左转,一条长700米的小路通向种子曼荼罗神庙。这里曾挖掘出一座落成于11世纪的寺庙,供奉的是湿婆(通过土堆顶端的白色大理石林迦可以推断出来)。

虽然这里有刻着大象和舞者的小型雕带遗迹,但也有一些未经雕琢的雕刻品,这意味着这座寺庙曾有可能成为克久拉霍的最大的寺庙,但因为各种资源短缺的问题而被搁置。

🏃 活动

很多经济型酒店提供便宜的不同专业水准的阿育吠陀按摩服务。高档酒店则提供更加豪华高端的服务。

Ayur Arogyam   按摩

(☎07686-272572; www.ayurarogyam.in; Jain Temples Rd; 护理1000~1900卢比)具有专业资格的喀拉拉(Keralan)夫妇经验丰富、亲切友善,他们经营的Ayur Arogyam非常实惠。

护理从半小时的头部或背部/颈部按摩到相当令人放松的1小时推油按摩(abhyangam;使用药油全身按摩)都有。

✳ 节日和活动

舞蹈节   舞蹈节、手工艺

(Festival of Dance;◯2月下旬)为期一周的节日期间,克久拉霍被游客挤满,重头戏是西寺庙群免费举办的夜间印度舞蹈演出。

🛏 住宿

淡季(大约4月至9月)会有非常大的折扣(20%~50%)。酒店员工非常乐于组织团队游和旅行。

Zostevl   青年旅舍 $

(☎07686-297009; www.zostel.com; Main Rd; 铺/房间 400/2000卢比,带空调 500/2200卢比; ❄)这家明亮的新旅舍被刷成红色、黄色和橙色,位置理想,可以俯瞰希夫湖(Shiv Sagar),提供维护良好的住宿环境,有5间宿舍,每间有6张上下床,还有5个宽敞的双人间。这里有一家出色的屋顶咖啡馆,提供价格便宜的早餐和塔利套餐。一切都很好,很干净,包括客用厨房。

Hotel Surya   酒店 $

(☎9425146203; www.hotelsuryakhajuraho.com; JainTemplesRd; 房间800~1000卢比,带空调1000~1500卢比; ❄@☎)这家形状不规则、经营良好且维护妥善的酒店的房间可真

不少。酒店里有着雪白的走廊、大理石楼梯以及一个位于后面的可爱的庭院花园。一些房间有阳台。在这里，你可以做瑜伽，接受按摩；Wi-Fi每天收费50卢比。

Hotel Harmony 酒店 $

（☎07686-274135；www.hotelharmonyonline.com；Jain Temples Rd；房间1000卢比，带空调1500卢比；❄☎）舒适且设施齐全的房间分布在大理石走廊两侧，房间装饰得非常精致，配有基本上有效的防蚊窗和有线电视。佛教餐厅Zorba供应不错的食物，你还可以在天花板的"星空"下用餐。Wi-Fi的费用为每天50卢比。

Hotel Yogi Lodge 酒店 $

（☎9993687416；yogi_sharm@yahoo.com；紧邻Main Rd；标单200~300卢比，双 300~400卢比；❄@☎）这家廉价酒店最受背包客喜爱，房间朴素，不过相当整洁，维护良好，床单似乎洗熨过。小庭院、清晨屋顶免费瑜伽、免费Wi-Fi和楼上有漂亮石桌和各式风味菜单的天井餐馆（主菜100~260卢比）全都让这里个性十足，物有所值。

★ Hotel Isabel Palace 酒店 $$

（☎07686-274770；www.hotelisabelpalace.com；紧邻Airport Rd；铺450卢比，房间含早餐1500~3500卢比；❄☎）这家新酒店位于城镇以南1.5公里处的一条宁静土路旁边，环境比克久拉霍的主街更闲适，是非常耀眼的住宿场所。清洁光亮的房间根据视野（花园或日出）、装修和陈设布置有所不同，但都很宽敞，非常舒适，有大卫生间和露台或阳台。对于经济型旅行者来说，这里还有一间小宿舍。

经理苏伦德拉（Surendra）讨人喜欢，对待自己家族的酒店经营非常上心。你可以在时尚餐馆的地板上用餐，还能像在屋顶露台一样以极佳的视野欣赏城里的夕阳美景，夜晚烛光可以让客人在浪漫的氛围中用餐。

★ Lalit Temple View 酒店 $$$

（☎07686-272111；www.thelalit.com；Main Rd；双含早餐 13,510~14,120卢比；❄@☎❄）这里极致的奢华、无可挑剔的服务和昂贵的价格足以把其他伪五星级的酒店都比下去。

配有大理石卫生间、木质雕刻家具以及高雅艺术品的房间堪称完美。如果你不计较寺庙风光，那么主院以外还有一些"经济型"房间——设施相同，而价格不到一半，只能打电话或发邮件预订。

Hotel Chandela 酒店 $$$

（☎07686-272366；www.tajhotels.com；Airport Rd；标单 5950~7920卢比，双 6500~8500卢比；❄☎❄）Taj Group的这家酒店虽然青春不再，但依然是个不错的住宿场所，有非常舒适的房间、两家不错的餐馆、一家酒吧、一个大游泳池、免费自行车和专业的服务，价格也没有高得离谱。

✕ 餐饮

想要吃些便宜的，天黑后开张的**夜间大排档**（菜肴20~60卢比；⏱大约19:00~23:00）出售蛋饼、藏饺（momos）、印度南部饮食和印度奶酪馅饼，位于Jain Temple Rd西边。

你可以在城里的几家屋顶餐馆买啤酒，比较贵的酒店都有酒吧或拥有售酒许可的餐馆。

Madras Coffee House 南印度菜 $

（Main Rd和Jain Temples Rd的交叉路口；主菜60~200卢比；⏱8:30~20:30）他们一连三代人都在这家狭小、友好的咖啡馆供应货真价实的出色南印度菜——多莎饼（dosas）、蒸米浆糕（idlis，松软的圆形发酵米糕）、薄煎饼（uttapams，厚厚的咸辣米摊饼）和塔利套餐，还有咖啡（加菊苣根的马德拉斯风味）和印度奶茶。店内自制的特色菜包括美味的鸡蛋、奶酪和蔬菜薄饼（200卢比）。

Lassi Corner 印度菜 $

（Jain Temples Rd；菜肴15~60卢比，印度奶昔15~80卢比；⏱7:30~22:00）这家用马口铁和砖块搭成的棚屋是小憩的好地方，你可以在这里喝上一杯印度奶茶或印度奶昔（包括"特饮"），吃顿早餐或享用简单的印度食物。

★ Raja Cafe 多种风味 $$

（www.rajacafe.com；Main Rd；主菜170~370卢比；⏱8:00~22:00；☎）将近40年来，Raja一直秉承精益求精的经营理念，供应意大利速溶咖啡、英式早餐、木烤比萨，还有超赞的印度菜（包括泥炉菜）、意大利菜和中国菜，包罗万象的菜单上都是你不想错过的菜品，具体情况就取决于你的来历了（有瑞士煎土豆饼、英国炸鱼薯条、比利时华夫等）。

餐馆拥有一个可以看到寺庙景色的天台以及被拥有170年树龄的尼姆树（neem）遮挡着的庭院。不过还是这里的食物最抢风头。

La Bella Italia　　　　　　　　意大利菜 $$

（JainTemples Rd；主菜150~350卢比；⊙7:30~22:30）屋顶露台夜晚灯火通明，家常意大利面和调味酱可以说是印度最正宗的意大利风味食品。

Mediterraneo　　　　　　　　意大利菜 $$

（JainTemples Rd；主菜215~475卢比，比萨375~525卢比；⊙7:30~22:00；📶）Mediterraneo供应改良的意大利食物，你可以在能够俯瞰街景的露台上享用美食。菜式包括可丽饼、沙拉、有机全麦意大利面和非常好吃的现烤比萨，还有啤酒和印度苏拉（Sula）葡萄酒。

🛍 购物

Kandariya　　　　　　　　　　　工艺品

（☎07686-274031；AirportRd；⊙9:00~20:00）你可以在这家大型商场里买到原尺寸的克久拉霍寺庙雕塑的复制品——前提是你有10,000~1,000,000卢比的闲钱！商场里也有相对小巧而且价格实惠的版本，还有纺织品、铜制品、木雕和镶嵌大理石的工艺品。

ℹ 实用信息

社区健康中心（Community Health Centre；☎07686-272498，急诊108；Link Rd No 2；⊙24小时门诊周一至周五8:00~13:00和17:00~18:00）员工乐于助人，不过英语水平有限。

印度国家银行（State Bank of India; Main Rd；⊙周一至周六10:30~14:30和15:00~16:30，每月第二和第四个周六歇业）可以兑换外币。

旅游解说和便民中心（Tourist Interpretation & Facilitation Centre；☎07686-274051；khajuraho@mptourism.com；Main Rd；⊙周一至周六10:00~18:00，每月第二个和第三个周六不营业）有覆盖全邦旅游目的地的指南书和免费宣传单。在机场和火车站也设有分部。

旅游警察（Tourist Police；☎07686-274690；Main Rd；⊙24小时）西寺庙群附近的便利岗亭。

ℹ 到达和离开

飞机

克久拉霍机场有2016年投入使用的新航站楼，位于城镇以南5公里处。**捷特航空**（Jet Airways, www.jetairways.com）有从德里飞往克久拉霍的双向航班，途经瓦拉纳西（Varanasi），10月至次年4月，每天1班。**印度航空**（Air India, ☎07686-274035；www.airindia.in；Temple Hotel和机场提供购票）每周有3班全年运行的从德里飞往克久拉霍的航班，途经瓦拉纳西和阿格拉，然后途经瓦拉纳西返回德里。

长途汽车

如果**长途汽车站**的**售票处**（reservation office；⊙7:30~18:00）关门了，那么院子对面的Madhur咖啡屋的老板可以为你提供帮助，而且值得信任，还可以提供时刻表信息。

若要前往奥恰、占西和瓜廖尔，你得搭乘开往切德尔布尔（50卢比，1.5小时，每隔30或60分钟，7:30~19:30）的长途汽车，在那儿换乘。从切德尔布尔开往占西的长途汽车会把你放在39号公路（Hwy 39）通往奥恰的岔路口，从那里你可以招手拦下一辆大型机动三轮车（tempo；10卢比）前往奥恰。

长途汽车还开往马德拉（前往潘纳老虎保护区；40卢比，1小时，8:30、10:00、12:30、13:00、15:00和19:30），19:30有开往贾巴尔普尔（座位/卧铺300/350卢比，8小时）的长途汽车。

在巴米塔（Bamitha）可以搭乘班次更加频繁的长途汽车，位于39号公路（Hwy 39）以南11公里处，那里全天都有开往瓜廖尔、占西和瑟德纳的长途汽车。你可以搭乘大型机动三轮车或合乘吉普车（都是10卢比）或机动三轮车（100卢比）前往巴米塔——你既可以选择在长途汽车站等候吉普车，也可以在Airport Rd上招手上车。

出租车

Yashowarman Taxi Driver Union（Jain Temples Rd）紧邻Jain Temples Rd，位于一棵尼姆树下。去往以下目的地的出租车车费（没有空调，包含所有税费和通行费）：瑟德纳（Satna）2500卢比、奥恰3200卢比、班德哈瓦（Bandhavgarh）6000卢比、瓦拉纳西8000卢比和阿格拉8000卢比。乘坐空调车的费用多加15%至25%。

火车

以下是从城镇以南8公里处的克久拉霍车站出发的3条实用的长途火车线路:

德里 22447 Uttar Pradesh Sampark Kranti Express(卧铺/空调卧铺3类/空调卧铺2类365/955/1350卢比,11小时,每天18:20)途经占西(190/540/740卢比,5小时)和阿格拉(280/720/1010卢比,8小时)。

乌代布尔(Udaipur) 19665 Khajuraho Udaipur Express(卧铺/空调卧铺3类/空调卧铺2类485/1320/1915卢比,21小时,每天9:25)途经占西(160/490/695卢比,4小时)、瓜廖尔、斋浦尔(Jaipur)和阿杰梅尔(Ajmer)。

瓦拉纳西 21107 Bundelkhand Link Express(卧铺/空调卧铺3类265/720卢比,11小时,周二、周五和周日23:50)。

若要前往奥恰,你可以乘坐列车19665至占西,然后搭乘当地交通工具(见本页)完成剩下的18公里路程(总行程共历时约为5小时)。

车站的**售票处**(reservation office;◎周一至周六8:00至正午和13:00~16:00,周日8:00~14:00)可以办理印度所有可预订火车的购票事宜。

21108号列车周一、周三和周六的17:45从瓦拉纳西枢纽站出发,并于次日的5:15到达克久拉霍。12448 U P Sampark Kranti每天20:10从德里的Hazrat Nizamuddin station出发,途经阿格拉(23:05),然后抵达马霍巴(5:08),部分列车从那儿继续开往克久拉霍(6:35)。如果你预订的是从尼扎穆丁(Nizamuddin)到克久拉霍的坐票,你会被自动分配到正确的车厢。从占西出发的19666 Udaipur Khajuraho Express理论上说15:30发车,18:30抵达克久拉霍,但经常会晚点一两个小时。

❶ 当地交通

乘坐出租车往返机场需要花费300卢比,乘坐机动三轮车则需要80卢比,不过如果你的行李不多的话,能很容易地招手拦下一辆公共汽车、大型机动三轮车或者合乘吉普车(10卢比),它们都沿着Airport Rd进出市区。

往返火车站的机动三轮车费用为100卢比。不带/带空调的出租车费用350/450卢比。

Mohammed Bilal(☎9893240074;Jain Temples Rd;每天100~150卢比;◎8:00~19:00)自行车是在当地出行的一个不错的选择。Mohammad从1982年开始就在经营自行车生意。他出租各种条件的自行车和山地自行车。

潘纳老虎保护区 (Panna Tiger Reserve)

自从2009年从中央邦其他保护区将老虎重新引入**潘纳老虎保护区**(☎07732-252135;www.pannatigerreserve.in;保护区门票6座吉普车/单个座位1500/250卢比,必备导游360卢比,出租吉普车2000卢比;◎2.5~5小时上午或下午巡游,周三下午除外,10月至次年6月)之后,该种群有所恢复。到了2016年,据说保护区有超过35只老虎,还有许多其他野生动物。巡游时至少见到一只豹子、懒熊或老虎的机会比较大。你可以从克久拉霍出发短途游览或者在克久拉霍东南26公里的马德拉(Madla),即保护

---

❶ 交通枢纽瑟德纳(SATNA)

瑟德纳城镇位于克久拉霍以东120公里处,在39号公路(Hwy 39)沿线,是克久拉霍、中央邦东部和瓦拉纳西之间的交通枢纽。

克久拉霍每天只有1班开往瑟德纳(150卢比,4.5小时,15:00)的长途汽车。回程的话,瑟德纳至克久拉霍的长途汽车于14:30发车。切德尔布尔(Chhatarpur)和瑟德纳之间的长途汽车班次频繁得多,沿39号公路行驶,经过克久拉霍以南11公里处的巴米塔以及马德拉(前往潘纳老虎保护区,你得在马德拉以东19公里处的潘纳镇换乘)。

瑟德纳的汽车站和火车站相距2.5公里(机动三轮车50卢比)。每天大约有20班列车开往贾巴尔普尔(卧铺/空调卧铺3类/空调卧铺2类170/540/740卢比,3小时)、12班列车开往瓦拉纳西(240/605/840卢比,6~8小时),开往乌马里亚(前往班德哈瓦老虎保护区)的列车4:40和19:10(140/490/695卢比,3.5小时)及19:25和22:25(仅设卧铺,100卢比,4.5小时)发车。

中央邦和切蒂斯格尔邦

潘纳老虎保护区

区大门附近，找一家度假村住下来。

潘纳的游客比班德哈瓦（Bandhavgarh）、甘哈（Kanha）和蓬其（Pench）少得多，巡游也很少会被订满。保护区的核心区是潘纳国家公园，占地543平方公里的美丽森林和草地，还有鳄鱼栖息的根河[Ken（Karnavati）River]流经此地。

上午巡游的6座吉普车，在马德拉会提供18个座位（下午巡游有12个座位）。在距离马德拉大门1公里的卡纳瓦蒂解说中心（Karnavati Interpretation Centre；☏07732-252135；Madla；印度人/外国人5/50卢比；⏲6:00~18:00）可以购票，你还可以在那儿租一辆在公园登记的巡游吉普车（2000卢比）。网上（http://forest.mponline.gov.in）还可以预订另外24座吉普车的座位，但不能使用外国银行卡付款。大多数人会让酒店或旅行者安排一切，一般6人的费用总计4500~6000卢比。

食宿

Jungle Camp
帐篷度假村 $$

(☏07732-275275；www.mptourism.com；Madla；房间 含早餐 3260卢比；✴☎）中央邦旅游局的Jungle Camp位于马德拉大门旁边，提供9顶舒适的帐篷，配备了空调和不错的卫生间，铺着老虎爪印图案的床单，还有一家餐馆（主菜 120~280卢比）和一个维护得很好的花园，里面有专供儿童玩耍的场地。

★ Sarai at Toria
度假屋、度假村 $$$

(☏9891796671, 9685293130；www.saraiattoria.com；标单/双 含全食宿 15,500/19,800卢比；⏲10月至4月中旬；☎）这家距离马德拉大门2公里的河畔度假屋是一个非常棒的落脚点。8个又大又舒适的小屋分布在院子四周，有厚重的冷色调泥墙，散发出奇妙的乡村美感。包括迷人的木家具在内，一切都是用本地材料制造而成的，这里的美味饮食有自制面包和来自Sarai有机菜园的蔬菜。

由一对热情的野生动物保护者和环保主义者经营，不只是对前往潘纳的游客，对于游览克久拉霍（半小时车程）和东北方向不为人知却壮观的昌德拉要塞阿杰伊格尔（Ajaigarh）和加林杰尔（Kalinjar）的人来说，这里也是非常理想的落脚点。费用包括在根河上划船和步行前往附近的托里亚（Toria）村庄。大多数客人会住上三四天，如果你只想放松一下，可以从图书室挑一本书，在河边或者露天用餐休闲区悠闲地阅读。

ℹ 到达和离开

每天有6班长途汽车来往马德拉和克久拉霍（40卢比，1小时），还有更多车辆往来于马德拉和距离克久拉霍11公里的巴米塔（Bamitha；120卢比，3小时）之间。马德拉和瑟德纳（Satna，120卢比，3小时）之间同样班次频繁，不过有时需要在附近城镇潘纳换乘。

克久拉霍的**Yashowarman Taxi Driver Union**（见610页）经营前往潘纳老虎保护区的四驱车往返旅行，游客可以乘坐这些四驱车巡游，费用为4000卢比。

中央邦中部

博帕尔（Bhopal）

☏0755 / 人口 1,800,000

由两个湖分隔开来，中央邦的这座首府展示了两种截然不同的城市风光。湖泊北边是穆斯林风格的博帕尔老城，这片迷人的区域如迷宫一般，尽是清真寺和拥挤的市集。博帕尔约四分之一的人口都是穆斯林，戴着黑色面纱（niqabs）的女人让人联想到19世纪和20世纪初发展这座城市的4位伊斯兰女性统治者，她们被称为"博帕尔的女王"。老城北边让人想起一段更近的血泪史——联合碳化物化工厂毒气泄漏，是世界上最可怕的工业灾害。

湖泊南侧的博帕尔更加现代化，宽敞的马路、几座出色的博物馆以及高档酒店餐厅都集中在阿里拉丘陵（Arera Hills）和希亚姆拉丘陵（Shyamla Hills）。城市的中心区被当地人称为新市场（New Market）。

博帕尔由马尔瓦（Malwa，中央邦西部和拉贾斯坦邦东南部）国王拉贾帕尔（Raja Bhoj）于11世纪建造而成。历经德里苏丹国、曼杜和莫卧儿政权的征服与洗劫，博帕尔在13世纪之后被人遗忘。18世纪20年代，附近伊斯兰讷格尔（Islamnagar）的多斯特·穆罕默德汗（Dost Mohammed Khan）在此修建了一座要塞后,定都博帕尔,这座城市才开始复兴。

👁 景点和活动

★ 部落博物馆
博物馆

(Tribal Museum; http://mptribalmuseum.com; Shyamla Hills; 印度人/外国人 10/100卢比,拍照50卢比; ◎2月至10月周二至周日 正午至20:00,11月至次年1月至19:00)穿过镜子,就可踏入这座如同一片迷人森林的博物馆,这里相当美观,专门介绍中央邦超过一千万人口的部落居民。博物馆于2013年落成开放,展品全部由1500名部落居民用自己村庄内的材料制作,分为5个离奇有趣的大型展馆,以部落房屋复制品、祭祀场所和令人赞叹的工艺品为特色,包括用树木雕刻的精美婚礼用柱。

如果你还有两三个小时的时间,可以参观附近的国家人类博物馆(Rashtriya Manav Sangrahalaya; National Museum of Man; http://igrms.gov.in; 印度人/外国人 30/500卢比,录像50卢比; ◎9月至次年2月周二至周日 10:00~17:30,3月至8月周二至周日 11:00~18:30),那里跟部落博物馆的情况类似,但着眼于整个印度的更大

博帕尔事件——一场持久性的灾难

1984年12月3日午夜刚过,27吨致命的异氰酸甲酯(methyl isocyanate,简称MIC)从美资联合碳化物公司化工厂(Union Carbide chemical plant)泄漏出来,弥漫在整个博帕尔的空气中。毒气随风扩散,12米高的毒雾笼罩整个城市。在接踵而至的惊慌中,人们相互踩踏设法逃跑,而其他一些人却迷失了方向跑进毒气中。

据估算,最初的死亡人数是3800~16,000。根据与遇害者共事过的人提供的数据统计,死亡总人数、包括后续死亡的人数约为25,000人。超过400,000人遭受着各种病痛的折磨,从糖尿病、癌症、瘫痪到早熟绝经和皮肤病等,而他们的孩子还在经历着诸如先天畸形和发育迟缓等问题。另外,在毒气泄漏之前的很长时间,联合碳化物工厂排放的有毒废料厂就已经污染了周边的地下水,其中的化学成分会导致癌症、先天畸形和器官损伤。2014年,工厂附近的22个社区终于安装上新的自来水管道,但活动分子称这些社区残留的毒性依然很高。

一般认为毒气泄漏是由疏于维护以及削减成本等政策导致的(不过联合碳化物公司将责任归咎于故意破坏)。事故造成30亿美元损失,1989年碳化物公司支付了印度政府4.7亿美元的赔偿金,不过受害者得到的补偿大多十分微薄,补偿分配被谁该为此负责的争议所困扰。2001年,联合碳化物被陶氏化学(Dow Chemical)收购。后者拒绝继续履行责任。

出售联合碳化物印度分公司获得的数百万美元资金被用于设立了一家医院。与此同时,设立于1996年的慈善团体Sambhavna信托诊所(Sambhavna Trust Clinic; 0755-2923195; www.bhopal.org; Bafna Colony, 紧邻Berasia Rd; ◎周一至周六 8:30~15:00) **免费** 向150~200名联合碳化物受害者进行瑜伽、阿育吠陀、传统医学以及草药治疗。欢迎游客,并接受捐赠。志愿者(最短15天)可以在很多领域进行服务:从水质测试和医学研究到管理诊所的图书室、药房或草药园;志愿者深受当地人的感激,医疗中心会为他们提供食宿。

前往Sambhavna,从Hamidia Rd出发沿Berasia Rd往北走1公里,在Reliance加油站右转,就能看到Sambhavna的招牌。已经废弃的联合碳化物工厂(不向普通游客开放)位于此处以北1公里处。

铭记博帕尔博物馆(Remember Bhopal Museum; 9589345134; http://rememberbhopal.net; Sr HIG 22, Housing Board Colony, Berasia Road, Karond; ◎周二至周日 10:00~17:00) **免费** 位于Karond, 2014年开放,从Hamidia Rd出发沿Berasia Rd往北走3公里(在小招牌处左转,而后走250米再次左转)即可到达。博物馆由热心的活动分子团队管理,保存了受害者的物品和照片,还有幸存者、医生和法医专家的录音,讲述众人为帮助受害者争取公平而付出的不懈努力。

Bhopal 博帕尔

范围,基本上是露天场地。

★ 邦立博物馆　　　　　　　　　　博物馆

(State Museum; Shyamla Hills; 印度人/外国人 10/100卢比,拍照/录像 50/200卢比; ◎周二至周日 10:30~17:30)这间一流的考古博物馆共有17个展厅,收藏了一些精美的寺庙雕塑以及87尊由中央邦西部农民无意间挖出的10世纪和11世纪的耆那教铜器。

★ 塔朱勒清真寺　　　　　　　　　清真寺

(Taj-ul-Masjid; ◎不向非穆斯林开放 周五 正午至15:00)博帕尔的第三任女性领导者Shah Jahan Begum有意建造全世界最大的清真寺,因此她于1877年着手建造塔朱勒清真寺。这座清真寺在1901年她去世时仍未建成,直到20世纪80年代才最终建成。类似堡垒的粉色外墙围绕着99平方米的庭院,这座建筑拥有27座扇形天花板穹顶的祷告厅及3个闪闪发光的蛋壳状圆顶,还有一对居高临下的宣礼塔。

果哈尔宫　　　　　　　　　　　　宫殿

(Gauhar Mahal; VIP Rd; ◎周一至周六 10:00~

Bhopal 博帕尔

◎ 重要景点
- **1** 邦立博物馆 B5
- **2** 塔朱勒清真寺 B2
- **3** 部落博物馆 B5

◎ 景点
- **4** 果哈尔宫 C2
- **5** 贾玛清真寺 C2
- **6** 国家人类博物馆 A5

✪ 活动、课程和团队游
- **7** MP Tourism Boat Club A4

⊜ 住宿
- **8** Hotel Ranjeet D1
- **9** Hotel Sonali Regency D2
- **10** Jehan Numa Palace Hotel B4
- **11** Palash Residency C4

⊗ 就餐
- **12** Bapu Ki Kutia C4
- **13** Manohar D1
- Under the Mango Tree .... (见10)
- **14** Zam Zam D1

ⓘ 实用信息
- **15** 印度国家银行 C5

ⓘ 交通
- **16** 印度航空公司 C5
- **17** Bhopal Travels D1
- Chartered Bus .... (见19)
- **18** 开往Hamidia Rd的小型公共汽车 C4
- **19** 开往新市场的小型公共汽车 D1
- **20** 纳德拉汽车站 D1

18:00)**免费** 19世纪初叶的这座皇宫主要与库德西娅王后（Qudsia Begum；1819~1837在位）有关，如今虽然空空荡荡，但美丽的庭院、阳台和走廊展现的是莫卧儿、拉其普特及其他各种风格，值得进去走走。

贾玛清真寺（Jama Masjid） 清真寺

19世纪30年代，博帕尔的第一任女性统治者Qudsia Begum建成了**贾玛清真寺**（Jama Masjid Mosque）。宣礼塔顶部的金针平静地闪烁着光芒，薄纱在市场上空翻转。

✈ 活动

MP Tourism Boat Club 划船

（☎0775-3295043；Lake Drive Rd；⏰10:00~19:00）提供摩托艇（"快艇"；210卢比；5分钟；3名乘客）、脚踏船（每船60卢比；30分钟）和喷气式滑水车（每人400卢比，5分钟），甚至帆伞运动（500卢比，20分钟）。

孩子们可能会喜欢投喂在这里嘎嘎叫的鹅群。从新市场乘坐机动三轮车来到这里的费用是80卢比。

🛏 住宿

Hotel Sonali Regency 酒店 $

（☎0755-2740880；www.hotelsonaliregency.com；Plot 3, Hamidia Rd, Radha Talkies附近；标单/双 700/850卢比起，带空调 含早餐1450/1650卢比起；❄🛜）一流的服务，包括跑腿的仆人，让Sonali成为Hamidia Rd附近的可选择的理想住宿场所。空调房间铺着地砖，有形状新潮的床和好用的热水淋浴。"豪华型"非空调房（双人间 995卢比起）跟"商务型"空调房差不多。

Hotel Ranjeet 酒店 $$

（☎0755-2740500；www.ranjeethotels.com；3 Hamidia Rd；标单/双 含早餐 1550/2070卢比；❄🛜）最近经过翻新，Ranjeet有空调房间，内有现代的长方形洗手盆和厕所，还有水壶，装饰方面有一些艺术性的尝试。床铺柔软，不过床单的清洁洗熨并非毫无瑕疵。

★ Jehan Numa Palace Hotel 历史酒店 $$$

（☎0755-2661100；www.jehannuma.com；157 Shyamla Hills，标单 含早餐 5490~10,360卢比，双 6700~11,570卢比，套 19,490卢比起；❄@🛜🏊）这座建于19世纪的宫殿如今成为一家顶级酒店，但依然保留了殖民时期的建筑魅力。柱廊通道和洁净的草坪会把你引到装饰华丽的房间。实际上，你可以住在中庭房间——完美而卓越——花费100美元下榻五星级酒店就显得太可笑了。这里值得挥霍一次。

这家酒店有周围环绕着成排的棕榈树的游泳池、顶级的温泉,还有3间餐厅、两家酒吧以及一家咖啡店,都在全城最好之列。

Palash Residency　　　　　　　酒店 $$$

(☎0755-2553066; www.mptourism.com; TT Nagar; 标单/双含早餐 4280/4750卢比; ❋☎)从这家中央邦旅游局的大型酒店步行可以到达新市场。长长的走廊通向状况基本良好的大房间(只是因为"渗水",墙上有少量霉斑)。房间里配有木家具、固定在墙上的平板电视、茶水/咖啡设备和洗漱用品。

这里还有酒吧和价格合理的餐厅。

✖ 餐饮

Zam Zam　　　　　　　　　　　印度菜 $

(Hamidia Rd; 主菜 80~250卢比; ⏰9:00至午夜)人们不论白天黑夜都挤在这家热门的快餐店里,享用博帕尔最好的鸡肉香饭(biryani),让人食指大动的烤鸡块是在门外的炭火上烤制的,需要蘸青椒酸奶吃,那才真是精彩绝伦。

对于素食者来说,乳酪烧烤也还不错。

Manohar　　　　　　　　　　　印度菜 $

(6 Hamidia Rd; 主菜 90~160卢比,塔利套餐 140~190卢比; ⏰8:00~23:00)明亮、干净的食堂式Manohar生意兴隆,经营印度南部早餐、塔利套餐、小吃、奶昔,以及许多卫生版的印度街头热门食品。实际上,这里因此而变得热闹而嘈杂。

Bapu Ki Kutia　　　　　　　　印度菜 $

(Roshanpura Rd, TT Nagar; 主菜60~165卢比, 塔利套餐140~160卢比; ⏰10:00~23:00; ☛)Papa's Shack自1964年以来一直供应美味的印度素食。准备好跟当地人和谐相处吧——因为生意太火爆,在这里就餐常常需要拼桌。有英文菜单却没有英文招牌。寻找有海滩小屋和棕榈树的图画的那扇门。

★ Under the Mango Tree　　　莫格莱莱 $$$

(Jehan Numa Palace Hotel, 157 Shyamla Hills; 主菜400~750卢比; ⏰19:00~23:00)这是Jehan Numa Palace最出色的餐厅,特色是烤肉串和印度泥炉菜(包括素食选择)。菜单上的大多数单品都是一流的,但各式烤串单品尝拼盘(825卢比起)可能是你在中央邦能找到的最棒的。在浪漫的白色亭子和珍贵的百年芒果树厚重的树枝下享用美味的食物、葡萄酒、精酿啤酒(Woodpecker,一种本地酒)和鸡尾酒吧。

❶ 实用信息

印度国家银行(State Bank of India; TT Nagar Sq; ⏰周一至周六 10:30~16:00)楼上的国际业务部提供兑换外币的服务。这里还有一台自动柜员机。

❶ 交通

飞机

印度航空公司(☎0755-2770480; www.airindia.in; Bhadbhada Rd; ⏰周一至周六 10:00~13:00和14:00~17:00)和**捷特航空**(☎0755-2645676; www.jetairways.com; ⏰周一至周六 9:30~18:00)每天有飞往德里和孟买的航班。印度航空每周有3~4个航班飞往贾巴尔普尔(Jabalpur)、海得拉巴(Hyderabad)、赖布尔(Raipur)和浦那(Pune)。

长途汽车

博帕尔有两座汽车总站:紧邻Hamidia Rd的**纳德拉汽车站**(Nadra Bus Stand; Old Bus Stand; ☎9755102080; Chhola Rd)和位于新市场(New Market)以东5公里处的Habibganj的**邦内汽车总站**(ISBT; Inter State Bus Terminus; Habibganj)。若想一路舒适地前往印多尔,包括**Chartered Bus**(☎9993288888; www.charteredbus.in; ISBT)在内的几家公司运营沃尔沃空调大巴,从ISBT发车(330卢比,4.5小时,5:00~21:30,每小时2或3班),可以在**城市售票处**(☎7389921709; Shop No 3, Shalimar Trade Centre, Hamidia Rd; ⏰7:00~22:00)订票。

从纳德拉汽车站发车的线路:

瓜廖尔 座席/卧铺 300/350卢比,10小时,21:00(Bhopal Travels)。

印多尔(Indore)200卢比,5小时,每隔15分钟,4:00~23:00。

伯杰默里(Pachmarhi)空调座/卧铺 360/460卢比,7小时,23:55(Verma Travels)。

桑吉(Sanchi)40卢比,1.5小时,从5:00至22:00每隔半小时发一班车。

从ISBT发车的线路:

贾巴尔普尔 320卢比,9小时,4:55、5:45、9:25、19:15,卧铺21:25(座席/卧铺350/450卢比,通过Verma Travels)。

克久拉霍 座席/卧铺450/550卢比,11小时,19:20和22:20(均由Om Sai Ram公司提供)。

伯杰默里 250卢比,7小时,6:15、8:00、10:15,空调卧铺12:45(座席/卧铺360/460卢比),非空调卧铺2:30(300/400卢比);卧铺车由Verma Travels提供。

Bhopal Travels(☎0755-4083544; 35 JK Bldg, Chhola Rd)办公室就在纳德拉汽车站的马路对面。

火车

每天有大约30班火车开往瓜廖尔、阿格拉和德里,至少有9班前往乌贾因(Ujjain)的列车和8班开往贾巴尔普尔和孟买的列车。

❶ 当地交通

机场位于博帕尔市中心西北方向11公里处——乘坐机动三轮车到机场至少需要200卢比,乘坐出租车大约500卢比。

小巴和公共汽车(票价均为10卢比)从早到晚一直穿梭往来于**新市场和Hamidia Rd**之间。可以在Hamidia Rd东端搭乘前往新市场的汽车。车辆从新市场返回时,是从**尼赫鲁雕像**(Nehru Statue)附近发车。同段路程机动三轮车的车费大约为60卢比。**My Cab**(☎0755-6666666; www.mycabindia.com)运营计价出租车(每公里23卢比)和固定费用的联程交通及一日游(比如前往桑吉的一日游1500卢比)。

桑吉(Sanchi)

☎07482 / 人口 7305

位于博帕尔东北方向46公里处的平原上有一座圆圆的山丘,顶上有一些印度最古老的佛教建筑物。

公元前262年,出于对自己在卡林阿省(奥里萨邦)所犯恶行的悔恨,孔雀王朝的国王阿育王皈依佛教。为了表示忏悔,他在妻子黛维(Devi)的家乡[毗底沙(Vidisha)]附近修建了桑吉大佛塔(Great Stupa)——一座用来供奉宗教圣物的圆顶建筑物。桑吉成为重要的佛教寺院中心,在此后的几个世纪中,佛塔及其他纪念建筑不断增加。大约13世纪之后,这里被废弃和遗忘,直到1818年,该建筑又被一位英国军官重新发现。如今,这座保存非常完好的大佛塔是桑吉被列入世界文化遗产的佛教遗址中最重要的一处。

虽然你可以从博帕尔出发用一天时间游览桑吉,但这个位于十字路口的村庄的确是个令人放松的过夜地点,并可以作为周边其他一些旅游线路的起点。

◉ 景点

山顶的**佛教古迹**[Buddhist monuments;印度人、南亚区域合作联盟(SAARC)或孟加拉湾多部门经济技术合作计划(BIMSTEC)国家公民40卢比,其他人600卢比,录像25卢比;☉黎明至黄昏]矗立于Monuments Rd的尽头,那条路是从火车站开始的道路延长线。**售票处**(☉黎明至黄昏)位于Monuments Rd起点附近,考

从博帕尔出发的火车

目的地	列车编号和名称	票价(卢比)	车程(小时)	发车时间
阿格拉	12627 Karnataka Exp	330/855/1205	7	23:30
德里	12621 Tamil Nadu Exp	400/1055/1495	11	20:20
瓜廖尔	11077 Jhelum Exp	235/635/910	6	9:10
印多尔	12920 Malwa Exp	215/540/740	5	7:40
贾巴尔普尔	18233 Narmada Exp	215/580/830	7	23:25
孟买(CST)	12138 Punjab Mail	445/1175/1675	15	16:55
赖布尔	18238 Chhattisgarh Exp	365/985/1420	15	18:45
乌贾因	12920 Malwa Exp	170/540/740	3.5	7:40

票价:卧铺/空调卧铺3类/空调卧铺2类。

Sanchi 桑吉

去 Vidisha 毗底沙 (8km);
Heliodorus Pillar 赫利奥多罗斯柱 (11km);
Udaigiri Caves 乌代吉里石窟 (13km)

Train Station 火车站

Star Communication 星辰信息

Market 市场

Health Centre 健康中心

SBI ATM 印度国家银行自助柜员机

Bhopal–Vidisha Rd

Monuments Rd

去 Bhopal 博帕尔 (46km)

Tank 水池

Gate 门

Buddhist Monuments 佛教古迹

Medieval Building 中世纪建筑

中央邦和切蒂斯格尔邦 桑吉

Sanchi 桑吉

◉ 重要景点
1 佛教古迹 D5

◉ 景点
2 考古博物馆 C3
3 支提耶山寺 D5
4 东通道 D6
巨钵 .... （见7）
5 大佛塔 C6
6 45号和47号寺院 D6
7 51号寺院 C6
8 北通道 C6
9 10号柱 D6
10 25号柱 D6
11 26号柱 D6
12 35号柱 C6
13 南通道 C6
14 2号舍利塔 B5
15 3号舍利塔 D6
16 4号舍利塔 D6
17 5号舍利塔 D6
18 17号寺庙 D6
19 18号寺庙 C7
20 31号寺庙 D6
21 40号寺庙 D7
22 西通道 C6

◉ 住宿
23 Gateway Retreat A3
24 Mahabodhi Society of Sri Lanka B1
25 New Jaiswal Lodge A1

◉ 就餐
26 Gateway Cafeteria B2
Gateway Retreat
Restaurant .... （见23）

◉ 购物
27 Publication Sales Counter C5

◉ 实用信息
28 售票处 C3

◉ 交通
29 Usman A2

古博物馆的前方。如果你不想走上山，机动三轮车可以送你到山顶，费用为30卢比。古迹入口旁边的**出版物销售柜台**（Publication Sales Counter；◉黎明至黄昏）出售印度考古研究所（Archaeological Survey of India）出版的优秀指南《桑吉》（*Sanchi*），价格为60卢比（假定存货没卖完）。如果你想要真人导游，这里有持政府执照的导游，4/8人收费475/750卢比，时长3或4小时。

记住，沿着佛教遗迹顺时针走一圈是很吉利的。

大佛塔   佛塔

（Great Stupa; Stupa 1）比例优美的桑吉大佛塔是古迹区域最重要的部分，如果你从北面走进舍利塔建筑群，这座大佛塔就位于你的正前方。佛塔最初是由阿育王修建的，一个世纪后又经扩建，原始的砖质佛塔如今被外层的石质佛塔包裹在内。佛塔高16米，直径37米，周围是墙壁，共有4条经过精雕细琢的通道（toranas）——是印度最出色的佛教艺术品，无与伦比。

舍利塔通道

桑吉大佛塔的4条通道大约建于公元前35年，比佛塔晚上2个多世纪，在重新被发现的时候已全部坍塌。之后被恢复。石柱及三重楣梁上的精美雕刻主要描述了佛陀生平、佛教历史和《本生经》（*Jatakas*）的场景等佛陀早年生活的经历。在这一时期的佛教艺术中，佛陀本身的形象从未被直接体现——他的存在只是通过象征符号来表示的。莲花代表他的出生，菩提树代表他的启蒙，车轮代表他的传道，足迹和王座代表他的出现。佛塔本身也象征着佛陀。

北通道   佛教古迹

北通道顶上是一个破旧的法轮，是4条舍利塔通道中保存最完好的地方之一。大象支撑着立柱上方的楣梁，两侧各有一尊精致的药叉女（yakshis；神话中类似仙女的存在）塑像。浮雕描绘的场景包括一只猴子向由一棵菩提树代表的佛陀递上一碗蜂蜜（西柱，东面，往下数第二块浮雕）。

东通道   佛教古迹

这里最令人惊叹的一尊少女像位于东

值得一游

博帕尔周边

博帕尔城外乡村的一些地点非常适合成为一日游的目的地。虽然公共交通并不方便，但乘坐出租车出行的一日费用应该在1400卢比（8小时，80公里）至2000卢比（12小时，120公里）。

伊斯兰讷格尔（Islamnagar）

这座位于博帕尔市中心北部13公里处的防御城市如今已经荒废。它曾是博帕尔土邦的第一个首府，由多斯特·穆罕默德汗（Dost Mohammed Khan）于18世纪早期建立。仍然屹立不倒的城墙围绕着2座小村庄和2座带花园的宫殿：查曼宫（Chaman Mahal；印度人/外国人5/100卢比；◎8:00~18:00）和拉尼宫（Rani Mahal；印度人/外国人5/100卢比；◎8:00~18:00）。

波杰布尔（Bhojpur）

波杰布尔是由博帕尔的开创者拉贾帕尔（Raja Bhoj）于11世纪建立的，最初位于400平方公里的人造湖旁边，但湖泊在15世纪时被来势汹汹的曼杜统治者Hoshang Shah排干了。谢天谢地，雄伟的博吉什瓦湿婆庙（Bhojeshwar Temple）幸免于难。波杰布尔位于城市东南方向23公里处。在神庙西北方向约400米处，河谷下面依然可见湖坝的遗迹。

比莫贝卡特（Bhimbetka）

在博帕尔以南45公里的崎岖山林之中有被列入世界遗产的比莫贝卡特石窟（印度人/外国人50/100卢比；◎7:00~19:00），里面有石器时代至中世纪的数千幅动物、人物及其他对象的绘画。最好的15个洞窟由一条容易走的1.4公里环形步行小径相连。

通道的楣梁上。这是桑吉最有名的肖像雕塑之一。中间的柱顶过梁描绘的是佛陀在逾城出家（the Great Departure）的故事，当时佛陀（用一匹没有骑手的马表示，出现了4次）宣布放弃肉欲生活并开始寻求证悟。柱顶过梁底部表现的是阿育王造访菩提树的场景：只见这位皇帝从大象上下来，双手合十走近大树。

中间柱顶过梁后边表现的是佛陀接受狮子、水牛及其他动物的膜拜。北部柱子的南面（往下数第二块浮雕）表现了佛陀的母亲摩耶（Maya）在怀孕时梦到一头大象站在月亮上的场景。

南通道 佛教古迹

古迹园区南通道（最古老的）柱子上背靠背的狮子雕塑是最受喜爱的阿育王图案，如今是印度国徽的组成元素，在每张纸币上都能看到。通道内的雕刻描述了阿育王成为佛教徒后的生活，还有佛陀出家的场景（顶部柱顶过梁后面，东端）。

西通道 佛教古迹

大腹便便的小矮人支撑着西通道的楣梁，这里雕刻的场景最为有趣。横梁底部后面和南边柱子北面顶端的雕刻全在展示佛陀抵御魔罗（Mara；佛教中恶魔的化身）的诱惑和袭击、魔罗落荒而逃、天使欢呼雀跃的场景。

顶梁前面表现了佛陀及六尊应身佛，全部被刻画成为佛塔和树木的图案。中梁后面是拘尸那揭罗（Kushinagar，涅槃地），四周是想要在佛陀涅槃后分得舍利的7座城池，上面则雕刻出舍利被平分8份后的运送过程。

其他舍利塔

如果你是从主入口进入舍利塔群的，在你向桑吉大佛塔走去的途中就会路过就在你的左侧的3号舍利塔（Stupa 3）。它与大佛塔在设计上很相似，但3号佛塔更小，并有一个相当精致的门廊。它是桑吉继大佛塔之后最早的纪念塔之一，其历史可以追溯至公元前2世纪，曾藏有佛陀的2名重要信徒的遗骸：舍利弗（Sariputta）和目犍连（Moggallana）。19世纪，这些遗骸被移往伦敦，不过1952年被认为是同一批遗骸又被重新归还到古迹园区外边的现代精舍（vihara；安息之所）。

建于公元前2世纪的**4号舍利塔**（Stupa 4）位于3号舍利塔背后，如今只剩下一个底座。3号舍利塔和大佛塔之间是小型的**5号舍利塔**（Stupa 5），其与众不同之处在于这里曾供奉着一尊佛陀的塑像，如今被安放在博物馆中用于展览。

2号舍利塔（Stupa 2）位于从大佛塔下山途中的西侧。你可以走回村庄时经过2号舍利塔（但要做好准备：底部可能会有栅栏）。这里没有通道，而是以"大勋章"来装饰其围墙的——其设计略显稚嫩，但充满了活力和想象力。花朵、动物和人群——有些带有神话色彩——包围着舍利塔。

寺庙群

呈矩形的**31号寺庙**（Temple 31）位于5号舍利塔旁边，建于6世纪或7世纪，在10世纪或11世纪时获得重建。这里有一处精致的佛陀肖像。

18号寺庙（Temple 18）位于大佛塔的后方，是一座支提（chaitya，祈祷室或者礼堂），外表和古希腊圆柱建筑物十分相似。建筑的历史大概可以追溯至公元7世纪，不过在它的下方已发现更为古老的木质建筑物的痕迹。在它的左边，是一座小型的类似希腊风格的**17号寺庙**（Temple 17）。走过这两座寺庙便可看到巨大的**40号寺庙**（Temple 40），其历史可追溯到阿育王时期。

寺院群

桑吉最早的寺院以木料建造，如今早已消失。常规的设计是中间有一个庭院，周围环绕着僧侣的住所。如今，只有庭院和石基保留了下来。**45号和47号寺院**（Monasteries 45 and 47）位于大佛塔东侧的山脊上，建于7世纪至10世纪，包含了极具印度教风格的设计元素。前者有两座坐佛。室内的那座十分杰出。

51号寺院（Monastery 51）坐落于从大佛塔西边下山方向不远处。大门外边是一个用卵石雕成的为僧侣派送食物和补给品的**巨钵**（Great Bowl）。

柱子

在分散的柱子遗迹中，最有名的当属**10号柱**（Pillar 10）——由阿育王建立起来但后来遭到了破坏。这个比例完美的梁柱的两个上部装置并排放在大佛塔后面；超凡绝伦的莲座狮子柱顶保存于博物馆中。大佛塔东边的**25号柱**（Pillar 25）和**26号柱**（Pillar 26）及其西北的**35号柱**（Pillar 35）都没那么令人印象深刻，但柱顶（25号柱和26号柱是狮子的形象，35号柱是金刚手菩萨的形象）也都可以在博物馆见到。

其他景点

考古博物馆　　　　　　　　　　博物馆

（Archaeological Museum；⊙周六至周四9:00~17:00）这座精美的博物馆展出了一小部分来自该景点的雕塑。最重要的展品是公元前3世纪阿育王时期10号梁柱的莲座狮子柱头。其他亮点包括一尊从芒果树上悬挂下来的药叉女像，以及用红砂石铸成的美丽安详的佛像，还展示了一些景点在重修之前的有趣照片。持有古迹园区（见617页）的门票可以入内。

支提耶山寺　　　　　　　　　佛教寺庙

（Chetiyagiri Vihara；⊙9:00~17:00）寺院外的精舍（vihara；字面意思是"休息之处"）是为了保存1952年英国送还的佛陀门徒舍利弗（Sariputta）和目犍连（Moggallana）的舍利而建。每年11月的最后一个周日的支提耶山寺院节期间，舍利将会被公开展示出来，这一活动吸引来成千上万名佛教僧侣和朝圣者。

🛏 食宿

Mahabodhi Society of
Sri Lanka　　　　　　　客栈、青年旅舍 $

（☎07482-266699；wimalatissasanchi@yahoo.co.in；Monuments Rd；铺100卢比，房间1000卢比，带空调1500卢比；❄）这家气氛友好、经营良好的住宿场所主要接待斯里兰卡佛教朝圣者，不过在没住满的时候（11月下旬的支提耶山寺院节期间最有可能客满）也欢迎国际旅行者。后面的建筑有干净、优质的空调房，地上铺着地毯，还有大卫生间，非空调房有些一般，不过同样很干净。前院的树木枝繁叶茂，四周的宿舍共用干净的蹲式厕所和没有热水的淋浴间。

New Jaiswal Lodge 客栈 $

(☎9713758366; pranjaljaiswal@gmail.com; Monuments Rd; 标单/双/标三 400/500/600卢比)这家友好的客栈提供4个设施简单但色彩缤纷的房间，内有吊扇和防蚊纱窗，配有带坐便的小型独立卫生间。这里供应普通套餐，也可提供制冷设备。

★ Gateway Retreat 酒店 $$

(☎07482-266723; www.mptourism.com; Bhopal-Vidisha Rd; 标单含早餐 1740~3920卢比，双 2170~4280卢比; ❄@✉)这家中央邦旅游局管理的酒店是桑吉最舒适的住宿场所，有整洁的空调房间及位于维护良好的花园里的平房。餐厅(Gateway Retreat; 主菜170~360卢比; ⏰8:00~22:30; ✉)是桑吉最好的就餐场所，角落里还有小吧台。注意：两个最便宜的房间位于400米以外的Gateway Cafeteria，但同样很不错，最近还经过了现代化改造。

酒店有一小片儿童游乐场及通向儿童小泳池的巨大滑梯！

Gateway Cafeteria 印度菜 $

(Monuments Rd; 主菜 120~175卢比; ⏰8:00~22:30)这家简朴却干净的中央邦旅游餐厅提供非常普通的印度菜和咖啡。另外还有Gateway Retreat最便宜的两个房间。

❶ 实用信息

医疗中心(☎07482-266724; Monuments Rd; ⏰周一至周六 8:00~13:00和17:00~18:00)中央十字路口附近的小诊所。

星辰信息(Star Communication; 上网每小时 40卢比; ⏰9:00~22:00)提供上网及火车票和长途汽车票预订服务。

❶ 到达和当地交通

你可以在市场里面的**Usman**租到自行车（每小时/天10/50卢比; ⏰周一至周六 8:30~19:00)。

长途汽车

连接桑吉和博帕尔(40卢比; 1.5小时; 5:00~22:00)及毗底沙(Vidisha; 10卢比; 20分钟; 6:00~23:00)的长途汽车每半小时发一班车。可在村里的十字路口处等车。

火车

乘坐火车从博帕尔到桑吉是个不错的选择。车程不到1小时，所以你只要按时排队买"普通票"(10~30卢比)，然后挤上车就好。每天至少有6班火车从博帕尔开往桑吉——发车时间为8:00、10:35、15:05、16:10、18:15以及22:55。此外还有4:15、8:00、10:30、16:30、18:15、19:35发车的火车从桑吉开往博帕尔。

若想前往更远的地方，桑吉东北8公里处的毗底沙有更多火车班次。

桑吉周边

从桑吉骑自行车或乘坐机动三轮车可以前往几处历史遗址，乌代吉里石窟(Udaigiri Caves)尤其值得一游。途中，繁忙的集镇毗底沙是适合休闲漫步的好地方，你可以在此休息片刻并品尝印度奶茶。那里的地区博物馆(District Museum; Block Colony, Durga Nagar, Vidisha; 印度人/外国人 5/50卢比，拍照 50卢比; ⏰周二至周日 10:00~17:00)位于146号公路(Hwy 146)沿线，过了中央铁路桥再前行800米即可到达，藏有来自本地遗址的雕塑，雕工精致。

❶ 到达和离开

如果想要前往乌代吉里石窟(Udaigiri Caves)，在进入毗底沙之后，沿着指向乌代吉里(Udaigiri)的路标左转，越过贝德瓦河，然后取道左边第一条路前行3公里即可到达。若要前往赫利奥多罗斯之柱，过了贝德瓦河后继续直行1公里，就能看到指向赫利奥多罗斯之柱的路标，沿着右边的小路前行即可。

从桑吉往返乌代吉里石窟的机动三轮车费用为350卢比，包括赫利奥多罗斯之柱和毗底沙的话，费用为450卢比。或者乘坐开往毗底沙的长途汽车，然后搭乘三轮车(往返150卢比)也可到达。

乌代吉里石窟(Udaigiri Caves)

在毗底沙西北5公里的砂岩山上开凿出了20多座笈多王朝时期的洞穴神庙(⏰黎明至

黄昏）**免费**，其历史可以追溯至旃陀罗笈多二世（Chandragupta Ⅱ，公元382~401年在位）时期。它们都是印度教石窟，只有两座耆那教寺庙——这两种宗教如何与佛教同时同地共存于桑吉的有趣证据。你至少需要1小时才能完整地探索石窟群。

你首先会到达供奉湿婆的19号洞窟（Cave 19），那里有雕刻精美的门户，室外还保留着多柱门廊的部分遗构。从这里向前行进400米才是主洞窟群。5号洞窟（Cave 5）备受瞩目，有毗湿奴化身野猪的杰出大型神像，描绘他在一排排神祇的观望下如何用尖牙从混沌海洋中拯救了地母神普里特维（Bhudevi或Prithvi）。4号石窟（Cave 4）有一根与众不同的湿婆林迦（lingam；面还刻有湿婆的第三只眼），上面有湿婆的面容及其头顶流出恒河的场景。13号石窟（Cave 13）表现毗湿奴睡在眼镜蛇上；过了这里，你可以走上山顶，那里有一座献给太阳神的6世纪笈多寺庙（Gupta temple）的遗迹。1号洞窟（Cave 1）位于主洞窟群以南350米的山坡上，是这个地区两座耆那教寺庙之一：其中有寻路者帕拉斯那特（Parasnath）的画像，但为了安全起见已经封闭，所以你只能从栏杆外边向里张望。

赫利奥多罗斯之柱（Heliodorus Pillar）

赫利奥多罗斯之柱（Kham Baba）是由一名来自塔克西拉（Taxila，如今位于巴基斯坦境内）的希腊使节赫利奥多罗斯（Heliodorus）于公元前140年竖立的。6米高的柱子供奉婆苏提婆（Vasudeva；毗湿奴），记录了赫利奥多罗斯皈依毗湿奴教派的事件，他因此成为最早信奉印度宗教的西方人之一。

伯杰默里（Pachmarhi）

☎07578 / 人口 13,700 / 海拔1067米

这个被瀑布、峡谷、天然水潭、洞穴寺庙和广袤的萨特普拉老虎保护区（Satpura Tiger Reserve）所环绕的地方，是中央邦唯一的山中避暑胜地，也是能让你逃离印度中部潮湿气候的清爽之处。这里深受印度人的欢迎，外国旅行者却很少来。

最受欢迎的旅游活动是乘坐吉普车游览这里的一些旅游胜地、景点和天然水潭（从停车场步行片刻即可到达）。步行、骑自行车或乘坐普通汽车也可以抵达一些地方。

英国陆军上尉詹姆斯·福赛思（James Forsyth）1857年偶尔来到了伯杰默里，并于1862年在Bison Lodge建立了印度首个林业部门（Forestry Department）。不久之后，英国军队在这里设立了地区总部，成立了一个军队协会并延续至今。

伯杰默里全年温度适宜。在季风季节（7月至9月），从玛戴（Madhai）出发的丛林巡游活动会停止，而且伯杰默里周边的一些景点也可能会关闭。

经济型酒店和汽车站都在城镇主要的东北地区。往西南方向走，翻过一座小山谷就可到达贾伊柱（Jai Stambh）地区——这里有宽阔的街道、教堂和殖民时代风格的平房——以立于7条路相交路口的纪念印度独立的柱子命名。

⊙ 景点和活动

伯杰默里在萨特普拉老虎保护区内：城镇及周边乡村组成了缓冲区，四周是保护区的核心区。

缓冲区景点（Buffer Zone Sights）

缓冲区景点可以自由参观。5座古代岩洞住所潘达维洞窟（Pandav Caves），据说其开凿年代可以追溯到4世纪。洞穴上面还曾有一座砖砌佛塔的基座。位于贾伊柱以南10公里处的马哈德奥洞窟（Mahadeo Cave）可以经由柏油公路到达，还有一条30米长的潮湿阴暗的小路，你会看到一座雕刻着随行祭司的林迦像。汉迪谷（Handi Khoh）和福赛思山岬（Priyadarshini Point, Forsyth Point）眺望台位于通往马哈德奥洞窟的道路沿线。贾达尚卡尔（Jata Shankar）是位于美丽山谷中的一座湿婆洞穴神庙，沿着城市北边一条公路跟随路牌的指示前行1公里即到。你可以在镇上的市场地区租辆自行车或吉普车，游览这些地方。

城里漂亮的新哥特式基督教堂（Christ-

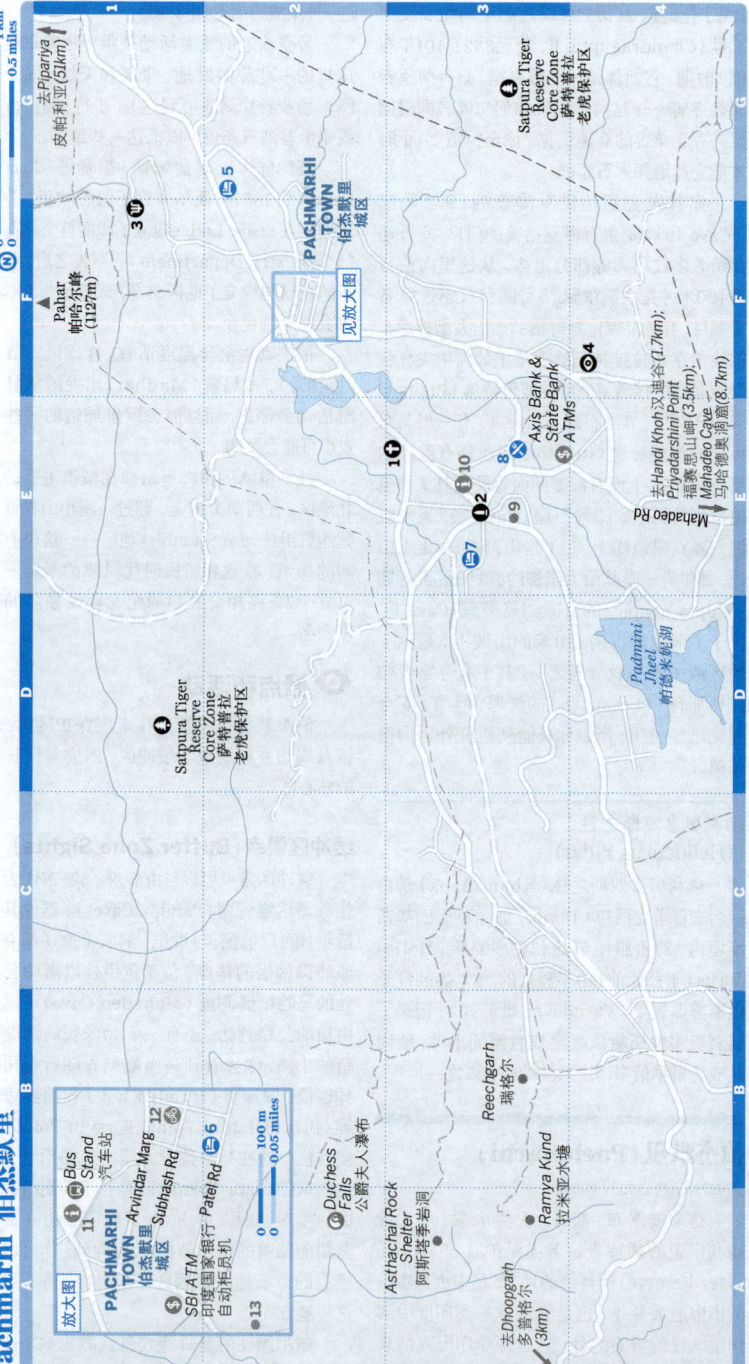

Pachmarhi 伯杰默里

◎ 景点
1 基督教堂..E3
2 贾伊柱..E3
3 贾达尚卡尔..F1
4 潘达维洞窟..F4

🛏 住宿
5 Hotel Highlands G2
6 Hotel Saket..B2
7 Rock-End Manor......................................E3

🍴 就餐
Raj Bhoj..（见6）
8 Rasoi E3

ℹ 实用信息
9 Bison Lodge..E3
10 中央邦旅游局..E3
11 中央邦旅游局咨询台 A1

ℹ 交通
12 Baba Cycles..B1
13 火车售票处..A2

church）完全由砂岩建成，其建造时间可以追溯至1875年。

伯杰默里附近的核心区景点（Core Zone Sights near Pachmarhi）

除了焦拉格尔（Chauragarh）山（徒步5小时可以从马哈德奥洞窟轻松往返）之外，进入核心区需要许可证，可以在Bison Lodge（见626页）办理，而且多数情况下必须有导游跟随。大多数人会在Bison Lodge租带司机的吉普车（每天1425卢比最多6名乘客，外加 核心区许可证 730卢比和导游 300卢比）前去游览。步行或骑自行车进入核心区需要花费70卢比，骑摩托车的费用190卢比。Bison Lodge还可以为一日徒步提供导游（许可证310卢比和导游700卢比，最多6人）。

仙女池（Apsara Vihar）水池在一个小瀑布下方，是伯杰默里最好的天然游泳池。驾车经过潘达维洞窟（Pandav Caves）的路程约1.5公里，然后步行700米左右即可到达。

拉贾特瀑布观景点（Rajat Prapat Viewpoint）你还可以沿着Apsara Vihar拾级而上，到印度中部最高的单体瀑布（107米）拉贾特瀑布的观景点观赏风景，这时峡谷就在你的脚下。

多普格尔（Dhoopgarh）吉普车团队游几乎每次必至的终点，多普格尔观景台面朝西方，俯瞰着无边无际的山谷、丘陵和森林，还有一处宽阶露台，可以让所有人在此伴着夕阳自拍。

蜜蜂瀑布（Bee Falls）这条美丽的瀑布和水潭基本上可以骑自行车到达（最后250米左右需要步行）。

焦拉格尔（Chauragarh）中央邦第三高峰焦拉格尔（1038米）顶端有座可以将四周风景一览无余的湿婆神庙，在湿婆节（Shivaratri Mela；见626页）期间会吸引数以千计的朝圣者前来。从马哈德奥洞窟徒步往返这里大约需要5小时——单程3.5公里，上下1365级台阶。

丛林巡游

Jungle Safaris 巡游

（保护区门票6座吉普/座位1500/250卢比，必备导游 300卢比，吉普车出租 大约2000卢比；⊙10月至次年6月）从萨特普拉老虎保护区北部的玛戴出发，吉普车巡游（2.5~5小时）的体验与从伯杰默里出发的景区吉普车团队游以美景观赏为主的体验截然不同。你将行经茂密的原始森林，寻找野生动物的踪迹。别指望看见老虎保护区里面仅有的20多只老虎，但在这儿你很有可能见到懒熊（特别是在冬季）和豹子。

每一个区域内最多可同时容纳12辆6座吉普车，不过其中只有一辆可以提供给没有预约的客人。其余的都在网上（http://forest.mponline.gov.in）订出——不过网站不能使用外国信用卡或银行卡付款，所以最好通过旅行社或者玛戴附近的酒店和度假村来提前安排（他们一般会收取大约1000卢比的费用）。另外可以在玛戴安排乘船巡游。

从伯杰默里开往玛戴的出租车费用为2000卢比（2.5~3小时），或者你可以乘坐长途汽车前往索哈格普尔（Sohagpur；80卢比，2.5小时，每天12班），然后在玛戴以南20公里处搭乘合乘吉普车（25卢比，1小时）。

节日和活动

湿婆节
宗教节日

(Shivaratri Mela; ◉2月/3月)多达100,000名湿婆朝圣者、苦行僧和原住民届时会来到马哈德奥洞窟出席庆典,然后登上焦拉格尔山朝圣,在这个湿婆神庙的旁边插上三叉戟。

食宿

伯杰默里 (Pachmarhi)

贾伊柱地区有许多殖民时代的平房和住宅,经过改造后已经成为令人愉悦的客栈和酒店,其中不下14家由中央邦旅游局经营。旺季(5月至7月;国家法定假日和主要节庆)期间,住宿场所很快客满,房价飞涨。

Hotel Saket
酒店 $$

(☎07578-252165; www.sakethotel.in; Patel Rd;房间1900卢比,带空调 3100~3570卢比; ❋❄)各种装修过的气氛温馨的房间、舒适的床、明亮的新大厅和餐区,以及友好热情的服务态度,使其成为城里众多看起来差不多的酒店中最好的一家。过了旺季,价格会下降一半,也就是说,超值。

餐厅 (Hotel Saket, Patel Rd;主菜80~180卢比; ◉8:00~23:00)供应物美价廉的古吉拉特菜、印南北地区菜和中国菜。在居住期间,使用Wi-Fi的费用为100卢比。

Hotel Highlands
酒店 $$

(☎07578-252099; www.mptourism.com; Pipariya Rd;房间含早餐 3090卢比; ❋❄)这家中央邦旅游酒店位于城镇北端,拥有性价比很高的房间,房间的天花板很高,配有化妆间和现代浴室,走廊周围是经过精心打理的花园。这里还有一处儿童游乐区和一家酒吧兼餐厅。

Rock-End Manor
历史酒店 $$$

(☎07578-252079; www.mptourism.com;标单/双含全食宿 5470/6420卢比; ❋❄)Rock-End位于一座华丽的白色殖民时期建筑内,可以俯瞰军队高尔夫球场的球道。这里经营良好,员工乐于助人,6个宽敞的房间内有极高的天花板,家具非常豪华,配有高品质的装饰物、带框画作及可以全身按摩的淋浴间。

★ Rasoi
印度小餐馆 $

(Company Garden;主菜 80~200卢比; ◉9:00~23:30)绝非一般的路边小餐馆!这里有几个露天或半露天的座位区,提供美味、繁琐的菜单,其中包括印度南部、非素食和中国菜肴。服务员推荐的蔬菜塔瓦 (veg tawa; 150卢比)特别好吃。

玛戴 (Madhai)

在玛戴地区可选择的住宿场所有几家中档酒店、一家森林招待所,还有几家豪华高档的丛林度假村。

Madhai Forest Rest House
招待所 $

(☎07574-254838,预约 07574-254394; dirsatpuranp@mpforest.org; Madhai;房间 1000卢比)这家由林业部经营的招待所位于丛林巡游活动开始的登瓦河(Denwa River)南岸,有6个虽然没有陈设却相当舒适的房间,内有坐便厕所。食堂提供普通的印度餐食;可以从北岸乘船抵达。最好打电话或发电子邮件预订。

这里没有空调和冷风机,需要记住的是,在季风季节前的几个月,温度将升至40多摄氏度。

Madhai Resort
酒店 $$

(☎9424437150; www.themadhairesort.com; Bija Kheri village;房间 1500卢比,带空调 2000~2500卢比; ❋)距离登瓦河北岸不远,如果你打算从玛戴出发巡游的话,这里是不错的中档住宿场所。房间很大,色调柔和,老板另外还在伯杰默里经营Hotel Saket。

❶ 实用信息

Bison Lodge (☎07574-254394;贾伊柱附近; ◉周四至周二 9:00~17:00,周三 9:00~11:30) 1862年,福赛思上尉为了自用,修建了这处度假屋,半个多世纪以来,该地区的林业部也设在里面。如果需要办理伯杰默里地区萨特普拉老虎保护区核心区的许可证并安排游览吉普车的话,就必须到这里——上午的办公时间通常比较繁忙。

度假屋建筑内有明亮绚丽的**野生动物和文化解说中心** (Wildlife & Cultural Interpretation Centre;门票10卢比),展示老虎保护区及保护区内的动植物和居民。

中央邦旅游局（MP Tourism；☏07578-252100；Amaltas Complex；◑10:00~17:00）贾伊柱附近的总部。**汽车站**（☏07578-252029；◑10:00~17:00）也有一处咨询台。

ⓘ 到达和离开

每天有6班**长途汽车**从伯杰默里镇的汽车站开往博帕尔（200卢比；6小时）。18:30和21:00发车的长途汽车都是卧铺车，并会继续开往印多尔（开往博帕尔座席/卧铺 270/300卢比，开往印多尔500/550卢比；12小时）。开往那格浦尔（Nagpur；280~300卢比；7小时）的长途汽车3:30和17:00发车。

至少每小时有一班长途汽车开往皮帕利亚（Pipariya，60卢比，1.5小时），从那里你可以乘坐火车前往各个目的地，如贾巴尔普尔和瓦拉纳西，而不必一直坐到博帕尔后再转车。你可以在**火车售票处**（railway booking office，军区大门；◑8:30~14:00和16:30~19:30，周日和周四下午关门）购票或通过城里的机构购买火车票。

如果你从皮帕利亚过来，可以乘坐从车站发车的车次更为频繁的合乘吉普车（每人 60~100卢比）。

ⓘ 当地交通

从Bison Lodge或汽车站/市场区域出发的吉普车和司机全天标准费用为1450卢比。

骑自行车可以到达伯杰默里的大多数景点，不过在很多情况下，最后一段路程需要步行。除了最后通往多普格尔和马哈德奥洞窟的路段外，道路基本上非常平坦。你可以在**Baba Cycles**（Subhash Rd；每小时/天 20/100卢比；◑10:00~21:00）或市场区的其他商店租自行车。

中央邦西部

印多尔（Indore）

☏0731 / 人口 1,960,000

中央邦最大的城市和经济体，比该邦其他地方拥有更多大城市的喧嚣。除了荷尔卡王朝（Holkar dynasty）修建的一些宏伟建筑之外，这里缺少出色的景点，而且印多尔的交通和拥挤状况和其他与印度同等规模的城市一样忙乱，所以对于大多数游客来说，这里只是前往曼杜、玛呵什瓦或翁卡列史瓦的门户。不过这里有热闹的集市、不错的餐饮场所和超过一般水准的酒店，如果你在这里待几个晚上，印多尔可能会让你渐渐喜欢上它。

◉ 景点

拉尔巴格宫　　　　　　　　　　　宫殿

（Lal Bagh Palace；Lal Bagh Rd；印度人/外国人10/250卢比；◑周二至周日 10:00~17:00）建于1886~1921年间的拉尔巴格宫是荷卡尔王朝留下的最精美的建筑。按照英国统治时期许多印度贵族的时尚建造，奢华的内部以欧式风格为主，让人想起鸡蛋干酪和巧克力冰激凌的意大利式条纹大理石柱子、大量枝形吊灯和传统圆柱子、希腊诸神的壁画、巴洛克和洛可可风格的餐厅、摆有真皮扶手椅的英国图书馆风格的办公室，以及文艺复兴风格的起居室和帕拉第奥式的女王卧室（有的房间装饰不幸被拆除了）。

从市中心乘坐机动三轮车至此大约需要50卢比。仿白金汉宫的大门占地28公顷的院子入口处吱吱作响，院子距离宫殿很近，里面有一尊维多利亚女王（Queen Victoria）的雕像。

拉杰瓦达宫　　　　　　　　　宫殿、神庙

（Rajwada；Rajwada Chowk；印度人/外国人10/250卢比，拍照/录像 25/100卢比，神庙免费；◑周二至周日 10:00~17:00，神庙 7:00~21:00）荷尔卡王朝在印多尔最早的宫殿，建于1749年，几乎毁于1984年的大火，后来经过重建。莫卧儿风格的7层外观惹人注目，但内部工作依然在进行当中。不过后面的神庙已经被复原，是躲避嘈杂城市的美妙地点，还有迷人的木柱庭院（从建筑北侧进入）。

印多尔中心博物馆　　　　　　　　博物馆

（Central Museum；ABRd；印度人/外国人10/100卢比，拍照/录像 50/200卢比；◑周二至周日10:00~17:00）这家博物馆位于Agra Bombay（AB）Rd上一座精美的荷尔卡建筑物内，拥有一系列优质的中世纪（及年代更早的）印度教雕塑藏品，不过展示得比较一般，除此以外，还有工具、武器和铜刻的地契等藏品。在第一次独立战争期间（印度民族起义），这里

Indore 印多尔

Indore 印多尔

🛏 住宿
1 Hotel Chanakya C4
2 Hotel Neelam B3
3 Hotel Shreemaya C3

✖ 就餐
4 Hotel Apna B3

ⓘ 实用信息
5 印度国家银行 D4

🚍 交通
6 印度航空 C1
  Chartered Bus .... (见9)
7 Hans Travels C2
  Metro Taxi .... (见9)
8 开往甘瓦尔汽车站的面包车 B2
9 Royal Bus D3
10 萨尔瓦特长途汽车站 B3
11 火车站售票处 B3

曾爆发冲突——花园里的那口井在斗争中被破坏了。

🛏 住宿

Hotel Chanakya
酒店 $

（☏0731-4075191; 57-58 RNTMarg, Chhawni Chowk; 标单/双880/1100卢比, 带空调1210/1540

卢比起; ✱☏) 这里的房间并不像门厅那座打着迪斯科舞厅灯光的克利须那神小瀑布那样浮华, 但非常实用。非空调房有冷风机, 一些房间比空调房更亮堂, 所以值得比较一番。员工都非常友好, 而且酒店位于老城极具魅力的地段。

一层有一家受欢迎的糖果店 Mathurawala，机动三轮车司机们都很熟知这家店。

Hotel Neelam 酒店 $

（☎0731-2466001；33/2 Patel Bridge Corner；标单/双 525/725卢比，带空调 850/1050卢比；❄@）这是火车站和长途汽车站附近为数不多的欢迎外国游客且价格便宜的酒店之一。Neelam经营良好，中央天井四周有干净朴素的房间，内有经过升级改造的卫生间。

★ Hotel Shreemaya 商务酒店 $$

（☎0731-2515555；www.shreemaya.com；12 RNTMarg；含早餐标单 2840~4170卢比，双 3600~5000卢比；❄@≈）这家秉承着专业化管理理念而且服务态度非常友好的商务酒店很难让人挑出毛病。现代化的房间非常整洁，有上网顺畅的Wi-Fi、茶水/咖啡设备和摆满盆栽的阳台，而且房价包括接机和送机服务。供应多种风味美食的餐厅是城里最好的餐厅之一（主菜 170~370卢比）。

🍴 餐饮

Hotel Apna 印度菜 $

（Nasia Rd；主菜90~200卢比；⏱6:00~23:30）这家有售酒许可证的餐厅就在萨尔瓦特（Sarwate）长途汽车站的正对面，已经有50多年的历史了，全是印度菜的菜单上有各式各样美味的荤素菜式，供应的酒水包括啤酒和便宜的威士忌。要是想下午在昏暗的用餐区喝酒，这里是个热门的地方。楼上比楼下更亮堂。

Mr Beans 咖啡馆、欧洲菜 $$

（www.mrbeans.in；100 Saket Nagar；菜肴 175~460卢比；⏱10:00~23:00；≈）7个敞开式房间的内部全部采用精致的欧洲风格，这里是印度最漂亮的咖啡馆之一。除了印多尔的老三样及一流的咖啡（50~150卢比）和茶之外，菜单上还有许多能够勾起游人的乡愁的饮食：牧羊人馅饼、香草鸡、3种口味的鹰嘴豆泥、墨西哥夹饼、意大利面、出色的薄皮比萨和美妙的甜点。

★ Mediterra 地中海菜 $$$

（☎0731-4006666；Hotel Sayaji, Vijay Nagar；主菜 580~1150卢比；⏱7:30~23:30）这家浪漫的屋顶茶馆位于市中心以北的印多尔高档购物和酒店大街上，可以治愈总吃咖喱的忧伤。主菜有西班牙什锦饭、羊排，还有蔬菜什锦和意大利调味饭，但许多超棒的餐前小餐和开胃菜——比如印度奶酪烤肉或椰香大虾——分量大得可以当主菜了。

❶ 实用信息

孟买医院（Bombay Hospital；☎急诊 0731-4077000；www.bombayhospitalindore.com；Eastern Ring Rd）印多尔最好的综合医院。

印度国家银行（State Bank of India；ABRd；⏱周一至周六 10:30~16:30）可兑换外币，设有自动柜员机。

❶ 到达和当地交通

飞机

机场位于城市以西9公里处。

大部分从印多尔出发的航班都由**靛蓝航空**（IndiGo；www.goindigo.in）运营：每天有4班航班

萨拉法集市（SARAFA BAZAR）

许多印多尔人认为这座**街头美食市场**（小吃 20~70卢比；⏱21:00至午夜）才是他们城里最令人兴奋的存在。不仅仅是品味当地小吃，置身夜晚友好的人群中都是一种难忘的体验。街道两边的珠宝店关门后，小吃摊在店铺前面摆了出来。最出名的地方是**Joshi Dahi Vada**，那里每晚能卖出几百份酸奶泡饼（dahi vada；酸辣酱酸奶泡扁豆团子）。摊位位于南侧街道中段左右——从摊前拥挤的人群就能认出。乔希先生（Mr Joshi）喜欢将酸奶菜肴甩到空中以展示其黏稠度。

最好的办法就是饿着肚子来，沿街溜达，看看自己喜欢什么，但本地最受欢迎的两种美味绝对值得打听一番：香草香料煎玉米碎（bhutte ka kees）和香草香料花生碎拌西米（sabudana khichdi）。

沿着拉杰瓦达宫南侧的街道走不到200米就能见到小吃摊。

飞往德里，每天3班飞往孟买，每天2班飞往海得拉巴、加尔各答和赖布尔，每周6天或7天都有飞往艾哈迈达巴德（Ahmedabad）、班加罗尔（Bengaluru）、果阿（Goa）、那格浦尔和浦那的航班。**捷特航空**（Jet Airways；www.jetairways.com）每天有4趟航班飞往孟买，3班飞往德里，每周6天或7天飞往艾哈迈达巴德、班加罗尔、金奈（Chennai）和浦那。

印度航空（Air India；☏0731-2431595；www.airindia.in; Racecourse Rd；☉周一至周六 10:00~13:00和14:00~17:00）每天都有1班飞往孟买和德里的航班。

留出45分钟抵离机场。机动三轮车收费约为150卢比，出租车费用为250~300卢比。机场的预付费出租车站点提供城外服务（乌贾因 900卢比，翁卡列史瓦1800卢比）和进城服务。

11路城市公共汽车从机场外边的公路开往市中心（Sardar Patel Circle, Madhumilan Chauraha），用时约为20分钟，并按照同样的路线返回。

长途汽车

前往曼杜（Mandu）的旅客可以从**甘瓦尔汽车站**（Gangwal bus stand；☏0731-2380688；Dhar Rd）乘坐长途汽车到达达尔（Dhar；70卢比；3小时；6:00~23:30，班次频繁），从那里你可以转车前往曼杜（40卢比；1小时；末班车21:00发车）。往来于市中心（火车站对面）和甘瓦尔汽车站之间的**面包车**车费为20卢比。机动三轮车收费约60卢比。

从**萨尔瓦特长途汽车站**（☏0731-2364444；Chhoti Gwaltoli）出发的长途汽车如下所示。前往玛呵什瓦的旅客请在达姆诺德（Dhamnod）转车。
博帕尔 180卢比，5小时，6:00~20:00，班次频繁
达姆诺德 77卢比，2.5小时，5:00~22:30，班次频繁
翁卡列史瓦 70卢比，3小时，6:00~18:30，大约每小时1班
伯杰默里（Verma Travels, 12小时） 空调车 20:00座席/卧铺500/600卢比，非空调车 21:40 卢比450/500
乌贾因 60卢比，2小时，24小时，班次频繁

想要旅程更舒适，**Chartered Bus**（☏0731-4288888；http://charteredbus.in; AICTSL Campus, AB Rd）运营开往博帕尔（330卢比 4小时）的沃尔沃空调大巴，5:00~21:30，每小时2或3班，夜间每一两个小时1班。另外每天还有一两班空调车开往艾哈迈达巴德、贾巴尔普尔、斋浦尔、浦那和乌代布尔。7:30~20:15，同一总站发车的**Royal Bus**（☏0731-4027999；www.royalbus.info; AICTSL Campus, AB Rd）每隔45分钟都有1班空调车开往乌贾因（70卢比，2小时）。

Hans Travels（☏0731-2510007；www.hanstravel.in; Dhakkanwala Kua, South Tukoganj）每天运营9班开往博帕尔（330卢比，4小时）的沃尔沃空调大巴，还有许多卧铺长途汽车在17:00至22:00发车，包括下列车次：

阿格拉 非空调/空调 500/800卢比，16小时，每天2班
艾哈迈达巴德 非空调/空调 400/600卢比，11小时，每天2班
瓜廖尔 非空调/空调 400/600卢比，12小时，每天4班
斋浦尔 非空调/空调 400/700卢比，13至15小时，每天3班
贾尔冈（前往阿旃陀）非空调 350至400卢比，8小时，21:00至22:00
孟买 非空调/空调/空调沃尔沃 600/900/1250卢比，12至15小时，每天5班
那格浦尔 非空调/空调/空调沃尔沃 500/660/

从印多尔出发的火车

目的地	列车编号和名称	票价（卢比）	车程（小时）	发车时间
博帕尔	12919 Malwa Exp	215/535/735	5	12:25
德里	12415 Indore-Delhi Sarai Rohilla Intercity Exp	440/1160/1655	14.5	16:00
孟买（中央车站）	12962 Avantika Exp	440/1160/1655	14	16:25
乌贾因	12919 Malwa Exp	170/540/740	1.5	12:25

票价：卧铺/空调卧铺3类/空调卧铺2类。

1200卢比,10至13小时,每天4班

浦那 非空调/空调/空调沃尔沃 600/900/1200卢比,12至15小时,每天8班

出租车

Metro Taxi(☏0731-4288888; AICTSL Campus, AB Rd)拥有新车和专业司机,前往曼杜和翁卡罗什瓦的单程费用为2000卢比,前往玛呵什瓦的费用为2200卢比。长达12小时或行程250公里的日租金为2500卢比。

火车

每天有7班火车开往博帕尔,有12班火车开往乌贾因。**火车站售票处**(◎周一至周六 8:00~22:00,周日至14:00)位于车站东侧200米处。

乌贾因(Ujjain)

☏0734 / 人口 515,215

第一印象并不总是深刻,乌贾因就是这样。但从混乱的车站区缓步走向河边的迦特及乌贾因的几座著名神庙,经过这座城市迷宫一样的小巷,你会发现乌贾因更加古老、更加内在的一面——数百年来,这里吸引着成百上千的贸易者和朝圣者。这里的圣地散发着源源不断的能量——考虑到这里是印度教的7大圣城之一,还是每隔12年主办规模宏大的大壶节(Kumbh Mela)朝圣节日的4座城市之一,倒也不奇怪。刚过去的2016年大壶节当月期间,涌入乌贾因的人数估计达到了75,000,000。

◉ 景点

★马哈卡勒什瓦寺 印度教神庙

(Mahakaleshwar Mandir; ◎4:00~23:00)尽管并非最有视觉冲击力的寺庙,但紧跟在康筛(conga)舞队后走过一个个地下房间不失为一段奇妙的经历。在非节庆时期,这段大理石通道会显得格外安静,并将引领你来到一个隐蔽的房间,房间里供奉着印度十二大湿婆圣龛之一的jyoti linga——这尊天然成形且特别神圣的湿婆林迦被认为可以通过自身的生命力(shakti,被视为女神的创造能量)而不是因为朝圣者为其举行仪式并吟唱颂歌(mantra-shakti)而获得力量。寺庙曾于1235年被德里苏丹伊尔图特密许(Iltutmish)摧毁,又于19世纪被辛迪亚斯人重建。花费150卢比购买"VIP"门票可以不用排队。

★拉姆迦特(Ram Ghat) 迦特(水畔石阶)

乌贾因最靠近市中心且最受欢迎的河畔迦特,由橙色和粉色屋顶的圣ების装点,人们在此沐浴并向希普拉(Shipra)献上牛奶或鲜花,一整天都热闹非凡。黎明或黄昏时分最有气氛,届时,虔诚的钟声在你的耳边回荡,闪烁的烛光倒映在岸边的水面上。

哈尔西济神庙(Harsiddhi Mandir) 印度教神庙

建于马拉地时期的这座寺庙供奉着一幅著名的朱红色安娜普娜(Annapurna)女神像。入口处两座高大的挂满灯具的黑色石塔是马拉地艺术的一大标志。注满灯油的灯具被点亮将为壮观的**九夜节**(Navratri; ◎9月/10月)增添节日的气氛。

巴蒂西王座(Sinhasan Battisi) 纪念碑

维克拉姆蒂拉(Vikram Teela)是楼陀罗湖(Rudra Sagar)上的小岛,岛上的雕塑(于2016年竖立)再现了乌贾因具有传奇色彩的国王超日王(Vikramaditya)的神奇王座和宫廷。登基的国王坐在自己传奇性的"九宝"(nava-ratna)——即九位学者——中间,其中还有(历史上)著名的梵文诗人迦梨陀娑(Kalidas)。

戈帕尔神庙 印度教神庙

(Gopal Mandir; ◎7:00至正午和16:00~22:00)辛迪亚斯人在19世纪时建造了这座螺旋形的大理石寺庙,而它也成了马拉地建筑风格的杰出典范。穆斯林掠夺者从古吉拉特邦(Gujarat)的索姆纳神庙(Somnath Temple)偷走了圣所镀银的大门并将它们安装在阿富汗的加兹尼(Ghazni)。之后艾哈迈德·沙·杜兰尼(Ahmad Shah Durani)把它们带到拉合尔(Lahore,在如今的巴基斯坦),接着默哈吉·辛迪亚(Mahadji Scindia)又把它们带回这里。

城镇中的这个地区有集市小巷,是让游人在当地探索游览的理想地方。

天文台 历史建筑

(Vedh Shala; Observatory, Jantar Mantar;

Ujjain 乌贾因

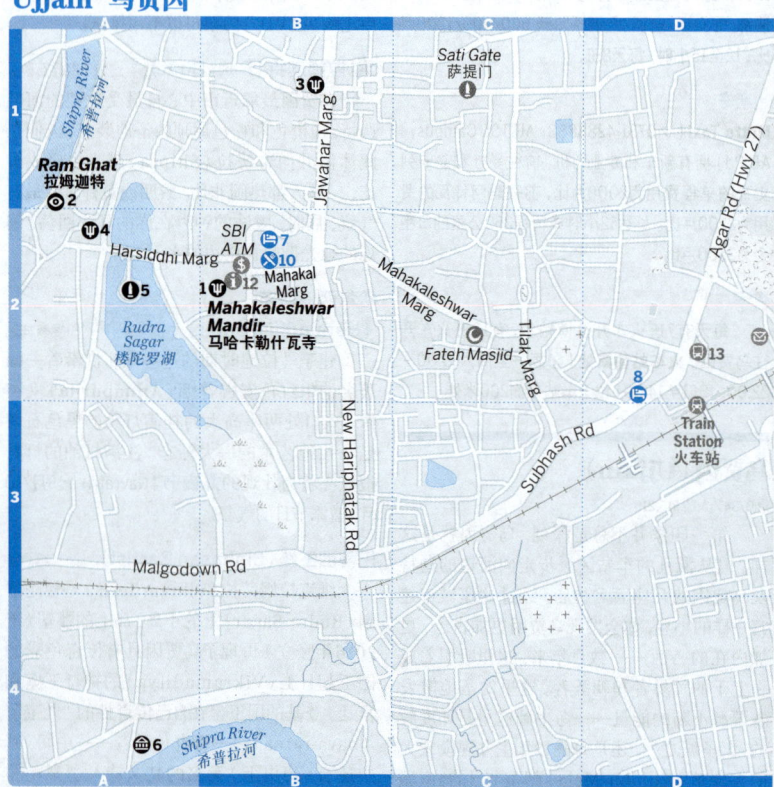

印度人/外国人 10/100卢比；⊙8:00~18:00）自公元前4世纪起，乌贾因一直是印度的格林尼治，这座看似简单实际上却非常精密的天文台由杰·辛格王公建于1725年至1730年。5座建筑（用于追踪天体和记录时间）各自都有非常详细的英文说明，但想要懂得其中的含义，你得是天文学家才行！

节日和活动

大壶节　　　　　　　　　　　　宗教节日

（Kumbh Mela；Simhastha；⊙4月/5月）乌贾因是印度盛大的大壶节（Kumbh Mela）的4大举办地点之一，节日期间成百上千的人会在Shipra River中沐浴。这一节日每12年在这里举办一次，通常是4月或5月间。下一届将在2028年举办。

食宿

Hotel Naman Palace　　　　　　酒店 $

（☎0734-2564086；8 Choubis Khamba Marg；房间1000，带空调1300卢比；❄）马哈卡勒什瓦寺地区的几家新酒店之一，Naman（至少现在）提供棕色、铜色和白色的现代化房间，有柔软的床、Wi-Fi和方形的大淋浴喷头。不过只有几个房间有自然采光。

Hotel Ramakrishna　　　　　　酒店 $

（☎0734-2557012；www.hotelramakrishna.co.in；Subhash Rd；标单/双/标三 500/1000/1300卢比，带空调 900/1300/1700卢比；❄❄）这家位于Subhash Rd的酒店不是一般的干净，最好的空调房间值得考虑，铺着地砖，装潢有些时尚，还有紧凑的卫生间。非空调房除了更旧之外都差不多，有的带蹲式厕所。房间的光

Ujjain 乌贾因

◎ 重要景点
1 马哈卡勒什瓦寺 B2
2 拉姆迦特 A1

◎ 景点
3 戈帕尔神庙 B1
4 哈尔西济神庙 A2
5 巴蒂西王座 A2
6 天文台 A4

◎ 住宿
7 Hotel Naman Palace B2
8 Hotel Ramakrishna D2
9 Hotel Shipra Residency E3

◎ 就餐
10 Damaru Wala B2
　Meghdoot .... (见9)
11 Shree Ganga F3

◎ 实用信息
12 中央邦旅游局 B2

◎ 交通
13 德瓦门长途汽车站 D2

线和面积各有不同。

相邻的New Sudama餐馆可提供价格实惠的素食(主菜75~150卢比)。

★ **Hotel Shipra Residency**　　　酒店 $$

(☏0734-2551495; www.mptourism.com; Dewas Rd; 房间含早餐3560~4280卢比,套5470卢比; 图⑨)无疑是市中心附近最好的住宿场所,这家中央邦旅游局经营的酒店在2015年新增加了30个明亮、现代的豪华房间和套房。原来的房间位于庭院四周的3层楼,面积比较小,卫生间比较陈旧,但依然是不错的,有舒适的床、茶/咖啡设备和盥洗用品。

这里还有一家时髦的餐馆**Meghdoot**(主菜150~400卢比; ⓒ11:00~15:00和19:00~22:30)。

Damaru Wala　　　印度菜 $

(138 Mahakal Marg; 塔利套餐100~140卢比; ⓒ9:30至午夜)这里只提供塔利套餐(自助餐),但全都是家常美味,用餐空间明亮、干净,经过专门设计,配备了白色餐桌和黑色座椅。

餐馆需要爬上一段楼梯才能进入,只有一个黑色、红色和白色的印地语大招牌。

Shree Ganga　　　甜点、印度南部菜 $

(50 Amarsingh Marg; 甜点每公斤360卢比起,主菜70~120卢比; ⓒ7:00~23:00)从1949年至今,这家传奇般的甜品店一直在提供令人心意满足的乌贾因含糖食品。虽然这里没有英文招牌和菜单,但服务员可以为你提供正确的引导。他们的特色食品是乳饼,还有腰果糖(caju barfi; 类似软糖的腰果糖果)。他们还提供解渴的鲜榨果汁,比如石榴汁和菠萝汁。

从11:00开始,楼上提供美味出色的菜单,上面有印度南部创意菜(绿酸辣酱马沙拉多莎饼)和中国菜。这家店就位于Baker's Lounge的右侧。

◎ 实用信息

中央邦旅游局(MP Tourism; ☏0734-2552263;

www.mptourism.com；⊙周一至周六 10:00～18:00）位于马哈卡勒什瓦寺院内。

❶ 交通

长途汽车

德瓦门长途汽车站（Dewas Gate Bus Stand; State Hwy 27）车次信息：

达尔（Dhar）160卢比，3.5小时，8:00和14:00
印多尔 55卢比，2小时，5:00～23:00，班次频繁
翁卡列史瓦140卢比，3.5小时，6:00、8:00、9:00、14:00、16:00

前往玛阿什瓦或曼杜，在达尔换乘。

开往博帕尔的长途汽车包括Chartered Bus（www.charteredbus.in；280卢比，4.5小时）每天6班的空调车，位于火车站以南4公里处的**那纳克赫达汽车站**（Nanakheda Bus Stand; Sanwer Rd）发车，从火车站乘坐机动三轮车（30卢比）可以到达那纳克赫达汽车站。

火车

每天大约有10班列车开往博帕尔，有15班列车开往印多尔，比从那两个地方开回乌贾因的列车多。每天唯一的1班开往瓜廖尔和阿格拉的列车是前往德里方向的12919 Malwa Express，14:10发车；或者你可以乘坐任何一趟列车到博帕尔换乘。

❶ 当地交通

预付费的机动三轮车从火车站外边的岗亭出发，前往拉姆迦特（Ram Ghat）的费用是50卢比，4小时环游乌贾因的费用为400卢比。

曼杜（Mandu）

☏07292 / 人口10,300 / 海拔590米

曼杜位于25平方公里的高原上，这里绿意盎然、风景如画，汇集了全印度顶级的阿富汗风格建筑，以及源于非洲且令人印象深刻的猴面包树。这座高地到处散落着被列入世界遗产的宫殿、古墓、纪念碑和清真寺。其中一些建筑雄伟地矗立在峡谷边缘，另一些则傍湖而建，而其中最浪漫的鲁普马蒂离宫（Rupmati's Pavilion）巍然坐落在高原的边缘，俯瞰着下方辽阔的平原。在悠然的乡村风景中轻松地骑着自行车，探索宏伟美观的建筑，曼杜是可以让你静静待上几天的好地方——慢慢思索这个曾经强大的王国的故都如何在世事沉浮中沦为印度的一个村庄。

历史

10世纪，曼杜作为当时统治马卢瓦（Malwa；中央邦西部和拉贾斯坦邦东南部）的帕拉马拉王朝的堡垒都城而闻名于世。1305年，马卢瓦被德里苏丹国的穆斯林占领。1401年，帖木儿洗劫德里，苏丹国的马卢瓦总督Afghan Dilawar Khan建立了属于他自己的王国，曼杜的黄金年代自此拉开帷幕。他的儿子胡桑·沙（Hoshang Shah）将首都从达尔（Dhar）迁至曼杜，并将此地推向鼎盛。然而，他们的固力（Ghuri）王朝存在的时间不长。胡桑（Hoshang）的儿子被政治对手马哈茂德·卡尔吉（Mahmud Khilji，或Khalji）毒害，后者的卡尔吉王朝从1436年开始统治马卢瓦，直到古吉拉特（Gujarat）的Bahadur Shah在1526年占领曼杜。

曼杜和马卢瓦随即在不久后相继落入莫卧儿王朝皇帝胡马雍（Mughal Humayun；1534年）、卡尔吉王朝的官员Mallu Khan（1536年）和胡马雍在印度北部的对手谢尔·沙（Sher Shah，1542年）的手中。1555年，

从乌贾因出发的火车

目的地	列车编号和名称	票价（卢比）	车程（小时）	发车时间
博帕尔	12919 Malwa Exp	170/535/740（A）	3.5	14:10
德里	12415 Nizamuddin Exp	415/1090/1555（A）	12.5	17:35
印多尔	18234 Narmada Exp Passenger	100/490/695（A）	2.5	8:30
斋浦尔	12465 Ranthambore Exp	185/335/700/865（B）	9	7:45
孟买(中央车站)	12962 Avantika Exp	415/1095/1555（A）	12.5	17:55

票价：（A）卧铺/空调卧铺3类/空调卧铺2类，（B）2等/卧铺/座席/空调卧铺3类。

本地总督的谢尔·沙的儿子巴兹·巴哈杜尔（Baz Bahadur）自封为苏丹。然而，在莫卧儿皇帝阿克巴的军队于1561年长驱直入的时候，巴兹逃离了曼杜。

虽然阿克巴的继任者贾汗季（Jehangir）和沙贾汗（Shah Jahan）都喜欢游览曼杜，但这里的重要地位却逐渐丧失了。1732年，马拉地人的霍尔卡（Holkar）宗族在达尔附近击败莫卧儿人之后，以达尔为统治中心的马拉地人控制了曼杜。从巴兹·巴哈杜尔潜逃开始，曼杜的命运就一落千丈。

◉ 景点

这里有3组遗迹群：皇家领地（Royal Enclave）、村寨（Village Group）和雷瓦贡德遗址（Rewa Kund Group）。每组景点都需要单独买票。其他所有景点都免费。

★ 皇家领地　　　　　　历史建筑

（Royal Enclave；印度人/外国人15/200卢比，录像25卢比；⊙黎明至黄昏）皇家领地是这里规模最庞大的古迹群落，包括几座15和16世纪的固力王朝和卡尔吉王朝时期的建筑，位于两个风景如画的水池附近。这里是唯一一处被栅栏围成整体院落的遗迹群。售票处旁边有出版销售柜台（Publication Sales Counter；⊙9:00~17:00）出售游览手册。

➡ 贾哈兹宫

（Jahaz Mahal；船舶宫殿）这座宫殿的历史可以追溯至15世纪，是曼杜最有名的建筑，建于穆尼亚（Munja）和卡普尔（Kapoor）水池之间的窄道上，高处有一座露台，仿佛船上的舰桥（发挥你的想象力），长度（120米）比宽度（15米）长很多。据说其建造者吉维斯—乌德—狄·卡尔吉（Ghiyas-ud-din Khilji）热衷于享乐，后宫曾有15,000位佳丽。建筑包含瞭望台、扇形拱门、通风良好的房间以及美丽而令人愉快的泳池。

➡ 兴都尔宫

（Hindola Mahal；秋千宫殿）位于吉维斯（Ghiyas）富丽堂皇的圆顶建筑的北侧，兴都尔宫之所以如此命名是因为它墙体的斜度令人想到秋千的绳索。接待大厅被认为曾经属于皇家，经常有人将其归于胡桑·沙的名下，不过有些人认为它是由吉维斯—乌德—狄·卡尔吉建造的。不管怎样，它的设计都令人印象深刻，备受瞩目。

➡ 迪拉瓦尔汗清真寺（Dilawar Khan's Mosque）

于1405年由迪拉瓦尔汗（Dilawar Khan）建立，这座清真寺是曼杜最早的伊斯兰建筑。主要建筑材料来自此前的印度教神庙——西端有屋顶部分的柱子和天花板尤为明显。

➡ 黄兰井（Champa Baodi）

之所以被称为黄兰井是因为这里的水可能闻起来和黄兰花一样香甜。黄兰井是一个圆形阶梯井，侧面有拱顶壁龛。经过一连串拱形通道和内室——即所谓的Tahkhana——就可以抵达，你可以从附近入口进入其中的一些内室参观，不过实际上你无法真正进入井中，但你可以从上面往下看看。

➡ 土耳其浴室（Turkish Bath）

这是一座小型土耳其浴室，圆形的穹顶上布满了星星和八角形图案，这里曾经拥有冷热水洗浴和热坑（地热）桑拿设施。

➡ 水之宫殿

（Jal Mahal；Water Palace）这座宫殿位于穆尼亚水池（Munja Tank）转角处类似岛屿的沙嘴上，被认为是贵族夫妇的私人疗养地点。这里有几口台阶式水井和水池，都是他们戏水的地方。

村寨

这组古迹横跨村庄中央的主路，包含3座15世纪固力王朝和卡尔吉王朝的宏伟大型建筑——一座清真寺、一座陵墓，还有一座伊斯兰教会学校。在贾玛清真寺入口买的门票（印度人/外国人15/200卢比；⊙黎明/黄昏）包含以上3处古迹。

贾玛清真寺　　　　　　清真寺

走上一段台阶，你就会看到一座17米高的穹顶门廊，这座废弃的红石清真寺占据着曼杜村庄中心。建筑最初由胡桑·沙在约1406年动工兴建，在设计上仿效了叙利亚大马士革雄伟的倭马亚清真寺（Omayyad Mosque），最终，马哈茂德·卡尔吉于1454年将其建成。它是一栋相对简朴而协调的建筑，却被认为是印度最美且最宏大的阿富汗风格的建筑。

Mandu 曼杜

胡桑·沙陵
(Hoshang Shah's Tomb) 伊斯兰陵墓

这座壮观的陵墓被誉为印度最古老的大理石陵墓,其顶冠上的小巧新月被认为是从波斯或者美索不达米亚引入的。在建筑的内部,光线穿过穹顶上的石雕栅格板(jali),在陵墓上投下柔和的暗光。碑文记载了沙贾汗(Shah Jahan)于1659年派遣他的建筑师们——包括建造泰姬陵的Ustad Hamid——来此访问并向2个世纪以前的陵墓建造者表达敬意的经过。

阿什拉菲陵(Ashrafi Mahal) 伊斯兰遗址

阿什拉菲陵是胡桑·沙在1405年至1422年间作为伊斯兰教学院(madrasa)修建的。它原来是一座有几排小屋的方形院子,外边有拱廊,四角有塔楼。在紧随其后的朝代,马哈茂德·卡尔吉将西北塔楼改造为7层的胜利塔,在院子上方修建了屋顶,作为自己宏伟的大理石陵墓的平台。陵墓和塔楼已然消失,但你可以爬上巨大的楼梯,绕着屋顶走一走。

Mandu 曼杜

◎ 重要景点
- **1** 皇家领地..C2
- **2** 村寨..D4

◎ 景点
- **3** 阿什拉菲陵..D4
- **4** 黄兰井..C2
- **5** 德里门..D1
- **6** 迪拉瓦尔汗清真寺..................................C2
- **7** 兴都尔宫...C2
- **8** 胡桑·沙陵...D4
- **9** 贾哈兹宫...C3
- **10** 耆那教寺庙...D5
- **11** 水之宫殿...C2
- **12** 贾玛清真寺...D4
- **13** 周六集市...D4
- **14** 加达·沙商店..D2
- **15** 土耳其浴室...C2

ⓛ 住宿
- **16** Hotel Gurukripa Villa..........................D3
- **17** Hotel Rupmati...................................D2
- **18** Shivani Resort..................................D4

⊗ 就餐
- **19** Shivani Restaurant............................D3
- **20** Yatrika...D2

ⓐ 购物
- **21** Publication Sales Counter.................C3

ⓘ 实用信息
- 旅游解说中心..................................（见20）

ⓘ 交通
- **22** Ritik Cycles......................................D4
- **23** Sonu Bicycles...................................D3

雷瓦贡德遗址（Rewa Kund Group）

沿着曼杜村庄（Mandu Village）南侧的小路愉快地骑行4公里后，你便来到了雷瓦贡德水池，这里有雷瓦贡德遗址的2座遗迹：巴兹巴哈杜尔宫（Baz Bahadur's Palace）和鲁普马蒂离宫（Rupmati's Pavilion）——都与苏丹巴兹·巴哈杜尔及其心爱的牧羊女鲁普马蒂的传说息息相关。售票处（印度人/外国人15/200卢比，录像25卢比；⊙黎明/黄昏）在水池对面，就在巴兹巴哈杜尔宫前面。

巴兹巴哈杜尔宫
(Baz Bahadur's Palace) 宫殿

巴兹·巴哈杜尔（1555~1561年在位）是曼杜的最后一位独立统治者。他的宫殿是拉贾斯坦（Rajasthani）风格和莫卧儿风格的奇妙组合体，由卡尔吉苏丹纳西尔—乌德—丁（Nasir-ud-Din）建于1508~1509年。据说巴兹·巴哈杜尔由于痴迷一名唱歌的牧羊女鲁普马蒂而喜欢上了这里；根据传说，那位牧羊女经常出现在附近的雷瓦贡德。

鲁普马蒂离宫
(Rupmati's Pavilion) 知名建筑

和其他纪念碑比起来，矗立在高出平原366米的悬崖顶端的鲁普马蒂离宫设计巧妙、环境优美，曼杜的其他古迹难以与之媲美。根据马尔瓦的传说，爱好音乐的巴兹·巴哈杜尔建造这座建筑是为了说服他心爱的那位嗓音优美的牧羊女从所住的平原搬到这里。从这里的平台和带穹顶的亭子里，鲁普马蒂可以凝望远方神圣的讷尔默达河。

然而事实上，这座建筑在鲁普马蒂时期前的100多年就已作为瞭望塔被建成。尽管如此，爱情故事是马尔瓦民间歌曲的主题——尤其是故事本身悲惨的结局。被鲁普马蒂的美貌引诱，阿克巴的将军阿达姆汗（Adham Khan）占领了曼杜，巴兹·巴哈杜尔潜逃，留下他的情人，而她宁可独自一人服毒自杀，也不愿落入侵者的手中。

黄昏时刻，这里实在美极了。

其他景点

加达·沙商店
(Shop of Gada Shah) 知名建筑

这座类似于哥特式教堂的建筑更像一座百货大楼，而不是一家商店，这里曾是储藏藏红花和麝香的仓库，当足够数量的有钱人在这里消费时，收入十分可观。老板名字的意思"乞讨大师"，他被认为是拉其普特人的首领马迪尼·莱伊（Medini Ray）——16世纪初叶卡尔吉苏丹马哈茂德二世（Mahmud Ⅱ）的权臣。

德里门（Delhi Gate） 大门

可以漫步走到城镇北端、直到曼杜的

主入口德里门，你会不虚此行。你可以走上顶端，沿着一段短短的城墙俯瞰远处的乡村美景。

周六集市 市场

（Saturday Haat；☉周六 10:00至黄昏）这座每周一次的集市绚丽多彩，位于贾玛清真寺后面，跟印度中部许多有部落人口居住的地区集市很类似。部落居民会步行几公里前来，买卖商品，从山上的红辣椒到干燥的麻花（mahua；一种用于制作同名烈酒的花朵），应有尽有。

耆那教寺庙（Jain Temple） 耆那教寺庙

通过一扇风格千变万化的大门之后，你所见到的这处建筑群是伊斯兰教遗迹中的世俗之作。寺庙以镶嵌碧玉双眼的大理石及金银祖师像（24位著名的耆那教祖师）为特色，右侧尽头是类似主题公园的博物馆，内有一些古吉拉特邦沙查扎里山顶寺庙建筑中的不那么重要的像。色彩斑斓的壁画描绘了熊吞食罪人的臂膀、恶魔戳他们的眼睛，还有男男女女被绑在一起烧死的场景。

你可能得在附近找人来打开博物馆的门。

尼尔甘特宫（Nil Kanth Palace） 印度教神庙

如果你需要一个足够的理由骑车去乡下转转，可以考虑参观这家由一座昔日非比寻常的宫殿转变而成的寺庙。寺庙位于一条山涧的源头处，其位置曾是一处早期的湿婆圣地——它的名字意为"神与蓝喉"（God with Blue Throat）——如今再次被当作做礼拜的场所。一条由阿克巴的一位官员引入的溪流沿着可爱的涡形道静静流动，散发着香甜的气味。

从贾玛清真寺往南骑行850米，在一座大型的白色水塔（White Water Tower）处右转。沿着迂回曲折的小路，经过地处偏僻的房子，直到尼尔甘特（Nil Kanth；2.2公里）。从这里你可以继续走，经过更为偏远的居民区，只要再走1公里出头，就可以到达 **Songarh Fort** 的大门，那座马拉地人修建的城堡已经废弃，从那里可以看到更壮观的景色。

萨格尔塔劳湖遗址群
（Sagar Talao Group） 伊斯兰遗址

如果你有时间，这片美丽的建筑群值得在往来曼杜村庄和雷瓦贡德的时候绕路来看看。主要遗址是**马利克·穆吉斯清真寺**（Malik Mughith's Mosque），由**马哈茂德·卡尔吉**的父亲在1432年修建而成，使用了早期印度教建筑的雕刻；一座有大庭院的**旅店**（1437年）；**乳母姊妹宫**（Dai-ki-Chhoti Bahen-ka-Mahal；Wetnurse's Younger Sister's Palace），实际上是高台上一座引人注目的八角形圆顶陵墓；还有另外一座**圆顶陵墓乳母宫**（Dai-ka-Mahal；Wetnurse's Palace），与一座清真寺共同位于拱顶平台上。

如果从村庄过来，过了Malwa Resort酒店再走200米后向左转，建筑群很快就会出现在你的右侧。

🛏 食宿

Hotel Gurukripa Villa 酒店 $

（☎07292-263243; Dhar Rd; 房间 700卢比，带空调 1500卢比）房间还算干净，不过通风不好，墙面被粉刷成了蓝色、黄色或粉色，不过没有自然采光。

Malwa Resort 酒店 $$

（☎07292-263235; www.mptourism.com; MainRd; 房间含早餐 3920~5110卢比; ❄☺✈❄）这家适合家庭入住的中央邦旅游酒店位于村庄以南2公里处，最好的地方是湖畔露台，可以一边喝早茶，一边观看当地渔民在萨格尔塔劳湖上方撒网捕鱼。大花园内有舒适的小屋房间、儿童游乐场地以及游泳池。而且酒店有餐馆和酒吧，还出租自行车。

Hotel Rupmati 酒店 $$

（☎07292-263270; www.hotelrupmati.com; DharRd; 房间2000卢比，带空调2500卢比起; ❄）有一排干净的、配有宽敞浴室（不过有些杀虫剂的气味）的房间。位于悬崖的边缘，能看到下面山谷壮丽的景色。这里餐馆还不错，你可以在草坪上用餐，十分惬意。

Shivani Resort 酒店 $$

（☎9425334777; Dhar Rd; 房间带电风扇/冷风机/空调 1000/1500/1850卢比）2016年新开业的Shivani提供空旷的大房间，大多比较明亮，卫生间瓷砖、长方形厕所和正方形洗手盆

Shivani Restaurant
印度菜 $

(Dhar Rd; 主菜100~180卢比，塔利套餐80~180卢比; ⊙9:00~22:00; ✈) 这家简约务实的餐厅内部是食堂风格，普通而整洁，与花里胡哨的外表形成令人耳目一新的对比，但美味、正宗和便宜的饮食最出风头。全素食的菜单上菜肴的品类繁多，包括塔利套餐和当地特色菜，诸如沾清淡酱料的饺子（Mandumalai kofta）。

Yatrika
印度菜 $

(Malwa Retreat, Dhar Rd; 主菜130~320卢比; ⊙8:00~10:00, 正午至15:00和19:00~22:00; 🛜) Malwa Retreat的这家咖啡馆兼餐馆在开放式厨房烹制素食和非素食印度菜肴，环境比较新潮现代。这里有Wi-Fi，不过遗憾的是，如果你想要冰镇啤酒，需要前往其姊妹经营场所Malwa Resort（见638页）。

🛍 购物

Roopayan
纺织品

(Main Rd; ⊙8:00~21:00) 位于Malwa Resort附近的这家小店出售优质的围巾、披肩、床罩和由附近的Bagh村出产的印染布料（大多是棉布，通常使用天然染料）做成的服饰。

ℹ 实用信息

网络（Internet; Main Rd; 每小时30卢比; ⊙7:00~22:00）你可以在Gayan Dut Sucnalay的织物店上网（没有英文招牌），位于贾玛清真寺以南约100米处。

旅游解说中心（Tourist Interpretation Centre; ☎07292-263221; Malwa Retreat, Dhar Rd; ⊙9:00~18:00）他们可以解答问题并安排持有政府许可证的导游（每半天/全天470/660卢比）。

ℹ 到达和离开

长途汽车在贾玛清真寺旁边的主路口附近的多个地点停车。有4班长途汽车开往印多尔（100卢比; 3.5小时; 7:15、9:00、13:30和15:30），另有1班长途车前往乌贾因（150卢比; 6小时; 6:00）。长途汽车每隔半小时有1班开往达哈（40卢比; 1小时; 6:00~19:00）的车，从那里你可以转车去达姆诺德（50卢比; 2小时），然后依次到达玛呵什瓦（15卢比; 30分钟）或者伯尔瓦（Barwah; 70卢比, 2小时），你可以从那儿换乘长途汽车或大型机动三轮车前往翁卡列史瓦（20卢比; 30分钟）。实际上，在距离达哈22公里处的伦何拉（Lunhera）的交叉路口（15卢比; 30分钟）下车更快捷，从这里你可以招手拦下开往达姆诺德方向的长途汽车（50卢比, 1.5小时）。如果要去玛呵什瓦，离开曼杜的时间不能晚于15:00，若是前往翁卡列史瓦，13:00之前就得动身。

开往玛呵什瓦的出租车费用约为700卢比，开往印多尔的费用为1500卢比。在贾玛清真寺前面的市场区域到处找找。

ℹ 当地交通

骑车是当地出行的最佳方式，由于地势平坦，空气清新，乡村景色优美。曼杜似乎没有多少机动三轮车。**Ritik Cycles**（☎9000157920; Dhar Rd; 每天100卢比）和**Sonu Bicycles**（Dhar Rd; 每天100卢比）都位于村庄中心附近，可出租自行车，价格合理。

玛呵什瓦（Maheshwar）

☎07283 / 人口24,400

这座安静的河边小镇长久以来都具有精神上的重要意义——《摩诃婆罗多》和《罗摩衍那》中曾有关于这座小镇的记载，那时它还被称作Mahishmati。如今这里仍然吸引着苦行僧和朝圣者（yatris）前往神圣的讷尔默达河边的古老石阶和寺庙。18世纪，小镇在荷尔卡（Holkar）皇后阿亚巴（Ahilyabai; 1767~1795在位）的统治下达到了鼎盛，她将荷尔卡的都城从印多尔迁至此处，在玛呵什瓦要塞内部修建宫殿，她的智慧、仁慈和兴建寺庙的虔诚依然备受敬仰。河边石阶和历史建筑的远处，是玛呵什瓦色彩斑斓的街道，有些色彩艳丽的木房屋有向外伸出的阳台。

这是一个迷人的地方，这么小的区域内有诸多迦特（水畔石阶）、宫殿和寺庙——简直是精致微缩版的瓦拉纳西。

👁 景点

玛呵什瓦宫（Maheshwar Palace）
宫殿

玛呵什瓦的主要建筑就是这里的要塞，

壮观、巨大的城墙俯临阿克巴皇帝修建的河畔迦特。18世纪,皇后阿亚巴扩建了玛呵什瓦宫及要塞里的几座神庙。这座宫殿一部分是公共庭院,一部分是华丽的酒店。如果从城镇一侧走进要塞建筑,你会看到挂着"玛呵什瓦宫"(Maheshwar Palace)的招牌、主要介绍这位王后的博物馆(◉9:00~18:00)免费,博物馆所在的位置就是她的寝宫。

雷赫瓦协会 作坊

(Rehwa Society; ☎8120001381; www.rehwasociety.org; ◉周一至周三 10:00~18:00,商店每天营业)在宫殿至迦特的路上,从一条狭窄的门廊可以通向非政府组织(Non-Governermental Organization,简称NGO)雷赫瓦协会。这是一间手工艺品合作社,其所得利润将用于教育事业、房屋建设和提高纺织工及其家人的福利等项目。当地有一间完全由雷赫瓦协会经营的小学,就在工场的后面。玛呵什瓦的纱丽服因其独一无二的编织和简单的几何图案而出名。

你可以参观纺织工的工作,还可以购买披肩(1800卢比起)、纱丽(4000~13,000卢比)、围巾(1100~2500卢比)以及丝绸、棉和羊毛制成的纺织品。这里还提供参加志愿服务的机会。

★ 纪念塔 印度教圣地

(Chhatris; Cenotaphs)沿着通向迦特的斜坡右侧走下去就是阿亚巴和维特吉·拉奥(Vithoji Rao)的纪念塔,后者是荷尔卡的一位王子,1801年在马拉地人的一次内部冲突中被敌人下令用大象踩死。阿亚巴的纪念塔更大一些,也更美一些,有着制作精美的石雕,被称为阿希勒施瓦尔神庙(Ahilyeshwar Temple),里面有一尊小型的身穿纱丽的皇后雕像,身前是一根湿婆的林迦。

节日和活动

阿亚巴荷尔卡贾扬蒂节 游行

(Ahilyabai Holkar Jayanti Mahotsav; ◉5月/6月)每年5月31日是备受崇敬的荷尔卡皇后阿亚巴的诞辰,在这一天前后,玛呵什瓦的庆祝气氛尤为热烈,届时会有敲锣打鼓的轿辇(封闭的座位,由4个男人肩扛抬杆前行)队伍穿过全城。

食宿

Hansa Heritage 酒店 $

(☎07283-273296; http://hansaheritage.in; Fort Rd; 房间 800卢比,带空调 1150~1550卢比; ❄☎)这个地方距离要塞大门150米,集风格和品质于一身。这里有涂着泥巴和青草颜色的墙壁、古董样式的木质家具和漂亮的彩色玻璃窗,小巧而现代的房间会让你感到一种淳朴的乡村气息。

Aakash Deep 客栈 $

(☎9827809455; aakashdeeplodge@gmail.com; Fort Rd; 标单/双/四 350/400/600卢比,四带空调1200卢比; ❄)氛围友好的Aakash有各种干净且面积适中或很大的房间。与昏暗的底层住处相比,高两层的房间有阳台和比较柔软的床垫。提供早餐;水桶里有热水;客栈距离要塞大门150米,就在Hansa Heritage后面。

★ Laboo's Café & Lodge 客栈 $$

(☎7771004818; info@ahilyafort.com; Fort Gate; 标单/双 含早餐1450/1650卢比,小吃15~40卢比; ◉咖啡馆 7:00~20:00; ❄☎)Laboo's不仅有树荫庭院里的令人愉快的咖啡馆,还有5个出色的空调房间。作为堡垒大门和墙体的一部分,每个房间都不同,不过都经过了精心装饰。楼上最大而且最亮堂的房间(单人间/双人间2300/2750卢比)以独有的要塞墙壁游廊为特色。员工会为客人快速提供美味、无限量的塔利套餐(250卢比)。

★ Ahilya Fort 历史酒店 $$$

(☎011-41551575; www.ahilyafort.com; 每人含全食宿 印度人 7900~9020卢比,外国人 11,500~13,650卢比; ❄@☎)米克·贾格尔(Mick Jagger)、黛米·摩尔(Demi Moore)和斯汀(Sting)都曾在玛呵什瓦宫的这家历史酒店流连忘返,酒店归修建宫殿的阿亚巴皇后直系后裔,印裔美国人希瓦吉·拉奥(理查德)·荷尔卡[Shivaji Rao(Richard)Holkar]王子所有。顶级的房间的确和宫殿相似,有些还能看到惊人的美丽河景。花园里种满了枝叶茂盛的水果树,还有有机菜地,处处都透出历史的气息。

房价包括所有的餐费，还有日落乘船游费用。做好预订十分必要。非住客想要度过值得纪念的一夜，在此就餐不容错过。菜单十分华丽，固定消费为每人3675卢比（含酒水）。你需要提前24小时预订。晚餐19:30开始，如果王子本人在这儿，他会在烛光中敬大家鸡尾酒（他不是在这里，就是在巴黎）。

❶ 实用信息

距离要塞大门400米的主路上有印度国家银行（SBI）的自动柜员机。

❶ 到达和离开

6:00~17:00，每隔大约1.5小时都有一趟开往印多尔（90卢比，2.5小时）的长途汽车。若要前往曼杜，先往西行驶到达达姆诺德（Dhamnod；15卢比，30分钟，6:00~21:00 长途汽车大约15分钟1班），然后乘坐开往达尔的长途汽车到达伦何拉（Lunhera；50卢比，1.5小时，大约半小时1班）的路口。从那儿拦一辆长途汽车或大型机动三轮车（均为15卢比，30分钟）完成前往曼杜最后14公里的路程。

前往翁卡列史瓦，乘坐开往伯尔瓦（Barwah；50卢比，1.5小时，大约半小时1班）的长途汽车，然后再乘坐一趟长途汽车或大型机动三轮车前往翁卡列史瓦（20卢比，30分钟）。

翁卡列史瓦（Omkareshwar）

📞07280 / 人口10,062

神圣的讷尔默达河（Narmada River）上的这座Ω形状的岛屿吸引了大量朝圣者，也是让众多旅行者心灵放松的目的地。位于上游的大坝中很大程度上改变了翁卡列史瓦的面貌，备受争议。不过这座小岛仍然保留了自己的灵性氛围，同时也依旧是一个舒适、原生态——即使同样商业化——的朝圣地点。

岛屿附近的河流南侧城镇有很多活动。相隔400米的两座步行桥连接着城镇和岛屿：西侧的老桥从被称为格蒂集市（Getti Chowk）的市场广场跨河，东侧新桥的起点则是一处大型停车场。两桥中间有迦特（水畔石阶），你可以从那儿乘船过河，每人10卢比。

新汽车站位于格蒂集市西南方向1.5公里的Mamaleshwar Rd旁边，旧汽车站同样在这条路沿线，距离城镇还要近上1公里。到站的长途汽车可能会在任意车站停车。

从老桥通向什里奥姆卡尔曼德哈塔（Shri Omkar Mandhata）神庙的街道是岛上的活动中心。

⊙ 景点

游客们可以在岛上的窄巷里和苦行僧们并肩行走，随意浏览各种出售林迦纪念品、为印度菜肴上色的成堆的橙色和黄色粉末及供奉神庙的鲜花的小摊，或者加入朝圣者的队伍，一起去**什里奥姆卡尔曼德哈塔**（Shri Omkar Mandhata）参加每天3次的祷告（puja）。这座类似洞窟的粉橙色神庙俯瞰老桥东边的岛屿迦特，储藏了唯一一尊不成形的光明林迦（jyoti lingam；印度各地特别重要的12根湿婆林迦）。它是岛上众多印度教和耆那教遗迹之一。

大多数印度教朝圣者会沿着路标清楚的7公里长的小路转岛（parikrama）。从老桥开始，这条线路通向岛屿西端的**森格姆迦特**（Sangam Ghat），苦行僧会在那儿沐浴神圣的讷尔默达河水。该线路随后向东折返，通向最高处的修建于11世纪的**高迪索姆纳特神庙**（Gaudi Somnath Temple），庙内有一根2米高的巨大湿婆林迦。你可以在距离老桥150米的地方右转，爬上287级台阶，直接到达高迪索姆纳特。

沿着高迪索姆纳特那条小路继续往东走，从一座30米高的现代风格湿婆金像前面经过，然后转一圈，翻越山丘，途经许多神庙遗址，即可到达什里奥姆卡尔曼德哈塔。不要错过雕工精美的**西达纳特神庙**（Siddhanath Temple），它的基座周围装饰着令人赞叹的大象雕刻。

🏠 食宿

★ Manu Guest House　　　　　　客栈 $

（📞9826749004；房间不带卫生间 350卢比）入住这家态度热情的岛上客栈，欣赏振奋人心的美景是一次特别的体验，马努（Manu）全家人会把你当成自己家人一样。客栈中的6个房间虽然设施简单但打理得很好，共用卫生间（冷水淋浴）保持得很干净。

如果提前打招呼，你的主人还会在室外天井迅速为你端出乡村风味的美味塔利套餐（150卢比）。

这里几乎是岛上朝圣者休息之外唯一的住宿场所，位置稍微有些难找：从格蒂集市过了老桥，转而沿台阶前行并左转，15米之后右转进入一条狭窄小巷，里面被刷成蓝色的墙壁上写着"Kalyan Bhattacharya"，沿陡峭的台阶继续前行。到了顶端继续往左走，打听一下Manu's即可。

Ganesh Guest House　　　　客栈 $

（☏9993735449；sumitbhoi1137@gmail.com；房间150~200卢比，标三300~400卢比）从Mamaleshwar Rd沿着通向迦特的小路路标曲里拐弯儿地走到Ganesh，房间肯定经济实惠，床垫很薄。楼上房间更通风、更亮堂，树荫花园餐馆（主菜60~160卢比）可以俯瞰河边石阶，多种风味的菜单包含西式早餐，餐厅的氛围十分友好，而且很安静。

Brahmin Bhojanalaya　印度菜、印度小餐馆 $

（Mamaleshwar Rd；菜肴50~130卢比，塔利套餐50~150卢比；◎9:30~22:00）虽然没有英文招牌，但这家随意的小餐馆有一位态度友好的会说英语的面包师傅。最便宜的塔利套餐类似汤汁，所以应该多花些钱。从汽车站走过来的时候，这家店就位于你的左侧，前方40米的道路左转通向格蒂集市。

❶ 实用信息

Sarita Photo Studio（Mamaleshwar Rd；上网每小时60卢比；◎8:00~21:00；☏）马姆塔（Mamta）会说英语，非常友好，为这个旅游信息丰富的地方配备了笔记本电脑和Wi-Fi。这家小商店就在主路左转通向格蒂集市时人的右手边。另外这里还可兑换货币，并且是西联汇款（Western Union）的营业点。

印度国家银行自动柜员机（SBI ATM；Mamaleshwar Rd）从汽车站往城镇方向前行200米，即可到达。

❶ 到达和离开

　　长途汽车可能从旧汽车站或新汽车站或从两站发车。发车班次如下：

印多尔 85卢比，2.5小时，5:30到10:00 半小时1班，10:00至19:00 1~2小时1班

玛呵什瓦 70卢比，2小时，6:00和10:00；或乘坐长途汽车或大型机动三轮车前往伯尔瓦（20卢比，30分钟，30~60分钟1班），在17:00之前，那里有

值得一游

大理石悬崖（MARBLE ROCKS）

　　当地人将这里称为贝达加特（Bhedaghat），位于贾巴尔普尔以西20公里处。这是一处含镁石灰岩崖壁，坐落在神圣的讷尔默达河峡谷边，在不同的光线照射下会呈现出不同的颜色——从粉色到黑色不等。月光下的崖壁尤其令人印象深刻，其中一部分崖壁在夜晚还有灯火照明。

　　不同于夜晚令人惊艳的视觉享受，在白天，主要还是环境相当令人惬意。班杰瓦蒂迦特（Panchvati Ghat）的码头组织合租**摩托艇**（motorboat；每人30~50分钟50卢比；◎黎明至黄昏，6月中旬到10月中旬的季风季节期间关闭）巡游峡谷的观光项目，全程2公里（私营船只费用约为1000卢比最多20人）。只想在附近转转？那你可以从河边石阶步行1.5公里上山去**敦达尔瀑布**（Dhuandhar, Smoke Cascade）看看。途中你会路过备受尊敬的**朝萨斯·瑜格尼神庙**（Chausath Yogini Temple），这是一座修建于10世纪的圆形寺庙，供奉印度女神杜尔迦，经过公路右侧一段陡峭的台阶就可以抵达。到了瀑布之后，你可以乘坐短途缆车（往返75卢比）飞越峡谷。

　　在6:15至21:00这段时间里，本地7路或9路城市公共汽车大约每15分钟发1班车，从**Model Rd**开往贝达加特（20卢比，45分钟至1小时）。他们可以在距离班杰瓦蒂迦特（Panchvati Ghat）100米的路口接上你。返回时，你还可以挤上开往贾巴尔普尔方向的合乘机动三轮车（20卢比）。

大约每半小时1班的长途汽车发往玛哈呵什瓦（50卢比，1.5小时）

乌贾因 140卢比，4小时，5:45、9:30、14:00、15:30

前往曼杜，首先乘坐长途汽车或大型机动三轮车前往伯尔瓦（20卢比，30分钟，30～60分钟1班）。伯尔瓦只有1班一路开往曼杜（100卢比，4小时）的长途汽车，但得在沿途的达姆诺德和伦何拉换乘的可能性比较大。

如果你准备前往阿旃陀（马哈拉施特拉邦），可以在新汽车站乘坐长途汽车前往肯德瓦（Khandwa；70卢比，2小时，大约半小时1班）。肯德瓦每天大约有15班火车开往贾尔冈（2.5小时），从那里开往阿旃陀的长途汽车班次频繁。

中央邦东部

贾巴尔普尔（Jabalpur）

☎0761 / 人口 1,270,000

国内游客大多是为了参观大理石悬崖——附近的一处极具吸引力的河谷——才来到这里的，不过对外国游客来说，这座到处都是市场区（chowk）和工人小酒馆的工业城市主要是前往中央邦著名的老虎公园——甘哈、班德哈瓦和蓬其——的出发地。

◉ 景点

拉尼杜尔加瓦蒂博物馆 博物馆

[Rani Durgawati Museum；纳皮尔镇（Napier Town）印度人/外国人 10/100卢比，拍照/录像 50/200卢比；◷周二至周日 10:00～17:00]这里展出了一系列来自当地景点的10世纪和11世纪的雕塑，楼上展馆有石碑和铜碑碑文、古代铸币，以及关于贝达加特（Bhedaghat）朝萨斯·瑜格尼神庙（Chausath Yogini Temple）的照片展览。

☞ 团队游

Tiger Safari 野生动物

（☎8120445454；www.thetigersafari.com）这家机构组织完善，效率很高，自身也从事老虎保护工作，可以定制中央邦东部及印度其他大型老虎保护区的巡游团队游。野生动物摄影团队游是这里的特色，但也可组织观鸟和文化线路。

两人定制巡游全包团队游预计每天花费13,500卢比（经济型）至66,000卢比（高级），取决于各项因素（车辆类型、住宿条件、巡游次数、天数等）。两个人以上的团体，价格还会有所下降。

🛏 食宿

Lodge Shivalaya 酒店 $

（☎0761-2625188；纳皮尔镇；标单550～600卢比，双 650～750卢比，房间带空调1200～1400卢比；✳@）房间很简单不过很干净，起码足够住一晚，还配有电视机和小浴室。非空调房通向可以俯瞰楼下有着熙熙攘攘的行人的街景的公共露台；空调房在里面，没有自然采光。可以24小时办理退房手续。

Hotel Rahul 酒店 $$

（hotelrahul768@gmail.com；Naudra Bridge；含早餐标单 1430～1930卢比，双 1780～2130卢比；@）这家拥有20个房间的酒店各方面都很不错，非常干净，尤其是最近经过翻新的"高级"房，光洁闪亮，配备茶/咖啡设备和小冰箱。地下室是 **Olives Restaurant**（主菜170～370卢比；◷7:00～22:00），是贾巴尔普尔比较好的餐馆之一。

★ Kalchuri Residency 酒店 $$$

（☎0761-2678492；www.mptourism.com；South Civil Lines；标单/双 含早餐 5110/5500卢比；✳@⛱）中央邦旅游局下属的最漂亮的酒店之一，Kalchuri位于火车站南边相对安静的Civil Lines。房间宽敞而具有现代感，采用柔和的棕色色调，带有电视机、热水壶和宽敞的浴室。

这里有一家不错的餐馆（主菜240～420卢比）和一家宽敞的酒馆（啤酒 250卢比起）。趣事：马大哈作者把自己的手机充电器落在了这家酒店的大厅，他们在火车站台上追上了作者，送还了充电器！

Saheb's Food Junction 莫格莱菜 $$

（Russel Chowk；餐 150～290卢比；◷11:00～23:00）罗素广场（Russel Chowk）最好的非素食店比从外边看起来要好得多（餐厅在楼上，有空调），而且敢于在辣肉汁（咖喱羊肉、锅仔鸡）里面添加香料。

Jabalpur 贾巴尔普尔

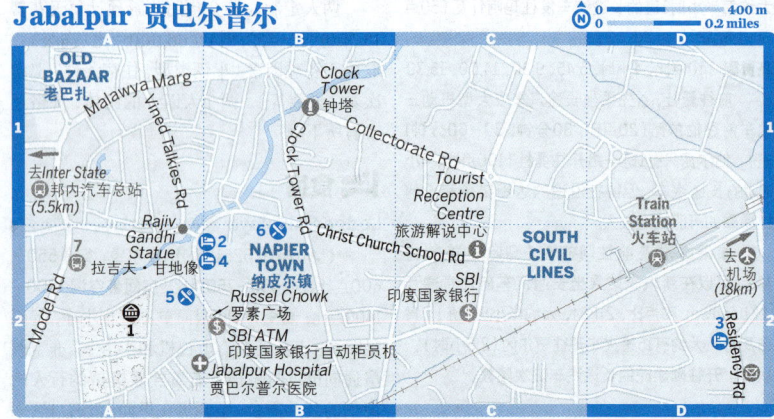

Jabalpur 贾巴尔普尔

◎ 景点
1 拉尼杜尔加瓦蒂博物馆 A2

🛏 住宿
2 Hotel Rahul B2
3 Kalchuri Residency D2
4 Lodge Shivalaya B2

✕ 就餐
Olives Restaurant .... （见2）
5 Saheb's Food Junction A2
6 Yellow Chili B2

ⓘ 交通
7 开往贝达加特的长途汽车 A2

Yellow Chilli 　　　　　　　　　新派印度菜 $$$

（www.theyellowchilli.com；Dixit Pride, 纳皮尔镇；主菜330~770卢比；⏱正午至23:30）这家比较高档的印度连锁餐馆是著名厨师桑吉夫·卡普尔（Sanjeev Kapoor）的产业，或许并非德里最棒的就餐场所，但在贾巴尔普尔就算天赐的美味了。这里的创意菜肴呈现了印度饮食的本地习俗，各样菜肴都能对你产生口味上的冲击。椰肉藏红花汤是大吃一顿的好开头，鸡肉和羊肉菜肴的选择让你眼花缭乱，素食和非素食咖喱紧随其后。

ⓘ 实用信息

印度国家银行（SBI; South Civil Lines；⏱周一至周六 10:30~16:30，每月第二和第四个周六歇业）可以兑换货币，有一台自动柜员机。

游客接待中心（Tourist Reception Centre；☎0761-2677690；www.mptourism.com；Christ Church School Rd；⏱10:30~19:30）提供旅游信息，可以预订中央邦旅游局的酒店。

ⓘ 到达和离开

飞机
机场位于市中心以东15公里处。
印度航空（Air India；☎0761-6459333；www.airindia.com）每天都有飞往德里的航班，每周有4班飞往博帕尔和海得拉巴的航班。**香料航空**（SpiceJet；☎9871803333；www.spicejet.com）每天都有航班飞往德里、孟买和海得拉巴。

长途汽车
邦内汽车总站（ISBT; Inter State Bus Terminus；☎8359998002; Damoh Rd）位于市中心西北方向6公里处。发车班次（只有夜车提供卧铺）：
巴米塔（前往克久拉霍）座席/卧铺 250/350卢比，6小时，7:30~11:30和19:30~23:30 半小时1班
博帕尔 座席/卧铺 300/400卢比，8小时，每天9班
那格浦尔 座席/卧铺 270/350卢比，8小时，5:30~0:30（空调沃尔沃 450卢比，9:30、11:00、14:30、23:00）每半小时1班
伯杰默里 180卢比，7小时，8:30、15:30、16:30
赖布尔 座席/卧铺 400/450卢比，10小时，9:30、15:00、18:30、19:30、21:30

前往老虎保护区
蓬其老虎保护区（Pench Tiger Reserve）乘坐那格

浦尔的长途汽车到克瓦萨(Khawasa;200卢比;6小时;5:30~00:30,半小时1班)后乘坐合乘四驱车(20卢比)即可走完前往图里亚(Turia)的最后12公里路程。

甘哈老虎保护区(Kanha Tiger Reserve)6:25、10:30和11:30有开往哈季亚(Khatia)的长途汽车(160卢比,5.5小时)——或者也可乘坐长途汽车前往门德拉(Mandla;110卢比,3.5小时,5:30至19:00 15至20分钟1班),那里每天有8班长途汽车开往哈季亚(60卢比,2.5小时)。

班德哈瓦老虎保护区(Bandhavgarh Tiger Reserve)最好乘坐直达火车到乌马里亚(Umaria),不过你也可以乘坐开往格德尼(Katni)的长途汽车(110卢比;3小时;半小时1班;7:00~20:30),从那里可以乘坐火车或者长途汽车到达乌马里亚。

火车

每天有大约20班火车(卧铺/空调卧铺3类/空调卧铺2类170/540/740卢比,3小时)前往瑟德纳(Satna;见611页),在那里你可以乘坐长途汽车到达吉久拉霍(通常要在潘纳和/或巴米塔换乘)。前往班德哈瓦老虎保护区的旅客需要乘坐火车到达乌马里亚,然后再乘坐1.5小时的长途汽车。

❶ 当地交通

乘坐机动三轮车从火车站到罗素广场(Russel Chowk)大约需要50卢比,或者从ISBT出发,费用为100卢比。

美式/丛林收费制(AMERICAN/JUNGLE PLAN)

老虎保护区里大部分度假村都有包含部分或全部服务项目的套餐,基本不包含单独住宿的价格。所谓的美式收费制度其实就是包括住宿和所有套餐的费用,而丛林收费制所指的费用包括住宿、套餐外加吉普车巡游(经常是一天两次)。

甘哈老虎保护区(Kanha Tiger Reserve)

☏07649

说到老虎公园,中央邦是印度当之无愧的这类景点最集中的一个地方。**甘哈**(Kanha;www.kanhatigerreserve.com;核心区门票 6座吉普车/单个座位 1500/250卢比,必备导游 360卢比,出租吉普车2000卢比;◎2.5~5小时上午和下午巡游,周三下午除外,10月至次年6月)是其中最有名的。这里有着极其广阔的**丛林**,虽然你在这里看到老虎的概率比在附近的班德哈瓦公园要略低一些,不过这里仍然是印度最好的观赏公园之一。在这里,你真的可以深入丛林,体验或许更为完整的巡游经历,而不是像在班德哈瓦那样参加走马观花式的远足活动——游客对此抱怨不已。

从贾巴尔普尔出发的火车

目的地	列车编号和名称	票价(卢比)	车程(小时)	发车时间
阿格拉	12189 Mahakaushal Exp	425/1115/1590	14	18:10
博帕尔	11472 Jabalpur-Indore Exp	215/575/820	6.5	23:30
德里	12192 Shridham SF Exp	505/1330/1910	19	17:30
加尔各答(豪拉)	12322 Kolkata Mail	535/1415/2040	23	13:20
孟买(CST)	12321 Howrah-Mumbai Mail	490/1300/1860	17.5	17:55
赖布尔	12854 Amarkantak Exp	335/865/1220	9.5	21:25
瑟德纳	每天班次不同	140/490/695	3	8:50
乌马里亚	18233 Narmada Exp	100/490/695	4	6:35
瓦拉纳西	12165 Lokmanya Tilak Exp	330/855/1205	10	20:50(周一、周四和周五)
瓦拉纳西	12669 Ganga Kaveri Exp	330/855/1205	10	20:50(周二和周日)

票价:卧铺/空调卧铺3类/空调卧铺2类。

甘哈的婆罗双树林和广阔的草甸为大约90只老虎和100只豹子提供了栖身之所，此外，这里还有大量的鹿和羚羊，包括大约400只在世界上其他地方都见不到的、当地特有的南部沼鹿（barasingha）。你还将看到许多叶猴、古怪的印度野牛（gaur），或许还有一两个野猪家庭，以及一两头奇特的豺狼。公园有记录的鸟类达260多种。

活动

吉普车巡游之旅

老虎保护区占地2059平方公里，其中包括面积为940平方公里的甘哈国家公园，即保护区的核心区。吉普车巡游探索核心区内的4个区域，其中基斯利（Kisli）和穆基（Mukki）区域在观赏老虎方面最负盛名，其次是甘哈（Kanha），最后是萨尔希（Sarhi）。从核心区西边的哈季亚村庄的哈季亚大门前往基斯利和甘哈区域最方便。从距离哈季亚54公里和1.5小时车程的南侧穆基大门前往穆基区域最方便。

每天最多允许140辆6座巡游吉普车（被称为"吉卜赛人"，因为大多是铃木的吉卜赛人车型）进入核心区，但其中大多只能在网上预订（http://forest.mponline.gov.in，最长提前120天预订），而且网站不能使用外国银行卡付款。让酒店/机构帮你预订巡游可以解决这个大麻烦（一般要多加1000卢比左右）——尽量早安排，因为热门区域和热门日期的名额提前几个月就会被订满，每天有2次巡游活动：早上（6:00～11:00）和下午（15:00～18:00）。早上的活动时间更长，而且看到老虎的概率也更大。

傍晚，可以在公园门口预订次日上午的巡游，每天仅限15辆吉普车（90个座位），上午晚些时候可以预订当天下午的巡游（具体时间不定）。但几个小时前就要开始排队了。

其他选择

如果你就是没能订到常规的吉普车巡游，那么也可以预订从哈季亚或穆基大门出发的**轻卡**（510卢比），笨重迟缓的18座敞篷"小巴"。或者你可以选择从哈季亚大门出发的**缓冲区巡游**（每辆吉普车3110卢比；⊙黎明至11:00和15:00或16:00至黄昏）。上午的活动应该在前一天傍晚早些预订，下午的活动可以在当天上午预订。

天然小径 步行

（Nature Trail；导游500卢比；⊙黎明至11:00和15:00或16:00至黄昏）一条4公里长的小径以哈季亚（Khatia）大门为起点，沿着保护区核心区的边缘绕回到村子里。通常来说，你将会看到猴子和鸟类，不过老虎偶尔也会冒险进入这片区域，所以请一个随行的导游还是十分必要的。

食宿

哈季亚和穆基大门周边约10公里的乡村分布着许多中高档的度假屋和度假村。几乎所有地方都能帮你安排巡游，经常还可以乘坐他们自己在公园登记的吉普车。经济型住宿场所非常有限。

哈季亚大门附近 (Near Khatia Gate)

Motel Chandan 酒店 $$

(☎9009345333，9424989289；www.motelchandan.com；Khatia；含全食宿 铺1240卢比，标单1800～2870卢比，双2820～3660卢比；❈@⑨)距离哈季亚大门仅200米的Chandan代表了甘哈最高的性价比。现代房间分布在庭院花园四周，8个床位的新宿舍是该地区最佳的经济型住宿选择。老板友善和蔼，可提供2辆四驱车，并找来2位居住在此的自然主义者带领巡游，他还可以把旅行者组织在一起分摊巡游费用。

欧制（European Plan；不含餐）和丛林收费制（Jungle Plan；房间、餐饮和巡游）的费用同样物有所值。

Baghira Jungle Resort 酒店 $$

(☎07642-216027；www.mptourism.com；Mocha；含全食宿 标单4140～4900卢比，双5000～5440卢比；❈)这家中央邦旅游局的新酒店位于哈季亚以西5公里的本贾尔河（Banjar River）岸边，是一个靠谱的住宿选择。住宿形式包括7栋别墅，每栋2层，有3个大房间。所有房间内都有空调，可从不同角度观赏河景，房间非常舒适，采用老虎那样的金色和棕色调，品位还不错，铺着老虎条纹的地毯，就连枕套都是老虎爪印图案。

Pugmark Resort　　　　　　度假屋 $$

（☎07649-277291；www.pugmarkresort.com；Khatia；含全食宿 标单/双2400/3600卢比，带空调3000/4800卢比；❄ ⊕）这些宽敞的乡村小屋位于主路旁边700米处的哈季亚，只能说不至于太简朴，不过明亮且空气清新，建在稍有些杂草丛生却令人惬意的花园的周围。这个住宿场所由家庭经营，运转良好。老板/经理Rahul知识渊博（还是定居在此的自然主义者和艺术家），而且收取的是三星级的价格，提供的却是五星级的服务。

从早餐开始，饮食非常出色——他们甚至可提供来自自家的两头荷兰奶牛的牛奶。Wi-Fi全覆盖。

★ Kipling Camp　　　　　　度假屋 $$$

（☎07649-277218，011-65196377；www.kiplingcamp.com；Mocha；含全食宿 印度人标单12,390~13,630卢比，双18,700~21,180卢比，外国人标单17,350~19,830卢比，双24,780~29,740卢比；⊙10月中旬至次年5月上旬；❄ ⊕）Kipling Camp是一座悠闲、出色的野生动物旅馆，由印度最具有热忱的老虎活动家、电影制作人、摄影师和作家Belinda Wright经营。这家旅馆距离哈季亚大门仅3公里，待在这里既长知识又可以放松，在丛林里一起吃完丰盛的一餐之后还可以参加关于野生动物的讨论会，或者可以回到令人愉悦的乡村风情小屋，里面还略微散发出英国殖民时期的气息。

你可以在没有围栏的土地上尽情亲近大自然，叶猴（langur）和白斑鹿（chital）是常客，只有偶尔飞奔而过的老虎或豹子才更引人注目。员工老练专业，很有魅力，可以为你指点多条步行和短途游的线路，你还可以和Tara一起下河游泳——这头养在营地里的大象已经60多岁了，经历传奇，令人难忘。这里是印度首批野生动物度假屋之一，创建于1982年，以环保和非营利为营业宗旨，收入全部被用于当地的许多社会事业。

🚌 穆基大门（Mukki Gate）附近

Kanha Safari Lodge　　　　　酒店 $$

（☎07636-290715；www.mptourism.com；Mukki；含全膳宿 标单 3920~4900卢比，双5000~5440卢比；⊕）一层和二层别墅中的房间不错但缺乏创意，里面有结实的床，别墅中间是中央花园，设有绳桥和几种儿童攀爬设施。这家中央邦旅游局的酒店还有酒吧和可靠的餐馆，是一个可以信赖的住宿场所，位置优越，距离穆基大门仅1公里。

★ Salban　　　　　　　　　家庭寄宿 $$$

（☎9818403038，7692835206；www.facebook.com/salbankanhahomestay；Baherakhar village；标单/双 含全食宿 4500/6000卢比；⊕）🍴 一对野生动物和旅行达人夫妇将自己宽敞、漂亮的住宅打造成了出色的住宿地点。在巡游间隙，你可以啜饮杜松子苏打水（G&T），从华丽宽阔的游廊观赏鸟儿，享用美味的家常菜，在奇妙的图书室潜心阅读或者到周围的林地和有机菜园散步。这里位于穆基大门东南方向7公里处，就在核心区边缘。

ℹ 实用信息

哈季亚的Motel Chandan附近有一台印度中央银行的自动柜员机，可以使用境外银行卡。

ℹ 到达和离开

长途汽车

每天有6班长途汽车从哈季亚开往门德拉（Mandla；60卢比；2.5小时；6:30、8:00、8:30、12:45、14:15、17:30）。6:30、8:30和12:45发车的班次将继续开往贾巴尔普尔（160卢比；5.5小时）。另外还有8:00从哈季亚开往那格浦尔（250卢比，8小时）的长途汽车。若要前往赖布尔，每天有1班长途汽车从莫查（Mocha）发车（220卢比，6小时，8:00）。

从门德拉长途汽车站出发的班车开往以下目的地：

贾巴尔普尔 100卢比，3.5小时，5:00至18:00 每隔20或30分钟发1班车，18:00至23:00每小时1班。

哈季亚 60卢比，2.5小时，9:30、10:00、11:30、12:15、13:50、14:30、16:15和17:20发车。

那格浦尔[长途汽车经过克瓦萨（Khawasa）转行至蓬其老虎保护区]250卢比，8小时，8:00、14:00、19:00、21:00、23:00。

赖布尔 座位/卧铺 400/450卢比，8小时，21:30和22:30。

从甘哈季乘坐长途汽车前往班德哈瓦老虎保护区需要在门德拉、沙赫布尔（Shahpura）和乌马里亚换乘。

出租车

从哈季亚开往贾巴尔普尔车站的出租车费用大约为2500卢比，开往机场的费用是2800卢比，开往那格浦尔或赖布尔的费用是4500卢比。

火车

最近的火车站在哈季亚西北32公里和51公里处的基赖东格里（Chiraidongri）和门德拉，由于塞奥尼-门德拉线路正在由窄轨更换为宽轨，在本书调研期间火车站暂时处于关闭状态。工程完工后（预计为2018年底），可以从贾巴尔普尔及其他地方乘坐火车抵达这两座车站。

班德哈瓦老虎保护区（Bandhavgarh Tiger Reserve）

☑07627

如果你参观印度老虎保护区的唯一目的就是看老虎的话，那么到这里就够了。在**班德哈瓦**（Bandhavgarh；☎9424794315；www.facebook.com/pg/Bandhavgarh-National-Park-Tiger-Reserve-789482291185683；核心区门票6座吉普车/单个座位 1500/250卢比，必备导游 360卢比，出租吉普车 2200卢比；⊙2.5至5小时上午和下午巡游，周三下午除外，10月至次年6月）小住两三天，应该都能看到老虎，除非是在10月。印度2014年的老虎数量调查显示，这里有68只老虎，其中大多数都在班德哈瓦国家公园（Bandhavgarh National Park）相对较小（453平方公里）的区域内，那里就是保护区的核心区。在游览方面，跟拉贾斯坦邦的伦腾博尔（Ranthambhore）不相上下，这里是印度最好的老虎旅游胜地之一。这里还有40多种难得一见的豹和更常见的动物，如鹿群、野猪和叶猴。

主要游览落脚点是**塔拉**（Tala）村，这个小村庄气氛悠闲，位于最近的乌马里亚（Umaria）火车站东北方向32公里处。2月至6月通常是观赏老虎的最佳月份，但4月至6月气温非常高，经常会超过40℃。

◎ 景点

解说中心 博物馆

（Interpretation Centre; Tala；⊙11:00~14:00和18:00~20:00，周三晚上闭馆）**免费** 这里有关于班德哈瓦历史和传说的有趣展览，一楼还有一些精美的老虎照片。此地位于塔拉主路旁边的巡游售票处后面。

注意：售票处即将迁至1公里以外的新楼。解说中心是否一同搬迁目前尚不清楚。

✈ 活动

巡游

所有的巡游都从塔拉出发，进入班德哈瓦国家公园的3个区域。前往塔拉区域要从村里进去；基陶利（Khitauli）和麦迪（Maghdi或Magadhi）区域的入口分别位于塔拉西南方向约5.5公里和6公里之处，都在乌马里亚公路的旁边。

每天最多仅限111辆6座巡游吉普车（被称为"吉卜赛人"）进入公园，但其中大多只能在网上（http://forest.mponline.gov.in，最早提前120天）预订，而且网站不能使用外国银行卡付款。尽早让酒店/机构代你安排可以免去大麻烦（一般要额外收取1000卢比左右）——因为巡游会在几个月前就订满，尤其是观赏老虎最负盛名的塔拉区域。早上的巡游时间是5:30至6:45（取决于季节），时间比下午（从15:00开始）长一些，看到老虎的机会一般也比其他时间段多一些。

巡游开始前的半小时，可以在塔拉村的售票处亲自预订，每天有12辆吉普车（72个座位），但预订的队伍甚至会在前一天晚上就开始排起来了。

通常在吉普车和司机基本费用2200卢比的基础上另加300卢比左右，可以安排前往你住的酒店接送。

轻卡团队游（Canter Tours）

如果其他一切都没排上，你可以预订**轻卡**（每人510卢比）——笨重迟缓的18座敞篷"小巴"——穿越麦迪和基陶利区域。可以在正常巡游出发时间前半小时在塔拉的售票处预订。

🛏 食宿

Kum Kum Lodge 酒店 $

(☎9424330200; Main Rd, Tala; 房间500~1000卢比; 🏠)房间非常普通，缺少陈设，但还算干净，有游廊，中间是一小块绿树成荫的场地(有秋千)。他们有电风扇或冷风机，但冬天没有暖气。

★ Tigergarh 度假屋 $$$

(☎7489826868; www.tigergarh.com; Ranchha Rd; 标单/双 含半食宿 4500/6000卢比，含全食宿 5000/7500卢比; ⓒ10月至次年6月; ❄🏠)🍴这家时髦的度假屋有11个房间，位于四周群山的脚下，环境宁静，在塔拉城镇中心西北3.5公里处。质朴别致的小屋(泥土的色调搭配少量比较明亮的色彩和民间艺术品)相当舒适，有四柱床和花洒淋浴。四周不断响起曼怛罗的声音，打理得很好的花园中依然流露出自然的韵味。

★ Treehouse Hideaway 度假屋 $$$

(☎9810253436; www.treehousehideaway.com; 标单/双 含全食宿 18,000/20,000卢比，丛林计划 32,000/34,000卢比; ⓒ10月至次年6月; ❄🏠)这里无疑是班德哈瓦最特别的住处，5栋巨大的树屋各自占地625平方米，每个季节都被拆卸而后又被重新组装起来，在离地面5米的高处呈现出其所有的豪华荣耀。漂亮的四柱床和宽敞的门廊框起了四周的丛林，最重要的是诗意的悠闲和清静。

Nature Heritage Resort 酒店 $$$

(☎07627-265351; www.natureheritageresort.com; Tala; 含全食宿 标单 5500~6500卢比，双 6500~7500卢比; ❄🏠)这里是一流的住宿场所，酒店里的氛围充满活力，可熟练地安排巡游(每辆吉普车5500卢比上门接送，配备酒店导游，赠送茶具)。位于丛林边缘的砖坯房间比较庸俗，但还算令人惬意舒适，所在的小屋周围环绕着一片阴凉的竹林。

自助餐(主要是印度风味)令人满意，员工友好，乐于助人。

★ Malaya Café 咖啡馆 $$

(Main Rd, Tala; 菜肴 80~150卢比，早餐375卢比; ⓒ10月至次年6月 9:00~20:00; 🏠)这家咖啡馆由性格外向的艾哈迈达巴德前营销业务人员经营，提供出色的纯素早餐/早午餐(建议前一天预订)，最适合吃完之后前去参加上午巡游。正宗的手冲咖啡或自制柠檬水、新鲜水果或果脯、粥和小扁豆薄煎饼，搭配一般做法的沙拉或土豆泥。

全天供应印式和西式小吃和简餐——Malaya还是一家非常精致的工艺品和纪念品商店。店主尼兰(Neelam)每年会花费2个月的时间，开车在印度各地挑选一些罕见独特的手工艺品。

Kolkata Restaurant 印度小餐馆 $$

(Main Rd, Tala; 主菜 120~250卢比，塔利套餐 80~250卢比; ⓒ8:00~22:00)友好的厨师老板阿迈勒·贾纳(Amal Jana)在这家被吹捧的小餐馆里独挑大梁，他飞快地做好地道、淳朴并且相当美味的塔利套餐——他认为那要归功于芥末油——配上他的香辣番茄酱，更胜一筹。还有煎蛋饼、中国菜和种类有限的欧洲菜。

ℹ 实用信息

塔拉的所有服务都在单主街的100米路段沿线，包括邮局、网吧(每小时50卢比)、餐馆和印度国家银行的自动柜员机。

ℹ 到达和离开

乌马里亚长途汽车站和火车站之间的三轮车收费10卢比(10分钟)。8:00~19:00，开往塔拉(35卢比，1小时)的长途汽车大约每半小时1班。在这段时间以外，你就得在火车站搭乘机动三轮车(19:00前/后400/600卢比)或者提前安排出租车(900卢比起)。

从塔拉回到乌马里亚长途汽车站的末班车会在19:30发车。塔拉没有机动三轮车。

火车

从乌马里亚出发的火车包括：20:55开往德里的18477 Utkal Express(Nizamuddin station; 卧铺/空调卧铺3类/空调卧铺2类 425/1150/1665卢比，18小时)，途经瓜廖尔(320/865/1245卢比; 11小时)、阿格拉(365/985/1420卢比; 14小时)和马图拉(380/1035/1490卢比; 15小时); 16:36前往贾巴尔普尔的18234 Narmada Express(100/490/695卢比; 4.5小时)继续前往博帕尔

(280/750/1080卢比；12小时)、乌贾因(360/975/1405卢比，16小时)和印多尔(385/1055/1520卢比，18.5小时)。

每天有2班火车开往瓦拉纳西：15160 Sarnath Express (275/740/1065卢比，12小时，4:19)和5232 Gondia Barauni Express (280/750/1080卢比，12.5小时，7:17)，2班车都开往瑟德纳，从那里你可以乘坐长途汽车前往克久拉霍。

如果要前往赖布尔(切蒂斯格尔邦)，每天有3班火车，其中包括15159 Sarnath Express (230/615/880卢比；8小时；22:16发车)。

除了乌马里亚火车站外，你还可以选择在格德尼(Katni)火车站乘车，这是一处更加繁忙的铁路枢纽站，有直达各地的火车，如贾巴尔普尔、瑟德纳和瓦拉纳西。你可以从乌马里亚(Umaria)乘坐长途汽车到格德尼(60卢比；2.5小时；7:30和9:00~18:00半小时1班)。

蓬其老虎保护区 (Pench Tiger Reserve)

☑07695

这里是中央邦第三大著名的老虎保护区。蓬其(☑07692-223794；www.penchtiger.co.in；核心区门票6座吉普车/单个座位1500/250卢比，必备导游360卢比，出租吉普车2500卢比；⊙2.5~5小时上午和下午巡游，周三下午除外，10月至次年6月)的大部分地区由柚木森林构成，而非婆罗双树，所以和附近的甘哈或班德哈瓦相比别有一番风情。这里的游客更少(老虎也更少)，因此当你在公园周围开车时，常常会感到这片森林是属于你一个人的。即使没有老虎现身，这里还有各种其他野生动物，森林本身的环境十分优美。

蓬其老虎保护区的面积共计1921平方公里——60%在中央邦，其余部分在马哈拉施特拉邦。绝大多数老虎都在中央邦一侧，特别是在蓬其国家公园(属于老虎保护区核心区)，里面有大约50只老虎。到目前为止，公园3处入口中所在位置交通最便捷且最常用的是位于克瓦萨(Khawasa)以西12公里处的图里亚大门，就在贾巴尔普尔—那格浦尔的44号公路(Hwy 44)旁边。

活动

从图里亚大门出发的吉普车巡游之旅

图里亚大门(Turia Gate)每天允许最多34辆六座巡游吉普车("吉卜赛人")进入国家公园进行上午或傍晚巡游。但其中大多都在网上(http://forest.mponline.gov.in，最早提前120天)预订，而且网站不能使用外国银行卡付款。每次巡游有3辆吉普车(18个座位)可以在巡游出发前1小时在图里亚大门处亲自预订。在最繁忙的时段，队伍从9点以前就排起来了。另外，网上名额没有订满的淡季，巡游前一天的傍晚或上午，甚至出发前1个小时，都可以在图里亚大门处预订。然而你肯定不能指望这个，所以总而言之，让酒店或机构帮你预订巡游(一般每次巡游额外收费1000卢比左右)最稳妥。尽可能提前安排，因为巡游经常提前两三个星期就订满了，在热门日期前后，包括节假日和一些周末，更是提前几个月就订满了。

上午巡游一般更有可能看到老虎。

在租吉普车与司机基本费用2500卢比的基础上额外加几百卢比，通常可以为你安排酒店接送。

其他巡游活动

如果常规的国家公园你没报上，可以试试缓冲区巡游(每辆6座吉普车包括导游3510卢比)，与常规巡游出发时间相同，出发地点有3个：图里亚村庄附近、图里亚以南约5公里处的泰利亚(Teliya)，以及克瓦萨以北约4公里处的卢克哈德(Rukhad)。另外还有时2小时的夜间巡游，从克瓦萨的森林办公室出发，大约18:00出发。其他选择还有前往马哈拉施特拉邦的蓬其巡游，从图里亚以南约17公里处的胡尔萨帕尔(Khursapar)大门出发。

食宿

Tiger 'N' Woods 度假屋 $$
(☑8888399166；http://tigernwoods.com；房间含全食宿5000卢比；❄☞❄)友好的年轻员工为这个地方营造出一种轻松悠闲的氛围，位于高架木屋里的房间虽然普通却令人愉悦，有可以看到森林的卫生间和走廊。

这里的自然主义者可以带你在大自然中散步（100卢比），你还可以在这里享受推油按摩。

Kipling's Court　　　　　　酒店 $$

（☎07695-232830；www.mptourism.com；含全食宿 铺1300卢比，房间5460~5940卢比；❄@🌐🏊）这家由政府经营的酒店距离图里亚大门2公里，在经济型（考虑到费用包含所有膳食，2间维护良好的6床位宿舍物超所值）和家庭型（号称拥有图里亚最好的游乐场，还有室内游戏）两方面均能胜出。小屋环绕修剪尽职的花园，里面的房间也不赖，全都带空调。

★ Baghvan　　　　　　度假村 $$$

（☎07695-232847；www.tajsafaris.com；含全食宿 标准22,000~50,000卢比，双29,000~67,000卢比；❄@🌐🏊）Taj Hotels在中央邦所有主要的老虎公园都开设了豪华酒店，但这个独具慧眼的住宿场所的确最有丛林特色，值得挥霍一次。12栋由竹子、婆罗双树和混凝土建成的大型村舍隐藏在森林中间，以精致的艺术品和家具为特色，还有室内外淋浴和架高的大狩猎台（室外露台）。

公共区域中规中矩，不过一些古怪的艺术品和工艺品令人满意，足以弥补缺陷。饮食不出所料地美味。这里距离图里亚大门1公里，必须预订。房费随季节和需求变化；另外还可提供民宿和丛林式（全食宿外加巡游）住宿。

Mowgli's Den　　　　　　度假屋 $$$

（☎07695-232832；www.mowglisdenpench.com；房间 全食宿6500卢比；❄）距离图里亚大门2.5公里的Mowgli's有10栋舒适的圆形大村舍，位于草木葱茏的花园里，全都有竹子装饰和大卫生间。热情的老板是真正的野生动物爱好者，知道许多关于蓬其的信息，有时还会陪着客人去巡游。

餐厅周围环绕着青竹，饭菜也不错。

ⓘ 实用信息

克瓦萨的马哈拉施特拉邦银行的自动柜员机可以使用外国银行卡。

ⓘ 到达和离开

班次频繁的长途汽车连接着克瓦萨和那格浦尔（90卢比；2小时，每隔半小时）及贾巴尔普尔（180卢比；6小时；每隔半小时）。满员后，合乘吉普车（20卢比）会往返于克瓦萨和图里亚之间。国家公园大门距离图里亚村3公里远。最近的机场和主要的火车站位于那格浦尔（乘坐出租车2000~2500卢比）。

你可以从克瓦萨直接去甘哈老虎保护区，而不需要大老远绕道到贾巴尔普尔或门德拉。拦下任何北上到赛奥尼（Seoni）的长途汽车（50卢比；1小时，每隔半小时），然后搭乘门德拉方向的长途汽车到达基赖东格里（95卢比；3小时；6:40~22:40 大约每小时1班），那里每天有9班长途汽车开往哈季亚大门（35卢比；1小时；11:00~18:00）。

切蒂斯格尔邦
（CHHATTISGARH）

切蒂斯格尔邦位置偏远，缺少重要"景点"，基础设施有限。不过对于那些喜欢探险的游客来说，在这里旅行的经历可能会成为你在该地区整个旅行过程中的一大亮点。这里是印度森林最为茂盛（44%）的邦，并拥有一些天赐的绝佳自然美景——众多瀑布和未遭破坏的自然保护区都位于这里。更有趣的是，这里是42个不同部落的所在地，这些部落的点彩画作和细长的雕塑十分生动，其缤纷的色彩就如同这里举办的众多集市活动一样喜庆而热闹，而最著名的集市莫过于在巴斯塔南部地区的杰格德尔布尔周边举办的集市。

切蒂斯格尔邦是东部纳萨尔派（Naxalite）游击队活跃的邦州之一。他们有时会袭击警察、政府官员或政客，地点有时是在公路上，主要出现在该邦南半部，但近些年没有出现涉及外国人的事件报道。

赖布尔（Raipur）

☎0771 / 人口 1,010,000

切蒂斯格尔邦丑陋、繁忙的首府是这个邦的钢铁及其他工业中心，除了锡尔布尔（Sirpur）的古迹之外，能留住你的一日游目的地几乎没有，也没有别的什么旅游景点。尽管如此，**切蒂斯格尔邦旅游局办公室**（☏0771-6453336, 9926781331; www.tourism.cg.gov.in; Raipur Junction Station; ◷7:00~22:00）还是值得一游的：可帮助安排部落访问活动、交通、住宿和向导服务。邦政府机构、新建的教育设施、医院、办公室、技术园区和国际板球场都位于东南20公里开外的新城——新赖布尔（Naya Raipur）。

火车总站（Raipur Junction）外边的Station Rd东边沿线有许多经济型酒店和中档酒店，贾伊斯塔姆广场（Jaistambh Chowk）附近的市中心和本德里汽车站（Pandri Bus Stand）外边的LIC Rd也有几家。高档酒店基本上位于市中心以东4公里至12公里的53号公路（Hwy 53）或通向机场的VIP Rd沿线。

Hotel Jyoti　　　　　　　　　　酒店 $

（☏0771-2428777; hoteljyoti@gmail.com; LIC Rd, Pandri; 标单/双750/1000卢比起, 带空调1200/1450卢比起; ❋⛳）经历了长途跋涉之后，位于本德里汽车站（Pandri Bus Stand）外边主路上的Jyoti是一家可以让你在旅途中歇息一下的寓所。普通的房间色彩鲜艳（不过有的卫生间气味不好闻）。经理十分乐于助人。

大楼后面的 **Hotel Saatvik**（☏0771-2420420; www.hotelsaatvik.org; LIC Rd, Pandri; 标单/双1400/1600卢比起; ❋⛳）的品质更上一层楼。

★ Hotel LeRoi　　　　　　　　酒店 $$

（☏0771-2971354; www.leroihotels.com; MFC Bldg, 紧邻Raipur Junction station; 含早餐 标单 3190~3640卢比, 双 3640~4100卢比; ❋⛳）如果你的预算就是这个价位，那么就选车站旁边光线明亮、态度友好、服务高效的LeRoi，别浪费时间找其他地方了。房间一尘不染，大小适中，散发着松木气息，有顺畅的Wi-Fi、好用的空调、茶/咖啡设施和新式卫生间，走进淋浴间就让人高兴。

这里还有一家24小时开放的餐馆和咖啡店。机场接送费用500卢比。

ⓘ 到达和离开

飞机

赖布尔的机场（www.aai.aero/allairports/raipur_generalinfo.jsp）很繁忙，位于市中心东南方向14公里处，每天至少有2趟飞往德里、孟买、博帕尔、班加罗尔、印多尔、加尔各答和海得拉巴的航班，还有飞往印度其他6座城市的航班。运营航班的是**印度航空**（☏0771-2972321, 机场0771-2418201; www.airindia.in; CII/1 Aiswarya Chamber, GE Rd, Telebhanda; ◷周一至周六9:30~17:00)、**靛蓝航空**（☏9212783838; www.goindigo.in; Airport）和**捷特航空**（☏0771-2107613; www.jetairways.com）。

长途汽车

总站在多少有些混乱的**本德里汽车站**（Pandri Bus Stand; LIC Rd），位于火车站（在火车站外边的预付费车站搭乘机动三轮车50卢比）东南方向2.5公里处。**Mahendra Travels**（☏0771-4054444; www.mahendrabus.in）是一家可靠的公司，有开往杰格德尔布尔（座席330至380卢比, 卧铺400至430卢比, 8小时, 每隔15分钟; 5:15至午夜）的长途汽车，以及开往贾巴尔普尔（座席/卧铺300/400卢比, 11小时, 4:30、18:00、21:00）和那格浦尔（座席/卧铺 非空调车300/350卢比, 空调车400/500卢比, 8小时, 每天7班车）的长途汽车。

火车

实用的火车线路包括开往德里（Nizamuddin火车站; 18237 Chhattisgarh Express 卧铺/空调卧铺3类/空调卧铺2类565/1515/2215卢比; 28小时; 16:20），这一班次途经那格浦尔（5.5小时）、博帕尔（14小时）、占西（21小时）、瓜廖尔（22小时）和阿格拉（24小时）。12859 Gitanjali Express则开往加尔各答（豪拉火车站; Howrah station; 445/1165/1665卢比; 13小时; 23:35）。每天还有开往布巴内什瓦尔、维沙卡帕特南、贾巴尔普尔和瓦拉纳西的其他列车。

ⓘ 当地交通

火车站外边的24小时预付费岗亭（屋顶是安全帽形状）有开往帕尔德利汽车站（Paldri Bus Stand; 50卢比）、贾伊斯塔姆广场（55卢比）和机场（240卢比含停车费）的机动三轮车。合乘汽车

(10卢比)同样开往汽车站。

锡尔布尔(Sirpur)及周边

位于赖布尔以东80公里处的锡尔布尔村庄有可能成为一日游或过夜旅行目的地的是,四周散落着十几个佛教和耆那教寺院遗址及建于公元6世纪和7世纪的印度教神庙。很多挖掘工作还在进行之中。7世纪的拉克斯曼神庙(Laxman Temple;印度人/外国人15/200卢比;⊙黎明至黄昏)是保存最完整的神庙,也是印度最古老的砖砌神庙之一。另一个主要亮点(免费入内,开放时间一般是8:00~18:00)是蒂瓦德沃佛教寺院(Teevardwo Buddhist Monastery),内有非常精美的雕塑;苏朗蒂拉(Surang Tila)是非同寻常的湿婆神庙,形状像是金字塔,正面是白色的石材;阿南德普拉布库蒂库底寺(Anand Prabhu Kuti Vihara;另一座佛教寺院);以及默哈讷迪河(Mahanadi River)河岸那座建于18世纪的甘纳什沃寺(Gandeshwar Temple),如今依然是香火旺盛的湿婆圣地。

如果想要更加深入地探究切蒂斯格尔邦的乡村,可以参加锡尔布尔以东的巴尔那瓦帕拉野生动物保护区(Barnawapara Wildlife Sanctuary;⊙11月至次年6月)的森林巡游活动。有时能看见那里栖息的几只豹子、许多鹿和羚羊,大约300只懒熊和几头野象。

位于锡尔布尔东北方向15公里处的巴巴斯普尔(Barbaspur)和锡尔布尔东南方向32公里处的拉万(Rawan)都有3~5小时巡游(大约从6:00和14:30开始)的吉普车和导游,总费用为3000~4000卢比,包括导游和停车费。

Hiuen Tsiang Tourist Resort (☏0771-4066415;标单/双 1500/2200卢比;❄)提供面积又大又洁白的空调房间,有舒适的床和大卫生间,外加可口的印度饭菜(主菜90~170卢比)。提前几小时告知的话,他们还能为非住客提供饮食。

从赖布尔的本德里汽车站(Pandri Bus Stand)出发的长途汽车开往默哈瑟蒙德(Mahasamund;45卢比,1.5小时,半小时

> **值 得 一 游**
>
> ## 贡德冈(KONDAGAON)的手工艺
>
> 位于杰格德尔布尔以北大约77公里处的令人钦佩的NGO组织Saathi(☏9993861686; tiwaribhupesh@gmail.com; Kondagaon; ⊙周一至周六 8:00~18:00)由和蔼可亲的布佩希·蒂瓦里(Bhupesh Tiwari)及其团队经营,他们与超过300座村庄合作,为村民提供手工艺培训,销售手工艺品,并在健康、教育和卫生方面提供帮助。这里有作坊和销售展厅,可以安排导游参观工匠劳动(每天500~1000卢比),还提供为期一周或时间更长的钟铜、铸铁、陶瓦或木雕教学。离开赖布尔公路往西走,沿着130D公路(Hwy 130D)行进到达贡德冈以北约3公里的地方,在方圆1公里内你就能看到Saathi的招牌。

1班),那里每小时都有开往锡尔布尔(30卢比,1小时)的长途汽车。从赖布尔乘坐出租车一日游的费用约为1600卢比。

杰格德尔布尔(Jagdalpur)

☏07782 / 人口125,000

切蒂斯格尔邦拥有众多部落,这座巴斯塔地区的首府就是探寻部落文化的理想基地。小镇每周日会举办集市,在这里你会看到印度原住民们(部落人民)围着店家买东西、卖东西和以物易物。不过还是要在周边的村庄才能全面领略到原住民的生活。一些村庄极其偏远,只有跟着向导才能进入。不过其他的村庄只需要搭个车便可到达,尤其是在集市日,可以独自探访。

举办周日集市的桑贾伊市场(Sanjay Market)是杰格德尔布尔的活力所在。再往北500米,Palace Rd尽头那座色彩艳丽的王公宫殿是城镇的主要地标。

⊙ 景点

人类学博物馆 博物馆
(Anthropological Museum; Chitrakote Rd;

⊙周一至周五 10:30~17:30）免费 杰格德尔布尔这家看起来老式的博物馆位于市中心以西3公里，有关于部落习俗和文化的展览，极具启发性，还有一系列令人着迷的20世纪七八十年代的手工艺品，全部来自部落村庄。

节日和活动

★巴斯塔十胜节
文化

（Bastar Dussehra；⊙9月/10月）在巴斯塔（Bastar），为期75天的十胜节（通常在10月上旬）筹备和庆典使得巴斯塔十胜节成为世界上最长的节日之一。节日在最后10天达到高潮，尤其是最后2天的晚上，巨大的木制战车被人们用绳子拉着在杰格德尔布尔游行。

食宿

汽车站附近有几家价格便宜的酒店，大多很破旧，市中心附近有一些更好的住宿场所。该地区最高档的地方是奇特拉柯特瀑布周边的 **Dandami Luxury Resort**（✆18001026415，0771-4224999；www.tourism.cg.gov.in；Chitrakote；标单/双 2000/2500卢比；❄），虽说实际上并不豪华。

Hotel Rainbow
酒店 $

（✆07782-221684；hotelrainbow@rediffmail.com；双/标三 760/945卢比，带空调1050/2190卢比；❄✿）这家年头很久的酒店绝对是超值之选（Wi-Fi全覆盖），即便是便宜的不带空调且厕所是蹲厕的房间都十分宽敞且布置得不错，内部的印度餐厅（主菜120~270卢比）是镇上最好的餐厅之一，而且还有非常蓝调风的酒吧。管理人员非常乐于助人，提供24小时退房服务。酒店就位于桑贾伊市场（Sanjay Market）对面。

Devansh Residency
酒店 $$

（✆07782-221199；devanshresidency@gmail.com；Collectorate Rd；含早餐标单/双 1700/2160卢比，套 4780卢比；❄✿）这是城里最好的地方：宽敞、干净、白色和柠檬绿的房间覆盖Wi-Fi，配备不错的盥洗用品；酒店内纯素食的餐馆 **Vaishnavi**（主菜140~250卢比；⊙7:30~22:30；✿）也是城里最好的。

购物

Shabari
工艺品

（Chandni Chowk；⊙周一至周六 10:30~20:00）一家价格固定的国营商场，出售各种印度原住民手工艺品，从小而细长的铁质雕像到更加昂贵的巨大的金属雕塑，应有尽有。

❶ 实用信息

旅游信息中心（Tourism Information Centre；✆07782-2008001；ctbbastar@rediffmail.com；紧邻Shahid Park；⊙周一至周六 10:00~19:00）可以帮忙安排参观部落村庄，另外出售巴斯塔手工艺品。中心紧邻Main Rd，位于市中心以东1公里处。

❶ 到达和离开

长途汽车

长途汽车站位于市中心以南约1.5公里（乘坐机动三轮车 20卢比）的地方。**Mahendra Travels**（见652页）和 **Kanker Roadways**（✆9826185795；www.kankerroadways.in）运营前往赖布尔（非空调 330~400卢比，空调座席/卧铺 380/430卢比，8小时）的长途汽车，5:00至午夜，15分钟或30分钟1班。

火车

这条印度最高的宽轨线路穿过东高止山脉，延伸至安得拉邦海岸附近的维济亚讷格勒姆（Vizianagram）。18448 Hirakhand Express在15:00发车开往布巴内什瓦尔（Bhubaneswar；卧铺/空调卧铺3类/空调卧铺2类 395/1080/1555卢比；18小时）。58502 Kirandul-Visakhapatnam Passenger在10:38发车前往维沙卡帕特南（Visakhapatnam；卧铺/空调 140/810卢比，10.5小时）。2班火车都在距离杰格德尔布尔约3小时车程的奥里萨邦科拉普特（Koraput）停靠。

杰格德尔布尔周边

奇特拉柯特瀑布（Chitrakote Falls）

奇特拉柯特瀑布又被称为"印度的尼亚加拉瀑布"，宽300米，高32米，是印度最宽的瀑布，雨后最为壮观，不过一年到头这里的景色都很美丽，尤其是日落时分。

水流不汹涌的时候（在12月至次年6月期间），可以在瀑布顶端的池子里划船（需要非常小心）。你还可以在瀑布的下游游泳，或者请一个当地的渔民划船直抵瀑布（每人50卢比）：从瀑布旁边政府全资酒店的台阶下去即可。

瀑布位于杰格德尔布尔西北方向40公里处的因德拉沃蒂河（Indravati River）。长途汽车（45卢比，1.5小时，9:00、11:00、14:00和19:00）从距离桑贾伊市场500米处的Chitrakote Rd阿努帕马广场（Anupama Chowk）发车。返回杰格德尔布尔的末班车时间是16:00。出租车往返费用约为1500卢比。

巴斯塔乡村集市和原住民村庄

巴斯塔分布的3500多座村庄共有8大部落，从伽דע瓦（Ghadwa；擅长钟铜冶金）到遥远南部森林的多里亚（Doria），它是唯一一个用树枝和树叶（而不是泥和茅草）建造房屋的部落。若想了解巴斯塔充满活力的原住民文化，最有意思的方式是参加丰富多彩的乡村集市。集市是切蒂斯格尔邦的生命线。部落居民户步行20公里前来交易（经常是易货交易），商品从独一无二、闪闪发亮的纱丽到活的红蚂蚁应有尽有。

这里有各种各样千奇百怪的东西，包括钟铜（锡铜合金）工艺品，这门手艺代代相传，已有大约300年的历史了。那一大堆看上去像是压扁的大枣的东西其实是干燥的麻花（mahuwa），它是一种花，既可以生吃，也可以晒干后用水煮，并用煮水时的蒸汽酿制成烈酒，这是众多巴斯塔原住民最喜爱的烈酒。

你可以从杰格德尔布尔（大多从桑贾伊市场发车）乘坐长途汽车前往许多本地原住民村庄，这在集市日当天肯定是一种可行的交通选择——但有时候很难到达，如果你真的想结识部落居民，而不是只是看看就好，那至少要带一名向导做翻译。他们还可以帮你安排家庭寄宿。与阿韦什·阿里（Awesh Ali；☏9425244925；aweshali@gmail.com；每天1500卢比）同行一日实在是一次很有启发性的体验。他是一名经验丰富的向导，会说9种语言（其中4种是部落语言）。可以直接联系他，或者通过杰格德尔布尔的旅游信息中心（见654页）联系。一辆汽车和一名司机（旅游办公室可以安排）每天的费用为1200~1600卢比，包括燃油。

大部分集市从正午经营至17:00。当地有很多集市，以下这些只是它们之中比较有名的一些。更多详情可以咨询杰格德尔布尔旅游信息中心。合乘吉普车通常会在集市一带徘徊，可以把游客载回杰格德尔布尔。

何时	何地	与杰格德尔布尔间的距离	从杰格德尔布尔出发的班车（票价、车程）	特色
周一	Tokapal	16公里	25卢比，30分钟	来自伽德瓦原住民的金属铃铛
周三	Darbha	35公里	40卢比，1小时	祖尔瓦（Dhurwa）原住民会来参加
周四	巴斯塔	20公里	30卢比，30分钟	从杰格德尔布尔到这里的交通十分便利
周五	罗汉迪古答（Lohandiguda）	36公里	40卢比，1.25小时	哈尔瓦（halva），穆里亚（Muria）和马里亚（Maria）部落；距离奇特拉柯特（Chitrakote）公路1公里
周五	Nangur	22公里	没有直达班车	来自遥远森林的原住民会来出席
周五	Nagarnar	24公里	没有直达班车	穿戴鲜艳的Bhatra原住民会来参加
周六	Kuknar	70公里	60卢比，2小时	这里是Bison-Horn Maria部落的大本营
周日	杰格德尔布尔	-	-	位于市内，开到深夜
周日	Pamela	12公里	10卢比，20分钟	激动雀跃的人们会为斗鸡下赌注

康格谷国家公园
(Kanger Valley National Park)

从杰格德尔布尔出发，这座公园（印度人/外国人25/150卢比，小汽车50卢比；◎9:00~17:00）是本地非常受欢迎且令人愉快的一日游或半日游的目的地。公园占地面积为200平方公里，位于杰格德尔布尔以南，山谷中林木茂密。游客可以前往两个主要景点：一是蒂拉特格尔瀑布（Tirathgarh Falls），高35米，分几段跌落穆加巴哈尔河（Mugabahar River）冲出的峡谷，后者是康格的支流；二是库图姆萨尔洞穴（Kutumsar Cave；导游75卢比；◎11月至次年6月 8:00~15:00），导游会带你穿过长达300米的狭窄过道、水泥台阶和有许多钟乳石和石笋的大山洞。从杰格德尔布尔乘坐出租车往返这里的费用为1200卢比，可到达瀑布或洞穴，如果要两个地方都去，费用则为1500卢比。

古吉拉特邦

包括➡

艾哈迈达巴德..................660
瓦多达拉(巴罗达)........673
巴夫那加尔.....................677
帕利塔纳........................679
第乌..............................681
吉尔国家公园及
野生动物保护区.............687
朱纳格特........................689
贾姆讷格尔.....................695
普杰..............................699
喀奇小盐沼.....................708

最佳就餐

➡ Vishalla(见668页)
➡ Nilambag Palace Restaurant(见678页)
➡ Peshawri(见675页)
➡ Gopi Dining Hall(见667页)
➡ Bhatiyar Gali(见667页)

最佳住宿

➡ House of MG(见666页)
➡ Deewanji Ni Haveli(见666页)
➡ Bhuj House(见702页)
➡ São Tome Retiro(见683页)
➡ Rann Riders(见709页)

为何去

首府艾哈迈达巴德凭借非凡的建筑和一流的餐饮吸引着游客,但是古吉拉特邦(Gujarat)大量的旅游资源都在乡间。氏族村庄中的传统匠人凭借其纺织、刺绣、染色和印花等技艺制作着在印度数一数二的精美纺织品。原始风貌的公园守护着当地独特的野生动物,包括野驴和所剩无几的亚洲狮狮群。"有精神追求"的游客可以前往广袤平原上陡然而起的山区,到山顶上拜访耆那教和印度教的朝圣神迹。而当地的多姿多彩的节日则使这里洋溢着文化魅力。古吉拉特邦还是圣雄甘地生活和工作过的地方,与其渊源颇深:甘地出生在这里,其发起的"非暴力不合作"(satyagraha)运动便是从这里燃遍全国,而且这里还是其"盐路长征"(Salt March)的起点——他的遗产依然极具活力,对这里公共和私人生活仍然施加着重要的影响。

何时去

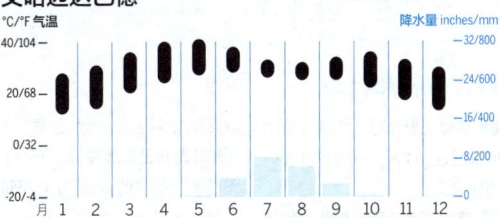

9月和10月 在九夜节(Navratri)期间,每个村庄小镇都会举办音乐和舞蹈活动。

11月至12月 朱纳格特(Junagadh)会进入"芒果奶昔时段"。

11月至次年3月 游览古吉拉特邦国家公园及野生动物保护区的最佳时段。

古吉拉特邦亮点

① 喀奇(见699页)探索这里的部落村庄,欣赏并购买印度最好的纺织品。

② 吉尔国家公园及野生动物保护区(见687页)参加森林巡游,寻找亚洲仅存的野生狮子。

③ 艾哈迈达巴德(见660页)饱餐一顿塔利套餐,探索老城区的清真寺,瞻仰圣雄甘地的故居。

④ 尚庞和巴瓦加德(见676页)跟随着朝圣者的步伐,奔赴相邻的两处世界遗产地,探索荒废的都城。

⑤ 野驴保护区(见708页)在一马平川的小盐沼搜寻印度野驴、狼、鬣狗和蓝牛羚的踪迹。

⑥ 第乌(见681页)置身于这片曾经的葡萄牙飞地,放松身心,在几乎空空荡荡的道路上骑骑小摩托。

⑦ 沙特伦加亚(见680页)前往帕利塔纳(Palitana)附近山顶的耆那教寺庙,参加一次颇具挑战性的清晨朝圣。

历史

据说古吉拉特邦的索姆纳特寺（Temple of Somnath）见证了宇宙的诞生，后来，克利须那神（Krishna）在此邦留下了足迹。抛开仙史谈历史，早在4000多年前，洛塔（Lothal）和朵拉维那（Dholavira，今喀奇）两地便是印度河谷文明的重要发源地。信奉佛教的霸主阿育王（Ashoka）在古吉拉特邦颇有作为，而在阿育王之孙统治索拉什特拉（Saurashtra）期间，耆那教也在这片土地上扎下了根。

10世纪至13世纪，这里在信奉印度教的索兰基（Solanki）王朝统治之下，首府位于帕坦（Patan），这段时期被认为是古吉拉特地区的文化黄金时代。到了1300年前后，阿拉丁·卡尔基（Ala-ud-din Khilji）几次兴兵，将古吉拉特并入了德里苏丹国（Delhi sultanate），索兰基王朝的统治结束。1个世纪后，古吉拉特脱离了德里苏丹国，成为一个信奉伊斯兰教的古吉拉特苏丹国，首府改设在艾哈迈达巴德。16世纪70年代，莫卧儿帝国征服并开始统治古吉拉特。到了18世纪，信奉印度教的马拉地人（Marathas）从印度中部崛起，占领了古吉拉特的中部和东部地区。在1614年左右，英国人在古吉拉特海岸城市苏拉特（Surat）建立了他们在印度的第一个贸易基地，并在19世纪早期取代马拉地人成为这里的统治者。

就是从古吉拉特开始，甘地发起了其"非暴力不合作"运动来对抗英国统治。从最初的抗议和绝食，该运动愈演愈烈，最终引发了390公里的"盐路长征"，引起了全世界的关注，在全印度激起了强烈的反英情绪。印度独立后，东古吉拉特并入孟买邦（Bombay state）。1956年，原为独立邦的索拉什特拉和喀奇两地也被并入孟买邦。1960年，孟买邦按照当地主要语言的不同被分成了说古吉拉特语的古吉拉特邦和说马拉地语的马哈拉施特拉邦（Maharashtra）。

一直以来，控制古吉拉特邦的主要政党是印度国大党（Congress Party of India），但1991年印度人民党（Bharatiya Janata Party，简称BJP）开始掌权执政。2002年，一伙据称是穆斯林的暴徒在格德拉（Godhra）放火烧火车，导致59名印度教活动家丧命，在当地民众间引发了大规模暴力事件。印度教暴徒开始报复穆斯林，3天内估计有2000人被杀害（官方数据要比这个低）——其中多数都是穆斯林——数万人流离失所。据坊间广泛流传的说法，人民党领导的邦政府为了自身的政治利益，对于某些针对穆斯林的极为凶残的袭击，进行了消极的、有时甚至是"积极的"纵容。果不其然，同年晚些时候，时任古吉拉特邦首席部长的纳伦德拉·莫迪（Nahendra Modi）以压倒性优势得以连任。2012年，一名人民党前部长因为其在格德拉暴乱期间的那罗达帕提亚屠杀（Naroda Patiya massacre）中的所作所为，以阴谋罪和谋杀罪被定罪，但直到目前为止，莫迪本人并未因任何与暴力活动有关的指控而被定罪。自从2002年发生暴乱以来，古吉拉特邦一直十分安宁，昔日风光重现，依然是印度非常繁荣、非常商业化的一个邦。2014年，莫迪当选印度总理。2016年11月8日，他一夜之间废除了86%的货币，触发了一场印度金融危机，又为混乱的局面增添了更多古吉拉特的戏剧性。

邦内重要节日

风筝节（Uttarayan；见666页）节日期间，艾哈迈达巴德及其他城市的天空上挤满了风筝。

莫德赫拉舞蹈节（Modhera Dance Festival；◎1月20日前后）大型印度古典舞蹈节。

巴福纳斯大集（Bhavnath Mela, Bhavnath Fair；◎1月/2月）在神圣的吉尔纳尔山脚下举行的印度教节日。

摩诃迦梨节（Mahakali Festival；◎3月/4月）在节日期间，朝圣者会来到圣山巴瓦加德（Pavagadh）膜拜卡莉。

九夜节（Navratri；见666页）届时整个古吉拉特邦会欢舞九晚以庆祝节日。

圆月节（Kartik Purnima；Somnath & Shatrunjaya；◎11月/12月）这是印度教徒、耆那教徒和锡克教徒共同的圣日（古鲁那纳克诞辰日）。届时在索姆纳特（Somnath）会举办大型集市（见686页）；而耆那教的朝圣者则会涌向沙特伦加亚山（见677页）。

东古吉拉特
(EASTERN GUJARAT)

艾哈迈达巴德
[Ahmedabad (Amdavad)]

079 / 人口 6,360,000

在古吉拉特邦的主要城市艾哈迈达巴德（也可叫作Ahemdavad），你会觉得越来越喜欢这里。旺季时节，这个地方确实交通拥挤，非常嘈杂，空气浑浊，令人有些不知所措，但这座非凡的城市还是值得花些时间了解一番。吸引你目光的是这里的建筑财富——从拥有几个世纪历史的清真寺和陵墓到前卫的当代设计，应有尽有。而且这里还有迷宫般的老城区以及超棒的博物馆、餐厅和喧闹的街头排档，以及宁静的萨巴尔马蒂静修所（Sabarmati Ashram）。

老城区位于萨巴尔马蒂河（Sabarmati River）的东岸，四周原有一道10公里长的城墙，现在所剩无几，仅存有15座雄伟的城门矗立在喧嚣的人流车流中，仿佛一座座孤岛。新城区位于河的西岸，街道更宽，有几所重点大学和许多中产阶级社区。

历史

艾哈迈达巴德由古吉拉特苏丹艾哈迈德·沙（Ahmed Shah）建立于1411年。传说他在此处看到一只兔子竟然在追赶一只狗，被其勇气折服，便建城纪念。从他在萨巴尔马蒂河东岸建立的城堡开始，城市迅速发展，到了17世纪，已被那个时代的人看作是印度最美的城市之一，同时也是一个繁荣的贸易中心，城中遍布美丽的伊斯兰建筑。尽管其影响在此后有所减弱，但是从19世纪后半段开始，艾哈迈达巴德作为一个纺织业中心再次崛起（被称为"东方的曼彻斯特"）。然而到了20世纪末，许多纺织厂都已关门，该城陷入经济困难时期，2002年席卷全城的那场教派暴乱也许就是拜其所赐。在暴乱期间，有大约2000人（主要是穆斯林）被杀害。今天，除了传统的纺织业和商业以外，再次兴旺的艾哈迈达巴德也是一个信息技术、教育和化学品生产的中心，被官方认定为一座"超级城市"。

⊙ 景点

艾哈迈达巴德最有趣的地方是位于萨巴尔马蒂河（Sabarmati River）以东的老城——尤其是红门（Lal Darwaja）、巴德拉堡（Bhadra Fort）和三门（Teen Darwaja）地区及从那些地方辐射出来的集市街道。

★ 卡里科纺织品博物馆　　　　　博物馆

(Calico Museum of Textiles; ☏079-22868172; www.calicomuseum.org; Sarabhai Foundation; ◎周四至周二团队游 10:30~13:00) **免费** 这家博物馆收藏着印度古往今来的各类纺织品，其精美程度在世界上数一数二。藏品全部为手工制造，其中最古老的已有500年历史。一些藏品美得惊人，展现了令人难以置信的技艺和心血。这里有一条耗时3年织成的羊绒围巾，还有一块使用"经纬织法"（double-ikat）造出的布料，共10万根线，每一根都是经过了独立染色才织在一起的。博物馆开放时，每天提供一次团队游；由于名额有限（20人），必须打电话预订。

团队游将参观主要的纺织品展厅，你可以在那儿看到挂毯、王室服装、精致的纱丽、部落服装、派多拉丝绸织品和班达尼扎染的精品。一间独立展厅展示着来自世界各地不同样式的刺绣，你还可以见识神圣的青铜器、宗教布画（pichwais）及袖珍画。

不接待10岁以下儿童。馆内不允许拍照或带包。博物馆位于Shahibag地区，距老

购酒许可证
(ALCOHOL PERMITS)

古吉拉特邦是正式的禁酒邦，因为甘地反对万恶的酒精，但外国游客很容易可以获得购酒许可证。抵达机场时可以免费办理，或者可以在很多大型酒店的"酒水销售店"领取——一般需要支付一小笔费用。只要出示护照，就能领取为期1个月的许可证。目前已有计划，将在不久的将来实现网上发证。持有许可证可以在1个月之内购买2个"单位量"的酒水，等于20标准瓶啤酒或2瓶750毫升的烈酒，而且你还不能在公共场合饮用。干杯!

城中北3.5公里,在沙依巴格地下路(Shahibag Underbridge)对面。从红门(Lal Darwaja)乘坐机动三轮车到这里的费用约为₹50。

★ 赫希辛格神庙　　　　　　耆那教寺庙

(Hutheesingh Temple; Balvantrai Mehta Rd; ◎6:00~20:00)位于德里门(Delhi Gate)外边,这座耆那教寺庙是艾哈迈达巴德的300座耆那教寺庙之一。即使你已经见过一些神庙,但这座神庙仍会令你惊叹得合不拢嘴,白色大理石上的神祇、花朵和仙女雕刻十分精美。神庙建造于1848年,供奉的是耆那教第十五代祖师(tirthankar)达拉玛纳斯(Dharamanath),庭院里面的52座小神龛是他的肖像所在,眼睛全都是用宝石镶嵌的。看门人可能会允许你登上屋顶。

★ 萨巴尔马蒂静修地　　　　历史遗址

(Sabarmati Ashram; www.gandhiashramsabarmati.org; Ashram Rd; ◎8:30~18:30) **免费** 纪念馆位于萨巴尔马蒂河(Sabarmati River)西岸,周围宁静阴凉。这座修行所(ashram)在1917年至1930年间是甘地为了争取印度独立而进行漫长斗争的大本营。据说他把运动大本营设在这里是因为此处位于一所监狱和一片墓地之间,而任何一位"非暴力不合作者"(satyagrahi)的结局都注定是"非此即彼"。甘地的居所被保留了下来,其简陋程度令人唏嘘不已。此外这里还有一个博物馆,翔实地记录了他的生活和教诲,令人感动。

1930年3月12日,甘地和78名同伴正是从这里出发,开始了著名的"盐路长征",前往位于坎贝湾(Gulf of Cambay)的丹迪(Dandi)。这是一次象征性的抗议:甘地发誓除非印度获得独立,否则永远不回修行所。1933年该修行所被解散,后来成了达利特(Dalit)福利事业和乡村工业的一个中心。甘地死后,其一部分骨灰便撒在了修行所前面的河水中。

此处位于红门(Lal Darwaja)以北约5公里处。从市中心乘坐机动三轮车来此大约需要50卢比。

洛卡亚坦民俗博物馆　　　　博物馆

(Lokayatan Folk Museum; www.shreyasfoundation.in; 印度人/外国人₹25/100; ◎周二至周六15:00~17:30,周日10:30~13:30和15:00~17:30)这座博物馆位于Bhudarpura,在河的西侧3公里处,展出了各种引人入胜的古吉拉特邦民间艺术品——尤其是来自喀奇(Kachchh)的艺术品——包括木雕、金属器皿以及一些令人赞叹的刺绣纺织品和扎染床单。多留意拉巴里人(Rabari)制作的精美头饰、珠串、嫁妆箱子、家用器具、骆驼和马的装饰品等。馆长可以免费带你游览。从市中心乘坐机动三轮车过来大约需要₹50;就说你想去Shreyas Foundation(什里亚基金会)。

萨克热罗扎清真寺　　　　　历史建筑

(Sarkhej Roza; ◎9:00至黄昏)这座清真寺、陵墓和宫殿建筑群是为纪念艾哈迈德·沙一世(Ahmed Shah I)的精神导师艾哈迈德·卡图·甘吉·巴克什(Ahmed Khattu Ganj Baksh)而建造的。典雅却略显破败的建筑环绕着一个大水池(经常没有水),是由马哈茂德·贝格达苏丹(Sultan Mahmud Begada)于15世纪中期修建而成的。这个很有氛围的地方曾被艾哈迈达巴德的统治者作为行宫使用。清真寺坐落于萨克热(Sarkhej)地区,位于旧市中心西南方向8公里处;从市中心乘坐机动三轮车往返大约需要₹150。可以在Vishalla(见668页)吃晚餐。

马哈茂德·贝格达和甘吉·巴克什的陵墓也在这里,前者靠近入口处,其几何形的木格屏风(jalis)会在地板上投下美丽的光影图案,后者是巴克什在古吉拉特邦内最大的陵墓。

巴德拉堡　　　　　　　　　　城堡

(Bhadra Fort, Lal Darwaja; ◎清晨至黄昏)城堡于艾哈迈达巴德城诞生后不久的1411年被建造出来,里面是政府办公机构和一座伽罗神庙。神庙巨大的大门也是城堡的东门,整个城堡则向西一直延伸到河岸。站在城堡顶部(可以从左边门口进去),你可以领略其雄浑的整体结构,也可以欣赏周围街道的景观。城堡往东有一座三门(Teen Darwaja),二者之间是皇家广场(Maidan Shahi),这里现在是一个人声鼎沸的市场,过去则是皇室出巡和马球比赛的场地。

Ahmedabad (Amdavad) 艾哈迈达巴德

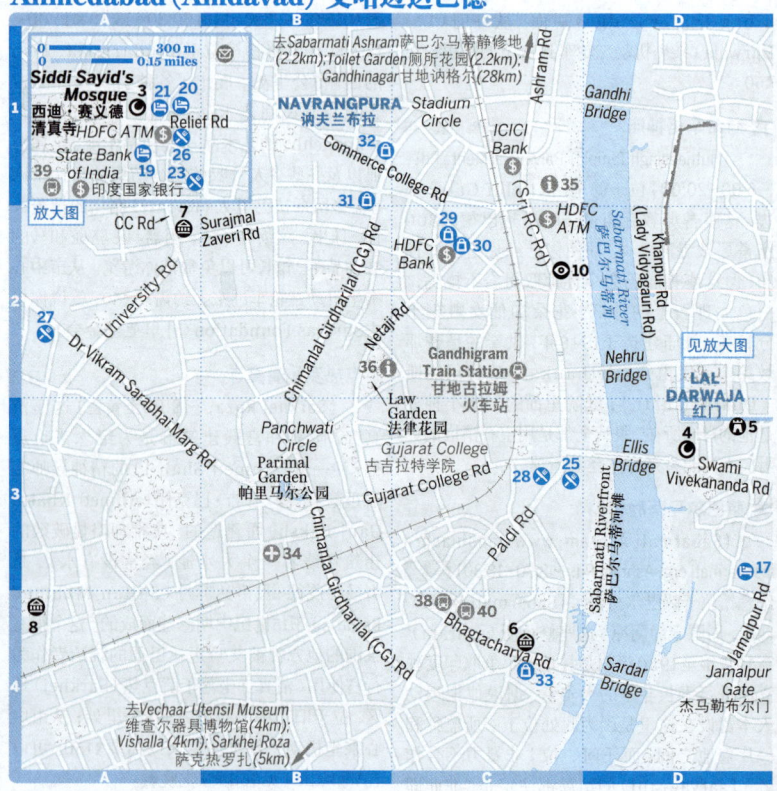

工厂主协会大楼　　　　　　　　　　建筑

（Mill Owners' Association Building; www.atmaahd.com; Ashram Rd; ◎周一至周五 10:00~16:30, 周六 至12:30）免费 艾哈迈达巴德有4座建筑是具有传奇色彩的瑞士—法国建筑家勒·柯布西耶（Le Corbusier）的设计作品，这栋大楼就是其中一座，也是最惹人注目的。一段令人印象深刻的斜坡向上通向建筑，倾斜的水泥百叶窗挡住东西两个外立面得以通风的同时遮挡了刺眼的阳光。夹楼举办临时展览。如果你想拍摄这栋大楼，需要事先征求同意。

卡尔帕纳·曼加尔达斯博物馆　　　　博物馆

（Kalpana Mangaldas Museum; ◎周二至周六 15:00~17:30, 周日 10:00~13:30和15:00~17:30）免费 这家博物馆是什里亚博物馆（Shreyas Museum）综合建筑的一部分，展出印度各地的节日面具、玩具、工艺品、乐器，还放着一副大象骨架。持有洛卡亚坦民俗博物馆的门票可以免费入内。

梅赫塔美术馆　　　　　　　　　　　博物馆

（NC Mehta Gallery; University Rd; ◎周二至周日 10:30~17:30）免费 这里与拉尔拜·达尔拉帕特拜博物馆（Lalbhai Dalpatbhai Museum）位于同一幢建筑内，收藏着非常珍贵的绘图手稿和微画作品。这里最有名的是《盗贼情诗五十首》（Chaurapanchasika）的手稿，作者是11世纪克什米尔诗人维哈那（Vilhana）。他因为爱上国王的女儿而被判处绞刑。在临刑前，他获准可以实现最后一个愿望：他选择当场朗诵这50首情诗，结果国王大为感动，将女儿嫁给了他。

拉尔拜·达尔拉帕特拜博物馆　　　　博物馆

（Lalbhai Dalpatbhai Museum; LD Museum;

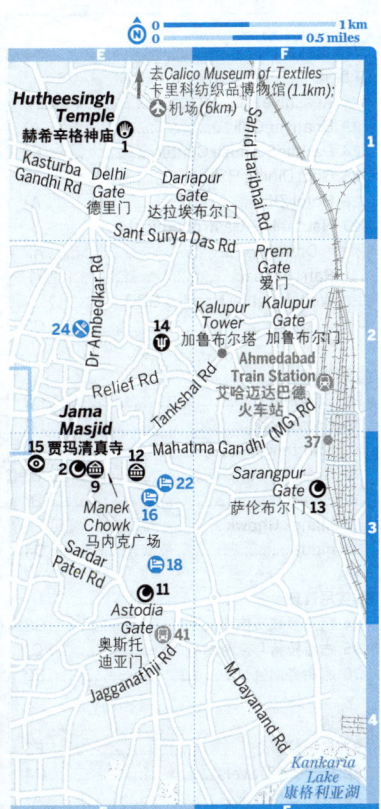

都组织遗产步行观光游（Heritage Walk；见664页），8:00开始，这时神庙正好有供奉活动举行，可以让你一睹诵经和唱经的场景。

维查尔器具博物馆　　博物馆

（Vechaar Utensil Museum；www.vishalla.com；Bye-Pass Rd；印度人/外国人 15/50卢比；⊙周二至周日 14:00~16:00和17:00~22:30）这家出色的博物馆位于Vishalla餐厅（见668页）的对面，展出的各种既优雅又实用的锅具和厨具，数量超过4500个，来自印度各地，某些展品已有千年历史。留意巨大的油桶、丰满女人形状的胡桃夹子和典型的茶壶。博物馆位于市中心西南方向大约7公里处。

城市博物馆　　博物馆

（City Museum；Sanskar Kendra，Bhagtacharya Rd；⊙周二至周日 10:00~18:00）免费 该博物馆位于由勒·柯布西耶（Le Corbusier）设计的4座建筑中的一座，主要介绍艾哈迈达巴德的历史、工艺、艺术、建筑和文学，有以该城宗教群体、甘地和独立运动等为主题的若干展区，还有一流的摄影展馆及古吉拉特邦著名艺术家的作品。一层有100件色彩缤纷的风筝，还有关于放风筝的历史介绍。

厕所花园　　博物馆

（Toilet Garden；Safai Vidyalaya，Ashram Rd；⊙周一至周六 10:00~18:00）坐落在萨巴尔马蒂静修地（见661页）的隔壁，值得进去看看，可以看到花园里展示的环保厕所的模型和示意图。伊什沃尔达达·帕特尔（Ishwardada Patel；又被称作厕所先生）将改善全印度的公共卫生状况作为毕生的事业，因为大约40%的印度人仍然没有干净的公共厕所。他的另一个目标是解放贱民种姓的清洁工，让他们不必再用手从事既危险又耻辱的清理旱厕的工作。

团队游

★ Nirav Panchal　　团队游

（☎9825626387；nirupanchal@yahoo.co.in）古吉拉特邦消息最灵通的导游之一，富有魅力的尼拉夫·潘查（Nirav Panchal）可以带

www.ldmuseum.co.in；University Rd；⊙周二至周日 10:30~17:30）免费 该博物馆是拉尔拜·达尔拉帕特拜印度学学院（LD Institute of Indology）的一部分，里面藏有绚丽的古代和中世纪印度艺术瑰宝，包括佛教、印度教和耆那教的石制、大理石和青铜神像，75,000件耆那教手稿和袖珍画。其中一个来自中央邦（Madhya Pradesh）的砂石雕刻的历史可追溯到公元6世纪，是印度神罗摩（Rama）已知最古老的雕像。

斯瓦米纳拉扬神庙　　印度教神庙

（Swaminarayan Temple；Kalupur；⊙黎明至黄昏）这座建于1822年的神庙色彩丰富，装饰着木雕，位于老城，是印度教斯瓦米纳拉扬宗（Swaminarayan Hindu sect）的第一座神庙。该宗的信徒认为其创立者斯瓦米纳拉扬（1781~1830年）并非凡人。这里每天

Ahmedabad(Amdavad) 艾哈迈达巴德

◎ 重要景点
- **1** 赫希辛格神庙 E1
- **2** 贾玛清真寺 E3
- **3** 西迪·赛义德清真寺 A1

◎ 景点
- **4** 艾哈迈德·沙清真寺 D3
- **5** 巴德拉堡 D3
- **6** 城市博物馆 C4
- 卡尔帕纳·曼加尔达斯博物馆 .... (见8)
- **7** 拉尔拜·达尔拉帕特拜博物馆 A2
- **8** 洛卡亚坦民俗博物馆 A4
- **9** 艾哈迈德·沙陵 E3
- **10** 工厂主协会大楼 C2
- 梅赫塔美术馆 .... (见7)
- **11** 斯普里皇后清真寺 E3
- **12** 皇后陵 E3
- **13** 西迪·巴希尔清真寺 F3
- **14** 斯瓦米纳拉扬神庙 E2
- **15** 三门 E3

✈ 活动、课程和团队游
- 遗产步行观光游 .... (见14)
- House of MG Walks .... (见21)

🛏 住宿
- **16** Deewanji Ni Haveli E3
- **17** Diwan's Bungalow D3
- **18** French Haveli E3
- **19** Hotel Cadillac A1
- Hotel Good Night .... (见21)
- **20** Hotel Volga A1
- **21** House of MG A1
- **22** Mangaldas Ni Haveli E3

✕ 就餐
- Agashiye .... (见21)
- **23** Bhatiyar Gali A1
- **24** Darbar Samosa Center E2
- **25** Gopi Dining Hall C3
- **26** Hotel ZK A1
- **27** Nautanki – Gastronomical Drama A2
- Ratri Bazaar .... (见9)
- **28** WoW Mughlai Handi & BBQ Grill C3

🛍 购物
- **29** Bandhej C2
- **30** Crossword C2
- Gamthiwala .... (见9)
- **31** Gramshree B1
- **32** Hansiba B1
- Manek Chowk .... (见9)
- **33** nidus C4

ℹ 实用信息
- **34** 阿波罗城市中心 B3
- **35** 古吉拉特邦旅游局 C1
- **36** 旅游咨询台 B2

🚌 交通
- **37** 电子订票处 F3
- **38** Gujarat Travels C4
- **39** 红门本地汽车站 A1
- 帕特尔旅行 .... (见40)
- **40** Shree Swaminarayan C4
- **41** ST长途汽车站 E4

领定制团队游,从一天的艾哈迈达巴德体验到前往该邦各地的多日游,等等。他英语说得很好,法语也不赖。你可以按照自己的兴趣,打电话或发电子邮件给他,询问详细信息和价格。

★ Saiyed Badrudin　　　　文化游
(📞7622884557, 9510225587; easywaysaiyed@gmail.com)赛耶德(Saiyed)是非常有见识的艾哈迈达巴德本地导游,英语流利,乐于根据你的兴趣安排定制城市观光游。

遗产步行观光游　　　　　　　步行游
(Heritage Walk; 📞9824032866; Swaminarayan Temple;印度人/外国人 200/300卢比; ⊕每天8:00)艾哈迈达巴德市政当局(Municipal Corporation)组织的每日步行游,可带你穿行老城区,非常有趣。早晨8:00(7:45到达)在加鲁布尔(Kalupur)地区的斯瓦米纳拉扬神庙(Swaminarayan Temple;见663页)发团,在10:30前后于贾玛清真寺(见665页)结束游览。艾哈迈达巴德老城区有大约600个类似角落的"大杂院"(印度称pol,内有公共的院落、水井和喂鸟塔);而参加该团,在狭窄错综的街道和破旧的雕饰木房中穿行,你可以很好地领略老城及其大杂院的风貌。导游使用英语,发团前会有一个简短的幻灯片介绍。你的鞋子最好是"好脱好穿"的那种,因为沿途会参观许多神庙。

House of MG Walks 步行游

(☏079-25506946; House of MG, Lal Darwaja; 早餐散步₹350, 夜间散步₹250; ⓧ早餐散步7:30~9:30, 夜间散步21:30~23:00) House of MG历史酒店提供2种出色的导览步行游。10月至次年3月提供早餐散步, 参观的景点包括许多老城中的亮点, 结束时正好回到酒店吃早餐。时长1小时的历史夜间散步全年都

清真寺和陵墓

在15世纪和16世纪古吉拉特苏丹国统治时期, 尤其是在艾哈迈德·沙一世(1411~1442年在位)和马哈茂德·贝格达(1459~1511年)的治下, 艾哈迈达巴德兴修了许多非凡的石造清真寺, 其风格融合了印度教和耆那教设计元素, 十分独特。注意, 女性不允许进入祈祷堂, 有些清真寺甚至禁止女性靠近周边地界。

贾玛清真寺(Jama Masjid, 意为"星期五清真寺"; MG Rd; ⓧ6:00~18:00)由艾哈迈德·沙兴建于1423年, 可以跻身于印度最美丽的清真寺的行列中。清真寺使用拆毁了的印度教和耆那教寺庙的建筑材料修建, 因此在风格上融合了这两个宗教的建筑特点, 尤其是某些穹顶上的莲花状雕饰, 由祷告厅的260柱子支撑。两座名叫"摇塔"(印度特有的一种建筑, 经常成对出现, 塔身通过摇摆可以抵御地震, 人们也可以在塔顶晃动石柱, 让对面的尖塔摇摆起来)的尖塔(minaret)在1819年的大地震中曾被拦腰折断; 它们的下半部分至今依然位于祷告厅中廊的两侧。

艾哈迈德·沙陵墓(Mausoleum of Ahmed Shah; Badshah-na-Hazira; MG Rd; ⓧ黎明至黄昏)这座具有神秘气息的陵墓在贾玛清真寺东门外, 可能是由艾哈迈德·沙本人于1442年离世前主持兴建的。他的衣冠冢(cenotaph)位于主穹顶下的中央位置。过去每晚22:00, 陵墓东门会用敲鼓来告诉城门即将关闭, 现在每晚鼓声依旧, 延续着这一保持了将近600年的传统。不允许女性进入。

皇后陵(Rani-na-Hazira; Manek Chowk Rd)艾哈迈德·沙皇后的陵墓, 建于高台之上, 现在已被集市摊位紧紧包围。尽管年久失修, 但雕刻屏风值得看看。

西迪·赛义德清真寺(Siddi Sayid's Mosque; Lal Darwaja; ⓧ黎明至黄昏)该清真寺是艾哈迈达巴德最为惊艳的建筑之一, 这里最为著名的是精致的格窗, 宛如蛛网般精细, 其中两扇描绘的是"生命之树"(tree of life)错综复杂的枝条。清真寺由古吉拉特军队中的一名阿比西尼亚人修建于莫卧儿帝国征服古吉拉特的那一年(1573年), 曾经是老城墙的一部分。

艾哈迈德·沙清真寺(Ahmed Shah's Mosque; Swami Vivekananda Rd; ⓧ黎明至黄昏)这座清真寺位于巴德拉堡西南, 其历史可以追溯至1414年, 它是城里年代最早的清真寺之一, 建造目的是供在该城原来的城堡中居住的苏丹和贵族使用。祈祷堂中, 雕工精美的石柱和木格屏风密如森林。与印度教和耆那教寺庙相似, 呈圆对称的穹顶内部有着精美的雕刻。

斯普里皇后清真寺(Rani Sipri's Mosque; Astodia Gate Circle; ⓧ黎明至黄昏)这座小清真寺位于ST长途汽车站附近, 由于建筑优雅, 也被称为"清真寺之珠"(Masjid-e-Nagira)。清真寺拥有雕工细致的尖塔, 斯普里皇后的拱顶墓还有精美的木格屏风。1514年由苏丹马哈茂德·贝格达的皇后——信奉印度教的斯普里皇后——下令修建而成; 她死后就被葬在此处。

西迪·巴希尔清真寺(Sidi Bashir Mosque; ⓧ黎明至黄昏)巴希尔清真寺建于1452年, 位于艾哈迈达巴德火车站和萨伦布尔门(Sarangpur Gate)之间, 最著名的是其两座21.3米高的"摇塔"(jhulta minara), 摇塔能够晃动的设计是为了抵御地震。底座附近的石构件尤为精美。

九夜节（NAVRATRI）和十胜节（DUSSEHRA）

九夜节（Navratri；9月/10月）是印度全国性的节日，但在古吉拉特邦独具特色。九夜节庆祝的是分别化身为杜尔迦（Durga）、拉克希米（Lakshmi）和萨拉斯瓦蒂（Saraswati）的女神的胜利——尤其是杜尔迦杀掉恶魔摩西娑苏罗（Mahishasura）的壮举。在交叉路口和集市上专门设立的神坛是庆祝活动的主要地点，但能容纳数千人的大型场地越来越受欢迎。节日期间，人们会身着闪亮的华服，跳起神秘的圆圈舞（包括garba rasa和dandiyarasa），狂欢至凌晨。九夜节过后的第一晚即是**十胜节**（Dussehra；10月），庆祝的是罗摩战胜罗波那（Ravana），夜间仍然会举行舞蹈表演和放烟花活动，此外人们还会焚烧那位败北的恶魔国王的巨型人偶。

有，可以在夜间一瞥艾哈迈达巴德历史悠久的城区，包括马内克广场（Manek Chowk）的集市。

✹ 节日和活动

风筝节　　　　　　　　　文化游

（Uttarayan; Makar Sakranti；1月14日至15日）每年1月14日至15日，艾哈迈达巴德都会举办风筝节。那是一场印度传统风筝的盛会，届时会有国际选手参赛，游客们蜂拥而入，天空中满是风筝。

🛏 住宿

经济酒店多挤在喧嚣吵闹、交通拥挤的Lal Darwaja地区，靠近老城区，而多数中高端酒店则位于Khanpur Rd（该路与萨巴尔马蒂河东岸并行），那里的环境更为宜人，但是与多数有趣的景点相距较远。

老城中心也有几家漂亮的历史酒店。

Hotel Cadillac　　　　　　酒店 $

（☎079-25507558; Advance Cinema Rd, Lal Darwaja; 标单/双 ₹500/600起）如果你一分钱都恨不得掰成两半儿花，那么干脆来这里算了。这家友好的酒店开业于1934年，可谓业界元老，至今保留着当年的木质楼梯扶手。床垫有点"硌得慌"，较小的客房感觉像是牢房，较大的房间还说得过去，就是破旧些。建议设法弄到临着阳台的房间。

Hotel Volga　　　　　　　酒店 $$

（☎079-25509497; www.hotelvolga.in; Hanuman Ln, 紧邻Relief Rd, Lal Darwaja; 标单/双₹950/1100, 带空调 ₹1200/1400; ❄🌐）这家酒店躲在House of MG后面的一条窄街中，令人意想不到的好，难找但值得找。房间时尚，比较整洁，很多房间最近经过改造升级，加装了弧形或软垫床头板和局部照明灯。前台的服务效率很高，可以把你点的多国风味美食送至房间。不要住在3层厨房下方的房间里。

Hotel Good Night　　　　　酒店 $$

（☎079-25507181; www.hotelgoodnight.co.in; Lal Darwaja; 标单/双 ₹1700/1900起; ❄🌐）这家整洁的酒店有几种类型的房间，全都经过装修，洁白而闪亮。顶级的"行政"房间出人意料地具有艺术气息；底层的"经济"房间有些闷热。市中心的地段优越，但空调和电风扇的声响像是直升机在起飞。

★ Deewanji Ni Haveli　　　历史酒店 $$$

（☎079-22140830; www.cityhc.org; Ganga Dhiya ni Pol对面, Sankadi Sheri, Manek Chowk; 房间₹2970~5515; ❄🌐）艾哈迈达巴德复兴历史建筑运动的一部分，这栋具有250年历史的大楼经过了大规模的修缮，又重现出昔日的辉煌。中间是宁静的庭院，豪华房间——有粉饰灰泥墙壁、沉重的木梁和古香古色的陈设——是老城区最有情调的住宿地点。房费包括丰盛的早餐。

★ House of MG　　　　　　历史酒店 $$$

（☎079-25506946; www.houseofmg.com; Lal Darwaja; 标单/双 ₹4400/4600起, 套 ₹9900起, 含全早餐; ❄🌐）这座落成于20世纪20年代的建筑曾是纺织业大亨曼伽耳达斯·基尔达尔达斯（Sheth Mangaldas Girdhardas）的宅邸——被其重孙改造为一座美丽的酒店。所有的房间都极大，外面都配有长长的阳台，装潢都是大师手笔，气氛温馨但不失奢华。服务是一流的，这里有2家出色的餐厅，其室内游泳池和健身房更是极好。在网上预订可以享受优惠。

不要错过一层古色古香的纺织品展厅。你还可以在这里的商店购买优质的手工艺礼品，还有关于印度纺织品及文化传承的精美读物。酒店经营2种出色的步行游（见665页），住客和非住客都可以参加。

French Haveli　　　　　　　家庭寄宿 $$$

（☎9978910730，9016430430；www.frenchhaveli.com；Jain Temple对面，Khida Sheri, Dhal-ni-pol, Astodia Chakra；房间₹2500~4300，套₹5700；✼❄➌）这栋经过精心修缮的古吉拉特历史住宅位于老城一处"大杂院"（pol）的中间，已经有150年的历史，有5个装饰风格不同的房间。二层的Agaashi自带露台，Mahajan Suite最宽敞。房费包括美味的早餐。楼梯陡峭，不适合行动不便的人。

Mangaldas Ni Haveli　　　精品酒店 $$$

（www.houseofmg.com；Sankadi Sheri, Manek Chowk；房间₹6000；➌）House of MG旗下的这家幽静的精品酒店有6个面朝安静庭院的房间、夹楼天井及传统的古吉拉特翼楼。动物主题的房间装饰独特，运用了本地的模板艺术品；奶牛房间最宽敞。从楼上露台望出去的"大杂院"风景令人羡慕，餐厅提供古吉拉特快餐。

Diwan's Bungalow　　　　历史酒店 $$$

（☎079-25355428；www.neemranahotels.com；MB Kadri Rd；房间₹5900~8800；✼➌）坐落在从巴德拉堡步行10分钟即可到达的热闹街区，这栋始建于19世纪后来又经过修缮的大楼体现出一种优雅闲适的气质。大厅和餐厅悬挂着具有历史特点的枝形吊灯，内部露天朝向花园庭院。每个房间都不相同，但面积都很大并且经过雅致布置，融合了现代的便利和历史的风情。

🍴 就餐

艾哈迈达巴德有古吉拉特邦最好的一批餐厅，提供从古吉拉特塔利套餐和莫格莱咖喱到分子料理等各种美食。老城有一流的排挡和简单的小餐馆，马内克广场（Manek Chowk）和法律花园（Law Garden）有夜市，比较高档的餐馆基本上都在城市的西半边和酒店里面。

★ Bhatiyar Gali　　　　　印度菜 $

（Khaas Bazaar, Lal Darwaja；菜肴₹30起；⏰正午至次日1:00）这条狭窄的"美食小街"及毗邻的小巷一到晚上就变得热闹起来，简陋的小餐馆和摊位开始准备丰盛的美食。Bera Samosa提供可口的香辣肉馅小萨莫萨三角饺和炸肉丸，Bari Handa是一晚上都有泥炉炖菜的地方。炭烤肉串也不错。这个地方就在Teen Darwaza东边。

★ Ratri Bazaar　　　　　　市场 $

（Manek Chowk；菜肴₹40起；⏰19:30至次日1:30）这里是城里迄今为止最热门的夜市，一到晚上就受到饥肠辘辘的本地人的追捧。最受欢迎的地方包括多莎饼摊位，出售印度南部风味的酥脆的薄煎饼，馅料丰富，还有印度香饭摊位、Asharfi Kulfi的印度冰激凌和Cadbury比萨（酥脆的饼坯配融化的巧克力和奶酪）。

Darbar Samosa Center　古吉拉特菜 $

（Gheekanta Rd, Navtad Ni Pol对面, Vishwa Karma Bhuwan；12只萨莫萨三角饺₹45；⏰9:00~20:30）这家出色的萨莫萨三角饺小店是这条巷子里专门经营新派萨莫萨三角饺的几家餐馆之一——小个儿的蔬菜三角饺加入土豆或豌豆等豆子作馅，搭配糖醋木瓜果汁及辣椒和棕榈糖或者香辣的鹰嘴豆泥。

Gopi Dining Hall　　　古吉拉特菜 $$

（紧邻Paldi Rd；塔利 210~300卢比；⏰10:30~15:30和18:30~22:30；✼）这里紧邻Ellis

---

住宿价格区间

以下价格适用于带独立卫生间的双人间，含税：

$ 少于₹800

$$ ₹800~2500

$$$ 高于₹2500

古吉拉特饮食
（GUJARATI CUISINE）

古吉拉特邦的饮食强项在于素食，部分原因是耆那教在当地的影响。最为经典的古吉拉特正餐便是一盘全素的塔利套餐。这里的塔利套餐与旁遮普邦相比，更甜一些也更清淡，没那么辣、那么油，在讲究饮食的当地人眼中无疑是世界上最好吃的塔利。吃的时候先会给你端上一个很大的不锈钢餐盘，然后一个个服务员将会为你把各种食物盛到盘中，主要包括：咖喱、酸辣酱（chutney）、泡菜、黄豆汤（dhal）、卡迪（kadhi，酸奶鹰嘴豆糊）、印度酸奶酱（raita）、印度飞饼（roti）、米饭、基迪（khichdi，大米配小扁豆，微辣）、法散（farsan，美味小吃）、沙拉以及一两道甜品——甜品并非餐后食用，而是与其他食品一同吃。酪乳（buttermilk）是传统的佐餐饮品。在通常情况下，吃完了飞饼之后服务员才会给你上米饭或者基迪。在多数塔利餐厅中，服务员会不停地对你进行轰炸，直到把你撑到连说"不要了"才肯罢休。

Bridge西端，是个吃塔利套餐的人气小店，配有一座小花园和一个带空调的就餐区。拼盘有"标准套餐"（fix）、"完整套餐"（full；不限量）和"配甜品完整套餐"（with one sweet）3种分量可选，就看你饿到什么程度了。

WoW Mughlai Handi & BBQ Grill
北印度菜 $$

（☎079-30257202；www.wowrestaurant.co.in；Rangoli Complex, Ashram Rd, Ellis Bridge；主菜₹140起；⊙正午至15:00和19:00~23:00；❄）抛开古代世界七大奇观的俗气装饰不提，这个地方专门烹制浓郁可口的莫格莱菜咖喱和美味的烤肉串。到了晚上，你还可以自己在二层露台的炭烤炉子上烧烤。

Hotel ZK
印度菜、中国菜 $$

（Relief Rd, Lal Darwaja；主菜₹190~300；⊙11:00~23:30；❄）这家热门的非素食餐馆配备空调、贴膜窗户，光线幽暗，服务毫无瑕疵。印度无骨羊肉锅（mutton kadhai）美味无敌，而且（和这里的不少菜肴一样）端上来的时候下面还在用明火加热。另外，推荐羊肉串和阿富汗鸡肉咖喱。

★Nautanki–Gastronomical Drama
新派印度菜 $$$

（☎079-65555560；www.nautankiamd.com；Dr Vikram Sarabhai Marg, IIM-Ahmedabad附近ATIRA对面；主菜₹450~850，品尝菜单₹1350；⊙正午至15:00和19:00~23:00；❄）这家别出心裁的餐馆用实验性的分子料理拓展了艾哈迈达巴德的饮食疆域，借助非传统的技艺改造传统菜肴。品尝菜单对初次尝试这种方式的食客做了全面介绍，包括分解的各种油炸小吃、美味的羊肉炒饭和一流的甜点。这里值得让你破费一次。

★Vishalla
印度菜 $$$

（☎079-26602422；www.vishalla.com；Bye-Pass Rd；午餐₹340，晚餐₹670；⊙11:00~15:00和19:30~23:00）餐厅位于城镇西南部郊区，灯笼光照下的乡村露天环境能带给你奇妙的用餐体验。不限量的古吉拉特菜肴塔利套餐在其他餐厅可吃不到，而且用树叶盛放食物，就餐时你的面前是低矮的木桌，头上则是露天遮阳棚。晚餐时会有很棒的民间音乐、舞蹈和木偶剧为你助兴。从艾哈迈达巴德市中心乘机动三轮车往返这里约需花费150卢比。

★Agashiye
古吉拉特菜 $$$

（☎079-25506946；www.houseofmg.com；House of MG, Lal Darwaja；套餐标准/豪华₹1095/1495；⊙正午至15:30和19:00~22:30）餐厅在城市最好的历史酒店的顶层露台上，全素食菜单每天更新，餐前会为你奉上一杯免费饮品。享用这里的塔利套餐好像是进行一次文化之旅，各类传统的塔利美食都会被盛入盘中供你享用。餐后还有一份手打冰激凌。晚餐提前订位。

🛍 购物

★Hansiba
工艺品

（8 Chandan Complex, CG Rd；⊙周一至周六11:00~21:00，周日11:30~19:30）创业女性协会（Self-Employed Women's Association,

简称SEWA)的零售门店,销售色彩缤纷的针织品和刺绣披肩、纱丽、精美的刺绣女装和壁挂。

马内克广场　　　　　　　　　　手工艺品

(Manek Chowk; ◎黎明至黄昏)这片繁忙的区域以及周边的几条窄街是老城区的商业中心。在如织的人流中穿行,你可以完全沉浸在其气场之中,逛一逛各个蔬菜和甜品摊位,光顾银器和纺织品商店。

Gamthiwala　　　　　　　　　　纺织品

(Manek Chowk; ◎周一至周六 11:00~19:00) Gamthiwala位于老城区艾哈迈德·沙陵的入口旁,销售优质的版印和扎染织物。

Bandhej　　　　　　　　　　时装和饰品

(www.bandhej.com; Shree Krishna Centre, Netaji Rd)传统和当代纱丽、刺绣外衣、饰品和礼品——都是全国各地的工匠用环保材料手工制造。这里还有艾哈迈达巴德生产的美丽玻璃制品。

nidus　　　　　　　　　　礼品和纪念品

(☎079-26623692; National Insititute of Design Campus, Paldi; ◎周一至周六 11:00~19:00)位于NID(国家设计学院)校园的这家礼品店有学院师生独立设计的各种一流作品。可以挑选时尚的珠宝首饰、不落俗套的陶器、美观的不锈钢餐具、玩具、服装、皮包和时髦的文具。

Gramshree　　　　　　　　　　工艺品

(☎079-22146530; www.gramshree.org; 4th fl, Shopper's Plaza, CG Rd; ◎8:00~20:00)这里有许多漂亮的手工礼品——从刺绣枕套和传统皮拖鞋到服装、饰品、文具等。Gramshree是一家民间组织,为贫民窟和农村的500多名妇女提供支持,使她们能维持生计,并且投资了各种社区项目。

Crossword　　　　　　　　　　书籍

(Shree Krishna Centre, Netaji Rd; ◎10:30~21:00)很大很热闹的书店,出售各种优质的Lonely Planet指南,还有地区地图和指南书籍[可以在这儿买一本《在艾哈迈达巴德要做的101件事》(*101 Things to Do in Ahmedabad*)]。

❶ 实用信息

阿波罗城市中心(Apollo City Center; ☎079-66305800; www.apolloahd.com; 1 Tulsibaug Society)这家私营医院在Doctor House对面,靠近帕里马尔公园(Parimal Garden),不大但值得推荐。

古吉拉特邦旅游局(Gujarat Tourism; ☎079-26578044; www.gujarattourism.com; HK House, 紧邻Ashram Rd; ◎周一至周六 10:30~18:00,每月的第二和第四个周六关门)旅游局的这家位于HK House内的办事处能快速提供各种信息,还提供租车服务(配司机)。艾哈迈达巴德火车站那里也有一个办事处。

印度工业信贷投资银行(ICICI Bank; Ashram Rd, 2/1 Popular House; ◎周一至周五 9:00~18:00)可兑换外币和旅行支票。

邮政总局(Main Post Office; Ramanial Sheth Rd; ◎周一至周六 10:00~19:30,周日至13:00)提供邮政服务。

印度国家银行(State Bank of India; Lal Darwaja; ◎周一至周五 11:00~16:00,周六 至13:00)可兑换旅行支票和外币。

旅游咨询台(Tourism Desk; ☎079-32520878; Law Garden; ◎周一至周六 10:30~18:00,每月第二和第四个周六关门)这是艾哈迈达巴德市政府直属机构,有该城的地图,也开始提供旅行咨询服务。

---

❶ 先进的公共汽车预订

目前,乘坐Gujarat State Road Transport Corporation(GSRTC, ST)运营的市内公共汽车时提前订座的情况正在变得越来越普遍。按理说,你应该可以在网站www.gsrtc.in注册预订。我们用电脑订票从未成功过,可用手机连接他们的网络系统并没有问题——用的是含流量套餐的印度SIM卡(这一系统对于查询大多数公共汽车线路的时刻表非常有用)。或者,如果你不熟悉电子技术,很多汽车站有联网预订窗口,你可以亲自前去订票。订票并非绝对必要,取决于线路,不订票的话只是有可能要站着等上几小时。

❶ 到达和离开

飞机

艾哈迈达巴德的**国际机场**(www.ahmedabadairport.com)位于艾哈迈达巴德市中心以北9公里处。印度航空、靛蓝航空、捷特航空、香料航空和捷行航空有飞往以下国内目的地的航班:

目的地	票价(₹)	发车班次
班加罗尔	3380	每天7班
金奈	3095	每天7班
德里	2300	每天22班
果阿	2460	每天3班
海得拉巴	1829	每天5班
斋浦尔	2778	每天1班
加尔各答	2942	每天2班
孟买	1050	每天30班

阿提哈德航空(Etihad Airways)和捷特航空还有飞往阿布扎比(Abu Dhabi)的航班。

长途汽车

从北边开过来的私营大巴可能会把你放在Naroda Rd上,那里位于市中心东北方向约7公里处——可搭乘机动三轮车从这里前往市中心,大约需要70~80卢比。

主要的**ST长途汽车站**(ST bus stand; Gita Mandir Rd),亦称Gita Mandir或奥斯托迪亚(Astodia),位于红门东南方向约1公里处,从这里出发的国营长途汽车开往下列目的地:

目的地	票价(₹)	车程(小时)	发车班次
巴夫那加尔	123	3.75	每天17班
普杰	188	6.75	每天28班,大多晚上发车
第乌	207	9	每天8:00
斋浦尔	502	12	每天3班
贾姆讷格尔	171	7	每天16班,早晚
焦特布尔	362	8.5	每天5班
朱纳格特	176	7.5	每天26班
拉杰果德	136	5.5	每半小时1班
乌代布尔	220	5.5	每天10班
瓦多达拉	89	2.5	每半小时1班

对于长途旅行来说,私营巴士更舒适,速度更快;多数巴士办公处都靠近Paldi Char Rasta汽车站。**帕特尔旅行**(Patel Tours & Travels; ☎079-26576807; www.pateltoursandtravels.com; Paldi Char Rasta Bus Stand, Paldi Rd)有沃尔沃空调大巴前往拉杰果德(450卢比,4小时,每小时1班),贾姆讷格尔(600卢

从艾哈迈达巴德出发的主要列车

目的地	列车编号和名称	票价(₹)	车程(小时)	发车时间
巴夫那加尔	12971 Bandra-Bhavnagar Exp	240/560/760(A)	5.5	5:15
普杰	19115 Sayaji Nagari Exp	235/625/880(A)	7.25	23:59
德里(NDLS)	12957 Rajdhani	N/A/2049/1445(B)	14	17:40
德里(DLI)	12915 Ashram Exp	485/1270/1810/3060(C)	15.75	18:30
斋浦尔	14312 Ala Hazrat Exp	350/950/1355(A)	12.25	20:20
贾姆讷格尔	22945 Saurashtra Mail	225/600/850/1405(C)	6.5	5:55
朱纳格特	22957 Somnath Exp	230/615/865(A)	6.25	22:10
孟买	12010 Shatabdi	780/1655(D)	6.75	14:40(周一至周六)
孟买	12902 Gujarat Mail	325/830/1160/1950(C)	8.5	22:00
瓦多达拉(巴罗达)	12010 Shatabdi	330/670(D)	1.75	14:40(周一至周六)

票价:(A)卧铺/空调卧铺3类/空调卧铺2类,(B)空调卧铺3类/空调卧铺2类/空调卧铺1类,(C)卧铺/空调卧铺3类/空调卧铺2类/空调卧铺1类,(D)空调座席/豪华。

比,6小时,每小时1班)以及孟买(卧铺1000卢比,11小时),另有无空调巴士前往孟买(坐席/卧铺 800/1000卢比,15:00~22:00)和普杰(无空调坐席/卧铺 300/450卢比,空调坐席/卧铺 400/550卢比)。**Shree Swaminarayan**(079-26576544;www.sstbus.in;22 Anilkunj Complex)经营开往第乌的非空调长途汽车(坐席/卧铺 300/400卢比,10小时,22:15),**Gujarat Travels**(079-26575951;www.gujarattravels.co.in; Paldi Char Rasta Bus Stand, Paldi Rd)有开往阿布山(Mt Abu;座席/卧铺460/510,7小时,7:00、23:00和23:25)的长途汽车。

红门本地汽车站(Lal Darwaja Local Bus Stand)有开往城市周边等地点的长途汽车;对于游客来说,最有用的是开往甘地讷格尔(Gandhinagar)的车。

火车

乘车最方便的艾哈迈达巴德火车总站外就有一个**电子订票处**(⊙周一至周六 8:00~20:00,周日至14:00)。其中的6号窗口负责出售面向外籍游客的配额车票。每天有许多班次的列车开往以下目的地(特别是孟买);在此选取了其中最方便的一些发车班次。

ⓘ 当地交通

机场在市中心北边约9公里处。从机场前往市内,乘坐出租车不打表的话大约需要600卢比,目的地不同价格也不大一样。乘机动三轮车前往老城区大约需要250卢比。

按理说,机动三轮车司机在你上车时会把里程计归零,然后在你下车时使用一个换算表计算车费,但几乎没有司机愿意在搭载外国人的时候这样做,所以开车前要商议好车费。城里短途车程应该在₹30~40,从火车站到红门的车费不超过₹50。

艾哈迈达巴德周边

那萨罗瓦鸟类保护区 (Nalsarovar Bird Sanctuary)

这片121平方公里的**保护区**(www. nalsarovar.com;印度人/外国人 40/600卢比,小汽车 20卢比,拍照/摄像 100/2500卢比;⊙6:00~18:00)在艾哈迈达巴德西南方向60公里处,保护的是那萨罗瓦(Nalsarovar Lake)以及

值得一游

阿达拉杰阶梯井 (ADALAJ VAV STEP-WELL)

阿达拉杰阶梯井(Adalaj Vav, Adalaj Vav;印度人/外国人 25/300卢比;⊙黎明至黄昏)位于艾哈迈达巴德以北19公里处,是古吉拉特邦最棒的楼梯井之一。此井由鲁达拜皇后(Queen Rudabai)兴建于1499年,有3个入口通向上面的一片巨大平台,高台有16根柱子支撑,边角位置上有神龛。井呈八边形,深5层,上面装饰着精细的石雕,既有高度情色的主题,又有较为寻常的形象。从艾哈迈达巴德乘坐机动三轮车往返这里的费用约为₹550。

周边的湿地。天蓝色的湖水一直延至天际,内中小岛星星点点,远处的平原平坦得好似铁板一块。11月至次年2月期间,保护区会迎来一群群当地鸟类和来此作客的候鸟,种类有250种之多。观鸟最好雇一艘船(每小时约200卢比,可议价)。从艾哈迈达巴德乘坐出租车一日游的费用约为₹4500;还可以一并游览洛塔(Lothal;位于其以南40公里处)。野鸭、野鹅、鹰隼、琵鹭、鹤、鹈鹕和火烈鸟的最佳观赏时间是日出和日落时分。所以值得在古吉拉特邦旅游局管理的**豪华帐篷**(9427725090;标单/双 1300/1800卢比;❋)过夜,地点距湖边1.5公里。周末和节假日是保护区最为繁忙的时候,最好避开那些时候。抵达这里的最佳方式就是自行前来。想参加一日游的游客可从艾哈迈达巴德乘出租车前往这里,花费约4500卢比,这样除了那萨罗瓦以外,你还能游览洛塔(位于其以南40公里处)。

洛塔 (Lothal)

位于**考古遗址**(⊙黎明至黄昏)的洛塔在艾哈迈达巴德西南方向约80公里处,4500年前此处便有城市,曾是印度河谷文明最重要的发源地之一,而且这一文明一直延续至如今的巴基斯坦。考古工作已经发掘出了世界上已知最古老的人造码头,曾与萨巴尔马蒂河的一条古河道相连。工艺品表明当时这里很可能已经与美索不达米亚、埃及和波斯有着贸易往来。如果没有车辆,很难进入遗址,而且你

值得一游

瓦沙大集（VAUTHA FAIR）

每年11月，古吉拉特邦规模最大的家畜集市在艾哈迈达巴德以南50公里处的萨巴尔马蒂河（Sabarmati River）和瓦特拉河（Vatrak River）合流处的瓦沙（Vautha）开市。数以千计的驴子、骆驼和牛被交易，大约25,000人——包括马尔达利族牧民——在此宿营多日，买卖、吃喝、跳舞，日落时分在河中礼拜。集市开市的具体日期可咨询古吉拉特邦旅游局。

需要丰富的想象力，才能想象出这片遗址的原貌。

皇宫（Palace Utelia；☎9825012611；www.thepalaceutelia.com；Utelia；房间 ₹6000起；※）雄立于村庄之中，距考古遗址7公里，在布加弗河（Bhugavo River）旁边，有着服务多年的管理人员。昏暗的大房间配备了古式家具，定价过高，但却是非常独特的住处，舒适不足但魅力有余。

从艾哈迈达巴德到洛塔，虽可一天游完，但距离不近，最方便的方式就是坐出租车（往返约4600卢比）。从艾哈迈达巴德的甘地格拉姆火车站开往洛塔－博基火车站（Lothal-Bhurkhi station，2等票 20卢比，1.5~2.5小时）的列车每天5班，然后可以搭乘班次不多的公交车前往6公里外的遗址游览。记得自备饮料和食物。

莫德赫拉（Modhera）

由国王比穆德福一世（King Bhimdev I）建于1027年，莫德赫拉的**太阳神庙**（Sun Temple；印度人/外国人 25/300卢比；◉9:00~17:00）是索兰基王朝最为伟大的建筑之一——该王朝统治者被认为是太阳的后裔，故立庙纪念。奥里萨邦的科纳尔克（Konark）太阳神庙更为知名，比这里的神庙要早200年，但两处在设计上有相似之处：在春分和秋分的时候，初升的太阳都会恰好照射到苏里耶（Surya）的雕像上。建筑内部独特的矩形楼梯井太阳神池（Surya Kund），内有100多座神龛，仿佛一座下沉式的画廊。每年1月20日前后，神庙会举办为期三天的古典舞蹈节（见659页），届时全印度的舞者都会前来参加。

莫德赫拉在艾哈迈达巴德西北方向100公里处。你可以从艾哈迈达巴德的邦内巴士车站乘巴士到马赫萨那（Mahesana或Mehsana，76卢比，2小时，每半小时1班）下车，再换乘另一班巴士向西行进26公里到达莫德赫拉（34卢比，1小时）。从艾哈迈达巴德乘出租车来此方便得多，往返约花费3800卢比，包括参观附近的帕坦（Patan）。

帕坦（Patan）

帕坦在艾哈迈达巴德西北方向约130公里处，在6个世纪的时间里曾是古吉拉特的首府，直到1411年艾哈迈达巴德建城才退位让贤。在1300年前后，这里被阿拉丁·卡尔基的军队夷为平地。今天的帕坦是一个灰土飞扬的小镇，窄窄的街道两旁立着装饰精致的木屋。

帕坦美丽的派多拉绸远近闻名，该织物通过极其复杂的"经纬织法"纺制而成，其"经线"（warp）和"纬线"（weft）在纺织之前便需经过十分精细的扎染。用这种技法制作一件纱丽耗大约要花6个月的时间，价格大约要180,000卢比。

◉ 景点

★ 王后阶梯井   古迹

（Rani-ki-Vav；印度人/外国人 ₹40/600；◉9:00~17:00）帕坦往日辉煌留存的唯一印记就是这座华丽得扎眼的楼梯井。这口井由乌达亚马蒂王后（Rani Udayamati）于1063年为了纪念她的丈夫比穆德福一世而兴建的，是古吉拉特邦最古老、最精美的楼梯井，至今保存完好。沿台级向下，两旁是一排排雕柱和超过800个雕塑，多数都是描绘毗湿奴（Vishnu）的各个化身（avatar），还有醒目的几何图案。位于城市的西北角落，附近设有路标。

★ 帕坦帕托拉文化博物馆   作坊

（Patan Patola Heritage Museum；☎02766-232274；www.patanpatola.com；Patola House，Kalika Rd；印度人/外国人 ₹10/100；◉10:00~

18:00)由多次获奖的萨尔维(Salvi)家族管理,这座专门设计的博物馆是见识派多拉绸现场编织的理想场所。这个家族从11世纪——没错,你没看错——开始就专门从事经纬绗织(他们的祖先从东南亚传来的工艺),你可以在博物馆内看到织布机的演示,比较这个家族的产品与来自乌兹别克斯坦、泰国北部至荷兰等世界各地的漂亮的单线绗织纺织品。

萨尔维家族基本上用的都是天然染料,比如靛蓝和姜黄,他们手工纺织的丝绸纱丽的价格大约₹180,000(US$2500)起,根据设计的差别价格也会有所不同,有时可以翻到三番。这里的成品等待时间已经排到了3年后。他们也能制作单线织品,价格要实惠得多,制作成品的时间短。

你可以在楼上看看精美的纸雕工艺品,虽然没那么古老但也非常有趣。

潘查萨拉·帕施瓦纳斯 耆那教寺庙

(Panchasara Parshvanath; Hemchandracharya Rd)这座寺庙位于帕坦周边100多座耆那教寺庙之间,它的规模最大,放眼望去,尽是穹顶和神圣的雕刻。

🛏 食宿

Apple Residency 酒店 $$

(☎02766-297033; www.appleresidency.co.in; Panchvati Complex; 标单/双 ₹1045/1375起; ❄️🛜)一锤定音,帕坦值得推荐的酒店!距离火车站不远,与Food Zone同属一家,这个整洁的地方以一尘不染的房间吸引着旅行者,房间采用了乳白和棕色等中性色调,全部配备了现代卫生间和等离子电视。

Food Zone 印度菜 $

(主菜 ₹90~170; ⏰11:00~15:00和19:00~23:00; ❄️)这个地方就在铁轨旁,有着现代风格的隔间座席、美味的塔利套餐和各种古吉拉特和印式中国菜肴。

ℹ️ 到达和离开

帕坦在马赫萨那西北方向40公里处。可从艾哈迈达巴德的邦内巴士车站乘每小时约1班的大巴来此(99卢比,3~3.5小时)。这里也有途经莫德赫拉的大巴往返扎伊那巴德(Zainabad, 74卢比,2.5小时,每天4班)。在艾哈迈达巴德包一辆出租车一日游的费用约为₹3800,还可以一并游览莫德赫拉的太阳神庙。

瓦多达拉(巴罗达) [Vadodara(Baroda)]

📞0265 / 人口 1,720,000

瓦多达拉(也常被称作巴罗达)在艾哈迈达巴德东南方向106公里处,沿1号国家高速公路(National Expressway 1)驱车1小时多一点点的时间便能到达。这里有一些有趣的城市景观,但其最重要的魅力还是离此不远的尚庞和巴瓦加德,这两处被联合国教科文组织评为世界遗产,美得惊人。城区与艾哈迈达巴德相比少了些躁动,萨亚基根吉(Sayajigunj)一带靠近大学的几块地方有种"大学城"的感觉。

马拉地人于18世纪将莫卧儿人赶出古吉拉特,后来他们的军队领袖加埃克瓦德家族(Gaekwad)把瓦多达拉设为首府。即便是在英帝国统治时期,这里也享有高度自治,而这种高度自治性一直到1947年印度独立才结束。王公萨亚基劳三世(Maharaja Sayajirao Ⅲ, 1875~1939年)是个了不起的维新派,为今天被称为古吉拉特邦文化之都的瓦多达拉奠定了坚实基础,而且这座城市的主要景点——拉克西米维拉斯宫——也是他的部分遗产。

👁 景点

⭐ 拉克西米维拉斯宫 宫殿

(Laxmi Vilas Palace; Nehru Rd; 印度人/外国人 ₹225/400; ⏰周二至周日 10:00~17:00)王宫建于19世纪,耗资6百万卢比,时至今日依然是瓦多达拉皇族的住处,是印度-伊斯兰建筑艺术华丽的代表,也是古吉拉特邦英属印度(British Raj)时期最为壮观的建筑。其富丽堂皇的内部有着养护良好的马赛克、枝形吊灯和艺术品,以及令人印象深刻的兵器藏品。王宫周围地界十分广阔,如公园一般,内有一片高尔夫球场。1小时的语音导览费包含门票。

将一些房间改造成为历史酒店的规划目前已经出台。

Vadodara(Baroda) 瓦多达拉(巴罗达)

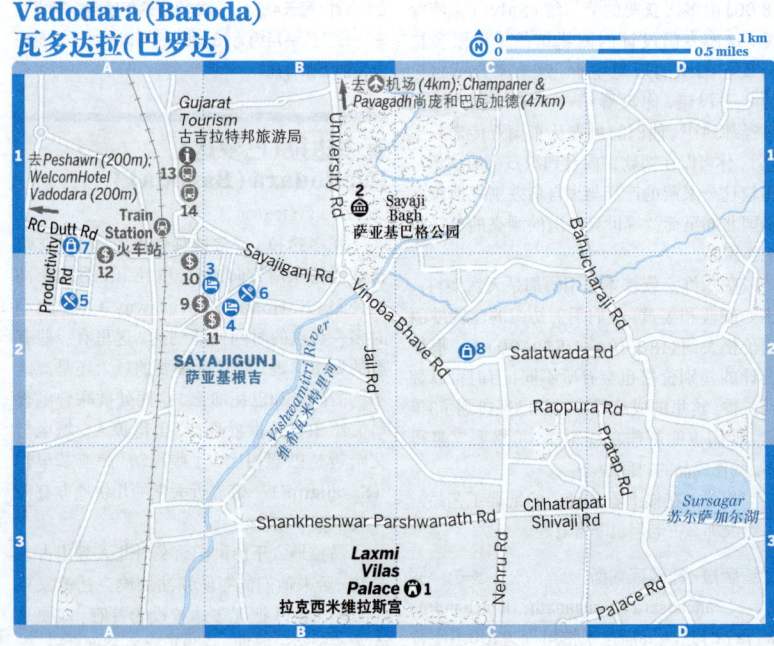

Vadodara(Baroda) 瓦多达拉(巴罗达)

⊙ 重要景点
1 拉克西米维拉斯宫 C3

⊙ 景点
2 巴罗达博物馆及画廊 B1

🛏 住宿
3 Hotel Ambassador B2
4 Hotel Valiant B2

🍴 就餐
5 Aamantran A2
6 Kalyan B2

🛍 购物
7 Baroda Prints A1
8 Baroda Prints & Workshop C2

ⓘ 实用信息
9 巴罗达银行自动柜员机 A2
10 HDFC自动柜员机 A2
11 印度工业信贷投资银行 B2
12 印度国家银行自动柜员机 A2

ⓘ 交通
13 ST长途汽车站 A1
14 Sweta Travels A1

巴罗达博物馆及画廊   博物馆

（Baroda Museum & Picture Gallery; Sayaji Bagh; 印度人/外国人 ₹10/200; ⊙10:30~17:00）这座博物馆位于萨亚基巴格（Sayaji Bagh）公园内,展示五花八门,多为王公萨亚基劳三世（Maharaja Sayajirao Ⅲ）收集而来。博物馆有来自几个亚洲地区的塑像和雕刻作品,以及来自印度、日本和中国的精美象牙雕刻,还有一间不起眼的埃及房间,里面有木乃伊,地上摆满了野生动物的标本。美术馆中展出了莫卧儿帝国时期微画,也杂七杂八收藏了一些欧洲大师的作品,照明光线冷冰冰的；不如看看当代艺术小展厅。

🛏 住宿

多数住宿地点都在位于市中心的萨亚基根吉地区。那里也有一些价格非常便宜的酒店（250~400卢比）,还有千篇一律但还不错的中档住宿场所。

Hotel Valiant 酒店 $$

(☎0265-2363480;www.hotelvaliant.com; 7th fl, BBC Tower, 萨亚基根吉;标单/双 ₹890/1270,带空调 ₹1300/1620起;❄❒)酒店位于一座高层建筑上层,提供异常清新的住处。从大楼入口乘电梯到7层便是宽敞的酒店大堂。客房平淡无奇却干干净净,性价比可以被列入全城最高。

Hotel Ambassador 酒店 $$

(☎0265-2362727;www.hotelambassadorindia.com;萨亚基根吉;标单/双 ₹1460/1780起;❄❒)房间时尚,客床舒服,酒店性价比很高。最便宜的"奢华间"略微带点儿日本风情,而"行政间"(executive)则有种都市时尚感,色调以粉色和橙色为主,装饰上以正方形和长方形图案为主。这里有与时代接轨的24小时退房服务,前台人员非常乐于助人。

★ WelcomHotel Vadodara 酒店 $$$

(☎0265-2330033;www.itchotels.in;RC Dutt Rd;房间含早餐 ₹9550~13,150起,套₹21,500;❄❒❒)这是一家精致的五星级大酒店,设施齐全的房间不辱"五星级"的名头。酒店配有一个别处难见的室外游泳池和很多时尚的公共休闲区,并自带一家24小时开放的国际美食餐厅,品质出色,价格不菲,另配有一家红酒店,以及瓦多达拉最好的餐馆。

✕ 就餐

Kalyan 南亚菜 $

(Sayajigunj;菜肴 ₹80~210;⊙7:00~23:00;❒)Kalyan是学生族谈笑风生的聚会之地,供应健康的南亚美食,也"照猫画虎"地做些不那么健康的西式快餐(但所有菜品都是素食)。

Aamantran 印度菜 $$

(Sampatrao Colony;主菜₹150~330,塔利套餐 ₹300;⊙11:00~15:00和19:00~22:30;❄)这家餐馆被许多人誉为瓦多达拉最好的塔利套餐用餐地点,提供古吉拉特自助餐。菜单包括各种蔬菜泥炉菜,还有印度北部和耆那特色。找找古吉拉特语的招牌。

★ Peshawri 印度北部菜 $$$

(☎0265-2330033;WelcomHotel Vadodara,RC Dutt Road;主菜₹1675~2900;⊙19:30~23:30;❄)这里可以说是瓦多达拉最好的餐馆,粗糙的石墙、厚重的木梁和悬挂的铜器皿营造出一种西北边疆的氛围,忠实的顾客来自艾哈迈达巴德和更远的地方。印度北部和泥炉菜肴是这里的特色菜;特别出彩的有泥炉虾和马来可巴鸡,还有富有创意的带馅烤饼。需提前订位。

🛍 购物

Baroda Prints 工艺品

(3 Aires Complex, Productivity Rd;⊙周一至周六 9:00~21:00,周日 8:00~18:00)手工印染的衣料,采用传统印花图案,色彩纷呈,饶有趣味。

Baroda Prints & Workshop 工艺品

(Salatwada Rd;⊙周一至周六 10:00~20:00,周日 11:00~17:00)在Baroda Prints的这家分店,你可以在楼上参观印染匠工作,然后在楼下购买成品。

ℹ 实用信息

在**火车站**、**RC Dutt Rd**和**萨亚基根吉**地区可以找到自动柜员机。

印度工业信贷投资银行(ICICI Bank;见674页地图)有自动柜员机,可以兑换旅行支票和货币。

古吉拉特旅游局(Gujarat Tourism;www.gujarattourism.com;⊙周一至周六 10:00~18:00,每月第二和第四个周六停业)位于ST汽车站隔壁新开业的VED Transcube Mall里面。态度友好,但不要期望过高。

印度工业信贷投资银行(ICICI Bank;Sayajigunj;⊙周一至周五 10:00~16:00,周六至13:00)有自动柜员机,还能兑换旅游支票和现金。

ℹ 到达和离开

飞机

瓦多达拉国际机场(Vadodara International Airport;☎0265-2485356)位于市中心东北方向4公里处,每天有许多捷特航空、靛蓝航空和印度航空的航班飞往德里和孟买。

长途汽车

ST长途汽车站(Old Chhani Rd)与购物中心相连,就在火车站的北边。班次频繁的长途汽车前往多个目的地。

目的地	票价(₹)	车程(小时)	发车时间
艾哈迈达巴德	普通/空调 89/180	2	至少每小时1班
巴夫那加尔	137	5.5	每天12班
第乌	229	10	1:30和6:00
孟买	368	9	19:30
乌代布尔	260	8.5	3:15和6:00

火车站对面的**Sweta Travels**(☎0265-2786917)运营开往孟买的沃尔沃空调大巴(坐票/卧铺1500/1800卢比,8小时,每天3班)。在火车站以北2公里处的潘地亚桥(Pandya Bridge)附近有许多办公室,其他多家公司在那儿运营开往古吉拉特邦和拉贾斯坦邦其他地点的私营长途汽车。

火车

每天约有40班火车前往艾哈迈达巴德,包括12009 Shatabdi(空调座椅/高级330/670卢比,2小时,周一至周六11:07)。每天有44班列车前往孟买,包括12010 Shatabdi(空调座椅/高级670/1415卢比,5.25小时,周一至周六16:19)。

瓦多达拉周边

尚庞和巴瓦加德
(Champaner & Pavagadh)

这片壮观的联合国教科文组织世界遗产位于瓦多达拉东北方向47公里处,其中包括一座762米高的从平原上拔地而起的神圣火山(即巴瓦加德);也包括古吉拉特邦前首府遗址(即尚庞),内有美丽的清真寺建筑。整片地区统称为巴瓦加德。

◉ 景点

★ 巴瓦加德(Pavagadh) 古迹

景色优美的巴瓦加德山顶很可能早在8世纪便有防御工事。如今,潮水般的朝圣者爬上巴瓦加德,前往地位举足轻重的**卡里卡玛塔神庙**(Kalikamata Temple)进行朝拜,那里供奉坐在山顶的破坏女神卡莉(Kali)。你可以沿着朝圣小路步行(2~3小时),或者在尚庞城堡(Champaner Citadel)南墙一带乘坐班车(₹24)至半山腰,在那儿搭乘**索道**(往返₹113; ⊙6:00~18:45),再步行一段不到700米的路程,便可到达这座神庙。

在1300年前后,巴瓦加德在拉其普特楚军族(Chauhan Rajputs)的统治下成了首府,后来古吉拉特苏丹马哈茂德·贝格达挥兵围城20月之久,终于在1484年攻陷了此城。败北的拉其普特人进行了"仪式性集体自杀"(jauhar)。

在山顶不远处还有巴瓦加德现存最古老的纪念建筑——建于10到11世纪的印度教**拉库利沙神庙**(Lakulisha Temple)——以及几座耆那教寺庙。山上风景绝美,若是你有幸在天气凉快的时候来到这里,你会沉醉在山中凉爽的微风中。在九夜节(Navratri; 见666页)和摩诃迦梨节(Mahakali; 见659页)期间,朝圣者将蜂拥而至。

★ 尚庞 古迹

(Champaner; 印度人/外国人₹20/500; ⊙8:00~18:00)苏丹马哈茂德·贝格达在占领巴瓦加德之后,将山脚下的尚庞改建为一座宏伟的新都城。但是好景不长,1535年莫卧儿帝国皇帝胡马雍(Humayun)攻陷此地,古吉拉特的首府随之被迁往艾哈迈达巴德,尚庞则成为一片废墟。这处古迹的核心便是这座城堡,它最引人注目的是落成于16世纪的壮观的清真寺(不再举行礼拜活动)。这些清真寺融合了伊斯兰教和印度教的建筑风格。

巨大的**贾米清真寺**(Jami Masjid)紧邻城堡东门外,门廊雕工惊艳,通往一片美丽的内院,四周有柱廊环绕。其祈祷堂有两座高大的中央尖塔,石雕的精美在此处延续,并配有多重穹顶和精美的花格窗,后墙上还有7个"祈祷神龛"(mihrab)。

这里还有其他非常美丽的清真寺。**撒赫吉清真寺**(Saher ki Masjid)位于城堡内售票处后身,可能是当时皇室的御用清真寺。**凯福达清真寺**(Kevda Masjid)在城堡以北300米处,位于贾米清真寺以西600米的地方。你可以沿其窄窄的楼梯登上屋顶,进而向上攀至尖塔塔顶,在那里俯瞰其他清真寺,甚至可以望到城堡的内院。从这里向北500米有**纳吉那清真寺**(Nagina Masjid),虽然并无尖塔，但有细腻的几何图案雕饰，尤其是在旁边的陵墓上；向东800米有里拉甘姆巴吉清真寺（Lila Gumbaj ki Masjid），建于高台之上，寺内有一个中央凹槽纹穹顶；向西1公里有布里克米纳尔吉清真寺（Brick Minar ki Masjid），为罕见的砖结构清真寺陵墓，其两座尖塔好像是工厂的烟囱。

食宿

★ **Kathiwada Raaj Mahal**　　　历史酒店 $$$

（022-69995505；www.kathiwada.com；Kathiwada, Madhya Pradesh；房间₹5500；❋≋）这栋始建于1895年后来又经过精心修复的加提瓦达王室宫殿坐落于中央邦村庄加提瓦达（Kathiwada）的旁边，覆盖着九重葛，在美丽的拉坦曼山高原（Ratanman Hill Plateau）上居高临下。房间通风、宽敞，布置着上世纪60年代的装饰艺术家具；饭菜都是素食，非常可口，从尚庞驱车1.5小时就可以到达这个地方。

除了可以在宁静的环境中喝一杯之外，客人还可以游览部落村庄，徒步前往附近的拉坦马尔（Ratan Mal）野生动物保护区，途中会经过一条瀑布，或者只是在庄园的芒果园里散散步。

到达和离开

瓦多达拉至少每小时便有一班巴士开往巴瓦加德（50卢比，1.25小时）；乘出租车往返两地的费用约为1200卢比。大多数从巴瓦加德开往瓦多达拉的长途汽车会继续前往艾哈迈达巴德（112卢比，4小时）。

索拉什特拉（SAURASHTRA）

索拉什特拉也叫作卡提阿瓦半岛（Kathiawar Peninsula），在印度独立前，有超过200个"土邦"（princely state）乱糟糟地挤在这里。今天，该地区有一些热闹的工业城市，但多数城市中心地带都保留了曾经狭窄的老街，里面挤着一家家小买卖店铺。城市之外的地区则依然是村庄、农田和森林，时间感觉好像停留在了封建时代，当地的农民和马尔达利族牧民（maldhari）从头到脚一身素，而农妇的服饰则色彩斑斓，不输与其相邻的拉贾斯坦邦。

索拉什特拉地形平坦，山很少而且其中有不少是神山——包括蔚为壮观、上建神庙的沙特伦加亚山和吉尔纳尔山。慷慨的大自然赐予这一半岛众多野生动物保护区，尤其是萨桑吉尔——亚洲最后一群野生狮子便在那里四处游荡。南部海岸有小岛第乌，那里曾经是葡萄牙殖民地，古朴而静谧。索拉什特拉还是"圣雄"甘地出生和成长的地方，有一些与其生活相关的地点可供参观。

巴夫那加尔（Bhavnagar）

0278 / 人口605,880

巴夫那加尔是一个面积很大、忙忙碌碌的工业中心，其中心地带是五光十色的老城区，适合以此为大本营，游览附近的沙特伦加亚和印度黑羚国家公园。

◉ 景点

老城区（Old City）　　　景区

位于根加加利亚湖（Ganga Jalia Tank）以北的巴夫那加尔的老城区很值得来此信步闲游，尤其是华灯初上之时——那里很是热闹，除了一家家小店，也有许多虽破旧但相当精巧的木质建筑，建筑下是人潮涌动、琳琅满目的集市。一定要来这里的蔬菜市场！

塔克特什瓦尔神庙　　　印度教神庙

（Takhteshwar Temple; Takhteshwar Tarheti Rd; 黎明至黄昏）坐落在一座小丘之上，这座神庙很高，足以让你俯瞰全城的美景，一直可以望见坎贝湾。

住宿

经济型酒店主要集中在老城区和火车站附近，差得令人望而却步，但中档酒店还是不错的，还有一座宛若博物馆的美丽的历史宫殿。

Hotel Sun 'n' Shine　　　酒店 $$

（0278-2516131；www.hotelsunnshine.in；Panwadi Chowk, ST Rd；房间含早餐₹2300起，套₹4200起；❋⛅）这家经营有方的三星级酒店性价比还不错。酒店的天井院为地中海风情，站在院中容易有晕眩感，前台人员服务态度

Bhavnagar 巴夫那加尔

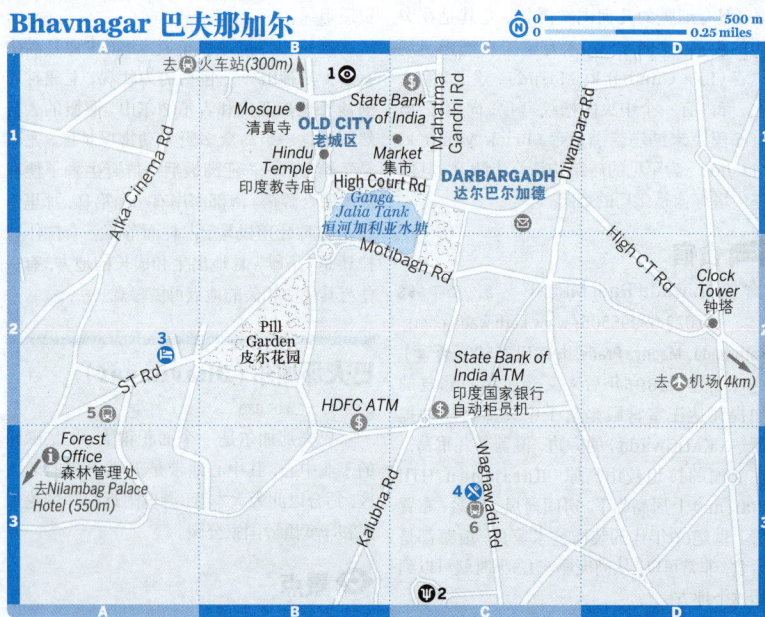

Bhavnagar 巴夫那加尔

◎ 景点
1. 老城区 B1
2. 塔克特什瓦尔神庙 C3

🛏 住宿
3. Hotel Sun 'n' Shine A2

✖ 就餐
4. Sankalp C3

ⓘ 交通
5. ST长途汽车站 A2
6. Tanna Travels C3

热情,还有一家可靠的素食餐厅。房间清新干净,客床舒服,枕头柔软;房间越贵,房间内的窗户越多。早餐的分量很大,并提供免费机场接送。

Nilambag Palace Hotel　　历史酒店 $$$

(☏0278-2424241;小屋房间 ₹3400,宫殿房间 ₹3950~10,400;❄@🏊)酒店位于一大片花园之中,靠近通往艾姆迈达巴德的道路旁,位于巴士站西南方向600米处,建于1859年,曾是王公(maharaja)的宫殿。酒店大堂配有漂亮的马赛克地板,看起来像是一间低调的王室客厅。宽敞的宫殿房间保留了20世纪早期的风格。小屋房间则一般般,而且有失整洁。这里的餐厅可以说是镇上最好的。酒店周围地界很大,其中有一座"凯旋厅"(Vijay Mahal),内有一个圆形游泳池,住客可以免费使用(非住客 100卢比)。此外还设有一个健身房和网球设施。

✖ 就餐

Sankalp　　　　　　　　　　　南印度菜 $

(Waghawadi Rd;主菜 90~180卢比;⏰11:00~15:00和18:00~23:00)供应一流的南亚素菜,环境干净而时尚。

★ Nilambag
Palace Restaurant　　印度北部菜 $$$

(☏0278-2424241;Nilambag Palace Hotel;主菜₹250~650;⏰13:00~15:00和19:30~22:30)这是到目前为止城里最好的餐厅,到了晚上,宫殿花园的座位区就会被小彩灯照亮,显得尤其有情调。菜肴的口味倾向于印度北部菜,有许多非素食选择,比如美味多汁的鸡肉烤串。虾咖喱最受欢迎,还有秋葵马沙拉。

ⓘ 实用信息

森林管理处（Forest Office；0278-2426425；Bahumali Bhavan, Annexe, ST Rd；◎周一至周六10:30~18:30，每月的第二个和第四个周六不办公）在此可以预订前往印度黑羚国家公园（Blackbuck National Park）的住宿。办公室位于STC汽车站附近。

印度国家银行（State Bank of India; Darbargadh；◎周一至周五 10:30~16:30）印度国家银行可兑换现金和旅游支票，有一个24小时自动柜员机。

ⓘ 到达和当地交通

飞机

巴夫那加尔机场（Bhavnagar Airport；0278-2203113）距离市区约3.5公里，每周有4趟印度航空的航班飞往孟买。在城中心与机场之间乘出租车/机动三轮车单程约花费170/110卢比。

长途汽车

ST 长途汽车站（ST Rd）的长途汽车开往拉杰果德（₹124/225 座席/卧铺，4小时，每天11班）、艾哈迈达巴德（₹123，4.5小时，每小时至少1班）、瓦多达拉（座席/卧铺₹147/247，5.5小时）、帕利塔纳（Palitana，₹47，1.5小时，每天3班）和第乌（₹125，7.5小时，每天5班），班次频繁。

私营巴士公司包括**Tanna Travels**（0278-2425218；Waghawadi Rd），可搭乘其运营的空调大巴前往艾哈迈达巴德（270卢比，4小时，每天15班）。

火车

12972 Bhavnagar-Bandra Express快车于18:35出发，23:40到达艾哈迈达巴德（卧铺/空调卧铺3类/空调卧铺2类 240/560/760卢比），最终抵达孟买（卧铺/空调卧铺3类/空调卧铺2类 ₹435/1135/1610）。

印度黑羚国家公园（Blackbuck National Park）

这片占地34平方公里的美丽公园（Velavadar NP；印度人/外国人小汽车 ₹400/US$40，4小时导游 ₹250/US$10；◎10月16日至6月15日 清晨至黄昏）在巴夫那加尔以北1小时车程的地方，有大片的草原，草色很淡，呈蛋黄色，夹在两条季节性河流之间，以会出现黑羚（blackbuck）而著称。这是一种美丽而敏捷的羚羊，有一对优雅的螺旋角，成年雄羊的羊角最长可达65厘米。目前公园内有约1600头黑羚，还有蓝牛羚（bluebulls，印度最大的羚羊）以及鸟类，比如从西伯利亚来此"猫冬"的鹞（大多数年份会有约2000只）。如果运气好，你甚至能看到狼！从巴夫那加尔乘坐出租车往返的费用为₹3000。

接待中心距巴夫那加尔65公里，在瓦拉比普尔（Valabhipur）北部，你可以在那里缴费（美元兑换成卢比）并挑选一名必须备的导游（不太可能会讲英语）。公园内道路纵横，最适合乘车游览。Blackbuck Lodge可以为非住客安排巡游（每辆4座吉普车₹3000）。

从巴夫那加尔乘坐出租车一日游的费用约为₹3000。

🛏 住宿

★ Blackbuck Lodge 酒店 $$$

（9978979728；www.theblackbucklodge.com；标单/双含早餐 10月至次年3月 ₹14,400/15,000，4月至9月 ₹9600/9000）这些装修雅致的砌石别墅非常舒适，就在公园西门的外边，提供含晚餐和巡游的套餐，在酒店院子里就能轻松地看到黑羚。

Kaliyar Bhavan Forest Lodge 酒店 $$$

（印度人/外国人 铺 ₹200/US$20，双 ₹600/US$55，带空调 ₹1700/US$80）这家普通的度假酒店位于公园接待中心的附近，由巴夫那加尔的森林管理处负责经营（见本页）。你可以选择有13个床位的宿舍、空调房和非空调房。提供不错的素食；对外国人收费高得可怕，但在公园内部的位置对于想要看见动物的人来说非常有吸引力。

帕利塔纳（Palitana）

02848 / 人口64,500

帕利塔纳小镇在巴夫那加尔西南方向51公里处，繁忙躁动，尘土飞扬。随着沙特伦加亚周边"朝圣者产业"的发展，小镇得到了快速增长。在圆月节（Kartik Purnima；见659页）期间，城里的住宿场所会挤满朝圣者，最好及早预订。

◉ 景点和活动

★ 沙特伦加亚
宗教遗址

(Shatrunjaya; ◷神庙6:30~18:00)这里是耆那教最为神圣的朝圣地之一,山上神庙四立,数目多得令人不可思议,建筑的历史跨度有900多年之久。据说创立耆那教的阿迪那特(Rishabha,名号为Adinath,意为"第一护法")曾在山顶的一株香树(rayan tree)下冥思。若干个神庙构成一个"神院"(tunk),每个神院都有一座中心神庙及两边的小神庙。到山顶的神庙要爬500米,共3300级台阶(1.5小时),也是这段非凡体验的一部分。搭乘机动三轮车到台阶处的费用是₹30。

在大多数时候,每天有数百名朝圣者登山朝拜;圆月节(见659页)标志着在季风季节禁欲静修4个月的查土摩(Chaturmas)的结束,那时的朝圣人数会增至数千人。

在靠近山顶处,道路一分为二。如果想前往主入口"公羊柱"(Ram Pole),可选择左边的路,不过若想看见绝美的景色,就要选择右边的路,在晴空之下可远望至坎贝湾。走进舟湖门(Nav Tonk Gate),沿小路向左走即可到达穆斯林神坛 Angar Pir——穆斯林圣人,曾在一次莫卧儿人的进攻中保护神庙免受摧残。想要小孩的妇女会带着迷你摇篮来这里求子。右边的第二片神院是"四面神庙神院"(Chaumukhji Tunk),神院内的四面神庙(Chaumukh)由一位富有的耆那教商人兴建于1618年。神庙东南西北四面各有一尊阿迪那特的神像(阿迪那特是耆那教第一代祖师,据说他就是在此地参透宇宙奥义的)。

山顶有数百座神庙,畅游其间,几个小时很快就会过去。其中的阿迪那特寺庙(Adinath Temple)是最大的一座,也是非常壮观、非常重要的一座,其雕饰之多令人眼花缭乱,而且刻画得细致入微。神庙在山顶远端(即南端)的最高处。

威沙耆那教博物馆
博物馆

(Shri Vishal Jain Museum; ₹20; ◷8:30~12:30和15:30~20:30)这座落满尘土的博物馆主要展出各类值得注意的耆那教艺术品和手工制品,年代最远可追溯到500年前,还有美丽的象牙雕刻。地下室有一座神奇的圆形神庙,配有镜面墙壁,里面的4位祖师的神像有数百年历史。从沙特伦加亚台阶脚下沿街道走过来,距离500米。

▭ 食宿

Takhatgadh Mangal Bhuvan
客栈 $

(☏02848-252167; Shri Vishal Jain Museum对面; 房间₹300)帕利塔纳是朝圣地点,这里的朝圣者住所如此众多也不奇怪。这家是其中的佼佼者——只提供基本服务,没有空调,但干净整洁,步行片刻就能到达上山的台阶处。

★ Vijay Vilas Palace
历史酒店 $$$

(☏9427182809, 02848-282371; vishwadpur@yahoo.co.in; Adpur; 房间含早餐₹3750; ❄)这座曾经是小宫殿的建筑修建于1906年,坐落于沙特伦加亚西面山脚下的乡村,位于帕利塔纳以西4公里处。主建筑里面有4个庭院房间和6个大房间,家具都是原来宫殿里的。其中3间配有露台/阳台,朝向沙特伦加亚——这里通往沙特伦加亚的山路比帕利塔纳那里的稍短一些,也更为险峻一点。

酒店现由家族经营,供应自家烹饪的美食(融合了古吉拉特菜和拉贾斯坦菜,素食、非素食都有)。你也可以来这吃顿午餐(300卢比)——但最好电话预订。

Jagruti Restaurant
印度菜 $

(塔利套餐45~80卢比;◷24小时)汽车站对面,Jagruti是一家忙得团团转的塔利餐厅。

❶ 到达和离开

ST长途汽车往返巴夫那加尔(47卢比, 1.5小时,每天3班)和艾哈迈达巴德(137卢比, 5小时,

---

❶ 沙特伦加亚须知

最好在天气变得过于炎热之前,于清晨开始登山。衣着要得体(比如不可穿短裤)。不要携带皮革制物品(包括皮带和皮包),也不要在神庙内饮食。如果愿意的话,你可以坐"印度二人抬"(dholi)上山下山,往返大约需要1000卢比。小径和庙外可以拍照,但庙内禁止拍照。

每天7班)。你可以搭乘巴士前往塔拉加(Talaja, 37卢比，1小时，每小时1班)，再从那里换车前往第乌(125卢比，5.75小时，每天5班)。

每天有4班客运列车往返巴夫那加尔(二等席15卢比，1.5小时)。

第乌(Diu)

☎02875 / 人口23,990

小小的第乌岛经一座桥与古吉拉特邦南部的海岸相连，无处不散发着葡萄牙的风情。一旦你离开游人如织的临海街道进入到城镇中心，你会发现那里的街道干净而安宁。而且酒精饮品在这里是合法的。如果你已经亲身见识过了古吉拉特邦其他城市的热闹，或者真的非常想喝杯啤酒，那么第乌就是一个令你耳目一新的好去处。

第乌镇位于小岛东端。小岛北侧面向古吉拉特邦，是一片潮汐沼泽和盐田，而小岛南岸则是石灰岩峭壁、岩石海湾与沙地海滩相间的地貌，比较适合观看人来人往，不过要享受阳光的话就算了。第乌的道路路况极佳，车辆极少，是全印度骑踏板摩托车(scooter)最安全的城市之一。骑着摩托，沿着海岸飞驰，体会风从发间滑过的感觉——这可是一桩乐事。

午睡传统在这里保留完好，下午三点左右几乎没有什么地方营业。

历史

公元7世纪，第乌是逃离家园的帕西人(Parsi)第一个登陆地，后来这里在14至16世纪期间成为一个主要港口，奥斯曼人(Ottoman)以此为贸易口岸和海军基地进而控制阿拉伯海(Arabian Sea)北部的运输航线。

葡萄牙人于1535年控制了第乌，直到印度于1961年展开"胜利行动"(Operation Vijay)时才夺回这里。当时印度空军把那果阿(Nagoa)附近的飞机跑道和机场炸毁，这一毫无必要的军事行动让第乌一蹶不振，直到20世纪80年代末才开始有复苏的迹象。第乌、达曼和果阿曾经都属于同一个"联邦属地"(union territory)，但在1987年，果阿脱离联邦属地身份，成为果阿邦。

和达曼和果阿邦(Goa)一样，第乌在1961年被印度接管之前是葡萄牙的一处殖民地。第乌和达曼同属于"达曼与第乌联邦属地"(Union Territory of Daman and Diu)的一部分，依然由国家政府直接管辖，不属古吉拉特邦。第乌地区由第乌岛(Diu Island)和两处面积很小、位于大陆内的飞地构成。第乌岛长11公里，宽3公里，与大陆之间隔有一道狭窄的海峡。一个飞地内有小村高格拉(Ghoghla)，那是从乌那(Una)进入第乌的地方。

◉ 景点和活动

◉ 第乌镇 (Diu Town)

第乌镇东边是一座巨大的城堡，西边是巨大的城墙，小镇便夹在中间。主城门赞帕门(Zampa Gateway)为亮红色，上面雕有狮子、天使和一位牧师像，紧邻门内有一座礼拜堂，里面的"圣母圣子像"的历史可追溯到1702年。

圣保罗教堂(St Paul's Church; ☎8:00~18:00)堪称教堂中的"婚礼蛋糕"，内部非常空阔，最初由耶稣会(Jesuits)建于1600年，后于1807年重建。教堂拥有印度葡萄牙教堂中最为华丽的外墙，为新古典主义风格。内部好似巨大的谷仓，旁边有一个小修道院，上面是一所学校。每天都有弥撒仪式。附近有一座圣托马斯教堂(St Thomas' Church)，墙体为白色，建筑朴实可爱，现在是第乌博物馆(Diu Museum; ☉9:00~21:00) 免费 ，里面展有许多天主教圣徒的木像，逼真得有点吓人，尤其是令人毛骨悚然的无臂天使，木像的年代可追溯到16世纪。每年万圣节(11月1日)在这里举行的弥撒都会吸引大批人前来。教堂林立的第乌南部地区保留了曾经的名称，叫作"法郎基氏达"(Farangiwada, 意为"外人区")，现在多数葡萄牙的后裔都生活在这里。亚西西的圣弗朗西斯教堂(Church of St Francis of Assisi)建于1593年，曾经是医院，有时举行宗教仪式，但我们到访的时候，教堂已经上锁，可能正在修缮。

第乌还有许多保留了葡萄牙味道的建筑。城镇西部的街道狭窄而曲折，仿佛一座迷宫，那里许多房屋都色彩鲜亮，尤其是在潘齐瓦提地区(Panchwati Area)。其中最为知名的城市富商宅(Nagar Sheth Haveli)是过去

Diu Town 第乌镇

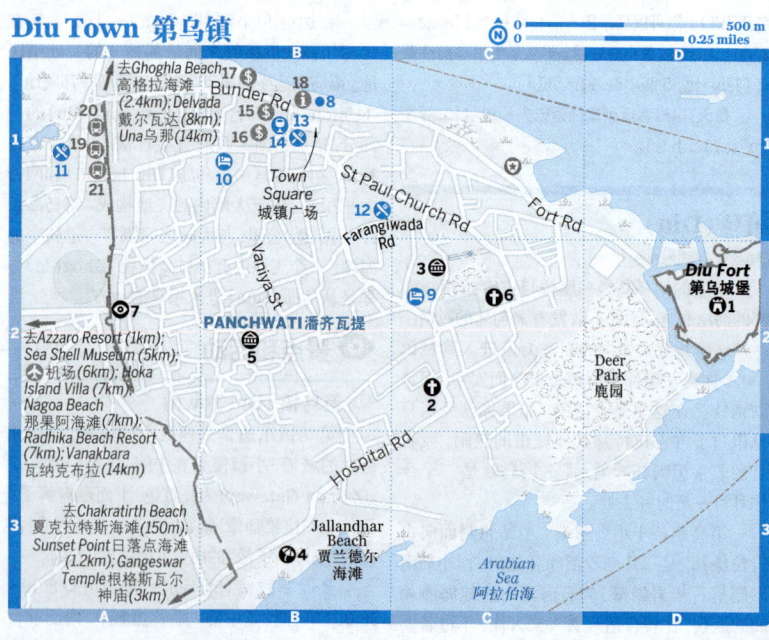

Diu Town 第乌镇

◎ 重要景点
1 第乌城堡...................................D2

◎ 景点
2 亚西西的圣弗朗西斯教堂.....................C2
3 第乌博物馆...................................C2
4 贾兰德尔海滩.................................B3
5 城市富商宅...................................B2
6 圣保罗教堂...................................C2
7 赞帕门.......................................A2

◎ 活动、课程和团队游
8 Boat Trips...................................B1

◎ 住宿
9 Casa Lourdes................................C2
　Herança Goesa.............................（见9）
10 Hotel The Grand Highness....................B1
　São Tome Retiro..........................（见3）

◎ 就餐
11 鱼市...A1
12 O'Coqueiro..................................B1
13 Ram Vijay...................................B1

◎ 饮品和夜生活
14 Casaluxo Bar................................B1

◎ 实用信息
15 印度工业信贷投资银行自动柜员机............B1
　邮局......................................（见14）
16 印度国家银行................................B1
17 印度国家银行自动柜员机.....................B1
18 旅游办公室..................................B1

◎ 交通
19 Ekta Travels.................................A1
20 杰提拜长途汽车站...........................A1
21 JK Travels...................................A1

一位商人的大宅，配有灰泥花饰和饱满的水果造型。

◎ 岛屿周边
★ 第乌城堡
（Diu Fort; Fort Rd; ⓧ8:00~18:00）城堡初

城堡
建于1535年，后于1541年增建，这是一座规模宏大、保存完好的葡萄牙风格城堡，外有两道护城河（其中一道为潮汐河），曾经坚不可摧，但由于海水侵蚀和疏于维护，城堡正在渐渐走向破败。炮弹随处可见，城垛上也满地列着一排火炮。灯塔是第乌的制高点，光束最远可照至32公里外,你可以爬上去进行参观。城堡还有几座小礼拜堂,其中一座藏有一些墓碑的残片。城堡内一部分区域现在还是岛上的监狱。

★ 瓦纳克布拉(Vanakbara) 村庄

位于岛的最西端,瓦纳克布拉是一座引人入胜的小渔村,是岛上的亮点之一。码头附近是散步的好去处,各色渔船挤在一处,一派热火朝天的景象——最佳观赏时间在7:00~8:00之间,那时一艘艘渔船会返航回港,售卖捕获的海味。

根格斯瓦尔神庙(Gangeswar Temple) 印度教神庙

神庙在南海岸,位于镇西3公里处,就在小村福达姆(Fudam)外,是一个不大的海岸洞穴,里面有5支湿婆林迦(Shiva linga,男性生殖器的象征)经受着海浪的冲刷。前往那里一路景色最优美的线路是沿着几乎空荡荡的海岸公路走,起点在日落点(Sunset Point)附近,路况良好。

贝壳博物馆 博物馆

(Sea Shell Museum;成人/儿童₹20/10;◎9:30~17:00)博物馆距小镇6公里,在通往那果阿的路上,可以说是一座"爱的结晶"。馆主德吉巴依·维拉·富尔巴利亚船长(Captain Devjibhai Vira Fulbaria)是一位英国商船船长。他航行世界50年,收集了数千枚贝壳,花了大心思将它们展示出来,还配上了英文标签,所以你可以了解玛瑙贝壳和有毒的鸡心螺有何区别。

海滩

那果阿海滩(Nagoa Beach)在小岛南海岸,距第乌镇西7公里,长长的海滩边种着棕榈树。这里对于游泳来说很安全——但是垃圾遍地,而且人多拥挤,经常会遇到醉汉;外国女性尤其容易受到骚扰。再往西2公里,有一条2.5公里长的贡提马塔海滩(Gomptimata Beach)。这片沙地海滩通常没有人来,周末人才会多起来,但是浪会很大——泳技不佳、体力不行的人别来。贾兰德尔海滩(Jallandhar Beach)为岩石沙滩,位于第乌镇南部海岸,可从小镇步行前来;夏克拉特斯海滩(Chakratirth Beach)在其西面,更长,沙子也更多;再往西走便是美丽的日落点海滩(Sunset Point Beach),海滩不长,微有弧度,是个游泳的热门去处,而且相对来说不容易受到骚扰。日落点就在该海滩的南端,是一个小岬角,上面有印度海军"尖刀号"纪念馆(INS Khukhri Memorial),那里纪念的是1971年印巴战争中在第乌附近海域被击沉的一艘印度海军护卫舰。遗憾的是,日落点周边地区也是一片垃圾场,随便挑一天早晨来这里赶海,你就会发现潮汐涌落的区域竟被不少人当作"五谷轮回之所"。

最棒的海滩是高格拉海滩(Ghoghla Beach),位于第乌北部。沙滩很长,与其他海滩相比垃圾不多,人也少,浪不大,沙滩后还有几家不错的餐馆。

👉 团队游

乘船游 划船

(每人50卢比,最低总船价₹300;◎9:30~13:00和15:00~18:30)你可以在码头附近参加历时20分钟的乘船游,购票地点在Bunder Rd旅游办公室(见685页)前面的售票亭。

🛏 住宿

第乌镇有非常出色的便宜住所,还有两三家高档的住宿场所。岛上其他地方的海滩度假村一般价格比较贵。多数酒店的价格变动极大,较贵的酒店在淡季最多可打六折。

★ São Tome Retiro 客栈 $

(📞02875-253117;St Thomas Church;房间₹300起)第乌镇最独具氛围的经济型住宿场所,与圣托马斯教堂相连。最便宜的房间是配备了电风扇的小单间,就在教堂的屋顶上;还能有什么地方比这儿更适合一边观赏夕阳一边喝啤酒呢!比较大的房间配备了简单的卫间，友好的达苏扎（Da Souza）一家每隔一天的晚上就会烧烤；如果提前打招呼的话，非住客也会受到欢迎。

Herança Goesa 客栈 $

（☎02875-253851；heranca_goesa@yahoo.com；Farangiwada；房间₹500~1000）这家友好的客栈在第乌博物馆后面，店主一家是葡萄牙后裔，8间客房干净得一尘不染，性价比很高。建议在楼上选一间房入住，那里能吹到海风，非常惬意。提供美味早餐，如果同时有几位客人要求，这里还可以供应美味的海鲜晚餐。

Casa Lourdes 客栈 $

（☎9426230335；gibu1102@gmail.com；Farangiwada；标单/双₹800/1000起；❋）由开朗乐观的本地音乐家吉尔贝·阿尔梅达（Gilbert Almeida）经营，这家明黄色的客栈是新开的经济型住宿，有色彩鲜艳、格局紧凑的套房和客用厨房。主人一家还会应你的要求提供葡萄牙菜肴。

★ Hotel The Grand Highness 商务酒店 $$$

（☎02875-254000；www.thegrandhighness.com；Main Bazaar；房间₹4500起；❋@⚛）第乌镇迄今为止最豪华的地方，这家新开的酒店拥有一尘不染的房间、花洒淋浴、舒适的床和等离子电视。中庭极为美丽，装饰着当代雕塑，而且酒店与隔壁的Hotel Prince共用一家餐厅。

★ Azzaro Resort 酒店 $$$

（☎02875-255421；www.azzarodiu.com；Fudam Rd；房间₹6529，套₹10,845；❋@⚛✦）酒店在城门外1公里处，无疑是第乌最奢侈的酒店，房间华贵且很有品位，配有高科技照明控制设备，卧室与卫生间之间隔有时尚的玻璃墙。全部房间都朝向花园，许多都配有阳台，花园中央的水池呈宝蓝色。酒店也配有一家水疗馆、一家健身房、两家不错的餐厅和一家24小时咖啡店。物有所值。

那果阿海滩（Nagoa Beach）

Hoka Island Villa 酒店 $$$

（☎02875-253036；www.resorthoka.com；房间₹5395~5750；❋⚛✦）这里是个很棒的住处，酒店建筑群不大，棕榈树郁郁葱葱，有小游泳池，房间多姿多彩、干净凉爽。管理人员乐于助人，你可以租到轻骑（moped），食物也很棒。沿主路前行，到那果阿海滩路口后继续前行150米，左边即是酒店。

Radhika Beach Resort 酒店 $$$

（☎02875-275551；www.radhikaresort.com；双₹5505~7685；❋⚛✦）这里时尚新潮，挑不出毛病，是第乌地段最好的高档酒店，草坪上有高档公寓式的别墅房，非常舒服，距离那果阿海滩仅有几步之遥。房间宽敞干净，还配有一个非常好的国际餐厅。"经典间"（clssic）和"VIP间"位于一个豌豆形的大水池旁边。

🍴 就餐

第乌的餐厅菜单上以美味新鲜的鱼和海鲜特色为主，大多数客栈都能代你烹饪买回来的东西；杰提拜（Jethibai）汽车站对面有每日**鱼市**（⌚7:00~17:00）。另外有两三个地方可提供葡萄牙菜肴。

Ram Vijay 冰激凌 $

（冰激凌球₹40；⌚8:30~13:30和15:30~21:30）这家老式冰激凌店不大，特别干净，靠近城镇广场，销售手工冰激凌和奶昔（milkshake），如果想吃非凡美味的冰激凌就一定要来这里。这是个家族企业，1933年便开张，开始是卖饮料的，现在依然在小村福达姆里生产着自己的饮料（"露"牌——Dew）。这里的姜味柠檬苏打水值得一试，而冰激凌更是一种都不要错过。

★ O' Coqueiro 各国风味 $$

（Farangiwada Rd；早餐₹80~140，午餐和晚餐₹170~380；⌚8:00~21:00；✦）店主凯拉什·潘蒂（Kailash Pandey）投入了大量心血，建成了这家静谧灵动的花园餐厅。餐厅的宗旨是新鲜和品质，菜品简单但非常可口，包括意面、鸡肉、海鲜以及几道从一个第乌当地族长那里学来的葡萄牙菜肴，比如椰汁虾。此外，咖啡好喝，啤酒冰凉，音乐好听，服务态度友好。

Cat's Eye View 各国风味 $$

（Hoka Island Villa, Nagoa Beach；早餐₹70~

170，午餐和晚餐₹165~395；⊙8:00~10:00，正午至14:30和19:00~21:30；🛜🍴）这家露天餐厅位于Hoka Island Villa，食物很棒，早餐非常诱人，有不少美味之选，比如金枪鱼番茄斜管面（penne with tuna and tomato）、炸鱼薯条（fish and chips）以及鲜虾椰子咖喱（prawn coconut curry）和酸奶烤茄子。餐厅的气氛轻松宜人，在当代艺术品的装点下令人眼前一亮。

Sea View Restaurant   海鲜 $$

（Ghoghla Beach；餐₹110~250；⊙8:00~23:00）这家露天餐厅就在高格拉沙滩前面，旁边是与其同名的酒店，供应全套印度菜和海鲜。这里的果阿鲜虾咖喱（170卢比）大味重。在节假日以外的时段，多数顾客都是男性。

🍷 饮品和夜生活

Casaluxo Bar   酒吧

（⊙周二至周日 9:00~13:00和16:00~21:00）城镇广场对面的Casaluxo Bar很像英式酒馆，感觉十分清爽。酒吧于1963年开业，除了后门上贴着的泳装辣妹海报以外，其他部分可能从那时起就没动过。

❶ 实用信息

邮局（⊙周一至周六 9:00~17:00）在楼上，面朝城镇广场。

印度国家银行（State Bank of India; Main Bazaar; ⊙周一至周五 10:00~16:00）可以兑换现金和旅游支票，有自动柜员机。

旅游办公室（☎02875-252653; www.visitdiu.in; Bunder Rd; ⊙周一至周六 9:30~13:30和14:30~18:00）有地图、公交时刻表和酒店价格表。

❶ 到达和离开

飞机

联盟航空（Alliance Air）是印度航空的经济型航班分公司，每周有4个航班从**第乌机场**（Diu Airport; ☎02875-254743; North Beach Rd）往返孟买。机场位于镇西6公里处，就在那里阿海滩的前面。

长途汽车和小汽车

从陆路进入第乌的游客可能要缴纳每人50卢比的过境税，但这种税时有时无。

杰提拜长途汽车站（Jethibai bus stand）有前往许多目的地的长途汽车。

交通枢纽：韦拉瓦尔（VERAVAL）

拥挤嘈杂的韦拉瓦尔是印度主要的渔港之一。繁忙的港口区满眼躁动，到处都在造船。在苏拉特崛起之前，这里也是前往麦加（Mecca）的朝圣者的主要出发海港。这里最主要的景点是位于其东南方向6公里以外的索姆纳特寺。索姆纳特小镇更适合过夜，但是韦拉瓦尔的公共交通更发达。

市中心Bus Stand Rd的汽车站有开往艾哈迈达巴德（₹207，9.5小时，每天8班）、朱纳格特（₹79，2小时，半小时1班）、拉杰果德（₹124，5小时）和乌那（前往第乌，₹74，2.25小时）、第乌（₹90，2.75小时）和萨桑吉尔（Sasan Gir; ₹41，1小时，每天15:00）的长途汽车。

ST长途汽车站对面的**帕特尔旅行**（Patel Tours & Travels; ☎02876-222863; www.pateltoursandtravels.com）运营21:30和22:00开往艾哈迈达巴德（座席/卧铺₹320/420）的非空调短途夜车。

每天有4班开往朱纳格特的列车，包括9:50发车的11463 Jabalpur Express（卧铺/空调卧铺3类/空调卧铺2类₹150/510/750，1.75小时）。11463、13:20发车的59460和21:35发车的22958会继续开往拉杰果德（₹150/510/715，4.25小时）和艾哈迈达巴德（₹270/715/1015，8.75小时）。仅有无须预订2等车厢的列车9:45（2小时）和13:55（1.25小时）开往萨桑吉尔（₹10）。车站有**电脑订票处**（⊙周一至周六 8:00~22:00，周日至14:00）。

前往索姆纳特的最快捷的方式是乘坐机动三轮车，合乘/独乘的费用约为₹15/150。

目的地	票价(₹)	车程(小时)	发车班次
巴夫那加尔	144	5.5	每天4班
朱纳格特	142	4.5	每天3班
拉杰果德	182	5.5	每天3班
韦拉瓦尔	102	2.5	每天3班

乌那位于第乌以北14公里处，那里发车的大巴车次更频繁。6:30~20:00期间，乌那和第乌之间每半小时有1班巴士往返（19卢比，40分钟）。其他时段可从乌那的高塔广场（Tower Chowk，距巴士站1公里）搭乘机动三轮车拼车前往高格拉或第乌，前往两地的路费差不多。机动三轮车包车价为300卢比。乌那的三轮车夫最远只能带你到第乌的巴士站，所以不能一路把你直接送到那果阿海滩（想去那里，你还得再花100卢比）。

JK Travels（☎02775-252515；http://jkbus.in）在乌那汽车站运营私营长途汽车，19:30发车前往艾哈迈达巴德（非空调卧铺 ₹350，10小时），11:30发车前往孟买（非空调卧铺 ₹700，19小时）。**Ekta Travels**（☎9898618424）是这两条线路的另一个不错选择。

火车

戴尔瓦达（Delvada）是最近的铁路站点，距第乌8公里，在通往乌那的路上。52951MG Passenger列车14:25发车前往萨桑吉尔（2等票 25卢比，3.5小时）和朱纳格特（35卢比，6.25小时）。52950 Passenger列车8:05发车前往韦拉瓦尔（25卢比，3.25小时）。第乌和乌那之间的巴士每半小时1班，在戴尔瓦达有一站（23卢比，20分钟）。

当地交通

在第乌镇内乘机动三轮车，车费不会超过40卢比。从巴士站到镇上需要50卢比，到那果阿海滩以及更远的地方需要120卢比，到日落点则需要60卢比。

踏板摩托车是探索小岛的最佳选择，因为这里路况很好，少有人走。目前的日租价是350卢比（不含油钱），花400卢比就可以租到普通摩托车。多数酒店都能帮你安排租车，但车况不一。通常情况你必须出示驾照，并缴纳1500卢比的押金。

从第乌镇可以乘坐地方巴士前往那果阿和瓦纳卡拉（Vanakbara）——两处票价都为12卢比，出发地点在杰提拜巴士站，发车时间分别为7:00、11:00和16:00。从那果阿发往第乌镇的巴士，发车地点在当地警察局旁边，发车时间分别为13:00、17:30和19:00。

索姆纳特（Somnath）

☎02876

索姆纳特著名的凤凰造型神庙，位于韦拉瓦尔东南方向6公里处矗立在海滩上方一片齐整的花园中。下面的海水让神庙更加令人神往。索姆纳特小镇内布满一条条狭窄、有趣的市集街道，而且无机动车，因此便于游人漫步畅游。圆月节（659页）纪念的是湿婆铲除恶魔"三城阿修罗"（Tripurasura）的壮举，届时索姆纳特会举办一个多姿多彩的大集来庆祝这一节日。

◉ 景点

索姆纳特寺 印度教神庙

（Temple of Somnath；⏱6:00~21:00）据说月神苏摩（Somraj）先在索姆纳特建造了一座黄金神庙，罗波那重建了一座银庙，克利须那又用木头重建，比穆德福朋的则是石头。现在其素雅对称的建筑结构是在其海岸原址上按照传统风格重建的：神庙呈米色，内部雕塑不多但很精美。中央位置有一个巨大的黑色湿婆林迦，是12处最为神圣的湿婆神坛之一，被叫作"火焰林迦"（jyoti linga）。

一位名叫比鲁尼（Al-Biruni）的阿拉伯旅行家来过之后，著书盛赞这一神庙，结果让这里在1024年招来了一位不速之客——伽色尼的马哈茂德（Mahmud of Ghazni），一位来自阿富汗的传奇强盗国王。当时的神庙财大气粗，雇用了300名乐师和500名舞姬，光理发师就有300位。马哈茂德两天便拿下了小镇和神庙，据说有7万名印度教徒在抗争中丧命。他把神庙里的财宝抢了个干净，随后将这里夷为平地。神庙在之后的几个世纪里便开始出现印度教徒屡建和穆斯林屡毁且屡毁屡建的模式。1297和1394年这里都遭到了摧毁，最后一次灭顶之灾发生在1706年，毁灭者是臭名昭著的莫卧儿统治者奥朗则布（Aurangzeb）。从那之后，神庙一直是一片废墟，直到1950年才开始重建工程。

进入神庙前请将相机、手机和包存放在衣帽间中。神庙花园北侧列有一排彩色立体模景（diorama），描绘了湿婆的故事，但是玻璃模模糊糊的，不容易看清。1小时的声光秀于19:45开始，会让夜晚的神庙亮如白昼。

帕拉巴斯帕坦博物馆 博物馆

（Prabhas Patan Museum；印度人/外国人5/50卢比；◎周四至周二 10:30~17:30，每月第二和第四个周六闭馆）博物馆位于索姆纳特寺以北300米处，位于市街道的旁边，里面有从前寺庙庭院中日晒雨淋的精美石雕部件。亮点是12世纪由主寺重建的圣殿，还有精雕细刻的天花板。

食宿

Hotel Swagat 酒店 $

（☎02876-233839；www.hotelswagatsomnath.elisting.in；房间₹600起，带空调₹1000起；❄）这家酒店就在索姆纳特寺斜对面的市场街上，是神庙和集市附近的最佳住处。房间状况良好，并有新式空调和平面电视。

New Bhabha Restaurant 印度菜、中国菜 $

（主菜 ₹100~140；◎11:30~14:00和19:00~22:00；❄）这一带的餐馆都不怎么样，这家素食餐厅算是其中拿得出手的一家，在索姆纳特寺以东一个街区处，位于ST长途汽车站以北50米处。吃饭可在面积不大的空调室内就餐区，也可到街道旁的户外就餐区。

到达和离开

长途汽车从索姆纳特寺以东一个街区处的ST长途汽车站发车，开往第乌（87卢比，2.5小时，每天1班，17:50出发）、朱纳格特（83卢比，2.5小时，每半小时1班）和艾哈迈达巴德（236卢比，10小时，每天6班）。

Mahasagar Travels（www.mahasagartravels.com）就在ST长途汽车站附近，是少数几家运营夜车前往艾哈迈达巴德（坐票/卧铺 320/410卢比，10小时）的公司之一，空调车（₹519）的发车时间为21:30。**Ashapura Travels**（☎9879048590；Tanna Complex，紧邻Somnath Temple car park）运营开往普杰（₹550，11.25小时）的非空调卧铺夜车。

吉尔国家公园及野生动物保护区（Gir National Park & Wildlife Sanctuary）

☑02877

这片方圆1412平方公里的山林位于韦拉瓦尔和朱纳格特之间，是亚洲狮（Panthera leo persica）的最后一片乐土，在10月中旬至次年6月中旬之间（12月至次年4月最佳），游客可能会在这里见到狮子。参加巡游的途中，穿过安静茂密的森林就是一件乐事——即使没有狮子、其他野生动物以及鸟类为你的旅途锦上添花。

进入保护区必须持有巡游许可证，可以提前在网上申办。如果没办许可证，还有一个办法可以见到狮子，那就是前往德瓦利亚巡游公园（Devalia Safari Park），保护区里面被栅栏围起来的区域，肯定能见到狮子，只是大多是安排好的。

萨桑吉尔（Sasan Gir）村庄是前往吉尔国家公园的门户，位于一条小路上，旁边是韦拉瓦尔和朱纳格特之间的铁路（彼此相距约40公里）。

◎ 景点

★ **吉尔国家公园** 国家公园

（☎Gir National Park；9971231439；www.girnationalpark.in；每辆六座吉普车 印度人/外国人周一至周五 ₹800/4800，周六和周日 ₹1000/6000；◎10月中旬至次年6月中旬 6:00~9:00，9:00至正午，15:00~18:00）这片保护区的入口在萨桑吉尔村，位于韦拉瓦尔和朱纳格特之间一条次要公路和铁路线上（距两地皆为40公里）。12月至次年4月是最佳游览时间。

保护区成立于1965年，其259平方公里的核心区域于1975年被宣布成为一片国家公园。从20世纪60年代末开始，狮子的数量已从最初的不到200头增长为400多头。保护区还有其他37种哺乳动物，多数动物的数量都有所增加，包括俏丽的斑点鹿（chital）、水鹿（sambar）、蓝牛羚（nilgai，大羚羊）、四角羚（chousingha）、印度瞪羚（chinkara）、鳄鱼以及很少能够见到的猎豹。这座公园也是观鸟者的胜地，鸟类超过300种，多数都栖居在林中。

最后的野生亚洲狮

曾经，西至叙利亚、东至印度比哈尔邦（Bihar）的这一片地区都听得见亚洲狮（Panthera leo persica）的咆哮声。但狩猎活动的泛滥使得狮子的数量大幅减少，1834年的德里、1840年的比哈尔邦和1870年的拉贾斯坦邦成了狮子最后几次出现的地方。在古吉拉特邦，亚洲狮也因为狩猎活动而濒临灭绝，到19世纪70年代仅存12头。20世纪初，一位曾经以猎狮为乐的朱纳格特纳瓦布（Nawab of Junagadh）幡然醒悟，决定建立一片狮子保护区，从那时起狮子的数量才开始缓慢回升。那片区域即是今天的吉尔野生动物保护区（Gir Wildlife Sanctuary；见687页），而且种族数量发展到如今的规模，其中有些狮子已经迁徙至古吉拉特邦的其他地方。

亚洲狮本与非洲狮（Panthera leo leo）同宗，但不相往来已有数百年，因此形成了一些特征。亚洲狮的鬃毛没有非洲狮那么浓密，头顶和耳朵上都没有，腹部纵向有一条明显的皮肤褶皱。而且它们还是纯粹的猎食者，这点也与偶尔食腐肉的非洲狮有所不同。

但是当地服饰鲜明的牧民可没有这里的野生动物们那么幸运。他们之中有超过一半人被迁往了别处居住，官方的说法是因为他们的牧牛和水牛会和当地的羚羊和鹿争抢食物，而同时还会被这里的狮子和猎豹吃掉。还有大约1000人住在公园里面，而且狮群四分之一的食物就是他们的牲口。

由于栖息在此的狮子数量增长，吉尔现在的地方也不够用了。一些狮子已经被转移至全国各地的其他野外地区，传闻还要往中央邦的老虎保护区转移一些狮子，但是古吉拉特邦政府反对这一计划，力争保住"印度唯一的狮子家园"的名号。

德瓦利亚巡游公园 自然保护区

（Devalia Safari Park；印度人/外国人₹190/3000；◐8:00～11:00和15:00～17:00）这个公园位于德瓦利亚（Devalia）的萨桑吉尔村以西12公里处，在位于保护区边界内，更多人干脆就把这里称为德瓦利亚。公园占地4.12平方公里，周围围有护栏，里面有各种萨桑吉尔野生动物。在这里肯定能看到狮子和豹子，小径沿线历时45分钟的大巴游每小时发车1班。你还可能见到狐狸、猫鼬和印度羚——后者是狮子的主要猎物。从萨桑吉尔村往返德瓦利亚的机动三轮车/出租车费用约为₹150/350。

🚶 活动

★ 巡游 野生动物观察

（Safaris；www.girlion.in；持许可乘车，每车最多6名乘客 印度人/外国人 周一至周五 400卢比/40美元，周六和周日₹500/US$50，向导 3小时₹250，拍照印度人/外国人₹100/600）乘坐四驱车（"吉卜赛人"）进行狮子巡游，游览时间分为3段，每段3小时——6:00至9:00、9:00至正午和15:00至18:00。公园每个时段只允许30辆"吉卜赛人"进入。最有可能见到野生动物的时间是清晨，或者日落前的一小段时间。必须提前在网上办理许可证。

萨桑吉尔附近的多数酒店和客栈都有"吉卜赛人"吉普车和司机，或者也可以为你做相应的安排，收费为每辆车3000卢比起，最多6名乘客。保护区外有一家接待中心，位于萨桑吉尔村。你也可以在那里花上大约2700卢比的费用租一辆配司机的四驱吉普。一旦找好了车，你必须还要去接待中心排队领取游览许可证并雇用导游，并且还要缴拍摄费。你的司机通常会帮你做这些事。

一般来说，大约每2次巡游活动才能观察到1次狮子。所以如果你铁了心要看狮子，那就多参加几次。你肯定也能看到各种其他的野生动物，比如印度羚和狐狸，而且导游都是观察动物的老手。

🛏 食宿

★ Nitin Ratanghayara Family Rooms 客栈 $$

（📞9979024670, 02877-285686；www.nitinbhaihomestay.in；SBI Bank St；房间 ₹800，带

空调 ₹1400；❄@🛜）这是一处家族经营的庭院式住宅，镶着金牙的店主尼廷·拉坦贾亚拉（Nitin Ratanghayara）很是友善，为游客提供几间非常不错的客房。房间打理得很好，比主街上任何一家低价住处都更具性价比。而且在这你还能吃到他小姨子烹饪的家常菜，愿意的话还可以到厨房打打下手。客栈在萨桑吉尔村主街上，尼廷开的一家商店上有客栈标牌，注意观察。

Hotel Umang 酒店 $$

（📞02877-285728；www.sasangirhotels.in；Rameshwar Society, SBS Rd；房间不带/带空调 ₹850/1450；❄🛜）酒店很安静，房间非常理想，管理人员乐于助人，食物不错。从主路向南行200米即是，位于城镇中心附近；沿着路标走即可。

★ Asiatic Lion Lodge 度假屋 $$$

（📞9099079965, 02877-281101；www.asiaticlionlodge.com；Sasan Gir-Bhalchhel-Haripur Rd；房间 ₹4700；❄🛜）这栋宁静的度假屋位于萨桑吉尔村以西约5公里处，包括宽敞的平房房间，装修雅致，有茅草屋顶。菜肴是出色的素食，晚上露天放映关于狮子保护区的有趣的纪录片。

Gir Birding Lodge 酒店 $$$

（📞9266919519, 9723971842；www.girbirdinglodge.com；Rte 100A；房间或度假屋含三餐标单/双 ₹5600/6800；❄）这个宁静的地方位于森林边的一片芒果树林中，有6栋简单而温馨的小屋，有一些不错的细节，比如配有手工木床。16个酒店房间崭新、现代，不过稍微有些普通。非常适合观鸟者，另外还有瑜伽和禅修课程。酒店距小村2.5公里，紧邻通往朱纳格特的道路。这里也可以为你组织观鸟步行游和河流步行游；请一位知识渊博的导游每天所需的费用为2000卢比。

Gateway Hotel 酒店 $$$

（📞02877-285551；www.thegatewayhotels.com；房间含早餐 ₹9900起，套 ₹13,200起；❄🛜🅿）🍴这里很久以前曾为政府所有，现在经过泰姬酒店集团（Taj Group）的重新打造，自然是吉尔国家公园附近当之无愧的最佳酒店——也是最为"绿色"的酒店。房间和大套房很舒适，设施相当齐全——甚至配有瑜伽垫！所有房间都临河，可以看到水牛涉水，还有人曾看到过狮子。网上预订能享受不小的折扣，促销套餐价含全餐，也可组织巡游活动。

Gir Rajwadi Hotel 古吉拉特菜 $

（主菜₹110~170；🕐11:00~16:00和19:00~23:00）在小村主街上的几家小馆中，这家素食餐厅是最棒的，而且提供美味的古吉拉特塔利套餐。

ℹ️ 实用信息

吉尔信息介绍中心（Gir Orientation Centre；🕐8:00~18:00）位于德瓦利亚接待中心的隔壁，这里有以"保护区及其野生动物"为主题的展览，信息丰富，还有一家小商店。

ℹ️ 到达和离开

全天都有长途汽车从萨桑吉尔村出发前往韦拉瓦尔（41卢比，1小时）和朱纳格特（62卢比，2小时）。

这里有车票不对应指定座位的二等席火车，前往朱纳格特（20卢比，2.75小时，17:58）、戴尔瓦兹（可从那里前往第乌，25卢比，3.5小时，9:58）和韦拉瓦尔（10卢比，1.5小时，11:58和16:27）。

朱纳格特（Junagadh）

📞0285 / 人口319,460

朱纳格特坐拥古吉拉特邦最为震撼的一些地貌特征，却少有游人光顾。这座古老的守城有2300年的悠久历史（其名称的含义为"老城堡"），坐落在神圣的吉尔纳尔山脚下。分ँ期（Partition）的年代，当时的朱纳格特纳瓦布想将自己的这个小国并入巴基斯坦——因为当地居民中印度教徒占绝大多数，这一决定激起了公愤，最终纳瓦布一个人逃到了巴基斯坦。朱纳格特离吉尔国家公园不远，适合以此为大本营前往观察狮子。

👁️ 景点和活动

虽然城镇中心不少区域可以说是极其拥堵和燥热的，但是山上靠近高堡（Uparkot Fort）的地区以及环形广场（Circle Chowk）和

Junagadh 朱纳格特

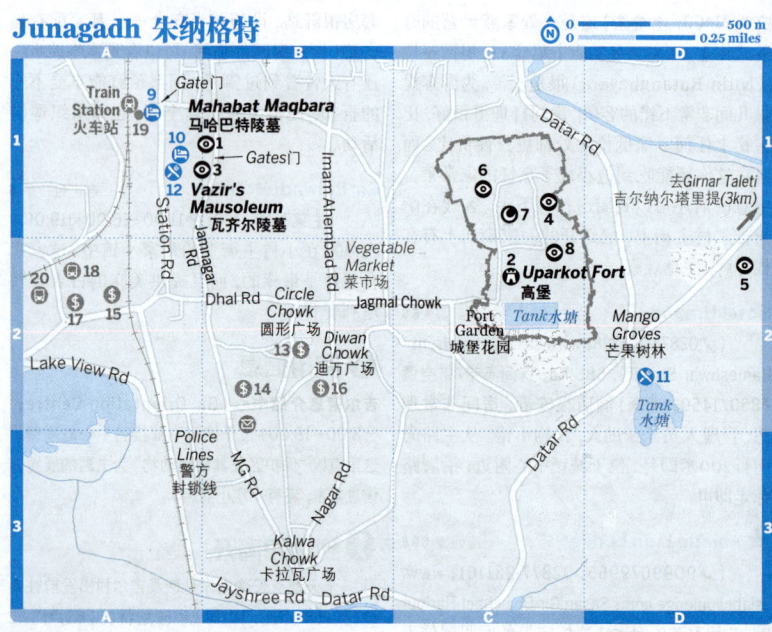

Junagadh 朱纳格特

◎ 重要景点
- **1** 马哈巴特陵墓..................B1
- **2** 高堡..............................C2
- **3** 瓦齐尔陵墓......................A1

◎ 景点
- **4** 双姝井...........................C1
- **5** 阿育王法典......................D2
- **6** 佛教洞窟........................C1
- **7** 贾玛清真寺.....................C1
- **8** 那福甘井........................C2

🛏 住宿
- **9** Click Hotel.....................A1
- **10** Lotus Hotel...................A1

🍴 就餐
- **11** Garden Cafe...................D2
- **12** Geeta Lodge...................A1

ⓘ 实用信息
- **13** 艾克塞斯银行自动柜员机......B2
- **14** 巴罗达银行.....................B2
- **15** 印度国家银行..................A2
- **16** 印度国家银行..................B2
- **17** 印度国家银行自动柜员机.....A2

ⓘ 交通
- **18** Mahasagar Travels............A2
- **19** 火车站售票处..................A1
- **20** ST长途汽车站.................A2

总领大臣广场（Diwan Chowk）附近则非常有氛围，到处都有集市和欧洲－莫卧儿风格的宫殿。宫殿半已荒弃，顶层都长出了荒草。

★ 吉尔纳尔山（Girnar Hill） 宗教遗迹

平原上拔地而起的这座圣山到处是耆那教和印度教的神庙。来自四面八方的朝圣者要攀登1万级台阶才能到达山顶，最好在清晨时便动身。如果想前往最高的几处神庙的话，那你肯定要花费一整天，一定要做好相关准备。在晨光中登山是一次神奇的经历，因为那时会有朝圣者和搬运工同你一起在石阶上跋涉。开往吉尔纳尔塔里提（Girnar Taleti）的机动三轮车的费用约为₹100。

沿山上行至三分之二处，便是耆那教寺庙建筑群，眼前一片马赛克装饰的穹顶，其间零星分布着精美的佛塔（stupa）。建于12世纪的Neminath神庙是其中最大最古老的，用来纪念耆那教第22代祖师Neminath；走进第一道门后，要从左边第一条门道进入神庙。许多神庙在11:00至15:00期间会关闭，但这座神庙则是全天开放。旁边有一座"一分为三"的马力纳斯神庙（Temple of Mallinath），由一对兄弟建造于1177年，纪念的是耆那教第9代祖师。节日期间这座神庙会吸引到许多"圣徒"（sadhu）。

沿山继续上行是各类印度教神庙。第一座山峰上立有阿姆巴玛塔神庙（Temple of Amba Mata），新婚夫妇会去那里祈求婚姻幸福。过了这个神庙还有其他4座山峰和其他神庙，需要你上上下下地走好久。其中一座山峰是古吉拉特邦最高的山峰，高1117米，上面有格拉克纳斯神庙（Temple of Gorakhnath）。达塔特拉亚峰（Dattatraya）则非常陡峭，上面有一座神坛供奉毗湿奴的三面化身。卡里卡峰（Kalika）是最后一座山峰，峰顶立有女神卡莉的神坛。

小径起点在城市以东6公里的吉尔纳尔塔里提（Girnar Taleti）。一条世时开时封的机动车道通向大约第3000级台阶的地方，从那里只需再爬7000级台阶！上山路上有一些食品饮料摊，你可以在那里买到粉笔，好在岩石上留名纪念。如果你不想自己动腿，那么搬运工可以用"印度二人抬"把你抬上抬下，体重50公斤到70公斤的人需花费4000卢比（往返），超过70公斤则需4500卢比。如果你的体重不容易一眼看出来，那就别嫌丢人，让这里的人用一个巨型杆秤称一称，弄清价钱再出发。注意，途中是可以照相的，但在神庙内不行。

巴福纳斯大集（Bhavnath Mela；见659页）在印度历十一月（Magha）举行，为期超过5天，届时吉尔纳尔塔里提的巴福纳斯湿婆神庙（Bhavnath Mahadev Temple）会有民间音乐和舞蹈表演，还会迎来一群群"裸身信徒"（nagas）。人们认为正是在历史上的这一天，湿婆跳起了"毁灭之舞"，万事万物灰飞烟灭。

★ **高堡** 城堡

（Uparkot Fort；⊙清晨至黄昏）这座古老的城堡据称由孔雀王朝皇帝旃陀罗·笈多（Chandragupta）兴建于公元前319年，但之后被多次扩建。一些地方的城墙高达20米。高堡曾被围攻过16次，传说有一次围城长达12年之久，依然没能被攻占。在高堡上可俯瞰小城，向东可望见吉尔纳尔山，景色绝美，城墙内有一座宏伟的前清真寺、拥有上千年历史的佛教洞窟及两座精美的楼梯井。

城堡内有一座已经被废弃的贾玛清真寺（Jama Masjid），以前是座宫殿，在15世纪被古吉拉特苏丹马哈茂德·贝格达改建为清真寺，那里有一片罕见的带顶庭院，上有3个八边形的开口，很可能是建筑曾经的穹顶。涂鸦真让人觉得丢脸，不过精美的石壁龛和密集的柱子依然令人赞叹。从屋顶望去，城市的风景非常漂亮。

清真寺旁有佛教洞窟（Buddhist caves；印度人/外国人 ₹15/200；⊙8:00~18:00），实际上是公元2世纪从岩壁上挖凿出来的僧人住处。往下走进怪异可怕的3层雕刻建筑群，就可以看到主厅及其柱子上的模糊石刻。

城堡有两座美丽的楼梯井，都是在坚实的岩石上凿刻出来的。其中41米深的圆形双姝井（Adi Kadi Vav）开凿于15世纪，Adi和Kadi是两位曾在此取水的女奴。另一个那福甘井（Navghan Kuvo）深52米，设计初衷是为了抵御大军围城，有近千年的历史，井壁上有楼梯盘旋而降，十分恢宏。找找已有几个世纪历史的鸽房。

★ **马哈巴特陵墓（Mahabat Maqbara）** 陵墓

（MG Rd）这座震撼人心的陵墓里安息着朱纳格特马哈巴特汗二世（Nawab Mahabat Khan Ⅱ of Junagadh, 1851~1882年），其建筑有一种仿佛即将"腾云而去"之势，融欧洲、印度、伊斯兰风格为一体，是朱纳格特该类建筑中最为辉煌的代表之一，配有法式落地长窗和哥特式石柱，内部的镀银内门更彰显了其奢华之感。

★ **瓦齐尔陵墓** 陵墓

（Vazir's Mausoleum; MG Rd）比旁边的马哈巴特陵墓更为富丽，这座修建于1896年的瓦齐尔·萨希卜·巴卡-乌丁·巴尔（Vazir Sahib Baka-ud-din Bhar）陵墓有4座美如画卷的尖塔，周围环绕着螺旋楼梯。

阿育王法典 历史遗址

（Ashokan Edicts；印度人/外国人 5/100卢

比; ⊙清晨至黄昏)这里位于通往吉尔纳尔山的路上,出城不远右手边的白色建筑即是。建筑内有一块巨石,上面使用梵文(Brahmi script)巴利语(Pali)刻有14条法令,是信奉佛教的皇帝阿育王于公元前250年下令所刻的。这些蜘蛛网状的文字是对民众的种种劝导,比如要善待妇女和动物、救济乞丐等。阿育王曾在其统治的地域内遍立这种法典,宣扬其道德哲学及成就,这一块石碑是仅存的几块之一。

🛏 住宿

卡尔瓦广场(Kalwa Chowk)附近有便宜的酒店,但是考虑到那里多数住客的素质,女性最好对这些酒店敬而远之——哪怕有男性同伴陪同也不要去。许多比较好的酒店位于Station Rd沿线。

Lotus Hotel 酒店 $$

(☏0285-2658500; Station Rd; 标单/双₹2000/2500起; ❄🛜)这是一家奢华舒适的酒店,所在建筑原是一座"朝圣者居所"(dharamsala),顶层经过彻底翻新后成为这家酒店。房间配有分体式空调和液晶电视——从前的朝圣者哪享过这福啊?客房明亮宽敞,朴素而不失美丽,客床很棒,设施维护得很好——总之性价比高得不可思议。酒店没有配备餐厅,但可以提供客房服务。

★ Click Hotel 酒店 $$$

(☏02832-244 077; www.theclickhotels.com; Station Rd; 房间₹2800; ❄❄🛜)位于火车站旁边,地段便利,这家出色的新酒店是镇上最舒适的住宿地点。房间一尘不染,配备了舒适的床和等离子电视,Wi-Fi信号稳定,不过店内素食餐馆的饭菜种类有限,工作人员令人满意。

🍴 就餐

★ Geeta Lodge 古吉拉特菜 $

(Station Rd; 塔利套餐₹100; ⊙10:00~15:30和18:30~22:00; 🌶)这里的服务员会马不停蹄地为你献上顶级古吉拉特塔利美食,饭菜"如长江流水连绵不绝",而且价格公道合理。最后可以再花20卢比,来份甜品清清口,比如水果沙拉或芒果泥。

Garden Cafe 印度菜 $$

(Datar Rd; 主菜₹110~170; ⊙周四至周二18:30~22:30)这里与众不同:餐厅位于小镇东部,配有一座可爱的花园,隔壁是Jyoti Nursery,供应的耆那菜、旁遮普邦菜和南印度菜很不错,主顾以家庭顾客和年轻人为主,乘机动三轮车一会就到,值得让你前来品尝一下。

ℹ 实用信息

邮局(⊙10:00~15:00)紧邻MG Rd,位于本地汽车站附近。

印度国家银行(State Bank of India; Nagar Rd; ⊙周一至周五 11:00~14:00)可以兑换旅游支票和现金,有一台自动柜员机。

ℹ 到达和离开

长途汽车

ST长途汽车站 有开往以下目的地的长途汽车:

目的地	票价 (₹)	车程 (小时)	发车班次
艾哈迈达巴德	173	8	半小时1班
普杰	188		每天10班
第乌	127	5	每天4班
贾姆讷格尔	102	4	每天10班
拉杰果德	86	2.75	半小时1班
萨桑吉尔	62	2	1小时1班
乌那 (前往第乌)	113	4	每天10班
韦拉瓦尔	79	2.5	半小时1班

Dhal Rd上靠近铁轨的一带有几家私营巴士公司,其中包括**Mahasagar Travels**(☏0285-2629199; Dhal Rd)。线路包括:

目的地	票价(₹)	车程 (小时)	发车班次
艾哈迈达巴德	非空调/空调/沃尔沃270/320/425	8	半小时1班
孟买	卧铺943	17	每天5班

火车

火车站有一个**电子订票处**(⊙周一至周六8:00~22:00, 周日至14:00)。

值得一游

万加内尔的宫殿

万加内尔（Wankaner），位于拉杰果德东北方向60公里处的一座迷人小镇，以两座宫殿及地处马赫奇胡河（River Machchhu；"wanka"的意思就是"转弯"，"ner"的意思是"河流"）河岸的优美环境而闻名。建于1907年的宏伟的**兰吉特别墅宫殿**（Ranjit Villas Palace；☏02828-220000；₹200/ Royal Oasis住客免费）结合了维多利亚哥特式拱廊、华丽的彩色玻璃窗和枝形吊灯、莫卧儿穹顶和多利安柱子的建筑元素，在2012年以前一直是万加内尔王公（Maharajah of Wankaner）的正式官邸。到了2012年，王公家族搬到了一处较小的地方。团队游包括以王公的猎物装饰的主厅、游戏室和楼上的豪华卧室。王公的那辆1921劳斯莱斯银魂（Rolls Royce Silver Ghost）汽车将要展出的计划正在酝酿之中。拜访前打个电话——你甚至有可能见到友好的王公一家。还可入住另一座豪华的宫殿**Royal Oasis**（☏02828-222000；www.wankanerheritagehotels.com；房间₹5000；❄ ☰），这座建于1937年的宫殿曾经是万加内尔王公的夏季行宫，如今被改造成一家幽静的酒店。

从拉杰果德（₹24，1小时，半小时1班）乘坐长途汽车可以到达万加内尔城镇东南的车站。万加内尔位于拉杰果德和艾哈迈达巴德之间的主要火车线路上，各个方向每天共有11班列车通过。

"Jabalpur Express"快车（11463/5列车）11:10发车前往贡达尔（卧铺/空调卧铺3类/空调卧铺2类₹173/556/761，1小时）、拉杰果德（₹173/556/761，2.75小时）和艾哈迈达巴德（₹240/661/911，7.25小时）。夜车Somnath Express（22958列车）开往艾哈迈达巴德（票价不变，6.5小时），23:02发车。

52952号二等列车于7:15发车开往萨桑吉尔（20卢比，2.75小时）和戴尔瓦达（可从那里前往第乌；35卢比，5.75小时）。

贡达尔（Gondal）

☏02825 / 人口112,195

贡达尔是一座绿树成荫的小镇，位于拉杰果德以南38公里处，有连成一串的宫殿和一条温柔的河流。这里曾是一个占地面积为1000平方公里的土邦的首府，统治者是拉其普特拉得贾族（Jadeja Rajputs），他们自认为是克利须那神的后裔。

◉ 景点和活动

★ 那乌拉卡博物馆　　　博物馆

（Naulakha Museum；www.heritagepalacesgondal.com；Naulakha Palace, DCR Pandeya Marg；50卢比；⏱9:00至正午和15:00~18:00）这座不拘一格的博物馆位于小镇老城区，所在建筑是一座美丽的河畔皇宫，有着260年的历史，建筑风格兼容并蓄，配有奇美的石像鬼（gargoyle）以及其他精美的石雕。博物馆展出皇家物品，其中一架天平曾在1934年用来给王公巴格瓦特·辛吉（Maharaja Bhagwat Sinhji）称重——随后王公捐出了与其等重的金子用于慈善事业。还有一部9册的古吉拉特语词典，也是这位备受爱戴的王公下令所编。此外还展有汽车模型（Dinky Toy）。可以看到两个马厩，里面放满了崭新的马车，再花20卢比便可进入。

什里布瓦内什瓦里制药厂　　　历史建筑

（Shri Bhuvaneshwari Aushadhashram；www.bhuvaneshwaripith.com；Ghanshyam Bhuvan；⏱周二至周六 9:00至正午和15:00~17:00）这里由贡达尔的一位御医创建于1910年，这家阿育吠陀药房生产阿育吠陀药品（ayurvedic medicines）。你在这里可能会看到各种生产药品的古怪机器，还能购买药物治疗脱发、头晕或失眠等病症。据说甘地的名号"圣雄"（Mahatma，伟大的灵魂）就是由这位名叫布拉马林·阿卡雅士利（Brahmaleen Acharyashree）的御医创造出来的。这里还是女神布瓦内什瓦里（Bhuvaneshwari，意为"宇宙女皇"）的神庙。

巴尔第商业广场家纺作坊　　　作坊

（Udhyog Bharti Khadi Gramodyog；Udhyog

Bharti Chowk；◯周一至周六 9:00至正午和15:00~17:00）这家大作坊主要生产印度土布（khadi），楼上有妇女纺棉，楼下则出售绣花纱丽克米兹（salwar kameez，一种印度传统女装，类似连衣裙，上衣下裤）和纱丽服。

老爷车与经典车收藏　　　　　　　博物馆

（Vintage & Classic Car Collection; Orchard Palace Hotel, Palace Rd; 印度人/外国人 ₹120/250; ◯9:00至正午和15:00~18:00）这里是皇室的汽车收藏中心，共有32辆藏品，令人赞叹，有一部1907年由艾克顿新引擎公司（New Engine Company Acton）制造的汽车以及一辆1935年制造的老爷车梅赛德斯（Mercedes）轿车，还有现任王公使用过的跑车。大部分展品的车况都不错，依然能跑得起来。

🛏 食宿

Orchard Palace　　　　　　　　历史酒店 $$$

（☎02825-220002; www.heritagepalacesgondal.com; Palace Rd; 标单/双 ₹5200/6600; ❄）这座不大的宫殿酒店曾经是皇家的客房，7间房间维护得不错——但并不奢华——天花板很高，面积各异，里面摆放着20世纪30年代和40年代制造的家具。客厅和外廊延续了房间的风格，有一种诱人的、轻松的魅力。王室厨房提供餐食，烹饪所用蔬菜都产自酒店自己的有机花园；及早预订。

Riverside Palace　　　　　　　历史酒店 $$$

（☎02825-220002; www.heritagepalacesgondal.com; AshapuraRd; 标单/双 ₹5200/6600; ❄）这里曾经是当地皇室的主要行宫，也曾是皇太子的住处，建于19世纪80年代。陈旧的11个房间内装饰有兽首，并配置了四柱床，让你感觉仿佛睡进了一个华贵的时间机器里。可以欣赏河景。这里为客人提供的餐食来自皇室厨房。需及早预订。

ⓘ 到达和当地交通

位于Orchard Palace以南500米处的Gundana Rd的ST长途汽车站有长途汽车频繁往返于拉杰

拉杰果德：甘地的童年故乡

繁忙的工业城镇拉杰果德位于贡达尔以北40公里处。喜欢研究甘地的人在这里可以找到**甘地的老宅**（Kaba Gandhi No Delo; Ghee Kanta Rd; ◯9:00~18:00）**免费**。6岁时，甘地搬到了这座房子中生活（当时他的爸爸是拉杰果德的总领大臣）。这里有许多家庭照片集和关于他生平的大量有趣信息。宅内还保留下了一个小型的纺织学堂，可见圣雄对于手工织布机有多么热爱。如果沿着这条线索探究，你会发现拉杰果德很快就发展出了派多拉绸纺织业。这种技艺来自帕坦，工艺极其复杂，需要在纺织前把每一根线进行独立染色。可是在帕坦地区，织物的经线和纬线都需染色（即所谓的"经纬织法"），但在拉杰果德，只对纬线进行染色，所以织物价格不那么贵。如果想参观民居中的纺织作坊，你可以去Sarvoday Society地区寻找，那里在Shastri Maidan西南方向约1公里处。其中有一家作坊叫作**Mayur Patola Art**（☎0281-2464519; www.facebook.com/Mayur-patola-art-1563670977185321; Sarvoday Society; ◯10:00~18:00），在Virani High School的后面。

建于16世纪的宏伟的**Heritage Khirasara Palace**（☎02827-234444; www.khirasarapalace.in; Kalawad Rd, Khirasara; 房间 ₹4000起，套 ₹8000~25,000; ❄☀❄）位于拉杰果德西南方向18公里左右的地方，煞费苦心地建造于山丘之上，是拉杰果德的住宿场所。里面有修剪齐整的草坪、贴着马赛克的游泳池和宽敞奢华的房间。王公套房（Maharajah Suite）中配备了古董家具，不过我们更喜欢王妃套房（Maharani Suite）的氛围。

在孟买和德里乘坐印度航空、捷特航空、捷特克莱克特航空（JetKonnect）和印度联盟航空的航班可以到达拉杰果德。**ST长途汽车站**（Dhebar Rd）的长途汽车在拉杰果德与贾姆讷格尔（₹86，2小时，半小时1班）、朱纳格特（₹89，2.75小时，半小时1班）、普杰（₹161，7小时，大约每小时1班）和艾哈迈达巴德（₹137起，4.5小时，半小时1班）之间往返行驶。这里还有许多列车班次，包括前往艾哈迈达巴德和孟买的车次。

果德（30卢比，1小时）和朱纳格特（65卢比，2小时）之间。来往拉杰果德（10卢比，1小时，每天14班）和朱纳格特（25卢比，1.75至3小时，每天11班）的客运慢车也在贡达尔停车。租一辆机动三轮车，可以遍游所有景点，你进入参观时还可在外等候，价格大约是每小时150卢比。

贾姆讷格尔（Jamnagar）

☎0288 / **人口**600,945

贾姆讷格尔是一个游客不多、妙处不少的城市，里面矗立着许多富丽而衰败的古老建筑，城中五光十色的集市上有色彩艳丽的著名扎染织物（bandhani）——其工艺有500年历史，一片双层布需要打出数千个结才能染好，异常繁复。这座城市还是前往附近鸟类保护区和海洋国家公园游览的不错的出发点。

在印度独立前，贾姆讷格尔是那瓦讷格尔（Nawanagar）土邦的首府。今天，这里是一个相当繁荣的小镇，位于城西不远处的印度信实石油公司（Reliance Petroleum）的一个炼油厂的规模世界第一。中心城区是一大片商业区，晚上会有许多灯火通明的商店和摊位，论起数量来，连许多更大的城市都要自愧不如。

◉ 景点

耆那教寺庙赏心悦目，城门和塔楼破败不堪，市场繁忙而热闹，湖畔的步行道宁静怡人，体验这座老城的最佳方式或许就是在这里漫无目的地散散步。

★ 肯帕利亚城门　　　　　　　　　大门

（Khambhaliya Gate; Central Bank Rd）由维齐尔梅拉曼·卡瓦（Wazir Meraman Khawa）建于17世纪，是那个年代仅存的两座城门之一，这座地标历经风雨却不失优雅，经过最近的翻新，已经重现了昔日的辉煌。楼上即将开放的展厅将展示这座城市的历史。

★ 沙恩提纳西寺庙　　　　　　　耆那教寺庙

（Shantinath Mandir; Chandi Bazaar Rd; ⊙黎明至黄昏）老城区最大的耆那教寺庙之一，沙恩提纳西寺庙尤为华美，有彩柱和镀金边同心圆穹顶。

★ 阿迪那特寺庙　　　　　　　　耆那教寺庙

（Adinath Mandir; Chandi Bazaar Rd; ⊙黎明至黄昏）阿迪那特寺庙是老城区最大、最精美的两座耆那教寺庙之一，供奉的是耆那教第16代和第1代祖师，内有精美的壁画、镜面穹顶和富丽的枝形吊灯装饰，装饰之丰富可谓"铺天盖地"。

★ 兰马尔湖　　　　　　　　　　　湖泊

（Ranmal Lake; ₹10; ⊙黎明至22:30）兰马尔湖畔的步行路经过精心修缮，沿途风景美丽宜人，树木林立。这里有一条正宗的人造草皮跑道和湖畔东侧崭新的历史博物馆，还有小巧的拉科塔宫（Lakhota Palace）——建于19世纪中期，是兰马尔湖中央的岛上城堡（本书写作期间正在修缮），里面有一座小型博物馆，主要展出9世纪至18世纪的兵器、手稿和陶器。

神猴哈奴曼神庙　　　　　　　　印度教神庙

（Bala Hanuman Temple; www.shribalahanuman.org; Shri Premhikshuji Marg; ⊙黎明至黄昏）神庙位于兰马尔湖东南岸，从1964年8月1日开始便有人在此连续不断地诵念"舍利罗摩，若罗摩，若若罗摩"（Shri Ram, Jai Ram, Jai Jai Ram）这句经文，神庙因此被载入了《吉尼斯世界纪录》——这可是印度人民的大爱。傍晚时分是来此游览的好时候，因为此时的神庙和湖畔地区会变得热闹起来。

布吉约科托　　　　　　　　　　　塔

（Bhujiyo Kotho; Lake Dr）这座已快冈化军火库塔楼令人印象深刻，俯临兰马尔湖南侧。修复工程正在进行；完工之后，游客可以从塔顶俯瞰城市的风景。

什里苏巴什市场　　　　　　　　市场

（Shree Subhash Market; Ranjit Rd, Kadiawad; ⊙5:00~20:00）这是贾姆讷格尔的一个色彩非常艳丽的菜市场，其历史可以追溯至18世纪，有些类似于破败的大剧场。

威灵顿新月楼　　　　　　　　　地标

（Willingdon Crescent; Central Bank Rd）这座欧式风格的柱廊新月楼是由王公贾姆·兰吉辛吉（Maharaja Jam Ranjitsinhji）拆掉了贾姆讷格尔条件最差的贫民窟修建的。现在

Jamnagar 贾姆讷格尔

Jamnagar 贾姆讷格尔

◎ 重要景点
1 阿迪那特寺庙..................C3
2 肯帕利亚城门..................B3
3 沙恩提纳西神庙................C3

◎ 景点
4 神猴哈奴曼神庙................B3
5 布吉约科托....................A3
6 拉科塔宫......................A2
7 什里苏巴什市场................D2
8 威灵顿新月楼..................D3

ⓢ 住宿
9 Hotel Ashiana.................B1
10 Hotel Kalatit................A1
11 Hotel President..............B1
12 Hotel Punit..................A1

ⓧ 就餐
7 Seas Restaurant............（见11）
13 Brahmaniya Dining Hall......B1
14 Hotel Kalpana...............B1

这里有各种商店，人们普遍把这里称作"皇宫"（Darbargadh），因为街对面确实有一座皇宫，只是现在已无人居住。

课程

古吉拉特阿育吠陀大学
身心健康

（Gujarat Ayurved University；☏0288-2664866；www.ayurveduniversity.com；Chanakya Bhavan, Hospital Rd）这是世界第一所阿育吠陀大学，创建于1967年，在城中心西北方向1.5公里处。印度独立后，这座大学对于阿育吠陀医学的复兴做出了重要贡献，其附属公共医院有门诊部和住院部，每天总共会接待800~1000名患者。大学有一所国际阿育吠陀研究中心（International Center for Ayurvedic Studies），开设为期3个月的脱产学习班（注册费25美元，学费每月475美元）。

这里还有为获得行医执照和学位而进行的长期课程，涉及几项科目，包括阿育吠陀手术课程。这些课程是为有医学背景的外国人开设的。更多信息参见学校网站。

团队游

遗产步行观光游
文化游

（Heritage Walk；☏8141600036）声誉良好的当地导游亚希·贾迪拉（Yashi Jadela）每

天组织文化传承步行游,包括老城区的主要景点。提前打电话。

🛏 住宿

Hotel Ashiana 酒店 $

(☏0288-2559110; www.ashianahotel.com; New Super Market; 标单/双500/600卢比,带空调₹800/950起; ❄🛜)酒店大而好客,服务热情,客房房型多多,既有简单朴素的,也有宽敞舒适的。夜晚可到屋顶露台享受夜色。提供机场、火车站和巴士站接送服务。酒店在New Super Market购物中心内,可沿商场楼梯或乘电梯前往。

Hotel President 酒店 $$

(☏0288-2557491; www.hotelpresident.in; Teen Batti; 房间₹780,带空调₹1810~1920,套₹2795; ❄🛜)酒店服务非常热情,其各种客房都不错,很多房间带阳台。在空调间可观赏街景,这些空调间比背街的非空调间更大,一般来说也更好。

Hotel Punit 酒店 $$

(☏0288-2670966; www.hotelpunit.com; Teen Batti; 标单/双₹850/950起,套₹1700; ❄🛜)这是目前城里最好的经济型住宿地点之一,房间简单,不过状态不错,配备了现代空调和LCD电视。套房宽敞,但不值得为它挥霍。步行片刻就可以到达很多餐馆,前往老城交通非常便利。

Hotel Kalatit 酒店 $$

(☏0288-2660105; www.hotelkalatit.com; Teen Batti; 标单/双₹1520/1820起,套₹5500; ❄🛜)这家现代酒店看起来簇新、时髦,有创意照明和艺术图案墙壁。内有健身房和一家不错的餐馆,这里是城里最好的住宿场所。

Hotel Aram 历史酒店 $$$

(☏0288-2551701; www.hotelaram.com; Pandit Nehru Marg; 房间₹2230~3960,套₹4320~6500; ❄🛜)这里曾为皇室所有,现在已升级为一家酒店,将古老历史感与当代感以一种有趣的方式融合到一处。客房之间差异很大,既有简单的标准间,也有华贵的超豪华间和套房,而一些房间的风格则很难归类。不管怎么说,这里无疑是这一带最棒的住处。酒店还配有一家不错的国际素食餐馆,餐馆设有花园就餐区。酒店位于市中心西北方向1.5公里处。

🍴 就餐

Brahmaniya Dining Hall 古吉拉特菜 $

(1st fl, Badri Complex, Teen Batti Chowk; 塔利套餐₹199; ⏰11:30~14:30和19:30~22:30)无限供应的素食塔利套餐是这家本地餐馆的特色。菜肴有些油腻,但非常美味。餐馆位于Badri Complex的一层。

Hotel Kalpana 各国风味 $$

(Teen Batti; 主菜₹90~170; ⏰周二至周日9:00~23:00)这家旅馆干净而现代,有令人备感惬意的隔间,这里的菜单上都是旁遮普、古吉拉特和中国饮食,还有比萨。如果你想吃鸡肉或羊肉,可以来这里!

7 Seas Restaurant 各国风味 $$

(Hotel President, Teen Batti; 主菜₹140~320; ⏰6:00~10:00和11:00~23:00; 🛜)这家酒店自带的餐厅时尚整洁、服务麻利,被装修成了航海主题,感觉档次不低,供应种类丰富的素食及非素食食物,包括海鲜、印式中国菜和泥炉美食,以及真正的早餐。其中用泥炉烹制出来的秋葵(bhindi)超赞。

ℹ 实用信息

城市官网(www.jamnagar.org)有许多对于游客来说有用的信息。

印度国家银行的市中心分行就在市政厅以南,可兑换外币,还有方便的**自动柜员机**。市政厅以北还有一台**艾克塞斯银行的自动柜员机**,Ranjit Rd有**巴罗达银行**(Bank of Baroda)分行和自动柜员机。

森林管理处(Forest Office; ☏0288-2679357; Indira Gandhi Marg, Forest Colony; ⏰周一至周六10:30~18:00,每月第二和第四个周六不办公)森林管理处提供探索喀奇湾(Gulf of Kachchh)及其海洋公园和附近奇亚迪亚鸟类保护区(Khijadiya Bird Sanctuary)的许可证,但是员工不太会说英语,几乎无法提供有用的信息。游览这两座公园,最好联系**Hotel President**(见本页)以寻求帮助。

邮局(Central Bank Rd; ⏰9:00~17:00)邮政总局。

🛈 到达和离开

飞机

贾姆讷格尔机场（Jamnagar Airport；☏0288-2712187）位于城市以西6公里处。印度航空每天有飞往孟买的航班。

长途汽车

可从**ST长途汽车站**乘ST长途汽车前往拉杰果德（81卢比，2小时，每半小时1班）、朱纳格特（102卢比，4小时，约每小时1班）和艾哈迈达巴德（176卢比，7.25小时，约每小时1班）。早晚还有3班开往普杰的长途汽车（₹162，6.5小时）。

私营公司都位于Vishwakarma Rd沿线，包括可靠的**帕特尔旅行**（Patel Tours；☏0288-2660243），其运营的沃尔沃空调大巴每天有22班车前往艾哈迈达巴德（600卢比，7小时），还有34班开往拉杰果德（₹150，2小时）的长途汽车及5班前往普杰（坐票/卧铺300/400卢比，6小时）的非空调大巴，大都是夜车。

火车

最有用的一趟车是22946 Saurashtra Mail列车，16:05发车前往拉杰果德（卧铺/空调卧铺3类/空调卧铺2类/空调卧铺1类 150/510/715/1180卢比，1.75小时），途经万加内尔（Wankaner），并继续前往艾哈迈达巴德（225/600/850/1405卢比，6.75小时）和孟买（420/1135/1625/2745卢比，16小时）。

🛈 当地交通

机场在城西6公里处，乘机动三轮车的单程费用约150卢比，乘出租车约300卢比。从ST长途汽车站乘机动三轮车前往贝迪门（Bedi Gate）大约要花费30卢比；从市中心搭乘机动三轮车前往火车站的费用一样。

贾姆讷格尔周边

奇亚迪亚鸟类保护区　　　　野生动物保护区

（Khijadiya Bird Sanctuary；门票 US$10，6座车辆 US$40，摩托车 US$10；⊙7:00至正午和15:00~18:00）保护区不大，占地6平方公里，在贾姆讷格尔东北方向12公里处，内有盐水沼泽和淡水沼泽，生活着200多种鸟类，其中的珍稀鸟类包括卷羽鹈鹕（Dalmatian pelican）、白头鹮鹳（paintedStork）和蟹鸻（crab plover）。最佳游览月份为10月至次年3月，最佳观赏时段为清晨或日落时分的前后。晚上可以看到归巢的鹤群，景象非常壮观，这里还有6座观鸟塔。在贾姆讷格尔租车前往保护区附近的费用约为₹1500。

> **另辟蹊径**
>
> ### 索拉什特拉西部
>
> 圣雄甘地于1869年出生在港口小城**波尔班达尔**（Porbandar），那里在贾姆讷格尔西南方向130公里处。你可以参观**甘地出生地**（Gandhi's birthplace；⊙9:00至正午和15:00~18:00）**免费**——一座有22个房间、内设其家庭生活照片展的220年历史的老宅——以及位于隔壁的**纪念堂**（Kirti Mandir；⊙7:30~19:00）**免费**。在前往波尔班达尔的路上，你会经过**巴尔达野生动物保护区**（Barda Wildlife Sanctuary; Rte 27；⊙8:00~17:00），那是一片森林密布的丘陵地带，里面有石建村寨和古老的神庙，非常适合徒步。
>
> **德瓦尔卡**（Dwarka）位于波尔班达尔西北104公里处的卡提阿瓦半岛西端，是印度四大印度教朝圣地之一。此处的**德瓦尔卡神庙**（Dwarkadhish Temple；⊙7:00~8:00，9:00~12:30和17:00~21:30）据说修建于2500多年前，其78米高的尖顶雕工异常华丽。德瓦尔卡的**灯塔**（₹10；⊙17:00~18:30）可以让人欣赏一览无余的美景，不过禁止拍照（手机也不行）。8月/9月的黑天诞节（Janmastami）期间，庆祝克利须那（即"黑天"）出生的人群会把小镇挤个水泄不通。这里有几个不错的海滩，其中的**奥卡马蒂海滩**（Okhamadhi）在德瓦尔卡以南22公里处，又长又美，而且十分干净。
>
> 安排前往索拉什特拉西部之旅，可以联系贾姆讷格尔Hotel President的**Mustak Mepani**（见699页）。

进入新解说中心之前需要出示护照。

海洋国家公园
国家公园

(Marine National Park; 最多6人 900卢比, ₹450) 这座国家公园由3座公园组成, 旁边还有一个海洋动物保护区, 两处包含一片潮汐地带和42座小岛, 沿贾姆讷格尔东西海岸延伸约120公里, 里面有丰富的野生动物, 尽管它们正遭受到工业化日益严重的威胁。在退潮时你可以在浅浅的水中看到珊瑚、章鱼、海葵、四齿鲀 (puffer fish)、海马、龙虾和蟹类等海洋生物。贾姆讷格尔Hotel President的 **Mustak Mepani** (☎9824227786) 可以安排团队游, 提供车辆和司机, 办理许可证。

公园有3部分: 纳拉达 (Narada)、波什特拉 (Poshitra) 和皮罗坦岛 (Pirotan Island)。纳拉达比较有意思——在门口停车, 徒步2.3公里, 翻越岩礁, 到达喀奇湾, 你可以在那儿看到各种海洋生物 (你肯定会想穿厚底鞋, 因为地面扎脚)。最好从65公里外的贾姆讷格尔前往纳拉达; 租一辆车, 往返费用约为₹2200。波什特拉的主要景点是珊瑚礁, 你在那儿见不到太多生物。皮罗坦岛距离罗齐 (Rozi) 码头7海里, 从贾姆讷格尔驾车25分钟即可到达。如果想要观赏海豚和观鸟的话, 适合乘船出行。在贾姆讷格尔租车往返或单程的费用均为₹4500。

12月至次年3月, 这里有许许多多越冬的鸟类, 是游览的最佳时间。

纳拉达和波什特拉只在退潮期间开放, 所以入内的时刻表每天都会变化。入园前还要出示护照并填写一些文件。

喀奇[KACHCHH (KUTCH)]

喀奇可以说是印度的"狂野西部", 是地理学上的一处奇观。喀奇地形平坦, 整体轮廓像是一只乌龟, 夹在喀奇湾 (Gulf of Kachchh) 和大小盐沼 (Great and Little Ranns) 之间, 是一座季节性岛屿。在旱季, 大小盐沼会变成一大片白得刺眼的干硬泥地, 而季风一来, 盐沼则会先后被咸海水和淡河水淹没。由于这里的土壤含盐量高, 盐沼地势低洼的地区几乎是寸草不生, 只有地势略高的地方才会长些杂草。这些零零星星长草的地方仿佛是盐沼中的一座座"绿岛", 而上面的杂草则是当地野生动物赖以为生的食粮。

荒芜的喀奇上点缀着的一个个村庄是当地氏族和亚种姓群体的家园。他们的民族成分极其复杂, 他们制作的精美手工艺品在印度数一数二, 尤其是纺织品——上面有闪亮的镜片绣花 (mirrorwork)。虽然2001年的大地震完全摧毁了几座村庄, 但这片荒地上的居民决心要重建自己的生活, 并正在欢迎四方游客前来。

普杰 (Bhuj)
☎02832 / 人口 188,240

喀奇的首府是一座有趣的城市, 2001年那场大地震摧毁了这里大部分地区, 因此这里大多都是之后重建的。在普杰可以买到惊艳的喀奇手工艺品, 也可以看到艾纳宫和普拉格宫 (Prag Mahal) 这种具有诡异之美的历史建筑。你也可以以普杰为跳板前去参观周边的各个村庄和大盐沼 (Great Rann) 自然风光优美的地方。纺织品旅游正把世界各地的游客吸引至此。

拉其普特拉得贾族于1510年控制了喀奇地区, 29年后将普杰设为首府, 此后普杰一直都是喀奇最重要的城镇。

◉ 景点

老城中心是皇宫建筑群; 普拉格宫 (Prag Mahal)、艾纳宫 (Aina Mahal) 和皇后宫 (Rani Mahal) 位于围墙里面。

★ 艾纳宫
宫殿

(Aina Mahal; ₹20, 拍照 ₹30; ◯ 周五至周三 9:00~11:45和15:00~17:45) 这座漂亮的宫殿建于1752年, 在一次地震中顶层损毁, 但较低的楼层对外开放, 可以看到一幅展现喀奇全国游行场面的长15.2米的超凡画卷。对于欧洲的一切极度痴迷——但是他们对欧洲文化的理解就和欧洲人对于东方文化的理解一样, 都有失偏颇——在这座修建于18世纪的皇宫内部的装潢就很好地说明了这一点: 里面使用了富丽的镜面设计, 搭配了德尔斐 (Delphi) 风格的蓝白色贴砖, 一支烛台被配上了威尼斯玻璃罩, 屋里还摆着哈丁

Bhuj 普杰

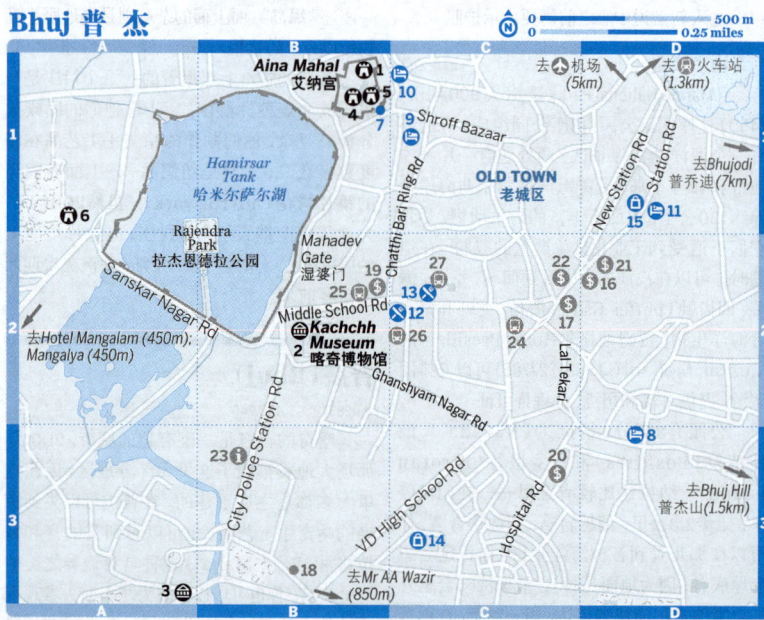

Bhuj 普杰

◎ 重要景点
1 艾纳宫 B1
2 喀奇博物馆 B2

◎ 景点
3 民间艺术博物馆 A3
4 普拉格宫 B1
5 皇后宫 B1
6 撒拉德巴格宫 A1

⊕ 活动、课程和团队游
7 Pramod Jethi B1

🛏 住宿
8 Bhuj House D3
9 City Guest House C1
10 Hotel Gangaram C1
11 Hotel Ilark D1

🍴 就餐
12 Green Rock C2
    Jesal .... （见15）
13 Shankar Vadapav C2
    Toral .... （见15）

🛍 购物
14 Kutch Mahila Vikas
    Sangathan（Qasab） C3
15 Qasab D1

ℹ 实用信息
16 阿霞普拉货币兑换所 D2
17 巴罗达银行自动柜员机 C2
18 区警察总长办公室 B3
19 HDFC自动柜员机 B2
20 印度国家银行 C3
21 印度国家银行自动柜员机 D2
22 印度国家银行自动柜员机 C2
23 旅游信息局 B3

🚍 交通
24 开往曼德维的四驱车 C2
    Jay Somnath Travels .... （见25）
25 帕特尔旅行 B2
26 Shree Sahjanand Travels C2
27 ST长途汽车站 C2

（Harding）创作的系列版画《浪子的历程》（*The Rake's Progress*）。从塔顶可以看到皇后宫的巍峨身姿。

皇宫是为了拉克帕特基王公（Maharao Lakhpatji）而建的，建造者叫拉辛·马拉姆（Ramsingh Malam）。马拉姆是一名德瓦尔卡的水手，在游历过程中对欧洲艺术和工艺颇为了解。卧室里有一张床，床腿是由纯金打造的（很明显，这位王公每年都会把床拍卖掉）。宫内有一个"泉厅"（Fuvara Mahal），曾经，这位王公会坐在里面，伴着身边的喷泉欣赏舞蹈表演或是吟诗作赋。

普拉格宫　　　　　　　　　　　　　宫殿

（Prag Mahal; New Palace; ₹20; ⊙9:30~12:15和15:00~17:45）建于19世纪的普拉格宫是皇宫内院3座宫殿里面最大的一座，曾被地震损毁，破败不堪，但是里面有一座浮夸、阴森的执政殿（Durbar Hall），值得一探究竟。殿内可以看到巨大的枝形吊灯，造成印度野生动物消亡的王公动物标本，以及古典金边雕像，后者即便拿去装饰一家五光十色的夜店也毫无违和感。宝莱坞备受好评的板球运动大片《印度往事》（*Lagaan*）曾在此取景。

皇后宫（Rani Mahal）　　　　　　 宫殿

建于17世纪的皇后宫是过去皇室的主要居所，现在已完全关闭，但是你依然可以从外面欣赏其后宫（zenana）的格栅窗。日落时分的景色尤为美丽。

★ 喀奇博物馆　　　　　　　　　　博物馆

（Kachchh Museum; City Police Station Rd; 印度人/外国人 ₹5/100; ⊙周四至周二 10:00~13:00和14:30~17:30，每月第二和第四个周六闭馆）该博物馆是古吉拉特邦最古老的博物馆，位于哈米尔萨尔湖（Hamirsar Tank）对面，藏品不拘一格，值得一观，包括纺织品、武器、银器、雕塑、野生动物、地理以及展示喀奇氏族服饰和制品的立体模型，标牌使用英语和古吉拉特语。

民间艺术博物馆　　　　　　　　　博物馆

（Folk Art Museum; Bhartiya Sanskriti Darshan; City Police Station Rd附近; ₹100, 拍照 ₹200; ⊙周二至周日 11:00~13:15和15:00~18:00）这家博物馆主要展示喀奇传统文化，非常不错，内有经过重建的拉巴里族（Rabari）土屋（bhunga，使用泥坯建造、镜片绣花织物装饰的传统小屋）、乐器、许多木雕石雕以及其他展品。喀奇的老式纺织品特别值得一看，尤其是在你无缘参观艾哈迈达巴德纺织品博物馆的情况下。博物馆位于喀奇博物馆以南700米处，紧邻Mandvi Rd。

撒拉德巴格宫　　　　　　　　　　宫殿

（Sharad Baug Palace; ₹20, 拍照/摄像 ₹20/100; ⊙周六至周四 9:00至正午和15:00~17:45）这座优雅的意大利风格宫殿建于1867年，周围绿树成荫，树上乌鸦蝙蝠成群。在最后一任喀奇王公（Maharao of Kachchh）马丹辛格（Madansingh）于1991年去世前，这里一直是他的居所。2001年的地震摧毁了宫殿第三层的大部分区域，遗存下的两层现在也已被封闭起来。但是宫殿旁边有一座建筑，曾经是宫殿的宴会厅，现在则成了一家博物馆，展示宫殿种类各异的藏品。其中最具特色的是两只老虎的标本——为王公射中所擒——和王公本人的棺椁。

普杰山　　　　　　　　　　　　　　山

（Bhuj Hill; Bhujiyo Dungar）这座山位于城市东郊，上面有一座印度教神庙，而且是观赏落日的理想场所。在山顶修建一座2001年地震受害者纪念碑的计划正在酝酿之中。从普杰市中心乘坐机动三轮车到台阶底部的费用约为₹80。

🛏 住宿

City Guest House　　　　　　 客栈 $

（☏9913922669; www.cityguesthousebhuj.com; Langa St; 双 ₹500, 标单/双无卫生间 ₹300/400起; ❄）这个地方紧邻Shroff Bazaar，作为一家低端客栈来说异常的明亮宜人，房间朴实干净，床罩的色彩分外艳丽。不要住没有窗户的房间。卫生间要么是蹲便池，要么是蹲坐两用型马桶。可提供早餐，有两个屋顶露台可供人透透风，经理拉蒂夫（Latif）还出租摩托车，每天的费用为500卢比。

Hotel Mangalam　　　　　　　酒店 $$

（☏9227593130; www.mangalamhotels.com; Mangalam Cross Rd; 房间₹1500, 标单/双带

空调 ₹2000/2500起; ❄☎) 新开的Mangalam靠近城镇南边，房间又大又明亮，陈设舒适。有的房间视野不错。提供免费机场接送，而且底层还有一家一流的餐馆。

Hotel Gangaram　　　　　　酒店 $$

(☎9429377131; www.hotelgangaram.com; 紧邻Shroff Bazaar; 标单/双₹1000/1200, 带空调₹1200/1400; ❄☎) 酒店地处老城区，靠近皇宫，远离普杰喧嚣的主街。这个地方看起来虽有些乏味，其实还不错。经理态度和善，房间各不相同，所以要看几间再说。这里的饭菜非常不错。

★Bhuj House　　　　　　家庭寄宿 $$$

(☎9098187346; www.thebhujhouse.com; Camp Area, Camp Police Chowki对面; 房间₹4600~5600; ❄☎) 由一对讨人喜欢的印度—英国夫妇杰汉（Jehan）和凯蒂（Katie）经营，这家建于19世纪的历史房屋——杰汉的祖宅——经过精心修复，中间还有一座宁静的庭院。4个套间有电风扇，以喀奇刺绣和古家具为特色，可以按照要求提供可口饭菜，而且主人还会帮你安排前往附近喀奇村庄的旅行。

Hotel Ilark　　　　　　酒店 $$$

(☎02832-258999; www.hotelilark.com; Station Rd; 标单/双₹3250/3550起, 套₹5240起; ❄☎) 这里是普杰顶级酒店之一，房间的墙壁镶木板，并配备了实木家具，非常有档次，完全配得上酒店现代的玻璃红漆外墙。服务非常专业，店内还有一家不错的餐馆。

🍴就餐

★Shankar Vadapav　　　　　　街头食品 $

(Middle School Rd; 小吃₹20起) 这家食品摊是当地的传奇。可以尝尝五香炸土豆酸酱三明治（vadapav）或大胆尝试一下软炸香味酿椒（mirchvada）。招牌是古吉拉特语；摊位就在Gopi Gola Ghar冰激凌店的旁边。

★Toral　　　　　　素食 $$

(Hotel Prince, Station Rd; 塔利套餐₹299; ⊙11:30~15:00和19:30~23:00; ❄) 这家时髦的餐馆位于Hotel Prince里面，午餐时间挤满了大快朵颐的当地人和游客，数不清的古吉拉特塔利套餐美味无比。

★Mangalya　　　　　　莫卧儿菜 $$

(Hotel Mangalam, Mangalam Cross Rd; 主菜₹160起, 自助午餐₹230; ❄) 经过创意改良的莫格莱全素菜式一定能征服你的味蕾。泥炉菜和印度奶酪非常出色——如果你拿不定主意，可以尝尝美味的烧烤拼盘（Mix Grill Platter）。这里还有多莎饼及其他印度南部菜肴。如果你想吃些家乡菜，他们还有比萨！

Jesal　　　　　　印度北部菜 $$

(Hotel Prince, Station Rd; 主菜₹190起; ⊙7:00~15:00和19:00~23:00; ❄) Jesal提供各种印度北部风味的菜肴（尤其是各式泥炉

探索喀奇

你可以乘坐公共交通工具前往喀奇的几座村庄——比如每天有3班长途汽车前往卡夫达（55卢比, 2小时）。你也可以搭乘机动三轮车前往离城镇不远的村庄。不过，租一辆配司机的小汽车将能让你以更为灵活的方式游览更多地方。普杰的多数酒店都可以为你安排租车。

你可以参加三轮车观光游（半/全天₹800/1400），参观普杰外的多个村庄。该观光游的主题经过精心设计，可以根据游客的需要进行调整，组织者是艾纳宫的前馆长和喀奇各方面的专家**普拉莫德·杰迪**（Pramod Jethi; 见704页）。然而，旅行者对某些三轮车夫的负面反馈意见时有出现。**萨利姆·瓦齐尔**（Salim Wazir; 见704页）是纺织品专家，也是出色的本地导游，可以根据你的需要安排定制喀奇村庄游；他的四驱车则可以前往机动三轮车无法到达的有趣村庄。喀奇导游**库尔迪普·加德维**（Kuldip Gadhvi; 见704页）同样声誉良好。他们三人都可以安排附近地区的一日游和多日游；导游服务的费用通常是每天₹2000左右，乘小汽车/四驱车，可再加₹3000。

菜），还有一份内容丰富的印式中国菜单及可以摆脱香料或治愈乡愁的几种西餐。

Green Rock 各国风味 $$

（Middle School Rd；主菜 ₹100~210，塔利套餐₹220；⊙11:00~15:00和19:00~22:30；❋）餐厅位于一楼，带空调，午餐时间供应美味的塔利套餐，也有一份全素食菜单，菜品种类丰富。

ⓘ 实用信息

阿霞普拉货币兑换所（Ashapura Money Changer; Station Rd；⊙周一至周六 9:30~19:00）可以兑换货币和旅游支票。

区警察总长办公室（District Superintendent of Police; DSP Rd；⊙周一至周六 10:00~18:00，每月第2个和第4个周六 不办公）游览一些边远地区的村庄需要来这儿办理许可证。

印度国家银行（State Bank of India; Hospital Rd；⊙周一至周五 10:00~16:00，周六至13:00）可以兑换旅行支票和货币。

旅游信息局（Tourist Information Bureau; ☏02832-224910; www.gujarattourism.com; Bahumali Bhavan Rd；⊙周一至周六 9:00~18:00）Bahumali Bhavan建筑对面的旅游办公室，能够为你提供帮助。

ⓘ 到达和离开

飞机

普杰机场（Bhuj Airport）位于市中心以北4公里处，每天有印度航空的航班飞往德里和孟买。

长途汽车

ST长途汽车站有许多开往艾哈迈达巴德（188卢比，8小时，每小时1班）、拉杰果德（153卢比，7小时）、贾姆讷格尔（151卢比，6小时，每小时1班）和曼德维（Mandvi；₹67，1.5小时）的长途汽车。紧靠巴士站外有私营巴士公司**帕特尔旅行**（Patel Tours & Travels; ☏02832-220556; www.pateltoursandtravels.com; Middle School Rd），可在那里订票前往艾哈迈达巴德（非空调/空调卧铺₹350/500，9小时），或者在**Shree Sahjanand Travels**（☏02832-222236; www.shreesahjanandtravels.com; ST bus stand对面）预订空调沃尔沃卧铺（₹588，21:00）。帕特尔旅行还有开往贾姆讷格尔（坐票/卧铺 300/400卢比，7小时，15:30，20:30，21:00，22:30）和贾姆讷格尔（240/310卢比，6小时，15:00和21:00发车）的非空调卧铺车。**Jay Somnath Travels**（☏9979869670; Middle School Rd；⊙8:00~21:00）也有前往拉杰果德（₹200）的长途汽车。去往曼德维最快捷的方式是乘坐合乘**吉普车**。

火车

普杰火车站在城中心以北1.5公里处，那里有**订票处**（reservations office；⊙周一至周六 8:00~20:00，周日 至14:00）。在4~5班开往艾哈迈达巴德的列车中，14312 Ala Hazrat Express 快车12:40发车（周二、周四、周日），于19:45抵达艾哈迈达巴德（卧铺/空调卧铺3类/空调卧铺2类 235/625/880卢比），进而驶往阿布罗阿德（Abu Road）、斋浦尔和德里。19116 Bhuj BDTS Express 快车12:15发车，每天1班，于5:05抵达艾哈迈达巴德（卧铺/空调卧铺3类/空调卧铺2类/空调卧铺1类 235/625/880/1465卢比），14:05抵达孟买/班德拉车站（₹425/1140/1640/2765）。

ⓘ 当地交通

机场在城北5公里，乘出租车约300卢比，乘机动三轮车约150卢比。从市中心乘机动三轮车到火车站约需50卢比。

普杰周边

当地有贾特族（Jat）、艾尔族、迈格霍族（Meghwal）、哈日让族（Harijan）和以游牧为生的拉巴里族，每个氏族都有各具特色、多姿多彩的手工艺传统，因此前往其各自村庄参观将是非常奇妙的体验，普杰就是游览那些地方的理想的出发地点。位于卡夫达（Khavda）以北路边的村庄及普杰的东南部地区保存着最好的手工艺。其他景点还有一处偏远的重要考古遗址及喀奇大盐沼（Great Rann of Kachchh）的荒凉景观。游览盐沼的某些地方需要许可证；如果跟着向导旅行，他们很容易就能帮你取得许可证。

◉ 景点

★生活与学习设计中心（LLDC）手工艺博物馆 博物馆

[Living & Learning Design Centre (LLDC)

喀奇的创造力

喀奇是印度手工艺品最丰富的地区之一，其美妙绚丽的刺绣尤为知名（特色明显的风格就有16种之多），但也不乏其他方面的匠人，他们擅长的手艺包括纺织、扎染、版印、木雕、制陶、制钟等。喀奇手工技艺的多元性反映了其众多氏族各具特色的传统。当地有许多合作社出资创办各种社会组织，帮助匠人生产既有市场价值又保留了传统工艺的产品。如果对刺绣感兴趣，那么参观阿基拉科普（Ajrakhpur）的生活与学习设计中心（LLDC）手工艺博物馆（见703页）实属行程中必不可少的一项内容。试着购买一幅 Somaiya Kala Vidya（www.somaiya-kalavidya.org）印制的喀奇手工艺地图（Kutch Craft Map），该组织与喀奇各地的个人工匠合作，致力于继承和发扬传统手工艺。

旅游办公室会向你介绍机动三轮车导游，基本上可以带你转遍本地合作社（半/全天₹800/1400），也会前往阿吉尔（Ajir）和拉巴里（Rabari）的两个村庄参观，不过并非每名导游都值得信赖，而且语言上也有障碍。前旅游局主管普拉莫德·杰迪（Pramod Jethi; ☎9374235379；达尔巴尔加德附近；⏱周一至周六 9:00至正午和15:30~18:00）可以陪你游览附近合作社。出色的本地导游萨利姆·瓦齐尔（Salim Wazir; ☎9825715504, 02832-224187; salimwazir@gmail.com）和库尔迪普·加德维（Kuldip Gadhvi; ☎9327054172; www.kutchadventuresindia.com）同样可以；你可以对他们具体说说你想看什么，而且他们会为你讲解创作流程。你可以在以下地点购买优质的商品；合作社可以刷卡，但工匠个人通常不接受刷卡付账，所以要多带些现金。

本地手工艺品合作社

Kutch Mahila Vikas Sangathan（☎02832-256281; www.kmvs.org.in; 21 Nootan Colony, Dr Urmila Mehta Hospital Lane; ⏱10:00~18:00）这个民间组织的成员包括12,000名农村妇女（其中1200人为手工艺匠人）。基金会会给成员发放盈利分红，并投资社会项目来满足一些社会需要。其生产的刺绣和拼缝制品非常精美，而且采用了几个氏族群体的独特风格。其制品统一使用"Qasab"的品牌，种类包括包、床罩、靠垫套和壁挂等。你可以去参观基金会位于 Hotel Prince 的Qasab销售点（Hotel Prince, Station Rd; ⏱13:00~15:00和19:00~22:00），或是游览位于普杰以北80公里处的小村卡夫达（Khavda）。

Kala Raksha（☎02832-277237; www.kala-raksha.org; ⏱周一至周六 10:00~14:00和15:00~18:00）Kala Raksha 是一个致力于保护和推广喀奇手工艺的非营利性基金会，总部位于普杰以北25公里处的萨姆拉萨尔酋长村（Sumrasar Sheikh）。基金会有约1000名刺绣、拼缝和贴花方面的匠人，来自约26座村庄中的6个氏族群体。基金会有一个小型博物馆和商店，能安排游客参观村庄并与匠人见面。手工艺匠人会参与到商品设计的过程中并对其进行定价，而售价中高达80%的部分也会进入他们的腰包。

Crafts Museum; www.shrujan.org; Bhuj-Bhachau Rd, Ajrakhpur; ₹50; ⏱周二至周日 10:00~18:00）这座博物馆位于普杰以东15公里处，由非政府组织运营，如果对喀奇工匠传承几个世纪的手工艺感兴趣，那么这里不容错过。规划中的3间展馆现在开放一间，展示艾尔（Ahir）、迈格霍（Maghwal）、拉巴里（Rabari）等各族42种不同的刺绣风格。展品令人兴奋，而且多媒体能够让你对各件展品有深入的了解。礼品店出售绣品和关于喀奇刺绣的书籍。

完整记录喀奇的创造力的展览正在筹备之中，内容从金属制品和皮革制品到银器和布画等应有尽有。

★白沙漠
自然保护区

（White Desert; ₹100）位于卡夫达以西和霍德卡以北的这片白沙漠是喀奇大盐沼——喀奇湾和巴基斯坦南部印度河口（Indus River）之间30,000平方公里的沙漠——中

Vankar Vishram Valji(☎02832-240723; Bhujodi; ◉8:00~20:00)这是一家家族企业,也是村庄普乔迪(Bhujodi)中重要的纺织品生产者,销售美丽的盖毯、围巾、女士披肩和地毯。

Shrujan(☎02832-240272; www.shrujan.org; Bhujodi; ◉10:00~19:30)Shrujan在古吉拉特邦电力分局(GEB Substation)背后,过了普乔迪村庄路口之后再走不太长的一段路即可到达,这是一家非营利性基金组织,有超过3000名女性刺绣匠人,来自114座村庄中的共9个氏族群体。它的展示厅销售顶级的围巾、纱丽服、靠垫套以及其他商品。生活与学习设计中心(LLDC)手工艺博物馆也展出了他们的商品。

Dr Ismail Mohammad Khatri(☎02832-299786,942771931; dr.ismail2005@gmail.com; Ajrakhpur; ◉9:00~17:00)在阿基拉科普(Ajrakhpur)村,位于巴乔(Bhachau)路上,在普乔迪村以东6公里处,Dr Khatri是一家经营了十代的版印老店,品质非凡,使用全天然染料,产品采用大胆的几何图案设计。如果在上午来的话,你就可以参观到技艺资深的匠人演示的有趣的版印工艺。你也能在这里买到桌布、围巾、裙子、纱丽服和其他很有意思的产品。

Parmarth(☎9909643903,9712411959; 106 Ramkrushn Nagar, New Dhaneti; ◉8:30~21:00)Parmarth由喜气洋洋的家族经营,所生产的产品曾获过全国性的大奖,擅长艾尔氏族(Ahir)传统刺绣。村庄新达内提(New Dhaneti)在普乔迪以东17公里处的巴乔路上。

Khamir(☎02832-271272; www.khamir.org; Kukma Rd, Lakhond Crossroad, Kukma; ◉10:00~17:30)这个组织致力于保护和发展喀奇的每一种传统技艺。在库克玛(Kukma)村的总部,你可以观看手工艺匠人的生产过程,也可以购买一些产品。从普乔迪村朝安佳尔(Anjar)村方向行进4公里即是。

Traditional Rogan Art(☎02835-277788; www.traditionalroganart.com; Nirona)位于普杰西北方向40公里处的尼罗纳(Nirona)村庄有几种独具特色的手工艺(漆器、制钟),但没有哪种能够比得上备受赞赏的古老技艺——布匹印花(rogan painting)。全印度只有这座村庄的一个家族精通这项有300年前由伊朗传入的技艺。这些精致的布匹印花需要耗时几个月才能完成。当美国总统贝拉克·奥巴马来访时,纳伦德拉·莫迪就公开向他展示了这样一件精美的作品。

纺织品经销商

在普杰,达尔巴尔加德东侧有一个Shroff Bazaar,里面满是纺织品商店。但是,许多所谓的版印织物实际上都是丝网印制(screen-printing)的织物。

Mr AA Wazir(☎02832-224187; awazir1@rediffmail.com; Plot 107B, Lotus Colony, Bhuj)如果你对古老的刺绣技术感兴趣的话,那么可以联系住在总医院(General Hospital)对面的AA Wazir先生。这位先生在这里收藏了3000多幅刺绣制品,其中有约一半藏品可以购买。

最容易前往的角落。1.3公里长的小径从停车场通向可以俯瞰大盐滩的观景塔。在冬季,水分干涸,这里的景色令人着迷。在途中付费。

普乔迪(Bhujodi) 村庄

普乔迪在普杰东南方向约7公里处,村民都是纺织匠人,主要使用踏板织机(pit loom,需要双手双脚共同进行操作)进行纺织。这里有许多作坊,生产迷人的围巾、毯子和其他产品,可进入参观。村庄距42号公路(Hwy 42)1公里远。你可以搭乘前往艾哈迈达巴德的长途汽车,让司机在普乔迪出口(Bhujodi turn-off,14卢比)把你放下。从普杰乘三轮车往返这里约需350卢比。

达安(Than) 寺院

小村达安在普杰西北方向约60公里处,那里的山区内有一所建于12世纪的诡异修道院。这个地方气氛闲适,建筑既有濒临坍塌的泥砖房，又有葡萄牙风格的钟塔，还有蓝色和白色的钟楼。每天有1班17:00从普杰发车前往达安（55卢比，2小时）的长途汽车，次日清晨返回。修道院有非常简陋的客房（不建议女性旅行者入住），地板上的垫子就是床，饭菜简单，不提供饮用水（捐钱便可入住）。

圣人多拉姆纳斯（Dhoramnath）对于自己所施的一个诅咒懊悔不已，作为惩罚，开始在迪诺德哈尔山（Dhinodhar）上倒立，这个姿势一摆就是12年。终于，众神都看不下去了，求他作罢。他同意了，但条件是自己站起来时看到的第一片地方要寸草不生——那片地区即是现在的大盐沼。随后，这位圣人建立了一支"割耳宗"（Kanphata；因为要在外耳郭上穿个大洞），而该教派的修道院便建在这座山的山脚下。

泰希巴·伊塔纳巴伊·玛尔瓦达 工艺品作坊
（Tejsibhai Dhanabhai Marwada; ☎991 3491 374; Sanjot Nagar; ◎8:00~18:00）在位于普杰以东几公里处的普乔迪附近的小村庄，这位工匠大师是该地区唯一擅长用驼毛手织优质地毯和挂毯的人。

朵拉维那（Dholavira） 考古遗址
从普杰出发，长途驱车向东北部行进，便能抵达偏僻而神秘的朵拉维那（Dholavira）考古遗址。遗址在大盐沼的一处季节性岛屿上，人们在这里发现了方圆1平方公里的城镇石建群，在公元前约2900至前1500年期间曾有哈拉帕（Harappan）人在此居住。到达这里最好是自己解决交通（₹5000 单程或往返），因为公共交通极其有限：普杰只有1班巴士前往朵拉维那，14:00发车（86卢比，6小时），次日5:00返回。

卡夫达（Khavda）至朵拉维那的道路若是完工开通，前往朵拉维那的费用将更加便宜，速度更快。

塔纳巴纳 工艺品作坊
（Tana Bana; ☎9998082332; ramji.vankar@gmail.com; Sumrasar Shekh）毕业于Somaiya Kala Vidya的技工设计学院的织工拉姆吉·马赫什瓦里（Ramji Maheshwari）在传统坑织机上展示出自己的手艺。出售围巾、披肩及其他优质商品。

霍德卡（Hodka） 村庄
这座村庄居住着迈格霍族和哈勒波特拉族，擅长制作皮革和刺绣制品。村庄位于普杰以北约55公里处，紧邻341号公路（Rte 341）。

希兰迪亚拉（Bhirandiyara） 村庄
你可以在这座迈格霍村庄找到一流的绣品。村庄位于普杰以北1小时车程可抵达的地方，紧邻341号公路。

卡夫达（Khavda） 村庄
卡夫达村庄位于普杰以北70公里处，这里居住着库姆巴尔人（Kumbhar），以陶器和纺织品而闻名。

黑山 山
（Kalo Dungar; Black Hill）黑山位于卡夫达村以北，是喀奇的最高点（462米），俯临大盐沼（在季风季节前来还能看到内海），景色非凡。你需要自己有车才能前往游览。

🏃 活动

沙漠和海洋中心 观鸟
（Centre for Desert & Ocean, 简称CEDO; ☎8511981245, 9825248135, 02835-221284; www.cedobirding.com; Moti Virani; 标单/双含餐₹2500/5000）🅟这座野生动物保护区位于普杰西北方向大约53公里处，其管理者是激情澎湃的环保主义者居加尔·提瓦力（Jugal Tiwari）及其儿子希瓦姆（Shivam）。中心可组织以鸟类为主题的观光活动，重点游览野生动物丰富的巴尼（Banni）草原。中心提供设施简单但维护良好的客房，24小时提供太阳能热水，三餐都是古吉拉特邦的素菜。巡游活动配一辆小汽车和司机，每半天的费用为3500卢比，雇一位自然和鸟类方面的专家级导游每天还要再付2000卢比。

🛏 住宿

Toran Tourist Complex 酒店 $
（☎9825026813; 标单/双 ₹400/600, 带空调 ₹800/1000; ❄）朵拉维那唯一的住宿场所，有带卫生间的圆形传统小屋，有的小屋配空调。隔壁餐厅可提供古吉拉特塔利套餐。

★ Devpur Homestay　　　　　家庭寄宿 $$$

(☏9825711852, 02835-283065; www.devpurhomestay.in; Devpur; 含早餐 标单₹2000～4500, 双₹2500～5000, 帐篷标单/双₹1500/1800; ❄) 这幢建于1905年的砂岩庄园位于普杰西北方向40公里处的村庄德夫普尔(Devpur), 是友好的主人卢塔尔斯西恩(Krutarthsinh)的祖宅, 他是普杰王室的亲戚。客人们可以入住装修风格独特的空调房或可以俯瞰宁静庭院的配楼风扇房, 或者入住农场的豪华帐篷。可以根据要求提供一流的家常菜。

Shaam-e-Sarhad Village Resort　　酒店 $$$

(☏02803-296222; www.hodka.in; Hodka; 含全餐 帐篷 标单/双 ₹2800/3400, 传统泥屋标单/双 ₹3800/5700; ⏰10月至次年3月) 🍃地处美丽的巴尼草原(Banni grasslands), 就位于普杰以北70公里处的霍德卡外边, 这家巡游帐篷有3栋传统泥屋和6顶带独立卫生间的豪华帐篷。酒店的所有者和管理者都是哈勒波特拉族(Halepotra), 这里是见证原住民日常生活和深度旅游的积极影响的地方, 另外还可提供非常美味的塔利套餐。

本地向导(不会说英语)带领观鸟或游览该地区村庄, 每天的费用为₹350, 但你需要自己解决交通问题。

❶ 到达和离开

开往卡夫达和朵拉维那村庄的长途汽车次极少。大多数游客都会找一位知识丰富的向导, 然后在该地区来一次乘车多日游; 普杰有几位杰出的向导(见704页), 你可以提前联系他们。四驱车和向导的一日费用约为₹5000。

曼德维(Mandvi)

☏02834 / 人口 51,375

从普杰出发沿路行进1小时便可到达曼德维, 这是一个繁忙的小城, 城内有一个令人赞叹的造船坞。船坞是一片美丽的木质建筑, 由数百位工人为了千里之外的阿拉伯商人所建。巨大的木柱明显是来自马来西亚雨林。在2001年的地震中, 曼德维所遭受的破坏并未有普杰那样严重, 城镇中心地带(在今蔬菜市场Mochi Bazar周边)的街道两边依然矗立着美丽的古建筑和神庙。古建筑色调柔和, 饱经风霜, 神庙的外墙雕工奇幻, 好像动画片里的一样。小镇还有几条长长的海滩, 其中, 维杰维拉斯宫(Vijay Vilas Palace)旁边的私有海滩又长又干净, 颇为壮阔。在城中心以东2公里处还有一片公共的卡什维什瓦纳斯海滩(Kashivishvanath Beach), 紧邻路科马瓦提河(Rukmavati River)东侧, 有食品摊和骑骆驼活动。

◉ 景点

维杰维拉斯宫　　　　　　　　宫殿

(Vijay Vilas Palace; 周一至周六 ₹30, 周日₹40, 车辆 ₹50, 拍照/摄像 ₹50/200; ⏰7:00～19:00) 这座破败的宫殿建于20世纪20年代, 位于城西边7公里处, 地处一片果园之中, 旁边有一片垃圾遍地的私有海滩。这里最初是喀奇统治者们的避暑行宫, 普杰现在的老王公依然主要居住在宫殿的一层。屋顶的景色很美, 值得拾阶而上, 房间里面有野生动物标本及褪色的豪华家具, 值得一看。从曼德维乘机动三轮车到这里, 单程/往返需要200/300卢比。

🛏 食宿

Hotel Sea View　　　　　　　酒店 $

(☏9825376063; www.hotelseaviewmandvi.com; ST Rd和Jain Dharamsala Rd交叉路口; 房间₹850, 带空调₹1250～2300; ❄) 这家临河小酒店位于主路边, 客房装饰亮丽, 窗户很大, 让你可以最大程度地观赏到河边的造船工作。

★ Beach at Mandvi Palace　　度假村 $$$

(☏9879013118, 02834-277597; www.mandvibeach.com; 标单/双 含餐₹7000/9000; ❄) 这家小型的帐篷度假酒店位于从维杰维拉斯宫延伸过来的狭长而美丽的海滩之上, 环境安静。帐篷很凉快, 内有双人间、白瓷砖卫生间和结实的木制家具, 非常奢华。非住客可以来享用一流的午餐(₹550, 10:00～15:00)或晚餐(₹650, 19:00～21:00)——全天都可以进入专用海滩。

Osho Restaurant　　　　　古吉拉特菜 $

(1st fl, Osho Hotel, Bhid Gate; 塔利套餐

₹120；⏱11:45~15:00和19:00~21:00）Osho地处城镇中心，超级火爆，供应一流的素食塔利套餐。想吃多少吃多少！找找"Osho Hotel"的大招牌。

ℹ 到达和离开

这里有按时发车往返普杰（35卢比）的巴士，单程历时约1.5~2小时。如果嫌慢的话，也可以在普杰主蔬菜市场南边的街道上，和别人拼一辆四驱出租车前往曼德维（45卢比）。**帕特尔旅行**（Patel Tours & Travels；📞9925244272）和**Royal Express**（📞02834-232135）提供前往艾哈迈达巴德的舒适的长途汽车，后者的车辆带空调。

喀奇小盐沼（Little Rann of Kachchh）

小盐沼满眼荒芜，满目盐色。大自然在这里展现了其最为严苛也最为强势的一面。野驴保护区（Wild Ass Sanctuary）占据了盐沼的很大一部分，是世界上仅存的一群印度野驴（也叫khur，身体呈栗色）的栖息地。野生动物和观鸟巡游是这里的主要亮点。

小盐沼内零星分布着一些荒凉的非法盐场，那里的人通过抽取地下水并提取其中盐分勉强糊口；法里达·帕查（Farida Pacha）拍摄的著名瑞典纪录片《大地之盐》（*My Name Is Salt*）展现了他们的困境。热气会让远方的地平线显得非常奇幻——灌木丛和树木仿佛悬浮于地面之上。当雨季到来时，这片荒漠会变成泥海，而即便是在旱季，看上去坚实的干泥地面也经常暗藏陷阱，所以你在探索该区域时一定要带上一名当地导游。

◉ 景点

★ 野驴保护区   自然保护区

（Wild Ass Sanctuary；四驱车巡游 最多6名乘客 印度人/外国人 周一至周五 ₹400/2000，周六和周日 ₹500/2200，拍照 ₹200/1000），这座保护区占地4953平方公里，包括小盐沼的一块焦涸土地，是仅存的栗色印度野驴的栖息地，此外这里也有蓝牛羚（bluebull）、印度黑羚（blackbuck）和印度瞪羚（chinkara）。10月至次年3月期间，这里还会出现一大群鸟类（火烈鸟会在这片野生环境中交配并孵化后代，这种地方现在在印度已经寥寥无几）。向导可以为你办理进入保护区的许可证，所需费用通常都不算在巡游价格中，需要另外支付。

保护区内生活着约2500头野驴，主要依靠"绿岛"（也叫作bet，一片平坦的凸起区域，上面覆盖着杂草，最高可高出周围地面3米）上的杂草为生。这些家伙们可不一般，出了名的难驯化，长途奔跑的平均时速可达50公里。

从艾哈迈达巴德过来非常方便，可以在游览那萨罗瓦鸟类保护区、莫德赫拉和帕坦时一并游览野驴保护区。

⚡ 活动

★ Desert Coursers   观赏野生动物

（📞9998305501，9426372113；www.desertcoursers.net）一流的巡游机构，拥有专业的向导，办公地点在Camp Zainabad。

🛏 住宿

★ Camp Zainabad   酒店 $$

（📞02757-241333，9426372113；www.desertcoursers.net；Zainabad；每人含三餐 ₹2500~3000；⏱10月至次年3月；❄🛜）Camp Zainabad位于距小盐沼东侧边界10公里处，就在扎因阿巴德（Zainabad）的外边，在艾哈迈达巴德西北方向105公里处。这家客栈有带空调的茅顶房（koobas），三餐很好吃，环境宁静。Desert Coursers（见本页）的经营者是博物学家达恩拉杰·马利克（Dhanraj Malik），他是个十分热情且极具感染力的人。他组织的小盐沼巡游以及村庄游从这里出发，非常棒。房价含一次四驱车巡游。建议提前订房。

Eco Tour Camp   酒店 $$

（📞9825548090；www.littlerann.com；Kidi Village附近；标单/双 含全食宿 ₹1500/2000起；⏱10月至次年4月）这处简单的宿营地位于野驴保护区边缘，由平易近人的德吉巴依·达姆查（Devjibhai Dhamecha）经营；他的儿子阿贾伊（Ajay）经营四驱车巡游（每辆四驱车 ₹2000/3000）。这里有住宿条件简易的水泥小屋、比较舒适的房间和独具特色的茅顶房。可以安排前往45公里外特朗格特拉

(Dhrangadhra)的接送服务（机动三轮车/出租车₹700/1200），后者位于来往艾哈迈达巴德（3小时）和普杰（5.5小时）的途中。

★ Rann Riders　　　　　小屋 $$$

(☎9925236014；www.rannriders.com；Dasada；标单/双含三餐和巡游 ₹7000/8000；❋ ⓦ ☒)豪华的Rann Riders位于达萨达（Dasada）附近，提供的住宿有镶嵌镜子图案的拉ții里圆顶小屋和方形小屋（kubas），配备了花洒淋浴和马赛克户外卫生间，四周是枝繁叶茂的花园。房价包括出色的四驱车和骆驼巡游。骑马巡游的费用为半/全天₹3000/7000；另外还可以安排前往附近的部落村庄游览。就餐选择有印度自助餐和日本餐馆。

Bell Guest House　　　历史酒店 $$$

(☎9724678145；www.bellguesthouse.com；Sayla；标单/双 含早餐₹3750/5000；❋)Bell Guest House由过去的统治者赛拉（Sayla）家族（还有他们的黄沙拉布拉多犬）负责管理，是一家正在走向老迈的历史酒店，位于8A公路（Hwy 8A）赛拉（Sayla）环岛旁边的一条小巷内。房间内配备了现代的套房内独立卫生间。可以在附近的乡村找到蓝牛羚，或者前往更远的野外看看野驴和印度羚，也可以到附近的村里拜访工匠。

如果你想了解更多的拉其普特文化，可以预约，与主人共进晚餐。

❶ 到达和离开

从艾哈迈达巴德前往扎因阿巴德，租一辆车最方便，不过你也可以在艾哈迈达巴德的ST长途汽车站乘长途汽车前往10公里开外的达萨达（Dasada，85卢比，2.5小时，约每小时1班）。**Desert Coursers**（见708页）和**Rann Rider**（见本页）可免费接站。在扎因阿巴德与帕坦之间还有可直达的长途汽车（80卢比，2.5小时，每天2班），途经莫德赫拉（45卢比，1.5小时）。

孟买

022 / 人口 21,100,000

包括 ➡

历史	712
景点	713
活动	727
课程	728
团队游	729
住宿	729
就餐	734
饮品和夜生活	739
娱乐	742
购物	744

最佳就餐

➡ Peshawri（见739页）

➡ Bastian（见739页）

➡ Bademiya Seekh Kebab Stall（见734页）

➡ Bombay Canteen（见739页）

➡ Masala Library（见739页）

最佳住宿

➡ 孟买泰姬陵酒店（见730页）

➡ Abode Bombay（见730页）

➡ Residency Hotel（见732页）

➡ Sea Shore Hotel（见729页）

➡ Juhu Residency（见732页）

为何去

　　孟买（Mumbai，曾用名Bombay）非常大。这里充满了追梦者和草根群体、大明星和歹徒、流浪狗和外来的鸟、艺术家和佣人、渔民和crorepatis（百万富翁）以及三教九流各色人等。这里既有印度最繁荣的电影产业，也有亚洲最大的贫民窟（以及世界上最富有的家庭），还有城市里最大的热带森林。孟买是印度的金融重地、时尚中心以及不同宗教的冲突地。

　　如果孟买是你初窥印度的窗口，那么做好准备吧。这座城市虽然不是什么危险的地方，但涌动的激情、有限的公共交通和严重的环境污染向游客提出了挑战。市中心依然有全世界最宏伟的几座殖民时代建筑，不过稍加探索，你还能发现独特的集市、隐蔽的寺庙、潮人聚集地以及印度最好的餐馆和夜生活所在地。

何时去

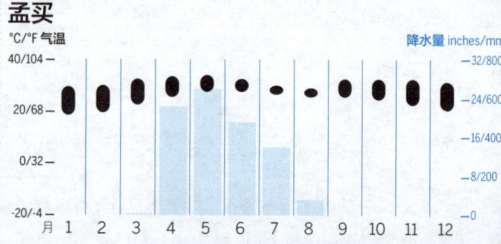

12月和1月 最佳时段，气候最不潮湿的时候。

8月和9月 在最盛大的甘尼许节（Ganesh Chaturthi）期间，整个孟买都为象神而疯狂。

10月至次年4月 季风季节过去，几乎不再下雨，一年中最好的节日时间。

孟买亮点

❶ **贾特拉帕蒂·希瓦吉终点站**（见718页）对孟买殖民时代的建筑啧啧称奇，包括这座丰碑式的火车站。

❷ **集市**（见744页）探寻古老集市区迷宫般的小巷和货摊。

❸ **餐厅**（见734页）置身印度最好的餐厅，比如Peshawri，如王公般享受盛宴。

❹ **奎师那神庙**（见725页）前往这座独特的神庙，体会克利须那信徒的热爱。

❺ **达拉维贫民窟**（见720页）参观亚洲最大的贫民区。

❻ **孟买泰姬陵酒店**（见730页）下榻全世界最具有标志性的酒店，或者在孟买第一家酒吧喝一杯。

❼ **孟买城市博物馆**（见721页）凝视这座博物馆文艺复兴风格的华丽内饰。

❽ **神象岛**（见725页）在岛上凝视巨大而威严的三头湿婆神像。

❾ **焦伯蒂海滩**（见724页）跟随嬉戏的孩子、巨大的气球和火红的夕阳，追逐海风。

历史

早在从公元前2世纪开始,科利族(Koli)的渔民们就开始在构成后来孟买的7个小岛上定居。这段文化历史在如今城市杂乱的海岸线上依稀可见。从公元6世纪开始,先后多个印度教王朝统治了这些岛屿,直至古吉拉特的穆斯林苏丹在14世纪将其纳入治下。1534年这片地区被割让给葡萄牙。葡萄牙人给这里留下的唯一印记就是给它取名为Bom Bahai。1665年,他们将控制权交给英国政府,后者将这些岛屿租借给东印度公司。

孟买作为一个通商口岸得以蓬勃发展。这座城市的堡垒于18世纪20年代竣工。一个世纪后,宏伟填筑项目将这些岛屿连成一片,成为今天的单一陆地。城市规模继续扩大,19世纪城墙被拆除,英国人按照宏大的殖民风格构想在这里大兴土木。在美国内战期间,孟买成为英国最大的棉花来源地。这段时期,孟买人口猛增,随着大笔资金涌入这座城市,商贸也开始蓬勃发展。

在印度独立运动中,孟买发挥了重要作用,"退出印度"(Quit India)运动就是1942年由圣雄甘地在此发起。在独立后,这座城市成为孟买邦的首府;1960年马哈拉施特拉和古吉拉特按照语言分成两个邦,孟买于是成为马哈拉施特拉邦的首府。

20世纪80年代,由湿婆神军党(Shiv Sena;意思是"湿婆的军队")领导的亲马拉地、亲印度地方主义运动,撼动了这座城市的多元化格局,他们被指控激进地反对穆斯林和非马哈拉施特拉人。地方自治主义情绪不断高涨,1992年下半年和1993年的骚乱导致900余人丧生。这一事件重创了孟买的国际化大都市形象。随后,孟买发生了十余起报复性连环爆炸案,造成257人丧生,孟买证券交易所也被破坏。

湿婆神军党的影响在许多街道和公共建筑名称的"去殖民地化"进程中得到深刻体现——甚至包括这座城市本身。1996年,孟买的城市名称由Bombay变更为Mumbai(衍生自印度教女神Mumba)。机场、维多利亚终点站和威尔士亲王博物馆都更改为以贾特帕蒂·希瓦吉——伟大的马拉地领袖命名。

游览孟买

两日游

从孟买最杰出的建筑**贾特拉帕蒂·希瓦吉博物馆**(见719页)出发,然后在**Samrat**(见736页)吃一顿古吉拉特风味午餐。

下午前往戈拉巴,游览这座城市具有标志性的景点:**印度门**(见715页)和**泰姬陵酒店**(见714页)。到了晚上,在**Indigo**(见734页)用餐或者在**Bademiyan Seekh Kebab Stall**(见734页)大快朵颐,然后在时尚的**Colaba Social**(见739页)啜饮鸡尾酒。

次日的行程是孟买殖民风格建筑的鼻祖——**贾特拉帕蒂·希瓦吉终点站**(见718页)和**泰姬陵酒店**(见714页),及其迷宫般的市场、隐蔽的寺庙和独特的街头生活。逛逛**霍塔奇瓦迪**(Khotachiwadi;见728页)的狭窄小巷,消磨下午时光,然后前往**焦伯蒂海滩**(见724页)吃些贝尔普里。想要喝点儿什么?在时髦的夜生活中心下帕雷尔,**White Owl**(见740页)和**Woodside Inn**(见740页)的晚餐和精酿啤酒正在发出召唤。

四日游

乘船前往被列入联合国教科文组织世界遗产的**神象岛**(见725页),返回具有艺术气息的卡拉哥达,在**Burma Burma**(见736页)吃午餐。晚上,北上**Bastian**(见739页),享用制作精致的海鲜,然后前往班德拉热热闹闹的酒吧。

最后一天,游览**马哈拉克西米洗衣场**(见724页)、**马哈拉克西米寺**(见725页)和**哈吉阿里清真寺**(见721页);或者在**桑贾伊·甘地国家公园**(见719页)的森林里安静地散散步。在**Bombay Canteen**(见739页)或**Masala Library**(见739页)探究印度现代美食之后,今晚到此为止。

孟买重要节日

孟买文化节（Mumbai Sanskruti; www.asiaticsociety.org.in; ◷1月）这个免费参加的印度斯坦古典音乐节持续两天，在要塞区金碧辉煌的亚洲学会图书馆门前台阶上举行。

卡拉哥达节（Kala Ghoda Festival; www.kalaghodaassociation.com; ◷2月）规模逐年扩大，精细程度逐年提高，这个在卡拉哥达和要塞区举行的艺术节为期两周，届时将有数不清的演出和展览。

象神节（Elephanta Festival; www.maharashtratourism.gov.in; ◷2月/3月）这个古典音乐和舞蹈节在印度门海边的阿波罗码头（Apollo Bunder）举行。

椰子节（Nariyal Poornima; ◷8月）在戈拉巴举行的科利（Koli）节日，标志鱼汛期的开始和季风的结束。

甘尼许节（Ganesh Chaturthi; www.ganeshchaturthi.com; ◷8月/9月）这个10~12天的庆典期间，印度教神灵甘尼许让整个城市都成为一片欢乐的海洋。在节庆的第1天、3天、5天、7天和11天，亲朋好友带着他们的甘尼许神像来到焦伯蒂海滩和约胡海滩，然后将神像沉入海水中，寓意着吉祥。

孟买电影节（Mumbai Film Festival; MFF; www.mumbaifilmfestival.com; ◷10月）在为期一周的孟买电影节上，来自南亚次大陆以及其他地方的新电影在全城各地的电影院让观众们一饱眼福。

宗教矛盾持续激化，并且与民族宗教纷争及印巴关系交织在一起。2006年7月，一连串火车炸弹袭击导致200多人丧生。2008年11月，一系列有预谋的破坏性袭击（由巴基斯坦持械歹徒实施）将全城的地标建筑作为目标，泰姬陵酒店起火，贾特拉帕蒂·希瓦吉终点站的乘客被枪杀，背包客聚集的Leopold Café里面有10人丧生。

2012年年底，湿婆神军党的创始人巴·萨克雷（Bal Thackeray）去世（50万人参加了他的葬礼）。湿婆神军党开始式微，在2014年的议会选举中，总理莫迪所在的印度人民党（BJP）成为孟买最大的政党。

孟买人不屈不挠。提高安全性已经成为如今人们日常生活的一部分，这座城市作为印度经济发动机的地位依然无法撼动。然而，孟买的政客确实面临种种困难，大城市脆弱的公共交通、交通全面拥堵的街道、污染和住房危机全都迫切需要引起关注。

◉ 景点

孟买是一座通过几座大桥与大陆相连的岛屿。城市的商业和文化中心在南部环抱海湾的地带，被称为南孟买。最南端的半岛名为戈拉巴（Colaba），是传统的旅游中心区，分布着许多重要景点。

紧邻戈拉巴的北部地区是被称为要塞区（Fort）的繁华商业中心，英国人的堡垒曾经屹立于此。该城区西边有一连串相互连接的草地，被称为maidans（发音为"may-dahns"）。

继续往北，进入"郊区"，那里有机场和许多孟买最好的餐馆、商店和夜生活场所。高端的班德拉（Bandra）、约胡（Juhu）和下帕雷尔（Lower Parel）是重点地区[放荡不羁的时尚人士声称班德拉如今已经继续北迁至西安德里（Andheri West）和维索瓦（Vesova）]。

◉ 戈拉巴（Colaba）

位于城市最南端半岛的戈拉巴，是一个繁荣兴旺的地区，遍布优雅的装饰艺术和殖民时代建筑、经济至中档住宿场所、酒吧、餐馆及街头小摊，还有一个渔民区。戈拉巴堤道（Colaba Causeway, Shahid Bhagat Singh Marg）穿过该区。

如果你是在8月来到这里，可以参加科利族节日椰子节（Nariyal Poornima），在戈拉巴会举行盛大的庆祝活动。

Colaba 戈拉巴

★泰姬陵酒店
地标

(Taj Mahal Palace, Mumbai; 见714页地图; https://taj.tajhotels.com; Apollo Bunder) 这栋宛如来自童话的建筑是孟买最著名的地标,它融合了伊斯兰和文艺复兴风格,是印度第二上相的纪念建筑。泰姬陵酒店建于1903年,由波斯实业家J.N.Tata出资修建,据说他因为"当地人"的身份被附近的欧洲酒店拒之门外,于是自己出资修建了这座酒店。2008年恐怖袭击时,这里成为袭击目标,酒店中有数十人丧生,酒店外墙着火的场面让全世界震惊。经过完全修复后,它于2010年印度独立日当天重新营业。

泰姬陵酒店不仅仅是一座标志性的建筑,它的历史与这个国家之间存在内在联系:它是印度第一家雇用女性的酒店,第一家通电(使用电风扇)的酒店,还是争取独立时期接待过自由斗士的酒店。

如今的泰姬陵酒店位于港口和印度门前方,但它最初设计的是面朝城市(大门已经改了)。

Colaba 戈拉巴

◎ 重要景点
1 泰姬陵酒店 D3

◎ 景点
2 印度门 D3
3 国家现代艺术馆 C1

◎ 活动、课程和团队游
4 Palms Spa D2

◎ 住宿
5 Abode Bombay C2
6 Bentley's Hotel C4
7 Hotel Moti C3
8 Regent Hotel C3
9 Sea Shore Hotel C5
10 Taj Mahal Palace, Mumbai D3
11 YWCA C1

◎ 就餐
12 Bademiya Restaurant C3
13 Bademiya Seekh Kebab Stall C2
14 Basilico B4
15 Colaba Market A5
16 Indigo C3
17 Indigo Delicatessen D2
18 Olympia C2
19 Star Daily A5
20 The Table D2
21 Theobroma B4

◎ 饮品和夜生活
22 Cafe Mondegar C2
23 Colaba Social C3
24 Harbour Bar D3
25 Leopold Cafe C2
26 Woodside Inn C1

◎ 娱乐
27 Regal Cinema C2

◎ 购物
28 Central Cottage Industries
    Emporium D2
29 Cottonworld Corp C3
30 Phillips C1

◎ 实用信息
31 Akbar Travels A5
32 马哈拉施特拉邦旅游发展公司咨询台 D2
33 Sahakari Bhandar Chemist C2

◎ 交通
34 BEST停车场 B3
35 BEST汽车站 C1
36 BEST汽车站 C1
37 捷特航空 C1
38 Maldar Catamarans D2
    PNP ....（见38）

印度门
纪念碑

（Gateway of India；见714页地图）这座面向孟买港的玄武岩拱门地处阿波罗码头最南端，它融合了16世纪古吉拉特伊斯兰风格，是1911年为纪念英王乔治五世访问印度而建造的，但是直到1924年才竣工。具有讽刺意味的是，这道拱门的建造者仅仅在24年后就不得不经过这道拱门离开，彼时印度独立运动已然如火如荼。

近年来，印度门已成为最受当地人喜爱的聚会地，也是来孟买旅行的人必到的头号景点。卖气球的小贩、摄影师、贝尔普里（bhelpuri；爆米花拌炸面团、扁豆、洋葱、香草和酸辣酱）摊贩和揽客者与当地人和游客摩肩接踵，使这个港口成为一个市集。每年2月或3月的象神节（Elephanta Festival；见713页）期间，古典舞蹈家和音乐家还会在门前广场上载歌载舞。

渡船从门前的码头发往神象岛。

沙逊码头（Sassoon Dock）
水滨

每天黎明时分（5:00左右），沙逊码头就弥漫着一股强烈的鱼腥味，穿着五颜六色的科利族渔民在这里从渔船上卸下他们捕获的海鲜并分好类。在阳光下晾晒的鱼是bombil——用来做著名菜肴"孟买鸭"的食材。码头上禁止拍照。

◎ 要塞区和教堂门（Fort Area & Churchgate）

孟买许多雄伟的维多利亚式建筑都在Oval Maidan边缘一字排开，形成华贵的气场静候你的检阅。这个地方以及北边紧挨着的Cross和Azad Maidans曾经都位于海滨，当时这些宏伟的建筑向西直面阿拉伯海。

卡拉哥达（Kala Ghoda），意为"黑马"，

Fort Area & Churchgate 要塞区和教堂门

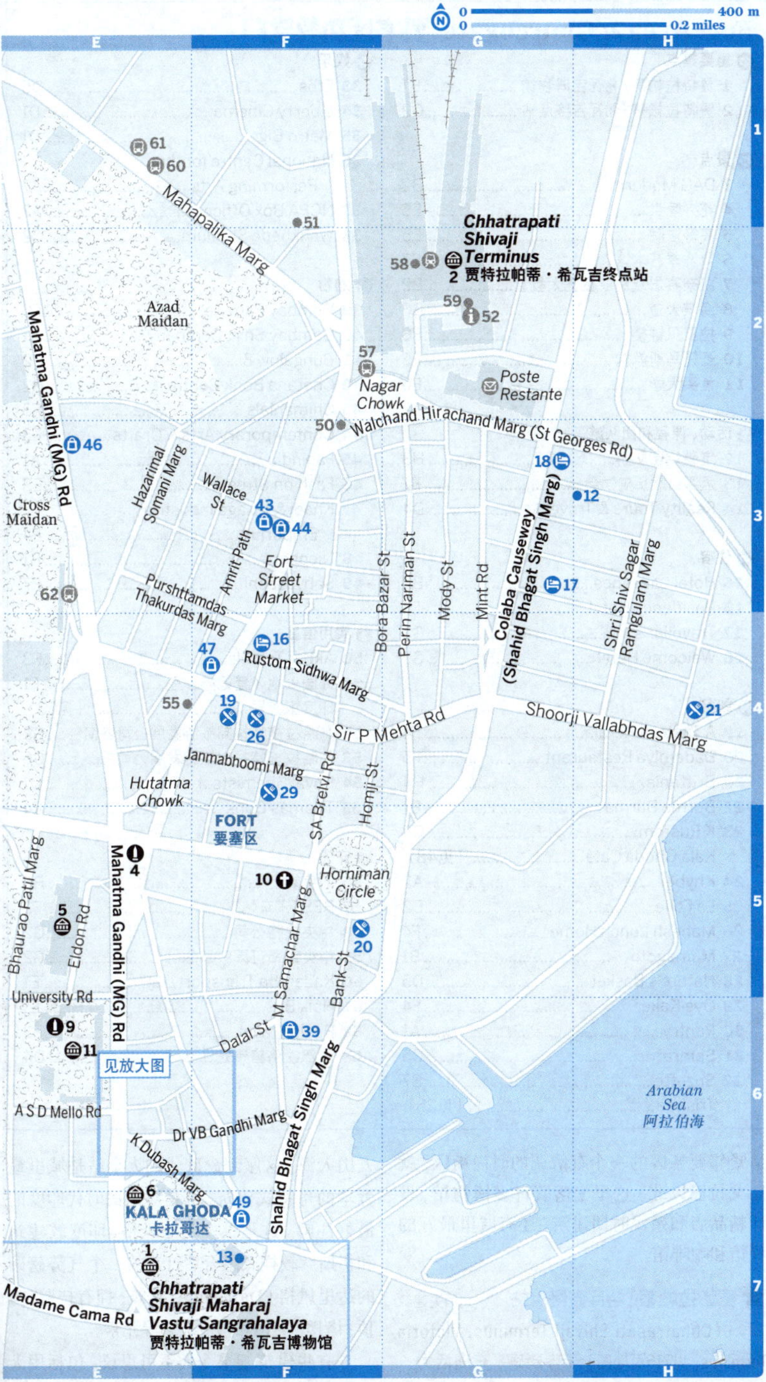

0 400 m
0 0.2 miles
E
F
G
H
1
2
3
4
5
6
7
61
60
Mahapalika Marg
51
Chhatrapati Shivaji Terminus
2 贾特拉帕蒂・希瓦吉终点站
58
59
52
Azad Maidan
Mahatma Gandhi (MG) Rd
57
Nagar Chowk
Poste Restante
50
Walchand Hirachand Marg (St Georges Rd)
46
18
12
Hazarimal Somani Marg
Wallace St
43
44
Cross Maidan
Amrit Path
Fort Street Market
Bora Bazar St
Perin Nariman St
Mody St
Mint Rd
Colaba Causeway (Shahid Bhagat Singh Marg)
Shri Shiv Sagar Ramgulam Marg
17
62
Purshttamdas Thakurdas Marg
16
47
Rustom Sidhwa Marg
55
19
26
Sir P Mehta Rd
Shoorji Vallabhdas Marg
21
Janmabhoomi Marg
Hutatma Chowk
29
SA Brelvi Rd
Homji St
FORT
要塞区
4
Bhaurao Patil Marg
10
Horniman Circle
5
Eldon Rd
M Samachar Marg
20
Bank St
University Rd
9
39
Dalal St
11
见放大图
Shahid Bhagat Singh Marg
Arabian Sea
阿拉伯海
A S D Mello Rd
Dr VB Gandhi Marg
K Dubash Marg
6
49
KALA GHODA
卡拉哥达
1
13
Madame Cama Rd
Chhatrapati Shivaji Maharaj Vastu Sangrahalaya
贾特拉帕蒂・希瓦吉博物馆

Fort Area & Churchgate 要塞区和教堂门

◎ 重要景点
- **1** 贾特拉帕蒂·希瓦吉博物馆 E7
- **2** 贾特拉帕蒂·希瓦吉终点站 G2

◎ 景点
- **3** DAG Modern B2
- **4** 花卉喷泉 E5
- **5** 高等法院 E5
- **6** 贾汗季艺术馆 E7
- **7** 凯奈赛思埃利亚霍犹太教堂 B2
- **8** 海滨大道 B6
- **9** 拉贾贝钟楼 E6
- **10** 圣托马斯教堂 F5
- **11** 孟买大学 E6

◎ 活动、课程和团队游
- **12** 宝莱坞团队游 H3
- **13** 孟买自然历史学会 F7
- **14** Reality Tours & Travel D4

◎ 住宿
- **15** Hotel Lawrence B2
- **16** Residency Hotel F4
- **17** Traveller's Inn G3
- **18** Welcome Hotel G3

◎ 就餐
- **19** A Taste of Kerala F4
- **20** Bademiya Restaurant F5
- **21** Brittania H4
- **22** Burma Burma B1
- **23** K Rustom C4
- Kala Ghoda Café .... (见48)
- **24** Khyber A2
- **25** La Folie B2
- **26** Mahesh Lunch Home F4
- **27** Mamagoto B1
- **28** Nature's Basket D5
- **29** Oye Kake F4
- **30** Pantry A1
- **31** Samrat C5
- **32** Suzette B7
- Trishna .... (见25)

◎ 娱乐
- **33** Eros D5
- **34** Liberty Cinema D1
- **35** Metro Big D1
- **36** National Centre for the Performing Arts A7
- **37** NCPA Box Office A7
- **38** Wankhede Stadium C2

◎ 购物
- **39** Bombay Paperie F6
- **40** Bombay Shirt Company A1
- **41** Bungalow 8 .... C2
- **42** Chetana Book Centre B2
- **43** Chimanlals F3
- **44** Contemporary Arts & Crafts F3
- **45** Fabindia A1
- **46** Fashion Street E3
- **47** Khadi & Village Industries Emporium F4
- **48** Nicobar B1
- **49** Sabyasachi F7

◎ 实用信息
- **50** Akbar Travels F3
- **51** 外国人地区登记办公室 F1
- 印度旅游局 .... (见63)
- **52** 马哈拉施特拉邦旅游发展公司咨询台 G2
- **53** 马哈拉施特拉邦旅游发展公司总部 C6
- **54** Royal Chemists D1
- **55** Thomas Cook E4

◎ 交通
- **56** 印度航空 B6
- **57** BEST汽车站 F2
- **58** 中央铁路公司 G2
- **59** 中央铁路订票中心 G2
- **60** Kadamba Transport E1
- **61** Naik Bus E1
- **62** Paolo Travel E3
- **63** 西部铁路售票处 D4

是紧邻要塞区的一个有情调的时尚街区，就在戈拉巴以北。这里坐落着许多博物馆、设计精品店和殖民时期建筑，还有城里最好的餐馆和咖啡馆。

★贾特拉帕蒂·希瓦吉终点站　历史建筑

(Chhatrapati Shivaji Terminus, Victoria Terminus; 见716页地图) 气势磅礴、充满活力、人山人海，这座纪念碑式的火车站是城里最奢华的哥特式建筑，也是对殖民时代印度的最好注解。这是维多利亚风格、印度教建筑和伊斯兰教样式融合后打造的一个气势磅礴的达里风格（Daliesque）建筑，拥有扶壁、穹顶、塔楼、尖顶和彩色玻璃等元素。

有些建筑细节令人不可思议，包括用犬

> 值得一游

桑贾伊·甘地国家公园

桑贾伊·甘地国家公园（Sanjay Gandhi National Park；☎022-28868686；https://sgnp.maharashtra.gov.in；Borivali；成人/儿童₹44/23，车辆₹105，游猎门票₹50；◉周二至周日 7:30~18:00，16:00停止检票）距离人头攒动的孟买大都市不到1.5小时的车程，有一片占地104平方公里的热带保护林。生机勃勃的植物、鸟儿、蝴蝶和猎豹取代了污染和混凝土建筑，出现在城市北部边缘这一片林木葱郁的山地上。城市的发展已经扩展至公园边缘，但公园的中央依然非常宁静。

林间漫步最简单的办法就是跟随孟买自然历史学会（见727页）——游览公园的许多亮点需要提前审批，孟买自然历史学会的工作人员会帮你留意。你可以见到Shilonda瀑布、Vihar和Tulsi湖，甚至可以前往公园的最高点——扬博尔山（Jambol Mal）。坎赫里石窟（Kanheri Caves；印度人/外国人₹15/200；◉9:00~17:00）位于公园内6公里处，共有109组用于佛教僧侣修行的穴居和佛寺建筑，是最有趣味的游览选项。从公元前1世纪开始，作为不断扩张的寺院学校建筑群的一部分，这些洞穴已经被开发了1000多年。不要去看貌似动物园的狮虎"游猎"，因为动物都被关在笼子和围栏里面。10月至次年4月是最佳观鸟季节，8月至11月可以见到蝴蝶。在本书调研期间，一项大规模翻新工程——新建湖畔步行道、游客小屋、红树林步道、动物标本馆、自然小径和自然解说中心——已经有所进展。

信息中心位于公园的北门，里面有关于公园内野生动物的小型展览。最近的车站是包里瓦利（Borivali），可以在教堂门车站（15~140卢比，30分钟，班次频繁）搭乘西部铁路列车前来。

面石像鬼装饰的巍峨中央塔和中央庭院上方绘满孔雀的窗户。这座车站由弗雷德里克·史蒂文斯（Frederick Stevens）设计，于1887年竣工，那时距离印度第一列火车从这个地方发车已经过去34年。

1998年，这里被政府更名为贾特拉帕蒂·希瓦吉终点站（CST），但是当地人仍亲切地将其称为维多利亚终点站（VT）。遗憾的是，内部远没那么令人印象深刻，后来增加的现代设施非常丑陋，表现出一种疏于打理的感觉——流浪狗在售票处四周转悠——尽管这座建筑已经被联合国教科文组织列入世界遗产名录。

★ 贾特拉帕蒂·希瓦吉博物馆   博物馆

（Chhatrapati Shivaji Maharaj Vastu Sangrahalaya, Prince of Wales Museum；见716页地图；www.csmvs.in；159-161 Mahatma Gandhi Rd；印度人/外国人₹70/500，手机/照相₹50/100；◉10:15~18:00）这是孟买最宏伟的博物馆，展出来自印度各地的藏品。这个拥有巨大穹顶的建筑采用华丽的印度—撒拉逊设计风格，是乔治·威特（George Wittet）的作品（他也是印度门的设计师）。这里展出的艺术珍品包括令人叹为观止的印度教和佛教造像、来自印度河流域的陶俑、印度袖珍画和一些特别残忍的武器。

英文信息丰富，语音导览器提供7种语言。其中5间展馆有空调，可以躲避夏日的暑气，是非常受欢迎的放松场所。想要快速概览孟买的历史，新推出的20分钟Mumbai Experience（印度人/外国人₹40/50）每天用英语播放5遍。门口有一间不错的餐厅，博物馆商店也非常不错。

高等法院   历史建筑

（High Court；见716页地图；Eldon Rd；◉周一至周五 10:45~14:00和14:45~17:00）每天进出这里的人川流不息，其中有印度司法系统的法官、大律师和其他人等。高等法院大楼是一栋建于1848年的新哥特式建筑。其设计灵感源自一座德国城堡，其威严的外表显然是为了打消任何对建筑内判决的权威性感到质疑的声音。

凯奈赛思埃利亚霍犹太教堂   犹太教堂

（Keneseth Eliyahoo Synagogue；见716页地图；Dr VB Gandhi Marg；Kala Ghoda；照相/录像

¥100/500; ◎周日至周四 11:00~17:00) 这座醒目独特的天蓝色会堂始建于1884年,一直沿用至今而且被这座城市日益缩减的犹太人社区细心维护。虽然安保严格,但看门人非常热情(会指给你看2008年放进来的圣母像)。带上一份护照复印件。

海滨大道
水滨

(Marine Drive; 见716页地图; Netaji Subhashchandra Bose Rd)1920年在填海土地上修建的海滨大道(Marine Dr)在阿拉伯海岸蜿蜒前行,从Nariman Point经过焦伯蒂海滩,一直到马拉巴尔山(Malabar Hill)脚下。街道两边的艺术公寓鳞次栉比,这里是孟买最受欢迎的滨海长廊和日落观景点。夜晚闪烁的霓虹已经为它赢得"女王的项链"的美誉。

孟买大学
历史建筑

(University of Mumbai, Bombay University; 见716页地图; Bhaurao Patil Marg)孟买大学看上去像是一座15世纪的法国哥特式杰作突兀地落进孟买的棕榈树林之间。这所建筑由凭借

达拉维贫民窟(DHARAVI SLUM)

孟买人心中对2008年轰动一时的电影《贫民窟的百万富翁》(*Slumdog Millionaire*)可谓五味杂陈,但是贫民窟是孟买城市生活中非常重要的一部分,甚至有人认为它们是构成这个城市的基础。令人惊讶的是,有60%的孟买人口生活在贫民窟,达拉维(Dharavi)就是这座城市最大的贫民窟之一。早在孟买还是小溪、沼泽和海岛时,渔民们就已在这里生活;后来沼泽因为自然和人为原因开始被填筑时,南孟买和其他地方的工人们蜂拥而至,到这里定居。如今这片贫民区占地2.2平方公里,夹在孟买的两条铁路干线之间,可能有多达100万人在这里生活。

虽然从外面看起来混乱不堪,但这座城中城里如迷宫般布满灰尘的小巷和布有下水道的街道,其实是许多相邻定居点的集合。达拉维的某些部分是人口混居,但是在其他地方,按照地区和行业分类的居民建起了住宅和小工厂。来自索拉什特拉(Saurashtra; 古吉拉特邦)的陶工生活在一个地方,穆斯林皮匠则聚居在另一个地方;北方邦的绣工作坊旁边是铁匠铺;其他工人则回收塑料,妇女们在灼热的阳光里晾晒印度薄饼。这里大约有多达2万种蓬勃发展的行当,生产出各种产品,据估计达拉维工厂每年的营业额超过了7亿美元。

深入观察后你会发现,贫民窟的生活引人入胜。居民们支付租金,大部分房屋都有厨房并接通了市电,建筑从脆弱的铁棚屋到牢固的多层混凝土结构都有。或许达拉维居民们要面对的最大问题是环境卫生,因为供水时有时无——每家都有一只200升的水桶。居民们几乎都没有独立厕所或卫生间,有的街区自行修建了相关设施(每名居民必须交钱),其他街区的居民则被迫使用破旧的公共设施。

许多家庭好几代人都在这里居住,而且这里的教育程度和机会还是高于很多农村地区:大约15%的儿童接受了高等教育并找到了白领工作。他们许多人往往会选择留在从小长大的社区生活。

贫民窟观光是一个众说纷纭的话题,因此你必须自己决定是否要去。如果你选择前去参观,备受推崇的Reality Tours & Travel(见729页)可以提供富有启发性的团队游(850卢比起),所得利润的80%将用于资助达拉维社区项目。若想深入了解,他们如今还可以安排与本地家庭一同用餐的活动。

也有一些游客选择自己参观,这也是不错的主意——只是注意不要拍照片。从教堂门车站(Churchgate)乘火车到马希姆站(Mahim),从西出口出站,过桥后就到了达拉维。

了解更多有关孟买贫民窟的信息,可参考Katherine Boo在2012年出版的书《美丽的永恒背后》(*Behind the Beautiful Forevers*),该书描述了机场附近Annawadi贫民窟的生活;《重新发现达拉维》(*Rediscovering Dharavi*),Kalpana Sharma在书中生动而引人入胜地描绘了达拉维居民、文化和产业。

带孩子游孟买

Kidzania（www.kidzania.in；3rd fl，R City，LBS Marg，Ghatkopar West；儿童/成人 周二至周五 ₹950/500，周六和周日 ₹1200/550；◐周二至周日 10:00~21:00）是孟买最新的景点，即一家教育活动中心，孩子们可以在这儿学到所有关于飞行、消防和警务的常识，全身心地投入许多艺术和工艺活动。它位于城市边缘，在Bandra Kurla Complex东北10公里处。

精力无穷的小朋友一定会爱上戈拉岛上的游乐园——Esselworld（www.esselworld.in；成人/儿童 ₹949/699；◐10:30~18:30）和Water Kingdom（水上王国；www.waterkingdom.in；成人/儿童 ₹999/699；◐10:00~19:00）。这两座游乐园都有许多游艺项目、滑梯和绿荫。联票价格为成人/儿童1299/899卢比。

马拉巴尔山的空中花园（Hanging Gardens）可以免费游览，里面有许多修剪成各种形状的灌木、秋千，还有一些贩卖椰子的小贩。街对面的卡马拉·尼赫鲁公园（Kamala Nehru Park）有一座两层的"靴子屋"。

孟买自然历史学会（见727页）可以带领孩子们踏上大自然之旅。

伦敦的圣潘克拉斯火车站一举成名的吉尔伯特·斯科特（Gilbert Scott）操刀设计。这里还有精致的**大学图书馆**（University Library）和**集会大厅**（Convocation Hall），以及一座高达84米的**拉贾贝钟楼**（Rajabai Clock Tower；见716页地图），墙壁上有精美的装饰雕刻。自从2008年恐怖袭击以来，校园不对公众开放，但从街道上欣赏一番还是不虚此行的。

贾汗季艺术馆 画廊

（Jehangir Art Gallery；见716页地图；www.jehangirartgallery.com；161B Mahatma Gandhi Rd，Kala Ghoda；◐11:00~19:00）**免费** 近些年经过翻新，这家一流的美术馆举办孟买、印度国内及各国艺术家的各种视觉艺术展览。

国家现代艺术馆 博物馆

（National Gallery of Modern Art，简称NGMA；见714页地图；www.ngmaindia.gov.in；Mahatma Gandhi Rd；印度人/外国人 ₹20/500；◐周二至周日 11:00~18:00）在明亮宽敞的五层展室里展出印度本土和国际艺术家的作品，展览都经精心策划。

DAG Modern 画廊

（见716页地图；www.dagmodern.com；58 Dr VB Gandhi Marg，Kala Ghoda；◐周一至周六 11:00~19:00）**免费** 美术馆占据了经过精心修葺的奶油色殖民时代建筑的四层楼。这里的收藏种类丰富，精心布置的展览呈现出印度具有影响力的现代艺术的风貌。

圣托马斯教堂 教堂

（St Thomas' Cathedral；见716页地图；Veer Nariman Rd；◐7:00~18:00）这座独具魅力的大教堂于1672年开工建造，1718年竣工。它是英国人在孟买建造的最古老的建筑，也是这座城市第一座圣公会教堂；曾经是东印度公司堡垒的东大门（即"教堂门"）。这座教堂融合了拜占庭建筑和殖民时代建筑的特色，通风良好的内部空间仿佛一座富丽堂皇的殖民地纪念馆。

◉ 喀巴德维至马哈拉克西米（Kalbadevi to Mahalaxmi）

★ 孟买城市博物馆 博物馆

（Dr Bhau Daji Lad Mumbai City Museum；见722页地图；www.bdlmuseum.org；Dr Babasaheb Ambedkar Rd；印度人/外国人 ₹10/100；◐周四至周二 10:00~18:00）这座1872年修建的文艺复兴风格建筑，此前曾是维多利亚和艾伯特博物馆（Victoria & Albert Museum），内有3500多件侧重于孟买历史的展品——照片、地图、纺织品、书籍、手稿、白镴器皿、漆器、武器和精美的陶器。2008年，这座地标建筑经过翻新，明顿（Minton）地砖、镀金的天花板造型、华丽的廊柱、枝形吊灯和楼梯全都再现辉煌。

哈吉阿里清真寺 清真寺

（Haji Ali Dargah；见722页地图；www.hajialidargah.in；紧邻V Desai Chowk）如同水面上的海

Kalbadevi to Mahalaxmi 喀巴德维至马哈拉克西米

孟买 景点

0   0.5 miles
0   1km

BYCULLA

Dr Bhau Daji Lad Mumbai City Museum 孟买城市博物馆

Victoria Gardens (Veermata Jijabai Bhonsle Udyan)

Patanwala Marg
Victoria Rd
S Baiwant Singh Rd
Byculla Train Station
J Jijbhoy Rd
Clare Rd
Bapurao Jagtap Marg
Maulana Azad Rd
Morland Rd
Mahalaxmi Train Station 马哈拉克西米火车站
去Aer (1.2km); High Street Phoenix (1.3km); Barking Deer (2.3km); Toit Tap Room (2.3km); Woodside Inn (2.3km); Cafe Zoe (2.4km); Todi Mill Social (2.4km)
Mahalaxmi Racecourse
J Boman Behram Marg
Foras Rd
Willingdon Sports Club Golf Course
Mumbai Central Train Station 孟买中央火车站
Falkland Rd
去Nehru Centre (200m)
Lala Lajpat Rai Rd
TARDEO
Tardeo Rd
Vatsalabai Desai Chowk
Altamount Rd
Bhulabhai Desai Rd (Warden Rd)
CUMBALLA HILL
G Deshmukh Rd (Peddar Rd)
Kemp's Corner
Breach Candy Hospital
Arabian Sea 阿拉伯海

Kalbadevi to Mahalaxmi 喀巴德维至马哈拉克西米

◎ 重要景点
1 孟买城市博物馆 G2

◎ 景点
2 焦伯蒂海滩 D7
3 哈吉阿里清真寺 B1
4 霍塔奇瓦迪 D6
5 马哈拉克西米洗衣场 E1
6 马哈拉克西米寺 A2
7 玛尼·巴芬纪念馆 B5

⊕ 活动、课程和团队游
8 Bharatiya Vidya Bhavan B6
9 Kaivalyadhama Ishwardas Yogic Health Centre D7

⊗ 就餐
10 Badshah Snacks & Drinks F8
11 Cafe Noorani B2
12 Kyaani & Co E8
13 New Kulfi Centre B6
14 Revival C6
15 Sardar C3
16 Shree Thakkar Bhojnalaya E7

♀ 饮品和夜生活
17 Haji Ali Juice Centre B2

◎ 娱乐
18 Royal Opera House C6

⊕ 购物
19 Bhuleshwar Market F7
20 BX Furtado & Sons E8
21 Chor Bazaar F6
22 Crawford Market F8
23 LM Furtado & Co F8
24 Mangaldas Market F8
25 Mini Market/Bollywood Bazaar/Super Sale F5
26 Shrujan A2
27 Zaveri Bazaar F7

ⓘ 交通
28 Allibhai Premji Tyrewalla C5
Citizen Travels .... (见30)
29 孟买中央汽车站 D3
National NTT/CTC .... (见31)
30 私营长途车站和售票处 F8
31 私营长途车站和售票处 D3
32 西部铁路公司 D3

市蜃楼,这座印度伊斯兰圣地紧邻水湾,是一处醒目的景点。它于19世纪修建,里面有穆斯林圣人皮尔·哈吉·阿里·沙·布哈里(Pir Haji Ali Shah Bukhari)的陵墓。传说阿里死于前往麦加朝圣的路上,他的灵柩却奇迹般地漂回这个地方。

只能在退潮的时候经过长长的堤道前往圣地(在本地确认潮汐时间)。成千上万的信众,尤其是在每个星期四和星期五[那时会有卡瓦里(qawwali,唱穆斯林圣歌活动)]步行通过堤道前往,许多人都会向堤道上一字排开的乞丐们施舍钱财。遗憾的是,圣地有些部分受到暴风雨和腥咸空气的破坏,状况不佳,不过恢复规划已经在制订当中。各种信仰的人都可以进入参观。

马哈拉克西米洗衣场   水畔石阶

(Mahalaxmi Dhobi Ghat; 见722页地图; Dr E Moses Rd; ⊙4:30至黄昏)这个有140年历史的洗衣场(dhobi ghat)是孟买最大的人力洗衣机所在地:每天有成百上千的人在这里的1026个露天水槽里清洗数千公斤的衣物和亚麻布。观看的最佳地点是在马哈拉克西米火车站附近跨越铁路的大桥上。

巴布阿米尚得帕那拉
阿迪施瓦吉吉寺庙   耆那教寺庙

(Babu Amichand Panalal Adishwarji Jain Temple; Walkeshwar Marg, Malabar Hill; ⊙5:00-21:00)耆那教寺庙本就以美丽著称,这座寺庙的美丽景致在耆那教徒中更是有口皆碑。仔细欣赏寺内的绘画,尤其是穹顶天花板上色彩斑斓的星座画。这是一座香火旺盛的小寺庙,游客应该穿着得体并且多加注意礼仪。

焦伯蒂海滩   海滩

(Girgaum Chowpatty; 见722页地图)这片城市海滩是热恋中的情侣、阖家老少、政治盟友以及其他希望呼吸新鲜空气的人在夜幕降临后最喜欢去的地方。海滩南边聚集的贝尔普里(bhelpuri)夜间大排档,是到孟买游览不可或缺的一部分。打消下海游泳的念头:水不干净。

马哈拉克西米寺 印度教寺庙

（Mahalaxmi Temple；见722页地图；紧邻V Desai Chowk）只有在人们为钱财痴狂的孟买，才会出现香火最旺、色彩最丰富的神庙用来供奉财富女神马哈拉克西米。这座神庙屹立于一个海岬上，是9月或10月孟买的九夜节（Navratri）庆典的主场地。

马拉巴尔山 街区

（Malabar Hill；BG Kher Marg附近）孟买最私密的社区，位于巴电湾（Back Bay）北端，然而让人深感惊讶的是，孟买最神圣的绿洲居然就隐藏在这片公寓区：**班干加水池**（Banganga Tank）周边汇聚了神庙、沐浴朝圣者、漫步者、空旷的街道和风景如画的dharamsalas（朝圣者休息处）。根据印度教传说，罗摩用他的弓箭射向地球，从而创造了这个水池。

如果想观赏往东600米的焦伯蒂海滩的风景和滨海大道的瑰丽弧线，可以前往**卡马拉·尼赫鲁公园**（Kamala Nehru Park）。

玛尼·巴芬纪念馆 博物馆

（Mani Bhavan；见722页地图；www.gandhimanibhavan.org；19 Laburnum Rd, Gamdevi；欢迎捐赠；⊙9:30~17:30）这个让人心酸的小博物馆设在圣雄甘地1917~1934年客居孟买时居住的房屋内。这位领袖思考非暴力不合作哲学并且从这里开始发动了1932年公民不合作运动。

展品包括照片记录的甘地生平，以及各种立体模型和文件，如他写给阿道夫·希特勒和富兰克林·D.罗斯福的书信以及胡志明和阿尔伯特·爱因斯坦送给他的礼物。

◎ 西部郊区 (Western Suburbs)
★ 奎师那神庙 印度教神庙

（Iskcon Temple；见726页地图；www.iskconmumbai.com；Juhu Church Rd, Juhu；⊙4:30~13:00和16:00~21:00）约胡国际奎师那知觉协会（Iskcon Juhu）在克利须那教派中发挥了重要作用，因为创始人A.C.巴克提维丹达·斯瓦米·帕布帕（AC Bhaktivedanta Swami Prabhupada）在此居住过很长一段时间（你可以前往相邻建筑参观他的朴素居所）。祷告时段，庙宇院落热闹非凡，虔诚的信徒伴着鼓声、挥舞手势，在唱诵舞蹈中迅速进入一种宗教的狂喜状态。

约胡海滩 海滩

（Juhu Beach；见726页地图；Juhu Tara Rd, Juhu）这一大片郊区海滩吸引来大批印度家庭和情侣，他们在阿拉伯海至维索瓦一路6公里的岸边嬉戏。说到海滩，它可不是阳光炙烤的加勒比海之梦，不过若说喝上一杯或者在附近的小摊上尝尝孟买街头美食，这里可是个有趣的地方。甘尼许节（见754页）期间尤其生机勃勃。

吉尔贝山 山

（Gilbert Hill；见726页地图；Sagar City, Andheri West）61米高的黑色玄武岩山丘刚好坐落在居民公寓区中间，好像一块巧克力熔岩蛋糕（不必惊讶，因为它就是中生代熔岩挤压形成的）。爬上在岩石中凿刻出的陡峭台阶，可以尽览风景及公园四周的两座印度教神庙。

◎ 戈拉岛 (Gorai Island)
世界内观大佛塔 佛教寺庙

（Global Pagoda；www.globalpagoda.org；⊙9:00~19:00, 冥想课10:00~18:00）96米高的金色佛塔从被污染的戈拉河（Gorai Creek）如同海市蜃楼般拔地而起，它是仿照缅甸仰光大金塔而建的。藏有佛陀舍利的穹顶完全没有任何支撑结构，而是采用了古老的连锁技术，将石头环环相扣，下方的禅堂可容纳8000人。

这里还有一座介绍佛陀生平及其教义的博物馆。这里的冥想中心每天开设两节20分钟的冥想班，还提供为期10天的课程。如想前往，可以 从教堂门乘坐火车到包里瓦利（Borivali，从车站西出站口出站），然后乘坐294路公共汽车（5卢比）或机动三轮车（40卢比）到渡口，这里有去Esselworld的渡船（往返50卢比），每30分钟1趟。最晚一趟去佛塔的渡船开船时间为17:30。

◎ 神象岛 (Elephant Island)
★ 神象岛 印度教神庙

（Elephanta Island；Gharapuri；印度人/外国人₹30/500；⊙洞穴 周二至周日 9:00~17:00）孟买港

Western Suburbs 西部郊区

ANDHERI 安德里
JUHU 约胡
KHAR 卡尔
BANDRA 班德拉
SANTA CRUZ EAST 圣克鲁斯东部
DHARAVI 达拉维

Andheri Train Station 安德里火车站
Iskcon Temple 奎师那神庙
Juhu Chowpatty 约胡海滩
Vile Parle Train Station
Nehru Rd
Ali Yavar Jung Rd (Western Express Hwy)
Chhatrapati Shivaji International Airport (Terminal 2) 贾特拉帕蒂·希瓦吉国际机场(2号航站楼)
Chhatrapati Shivaji International Airport (Terminal 1B) 贾特拉帕蒂·希瓦吉国际机场(1B号航站楼)
Mathuradas Vasanji Rd (Andheri-Kurla Rd) Chakala
NS Phadke Marg
Sahar Rd
Santa Cruz Train Station 圣克鲁斯火车站
Khar Rd Train Station 卡尔路火车站
Bandra Train Station 班德拉火车站
Mahim Train Station 马西姆火车站
University of Mumbai 孟买大学
Bandra-Kurla Complex Rd
Arabian Sea 阿拉伯海
Juhu Tara Rd
Linking Rd
Waterfield Rd
Swami Vivekanada (SV) Rd
Pali Rd
33rd Rd
Turner Rd
Ali Yavar Jung Rd
Senapati Bapat Marg
Bandra Fort
Bandra-Worli Sea Link
Bandstand

去Goila Butter Chicken (1km)
去Bombay Backpackers (1km)
去Mumbai Magic Tours (1km)
去Kishore Silk House (1.9km), Hotel Ram Ashray (2km)

印度门东北的Gharapuri岛有个更为人所熟知的名字神象岛。岛上岩石开凿成的寺庙已被联合国教科文组织列入世界遗产名录。迷宫般的洞窟庙宇于公元450~750年建造，呈现出一些印度最令人难忘的寺庙雕刻。

供奉湿婆神的主庙是庭院、殿堂、石柱和神坛的奇妙组合；其中巅峰之作是高达6米的Sadhashiva神像，这是宇宙创造者、保护者和毁灭者湿婆神的三面化身，他的眼睛始终紧闭，如同在进行永恒的思考。

Western Suburbs 西部郊区

◎ 重要景点
- **1** 奎师那神庙 B1

◎ 景点
- **2** 吉尔贝山 B1
- **3** 约胡海滩 A2

✪ 活动、课程和团队游
- **4** Yoga House A5
- **5** Yoga Institute C3
- Yogacara .... (见23)

⊜ 住宿
- **6** Anand Hotel A1
- **7** Backpacker Panda D1
- **8** Hotel Columbus C2
- **9** Hotel Regal Enclave B4
- **10** Hotel Suba International D2
- Iskcon .... (见1)
- **11** ITC Maratha D2
- **12** Juhu Residency B2
- **13** Taj Santacruz C3

✪ 就餐
- **14** Basilico B5
- **15** Bastian B5
- Dakshinayan .... (见6)
- **16** Gajelee C2
- **17** Khar Social B4
- Kitchen Garden by Suzette .... (见21)
- **18** Mahesh Lunch Home A2
- **19** Mamagoto B5
- **20** Masala Library D4
- Peshawri .... (见11)
- Prithvi Cafe .... (见30)
- Raaj Bhog .... (见9)
- **21** Suzette B5
- **22** Theobroma B5
- Yoga House .... (见4)

✪ 饮品和夜生活
- **23** Bad Cafe A5
- **24** Doolally Taproom B6
- **25** Masala Bar A4
- **26** Monkey Bar B4
- **27** Olive Bar & Kitchen A4
- **28** One Street Over B5
- **29** Toto's Garage B5

✪ 娱乐
- **30** Prithvi Theatre A2

✪ 购物
- **31** Bombay Shirt Company B5
- **32** Indian Hippy A4
- **33** Kulture Shop A5
- **34** Shrujan B1

ⓘ 实用信息
- **35** Humsafar Trust C3

ⓘ 交通
- **36** 捷行航空 D3
- 靛蓝航空 .... (见36)
- 香料航空 .... (见36)
- 维斯塔拉航空 .... (见36)

葡萄牙人将这里称为神象岛,是因为他们登陆时在岸边发现了巨象石雕(雕像于1814年坍塌,后来被英国人迁至孟买的Jijamata Udyan)。岛上建有一个小博物馆,里面有以洞窟起源为主题的图片展裁,内容丰富。

这里有咄咄逼人、价格昂贵的导游,但其实你并不需要导游,因为到处可以买到Pramod Chandra出版的《神象岛导游》(A Guide to the Elephanta Caves),足够你游览所需了。

Launches(见714页地图;经济舱/豪华舱₹145/180)从印度门发往Gharapuri,9:00至15:30每半小时1班。在阿波罗码头(Apollo Bunder)上的售票亭购买船票。航程大约为1个小时。

渡船停靠在岛上的混凝土码头,在这里你可以步行或者乘坐小火车(10卢比)到石阶(stairway;门票10卢比),然后进入景区游览。石阶两边挤满纪念品摊贩,还有讨厌的猴子来回逡巡。记得穿适合步行的鞋子。

🏃 活动

孟买有极好的观鸟和赏蝶活动。桑贾伊·甘地国家公园(见719页)是观赏森林鸟儿的好地方,戈德雷杰(Godrej;班德拉以东13公里处)的红树林水鸟众多。**孟买自然历史学会**(Bombay Natural History Society,简称BNH☎;见716页地图;☏022-22821811;www.bnhs.org;Hornbill House, Shahid Bhagat Singh Marg;☉周一至周五9:00~17:30)每周末组织出

> **另辟蹊径**
>
> ## 霍塔奇瓦迪（KHOTACHIWADI）
>
> 具有传奇色彩的小村庄（wadi）霍塔奇瓦迪（Khotachiwadi；见722页地图）是一座拥有将近180年历史的民俗村庄，依然坚守着高楼大厦拔地而起以前的孟买传统生活。这是一个由葡式双层木质房屋构成的基督教聚居区，位于焦伯蒂海滩东北500米处，被孟买印度教徒和穆斯林占主导的街区夹在中间。这些曲折蜿蜒的小巷让你能感受到远离孟买喧嚣的宁静生活。
>
> 这个地方不大，但是你不妨花一点时间在这些巷道中徜徉，观赏各种老式房屋。如果是圣诞节，还能看到这里的装饰。你还可以提前规划，在著名时装设计师、霍塔奇瓦迪活动家和厨艺爱好者詹姆斯·费雷拉（James Ferreira；www.jamesferreira.co.in）的家中享受一顿东印度盛宴。
>
> 若要前往霍塔奇瓦迪，先找到位于Jagannath Shankarsheth Marg（JSS Marg）和Rajarammohan Roy Marg（RR Rd/Charni Rd）交叉路口的圣特蕾莎教堂（St Teresa's Church），然后沿JSS Marg与教堂相反的方向前行，随便转进左手边第三条小巷（找找霍塔奇瓦迪墙上的模板地图，上面显示"Khotachiwadi Imaginaries"）。

色的旅行活动。11月至次年3月，从塞乌里码头（Sewri Jetty；见本页）可以观看到的泥滩也将吸引数千只粉色的火烈鸟。

Outbound Adventure 户外

（☎9820195115；www.outboundadventure.com）Outbound Adventure经营当天往返的漂流项目，地点位于Ulhas河上，漂流季节从7月至9月初（每人2300卢比）。在滂沱大雨过后，激浪等级可达到3+级，但是一般情况下这条漂流线路都比较平静。这家公司还在西迦特（Western Ghats）组织大自然导览步、观鸟、露营（每人每天2000卢比起）和皮划艇项目。

Yogacara 瑜伽、按摩

（见726页地图；☎022-26511464；www.yogacara.in；1st fl, SBI Bldg, 18A New Kant Wadi Rd, Bandra West；⊙瑜伽 每节课/每周 ₹650/1600）这是一家传统的哈他和艾扬格瑜伽机构，提供一流的按摩（每小时₹1850起）和护理服务，推油修护按摩值得推荐。有时还提供阿育吠陀烹饪、冥想和点穴治疗课程。

Yoga House 瑜伽

（见726页地图；☎022-65545001；www.yogahouse.in；Nargis Villa/Water Bungalow Sherly Rajan Rd, Bandra West；课程₹700；⊙周二至周日8:00～21:30）这家温馨、传统的瑜伽中心教授各种瑜伽传统课程。翠绿色殖民风格的别墅的三层还有一家迷人的咖啡馆（见738页）。

塞乌里码头 观鸟

（Sewri Jetty; Sewri）11月至次年3月，位于下帕雷尔以东约5公里的塞乌里码头，是观赏从遥远的西伯利亚迁徙而来的数千只粉色火烈鸟的理想地点。鸟儿会扑向四周的泥滩寻找食物。最佳观赏时间是6:00至10:00。

可以向孟买自然历史学会（见727页）询问这里的游览活动；或者自己到CST乘坐港口铁路至塞乌里站，然后乘坐出租车过来。

Palms Spa 水疗

（见714页地图；☎022-66349898；www.thepalmsspaindia.com；Dhanraj Mahal, Chhatrapati Shivaji Marg, Colaba；1小时按摩₹3200起；⊙10:00～22:00）在戈拉巴（Colaba）这家著名的水疗店享受按摩、搓澡或泡澡。香茅草去角质和绿茶搓澡费用为₹2500。

📚 课程

★ Yoga Institute 瑜伽、身心健康

（见726页地图；☎022-26122185；www.theyogainstitute.org；Shri Yogendra Marg, Prabhat Colony, Santa Cruz East；每第1/2个月₹700/500）这所备受尊崇的瑜伽学校位于宁静、葱郁的校园，设有每日课程、周末和全周课程，还有时间更长的住校课程，包括瑜伽教师培训（前提是经过7日课程培训）。

★ Bharatiya Vidya Bhavan 语言、音乐

(见722页地图；☎022-23631261；www.bhavans.info；2nd fl, KM Munshi Marg和Ramabai Rd交叉路口, Girgaum；语言每小时₹500，音乐每月₹900；⏱16:00~20:00)一流的一对一印地语、马拉地语、古吉拉特语和梵语教学课程。联系高希教授(Professor Ghosh；获得过格莱美奖的作曲家和演奏家)，可以报名塔巴拉琴、声乐、西塔琴或古典舞蹈课程。

Kaivalyadhama Ishwardas Yogic Health Centre 身心健康

(见722页地图；☎022-22818417；www.yogcenter.com；43 Netaji Subhash Rd, Marine Dr；⏱周一至周六 6:00~19:00)这里有几个每日瑜伽班及研讨会；费用包括每个月1000卢比的会员费，以及700卢比的报名费。4个月的教练资格认证课程费用为20,000卢比。

👉 团队游

Fiona Fernandez的《孟买十大经典步行路线》(*Ten Heritage Walks of Mumbai*；395卢比)涵盖步行游览这座城市的景点路线，而且有引人入胜的历史背景介绍。印度政府旅游局(The Government of India tourist office)可提供一份经过认证的多语言导游名单，半天/全天导游官方收费价格为1368/1734卢比，最多5人。

★ Reality Tours & Travel 团队游

(见716页地图；☎9820822253；www.realitytoursandtravel.com；1/26 Unique Business Service Centre, Akber House, Nowroji Fardonji Rd；大部分团队游₹750~1700；⏱8:00~21:00) 这家公司组织引人入胜的达拉维贫民窟团队游，税后利润的80%都分配给这家旅行社自己的非政府组织——Reality Gives(www.realitygives.org)。街头小吃、市场、自行车和"孟买之夜"主题团队游也很出色。

新开设的远途团队游包括具有社会责任意识的印度南部、金三角和拉贾斯坦邦多日游，途中会安排参观社区。

孟买历史徒步之旅 步行

[Bombay Heritage Walks, 简称BHW；☎9821887321；www.bombayheritagewalks.com；团队游 每两小时(最多5人)₹3750起]BHW由两位热情洋溢的建筑师创立，员工中有许多他们的同行，还有艺术历史学家，提供极佳的历史遗迹街区观光游。

Mumbai Magic Tours 团队游

(☎9867707414；www.mumbaimagic.com；5 Bhaskar Mansion, Sitladevi Temple Rd；2小时团队游 每2/4人 ₹1750/1500起；⏱周一至周五 10:00~17:00, 周六至14:00)由著名的Mumbai Magic博客(www.mumbai-magic.blogspot.com)主人设计的城市团队游，主要侧重于孟买的趣事、文化、社区、美食、集市、节日和犹太人遗迹等。

MTDC/Nilambari Bus Tours 巴士游

(MTDC；☎020-22845678；www.maharashtratourism.gov.in；1小时团队游 下层/上层 ₹60/180；⏱周六和周日19:00和20:15)Nilambari与马哈拉施特拉邦旅游局合作经营的敞篷巴士观光，在周末载着乘客去观赏历史建筑的美丽夜景。观光巴士发车点和订票处都在MTDC售票亭(见747页)和MTDC办公室(见747页)。只收现金。

🛏 住宿

孟买是印度住宿价格最贵的地方，而且你永远不会感觉物有所值。

戈拉巴地区设施相对集中，旅游氛围最为浓厚，而且有许多经济型和中档住宿。相邻的要塞区到主要的火车站比较方便，是餐饮购物中心。大部分顶级住处都分布在滨海大道周边以及西部市郊。

无论你住在何处，一定要预订。

🛏 戈拉巴

★ Sea Shore Hotel 客栈 $

(见714页地图；☎022-22874237；4th fl, 1-49 Kamal Mansion, Arthur Bunder Rd；标单/双 不带卫生间₹700/1100；📶)这个地方真是尽了心，房间虽然不大，却一尘不染，别有趣味，全都配有平板电视，隔开了火车车厢一样的走廊。一半房间甚至能看到港口风景(其他房间没有窗户)。时尚的公共卫生间整洁干净，有些光可鉴人。前台和有些房间覆盖Wi-Fi。

> **住宿价格区间**
>
> 以下价格区间适用于双人间，含税。
>
> $ 少于2500卢比
> $$ 2500~6000卢比
> $$$ 高于6000卢比

Bentley's Hotel 酒店 $

（见714页地图；☎022-22841474；www.bentleyshotel.com；17 Oliver Rd；房间 含早餐 ₹2350~3150；✷❄）老板是热情的帕西人。酒店位于戈拉巴中心，旅行者要么对它赞不绝口，要么对其嗤之以鼻，关键得看你住在5栋公寓楼中的哪一栋。首选主楼里面宽敞的殖民风格房间（争取有大阳台的31号或39号房），不要去Henry Rd和JA Allana Marg。空调需另加350卢比。只收现金。

★ YWCA 客栈 $$

（见714页地图；☎022-22025053；www.ywcaic.info；18 Madame Cama Rd；标单/大床/标三 带空调 含早餐和晚餐 ₹2450/3720/5560；✷@✿）YWCA管理高效，从这里步行可以到达戈拉巴和要塞区的所有景点，物有所值，当然受欢迎。维护良好的宽敞房间有书桌和衣柜，还有多个频道的电视（大厅的Wi-Fi信号最好）。费用包括自助早餐和晚餐以及一份日报。除了房费之外，还需要一次性交纳50卢比会员费。

Hotel Moti 客栈 $$

（见714页地图；☎9920518228；hotelmotiinternational@yahoo.co.in；10 Best Marg；双/三 带电风扇 ₹3000/4000, 带空调 ₹3500/4500；✷✿）具有优雅怀旧感的一栋殖民时期建筑，位于戈拉巴最好的楼房内，老板拉杰（Raj）是一名完美的主人。房间陈设简单（很多房间都具有历史的魅力，如华丽的灰泥天花板），配备LED卫星电视和比一般床垫更厚的新床垫，刚刚经过妥善维护。屋顶花园已列入规划。

Regent Hotel 酒店 $$

（见714页地图；☎022-22021518；www.regenthotelcolaba.in；8 Best Marg；房间 带空调 含早餐 ₹5360起；✷@✿）一个可靠的住宿选择，员工会竭尽全力为客人帮忙。这里就位于戈拉巴主街房边，有布置得体的大房间，内有优质床垫和大理石地面的现代卫生间。猎鹰艺术品和波斯湾国家旗帜暗示着这里最常出现的客人都是谁。

★ 孟买泰姬陵酒店 历史酒店 $$$

（Taj Mahal Palace, Mumbai；见714页地图；☎022-66653366；https://taj.tajhotels.com；Apollo Bunder；标单/双 塔楼 ₹16,000/17,500起，宫殿 ₹21,000/22,500起；✷@✿✪）孟买这座贵妇般的酒店是世界上最具有标志意义的酒店之一，接待过一长串总统和皇室成员。宽弧拱门、楼梯和穹顶，还有绚丽的花园和游泳池确保入住这里将成为一段难忘的经历。挨着塔楼的房间缺乏宫殿本身的那种历史感，但是其中许多房间能够看到印度门正面全景。

店内有丰盛的一流的餐饮选择，还有水疗和休闲设施，是一家令人不想离开的酒店。这里甚至新设了一间美术馆（虽然面积不大，但可以看出经过专门的策展）。每天17:00为顾客提供的文化传承步行游展现了这家酒店在城里历史发展中发挥的作用，极具启发性。

★ Abode Bombay 精品酒店 $$$

（见714页地图；☎8080234066；www.abodeboutiquehotels.com；1st fl, Lansdowne House, MB Marg；房间 带空调 含早餐 ₹4760~16,000；✷✿）一家非常棒的精品酒店，有20间客房，采用殖民时代的设计风格，并使用了装饰艺术家具、再生柚木地板和原创艺术品；豪华房有华丽的独立式浴缸。员工非常关注旅行者的需求，早餐一流，还有鲜榨果汁和美味的本地和国外餐食可以选择。酒店位于Regal Cinema后面，稍微有些不好找。

要塞区和教堂门

Traveller'sInn 酒店 $

（见716页地图；☎022-22644685；www.hoteltravellersinn.com；26 Adi Marzban Path；铺带/不带空调 含早餐 ₹800/600，大床 不带空调 ₹1800，大床 带空调 含早餐 ₹2300；✷@✿）这家小酒店坐落于一条安静、绿树成荫的街道上，是非常可靠的选择。干净的小房间配备有

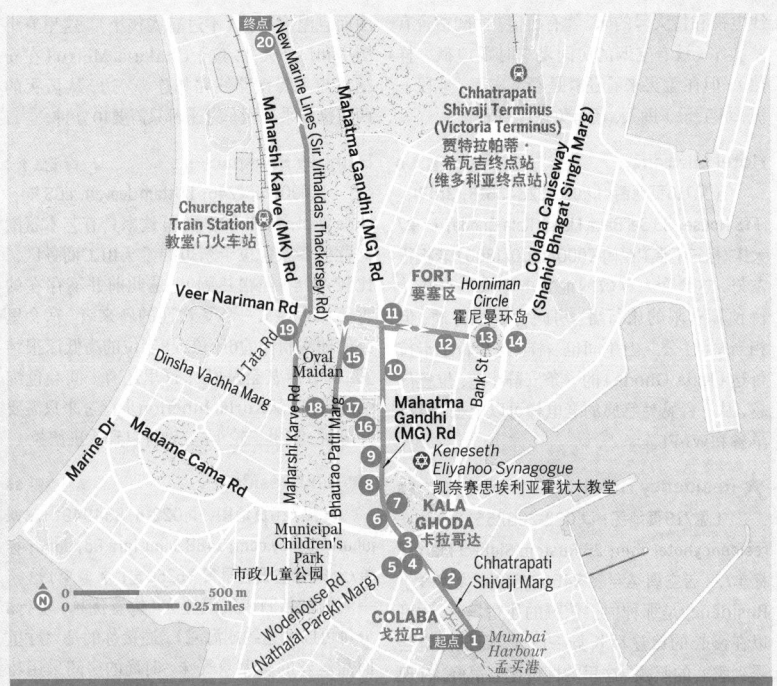

步行游览
孟买建筑

起点: 印度门
终点: LIBERTY CINEMA
距离: 3.5公里;1小时45分钟

从 ❶印度门(见715页)出发,沿着贾特拉帕蒂·希瓦吉高山草地,经过装饰艺术风格的商住综合建筑 ❷祖恩拉杰宫(Dhunraj Mahal),继续前往 ❸皇家环岛(Regal Circle)。围着环岛走一圈,观赏附近的建筑,包括装饰艺术风格的 ❹Regal Cinema(见743页)和 ❺Majestic酒店。继续沿Mahatma Gandhi(MG)Rd前行,经过外墙被精心修复过的 ❻国家现代艺术馆(见721页)。对面就是地标建筑 ❼贾特拉吉希瓦吉博物馆(又称威尔士亲王博物馆;见719页),采用印度撒拉逊风格建造。参观完后回到马路对面"罗马式过渡时期"风格的 ❽埃尔芬斯通学院(Elphinstone College)和 ❾大卫·沙逊图书馆和阅览室(David Sassoon Library & Reading Room)。

继续向北参观垂直的装饰主义建筑典范 ❿新印度保险公司大楼。前方的环岛上有一座 ⓫花卉喷泉,上面雕刻着罗马花神。向东转入Veer Nariman Rd,步行前往 ⓬圣托马斯教堂(见721页)。前方是庄严的 ⓭霍尼曼环岛(Horniman Circle),建于19世纪60年代的骑楼围绕一个美丽的植物园。东边新古典主义风格的 ⓮市政厅俯瞰着这里。返回花卉喷泉,然后向南到Bhaurao Patil Marg,看看威严的 ⓯高等法院(见719页)和华丽的 ⓰孟买大学(见720页)。遗憾的是,大学84米高的 ⓱拉贾贝钟楼(Rajabai Clock Tower,见721页)禁止游客入内,但观赏的最佳地点是在 ⓲椭圆形操场(Oval Maidan)。转过身,看看Maharshi Karve(MK)Rd沿线殖民风情大厦和一字排开的装饰艺术风格建筑——最显眼的是 ⓳Eros电影院(见744页)婚礼蛋糕形状的塔楼。

北行1公里至 ⓴Liberty Cinema(见743页),那是一颗装饰艺术的明珠,单一屏幕,可以容纳1200人,非常吸引人。

线电视和特大号的床，物有所值。两间宿舍有些狭窄（没有空调的房间夏季时跟地狱一样热），但在孟买来看还算是经济实惠。地段一流，员工乐于助人，还有免费Wi-Fi。

Hotel Lawrence 客栈 $

（见716页地图；☎022-22843618；3rd fl, ITTS House, 33 Sai Baba Marg, Kala Ghoda；标单/大床/标三不带卫生间 ₹900/1000/1800）老板很友好，这个令人尊敬的地方多年来一直在接待预算有限的旅行者。房间肯定很普通，但相当整洁，公共卫生间也一样。这里位于卡拉哥达（Kala Ghoda）的一条安静小巷，位置优越，从一台晃晃悠悠的老电梯可以上去。没有早餐和Wi-Fi。

★Residency Hotel 酒店 $$

（见716页地图；☎022-22625525；www.residencyhotel.com；26 Rustom Sidhwa Marg；标单/双 带空调 含早餐 ₹4640/5120；※@⑨）Residency是那种值得信赖的住宿场所，你可以在漫长的旅途后长舒一口气，而且肯定会受到悉心的照顾。这里的性价比也很好，有现代的房间、值得夸耀的情景照明、小冰箱、平板电视和时尚的套内卫生间。最好的是，员工友好、礼貌，态度自然好客。

位于要塞区的位置也很优越，是孟买经营得最好的中档住宿。

Welcome Hotel 酒店 $$

（见716页地图；☎022-66314488；www.welcomehotel.com.in；257 Shahid Bhagat Singh Marg；标单/双 含早餐 ₹3330/3870起, 不带卫生间 ₹1900/2080起；※⑨）服务质量有些不稳定，门厅昏暗，但这里的普通房间还算宽敞、舒适，公用卫生间得到了妥善打理。顶层的行政房比中档房间更加精致。

西部郊区和北部郊区

Backpacker Panda 青年旅舍 $

（见726页地图；☎022-28367141；www.backpackerpanda.com；Shaheed Bhagat Singh Society, Andheri East；铺 带空调 ₹900~950；※⑨）孟买第一家有些青年旅舍性质的背包客住宿地点，大厅很凑合（比如临时用画板搭起的休闲室），但6床和8床宿舍非常酷，干净而且温度可控（不过有些狭小）。这里有小厨房和户外天井，位于Chakala Metro（在安德里与主要铁路线路相连）旁边，从孟买的两座机场乘出租车过来都只需要10分钟。

Bombay Backpackers 青年旅舍 $

（☎9096162246；1 Uttam Jeevan, LBS Rd, Kurla West；铺₹1000；※⑨）这家具有艺术氛围的背包客旅舍位于东边的孟买BKC商务区，比较奇怪（但很热闹），是此前并不存在的青年旅舍界又一个受欢迎的新来者。宿舍里类似柚木制作的6床位或8床位的高低床很结实，部分床甚至是3层，这里还有一间颜色绚丽的厨房。从Kurla Junction步行过来只需要几分钟，乘坐三轮车5分钟可以到达班德拉。

★Juhu Residency 精品酒店 $$

（见726页地图；☎022-67834949；www.juhuresidency.com；148B Juhu Tara Rd, Juhu；标单/大床 带空调含早餐 ₹6250起；※@⑨）这家一流的精品酒店气氛迷人（位置优越，步行5分钟可以到达约胡海滩），迎接你的是大厅里面甜丝丝的香茅草气味。时尚的房间采用巧克力和咖啡色调，效果很好，每个房间都有大理石地面、深色木制品、巧妙的床罩和平板电视。这里有3家餐馆——都是不错的餐馆——只有18间客房。

最妙的是，房费包括免费机场接机服务。

Iskcon 客栈 $$

（见726页地图；☎022-26206860；www.iskconmumbai.com/guest-house；Juhu Church Rd, Juhu；房间₹3000起, 带空调₹4000；※⑨）这是约胡热闹的奎师那建筑群里面一个有趣的住宿场所。虽然客栈建筑是稍微缺乏灵魂的水泥建筑，但有些房间可以俯瞰那座克利须那派神庙。奇特的装饰弥补了装修的简陋，比如古吉拉特的sankheda（漆木）家具。员工态度非常热情。

Anand Hotel 酒店 $$

（见726页地图；☎022-26203372；anandhote@yahoo.co.in；Gandhigram Rd, Juhu；标单/大床 含空调 ₹2620/4170起；※⑨）没错，装修用了50种深浅不一的米黄色。Anand的房间舒适、宽敞，考虑到它的优越位置——就在约胡

海滩旁边的一条安静街道上,性价比很高。店内一流的Dakshinayan餐馆(见738页)由于正宗、实惠的饭菜获得了很高的评价。对于独自旅行的人来说,这里尤其物有所值。

Hotel Columbus 酒店 $$

(见726页地图;☏022-42144343;www.hotelcolumbus.in; 344 Nanda Patkar Rd, Vile Parle East; 标单/大床 带空调 含早餐 ₹4170/4700起; ❄@⊛)这是国内机场地区最佳中档选择,房间略显陈旧——设施都已明显磨损,但是依然很温馨。员工乐于助人,愿意帮忙解决问题。900米开外就是当地神秘的海鲜就餐场所Gajelee(见726页地图;☏022-26166470;www.gajalee.com; Kadamgiri Complex, Hanuman Rd, Vile Parle East; 主菜₹275~875; ⊙11:30~15:30和19:00~23:30)。

★ ITC Maratha 酒店 $$$

(见726页地图;☏022-28303030;www.itchotels.in; Sahar Rd, Andheri East; 标单/双 含早餐₹21,450/23,240起;❄@⊛⊛)这家五星级酒店拥有最奢华的本地风格,从环绕中庭的Muhammed Ali Rd风格格子窗(jharokas),到马拉地风格的Resident's Bar(该楼层仅限酒店客人,可以俯瞰公共区域),细节出色。房间色调丰富,洋溢着印度的丰饶。这里还有孟买最令人难忘的西北餐厅Peshawri(见739页)。

★ Taj Santacruz 精品酒店 $$$

[见726页地图;☏022-62115211; https://taj.tajhotels.com/en-in/taj-santacruz-mumbai; Chhatrapati Shivaji International Airport(Domestic Terminal); 标单/大床₹14,500/16,500起; ❄@⊛]这家最近开业的酒店与国内机场航站楼相连,忘了大厅里3500只人工吹制的吊灯灯泡和养了75个物种的水族缸吧——在极尽奢华的Taj Santacruz,一切好像都是围绕Tiqri酒吧和餐厅里面4000块碎玻璃锻造的华丽的"生命树"装置艺术(一种拉贾斯坦工艺)展开的。

标准间以柔和的黄色、紫红色和橙色装饰,是全城最大的标准间,面积将近54平方米(有的还能直接看到飞机跑道)。如果你不能住在这儿,可以在中途转机停留时到Jiva Spa(4600卢比起)享受按摩或鸡尾酒。

Hotel Regal Enclave 酒店 $$$

(见726页地图;☏022-67261111; www.regalenclave.com; 4th Rd, Khar West; 房间 带空调 含早餐₹7740起;❄⊛)Hotel Regal Enclave坐拥得天独厚的地理位置:在Khar一个绿意盎然的地段,紧邻火车站(一些房间可以看到铁路)和班德拉地区的最佳餐饮和购物场所。房间宽敞、舒适——除了卫生间狭小之外——拥有让人愉悦但缺乏新意的装饰。房费含机场接机服务。

帕西人(THE PARSIS)

孟买是世界上现存最大的帕西社区的所在地,他们是古代拜火教徒的后裔;10世纪时,他们的祖先为了躲避波斯新上台的穆斯林统治者对他们进行的宗教迫害,从伊朗逃到了这里。"Parsi"的字面意思就是波斯人。拜火教徒信奉唯一的神阿胡拉·马兹达(Ahura Mazda),并在孟买各地的火神庙(agiaries)祭拜这位神灵;非帕西人禁止入内。帕西人的葬礼很独特:死者被摆放在露天平台上被秃鹫啄食。其中最有名的天葬台是寂静塔(Tower of Silence),位于马拉巴尔山(Malabar Hill)的空中花园(Hanging Gardens)下方,树木掩映,避开了公众的视线。

孟买的帕西社区相当成功而且有影响力,识字率达到了98.6%(全市最高的)。帕西名人有塔塔家族(印度最重要的实业家)、作家罗欣顿·米斯特里(Rohinton Mistry)和弗雷迪·默丘里(Freddie Mercury)。对于旅行者来说,探究帕西文化的最佳方式就是前往城里的帕西咖啡馆。这些如同装载往昔岁月的时光胶囊气氛独特,却行将消失,但有几家还在继续经营,包括一流的餐馆Brittania、Kyaani and Co(见722页地图; Ratan Heights, Dr DB Rd; 小吃₹15~120; ⊙周一至周六 7:00~20:30, 周日 至18:00)和游客聚集地Cafe Mondegar。

Hotel Suba International 精品酒店 $$$

（见726页地图；☎022-67076707；www.hotelsubainternational.com；Sahar Rd, Andheri East；标单/双 带空调 含早餐 ₹7600/8700起；※⑧）这家"精品商务"酒店有72间客房，距离国际机场非常近（包括免费接送），房间具有时尚感，配备iPad，涂料有些脱落。

✖ 就餐

在孟买，来自印度各地的特色风味与国际潮流时刻撩动着你舌尖上的味蕾。几乎所有经济实惠的游客餐厅都盘踞在戈拉巴，要塞区和教堂门则更上档次。在马哈拉克西米和西部城郊，你会找到孟买最国际化也最昂贵的餐厅。

订阅Brown Paper Bag（http://brownpaperbag.in/mumbai）的每日新闻，了解最新、最热门的餐饮地点。

✖ 戈拉巴

★ Bademiya Seekh Kebab Stall 莫格莱菜、快餐 $

（见714页地图；www.bademiya.com；Tulloch Rd；简餐₹110～220；⊙17:00至次日4:00）这些非常走俏的并排深夜路边摊（分为素食和非素食）位于Bademiya原址，由于名头响亮和以肉食为主的美味菜肴，那里依然是戈拉巴最常被人光顾的地方。刚从烤架上拿下来的香辣新鲜的烤羊肉和碎肉卷让人期待。Colaba（见714页地图；19A Ram Mention, Nawroji Furdunji St；餐₹150～290；⊙13:00至次日2:00）和Fort（见716页地图；☎022-22655657；Botawala Bldg, Horniman Circle；主菜₹190～410；⊙11:30至次日1:30）里面也有餐馆店面。

Olympia 莫格莱菜 $

（见714页地图；Rahim Mansion, 1 Shahid Bhagat Singh Marg；餐₹80～140；⊙7:00～23:45）这家老派的莫格莱经济型餐馆早餐提供的辣肉末（masala kheema；₹50）备受推荐——用一种烙饼卷着吃。让这个普通的地方享有盛誉的是这里经济实惠的荤菜，烤肉串（seekh kebab；₹160）和奶油鸡（₹90）都很不错。

Theobroma 咖啡馆 $$

（见714页地图；www.theobroma.in；24 Cusrow Baug, Shahid Bhagat Singh Marg；甜点₹60～190，简餐₹180～200；⊙7:00～23:00）制作精良的蛋糕、蛋挞在这家孟买最重要的法式蛋糕店与咖啡构成完美的搭档。糕点品种定期更换；如果你人品够好，会在这里发现热门甜品，比如黑巧克力糕点，不过什么都很好吃。想吃早午餐的话，可以点一份akoori——波斯风味的炒鸡蛋，搭配青圣果。Bandra分店（见726页地图；33RD Rd, 靠近Linking Rd；Bandra West；糖果₹60～190；⊙8:00至午夜）店面更大、通风更好，不过菜单内容更少。

★ Indigo 创意菜、欧洲菜 $$$

（见714页地图；☎022-66368980；www.foodindigo.com；4 Mandlik Marg；主菜₹885～2185；⊙正午至15:00和19:00～23:45；⑧）戈拉巴这家餐馆非常雅致，将一栋殖民时代的建筑改造成为一座美食圣殿，提供独出心裁、价格昂贵的欧亚菜系，有长长的葡萄酒单、时尚的氛围和梦幻般灯光的屋顶天台。最受欢迎的饮食有奶油南瓜、洋苏草小方饺和枫糖般金黄的鸭胸——也就是说，如果你能做到不吃芝士通心粉的话！记得及早预订。

Indigo Delicatessen 咖啡馆 $$$

（见714页地图；www.indigodeli.com；Pheroze Bldg, Chhatrapati Shivaji Marg；三明治/主菜₹625/645起；⊙8:30至午夜；⑧）一家热闹、时尚的咖啡馆兼餐馆，有优美的背景音乐和大木桌。菜单全天提供早餐（399～725卢比）及简单的各国传统风味，比如排骨、薄底比萨和创意三明治。这里总是很繁忙，所以服务应时间可能会延长。

Table 创意菜 $$$

（见714页地图；☎022-22825000；www.thetable.in；Kalapesi Trust Bldg, Apollo Bunder Marg；小盘菜₹405～075，主菜₹825～1375；⊙正午至16:00和19:00至次日1:00，茶16:30～18:30；⑧）旧金山厨师亚历克斯·桑切斯（Alex Sanchez）在戈拉巴风靡一时，他的创意菜单每天都会更换，选用新鲜食材，汲取全球风味特色，竭尽全力满足你对一个没有咖喱的夜晚的渴望。让人喜爱的菜肴很多：爽脆的羽衣

甘蓝沙拉配伊朗枣和烤开心果、西葫芦意大利面配杏仁和帕尔马干酪，以及店内自制的黑松露扁面条。

Basilico 地中海菜 $$$

（见714页地图；☎022-66345670；www.cafebasilico.com；Sentinel House, Arthur Bunder Rd；主菜₹320～950；⏰9:00至次日0:30；🌐）欧洲风情的Basilico餐厅为素食者和严格素食者供应热量超高的甜品及颇具创意的菜肴。这里有精致的沙拉（320卢比起），比如藜麦、有机鳄梨和木瓜，还有其他许多种有趣的选择，比如摩洛哥塔吉锅。这里吸引了印度的高端人群。如果你能从酥脆的巧克力蛋糕前面走过去忍住不吃，那你可比我们强。

班德拉分店（见726页地图；St John Rd, Pali Naka, Bandra West；主菜₹320～950；⏰9:00至午夜；🌐）设有户外座位。

自炊

Colaba Market 市场 $

（见714页地图；Lala Nigam St；⏰7:00～23:00）色彩缤纷、独具氛围的新鲜果蔬街头市场。

Star Daily 超市 $

（见714页地图；www.starbazaarindia.com；Sanghvi House, 3rd Pasta Lane, Colaba；⏰10:00～21:30）这家新开的塔塔/乐购（Tata/Tesco）首创超市无疑是戈拉巴最适合选购食材的超市。这里有空调、西式商品，包括所有日常必需品，还有新鲜的食材。

🍴 要塞区和教堂门

K Rustom 甜点 $

（见716页地图；87 Stadium House, Veer Nariman Rd, Churchgate；甜点₹30～80；⏰周一至周六9:30～23:00，周日15:00～23:00）K Rustom店里除了几个金属冰柜外就一无所有了，但是这里的冰激凌三明治（有48种口味可以选择）自1953年以来一直深受孟买人的青睐。

Badshah Snacks & Drinks 印度菜 $

（见722页地图；52/156 Umrigar Bldg, Lokmanya Tilak Marg；小吃和饮品₹55～240；⏰7:00至次日0:30）位于克劳福德市场（Crawford Market）对面，这家餐厅供应小吃、果汁和鼎鼎大名的falooda（由牛奶、奶油、坚果和凉粉制作的玫瑰味饮品）、雪糕冰激凌（kulfi falooda）和藏红花开心果冰激凌（kesar pista falooda），过去一百多年里深受食客们的喜爱。

★ La Folie 咖啡馆 $$

（见716页地图；www.lafolie.in；16 Commerce House, Kala Ghoda；蛋糕₹260；⏰正午至23:00）巧克力和蛋糕的粉丝千万别错过——卡拉哥达（Kala Ghod）的这个小地方会诱惑得你难以离开。老板珊嘉娜·帕特尔（Sanjana Patel）在法国学习了7年糕点技艺（让人上瘾？）和巧克力制作，显然她的时间没白花。尝尝美味的Madagascar蛋糕（巧克力覆盆子慕斯）或Infinite Caramel（咸焦糖榛子），再来一杯拿铁（150卢比）。

街头美食

孟买街头美食的制作方法远远超过了许多西式烹饪传统。大排档通常都是傍晚摆出来，茶摊供应许多油煎的美味；小吃价格在10～90卢比。

街头小吃大多是素食。焦伯蒂海滩是品尝孟买闻名遐迩的贝尔普里（bhelpuri，由米饭、炒面、扁豆、洋葱、香草和酸甜酱烹制而成）的好地方。全城各地的小吃摊上都有samosas、pav bhaji（香辣蔬菜配面包）、vada pav（炸香辣扁豆球三明治）、bhurji pav（炒鸡蛋配面包）和dabeli（土豆、香料、花生和石榴的混合物，搭配面包食用）。

如果想吃荤菜，Mohammed Ali和喀巴德维区Merchant Rd的烤肉串很有名。戈拉巴的Bademiya Seekh Kebab Stall是孟买的深夜食堂，以鸡肉卷而闻名。

卡拉哥达北侧的白领区是另一处搜寻街头小吃的好猎场。

★ Samrat　　　　　　　古吉拉特菜 $$

（见716页地图；www.prashantcaterers.com；Prem Ct, J Tata Rd；塔利套餐 午餐/晚餐 ₹330/415；⏱正午至23:00；🌿）在Samrat，虽然可以按照菜单点餐，但大多数人会直接选择著名的古吉拉特塔利套餐——各种味道和口感，还有甜味和辣味，尽在4种咖喱、3种酸辣酱、凝乳、烙饼及其他零零碎碎的食物里面。Samrat有空调，提供啤酒。

A Taste of Kerala　　　　喀拉拉菜 $$

（见716页地图；Prospect Chambers Annex, Pitha St, Fort；主菜₹96~250，塔利套餐₹170起；⏱9:00至午夜）价格不贵的喀拉拉餐馆，菜单上有许多椰子和南印度菜肴；尝尝具有传奇色彩的塔利套餐（放在香蕉叶上）或海鲜特色菜，比如椒虾马沙拉。不要错过米布丁（payasam，加了棕榈糖和椰汁）甜点。服务员非常热情，一间餐厅有空调。

Brittania　　　　　　　帕西菜 $$

（见716页地图；Wakefield House, Ballard Estate；主菜₹250~900；⏱周一至周六正午至16:00）这家帕西餐馆是95岁的老板博曼·科希努尔（Boman Kohinoor）的地盘，他讲的故事会让你心里感到温暖（而且他还会帮忙点菜）。招牌菜是丹沙克（dhansak，咖喱扁豆炖肉盖饭）和浆果藏红花炒饭（pulao）——香辣无骨的羊肉或鸡肉、蔬菜或鸡蛋，配上从伊朗进口的香米和伏牛花。只收现金。

Oye Kake　　　　　　　印度北部菜 $$

（见716页地图；13C Cawasji Patel Rd；主菜₹209~289；⏱11:00~16:00和19:00~23:00）旁遮普全素风味，这个温馨的地方有备受本地白领喜爱的每日塔利套餐（219卢比），并以其正宗而闻名。招牌菜有干酪咖喱（paneer tikka masala）、芥菜咖喱（sarson da saag；12月至次年2月应季）和印度抛饼（parathas），拉希（lassis）也特别好喝。做好等位的准备。

Pantry　　　　　　　　咖啡馆 $$

（见716页地图；www.thepantry.in；ground fl, Yashwanth Chambers, Military Square Lane, B Bharucha Marg, Kala Ghoda；早餐/餐₹195/275起；⏱8:30~23:00；📶）🌿Pantry是一家面包坊兼咖啡馆，提供各种精致的馅饼和有机面包、汤和三明治（美味的奶酪烤三明治非同一般），还有美味的主菜和冰咖啡。早餐非常有名：尝尝炒鸡蛋，搭配番茄、格鲁耶尔干酪和本地火腿，还有一些有机华夫饼配水果。历史悠久的建筑经过精心修复，散发出一种玛莎·斯图尔特（Martha Stewart，美国"家居女王"）的气质。

Shree Thakkar Bhojnalaya　　印度菜 $$

（见722页地图；31 Dadisheth Agyari Lane, Marine Lines；塔利套餐₹500；⏱周一至周六11:30~15:00和19:00~22:30，周日11:30~15:30）这处塔利套餐的中流砥柱是城里最古老的塔利餐馆之一，拥有一批忠实粉丝，还有喜气洋洋的淡紫色餐桌，几乎无穷无尽的古吉拉特/拉贾斯坦套餐登上过本地所有媒体的版面，套餐都是大份小吃（farsans）和可口的素食咖喱。有空调的环境是躲避下方忙乱拥挤的惬意地方。自从1945年以来一直如此。

Suzette　　　　　　　　法国菜 $$

（见716页地图；www.suzette.in；Atlanta Bldg, Vinayak K Shah Marg, Nariman Point；餐₹300~450；⏱周一至周六 9:00~23:00；📶）🌿悠闲的巴黎式场所，尽可能地使用有机食材。可口的可丽饼、法式三明治、沙拉、果汁和舒缓的休闲音乐吸引来成群结队需要从咖喱中脱身片刻的外国人。喜欢甜食的人应该尝尝可丽饼上面的有机棕榈糖；想要开胃的口味，可以点一份法式三明治羊乳酪（搭配番茄、马苏里拉奶酪、奶油菠菜和羊乳酪）。

班德拉的分店（见726页地图；St John St, Pali Naka, Bandra West；主菜₹220~560；⏱9:00~23:00）🌿设有户外座位，每天营业。

Kala Ghoda Café　　　　咖啡馆 $$

（见716页地图；www.kgcafe.in；10 Rope walk Lane, Kala Ghoda；主菜₹170~530；⏱周一至周五 8:30~23:45,周六和周日8:00起；📶）🌿这家波希米亚式的咖啡馆曾经不大，2016年扩建时增加孟买仿古式后房，如今更具有艺术气质和粉丝基础。这里提供有机咖啡、茶、三明治和沙拉，墙上通常挂着有趣的艺术品和照片。

★ Burma Burma　　　　　缅甸菜 $$$

（见716页地图；📞022-40036600；www.

达巴瓦拉（DABBA-WALLAHS）

作为孟买独有的街头一景，这里的5000名达巴瓦拉（dabba-wallahs，意思是"盒饭工人"，也被称为"tiffin-wallahs"）不辞辛苦地为城内各处的白领送上热气腾腾的午饭（从2015年开始，晚上也给穷人送饭）。

达巴瓦拉通常将午餐盒饭从餐馆和家里收集好，然后头顶、骑车或搭乘火车将这些盒饭运到一个集中分拣站。一种复杂的数字和颜色（许多人都不识字）标出每份午餐的目的地。这座城市每天有20万份午餐经过这样的方式送达，而且非常准时，无论是（雨季）大雨滂沱或是（旱季）的艳阳高照。

这个送饭体系已经运转了100多年，每600万份午餐中仅有1份被送错。在2002年的一次分析中，《福布斯》杂志发现达巴瓦拉早已实现了六西格玛标准（six-sigma），即99.999999%的准确送达率。2010年，该体系还成为哈佛商学院的研究对象。

每天上午在教堂门和贾特拉帕蒂•希瓦吉终点站能看到许多身怀绝技的送饭者。

burmaburma.in；Oak Lane，紧邻Mahatma Gandhi Rd；餐₹330~500；⊘正午至14:45和19:00~23:00；🛜）一家漂亮、时尚的餐馆，将现代设计与一些传统工艺品结合（一面墙上有转经轮），在优美的环境中提供缅甸美食。菜单复杂精细，规模宏大，定价合理，有创意沙拉（腌茶非同一般）、咖喱和汤：Oh No Khow Suey是味道浓郁的椰香汤面。禁止饮酒。

★ Khyber　　　　　　　　　　莫格莱菜、印度菜 $$$

（见716页地图；📞022-40396666；www.khyberrestaurant.com；145 Mahatma Gandhi Rd；主菜₹510~1100；⊘12:30~16:00和19:30~23:30）备受好评的Khyber采用西北边境主题设计风格，墙绘刻画了包着头巾的莫卧儿贵族，不少砖砌结构裸露在外，还有油灯——就是那种能让阿富汗军阀觉得回到家一样的地方。菜单以肉食为主，特色是鲜嫩的烤串、浓郁的咖喱鸡和最受欢迎的泥炉菜，后者使用Khyber著名的马沙拉酱汁烹制。

Mahesh Lunch Home　　　　　　海鲜 $$$

（见716页地图；📞022-22023965；www.maheshlunchhome.com；8B Cowasji PatelSt, Fort；主菜₹230~640；⊘11:30~16:00和18:00至23:00）在孟买品尝门格洛尔或中国海鲜的好去处。这里的海鲈、鲳鱼、龙虾、螃蟹（蘸黄油蒜茸黑椒汁品尝）和其他海鲜都赫赫有名；rawas tikka（腌制白鲑鱼）和泥炉鲳鱼都非常不错。

它还有一家更大的**约胡分店**（见726页地图；📞022-66955554；Juhu Tara Rd；主菜₹350~975；⊘12:00~15:30和19:00至次日凌晨0:30；🛜）有一份内容更丰富的菜单。

Trishna　　　　　　　　　　　　海鲜 $$$

（见716页地图；📞022-22703214；www.trishna.co.in；Ropewalk Lane, Kala Ghoda；主菜₹400~1800；⊘周一至周六正午至15:30和18:15至午夜，周日正午至15:30和19:00至午夜）位于卡拉哥达一条安静的小巷上，不起眼的大门后面就是这家经常为人称道的印度南部海鲜餐馆，幽静舒适。这里不是时髦的地方——装修老派，座椅有些小，菜单可能太长了——但烹饪水平超棒。可以见到海得拉巴的鱼块、绿胡椒汁大虾和出色的螃蟹菜肴。

Mamagoto　　　　　　　　　　　亚洲菜 $$$

（见716页地图；📞022-61054586；www.mamagoto.in；5 Surya Mahal, B Bharucha Marg, Kala Ghoda；主菜₹529~799；⊘正午至23:30；🛜）Mamagoto的意思是日语"玩食物"，这个稀奇古怪的热门地点的确很有意思，气氛轻松，音乐优美，装修古怪。菜单不负众望，上面有分量十足的泛亚洲风味：正宗的马来槟城咖喱非常美味，火辣的曼谷碗里有一大堆香料。

班德拉还有一家**分店**（见726页地图；📞022-61054585；Gazebo House, 133 Hill Rd, Bandra West；主菜₹529~799；⊘正午至23:30；🛜）。

自炊

Nature's Basket　　　　　　　　超市 $

（见716页地图；www.naturesbasket.co.in；

喀巴德维至马哈拉克西米

Sardar 街头食品 $

[见722页地图；166A Tardeo Rd Junction, Tulsiwadi；面包蔬菜咖喱(pav bhaji)₹125起；⊙11:00至次日2:00]如果你不太放心印度的街头食品，可以在孟买的这个地方试试城里最受喜爱的街头主食面包蔬菜咖喱(pav bhaji)。咖喱蔬菜大杂烩在滚烫的烤盘(tawas)上烫熟，搭配着一块巨大的黄油盖(咖喱蔬菜上有一层黄油)。需要排队，但整个餐馆运转迅速。

New Kulfi Centre 冰激凌

(见722页地图；556 Marina Mansion, Sukh Sagar, Sardar V Patel Rd, Girgaon；kulfi每100克₹40~90；⊙9:30至次日1:00)供应你在别处吃不到的36种可口kulfi(口感新鲜的印度冰激凌)。让人念念不忘的口味有开心果、malai(奶油)和芒果等。

Cafe Noorani 北印度菜 $$

(见722页地图；www.cafenoorani.com；Tardeo Rd, Haji Ali Circle；主菜₹140~450；⊙8:00~23:30)这个价格便宜的老派餐馆是在到访哈吉阿里清真寺(见721页)之前养精蓄锐或者参拜之后歇歇脚的好地方。莫卧儿和旁遮普(punjabi)风味占据主要位置，有完美的烤羊肉串和美味的比尔亚尼菜；尝尝鸡肉tikka biryani(300卢比)。

西部郊区

北孟买(North Mumbai)是这座城市时尚餐饮场所扎堆的地方，其中心在西班德拉(Bandra West)和约胡(Juhu)。

Hotel Ram Ashraya 南印度菜 $

(Bhandarkar Rd, King's Circle, Matunga East；简餐₹40~75；⊙5:00~21:30)这家有80年历史的餐厅栖身于King's Circle的泰米尔人聚居区内，深受一些南方家庭的喜爱，尤其是这里的卷饼、idli(松软的圆形发米糕)和盖浇饼(uttapa)。手冲咖啡味道浓郁可口。菜单(没有英文)每天都会变化。这家餐厅就在Matunga Rd火车站东出口外。

★ Dakshinayan 南印度菜 $$

(见726页地图；Anand Hotel, Gandhigram Rd, Juhu；主菜₹130~250；⊙周一至周六11:00~23:00，周日8:00开始营业)墙壁上挂着传统蓝果丽地画(rangoli)，服务员身系围布，妇女们身着纱丽享用午餐[桌子下是凉鞋(chappals)]，这里会让你感觉置身于泰米尔纳德邦。精致的卷饼、idli和uttapam、乡村新鲜的酸辣酱以及可能是孟买最好的香辣汤(rasam，加入香料和酸角的番茄汤)。最后再来上一杯南印度过滤咖啡——服务生会用不锈钢器具端上来。

Kitchen Garden by Suzette 咖啡馆 $$

(见726页地图；www.suzette.in；9 Gasper Enclave, St John St, Bandra West；简餐₹190~550；⊙9:00~23:00；☎️)这家新开的有机咖啡馆不同凡响，法式三重奏好似将我们带到了法国的叙泽特(Suzette)，健康和能够治愈思乡之情的沙拉、三明治、鲜榨冰果汁和咖啡都来自马哈拉施特拉邦及世界各地的地方合作社和有机农场。布拉塔是由一名古吉拉特邦的美籍印度裔克利须那派教徒制作，非常精美，其他一切也都很出色。

★ Yoga House 咖啡馆 $$

(见726页地图；www.yogahouse.in；Nargis Villa/Water Bungalow Sherly Rajan Rd, Bandra West；简餐₹140~390；⊙8:00~21:30；☎)Yoga House平房里面靠垫散落，绿意盎然，这个色调柔和的避风港是躲避孟买穷街陋巷的小天堂。菜单富有创意，注重健康——大部分是素食，未经加工，但是都有益健康。招牌单品有著名的沙拉(215~370卢比)、10种杂粮面包片(130卢比)、汤和漂亮的土豆煎饼(加了菠菜、马苏里拉奶酪和胡椒)。

Goila Butter Chicken 印度菜 $$

(☎8080809102；www.goilabutterchicken.com；26 Sai Kanwal Complex, JP Rd, Andheri West；主菜₹275~335；⊙正午至15:00和18:00至午夜)不要错过这个只提供外卖的美食站点，著名厨师萨兰什·戈伊拉(Saransh Goila)在此提供印度最具标志性的菜肴：黄油鸡。戈

伊拉在印度电视台的"食神大挑战"(Food Food Maha Challenge)中折桂,他做的调味汁刚刚好,实现了味道和香气的完美结合,可以有多种用法(配奶豆腐的传统用法,用于比尔亚尼菜或卷饼)。可以送到机场区域的酒店。

Raaj Bhog 古吉拉特菜 $$

(见726页地图;3rd Rd, Cosmos Commercial Center, Khar West;餐₹180~300;⊙11:00~15:30和19:00~23:00)在城里的这个地区不太容易找到价格适中的餐馆,所以卡尔(Khar)火车站旁边刚开业的这家友好的古吉拉特餐馆很受欢迎。(不限量的)豪华塔利套餐价格为₹330,非常丰盛;兴高采烈的员工会跟你絮叨个没完。

★ Peshawri 北印度菜 $$$

(见726页地图;☎022-28303030; www.itchotels.in; ITC Maratha, Sahar Rd, Andheri East;主菜₹1600~3000;⊙12:45~14:45和19:00~23:45)将这家位于国际机场外面的西北风味餐厅,作为你抵达孟买的第一站或是离开孟买前的最后一站。这里是德里著名的Bukhara(见92页)的翻版,菜单和装修完全一样。人们聚集在此是为了奶油木豆布哈拉(dhal bukhara;小火炖上24小时的黑木豆;800卢比),但羊肉串也非常好吃:尝尝马来可巴鸡(Murgh Malai;泥炉烤鸡,卤汁是奶油干酪、麦芽醋、青椒和胡荽)。

虽然环境(和价格)是五星级的,但用手吃还是受到支持的,座位很矮。

★ Bastian 海鲜 $$$

(见726页地图; www.facebook.com/Bastian Seafood; B/1, New Kamal Bldg, Linking Rd, Bandra West;两人主菜₹700~2600;⊙周二至周日 19:00至次日00:45;🛜)所有赞美都送给这家时尚的海鲜餐馆无疑都是值得的。加拿大籍华裔厨师金富光(Boo Kwang Kim)及其烹饪助手美籍韩裔的凯尔文·张(Kelvin Cheung)共同打造了一个东西方美食的梦想。配菜单上都是新鲜食材:选择你的渔获(虾、鱼、青蟹或龙虾),然后从好吃得无法想象的泛亚洲酱汁中做出几乎不可能的艰难选择。另外,不要错过炒莲藕。

★ Bombay Canteen 印度菜 $$$

(☎022-49666666; www.thebombaycanteen.com; Process House, Kamala Mills, SB Rd, Lower Parel;小盘菜₹175~450, 主菜₹300~975;⊙正午至次日1:00;🛜)Bombay Canteen是孟买最热门的餐馆,得益于曾经的纽约厨师和"顶级大厨"的称号荣获者弗洛伊德·卡尔多斯(Floyd Cardoz)及曾经在纽约米其林三星餐厅Le Bernardin从业过的行政总厨托马斯·扎卡里亚(Thomas Zacharias)。这里主要提供印度各地菜肴和传统风味——凯杰里瓦尔(Kejriwa)烤吐司、果阿手撕猪肉咖喱饼、熏羊肉甜角咖喱——每道菜都能引爆口感和味道。

一流的鸡尾酒(350~900卢比),比如Incredible India(伏特加、罗勒、姜、菠萝汁和橙汁),非常适合开启下帕雷尔的夜生活。必须预订(19:30/20:00和22:00/22:30,只提供座位)。不要错过意见表——那上面的内容可是非常好玩的。

★ Masala Library 新派印度菜 $$$

(见726页地图;☎022-66424142; www.masalalibrary.co.in; ground fl, First International Financial Centre, G Block, Bandra East;主菜₹500~900, 品尝菜单₹2300~2500, 包括葡萄酒₹3800~4000;⊙正午至14:15和19:00~23:00)勇于创新的Masala Library给美食家和吃货留下新派印度风味的诱惑,像是给驴子眼前挂了一根胡萝卜,促使他们重新考虑自己对南亚次大陆菜系的概念。品尝菜单像是带来了一场独特的烹饪旅程——想想黑胡椒蘑菇配蒔萝边皮和松露汁、克什米尔辣椒鸭,最后来一些炸糖浆鱼子酱和槟榔叶棉花糖。

🍷 饮品和夜生活

🍸 戈拉巴

 Colaba Social 酒吧

(见714页地图; www.socialoffline.in; ground fl, Glen Rose Bldg, BK Boman Behram Marg, Apollo Bunder;⊙9:00至次日1:30;🛜)Colaba是新潮连锁Social旗下分店中位置最优越的,将餐馆/酒吧与协作工作空间相结合。这家热闹的酒吧提供正点的鸡尾酒(₹295~450)——

Acharroska是印度辛辣和巴西香甜风味的完美结合。饮食（主菜₹160~360）包罗万象，从炸鱼薯条和普丁（poutin，法式薯条和奶酪块浇汁）到旁遮普和芒伽罗菜肴（早餐有美味的帕西菜），应有尽有。

下帕雷尔也有Social——**Todi Mill**（242 Mathuradas Mill Compound；⊘9:00至次日1:00；📞）和**Khar**（见726页地图；Rohan Plaza, 5th Rd, Ram Krishna Nagar；主菜₹160~360；⊘9:00至次日1:00；📞）。

★ Harbour Bar   酒吧

（见714页地图；Taj Mahal Palace, Apollo Bunder；⊘11:00~23:45）风景无与伦比，能看到印度门和港湾，泰姬陵酒店里面这家不受时间影响的酒吧是不容错过的地方。考虑到环境，饮品并非特别昂贵（啤酒/葡萄酒/鸡尾酒₹450/670/900起），而且实际上搭配的小吃分量很足（包括大腰果）。

Woodside Inn   小酒馆

（见714页地图；www.facebook.com/Woodsidelnn；Indian Mercantile Mansion, Wodehouse Rd；⊘周一至周五 11:00至次日1:00，周六和周日10:00起；📞）孟买最接近伦敦酒馆的这个舒适地方有适合交际的氛围，提供Gateway和Independence桶装精酿啤酒（每品脱₹295起）。这里还有安慰食品（主菜₹425~895）和超棒的买一送一"欢乐时光"（每天16:00~20:00）。

Cafe Mondegar   小酒馆

（见714页地图；Metro House, 5A Shahid Bhagat Singh Marg；⊘周日至周三 7:30至次日00:30，周四至周六至次日1:00）1871年以来，伊朗人开设的"Mondy's"一直拥有稳定的外国人和本地人客源。首先，它是一家提供冰镇翠鸟牌啤酒（₹220）的喧闹酒吧，不过可别忘了这里各式各样的美式、英式和帕西早餐选择（₹130~350）。

Leopold Cafe   酒吧

（见714页地图；www.leopoldcafe.com；Colaba Causeway和Nawroji F Rd交叉路口；⊘7:30

> **不要错过**
>
> ## 精酿孟买
>
> 2013年，美国专家格雷格·克罗伊施（Greg Kroitzsh）在孟买开了第一家精酿酒吧**Barking Deer**（www.barkingdeer.in；Mathuradas Mill Compound, Senapati Bapat Marg, Lower Parel；⊘正午至次日1:30；📞），从那时起，桶装啤酒才开始在孟买流淌，而浦那、班加罗尔和古尔冈等更精明的印度城市在此前一段时间就已经散发出精酿酒香了。
>
> 想来一杯？西安德里的**Independence Brewing Company**（www.independencebrewco.com；Boolani Estate Owners Premises Co-Op, New Link Rd, Andheri West；⊘13:00至次日1:15；📞）和**Brewbot**（www.brewbot.in；Morya Landmark 1, 紧邻New Link Rd, Andheri West；⊘周一至周五 16:00至次日1:00，周六正午至次日1:00；📞）都值得北上一趟，还有班德拉一流的**Doolally Taproom**（见726页地图；www.facebook.com/godoolallybandra；Shop 5/6, Geleki, ONGC Colony, Bandra West；⊘7:00至次日1:00；📞）。下帕雷尔（Lower Parel）有Barking Deer、**White Owl**（www.whiteowl.in；One Indiabulls Center, Tower 2 Lobby, Senapati Bapat Marg, Lower Parel；⊘正午至次日1:00）和**Toit Tap Room**（www.toit.in；Zeba Centre, Mathuradas Mill Compound, Senapati Bapat Marg, Lower Parel；⊘正午至次日1:30），想所有都尝尝的话，就去新开业的25-tap **Woodside Inn**（www.facebook.com/Woodsidelnn；Mathuradas Mills Compound, NM Joshi Marg, Lower Parel；⊘周一至周五 11:00至次日1:00，周六和周日10:00起）——每家都在步行范围之内。要塞区和戈拉巴出现精酿啤酒只是时间问题了。随处可见的散装精酿啤酒包括Gateway Brewing Company和Bira 91（"Bira"意思是旁遮普语的"Bro"，"91"是国家代码）。
>
> 这座城市的招牌酒酿已经迅速变成Belgian Wit——柑橘味，清凉提神，非常适合炎热潮湿的孟买。胜利！

至午夜)无论喜欢与否,这里都是来到孟买的游客会慕名前来的老套地方。这间酒吧建立于1871年,摇摇晃晃的吊扇、差劲的服务和喧闹的气氛,很适合陌生人交流彼此旅途中的轶事。这里还提供食物,周末夜晚楼上有俗气的DJ。

喀巴德维至马哈拉克西米

Haji Ali Juice Centre 果汁吧

(见722页地图;Lala Lajpat Rai Rd, Haji Ali Circle; ⏱5:00至次日1:30)提供鲜榨果汁和奶昔(80~380卢比)、非常棒的印式冰激凌和水果沙拉。坐拥阿里清真寺门口的独特地理位置,是参观之后坐下来休息一下的好地方。尝尝特里维尼(Triveni)——芒果、草莓和猕猴桃的一种丰盛混搭(280卢比)。

西部郊区

★ One Street Over 鸡尾酒吧

(见726页地图;Navarang Bldg, 35th Rd, 紧邻Linking Rd, Khar West; ⏱周二至周日19:00至次日1:00; 🛜)这家猎枪风格的鸡尾酒吧(鸡尾酒500~850卢比)位于一度沦落的高档欢乐场,以禁酒令时代的调酒工艺为主,目前是卡尔的欲望酒吧。DJ为时髦的俊男美女播放嘻哈音乐,他们在中间适合交际的长桌旁边一边喝酒一边品尝国际风味的小吃,心满意足地叽叽喳喳。

★ Aer 休闲酒吧

(www.fourseasons.com/mumbai; Four Seasons Hotel; 34th fl, 114 Dr E Moses Rd, Worli; ⏱17:30至午夜; 🛜)Aer坐享让人心潮澎湃的大海、日落和城市美景,是孟买最好的天空酒吧。饮品价格过高(鸡尾酒1000~1500卢比),可也是来这里的重头戏。DJ夜里会播放浩室和休闲音乐,还有有趣的"欢乐时光"落日特饮时段,届时会有孟买最好的调酒师前来调酒。

Monkey Bar 酒吧

(见726页地图;Summerville, 14th和33rd Rd交叉路口, Linking Rd, Bandra West; ⏱周一至周五18:00至次日1:00, 周六和周日正午起; 🛜)继德里和班加罗尔的成功之后,这家氛围放松的美食酒吧来到了班德拉。观光客聚集在优美的天井——一米外大雨瓢泼的时候尤为美妙。在DJ播放的嘻哈或拉丁节奏下,名字调皮的鸡尾酒(问问当地人其中的笑点;₹320~650)和Gateway Brewing精酿啤酒一定能让你觉得有趣和开心。

Masala Bar 鸡尾酒吧

(见726页地图;www.masalabar.co.in; 1st fl, Gagangiri Apt, Carter Rd, Bandra West; ⏱12:30~16:00和17:00至次日1:00)来一些非正统的材料,比如百里香泡沫、无花果泥、橘皮油和杂粮酒,然后摇动、搅拌、煮,或者用真空密封机、旋转蒸发器、虹吸管、离心机和真空低温烹调法巧妙地加酒处理,这家班德拉新开的热门酒吧可以俯瞰Carter Rd的海滩,从富有创意的分子鸡尾酒,你就能对它的大概情况有所了解。招牌鸡尾酒550卢比。

Toto's Garage 酒吧

(见726页地图; ☎022-26005494; 30th Rd, Bandra West; ⏱18:00至次日1:00)Toto's是一个十分接地气又适合社交的当地酒吧,这里的主题是汽车机械,你可以穿着脏衣服走进来,痛饮生啤(一杯200卢比),听传统摇滚乐。吧台上方是一辆倒挂的大众甲壳虫。这里总是热闹非凡,还有不少俊男美女。

Olive Bar & Kitchen 酒吧

(见726页地图; ☎022-26058228; www.olivebarandkitchen.com; 14 Union Park, Khar West; ⏱每天20:00至次日1:00, 周六和周日12:30~15:30; 🛜)班德拉电影精英和有抱负的明星新秀们常年不变的酒吧选择,Olive是一家地中海风格的餐吧,白色的墙壁、烛光摇曳的露台和房间,让人想起伊维萨岛和米科诺斯岛。这里是享受卓越的希腊和意大利饮食(主菜600~1500卢比)及有情调的DJ音乐的理想环境。周四和周末这里会变得水泄不通。

Bad Cafe 咖啡馆

(见726页地图;www.thebadcafe.com; 22G Kapadia House, New Kantwadi Rd, Bandra West; ⏱9:00~23:00; 🛜)🌿完全隐藏在一条紧邻Perry Cross Rd的安静小巷里,这儿是让班德拉的潮流创意达人恋恋不舍的咖啡馆。合伙人阿米特·达纳尼(Amit Dhanani)是一名

孟买的同性恋

同性恋在印度仍然是违法的,所以孟买的LGBTQ群体依然只能在地下活动,尤其是对女性而言,但是它正在呈上升势头。目前还没有专门的LGBTQ酒吧/夜店,但是同性恋者的"安全屋"经常会举行私人的同性恋派对(相关信息会在Gay Bombay上公布)。

Humsafar Trust(见726页地图;022-26673800; www.humsafar.org; 3rd fl, Manthan Plaza Nehru Rd, Vakola, Santa Cruz East)开设了许多项目和讨论会;其中一个支持机构每周组织"周五讨论会"(Friday Workshop),另一个机构Umang每个月都组织活动(被称为"Chill Outs")和讨论会,而且开通了热线求助电话(99300-95856)。它与不定期出版的先锋杂志Bombay Dost(www.bombaydost.co.in)关系密切。

Gaylaxy(www.gaylaxymag.com)是印度最好的同性恋电子杂志,非常值得浏览,里面有许多关于孟买的内容。

Gay Bombay(www.gaybombay.org)初步了解的好地方,活动目录包括Gay Bombay开设于班德拉的酒吧聚会、电影之夜(包括焦伯蒂海滩Liquid Lounge比较有规律的同性恋周六之夜),还有徒步旅行、野餐以及其他同性恋群体的信息。

卡希什孟买国际同性恋电影节(Kashish Mumbai International Queer Film Festival; www.mumbaiqueerfest.com)精彩的年度活动,5月份举办,包括各种印度和外国电影;2016年主推的是来自54个国家的182部电影。

LABIA(Lesbian & Bisexuals in Action; www.labiacollective.org)总部在孟买的女同性恋和双性恋援助组织,为女性提供咨询服务。

Queer Azaadi Mumbai(www.queerazaadi.wordpress.com)组织孟买同性恋游行(www.mumbaipride.in),时间一般是每年的1月初。

Queer Ink(www.queer-ink.com)在线出版商,出售出色的书籍、DVD及其他商品,每月还举办关于演讲、讨论会、诗歌、喜剧和音乐的艺术活动,还会组织集市。

Salvation Star 基于Facebook的社区,组织和推广同性恋活动和聚会。

咖啡迷,选取来自印度南部的80%阿拉伯有机咖啡豆,然后由经过传统培训的咖啡师将之变成意大利浓缩咖啡、力士烈特、可塔朵、白咖啡等。门廊的秋千座椅和各国风味的小吃(250~520卢比)让人流连忘返。

Cafe Zoe 酒吧

(www.cafezoe.in; Mathurdas Mills Compound, NM Joshi Marg, Lower Parel; ⊙7:30至次日1:30)这家咖啡馆兼酒吧不仅是隐藏在Mathurdas Mills Compound某座重建棉纺厂里面的一家不起眼的潮人聚集地而已。裸露的砌砖和栏杆占据了极具氛围的双层空间,这里供应浓烈的果味鸡尾酒(470~600卢比),比如黑葚提891伏特加和西瓜马丁尼。墙上点缀着展现昔日生活的黑白老照片。

☆ 娱乐

孟买的现场音乐界生机勃勃,有几座极好的剧院、一系列新兴的喜剧俱乐部,当然,还有电影院和体育中心。

关于活动和/或现场音乐安排,可以浏览Time Out Mumbai(www.timeout.com/mumbai)和Insider(https://insider.in)。遗憾的是,印度语的电影不显示英文字幕。你可以登录Book My Show(https://in.bookmyshow.com),在线预订电影、戏剧和体育活动的门票。

Royal Opera House 歌剧院

(见722页地图;022-23690511; Mama Parmanand Rd; ⊙售票处11:00~18:00)为了给出生在孟买的英国女高音歌手罗萨里奥(Rozario)的2016年演唱会大造声势,经过6年细致入微的修复工程，印度硕果仅存的歌剧院重新营业，人们得以看到这个皇家所在地重新焕发英国殖民时期的辉煌。建筑师阿卜哈·纳拉因·兰巴（Abha Narain Lambah）仔细查找了镀金天花板、彩色玻璃窗和印欧巴洛克式门厅的老照片，重现了这座三层的礼堂。

Liberty Cinema
电影院、现场音乐

（见716页地图；☎022-22084521；www.thelibertycinema.com；41/42 New Marine Lines, Fort）Liberty采用令人叹为观止的装饰艺术风格，曾经是印地语电影的女王——想想宝莱坞老牌影星Dev Anand走在首映式的红地毯上的情景。近些年境况艰难，不过如今开始举办一些私人活动等，情况正在好转。电影院位于孟买医院（Bombay Hospital）附近。

国家表演艺术中心
剧院、现场音乐

（National Centre for the Performing Arts，简称NCPA；见716页地图；www.ncpamumbai.com；Marine Dr和Sri V Saha Rd, Nariman Point；票价₹150~7500）这座巨大的文化中心是孟买高雅音乐、戏剧和舞蹈的中心舞台。在任何特定的时间里，这里都会上演实验戏剧、诗歌朗诵会、摄影展、来自芝加哥的爵士乐队演出及印度古典音乐。许多演出都是免费的。售票处（见716页；☎022-66223724；www.ncpamumbai.com；Marine Dr & Sri V Saha Rd, Nariman Point；◉9:00~19:00）位于NCPA Marg尽头。

Regal Cinema
电影院

（见714页地图；☎022-22021017；www.regalcinema.in；Shahid Bhagat Singh Marg, Regal Circle, Apollo Bunder；票价₹100~200）已经褪色的装饰艺术杰作，非常适合拍好莱坞大片。

Wankhede Stadium
观赏性体育运动

（Mumbai Cricket Association；见716页地

宝莱坞之梦

孟买是印度庞大的印地语电影产业的中心。1896年，吕米埃（Lumière）兄弟在孟买Watson Hotel放映了印度有史以来的第一部电影，从1913年的无声版史诗电影《哈里什昌德拉国王》（*Raja Harishchandra*；全部是男演员，女性角色都是男扮女装）及1931年的首部有声电影《拉姆·阿拉》（*Lama Ara*）开始，如今宝莱坞每年有1000多部电影在此诞生——数量是好莱坞的两倍。考虑到这里的忠实观众数量占全球人口的六分之一，这其实不足为奇。

印度每个地区都有自己的电影产业，但是宝莱坞一直沿用脱离现实的老套路来吸引大量观众，即载歌载舞的情侣为了爱情而战，最终克服各种困难走到一起。近年来，受好莱坞启发的惊悚和动作片引起了观众的注意，一改过往更注重家庭路线的老套路。

宝莱坞影星在印度拥有神一般的社会地位，因此在孟买的豪华设施内寻找明星也就成为一大乐趣。你还可以参观明星的家，以及到访一间电影或电视摄影棚，只需报名参加宝莱坞团队游（Bollywood Tours；见716页地图；☎9820255202；www.bollywoodtours.in；8 Lucky House, Goa St, Fort；每人 4/8小时团队游 ₹8000/10,000），但是你不一定能看到盛大的歌舞场景，而且有相当长一部分时间都被用在路上。

龙套，龙套！

摄影棚有时希望有一些西方人能参与到电影里，以增加电影的国际范儿（或者穿着一些当地人不会穿的前卫装束）。如果你胆子够大的话，不妨在戈拉巴转转（尤其是Salvation Army旅馆），许多剧组工作人员会在这里为第二天的拍摄招募群众演员。一天的工作，有时长达16个小时，报酬大约是500卢比（有台词的角色报酬更高）。剧组提供午餐和小吃，（通常）负责交通。工作日可能会很长，天气也会很热，你可能会一直站很久；不是每个人都能忍受这种经历。我们听到的抱怨从缺水少食到各种危险情况，以及群众演员不按导演要求做时会遇到恐吓等。也有人将这种龙套工作描述为一段迷人的经历。在同意任何事之前，一定要先看看剧组工作人员的证件，然后跟着感觉走吧。

图;022-22795500;www.mumbaicricket.com;D Rd, Churchgate;售票处9:00~18:00)在赛季中,这里每年都会举办几次锦标赛和单日国际比赛。可以向板球协会(Cricket Association)咨询票务信息;如果想观看锦标赛,你可能需要支付全部5天的门票费用。

Prithvi Theatre 剧院

(见726页地图;022-26149546;www.prithvitheatre.org;Juhu Church Rd, Juhu;票价₹175~500)约胡的一处营业场所,是观赏印地语和英语戏剧或艺术电影的理想场所,还有一家咖啡馆Prithvi Cafe(见726页地图;简餐₹35~150;10:00~22:45)可以喝一杯。11月份卓越非凡的戏剧节将放映印度当代戏剧及各国作品。

Eros 电影院

(见716页地图;www.eroscinema.co.in;Maharshi Karve Rd, Churchgate;票价₹130~180)如果想现场感受宝莱坞大片,Eros电影院就是个好地方。

Metro Big 电影院

(见716页地图;022-39894040;www.bigcinemas.com;Mahatma GandhiRd, New Marine Lines, Fort;票价₹150~800)这家华贵的孟买电影院已经被装修成一座多功能电影院。

购物

孟买是印度最大的市场,拥有这个国家最好的购物场所。花一天时间来逛逛贾特拉帕蒂·希瓦吉终点站以北的市场,感受经典的孟买购物经历。卖书的摊贩每天都会在戈

值得一游

集市区

孟买的主集市区是亚洲最引人入胜的地方之一,人流密集,生意兴隆,简直不可思议,完全给人一种感官上的冲击。如果你刚走出飞机或者班德拉的出租车——可要挺住。这个工人阶级的地区从克劳福德市场往北延伸,最远可以到达2.5公里开外的焦尔集市(Chor Bazaar)。人流也是如此(而且小巷很狭窄),你需要两三个小时才能从头到尾地探索一遍。

你可以在这儿买到一切东西,可是由于商店和货摊全都是面向本地人的,所以最大的乐趣其实是融入街头生活,探寻露天市场一样的小巷,而不是购买纪念品。集市在阿米巴一样的人群之间彼此连接,不过还是有一些重要的地标,可以让你确定自己的位置。

➡ 克劳福德市场(Crawford Market; Mahatma Phule Market;见722页地图;DN和Lokmanya Tilak Rd交叉路口;10:30~21:00)克劳福德市场是孟买最大的市场,保存着中央市集的喧哗开始之前的英式孟买留下的最后气息。Rudyard Kipling和他的父亲Lockwood Kipling雕刻的浮雕,共同打造了这里诺曼哥特式的外部装饰。水果和蔬菜、肉和鱼,都是主要商品,这里还是囤积香料的理想地方。

如果你在阿方索芒果季(5月至6月)的时候来到这里,一定要大快朵颐。

➡ 曼加尔达斯市场(Mangaldas Market;见722页地图)曼加尔达斯市场是古吉拉特商人的传统居所,堪称一座纺织品小镇,市场内还有几条巷子。即使你不习惯在裁缝店做衣服,也可以到DD Dupattawala(见722页地图;022-22019719; Shop 217, 4th Lane;周一至周六11:00~20:00)去看看固定价格的漂亮围巾和杜帕塔头巾(dupatta)。扎韦里市场(Zaveri Bazaar;见722页地图)销售首饰,布讷什瓦市场(Bhuleshwar Market;见722页地图;Sheikh Memon St和M Devi Marg交叉路口;10:00~21:00)出售蔬菜水果,它们都位于车站北边。

从布讷什瓦市场沿着Sheikh Memon St继续走上几米就是耆那教的鸽子饲喂点、花市,还有宗教市场。

➡ 焦尔集市(Chor Bazaar;见722页地图; Mutton St, Kumbharwada)焦尔集市的古董远近闻名,但是如今大多数都是复制品。商店集中的主要区域是Mutton St,这里的商店专门从事"古董"和其他各种老旧物品的经营。东边的Dhabu St上,有许多销售精致皮具的商店。

拉巴和要塞区之间的主路人行道上摆摊设点。在Fashion Street（时尚街；见716页地图；Mahatma Gandhi Rd）抢购便宜的背包客服装。Kemp's Corner和卡拉哥达（Kala Ghoda）有许多不错的设计师商店。

戈拉巴

Cottonworld Corp 服装
（见714页地图；www.cottonworld.net；Mandlik Marg, Colaba；◎周一至周六 10:30~20:00, 周日12:00~20:00）销售由棉麻等天然材质制成的时尚印度/西式混搭风服装的不错商店。想想印度式的Gap，比那还酷。

Phillips 古玩
（见714页地图；www.phillipsantiques.com；Wodehouse Rd, Colaba；◎周一至周六 10:00~19:00）出售装饰艺术和殖民时代风格的家具、木制仪式面具、银器、维多利亚玻璃器皿，还有老照片、地图和绘画的高品质仿品。

Bungalow 8 时装和饰品
（见716页地图；www.bungaloweight.com；North Stand, E & F Block, Wankhede Stadium, D Rd, Churchgate；◎10:30~19:30）位于板球体育场的露天看台下方，有原创、高端、手工制作的服装、首饰、家居饰品和其他漂亮的物品。从Vinoo Mankad Rd的2号门进去。

Central Cottage Industries Emporium 工艺品
（见714页地图；www.cottageemporium.in；Chhatrapati Shivaji Marg, Apollo Bunder；◎周一至周六 10:00~19:00, 周日至18:00）类似集贸市场的纪念品商店，还出售羊绒披肩。

要塞区和教堂门

★ Contemporary Arts & Crafts 家庭用品
（见716页地图；www.cac.co.in；210 Dr Dadabhai Naoroji Rd, Fort；◎10:30~19:30）时尚、优质的传统工艺品：这些并不是普通的手工纪念品。

★ Sabyasachi 服装

（见716页地图；www.sabyasachi.com；Ador House, 6 K Dubash Marg, Fort；◎周一至周六 11:00~19:00）这家高档婚纱店本身就值得进去看看，华丽、空旷、玫瑰精油香气弥漫的出色空间里摆满了设计师老板萨博雅萨奇·慕克吉（Sabyasachi Mukherjee）精心挑选的枝形吊灯、古玩、瓷器、绘画和地毯。至于零售商品，这里与你曾经见过的所有地方都不一样。

Chimanlals 工艺品
（见716页地图；www.chimanlals.com；Wallace St, Fort；◎周一至周五 9:30~18:00, 周日 9:30~17:00）这里漂亮的传统印纸将立刻激发你的书写欲。

Fabindia 服装、家庭用品
（见716页地图；www.fabindia.com；Jeroo Bldg, 137 Mahatma Gandhi Rd, Kala Ghoda；◎10:00~21:00）出售来源合乎可持续理念的棉布和丝绸时装以及家居用品，每个人都会喜欢这家现代与传统融合的印度商店。

Nicobar 家庭用品、服装
（见716页地图；www.nicobar.com；10 Ropewalk Lane, Kala Ghoda；◎11:00~20:00）这家新开的高档精品店非常出众，与Good Earth（印度高端家居品牌）如出一辙，是个挑选精美家居用品、旅行提包和印度精选潮流商品的好地方。

Bombay Shirt Company 服装
（见716页地图；☎022-40043455；www.bombayshirts.com; ground fl, 3 Sassoon Bldg, Kala Ghoda；◎10:30~21:00）时尚的男女衬衫定制店。你可以定制一切（衣领、纽扣、袖口和斜纹带），效果令人赞叹，价格只是在家定制的一部分（除非你家在越南）。衬衫（2000卢比起）需要两周，全球送货。班德拉也有一家店（见726页地图；☎022-26056125；ground fl, Kamal Vishrantee Kutir, 24th Rd；◎10:30~21:00）。

Bombay Paperie 工艺品
（见716页地图；☎022-66358171；www.bombaypaperie.com; 63 Bombay Samachar Marg, Fort；◎周一至周六 10:30~18:00）这家迷人的商店是在捍卫一门行将消失的工艺，出售用手工棉质纸精心制作的可爱卡片、雕塑和灯罩。

Chetana Book Centre　　　　书籍

（见716页地图；www.chetana.com；K Dubash Marg, Kala Ghoda；◎周一至周六10:30~19:30）这家非常棒的宗教书店有许多关于印度教的书，还有一家相连的餐馆，提供一流的古吉拉特和拉贾斯坦塔利套餐（459~595卢比）。

Khadi & Village Industries Emporium　　服装

（Khadi Bhavan；见716页地图；286 Dr Dadabhai Naoroji Rd, Fort；◎周一至周六10:30~18:30）通过时光隧道回到落满灰尘的20世纪40年代，这里到处是传统印度服装、丝绸、土布和鞋子，还有非常受欢迎的Khadi天然肥皂和洗发液。

喀巴德维至马哈拉克西米

LM Furtado & Co　　　　音乐

（见722页地图；022-22013163；www.furtadosonline.com；540-544 Kalbadevi Rd, Kalbadevi；◎周一至周六10:30~20:00）在孟买购买乐器的最佳场所，这里有西塔琴、手鼓、手风琴以及当地产和进口的吉他。Furtados旗下的另一家分店（不过名字稍有不同）位于Lokmanya Tilak Rd的BX Furtado & Sons（见722页地图；◎周一至周六10:30~20:00）。

Shrujan　　　　工艺品

（见726页地图；022-26183104；www.shrujan.org；Hatkesh Society, 6th North South Rd, JVPD Scheme；◎周一至周六10:00~19:30）非营利的商店Shrujan致力于帮助来自喀奇（Kutch）、古吉拉特等地114个村子的妇女谋生，与此同时，还可保护制作精细刺绣品的璀璨、传统刺绣技艺。这里的商品都是不错的礼品。Shrujan还有一家分店Breach Candy（见722页地图；022-23521693；ground fl, Krishnabad Bldg, 43 Bhulabhai Desai Marg；◎周一至周六10:00~19:30）。

Mini Market/Bollywood Bazaar/Super Sale　　古玩、纪念品

（见722页地图；9820032923；33/31 Mutton St；◎周六至周四11:00~20:00）销售怀旧风格的宝莱坞海报和其他电影印刷品。

西部郊区

★ Kulture Shop　　　　设计

（见726页地图；www.kultureshop.in；241 Hill Rd, Bandra West；◎11:00~20:00）逛逛班德拉及孟买最时尚的商店，特色是取材于世界各地印度艺术家的图形艺术和插画。你可以找到发人深省和概念大胆的T恤、版画、咖啡杯、笔记本、文具及其他前卫艺术商品。

这里的合伙人是著名的美籍印度裔街头艺术家贾斯·查兰日瓦（Jas Charanjiva）、她那位城市文化和设计爱好者丈夫以及他们负责管理的朋友。

Indian Hippy　　　　艺术

（见726页地图；8080822022；www.hippy.in；17C Sherly Rajan Rd, Bandra West, Carter Rd附近；◎需预约）Indian Hippy会把你的名字放在定制宝莱坞复古海报的显眼位置，海报由工作室的原创艺术家在画布上手工绘制（自从数码制图出现，这门手艺已经快消失了）。

带上（或者通过电子邮件发送）一张照片，还有你的想象力（或者让他们提示你）。这里还销售唱片钟表、老电影海报和各种（稀奇古怪的）宝莱坞主题商品。画像费用7500卢比至15,000卢比。可以寄送至世界各地。

Kishore Silk House　　服装、手工艺品

（Dedhia Estate 5/353, Bhandarkar Rd, Matunga East；◎周二至周日10:00~20:30）出售来自泰米尔纳德邦和喀拉拉邦的手工纺织的纱丽（300卢比起）和缠腰布（250卢比起）。

High Street Phoenix　　商场

（www.highstreetphoenix.com；462 Senapati Bapat Marg, Lower Parel；◎11:00~23:00）High Street Phoenix是印度最早、最大的商场，"商场里的商场"Palladium定位奢华品牌，是一场室内外的零售狂欢，有高档商店、美味餐馆、有趣的酒吧和夜店，以及20条球道的保龄球馆和IMAX多厅电影院。如果你想在几小时内免受汽车喇叭的打扰，也可以来这里。

实用信息

紧急情况

从2017年开始，印度全面推行统一紧急情

况号码（112），不过下列号码还将继续使用至2018年。

急救	☏102（公立）或1298（私立）
报警	☏100
火警	☏101

上网

网吧越来越少，但就连最简陋的酒店、餐馆、咖啡馆和酒吧如今都有了Wi-Fi。在商业场所，你通常需要通过社交媒体账号或手机号码才能连接Wi-Fi，届时会有随机临时密码发送至你的手机。

媒体

报纸《印度斯坦时报》（*Hindustan Times*）是最畅销的报纸，里面的*Ht Café*特刊是了解孟买最新活动的好渠道。

网站 *Time Out Mumbai*（www.timeout.com/mumbai）已经不再出版孟买杂志，但网站值得浏览。

医疗服务

孟买医院（Bombay Hospital；见716页地图；☏022-22067676；www.bombayhospital.com；12 New Marine Lines）一家私营医院，有最先进的治疗技术和设备。

Breach Candy Hospital（见716页地图；☏022-23672888，急救 022-23667890；www.breachcandyhospital.org；60 Bhulabhai Desai Marg, Breach Candy）孟买最好的医院，在整个印度也颇有名气。医院位于焦伯蒂海滩西北2公里处。

Royal Chemists（见716页地图；www.royalchemists.com；89A Queen's Chambers, Maharshi Karve Rd, Marine Lines；⊙周一至周六 8:30~20:30）还可以接生。

Sahakari Bhandar Chemist（见714页地图；Colaba Causeway和Wodehouse Rd交叉路口, Colaba；⊙10:00~20:30）戈拉巴方便的药房。

现金

自动柜员机随处可见，外币兑换处也有很多。

Thomas Cook在要塞区有一家分店，可以兑换货币。

邮政

邮政总局（Main Post Office；见716页地图；www.indiapost.gov.in；Walchand Hirachand Marg；⊙周一至周六 9:00~20:00, 周日至16:00）邮政总局是贾特拉帕蒂·希瓦吉终点站旁边的一栋壮观的大楼。**邮件待领处**（见716页地图；Walchand Hirachand Marg；⊙周一至周六 10:00~15:00）在"Delivery Department"（配送部）。在邮局对面，有人可以帮助打包，费用为50卢比至200卢比（在一棵榕树下）。

电话

查询电话号码可拨打☏197。

旅游信息

印度旅游局（Indiatourism；见716页地图；☏022-22074333；www.incredibleindia.com；Western Railways Reservation Complex, 123 Maharshi Karve Rd；⊙周一至周五 8:30~18:00, 周六至14:00）提供关于全国各地的目的地信息，以及孟买导游和家庭寄宿的联系方式。奇怪的是，在本书调研期间，机场的分支机构一直关门。

马哈拉施特拉邦旅游发展公司总部（Maharashtra Tourism Development Corporation Head Office, 简称MTDC；见716页地图；☏022-22845678；www.maharashtratourism.gov.in；Madame Cama Rd, Nariman Point；⊙10:00~17:30）MTDC的总部有乐于助人的员工，提供许多关于马哈拉施特拉邦的小册子和信息，还可以预订MTDC的酒店。值得注意的是，这里是唯一可以使用外国信用卡的MTDC办公室。**Apollo Bunder**（MTDC；见714页地图；☏022-22841877；⊙周二至周日 9:00~16:00）和**贾特拉帕蒂·希瓦吉终点站**（MTDC；见716页地图；☏022-22622859；⊙周一至周六 10:00~17:00）设有咨询台，但在本书调研期间，机场咨询台关闭。

旅行社

Akbar Travels（见714页地图；☏022-22823434；www.akbartravels.com；30 Alipur Trust Bldg, Shahid Bhagat Singh Marg, Colaba；⊙周一至周五 10:00~19:00, 周六至18:00）相当有用，提前通知，可以预订长途小汽车/司机或长途汽车。这里的货币兑换汇率也很合理。要塞区还有一家**分公司**（见716页地图；☏022-22633434；www.akbartravels.com；167/169 Dr Dadabhai Naoroji Rd, Fort；⊙周一至周五 10:00~19:00, 周六至18:00）。

Thomas Cook（见716页地图；☏022-61603333；

www.thomascook.in；324 Dr Dadabhai Naoroji Rd, Fort；⊙周一至周六 9:30~18:00）预订航班和酒店，还有货币兑换。

签证

外国人地区登记办公室（Foreigners' Regional Registration Office, 简称FRRO；见716页地图；☎022-22621169；www.boi.gov.in；Annexe Bldg No 2, CID, Badaruddin Tyabji Marg, Special Branch附近；⊙周一至周五 9:30~13:00）除非紧急情况，旅游和过境签证无法延期。可以上网查询最新信息。

ⓘ 到达和离开

飞机

孟买的贾特拉帕蒂·希瓦吉国际机场（Chhatrapati Shivaji International Airport；见726页地图；☎022-66851010；www.csia.in）距离市中心约30公里，最近经过现代化升级，投资达到了20亿美元。如今经过改造的2号国际航站楼（T2）令人印象深刻，所有的国际航班都在这里办理，里面还有印度规模最大的公共艺术项目（自动人行道沿线3.2公里的多层艺术墙，上面有天窗，还有来自印度各地的5000多件艺术品）。

国内航班在新的2号航站楼和旧的1B号航站楼（T1B），位于5公里开外，当地人还称之为圣克鲁斯机场（Santa Cruz Airport）。航站楼之间有固定价格的出租车服务（T1B至T2 ₹230，T2至T1 ₹245）。两座航站楼都有自动柜员机和外币兑换柜台，T2航站楼还有一家豪华的中转酒店。

印度航空（AirIndia；见716页地图；☎022-27580777，机场022-28318666；www.airindia.com；Air India Bldg, Marine Dr和Madame Cama Rd交叉路口, Nariman Point；⊙周一至周五 9:15~18:00，周六9:15~13:00和14:00~18:00）、**捷特航空**（Jet Airways；见714页地图；☎022-39893333；www.jetairways.com；B1, Amarchand Mansion, Madam Cama Rd, Colaba；⊙周一至周六 9:30~18:00）和**维斯塔拉航空**（Vistara；见726页地图；☎0186-1089999；www.airvistara.com）在T2，**捷行航空**（GoAir；见726页地图；☎022-26156113；www.goair.in）、**靛蓝航空**（IndiGo；见726页地图；☎呼叫中心 099-10383838；www.goindigo.in）和**香料航空**（SpiceJet；见726页地图；☎机场0987-1803333；www.spicejet.com）在T1B——一定要提前查询，以免实地出现变化。最适合预订机票的方式通常是旅行社和航空公司的网站。

两座航站楼正常情况下都会有MTDC旅游信息咨询台，但在本书调研期间由于机场维修而暂撤，重设时间尚无计划。

长途汽车

许多国有和私营客运公司经营往返孟买的长途汽车班线。

政府经营的长途客车从孟买中央火车站旁边的**孟买中央汽车站**（Mumbai Central bus terminal；见722页地图；☎问询 022-23024075；Jehangir Boman Behram Marg, RBI Staff Colony）发车。相对私营客车而言，这些班车票价更低，班次更频繁，但是标准通常比较低。**马哈拉施特拉邦公路运输公司**（Maharashtra State Road Transport Corporation, 简称MSRTC；☎022-23023900；www.msrtc.gov.in）的网站理论上说应该有时刻表并且可以在线预订，但实际上几乎没什么用。

私营客车通常更舒适，而且更容易订到座位（票价稍高）。大部分客车都从孟买中央火车站附近的Dr Anadrao Nair Rd发车，但也有一些开往南部目的地的客车从克劳福德市场（Crawford Market）附近的Carnac Bunder或Dadar TT Circle（两家订票机构通常都会提供免费交通服务）出发。查询出发时间和车票价格，可参考**Citizen Travels**（见722页地图；☎022-23459695；www.citizenbus.com；G Block, Sitaram Bldg, Palton Rd）或**National NTT/CTC**（见722页地图；☎022-23074854, 022-23015652；Dr Anadrao Nair Rd；⊙6:20~23:30）。节假日期间，前往热门目的地（例如果阿）的班车票价可能会涨价75%。

开往果阿的私营长途汽车更便捷；价格从低至450卢比（糟糕的选择）至1000卢比不等。许多车辆从郊区发车，不过**Naik Bus**（见716页地图；☎022-23676840；www.naibus.com；⊙18:00、19:00、20:30和21:00）、**Paolo Travel**（见716页地图；☎022-26433023；www.paulotravels.com；⊙17:30和20:00)和国营的**Kadamba Transport**（见716页地图；☎9969561146；www.goakadamba.com；⊙18:00）在市中心的Azad Maidan前面发车，非常方便。车程用时14小时。

私营长途车站和售票处在**Palton Road**（见722页地图；Palton Rd）和**Dr Anadrao Nair Road**（见722页地图；Dr Anadrao Nair Rd, RBI Colony）。

火车

孟买有3套铁路网,但对旅行者而言,其中最重要的是中央铁路(Central Railways)和西部铁路(Western Railways)。这两家铁路公司的电子车票可在任一联网售票的火车站购买。

中央铁路公司(Central Railways;见716页地图;☏139;www.cr.indianrailways.gov.in),有开往东部、南部以及少数开往北部的列车,车站为贾特拉帕蒂•希瓦吉终点站(CST;也被称为"VT")。外国游客配额车票(quotatickets)和Indrail通行证可以在**订票中心**(见716页地图;◎周一至周六8:00~20:00,周日8:00~14:00)一层的52号柜台购买。MTDC旅游信息咨询台(160卢比 至戈拉巴,360卢比 至班德拉,430卢比 至国内航站楼,500卢比 至国际航站楼)附近有预付费出租车。

中央铁路公司的部分列车从贾特拉帕蒂•希瓦吉以北的Dadar(D)发车(中间隔着几个小站),或者从贾特拉帕蒂•希瓦吉车站以北16公里处的Lokmanya Tilak(LTT)出发。

西部铁路公司(Western Railways;见716页地图;☏139;www.wr.indianrailways.gov.in)有列车从孟买中央火车站发往北部目的地,这个车站通常被称为"Bombay Central"(BCT)。**售票处**(见716页地图;◎周一至周六 8:00~20:00,周日8:00~14:00)位于教堂门站对面,出售外国游客配额车票。

ⓘ 当地交通

M-Indicator(http://m-indicator.soft112.com)是非常有价值的孟买公共交通系统App——从火车时刻表到三轮车费用一网打尽。

抵离机场
2号航站楼
预付费出租车 开往戈拉巴和要塞区的固定价格出租车费用为680/820卢比(非空调/空调;含一件行李),开往班德拉的费用是400/480卢比。去往戈拉巴的车程夜间约为1小时[经由跨海大桥(Sea Link)],白天为1.5~2小时。

机动三轮车 虽然有机动三轮车,但是它们最南只能到班德拉——出了航站楼沿着路标走。价格为每公里18卢比(交通督导员会让他们保持诚信不私自涨价)。

火车 如果你是白天抵达(但不是"高峰期",即6:00~11:00),而且也没有带太多行李,可以考虑乘坐火车:搭乘机动三轮车到安德里(Andheri)火车站,然后坐火车前往教堂门或贾特拉帕蒂•希瓦吉终点站(10卢比,45分钟)。

出租车 从南孟买乘空调出租车前往国际机场的费用应当在650至800卢比之间,如果想走节省时间的跨海大桥(Sea Link Bridge),需要加60卢比通行费。如果要是16:00~20:00出行,留出2小时时间。从戈拉巴乘坐UberGo,非高峰时间的费用约为385卢比。

1B航站楼
出租车 到达大厅内设有一个预付费出租车柜台。非空调/空调出租车前往戈拉巴或要塞区费用为560/683卢比,至班德拉车费为283/340卢比(晚上费用稍高)。

机动三轮车 除此之外,如果不是高峰时段,你还

主要长途汽车线路

目的地	私营非空调/空调卧铺(₹)	国营非空调(₹)	车程(小时)
艾哈迈达巴德	300~1500/700~1500	N/A	7~12
奥兰加巴德	500~700/500~1300	600(每天2班)	9~11
海得拉巴	800~5000(全空调)	N/A	16
马哈巴莱什沃尔*	500~900(全空调)	400(每天5班)	7~8
穆鲁德	N/A	200(每天10班)	8~10
纳西克	200~300/500~600	290(半小时1班,6:00~23:15)	13~16
帕纳吉	600~750/700~3000	N/A	14~16
浦那*	508~730/425~2800	250(半小时1班,6:45至次日00:30)	3~5
乌代布尔	200~812/1000~2500	N/A	14~17

*从Dadar TT Circle发车。

可以乘坐机动三轮车(22卢比至27卢比)或312路公共汽车,从机场前往Vile Parle火车站,在这里坐火车去教堂门(10卢比,车程45分钟)。

船
PNP(见714页地图;☎022-22885220)和**Maldar Catamarans**(见714页地图;☎022-22829695)都有班轮开往Mandwa(单程125~165卢比),可以很方便地到达Murud-Janjira和Konkan海岸的其他地方,以避免在孟买乘坐长时间的公共汽车。在Taj Gateway Plaza的办公室购票。

公共汽车
旅行者几乎不用为市内公共汽车费心,只有**BEST**(见714页地图;www.bestundertaking.com)能够为预算有限和愿意受虐的人提供有用的查询工具——你需要了解梵文数字,还得留心扒手。票价8卢比起。

BEST汽车站位于CST附近Mahatma Gandhi Rd的**东侧**(见714页地图)和**西侧**(见714页地图)。

小汽车和摩托车
租一辆带司机的小汽车费用适中。租赁带空调的小汽车半/整天起价1550/1800卢比,包括80公里里程。想要离开孟买行驶得更远,费用按照车型和服务有所不同,但每公里的大概费用在13卢比(非空调)至15卢比(空调)之间。**Clear Car Rental**(☎8888855220;www.clearcarrental.com)提供方便的网上订车服务。

Allibhai Premji Tyrewalla[见722页地图;☎022-23099417,022-23099313;www.premjis.com;205/20 Dr D Bhadkamkar(Lamington)Rd;◎周一至周六 10:00~19:00]销售全新和二手摩托车,并带有回购保证。长期租赁(两个月或以上)费用35,000卢比左右,3个月后的回购价格约为售价的60%。

从孟买出发的主要列车

目的地	列车编号和名称	一般票价(₹)	车程(小时)	发车时间
阿格拉	12137 Punjab Mail	613/1596/2281/3856(A)	22	19:40 CST
艾哈迈达巴德	12901 Gujarat Mail	348/876/1206/1996(A)	9	22:00 BCT
	12009 Shatabdi Exp	860/1701(E)	7	6:25 BCT
奥兰加巴德	11401 Nandigram Exp	268/691/961/1571(A)	7	16:35 CST
	17617 Tapovan Exp	173/571(C)	7	6:15 CST
班加罗尔	11301 Udyan Exp	533/1416/2031/3421(A)	24	8:05 CST
金奈	12163 Chennai Exp	603/1561/2226/3766(A)	23.5	20:30 CST
德里	12951 Mumbai Rajdhani	1856/2641/4481(D)	16	17:00 BCT
海得拉巴	12701 Hussainsagar Exp	458/1191/1671/2781(A)	14.5	21:50 CST
印多尔	12961 Avantika Exp	473/1226/1721/2866(A)	14	19:10 BCT
斋浦尔	12955 Bct Jp Sf Exp	568/1481/2106/3546(A)	18	18:50 BCT
科钦	16345 Netravati Exp	648/1711/2481(B)	25.5	11:40 LTT
马尔冈(果阿)	10103 Mandovi Exp	423/1131/1601/2661(A)	12	7:10 CST
	12133 Mangalore Exp	453/1176/1646(B)	9	22:00 CST
	11085 Mao Doubledecker	906(F)	12	周三、周五和周日5:33 LTT
浦那	11301 Udyan Exp	173/556/761/1226(A)	3.5	8:05 CST

车站缩写:CST(贾特拉帕蒂·希瓦吉终点站);BCT(Mumbai Central,孟买中央车站);LTT(Lokmanya Tilak,洛克马尼亚·蒂拉克)。

票价:(A)卧铺/空调卧铺3类/空调卧铺2类/空调卧铺1类;(B)卧铺/空调卧铺3类/空调卧铺2类;(C)2等/座席;(D)空调卧铺3类/空调卧铺2类/空调卧铺1类;(E)座席/豪华座席;(F)座席。

地铁

2014年,孟买**地铁**1号线(www.mumbaimetroone.com)开通。预计在2020年,长期项目的第一阶段完工。线路连接北部郊区至东部的加特克帕车站(Ghatkopar Station),分别可以乘坐至DN Nagar和维索瓦(Versova)车站,共有12座车站,大多远离景点,除了逐渐成为夜生活中心的西安德里(Andheri West)和维索瓦之外。不过,1号线计划将在2017年初以向南延伸至雅各布圈(Jacob Circle;贾特拉帕蒂·希瓦吉终点站以北5公里处;在2010年、2011年和2016年三次超出预计日期之后),经过夜生活中心的下帕雷尔。

单次票价基于行车距离,费用在10卢比至45卢比之间,并提供月票Trip Passes(725卢比至950卢比)。从自动扶梯进站,车厢内部有空调还有为妇女和行动不便的人专设的座位。

3号线(33.5公里,地下27站,连接戈拉巴以南的Cuffe Pde、各大火车站、班德拉及机场)是即将建设的下一条线路。该规划一直在修改和签约,但至少2020年以前没有开通的希望。

出租车和机动三轮车

孟买街上黄黑相间的出租车非常便宜,是南孟买最方便的出行方式,而且无须提醒,大部分司机都会自觉使用计价器。起步价为22卢比(1.5公里以内),5公里路程费用约为80卢比。**Meru Cabs**(☏022-44224422;www.merucabs.com)提供值得信赖的预约出租车服务。

具有颠覆性的打车软件有**Uber**(www.ubercom)和**Ola**(www.olacabs.com);后者还能预约机动三轮车——再也不用坐乱要价的三轮车了!

从班德拉往北的大街小巷都可找到机动三轮车。起步价为18卢比,1.5公里以内;白天,3公里的费用约为36卢比。

出租车和机动三轮车在0:00~5:00都会加收50%的费用。

小贴士:孟买人习惯按地标来区分方位,而不是街道名称(尤其是新名称),因此在出发前先摸清楚目的地周边情况。

火车

孟买的城郊铁路网是全世界最繁忙的,千万不要在高峰时段出行。火车运行时间为凌晨4:00至次日凌晨1:00,旅行者最感兴趣的主要有两条线路。

西部线路 最常用的线路。从教堂门火车站北驶,中途停站包括Charni Rd(去往焦伯蒂海滩)、孟买中央车站、马哈拉克西米(去往Dhobi Ghat)、班德拉、Vile Parle(去往国内机场)、安德里(去往国际机场)和包里瓦利(Borivali,去往桑贾伊·甘地国家公园)等。需要乘坐慢车的时候,前往不要坐上快车——屏幕上的"Mode"下面会显示"S"(慢车)或"F"(快车)。

中部线路 从贾特拉帕蒂·希瓦吉车站出发,经Byculla(去往Veermata Jijabai Bhonsle Udyan,过去叫维多利亚花园)、Dadar,最远到达Neral(去往Matheran)。

从教堂门出发,二等/一等座票价为:到孟买中央车站5/50卢比,到Vile Parle10/55卢比,到包里瓦利(Borivali)15/75卢比。"游客票"许可证可以在1天(75/275卢比)、3天(115/440卢比)或5天(135/515卢比)内无限次乘坐二等/一等车厢。

为了免去排队买票的麻烦,可购买一张可以充值的**SmartCard**(100卢比,其中52卢比是押金),可用于上述两条线路,然后上车前用自动售票机(ATVM)打印出车票[把卡放在读卡区前,点击车站的区域,选择具体车站,选择车票数量,点击"Buy Ticket"(购买车票),然后"Print"(打印)]。

注意保管好你的贵重物品,女士们可以乘坐女士专用车厢——深夜时除外,那时更重要的是避开空荡荡的车厢。

马哈拉施特拉邦

包括 ➡

纳西克	754
奥兰加巴德	760
埃洛拉	765
阿旃陀	768
贾尔冈	771
那格浦尔	772
康坎海岸	774
马泰兰	779
洛纳瓦拉	780
浦那	781
戈尔哈布尔	789

最佳就餐

- Malaka Spice（见786页）
- Sadhana（见757页）
- Bhoj（见761页）
- Green Leaf（见761页）
- Kinara Dhaba Village（见780页）

最佳住宿

- Beyond by Sula（见756页）
- Verandah in the Forest（见779页）
- Tiger Trails Jungle Lodge（见773页）
- Hotel Sunderban（见785页）
- Hotel Plaza（见771页）

为何去

马哈拉施特拉邦（Maharashtra）是印度第三大邦，人口排名第二，也是一幅展示很多印度标志性景点的巨大画卷。这里有棕榈树环绕的海滩、凉爽葱郁的高大山脉、联合国教科文组织世界遗产名胜和熙熙攘攘的国际大都市。该邦遥远的东部有全国最令人印象深刻的几座国家公园。坐落在内地的埃洛拉和阿旃陀有非凡的石窟寺庙，无疑是马哈拉施特拉邦最壮观的遗迹，是在坚硬的岩石中间手工开凿而成。殖民时代的山间避暑胜地马泰兰独具魅力，可以乘坐小火车到达，朝圣者和喜欢猎奇的人则会被吸引至具有国际大都市气质的浦那，以"性爱大师"和另类的唯灵论而闻名的城市。往西走，浪漫的康坎海岸分布在阿拉伯海边缘，沿线是壮观、破旧的要塞，还有沙滩；美丽的马尔万度假胜地四周最为优美，那里正在迅速成为印度最好的潜水中心之一。

何时去

纳西克

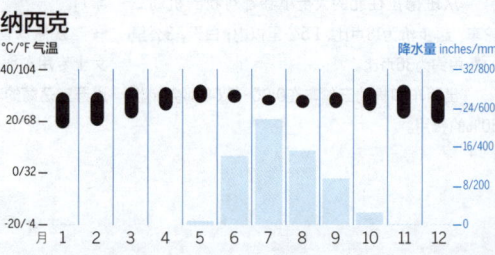

1月 纳西克葡萄酒厂的派对时间，以葡萄采摘和人头攒动的庆祝活动为特色。

9月 狂热而富于活力的甘尼许节的庆祝活动进入高潮。

12月 天空晴朗，气候温和；穆鲁德、加帕提普勒和塔卡里的幽静海滩美丽可爱。

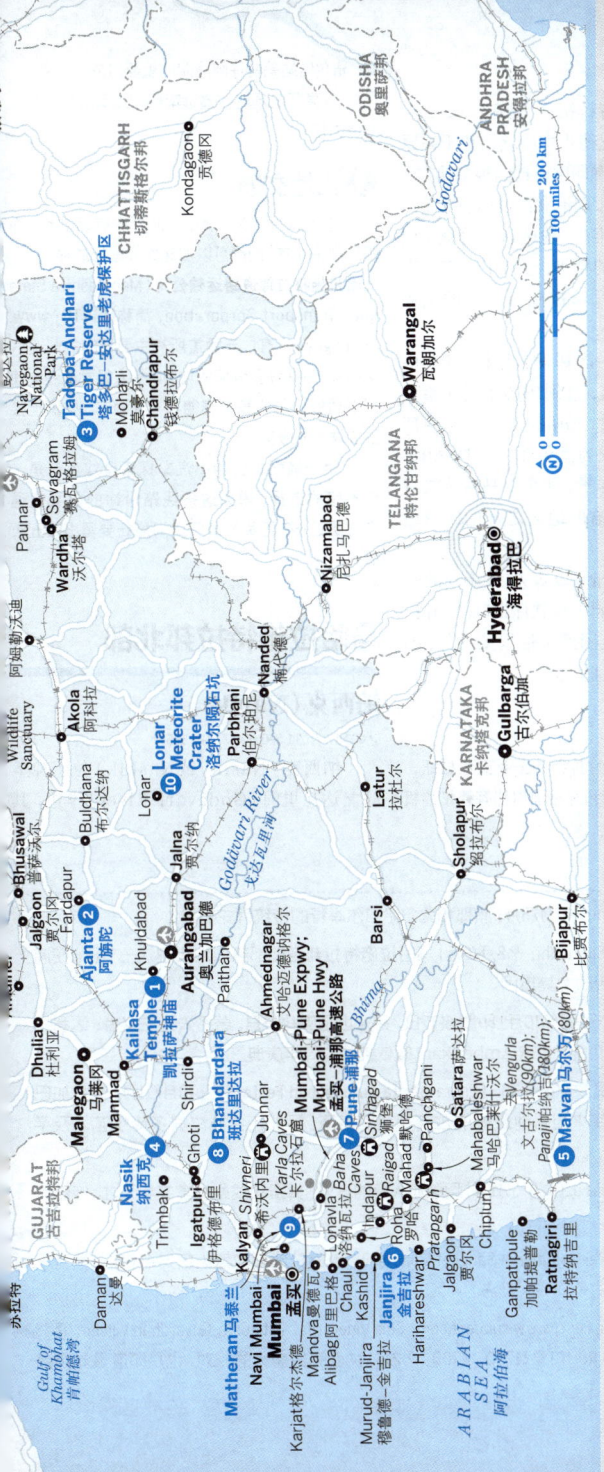

马哈拉施特拉那亮点

1. **凯拉萨神庙**（见765页）对埃洛拉的神庙建筑群惊奇不已。
2. **阿旃陀**（见768页）在古老的洞窟，瞻仰佛教艺术。
3. 在**塔多巴-安达里老虎保护区**（见773页）找找"大猫"。
4. **纳西克**（见754页）置身于怡人的葡萄酒之乡，啜饮白诗瓦或赤霞珠西拉。
5. **马尔万**（见777页）潜水或浮潜于风景如画的海滨城镇附近的蔚蓝大海。
6. **金吉拉**（见774页）于城堡中思索失落的文明曾经的强盛。
7. **浦那**（见781页）探索壮观的山间避暑观景点。
8. **班达里达拉**（见758页）藏身于灵性和印度饮食。
9. **马泰兰**（见779页）山间美景，安然度过季风季节。
10. **洛纳尔陨石坑**（见764页）凝视大自然的杰作。

历史

马拉地领袖贾特拉帕蒂·希瓦吉（1627~1680年）曾经以赖戈德为中心统治德干高原（Deccan Plateau）和印度西部的很多地方，赋予马哈拉施特拉邦政治和民族特性。希瓦吉在如今依然备受推崇，他被认为铸就了该地区人民强悍独立的精神，也在中世纪印度的权力关系中奠定马哈拉施特拉邦的优势地位。

从18世纪初期，该邦就由被称为Peshwas的历任部长管辖，直到1819年割让给英国。1947年独立之后，马哈拉施特拉邦西部和古吉拉特邦合并成为孟买邦。不过1960年又恢复成为后来的样子；如今的马哈拉施特拉邦由说古吉拉特语的地区之外的区域组成，以孟买为首府。

主要得益于农业、以煤炭为基础的热能、核电、高新技术园区和软件出口，该邦已经加快步伐，成为全国经济最繁荣的邦，拥有印度规模最大的工业门类。

❶ 到达和离开

孟买是马哈拉施特拉邦的主要交通枢纽，不过浦那、奥兰加巴德和那格浦尔都有繁忙的机场。贾尔冈站是前往阿旃陀的重要门户。

从果阿机场前往遥远南部的度假胜地马尔万非常方便。

❶ 当地交通

由于该邦幅员辽阔，因此邦内航班（比如浦那至那格浦尔）的确可以加速你的旅行进程。**马哈拉施特拉邦道路运输公司**（Maharashtra State Road Transport Corporation，简称MSRTC；www.msrtc.gov.in）有广泛涵盖所有主要城镇的长途汽车网络，包括许多偏僻的地方。私人经营商还会使用舒适的沃尔沃和梅赛德斯-奔驰车，提供连接主要城市的服务。

租一辆配司机的小汽车探索康坎海岸是一个不错的选择，因为这条线路沿途的公共交通方式匮乏；在孟买和果阿之间旅行要留出四五天时间。

马哈拉施特拉邦北部

纳西克（Nasik）

☏0253 / 人口 1,570,000 / 海拔 565米

纳西克（Nasik，或Nashik）位于神圣的戈达瓦里河（Godavari River）岸边，其

邦内重要节日

蛇节（Naag Panchami；⊙7月/8月）浦那和戈尔哈布尔举行的传统拜蛇节日。

甘尼许节（Ganesh Chaturthi；⊙8月/9月）马哈拉施特拉邦各地都热烈地庆祝这一节日。在浦那，纪念象鼻神的活动尤其热闹。

十胜节（Dussehra；⊙9月和10月）印度教节日，另外也是佛教节日，著名人道主义者、达利特种姓的领袖B.R.安贝德卡（BR Ambedkar）皈依佛教的周年庆典。

埃洛拉-阿旃陀-奥兰加巴德节（Ellora Ajanta Aurangabad Festival；⊙10月/11月）奥兰加巴德的文化节日，汇集来自各地最好的古典和民间表演，另外还会推广很多传统艺术及手工艺。

伽梨陀娑节（Kalidas Festival；⊙11月）用激动人心的音乐、舞蹈和戏剧纪念文学天才、传奇诗人伽梨陀娑。

干阔婆音乐节（Sawai Gandharva Sangeet Mahotsav；⊙12月）浦那的盛大庆典，印度古典音乐界一些重量级人物的表演令人难忘。

苏拉葡萄酒节（Sula Fest；www.sulafest.com；Sula Vineyards, Gat 36/2, Govardhan Village, 紧邻 Gangapur-Savargaon Rd；门票₹1700~4700；⊙2月）纳西克最盛大的派对，也是印度最具精品气质的音乐节之一。

Nasik 纳西克

名字源于《罗摩衍那》的一段故事：罗摩的弟弟罗什曼那（Lakshmana）砍断了罗波那（Ravana）妹妹的鼻子（nasika）。如今，这座邦内大都市的老城区有一些迷人的木制建筑、印度教史诗中提到的有趣神庙及一些巨大的沐浴迦特。这座城市明显比同等规模的印度其他许多城市更干净，维护得更好，更绿意盎然。

随着印度葡萄酒行业的逐步成熟，纳西克作为葡萄酒旅游目的地的潜在发展前景非常广阔。印度最好的葡萄酒就是在这里酿造的，用一下午的时间游览城市周边乡村美丽的葡萄园（见758页）是前往纳西克的重要原因。

每隔12年，纳西克就会举办盛大的大壶节（Kumbh Mela）——世界上最大的宗教集会（上一次举办时间是2015年，下一届将在2027年）。

Nasik 纳西克

景点
1 卡拉拉马神庙 D2
2 拉姆昆德 C1
3 悉多寺 D2

住宿
4 Hotel Abhishek C1
5 Hotel Samrat B2

就餐
6 Dhaba B1

实用信息
7 住房开发金融公司银行自动柜员机 B2
8 印度国家银行自动柜员机 B2

交通
9 Dwarka Circle B2
10 新中央长途汽车站 B3
11 旧中央长途汽车站 B2

景点

拉姆昆德（Ramkund） 水畔石阶

位于纳西克老城区中心，每天有数百名印度教朝圣者前来这座石阶浴场沐浴、祈祷和浸泡已逝朋友和亲人的骨灰——这里的水可以提供moksha（灵魂的解脱）。旁边的市场平添趣味，引人入胜。

卡拉拉马神庙 印度教神庙

（Kala Rama Temple; 6:00~22:00）城里

最神圣的神殿,其历史可追溯至1794年,里面有罗摩、悉多和罗什曼那的黑石雕像。传说它就位于罗什曼那切掉首哩薄那迦(Surpanakha)鼻子的地方。

悉多寺 印度教神庙

(Sita Gumpha; ⊙6:00~21:30)据说,悉多在被恶魔罗波那袭击时曾经藏身在这座洞穴式神庙。你得弯下身,小心翼翼地挪进非常狭窄的入口——幽闭恐惧症患者应该一直走。

✦ 节日和活动

苏拉葡萄酒节 葡萄园

(SulaFest; www.sulafest.com; Sula Vineyards, Gat 36/2, Govardhan Village, 紧邻Gangapur-Savargaon Rd; 门票₹1700~4700; ⊙2月)苏拉葡萄园(Sula Vineyard)的苏拉葡萄酒节每年2月的第一个周末举行,是纳西克规模最大的派对和印度最具精品气质的音乐节之一。酒庄里到处是兴奋畅饮的酒客,120多支现场乐队和国际知名DJ在三个舞台上演奏。关于门票的信息,查看网站https://in.bookmyshow.com。

🛏 住宿

Hotel Abhishek 酒店 $

(☎0253-2514201; www.hotelabhishek.com; Panchavati Karanja; 标单/双₹425/560起,带空调₹875/980; ✱⊙)这个物有所值的地方有陈旧却干净的房间、"德国公司美食家"提供的热水淋浴(6:00~10:00)和可口的素食。经济间的条件太好,都不该这么便宜。亲自工作的老板了解外国旅行者的需要,大多数的日子都在店内。

Hotel Samrat 酒店 $

(☎0253-2306100; www.hotelsamratnasik.com; Old Agra Rd; 标单/双₹950/1330起,带空调

就餐价格区间

以下价格区间适用于主菜价格:

$ 少于150卢比

$$ 150卢比至300卢比

$$$ 高于300卢比

₹1640/1960; ✱⊙)这里的素食餐馆已经不再是本地热门,但Samrat的酒店依然性价比很高,拥有舒适的房间,其中一些有大窗户和松木家具。酒店就坐落在汽车站的旁边,门口有一家私营长途汽车代理机构,是一个明智的住宿选择。Wi-Fi速度快,但硬件系统令人恼火。

★ Beyond by Sula 度假村 $$$

(☎7875555725; www.sulawines.com; Gangavarhe; 房间 工作周/周末 含早餐 ₹7870/9680, 天空别墅 ₹32,670起; ✱⊙≋)苏拉葡萄园崭新的旗舰度假村有7个房间,距离酒庄几公里(因此得名: Beyond),位于根加布尔大坝(Gangapur Dam)美丽的回水区边缘。房间超级现代,以光滑的水泥地板和框起美景的巨大观景窗为特色,最出色的是有宽敞三居的天空别墅(Sky Villa),迷人的现代建筑空间让人想起南美洲巴塔哥尼亚最具现代色彩的豪华度假村。

Soma Vineyards Resort 度假村 $$$

(☎7028066016; www.somavinevillage.com; Gat 1, Gangavarhe; 双/套 含早餐 ₹6000/9650起; ✱⊙≋)Soma Vine Village的豪华度假村位于纳西克以西17公里处的湖畔,四周群山起伏。骑自行车游逛美景,悠闲地享受几小时水疗,或者端起一瓶获过奖的金奖白诗南(Chenin Blanc Gold),在32个设计美观的现代房间和别墅中找个地方安睡,有的住处还有茂盛的植物和独立游泳池。

🍴 就餐

Divtya Budhlya Wada 马哈拉施特拉菜 $$

(Anadwali, Gangapur Rd; 主菜₹130~340, 塔利套餐₹210~350; ⊙11:00~15:30和19:00~23:00)如果你正在寻找辣味的刺激,那么这个本地热门就餐场所正好提供能让你辣出鼻涕的正宗马哈拉施特拉菜肴。独具氛围的竹天棚挂着灯笼,本地人在下面津津有味地大嚼特色羊肉塔利套餐(分量可能更大)或者按菜单点的乡村菜肴,带骨的、油腻的等。食物美味。

餐馆位于市中心西北5公里处——在Uber下单打车的费用为85卢比左右。招牌上只有马拉地文字。

> **不要错过**

米沙尔配面包！（MISAL PAV!）

纳西克无可争议的早餐冠军是米沙尔配面包，当地用豆芽和豆子制作的一种不同寻常的马哈拉施特拉菜肴，上面是土豆米花、鹰嘴豆粉脆面条（gathiya sev）、洋葱、柠檬和芫荽，搭配黄油小面包——起源于戈尔哈布尔的风味口感大杂烩，却被纳西克人一丝不苟地接纳了。

虽然争论激烈，但市中心以西8公里处的 Sadhana（www.facebook.com/sadhanarestaurant.misal; Hardev Bagh, Motiwala College Rd, Barden Phata; 餐₹80; ⊙8:00~15:00）始终被认为是城里最好的米沙尔配面包餐馆（使用Uber打车的费用是110卢比左右）。每天5:00，早餐高峰以前的3小时，厨师们就在这家质朴的餐馆里烧起560升的柴火大锅。早餐高峰到来之际，只见打着领结的服务员在拥挤的人群、秸秆编织的桌子和简易座椅之间飞快穿梭。

那么，你要怎么吃呢？把面包撕成小块，放进碗里，扔些洋葱和芫荽进去拌拌，挤点儿鲜柠檬，撒点儿浓郁的调味油（tari），尝一下（此时要小心！），然后在上面倒上马沙拉红汤（rassa），直到没过一切美味。用勺子舀着吃。最后来一些炸糖浆（gulachi jalebi; jalebi是橙色的炸棕榈糖糊，不是精制糖）和绝对一流的印度奶茶。甭客气！

Dhaba

印度菜 $$

(Hotel Panchavati, 430 Vakil Wadi Rd; 塔利套餐₹260; ⊙11:30~15:00和19:00~22:30) 这家备受欢迎的餐馆被城里人称为Panchavati（但实际上的名字是Dhaba），古吉拉特塔利套餐在本地特色——比如高粱面包（mini bakri）——的配合下给你的味蕾带来对过山车一般刺激的体验，上菜效率非常高。木豆塔迪卡（dhal tadka；木豆加酥油和香料调味）也很美味。餐馆位于Hotel Panchavati里面。

❶ 实用信息

MTDC游客咨询处 (MTDC Tourist Office; ☎0253-2570059; www.maharashtratourism.gov.in; T/l, Golf Club, Old Agra Rd, Matoshree Nagar; ⊙10:00~18:00) 位于旧中央长途汽车站以南1公里处；员工乐于助人。

❶ 到达

长途汽车

新中央长途汽车站 (New Central Bus Stand; ☎0253-2309308) 有开往奥兰加巴德 (237卢比起, 4.5小时, 6:00至3:00每小时1班)、孟买 (275卢比, 4小时, 每小时1班) 和浦那 (非空调/空调 350/650卢比, 4.5小时, 每小时1班) 的长途汽车。纳西克的**老中央长途汽车站** (Old Central Bus Stand, 简称CB✉; ☎0253-2309310) 有开往特里姆巴克 (Trimbak; 33卢比, 45分钟, 5:00至23:00每小时1班) 和伊格德布里 (Igatpuri; 57卢比, 1小时, 10:30至23:00每小时1班) 的长途汽车。城镇南边的**马哈马格长途汽车站** (Mahamarg Bus Stand) 有前往孟买 (非空调 250卢比, 4.5小时, 每小时1班)、舍地 (Shirdi; 非空调 108卢比, 2.5小时, 6:00至22:30每小时1班) 和古提 (Ghoti; 非空调 45卢比, 1.75小时, 每小时1班) 的长途汽车。

私营长途汽车开往艾哈迈达巴德 (非空调/空调卧铺 600/1000卢比起, 12小时)、孟买 (250/450卢比起, 4小时)、浦那 (300/450卢比起, 6小时) 和那格浦尔 (空调卧铺 1000卢比起, 12小时)。Hotel Samrat外边有非常便利的私营长途汽车机构。

大多数私营长途汽车都从Dwarka Circle发车，大多数开往孟买的长途汽车的终点站都在孟买的Dadar TT Circle。

火车

Nasik Rd的火车站位于镇中心东南8公里处，但是**火车票预售处** (1st fl, Palika Bazaar, Sharanpur Rd; ⊙周一至周六 8:00~20:00, 周日至14:00) 位于老中央长途汽车站以西500米处。每天大概有15班火车开往孟买，所以用不着等太久；其中包括每天1班的Pushpak Express (1等/空调卧铺2类/卧铺1301/806/203卢比, 4.5小时, 15:15)。来往奥兰加巴德的交通线路没那么多，每天只发4班车；尽量乘坐Tapovan Express (2等/座席118/391卢比, 3.5小时, 9:50) 也很方便。乘坐机

值得一游

纳西克的葡萄

从不起眼的葡萄干到酒体饱满的葡萄酒,纳西克的葡萄经历了漫长的历程。自古以来,周围的区域就一直在生产鲜食葡萄。不过直到20世纪90年代初期,一些创业者才开始意识到纳西克拥有肥沃的土壤和温和的气候,拥有适合种植葡萄的优越环境。1997年,行业先行者苏拉葡萄园(Sula Vineyards)大胆投资了一批白苏维翁葡萄(Sauvignon Blanc)和白诗南葡萄(Chenin Blanc);2000年,第一批国产葡萄酒上市销售,从此纳西克一发不可收。

"过去的一百年间,葡萄酒的品质和稳定性一直在提升,投资力度也一直在加强(通过兼并/收购和外国投资及专业技术)。"国际葡萄酒顾问、作家和品酒师哈什阿尔·当热-沙(Harshal Danger-Shah)说,"结果全在杯子里了:印度葡萄酒喝起来比以往更加清爽,更加怡人。"

目前,纳西克大多数酒庄的葡萄酒单都包括西拉、梅洛、赤霞珠、赛美蓉和仙粉黛,还有少数汽酒;印度大城市的酒吧和餐馆终于也开始熟悉国内葡萄酒了。甚至葡萄酒搭配也得到发展:尝试过好喝的印度白诗南配喀拉拉海鲜吗?或者印度霞多丽配奶油鸡吗?

参观该地区美丽的庄园,直接品尝这些美酒非常值得。品酒行家应该向Wine Friend(☏9822439051; www.winefriend.in)寻求帮助,这是唯一一家专门从事葡萄酒特色团队游(6000卢比,外加品酒费)的机构,前往纳西克周边的葡萄园,经验丰富。如果你只想找一名代驾司机,租车费用2400卢比起。可以试试找SCK Rent-A-Car(☏8888080525; scktravels2015@gmail.com)友好且会说英语的沙尼尔(Sanil),来一次自驾游。

苏拉葡萄园(Sula Vineyards;☏9970090010; www.sulawines.com; Gat 36/2, Govardhan Village, 紧邻Gangapur-Savargaon Rd;⊙11:00~23:00)位于纳西克以西15公里处,提供专业团队游(45分钟左右),参观令人印象深刻的庄园和高科技设施。最后环节是品酒(4/6种葡萄酒150/250卢比),主打园中最好的葡萄酒,至少有一种来自其顶级的Rasa生产线。这里的咖啡馆可以居高临下地欣赏乡村风景。

动三轮车前往车站需要花费150卢比。

纳西克周边

班达里达拉 (Bhandardara)

风景如画的班达里达拉村深藏于层层叠叠的萨赫亚德里丘陵(Sahyadris),距离纳西克70公里。这个鲜有人问津的地方被陡峭的山脉环绕,是马哈拉施特拉邦远离印度城市喧嚣的最好地方之一。苍翠繁茂的山景不似凡间,尤其是在季风季节。

班达里达拉的多数居民都围绕阿瑟湖(Arthur Lake)居住,这是一个马蹄铁形状的湖,其水源来自堪称印度最大河流之一的布勒沃拉河(Pravara River)。湖的一边被壮观的威尔逊坝(Wilson Dam)拦截,这座殖民时期的建筑可追溯至1910年。徒步者应该考虑徒步攀登卡尔苏拜山(Mt Kalsubai),山顶处高达1646米,曾经被用作马拉地人的观察点。或者你也可以前往拉坦加德堡垒(Ratangad Fort)的废墟,也是希瓦吉曾经的另一处据点;或者前往颇受宝莱坞偏爱的几处瀑布,比如兰德哈瀑布(Randha Falls)或伞瀑布(Umbrella Falls)。亮点导览团队游费用为600卢比。

迷人的Anandvan Resort(☏02424-257320; www.anandvanresorts.com; Ghatghar Rd, Village Shendi; 标单/双₹5450/5950起; ❄☏)是一家山顶酒店;可以选择住在舒适的村舍和别墅中,俯瞰阿瑟湖,在风格独具的环境中安睡。

从纳西克的马哈马格长途汽车站乘坐

约克酒庄(York Winery; ☎0253-2230701; www.yorkwinery.com; Gat 15/2, Gangavarhe Village, Gangapur-Savargaon Rd; ⊙正午至22:00,团队游12:30~18:00)从苏拉葡萄园再走几公里,就是家族经营的约克酒庄,这里提供团队游和品酒项目(5种/7种葡萄酒150/250卢比),品酒地点在顶层房间,可以欣赏优美的湖泊和群山风景。酒庄出产4种红葡萄酒(包括橡木桶发酵的旗舰产品赤霞珠西拉)、3种白葡萄酒、一种桃红葡萄酒和一种汽酒。这里有一座提供西式小吃(橄榄、奶酪)的大花园。

索马酒庄(Soma Vine Village; ☎7028066016; www.somavinevillage.com; Gat 1, Gangavarhe; ⊙11:30~18:30)索马酒庄是纳西克最新的酒庄之一,位于市中心以西17公里,跟苏拉和约克同在一条路上,提供45分钟的团队游,最后环节是从11种葡萄酒中选择品尝(5/7种葡萄酒250/350卢比),包括其获奖产品金奖白诗南和新推出的桃红餐后甜酒,两种都非常棒。

酩悦(Chandon; ☎9561065030; www.chandon.co.in; Gat 652/653, Taluka-Dindori Village; ⊙9:00~18:00)纳西克最新的酒庄,采用世界级的设施,庄园经过精心地修剪,无疑可以被评为纳西克最宁静美丽的酒庄。品酒(500卢比)仅限预约,以印度最好的汽酒酩悦香槟(Chandon Brut;白诗南/霞多丽/黑比诺)和桃红汽酒(Brut Rosé;西拉/黑比诺)为主。可以在高档现代的休闲室、酒廊或景致如画的露台品酒。酒庄位于纳西克以北26公里处。

格罗弗赞帕(Grover Zampa; ☎02553-204379; www.groverzampa.in; Gat 967/1026, Village Sanjegaon, Tallgatpuri; ⊙10:00~17:30,团队游10:30、14:30和16:00)1992年,格罗弗赞帕先是在卡纳塔克邦用进口的法国葡萄藤制作果汁,如今,它已经是印度现存最古老的葡萄酒庄,无疑也是最受称颂的(单单2014年至2016年就获得了74个国际奖项)。设在纳西克的庄园位于市区西南53公里处,提供团队游,还有在适合拍电影的山洞中品酒的项目(5/7种葡萄酒500/650卢比)。宴会桃红汽酒(Soirée Brut Rosé)和顶级的丹魄-西拉橡木珍藏(Chêne Grand Réserve Tempranillo-Shiraz)都非常出色。如果你想独辟蹊径,可以在附近的Malaka Spice(www.malakaspice.com; Vallonné Vineyard, Gat 504, Kavnai Shiver; 主菜₹285~535; ⊙11:30~23:30)用餐,那里是纳西克最好、风景最优美的葡萄酒乡村餐馆。

当地公共汽车前往古提(Ghoti; 64卢比,1小时),从那里乘坐合乘吉普车完成剩下的路程,到达班达里达拉(40卢比,45分钟)。从纳西克乘坐出租车也可到达这个度假地,车费约为2000卢比。

伊格德布里(Igatpuri)

Vipassana International Academy 禅修 (☎02553-244076; www.giri.dhamma.org; Dhamma Giri, Igatpuri; 接受捐赠; ⊙游客中心9:30~17:30)位于纳西克以南约44公里处的伊格德布里是世界上最大的内观禅修机构内观国际学院的总部所在地。全年都举办为期10天的寄宿制课程(必须预订),教师告诫:参加课程需要遵守严格的纪律。免费提供基本的住宿、食物和禅修指导,不过在结束后接受捐献。游客可以观看20分钟的入门视频或者参加10分钟的小型安那般那(Anapana)禅修课程。

这种严格的禅修形式由释迦牟尼在公元前6世纪时首次传授,并由葛印卡(SN Goenka)导师在20世纪60年代重新介绍给印度人,这所学院将其制度化。

开往伊格德布里的长途汽车(57卢比,1小时,10:30至23:00每小时1班)和合乘出租车(每人500卢比)从纳西克的老长途汽车站发车。每天有许多班列车从Nasik Rd车站和孟买的CST发车前往伊格德布里。

特里姆巴克(Trimbak)

特里姆巴克施瓦尔寺 印度教神庙
(Trimbakeshwar Temple; 门票₹200,不排队₹200; ⊙6:00~22:00)阴郁的特里姆巴克施瓦尔

寺耸立在纳西克以西33公里处的特里姆巴克的中心。这是印度最神圣的寺庙之一，内有备受尊崇的jyoti linga——湿婆12座最重要的圣祠之一。虽然指示牌上说只允许印度教徒入内，不过信息已经过时，非印度教徒也可以入内（估计只能在内室待上几秒，因为人流要从安全围栏中通过）。寺内禁止使用手机。

非印度教徒可以从外面窥见庭院。在附近，戈达瓦里河的水流入Gangadwar浴场，那里欢迎所有人前去洗刷罪恶。

从纳西克前往特里姆巴克一日游用不了多长时间，所以大多数人不会在此过夜。不过这里还是有许多客栈和度假村，其中不少都能将引人注目的婆罗马吉里（Bhahmagiri）山脉一览无余。如果你喜欢小吃，那么通向寺庙的道路挤满了小吃摊和餐馆。

开往特里姆巴克的长途汽车从纳西克的老中央长途汽车站发车，5:00至23:00每小时1班（33卢比，45分钟）。返回纳西克的末班车22:30发车。

奥兰加巴德（Aurangabad）

📞0240 / 人口1,280,000 / 海拔515米

奥兰加巴德在印度中世纪的纷乱历史中，多数时间都保持低调，唯一引人注意的是莫卧儿王朝的最后一位君主奥朗则布（Aurangzeb）在1653~1707年将这座城市作为首都。随着这位君主的死去，这座城市迅速衰落，不过这段短暂的辉煌依然可以从一些一直吸引游客的迷人古建筑中体现出来，其中包括仿照泰姬陵式样而建的比比卡马克巴拉陵墓（Bibi-qa-Maqbara）。这里还有其他历史遗迹，比如一组古代佛教石窟。想从孟买出发进行周末游的话，由于这些莫卧儿遗迹的存在，奥兰加巴德是极佳的选择。不过很多人在这里闲逛的真正原因是这座小镇是探索埃洛拉和阿旃陀世界遗产地的中转站。

丝织物曾是奥兰加巴德的主要收入来源，如今这座小镇依然以其Himroo和Paithani手织纱丽而驰名世界。

⊙ 景点

★ 比比卡马克巴拉陵墓   纪念碑

（Bibi-qa-Maqbara；印度人/外国人₹15/200；⊙6:00~20:00）1679年，奥朗则布的儿子阿扎姆·汗（Azam Khan）修建比比卡马克巴拉陵墓，作为其母亲Rabia-ud-Daurani的陵墓；这里以"穷人的泰姬陵"（poor man's Taj）而广为人知。中心的洋葱型圆拱陵墓两侧是4座尖塔，白色的建筑结构与阿格拉的泰姬陵无疑极其相似。

奥兰加巴德石窟   洞穴

（Aurangabad Caves；印度人/外国人₹15/200；⊙6:00~18:00）从建筑的角度来说，奥兰加巴德石窟远不如埃洛拉或阿旃陀，却的确对早期佛教建筑产生了启发，而且可以促成一次安静平和的出游。10座于公元6世纪和7世纪雕刻在山坡外侧的石窟组成了相隔一公里的两组（保留门票以进入这两个区域），全都是佛教题材。

希瓦吉博物馆   博物馆

（Shrimat Chatrapati Shivaji Museum；Dr Ambedkar Rd；5卢比；⊙周五至周三 10:30~18:30）这座简朴的博物馆专门讲述马拉地人的英雄希瓦吉的一生，藏品包括一套有500年历史的锁子甲，还有奥朗则布手抄的一本《古兰经》。

👉 团队游

MSRTC（📞0240-2242164；www.msrtc.gov.in；Central Bus Stand, Station Rd West）经营每天1班前往阿旃陀（682卢比）和埃洛拉（265卢比）洞窟的沃尔沃空调大巴车团队游。注意，这些都是受印度国内游客欢迎的畅销团队游，旨在尽可能在短时间内前往更多的地方。价格只包括交通——他们不提供导游或包括门票费用。埃洛拉团队游也包括Daulatabad Fort沿途所有主要的奥兰加巴德景点。安排在一天之内，游览的地方实在太多。虽然团队游按理说出发地点在中央长途汽车站（见764页），你还是可以7:30（阿旃陀）和8:30（埃洛拉）在第二站的MTDC Holiday Resort（Station Rd East）上车，那里还是获取信息的最佳地点。

Ashoka Tours & Travels   观光

（📞9890340816, 0240-2359102；www.touristaurangabad.com；Hotel Panchavati, Station

Rd West; ⏰7:00~20:00)这是奥兰加巴德一家出众的机构,提供一流的城市及地区团队游、出租不错的小汽车,价格合理。带空调的四座汽车前往埃洛拉的费用为1450卢比,前往阿旃陀的费用是2450卢比。经营这里的是阿肖克·T·卡达姆(Ashok T Kadam),以前是机动三轮车司机,见多识广。

🛏 住宿

★ Hotel Panchavati 酒店 $

(☎0240-2328755; www.hotelpanchavati.com; Station Rd West; 标单/双 ₹1000/1130, 房间带空调₹1250; ❋@🛜) Panchavati是城里面向旅行者的经济型酒店,由始终乐于助人并紧跟时尚的管理人员经营,他们了解旅行者的需求。房间简洁,经过细心布置,有天花板饰条、舒适的床(配有苏格兰佩斯利涡旋花纹的床罩)和厚实的浴巾。这里还有两家不错的餐馆和一家"酒吧"(叫法:饮水间),是与同行的独行侠交流的好地方。

Hotel Raviraj 酒店 $

(☎0240-2352124; www.hotelraviraj.in; Rajendra Prasad Marg; 房间 带空调 ₹1690起; ❋🛜)这个伪装成经济酒店的中档住宿场所令人愉悦,里面的标准间几无疑是奥兰加巴德性价比最高的——宽敞的房间、舒适的床单、平板电视、不错的卫生间(配感应灯)和Wi-Fi(信号不强)。价格较高的高级房间基本差不多,只是配备更漂亮的家具。另外,员工友好,门厅绿植茂盛,还有餐馆/酒吧和适合喝啤酒的一层露台,无与伦比。

Hotel Gurjas 酒店 $

(☎0240-2323841; www.hotelgurjas.com; Osmanpura Circle, Station Rd East; 标单/双 ₹1026/1139, 带空调₹1250/1370; ❋)从前的Hotel Oberoi被著名的五星级豪华连锁酒店粗暴地改了名字。瞧瞧吧! Hotel Gurjas就这么诞生了。与Hotel Panchavati同属一位老板,也就是说,服务精良,员工乐于助人。宽敞的房间很现代,有平板电视、舒适的床、书桌及刚刚装修过的迷人卫生间。

可以要求免费提供火车站或汽车站接站服务。

Hotel Green Olive 酒店 $$

(☎0240-2329490; www.hotelgreenolive.com; 13/3 Bhagya Nagar, CBS Rd; 标单/大床₹3570/4760起; ❋@🛜)抛开狭小的卫生间不提,这家精品商务酒店提供配置齐全、维护良好和风格时尚的房间。这里的友好员工会为客人提供良好的照顾,安排交通和团队游;这里还有一家不错的酒吧和餐馆。

★ Lemon Tree 酒店 $$$

(☎0240-6603030; www.lemontreehotels.com; R7/2 Chikalthana, Airport Rd; 标单/双 含早餐₹7790/9350起; ❋@🛜) Lemon Tree优雅高档,看起来更像是亿万富豪的地中海白色豪华别墅,而不是一家印度酒店。这里还经过精心设计:所有房间都朝内,俯瞰或许是德干高原上最好的游泳池——全长50米。具有艺术气息的标准房间虽然并不大,却在鲜艳的热带风情和洁白墙壁的映衬下熠熠生辉。

🍴 就餐

Kailash 印度菜 $

(Station Rd East; 主菜₹50~150; ⏰8:00~23:00; ❋)这家纯素食餐馆熙熙攘攘,外观和感觉有些像是缺乏热情的印度人开了一家美国餐馆,顾客都是一大家子人,食物分量很大。这里有许多旁遮普和印度南部菜肴,还有米饭和面条菜肴及各种各样的蔬菜咖喱(pav bhaji)选择,后者是孟买的一种街头主食。这里当然很受欢迎。

★ Bhoj 印度菜 $$

(Station Rd West; 塔利套餐₹210; ⏰11:00~15:00和19:00~23:00) Bhoj正是以美味可口、种类无限的拉贾斯坦和古吉拉特塔利套餐而闻名,是在路上(或火车上)辛苦一天后补充体力和放松一番的好地方。餐馆位于稍微有些破旧的小型购物廊街的一层,不过装修、气氛、服务和饭菜全都是一流。绝对是马哈拉施特拉邦最好的塔利套餐!

Green Leaf 印度菜 $$

(www.greenleafpureveg.com; Shop 6-9, Fame Tapadiya Multiplex, Town Centre; 主菜₹140~280; ⏰正午至23:00; 🛜)奥兰加巴德最受欢迎的现代素食餐馆以其美味的纯素菜肴

Aurangabad 奥兰加巴德

而备受喜爱,口味风靡一时[尝尝杭地锅蔬菜(veg handi)或安得拉邦印度奶酪(paneer Hyderabadi)],配有辣味等级标志(一个红辣椒就等于中辣)。穿着绿裤子的服务员在整洁现代的环境中优雅地穿梭。实际上,开放式的厨房非常干净,所有人都能看见。餐馆距离CIDCO长途汽车站400米。

Swad Restaurant   印度菜 $$

(Station Rd East, Kanchan Chamber; 塔利套餐₹200)比起城里我们喜欢的其他一些就餐场所,虽然价格差不多却总是挤满人的Swad更简朴,更本地化,食物稍微有些油腻。服务员裹着鲜艳的拉贾斯坦式头巾,传送香辣蔬菜咖喱(sabzi)、木豆及其他古吉拉特-拉贾斯坦耶利美食——一排口味无穷的菜肴前是守护神哲人Yogiraj Hanstirth仁慈的注视。

Tandoor   北印度菜 $$

(Station Rd East, Shyam Chambers; 主菜₹150~380; ⊙11:00~23:00)Tandoor在古怪的埃及法老风格环境中提供泥炉佳肴和醇香的印度北部素食和非素食菜肴,以及种类繁多的啤酒酒水单(相对于奥兰加巴德来说)。尝

Aurangabad 奥兰加巴德

◎ **重要景点**
1 比比卡马克巴拉陵墓...................B1

◎ **景点**
2 希瓦吉博物馆............................D1

⊕ **活动、课程和团队游**
3 Ashoka Tours & Travels............B4
   MSRTC...................................（见14）

⊖ **住宿**
4 Hotel Green Olive.....................B3
5 Hotel Gurjas............................C4
6 Hotel Panchavati......................B4
7 Hotel Raviraj...........................B3

⊗ **就餐**
8 Bhoj.......................................B3
9 Kailash...................................B4
10 Swad Restaurant....................C4
11 Tandoor................................B5

ⓘ **实用信息**
12 印度旅游局............................A5
   MTDC办事处...........................（见12）
13 印度国家银行.........................C4

ⓘ **交通**
14 MSRTC/中央长途汽车站.............B3
15 私营长途汽车机构....................C4

尝美味的烤肉串。这里也提供几种中国菜肴；不过，顾客显然更喜欢泥炉烹制的菜肴。

🍷 饮品和夜生活

KA Lounge 酒吧

（Satya Dharam Complex, Akashwari Cir, Jalna Rd；鸡尾酒₹320起；◎周一至周五正午至23:00，周六和周日至次日1:00；🛜）奥兰加巴德唯一一家时尚的鸡尾酒吧全新开业，只为迎合城里追求时髦的人。周六和周日，他们坐在舒适的休闲大厅，置身裸露的砖墙之间，尽情享受DJ播放的嘻哈、爵士和浩室音乐。尝尝罗勒和青椒莫吉托，又酷又辣。

🔒 购物

Himroo织物是奥兰加巴德的传统特色，由棉布、丝绸和金属线制成。如今多数Himroo披肩和纱丽都是用机器织布机生产的，不过城里还是有一些展销店存有手纺布。

Himroo纱丽棉丝混纺的起价约2000卢比。Paithani纱丽质量更好，价格在8000~150,000卢比——但是其中一些需要一年以上的时间才能制成。如果你打算购买，一定要购买真正的Himroo，而不是"奥兰加巴德丝绸"。

Paithani Silk Weaving Centre 纺织品

（www.paithanisilk.com；54, P-1, Town Center, Lokmat Nagar；◎9:30~21:00）观察织工工作的最好地方之一，你可以在这里买到优质的商品。该中心位于Kranti Chowk以东约6公里处（印度航空公司办公室的后面），所以要乘坐出租车。

ⓘ 实用信息

印度旅游局（Indiatourism; Government of India Tourism; ☎0240-2364999; www.incredibleindia.org; MTDC Holiday Resort, Station Rd East; ◎周一至周五 9:30~18:00）印度国家旅游局的奥兰加巴德办公室提供关于印度各地的信息。

MTDC办事处（☎0240-2343169; www.maharashtratourism.gov.in; MTDC Holiday Resort, Station Rd East; ◎周一至周六 10:00~13:00和13:30~17:30）员工非常乐于助人，有足够的小册子。

邮局（www.indiapost.gov.in; Juna Bazaar; ◎周一至周六 10:00~18:00）

ⓘ 到达和离开

飞机

奥兰加巴德机场（Aurangabad Airport; Chikkalthana Airport）位于镇东10公里处。

印度航空（Air India; ☎0240-2483392; www.airindia.in; Airliens House, Town Centre, Jalna Rd; ◎周一至周六 10:00~13:00和14:00~17:00）和**捷特航空**（Jet Airways; ☎0240-2441392; www.jetairways.com; 4, Santsheel, Vidyanagar 7 Hills, Jalna Rd）每天都有飞往德里和孟买的直飞航班。

特鲁航空（Trujet; ☎0240-2471818; www.trujet.com; Aurangabad Airport）有飞往海得拉巴的航班。

长途汽车

从**MSRTC/中央长途汽车站**（Central Bus

Stand;0240-2242164;Station Rd West)出发前往浦那（非空调/空调341/661卢比，5.5小时，5:00至23:30)和纳西克（非空调214卢比，4.5小时，6:00至12:15）的长途汽车大约每半小时一班。

私营长途汽车机构集中在Dr Rajendra Prasad Marg和Court Rd;距离长途汽车站更近。豪华夜车的目的地包括孟买（空调卧铺774至1400卢比，7.5至9.5小时)、艾哈迈达巴德（空调/非空调卧铺800/500卢比起，13至15小时）和那格浦尔（空调卧铺660卢比至1100卢比，非空调800卢比，8.5小时至10小时)。

从MSRTC长途汽车站前往埃洛拉的普通长途汽车（空调/非空调251/32卢比，30分钟，5:00至00:30)，经由法达布尔（Fardapur;120卢比，3小时）前往贾尔冈（非空调177卢比，4小时，5:00至20:00)的汽车每小时一班，在此下车可以前往阿旃陀。

Lemon Tree酒店路口旁边的**CIDCO长途汽车站**（CIDCO Bus Stand;0240-2240149;Airport Rd）每天有6班普通长途汽车直达洛纳尔陨石坑（Lonar meteorite crater;180卢比，4.5小时，5:00、6:00、8:00、10:00、12:30和13:00)。

火车
奥兰加巴德的**火车站**（Station Rd East）并不在主要的铁路线路上，不过每天有4班车直接往返孟买。Tapovan Express（2等车厢/座席173/571卢比，7.5小时)14:35从奥兰加巴德出发。Janshatabdi Express（2等车厢/座席223/686卢比，6.5小时)6:00从奥兰加巴德出发。去往海得拉巴的列车包括Ajanta Express（卧铺/空调卧铺2类233/1226卢比，10小时，22:45)。要前往印度北部或东部，乘坐长途汽车到贾尔冈搭乘火车。

❶ 当地交通
机动三轮车在这里很普遍，而且可以在网站Ola Cabs（www.olacabs.com）预订（还有出租车)。**出租车停车处**在MSRTC/中央长途汽车站旁边，乘坐四驱车也从这里出发前往埃洛拉和道拉塔巴德（Daulatabad)，但通常非常拥挤。租带司机的小汽车是更好的选择。

你可以通过**Ashoka Tours & Travels**（见760页）租小汽车和雇司机：前往埃洛拉往返非空调/空调车的费用是1250/1450卢比，前往阿旃陀的费用为2250/2450卢比。

奥兰加巴德周边

道拉塔巴德（Daulatabad）
道拉塔巴德（印度人/外国人₹15/200;6:00~18:00）就像直接来自英国作家托尔金的幻想小说。最迷人的建筑——12世纪的山顶城堡道拉塔巴德位于奥兰加巴德以北约15公里处，就在前往埃洛拉的途中。城堡最初是作为亚达瓦（Yadava）国王设想的一座固若金汤的堡垒而建，如今已是废墟。1328年，城堡被古怪的德里苏丹穆罕默德·杜格拉克（Mohammed Tughlaq）命名为道拉塔巴德（财富之城)，并定为首都——他甚至迫使德里的全部人口向南迁徙1100公里到这里居住。讽刺的是，道拉塔巴德虽然战略位置优于德里，不过很快就因为严重的水危机而被证明无法作为首都。于是，杜格拉克强迫疲惫的居民全部返回德里。从那以后，这里便沦为"鬼城"。

道拉塔巴德的中央堡垒位于被称为

> **值 得 一 游**
>
> ### 洛纳尔陨石坑（LONAR METEORITE CRATER）
>
> 如果你喜欢独辟蹊径地探险，可以前往洛纳尔（Lonar）探索一个史前的自然奇迹。大约5万年以前，一颗陨石在这里撞击地面，留下一个宽2公里、深170米的巨大陨石坑（据说是世界上第三大的陨石坑)。用科学术语来说，它是世界上唯一的以超高速度自然撞击玄武岩形成的坑。底部有一个绿色浅湖，周围都是荒野，还有水鸟，通俗地说，这里是你所希望找到的宁静而令人放松的地方。湖水据推测是碱性的，对皮肤有益。科学家们认为陨石仍然深埋在陨石坑东南边缘以下600米处。
>
> 陨石坑的边缘有几座印度教寺庙，还有野生动植物，包括叶猴、孔雀、鹿和无数鸟儿。
>
> 洛纳尔和奥兰加巴德CIDCO汽车站之间定期有长途汽车往返（180卢比，4.5小时，5:00、6:00、8:00、10:00、12:30和13:00)。

Devagiri（神山）高达200米的露出地面的岩石上，由一座5公里长的要塞（印度人/外国人₹15/200；⊙6:00~18:00）环绕。登上顶峰需要大约1小时，要经过一些精巧的防御工事，包括设计角度微妙的多个门廊和嵌满钉子的门，用于防备大象冲击。被称为Chand Minar（月亮塔）的胜利之塔建于1435年，耸立在右边，高于地面60米——对游客关闭。想去更高的地方，可以走进Chini Ma-hal，戈康达（Golconda）国王Abul Hasan Tana Shah在这里被囚禁12年，直至1699年死去。附近还有一座6米的大炮，由5种不同的金属铸成，刻有奥朗则布的名字。

上坡路的部分需要穿过一条漆黑、渗水、蝙蝠出没的螺旋隧道。附近的售票处有导游（500卢比）可以带你四处逛逛，他们的助手会要一点小费，举着火把带你穿过黑暗的通道。下山时，你只能依靠自己，所以得带着火把。

由于要塞已经成为废墟（破碎的楼梯和悬崖），出现了很多陡坡，对于老人、儿童和那些容易眩晕或有幽闭恐惧症的人极具挑战性。留出2.5小时探索这座建筑，别忘带上水。

埃洛拉（Ellora）

✓02437

将一把锤子和凿子给一个人，他将为子孙后代创造艺术。来到距离奥兰加巴德30公里的联合国教科文组织世界遗产地——埃洛拉石窟寺庙（印度人/外国人₹30/500；⊙周三至周一 6:00~18:00），你就会知道我们说的是什么。这些石窟是古代印度岩石切割建筑的缩影，在五个多世纪中经过一代代佛教、印度教和耆那教僧侣的艰辛雕刻。寺院、礼拜堂、寺庙——石窟可以实现所有目的，并被很多非常精细的雕塑装饰得很漂亮。

埃洛拉最耀眼的明星无疑是令人敬畏的凯拉萨神庙（Kailasa Temple；16号石窟），也是世界上最大的巨石雕塑，7000名劳工在150多年的时间里将它从顶到底凿在一块岩石斜坡上。在古代印度供奉湿婆神的建筑中，这座石窟显然名列前茅。

⊙ 景点

埃洛拉共有34个石窟：12个佛教石窟（公元600~800年）、17个印度教石窟（公元600~900年）及5个耆那教石窟（公元800~1000年）——不过这些洞窟开凿的具体时间范围仍然是学术争论的对象。

不同于阿旃陀的石窟被刻在陡峭的岩石表面上，埃洛拉的石窟排列在长达两米的悬崖上，不过和缓的斜坡可以让建筑师在神龛前面修建精美的庭院，并用超凡水准的雕塑装饰石窟。

已经确立的学术理论是，埃洛拉代表了遮娄其（Chalukya）和罗湿陀罗拘陀（Rashtrakuta）王朝的统治下印度教的复兴、印度佛教的随后衰落和在官方资助下耆那教的短暂复苏。但是，由于碑文证据缺失，埃洛拉大多数遗迹已经无法确定具体时间——有些学者认为一些印度教神庙的建造年代早于佛教寺庙。可以确定的是这些宗教在同一个地点共存表现出很长一段时间内的宗教宽容。

在凯拉萨神庙前的售票处可以雇用官方导游，费用为1370卢比（最多5人）。导游都具备丰富的石窟建筑的知识，所以值得花一笔钱。如果由于行程紧张，不得不在埃洛拉和阿旃陀中选择一个的话，从建筑的角度来看，埃洛拉更胜一筹（不过阿旃陀的环境更优美，探索起来更有趣）。

埃洛拉非常受印度国内游客的欢迎；如果在工作日游览，就不会有那么多人。

★ 凯拉萨神庙
(Kailasa Temple)　　　　印度教寺庙

印度最宏大的遗迹之一，这座令人惊叹的神庙建于公元760年，由King Krishna一世下令用坚硬的岩石建成，用来象征冈仁波齐峰（Mt Kailasa, Kailash）——湿婆在喜马拉雅山脉中的居所。说这项工程大胆都是轻描淡写了。在陡峭的悬崖壁上凿出三条巨大的壕沟，这个过程必须用锤子和凿子凿掉20万吨岩石，然后塑造神庙的大体轮廓，增加那些非凡的建筑装饰。

覆盖面积是希腊雅典（Athens）的帕台农神庙（Parthenon）的两倍，个头还要高出一倍，凯拉萨神庙完全靠人工完成却毫无误差，简直是工程学的奇迹。现代制图员也许应该在这里学习一两节课程。

内部有几幅精雕细刻的镶板，描绘了《罗

Ellora Caves 埃洛拉石窟

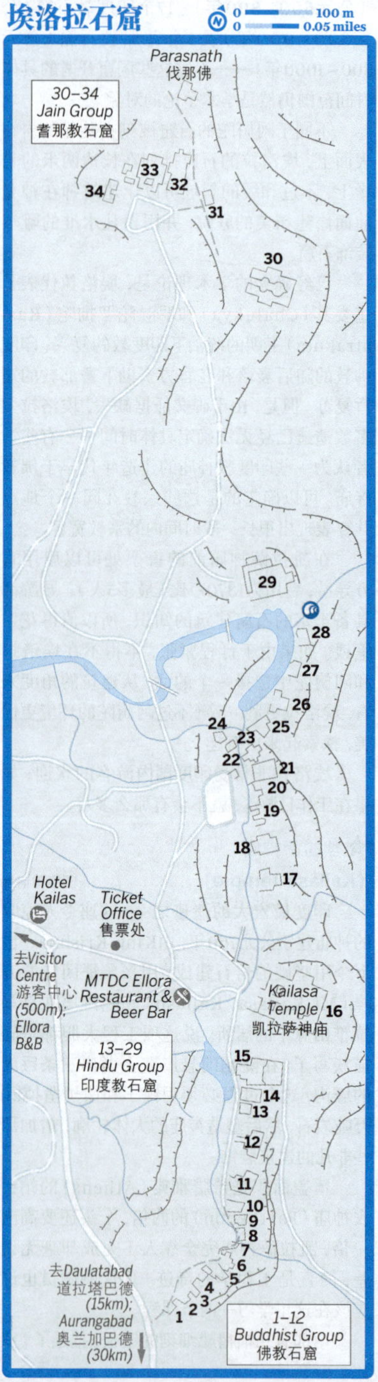

马哈拉施特拉邦 埃洛拉

摩衍那》《摩诃婆罗多》和克利须那神的冒险场景。同样值得赞叹的是，入口两侧有耸立在庭院中的巨大石柱，走廊东南端有10幅精美而巨大的镶板，描绘了毗湿奴神（Lord Vishnu）的不同化身。

逛完主要场地后，绕开那些嚼着零食的一日游游客，去探索神庙中很多被蝙蝠尿浸泡的潮湿角落里的无数被人遗忘的雕刻。然后，沿着一条草木丛生的步道（或者绕开脚手架，踩着更结实的岩石）走到建筑南边，那里通向"石窟"的顶端；从那里可以鸟瞰整个寺庙建筑。

佛教石窟
洞穴

12座佛教石窟（Buddhist Caves）庄严肃穆，一直延伸到凯拉萨以南。所有石窟都是用于研习和礼拜的毗诃罗窟（viharas，意为寺院），但这些多层建筑还包括了做饭、起居和就寝区域。唯一的例外是10号石窟，它是一处支提窟（chaitya，意为会场）。最早的石窟很简陋，11号和12号石窟则更宏大，两个石窟都有三层，与更引人注目的印度教寺庙不相上下。

最简陋的寺院是**1号石窟**，可能已经成为谷仓。**2号石窟**华丽的立柱和面向落日的威严坐佛像值得注意。**3号和4号石窟**未曾完工，也没有得到很好的保存。

5号石窟是这座石窟中最大的寺院，宽18米、长36米；一排排石凳显示这里曾经可能是一个支提窟。

6号石窟是一座华丽的寺院，里面有多罗观音（Tara）的精彩画像，她是观世音菩萨的修行伴侣和佛教掌管学习之神孔雀明王（Mahamayuri）的修行菩萨，看起来与印度教里对应的萨拉斯瓦蒂（Saraswati）非常相似。**7号石窟**是一个未加装饰的大厅。**8号石窟**是圣所与后墙不连接的第一个石窟。**9号石窟**位于8号石窟上方，以其雕刻奇妙的匾额引人注意。

10号石窟是这座佛教建筑中唯一的支提窟，也是印度最好的会场之一。这里的天花板被雕刻成石刻肋拱，很有特色；凹槽曾经配木质镶板。在阳台和上层走廊上可以更近地观看天花板和雕带上描绘的热情的情侣。从一扇装饰性的窗户里透进的光亮轻柔地照

大麻的保护

埃洛拉洞窟及绘画得以如此完好地保留下来，应该归功于诸多因素，但或许其中令人意外的是一种健康的大麻。虽然关于几个世纪以来居住在埃洛拉的佛教、印度教和耆那教僧侣是否有吸食大麻的癖好尚未有最终定论，但考古学家可以肯定，他们对大麻的保鲜作用了解一二。

2016年，一项历经11年的调查研究发布结果称，在埃洛拉使用的黏土和石灰泥中发现了一些大麻植物（被认为是世界上最古老的培养作物），于是大麻被认为是这处联合国教科文组织世界遗产地得以延缓侵蚀，延续1500年的秘密材料。

利用电子显微镜、傅里叶变换、红外光谱学和立体显微镜，印度考古研究所（Archaeological Survey of India）的化学家发现，来自埃洛拉的样品含有10%大麻成分，效果就是降低了埃洛拉的昆虫活动水平——没有使用大麻的阿旃陀，大约25%的绘画已经被毁。除了埃洛拉之外，12世纪，在奥兰加巴德附近修建道拉塔巴德堡（Daulatabad Fort）的亚达瓦人（Yadavas）也使用了大麻。

说好的又高大又雄伟的古迹呢！

亮一尊正在讲法的巨大佛像。

11号石窟是Do Thal（两层）石窟，需要从地下三层进入，直到1876年才被发现。和12号石窟一样，这里的规模可能应归功于与印度教石窟同时建设时的竞争。

12号石窟是巨大的Tin Thal（三层）石窟，需要从一个庭院进入。顶楼上上锁的圣殿里有一尊巨大的佛像，侧面是他的7个前世化身。墙壁上刻着浮雕图像。

印度教石窟
洞穴

印度教石窟群（Hindu Caves；13～29号石窟）以激动人心的戏剧性为特点。在规模、视觉独创性和工艺技术方面，这些石窟同属一类。

所有寺庙都是从上到下开凿的，所以无须使用脚手架——修建者从顶部开始，往下移至地面。亮点有14号、15号、16号、21号和29号石窟。

13号石窟是一个简陋的石窟，最有可能是个谷仓。**14号石窟**Ravana-ki-Khai是一座佛教寺院，7世纪的某个时间点变为一座供奉湿婆的寺庙。

15号石窟是Das Avatara（毗湿奴的十个化身）石窟，是埃洛拉最好的石窟之一。这座两层寺庙里有一尊迷人的湿婆舞王像，还有湿婆神从男性生殖器（lingam，阴茎形象）中显形、毗湿奴（Vishnu）和梵天（Brahma）向湿婆致敬的场景。

17～20号石窟以及**22~28号石窟**都是简朴的寺院。

21号石窟被称为Ramesvara石窟，特点是对较早期寺庙描绘的类似的Shaivite场景做出有趣的解释。恒河女神（Ganga）的形象站在她的坐骑摩羯（Makara，鳄鱼身、象鼻、羚羊角的海生生物，是印度神话中的坐骑）身上，尤其值得注意。

29号石窟 Dumar Lena，被认为是较为简单的凿空石窟和以凯拉萨神庙为典型的较完备的寺庙之间的过渡形式。在这里可以俯瞰附近的瀑布，不过在本书写作期间，这条小路无法通行。最好乘坐MSRTC的长途汽车前往。

耆那教石窟
洞穴

5座耆那教石窟（Jain Caves）是埃洛拉最后建造的石窟，可能缺乏最好的印度教寺庙那样的宏大规模，但异常精细，有一些杰出的绘画和雕刻。

石窟位于最后一座印度教寺庙（29号石窟）以北1公里的沥青路的尽头处；MSRTC有一班长途汽车从凯拉萨神庙前面出发往返来回（往返21卢比）。

30号石窟 Chhota Kailasa（小凯拉萨）是宏伟的凯拉萨神庙的拙劣仿制品，独自矗立在距离其他耆那教寺庙有一段距离的地方。从31号石窟和32号石窟之间未设标志的台阶可以过去。

32号石窟 Indra Sabha（因陀罗的会场）是最好的耆那教寺庙。一楼的布局与凯拉萨神庙相似，不过楼上装饰华丽而丰富，显得楼下很朴素。里面有耆那教的伟大祖师伐那佛（Parasnath）和Gomateshvara的形象，后者被野生动物环绕。圣殿中是一尊摩诃毗罗（Mahavira）的坐像——耆那教的创始人和最后一位伟大祖师。

31号石窟其实是32号石窟的扩展。**33号石窟**Jagannath Sabha与32号石窟格局相似，有一些保存完好的雕塑。最后一座寺庙，小小的**34号石窟**，也有妙趣横生的雕塑。一尊5米高的伐那佛（Parasnath）塑像立在耆那教寺庙的山顶，俯视埃洛拉。

🛏 食宿

Ellora B&B　　　　　　　　　　　客栈 $

（📞9960589867；ellorabedandbreakfast@gmail.com；Ellora Village；标单/大床 含早餐₹500/800起）若想稍微体验一番乡村文化，城里的热心肠萨迪克（Sadeek）及其叔叔拉菲克（Rafiq）在村里有四个朴素的房间，距离洞窟（和人群）2公里。三个最好的房间朝向微风习习的露台，可以欣赏农田和山景，套内卫生间经过翻新，有坐式冲水厕所和24小时热水。

祖母早餐会做五香饭（poha）、洋葱辣椒椰蓉面（upma）和土豆饼（aloo paratha）。即使不算精致，可那份殷勤好客足矣。

Hotel Kailas　　　　　　　　　　酒店 $$

（📞02437-244446；www.hotelkailas.com；房间 带/不带空调 ₹3570/2500；🅿🌐）这个地方是附近唯一像样的酒店，枝繁叶茂的院子里面有迷人的空调石屋。餐馆（主菜90至280卢比）非常出色，菜单用粉笔写在黑板上，包括最受欢迎的三明治、早餐、咖喱和泥炉菜。但是3小时的Wi-Fi费用为100卢比，简直荒唐。

ℹ 实用信息

埃洛拉游客中心（Ellora Visitor Centre；⊙周三至周一 9:00~17:00）是埃洛拉令人印象深刻的游客中心，位于遗址以西750米，值得来这里了解一下石窟的历史背景。这里有现代化的展示和信息板，还有15分钟的视频和两间展馆；一间是关于凯拉萨神庙的（有神庙的立体模型），另一间则主要介绍遗址。

ℹ 到达和离开

注意寺庙周二关闭。长途汽车每隔半小时从奥兰加巴德（空调/非空调 251/32卢比，30分钟，5:00至次日00:30）发车；最后一班从埃洛拉出发的长途汽车是21:00。合乘四驱车也是一个选择，不过很拥挤，客满发车，在奥兰加巴德的长途汽车站外边停车（30卢比）。前往埃洛拉的全天团队游途中停车，乘坐空调小汽车的费用为1450卢比；可以试试**Ashoka Tours & Travels**（见760页）。机动三轮车要价800卢比。

阿旃陀（Ajanta）

📍02438

阿旃陀的佛教石窟位于奥兰加巴德东北105公里处的一座偏远河谷，景色壮丽，举世瞩目的阿旃陀石窟寺庙是该地区第二个世界遗产地。这里比起神圣庄严的埃洛拉，年代更为久远，其中的石窟可以追溯至大约公元前2世纪至公元6世纪，可以被列入该国修建的最早的庙宇机构行列。讽刺的是，正是埃洛拉的出现导致了阿旃陀的衰落，历史学家认为人们将关注重点转移至埃洛拉后，这里就被废弃了。

随着德干森林占据并遮盖了这些石窟，树根和树枝堵塞了建筑，阿旃陀在大概一千年的时间内始终与世隔绝，直到1819年，在纯粹的机缘巧合之下，被一个由军官约翰·史密斯（John Smith）带领的英国狩猎团队偶然发现，才得以为世人所知。

👁 景点

游览阿旃陀的主要原因之一是欣赏这里装饰石窟内部的著名"壁画"，实际上是蛋彩画。几乎没有别的古代同类型作品可以与这里一流的艺术性和精细的手法相比，这些绘画具有无法衡量的文化遗产价值。

即便年代久远，多数石窟中的绘画依然保存完好；很多人将之归功于数个世纪以来，这里相对而言与人类社会隔绝。但是也只能是稍微乐观地说，腐坏尚未到来而已。经授权的导游可以带你到处转转，费用为600卢比。

Ajanta Caves 阿旃陀石窟

据悉，这些绘画的天然染料中混杂了动物胶和植物胶以增加其与干燥表面的凝固性。很多石窟中的地面上有类似弹坑的小孔；在绘画期间，它们被用作调色板。

旅游大巴车一般不会在中午以前到来。想要避开人群，可以在法达布尔（Fardapur）住下或者早点从奥兰加巴德出发。

★ 阿旃陀石窟　　　　　　　　　　石窟

（Ajanta Caves；印度人/外国人₹30/500，录像₹25，正规导游₹1370；◯周二至周日 9:00~17:30）阿旃陀的石窟排列在马蹄铁形状的山谷中陡峭的一面之中，山谷中是瓦哥尔河（Waghore River）。

5座石窟是支提窟，其他均为毗诃罗窟。8号、9号、10号、12号、13号和15号的一部分是早期的佛教石窟，其他的可以追溯至大约公元5世纪（大乘佛教时期）。朴素的早期佛教宗派从不会直接表现佛陀——总是通过符号，比如脚印或法轮来象征。

其他石窟也不时由于修复工作而关闭。高峰时段里，参观者在石窟中的时间被分配为15分钟，只能赤脚进入（允许穿袜子/鞋套，人字拖会让你在此刻更方便）。3号、5号、8号、22号、28号、29号和30号石窟要么关闭，要么难以到达。

1号石窟　　　　　　　　　　洞穴

1号石窟是一座大乘毗诃罗窟，曾是最后完工的一座，也是装饰最漂亮的。在这里，你可以看到莲花手菩萨（Bodhisattva Padmapani），也是阿旃陀艺术作品中最著名和最具标志性的。前面的走廊通向一个巨大的集会厅，里面的雕塑和叙事壁画以辉煌的远景和对服饰、日常生活和表情的细节精致刻画而著称。绘画中的颜色除了鲜艳的蓝色是由中亚青金石制成，其他都是从当地的矿物质中提取制造的。向上看天花板，可以看到四只鹿共一个头的雕刻。

2号石窟　　　　　　　　　　洞穴

2号石窟是一座大乘毗诃罗窟晚期寺院，里面有装饰得令人目眩神迷的立柱和柱顶，还有一些精美的绘画。天花板上装饰着几何和花卉图案。壁画中描绘了来自《本生经》中的故事场景，其中包括佛陀的母亲梦见六牙大象，预示对佛陀的孕育。

4号石窟　　　　　　　　　　洞穴

4号石窟是阿旃陀最大的毗诃罗窟，由28根柱子支撑。虽然这座石窟未完工，却有一些令人印象深刻的雕塑，比如环绕中央大佛的四尊雕像。这里还有人们在观世音菩萨的保护下逃离"八难"的场景。

阿旃陀摄影规范

石窟内严格禁止使用闪光灯拍照，因为会对绘画中使用的天然染料产生不利影响。当局安装了多排不损害颜料的小灯，在石窟中形成了微弱的照明，想看清细节还需要额外的光线，你只能依靠拍照时的长时间曝光。

6号石窟 洞穴

6号石窟是阿旃陀唯一的二层毗诃罗窟，不过一层的部分建筑已经倒塌。里面有一尊佛陀坐像，还有一扇精雕细刻的门，通向圣殿。楼上的大厅环绕着小房间，门口有精美的绘画。

7号石窟 洞穴

7号石窟的设计并不典型，走廊前的门廊直接通向4个小房间和雕刻精致的圣坛。

9号石窟 洞穴

9号石窟是阿旃陀最早的支提窟。虽然这里可以追溯至佛教早期，不过入口大门两侧的塑像可能是大乘佛教晚期的扩建物。立柱沿着石窟两侧逐渐变低，围绕着最远端3米高的舍利塔。

10号石窟 洞穴

10号石窟被认为是最古老的石窟（公元前200年），也是最先被英国狩猎团体发现的。设计与9号石窟类似，是最大的支提窟。立面已经倒塌，里面的绘画也被损坏，有的地方还有可以追溯至被重新发现不久之后的涂鸦。右边支撑的一根柱子上刻着史密斯的名字，他在这里给后人留下记号。

16号石窟 洞穴

16号石窟是一座毗诃罗窟，里面有阿旃陀最精美的一些绘画，被认为是整个建筑群最初的入口。这些绘画中最著名的是"垂死的王妃"——孙陀利（Sundari），佛陀异母弟弟难陀的妻子，据说在听说丈夫放弃尘世生活（和她）成为僧侣的消息时便不省人事。

雕像看起来像是支撑着天花板，还有一尊佛陀坐在狮子王座上讲授八正道（Noble Eightfold Path）的雕像。

17号石窟 洞穴

17号石窟有由侏儒雕像支撑的柱子，是阿旃陀保存最完好也最为多样化的绘画。著名的画像包括一位化妆的公主、一位故技重演想灌情人酒的富有魅力的王子，以及从觉悟中返回家中并向他的妻子和吃惊的儿子化缘的佛陀。一幅精致的镶板讲述了僧伽罗王子（Prince Simhala）远征斯里兰卡，和500个伙伴一起遭遇海难，流落在一座岛上，遇见了扮成妩媚女人的食人女妖，她们捉住并吃掉了落难的人。僧伽罗骑着飞马逃走，之后返回并征服了这座岛屿。

19号石窟 洞穴

19号石窟是一座宏伟的支提窟，有非常精细的立面，显著特征是一扇引人注目的马蹄铁形状的窗户。两座精美的佛陀站像的侧面就是入口。里面有一座三层的舍利塔，前面还有一尊佛像。石窟外以西矗立着一座显眼的那伽王（Naga）塑像，他的脑袋周围还环绕着7条眼镜蛇。他的妻子，只顶着一条眼镜蛇，坐在他的旁边。

26号石窟 洞穴

26号石窟是一处很大程度上已损毁的支提窟，现在则受到戏剧性的关注，里面有一些不可错过的雕塑。左边墙壁上是一幅巨大的卧佛像，仰卧着准备涅槃。其他场景还包括一段玛耶（Maya）诱惑佛陀的漫长描绘。

观景处

两座瞭望台可以让你看到整个马蹄铁形状山谷的完美景致。第一座要经过8号石窟下面的一座桥过河，然后步行一小段路，即可到达。继续向山上步行40分钟（不要在雨季尝试）可以通向英国团体第一次发现石窟的瞭望台。

住宿

Padmapani Park 酒店 $

(0240-244280; www.hotelpadmapaniparkajanta.com; Jalgaon-Aurangabad Hwy, Fardapur;

标间/双₹800/1000，带空调₹1500；※⑨）这里肯定不会让你感到激动，不过已经是法达布尔（Fardapur）破旧的住宿环境中比较好的选择了，主要是因为友好的经理会说英语，前台/餐馆有Wi-Fi，而且他们可以免费送你去阿旃陀游客中心（Ajanta Visitor Centre）。

MTDC Ajanta Tourist Resort　酒店 $$

（☎02438-244230；www.maharashtratourism.gov.in；Aurangabad-Jalgaon Rd, Fardapur；双带/不带空调₹1900/2260；※）这家漂亮的国营酒店价格昂贵，却是阿旃陀最好的住宿选择，坐落在草坪上，环境安宁，紧邻法达布尔的主路，距离石窟5公里。苹果绿色的建筑内的空调房间非常宽敞；非空调房间不太有趣，但也不错。这里有酒吧、花园，以及出售蔬菜塔利套餐（160至225卢比）和冰镇啤酒（175卢比）的餐馆。

✕ 就餐

Hotel Radhe Krishna　印度小餐馆 $

（Aurangabad-Jalgaon Hwy, Fardapur；主菜₹90~160，塔利套餐₹180起；⊙24小时）法达布尔街边小餐馆里面最好的一家，这个出众的地方环境清新，价格便宜，令人满意。著名的厨师巴布（Babu）及其团队（制作恰巴提的苏尼尔！）很喜欢接待外国人，看看这些人飞快地端来各种咖喱、炸薯条、塔利套餐都会很有意思。

❶ 实用信息

阿旃陀游客中心（Ajanta Visitor Centre；⊙周二至周日 9:00~17:30）这座一流的新设施是印度最好的游客中心之一，四大洞窟（1号、2号、16号和17号）的全比例复制品令人印象非常深刻，提供多种语言的语音导览，出色的绘画和雕塑展馆详细讲述了佛教在印度的故事。还有一间视听大厅和一家面积不小的咖啡馆。

❶ 到达和离开

从奥兰加巴德或贾尔冈来的长途汽车将把你放在距离石窟4公里的法达布尔丁字路口（大路与前往石窟的路相交）。在这里支付"设施费"（10卢比）之后，步行前往长途汽车的出发点（带/不带空调₹22/16），那些车可以直接到石窟。长途汽车半小时1班，返回丁字路口；末班车时间是17:00。注意石窟在周一关闭。

所有经过法达布尔的MSRTC（www.msrtc.gov.in）长途汽车都在丁字路口停车。石窟关闭后，你可以在法达布尔的主路向贾尔冈方向前进一公里的地方，即MTDC Holiday Resort的外面，乘坐前往奥兰加巴德或贾尔冈的长途汽车。法达布尔有出租车；1500/2500卢比应该可以将你送至贾尔冈/奥兰加巴德。

贾尔冈（Jalgaon）

☎0257 / 人口 468,300 / 海拔208米

工业城市贾尔冈只不过是个方便的中转镇，作为探访60公里之外的阿旃陀的便捷基地。这里有连接所有印度主要城市的铁路。

🍴 食宿

★Hotel Plaza　酒店 $

（☎9370027354, 0257-2227354；hotel plaza_jal@yahoo.com；Station Rd；铺₹300卢比，标单/双₹650/950起，带空调 含早餐 ₹1300~1650；※@⑨）这家管理和表现都相当良好的酒店是唯一一家从车站步行距离不远的酒店。房间面积和布局各不相同，不过都有白色墙壁、简约的氛围和比耆那教寺庙还干净的卫生间，可以算是精品酒店，性价比极高。从殷勤的态度到床上用品，一切都超出期望。

Hotel Arya　印度菜 $

（Navi Peth；主菜₹50~110；⊙11:00~22:30）美味的素食，尤其是旁遮普菜式，不过也提供一些中国和南印度菜肴。沿着Station Rd向南步行一小段路，在MG Rd左转，再在钟楼处左转，即可到达。午餐时间可能要排队等位。

❶ 实用信息

车站有一台印度国家银行的自动柜员机，出门左转就有一台Axis Bank的自动柜员机；或者，你还可以在沿着Station Rd尽头延伸的Nehru Rd上寻找自动柜员机。

Nehru Rd沿线有网吧。

❶ 到达和当地交通

贾尔冈火车站和长途汽车站相距大约2公里（乘坐机动三轮车30卢比）。

几列连接孟买（卧铺/空调卧铺2类 313/1076卢比，8小时）、德里（558/2051卢比，18小时）、艾哈迈达巴德（373/1316卢比，14小时）和瓦拉纳西（518/1981卢比，20小时）的快车在贾尔冈火车站停车。每天有9班列车开往那格浦尔（313/1076卢比，7小时至9小时）。

前往法达布尔丁字路口（71卢比，1.5小时）的长途汽车开往阿旃陀，6:00至21:00，每小时一班从长途汽车站出发，接着前往奥兰加巴德（177卢比，4小时）。

Station Rd上的私营长途汽车公司提供前往孟买（500至1400卢比，9.5小时）和那格浦尔（750卢比，9小时）的车次。

那格浦尔（Nagpur）

0712 / 人口 2,430,000 / 海拔 305米

偏远城市那格浦尔远离主要旅游线路，之所以特别是因为它曾经是印度的地理中心。这里虽然没有不容错过的景点，却是前往几座保护区和公园的重要门户，包括塔多巴－安达里老虎保护区（Tadoba-Andhari Tiger Reserve）和蓬其国家公园（Pench National Park）。这里还邻近拉姆代格（Ramtek）的寺庙和赛瓦格拉姆（Sevagram）的静修处。夏季是品尝这座城市闻名遐迩的橘子的好时候。

住宿

Hotel Blue Moon 酒店 $

（0712-2726061; www.hotelbluemoon.org; Central Ave; 标单/双₹720/960起，带空调₹1350/1600; ❉❀）房间宽敞、普通，在创意方面没有任何值得夸奖的，但在这座价格昂贵的城市可以算是比较好的经济型住宿选择了。它是最靠近火车站的酒店之一。管理人员友好且乐于助人，让人在令人不快的大理石浴缸和廉价彩色玻璃的打击下聊以慰藉。

Legend Inn 酒店 $$

（0712-6658666; www.thelegendinn.com; 15 Modern Society, Wardha Rd; 标单/双₹4180/4840起; ❉@❀）这家运营效率很高的酒店位于通向塔多巴－安达里老虎保护区的主路沿线，归印度登山运动的传奇人物所有，有配备齐全的房间、不错的餐馆、烟雾缭绕的酒吧和笑容可掬的员工（或许可以弥补一下低水压带来的不快）。房费包括1公里外的免费接机服务。

Peanut Hotel 酒店 $$

（0712-3250320; www.peanuthotels.com; Bharti House, 43 Kachipura Garden, New Ramdaspeth; 标单/双 含早餐 ₹2500/3200起; ❉❀）位于枝繁叶茂的居民区街道上，这家酒店的白色现代房间里装点着橙色的床罩，始终保持干净。酒店位于火车站东南2公里处，总的来说是城里性价比最高的住宿地点。

就餐

Krishnum 南印度菜 $

（www.krishnum.com; Central Ave; 主菜₹60~160; ⓒ8:00~22:00）这家受欢迎的餐馆供应印度南部小吃和分量大的旁遮普塔利套餐，还有鲜榨果汁。城里的其他地方也有分店。

★ Breakfast Story 咖啡馆 $$

（www.facebook.com/thebreakfastorynagpur; Sai Sagar Apt, Hingna Rd; 主菜₹100~300; ⓒ周一至周二和周四至周六 8:00~14:30和15:30~19:00，周日8:00~15:00; ❀）这个时髦的热门地方全天只提供早餐，位于市中心西南7公里的居民楼里面，值得来消遣一番。英式、美式和比利时式早餐组合，三明治、薄煎饼和华夫饼，还有黑板上的每日特色菜，摆放在覆盖连环画的木桌上，散发出艺术气息。盒式磁带、报纸及其他流行艺术品排列在墙上，烘托出时尚、惬意的气氛。

实用信息

Central Ave沿线有很多自动柜员机。

MTDC（0712-2533325; www.maharashtratourism.gov.in; West High Court Rd, Civil Lines; ⓒ10:00~18:00）这里的工作人员可以帮忙前往那格浦尔附近的国家公园。此处还有机场柜台（9405143376; www.maharashtratourism.gov.in; Arrivals Hall, Dr Babasaheb Ambedkar International Airport; ⓒ周一至周六 7:00~19:00）。

到达和当地交通

飞机

巴巴萨海布·阿姆倍伽尔博士国际机场（Dr

值得一游

塔多巴-安达里老虎保护区（TADOBA-ANDHARI TIGER RESERVE）

游人罕至的**塔多巴-安达里老虎保护区**（◉6:00~10:00和15:00~18:00，各季节有变化）位于那格浦尔以南150公里处，是印度寻找老虎的最佳地点之一。这里的游客比印度其他大多数森林保护区都要少——游客数量比毗邻的中央邦公园少60%左右——在这里，你可以近距离接触野生动物，而无须从一车又一车光顾着按快门的游客中间挤过去。与印度其他老虎公园限制进入某些区域的做法不同，塔多巴-安达里老虎保护区选择限制每天进入的游猎车辆（48辆），但可以让他们在公园内随意行驶。因此，见到野生动物的概率特别高。与印度许多公园不同的还有，公园全年开放。

你可以在**MTDC Resort**（☏9579314261; Moharli Gate; 房间 带/不带空调 ₹2380/1900起; ✱）找到布置得体的舒适房间和小屋，但这些地方中真正称得上享受的是**Tiger Trails Jungle Lodge**（☏0712-6541327; www.tigertrails.in; Khutwanda Gate; 标单/双 含全餐 ₹9500/19,500; ✱⌘✉）✎，这家具有保护意识的度假屋由热心的爱好者管理，二十多年间一直在深入研究塔多巴的老虎。它位于野生动物经常出没的缓冲区，拥有自己的公园大门。住宿场所宽敞，房间分为林边或水滨两类——还可以选在6米高的瞭望塔露营。留着肚子享用绝对上乘的马哈拉施特拉部落风味塔利套餐吧!

大多数人都是乘坐私营交通工具来到公园。即便如此，想要搭乘公共交通到达胡特万达大门（Khutwanda Gate），可以在那格浦尔乘坐开往钱德拉布尔（Chandrapur）方向的长途汽车到达沃罗拉（Warora; 120卢比，3小时），再在那儿乘坐一班长途汽车完成前往胡特万达大门（57卢比，1.5小时）的最后42公里路程。想去莫豪尔（Moharli），继续待在开往钱德拉布尔（175卢比，4小时）的车上，在莫豪尔（29卢比，1小时）乘坐下一辆长途汽车。

马哈拉施特拉邦

那格浦尔

Babasaheb Ambedkar International Airport; ☏0712-2807501）位于市中心西南8公里处，包括印度航空、靛蓝航空、捷特航空和捷行航空（GoAir）有前往德里、孟买、加尔各答、艾哈迈达巴德、班加罗尔、金奈和浦那的直飞航班。国际航班方面，卡塔尔航空和阿拉伯航空分别飞往多哈和沙迦。

长途汽车

主要的**MSRTC/甘尼许长途汽车站**（Ganesh Peth Bus Stand; ☏0712-2726221）位于火车站以南2公里处。普通长途汽车开往奥兰加巴德（750至1200卢比，每天6班）、浦那（1100卢比，13:00、16:00、17:00和18:30）、拉姆代格（50卢比，1.5小时，6:15至21:30每30分钟1班）和沃尔塔（Wardha; 45卢比，3小时，6:00至22:00每10分钟1班）。

开往中央邦的国营长途汽车从火车站以南350米的**MP长途汽车站**（MP Bus Stand; ☏0712-2533695）发车。目的地包括克瓦萨（Khawasa; 前往蓬其老虎保护区; 90卢比，6:00至次日1:30每30分钟1班）和贾巴尔普尔（270卢比起，14:30和23:00）。

私营长途汽车从火车站西南3公里处的Bhole Petrol Pump发车。在**Sanjay Travels**（☏0712-2550701; www.sanjaytravels.com; 紧邻Bhole Petrol Pump）可以预订最好的公司的空调座位和卧铺，比如Purple（www.prasannapurple.com），开往孟买（1400卢比，16:45）、浦那（900至1100卢比，15:00和22:00）、奥兰加巴德（750卢比，每小时1班，15:00至22:00）、贾尔冈（700卢比，17:00、19:00、21:00和22:00）和海得拉巴（750至1000卢比，21:00和22:30）。若想前往贾巴尔普尔，**Nandan Bus**（☏7620941415; www.nandanbus.com; Gitanjali Cinema Sq）每天14:30和23:00（450至500卢比）从Central Ave发车。

火车

Duronto Express从孟买的CST前往那格浦尔（卧铺/空调卧铺2类523/1946卢比，10小时，20:15），每天一班。20:40从那格浦尔出发，次日7:55到达。Gitanjali Express（卧铺/空调卧铺2类563/2076卢比，17.5小时，19:05）向北前往加尔各答。数班前往德里和孟买的快车在贾尔冈停车（卧铺/空调卧铺2类313/1076卢比，8小时），开往阿旃陀石窟。

那格浦尔周边

拉姆代格（Ramtek）

拉姆代格位于那格浦尔东北40公里处，被认为是史诗《罗摩衍那》中的罗摩（Lord Rama）与其妻子悉多和兄弟罗什曼那度过流放生涯的地方。该地以坐落在罗摩山顶的10多座古代寺庙（◎6:00~21:00）为标志，山上的居民是叶猴。

拉姆代格将自己定位于发展迅速的探险运动目的地。本书调研期间，MTDC正在修建一座探险运动培训中心和酒店，而且金德希湖（Khindsi Lake）确实是个适合划皮划艇、玩滑翔伞或乘坐热气球的美丽地方。

拉姆代格以西7公里处的门瑟尔（Mansar）是一处重要的考古遗址，被认为是5世纪普拉瓦拉普纳（Pravarapura）的遗迹，即伐迦陀迦国王普拉瓦薛纳二世（Vakataka King Pravarasena II）统治下的都城。

拉姆代格与那格浦尔MSRTC长途汽车站之间的长途汽车每半小时一班（50卢比，1.5小时）。最后一班前往那格浦尔的长途汽车21:30发车。

赛瓦格拉姆（Sevagram）

☐07152

距离那格浦尔85公里的赛瓦格拉姆（Sevagram，意为"服务村"）在印度独立运动期间，被"圣雄"甘地选中作为基地。在整个为自由而斗争的时期，该村接待了几位民族主义领袖；他们定期前来，在赛瓦格拉姆静修院（Sevagram Ashram；☐07152-284754；www.gandhiashramsevagram.org；◎6:00~17:30）拜访圣雄。静修处建在一座40公顷的农场里；管理人员精心修复了甘地曾经生活和工作的小屋，那里还放置着他的一些个人用品。这里还有一座小型博物馆（Sevagram Ashram；◎10:00~18:00）。

入口大门对面的Rustam Bhavan（☐07152-284754；nayeetaleem.75@gmail.com；房间每人150卢比）和Yatri Nivas（☐7276160260；sevagram_ashram@yahoo.in；房间 不带空调₹200~300）有基本的住宿设施，建议预订。独具氛围的Prakrutik Ahar Kendra（Sevagram Ashram；餐₹120~150；◎11:30~18:00）提供简单的有机饭菜。

前往赛瓦格拉姆，可以从那格浦尔乘坐前往沃尔塔（Wardha；85卢比，3小时）的长途汽车，你需要在沃尔塔转乘开往赛瓦格拉姆的汽车（12卢比，10分钟）。在距离静修处1公里的医疗广场（Medical Sq）下车，或者搭乘合乘机动三轮车（20卢比）。

马哈拉施特拉邦南部

康坎海岸（Konkan Coast）

刚刚开发的海岸线从孟买往南向果阿邦延伸，这片风景如画的海岸线上到处是明信片一般美丽的海滩、渔村和宏伟荒废的堡垒。无论你是在加帕提普勒的沙滩上与孟买人一起戏水，还是在穆鲁德—金吉拉（Murud-Janjira）参观令人惊叹的金吉拉堡（Janjira Fort），抑或是在沙滩延伸至果阿之前最后一座重要的海滨城镇马尔万投身那片蔚蓝，穿越这片热带荒野都是十足的乐事。

穆鲁德—金吉拉（Murud-Janjira）

☐02144 / 人☐13,100

寂静的渔村穆鲁德—金吉拉（距离孟买165公里）应该被列入你的康坎海岸行程。这里悠闲的生活、新鲜的海鲜、岸边巨大的金吉拉堡（以及感受温暖的海浪在脚趾间流淌的机会）都会让你不虚此行。

穆鲁德—金吉拉的海滩是当地人跑步或玩板球的乐土，街头摊位和夜晚海滩上的打闹嬉戏让这里生机勃勃；或者，你可以透过禁止入内的Ahmedganj Palace的大门窥视一番，那是穆鲁德的思迪长官的财产；或者四处看看镇南那些衰败的清真寺和陵墓。

◎ 景点

★金吉拉 堡垒

（Janjira；◎7:00至黄昏）**免费** 海岛堡垒金吉拉耸立在离岸500米处，居高临下，阴森逼人，是康坎海岸一连串堡垒中最壮观的一座。这座城堡由思迪人（Siddis）建成于1571年，成为土邦的都城；思迪人是来自非洲之角（Horn of Africa）的奴隶后代。

此后几个世纪，思迪人与莫卧儿人的结盟引发了本地国王的愤怒，包括希瓦吉及其儿子桑布哈吉（Sambhaji），他们分别尝试过派人攀越城墙或者在下面挖隧道。然而，没有外人（包括英国、法国和葡萄牙殖民者）能越过城堡12米的巨大高墙；涨潮时，它看起来就像从大海中耸立而起。虽然历史上从未被征服，这座城堡最终还是屈服于自然的力量，巨大的城墙正慢慢地破碎，荒野正在蚕食它的内脏。

不过如今这里还是有不少地方值得一看，包括贴合紧密的砌石，几个世纪以来，它们让这座堡垒抵御风暴、殖民者和硝烟战火。你可以从一扇阴森森的灰石大门走向城堡，然后探索城墙（还有巨型大炮）和19座堡垒，其中大多保存完整。内部堡垒、宫殿和清真寺已经沦为废墟，不过要塞的两座巨型水库保留了下来。由于现存的许多城墙和建筑状况不佳，所以探索此处古迹时要小心落脚，遗憾的是，各个地方都散落着垃圾。

到达金吉拉的唯一方式就是在Rajpuri码头乘船（往返61卢比，20分钟）。工作日的7:00至正午和14:00至17:30及周末7:00至17:30发船，最少搭载20名乘客，留出45分钟探索堡垒。从穆鲁德－金吉拉到Rajpuri码头，乘坐机动三轮车（150卢比）或租一辆自行车。

🛏 食宿

Sea Shore Resort　　　　　　客栈 $

（☎9209240603；www.seashoreresortmurud.com；Darbar Rd；房间 带/不带空调 ₹2000/1500；❄️🛜）这家客栈极其朴素，优点是棕榈环绕的海景房间，带小阳台、Wi-Fi覆盖，价格2000卢比左右。面朝海滩的花园有些破败，不过里面有几张吊床。在这里，友好的费萨尔（Faisal）会说一些英语。

Devakinandan Lodge　　　　客栈 $

（☎9273457057；Darbar Rd；房间 带/不带空调 ₹2000/1500；❄️）这家绿色和红色的小客栈非常耀眼，有干净、简单的房间，里面有电视和通热水的卫生间。老板一家人很友善，但基本不会说英语。

Sea Shell Resort　　　　　酒店 $$

（☎02144-274306；www.seashellmurud.com；Darbar Rd；房间 带/不带空调 ₹2500/2000；❄️🏊）这家酒店距离海滨公路有一段距离，是个令人愉快的地方，有闪耀、宽敞和微风吹拂的海景房间，配备看起来远胜外表的热水卫生间（花洒淋浴、厚实的浴巾）。这里还有一个小游泳池。

Hotel Vinayak　　　　　　　印度菜 $$

（Darbar Rd；主菜₹120～400；⏰7:00～22:00）海景露台是大吃热气腾腾的孔卡尼（Konkani）美味塔util套餐（120至300卢比）的理想场所，包括鱼咖喱、烤盘炸鱼，以及用椰汁和印度山竹子制作的粉色饮品（sol kadhi），味道略酸，可助消化。这里还有新鲜的鱼虾菜肴和美味的早餐。

ℹ️ 到达和当地交通

6:00至19:00之间，从孟买的印度门（Gateway of India）出发的渡轮和双体船（125至165卢比）巡游至曼德瓦（Mandva）码头。船票包括免费前往阿里巴格（Alibag；30分钟）的班车。摇摇晃晃的当地公共汽车从阿里巴格（Alibag）沿着海岸前往穆鲁德－金吉拉（70卢比，2小时，每30分钟一趟）。另外一种选择，6:00至次日1:00，孟买中央汽车站有10班长途汽车发车，需要大约6小时到达穆鲁德－金吉拉（非空调 20卢比）。每天有4班长途汽车继续开往浦那（215卢比，7小时，7:30、14:00、15:00和16:00）。

最近的火车站在2小时路程之外的罗哈（Roha），没几趟车。

可以在**Golden Swan Beach Resort**（☎9225591131；www.goldenswan.com；Darbar Rd）租自行车（每小时/天 150/250卢比）和小汽车（每公里15卢比）。

穆鲁德－金吉拉周边
莱加德堡（RAIGAD FORT）

引人入胜的**莱加德堡**（印度人/外国人 ₹15/200；⏰8:00～17:30）孤零零地矗立在高大偏远的山顶，距离66号公路（Hwy 66）24公里，从1648年直至1680年希瓦吉去世，这里一直是他的首府。这座城堡后来被英国人洗劫；他们在此增建了一些殖民地建筑，不过诸如宫廷、议事堂的基座、主要市场和希瓦吉陵墓的遗迹依然存在，值得游览。

你可以疯狂地徒步爬上1475级台阶去顶部。想要更"漂浮"的体验，可以乘坐令人眩晕的**索道**（www.raigadropeway.com；往返₹250；◎8:00~19:00）——实际上是缆车——登上悬崖，鸟瞰下面的深谷景色。注意，这里是备受印度国内游客欢迎的景点，节假日期间，你可能得等上1小时才能坐上缆车。城堡建筑群中有导游（500卢比）。Sarja Restaurant（小吃₹35~80；◎8:00~19:00）毗邻索道的底部终点站，是个简单饱顿午饭或小吃的地方。

机动三轮车在66号公路上往来于默哈德（Mahad）与索道之间，往返费用700卢比，包括等候时间（注意"Raigad Ropeway"的指示牌）。默哈德位于孟买以南158公里处，距离穆鲁德－金吉拉88公里。默哈德－赖戈德（Mahad-Raigad）的公路是柏油路面，路况不错。从穆鲁德－金吉拉出发来此一日游，小汽车和司机每公里收费15卢比。默哈德每隔2~3小时有长途汽车开往马哈巴莱什沃尔（70卢比，2小时）。

加帕提普勒（Ganpatipule）
02357

海滨小镇加帕提普勒多年以来以其温暖的海水和美妙的沙滩源源不断地吸引热爱海滩的人。这个村庄距离孟买375公里，一年中的很多时间都像在打盹儿，除了假期之外，比如排灯节（Diwali）和甘尼许节（Ganesh Chaturthi）。那段时间，成群的喧闹游客来到这里参观海边的**斯瓦扬布庙**（Swayambhu Temple；◎6:00~21:00），这座寺庙坐落在一尊巨大的石象神（涂成鲜艳的橙色）上。若想找更清静的地方，主要海滩[比如新威海滩（Neware Beach）]以南的海滩与加帕提普勒相比更加壮观，人却没那么多——乘坐机动三轮车可以前往。

想要前往加帕提普勒，你需要经过交通枢纽拉特纳吉里（Ratnagiri），那里斑驳的**锡袍宫**（Thibaw Palace；Thibaw Palace Rd；◎周二至周日10:00~17:30）**免费**是最后一位缅甸国王锡袍被英国人囚禁的地方。

食宿

Grand Konkan Resort　　　　客栈 $
（02357-235291；www.atithilodgegan patipule.com；房间 带/不带空调 ₹1800/1500）这间家庭客栈位于更便宜且简单的Atithi Lodge（同属一家）后面，虽然名字有些夸张，但提供相当干净的房间，略有特色（窗帘、木框艺术品），步行仅5分钟就能到海滩。硬木地板和架子散发出一种森林小屋的质朴气息。雅耶斯（Jayesh）和拉杰什（Rajesh）兄弟会说英语，能够提供很大的帮助。

MTDC Resort　　　　　　　酒店 $$
（02357-235248；www.mararashtratou rism.gov.in；大床 带/不带空调 ₹2740/2380起；图标）这家大酒店占据了最好的海滨地区，多少有些像是孟买家庭的度假村。混凝土房间和村舍将从现代化改造中受益，不过全都拥有开阔壮丽的海景。这里还有一家提供冰啤酒的像样餐馆。

Bhau Joshi Bhojnalay　　　印度菜 $
（主菜₹55~125；◎11:30~15:00和19:30~22:30）这家干净、有序的餐馆不是最便利的就餐场所（没有英文招牌，员工几乎不会说英语，没有餐巾纸，所以还要带些湿纸巾！），位于海滩往内陆的方向，但美味的马哈拉施特拉菜肴值得费些周折。尝尝美妙的茄子咖喱（baingan masala；90卢比）。这里还提供耆那教和旁遮普菜肴。

Hotel Naivedya　　　　　　印度菜 $
（主菜₹80~170，塔利套餐₹85；◎10:00~19:00）村里简单的本地小餐馆，提供出色的日常蔬菜塔利套餐（85卢比），令人兴奋，还有海岸沿线最清凉提神的山竹子椰汁（sol kadhi）。

实用信息

加帕提普勒有数台自动柜员机，从MTDC Resort往内陆方向约400米处就有一台。

到达和当地交通

加帕提普勒的交通线路有限。最近的主要城镇是以南40公里处的拉特纳吉里（Ratnagiri）。两地之间每小时都有长途汽车往来（33卢比，1.5小时）；机动三轮车费用为400卢比。

加帕提普勒每天都有两班国营长途汽车开往浦那（350卢比，5小时，6:45和19:30）。若要前

值得一游

康坎铁路请上车

印度广为流传的火车之旅可以列出一份长长的名单，其中一条就是康坎铁路（Konkan Railway），紧靠着马哈拉施特拉邦、果阿邦和卡纳塔克邦之间738公里的印度西海岸。这条线路从1998年开始通行客车，被认为是印度从独立至今承担（并且完工）的规模最大、造价最高的基础设施工程。这个想法在20世纪初就被英国人直接放弃了，他们认为这项工程建设任务完全是不可能实现的冒险行为，于是任由当地人用了数十年才完成这项工作（在意外频发的阶段，有10人为此丧命）。

现如今，92条隧道和2000座桥梁，包括印度最高的高架桥，64米高的潘维尔高架桥（Panval Viaduct）让这条风景优美得不可思议的线路成为可能，到处是景致如画的稻田、起伏的青山、嶙峋的山峰、童话般的海景和许许多多隧道、瀑布、高架桥和丛林风景。

大多数旅行者会在孟买乘坐开往果阿的Mandovi Express，享受康坎之旅，不过火车爱好者可以在孟买乘坐开往门格洛尔的Mangalore Express，历经14小时，行遍全程。

往孟买和戈尔哈布尔（或者乘坐时间通常更合适的国营长途汽车），先要往回前往拉特纳吉里（33卢比，1.25小时，7:00至20:00每30分钟1班）。这里有开往孟买（沃尔沃 非空调座席/空调卧铺700/1000卢比，10小时，19:00）和浦那（沃尔沃空调卧铺 800卢比，9小时，19:00）的私营长途汽车。

拉特纳吉里火车站位于康坎铁路（Konkan Railway）线上。Mandovi Express每天从拉特纳吉里前往孟买（二等/卧铺/空调卧铺2类188/293/1061卢比，7.5小时，14:05）。前往果阿邦的返程火车（163/248/896卢比，5.5小时）13:15出发。长途汽车从拉特纳吉里老长途汽车站出发前往果阿邦（半豪华 270卢比，6小时）和戈尔哈布尔（160卢比，4小时）。

马尔万（Malvan）

☏02365

一则政府旅游广告将新兴的马尔万与塔希提（Tahiti）相提并论，真是有些野心勃勃啊。不过这里确实拥有几近白色的沙滩、闪闪发光的大海和丛林环绕的荒地。海边有珊瑚礁、海蚀洞和充满活力的海洋生物——随着新的世界级潜水学校的开设，潜水成为一大卖点。

马尔万是康坎海岸沿线最美丽的城镇之一。这个地方温暖平和，适合骑自行车，有美丽的木式老建筑、繁忙的小港口和集市，以及慢节奏的热带生活。环境优美的塔卡里（Tarkali）海滩从城镇中心径直向南延伸，是许多酒店和客栈的所在地。

◎ 景点和活动

马尔万有些潜水商店并不具备潜水资质，如果你想潜水，一定要找一家有资质的机构。马尔万海洋保护区（Malvan Marine Sanctuary）是该地区最好的水肺潜水区域，拥有67海里的礁石，经常被誉为印度的大堡礁。

塔卡里海滩南端环绕着宽阔、美丽的卡利河（Karli River）。几家船舶运营商（他们的船停泊的北岸）提供沿回水前往海鸥岛（Seagull Island）、金石岩礁（Golden Rock）、海豚角（Dolphin Point）和海湾海滩和/或文古尔拉岩礁（Vengurla Rock）灯塔的乘船游，中途会多次靠岸。每条船最多10人，费用为1200~3500卢比。

辛杜杜尔格堡（Sindhudurg Fort） 堡垒

这座巨大的城堡由希瓦吉修建于1664年，坐落在近海岛屿，可以在马尔万港口乘坐班次频繁的渡船（成人/儿童₹70/40，8:00至17:30）前往。这里虽然不像海岸沿线的金吉拉那样令人印象深刻，如今也基本沦为废墟，但它依然气场强大。你可以探索城墙，沿海景色令人难忘。船舶运营商可以让你在岛上待1小时。

塔卡里海滩（Tarkali Beach） 海滩

马尔万南部宛如新月的金色沙滩，是印度热带风情的美景，四周环绕椰子树和木麻黄树,还有零零散散的奶牛。黄昏时分(10月至次年2月),渔民一起拉起长达一公里的巨型大网,里面满是沙丁鱼。从马尔万城镇搭乘三轮车到这里的费用是150卢比。

★IISDA
潜水

(Indian Institute of Scuba Diving & Aquasports; ☎02365-248790; www.maharashtratourism.gov.in; Tarkali Beach; 每次潜水₹3700, PADI开放水域课程₹22,000; ⊙7:00~19:00)这家一流的PADI潜水中心由马哈拉施特拉邦旅游局(Maharashtra Tourism)发起成立,是印度最好的潜水中心,管理者是海洋生物学家和全能潜水专家萨朗·库尔卡尼博士(Dr Sarang Kulkarni)。这里提供专业指导、长20米和深8米的训练泳池、配备空调的教室和舒适的学生住宿区。IISDA还是海洋保护中心,这里甚至有餐馆、酒吧和网球场。

IISDA位于马尔万以南7公里处。

🛏 食宿

Vicky's Guest House
客栈 $

(☎9823423046; www.malvanvickysguesthouse.com; 紧邻Heravi Batti, Dandi Beach; 房间带/不带空调 ₹1500/1000起; ❈🞄)时髦、平和的Vicky位于一条安静的居民小巷,四周是茂盛的棕榈树,距离丹迪海滩(Dandi Beach)400米,与马尔万城镇近在咫尺,有5个专门定制的房间,乍看之下不怎么起眼,实际上既宽敞又设施齐全,在这个价位上来看,相当舒适。维基(Vicky)本人非常乐于助人,态度和蔼,一家人都非常亲切。

★Chaitanya
马尔万菜 $$

(502 Dr Vallabh Marg; 主菜₹150~325; ⊙11:00~23:00)位于马尔万主街上,这个由家庭经营的地方非常棒,专门烹制康坎菜肴,包括椰汁鱼(bangda tikhale)、马尔万虾和味浓可口的马沙拉螃蟹;分量不会吓到你,但海鲜是最好的。这里的素菜也很出色。店内总是挤满当地人,有的区域有空调。

Athithi Bamboo
马尔万菜 $$

(Church St, Chival; 塔利套餐 ₹80~325; ⊙正午至16:00和20:00~22:30)位于港口北侧,这个面积不小的休闲场所提供马尔万一流的塔利套餐和许多新鲜鱼类菜肴。虽然没有英文招牌和英文菜单,你还得坐在铁皮屋顶下面(所以白天非常热),但海鲜新鲜得像是刚上岸,康坎菜式非常正宗。

❶ 到达和离开

最近的火车站在38公里之外的古达尔(Kudal)。班次频繁的长途汽车(38卢比,1小时)从**马尔万长途汽车站**(☎02365-252034; Shri Babi Hadkar Marg)出发,或者乘坐机动三轮车,费用约为500卢比。马尔万有普通车前往戈尔哈布尔(Kolhapur, 非空调189卢比起,5小时)、孟买(562卢比, 12小时, 8:00)、帕纳吉(Panaji, 非空调102卢比起, 4小时, 6:45、7:45、14:30和15:15)和拉特纳

马尔万海洋保护区(MALVAN MARINE SANCTUARY)

马尔万周边的海岸线变化多端,湿地、沙滩和岩石海滩、红树林和回水,千姿百态。但水下世界可以说更加引人入胜,珊瑚和洞穴为丰富多样的海洋生活提供了庇护之处,大片的马尾藻成为幼鱼的摇篮。沿海岛礁吸引来成群的鲷鱼和大石斑鱼、蝴蝶鱼、黄色条纹的梅鲷、鳐鱼和黄貂鱼,还有龙虾。10月至次年5月,这里不时可以见到一群群海豚,就连世界上最大的鱼——鲸鲨,也会时不时地在此露面。

目前只有一小片海域成为受到保护的**马尔万海洋保护区**,其中包括辛杜杜尔格堡(Sindhudurg Fort);然而正是这种丰富的多样性让海洋生物学家,包括Indian Institute of Scuba Diving & Aquasports(IISDA)的主管萨朗·库尔卡尼博士(Dr Sarang Kulkarni)认为有必要扩大保护区的范围。沿海延伸67海里的礁石已经被描述为印度的大堡礁。水下高地**安格利亚海堤**(Angria Bank)长40公里,宽20公里,拥有状态良好的珊瑚和丰富多彩的海洋生活:几乎每次潜水都能见到护士鲨。IISDA对于经营前往安格利亚的一日游和船上游已经做好了充分的计划。

吉里(Ratnagiri, 非空调190卢比起, 5小时, 6:00、7:45和11:15)。前往果阿速度略快的是开往马普萨(Mapusa)和帕纳吉的蓝白色Kadamba Goan国营长途汽车(135卢比, 3.5小时, 7:45、14:30和15:00)。

Dr Vallabh Marg有私营长途汽车机构, 出售比较舒适的沃尔沃大巴坐票, 前往孟买和浦那, 但这些车都是从马尔万往内陆方向33公里处的卡萨尔(Kasal)出发并且不提供前往那里的交通。

马尔万距离果阿北部仅有80公里; 个体司机收费2000卢比(非空调)至2500卢比(空调), 车程2小时。

马泰兰(Matheran)

📞02148 / 人口5750 / 海拔803米

马泰兰(Matheran)的字面意思是"丛林之上", 是位于陡峭的西高止山脉上的一小片平静而安宁的地方, 与孟买近在咫尺, 仿佛可以感受到那里的热气和尘土。遮天蔽日的森林中有纵横交错的步行小道和惊险刺激的瞭望台, 这里依然保留着殖民时代的优雅风情, 不过悄然出现的商业和非法建筑破坏了这份魅力(比如, 完全不需要摩天轮和蜡像馆)。

过去, 前往马泰兰的过程就是一种乐趣。虽然更快的选择是通过公路, 然而没有什么能比乘坐嘎嚓作响的窄轨小火车慢腾腾地前往村庄中心更有乐趣了。2016年, 出轨事故导致这趟火车停驶, 经过17个月的关闭后, 小火车于2018年1月27日重新投入使用。

马泰兰禁止机动车通行, 把这里作为放空耳朵和肺并且锻炼双脚的理想地方吧。

⊙ 景点和活动

你可以沿着绿树成荫的小路步行前往马泰兰的多数观景点, 只需几个小时而已。这个地方非常适合毫无压力地漫步。想看日出, 就去Panorama Point; 而Porcupine Point(也被称为落日点)是最受欢迎的(即非常拥挤)观看落日的地方。Louisa Point和Little Chouk Point也有极美的西高止山脉景色; 如果去了回声角(Echo Point), 就大喊一声吧。

如果周末或节假日前来, 回声角、夏洛特湖(Charlotte Lake)和蜜月角(Honeymoon Point)挤满了一日游游客, 你可能想要避开那些地方附近人最多的地方。

你可以沿着被称为"**希瓦吉阶梯**"(Shivaji's Ladder)的小路(据说是被这位马拉地领袖自己踩出来的)到达独木岭(One Tree Hill)下的山谷。

🛏 食宿

Hope Hall Hotel　　　　　　酒店 $

(📞8149621803; www.hopehallmatheran.com; MG Rd; 双 周一至周五₹1200, 周六和周日₹1500)这家老牌酒店由一个非常亲切的家庭经营, 多年来一直在接待快乐的旅行者, 房屋的历史可以追溯到1875年。宽敞的房间有高高的天花板, 散发出艺术气息, 分为两个区域, 位于枝繁叶茂的花园后面。这里还提供不错的早餐和饮品。

★ Verandah in the Forest　　历史酒店 $$$

(📞02148-230296; www.neemranahotels.com; Barr House; 双 含早餐 周日至周四₹4760起, 周六和周日₹5950起; 🅿)这座拥有150年历史的别墅充满乐趣, 弥漫着浓烈的怀旧气氛, 拥有古雅奢华的房间。华丽的枝状大烛台、东方式地毯、古老的柚木家具、维多利亚风格的油画和祖父的钟表将你带回旧日时光, 可以俯瞰马泰兰林木茂盛的山坡, 风景优美。

店内餐馆提供非常可口的四道菜欧洲餐(700卢比; 晚餐仅限住客, 午餐对外营业)。

Shabbir Bhai　　　　　　　印度菜 $

(Merry Rd; 主菜₹100~210; ⊙9:00~22:30)这家时髦的小店被当地人称为"Byrianiwala", 北印度菜肴应有尽有, 不过都是辛辣的印度比尔亚尼菜: 加了香料的蒸米饭配鸡肉、羊肉和蔬菜。要到达这里, 沿着MG Rd上的Jama Masjid旁边的上山步行道走, 跟着香气就能找到。

ⓘ 实用信息

进入马泰兰, 费用50卢比(儿童25卢比), 在Dasturi停车场支付。

ⓘ 到达和离开

出租车

合乘出租车(70卢比)从内拉尔(Neral)火车站外达到马泰兰的Dasturi停车场(30分钟)。马(前往所有酒店350卢比, Verandah in the Forest除

外，后者费用550卢比）和人力三轮车（700卢比）等候在此，将你迅速（相对来说）送到马泰兰的主要市场。马夫属于工会，价格经过公示，不过在过了马泰兰售票柜台50米处看到公告牌之前，不要商定价格（右下角的酒店价格要比公告牌其他文字的字号更小）。你也可以自己步行1小时（上坡大约3.5公里），托运行李的费用为250卢比。

火车

每天有5班小火车在马泰兰和内拉尔（Neral）/Aman Lodge之间嘎嚓嘎嚓地往返。

孟买的CST车站每天有两班开往内拉尔枢纽火车站的快车，发车时间为7:00和8:40（二等/座席93/326卢比，1.5小时），但由于IRCTC将内拉尔和孟买视为同处一个城市圈，所以无法在网上预订。你必须预订目的地更远的车票（比如洛纳瓦拉），然后在内拉尔下车。或者，孟买CST和Dadar有许多往返这条线路的本地列车。

其他从孟买出发的快车沿着来自内拉尔方向的线路，在格尔杰德（Karjat）停车；你可在那里乘坐当地火车或前往马泰兰的公共汽车（31卢比，30分钟，每天4班，5:45、11:00、13:30和16:15）返回。浦那每天有许多车开往格尔杰德。注意：从浦那来的火车在内拉尔枢纽火车站不停车。

❶ 当地交通

在马泰兰，除了乘坐人力三轮车和骑马，步行是唯一的交通选择。马夫会不断地鼓动你骑马（每小时约400卢比）。

洛纳瓦拉（Lonavla）

☏02114 / 人口 57,400 / 海拔 625米

洛纳瓦拉是一座吵闹的度假城镇，位于孟买东南约106公里处。这里的主要街道上几乎全部是灯火辉煌的商店，兜售chikki——当地出产的像石头一样硬的脆糖，适合合家欢的项目有蜡像馆、卡丁车和印度最大的水上公园。不过这里有一些令人惬意的小街道、宁静的居民区和瑜伽地点，还有四周田园牧歌式的乡村，也就是说，你可以在这儿选择适合自己的旅行方式。

你来到这里的主要原因就是参观附近的卡尔拉和巴甲石窟，它是继埃洛拉和阿旃陀石窟之后，马哈拉施特拉邦最好的石窟。

酒店、餐馆和前往石窟的主要道路都在火车站以北。洛纳瓦拉大多数镇区和市场都位于车站南边。

✈ 活动

Kaivalyadhama瑜伽医院 　　　　瑜伽

（Kaivalyadhama Yoga Hospital; ☏855-1092986, 02114-273039; www.kdham.com; 40天课程 含全膳宿 US$1000）这座先进的瑜伽中心坐落在洛纳瓦拉前往卡尔拉和巴甲石窟的途中，距离洛纳瓦拉约2公里，在一座整洁的院子里。这里由斯瓦米·库瓦雷阳南达（Swami Kuvalayananda）建于1924年，有自然疗法的瑜伽课程。课程包括所有食宿、瑜伽课、项目和讲座。

Nirvana Adventures 　　　　滑翔伞

（☏022-26053724; www.flynirvana.com）Nirvana Adventures总部位于孟买，在距洛纳瓦拉25公里的Kamshet城镇周边的迷人乡村提供滑翔伞课程（两天的学习课程 每人12,000卢比含全膳宿）和短途双人飞行（2500卢比起）。

🛏 食宿

★ Ferreira Resort 　　　　酒店 $

（☏02114-272689; http://ferreiraresortlonavala.blogspot.co.uk; DT Shahani Rd; 房间 周一至周四 ₹1300，周五至周日 ₹1800~2100，带空调 周一至周四 ₹1500，周五至周日 ₹2000~2500; ❄🛜）这里肯定不是度假村，但在洛纳瓦拉多少有些不常见：价格合理，家庭经营，位于安静的居民区，靠近火车站。这里15个干净的房间有空调，其中10个房间带阳台，还有小花园并提供客房服务。

Hotel Rama Krishna 　　印度南部菜、旁遮普菜 $$

（Mumbai Pune Rd; 主菜₹40~420; ⏰7:00-23:45）似乎城里的每个人——还有过路的摩托车骑手——都聚集在这家餐馆怡人的露台上吃早餐，这里美味的印度南部主食（分量很大的多莎饼等）是不错的选择。随着日光耗尽，食客们又聚集起来享用香辣的旁遮普菜肴，这里还大量供应冰镇啤酒。

★ Kinara Dhaba Village 　　印度北部菜、中国菜 $$$

（www.thekinaravillage.com; Vaksai Naka,

Old Mumbai Pune Hwy；主菜₹280~560；
⏰11:00~23:30；🍴）这家老少咸宜的餐馆/娱乐场所位于洛纳瓦拉以东约5公里处，更靠近卡尔拉和巴甲石窟。它有些像是小餐馆乐园，是乐趣的所在。在传统的布天棚小屋下用餐，四周是令人不快的节日灯光、用于骑乘的骆驼和驴、炸糖浆（jalebi）手推车、鱼足疗水池和每晚现场演出的格扎尔（ghazal，乌尔都情歌）音乐（19:00）。

❶ 到达和离开

从孟买（150卢比起，2小时）和浦那（100卢比起，2小时）长途汽车站出发前往达达尔（Dadar）的MSRTC长途汽车可以到达洛纳瓦拉。
Neeta Bus（☎8652222640；www.neetabus.in；57/2/2/A Valvan Dam, Old Mumbai Pune Hwy）有从洛纳瓦拉开往浦那（250卢比，8:00至23:00每小时1班）和孟买（400卢比，7:00至23:00每小时1班）的豪华空调大巴，从火车站东北3公里处的华丽车站发车。列车在锡翁车站（Sion Station；可以前往教堂门）停车，然后经过郊区北上，在可以前往国内机场的维拉帕尔（Vila Parle）停车，并继续开往包里瓦利（Borivali）。

从孟买CST到浦那的所有特快列车都在洛纳瓦拉停车（二等车厢98卢比至123卢比，座席326卢比至371卢比，2.5~3小时）。

卡尔拉石窟和巴甲石窟（Karla Caves & Bhaja Caves）

虽然与阿旃陀和埃洛拉相比形见绌，不过卡尔拉和巴甲的岩刻石窟可追溯至公元前2世纪左右，也是印度佛教石窟建筑中较好的典范。商业旅游的程度很低，让这里成为安静短途旅行的理想场所。卡尔拉（Karla）有最让人印象深刻的单独石窟，巴甲（Bhaja）则是个更安静的探索地点。

👁 景点

卡尔拉石窟   *石窟*

（Karla Caves；印度人/外国人₹15/200，录像₹25；⏰9:00~17:00）卡尔拉石窟是印度早期最大的支提窟，可以从山底的小集市攀登20分钟到达。这座支提窟完工于公元前80年，长约40米、高约15米，内部的穹顶之下是精美的佛陀、人和动物的雕像。

除了埃洛拉的凯拉萨神庙，这里可能是该县最让人印象深刻的石窟寺庙了。一把木伞保护下的半圆形"天窗"将阳光引入舍利塔和佛塔（石窟中佛陀的象征）的内部，在同类样式的建筑中硕果仅存。石窟的屋顶依然保存着古代的柚木扶壁。37根柱子组成的走廊的顶部是跪拜的大象。门厅两侧雕刻的象头曾经还有象牙。

石窟前面有一座挤满朝圣者的**印度教寺庙**，他们的到来为这里增添了色彩。

巴甲石窟   *石窟*

（Bhaja Caves；印度人/外国人₹15/200，录像₹25；⏰8:30~17:30）与卡尔拉石窟隔了一条高速公路，距离主路3公里，巴甲石窟的四周枝繁叶茂，是该地区尤其葱郁青翠和安静的石窟。这里据说可追溯至公元前200年左右，18座石窟中的10座是毗诃罗窟，而12号石窟是一座开放式的支提窟，内有一座朴素的舍利塔。

❶ 到达和当地交通

卡尔拉位于洛纳瓦拉以东11公里，巴甲位于其东9公里。可以乘坐当地公共汽车到达两处的入口。从入口到两个地点来回需要步行大约6公里——不过那会让人筋疲力尽，而且很热。从洛纳瓦拉乘坐机动三轮车前去游览收费800~1000卢比（取决于一周内的哪一天）。

浦那（Pune）

☎020 / 人口 5,140,000 / 海拔 535米

一座欣欣向荣、生机勃勃的大城市，学术和商业中心浦那是"新印度"的缩影，一座莫名其妙地融合了资本主义和唯心主义（古代和现代）的城市。浦那在世界上也很有名，或者说臭名昭著，因为已故大师巴格万·什里·拉杰尼希（Bhagwan Shree Rajneesh）创建的静修处——奥修国际静心社区（Osho International Meditation Resort；见784页）。

浦那最初以希瓦吉和佩什瓦统治体系（Peshwas，希瓦吉的孙子沙胡在位期间所设立的一个政治体系）而自豪，他们将这里作为首都。1817年，英国人占领这里，鉴于这里凉爽干燥的气候，很快将之设置为孟买管辖

Pune 浦那

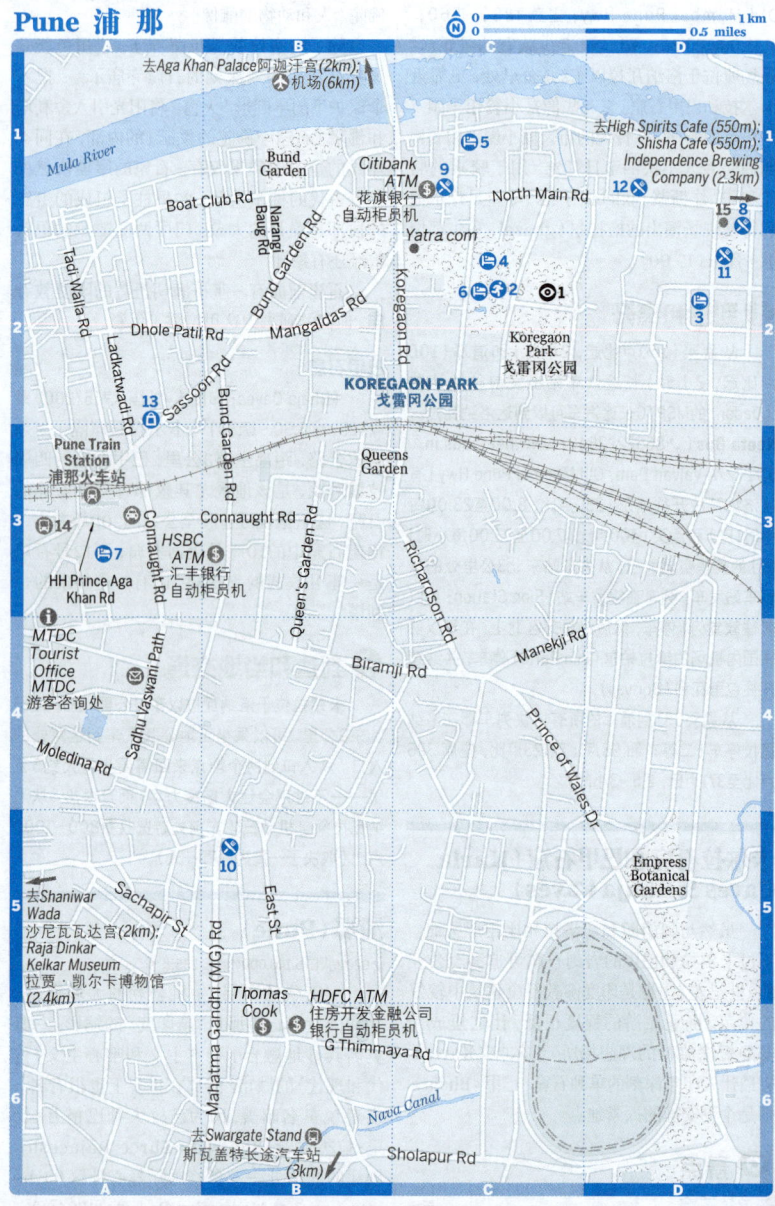

马哈拉施特拉邦

浦那

区的雨季首府。20世纪90年代，全球化浪潮波及浦那；此后，浦那开始进行形象改造。不过，殖民地时代的风采依然在一些老建筑和居民区中保留下来，造就了新和旧的和谐共存，也让浦那成为一个值得探索的地方（尽管有环境污染和交通拥堵）。

⊙ 景点

★ 拉贾·凯尔卡博物馆　　博物馆
（Raja Dinkar Kelkar Museum; www.

Pune 浦那

◎ 景点
1 奥修提尔兹花园 C2

⊕ 活动、课程和团队游
2 奥修国际静心社区 C2

◎ 住宿
3 Hotel Lotus D2
4 Hotel Sunderban C2
5 Hotel Surya Villa C1
6 Osho Meditation Resort
  Guesthouse C2
7 Samrat Hotel A3

◎ 就餐
8 Arthur's Theme D1
  Dario's .... (见4)
9 German Bakery C1
10 Juice World B5
11 Malaka Spice D2
12 Prem's D1

◎ 购物
13 Fabindia A2

◎ 交通
14 浦那火车站长途汽车站 A3
15 Simran Travels D1

---

rajakelkarmuseum.com; Kamal Kunj, Natu Baug, 1377-78, Shukrawar Peth; 印度人/外国人₹50/200, 摄影/摄像₹100/500; ◎10:00~17:30) 这座古怪的博物馆是浦那真正的乐趣所在,收藏了丁卡尔·克尔卡尔(Dinkar Kelkar; 1990年去世)费尽心机收集的印度日常生活中2万多件物件的一小部分。这些古怪的泛印度风格展品包括数百件水烟袋烟杆、书写工具、灯具、纺织品、玩具、整扇门窗、厨房用具、家具、木偶、象牙扑克牌、槟榔切刀。

这里还有一个令人大开眼界的乐器展,包括孔雀西塔琴!

乔希微缩铁路博物馆 博物馆

(Joshi's Museum of Miniature Railway; www.minirailways.com; 17/1 B/2 GA Kulkarni Rd, Kothrud; ₹90; ◎周一至周五 9:30~17:30, 周六 9:30~16:00和17:00~20:00, 周日17:00~20:00) 位于浦那东部小型的苏达米尼乐器厂(Soudamini Instruments)里面,自称印度唯一的微缩城市,是火车模型爱好者鲍·乔希(Bhau Joshi)一生的追求。简而言之,它是世界上最大的模型火车陈列品之一,细致入微,功能齐全,充满热情地展示了这种机械与工程的奇迹。

它是许多男孩儿(老实说,还包括许多成年人)的梦想,里面有65个信号灯、26个轨道器、栏杆、灯柱和立交桥,游泳池、马戏团游乐场(还有过山车)、汽车剧院和有汽行驶的双车道等装饰品,一切都用电线长度5公里的控制板操控。

阿迦汗宫 宫殿

(Aga Khan Palace; Pune Nagar Rd, Kalyani Nagar; 印度人/外国人₹15/200, 摄像₹25; ◎9:00~17:30) 宏伟的阿迦汗宫位于市中心东北一片宁静且树木繁茂的6.5公顷土地上。由苏丹阿迦汗三世(Sultan Aga Khan Ⅲ)于1892年修建,英国人曾经在这座优雅的建筑内囚禁圣雄甘地及其他杰出的民族主义领袖,他们支持甘地1942年提出的"退出印度"运动。

主殿如今有甘地国家纪念碑(Gandhi National Memorial),你可以在那儿一窥甘地曾经住过的房间。照片和绘画展现了他非凡生涯中的一些瞬间。甘地的妻子卡司杜巴·甘地(Kasturba Gandhi)和伴随他35年的秘书Mahadeobhai Desai,都被监禁于这里并去世。在后面静谧的花园里,你会发现他们的陵墓(内有他们的骨灰)。

奥修提尔兹花园 花园

(Osho Teerth Gardens; www.osho.com; DH Dhunjibhoy Rd, Koregaon Park; ◎6:00~9:00和15:00~18:00) 奥修提尔兹花园占地5公顷,是远离城市生活的桃花源,这里有大片竹林、慢跑小径、汩汩溪水和卿卿我我的情侣。你不必是奥修成员,它对所有人开放。

沙尼瓦瓦达宫 堡垒

(Shaniwar Wada; Shivaji Rd; 印度人/外国人₹15/200, 声光秀₹50/100; ◎9:00~17:30) 这里是佩什瓦统治者的堡垒风格宫殿的遗址,位于城里的老城区。宫殿建于1732年,曾在1828

年的大火中被烧毁,不过巨大的墙壁和壁垒留存下来,同样保留下来的还有巨大的防御宫门。

🚶 活动

奥修国际静心社区 禅修

(Osho International Meditation Resort; ☎020-66019999; www.osho.com; 17 Koregaon Park)这里与浦那标志性的静修处身份紧密地联系在一起,位于树木茂密的北部高档郊区,自从奥修1990年去世之后,已经吸引了数以千计的探求者(sanyasins)。这里有游泳池、桑拿浴室和水疗设施、禅宗网球(zennis)和精品客栈,从某种程度上说,这里是沉湎于奢侈禅修的旗舰版场所。

也有批评者指责这里卖弄的商业化运作和高昂收费,并谴责它将经过扭曲的神秘东方文化打包贩卖给容易上当的西方富人。

为了做出决定,你得先掏出(过分昂贵的)报名费和每天的禅修费用。先看看设施的团队游已经被禁止——进入奥修的唯一方式就是先付1560卢比,其中包括报名(需要护照)和强制的HIV现场测试(使用无菌针)。你还需要两件长袍(一件绛紫色和一件白色,每件1000卢比),还得参加欢迎仪式(每天9:30)。注意,规定非常严格,甚至迂腐:只能穿着衣服游泳,还得花钱购买奥修绛紫色的泳衣(400~700卢比),去健身房也必须穿(奥修绛紫色)的服装。印度人还要参加特定的礼仪课程(比如不要骚扰西方女性)——对女性安全的重视程度很高。

如果你真的决定不走寻常路,那么就要购买一张禅修通票(印度人/外国人每天870/1790卢比,居住时间长可享受优惠)。哦,使用Basho Spa(游泳池、按摩浴缸、健身房、桑拿浴和网球场都在这里)的费用需要再交290卢比。对于一日游游客,只收现金。

奥修礼堂(Osho Auditorium;请不要咳嗽和打喷嚏)是禅修的主要中心,也是穿上白袍在晚上进行灵性舞蹈的地方。奥修庄子(Osho Chuang Tzu)是大师骨灰的保存地,也可以开放用于禅修。社区的"综合大学"提供种类繁多的禅修及其他玄妙手法的课程。

晚上除了禅修课程之外,这里还有"夜生活"项目,包括派对、电影、戏剧和"创新之夜"。

奥修"性福"大师

是否试过将灵性与原始本能混合在一起,再搭配很多昂贵的小玩意儿?嗯,巴格万·什里·拉杰尼希(1931~1990年)的确这么做了。奥修(Osho,他更喜欢的名字)曾经是印度最张扬的"出口大师",将神秘的东方符号贩卖给世界,毫无疑问,也是最具争议的人物。最初,他以浦那为基地,并未信奉任何特定的宗教或哲学;他的主张是将性作为通向觉悟的道路,这激怒了世界各地的很多人。作为国际媒体的宠儿,他很快赢得了"性福大师"(sex guru)的绰号。1981年,拉杰尼希把印度神秘主义和加利福尼亚流行心理学相结合,并带到美国,在俄勒冈州(Oregon)建立了一个农业社区。在那里,他的静修处的恶名,以及劳斯莱斯车队(开始还算是财物,后来简直是九牛一毛!)不断壮大,直到愤怒的当地人提出反对及随后发生了声名狼藉的离奇食物中毒事件(目的在于操纵本地选举)才促使当局指控奥修移民欺诈。他被罚款40万美元,并被驱逐出境。接着,"史诗"一般的旅程开始了,奥修和他的追随者在寻找新基地的过程中,被21个国家驱逐出境或者拒绝入境。1987年,他返回自己在浦那的静修处;在那里,数以千计的外国人很快聚集起来,倾听他的夜晚演讲和禅修课程。

他们来自世界各地。这对度假村的设施提出了要求,以至于价格不断上涨,每天"奢侈"都被重新定义。有趣的是,尽管奥修论述没人应该贫穷,可是度假村赚的钱却从未用于帮助弱势群体。

近年来,奥修机构顺应数字时代,在网上开设iOsho入口,提供在线禅修课程、奥修音频和奥修图书馆;必须付费。

社区任何地方都禁止拍照。接待中心每天开放时间是9:00至12:30和14:00至15:30。

艾扬格瑜伽学院 瑜伽

(Ramamani Iyengar Memorial Yoga Institute; ☎020-25656134; www.bksiyengar.com; 1107 B/1 Hare Krishna Mandir Rd, Model Colony)这家著名机构位于火车站西北7公里处;想参加课程,你需要8年以上瑜伽练习经验。

🛏 住宿

浦那的主要住宿中心在火车站(经济型住宿场所激增)和枝繁叶茂的戈雷冈公园(Koregaon Park)周边,你可以在那儿找到不错的中档住宿选择。很多高档住宿地点在前往机场的路上,距离市中心6公里左右。

Hotel Surya Villa 酒店 $

(☎020-26124501; www.hotelsuryavilla.com; 294/2 German Bakery Lane, Koregaon Park; 房间 带/不带空调₹2380/1690起; ✳🛜)Surya的房间铺设了瓷砖,维护良好,非常实用、宽绰,不过有些朴素,里面还有提供热水的卫生间和有线电视,覆盖Wi-Fi。酒店位置优越,在戈雷冈公园(Koregaon Park)一条宁静的街道上,附近有热门的咖啡。

Samrat Hotel 酒店 $$

(☎020-26137964; www.thesamrathotel.com; 17 Wilson Garden; 标单/双₹1700/2100起, 带空调₹2100/2600起; ✳🛜)Samrat共有49个房间,性价比很高。虽不像前任区域显示的那样豪华,但位于市中心,距离火车站只有几步之遥,还有维护良好的宽敞房间。员工彬彬有礼,服务殷勤。赠送接机服务(不是送机!)。

Hotel Lotus 酒店 $$

(☎020-26139701; www.hotelsuryavilla.com; Lane 5, Koregaon Park; 标单/双₹1930/2260, 带空调₹2260/2860; ✳🛜)Hotel Lotus位于戈雷冈公园,环境安静,物有所值,虽然房间不太宽敞,但亮堂、通风,除了4个房间之外都有阳台。这里没有餐馆,但提供客房服务,附近有许多不错的用餐选择。

★ Hotel Sunderban 酒店 $$$

(☎020-26124949; www.tghotels.com; 19 Koregaon Park; 标单/双 不带卫生间 ₹1100/1430, 含早餐₹4760/5950起; ✳🛜)这座经过翻新的装饰艺术风格的平房挨着奥修社区,中间是修剪整齐的草坪,毫不费力地把殖民时代的品位和精品魅力结合在一起。主建筑里面的豪华房配备古式家具,即便最便宜的房间都经过精心布置,非常宽敞(不过没有独立卫生间)。性价比最高的房间是面朝草坪的单间公寓。

这里有瑜伽中心、水疗店和两家餐馆,包括备受推崇的Dario's(见787页)。

Osho Meditation Resort Guesthouse 客栈 $$$

(☎020-66019900; www.osho.com; Koregaon Park; 标单/双₹6020/6620; ✳🛜)你只有在奥修国际静心社区参加禅修,才能入住这个拥有60个房间超赞的地方。房间和公共空间的布置可谓优雅的现代极简主义美学的实践,还有几个超级豪华的特色,包括房间里提供的百奥田(Biotique)保养品和经过净化的新鲜空气!

🍴 就餐

Juice World 咖啡馆 $

(2436/B East St, Camp; 小吃₹40~200, 果汁₹65~300; ⏰11:00~23:30)提供美味新鲜的果汁和奶昔。这家休闲的咖啡馆有户外座椅,出售健康的小吃,比如pav bhaji(加香料的蔬菜和面包)。天气炎热的时候,从这里展示的水果旁边走过却不停下来喝一杯,那是不可能的。尝尝应季的石榴汁(kabuli amar)。

Arthur's Theme 欧洲菜 $$

(☎020-26152710; www.arthurstheme.com; 2, Vrindavan Apts, Lane No 6, Koregaon Park; 主菜₹280~990; ⏰11:30~23:30; 🛜)这家不拘一格的欧式小馆备受追捧。美味自然不用说,长长的菜单包括难得一见的富含蛋白质的食物,比如火鸡和鸭子,还有各种各样的蔬菜、鱼、鸡肉和水牛肉选择,呈现一个精致诱人的无咖喱之夜。大多数菜肴价格都在300卢比和400卢比之间,比较合理。

German Bakery 面包坊 $$

(North Main Rd, Koregaon Park; 蛋糕

交通枢纽：马哈巴莱什沃尔（MAHABALESHWAR）

曾经是英国统治下的夏都，如今马哈巴莱什沃尔这处山间避暑胜地（1327米）最值得称道的却是前往那里的途中令人惊叹不已的山景。这里被过度开发搞得一团糟，观景点和瀑布的景致被飞速建起的丑陋建筑和游客蜂拥而至造成的交通混乱破坏。没什么值得信服的原因能让人前往那里——那里基本上就是被度假村和景点包围的乱哄哄的大集市——不过这座城镇可以作为探访附近令人印象深刻的**勇气城堡**（Pratapgad Fort；见789页）或鲜花卡斯高地（Kass Plateau of Flowers）的落脚点。

不要在季风季节过来，整座城镇那时实际上都歇业了。如果你在转车之间有1小时的时间需要消磨，可以光顾汽车站街道对面Hotel Shreyas的**Nature Care Spa**（7066327423；Hotel Shreyas，ST Bus Stand对面；按摩₹1899起；8:00~20:00），经济实惠，就像马哈巴莱什沃尔一样，正好符合需要。再有，不要错过**Grapevine**（02168-261100；Masjid Rd；主菜₹160~700；9:30~15:00和17:00~22:00）——那里美味的帕西菜肴和马哈拉施特拉邦葡萄酒在马哈巴莱什沃尔如同天赐的礼物。

马哈巴莱什沃尔汽车站的国营长途汽车按计划发往浦那（非空调180卢比，4小时，7:30至18:30每小时1班）、戈尔哈布尔（非空调265卢比，5.5小时，8:00起每小时1班）和萨达拉（Satara；非空调57卢比，2小时，6:00至19:00每小时1班）。9:00至21:30，每天有7班长途汽车开往孟买中央车站（非空调400卢比，7小时），还有一班普通长途汽车开往果阿（非空调423卢比，12小时，8:00）。

RB Travels位于从Masjid Rd往集市（对面是Meghdoot餐馆）走的一条近路小巷的转角处，可以预订开往果阿（非空调座席/沃尔沃空调卧铺850/1800卢比，12小时）的豪华大巴。你可以乘坐19:30从集市出发的小汽车，前往42公里开外的Surur Phata路口，等待从浦那发车途经那里的长途汽车。这里还有前往孟买（沃尔沃空调座席/卧铺500/600卢比，6小时，正午和21:00）和浦那（沃尔沃空调座席375卢比，3.5小时，11:30）的交通线路。

如果要前往勇气城堡，每天有1班国营长途汽车（往返130卢比，1小时，9:15）往返，等候时间约为1小时；出租车司机往返固定要价为1000卢比。

₹100~140，主菜₹90~380；7:00~23:00；）以适合旅行者口味而知名的浦那餐饮场所，包括鸡蛋饼、热乎乎的早餐、希腊沙拉、卡布奇诺及许多甜品（尝尝芒果芝士蛋糕）。面包坊位于非常热闹且交通常常拥堵的街角。2010年，这里发生了一次灾难性的恐怖袭击——这座爱好和平的城市一段令人悲痛的回忆。

Prem's　　　　各国风味 $$

（www.facebook.com/PremsResto.Pune；North Main Rd，Koregaon Park；主菜₹60~550；8:00至次日0:15；）Prem's隐身于一个树荫遮蔽的安静庭院内，是白天在微风习习的天井里慵懒微醺的完美地方。这里有一些不错的本地精酿可以品尝，或许还可以配一些这里有名的铁板烧。宿醉之后呢？Prem's又是一个合情合理的选择，这里有全城最好的早餐：火腿蛋松饼配熏三文鱼（160卢比）、薄煎饼和醒酒饮品。

它的姊妹酒吧Swig就在隔壁，更具野性，"欢乐时光"非常受欢迎。

★ Malaka Spice　　　　亚洲菜 $$$

（www.malakaspice.com；Lane 5，North Main Rd，Koregaon Park；主菜₹305~780；11:30至午夜；）马哈拉施特拉邦耀眼的烹饪时刻激发出东南亚的奇异美味；想要在可口的炒菜、面条和咖喱里面挑选出一种——擅长运用海鲜、蔬菜、鸡肉、鸭肉和羊肉——是徒劳的。在室外树上的彩灯下用餐，享受来自星级大厨的各种香辣精致的口味，他们深受本地慢食主义哲学的熏陶。

许多食材都来自他们自己的农场。及早

预订,饿上一天,做好准备!

Dario's
意大利菜 $$$

(www.darios.in; Hotel Sunderban, 19 Koregaon Park; 主菜₹480~610, 比萨₹260~680; ⊙8:00~23:30)位于Hotel Sunderban后边,这家意大利人经营的素食天堂提供浦那最优雅的就餐体验,你可以坐在华丽幽静的庭院,享受一顿户外大餐。家常意大利面、美味的比萨和精美的沙拉(尝尝Bosco;480卢比),包括全麦、素食和无麸选择,填满的菜单的美味聊以慰藉思乡之情。

🍷 饮品和夜生活

★ Independence Brewing Company
精酿啤酒

(☎020-66448308; www.independencebrewco.com; Zero One, 79/1, Pingle Vasti, Mundhwa Rd, Mundhwa; 每品脱₹300起)这是浦那最好的时尚工业风格的精酿酒吧,拥有出众的啤酒花园,可以预订一张餐桌,你会坚信自己来到了加利福尼亚。7种桶装啤酒经常轮换——Four Grain赛松、Method至Madness IPA和巧克力味道浓郁的Ixcacao黑啤酒都很棒——印度—亚洲流行口味的酒吧小吃意味着夜晚可以轻松度过。

High Spirits Cafe
酒吧

(www.dahigh.com; 35A/1, North Main Rd, Mundhwa; 鸡尾酒₹300~575; ⊙20:00~23:45)浦那最热闹的夜生活就在这家具有艺术气质的酒吧,临时搭建的户外露台消磨了多少快活的时光。每到夜里,时尚潮流涌起,比如喜剧周三、迪斯科周六和不容错过的周日烧烤(13:30至16:30)。沉迷得发狂的客人包括饥一顿饱一顿的艺术家、追随内心的顽固分子,还有大概40种潮人。没有屋顶!

☆ 娱乐

★ Shisha Cafe
爵士乐

(☎020-26880050; www.facebook.com/shishajazzcafe; ABC Farms, Mundhwa; 周四₹250)任何时刻都拥有神奇的氛围,但周四的露天现场爵士乐之夜让Shisha在浦那声名大噪。靠在楼下伊朗风格的沙发上,或者预订架高主舞台区大理石桌旁边的座位,头上悬挂着阿拉伯的挂毯。这里位于Mundhwa被称为ABC Farms的夜生活场所。

🛍 购物

Fabindia
服装

(www.fabindia.com; Sakar 10, Sassoon Rd; ⊙10:30~20:30)出售印度纱丽、丝绸和棉布,还有男式亚麻衬衫和各种配饰,包括包和珠宝首饰。

ℹ 实用信息

General Thimmaya Rd的Thomas Cook分支机构可以提供货币兑换服务。城内各地及火车站共有十几台自动柜员机。

花旗银行自动柜员机(Citibank ATM; Tulsidas Apartment, N Main Rd)

住房开发金融公司银行自动柜员机(HDFC ATM; East St)

汇丰银行自动柜员机(HSBC ATM; Bund Garden Rd)

浦那的主要大街沿线上有几家网吧。Wi-Fi在比较新潮的酒吧和餐馆及大多数酒店都很常见。

邮政总局(Main Post Office; www.indiapost.gov.

从浦那出发的主要列车

目的地	列车编号和名称	票价(卢比)	车程(小时)	发车时间
班加罗尔	11301 Udyan Express	460/1785	21	11:45
金奈	12163 Chennai Express	525/1980	19.5	12:10
德里	11077 Jhelum Express	625/2435	27.5	17:20
海得拉巴	17031 Hyderabad Express	340/1310	13.5	16:35
孟买CST	12124 Deccan Queen	115/395	3.5	7:15

Express快车票价分为卧铺/空调卧铺2类; Deccan Queen票价分为2等/空调座席。

in; Sadhu Vaswani Path; ◎周一至周六 10:00~18:00）

MTDC旅游办事处（MTDC Tourist Office; ☏020-26128169; www.maharashtratourism.gov.in; I Block, Central Bldg, Dr Annie Besant Rd; ◎周一至周六10:00~18:00，周日至17:00，每月第二和第四个周六关闭）藏身于火车站以南的一片政府建筑群中。

Thomas Cook（☏020-66007903; www.thomascook.in; Thackers House, 2418 General Thim-maya Rd; ◎周一至周六 9:30~18:00）旅行支票兑换现金和外汇兑换。

Yatra.com（☏020-65007605; www.yatra.com; Koregaon Park Rd; ◎周一至周六 10:00~19:00）驰名的Yatra网络订票公司在该市的办事处。

❶ 到达和离开

飞机
占地2400公顷，位于Purandar的浦那新国际机场（Chhatrapati Sambhaji Raje International Airport）正在建设中，预计2019年投入使用。在新机场建成前，**浦那国际机场**（Pune International Airport; PNQ; New Airport Rd, Mhada Colony, Lohgaon）每天都有航班飞往孟买、德里、斋普尔、班加罗尔、那格浦尔、果阿和金奈等地。

长途汽车
浦那有3个长途汽车站。从**浦那火车站长途汽车站**（Pune train station stand; ☏020-26126218）出发的长途汽车开往贝尔高姆（Belgaum; 700卢比, 7小时, 23:00）、果阿（600卢比至1000卢比, 10小时, 18:30和19:30）、戈尔布尔（400卢比, 6小时, 5:30至23:30每小时1班）、洛纳瓦拉（62卢比, 每小时1班）、马哈巴莱什沃尔（230卢比, 4小时, 5:30至17:30每小时1班）和孟买的Dadar TT Circle车站（266卢比至531卢比, 4小时, 每隔15分钟1班）。

从**希瓦吉纳加尔长途汽车站**（Shivaji Nagar bus stand; ☏020-24431240; Shivajinagar Railway Station Rd）出发的空调车开往奥兰加巴德（661卢比起, 5~6小时, 6:00至23:30每小时1班）、纳西克（611卢比起, 每隔20分钟1班, 6:00至次日00:30）和孟买（650卢比, 班次频繁）。非空调车还开往马哈巴莱什沃尔（230卢比, 4小时, 6:15、8:30和9:30）。

希瓦吉纳加尔长途汽车站街道对面是出售私营长途汽车车票的售票处——可以试试**Sana Travels**（☏8888808984; 2, Sita Park, Shivajinagar）。目的地（全是空调卧铺）包括班加罗尔（1050卢比, 14小时, 13:00到22:00每小时1班）、海得拉巴（500卢比, 10小时, 19:00至次日1:00每小时1班）、果阿（1000卢比, 10小时, 19:00和22:00）、门格洛尔（1500卢比, 14小时, 18:00和22:00）和那格浦尔（800卢比, 14小时, 4:00至22:00每小时1班）。开往班加罗尔和门格洛尔及狮堡（Sinhagad）的长途汽车从**斯瓦盖特（Swargate）长途汽车站**（☏020-24441591; Satara Rd）发车。

出租车
从浦那到孟买机场的合乘出租车（最多4名乘客）全天都有，从浦那火车站前面的**出租车停车处**（☏020-26121090）出发（每位 400卢比至475卢比, 2.5小时）。租带司机的汽车，可以试试**Simran Travels**（☏020-26153222; www.mumbaiaircab.com; 1st fl, Madhuban Bldg, Lane No 5, Koregaon Park; ◎24小时）。

火车
浦那火车站（有时被称为Pune Junction）位于市中心的HH Prince Aga Khan Rd。这里大概每小时都有列车开往孟买，非常准时，与德里、金奈和海得拉巴等城市的列车往来也很顺畅。

❶ 当地交通
现代化的飞机场在城市东北8公里处。在戈雷冈公园（Koregaon Park）乘坐机动三轮车前往的费用为150卢比; 出租车费用约为200卢比，UberGo的平价仅需大约115卢比。到处都能找到机动三轮车，从火车站到戈雷冈公园费用约为50卢比（夜间更贵）。

浦那周边

狮堡（Sinhagad）
破败的**狮堡**（Sinhagad; ◎黎明至黄昏）**免费** 位于浦那西南约24公里处，是马拉地人的领袖希瓦吉在1670年从比贾布尔（Bijapur）国王手中强夺而来。在那场史诗一般的战斗中，据说希瓦吉（他失去了儿子Sambhaji）使用绳子拴住的巨蜥去攀登城堡陡峭的墙壁。如今，这里的状况不太好，不过可以将景色一览无余，或是在山丘中徒步行走，值得游览。50路公共汽车经常从斯瓦盖特（Swargate；30卢比，45分钟）到多尼（Donje；Golewadi）村，如果你想步行，可以从那儿徒步4公里，或者乘坐可以将你送至10公里以外山峰脚下的合乘四驱车（50卢比）。

希沃内里（Shivneri）

希沃内里城堡（Shivneri Fort；⏲黎明至黄昏）免费 位于浦那西北90公里的均讷尔（Junnar）村上面，这里是希瓦吉的出生地。这座破败的城堡里有古老的王室马厩、一座可以追溯至莫卧儿王朝时期的清真寺和几座水库。最重要的建筑物是Shivkunj——希瓦吉出生的亭子。

距离希沃内里约8公里，在均讷尔的另一边有一组被称为**莱尼亚德莱**（Lenyadri；印度人/外国人₹5/200；⏲8:00~18:00）的小乘佛教石窟，非常有趣。在27个石窟中，7号石窟最引人注意，有趣的是，里面还有印度教神祇甘尼许的形象。

从两处遗迹望去，风景壮观。

浦那的希瓦吉纳加尔长途汽车站与均讷尔（从浦那包一天出租车的费用约为2625卢比）之间每天有大概7班长途汽车（88卢比，2小时）。在均讷尔汽车站乘坐三轮车往返，包括一小时等待时间，前往希沃内里的费用为200卢比，前往莱尼亚德莱的费用为300卢比。

戈尔哈布尔（Kolhapur）

☎0231 / 人口 561,300 / 海拔 550米

在人迹罕至的城市戈尔哈布尔，你可以亲密接触印度耀眼的一面。这个历史悠久的聚居区距离果阿邦只有几小时路程，集中了令人痴迷的寺庙群。8月是戈尔哈布尔充满活力的最好时节，蛇节（Naag Panchami；见754页）是拜蛇的节日，与浦那的蛇节一同举行。美食家注意了：该镇是著名的戈尔哈布尔菜（Kolhapuri）的诞生地，风味香辣，特别是鸡肉和羊肉菜肴。

◉ 景点

马哈拉克西米寺（Mahalaxmi Temple）

不要错过
勇气城堡（PRATAPGAD FORT）

勇气城堡（⏲9:00至黄昏）免费 是由希瓦吉下令在1656年修建（依然属于他的后代）的，跨立在马哈巴莱什沃尔城镇西北方向24公里的高高的山脊上。1659年，希瓦吉同意在这里与比贾布尔将军阿夫扎尔·汗（Afzal Khan）见面，尝试结束胶着的局面。虽然那是一场非武装谈判，不过希瓦吉在迎接汗的时候，用一套铁虎爪（baghnakh）掏出了他敌人的内脏。汗的坟墓在城堡底部，标明了这次惨痛会面的地点。攀登500级台阶才能到达城堡，沿途景色美轮美奂。

从马哈巴莱什沃尔汽车站出发的国营大巴游（往返150卢比，1小时，9:30）每天一班，往返城堡，等待时间为1小时左右。

马哈巴莱什沃尔的出租车司机往返一趟的固定要价为1000卢比，包括1小时的等候时间。

和旧宫（Old Palace）附近的老城区颇有情调，有一座巨大的（步行）广场，可以从宏伟的门楼进入。

★ **什里·沙胡博物馆** 博物馆

（Shree Chhatrapati Shahu Museum；印度人/外国人₹25/80；⏲9:15~17:30）这座庞大的印度—撒拉逊（Indo-Saracenic）风格的"新"宫，是"疯狂"的英国建筑师查尔斯·曼特（Charles Mant）于1884年为戈尔哈布尔国王设计的，它赋予"怪异"这个词语全新的内涵。这座"狂妄"的博物馆展现这位以开枪为乐的国王在丛林游猎中收获的各种各样的战利品，包括用豹子椎骨制成的拐杖、用老虎头骨和犀牛蹄制成的烟灰缸。军械库里面的武器足以用来策划一次小型政变。剥制的动物标本让整个房间都充斥着恐怖的气氛。

不要错过华丽的会客厅（Durbar Hall），那位统治者就是在这里召开宫廷会议的。宫殿各处零散地挂着几十幅魁梧王公的肖像，可以欣赏一番。馆内禁止拍照。

博物馆位于火车站以北约2.5公里处，从

火车站/汽车站到这里的三轮车费用为35/50卢比。

★ 马哈拉克西米寺 　　　　印度教神庙

（Mahalaxmi Temple；◎3:00~23:00）马哈拉施特拉邦最重要和最热闹的礼拜场所之一，马哈拉克西米寺供奉Amba Bai（母亲神），其起源可追溯至公元10年，但现有建筑大多建于18世纪。这里吸引来源源不断的人流，朝圣者摩肩接踵地走进神圣的内殿，一组组乐手和拜神者正在诵经祈祷。欢迎非印度教徒，想要看看人来人往，这里是个奇妙的地方。

莫蒂巴格塔利姆 　　　　培训中心

（Motibag Thalim；◎4:00~16:00）戈尔哈布尔以其高水准的泥地摔跤手而著名。经过一条低矮的门廊和Bhavani Mandap入口左侧的通道（问问路），到达这处训练场地（akhara），你可以在此观看年轻的运动员在泥坑里训练。你可以进去观看，只要不介意看到汗流浃背的半裸男人并闻到洗手间散发出的腥臭尿味。

🛏 食宿

Hotel K Tree 　　　　酒店 $$

（☎0231-2526990；www.hotelktree.com；517E, Plot 65, Shivaji Park；标单/双 含早餐₹3330/3700起；❄❀）这家新开的酒店物超所值，提供高标准的服务和26间时尚客房，15种菜品的自助早餐非常受印度人的欢迎。豪华房间的隐秘卫生间，还是高级房间的亚洲高架床，抛硬币决定吧。

Hotel Pavillion 　　　　酒店 $$

（☎0231-2652751；www.hotelpavillion.co.in；392E Assembly Rd, Shaupuri；标单/双 含早餐₹1850/2080,带空调₹2260/2500卢比起；❄@）这家酒店位于一片枝繁叶茂的公园兼办公区的远端，大体上可以保证安静，暂且不提有些卫生间非常单调。这里的大房间配备齐全，或许稍微过时，但其中很多都带窗户，可以打开，外边是时令鲜花的景色，赏心悦目。大厅有Wi-Fi信号，只有101房间可以接入。

Chorage Misal 　　　　印度菜 $

（Mahadwar Rd, 靠近Gujri Corners；主菜₹40；◎8:30~20:00）这家狭小的米沙尔（misal；豆芽香辣咖喱）小馆位于马哈拉克西米寺附近，1963年就开业了，是城里味道最辛辣的传统小店。拉杰什（Rajesh）是这家餐馆配方的第三代传人，如今正在一个人忙活。这里没有英文招牌，就在耆那教寺庙的右侧，有Coca-Cola（可口可乐）的标志。

★ Dehaati 　　　　印度菜 $$

（Ayodha Park, Old Pune-Bangalore Hwy, Nimbalkar Colony；塔利套餐₹230~320；◎12:30~15:30和19:30~22:30）城里戈尔哈布尔塔利套餐专营店。饭菜有各式羊肉、鸡肉及蔬菜种类。色彩鲜亮的咖喱、辛辣的木豆、浓郁的戈尔哈布尔扁豆咖喱（aakkha masoor）、精致的香辣羊肉红咖喱（tambda rassa）、酥脆的印度薄饼——全都非常好吃。

Little Italy 　　　　意大利菜 $$

（☎0231-2537133；www.littleitaly.in；517 A2 Shivaji Park；比萨₹225~445，意大利面₹215~365；◎11:30~22:00）如果你已经在印度的公路上颠簸了很长时间，这家专业正宗的餐馆就是支持你继续旅行的地方。所有味道都应该尝尝，菜单上的美味只有素食，包括意大利餐前小吃、薄底比萨（用烧柴的炉子烤制）、有嚼劲的意大利面和印度风味的优质葡萄酒（按杯出售）。

不要错过甜点，尤其是意式奶冻。

ℹ 实用信息

印度工业信贷投资银行（ICICI Bank）的自动柜员机位于马哈拉克西米寺旁边。

MTDC旅游办事处（MTDC Tourist Office；☎0231-2652935；www.maharashtratourism.gov.in；254B Udyog Bhavan, Assembly Rd；◎周一至周六 10:00~17:30）位于Hotel Pavillion附近的税务办公室（Collector's Office）后面。在本书调研期间，办事处在马哈拉克西米寺附近试行开设了一处方便得多的咨询台（☎0231-2652935；www.maharashtratourism.gov.in）。

印度国家银行自动柜员机 Hotel Pavillion街道对面非常方便的自动柜员机。

ℹ 到达和当地交通

长途汽车

戈尔哈布尔长途汽车站（☎0231-2650620；

Benadikar Path, Shahupur)有按计划开往浦那（非空调396卢比起，5小时，5:00至23:00每小时1班）和拉特纳吉里（普通/半豪华177/199卢比，4.5小时，5:00至次日1:00每30分钟1班）的长途汽车，5班开往马尔万（201卢比，5小时，5:15、6:50正午、13:30和17:00）的普通长途汽车和每天开往孟买（普通/半豪华480/600卢比，10小时）的12班车。站内的订票柜台可以预订所有车次。

最好的私营长途汽车机构集中在汽车站以北300米Dabholkar Corner的Royal Plaza大楼。**Paulo Travels**（☏0231-6681812；www.paulotravels.com；B/22, Royal Plaza, Dhabolkar Corner）有开往果阿（沃尔沃空调座席/卧铺500/600卢比起，8小时，9:00、正午、2:00、3:00、4:00、5:00和6:00）的车。**Neeta Travels**（☏0231-3290061；www.neetabus.in；B/16, Royal Plaza, Dabholkar Corner）是乘坐空调夜车前往孟买（沃尔沃空调卧铺850卢比起，9小时，17:00、21:45和22:45）和浦那（沃尔沃空调座席350卢比起，5小时，7:00、9:00、16:00、17:00、20:00和23:30）的好选择。

火车

被称为Chattrapati Shahu Maharaj终点站的火车站位于从公共汽车停车处向西步行10分钟处。每天3班快车，包括22:50的Sahyadri Express，经由浦那（243/876卢比，8小时），前往孟买（卧铺/空调卧铺2类338/1241卢比，13小时，22:50）；The Rani Chennama Express历经漫长的旅程前往班加罗尔（433/1636卢比，17.5小时，14:05）。没有开往果阿的直达车。

果阿邦

包括 ➡

帕纳吉	796
果阿老城	803
马普萨	805
坎多林	807
卡兰瓜德和巴加	809
安朱纳	813
阿萨高	817
瓦加托和恰波拉	818
阿朗博尔	823
马尔冈	825
贝瑙利姆	829
阿贡达	830
帕洛伦	831
帕内姆	835

最佳海滩

- ➡ 帕洛伦（见831页）
- ➡ 曼德雷姆（见823页）
- ➡ 考拉和坎考拉（见830页）
- ➡ 安朱纳（见813页）
- ➡ 阿朗博尔（见823页）

最佳住宿

- ➡ Panjim Inn（见800页）
- ➡ Red Door Hostel（见815页）
- ➡ Mandala（见823页）
- ➡ Indian Kitchen（见848页）
- ➡ Ciaran's（见834页）

为何去

　　果阿（Goa）虽小，但这里所拥有的可远远不只是海滩和氛围迷幻的派对。中心地区（远离海滩）是果阿邦的历史和文化中心，这里坐落着首府帕纳吉、古老的果阿风格的宏伟教堂、内陆群岛、鸟类保护区、香料种植园和野性的西高止山脉。果阿北部有你所听说过的一切：忙碌的海滩、刺激的夜生活、特色迷幻舞曲、美味食物、嬉皮士集市和瑜伽静修所。卡兰瓜德和巴加是中心。安朱纳（及其著名的周三集市）和瓦加托依然散发着嬉皮和派对的氛围。慵懒的摩尔吉姆、阿斯万和曼德雷姆正迅速成长为适合家庭游客的海滨度假地。北部很受低预算爱好者喜爱的阿朗博尔组织滑翔伞运动。果阿邦南部较为宁静，沙滩更干净，沙子更白，氛围也更幽静，这里有村庄感觉的贝瑙利姆，帕洛伦、帕内姆和阿贡达的海滩小屋很讨人喜欢。

何时去

帕纳吉

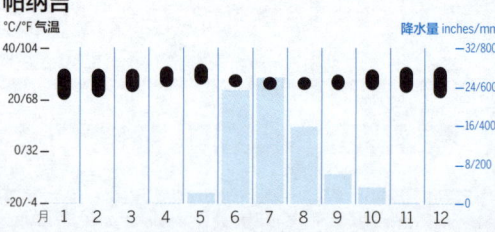

9月至11月 雨季之后，天气潮湿，棚屋开始出现，不过价格较低，人群尚未涌来。

11月至次年3月 天气很棒；瑜伽、节日活动很多；12月中旬到次年1月初，价格最高，人最多。

3月至4月 旺季逐渐结束，狂欢节和复活节的庆祝活动拉开帷幕。

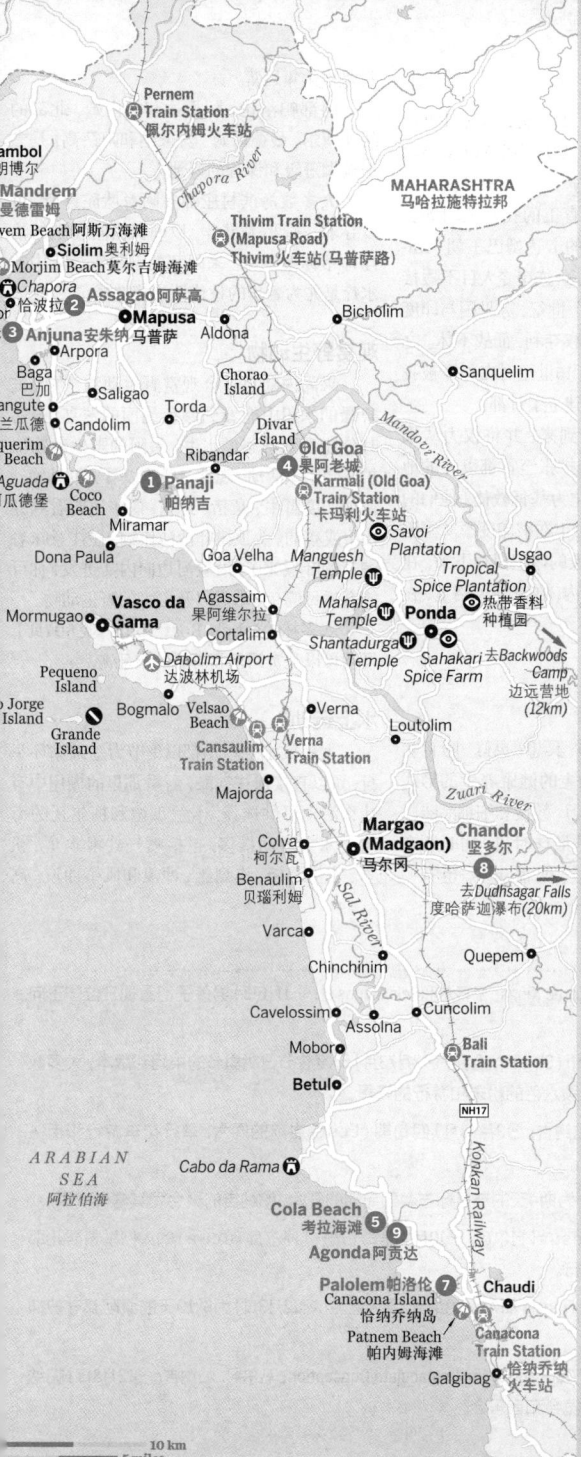

果阿邦亮点

❶ **帕纳吉**（见796页）探索古老的拉丁区，在印度最慵懒的邦府尽情购物和吃喝。

❷ **阿萨高**（见817页）去阿萨高、安朱纳、阿朗博尔或曼德雷姆参加瑜伽班。

❸ **安朱纳跳蚤市场**（见816页）在这座游人如织却有趣的周三集市里讨价还价。

❹ **果阿老城**（见803页）站在果阿老城非凡的教堂和主教座堂中感受寂静氛围。

❺ **考拉海滩**（见830页）漫步前往与世隔绝的考拉海滩，这里是果阿最美的海滩之一。

❻ **曼德雷姆**（见823页）在这座宁静海滩上的时髦住宿处中休息，带上一本好书伸开四肢平躺下来。

❼ **帕洛伦**（见831页）在美丽的帕洛伦海滩上，找家海滨小屋进去看看，在这里你可以划皮划艇，学习烹饪、休息。

❽ **坚多尔**（见827页）在这座靠近马尔冈的村庄中，欣赏殖民地时代的宅邸和宫殿。

❾ **阿贡达**（见830页）预订一家豪华的海滩小屋，学习冲浪。

历史

回望果阿邦10万年的历史，你会对本地区最神秘和诱人的考古及历史遗迹以及果阿人的心灵有深刻的理解。

从公元前3世纪阿育王的孔雀王朝到公元3世纪开始长期掌权的卡达姆巴王朝（Kadamba），果阿邦经历了一连串令人目不暇接的统治者。接下来的几个世纪，苏丹国与印度教毗奢耶那伽罗王朝争权夺利，征战不休。之后比贾布尔（Bijapur）于15世纪时在如今被我们称为果阿老城的地方建立了首都。

1510年，葡萄牙人到来，并将权力从果阿老城的宏伟首都稳步扩张至首都以外的地方，狂热地将当地人转化为基督教徒。他们的统治持续了四百年，1961年在被印度军队围困三天后结束，但葡萄牙人的印记留存下来，在邦内殖民地时代的建筑内，在烹饪风格上，在教堂里，甚至在语言里。

✦ 活动

瑜伽和替代疗法

每种能想到的瑜伽、冥想、灵修、阿育吠陀按摩及其他以精神为主的健康养生的形式都能在果阿邦被人们练习、教授和细细品味。11月中旬至次年4月初是最佳时机，届时所有机构和静修地都会开放，课程众多。也有一些课程全年运营。

南部帕洛伦、阿贡达和帕内姆，北部的阿朗博尔、曼德雷姆、安朱纳和阿萨高，是参加瑜伽班级和课程的好地方。

大多数海滨村庄都有阿育吠陀诊所。可以寻求一些私人推荐，以确保同性别的治疗师帮你做按摩。果阿邦的五星级酒店中的水疗是尤为奢华的替代性治疗选择。

观赏野生动物

果阿内陆很适合观赏野生动物，在海滨碧绿的水田中能看到颜色绚丽的翠鸟，日落时分能看到归家的水牛。果阿的野生动物保护区会组织活动，观赏一些难以看见的动物，例如印度野牛、豪猪、野猪，偶尔还能看到穿山甲或猎豹。头顶树叶沙沙作响，往往意味着淘气的叶猴来了。沿着河边向内陆进发，你可能会看见鳄鱼、水獭以及更多的野生动物。

坎多林的John's Boat Tours（见807页）经营可以观赏鳄鱼和海豚的乘船游。

水上运动

大多数水上运动都以季节为基础循环举行；可以直接前往沙滩，看看那里的棚屋中有什么活动可供选择。卡兰瓜德和柯尔瓦的海滩上水上活动最多，包括喷气式滑水车、帆伞、水上滑板、皮划艇、冲浪和风筝冲浪。高

邦内重要节日

三王节（Feast of the Three Kings；坚多尔和Reis Magos村；◐1月6日）男孩子们重现三位国王向基督献礼的故事。

Shigmotsav of Holi（Shigmo；全邦；◐2月/3月）印度教节日胡里节的果阿邦版本，大多数城镇都有到处挥洒五颜六色的粉末和游行的场景。

Sabado Gordo（帕纳吉；◐2月/3月）四旬期（Lent）之前的周六，举行花车游行和街头庆典。

狂欢节（全邦；◐3月）为期4天的节日标志着四旬期的开始，帕纳吉的聚会尤其喜悦欢腾。

Famade Menino Jesus（柯尔瓦；◐10月的第二个周一）柯尔瓦（Colva）的人们举着婴儿耶稣雕像在城镇四处游行。

圣方济节（Feast of St Francis Xavier；帕纳吉，果阿老城；◐12月3日）为期10天的果阿邦守护神庆典活动。

圣母圣洁日（Feast of Our Lady of the Immaculate Conception；马尔冈，帕纳吉；◐12月8日）帕纳吉著名教堂周边的展览会和音乐会。

崖跳伞（见824页）在阿朗博尔很受欢迎。最佳选择是乘坐皮划艇前往帕洛伦平静的海湾或果阿无数的河流和河口。冲浪机构包括阿斯万的Vaayu Waterman's Village（见822页）、阿朗博尔的Surf Wala（见824页）和阿贡达的Aloha Surf School（见831页）。

虽然果阿并不是国际著名的潜水胜地，不过这里的水域却是印度排名第三的潜水地（位于安达曼和拉克沙群岛之后）。潜水季节从10月底到次年4月。推荐的经过国际潜水教练专业协会（PADI）认证的运营商包括巴加的Barracuda Diving（见809页）、坎多林的Goa Aquatics（见809页）和Bogmalo的Goa Diving（☎9049442647；www.goadiving.com；课程₹11,000起，1/2氧气罐潜水₹3000/5000）。

❶ 实用信息

果阿邦旅游发展公司（Goa Tourism Development Corporation; www.goa-tourism.com）提供地图和信息，在全邦经营酒店，并运营许多团队游。

❶ 到达和离开

飞机

果阿邦的机场**达波林**（Dabolim; 果阿国际机场; ☎0832-2540806）有直飞的国内航班，也有几家中东国际航班，以及季节性的度假包机（多数来自俄罗斯、欧洲和英国）。

除非是包机，不然一般都必须飞往孟买或德里这些大城市，更换捷特航空、印度航空、香料航空或靛蓝航空的航班。

长途汽车

每天都有私营和邦政府经营的长途汽车往返果阿，许多时候你只需要前往汽车站，跳上下一班即将发车的公共汽车即可。邦政府和私营公司都提供"普通""高级""超高速"和VIP服务。最舒服的是沃尔沃车，上面有平躺式座位和空调。注意：走公路进出孟买的车慢得惊人，火车更快更舒服。

前往孟买和其他城市的车次每天从帕纳吉、马尔冈和马普萨出发的时间从17:30到20:30；有几十家运营商，出发时间也各不相同，不过往返果阿各地的价格相同。邦政府客运公司**Kadamba**（www.goakadamba.com）运营的班次可连接邦内

住宿价格区间

下列价格范围指的是带浴室的大床房：

$ 低于1200卢比

$$ 1200~5000卢比

$$$ 高于5000卢比

果阿的住宿价格根据季节和需求差别很大。旺季是11月到次年2月底；圣诞节和新年期间（大约从12月22日到次年1月3日）人多时，价格会更高。平季是10月和次年3月到4月，淡季是雨季（5月至9月）。根据雨季和棚屋许可证颁发时间不同，日期会有少许变更，每隔两年都会变化。

书中列出的所有价格都是旺季价格——但是不包括人最多的圣诞期间，这段时间你必须预订。任何时候都记得提前致电询问价格和折扣。

和周边地区。要预订私营车次，可试着登录www.redbus.in。

火车

贯穿果阿邦的主要火车线路**康坎铁路**（Konkan Railway; www.konkanrailway.com）竣工于1998年，全长760公里，连接北部的孟买和南部的门格洛尔（Mangalore）。

在果阿邦，最大的站点是马尔冈火车站（Margao station），许多列车也经过距离帕纳吉12公里的果阿老城附近的卡玛利（Karmali）火车站。该线路上其他有用的较小站点包括佩尔内姆（Pernem）至阿朗博尔、Thivim至马普萨及北部海滩、恰纳乔纳（Canacona）至帕洛伦。

❶ 当地交通

抵离机场

从达波林机场（Dabolim Airport）出发，前往帕纳吉或马尔冈的预付费出租车费用为870卢比（空调车920卢比）。或者如果你行李不多，可以从主路乘坐长途汽车前往达伽马（Vasco da Gama），那里有车从达伽马直接前往帕纳吉（30卢比，45分钟）。

公共汽车

果阿邦有四通八达的公共汽车网络，几乎可

以往返所有小城镇和村庄，主要中转中心有帕纳吉、马尔冈和马普萨。往返果阿南北，一般需要在马尔冈、帕纳吉换乘，或两地都要换乘。票价5~40卢比。

小汽车和摩托车

在果阿邦，安排一辆带司机的私人小汽车（或者出租车）进行一日长途游很容易。一整天驾车游的费用预计为2000卢比起。自驾租车的话，马鲁帝车每天900~1200卢比，2000卢比可租到大型四驱车，不包括汽油，通常还有里程限制。你最好选择在网站上租赁，比如www.goa2u.com。

在果阿邦的道路上随处可见骑着小摩托或摩托车呼啸而过的当地人或游客；租一辆轻而易举。你可能需要支付的费用是小摩托每天200~400卢比，小型雅马哈摩托车每天400~500卢比，Royal Enfield Bullet为450~600卢比。如果你租用数天，或者在非旺季的时段，以上价格可能会大幅下降，如果周围有很多可租的车，就讨价还价。

果阿邦的道路变化莫测，上面到处是人、牛、狗、猫及鸟类和机械障碍物，偶尔还有坑洼和急弯。慢慢行驶，注意"减速带"，尽量不要在夜晚行驶（乡村道路照明很少），不要试图骑着50CC的小摩托从北向南进行一日游。

出租车和机动三轮车

在镇上短途旅行，出租车到处可见，不过因为有当地企业联盟的存在，价格很高，尤其是在夜间，昂贵酒店周围更是如此。视距离远近，一整天的观光价格可能在1500卢比至2000卢比之间。提前商定好价格。

果阿旅游局最近首创了**女性出租车服务**（Women's Taxi Service；**0832-2437437**），配备女性司机，仅限女性乘客、夫妇或家庭乘客通过电话预订。车上安装有精准的里程和GPS监控器，司机接受过紧急救援和自卫培训。甚至可以用信用卡付款。

机动三轮车比出租车价格便宜约三分之一，一般来说更适合短途；短途最少50卢比，稍长一些可能需要100卢比。上车前先讲好价。

摩托三轮车在果阿被称作"pilots"，在这里也是合法的出租车运营形式，可通过车前黄色的挡泥板辨识。它们只大量出现在主要出租车站和海滨度假村周边，价格是出租车的一半。

帕纳吉和果阿邦中部

帕纳吉（Panaji）

0832 / 人口115,000

印度最闲适的邦首府之一，帕纳吉（也称Panjim）坐落于能眺望宽阔曼多维河（Mandovi River）的半岛上，游轮和漂浮赌场在水面上来来往往，霓虹灯广告指示牌在夜晚辉映。

一座壮丽的白色教堂在热闹的市中心一枝独秀，一条宽阔的林荫大道环绕在河岸上，宏伟的殖民地时代的建筑与附庸风雅的精品店、老式书店、最先进的商场和后街小巷中的酒吧比肩而立。

不过，实际上最引人注目的是拉丁老城区中狭窄而盘根错节的街道。没什么地方的葡萄牙印迹会比在这里感受到的更强烈；在这里，下午晚些时候，阳光倾泻在有紫色大门的黄色房屋上，在每个角落你都能看到修复过的赭色大楼，上面有陶瓦屋顶和铁阳台以及拱形的蚝壳窗。

在帕纳吉停留一两天可谓果阿旅游的精

另辟蹊径

都沙格瀑布（DUDHSAGAR FALLS）

都沙格**瀑布**位于果阿邦与卡纳塔克邦接壤的东部边界上，Bhagwan Mahavir野生动物保护区东南角，高度达603米，是果阿邦最令人印象深刻的瀑布。雨季之后马上前往观看（10月最佳），届时水位最高。

想到达这里，乘坐8:15从马尔冈去往Molem以南7公里处的Colem的火车（返程列车时刻根据季节变化），从那里乘坐载客吉普车，经过45分钟的颠簸旅程到达瀑布（6位乘客的吉普车4000卢比）。更轻松的方式是乘坐出租车，或参加果阿旅游局（Goa Tourism）组织的"Dudhsagar Special"全天团队游（1200卢比），周三和周日9:00从卡兰瓜德、马普萨、帕纳吉或Miramar出发，返程时间是18:00。也有私人旅行社提供团队游服务。

髓体验。

◎ 景点和活动

帕纳吉最大的乐趣之一是悠闲漫步，穿过寂静的源于葡萄牙时期的Fontainhas、Sao Tome和Altinho地区。位于市中心以西河畔的Campal Gardens花园，以及城市西南4公里处的米拉马海滩（Miramar Beach）也非常受欢迎。

★圣母无玷始胎教堂　　　　教堂

（Church of Our Lady of the Immaculate Conception; Emilio Gracia Rd和Jose Falcao Rd交叉路口; ⊙周一至周六10:00～12:30和15:00～17:30，周日11:00～12:30和15:30～17:00，每天8:00有英语弥撒）帕纳吉的精神和地理中心就是这座高雅的珍珠白色的教堂，它是于1619年在从前一座建于1540年的较小的礼拜堂上重修的，层叠的模样宛如一只美丽的白色婚礼蛋糕。当帕纳吉还是个比一座寂寞渔村大不了多少的时候，这里是迎接来自里斯本的船员的第一个停靠港；船员们会感恩本次安全航行，然后继续沿河向东前往Ela（果阿老城）。教堂夜晚外景灯火辉煌。

果阿邦立博物馆　　　　博物馆

（Goa State Museum; ☎0832-2438006; www.goamuseum.gov.in; EDC Complex, Patto; ⊙周一至周六 9:30～17:30）**免费** 这家宽敞的博物馆位于城市东部，兼收并蓄（如果不嫌多的话）的展品追溯了果阿历史的方方面面。还能看到一些美丽的印度教和耆那教雕塑和青铜器，漂亮的葡萄牙时代的家具、硬币，一座雕工精美的双轮马车，以及一对古雅的旋转彩票抽奖机。

果阿邦立中央图书馆　　　　图书馆

（Goa State Central Library; Sanskruti Bhavan, Patto; ⊙周一至周五 9:00～19:30，周六和周日9:30～17:45）**免费** 帕纳吉这座超现代的新邦立图书馆靠近邦立博物馆，有六层楼的读物，还有一家书店和画廊。2楼有儿童图书区和电子阅览室（免费，但技术上来说，仅限于学术研究使用）。4楼有关于果阿历史的图书，6楼有大量的葡萄牙语图书。

> **ⓘ 警告：毒品**
>
> 迷幻药、摇头丸、可卡因、大麻麻醉剂（哈希什）、大麻毒品及其他大多数形式的娱乐性毒品在印度均为非法（虽然在果阿邦仍然可以获得），购买和携带毒品危险重重。果阿邦的阿瓜德堡（Fort Aguada）监狱塞满了大量因毒品而获刑的囚犯，包括一些外国人。即使因为拥有少量非法药物而被捕，也将意味着要在蟑螂横行的囚室中待上10年。

☞ 团队游

有组织的乘船游是游览曼多维河的热门选择。

Paradise Cruises　　　　游轮

（☎0832-2437960; http://paradisecruises.in; Tourist Boat Jetty; 每人₹300起; ⊙巡游17:30和19:00）这家私人运营商每晚在其三层式游船上举办两场曼多维河巡游"派对"。船上有一家酒吧，上层甲板上有文艺或舞蹈表演。

Mandovi River Cruises　　　　游轮

（日落巡游₹300，晚餐巡游₹650，水道游₹900; ⊙日落巡游18:00，傍晚巡游19:15，晚餐巡游周三和周六20:45，水道巡游周二和周五9:30～16:00）果阿旅游局运营有Santa Monica或Shantadurga游轮上的各种一小时的沿曼多维河巡游娱乐项目。所有选择都包括一支乐队现场表演，经常还有果阿民谣和舞蹈演出。也有每周两次的两小时晚餐巡游和水道巡游，届时可载着你沿曼多维河顺流而下前往果阿老城、一座香料种植园，然后掉头经过Divar和Chorao岛。所有游轮都从曼多维桥旁边的Santa Monica Jetty出发。

✱ 节日和活动

狂欢节　　　　宗教节日

（全邦; ⊙3月）为期4天的节日标志着四旬期的开始；帕纳吉的派对特别热闹。

圣母圣洁日　　　　宗教节日

（Feast of Our Lady of the Immaculate Conception; 马尔冈，帕纳吉; ⊙12月8日）举行集市和音乐会，还有帕纳吉的圣母无玷始胎教

Panaji (Panjim) 帕纳吉

果阿邦 帕纳吉

0 200 m
0 0.2 miles

Mandovi Bridge
去Betim (2km);
Torda (4km);
Mapusa马普萨 (13km)

去Old Goa (9km);
Karmali卡玛利
火车站 (12km);
Ponda (34km)

去Dabolim (29km);
Vasco da Gama (32km);
Margao马尔冈 (34km)

Mandovi River 曼多维河

Santa Monica Jetty

PATTO

New Patto Bridge
Old Patto Bridge 老帕特桥

Ourem Creek

Goa Tourism 果阿邦旅游局

ATMs 自动柜员机

MG Rd

Avenida Dom Joao Castro

Dr Atmaram Costa Rd

Footbridge

Ourem Rd

CA Rd

31st January Rd

GP Rd

Statue of Abbé Faria

SAO TOMÉ

Church of Our Lady of the Immaculate Conception 圣母无玷始胎教堂

Emilio Gracia Rd

Rua de Natal

St Sebastian Rd

FONTAINHAS

31st January Rd

MALA

去Dabolim (29km);
Margao马尔冈 (34km)

Jose Falcao Rd

Panaji Jetty

Municipal Gardens 市政公园

Dr RS Rd

Jama Masjid

Cunha-Rivera Rd

Cozy Nook Tours & Travels

Dr Pisurlekar Rd

Avenida Pe Agnelo

Mahalaxmi Temple

ALTINHO

MG Rd

Ormuz Rd

Menezes Braganza Rd

Dr P Shirgaonkar Rd

Dr Dada Vaidya Rd

Ferry to Betim 去Betim的渡船

Azad Maidan

Malaca Rd

Swami Vivekanand Rd

Dayanand Bandodkar Marg

Thomas Cook

Heliodoro Salgado Rd

Municipal Market 市政市场

General Bernado Guedes Rd

Gen Costa Alvares Rd

18th June Rd

Dr Atmaram Borkar Rd

去Campal Gardens (400m); Kala Academy 卡拉学院 (800m); Goa Marriott Resort (2.1km)

去Fisherman's Wharf (300m);
Caculo Mall (1km)

Panaji(Panjim) 帕纳吉

◎ 重要景点
- **1** 圣母无玷始胎教堂 D2

◎ 景点
- **2** Altinho山 C4
- **3** 圣塞巴斯蒂安教堂 D3
- **4** 果阿邦立中央图书馆 F4
- **5** 果阿邦立博物馆 E4

⊕ 活动、课程和团队游
- **6** Mandovi River Cruises G2
- **7** Paradise Cruises G2

⊜ 住宿
- **8** A Pousada Guest House E2
- **9** Afonso Guesthouse E3
- **10** Caravela Homestay E2
- **11** La Maison E3
- **12** Old Quarter Hostel D4
- **13** Panjim Inn E3
- **14** Panjim Pousada E3

⊗ 就餐
- **15** Anandashram E2
- **16** Black Sheep Bistro B3
- **17** Cafe Bodega C4
- **18** Hotel Venite E2
- Verandah .... （见13）
- **19** Vihar Restaurant E2
- **20** Viva Panjim E3

⊙ 饮品和夜生活
- **21** Cafe Mojo B2
- **22** Riverfront & Down the Road F2

✪ 娱乐
- **23** Deltin Royale E1

⊚ 购物
- **24** Khadi India C2
- Marcou Artifacts .... （见20）
- **25** 市政市场 A2
- **26** Singbal's Book House D2

ⓘ 实用信息
- 印度政府旅游办事处 ....（见26）

ⓘ 交通
- **27** Kadamba长途汽车站 G3
- 康坎铁路车票预订处 ....（见27）
- **28** Paulo Travels G3
- **29** 私人运营长途汽车亭 G3
- **30** 私人运营长途汽车站 G2

堂的出色礼拜仪式。

🛏 住宿

帕纳吉有各种预算的住宿处。中档价格有一些果阿较好的精品传统酒店和客栈,大多数聚集在Fontainhas区。

★ Old Quarter Hostel 青年旅舍 $

(☏0832-6517606; www.thehostelcrowd.com; 31st Jan Rd, Fontainhas; 铺₹550~600, 双带空调₹1600~2000; ❄️📶)这座浮夸的青年旅舍位于古老的Fontainhas区的一座葡萄牙建筑中,提供漂亮的带保险柜的四床宿舍,在一座独立建筑中还有独立的双床房。此外还有一家Urban Cafe,装饰着富于艺术气息的壁画,无线网络信号强,还提供自行车出租。正午退房。

A Pousada Guest House 客栈 $

(☏9850998123, 0832-2422618; sabrinateles@yahoo.com; Luis de Menezes Rd; 标单/双₹800/1050起, 双带空调₹1575; ❄️📶)这个亮黄色的客栈只有5个房间, 简单干净, 还有带弹簧床垫的舒适床铺和电视。店主Sabrina友好而干练。这家客栈算是比较好的经济型客栈之一。

Afonso Guesthouse 客栈 $$

(☏9764300165, 0832-2222359; www.afonsoguesthouse.com; St Sebastian Rd; 双₹2900~3250; ❄️📶)这个地方由友好的Jeanette经营,位于一座可爱的葡萄牙人时代的联排房屋内,提供维护良好而宽敞的房间, 有木制的天花板。屋顶小露台可以用来享用阳光早餐(费用另算), 能眺望到Fontainhas区的风光。在镇上最具独特氛围的中心, 这里简单而平静; 结账时间是9:00, 接受网上预订, 不过不能通过电话预订。

La Maison 精品酒店 $$

(☏0832-2235555; www.lamaisongoa.com; 31st January Rd; 房间 含早餐 ₹4700~5300;

果阿邦

帕纳吉

）Fontainhas区的另一家精品传统酒店，外表看很传统，里面却完全是现代时尚的风格。8个房间看起来都很简单家常，实际上却配备的是柔软的床褥、云朵般的枕头，还有书桌和平板电视，能提供五星级的舒适程度。房费含早餐，附设一座Desbue餐厅，提供欧洲风味的创意菜式。

Caravela Homestay　　　精品酒店 $$

（☎0832-2237448; www.caravela.in; 27 31st January Rd; 标单/双 含早餐 ₹2000/2500起, 套 ₹4000; ）位于Sao Tome一座美丽的传统建筑中，有10间极简主义的舒适客房，额外配备小冰箱和洗漱用具。早餐在街对面的咖啡馆供应。

★ Panjim Inn　　　历史酒店 $$$

（☎9823025748, 0832-2226523; www.panjiminn.com; 31st January Rd; 标单 ₹5100~8000, 双 ₹5750~9200 ）这家漂亮的19世纪酒店是Fontainhas区最早的传统酒店之一，因为富于特色和魅力，店主友好，员工热情，长期以来都是帕纳吉最为人喜爱的酒店。在原本的建筑中有12间魅力十足的新颖客房，还有一些具有更多现代风格的较新房间，配备四柱床、殖民地风格家具和艺术品。还有一座日间水疗中心和屋顶按摩浴缸。

Goa Marriott Resort　　　酒店 $$$

（☎0832-2463333; www.marriott.com; Miramar Beach; 双 ₹11,700~17,000; ）这座豪华舒适的度假村位于米拉玛海滩上，是本区域最佳。设计专业，五星级的服务从大厅开始，一直持续到能看见风景的房间。24小时营业的Waterfront Terrace & Bar是日落时分眺望着游泳池小酌的好地方，Simply Grills餐厅是衣着考究的帕纳吉人的最爱。

Panjim Pousada　　　客栈 $$$

（☎0832-2226523; www.panjiminn.com; 31st January Rd; 标单 ₹5100~8000, 双 ₹5750~9200; ）位于一座古老的印度教建筑中，9间殖民地风格的梦幻客房围绕着一座绝美的中央庭院展开，配备古董家具，墙上装饰着可爱的艺术品。有好几座门廊和螺旋阶梯可通往房间，楼上的房间最好。

✕ 就餐

　　沿着18th June或31st January路漫步，可以发现多又便宜又好的食堂风格的就餐选择，快速绕着市政花园（Municipal Gardens）转转同样能发现。拉丁区的美食氛围正在形成中，在那里你可以享用传统果阿特色菜或西方美味食物。

Anandashram　　　印度菜、果阿菜 $

（31st January Rd; 塔利套餐 ₹90~140, 主菜 ₹100~350; ⏲周一至周六正午至15:30和19:30~22:30, 周日正午至15:00）这家小餐厅在当地以海鲜闻名，提供简单却美味的鱼类咖喱，午餐和晚餐有素食和非素食塔利套餐。

Vihar Restaurant　　　印度菜 $

（MG Rd; 素食塔利套餐 ₹100~150; ⏲7:00~9:00、11:00~15:00和19:30~22:30）这个干净简单的食堂是受当地人及游客欢迎的地方，提供丰富多样的纯素食菜肴、量足味美的塔利套餐、南印度风味的薄饼和种类繁多的新鲜果汁。也是本地区少数营业到深夜的就餐处之一。

★ Viva Panjim　　　果阿邦菜 $$

（☎0832-2422405; 31st January Rd; 主菜 ₹130~220; ⏲周一至周六 11:30~15:30和19:00~23:00, 周日19:00~23:00）这个在一座葡萄牙风格老房子里的街边小餐馆，在门外的路边摆着几张桌子，虽然在游客中大名鼎鼎，但是依然以合理的价格提供美味的果阿邦经典菜肴。有一整页专门的猪肉菜单，还有美味的xacuti（萨古蒂，红色椰子酱烹煮的香辣鸡

果阿美食

　　果阿邦的烹饪风格是葡萄牙和印度南部风味的迷人融合。果阿人喜欢丰盛的肉食和鱼类，新鲜的海鲜是主要食物，就像典型的果阿邦午餐"鱼咖喱米饭"：将煎鲭鱼浸泡在椰子肉、酸豆和辣椒酱里。传统的菜有包括vindaloo（蒜醋汁烧菜）、xacuti（香辣鸡肉或其他肉类与红色椰汁一起煮制）或cafreal（绿色马沙拉酱汁卤制的炸鸡肉，倒上棕榈醋）。想吃甜点，就试试多层的贝碧嘉（bebinca）。

肉或肉类）和cafreal（一种卤汁鸡肉）风格菜肴，海鲜有辣咖喱王鱼和螃蟹xec xec，甜点有bebinca（贝碧嘉，浓郁的果阿风味多层甜点，以蛋黄和椰子制作）等。

★ Cafe Bodega　　　　　　　　　咖啡馆 $

（☎0832-2421315；Altinho；主菜₹140～340起；◉周一至周六10:00～19:00, 周日10:00～16:00；🅿）这家安静的咖啡馆画廊位于Sunaparanta艺术中心里的一座淡紫色和白色的葡萄牙建筑中，值得爬上Altinho山来一趟。可以围着里面的庭院享用美味的咖啡、果汁和现烤的蛋糕，也可以午餐时间前来享用超级比萨和三明治。

Verandah　　　　　　　　　　　果阿邦菜 $$

（☎0832-2226523；31st January Rd；主菜₹180～420；◉11:00～23:00）Panjim Inn二楼通风良好的餐馆，实际是在阳台上，只有几张精心雕刻的餐桌，可以看到Fountainhas街景，时髦热闹。一流的果阿邦烹饪是这里的特色菜，不过也有各种印度和欧洲菜肴，还有当地葡萄酒。

Fisherman's Wharf　　　　　　　海鲜 $$

（☎8888493333；http://thefishermanswharf.in；Dr Braganza Pereira Rd；主菜₹220～450；◉正午至23:00）这家经营年代悠久的成功餐厅是从Mobor搬迁来的，提供新鲜的海鲜、印度北部风味的烧烤、烤肉和果阿特色菜。氛围在露天餐厅中算得上悠闲又高档。

★ Black Sheep Bistro　　　　　　欧洲菜 $$$

（☎0832-2222901；www.blacksheepbistro.in；Swami Vivekanand Rd；西班牙小吃₹190～280，主菜₹320～650；◉正午至16:00和19:00～22:45）这里是帕纳吉新开的精品餐厅中最好的一家，淡黄色的外观令人印象深刻，里面却是一座暗色木头的性感吧台和悠闲的餐厅。西班牙小吃简单、新鲜而专业，与店里"从农场到餐桌"的哲学一致。沙拉、意大利面和红烩羊肉为菜单增色不少，在国外接受过培训的酒侍会帮你搭配葡萄酒。

★ Hotel Venite　　　　　　　　　果阿邦菜 $$$

（31st January Rd；主菜₹340～460；◉9:00～22:30）这里阳台上有摇摇晃晃的可爱桌子，能

> **值 得 一 游**
>
> ## 边远营地
>
> 边远营地（Backwoods Camp；☎9822139859；www.backwoodsgoa.com；Matkan, Tambdi Surla；2/3天 每人 ₹8500/12,000；🅿）🌿位于果阿邦最东部的Bhagwan Mahavir野生动物保护区（Bhagwan Mahavir Wildlife Sanctuary）的一片森林中，是个充满魔幻色彩的宁静场所。这里有果阿邦最丰富的鸟类资源，它们有规律地出现，从锡兰蛙嘴夜鹰和亚洲和平鸟到棕头幽鹛和印度八色鸫，应有尽有。住宿是在加高平台上的舒适帐篷、平房和农舍房间，房费包括膳食和观鸟导游。

眺望到鹅卵石街道，长期以来一直是果阿菜餐厅中最具氛围的一家。菜单主打传统菜式，包括辣味香肠、咖喱鱼米饭、胡椒牛排和牛奶布丁，但因为很受游客欢迎，因此价格很高。可以进来喝一杯啤酒或feni（果阿烈酒）再决定。

🍷 饮品和夜生活

帕纳吉的饮酒中心主要是在城里隐蔽的小酒吧中，大多数都搭配的是简陋的塑料桌、一台冰箱、几个凳子，光顾的也多是男性。在高档酒店中能找到高档酒吧，也有一些英国小馆。

café Mojo　　　　　　　　　　　酒吧

（www.cafemojo.in；Menenzes Braganza Rd；◉周一至周四10:00至次日4:00, 周五至周日至次日6:00）装饰是惬意的英国俱乐部风格，顾客都是来此参加聚会的年轻人。吸引人的是电子啤酒系统。每个桌子都自带啤酒龙头和LCD显示屏：你购买一张卡（500卢比），在桌子上刷卡，啤酒流出——可以自动扣除你喝的数量（你也可以用卡购买烈酒、鸡尾酒或食物）。

Riverfront & Down the Road　　　酒吧

（MG Rd和Ourem Rd交叉路口；◉11:00至次日1:00）在这家酒吧餐馆的阳台，可以俯瞰小河和老佩特桥（Old Patto Bridge），是个悠闲享用啤酒或鸡尾酒的好地方，家具是用酒

桶雕刻制作。底楼酒吧（18:00起）是老城区唯一真正的夜店，有时有现场音乐。

☆ 娱乐

帕纳吉最显眼的娱乐活动是停泊在曼多维河上的赌船。这座城市也是印度规模最大的国际电影节（www.iffi.nic.in; 11月）的举办地，还有一座出色的卡拉学院。

卡拉学院　　　　　　　　　　　　　　　文化项目

（Kala Academy; ☏0832-2420452; http://kalaacademygoa.org; Dayanand Bandodkar Marg）卡拉学院位于城市西侧的Campal，是果阿邦最重要的文化中心，全年都上演舞蹈、戏剧、音乐表演和艺术展览。很多剧目使用康坎语，不过有时也有英语演出。其网站上有最新活动日程。

Deltin Royale　　　　　　　　　　　　　　　赌场

（☏8698599999; www.deltingroup.com/deltin-royale; Noah's Ark, RND Jetty, Dayanand Bandodkar Marg; 平日/周末₹3000/4000, 超值套餐₹4500/5500; 24小时, 娱乐21:00至次日1:00）果阿最大和最奢华的船上赌场，有123个桌位，附设Vegas Restaurant、一家Whisky Bar和一间托儿所。入场费包括平日/周末各价值2000/3000卢比的筹码，超值套餐的筹码价值则等同于门票。无限供应食品和饮品。

🛍 购物

Caculo Mall　　　　　　　　　　　　　　　商场

（☏0832-2222068; http://www.caculomall.in; 16 Shanta, St Inez）果阿邦最大的购物中心，有名牌店、美食广场和儿童玩具游戏机厅，是家庭购物的天堂。

市政市场　　　　　　　　　　　　　　　市场

（Municipal Market; Heljogordo Salgado Rd; 从7:30开始）这家室内市场气氛很好，由狭窄街巷改造而成，是散步的好地方，提供新鲜食品、服装摊以及一些诱人的小餐馆。鱼市尤其有趣热闹。

Singbal's Book House　　　　　　　　　　书籍

（Church Sq; 周一至周六 9:30~13:00和15:30~19:30）位于主教堂对面的街角，有精选的国际杂志和报刊，还有许多关于果阿和旅行的图书。

Khadi India　　　　　　　　　　　艺术和手工艺品

（Dr Atmaram Borkar Rd; 周一至周六 9:00~13:00和15:00~19:00）果阿邦唯一政府运营的土布和农村产业委员会（Khadi & Village Industries Commission）的贸易中心，有各种精细的手织棉布，还有油、肥皂、香料及其他手工产品。产品全都（直接）来自地区村庄，并且直接让他们受益。

Marcou Artifacts　　　　　　　　　艺术和手工艺品

（☏0832-2220204; www.marcouartifacts.com; 31st January Rd; 9:00~20:00）这家位于Fontainhas的小店展示一次性的彩绘瓷砖、鱼类雕像、手工制作的葡萄牙和果阿陶瓷，价格合理。在Caculo Mall、Hotel Delmon和马尔冈的市场也有展厅。

ℹ 实用信息

果阿医学院附属医院（Goa Medical College Hospital, ☏0832-2458700; www.gmc.goa.gov.in; Bambolim; 24小时）这家拥有1000个床位的医院位于帕纳吉以南9公里处NH17公路边的Bambolim。

果阿邦旅游局（Goa Tourism, 简称GTDC; ☏0832-2437132; www.goa-tourism.com; Paryatan Bhavan, Dr Alvaro Costa Rd; 周一至周五 9:30~17:45）与其说是旅游局，不如说更像一间营销办公室，对一般的游客来说没什么用处，除非你想预订GTDC组织的团队游。

印度政府旅游办事处（Government of India Tourist Office; ☏08332-2223412; www.incredibleindia.com; Communidade Bldg, Church Sq; 周一至周五 9:30~13:30和14:30~18:00, 周六10:00~13:00）这间位于市中心的办事处的职员乐于助人，尤其是可以提供果阿邦外的信息。这里正计划搬往Patto的同名大楼，作为果阿旅游局运营。

邮政总局（MG Rd; 周一至周六 9:30~17:30）提供快速包裹服务以及西联汇款转账。

ℹ 到达和离开

长途汽车

所有当地长途汽车都从帕纳吉的**Kadamba长途汽车站**（☏邦际0832-2438035, 当地0832-2438034; www.goakadamba.com; 预订8:00~

20:00)出发,每隔几分钟(没有明确的时间表)就有一班当地长途汽车发车;主要目的地包括北部的马普萨(30卢比,30分钟)、南部的马尔冈(30卢比,45分钟)和东部的庞达(20卢比,1小时)。大多数车次从6:00到22:00运营。

去果阿南部海滩,乘坐快车去马尔冈换乘;要去北部的海滩,可到马普萨换乘。有直达车次前往坎多林(20卢比,20分钟)、卡兰瓜德(25卢比,25分钟)和巴加(30卢比,30分钟)。

邦营长途汽车也从Kadamba长途汽车站出发,私人运营商的价格相近,但是车型和出发时间的选择更多。许多私人运营商在汽车站外边有办公亭,不过大多数邦际服务都是从对面的新佩特桥(New Patto Bridge)旁边的邦际长途汽车站出发。

Paulo Travels(0832-2438531; www.paulobus.com; G1, Kardozo Bldg)

火车

距离帕纳吉最近的火车站位于城东12公里的卡玛利(Karmali;果阿老城),很多长途火车在这里停车,包括往返孟买的车次。从马尔冈来的许多车也在这里停靠(不过注意提前查看)。帕纳吉的**康坎铁路售票处**(Konkan Railway Office; 0832-2712940; www.konkanrailway.com; 周一至周六 8:00~20:00)在Kadamba长途汽车站2楼(不在火车站)。

❶ 当地交通

乘坐出租车从帕纳吉前往达波林机场的价格为900卢比,需要45分钟,不过因为交通状况,最好预留一小时。从机场可乘坐870卢比的预付费出租车(空调车920卢比)。

步行游览帕纳吉市中心和Fontainhas很方便。出租车和机动三轮车对短途旅客的要价很高。乘坐出租车往返果阿老城价格约400卢比;机动三轮车费用约为300卢比。很多出租车在市政公园附近等活;在邮局前面、18th June Rd上和教堂南边,你都能找到机动三轮车和载客摩托。

当地公共汽车可前往Miramar(4卢比,10分钟)、Dona Paula(6卢比,15分钟)和果阿老城(10卢比,20分钟)。

乘坐锈迹斑斑但免费的载客/载车**渡轮**(6:00~22:00每20分钟1班)横渡曼多维河可前往渔村Betim,顺路还可以去北部海滩短暂

❶ 紧急情况

拨打112可帮你联系到警察、消防队或医疗服务。

游玩。东湖发船点在Dayanand Bandodkar Marg码头。

果阿老城(Old Goa)

0832

16~18世纪,果阿老城的人口就超越了当时的里斯本和伦敦,这座果阿邦的前首府曾被认为是"东方的罗马"。当你在遗留下来的高耸的大教堂和雄伟的修道院之间漫步时,依然能感受到那时的壮观。从1510年以后,在葡萄牙人统治下,这里开始崛起,但是17世纪,霍乱和疟疾的肆虐迫使人们不得不放弃这座城市。1843年,首府正式转移至帕纳吉。一些最壮观的大教堂仍在使用,保存得非常完好,而其他的历史建筑已经成了博物馆或者废墟。这里是迷人的一日旅游目的地,不过可能会变得拥挤,可以考虑在工作日早上去游览。

◉ 景点

进入教堂和主教座堂时,记住遮住肩膀和腿部。

★ 仁慈耶稣大教堂　　　　　　　　教堂

(Basilica of Bom Jesus; 7:30~18:30)这座壮观的大教堂闻名于整个罗马天主教世界,其中有圣方济·泽维尔(Francis Xavier),即所谓印度使徒的陵墓和遗体。圣方济遍及东方世界的传道之旅享有传奇色彩。他那"不腐"的遗体被安置于右边的陵墓中,在无数镀金星星中间的玻璃棺材内。门口的自由导游带领参观的价格约100卢比。

★ 大圣堂　　　　　　　　　　主教座堂

(Sé Cathedral; 9:00~18:00, 弥撒 周一至周六 7:00和18:00,周日 7:15、10:00和16:00)这座巨大的教堂长超过76米,宽55米,为亚洲最大教堂。1562年,葡萄牙国王多姆·塞巴斯蒂昂(Dom Sebastiao)下令开始教堂的建设,而收尾工作则在90多年之后才结束。教堂外立面以其简洁的风格而闻名,遵循的是托斯卡

Old Goa 果阿老城

Old Goa 果阿老城

◎ 重要景点
- 1 仁慈耶稣大教堂..................B2
- 2 大圣堂..................C1

◎ 景点
- 3 阿迪尔·沙宫殿大门..................C1
- 考古博物馆..................(见5)
- 4 圣安东尼教堂..................A2
- 5 圣凯瑟琳教堂..................B1
- 6 卡耶坦教堂和修道院..................C1
- 7 圣莫妮卡教堂和修道院..................B2
- 8 山圣母教堂..................D2
- 9 玫瑰圣母教堂..................A2
- 10 Church of St Francis Xavier..................D2
- 11 圣约翰修道院和教堂..................A2
- 12 圣奥古斯丁修道院..................A2
- 13 基督教艺术博物馆..................A2
- 14 姐妹修道院..................B2
- 15 总督拱门..................C1

纳传统。另外,值得注意的是因为失去了一座钟楼,外观显得并不平衡,那座钟楼在1776年因为被闪电击中而倒塌。

阿西西圣方济教堂　　　　　　　教堂
（Church of St Francis of Assisi; ◎9:00~17:00）位于大圣堂以西,现在已不用作瞻仰,因此相比大圣堂,显得更令人伤感。

考古学博物馆　　　　　　　博物馆
（成人/儿童₹10/免费; ◎9:00~17:00）这座考古博物馆中收藏有一些来自果阿邦印度教寺庙的可爱的雕像碎片以及一些殉葬石,它们是曾经印度教寡妇信徒投身丈夫火葬柴堆殉葬的地点。

卡耶坦教堂和修道院　　　　　　　教堂
（Church & Convent of St Cajetan; ◎8:00~18:00）效仿圣彼得（St Peter）在罗马的原设计,壮观的卡耶坦教堂由意大利戴蒂尼会（Order of Theatines）的传教士修建;他们是被教皇乌尔巴诺八世（Pope Urban Ⅷ）派至戈尔康达王国（Golconda; 海得拉巴附近）宣扬基督教的。但是由于传教士未被允许进入戈尔康达,因此于1640年定居在果阿老城。教堂的建造始于1655年,虽然不如其他教堂精美,但仍然是一座漂亮的建筑,而且是果阿留存的唯一一座穹顶教堂。

基督教艺术博物馆　　　　　　　博物馆
（Museum of Christian Art, www.museumofchristianart.com; ₹50,摄影₹100; ◎周一至周六9:30~16:30）这座博物馆位于1627年修建的圣莫妮卡修道院（Convent of St Monica）中一处精心修复后的地方,其中收藏有大量雕塑和油画。有趣的是,果阿的许多基督教艺术作品都是在葡萄牙统治时期创作的,包括这里展出的一些由当地印度教艺术家创作的作品。

其他景点
在果阿老城还可以探索很多其他历史

遗迹，包括总督拱门（Viceroy's Arch）、阿迪尔·沙宫殿大门（Adil Shah Palace Gateway）、圣安东尼教堂（Chapel of St Anthony）、圣凯瑟琳教堂（Chapel of St Catherine）、**圣莫妮卡教堂和修道院**（Church & Convent of St Monica，⊙8:00~17:00）、圣约翰修道院和教堂（Convent & Church of St John）、姐妹修道院（Sisters' Convent）和**玫瑰圣母教堂**（Church of Our Lady of the Rosary，⊙8:00~17:00）、圣奥古斯丁修道院（Monastery of St Augustine）和市中心以东2公里处的山圣母教堂（Church of Our Lady of the Mount）。

❶ 到达和离开

从帕纳吉Kadamba长途汽车站前往果阿老城长途汽车站的车次发车频繁（10卢比，25分钟），从果阿老城前往帕纳吉或庞达的车次客满发车（大约10分钟1班），有的从主环岛出发，有的从Tourist Inn餐厅旁的汽车站/自动柜员机出发。

果阿邦北部

马普萨（Mapusa）

☎0832 / 人口 40,500

熙熙攘攘而亲切的马普萨（发音为"Mapsa"）集镇是果阿邦北部最大的镇，游览这里的最主要原因就是热闹的**周五集市**（Friday market；⊙周一至周六 8:00~18:30），这个集市吸引了来自周边城镇和村庄的大量买家和卖家。这里是购买常见的绣花床单和类似物品的好地方，价格比海滩度假地低得多。

不过许多游客途经马普萨却只是因为这里是前往果阿邦北部地区的主要中转地。大多数便利设施都分布在市政花园周围，就在Kadamba汽车站和主要集市以北。

🏃 活动

Mango Tree Goa　　　　　　　　　志愿者服务

（☎9881261286；www.mangotreegoa.org；The Mango House, Vrundavan Hospital附近, Karaswada）提供一到三个月的志愿活动安排，例如对马普萨周边的弱势儿童提供教育支援。

🛏 住宿

由于距离北部海滩都如此之近，而且多数长途交通工具都在下午晚些时候或凌晨出发，所以几乎没有要在马普萨过夜的理由。不过如果你想在当地过夜，也有几个选择。

Hotel Satyaheera　　　　　　　　　　酒店 $$

（☎0832-2262949；www.hotelsatyahee

值 得 一 游

生活的香料

帕纳吉东南的庞达地区是果阿邦香料种植农场的中心，其中有几家会作为旅游景点开放，提供种植园导览团队游和自助塔利套餐风格的午餐，有时还有文艺表演。

这些农场一般出产的香料包括香草、胡椒、小豆蔻、肉豆蔻、干辣椒和姜黄，以及腰果、槟榔、椰子、菠萝和木瓜。要前往这些地方，你需要自驾车，或者乘坐出租车。

Savoi Plantation（☎0832-2340272, 9423888899；http://savoiplantations.com；成人/儿童 ₹700/350；⊙9:00~16:30）这家拥有200年历史的种植园位于庞达以北12公里处，是本地区游客最少的地方（而且没有大象）。知识丰富的向导会带领你步行穿过40公顷的种植园。有当地产的手工艺品出售，也有两座村舍，可供住宿。

Pascoal Spice Farm（☎0832-2344268；农场团队游和午餐₹400；⊙9:00~16:30）位于庞达以东约7公里处，提供竹筏漂流和文艺表演，也有农场团队游和午餐。

热带香料种植园（Tropical Spice Plantation；☎0832-2340329；www.tropicalspiceplantation.com；Keri；团队游 含午餐 ₹400；⊙9:00~16:00）位于庞达以北约5公里处，要通过一座竹桥进入，是最受团队游客欢迎的农场之一，所以一直都很繁忙。45分钟的趣味香料种植园团队游后，会有一顿香蕉叶自助午餐。

ragoa.com；双 不带/带空调 ₹1950/2300起；❄）靠近镇中心的Maruti小寺庙，说它是马普萨中心地区最好的酒店也不为过。房间足够舒服。屋顶花园餐厅Ruchira（主菜₹90~90；⊙11:00~23:00）环境很好。

✴ 餐饮

Hotel Vrundavan 印度菜 $

（塔利套餐₹80起；⊙周三至周一 7:00~22:00）这家全素食餐厅就在市政花园旁边，是享用热乎乎的印度奶茶、pav bhaji（咖喱蔬菜面包）或快速早餐的好地方。

Pub 小酒馆

（主菜₹100起；⊙周一至周六 11:00~16:00和18:30~23:00）这个凉风习习的地方位于集市正对面，别被阴暗的入口和楼梯吓到，上楼后视野开阔，能看到畅饮啤酒和芬尼酒的大批人群。每天特色菜不拘一格，是午餐的好选择。

🔒 购物

Other India Bookstore 书籍

（☎0832-2263306；www.otherindiabookstore.com；Mapusa Clinic Rd；⊙周一至周五 9:00~17:00，周六至13:00）这家友好的小书店会让你觉得不虚此行，位于一条让人想象不到的阴暗走廊尽头，主要出售的是有关果阿和印度的图书，主题集中于灵修、环境、政治和旅行。从市政花园往山坡上走几百米，在Mapusa Clinic旁边有路标。

ℹ 到达和离开

长途汽车

如果你从孟买乘坐长途汽车到果阿邦，马普萨的**Kadamba长途汽车站**（☎0832-2232161）是前往北部海滩的起点。当地公共汽车每隔几分钟就发一班车。想乘坐去往南部海滩的长途汽车，乘坐长途汽车到帕纳吉，然后到马尔冈，在那里换乘即可，车次频繁。

当地长途汽车包括：

安朱纳 15卢比，20分钟

阿朗博尔 30卢比，1小时

卡兰瓜德 12卢比，20分钟

坎多林 15卢比，35分钟

帕纳吉 30卢比，30分钟

Thivim 15卢比，20分钟

绿色果阿邦

在过去的40年间，果阿邦的环境遭受了来自大量游客的破坏，不过也受到来自伐木、采矿和当地习俗（稀少的海龟蛋在传统上被认为是一种美味）的影响。无视当地基础设施或生态系统的施工建设仍可以进行，广阔的山上塑料瓶大量堆积。不过，几个简单的方法可以尽可能降低你对果阿邦环境的影响：

购物时自带袋子，在可能的情况下重新将过滤水装满水瓶携带。带押金的5升Bisleri水瓶可以退回去再次利用。更好的方式是自带滤水器。至少在短途旅行时，租自行车而不是小轮摩托车，如果找不到，就四处打听一下：由于人们对小轮摩托车的迷恋，自行车出租业一直在萎缩，车况也不佳，不过如果需求增加，情况将好转。果阿旅游业现在雇用了清洁工，每天早上会去海滩捡拾垃圾，但是所有游客都应该承担起自己的责任，将烟蒂和其他任何垃圾都丢入垃圾箱。

海龟如今受到**林业部**（Forest Department；www.forest.goa.gov.in）的保护，该部门在海滩上设有信息小屋，比如阿贡达、Galgibag和Morjim，海龟会前去产蛋。另一个多年来也做得不错的是**果阿邦基金会**（Goa Foundation；☎0832-2256479；www.goafoundation.org；St Britto's Apartments, G-8 Feira Alta, Mapusa），该邦主要的环境监督团队，总部在马普萨。基金会自1986年成立以来，倡导了很多保护项目，包括施加压力，阻止非法采矿，其网站也是了解更多果阿邦环境问题的好去处。该组织出版的《咖喱鱼和米饭》（*Fish Curry & Rice*；400卢比）很不错，是有关果阿邦环境和生活方式的资料大全，在马普萨的Other India Bookstore有售。基金会偶尔也会组织志愿者项目，打电话或上门拜访询问详细信息。

长途汽车有政府运营的,也有私人客运公司运营。私人经营商在长途汽车站外有售票办公室(市政花园对面)。大多数长途汽车都在下午晚些时候或夜间出发。部分长途汽车价格如下:

班加罗尔 900卢比,空调1200卢比,13~14小时

亨比 卧铺1000卢比,9.5小时

孟买 850卢比,空调900卢比,12~15小时

浦那 700卢比,空调900卢比,卧铺1000卢比,11~13小时

出租车

镇广场上有一个预付费出租车站,价格牌上公示了固定票价。去往安朱纳或卡兰瓜德的出租车,费用为280卢比,坎多林350卢比,帕纳吉350卢比,阿朗博尔600卢比,马尔冈1100卢比。机动三轮车前往安朱纳或卡兰瓜德价格为200卢比。

火车

位于镇东北12公里处的Thivim是最近的康坎铁路火车站,有当地公共汽车开往马普萨火车站(15卢比);从Thivim往返马普萨火车站的机动三轮车,费用约为200卢比。

坎多林(Candolim)

☎0832 / 人口8600

坎多林懒洋洋的漫长海滩一直蜿蜒至南边较小的辛魁林姆海滩(Sinquerim Beach),大部分是来自英国、俄罗斯和斯堪的纳维亚的包机游客的保留地,印度其他地区的游客也越来越多。边上是季节性的海滩棚屋,都提供日光浴床位和遮阳物。

总的说来,这里是一个欢乐的高端度假区,不过自由行游客可能会觉得有些缺少灵魂。邮局、超市、旅行社、网吧、药店和很多有自动柜员机的银行都集中在与海滩平行的主路Fort Aguada Rd上。

◎ 景点和活动

阿瓜德堡 要塞

(Fort Aguada; ⏰8:30~17:30) **免费** 阿瓜德堡坐落在一片能眺望到曼多维河河口的陆岬上,雄伟而显眼,城堡从未被攻破,这一点也印证了其选址的成功。这里是热门的日落观赏地,能完整欣赏南北景观。城堡建于1612年,之后荷兰和其他国家对葡萄牙统治者的威胁便与日俱增。

John's Boat Tours 团队游

(☎0832-6520190, 9822182814; www.johnboattours.com; Fort Aguada Rd; ⏰9:00~21:00)这个总部位于坎多林的运营商备受好评,组织完善,能提供大量的乘船和吉普巡游,以及过夜船屋巡游(每人6000卢比,含餐)。可选择观赏海豚巡游(1000卢比),或者著名的"鳄鱼邓迪"(Crocodile Dundee)河上游览(1200卢比),能一瞥曼多维河上的沼泽鳄的身影。

Sinquerim Dolphin Trips 划船

(每人₹300; ⏰8:30~17:30)阿瓜德堡下,Nerul河的船夫已联合运营,所以游船价格是固定的。一小时海豚观赏和观光之旅价格为每人300卢比,最少10人。旅途中会经过Nerupl (Coco)沙滩、阿瓜德堡监狱、码头和"百万富翁吉米之家"(Jimmy Millionaire's House)。

Dive Goa 潜水

(☎9325030110; www.divegoa.com; Fort Aguada Rd)这家著名的水肺潜水机构位于SinQ Beach Club旁边,提供PADI和SSI课程,船只可前往Netrani Island、Grande Island等岛屿。

🛏 住宿

★Bougainvillea Guest House 客栈 $$

(☎0832-2479842, 9822151969; www.bougainvilleagoa.com; Sinquerim; 房间₹2500, 含早餐₹3000~4000, 阁楼₹6000; ❄🛜)一个树木茂盛的花园通向这个紧邻Fort Aguada Rd的家庭经营客栈。采光充足的8间套房宽敞、一尘不染,有电冰箱、平板电视,或有阳台或有私人休憩区——顶层的阁楼有单独的屋顶露台。这里是住客们会年复一年光顾的那种地方。提前订房。

D'Hibiscus 精品酒店 $$

(www.dehibiscus.com; 83 Sinquerim; 双₹3300, 阁楼₹4950; ❄🛜)带阳台的大型现代化房间是这座酒店的吸引点,位于一座新翻修过的葡萄牙时代房屋中,紧邻辛库雷姆海滩。顶楼的阁楼房带有按摩浴缸、大屏幕电视和阳台日光床,值得挥霍一把。

D'Mello's Sea View Home 酒店 $$

(📞0832-2489650; www.dmellos.com; Monteiro's Rd, Escrivao Vaddo; 双₹1200~1800; ❄@🛜)这家酒店初始规模很小,现已发展壮大,但依然由家庭经营,坐落在四壁围绕着一片可爱花园的建筑中。前面的楼有海景房,所以可看几间,不过所有房间都很干净,保持得很好。如果想要空调,多加500卢比。中央区域有无线网络。

★ Marbella Guest House 精品酒店 $$$

(📞0842-2479551, 9822100811; www.marbellagoa.com; Sinquerim; 房间₹3600~6000,套₹5400~7000; ❄❄)这座漂亮的葡萄牙时代别墅里面摆满了古董,周围围绕着一座苍翠茂盛而宁静的庭院花园,是浪漫精致的旧时代的遗留。房间都有各自的主题,包括莫卧儿、拉贾斯坦和箭杜鹃。阁楼套房里有抛光砖和四柱床,配备独立的客厅、餐厅和露台,堪称典范。厨房提供一些创新性的菜肴。不接待12岁以下儿童。

🍴 就餐

坎多林集中了很多国际风味的餐厅和海滩棚屋,提供世界各类菜肴和新鲜的海鲜。其中最好的一些在Fort Aguada Rd两边,不过如果从背街小巷往海滩走,也会找到一些好地方,也有当地餐厅,提供便宜美味的早餐pav bhaji快餐或午间塔利套餐。

Viva Goa! 果阿菜 $

(Fort Aguada Rd; 主菜₹90~200; ⏰11:00至午夜)这家主要是当地人光顾的小地方价格不贵,也很受懂行的游客欢迎,提供鲜鱼,以及果阿海鲜特色菜,例如香辣炸贻贝。点餐前先看看海鲜的市价。

★ Café Chocolatti 咖啡馆 $$

(409A Fort Aguada Rd; 甜点₹50~200, 主菜₹250~420; ⏰周一至周六 9:00~19:00; 🛜)这个可爱的茶室虽然在Fort Aguada Rd上,却是个宁静的休息地,有巧克力布朗宁、华夫饼和香蕉太妃派,配一杯强劲的咖啡或有机绿茶,感觉像是上了天堂。也有许多沙拉、帕尼尼、薄饼和乳蛋饼,可当成午餐。可以打包一袋巧克力松露,是由这里的巧克力店自己制作的。

Moroccan Shisha & Grill 摩洛哥菜 $$

(📞8600544442; Calangute-Candolim Rd; 主菜₹200~500, 水烟₹600; ⏰11:00至次日2:00)在这家阿拉伯风格的咖啡馆中,可以在芳香的水烟烟雾中,坐在垫子上休息一下。这里当然也有强劲的咖啡、薄荷茶和北非菜式,例如羊肉串和鸡肉塔吉锅。

Stone House 牛排馆 $$

(Fort Aguada Rd; 主菜₹200~800; ⏰11:00~15:00和19:00至午夜)这家口碑很好的老式坎多林餐馆位于一座石头房屋里,有一个树木茂密的前庭院,主打菜肴是海陆大餐(Surf'n'turf)。有听起来不太可能的"瑞典龙虾",以及其他一些果阿邦菜肴。这里也是一家很热门的蓝调酒吧,旺季时,一周的多数夜晚都有优质的现场音乐。

★ Bomra's 缅甸菜 $$$

(📞9767591056; www.bomras.com; 247 Fort Aguada Rd; 主菜₹470~580; ⏰正午至14:00和19:00~23:00)这家时髦的小餐厅提供的都是很棒的非一般的食物,比如有趣的创意口味的现代缅甸菜。芳香的咖喱有草菇、荔枝、马蹄、菠菜和椰子口味,咖喱鸭肉中还有罗望子和花生。餐厅装潢成棕榈树小屋的风格,位于一座可爱的庭院花园中。

Tuscany Gardens 意大利菜 $$$

(📞0832-6454026; www.tuscanygardens.in; Fort Aguada Rd; 主菜₹300~465; ⏰13:00~23:00)在这家舒适、浪漫的意大利餐厅中,很容易感受到托斯卡纳风情。这里有格子桌布和进口葡萄酒。白天有完美的餐前小吃、意大利面、比萨和调味饭;可尝试一下海鲜比萨或水牛奶酪沙拉。

🍷 饮品和夜生活

LPK Waterfront 夜店

(情侣₹1500; ⏰21:30至次日4:00)名称中的首字母缩写代表的是爱(Love)、和平(Peace)和因缘(Karma)。这家造型古怪的俱乐部位于Nerul河岸上,在坎多林的对岸,是本地区最大的夜店,巨大的室内和露天舞池吸引了各地的派对爱好者。

Bob's Inn 酒吧 $$

(Fort Aguada Rd；正午至16:00和19:00至午夜）非洲风格墙壁饰品，棕榈树叶屋顶，公共餐桌和赤陶雕塑是粗麦粉（rava）煎贻贝或"醉虾"的很好布景，不过也是路过时进去喝一杯的好地方。

购物

Broadway Book Centre 书籍

（☎0832-6519777；www.booksingoa.com；Fort Aguada Rd；10:00～20:00）Broadway是果阿邦最大的连锁书店和出版商，在邦内有4家店，所以你想要的应该都能找到。这里的员工友好热情。

到达和离开

往返帕纳吉（15卢比，30分钟）的长途汽车大约每10分钟1班，停靠在John's Boat Tours附近的中央汽车站。有些车次还会继续南下，前往Fort Aguada Rd尽头的阿瓜德堡汽车站，然后掉头沿着Mandovi River路返回帕纳吉，途中会经过Verem和Betim两座村庄。

从坎多林前往卡兰瓜德的班车（8卢比，15分钟）班次也很频繁，在Fort Aguada Rd上可以招手停车。

卡兰瓜德和巴加（Calangute & Baga）

☎0832 / 人口 16,000

对于许多游客，尤其是从班加罗尔和孟买来的年轻有钱的印度游客以及欧洲团队度假游客来说，这里就是果阿邦的派对之城，曾经的狂欢氛围和嬉皮士已经让位于节奏强劲的现代夜店和满墙的饮品。集市区和主路Baga路非常拥挤，不过这里几乎有你所想要的一切——从泰式按摩到文具店，海滩上有许多很好的棚屋餐厅，带日光浴床、无线网络，服务细心。

位于界线日益模糊的坎多林和巴加之间的卡兰瓜德，主要围绕着繁忙的集市路和海滩展开。北边的巴加海滩上有拥挤的棚屋，在这里可以参加水上运动，著名的Tito's Lane两旁有营业至深夜的夜店。

景点

果阿博物馆 艺术中心

（Museum of Goa；☎07722089666；www.museumofgoa.com；79, Pilerne Industrial Estate, Calangute；印度人/外国人₹100/300；10:00～18:00）与其说是一家博物馆，不如说是一座艺术仓库，这里有文物、展览、工坊、课程、西塔琴音乐会和一家很棒的咖啡馆。这家博物馆是当地著名艺术家和雕塑家Subodh Kerkar的创意产物，理念是让所有人都能创作艺术。

活动

卡兰瓜德和巴加每个季节都会出现许多瑜伽班。不用专门跑到卡兰瓜德—巴加海滨沿线去寻找水上运动。推荐两家水肺潜水运营商：**Goa Aquatics**（☎9822685025；www.goaaquatics.com；136/1 Gaura Vaddo, Calangute；潜水之旅₹5000起，潜水课程₹22,000）和**Barracuda Diving**（☎9822182402, 0832-2279409；www.barracudadiving.com；Sun Village Resort, Baga；潜水之旅/课程₹5000/17,000起）。

Baga Snow Park 雪上运动

（☎9595420781；http://snowparkgoa.com；Tito's Lane 2；₹495；11:00～20:00；▣）这座巨大的冰库就像一座乐园，里面有雪人、冰屋、滑坡和冰雕。装备有派克大衣、长裤和手套（费用包括在内）——里面非常冷！很适合孩子们。

GTDC Tours 团队游

（Goa Tourism Development Corporation；☎0832-2276024；hwww.goa-tourism.com）这里的团队游可以在线预订，也可在海滩旁边的GTDC Calangute Residency酒店预约。全天的北果阿团队游（300卢比，每天9:30～18:00）从卡兰瓜德或马普萨出发，目的地包括曼多维河口、坎多林、卡兰瓜德、安朱纳，然后前往内陆的迈耶湖（Mayem Lake）。

住宿

虽然有相当多的地方全年都开放，但这里并不是一个适合经济型旅游的目的地，除了淡季以外。

Calangute & Baga
卡兰瓜德和巴加

果阿邦

卡兰瓜德和巴加

BAGA 巴加

Beach Shacks

Baga Beach

Tito's Lane

Baga Market 巴加市场

Calangute - Baga Rd

Calangute - Anjuna Rd

Paulo Tours & Travels

Casa dos Proença

ATMs 自动柜员机

Temple 寺庙

Market 市场

Dr Afonso Rd

ARABIAN SEA 阿拉伯海

St Alex's Church

Thomas Cook

St Anthony's Chapel

去Saligao (2.5km)

Holiday St

去Arpora阿波拉(3km); Anjuna安朱纳(5km)

去John's Boat Tours (600m); Central 中央汽车站(1.1km); Museum of Goa 果阿博物馆(3km)

Calangute & Baga
卡兰瓜德和巴加

⊕ 活动、课程和团队游
1 Baga Snow Park B2
2 Goa Aquatics C6
3 GTDC Tours B4

🛏 住宿
4 Alidia Beach Cottages B1
5 Coco Banana B4
6 D'Mello's Sea View Home................C7
7 Hotel Seagull C6
8 Indian Kitchen B2
9 Johnny's Hotel B3
10 Ospy's Shelter...................................C5
11 Pousada Tauma................................C3
12 Resort Fiesta.....................................A2
13 Zostel C5

🍴 就餐
14 A Reverie..C6
15 Cafe Sussegado Souza..................C4
16 Fiesta A2
17 Go With the Flow.............................A1
18 Infantaria..C4
19 Plantain Leaf.....................................C4
20 Pousada by the Beach...................B5
21 Viva Goa! D7

🍷 饮品和夜生活
22 Bob's Inn..C6
23 Café Mambo......................................A2
24 Tito's B2

🛍 购物
25 Broadway Book Centre..................C6
26 Karma Collection.............................C2
27 Literati Bookshop & Cafe C6

🏠 卡兰瓜德

★ Ospy's Shelter　　　　　　　客栈 $

(☏7798100981, 0832-2279505; ospeys.shelter@gmail.com; 双₹800~1000) 藏身于海滩和圣安东尼教堂 (St Anthony's Chapel) 之间安静而郁郁葱葱的小角落，这里遍布棕榈树和沙地小路，是游客的最爱，步行2分钟即可到达海滩。一尘不染的楼上房间中配有冰箱和阳台，整个地方都有一种舒适的家庭氛围。顺着教堂以西的路走，不过很难找，需要提前打电话。

Johnny's Hotel　　　　　　　酒店 $

(☏0832-2277458; www.johnnyshotel.com; 标单₹500~600, 双₹800~900, 带空调₹1200~1400; ❄🛜) 这家有15间简单客房的地方受到背包旅行者的欢迎，成为一个适合交际的住宿地，楼下有一家餐馆兼酒吧，还有定期的瑜伽和灵气疗法课程。各种公寓和房屋可接待较长时间的住客。所在的小巷两边有许多不起眼的中档酒店，步行很短距离就能到达海滩。

Zostel　　　　　　　　　　　青年旅舍 $

(☏917726864942; www.zostel.com; Calangute; 铺₹450~550, 双₹1800; ❄🛜) 为团队游住宿中心带来了经济型的铺位住宿，这里有4~12床的宿舍，有些带空调，全部位于一座远离主路的白色两层楼中。便利设施包括厨房、免费的无线网络、公用房间和保险柜。只有一间大床房。

Coco Banana　　　　　　　　客栈 $

(☏9960803790; 双₹1200, 带空调₹1500; ❄🛜) 这家色彩缤纷的客栈位于去往卡兰瓜德海滩的主入口南边的棕榈树之间，已经经营了许多年，致力于为游客提供一个舒适的休憩地。由友好的沃尔特经营，宽敞的房间保持得一尘不染，氛围柔和。对于家庭或团体住客来说，可咨询Casa Leyla附近设备齐全的公寓。

Hotel Seagull　　　　　　　　酒店 $$

(☏0832-2179969; http://seagullgoa.com; Holiday St; 双₹2800起; ❄🛜🏊) 房间明亮，服务友好热情，位于南卡兰瓜德的一座怡人的蓝白色房屋中，装备空调，通风良好，外面后部有一座小泳池。楼下是优雅的Blue Mariposa酒吧餐厅，提供果阿菜、印度菜和欧陆菜肴。

★ Pousada Tauma　　　　精品酒店 $$$

(☏0832-2279061; www.pousada-tauma.com; 套含餐 US$360~530; ❄🛜🏊) 如果你想找一个奢华的阿育吠陀治疗中心，那么这家位于卡兰瓜德的小型精品酒店就是你要找的，它完全远离外界的尘嚣。宽敞的客房家具齐全，散落在一座有喷泉补水的泳池周围。价格包括在浪漫的小型露天餐厅Copper Bowl提供的全餐，不过在私人中心的阿育吠陀治疗要额外花钱。

巴加

★ Indian Kitchen 客栈 $

(☎0832-2277555, 9822149615; www.indiankitchen-goa.com; 标单/双/度假屋₹770/880/1500; ❄@☎❄) 如果你追求的是丰富多彩的经济型住宿，只要到这家家庭经营的客栈就足够了。这里提供各种类型的房间，从基本型到更宽敞舒适的公寓和泳池畔的小木屋，应有尽有。客栈中间是整洁的中央庭院和一座干净的泳池。每个房间都有露台。多花600卢比可享受空调。

★ Alidia Beach Cottages 客栈 $$

(☎9822876867, 0832-2279014; Calangute-Baga Rd, Saunta Waddo; 双₹2000, 带空调₹3300, 套₹3500; ❄@☎❄) 这个愉快安静的地方位于一座刷成白色的教堂后面，紧邻繁忙的Baga Rd, 有漂亮的地中海风格的房间，环绕着一个华丽的游泳池。较便宜的不带空调的房间在后面，条件稍逊，不过全都状况良好，员工乐于助人，有一条直接通向巴加海滩的小路。

Resort Fiesta 精品酒店 $$$

(☎9822104512; http://fiestagoa.com; Tito's Lane, Baga; 大床和套 含早餐 ₹5000~8000; ❄@☎❄) 这座设计精美的精品度假村位于同名海滨餐厅的背后，光线明亮的大房间是其标志。从可爱的花园、泳池、大露台和现代化的设施中，例如电视、小冰箱和双水槽，能看出店主Yellow Mehta对酒店的热爱。

✕ 就餐

海滨棚屋显然是值得信赖的选择，不过在"Strip"沿线也有一些有趣的瑰宝，巴加加北岸有出色的高档选择。

✕ 卡兰瓜德

Plantain Leaf 印度菜 $

(☎0832-2279860; 素食塔利套餐₹120, 主菜₹110~250; ☉11:00~17:00和19:00~23:45) 这家2楼的餐厅位于卡兰瓜德繁忙的市场区中心，多年来一直是本地区最纯粹的素食餐厅，有经典的南印度香蕉叶塔利套餐和多莎饼，以及更多的北印度口味。大多数菜肴价格都很实惠。

Cafe Sussegado Souza 果阿菜 $$

(☎09850141007; Calangute-Anjuna Rd; 主菜₹160~300; ☉正午至23:00) 位于一座黄色的葡萄牙风格小房子中，就在卡兰瓜德市场区以南，是品尝果阿食物的好地方，有咖喱鱼肉米饭、鸡肉xacuti和猪肉sorpotel（一种酸味炖菜，食材有猪肝、猪心和猪腰），最后来上一杯芬尼酒。地道，热闹，氛围好。

Infantaria 意大利菜 $$

(Calangute-BagaRd; 馅饼₹50~200, 主菜₹140~580; ☉7:30至午夜) 曾经是卡兰瓜德最好的面包店，如今蜕变为一家热门的意大利和印度餐馆，融芝士火锅和咖喱于一体。不过这里依然有面包坊的基础，摆满自制的蛋糕、牛角面包、小酥饼和地道咖啡。想吃早饭要赶早，趁好东西卖完之前。旺季经常有乐队现场演出。

★ A Reverie 多种风味 $$$

(☎8380095732; www.areverie.com; Holiday St; 主菜₹475~700; ☉19:00至深夜) 一家豪华的休闲餐厅兼酒吧，都是单人沙发，还有酷炫爵士乐和古怪奇异的户外空间，是个可以用西班牙火腿、烤芦笋、法国葡萄酒和意大利奶酪好好宠爱自己的地方。更适合"轻松用餐"，而非过于正式。

周六夜市

果阿邦有两座著名的夜市，分别是阿波拉（Arpora）的周六夜市（Saturday Night Market; www.snmgoa.com; ☉11月底至次年3月18:00起）和巴加的Mackie's（☉12月至次年4月18:00起），它们是除安朱纳跳蚤市场以外的有趣的夜间活动场所。

这里吸引人的地方包括美食摊、娱乐活动和购物，不过也有大量还过得去的摊位、闪烁的珠宝、激光指示棒和其他一些白天很难售卖的新奇玩意。

不过从11月底开始，集市有时候会在短时间内取消，可向当地人或出租车司机确认。

Pousada by the Beach 海鲜、果阿菜 $$$

(Holiday St; 主菜₹550~710; ⓘ11:00~19:00)这家历史悠久的海滨餐厅外表简单，但其仅在午餐提供的菜单却非常精彩——主厨还负责Pousada Tauma的高档餐厅Copper Bowl。菜单一直很简单，只有几种专业水准的果阿菜和海鲜特色菜。

巴加

★ Go With the Flow 各国风味 $$

(⓪7507771556; www.gowiththeflowgoa.com; Baga River Rd; 主菜₹200~650; ⓘ正午至22:30)走进这座梦幻的霓虹灯花园，闪耀的白色柳条家具本身就足够让人惊艳了，而食物更是超凡脱俗。融汇各国风味的菜单偏重欧洲和亚洲口味，这里现在依然是巴加最好的餐厅之一。可尝试一些小菜（点一道美味拼盘），或者直接选择标志性的猪肚或叻沙虾面。

★ Fiesta 意大利菜 $$$

(⓪0832-2279894; www.fiestagoa.in; Tito's Lane; 主菜₹350~950; ⓘ19:00至深夜)经营历史很长，现已完成了一次品位升级：这家乡村风情的海滨酒吧全天都供应膳食，晚上在泳池周围还有烛光餐桌。在潮流女王Yellow Mehta的管理下，这里提供一份亲密而精致的地中海风格就餐体验，配上轻柔的音乐和异国风情的家具，从自制的比萨和意大利面开始，继而是受到法国影响的海鲜菜肴，还有一些最好的提拉米苏。

饮品和夜生活

巴加喧闹的俱乐部圈子以Tito's Lane为中心，在寻欢作乐的游客中久负盛名。有人会觉得这里的环境有些肮脏，酒吧员工很冷漠。独行女性很受俱乐部的欢迎（一般可免费入场），不过应该小心，要乘出租车往返。

Café Mambo 夜店

(⓪7507333003; www.cafemambogoa.com; Tito's Lane, Baga; 附加费用 情侣 ₹800; ⓘ18:00至次日3:00)Tito夜店帝国的一部分，是巴加活动最多的地方之一，有室内/户外海滩，晚上有DJ来播放浩室、嘻哈和拉丁音乐。仅限情侣和女性。

Tito's 夜店

(⓪9822765002; www.titosgroup.com; Tito's Lane, Baga; 附加费用 情侣/女性/独行男性 ₹8000/免费/2000起; ⓘ20:00至次日3:00)开张营业很久了，是果阿邦俱乐部的大拿，已尽最大努力改善往昔当地人骚扰西方女性在游客心中所留下的印象。一般仅限情侣和女性入场——独行男性进场就要付高价，不过这取决于门卫的心情。

🛍 购物

Literati Bookshop & Cafe 书籍

(⓪0832-2277740; www.literati-goa.com; Calangute; ⓘ周一至周六 10:00~18:30)一家令人耳目一新的别致书店，在店主的卡兰瓜德南部的家中，有一座非常讨人喜欢的花园咖啡馆。可以过来品尝美味的浓缩咖啡或比萨，浏览果阿当地及印度其他地区作家的各种图书作品以及古籍。可以上网查看书目及其他活动安排。

Karma Collection 礼品和纪念品

(www.karmacollectiongoa.com; Calangute-Arpora Rd, Calangute; ⓘ9:30~22:30)这里汇聚了来自印度、巴基斯坦和阿富汗各地的精美家居用品、纺织品、装饰品、包袋和其他诱人物件——有些是古董，看着非常诱人。固定价格意味着无须砍价，虽然并不便宜。

ℹ 到达和当地交通

前往帕纳吉（15卢比，45分钟）和马普萨（12卢比，30分钟）的公共汽车车次频繁，从卡兰瓜德和巴加公共汽车站发车。

从卡兰瓜德或巴加乘坐出租车到帕纳吉的价格约450卢比，大约需要半小时。从机场乘坐预付费出租车前往卡兰瓜德价格为1150卢比。

当地公共汽车（5卢比）每隔几分钟在卡兰瓜德和巴加的汽车站之间发车运行；沿途都可乘坐，不过堵车时可能步行会更快。

出租车在卡兰瓜德和巴加海滩北部之间的费用为荒唐的100卢比。

安朱纳（Anjuna）

⓪0832/人口 9640

美丽的老安朱纳从20世纪60年代开

Anjuna 安朱纳

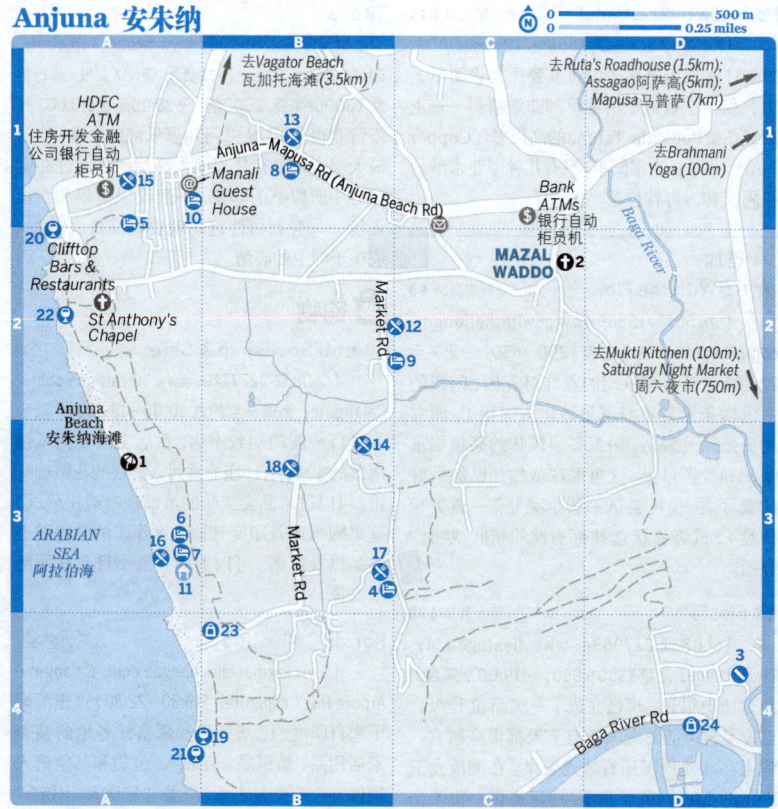

Anjuna 安朱纳

◎ 景点
- 1 安朱纳海滩...A3
- 2 Our Lady of Good Health..................C2

⊕ 活动、课程和团队游
- 3 Barracuda Diving.......................................D4

⊜ 住宿
- 4 Banyan Soul..B3
- 5 Casa Anjuna..A1
- 6 Florinda's...A3
- 7 Palms N Tides..A3
- 8 Paradise..B1
- 9 Prison Hostel..C2
- 10 Red Door Hostel......................................A1
- 11 Sea Horse..A3

⊗ 就餐
- 12 Artjuna Cafe..C2
- 13 Burger Factory...B1
- 14 Café Diogo...B3
- 15 Dhum Biryani & Kebabs......................A1
- 16 Elephant Art Cafe....................................A3
- 17 German Bakery...B3
- 18 Goa's Ark...B3

⊙ 饮品和夜生活
- 19 Curlies..B4
- 20 Purple Martini...A2
- 21 Shiva Valley...A4
- 22 UV Bar..A2

⊜ 购物
- 23 安朱纳跳蚤市场......................................B4
- 24 Mackie's周六夜市...................................D4

始成为印度嬉皮文化的拥趸，现在依然对每个周三（旺季）著名的跳蚤市场上的纱笼（sarong）和檀香津津乐道。虽然这里仍不断吸引着大批的背包旅行者，而中间阶层的家庭游客也越来越多地来到这里，体会闲适的嬉皮氛围。安朱纳现在仍在发展，这里的沙滩派对氛围让人陶醉，新的餐厅和酒吧越来越多。

村庄本身有点破烂，而且散布的区域很广。随大流吧：租一辆小轮摩托车或摩托车，探索背街小巷，以及南部的海滩区域，你会找到适合你的地方。安朱纳会让你难以忘怀。

⊙ 景点和活动

安朱纳魅力超凡的狭窄海滩从北部村庄低矮的岩石崖壁区域到跳蚤市场，绵延近两公里。旺季这里会有水上运动，包括摩托艇（400卢比）、香蕉船（4人1000卢比）和帆伞运动（700卢比）。

许多瑜伽、阿育吠陀和其他替代疗法及养生活动都只在旺季才有（见818页）；注意热门咖啡馆的公告栏，例如Artjuna Cafe（见816页）。

课程

Mukti Kitchen　　　　　　　　烹饪
（☎0800-7359170; www.muktikitchen.com; Anjuna-Baga Rd, Arpora; 素食/非素食/果阿菜班级₹1500/2000/2500; ⊙11:00~14:00和17:00~20:00）这些备受推荐的班级位于阿波拉的Anjuna Rd, Mukti每天会分两次分享她的烹饪技巧。课程包括大约五种菜肴，可订制——素食或非素食，果阿菜，印度菜或阿育吠陀。最少4人，最多6人。提前一天预订。

住宿

数十个基本型房间在安朱纳的北部悬崖顶部一带，贵一些的面对主海滩。还有很多家庭经营的小客栈隐藏在主海滩带的后边，提供价格差不多但更漂亮的双人间；可顺着"房间出租"（Rooms to Let）或"房屋出租"（house to let）的指示牌前去任意挑选。

Red Door Hostel　　　　　　青年旅舍 $
（☎0832-2274423; reddoorhostels@gmail.com; 铺 不含/含空调 ₹550/660, 双 不含/含空调 ₹1900/2200; ❄@）这是一家很受背包客欢迎的住宿处，靠近安朱纳的中央十字路口，有干净的4床和6床宿舍，外加几间独立住房。便利设施包括保险柜，免费无线网络，一座花园、舒适的公共区域——包括一间设备齐全的厨房——和一家适合社交的咖啡酒吧。氛围慵懒，还有宠物狗。

Prison Hostel　　　　　　　青年旅舍 $
（☎0832-2273745; www.thehostelcrowd.com; 940 Market Rd; 铺₹400, 含空调₹500, 双₹1500; ❄@）这家古雅的背包客住宿处位于安朱纳的Market Rd，设计成监狱主题的样子，窗口有栅栏，采用黑白装饰，奇怪的是，还有一辆旧的公共汽车用作咖啡厅。干净的4床至10床宿舍有独立的保险柜和床头灯，有一间很好的厨房，房费包括无线网络和早餐。

Florinda's　　　　　　　　　客栈 $
（☎9890216520; 标单/双₹500/800, 带空调₹1500; ❄@）海滩附近较好的经济型客栈之一，Florinda提供干净房间，有24小时热水和纱窗、蚊帐，在一个美丽的花园中间。少数几间空调房很快就住满。

Paradise　　　　　　　　　客栈 $
（☎9922541714; janet_965@hotmail.com; Anjuna-Mapusa Rd; 双₹1000, 带空调₹1500~2000; ❄@）亲切的Paradise前面是一座老式葡萄牙风格房屋，提供干净、整洁的房间，新楼里装潢更好。较好的房间里有电视和冰箱，阳台有吊床。友好的店主珍妮特（Janet）和家人还经营药店、杂货店、餐馆、网吧，可帮忙联系旅行社，提供货币兑换。

Palms N Tides　　　　　　　小屋 $$
（☎9988882021; www.palmsntides.com; 双₹3800~4300）这里的圆顶小屋是海滩上最宽敞、设计最好的住处之一。坐落在一座花园中，有宽大的床铺和浴室，空调值回房价。在Elephant Art Cafe后面。

Sea Horse　　　　　　　　　木屋 $$
（☎9764465078; www.vistapraiaanjuna.com; 小屋 不含/含空调 ₹2000/3000; ❄@）位于海滩上同名餐厅背后，包括一列木头小屋，

位置很好。小屋很小，有点热——如果遇上湿热天气，可选择空调房。员工友好随和。店主还经营着一家更贵的住宿处，名叫Vista Praia Anjuna。

Banyan Soul　　　　　　　精品酒店 $$

(☏9820707283；www.thebanyansoul.com；双₹2500；❄️✈️)有12间客房，线条优美，就藏身于紧邻Market Rd的小巷尽头，由一位从孟买逃离的年轻人Sumit细心构建和经营。房间别致，设备完善，配备电视和空调。有一座可爱的图书室，在一棵橡胶树下有阴凉座位区。

Casa Anjuna　　　　　　　传统酒店 $$$

(☏0832-2274123；www.casaboutiquehotels.com；D'Mello Vaddo 66；双 含早餐 ₹9850起；❄️✈️☰)这家历史酒店被可爱的葱郁花园围绕，中心还有一个诱人的游泳池，贴心地屏蔽了安朱纳市中心的喧嚣。所有房间都有古董家具和时代特点；和很多高档住宿地一样，这里在旺季以外的时间房费折半，性价比更高。

🍴 就餐

Café Diogo　　　　　　　咖啡馆 $

(Market Rd；小吃₹80～160；⏰8:30-15:00)这家由家庭经营的小咖啡馆位于通往市场的路上，提供优质的水果沙拉。尝尝分量很大的鳄梨、奶酪和蘑菇烤三明治，各种酸奶饮品也值得尝试。

★Artjuna Cafe　　　　　　咖啡馆 $$

(☏0832-2274794；www.artjuna.com；Market Rd；主菜₹130～350；⏰8:00～22:30；📶)这里是我们在安朱纳最爱的咖啡馆。除了全天候供应的早餐——出色的浓缩咖啡、沙拉、三明治，以及茄子酱、芝麻酱和豆香煎饼这些中东惊喜美食外，这座甜美的花园咖啡馆还有一家优秀的礼品店和生活方式商店，以及瑜伽课程和一个很有用的公告板。这里是很好的约会场所。

★Burger Factory　　　　　　汉堡 $$

(Anjuna-Mapusa Rd；汉堡₹300～450；⏰周四至周二 11:30～15:30和18:30～22:30)这家露天小餐厅/厨房中提供的东西不会有错。菜单上的汉堡虽然不便宜，但都很有趣，而且具有专业的制作水准。可选择牛肉或鸡肉汉堡，浇头有切达干酪或甜菜根蒜泥蛋黄酱。

Goa's Ark　　　　　　　中东菜 $$

(Market Rd；主菜₹150～670，开胃菜₹50；⏰10:00～23:00；📶🅿️)坐落在一座可爱的花园里，是一家中东风格的餐厅，提供开胃菜、烤肉和豆香煎饼。也是一家可爱的动物园，能看到农场动物和鸟类，还有一座儿童游乐场。

Elephant Art Cafe　　　　海滩咖啡馆 $$

(主菜₹190～370；⏰8:00～22:00；📶)海滩沿岸餐厅中很不错的一家，提供多种西班牙小吃、三明治、鱼肉和土豆条，以及特色早餐。

不要错过

果阿邦的跳蚤市场体验

在安朱纳，每周一次的周三**跳蚤市场**(⏰11月至次年4月周三 8:00至深夜)如同在海滩上待一天一样，都是果阿邦体验的一部分。30多年前，这里是嬉皮士们的专属地点，他们创建了这里，抽着硕大的大麻烟卷，聚在一起交换令人陶醉的印度旅行体验。如今，情况可不流多了——货摊摆着从印度各地带来的商品：有克什米尔地区和中国西藏的雕塑和珠宝饰品，有衣着五彩缤纷的古吉拉特邦妇女售卖的T恤衫，有来自拉贾斯坦邦的色彩富丽的纱丽、包袋和床品，有喀拉拉邦出产的一袋袋香料，有卡纳塔克邦的部落女孩招呼过路人"到我的店里看一看"，不容错过。

购物途中如果想休息，这里有印度茶摊和两家有现场音乐演奏会的餐厅酒吧。**Cafe Looda**位置超棒，能看到壮美的海滩日落，17:00开始有现场音乐会。最好的逛街时间是清晨(8:00开始)或黄昏(16:00起，直至日落闭市)。

German Bakery 多种风味 $$

(www.german-bakery.in；面包和馅饼₹20~160，主菜₹160~470；◐8:30~23:00；🛜)植物茂密，经幡招展，偶尔会有现场音乐会，花园里会装饰灯光。因为丰盛健康的早餐、现烤的面包和有机食物，长期以来一直很受欢迎，菜单上也有意大利面、汉堡和昂贵的海鲜。提供健康果汁（想想大麦草青汁）和浓缩咖啡。

Dhum Biryani & Kebabs 印度菜 $$

(Anjuna-Mapusa Rd；主菜₹180~350；◐9:00至次日1:00)很受游客和当地人的喜爱，一直提供美味的烤肉，以及比尔亚尼菜（蒸米饭配肉或蔬菜）和其他常见菜肴。

🍷 饮品和夜生活

安朱纳和瓦加托一直在竞争果阿邦派对之都的地位，海滩最南端的几家夜店在夜色正好的夜晚，是最热闹的地方。集市日一般也很好玩，那里的一家或两家酒吧会有现场音乐演奏。

Curlies 酒吧

(www.curliesgoa.com；◐9:00至次日3:00)位于南安朱纳海滩，融慵懒的海滩酒吧氛围和精致的夜店特色于一体——这里的派对之夜很著名，非常热闹。屋顶有一个休闲酒吧，还有一个封闭的深夜舞蹈俱乐部。周四和周六的夜晚是重头戏，满月之夜也一样。

Purple Martini 鸡尾酒吧

(📞9823772890；Sunset Point；◐21:00至午夜)这座餐厅酒吧环境优美，悬崖上的日落风景，蓝白色调、时髦的酒吧很容易让你想到圣托里尼岛。日落时分来喝一杯鸡尾酒，试试菜单上的希腊烤肉和地中海沙拉。

ℹ️ 到达和离开

前往马普萨（15卢比，30分钟）的公共汽车每隔半小时左右从海滩附近Anjuna-Mapusa Rd尽头的**主公共汽车站**发车，一些从马普萨来的公共汽车继续前往瓦加托和恰波拉。

前往卡兰瓜德的直达公共汽车，每天两班；或者也可乘坐公共汽车前往马普萨换乘。

许多摩托车出租车和机动三轮车聚集在主要十字路口，在这里你可以很容易租到小轮摩托车和摩托车，价格为250卢比至400卢比——大多数以安朱纳为大本营的游客都会选择摩托车出行。

阿萨高（Assagao）

阿萨高位于马普萨和安朱纳或瓦加托的中途，是北果阿地区最美的村庄之一，这里的乡村公路上几乎看不到车辆，沿途会经过古老的葡萄牙时代的宅邸和刷成白色的教堂。本地区氛围启人灵感，因此有几家北果阿最好的瑜伽疗养地。

🚶 活动

国际动物救援 志愿者服务

(International Animal Rescue; Animal Tracks; 📞0832-2268272; www.internationalanimalrescuegoa.org.in; Madungo Vaddo; ◐9:00~16:00)这座著名的国际动物救援组织致力于收集和照顾流浪狗、猫和其他处于困境的四足动物，施行灭菌和疫苗接种。这里欢迎志愿者帮助遛狗，与小猫小狗玩耍，但是必须有狂犬病接种的证明。

El Shaddai 志愿者服务

(📞0832-6513286, 0832-2461068; www.childrescue.net; El Shaddai House, Socol Vaddo)这里是一家英国人建立的慈善机构，致力于帮助果阿地区贫困和无家可归的儿童。志愿者可通过网站申请，参加超过四周的工作。有严格的审核程序，须留出足够长的准备时间。

🎓 课程

Spicy Mama's 烹饪

(📞9623348958; www.spicymamasgoa.com; 138/3 Bairo Alto；1日课程 素食/非素食 ₹2000/3000，3日 ₹5000/7000，5日 ₹10,000/12,000)对于烹饪爱好者来说，这里的特色是北印度香辣菜肴，包括黄油鸡、aloo gobi（咖喱花椰菜和土豆）和palak paneer（菠菜肉汁奶酪），课程在Suchi的乡村住宅中进行。标准的一日课程持续4小时，多日深度大师班需要在线预订。

🛏️ 住宿

Hopping Frog 青年旅舍 $

(📞8007669996; www.hoppingfrog.in; 铺/

双₹400/1500；🛜）在绿意盎然的阿萨高，这家新开的青年旅舍是海滩上一个有趣的背包客替换住宿选择。四间宿舍都很干净，可通往一座非常凉爽的花园空间。悠闲的咖啡酒吧很适合社交，提供自行车，可供游览阿萨高的背街小巷。

🍴 就餐

★ Villa Blanche Bistro 咖啡馆 $$

（www.villablanche-goa.com；283 Badem Church Rd；早餐₹90~200，主菜₹320~480；⊙10月至次年4月周一至周六 9:00~23:00，周日10:00~16:00）这座可爱凉爽的花园咖啡馆位于阿萨高的小巷，由一对德国-瑞士夫妇经营。沙拉、三明治和填馅百吉果和蛋糕是特色，不过你也可以找到泰国咖喱和德国香肠。如果想好好吃顿早餐或早午餐，可尝试华夫饼和煎饼。

Ruta's Roadhouse 各国风味 $$

（☎8380025757；www.rutas.in；Mapusa Rd；早餐₹300，小/大拼盘₹200/300；⊙8:30~18:30）这家餐厅在一座古老的葡萄牙时代建筑中找到了新家，提供出色的早间套餐和全球各地的菜肴，包括什锦菜肴和辣椰子面条汤。

ℹ️ 到达和离开

当地往返马普萨和安朱纳（距离两地均需大约15分钟）或西奥利姆（Siolim）的公共汽车会途经阿萨高，不过最好是从你所居住的海滨度假村租赁小摩托或出租车游览这个村庄。

瓦加托和恰波拉（Vagator & Chapora）

✉0832

激动人心的红石悬崖、茂密的棕榈树和崩塌的17世纪葡萄牙城堡，赋予瓦加托及其小邻居恰波拉果阿邦北部海岸最美丽的风景。自从因为狂野迷幻的聚会和令人陶醉的嬉皮生活方式而出名以来，现在一切都显著地缓慢下来，虽然更流行的是高档餐厅，但这里也有一些果阿邦最好的俱乐部。恰波拉——让人想起《星球大战》中的莫斯·埃斯利酒馆（Mos Eisley Cantina）——依然是嬉皮士和老烟鬼的最爱。

🛏️ 住宿

经济型住宿处大多开在私人房屋中，Ozran Beach Rd和Vagator Beach Rd路边都有；在小路边简洁的私人房屋门外，你会看见

北果阿的瑜伽度假地

安朱纳/瓦加托/阿萨高地区有很多高档瑜伽度假地；10月至次年3月，你可以在那里专心投入课程、课堂和禅的意境。

Purple Valley Yoga Retreat（☎0832-2268364；www.yogagoa.com；Mapusa-Chapora Rd，Anjuna；双人/单人 一周₹690/820起，两周₹1100/1350起）🍃阿萨高热门的瑜伽度假地，提供一周和两周的居住和非居住阿斯汤加（Ashtanga）瑜伽课程；每周的居住费用包括住宿、课程和就餐。

Swan Yoga Retreat（☎8007360677，0832-2268024；www.swan-yoga-goa.com；随时可参加的课程₹350，1周 ₹23,300起）位于阿萨高一片宁静的丛林角落，提供非常具有禅意的瑜伽体验。每天都有随时可参加的课程，最少一周的瑜伽课程每周六开始。

Yoga Magic（☎0832-6523796；www.yogamagic.net；Mapusa-Chapora Rd，Anjuna；住宿 标间/双 ₹6750/9000，套 ₹9000/12,000）🍃日光照明、蔬菜种植和堆肥厕所，只是这个极其奢华的瑜伽度假地开展的有益举措中的几项而已。小屋以茅草屋顶下面引人注目的拉贾斯坦帐篷为特色。

Brahmani Yoga（☎9545620578；www.brahmaniyoga.com；Tito's White House，Aguada-Siolim Rd；课程 ₹700，10课 ₹5000；⊙课程 9:30）随时可参加的课程在Tito's White House。

Vagator & Chapora 瓦加托和恰波拉

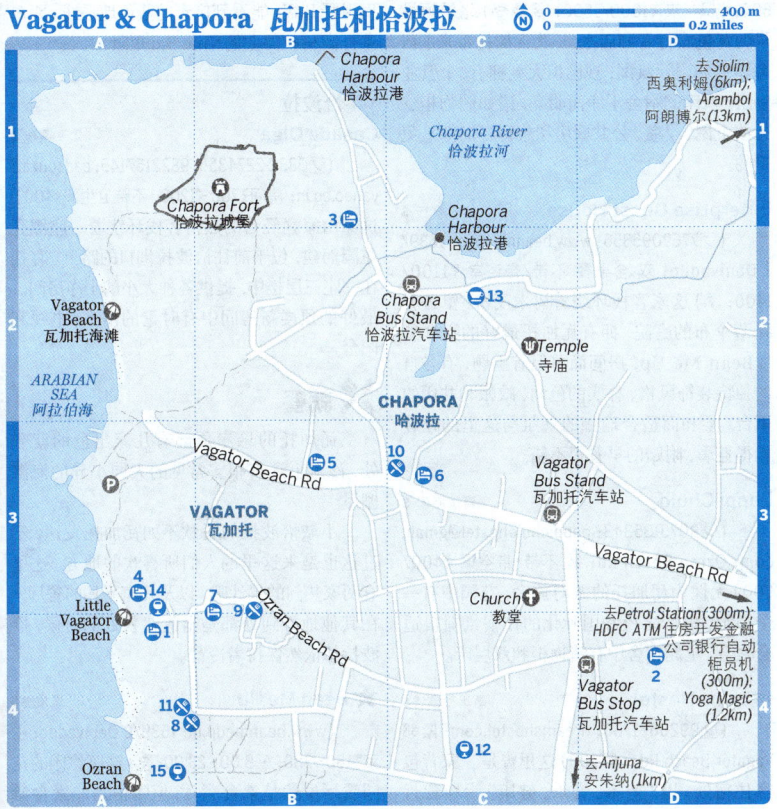

Vagator & Chapora 瓦加托和恰波拉

住宿
1 Alcove Resort...................................A4
2 Bean Me Up......................................D4
3 Casa de Olga B1
4 Casa Vagator A3
5 Dreams Hostel B3
6 Jungle Hostel C3
7 Pappi Chulo B3

就餐
8 Antares A4
Bean Me Up ....（见2）

9 Bluebird B3
10 Mango Tree Bar & Cafe..................C3
11 Thalassa A4

饮品和夜生活
12 Hilltop...C4
13 Jai Ganesh Fruit Juice
    Centre C2
14 Nine Bar...A3
15 Waters Beach Lounge....................A4

许多"房屋出租"的照片，也有客栈，双床房的价格为400卢比至600卢比起。

沿着道路前往恰波拉码头，你会找到许多房间和整宅可供租赁。

瓦加托

★ **Jungle Hostel** 　　　　　　　青年旅舍 $

（☎0832-2273006；www.thehostelcrowd.com；Vagator Beach Rd；铺 不带/带空调 ₹500/

600，标单/双 ₹1000/1500；✱@🛜）北果阿最早的背包旅行者酒店之一，为瓦加托带来了宿舍体验和国际氛围，现已扩大到拥有3个营业场所。六床的宿舍干净而明亮，诸如储物柜、无线上网、早餐、公共厨房和旅行咨询都是免费的。

Enterprise Guest House　　　　客栈 $

（☎7769095356；www.beanmeup.in；1639/2 Deulvaddo；双 含早餐 不带/带浴室 ₹1100/1400；🛜）这家客栈环绕着树木茂密、覆盖着降落伞布的庭院，拥有瓦加托最好的素食餐厅Bean Me Up，房间简单但有主题，有各自的独特装饰风格、朴实的色调、蚊帐和共用的阳台。柔和而适合瑜伽的气氛与这里的顾客相得益彰，附赠的早餐很不错。

Pappi Chulo　　　　青年旅舍 $

（☎9075135343；pappichulohostel@gmail.com；Ozran Beach Rd；铺 不带/带空调 ₹400/500）无愧为瓦加托的派对旅舍，花园中有一个酒吧，电影之夜和国际化的住宿氛围很适合聚会。主题宿舍中有储物柜和双层床。

Dreams Hostel　　　　青年旅舍 $$

（☎9920651760；dreamshostel.com；紧邻Vagator Beach Rd；铺₹500）这里曾是一家背包客住宿处，以"艺术、音乐、健康"为经营哲学，店主是一位名叫Ravi的DJ，宽阔的花园、3间干净的宿舍和凉爽的公共区域为拥有相同理念的游客营造了一个很好的创意空间。

Alcove Resort　　　　酒店 $$

（☎0832-2274491；www.alcovegoa.com；Little Vagator Beach；双₹4500/8500；✱@🛜⛱）在这里可以俯瞰小瓦加托海滩，相同价位的住宿处很难有能与之媲美的。有家具布置得很迷人的房间、略有些大的小屋和四间环绕一个不错的中央游泳池的套房；还有酒吧和餐馆，对于那些想以合理的价格享受些许奢华的人来说，这里不失为一个理想的地方。

Casa Vagator　　　　酒店 $$$

（☎0832-2416738；www.casaboutiquehotels.com；双 含早餐 ₹11,200起；✱@🛜⛱）这里由原来豪华的Casa酒店成功改建而来，是瓦加托最时髦的住宿选择之一。奢华的房间里视野开阔，能看到广袤的蓝色地平线。距离主打高科技舞曲的Nine Bar很近。

🏠 恰波拉

Casade Olga　　　　客栈 $

（☎0832-2274355，9822157145；eadsouza@yahoo.co.in；房间₹700~1200，不带卫生间₹400）这家由家庭经营的热情客栈环绕着一座漂亮花园而建，位于前往恰波拉港口的路上。客栈在一座三层楼中，提供各种大小的干净房间。最好的顶楼新房间中有时髦的浴室、电视和阳台。

🍴 就餐

瓦加托的悬崖顶部有几家出色的就餐处，沙滩上还有很多常见的大同小异的海滩棚屋。

小城恰波拉的餐饮不如瓦加托发达，不过这也是来这里的人们所喜欢的地方。这里有两家热门的果汁吧，以及几家平凡的餐厅，在其他地方到处都是出色就餐处的时候，恰波拉却依然保持着冷静。

★ Bean Me Up　　　　素食 $$

（www.beanmeup.in；1639/2 Deulvaddo；主菜₹180~380；⏰8:00~23:00；🛜）这座悠闲的花园餐厅虽然是素食餐厅，但哪怕是非素食游客也会被这里的味道所倾倒，品种多样，菜量丰盛。菜单选择多样，包括素食比萨、冰激凌、自制咖喱豆腐和创意沙拉。食材多样，包括椰子、腰果奶、腰果奶酪、藜麦、豆豉和兵豆。

Bluebird　　　　果阿菜 $$

（www.bluebirdgoa.com；Ozran Beach Rd；主菜₹250~480；⏰8:30~23:00）特长是果阿菜，有地道的咖喱肉、cafreal鸡肉（以干辣椒、大蒜和生姜酱汁卤制）、咖喱鱼肉米饭和果阿香肠，也有精致的辣味海鲜。就餐地点是可爱的开放式露天咖啡馆。

Mango Tree Bar & Cafe　　　　多种风味 $$

（Vagator Beach Rd；主菜₹130~430；⏰24小时）响亮的雷鬼音乐，糟糕的服务，深色木家具，时而喧闹的酒吧场景，从前的外国移民靠在吧台上，生啤酒，总体而言都很棒的氛围——由于以上这些，这里一直是瓦加托广受欢迎的聚会地点。营业到很晚（如果人很多的话，会24小时开放），菜单上的菜品包括果阿菜、欧洲菜肴、比萨和墨西哥菜。

★ Thalassa　　　　　　　　　希腊菜 $$$

(☎9850033537; www.thalassagoa.com; 主菜￥300~750; ⓗ16:00至午夜)这家户外餐厅位于一座凉风习习的崖壁露台上，提供绝赞的地道希腊食物。特色是烤肉和精心准备的海鲜，也是一家很棒的酒吧，深夜人头攒动，届时你可能会看到一些希腊舞蹈表演，品尝到很棒的菜肴。早些来，点一杯桑格利亚酒，欣赏黄昏美景。

Antares　　　　　　　新派澳大利亚菜 $$$

(☎7350011528; www.antaresgoa.com; Ozran Beach Rd; 主菜￥200~1400; ⓗ11:30至午夜)瓦加托崖壁餐厅中最新开办的一家，以澳大利亚厨神竞争者Sarah Todd而闻名。氛围是海滨休闲风格，食物则是现代澳大利亚菜融合印度菜，也有一些果阿菜肴，例如咖喱螃蟹。

🍷 饮品和夜生活

Waters Beach Lounge　　　　　　夜店

(☎9767200012; ⓗ周四至周日 18:00起)这家奢华的餐厅、酒吧和俱乐部位于瓦加托崖壁半山腰上，以其派对之夜最为著名，露天舞池能眺望到阿拉伯海，还有一间隔音室以备深夜派对。会有顶级DJ前来打歌。

Nine Bar　　　　　　　　　　　　酒吧

(ⓗ17:00至次日4:00)这家露天酒吧位于崖壁顶上，能眺望到小小的瓦加托海滩，一度是果阿邦迷幻乐的神圣中心，现在已经搬进一个隔音的室内空间，所以派对可以持续整晚。可以注意广告传单，咨询当地人的建议，看看什么时候会有大型派对之夜。

Jai Ganesh Fruit Juice Centre　　咖啡馆

(果汁￥50~80; ⓗ8:30至午夜)位于街角，能看到恰波拉主街的动向，也许是果阿最受欢迎的果汁吧。这里是绝佳聚会场所，一旦坐下来，大多数人都不愿放弃座位。

Hilltop　　　　　　　　　　　　夜店

(ⓗ日落至深夜)长期以来一直是瓦加托欣赏迷幻音乐、举办派对的场所，白天不营业，日落才开始焕发生机。位于市区边缘的一片椰子树中，有霓虹灯，有时会违反噪音管制，举办音乐会、派对，邀请国际DJ前来。周日场(17:00至22:00)富于传奇色彩。

ℹ️ 到达和离开

从马普萨出发，前往恰波拉和瓦加托(15卢比，30分钟)的公共汽车全天车次频繁，很多车经过安朱纳。几乎从所有人那里都可以租赁到小轮摩托车/摩托车，价格每天250/400卢比起。

瓦加托有北果阿最受欢迎的加油站。

莫尔吉姆(Morjim)

☎0832

莫尔吉姆海滩一度非常低调（几近荒废），最南端因为有罕见的榄蠵龟出没，至今

哪里有聚会？

因为整夜的露天嬉皮迷幻舞曲聚会，果阿邦在西方游客中久负盛名，不过中央政府的一纸"噪声污染"禁令禁止22:00至次日6:00之间在户外播放强劲的音乐，很大程度上限制了经常是臭名昭著、毒品泛滥的聚会。当然了，这些派对很快就转移到室内，旺季时大型迷幻舞曲和舞蹈俱乐部彻夜营业。

迷幻舞曲派对氛围依然浓郁的地方包括安朱纳的Curlies(见817页)，瓦加托的Hilltop、Nine Bar和Waters，阿斯万/莫尔吉姆的Club M和帕洛伦的Leopard Valley(见835页)，这里也有安静的迪斯科派对。在巴加，Tito's Lane两边的俱乐部依然热闹。

当局在圣诞和新年期间的旺季对聚会睁一只眼闭一只眼，所以你可能会找到一些老派的活动。出租车司机会为你指点迷津。可登录www.goa-freaks.com或www.whatsupgoa.com查看。

仍是保护区域,每年11月至次年2月间,榄蠵龟会在那里产卵。现在的莫尔吉姆很受俄罗斯游客的欢迎,旺季会有几家俱乐部,不过因为位于河流入海口,南部海滩颜色更近于黑色,而非金色。

🛏 住宿

★ Wanderers Hostel
青年旅舍 $

(📞9619235302; www.wandererershostel.com; 铺₹500,合租帐篷₹300,豪华帐篷 双 ₹1700~2000; ❄🌐🏊) 位于步行5分钟就可到达莫尔吉姆海滩的地方,很适合经济型游客。主楼装饰着游客原创的壁画,干净的空调宿舍中配有储物箱、床头灯和无线网络,厨房设备一应俱全,还有舒适的公共区域和一个泳池畔的餐桌。旁边的花园是一个帐篷村,里面有游泳池和瑜伽疗养中心,以及露天电影院。

Goan café & Resort
度假村 $$

(📞0832-2244394; www.goancafe.com; 公寓和村舍 ₹1800起,带空调 ₹2200,树屋 不带/带卫生间 ₹1200/1700起; ❄🌐) 这家度假村由家庭经营,面朝莫尔吉姆海滩,有各式不错的树上吊脚小屋,后面也有一些更加坚固(带空调)的房间。Friends Corner餐厅很好。

ℹ 到达和离开

当地有少数公共汽车往返西奥利姆和莫尔吉姆村(8卢比,15分钟),不过大多数游客会选择乘坐出租车前往住宿处,返程可租赁小轮摩托车/摩托车或出租车。

阿斯万(Aswem)

📞0832

阿斯万海滩一年比一年热闹,不过依然比不上北部的曼德雷姆(Mandrem)。在宽阔干净的白沙滩上(有几家小摊),每年旺季都会出现海滩小屋住宿处和海滩棚屋餐厅。莫尔吉姆到曼德雷姆的主要公路距离沙滩不远。

🚶 活动

★ Vaayu Waterman's Village
冲浪

(📞9850050403; http://vaayuoceanadventures.in; 冲浪板租赁 每小时₹500,课程 ₹2500)果阿最好的冲浪用品店,也是一个活动和艺术中心,在这里,你可以参加课程,租用冲浪、风筝冲浪、桨板冲浪、皮划艇和尾波滑水工具。亮点在于全日SUP团队游,可前往马哈拉施特拉邦的Paradise Lagoon。年轻热心的店主还经营着一家艺术画廊、咖啡馆和时髦的住宿处(📞9850050403; http://vaayuoceanadventures.in; 小屋₹2250~4000,双不带/带空调 ₹3500; ❄🌐),就在阿斯万海滩公路对面。

🛏 食宿

在海滩后部可以找到一些基本型的海滩小屋和房间,价格1000卢比(淡季更低)。

Yab Yum
木屋 $$$

(📞0832-6510392; www.yabyumresorts.com; 小屋/小别墅 ₹8500/9700起; ❄🌐🏊) 这家顶级住宿处有不同一般的时髦圆顶小屋——有些看上去像是长了头发的大椰子,由全天然当地材料搭建而成,包括泥巴、石头和芒果树,也有更加传统的空调小别墅。提供瑜伽和按摩服务,坐落在果阿邦内你所能找到的最与世隔绝的丛林花园中。

Marbela Beach Resort
帐篷营地 $$$

(📞0832-6450599, 9158881180; www.marbelabeach.com; 帐篷/别墅/套 ₹8000/9000/20,000; ❄🌐) 这座时髦的度假村里的豪华帐篷和"西班牙风格"别墅虽然很贵,但装修得像是五星级酒店的房间。即便不在这里住,海滩上的小屋也是喝一杯的好地方,可以来度假村里节奏强劲的Club M(📞0832-6450599; www.marbelabeach.com; Marbela Beach Resort; ⏰周五至周日)俱乐部参加派对,周五到周日持续到深夜。

La Plage
地中海菜 $$

(📞9822121712; Aswem Beach; 主菜₹200~450; ⏰11月至次年4月9:00~22:00)这家餐厅在这一带很有名,提供让人欢欣鼓舞的法国—地中海美食,将海滩棚屋餐厅的水平抬高了一个档次。也有出色的沙拉、海鲜、极好的甜点(可尝试巧克力塔利套餐),并藏有美味的葡萄酒。通常从11月底营业至次年4月。

❶ 到达和离开

有公共汽车往返西奥利姆和阿斯万,不过更容易的办法是乘坐出租车直接前往你的住宿处,然后租赁小轮摩托车/摩托车或出租车。

曼德雷姆(Mandrem)

宁静的曼德雷姆原本只是作为庇护所存在的,那些懂行的旅行者试图在人头攒动的阿朗博尔和安朱纳寻得片刻休息,近年来发展成为一个相当热门但依然很可爱的海滨度假地。这里提供许多瑜伽、冥想和阿育吠陀疗愈活动,外加美味餐厅,也有可供躺下来读本好书的空间。许多人认为北果阿没有能和这里媲美的地方。

⊙ 景点和活动

Shanti Ayurvedic Massage Centre 阿育吠陀

(☎8806205264; 1/1.5小时按摩₹1000/1500起; ⊙9:00~20:00)讨人喜欢的Shanti提供阿育吠陀按摩。可尝试75分钟的恢复活力按摩和面部套餐,或者可以选择不同一般的"Poulti"按摩,其中会使用包含12种草药粉的膏药状布包。往海滩公路走,这家店在你的右手侧。

Himalaya Yoga Valley 瑜伽

(☎9960657852; www.yogagoaindia.com; Mandrem Beach)这里专门提供哈他和阿斯汤加瑜伽的教师寄宿培训课程,也有每天两次临时到访可参加的课程(5天2000卢比)。

🍽 食宿

★ Dunes Holiday Village 木屋 $

(☎0832-2247219; www.dunesgoa.com; 房和小屋₹1000~1200; @ 🛜)这里漂亮的小屋散布在通向海滩的棕榈树林的小路周围,在晚上,灯光照亮这个地方,如同一个棕榈树的梦境。小屋有基本型,也有更加坚固的树屋(吊脚小屋)。这是个友好且性价比高的地方,还有一家像样的海滩餐厅,举办按摩、瑜伽课程。

★ Mandala 度假村 $$

(☎9158266093; www.themandalagoa.com; 房和小屋₹1600~5500; 🅿 🛜)这是一个非常宁静、设计优美的生态度假村,有各种小屋,"Art House"中还有两间古雅的空调房。值得称赞的是谷仓大小的两层楼别墅,其设计灵感来源于喀拉拉河上的船屋。所在的位置能眺望潟湖潮汐,很安静,有一座大花园,每天有瑜伽时段,还有一座有机食物餐厅。

Elsewhere 小屋 $$$

(www.aseascape.com; 帐篷₹9000, 海滩房₹14,400~29,000; @ 🛜)位于一片约500米长的天堂般的海滩上,像一个守卫严实的秘密。有4座漂亮的海滩房屋可供选择,名字都很有趣,分别叫作"猪圈""面包坊""牧师之家"和"船长之家",或者也有三个豪华帐篷可选,高昂的价格能让你享受到宁静的氛围,步行60米穿过一座竹桥即到。

Bed Rock 多种风味 $$

(主菜₹130~370; ⊙8:00~23:00; 🛜)与海滩棚屋餐厅不同,很受人欢迎,菜单上有印度菜和欧陆热门菜式(比萨、意大利面等),值得信赖,楼上有一间舒适的休息室。

❶ 到达和离开

每小时有1班公共汽车往返西奥利姆和曼德雷姆(10卢比, 20分钟),不过想快速赶路,依靠公共交通是很难的。大多数游客选择乘坐出租车前往住宿处,返程选择租赁小轮摩托车/摩托车或乘坐出租车。

阿朗博尔(Arambol)

☎0832/人口5320

阿朗博尔(也称为Harmal)是果阿邦完善的海滨度假村中最靠北的一座,对于北部许多长住的经济型游客来说,这里依然被认为是最佳选择。

阿朗博尔于20世纪60年代成为那些留长发的长期住客逃离卡兰瓜德的平静天堂,首次出现在人们的视线。今天这里物价依然便宜,经济型小屋住宿处依附崖壁而建,不过主要海滩已经建起了一整片绵延不绝的海滩棚屋,许多后面都有海滩小屋。

主海滩起伏和缓,是安全的游泳场所,但经常人满为患——向南往曼德雷姆走去,

会找到更为僻静的海滩。绕着北部的海岬走一小段距离，就会来到Kalacha海滩，因为海滩背靠着一片"淡水湖"（Sweetwater Lake），所以也很受欢迎。这上面的海岬是果阿最好的滑翔伞场地。

🏃 活动

Arambol Paragliding　　　　滑翔伞

（10分钟飞行₹2000；⏱正午至18:00）Kalacha海滩（淡水湖）上方的海岬是理想的滑翔伞出发地。这里有许多独立的运营商：可在海滩上的棚屋餐厅多打听一下，找一位飞行员，然后徒步一小段距离前往海岬顶部。大多数飞行约10分钟，不过如果条件好，你可以飞得更久。

Himalayan Iyengar Yoga Centre　　瑜伽

（www.hiyogacentre.com; Madhlo Vaddo; 5天瑜伽课程₹4000；⏱11月至次年3月 周二至周日 9:00~18:00）这座著名的瑜伽中心从每年11月中旬到次年3月中旬会经营5日哈他瑜伽课程。第一次入学的学生必须参加5日介绍课程，然后可以享受优惠价，继续学习5日高级课程。

Surf Wala　　　　冲浪

（☎9011993147; www.surfwala.com; Surf Club, Arambol Beach; 1.5小时课程₹2500起, 3/5日课程₹6500/11,000）如果你是一个初学者，想尝试着在冲浪板上站起来，可参加这个国际化的冲浪队伍，其总部是位于阿朗博尔北部沙滩上的Surf Club。价格包括冲浪板租借、蜡和防磨衣。可登录网站查询教练联系方式——他们会说英语、俄语、印地语、康坎语和日语！冲浪板租赁价格为500卢比。

🛏 住宿

阿朗博尔的住宿处包括崖壁顶部的步道两边的基础性小屋，村子里的客栈，主沙滩棚屋背后的迷你沙滩小屋。走进Glastonbury St的入口，向北走，从这里到Kalacha海滩沿途，你会发现大量依附在海岬上的住宿处，或者可从南部进入，询问任意一家海滨棚屋。

★ Happy Panda　　　　青年旅舍 $

（☎9619741681; www.happypanda.in; 铺₹300; 🛜）在这家靠近主村庄的悠闲背包客住宿处的墙壁上，有游客涂画的壁画。年轻的店主辛勤工作，才将这里的3间宿舍、霓虹灯公共区、酒吧和花园，打造成设备齐全的经济型住宿处。有自行车出租。

Chilli's　　　　酒店 $

（☎9921882424; 双 ₹600, 公寓 带空调 ₹1200; ❄🛜）这座友好的淡黄色酒店在Glastonbury St海滩入口附近，是阿朗博尔较好的非海滨便宜住宿选择之一。Chilli's提供10间只有基本服务的像样客房，全都带卫生间、电风扇和热水淋浴，顶楼带空调和电视的公寓性价比很高。店主Derek还出租摩托车和小轮摩托车。

Pitruchaya Cottages　　　　小屋 $

（☎9404454596; 房间₹800）这里面朝大海的木头小屋是崖壁上最好的住宿之一，设有浴室、电扇和阳台。

Lotus Sutra　　　　度假村 $$

（☎9146096940; www.lotussutragoa.com; 标单₹1420, 双 带空调 ₹2130~3320, 小别墅 ₹6500~7100; ❄🛜）这里是阿朗博尔海滩上最引人注目的住宿处，有一系列明亮的房屋，位于一座古雅的两层楼上，还有一些独立的木头小屋面朝着一座花园草坪。餐厅酒吧中有现场音乐演奏。

Surf Club　　　　客栈 $$

（www.facebook.com/surfclubgoa; 双₹1650~2300; 🛜）位于阿朗博尔海滩最南端一条小巷的尽头，氛围安静，是时髦的住宿处之一，基本上各方面都沾点边：简单、干净的房间，瑜伽，一间有现场音乐表演的有趣酒吧。

🍴 餐饮

阿朗博尔当然也没有逃脱海滩棚屋的进攻，旺季的时候，你将在主海滩沿线发现大约二十多座棚屋一座接一座排列起来，都配备日光浴床和海滩遮阳伞。北部的悬崖步道上有一系列经济型餐厅，视野开阔。向下通往海滩的路边也有一些有趣的用餐选择。上面的村庄中，印度茶店和当地小餐馆里的印度茶价格为5卢比，塔利套餐80卢比。

★ Shimon　　　　　　　中东菜 $

（☎9011113576；Glastonbury St；餐₹120~200；⊙9:00~23:00； ）就在海滩后面，受到以色列背包旅行者的欢迎也不难理解——Shimon是个可以大吃炸豆丸子（falafel）或sabikh（将新鲜的茄子片塞进皮塔饼，还有水煮蛋、水煮土豆和沙拉）的地方。东方风味和中东风味相结合的塔利套餐（450卢比）中几乎融合了菜单上所有的菜肴。

Dylan's Toasted & Roasted　　咖啡馆 $

（☎9604780316；www.dylanscoffee.com；咖啡和甜点₹70起；⊙11月至次年4月9:00~23:00；）这是一家默纳利机构冬季在果阿开办的营业场所，是品尝浓缩咖啡、巧克力饼干和老派甜点的好地方。很适合闲逛，就在海滩南入口的后面，有时会有现场音乐演奏和开放式麦克风之夜。

Fellini　　　　　　　　意大利菜 $$

（☎9881461224；Glastonbury St；主菜₹200~380；⊙18:30起）这家意大利餐厅就在到达海滩之前的左手边，没有招牌，但有很长的营业历史。如果你喜欢烤面条加干酪沙司和半圆形烤乳酪馅饼，那这里堪称完美。菜单上有超过40种木柴烤薄底比萨，但是留点胃口尝试美味的提拉米苏吧。

Double Dutch　　　　　多种风味 $$

（主菜₹120~400，牛排₹420~470；⊙7:00~22:00）这家餐厅在一个安静的花园中，位于通往Glastonbury St海滩入口的主路边，由于牛排、沙拉、泰国、印度尼西亚菜肴和著名的苹果馅饼而长期受欢迎。这是一个悠闲的聚会场所，有二手图书、报纸，实用的公告板上会介绍阿朗博尔当下的活动。

❶ 实用信息

最近的自动柜员机在阿朗博尔村主公路上，从海滩往回走1.5公里。如果无法使用，在Paliyem以北约3公里处还有一个，或者曼德雷姆往南走同样距离也可以找到。

❶ 到达和离开

从阿朗博尔村往返马普萨（30卢比，1小时）的公共汽车班次很多，停靠在"后方"（当地人称）的主公路上。从这里出发，徒步1.5公里穿过村庄，即可到达主海滩；乘坐机动三轮车或出租车价格至少50卢比。

村子里有许多小轮摩托车和摩托车租赁处（每天小轮摩托车/摩托车250/350卢比）。

乘坐出租车前往马普萨或安朱纳的价格为600卢比。如果北上前往孟买，旅行社可代订汽车票，可以在主村庄公路的停车点乘车。

果阿邦南部

马尔冈（Margao）

☎0832 / 人口 94,400

马尔冈（人们也叫它Madgaon）是南果阿的首府，有时会发生交通堵塞，但规模大到可以应付这样的混乱，它也是一个热闹的集市城镇，旅行者在这里可以做很多事。作为南部主要交通枢纽，许多游客会从马尔冈的火车站或Kadamba的长途汽车站换乘；在此停留的人较少，不过确实一个购物、参加当地运动项目的便利场所，或者也可以只是享受印度小城市的忙碌活力。

马尔冈紧凑的市中心围绕着椭圆形的市政花园展开，这里有商店、餐厅、自动柜员机和室内集市，都很方便到达。城市北部是受葡萄牙风格影响的Largo de Igreja区；继续往北1公里是主要（Kadamba）长途汽车站，市政花园东南1.5公里处是马尔冈的火车站。

◎ 景点

城市的Largo de Igreja区有大量古老的传统葡萄牙建筑，最著名的是建于1790年宏伟的Sat Burnzam Ghor（带七个尖角的房屋）。这里还有刷成白色的圣灵教堂（Church of the Holy Spirit），它是于1565年在一座重要的印度教寺庙的原址上兴建的。

在市政花园的最南端，淡黄色秘书处大楼（Secretariat Building）的西侧是整洁的市政图书馆（Municipal Library；Abade Faria Rd；⊙周一至周五 8:00~20:00，周六和周日9:00至正午和16:00~19:00），那里有一些关于果阿邦的书籍。

🛏 住宿

Nanutel Margao
酒店 $$

(☎0832-6722222; www.nanuhotels.in; Padre Miranda Rd; 标单/双 含早餐 ₹3800/4500, 套 ₹5000~5500; ❈@ⓢ❅)从某些层面上来说，这里是马尔冈最好的商务酒店，现代时髦，有一座可爱的游泳池、出色的餐厅、酒吧和咖啡馆，房间干净且有空调。地址位于市政花园和Largo de Igreja区之间，一切都很方便。

Om Shiv Hotel
酒店 $$

(☎0832-2710294; www.omshivhotel.com; Cine Lata Rd; 双₹2000~4250, 套₹5400; ❈@ⓢ)Om Shiv位于一座藏身于印度银行（Bank of India）后面的明黄色建筑里，普通房间与逐渐褪色的"高级行政"套房差别不大，都有空调、阳台。套房视野很好，有一座健身房，8楼上有一个Rockon Pub。

🍴 就餐

Café Tato
印度菜 $

(Valaulikar Rd; 塔利套餐₹90; ⓢ周一至周六 7:00~22:00)当地人最喜爱的午餐地点：后街里热闹的食堂，有美味的素食和自助式塔利套餐。

Swad
印度菜 $

(New Market; ₹60~110; ⓢ7:30~20:00; ❈)这家适合家庭游客的餐厅是最受欢迎的午餐就餐处，提供一些马尔冈最好的素食，就位于Lotus Inn的对面。南印度风格的清淡午餐和其他主菜都很美味，值得信赖。

★ Longhuino's
果阿邦菜、多种风味 $$

(Luis Miranda Rd; 主菜₹110~250; ⓢ8:30~22:00)古雅的Longhuino's自1950年开始营业，提供果阿邦、印度其他地方和中国的美味菜肴。可以去品尝果阿菜肴，例如ambot tik（一种微酸但很刺激的咖喱菜肴），留点肚子尝试老派的朗姆球和提拉米苏一类的甜点。服务就和天花板上旋转的电扇一样懒散，但确实是一个喝咖啡或啤酒观看风景、消磨时间的好地方。

Martin's
各国风味 $$

(主菜₹290~500; ⓢ11:00~15:30和19:00~23:00)从马尔冈炎热繁忙的街道走进这家餐厅清凉、典雅的室内，让人感觉非常舒适。这里只有10张餐桌，服务细心，菜品是融合风味，有西班牙小吃开胃菜、锅煎的印度菜和炭烤牛排。就在市政花园最北端。

🛍 购物

Golden Heart Emporium
书籍

(Confidant House, Abade Faria Rd; ⓢ周一至周六 10:00~13:30和16:00~19:00)果阿邦最好的书店之一，从地板到天花板都摆满了有关该邦食物、建筑和历史的小说、纪实作品、童书和插画书，也储存有果阿当地作家撰写的一些很难看到的作品。位于紧邻Abade Faria Rd的一条小巷中。

MMC New Market
市场

(ⓢ周一至周六 8:30~21:00)马尔冈这个带顶棚的拥挤集市中，排满了五颜六色的货摊，很有趣和热闹，是闲逛的好去处，可以来闻闻香料的味道、试用肥皂、浏览家居用品。

ⓘ 实用信息

市镇花园周边有许多银行有自动柜员机并提供货币兑换服务。

ⓘ 到达和当地交通

长途汽车

当地和长途汽车都从市政花园以北两公里处的主要（Kadamba）长途汽车站发车。去往帕洛伦（30卢比, 1小时）、柯ая瓦（15卢比, 20分钟）、贝瑙利姆（15卢比, 20分钟）和贝杜尔（Betul; 20卢比, 40分钟）的班车在主要长途汽车站和市政花园东西侧的临时公交站点都会停靠。要去帕纳吉（30卢比），可乘坐任意当地车次前往主要长途汽车站，在那里换乘班次频繁的快车。

邦政府运营的空调车每天都可前往孟买（700卢比, 16小时）、浦那（660卢比, 13小时）和班加罗尔（650卢比, 13小时）。非空调车次的价格大约会便宜三分之一。私营长途车从主要长途汽车站对面的车站出发。整个镇上都能找到订票处，Paulo Travels（☎0832-2702405; www.paulobus.com; Padre Miranda Rd）是最好的一家。

出租车和机动三轮车

市政花园和主要长途汽车站周边的出租车很

多，是前往果阿任何一座海滩的快速舒适的交通工具，可以去的地方包括帕洛伦（1150卢比）、卡兰瓜德（1355卢比）、安朱纳（1500卢比）和朗博尔（1900卢比）。火车站和主要汽车站都有预付费出租车站。

要去柯尔瓦和贝瑙利姆，机动三轮车很方便，价格约120卢比。

火车
马尔冈的火车站组织良好（在火车时刻表上叫作Madgaon），在镇南约两公里处，有康坎铁路及当地南部中央铁路线，是从孟买前往果阿、南部前往科钦等地的主要中转站。**售票大厅**（☏0832-2712790，火车站；◷周一至周六 8:00~14:00及14:15~20:00，周日8:00~14:00）在2楼。楼上有一个外国游客配额柜台。

车站外有一个预付费出租车站，乘坐出租车或机动三轮车往返镇中心价格约80卢比。

坚多尔（Chandor）

小村坚多尔位于马尔冈以东约15公里处，是一个重要的小站，因为它拥有曾经盛极一时的葡萄牙宅邸，布拉干萨庄园（Braganza House）是那个时期建筑的典范。这里风景如画，各色建筑虽然日渐褪色，但依然有着宏伟的外观和山形墙——许多顶上都装饰着典型葡萄牙风格的木雕公鸡——还有一座高耸的白色Nossa Senhora de Belem教堂。

在6世纪末期到11世纪中期，坚多尔更常被称作钱德拉普尔（Chandrapur），是康坎海岸（Konkan）上最壮观的城市。直至1054年，这里一直是命途多舛的卡达姆巴王朝的王座所在地，之后统治者搬迁到有着宽阔海港的新城Govepuri，位于今天的果阿维尔拉（Goa Velha）。1312年，Govepuri被穆斯林夷为平地，王朝首都曾短暂地被迁回钱德拉普尔，不过很快那里也在1327年遭到洗劫，自此其辉煌时日最终永远地结束了。

◉ 景点

布拉干萨庄园（Braganza House） 历史建筑

布拉干萨庄园建于17世纪，延伸覆盖了坚多尔村广场整整一个侧面，是果阿邦内同类型葡萄牙庄园中最大的一座，也是果阿邦众多曾经宏伟辉煌的建筑延续至今最好的典范。布拉干萨家族在被葡萄牙国王授予这片土地后，便在上面建造了这座超大宅邸，后来因为被家族两姐妹所继承，被分隔成东西两幢翼楼。

费尔南德斯庄园 历史建筑

（Fernandes House；☏0832-2784245；门票捐款₹200；◷9:00~18:00）费尔南德斯庄园位于教堂以东一公里处，对公众开放，其原始建筑可以追溯至500多年前，而葡萄牙风格的部

从马尔冈出发的主要列车

站点	列车编号或名称	火车票价（卢比）	行程（小时）	发车时间
班加罗尔	02779 Vasco da Gama-SBC Link (D)	390/1025	15	15:50
金奈（马德拉斯）经Yesvantpur	17312 Vasco da Gama-Chennai Express (C)	475/1285/1865	21	周四 15:20
德里	12431 Rajdhani Express (A)	2765/3800	14.5	10:10
埃尔讷古勒姆(Kochi)	12618 Lakshad-weep Express(C)	445/1175/1665	14.5	19:20
胡布利	02779 Vasco-da-Gama-SBC Link	144/359 (D)	6.5	15:50
门格洛尔	12133 Mangalore Express (C)	290/745/1035	5.5	7:10
孟买（孟买）	10112 Konkan Kanya Express (C)	390/1065/1535	12	18:00
浦那	12779 Goa Express (C)	335/935/1325	12	15:50

票价：（A）空调卧铺3类/空调卧铺2类，（B）2等车厢/空调硬座，（C）卧铺/空调卧铺3类/空调卧铺2类，（D）卧铺/空调卧铺3类。

值得一游

亨比（HAMPI）

位于卡纳塔克邦亨比（见893页）因为有梦幻的毗奢耶那伽罗（Vijayanagar）帝国的遗迹，因此是从果阿出发过夜游的热门目的地。要前往亨比，可从马尔冈乘VSG Howrah Express火车前往霍斯佩特（Hospet），出发时间为周二、周四、周五和周六的7:10（卧铺/3AC/2AC 235/620/885卢比，8小时）。更方便的是从马尔冈和帕纳吉乘坐Paulo Travels运营的过夜卧铺长途汽车（800至1500卢比，10至11小时，每天2至3班）。

分是由费尔南德斯家族于1821年增建的。神秘的地下避难所，枪孔密布，还有一条通向岸边的逃生通道，曾被该家族用于躲避进攻者。门票包括一次导览团队游。

🛈 到达和离开

当地从马尔冈开往坚多尔的公共汽车（10卢比，30分钟）车次很多，不过到达这里的最好方式是自驾。从马尔冈乘坐出租车往返价格约为400卢比，包括等待时间。

柯尔瓦（Colva）

📞 0832 / 人口 10,200

柯尔瓦曾经是一座令人打不起精神的渔村，20世纪60年代成了嬉皮士逃离安朱纳喧嚣的避难地。这里至今仍是这片海滨主要的城镇度假村，不过已经完全没有任何海滨天堂的影子了。往南或北稍走一点距离，就会找到在柯尔瓦村中已失去的宁静。

🏃 活动

柯尔瓦的海滩入口有许多水上运动运营商，他们会很热情地向你兜售**帆伞**（1000卢比）、**喷气式滑水**（15分钟单人/双人 400/600卢比）和**海豚观赏之旅**（每人约330卢比）。价格是固定的，不过要确定提供救生衣。

🛏 住宿

Sam's Guesthouse　　　　　　　　　酒店 $

（📞 0832-2788753；房间₹650；🛜）Sam's远离混乱，在柯尔瓦与海滩公路平行的主要街道以北约1公里处，是一个令人愉快的大酒店。店主友好，房间宽敞，以这个价格来说性价比很高。房间环绕一座美丽花园庭院而建，里面有一座出色的餐厅，就像一座模样怪诞的"舒适洞穴"。只有餐厅里才有无线网络。

La Ben　　　　　　　　　　　　　　酒店

（📞 0832-2788040；www.laben.net；Colva Beach Rd；房间 不带/带空调 ₹1100/1400；❄🛜）整洁、干净，不完全缺乏氛围。如果你并不是很想找一些有个性的住处，那么这里的房间体面超值，而且已经经营多年。还有一个很棒的附加优势，就是毗邻**Garden Restaurant**（主菜₹100～320；⏰ 7:00～10:00和18:00～23:00；🛜）。

★Skylark Resort　　　　　　　　　酒店 $$

（📞 0832-2788052；www.skylarkresortgoa.com；房间 带空调 ₹3350～4500，家 ₹5000；❄🛜🏊）这家酒店的住宿标准着实比经济型住宿处提升了一个台阶，干净、清新的房间点缀着当地制作的各种家具和刻版印染的床品，可爱的游泳池则是休息的好地方。最好（也最贵）的房间面朝游泳池。

🍴 餐饮

Sagar Kinara　　　　　　　　　　　印度菜 $

（Colva Beach Rd；主菜₹70～190；⏰ 7:00～22:30）一家位于楼上的纯素食餐厅（非素食用餐区是独立的，位于楼下），味道甚至能够让坚定的嗜肉食客感到愉快。干净，服务效率高，全天提供便宜美味的南北印度菜肴。

★Leda Lounge & Restaurant　　　酒吧

（⏰ 7:30至午夜）半是运动酒吧，半是音乐会场所，半是鸡尾酒吧，是柯尔瓦长久以来最好的夜间娱乐场所。周四到周日有现场音乐会，提供美味的饮品（莫吉托、长岛冰茶），午餐和晚餐有美食。

🛈 实用信息

柯尔瓦有许多银行和自动柜员机，Colva Beach Rd两边有古怪的网吧和旅行社。

🛈 到达和离开

从柯尔瓦开往马尔冈的公共汽车大约15分钟

1班(15卢比，20分钟)，从7:30持续到19:00，出发地点在海滨公路尽头的停车区。乘坐出租车前往马尔冈价格为300卢比。

贝瑙利姆(Benaulim)

☎0832

贝瑙利姆和附近Sernabatim的海滩比柯尔瓦更安静，漫长、宽阔而空荡的沙滩上只零星点缀着少数几座海滩棚屋和水上运动狂热者，一部分原因是这个村庄距离海滩有好几公里远，而且只有几条小路连接。淡季时这里有一种与世隔绝的氛围，车辆稀少，海滨也没有正式开发，这些显然很吸引人。

大多数住宿处、就餐地点、杂货铺和药店都聚集在玛利亚大厅(Maria Hall)十字路口附近的Vasvaddo Beach Rd两边。

◉ 景点

★ Goa Chitra　　　　　　　　　　博物馆

(☎0832-6570877; www.goachitra.com; St John the Baptist Rd, Mondo Vaddo; ₹300; ⊙周二至周日 9:00~18:00)艺术家维克多·雨果·戈梅斯(Victor Hugo Gomes)首先注意到了他童年时在贝瑙利姆见过的传统物品正在慢慢消失——包括农具、厨具和祭坛装饰品。20多年间，他在该邦各处搜集了4000多件被淘汰的物品，创建了这座人种学博物馆。进入博物馆需要参加1小时导览游，整点开始。Goa Chitra位于玛丽亚大厅以东3公里处——可向当地人询问位置。

圣多默博物馆　　　　　　　　　博物馆

(San Thome Museum; ☎9822363917; www.goamuseum.com; Colva Rd; ₹200; ⊙9:00~18:00)这家新开的古雅博物馆被称为"时光倒流"，三层楼的展厅中精心呈现了不同年代的技术工艺的历史，能看到古老的照相机、打字机、留声机、时钟和投影仪。亮点包括一台Scheidmier大钢琴、Raleigh自行车，以及一只和泰坦尼克号使用同一种模式浇铸的锚。

🛏 住宿

通往贝瑙利姆和Sernabatim海滩的公路两边有许多可供出租的经济型房间；五星级大酒店要继续往南走。最佳海滩经济型住宿在Sernabatim海滩，位于贝瑙利姆以北几百米处。

D'Souza Guest House　　　　　客栈 $

(☎0832-2770583; 双₹600)这座传统的漆成蓝色的房屋中只有三个房间，由一个友好的果阿邦当地家庭经营，家庭氛围浓厚，有一座可爱的花园。经常客满，所以须预订。

Anthy's Guesthouse　　　　　　客栈 $$

(☎0832-2771680; Sernabatim Beach;

一只狗的生活

南果阿有两处动物福利保护所，欢迎志愿者或游客前去遛狗或与获救的流浪狗玩耍。

果阿动物福利基金会(Goa Animal Welfare Trust; ☎9763681525, 0832-2653677; www.gawt.org; Curchorem; ⊙周一至周六 9:00~17:30, 10:00~13:00和14:30~17:00)位于内陆小镇丘尔乔雷姆(Curchorem)，致力于为生病动物提供兽医帮助，为小狗、小猫提供庇护所，为街头流浪狗提供绝育，为果阿宠物提供低价兽医服务(包括抗狂犬病疫苗注射)。欢迎志愿者，哪怕只是花几个小时去探访，带狗狗散步或玩耍。旧报纸等物品可用来铺垫狗舍地面，旧床单、浴巾和其他你不想带回家的物品都可以送来。

也可以联系柯尔瓦的**果阿动物福利基金小店**(Goa Animal Welfare Trust Shop; ☎0832-2653677; ⊙周一至周六 9:30~13:00和16:00~19:00)，这家慈善商店出售纪念品和二手书。

在帕洛伦东北数公里处的Chapolim，**动物救助中心**(Animal Rescue Centre; ☎0832-2644171; Chapolim; ⊙周一至周六 10:00~13:00和14:30~17:00)也接收生病、受伤或走失的动物。庇护所欢迎志愿者，可在通往Chaudi的路边寻找指示牌，位于Chapolim大坝以北约2公里处。

> **不要错过**
>
> ### 考拉海滩（COLA BEACH）
>
> **考拉海滩**是南部海岸上隐藏的珍宝之一——这片较难到达的新月形沙滩周围环绕着森林密布的崖壁，海滩上有美丽的翠绿色潟湖向岸边延伸。
>
> 这里当然已经被人发现了，11月和4月会出现几座小屋和帐篷组成的村落，不过仍然很漂亮，很受从阿贡达和帕洛伦出发的一日往返游客的欢迎。
>
> 沿着海岬继续向北，那片更为偏远的海滩叫作**坎考拉海滩**（Khancola Beach），或称Kakolem，那里有一座小度假村，要从上面的崖顶走下一座陡峭的丛林台阶才能到达。

anthysguesthouse@rediffmail.com；双₹1500，带空调₹1800；❄❂）Sernabatim海滩沿岸的几座住宿处之一，因为有一家出色的餐厅，提供图书交换服务，以及保持整洁的木屋风格的房间而成为游客最爱，从海滩背后扩展开来，周围环绕着一座花园。提供阿育吠陀按摩。

★ Blue Corner　　　　　　　　　　小屋 $$

（☎9850455770；www.bluecornergoa.com；小屋₹1200；❂）位于海滩棚屋餐厅背后，从海滩主要入口向北步行一小段即到，这些坚实的棕榈叶搭建屋顶的椰子小屋——在这附近并不多见——是贝瑞利姆最好的住宿处，有电扇和阳台。餐厅很受客人好评。

Taj Exotica　　　　　　　　　　酒店 $$$

（☎0832-6683333；www.tajhotels.com；双₹17,000~28,000；❄@☀）这里因为宝莱坞影星和宗教领袖曾下榻而闻名，是果阿最豪华的度假村之一。位于贝瑞利姆以南2公里处一座23公顷的热带花园中，有水疗、餐厅和游泳池等你所想要的设施。大多数游客都很满意其中时髦的餐厅，包括主打果阿菜的Allegria和海滩边的Lobster Shack。

✕ 餐饮

Cafe Malibu　　　　　　　　　　印度菜 $

（主菜₹110~200；⏰8:00~23:00）这座由家庭经营的低调咖啡馆位于一条小街上的路边花园中，从海滩往回走一小段即到，能提供愉快的就餐体验。擅长果阿菜以及印度其他地区和欧陆菜式。

Pedro's Bar & Restaurant　　　多种风味 $$

（Vasvaddo Beach Rd；主菜₹120~360；⏰7:00至午夜；❂）Pedro's就在从海滨返回途中的一个绿树成荫的大花园里，受到当地人和国际游客的喜爱，提供常规的印度、中国和意大利菜肴，还有一系列不错的果阿邦菜肴以及一些很不错的吱吱作响的烧饭（sizzlers）。

Club Zoya　　　　　　　　　　夜店

（☎9822661388；www.clubzoya.com；⏰20:00开始）在这座谷仓形状的俱乐部中，派对的气氛点燃了昏昏欲睡的小村的激情。这里有世界各地的DJ、大型灯光秀，鸡尾酒中提供特别调味的伏特加饮品。旺季大多数晚上都有活动，不过还是登录网站查看一下即将举办的活动和届时降临的DJ。

ℹ 交通

从马尔冈到贝瑞利姆的公共汽车很多（15卢比，15分钟）。汽车停在玛利亚大厅的十字路口，或者与Sernabatim或Taj Exotica的汇合处（可要求下车）。从玛利亚大厅出发，乘坐机动三轮车的价格为60卢比，5分钟即可到达海边。

阿贡达（Agonda）

☎0832 / 人口 3800

多年来，游客一直在往阿贡达季节性出现的小屋村庄——有些非常奢华——涌动，现在村子的海滨几乎全部被这些小屋所占据，不过相比帕洛伦，这里依然显得低调。如果你想寻找的是海滨休息处，这里是你不错的选择。连接贝杜尔和帕洛伦的海滨公路会穿过阿贡达村，主要游客中心则在海滨后部的一条与海岸平行的单行道上。

◉ 景点和活动

阿贡达海滩是一片长2公里的精细的白沙滩，被框在两座长有森林的海岬之间。浪涛很急，游泳不如在帕洛伦安全，不过有救生员巡逻。榄蠵龟冬季会在海滩最北部筑巢

（并受到保护）。

阿贡达以南是美丽的**蜜月海滩**（Honeymoon Beach）和**蝴蝶海滩**（Butterfly Beach；1700卢比起），两处步行或乘船都可抵达（不过那里没有附加设施）。

旺季这里会有许多由当地人和外国人经营的瑜伽、冥想和阿育吠陀课程。当地船只会载你进行海豚观赏之旅。

Aloha Surf School 冲浪

（☎7507582933；1小时/2小时/全日冲浪板租赁₹300/500/1500，课程₹1500起；⊙8:00~18:00）果阿南部最早的冲浪学校，由当地一位热情船员经营。可以乘着阿贡达温柔的浪涛学习冲浪，或者租赁冲浪板。

🛏 住宿

近年来，阿贡达的海滨小屋已经完成实打实的升级改造，最好的海滨度假村中提供空调、电视和大型露天浴室，而且全部都配备餐厅和酒吧，一般都面朝海滩。和许多季节性住宿处一样，标准和店主都会变更。

在海滩后面与海面平行的道路上，有一些较便宜的客栈和房屋可供住宿。

Fatima Guesthouse 客栈 $

（☎0832-2647477；www.fatimasguesthouse.com；双₹1000~1500，带空调₹1500~2500；❄⊛）一家一直很受欢迎的经济型客栈，位于海滩后部，有干净的房间，一座出色的餐厅，员工乐于助人。屋顶旺季时会有瑜伽班。

★AgondaWhiteSand 木屋 $$

（☎9823548277；www.agondawhitesand.com；AgondaBeach；小屋₹4200~5200；⊛）设计建造得很漂亮的村舍，带露天的卫生间和弹簧床垫，环绕着一家中心酒吧和餐馆，是个时髦的海滨场所。

Chattai 木屋 $$

（☎9423812287；www.chattai.co.in；小屋₹2100）在这个住宿处能俯瞰到沙滩最北端，提供沙滩上通风的可爱小屋，在与世隔绝的Yoga Dome还有热门的瑜伽课程。

H2O Agonda 木屋 $$$

（☎9423836994；www.h2oagonda.com；双含早餐 ₹4500~6500；❄⊛）紫色和淡紫色棉布窗帘和阿拉伯夜晚般的氛围，使得这里成了阿贡达奢华小别墅住宿处中令人印象最深刻的一家。从酒店风格的前台，穿过一座绿茵花园，就走进了带空调和超大露天浴室的宽敞小别墅。令人最难忘的海景别墅中配备的是大床，值得多花些钱。

🍴 就餐

★Blue Planet Cafe 素食 $$

（☎0832-2647448；主菜₹110~250；⊙9:30~15:00和18:30~21:00）暖心的食物，健康的氛围，数量不多但绝大多数都是素食的菜单，这里是海滩上一家服务热情的餐厅。菜单上提供沙拉、冰沙和创意素食。餐厅位于一座丛林中，距离阿贡达村约2公里远（跟着紧邻阿贡达—帕洛伦主公路的路标走）。

Kopi Desa 欧洲菜 $$

（☎7767831487；主菜₹120~450；⊙8:00~23:00）这家由移民新开的餐厅和鸡尾酒吧的名字来自印度尼西亚语，意思是"咖啡村"，其主打欧洲菜的菜单和现场音乐演奏很受欢迎。

ℹ 到达和离开

海滨公路上有好几个地方都能租到小轮摩托车和摩托车，价格约300/400卢比。机动三轮车从阿贡达教堂附近的T字路口出发，可去帕洛伦（250卢比）和帕内姆（300卢比）。出租车价格约为50卢比。

白天偶尔会有从Chaudi开来的当地公共汽车（12卢比），不过可以要求至阿贡达海滩下车，不然你只能在1公里外的村子里下车。

帕洛伦（Palolem）

☎0832/人口12,440

帕洛伦毫无疑问是果阿最上镜的海滩之一：这里有一片环绕着棕榈树的弧线和缓的沙滩，面朝着一湾平静的海湾。但到了旺季，海滨会变成一座五颜六色的玩具城，届时会出现结构越来越复杂的木头和竹子搭建的小屋，前方则是用棕榈树叶做屋顶的餐厅。现在这里仍然是一个很棒的度假地，很受背包

Palolem 帕洛伦

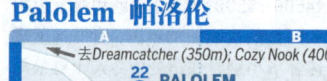

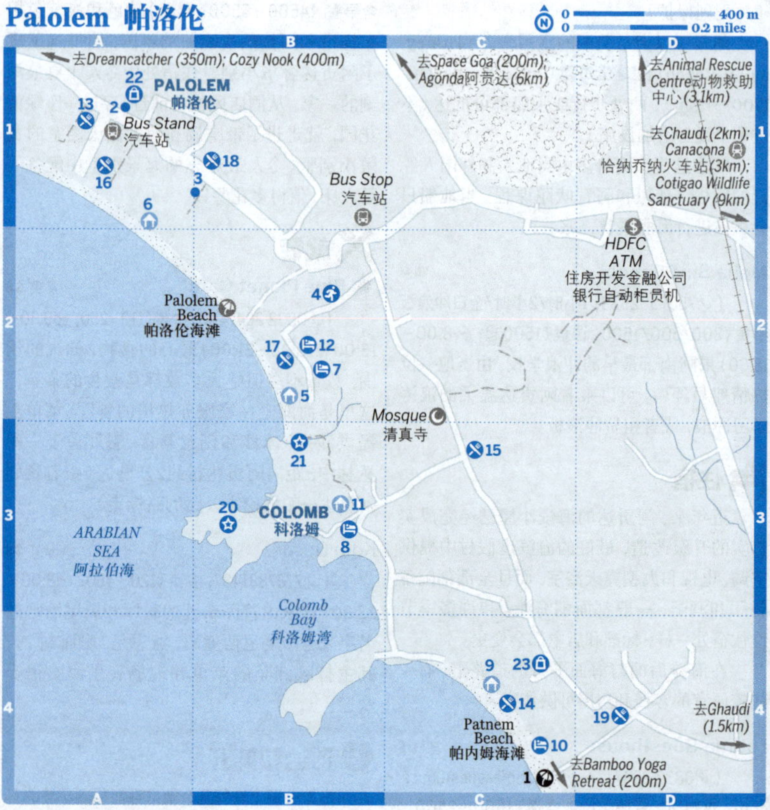

Palolem 帕洛伦

景点

1 帕内姆海滩 C4

活动、课程和团队游

Humming Bird Spa .... （见6）
2 Masala Kitchen A1
3 Rahul's Cooking Class B1
4 Seema Bike Hire B2

住宿

5 Art Resort B2
6 Ciaran's A1
7 Kate's Cottages B2
8 La La Land B3
9 Micky's C4
10 Papaya's C4
11 Sevas B3
12 Travellers Blues Bus B2

就餐

13 Café Inn A1
14 Home C4
Jaali Cafe .... （见23）
15 Karma Cafe & Bakery C3
16 Magic Italy A1
17 Ourem 88 .... B2
18 Shiv Sai B1
19 Zest Patnem D4

娱乐

20 Neptune Point Headphone Disco B3
21 Silent Noise B3

购物

22 Butterfly Book Shop A1
23 Jaali C4

客、长住游客和家庭游客的欢迎。有人工保护的海湾是果阿最安全的游泳处之一,可以在这里舒服地停留几个小时,划皮划艇,玩桨叶冲浪。

在远离沙滩的地方,你可以学习烹饪,参加瑜伽班,或是租赁摩托车和游轮去周边的海滩、瀑布和野生动物园。

活动

帕洛伦旺季时的瑜伽、灵气和冥想班很多。地址和教练每一季都会变——可向当地人咨询,看看这一季谁的治愈力量最受欢迎。

帕洛伦平静的海水是皮划艇和桨板运动的完美场地。皮划艇租赁价格为每小时约150卢比,桨叶冲浪板为500卢比。山地自行车(每天100卢比)可从Seema Bike Hire(Ourem Rd)租赁。

当地渔民可用他们的船只载你参加观赏海豚和钓鱼探险。收费为每小时1200卢比起,四人或四人以上为1600卢比。他们也可前往附近的蝴蝶和蜜月海滩,或者阿贡达和可乐海滩。

★ Goa Jungle Adventure 户外

(☎9850485641; www.goajungle.com; 徒步和溪降运动旅程₹2090~3990; ⓥ10月至次年5月) 这家探险机构由非常专业的法国导游Manu经营,组织刺激的丛林徒步和溪降运动,可前往西高止山脉脚下的Netravali区,在那里你可以爬山、跳水和参加游绳下降进入偏远的水域。提供从半天到数天的团队游,偶尔还提供长时间的漂流旅程,前往卡纳塔克邦。

课程

Rahul's Cooking Class 烹饪

(☎07875990647; www.rahulcookingclass.com; Palolem Beach Rd; 每人₹1500; ⓥ11:00~14:00和18:00~21:00) 是正宗的烹饪学校之一,每天都有3小时的上午和下午班。会准备5道菜,包括印度薄饼和椰子咖喱。最少两人,至少提前一天预订。

Masala Kitchen 烹饪

(每人₹1000)经营得很好的烹饪班;可在Butterfly Book Shop(见835页)咨询,或者提前一天预订。

🛏 住宿

尽管多数帕洛伦的住宿地都是各种简单的季节性海滩小屋,不过在从海滩返回的地方还是有很多老式的客栈或家庭住宅,有不错的房间。在海滩附近某处也有可能找到一间条件基本的棕榈苫顶的茅舍小屋或胶板小屋,价格为800卢比,不过现在很多小屋设计得很周到——最好的带空调、平板电视和朝海的阳台。

Travellers Blues Bus 青年旅舍 $

(☎9665510281; Ourem Rd; 铺₹300~500, 双₹2000~2500; ❄) 这家露天酒吧里停着一辆蓝白色的旅行车,游客们可传递着弹一把吉他。氛围悠闲,是海滨上一座出色的新建旅舍。干净的4至10床宿舍(没有上下铺),私人房间和季节性小屋都超值。

Sevas 木屋 $

(☎9422065437; www.sevaspalolemgoa.com; 双 小屋₹800, 家庭 小别墅 ₹1800; @🛜) Sevas藏身于帕洛伦的科隆布海湾一侧的丛林中,有各种简单的用棕榈树叶做屋顶的小

安静的迪斯科

为了巧妙回避全邦对于22:00之后禁止在露天空间大声播放音乐的禁令,帕洛伦的"安静派对"成了夜间跳舞又不影响邻居的方式。

22:00左右前来,戴上耳机,在两到三个频道中选择一个,果阿邦当地及国际DJ在频道中播放迷幻、浩室、嘻哈、电子和放克音乐,然后在表面看来很安静、耳边却沸反盈天的氛围中狂欢整夜。本书调研时,帕洛伦有两处耳机派对场所:

Silent Noise (www.silentnoise.in; On the Rocks; 全部费用 ₹600; ⓥ11月至次年4月周六 21:00至次日4:00)

Neptune Point (www.neptunepoint.com; Neptune's Point, Colomb Bay; 全部费用₹600; ⓥ11月至次年4月周六 21:30至次日4:00)

屋,带露天浴室,大点的家庭小屋和房间位于一座美丽的绿荫花园区域。

★ Ciaran's
木屋 $$

(☎0832-2643477; www.ciarans.com; 小屋含早餐₹3000~3500, 房 含早餐₹4500; ❄@)Ciaran's拥有海滨令人印象最深刻的小屋。友善的店主约翰经过多年的辛勤工作,维持了这里的高标准,设计漂亮的小屋环绕着一座植被茂盛的花园和池塘而建,为顶级水平。这里还有一座很受欢迎的餐厅和西班牙小吃餐厅,提供多种菜肴,另有一座高水平按摩和水疗中心(1小时按摩1900卢比起)。

★ Cozy Nook
木屋 $$

(☎9822654760, 0832-2643550; www.cozynookgoa.com; 小屋₹2500~3500)经营历史长,位于海滩最北端,有一些设计得很好的村舍,包括两层楼的房间,楼上有凉爽的露台,更多的是基本型的客房,还有一家花哨的酒吧。可以练瑜伽,提供皮划艇出租。

Kate's Cottages
客栈 $$

(☎9822165261; www.katescottagesgoa.com; Ourem Rd; 双₹3000~5000; ❄@)位于Fern's餐厅楼上,两间漂亮的客房设计精美,装饰着厚重的木头,采用的是巨大的四柱床,有电视、现代化的浴室,阳台上能看见大海。还有两间价格更便宜的平房小屋。

Dreamcatcher
木屋 $$

(☎0832-2644873; www.dreamcatcher.in; 小屋₹2200~6600; @)或许是帕洛伦最大的小屋度假村,60多座结实的小屋都很私密,位于海滩最北端后部的一片椰子林中。亮点之一是河畔餐厅和鸡尾酒吧,以及大量的全身护理,提供按摩和瑜伽,也有随时可加入的瑜伽和灵修课程。

La La Land
度假村 $$

(☎7066129588; http://lalaland.in; Colomb Bay; 小别墅₹4000~7200; ❄@)位于科洛姆湾(Colomb Bay),有各种古雅但时尚的小屋和A字形的小屋,都坐落在一座美丽花园中,将喀拉拉风格的村舍风格提升到了新的水平。

Art Resort
木屋 $$$

(☎9665982344; www.art-resort-goa.com; Ourem Rd; 小屋₹6000~9500; ❄)这些设计得很美的小别墅面朝海滩,环绕着一座出色的海滩餐厅排列,有带纱门的露台,装饰有现代艺术作品,有一种贝都因露营地的氛围。这座度假村也会举办艺术展览,经常有现场音乐会。

🍴 就餐

帕洛伦的海滨没有北部的那种海滨棚屋餐厅——海滩上空间不够——不过旺季时海滨旁边的每家住宿处都有自己的餐厅,一般都会在海滩上准备餐桌和遮阳伞。都供应新鲜的海鲜,菜单基本上无法区别,所以多看几家,找一个氛围最适合你的地方。

Shiv Sai
印度菜 $

(塔利套餐₹90, 主菜₹100~200; ⊙9:00~23:00)一家完全当地化的午餐店,位于与海滩平行的公路上,提供素食塔利套餐,鱼肉和古吉拉特菜肴,以及果阿菜。

★ Space Goa
咖啡馆 $$

(☎80063283333; www.thespacegoa.com; 主菜₹150~280; ⊙8:30~17:30; @)位于阿贡达公路上,是一家出色的有机健康食品咖啡馆,也是一家美味熟食店、手工艺品商店和健康中心,提供冥想、阿育吠陀治疗和禅宗疗愈。食物新鲜美味,有超赞的沙拉、帕尼尼和开胃菜,甜点——如巧克力甜菜蛋糕——美妙绝伦。随时可参加的瑜伽课程价格为500卢比。

★ Magic Italy
意大利菜 $$

(☎8805767705; Palolem Beach Rd; 主菜₹260~480; ⊙17:00至午夜)Magic Italy在主海滩路上,已经经营了一段时间,比萨和意大利面的品质依旧很好,采用意大利进口食材,比如火腿、意大利香肠、奶酪和橄榄油,烹制富有想象力的木烤比萨和自制意大利面。可在餐桌就座,或者按照阿拉伯风格坐在坐垫上。气氛热闹而放松。

Café Inn
咖啡馆 $$

(☎7507322799; Palolem Beach Rd; 主菜₹100~450; ⊙8:00~23:00; @)如果你喜欢卡布奇诺或朗姆酒冰沙,这家半露天的咖啡馆会自己研磨并混合至完美,是帕洛伦最受欢迎的聚会场所——而且甚至不在海滩上。早餐丰盛,爽心汉堡和帕尼尼三明治恰到好处。

值得一游

南下一日游

果阿最南端可作为定制一日往返游的目的地。可租一辆摩托,或是包一辆出租车,从帕洛伦、帕内姆或阿贡达沿公路出发。

Tanshikar香料农场(✆0832-2608358、9421184114;www.tanshikarspicefarm.com;Netravali;团队游 含午餐₹500;◐10:00~16:00)这座出色的香料种植园位于距离帕洛伦约35公里的内陆地区,一路要经过森林和农场,沿着丛林到达瀑布和神秘的"泡泡湖"。

Talpona和Galgibag 这两座几近荒芜的珍宝海滩由Talpona河和Galgibag河(天然)环绕而成。榄蠵龟会在Galgibag海滩筑巢,这里有两家出色的棚屋餐厅和小屋。曲折的乡村车道是前来这里的一半乐趣所在。

Polem海滩 果阿最南端的海滩,位于帕洛伦以南25公里处,只有一组沙滩小屋,有一种真实的被遗弃的感觉。来这里可以顺路也去一下Talpona和Galgibag海滩。

★ **Ourem 88** 创意菜 $$$

(✆8698827679;主菜₹540~750;◐周二至周日18:00~22:00)这家由英国人经营的餐厅虽然仅有几张餐桌,却令人垂涎欲滴。菜单上选择虽少,但都很专业。可尝试烤布里干酪、果阿香肠填馅的柔软鱿鱼、炖羊腿肉或松软的蛋奶酥。值得放纵一把。

🍷 饮品和夜生活

Leopard Valley 夜店

(www.leopardvalley.com;Palolem-Agonda Rd;入场费₹600起;◐周五21:00至次日4:00)南果阿最大的舞厅,景观(和音乐)都值得见识,有3D激光灯光秀、烟火表演和先进的音响系统,周五夜晚会大音量播放当地和国际DJ的作品。位于帕洛伦和阿贡达之间,虽然与世隔绝,但很方便前往。

🛍 购物

Butterfly Book Shop 书籍

(✆9341738801;www.yogavillapalolem.com;◐10:00~13:00和15:00~20:00)村里最好的几家书店之一,这个舒适的地方有畅销书、经典书籍,还有大量有关瑜伽、冥想和灵性的图书。也可以练习瑜伽班和烹饪课程(见833页)。

ℹ 到达和当地交通

从海滩公路拐角的**公共汽车站**出发前往Chaudi的车次很多(7卢比)。每小时有1班车前往马尔冈(40卢比,1小时),出发地点在同一个地方,不过这些车次一般也会经过Chaudi。从Chaudi可以乘坐固定时刻的车次前往马尔冈,从那里可以换车前往帕纳吉,或者南下前往Polem海滩和卡纳塔克邦的Karwar。

最近的火车站位于卡纳塔克邦,距离帕洛伦海滨入口2公里远。

乘坐机动三轮车从帕洛伦到帕内姆价格为100卢比,到Chaudi为150卢比。乘坐出租车前往达波林机场约1500卢比。

通往海滨的主公路边可以租到小轮摩托车和摩托车,价格约300卢比。

帕内姆(Patnem)

✆0832

美丽的帕内姆比相邻的帕洛伦小,人也没那么多,因此更加安静,也更适合家庭游客。这里的水域不如帕洛伦平静,保护程度也稍逊,但是悠闲的**帕内姆海滩**上有救生员巡逻,划船很安全。步行很容易绕过北部海岬,前往科洛姆湾(Colomb Bay)以及更远的帕洛伦。

🛏 住宿

长住的人会喜欢帕内姆的村舍和公寓,每月租金10,000至40,000卢比。沙滩沿岸大约有十几个沙滩小屋运营商;每年都会有许多变化,所以多走一走去找到你最喜欢的住处吧。

Micky's 木屋 $

(☏9850484884；www.mickyhuts.com；Patnem Beach；双₹800~1000；☎)位于沙滩最北端，经营的历史很长，有多种简单的经济型小屋（有些没有附加浴室）和房间。经营者是一个友好的家庭，全年大多数时间都开放。有一家面朝海滩的酒吧和咖啡馆。

Papaya's 别墅 $$

(☏9923079447；www.papayasgoa.com；小屋₹2000~3000，带空调₹5000；❄☎)这些纯朴的小屋采用自然材料搭建，位于棕榈树林中，附设的餐厅很受欢迎，提供各种出色的海滩经典菜式。每座小屋都很可爱，其中装饰着许多木头、四柱床以及飘动的薄棉布。

Bamboo Yoga Retreat 木屋 $$$

(☏9637567730；www.bamboo-yoga-retreat.com；标单/双₹6500/10,000；☎)这里悠闲的瑜伽休养处仅限住客参加，位于帕内姆海滩最南端，有一座小屋面朝大海，还有三座小屋位于村中舒适的木头和茅草房屋中。瑜伽在假日期间的费用包含早午餐、冥想和每天两次瑜伽班，也有培训课程和阿育吠陀治疗。

✖ 就餐

Karma Cafe & Bakery 咖啡馆 $

(☏9764504253；Patnem Rd, Colomb；烘焙食品₹60起；⊙7:30~18:00；☎)这家凉爽的咖啡馆和面包坊位于Colomb路的对面，进去找个垫子，细细品味这里各种各样的新鲜面包、牦牛奶酪羊角面包、糕点，以及咖啡和冰沙。

★ Jaali Cafe 咖啡馆 $$

(☏8007712248；小拼盘₹150~250；⊙周二至周日 9:00~18:00，周四至周六晚餐)这家可爱的花园咖啡馆的菜单很特别，有美味的西班牙小吃风格的中东和地中海拼盘——可以各挑两个菜，一起分享。周日的早午餐很受当地老饕欢迎。这里还有一家出色的精品店(⊙9:30~18:30)，还有一个备受好评的按摩治疗师。

Home 各国风味 $$

(☏0832-2643916；www.homeispatnem.com；Patnem Beach；主菜₹120~300；⊙8:00~22:00；☎)这家亮白色的悠闲的素食餐厅像一座灯塔，在海滩棚屋中很出挑，提供美味早餐、意大利面、调味饭和沙拉。这里的一个亮点是甜点菜单——超赞的巧克力布朗宁蛋糕、苹果挞和奶酪蛋糕。也有8间装潢漂亮的明亮客房（1800卢比起）。

Zest Patnem 咖啡馆 $$

(☏8806607919；主菜₹190~320；⊙8:00~20:00；☎♪)一碗碗的泰式炒河粉，一盘盘的开胃菜、寿司和墨西哥菜，全部都是现做的，因此是热门聚会场所。在帕洛伦和阿贡达也有类似的咖啡馆，一定有什么地方打动了有健康意识的沙滩爱好人群的心。

❶ 到达和离开

要前往帕内姆海滩的主要入口，沿着乡村小路从帕洛伦南下，接着在Hotel Sea View右转。或者跟着从帕洛伦出发经由科洛姆湾（Colomb Bay）的小路走大约20分钟，或者乘公共汽车南下（5卢比）。从帕洛伦乘坐机动三轮车的价格约100卢比。

卡纳塔克邦和班加罗尔

包括 ➡

班加罗尔	839
迈索尔	867
讷格尔霍莱国家公园	878
赫莱比德	883
门格洛尔	884
德尔默斯德拉	887
戈卡那	890
亨比	893
霍斯佩特	901
比贾布尔	905

最佳餐饮

- Karavalli（见847页）
- Mavalli Tiffin Rooms（见848页）
- Vinayaka Mylari（见873页）
- Lalith Bar & Restaurant（见886页）
- Fatty Bao（见848页）

最佳住宿

- Uramma Cottage（见901页）
- Electric Cats B&B（见846页）
- Dhole's Den（见877页）
- Honey Valley Estate（见882页）

为何去

作为南印度的惊艳开场，卡纳塔克邦（Karnataka）是一片引人入胜的繁荣之地，这里有时髦的都市、闪耀的宫殿、国家公园、古老的遗迹、海滩、瑜伽中心和传奇的闲逛胜地。

卡纳塔克邦的中枢是都会班加罗尔，这是一座前卫的城市。走出城市，你会看见四季常绿的连绵的果达古山，其间分布着香料和咖啡种植园，豪华壮美的迈索尔，还有居住着猴子、老虎和亚洲数量最多的大象的丛林。

如果这些听起来就过于主流，就前往反主流文化的飞地、安静的亨比吧，那里有吊床、迷幻日落和巨石遍布的废墟。或者去极乐的戈卡那周边名副其实人迹罕至的海岸，那里有美丽的小湾和空旷沙滩。或者更好的选择是，完全甩开其他游客，去卡纳塔克邦北部令人惊叹的伊斯兰遗迹进行一次旅行。

何时去

班加罗尔

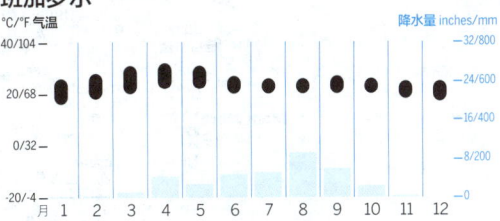

3月至5月 在卡纳塔克原始的国家公园中观看老虎和大象的最好时期。

10月 迈索尔的十胜节狂欢带来彻夜的庆祝活动和盛大的游行。

12月和1月 探访亨比和北部城堡、宫殿、石窟和寺庙最凉快的时期。

卡纳塔克邦和班加罗尔亮点

1. **亨比**（见893页）在这座引人回忆的梦幻目的地，沉浸在超现实的风景之中，体会游客社交氛围，参观史诗遗迹。

2. **戈卡那**（见890页）在这座低调的海滨隐居地，寻找完美的小海湾，然后游览氛围浓郁的寺庙。

3. **班加罗尔**（见839页）在这座大都会，品味精酿啤酒，在时尚氛围中用餐，享受博物馆和美景。

4. **果达古**（见879页）在这里温度适宜的常绿高地上，品味芳香的咖啡，探寻徒步小径。

5. **迈索尔皇宫**（见867页）准备好为印度最宏伟的建筑群之一所倾倒，游览金碧辉煌的殿堂。

6. **讷格尔霍莱国家公园**（见878页）在卡比尼湖旁边的森林中观察憨懒的獠牙动物。

7. **比贾布尔**（见905页）在这座精致的16世纪修建的伊斯兰教古迹前精心修剪的宁静草坪上漫步。

历史

综观历史,几种宗教、文化和王国轮番登场,卡纳塔克地区曾经被很多富有个人魅力的统治者统治。印度的第一位伟大皇帝,旃陀罗笈多·孔雀(Chandragupta Maurya),于公元前3世纪在斯莱湾娜拜拉古拉(Sravanabelagola)皈依耆那教后,将卡纳塔克地作为他的休养地。6世纪至14世纪之间,这片土地经历了一系列朝代,比如遮娄其(Chalukyas)、朱罗(Cholas)、西恒伽(Gangas)、曷萨拉(Hoysalas)王朝,它们用令人惊叹的石窟和寺庙在该邦各处留下了持久的印记。

1327年,穆罕默德·杜格拉克(Mohammed Tughlaq)的军队洗劫了赫莱比德(Halebid)。1347年,哈桑·甘谷(Hasan Gangu),杜格拉克军中的波斯将领,领导了一次叛乱,建立了巴赫马尼(Bahmani)王朝,后来分裂为5个德干苏丹国。同时,以亨比为首都的印度教王国毗奢耶那伽罗(Vijayanagar)占了上风,在16世纪中叶达到顶峰之后,于1565年衰落为几个苏丹国的联合势力。

接下来的年代,迈索尔信奉印度教的沃德亚家族(Wodeyars)逐渐壮大,将统治范围扩展到印度南部的大片地区。他们的地位难以撼动,直到1761年,海德尔·阿里(Hyder Ali;印度将领)将他们废黜。海德尔·阿里及其儿子蒂普苏丹(Tipu Sultan)以法国人为靠山,在斯里兰加帕南(Srirangapatnam)建立首都,巩固其统治。但是,1799年,英国人击败蒂普苏丹,帮助沃德亚家族复辟。从历史的角度说,这场战争巩固了英国在印度南部进行的领土扩张。

迈索尔一直在沃德亚家族统治下,直到1947年独立运动后,当时在位的王公成为第一任总督。1956年,该邦的边界按照语言区域重新划定,地域辽阔的坎纳达语迈索尔邦成立。1972年被重新命名为卡纳塔克邦,以班加罗尔为首府。

卡纳塔克邦南部

班加罗尔(Bangalore)

☏080 / 人口 11,500,000 / 海拔 920米

国际化的班加罗尔[曾用名本加卢鲁

邦内重要节日

Udupi Paryaya(☉1月/2月)偶数年举行,1月在乌迪比镇上的克利须那寺庙(Krishna Temple)举行,有游行和标志性的印度教偶像交接的仪式。

古典舞蹈节(Classical Dance Festival; ☉1月/2月)有印度最好的古典舞蹈表演,在帕塔达卡尔举行。

亨比节(Vijaya Utsav; 见896页)在亨比的摩登伽山(Matanga Hill)山脚举行为期三天的文化、传统和艺术娱乐表演。

藏历新年(☉1月/2月)拜拉库比的藏人定居点里的喇嘛会轮流带领进行不停歇的祷告,庆典延续一周。

Vairamudi Festival(☉3月/4月)人们用珠宝装饰梅鲁科特的Cheluvanarayana寺庙的毗湿奴,包括属于迈索尔旧时王公的一顶缀满钻石的皇冠,会吸引来400,000名信徒。

甘尼许节(Ganesh Chaturthi; ☉9月)9月日落时,戈卡那的每个家庭举着他们的甘尼许神像游行到海边。

十胜节(Dussehra; 见871页)在迈索尔,傍晚时,王公宫殿灯火通明,充满活力的游行队伍将城镇推向数以千计喜悦民众的热潮中。

Lakshadeepotsava(见887页)11月,成千上万的灯照亮了德尔默斯德拉镇这座耆那教朝圣小镇,可以拍到场面壮观的照片。

Huthri(☉11月/12月)马迪凯里的Kodava社区用长达一周的典礼、音乐、传统舞蹈和宴会庆祝收获季节的到来。

Bangalore (Bengaluru) 班加罗尔(本加卢鲁)

（Bengaluru)]是印度最先进和发达的城市之一，拥有得天独厚的良好气候和快速发展的餐饮和购物场所。是的，这里物质上的舒适对于那些艰难跋涉的疲惫游客来说堪称一场及时雨。在这座精彩的城市，可以与当地人一起混在精酿啤酒吧或是古雅的独立咖啡馆中。虽然没有世界级的景点，但你会发现一些可爱的公园和引人注目的维多利亚时代建筑。

伴随过去十多年疯狂发展增长的，还有

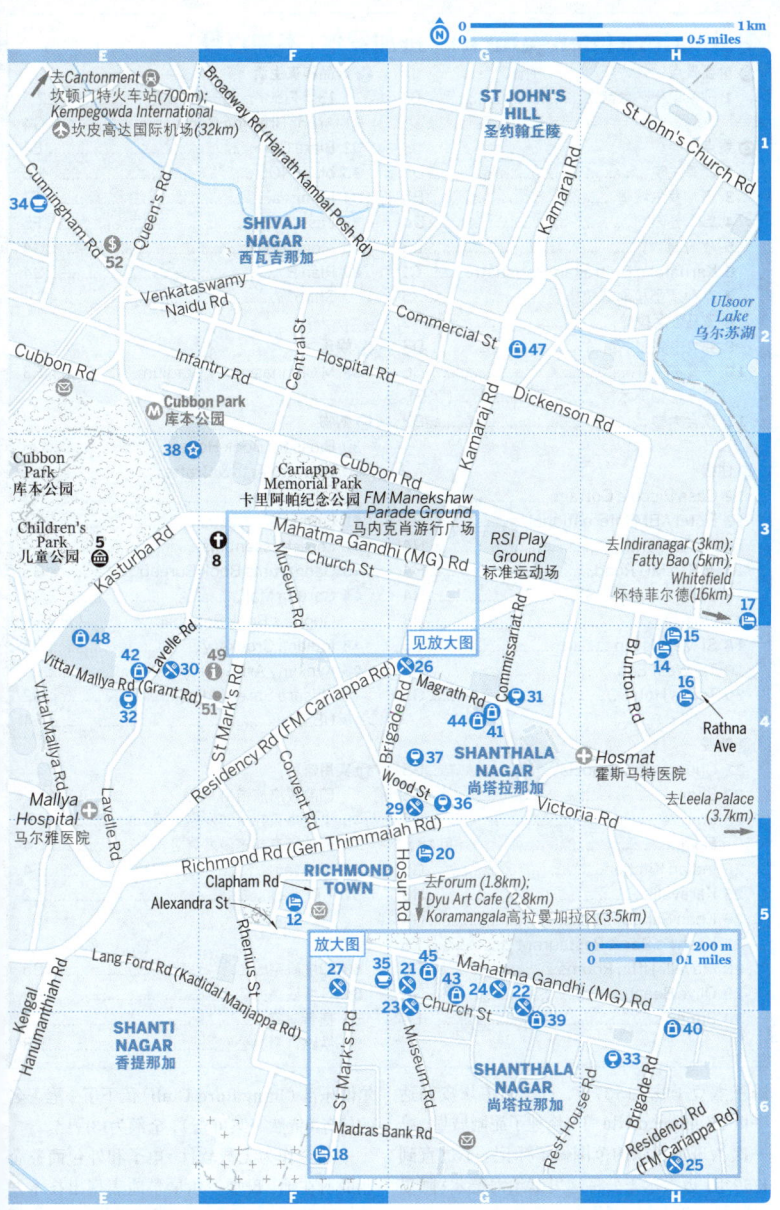

交通拥堵和严重污染。但是中心地区（其历史可追溯至英属印度时期）依然变化不大，蓬勃发展的IT产业的地标性公司总部建筑和商业园绝大多数位于外围郊区。

历史

　　字面意思是"煮豆之城"，本加卢鲁（Bengaluru）的得名，据推测来自一个古代故事，一位乡村老妇为一位迷路而且饥饿的曷萨拉

Bangalore（Bengaluru） 班加罗尔（本加卢鲁）

◉ 重要景点
- **1** 国家现代艺术馆 D1

◉ 景点
- **2** 高等法院 D3
- **3** 班加罗尔城堡 B5
- **4** 库本公园 D4
- **5** 政府博物馆 E3
- **6** Karnataka Chitrakala Parishath C1
- **7** 克利须那拉耶德拉市场 B5
- **8** 圣马可大教堂 F3
- **9** 邦立中央图书馆 D3
- **10** 蒂普苏丹宫 B6
-    文卡塔帕美术馆 .... （见5）
- **11** 议会大楼 D2

⬤ 住宿
- **12** Casa Piccola Cottage F5
- **13** Hotel ABM International B2
- **14** Hotel Ajantha H4
- **15** JüSTa MG Road H4
- **16** Laika Boutique Stay H4
- **17** Oberoi H3
- **18** St Mark's Inn F6
- **19** Taj West End C2
- **20** Tom's Hotel G5

◉ 就餐
- **21** Church Street Social G5
- **22** Ebony G5
- **23** Empire G5
-    Fava .... （见48）
- **24** Indian Kitchen G5
- **25** Karavalli H6
- **26** Khan Saheb G4
- **27** Koshy's Bar & Restaurant F5
- **28** Mavalli Tiffin Rooms C6
- **29** Olive Beach G4
- **30** Sunny's E4

◉ 饮品和夜生活
-    13th Floor .... （见22）
- **31** Arbor Brewing Company G4
- **32** Biere Club E4
- **33** blueFROG H6
- **34** Infinitea E1
- **35** Lassi Shop F5
- **36** Monkey Bar G4
- **37** Plan B G4
-    Shiro .... （见48）

✪ 娱乐
- **38** M Chinnaswamy Stadium E3

⬤ 购物
- **39** Blossom Book House G6
- **40** Cauvery Arts & Crafts Emporium H6
- **41** Fabindia G4
- **42** Forest Essentials E4
- **43** Gangarams Book Bureau G5
- **44** Garuda Mall G5
-    Goobe's Book Republic .... （见35）
- **45** Indiana Crockery G5
- **46** Kynkyny Art Gallery D1
- **47** Mysore Saree Udyog G2
- **48** UB City E4

ⓘ 实用信息
-    印度政府旅游办事处 .... （见43）
- **49** 卡纳塔克邦旅游发展公司 F4
- **50** 卡纳塔克邦旅游发展公司 C4
- **51** Skyway F4
- **52** TT Forex E2

ⓘ 交通
- **53** 印度航空 C5
- **54** 区域铁路办公室 A2
- **55** 捷特航空 C5
- **56** 铁路订票办公室 A3

国王煮豆子吃。1537年，封建领主坎皮高达一世（Kempegowda Ⅰ）修建了泥制城堡，第一次为班加罗尔的范围做了标记。不过直到1759年，迈索尔王公将这里献给海德尔·阿里的时候，该镇的范围依旧模糊不清。

1809年，英国人到来，并在1831年将这里作为地区行政基地，更名为班加罗尔（Bangalore）。在英属印度时期，这座城市接待了很多英国官员，包括温斯顿·丘吉尔；他在自己的青涩时代来到这里享受生活，在班加罗尔俱乐部（Bangalore Club）留下了一笔著名的债务（依然有案可查），金额为13卢比。

如今作为无数软件、电子和外包商务企业的所在地，班加罗尔早早地表现出技术发展的优势。1905年，这里成为印度第一个用电灯照亮街道的城市。20世纪40年代之后，这里成为印度最大的航空航天公司——印度斯坦航空有限公司（Hindustan Aeronautics Ltd，简称HAL）的所在地。

2006年11月，这座城市的名字重新变更为本加卢鲁,尽管实际上极少有人愿意使用这个名字。

◎ 景点

★ 国家现代艺术馆
美术馆

(National Gallery of Modern Art, 简称NGMA; ☎080-22342338; www.ngmaindia.gov.in/ngma_bangaluru.asp; 49 Palace Rd; 印度人/外国人₹20/500; ⓒ周二至周日 10:00~17:00) 这座艺术博物馆位于一幢有百年历史的老楼房中——迈索尔王公曾经的度假住宅,展示令人印象深刻的永久展品,还有随时更新的展览。旧翼楼(Old Wing)展示独立运动之前的作品,包括拉贾·拉维·瓦尔马(Raja Ravi Varma)和阿巴宁德罗纳特·泰戈尔[Abanindranath Tagore,前卫的孟加拉画派(Bengal School)艺术运动的奠基人]的画作。时髦新翼楼(New Wing)经由一座步行桥连接,侧重于当代独立运动后的作品,涉及的艺术家包括Sudhir Patwardhan和Vivan Sundaram。

Karnataka Chitrakala Parishath
美术馆

(www.karnatakachitrakalaparishath.com; Kumarakrupa Rd; ₹50; ⓒ周一至周六 10:00~17:30) 一座超赞的美术馆,收藏有各种各样印度及国际现代艺术品,还有迈索尔风格绘画及来自亚洲各地的民间和部落艺术品的常设展览。馆内的一个部分专门展示俄罗斯画家尼古拉斯·罗厄烈治(Nicholas Roerich)的作品,他以逼真的喜马拉雅山脉画作而闻名。也有印度全景(Pan Indian Panorama)作品,包括SG Vasudev和Yusuf Arakkal的前卫艺术作品。

★ 库本公园
花园

(Cubbon Park; www.horticulture.kar.nic.in/cubbon.htm; Kasturba Rd; ⓂCubbon Park) 班加罗尔商业区中心是库本公园,一座占地120公顷的花园,维护得很好,班加罗尔居民常常聚集在这里,抛开外面的激烈社会竞争,偷得片刻悠闲。公园里有一座刷成红色的哥特风格的邦立中央图书馆(State Central Library)。遗憾的是,库本公园并不完全限制车流,除非是周日有音乐会、趣味赛跑、瑜伽、小型农贸市举办时。

公园周围其他出色的殖民地时代建筑还有新德拉威(Dravidian)风格的议会大楼(Vidhana Soudha; Dr Ambedkar Rd; ⓂVidhana Soudha),修建于1954年,是邦政府立法会大楼。还有新古典风格的高等法院(Attara Kacheri),建于1864年,里面是法院。后两者都不对公众开放。

政府博物馆
博物馆

(Government Museum, Kasturba Rd; ₹4; ⓒ周二至周日 10:00~17:00,每月第二个周六关闭; ⓂCubbon Park) 这是一座红色的殖民时代建筑,其历史可追溯到1877年,你可以在这里找到被人遗忘的落满灰尘的古老石刻和手工艺品,都发掘于赫莱比德、亨比和Attriampakham。门票还可以用来进入隔壁的文卡塔帕美术馆(Venkatappa Art Gallery; Kasturba Rd; ⓒ周二至周日 10:00~17:00; ⓂCubbon Park) **免费**。在这里,你可以看到沃德亚王朝的宫廷画家K.文卡塔帕(K Venkatappa, 1887~1962年)的作品和私人纪念品。

圣马可大教堂
教堂

(St Mark's Cathedral; www.saintmarks.in; MG Rd; ⓂMG Rd) 这座氛围庄重的大教堂建于1812年,独具特色的穹顶是根据英国圣保罗大教堂创作。可观察入口装饰的雕塑。周日有四次礼拜仪式。

拉巴克植物园
花园

(Lalbagh Botanical Gardens; www.horticulture.kar.nic.in/lalbagh.htm; Lalbagh Rd; ₹10; ⓒ6:00~19:00) 广阔的拉巴克植物园是一片占地超过96公顷的园林景观地带,由迈索尔著名统治者海德尔·阿里在1760年规划建立。这里不但有神奇的百年老树,据称还有世界上最多样的植物物种。试着清晨过来,可以倾听鸟儿的合唱。可以参加Bangalore Walks(见844页)带导游的团队游。

克利须那拉耶德拉市场
市场

(Krishnarajendra Market, 城市市场; Silver Jubilee Park Rd; ⓒ6:00~22:00) 想要体验一把传统的印度城市生活,可以钻进熙熙攘攘的克利须那拉耶德拉市场及其周围的密集街道之中。在这个生机盎然的市场穿梭,经过新鲜的农产品、成堆的鲜亮染料、香料和铜制品。中央五彩缤纷的鲜花市场是亮点。

班加罗尔城堡 堡垒

（Bangalore Fort; KR Rd）这座1761年城堡的残余部分是一处可以避开喧嚣城市的安静所在，有平整的草坪和粉色的石头墙。城堡一直使用到1791年被英国人摧毁，现在残余的部分只剩大门和堡垒。这里还有一个小型地牢和有Mooshak（类似老鼠的神兽）雕像的甘尼许寺庙。

班加罗尔宫殿 宫殿

（Bengaluru Palace; Palace Rd; 印度人/外国人₹230/460, 手机/照相/摄像₹285/685/1485; ⊙10:30~17:30）作为以前该邦沃德亚王公的私人住所，班加罗尔宫殿保存了一份王室旧时的显赫。现在的王公依然住在这里，语音导览器会为你详细讲解这座仿照英国温莎城堡设计的建筑；盛大奢华的内部装饰和以狩猎战利品、家族照片和裸体肖像画的收藏为特色的画廊会让你啧啧称奇。

蒂普苏丹宫 宫殿

（Tipu Sultan's Palace; Albert Victor Rd; 印度人/外国人 ₹15/200, 摄像 ₹25; ⊙8:30~17:30）这座优雅的印度伊斯兰风格的宫殿是统治者蒂普苏丹的夏宫，以其柚木柱和装饰壁画而著称。

牛神庙 印度教寺庙

（Bull Temple; Basavanagudi; Bull Temple Rd, Basavangudi; ⊙7:00~20:30; 🐾) 免费 新德拉威风格的牛神庙是由坎皮高达一世16世纪时修建的，里面有一整块巨大的神牛南迪（湿婆之牛）石雕，上面总是装饰着华丽的鲜花环。这里是班加罗尔氛围最独特的寺庙之一，位于蒂普苏丹宫以南约1公里处。

奎师那神庙 印度教寺庙

（Iskcon Temple; www.iskconbangalore.org; Chord Rd, Hare Krishna Hill; ⊙周一至周五 7:15~13:00和16:15~20:20, 周六和周日7:15~20:30; Ⓜ Mahalakshmi）这座位于山顶的壮观寺庙由国际奎师那知觉运动[International Society of Krishna Consciousness, 简称Iskcon, 也被称为克利须那派（Hare Krishnas）]修建，于1997年落成，奢华的装饰采用极端现代和传统相结合的风格。这里也有许多的食品摊，可以空着肚子过来；并定期举办音乐会和讲座。位于市中心西北约8公里处。

印度斯坦航空航天博物馆及文化遗产展览馆 博物馆

（HAL Aerospace Museum & Heritage Centre; www.hal-india.com; Airport-Varthur Rd; ₹50, 摄影/录像 ₹50/75; ⊙周二至周日 9:00~17:00）想了解印度的航空航天历史，可参观旧机场前方的这座精彩博物馆，在这里你能看到一些由印度斯坦航空有限公司设计的本土飞机模型。有意思的展品包括一架MIG-21, Marut和Kiran等本土生产的模型，以及一架有年头的堪培拉轰炸机。

🚶 活动

Equilibrium 攀岩

（☎8861684444; www.equilibrium.co.in; 3rd fl, 546 CMH Rd, Indiranagar; ₹150起; ⊙6:00~23:00）这里是印度第一家攀岩中心，主要提供室内抱石运动，适合那些前往亨比的游客，那里有一处世界闻名的攀岩目的地。也能组织周末攀岩活动。

Soukya 瑜伽

（☎080-28017000; www.soukya.com; Soukya Rd, Samethanahalli, Whitefield; 每天 含护理、餐和住宿 US$1400; ⊙6:00~20:30）非常高档，国际化的著名疗养地，位于一座12公顷的风景如画的有机农场，组织的项目包括阿育吠陀治疗和瑜伽，也有医学药物肤质护理。

Ayurvedagram 阿育吠陀、瑜伽

（☎080-65651090; www.ayurvedagram.com; Hemman-danhalli, Whitefield; 一日套餐 ₹4000起）这是一座占地3公顷的花园，十分安静，有从喀拉拉邦迁移来的传统住宅。这家中心专营特别定制的阿育吠陀治疗、瑜伽和回春术项目。位于怀特菲尔德（Whitefield）远郊，距离班加罗尔市中心约25公里。

👉 团队游

★ Bangalore Walks 步行

（☎9845523660; www.bangalorewalks.com; 成人/儿童₹500/300起; ⊙周六和周日

19:00~22:00）评价很好的团队游，包括导览徒步穿越拉巴克植物园和库本公园之旅、中世纪老城区的历史之旅或19世纪维多利亚之旅。大多数徒步项目中都包含一顿美味的早餐。也提供定制团队游服务。

★ Unhurried Tours　　　　　徒步

（☎919880565446；www.unhurried.in；半日团队游₹2500）由Poornima Dasharathi带队，他是一名作家和历史爱好者，这些优秀的徒步团队游会探索班加罗尔的背街小巷、寺庙、街头日常生活和当地美食。也可以前往城外。

巴士游　　　　　　　　　　团队游

（Bus Tours；www.karnatakaholidays.net；半日₹255，全日₹485，不带空调₹230/385）政府旅游局经营的城市公共汽车团队游，值得考虑（他们会在很短时间内覆盖大量地方）。半天城市团队游一般每天两班，时间是7:30和14:00，而全天团队游在周三至周日每天7:15出发。

也提供班加罗尔周边地区的一日游，包括每天出发的斯里兰加帕南（Srirangapatna）和迈索尔之旅，途中会游览几座寺庙、宫殿和花园。

🛏 住宿

对于那些想要好好探索这座城市的游客来说，选择住在地铁站旁边是个好主意。这边少有像样的经济型房间，不过Subedar Chatram（SC）Rd沿路有很多低档村舍，就在汽车站以东及火车站附近。

🛏 MG Road地区

JüSTa MG Road　　　　　精品酒店 $$

（☎080-41135555；www.justahotels.com/mg-road-bangalore；21/14 Craig Park Layout, MG Rd；房间/套含早餐₹3520/4840；❄☎；MTrinity）这家时髦的酒店是班加罗尔随处可见的商务型酒店很好的补充，氛围私密，富于艺术气息，房间时髦宽敞，整体都装潢有日本风格的图案。位于地铁站旁边，交通便利，附近有购物中心。

Hotel Ajantha　　　　　　酒店 $$

（☎080-25584321；www.hotelajantha.in；22AMGRd；标单/双 含早餐 带电扇₹1500/2000，带空调₹2300起；❄☎；MTrinity）这是一家值得信赖的经济型酒店，是游客最爱，非常靠近Trinity地铁站，像样的房间维护得当，都配有有线电视。其中还有一家评价很好的餐厅，附赠的早餐很丰盛。

Tom's Hotel　　　　　　　　酒店 $$

（☎080-25575875；www.hoteltoms.com；1/5 Hosur Rd；标单/双 含早餐 带电扇₹2200/2400，带空调₹2310/2560；❄☎）一家出色的酒店，清洁标准很高，房间明亮喜人，可以让你住在市中心（步行15分钟即可到达MG Rd），员工友好，有免费的无线网络。附设的餐厅提供实惠的印度菜肴。

★ Casa Piccola Cottage　　历史酒店 $$$

（☎080-22990337；www.casacottage.com；2 Clapham Rd；房间 含早餐 ₹4400起；❄☎）这座遗产建筑翻新得很漂亮，提供的房间氛围很好，可以让人喘息片刻。好客的人性化品牌为这里积累了良好的声誉，房间里有瓷砖地板和传统风格的床罩，花园里有木瓜和鳄梨树。

★ Oberoi　　　　　　　　　酒店 $$$

（☎080-41358222；www.oberoihotels.com；39 MG Rd；标单/双₹13,400/14,600起；❄@☎；MTrinity）这座豪华酒店是班加罗尔酒店业的领军角色（也最贵），坐落于一片葱茏的花园中，中央长有一棵拥有120年历史的迷人古树。位于市中心的地理位置非常便利。将殖民地风情与现代设施融为一体，有电脑控制的室内设备，浴室中有电视。房间里都带有阳台，能看到花园风景，水疗和餐厅超赞。

Laika Boutique Stay　　　　民宿 $$$

（☎9482806630；www.laikabangalore.in；

住宿价格区间

下面价格区间指的是含税的带浴室的双人间：

$ 低于1500卢比
$$ 1500~4000卢比
$$$ 高于4000卢比

Rathna Rd；房间₹4235起；❈🛜；MTrinity）这家热情的民宿隐藏在一条枝叶繁茂的小街上，对于那些既想追求本地化住宿体验，又想住得舒适时髦的游客来说，是一个很好的选择。其余好处包括周到的服务、自制早餐，因此是很好的选择。

St Mark's Inn 酒店 $$$

(☎080-41122783；www.stmarkshotel.com；St Mark's Rd；标单/双 含早餐 ₹4870/5880；❈🛜；MMG Rd）这家设计师酒店里的房间一尘不染，采用现代装饰风格，有舒适的大床和闪亮的不锈钢卫生间配件。自助早餐选择很多。价格根据需求，每天变化都相当大。

其他地区

★ Electric Cats B&B 青年旅舍 $

(☎9845290679；www.facebook.com/ElectricCatsHostel；1794 6th Cross Rd；铺₹500~600；❈🛜；MIndiranagar）一家真正经营得很好的适合社交的青年旅舍，靠近热闹的Indiranagar区域，有很好的宿舍（有一个仅限女性的宿舍，带公共浴室），所有床铺都用的是上好的亚麻织物，有私人阅读灯和充电设备。饮用水和无线网络免费，没有宵禁，员工非常愿意满足游客的需求，甚至会组织串酒吧活动和烤肉会。

Cuckoo Hostel 青年旅舍 $

(☎9535034683；www.facebook.com/cuckoohostel；561 17 A Main Rd, Koramangala；铺/标单₹650/850；❈@🛜）这家新建的青年旅舍动用了很多心思，经营者很有创意，吸引的也都是创意人群，定期举办工艺、艺术和音乐会，偶尔举办有关环境和全球化问题的辩论。有自行车可供出租，配备洗衣机，干净的宿舍陈设得很好。位于市中心西南约6公里处。

Meditating Monkeys 青年旅舍 $

(☎918861459156；http://themeditatingmonkeys.com；9/24 Lloyd Rd, Cooke Town；铺含早餐 ₹500；❈@🛜）这家出色的新旅舍由当地一个音乐家/旅行者建立，是这座商务城市中一个舒适的社交基地。这里提供素食早餐、无线网络、茶和咖啡，还有厨房和洗衣机。宿舍陈设很好，公共浴室很干净。是一个无烟禁酒旅舍。位于MG Rd以北4公里处。

Temple Tree Hotel Wilson Garden 酒店 $$

(☎080-46622000；http://templetreehotel.com；9th Cross Rd, Mavalli；房间 ₹3765~4499；❈🛜）一家完全当代风格的酒店，包括时髦的浴室和流行的设计元素，不会让你失望。能看到花园的房间里有很棒的阳台，还有一家屋顶餐厅和一间小型健身房。距离拉巴克植物园不远。

Mass Residency 客栈 $$

(☎9945091735；massresidency@yahoo.com；18, 2nd Main Rd, 11th Cross, JP Nagar；房间含早餐 带电扇/空调 ₹1600/2000；❈🛜）一家热情的客栈，由两位热爱环球旅行的兄弟运营。房间足够舒适，不过赢得赞美的还是温暖的服务，以及免费的社区徒步团队游。位于市中心以南8公里处。

Hotel ABM International 酒店 $$

(☎080-41742030；232 Subedar Chatram Rd, 靠近Anand Rao Circle；房间₹1400~1700，带空调₹1600~2200；❈🛜；MKempegowda）这家经济型酒店提供整洁简单的出色房间，性价比很高。楼下有一间很受欢迎的果汁吧和餐厅，从Kempegowda汽车站和地铁站步行即可到达。

★ Taj West End 历史酒店 $$$

(☎080-66605660；www.tajhotels.com；Racecourse Rd；标单/双 含早餐 ₹12,600/13,700起；❈@🛜❈）位于一座令人惊艳的占地超过8公顷的热带花园中，始建于1887年，最初是英国官员的营地，现在依然散发殖民地气息。有城市里最好的就餐选择，包括Blue Ginger的越南菜，Masala Klub超赞的印度菜。

Leela Palace 酒店 $$$

(☎080-25211234；www.theleela.com；23 HAL Airport Rd；标单/双 ₹18,800/19,300起；❈@🛜❈）这家令人震撼的酒店仿照迈索尔宫殿而建，并不是一座真正的宫殿（建于2003年），不过是为皇室准备的。闪耀的大理石、豪华地毯、庄严的阳台以及时代特色，这些都融合的很好，还有美丽的花园、古典的餐厅、酒吧和精品画廊。位于Leela Galleria建筑

Villa Pottipati 客栈 $$$

(☏080-41144725; www.villa-pottipati.neemranahotels.com; 142 8th Cross, 4th Main, Malleswaram; 标单/双 含早餐₹4800/7600; ✱@☎☒)这家遗产建筑是一个很有氛围的住宿处，有古董家具，员工友善。它曾经是旅居国外的富贵之家安蓉拉家族的花园住宅。花园里长满古木，还有小小的游泳池。不过客栈靠近一座繁忙的十字路口，会有些交通噪音。

🍴 就餐

班加罗尔的就餐场所极具探索精神，为了顺应那些或有钱或饥饿的当地人以及从事IT行业的外籍人士不断提升的标准，满足了一切稀奇古怪的念头。你可以找到高档的餐厅、美食俱乐部，还有当地人最爱的便宜就餐场所。

🍴 MG Road地区

Khan Saheb 印度菜 $

(www.khansaheb.co; 9A Block, Brigade Rd; 卷饼₹60起; ⊙正午至23:30; MMG Rd)因为美味的卷饼（全麦印度薄饼）而闻名，里面有各种馅料，包括炭火烤肉、烤大虾、印度奶酪和甜玉米咖喱。

Koshy's Bar & Restaurant 印度菜 $$

(39 St Mark's Rd; 主菜₹160~350; ⊙9:00~23:00; MMG Rd)几十年来，这间很老派的热闹餐吧面向城中的知识分子，你也可以伴着激烈的讨论和大杯的啤酒吃掉美味的印度北部菜肴。这里装饰着嘎吱作响的天花板吊扇和落满灰尘的木制百叶窗，怀旧气息浓厚。午餐和晚餐之间只有小吃（殖民地时代的零食，如烤鸡肝）。

Church Street Social 美食酒吧 $$

(http://socialoffline.in; 46/1 Church St; 主菜₹170~350; ⊙周一至周四 9:00~23:00, 周五和周六至次日1:00; ☎; MMG Rd)这家工业气息的仓库空间为班加罗尔带来了嬉皮氛围，提供烧杯装的鸡尾酒，餐巾是厕纸风格（卷纸）。菜单上包括出色的早餐、开胃菜拼盘、南部风

不要错过

美食街

想获得当地就餐体验，可前往VV Puram, 即**美食街**(Sajjan Rao Circle, VV Puram; 餐₹100; ⊙17:30起)，街上狭小的就餐处会烹煮印度各地的传统街头食品。场面非常壮观，手工制作的烙饼在空中旋转，bhajia（蔬菜煎饼）当着众人的面被丢进滚烫的油里。

这是一条全素食的街道，有各种脆饼、idli（发酵的米饼）、旁遮普风格的小吃和咖喱。

味的炸鸡汉堡和"火药"鱿鱼。

Empire 北印度菜 $$

(www.facebook.com/hotelempire; 36 Church St; 主菜₹120~240; ⊙11:00~23:00; MMG Rd)在城里很出名，提供的都是地道而便宜的泥炉烤制菜肴和肉食，装饰朴实无华（塑料座椅和仿木餐桌）。可尝试黄油鸡、烤串或比尔亚尼羊肉。白天和晚上都很繁忙，路边厨房会摆出美味的切片烤肉（肉钎烤肉），以方便赶时间的人。在城里有许多分店。

★ Olive Beach 地中海菜 $$$

(☏080-41128400; www.olivebarandkitchen.com; 16 Wood St, Ashoknagar; 主菜₹525~795; ⊙正午至15:30和19:00~23:00; ☎)这座被刷成白色的别墅简直就像是在希腊圣托里尼海岸上一样，提供的食物唤起人们对阳光灿烂的地中海之旅的无尽怀念。菜单根据季节更换，可以期待摩洛哥泰式锅羊羔肉、大虾pil pil（配大蒜和辣椒）以及大量的素食。新建的露天休闲酒吧更添魅力。

★ Karavalli 海鲜 $$$

(☏080-66604545; Gateway Hotel, 66 Residency Rd; 主菜₹500~1575; ⊙12:30~15:00和18:30~23:30; MMG Rd)想品尝最好的印度海鲜，就是这里了。氛围极好的室内是享受特别大餐的完美选择，灯光柔和，采用的是传统的茅草屋顶，装饰有复古的木头物件和罕见的黄铜器——不过花园里的餐位也很迷人。可选择火辣的芒伽罗鱼类菜肴、辣味喀拉拉对虾、Milagu螃蟹胡椒马沙拉和超赞的龙虾

balchao（辣酱烹煮；1495卢比）。

Ebony
各国风味 $$$

（☏080-41783333；www.ebonywithaview.com；13th fl, Barton Centre, 84 MG Rd；主菜₹300～560；⊙12:30～15:00和19:00～23:00；☏；MMG Rd）尽管令人垂涎欲滴的菜单上有印度、泰国和欧洲的美味，然而浪漫的风景才是这家位于14楼屋顶的餐馆的全部妙处。平日午间的两道菜套餐只要445卢比。有一个清凉的休息区，周末会挤满班加罗尔的鸡尾酒爱好者。

Indian Kitchen
现代印度菜 $$$

（☏080-25598995；86 Oak Shot Pl, MG Rd；₹250～825；⊙正午至15:00和19:00至次日1:00；MMG Rd）终极之选，是城里年轻人的最爱。菜单主打创意菜式；出色的有Chingri Malai（孟加拉风格的大虾椰子咖喱）和鸡肉gassi（配罗望子辣酱）。这里也是一家酒吧，有大量啤酒、葡萄酒和鸡尾酒。

Fava
地中海菜 $$$

（www.fava.in；UB City, 24 Vittal Mallya Rd；主菜₹350～850；⊙11:00～23:00；☏；MCubbon Park）在这里户外凉棚下面的木地板上，尽情享受大份的美味菜肴，例如脆皮油封鸭腿、烤鱼串或者有机食品菜单上的食物。固定价格的地中海午餐超值，2/3菜套餐价格为475/570卢比。

Sunny's
意大利菜 $$$

（☏080-41329366；www.sunnysbangalore.in；50 Lavelle Rd；主菜₹350～730；⊙12:30～23:30；☏）这家经典餐厅在班加罗尔的餐饮界一直很有名，有一座可爱的露台，可以在户外用餐。菜单上有地道的薄皮比萨、自制意大利面、进口奶酪，以及一些城里最好的甜点。

✕ 其他地区

★ Mavalli Tiffin Rooms
南印度菜 $

（简称MTR；☏080-22220022；www.mavallitiffinrooms.com；14 Lalbagh Rd；小吃₹50起，餐₹130起；⊙6:30～11:00和12:30～21:30，周一歇业）在印度南部的各种可口美食选择中，这是个具有传奇色彩的名字，从1924年以来，这家极受欢迎的小餐馆几乎招待过所有的班加罗尔客人。去楼上的餐厅，排队等桌，然后欣赏刻在烟色玻璃上的南部美人的旧日影像，而侍者将送来可口的idlis（发酵米饼）和dosas（美味薄饼），装在银器中的覆盖泡沫的咖啡。那将是一次最佳的班加罗尔体验。

Gramin
印度菜 $

（☏080-41104104；20, 7th Block Raheja Arcade, Koram-angala；主菜₹136～180；⊙12:30～23:00）Gramin可以被解释成"来自村里"，提供多种美味的印度北部乡村食物。这间舒适的素食餐馆，菜肴博采众长，很受当地人的欢迎。试试各种一流的扁豆和咖喱，搭配刚出炉的烙饼，还有盛在铜器中的香甜玫瑰味酸奶。午间的塔利套餐（136卢比）总是不错的选择。15:30至19:00之间还有少量小吃供应。

★ Fatty Bao
亚洲菜 $$$

（☏080-44114499；www.facebook.com/thefattybao；610 12th Main Rd, Indiranagar；主菜₹380～650；⊙正午至15:00和19:00～22:30；☏；MIndiranagar）这家时髦的屋顶餐厅提供亚洲小吃，以迎合大量时尚的年轻美食爱好者。装潢充满活力，里面有五颜六色的座椅和木头长桌。有拉面、泰式咖喱和马来西亚街头食物，以及亚洲风味的鸡尾酒，比如柠檬草莫吉托。

🍷 饮品和夜生活

班加罗尔久负盛誉，周围一流的夜总会提供了多种选择，在这个印度的啤酒之乡，你可以沉溺在活力四射的酒吧活动中。这几年冒出了许多小啤酒厂，生产高质量麦芽酒。全部都提供食物。

最时髦的夜总会通常会向每对伴侣收取大约1000卢比，不过经常可以折算成饮料或食物返还。

Lassi Shop
咖啡馆

（41 Church St；饮品₹30～90；⊙正午至午夜；☏）这家奇特的时髦咖啡厅共有两层，由一对热情的夫妇经营，是品尝lassis小吃、无酒精鸡尾酒和冷榨果汁的完美选择；可尝试ABC（苹果、甜菜和胡萝卜）。有大量的休闲座椅，可以张开四肢放放松松，这里也有几个街头餐桌。

blueFROG
俱乐部、酒吧

（www.bluefrog.co.in；3 Church St；⊙周日至周四正午至23:00，周五和周六至次日00:30；

班加罗尔的小啤酒厂

Arbor Brewing Company（www.arborbrewing.com/locations/india; 8 Magrath Rd; ⏰周日至周四正午至次日0:30，周五和周六至次日1:00; 📶）这座传统的自酿酒吧是班加罗尔最早有精酿啤酒桶的小啤酒厂之一。可选择烈性啤酒、黑啤酒、印度艾尔啤酒、比利时啤酒、五香啤酒、酸啤酒和水果啤酒。

Toit Brewpub（www.toit.in; 298 100 Feet Rd, Indiranagar; ⏰周一至周二正午至23:30，周三、周四和周日至次日0:30，周五和周六至次日1:00; 📶）这是一座砖建的美食酒吧，有三层，氛围热闹，客人们在这里品尝店里酿造的高质量啤酒，包括两种季节性啤酒，以及直接从酒桶中放出供应的小麦啤酒。品尝6种啤酒的价格为220卢比。

Vapour（www.vapour.in; 773 100 Feet Rd, Indiranagar; ⏰正午至23:30; 📶）一座多层建筑，包括几家酒吧和餐厅，不过其亮点在于屋顶，有大银幕，可品尝6种精酿啤酒，包括一种大米啤酒和艾尔啤酒。

Prost（www.prost.in; 811 5th Cross Rd, Koramangala; ⏰周日至周四正午至23:30，周五和周六至次日1:00; 📶）采用兼收并蓄的工业风格装饰，屋顶上有好几种高质量的精酿啤酒，可从酒桶中直接取用，食物菜单也很诱人。周末晚上有DJ和舞会。

Brewsky（www.brewsky.in; 4th & 5th Fl Goenka Chambers, 19th Main Rd, JP Nagar; ⏰正午至次日00:30; 📶）一个非常酷的地方，美丽的屋顶露台上能眺望城市风景，有一座中间层露台和一座复古风格装饰的时尚餐厅。店内酿造有6种啤酒，包括一种金色艾尔、小麦啤酒和烈性啤酒。美味的"小食"和大份共享型拼盘超值。

Biere Club（www.thebiereclub.com; 20/2 Vittal Mallya Rd; ⏰周日至周四正午至23:00，周五和周六至午夜; 📶）啤酒爱好者会喜欢这座南印度的第一家精酿啤酒吧的，提供精酿啤酒，直接从酒桶中供应，其中有一些是店内酿造的。菜单上选择很多（包括拼盘和汉堡），可以佐餐。

Barleyz（www.barleyz.com; 100 Feet Rd,Koramangala; ⏰周日至周四正午至23:30，周五和周六至次日1:00; 📶）一座文雅的屋顶啤酒花园，有盆栽植物、人造草坪，桌子上有内嵌式烤肉架。可免费品尝6种啤酒，以及分季节供应的品种。这里也有出色的炭烤比萨、印度小吃和西方食物。

Ⓜ MG Rd）高端俱乐部，吸引的都是时髦活泼的人，有出色的浩室、科技和迷幻DJ，以及现场乐队表演。根据每晚活动不同，入场费从免费到500卢比不等。

13th Floor 酒吧

（13th fl, Barton Centre, 84 MG Rd; ⏰周日至周二 17:00~23:00，周五和周六至次日1:00; 📶）忘了你的迷信思想，快来这家位于13楼的露台酒吧，这里能饱览班加罗尔夜景。精选的马提尼、桑格利亚和莫吉托组合很出色。欢乐时光是从17:00到19:00。

Dyu Art Cafe 咖啡馆

（www.dyuartcafe.yolasite.com; 23 MIG, KHB Colony, Koramangala; ⏰10:00~22:30; 📶）这是一家氛围很好的咖啡馆画廊，位于一个绿叶繁茂的街区，有一座宁静的庭院，让人联想起禅宗寺庙。有喀拉拉邦出产的咖啡豆，也有上好的法式滤压、浓缩和冰咖啡，可搭配自制蛋糕、三明治和主菜。

Monkey Bar 小酒馆

（14/1 Wood St, Ashoknagar; ⏰正午至23:00; 📶）这是一家美食酒吧，吸引了形形色色好交际的人，在酒吧周围或木隔间内痛饮。或者下到地下室，加入"聚会"人群，打台球、玩桌上足球或尽情嘶吼摇滚歌曲。

另有一家分店 Indiranagar（925 12th Main Rd; ⏰正午至23:00，周末至午夜; 📶）。

（下接内容862页）

泰姬陵

大事年表

1631年 沙贾汗皇帝的第三位爱妻蒙塔兹·玛哈尔生第14个孩子时，在Buhanpur去世。当时，沙贾汗正在此率军打仗，所以将她先行安葬在Buhanpur，后来将其金棺移至阿格拉亚穆纳河岸边的一栋小建筑内。

1632年 蒙塔兹·玛哈尔的永久陵墓动工兴建。

1633年 蒙塔兹·玛哈尔被安放在最后的安息地——一座大理石基座下的地下寝宫，后来泰姬陵就是在这一寝宫之上建造而成的。

1640年 白色大理石陵墓建造完成。

1653年 泰姬陵的剩余部分建造完成。

1658年 沙贾汗皇帝的儿子奥朗则布篡位，沙贾汗被囚禁在阿格拉堡。

1666年 沙贾汗去世。他的遗体被沿亚穆纳河运到并葬在泰姬陵下面的寝宫，葬于爱妻身旁。

1908年 莫卧儿帝国灭亡后，泰姬陵因多次遭到损坏与抢掠而引起迟来的关注，英国总督寇松勋爵（Lord Curzon）下令对其进行大规模修复工程。

1983年 泰姬陵被列入联合国教科文组织世界文化遗产名录。

2002年 近年来，泰姬陵由于受到污染而开始逐渐褪色，人们用漂白土这种古老材料将其粉刷一新——这种材料混合了土壤、谷类植物、牛奶和石灰，曾被印度妇女用来做美容。

如今 每年有超过300万名游客参观泰姬陵。这个数字是目前阿格拉人口的两倍多。

赤足参观
为保护环境，进入陵墓时请赤脚，不要使用免费的一次性鞋套。

拱门
这些巨大的拱形壁龛建在泰姬陵各面，为建筑提供了纵深感，而中央格子花纹的大理石屏风使光线照进陵墓内部。

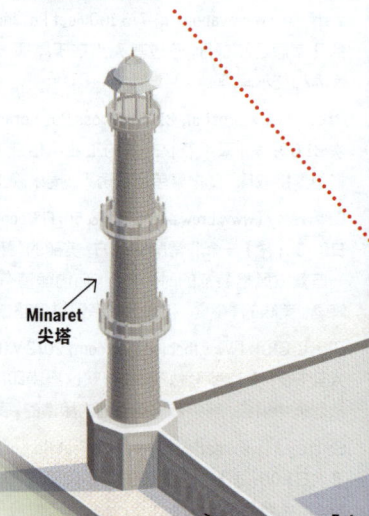

Minaret 尖塔

Plinth 基座

Entrance 入口

大理石雕刻
开花的植物被认为是天国的象征，花卉是精雕细刻的白色大理石装饰板上常见的主题。

豁然开朗
带一支小手电进入陵墓，尽情欣赏白色大理石和半宝石的半透明质感。

金银丝屏风
这个让人叹为观止的屏风以一整块大理石雕刻而成,它围绕着两块纪念碑,光线透过其精雕细刻的格子(jali)图案投射到纪念碑上。

中央穹顶
泰姬陵著名的中央穹顶上方竖立着黄铜尖顶,中央穹顶代表苍穹,与方形主体结构所代表的物质世界形成了鲜明对比。

Yamuna River
亚穆纳河

NORTH
北方 →

宝石镶贴艺术
据说陵墓内外墙壁上精美的宝石镶贴艺术(pietra dura)是由35种不同的宝石和半宝石镶嵌而成的。花卉图案也得到了广泛运用。

书法
四个拱门旁分别刻有多幅书法作品,越高字体越大,以便从地面往上看时,文字大小均匀。陵墓里面也饰有书法,包括蒙塔兹·玛哈尔的纪念碑上。

纪念碑
塔兹·玛哈尔和沙贾的纪念碑以宝石镶贴艺术装饰,这实际上个假坟墓。真正的墓位于不对外开放的下室。

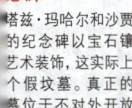

法塔赫布尔西格里

步行游览法塔赫布尔西格里

你可以从两处入口进入这座坚固的古城，而公众大厅的东北入口最能彰显出这一世界文化遗产的宏伟气势。这座宽敞的庭院（如今成了花园）是阿克巴大帝主持审判罪犯的场所。通过了检票口之后，你就置身于 ❶ 巴西吉庭院北端，首先映入眼帘的是 ❷ 私人大厅，殿内立着一根雕刻精美的石头中柱。往南前行即可进入 ❸ 苏坦娜殿，这是一座为阿克巴来自土耳其的穆斯林妻子而修建的小巧而优雅的宫殿。附近的 ❹ 观赏水塘不容错过，在它的西南角拍照，是法塔赫布尔西格里最上镜的拍摄角度，能完美捕捉到这里最壮观的建筑景象——五层楼高的风之宫，它是通往后宫（Imperial Harem Complex）的大门之一，这里的 ❺ Lower Haramsara 曾住着200多名女仆。徜徉在久德哈拜宫，留心位于西北方向远处的为纪念歌颂大象而修建的 ❻ Hiran Minar，塔高21米。经国王之门离开宫殿和亭阁区，随后进入印度第二大清真寺 ❼ 贾玛清真寺的庭院。宏伟华丽的清真寺内是 ❽ 谢赫萨利姆·奇什蒂之墓。穿过世界上最宏伟的门廊之一——引人入胜的 ❾ 胜利之门——便可走出古城。

胜利之门

大多数团队游以穿过贾玛清真寺的胜利之门结束旅程。出门后再回首：看呀！那宏伟的砂岩大门，有15层，高54米，是建于阿克巴统治时期的独块巨石筑成的庞然大物，令人心生敬畏。

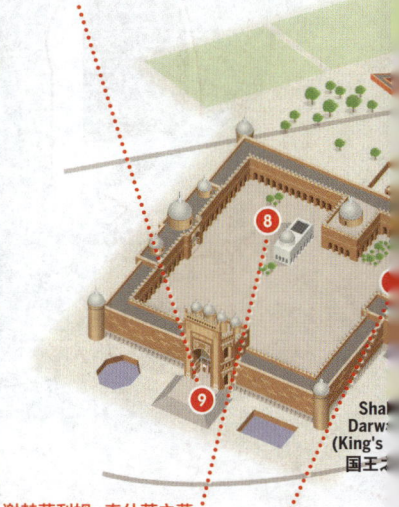

谢赫萨利姆·奇什蒂之墓

谢赫萨利姆·奇什蒂陵墓内墙上56块白色大理石雕刻所系绳子的每一个结都代表着许下的一个愿望，在这里最多可以许三次愿。

贾玛清真寺

据说，巴德夏希门上及贾玛清真寺整个筑内精美的大理石嵌品，启发了阿格拉姬陵在82年后对于似工艺的运用。

Hiran Minar
位于法塔赫布尔西格里西北角的这座塔很奇怪,很少有人来参观。塔身装饰着几百块象征着象牙的石头。据说这里是Minar——阿克巴最喜爱的一头行刑大象——死去的地方。

❻

巴西吉庭院
走过苏坦娜殿,你就站在了巴西吉庭院。据说,阿克巴用穿着彩色衣服的女奴当棋子,在此处玩印度双骰游戏(pachisi,一种古代骰子游戏)。

私人大厅
阿克巴大帝重建了私人大厅内的石雕中柱,号召人们关注他声称的新宗教Din-i-Ilahi(神是唯一)。精雕细刻的中柱凸显印度教、伊斯兰教、基督教和佛教的融合意象。

Panch Mahal 风之宫

❶ ❷

Diwan-i-Am (Hall of Public Audiences) 公众大厅

❺   ❹ ❸

苏坦娜殿
不要错过苏坦娜殿里面的无头动物雕刻;狮子、鹿、鹰和一些孔雀的头部原本是由宝石制作而成的,后来被珠宝窃贼盗走了。

观赏水塘
坦森(Tansen),据说是印度有史以来最具天赋的歌手,阿克巴珍爱的"九宝"之一,当他在水塘中央平台表演时,赏钱就如雨点一样被抛过来。

Lower Haramsara
据说,阿克巴拥有超过300名嫔妃,但住在Lower Haramsara的大约200名女仆是专门从事艰苦工作的;在这些异形砂岩上打上补丁以支撑她们各自居住的区域之间的隔断。

克久拉霍神庙

游览西寺庙群

克久拉霍的那些保存得最为完好的寺庙中有数量庞大的艺术作品,令人赞叹不已。不妨按照下面介绍的线路游览,其中会强调一些容易被忽略的细节:

首先欣赏位于瓦哈拉神庙的❶砂岩野猪像,然后再前往❷拉希玛纳神庙研究一下神庙基座的南侧面,这里拥有克久拉霍的一些最香艳的艺术作品:首先是一场9人纵情狂欢;然后是人马交欢。寺庙平台上方的壁龛(南面)里有一尊雕工精湛的甘尼许舞王像,接着再走到寺庙西面尽头寻找优雅的仙女们(surasundaris):或正在移除脚底的荆棘;或身披薄纱丽服(西北角);或在欣赏镜中的自己(西南角)。

接下来是克久拉霍最大的寺庙——❸坎达瑞雅·玛哈戴瓦神庙。这里的雕刻包括著名的倒立姿势的雕刻(南面),但这座寺庙让人印象最为深刻的是其规模,特别是其高耸的屋顶。

❹摩诃提婆神庙和❺迦甘丹神庙与玛哈戴瓦神庙共享一个石头基座,4头雕刻精美的萨杜拉(sardula,半狮半人的神兽)正被4位仙女爱抚——一个在玛哈戴瓦神庙的入口处,其余3个分别站在基座上。

从这里往北走到❻契特拉古波塔神庙,那里最低处的浮雕带上有微型的大象图案,还有狩猎场景。里面有一尊微型雕塑,描绘的是一辆由7匹马拉着太阳神苏利耶的战车。

继续向东前往❼维湿瓦纳塔神庙寻找更多奇趣雕刻,然后去欣赏对面的❽神牛神殿里令人印象深刻的毗湿奴的公牛坐骑南迪雕塑。

印度教寺庙尖顶 (Sikharas)

除了许多精雕细刻的雕像之外,或许玛哈戴瓦最令人印象深刻的是它高耸的尖塔(庙顶),据说它象征着喜马拉雅山上众神的住所。

倒立姿势 (Handstand Position)

玛哈戴瓦神庙的南墙上有一处著名的情色雕刻,这座姿势柔韧的调情雕塑或许是克久拉霍最著名的雕刻。

Devi Jagadamb Temple 迦甘丹神庙

Kandariya-Mahadev Temple 坎达瑞雅·玛哈戴瓦神庙

Mahadeva Temple 摩诃提婆神庙

NORTH 北方

Toilets 洗手间

萨杜拉雕像 (Sardula Statue)

在这个巨大的石头基座上有4头正被仙女爱抚的半狮半人神兽萨杜拉,但人们最喜爱守卫摩诃提婆神庙入口的这一头。

爱经雕像 (Kama Sutra Carvings)

尽管通常被称为爱经雕像,克久拉霍的情色雕塑却并不是准确地按照《爱经》(Vatsyayana)这件经典作品的内容创造的。关于这些雕刻的意义一直存在争议:是生殖的象征?还是暗示这里的统治者是因为年富力强才能获得强大的权力?有趣的是,情色雕塑的位置从不靠近寺庙神祇。

口口相传

一些得到政府批准的导游聚集在售票处附近，他们虽然会夸大历史，但是为其中的古老石头赋予了活力。

⑥ Chitragupta Temple 契特拉古波塔神庙

Toilets 洗手间

⑦ Vishvanath Temple 维湿瓦纳塔神庙

票尽其用

除了可以近距离观看克久拉霍的艺术作品之外，持寺庙群的门票还可以在游览当日进入附近的考古博物馆参观。

Parvati Temple 帕尔瓦蒂神庙

⑧ Nandi Shrine 神牛神殿

Lakshmana Temple 拉克什玛纳神庙 ②

Pratapeswar Temple 普拉塔普斯瓦尔神庙

Lakshmi Shrine 拉克希米神庙

Entrance 入口

Matangesvara Temple 马坦盖什瓦拉神庙

① Varaha Shrine 瓦拉哈神庙

神牛南迪雕塑（Nandi Statue）

这尊湿婆的神牛坐骑的雕塑长2.2米，体型巨大，位于维湿瓦纳塔神庙对面的亭子里。

仙女群像（Surasundaris）

克久拉霍的许多寺庙都可以找到美丽优□的仙女雕塑。尽管所有的描绘都是扭曲放荡□，但披着湿纱丽服的美妙诱人的仙女可谓活□生香。

毗湿奴的野猪（Vishnu's Boar）

这尊修筑于9/10世纪的瓦拉哈雕像描绘的是毗湿奴的野猪化身，其浑身都刻满了婆罗门教神与女神的形象。注意瓦拉哈脚底下的毒蛇——Seshanaga那虔诚的姿态，还有一位女神的双脚现在已经看不见了。

迈索尔皇宫

半日游览

迈索尔皇宫内部有奢华的殿堂、属于皇家的绘画、错综复杂的装饰细节以及众多的雕塑和仪式物件,有大量隐蔽细节可供赏玩,因此,要给自己预留至少几小时的观赏时间。请导游讲解也是相当值得的。

进入宫殿后第一个展览处是❶**玩偶馆**(Doll's Pavilion),里面展示了收藏自世界各地的精美传统玩偶和雕塑。在❷**象门**(Elephant Gate)对面你会看到王公生日等特殊场合使用的7尊大炮。如今,十胜节仍有鸣炮庆祝的习俗。

在玩偶馆的最后你会看到❸**黄金象轿**(Golden Howdah)。注意两边的拂尘:鬃毛由优质的象牙制作而成。

在通往❹**婚礼离宫**(Marriage Pavilion)的走廊上,一定要注意观赏墙上的壁画,上面描绘了十胜节的游行队伍。也可以看看曾经是摔跤竞技场的庭院,现在只在十胜节期间使用。进入婚礼离宫后,先花几分钟的时间浏览整个空间。大厅设计受到三种宗教的影响:玻璃天花板代表基督教,走廊天花板两侧的石雕属印度教设计风格,顶楼阳台屋顶(传统的女士画廊)带有伊斯兰式拱门。

当你继续前进抵达❺**私人会见大厅**(Private Durbar Hall)时,留意红木门上用繁复的象牙镶嵌图案描绘的克利须那。❻**公共会见厅**(Public Durbar Hall)通常是最后一站,你可以透过伊斯兰拱门,将花园景致尽收眼底。

私人会见大厅
穿过红木门进入该大厅,装饰富丽堂皇。有镶嵌彩色玻璃的天花板、钢格栅和吊灯。大厅内有黄金王座,只在十胜节期间向公众开放。

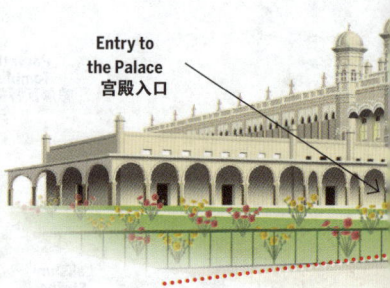

Entry to the Palace 宫殿入口

玩偶馆
玩偶馆是第一个展厅,陈列了19世纪到20世纪早期世界各地官显贵赠给王公的玩偶、雕像和印度教神像等礼品收藏。

公共会见厅
这座大厅收藏有拉贾·拉维·瓦尔马（Raja Ravi Varma）的珍贵画作，还有以巨大柱子为支撑的宽敞阳台，阳台天花板上画有十华丽的毗湿奴的化身。

婚礼离宫
这个带有基督教、印度教和伊斯兰教主题设计的华丽大厅用于皇室婚礼。亮点是八角形的彩色玻璃天花板，装饰有孔雀图案、青铜吊灯和纵列的绿松石柱子。

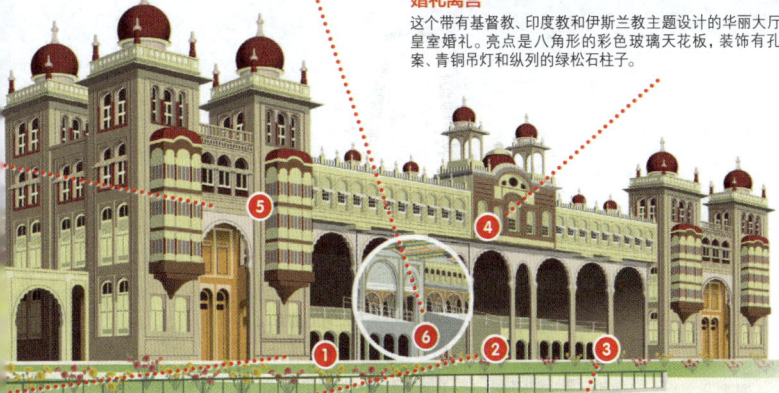

门
偶馆旁边的黄铜大门底部有四头青铜大象，顶部是复杂的双鹰，中间是半狮半象动物（卡纳塔克邦的象征）。

黄金象轿
位于玩偶馆尽头的是一个用80公斤的黄金装饰而成的木制象轿，在十胜节时，用于抬送王公。现在则用它来抬送查蒙德斯瓦里（Chamundeswari）女神像。

神圣中心

作为多种宗教教派的熔炉，印度得天独厚地拥有诸多令人敬畏的圣地，从古代洞窟神庙和庄严的现代圣地到更充满生机的艺术建筑——比如带给人极大感官刺激的克久拉霍神庙，精彩纷呈。

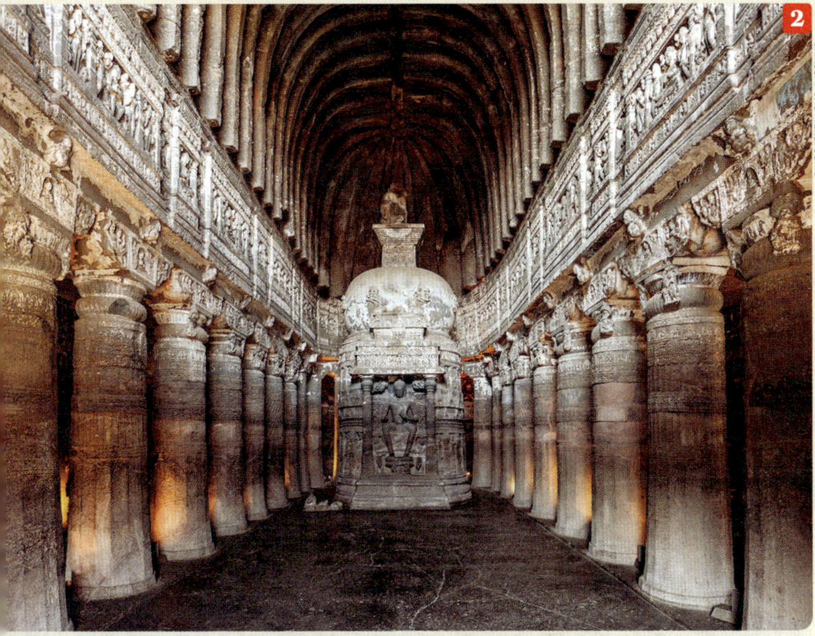

SAIKO3P / SHUTTERSTOCK ©

SAIKO3P / GETTY IMAGES ©

1. 克久拉霍（见603页），中央邦
这座被列入世界遗产名录的神庙拥有众多情爱及其他雕刻，正是它们让克久拉霍闻名于世。

2. 阿旃陀洞窟（见769页），马哈拉施特拉邦
这些洞窟的历史可以追溯至公元前2世纪左右至公元6世纪。

3. 贾玛清真寺（见326页），法塔赫布尔西格里
于1571年完工的贾玛清真寺兼具印度和波斯的设计元素。

4. 恰图尔伯胡吉寺庙（见599页），奥恰
从奥恰的各个地方都能看到这座印度教神庙高耸壮观的尖顶。

DON MAMMOSER / GETTY IMAGES ©

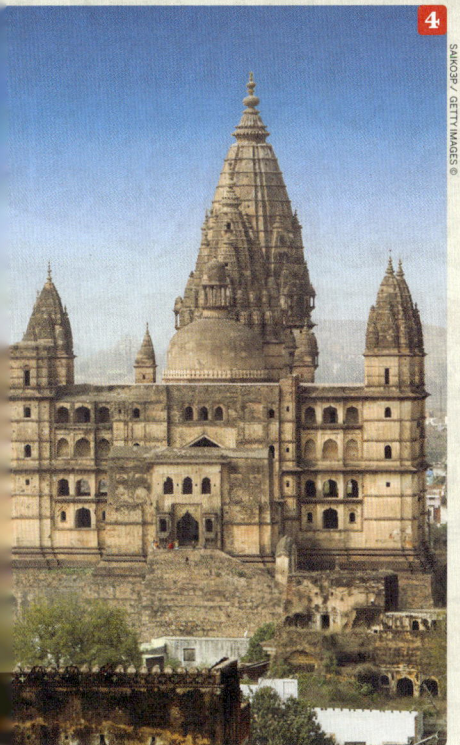

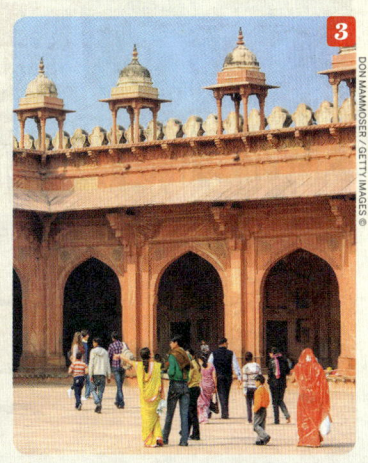

南部海岸

美丽的棕榈树环绕着温暖的沙滩,海水波光闪烁。欢迎来到印度南部半岛,这里以数不清的美丽海滩而闻名,是远离印度拥挤喧嚣、满是尘土的道路,在清凉的海水中重振旗鼓的理想场所。

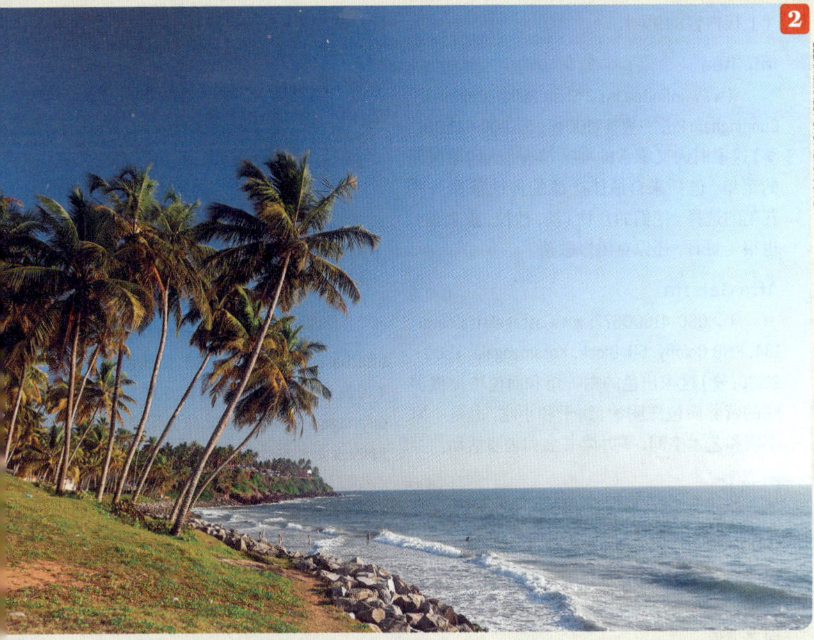

ELENA MIRAGE / SHUTTERSTOCK ©

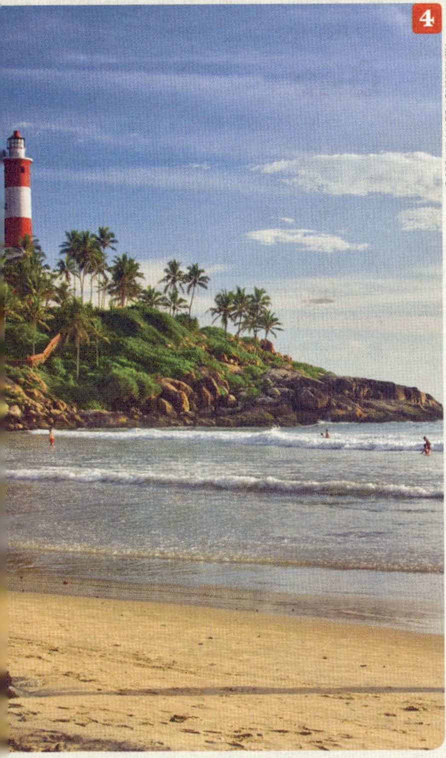

TIM MAKINS / GETTY IMAGES ©

1. 帕洛伦海滩(见833页),果阿邦
帕洛伦拥有五彩斑斓的海滩小屋,是果阿邦风景最优美的海滩。

2. 沃尔格莱(见956页),喀拉拉邦
在沃尔格莱的崖壁边缘,有一片小小的海滩。

3. 戈卡那海滩(见890页),卡纳塔克邦
悠闲的海滨度假小镇戈卡那,是印度海滩中最受旅行者们喜爱的一座。

4. 戈沃勒姆(见951页)的灯塔海滩,喀拉拉邦
白底条纹图案的维津詹姆(Vizhinjam)灯塔耸立在灯塔海滩的最南端。

FRANCKY38 / SHUTTERSTOCK ©

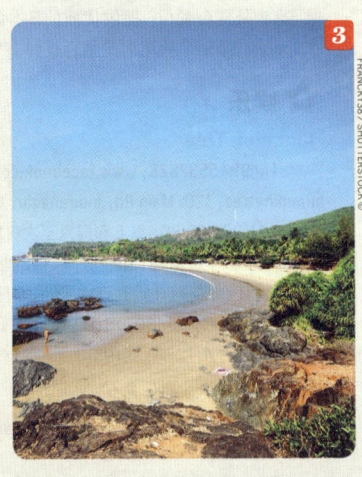

(上接内容849页)

Infinitea
咖啡馆

（www.infinitea.in; 2 Shah Sultan Complex, Cunningham Rd; 一壶茶₹100起; ⊙11:00～23:00; 🛜）这家时尚又家常的咖啡馆有令人印象深刻的菜单，包括来自最佳产地的传统茶和一些花哨的选择。他们的食物（汤、沙拉、熏鸡翅）也很受好评，还以克出售散茶。

Atta Galatta
咖啡馆

（☎080-41600677; www.attagalatta.com; 134, KHB Colony, 5th Block, Koramangala; 11:00～20:30; 🛜）这家出色的咖啡馆和面包坊提供美味的营养面包三明治、饼干和小吃，也是一家书店和艺术空间，举办读书会和表演活动。

Plan B
小酒馆

（20 Castle St, Ashoknagar; ⊙周日至周四11:00～23:30, 周五和周六至次日1:00; 🛜）这家很受学生欢迎的小酒馆有3.5升的啤酒塔和大量的鸡翅酒，以鸡翅闻名（6只215卢比），周二半价。

还经营一家工业休闲风格的美食酒吧**Plan B Loaded**（https://holycowhospitality.com; 13 Rhenius St, Richmond Town; 主食₹295～475; ⊙正午至次日1:00; 🛜）。

Shiro
酒吧

（www.shiro.co.in; UB City, 24 Vittal Mallya Rd; ⊙周日至周四12:30～23:30, 周五和周六至次日1:00; 🛜）能优雅买醉的高档场所，Shiro有一流的内部装饰，还有巨大的佛像和仙女雕像。有户外露台餐位。提供优质的日本食物，"Special Shiro"鸡尾酒是重磅炸弹。

☆ 娱乐

Humming Tree
现场音乐

（☎9945532828; www.facebook.com/thehummingtree; 12th Main Rd, Indiranagar; ⊙周日至周四11:00～23:30, 周五和周六至次日1:00; Ⓜ Indiranagar）这家热门的仓库风格的场所拥有乐队（21:00左右开始）、DJ，还有一座屋顶露台。费用从免费到300卢比不等。有美味小点心，欢乐时光会一直到19.00。

Ranga Shankara
剧院

（☎080-26592777; www.rangashankara.org; 36/2 8th Cross, JP Nagar）这家文化中心上演各种各样有趣的舞台剧（多种语言及类型）和舞蹈。每年10月底/11月初举办一个迷你节日。

M Chinnaswamy Stadium
观赏运动

（www.ksca.cricket; MG Rd; Ⓜ Cubbon Park）板球爱好者的圣地，每年都举办许多赛事。可上网查看即将举办的赛事的日程。

B Flat
现场音乐

（☎080-41739250; www.facebook.com/thebflatbar; 776 100 Feet Rd, Indiranagar; 服务费₹300; ⊙11:00～15:00和19:00至次日1:00; Ⓜ Indiranagar）一家小酒馆和音乐空间，有印度最好的蓝调和爵士乐队。

Indigo Live Music Bar
现场音乐

（☎080-25535330; www.facebook.com/IndigoLiveMusicBar; 5/6th fl, Elite Bldg, Jyoti Nivas College Rd; ⊙周日至周四17:00～23:00, 周五和周六至次日1:00）有乐队、DJ、民谣歌手，甚至喜剧脱口秀，很受欢迎，总是很热闹。楼上（7楼）有一可供用餐和休息的露台。

🛍 购物

班加罗尔的购物选择很多，从热闹的集市到奢华的购物中心，应有尽有。一些不错的购物区域包括Commercial St、Vittal Mallya Rd和MG Rd地区。

★ Mysore Saree Udyog
服装

（www.mysoresareeudyog.com; 1st fl, 316 Kamaraj Rd; ⊙10:30～20:30）购买最优质丝绸纱丽、男女衬衫和织物的好地方，这家出色的商店已经经营超过70年，适合各种阶层的消费者。大多数衣服都用了迈索尔丝绸，还有100%迈索尔丝绸质地的羊绒披肩。

Cauvery Arts & Crafts Emporium
礼品和纪念品

（45 MG Rd; ⊙10:00～20:00; Ⓜ MG Rd）政府经营的商店，以其各种各样的高质量檀香木、红木制品、手工织物、丝绸和bidriware（金属手工艺品）而闻名。以固定价格出售。

Forest Essentials
化妆品

（www.forestessentialsindia.com; 4/1 Lavelle

Junction Bldg, Vittal Mallya Rd；◑10:00~21:00）高端自然美容产品，包括药水、洗发液、洗面奶和沐浴露，也有有机阿育吠陀精油。

Fabindia 服装、家居用品

（Garuda Mall, Magrath Rd；◑10:00~20:00）这是一家成功的大型连锁店，有各种以传统棉印花布和丝绸制作的时尚传统服饰，还有家居用品和配饰。也有高质量护肤品。

分店包括Commercial Street（152 Commercial St；◑10:00~20:30）、MG Road（www.fabindia.com；1 MG Rd, Lido Mall, Kensington Rd；◑10:30~21:00；MTrinity）和Koramangala（www.fabindia.com；54 17th Main Rd；◑10:00~20:00）。

★ Kynkyny Art Gallery 艺术

（www.kynkyny.com；Embassy Sq, 148 Infantry Rd；◑周一至周六 10:00~19:00；MCubbon Park）一座精美的商业美术馆，位于一栋令人惊奇的殖民地时代建筑中，收藏有印度当代艺术家的作品，价格适合所有预算水平的游客。也出售出色的设计师制作的家具。

Goobe's Book Republic 书籍

（www.goobes.wordpress.com；11 Church St；◑周一至周六 10:30~21:00，周日正午至21:00）一家很棒的小书店，出售新书和二手书，邪典和主流图书以及漫画。店员消息灵通，乐于助人。

Garuda Mall 商场

（www.garudamall.in；McGrath Rd；◑10:00~22:00，周五和周六至22:30）位于班加罗尔市中心的一家现代化商场，有大量的连锁服装店和一家拥有多个影厅的Inox影院。

UB City 商场

（www.ubcitybangalore.in；24 Vittal Mallya Rd；◑10:30~22:00）这家购物商场耸立于中心区，里面有世界高级时装（路易威登、周仰杰、巴宝莉）和印度的高档时装，也有出色的餐厅和一家水疗中心。

Forum 商场

（www.theforumexperience.com/forumbangalore.htm；Hosur Rd, Koramangala；◑10:00~23:00）一家时髦的购物商场，位于热闹的

❶ 班加罗尔新鲜事

下面的网站上有这座城市里最新开业的餐厅、文化活动、夜生活和购物选择：

➔ Time Out Bengaluru（www.timeout.com/bangalore）

➔ What's Up Bangalore（www.whatsupguides.com）

➔ Explocity（https://bangalore.explocity.com）

Koramangala区，有许多时装店，还有一家电影院。

Gangarams Book Bureau 书籍

（www.facebook.com/Gangaramsbookbureau；3rd fl, 48 Church St；◑周一至周六 10:00~20:00）精挑细选的印度图书、旅行指南图书和企鹅经典图书。员工学识渊博，还有作家签售活动。

Indiana Crockery 家居用品

（97/1 MG Rd；◑10:30~21:00）为了回家举办晚宴做采购准备，购买塔利套餐托盘、黄铜餐具以及印度茶杯的好地方。

Blossom Book House 书籍

（www.blossombookhouse.com；84/6 Church St；◑10:30~21:30；MMG Rd）出售新书和二手书，价格实惠。

❶ 方向

有时候，在班加罗尔附近找路很困难。在特定的区域内，道路以其宽度命名（如80 Feet Rd）。该城也使用一种主路和支路系统：例如，"3rd Cross, 5th Main, Residency Rd"，指的是与Residency Rd分岔的第五条大街上的第三条小路。城市里出现了许多富裕街区，包括豪华的郊区Indirangar、JP纳加（JP Nagar）、Koramangala和怀特菲尔德（Whitefield）——全部都有西式购物商场、夜生活场所和餐厅。

❶ 实用信息

行李寄存

城市的火车站和Kempegowda汽车站有24小

时寄存处（每天15卢比）。存包需要有效的车票和身份证件。行李必须锁好。

医疗服务
霍斯马特医院（Hosmat；✆080-25593796；www.hosmatnet.com；45 Magrath Rd）治疗严重外伤及其他一般疾病。

马尔雅医院（Mallya Hospital；✆080-22277979；www.mallyahospital.net；2 Vittal Mallya Rd）急诊服务和24小时药店。

现金
自动柜员机随处可见，MG Rd附近有许多货币兑换处。

TT Forex（✆080-22254337；33/1 Cunningham Rd；⊙周一至周五 9:30~18:30，周六9:30~13:30）可兑换旅行支票和外币。

旅游信息
印度政府旅游办事处（Government of India Tourist Office，简称GITO；✆080-25585417；indtourblr@dataone.in；48 Church St, 2nd level；⊙周一至周五 9:30~18:00，周六9:30~13:00；ⓂMG Rd）对于在班加罗尔及其之外的地方旅行很有帮助。

卡纳塔克邦旅游发展公司（Karnataka State Tourism Development Corporation，简称KSTDC；✆080-41329211；www.kstdc.co；Karnataka Tourism House, 8 Papanna Lane, St Mark's Rd；⊙周一至周六 10:00~19:00；ⓂMG Rd）可以预订KSTDC的城市和邦内团队游。

卡纳塔克邦旅游发展公司（Karnataka State Tourism Development Corporation，简称KSTDC；✆080-43344334；www.kstdc.co；Badami House, Kasturba Rd；⊙周一至周六 10:00~19:00）一间很有用的办公室，位于库本公园南边。

旅行社
Skyway（✆080-22111401；www.skywaytour.com；8 PapannaLane, St Mark's Rd；⊙周一至周六 9:00~18:00）一家预订长途出租车和机票的机构，专业可靠。

❶ 到达和离开
飞机
国际和国内航班在班加罗尔的**坎皮高达国际机场**（Kempegowda International Airport；✆18004254425；www.bengaluruairport.com）降落，地址在MG Rd区以北约40公里处。每天也有从这里出发前往印度主要城市的每日直飞航班，包括金奈（马德拉斯）、孟买、海得拉巴、德里和果阿邦。

航空公司包括：

印度航空（Air India；✆080-22978427；www.airindia.com；Unity Bldg, JC Rd；⊙周一至周六 10:00~17:00）

GoAir（✆080-47406091；www.goair.in；班加罗尔机场）

靛蓝航空（IndiGo；✆9910383838；www.goindigo.in）

从班加罗尔出发的主要长途汽车

目的地	费用（卢比）	时长（小时）	班次
金奈	398(R)/491(V)/693(s)	6~7	5:35~23:30，每天25班
埃尔讷古勒姆（Ernakulam）	619(R)/1139(V)	10~12	16:00~21:45，每天7班
亨比	629(R)	7.5	每天1班，23:00
霍斯佩特	334(R)/599(V)/696(s)	8	16:30~23:30，每天17班
海得拉巴	713(R)/989(V)/1190(s)	9~11	7:30~23:30，每天27班
孟买	1383(V)	18	15:00~20:00，每天3班
迈索尔*	123(R)/299(V)	2~3	每天51班，24小时
乌德格曼德勒姆*	639~839(V)	7~9.5	6:15~23:15，每天9班
帕纳吉（Panaji）	919(V)1800(s)	11~13	18:30~20:30，每天5班
戈卡那	549(R)789(V)882(s)	9~11.5	20:30~22:15，每天4班

票价：(R) Rajahamsa半豪华，(V) Airavath空调沃尔沃，(s) 空调卧铺。

*表示发车点在迈索尔的Rd Satellite汽车停靠站。

从班加罗尔出发的主要列车

目的地	列车号和名称	费用（卢比）	时长（小时）	发车时间
金奈	12658 Chennai Mail	255/910	6	22:40
金奈	12028 Shatabdi	785/1060	5	周三至周日6:00和16:25
霍斯佩特	16592 Hampi Exp	255/970	9.5	22:00
胡布利（Hubli）	16589 Rani Chennamma Exp	270/1045	8.5	21:15
果阿邦Madgaon	17311 Mas Vasco Exp	360/1405	15	周五20:10
迈索尔	12007 Shatabdi	300/835	2	周四至周二 11:00
迈索尔	12614 Tippu Exp	90/310	2.5	15:00
特里凡得琅	16526 Kanyakumari Exp	90/310	16.5	20:00

票价：Shatabdi车票分为空调座位/空调高级；Express（Exp/Mail）车票在日间为2等/空调座位，夜间车为卧铺/空调卧铺2类。

捷特航空（Jet Airways；☏080-39893333；www.jetairways.com；Unity Bldg, JC Rd；◉周一至周六9:30~18:00）

长途汽车

班加罗尔秩序井然的巨大**坎皮高达汽车站**（Kempegowda, Majestic; Gubbi Thotadappa Rd）就在城市火车站的正前方，一般又被称作Majestic和中央汽车停车处。卡纳塔克邦道路运输公司（简称KSRTC；www.ksrtc.in）的长途汽车贯穿卡纳塔克邦及周边各邦。**迈索尔公路卫星汽车停车处**（Mysuru Road Satellite Bus Stand; Mysuru Rd）位于市中心西南8公里处，是另一座重要车站；KSRTC的绝大多数车次都可前往迈索尔。去往门格洛尔（Mangalore）和其他班加罗尔西南部目的地的车次从这里出发，去班加罗尔机场的Flybus也是。

KSRTC的网站上列有当前时刻表和票价。在线订票不是每次都能使用国际信用卡，但是旅行社是可以使用的。长途旅程须提前订票。

坎皮高达汽车站对面的街上有一排私营长途汽车运营商。

火车

班加罗尔的**城市火车站**（www.bangalorecityrailwaystation.in; Gubbi Thotadappa Rd）是主要火车枢纽。如果你刚刚到达并准备前往MG Rd地区，最好在**坎顿门特（Cantonment）火车站**（Station Rd）下车；而位于市中心西北8公里的**Yeshvantpur火车站**（Rahman Khan Rd）是去往果阿邦的火车发车站。

使用电脑的**铁路订票办公室**（Railway Reservation Office；☏139；◉周一至周六8:00~20:00，周日8:00~14:00）在面向车站的左侧，对于信用卡购票者、女性和外国人有单独的柜台。去**区域铁路办公室**（Divisional Railway Office; Gubbi Thotadappa Rd）可以完成最后时刻预订。行李可以留在城市火车站（Citytrainstation）1号站台的24小时寄存处。

❶ 当地交通

抵离机场

打表的空调出租车从机场前往市中心价格在750到1000卢比之间，Uber/Ola的车次价格约500卢比至600卢比；价格包括120卢比的机场道路税。

Flybus（www.ksrtc.in）KSRTC运营的Flybus可往返迈索尔（739卢比，4小时），每天10班，从机场出发，途中会经过迈索尔公路卫星汽车停车处。

Vayu Vajra（☏1800 4251663；www.mybmtc.com）Vayu Vajra运营的空调机场接驳车可前往坎皮高达（Majestic）汽车停靠站、MG Rd和Indiranagar，24小时不间断发车。

机动三轮车

机动三轮车司机很少使用计程表，如果打表的话，22:00以后，在计程费用的基础上会加收50%。

公共汽车

班加罗尔有完善的当地公共汽车网络，由**班加罗尔城市运输公司**（Bangalore Metropolitan Transport Corporation，简称BMTC；www.mybmtc.

值得一游

威士忌和葡萄酒

在一个并不鼓吹美味葡萄酒和烈酒的国家（任何踏足印度无所不在的"葡萄酒商店"的人都会发现这一点），班加罗尔却是一个极大的例外。这座城市不仅对精酿啤酒如饥似渴，家门口还有一座印度最好的葡萄种植区，就在**南迪山丘**（Nandi Hills；每人10卢比，汽车150卢比；⊙6:00~18:00）。虽然是一个新兴的工业，但本地区却因为有18家葡萄厂，正不断取得国际声誉。城市周边也有几家印度最早的单一麦芽威士忌酿酒厂，可以品尝。

Grover Wineries（☎080-27622826；www.groverzampa.in；1.5小时团队游 周一至周五 ₹850，周六和周日₹1000）这家葡萄酒厂位于海拔920米的高度，出产高质量的红白葡萄酒。团队游包括在酒窖中品尝五种葡萄酒，外加奶酪和饼干，随后是午餐。2月到5月，你还能参观葡萄压榨过程，参观葡萄园。这家酿酒厂靠近南迪山丘，在班加罗尔以北约40公里处。

Amrut（☎080-23100402；www.amrutdistilleries.com；Mysuru Rd）**免费** 建于1948年，是印度第一家单一麦芽威士忌酿酒厂，提供免费的酒厂团队游，导游知识丰富。可以参观整个过程，品尝世界级的单一麦芽和混合威士忌。这家酿酒厂位于班加罗尔城外20公里处，在去往迈索尔的路上，必须预约。

---

com）经营，网站上的时刻表和票价信息很有用。红色的Vajra空调公共汽车在城里交叉往返，而绿色Big10豪华公共汽车连接郊区。普通公共汽车从坎皮高达旁边的**城市汽车站**（City bus stand；Sayyali Rao Rd）发车；还有一些从南边的**城市市场汽车站**（City Market bus stand）发车。

要从城市火车站到MG Rd地区，在城市公共汽车站乘坐从17或18号站台发车的任意公共汽车。在城市市场汽车站，乘坐从8号站台出发的31、31E、35或49路公共汽车。

地铁

班加罗尔闪亮的新空调地铁，被称为Namma Metro，目前仍在建造之中，不过有两条线路已经贯通运营。本书调研时两条线路不能换乘，虽然官方地图上显示可以。与游客最相关的路线是紫线（Purple Line），东西走向，有用的站点包括坎皮高达（Kempegowda；可前往汽车站）、MG Rd（去购物和酒吧）和Indiranagar（去餐厅和夜生活场所）。6:00到22:00之间，列车每15分钟一班，大多数旅程价格都在10卢比至22卢比之间。关于地铁的最近信息，登录www.bmrc.co.in查询。

出租车

班加罗尔有上千名优步（Uber）和Ola司机。想租一辆车用一天，价格约2000卢比8小时。
Meru Cabs（☎080-44224422；www.merucabs.com）在机场可乘坐。

Olacabs（☎080-33553355；www.olacabs.com）职业化的高效公司，采用的是现代空调车。可在线和电话预订。

班加罗尔周边

赫塞拉加达（Hessaraghatta）

☎080 / 人口 9200

这座小镇位于班加罗尔西北30公里处，是Nrityagram的所在地，这是一家优秀的舞蹈学院。

⊙ 景点

Nrityagram 艺术中心

（☎080-28466313；www.nrityagram.org 自助游览₹50，12岁以下儿童免费；⊙周二至周五10:00~14:00）这家领军的舞蹈学院成立于1990年，致力于复兴和普及印度古典舞蹈。这里是著名舞蹈家Protima Gauri Bedi（1948~1998年）的智慧结晶和活遗产，由果阿邦建筑师Gerard da Cunha设计，像是一座村庄。这里向需要帮助的学生提供古典舞蹈的长期课程，周日还会免费教授当地的儿童。可登录他们的网站查看最新表演信息（每人1000卢比）。

也可以预订一个团队游，其中包括一次导览游、讲座和舞蹈演示，包括素餐（每人1500~2000卢比，最少10人，需要预订）。

🛏 住宿

Taj Kuteeram 酒店 $$$

（☎080-28466326；www.tajhotels.com；双₹4660；❄@）位于舞蹈村庄对面，条件不如集团旗下的其他酒店豪华，但是氛围很好，集舒适与质朴魅力于一体，由Gerard da Cunha设计。这里也提供阿育吠陀和瑜伽活动。

ℹ 到达和离开

从班加罗尔的城市市场，乘坐266、253和253E路公共汽车去往赫塞拉加达（26卢比，1小时），继续乘坐266路公共汽车，到达Nrityagram。从赫塞拉加达乘坐机动三轮车的费用为75卢比。

Janapada Loka Folk Arts Museum

Janapada Loka Folk Arts Museum 博物馆

（www.jaanapadaloka.org；Bengaluru-Mysuru Rd；印度人/外国人 ₹20/100；⊙周三至周一9：00～17：30）这座博物馆位于班加罗尔和迈索尔之间，致力于保存当地乡村文化，值得一游。有极好的民间艺术藏品，包括有500年历史的皮影（shadow puppets）、节日服装、乐器、一辆极好的神庙战车（temple chariot）和一座复制的传统村庄。这里还有一座儿童游乐场。位置在班加罗尔以南53公里处，距离Ramnagar3公里；往返迈索尔和班加罗尔的所有车次都可让你在这里下车。

迈索尔（Mysore）

☎0821 / 人口 912,000 / 海拔 707米

古老的迈索尔（Mysuru，2014年由原本的Mysore更名）是南印度最迷人的城市之一，以光彩夺目的皇家遗产、宏伟的陵墓和建筑而闻名。将绝大多数游客吸引过来的是被列入世界遗产名录的宫殿，不过迈索尔的传统集市也很有氛围，其中有香料店和熏香摊。另一大卖点是阿斯汤加瑜伽（见872页），有几所著名学校，吸引了世界各地的游客。

历史

迈索尔的名字源于神话中的Mahisuru，恶魔Mahisasura被女神Chamundi杀死的地方。这里有关帝王的历史开始于1399年，迈索尔建立于沃德亚王朝，尽管在16世纪中期以前，一直为毗奢耶那伽罗王朝服务。随着1565年毗奢耶那伽罗王朝倒台，沃德亚家族宣布了他们对迈索尔的统治权——除了18世纪末期海德尔·阿里和蒂普苏丹的短暂统治，直到1947年独立，一直未受影响。

👁 景点

迈索尔无愧被称为宫殿之城，这里总计有七座宫殿，还有大量建于沃德亚（Wodeyar）王朝和英国统治时期的宏伟遗产建筑。这些宏伟建筑多数都归邦政府所有，被用作医院、大学、政府机构和历史酒店。可登录www.karnatakatourism.org/Mysore/en查看著名建筑列表。

★ 迈索尔皇宫 宫殿

（三维视图见856页；Maharaja's Palace；www.mysorepalace.gov.in；Purandara Dasa Rd；印度人/外国人/10岁以下儿童 含语音导览 ₹40/200/

迈索尔殖民时代的建筑

迈索尔地区遗留下来的殖民时代的遗产相当多，有大量宏伟的大厦和古雅的遗迹可供探索。建于1805年的**政府大厦**（Government House；Irwin Rd）过去是英国官邸（British Residency），如今这座托斯卡纳多利安式建筑位于一个占地20公顷的花园里。面向王公宫殿北门的是建于1927年的**银禧钟楼**（Silver Jubilee Clock Tower；Dodda Gadiara；Ashoka Rd）；附近矗立着宏伟的**Rangacharlu纪念堂**（Rangacharlu Memorial Hall），建于1884年。高耸的**圣菲洛米娜大教堂**（St Philomena's Cathedral, St Philomena St；⊙8:00~17:00）建于1933~1941年之间，采用新哥特式风格，漂亮的彩绘玻璃窗凸显了其美感。**Wellington Lodge**是一座低调的早期殖民地标建筑，现在里面是一座博物馆：**国家人类博物馆**（National Museum of Mankind, Indira Gandhi Rashtriya Manav Sangrahalaya；www.igrms.com；Wellington Lodge, Irwin Rd；⊙周二至周日 10:00~17:30）免费。

Mysore (Mysuru) 迈索尔

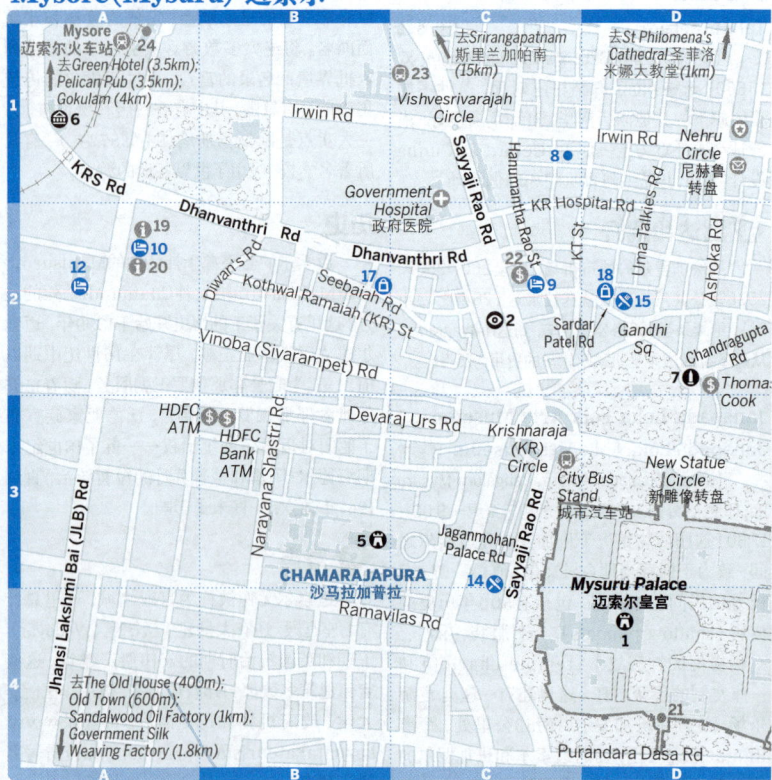

免费；◎10:00~17:30）印度最壮观的皇家建筑之一，这里是沃德亚王公以前的宅邸。原本的宫殿的内部在1897年的火灾中被摧毁；如今你所看到的是由英国建筑师亨利·欧文（Henry Irwin）在1912年耗费450万卢比建成的。这座印度－撒拉逊（Indo-Saracenic）风格奇迹般的内部装饰无疑是无可匹敌的，拥有千变万化的彩色玻璃和镜子、艳丽的色彩。更细致的装饰还有雕刻木门、马赛克地板和一系列描绘爱德华七世统治（Edwardian Raj）时期迈索尔生活的绘画。

进入宫殿需要经过各种精美的雕塑和工艺品。别忘了看看军械库，那里收藏了700多件有趣的武器。

每到周日、国家法定假日，19:00至19:30之间，宫殿被将近100,000个灯泡照亮，在黑夜中彰显其壮丽的轮廓。

皇宫广场的入口在南门（Purandara Dasa Rd）。对宫殿的外观拍照是允许的，内部则严格禁止。

德瓦拉加市场　　　　　　　　　　市场
（Devaraja Market, Sayyaji Rao Rd；◎6:00~20:30）这个集市的历史可以追溯至蒂普苏丹统治时期，充满活力，集市上有当地商人出售的传统商品，比如花环、香料和堆成圆锥的番红花粉（用于在眉心点绘的彩色粉末），所有一切让这里成为拍照的好去处。购物之前，温习一下你的讨价还价技巧。

贾贡莫汉宫　　　　　　　　　　宫殿
（Jaganmohan Palace；Jaganmohan Palace Rd；成人/儿童₹120/30；◎8:30~17:00）这座美的宫殿作为皇家礼堂修建于1861年，就在迈索尔宫殿以西，现在在Jayachamarajendra美术馆身处其中。美术馆占据了3层楼，收藏

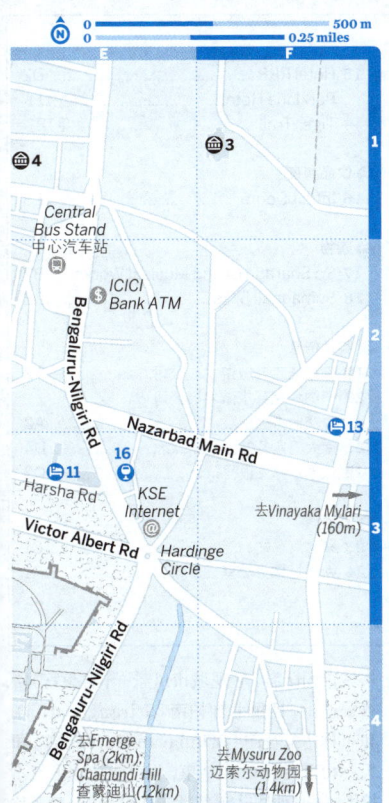

西的大学校园中,专门研究民俗学,收藏了许多手工艺品、石碑和雕塑,其中包括乡村服饰,一个十头恶魔罗波那的木制玩偶。建筑(2006年修复)原本是作为公主Jayalakshmi Ammani的宅邸而建,她是Maharaja Chamaraja Wodeyar的长女。

查蒙迪山（Chamundi Hill） 观景台

在高达1062米的查蒙迪山山顶,矗立着查蒙德斯瓦里寺(Sri Chamundeswari Temple; http://chamundeshwaritemple.kar.nic.in; ⊙7:00～14:00、15:30～18:00和19:30～21:00)。在这里可以进行很不错的半天短途旅行,能看到脚下壮观的城市景色。由于周末排队的人很多,最好工作日期间来参观。你可以从中央汽车站乘坐201路公共汽车(28卢比,有空调)前来;乘坐机动三轮车/Uber往返的费用约为450/700卢比。

或者,你可以攀登有1000多级台阶的步行道,印度教朝圣者过去常常走这条路去参观寺庙。下山途中三分之一处有一尊5米高的神牛南迪雕塑,在坚硬的岩石上雕刻而成,于1659年完工。

迈索尔动物园 动物园

(Mysore Zoo; Indiranagar; http://mysorezoo.info; 成人/儿童 周一至周五₹50/20,周六和周日 ₹60/30,照相₹20; ⊙周三至周一 8:30～17:30)一家管理得很好的动物园,坐落在一座漂亮花园里。亮点包括白虎、低地大猩猩(lowland gorillas)、长颈鹿和犀牛。位于迈索尔皇宫东南约2公里处。

了大量的印度绘画,包括著名艺术家拉贾·拉维·瓦尔马(Raja Ravi Varma)的画作,也有传统日本绘画和一些罕见的乐器。不过展示很糟糕,而且遗憾的是,建筑也不被人重视。

铁路博物馆 博物馆

(Rail Museum; KRS Rd; 成人/儿童₹15/10, 拍照/摄像₹20/30; ⊙9:30～18:00)这家露天博物馆位于火车站后面,主要展品是迈索尔王公的轿车,上有美丽镶木,其历史可追溯至1899年。值得注意的是,皇室成员也曾经赶时髦乘坐有轨列车出行。还有蒸汽机、火车头和车厢可供探索。有一辆玩具火车沿着轨道绕博物馆行驶(10卢比)。

Jayalakshmi Vilas Mansion Museum Complex 博物馆

(迈索尔大学校园; ⊙周二至周日 10:00～13:00和15:00～17:00)**免费** 这家博物馆在城

🏃 活动

Emerge Spa 阿育吠陀、按摩

(☎0821-2522500; www.thewindflower.com; Wind flower Spa & Resort, Maharanapratap Rd, Nazabad; 按摩₹2275起; ⊙7:00～21:00)这家出色的水疗度假地提供超过30种的阿育吠陀项目,包括热石按摩和细心的仪式。购买一日套餐还可以进酒店泳池。位于迈索尔宫东南3公里处;费用包括接送服务。

Indus Valley Ayurvedic Centre 阿育吠陀

(☎0821-2473263; www.ayurindus.com; Lalithadripura)坐落于10公顷的花园中,这家高

Mysore（Mysuru） 迈索尔

◉ **重要景点**
- **1** 迈索尔皇宫 D4

◉ **景点**
- **2** 德瓦拉加市场 C2
- **3** 政府大厦 F1
- **4** 国家人类博物馆 E1
- **5** 贾贡莫汉宫 B3
- **6** 铁路博物馆 A1
- **7** 银禧钟楼 D2

✪ **活动、课程和团队游**
- **8** Shruthi音乐时光 C1

🛏 **住宿**
- **9** Hotel Maurya C2
- **10** Hotel Mayura Hoysala A2
- **11** Parklane Hotel E3
- **12** Royal Orchid Metropole A2
- **13** Mansion 1907 .... F2

✖ **就餐**
- **14** Cafe Aramane C3
- **15** Hotel RRR D2
- Parklane Hotel ....（见11）
- Tiger Trail ....（见12）

🍷 **饮品和夜生活**
- **16** Infinit Doora E3

🛍 **购物**
- **17** Sri Sharada Grand Musical Works B2
- **18** Sumangali Silks D2

ℹ **实用信息**
- **19** 卡纳塔克邦旅游发展公司 A2
- **20** 卡纳塔克邦旅游发展公司
  交通办公室 A2
- **21** 南大门票务办公室 D4
- **22** 迈索尔邦立银行 C2

🚍 **交通**
- **23** 私营汽车站 C1
- **24** 铁路订票办公室 A1

级中心的疗法源于古代经文和药方。整夜包价（标单/双 含全膳宿 US$180/310）包括阿育吠陀、瑜伽和美容医疗的各一个项目。

🎓 课程

Shruthi音乐时光　　　　　　　　音乐

（Shruthi Musical Works; ☎9845249518; 1189 3rd Cross, Irwin Rd; 每小时₹400; ⏰周一至周六 10:30~21:00, 周日10:30~14:00）音乐教师贾亚尚卡尔（Jayashankar）以塔布拉鼓教学获得了良好的评价。

👉 团队游

★ 皇家迈索尔徒步　　　　　　徒步、团队游

（Royal Mysore Walks; ☎9632044188; www.royalmysorewalks.com; ₹500起）熟悉迈索尔史诗般的历史和遗产的好方式。提供多种周末徒步游（主题包括皇宫历史和食物），也有自行车和吉普车团队游。

卡纳塔克邦旅游发展公司交通办公室　巴士游

（KSTDC Transport Office; ☎080-43344334; www.kstdc.co; 城市观光 ₹210）卡纳塔克邦旅游发展公司（KSTDC）经营每日出发的迈索尔城市团队游，参观城市风景（不含皇宫）、查蒙迪山、斯里兰加帕南（Srirangapatna）和布林达范花园（Brindavan Gardens）。每天8:30出发，20:30结束，很可能让你上气不接下气！其他团队游包括去往贝卢尔、赫莱比德、斯莱湾娜拜拉古拉（550卢比），时间为周二和周四的7:30至21:00。

所有团队游从Hotel Mayura Hoysala旁边的卡纳塔克邦旅游发展公司交通办公室出发。可以在这里或城镇各处的旅行社预订。

🛏 住宿

迈索尔全年都吸引着游客，十胜节（见871页）期间会很快挤满人。建议及早预订。

★ Mansion 1907　　　　　　　　青年旅舍 $

（☎9886523472; www.facebook.com/themansion1907; 36 Shalivahana Rd; 铺 带电扇/空调 ₹500/600卢比, 房间 ₹1400起; ❄🛜）很受欢迎的青年旅舍，位于一座能看到印度和英国建筑风格影响的历史建筑中。布置得很好, 有宽敞的宿舍和独立房间, 清爽的公共区域, 便利的浴室, 一间厨房和快速无线网络。是结识其他游客、计划后续旅程的好地方。

Sonder 青年旅舍 $

(www.sonderhostel.com; 66, 3rd Block, Jayalaxmipuram; 铺 含早餐 ₹500; ※ ⑦) 这座背包客青年旅舍距离市中心大约有3公里,位于一片枝叶繁茂的宁静郊区,离很多瑜伽学校都很近。设计出色,有舒适的宿舍、储物柜、棋盘游戏和书籍,还有一个厨房,氛围也好。会定期举办电影之夜和烹饪课程之类的活动。

Hotel Maurya 酒店 $

(☎0821-2426677; 9/5 Hanumantha Rao St; 标单/双 ₹195/350起; ※) 位于非常靠近市中心的地方,是一个很好的经济型住宿选择。有各种普通的大房间,但是价格很便宜。也提供一些带电视和空调的更高端一些的选择。经理和店员特别乐于助人,很热情。

Anokhi Garden Guest House 客栈 $$

(☎0821-4288923; www.anokhigarden.com; 408 Contour Rd, 3rd Stage, Gokulam; 标单/双 ₹2200/3200起; ⑦) 这家由法国人开办的温馨旅舍很受瑜伽学生和年轻游客的欢迎,提供干净整洁的房间,还有一间可爱的花园咖啡馆。

Parklane Hotel 酒店 $$

(☎0821-4003500; www.parklanemysore.com; 2720 Harsha Rd; 房 ₹1755~3267; ※ @ ⑦) 距离宫殿和城市中心都很近,性价比很高。装潢虽然流于庸俗,不过宽敞的房间一尘不染、特别舒适,周到地配置了手机充电器和非常有用的洗漱用具,很难让人不喜欢。热闹的露天餐馆总是繁忙,屋顶还有一座小泳池。

Mystic School Studios 酒店 $$

(☎0821-4288490; www.mysoreyoga.in; 100 3rd Main Rd, Gokulam; 房 含/不含厨房 每月 ₹25,000/15,000; ※ ⑦) 这座瑜伽学校提供一尘不染的房间,房内有私人浴室,工作室中有厨房用具和阳台。有一间出色的咖啡馆、芬兰桑拿、瀑布下的游泳池和屋顶纳凉区。

Urban Oasis 酒店 $$

(☎0821-4006332; www.urbanoasis.co.in; 7 Contour Rd, 3rd Stage, Gokulam; 房间 ₹1200~2000, 包月 ₹30,000起; ※ ⑦) 这里更近似于一家商务酒店,但是很受瑜伽学生的欢迎。干净方便的现代化房间中提供有线电视。四种价格包括紧凑的单人间以及带阳台和空调的宽敞房间。

Hotel Mayura Hoysala 酒店 $$

(☎0821-2426160; www.karnatakaholidays.net; 2 Jhansi Lakshmi Bai Rd; 房间 含早餐 带电扇/空调 ₹1550/2900起; ※ ⑦) 这家靠近火车站的漂亮历史建筑的潜能仍然未完全发挥出来。是的,这家由政府拥有的酒店像是屏蔽了时间,但是依然值得考虑,房间个性十足,价格也很合理。里面的酒吧很受酒鬼的欢迎。

★ Grand Mercure Mysore 酒店 $$$

(☎0821-4021212; www.accorhotels.com;

十胜节

在9月或10月,持续10天的**十胜节**(Dussehra, Dasara; ⓢ9月/10月)期间,迈索尔成为狂欢的海洋,在此期间,王公的宫殿每天晚上都灯火通明,引人注目,而整个城市也成为一个巨大的游乐场,每个摩肩接踵的地方都有音乐会、舞蹈表演、体育表演和文化活动。

庆祝活动的最后一天,节日将以盛大的方式落幕。由身披华丽服装的大象、带着花环的神像、着统一服装的小厮和骑兵组成的游行队伍让人眼花缭乱,在13:00左右出发,伴随着铿锵有力的铜管乐队的节奏,游行穿过街道。

在节日期间,迈索尔挤满了游客,特别是在最后一天。为了绕开令人喘不过气的人群,可以考虑购买十胜节贵宾金卡(Dasara VIP Gold Card; 两人₹7500)。只有100张,虽然昂贵,可是能保证你在最后一天的庆祝活动中获得好位置,并帮助你在参加其他活动或表演时,避开入口的人流,而且可以提供住宿、就餐和购物的折扣。只购买游行最后一天进入宫殿和Bannimantap的门票(250~1000卢比)也可行。

迈索尔阿斯汤加瑜伽（ASHTANGA YOGA）

正如瑞诗凯诗之于北印度，迈索尔就是南部的瑞诗凯诗。这座世界闻名的瑜伽中心每年吸引数以千计的各国学员来此学习、练习或者通过教授阿斯汤加的认证。城市里现在有超过20家著名的瑜伽学校。

在很多时候，这里的学生被要求心无旁骛地投身于这项艺术，至少需要投入一个月的时间。不过近年来，越来越热门的是即到即学的课程和周末课程，长期学员需要提前注册，因为课程常常被订满。

大多数外国瑜伽学员集中在高档的Gokulam郊区住宿。一些学校现在也提供住宿——可登录Facebook查看Ashtanga Community in Mysore和Mysore Yoga Community Group组织的住宿信息。

修行者现在无须特别学生签证，也不用再去警察局登记。

瑜伽中心

Ashtanga Yoga Research Institute（简称AYRI；☎9880185500；www.kpjayi.org；235 8th Cross, 3rd Stage, Gokulam；第1/2个月 加税₹34,700/23,300）由著名的阿斯汤加教师K.帕塔比·约伊斯（K Pattabhi Jois）创建。他曾向麦当娜传授过瑜伽动作，如今已经去世并将事业传承给儿子。事实证明，他的儿子也很受欢迎。来这里学习持有旅游签证就可以，不过你需要提前两个月登记。

IndeaYoga（Ānanda Yoga India；☎0821-2416779；www.indeayoga.com；144E 7th Main Rd, Gokulam；含食物和住宿 US$1999）由古鲁Bharath Shetty（曾跟随已故的BKS Iyengar修行）和妻子Archana提供的哈他和阿斯汤加瑜伽。课程包括身体和瑜伽哲学。也提供随到随学的课程和学生住宿。

Mystic School（☎0821-4288490；www.mysoreyoga.in；100 3rd A Main Rd, Gokulam；随到随学/1个月的瑜伽课程 ₹500/17,000）名校，多元课程包括哈他和阿斯汤加瑜伽，以及冥想和讲座。适合各种水平的长短期学员，有随到随学的课程，也提供灵气和按摩课程。提供住宿（带厨房的单人公寓）、桑拿、瀑布游泳池和咖啡馆。

Atmavikasa Centre（☎0821-2341978；www.atmavikasayoga.com；18 Rd, 6th Cross, Ramakrishnanagar）经典的哈他瑜伽学校，由Acharya Venkatesh和Acharye Hema运营，提供培训、护理和讲习班。有一座花园，位于宫殿西南5公里处宁静的郊区。

Yogadarshanam（☎0821-2412143；http://yogadarshanam.org；77/A, 4th Main Rd, 3rd Stage；课程₹6000~29,600）经典印度瑜伽中心，提供课程、教师培训、工作室和疗养。一个月基础课程包含瑜伽基础，适合初学者。

Yoga Bharata（☎0821-4242342；www.yogabharata.com；1st fl, 810 Contour Rd；20课套餐 ₹4500）专业中心，提供阿斯汤加、流瑜伽、哈他瑜伽以及瑜伽治疗，老师经验丰富。与IndeaYoga联办。有随到随学的班级（300卢比）。

Nelson Mandela Circle, New Sayyaji Rao Rd；房间₹4940起；❄@🛜🍴）可爱的屋顶泳池、健身房和餐厅使得这里跻身于出色的选择。员工非常细心，房间时髦，设备齐全，还有大量国际电视台可供选择。位于市中心以北4公里处。

Royal Orchid Metropole 历史酒店 $$$
（☎0821-4255566；www.royalorchidhotels.com；5 JhansiLakshmi Bai Rd；标单/双 含早餐₹6880/7250起；❄🛜🍴）这里最初由沃德亚家族（Wodeyars）修建，作为王公招待英国客人的住所，它无疑是迈索尔重要的历史酒店之一。迷人的殖民时代建筑内有30间弥漫着historic气息的客房，全部都装配有现代设备。附设一座健身中心和可爱的户外泳池。

Green Hotel 历史酒店 $$$

(☎0821-4255000; www.greenhotelindia.com; 2270 Vinoba Rd, Jayalakshmipuram; 标单/双 含早餐 ₹3880/4480起; 😊)🍴这座古老的酒店最早建于20世纪20年代，是王公建给女儿们的宫殿。现在这里是一座历史酒店，周围环绕着迷人的花园。值得赞赏的是，全部31间客房都靠太阳能提供能源，而且个性丰富，不过维护有些欠缺，一些物品有些破损。附设一家出色的**咖啡馆**(蛋糕₹40起，小吃₹70起；⊙10:00~19:00; 😊)🍴。餐厅和旅行社。

酒店将利润捐献给全印度的慈善和环境保护项目。

🍴就餐

⭐ Vinayaka Mylari 南印度菜 $

(769 Nazarbad Main Rd; 薄饼₹30~50; ⊙6:30~13:30和15:00~20:30)这家简朴的餐厅是城里品尝南印度经典菜式的最佳选择，可以享受马沙拉薄饼（大份的南印度开胃薄饼，有辣味土豆馅料），轻盈且松软，还有黑绿豆米饼，当地人会伴着椰子酸辣酱和咖啡一起食用。

Depth 'n' Green 素食 $

(www.facebook.com/depthngreen; 228/3, 1st Main Rd, Gokulam; 主菜₹80~170; ⊙10:30~22:30; 😊)这家热闹健康的咖啡馆很受当地瑜伽修行者的欢迎，菜单上都是令人满足的印度和西方菜式，包括出色的沙拉，餐桌以树干做成。绿色冰沙、酸奶和其他混合饮品（甜菜根和生姜柠檬水）也超赞。

Hotel RRR 南印度菜 $

(Gandhi Sq; 主菜₹90~135; ⊙正午至16:00和18:00~23:00)这家忙碌不停的小餐馆提供经典的安得拉风格食物；午餐期间，你得排队等桌。可以尝试著名的鸡肉或羊肉比尔亚尼菜（盛放在蕉叶上）。

Cafe Aramane 南印度菜 $

(Sayyaji Rao Rd; 主菜₹90~110; ⊙8:00~22:00)这家具有代表性的南印度风味餐馆位于一家很有特色的遗产建筑中，为迈索尔上班族端上热气腾腾的早餐盘，午间有塔利套餐（80卢比起），还会在工作日的傍晚，用香喷喷的滴漏式咖啡及其他美味小吃，包括特色脆饼，迎接他们的再次光临。

Parklane Hotel 多种风味 $$

(Parklane Hotel, 2720 Harsha Rd; 主菜₹100~160; 😊)迈索尔最适合社交的餐馆，有户外餐桌，还有无数灯笼营造出摇曳的灯光，经常会现场演奏传统音乐。菜单上提供美味的地区特色菜，也有中国和欧洲菜式，提供冰镇啤酒。

Anu's Bamboo Hut 健康食物 $$

(☎9900909428; www.facebook.com/CafeinGokulam; 367, 2nd Main, 3rd Stage, Gokulam; 午间自助餐₹250; ⊙周一至周六 13:00~15:00和17:00~19:00; 😊)这家屋顶棚屋咖啡馆主要迎合瑜伽学生，提供健康的素食午间自助餐（13:00起），晚上则有冰沙。店主兼主厨Anu了解各种信息，还提供烹饪课程（700卢比，含午餐）。

Tiger Trail 印度菜 $$$

(☎0821-4255566; Royal Orchid Metropole, 5 Jhansi Lakshmi Bai Rd; 主菜₹200~650; ⊙7:30~10:00、12:30~15:30和19:30~23:00; 😊)夜晚，这家精致的酒店餐馆在彩灯闪烁的庭园里提供美味的印度菜肴。北印度菜特别出色，可尝试勒克瑙鸡肉咖喱（Lucknow chicken korma; 300卢比）。午间有很好的自助餐。

Old House 意大利菜 $$$

(☎0821-2333255; 451 Jhansi Rani Lakshmi Bai Rd; 主菜₹175~399; ⊙7:30~21:45; 😊)有一座美丽的露台，提供经典意大利菜，可品尝美味的沙拉、意大利面、调味饭和比萨（木柴炭烤）。提供各种莫吉托和咖啡，但是没有酒。

🍷饮品和夜生活

Pelican Pub 小酒馆

(Hunsur Rd; 主菜₹100~190; ⊙11:00~23:00)一个至今仍很受欢迎的庄重的饮酒处，位于高档的Gokulam区边缘。提供生啤和食物（可尝试干辣椒猪排），价格便宜。有室内经典的酒馆区域，后部还有一座露天的花园用餐区。有时候晚上会有现场音乐表演。

Infinit Doora 酒吧

(Hotel Roopa, 2724/C, Bangalore Nilgiris Rd; ⏰正午至23:00; 📶) 这座屋顶酒吧是迈索尔最接近休闲酒吧的地方，装潢很有品位，提供各种饮品，有吸烟区和非吸烟区，能到美丽的城市风景。

🛍 购物

在迈索尔，适合购买这里驰名的檀香制品、丝绸纱丽服和木质玩具。这里也是印度重要的产香中心之一。购物时，找找蝴蝶形状的"丝绸标志"，那是优质丝绸的认可标志。

对于那些想要搜寻香料（和照相）的人来说，Devaraja Market周围的集市区是真正的亮点。

Government Silk Weaving Factory 服装

(📞8025586550; www.ksicsilk.com; Mananthody Rd, Ashokapuram; ⏰周一至周六8:30~16:00, 专卖店每天10:30~19:00) 迈索尔的珍贵丝绸都是在这所工厂生产的。这家政府经营的零售处建立于1912年，出售的专营纺织品一定是最质优价廉的。展示室后面就是工厂，你可以顺便去看看这种织物是如何生产的。位于城南约2公里处。

Sumangali Silks 服饰

(紧邻Gandhi Sq; ⏰10:30~20:30) 这家商店有好几层，很受印度女士的欢迎，是另一个挑选丝绸纱丽的好地方。根据你愿意出的价钱，各种质量水平都有。

Sandalwood Oil Factory 礼品和纪念品

(Mananthody Rd, Ashokapuram; ⏰零售店9:30~18:30, 工厂周日歇业) 这里销售的檀香制品质量有保证，比如香、肥皂、化妆品和贵得离谱的纯檀香油（如果有货的话）。带导游的团队游会带你参观。

Sri Sharada Grand Musical Works 音乐

(2006 Seebaiah Rd) 出售各种传统乐器，包括塔布拉鼓和各种打击乐器。

ℹ 实用信息

医疗服务

政府医院(Government Hospital; 📞0821-4269806; Dhanvanthri Rd) 位于市中心，有24小时营业的药店。

行李寄存

城市公共汽车站的行李寄存室从6:00营业至23:00, 寄存12小时的费用为每件行李15卢比。

旅游信息

卡纳塔克邦旅游局(Karnataka Tourism; 📞0821-2422096; www.karnatakatourism.org; 1st fl, Hotel Mayura Hoysala, 2 Jhansi Lakshmi Bai Rd; ⏰周一至周六10:00~17:00) 很有帮助，有很多小册子。

卡纳塔克邦旅游发展公司交通办公室(KSTDC Tran-

从迈索尔出发的长途汽车

目的地	费用（卢比）	行程（小时）	发车频次
本迪布尔	75(O)	2	途经乌德格曼德勒姆，每天11班
班加罗尔	123(O)/209(R)/299(V)	2~3	每30分钟1班
班加罗尔机场	739(V)	3.5~4	每天12班
恰纳拉亚巴特纳	83(O)/160(V)	2	每小时1班
金奈	632(R)/1026(V)	9~11	16:30起，每天6班
埃尔讷古勒姆	739(V)	8~9	18:00起，每天2班
戈卡那	478(O)	12	每天1班
哈桑(Hassan)	112(O)	3	每小时1班
霍斯佩特	381(O)/608(R)	9~12	每天7班
门格洛尔	245(O)/390(R)/502(V)	6~7	每小时1班
乌德格曼德勒姆	131(O)193(R)/529(V)	4~5	每天12班

票价：O——普通, R——Rajahamsa半豪华, V——Airavath空调沃尔沃。

从迈索尔出发的火车

目的地	火车编号和名称	票价(卢比)	行程(小时)	发车频次
班加罗尔	16518 Bengaluru Exp	空调卧铺2类/空调卧铺3类 695/490	3	5:30
班加罗尔	12613 Tippu Exp	2等车厢/空调豪华座 90/305	2.5	11:15
班加罗尔	12008 Shatabdi Exp	空调硬座/空调豪华座 305/770	2	每天14:15,周三除外
金奈	12008 Shatabdi Exp	空调硬座/空调豪华座 1280/1845	7	每天14:15,周四至周二
霍斯佩特(去亨比)	16592 Hampi Exp	空调卧铺3类/空调卧铺2类 840/1205	12	19:00
胡布利	17301 Mysore Dharwad Exp	卧铺/空调卧铺2类 275/1065	9.5	22:30

sport Office;☎0821-2423652;www.karnatakaholidays.net;Yatri Navas Bldg,2 JhansiLakshmi Bai Rd;◉8:30~20:30)主办公室,提供一般旅游信息和实用地图。

❶ 到达和离开

飞机

在调研期间,迈索尔的机场没有营业,不过航班可能将恢复。

长途汽车

中央汽车站(Thecentral busstand; Bengaluru-Nilgiri Rd)运营KSTRC的全部长途汽车。

城市汽车站(City bus stand; Sayyaji Rao Rd)运营开往市内各处、斯里兰加帕南和查蒙迪山的公共汽车。

私营汽车站(Private bus stand; Sayyaji Rao Rd)也提供去往胡布利、比贾布尔、门格洛尔、乌德格曼德勒姆和埃尔讷古勒姆的长途汽车服务。在停车处附近有几家售票代理处。

火车

可在迈索尔的**火车售票处**(☎131;◉周一至周六 8:00~20:00,周日至14:00)购买车票。

❶ 当地交通

迈索尔到处都是Uber和Ola的出租车。酒店有出租车代理商可联系司机,市区每天1800卢比,出城每天2500卢比起。

机动三轮车一天的游览大约需要1000卢比。

迈索尔周边

可考虑参加KSTDC(见870页)的团队游前往迈索尔周边景点。

斯里兰加帕南 (Srirangapatnam)

☎08236/人口26,300

斯里兰加帕南的历史充满了血腥,这座城堡小镇距离迈索尔16公里,修建在高韦里河(Cauvery River)的一座岛上。作为海德尔·阿里和蒂普苏丹的权力所在地,这座小镇在18世纪是印度南方大部的实际都城。壁垒、城墙和城堡的几座城门,还有一些陵墓,依然屹立未倒。

◉ 景点

Daria Daulat Bagh 宫殿

(夏宫;印度人/外国人₹20/100;◉9:00~17:00)这座曾属于蒂普苏丹的夏季宫殿位于修建整齐的美丽庭院内,是斯里兰加帕南的主要景点,位于城堡以东1公里处。使用柚木和红木修建,内部的每一寸地方都装饰奢华,令人印象深刻。天花板采用花卉设计装饰,墙壁上的壁画描绘着宫廷生活和蒂普苏丹抵抗英国人的战斗。还有一个小博物馆,里面展示工艺品和有趣的绘画。

Gumbaz 陵墓

(◉8:00~18:30) **免费** 波斯风格的Gumbaz坐落在一座宁静的花园里,具有重要的历史意义,是传奇人物蒂普苏丹及其同样著名的父亲海德尔·阿里,以及蒂普苏丹妻子的长眠之地。大部分铭文都是波斯文。洋葱状拱顶陵墓的内部令人印象深刻,描绘着类似老虎的图形,以此向苏丹致敬。

Sri Ranganathaswamy Temple
印度教寺庙

(⏰7:30~13:00和16:00~20:00)建于公元894年,这座吸引人的毗湿奴(Vaishnavite)寺庙融合曷萨拉和毗奢耶那伽罗王朝的设计。里面有柱子、洞穴般的走道,中间有长达4.5米的朗迦难德(Ranganatha)卧像,也是毗湿奴的一个化身。

贾玛清真寺(Jamia Masjid)
清真寺

这座奶油色的双尖塔清真寺于1787年由苏丹修建,是伊斯兰教和印度教的有趣结合。可以攀登后面的楼梯,去看看这里的全景。

贝利上校地牢 (Colonel Bailey's Dungeon)
历史遗迹

免费 岛屿以北,高韦里河岸上的这座保存完好的18世纪白墙地牢曾用来关押英国战俘,包括1780年命丧于此的贝利上校(Colonel Bailey)。从墙上伸出的石卡具曾用来锁住裸体囚犯,他们会被淹在齐脖颈深的水中。

兰加纳提图鸟类保护区
自然保护区

(Ranganathittu Bird Sanctuary,印度人/外国人 含15分钟乘船游 ₹60/120,长焦摄像/录影 ₹500;⏰8:30~17:45)兰加纳提图鸟类保护区包括六座小岛和高韦里河(Cauvery River)两岸。鹳、朱鹭、白鹭、篦鹭和鸬鹚在清晨或黄昏时乘坐附加的**乘船游**(1000卢比)最容易看见。附近也有大量的鳄鱼,很容易就能看见。里面还有一家餐厅。

🛏 食宿

Mayura River View
酒店 $$

(☎0823-6252114;www.kstdc.co/hotels;标双 带电扇/空调 ₹2300/3300起;❄)这些由政府经营的房间和小屋维持得都很好,位置绝佳,在河畔一处安静的地区。一日游的游客可以来吃午饭(主菜150至180卢比),一边狂饮啤酒,一边眺望河上风景。

ℹ 到达和离开

每小时有一班长途汽车(22至30卢比,45分钟)从迈索尔城市汽车站发车。从迈索尔至班加罗尔的客车也在这里停车。去往布林达范花园的307路公共汽车(18卢比,30分钟)就在斯里兰加帕南的汽车总站对面。乘坐机动三轮车往返迈索尔的价格大约为600卢比,出租车大约为1000卢比。

ℹ 当地交通

因为景点分散,所以租机动三轮车游览是最好的选择(3小时,大约300卢比)。

梅鲁科特(Melukote)

虔诚的印度教小镇梅鲁科特(又称Melkote)位于迈索尔以北约50公里处,这里的生活围绕着具有独特氛围的12世纪**Cheluvanarayana寺庙**(Raja St;⏰8:00~13:00和17:00~20:00)展开,寺庙有玫瑰色的门楼(gopuram)和雕刻华丽的柱子。徒步前往山顶的Yoganarasimha Temple,能得到一次锻炼身体的机会,可以看到周围山峦的美丽景色。

迈索尔和梅鲁科特之间,每天有3班KSRTC长途汽车(100卢比,1.5小时)。

索姆纳特布尔(Somnathpur)

绝美的**科沙瓦庙**(Keshava Temple;印度人/外国人₹5/100;⏰8:30~17:30)是曷萨拉王朝建筑的最佳典范之一,与贝卢尔(Belur)和赫来比德(Halebid)的杰作不相上下。这座星形的寺庙建于公元1268年,距离迈索尔33公里,有极好的石雕描绘《罗摩衍那》(*Ramayana*)、《摩诃婆罗多》(*Mahabharata*)和《薄伽梵歌》(*Bhagavad Gita*)中的各种场景及曷萨拉国王当时的生活情形。

索姆纳特布尔在班努尔(Bannur)以南12公里,Tirumakudal Narsipur以北10公里处。从迈索尔乘坐半小时一班的公共汽车,去往这两个村庄中的任意一个(35卢比,30分钟)都可以,在那里换乘。

本迪布尔国家公园 (Bandipur National Park)

☎08229

作为尼尔吉里生物圈保护区(Nilgiri Biosphere Reserve)的一部分,**本迪布尔国家公园**(http://bandipurtigerreserve.in;印度人/外国人₹75/1000,摄像₹1000;⏰6:00~9:30和16:00~18:00)是印度南部最著名的自然保护区之一。这里占地880平方公里,曾是迈索尔王公的私人野生动物保护区,如今是一

值得一游

BILIGIRI RANGANNA寺野生动物保护区

比起本迪布尔和讷格尔霍莱（Nagarhole），这里鲜为人知，**BILIGIRI RANGANNA 寺野生动物保护区**（Biligiri Ranganna Temple Wildlife Sanctuary）可以成为实现你《丛林故事》（Jungle Book）梦想的一个不错选择。这里占地超过570平方公里，在2010年被公布为老虎保护区，有36只老虎生活在这一地区——不过，与大多数公园一样，你得在极其幸运的情况下，才能找到它们。大象、豹子、懒熊和印度野狗（dhole）也在这里的山中出没。

Kyathadevara Gudi Wilderness Camp（☎080-40554055；www.junglelodges.com/kyathadevara-gudi-wilderness-camp；Yelandur；每人 含全膳宿 印度人/外国人 ₹8036/9804）在宁静的森林中，有放养的疣猪和梅花鹿，位置极好。住宿（帐篷形村舍或建在木桩上的可爱小木屋）费用很贵，但包括三餐、一次观游、导览徒步游和全部税款。

从班加罗尔到这座野生动物保护区的车程为4.5小时。尽管理论上说可以通过公共交通到达这里，不过最好还是租一辆车。要么乘坐7:45从迈索尔发车直达K Gudi的公共汽车，或者乘坐去往查马拉贾纳加尔（Chamarajanagar）的公共汽车，然后换乘13:30去往K Gudi的公共汽车。在查马拉贾纳加尔，你可以安排一辆吉普车，费用为700卢比。

片拥有一百多种哺乳动物的保护区，包括老虎、大象、豹子、印度野牛（gaur）、白斑鹿（chital）、水鹿、懒熊、印度野狗、獴狐猴和叶猴等。令人印象深刻的是，这里也是350多种鸟类的家园。位于迈索尔以南80公里处，就在去往乌德格曼德勒姆的路上。

✈ 活动

只允许政府批准的车辆经营公园内的游览。

Bandipur Safari Lodge   吉普车巡游

（☎08229-233001；www.junglelodges.com；2小时巡游 每人 ₹2700；⊙6:00和16:00）有敞篷四驱车和小巴，由知识渊博的导游陪同。

Forest Department Safari   巡游

（☎08229-236043；directorbandipur@gmail.com；1小时巡游 含乘坐巴士/吉普车/吉卜赛大篷车 ₹1200/2000/3000；⊙出发时间6:30～8:30和15:30~17:30）林业部门在公园总部经营有可继续往里开的大巴（准乘20人）。值得多掏点钱，乘坐吉普或四驱车。避免周末前去，因为人非常多。

🍴 食宿

Hotel Bandipur Plaza   酒店 $$

（☎08229-233200；Ooty-Mysuru Hwy；房间 ₹1500；❄）虽然公路边的位置是个劣势，但是与这里什么都很昂贵的物价相比，这家基本型酒店里的房间在可承受的范围内，且面积足够大。由于靠近Bandipur Safari Lodge，所以前往公园观游很方便，附设一家不错的餐厅。

Forest Department Bungalows   客栈 $

（☎08229-236051；www.bandipurtigerreserve.in；9/20床宿舍 ₹720/1000，平房 外国人 ₹3000起；❄）位于公园总部的一家基本型住宿处，位置便利，氛围很好，不足之处是外国人每晚得多交1000卢比的入园费。宿舍整体出租，所以不需要和陌生人合宿。可以在线预订。

Tiger Ranch   度假屋 $$

（☎8095408505；www.tigerranch.net；Mangala Village；每人 含全膳宿 ₹1510）这家非常富于乡村气息的度假屋能为你带来真实的野外住宿体验，提供基本但迷人的小屋，还有一个有独特氛围的茅草屋顶餐厅，呈现的是家常食物。在周边森林可以好好散步，而且一定会看到野生动物。夜晚可以围在篝火旁边享受夜色。距离公园有10公里远；因此你需要提前打电话安排接送（300卢比）。

★ Dhole's Den   度假屋 $$$

（☎9444468376；www.dholesden.com；Kaniya-napura Village；营地/标单/双 含全膳宿

₹3000/11,000/12,000起；❷）✍毫无瑕疵，将当代设计与周围怡人的田园景色相结合。时尚、现代的房间和平房被颜色绚丽的艺术织物装饰得流光溢彩，还有长沙发和折叠躺椅。这里注重环保，使用太阳能、水箱水，提供有机蔬菜。对于低预算住宿者来说，还提供露营地。从公园总部乘车20分钟可到达这里，费用包括一次自然徒步导览游。

Serai 度假村、度假屋 $$$

（☎08229-236075；www.theserai.in；Kaniyanapura Village；房含全膳宿 ₹21,000起；❄❷✍）这家豪华的度假村位于一座背靠公园的咖啡种植园中，提供华丽的地中海风格的别墅（有些带私人游泳池），与周围自然环境融为一体。茅草屋顶的房间里装饰优雅，能看到黄铜浴室固定装置、石墙淋浴间，墙壁上装饰着野生动物的照片。在有玻璃墙的餐厅和宽敞的游泳池中都能饱览尼尔吉里山。

MC Resort 酒店 $$$

（☎9019954162；www.mcresort.in；Bengaluru-Ooty Rd, Melukamanahally；标单/双 含全膳宿 ₹4000/5000；❷✍）有度假村风格的设备齐全的宽敞房间，十分出色，并提供一座大游泳池、儿童泳池、一间菜式很多的餐厅。靠近公园，位置方便。价格包括三餐。

❶ 到达和离开

迈索尔和乌德格曼德勒胡姆之间的长途汽车行程88公里，可以把你带到本迪布尔（78卢比，2.5小时）。从迈索尔乘出租车费用约为2000卢比。

讷格尔霍莱国家公园（Nagarhole National Park）

占地面积643平方公里的**讷格尔霍莱**（发音为"nag-ar-hole-eh"）**国家公园**（Rajiv Gandhi National Park；印度人/外国人₹200/1000，摄像₹1000；◐6:00~18:00）拥有丰富的野生动物，丛林和湖泊风景怡人，是卡纳塔克邦最好的野生动物栖息的短期休假地之一，其中有大量的动物，包括老虎和大象。毗邻**卡比尼湖**（Kabini Lake）的路，形成了一座保护区，包括相邻的本迪布尔国家公园（见876页）和其他几处保护区。其中苍翠繁茂的森林是老虎、豹子、大象、印度野牛、鹿、野狗、帽猴和普通叶猴的家园，还有270多种鸟类。7月至10月，雨水将森林变成一个巨大的泥坑，公园将关闭相当长的一段时间。

卡比尼河汇入卡比尼水库，为野生动物提供了一座巨大的饮水处。一群群的野生大象和其他动物聚集在河岸，高密度的野生动物使得这里成了卡纳塔克邦最好的野生动物观赏地。

这块土地的原住民——以采集狩猎为生的节努库鲁巴人（Jenu Kuruba）依然生活在公园中，尽管政府一直试图重新安置他们。

🏃 活动

政府经营的吉普车观游 巡游

（Government-Run Safaris；Kabini River Lodge；2.5小时，四驱车巡游₹3000）旱季条件允许时，6:00和15:00出发。

20座机动船乘船游 乘船、野生动物

（20-Seater Motorboat Rides；Kabini River Lodge；每人₹2000）由Kabini River Lodge组织，可观赏到悠闲的野生动物，很适合观鸟爱好者。

🛏 食宿

卡比尼湖（绝大多数度假屋所在地）是很棒的大本营，不过这里没有真正的经济型酒店。想找经济型住宿处，可以前往公园总部。

Karapur Hotel 客栈 $$

（☎9945904840；Karapura roundabout；房间₹1200）这座简单的度假屋是卡比尼湖附近唯一的经济型住宿处，在距离公园3公里处的卡拉布拉（Karapura）小镇的一家商店楼上，有几个房间。

★ Waterwoods Lodge 客栈 $$$

（☎082-28264421；www.waterwoods.in；双含全膳宿 ₹13,200；❄❷✍）位于一座绿草如茵的堤坝上，能眺望到风景如画的卡比尼湖，是一座绝好的度假屋。大多数房间都有阳台，能看到美丽的湖景，还有秋千椅、硬木地板，富于设计气息。蹦床很适合儿童，有宽大的游泳池，可免费租借独木舟，提供炭烤比萨。去水疗浴场里溺爱一下自己吧，里面有按摩房、

按摩浴缸和蒸汽浴室。

Serai Kabini 度假屋 $$$

(☎080-40012200; http://theserai.in/kabini; 房 含全膳宿 ₹16,450起; ❄☀❀) 这座豪华度假屋完全是为观赏野生动物而造，提供面朝湖面的美丽平房，组织顶级的丛林巡游、乘船游和自然徒步。餐厅设计精美，菜肴出众。还有一座漂亮的水疗中心。在卡比尼水库的北岸。

Bison Resort 度假屋 $$$

(☎080-41278708; www.thebisonresort.com; Gun-dathur Village; 露营 每人 ₹2500起; 标单/双 含全膳宿 US$320/370起; ☀❀) Bison受到非洲的豪华观游度假屋的启发，成功复制了典型的荒野体验。位于水边、位置极佳，有帆布搭建的小屋、吊脚平房和灌木丛露营地可选。提供多种活动，包括徒步前往当地部落村庄以及日落时分的乘船体验。服务标准都是顶级的，还配备一位专业博物学家。

KAAV Safari Lodge 度假屋 $$$

(☎08228-264492; www.kaav.com; Mallali Cross, Kabini; 标单/双 含全膳宿 ₹10,400/13,200起, 帐篷 ₹12,000起; ❄☀❀) 是一座设计师巡游度假屋，提供敞开式的房间，有光亮的水泥地面、时髦的浴室和宽敞的阳台，可直接通往自然公园。是的，这里各种注重细节的设计超赞。可登上观光塔，躺在舒适的日光浴床上休息，或者跳进宽大的游泳池。不接受10岁以下的儿童。

❶ 到达和离开

公园的主要入口在迈索尔西南93公里处。每天有2班长途汽车从迈索尔到距离卡比尼湖3公里处的卡拉布拉镇（Karapura; 68卢比, 2.5小时）。从迈索尔乘坐出租车前去，价格大约为2000卢比。

果达古（库格）地区
[Kodagu (Coorg) Region]

赏心悦目的果达古地区位于横亘卡纳塔克邦最南端的苍翠山峦之中，得天独厚的绿水青山之间有大片种植园。这片广阔的乡村不仅是咖啡和香料的主要产地，还是果达古人的家园，他们有1000多个部落。起伏的地形和凉爽的气候让这里成为徒步、观鸟及沿着小路悠闲漫步的不错地区，而蜿蜒于群山之间的山路人迹罕至。总的来说，果达古一定会让你恢复活力。

果达古一直是一个独立的邦，直至1956年被合并进入卡纳塔克邦。该地区的主要城镇和交通枢纽是马迪凯里（Madikeri），不过若想体验真实的果达古，你应该去乡村探险。如果可能，请避开周末，所有地方在周末时，都会来自班加罗尔的周末旅行者迅速挤满。

🏃 活动

对于很多来到这一地区的游客来说，步行探索是一个亮点。一半是文化体验，一半是自然体验，包括爬山、参观种植园、森林徒步和入住民宿。

徒步的最佳时节是10月至次年3月，雨季期间无法徒步。最受欢迎的路线是去往达蒂耶达摩尔山（Tadiyendamol; 1745米）、布希巴吉利山（Pushpagiri; 1712米）和科特贝达山（Kotebetta; 1620米）山顶的7日之旅。也有许多一日徒步项目，Rainforest Retreat（见881页）就组织一些项目。除了一双好的步行鞋，你还需要驱虫剂。在迷宫一般的森林小路中确定方向，徒步向导必不可少。

马迪凯里（梅尔卡拉）
[Madikeri (Mercara)]

☎08272 / 人口 34,200 / 海拔1525米

马迪凯里（也被称为梅尔卡拉），这个拥挤的商业城镇沿着山脊蔓延开来。来这里的旅行者一般都是为了准备长途跋涉，或者体验各种旅行项目。

◎ 景点

马迪凯里城堡（Madikeri Fort） 历史遗迹

这座视野开阔的山顶城堡最初是在16世纪由蒂普苏丹建造，如今是市政总部的所在地，魅力稍逊。可以在部分废墟中徒步一小段距离，城堡的城墙中有六边形宫殿（如今是落满灰尘的地区行政办公室）和殖民时代的教堂，教堂里是一座古怪的博物馆（☺周日至

周五10:00~17:30) 免费 。

王公宝座
观景台

(Raja's Seat; MG Rd; ₹5; ⓢ5:30~19:00) 观赏落日的热门地方，就像曾经的王公一样去体验。视野绝妙，能看到起伏的群山和无尽的山谷。

王公墓群
历史建筑

(Raja's Tombs; Gaddige) 免费 这些圆顶陵墓采用印度—撒拉逊风格，是果达古王室成员和高官显贵的埋葬地。距离城镇7公里，可乘坐机动三轮车（200卢比）。

阿比瀑布（Abbi Falls）
瀑布

雨季之后，非常壮观，21.3米高的瀑布气势如虹。

活动

Coorg Sky Adventures
观光飞行

(☎9448954384; www.coorgskyadventures.com; 短途/长途₹2500/8000) 乘坐超轻型飞机，翱翔在种植园和山谷稻田的上空，享受库格壮丽葱葱的风景。这家专业组织机构很有经验。

Ayurjeevan
阿育吠陀

(☎944974779; www.ayurjeevancoorg.com; Kohinoor Rd; 1小时₹1400起; ⓢ7:00~19:00) 是一家阿育吠陀"医院"，提供各种新奇技术来让人恢复活力，包括饭团按摩和精油沐浴。从印度国家银行步行一小段距离即到。

住宿

周围种植园有很多的客栈，所以没什么理由在马迪凯里住宿，除非你到达时已经很晚了。

Hotel Chitra
酒店 $

(☎08272-225372; www.hotelchitra.co.in; School Rd; 铺₹270, 双₹780起, 带空调₹1760; ❄) 这家混凝土酒店靠近马迪凯里主要交叉路口，所以能听到交通噪音。房间价格低廉，装饰简朴。服务友好。

Hotel Mayura Valley View
酒店 $$

(☎08272-228387; www.kstdc.co/hotels/hotel-mayura-valley-view-madikeri; Stuart Hill; 双/套 含早餐₹3250/4950起; ❄☎) 经过王公宝座之后到达僻静山顶，来到这家政府酒店，它是马迪凯里最好的酒店之一，有宽敞明亮的房间和奇妙的山谷景色。带露台的餐厅—酒吧可以俯瞰山谷，是喝啤酒的好地方。

就餐

Coorg Cuisine
印度菜 $

(Main Rd; 主菜₹100~130; ⓢ正午至16:00和19:00~22:00) 这家餐馆致力于提供一流的地区菜肴，烹制独特的果达古特色菜，比如干炒猪肉（pandhi barthadh）和米团（kadambuttu），值得尝试。氛围并不是特别好，在主路一家商店的楼上，但是墙上装饰着一些肖像画，座椅舒适。

★ Raintree
多种风味 $$

(www.raintree.in; 13-14 Pension Lane; 餐₹170~260; ⓢ11:30~22:00) 这座改建过的可爱平房可谓这座沉闷小镇上的惊喜，氛围家常，提供美味食物，装饰的是结实的木头家具，以及一些部落艺术品。食物也不会让人失望，有当地特色菜，也有海滨菜肴。也出售葡萄酒和美味的果达古咖啡。就在马迪凯里镇公所背后。

实用信息

Travel Coorg（☎08272-223333; www.travelcoorg.in; KSRTC汽车站外边; ⓢ24小时）提供大量的旅行信息，可以安排在居民家中住宿、徒步导游以及其他一些活动。也提供交通工具。

到达和离开

每天从KSRTC汽车站发车去往班加罗尔（电风扇/空调350/539卢比，5.5至7小时）的车次非常多，途中在迈索尔停车（162/250卢比，2.5至4小时）。白天去往门格洛尔的长途汽车（135/283卢比，3至4小时）大约每2小时1班，而去往哈桑（117卢比，4小时）的普通长途汽车则没那么多车次。

马迪凯里周边

马迪凯里周边的迷人高原中隐藏有果达古最迷人的乡村。苍翠的山间点缀着大量香料和咖啡种植园，还种有茶树。

🏃 活动

★ Jiva Spa
阿育吠陀、按摩

(☎08272-2665800; www.tajhotels.com/jivaspas/index.html; Vivanta, Galibeedu; 护理₹2700起; ⊙9:00~21:00)位于极美的Vivanta酒店(见882页)中,周围环绕着雨林,是用各种使人恢复活力的疗法犒赏自己的好地方。有浴缸、一座休息室、美容沙龙、一个瑜伽和冥想区,是南印度最佳之一。必须预约。

Swaasthya Ayurveda Retreat Village
阿育吠陀

(www.swaasthya.com; Bekkesodlur Village; 每人每天包括全部膳宿和瑜伽课程 ₹7000)如果想享受一次宁静的恢复活力的阿育吠陀假期,可以来南库格的这座占地1.6公顷的咖啡和香料种植园,在葱茏的绿意之中抚慰自己的心灵。价格包括每天最多6次的护理。

🛏 食宿

Rainforest Retreat
客栈 $$

(☎08272-265638, 08272-265639; www.rainforesttours.com; Galibeedu; 标单/双 帐篷₹1500/2000, 村舍 ₹2500/3000起; 🛜)🍃这家客栈充满了自然气息,位于森林和种植园中,是一家有机的可持续客栈,是结识印度环保人士的绝佳地方。可住宿在慵懒的露营地里(事先搭好的帐篷,有床)或者太阳能供电的村舍。价格包括田园游览和自由远足。可登录网站查看志愿活动机会。从马迪凯里乘坐机动三轮车的费用为240卢比。

Victorian Verandaz
民宿 $$

(☎08272-200234; http://victorianverandaz.com; Modur Estate, Kadagadal Village; 双 自炊 ₹2000~5500, 民宿 ₹2950; 🛜)这座由家庭经营的出色住宿处位于一座种植咖啡、胡椒、

> **不 要 错 过**
>
> ## 拜拉库比(BYLAKUPPE)
>
> 漂亮的小村拜拉库比保存完好,位置就在迈索尔一门格洛尔公路以南,是印度南部的藏人聚居区。村子建于1961年,10,000多名藏人住在这里(其中包括大约3300名僧侣)。
>
> 没有德里的内政部(Minissry of Home Affairs)签发的保护区许可证(Protected Area Permit,简称PAP),外国人不能在拜拉库比过夜,而申请该证明需要数月的办理时间。联系**Tibet Bureau Office**(☎11-26479737; www.tibetbureau.in; New Delhi),获取详细信息。不过,此地欢迎一日游客。
>
> 该地区的亮点是氛围独特的**南卓林寺**(Namdroling Monastery; www.namdroling.org; ⊙7:00~18:00),那里是壮观得让人惊掉下巴的**金庙**(Golden Temple; Padmasambhava Buddhist Vihara; ⊙7:00~18:00)所在地,供奉着三尊高达18米的镀金佛像。寺庙在祈祷者聚集的时候最为激动人心,突然响起的锣鼓声和数百名年轻僧侣诵经的嗡嗡声让人印象深刻。如果愿意,你可以坐下打坐;可在周围找到客用的蓝色小垫子。**Zangdogpalri寺**(⊙7:00~18:00),一座同样装饰华丽的寺庙,就在隔壁。
>
> 如果你有许可证,简朴的**Paljor Dhargey Ling Guest House**(☎08223-258686; pdgueShouse@yahoo.com; 房间 ₹275~375起)就在金庙对面。想吃美味的藏式饺子(momos)或面条汤(thukpa),就去藏人经营的**Malaya Restaurant**(藏式饺子₹60~90; ⊙7:00~21:00)。**Thirsty Crow**(Namdroling Monastery以南)提供美味的鲜榨果汁、奶昔、柠檬苏打、茶和咖啡。库沙那加(Kushalnagar)附近和周边乡村有许多酒店——包括表现出色的现代化的**Hotel White Wings**(☎9741155900; http://whitewingscoorg.com; 1-86, BM Rd, Kushalnagar; 房间 带空调 ₹2100; ❄🛜)。
>
> 可从库沙那加乘坐机动三轮车(共乘/独乘₹15/30)去往5公里以外的拜拉库比。从马迪凯里(45卢比,45分钟)和哈桑(80卢比,2.5小时)去往库沙那加的长途汽车,车程34公里,发车频繁。从迈索尔至马迪凯里的多数长途汽车都在库沙那加有站。

肉桂和水稻的巨大庄园。住宿可选：有两间可出租的村舍，其中有厨房，可以自炊；一间村舍里还有两个房间，作为民宿。还有很好的观鸟和庄园徒步项目。

Golden Mist　　　　　　　　　家庭寄宿 $$

(☏9448903670, 08272-265629; www.golden-mist.net; Galibeedu; 标单/双 含全膳宿₹2500/4000)这里是一座安静得令人难以置信且非常富于田园风情的住宿处，位于一座由印度籍德国人经营的茶、咖啡和水稻农场。村舍很有特色，虽然都是基本型，最适合喜欢户外活动的游客，而非迎合那些喜欢创意舒适的人。膳食都是美味的当地菜肴，采用农场种植的有机食材，员工非常热情。很难找，而且没有路标，从马迪凯里乘坐机动三轮车前来的价格为250卢比。

★ Vivanta　　　　　　　　　　　酒店 $$$

(☏08272-665800; www.vivantabytaj.com; Galibeedu; 房间₹15,800起; @ ⚛ ☒)这家酒店横跨72公顷的雾色雨林，轻松时尚的设计结合了空间准则和极简主义，有效地将酒店自身与周围环境融合在一起。古老的牛道连接各个房间，高档的房间内配有私人泳池、壁炉和管家。从大厅和巨大的泳池中可看到惊艳的高原美景，还附设一座顶级的阿育吠陀温泉浴场（见881页）。

卡卡贝 (Kakkabe)

☏08272 / 人口580

这座宁静的小村位于森林密布的小山之中，是热门的徒步目的地，很适合作为攀登库达古最高峰达蒂耶达摩尔山的理想大本营，或者也可以沿着风景如画的高原小径享受沿途美景。

🍴 食宿

★ Honey Valley Estate　　　　　客栈 $

(☏08272-238339; www.honeyvalleyindia.in; 房间₹800起, 不带浴室₹550起; ⚛)这家为徒步者准备的出色客栈位于一座小山顶上，海拔超过1250米，为你提供了一个凉爽、清新和自然的住宿环境。店主友好，注重环保，了解当地野生动物，非常棒。这里有18条当地徒步线路，6个不同的住宿处。只能从卡卡贝乘坐四驱车（200卢比，通过酒店预订）前往。

Chingaara　　　　　　　　　　　客栈 $$

(☏08272-238633; www.chingaara.com; Kabbinakad; 房间 含早餐和半膳宿₹2300~3200; ⚛)这座美丽的农场住宅位于一片青翠的咖啡种植园中，附近有很好的观鸟地。房间宽敞，大多数都视野开阔——尤其是9号房。提供美味的家常食物，员工晚上会生起一堆篝火。位于一座陡峭的岩石山腰，从山脚向上2.5公里即到（只能通行四驱车）；提前致电，店里的吉普车会到Kabbinakad岔路口接你。

Tamara Resort　　　　　　　　度假村 $$$

(☏080-71077700; www.thetamara.com; Yavakapadi Village; 房间 含食物和活动₹23,800起; ❋⚛☒)这座浪漫的自然度假村位于一座咖啡庄园，吊脚小屋高耸在苍翠的树林上方。豪华房间中铺设的是柚木地板，带阳台和双人间。餐厅高耸在种植园之上，透过玻璃地板能看到下面的田地，令人难忘。这里有3条很好的当地步道，也有瑜伽课程和一座水疗房。不接受12岁以下的儿童。

哈桑 (Hassan)

☏08172 / 人口138,000

这座不规则展开的拥挤的交通中转站（有不错的住宿处）没什么吸引力，只能作为游览附近贝卢尔、赫拉比德和斯莱湾娜拜拉古拉的大本营。**旅游局办事处**(☏08172-268862; AVK College Rd; ⓘ周一至周五 10:00~17:30)能提供交通工具的建议。

🛏 住宿

SS Residency　　　　　　　　　酒店 $$

(☏08172-233466; www.ssresidency.co.in; BM Rd; 房间₹1960; ❋⚛)这座现代化的酒店位于市中心，有多种房间可选，全部都装饰有奶油色的家具，配备有线电视和小冰箱，很吸引人。不过没有餐厅。

ⓘ 到达和离开

从市中心以南500米处的**新公共汽车停靠站**(Hwy 71)出发，有长途汽车可前往迈索尔（112卢比，3小时）、班加罗尔（192至469卢比，3.5至

4.5小时)和门格洛尔(163至355卢比,3.5至4.5小时)。前往贝卢尔、赫拉比德或斯莱湾娜拜拉古拉一日游的价格约1400卢比。

从哈桑组织良好的火车站出发,每天有3至4班火车可前往迈索尔(卧铺/空调卧铺2类 140/695卢比,2至3小时),晚上没有车。要前往班加罗尔,3:00有红眼(red-eye)的16518 Bangalore Express(卧铺/空调卧铺2类 180/695卢比,5.5小时)。

贝卢尔(Belur)

08177 / 人口 9320 / 海拔 968米

贝卢尔(也被称作Beluru)和附近赫莱比德的曷萨拉王朝寺庙群是古代印度文化发展史上艺术最发达时期的巅峰之作。从建筑角度来说,它们是中央邦的克久拉霍(Khajuraho)及奥里萨邦(Orissa)的布里(Puri)附近的科纳克太阳神庙的南印度版本。

⊙ 景点

Channakeshava寺 印度教寺庙

(Temple Rd;导游₹250;⊗7:30~19:30)这座寺庙在1116年被钦定为庆祝曷萨拉王朝战胜邻国朱罗王朝的纪念场所。经过一个多世纪的修建,这里如今是三处曷萨拉王朝主要遗迹中唯一仍在使用的一处——可以在9:00、15:00和19:30,去那里看看礼拜仪式(献祭或祈祷)。

寺庙的某些部分,比如外面较低的雕带,并未雕刻完成,因此精美程度稍逊。较高地方的雕刻则在细节和艺术性上无可比拟,这些地方是对人类技巧的崇高致敬。尤其耐人寻味的是刻画了女性仪式舞蹈动作的角形托座人像。由于寺庙的前部要描绘印度《爱经》(Kama Sutra)中的形象,故而后部的雕绘便全部留给了众神。室内圣所的屋顶由成排精雕细刻的柱子支撑,任意两根柱子的设计绝不雷同。

🛏 食宿

Hotel Mayura Velapuri 酒店 $$

(0817-7222209; www.kstdc.co/hotels; Kempegowda Rd;双 带电扇/空调 ₹1200/1550;

)一家翻修过的邦营酒店,位于去往Channakeshava寺庙的路上,房间相当舒适和宽敞。餐馆兼酒吧提供各种可搭配啤酒的印度菜肴(80卢比起)。

❶ 到达和离开

有很多公共汽车往返38公里以外的哈桑(44至96卢比,45分钟)和赫莱比德(25卢比,30分钟)。也可以从班加罗尔或迈索尔参加KSTDC的一日游前来。

赫莱比德(Halebid)

08177 / 人口 9348

赫莱比德(也被称为Halibidu或Halebeedu)是一座小镇,这里有精美的曷萨拉寺庙,以及其他一些较小的耆那教遗址。大多数游客会从西边15公里外的贝卢尔前来一日游。

⊙ 景点

Hoysaleswara寺 印度教寺庙

(⊗黎明至黄昏)作为赫莱比德名气所在的Hoysaleswara寺,从公元1121年左右开始修建,持续建设超过80年。尽管这里一直没有完工,却仍然是曷萨拉建筑的杰出代表。室内圣所是在黑色的岩石中凿出的,真是不可思议。室外寺庙的墙壁上有着华丽的雕刻,满刻着印度教诸神祇、先贤以及风格独特的动物,雕带上清晰描绘着曷萨拉统治者的日常生活。

博物馆 博物馆

(₹5;⊗周六至周四 9:00~17:00)寺庙旁边是一家小博物馆,展示来自赫莱比德周边的美丽雕塑。

🛏 住宿

Hotel Mayura Shanthala 酒店 $$

(08177-273224; www.kstdc.co/hotels/; 双 含早餐 ₹1600起;)坐落于寺庙群正对面的一座树木繁茂的花园内,这里是绝佳的住宿场所。

❶ 到达和离开

公共汽车从33公里以外的哈桑(35卢比,1

小时)定时发车,前往贝卢尔的价格是25卢比。KSDTC组织的前往班加罗尔和迈索尔的团队游也可到访赫莱比德。

斯莱湾娜拜拉古拉（Sravanabelagola）

☏08176 / 人口5660

在文迪亚吉里山（Vindhyagiri Hill）光秃秃的岩石山顶上,有一座17.5米高的耆那教神像Gomateshvara（Bahubali）,在你到达朝圣小镇斯莱湾娜拜拉古拉之前很远就能看到。近距离观看石像是前往这个宁静小镇的主要原因,小镇名字的意思是"白湖僧侣"（也拼作Shravanabelagola）。

◉ 景点

Gomateshvara Statue　　　　　耆那教遗址

（Bahubali; ◷6:30~18:30）攀登完614级陡峭的台阶便可到达文迪亚吉里山山顶,最高处耸立着耆那教神灵Gomateshvara（Bahubali）赤裸的神像。公元98年,恒伽国王Rachamalla的一名军事指挥官要求雕刻家Aristenemi对这块巨石进行雕刻,据称这是世界上最高的巨石雕塑。记得在山脚脱鞋。

Bahubali是Vrishabhadeva皇帝的儿子,后来成为耆那教首位祖师（tirthankar,意即受人尊敬的老师）,名为阿迪那特（Adinath）。由于卷入与胞弟Bharatha争夺父亲王位的激烈争斗,Bahubali最终感悟到物质利益的无谓,并宣布放弃王位。作为一位隐居者,他在森林的无边静寂中冥想,直至觉悟。他的雕像腿部缠绕着葡萄藤,脚下是蚂蚁一般的山峦,表示他经过了漫长时间的冥想。

每隔12年,数百万人聚集在此,参加**神圣头恩膏仪式**（Mastakabhisheka; ◷2月）,那时人们会用圣水、圣浆、圣粉、珍贵的金属和石头清洗雕像。

⊨ 食宿

当地的耆那教组织**SDJMI**（☏08176-257258）负责15家客栈（双/标三₹250/310）的预订。办公室就在Vidyananda Nilaya Dharamsala的后面,经过邮局即到。

Hotel Raghu　　　　　　　　　　　酒店 $

（☏08176-257238；标单/双 ₹400/500起,双 带空调 ₹900; ❈）非常基本型的房屋,是在城镇上你绝对不会入住的那种度假村。不过楼下的素食餐馆能烹制出非常棒的素食塔利（90卢比）。

❶ 到达和离开

从斯莱湾娜拜拉古拉至哈桑和贝卢尔没有直达公共汽车——你必须先去往恰纳亚巴特纳（Channarayapatna; 40卢比, 20分钟）,然后在那里搭乘继续前行的车。开往迈索尔（149卢比, 1.5小时）直达公共汽车每天一班。

卡纳塔克邦海岸

门格洛尔（Mangalore）

☏0824 / 人口492,500

在悠闲的海岸小镇和狂热的噩梦之间不断转换,门格洛尔（又名Mangaluru）就像"变身怪医"（Jekyll and Hyde）一样具有双重人格,不过确实是前往康坎海岸和内陆的果达古地区的便利门户。虽然这里并没有太多事可做,但是有一种迷人的感觉,让人觉得这里的一切都"不走寻常路"。风味独特的海鲜菜肴是这儿绝佳的美食。

门格洛尔位于风景如画的尼塔瓦提河（Netravathi River）和古鲁普尔河（Gurupur River）汇入阿拉伯海的河口处,自6世纪以来,门格洛尔就是国际贸易线路上一处

斯莱湾娜拜拉古拉的耆那教寺庙

除了Gomateshvara雕像之外,镇上还有几座有趣的耆那教寺庙。**Chandragupta Basti**（Chandragupta社区; ◷6:00~18:00）位于文迪亚吉里山对面的钱德拉吉里山（Chandragiri Hill）,据说由阿育王（Emperor Ashoka）修建。位于镇子东南角的**Bhandari Basti**（Bhandari社区; ◷6:00~18:00）是斯莱湾娜拜拉古拉最大的寺庙。附近的**Chandranatha Basti**（Chandranatha社区; ◷6:00~18:00）有保存完好的绘画,描绘了耆那教的传说。

Mangalore(Mangaluru) 门格洛尔

Mangalore(Mangaluru) 门格洛尔

◎ 景点
- 1 圣阿洛伊修斯学院教堂..........................C3
- 2 苏丹的炮台..A1

🛏 住宿
- 3 Adarsh Hotel.......................................C3
- 4 Gateway Hotel....................................B4
- 5 Hotel Manorama.................................C3
- 6 Hotel Roopa.......................................D3

🍴 就餐
- 7 Gajalee...D1

- 8 Kadal..C3
- 9 Lalith Bar & Restaurant......................C3

🍷 饮品和夜生活
- 10 #45...C4
- 11 Spindrift..C1

ℹ️ 实用信息
- 12 HDFC...C3
- 13 迈索尔邦立银行自动柜员机.................C3

重要的港口。

◎ 景点

圣阿洛伊修斯学院教堂　　　　　　教堂
　（St Aloysius College Chapel; Lighthouse Hill;

☉9:00~18:00）门格洛尔的天主教渊源可以追溯至16世纪早期葡萄牙人到来的年代。这座1880年修建的西斯廷圣阿洛伊修斯学院教堂的墙壁和天花板上都绘制了精彩的壁画，是最令人印象深刻的遗迹之一。不允许拍照。

苏丹的炮台 城堡

(Sultan's Battery; Sultan Battery Rd; ◎6:00~18:00)在这座小监视哨可以看到优美的静水风光,是蒂普苏丹城堡的唯一遗迹。老码头的海角距离市中心4公里。

乌拉尔海滩 (Ullal Beach) 海滩

这片开阔的金色沙滩是逃离城市热浪的出色目的地。位于门格洛尔以南12公里处,在尼塔瓦提河口对岸。乘坐Uber/机动三轮车单程价格200卢比,或者可以从城市公共汽车停靠站乘坐44A或44C(10卢比)。

🛏 住宿

Hotel Roopa 酒店 $

(☎0824-2421272; www.roopahotel.com; Balmatta Rd; 房间 带电扇/空调 ₹450/1300起; ❄@🌐)城里最超值的酒店之一,靠近KSRTC公共汽车站。价格合理,管理专业,房间体面且便宜。还有一家出色的地下室餐厅和酒吧。

Hotel Manorama 酒店 $

(☎0824-2440306; KS Rao Rd; 标单/双 ₹620/640, 带空调₹1120起; ❄)提供干净且性价比高的房间,还有一座陈列印度教雕塑及其他文物的大厅,第一眼就让人难忘。靠近市中心的购物商场和美食城。

Adarsh Hotel 酒店 $

(☎0824-2440878; Market Rd; 标单/双 ₹340/500)这家老派酒店位于市中心,位置便利,房间维护得相当好,价格很便宜。

Gateway Hotel 酒店 $$$

(☎0824-6660420; www.tajhotels.com; Old Port Rd; 标单/双 含早餐 ₹5840/6260起; ❄@🌐🏊)这家酒店属于泰姬(Taj)集团,宽敞的房间里有等离子电视和配有软枕的床,不过浴室有些旧。有环绕着草坪与躺椅的20米长的可爱游泳池,还有一座小型水疗中心和一家出色的餐厅。

🍴 就餐

Lalith Bar & Restaurant 海鲜 $$

(Balmatta Rd; 主菜₹150~400; ◎11:30-15:30和18:30~23:30; ❄)特色菜是地道的门格洛尔海鲜美食,例如辣味红椰子咖喱汁焖马沙拉煎鱼,或者美味的炸虾,虽破旧却总是很受欢迎。再从储量丰富的酒吧来一瓶冰镇啤酒,就更完美了。

Kadal 南印度菜 $$

(www.kadalrestaurant.in; Nalapad Residency, Lighthouse Hill Rd; 主菜₹150~230; ◎11:00-15:30和18:30~23:00; 🌐)这家高层餐馆能看到美丽的城市风景,室内灯光优雅,环境温馨。试试味道奇特的uruval(椰子海岸咖喱)鸡肉或可口的烤酥油虾。相对于菜品的质量和用餐体验来说,价格合理。

值 得 一 游

冲浪信徒

冲浪者和大海母亲之间总有一条精神的纽带,在门格洛尔以北30公里的穆尔基(Mulki),**Surfing Ashram**(Mantra Surf Club; ☎9663141146; www.surfingindia.net; 6-64 Kolachikambla, Mulki; 租用冲浪板/课程 每天 ₹700/2200)将这句话提升至全新的高度。这家克利须那教派的静修处是由这里的美国古鲁所创建,他从1963年开始冲浪(并且在印度居住长达40年)。信徒们每天在冲浪的间隙,遵循礼拜、诵经和冥想的仪式,坚持纯素食主义。

全年都可以冲浪,但最适合的月份是5月至6月、9月至10月。信徒们也可以帮助提供有关印度各处冲浪的信息。租赁冲浪板每天费用700卢比,每天课程2200卢比。

如果没有浪,他们也有SUP冲浪板可在河里或海上用,有海上皮划艇和摩托艇可进行尾波滑水。也可以前往近海小岛潜水。

中心给人 种家庭海滨小屋的感觉,价格适宜(每人/情侣 含全膳宿 ₹2800/3900)。

欢迎所有人前来,不过务必注意这里是有严格信仰的地方,有些准则需要遵守,包括住宿期间不吃肉、不喝酒、不抽烟和禁性欲。

从门格洛尔出发的火车

目的地	火车编号和名称	票价(卢比)	行程(小时)	发车频次
班加罗尔	16524 Bangalore Exp	卧铺/空调卧铺2类 280/1080	11.5	20:55
金奈	12686 Chennai Exp	卧铺/空调卧铺2类 460/1725	15.5	16:20
戈卡那	16523 Karwar Exp	卧铺/空调卧铺2类 190/6900	5.5	7:55
戈卡那	12620 Matsyaganda Exp	卧铺/空调卧铺2类 235/825	4	14:35
特里凡得琅	16630 Malabar Exp	卧铺/空调卧铺2类 340/1320	15	18:15

Gajalee 海鲜 $$$

(☎0824-2221900; www.gajalee.com; Circuit House, Kadri Hills; 主菜₹160~1280; ⓗ10:00~23:00)在这个以海鲜著称的小镇里,当地人经常说这家店是做得最好的。咖喱鱼超赞,以香辣的椰子汁为底料,蛤蜊koshimbir是在浓郁的绿色马沙拉中烹煮。

🍷 饮品和夜生活

★ Spindrift 小啤酒厂

(www.facebook.com/SpindriftMangalore; 5th fl, Bharath Mall, Lalbagh; ⓗ11:00~23:00; 📶)这里是城里的第一家小啤酒厂,室内空间宽阔,有户外餐位,周末夜晚会有民谣艺术家、独立乐团和DJ来营造气氛。桶装的啤酒(230卢比起)包括麦芽啤酒、皮尔森和印度艾尔啤酒,也有许多美味小吃。

#45 咖啡馆

(Trinity Commercial Complex, Attavara Rd; ⓗ10:30~22:30; 📶)这家时髦的小咖啡馆很受学生欢迎,提供各种大份奶昔(包括费列罗巧克力和能多益巧克力口味)、新鲜果汁、美味咖啡、卷饼、汉堡和早餐。

ℹ️ 到达和离开

飞机

门格洛尔国际机场(Mangaluru International Airport; ☎0824-2254252; www.mangaloreairport.com)在城镇东北约15公里处,每天都有航班前往孟买、德里、班加罗尔、海得拉巴和金奈,也可前往阿布扎比、多哈和迪拜。

印度航空(☎0824-2451046; Hathill Rd; ⓗ周一至周六 9:00~17:30)

捷特航空(☎0824-2441181; Ram Bhavan Complex, KS Rao Rd; ⓗ周一至周六 9:00~17:30)

长途汽车

KSRTC汽车站(☎0824-2211243; Bejai Main Rd)距离市中心3公里。每隔半小时有1班豪华长途汽车开往班加罗尔(406至815卢比,7至9小时),途中会经过迈索尔(245至505卢比,5至6小时)。

德尔默斯德拉 49~82卢比,1至2小时,每天8:05和14:20

埃尔讷古勒姆 845卢比,9小时,21:00

戈卡那 234卢比,5.5小时,每天12:45

哈桑 163至355卢比 3至5小时,每天12班

马迪凯里 135至305卢比,3.5至4小时,每天11班

帕纳吉 359至698卢比,8至9.5小时,每天1至3班

要去往乌迪比(Udupi, 58卢比, 1.5小时),可前往**城市长途汽车停靠站**(国家银行停靠站)乘车。

火车

主要火车站门格洛尔中央火车站(Mangalore Central)在市中心以南。

ℹ️ 当地交通

在城市汽车站乘坐47B或47C路公共汽车。搭乘Uber价格约350卢比。

德尔默斯德拉 (Dharmasthala)

☎08256 / 人口 10,340

从门格洛尔往内陆方向是一连串耆那寺庙镇,比如Venur、穆德比德里(Mudabidri)和加尔加尔(Karkal)。其中最有趣的是德尔默斯德拉村,位于门格洛尔以东75公里处,尼塔瓦提河(Netravathi River)沿岸。每天都有数千名朝圣者经过这座小镇。假期和主要节日期间,比如Lakshadeepotsava(ⓗ11月)为期5天的朝圣节,客流量将增加十倍。

◎ 景点

Manjunatha寺
印度教寺庙

(⊙6:30~14:30和17:00~20:45) 这座喀拉拉风格的精美寺庙有一座以黄铜箔片搭建的金灿灿的三角形屋顶,其中的木雕最近刚进行过精心修复。门外有三根象鼻为朝圣者赐福;男性进入寺庙必须袒露胸膛,遮盖腿部。支付200卢比就可以走快速通道。

小汽车博物馆
博物馆

(Car Museum; ₹5; ⊙8:30~13:00和14:00~19:00) 别忘了参观这座奇妙的小汽车博物馆,里面有48辆复古汽车,包括1903年的雷诺(Renault)、圣雄甘地使用过的20世纪20年代的斯蒂旁克总统车(Studebaker President),还有经典的奔驰、雪佛兰和劳斯莱斯模型。不允许拍照。

🛏 住宿

这里住宿选择很少。可联系**寺庙办公室**(☏08256-277121; www.hridharmasthala.org)帮忙安排。

Rajathadri Guest House
小屋 $

(www.shridharmasthala.org/online-accommodation; 房间 带电扇/空调 ₹500/1000) 位于主要寺庙以北约700米处,是为朝圣者提供的,可以在线预订。房间里最多可入住3人。

🍴 就餐

Manjunatha Temple Kitchen
印度菜

(⊙11:30~14:15和19:30~22:00) **免费** 提供简单的免费膳食,连接的大厅里可容纳3000人。组织高效。

ℹ 到达和离开

从门格洛尔去往德尔默斯德拉的长途汽车(75卢比, 2.5小时),车次频繁。

乌迪比(Udupi)

☏0820/人口 177,800

乌迪比就在海滩往内陆过去一点的地方,是一个神圣的地方。这里有一座古老的印度教寺庙和几座修道院。

◎ 景点

克利须那寺庙
印度教寺庙

(www.udupisrikrishnamatha.org; Krishna Temple; Car St; ⊙3.30~22:00) 乌迪比有一座独具氛围的13世纪克利须那寺庙,一年到头都能吸引数以千计的印度教朝圣者。周围有8座寺院(maths),形成一片热闹的活动场景,乐师在入口处演奏,用于礼拜的大象也会出现,还有来来往往的朝圣者。寺庙也欢迎非印度教徒进入;男性必须敞胸进入。Udupi

---

女王战士RANI ABBAKKA

令人意外的是,名列印度首代自由战士之一的Rani Abbakka的传奇功绩在门格洛尔之外几乎无人知晓——仅仅是因为她身为女性。这位印度的圣女贞德,她令人振奋的故事看来只能留给宝莱坞或是好莱坞的编剧们去发掘了。

16世纪,葡萄牙人试图占领果阿邦各地乃至门格洛尔的各城镇以巩固其在印度西海岸的统治,事实表明,乌拉尔成为葡萄牙人的一大难关。葡萄牙人的失败要归因于这位"无畏女王",葡萄牙人试图霸占获利丰厚的香料贸易,然而"无畏女王"显然成为这一宏大计划中的绊脚石。她不断击退葡萄牙人的事迹早已成为当地传奇故事的素材。

"无畏女王"饱读兵书,无论是战略还是战斗,她都十分在行。女王甚至懂得如何挥舞宝剑,然而由于她前夫的阴险背叛,向敌人泄露了情报,最终导致了她的失败。

女王团结百姓挫败强大葡萄牙人的努力并未被当地人遗忘:她的骑马铜像就坐落在去往乌拉尔海滩的路上环岛处,而且每年都有纪念她的节日;女王以这样的方式实现了永垂不朽。

乌拉尔以南几公里处,美丽的Someshwara海滩上有一座海滨寺庙,以前是她的堡垒,如今只有墙壁部分还保存完好。

Paryaya节期间,寺庙中会演示复杂的仪式。

🛏 住宿

Shri Vidyasamuda Choultry 酒店 $

(☎0820-2520820; Car St; 房₹150~350) 寺庙附属有几家朝圣者酒店,这座简单的酒店视野最好,能俯瞰迦特(水畔石阶)。

Hotel Sriram Residency 酒店 $$

(☎0820-2530761; www.hotelsriramresidency.in; Head Post Office Rd; 房间 带电扇/空调 ₹1035/1868起; ❄@) 一座经营得很好的酒店,有大量的房间可选,楼上的一些房间能眺望到克利须那寺庙。还有两座酒吧和一座好的海鲜餐厅。

🍴 就餐

乌迪比以素食闻名,豪华的塔利在整个印度都广受好评;这里还诞生了看似不起眼的脆饼(humble dosa)。

Woodlands 印度菜 $

(Dr UR Rao Complex; 脆饼₹60起,餐₹100起; ⊙8:00~15:13和17:30~22:30) 被认为是镇上最好的素食餐厅,有一间空调餐厅可供你躲避炎热。在克利须那寺庙以南步行不远的地方。

Mitra Samaja 印度菜 $

(Car St; 餐₹80起; ⊙8:00~21:00) 一座著名的老餐厅,提供美味小吃、脆饼和咖啡。可能会人满为患。就在克利须那寺庙南边。

ℹ 到达和离开

乌迪比在门格洛尔以北58公里的海岸沿线,有很多的长途汽车在两地之间往返(40至62卢比,1.5小时)。每天14:00还有1班车前往戈卡那(180卢比,4小时),去班加罗尔(434至880卢比,8至10小时)的车很多(多数在夜间)。有去马尔佩(9卢比,30分钟)的定时公共汽车。

马尔佩(Malpe)

☎0820 / 人口1980

马尔佩是乌迪比西边4公里处的一座悠闲的海岸渔港,有美丽的海滩,可以尽情在海浪中扑腾(不过在周末和节假日,会有摩托艇、香蕉船和四轮摩托车扰乱气氛)。

◎ 景点和活动

圣玛丽岛(St Mary's Island) 岛屿

这座小岛紧靠马尔佩海岸,是1498年瓦斯科·达·伽马(Vasco da Gama)登陆的地方。6月至10月中旬期间没有船运营。在马尔佩码头,可以乘船(往返 100卢比,45分钟,11:00出发或者人满开船)上岛,或者可以从这里的马尔佩海滩包船。

🛏 食宿

Paradise Isle Beach Resort 酒店 $$

(☎0820-2538777; www.theparadiseisle.com; 房间 ₹3000~5500; ❄@🛜☰) 这家大型混凝土酒店就在沙滩上,有舒适的房屋,从许多房间都能看见海景。提供多种阿育吠陀套餐,包括按摩和定制项目、水上运动,例如乘香蕉船和喷气式滑水车,还可以到附近的Hoode组织回水游艇巡游(每对伴侣 4000卢比; ⊙10月至次年3月)。

ℹ 到达和离开

去往乌迪比的公共汽车费用是9卢比,机动三轮车是60卢比。

焦格瀑布(Jog Falls)

☎08186

焦格瀑布(5卢比)是印度第二高的瀑布,但只有在雨季才恢复生机。4道瀑布中最高的是Raja,落差293米。想要看到瀑布美景,绕开靠近汽车站的区域,沿着1200多级台阶的小路徒步,到达瀑布底部。雨季时,要小心水蛭。

🛏 住宿

Hotel Mayura Gerusoppa Jogfalls 酒店 $$

(☎08186-244732; www.kstdc.co/hotels/hotel-mayura-gerusoppa-jogfalls; 铺 ₹300,双 带电扇/空调 含早餐 ₹1950/2400; ❄🛜) 这座政府经营的酒店靠近瀑布停车场,房间很多,打理得都很好,全部视野都很开阔,不过淡季可能稍微有些发霉。宿舍有10个床位,更适合

水牛方程式大赛（FORMULA BUFFALO）

可以称为土生土长的拉力赛（Grand Prix）。Kambla，即传统的水牛竞赛，在卡纳塔克邦南部沿海是非常受村民欢迎的娱乐活动。20世纪早期开始流行，当地农民在结束一天的田间劳作后，习惯性地比一比谁的水牛先到家，这种竞赛即脱胎于此，如今更是大热。每一期比赛都有数以千计的观众参加，准备参赛的水牛被精心呵护，就像对待纯种马一样。

Kambla活动在11月至次年3月之间举行，通常在周末。水牛沿着稻田里布置的平行赛道冲向终点。多数情况下，人们坐在固定在犁头上的木板上，简直就是被这些野兽拖着沿赛道冲浪。水牛比人更快，可以在水和泥中间，在大约14秒的时间内，冲过120多米的距离！

当地的学生住宿。注意周末价格会上涨，无线网络仅限大堂使用。

❶ 到达和离开

大多数人会包出租车往返，从戈卡那往返价格为2200卢比。或者可以乘坐经由古姆达（Kumta）的长途汽车，在霍纳沃尔（Honavar）下车（68卢比）；如果是经巴加罗尔前来，则是在希莫加（Shimoga）下车（470卢比，9小时）。

戈卡那（Gokarna）

☎08386 / 人口 28,880

游客最喜爱的印度海滩之一，戈卡那吸引了大量游客，这里没有大规模的聚会，来这里会度过低调而放松的海滩假期。多数住处都是茅草竹屋，位于几处令人心旷神怡的海岸上。

实际上，有两个戈卡那。毗邻海滩的是神圣的印度教朝圣小镇，其中遍布古代寺庙，在重要的节日，比如湿婆节（Shivaratri；⊙2月/3月）和甘尼许节（Ganesh Chaturthi；见839页）期间很热闹。尽管生机勃勃的集市是有趣的探访目的地，不过绝大多数的外国游客不会在此过夜，而是径直去往毗邻的海滩。

◉ 景点

最好的海滩在戈卡那镇以南，最好的是Kudle海滩（距离戈卡那5公里），接着是奥姆海滩（Om Beach；距离戈卡那6.6公里）。隐藏在奥姆海滩南边的是小小的半月湾（Half Moon Bay）和天堂海滩（Paradise Beach），不通公路。有一条可爱的海滨小路将所有的沙滩连起来，不过因为有（偶尔的）抢劫案报道，最好不要独行。

★奥姆海滩（Om Beach） 海滩

戈卡那最好的海滩之一，迂回曲折几公里，据说外形像是"Ω"。这里由几座绝美的海湾组成，宽阔的海湾上点缀有小一些的沙滩，是晒日光浴和游泳的完美去处。绝大多数时候，海水起伏不大时，都很适合游泳，不过官方告示牌上是禁止游泳的（曾有当地游客在汹涌海浪中丧生）。

Kudle海滩（Kudle Beach） 海滩

这座宽阔的水湾背靠一片林木茂盛的海岬，一片美丽开阔的沙滩朝大海延伸开去。餐厅、客栈和瑜伽营地在海滩后部，但是有足够的间距，而且开发完善，所以都很宁静迷人。

半月湾（Half Moon Bay） 海滩

一座迷人的小海湾，一捧细沙，还有基本的小屋住宿。这里没有公路，只有一条小路连接。从奥姆海滩（距离戈卡那镇5公里）步行前来大约需要30分钟，或者可以从戈卡那镇雇船过来。

天堂海滩（Paradise Beach） 海滩

天堂海滩既有沙滩，也有岩石，很适合长期"聚神—入世—出离"（turn-on-tune-in-drop-out，迷幻大师Timothy Leary的名言，这里指服用迷幻药）的人们。但是，遗憾的

❶ 戈卡那的寺庙

这是一个非常神圣的小镇，外国人在寺庙及周边地区应该心存敬畏：不要进入里面的圣所，那里仅限印度教教徒进入。信徒在进入神圣寺庙之前，一般会在海里沐浴，也经常斋戒，许多还会剃头。

是，按惯例政府会拆除所有的小屋；这里处于风雨飘摇的状态——因此这里一切都需要自带。如果有吊床或帐篷，那么这个完全与世隔绝的环境是个绝佳选择。

★ Mahaganapati寺 印度教寺庙

（Car St；◎6:00~20:30）**免费** 氛围很好的寺庙建筑群，周围环绕着巷弄，但内部却很宁静。这里还有一座罕见的石头雕塑，描绘的是站立的象鼻神，据称有超过1500年的历史，它的脑袋扁平——据说那象征着被魔王罗波那击中的地方。这里是戈卡那神圣程度排名第二的地方，朝圣者在来这里之前一般会先去旁边的马哈巴莱斯赫瓦尔寺。外国人不能进入内室。

★ 马哈巴莱斯赫瓦尔寺 印度教寺庙

（Mahabaleshwara Temple；Car St；◎6:00~20:30）**免费** 这座充满灵性的寺庙是献给湿婆的，据称是公元4世纪，由卡达姆巴王朝的Mayurasharma采用花岗岩建成。印度教认为，朝圣者哪怕只是看一眼寺庙，都会得到赐福，而且这里也会为死者举行仪式。寺庙的主题是一座楼塔（gopura），里面有一头石牛

另辟蹊径

穆鲁德施瓦尔（MURUDESHWAR）

对于那些走海滨道路从戈卡那前往门格洛尔的人来说，海滨朝圣小镇穆鲁德施瓦尔值得停靠。这里最著名的景点是海滨巨大的**湿婆雕像**，就位于海滨，俯瞰阿拉伯海。想获得最佳视野，可乘坐电梯，登上摩天大楼一般的**圣穆鲁德施瓦尔寺**（Shri Murudeshwar Temple；电梯₹10；◎电梯7:45~12:30和15:15~18:45）上到18层的楼顶。

小镇位于主公路旁边3公里处，可乘坐沿海滨行驶的火车或公共汽车前来。如果想过夜，海滨民宿**Mavalli Beach Heritage Home**（☎9901787993；http://mavallibeachheritage.com；房间₹4200；※⊚）有4栋时髦的房屋，氛围温暖，提供很棒的家常食物，不过道路条件很差。

正对着内室，那里放着湿婆的林迦（lingam，湿婆的阴茎象征）。外国人可以进庙，但不能进入内室。

Koorti Teertha 印度教遗址

一座巨大的寺庙水库，是当地人、朝圣者和衣着一尘不染的婆罗门沐浴的地方。

戈卡那海滩（Gokarna Beach） 海滩

戈卡那的主海滩不干净，不适合随意游泳日晒。主要区域很受印度国内游客的欢迎，不过如果你继续往北走，会找到一块很长的沙滩，似乎会无限绵延下去。旺季时这里有一些冲浪地。

🏃 活动

Cocopelli Surf School 冲浪

（☎8105764969；www.cocopelli.org；Gokarna Beach；课程 每人₹2000，冲浪板租赁2小时₹750；◎10月至次年5月）提供国际认证的教练课程，出租冲浪板。

✪ 节日和活动

★ 湿婆节 宗教

（Shivaratri；◎2月/3月）在这个持续9天的节日的最后阶段，会有数百名朝圣者推着一辆二轮马车，上面承载的是湿婆及其林迦的雕塑，穿过大街小巷。

🛏 食宿

对于大多数游客来说，戈卡那只是个在海滩上简陋的棚屋中睡觉的地方。不过，这里的高档旅馆和酒店也越来越多，所以如果你不想那么艰苦，也有别的选择。注意：从11月到次年3月间，大多数住宿处都歇业。

🛏 奥姆海滩（Om Beach）

★ Nirvana Café 客栈 $

（☎9742466481；村舍₹700~900；⊚）这里迷人的村舍面朝海滩东面，是奥姆最好的住宿处之一，全部都有前门廊，面朝一座小小的中央花园。在其中还有出色的海滩餐厅、洗衣房和旅行社。

Namaste Café 客栈 $

（☎08386-257141；www.namastegokarna.com；房间 带电扇/空调₹1080/1720起；※⊚）这

座历史悠久的客栈位于奥姆海滩的起点，是海滩上最高档的住宿处，住宿条件很好，在一片葱茏的花园之中，舒适设施包括空调、无线网络和热水。

Dolphin Shanti 客栈 $

（☎9740930133；房间 ₹300起）这座简单客栈位于奥姆海滩最东端，房间都是基本型的，但很迷人。位于岩石上，可以看到奇妙的海景，因为在这里经常会发现海豚而得名。

Sangham 平房 $

（☎9448101099；Om Beach；房间 ₹650，不带浴室₹400）这些毫无虚饰的混凝土平房位于一座花园海滨餐厅的背后。房间是基本型的，显得稍微有些乏味，床垫不错，有蚊帐。

★ SwaSwara 酒店 $$$

（☎08386-257132；www.swaswara.com；标单/双 5晚 €1820/2450起；❄@🛜🛁）"心灵旅行"是这里的准则，在这里，你当然能找到实现这一目标的各种基础设施，因为这里是南印度最好的度假地之一。有瑜伽、阿育吠陀、护理、冥想空间，也有带露天淋浴和漂亮休憩区的优雅私人空间。不能短住。

Sunset Point 印度菜 $

（主菜 ₹120~200；⊙7:30~22:00）这家由家庭经营的餐厅位于奥姆海滩最东端，能眺望海浪。长长的菜单上包括早餐、三明治、印度菜和中国菜，烤王鱼的价格约180卢比。

Om Shree Ganesh 多种风味、印度菜 $

（餐₹80~170；⊙8:00~15:00和18:00~22:30）这家气氛独特的双层餐馆在奥姆海滩上一条小溪的对岸，提供美味的菜肴，比如泥炉虾、蘑菇块和藏式饺子（momos）。

Namaste Cafe 多种风味 $$

（主菜 ₹120~230；⊙8:30~16:00和18:00~23:00）这家迷人的双层餐厅是奥姆海滩上唯一一家"像样"的餐厅，能看到梦幻浪漫的海景，提供冰镇啤酒和美味的海鲜、意大利面和印度菜。

🏠 Kudle海滩

Strawberry Farmhouse 客栈 $

（☎7829367584；房间₹700~1000；❄）一家很好的客栈，位于Kudle海滩北部，有宽敞的村舍（有些带空调），所有住宿处都有阳台，还有一个能眺望海面的绝佳位置。

Uma Garden 客栈 $

（☎9916720728；www.facebook.com/uma.gardenkudlebeach；房间 不带浴室 ₹350）这家田园风情的客栈隐藏在Kudle海滩起点的角落，店主很懒散，有一座面朝大海的素食餐厅。

Ganga Cafe 客栈 $

（☎8095766058；房间 ₹350起；🛜）这些混凝土砌成的房间位于Kudle海滩最北端一座热门餐厅的楼上，有一座公共阳台，能看到部分海景。浴室是公用的。

★ Arya Ayurvedic Panchakarma Centre 水疗酒店 $$

（☎9611062468；www.ayurvedainindien.com；房间 ₹1800起；❄🛜）这座简洁优雅的住宿处位于Kudle海滩，提供一些戈卡那最好的房间，其中装饰有精心设计的高质量家具。会优先接受预订阿育吠陀套餐的顾客，店内有一家咖啡馆（主菜 ₹130~200；⊙8:00~22:00；🛜）。

Namaste Yoga Farm 平房 $$$

（☎08386-257454；www.spiritualland.com；含早餐和瑜伽 房间 €50~94，村舍 €80~104；🛜）这座热门的住宿处位于Kudle海滩最北端的一座山腰上，店主是一位出色且耐心的德国瑜伽导师。住宿处在一片丛林中，风格相当实用，没有让人眼前一亮的细节，不过瑜伽（包括每天2次的课程）和早餐（按预订提供）是例外，氛围非常友好。

🏠 半月湾

Half Moon Garden Cafe 平房 $

（☎9743615820；小屋 ₹300起）🌿这座住宿处让人回想起嬉皮时代，位于一片椰子树林中，有亮丽的海滩和美丽体面的小屋。以太阳能供电。

🏠 戈卡那镇 (Gokarna Town)

Shree Shakti Hotel 酒店 $

（☎9036043088；chidushakti@gmail.com；Gokarna Beach Rd；标单/双 ₹400/600）这家友

好的酒店位于戈卡那主要街道上,有一尘不染的黄绿色房间,非常超值。楼下有一家很受欢迎的餐厅。

Greenland Guesthouse　　　　客栈 $

(☎9019651420; 房间₹300起; ☏)这家色彩柔和的客栈位于镇子边缘一条丛林小路的尽头,由家庭经营,干净的房间色彩鲜亮,还有一间可爱的绿色花园可供享受。无线网络按天收费(200卢比)。

★ Prema　　　　印度菜、多种风味 $

(Gokarna Beach Rd; 餐₹80~150; ◎8:00~22:00)这家看起来低调的餐厅总是人满为患。位置便利,就在海滩旁边。提供西式食物,不过最好的还是南印度经典菜肴。接受刷卡付款。

Shree Shakti　　　　冰激凌、印度菜 $

(Gokarna Beach Rd; 餐₹110起; ◎8:00~22:00; ☏)这家迷人的休闲咖啡馆餐厅位于镇上,以冰激凌、果汁和美味的当地食物而闻名。

🛍 购物

Shree Radhakrishna Bookstore　　书籍

(Car St, Gokarna Town; ◎10:00~18:00)有二手小说、明信片和地图。

ℹ 实用信息

邮局(Main St; ◎周一至周六 10:00~16:30)
SBI自动柜员机(Main St)

ℹ 到达和离开

从孟买或果阿邦来此的火车和从亨比/霍斯佩特过来的私营长途汽车可能会在尴尬的时间点将你送抵戈卡那,所以可能得提前通知宾馆。

长途汽车

每天都有长途汽车前往班加罗尔(505~714卢比,12小时)和迈索尔(570卢比起,12小时),以及门格洛尔(255卢比起,6.5小时)和胡布利(195卢比,4小时)。

要前往亨比,**Paulo Travels**(☎08394-225867; www.paulobus.com)的车次很受欢迎,途中会经过霍斯佩特(也称Hospet; 电扇/空调1500/1550卢比,7小时)。注意:如果是从亨比过来,你要在Ankola下车,从那里乘坐免费的摆渡车走完最后的26公里到达戈卡那。

有很多车次都可前往帕纳吉(120卢比,3小时)和孟买(754至980卢比,12小时)。

火车

有很多快车在距城镇9公里的Gokarna Rd车站停车。也可以从26公里外的Ankola过来。戈卡那的很多酒店和旅行社可以订票。

凌晨3点发车的12619 Matsyagandha Express去往门格洛尔(卧铺/空调卧铺2类 220/740卢比,4.5小时); 返程火车在18:40离开Gokarna Rd, 去往果阿的Madgaon(卧铺/空调卧铺2类170/740卢比,2小时)和孟买(卧铺/空调卧铺2类 455/1700卢比,12小时)。

乘坐机动三轮车去往Gokarna Rd车站的费用为220卢比(或者450卢比从Ankola过来); 从戈卡那镇出发的公共汽车价格为30卢比,每隔30分钟一班。

卡纳塔克邦中部

亨比(Hampi)

☎08394 / 人口 3500

亨比的宏伟废墟遍布在一片神秘景致之中,几百年来一直让游客着迷。许多巨石在连绵起伏几公里的地面上摇摇欲坠,它们生锈般的色调被翠绿的棕榈林、香蕉种植园和稻田所遮掩。尽管有可能在一两天内看完这座世界遗产,但还是计划停留一段时间吧。

旅行者的主要居住区一直是亨比集市(Hampi Bazaar), 一个挤满经济型旅舍、商店和餐馆的村庄, 被宏伟的维鲁巴克沙寺庙(Virupaksha Temple)居高临下地俯视着。河对岸宁静的维鲁巴布尔王座(Virupapur Gaddi)现已成为新的热门目的地。不过,由于最近的强拆(见899页), 两地许多营业场所都关闭了, 亨比人正与当局就当地的未来展开艰难的争辩。

历史

亨比及周边地区在印度教史诗《罗摩衍那》中被称为Kishkinda——猴神哈奴曼的领地。1336年, 泰卢固(Telugu)王子Hari-hararaya选中亨比作为他新王朝的首都, 这

Hampi & Anegundi 亨比和阿内衮迪

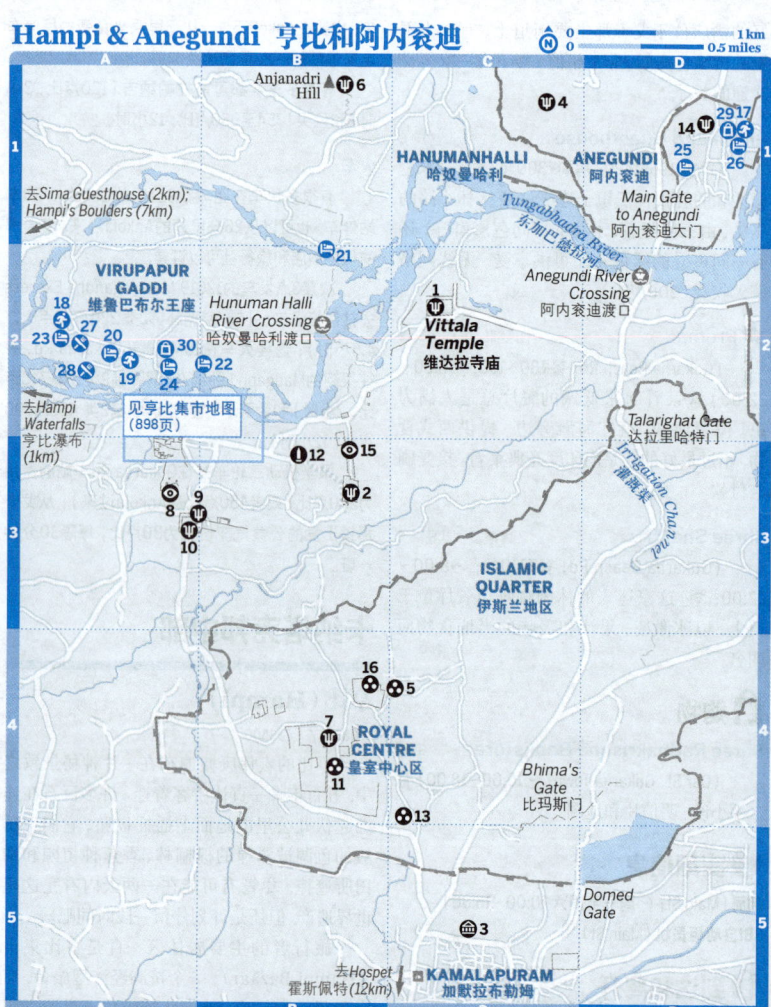

是横跨几个世纪的新王朝——毗奢耶那伽罗——印度历史上最大的印度教帝国之一。及至16世纪,这里已经成为拥有50万居民的大都市,热闹的集市甚至开始与外国通商,到处是宝石和来自遥远地方的商人。但是,所有的一切,在1565年结束,那时德干苏丹联盟毁灭了毗奢耶那伽罗,对这里造成了致命打击,从那以后,再也不见往日的荣光。

⊙ 景点

这里占地超过36平方公里,有大约3700处遗迹可以探寻,如果想要面面俱到,那将需要几个月的时间。遗迹被分成两个主要区域:亨比集市附近的**神圣中心区**(Sacred Centre)及其庙宇;朝向加默拉布勒姆(Kamalapuram)的**皇室中心区**(Royal Centre),那里是毗奢耶那伽罗(Vijayanagara)生活和统治的地方。

神圣中心区 (Sacred Centre)

★ **维鲁巴克沙寺庙** 印度教寺庙
(Virupaksha Temple;见898页地图;门票

Hampi & Anegundi 亨比和阿内衮迪

◎ 重要景点
- **1** 维达拉寺庙..................................C2

◎ 景点
- **2** 阿楚塔拉亚寺庙.........................B3
- **3** 考古博物馆.................................C5
- **4** 难近母寺.....................................C1
- **5** 象棚...C4
- **6** 哈奴曼寺.....................................B1
- **7** 哈扎罗摩寺.................................B4
- **8** 黑马库塔山.................................A3
- **9** 克利须那寺庙.............................A3
- **10** 拉克希米—那罗辛诃...............A3
- 莲花宫..（见16）
- **11** 玛哈纳瓦米观礼台...................B4
- **12** 神牛南迪雕塑.............................B3
- **13** 皇后浴池.....................................C4
- **14** 朗迦难德寺.................................D1
- **15** 苏雷集市.....................................B3
- **16** 闺房别院.....................................B4

◎ 活动、课程和团队游
- **17** Kishkinda Trust..........................D1
- **18** Thimmaclimb.............................A2
- **19** Tom & Jerry................................A2

◎ 住宿
- **20** Hema Guest House...................A2
- **21** Machaan Studio........................B2
- **22** Manju's Place............................B2
- Peshegaar Guest House............（见29）
- **23** Shanthi..A2
- **24** Sunny Guesthouse...................A2
- **25** Uramma Cottage......................D1
- **26** Uramma House........................D1

◎ 就餐
- **27** Gouthami....................................A2
- **28** Laughing Buddha.....................A2

◎ 购物
- **29** Banana Fibre Craft Workshop..........D1
- **30** Gali Djembe Music Shop.........A2

₹2，照相/录像₹50/500；⊙黎明至黄昏）维鲁巴克沙寺庙是亨比集市的焦点，是这座城市最古老的建筑之一，也是亨比唯一留存下来正在使用的寺庙。主塔门（gopuram）几乎有50米高，建于1442年，1510年又增建了一座小一些的塔门。主殿供奉维鲁巴克沙，湿婆的一个化身。

信徒进门捐款时，会有一头名叫拉克希米（Lakshmi）的大象赐福，光是看到这只厚皮动物，似乎并不是太值价，不过她会在早晨的河畔石阶沐浴。

黑马库塔山　　　　　　　　　历史遗址

（Hemakuta Hill；见894页地图）继续向南，黑马库塔山可以俯瞰维鲁巴克沙寺庙，上面散落一些年代更早的遗迹，包括那罗辛诃（Narasimha，毗湿奴的人狮化身）和象神（Ganesha）的巨石像。可以上来眺望风景。

神牛南迪雕塑　　　　　　　　　雕塑

（见894页地图）亨比集市东端是一尊神牛雕塑，周围是一部分廊柱环绕的古代集市街区。这里是举办**亨比艺术节**（Vijaya Utsav；⊙1月）的主要地点。

★ 维达拉寺庙　　　　　　　印度教寺庙

（Vittala Temple；见894页地图；印度人/外国人/15岁以下儿童₹30/500/免费；⊙8:30~17:30）16世纪的维达拉寺庙是亨比遗迹中无可争议的亮点，矗立在距离亨比集市2公里的巨石之中。寺庙工程可能从克利须那德瓦拉亚（Krishnadevaraya；1509~1529年在位）统治时期就开始了，从未完工或祝圣，可寺庙中不可思议的雕塑作品依然是毗奢耶那伽罗艺术的巅峰。

华丽的**石战车**矗立在庭院中，是寺庙的展示品，表现了毗湿奴的交通工具，其中还有迦楼罗（Garuda）的形象，车轮曾经能转动。

外边的"音乐"柱在被轻敲时，会产生回响，据推测是为了模仿81种不同的印度乐器而设计。不过，当局已经将它们划定在游客界限之外，以避免进一步损坏，所以听不到"哆来咪"了。

除了主寺庙，圣所也使用反射的水面照明，你还会发现婚姻厅和祷告厅的建筑，分别在入口的左侧和右侧。

拉克希米—那罗辛诃　　　　印度教寺庙

（Lakshimi Narasmiha；见894页地图）去往维鲁巴克沙寺庙途中另一处有趣的地方有6.7

米高的拉克希米—那罗辛诃的巨石像，雕像眼睛凸出，以莲花姿势盘腿，佩戴七蛇头巾。

克利须那寺庙 印度教寺庙

（Krishna Temple；见894页地图）建于1513年，其前面是毗湿奴的十种化身。位于通往维鲁巴克沙寺庙的途中，在拉克希米—那罗辛诃附近。

苏雷集市 历史遗迹

（Sule Bazaar；见894页地图）位于从亨比集市到维达拉寺庙的路上，向右的小道越过岩石通向废弃的苏雷集市，古代亨比最重要的商业中心之一，据说还是红灯区。该区域的南端是建于16世纪的美丽的**阿楚塔拉亚寺庙**（Achyutaraya Temple；见894页地图）。

👁 皇室中心区（Royal Centre）及周边

尽管从阿楚塔拉亚寺庙有一条两公里的步行道可以到达，不过最好还是走Hampi-Kamalapuram路去往皇室中心区，因为亨比的很多重要景点都在这里。

玛哈纳瓦米观礼台 遗迹

（Mahanavami-diiba；见894页地图）这是一座12米高的3层平台，有精美的雕刻，能看到围墙内的废弃寺庙群全景、带台阶的蓄水池和国王的礼堂。平台是皇室在十胜节、宗教庆典和游行时的观景区。

闺房别院 遗迹

（Zenana Enclosure；见894页地图；印度人/外国人₹30/500；⊘8:30~17:30）这座闺房别院（Zenana Enclosure）位于皇室中心区东北，在女性居住区墙内。其中有宁静的庭院和修剪齐正的草坪，如同一片荒野中的绿洲。这里还有**莲花宫**（Lotus Mahal；见894页地图）和**象棚**（Elephant Stables；见894页地图；⊘8:30~17:30）。

> ### ⓘ 亨比遗迹门票
>
> 维达拉寺庙（Vittala Temple）500卢比的门票可以让你在同一天进入遗迹中的多数收费地点（包括皇室中心区和考古博物馆），所以不要弄丢门票。

哈扎罗摩寺 印度教寺庙

（Hazarama Temple；见894页地图）有精致的雕刻，描绘了选自《罗摩衍那》的场景，还有光亮的黑色花岗岩柱。

皇后浴池 遗迹

（Queen's Bath；见894页地图；⊘8:30~17:30）在皇室中心区以南，你会看到多个寺庙和精心制造的喷泉，包括皇后浴池，外表看似普通，实则内部是印度教—伊斯兰建筑，令人惊叹。

考古博物馆 博物馆

（Archaeological Museum；见894页地图；Kamalapuram；⊘周六至周四 10:00~17:00）拥有来自当地遗迹的上乘藏品，还有新石器时代的工具、16世纪的武器和毗奢耶那伽罗遗址的一座大型模型，并收藏了该地一些1856年的精美历史照片。

🚶 活动

亨比瀑布 瀑布

位于亨比集市以西大约2公里处，经过茂盛的香蕉种植园，爬过圆石即可抵达迷人的亨比"瀑布"，其实就是一系列位于绝美风景的岩石中的小漩涡。

抱石

亨比是印度无可争议的抱石运动之都。整个地貌由花岗岩峭壁及其他巨石组成，其中一些还刻有古代石匠的记号，是攀登者的探险乐园。由Gerald Krug和Christiane Hupe编写的《金色巨石》（*Golden Boulders*；2013年出版）记录了大量有关亨比抱石运动的信息。

Tom & Jerry 登山

（见894页地图；☎9482746697, 8277927588; www.facebook.com/TomJerry-Climbing-Shop; Virupapur Gaddi; 2.5小时课程₹500）由两个当地小伙子经营，很好地满足了攀登者的需求，提供优质的垫子和鞋，还会告诉你一些当地常识，经营登山课程。

Thimmaclimb 登山

（见894页地图；☎8762776498; www.thimmaclimb.wix.com/hampi-bouldering; Shiva Guesthouse, Virupapur Gaddi; 课程 ₹400起）一个小

型的专业机构，由当地专业人士Thimma经营，他会提供导游、经营课程，并有专业设备可供租赁和出售。他还组织前往巴达米的3日砂岩攀登旅途（5000卢比）。

观鸟

想了解本地区的观鸟信息，可联系阿内衮迪（Anegundi）的Kishkinda Trust（TKT; ☎08533-267777; http://tktkishkinda.org），这里有超过230种鸟类，包括大一些的火烈鸟。Samad Kottur所著的《亨比的鸟类》（*The Birds of Hampi*; 2014年出版）毫无疑问是最好的指南书。

✦ 节日和活动

Virupaksha Car Festival 宗教

（◉3/4月）Virupaksha Car Festival是个大日子，五彩缤纷的游行队伍里有独特的巨大木制双轮马车（从维鲁巴克沙寺庙出发的寺庙车），被牵引着驶过亨比集市的主要通道。

🛏 住宿

大多数客栈都是舒适的家庭旅馆，非常适合预算有限的旅行者。高档住宿处则距中心区较远。

🛏 亨比集市（Hampi Bazaar）

这一小块飞地是经典的游客聚集区，因为有拆除计划，所以其存在正受到威胁。

★ Manash Guesthouse 客栈 $

（见898页地图; ☎9448877420; manashhampi@gmail.com; 房间 带电扇/空调 ₹1200/1500起; ✷⛱) 由传奇性的Mango Tree经营，位于一座小院子中，只有两间客房，却是亨比集市中最好的住宿处，配备的都是高质量床垫，有迷人的装饰，高速无线网络免费。

Thilak Homestay 客栈 $

（见898页地图; ☎9449900964; www.facebook.com/thilak.homestay; 房间 带电扇/空调 ₹1000/1500; ✷⛱) 一个很好的住宿处，干净有序，8间客房都陈设得很好（在另一个街区还有更多房间），配备的是弹簧床垫，有热水。店主乐于助人，可以安排从霍斯佩特或亨比周边接车。

Pushpa Guest House 客栈 $

（见898页地图; ☎9448795120; pushpaguesthouse99@yahoo.in; 双 ₹900起, 带空调₹1300起; ✷⛱) Pushpa是一个很好的多面手，房间舒适、迷人、一尘不染，而且有蚊帐。二楼的露台还不错，还有一家可靠的旅行社。

Ganesh Guesthouse 客栈 $

（见898页地图; vishnuhampi@gmail.com; 房间₹500～800, 带空调 ₹1500; ✷⛱) 这个由家庭经营的住宿处很热情，已经有超过20年的历史，4个房间整洁干净。还有一家不错的屋顶餐厅。

Archana Guest House 客栈 $

（见898页地图; ☎08394-241547; addihampi@yahoo.com; 双 ₹800起; ⛱) 位于河畔，这家干净讨喜的住宿处有两间简单的客房能看到河景，楼下是一家餐厅；其余的房间则在街对面的另一个街区。

Vicky's 客栈 $

（见898页地图; ☎9480561010; vikkyhampi@yahoo.co.in; 房间 ₹350起; ⛱) 值得信赖，基本型的房间很整洁，有紫色和绿色的蚊帐，店主友好。还有一家很好的旅行社。

Padma Guest House 客栈 $

（见898页地图; ☎08394-241331; padmaguesthouse@gmail.com; 双 ₹900~1600; ✷⛱) 这家客栈远离主集市区，有许多不错的基本型房间，许多房间都能看到维鲁巴克沙寺庙，不过浴室需要改造。店主可预订汽车和火车票。

Kiran Guest House 客栈 $

（见898页地图; ☎9448143906; kiranhampi2012@gmail.com; 房间 ₹600~800) 位于河滨蕉林中的一家毫无虚饰的客栈。房间简洁但干净，淋浴很温暖，店主是一家人，乐于助人。

Netra Guesthouse 客栈 $

（见898页地图; ☎9480569326; 房间₹500起, 不带浴室 ₹300起）钱不多的旅行者可以选择，有基本型的干净房间，旁边有一座露天餐厅。

Gopi Guest House 客栈 $$

（见898页地图; ☎08394-241695; www.gopi-guesthouse.com; 房间 带电扇/空调 ₹2000/

Hampi Bazaar 亨比集市

Hampi Bazaar 亨比集市

◎ 重要景点
1 维鲁巴克沙寺庙..................................B2

◎ 住宿
2 Archana Guest House................B1
3 Ganesh Guesthouse..................B1
4 Gopi Guest House......................C1
5 Kiran Guest House.....................C1
6 Manash Guesthouse..................C2
7 Netra Guesthouse......................C1
8 Padma Guest House..................C2
9 Pushpa Guest House.................C1
10 Thilak Homestay.......................C1
11 Vicky's.......................................C1

◎ 就餐
12 Mango Tree...............................B1
13 Moonlight..................................B2
14 Ravi's Rose...............................C1

◎ 购物
15 Akash Art Gallery & Bookstore..................................C2

❶ 实用信息
旅游办事处..................................（见1）

2500起；❄@⚡）这家历史悠久的客栈位于同一条街道上的两座建筑之中，提供友好的服务，高质量的房屋相对亨比标准来说是最高档的。屋顶咖啡馆能看到寺庙。直接入住价格一般比网上预订便宜。

维鲁巴布尔王座（Virupapur Gaddi）及周边

亨比集市河对岸的维鲁巴布尔王座区域氛围宁静，很迷人，当地的以色列人昵称这里是"小耶路撒冷"。不过，当局在2016年拆毁了这里的建筑，未来长期的局势还不明朗。

Sunny Guesthouse 客栈 $

（见894页地图；☎9448566368；www.sunnyguest-house.com；房间 ₹450~1200起；@⚡）名字和气质一样阳光。这家颇受欢迎的客栈因其个性化的小屋、维护得很好的热带花园、吊床和畅快舒心的餐馆而成为背包旅行者们的热门选择。

Shanthi 客栈 $

（见894页地图；☎8533287038；http://shanthihampi.com；村舍 ₹1000~1800；@）Shanthi位于稻田旁边，环境优美，氛围宁静，是观赏日落的首选。以土地为主题的迷人茅草村舍的门廊里悬挂着摇摆的长沙发椅。餐馆的食物很不错。

Hema Guest House 客栈 $

（见894页地图；☎8762395470；rockyhampi@gmail.com；Virupapur Gaddi；双 ₹600起；⚡）值得考虑，一排排可爱舒适的彩色村舍位于一片森林之中，全部都有桌子和大量椅子，以及一个吊床；不过床垫再舒适一点就更好了。餐厅总是坐满懒散的游客。

Manju's Place 客栈 $

（见894页地图；**2**9449247712；房间₹500，不带浴室₹250起）这个地方适合喜爱安静的人们，泥砖小屋建在稻田之间。

★ Hampi's Boulders 旅馆 $$$

（**2**9448034202；www.hampisboulders.com；Narayanpet；房间含全膳宿₹5600；❋❄❀）这家"环保野性"的度假村位于维鲁巴布尔王座以西7公里处的一座绿荫花园中，设计精美，是本地区唯一一家豪华住宿处。有许多主题房和时尚村舍可供选择，配备优雅的家具，能看到河景，有户外淋浴。有一座美丽的天然池塘，提供无氯气的游泳环境。价格包括导览徒步游，餐厅食物采用的是自产有机食材。

✕ 就餐

由于在亨比宗教意义非凡，所有餐馆的菜单中都严禁肉食和酒（不过一些餐馆也可以为你订购）。

Laughing Buddha 多种风味 $

（见894页地图；主菜₹80；◷8:00~22:00；❀）或许是亨比用餐环境最好的餐厅，能看到宁静的河景、寺庙和遗迹，有许多忠诚的食客。菜单上有咖喱、汉堡、比萨，不过上菜速度很慢。

Gouthami 多种风味 $

（见894页地图；主菜₹90~180；◷8:00~23:00）一个经营得很好的地方，座椅（或餐桌）一般都有衬垫，墙壁上有许多梦幻的挂饰。提供美味的印度、以色列和西方食物；有一台浓缩咖啡机，前面的面包坊里有美味的蛋糕。

Moonlight 多种风味 $

（见898页地图；主菜₹80~150；◷7:30~22:00）这个简单的餐厅由家庭经营，提供美味的早餐、浓咖啡、煎饼和鸡蛋菜肴，当然也有咖喱。

Ravi's Rose 多种风味 $

（见898页地图；主菜₹100起；◷8:00~22:30；❀）这家餐馆是集市中最适合社交的消遣场所，各种脆卷饼和塔利套餐很不错，不过多数人是为了这里的，呃，美味的特殊拉西酸奶奶昔（咳、咳，注意，注意）。

★ Mango Tree 多种风味 $$

（见898页地图；主菜₹140~310；◷7:30

被拆毁的亨比集市

1865年，德干苏丹国夷平了毗奢耶那伽罗，而如今的亨比，决心保护亨比建筑遗迹的保护主义者与居住在这里的当地人之间也爆发了激烈的斗争。

1999年，联合国教科文组织将亨比列入濒危的世界遗产名录，因为发生在寺庙周边，尤其是维鲁巴克沙寺庙周边古老集市地区的"杂乱无章的非正式城市化进程"。

随后政府制订了一个旨在将亨比的所有遗迹作为历史遗迹进行分类的宏大计划。经过数年的不作为，该计划于2011年7月开始强制执行，引发极大关注。一夜之间，集市中的很多商店、酒店和住宅被推倒，几个小时过去，热闹的街道便沦为废墟，而在这其中使这片地方成为"活着的纪念物"的1500位居民，也被驱逐到别处去了。

村民得到了距离集市18公里的Kaddirampur村中的一小块土地作为补偿。还有一种说法是这里最后还是会升新客栈，但是因为考虑到与亨比的距离，几乎不会有村民重新建造客栈。与此同时，无家可归的人们也要等待补偿。

接着到了2016年的5月，历史再度重演，古老的维鲁巴布尔王座村中的住宅、客栈和商店也遭到拆除。一些较大的机构因为在法庭上反抗驱逐令，因而避免了清除。愤怒的当地人将拆毁责任归咎于HWHAMA（亨比世界遗产区域管理当局）和ASI（印度考古所），声称该宏大计划使得原本生机勃勃的文化遗产成了半死不活的"木乃伊"。

现在主寺庙路两旁没有了建筑和热闹景象，赋予传奇色彩的聚会场所如（原本的）Mango Tree已被拆毁。到2017年初，亨比集市在维鲁巴克沙寺庙北部的一片飞地上还有些客栈和餐厅，但因为还有进一步清除的计划，因此此地前途依旧未卜。

> ### 达洛基懒熊保护区（DAROJI SLOTH BEAR SANCTUARY）
>
> 亨比以南约30公里处，灌木丛生的起伏地形中，坐落着**达洛基懒熊保护区**（₹25，汽车₹500；◎14:00~18:00），占地83平方公里，保护着大量放养的懒熊。由于在岩石上涂抹蜂蜜的时间刚好与游客的到达时段相一致，所以你很有可能看到它们（但是，你只能在观景平台上远距离观察）。带着双筒望远镜，不然基本上就白来了。一般来说，下午晚些时候是最好的参观时间。

21:30）亨比最著名的餐厅，现在搬迁到了集市，位于一座氛围很好的帐篷之中，不过依然由原来的一家三代经营。服务热情高效，提供美味的印度菜肴，包括塔利套餐、菠菜奶酪饼配印度面包（160卢比）。

购物

Akash Art Gallery & Bookstore 书籍

（见898页地图；Hampi Bazzar；◎6:00~21:00）有关于亨比和印度的各种出色书籍，还有二手的小说。这里还提供免费亨比地图。

Gali Djembe Music Shop 音乐

（见894页地图；☏9449982586；www.facebook.com/pg/Galidurugappa；Virupapur Gaddi；◎10:00~19:00）由一位和蔼的音乐家经营，他还教授djembe（鼓）和迪吉里杜管（didgeridoo）的演奏，店内出售印度和西方乐器，价格公道。

❶ 实用信息

危险和麻烦

亨比总体来说是个安全、和平的地方。不过还是要保持警惕，天黑以后不要在遗址周围晃悠；女性游客应该避免独自前往偏远地区。酒和麻醉毒品在亨比是非法的。

现金

亨比没有自动柜员机，最近的在3公里之外的加默拉布勒姆（Kamalapuram）——乘坐机动三轮车往返需要80卢比。

旅游信息

旅游办事处（Tourist Office；见898页地图；☏08394-241339；◎周六至周四 10:00~17:30）有宣传册，不过更方便的是能安排自行车团队游（每人400卢比，包括自行车和导游）、徒步游（600卢比起）和大巴团队游（350卢比，7小时），全部都前往遗迹。

❶ 到达和离开

霍斯佩特（Hosapete，也叫Hospet）是通往亨比的门户。这里每天只有1班直达车（非常慢）从亨比集市前往果阿（663卢比，11小时，19:00）。亨比集市的旅行社可以预订前往班加罗尔、海得拉巴、果阿和其他目的地的汽车票，许多车次需要乘坐小巴从亨比前往霍斯佩特。

当地汽车可连接亨比和霍斯佩特（22卢比，30分钟，半小时1班），发车时间是5:45到19:30。乘坐机动三轮车价格约180卢比。

霍斯佩特有距离亨比最近的火车站。

❶ 当地交通

在亨比集市，租自行车的费用约为每天30至50卢比，轻便摩托车的费用约为150至400卢比。亨比周边的车辆非常少，去霍斯佩特的公路除外。

有**小船**频繁跨越河流（见898页地图；人/自行车/摩托车 10/10/20卢比；◎6:00~18:00）。天黑以后，每人收费50至100卢比，取决于过河时间早晚。也有船前往**阿内衮迪**（见894页地图；人/自行车/摩托车10/10/20卢比；◎6:00~17:45）和**Hunuman Halli**（见894页地图；人/自行车 10/10卢比；◎6:00~17:45）。

可以步行游览遗迹，不过仅仅看看主要遗迹也得预计至少步行7公里。亨比集市和维达拉寺庙之间的河段很适合散步。也可以乘坐机动三轮车和出租车观光，租机动三轮车一天的费用大约是750卢比。

有组织的团队游从霍斯佩特和亨比出发。

亨比周边

阿内衮迪（Anegundi）

☏08394 / 人口 5600

阿内衮迪是一座古代防御村庄，也是亨比世界遗产的一部分，比亨比更早有人居住。这座村庄未受到商业化的侵袭，依然保留着四季不同的田园风情，同时手工艺传统得以继续保留。

过河抵达，或者从维鲁巴布尔王座绕一个大圈过来。

👁 景点和活动

阿内衮迪在神话中被称为Kishkinda——猴神哈奴曼的王国，保留了很多历史遗迹，比如防御性城墙和城门的一部分，还有供奉罗摩的**朗迦难德寺**（Ranganatha Temple；见894页地图；⊙黎明至黄昏）。另外值得拜访的是**难近母寺**（Durga Temple；见894页地图；⊙黎明至黄昏），这是距离村庄较近的一个古代圣地，还有山顶的哈奴曼寺（Hanuman Temple）。历史建筑经精心修复后部分空间会作为陈列馆使用，皇室住所也在持续进行修复。

哈奴曼寺 　　　　　　　　　　印度教寺庙

（见894页地图；⊙黎明至黄昏）登上Anjanadri Hill的570级台阶可以到达这座四白落地的寺庙，能够看到附近崎岖不平的美丽景色。很多人相信这里是印度教神哈奴曼的诞生地，哈奴曼被认为是罗摩的信徒，帮助他大战罗刹罗波那。愉快的步行登山旅途中，会有顽皮的猴子来讨好你。在寺庙里，你会看到一群拿着烟斗噗噗吹的苦行僧。这里是很受欢迎的日落观景处，视野开阔，能俯瞰整个亨比地区。

Kishkinda Trust 　　　　　　　文化项目、户外探险

（简称TKT；见894页地图；☎08533-267777；www.tktkishkinda.org；Main Rd）🍀文化盛事、活动和志愿服务机会的信息，可联系Kishkinda Trust，这是一家总部设在阿内衮迪，与当地人一起活动的非政府组织。

🛏 住宿

这里修复过的遗产建筑中，有许多很不错的家庭寄宿，是探索印度乡村生活的理想选择。

Peshegaar Guest House 　　　　　客栈 $

（见894页地图；☎9449972230；www.urammaheritagehomes.com；Hunuman Halli；标单/双₹500/1000卢比）这家古老的住宿处很有家庭氛围，位于村子的中央，有5个简单却时尚的房间，装饰有部落产的织物，中央有一个怡人的庭院花园公共休息室。浴室是公用的，不过一共有4间。

Uramma House 　　　　　　　　　客栈 $$

（见894页地图；☎9449972230；www.urammaheritagehomes.com；标单/双₹2100/4200；🌀）这家建于4世纪的传统住宅可谓一颗明珠，有传统风格的房间，能看到裸露的横梁，却透着精致。有两个卧室，是家庭或小团体游客的理想选择，有1个餐厅。

★ Uramma Cottage 　　　　　　　村舍 $$$

（见894页地图；☎08533-267792；www.urammaheritagehomes.com；标单/双 含早餐₹2100/4200起；🌀）这家出色的村庄住宿处靠近渡河码头，氛围很好，茅草屋顶的村舍富于乡村气息，散落在一大片草地上。店主注重细节，能看到乡村时髦风格的家具，可爱的床品，手工纺织的织物为房间增添了一丝色彩。员工非常热情，餐厅提供非常好吃的食物和啤酒。

Machaan Studio 　　　　　　　　公寓 $$$

（见894页地图；☎9448284658；www.urammaheritagehomes.com；公寓 含早餐₹5000；🌀）阁楼风格的住宿处，设备齐全，有一间巨大的客厅、下嵌式浴缸以及露台。设计充满想象，融乡村与当代风格为一体，能看见维达拉寺庙和河景。位于旁边的哈奴曼哈利（Hunuman Halli）村。

🛍 购物

Banana Fibre Craft Workshop 艺术和手工艺品

（见894页地图；⊙周一至周六10:00~13:00和14:00~17:00）可以在这里参观工人用香蕉树皮和回收材料制作各种手工艺品和配饰。当然，他们也会出售。

ℹ 到达和离开

从维拉寺庙以东的码头乘坐小船（10卢比）过河可以到达阿内衮迪，这里距离亨比7公里。从亨利过来，可租一辆轻便摩托车或自行车（如果你觉得自己精力充沛的话）。乘坐机动三轮车从亨比前往阿内衮迪渡河码头，费用为120卢比。

霍斯佩特（Hospet）

☎08394 / 人口168,600

霍斯佩特（也称为Hosapete）是一座灰扑扑的忙碌的地区性城市，只被人们当作前往亨比的交通枢纽。

> **另辟蹊径**

丹德利（DANDELI）

丹德利位于距离果阿邦约100公里的西高止山脉（Western Ghats）的丛林中，是观赏野生动物的度假地，可以近距离邂逅各种奇特的野生动物，比如大象、豹子、懒熊、野牛、野狗和鼯鼠。这里也是上佳的观鸟地点，定居在此的有犀鸟、金背啄木鸟、大冠鹫和白胸翠鸟。这里还提供大量的探险活动，从划皮划艇到在卡利河（Kali River）的旋涡中的激浪漂流，简直让人肠胃翻腾。

Kali Adventure Camp（☎08284-230266；www.junglelodges.com/kali-adventure-camp；Dandeli；含全膳宿 印度人/外国人 帐篷 ₹4168/5052起，房间 ₹4948/5832；⛶）是一座政府运营的住宿处，管理得很好，坚持环保原则，提供房间、帐篷小屋，员工乐于助人。组织卡利河上的竹筏漂流（全年大部分时间都可以），以及带导游的独木舟探险、溪降漂流和山地自行车之旅。

连接丹德利和胡布利（58卢比，2小时）及达尔瓦德（Dharwad；46卢比，1.5小时）的长途汽车车次频繁，并且继续开往果阿邦、戈卡那、霍斯佩特和班加罗尔。

食宿

Hotel Malligi　　　　　　　　　　酒店 $$

（☎08394-228101；www.malligihotels.com；Jabunatha Rd；房间₹2200~4000，套₹5000起；❋@☎⛶）有许多现代化的房间，服务完善，还有一座蓝宝石一般的游泳池和水疗房和一家很好的多菜系餐馆，休闲酒吧里的电视会播放体育赛事。

Udupi Sri Krishna Bhavan　　　南印度菜 $

（Bus Stand；塔利套餐₹45，主菜₹70~90；◷6:00~23:00）这家热闹的餐厅提供印度素食菜肴，包括塔利套餐、脆饼，外加一些北印度菜肴。位于汽车停靠站的对面。

到达和离开

长途汽车

每隔半小时汽车站就有一班车发往亨比（22卢比，30分钟）。有独立卧铺的过夜车可往返果阿（1200至1600卢比，7至10小时）、戈卡那（700卢比，6.5小时）、班加罗尔（510至660卢比，7小时）、迈索尔（380至605卢比，8.5小时）和海得拉巴（890至1120卢比，7至8小时）。

Paulo Travels（见893页）的过夜车次可前往戈卡那和果阿。

火车

从霍斯佩特市中心乘坐机动三轮车前往火车站价格为20卢比。18047 Amaravathi Express前往果阿的Magdaon（卧铺/空调卧铺2类225/860卢比，7.5小时），每天6:20出发。16591 Hampi Express每天21:00出发前往班加罗尔（空调卧铺3类/空调卧铺2类/空调卧铺1类625/895/1505卢比，9小时）和迈索尔（840/1205/2015卢比，12小时）。要前往海得拉巴，每天19:00有一班火车（卧铺/空调卧铺2类305/1175卢比，12小时）。

胡布利（Hubli）

☎0836 / 人口958,600

工业城市胡布利（也称为Hubballi）是去往孟买、班加罗尔、果阿邦和卡纳塔克邦北部的铁路枢纽。没有其他造访的理由。

食宿

Hotel Ajanta　　　　　　　　　　酒店 $

（☎0836-2362216；Koppikar Rd；标单/双 ₹455/565起）位于火车站附近，一个简单的过夜处。一楼餐馆很受欢迎，提供美味的当地塔利。

Hotel Metropolis　　　　　　　　酒店 $$

（☎0836-4266666；www.hotelmetropolishubli.com；Koppikar Rd；标单/双 带电扇 ₹1134/1242，带空调 ₹1755/1989；❋⛶）位于市中心，去火车站很方便，有许多干净、迷人、宽敞且超值的房屋。员工乐于帮助游客，有两间餐厅，包括一座屋顶餐厅，提供多种菜系的菜肴。

到达和离开

火车站距离市中心1.5公里，坐落在KSRCT老汽车停靠站，乘坐机动三轮车过去需要50卢比。

KSRTC在市中心以西4公里处还有一座新的汽车停靠站,提供许多始发车服务,几乎所有的车次也都会在老车站停靠。

飞机
在市中心以西6公里处。目前每天只有印度航空公司运营的1班飞机前往班加罗尔。有公共汽车往返航站楼以南400米处的Gokul Rd和市中心(6卢比,20分钟);出租车价格为180卢比。

长途汽车
去往班加罗尔的车很多,大多数都要过夜(420至650卢比,7至8.5小时),每天也有许多车前往比贾布尔(197至241卢比,5至6小时),去往霍斯佩特的车主要是夜车(144至189卢比,4小时)。每天8:00有一班车前往戈卡邦(158卢比,5小时),去往孟买(715至1300卢比,11至14小时)、迈索尔(452至808卢比,9小时)和帕纳吉(171至347卢比,5至6小时)的车也很多。

火车
从火车站出发,每天有许多快车去往霍斯佩特(卧铺/空调卧铺2类 140/695卢比,2.5小时,每天6班)、班加罗尔(卧铺/空调卧铺2类 270/1045卢比,8小时,每天3班)和孟买(卧铺/空调卧铺2类 380/1435卢比,15.5小时)和果阿邦(卧铺/空调卧铺3类 190/540卢比,6小时,每天2班)。

卡纳塔克邦北部

巴达米(Badami)

08357 / 人口 26,600

曾经是强大的遮娄其帝国的首都,如今的巴达米以壮丽的石窟寺庙而闻名,很像美国的西部荒原红砂岩悬崖。尽管尘埃遍地的主路简直让人受不了,让你恨不能赶紧离开,不过后街倒是一片值得探访的好地方,有老式房屋、雕刻的木门,偶尔还有遮娄其遗迹。

历史

从公元540年前后至757年,巴达米是一个从泰米尔纳德邦的甘吉布勒姆(Kanchipuram)延伸至古吉拉特邦的讷尔默达河(Narmada River)的庞大王国的首都。最终,这里落入拉诗特拉库塔(Rashtrakutas)的统治下,之后几经更替,每个朝代都以独有的方式雕饰巴达米。

遮娄其工匠在巴达米留下的雕刻遗产包括德拉维寺庙和石窟中几座最古老也最精美的典范之作。

◉ 景点和活动

巴达米的峭壁和马蹄铁形状的红色砂岩悬崖可以进行低海拔攀岩。了解更多信息,登录www.indiaclimb.com。

巴达米的石窟俯视着5世纪的Agastyatirtha水池和水边的布塔纳塔寺(Bhutanatha temples)。考古博物馆背后的阶梯可通往北部堡垒。

石窟寺庙　　　　　　　　　　　　洞穴
(印度人/外国人₹15/200,15岁以下儿童免费,导览团队游₹300;⊙9:00~17:30)巴达米的亮点是美丽的石窟寺庙。其中有三座是印度教的,一座是耆那教的,其中展示有精美的雕塑和复杂的雕刻。它们是遮娄其王朝的宏伟例证,历史可追溯到6世纪。全部石窟都包含一座柱廊、内部大厅和后面的一座神殿。

1号石窟就在建筑群的入口上方,供奉湿婆。它是四座石窟中最古老的一座,可能雕刻于6世纪下半叶。向右连接门廊的墙壁上是舞王(Nataraja)的迷人形象,展示的是舞王一个姿势就能显示81种舞蹈动作的形象。门廊右侧是一尊阿尔达纳里希瓦拉(Ardhanarishvara)巨像。对面的墙壁上是诃里诃罗(Harihara)的巨像:一半是湿婆,一半是毗湿奴。

2号石窟的设计较为简单,供奉毗湿奴。与1号和3号石窟一样,平台的前沿以各种姿势的大肚子侏儒形象作为装饰。四根柱子支撑外廊,顶端雕刻着yalis(神话中的狮子)外形的托架。外廊左侧墙壁上有瓦拉哈(Varaha)的牛头形象,还有遮娄其帝国的徽章。他的左边是人面蛇身的那伽(Naga)。右边的墙壁上是大步神(Trivikrama)的巨像,毗湿奴的另一个化身。

第二和第三个石窟之间有两组在右手边的台阶。第一组通向一个天然石窟,其中有莲花手菩萨(Padmapani,佛陀的一个化身)的小像。第二组台阶——遗憾的是,被一道门隔断——通向山顶的南城堡(South Fort)。

3号石窟雕刻于公元578年，是其中最大也最引人注目的。左边墙壁上是这座石窟所供奉的毗湿奴坐在一条蛇上的雕像。附近是四只手的瓦拉哈的形象。柱子上雕刻着yalis外形的托架。天花板上也有雕像，包括因陀罗（Indra）骑大象、湿婆骑公牛和梵天骑天鹅。留意纵酒狂欢者的图像，特别是一位被丈夫托着的女人。天花板上还有些原本的色彩，石窟入口地上的草皮则曾经被用作绘画时的调色板。

供奉耆那教的**4号石窟**是其中最小的，可追溯到7世纪和8世纪之间。右侧墙壁上有Suparshvanatha（第七代耆那教祖师）的形象，周围是24位耆那教祖师。圣所里面是第一代耆那教祖师阿迪那特（Adinath）的形象。

考古博物馆
博物馆

（₹5；◎周六至周四9:00~17:00）这座考古博物馆收藏当地雕塑的典范之作，包括非常清晰的拉迦高利（Lajja-Gauri）像，代表当地曾一度兴盛的生殖崇拜。这里有许多不同形态的湿婆雕像，还有一座Shidlaphadi洞的立体模型。

食宿

Mookambika Deluxe
酒店 $

（☎08375-220067；hotelmookambika@yahoo.com；Station Rd；双 带电扇/空调 ₹1200/1800；❄@）这家酒店谦虚地将"豪华"称作"体面"，提供的超值房间是哑光的橙色和绿色。服务员会告诉你很多旅行信息。酒店位于汽车站对面。

Hotel Mayura Chalukya
酒店 $$

（☎08357-220046；www.kstdc.co/hotels；Ramdurg Rd；双 带电扇/空调 ₹962/1282起；❄@）一家国营旅馆，远离喧嚣，提供干净的大房间，还有一家不错的餐馆，供应印度主食。

Krishna Heritage
酒店 $$$

（☎08357-221300；www.krishnaheritagebadami.com；Ramdurg Rd；标单/双 含早餐₹4000/6000；❄@）这家迷人的酒店坐落在一片美丽的风景之中，位于市中心以西2公里处。房间宽阔，有露天淋浴和阳台，大餐厅能眺望花园和田地美景。

Bridge Restaurant
多种风味 $$

（Clarks Hotel, Veerpulakeshi Circle；主菜₹130~320；◎7:00~22:30；@）这家商务酒店属于那种当你需要空调抚慰时会选择的住宿处，餐厅提供出色的西式菜肴，例如意大利面和比萨，也有中国菜和北印度菜。

❶ 到达和离开

直达巴达米的车次不多。从Station Rd的巴达米汽车站出发，有一班直达车可前往比贾布尔（157卢比，4小时，17:00）和胡布利（100卢比，5小时，15:15），或者也可以搭乘其余频繁的车次前往盖鲁尔（Kerur；26卢比，45分钟），从那里可以前往的地方更多。

❶ 当地交通

理论来说，如果出发得早，一天之内你可以乘汽车从巴达米出发，参观艾荷洛和帕塔达卡尔。乘坐公共汽车先去艾荷洛（38卢比，1小时），然后去帕塔达卡尔（22卢比，30分钟），最后返回巴达米（40卢比，1小时）。帕塔达卡尔至巴达米的末班车时间是16:00。

不过，乘坐机动三轮车（1000卢比）或出租车（2000卢比）去帕塔达卡尔、艾荷洛及附近的玛哈窟达（Mahakuta）一日游要更容易，更轻松。

巴达米周边

帕塔达卡尔（Pattadakal）
☎08375 / 人口 1630

作为遮娄其王朝的陪都，帕塔达卡尔以雕刻精美的印度教和耆那教寺庙而闻名，并将这些寺庙打包申报成为世界遗产地。环绕在周围的帕塔达卡尔村很小，大多数游客选择从附近的巴达米前来游览。

◎ 景点

除了少数寺庙可以追溯至公元3世纪，帕塔达卡尔其余大多数被列入世界文化遗产名录的寺庙都建于公元7世纪和8世纪之间。主要的**维鲁巴克沙寺庙**（Virupaksha Temple；◎6:00~18:00）是一座大型建筑，圆形柱子上布满精美的雕刻，描述《罗摩衍那》和《摩诃婆罗多》中的场景。南迪的巨石像坐落在寺庙东边。维鲁巴克沙寺庙旁边的**Mallikarjuna**

寺，设计几乎完全一样。

主要场地以南大约500米处是耆那教Papanatha寺，入口两侧有大象雕像。

❶ 到达和离开

帕塔达卡尔距离巴达米20公里，公共汽车（28卢比）每隔30分钟发车一次，直到17:00前后。上午和下午各有一班车去往13公里之外的艾荷洛（20卢比）。

艾荷洛（Aihole）

☎08351／人口3200

大约一百座建于公元4世纪和6世纪之间的寺庙星罗棋布于艾荷洛（发音为"ay-ho-leh"）——古代遮娄其王朝的地区首府。但是，其中大多数不是成为废墟，就是被现代村庄所淹没。艾荷洛记录了印度南部印度教建筑的萌芽阶段，从最早的最简单的圣殿，比如最古老的拉克尔寺庙（Ladkhan Temple），到后来更复杂的建筑，比如美古提寺庙（Meguti Temple）。

艾荷洛距离巴达米约有40公里，距离帕塔达卡尔约13公里。

◉ 景点

艾荷洛的寺庙中令人印象最深刻的是7世纪的难近母寺（Durga Temple；印度人／外国人₹5/200，照相₹25；◉6:00~18:00），值得注意的是这里的半圆形后殿（受佛教建筑启发）和曲线型尖塔（寺庙尖塔）遗迹。内部有精美的石雕。寺庙后面的小博物馆（₹5；◉周六至周四9:00~17:00）内有更多遮娄其雕塑的范例。

难近母寺南边还有几处寺庙群，包括早期的代表。东南约600米的一座小山丘上，是耆那教美古提寺庙（Meguti Temple）。如果你要去探险，小心有蛇。

❶ 到达和离开

有固定班次的公共汽车从巴达米前往艾荷洛（38卢比，1小时）。

比贾布尔（Bijapur）

☎08352／人口337,200

这是一座可代表德干高原伊斯兰时期的古老城市。尘埃遍布的比贾布尔（在2014年更名为Vijapura，但依然被许多人称为Bijapur）讲述着约600年之前的辉煌故事。得益于大量的清真寺、陵墓、宫殿和防御工事，这里从1489至1686年之间都是阿迪勒沙希（Adil Shahi）王朝的都城；伊斯兰巴赫马尼王朝在1482年灭亡后，形成了五个分裂的邦，比贾布尔就是其中之一。尽管有强烈的伊斯兰特色，比贾布尔也是湿婆派的林迦派信徒（Lingayat）的中心，该教派认为只有一个拟人化的神存在。**Lingayat Siddeshwara Festival**（1或2月）持续8天。

◉ 景点

★ **古尔墓庙** 纪念性古迹

（Golgumbaz；印度人／外国人₹15/200；◉10:00~17:00）壮观的古尔墓庙坐落在宁静的花园里，其中埋葬着穆罕默德·阿迪尔·沙（Mohammed Adil Shah, 1627~1656年在位）及其皇后和嫔妃（Rambha），还有他的一个女儿和孙子。这座巨大圆顶建筑的每个角上都耸立着一座八角形的七层塔。通过陡峭狭窄的楼梯攀上一座塔，就能到达圆顶内的"回音廊"（whispering gallery），那里音响效果极好（吸引了很多容易激动的学生来证明其扩音效果）。

考古博物馆 博物馆

（₹5；◉周六至周四 10:00~17:00）一座陈设很好的考古博物馆，坐落在古尔墓庙前面的草坪里。跳过一楼，去楼上，那里收藏了各种一流的工艺品，比如东方地毯、中国陶器、武器、盔甲和卷轴。

贾玛清真寺 清真寺

（Jama Masjid; Jama Masjid Rd；免门票；◉9:00~17:30）由阿里·阿尔·沙一世（1557~1580年在位）修建，精美匀称的贾玛清真寺有优雅的拱门、精美的圆顶和巨大的内部庭院，庭院内有能容纳2200名参拜者的房间。你可以安静地散步穿过会议厅，那里保留着一些精心制作的壁画。女性应保证蒙住头部，不要穿暴露的服装。

阿萨尔宫殿 历史建筑

（Asar Mahal；◉6:00~20:30）**免费** 1646

Vijapura(Bijapur) 比贾布尔

Vijapura(Bijapur) 比贾布尔

◎ 重要景点
1 古尔墓庙...D1

◎ 景点
2 考古博物馆...D1
3 阿萨尔宫殿...B2
4 巴拉卡曼...B1
5 中央市场...A1
6 城堡...B2
7 加甘宫...B1
8 贾玛清真寺...C2
9 马利克迈丹...A1
10 赛曼兹勒...B2
11 乌普利布鲁...A1

🛏 住宿
12 Hotel Madhuvan International...........C1
13 Hotel Pearl..C1
14 Hotel Tourist...A1

年前后,由穆罕默德·阿迪尔·沙修建,当时用作法院(Hall of Justice)的阿萨尔宫殿曾经保存着先知穆罕默德的两根胡须。上层的房间装饰着壁画,前面还有方形水池为这里增色不少。禁止女性入内。

城堡(Citadel) 要塞
免费 环绕着防御城墙和一条宽广的护城河,这座城堡里曾经有阿迪尔·沙的宫殿、欢乐花园(pleasure gardens)和皇家庭院(durbar)。现在基本已成废墟,残留部分中令人印象最深刻的是加甘宫(Gagan Mahal) 免费 的巨大拱道,这座宫殿是由阿里·阿迪尔·沙一世(Ali Adil Shah I)在1561年前后修建的。这里不少门都是锁住的,不过现场会有人让你进去。

附近是穆罕默德·阿迪尔·沙七层的宫殿遗迹——赛曼兹勒(Sat Manzil) 免费。路对面是精美的加拉曼兹勒(Jala Manzil),曾经是一座水榭,周围是僻静的王宫和花园。Station Rd(MG Rd)的另一边是优美的拱门巴拉卡曼(Bara Kaman) 免费,阿里·罗扎(Ali Roza)的破败陵墓。

中央市场 市场
(Station Rd; Central Market; ⏱9:00~21:00)这座热闹的市场中有便宜的鲜花、香料和新鲜农产品,是色彩和气味的海洋。

乌普利布鲁(Upli Buruj) 历史遗迹
免费 乌普利布鲁是城市西墙附近的一座高达24米的16世纪瞭望塔。一段外部楼梯通向顶端,在那里你会发现两尊大炮,还可以看到城镇周边其他遗迹的美丽景色。

马利克迈丹(Malik-e-Maidan) 历史遗迹
(这片平原的霸主) 免费 在这个平台上有一尊大炮中的猛兽——长4米多,直径将近1.5米,估计重达55吨。在1549年铸造,据称这座大炮是作为战利品被运至比贾布尔,其间动用了10头大象、400头牛及数百名工人!

★易卜拉欣劳斯陵　　　　　纪念性古迹

（Ibrahim Rouza；印度/外国人 ₹15/200；◎6:00~18:00）美丽的易卜拉欣劳斯陵堪称印度最优雅的伊斯兰纪念性古迹，比例精确。它24米高的宣礼塔据称是泰姬陵的灵感来源，其背后的故事相当令人感伤：它是易卜拉欣·阿迪尔·沙二世（Ibrahim Adil Shah Ⅱ，1580~1627年在位）为他的皇后泰姬·苏丹娜（Taj Sultana）修建的陵墓。讽刺的是，他却比她更早死去，成为先长眠于此的一个。最后，埋葬在这里的是易卜拉欣·阿迪尔·沙及其皇后、孩子和母亲。

付些小费（150卢比就行），管理员就会带你在周围转转，包括地下墓穴周边漆黑的迷宫，那里就是墓穴实际的所在地。

食宿

Hotel Tourist　　　　　酒店 $

（☎08352-250655；Station Rd；标单/双 ₹220/360起）在集市中间，房间是实用型的；"豪华"间稍贵，但很值。

★Sabala Heritage Home　　传统酒店 $$

（☎9448118204；www.sabalaheritagehome.org；Bijapur Bypass, NH-13, 靠近Ganesar Nagar；房间含早晚餐 ₹3000；🅟）这座传统酒店位于城市边缘，迷人的房间里的装饰富于艺术气息，能俯瞰一座农场。食物是家常风味，富于创意，味道很好。酒店与一家力争为女性赋权、提供精美手工艺品贸易（这里还有一家商店）的非政府组织有联系。位于市中心以南4公里处。

Hotel Pearl　　　　　酒店 $$

（☎08352-256002；www.hotelpearlbijapur.com；633 Station Rd；双 带电风扇/空调 ₹1600/2200起；🅟🅿）这家中档酒店性价比很高，提供干净的汽车旅馆风格的房间，环绕中庭，位于古尔墓庙，位置方便。无线网络时好时坏，但是店内的 Qaswa Hills 餐厅（Pearl Hotel, Station Rd；餐 ₹120~280；◎7:00~16:00和19:00~22:00）非常受欢迎。

Hotel Madhuvan International　　酒店 $$

（☎08352-255571；Station Rd；双 带电扇/空调 ₹1600/2100；🅟🅿）这家讨人喜欢的酒店一直在进行重装，因此大多数房间很好。有一座庭院花园。隐藏在紧邻Station Rd的小巷尽头，有一家餐厅（主菜 ₹60~100；◎9:00~11:00, 正午至16:00和19:00~23:00）。没有电梯。

购物

Sabala Handicrafts　　　艺术和手工艺品

（http://sabalahandicrafts.com；NH13, Bijapur Bypass, ₹800起；◎8:00~17:30）出售漂亮的手工织物、包袋、纱丽、无领长袖衬衫和配饰。利润用于资助一个为乡村女性赋权的非政府组织。位于市中心以南4公里处。

❶ 实用信息

旅游办事处（☎08352-250359；Hotel Mayura Adil Shahi Annexe, Station Rd；◎周一至周六 10:00~17:30）提供的比贾布尔小册子很好，带地图。

❶ 到达和离开

长途汽车

下列车次从**汽车站**（☎08352-0251344；Meenakshi Chowk Rd；◎24小时）发车：

班加罗尔 普通/卧铺576/757卢比，12小时，每天4班

比德尔（Bidar）265卢比，6.5小时，每晚4班

卡拉布尔吉（Kalaburgi，也叫Gubarga）164卢比，4小时，白天3班

霍斯佩特 241卢比，5小时，每天5班

胡布利 373至729卢比，8至10小时，每天6班

孟买 660卢比，12小时，每天4班，经过浦那（428卢比，8小时）

帕纳吉（果阿邦）335至415卢比，10小时，每天2班

火车

从比贾布尔火车站出发的火车可前往：

巴达米 17320 Hubli-Secunderabad Express, 卧铺/空调卧铺2类140/695卢比，2.5小时，每天凌晨1:00以及其他两班

班加罗尔 16536 Golgumbaz Express, 卧铺/空调卧铺2类355/1395卢比，15.5小时，17:00

海得拉巴 17319 Secunderabad Express, 卧铺/空调卧铺2类250/960卢比，11小时，凌晨1:00

❶ 当地交通

考虑到要看景点的多少和路程的远近，700卢比租一辆机动三轮车进行一天的观光算是合理的价格。城镇周边短途乘坐价格为50卢比。

比德尔（Bidar）

08482 / 人口 218,500

比德尔藏身于卡纳塔克邦东北一隅，虽然有让人叹为观止的废墟遗迹和纪念性古迹，但游客很少——这当然也使得它更加迷人。这座有围墙的古老小镇与伊斯兰教在印度发展的历史息息相关，它先是作为巴赫马尼王朝（1428~1487年）的首都，后来成为巴里德沙希（Barid Shahi）王朝的首都。这里是卡纳塔克邦受西方影响最小的地区，许多妇女依然戴着尼卡布面纱，许多锡克教徒依然戴着头巾，虽然当地人欢迎游客造访，但传统价值观依旧是主流。

◎ 景点

★ 比德尔城堡 要塞

(Bidar Fort; ⊙6:00~18:00) **免费** 留出几个小时，在这座宏伟的15世纪城堡遗迹附近安静地转转。这是南印度最大的城堡——曾经是印度南部大部分地区的行政首都。被一条在坚固红岩中开凿的三重护城河和几公里长的防御墙环绕，城堡有一个童话般的入口，经过3座大门，迂回成复杂的弯道。

遗址信息提示很少，可以考虑从考古办公室聘请一位导游（他们可以为你揭秘大多数有趣遗迹）。比如Rangin Mahal（七彩宫殿），里面的瓷砖精巧地镶就，还有柚木柱子和贝母镶嵌的门板。Solah Khamba Mosque（十六柱清真寺）和Tarkash Mahal有精致伊斯兰铭文和美妙屋顶风景。以前的皇家浴场里有一座小博物馆，内有当地工艺品。

Khwaja Mahmud Gawan Madrasa 遗迹、历史遗址

(⊙黎明至黄昏) **免费** Khwaja Mahmud Gawan Madrasa的遗迹占据了老城区的中心，这是一座建于1472年的进修学院。想了解它以前的壮丽，看看前门彩色瓷砖的残迹和依然完好无损的尖塔。

Guru Nanak Jhira Sahib 锡克教庙宇

(Shiva Nagar; ⊙24小时) **免费** 这座大型锡克教庙宇位于城镇西北角，建于1948年，是献给那纳克古鲁（Guru Nanak）的。庙宇围绕着一座Amrit Kund（水池）展开，那里是信徒清洁灵魂的地方。

巴赫马尼陵墓 历史遗迹

(Bahmani Tombs; ⊙黎明至黄昏) 巴赫马尼国王的巨大圆顶陵墓位于比德尔以东3公里的Ashtur，是为了安葬苏丹们的遗体而修建，艾哈迈德·沙·巴赫曼（Ahmad Shah Bahman）陵墓的内部色彩鲜明，最为令人印象深刻。

🛏 食宿

Hotel Mayura 酒店 $

(☎08482-228142; Udgir Rd; 双 带电风扇/空调₹1100/2200; ❄🛜) 混凝土建造的室内空间虽然不吸引人，但房间设施完善，令人愉悦。附设一间酒吧和餐厅，正好在中央汽车站对面。留意美国国家广播公司（NBC）的孔雀标志。

Hotel Mayura Barid Shahi 酒店 $

(☎08482-221740; Udgir Rd; 标单/双 ₹500/600, 房间带空调₹900; ❄🛜) 这座老酒店的房间虽然简单，没什么特色，但维护得很好，地处镇子中心。有一座很受欢迎的花园酒吧兼餐馆。

Jyothi Fort 印度菜 $

(Bidar Fort; 主菜 ₹70~120; ⊙9:00~17:00) 怡人的户外餐馆，在城堡入口处，餐桌在枝叶蔓生的罗望子树下的草地上，提供一些美味的素餐。

Kamat Hotel 南印度菜 $

(Udgir Rd; 餐 ₹80~150; ⊙7:30~22:00) 因为提供南印度经典菜肴而备受赞誉，价格非常实惠。白天很繁忙，有一个空调房。

ℹ️ 到达和离开

去往Kalaburagi（124卢比，3小时）的长途汽车次很多，从汽车站发车，有两班夜车开往比贾布尔（280卢比，7小时）。也有车次前往海得拉巴（142卢比，4小时，18:30）和班加罗尔（半豪华/空调750/900卢比，13小时，每天5班）。

火车可去往海得拉巴（卧铺100卢比，5小时，2:00）和班加罗尔（卧铺/空调卧铺2类370/1435卢比，13小时，18:05）。

ℹ️ 当地交通

可以联系好机动三轮车一日游，费用约为600卢比。

特伦甘纳邦和安得拉邦

包括 ➡

海得拉巴	911
蓬吉尔	929
瓦朗加尔	930
帕拉姆派特	931
维杰亚瓦达	931
纳格尔久纳贡达	934
维沙卡帕特南	935
蒂鲁马拉和蒂鲁帕蒂	940

最佳餐饮

- Sea Inn（见937页）
- Shah Ghouse Cafe（见923页）
- SO – The Sky Kitchen（见924页）
- Hotel Mayura（见941页）
- Dhaba By Claridges（见924页）
- TFL（见932页）

最佳冷门目的地

- 罗摩寺庙（见931页）
- 桑卡兰（见938页）
- Moula Ali Dargah（见919页）
- 贡土帕利（见934页）

为何去

作为印度信仰伊斯兰教地区的最大城市之一，光是海得拉巴就足以成为你来到这里旅行的理由了。它的天际线是一道靓丽的风景，许多一度光辉灿烂的王朝在这里留下了古代清真寺、陵墓和宫殿的巨大圆顶和宣礼塔。探索这座城市充满传奇色彩的老城区，寻找街头市场、茶室和比尔亚尼菜餐馆，然后前往这座城市的边缘，瞻仰雄伟的戈康达堡。

这两个邦（它们在2014年分裂之前曾经是一个邦）的其他地方不像海得拉巴那样有魅力，不过只要你用心寻找，就能发现珍宝——例如罗摩寺庙中精彩的中世纪寺庙雕塑，美丽的古代佛教遗址如深藏于乡村的桑卡兰和贡土帕利，拥有欢快海滨度假氛围的维沙卡帕特南，以及在蒂鲁马拉的寺庙朝圣的庞大人群散发出的积极能量。

何时去

海得拉巴

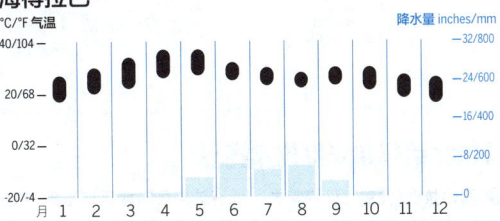

5～6月 和当地人一起吃哈莱姆浓汤（haleem），这是斋月（Ramzan）里最受喜爱的食物。

11月至次年2月 在22℃～28℃的理想天气下探索海得拉巴的众多景点。

12月至次年4月 欣赏维泽格（Vizag）海滨景点的最佳时段——很少下雨而且不是太热。

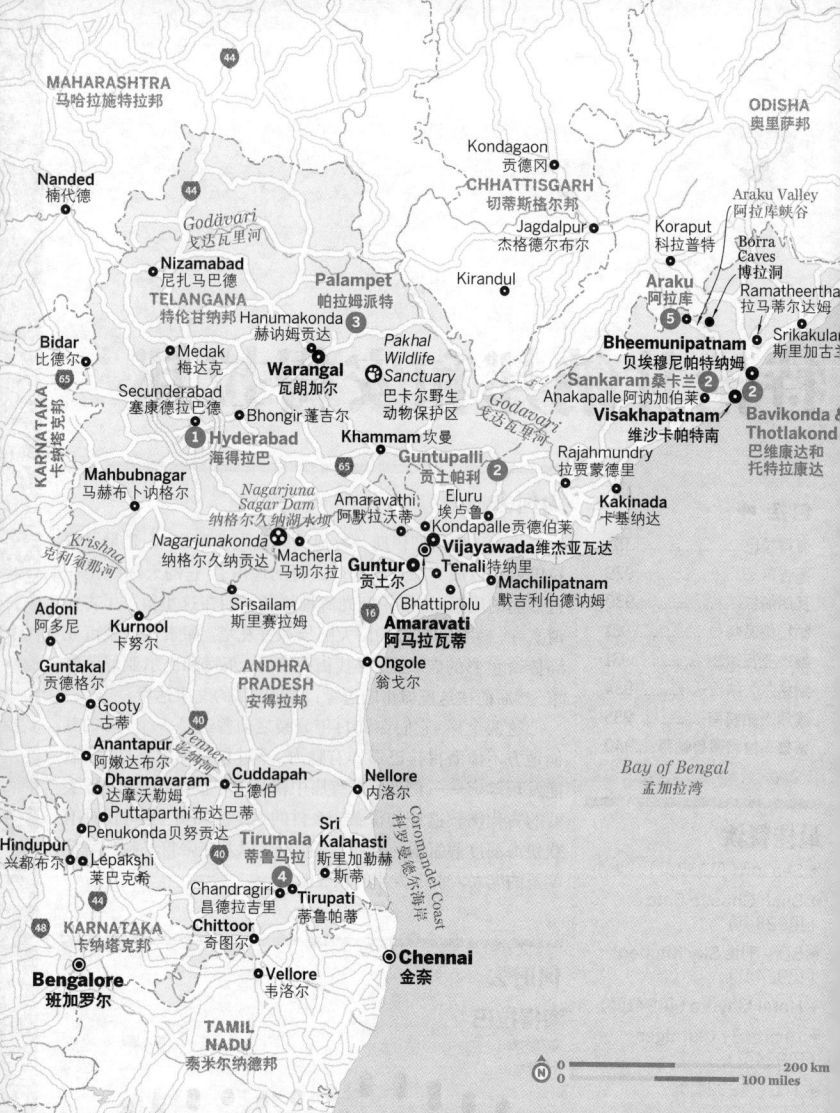

特伦甘纳邦和安得拉邦亮点

① 海得拉巴 (见911页) 探索老城和它独特的市场、建筑奇迹和餐厅。

② 寺庙之路 (见938页) 在桑卡兰、巴维康达、托特拉康达和贡土帕利感受禅修冥想的气氛，所有这些目的地都在这条拥有2300年历史的小路上。

③ 帕拉姆派特 (见931页) 在这个村庄附近的寺庙赞叹卡卡提亚王朝雕塑家的精湛技艺。

④ 蒂鲁马拉 (见940页) 和人群同行，与印度教朝圣者一起感受心灵的召唤。

⑤ 阿拉库 (见939页) 在这里享受令人愉悦的火车之旅，穿过东高止山脉茂盛的森林和宽阔的绿色峡谷。

历史

从公元前3世纪至公元3世纪的百乘王朝（Satavahana Empire）也被称作案达罗王朝（Andhras），统治了德干（Deccan）高原的很大一部分。在阿育王的传教僧侣抵达这里之后，百乘王朝帮助佛教在这里兴盛了起来，而如今安得拉邦的古佛教遗址几乎比印度的任何其他邦都多。

从12世纪到14世纪，定都瓦朗加尔（Warangal）的印度卡卡提亚王朝（Hindu Kakatiyas）统治着特伦甘纳邦和安得拉邦的大部分地区，这段时期见证了泰卢固（Telugu）语言和文化的兴起。瓦朗加尔最终陷落于信仰伊斯兰教的德里苏丹国（Delhi Sultanate），后来又落入巴赫马尼苏丹国（Bahmani Sultanate）之手。然后在1518年，巴赫马尼苏丹国的苏丹忽里·库特卜·沙（Quli Qutb Shah）在戈康达（Golconda）宣布独立。他的库特卜·沙王朝（Qutb Shah）将戈康达发展成了我们今天看到的巨大堡垒。但是那里的水源短缺导致苏丹穆罕默德·忽里·库特卜·沙（Mohammed Quli Qutb Shah）在1591年将首都迁到了东边不远处的穆西河（Musi River）南岸，并在那里建立了新城市海得拉巴。

1687年，库特卜·沙王朝的统治者被莫卧儿皇帝奥朗则布（Aurangzeb）取代。当莫卧儿帝国自己江河日下的时候，它设立在当地的总督Nizam ul-Mulk Asaf Jah控制了大部分德干地区，于1724年开创了海得拉巴的第二个伟大的伊斯兰王朝，阿萨扎希（Asaf Jahi）王朝——它的君主称为尼扎姆（nizam），以极度富有闻名。开国君将首都定在奥兰加巴德（Aurangabad），但他的儿子Asaf Jah二世在1763年迁都海得拉巴。海得拉巴崛起，成为信仰伊斯兰教的印度地区的中心，而且也是艺术、文化和学术中心。这里丰富的稀有宝石和矿物——世界闻名的科依诺尔（Kohinoor）钻石就产自这里——为尼扎姆们提供了巨大的财富。

从大约1800年起，整个地区都处于英国人的实际控制之下，当安得拉邦受马德拉斯（今金奈）的管理，海得拉巴土邦——包括城外说泰卢固语的印度人生活的大片土地——仍然保持名义上的独立。印度在1947年独立后，尼扎姆奥斯曼·阿里汗（Osman Ali Khan）想要保持君主国的主权，但印度的军事干预让海得拉巴土邦在1948年加入了印度联邦。

当印度的各个邦在1956年根据语系进行重新组合时，海得拉巴被分割成了三部分。如今的特伦甘纳加入其他说泰卢固语的地区，形成了安得拉邦；其他地区变成了卡纳塔克邦（Karnataka）和马哈拉施特拉邦（Maharashtra）的一部分。特伦甘纳对这个结果不是很满意，在漫长的独立运动之后，它在2014年从安得拉邦分离出去，成了一个单独的邦。在安得拉邦的新首府阿马拉瓦蒂（Amaravati；挨着维杰亚瓦达）建成并正常运转之前，海得拉巴还是这两个邦共同的首府。由新加坡城市规划师设计的阿马拉瓦蒂应该是智慧、绿色和超现代的——不过建设工程无疑要花几十年的时间。

海得拉巴（HYDERABAD）

☏040 / 人口 7,680,000 / 海拔 600米

浓郁的历史风情、熙熙攘攘的人群和繁荣的商贸，海得拉巴老城是印度最有味道的古老城区之一。探索这个城区的街巷，置身于印度茶商店和香料商人之中，你会发现一座异彩纷呈、热热闹闹的商业城市。俯瞰着老城

邦内重要节日

桑格拉提节（Sankranti；⊙1月）这个重要的地区性泰卢固节日标志着收获季节的结束。届时你会看到风筝到处飞舞，门阶上装饰着五颜六色的吉祥画（kolam；米粉图案），人们会给牛挂上铃铛并在牛角上绘画。

Brahmotsavam（⊙9月/10月）在这个持续9天的节日中，蒂鲁马拉（Tirumala）的Venkateshwara寺庙会挤满成群的崇拜者。会举行特别的供奉仪式（pujas）和马车游行，是达瞻（参见神灵）的吉祥时间。

穆哈兰姆月（Muharram；⊙9月/10月；海得拉巴）纪念穆罕默德孙子侯赛因的殉难。庞大的游行队伍会穿过海得拉巴老城。

的是印度伊斯兰地区的一些最令人难忘的建筑，处于程度不一的修复状态中。大多数来到这座城市的人都把时间集中花在这里，不过雄伟的戈康达堡也不应错过。

海得拉巴的另一副面孔年轻得多，位于城市中心的西边——它的高新城（Hi-Tech City）或称"网络拉巴"（Cyberabad），这里和其他城区如班贾拉丘陵（Banjara Hills）和朱比利丘陵（Jubilee Hills）到处都是闪闪发光的商场、多映厅影院、夜店、小酒店和时髦的餐厅。

无论你身在海得拉巴的什么地方，都必须接受一件事：交通状况令人抓狂。不过在未来的几年里，（拖延已久的）轻轨（Metro Rail）快速交通系统将缓解这种状况。

◎ 景点

◎ 老城 (Old City)
★ 查米纳塔门　　　　　　　　　纪念碑

（Charminar；见914页地图；印度人/外国人₹5/100；⊙9:00~17:30）海得拉巴的主要地标和城市象征，由穆罕默德·忽里·库特卜·沙（Mohammed Quli Qutb Shah）在1591年修建，以纪念海得拉巴的建城和由戈康达缺水而导致的疫情的结束。这座庞大的四柱建筑高达56米，有朝向东西南北的4个拱门。每个柱子的顶端都有宣礼塔（查米纳塔门这个名字的意思就是"四座宣礼塔"）。它当然是一道令人难忘的风景，但是建筑周围极其糟糕的交通、拥挤的人群和漫长的排队时间让它的"性价比"打了折扣。

查米纳塔门矗立在海得拉巴主要集市区（名字同样是查米纳塔门）的中央，这片区域犹如一条条小巷组成的迷宫，到处都是商店、货摊和购物者。你可以爬上楼俯瞰这个区域。三楼是海得拉巴最古老的清真寺的所在地，上层的柱子不向公众开放。从19:00至21:00，这座建筑会被照得灯火通明。

★ 乔玛哈拉宫　　　　　　　　　宫殿

（Chowmahalla Palace；见914页地图；http://chowmahalla.co.in；印度人/外国人₹50/200，照相₹50；⊙周六至周四 10:00~17:00）这片豪华的18世纪和19世纪宫殿建筑群是几位尼扎姆的主要寝宫，包括几座恢宏的建筑和四个花园庭院。最令人目不暇接的是Khilwat Mubarak，一座宏伟的正式接见大厅——尼扎姆就是在这里的19盏巨大的比利时水晶枝形吊灯下举行典礼的。如今它的侧厅用来举办历史展览，以及展出尼扎姆个人拥有的艺术品、工艺品和其他收藏。最南边的庭院里有一些堪称无价之宝的古董马车和老爷车，包括一辆1911年的黄色劳斯莱斯和一辆1937年的别克敞篷汽车。

萨拉加格博物馆　　　　　　　　博物馆

（Salar Jung Museum；见914页地图；www.salarjungmuseum.in；Salar Jung Rd；印度人/外国人₹20/500，照相₹50；⊙周六至周四 10:00~17:00）这里规模庞大的收藏是由Mir Yusaf Ali Khan即萨拉加格三世（Salar Jung Ⅲ）收集的，他是第七代尼扎姆奥斯曼·阿里汗（Osman Ali Khan）的重要维齐尔（vizier；伊斯兰国家高官）。39个展厅中有早期南印度青铜器以及木头和石头雕像、印度袖珍画、欧洲美术精品、历史手稿、一个展厅的玉器，以及出自19世纪意大利雕塑家本佐尼（Benzoni）之手的《蒙面纱的丽贝卡》（Veiled Rebecca）。需要注意的是，针对外国人的门票售价非常高，而且这座博物馆人气很旺（周日近乎嘈杂混乱）。

HEH尼扎姆博物馆　　　　　　　博物馆

（HEH The Nizam's Museum；Purani Haveli；见914页地图；www.hehnmh.com；紧邻Dur-e-Sharwah Hospital Rd；成人/儿童₹80/15，照相₹150；⊙周二至周四 10:00~17:00）Purani Haveli是第六代尼扎姆Mahbub Ali Khan（1869~1911年在位）的居所。传说他从不会将同一件衣服穿两次；因此就有了长达54米的两层缅甸柚木衣柜。这座博物馆展出了第七代尼扎姆奥斯曼·阿里汗的许多私人物品，包括他的银质摇篮、金光闪闪的王冠和华美的周年纪念银器礼物。陈设、照明和信息都有改善的空间，不过还是很值得一去。

麦加清真寺　　　　　　　　　清真寺

（Mecca Masjid；见914页地图；Shah Ali Banda Rd；⊙4:30~21:00）这座清真寺是世界上最大的清真寺之一，在重大的穆斯林节日可以同时容纳10,000人做礼拜。它也是海得拉巴

Hyderabad 海得拉巴

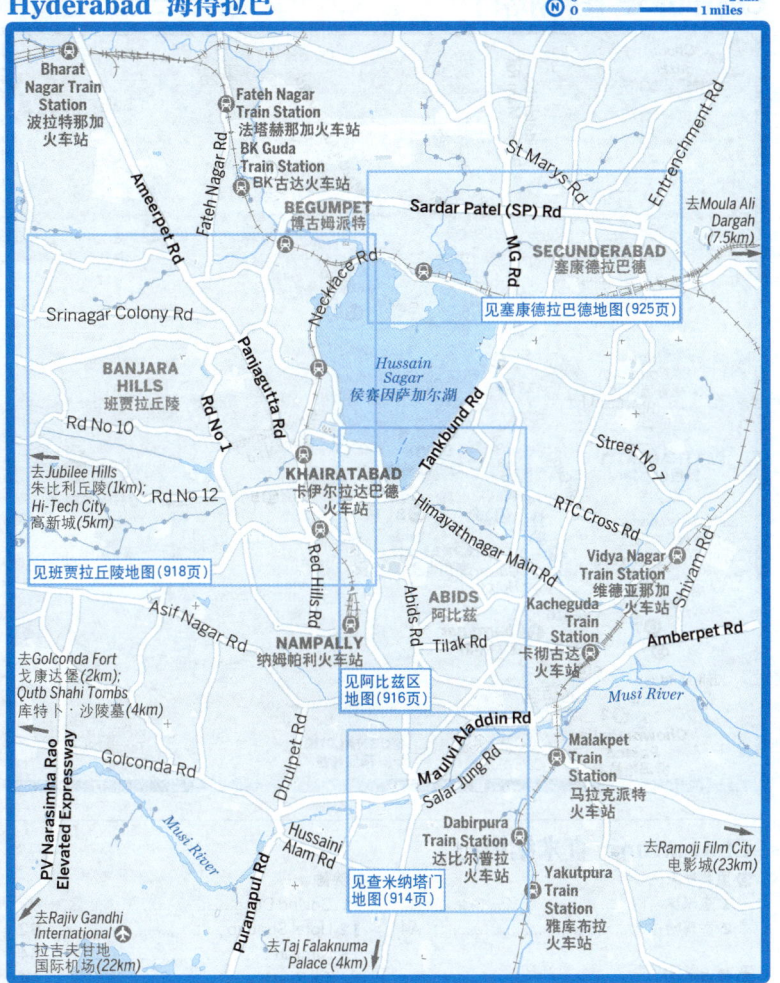

最古老的建筑之一，是由这座城市的建立者穆罕默德·忽里·库特卜·沙在1617年下令开始建造的。禁止女性进入礼拜大殿，男性游客也不太可能被放进去（可以浏览一下这里的栏杆）。如果女性游客被认为穿得太少或者太紧身的话，即使戴上头巾也可能不允许进入庞大的庭院。

嵌在礼拜大殿中央拱门上方的几块砖是用来自麦加的泥土烧制而成的——清真寺因此得名。庭院旁边有一块围场，里面有几位海得拉巴尼扎姆的墓地。

Badshahi Ashurkhana　　伊斯兰教古迹

（见914页地图；High Court Rd）建于1594年的Badshahi Ashurkhana（字面意思是"皇室哀悼处"）是库特卜·沙王朝的统治者们在他们的新城市海得拉巴修建的首批建筑之一。坐落在一个不临街的庭院里，它的墙壁镶嵌着色彩艳丽、形状复杂的瓷砖马赛克，几乎闪闪发光。这里在穆哈兰姆月期间总是人满为患，周四也是如此，当地的什叶派教徒会聚集在一起，纪念侯赛因·伊本·阿里（Hussain Ibn Ali）的殉难。游客应该脱下鞋子，着装得

Charminar 查米纳塔门

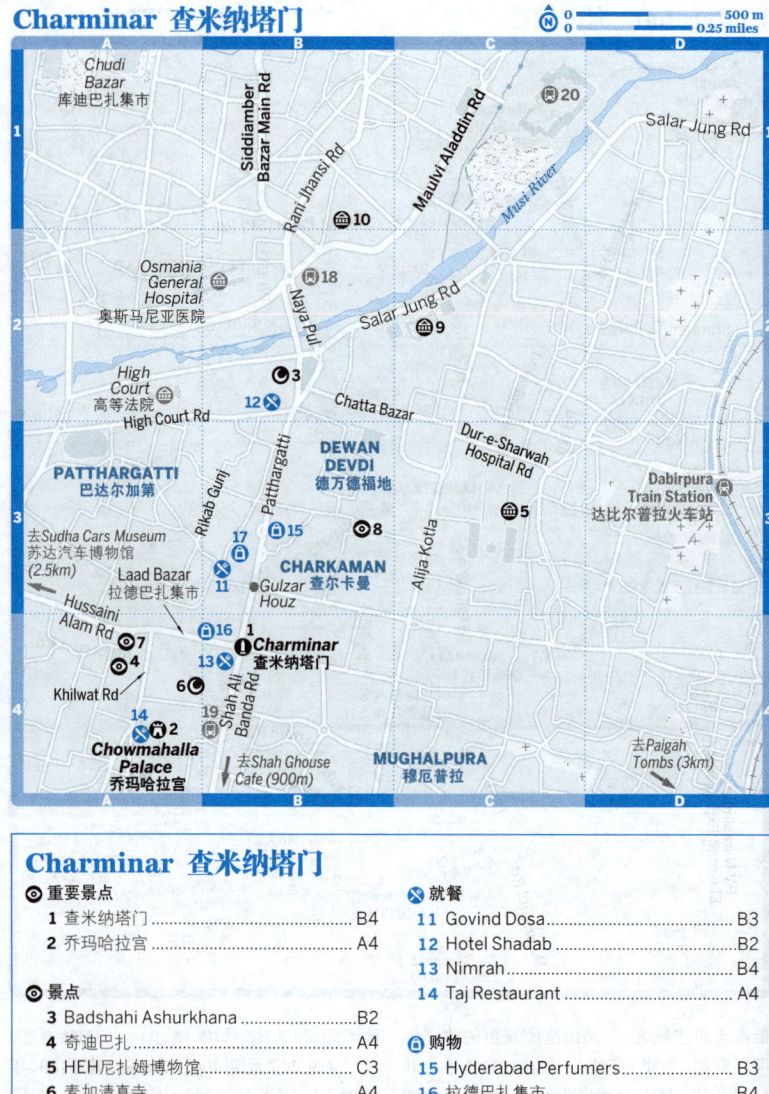

Charminar 查米纳塔门

◎ 重要景点
- **1** 查米纳塔门 B4
- **2** 乔玛哈拉宫 A4

◎ 景点
- **3** Badshahi Ashurkhana B2
- **4** 奇迪巴扎 A4
- **5** HEH尼扎姆博物馆 C3
- **6** 麦加清真寺 A4
- **7** 米赫布博广场 A4
- **8** 米尔阿拉姆曼迪菜市场 B3
- **9** 萨拉加格博物馆 C2
- **10** 州立图书馆 B1

✪ 活动、课程和团队游
- 漫步文化遗产 .... (见1)

⊗ 就餐
- **11** Govind Dosa B3
- **12** Hotel Shadab B2
- **13** Nimrah B4
- **14** Taj Restaurant A4

⦿ 购物
- **15** Hyderabad Perfumers B3
- **16** 拉德巴扎集市 B4
- **17** Patel Market B3

ⓘ 交通
- **18** 阿夫扎尔古加汽车站 B2
- **19** 查米纳塔门汽车站 B4
- **20** Mahatma Gandhi汽车站 C1

体(女性还要戴头巾)。

◎ 阿比兹区 (Abids Area)

邦立博物馆
博物馆

(State Museum;见916页地图;Public Gardens Rd, Nampally;门票₹10,照相/录像₹100/500;◎周六至周四10:30~16:30,每月的第二个周六闭馆)这座庞大的博物馆位于一栋梦幻的印度-撒拉逊建筑中,它是第七代尼扎姆为自己的一个女儿修建的游戏室。除了许多重要的考古发现之外,这里还有关于该地区佛教历史的展览。它有一个有趣的装饰艺术展厅,你在里面可以了解比达尔内嵌金属工艺(Bidriware)和卡拉木卡里纺织画(kalamkari),此外还有一个青铜雕像展厅和一具拥有4500年历史的埃及木乃伊。

英国驻节专员公署
历史建筑

(British Residency;科蒂女子学院;见918页地图;Koti Main Rd)这座帕拉第奥建筑风格的宏伟住宅由詹姆斯·阿基利斯·柯克帕特里克(James Achilles Kirkpatrick)建于1803年至1806年,他是驻海得拉巴的英国公使(British Resident;东印度公司的官方代表)。这栋建筑曾在威廉·达尔林普尔(William Dalrymple)笔下精彩的历史爱情故事《白色莫卧儿人》(White Mughals)中出现。正在开展的修复工作致力于让这栋建筑恢复往日荣光,这项工程需要很多年才能完成。它没有正式开放,不过只要预订了Detours(见920页)令人神往的白色莫卧儿(White Mughal)团队游,通常可以跟团进入。

柯克帕特里克对莫卧儿文化非常着迷,他皈依了伊斯兰教并且娶了Khair-un-Nissa——一位海得拉巴宰相十几岁的家人。公署和它庞大的花园在1949年成为奥斯曼尼亚大学女子学院,又称科蒂女子学院(Koti Women's College)。走过恢宏的古典式门廊就是(新近翻修的)会客厅(Durbar Hall),高高的天花板使用了伊斯兰几何花纹,天花板下是枝形吊灯和古典风格的柱子,会客厅后面还有一个复杂的螺旋楼梯。在西南方向野草丛生的花园里,你会找到一座英国公墓,保存至今的通往公署zenana(妇女居住的地方)的入口,以及柯克帕特里克为Khair-un-Nissa制作的公署建筑的模型。

比尔拉庙
印度教神庙

(Birla Mandir;见918页地图;◎7:00至正午和15:00~21:00)超凡脱俗的比尔拉庙采用白沙贾斯坦大理石建造,修建于1976年,为卡拉巴哈德(Kalabahad,俯瞰侯赛因萨加尔湖的两座石山之一)增添了一分优雅。这里供奉着神明Venkateshwara,是极受欢迎的印度教崇拜中心,有一种让人放松的气氛,而且可以俯视城市的壮观景色,特别是在日落时分。这里有几座威风的雕像,包括一座巨大的Venkateshwara花岗岩像。残疾人设施很不错:古怪的钟楼里有一部电梯。

比尔拉现代美术馆
博物馆

(Birla Modern Art Gallery;见916页地图;www.birlasciencecentre.org;Naubat Pahad Lane,

---

庸俗拉巴(KITSCHABAD)

海得拉巴除了拥有世界一流的景点外,还有一些比较奇怪的景点。

Ramoji电影城(Ramoji Film City;www.ramojifilmcity.com;成人/儿童₹1000/900起;◎9:00~20:00)特伦甘纳邦/安得拉邦的电影业"托莱坞"(Tollywood)规模庞大,同样庞大的是这个占地670公顷的电影城,这里制作包括泰卢固语、泰米尔语和印地语在内的各种电影和电视剧。一日游门票包括大巴团队游、游乐场和表演。**特伦甘纳邦旅游局**(见927页)经营到这里的团队游。

苏达汽车博物馆(Sudha Cars Museum;www.sudhacars.com;19-5-15/1/D, Bahadurpura;印度人/外国人₹50/200,照相₹50;◎9:30~18:30)汽车爱好者K Sudhakar古怪的创造包括板球拍、电脑和唇膏等各种奇形怪状的小汽车和自行车,而且它们都能正常使用。博物馆位于查米纳塔门以西3公里。

Abids Area 阿比兹区

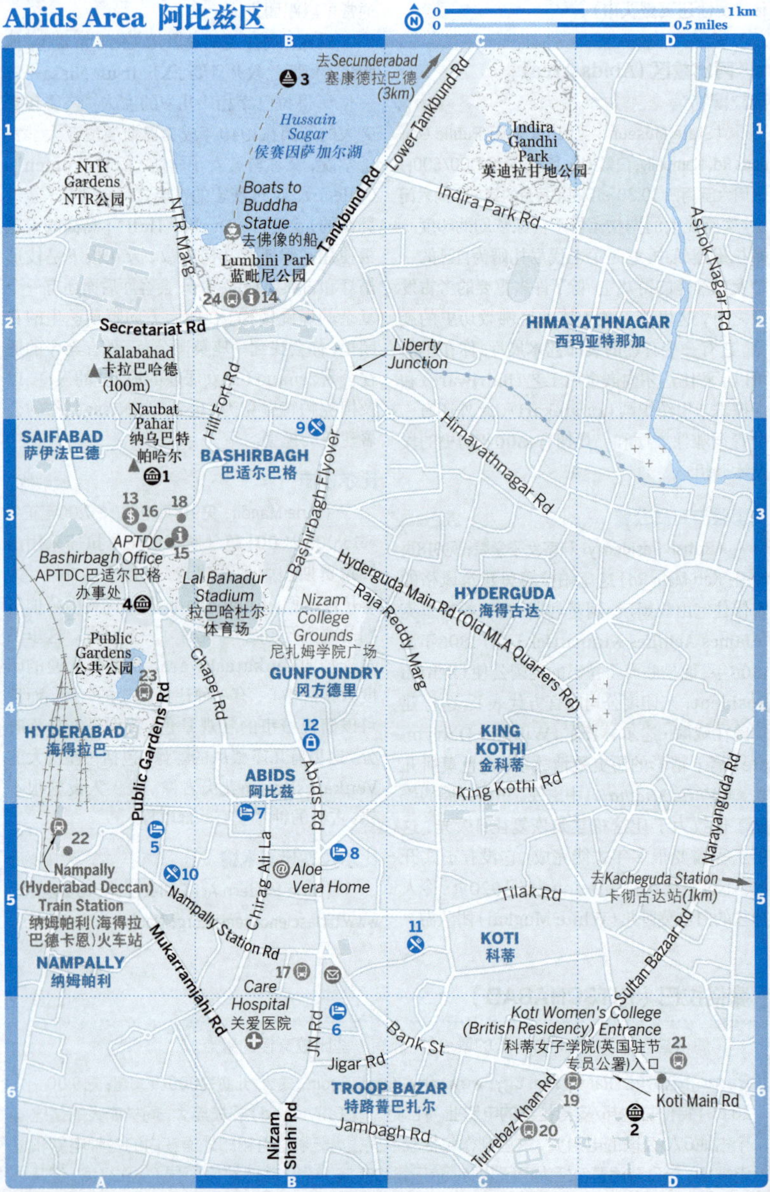

0 1 km
0 0.5 miles
A B C D
1 2 3 4 5 6
去Secunderabad
塞康德拉巴德
(3km)
3
Hussain
Sagar
侯赛因萨加尔湖
Lower Tankbund Rd
Indira
Gandhi
Park
英迪拉甘地公园
NTR
Gardens
NTR公园
NTR Marg
Boats to
Buddha
Statue
去佛像的船
Tankbund Rd
Indira Park Rd
Ashok Nagar Rd
Lumbini Park
蓝毗尼公园
24
14
Secretariat Rd
HIMAYATHNAGAR
西玛亚特那加
Liberty
Junction
Kalabahad
卡拉巴哈德
(100m)
Hill Fort Rd
Naubat
Pahar
纳乌巴特
帕哈尔
SAIFABAD
萨伊法巴德
9
BASHIRBAGH
巴适尔巴格
Himayathnagar Rd
1
13
16
18
APTDC
Bashirbagh Office
APTDC巴适尔巴格
办事处
15
Bashirbagh Flyover
Hyderguda Main Rd (Old MLA Quarters Rd)
Lal Bahadur
Stadium
拉巴哈杜尔
体育场
4
Nizam
College
Grounds
尼扎姆学院广场
Raja Reddy Marg
HYDERGUDA
海得古达
Public
Gardens
公共公园
23
Chapel Rd
GUNFOUNDRY
冈方德里
Public Gardens Rd
12
HYDERABAD
海得拉巴
KING
KOTHI
金科蒂
ABIDS
阿比兹
King Kothi Rd
Abids Rd
7
Narayanguda Rd
22
5
8
Nampally
(Hyderabad Deccan)
Train Station
纳姆帕利(海得拉巴德卡恩)火车站
10
Aloe
Vera Home
Chirag Ali La
去Kacheguda Station
卡彻古达站(1km)
Nampally Station Rd
Tilak Rd
NAMPALLY
纳姆帕利
Mukarramjahi Rd
11
KOTI
科蒂
17
Care
Hospital
关爱医院
Sultan Bazaar Rd
6
Koti Women's College
(British Residency) Entrance
科蒂女子学院(英国驻节专员公署)入口
21
JN Rd
Bank St
Jigar Rd
19
TROOP BAZAR
特路普巴扎尔
Koti Main Rd
Turrebaz Khan Rd
Nizam
Shahi Rd
Jambagh Rd
20
2

Adarsh Nagar; ₹50; ⌚10.30~20:00）展出经过巧妙组织的现代和当代艺术品，包括超级明星乔根·乔杜里（Jogen Chowdhury）、塔伊布·梅赫塔（Tyeb Mehta）和阿尔皮塔·辛格（Arpita Singh）的绘画作品。

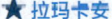

班贾拉丘陵 (Banjara Hills)

★ 拉玛卡安 文化中心

（Lamakaan; 见918页地图; ☎9642731329; www.lamakaan.com; 毗邻JVR Park, Banjara Hills;

Abids Area 阿比兹区

◎ 景点
1. 比尔拉现代美术馆.....................A3
2. 英国驻节专员公署......................D6
3. 佛像和侯赛因萨加尔湖.............B1
4. 邦立博物馆.................................A3

◎ 住宿
5. Hotel Rajmata...........................A5
6. Hotel Suhail.............................B6
7. Royalton Hotel.........................B5
8. Taj Mahal Hotel.......................B5

◎ 就餐
- Dakshina Mandapa..................（见8）
9. Gufaa...B3
10. Kamat Hotel..............................A5
11. Santosh Dhaba..........................C5

◎ 购物
12. Bidri Crafts................................B4

◎ 实用信息
13. 印度国家银行.............................A3
14. 特伦甘纳邦旅游局......................B2
15. 特伦甘纳邦旅游局......................A3

◎ 交通
16. 印度航空公司.............................A3
17. GPO阿比兹汽车站.....................B5
18. 印度捷特航空公司......................A3
19. 科蒂汽车站.................................C6
20. 科蒂汽车站.................................C6
21. 科蒂女子学院汽车站..................D6
22. 纳姆帕利售票中心......................A5
23. 公共公园汽车站点......................A4
24. 秘书处汽车站点（Pushpak）.....B2

⊙周二至周日10:00~22:30）这家非商业性"包容文化空间"是一个开放式中心，举办戏剧、电影、音乐演出、展览、有机市场和讲座等活动。这里还有一个很棒的伊朗移民咖啡馆（Irani cafe），供应便宜的茶和小吃，有免费Wi-Fi。位于紧邻Rd No 1的一条小巷里。

卡拉科里蒂艺术馆　　　　　　画廊
（Kalakriti Art Gallery；见918页地图；www.kalakritiartgallery.com；Rd No 10, Banjara Hills；⊙11:00~19:00）**免费** 作为城里最好的当代画廊之一，卡拉科里蒂艺术馆展出的作品来自全印度首屈一指的艺术家，此外还有与法语联盟（Alliance Française）及歌德中心（Goethe Zentrum）合作的项目。

◎ 其他区域
★ 戈康达堡　　　　　　　　　要塞
（Golconda Fort；印度人/外国人₹20/200，小时声光秀₹140；⊙9:00~17:30，英语声光秀11月至次年2月18:30，3月至10月19:00）作为海得拉巴最令人难忘的景点，这座宏伟的堡垒坐落在市区的西部边缘。在16世纪，库特卜·沙将戈康达建成了一座要塞，它矗立在一座高120米的花岗岩小山上，四周环绕着雄伟的壁垒，壁垒外面还有一圈带雉堞的城墙，周长11公里。在最高处可以俯瞰壮丽的景色，你的目光会穿越尘土覆盖的德干高原山脚、剥落崩碎的外城墙、库特卜·沙陵墓的穹顶，飞过遥远的贫民窟，直达内城模模糊糊的地平线。

在库特卜·沙们掌权之前，戈康达堡已经在卡卡提亚王朝和巴赫马尼苏丹国的统治下存在了至少三个世纪，而且已经以钻石闻名，这些钻石大多数是在克里希纳河（Krishna River）的河谷里开采的，然后运到这里进行切割和贸易。库特卜·沙王朝在1591年迁都到新城市海得拉巴，但是仍然将戈康达作为一座要塞，直到1687年莫卧儿王朝的皇帝奥朗则布在长达一年的围攻之后将它攻陷，终结了库特卜·沙王朝的统治。

戈康达巨大的城门嵌满铁钉，用来在战争中阻挡大象。在城堡内，一系列暗式釉陶管道保证了可靠的水供应，而巧妙的传声效果确保从入口传来的——即便是最微弱的声响，也能在整个城堡建筑群中产生回响。

留出至少几个小时探索这处古迹。每90分钟的团队游，导游费用至少为600卢比。还提供20卢比的导游小册子。走进城门，一条逆时针环路会带你穿过花园和大多数小建筑，来到山顶，这里有仍在使用的印度教神庙Jagadamba Mahakali Temple和三层楼的会客厅，以及优美开阔的风景。然后顺着这条环路走下来，来到堡垒西南部分的老宫殿建筑，接着再穿过优雅的三连拱清真寺Taramati Mosque，就回到了入口。

Banjara Hills 班贾拉丘陵

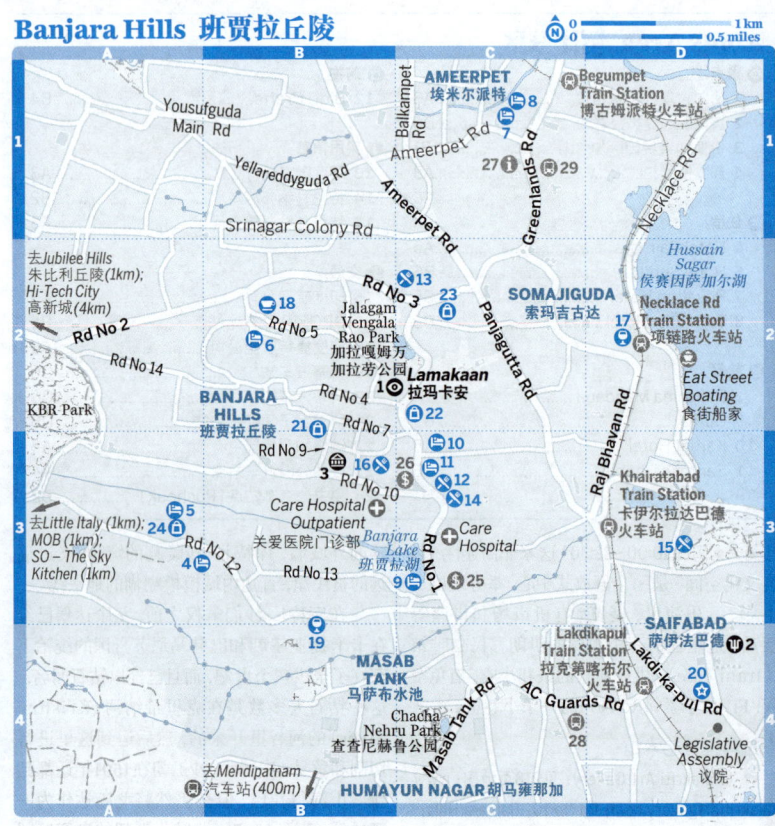

戈康达位于阿比兹或查米纳塔门以西约10公里处;乘坐Uber出租车或机动三轮车的单程费用大约为250卢比。65G路和66G路公共汽车从查米纳塔门开往戈康达,途经GPO阿比兹,每小时1班,车程大约为1个小时。

★库特卜·沙陵墓 古迹

(Qutb Shahi Tombs; Tolichowki; 印度人/外国人 ₹15/100, 拍照/录像 ₹50/100; ◎周六至周四 9:30~17:30) 这21座华丽的穹顶花岗岩陵墓伴随着数量几乎同样多的清真寺安详地坐落在戈康达堡入口西北约2公里的景观花园里,这些陵墓的主人中有很多在戈康达堡度过了人生的大部分时间。8位库特卜·沙王朝的统治者中有7位埋葬于此,陪伴他们的还有家族成员,以及几位医生、高级妓女和其他最受他们宠爱的人。入口附近的一个展览提供了很有帮助的解释性信息(包括修复建筑结构和建造一座遗址公园的宏伟计划)。

这些陵墓的巨大穹顶坐落在方形的基座上,许多基座上有美丽的柱廊和精致的抹灰装饰。其中最精美的是海得拉巴的建立者穆罕默德·忽里的陵墓,它高达42米,矗立在这片陵墓群边缘附近的一座平台上,背对着戈康达。

这些陵墓和戈康达堡相距大约2公里,乘坐机动三轮车或Uber出租车的费用是30卢比。

Paigah Tombs 古迹

(Santoshnagar; ◎9:30~17:00) 免费 Paigah贵族据称是伊斯兰第二任哈里发的后代,是尼扎姆的狂热效忠者,以政客、慈善家或将军的身份为他们服务。Paigah的墓地位于查米纳塔门东南4公里的幽静地区,是一小片由大理石和石灰泥建造的精致陵墓群。一条小巷坐落在Inner Ring Rd上的Owaisi Hospital医院对面,那里有通往这片陵墓的标志牌。

Banjara Hills 班贾拉丘陵

◎ 重要景点
1 拉玛卡安...................................B2

◎ 景点
2 比尔拉庙...................................D4
3 卡拉科里蒂艺术馆.......................B3

🛏 住宿
4 Fortune Park Vallabha.................A3
5 Fresh Living..............................A3
6 Golden Glory Guesthouse............B2
7 Green Park................................C1
8 Marigold....................................C1
9 Taj Banjara................................C3
10 Taj Deccan...............................C3
11 Taj Krishna..............................C3

🍴 就餐
12 Barbeque Nation.......................C3
13 Chutneys.................................C2
Deli 9...(见14)
Firdaus..(见11)
14 Fusion 9..................................C3
Gallery Cafe..................................(见3)
15 Paradise..................................D3
16 Utupura..................................B3

🍸 饮品和夜生活
17 Kismet....................................D2
18 OCD......................................B2
19 Vertigo...................................B4

★ 娱乐
20 Ravindra Bharathi Theatre........D4

🛍 购物
21 Fabindia..................................B2
22 GVK One.................................C2
23 Himalaya Book World...............C2
24 Suvasa...................................A3

ℹ 实用信息
25 花旗银行自动柜员机...................C3
花旗银行自动柜员机.......................(见22)
26 花旗银行自动柜员机...................C3
印度旅游局....................................(见27)
27 特伦甘纳邦旅游局......................C1

🚌 交通
28 AC Guards汽车站点（Pushpak）......C4
29 Paryatak Bhavan汽车站点
（Pushpak）...................................C1

陵墓群中有27座大理石雕刻的陵墓,它们的四周围着精雕细琢的墙壁和柱子、令人惊叹的几何图案掐丝屏风,上方则是高大优雅的塔楼。陵墓的最西端是一座漂亮的清真寺,倒映在它门前巨大的净礼池中。

Moula Ali Dargah
伊斯兰教古迹

Moula Ali山坐落在这座城市的东北边缘,是一片壮观的岩石堆,这里有开阔的风景和凉爽的微风。沿着500级台阶走到山顶,还有一座dargah（苏非派圣人的庙宇）,里面的一个手掌印据信是先知穆罕默德的女婿阿里的。这座dargah传说中的治愈功效让它成为病患的朝圣目的地。

游客通常只有在穆哈兰姆月（Muharram）为期三天的Moula Ali乌尔斯节（urs）期间才被允许进入dargah,里面覆盖着数以千计的小镜子,不过其他时间你可以站在外面欣赏这些小镜子。

Moula Ali山位于塞康德拉巴德（Secunderabad）东北方向9公里——乘坐Uber出租需要大约250卢比,或者从拉蒂费勒汽车站（Rathifile Bus Stop）乘坐16A路或16C路公共汽车前往ECIL公交站,然后再乘坐三轮机动车走完剩下的2公里。

佛像和侯赛因萨加尔湖
佛教纪念碑

（Buddha Statue & Hussain Sagar；见916页地图；乘船 成人/儿童 ₹55/35）侯赛因萨加尔湖是库特卜·沙建造的一座湖泊,而一座庞大的石头佛像（18米高）宏伟地矗立在湖中的一座柱基上。佛像在2006年祝圣,夜间会被灯光照亮,呈现壮观的景致。

班次频繁的船会从美食街（Eat Street；⊙15:00~20:00发船）和人气很旺的蓝毗尼公园（Lumbini Park；门票₹10；⊙9:00~21:00）前往雕像并返回,全程时长30分钟。在侯赛因萨加尔湖东岸的Tankbund Rd步行区也能看到不错的雕像景色。

🏃 活动

海得拉巴蓝十字会
志愿者服务

（Blue Cross of Hyderabad；📞9642229858；www.bluecrosshyd.in；Rd No 35, Jubilee Hills；

9:00~17:00)这座大型动物庇护所的工作人员们致力于救助生病的动物，为流浪狗杀菌消毒并注射疫苗。志愿者可以在庇护所（清洗和喂养动物）、领养中心（遛狗并对狗进行训练）或办公室提供帮助。需要提供至少20小时的服务。

团队游

★ Detours 团队游

(⏰9000850505; www.detoursindia.com; 每人3小时步行游览₹2500)出色的文化团队游，领队者是热情四溢且知识渊博的Jonty Rajagopalan和她的小团队。选项包括海得拉巴的冷门角落、瓦朗加尔，以及市场、食物（包括烹饪课程和品尝）、宗教和手工艺。

★ 漫步文化遗产 步行

(Heritage Walks; 见914页地图; ⏰9849728841; www.telanganatourism.gov.in/heritagewalks; 每人₹50; ⏰每周周日和每两周的周六7:30~9:00)始于查米纳塔门，止于乔玛哈拉宫，这条信息量极为丰富的（而且便宜到不可思议的）步行游览路线是建筑师兼历史学家Madhu Vottery设计的，有时他会亲自带队。费用含早餐。

SIA Photo Walks 步行

(⏰8008633354; http://siaphotography.in/tours; 步行团费₹300起)这座城市很棒的街头摄影团队游，由知识渊博的向导兼经验丰富的摄影师Saurabh Chatterjee策划。用智能手机拍照的人也能得到他的指点。

特伦甘纳邦旅游局 团队游

(Telangana Tourism; ⏰1800 42546464; www.telanganatourism.gov.in)提供优质周末团队游，如"尼扎姆宫殿"(Nizam Palace)之旅，包括乔玛哈拉宫、Falaknuma Palace和戈康达堡（观赏那里的声光秀），Falaknuma的下午茶是可选项，含下午茶的价格是3100卢比，不含下午茶是2000卢比。此外还有每天一次的城市观光大巴团队游(₹350起，景点门票除外)和晚上的戈康达声光秀之旅。在特伦甘纳邦旅游局的办事处（见927页）预订。

课程

内观国际禅修中心 疗愈中心

(Vipassana International Meditation Centre; Dhamma Khetta; ⏰040-24240290; www.khetta.dhamma.org; Nagarjuna Sagar Rd, Km12.6)在这家位于城外20公里的宁静庭院中参加为期10天的集中式禅修课程（每天10小时）。在线申请。没有正式定价，你根据自己的财力捐赠。

节日和活动

潘迪特·莫提拉姆-曼尼拉姆音乐节 音乐

(Pandit Motiram-Maniram Sangeet Samaroh; ⏰11月)这个为期4天的音乐节以两位著名的古典音乐家命名，是一个庆祝印度斯坦音乐的节日。在乔玛哈拉宫举办。

住宿

无论是去纳姆帕利(Nampally)火车站还是老城，住在市中心的阿比兹区都很方便。想要更多空间和绿色，就去中等的班贾拉丘陵，位于阿比兹区西北方向约4公里处。

除了超级豪华的Taj Falaknuma Palace（见921页），财大气粗的泰姬集团(Taj Group)还在班贾拉丘陵经营着海得拉巴的另外三家顶级高端酒店：极尽奢华的 Taj Krishna（见918页地图; ⏰040-66662323; www.tajhotels.com; Rd No 1; 标单/双₹8700/9300起; ❄@🛜🏊），极具风格的 Taj Deccan（见918页地图; ⏰040-66669999; www.tajhotels.com; Rd No 1; 标单/双₹7540/7980起; ❄@🛜🏊)以及坐落在湖畔的 Taj Banjara（见918页地图; ⏰040-66669999; www.tajhotels.com; Rd No 1; 标单/双₹8970/10,280起; ❄@🛜🏊)。

Golden Glory Guesthouse 客栈

(见918页地图; ⏰040-23554765; www.goldengloryguesthouse.com; 紧邻Rd No 3, Banjara Hills; 标单/双 含早餐₹1100/1300, 带空调₹1300/1700; ❄🛜)位于高档社区班贾拉丘陵(Banjara Hills)，位置令人艳羡，附近有许多咖啡馆和餐厅。价格适中，房间干净简单，部分房间有阳台。各个区域都有Wi-Fi，员工乐于让客人感到满意。

Hotel Rajmata 酒店 $

（见916页地图；☎040-66665555；www.hotelrajmata.chobs.in；Public Gardens Rd；标单/双 ₹850/1200，带空调₹2250/2400；❄❷⊛）这家很受欢迎的酒店已经经营很长时间了，距离纳姆帕利火车站只有250米，但是远离繁忙的主路，因此相对安静。标准化的房间有些老化，但是很宽敞；带空调的房间价格偏高，但设施较新。提供24小时客房服务。

Hotel Suhail 酒店 $

（见916页地图；☎040-24610299；www.hotelsuhail.in；Troop Bazar；标单/双/标三₹700/850/1200起，带空调₹1200/1400/1700；❄@❷）如果你想住在最热闹的地方，那么这家酒店是个实惠的选择，不过整洁程度一般。拥有友好的员工和又大又安静的房间，房间有阳台和热水。藏身于紧邻Bank St的一条小巷里。

Fresh Living 公寓 $$

（见918页地图；☎9849563056；www.freshlivingrooms.in；61 Banjara Green Colony, Rd No 12；双₹2166，公寓₹5130起；❄@❷）这个现代化的地方紧邻Rd No 12，位置非常好，拥有完美呈现的舒适房间以及适合家庭入住的宽敞公寓（最多可以睡9人）。房费含早餐。

Raj Classic Inn 酒店 $$

（见925页地图；☎040-27815291；rajclassicinn@gmail.com；50 MG Rd, Secunderabad；标单/双 含早餐₹1630/2050起；❄❷）这是一家性价比很高的酒店，拥有干净、维护良好且宽敞的房间，还有态度友好而且讲礼貌的员工。由于地处繁忙地带（从塞康德拉巴德火车站坐一小段三轮机动车就能抵达），所以会有一些交通噪音。酒店内部的Chilly's餐厅的素食值得推荐。

Treebo GN International 酒店 $$

（见925页地图；☎9322800100；www.treebo.com；Padmarao Nagar；房间₹2660；❄❷）这里的房间洋溢着浓郁的当代风格，而且还有稳定的Wi-Fi。没有内部餐厅，但是附近有很多吃饭的地方，因为这里靠近塞康德拉巴德火车站。Treebo经济型连锁酒店在城里的其他地方还开了十几家店。

住宿价格区间

下列价格指的是带浴室的双人间：
$ 低于₹1500
$$ ₹1500~4000
$$$ ₹4000

Taj Mahal Hotel 酒店 $$

（见916页地图；☎040-24758250；www.hoteltajmahalindia.com；Abids Rd；含早餐 标单₹1840~3010，标双₹2620~3250；❄❷）建于1924年的老建筑非常有品位，里面有前台和几间卧室["遗产"（heritage）房间有些特色，其他房间平淡无奇]；大多数房间位于旁边的现代化配楼里。员工总是乐于助人，但是（时断时续的）Wi-Fi等设施水平一般，而且装修需要升级了。不过这里对于观光来说还是很方便的。

★ Taj Falaknuma Palace 历史酒店 $$$

（☎040-66298585；www.tajhotels.com；Engine Bowli, Falaknuma；标单/双 ₹37,800/40,780起；❄@❷）这座建于1884年的新古典主义风格宫殿曾经是第六代尼扎姆的住所，如今被泰姬集团（Taj Group）改造成了这个国家最令人难忘的酒店之一，拥有尼扎姆风格的皮雕壁纸和24K黄金天花板镶边。房间令人惊叹，整个地方都极尽奢华。

非住店客人可以到Jade Room露台上享用午餐/晚餐或"下午茶"。客人（包括只是来吃东西的客人）会得到免费宫殿团队游。来这里就餐需要提前订位，否则你无法进入1.2公里长的酒店私家车道。

Marigold 酒店 $$$

（见918页地图；☎040-67363636；www.marigoldhotels.com；Ameerpet Rd, Greenlands；标单/双 含早餐 ₹6920/7970起；❄@❷⊛）Marigold兼具实用性和时尚感。房间整洁而不刻意，有金饰品和鲜花，色彩素净，而酒店内部的Mekong餐厅提供美味的泰国食物。屋顶游泳池也是很棒的加分项。

Fortune Park Vallabha 酒店 $$$

（见918页地图；☎040-39884444；www.fortunehotels.in；Rd No 12, Banjara Hills；标单/双 含

早餐 ₹5180/6300起；❄@🛜🏊）位置非常好，房间很大，是当代风格，有彩色玻璃窗，很多房间带阳台。客房服务价格合理，南印度食物和自助早餐非常棒。

Royalton Hotel
酒店 $$$

（见916页地图；📞040-67122000；www.royaltonhotel.in; Fateh Sultan Lane, Abids; 标单/双 含早餐 ₹4460/4750起；❄🛜）Royalton位于阿比兹相对安静的地段，黑色大堂里的枝形吊灯和带镜子的电梯让它散发出些许曼哈顿氛围。房间配备了有品位的家纺、玻璃隔断浴室以及茶/咖啡机。这家酒店禁止吃肉喝酒。

Green Park
酒店 $$$

（见918页地图；📞040-66515151；www.hotelgreenpark.com; Ameerpet Rd, Greenlands; 标单/双 含早餐 ₹5320/6550起；❄@🛜）Green Park提供体面的标准化房间，有时髦的书桌、木地板以及少许艺术气息，更时髦的选择不如它实惠。员工态度殷勤，而且你还可以在酒店内部餐厅Once Upon a Time吃得很好。

🍴 就餐

傍晚时分，你可以在街头小摊上找到油煎辣椒馅饼（mirchi bhajji），通常会和茶一起出售。海得拉巴风味的煎馅饼非常有名：去籽辣椒中塞满罗望子、芝麻和香料，裹上鹰嘴豆面糊煎炸。

当地将"塔利套餐"（thali）称为"餐"（meal）。

🍴 老城和阿比兹区

Govind Dosa
街头食物 $

（见914页地图；Charkaman; 小吃₹40~100; ⏰6:00至正午）快活的Govind经营的街角小摊是个很有名的早餐地点，这里总是围着一群快乐的海得拉巴人，吃着他做的美味薄饼（dosa；试试黄油奶酪）和发酵米饼（idli，海绵状圆形发酵年糕；撒了辣椒粉和香料的tawa idli最适合开启一天好时光）。总是有很多人，做好等待的准备吧。

Nimrah
蛋糕 $

（见914页地图；Charminar; 烘焙食品₹3~12; ⏰5:30~23:00）这家经典的伊朗移民咖啡馆总是人满为患，几乎就坐落在查米纳塔门的拱门下面。它供应一系列特别美味的伊朗烘焙食品，搭配提神的印度茶。经典款式是奥斯马尼亚（Osmania）饼干（能够融化在嘴里的黄油甜饼干），不过也有许多其他选项，包括海绵蛋糕和黑布林切片蛋糕。

Santosh Dhaba
北印度菜 $

（见916页地图；Hanuman Tekdi Rd, 紧邻Bank St, Abids Circle; 主菜₹140~170; ⏰11:00至次日1:00）这是一家严格素食餐厅，供应美味的印度北方经典菜肴[试试印度奶酪马沙拉（paneer butter masala）]、很棒的飞饼和烤饼以及一些中国菜。价格便宜，服务迅速，楼上还有一个带空调的用餐区。

海得拉巴烹饪

海得拉巴拥有完全属于自己的饮食文化，而且海得拉巴人对这种饮食文化非常自豪。莫卧儿人带来了美味的比尔亚尼菜、烤肉串和哈莱姆浓汤（haleem；一种斋月浓汤，将小麦加香料捣碎并混合羊肉、鸡肉或牛肉，再加上小扁豆煮制而成）。羊肉（山羊或羔羊）是经典的比尔亚尼菜原料，不过鸡肉、鸡蛋和蔬菜比尔亚尼菜也很多。比尔亚尼菜的菜量很大，一份可以让两个人吃饱。

斋月（在当地被称为Ramzan）期间，如果你在海得拉巴，留意被称为bhattis的泥炉子——通常你在见到它之前就已经先"听见"它，因为在吃饭时，人们会聚集在特制的泥炉四周，轮流起劲地捣捣炉中的哈莱姆浓汤。随着夜幕降临，正餐开始提供，这里的味道值得花点时间等待。

同时存在于特伦甘纳邦和安得拉邦的安得拉菜包括再各咖喱和肉饭（pilau），常常有椰子和/或腰果风味，并以其辛辣闻名全印度。素食者会得到很好的照料，不过也有很多鱼类、海鲜和肉类菜肴。

Kamat Hotel
南印度菜 $

（见916页地图；Nampally Station Rd；主菜₹110~185；⊙7:00~22:00）便宜且品质可靠，供应美味的南印度菜肴。对于早餐或简便午餐是个很好的选择——试试他们的发酵米饼或masala vada（辛辣的炸小扁豆开胃菜肴）。在萨伊法巴德（Saifabad）有一个带空调的更大的分店，还有另外两家分店开在塞康德拉巴德（Secunderabad）。

★ Shah Ghouse Cafe
海得拉巴菜 $$

（Shah Ali Banda Rd；主菜₹120~240；⊙5:00至次日1:00）斋月期间，海得拉巴人会排着长队购买Shah Ghouse著名的哈莱姆浓汤（haleem，一种浓稠的汤羹，主料是加了香料的小麦片，佐以山羊肉、鸡肉或牛肉，再加上小扁豆），而在除了斋月之外的任何时间里，印度比尔亚尼（biryani）近乎完美。别对环境抱太大希望：这里只供应精心准备的传统美食，让人在一个没有任何花架子的楼上餐厅里享用。搭配一杯美味的印度奶昔（lassi；₹60）。

Hotel Shadab
海得拉巴菜 $$

（见914页地图；High Court Rd, Charminar；主菜₹170~350；⊙正午至23:30）极具时代感的装潢让它看上去仿佛是20世纪70年代的迪斯科舞厅，但其实这家忙碌的海得拉巴菜餐厅供应很棒的食物。很适合到这里来吃各种样式的印度比尔亚尼菜、烤肉串和羊肉，斋月（Ramzan）期间的重头戏是哈莱姆浓汤（haleem）。楼下的食客大多是单身男子，楼上带空调的房间则更有家庭氛围。

Dakshina Mandapa
南印度菜 $$

（见916页地图；Taj Mahal Hotel, Abids Rd；主菜和餐₹170~240；⊙7:00~22:30）这家受到高度评价的餐厅是一个享用南印度素食菜肴的好地方，你可能得花点时间等待午餐餐桌。只要点南印度塔利套餐，你就能吃到许多米饭以及可以重新盛满的原汁原味的菜肴。楼上带空调的餐厅提供超赞的午餐自助，售价320卢比（正午至15:30）。

Taj Restaurant
海得拉巴菜 $$

（见914页地图；Khilwat Rd；主菜₹100~200；⊙10:00~21:00）这个熙熙攘攘的餐馆擅长烹制印度比尔亚尼菜以及美味的鸡肉和羊肉咖喱，就坐落在距离乔玛哈拉宫不远的街角。楼上有一个带空调的房间。

Gufaa
北印度菜 $$$

（见916页地图；Ohri's Cuisine Court, Bashirbagh Rd；主菜₹210~660；⊙正午至15:30和19:00~23:00）如果想尝试原汁原味的北方菜，那么这里超赞的素食和绝不素的烤肉串和咖喱能够让所有人满意。试试拉合尔的mahi（鱼咖喱）或dal bukhara（用奶油和西红柿烹制的木豆）。环境媚俗得恰到好处，有仿真洞穴墙壁、高脚杯以及许多斑马和猎豹的海报。

班贾拉丘陵和朱比利丘陵 (Banjara Hills & Jubilee Hills)

Gallery Cafe
咖啡馆 $$

（见918页地图；http://gallerycafe.in；Rd No 10, Banjara Hills；餐₹160~210；⊙11:30~22:30；🛜）一家宁静的咖啡馆，离繁忙的Rd No 10有一段距离，供应一系列诱人的咖啡、三明治和意大利面，价格适中。周三的晚上通常有艺术、音乐和脱口秀演出，而且隔壁就是很棒的卡拉科里蒂艺术馆。

Chutneys
南印度菜 $$

（见918页地图；Shilpa Arcade, Rd No 3；主菜和餐₹178~272；⊙7:00~23:00；🛜）Chutneys以南印度正餐和全天供应的薄饼、发酵米饼和煎饼（uttapam，厚实的咸味米煎饼，里面有切碎的洋葱、青椒、芫荽和椰子）闻名。这里的菜肴没那么多辣椒，所以你无须痛苦就能完全体验"安得拉餐"。这是个熙熙攘攘的地方，穿着紫色衬衫的侍者在餐厅里来回穿梭。

Deli 9
咖啡馆 $$

（见918页地图；www.deli9.in；1st Ave, Rd No 1, Banjara Hills；小吃₹140~275；⊙9:00~22:00；🛜）这家咖啡馆以甜点和蛋糕闻名，在安静的氛围里提供很棒的早餐、卷饼、汤、馅饼、三明治和可丽饼。

Utupura
喀拉拉菜 $$

（见918页地图；Rd No 10, Banjara Hills；主菜₹110~200；⊙周一至周五11:30~16:00和18:00~22:00，周六和周日正午至22:00）藏在

GVK One商场以西的一条小巷深处，这个低调朴实的地方供应美味的南印度经典菜肴、午餐时间的塔利套餐（180卢比起）、鱼咖喱和appam（米煎饼）。

★ So-The Sky Kitchen　亚洲菜、地中海菜 $$$

（☎040-23558004；www.notjustso.com；Rd No 92，靠近Apollo Hospital, Jubilee Hills；主菜₹375~520；⊘正午至午夜；⊛）在朱比利丘陵的一个安静天台上，有蜡烛和休闲音乐，是城内最有气氛的餐饮地点之一。精心打造的一流菜单融合了泛亚洲风味和地中海菜肴，并且不忘向健康饮食致敬：大多数菜肴是烧烤、烘烤或炒菜。位于班贾拉丘陵的Rd No 1以西4公里。

Fusion 9　多元风味 $$$

（见918页地图；☎040-65577722；www.fusion9.in；Rd No 1；主菜₹425~975；⊘12:30~15:30和19:00~23:30；⊛）Fusion 9拥有温暖的氛围和舒适的装修，提供城里数一数二的各国风味菜肴。菜肴烹制得独具匠心：先来一道布兰科西班牙冷汤（gazpacho blanco），然后再来一道摩洛哥素塔吉锅炖菜配柠檬蒸粗麦粉。周日早午餐很受欢迎（1188卢比）。

Southern Spice　南印度菜 $$$

（Rd No 10, Jubilee Hills；主菜₹215~485；⊘正午至15:30和19:00~23:00）Southern Spice如今搬到了新地方（气氛没有以前私密），位于西边富裕的城区朱比利丘陵，提供印度南部的各种特色美食。试试natukodiiguru（"乡村鸡"）或特色素食塔利套餐（325卢比）。

Firdaus　印度菜 $$$

（见918页地图；☎040-66662323；Taj Krishna hotel, Rd No 1；主菜₹520~1180；⊘12:30~15:00和19:30~23:30；⊛）作为一家有品位的酒店餐厅，Firdaus不但提供美味的海得拉巴（和其他地方的）菜肴，还有现场ghazal（经典乌尔都语情歌，用小风琴和塔布拉鼓伴奏）助兴。他们甚至在斋月之外供应哈莱姆浓汤，而且有很不错的素食之选。

Barbeque Nation　印度菜 $$$

（见918页地图；☎040-64566692；www.barbeque-nation.com；ANR Centre, Rd No 1；素食/非素食 午餐₹627/752，晚餐₹946/1071；⊘正午至15:30和18:30~22:30；⊛）不限量烤肉串、咖喱、沙拉和甜点，有许多素食和非素食选择。当你饥肠辘辘的时候，来这里会很划算！价格会根据日期和时间有小幅波动。别忘了品尝这里不错的印度葡萄酒。

🍴 塞康德拉巴德 (Secunderabad)

Paradise　海得拉巴菜 $$

（Persis；见925页地图；www.paradisefoodcourt.com；SD Rd和MG Rd交叉路口；印度比尔亚尼菜₹200~254；⊘11:30~23:00）在这一带，Paradise就是印度比尔亚尼菜的同义词。位于塞康德拉巴德的旗舰店拥有五个不同的用餐区：前往迷人的"屋顶花园"，那里有嗡嗡作响的电扇，或者付一笔额外的空调费在屋子里吃。还供应多种（没那么合意的）中国菜。

在更靠近阿比兹区和班贾拉丘陵的地方还有一个又大又现代的**分店**（见918页地图；☎040-67408400；NTR Gardens；主菜₹200~378；⊘11:00~23:00），不过我们觉得这儿的印度比尔亚尼菜有点不够味儿。

🍴 其他区域

★ Dhaba By Claridges　新派印度菜 $$$

（☎040-29706704；www.dhababyclaridges.com；Western Pearl Bldg, Survey 13, Kondapur；主菜₹265~445；⊘正午至23:30；⊛）这家新潮的休闲餐厅是一个一路向西前往高新城的好理由，它在北印度街头食物上做了现代的改良（当然，还减少了烟尘和交通噪音）。Dhaba的装修有些疯狂，到处都是宝莱坞风格的壁画和醒目的颜色。招牌鸡尾酒非常棒，而售价599卢比的"Da Lunch Bomb"（午餐炸弹）是很棒的不限量自助餐。

🍷 饮品和娱乐

海得拉巴的饮酒风气并不浓厚，而且由于当地酒类销售执照的法律规定，许多最有活力的酒吧供应的最烈的饮料是无酒精鸡尾酒。一些最热门的新地点位于市中心以西林木葱郁的班贾拉丘陵和朱比利丘陵，你能在那里找到许多很棒的屋顶酒吧。

★ Prost Brewpub　自酿酒吧

（www.prost.in；882/A Rd No 45, Jubilee Hills；⊘正午至午夜；⊛）这个人气很高的自酿

Secunderabad 塞康德拉巴德

Secunderabad 塞康德拉巴德

⊙ 活动、课程和团队游
APTDC Secunderabad Office .... (见6)

⊜ 住宿
1 Raj Classic Inn................................B2
2 Treebo GN International.....................D2

⊗ 就餐
3 Paradise...B1

⊙ 购物
4 Malkha...B1

⊙ 实用信息
5 特伦甘纳邦旅游局............................D2
6 特伦甘纳邦旅游局............................B1

⊙ 交通
7 拉蒂费勒汽车站...............................D2
8 塞康德拉巴德汽车站
 （Pushpak）....................................D2
塞康德拉巴德岔路口汽车站点...........(见5)
塞康德拉巴德订票大楼......................(见7)

酒吧拥有空旷的内部空间，供应5种生啤，包括一种英式淡色艾尔和一种黑啤，此外还有苹果酒。这里有几个分区，全部都有时尚的照明，还有宽敞的室外空间和一张东西合璧的小酒馆菜单。周末晚上人满为患。还举办喜剧和DJ表演。

★ MOB

（www.facebook.com/itismob; Aryan's, Rd No 92, 靠近Apollo Hospital, Jubilee Hills; ⊙正午至23:30; ⊛）这是一家社交气氛浓郁的时尚比利时啤酒馆，吸引了各种性别、年龄的人群前来，令人耳目一新。点一份"啤酒拼盘"可以品尝4种精选佳酿，或者试试午餐套餐（799卢比），其中包括一杯生啤。周六晚上有现场音乐。它位于KBR国家公园（KBR National Park）南侧附近的一条支路上，这座公园坐落在班贾拉丘陵的Rd No 1以西4公里。

Vertigo
酒吧

（见918页地图；www.vertigothehighlife.in; 5th fl, Shiv Shakti Tower, Rd No 12; ⊙11:00至午夜）这家屋顶酒吧有一个很棒的露台，配有优雅的座位和内部空间，可以欣赏现场音乐和DJ表演。用餐"区"供应北印度菜、中国菜和西餐，而且他们还有售酒执照（优质鸡尾酒约400卢比）。位于Ratnadeep超市对面。

Coffee Cup
咖啡馆

（☏040-40037571; www.facebook.com/thecoffeecupp; E 89, 紧邻5th Crescent Rd, Sainikpuri, Secunderabad; ⊙9:00~23:30; ⊛）很棒的社区咖啡馆和创意中心，对海得拉巴东部（East Hyderabad）的艺术人群有很大的吸引力。供应一系列精美而有趣的咖啡（来一杯Ethiopian Khawa）、茶、小吃和餐食。大多数周五有脱口秀。在Canara Bank楼上。

查米纳塔门的市场

海得拉巴人和各式各样的游客都会来到查米纳塔门区迷宫般的小巷，在其中浏览、购买和徜徉。从穆西河边延伸展出来的宽阔大道Patthargatti两侧是各种商店，出售服装（尤其是婚礼服饰）、香水和海得拉巴著名的珍珠。从查米纳塔门向西延伸的**拉德巴扎**（Laad Bazar；见914页地图；⏲10:00~20:30）以闪闪发光的手镯店闻名：使用树脂似的昆虫分泌物做成的虫胶手镯上覆盖着鲜艳多彩的珠子或石头，是海得拉巴的特色工艺品。在拉德巴扎，你还能找到香料商、婚礼用品和织物。

拉德巴扎通向**米赫布博广场**（Mehboob Chowk；见914页地图），这个广场有出售古董图书和古董的商店，南侧有一个家畜市场，在东南边上还有一个珍奇鸟类市场**奇迪巴扎**（Chiddi Bazar；见914页地图；⏲7:00~19:00）。

再往北走一小段距离，**Patel Market**（见914页地图；⏲约11:00~20:00）出售布料，大约从11:00开始在巴达尔加第（Patthargatti）和Rikab Gunj之间的背街小巷里开张。继续往北，在Patthargatti的另一侧，蔬菜批发市场**米尔阿拉姆曼迪菜市场**（Mir Alam Mandi；见914页地图；Patthargatti Rd；⏲6:30~18:30）每天6:30~18:30出售各种新鲜农产品。

OCD
咖啡馆

（见918页地图；Rd No 5, Banjara Hills；⏲10:00~22:00）坐落在班贾拉丘陵的一条郁郁葱葱的安静街道上，OCD["强迫性咖啡紊乱"（Obsessive Coffee Disorder）的缩写]用它滑稽的装修和台球桌吸引了一大批时尚人群，还有一个可以抽水烟的露台。供应体面的食物（中式和西式小吃）、很棒的无酒精鸡尾酒，当然还有一流的咖啡。

Kismet
夜店

（见918页地图；☎040-23456789；www.theparkhotels.com；The Park, Raj Bhavan Rd, Somajiguda；入场费 每对伴侣₹700~2000；⏲周二至周日 21:00至午夜或更晚)这是一家时髦的高档夜店，有慵懒的卡座、一个特别大的舞池和一套激情四溢的低音音响系统。保镖会将没有女伴陪同的男性拒之门外。饮品价格昂贵（鸡尾酒约600卢比），不过来这里的有钱人不会太在意。音乐种类从EDM到宝莱坞，类型多样。

Ravindra Bharathi Theatre
剧院

（见918页地图；☎040-23233672；www.ravindrabharathi.org；Ladki-ka-pul Rd, Saifabad）举办精心组织的音乐、舞蹈和戏剧演出，还播映电影。

🔒 购物

查米纳塔门是最令人兴奋的购物场所：你会找到精美的珍珠、拖鞋、黄金制品和织物，还有数不清的手镯。多家高档精品酒店和商场散布于班贾拉丘陵和西部郊区。

Bidri Crafts
工艺品

（见916页地图；http://bidrihandicraft.com；Gunfoundry, Basheer Bagh；⏲11:00~21:00）Bidri是一种金属工艺品（源自伊朗），需要使用复杂的镶嵌工艺。这家著名的家庭经营商店出售优质盘子、花瓶、碗、珠宝（耳环180卢比起）和饰品，价格适中。

Malkha
服装

（见925页地图；www.malkha.in；229, 2nd fl, B Wing, Chandralok Complex；⏲周一至周日 10:00~21:00）Malkha的棉布产自附近的棉花田，手工制造并采用天然染料染色，从而减少了对环境的压力，还雇用了初级生产者。产品颜色绚丽；在这里你可以买到价格合适的织物（每码320卢比起）、披肩和纱丽（2200卢比起）。位于Paradise Hotel对面。

Fabindia
服装

（见918页地图；www.fabindia.com；Rd No 9, Banjara Hills；⏲11:00~21:30）出售手工布料制作的漂亮女式（也有一些男式）服装，使用了当代风格的印花和配色。他们还出售家居用品，包括床上用品、垫子和dhurries（小毯子）。价格合理。

在巴适尔巴格（Bashirbagh）还有另一家**分店**（Fateh Maidan；⏲10:30~20:30）。

Suvasa
服装

（见918页地图；www.suvasa.in；Rd No 12, Banjara Hills；⊙11:00~19:30）Suvasa刻版印刷的低领或无袖长袖衬衫（kurtas）、宽松的salwar裤子和围巾（dupattas）质量都很不错。他们还出售家居用品，包括华丽的床上用品和桌布。

Hyderabad Perfumers
香水

（见914页地图；Patthargatti；⊙周一至周六10:00~20:30）这个四代经营的家族商店可以现场为你调制浪漫的香水。他们专营ittar，一种从花朵和香草中提炼出来的天然芳香油；价格低至每瓶200卢比，而最贵的每瓶价格超过7000卢比。

GVK One
商场

（见918页地图；www.gvkone.com；Rd No 1, Banjara Hills；⊙11:00~23:00）高档商场，有许多精选服装店、自动柜员机、一个小型美食广场、几个咖啡馆和一家电影院。

Himalaya Book World
书籍

（见918页地图；Panjagutta Circle, Banjara Hills；⊙10:30~22:30）印度国内外作家撰写的一系列精选英语小说和非虚构类作品。在城里还有其他几家分店。

❶ 实用信息

医疗服务

关爱医院（Care Hospital）声誉很好，有两座分院，分别位于**Mukarramjahi Road**（见916页地图；☏040-30417777；www.carehospitals.com）和**Road No 1**（见918页地图；☏040-30418888；www.carehospitals.com）。在**Road No 10**（见918页地图；☏040-39310444；4th Lane）还有一个门诊医院。

邮局
邮政总局（General Post Office；见916页地图；Abids Circle；⊙周一至周六 8:00~19:00，周日10:00~13:00）

旅游信息
印度旅游局（Indiatourism；见918页地图；☏040-23409199；www.incredibleindia.org；Tourism Plaza, Greenlands Rd；⊙周一至周五 9:30~18:00，周六9:00~13:00）非常有用的办事处，提供关于海得拉巴、特伦甘纳邦及其他地方的优质信息。

特伦甘纳邦旅游局（Telangana Tourism；☏1800 42546464；www.telanganatourism.gov.in；⊙7:00~20:30）提供旅游信息，预订特伦甘纳邦政府在邦内经营的团队游、遗产步行游览和酒店。分支办事处位于**巴适尔巴格**（Bashirbagh；见916页地图；☏040-66745986；Shakar Bhavan；⊙6:30~20:00），**Tankbund Road**（见916页地图；☏040-65581555；⊙6:30~20:00），**Greenlands Road**（见918页地图；☏040-23414334；Tourism Plaza；⊙7:00~20:00），**海得拉巴机场**（☏040-24253215），**塞康德拉巴德**（见925页地图；☏040-27893100；Yatri Nivas Hotel, SP Rd；⊙6:30~20:30）和**塞康德拉巴德火车站**（见925页地图；☏040-27801614；⊙10:00~20:00）。

❶ 到达和离开

飞机

海得拉巴高效、现代的大型机场**拉吉夫·甘地国际机场**（Rajiv Gandhi International Airport；☏040-66546370；http://hyderabad.aero；Shamshabad）位于市中心西南方向25公里处。这里有前往二十多个印度城市以及国际目的地如芝加哥、伦敦和其他几座东南亚和墨西哥湾城市的直达航班，航空公司包括**印度航空公司**（Air India；见916页地图；☏040-23389711；www.airindia.com；HACA Bhavan, Saifabad；⊙周一至周六9:30~18:00）和**印度捷特航空公司**（Jet Airways；见916页地图；☏020-39893333；www.jetairways.com；Summit Apartments, Hill Fort Rd；⊙周一至周六 10:00~18:00）。

长途汽车

总站是庞大的**圣雄甘地长途汽车站**（简称MGBS；Imlibun Bus Station；见914页地图；☏040-24614406；⊙订票办事处8:00~22:30），位于阿比兹区附近。**TSRTC**（Telangana State Road Transport Corporation；☏1800 2004599；http://tsrtcbus.in）的空调车相当不错；想去卡纳塔克邦（Karnataka），去30号站台附近的KSRTC。几乎所有长途车都在傍晚发车。提前订票，女性应要求坐在前面的座位，因为那是为女性乘客预留的。

塞康德拉巴德的**朱比利长途汽车站**（Jubilee bus station；见925页地图；☏040-27802203；Gandhi Nagar, Secunderabad）相对小一点；有班次频繁的城市公交车从塞康德拉巴德火车站附近

从海得拉巴出发的长途汽车

目的地	票价（₹）	行程（小时）	发车频次
班加罗尔	687~1040	8~11	22班次 9:00~22:30
金奈	694~1191	11~14	18班次18:00~22:30
霍斯佩特（Hospet）	522~850	8~11	3班车每天
孟买	1070~2550	12~14	27班次 14:00~23:55
迈索尔（Mysore）	1050~1733	11~13	9班次 18:30~21:30
蒂鲁帕蒂	652~1485	16	半小时1班 13:30~22:00
维杰亚瓦达	340~480	4~5	半小时1班 5:00~23:55
维沙卡帕特南	660~1650		每小时1班16:00~23:00
瓦朗加尔	180~240	4	半小时1班

的St Mary's Rd开往这里。从朱比利长途汽车站有长途汽车开往金奈（马德拉斯）、孟买等城市，还有下列路线：

班加罗尔 普通车/沃尔沃空调车/卧铺车₹687/827起/1370，8~11小时，每天19班

维杰亚瓦达 非空调车/空调车₹317/437，4~6小时，每天17班

其他有用的汽车站包括St Mary's Rd上的**汽车站**（见925页地图）、前往老城的**查米纳塔门汽车站**（见914页地图；Shah Ali Banda Rd）、**科蒂汽车站**（Koti Bus Stop；见916页地图；Turrebaz Khan Rd）、**科蒂女子学院汽车站**（见916页地图）和前往塞康德拉巴德的**拉蒂费勒汽车站**（见925页地图；Station Rd）。

火车

塞康德拉巴德、纳姆帕利[Nampally；正式名称是海得拉巴德卡恩（Hyderabad Deccan）]和卡彻古达（Kacheguda）是海得拉巴的3个主要火车站。多数路过的火车在卡彻古达停车。

纳姆帕利（见916页地图；☏040-27829999；Public Gardens Rd；◷周一至周六 8:00~20:00，周日8:00~14:00）和**塞康德拉巴德**（拉蒂费勒；见925页地图；St John's Rd；◷周一至周六 8:00~20:00，周日8:00~14:00）的订票大楼都是车站外的独立建筑，有外国游客专用柜台（携带你的护照、签证原件和复印件）。咨询信息及了解旅客订座记录（简称PNR）状态，拨打☏139。

每天有12班火车前往瓦朗加尔（卧铺/空调卧铺3类/空调卧铺2类 ₹170/540/735，2.5小时）和维杰亚瓦达（₹220/650/910，6小时），大部分车是从塞康德拉巴德火车站出发的。

❶当地交通

抵离机场

TSRTC的**Pushpak**空调车在4:00或5:00至23:00往返城中各个站点，包括：

AC Guards（见918页地图；AC Guards Rd；₹212，每小时2或3班公共汽车）与阿比兹相距约1.5公里。

Paryatak Bhavan（见918页地图；₹265，约每小时1班）在Greenlands Rd上。

秘书处汽车站（见916页地图；NTR Marg；₹265，约每小时1班）与阿比兹相距约1.5公里。

塞康德拉巴德（Secunderabad；见925页地图；Rail Nilayam Rd；₹265，每小时2班）

全程大约1个小时。联系**TSRTC**或者登录网站http://hyderabad.aero查询确切的时间。

出租车

预付费出租车柜台在航站楼的最底层。去往阿比兹和班贾拉丘陵的出租车费用为600~750卢比。**Meru Cabs**（☏040-44224422）和**Sky Cabs**（☏040-49494949）的收费标准类似。Uber出租车更便宜：350~500卢比。

机动三轮车

短途出行的费用是30~50卢比，4公里的费用大约为120卢比。很少有司机会打表。

公共汽车

很少有旅行者会使用当地公共汽车（大多数单次乘坐的费用是6~12卢比），但是也有一些有用的路线。可以试试使用网站www.hyderabadbusroutes.com（尽管它可能不准确）。

城市公共汽车站包括**阿夫扎尔古加**（Afzalgunj；见914页地图）、**GPO阿比兹**（见916页地图；

JN Rd)、**科蒂**（见916页地图）、**Mehdipatnam、公共公园**（见916页地图）和**塞康德拉巴德岔路口**（Secunderabad Junction；见925页地图）。

海得拉巴城市公共汽车路线

公共汽车线路编号	路线
65G, 66G	查米纳塔门—戈康达堡，途经阿夫扎尔古加，GPO阿比兹；都大约每小时1班
49M	塞康德拉巴德岔路口—Mehdipatnam，途经Rd No 1（班贾拉丘陵）；班次频繁
8A	查米纳塔门—塞康德拉巴德岔路口，途经阿夫扎尔古加，GPO阿比兹；班次频繁
40, 86	塞康德拉巴德岔路口—科蒂公交站；班次都很频繁
127K	科蒂公交站—朱比利丘陵，途经GPO阿比兹，Public Gardens, Rd Nos 1 & 12（班贾拉丘陵）；班次频繁

小汽车

酒店可以为你安排汽车租赁事宜。在调研期间，用于城市观光的带空调且配司机的小型轿车和司机（最长8小时/80公里）的价格为1200~1500卢比，出城旅行（最远300公里）的费用是每天2800~3500卢比。

轻轨

海得拉巴轻轨（Hyderabad Metro Rail）是一个由3条线路构成的共约72公里长的快速交通网络，红线（1号线）、蓝线（3号线）在2017年11月开始运营，扩展路线计划在2018年底投入使用。绿色（2号线）仍在建设中。

出租车

海得拉巴有数千名Uber和Ola司机，而且价格相当合理（常常比机动三轮车司机的报价便宜）。3公里路程的价格是80~100卢比。

火车

郊区的**MMTS火车**（www.mmtstraintimings.in；票价₹5~10）对旅行者不太有用，不过有班次不频繁的火车（每30~45分钟1班）往返于海得拉巴（纳姆帕利火车站）和Lingampalli，途经Necklace Rd、博古姆派特（Begumpet）和高新城。Falaknuma（老城以南）和Lingampalli之间也有一条路线，途经卡彻古达和塞康德拉巴德车站。

特伦甘纳邦（TELANGANA）

蓬吉尔（Bhongir）

大多数海得拉巴至瓦朗加尔的长途汽车

从海得拉巴和塞康德拉巴德出发的主要列车

目的地	列车编号和名称	票价（₹）	行程（小时）	发车时间和车站
班加罗尔	22692或22694 Rajdhani	1690/2460(B)	12	18:50塞康德拉巴德
	12785 Bang-alore Exp	360/945/1335(A)	11.5	19:05卡彻古达
金奈	12604 HyderabadChennai Exp	400/1055/1495(A)	13	16:50纳姆帕利
	12760 Charminar Exp	425/1115/1590(A)	14	18:30纳姆帕利
德里	12723 Telangana Exp	665/1745/2450(A)	27	6:25纳姆帕利
	22691或22693 Rajdhani	3145/4675(B)	18	7:50塞康德拉巴德
霍斯佩特（前往亨比）	17603 Exp	275/740/1065(A)	11.5	21:00卡彻古达
加尔各答	18646 East Coast Exp	615/1645/2415(A)	31	9:50纳姆帕利
孟买	12702 Hussainsagar Exp	410/1085/1540(A)	14.5	14:45纳姆帕利
蒂鲁帕蒂	12734 Narayanadri Exp	385/1005/1425(A)	12	18:05塞康德拉巴德
维沙卡帕特南	12728 Godavari Exp	395/1035/1465(A)	12.5	17:15纳姆帕利

票价：(A)卧铺/空调卧铺3类/空调卧铺2类，(B)空调卧铺3类/空调卧铺2类。

和火车都会在距离海得拉巴60公里的城镇蓬吉尔停车。这里值得你停下来，攀登外表奇异的12世纪遮娄其山丘堡垒（紧邻DVK Rd；₹5，照相₹10；⊙10:00~17:00），堡垒位于城镇东侧，仿佛坐落在一只巨大的石蛋上。你可以把行李留在售票处。

瓦朗加尔（Warangal）

☎0870 / 人口 633,000

瓦朗加尔是卡卡提亚王国的首都，该王国从12世纪末期至14世纪早期一直统治着如今特伦甘纳邦和安得拉邦的大部分地区。如今，这座城市已经和小镇赫讷姆贡达（Hanumakonda）融合在一起。

◎ 景点

赫讷姆贡达的古寺庙包括坐落在湖边的巴卓卡莉寺庙（Bhadrakali Temple；Bhadrakali Temple Rd），位于千柱神庙（1000-Pillared Temple）西南方向2公里处，那里有一尊地母神卡莉（Kali）的坐像，她有八条手臂，每条手臂都持有武器。赫讷姆贡达山（Hanumakonda Hill）的南侧还有一座小小的Siddeshwara神庙。

城堡　　　　　　　　　　　　　　　要塞

（Fort Rd）瓦朗加尔的城堡位于市区的南部边缘，是一座规模庞大的要塞，有三道城墙（最外一圈城墙周长7公里）。如今它大部分不是田野就是后来的建筑，但是在中央有一座经过部分重建的巨大湿婆教神庙Svayambhu神庙（Svayambhu Temple；印度人/外国人₹15/100，照相₹25；⊙9:00~18:00），东南西北四个方向各有一座漂亮的大型torana（塔门）。从瓦朗加尔火车站乘坐机动三轮车往返的价格是300卢比左右。

Svayambhu神庙的门票还包括Kush Mahal（Shitab Khan Mahal），西边400米的一座16世纪皇家大厅。Svayambhu神庙入口的几乎正对面是一座公园（₹10；⊙7:00~19:00），里面有一块名叫Ekashila Gutta的高大岩石，这块岩石的顶端有另一座卡卡提亚王国的寺庙，俯瞰着一座小湖泊。

千柱神庙　　　　　　　　　　　印度教神庙

（1000-Pillared Temple；NH163以南，Hanumakonda；⊙6:00~18:00）**免费** 建造于公元12世纪的千柱神庙周边一片郁郁葱葱，是卡卡提亚建筑和雕塑的精美范例。异乎寻常的是，这座十字架形状的建筑供奉苏利耶（Surya；进门右手边）、毗湿奴（中央）和湿婆（左边）的神龛。虽然名字如此，但是它当然没有一千根柱子。后面耸立着赫讷姆贡达山，卡卡提亚王国首都最初的所在地。

🛏 食宿

Vijaya Lodge　　　　　　　　　　酒店 $

（☎0870-2501222；Station Rd；标单₹290，双₹550~800）位置便利，距离瓦朗加尔的汽车站和火车站都很近（350米），Vijaya的设施很基础，但是有足够乐于助人的员工。房间比较单调无趣，淋浴用的是水桶。楼上的房间是最好的。

Hotel Ashoka　　　　　　　　　　酒店 $$

（☎0870-2578491；www.hotelashoka.in；Main Rd，Hanumakonda；房间₹1760~2650；❄@）这家从20世纪80年代开始营业的大型酒店拥有一系列价格不一的空调房间。它位于赫讷姆贡达长途汽车站（Hanamkonda bus stand）和千柱寺庙附近。这里还有一家不错的素食餐厅Kanishka（主菜₹140~260；⊙6:30~22:30），还有一个非素食餐厅和一个酒吧。

Hotel Landmark　　　　　　　　酒店 $$

（☎0870-2546333，0870-2546111；landmarkhotel3@yahoo.co.in；Nakkalagutta；房间₹1920；❄🛜）在镜面似的建筑立面后面，你会找到干净的房间（虽然有些小），而且带有一抹现代风格。酒店的内部餐厅供应多种多样的南印度佳肴。

Sri Geetha Bhavan　　　　　　安得拉菜 $

（Market Rd，Hanumakonda；主菜₹90~130；⊙6:00~23:00）南印度餐食品质优良，带空调的就餐环境也非常怡人。沿着Supreme Hotels的牌子就能找到这里。

Seasons　　　　　　　　　　　多种风味 $$

（www.facebook.com/seasonsrestauranthnk；NH 163，Hanumakonda，靠近National Institute of Technology；主菜₹160~240；⊙13:00~22:30）Seasons拥有淡淡的照明和漂亮的座

位，丰富多样的菜单上有很受欢迎的中国菜、中东菜和印度菜，是一个很适合追求氛围的用餐地点。

❶ 到达和当地交通

从**赫讷姆贡达长途汽车站**（Hanumakonda bus stand; New Bus Stand Rd）出发去往海得拉巴（₹135～215，4小时）的长途汽车大约每小时3班，从火车站对面的**瓦朗加尔长途汽车站**（☏0870-2565595; Station Rd）发车的长途汽车每天7班（特快/豪华₹115/150，7小时）。

每天都有多列火车从瓦朗加尔开往海得拉巴（卧铺/空调卧铺3类/空调卧铺2类₹170/540/740，3小时）、维杰亚瓦达（₹190/535/740，3小时）和金奈（₹375/985/1395，10.5～12小时）。

允许拼车乘坐的机动三轮车（15卢比）在瓦朗加尔和赫讷姆贡达附近按照固定线路往返运营。

帕拉姆派特（Palampet）

在瓦朗加尔东北方向约70公里处，令人惊叹的**罗摩寺庙**（Ramappa Temple; 照相₹25; ⏰6:00～18:00）坐落在村庄帕拉姆派特附近。建造于公元13世纪初，它是杰出的卡卡提亚建筑瑰宝，表面有许多精雕细琢的动物、情侣、摔跤者、音乐人、舞者、神灵和印度传说。外部柱子上的托臂支撑着非常精美的黑色玄武岩雕塑，雕刻了许多神话生物以及与毒蛇缠绕在一起的婀娜女子。南边1公里处的巨大寺庙湖泊**Ramappa Cheruvu**很受迁徙候鸟的欢迎。

❶ 到达和离开

来这里最方便的方式是乘坐打表出租车（往返瓦朗加尔约2000卢比），不过每半小时还有一班长途汽车从赫讷姆贡达开往Mulugu（58卢比，1小时），之后继续行进13公里便可到达帕拉姆派特（20卢比）。

安得拉邦（ANDHRA PRADESH）

安得拉邦位于泰米尔纳德邦（Tamil Nadu）和奥里萨邦（Odisha）之间，沿着孟加拉湾绵延972公里，并向内陆深入风景如画的东高止山脉（Eastern Ghats）。它是泰卢固语言和文化的中心，也是印度比较富有的邦之一。探索者会在这里发现全印度游客最多的寺庙之一（在蒂鲁马拉）和一些引人入胜且偏僻的最早的佛教古迹，还能在维沙卡帕特南以北找到印度东海岸最漂亮的一段海滩——此外你还可以在所有地方享用又辣又美味的安得拉邦菜肴。

安得拉邦的旅游网站是www.aptourism.gov.in和www.aptdc.gov.in。

维杰亚瓦达（Vijayawada）

☏0866 / 人口1,120,000

坐落在克里希纳河（Krishna River）

阿马拉瓦蒂（AMARAVATI）

2015年10月21日，在安得拉邦首席部长的特许下，一架直升机载着来自麦加、耶路撒冷和印度教圣地的土壤和水，飞到维杰亚瓦达以西本来毫无特色的平地上空，给这块土地洒下了神圣的祝福。三天后，总理莫迪在一场据说有50万人见证的盛大仪式上安放了一块奠基石。

这些仪式是为了标记安得拉邦的新首府阿马拉瓦蒂（以附近一处重要的佛教遗址命名）的建设。来自新加坡的城市规划师和来自日本的专家将帮助它的建设。主首府区将覆盖16.7平方公里，包括一个巨大的市政大厅、点缀着摩天大楼的商业中心、运河、一个岛屿花园和沿着克里希纳河延伸的水滨步行区。一套快速公交系统正在提议中，此外还有高速公路将连接市区与它的姊妹城市维杰亚瓦达（Vijayawada）。

所有这些都需要时间——可能要数十年——来完成。目前海得拉巴仍然是特伦甘纳邦和安得拉邦共同的首府，但权力交接必须在2024年之前完成。

北岸的商贸和工业城市维杰亚瓦达将成为安得拉邦的新首府。一个叫作阿马拉瓦蒂（Amaravati；以附近的一处佛教古迹命名）的首府建筑群已经开始动工了，该区域覆盖了河流东南岸的30个现有的村庄。建成之后的维杰亚瓦达—阿马拉瓦蒂预计会在2025年时拥有250万人口。

现在这座城市对旅行者来说没有什么有趣的地方，但维杰亚瓦达是个良好的基地，可以从这里出发前往周围丛林地区的一些引人入胜的古老佛教遗址。

⊙ 景点

★ 瓮达瓦利石窟寺　　　　印度教寺庙

（Undavalli Cave Temples；印度人/外国人₹5/100；◯9:00~17:30）这座令人惊叹的四层岩洞寺庙最初很有可能是公元2世纪为佛教僧侣雕凿的，然后在公元7世纪被改造成了印度教寺庙。所有神龛除了第三层现在都是空的，其中一个神龛有一尊巨大而倾斜的毗湿奴。三个形似小矮人的毗湿奴派古鲁/布道者石像在露台上凝望远处的水稻田。它坐落在维杰亚瓦达市中心西南方向6公里处：乘坐机动三轮车或Ola/Uber出租车的单程费用是125卢比。

Kanaka Durga Temple　　　　印度教寺庙

（www.kanakadurgatemple.org；Durga Temple Ghat Rd, Indrakeeladri Hill；◯4:00~21:00）这座重要的寺庙可以追溯到12世纪，位于Indrakeeladri山上，靠近克里希纳河，吸引了很多朝圣者。

🛏 食宿

Hotel Sripada　　　　酒店 $

（☎0866-2579641；hotelsripada@rediffmail.com；Gandhi Nagar；标单₹900~1460，双₹1010~1690；❋🛜）和火车站只有一小段步行距离，是维杰亚瓦达少数经过授权可以接待外国客人的经济型酒店之一。房间虽小但是条件不错，有空调，员工乐于助人。然而这里没有酒店内部餐厅。

Hotel Southern Grand　　　　酒店 $$

（☎0866-6677777；www.hotelsoutherngrand.com；Papaiah St, Gandhi Nagar；含早餐 标单₹2400~2800，双₹2800~3200；❋🛜）这家酒店性价比很高，提供一尘不染的当代风格房间。距离火车站仅600米，还有一个优质素食餐厅Arya Bhavan（Hotel Southern Grand, Papaiah St, Gandhi Nagar；主菜₹130~165，塔利套餐₹110~170；◯7:00~23:00）和一个有用的旅行社柜台Southern Travels（☎0866-6677777；Hotel Southern Grand, Papaiah St, Gandhi Nagar），并提供免费的机场和火车站接送服务。

★ Minerva Hotel　　　　酒店 $$$

（☎0866-6678888；www.minervahotels.in；MG Rd；标单/双₹3500/4000；❋🛜）这家物超所值的酒店刚刚经过翻修，房间洋溢着一抹令人愉悦的当代风格，配备了大尺寸平板电视、木地板、保险箱和迷你吧。这里的Blue Fox也很好，那里有一个咖啡馆，你还能在附近找到一家电影院和很棒的购物选择。

Gateway Hotel　　　　酒店 $$$

（☎0866-6644444；www.thegatewayhotels.com；MG Rd；标单/双₹5220/6160起；❋🛜🍽）这家有品位的酒店隶属于泰姬集团，一共六层，设施齐全的现代化房间围绕着高高的中庭大堂，此外还有两个时尚餐厅、一个酒吧、健身房和一个漂亮的屋顶游泳池。员工非常热情，酒店管理很乐于助人。它位于火车站东南方向3公里处，旁边有两座商场。

★ Minerva Coffee Shop　　　　印度菜 $$

（Museum Rd；主菜₹170~270；◯7:00~23:00）这家餐馆是优秀的Minerva连锁餐厅的分店，在配备空调、一尘不染的明亮环境中供应很棒的印度南北素食菜肴。11:30至15:30提供正餐（塔利套餐），不过全天供应一流的薄饼、发酵米饼idli和煎饼uttapam（₹35~75），印度比尔亚尼菜的品质也很不错。还有一家分店（Minerva Hotel, MG Rd；主菜₹180~270；◯7:00~23:00）开在MG Rd，环境宽敞精致。

★ TFL　　　　多种风味、意大利菜 $$$

（http://thefoodlounge.in；Santhi Nagar First Lane；主菜₹175~345；◯10:00~23:30；🛜）这个新开业的地方是一座改建得十分时尚的郊区平房，有一个很棒的（带棚）露台。供应美味的意大利、墨西哥、美国、欧洲（和东亚）菜

善缘之邦

安得拉邦坐落在印度的主要陆上通道和孟加拉湾海上通道的连接之处,在佛教的早期历史中扮演着重要的角色。安得拉邦和特伦甘纳邦拥有大约150座已知的佛塔、寺庙、洞窟和其他古迹。它们讲述了安得拉邦——或称Andhradesa——作为佛教发展的摇篮的时代,那时候,印度的僧侣从这里出发前往斯里兰卡和东南亚传播佛陀的教诲,还有僧侣从极为遥远的地方过来,跟随著名的法师参禅悟道。

从佛陀本人在世的公元前6世纪开始,安得拉邦的佛教文化持续了大约1500年。达摩(佛法)的真正盛行是在公元前3世纪孔雀王朝的阿育王统治时期,他派遣僧侣到帝国各地传法,并建造佛塔尊奉佛陀的舍利(人们认为靠近佛塔能够帮助信徒更好地顿悟)。

公元前232年阿育王死后,百乘王朝(Satavahanas)和其后的伊克什瓦库王朝(Ikshvakus)的统治者们继续支持佛教。在他们的都城阿默拉沃蒂(Amaravathi),娑多婆诃人用优雅的装饰品装扮阿育王样式的佛塔。他们在克里希纳河谷(Krishna Valley)各处修建寺院,并通过复杂的海上交通网络将佛法传播出去。被尊为大乘佛教(Mahayana Buddhism)祖师的龙树菩萨(Nagarjuna)据信生活在百乘王朝统治时代的公元2世纪和3世纪。这位僧侣既是逻辑学家、哲学家,也是禅修者。他撰写了几部开拓性的著作,决定了佛教思想的形成。

如今,即使在遗迹之中,你仍可以感受到佛塔的高大,寺院建筑群是何等广阔,僧侣们如何生活,如何在洞窟中睡觉,如何从石头开凿的蓄水池中取得雨水。在多数地方都可以看到令人惊叹的海景和乡村景色。**纳格尔久纳贡达**(见934页)和**阿默拉沃蒂**(见934页)的建筑群有着良好的基础设施,还有大有裨益的实地博物馆。想感受更多冒险感觉,可以从维杰亚瓦达前往**贡土帕利**(见934页)或**巴提浦洛鲁**(Bhattiprolu),或者从维沙卡帕特南前往**托特拉康达**(Thotlakonda; 见939页)、**巴维康达**(见939页)和**桑卡兰**(见938页)。

肴,包括意大利调味饭、优质比萨和很棒的西式早餐(₹110起)。不要错过他们的甜点。

ℹ 实用信息

旅游局(Department of Tourism; ☎0866-2578880; 火车站; ⊙10:00~17:00)有乐于助人的员工,可以帮忙制订旅行计划。

ℹ 到达和当地交通

火车站和长途汽车站有预付费机动三轮车站台。

长途汽车

从**Pandit Nehru长途汽车站**(Arjuna St; ⊙24小时)出发的目的地包括:

金奈 非空调车/空调车/半卧铺₹450/760/1050,7~9小时,每天14班

埃卢鲁(Eluru)非空调车/空调车₹70/90,1.5小时,半小时1班

海得拉巴 非空调车/空调车₹335/574,4~6小时,半小时1班

蒂鲁帕蒂 非空调车/空调车₹474/698,9小时,半小时1班

维沙卡帕特南 非空调车/空调车₹430/674,8小时,半小时1班

很多私营长途汽车公司的车都从市中心以东4公里的Benz Circle附近出发。

小汽车

Southern Travels(见932页)租车和雇司机的价格都很合理。

火车

维杰亚瓦达枢纽站(Vijayawada Junction)坐落在金奈—加尔各答和金奈—德里这两条铁路主线上。金奈—加尔各答的12841/12842 Coromandal Express列车速度很快,适合往返海岸沿线的目的地。一些经典路线的旅行时间、发车频率以及卧铺/空调卧铺3类/空调卧铺2类票价如下:

金奈 ₹290/735/1045,7小时,每天12班
海得拉巴 ₹240/605/880,6小时,每天12班

另辟蹊径

贡土帕利（GUNTUPALLI）

远离热门路线，佛教遗址贡土帕利（印度人/外国人₹5/100；⊙10:00~17:00）是一个风景怡人的冒险目的地。这片从前的寺庙建筑群高高地盘踞在一座山丘的顶端，俯视一望无际的森林和稻田。最值得注意的是它的圆形石刻神龛chaitya-griha。这个洞窟的圆顶天花板被雕刻成"木横梁"，看起来像是小屋中的横梁一样。chaitya-griha还有一座保存良好的佛塔，而其华丽的拱形立面和排列在同一悬崖边上的僧侣住处一样，也被设计得如木制的一般。另外要看看僧侣禅房中的石"床"，还有建筑群中的六十多座还愿佛塔。公元前2世纪至公元3世纪是这处寺院建筑群最为活跃的时期。

从位于维杰亚瓦达—埃沙卡帕特南公路和火车主线路上的埃卢鲁乘坐长途汽车，向北行驶35公里后抵达Kamavarapukota（₹42，1.5小时，半小时1班），然后乘坐机动三轮车往西走10公里就是贡土帕利。从埃卢鲁出发的出租车往返费用是1800卢比左右。

加尔各答 ₹555/1465/2115，18小时，每天5班
蒂鲁帕蒂 ₹235/670/890，9小时，每天7班
瓦朗加尔 ₹190/535/740，3小时，每天14班

去火车站的 **Advance-Booking Office**（☏咨询0866-139；⊙周一至周六 8:00~20:00，周日8:00~14:00）预订车票。

维杰亚瓦达周边

阿默拉沃蒂（Amaravathi）

古老的佛教遗址阿默拉沃蒂[Amaravathi；不要和新首府阿马拉瓦蒂（Amaravati）弄混]位于维杰亚瓦达以西43公里处。它是印度南半部分最早的佛教中心，拥有全印度最大的佛塔（印度人/外国人₹5/100；⊙7:00~19:00），高27米，宽49米，是公元前3世纪在这里建造的。阿默拉沃蒂是作为百乘王朝的首都而兴盛起来的，该王朝的疆域从安得拉延伸到德干高原，统治了四五个世纪，让阿默拉沃蒂成为佛教艺术的发源地。这座佛塔现在只剩下圆形基座和周围石头栏杆的一部分了。巨大的半球状穹顶已经不见了——不过隔壁的博物馆（阿默拉沃蒂村；₹5；⊙周六至周四9:00~17:00）有一个佛塔的模型，还有一些复杂精巧的大理石雕刻，描绘了佛陀的生平，佛陀四周围绕着百乘王朝的统治者们。巨大的现代如来佛坐像（Dhyana Buddha statue；阿默拉沃蒂）俯视着附近的克里希纳河。

❶ 到达和离开

301路公共汽车从维杰亚瓦达汽车站开往阿默拉沃蒂（₹64，2小时），每20分钟一班，途经Unduvalli。包车从维杰亚瓦达出发半日游，司机收费1800卢比。

埃卢鲁（Eluru）

☏08812 / 人口 201,050

埃卢鲁这座城市位于维杰亚瓦达以东60公里，坐落在前往维沙卡帕特南（Visakhapatnam）的公路和铁路旁，是前往偏僻的古老佛教遗址贡土帕利（见本页）和位于Vijayarai的禅修中心Dhamma Vijaya的出发点。

课程

Dhamma Vijaya 健康和福祉

（☏9441449044，08812-225522；www.vijaya.dhamma.org；Eluru-Chintalapudi Rd, Vijayarai）这家机构在茂盛的棕榈和可可树林庭院中提供10天的集中内观禅修课程，每月一期；需要提前申请。捐赠付费。

❶ 到达和离开

每30分钟有一班公共汽车从埃卢鲁开往Vijayarai（₹16，20分钟）。

纳格尔久纳贡达（Nagarjunakonda）

☏08680

独一无二的岛屿纳格尔久纳贡达散落着一些古代佛教建筑。伊克什瓦库王朝（Ikshvaku dynasty）公元3世纪和4世纪在此建都，当时该地区大概是印度南部最重要

的佛教中心。

◎ 景点

纳格尔久纳贡达博物馆 博物馆

（Nagarjunakonda Museum；含纪念性古迹 印度人/外国人₹20/120；◎周六至周四9:00～16:00）布局合理的纳格尔久纳贡达博物馆拥有佛像和一些非常精细的雕刻，描绘了该地区的当代生活以及佛陀的生平。几栋建筑的遗迹被重新安排在岛上一条长1公里的路边，包括佛塔基座、寺庙建筑群的墙壁和马匹的祭坑。最大的佛塔位于Chamtasri Chaitya Griha佛塔群内，里面有一颗舍利据说是佛陀本人的。

Sri Parvata Arama 佛教古迹

（Buddhavanam；◎9:30～18:00）**免费** 这座佛教遗址公园位于水坝以北8公里，有一座重建的巨大的阿默拉沃蒂佛塔。在邦旅游部门的主持下，它开始修建已经好几年了。9米高的阿悟喀纳大佛（Avukana Buddha）的复制品是斯里兰卡捐赠的。还有一个漂亮的冥想区域Dhyanavanam，那里有美丽的湖景。从海得拉巴坐长途汽车过来的话，在Buddha Park下车。

🎓 课程

Dhamma Nagajjuna 健康和福祉

（☎9440139329, 9348456780；www.nagajjuna.dhamma.org；Hill Colony）为了在该地区延续佛陀的教义，这个禅修中心在花团锦簇的迷人庭院里提供10天的静修课程，在此可以俯瞰Nagarjuna Sagar。需要提前申请，捐赠付费。从海得拉巴坐长途汽车过来的话，在Buddha Park下车。

🍴 食宿

Nagarjuna Resort 酒店 $

（☎08642-242471；Vijayapuri South；房间 不带/带空调₹800/1500；❄）Nagarjuna Resort拥有宽敞的房间（虽然有些单调乏味），在阳台上可以欣赏到美妙的景色。位置便利，就坐落在船只出发处的马路对面。

Haritha Vijaya Vihar 酒店 $$

（☎08680-277362；房间 带空调 含早餐 周一至周四₹1400～1700，周五至周日₹2400～2700；❄🛜🏊）Haritha Vijaya Vihar由特伦甘纳邦旅游局经营，位于水坝以北6公里，有体面的房间、漂亮的花园、一个很不错的游泳池（住店客人付费50卢比）和可爱的湖景。价格有些虚高，但位置非常棒，餐厅很不错，而且还有一个酒吧。

Hotel Siddhartha 印度菜 $$

（Buddhavanam, Hill Colony；主菜₹130～240；◎6:00～23:00）坐落在Sri Parvata Arama旁边，在一座宽敞通风、令人愉悦的大帐篷里供应美味的咖喱、印度比尔亚尼菜、鱼类菜肴和许多小吃。

ℹ️ 到达和离开

除了使用私人交通工具之外，前往纳格尔久纳贡达的最简单的方式是在海得拉巴参加**特伦甘纳邦旅游局**（见920页）组织的大巴团队游（₹550），仅周末发团。不过这是一场非常漫长的（15个小时！）的一日游。

海得拉巴的Mahatma Gandhi长途汽车站每小时有一班公共长途汽车开往Hill Colony/Nagarjuna Sagar（₹220, 4小时）：在Pylon下车，然后乘坐机动三轮车前往8公里外的Vijayapuri South。

在水坝以南7公里的Vijayapuri South，有船（往返₹120）开往这座岛屿——理论上每天9:30、11:30和13:30出发（但它们真正的出发时间都会延迟），然后在那里停留1～2小时。如果乘客人数不够多，头两班船可能不会出发，但13:30的船每天都会出发（大风天气除外），并在大约16:30从岛屿返回。

维沙卡帕特南（Visakhapatnam）

☎0891 / 人口1,760,000

维沙卡帕特南[也被称作维泽格（Vizag）；发音为"vie-zag"]是安得拉邦最大的城市，以钢铁行业和它的大型港口闻名，但也是追寻习海风的印度国内旅行者的海滩度假胜地。在12月至次年2月的主要假期期间，这里洋溢着俗气的旅游氛围，可以骑骆驼，而且有数以千计的人在这里洗海藻（不过没有人游泳）。

罗摩克利须那海滩（Ramakrishna Beach）沿线的步行区域很适合散步，而附近的Rushikonda海滩则是安得拉邦最好的海滩。周围区域坐落着安得拉邦最重要的印度教寺庙之一，几处古代佛教遗址以及富有乡村风情的阿拉库峡谷（Araku Valley）。

每到1月中旬，这座城市会举办**吠舍法节**（Visakha Utsav；1月中旬），在这个节日，罗摩克利须那海滩会摆上食品摊，此外还有展览和文化活动。

◉ 景点和活动

罗摩克利须那海滩
海滩

（Ramakrishna Beach; Beach Rd）罗摩克利须那（简称RK）海滩从市以南的港口沿着海岸向北绵延4公里，俯瞰着孟加拉湾，拥有巨大的航船和粉刷得颇为鲜艳的渔船。它的步行区很适合散步。下海游泳是受到官方禁止的（而且海水有污染）。周日早上，根据一项名为"快乐街道"的倡议，海滩毗邻的Beach Rd会对车辆关闭（从6:00到21:00），届时板球、足球和篮球比赛会取代小汽车和公共汽车。

★ 潜艇博物馆
博物馆

（Submarine Museum; Beach Rd；成人/儿童₹40/20，照相费50；周二至周六 14:00~20:30，周日10:00~12:30和14:00~20:30）长达91米的印度海军潜艇库苏拉号（Kursura）是苏联建造的，现在它是一座引人入胜的博物馆，一个绝妙的景点，位于罗摩克利须那海滩的北端。你会得到大约15分钟的时间，去探索狭窄得不可思议的船舱并查看鱼类、厨房和住宿区。部分员工会说一点英语。

Rushikonda
海滩

市区以北10公里处的Rushikonda有一种狂野的美，并且是印度东海岸最美妙的海滩之一。游泳是官方禁止的（曾经发生过溺亡事故），但这里是在齐膝盖深的海水中嬉戏的最好海滩。女性应该选择比较保守的海滩装束。周末繁忙并且充满了节日气息。冲浪者和皮划艇爱好者可以从当地冲浪先驱Melville Smythe（9848561052；每小时冲浪板₹400~600，2人皮划艇₹300，冲浪指导₹250）那里租赁条件不错的冲浪板和皮划艇，他就在水上摩托艇的小屋旁。

要去Rushikonda，你可以从火车站或RTC Complex长途汽车站乘坐900K路公共汽车，或者在Beach Rd和别人拼机动三轮车。

辛赫恰拉姆神庙
印度教神庙

（Simhachalam Temple; 7:00~11:30, 12:30~14:30和15:30~19:00）安得拉邦游客数量第二多的寺庙（仅次于蒂鲁马拉），从市区坐车向西北方向前进16公里即达。这里会有很多人，里面供奉的是Varahalakshmi Narasimha——毗湿奴的野猪化身和狮人化身的结合。门票有两种，一种售价100卢比，另一种售价20卢比，与后者相比，前者能让你更快地见到这个神灵（并抿一小口圣水）。6A路和28路公共汽车从RTC Complex长途汽车站和火车站开往这里。

这座神庙的建筑体现了奥里萨邦的深刻影响，包括带有雕刻石头嵌板的13世纪主神龛（可以在后壁上看到狮人正在挖出一个邪魔的内脏）。

🛏 住宿

Beach Rd是住宿的最好地段，不过缺少便宜的酒店。

SKML Beach Guest House
客栈 $

（9848355131；ramkisg.1074@gmail.com; Beach Rd, Varun Beach；房间₹1100~1250，带空调₹1700~2200；❄☎）SKML位于罗摩克利须那海滩没那么时尚的南端，但它的12间客房都很干净，条件也不错。最好的是位于顶楼的两个"套间"，有海景、一个露台和一点艺术气息。

Hotel Morya
酒店 $

（0891-2731112; www.hotelmorya.com; Bowdara Rd；标单/双 ₹490/690起，房间 带空调₹1390；❄☎）一个很好的选择，坐落在火车站以南仅600米的地方。这里的标准房间有些小而且通风不佳，但是条件更好的空调房相当宽敞、明亮，而且相对时尚现代。有一架电梯，但没有餐厅。

Dolphin Hotel 酒店 $$

(☎0891-2567000; http://dolphinhotelsvizag.com; Dabagardens; 房间 含早餐 ₹2700~4800; ※❄@🌐※)一家可靠的酒店，有相当宽敞且设施良好的房间，附带一个漂亮的餐厅。它的王牌是20米长的游泳池和很棒的健身房，堪称全城最好的健身房之一。

★ Novotel Visakhapatnam Varun Beach 酒店 $$$

(☎0891-2822222; www.accorhotels.com; Beach Rd; 房间/套 含早餐 ₹8230/15,076; ※@🌐※)Novotel Visakhapatnam Varun Beach 坐落在Beach Rd上一览无余的位置，房间设备十分完善并且布置得无可挑剔，所有房间都有全海景。餐饮水平是第一流的，酒吧很适合小酌一杯烈酒，水疗馆条件很棒，泳池区和健身房俯瞰着孟加拉湾。2016年，印度板球队和英格兰板球队都在这里下榻。

Park 酒店 $$$

(☎0891-3045678; www.theparkhotels.com; Beach Rd; 标单/双 含早餐 ₹8450/10,880起; ※@🌐※)很有品位的海滨酒店，可爱的海滩花园里有一座漂亮的游泳池和酒店所属四个餐厅中的三个。客人还可以进入一片私人海滩。房间舒适温馨而且整体维护良好，不过有些家具看上去有些过时。

🍴 餐饮

★ Sea Inn 安得拉菜 $$

(Raju Ka Dhaba; ☎9989012102; http://seainn.info; Beach Rd, Rushikonda; 餐₹220~300; ⊙周二至周日正午至16:00)这个令人愉悦的地方是大厨Devi的餐厅，她在这里按照自己母亲的方式烹饪安得拉邦风格的菜肴。半露天的简单餐厅使用的是条凳，供应鱼类、海鲜、鸡肉和素食菜肴。位于Haritha Beach Resort道路岔口以北300米处。只接受现金。

★ Dharani 印度菜 $$

(Daspalla Hotel, 紧邻Town Main Rd, Suryabagh; 塔利套餐和主菜₹175~240; ⊙正午至15:30和19:00~22:30)人气很旺的家庭素食之选，是城里最受尊敬的餐厅之一，供应简朴的优质南印度塔利套餐。这家酒店还有其他几家餐厅，包括安得拉邦非素食和北印度素食选择。别忘了用一杯特别过滤的咖啡搭配这一餐。

Little Italy 意大利菜 $$

(http://littleitaly.in; 1st fl, South Wing, ATR Towers, Vutagedda Rd, Paandurangapuram; 主菜₹240~440; ⊙11:30~23:00; 🌐)这家著名餐厅坐落在罗摩克利须那海滩后面，在时尚感十足的环境中烹制美味的薄底比萨、意大利面和还算不错的沙拉。没有酒精饮料，但是有很好的水果无酒精鸡尾酒。

Vista 多种风味 $$$

(The Park, Beach Rd; 主菜₹360~960; ⊙晚餐19:30~23:00; 🌐)Vista拥有美妙的用餐环境，俯瞰着宏伟的Park酒店令人赞叹的游泳池。这是一家高级餐厅，有一张长长的真正的全球风味菜单，还有很棒的不限量自助晚餐。

Moksha Restocafé 咖啡馆

(www.facebook.com/moksha.restocafe; Ootagadda Rd, Daspalla Hills; ⊙正午至23:00; 🌐)一家很棒的独立咖啡馆，很受维泽格年轻时尚人群的青睐，可以遥望海景。供应优质咖啡，包括意式浓缩咖啡，还有很棒的果汁（试试薄荷柠檬）。你会在菜单上找到西式、泰式、藏式和印度菜肴。

ℹ️ 实用信息

安得拉邦旅游发展公司（APTDC；☎0891-2788820; www.aptdc.gov.in; RTC Complex; ⊙周一至周六7:00~21:00)有用的办事处，可以预订团队游、酒店，还提供旅游信息。

ℹ️ 到达和离开

飞机

维泽格机场有直达多个城市的航班，包括班加罗尔、布巴内什瓦尔、金奈、德里、海得拉巴、孟买和维杰亚瓦达。还可以转机前往国外目的地如迪拜、吉隆坡和新加坡。

船

大约每个月有一班船去往安达曼群岛的布莱

尔港(Port Blair)。打电话或者发送电子邮件查询日程,或者登录网站www.andamanbeacon.com查看。在**AV Bhanojirow, Garuda Pattabhiramayya & Co**(☎0891-2565597; ops@avbgpr.com; Harbour Approach Rd, 毗邻NMDC, port area; ◎9:00~17:00)订票,全程航行56小时(铺位₹2410,客舱卧铺₹4640起)。出发前两或三天开始售票。带上你的护照、两份资料页复印件和两张护照照片。

长途汽车

维泽格完善的**RTC Complex长途汽车站**(☎0891-2746400; RTC Complex Inner Rd)有开往以下目的地的长途汽车。

海得拉巴 非空调车/空调车₹745/1290, 13小时, 14:30~22:00, 几乎每小时1班

杰格德尔布尔(Jagdalpur) 非空调车₹236, 8小时, 每天2班

维杰亚瓦达 普通车/超豪华/空调车₹375/448/640, 8小时, 5:00至午夜每小时1班

小汽车

会说英语的**Srinivasa 'Srinu' Rao**(☎7382468137)是一位可靠、友好的司机,可以提供出城之旅。前往阿拉库峡谷的一日游收费3000卢比,往返桑卡兰收费1600卢比。

可靠的**Guide Tours & Travels**(☎9848265559, 0891-2754477; Shop 15, Sudarshan Plaza; ◎7:00~22:00)提供最远300公里的一日游,收费约3200卢比(另加过路费)。

火车

维沙卡帕特南火车站(Station Rd)坐落在市区西部边缘,位于加尔各答—金奈的主干线上。经典路线的旅行时间、发车频次以及卧铺/空调卧铺3类/空调卧铺2类票价是:

布巴内什瓦尔(Bhubaneswar)₹260/705/1055, 6小时, 每天10班

金奈 ₹425/1125/1605, 13小时, 每天2~3班

海得拉巴 ₹370/1025/1450, 11小时, 每天5~6班

加尔各答 ₹460/1210/1725, 14小时, 每天5~6班

蒂鲁帕蒂 ₹410/1070/1520, 10小时, 每天3~4班

维杰亚瓦达 ₹255/650/910, 6小时, 每天16~19班

铁路订票中心(Station Approach Rd; ◎周一至周六8:00~22:00, 周日8:00~14:00)位于车站大楼以南300米。

❶ 当地交通

维沙卡帕特南拥有超过2000名Uber司机(还有同样数量的Ola司机),所以你在叫车时不会等待太久。

要去市中心以西12公里的机场,出租车App或机动三轮车收费约240卢比。或者从RTC Complex长途汽车站乘坐38路公共汽车(₹18, 30分钟)。机场的到达大厅有一个预付费出租柜台。

火车站有一个预付费机动三轮车亭。拼车动三轮车从市区南端的港口沿着Beach Rd开往维泽格以北10公里的Rushikonda和以北25公里的贝埃穆尼帕特纳姆(Bheemunipatnam),收费5卢比(1公里的路程)至40卢比(维泽格至贝埃穆尼帕特纳姆)。

维沙卡帕特南周边

桑卡兰(Sankaram)

令人惊叹的佛教建筑群**桑卡兰**(Sankaram; 靠近阿讷加伯莱; ◎8:00~17:00) **免费** 位于维泽格西南方向40公里处,占据着一块约300米长的露出地面的岩层。人们也经常用构成这片建筑群的两个部分来称呼它们,即博加纳康达(Bojjannakonda)和林加拉康达(Lingalakonda)。这片岩层在公元2世纪至9世纪为僧侣所用,覆盖着石窟、佛塔、寺院建筑的遗迹和佛陀浮雕。最东边的部分博加纳康达(Bojjannakonda)有一对岩石雕刻的神龛,里面和外面有几个精美的佛陀雕像。神龛上面坐落着一座巨大的佛塔和一座寺庙的遗迹。西边的林加拉康达(Lingalakonda)有层层叠叠的石刻佛塔,其中一些非常大。在这两个地方都能将周围稻田的美景尽收眼底。

❶ 到达和离开

从维泽格乘坐私人小汽车到这里,费用约为1600卢比。或者乘坐班次频繁的火车(₹38, 1小时)或者维泽格**RTC Complex长途汽车站**(见本页)的长途汽车(₹48, 1.5小时)前往距离桑卡兰3公里的阿讷加伯莱(Anakapalle),然后乘坐机动三轮车(往返₹120, 包括等待时间)。

巴维康达和托特拉康达 (Bavikonda & Thotlakonda)

巴维康达 (⊙9:00~17:00) 免费 和托特拉康达 (行人/小汽车₹5/30; ⊙8:00~17:30) 这两座佛教寺院坐落在维泽格以北风景如画的山顶,每个寺院都可以容纳多达150名僧侣,这得益于巨大的雨水蓄水池。它们的遗址是在20世纪80年代和90年代出土的。

从公元前3世纪前后至公元3世纪,这里的寺院繁荣兴盛,有还愿的佛塔、集会大厅、禅室 (chaitya-grihas)、精舍和食堂。托特拉康达有海景,而巴维康达有特殊的重要性,因为在它的Mahachaitya佛塔里发现的一个遗骨容器中有一颗舍利,据说是佛陀本人的。

❶ 到达和离开

从维泽格前往巴维康达和托特拉康达的岔路口位于去往贝埃穆尼帕特纳姆的路上,分别距离维泽格14和15公里;巴维康达距主路3公里,托特拉康达距主路1.25公里。如果在维泽格乘坐机动三轮车或Uber出租车到这两个地方往返参观,司机收费约650卢比。

贝埃穆尼帕特纳姆 (Bheemunipatnam)

这里以前是荷兰人的定居点,位于维泽格以北25公里,是印度本土最古老的自治市,有位于海滩上的奇异雕塑、一座1861年的灯塔、一片有趣的荷兰墓地,还有Bheemli海滩,身上穿着金属环的当地人会使用自制的粗糙木板在这里不怎么干净的海水里冲浪。

阿拉库峡谷 (Araku Valley)

☏08936 / 海拔975米

安得拉最好的火车线路是穿过被郁郁葱葱的美丽森林覆盖的东高止山脉,去往阿拉库峡谷,这条峡谷的中心是维沙卡帕特南以北115公里的小镇阿拉库 (Araku)。这个地区拥有与世隔绝的部落社区,以美味的有机咖啡和可爱的绿色乡野闻名。你可以在路途中参观令人难忘的博拉洞。

◉ 景点

博拉洞 洞穴

(Borra Caves; 成人/儿童₹60/45, 相机拍照/手机拍照₹100/25; ⊙10:00~13:00和14:00~17:00) 博拉洞拥有良好的灯光照明,是一座有一百年历史的巨大石灰岩洞穴,坐落在小镇阿拉库前方38公里,在游览阿拉库峡谷时可以顺路来这里。小心猴子。入口附近有小吃摊。

人居博物馆 博物馆

(Museum of Habitat; ₹40; ⊙8:00~13:30和14:30~20:00) 这座博物馆规模庞大的展览以安得拉邦东部的部落原住民为主题,包括打猎、典礼和其他场景的全尺寸实体模型,还有一些手工艺货摊。值得一去,但是展览和信息的水平还有待提升。位于汽车站隔壁,火车站以东2公里。

🛏 食宿

Hotel Rajadhani 酒店 $

(☏08936-249580; www.hotelrajadhani.com; 房间 不带/带空调 ₹880/1350; ❉ 🛜) 这家经济型酒店有30多间客房,其中7间有空调,所有房间附带一个有热水的浴室。它们都还可以布置得更好一点,不过楼上的房间有可以俯瞰峡谷景色的阳台。有一个内部餐厅 (餐 ₹130~220; ⊙7:00~22:00)。

Haritha Valley Resort 酒店 $$

(☏08936-249202; 含早餐 房间 ₹1200~2150, 带空调 ₹2350; ❉ 🛜) 阿拉库的最佳住宿场所,有游泳池和风景优美的院子。它是一家政府经营的酒店,房间维护得相当好,不过服务人员很懒散。很受托莱坞 (Tollywood) 电影剧组的青睐。

Haritha Hill Resort 酒店 $$

(Mayuri; ☏08936-249204; 含早餐 小屋 ₹945, 房间 ₹1468~2522; ❉ 🛜) 作为一家政府酒店可以说还不错,由APTDC经营,是个相当不错的地方,就在人居博物馆后面。它的小屋提供相对于价格来说足够程度的舒适。

Star Annapurna 印度菜 $

(餐₹125~240; ⊙7:30~22:00) 或许是阿拉库地区最棒的餐厅,供应多种味道浓郁的菜肴，包括一款优质鸡肉比尔亚尼菜、多种鱼类菜肴和许多香味扑鼻的蔬菜咖喱。

Araku Valley Coffee House 咖啡馆 $

（咖啡₹25~100；8:30~21:00）你可以在Araku Valley Coffee House品尝和购买当地咖啡和各种巧克力制品（布朗尼蛋糕、包裹巧克力的咖啡豆），这里还有一个小小的咖啡博物馆（₹25；8:30~21:00）。

购物

Araku Aadiwasi Arts & Crafts 工艺品

（8:00~20:00）位于Coffee House和汽车站之间，有多种原住民部落珠宝、麻布袋和装饰品。

到达和离开

每天7:05，有一列火车（₹100，4小时）从维沙卡帕特南开往阿拉库，16:10从阿拉库返回。早点去维沙卡帕特南，否则可能没有座位，而且需要注意的是返程火车常常晚点。从维沙卡帕特南（₹128起）乘坐长途汽车（大约每小时1班）需要4.5小时。乘坐出租车一日游的费用是3000~4000卢比。APTDC经营含博拉洞（到阿拉库还需38公里）的团队游；然而它的一日游很赶时间。

蒂鲁马拉和蒂鲁帕蒂
（Tirumala & Tirupati）

0877 / 人口 292,000（蒂鲁帕蒂）/ 7900（蒂鲁马拉）

作为全世界最大的朝圣目的地之一，圣山蒂鲁马拉在任何一天都会挤满成千上万的信徒，他们长途跋涉来到这里，为的就是在Venkateshwara神的居所中瞻仰这位神明。每天有大约60,000名朝圣者来此敬拜，达瞻活动（darshan）更是7天24小时全年无休。Tirumala Tirupathi Devasthanams（简称TTD；0877-2233333，0877-2277777；www.tirumala.org；KT Rd；周一至周五 9:00~17:30，周六 9:00~13:00）有20,000名雇员，高效地接待了朝圣人群。尽管人潮汹涌，这里多半还是宁静悠闲而有秩序的。去往圣山的旅程令人充实，即便你并非朝圣者。在一年一度、为期9天的Brahmotsavam节（9月/10月）期间，人群会排成长达数公里的队伍。

山脚下单调乏味的小城蒂鲁帕蒂是前往蒂鲁马拉的门户。

景点

Venkateshwara Temple 印度教神庙

（www.tirumala.org）信徒们聚集在蒂鲁马拉参拜Venkateshwara，他是毗湿奴的一个化身，并被赋予了众多神力，其中就包括能够实现信徒在这处圣地许下的任何心愿。"普通达瞻"要求在环绕寺庙的各个幽闭的金属笼中等待2~8小时。特殊达瞻（瞻仰神灵）票（₹300，可以在线预订）可以让你更快地通过队伍，不过你依然得勇敢地面对笼子，那姑且也算是一种乐趣……

每天可以使用特殊达瞻票的时间都不一样，登录网站查询。进入神庙时，你得签署一份表格，声明信仰Venkateshwara神。

《往世书》中有关于这座山及其周边地区的传奇故事，这座寺庙的历史可以追溯至2000年前。主寺庙是最具神韵的地方，尽管你将被数百名信徒挤压着参观这里。Venkateshwara在幽暗而神奇的内殿后面赐予他的参拜者福佑和爱：这里有焚香的气味，回荡着吟诵的声音。你可以在一座纪念碑前祷告，然后又会被挤开。别忘了在柜台领取美味的ladoo：蒂鲁马拉ladoo（鹰嘴豆粉、小豆蔻和干果制成的甜球）在全印度都很有名。

很多朝圣者还会向神献上自己的头发——以感激愿望的达成，或表示舍弃自我，因此这里有数百家理发店服务于信徒。蒂鲁马拉和蒂鲁帕蒂挤满剃了头发的男女老少。

住宿

避免在周末过来，蒂鲁帕蒂在这时候会挤满Uber出租车。Tirumala Tirupathi Devasthanams（简称TTD）在蒂鲁马拉的寺庙周边经营很多宿舍（床位免费）和客栈（房间₹50~3000；❄），都是为朝圣者准备的。想要在这里入住，你需要在中央接待办公室（Central Reception Office）登记。

★ **Athidhi Residency** 酒店 $

（0877-2281222；www.facebook.com/Athidhi-Residency；Peddakapu Layout；房间₹900~1400；❄❄）价格很有竞争力，是个理所应当很受欢迎的地方，布置妥当的房间里有

平板电视、吊扇和漂亮的独立卫浴。从火车站坐一小段车就到了，从汽车站步行可达。

Hotel Annapurna 酒店 $

(☎0877-2250666; www.hotelannapurna.in; 349 G Car St, Tirupati; 房间 不带/带空调 ₹1180/1980; ❈⬤)这家酒店已经经营了很长时间，房间刷成粉红色，装修得很简单。前面的房间会有些吵。它的**素食餐厅**(主菜₹125~220; ◷5:30~23:00; ⬤)有新鲜的果汁和美味的食物。有一台电梯。

Minerva Grand 酒店 $$

(☎0877-6688888; http://minervahotels.in; Renigunta Rd, Tirupati; 标单/双 带空调 ₹2300/2700起; ❈⬤)这家经营良好的酒店拥有城里最好的一些房间——舒服的商务风格住所，有写字台、蓬松的枕头和优质床垫。它的两个餐厅也很棒，都有凉爽的空调。还有一个小健身房。

Hotel Regalia 酒店 $$

(☎0877-2238699; www.regaliahotels.com; Ramanuja Circle, Tirupati; 房间/套 含早餐 ₹2999/4999; ❈⬤)位于城镇东侧，距离火车站1.5公里，提供有魅力的当代房间，带整洁的独立卫浴。风格多样的早餐是丰盛的自助餐。非常超值。

✘ 餐饮

蒂鲁帕蒂的餐饮业很发达。山上的大**餐厅**(餐食免费; ◷时间不定)每天可以接待数以千计的朝圣者; 素食餐馆还提供25卢比的正餐。

★ Hotel Mayura 印度菜 $$

(209 TP Area; 餐₹150~280; ◷7:00~22:00)就在汽车站对面，这个舒适的酒店餐厅是在城里享用南印度塔利套餐(₹220)最好的地方之一，美味的菜肴和许多酸辣酱整齐地摆放在一片蕉叶上。也供应北印度菜肴。

★ Minerva Coffee Shop 印度菜 $$

(Minerva Grand, Renigunta Rd; 塔利套餐₹190~230; ◷7:00~23:30; ⬤)全素食的Minerva Coffee Shop供应超棒的安得拉邦塔利套餐(可以免费添菜)和不同凡响的滴滤咖啡。员工很有效率，气氛很适合家庭。这里是品尝当地早餐的好选择。

Blue Fox 印度菜、中国菜 $$

(Minerva Grand, Renigunta Rd; 主菜₹220~380; ◷7:00~23:30; ⬤)Blue Fox是一家"高级餐饮酒吧"，有身穿西装制服的侍者，供应印度和中国的素食和非素食菜肴，还供应酒精饮料。

Aroma Coffee House 咖啡馆

(Tirumala Bypass; ◷9:00~23:00)当你需要一杯浓缩咖啡或拿铁的时候，来这里就对了。环境现代，有空调; 还出售三明治和小吃。

❶ 到达和离开

可以从金奈出发去蒂鲁马拉，完成一次漫长的一日游。安得拉邦公路交通集团(Andhra Pradesh State Road Transport Corporation, 简称APSRTC)运营半小时一班的长途汽车，从金奈**CMBT汽车站**(见1033页)直达蒂鲁马拉(₹112~303, 3~4小时)。

飞机

蒂鲁帕蒂机场(Tirupati Airport; www.tirupatiairport.com; Renigunta Airport Rd)位于市区以东14公里的雷尼贡达(Renigunta)。每天都有航班飞往德里、海得拉巴和其他城市，提供服务的航空公司包括**印度航空公司**(Air India; ☎0877-2283981, 机场0877-2283992; www.airindia.in; Srinivasam Pilgrim Amenities Complex, Tirumala Bypass Rd; ◷周一至周六 9:30~17:30)、香料航空公司(Spice Jet)、Air Costa和Tru Jet。

长途汽车

蒂鲁帕蒂的**长途汽车站**(☎0877-2289900; Tirupati Rd; ◷24小时)的所有班车都是每小时1班或2班，包括下列路线:

金奈 快车/沃尔沃₹112/293, 3~4小时

班加罗尔 快车/沃尔沃/半卧铺₹229/323/377, 4~6小时

海得拉巴 超豪华/沃尔沃₹652/1023, 9~13小时

维杰亚瓦达 快车/半卧铺₹474/698, 7~9小时

火车

有很多每天一班的火车; **订票办公室**(Netaji

Rd；⏲周一至周六 8:00~20:00，周日8:00~14:00)正对蒂鲁帕蒂火车站的东端。以下是经典路线的时间以及卧铺/空调卧铺3类/空调卧铺2类的车票价格：

班加罗尔 ₹210/615/860, 7小时

金奈 ₹140/490/695, 3~4小时

海得拉巴 ₹380/1035/1495, 12小时

维杰亚瓦达 ₹235/625/935, 7小时

维沙卡帕特南 ₹380/1035/1490, 15小时

❶ 当地交通

公共汽车

火车站对面有一个前往蒂鲁马拉的公共汽车站点，每隔几分钟发一班车。旅程风景优美，耗时一小时，单程/往返票价是48/85卢比；上车后坐在左边的座位看风景。

出租车

火车站东端外面有一个预付费的出租车亭。蒂鲁帕蒂有Ola和Uber出租车。

步行

Tirumala Tirupathi Devasthanams修建了可能是印度最好的步行道，用于让朝圣者步行前往蒂鲁马拉。这条步行道从蒂鲁帕蒂北侧的Alipiri(坐机动三轮车过去需要50卢比)出发，长约12公里，全程步行需要3~6小时。你可以将行李留在Alipiri的收费站，它会免费被送至接待中心。沿途有树荫下的休息点，还有一些小卖部。

蒂鲁马拉和蒂鲁帕蒂周边

昌德拉吉里城堡 (Chandragiri Fort)

这片城堡建筑群位于蒂鲁帕蒂以西15公里，拥有一千年的历史，但它的全盛时期是在16世纪末，当时江河日下的毗奢耶那伽罗王朝的统治者从亨比(Hampi)逃走，定都于此。在一座岩石山下有一片长1.5公里的矮墙围合起来的区域，中央是宫殿区(印度人/外国人₹10/100；⏲周六至周四 9:00~17:00)，里面有漂亮的花园和Raja Mahal，后者是经过重度修复的毗奢耶那伽罗王朝宫殿，令人想起亨比的建筑，里面有一座很有趣的博物馆(⏲周六至周四 9:00~17:00)，展出青铜和石头雕塑。令人沮丧的是，山腰上的高地堡垒禁止入内。

❶ 到达和离开

每小时有一班公共汽车从蒂鲁帕蒂开往昌德拉吉里(₹10)。出租车往返的费用约为₹600。

斯里加勒赫斯蒂 (Sri Kalahasti)

🕿08578 / 人口 82,521

圣城斯里加勒赫斯蒂位于蒂鲁帕蒂以东37公里处，之所以闻名是因为这里有重要的Sri Kalahasteeswara Temple(www.srikalahasthitemple.com；⏲6:00~21:30)，同时，这里也是与维杰亚瓦达附近的默吉利伯德讷姆(Machilipatnam)齐名的古代纺织绘画艺术卡拉木卡里(kalamkari)的中心。在棉布上涂抹树脂(myrabalam)和牛奶，然后使用尖锐的竹枝蘸着发酵的棕榈糖和水绘制人物，染料是用牛粪、种子、植物和花朵制成的。你可以在距离公共汽车站2.5公里的Agraharam社区观看艺术家工作，然后买一些他们的产品。Sri Vijayalakshmi Fine Kalamkari Arts(🕿9441138380; Door No 15-890；⏲仅预约)是一家有40年历史的家族企业，有超过60名艺术家在此工作。杜帕塔头巾(Dupatta)售价1500卢比起。

❶ 到达和离开

每15分钟会有一班公共汽车从蒂鲁帕蒂开往斯里加勒赫斯蒂(₹32, 1小时)；出租车往返费用为1400卢比左右，含等待时间。

喀拉拉邦

包括 ➡

特里凡得琅	945
戈沃勒姆	951
沃尔格莱	956
奎隆	961
阿拉普扎（阿勒皮）	964
蒙讷尔	977
科钦	982
德里久尔	998
坎纳诺尔及周边	1005
拉克沙群岛	1009

最佳餐饮

➡ Villa Maya（见949页）
➡ Dal Roti（见991页）
➡ Bait（见955页）
➡ Malabar Junction（见992页）
➡ Paragon Restaurant（见1001页）

最佳住宿

➡ Green Woods Bethlehem（见987页）
➡ Varnam Homestay（见1004页）
➡ Kaiya House（见958页）
➡ Ashtamudi Villas（见963页）
➡ Reds Residency（见987页）

为何去

对许多旅行者来说，喀拉拉邦（Kerala）是印度南部最宁静而美丽的邦。它那一条狭长的海岸地带是由层层叠叠的地形塑造而成的：近600千米长的阿拉伯海岸沿线分布着许多绝佳的闪闪发光的沙滩，波光粼粼的回水湖区的水面风平浪静；西高止山脉的山上长满了香料作物和茶树。甫一落步到这片静谧醉人、棕榈成荫的绿地，你就会放缓在南亚次大陆上的疾行，转为追求内心狂喜的漫步。除了著名的回水湖区、优雅的船屋、阿育吠陀疗法（印度草药按摩）和辛辣而精致的食物之外，喀拉拉邦还是野生大象、奇特小鸟和珍贵老虎的家园，而卡塔卡利舞、寺庙节庆和蛇舟赛等传统活动热情奔放，哪怕是最小的村庄也常常因此而焕发生机。

何时去

特里凡得琅

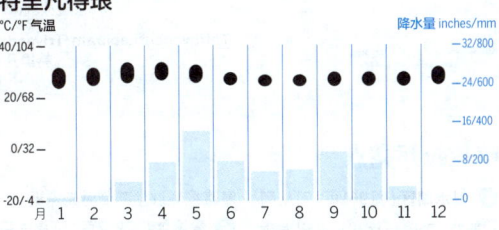

12月至次年2月 气候绝佳，这一时节的天气非常适合游览海滩和回水湖区。到处都有节日庆典。

4月 戈德亚姆和奎隆的居民会跳起卡塔卡利舞，欢庆各种节日；德里久尔还有大象游行。

8~10月 季风季节结束，是庆祝欧南节和举办蛇舟赛的季节。

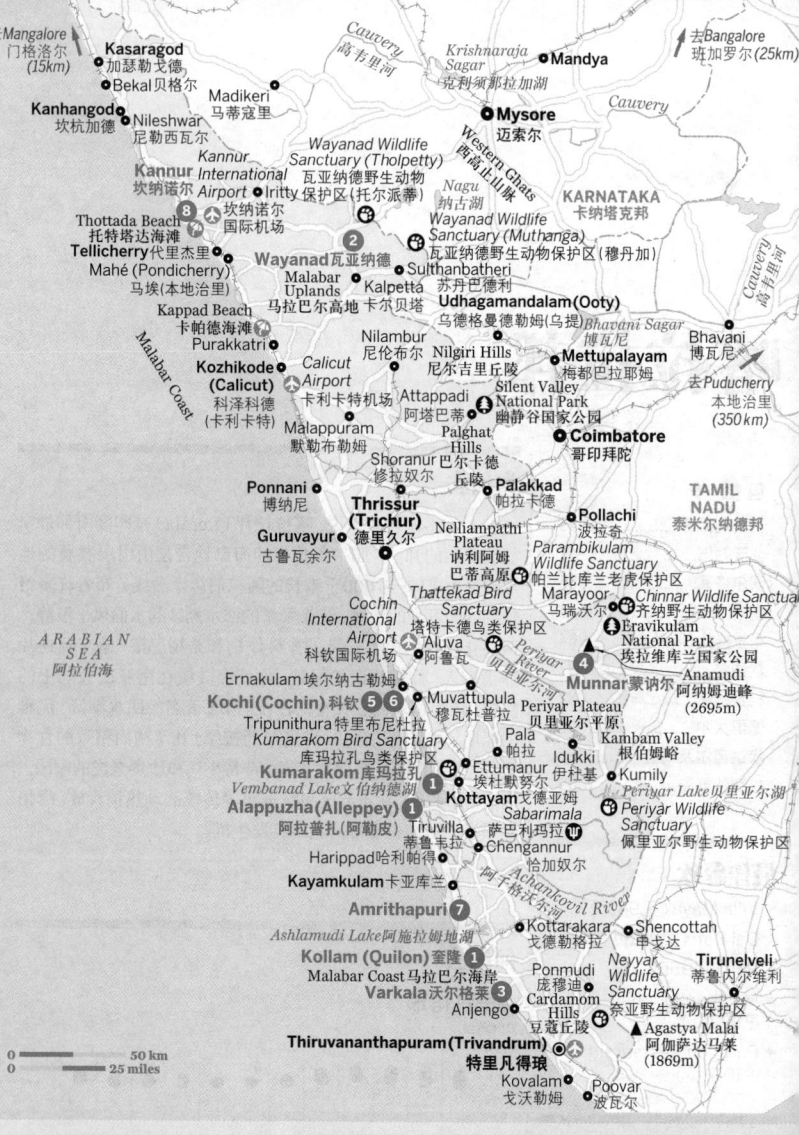

喀拉拉邦亮点

❶ **回水湖区**(见961页)可从阿拉普扎、奎隆或库玛拉孔出发乘坐船屋或平底独木舟巡游。

❷ **瓦亚纳德**(见1002页)寻找野生大象的踪迹,徒步,在偏远的森林中所放松自己。

❸ **沃尔格莱**(见956页)在这个海滩度假胜地感受时光流逝。

❹ **蒙讷尔**(见977页)下榻美丽偏远的度假村,徒步穿越碧绿的茶叶种植园。

❺ **科钦堡**(见982页)感受历史风情,和当地家庭一起用餐。

❻ **卡塔卡利舞**(见997页)在科钦观赏一场表演。

❼ **玛莎·阿姆里塔南达玛伊布道所**(见964页)Amma(母亲)的精修所位于Amrithapuri,你可以盼望在这里得到一个拥抱。

❽ **坎纳诺尔**(见1005页)探索北部尚未开发的海滩。

历史

早在3000多年前，就有香料商人在喀拉拉邦进行贸易活动。腓尼基人、罗马人、阿拉伯人和中国人都知道这个地方，来自马鲁古（Moluccas，印度尼西亚东部）的香料从这里销往世界各地。

直到中世纪早期，切拉（Cheras）王国一直统治着喀拉拉邦的大部分地区，与诸多小国争夺领土和贸易权。1498年，达·伽马（Vasco da Gama）来到这里，为伺机从阿拉伯商人手中夺过贸易权的葡萄牙、荷兰和英国等欧洲国家打通了水上门户。之后，这些国家为控制利润丰厚的香料贸易而冲突不断。

如今的喀拉拉邦是在从前的3个邦——特拉凡哥尔（Travancore）、科钦（Kochi）和马拉巴尔（Malabar）的基础上于1956年建立的。对艺术和教育的重视使这个独立后才成立的邦成为印度最日新月异的邦，这里成年人的识字率在全国是最高的。

1957年，喀拉拉邦拥有全世界第一个选举产生的共产主义政府，此后共产党不时地掌握权力，但自从2011年开始，印度国民大会党领导的联合民主阵线（United Democratic Front，简称UDF）一直管理着该邦。许多说马拉雅拉姆语（该邦官方语言）的居民在中东打工，他们寄回国的收入是该邦经济的重要组成部分。旅游业也点燃了居民对未来的信心，因为喀拉拉邦在过去的10年里一直是印度最热门的新兴旅游热点。根据喀拉拉邦旅游局的统计，该邦2015年接待的游客数量将近1350万——是10年前的两倍还多，不过其中只有不到100万人是外国游客。

喀拉拉邦南部

特里凡得琅 [Thiruvananthapuram (Trivandrum)]

☎0471 / 人口 958,000

喀拉拉邦首府特里凡得琅（Thiruvananthapuram）仍常沿用殖民地时代的名字Trivandrum。这个相对紧凑但活力四射的城市是人们了解印度南部城市生活的窗口。大多数旅行者只是在去往附近海滨度假村（戈沃勒姆和沃尔格莱）的路上经过这里，但特里凡得琅本身有几个值得一看的景点，例如一座动物园和位于新喀拉拉风格建筑内的建于维多利亚时期的博物馆，足以让人在这里住上一晚。

◉ 景点

动物园
动物园

(Zoological Gardens; ☎0471-2115122; 成人/儿童 ₹20/5, 照相/录像 ₹50/75; ⊙周二至周日 9:00~17:15) 小说《少年派的奇幻漂流》（*Life of Pi*）的作者扬·马泰尔（Yann Martel）在描写书中的动物时，参照的就是他在特里凡得琅的这座动物园里看到的动物。林荫小径穿过林地通往湖边和原始森林，老虎、猕猴和河马聚集在各自相当开阔的兽舍中。

★纳比尔博物馆
博物馆

(Napier Museum; 成人/儿童 ₹10/5; ⊙周二和周四至周日 10:00~17:00, 周三 13:00~17:00) 博物馆位于一栋建于1880年的木质建筑内，由英国建筑师Robert Chisholm设计建造，他将费尔岛风格（Fair Isle-style）与喀拉拉乡村建筑形式相结合，以此表达自己对当地工艺的热爱。馆内陈列着各式各样的铜器、佛像、寺庙的马车和牙雕。馆内洋溢着欢乐的气

邦内重要节日

除了全国的重要节日之外，喀拉拉邦还有数百个一年一度的寺庙节日、天神上身仪式、赛舟会和街道游行。科钦的Tourist Desk制作的一本免费出版物《一百个节日》（*A Hundred Festivals for You*）列出了其中的许多节日。

Ernakulathappan Utsavam（见987页）为期8天，高潮是象群游行、音乐和焰火表演。

德里久尔普兰节（见998页）最盛大的大象游行。

尼赫鲁杯划船比赛（见965页）喀拉拉邦最受欢迎的划船比赛。

欧南节（⊙8月/9月）为期10天，届时整个邦都要举行庆典活动，纪念神话人物马哈巴立国王（King Mahabali）的黄金时代。

Thiruvananthapuram (Trivandrum) 特里凡得琅

◎ 重要景点
- **1** 历史和遗产博物馆..................................C1
- **2** 纳比尔博物馆..C1

◎ 景点
- **3** 普泽马里加宫博物馆.............................A6
- **4** 斯里帕德马纳巴史瓦米神庙...................A6
- **5** 动物园...C1

◎ 活动、课程和团队游
- **6** CVN Kalari Sangham B6
- **7** KTDC Tours..B5
- **8** Margi Kathakali School.....................A5

◎ 住宿
- **9** Hotel Regency....................................B4
- **10** Princess Inn......................................B4
- **11** Taj Vivanta.......................................D3
- **12** Varikatt Heritage..............................B3
- **13** Vedanta Wake Up Trivrandrum...........B4

◎ 就餐
- **14** Ananda Bhavan B3
- **15** Ariya Nivaas.......................................C5
- **16** Azad Restaurant B5
- **17** Cherries & Berries.............................D2
- **18** Indian Coffee House B5

◎ 购物
- **19** Connemara Market............................B2
- **20** SMSM Institute.................................B4

◎ 实用信息
- **21** 印度国家银行自动柜员机...................B3
- **22** 旅游促进中心....................................C1

◎ 交通
- **23** 印度航空公司....................................B1
- **24** Airtravel Enterprises..........................C1
- **25** 东堡汽车站..B6
- **26** KSRTC中央长途汽车站.......................C5
- **27** 城市公交车站....................................B6
- **28** 火车站订票处....................................B5

筑群内的一栋可爱的老房子内，博物馆面积很大，通过静态展品和互动式视听媒体讲述喀拉拉邦的历史和文化。馆内的展品从铁器时代的工具、铜器和陶土塑像，到壁画、dhulchitra（地板画）和仿建的传统喀拉拉民宅，无所不有。

普泽马里加宫博物馆　　　　　　　博物馆

（Puthe Maliga Palace Museum; Fort; 印度人/外国人 ₹30/100，照相/摄像 ₹50/250; ◎周二至周日 9:30～12:30和14:00～16:45）这座有着200年历史的宫殿曾是特拉凡哥尔王公的府第，有雕花木质藻井和大理石塑像，还有从比利时进口的玻璃。宫殿内有卡塔卡利舞者的图片、一套武器、历代王公肖像、富丽堂皇的王座和其他古董。门票包含信息量十足的1小时导览游，不过你可以只是逛逛宫殿外面的院子（免费）。Chitrali Museum（₹50）就位于院子内，馆内收藏了大量具有历史纪念意义的展品、照片和特拉凡哥尔王朝历代君主的画像。

斯里帕德马纳巴史瓦米神庙　　　印度教神庙

（Shri Padmanabhaswamy Temple; ◎内殿仅允许印度教徒入内 3:30～19:30）这个有着260年历史的神庙位于港口区，是特里凡得琅的精神中心。神庙的主入口是位于东侧的高30米的7层塔形建筑——庙塔（gopuram）。在内殿（仅印度教徒入内），是由10,000多块神石（salagramam）堆成的天神Padmanabha斜倚在神蛇身上的造像，据说那些神石是用大象从尼泊尔运来的。

沿着主入口右侧的小径漫步，你可以从最佳视角欣赏庙塔的外观。

🎓 课程

Ayushmanbhava Ayurvedic Centre　　　　　　　　　　阿育吠陀、瑜伽

（☎0471-2556060; www.ayushmanbhava.com; Pothujanam; 按摩 ₹900起; ◎瑜伽课 6:30）在MG Rd以西5公里处，除了按摩课，每天还有理疗瑜伽课和时间更长的阿育吠陀疗法课

住宿价格范围

下列价格指的是带浴室的双人间：

$ 少于₹1200

$$ ₹1200～5000

$$$ 高于₹5000

程。这里还有一座香草花园。

Margi Kathakali School 文化项目

(☎0471-2478806; www.margitheatre.org; Fort) 提供适合初学者和中级水平学生的卡塔卡利舞蹈和kootiattam(传统梵文戏剧)课程。2小时的课程平均学费为300卢比。周一至周五上午10点至正午会有不着戏装的排练活动，游客可以参观。该学校位于堡垒以西200米的Fort School后面一栋没有招牌的楼里。

CVN Kalari Sangham 武术

(☎0471-2474182; www.cvnkalari.in; South Rd; 15天/1月课程 ₹1000/2000) 为有一定基础、想进一步学到真本领的学生(30岁以下)推出长期的卡拉里帕亚图武术课程。周一至周五每天7:00~8:30欢迎游客观赏训练课。

👉 团队游

KTDC Tours 巴士游

(☎0471-2330031; www.ktdc.com) KTDC 组织数种团队游，所有游览线路都从位于 Central Station Rd的KTDC Hotel Chaithram 的游客接待中心(Tourist Reception Centre)出发。市区团队游(₹300)包含动物园、博物馆和本地其他景点。根尼亚古马里一日游(Kanyakumari Day Tour; ₹700)可以带你游览帕德马纳巴普拉姆宫(Padmanabhapuram Palace)、泰米尔纳德邦(Tamil Nadu)的根尼亚古马里(Kanyakumari)和附近的Suchindram Temple。其他线路的巴士游可前往奈亚大坝(Neyyar Dam; ₹400)和戈沃勒姆(₹200)等景点。

🛏 住宿

在Central Station Rd以北的Manjalikulam Rd沿线有几个体面的廉价和中档酒店。

Vedanta Wake Up Trivandrum 青年旅舍 $

(☎0471-2334351; www.vedantawakeup.com; SS Kovil Rd; 铺/双 ₹650/1450; ❄🛜) 位置居中，对背包客和独行旅行者来说是很好的选择，有干净的空调房间和一个独立双人间。

Princess Inn 酒店 $

(☎0471-2339150; princess_inn@yahoo.com; Manjalikulam Rd; 标单/双 600/800起，带空调 ₹1000/1200起; ❄🛜) 这个廉价酒店在一栋玻璃外立面的建筑内，虽然位置居中，但因为地处小巷，所以夜晚相对安静。房间舒适，有卫星电视和一尘不染的卫生间。多花一点钱就能住进宽敞的"豪华"房，可以说是物有所值。

Hotel Regency 酒店 $

(☎0471-2330377; www.hotelregency.com; Manjalikulam Cross Rd; 标单/双 ₹650/800，带空调 ₹1000/1600; ❄🛜) 这个酒店整洁而友好。房间虽小但干净，而且有卫星电视。豪华房面积较大。大堂和屋顶花园有Wi-Fi。

★ Graceful Homestay 民宿 $$

(☎9847249556, 0471-2444358; www.gracefulhomestay.com; Pothujanam Rd, Philip's Hill; 含早餐 楼下 标单/双 ₹1550/1800, 楼上和套房 标单/双 ₹2450/3000; @🛜) 这栋可爱、宁静的家庭民居位于特里凡得琅树木茂密的西郊，位于一个占地若干公顷的花园中，4间客房整洁干净，装修得各有特色，分别有门通往厨房、起居室和阳台。最好的几间房配有带顶

INDIAN COFFEE HOUSE的故事

在Indian Coffee House，时间仿佛停滞不前。其分店遍布全印度各地，物美价廉；侍者全都穿着浆得笔挺的衬衫，头上包着孔雀造型的头巾。第一家店是咖啡局(Coffee Board)在20世纪40年代(英属时期)早期开办的。20世纪50年代，咖啡局意欲关闭印度各地的咖啡馆并解雇多余的员工。此时，出生于喀拉拉邦的共产主义领袖Ayillyath Kuttiari Gopalan Nambiar开始支持工人，同他们一起创建了印度咖啡局工人合作社(India Coffee Board Workers' Co-operative Society)，该组织的初衷是为工人提供更好的就业机会并提高咖啡的销量。此后Coffee House被保留下来，几乎原封未动，一直提供便宜的快餐以及印度过滤咖啡、玫瑰奶和idli(发酵米糕)等。现在这家连锁咖啡馆仍由雇员经营，所有雇员共享股权。

Varikatt Heritage 家庭寄宿 $$$

(☎0471-2336057, 9895239055; www.varikattheritage.com; Punnen Rd; 房间/套 含早餐 ₹5000/6000; 🅿) 这是特里凡得琅最有个性的住处——房子有250年历史, 曾是Roy Kuncheria上校的宅子。印度和撒拉逊混合风格的平房内有4个房间, 两侧各有一条走廊, 中间是一个可爱的小花园。连同房子本身在内, 每件古董都有一个家族故事。提供午餐和晚餐 (₹300)。

Taj Vivanta 酒店 $$$

(☎0471-6612345; vivanta.tajhotels.com; Thycaud Hospital Rd; 标单/双 含早餐 ₹8500/11,000; ❄@🅿🏊) 这家酒店的大堂比城里大多数酒店的都大, 可想而知其他方面也一定错不了。客房舒适豪华, 草坪和游泳池保养得宜, 附设水疗馆、24小时健身房和几个不错的餐厅, 包括游泳池边上的烧烤 (Smoke on the Water)。

✖ 就餐

★ Ariya Nivaas 南印度菜 $

(Manorama Rd; 主菜 ₹40~150, 塔利套餐 ₹100; ⓘ6:45~22:00, 午餐 11:30~15:00) 特里凡得琅最好的不限量的南印度素食塔利套餐意味着Ariya Nivaas在午餐时间总是非常繁忙, 不过服务很高效, 食物新鲜。

Indian Coffee House 印度菜 $

(Maveli Cafe; Central Station Rd; 小吃 ₹10~60; ⓘ7:00~22:30) Indian Coffee House的这家分店位于一栋奇怪的红砖建筑里, 仿佛是灯塔和鸽子笼的结合体。室内以螺旋形的布局方式摆放着水泥长凳和餐桌, 供应浓咖啡和快餐。侍者一刻不停地往来穿梭, 令人感动。

Azad Restaurant 印度菜 $

(MG Rd; 菜肴 ₹60~200; ⓘ11:00~23:30) 这个繁忙的餐厅是携全家人用餐的顾客的最爱, 供应原汁原味的喀拉拉邦海鲜菜肴, 例如molee (鱼块配椰子酱汁), 还有优质比尔亚尼菜和泥炉菜。和街道平齐的那层是外卖烧烤, 餐厅在楼下。

Ananda Bhavan 南印度菜 $

(☎0471-2477646; MG Rd; 菜肴 ₹20~80; ⓘ正午至15:00和18:00~22:00) 经典的廉价素食之选, 擅长制作印式午餐 (tiffin) 小吃和薄饼。

Cherries & Berries 咖啡馆 $$

(☎0471-2735433www.cherriesandberries.in; Carmel Towers, Cotton Hill; 食物 ₹130~220; ⓘ10:00~22:00; 🅿) 要享受真正的甜品、凉爽的空调和真正能用的免费Wi-Fi, 就来这家位于市中心以东的咖啡馆。菜单上有华夫饼、小比萨饼、热狗、烤面包、优质咖啡加巧克力块的奶昔——试试这里的KitKat奶昔 (₹165)。

★ Villa Maya 喀拉拉邦菜 $$$

(☎0471-2578901; www.villamaya.in; 120 Airport Rd, Injakkal; 开胃菜 ₹200~600, 主菜 ₹400~1500; ⓘ11:00~23:00) 在Villa Maya用餐的体验让人感觉这里绝不仅仅是一家餐厅。你可以在华丽的18世纪荷兰宅邸里或者宁静的庭院花园中在用帘子隔开的私密"包间"内用餐。喀拉拉邦菜得到了专家级的烹制, 调味精细, 摆盘美丽。海鲜是这家店的特色菜, 有龙虾黄油酿螃蟹等菜肴, 但也有一些诱人的素食菜肴。

在午餐和晚餐之间的时段 (15:00~19:00), 你可以点一些小吃, 如三明治、比萨和意大利烤饼 (calzone)。可以请友好的员工带你免费参观古老的宅邸。

🛍 购物

Connemara Market 市场

(MG Rd; ⓘ6:00~21:00) 在繁忙的Connemara Market, 摊贩们出售蔬菜、鱼、山羊、纺织品、服装、香料等。

SMSM Institute 工艺品

(www.keralahandicrafts.in; YMCA Rd; ⓘ周一至周六 9:00~20:00) 喀拉拉邦的国营手工艺品商场, 品种多得令人眼花缭乱, 包括工艺品、纪念品和古董, 价格固定, 不能讲价。

ℹ 实用信息

KIMS (Kerala Institute of Medical Sciences; ☎0471-3041000, 急救 0471-3041144; www.kimskerala.com;

从特里凡得琅出发的长途汽车

目的地	票价(卢比)	行程(小时)	班次
阿勒皮	132,空调车221	3.5	每15分钟1班
金奈	空调车,850起	12	每天15班(过夜车)
埃尔纳古勒姆(科钦)	177,空调车291	5.5	每15~30分钟1班
根尼亚古马里	70	2	每天4班
奎隆	63,空调车111	1.5	每15分钟1班
库木日侬[Kumily;去往佩里亚尔(Periyar)]	226	8	7:30
蒙讷尔	245	8	每天3班
奈亚大坝	35	1.5	每40分钟1班
德里久尔	224,空调车391	7.5	每小时1班
沃尔格莱	65	1.25	每小时1班

Kumarapuram;◎24小时)解决伤病困扰的最佳选择;位于特里凡得琅火车站西北方向约7公里处。

旅游促进中心(Tourist Facilitation Centre;☎0471-2321132;Museum Rd;◎24小时)位于动物园附近,提供地图和小册子。

游客接待中心(Tourist Reception Centre;KTDC Hotel Chaithram;☎0471-2330031;Central Station Rd;◎7:00~21:00)安排由KTDC经营的团队游。

❶ 到达和离开

飞机

特里凡得琅国际机场(Trivandrum International Airport;www.trivandrumairport.com)位于市区以西约5公里的地方,有直达航班往返国际目的地,包括斯里兰卡的科伦坡、马尔代夫的马累和波斯湾的主要目的地,比如迪拜、沙迦、马斯喀特、巴林和科威特。

在印度国内,**印度航空公司**(Air India;☎0471-2317341;www.airindia.com;Mascot Sq;◎周一至周六 9:00~17:00)、**印度捷特航空公司**(Jet Airways;☎0471-2728864;www.jetairways.com;Sasthamangalam Junction;◎9:00~18:00)和**靛蓝航空公司**(☎9212783838;www.indigo.in)都有航班从特里凡得琅往返孟买(Mumbai)、科钦、班加罗尔(Bangalore)、金奈(Chennai)和德里(Delhi)。

香料航空公司(SpiceJet;☎9871803333;www.spicejet.com;特里凡得琅机场)每周有一个航班飞往金奈。

可以通过服务高效的旅行社**Airtravel Enterprises**(☎0471-3011300;www.ate.travel;MG Rd,New Corporation Bldg;◎9:00~19:00)订机票。

长途汽车

邦政府和私人经营的长途汽车使用的是特里凡得琅新建成的巨大的凹形**KSRTC中央汽车站**(☎0471-2462290;www.keralartc.com;Central Station Rd,Thampanoor),就在火车站的对面。

6:00至21:00,开往戈沃勒姆海滩的长途汽车会从位于MG Rd路的**东堡汽车站**(East Fort Bus Stand)南端发车(₹17;30分钟;每20分钟1班)。

火车

火车票总是一早就售罄了,因此最好通过火车站里的**订票处**(☎139;◎周一至周六 8:00~20:00,周日 至14:00)订票或者在线订票。1层有一个外国游客柜台。虽然大部分火车在市中心附近的特里凡得琅中央车站(Trivandrum Central Station)停靠,但也有几班快车停靠在位于城区以北约7公里处的Vikram Sarabhai Station(Kochuveli)。买票前要查询清楚。

喀拉拉邦有多班快车开往沃尔格莱(2等座/卧铺/空调卧铺3类 ₹45/140/490;1小时)、奎隆(₹55/140/490;1小时15分钟)和埃尔纳古勒姆(₹90/165/490;4.5小时),这些车要么经过阿拉普扎(阿勒皮;₹80/140/490;3小时),要么经过戈德亚姆(₹80/140/490;3.5小时)。每天还有不计其数的火车开往根尼亚古马里(2等座/卧铺/空调卧铺3类 ₹60/140/490;3小时)。

❶ 当地交通

要想去机场,可以从**东堡**(East Fort)和**城市公交车站**(₹10)乘坐当地的14路公共汽车。使用预付费出租车代金券乘坐出租车,从机场到市区需要花费₹350,到戈沃勒姆的费用为₹500(13公里之外)。

乘坐机动三轮车是游览市区的最佳方式，短途一般为₹30~50。

特里凡得琅周边
◎ 景点

奈亚野生动物保护区 自然保护区

(Neyyar Wildlife Sanctuary；☎0471-2272182；印度人/外国人 ₹10/100；◉周二至周日 9:00~16:00) 奈亚大坝建于1964年，位于特里凡得琅以北35公里处，围出了一个如诗如画的湖，这个自然保护区就在湖泊四周，里面有**野生狮子动物园**(Lion Safari Park；☎9744347582, 0471-2272182；印度人/外国人 ₹200/300；◉周二至周日 9:00~16:00)、鹿苑和鳄鱼繁殖中心（为纪念澳大利亚的传奇人物Steve Irwin而以他的名字命名的中心）。岸边茂密的森林里栖息着印度野牛、水鹿、树懒、大象、狮尾猕猴和老虎（不常见到）。

特里凡得琅的KSRTC汽车站有多班汽车开往此地（₹35；1.5小时）。乘出租车从特里凡得琅到此往返需花费约₹1000（含2小时的等候时间）；从戈沃勒姆到此往返需花费约₹1400。特里凡得琅的KTDC办公室也组织前往奈亚大坝的团队游（₹400）。

Sivananda Yoga Vedanta Dhanwantari Ashram 瑜伽

(☎0471-2273093；www.sivananda.org.in/neyyardam；铺、帐篷 ₹800，双 ₹1000~1250，带空调 ₹1850) 位置很好，紧邻奈亚大坝，这个当地静修处成立于1978年，以哈他瑜伽（hatha yoga）课程闻名。课程每个月的1号和16号开课，最短为两周，包括各种水平的住宿和素

ⓘ 警告：灯塔海岸的涌流

灯塔海滩两端的水流都很湍急，每年都会淹死几个在这里游泳的人。注意只能在彩旗标志划出的区域内部的海域游泳，因为那些地方有救生员巡逻。雨季时不要游泳。

食。淡季（5月至9月）价格便宜 ₹100。

戈沃勒姆（Kovalam）

☎0471 / 人口 25,700

戈沃勒姆位于新月形状的海滩上，过去只是一个安静的渔村，如今已成为与沃尔格莱（Varkala）不相上下的喀拉拉邦发展最完善的度假胜地。游客众多的主海滩是**灯塔海滩**（Lighthouse Beach），沿着海岸分布着各种酒店、餐馆和商铺，而北边的**风之海滩**（Hawa Beach）通常挤满了从出租车站直奔沙滩的一日游游客。两片海滩都不能说很原始，但至少距离首府都不到15公里，可以让你尽情享受海滨之乐，而且还很适合冲浪（这里有一个冲浪俱乐部）。此外这里也有阿育吠陀课程和瑜伽课程学校。

往北再走2公里，**苏木都刺海滩**（Samudra Beach）有几个高级度假村、餐厅和一处安静但礁石陡峭的海滩。

◎ 景点和活动

维津詹姆灯塔 灯塔

(Vizhinjam Lighthouse；印度人/外国人 ₹10/25，照相/摄像 ₹20/25；◉10:00~17:00) 戈沃勒姆最显眼的建筑就是这座仍在使用中、位于灯塔海滩南端的白底带条纹图案的灯塔。沿

从特里凡得琅出发的主要列车

目的地	火车编号和名称	票价（卢比；卧铺/空调卧铺3类/空调卧铺2类）	行程（小时）	发车时间（每天）
班加罗尔	16525 Bangalore Express	415/1120/1620	18	12:45
金奈	12696 Chennai Express	470/1240/1775	16.5	17:15
哥印拜陀（Coimbatore）	17229 Sabari Express	255/685/980	9.25	7:15
门格洛尔（Mangalore）	16640 Maveli Express	340/915/1320	12.5	19:25
孟买	16346 Netravathi Exp	670/1795/2645	31	9:50

Kovalam 戈沃勒姆

Kovalam 戈沃勒姆

◎ 景点
1 维津詹姆灯塔................................C3

✈ 活动、课程和团队游
2 Ayur Kerala Ayurvedic Health Care................................C3
3 Cool Divers & Bond Safari................B1
戈沃勒姆冲浪俱乐部................(见12)

🏨 住宿
4 Beach Hotel................................C3
5 Beach Hotel II................................C3
6 Green Valley Cottages................C3
7 Hotel Greenland................................C3
8 Leela................................A1
9 Maharaju Palace................................C3
10 Paradesh Inn................................C2
Treetops................................(见10)
11 Vedanta Wake Up Kovalam................C3
12 Wilson Ayurvedic Resort................B3

✖ 就餐
13 Beatles Cafe................................C3
14 Curry Leaf................................B1
Fusion................................(见5)
15 Malabar Cafe................................B3
16 Suprabhatham................................C3
17 Varsha Restaurant................................C3
Waves Restaurant & German Bakery................(见4)

ⓘ 实用信息
18 旅游服务中心................................A2

🚌 交通
19 机动三轮车和出租车站点................B2
20 K Tours & Travel................................B2

螺旋形楼梯——或者使用崭新的电梯——登上塔顶便可欣赏简直令人眩晕的无边无际的海岸景色。

Cool Divers & Bond Safari 潜水
(☎9946550073; www.bondsafarikovalam.com; 潜水体验 ₹6000, 3小时海洋潜水 ₹6000; ◎9:00~19:00) 这家新开的潜水机构可提供最先进的设备、PADI课程和带导游的前往当地潜点的旅程。它还有精巧的Bond牌潜水小摩托，用这种小摩托潜水时，你要戴上密封头盔，头盔有一根通气管和海面相连——完全不需要潜水经验！

戈沃勒姆冲浪俱乐部
（Kovalam Surf Club） 冲浪

（☎9847347367；www.kovalamsurfclub.com；1.5小时课程₹1000，租赁₹400起）这家冲浪商店和俱乐部就在灯塔海滩后面，提供体验课程，还可"指导冲浪"，目标受众主要为当地社群。

Ayur Kerala Ayurvedic Health Care 阿育吠陀

（☎9947027226；www.ayurkerala.org；Lighthouse Beach Rd；按摩₹1200起；◎9:00~20:00）推荐这里的按摩和印度草药治疗。

🛏 住宿

戈沃勒姆酒店和客栈林立，但是在旺季很少有真正的经济型住处。海边的酒店最贵也最受追捧，但在灯塔海滩后面，隐藏在迷宫般的铺沙小巷深处、棕榈林内和稻田间的小酒店也值得搜寻一番；它们通常有更高的性价比。苏木都剌海滩有高档度假村。12月至次年1月是旅游旺季，需要预订，但其他时间的房费将打折。

Vedanta Wake Up Kovalam 青年旅舍 $

（☎0471-2484211；www.vedantawakeup.com；Lighthouse Beach后面；铺/双₹600/1800；❄@🛜）戈沃勒姆的第一家背包客青年旅舍一共有五层楼，和灯塔海滩只有一小段步行距离。两个有空调的宿舍非常干净，而独立房间里则有电视和卫浴。旅舍的员工乐于助人，但这里缺少公共区域，也不太有个性。

Green Valley Cottages 客栈 $

（☎0471-2480636；indira_ravi@hotmail.com；房间₹800~1000）门口是一片棕榈树林，俯瞰着一个长满睡莲的池塘，这个安静的客栈看起来有点儿旧，但是性价比合理。22个客房都很简单，但楼上的房间有露台，风景极佳。

Hotel Greenland 客栈 $

（☎0471-2486442；hotelgreenlandin@yahoo.com；房间₹700~1400）这个由家庭经营的客栈很友好，重新装修过的房间位于灯塔海滩后面的一栋多层建筑内。客栈看上去不太起眼，但客房采光好，而且楼上较大的房间还带阳台。

Paradesh Inn 客栈 $$

（☎9995362952；inn.paradesh@yahoo.com；Avadhutura；标单/双 含早餐₹2300/2700，高级房₹3000/3400；◎10月至次年5月；@🛜）位于灯塔海滩后面地势高处，俯瞰着棕榈树，老板是意大利人。这个安静的客栈看起来很像是希腊小岛上粉刷得洁白的一处隐匿之所。6间客房内都配有电扇，室外有秋千椅，在屋顶还能看到美景。早餐好吃极了，店家还为客人提供了satya（"瑜伽食物"）。

Beach Hotel Ⅱ 酒店 $$

（☎9400031243，0471-2481937；www.thebeachhotel-kovalam.com；双₹4400，带空调₹5500；❄🛜）酒店位于灯塔海滩的南端，有10个面朝大海的房间。房间都带有阳台和法式推拉窗。装修简单但却很时髦。这里还有一个很棒的露台餐厅Fusion。

Treetops 客栈 $$

（☎9847912398；treetopsofkovalam@yahoo.in；双₹1500；@🛜）这里的地势比海边高出许多，可以越过树顶欣赏灯塔海滩。这家态度友好的客栈是个远离热闹的宁静之处，老板是个侨民。3间客房干净明亮，配备电视，露台上有秋千椅。这里有一个客用厨房，从屋顶能看到美景。这里开设了瑜伽课程。提前打电话可订房问路。

Beach Hotel 客栈 $$

（☎0471-2481937；www.thebeachhotel-kovalam.com；双₹3300；🛜）在Waves Restaurant & German Bakery楼下，位置可以说是好极了！8间极简主义风格的客房都朝大海，装饰色调为赭色，陈设精致，富有艺术感。

Maharaju Palace 客栈 $$

（☎9946854270；www.maharajupalace.com；标单/双 含早餐₹1650/1980起，木屋₹3300/3600，度夏屋₹7150；❄🛜）这里并非"宫殿"（店名意为宫殿），最多不过是个宁静的休憩寓所罢了。这个古怪的地方位于灯塔海滩后面的一条小巷里，老板是荷兰人，比大多数地方都有个性，如实木家具（包括奇特的四柱床）和花园里的独栋木屋。可爱的早餐露台上悬挂着枝形吊灯。

值得一游

帕德马纳巴普拉姆宫（PADMANABHAPURAM PALACE）

位于戈沃勒姆东南方向大约60公里处，离泰米尔纳德邦的交界线很近，帕德马纳巴普拉姆宫（见1086页）被认为是现存传统喀拉拉邦建筑中最精美的范例。可以从戈沃勒姆或者根尼亚古马里乘坐长途汽车或出租车前往，途中会经过Thuckalay。从戈沃勒姆乘坐出租车的往返费用是₹2000，含等待时间。

Wilson Ayurvedic Resort　　　　酒店 $$

（☏9847363831; Lighthouse Beach; 双₹1500，带空调₹2500; ※@🅟🅢）酒店就在灯塔海滩后面，有设施简单且维护良好的房间，环绕着一个绿树成荫的游泳池。这里有一种郁郁葱葱的度假村的氛围，并提供印度草药疗法。

Leela　　　　酒店 $$$

（☏2480101; www.theleela.com; 双₹18,000起，套₹66,000起; ※@🅟🅢）这家豪华酒店坐落在风之海滩北侧的海岬上。你会在这里找到3个游泳池、一个印度草药医疗中心、一个健身房、两个"私人海滩"和几间餐厅，此外还有其他设施。房间宽敞，洋溢着复古气息，织物颜色鲜艳，并有各种喀拉拉风格的艺术陈设。

Vivanta By Taj Green Cove　　　　酒店 $$$

（☏0471-6613000; vivanta.tajhotels.com; Samudra Beach; 双₹17,500起，套₹28,000起; ※@🅟🅢）这个印度豪华连锁酒店设在戈沃勒姆的分店坐落在庞大的绿色院子里，直接通向苏木都刺海滩僻静的一段。这里覆盖着茅草的独立小屋装修得简单而有品位，部分小屋带有独立花园，其他房间有很棒的海景。这里有几家餐厅和常见的高端设施。

🍴 餐饮

灯塔海滩是许多餐厅集中分布的地带，有很多吃海鲜的地方。北边的苏木都刺海滩比较安静，但也有几个值得探寻的餐厅。要是想为浪漫的一餐多花点钱，Leela和Vivanta by Taj Green Cove的餐厅都很贵，但品质是顶级的。

每天晚上，灯塔海滩步行大道边上的十来家餐馆会摆出当天捕获的海鲜。你只需挑一条鱼或者一只龙虾、讲价并选择做法就可以了。市场价格变化很大并取决于当日渔获，不过在调研期间，价格大约为每块鱼排₹400，黑虎虾每斤₹900，龙虾每公斤₹3500。

★ Varsha Restaurant　　　　南印度菜 $

（菜肴₹100~200; ⊘8:00~22:00; 🅢）这家小小的餐厅就在灯塔海滩的后面，供应戈沃勒姆最棒的一些素食菜肴。菜肴新鲜，并且是精心烹制的。尤其是个享用早餐和午餐的好地方。

Suprabhatham　　　　喀拉拉邦菜 $

（餐₹90~250; ⊘7:00~23:00; 🅢）从灯塔海滩往回走不远就会来到这家小小的素食餐馆，看起来并不起眼，但是在朴素的环境里供应美味且不贵的喀拉拉邦风味菜肴、素食塔利套餐和新鲜果汁。

Waves Restaurant & German Bakery　　　　多元风味 $$

（Beach Hotel; 主菜₹220~550; ⊘7:30~23:00; 🅢）深橙色的大阳台、柔和的背景音乐和厚厚的菜单，这家餐馆总是有许多外国客人。早餐时段变身德国面包坊，供应新鲜面包、羊角面包、馅饼和美味咖啡。晚餐以泰式咖喱、德国香肠、比萨和海鲜为主。有一个附属的小书店。无线网络要收费（这很不常见），每小时₹30。

Fusion　　　　多元风味 $$

（主菜₹200~450; ⊘7:30~22:30; 🅢）它是Beach Hotel II的露台餐厅，也是灯塔海滩上餐饮体验比较好的餐厅之一。菜肴结合了东西方的口味，包括欧洲大陆和亚洲风味，还有伏特加蒸龙虾等有趣的海鲜菜。还供应法国烘焙咖啡和草药茶。

Malabar Cafe　　　　印度菜 $$

（主菜₹100~450; ⊘8:00~23:00; 🅢）只要看到繁忙的餐桌就知道生意火爆到什么程度了。晚上就着烛光，你的视线可以穿过盆栽植物一直望见海浪。这里供应美味的食物，包括每晚摆出来的新鲜海鲜，服务优良。

Beatles Cafe
多元风味 $$

(Lighthouse Beach; 主菜 ₹100~400; ⊙8:00~23:00; 🛜)坐落在海滨漫步大道上的这家漂亮的小咖啡馆已经经营很长时间了,是个吃早餐或汉堡的好地方,不过菜单上的菜品选择丰富多样,从比萨到momos(藏式饺子)和南印度咖喱都有。

Curry Leaf
多元风味 $$

(Samudra Beach; 主菜 ₹100~380; ⊙8:00~20:30)坐落在俯瞰苏木都刺海滩的一个小山顶上,在这个两层楼的餐厅可以观赏令人艳羡的海景和日落景色,员工态度殷勤,菜肴种类多样,从新鲜的海鲜和泥炉菜到大陆风味都有。需要从海滩沿着小道走一小段路或者爬山上去,但不拥挤的位置也是其魅力的一部分。

★ Bait
海鲜 $$$

(Vivanta by Taj Green Cove; 主菜 ₹300~800; ⊙12:30~15:00和18:00~22:30)Vivanta By Taj Green Cove(见954页)的这家海鲜餐厅正对着苏木都刺海滩,从酒店那里过来只需要坐一小段高尔夫小篷车。它被设计成了高端户外海滩棚屋餐厅,坐在这里,一侧是美丽的海浪,另一侧是在开放式厨房里忙碌的厨师;海鲜和预先做好的辣味菜都是顶级的。

❶ 实用信息

从灯塔海滩往山上走大概500米就有HDFC和Axis Bank的自动柜员机。戈沃勒姆交叉口(Kovalam Junction)有联邦银行(Federal Bank)和印度工业信贷投资银行(ICICI)的自动柜员机。

旅游服务中心(Tourist Facilitation Centre; ☏0471-2480085; Kovalam Beach Rd; ⊙周一至周六 9:30~17:00)这里的办事处可以为游客提供很多帮助,位于汽车站附近的Leela Hotel酒店的正门内。

Upasana Hospital(☏0471-2480632)有说英语的医生,能处理小伤小病。

❶ 到达和离开

长途汽车

Leela酒店门外的主路边有个非正式的汽车站,车辆都在那里发车或停靠。所有的车辆都经

阿育吠陀度假村

在戈沃勒姆和波瓦尔(Poovar; 东南方向16公里)之间,置身于看似无穷无尽的棕榈林、慵懒的乡村生活和空荡荡的金沙海滩之中的是一系列高端阿育吠陀度假村,如果你真的想沉浸在阿育吠陀的养生体验中,这些度假村都是值得一看的。它们全都位于戈沃勒姆东南方向6公里至10公里处。从戈沃勒姆乘坐出租车前往的费用是₹250~450。

Dr Franklin's Panchakarma Institute(☏0471-2480870; www.dr-franklin.com; Chowara; 标单/双 木屋 €25/33,房间 €30/40起,带空调 €45/66; @🛜❄)声誉很好,但价格不像其他高级度假村那么贵,对于那些对待阿育吠陀养生体验十分认真的人来说是个可以选择的好去处。含全膳宿和每天一次养生服务的套餐价格为每天75欧元。客房整洁舒适,但不是度假村那种风格的。

Niraamaya Surya Samudra(☏8589982204, 0471-2229400; www.niraamaya.in; Pulinkudi; 房间 含早餐 ₹16,800~30,000; ❄🛜⛱)Surya Samudra有着美妙的幽静氛围。拥有22栋转移至此的传统喀拉拉邦民宅,每栋房子都被棕榈林包围,并能看到波光粼粼的海景,配备了四柱床和露天浴室。无边际泳池是用一整块花岗岩雕刻出来的。还有著名的水疗馆Niraamaya Spa、阿育吠陀养生服务、健身房和户外瑜伽练习平台。

Bethsaida Hermitage(☏0471-2267554; www.bethsaidahermitage.com; Pulinkudi; 标单/双 含餐 ₹1760/5500,带空调 ₹4000/6050; ❄🛜⛱)这个度假村与众不同,它本身还是个慈善组织,帮助附近的两个孤儿院和其他几个公益机构。这里也是一个豪华、僻静的海滨休憩之处,有雕塑花园、充满诱惑力的吊床、像高尔夫球场一样平整无瑕的草坪、大量棕榈树,并且还开设了专业的阿育吠陀养生护理和瑜伽课程。

过灯塔海滩以北约1.5公里处的戈沃勒姆交叉口（Kovalam Junction）。在7:00至20:00之间，连接戈沃勒姆和特里凡得琅的长途汽车每20分钟发一班（₹17；30分钟）。

向着北方旅行的最简单的方式是乘坐任何一辆前往特里凡得琅的长途汽车，然后在那里换车，不过有一辆长途汽车在15:30开往沃尔格莱（₹120，2.5小时）。

有两班长途汽车分别在9:30和17:30开往根尼亚古马里（₹100，2.5小时）。

摩托车

K Tours & Travel（☎9847259507；每天 小摩托/恩菲尔德摩托 ₹400/600起；◐9:00~17:00）位于风之海滩上面一点的Devi Garden Restaurant隔壁，出租小摩托和恩菲尔德（Enfield）牌摩托车。

出租车和机动三轮车

乘坐出租车往来于特里凡得琅和戈沃勒姆的海滩之间大约需要花费₹500；乘机动三轮车需要花费₹350。乘坐公共汽车从汽车站到灯塔海滩北端的车费为₹50左右。

主要的机动三轮车和出租车站点都位于风之海滩。

沃尔格莱（Varkala）

☎0470 / 人口 42,300

沃尔格莱的北悬崖（North Cliff）部分惊险地盘踞在15米高的砖红色峭壁上，这里有着美丽的自然环境，是喀拉拉邦最热门的背包客旅游景点。沃尔格莱的峭壁边缘有一小片沙滩，沙滩上有播放世界音乐的餐馆以及出售T恤衫、口袋裤和银饰的小摊。这里的旅游商业气息很浓厚，推销商品的言辞让人感到有些疲倦，不过沃尔格莱的生活节奏还是十分缓慢的，你可以眼睁睁地看着时间流逝，而如果你想避开拥挤的人群，只要往北边或南边多走一些就可以了，那里的沙滩更干净也更安静。

虽然背包客很多，但沃尔格莱本质上是一个寺庙小镇。最大的海滩帕帕纳沙姆海滩（Papanasham Beach）是一个圣地，印度教徒来这里为逝去的亲人献上祭品——做法事的僧侣在Hindustan Hotel楼下开了一家商店。从这里往东大约2公里，就到了繁忙的小镇沃尔格莱。

◉ 景点

从北部悬崖绵延起伏的小路延伸7公里后抵达卡皮尔海滩（Kappil Beach），沿途是一片有微妙变化的海滩风景，很适合拍照，包括欧达亚姆海滩（Odayam Beach）和Edava渔村。在早上走这段路最合适不过了。

加纳德哈纳神庙
（Janardhana Temple） 印度教神庙

沃尔格莱是一个寺庙小镇，而加纳德哈

值 得 一 游

波瓦尔和喀拉拉邦最南端的回水水域

波瓦尔位于戈沃勒姆东南方向16公里处，几乎在泰米尔纳德邦的边境上，它是一道门户，从这里可以前往众多海滩、河口、村庄和高端度假村，这片区域构成了喀拉拉邦最南端的"迷你回水水域"。

奈亚河（Neyyar River）或回水水道沿岸的许多"游船俱乐部"和旅行社可以让你参加1.5~2小时的巡游，穿越这些水道并造访海滩、鸟类丰富的红树林沼泽以及被森林覆盖的波瓦尔岛（Poovar Island），每艘船的收费是₹1500~2500（旺季之外的时候可以讲价）。戈沃勒姆的旅行社也组织团队游。

Poovar Island Resort（☎0471-2212068, 9895799044；www.poovarislandresorts.com；双 村舍 ₹11,400起，漂浮村舍 ₹16,800；❄☎🏊）只能乘船前往，浪漫的"漂浮"村舍很受欢迎，不过大部分房间在陆地上，是喀拉拉邦风格的建筑。

当地公共汽车从戈沃勒姆交叉口（Kovalam Junction）向南开往波瓦尔，然后你需要从那里搭乘机动三轮车前往回水水域。乘坐出租车/机动三轮车从戈沃勒姆前往波瓦尔的费用是₹1000/800，也可以租一辆小型摩托车前往。

Varkala 沃尔格莱

Varkala 沃尔格莱

◎ 景点
1. 加纳德哈纳神庙................................C3
2. 沃尔格莱水族馆...............................A1

✈ 活动、课程和团队游
3. Can Fly B2
   Cooking Class ....(见11)
   Eden Garden ....(见6)
4. Haridas Yoga B2
5. Soul & Surf C3

🛏 住宿
6. Eden Garden C3
7. Gateway Hotel Janardhanapuram.....C3
8. InDa Hotel B2
9. Jicky's B2
10. Kaiya House C2
11. Kerala Bamboo House A2
12. Omsam Guesthouse C3
13. Villa Jacaranda C3
14. Wake Up Vedanta Varkala B2

🍴 就餐
15. Café del Mar B2
16. Coffee Temple B2
17. God's Own Country Kitchen B2
18. Juice Shack A2
19. Oottupura Vegetarian Restaurant B2
20. Sreepadman C3
21. Trattorias A1
22. Wait n Watch C3

ℹ 交通
23. 机动三轮车站点 C3

纳神庙则是城中最大的寺庙。在沙滩路（Beach Rd）上漫步，映入你眼帘的是一派颜色鲜艳的印度教风情的景象。非印度教徒不得入内，但或许你可以在神庙院子里转转，那里有一棵巨大的菩提树，还有供奉阿雅潘（Ayyappan）、哈奴曼（印度神话中的猴神）和其他印度教神明的神龛。

Sivagiri Mutt
静修地

（☎0470-2602807；www.sivagirimutt.org）Sivagiri Mutt是Shri Narayana Dharma Sanghom Trust的总部所在地，该修行所是为喀拉拉邦最负盛名的古鲁Shri Narayana Guru（1855~1928年）所建的。朝圣者很多，修行所内的大师很愿意跟游客交谈。

沃尔格莱水族馆 水族馆

（Varkala Aquarium；成人/儿童 ₹30/15，拍照 ₹10；◎10:00~19:00）沃尔格莱的新水族馆位于黑海滩（Black Beach）和欧达亚姆海滩之间，从一条螺旋形步道上能够观赏一个个庞大的鱼缸，里面有许多奇特的物种，包括水虎鱼（piranha）、海蛇、蝎子鱼（scorpion fish）和当地特产的一种丽鱼科淡水鱼karimeen。这里的景观值得你暂时离开沙滩前去一探究竟。

卡皮尔海滩（Kappil Beach） 海滩

沿着公路从沃尔格莱向北走9公里，就来到了卡皮尔海滩，这里是一处美丽且未被开发的沙滩。它也是通往一个小型回水水域的起点。

Ponnumthuruthu（Golden）Island 岛屿

（乘船游 2/3/4人 ₹500/600/700，上岛费用每人 ₹50）这座岛屿位于沃尔格莱以南约10公里处，坐落在一个回水湖泊的中央，是印度教寺庙Shiva-Parvati（又称Golden Temple）的所在地。寺庙不向非印度教徒开放，不过来到这里的主要理由是乘坐方头平底船欣赏岛上和周围美丽的风景。从沃尔格莱乘坐机动三轮车来到这里的费用约为₹500，含等待时间。

🏃 活动

当地的几家客栈都开设了瑜伽课程（每节课 ₹300~400），还出租布吉冲浪板（Boogie boards；₹100）；小心猛烈的海浪。北侧峭壁上的许多度假村和酒店提供阿育吠陀养生护理和按摩服务。

Eden Garden 按摩

（☏0470-2603910；www.edengarden.in；按摩 ₹1000~3000）提供高级阿育吠陀养生服务，包括单次治疗和组合套餐。

Soul & Surf 冲浪、瑜伽

（☏9895580106；www.soulandsurf.com；South Cliff；冲浪课程 ₹2300，冲浪向导 ₹1150，冲浪板租赁 半天/全天 ₹850/1600；◎10月至次年5月）这家英国户外运动公司组织冲浪游并提供瑜伽课程，位于南悬崖（South Cliff），提供住宿，还有一个花园餐厅。它还提供1.5小时的冲浪课程和冲浪板租赁。如果你已经会冲浪，而且刚好这里还有空余名额的话，就参加它组织的常规冲浪游吧（₹1150）。

Can Fly 滑翔伞

（☏9048795781；canflyindia@gmail.com；20分钟飞行 ₹3500）从北悬崖停车场出发的双人滑翔伞，其滑翔情况取决于风况。老板是法国人，还组织桨板冲浪团队游，有一个经济型客栈，名叫Pooja House。

Haridas Yoga 瑜伽

（☏9846374231；www.pranayogavidya.com；Hotel Green Palace；课程 ₹300；◎8月至次年5月 8:00和16:30）推荐由经验丰富的教师传授的哈他瑜伽课，每次1.5小时。

🛏 住宿

大多数酒店集中在北侧峭壁沿线和后面的区域，那里也是背包客聚集的地方，南侧峭壁那里也有几家不错的酒店。欧达亚姆海滩的开发程度较低，是个安静的去处。

由于通往峭壁的小路四通八达，乘出租车或机动三轮车可以前往所有的住处，但在这里胡乱收费的行为十分猖獗——确保司机把你拉到的是你想去的酒店。

★ Jicky's 客栈 $

（☏9846179325, 0470-2606994；www.jickys.com；标单 ₹600，双 ₹800~1500，空调木屋 ₹2500~3000；❄️🛜）客栈位于峭壁和出租车站后面的棕榈林里，老板一家人一如既往地热情友好，客房楼有好几栋，为旅行者提供不同的选择。粉刷得雪白的主楼内有干净清爽的客房，旁边是两栋八角形的双人木屋，此外也有几个面积较大的空调房间。淡季有大幅折扣。

Wake Up Vedanta Varkala 青年旅舍 $

（☏0470-2051341；www.vedantawakeup.com；North Cliff；铺/双 ₹600/1500，小屋 ₹1500 ❄️🛜）这座大房子坐落在前往直升机停机坪的马路上，有一尘不染的空调六人间宿舍、性价比不错的独立房间和整洁的竹子小屋。对背包客来说，这是个很好的选择。

★ Kaiya House 客栈 $$

（☏9746126909, 9995187913；www.kaiyahouse.com；双 含早餐 ₹2750，双 带空调 ₹3300；❄️🛜）这家客栈的位置在沃尔格莱不算典型，

但是很有魅力,主人会热情地欢迎你,气氛非常令人放松。客栈里共有5间客房,每间都精心摆放着家具,而且主题各异(非洲、印度、中国、日本和英国),有四柱床,还摆设着艺术品。可爱的屋顶露台和侨民老板Debra用茶、旅游建议和免费的徒步游览欢迎你。步行10分钟可达峭壁顶端。

Eden Garden 度假村 $$

(☎0470-2603910; www.edengarden.in; 木屋 ₹1200~2000, 豪华木屋 ₹5500; 🛜) 我们推荐这家能俯瞰美丽稻田的阿育吠陀养生度假村,从主海滩往回走不远即可到达。房间环绕着一个茂盛的百合池塘而建,客房里有高高的木质天花板和迷人的家具。这里还有竹子木屋和植物形状(像白色蘑菇)的豪华木屋。木屋内被粉刷成艳丽的颜色,有圆形大床和镶嵌细瓷砖的圆形浴缸。这里还有食宿全包的阿育吠陀养生套餐(3天至30天,任君选择)。

InDa Hotel 客栈 $$

(☎7025029861; North Cliff; 标单/双 含早餐 ₹1900/2400; 🛜) 藏身于北悬崖众多餐馆的后面, InDa Hotel是一家态度友好且受到高度评价的酒店,房间非常干净,郁郁葱葱的花园里还有独立木屋。宁静的咖啡馆是一大福利,供应卷饼和素食沙拉等健康小吃。

Kerala Bamboo House 度假村 $$

(☎9895270993; www.keralabamboohouse.com; 木屋 双 ₹2000, 房间 带空调 ₹3000; ❄🛜) 要想住简单的竹棚,就来这家有数十栋巴厘岛风格木屋的度假村吧,它坐落在整洁的花园里,位于北悬崖步行路线大约中央的位置。提供阿育吠陀养生、瑜伽和**烹饪课程** (☎9895270993; www.keralabamboohouse.com; Kerala Bamboo House; 每人 ₹1500; ⏰11月至次年3月 8:00~20:00)。

Palm Tree Heritage 度假村 $$

(☎9946055036; www.palmtreeheritage.com; Odayam Beach; 双 ₹3350起, 带空调 ₹4500~8000, 套 ₹9000起; ❄🛜) 坐落在一个可爱的花园里,距离宁静的欧达亚姆海滩只有几步之遥, Palm Tree Heritage在主要面向背包客的沃尔格莱住宿业中是一个别样的存在。多种多样的房间都装修得非常整洁,从餐厅里面到户外的沙滩上都摆放着桌椅。

Omsam Guesthouse 客栈 $$

(☎0470-2604455; www.omsamguesthome.com; South Cliff; 双 ₹2500~2900, 双 带空调 ₹4200; ❄🛜) 这个美丽的喀拉拉风格客栈里有7个宜人的房间,房间里有实木装饰和家具。位置很好,就在主海滩南边。

Maadathil Cottages 客栈 $$

(☎9746113495; www.maadathilcottages.com; Odayam Beach; 双 含早餐 不带/带空调 ₹4000/5000; ❄🛜) 这里的10个海滨小屋是按照传统喀拉拉风格设计的,有古董家具和大床。所有房间内部有宽阔的海景阳台,部分房间俯瞰着一个大大的睡莲池塘。客栈坐落在宁静的欧达亚姆海滩上,位置极佳。

Villa Jacaranda 客栈 $$$

(☎0470-2610296; www.villa-jacaranda.biz; Temple Rd West; 双 含早餐 ₹6850~9600; ❄🛜) 这是一家低调而又浪漫的休憩之处,位于南部海滩的后面。两层的客房楼内有4个宽敞明亮的客房,每个房间都有一个阳台;室内的装饰融合了现代极简主义风格与复古风格,十分时尚。二楼房间非常棒,客人可以登上屋顶花园看海景。

Gateway Hotel Janardhanapuram 酒店 $$$

(☎0470-6673300; www.thegatewayhotels.com; 双 含早餐 ₹9600起; ❄@🛜) 这是沃尔格莱最时髦的酒店,也是Taj酒店集团的分店。宽敞的房间俯瞰着花园,亚麻床品闪闪发亮,衬着咖啡色的垫子更显高档奢华。较贵的房间里可观赏海景,还有私人阳台。有一个带酒吧的迷人泳池、一个网球场和口碑极佳的GAD餐厅。

🍴 就餐

沃尔格莱的大多数餐馆都向旅行者提供差不多的菜单:各种印度、中国和西式食物,但是现在峭壁边上的一些"棚屋"是令人刮目相看的多层建筑,而且大多可提供Wi-Fi和浓缩咖啡。你可以去沃尔格莱夜市看看,在那里肯定能找到爱吃的食物。

Coffee Temple 咖啡馆 $

(咖啡 ₹80~110, 主菜 ₹80~350; ⏰6:00~

20:00；🌐）这个地方位于北悬崖步行小道的起点，是喝晨间咖啡的最好的地方。这里的咖啡豆是现磨的，还供应用报纸包裹的新鲜面包。菜单上还有可丽饼、法棍面包，以及墨西哥玉米煎饼（burrito）、肉卷（fajita）和玉米卷饼（taco）。

Sreepadman
南印度菜 $

（塔利套餐 ₹80；⊙5:00~22:00）如果想寻找地道而又便宜的喀拉拉风味食物——如薄饼和塔利套餐，你可以来到这家位于 Janardhana Temple 对面、俯瞰着巨大沐浴水槽的小餐馆，这里的食客主要是本地的机动三轮车司机和朝圣者而非游客。

Juice Shack
多元风味 $

（果汁 ₹80起，主菜 ₹80~300；⊙7:00~23:30；🌐）Juice Shack 已经搬到了不那么像棚屋的新店（从前的旧址烧毁了），仍然制作很棒的健康果汁、奶昔，如今还有一张种类齐全的菜单，包括优秀的早餐之选。

Oottupura Vegetarian Restaurant
南印度菜 $

（主菜 ₹40~180；⊙7:00~22:00）这家经济型餐馆在出租车站附近，提供各种便宜的素菜，包括早餐的 puttu（加奶、香蕉和蜂蜜的面饼）和一套美味的塔利套餐（₹100）。

God's Own Country Kitchen
多元风味 $$

（North Cliff；主菜 ₹100~500；⊙7:00~23:00；🌐）这个有趣的地方其实并不需要在名字里加入喀拉拉邦旅游局的宣传口号——食物美味，有一个很棒的楼上小露台，在旺季，有时夜晚还有现场音乐演出。

Trattorias
多元风味 $$

（正餐 ₹100~400；⊙8:30~23:00）这个名字听上去就充满了意大利的味道，并且有多种意大利面和比萨，不过菜单上也有同样多的泛亚和印度风味菜肴，食物的品质良好并保持着稳定。这家餐馆是本地最先引进意大利咖啡机的餐馆之一，柳条椅和面朝大海的露台很惬意。

Café del Mar
多元风味 $$

（正餐 ₹100~420；⊙7:00~23:00；🌐）它并不如它的一些邻居那样有个大阳台，但得益于高效的服务、体面的咖啡和持续良好的食物，Café del Mar 常常都是一派繁忙客满的景象。

阿育吠陀

ayurveda 一词源自梵文，由 ayu（生命）和 veda（知识）这两个词组成，意即"生命的知识或科学"。有关阿育吠陀疗法的记载最初出现在两千多年前的《吠陀》（*Vedas*）中，但在实际生活中的应用还要再提前几百年。

阿育吠陀认为世界有内在的秩序和平衡。它认为，我们身体中有3种 doshas（元素）：vata（风或空气）、pitta（火）和 kapha（水/土），3种元素合称为 triodoshas。任何一种元素不足或过量就会导致疾病：风/空气元素过量会导致眩晕和衰弱，火元素过量会导致发烧、发炎和感染，水/土元素过量会导致水肿。

阿育吠陀疗法的目的是恢复平衡，并保持健康的机体状态。疗法主要有两种：内部净化（panchakarma）和草药按摩。内部净化用于治疗严重的症状，是一种密集型清毒疗法，结合5种不同的治疗手段来祛除身体内积存的毒素。这5种治疗手段包括：vaman（呕吐疗法）、virechan（排泄）、vasti（灌肠）、nasya（通过鼻子祛除毒素）和 raktamokasha（净化血液）。内部净化疗法开始之前，身体要先准备几天：吃特定的饮食，接受推油按摩（snehana）和草药蒸汽浴（swedana）。虽然听起来很烦琐，但内部净化治疗的5种治疗手段并不会全都用到，放血和（水蛭）吸血仅在个别案例中才会见到。但是，这种治疗绝非按摩那么惬意。治疗中使用的草药在喀拉拉邦潮湿的气候中生长得很快，雨季被认为是治疗的最佳时机，因为空气中灰尘不多，人体的毛孔张开，最适宜治疗。每个村子里都有自己的印度草药药房。

Wait n Watch
印度菜 $$

(Hindustan Beach Retreat；主菜 ₹120~280；⏲11:00~22:30；📶）这家丑陋的海滨酒店的顶层是餐厅和酒吧，印度风味食物和海鲜很好吃，但能俯瞰海滩的露台（只有几张餐桌）才是吸引你乘坐电梯来到楼顶的主要理由。游泳池旁边还有一个室外餐厅。

ⓘ 实用信息

位于寺庙交叉口（Temple Junction）的一台**自动柜员机**（⏲24小时）支持Visa卡；沃尔格莱镇上还有更多的自动柜员机和银行。

危险和麻烦

沃尔格莱的海滩浪头很大，就连有经验的游泳者都能被海浪卷走。在雨季期间，海滩全部会被海水淹没，悬崖本身也会因海水腐蚀而发生松动现象。在悬崖小径上散步要当心，尤其是在夜晚，有些小路没有围栏而且某些路段地面很滑。

如果女性在沃尔格莱的主海滩穿比基尼或泳装，当地人的眼光会让她们感到不自在。出水后套件纱笼可以避免招来敏感的眼光。如果要进入沃尔格莱镇，就穿得保守些。

ⓘ 到达和离开

开往特里凡得琅（2等座/卧铺/空调卧铺3类₹45/140/490；1小时）和奎隆（₹45/140/490；40分钟）的本地火车和快车班次很多，每天还有7班车开往阿勒皮（₹95/140/490，2小时）。

沃尔格莱紧邻公路，主汽车站位于沃尔格莱镇中心；有班次频繁的长途汽车开往特里凡得琅，开往奎隆的长途汽车是每天7班。如果你可以算好时间，每天有3班长途汽车在开往特里凡得琅（₹45；1.5~2小时）的途中经过寺庙交叉口，其中有一班会开往奎隆（₹45；1小时）。

如果你选择乘坐出租车或机动三轮车前往奎隆（₹600）、特里凡得琅或戈沃勒姆（都是₹1300），可以让司机走风景优美的海滨道路而不是公路。

ⓘ 当地交通

火车站与沃尔格莱海滩相距大约3公里，乘机动三轮车去寺庙交叉口大约要花费₹80，到北悬崖（North Cliff）则需₹100。出租车和机动三轮车在北悬崖的直升机停机坪拉客，Janardhana Temple附近还有一个站点。本地公共汽车定点发车，往来于火车站和寺庙交叉口（₹8）之间。

峭壁沿线有许多租车公司出租小型摩托车和普通摩托车，日租金分别为₹350和₹450。

奎隆（Quilon）

📞0474 / 人口 349,000

奎隆是通往喀拉拉邦回水湖区的南部门户，也是去往阿勒皮的备受欢迎的回水水域渡轮游的起点之一。作为阿拉伯海最古老的港口之一，奎隆曾经是个重要的贸易枢纽，罗马、阿拉伯、中国以及后来的葡萄牙、荷兰和英国商人都曾在此做香料和腰果生意。城中心有点喧闹，但郊区很安静，有阿许塔穆迪湖（Ashtamudi Lake）、椰树林、腰果种植园和传统村庄，是既能避开人群、又能感受回水湖区风情的好地方。

ⓞ 景点

奎隆海滩（Kollam Beach）以北有个热闹的鱼市场和港口，顾客和渔民就当天捕获的新鲜水产讨价还价。奎隆的海滩在城南2公里处，但是在更南边的Eravipuram和Mayyanad还有沙子更好的海滩。港口的北端有一座灯塔——**Thangassery Lighthouse**（₹10，电梯 印度人/外国人 ₹20/50；⏲周二至周日 10:00~13:00和14:00~18:00）。

✈ 活动

★ Munroe Island Cruise
乘船游

（Canal Cruise；www.dtpckollam.com；团队游 每人 ₹500；⏲9:00~13:30和14:00~18:30）参加包括Ashtamudi Villas和Munroe Island Backwaters Homestay在内的许多私营旅行社组织的团队游，穿过Munroe Island岛（见962页）周围的水道。旅程开始于奎隆以北大约15公里的地方，你在那里坐上平底独木舟，开始悠闲的3小时乘船游，穿过一系列水道。

在水道上航行的时候，你可以观察小村庄的日常生活，看人们如何组装kettuvallam（装大米的驳船）、制作棕榈树啤酒和椰壳纤维、养虾和养鱼，经过香料种植园时还能观鸟。

Houseboat Cruises
乘船游

（www.dtpckollam.com；过夜巡游 ₹9200，

Kollam (Quilon) 奎隆

Kollam (Quilon) 奎隆

住宿
1. Hotel Sudarsan B2
2. Nani Hotel C3

就餐
3. 8 Point Art Cafe B1
   Prasadam .... (见2)
4. Wok & Grill A2

奎隆至阿勒皮巡游 ₹20,000~28,000)与阿勒皮相比,奎隆的船屋很少,也就是说,奎隆的游客也很少。DTPC组织各种船屋巡游套餐服务,还有两个私营旅行社在码头设有办事处,也可提供奎隆至阿勒皮之旅。

Santhigiri Ayurveda Centre 阿育吠陀

(☎9287242407, 0474-2763014; www.santhigiriashram.com; Asramam Rd, Kadappakada; 按摩 ₹1200起)这家阿育吠陀养生中心的气氛比较正统严肃,反而不像水疗馆。7~21天的养生优惠套餐很受欢迎。

节日和活动

奎隆地区有许多节日和赛舟会——从11月到次年3月,该地区几乎每天都会有某个地方举办寺庙节日庆祝活动。

Kottamkulangara Chamaya Vilakku 宗教节日

(◐3月/4月)这个不同寻常的节日是在奎隆以北15公里的Chavara举办的,当地男子届时会穿上女装,提着灯笼去这座寺庙。

奎隆普兰节 文化节

(Kollam Pooram; Asraman Shri Krishna Swami Temple, 奎隆; ◐4月)为期10天,除了通宵的卡塔卡利舞庆祝活动,还有由40只装饰得花团锦簇的大象组成的游行活动。

总统杯蛇舟赛 体育节

(President's Trophy Boat Race; ◐11月1日)这一蛇舟赛在阿许塔穆迪湖上开赛,是奎隆地区最大、最负盛名的赛舟会。

住宿

Munroe Island Backwaters Homestay 家庭寄宿 $

(☎9048176186; Chittamula Rd, Munroe Island; 双 含早餐 ₹1200; ✱)三个色彩鲜艳的喀拉拉风格小屋藏身于奎隆以北的Munroe

Island岛的回水水域，很受那些想要沉浸在村庄体验中的旅行者的青睐。Vijeesh和他友好的家人还经营回水水域的独木舟团队游（每人₹450）。

Hotel Sudarsan　　　　　　商务酒店 $

(☎0474-2744322；www.hotelsudarsan.com；Hospital Rd；双₹950，带空调₹1900起，套₹3500；❄@🛜)位置很好，在游船码头附近，性价比非常高。房间围绕着一个中央庭院，酒店里还有餐厅Kedar Restaurant和啤酒酒吧Golden Tavern。套房尤其宽敞。

★ Ashtamudi Villas　　　　　　客栈 $$

(☎9847132449，0474-2706090；www.ashtamudivillas.com；近Kadavoor Church, Mathilil；双/四₹1500/2500；🛜)这些迷人的小屋就在湖边，如果想在奎隆寻找悠闲而又不贵的住所，这里便是最好的选择。主人Prabhath Joseph会热情地欢迎你的到来。客房经过精心设计，装饰颜色鲜明，卫生间洁净，湖边的棕榈树之间还有吊床。附设一个小书室，有介绍喀拉拉邦的书。免费提供皮划艇，还可以在这里组织前往Munroe Island的独木舟团队游。

只能通过公路或坐船到达该客栈——建议提前致电问路。

Nani Hotel　　　　　　酒店 $$

(☎0474-2751141；www.hotelnani.com；Chinnakkada Rd；双 含早餐₹1460，带空调₹2250~3650，套₹7800；❄@🛜)这家精品商务酒店位于奎隆混乱的市中心，性价比很高，令人眼前一亮。酒店由一位做腰果生意的商业大亨所建，精心设计的建筑既有喀拉拉传统元素，看起来又很时髦。就连比较便宜的房间内也配备了平板电视、羽毛枕头和华丽的卫生间。

🍴 就餐

★ 8 Point Art Cafe　　　　　　咖啡馆 $

(☎0474-2970256；主菜 ₹70~190；⏰11:30~21:00)位于阿许塔穆迪湖比较有意思的那一侧，这家很棒的咖啡馆位于一栋经过重建的古老建筑内，一半是当地画廊，一半是时髦的休闲场所，有不断变化的免费展览、优质咖啡、汤、意大利面和一个小图书馆。

Wok & Grill　　　　　　亚洲菜 $$

(☎0474-2753400；High School Junction Rd；主菜₹185~290；⏰正午至22:30)这个现代、干净的餐厅结合了印度、中国、泰国、阿拉伯和切提纳度风味，供应一些美味的肉类菜肴。可以选择宫保鸡丁、绿咖喱、姜蒜对虾和土耳其烤肉卷。

Prasadam　　　　　　多元风味 $$

(☎0474-2751141；Chinnakkada Rd, Nani Hotel；主菜₹160~280，午餐塔利套餐₹160；⏰正午至14:30和19:00~22:00)这家餐厅属于Nani Hotel，看起来有点儿像正餐馆，摆放在店里的精美铜雕讲述着奎隆的悠久历史，凳子摆放得很密集。食物包括喀拉拉邦风味美食、泥炉菜和中餐。午餐时段的美味塔利套餐很实惠。

ℹ️ 实用信息

DTPC信息中心(☎0474-2745625；www.dtpckollam.com；⏰8:00~19:00)提供有用的信息，组织回水水域游览和瑜伽课程。位于KSRTC汽车站对面，在船只码头附近。

ℹ️ 到达和离开

船

许多旅行者会乘坐政府经营的水道船只往返阿勒皮(₹400，8小时，10:30)；没有必要预订，但是应该在9:30之前抵达轮渡码头。主码头那里有多班公共渡轮穿过阿许塔穆迪湖前往Guhanandapuram(1小时)。往返费用大约为₹10，短途搭船费用为₹3。

长途汽车

奎隆在特里凡得琅—奎隆—阿勒皮—埃尔纳古勒姆长途汽车的线路上，长途汽车每隔10分钟或20分钟一班，开往特里凡得琅(₹84；2小时)、阿勒皮(₹80；2.5小时)和埃尔纳古勒姆(科钦，标准舱/空调舱 ₹122/225，3.5小时)。有一班长途汽车在5:00开往库木日依(Kumily，₹125，5小时)，还有几班本地公共汽车开往沃尔格莱(₹40，30分钟)，不过要去沃尔格莱的话，乘坐火车是更好的选择。

长途汽车从位于码头附近的**KSRTC汽车站**(☎0474-2752008)发车。

火车

有多班快车开往埃尔纳古勒姆(卧铺/空调

卧铺3类 ₹140/490；3小时；每天20班）并途经阿勒皮（₹140/490，1.5小时），另有经由沃尔格莱（₹140/490；30分钟）开往特里凡得琅（₹140/490；1.5小时，每天21班）的快车。

奎隆周边

克利须那布勒姆王宫博物馆　　博物馆

（Krishnapuram Palace Museum；☏ 0479-2441133；₹10，拍照/录像 ₹25/250；◱ 周二至周日 9:30~16:30）克利须那布勒姆在奎隆和阿勒皮之间。这座经过修复的宫殿坐落在克利须那布勒姆以南2公里处，是喀拉拉宫殿建筑的杰出典范。里面收藏着绘画、古董家具、雕塑和一幅3米高的壁画（描绘的是《摩诃婆罗多》中象群首领Gajendra得到解脱的故事）。

长途汽车（₹27；1小时）每隔几分钟从奎隆出发，开往加扬古勒姆（Kayamkulam）。你可以在寺庙大门附近下车，然后步行2公里到达王宫博物馆。

阿拉普扎（阿勒皮）
[Alappuzha（Alleppey）]

☏ 0477 / 人口 74,200

阿拉普扎（Alappuzha）——大多数人仍然叫它阿勒皮，是喀拉拉邦回水水域的枢纽，这里有蛛网般的水道和超过1000艘的船屋。在喧闹的市中心和长途车站区域闲逛，经过错综复杂的水道，你不得不认同这座城市的绰号——"东方威尼斯"。不过你可以直奔城西的海滩，或是任一方向的回水湖，周围环绕着绿色植物的阿勒皮就会变得优雅起来，在这里，你会发现自己迷失在村庄、平底独木舟、棕榈酒商店和船屋的世界里。坐船沿着河道走，看看油绿的稻田、曲线优美的大米驳船和沿岸村民的日常生活——这将是你在喀拉拉邦最悠闲、最难忘的经历之一。

玛莎·阿姆里塔南达玛伊布道所（MATHA AMRITHANANDAMAYI MISSION）

与环境不甚协调的粉色玛莎·阿姆里塔南达玛伊布道所（Matha Amrithanandamayi Mission；☏ 0476-2897578；www.amritapuri.org；Amrithapuri）是印度为数不多的女性古鲁之一Amrithanandamayi的静修处，非常有名。Amrithanandamayi又被称为Amma（母亲）或"拥抱之母"，因为她在整晚不眠不休的达瞻仪式（darshan）中经常要拥抱数以千计的人。这个修行所每天16:00和17:00组织官方团队游——登录网站或者下载Amma应用程序查看详情。

这是一片巨大的建筑群，永久性"居民"——和尚、尼姑、学生和全家修行的人（印度人和外国人都有）——大约有3500人。修行所提供食物，有阿育吠陀养生活动，每天还有瑜伽、冥想课和达瞻仪式的日程。Amma每年的大部分时间在外旅行，因此只有幸运的人才能被她拥抱（可以在线查询她的行程）。一年当中人最多的时候是Amma的生日（9月27日）前后。

参观者应该穿得保守些，还要遵从严格的规章条例。经过提前安排（在网上注册），你可以住在修行所，房费标准是三人间每人₹250，单人间₹250（含简单的素食三餐）。

由于该修行所位于奎隆和阿勒皮之间的主水道，很多旅行者会在这里下船，住上一两天，然后搭乘另一艘船。或者你也可以穿过水道到达对岸，然后乘三轮车去南边10公里之外的Karunagappally或北边12公里之外的Kayankulam（约₹200）——那两处地点有长途汽车或火车。

如果你并未参加巡游活动，也可以乘坐火车前往Karunagappally或Kayankulam，然后乘坐机动三轮车（约₹200）到达Vallickavu，再从那里过人行桥（或乘平底船过水道）即达。此外，如果你打算逗留数日，还可以通过网络预订修行所的出租车——他们甚至可以去像科钦或特里凡得琅那么远的地方接客人。

◉ 景点

阿勒皮海滩（Alleppey Beach） 海滩

阿勒皮的主海滩位于市中心西约2公里处，依着曲折的海岸线蜿蜒铺展开来。沙滩上没有遮阳篷，因为强烈的暗流，所以这里并不适合游泳，但却是欣赏日落的好地方。沙滩上有几个卖饮料和小吃的摊位，包括一个咖啡馆。

阿勒皮灯塔 灯塔

（Alleppey Lighthouse；印度人/外国人 ₹10/25，拍照/录像 ₹20/25；◎周二至周日 9:00~11:45和14:00~17:30）这座白底细花纹的灯塔距离海滩还有几个街区。这里有一个小博物馆，里面展示着最初的油灯。你可以沿着螺旋形楼梯爬上顶端，以360度的全景视角尽享阿勒皮的苍翠美景。

RKK纪念博物馆 博物馆

（RKK Memorial Museum；☎0477-2242923；www.rkkmuseum.com；NH47，靠近Powerhouse Bridge；印度人/外国人 ₹150/350；◎周二至周日 9:00~17:00）Revi Karuna Karan（RKK）纪念博物馆位于一栋恢宏的建筑中，前面是希腊罗马式的柱子，里面有丰富多样的水晶、瓷器、喀拉拉邦古董、家具、艺术品和（令人遗憾的）象牙，它们都是富商Revi Karuna Karan的个人收藏。他在2003年去世之后，人们为了纪念他而建造了这座博物馆。

✦ 活动

Kerala Kayaking 皮划艇

（☎9846585674，8547487701；www.keralakayaking.com；每人 4/7/10小时 ₹1500/3000/4500）阿勒皮最初的也是最好的皮划艇机构。年轻的向导会带领游客乘皮划艇穿过狭窄的回水河道。皮划艇分单人和双人两种，每个皮划艇都跟着一艘救生船。参加者可以乘坐摩托艇前往出发点。提供历时4个小时的上午和下午皮划艇之旅、7或10小时的一日游，还可以安排村庄多日团队游。

Houseboat Dock 乘船游

（dtpcaly@yahoo.com；◎预付柜台 10:00~17:00）几十艘船屋聚集在这里；很适合在岸边溜达溜达，比较一下几艘船。有一个政府经营的预付款柜台，你可以在那里看到"官方"定价，₹7000起（两人），最高至₹24,000（5卧铺的船）。即使这些价格也会根据需要波动。

Shree Krishna Ayurveda Panchkarma Centre 阿育吠陀

（☎9847119060；www.krishnayurveda.com；3/5/7天疗养 €275/420/590起）要想体验阿育吠陀养生护理，可以尝试1小时的祛皱按摩（₹1200）。但这家店的特色是住宿和瑜伽课优惠套餐（分3晚、5晚和7晚）。两人分担住宿费用的话更便宜。在尼赫鲁杯划船比赛的终点附近。

☞ 团队游

任何客栈、酒店、旅行社或DTPC都能安排前往回水河道的独木舟或船屋游。

克什米尔风格的shikaras（带篷的船）聚集在North Canal沿线，位于前往船屋码头的路上。它们都装有马达，前往水道和回水湖区的旅行收费每小时₹300~400。平底独木舟较慢，但更环保。它们的收费标准是每小时₹250起，大多数路线需要4~5小时的时间，包括拜访村庄、散步和去一个棕榈酒酒吧。

尼赫鲁杯划船比赛期间可能会很难找到好座位，但是如果想找到屋子里最好的座位，可以登录网站www.alleppeysnakeboatrace.com，查看Johnson's Houseboat。

✿ 节日和活动

尼赫鲁杯划船比赛（Nehru Trophy Boat Race） 体育节

（www.nehrutrophy.nic.in；门票 ₹50~2000；◎8月）这一划船比赛是喀拉拉邦最著名、最激烈的赛舟会。届时会有数千人（很多人在船屋上）聚集在阿勒皮的班纳马达湖（Punnamada Lake）上的起点和终点，观看有多达100名桨手的蛇舟奋力冲刺。

⌂ 住宿

即使你不打算登上一艘船屋，阿勒皮也有喀拉拉邦最迷人、性价比最高的几个住宿场所可供选择，其中既有历史悠久的老建筑，也有能看到回水河道景色的家庭经营

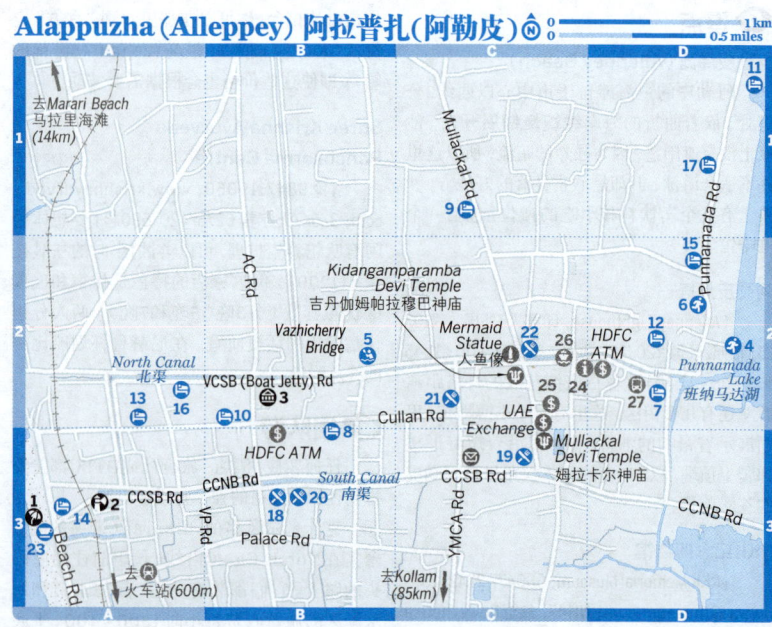

Alappuzha(Alleppey) 阿拉普扎(阿勒皮)

◎ 景点
- **1** 阿勒皮海滩 A3
- **2** 阿勒皮灯塔 A3
- **3** RKK纪念博物馆 B2

◈ 活动、课程和团队游
- **4** Houseboat Dock D2
- **5** Kerala Kayaking B2
- **6** Shree Krishna Ayurveda Panchkarma Centre D2

⌂ 住宿
- **7** Cherukara Nest D2
- **8** Dream Nest B3
- **9** Gowri Residence C1
- **10** Johnson's B2
- **11** Malayalam D1
- **12** Matthews Residency D2
- **13** Nanni Backpackers Hostel A2
- **14** Raheem Residency A3
- **15** Sona Heritage Home D2
- **16** Tharavad A2
- **17** Vedanta Wake Up! D1

⊗ 就餐
- Chakara Restaurant .... (见14)
- **18** Halais B3
- Harbour Restaurant .... (见14)
- **19** Kream Korner Art Cafe C3
- **20** Mushroom B3
- **21** Royale Park Hotel C2
- **22** Thaff C2

◉ 饮品和夜生活
- **23** Le Coffee Time A3

ⓘ 实用信息
- **24** DTPC游客接待中心 C2
- 联邦银行自动柜员机 .... (见21)
- **25** 印度国家银行 C2
- 旅游警察局 .... (见24)

⊕ 交通
- **26** 游船码头 C2
- **27** KSRTC汽车站 D2
- Nanni Tours & Travel .... (见13)

民宿。

拉黑活儿的三轮车夫很多,特别是在火车站和公共汽车站附近。告诉他们你在距离住处最近的地标建筑下车,如果你已经订好了住处,提前打电话说你已经在路上了——有些店会去接你。

Matthews Residency 客栈 $

(☎9447667888, 0477-2235938; www.palmyresidency.com; 紧邻Finishing Point Rd; 房间 ₹450~800; @☎) 阿勒皮比较好的经济型酒店之一，6间一尘不染的房间里铺着意大利大理石地板，其中3间带面朝花园的露台。位于回水河道北侧，往南步行5分钟就能到汽车站。不过客栈离公路还有些距离，周围都是茂密的丛林。

Johnson's 客栈 $

(☎9846466399, 0477-2245825; www.johnsonskerala.com; 双 ₹800~1200, 带空调 ₹1850; ❄@☎) 这家老牌客栈深受背包族喜爱，位于一栋古怪的两层小楼里，经营者是热情的Johnson Gilbert。这是一栋布局不规则的住宅，客房有不同的主题，摆放着奇特的家具和吊篮椅，除了室外浴缸以外，花园里还有露天烧烤和宠物马。Johnson还有一个很棒的"生态船屋"（www.ecohouseboat.com; ₹8000~13,000）——提前订一个观看尼赫鲁杯划船比赛的位子。

Nanni Backpackers Hostel 青年旅舍 $

(☎9895039767; www.nannitours.com; Cullan Rd; 铺/双 ₹250/700) 这个气氛轻松的背包客青旅非常划算，距离海滩只有一小段步行距离，坐落在火车站以北1.5公里的地方。有两个6人间宿舍，楼上还有一些宽敞的独立房间，此外还有一个街头咖啡馆和一个屋顶休息区。年轻的老板Shibu对当地信息了如指掌，还提供小型摩托车出租，而且很努力地让这个地方充满如家般温馨的氛围。

Vedanta Wake Up! 青年旅舍 $

(☎0477-2231132; www.vedantawakeup.com; Punnamada Rd; 铺 ₹400, 双 带空调 ₹1400起; ❄☎) 这家青年旅舍就在船屋码头北边，周边很安静，有干净的空调宿舍、舒适的公共区域、一个咖啡馆和常见的额外设施如带锁的柜子和无线网络。这是个遇到其他旅行者的好地方，特别是如果你想找人一起去船屋的话。

Dream Nest 客栈 $

(☎9895860716; www.thedreamnest.com; Cullan Rd; 双 ₹500~900, 带空调 ₹1200; ❄☎) 这个不临街的廉价客栈中有许多色彩缤纷的房间，非常划算。有一个社交氛围浓厚的公共休息室，洋溢着一种年轻的旅行气息。

Cherukara Nest 民宿 $$

(☎0477-2251509, 9947059628; www.cherukaranest.com; 双/标三 含早餐 ₹900/1200, 带空调 ₹1500, 空调小屋 ₹1500; ❄@☎) 位于精心修剪的花园内，这个可爱的老房子酒店有一种温馨感，让客人感到宾至如归。主客房楼内有4个大房间，天花板高高的，铺着光可鉴人的木地板。房门古色古香的，带有富于装饰性的锁。老板Tony还有一艘性价比很高的船屋（2/4人 ₹6000/8500），并组织村庄团队活动（₹900）。

Tharavad 家庭寄宿 $$

(☎0477-242044; www.tharavadheritageresort.com; North Police Station西侧; 双 ₹2500~3500; ❄☎) 位于市中心和海滩之间一个安静的河岸地带，古色古香，有5间独具个性的客房和数个整齐的花圃。房间里摆放着许多精致的古董，并以光滑的柚木板进行装饰，还配置了百叶窗。

Malayalam 度假村 $$

(☎9496829424, 0477-2234591; malayalamresorts@yahoo.com; Punnamada; 房间 ₹1500~2500; ☎) 这个由家庭经营的小度假村有可爱的竹屋，此外还有两座面朝尼赫鲁杯蛇舟赛起点的两层客房楼（各有4间客房）。楼上的房间有阳台，视野很好。这个度假村的位置不好找：经过Keraleeyam度假村前台后继续往前走，它就在河道岸边。

Canoe Ville 村舍 $$

(☎9895213162; http://canoeville.com; 双村舍 含餐 ₹3500) 这是个怪怪的地方，位于阿勒皮以北5公里的湖边，为"陆上船屋"体验建造了人工水道和漂浮的迷你船屋村舍。舒适的双人间村舍有附属卫浴和大大的游廊，房费含餐，还有免费的吊床和活动，比如竹筏漂流。目前还有增加廉价野营帐篷（每人₹500）的计划。

Punnamada Homestay 家庭寄宿 $$

(☎0484-2371761, 9847044688; 双 含早餐和晚餐 ₹3000; ☎) 这个迷人的传统风格家庭

喀拉拉邦的回水河道

拜访在海岸和小岛之间总长度为900公里的回水河道是喀拉拉邦旅游的一大亮点。在公路出现很久之前，这些水道就是喀拉拉邦的"公路"，许多村民至今仍将手摇船作为他们主要的交通工具。乘船穿过棕榈环绕的小湖，你会看到湖中密布着悬挂式中式渔网；你还可以看到人们把椰子树纤维（coir）、干椰子肉（copra）和腰果装载到船上。沿途不时会看到孤零零的村庄，那些村庄的居民依然像他们的先辈那样以种田为生。

团队巡游

奎隆至阿勒皮（或反向）是最受欢迎的巡游团队游路线（₹400），两地都是上午10点半发团，18点半到目的地；8月至次年3月每天都有，其他月份隔天发团，不过发团时间会比较晚。通常，中午13点吃午饭（提供简单的午餐），下午还有一次茶歇。带上饮品、小吃、防晒霜、一顶帽子和一本好书。

这条线路耗时8小时，行程悠闲，沿途景色美丽，但由于只经过较大的水渠，所以你可能无法近距离观察那些令水道显得如此多姿多彩的小村庄。另一种选择是只参加半程线路（₹200），在玛莎·阿姆里塔南达玛伊布道所（见964页）下船。

船屋

租一艘形似大米驳船（kettuvallam）的船屋，这将成为你印度之旅的亮点之一。根据你的预算，租船可能费用不菲，但在船屋里度过一两个浪漫的夜晚，或者跟其他的旅行者分摊租金，还是值得的。船屋沿着椰林间安静的水渠漂行，你既能吃到美味的喀拉拉邦食物，也可以结识村民，更可以在水上过夜——这里和印度平时的喧闹截然不同。

船屋有双人的（1或2间双人卧室），也有多人的（最多7间卧室）。报价通常含食物（船上有厨师做饭）和船长/水手。阿勒皮、奎隆和戈德亚姆有不计其数的私人旅行社可以帮你包一艘船屋。这是喀拉拉邦规模最大的行业，船只的品质相差巨大，既有破旧不堪的船，也有水上宫殿——交钱之前最好先看看船只情况。旅行社通常在你刚到喀拉拉邦就劝你订船，但你最好在到了水道门户城市之后再做决定：阿勒皮的选择范围比较大（有一千多艘船屋），而且如果客户亲自看到船屋，价格还能再往下压压。大多数客栈和民宿也可以帮你预约船屋。

在繁忙的旺季或者印度国内假日（例如印度教礼拜、欧南节或排灯节），价格会飙升，而住宅位于阿勒皮以北，坐落在靠近班纳马达湖的一个宁静的地方。两个房间都很整洁，装修完善，有独立阳台，家常烹饪水平一流。

Sona Heritage Home 客栈 $$

（☎0477-2235211; www.sonahome.com; Lakeside, Finishing Point; 房间 ₹900, 带空调 ₹1400; ✳❄）老板是和蔼可亲的Joseph。这家老房子酒店看起来有点儿旧，但客房的天花板高高的，还挂着褪色的花窗帘。房间内装饰着基督教主题艺术品，并配有四柱床，还可以俯瞰精心维护的花园。

Gowri Residence 客栈 $$

（☎0477-2236371, 9847055371; www.gowriresidence.com; Mullackall Rd; 双 ₹600~1200, 空调村舍 ₹1500~2000; ✳❄）位于北渠（North Canal）以北约800米处的一家气氛悠闲的客栈，大花园里有各种房型和村舍：主客房楼内是以木板装饰的传统房间，还有用石头、木头、竹子或茅草搭建的可爱平房。最好的房间里有教堂式的天花板、空调和平板电视。这个地方的整体感觉有些陈旧。

★ Raheem Residency 酒店 $$$

（☎0477-2239767; www.raheemresidency.com; Beach Rd; 双 ₹9600~12,500; ✳❄☼）建于19世纪60年代的老房子位于海边，经过翻修后十分迷人。老板是爱尔兰名人Bibi Baskin，在他的努力下，10间客房都恢复了昔日的辉煌，有浴缸、古董家具和复古摆设。公共区域包括可爱的户外庭院、一个很棒的游泳池和一个不错的餐厅。

且你可能会赶上回水河道上的大拥堵,水面上的船多得令人头疼。你可以乘坐船屋巡游阿勒皮和奎隆之间的水域,也可以只到中途的科钦——不过这些旅程会将更多时间花在开阔的湖面和大型运河而不是真正的回水水道上,而且时长超出了大多数旅行者的预期。如果是乘坐经济型船屋,2个人24小时的收费约为₹6000~8000,4人船屋的费用约为₹10,000~12,000,如果是大船或者有空调的船,可能得要₹15,000~30,000。多走几家比比价格,但是旺季时挑无可挑。12月20日至次年1月5日之间价格会暴涨至平时的3倍。

村庄团队游和独木舟

村庄团队游是白天观看回水水道的一种很好的慢节奏方式。越来越多的旅行者选择村庄团队游或水道乘船游。村庄团队游通常由5~6人组成一团,在一个知识丰富的向导带领下,乘坐无篷独木舟或有篷的大米驳船。从科钦、奎隆或阿勒皮出发的团队游耗时2.5小时到6小时,价格为每人₹400~1000。行程包括游览以编椰树纤维绳子、造船、酿棕榈酒和捕鱼等为生的不同村落。从奎隆到Munroe岛的游览线路是这类路线中较好的一个,科钦的Tourist Desk(见986页)也组织备受推荐的团队游。

公共渡轮

如果你既想游览水道,又不想多花钱,阿勒皮和戈德亚姆之间有State Water Transport (www.swtd.gov.in)经营的渡轮(₹15; 2.5小时),每天5班,首班船早晨7点30分从阿勒皮发船。渡轮的航行线路会穿过文686纳德姆,你还可以看到一些在戈德亚姆—阿勒皮巡游路线上看不到的风景。其他老旧的船从阿勒皮的码头出发,带着当地人往来于回水水域的村庄。

环境问题

由于船屋数量的增长,船屋发动机排放的污染正在成为重要的环境问题。喀拉拉邦当局为船屋经营者引入了一套环保和安全认证体系。船屋经营者必须达到某些要求,才能拿到"金星"(Gold Star)、"银星"(Silver Star)或"绿棕榈"(Green Palm)认证,其中包括安装太阳能板和垃圾箱——你可以问问船主有没有这种证书。只依靠撑船或划桨在水面航行的船屋如今已经很少了,你可以考虑选择这样的船屋,而不是电动机船屋。但是前者只能在浅水里行驶。

✖ 餐饮

★ Mushroom 阿拉伯菜、印度菜 $

(CCSB Rd; 主菜 ₹70~150; ⊙ 正午至午夜)这家露天餐馆微风习习,椅子是锻铁的,专营便宜、美味、香辣的穆斯林美食,如香料腌鸡、泥炉鱼和辣蘑菇。在这里用餐的既有本地人也有游客,氛围极佳。

Kream Korner Art Cafe 多元风味 $

(☎0477-2260005; www.kreamkornerartcafe.com; Mullackal Rd; 菜肴 ₹40~160; ⊙9:00~22:00)这是城里最有趣的餐馆,富有艺术气息,但食物不失美味。餐桌颜色鲜艳,墙上挂着本地艺术家的大作。气氛悠闲,通风良好,印度菜和中国菜受到印度人和外国人的一致好评。

Thaff 印度菜 $

(VCNB Rd; 餐 ₹45~120; ⊙周日至周四 9:00~21:00,周六和周日 9:00~22:00)这家人气很高的小餐馆供应人气很高的南印度菜肴,并融入了一些北印度和中国风味的菜肴。制作鲜嫩多汁的烤鸡、比尔亚尼菜,以及凉爽无比的冰激凌奶昔。

Halais 印度菜、阿拉伯菜 $$

(☎9447053338; www.halaisrestaurant.com; 主菜 ₹70~400,比尔亚尼菜 ₹170起; ⊙24小时)这个干净的餐厅位于临街糖果店后面,以鸡肉和羊肉比尔亚尼菜闻名。它的阿拉伯菜肴和也门菜肴也很受欢迎。

Harbour Restaurant 多元风味 $$

(☎0484-2230767; Beach Rd; 餐 ₹110~

喀拉拉邦 阿勒皮周边

值得一游
GREEN PALM HOMES

位于回水湖区的一座小岛上，距离阿勒皮大约12公里，Green Palms Homes（☏9495557675, 0477-2724497；www.greenpalmhomes.com；Chennamkary；房间全膳宿₹3500～5000；❄）是位于一座风景如画的村庄中的一系列家庭寄宿，你可以睡在稻田环抱的村民家中的简单房间里，但也有带独立卫生间和空调的"豪华房"。这里没有公路，不过你可以在向导的陪同下散步、租自行车或独木舟，或者参加烹饪课程。

先致电预约，然后便可乘坐每小时1班的渡轮从阿勒皮前往Chennamkary（₹10；1小时15分钟）。

300；⌚10:00～22:00）这个宜人的海边餐馆属于附近的酒店Raheem Residency。与宾馆的餐厅相比，这家餐馆气氛悠闲，价格也相对便宜。但各种印度、中国和欧洲大陆风味菜肴都很好吃，还有城里冰得最凉的啤酒。

Royale Park Hotel　　　印度菜 $$

（YMCA Rd；餐₹130～310；⌚7:00～22:30，酒吧10:00～22:30；🛜）这个位于酒店内的空调餐厅能制作多种多样的菜肴，食物品质优良，始终如一，例如素食和鱼类塔利套餐。在楼上的啤酒酒吧喝酒时也可以点楼下餐厅的菜——边吃菜边喝冰镇的翠鸟牌啤酒很是惬意。

★Chakara Restaurant　　多元风味 $$$

（☏0477-2230767；Beach Rd；小份喀拉拉风味餐₹500，主菜₹450起；⌚12:30～15:00和19:00～22:00）这家餐馆位于Raheem Residency里，是阿勒皮最好的酒店餐厅。你可以经由螺旋形楼梯走上屋顶，然后坐下来静静欣赏海景。菜肴将喀拉拉邦传统风味和欧洲饮食相结合，用本地产的鲜鱼制作的菜肴是其特色菜。

Le Coffee Time　　　咖啡馆

（Alleppey Beach；咖啡和小吃₹70～150；⌚8:00～21:00；🛜）一家气氛友好的海滨咖啡馆，有一台货真价实的意大利浓缩咖啡机、几张树荫掩映下的桌子、优质早餐和免费Wi-Fi。

❶ 实用信息

DTPC游客接待中心（DTPC Tourist Reception Centre；☏0477-2253308；www.dtpcalappuzha.com；Boat Jetty Rd；⌚9:00～17:00）挨着汽车站和码头。员工可以提供关于当地团队游的建议。
旅游警察局（Tourist Police；☏0477-2251161；⌚24小时）在DTPC游客接待中心隔壁。

❶ 到达和离开

船
渡轮从位于VCSB Rd的码头开往戈德亚姆（₹15），每天10:00还有开往奎隆的船。

长途汽车
车次频繁的长途汽车从KSRTC汽车站发车，开往特里凡得琅（₹132；3.5小时；每20分钟1班）、奎隆（₹73；2.5小时）和埃尔纳古勒姆（科钦；₹55；1.5小时）。开往戈德亚姆（₹40；1小时15分钟；每半小时1班）的长途汽车速度比渡轮快多了。每天开往库木日依和蒙讷尔的长途汽车都有三班，前往库木日依的长途汽车的发车时间是6:40、13:10和14:50（₹126，5.5小时），前往蒙讷尔的发车时间是4:30、7:00和14:00（₹132，5小时）。开往沃尔格莱的长途汽车（₹90；3.5小时）发车时间是8:15、8:45和10:40。

火车
每天有许多班火车经由奎隆（二等车厢/卧铺/空调卧铺3类₹60/140/490；1.5小时）开往埃尔纳古勒姆（₹50/140/490；1.5小时）和特里凡得琅（₹80/140/490；3小时）。每天有6班火车停靠在沃尔格莱（二等车厢/空调座席₹65/260；2小时）。火车站位于市区西南方向4公里处。

❶ 当地交通
机动三轮车从火车站到码头和KSRTC汽车站收费₹60左右。城里有些客栈出租小型摩托车，日租金为₹300，也可以尝试可靠的旅行社**Nanni Tours & Travel**（☏9895039767；Cullan Rd）。

阿勒皮周边

卡图尔海滩和马拉里海滩
(Kattoor & Marari Beaches)

卡图尔（Kattoor）和马拉里（Marari）分别位于阿勒皮以北10公里和14公里处，那里的海滩很受欢迎，是回水水域之外的好选择。

马拉里是二者当中比较奢华的，有一些奢华的五星级海滨酒店，而卡图尔有时被称为"秘密海滩"，更像是个小渔村，开发程度很低，铺满沙子的背街小巷通往近乎荒芜的沙滩。

🛏 住宿

★Secret Beach Yoga Homestay 家庭寄宿 $

(☏9447786931; www.secretbeach.in; Kattoor Beach; 双₹1000~1500; ❄)这个家庭寄宿一共有3个房间，位置好得很，有一座小潟湖将它与卡图尔海滩几乎荒芜的一段隔开；要想去海滩的话，可以坐筏子或者走路从村子里穿过去。供应家常菜肴，才华横溢且热情满满的年轻主人Vimal是经过官方认可的瑜伽和卡拉里帕亚图武术教练；提供瑜伽课程和免费自行车。

A Beach Symphony 村舍 $$$

(☏9744297123; www.abeachsymphony.com; 村舍₹14,000~17,900; ⏰9月至次年5月; ❄❄❄)它是马拉里最奢华的海滨度假村，有4个独立设计的村舍坐落在主海滩的入口处。喀拉拉风格的村舍极尽豪华且具有良好的私密性——Violin Cottage甚至有一个带有瀑布下的跌水潭的私人花园。

戈德亚姆（Kottayam）

☏0481 / 人口 335,000

戈德亚姆夹在回水湖区和西高止山脉之间，虽然景色很美丽，但"喀拉拉邦香料和橡胶贸易中心"的名头则更响亮。对于大多数旅行者而言，这里不过是个交通枢纽，无论去山区还是去回水水域都很方便（但也有些旅行者先沿着公共水道往返阿勒皮，再向东前往库木日依或者向北前往科钦）。这座城市本身有一个没多大魅力的市中心，混乱而忙碌，交通拥堵。

🛏 住宿

如果你从阿勒皮的码头乘船过来的话，戈德亚姆的酒店条件让人住一晚是足够的，不过库玛拉孔（Kumarakom）还有条件更好的湖滨住宿（价格较高）。

Ambassador Hotel 酒店 $

(☏0481-2563293; ambassadorhotelktm@yahoo.in; KK Rd; 标单/双₹550/950起, 双带空调₹1100起; ❄)这个老式酒店是市中心比较好的经济型酒店之一。配备电视的客房十分简朴，但就其价格而言相当干净、宽敞、安静。附设一个酒吧和一个不错的餐厅，大堂里还有一个船形的鱼缸。

Windsor Castle & Lake Village Resort 酒店 $$

(☏0481-2363637; www.thewindsorcastle.net; MC Rd; 标单/双₹3300/3850起, Lake Village木屋₹6600; ❄❄❄)白色的客房楼外观宏伟，酒店房间是戈德亚姆最好的，但更令人难忘的住宿位于酒店后面的Lake Village里。豪华木屋坐落在一段专属水道旁边，周围是经过精心修剪的花园，十分出众。宜人的餐厅可以俯瞰风景如画的水道。

🍴 就餐

Thali 南印度菜 $

(KK Rd; 餐₹40~175; ⏰8:00~20:00)这个干净可爱的小餐馆位于一楼，装饰着板条百叶窗，是那种典型的、以出售套餐为主的喀拉拉邦小饭店，但这家餐馆则更时髦一些。食物好吃，例如马拉巴尔咖喱鱼和塔利套餐。

Meenachil 多元风味 $

(KK Rd; 菜肴₹60~180; ⏰正午至15:00和18:00~21:30)这家餐馆深受戈德亚姆人的喜爱，供应各种印度和中国风味菜肴。餐厅里有一种友好的家庭氛围。室内时髦整洁，菜肴种类颇多。

★Nalekattu 南印度菜 $$$

(MC Rd, Windsor Hotel; 菜肴₹200~550; ⏰正午至15:00和19:00~22:00)这家喀拉拉传统风味餐馆位于Windsor Castle内，食客能俯瞰一片风景如画的回水水域。烹制好吃的喀拉拉邦美食，如对虾咖喱（chemeen）。周末供应自助餐。

ℹ 实用信息

DTPC办事处 (☏0481-2560479; www.dtpckottayam.com; ⏰周一至周六 10:00~17:00)位于码头；可提供当地信息，还可以安排价格高昂的回水

水域之旅。附近有私营旅行社，前往阿勒皮的全天乘船游收费约₹4000。

❶ 到达和离开

船

码头上每天有5班渡轮开往阿勒皮（₹15）。

长途汽车

KSRTC汽车站有长途汽车开往特里凡得琅（₹127；4小时；每20分钟1班）、阿勒皮（₹37；1小时15分钟；每小时1班）、埃尔纳古勒姆（科钦；₹60；2小时；每20分钟1班）、库木日依（前往佩里亚尔野生动物保护区；₹97；4小时；每半小时1班）和蒙讷尔（₹130；5小时；每天5班）。还有班次频繁的长途汽车开往附近的库玛拉孔（₹9, 30分钟，每15分钟1班）以及奎隆（₹85, 3小时，每天4班），在那里可以换车前往沃尔格莱。

火车

特里凡得琅（二等车厢/卧铺/空调卧铺3类₹80/140/490；3.5小时）和埃尔纳古勒姆（₹50/140/490；1.5小时）之间班次频繁的火车都经过戈德亚姆。

❶ 当地交通

KSRTC汽车站位于市中心以南1公里处，码头位于汽车站以南2公里处（在Kodimatha）。机动三轮车从码头到KSRTC汽车站收费₹50左右，从汽车站到火车站收费₹40左右。

戈德亚姆周边

库玛拉孔 (Kumarakom)

✆0481

库玛拉孔位于戈德亚姆以西16公里之外，坐落在喀拉拉邦最大的湖——浩瀚的文伯纳德湖（Vembanad Lake）——的湖边，是一个生活节奏缓慢的村庄，有几个高级酒店和一个著名的鸟类保护区。库玛拉孔的水道游人不多，你可以租船屋游览，但价格比阿勒皮高得多。

1997年布克奖（Booker Prize）获得者、《微物之神》（The God of Small Things）的作者阿兰达蒂·洛伊（Arundhati Roy）就是在库玛拉孔附近的Aymanam村长大的。

◉ 景点

库玛拉孔鸟类保护区　　　　自然保护区

（Kumarakom Bird Sanctuary；✆0481-2525864；印度人/外国人 ₹50/150；◷6:00~17:00）这片占地5公顷的保护区曾是文伯纳德湖边的一个橡胶种植园，栖息着种类繁多的候鸟和留鸟。10月至次年2月是白眉鸭、鹮、沼泽鹬和草原雕等候鸟迁徙的季节，5月至7月则是印度鹭鸶、池鹭、白鹭和鹈鹕等本地鸟类的繁殖季节。2小时的导览游收费₹300（早6点至8点收费₹400）。

🛏 住宿

Cruise 'N Lake　　　　度假村 $$

（✆9846036375, 0481-2525804；www.homestaykumarakom.com；Puthenpura Tourist Enclave, Cheerpunkal；双 ₹1500, 带空调 ₹2000；❄🛜）这个度假村好就好在它的位置：一侧是水道，另一侧是稻田，因此成为库玛拉孔绝佳的遁世之处，价格也可以承受。位于两栋独立建筑中的房间虽然朴素，但都有面对水道的游廊。过鸟类保护区后再走一两公里，在Cheerpunkal那里左转，沿着崎岖不平的土路再走两公里就到了。

Tharavadu Heritage Home　　　　客栈 $$

（✆0481-2525230；www.tharavaduheritage.com；双 ₹1200起, 带空调 ₹2000~2200, 竹屋 ₹1100；❄🍴@）这里有两种房型：建于19世纪70年代的大宅内的客房，和同样舒适但位于溪边的独立竹屋。一切尽善尽美，小摆设富有艺术气息。距离库玛拉孔鸟类保护区4公里。

❶ 到达和离开

从戈德亚姆乘坐公共汽车去库玛拉孔很便捷（₹15, 30分钟，每15分钟1班）。

Sree Vallabha Temple

Sree Vallabha Temple 与蒂鲁韦拉（Tiruvilla）相距两公里，定期举办对所有人开放的传统卡塔卡利舞通宵表演，信徒会在表演中布施。往东约10公里，便是喀拉拉邦最大的蛇舟赛之一Aranmula Boat Race（靠近Shri Parthasarathy Temple；◷8月/9月）的

> **另辟蹊径**
>
> **SABARIMALA**
>
> 在Gavi以西约20公里处，距离Erumeli镇大约50公里之外的西高止山脉深处，有一个名叫Sabarimala的地方，它是阿雅潘寺（Ayyappan Temple）的所在地。据说，该寺是全世界朝拜者最多的寺庙之一，每年有4000万至6000万印度教徒徒步到此朝圣。信徒们相信天神阿雅潘曾在此冥想。非印度教徒可以参加朝圣，但要遵守严格的规则，12岁至50岁的女性至多只能走到Pampa检查点。详情见www.sabarimala.kerala.gov.in或www.sabarimala.org。

比赛地，该比赛在每年8月/9月的欧南节期间举办。

西高止山脉
（THE WESTERN GHATS）

佩里亚尔野生动物保护区（Periyar Wildlife Sanctuary）

📞04869／人口 30,300（库木日依）

佩里亚尔（📞04869-224571；www.periyartigerreserve.org；印度人／外国人 成人 ₹33/450，儿童 ₹5/150，拍照／录像 ₹38/300；⊙6:00～18:00，17:00后禁止入园）这是南印度最受人喜爱的野生动物保护区，占地777平方公里，保护区内还有一个26平方公里的人工湖（1895年由英国人建造）。它是水牛、水鹿、野猪、叶猴的家园，此外这里还生活着900～1000只大象和35～40只踪迹难觅的老虎。这个地方同时受到印度游客和外国游客的青睐，还提供经典的乘船之旅，虽然乘船游不以"野生动物体验"为招牌，但是如果你探索得更深入一些，在部落村民的带领下进行一场远足的话，丘陵和丛林的风景绝对会造就一场收获满满的旅程。记得带上保暖和防水的衣物。

库木日依是最近的城镇，那儿有酒店、家庭寄宿、香料店、巧克力店和克什米尔百货商场。距离库木日依4公里的Thekkady是保护区中心，有KTDC旗下的酒店和码头。不知为什么，人们有时会把保护区称作Thekkady、库木日依或佩里亚尔（Periyar），搞得游客们摸不着头脑。

◉ 景点和活动

佩里亚尔野生动物保护区的团队游和自助游项目很多，全都是通过生态旅游中心（Ecotourism Centre）安排的。镇上的大多数酒店和家庭寄宿都能安排历时3小时的吉普车**丛林游猎之旅**（每辆吉普 ₹1800）。车辆沿着公园边缘的丛林行驶大约40多公里，经过若干观景点。但许多游客抱怨说其中至少有30公里是走在视野并不开阔的路上。

Connemara Tea Factory 工厂
（📞04869-252233；Vandiperiyar；团队游 ₹150；⊙团队游 9:00～16:00 每小时1次）距离库木日依大约13公里，这座仍在运转中的茶叶工厂和种植园已经有77年的历史了，提供带导游的团队游，参观制茶过程和茶园，以品茶作为最后的环节。从库木日依出发的定期长途汽车经过工厂门口，对司机说自己在茶叶工厂或Vandiperiyar下车。

生态旅游中心 户外
（Ecotourism Centre；📞8547603066，04869-224571；www.periyartigerreserve.org；Thekkady Rd；⊙9:00～13:00和14:00～17:00）森林局（Forest Department）下属的生态旅游中心会在公园内组织各种团队游。包括边界徒步游（每人₹1000）、2.5小时的大自然漫步（₹800起）、竹筏漂流（₹1500）和夜间"丛林巡游"（₹750），都由受过训练的部落向导陪伴。价格是按每人收的，最少4人成团。此外还有需要在户外过夜的"老虎觅踪"徒步活动（每人 ₹4000），徒步距离为20～30公里，由护林员担任向导。

佩里亚尔湖上巡游 乘船游
（Periyar Lake Cruise；₹225；⊙7:30、9:30、11:15、13:45和15:30出发）除带向导的徒步游外，在湖上泛舟1.5小时是游览保护区的另一主要方式。你将看到鹿、野猪、水獭和鸟类，但该巡游的重点是坐船而非观看野生动物。船只的经营方是KTDC——登船之前你需要

Kumily & Periyar Wildlife Sanctuary
库木日依和佩里亚尔野生动物保护区

喀拉拉邦

佩里亚尔野生动物保护区

在码头上方的大楼买票。

旺季时要在开船之前1.5小时到达售票处排队买票。首班船和末班船最适合看野生动物。总体而言，10月至次年3月是在湖上巡游并观赏动物的最佳季节。

Santhigiri Ayurveda 阿育吠陀

(☎8113018007, 04869-223979; www.santhigiriashram.org; Munnar Rd, Vandanmedu Junction; ❀9:00~20:00)这里是体验正宗阿育吠陀养生疗法的好地方，有高级按摩（₹900~1800）和7至14天的长期治疗项目。

烹饪课程（Cooking Classes）

许多当地家庭寄宿都提供烹饪课程，收费₹400~600。推荐Bar-B-Que(☎9895613036; KK Rd; ₹500; ❀18:30)的2小时课程，位于前往戈德亚姆的路上，距离市场1公里。

香料作物种植园
（Spice Plantations）

有几家香料作物种植园对游客开放，大多数酒店可以安排团队游（机动三轮车/出租车2~3小时 ₹450/750）。

Abraham's Spice Garden 农场

(☎04869-222919; www.abrahamspice.com; Spring Valley; 团队游 ₹100; ❀7:30~17:30)与库木日依相距3公里的Abraham's Spice Garden 是一个家庭经营的农场，已经运转50多年了。这里信息丰富的1小时团队游会带你穿越多个香料花园进行游览观光。

Spice Walk 团队游

(☎04869-222449; www.spicewalk.com;

Kumily & Periyar Wildlife Sanctuary
库木日依和佩里亚尔野生动物保护区

⊙ 活动、课程和团队游
1 生态旅游中心 B4
　丛林游猎之旅 ....（见18）
2 Santhigiri Ayurveda B1

⊖ 住宿
3 Bamboo Grove A4
4 Chrissie's Hotel B2
5 Claus Garden D2
6 El-Paradiso C3
7 Green View Homestay B3
8 Mickey Homestay C2
9 Spice Village B3
10 Tranquilou C3

⊗ 就餐
　Chrissie's Cafe ....（见4）
11 Ebony's Cafe C2

12 French Restaurant & Bakery B4
13 Shri Krishna A1

⊙ 娱乐
14 Kadathanadan Kalari & Navarasa
　 Kathakali Centre A2
15 Mudra Cultural Centre A2

ⓘ 实用信息
16 DTPC办事处 B1
　 生态旅游中心 ....（见1）
17 联邦银行自动柜员机 A1

ⓘ 交通
18 库木日依汽车站 B1
19 泰米尔纳德汽车站 B1

Churakulam Coffee Estate；1小时团队游 ₹150；◷9:00~17:00）作为Churakulam Coffee Estate的一部分，Spice Walk是一座占地44公顷的种植园，围绕着一个小湖泊。信息丰富的徒步游需要大约1小时，包括对咖啡和小豆蔻加工过程的详细解释，不过也有钓鱼和划船活动，前面有个小咖啡馆。距离库木日依2公里。

🛏 住宿

🛏 公园内

KTDC在公园内有3家价格高得令人咂舌的酒店：Periyal House、Aranya Nivas和宏伟的Lake Palace。注意：上述酒店有宵禁时间，18点之后住店客人不允许在保护区内闲逛。

在生态旅游中心可以安排公园内的帐篷住宿，地点是 **Jungle Camp**（双人帐篷 含餐 ₹6000）。另一个选择是 **Bamboo Grove**（双含早餐 ₹1500），那里离库木日依镇不远，有几个设施简单的木屋和树屋。

Lake Palace　　　　　　　　　酒店 $$$
（☎04869-223887；www.lakepalacethekady.com；房间 含三餐 ₹24,000~30,000）位于佩里亚尔湖（Periyar Lake）中央，只能乘船前往，由前皇室夏宫改建而成。6个独具个性的房间摆放着古董家具。住在保护区里可以让你在房间的阳台上就能看到野生动物。房费含三餐、坐船游览和徒步游的费用。

🛏 库木日依

Mickey Homestay　　　　　　　客栈 $
（☎9447284160，04869-223196；www.mickeyhomestay.com；Bypass Rd；房间和村舍 ₹750~1000；☎）Mickey是真正的民居，有几个小房间，后面还有一栋木屋。温馨的气氛让它成为镇里最舒服的住处。阳台上有藤制家具和秋千竹椅。客栈周围是一片翠绿的树林。

Tranquilou　　　　　　　　　家庭寄宿 $
（☎04869-223269；紧邻Bypass Rd；房间 含早餐 ₹600~1200；☎）库木日依气氛友好的家庭寄宿之一，周围环境很安静，有7个装修得非常整洁的房间围绕着一座宜人的花园；两个双人房共用一个起居室，适合带孩子的游客。

★ Green View Homestay　　家庭寄宿 $$
（☎9447432008，04869-224617；www.sureshgreenview.com；Bypass Rd；房间 含早餐 500~1750卢比；☎）起初是一家简陋的民宿，但现在已经成为既可爱又不失友好和个性的酒店。老板Suresh和Sulekha很热情。两栋房子里都有保养得宜、带独立阳台的客房——最好的房间在楼上，可以俯瞰后面的香料花园。他们还提供美味的素食和烹饪课程（素食/非素食 ₹450/600）。

Claus Garden 民宿 $$

（☎04869-222320, 9567862421; www.homestay.in; Thekkumkadu; 双/标三/四 ₹1600/1800/2000; ☎）这个德国人经营的民宿远离喧嚣，坐落在一面陡峭的山坡上，风景很好，有曲线优美的阳台、一尘不染的房间和可以俯瞰葱翠花园的屋顶。"家庭房" 是两个相邻的房间，共用一个卫生间。提供有新鲜烘焙面包的有机早餐，收费₹300。

El-Paradiso 家庭寄宿 $$

（☎04869-222350, 9447431950; www.goelparadiso.com; Bypass Rd; 双 ₹1500~2500; @☎）这个一尘不染的家庭寄宿有着清爽的客房，房间要么带阳台和吊椅，要么面朝一个俯瞰后面苍翠树林的露台。烹饪课程（₹500）是这里的特色。

Chrissie's Hotel 客栈 $$

（☎9447601304, 04869-224155; www.chrissies.in; Bypass Rd; 标单/双/四 ₹2200/2400/3900起; ☎☒）这个4层楼的建筑位于由外国侨民经营的同名餐馆的后面，与周围的绿色树林融为一体。客房宽敞明亮，家具、台灯和枕头颜色鲜艳。提供瑜伽课程。我们去的时候这里正在安装一个屋顶泳池。仅大堂提供Wi-Fi。

Spice Village 酒店 $$$

（☎0484-3011711; www.cghearth.com; Thekkady Rd; 别墅 ₹18,400~30,900; ☎☒）🍴这家CGH Earth旗下的酒店坚持环保理念。木屋宽敞迷人，位于充满了田园风味的可爱院子中。餐厅提供豪华的自助午餐和自助晚餐，还有一个殖民地风格的酒吧，而野生动物讲解中心有一位常驻在此的博物学家。淡季时房价打5折，性价比很高。

🍴 就餐

在库木日依的市场地区有一些物美价廉的素食餐馆，通往野生动物保护区的路上有几家面向游客的餐馆。大多数家庭寄宿都会应住客的要求提供家常餐食。

Shri Krishna 印度菜 $

（KK Rd; 餐 ₹70~140; ⏰正午至14:00和18:00~22:00）位于市场内，深受本地人喜爱。供应辛辣的纯素菜，包括午餐时段的塔利套餐。

Chrissie's Cafe 多元风味 $$

（www.chrissies.in; Bypass Rd; 餐 ₹120~350; ⏰8:00~21:00）多年以来一直是旅行者最爱流连的地方，这个位于二楼的屋顶咖啡厅很干净，通风良好，出售令人满意的食物，包括蛋糕和小吃、美味咖啡以及精心准备的比萨和意大利面等西式餐食，甚至还有中东的梅泽开胃菜（meze）拼盘或法拉费（falafel）。

Ebony's Cafe 多元风味 $$

（Bypass Rd; 餐 ₹120~275; ⏰8:00~22:30）这家气氛轻松活泼的屋顶餐厅已经开了很多年，摆放着大量盆栽植物，对游客很热情。出售样式简单的印度和西式食物，如土豆泥、基础款意大利面和冰镇啤酒。

French Restaurant & Bakery 咖啡馆、面包坊

（☎9961213107; 餐 ₹100~300; ⏰8:00~21:00）这个家庭经营的小饭店离主路有段距离，是吃早餐和午餐的好地方，最值得吃的是新鲜出炉的蓬松金枪鱼或奶酪法棍面包，不过也有不错的意大利面、比萨和面条菜肴。

Kofiland 多元风味 $$$

（www.kofiland.in; 主菜 ₹210~650; ⏰8:00~21:00）如果想要吃奢华大餐，就来这里吧。这个草棚风格的餐厅十分宽敞空旷，位于小镇边缘新开的Kofiland Resort，可以通过大大的落地窗俯瞰游泳池和潟湖。有一张种类多样的菜单，囊括了北印度和南印度菜肴，擅长烹饪喀拉拉邦风味菜肴。

☆ 娱乐

Mudra Cultural Centre 现场表演

（☎9061263381; www.mudraculturalcentre.com; Lake Rd; 门票 ₹200, 录像 ₹200; ⏰卡塔卡利舞 17:00和19:00, 卡拉里帕亚图武术 18:00和19:15）这个文化中心的卡塔卡利舞表演非常好看。演员会在开演前30分钟开始上妆和穿衣；使用

> ### 另辟蹊径
> ## 帕兰比库兰老虎保护区（PARAMBIKULAM TIGER RESERVE）
>
> 帕兰比库兰(Parambikulam，☎9442201690；www.parambikulam.org；印度人/外国人₹10/150，拍照/录像₹25/150；⏰7:00~18:00，16:00后禁止入园)位于山谷之中，前面是3座水坝，周围是喀拉拉邦和泰米尔纳德邦的各个保护区。这个占地285平方公里的保护区有着或许是南印度保护得最好的生态环境。这里的风景如同吉卜林(Kipling)笔下的童话世界，大象、水牛、印度野牛、树懒、水鹿、鳄鱼、老虎、黑豹和一些亚洲最大的柚木等野生动植物在此处自由自在地生长繁衍。与佩里亚尔相比，这里的游客少得多。最好不要在雨季（6月至8月）参观该保护区，而3月至4月保护区有时会关闭。
>
> 联系位于Anappady的保护区办事处，安排公园缓冲区的团队游，包括徒步（每人₹500起）、竹筏漂流（10人₹8800）和丛林巡游（10人₹8000）。公园住宿包括树顶小屋（₹2750~3300）或小帐篷（₹5500起），含一些活动。进入保护区的路上会经过泰米尔纳德邦的Pollachi（与哥印拜陀相距40公里、与帕拉卡德相距49公里）。每天有两班直达汽车往返于Pollachi和帕兰比库兰，途经Annamalai（₹20；1.5小时）。坐出租车的费用约为₹2400。

静态照相机不收费。早点到可以占个好位子。每天晚上还有两场卡拉里帕亚图武术表演。

Kadathanadan Kalari & Navarasa Kathakali Centre 现场表演

(☎9961740868；www.kalaripayattu.co.in；Thekkady Rd；₹200；⏰卡拉里帕亚图武术 18:00~19:00，卡塔卡利舞 19:00~20:00)每天晚上都有激动人心的卡拉里帕亚图武术表演（以及卡塔卡利舞），时长60分钟。售票处全天售票。

❶ 实用信息

DTPC办事处(☎04869-222620；⏰周一至周六10:00~17:00)位于主要汽车站后面的山坡上；你可以拿一张地图，和工作人员聊聊天，但也就是这样了。

生态旅游中心(☎8547603066，04869-224571；www.periyartigerreserve.org；⏰6:30~13:00和14:00~20:30)提供公园团队游、公园内导览徒步游和公园本身的相关信息。

❶ 到达和离开

库木日依的**汽车站**在小镇东北边缘。每天有11班长途汽车往来于埃尔纳古勒姆（科钦）和库木日依（₹150；5小时）之间。开往戈德亚姆的长途汽车每半小时发一班（₹87；4小时），每天还有三班车直达特里凡得琅（₹190，8小时），两班车直达阿勒皮（₹130；5.5小时）。开往蒙讷尔的私营长途汽车（₹100，4~5小时）也从这个站点出发。

泰米尔纳德邦(Tamil Nadu)的长途汽车从紧邻边境的泰米尔纳德汽车站出发，每半小时一班，开往马杜赖(Madurai；₹100；4小时)。

❶ 当地交通

库木日依汽车站与公园主入口相距仅1.5公里左右，但要去佩里亚尔湖还得再走3公里；在入口乘坐机动三轮车需要大约₹70，或干脆步行。但是要记住这里没有步行路，所以你必须得在公路上行走。如果想在镇子里进行短途游览，机动三轮车收费约₹30。

库木日依镇小得可以步行探索，不过某些客栈出租自行车（₹200）。如果你想去更远的地方探索，大多数客栈可以安排租赁小型摩托车（₹500）。

蒙讷尔（Munnar）

☎04865 / 人口 68,200 / 海拔 1524米

蒙讷尔周围连绵不断的山丘是南印度最大的茶叶产地，它们都被碧绿的茶园覆盖着，茶树像波浪般起伏，修剪整齐，如同装饰在山坡之上的一道亮丽的树篱。山脚的景色很迷人，但你也可以登上山顶俯瞰白茫茫的云雾。蒙讷尔镇本身是个脏兮兮的、交通拥堵的行政中心，跟北印度的山区避暑胜地很不一样。但只需离开镇中心数公里，你就会置身于一片绿色的海洋之中。

Munnar 蒙讷尔

Munnar 蒙讷尔

就餐
1 Rapsy Restaurant A1
2 Saravana Bhavan A1
3 Sree Mahaveer Bhojanalaya B2

娱乐
4 Thirumeny Cultural Centre B1

交通
机动三轮车站点 .... (见8)
5 去哥印拜陀的汽车站点 A2
6 去埃尔纳古勒姆和
   特里凡得琅的汽车站点 A2
7 去库木瓦依和马杜勒的汽车站点 B2
8 去蒙讷尔山顶站的汽车站点 A2

原名特拉凡哥尔山脉(High Range of Travancore)的蒙讷尔如今是全球海拔最高的茶叶产地。大部分茶园如今由大型企业Tata经营,还有一些属于当地合作社Devan Hills Plantation Company(KDHP)。

景点和活动

大多数旅行者游览蒙讷尔的主要目的是拜访其周边那些种满茶树的小山丘。酒店、民宿、旅行社、机动三轮车车夫……几乎所有人都愿意帮你安排为期一天的游览活动。你要多走几家,比比价格和行程,不过收费标准都差不多。

茶叶博物馆   博物馆
(Tea Museum; ☎04865-230561; 成人/儿童₹125/40, 拍照20卢比; ☉周二至周日9:00~19:00)位于镇子西北方向约1.5公里处,是一座正在运行中的茶叶工厂的展示模型,但足以让你了解基本的步骤。馆内还有殖民地时代的"古董",包括一些照片和一个1905年的摇青转筒。从这儿可以沿着繁忙的公路步行往返镇上,途中会看到一些茶园;从镇里市场到该博物馆,乘坐机动三轮车需要花费₹25。

★Nimi's Lip Smacking Classes   烹饪
(☎9745513373, 9447330773; www.nimisrcipes.com; ₹2000; ☉周一至周五15:00, 周六和周日14:00)Nimi Sunilkumar是一位声誉卓著的喀拉拉邦菜大厨,她还出版了自己的烹饪书,有自己的网站和博客,并且在自己的家里(蒙讷尔的DTPC办事处隔壁)提供每天一次的实际操作烹饪课程。你会学到传统的喀拉拉邦菜谱,课程还赠送一本她的书《喀拉拉邦令人垂涎的菜肴》(Lip Smacking Dishes of Kerala)。

徒步(Trekking)

体验这些山丘的最佳方式是参加导览徒步游,既有半天的茶园"软徒步"(每人₹600起),也有更艰难的全天山间徒步(₹800起)——当迷雾消散的时候,这里会呈现出一派令人惊叹的景色。你住宿的地方可以轻松安排徒步导游,也可以在DTPC旅游信息中心(见981页)询问。

需要注意的是,这些茶园是私人产业,如果没有带执照的向导陪伴擅自徒步,是违法入侵行为。

团队游

DTPC(见981页)每天组织3个游览蒙讷尔周边的游览团,游览时间是一整天,而且行程紧张,不过价格不贵。Sandal Valley Tour(每人₹400; ☉团队游9:00~18:00)去往齐纳野生动物保护区(Chinnar Wildlife Sanctuary)、几个观景台、瀑布、茶园、一处檀木林和几个村庄。Tea Valley Tour(每人₹400; ☉团队游10:00~18:00)去往Echo Point、山顶站和Rajamalai[去埃拉维库兰国家公园(Eravikulam National Park)须经该地]等景点。Village Sightseeing Tour(₹400; ☉9:30~18:00)会带你游览Devikulam、

Anayirankal Dam、Ponmudy、一个农庄及其他景点。乘坐出租车游览主要景点，每天的花费₹1100~1500。

住宿

蒙讷尔有许多酒店，但宁静的风景都在城外的山丘和峡谷中，住在镇上似乎有点可惜。镇中心南边有一些不错的经济型酒店可以选择；如果你喜欢安静，又愿意多花点钱，则可以选择住山里的酒店。

镇周边

JJ Cottage 民宿 $

（☎9447228599，04865-230104；jjcottagemnr@gmail.com；双 ₹350~800；@⊛）这个小小的紫色调家庭酒店温馨可爱，位于小镇以南2公里（从长途汽车总站步行轻松可达）处。供应多种类型不一的客房，布置简单，但纤尘不染，干净明亮，物超所值，还配备电视和热水。有一间豪华客房，位于顶层，带独立的起居室，视野很好。

Green View 客栈 $

（☎9447825447，04865-230940；www.greenviewmunnar.com；双 ₹600~850；@⊛）这家整洁的客栈有10个干净的经济型房间，员工很热情，还可组织可靠的团队游和徒步。最好的房间在楼上，楼顶有个美丽的花园，你可以在花园里品尝15种香茗。年轻的房东Deepak会组织徒步游（www.munnartrekking.com），他还经营着Green WoodsAnachal（☎04865-230189；Anachal；双 含早餐 ₹900；⊛）。

Zina Cottages 客栈 $

（☎04865-230349；房间 ₹900~1200；⊛）如果你想沉浸在茂盛的茶园，但是仍然靠近城镇的话，Zina就是个经济廉价的选择。它是一座有50年历史的陈旧平房，地理位置非常有趣，有令人惊叹的风景，出门就可以徒步；这里看上去有点破败，但5个客房都很干净。从汽车站步行轻松可达，但是需要有人指路。

Royal Retreat 酒店 $$

（☎8281611100，04865-230240；www.royalretreat.co.in；双 ₹3030~4230，套 ₹4830；❄@⊛）就在长途汽车总站南侧，但环境并不嘈杂。是个普通但服务质量稳定的中等价位酒店，整洁的一楼房间面朝一座美丽的花园，其他房间能看到茶树苍翠茂盛的茶园的景色。

蒙讷尔山区

★Green Valley Vista 客栈 $$

（☎9447432008，04865-263261；www.greenvalleyvista.com；Chithirapuram；双 含早餐 ₹2200~3850；⊛）这里的峡谷景色超赞，有着一流的住宿设施，热情地欢迎前来观光的游客。三层楼里的房间都面对着峡谷，从私人阳台上可以看到如同梦幻般的苍翠景色，房间里还有平板电视和现代卫浴。员工可以组织前往野生大象村庄的徒步、吉普车巡游和团队游。它位于蒙讷尔以南11公里处，前往科钦的乡村小道上。

★Rose Gardens 家庭寄宿 $$

（☎9447378524，04864-278243；www.munnarhomestays.com；NH49 Rd, Karadipara；房间 含早餐 ₹5000；@⊛）这是个真正的家庭住宿，位于一个宁静的地方，俯瞰房东Tomy的植物园，还有有机迷你香料和水果园。5间客房非常宽敞，一尘不染，还带有能俯瞰山谷的阳台。房东一家人很有魅力。提供免费的烹饪课程，包括如何制作早餐吃的新鲜椰子煎饼和晚餐吃的喀拉拉香辣菜肴。

这个家庭住宿就位于交通便利的通往科钦的主路边，离蒙讷尔南方仅10公里，而且有多班公共汽车经过。

Aranyaka 度假村 $$

（☎9443133722，04865-230023；www.aranyakaresorts.com；Pallivasal Tea Estate；村舍 ₹4800~6000；⊛）这些整洁的现代村舍坐落在一个风景优美的花园里，可以俯瞰Pallivasal Tea Estate的美景，后者是Tata集团旗下最大的茶园之一。坐落在看似偏远的山谷中，可以看到瀑布和Muthirappuzhayar River河，然而这里距离蒙讷尔镇仅有8公里。

Anna Homestay 家庭寄宿 $$

（☎8156980088；www.annahomestay.com；双 含早餐 ₹2800，带空调 ₹5000；❄⊛）位于Anachal village附近，Anna Homestay是一栋温馨热情的家庭住宅，有9个非常整洁的

房间和宽敞的屋顶公共区域。条件最好的是位于角落的房间，有两个带空调的大房间。

British County 客栈 $$

（☎0484-2371761；http://touristdesk.in/britishcounty.htm；双 含餐₹3500）位于蒙讷尔东南方向约11公里处，这个迷人的小客栈有4个清爽的房间，都带有可观赏峡谷全景的阳台。有台阶向下通往山谷，方便徒步。房费含餐，老板提供从科钦出发的套餐。

Windermere Estate 度假村 $$$

（☎04865-230512；www.windermeremunnar.com；Pothamedu；双 含早餐 ₹10,100～12,200；❄@⛵）Windermere是一个集乡村休闲精品酒店与小豆蔻种植园于一身的迷人度假村，位于蒙讷尔东南方向4公里处。房间宽敞，设施一流，可以看到漂亮的花园和山谷景色，但最好的房间是类似套房的"种植园别墅"（Plantation Villas），四周环绕着26公顷的小豆蔻和咖啡种植园，景色非常棒。乡村风格的餐厅楼上是个温馨的图书室。

Bracknell Forest 客栈 $$$

（☎9446951963；www.bracknell.in；Bison Valley Rd, Ottamaram；房间 含早餐 ₹5000～6000；@⛵）这里的11个精致的房间都带有阳台，能看到葱翠的山谷和豆蔻种植园。周围是茂密的森林，在小餐厅里就能看到森林的全景。从蒙讷尔到这里的接送费用为₹400左右，但是需要提前打电话问路。位于蒙讷尔东南方向9.5公里的地方。

🍴 就餐

市场里一大早就开门做生意的小吃摊出售早餐和便宜的三餐，不过有些最棒的食物

值得一游

塔特卡德鸟类保护区（THATTEKKAD BIRD SANCTUARY）

这个占地25平方公里的宁静公园在西高止山脉的山脚下，两条河流和两条小溪穿过公园。**塔特卡德鸟类保护区**（Thattekkad Bird Sanctuary；☎9048355288；印度人/外国人₹35/175，拍照/录像 ₹38/225；◯6:30～17:30）内生活着至少320种鸟类，奇异的是它们大多数是林鸟而不是水鸟，其中包括马拉巴尔灰犀鸟（Malabar grey hornbills）、雷氏猫头鹰（Ripley owls）、丛林欧夜鹰（jungle nightjars）、灰卷尾燕（grey Drongos）、鹩鹛和更加珍稀的物种如斯里兰卡蟆口鸱（Sri Lankan frogmouth）。这里还有翠鸟、捕蝇鸟、鸣鸟、太阳鸟和小小的蜂鸟（体重仅4克）。可以在公园办事处安排河上的乘船游（每人₹250）；住宿的地方提供带向导的观鸟游。

公园住宿包括**Frogmouth Watchtower**（Thattekkad Bird Sanctuary；双 ₹2500）和**Hornbill View Tower**（Thattekkad Bird Sanctuary；每人 ₹1000）。可选择的更好的经济型住宿是**Jungle Bird Homestay**（☎0485-2588143，9947506188；www.junglebirdhomestay.blogspot.com.au；每人 含餐 ₹1300；❄⛵）或**Bird Song Homestay**（双 含餐 ₹2500，带空调 ₹3250；❄⛵），这两个地方都在主公园的边界之内。

想要更奢华一些，就去可爱的**Soma Birds Lagoon**（☎0471-2268101，8113876665；www.somabirdslagoon.com；Palamatton；标单/双 含早餐 €60/70，带空调 €75/90起；❄⛵☆）。这家低调的生态度假村在Thattekkad附近的村庄深处，挨着一个季节湖，院子宽敞，草坪经过精心修剪。房间面积大，虽然离Kothamangalam只有16公里，但感觉完全不一样。

帐篷营地**Hornbill Camp**（☎0484-2092280；www.thehornbillcamp.com；双人帐篷 全膳宿 US$100）环境安静，面朝佩里亚尔河，营地里有永久性大帐篷。房费包含一日三餐，以及皮划艇、骑自行车和一座香料种植园的团队游。从塔特卡德（Thattekkad）沿公路走大约8公里即达。

塔特卡德位于埃尔纳古勒姆至蒙讷尔的途中。从埃尔纳古勒姆（₹35, 2小时）或蒙讷尔（₹60; 3小时）都可以乘坐长途汽车前往Kothamangalam，然后换乘前往塔特卡德的公共汽车，行驶12公里（₹12; 25分钟）后即达保护区，也可以乘机动三轮车（₹300）。

来自家庭寄宿和度假村。

★ Rapsy Restaurant　　　　　　印度菜 $

（Bazaar；₹50~150；◎7:00~22:00）这个干净的餐馆就在市场外面，正面是落地玻璃，午餐时生意火爆，本地人会排着队购买该店著名的印度抛饼（paratha；印式酥皮饼）或烤肉焖饭。你也可以尝尝味道不错的外国风味美食，如西班牙蛋卷和以色列的shakshuka（番茄调味鸡蛋）。

Saravana Bhavan　　　　　　南印度菜 $

（主菜 ₹25~110；◎7:00~21:30）这是人气很旺的南印度纯素食连锁餐厅的一家分店，供应你想要的所有idli和薄饼。

Taste the Brews　　　　　　咖啡馆 $

（饮品 ₹30~50；◎8:00至正午和15:00~20:00）这是位于汽车站附近的一家很酷的咖啡馆，供应欧陆风格的早餐，还可以品尝当地的茶和咖啡。

Sree Mahaveer Bhojanalaya　　北印度菜 $$

（Mattupetty Rd；塔利套餐 ₹130~220；◎7:30~21:30）这家纯素餐馆位于SN Annex Hotel酒店内，全家出动的食客非常喜欢这里种类多样的塔利套餐：例如拉贾斯坦邦、古吉拉特邦和旁遮普邦等风味的菜肴。此外还有各种素食。

☆ 娱乐

Punarjani Traditional Village　　现场表演

（☎04865-216161；www.punarjanimunnar.org；2nd Mile, Pallivasal；₹200~300；◎演出 17:00和18:00）每天都有卡塔卡利舞表演（17:00）和卡拉里帕亚图武术表演（18:00），虽然主要面向游客，但很有娱乐性。如果你想看卡塔卡利舞充满仪式感的化妆过程，就在16:00过来。可当天买票，不过要想坐到最好的位子，可以考虑提前一天订票。位于蒙讷尔镇以南8公里处。

Thirumeny Cultural Centre　　现场表演

（☎9447827696；Temple Rd；表演 ₹300；◎卡塔卡利舞表演 17:00~18:00和19:00~20:00，卡拉里帕亚图武术 18:00~19:00和20:00~21:00）这家小剧场就在Eastend Hotel后面的路上，有卡塔卡利和卡拉里帕亚图武术表演，每晚各两场。

值得一游

齐纳野生动物保护区（CHINNAR WILDLIFE SANCTUARY）

齐纳野生动物保护区（www.chinnar.org；门票含3小时徒步 印度人/外国人 ₹230/600；◎8:00~17:00）位于蒙讷尔东北方向60公里处，保护鹿、豹、大象和濒危的大灰松鼠。游客在保护区里可以徒步、住**树屋**（双 ₹2600）或**小木屋**（双 ₹2600~3100），还可以参加河边徒步、文化参观（保护区内生活着两个部落社群）和瀑布徒步（每人约₹600）等环保游览项目。通过蒙讷尔的森林信息中心（见本页）获取详情。从蒙讷尔开来的长途汽车可以把你放在齐纳（₹40；1.5小时），乘坐出租车的费用为₹1500。

ⓘ 实用信息

DTPC旅游信息中心（DTPC Tourist Information Office；☎04865-231516；www.dtpcidukki.com；Munnar Rd；◎8:30~19:00）虽然不能提供太多有用的信息，但会组织多种团队游，还能安排徒步向导。

森林信息中心（Forest Information Centre；☎8301024187；◎9:00~15:00）可以帮助游客预订齐纳野生动物保护区内的住宿，还可以提供关于齐纳和埃拉维库兰国家公园的信息。

ⓘ 到达和离开

蒙讷尔周边的公路蜿蜒曲折，而且雨季降雨后路况很差，所以长途汽车的发车时间会发生变化。**KSRTC长途汽车总站**（AM Road）在镇南，但从蒙讷尔镇内的汽车站乘坐长途汽车更容易，因为后者有班次更多的私营长途汽车。镇内的汽车站在市场里。

每天有18班**长途汽车**开往埃尔纳古勒姆（科钦；₹124；5.5小时），6班开往特里凡得琅（普通车/豪华车 ₹251/371；9小时），2班开往阿勒皮（₹168/226，5小时）。**私营长途汽车**分别于11:25、12:20和14:25开往库木日依（₹80；4小时）。开往**蒙讷尔山顶站**（Top Station）和**哥印拜陀**（Coimbatore）的长途汽车从不同的站点出发。

乘坐出租车前往埃尔纳古勒姆的费用约为₹2800；去阿勒皮约₹3800，前往库木日依则需₹2400。

❶ 当地交通

Gokulam Bike Hire(☏9447237165;每天₹400~500;⏱9:00~18:00)在位于镇南的前公共汽车站内,出租摩托车和轻便摩托车。来之前先致电。

蒙讷尔周边的山区有**机动三轮车**可以载客,招之即来。一天的山区观光收费最高₹850。

蒙讷尔周边

山顶站 (Top Station)

山顶站(海拔1880米)位于喀拉拉邦和泰米尔纳德邦交界处的山上,是个热门的旅游目的地,人们纷纷来此观赏壮观的西高止山脉风光。每天有4班长途汽车从蒙讷尔开到这里(₹40,1.5小时,7:30起),车辆会在大约1小时内驶完32公里的上山路。或者你也可以包出租车往返(₹1200)。你会在上山的途中看到野生大象。

埃拉维库兰国家公园 (Eravikulam National Park)

埃拉维库兰国家公园 国家公园

(Eravikulam National Park;☏04865-208255;www.eravikulam.org;印度人/外国人₹95/360,拍照/录像₹38/300;⏱4月至次年1月7:30~16:00)这座公园距离蒙讷尔13公里,是濒危但非常温顺的尼尔吉里塔尔羊(Nilgiri tahr;一种野山羊)的栖息地。一辆专门观赏野生动物的大巴车会带你进入Rajamala旅游区,在那里看到野生动物的概率很高。导览徒步游的价格是₹300。公园里还有喀拉拉邦的最高峰阿纳穆迪(Anamudi;2695米),不过在本书调研期间对登山者不开放。

从蒙讷尔出发到这里,机动三轮车和出租车的往返费用分别为₹300和₹400左右。你可以乘坐一辆国营公共汽车从4公里外的检查站到达这里(₹40)。

喀拉拉邦中部

科钦[Kochi(Cochin)]

☏0484/人口601,600

600多年来,安静的科钦一直吸引着商人、探险家和旅行者来到它的海岸。印度其他地方都不如这里新鲜有趣:来自中国的巨大渔网、一座有着400年历史的犹太教堂、古代清真寺、葡萄牙民宅和英属殖民地时期的老房子——这一切造就了一座位于热带的马拉巴尔海边的不可思议地结合了葡萄牙、荷兰和英国风情的村庄。花些时间在城里逛逛,并且在印度最好的民宿和老房子酒店里住上一晚。科钦还是喀拉拉邦艺术的中心,是观赏卡塔卡利舞和卡拉里帕亚图武术(kalarippayat)的最佳地点之一。

内陆城市埃尔纳古勒姆是科钦的交通和国际化枢纽城市,但科钦堡(Fort Kochi)和默丹杰里(Mattancherry)是两大历史名城,游客较多,气氛极佳,充满了历史感。其他岛屿,包括威灵顿(Willingdon)和维皮恩(Vypeen),都有渡轮和桥梁与陆地相连。

◉ 景点

◉ 科钦堡 (Fort Kochi)

科钦堡有几个小沙滩,尤其适合在晚上观看来往人群或是入港的油轮。一条步道从圣雄甘地海滩(Mahatma Gandhi Beach)延伸到中国渔网和鱼市场。

留意海岸沿线,寻找Immanuel要塞(Fort Immanuel)的残存遗迹,它是葡萄牙人在16世纪修建的堡垒,该区域就是以它的名字命名的。

中国渔网 地标

(Chinese Fishing Nets;见984页地图)喀拉拉邦回水湖区的非官方标志,或许也是上镜次数最多的标志,一共包括6张左右的巨大的**中国渔网**,悬挂在科钦堡(Fort Cochin)的东北海岸上。这些渔网是1400年忽必烈大军的随军商人留下来的,其规模之大,涨潮后至少需要4个成年人才能展开。

与现代化的捕鱼技术相比,这些耗费人力的捕鱼方法显得越来越低效,但是它们能捕捉到你在市面上能够见到的许多新鲜湖鱼。文伯纳德的湖边点缀着较小的渔网——其中最好的位于维皮恩岛(Vypeen Island)的柴瑞海滩北部。

印葡博物馆 博物馆

(Indo-Portuguese Museum;见984页地图;☏0484-2215400;印度人/外国人₹10/25;⏱

Kochi (Cochin) 科钦

周二至周日9:00~13:00和14:00~18:00)这个博物馆位于主教府邸（Bishop's House）的花园里，收藏着印度最早的天主教古董，如法衣、银质十字架和来自科钦教区的祭坛装饰品。地下室是Immanuel要塞的遗迹。

海事博物馆 博物馆

（Maritime Museum; Beach Rd; 成人/儿童 ₹40/20，拍照/录像 ₹100/150; 周二至周日10:00~15:30和16:30~17:30）博物馆的所在地是过去的两个防弹战壕。馆内的展品追溯了印度海军的历史，通过一系列相当枯燥无味的壁画和信息板讲述了葡萄牙和荷兰人占领时期的贸易活动。与海军有关的纪念品数量丰富，包括花园外面的两艘战舰模型。

圣弗兰西斯教堂 教堂

（St Francis Church; 见984页地图; Church Rd; 8:30~17:00）这座据信是印度最古老的由欧洲人修建的教堂由葡萄牙圣方济会修士们于1503年建造。今天见到的教堂建于16世纪中叶，并非最初的木质建筑。1524年逝于科钦的探险家达·伽马曾在该教堂长眠14年（遗骨后来被送回里斯本）——他的墓碑还留在教堂里。

圣克鲁斯大教堂 教堂

（Santa Cruz Basilica; 见984页地图; Bastion St和KB Jacob Rd的交叉路口; 周一至周六9:00~13:00和14:30~17:30，周日10:30~13:00）这座雄伟的天主教巴西利卡式教堂始建于1506年，但目前的建筑是于1902年在原址上重建的。教堂内部颜色淡雅清新，有科钦不同时期的天主教物品。

荷兰公墓 墓地

（Dutch Cemetery; 见984页地图; Beach Rd）这个墓地在科钦海滩附近，建于1724年，荷兰商人和士兵的坟墓已经残破不堪。大门通常锁着，但看门人兴许会放你进来。或者也可以去圣弗朗西斯教堂问问。

◉ 默丹杰里和犹太城
(Mattancherry & Jew Town)

位于科钦堡东南方向约3公里处的默丹杰里是一个古老的商业地区，也是香料贸易的中心。如今，这里香料店林立，克什米尔人经营的商场价格高昂，为了拿回扣（数额还算合理），机动三轮车司机会忙不迭地招揽生意——在该区域要价便宜的游览总是会把你带到几家商店里去。犹太城是热闹的港口区，

Fort Cochin 科钦堡

- Vembanad Lake 文伯纳德湖
- Mahatma Gandhi Beach 圣雄甘地海滩
- Customs Jetty 海关码头
- Bazaar (Boat Jetty) Rd
- 去Waterfront Granary (200m); Mattancherry 默丹杰里 (2km)
- 去Kayees Ramathula Hotel (250m)
- River (Calvathy) Rd
- Ferry to Vypeen Island 去维皮恩岛的渡口
- 去Vypeen Island 维皮恩岛 (300m)
- Dispensary Rd
- Rampart Rd
- Fort Cochin Bus Stand 科钦堡汽车站
- Tourist Desk Information Counter 游客信息中心
- Outdoor Cafes
- Tower Rd
- Rose St
- Church Rd
- Princess St
- Burgher St
- Bastion St
- FORT COCHIN 科钦堡
- St Peter & Paul Church 圣彼得保罗教堂
- Fort Nagar
- Fosse St
- Amravathi Rd
- Kunnumpuram Junction
- 去Jojies Homestay (150m)
- KB Jacob Rd
- 去Beena Homestay (600m)
- Kit Kat Rd
- Peter Celli St
- Quiros St
- KL Bernard Rd
- 去Green Woods Bethlehem (700m); Reds Residency (960m)
- Post Office Rd
- Parade Grounds 游行广场
- Parade Ground Rd
- Dutch Cemetery Rd
- Napier St
- Lily St
- Elphinstone St
- New Rd
- 去Maritime Museum 海事博物馆 (600m); Reds Residency (1.2km)

0   200 m
0   0.1 miles

喀拉拉邦 科钦

Fort Cochin 科钦堡

◎ 景点
- **1** 中国渔网 B1
- **2** 荷兰公墓 A3
- **3** 印葡博物馆 A4
- **4** 圣克鲁斯大教堂 C3
- **5** 圣弗兰西斯教堂 B2

✪ 活动、课程和团队游
- **6** Art of Bicycle Trips B2
- Cook & Eat .... (见14)
- **7** KTDC C1
- **8** SVM Ayurveda Centre B3

⊟ 住宿
- **9** Brunton Boatyard D1
- **10** Daffodil C4
- **11** Delight Home Stay B3
- **12** Fort House Hotel G1
- **13** Happy Camper C4
- **14** Leelu Homestay B3
- **15** Malabar House A3
- **16** Maritime F1
- **17** Old Harbour Hotel C2
- **18** Raintree Lodge B3
- **19** Saj Homestay D4
- **20** Spice Fort C2
- **21** Tea Bungalow D4
- **22** Walton's Homestay C2

◎ 就餐
- **23** Dal Roti A3
- **24** Drawing Room B2
- **25** 鱼贩子 C1
- **26** Fusion Bay C3
- **27** Kashi Art Cafe B2
- **28** Loafers Corner B2
- Malabar Junction .... (见15)
- **29** Solar Cafe G1
- **30** Teapot B3
- **31** Upstairs Italian C3

✪ 娱乐
- **32** Kerala Kathakali Centre C3

◎ 购物
- **33** Cinnamon B3
- **34** Fabindia A4
- **35** Idiom Bookshop B2
- **36** Niraamaya B3
- **37** Tribes India B3

ⓘ 实用信息
- **38** 联邦银行自动柜员机 D3
- **39** 印度工业信贷投资银行自动柜员机 D4
- **40** 印度国家银行自动柜员机 D2
- **41** 南印度银行自动柜员机 C3
- **42** 阿联酋换汇交易所 D3

有个美丽的犹太教堂。几个小商店挤在古老而残破的建筑里,空气中弥漫着姜、豆蔻、孜然、姜黄和丁香的味道。荷兰宫(Dutch Palace)和犹太教堂周围的小巷里有许多出售古董和旅游纪念品的商店。

★ 默丹杰里宫
博物馆

(Mattancherry Palace, 荷兰王宫; 见986页地图; ☎0484-2226085; Palace Rd; 成人/儿童 ₹5/免费; ☉周六至周四 9:00~17:00)默丹杰里宫是1555年葡萄牙人为表示善意而送给科钦王公Veera Kerala Varma(1537~1561年)的豪华礼物。1663年荷兰人重修了这座宫殿,它因此得名"荷兰宫"。博物馆内的亮点是保存得极其完好的印度教壁画,精准而翔实地描述了《罗摩衍那》《摩诃婆罗多》的故事和印度教的传说。

★ 帕尔德西犹太教堂
(Pardesi Synagogue)
犹太教堂

(见986页地图; ₹5; ☉周日至周四 10:00~13:00和15:00~17:00, 犹太教节日关闭)这座教堂始建于1568年,部分建筑于1662年毁于葡萄牙人之手,并于两年后荷兰人占领科钦时复建。1762年又增加了金色的讲坛和来自中国广东的精美手绘图案柳木地板。比利时制造的枝形吊灯和带彩色玻璃罩的灯泡将教堂内部照得雪亮。优雅的钟楼建于1760年。楼上的阳台供按照东正教习俗做礼拜的妇女使用。

注意: 不得穿短裤或无袖上衣入内, 禁止携带包和相机入内。

◎ 埃尔纳古勒姆(Ernakulam)
喀拉拉邦民俗博物馆
博物馆

(Kerala Folklore Museum; ☎0484-2665452; www.keralafolkloremuseum.org; Folklore Junction, Thevara; 印度人/外国人 ₹100/200, 拍照 ₹100; ☉9:00~18:00)这座喀拉拉邦风格的博物馆是用它的主人搜集来的古代寺庙和建筑美观的老房子营造的,馆内有4000多件古董,包含了3种建筑风格: 一楼是马拉巴尔

Mattancherry 默丹杰里

Mattancherry 默丹杰里

◎ 重要景点
1 默丹杰里宫 B2
2 帕尔德西犹太教堂 B2

🛌 住宿
3 Caza Maria B2

🍴 就餐
4 Cafe Crafters B2
  Caza Maria .... (见3)
5 Ginger House B2
6 Kayees Ramathula Hotel A1

ℹ 交通
7 去威灵顿岛的渡口 B2

风格,二楼是科钦风格,三楼是特拉凡哥尔风格。这里有一个墙壁贴着木板的美丽剧场,木质天花板是17世纪的。博物馆位于Ernakulam Junction火车站以南约6公里处。

三轮车从埃尔纳古勒姆到这里收费₹90,你也可以乘坐任意公共汽车到Thevara,下车后花₹25坐机动三轮车即达。从科钦堡坐机动三轮车到这里需要花费₹200。

🏃 活动

Ayur Dara 阿育吠陀
(☎0484-2502362, 9447721041; www.ayurdara.com; Murikkumpadam, Vypeen Island; ⏰9:00~17:30)这家宜人的水滨养生院由阿育吠陀世家的第三代传人Subhash医师经营,特色是1~3周(每天₹1650)的养生治疗。仅接待预约客人。距离维皮恩岛码头3公里。

SVM Ayurveda Centre 阿育吠陀
(Kerala Ayurveda Pharmacy Ltd;见984页地图;☎9847371667; www.svmayurveda.com; Quiros St; 按摩₹900起,美容养颜₹1200起; ⏰9:30~19:00)位于科钦堡中央的小养生院,每天都有起到愈疗作用的按摩和哈他瑜伽课程(₹500)。还提供长期的美容养颜优惠套餐。

🎓 课程

Kerala Kathakali Centre(见993页)有古典卡塔卡利舞、音乐和化妆课程(短期和长期课程都有,收费每小时最低₹350)。

要想学卡拉里帕亚图武术,可以去有名的培训中心Ens Kalari(见993页)。那里有为期一周至一个月的短期速成班。

Cook & Eat 烹饪
(见984页地图;☎0484-2215377; www.leeluhomestay.com; Quiros St; 课程 素菜/非素菜 ₹700/750; ⏰16:00~18:00)Leelu Roy夫人在Leelu Homestay(见988页)的自家大厨房里教授时长2小时的烹饪课程,参加者众多。每个学习班招收5~10人,教授5道菜和她自制的辛辣香料粉(garam masala)的制作方法。

👉 团队游

Tourist Desk 团队游
(见990页地图;☎0484-2371761, 9847044688; www.touristdesk.in; Ernakulam Boat Jetty; ⏰8:00~18:00)这家高调的私营团队游旅行社经营颇受欢迎的Water Valley Tour (₹1250, 8:00出发),参加者乘坐船屋,用一整天的时间游览当地的回水河道和环礁。行程包含在较小的水道里乘独木舟参观沿途村庄。这家公司还组织独木舟日落晚餐巡游(每人₹850),从维皮恩岛上的Narakkal Village出发,还可以选择是否在一栋海滩平房里过夜。

Art of Bicycle Trips 骑车
(见984页;☎08129945707; www.artofbicycletrips.com; Bastion St; 3小时/半天团队游 ₹1450/2500; ⏰9:00~18:00)使用优质山地车

并且有导游的自行车团队游,包括古老堡垒区域的早晨团队游和在回水湖区周边的半日骑行。是以慢节奏欣赏该区域风景的好办法。

Kerala Bike Tours
骑摩托车

(☎0484-2356652, 9388476817; www.keralabiketours.com; Kirushupaly Rd, Ravipuram)这个机构会组织喀拉拉邦各地和西高止山脉地区的摩托车团队游,也向真正的骑手出租高质量的Enfiled Bullets摩托车(每周155美元起)。租车不限里程,租金包含全险和免费修车/保养。

KTDC
乘船游

(见984页地图;☎0484-2353234; Marine Dr, Kochi; 回水水域团队游 半天/全天 ₹750/1250; ◎周一至周六 10:00~17:00)KTDC有8:30和14:00出发的半日团队游,以及全天团队游,目的地包括村庄的纺织厂、香料作物种植园和棕榈酒酿酒厂,此外还有当地巡游和城市团队游。

✱ 节日和活动

Ernakulathappan Utsavam
宗教节日

(◎1月/2月)在埃尔纳古勒姆(Ernakulam)的湿婆庙(Shiva Temple)举办,为期8天,到高潮的时候,15只装饰得花团锦簇的大象组成象队,在热闹的音乐和烟火陪伴下游行。

科钦狂欢节
狂欢节

(Kochi Carnival; www.cochincarnival.org; ◎12月21日)科钦狂欢节是科钦堡最大的节日,为期10天的庆祝活动一直持续到新年前夜;街头游行、五颜六色的服装、被打扮得色彩缤纷的大象(不是所有人都欣赏得了)、音乐、民族舞表演等都是这一节日的特色,热闹又有趣。

⌂ 住宿

科钦堡是印度的家庭寄宿之都,有大约200户家庭寄宿可以选择,不过它也有喀拉拉邦最好的传统建筑住宿。旺季时游客不少,所以床位紧张,但不失安静和浪漫,是个逃离嘈杂而忙碌的内陆的好地方。埃尔纳古勒姆的酒店价格相对低,而且交通也方便,但气氛和酒店种类都不尽如人意。

12月和1月都一定要提前订房。其他月份有可能享受折扣。

⌂ 科钦堡

Happy Camper
青年旅舍 $

(见984页地图;☎9742725668; KB Jacob Rd; 铺 含早餐 ₹550; ❄@⚡)自称精品青年旅舍的Happy Camper是一个令人放松的地方,只有3个带空调的宿舍(其中一个仅限女性),还有一个小厨房、一个很棒的小咖啡馆以及屋顶区域和友好的员工。位置很好,就在旅游中心区域的南边。

Maritime
青年旅舍 $

(见984页地图;☎0484-6567875; www.thehostelcrowd.com; 2/227 Calvathy Rd; 铺 ₹500,双 ₹1200~1600; ❄@⚡)这个来自果阿邦的连锁青年旅舍如今也在科钦开店了,店址非常棒,距离海关码头(Customs Jetty)不远。旅舍里有航海主题的漂亮的点缀,带空调的宿舍和双人间干净且维护良好,有小厨房、洗衣房和图书室。

Jojies Homestay
家庭寄宿 $

(☎9995396543; 1/1276 Chirattapallam Rd, 紧邻KB Jacob Rd; 双/标三 ₹800/1200; ⚡)这是一家干净、友好且热情的家庭寄宿,乐于助人的房东和在屋顶花园上供应的大份早餐让它很受旅行者的欢迎。

★ Reds Residency
家庭寄宿 $$

(☎0484-3204060, 9388643747; www.redsresidency.in; 11/372 A, KJ Herschel Rd; 双 含早餐 ₹900~1200, 带空调 ₹1200, 空调屋顶小屋 ₹1500; ❄@⚡)Reds是一家可爱的家庭寄宿,客房达到了酒店标准,但博学多识的房东Philip和Maryann能够让客人感受到家一般的温馨。5个房间——包括1个三人间和1个有4张床的家庭房——既时尚又干净,还有一间带独立厨卫的神奇"阁楼"木屋,厨房在屋顶上。位于市中心以南一处安静的地方。

★ Green Woods Bethlehem
家庭寄宿 $$

(☎9846014924, 0484-3247791; greenwoodsbethlehem1@vsnl.net; opposite ESI Hospital; 双 ₹1200~1400, 带空调 ₹1500~1800; ❄@⚡)房东Sheeba会用灿烂的微笑拂去旅行者的疲

意,让客人在一进门的时候就会感受到家一般的温馨。房子位于一条安静的小巷深处,是科钦最静谧的民宿之一。四面有栏杆的花园里种满了植物和棕榈树。客房虽然装饰朴素但很温馨,客人可以在有树荫遮凉的屋顶咖啡厅吃早餐。

Raintree Lodge 精品酒店 $$

(见984页地图;☎9847029000、0484-3251489; http://raintree-lodge.viewhotel.co; 1/618 Peter Celli St; 房间 ₹3100; ※ ⑦)这栋老房子给人一种精品酒店的感觉,房间优雅,私密性强。5间客房的每一个都摆放着雕花木质家具,既传统又时尚。楼上朝街的客房的阳台有藤蔓围绕,令人想起罗密欧与朱丽叶的幽会之处。性价比高。

Delight Home Stay 客栈 $$

(见984页地图;☎98461121421、0484-2217658; www.delightfulhomestay.com; Post Office Rd; 房间 含早餐 ₹2500~4500; ※ ⑦)这座大房子是科钦堡最早的家庭寄宿之一,装饰着漂亮的白色木饰边,6间客房宽敞干净。有个迷人的小花园。早餐室优雅,起居室面积大(木梁是整根的柚木)。露天厨房供应美食,还开设了烹饪课程。

Beena Homestay 家庭寄宿 $$

(homestaykochi.com; XI/359B KB Jacob Rd; 双 含早餐和晚餐 ₹3000; ※ ⑦)Beena在家庭寄宿中为旅行社提供食宿已经有许多年了,并且一直维持着很高的水准。这里有6个一尘不染的空调房间,并在餐厅供应家常烹饪菜肴。

Walton's Homestay 客栈 $$

(见984页地图;☎9249721935、0484-2215309; www.waltonshomestay.com; Princess St; 房间 含早餐 ₹1600~3500; ※ ⑦)房东Walton先生为人一丝不苟,他的旧房子里有面积很大、摆放着木质家具的房间。客房粉刷成蓝白相间的颜色。客栈藏在一家书店后面。楼下的房间通往植物茂盛的花园,楼上的房间共用一个阳台。公共早餐室也不错。

Saj Homestay 家庭寄宿 $$

(见984页地图;☎8086565811、9847002182; www.sajhome.com; Amravathi Rd, 靠近Kunnumpuram Junction; 双 含早餐 ₹2500起; ※ ⑦)乐于助人的Saj经营着这家温馨热情、一尘不染的家庭寄宿,这里有6个客房,都在楼上。临街的房间有些交通噪音,但带空调的房间很隔音,旅行者对在阳台上供应的早餐赞不绝口。

Leelu Homestay 家庭寄宿

(见984页地图;☎0484-2215377; www.leeluhomestay.com; 1/629 Quiros St; 标单/双 含早餐 ₹1500/2500; ※ ⑦)位置居中而且非常温馨,有4个带空调的楼上房间、一个屋顶露台(可以安排瑜伽)和摆放着漂亮家具、社交气氛浓厚的休息区域。Leelu开设的Cook & Eat 烹饪课程(见986页)让厨房成了备受关注的热点区域。

Daffodil 客栈 $$

(见984页地图;☎9895262296、0484-2218686; www.daffodilhomestay.com; Njaliparambu Junction; 双 含早餐 不带/带空调 ₹1800/2500; ※ @ ⑦)房东是一对热情的夫妇,有8个颜色鲜艳的现代化大房间,房间有一种私密感,楼上那间有喀拉拉风格雕花木阳台的房间最好。

★ Malabar House 酒店 $$$

(见984页地图;☎0484-2216666; www.malabarhouse.com; Parade Ground Rd; 房间 €275, 套含早餐 €300~400; ※ @ ⑦)可能是喀拉拉邦最迷人的精品酒店之一,客房被刷成了非常现代的颜色,摆放着古典家具,但一切又显得轻描淡写、不着痕迹。虽然套房面积大、设施豪华,但标准间更温馨舒适。这里的餐厅曾获过奖,红酒酒吧也是一级棒。

★ Brunton Boatyard 酒店 $$$

(见984页地图;☎0484-2215461; www.cghearth.com/brunton-boatyard; River Rd; 双 ₹22,000起; ※ @ ⑦ ≋)这家酒店占地面积大,客房楼外观宏伟,忠实地再现了16世纪和17世纪的荷兰和葡萄牙建筑的壮观风格。所有的房间都能眺望到港口,配备了浴缸和阳台——阳台上凉风习习,比开空调强多了。酒店还有很好的餐厅History Restaurant和酒吧Armoury Bar,此外还有几个室外咖啡厅。

Spice Fort 精品酒店 $$$

（见984页地图；☏9364455440；www.duneecogroup.com; Princess St; 房间 ₹10,500~12,600; ❄☞☎✉）红白相间的房间以香料为主题，甚是别致，有嵌入床头板的电视、酷酷的配色和一尘不染的卫生间。传统式的庭院中听不到繁忙的Princess St的噪音，所有房间都环绕着庭院中一个诱人的游泳池。位置很好，餐厅品质优良，员工友好。

Tea Bungalow 酒店 $$$

（见984页地图；☏0484-2216337；www.teabungalow.in; 1/1901 Kunumpuram; 房间 含早餐 ₹10,500起; ❄@☎✉）这座建于1912年的殖民地时代建筑有着芥末黄色的外立面，曾经是英国香料贸易公司总部，后来转手卖给Brooke Bond茶叶公司。10间优雅的古典客房都以贩运茶叶的港口命名，内饰颜色鲜艳，摆放着殖民地时代的雕花木制家具，还有铺着Bassetta牌高级瓷砖的卫生间。淡季时房价可低至4折。

Old Harbour Hotel 酒店 $$$

（见984页地图；☏0484-2218006；www.oldharbourhotel.com; 1/328 Tower Rd; 房间 ₹12,700~15,700, 套 ₹16,500; ❄@✉）酒店所在的建筑是一栋有着300年历史的荷兰/葡萄牙老房子，院子中央的花园里有睡莲池和一个小游泳池。古典优雅与当代时尚的完美融合令这里颇为迷人，而且相比那些规模宏大的竞争对手来说，这个酒店更具私密性。有13间客房和套房，其中一些面朝花园，另外一些的浴室是露天的（用植物做遮挡）。

Fort House Hotel 酒店 $$$

（见984页地图；☏0484-2217103；www.hotelforthouse.com; 2/6A Calvathy Rd; 房间 含早餐 ₹6500; ❄@）靠近码头的Fort House Hotel是科钦堡少数几个真正的水滨酒店之一。尽管16间精致的空调客房都位于植物茂盛的花园深处，但餐厅着实占据了最好的水滨位置。

🛏 默丹杰里和犹太城

Caza Maria 历史酒店 $$

（见986页地图；☏9846050901；cazamaria@rediffmail.com; Jew Town Rd, Mattancherry; 房间 含早餐 ₹5000; ❄☎）这座没有标志牌的独特民宅就在犹太城中心，只有2间很大的古老房间，它们在商店的楼上，俯瞰着市场。客房的装修风格别具匠心：颜色明快，天花板高高的，摆放着古董家具——就是王公贵族来住也绝无不妥。

Waterfront Granary 精品酒店 $$$

（☏98952847000, 0484-2211177; www.thewaterfrontgranary.com; 6/641 Bazaar Rd, Mattancherry; 双 ₹10,200~14,400, 套 ₹21,600; ❄☞☎✉）走进Waterfront Granary时，你注意到的第一件东西将会是休息室里的一辆1928年的福特老爷车。这是一家博物馆酒店，摆出了老板的众多个人收藏品。主建筑本身从前是一座谷仓，修建于1877年，而16个宽敞的房间既有传统的感觉，又有一些现代化的细节。

位置非常棒，就在湖边，有一个大露台和小泳池，可以眺望威灵顿岛。

🛏 埃尔纳古勒姆

John's Residency 酒店 $

（见990页地图；☏8281321395, 0484-2355395; TG Rd; 标单/双 ₹550/750起, 带空调 ₹1550; ❄）一个真正的背包客住处，也是埃尔纳古勒姆最好的廉价之选，尤其是当John住在这里的时候。位置很安静，但是距离码头只有一小段步行距离。房间很小（豪华房大一些），但墙壁的颜色淡雅清新，为这家经济型酒店带来了一抹热情而温馨的感觉。

Boat Jetty Bungalow 酒店 $$

（见990页地图；☏0484-2373211; www.boatjettybungalow.com; Cannon Shed Rd, Ernakulam; 标单/双 ₹650/950, 带空调 ₹1400/1900; ❄）这座前码头经理人的房子有着140年的历史，经过翻新之后拥有22个整洁干净且配有电视的房间。如果想去科钦堡，从这里到码头只有一小段步行距离。

Grand Hotel 酒店 $$$

（见990页地图；☏9895721014, 0484-2382061; www.grandhotelkerala.com; MG Rd; 标单/双 含早餐 ₹3500/4300起, 套 ₹6500; ❄@☎）这家酒店建于20世纪60年代，最初的艺术装饰物至今仍很光洁，散发出些许现代酒店也愿

Ernakulam 埃尔纳古勒姆

Ernakulam 埃尔纳古勒姆

⊙ 活动、课程和团队游
1 Tourist Desk B3

⊙ 住宿
2 Boat Jetty Bungalow B3
3 Grand Hotel C4
4 John's Residency B3

⊙ 就餐
5 Chillies C4
6 Frys Village Restaurant C1
Grand Pavilion .... （见3）

⊙ 娱乐
7 See India Foundation D5

⊙ 实用信息
8 KTDC游客接待中心 B3
游客信息中心 .... （见1）
9 阿联酋换汇交易所 C4
10 阿联酋换汇交易所 C4

⊙ 交通
11 印度航空公司 B5
12 订票处 D4

意再度营造出来的复古气质。宽敞的客房里铺着闪闪发光的镶嵌木地板,卫生间又大又时髦。酒店附设一个不错的餐厅,而酒吧是埃尔纳古勒姆最精致时尚的。

科钦周边

Kallanchery Retreat
家庭寄宿 $$

(☎9847446683,0484-2240564;www.kallancheryretreat.com;Kumbalanghi Village;房间和村舍 不含/含空调 ₹2000/2500;❀☎)这个宁静的经济型水滨住宿和它宽阔的花园位于科钦堡以南15公里处的村庄Kumbalanghi,在这里可以避开科钦如潮般的游人。你可以住在这栋家庭住宅里的房间,或者住进绝妙的湖滨村舍。中国渔网就在你的门前台阶旁,还提供乘船游、村庄团队游和家常烹饪餐食。

The Bungalow
家庭寄宿 $$

(☎9846302347;www.thebungalow.in;Vypeen Island;双含早餐 ₹4500~5500;❀☎)从维皮恩岛上的码头走小段路即可到达,这座美丽而古老的喀拉拉邦传统住宅只有两个互相连通的大房间,里面摆放着四柱床和古雅的家具。房东Neema是个很棒的厨师,开设了烹饪课程(₹500)。

Olavipe
民宿 $$$

(☎0478-2522255;www.olavipe.com;Olavipe;标单/双 含三餐 ₹6000/10,000;☎)这个传统的叙利亚-基督教风格建筑建于19世纪90年代,位于科钦以南28公里处。民宿坐落在一个占地16公顷的农场内,周围环绕着回水河道。经过翻修的大宅由玫瑰木和闪闪发光的柚木建成,客房大而凉爽,房内保留着当年的装饰,十分美丽。

餐饮

科钦堡最好的一些烹饪都在民宿内,此外也有不少好餐馆和咖啡馆。

科钦堡

中国渔网后面有一些**鱼贩子**(见984页地图;Fort Cochin;海鲜 ₹400~1000;◎餐厅 8:00~21:00),你可以向他们买当天的渔获——新鲜的鱼、对虾、蟹和龙虾,买完后到Tower Rd附近那些简陋但生意火爆的餐馆里面挑一家,厨师可以帮你烹制成菜肴(收加工费)。市场里的海鲜价格差异很大,不过只要你多问几家并且讨价还价的话,就会很容易对价格有所了解了。

Loafers Corner
咖啡馆 $

(见984页地图;☎0484-2215351;Princess St;小吃 ₹60起;◎9:00~21:00)如果你能找到靠窗的座位,那么Princess St街上就再也没有比这里更适合观看往来人群的地点了。这还是一个享用咖啡、印度奶昔、早餐或简餐小吃的好地方。

Solar Cafe
咖啡馆 $

(见984页地图;Calvathy Rd;餐 ₹60~240;◎8:00~18:00)这家有艺术气息的楼上咖啡馆就坐落在海关码头对面,店内装修成明亮的黄绿色,摆着许多图书,供应有机早餐和午餐、肉桂咖啡和新鲜果汁。

★Dal Roti
印度菜 $$

(见984页地图;☎9746459244;1/293 Lily St;餐 ₹150~250;◎周三至周一 正午至15:00和18:30~22:00)这家餐馆很招人喜欢。老板Ramesh为人热情,学识渊博,菜单上种类丰富(菜单上包含很多餐厅自创的术语)的北印度风味菜肴肯定让你垂涎三尺。素菜、半素菜(有鸡蛋)和非素菜都有。有加尔各答卷饼(kati roll;滚烫的抛饼卷烤肉串)和7种塔利套餐,所以你肯定能找到爱吃的。不卖酒。

★Kashi Art Cafe
咖啡馆 $$

(见984页地图;Burgher St;早餐和小吃 ₹160~280;◎8:30~22:00)科钦的老牌咖啡馆,室内采光良好,半室内、半庭园的餐厅内摆放着结实的木头餐桌,气氛轻松悠闲,充满禅意。咖啡香浓,西式早餐和午餐特价菜都很好吃。小画廊里挂着本地艺术家的作品。

Teapot
咖啡馆 $$

(见984页地图;Peter Celli St;茶 ₹50~120,主菜 ₹200~300;◎8:30~20:30)这家气氛悠闲惬意的咖啡馆是喝下午茶的绝佳去处,有16种茶、三明治、蛋糕和一些餐食。室内装饰时髦,通风良好。与茶叶主题相关的摆设包括各种古董茶壶、几大桌子的茶叶罐和一个用茶树树干做成、铺着玻璃桌面的桌子。

Drawing Room
咖啡馆 $$

（见984页地图；Church Rd；主菜 ₹150～450；⊙正午至22:30）在Grand Cochin Club里面，这个整洁的新餐厅有着非常棒的位置，大大的窗户对着水面。简餐菜单上有小吃拼盘、沙拉和意大利面。晚上偶尔有现场音乐演出。

Fusion Bay
海鲜 $$

（见984页地图；☎9995105110；KB Jacob Rd；主菜 ₹250～400；⊙正午至22:30）这个看上去不起眼的小小的家庭餐馆位于科钦堡的中央位置，在当地很有名，拿手菜是喀拉拉邦叙利亚式鱼类菜肴——烹饪风格名曰pollichathu（用马沙拉香料饼调味然后包裹在蕉叶中烘烤），以及各种海鲜菜肴如辛辣的鱼肉帕帕斯（fish pappas）和鱼配芒果咖喱。

★ Malabar Junction
各国风味 $$$

（见984页地图；☎0484-2216666；Parade Ground Rd；主菜 ₹420～750，5道菜品味套餐 ₹2000；⊙12:30～15:00 和 19:00～23:00）属于Malabar House（见988页），在一侧露天的亭子里，看起来很像是出现在电影里的那种高级餐馆。铺着白色桌布的餐桌摆在庭院里，旁边就是小游泳池。菜肴是以欧式口味为主的海鲜，招牌菜是配烤菜的大份海鲜盘。楼上的葡萄酒吧供应塔帕斯风格的高档小吃，还论杯出售优质葡萄酒。

Upstairs Italian
意大利菜 $$$

（见984页地图；☎9745682608；Bastion St；主菜 ₹250～600；⊙10:00～23:00）想要品尝意大利进口的正宗蓝纹奶酪（gorgonzola）、意大利熏火腿、橄榄油、帕尔马干酪，就到在楼上的这个舒适的小餐厅吧，这里供应科钦最好的比萨、意大利面和开胃菜。价格贵，但很值得。

默丹杰里和犹太城

Kayees Ramathula Hotel
印度菜 $

（见986页地图；Kayees Junction, Mattancherry；比尔亚尼菜 ₹60～145；⊙正午至14:30）这家餐馆的午餐时段鸡肉和羊肉比尔亚尼菜在当地人中间口碑甚佳——来晚了可就吃不着了。不要错认成街角布置成黄绿色的那家比尔亚尼菜——Kayees在它的隔壁。

Cafe Crafters
咖啡馆 $$

（见986页地图；☎0484-2223345；www.crafters.in；Jew Town Rd, Mattancherry；主菜 ₹100～350；⊙9:30～18:30）这家迷人的2楼小餐厅位于默丹杰里的犹太区的腹地，在一个很大的古董商店的楼上，烹制喀拉拉邦风味的海鲜，还有西式食物如三明治和汉堡。最棒的位置是俯瞰街道的小阳台。

★ Ginger House
印度菜 $$$

（见986页地图；☎8943493648；www.gingerhousecochin.com；Jew Town Rd, Jew Town；主菜 ₹200～720；⊙9:00～18:30，12月至次年5月 至22:00）这家古怪又奇妙的水滨餐厅藏在一个放置古董的大仓库后面，供应印度风味菜肴和小吃，如姜汁虾、姜味冰激凌、姜汁印度奶昔……你心里该有底了吧。如果想要去这个餐厅，需要步行穿过令人惊叹的艺术遗产（Heritage Arts）陈列室，那里有精美的雕像和古董——仔细看看那个巨大的、用于蛇舟赛的独木舟。

Caza Maria
多元风味 $$

（见986页地图；Bazaar Rd；主菜 ₹200～700；⊙9:00～20:00）这家迷人的二楼餐馆以浅蓝色为主色调，风格传统，摆放着许多古董，还播放着轻音乐。南印度、北印度和法国风味菜肴每天都会更换菜式。

埃尔纳古勒姆

埃尔纳古勒姆的大型购物中心里有美食广场。另一条有趣的餐饮街是绿树成荫的Panampilly Ave，它位于火车总站南边的一个住宅区，街边有许多现代高级餐厅和快餐餐馆。

Frys Village Restaurant
喀拉拉邦菜 $

（见990页地图；Chittoor Rd；主菜 ₹90～180；⊙正午至15:30和19:00～22:30）这个色调明亮、凉风习习的餐馆有着拱形天花板，供应口感地道的喀拉拉邦风味美食，尤其是pollichathu（烤虾）等海鲜菜肴更是美味。午餐时段还供应鱼/素食塔利套餐。

Chillies
印度菜 $$

（见990页地图；Layam Rd；餐 ₹140～280，塔利套餐 ₹150；⊙11:30～15:30和19:30～23:00）

位于2层的这家餐厅光线暗淡，人头攒动，这里供应的安得拉邦香辣菜肴是科钦最棒的，用蕉叶当容器盛放。这里不限量的塔利套餐值得一试。

Grand Pavilion 印度菜 $$$

（见990页地图；MG Rd；餐 ₹260~390；☉正午至15:00和18:00~21:00）这家餐馆位于Grand Hotel（见989页）内，环境优雅，有复古感。家具都是奶油色的，桌布则浆得发硬。菜单是厚厚的一大本，上面能看到西式、北印度、南印度和亚洲大陆的多种风味美食。

☆ 娱乐

有几个能观看卡塔卡利舞表演的地方。表演是为游客设计的，能让你对这种艺术形式有所了解。标准流程从精致复杂的化妆和穿衣表演服开始，然后是演员亮相和舞蹈内容介绍——加上表演一共要两小时。此外也有很多欣赏传统的快节奏武术卡拉里帕亚图的地方，常常和卡塔卡利舞在一个剧场表演。

Kerala Kathakali Centre 现场表演

（见984页地图；☎0484-2217552；www.kathakalicentre.com；KB Jacob Rd, Fort Cochin；表演 ₹250~300；☉上妆 17:00开始，表演 18:00~19:30）这个小小的木建筑剧场是你了解卡塔卡利舞的好地方，很受推崇。演员通过手势诠释当天所表演的故事。该中心在周日至周五 20:00~21:00还有古典音乐表演，周六20:00~21:00是传统舞蹈表演。

See India Foundation 现场表演

（见990页地图；☎0484-2376471；devankathakali@yahoo.com；Kalathiparambil Lane, Ernakulam；门票 ₹300；☉上妆 18:00，表演 19:00~20:00）喀拉拉邦最古老的卡塔卡利舞表演场所之一，这个气氛亲密的场馆举办小规模的演出，着重表现卡塔卡利舞的宗教和哲学根源。

Ens Kalari 现场表演

（☎0484-2700810；www.enskalari.org.in；Nettoor；门票乐捐；☉表演 19:15~20:15，训练 17:30开始）如果你想看真正的行家表演卡拉里帕亚图武术，可以前往这家出名的卡拉里帕亚图训练中心。它位于埃尔纳古勒姆东南方向8公里处。每天有一次时长为1小时的武术表演（必须提前一天预约），你还可以观看每天17:30开始的训练课程（周日除外）。

🛍 购物

埃尔纳古勒姆的Broadway是购买本地商品、香料和服饰的好地方。在默丹杰里的Jew Town Rd，你能找到一些古吉拉特人经营的店铺，出售跟赝品混在一起的真品古董。科钦堡的商铺大多是克什米尔人开的，出售北印度工艺品。科钦堡和默丹杰里周边有许多商铺跟机动三轮车车夫勾结，车夫负责拉客上门，店家会给车夫回扣（这部分回扣自然是你购买商品支付的）。

Lulu Mall 商场

（☎0484-2727777；www.lulumall.in；NH47, Edapally；☉9:00~23:00；🅿）作为印度最大的购物中心，Lulu本身就是个景点，来自四面八方的人到这里来购物，在美食广场或电影院休闲，去滑冰或者打保龄球。占地7公顷，这个最先进的购物中心会有空调和Wi-Fi。从Calvin Klein到肯德基，一共有215个品牌在这里开店。坐落在距离埃尔纳古勒姆9公里处的Edapally。

Niraamaya 服装

（见984页地图；☎0484-3263465；www.ayurvastraonline.com；Quiros St, Fort Cochin；☉周一至周六 10:00~17:30）在喀拉拉邦各地都有分店，出售"阿育吠陀"服装和布匹。这些布料都是用有机棉做成的，颜色则来自天然植物染料或印度草药油。在默丹杰里还有一家分店。

Idiom Bookshop 书籍

（见984页地图；Bastion St；☉9:00~20:00）这里有大量关于科钦堡的新书和二手书。

Cinnamon 服装

（见984页地图；☎0484-2217124；www.cinnamonthestore.com；1/658 Ridsdale Rd, Parade Grounds；☉周一至周六 10:00~19:00）这家时髦的零售店以白色为主色调，出售印度设计的美丽服装、珠宝和家居用品。

Fabindia 服装、家庭用品

（见984页地图；☎0484-2217077；www.fabindia.com；Napier St, Fort Cochin；☉9:30~21:00）

喀拉拉邦 科钦

这个著名品牌生产质量上乘的印度纺织品、布匹、服装和亚麻寝具。

Tribes India
工艺品

（见984页地图；0484-2215077；Ridsdale Rd；周一至周六 10:00~18:30）这家企业属于印度部落合作营销发展联合会（Tribal Cooperative Marketing Development Federation of India，简称Trifed），位于邮局后面。出售来自部落的工艺品、绘画、披肩和小雕像等，价格固定且合理，利润用于支持工匠的生活。

❶ 实用信息

危险和麻烦
旅游办事处位于**埃尔纳古勒姆**（见990页地图；0484-2353234；Shanmugham Rd, Ernakulam；8:00~18:00）和**科钦堡**（见984页地图；0484-2215055；Tower Rd, Fort Cochin；24小时）。

医疗服务
湖畔医院（Lakeshore Hospital；0484-2701032；www.lakeshorehospital.com；NH Bypass, Marudu）位于埃尔纳古勒姆市中心东南方向8公里处的现代化医院。

Medical Trust（见990页地图；0484-2358001；www.medicaltrusthospital.com；MG Rd）埃尔纳古勒姆的中心医院。

现金
阿联酋换汇交易所（**UAE Exchange**）兑换外币和旅行支票。分理办事处位于**MG Rd**（见990页地图；0484-2383317；MG Rd, Perumpillil Bldg, Ernakulam；周一至周五 9:30~18:00；周六 至14:00）、埃尔纳古勒姆的**PT Usha Road**（见990页地图；0484-3067008；Chettupuzha Towers, PT Usha Rd Junction, Ernakulam；周一至周五 9:30~18:00，周六 至14:00）和**科钦堡**（见984页地图；0484-2216231；Amravathi Rd, Fort Cochin；周一至周五 9:30~18:00，周六 至14:00）。

旅游信息
机场有个旅游信息咨询台。许多地方提供免费小册子，内容包括地图和名为《科钦堡古迹》（*Historical Places in Fort Cochin*）的步行团队游信息册。

印度政府旅游办事处（0484-2669125；indtourismkochi@sify.com；Willingdon Island；周一至周五 9:00~17:30，周六 至13:00）在威灵顿岛上。

KTDC游客接待中心（KTDC Tourist Reception Centre；见990页地图；0484-2353234；Shanmugham Rd, Ernakulam；8:00~19:00）位于埃尔纳古勒姆的主码头附近。

游客信息中心（Tourist Desk Information Counter）这家私营旅行社提供团队游，在**埃尔纳古勒姆轮渡码头**（见990页地图；0484-2371761，9847044688；www.touristdesk.in；Boat Jetty, Ernakulam；8:00~18:00）和**科钦堡**（见984页地图；0484-2216129；Fort Cochin；8:00~19:00）有办事处，员工对科钦及周边地区了如指掌。组织的团队游好评如潮，包括一个节日团队游，还提供有关节日和文化活动相关信息的出版物。

❶ 到达和离开

飞机
科钦国际机场（Cochin International Airport；0484-2610115；http://cial.aero）位于埃尔纳古勒姆东北方向30公里处的Nedumbassery。它是个繁忙的空中枢纽，有国际航班往返海湾国家、斯里兰卡、马尔代夫、马来西亚、曼谷和新加坡。

执飞国内航线的航空公司包括**捷特航空公司**（Jet Airways；0484-2359633；www.jetairways.com；MG Rd；周一至周六 9:00~18:00）、**印度航空公司**（Air India；见990页地图；0484-2371141；www.airindia.com；Durbar Hall Rd；周一至周六 9:00~17:00）、Indigo航空公司、香料航空公司（SpiceJet）和GoAir航空公司，每天都有直达航班飞往金奈（马德拉斯）、孟买、班加罗尔、海得拉巴、德里和特里凡得琅（但没有果阿）。印度航空公司每天有一班航班飞往德里，每周有6个航班飞往拉克沙群岛的阿格蒂（Agatti）。

长途汽车
所有长途汽车都从埃尔纳古勒姆发车。**KSRTC汽车站**（见990页地图；0484-2372033；订票 6:00~22:00）仍然有一些长途汽车在运营，不过大多数国营和私营公司的长途汽车都会驶入巨大的车站**维迪拉汽车枢纽**（Vyttila Mobility Hub；0484-2306611；www.vyttilamobilityhub.com；24小时）。这个车站在Ernakulam Junction

从埃尔纳古勒姆(科钦)出发的主要汽车

下列汽车从KSRTC汽车站和Vyttila Mobility Hub发车。此外,私营汽车公司运营的是长途路线。

目的地	票价(卢比)	行程(小时)	班次/发车时间
阿勒皮	55	1.5	每10分钟1班
班加罗尔	530~890	14	每天8班
卡利卡特	170	5	每小时1班
金奈	600	16	每天1班,14:00
哥印拜陀	162	4.5	每天10班
坎纳诺尔(Kannur)	260	8	每天5班
根尼亚古马里	237	8	每天1班;19:00
奎隆	124	3.5	每半小时1班
戈德亚姆	60	2	每半小时1班
库木日依(去佩里亚尔)	135	5	每天8班
门格洛尔	400	12	每天3班
蒙讷尔	124	4.5	每半小时1班
德里久尔	68	2	每15分钟1班
特里凡得琅	177~290	5	每小时1班

火车站东侧约2公里处。私营汽车公司多如牛毛,它们有超级豪华的、带空调和影视系统的沃尔沃客车,跑班加罗尔、金奈、门格洛尔、特里凡得琅和哥印拜陀等长途路线。根据路况不同,票价差异很大。位于埃尔纳古勒姆和科钦堡的代理商出售车票。私营公共汽车也有驶入Kaloor汽车站的,这个汽车站在城区以北1公里处。

从Vyttila出发的预付费机动三轮车到码头的费用为₹86,到科钦堡的费用为₹215,到机场₹400。

火车

埃尔纳古勒姆有两个火车站:Ernakulam Town和Ernakulam Junction。通过Ernakulam Junction火车站内的**订票处**(**Reservations Office**)(见990页地图;🕿132;⏰周一至周六 8:00~20:00,周日8:00~14:00)可以预订两个车站的车票。

本地火车和快车都开往特里凡得琅(二等车厢/卧铺/空调卧铺3类₹95/165/490;4.5小时),途经阿勒皮(₹50/140/490;1.5小时)或戈德亚姆(₹50/140/490;1.5小时)。也有开往德里久尔(二等车厢/空调座席₹60/260,1.5小时)、科泽科德(Kozhikode;卧铺/空调卧铺3类/空调卧铺2类₹170/540/740;4.5小时)和坎纳诺尔(₹220/490/695;6.5小时)的火车。

当地交通

抵离机场

带空调的沃尔沃客车往返机场和科钦堡(₹80;1小时;每天8班),中途经过埃尔纳古勒姆。乘坐出租车前往埃尔纳古勒姆(或反向)收费₹850左右,前往科钦堡(或反向)的费用为₹1200左右,具体费用取决于晚上乘车的时间。

船

往来于科钦堡和内陆之间,乘船速度最快,而且也最舒适。科钦堡的主码头叫作**海关码头**(见984页地图),犹太教堂附近还有个默丹杰杰码头(Mattancherry Jetty)。还有**渡轮**从默丹杰杰开往威灵顿岛(Willingdon Island)。威灵顿岛东侧的码头叫作Embarkation(出发码头);西侧的码头(默丹杰杰对面)叫作Terminus(到达码头)。单程票价为₹4[**埃尔纳古勒姆**(见990页地图)和默丹杰杰之间的单程票价为₹6]。有渡轮从**埃尔纳古勒姆**(见990页地图)和**科钦堡**(见984页地图)开往维皮恩岛。前往保加堤岛(Bolgatty Island)的渡轮从**高等法院码头**(High Court Jetty,见990页地图)出发。

埃尔纳古勒姆

有船只开往科钦堡的两个码头(海关码头和

默丹杰里），发船地点是埃尔纳古勒姆的主码头，凌晨4点40分到晚上9点10分每25～50分钟一班。开往威灵顿岛和维皮恩岛的渡轮每20分钟左右一班。

科钦堡

从早上5点到晚上9点50分，有定期渡轮从海关码头开往埃尔纳古勒姆。每天还有18班渡轮往返于海关码头和威灵顿岛之间。载车和载客渡轮从科钦堡直达维皮恩岛。

当地交通

在科钦堡和默丹杰里宫之间没有定期往返的公共汽车，但是沿着Bazaar Rd沿线的繁忙仓库区步行30分钟也能到。机动三轮车收费₹80左右，如果你承诺跟他进一家商店，价格就会低得多。乘机动三轮车去埃尔纳古勒姆的大部分地方路程都比较短，收费基本上不应超过₹50。

从渡轮（或长途汽车）下来后，你得乘坐出租车或机动三轮车前往科钦堡——从Ernakulam Town火车站到科钦堡的车费为₹400左右，预付费的机动三轮车白天价格为₹250。

从埃尔纳古勒姆和机场出发的当地公共汽车使用的是**科钦堡汽车站**（见984页地图）。

如果想去科钦周边的目的地，Uber司机正在变得比**出租车**更受欢迎。

科钦堡的许多租车公司可以租赁小型摩托车（每天₹300）或恩菲尔德摩托车（每天₹400~600）。

地铁

科钦的高架地铁（www.kochimetro.org）于2017年6月开始运营，是印度第一座连接铁路、道路及水路系统的交通设施，它连接了汽车站、火车站和包括Edappally在内的郊区。正在进行的第二期工程将连接Palarivattom与玛哈拉贾学院体育馆（Maharaja's college stadium），最终还会通往机场。

科钦周边

柴瑞海滩（Cherai Beach）

距离科钦堡25公里的柴瑞海滩位于维皮恩岛上，是个有趣的一日游胜地，尤其是如果你在科钦堡租一辆小型摩托车或摩托车的话。海滩的主入口有时会很繁忙，但距离海滨数百米的地方就有绵延数公里、水流缓慢的回水水域，是个值得探索的宜人之地。

食宿

Brighton Beach House 客栈 $$

（☎9946565555；www.brightonbeachhouse.org；双 ₹2400~3300；※⑨）Brighton Beach House是海岸边的一个小房子，有几个简单的房间。这儿的海滩岩石多，但花园里有吊床。一个整洁的餐厅架设在支柱之上，可在欣赏日落时分的美妙景色的同时享用晚餐。

★ **Les 3 Elephants** 度假村 $$$

（☎9349174341，0484-2480005；www.3elephants.in；Convent St；村舍 含早餐 ₹6000~10,000，带空调 ₹12,500；※⑨）这家由法国人经营的生态度假村位置非常好：虽然不挨着海滩，但门口就是回水水域。11个设计精美的木屋各有特色，都带有独立的起居空间，个性十足且可以望见迷人的回水水域和中国渔

从埃尔纳古勒姆（科钦）出发的主要列车

下面是从Ernakulam Town火车站发车的主要长途火车线路。

目的地	车次和名称	票价（卢比）	行程（小时）	发车时间（每天）
班加罗尔	16525 Bangalore Exp (A)	345/940/1345	13	18:00
金奈	12624 Chennai Mail (A)	395/1045/1480	12	19:25
德里	12625 Kerala Exp (B)	885/2290/3400	46	15:45
果阿（默德冈）	16346 Netravathi Exp (B)	445/1175/1630	15	14:10
孟买	16346 Mumbai Exp (B)	615/1645/2465	27	14:10

列车：(A) 从Ernakulam Junction火车站出发；(B) 从Ernakulam Town火车站出发。
票价：卧铺/空调卧铺3类/空调卧铺2类。

喀拉拉邦的传统艺术

卡塔卡利舞（Kathakali）

卡塔卡利舞这种艺术形式的起源大约与莎士比亚的创作同时代。卡塔卡利舞是一种戏剧表演形式，表现的内容通常来自印度史诗《罗摩衍那》《摩诃婆罗多》和《往世书》。舞蹈的主题包罗万象，例如正直与邪恶、懦弱与勇气、贫穷与富有、战争与和平。

鼓手和歌手为表演者伴乐，后者用精确的肢体动作——特别是马德拉舞（mudras，手势丰富的印度舞）和面部表情——来讲述故事。

舞蹈之前要做很长时间的准备和排练。化妆、迷人的服饰、装饰性头饰和冥思让舞蹈者从肉体和精神上都与她们要饰演的天神、英雄和妖魔融为一体。舞者甚至还会用一种叫作chundanga的植物的种子来眼睛染成红色，最大化地突出戏剧效果。

传统舞蹈要跳上好几个小时，但游客在该邦各个旅游景点都可以观看节选部分的演出，如科钦、蒙讷尔和库木日依，而且特里凡得琅（见945页）和德里久尔（见998页）附近的卡塔卡利舞蹈学校都鼓励游客前来参观。

卡拉里帕亚图武术（Kalarippayat）

卡拉里帕亚图（Kalarippayat或kalari）是一种从古代流传下来的传统武术，至今在全邦仍有传授。有些人相信它是所有武术的鼻祖，源自12世纪喀拉拉封建领主之间的武力冲突。

卡拉里帕亚图的大师叫作Gurukkal，教授武艺的专用场地叫作kalari。你常常能在同一个场地内看到卡拉里帕亚图武术和卡塔卡利舞表演。

卡拉里帕亚图的三大流派可以分成北派、中派和南派，其中北派和中派在喀拉拉邦北部和马拉巴尔地区都有传承。除了徒手搏斗和擒拿之外，这种武术的表演还常常用到武器，包括剑和盾牌（valum parichayum）、短棍（kurunthadi）和长棍（neduvadi）。

网。餐厅出售法国-印度风味的家常菜肴。值得前来住上一晚。

Chilliout Cafe
咖啡馆 $$

（主菜 ₹180~450；◉10月至次年5月 周四至周二 9:30~23:00）要吃欧洲风味食物，例如汉堡、比萨饼、可丽饼和烧烤，可以去Chilliout Cafe，你可以坐在这家侧边敞开的餐馆里享受清凉的海风和悠闲的气氛。禁止饮酒。

❶ 到达和离开

在科钦堡乘坐载车渡轮到达维皮恩岛（每人 ₹3, 两轮车 ₹9），然后在码头换乘机动三轮车（约 ₹400）即可到达——也可以乘坐班次频繁的公交车（₹15；1小时），在柴瑞村下车后步行走完最后的1公里。也有从埃尔纳古勒姆直达这里的公共汽车，途中经过瓦拉尔巴达姆桥（Vallarpadam Bridge）。

北帕拉乌尔（North Paravur）和 Chennamangalam

北帕拉乌尔（North Paravur）位于科钦北方35公里处，当地人的服饰必须完全按照宗教要求，严格程度在全印度最高。与帕拉乌尔相距8公里的Chennamangalam有一座古老的犹太教堂（门票₹5；◉周二至周日 9:00~17:00），这座教堂被认为是最古老的犹太教堂之一，而对其进行的修复工作更是一丝不苟地还原了其本来的面貌。教堂内部的门和天花板都装饰着色泽繁密的木质浮雕，室外有印度最古老的墓碑之一，上面的希伯来铭文是1269年刻上去的。耶稣会信徒于1577年首次到达Chennamangalam，附近有个耶稣会教堂（Jesuit church）和耶稣会大学遗址。不远处的山坡上还有一座印度寺庙，俯瞰着佩里亚尔河；此外这里还有一座建于16世纪的清真寺，以及穆斯林和犹太教徒的墓地。

帕拉乌尔镇有个agraharam（婆罗门聚居地），那是一条小街，颜色鲜艳的房子一栋挨着一栋——最初的居民是泰米尔婆罗门。

科钦堡的旅行社可以安排去这两个地方的团队游。

德里久尔[Thrissur（Trichur）]

☏0487 / 人口 315,600

虽然喀拉拉邦各地都有自己的节庆，但游人稀少、略显无序的德里久尔却有最多的文化亮点，包括一系列活力四射的节日，列出名单来会像寺庙里大象的鼻子那样长。德里久尔的中心是一个大公园（被称为"Round"）和印度教寺庙建筑群，居民中有许多基督教徒——他们信奉的是从公元3世纪传下来的聂斯脱利派基督教（Nestorian Christian）。

⊙ 景点

德里久尔的出名之处是位于中心的寺庙和不计其数的宏伟教堂——例如**卢尔德圣母大教堂**（Our Lady of Lourdes Cathedral）、雪白而高耸的**Puttanpalli（New）Church**和**Chaldean（Nestorian）Church**。

Vadakkunathan Kshetram Temple
印度教神庙

精美的喀拉拉邦古典风格建筑，也是喀拉拉邦最古老的印度教寺庙之一，Vadakkunathan Kshetram神庙矗立在德里久尔的山顶上。这座神庙只允许印度教徒入内，不过寺庙周围的山坡上也能看到壮阔的景色，而且周围的公园很适合散步和闲逛。

考古博物馆
博物馆

（Archaeology Museum；成人/儿童 ₹20/5，拍照/录像 ₹50/250；⊙周二至周日 9:30~13:00和14:00~16:30）经过翻修后的考古博物馆位于一栋有着200年历史的Sakthan Thampuran王宫内。展品多种多样，包括修建于12世纪的喀拉拉铜像和巨大的土锅、武器、硬币以及一张可爱的雕刻棋盘。旁边是一座绿树成荫的传统花园。

✿ 节日和活动

Thypooya Maholsavam
宗教节日

（⊙1月/2月）这个节日会上演kavadiyattam（一种仪式性质的舞蹈），舞蹈者扛着被称为"赎罪架"（kavadis）的铁构架——那些铁构架很高，上面有装饰。

Uthralikavu普兰节
宗教节日

（Uthralikavu Pooram；⊙3月/4月）在这场盛事最高潮的那一天，会有20只大象围着神龛转圈。

德里久尔普兰节
宗教节日

（Thrissur Pooram；⊙4月/5月）喀拉拉邦最鲜艳多彩、规模最大的寺庙节日，有盛装打扮的大象的浩大游行。节庆活动在Vadakkunathan Kshetram Temple举行。

🛏 住宿

Gurukripa Heritage
历史酒店 $

（☏0487-2421895；http://gurukripaheritage.in；Chembottil Lane；双不带/带空调 ₹930/1470，空调村舍 ₹2800；❄🛜）几乎有一个世纪那么老了，但最近翻新过，是一家精美的经济型历史酒店，位置非常好，就在中心公园边上。简单的客房和适合全家人住的村舍朴实无华，但很干净。

Pathans Hotel
酒店 $

（☏0487-2425620；www.pathansresidentialhotel.in；Round South；标单/双 ₹600/800起，带空调 ₹1100/1500；❄）房间朴实无华，价格也没有水分。酒店所在的位置交通便利，不过周围有些混乱，就在市中心的公园对面。房间在6楼和7楼（电梯速度非常慢），朴素、干净且安全，配备电视，偶尔提供热水。

★ Hotel Luciya Palace
酒店 $$

（☏0487-2424731；www.hotelluciyapalace.com；Marar Rd；标单/双 带空调 ₹3000/4000，套 ₹7200；❄🛜）位于一栋奶油色的殖民地时代风格建筑内，是城里极少数有特色的中档酒店之一，房间宽敞现代，有空调，性价比很高。位于安静的偏僻位置，但离Vadakkunathan Kshetram Temple和城中心很近，还有一个不错的餐厅和繁忙的酒吧。

🍴 就餐

★ Hotel Bharath
南印度菜 $

（☏0487-2421720；Chembotil Lane；主菜 ₹85~110，塔利套餐 ₹90；⊙6:30~22:30）配有空调且一尘不染的Bharath被大多数人认为是城里最好的素食餐厅，也很适合在午餐时段享用塔利套餐、喀拉拉邦早餐或辣味咖喱。

India Gate
印度菜 $

（Palace Rd；菜肴 ₹60~170；⊙8:00~

22:00）这家纯素食餐馆位于Kalliath Royal Square大楼内，充满了怀旧气息；薄饼种类特别多，包括果酱、奶酪和腰果等口味。同一栋楼内还有一家中餐馆（China Gate）和一个快餐厅（Celebrations）。

Navaratna Restaurant　　　多元风味 $$

（Round West；菜肴 ₹100~200；⊙正午至21:30）这里通风良好、光线暗淡、私密性强，是城中心比较有品位的正餐馆之一。桌椅摆放在高台上。楼下吃素菜，楼上吃荤菜（包括各种北印度特色菜肴、中餐和几道喀拉拉邦风味食物）。

❶ 实用信息

DTPC办事处（☏0487-2320800；Palace Rd；⊙周一至周六 10:00~17:00）你或许可以在这个办事处拿到一些当地小册子。

❶ 到达和离开

长途汽车

邦政府经营的长途汽车每隔半小时左右从**KSRTC汽车站**开往特里凡得琅（₹235；7.5小时）、埃尔纳古勒姆（科钦；₹68；2小时）、卡利卡特（₹112；3.5小时）、帕拉卡德（Palakkad）（₹60；1.5小时）和戈德亚姆（₹115；4小时）。开往哥印拜陀（₹98；3小时）的长途汽车每小时一班。

当地长途汽车还开往古鲁瓦约尔（Guruvayur）（₹27；1小时）、Irinjalakuda（₹27；1小时）和Cheruthuruthy（₹30；1.5小时）。两个私营汽车站——**Sakthan Thampuran**和**Priyadarshini**（北站）——有更多开往上述目的地的班次，但要去这两个车站都很麻烦，所以不怎么划算。

火车

火车定点开往埃尔纳古勒姆（二等车厢/空调座席 ₹60/260，1.5小时）、卡利卡特（₹70/260，3小时）和哥印拜陀（₹90/305，3小时）。

❶ 当地交通

有数百辆机动三轮车聚集在中心大公园，而且通常乐意打表。短程费用为₹20。

德里久尔周边

德里久尔地区的几个机构将喀拉拉邦传

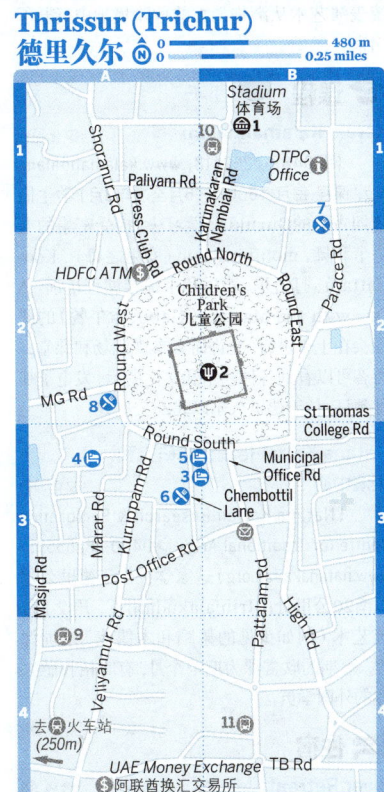

Thrissur（Trichur）
德里久尔

◉ 景点
1 考古博物馆 B1
2 Vadakkunathan Kshetram Temple .. B2

🛏 住宿
3 Gurukripa Heritage A3
4 Hotel Luciya Palace A3
5 Pathans Hotel A3

🍴 就餐
6 Hotel Bharath A3
7 India Gate B1
8 Navaratna Restaurant A2

❶ 交通
9 KSRTC汽车站 A4
10 Priyadarshini（北站）汽车站 B1
11 Sakthan Thampuran汽车站 B4

统表演艺术从濒临消亡的危险境地中拯救了出来。

🎓 课程

Kerala Kalamandalam 文化项目

(☎0488-4262418;www.kalamandalam.org;课程 每月 ₹600;⊙6月至次年3月)学生们依照古老的Gurukula学习法,接受密集的卡塔卡利舞、mohiniyattam(女巫之舞)、Kootiattam、打击乐、声乐和小提琴课程培训。A Day with the Masters(₹1400,含午餐)的课程会在上午进行,允许游客参观剧场和课堂,游客可以看到各种艺术和文化展示。发电子邮件预订。位于德里久尔以北26公里处。

Natana Kairali传统艺术研究和表演中心 文化项目

(Natana Kairali Research & Performing Centre for Traditional Arts;☎0480-2825559;www.natanakairali.org)这家学校位于德里久尔以南20公里处的Irinjalakuda附近,开设了传统艺术(例如少见的舞蹈和木偶戏)培训课程。短期的欣赏课为期一个月,有时招收感兴趣的外国学员。

🛏 住宿

River Retreat 客栈 $$

(☎0488-4262244;www.riverretreat.in;Palace Rd,Cheruthuruthy;标单/双 ₹3600/4900起,套 ₹7200~9200;❈⑥⑤)River Retreat是一家很棒的历史酒店兼阿育吠陀疗养院,位于原科钦王公的夏宫内。除了阿育吠陀疗法之外,还包括游泳池、健身房和商务中心。酒店位于德里久尔以北30公里的地方。

喀拉拉邦北部

科泽科德(卡利卡特)[Kozhikode(Calicut)]

☎0495/人口432,100

喀拉拉邦北部最大的城市科泽科德(仍被广泛地称为卡利卡特)过去一直是个繁华的贸易城市,曾经是强大的扎莫林(Zamorin)王朝的都城。1498年,为国王和国家(即葡萄牙)寻找新领地的达·伽马曾在这附近登陆。如今,这里的经济主要依赖去中东打工的劳务输出,农业和木材业也是其经济支柱。对于旅行者而言,这里主要是前往瓦亚纳德(Wayanad)的跳板,或是越过高止山脉去往迈索尔[Mysuru(Mysore)]和班加罗尔之前的过夜之处。

◉ 景点

马南齐拉广场(Mananchira Square)是一个大公园,曾经是扎莫林皇室的庭院,公园内保存着当年的喷泉池。位于市中心南侧的Kuttichira Mosque清真寺有650年的历史,这栋迷人的木质4层建筑由巨大的木柱支撑,外表被涂成了浅绿色、蓝色和白色。位于市中心的南印度教堂(Church of South India)由瑞士牧师于1842年修建,是独特的欧洲-喀拉拉拉混合风格建筑。

科泽科德海滩(Kozhikode Beach)在马南齐拉广场(Mananchira Sq)以西约1公里处,是一片适合日落时分漫步的海滩。

🛏 住宿

Beach Hotel 酒店 $$

(☎0495-2762055,9745062055;www.beachheritage.com;Beach Rd;房间 含早餐 ₹3550~3850;❈@⑤)这间酒店建于1890年,原是马拉巴尔英国俱乐部,现在看起来有点儿旧了,但10间客房仍很迷人。部分房间带浴缸和面朝大海的安静阳台,另外的房间保留着最初的抛光木地板和独立阳台。附带餐厅和酒吧。

Hyson Heritage 酒店 $$

(☎0495-4081000;www.hysonheritage.com;Bank Rd;标单/双 含早餐 ₹3600/4200起;❈⑤)这家商务酒店位于市中心,十分超值。房间非常干净,没有主路的噪音。附设很好的餐厅和健身房。

Alakapuri 酒店 $$

(☎0495-2723451;www.hotelalakapuri.com;MM Ali Rd;标单/双 ₹750/1800,带空调 ₹1350/1900起;❈⑤)汽车酒店风格的客房楼围绕着一个翠绿的草坪,草坪旁边还有个喷泉呢!离繁忙的市场区域有段距离。客房类型各异,有点儿旧,但性价比合理,还有餐厅和现代化的酒吧。

Kozhikode (Calicut) 科泽科德(卡利卡特)

喀拉拉邦

科泽科德（卡利卡特）

★ Harivihar 民宿 $$$

(☎9388676054, 0495-2765865; www.harivihar.com; Bilathikulam; 标单/双 含餐和瑜伽€150/230; ❄)这座传统的喀拉拉建筑位于卡利卡特北部的一大片草坪上，曾是Kadathanadu皇室的祖宅。7间客房又宽敞又漂亮，摆放着红木古董，但这里主要是一个阿育吠陀和瑜伽中心，选择套餐服务可以享受优惠价。

✖ 就餐

以马拉巴尔菜著闻名，卡利卡特被认为是喀拉拉邦北部的美食之都。

Zains 南印度菜 $

(☎0495-2366311; 菜肴 ₹40~180; ⓒ6:00~22:00)这家餐厅是当地人的最爱，马拉巴尔菜肴、比尔亚尼菜和小吃都深受欢迎，下午和晚上通常人都很多。

★ Paragon Restaurant 印度菜 $$

(Kannur Rd; 菜肴 ₹120~350; ⓒ8:00至午夜，午餐从正午开始)这个1939年开业的餐馆总是食客盈门，很不容易找到空座位。菜单厚厚的，招牌菜包括罗望子汁烧鱼和富有传奇色彩的鸡肉比尔亚尼菜。

Salkaram & Hut 印度菜 $$

(Beach Rd; 主菜 ₹110~300; ⓒ7:00~22:30)Beach Hotel后面有两个菜单相同的餐厅：一个是有空调的Salkaram，另一个是个凉爽的露天竹子"小屋"餐厅兼酒吧，出售多

Kozhikode (Calicut) 科泽科德(卡利卡特)

⊙ 景点
1	南印度教堂	C1
2	马南齐拉广场	C1

🛏 住宿
3	Alakapuri	C2
4	Beach Hotel	B2
5	Hyson Heritage	C1

✖ 就餐
6	Paragon Restaurant	B1
	Salkaram & Hut	(见4)
7	Zains	B1

ⓘ 实用信息
8	印度国家银行	C1

ⓘ 交通
9	印度航空公司	C1
10	KSRTC汽车站	C1

种鱼肉和鸡肉菜肴，还有马拉巴尔风味。你可以中午来这儿吃顿简餐，或是喝杯冰镇啤酒。还在前面的草坪供应小吃。

ⓘ 到达和离开

飞机

科泽科德机场(Kozhikode Airport; www.kozhikodeairport.com)位于市区东南方向约25公里的Karipur。这里有飞往国内主要城市的国内航班和飞往海湾国家的国际航班。

香料航空（Spicejet；www.spicejet.com；科泽科德机场）有很好的国内航线，有直达孟买、班加罗尔和金奈的航班。**印度航空**（Air India；☏0495-2771974；5/2521 Bank Rd, Eroth Centre；◷9:00~17:00）有航班飞往科钦和哥印拜陀。**捷特航空**（Jet Airways；☏0495-2712375；科泽科德机场）每天有一班飞机飞往孟买。飞往果阿的航班经停班加罗尔或孟买。

长途汽车

国营长途汽车从新的**KSRTC汽车站**（Mavoor Rd）开往班加罗尔（₹326~700；8小时；每天14班）——途经迈索尔（Mysuru；₹195~400，5小时）、门格洛尔（₹240~340；7小时；每天3班）和乌德格曼德勒姆（₹130；5.5小时；5:00和6:45）。也有长途汽车开往德里久尔（₹112；3.5小时）和科钦（₹170~280，4小时，每天14班）。每15分钟有一班经卡尔贝塔（Kalpetta，₹55；2小时）开往苏丹巴特利（Sultanbatheri，₹80；3小时）的长途汽车可以将游客送至瓦亚纳德区。跑各种长途线路的私营汽车也从这个汽车站发车。

火车

火车站在Mananchira Sq南边1公里处。开往坎纳诺尔（二等车厢/卧铺/空调卧铺3类 ₹75/140/490；2小时）、门格洛尔（卧铺/空调卧铺3类/空调卧铺2类 ₹165/490/695；5小时）和埃尔纳古勒姆（₹170/490/695；4.5小时）的火车班次频繁，它们最终都到达特里凡得琅（₹240/650/930；11小时）。

至于东南方向的线路，有火车开往哥印拜陀（卧铺/空调卧铺3类/空调卧铺2类 ₹140/490/695；4.5小时），途经帕拉卡德。

❶ 当地交通

卡利卡特的机动三轮车数量很多，大多数司机愿意按里程计价。从火车站到KSRTC汽车站及大多数酒店的车费在₹40左右。乘坐机动三轮车/出租车去机场需要花费大约₹450/650。

瓦亚纳德地区
（Wayanad Region）

☏04935和04936 / 人口 816,600

很多喀拉拉邦人都认为瓦亚纳德地区是该邦最美丽的地方。瓦亚纳德所在的森林与泰米尔纳德邦和卡纳塔克邦（Karnataka）接壤，结合了山脉风光、碧绿的稻田、细长的槟榔树林、竹林、红土、密密麻麻的姜田以及橡胶、豆蔻和咖啡种植园。外国游客会在迈索尔、班加罗尔或乌提（Ooty）至喀拉拉邦的长途汽车路线上停留于此，但它仍然未经过度开发，又地处偏远，一片田园风光。更棒的是，它还是个能够看到野生大象的地方。

占地345平方公里的保护区由两个单独的区域组成：东侧与泰米尔纳德邦接壤的**穆丹加**（Muthanga）和北侧与卡纳塔克邦接壤的**托尔派蒂**（Tholpetty）。瓦亚纳德区的3个大镇都可以作为吃饭住宿的大本营，也都有公共汽车开往保护区，它们是：南边的**卡尔贝塔**、东边的**苏丹巴特利**（Sultan Battery）和西北边的**玛南达瓦地**（Mananthavadi）。不过，其实在整个区域内都有许多非常好的住处。

◉ 景点和活动

★ 瓦亚纳德野生动物保护区　　自然保护区

（Wayanad Wildlife Sanctuary；www.wayanadsanctuary.org；两个区域各自的单独门票 印度人/外国人 ₹115/300，拍照/录像 ₹40/225；◷7:00~10:00和15:00~17:00）只有参加2小时的吉普车巡游活动（₹650；保护区入口处可以安排）才能一次进入保护区的两个区域。在本书调研期间，政府正计划引入小巴作为吉普车的补充。保护区内已经不再允许徒步了。托尔派蒂和穆丹加在4月都会关闭，但在雨季仍然开放。

你应该去托尔派蒂还是穆丹加，基本上取决于你准备住在瓦亚纳德的北部还是南部，因为看到野生动物的机会没有区别。无论去哪个地方，都应该在上午或下午开门之前至少一小时抵达，以便登记和用车，因为公园内允许一次进入的向导和吉普车的数量是受到限制的。

蒂鲁讷利庙　　印度教神庙

（Thirunelly Temple；◷黎明至黄昏）与托尔派蒂相距10公里，据说是南亚次大陆最古老的寺庙之一。非印度教徒不得入内，但可以欣赏外部的那些精美的古代柱子。沿着寺庙后面的小路走到被称为**Papanasini**的小溪，印度教徒相信人可以在那条小溪里涤清所有的罪恶。

艾达卡尔洞穴   洞穴

(Edakkal Caves; 成人/儿童 ₹20/10, 拍照 ₹30; ⊙周二至周日 9:00~16:00)这些偏僻的山顶"洞穴"的亮点是顶部洞穴中的古代岩画,它们被认为来自3000多年前。从Ambalavayal附近的停车场出发,沿着一条陡峭蜿蜒的道路步行20分钟,就会走到售票窗口,然后再爬一会儿陡峭的山路,就能走到光照明亮的顶部天坑。在晴朗的天气里,站在洞口还能俯瞰瓦亚纳德区的景色。周末会有很多人来到这些洞穴。

瓦亚纳德遗产博物馆   博物馆

(Wayanad Heritage Museum; Ambalavayal; 成人/儿童 ₹20/10, 拍照/录像 ₹20/150; ⊙9:00~17:30)位于和艾达卡尔洞穴相距约5公里的小村庄Ambalavayal,这座博物馆展出工具、武器、陶器、石刻和其他来自14世纪的人工制品,当时的瓦亚纳德居民是著名的印度阿迪瓦西人(Adivasi)。

Uravu   手工艺品作坊

(☎04936-231400; www.uravu.net; Thrikkaippetta; ⊙周一至周六 8:30~17:00)位于卡尔贝塔东南方向约6公里处,这里有用竹子制作的各种工艺品。游客可以参观工匠作坊,看他们织布、绘画和雕刻。购买花瓶、灯罩、手脚镯或篮子等商品,还可以让工人们挣点儿糊口钱。

Kannur Ayurvedic Centre   阿育吠陀

(☎9497872562, 9495260535; www.ayurvedawayanad.com; 卡尔贝塔; 按摩 ₹1200起,瑜伽和冥想 ₹1200)要享受阿育吠陀养颜和美容按摩,可以来这个持国家级证书的家庭经营诊所。位于卡尔贝塔一条绿树成荫的小巷内。这里还提供住宿,并开设了瑜伽课程。

徒步

该地区有一些不错的徒步机会(虽然不在野生动物保护区内),但是这里处于森林局的严密控制之下,各个徒步区域的开放和关闭都取决于届时的环境状况。本书调研期间有三个徒步区域是开放的:恰姆布拉峰(Chembra Peak,但只能爬到半山腰),南部的Banasura Hills,以及北部的Brahmagiri Hills。必须有许可证和向导才能徒步,可以让瓦亚纳德南部和北部的森林局办事处安排,也可以通过你住宿的地方安排。许可证和导游的标准费用是每团(最多5人)₹2500——尽量提前拼团。

🛏 食宿

瓦亚纳德的三个主要城镇卡尔贝塔、苏丹巴特利和玛南达瓦地有很多住宿场所,但散布在该地区的幽静的家庭寄宿和度假村住宿是好得多的选择。

🛏 卡尔贝塔

PPS Residency   酒店 $

(☎04936-203431; www.ppsresidency.com; Kal-petta; 标单/双 ₹400/500, 带空调 ₹1320/1540; ❄)这家友好的经济型住处位于卡尔贝塔的中心地带,汽车酒店风格的楼内有各种类型的干净客房,还有一个生意很不错的多种风味潘卡基(Pankaj)餐厅和一个啤酒酒吧。员工乐于助人,能帮你安排瓦亚纳德的各种游览。

Haritagiri   酒店 $$

(☎04936-203145; www.hotelharitagiri.com; 卡尔贝塔; 标单/双 含早餐 ₹1650/2100起,

---

马埃(MAHÉ)

马埃是喀拉拉邦的异类。位于Thalassery以南约10公里的马拉巴尔海岸上,马埃被喀拉拉邦的其他地区围绕着,但它并不是喀拉拉邦的一部分——它是本地治里中央直辖区[Union Territory of Puducherry(Pondicherry)]的一部分,而这个直辖区从前是法属印度的管辖范围。除了安装着巴黎风格街灯的河滨步行道之外,这里和喀拉拉邦海岸沿线的其他城镇非常相似,马拉雅拉姆语和英语也是这里使用的主要语言。其他显而易见的区别是,这里没有对酒类销售的限制(与在喀拉拉不同),而且销售税也很低。在意料之中的是,这里的每3家商店就有一家是敞开式布局的酒类专卖店,它们都有硕大而醒目的招牌!

带空调₹2100/2750起;❋☎❄)这家舒适的中等价位酒店和卡尔贝塔繁忙的主街有一定距离,有带阳台的房间和更私密的花园村舍。酒店还有两个不错的附属餐厅、一个游泳池、一个健身房和一个阿育吠陀养生"村"。

苏丹巴特利

Mint Flower Residency 酒店 $$

(☎04936-222206, 9745222206; www.mintflowerresidency.com; 苏丹巴特利; 标单/双 ₹830/1375, 带空调₹1075/1670) Mint Flower Hotel 旗下的经济型酒店,条件很不错。没有花架子,但房间一尘不染,有热水和电视。

Issac's Hotel Regency 酒店 $$

(☎04936-220512; www.issacsregency.com; 苏丹巴特利; 铺₹250, 标单/双/标三₹1150/1600/1800起, 带空调₹1550/2000/2250起; ❋@☎❄)这家酒店设施非常好,位于市中心的私营汽车站附近。从电影院到游泳池,这里几乎什么都有,而且价格合理。带空调的"宿舍"里只有铺在地板上的床垫。

Wilton Restaurant 多元风味 $$

(☎04936-226444; Kalpetta Rd; 主菜₹120~440; ⊙7:00~22:00) Wilton是位于苏丹巴特利的一家杰出的餐厅,菜单上有多种多样的民族风味菜肴,包括印度菜、阿拉伯菜、亚洲菜等,还有各种汉堡。餐厅在楼上,有空调。楼下是个小吃店和糖果店,供应酥皮糕点、干果和咖啡。餐厅的服务人员活力充沛,十分爽快。

瓦亚纳德周边

★ **Varnam Homestay** 民宿 $$

(☎9745745860, 04935-215666; www.varnamhomestay.com; Kurukanmoola, Kadungamalayil House; 标单/双 房间 含餐₹1500/2600, 别墅₹1800/3000; ❋☎)这个可爱的民宿是个安详宁静的绿洲,位于瓦亚纳德北部,与卡迪库兰(Katikulam)相距数公里。Varghese和Beena会给你讲述瓦亚纳德的故事,提供当地的信息和使用新鲜农场有机食材烹制而成的美味家常菜。房间位于传统式样的民宅或者较新的"树屋"别墅内,房子四周是丛林和香料作物种植园。

Ente Veedu 民宿

(☎9446834834, 04935-5220008; www.enteveedu.co.in; 帕纳玛兰(Panamaram); 房间

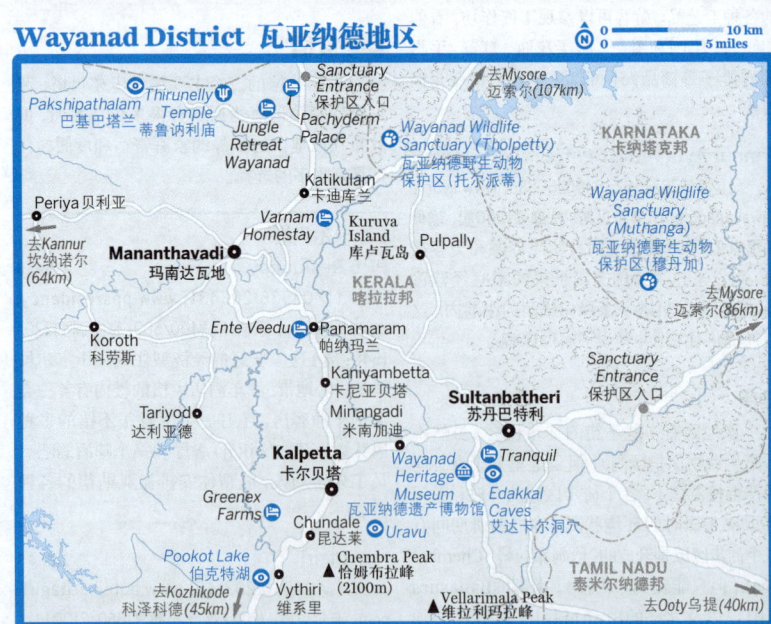

Wayanad District 瓦亚纳德地区

含早餐 ₹2500~5500，带空调 ₹3500~4000；❄@ 🛜]这个民宿坐落在卡尔贝塔和玛南达瓦地之间，位置颇为僻静，优美可爱，俯瞰着广阔的香蕉园和稻田，绝对值得一寻。有几个大房间和两个带独立阳台的竹板装饰房间，还有便于欣赏美景的吊床和摆放着柳条家具的休息室。提供午餐和晚餐。电话预约，店方可以派车接客人。

Greenex Farms 度假村 $$

（📞9645091512；www.greenexfarms.com；Chundale Estate Rd, Moovatty；房间 ₹2250~7800；🛜🏊）Greenex Farms有一种美妙的偏远之感，位于卡尔贝塔西南方向大约8公里处，四周围绕着香料、咖啡和茶叶种植园。每个私人村舍都是独立设计的，有自己的休息室、浴室、阳台和超赞的风景。另外提供餐厅、营火、徒步和其他活动。

Jungle Retreat Wayanad 客栈 $$

（📞9742565333；www.jungleretreatwayanad.com；双 含早餐 ₹2500；🛜）这家丛林客栈拥有无与伦比的位置，就坐落在托尔派蒂野生动物保护区（Tholpetty Wildlife Sanctuary）的边界，房间和村舍都很舒适。最好的房间是面对保护区且带露台的古朴村舍。正餐另收₹500，还可以安排许多活动。

★ Tranquil 家庭寄宿 $$$

（📞04936-220244；www.tranquilresort.com；Kuppamudi Estate, Kolagapara；双 含早餐 ₹11,900~16,500，树屋 ₹18,800，树屋别墅 ₹19,350；🛜🏊）这家偏僻安静的民宿位于占地160公顷的生长着极为茂盛的胡椒、咖啡、香草和豆蔻的种植园内。优雅的建筑带有长长的游廊，上面摆放着植物和漂亮的家具。两间树屋或许是全喀拉拉邦最精美的。种植园周围有多条带标记的散步小径。

ℹ 实用信息

瓦亚纳德的三个主要城镇都有国际银行的自动柜员机。

DTPC办事处（📞9446072134；www.wayanadtourism.org；卡尔贝塔；⏰周一至周六 9:30~17:30）DTPC在卡尔贝塔设有两个有用的办事处：一个在镇上，另一个在新汽车站的楼上。它们有一张地图，还可以提供关于徒步的建议。

ℹ 到达和离开

长途汽车

虽然地处偏僻，但是瓦亚纳德的长途汽车交通还是很便利的，从喀拉拉邦的卡利卡特和坎纳诺尔，或是从卡纳塔克邦的迈索尔和泰米尔纳德邦的乌德格曼德勒姆到这里都很容易。公路蜿蜒曲折，共有9处回形针形状的拐弯，但车辆跑起来呼呼生风。卡利卡特和卡尔贝塔（₹65~95；2小时）之间每15分钟对开一班车，其中几班车继续开往苏丹巴特利（₹80~150；3小时）或玛南达瓦地（₹87；3小时）。坎纳诺尔和玛南达瓦地每小时对开一班公共汽车（55卢比；2.5小时）。

从苏丹巴特利开往乌德格曼德勒姆（₹100；4小时）的长途汽车首班时间为早晨8点，第二班车会在12:45左右穿过镇子。开往乌德格曼德勒姆的长途汽车11:15从玛南达瓦地出发。有长途汽车从卡尔贝塔开往迈索尔并途经苏丹巴特利，但需要注意的是，边境关卡在19:00至次日6:00是关闭的。另外，每天还有6班长途汽车走北边的路线，从玛南达瓦地开往迈索尔（₹167, 3小时），那里的边境是一直开放的。

ℹ 当地交通

瓦亚纳德区面积很大，有多家私营公交车连接主要城镇玛南达瓦地、卡尔贝塔和苏丹巴特利，白天每10~20分钟发一班车（₹15~25；45分钟至1小时）。还有公共汽车定点从玛南达瓦地开往托尔派蒂（₹15；1小时）。你可以租吉普车或包出租车往来于各镇之间，单程车费为₹600~800，也可以租车在本地区内游览，日租金在₹2000左右。

镇里有许多机动三轮车和出租车，非常适合市内短途游览。

坎纳诺尔（Kannur）及周边

📞0497 / 人口 1,200,000

和南部海岸相比，喀拉拉邦的北部海岸远远没有那么多游客，对很多人来说，这一点本身就很吸引人。在喀拉拉邦这部分的海岸上，最吸引人的是未经开发的海滩和迷人的天神上身（theyyam）仪式（见1007页）。

在Kolathiri王公统治期间，坎纳诺尔（Kannur，曾用名Cannanore）曾是国际贸易

的主要港口，探险家马可·波罗称之为"香料贸易的大市场"。从那之后，葡萄牙、荷兰和英国先后在这里设殖民地，留下了这座风格古怪的港口。如今的坎纳诺尔是个安静但不乏魅力的城市，以纺织业和腰果贸易闻名。

这里的居民以穆斯林为主，因此要记住：在海滩上时，比基尼外面必须套一件纱笼。

◎ 景点

绵延4公里的 **Payyambalam Beach**（海滩公园 ₹10，拍照/录像 ₹25/150；⊙8:00~20:00）是坎纳诺尔最大的沙滩，起点在火车站东侧约1.5公里处的临时军营旁边。傍晚时分，海滩公园会繁忙起来，家庭和情侣纷纷走下来观看日落并野餐。

阿拉卡尔博物馆　　　　　　　　博物馆

（Arakkal Museum；印度人/外国人 ₹20/100，拍照 ₹25；⊙周一至周六 9:30~17:15）馆址是16世纪坎纳诺尔的一个王朝的统治者阿拉卡尔家族（Arakkal）的皇宫的一部分，这座位于港口前面的博物馆展出古董、家具、武器、银器和肖像。令人着迷的展品揭开了喀拉拉邦唯一的穆斯林皇族的神秘生活的面纱。

Kerala Dinesh Beedi Co-Operative　作坊

（☎0497-2701699；www.keraladinesh.com；⊙周一至周六 8:00~18:00）**免费** 坎纳诺尔地区以出产印度小烟卷（beedis）而闻名，这种烟是用绿色叶子卷着烟叶的小型卷烟。这家卷烟厂是最大、最好的一家，在托特塔达（坎纳诺尔以南7公里，与托特塔达海滩相距4公里）设有分厂。在这里，一个熟练的工人每天能卷1000根烟！欢迎游客参观；乘坐机动三轮车从市区往返这里需要 ₹120左右。

🛏 食宿

坎纳诺尔市有许多酒店，但最好的住宿选择是托特塔达海滩（Thottada Beach；坎纳诺尔以南8公里处）附近、近Thalassery一侧的家庭寄宿。

🛏 坎纳诺尔市 (Kannur Town)

Hotel Meridian Palace　　　　　　酒店 $

（☎9995999547, 0497-2701676；www.hotelmeridianpalace.com；Bellard Rd；标单/双 ₹550/700起，豪华房 ₹935/1100，带空调 ₹1425~1650；❄）酒店位于火车总站对面的市场区，看着不怎么样，但态度足够友好，床位干净、便宜，数量充足。附设一个旁遮普风味的餐厅。

Hotel Odhen's　　　　　　　　印度菜 $

（Onden Rd；主菜 ₹30~100；⊙8:30~17:00）这家人气很高的当地餐厅位于坎纳诺尔的市场区域，午餐时间通常人满为患。特色是马拉巴尔菜肴，包括美味的海鲜咖喱和椰叶塔利套餐。

🛏 托特塔达海滩 (Thottada Beach) 及周边

Blue Mermaid Homestay　　　　民宿 $$

（☎9497300234；www.bluemermaid.in；托特塔达海滩；标单/双 含早餐和晚餐 ₹2500/3500，村舍 ₹4000；❄☎）这个整洁迷人的客栈坐落在面对托特塔达海滩的棕榈林中，位置很好。传统住宅和较新的楼内都有客房（新楼内的客房更加明亮并且配有空调），此外还有一栋建在支柱平台之上的迷人的"蜜月木屋"。热情的年轻房东能烹制出美味的喀拉拉风味饭菜。

Waves Beach Resort　　　　　家庭寄宿 $$

（☎9495050850, 9447173889；www.wavesbeachresort.co.in；Adikadalayi, 托特塔达海滩；标单/双 含餐 ₹2000/3500；☎）这些非常可爱的六边形红土砖房俯瞰着一块新月形半私人小海滩，住在这里可以让你枕着涛声入睡。热情的房东Seema和Arun在附近还有两所提供房间的住宅，喀拉拉风格老建筑里的客房比较便宜。

Costa Malabari　　　　　　　　客栈 $$

（☎0944-7775691，预订 0484-2371761；www.touristdesk.in；托特塔达海滩；双 含餐 ₹3000~4000；❄☎）Costa Malabari引领了该地区的旅游业，在距离托特塔达海滩不远的地方一共开了3家可爱的民宿。Costa Malabari 1在一座古老的手工织布厂提供宽敞的客房，而附近的其他两座平房也有房间。家常喀拉拉饭菜包含在房费内。经理Kurien是天神上身仪式专家，可以帮客人安排观赏。

Kannur Beach House　　　　家庭寄宿 $$

（☎0497-2708360, 9847184535；www.kannurbeachhouse.com；托特塔达海滩；标单/双

天神上身

天神上身是喀拉拉邦最受欢迎的仪式性艺术形式,据信在印度教产生之前就有了,起源于庆祝丰收的民间舞蹈表演。作为一种张力十足的当地仪式,它总是在喀拉拉邦北部的kavus(圣林)里进行。

天神上身仪式包括装扮成天神/英雄和仪式本身。这种仪式有大约450种不同的表现形式,每种都有独特的全套服饰,包括面部彩绘、项链、胸甲、裙子、花环和极度精致华丽的特殊头饰,头饰有时高达6~7米。表演时,主角四肢僵硬,像天神一样走动,并以天神的口吻说话和祝福信徒。疯狂的舞蹈和急促的鼓声营造出天神"现真身"的气氛——至少是以人形现身的。

从11月至次年4月,数以百计的圣林内都会举办一年一度的天神上身仪式演出。天神上身仪式多用于为重要事件带来好运,如结婚和搬新家等。游客观看天神上身仪式的最佳地点是喀拉拉邦北部坎纳诺尔地区的村庄寺庙。在旺季(12月至次年2月),几乎每个晚上都会有一场天神上身仪式在某个地方举行。

虽然欢迎游客参观,但这种舞蹈的本质上是宗教仪式,所以游客应该遵守常规的寺庙禁忌:穿着得体、不打扰表演者和村民,避免在公共场合与情侣做出亲密行为。允许照相,但不要用闪光灯。关于表演地点和时间的详情,可咨询你的客栈,或在Costa Malabari联系Kurien。

₹2600/3600)这是海滨边上的第一家民宿,客房在传统喀拉拉建筑内,有可爱的木质百叶窗。房间看起来有点儿旧,不过在门廊或阳台上就能欣赏美丽的海边日落景色。一座小潟湖将房子和海滩分开。房费含早餐和晚餐。

Ezhara Beach House　　　民宿 $$

(☎0497-2835022; www.ezharabeachhouse.com; 7/347 Ezhara Kadappuram; 标单/双含餐 ₹1500/3000起; 🅿)正对着未经开发的Kizhunna Ezhara海滩,就在坎纳诺尔火车站和Thalassery火车站之间的中点位置(距离上述两个火车站都是11公里)。老板Hyacinth是个热情而且不说废话的人。客房朴素,但建筑很有个性,客人对餐食赞不绝口。

🛏 Thalassery

Ayisha Manzil　　　家庭寄宿 $$$

(☎9496189296; www.ayishamanzil.com; Thalassery; 双含餐 ₹15,500; 🅿🅿🅿) 需要预订。这个家庭寄宿位于一栋有着150年历史的传统建筑中,一共有4个客房,房间很宽敞,摆放着古董家具,但大部分客人来到这里是为了Mappila(穆斯林)菜肴和Faiza Moosa夫人操持的著名烹饪课程(₹2500)。前往当地市场选购食材也是餐饮体验的一部分。

❶ 到达和离开

飞机

坎纳诺尔国际机场(Kannur International Airport)位于坎纳诺尔以东25公里,完工后将会是喀拉拉邦最大的机场。

长途汽车

坎纳诺尔有数个公共汽车站。庞大的**中央汽车站**(central bus stand,喀拉拉邦最大的汽车站之一)是搭乘私营和部分国营长途汽车的地方;但大多数国营长途汽车仍然还使用Caltex Junction附近的**KSRTC汽车站**,它位于火车站东北方向1公里处。

每天都有长途汽车开往迈索尔(₹203~298; 8小时;每天5班)、梅尔卡拉(Madikeri; ₹85; 2.5小时;11:00发车)和乌德格曼德勒姆(途经瓦亚纳德;₹221, 9小时, 7:30和22:00)。

长途汽车从瓦亚纳德地区的中央汽车站开往玛南达瓦地(₹80, 2.5小时),每小时1班。

22路或29路公共汽车(₹9)从火车站对面的Plaza Junction发车,开往托特塔达海滩。你在Adikadalayi村下车即可。

火车

每天有班次频繁的火车开往卡利卡特(二等车厢/空调座席 ₹60/295, 1.5小时)、埃尔纳古勒姆（卧铺/空调卧铺3类/空调卧铺2类 ₹220/540/740, 6.5小时）和阿勒皮（₹215/580/830）。

向北开的特快列车的目的地包括门格洛尔（卧铺/空调卧铺3类/空调卧铺2类 ₹170/540/740, 3小时）和更北边的果阿（卧铺/空调卧铺3类/空调卧铺2类 ₹350/915/1295, 8小时）。

贝格尔（Bekal）及周边

☏0467

贝格尔以及附近的Palakunnu和Udma都在喀拉拉邦的北端，有极适合自助游览的绵长的白沙滩。越来越多的五星级度假村在贝格尔出现，因为来这儿游玩的海湾国家百万富翁越来越多。虽然如此，但对于那些喜欢冷门路线探险的旅行者来说，这里还是值得一游的。

◉ 景点和活动

红土砖盖成的**贝格尔堡**（Bekal Fort；印度人/外国人 ₹15/200；⊙8:00～17:00）建于1645年和1660年之间，坐落在贝格尔多岩石的海岬上。隔壁的**贝格尔海滩**（Bekal Beach；₹5）上有个绿草如茵的公园和长长的美丽沙滩。周末和节假日期间沙滩上很热闹，人们会带着孩子来享受无拘无束的休闲时光。孤零零的 **Kappil海滩**在贝格尔以北6公里处，是一片孤独的沙滩，沙质细腻，海水清凉，但要当心移动沙洲。

🛏 食宿

除了五星级的Vivanta Taj和Lalit酒店，坎杭加德（南边12公里）和加瑟勒戈德（Kasaragod，北边10公里）之间还有许多质量一般的廉价酒店，其中只有几家相对好些。

Nirvana@Bekal 村舍 $$

（☏0467-2272900, 9446463088；www.nirvanabekal.com；Bekal Fort Rd；双 含早餐 ₹1800～4700；❄ 🛜）这些红砖村舍就坐落在贝格尔堡的墙壁下，位于一座棕榈成林的海滨花园里，是镇上最物有所值的住宿场所。房间里有空调和电视，附设一个不错的餐厅、阿育吠陀疗养，甚至还有一台板球机。

★ Neeleshwar Hermitage 度假村 $$$

（☏0467-2287510；www.neeleshwarhermitage.com；Ozhinhavalappu, Neeleshwar；标单/双 村舍 ₹13,900/16,600；❄ 🛜）这个海滨生态度假村占地面积很大，由18个美丽的茅顶村舍（样式仿造喀拉拉邦渔民小屋）组成，房内有iPod底座等现代化设施，价格也是五

另辟蹊径

瓦利亚帕兰巴回水区（VALIYAPARAMBA BACKWATERS）

虽然南部的回水河道更有名，不过喀拉拉邦的"北部回水区"也是个有趣的选择。面积广阔的水域由5条河流组成，四周是青翠的绿地和一片片高大的棕榈树。坎纳诺尔以北50公里处的**帕伊耶恩努尔（Payyanur）**是离这儿最近的城镇之一。可以从Kotti乘坐渡轮前来，KSWTD经营的当地渡轮开往周边岛屿。Kotti距离帕伊耶恩努尔火车站只有数分钟的步程。渡轮（10卢比）从Kotti出发，2.5小时后到达与帕伊耶恩努尔相距8公里的Ayitti码头，返程渡轮也在这里乘坐。

你可以住在宁静的**Valiyaparamba Retreat**（☏0484-2371761；www.touristdesk.in/valiyaparambaretreat.htm；双 含餐 ₹4000），这个与世隔绝的家庭寄宿位于帕伊耶恩努尔以北15公里处，距离Ayitti码头3公里，有简单的房间和架在支柱平台上的平房。科钦的Tourist Desk（见986页）也组织一日游，让游客乘坐传统船屋在瓦利亚帕兰巴回水区周围游览。

Bekal Boat Stay（☏0467-2282633, 9447469747；www.bekalboatstay.com；Kottappuram, 尼勒西瓦尔（Nileshwar）；24小时巡游 ₹6000～8000）这是当地少数几个可提供瓦利亚帕兰巴回水区内过夜船屋游的公司。此外还有白天巡游（最多6人 ₹4000）。它位于贝格尔以南大约22公里处，与尼勒西瓦尔（Nileshwar）相距大约2公里——你可以乘坐往来于坎纳诺尔和贝格尔之间的长途汽车，在尼勒西瓦尔下车后换乘机动三轮车（₹30）即达。

星级的。度假村按照喀拉拉风水学（Kerala Vastu）的标准建造，有一个紧靠大海的巨大游泳池。面积将近5公顷的花园里种着鸡蛋花和有机蔬菜。提供阿育吠陀按摩、冥思和瑜伽项目。

❶ 到达和离开

几班本地火车会在位于贝格尔海滩上的贝格尔堡火车站（Fort Bekal station）停靠。南边12公里之外的坎杭加德（Kanhangad）和北边10公里外的加瑟勒戈德也是重要的车站。从贝格尔前往坎杭加德或加瑟勒戈德的公共汽车班次频繁（约₹15；20分钟），这两个地方还有火车开往八格洛尔、果阿或南边的科钦。乘坐机动三轮车从贝格尔岔路口（Bekal Junction）前往卡皮尔海滩大约要花费₹80。

拉克沙群岛（LAKSHADWEEP）

人口64,500

拉克沙群岛距离喀拉拉海岸约300公里，36个珊瑚礁小岛上都长满了棕榈树，海边点缀着洁白的沙滩。在这片既荒凉又迷人的群岛中，只有10个岛屿有人居住，岛上的人口以逊尼派穆斯林渔民为主，只有几个岛允许外国人住宿。岛上的生活十分传统，种姓制度将岛民分成Koya（地主）、Malmi（水手）和Melachery（农民）。捕鱼和编绳是居民的主要收入来源。电力供应依靠的是发电机。

群岛真正的亮点在水下：方圆4200平方公里的环礁水域、未遭破坏的珊瑚礁和温暖的海水如磁石般深深地吸引着水肺潜水和浮潜爱好者。

你需要参加套餐式游览活动才能游览拉克沙群岛。在本书调研期间，Kadmat岛、米尼科伊（Minicoy）岛、Kavaratti岛和Bangaram岛上的度假村对游客开放——不过大多数游客会选择包含多项游览项目的群岛乘船游，行程包括坐船游科钦、上岛、水上运动、潜水和在船上住宿。在本书调研期间，外国人被禁止住在阿格蒂岛（Agatti Island），但是可以坐飞机到这里来，然后再去其他的岛上住。旅游套餐包含许可证和三餐，可以通过SPORTS安排。

在拉克沙群岛潜水

拉克沙群岛是水肺潜水爱好者梦寐以求的地方，海水能见度高，海洋生物丰富多彩，珊瑚礁完全未遭破坏。11月至次年5月中旬是潜水的最佳季节，这段时间海面风平浪静，能见度达到20～40米。Bangaram岛、Kadmat岛、Kavaratti岛、米尼科伊（Minicoy）岛和Agatti岛上有潜水中心（不过在本书调研期间，最后一个潜水中心不对外国人开放）。科钦的SPORTS可以安排潜水套餐或课程。

🛏 食宿

你可以在拉克沙群岛的第二大岛、偏远的米尼科伊岛过夜，这里是印度距离马尔代夫最近的地方。**Minicoy Island Resort**（☏0484-2668387; www.lakshadweeptourism.com; 标单/双 带空调 ₹5000/7000起; ❄）既有现代化的木屋，也有位于客栈内的20间房；可通过SPORTS（见本页）预订。

Kadmat Beach Resort（☏0484-4011134; www.kadmat.com; 2晚 标单/双 含餐 ₹11,450/16,050起; ❄）在Kadmat岛上，有28个正对着海滩的现代化木屋，有从科钦出发开往这里的夜班船，也可以从阿格蒂机场转船。

Bangaram岛上几乎无人居住，只有设施简单的**村舍**（www.lakshadweeptourism.com; 标单/双 ₹10,000/15,000）和拉克沙群岛最高档的、最近重新开业的**Bangaram Island Resort**（☏0484-2397550; www.bangaram.org; 标单/双 含餐 ₹11,150/16,900）。从阿格蒂乘船可达。

❶ 实用信息

许可证

所有人来到这里都需要一张特殊的许可证（一个月内有效），可以通过旅行社或科钦的SPORTS安排办理。在本书调研期间，外国人只能在Kadma岛、米尼科伊岛、Kavaratti岛和Bangaram岛的国营度假村过夜；咨询SPORTS。

旅游信息

Mint Valley Travel（☏0484-2397550; www.mintvalley.com; Kochi）可靠的私营团队旅行社。

SPORTS（Society for the Promotion of Recreational

Tourism & Sports；📞9495984001、0484-2668387；www.lakshadweeptourism.com；PS Parameswaran Rd, Willingdon Island；⊙周一至周六10:00~17:00）位于科钦；是提供旅游信息和预订旅游套餐的主要机构。

❶ 到达和离开

印度航空公司除周日外每天都有航班往返于科钦和阿格蒂岛（往返₹9700起）之间。参加旅游套餐可以乘坐轮船往来于阿格蒂和Kadmat、Kavaratti和Bangaram之间。

可以容纳6名乘客的船——内燃机船Kavaratti号、Arabian Sea号、Lakshadweep Sea号、Bharat Seema号、Amindivi号和Minicoy号——往返于科钦和拉克沙群岛之间，行程14~20小时。

巡游套餐有长有短，最短的是周末套餐（成人/儿童 ₹7216/6185），最长的是5天的3岛巡游，₹25,000/18,000起。

登录网站www.lakshadweeptourism.com查看关于团队游套餐的更多详情。

泰米尔纳德邦和金奈

包括 ➡

金奈(马德拉斯)..........1014
马默勒布勒姆
(默哈伯利布勒姆)....1036
甘吉布勒姆.................1043
本地治里.....................1051
蒂鲁吉拉伯利..............1068
马杜赖........................1075
乌提
(乌德格曼德勒姆)...1097

最佳住宿

➡ Saratha Vilas
(见1074页)
➡ Les Hibiscus(见1055页)
➡ Bungalow on the Beach
(见1061页)
➡ Visalam(见1074页)
➡ 180° McIver(见1096页)

最佳寺庙

➡ 米纳克希安曼神庙
(见1075页)
➡ 布里哈迪斯瓦拉神庙
(见1065页)
➡ Arunachaleshwar Temple
(见1048页)
➡ 娜塔罗伽神庙(见1060页)
➡ 斯里兰甘纳萨斯瓦米寺
(见1068页)

为何去

泰米尔纳德邦(Tamil Nadu)是人类现存的古典文明的家园之一,其古老的文明可以追溯到2000年前,今天通过泰米尔人的语言、舞蹈、诗歌和印度教延续着鲜活的生命力。

这个位于最南部的邦虽然保持了大量古老的商业传统,但不乏活力。在现代化进程迅速的金奈,火的崇拜者刚刚还在泰米尔纳德邦庄严的寺庙里拜神,紧接着就会走进IT办公室——下了班之后又去享受繁华的夜生活;而在波希米亚风的本地治里,还有许多人做拜日式瑜伽。

如果你觉得泰米尔纳德邦的寺庙城镇过于喧嚣,不妨远遁印度的最南端,来到三海交汇之处;或者去散布着华丽宅邸的干旱的切提纳度;又或者登上气候凉爽、林木茂密、野生动物出没的西高止山脉。所有这一切成就了泰米尔纳德邦的卓尔不群,而它也是印度最热情友好的旅游目的地之一。

何时去

金奈

1~3月 天气(相对而言)最凉爽,雨季已结束。

6~9月 "旅游旺季"已过,天气仍然不错,适合前往山中的避暑胜地游览。

11~12月 满月灯节。

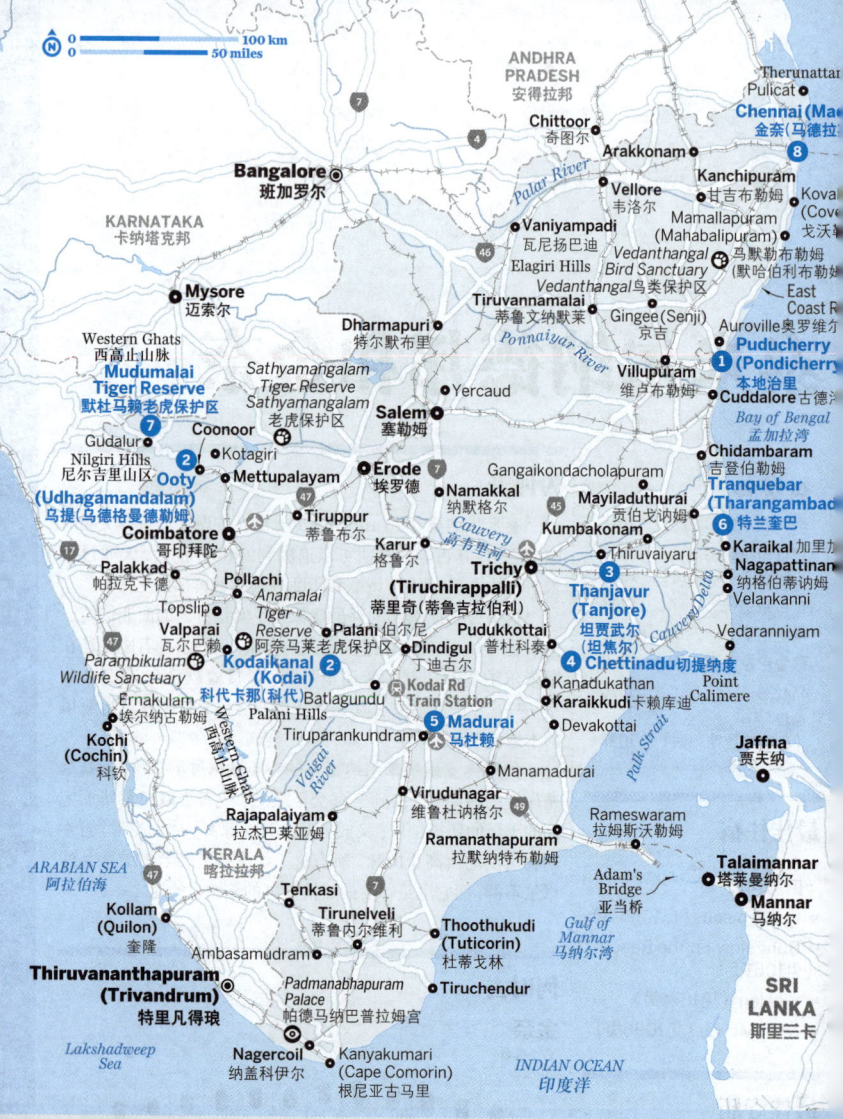

泰米尔纳德邦和金奈亮点

① **本地治里**（见1051页）沉浸在独一无二的法印融合风情和生气勃勃的瑜伽文化中。

② **山间避暑胜地**（见1086页）逃离炎热，来到科代卡那或乌提雾气笼罩的凉爽山间。

③ **坦贾武尔**（见1065页）在布里哈迪斯瓦拉神庙中观赏朱罗王朝寺庙风格的建筑。

④ **切提纳度**（见1073页）在豪宅过夜，尽情品尝火辣辣的菜肴。

⑤ **马杜赖**（见1075页）在米纳克希安曼神庙沉迷于寺庙生活。

⑥ **特兰奎巴**（见1061页）在古老奇特的丹麦海滨殖民地放松身心，不知今夕何夕。

⑦ **默杜马赖老虎保护区**（见1104页）在欣赏山间美景的间隙追踪罕见的异域野生动物。

⑧ **金奈**（见1014页）探索泰米尔纳德邦首府变化万千的面貌。

历史

泰米尔人认为自己是达罗毗荼（Dravidian；前雅利安印度人）文明的传承者。达罗毗荼人属于达罗毗荼语系，其中最重要的4种语种全部根植于南印度——泰米尔语、马拉雅拉姆语（Malayalam，喀拉拉邦）、泰卢固语（Telugu，特伦甘纳邦和安得拉邦）和坎那达语（Kannada，卡纳塔克邦）。南印度的文化和历史有别于受雅利安人控制的北印度，泰米尔人的历史可以一直追溯到古代，而且从未中断，这就非常值得骄傲。

虽然达罗毗荼人长期生活在南部，但达罗毗荼文化中的一些元素——包括神打坐时的莲花坐姿（可能是世界上对瑜伽修行者最早的描述）——却出现在4000多年前印度西北部的早期印度河文明中。至于达罗毗荼文明到底是在公元前2000年雅利安文化在北部出现之前就已经传遍整个印度，还是其传播范围仅限于南部（被雅利安人从北部驱逐出去），这个问题目前还没有定论。但偏远的地理位置无疑为其提供了缓冲，让南印度的文化免遭破坏和侵略，从而得以延续发展了两千多年。

公元前3世纪，大概在桑迦姆时期（Sangam Age）之初，泰米尔语就已经在泰米尔纳德邦发展成熟了，当时泰米尔诗人创作的古典文体被称为桑迦姆文学（Sangam literature）。桑迦姆时期一直持续到公元300年，其间在泰米尔纳德邦（泰米尔国）的不同地区兴起了三大泰米尔王朝：中部早期的朱罗（Cholas）、西部的哲罗（Chera）和南部的潘地亚（Pandya）。

到了7世纪，同为泰米尔人的帕拉瓦人（Pallava）在甘吉布勒姆（Kanchipuram）建立了一个帝国，疆域从泰米尔纳德邦北部一直延伸至安得拉邦（Andhra Pradesh）。马默勒布勒姆（默哈伯利布勒姆）壮观的石刻就是他们的杰作。此外，他们还建造了这一地区最早的独立式寺庙。

接下来兴起的是中世纪的朱罗人（它与早期朱罗人之间的联系还不清楚）。朱罗以泰米尔纳德邦中部的高韦里（Cauvery）山谷为中心，鼎盛时期统治着斯里兰卡（Sri Lanka）、马尔代夫（Maldives）和南亚的大部分地区，其影响一度扩大至东南亚，这也使得泰米尔人关于转世轮回和业力的观点以及瑜伽训练

邦内重要节日

国际瑜伽节（International Yoga Festival；见1054页；1月4日至7日，本地治里）演出，工作室活动和比赛。

丰收节（Pongal，全邦；1月中旬）标志着收获季的结束，是泰米尔纳德邦最重要的节日之一，以一道在新陶罐中烹煮的米饭和小扁豆菜肴命名。纪念动物的贡献，尤其是母牛。

Thyagaraja Aradhana（见1067页；1月，Thiruvaiyaru）卡纳蒂克（Carnatic）音乐。

提巴姆（花车）节[Teppam（Float）Festival；见1078页；1月/2月；马杜赖]届时人们会抬着米纳克希神庙供奉的神像在城内巡游。

那提亚纳利舞蹈节（Natyanjali Dance Festival；见1061页；2月/3月；吉登伯勒姆）为期5天的专业古典舞蹈表演。

Chithirai Festival（见1078页；4月/5月；马杜赖）为期两周的活动，庆祝米纳克希与Sundareswarar（湿婆）结为夫妻。

Karthikai Deepam Festival（见1048页；11月/12月，全邦）庆祝光明的节日。

金奈歌舞节（Chennai Festival of Music & Dance；见1021页；12月中旬至次年1月中旬，金奈）南印度音乐和舞蹈的盛大庆典。

马默勒布勒姆舞蹈节（Mamallapuram Dance Festival；见1040页；12月至次年1月，马默勒布勒姆）在露天舞台上展示具有印度全国各地特色的古典和民间舞蹈，为期4周。

的修行方式广为流传。

朱罗人将达罗毗荼的建筑成就提升到了新的高度，产生了像坦贾武尔和Gangaikondacholapuram这样雄伟高大的寺庙，这一时期的青铜雕塑艺术也达到了巅峰，对湿婆舞王像的刻画尤其是惟妙惟肖。今天泰米尔纳德邦的标志——Gopurams，即高耸的寺门楼——就出现在朱罗晚期。

到了14世纪末，泰米尔纳德邦的大部分地区都处于毗奢耶那伽罗王朝（Vijayanagar empire）的统治下，该王朝以亨比［卡纳塔克邦］为中心。16世纪，毗奢耶那伽罗国逐渐衰落，许多地方官员建立了强大的独立王国，其中马杜赖和坦贾武尔实力最强。毗奢耶那伽罗和纳亚克（Nayak）的雕刻家创作了许多细致入微的寺庙雕塑和浮雕。

欧洲人于16世纪第一次登陆泰米尔的海岸，葡萄牙人在圣汤米（San Thome）定居。到了17世纪，荷兰人、英国人、法国人和丹麦人相继到来，与当地统治者达成协议，设立沿海贸易站。最终来到这里的是英国人，他们以金奈（当时称为马德拉斯）为据点，和以本地治里为据点的法国人展开较量。1744年至1763年间，英国在3次卡纳蒂克战争（Carnatic Wars）中获胜。到18世纪末，英国人已经控制了泰米尔人的大部分领地。

马德拉斯管区（Madras Presidency）曾是英国人的管辖区，其势力范围包括安得拉邦、喀拉拉邦和卡纳塔克邦等地，这种局面在1947年印度独立后依然持续着（称为马德拉斯州）。直到20世纪50年代，按照语言体系成立了现在的喀拉拉邦、卡纳塔克邦、安得拉邦和现在的泰米尔纳德邦（130,058平方公里），这一管区划分体系才真正结束。直到1968年，现在的邦（人口 7210万）才被正式命名为泰米尔纳德邦。

泰米尔纳德邦的政党常常由前电影明星领导，其中最有名的是前首席部长和全印度安娜德拉维达进步联盟党（All India Anna Dravida Munnetra Kazhagam，简称AIADMK）的领导人贾亚拉利塔雅（Jayalalithaa Jayaram）。贾亚拉利塔雅被称为"Amma"（母亲），在全邦广受爱戴，地位就像神灵一样，直到2016年12月5日去世。

金奈（马德拉斯）
[CHENNAI（MADRAS）]

044 / 人口 8,700,000

如果你有时间探索金奈[曾用名：马德拉斯（Madras）]，泰米尔纳德邦的这座首府一定会让你感到惊喜，这片方圆400平方公里的地区汇聚了许多城中村和多样化的社区。整座城市是南印度艺术、宗教和烹饪传统的传承者。人民是金奈最大的财富之一，他们对自己的家乡有着令人感动的热情；他们不会骚扰你。近年来，豪华酒店、时尚精品店、古雅的咖啡馆、时髦的现代餐厅的出现为金奈平添了大都会的魅力，这里还有一些炫酷的酒吧和夜店。

由于南方的热浪、拥挤的交通和出众景色的缺乏，金奈常常被认为是印度四大城市中比较土气的一个。但就算你是在交通周转的途中被困在这里，也值得到处转一转，看看博物馆，探索一番寺庙，品尝原汁原味的南印度美味佳肴，或者沿着游艇码头海滩（Marina Beach）来一场浪漫的夕阳漫步。

历史

南部街区Mylapore的历史比金奈其他地区的历史都要久远；有证据表明，它曾与罗马以及中国和希腊的商人开展过贸易。1523年，葡萄牙人在附近的海岸建立了定居点圣汤米（San Thome）。一个世纪以后，弗朗西斯·戴（Francis Day）和1639年兴盛起来的东印度公司想在印度东南部寻找一个好的贸易据点，于是与当地的毗奢耶那伽罗统治者达成协议，在渔村Madraspatnam修建了一座堡垒兼贸易站。这就是建于1640年至1653年的圣乔治堡（Fort St George）。

在1744年至1763年的3次卡纳蒂克战争中，英国人和它的殖民竞争对手法国人纷纷与南印度贵族结盟，试图控制当地统治者并压制彼此。1746年至1749年间，法国人占据了圣乔治堡，但英国人取得了最终的胜利，法国人撤至本地治里。

作为英属印度4个主要分支之一的马德拉斯管区的首府，马德拉斯发展成为一个重要的船舶和贸易中心。印度独立后，它变成了马德拉斯邦（即后来的泰米尔纳德邦）的首府。

这座城市在1996年被改名为金奈。如今这里是IT业的重要中心,并且因为蓬勃发展的汽车制造业,常常被称为"印度的底特律"。

◎ 景点

◎ 金奈市中心

★ 政府博物馆 博物馆

(Government Museum; 见1022页地图; www.chennaimuseum.org; Pantheon Rd, Egmore; 印度人/外国人 ₹15/250, 拍照/录像 ₹200/500; ◎周六至周四 9:30~17:00)政府博物馆位于英国人修建的令人赞叹的建筑群Pantheon Complex中,堪称金奈最好的博物馆。3号楼青铜馆(Bronze Gallery)是博物馆的一大亮点,馆内收藏了从7世纪帕拉瓦时期(Pallavera)到现代的南印度青铜器,展品多样而精美,配有英文说明材料。

从9世纪到11世纪的朱罗时期正是青铜雕塑艺术的巅峰。在青铜馆众多令人印象深刻的作品当中,许多都是湿婆的舞王像,还有一件精妙绝伦的朱罗时期的阿尔达纳里希瓦拉(Ardhanarishvara)青铜雕像,刻画的是湿婆和帕尔瓦蒂(Parvati)结合后的雌雄同体化身。

主楼(1号楼)的考古馆(Archaeological Galleries)中陈列着大量考古文物,从公元前2世纪的佛教雕塑到16世纪的毗奢耶那伽罗作品应有尽有,展示了南印度各主要时期的成就,有专门的房间分别展览印度教、佛教和耆那教雕塑。2号楼是人类学馆(Anthropology Galleries),追溯了直到史前时代的南印度人类历史,展出来自该地区各个地方的部落文物;馆外有一门虎头大炮,是1779年英国人在斯里兰加帕南(Srirangapatnam)击败蒂普苏丹(Tipu Sultan)时收缴得来的。

这座博物馆还包括国家美术馆(National Art Gallery)、当代美术馆(Contemporary Art Gallery)和儿童博物馆(Children's Museum),持同一张门票即可参观。某些区域可能会因为修缮而关闭。

马德拉斯高等法院 知名建筑

(Madras High Court; 见1016页地图; Parry's Corner, George Town)这座醒目的红色印度—撒拉逊建筑于1892年建成,据说是除了伦敦法院(Courts of London)之外全世界最大的司法建筑。中央的塔楼是在1912年添加的。在本书调研期间,禁止游客游览院落,不过如果你想尝试一下的话,要带上护照。

★ 圣乔治堡 要塞

(Fort St George; 见1016页地图; Rajaji Salai; ◎10:00~17:00) **免费** 1653年由英国东印度公司修建完成,后经多次翻修。如今在其巨大的围墙内(壁垒是18世纪更换的),泰米尔纳德邦的议会和秘书处,此外还有几座年代比较久远的建筑。城堡博物馆(Fort Museum; 见1016页地图; 印度人/外国人 ₹15/200; ◎周六至周四 9:00~17:00)介绍了金奈的起源和城堡本身的情况,此外还陈列着有趣的军事纪念品和来自殖民地时期的艺术品。二楼的肖像馆中悬挂着殖民地时期要人的肖像,其中包括看起来自信满满的罗伯特·克莱夫(Robert Clive,东印度公司创始人)。

城堡内还有圣玛丽教堂(St Mary's Church; 见1016页地图; ◎周一至周六 10:00~17:00),于1680年竣工,是印度现存最古老的英国教堂,四周环绕着更古老的墓碑;克莱夫就埋在这里。它的右边(西边)是新古典主义风格的前总督府(Admiralty House; 克莱夫府)。

游艇码头海滩 海滩

(Marina Beach; 见1016页地图)你可以在清晨或黄昏沿着3公里长的游艇码头主海滩散步(在其他任何时间你都不会想在这里被太阳烘烤),沿途能看到板球比赛、放风筝的人、算命先生、鱼市场、玉米烤炉和享受海风的家庭。但是不要在这里游泳:这一带浪大,危险。在最南端,极受欢迎的马德拉斯灯塔(Madras Lighthouse; 见1016页地图; 成人/儿童 ₹20/10, 拍照 ₹25; ◎周二至周日 10:00~13:00和15:00~17:00)是全印度唯一有电梯的灯塔;壮阔的城市和海滩风景非常漂亮。

帕塔萨拉蒂寺庙 印度教神庙

(Parthasarathy Temple; 见1016页地图; Singarachari St, Triplicane; ◎5:30至正午和16:00~21:30)它是金奈最古老的寺庙之一,公元8世纪时由帕拉瓦人建成,不同寻常的是,这里供奉的是克利须那(Krishna,毗湿奴的一个化身),即战车御夫帕塔萨拉蒂(Parthasarathy)。然而它的大多数复杂雕刻来自16

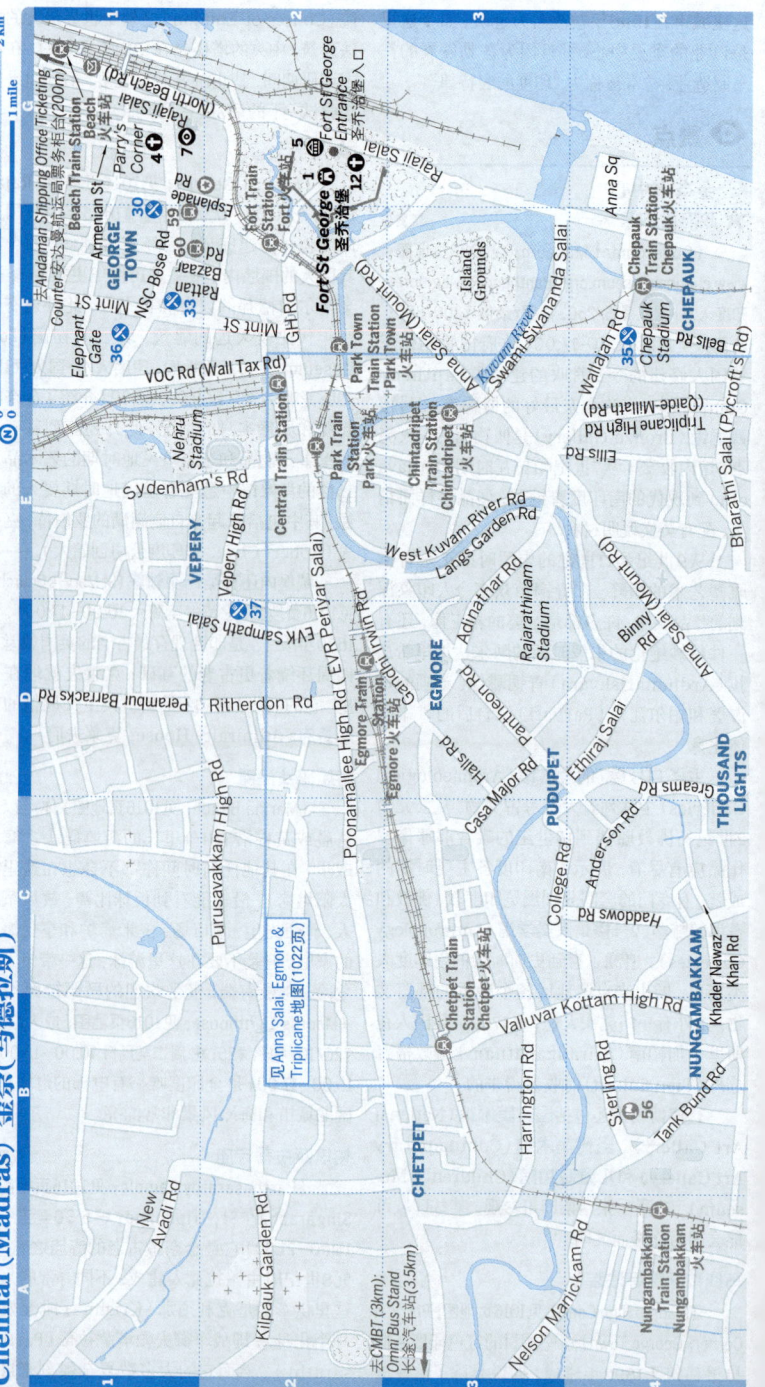

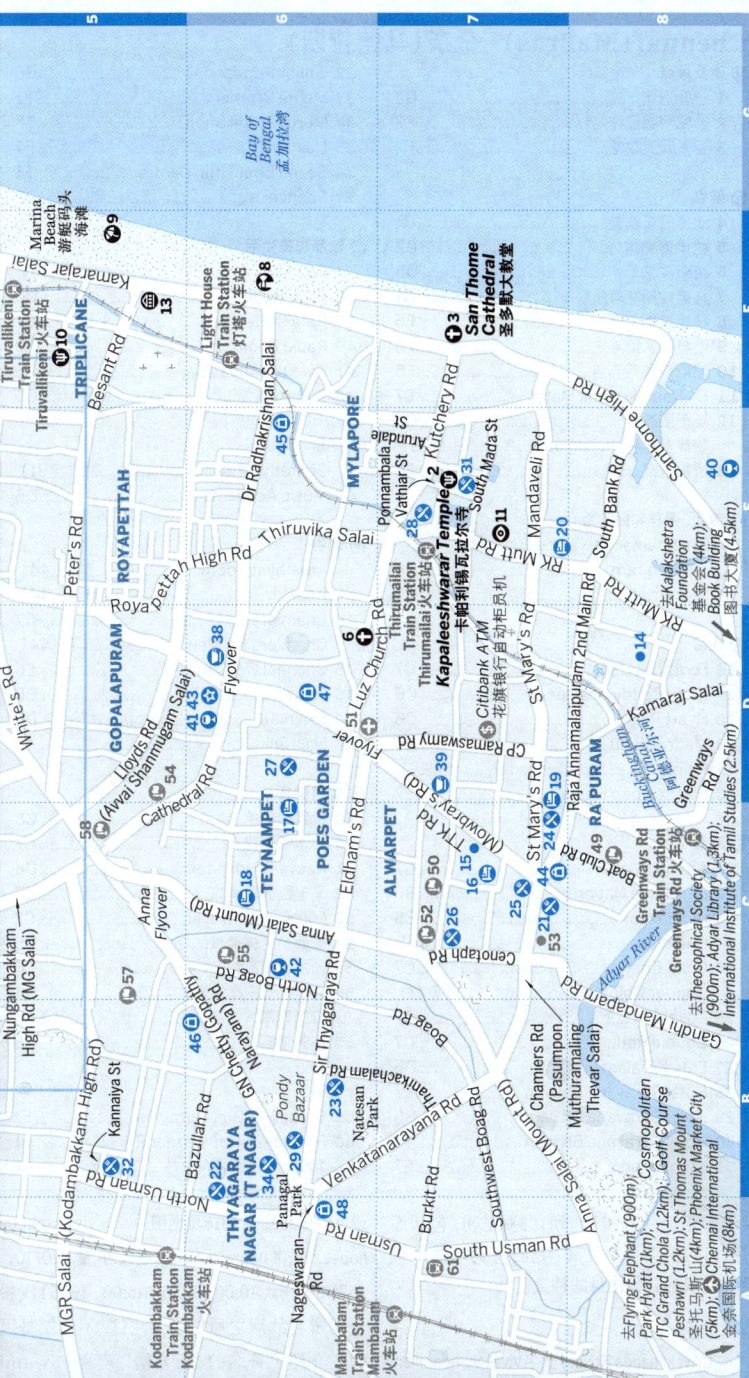

Chennai (Madras) 金奈（马德拉斯）

◎ 重要景点
- **1** 圣乔治堡 G2
- **2** 卡帕利锡瓦拉尔寺 E7
- **3** 圣多默大教堂 F7

◎ 景点
- **4** 亚美尼亚教堂 G1
- **5** 城堡博物馆 G2
- **6** 路斯教堂 D6
- **7** 马德拉斯高等法院 G1
- **8** 马德拉斯灯塔 F6
- **9** 游艇码头海滩 F5
- **10** 帕塔萨拉蒂寺庙 F5
- **11** Sri Ramakrishna Math E7
- **12** 圣玛丽教堂 G2
- 使徒多马墓 .... （见3）
- **13** 辨喜故居 F5

✪ 活动、课程和团队游
- **14** Krishnamacharya Yoga Mandiram D8
- **15** Storytrails C7

🛏 住宿
- **16** Footprint B&B C7
- **17** Hanu Reddy Residences C6
- **18** Hyatt Regency C6
- **19** Madras B&B D7
- Raintree .... （见19）
- **20** Red Lollipop Hostel E7

🍽 就餐
- **21** Amma Naana C7
- **22** Barbeque Nation B6
- **23** Big Bazaar B6
- Chamiers .... （见44）
- **24** Chap Chay C7
- Copper Chimney .... （见41）
- **25** Dakshin C7
- **26** Double Roti C7
- **27** Enté Keralam D6
- **28** Hotel Saravana Bhavan E7
- **29** Hotel Saravana Bhavan B6
- **30** Hotel Saravana Bhavan F1
- **31** Jannal Kadai E7
- **32** Junior Kuppanna B5
- **33** Mehta Brothers F1
- **34** Murugan Idli Shop B6
- **35** Nair Mess F4
- **36** Seena Bhai Tiffin Centre F1
- **37** Spencer's D2

🍷 饮品和夜生活
- 365 AS .... （见18）
- **38** Brew Room D6
- **39** Café Coffee Day D7
- **40** Radio Room E8
- **41** Sera the Tapas Bar D6
- **42** Sudaka C6

🎭 娱乐
- Bharatiya Vidya Bhavan .... （见31）
- **43** Music Academy D6

🛍 购物
- Amethyst Room .... （见44）
- Anokhi .... （见44）
- **44** Chamiers C7
- Chamiers for Men .... （见44）
- **45** Chennai Citi Centre E6
- **46** Fabindia B6
- **47** Fabindia D6
- **48** Nalli Silks A6

ℹ 实用信息
- **49** 德国领事馆 C8
- **50** 日本领事馆 C7
- **51** Kauvery Hospital D6
- **52** 马来西亚领事馆 C7
- **53** Milesworth Travel C7
- **54** 新西兰名誉领事 D5
- **55** 新加坡领事馆 C6
- **56** 斯里兰卡副高级委员会 B4
- **57** 泰国领事馆 C5
- **58** 美国领事馆 C5

🚍 交通
- **59** Broadway Bus Terminus F1
- **60** Rattan-Rattan Bazaar Rd汽车站 F1
- **61** T Nagar长途汽车总站 A7

世纪扩张至此的毗奢耶那伽罗王朝，包括面对入口的精美石刻柱廊。它的特别之处是供奉毗湿奴的五个化身的神龛。

辨喜故居
博物馆

（Vivekananda House，又名Vivekanandar Illam或Ice House；见1016页地图；www.vivekanandahouse.org; Kamarajar Salai；成人/儿童 ₹20/10; ☉周二至周六10:00~12:15和15:00~19:15）浅粉色的辨喜故居之所以引人注目，不仅仅是因为它介绍了著名的"云水僧"辨喜（Swami

Vivekananda），还有它那半圆形的外观。这座建筑建于1842年，最初用来储存从美国进口的冰。1897年，辨喜曾在这里做短暂停留，向信徒们宣扬他禁欲主义的印度教哲学。展览包括介绍辨喜生平的照片展，1893年芝加哥世界宗教大会上辨喜发表著名演说的3D复制场景，以及辨喜曾经居住的房间——如今用作冥想室。

金奈南部

★卡帕利锡瓦拉尔寺   印度教神庙

（Kapaleeshwarar Temple；见1016页地图；Ponnambala Vathiar St, Mylapore；6:00至正午和16:00~21:30）Mylapore是金奈最有特点也最传统的街区之一，其历史比殖民地马德拉斯还早几百年。这里的卡帕利锡瓦拉尔寺是金奈最活跃、最令人难忘的寺庙之一，据信是在葡萄牙人1566年摧毁了海边最初的寺庙之后修建的。它展现了泰米尔纳德邦寺庙中的主要建筑元素——一座五彩缤纷的gopuram（塔门）、用柱子支撑的mandapa（亭子），以及一个巨大的水池——这座寺庙供奉的是泰米尔纳德邦最受欢迎的神明湿婆。

传说有一次湿婆一怒之下将他的妻子帕尔瓦蒂变成了一只孔雀，并命令她在这里敬拜他，这样才能恢复原形。帕尔瓦蒂遵照命令在寺庙中心建筑的东北角外敬拜湿婆，那里有一个神龛用来纪念这一事件。Mylapore这个名字就是这么来的，意思是"孔雀之城"。内庭西端主至圣所的外墙上的壁画描绘了这个故事。

该寺庙举办五彩缤纷的 **Brahmotsavam节**（3月/4月），届时会有神灵在Mylapore的街道上游行。

Sri Ramakrishna Math   宗教场所

（见1016页地图；www.chennaimath.org；31 RK Mutt Rd, Mylapore；Universal Temple 4:30~11:45和15:00~21:00，晚祷18:30~19:30）Sri Ramakrishna Math的院子安静且繁花锦簇，远离Mylapore的喧嚣。僧侣穿着橙色袍子在寺内穿行，给人一种肃穆的感觉。Math是一位尊崇19世纪的圣人Sri Ramakrishna教诲的教派，他认为各种宗教在本质上是统一的。这里的Universal Temple是一座漂亮的橙红色现代建筑，融合了不同宗教的建筑元素。它对所有人开放，人们可以在这里拜神、祈祷或冥想。

★圣多默大教堂   天主教堂

（San Thome Cathedral；见1016页地图；Santhome High Rd, Mylapore；5:30~20:30）这座高耸的天主教堂紧邻海滩，是葡萄牙人于1532年修建的，然后又在1896年被英国人重建成了新哥特式风格，据说是使徒多马（St Thomas the Apostle）最后的安息之地。公元52年，"多疑的多马"带领基督徒来到南亚次大陆，公元72年在金奈的圣托马斯山（见1021页）被杀。教堂后面是**使徒多马墓**（tomb of St Thomas；见1016页地图；5:30~20:30）**免费**。

达罗毗荼人的骄傲

在1947年印度独立之前，泰米尔政治家一直反对种姓制度（他们认为这一制度对浅肤色的婆罗门有利）和印地语（认为这是北印度的文化帝国主义）。独立前的"自我尊重"运动和受马克思主义影响的正义党（Justice Party）就是南印度共同价值观和阶级斗争言论相结合的产物，由此产生的泰米尔政党在今天的泰米尔纳德邦仍然很有影响力。在印度独立之初的几十年甚至还爆发了一场要求由南印度的四大种族组成独立的Dravida Nadu邦的运动，但不同团体之间缺少团结合作的精神。如今达罗毗荼政治活动的影响仅限于泰米尔纳德邦内，而政党领袖常常是从前的电影明星（他们常常有一大批热情高涨的追随者）。

在其far邻斯里兰卡的国内冲突中，许多印度泰米尔政治家高调地为泰米尔猛虎组织（Tamil Tigers）辩称，该组织于1991年在金奈附近的Sriperumbudur刺杀了拉吉夫·甘地（Rajiv Gandhi）。今天，通常比较宽容的泰米尔人对和僧伽罗人（Sinhalese）有关的任何事物仍然存有很大的偏见。如今你能看到的最明显的泰米尔自豪感的标志是大多数泰米尔公众人物身穿的白衫加白纱笼（mundu）。

虽然使徒多马的遗体现在大部分被葬在意大利,但是墓室墙壁上的一个十字架里有他的一小块遗骨,并标有"圣多马遗体"的字样。楼上的博物馆里陈列着各种与多马有关的物品,包括据信刺死他的长矛。

教堂南侧街道的海滩尽头是**使徒多马杆**(St Thomas' Pole),据说它在2004年的海啸中神奇地拯救了这座教堂。

神智学协会 花园

(Theosophical Society; www.ts-adyar.org; Thiru Vi Ka Bridge的南端, Adyar; ⊙庭院 周一至周六 8:30~10:00和14:00~16:00) 免费 神智学协会位于阿德亚尔河(Adyar River)和海滨之间,占地100公顷,是一个远离城市的宁静、绿色、没有汽车的世外桃源。虽然开放时间有限,但这里仍然是个适合散步的美丽之地,有一座教堂、清真寺、佛殿、拜火教寺庙和印度教神庙,此外还有许多当地和引进的植物,包括一棵拥有450年历史的菩提树的根蘖(这棵树在20世纪80年代被一场风暴严重破坏)。

阿德亚尔图书馆(Adyar Library; www.ts-adyar.org; Theosophical Society, 紧邻 Besant Ave Rd, Adyar; 1年读者卡 ₹50, 押金₹250; ⊙周二至周日 9:00~17:00)内有大量关于宗教和哲学的书籍(其中一些用来展览),从1000年前的佛经到19世纪手工制作的精致的《圣经》,应有尽有。

Kalakshetra基金会 艺术中心

(Kalakshetra Foundation; ☎044-24521169; www.kalakshetra.in; Muthulakshmi St, Thiruvanmiyur; 印度人/外国人 含工艺品中心 ₹100/500; ⊙校园 7月至次年2月中旬 周一至周五 8:30~11:30, 工艺品中心 周一至周六 9:00~13:00和14:00~17:00, 每月的第二和第四个周六歇业)创办于1936年的Kalakshetra基金会是一所著名的经典艺术学校,教授泰米尔传统的舞蹈和音乐(赞助了许多家境贫寒的学生)。学校位于金奈南部,校园里绿树成荫,非常美丽。在早晨的上课时间,游客可以在校园里转转(保持安静),还可以参观**Rukmini Devi Museum**。马路对面是**Kalakshetra工艺品中心**(Kalakshetra Craft Centre),在那里你能看到人们使用甘吉布勒姆式的手织机织布、在纺织品上印花,以及罕见的、令人赞叹的kalamkari工艺(用植物染料对纺织品进行手工染色)。可登录网站查看最新展示信息。

Thiruvanmiyur公共汽车站是许多城市公共汽车线路的终点站,位于Kalakshetra入口以西500米处。

图书大厦 画廊

(Book Building; ☎044-24426696; www.tarabooks.com; Plot 9, CGE Colony, Kuppam Beach Rd, Thiruvanmiyur; ⊙周一至周六 10:00~19:30) 免费 在这个到处都是壁画的地方,Tara Books举办免费展览、作家谈话和来访艺术家的研讨会,还展出了它自己出品的具有高度原创性的手工图书。如果预约,你还可以参观制作图书的作坊(距此20分钟的车程)。

金奈的其他教堂

亚美尼亚教堂(Armenian Church; 见1016页地图; Armenian St, George Town; ⊙9:30~14:30, 时间不定)位于George Town中央,散发着赤素馨花的香味,这座建于18世纪的教堂见证了城市一度繁荣的亚美尼亚商贸社区。它的庭院里陈列着刻有亚美尼亚文字的古代墓碑。

圣安德鲁教堂(St Andrew's Church; St Andrew's Kirk; 见1022页地图; www.thekirk.in; 37 Poonamallee High Rd, Egmore; ⊙9:30~17:00)这座建于1821年的新古典主义风格苏格兰长老会教堂矗立在Egmore郁郁葱葱的土地上。受到伦敦的圣马丁教堂(St Martin-in-the-Fields)的启发,它有一条精致的带柱子的门廊、一条不同寻常的椭圆形柱廊(用科林斯式柱子支撑起穹顶天花板),还有一段又窄又长的多层旋转楼梯。

路斯教堂(Luz Church; Shrine of our Lady of Light; 见1016页地图; www.luzchurch.org; 紧邻 Luz Church Rd, Mylapore; ⊙黎明至黄昏)蓝白相间的建筑充满了巴洛克式风情,棕榈环绕的路斯教堂修建于1516年,是金奈最古老的欧洲建筑。

圣托马斯山 宗教场所

（St Thomas Mount; Parangi Malai; 紧邻Lawrence Rd, Guindy; ◎6:00~20:00）免费 圣托马斯山矗立在金奈的西南方，位于圣托马斯山火车站和地铁站以北2.5公里处，据说是公元72年圣多马殉难的地方。"山顶"的**圣母教堂**（Church of Our Lady of Expectation）于1523年由葡萄牙人修建，里面安放着一块指骨碎片，据说是多马的，还有一个他亲自雕刻的十字架。在这里纵览全城和港口，景色很好。

🏃 活动

Krishnamacharya Yoga Mandiram 瑜伽、冥想

（KYM; 见1016页地图; ☎044-24937998; www.kym.org; 31 4th Cross St, RK Nagar; 课程US$30; ◎8:00~19:00）深受好评，提供为期两周和一个月的瑜伽课程、瑜伽疗法以及高强度的瑜伽教师培训。

🎓 课程

由Storytrails经营，4小时的Spice Trail（每人₹2500）是对南印度烹饪的令人着迷的入门介绍，烹饪课程分小组进行实际操练。

Kalakshetra基金会 艺术

（Kalakshetra Foundation; ☎044-24525423; www.kalakshetra.in; Muthulakshmi St, Thiruvanmiyur; 每天 ₹500）Kalakshetra基金会的手工艺品中心提供为期1~2个月的课程，传授古老的kalamkari技艺——使用植物染料在纺织品上进行手工彩绘。周一至周五的10:00~13:00上课。

International Institute of Tamil Studies 语言

（☎044-22542992, 9952448862; www.ulakaththamizh.org; CIT Campus, 2nd Main Rd, Tharamani; 3/6月课程 ₹5000/10,000）为期3个月和6个月的泰米尔语强化课程。

👉 团队游

Storytrails 步行

（见1016地图; ☎044-45010202, 9940040215; www.storytrails.in; 21/21st Cross St, TTK Rd, Alwarpet; 3小时团队游 最多4人 ₹4400起）组织以舞蹈、寺庙、珠宝和市场等为主题的街区徒步游览，非常有趣。还经营很受欢迎的George Town美食团队游和内部烹饪课程。

🎉 节日和活动

马德拉斯周 文化

（Madras Week; www.themadrasday.in; ◎8月）全城都会举办一系列令人鼓舞的传统街区徒步、演讲和展览，纪念1639年马德拉斯的建立。

金奈歌舞节 音乐、舞蹈

（Chennai Festival of Music & Dance, 又名Madras Music & Dance Season; ◎12月中旬至次年1月中旬）这是全世界规模最大的此类歌舞节之一，是南印度音乐和舞蹈的盛会。

🛏 住宿

金奈的住宿价格比泰米尔纳德邦其他地方都高，而且性价比并不高。Triplicane High Rd地区是寻找经济型酒店的好地方。Egmore有一些廉价酒店和几个中档之选。你可以在Nungambakkam、Poes Garden和Alwarpet找到一些高中端民宿。高端酒店已经变得很多了，尤其是在南部区域。

很多酒店都有24小时营业的前台，而且中午之前就会住满，须提前打电话订房。

🛏 Egmore

New Lakshmi Lodge 酒店 $

（见1022页地图; ☎044-28194576, 9840900343; 16 Kennet Lane; 标单/双 ₹500/900, 房间 带空调 ₹1460~1580; ❄）这栋巨大的建筑一共有四层楼，环绕着一个停车场，是个不错的廉价之选，房间小，陈设简朴，但是一尘不染，墙壁被粉刷成柔和的淡彩色。建议预订，因为它常常满房。楼上的房间私密性更好。

YWCA International Guest House 客栈 $$

（见1022页地图; ☎044-25324234; http://ywcamadras.org/international-guest-house; 1086 Poonamallee High Rd; 含早餐 标单 ₹1760~2380, 双 ₹2170~2850, 标单/双 不带空调 ₹1020/1560; ❄@🛜）金奈的YWCA客栈坐落在Egmore火

Anna Salai, Egmore & Triplicane

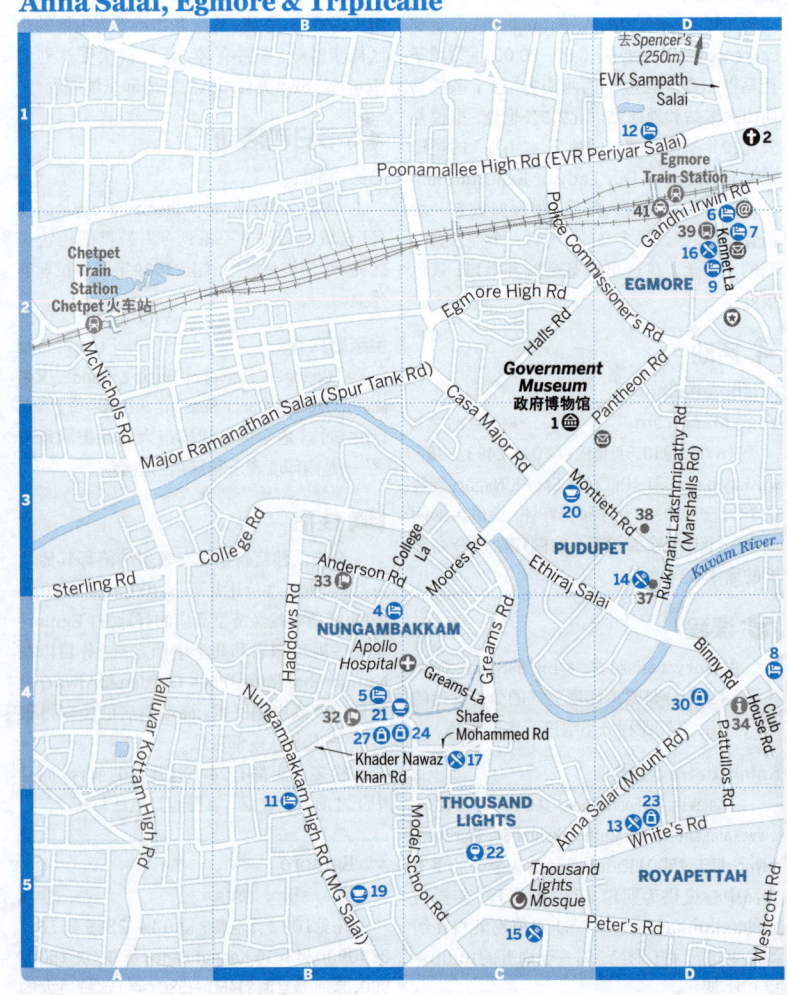

车站北边的一个绿树成荫的院落里，性价比非常好，氛围宁静。客栈由乐于助人的员工打理，房间大小适中，非常干净，宽敞的公共休息区并提供实惠的餐食（素食/非素食₹225/330）。Wi-Fi（仅大堂）每天收费₹150。

Hotel Chandra Park 酒店 $$

（见1022页地图；☑044-40506060；www.hotelchandrapark.com；9 Gandhi Irwin Rd；含早餐 标准 ₹1580~2560，双 ₹1820~3020；图⑨）与大多数相似的酒店相比，Chandra Park一直神秘地保持低价位。"标准"间很小，有点陈旧，但有空调、干净的毛巾和伏贴的白床单。服务彬彬有礼，有24小时前台和免费Wi-Fi，按照Egmore当地的标准是性价比较高的选择。

Hotel Victoria 酒店

（见1022页地图；☑044-28193638；www.empeehotels.com；3 Kennet Lane；含早餐 标准 ₹2500~4300，双 ₹2800~4700；图⑨）在混乱忙碌的Kennet Lane，这家酒店是你最明智的选择。房间干净体面（有电水壶、Wi-Fi和电视），而光鲜亮丽的大堂和热忱的服务则更

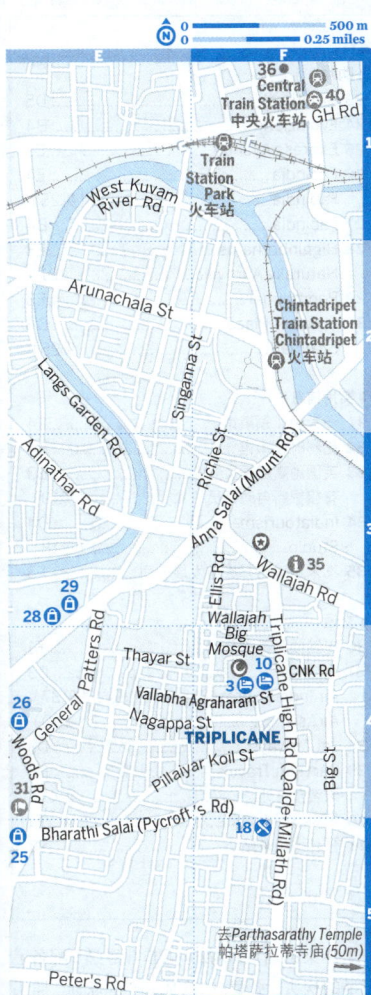

间结合了复古四柱床和现代卫浴,浴室里有风格十足的方形洗脸盆;"旧世界"衬垫上有花卉和淡彩装饰;最棒的是蓝色色调的"Dew",有四柱床和公共阳台。

Hanu Reddy Residences 民宿 $$

(见1022页地图;☎9176869926,044-43084563;www.hanureddyresidences.com;6A/24 3rd St, Wallace Garden;含早餐 标单 ₹3600~4200, 双 ₹4200~4800;❄@)分布于高端社区Wallace Garden的两栋绿意盎然的住宅中,是金奈市中心难得的温馨遁世之所。13间简约风格的房间有空调、免费Wi-Fi、茶/咖啡器具、鲜艳多彩的艺术品——甚至还有电蚊拍!露台上有休闲竹椅。服务达到了个性和专业之间的平衡。在高档社区Poes Garden还有另一家分店(见1016页地图;☎044-24661021;41/19 Poes Garden;含早餐 标单 ₹4200~5400, 双 ₹4800~7800;❄@)。

Taj Coromandel 酒店 $$$

(见1022页地图;☎044-66002827; www.tajhotels.com; 37 Nungambakkam High Rd; 房间 ₹12,000起;❄@≈)光彩夺目的Coromandel提供了一处可以逃离闹市喧嚣但位置又比较居中的高端休憩之所,豪华但不过度铺张。房间呈现出一种通透的时尚风格,酒店还有一座棕榈树成荫的游泳池。大理石效果的大堂里有南印度菜高级餐厅Southern Spice(见1022页地图;主菜 ₹550~900,塔利套餐 ₹1500~2200;⏰12:30~14:45 和 19:00~23:00),还有一家人气很旺的鸡尾酒吧。

是令人难忘。

🛏 Nungambakkam及周边

Frangi House 民宿 $$

(见1022页地图;☎044-43084694;www.frangihouse.com;6B Nawab Habibullah Ave, 1st St,紧邻Anderson Rd;房间 含早餐 ₹3940~4280;❄@)这处完美无缺的休憩之所藏身于高端社区Nungambakkam的一条宁静街道中,提供绿草茵茵的花园、舒适的休息间和8间宽敞通风、装饰风格各不相同的房间。"精品"房

🛏 Triplicane及周边

Paradise Guest House 客栈 $

(见1022页地图;☎044-28594252;www.paradiseguesthouse.co.in;17/1 Vallabha Agraharam St;标单/双 ₹600/700,带空调 ₹1000/1100;❄@)Paradise是Triplicane性价比最高的酒店之一——房间简单,瓷砖干净,屋顶通风,员工热情,热水装在桶里送来。

Broad Lands Lodge 客栈 $

(见1022页地图;☎044-28545573; broadlandshotel@yahoo.com; 18 Vallabha Agraharam St;标单 ₹400~750,双 ₹450~800;@)Broad

Anna Salai, Egmore & Triplicane

◎ 重要景点
1 政府博物馆 C3

◎ 景点
2 圣安德鲁教堂 D1

🛌 住宿
3 Broad Lands Lodge F4
4 Frangi House B4
5 Hanu Reddy Residences B4
6 Hotel Chandra Park D2
7 Hotel Victoria D2
8 La Woods D4
9 New Lakshmi Lodge D2
10 Paradise Guest House F4
11 Taj Coromandel B5
12 YWCA International Guest House D1

✕ 就餐
13 Amethyst D5
14 Annalakshmi D3
Big Bazaar .... (见25)
15 Hotel Saravana Bhavan C5
16 Hotel Saravana Bhavan D2
17 Nilgiri's C4
18 Ratna Café F5
Southern Spice .... (见11)

🍷 饮品和夜生活
19 Café Coffee Day B5
Café Coffee Day .... (见25)
20 Café Coffee Day C3
21 Café Coffee Day 'The Square' B4
22 Plan B C5

🛒 购物
23 Amethyst D5
24 Evoluzione B4
25 Express Avenue E5
26 Fabindia E4
Fabindia .... (见25)
27 Fabindia B4
28 Higginbothams E3
Naturally Auroville .... (见21)
29 Poompuhar E3
30 Spencer Plaza D4
Starmark .... (见25)

ℹ 实用信息
31 澳大利亚领事馆 E4
32 比利时领事馆 B4
33 英国副高级委员会 B3
花旗银行自动柜员机 .... (见19)
34 Indiatourism D4
Studio .... (见18)
35 泰米尔纳德邦旅游发展公司 F3

ℹ 交通
36 电脑预订票办公室 F1
37 Air India D3
Air India Express .... (见37)
AirAsia .... (见19)
38 Jet Airways D3
39 Parveen Travels D2
乘客预订处 .... (见41)
40 预付出租车站 F1
41 预付出租车站 D1

Lands在1951年就开张营业了,曾经是嬉皮士时代坚定的拥护者。这座氛围悠闲的殖民时期宅邸有树木葱郁的庭院,客房在长长的楼梯上面。如今它依然有自己的拥趸,他们并不介意简陋怪异的房间、阴湿的浴室和Wallajah Big Mosque传来的响亮的祈祷声。最便宜的房间共用浴室。Wi-Fi费用是₹40。后面有红色栏杆的建筑里提供更通风的房间。

La Woods
酒店 $$

(见1022页地图;☏044-28608040; www.lawoodshotel.com; 1 Woods Rd; 房间 含早餐₹3600; ※ ⓢ)清爽的白色与明亮的黄绿色和青绿色在这家气氛友好、管理良好的现代酒店相互碰撞,配色古怪而奇妙。闪闪发亮、一尘不染的当代风格房间非常舒适,配备了充足的枕头、水壶、电吹风和"全球通"插头接座。

金奈南部

Red Lollipop Hostel
青年旅舍 $

(见1016页地图;☏044-24629822; www.redlollipop.in; 129/68 RK Mutt Rd, Mandavelli; 铺₹650; ※ ⓢ)作为金奈低预算旅行者的福音,Red Lollipop是一家真正有社交气氛的青年旅舍,位于Mylapore的寺庙以南700米处。色彩鲜艳的墙壁上潦草地写着许多振奋人心的留言。6~10人间宿舍(其中一间仅限女性入住)一尘不染,配备带锁的柜子和独立卫浴。

这里有一个屋顶露台、一间公共厨房和休息室。租赁毛巾（₹30），还提供在金奈旅行的建议。

★ Footprint B&B　　　　民宿 $$

（见1016页地图；☎9840037483；www.chennaibedandbreakfast.com；Gayatri Apartments, 16 South St, Alwarpet, Crowne Plaza Hotel后面；房间 含早餐 ₹3900；❄︎🛜）这家美丽的民宿位于金奈南部地区一个郁郁葱葱的社区中的一条安静街道上，占据着三套公寓，是一个舒适、放松的根据地。漂亮的盆栽野蔷薇、有机奥罗维尔香皂和马德拉斯时代的老照片为9间舒适的客房烘托出惬意的氛围，房间清爽质朴，配有一张大床或两张宽大的单人床。自制早餐非常丰盛，服务很好，热情的主人可以提供许多泰米尔纳德邦的旅行建议。需提前订房。

Madras B&B　　　　民宿 $$

（见1016页地图；☎9840037483；www.madrasbedandbreakfast.com；Flat 1/3, Nandini Apartments, 72/45 1st Main Rd, RA Puram；房间 含早餐 ₹3040；❄︎🛜）这家民宿很受瑜伽学员的青睐，它有多个地址，包括分布于RA Puram和Alwarpet的几套宁静的私人公寓，给人的感觉就像舒适温馨的自助式度假屋。客人可以使用设施齐全的厨房、洗衣机、小图书室和布满花钵、令人放松的公共休息室。不要直接过来；需要预订。

★ Raintree　　　　酒店 $$$

（见1016页地图；☎044-42252525；www.raintreehotels.com；120 St Mary's Rd, Alwarpet；标单/双 ₹9590/10,790；❄︎@🛜）这是一家"生态敏感"的商务风格酒店，地板使用的是竹子或橡胶材质，倡导节约水、电，用空调产生的热气给浴室的水加热。整洁、清爽、简约的房间明亮、舒适，很有时尚感，可以俯瞰美妙的城市风景。屋顶上有一个巨大的无边际海景泳池（兼作隔热层）和一个露天酒吧兼餐厅。楼下是优秀的泛亚洲风味餐厅 **Chap Chay**（见1016页地图；主菜 ₹500~900，套餐 ₹1900；⏰正午至15:00和19:00~23:00）。

Hyatt Regency　　　　酒店 $$$

（见1016页地图；☎044-61001234；http://chennai.regency.hyatt.com；365 Anna Salai, Teynampet；房间₹9720~15,800；❄︎@🛜♿）光鲜、奢华和新潮，这家塔状的三角形酒店是金奈高端酒店的代名词。当代艺术陈列于洒满阳光的大堂，当地大厨领衔三家高口碑餐厅和备受追捧的酒吧（见1028页）。在光彩夺目的房间里，透过巨大的观景窗可俯瞰海洋或城市的非凡全景。此外还有用鲜花来装饰边界的泳池和奢华水疗中心。

ITC Grand Chola　　　　酒店 $$$

（☎044-22200000；www.itchotels.in；63 Mount Rd, Guindy；房间 含早餐 ₹13,970起；❄︎🛜♿）🍃金奈最具话题性的酒店就是这座位于城市西南，融入寺院景观美学元素的无限奢华的酒店。酒店共有600间客房，迷宫般的走廊串起iPad操作的房间，房中配有沉浸式浴缸、法式浓缩咖啡机，房间的陈设远超出一尘不染闪闪发亮的大理石酒店大堂。酒店的一条走廊仅对女性旅行者开放。此外，酒店还有7家华贵的餐厅、2家炫目的酒吧、3间健身房、1间水疗中心和5座游泳池。

Park Hyatt　　　　酒店 $$$

（☎044-71771234；http://chennai.park.hyatt.com；39 Velachery Rd, Guindy；标单/双 含早餐 ₹9720/10,940起；❄︎🛜♿）超现代的Park Hyatt闪闪发亮，有着线条笔直的奢华房间，房间里配备了浓缩咖啡机、iPod基座和超大尺寸的床；一家很棒的水疗馆；还有一个俯瞰Guindy National Park的屋顶无边际泳池。色彩缤纷的餐厅 **Flying Elephant**（☎044-71771234；每对 ₹3300 含₹2000的饮品额度，女性免费；⏰周一至周六 19:00至深夜，周日 正午至15:00和19:00至深夜）还是很受欢迎的聚会场所。距离金奈市中心有一段距离，但如果你想在机场附近找个豪华酒店的话就很适合。

🍴 就餐

金奈有许多价格便宜的小吃店（"messes"），供应午餐和晚餐塔利套餐（不限量），其他时间也出售idli（蓬松的圆形发酵米糕）、vada（甜甜圈形状的炸小扁豆豆饼）和dosa（薄饼；咸味可丽饼）等小吃。Hotel Saravana Bhavan（见1026页）是优秀的素食之选。在穆斯林聚居的Triplicane High Rd周边地区，你会找到很棒的比尔亚尼菜（biryanis；加了肉和蔬菜的香料焖米饭)。

金奈有很多高端餐饮:更加有品位的印度餐厅正在逐渐增多,各国风味菜肴的受欢迎程度也在飙升。

货品齐全的超市包括距离Egmore火车站和中央车站不远的Spencer's(见1016页地图;15 EVK Sampath Salai, Vepery;⊙7:30~22:00),位于T Nagar的Big Bazaar(见1016页地图;34 Sir Thyagaraya Rd Pondy Bazaar, T Nagar;⊙10:30~22:00),紧邻Nungambakkam区Khader Nawaz Khan Rd的Express Avenue mall(见1022页地图;Express Avenue, White's Rd;⊙周一至周五 10:00~21:30,周六和周日 至22:00)和Nilgiri's(见1022页地图;25 Shafee Mohammed Rd, Nungambakkam;⊙7:30~22:00),以及位于Alwarpet的Amma Naana(见1022页地图;www.ammanaana.com;82/100 Chamiers Rd, Alwarpet;⊙周一至周六 10:00~21:00)。

Egmore

★ Hotel Saravana Bhavan 印度菜 $

(见1022页地图;☎044-28192055;www.saravanabhavan.com;21 Kennet Lane;主菜₹70~140;⊙6:00~22:30)金奈著名的素食连锁餐厅,这里的菜肴味道很好而且品质稳定,供应极其棒的南印度塔利套餐和早餐(idli和vada ₹15~35,薄饼 ₹20~40)、过滤咖啡以及其他南印度素食。从这家分店去Egmore火车站很方便。其他分店包括George Town(见1016页地图;☎044-25387766;209 NSC Bose Rd;主菜₹60~100,塔利套餐₹60~145;⊙7:00~22:00)、Mylapore(见1022页地图;☎044-24611177;70 North Mada St;主菜₹60~100,塔利套餐₹60~145;⊙6:00~22:30)、Pondy Bazaar(见1016页地图;☎044-281576677;102 Sir Thyagaraya Rd;主菜₹60~100,塔利套餐 ₹170~210;⊙6:00~23:00),以及更高档的有₹320自助餐的Thousand Lights(见1022页地图;☎044-28353377;293 Peter's Rd;主菜₹100~180,塔利套餐₹60~150;⊙8:00~22:30),甚至在伦敦、巴黎和纽约都有分店!

Annalakshmi 印度菜 $$

(见1022页地图;☎044-28525109;www.annalakshmichennai.co.in;2层, Sigapi Achi Bldg, 18/3 Rukmani Lakshmipathy Rd, Egmore;主菜 ₹180~280,定食套餐 ₹700~1200,自助餐 工作日/周末 ₹420/470;⊙周二至周日 正午至14:40和19:00~21:00)经营精致的南印度和北印度素食菜肴,还供应美味的新鲜果汁,餐厅以雕刻和绘画作为装饰,非常漂亮,位置在印度航空大厦后面的一座高层建筑里。自助午餐和晚餐在同一建筑的另外一侧。Annalakshmi由Swami Shanthanand Saraswathi的信徒经营,所得收入用来帮助穷人看病。

Nungambakkam及周边

★ Amethyst 多元风味、咖啡馆 $$$

(见1022页地图;☎044-45991633;www.amethystchennai.com;White's Rd, Royapettah;主菜 ₹250~470;⊙10:00~23:30;☎)位于一座经过巧妙改造的仓库中,有一条弧形游廊,从游廊一直到茂盛的花园一带都摆设着桌椅。Amethyst是一个洋溢着怀旧气息的豪华天堂,极受外国侨民和金奈富人的青睐。精心烹制的欧洲风味菜肴有包括乳蛋饼、意大利面、三明治、可丽饼、创意沙拉、全天早餐和下午茶。抢到桌子后可以看看令人赞叹的印度时装精品店(见1022页地图;⊙11:00~19:30)。

Triplicane及周边

Ratna Café 南印度菜 $

(见1022页地图;255 Triplicane High Rd, Triplicane;菜肴 ₹70~110;⊙6:00~23:00)Ratna空间狭小,常常人满为患,以美味的idli著称,搭配着大量标志性的sambar(汤羹状小扁豆菜肴,里面有切成小块的蔬菜)——每份只要₹45,全天供应。人们从1948年起就坐在这里这样吃饭了。还供应北印度主菜,后面还有一间带空调的房间。

Nair Mess 南印度菜 $

(见1016页地图;22 Mohammed Abdullah Sahib, 2nd St, Chepauk;餐 ₹60~75;⊙11:30~15:00和19:00~22:00)这家简单实用的餐馆永远都有着旺盛的人气,环境简朴,从1961年起就藏身于Chepauk板球场对面的一条小巷里,供应滋味浓郁的南印度菜肴。丰盛的蕉叶塔利套餐和炸鱼菜肴是特色。

> **不要错过**

金奈街头小吃

金奈或许不像孟买那样以街头小吃闻名遐迩，但也有一些美味的南印度街边美食，尤其是在Mylapore、George Town、Egmore和T Nagar，以及游艇码头海滩沿线。**Storytrails**（见1021页）经营George Town的美食品尝团队游（1或2人 ₹4000）。

Mehta Brothers（见1016页地图；310 Mint St, George Town；菜肴 ₹15~25；◎周一至周六7:30~21:30，周日 至14:00）这家小小的餐馆用它的炸制美食吸引成群的食客，供应标志性的马哈拉施特拉vada pavs——油炸香料土豆夹圆面包，浇以含大量蒜泥的酸辣酱。

Seena Bhai Tiffin Centre（见1016页地图；111/1 NSC Bose Rd, George Town；idli和uttapam ₹40；◎18:00至午夜）这家开业37年的老店位于George Town的闹市，供应用浅锅煎制的表面流着酥油的美味idli和uttapam。

Jannal Kadai（见1016页地图；Ponnambala Vathiar St, Mylapore；单品 ₹20~30；◎周一至周六8:30~10:00和17:30~20:30）这家服务快捷的"窗口小店"以热辣酥脆的油炸蔬菜饼（bajji）、土豆泥球（bonda）和炸豆饼（vada）闻名。它就在Mylapore寺庙的南边，看到Pixel Service对面的蓝色窗户你就找到这小店了。

✕ 金奈南部

Murugan Idli Shop　　　南印度菜 $

（见1016页地图；http://muruganidlishop.com; 77 GN Chetty Rd, T Nagar; 菜肴 ₹50~85; ◎7:00~23:30）诞生于马杜赖的穆卢干（Murugan）小型连锁店，熟悉情况的人都认同这家分店供应的idli、薄饼和uttapam（薄煎饼），并认同其南印度菜肴在全市是数一数二的。

Double Roti　　　汉堡包 $$

（见1016页地图；☏044-30853732; http://doubleroti.in; 4/27 1st St, Cenotaph Rd, Teynampet; 主菜 ₹245~395; ◎11:00~23:00; ⓢ）"Double roti"指的是汉堡的两片圆面包——这个总是人满为患的工业风咖啡馆有一个半开放式的厨房，为汉堡包注入了无穷的乐趣和滋味。供应玻璃罐装柠檬水和奶昔；汉堡包是用迷你煎锅端上来的；马沙拉薯条装在小桶里；黑板上用粉笔写着诙谐风趣的格言。还有很多素食之选，包括美妙的香料豆香煎饼汉堡包（spicy-falafel burger）。

Junior Kuppanna　　　南印度菜 $$

（见1016页地图；☏044-28340071; 4 Kannaiya St, North Usman Rd, T Nagar; 主菜 ₹130~220, 塔利套餐 ₹200; ◎正午至16:00和18:30~23:30）一尘不染的厨房（欢迎参观）制造出不限量且滋味十足的午餐塔利套餐，按照传统方式盛放在蕉叶上。这是一家令人兴奋的典型金奈"mess"，也有一张种类齐全的菜单。厌倦了纯素生活方式的肉食动物可以在羊脑和煎马鲛鱼（pan-fried seer fish）等特色菜肴中找到慰藉。早点过来：它的人气高得不可思议。分店遍布金奈。

Enté Keralam　　　喀拉拉邦菜 $$

（见1016页地图；☏32216591; ☏07604915091; http://entekeralam.in; 1 Kasturi Estate, 1st St, Poes Garden; 主菜 ₹200~565; ◎正午至15:00和19:00~23:00）这家优雅的喀拉拉邦风味餐馆沉浸在安静的气氛中，有4间橘色的餐厅，每间餐厅摆放三四张餐桌。微辣的蔬菜炖菜pachakkari搭配清爽蓬松的appam（米煎饼），阿勒皮（Alleppey）咖喱含有大量芒果，此外还有许多鱼类菜肴。最后来一份口感柔和的椰奶冰激凌。定食套餐（素食/非素食 ₹795/1195）可以让你同时尝多种小份菜肴。

Barbeque Nation　　　印度菜、烧烤 $$

（见1016页地图；☏044-60600000; www.barbeque-nation.com; Shri Devi Park Hotel, 1 Hanumantha Rd, 紧邻North Usman Rd, T Nagar; 素食/非素食午餐 ₹705/780, 晚餐 ₹900/1050; ◎12:30~16:30和18:30~23:30）如果想来一场性价比超值的火红烧烤盛宴，就来这个人超多的自助餐厅吧。亮点是辛辣的肉类、海鲜和素菜烤串（印度奶酪和菠萝）。桌子中央有内

置烧烤架，你可以自己烧烤，控制口味。此外还有涵盖印度全境各种风味的自助餐。

★ Peshawri　　　　　　　　　北印度菜 $$$

(☎044-22200000; www.itchotels.in; ITC Grand Chola, 63 Mount Rd, Guindy; 主菜 ₹870~1800, 套餐 ₹3240~4140; ◎正午至15:00和19:00~23:30) 不愧是五星级的享受，ITC标志性的西北边疆餐厅供应富于创意且滋味十足的菜肴。气氛亲密的卡座设置在被玻璃围住的透明厨房旁边，让你能直观地看到烹饪过程。尝尝大块柔软的红辣椒烤印度奶酪 (pillowy chilli-grilled paneer) 和经过精心调味的烤串，或者美味浓郁、需要小火慢炖整夜的招牌菜dhal bukhara。有一张令人惊讶的多国葡萄酒/鸡尾酒酒单。

★ Copper Chimney　　　　　北印度菜 $$$

(见1016页地图; ☎044-28115770; 74 Cathedral Rd, Gopalapuram; 主菜 ₹300~700; ◎正午至15:00和19:00~23:30) 喜欢吃肉的人们看到美味的北印度泥炉菜一定会流口水，不过这里的素食菜肴也很美妙。店内装潢属于极简主义风格，非常时尚。除了耆那教特色菜，这里还有比尔亚尼菜、烤鸡肉串、香烤牙虾以及蓬松新鲜的印度烤饼 (naan)。machchi tikka (用扦子串起来的泥炉烤鱼) 味道好极了，加了香料的烤印度奶酪也很美味。

Chamiers　　　　　　　多元风味、咖啡馆 $$

(见1016页地图; ☎044-42030734; www.chamiershop.com; 106 Chamiers Rd, RA Puram; 主菜 ₹300~500; ◎8:30~23:00; 🛜) 这间位于二楼气氛活泼欢快的咖啡馆让人感觉仿佛离开了金奈来到了另外一个世界，但金奈人也很喜欢这里: 花卉壁纸、印花垫子、藤椅、Wi-Fi (每小时 ₹100)、美妙的胡萝卜蛋糕、羊角面包 (croissant) 和卡布奇诺、英式早餐、美式薄煎饼、意大利面、乳蛋饼、油炸玉米粉饼、沙拉……

Dakshin　　　　　　　　　南印度菜 $$$

(见1016页地图; ☎044-24994101; www.ihg.com; Crowne Plaza, 132 TTK Rd, Alwarpet; 主菜 ₹690~1500, 塔利套餐 ₹1800~2300; ◎12:30~14:45和19:00~23:15) 擅长喀拉拉邦、泰米尔纳德邦、安得拉邦、特伦甘纳邦和卡纳塔克邦的特色菜肴，餐厅里的传统雕塑、贴有镜子的柱子以及长笛和手鼓表演塑造出一种寺庙般的氛围。值得推荐的食物包括安得拉邦咖喱鱼 (Andhra Pradesh fish curry)，还可以从令人难忘的威士忌和葡萄酒酒单中挑选一点佳酿。午餐主要是美味的塔利套餐。

🍷 饮品和夜生活

金奈的夜生活越来越热闹了，又添加了一些新开业的场所，但是在这里度过一个晚上需要钱包厚实一点才可以。欧陆风格的咖啡馆正在增多，而且没错，星巴克已经入驻了。

五星级酒店的酒吧和夜店每周7天、每天24小时供应酒精饮料，所以在天黑之后的大部分乐趣都发生在这里。独自一人出现的男性 [称为"stag"(雄鹿)] 会被谢绝入内，而且情侣和男性客人会被收取高昂的入场费。着装要求很严格: 不能穿短裤或凉鞋。

其他酒店的酒吧基本上以男性顾客为主，通常在午夜之前就关门了。如果你想自己买酒，可以在商场内寻找政府经营的TASMAC"高端"(premium) 或"精英"(elite) 酒水店。

365 AS　　　　　　　　　　　休闲酒吧、夜店

(见1016页地图; ☎044-61001234; https://chennai.regency.hyatt.com; Hyatt Regency, 365 Anna Salai, Teynampet; 饮品 ₹400~700; ◎15:00至次日2:00) 位于富有魅力的Hyatt Regency 内，是金奈最火热的派对地点，在周五和周六的晚上迸发生机，有DJ在露台上疯狂打碟。这里还是个时髦漂亮的休闲酒吧，供应精心调制而成的鸡尾酒，还有印度和各国葡萄酒、啤酒和烈酒。着装要求是时尚休闲 (男性应穿长裤，不能穿凉鞋)。

Sera the Tapas Bar　　　　　　　　　酒吧

(见1016页地图; ☎044-28111462; www.facebook.com/zaratapasbar; 71 Cathedral Rd, Gopalapuram; 鸡尾酒 ₹400~500, 西班牙小吃 ₹220~330; ◎12:30~23:30) DJ在斗牛海报下播放着夜店音乐，旁边的电视播放着板球比赛，你还能在世界上的什么地方找到这样的场景呢？大多数晚上这里都有年轻时尚的人群啜饮桑格利亚汽酒 (sangría) 和鸡尾酒。提前订位是个好主意。西班牙小吃包括蒜

香对虾、炸鱿鱼（fried calamari）和茄子沙司（aubergine dips）；土豆煎蛋卷（tortilla española）真的很不错。

Radio Room　　　　　　　　　酒吧
（见1016页地图；☎8500005672；www.facebook.com/radioroomchennai; Somerset Greenways, 94 Sathyadev Ave, MRC Nagar, RA Puram; 鸡尾酒 ₹450~600，菜肴 ₹200~300；⊙周一至周五 18:00~23:30，周六和周日 16:00~23:30）一个热忱又年轻的团队造就了这个人气极旺的收音机主题酒吧，它位于金奈的西南部。这里摆放着不协调的桌椅，一张用音响做成的吧台，还有精心调制、匠心独具的鸡尾酒和大杯装饮品——其中一些充满了本地风味，如chai punch。最受喜爱的金奈菜肴得到了富于创意的改动，包括装在自行车形状的篮子里、塞满马苏里拉奶酪的油炸菜馅饼（bajji）。

Sudaka　　　　　　　　　　　鸡尾酒吧
（见1016页地图；☎044-42004355；www.facebook.com/besudaka; 37 North Boag Rd, T Nagar; 鸡尾酒 ₹400~500，菜肴 ₹200~500；⊙周一至周五 正午至15:00 和18:00至午夜，周六 正午至午夜）这是一家真正的、活泼时髦的鸡尾酒吧，照明很有气氛，除了这些精心调制并且命名诙谐的饮品，还供应精巧美味的拉丁美洲和各国风味菜肴。只需要说出你想用的烈酒，他们就会为你调制真正特别的鸡尾酒。

Plan B　　　　　　　　　　　酒吧
（见1022页地图；https://holycowhospitality.com; 65/5 Murugesan Naicker Complex, Greams Rd; 鸡尾酒 ₹320~400，菜肴 ₹230~350；⊙正午至23:00）和它在班加罗尔主要面向学生的同名姊妹店一样，这个氛围悠闲的工业风酒吧非常受年轻群体的欢迎，因为这里有价格合理的鸡尾酒、葡萄酒和啤酒（论杯、品脱或"扎"出售）、小酒馆风格的食物[汉堡包、烤辣味干酪玉米片（nachos）、辣椒奶酪薯条（chilli-cheese chips）]和名列金曲榜的背景音乐。

Brew Room　　　　　　　　　咖啡馆
（见1016页地图；www.saverahotel.com; Savera Hotel, Dr Radhakrishnan Salai; 咖啡 ₹120~180，菜肴 ₹250~350；⊙8:00~22:30；🛜）以新古朴风格装修的Brew Room带来了许多在金奈其他地方喝不到的咖啡——从双倍浓缩咖啡和意式卡布奇诺到美式咖啡、法压咖啡和带冰激凌的雪顶咖啡应有尽有。当代欧陆菜单包括全天供应的早餐以及精美的素食和严格素食之选——甚至还有豆腐！

Café Coffee Day　　　　　　咖啡馆
（见1022页地图；www.cafecoffeeday.com; Ispahani Centre, 123 Nungambakkam High Rd, Nungambakkam; 饮品 ₹60~120；⊙周一至周五 10:00~22:00，周六和周日 至23:00）供应品质可靠的冷热咖啡和茶。有多家分店，包括**Egmore**（见1022页地图；Alsa Mall, Montieth Rd; 饮品 ₹60~120；⊙11:00~21:00）、**Nungambakkam**（见1022页地图；KNK Sq, Khader Nawaz Khan Rd; 饮品 ₹60~120；⊙9:00~23:00；🛜）、**Express Avenue Mall**（见1022页地图；1st fl & 3rd fl, White's Rd; 饮品 ₹60~120；⊙周一至周五 10:00~21:00，周六和周日 至22:00）、**Alwarpet**（见1016页地图；Ramakrishnan Towers, TTK Rd; 饮品 ₹60~120；⊙10:00~22:00）和**Phoenix Market City**（Basement, Phoenix Market City, Velachery; 饮品 ₹60~120；⊙10:00~23:00）。

☆ 娱乐

在金奈，几乎每晚都会有泰米尔古典舞蹈（bharatanatyam）表演和/或卡纳蒂克音乐会在某个地方举办。详见*Hindu*或*Times of India*，或登录www.timescity.com/chennai网站查询。

Music Academy（见1016页地图；☎044-28112231; www.musicacademymadras.in; 168/306 TTK Rd, Royapettah）是最受欢迎的场所。Kalakshetra基金会（见1020页）和**Bharatiya Vidya Bhavan**（见1016页地图；☎044-24643420; www.bhavanchennai.org; East Mada St, Mylapore）也举办许多活动，通常是免费的。

🛍 购物

T Nagar有许多一流的商场，尤其是在Pondy Bazaar和Panagal Park区域。甘吉布勒姆（Kanchipuram）生产的许多最精美的丝绸都会出现在金奈，Panagal Park周围的街道到处都是丝绸店；这里是买纱丽的地方。

传统商人

即使在金奈不断地向南、向西、向北扩张的时候，靠近英国圣乔治堡的本地居民聚居区George Town仍然是城市的批发中心。几百年来，这里许多狭窄的街道一直专门出售某种特定的商品，例如NSC Bose Rd经营珠宝，Anderson St经营纸品。即使你不买东西，在像迷宫一样的街上逛逛，看看从古到今印度人的生活也是不错的。

Nungambakkam阴凉的Khader Nawaz Khan Rd是一条可爱的小巷，有越来越高端的设计师精品店、咖啡馆和画廊。

金奈的购物中心有很多国际和印度时尚品牌。最好的购物中心包括 Express Avenue（见1022页地图；www.expressavenue.in；White's Rd, Royapettah；◐10:00~22:00）、Chennai Citi Centre（见1016页地图；http://chennaicitcenter.com; 10 Dr Radhakrishnan Salai, Mylapore；◐10:00~22:00）、Spencer Plaza（见1022页地图；769 Anna Salai；◐10:00~22:00），以及城市北部更新、更华丽的 Phoenix Market City（www.phoenixmarketcity.com; 142 Velachery Main Rd, Velachery；◐11:00~22:00）。Spencer Plaza的档次略低，适合去逛逛小型工艺品和纪念品商店。

🔒 金奈中部
★ Higginbothams   书籍

（见1022页地图；higginbothams@vsnl.com; 116 Anna Salai；◐周一至周六 9:00~20:00, 周日 10:30~19:30）这座宏伟的白色建筑被认为是印度最古老的书店，于1844年开张营业。它有许多精选英文图书，包括旅行指南和小说，还有各种地图。

Naturally Auroville   工艺品

（见1022页地图；http://naturallyaurovillechennai.com; 8 Khader Nawaz Khan Rd, Nungambakkam；◐10:15~21:00）五彩缤纷的手工艺品和家居小装饰，包括床罩、垫子、香、香味蜡烛和手工制作的笔记本，所有商品都来自本地治里附近的奥罗维尔（Auroville）。

Poompuhar   工艺品

（见1022页地图；http://tnpoompuhar.org; 108 Anna Salai；◐周一至周六 10:00~20:00, 周日 11:00~19:00）它是国营手工艺品连锁店的一个大型分店，明码标价，店内商品从便宜的彩色石膏像到价值₹700,000、1米高的青铜舞王像，都很不错。

Evoluzione   服装

（见1022页地图；www.evoluzionestyle.com; 3 Khader Nawaz Khan Rd, Nungambakkam；◐周一至周六 10:30~19:30, 周日 11:00~18:00）这家光鲜亮丽的高端精品店里陈列着出自印度前沿设计师之手的新传统风格服装。即使你的预算没办法承受光彩夺目的结婚礼服，这里也是个随便逛逛的好地方。

🔒 金奈南部
★ Nalli Silks   纺织品

（见1016页地图；www.nallisilks.com; 9 Nageswaran Rd, T Nagar；◐9:30~21:30）这家五彩缤纷的庞大商店创建于1928年，是金奈丝绸店中的祖师爷，陈列着许多闪烁华彩的婚礼纱丽和各色各样的甘吉布勒姆丝绸，还有男性使用的长长的丝绸缠腰带（dhotis）。

Fabindia   服装、手工艺品

（见1016页地图；www.fabindia.com; 2nd fl, 35 TTK Rd, Alwarpet；◐10:30~20:30）🍃这家互惠贸易全国连锁店出售现代时尚的服装和工艺品，它们都是出自村民之手。你可以在这里挑一件和裤子搭配的kurta（短领或圆领的长上衣）。这家分店还有香、瓷器、桌子和床上用品，以及天然美容产品。在很多地方开有分店，包括 Woods Road（见1022页地图；3 Woods Rd；◐10:30~20:30）、Express Avenue（见1022页地图；1st fl, White's Rd, Royapettah；◐11:30~21:00）、Nungambakkam（见1022页地图；2nd fl, 9/15 Khader Nawaz Khan Rd；◐10:30~20:30）、T Nagar（见1016页地图；44 GN Chetty Rd；◐10:30~20:30）和 Besant Nagar（T-25, 7th Ave, Besant Nagar；◐10:30~20:30）。

Chamiers   服装、手工艺品

（见1016页地图；http://chamiershop.com; 106 Chamiers Rd, RA Puram；◐10:30~19:30）

咖啡馆和精品店汇聚于此,人气很高。在底层,Anokhi(见1016页地图;www.anokhi.com;◎10:30~19:30)拥有东西合璧的手工模板印花服装、床品、包包和饰品,它们都是用轻薄的织物制作而成的,十分美丽,而且价格实惠。优雅的Amethyst Room(见1016页地图;www.amethystchennai.com;◎10:30~19:00)在它的隔壁,更高档一些,有美丽的印度设计高级时装。楼上是Chamiers for Men(见1016页地图;◎10:30~19:30)。

Starmark 书籍

(见1022页地图;www.starmark.in;2nd fl, Express Avenue, White's Rd, Royapettah;◎周一至周五10:30~21:30,周六和周日10:00~22:00)这个时尚书店中有一系列优秀的英语、印地语和泰米尔语虚构和非虚构类出版物,还有印度旅行图书和Lonely Planet旅行指南。在Phoenix Market City(见1030页)还有一家分店。

❶ 方位

英国人修建的古老圣乔治堡和遍布狭窄的街道和市场的George Town,构成了金奈的历史中心区。两个主要的火车站Egmore和中央车站(Central)都位于城堡以西的内陆地带。最好的餐饮、购物和住宿场所大部分都集中在这座城市绿树成荫的南部和西南部郊区,例如Nungambakkam、T Nagar(Thyagaraya Nagar)、Alwarpet、Guindy和Velachery。Anna Salai(Mount Rd)是贯穿城市南北的主干道,十分繁忙。

❶ 实用信息

上网

很多咖啡馆和酒店都有Wi-Fi。"浏览中心"(每小时₹25~30)随处可见,需要带上护照。

行李寄存

Egmore火车站和中央火车站都有行李寄存处("Cloakroom"),为持票旅客提供服务。机场也有寄存行李的设施。

医疗服务

阿波罗医院(Apollo Hospital;见1022页地图;☎044-28290200,急救电话044-28293333;www.apollohospitals.com;21 Greams Lane, Nungambakkam;◎24小时)设施先进,收费高昂,深受"医疗旅游者"的欢迎。

Kauvery Hospital(见1016页地图;☎044-40006000;www.kauveryhospital.com;199 Luz Church Rd, Mylapore;◎24小时)条件良好的私营综合医院。

现金

在泰米尔纳德邦,外国银行卡大量提现最好使用花旗银行(Citibank)的自动柜员机。Axis Bank、Canara Bank、HDFC银行(HDFC Bank)、印度工业信贷投资银行(ICICI Bank)和印度国家银行(State Bank of India)的自动柜员机也是可以选择的方案。

邮局

敦豪速递(DHL;见1022页地图;☎044-42148886;

从金奈起飞的国内直达航班

目的地	航空公司	行程(小时)	班次(每天)
班加罗尔(Bengaluru)	AI、SG、6E、9W	1	19
德里(Delhi)	AI、SG、6E、9W	2.75~3	23
果阿(Goa)	AI、SG	1.25~2	2
海得拉巴(Hyderabad)	AI、G8、SG、6E、9W	1~1.5	23
科钦(Kochi)	AI、SG、6E	1~1.5	7
加尔各答(Kolkata)	AI、SG、6E	2~2.75	10
孟买(Mumbai)	AI、G8、SG、6E、9W	2	22
布莱尔港(Port Blair)	AI、G8、SG、6E、9W	2~2.25	6
特里凡得琅(Trivandrum)	AI、6E	1~1.25	3

航空公司代码:AI:印度航空公司;G8:Go Air;SG:香料航空公司;6E:靛蓝航空公司;9W:印度捷特航空公司。

金奈乡村长途汽车总站（CMBT）国营长途汽车时刻表

目的地	票价（卢比）	行程（小时）	班次
班加罗尔	360~580	7~8	每天至少40班
哥印拜陀	40	11	每天11班
埃尔纳古勒姆（科钦）	590	12~16	15:00
海得拉巴	825~1500	14	17:30、18:30、19:00
科代卡那（Kodaikanal）	380	10~13	17:00
马杜赖	325	9~10	每天42班
马默勒布勒姆	40	2~2.5	每10分钟1班
迈索尔（Mysuru）	550~900	10	19:00、19:45、20:40、22:05
乌提（Ooty）	435	12	16:30、17:45、19:15
本地治里	125	4	每天36班
坦贾武尔	250	8.5	每天12班
蒂鲁帕蒂（Tirupati）	150~320	4	每30分钟1班
蒂鲁吉拉伯利	235	6.5~7	每天45班
特里凡得琅	570	14	每天9班

www.dhl.com；85 VVV Sq, Pantheon Rd, Egmore；◎9:00~21:00）提供安全的国际包裹寄送服务，办事处遍布全城。

中心邮局（Main Post Office；见1016页地图；Rajaji Salai, George Town；◎周一至周六 8:00~21:00，周日 10:00~16:00）

旅游信息

Indiatourism（见1022页地图；☎044-28460285，044-28461459；http://incredibleindia.org；154 Anna Salai；◎周一至周五 9:15~17:45）提供关于印度全境以及金奈的实用信息。

泰米尔纳德邦旅游发展公司（Tamil Nadu Tourism Development Corporation，简称TTDC；见1022页地图；☎044-25333333；www.tamilnadutourism.org；Tamil Nadu Tourism Complex, 2 Wallajah Rd, Triplicane；◎24小时）这是泰米尔纳德邦官方旅游机构的总部，可以预订旗下的观光巴士，回答游客的问题，并发放小册子。印度各邦的旅游局办事处也在同一座建筑里，大部分办事处的办公时间都是10:00到18:00。泰米尔纳德邦旅游发展公司在Egmore车站设有一个柜台。

旅行社

Milesworth Travel（见1016页地图；☎044-24338664；milesworth.com；RM Towers, 108 Chamiers Rd, Alwarpet；◎周一至周五 9:30~18:00，周六 至16:00）这是一家非常专业、热情的旅行社，可以满足你所有的旅行需求。

❶ 到达和离开

飞机

金奈国际机场（Chennai International Airport；☎044-22560551；Tirusulam）位于这座城市的西南端。国际航站楼位于国内航站楼以西500米处；有步行通道连接两座航站楼。

这里有直飞航班可飞往印度各地的城市，目的地包括蒂鲁吉拉伯利（Tiruchirappalli）、马尔赖、哥印拜陀（Coimbatore）和泰米尔纳德邦的Thoothikudi（Tuticorin）。国际航班方面，金奈有多条往返科伦坡（Colombo）、新加坡（Singapore）、吉隆坡（Kuala Lumpur）和海湾国家的直航线路。如果是从欧洲前往金奈，通常印度捷特航空公司（Jet Airways；在孟买或德里转机）、卡塔尔航空公司（Qatar Airways；途经多哈）、阿联酋航空公司（Emirates；途经迪拜）或阿曼航空公司（Oman Air；途经马斯喀特）的机票最划算。国泰航空公司（Cathay Pacific）有飞往香港和马尔代夫的航班。

船

每周有1班客船从George Town港直接开往安

达曼群岛(Andaman Islands)的布莱尔港。**安达曼航运局票务柜台**(Andaman Shipping Office Ticketing Counter☎044-25226873; 2nd fl, Shipping Corporation of India, Jawahar Bldg, 17 Rajaji Salai, George Town; ☉周一至周五10:00~16:00, 周六至正午)出售船票(₹2500~6420), 行程60小时。建议提前几天预订, 并且带上护照信息页和印度签证的原件和3份复印件。办理时间可能会很长。

长途汽车

大部分国营长途汽车都从大而有序的**CMBT**, 即金奈乡村长途汽车总站(Chennai Mofussil Bus Terminus; Jawaharlal Nehru Rd, Koyambedu)发车, 车站位于市中心以西6公里处。舒适但票价不菲的长途汽车几乎都是空调客车(其中最好的是沃尔沃空调车), 其次是UD("超豪华"); 这些通常都能预订。提前60天开始订票, 你可以去大厅左端的数字化预订中心订票, 也可以在线订票(www.tnstc.in)。

从**T Nagar长途汽车总站**(T Nagar Bus Terminus; 见1016页地图; South Usman Rd, T Nagar)可以很方便地乘坐599路长途汽车前往马默勒布勒姆(Mamallapuram; ₹40, 1.5小时, 5:00~19:30每小时1班)。

私营长途汽车一般比国营非空调客车更舒服, 开往多个目的地, 车费是后者的两倍。位于CMBT以西500米的**Omni长途汽车站**(Omni Bus Stand; 紧邻Kaliamman Koil St, Koyambedu)是它们的主要枢纽, 但一些公司也在城内的任何地方接送旅客。可登录网站www.redbus.in查询车次信息; 通过旅行社可以预订车票。

Parveen Travels(见1022页地图; ☎044-28192577; www.parveentravels.com; 11/5 Kennet Lane, Egmore)开往班加罗尔、埃尔纳古勒姆(科钦)、科

从金奈出发的主要列车

目的地	车次和名称	票价(₹)	行程(小时)	发车时间
阿格拉(Agra)	12615 Grand Trunk Exp	745/1960/2865(C)	31.5	19:15 CC
班加罗尔	12007 Shatabdi Exp*	710/1435(A)	5	6:00 CC
	12609 Bangalore Exp	150/540(B)	6.5	13:35 CC
哥印拜陀	12675 Kovai Express	180/660(B)	7.5	6:15 CC
	12671 Nilgiri Exp	315/810/1140(C)	7.75	21:15 CC
德里	12621 Tamil Nadu Exp	780/2040/2990(C)	33	22:00 CC
果阿	17311 Vasco Exp(仅周五)	475/1285/1865(C)	21	15:00 CC
海得拉巴	12759 Charminar Exp	425/1125/1605(C)	13.75	18:10 CC
科钦	22639 Alleppey Exp	395/1045/1480(C)	11.5	20:45 CC
加尔各答	12842 Coromandel Exp	665/1745/2540(C)	27	8:45 CC
马杜赖	12635 Vaigai Exp	180/660(B)	7.75	13:30 CE
	12637 Pandian Exp	315/810/1140(C)	8.75	21:20 CE
孟买	11042 Mumbai Exp	540/1450/2115(C)	25.75	11:55 CC
迈索尔	12007 Shatabdi Exp*	930/1825(A)	7	6:00 CC
	16021 Kaveri Exp	315/810/1140(C)	9.75	21:00 CC
蒂鲁帕蒂(Tirupati)	16053 Tirupathi Exp	80/285(B)	3.5	14:15 CC
蒂鲁吉拉伯利	12635 Vaigai Exp	145/515(B)	5	13:30 CE
特里凡得琅	12695 Trivandrum Exp	470/1240/1775(C)	16	15:25 CC

发车代码: CC: 金奈中央火车站; CE: 金奈Egmore火车站。

*除周三之外每天1班。

票价: (A)座席/高级; (B)2等车厢/座席; (C)卧铺/空调卧铺3类/空调卧铺2类。

代卡那（Kodaikanal）、马杜赖、乌提（乌德格曼勒姆）、本地治里、蒂鲁吉拉伯利和特里凡得琅的长途汽车从它位于Egmore的办事处发车。

小汽车

租一辆带司机的汽车是最便捷的交通方式，大多数旅行社和中高档酒店都能代办，也可以去机场的预付费出租车柜台办理。5小时和50公里之内，租不带空调/带空调小汽车的费用为₹700/900；10小时和100公里之内的费用为₹1400/1800。

火车

邦际列车和那些向西行驶的列车一般都从中央车站发车，向南行驶的列车多数从Egmore车站发车。**预订处**（Advance Reservations Office；见1022页地图；2层, Chennai Central suburban station；⏱周一至周六 8:00~14:00和14:15~20:00, 周日 8:00~14:00）设有外国游客部（Foreign Tourist Cell），在中央车站主楼以西一座独立的11层建筑中的2楼。带上你的护照签证和照片页的影印件。Egmore火车站有自己的**乘客预订处**（Passenger Reservation Office；见1022页地图；1st fl, Egmore station, Egmore；⏱周一至周六 8:00~14:00和14:15~20:00, 周日 8:00~14:00）。

❶ 当地交通

抵离机场

最便宜的机场交通是往返Tirusulam站的市郊列车，该车站位于国内航站楼区域对面，通过公路下面一条有标志的地下人行通道可达。列车从4:53到23:43每15分钟1班，往返金奈海滩站（Beach station；₹10；40分钟）；途经Nungambakkam、Egmore、金奈公园（Chennai Park）和金奈城堡（Chennai Fort）各站。

机场国际航站楼外的预付费出租车亭收费如

金奈的公共汽车线路

公共汽车编号	线路
A1	Central—Anna Salai—RK Mutt Rd（Mylapore）—神智学协会—Thiruvanmiyur
1B	Parry's—Central—Anna Salai—机场
10A	Parry's—Central—Egmore(s)—Pantheon Rd—T Nagar
11	Rattan—Central—Anna Salai—T Nagar
12	T Nagar—Pondy Bazaar—Eldham's Rd—Dr Radhakrishnan Salai—辨喜故居
13	T Nagar—Royapettah—Triplicane
15B和15F	Broadway—Central—CMBT
M27	CMBT- T Nagar
27B	CMBT—Egmore(s)—Bharathi Salai（Triplicane）
27D	Egmore(s)—Anna Salai—Cathedral Rd—Dr Radhakrishnan Salai—圣多默大教堂
32A	Central—辨喜故居
102	Broadway—圣乔治堡—Kamarajar Salai—圣多默大教堂—神智学协会

以上路线为双向运营。
Broadway: Broadway公共汽车总站（Broadway Bus Terminus; George Town）
Central: 中央火车站
Egmore(N): Egmore火车站（北侧）
Egmore(S): Egmore火车站（南侧）
Parry's: Parry's Corner
Rattan : Rattan Bazaar Rd汽车站
T Nagar: T Nagar公共汽车总站

下:不带空调/带空调的出租车前往Egmore需要₹550/600,前往T Nagar的车费是₹550/600。国内航站楼外的预付费出租车亭的收费稍微低一些。两个航站楼都有**Fast Track**(☏60006000)的出租车预订柜台。

金奈地铁(Chennai Metro Rail)系统是前往机场廉价、便捷的交通方式。地铁站位于两座航站楼之间。连接机场和金奈市中心的地铁已开通。

70路和170路公共汽车从CMBT开往机场路对面的Tambaram站(₹12~15,30~40分钟)。

机动三轮车

大多数机动三轮车司机都拒绝打表,而且要价极高。不要预先付钱,而且在上机动三轮车之前一定要先谈好价钱。23:00至次日5:00车费会上浮50%。

CMBT外面有预付费机动三轮车(前往Egmore需要₹125)摊位,中央车站的南侧、Egmore火车站的北出站口和南出站口也有24小时的预付费摊位。

要价₹50的机动三轮车"城市游"听上去好得不像是真的。的确如此,如果上了车,你会一整天都被从这个商店拉到另一个商店。

公共汽车

金奈的城市公共汽车系统值得了解,但在乘车高峰期会非常拥挤。票价在₹3~14之间(特快和豪华客车票价翻倍,沃尔沃空调车的价格则是这一票价的5倍)。登录www.mtcbus.org查看线路信息。

地铁

金奈地铁是当地的快速运输系统,部分路段在地下,金奈地铁现在有蓝线(blue line)和绿线(green line)构成,到2018年5月,绿线已连接市中心,开通了Chennai Central至St.Thomas Mount区间,蓝线从金奈国际机场直达AG-DMS地铁站,两条线路之间在Alandur换乘。地铁从6:00运行到22:00,每隔10~15分钟一趟。票价为₹10~70。

出租车

两座机场航站楼都有预付费出租车亭。**Egmore火车站**(见1022页地图;Egmore station, Egmore;⏱24小时)和**中央火车站**(见1022页地图;Central station;⏱24小时)南侧外有预付费出租车摊位;8公里或9公里的路程(去CMBT)收费约₹450。

相对可靠的**Fast Track**(见本页)出租车起步价为₹100(4公里内),之后每公里₹18(23:00至次日5:00上浮25%);打电话预约。

Uber出租车应用程序提供可靠且价格合理的市内交通方式,提供同样服务的还有和它几乎相同的应用Ola Cabs(需要印度手机号才能使用)。

火车

高效、便宜的市郊列车从海滩站驶往城堡、公园(靠近中央火车站)、Egmore、Chetpet、Nungambakkam、Kodambakkam、Mambalam、Saidapet、Guindy、圣托马斯山和Tirusulam(去往机场),然后向南前往Tambaram。在Egmore车站,市郊列车的站台(10号和11号站台)和售票处在车站北侧。第二条支线线路在城堡站之后向南至Park Town、Chepauk、Tiruvallikeni(去往游艇码头海滩)、灯塔(Light House)和Thirumailai(靠近卡帕利锡瓦拉尔寺)。列车从凌晨4点一直运营至午夜,每小时若干班,票价为₹5~10。

> **假日交通**
>
> 在重大庆典和节日,如丰收节、Karthikai Deepam、国父日(Gandhi Jayanti)和排灯节期间,进出泰米尔纳德邦的所有交通工具在几周之前就会被预订一空。需要提前做好计划。

泰米尔纳德邦北部

金奈南部

沿着East Coast Rd(ECR)向南行驶大约1小时,金奈城区便会逐渐淡出你的视线,从这一刻起,泰米尔纳德展现在人们面前的是红土、蓝天、棕榈树和碧绿的田野,点缀着许多城镇和村庄(如果你乘坐IT Expressway走内陆线路的话,还能看到许多庞大的新大楼)。

如果你在金奈和往南50公里的马默勒布勒姆之间旅行的话,ECR沿线有几个值得一停的站点。其中包括由渔村转变为冲浪胜地的低调的村庄戈沃勒姆[Kovalam（Covelong）]。在海边游泳很危险，因为水流很湍急。

◉ 景点

Cholamandal Artists' Village 艺术区、博物馆

（☎044-24490092；www.cholamandalartistvillage.com；Injambakkam；博物馆 成人/儿童₹20/5；⊙博物馆 9:30~18:30）阿德亚尔河以南10公里处Injambakkam村周围弥漫着一种热带波希米亚气息，它是**Cholamandal Artists' Village**的所在地。这个占地4公顷的艺术家社区是1966年由南印度现代艺术的先驱——马德拉斯运动（Madras Movement）的艺术家们——创建的，是远离尘世的灵感家园。博物馆里的艺术作品非常值得细细品味；尤其可以留意KCS Paniker、SG Vasude、M Senathipathi和S Nandagopal的作品。

DakshinaChitra 艺术品、工艺品中心

（☎044-27472603；www.dakshinachitra.net；East Coast Rd, Muttukadu；成人/学生 印度人₹100/50，外国人₹250/70；⊙周三至周一10:00~18:00）DakshinaChitra位于金奈的阿德亚尔河以南22公里处，展示着令人着迷的南印度传统艺术和工艺品。这里仿佛是当地艺术和建筑的宝箱，露天博物馆、得到保护的古老村庄、工匠作坊（陶器、丝织、篮子制作）和画廊散落在精美的南印度传统民居之中。你可以看到丝织工人的劳动过程，在身上做精美的海娜彩绘（mehndi），还能欣赏到一系列演出。

Madras Crocodile Bank 动物园

（☎044-27472447；www.madrascrocodilebank.org；Vadanemmeli；成人/儿童 ₹40/20；⊙周二至周日 8:30~17:30）位于戈沃勒姆以南6公里处，这个不可思议的保护和研究信托机构可以让你一窥这片令人神往的爬行动物世界的奇妙景象。由鳄鱼和蛇类专家Romulus Whitaker创立，目前这里有数千条鳄鱼，包括全世界23个鳄类物种（鳄鱼和类似的动物）中的17个，其中一些属于濒危物种。在维持这些动物的种质资源方面，Bank做了许多关键性的工作。招募志愿者（最短服务2周）。

老虎洞 印度教古迹

（Tiger Cave；Saluvankuppam；⊙6:00~18:00）**免费** 老虎洞位于马默勒布勒姆以北5公里处，供奉的是杜尔迦[Durga；湿婆配偶提毗（Devi）的一个化身]。这座岩雕神殿大概建于7世纪，虽未完成，但令人印象深刻。它的特别之处在于中央神殿洞外的一圈由17个仿佛老虎头的怪兽头连成的"项链"，旁边是两个雕刻出来的大象头。公园似的建筑群的最北端是一个建于同一时期的岩雕**湿婆神殿**（Shiva shrine）。围墙外面坐落着**Subrahmanya Temple**：一座桑迦姆时期的战神穆卢干（Murugan）寺庙，上面是一个建于8世纪的花岗岩神龛。

ⓘ 到达和离开

要想到达ECR沿线的这些景点，可以乘坐任何一辆往来于金奈和马默勒布勒姆之间的公共汽车，并在合适的地点下车。**TTDC**（见1032页）的金奈—马默勒布勒姆往返大巴团队游（₹625；10小时）不但包括这些景点，还可以去马默勒布勒姆转转。从金奈出发，一整天的出租车费用是₹2500~3000。

马默勒布勒姆（默哈伯利布勒姆）[Mamallapuram（Mahabalipuram）]

☎044 / 人口15,170

位于金奈以南50公里的马默勒布勒姆是以甘吉布勒姆（Kanchipuram）为中心的古帕拉瓦（Pallava）帝国的重要海港。徜徉于城内那些被列为世界遗产的宏伟寺庙之间，你会产生无限的遐想，在日落时分尤其是如此。

除了考古遗迹、海盐味的空气和海滨美景之外，Othavadai St和Othavadai Cross St这两条街道也是游客汇聚之处，这里的餐厅供应意大利面、比萨和薄煎饼，还有出售藏族装饰品的商店。镇上蓬勃发展的冲浪业也很吸引人。

大多数人将这里称为"Mahabs"，从金奈乘坐长途汽车到这里只需不到两个小时的时间，许多游客会径直来到这里。这是一座休闲的小城，参观景点可以选择步行或骑自行车。

◉ 景点

你可以用一整天的时间从容地参观马默勒布勒姆壮观的神庙、洞穴和岩石雕刻。它们大多数都是在公元7世纪帕拉瓦国王Narasimhavarman一世统治时期用岩石雕刻而成的,这位国王被人冠以"Mamalla"(伟大的摔跤手)的绰号,而这座城市就是以此命名的。你可以在景点聘请印度官方考古勘测所(Official Archaeological Survey of India)的向导。

★ 海岸神庙 印度教寺庙

(Shore Temple; Beach Rd; 含五部战车神庙的1日联票 印度人/外国人 ₹30/500, 录像 ₹25; ⊙6:00~18:00)这座壮丽的双塔海岸神庙就像一个由岩石雕凿的拳头一样优雅地俯瞰大海,四周环绕着花园和废弃的庭院,象征着帕拉瓦建筑的巅峰和帕拉瓦国王在航海事业方面的雄心抱负。它的规模虽小,却展现了完美的比例和精湛的雕工,大部分建筑结构如今都已受到侵蚀,变成了模糊的印象派作品。神庙是在8世纪由Narasimhavarman二世下令修建而成的,是泰米尔纳德邦最早的独立式石砌寺庙。

湿婆神殿的上方耸立着两座宝塔,最初的林迦见证着日出和日落。在两座湿婆神殿之间有一尊毗湿奴(Vishnu)卧佛像。一排排神牛(Nandi;湿婆的坐骑)雕塑围合出了寺庙的庭院。在寺庙的南侧有一座杜尔迦像,是用一块巨石雕刻而成的,她坐在自己的狮子坐骑的膝盖上。

★ 五部战车神庙 印度教寺庙

(Five Rathas; Pancha Ratha; Five Rathas Rd; 含海岸神庙在内的1日联票 印度人/外国人 ₹30/500, 录像 ₹25; ⊙6:00~18:00)五部战车神庙集中坐落在马默勒布勒姆的南端,令人难以置信的是,它们全都是由单块大岩石雕刻而成的。这些建于7世纪的精美神庙都是献给印度教诸神的,如今以一位或多位潘达瓦(Pandavas;叙事诗《摩诃婆罗多》中的5位英雄兄弟)或他们共同的妻子朵帕娣(Draupadi)命名。这些"战车"一直被埋在沙子里,直到200年前才被英国人挖掘出来。

"ratha"在梵文中是"战车"的意思,大概是指神庙的外形或作为诸神战车的作用。人们猜测它们最初并不是敬拜神的地方,而是建筑模型。

第一座"战车"——Draupadi Ratha——在你进门的左手边,以南印度小屋的形式呈现出来。这里供奉的是降魔女神杜尔迦(Durga),她站在一朵莲花上,向外张望,外墙上也描绘着她的形象。女性守卫站在入口

> **不要错过**
>
> ### 冲浪和大海:戈沃勒姆
>
> 低调的渔村**戈沃勒姆**[Kovalam(Covelong)]位于金奈以南30公里处,因为拥有泰米尔纳德邦最好的冲浪条件而备受关注。现在它是一个越来越受欢迎的旅行者目的地,可举办高调的 Covelong Point冲浪和音乐节 (Covelong Point Surf & Music Festival; www.covelongpoint.com; ⊙8月至9月),并提供各种各样的水上运动和海滨瑜伽。
>
> 如果想上课,可以去"社交冲浪学校" Covelong Point (☏9840975916; www.covelongpoint.com; 10 Pearl Beach, Ansari Nagar; 每小时 冲浪板租赁/冲浪课程 ₹300/500; ⊙时间不定),负责人是戈沃勒姆的本地冲浪先驱Murthy。它还可以组织皮划艇、潜水、风筝冲浪和桨板冲浪等活动。
>
> 同一支团队经营非常有范儿的冲浪主题民宿 Surf Turf (☏9884272572; www.surfturf.in; 10 Pearl Beach, Ansari Nagar; 房间 含早餐 ₹2810~4950; 2人"冲浪住宿"套餐 ₹9500起; ❄☎),民宿里还有一家微风吹拂面朝海滩的咖啡馆。5间房间布置得简洁而有品位,有当代风格的装修和水绿色调的床品,在私人阳台上还能看到美丽的沙滩和大海的景色;"标准房"共用一个浴室。戈沃勒姆的奢侈住宿之选是海滩边上的 Vivanta by Taj – Fisherman's Cove (☏044-67413333; www.vivanta.tajhotels.com; Kovalam Beach; 房间 含早餐 ₹12,090~21,760; ❄☎☒)。

Mamallapuram (Mahabalipuram)
马默勒布勒姆(默哈伯利布勒姆)

两侧；一尊巨大的狮子雕像（杜尔迦的坐骑）站在外面。

接下来是位于同一个底座上、最重要的潘达瓦们的"战车"——Arjuna Ratha，它供奉的是湿婆。它的壁柱、微型屋顶神殿和八角形的小穹顶使其成为后来许多南印度教神庙的范本。一尊巨大的神牛（Nandi）雕塑矗立在后面。寺庙的外墙上有湿婆（南侧，倚靠着神牛）和诸神的雕像。

桶状屋顶的 Bhima Ratha 没有完工，它北侧缺失的柱廊就是证据；内部是毗湿奴的神殿。Dharmaraja Ratha 是最高的神庙，外形与 Arjuna Ratha 类似，但高出一层，有一些雕成狮子形状的柱子。外墙上的巨幅雕刻大部分都是神像，包括东面阴阳同体的阿尔达纳里希瓦拉（Ardhanarishvara；一半湿婆，

一半帕尔瓦蒂）。Narasimhavarman一世国王的雕像则出现在南侧的西端。

Nakula-Sahadeva Ratha（以两位孪生潘达瓦命名）矗立在其他4座神庙的旁边，供奉的是因陀罗（Indra）。旁边的一尊实物大小的石象是印度最完美的大象雕塑之一。进入后向北，首先映入眼帘的是大象的臀部，因此它也被称为 Gajaprishthakara（意为"大象的屁股"）。

★ 阿周那的苦行 印度教纪念碑

（Arjuna's Penance; West Raja St; ⊙24小时）免费 作为马默勒布勒姆无与伦比的石雕杰作，这幅巨大的浮雕是印度古代最伟大的艺术品之一。它呈现在两块挨着的巨大圆石上，刻画了印度神话中的场景和南印度的日常生活。在中间，若干"naga"（那伽；蛇形

Mamallapuram (Mahabalipuram)
马默勒布勒姆(默哈伯利布勒姆)

⊙ 重要景点
1 阿周那的苦行		B3
2 海岸神庙		D3

⊙ 景点
3 法王石窟寺		A4
4 Ganesh Ratha		B2
5 Krishna Mandapa		B3
6 克利须那神的圆球		B2
7 灯塔		A4
8 狮子王座		A3
9 Mahishamardini Mandapa		A4
10 Panch Pandava Mandapa		B3
11 Ramanuja Mandapa		A3
12 Raya Gopura		A3
13 三相神石窟寺		B2
14 未完成的浮雕		A4
15 Varaha Mandapa		A3

⊙ 活动、课程和团队游
16 Mumu Surf School		D2
17 Travel XS		B2

⊙ 住宿
18 Butterball Bed 'n Breakfast		B2
19 Greenwoods Beach Resort		C4
20 Hotel Daphne		C2
21 Hotel Mamalla Heritage		B2
22 Sri Harul Guest House		D2
23 Tina Blue View Lodge & Restaurant		C4
24 Vinodhara Guesthouse		C4

⊙ 就餐
Burger Shack		(见18)
25 Gecko Restaurant		C4
26 Le Yogi		D4
27 Mamalla Bhavan		B3
28 Wharf		D1

⊙ 购物
29 Apollo Books		D4

⊙ 交通
30 南方铁路计算机乘客订票中心		B3

生物)从一条裂缝中爬下来,裂缝曾经充满了水,代表恒河。左侧的阿周那(Arjuna;《摩诃婆罗多》中的英雄人物)正在苦修(斋戒且单腿站立),这样四臂湿婆就会赐予他最强大的武器,能杀死神的Pasupata。

也有一些学者认为这件雕刻实际上呈现的不是阿周那,而是圣人巴基拉达(Bagiratha),他通过苦修获得了湿婆的帮助,为大地带来了恒河。雕刻的上半部分是在矮人簇拥下的湿婆和飞仙。阿周那/巴基拉达的下面呈现出一座供奉毗湿奴(传说他是帕拉瓦君王的祖先)的神庙,带有圣人、鹿和狮子的雕像。此外,浮雕上还有许多雕刻精美的动物,包括一群大象以及一只猫,猫在一群老鼠面前模仿阿周那的苦修。

从"阿周那的苦行"沿着公路向南分别是未完工的石窟寺庙**Panch Pandava Mandapa**(West Raja St;⊙6:00~18:00) 免费 ;**Krishna Mandapa**(West Raja St;⊙6:00~18:00) 免费 ,里面的雕刻讲述了克利须那神(Krishna)举起Govardhana山,保护牛群和村民免受因陀罗降下的暴风雨侵袭的著名传说;一幅**未完成的浮雕**(West Raja St;⊙24小时) 免费 ,大小与"阿周那的苦修"相似;还有空荡荡的**法王石窟寺**(Dharmaraja Cave Temple;Five Rathas Rd;⊙6:00~18:00) 免费 。

🏃 活动

海滩

村庄前面的海滩严格来说已经不是最初的面貌了,但海岸神庙以南的沙滩还是比较细腻的。你也该远离那些整天盯着游客的男人。和泰米尔纳德邦的多数海岸一样,这些海域浪大、危险,不适合游泳。

冲浪

Mumu Surf School 冲浪
(☎9789844191;http://mumusurfer.wixsite.com/indiasurfing;Othavadai St;90分钟团队课程/私人课程₹750/1300;⊙7:30~18:00)这家冲浪学校适合所有水平的人,很受欢迎而且组织良好,还出租冲浪板(每小时₹250~300);另外还组织海滩清洁活动,并经营着令人放松的咖啡馆Sandy Bottom。

瑜伽、阿育吠陀和按摩

许多地方都提供按摩（₹750~1500）、瑜伽（₹300）和阿育吠陀疗法，价格都相似。

👉 团队游

Travel XS 骑车、观鸟

（☎044-27443360；www.travel-xs.com；123 East Raja St；自行车团队游₹500；☉周一至周五9:30~18:00，周六至14:00）组织半日自行车团队游（最少2人成团）前往附近的村庄，造访当地制陶工，观看村民画kolam[用白垩、米糊或彩色粉末画出来的复杂图案，又称蓝果丽（rangoli）]；还组织一日游，目的地包括甘吉布勒姆和Vedanthangal鸟类保护区（Vedantangal Bird Sanctuary；季节性）。

🎉 节日和活动

马默勒布勒姆舞蹈节 舞蹈

（Mamallapuram Dance Festival；☉1月至2月）在这个为期4周的舞蹈节上将展示来自印度全国的古典和民族舞蹈，届时将在一座露天舞台上举办许多演出。舞蹈包括bharatanatyam舞（泰米尔纳德邦）、Kuchipudi舞蹈剧（安得拉邦）和卡塔卡利舞（Kathakali；喀拉拉邦舞剧）。

马默勒布勒姆山（MAMALLAPURAM HILL）

许多有趣的纪念碑（大部分修建于7世纪末和8世纪初）分布在城市西侧布满岩石的山上。步行走遍其中主要的景点大约需要1小时。山区从6点到18点对外开放，有两个入口：一个在West Raja St上，另一个紧邻Five Rathas Rd。

从位于West Raja St上的北门进入，继续向前走，你会看到一块不容错过的巨大圆石，它有一个有趣的名字，叫克利须那神的圆球（Krishna's Butterball；Mamallapuram Hill；☉6:00~18:00）**免费**，它虽然是固定的，但看上去却似乎有些岌岌可危了。从此向北前行，经过一些岩石，来到三相神石窟寺（Trimurti Cave Temple；Mamallapuram Hill；☉6:00~18:00）**免费**，这里供奉的是印度教的"三相神"：梵天（左边）、湿婆（中间）和毗湿奴（右边），两侧都立着守卫。绕到这块岩石的后面，你就能看到精美的象群雕塑。

在克利须那神的圆球的南边，你将看到由一整块岩石雕刻而成的Ganesh Ratha（Mamallapuram Hill；☉6:00~18:00）**免费**，有狮子形状的柱基座。它曾经是一座湿婆神庙，在原来的林迦被移走之后就变成了一座甘尼许（Ganesh；湿婆的儿子，长着象头）的神殿。在它西南方的Varaha Mandapa（Mamallapuram Hill；☉6:00~18:00）**免费**内有马默勒布勒姆最精美的石雕，包括带有坐狮的柱子。左侧的嵌板刻画了毗湿奴的野猪化身Varaha从海中举起大地的场景。朝向外面的嵌板刻画了毗湿奴的配偶拉克希米（Lakshmi；大象为其冲洗）和杜尔迦的形象，而右边的嵌板则展现了毗湿奴化身八臂巨人Trivikrama战胜魔王Bali的场景。

再往南一点儿，然后朝东走（沿左侧道路上行）便可来到建于16世纪的Raya Gopura（Olakkanatha Temple；Mamallapuram Hill；☉6:00~18:00）**免费**，它可能是一座未完成的gopuram（塔门）。西边的山上是经过精雕细琢的狮子王座（Lion Throne；Mamallapuram Hill；☉6:00~18:00）**免费**，被雕刻成了咆哮的样子。沿着主路继续向南前行即可到达Ramanuja Mandapa（Mamallapuram Hill；☉6:00~18:00）**免费**和马默勒布勒姆灯塔（Mamallapuram Hill；印度人/外国人₹10/25，拍照/录像₹20/25；☉10:00~13:00和14:00~17:30）。灯塔的西南方是Mahishamardini Mandapa（Mamallapuram Hill；☉6:00~18:00）**免费**，它是根据《往世书》（the Puranas；公元5世纪的梵文故事）的叙述在岩石上雕刻而成的。左侧嵌板展示了毗湿奴睡卧在一条盘蛇上的画面；右侧的嵌板则刻画杜尔迦骑雄狮杀死牛头魔王Mahisha的场景。在中央神殿内，穆卢干（Murugan）坐在他的父母——湿婆和帕尔瓦蒂——之间。

🛏 住宿

Sri Harul Guest House 客栈 $
(📞9941070343; www.facebook.com/sriharulguesthouse; 181 Bajanai Koil St, Fishermen's Colony; 房间 ₹800~1200) Sri Harul有6间海景房，如果你住到其中的一间，海滩就会出现在你的阳台下面。它是马默勒布勒姆比较好的海边廉价住宿之一。房间简单，大小适中，而且非常干净。

Vinodhara Guesthouse 客栈 $
(📞9444135118, 044-27442694; www.vinodhara.com; 9/4 Othavadai Cross St; 标单/双 ₹600/700, 房间 带空调 ₹1200~1800; ❄🛜) 这家客栈在不断扩大规模，客房越来越多。这些房间各不相同，但都足够干净而且简朴，既有狭小的电扇降温单人间，也有宽敞现代的空调大床间，由乐于为客人提供帮助的管理人员经营。你可以先看看几间房间再选择。

Greenwoods Beach Resort 客栈 $
(📞044-27442212, 9791145729; greenwoods_resort@yahoo.com; 7 Othavadai Cross St; 房间 ₹700~900, 带空调 ₹1300~1700; ❄🛜) 或许是Othavadai Cross St上的廉价住宿中最有个性的，离海滩还有些距离。老板一家人充满热情，为背包客们提供普普通通但颇为干净的房间（部分房间带阳台和/或户外淋浴），房间都在楼上，环绕着一座树木葱茏的庭院。

Tina Blue View Lodge & Restaurant 客栈 $
(📞044-27442319; 48 Othavadai St; 房间 ₹600~700, 带空调 ₹1200) 略显破旧的Tina是马默勒布勒姆最早的酒店之一，从外表就能看得出来，但它的白色墙壁、蓝色色调、小小的门廊和树木成荫的热带花园以及不知疲倦的老店主Xavier仍然为其赢得了它应当得到的人气。

Butterball Bed 'n Breakfast 民宿 $$
(📞9094792525; http://butterball-bnb.in; 9/26 East Raja St; 标单/双 含早餐 ₹1700/2000; ❄@🛜🏊) 房间虽小但很是宜人，有白色墙壁，保养得非常干净，装饰着古老的英国照片，房间内有写字台、大镜子和铺着蓝色瓷砖的浴室。在屋顶露台上能够看到与之同名的大岩石。此外这里还有一片漂亮的草坪、一个按摩中心、一个小游泳池和每天一次的瑜伽（₹300）。在附属餐厅 Burger Shack (📞9094792525; http://butterball-bnb.in; 9/26 East Raja St; 主菜 ₹120~300; ⏰10:00~22:00) 吃早餐。

Hotel Daphne 酒店 $$
(📞9894282876; www.moonrakersrestaurants.com; 24 Othavadai Cross St; 房间 不带/带空调 ₹900/1700; ❄🛜) 没有空调的房间虽然一点也不豪华，但也是完全可以接受的，而且很干净。不过Daphne的7个带空调的房间性价比超高（尤其是顶楼的13号房和14号房），其中的大多数房间有四柱床、阳台和藤摇椅。其他亮点包括绿树成荫、充满童话气息的庭院，热心的员工以及免费Wi-Fi。

Hotel Mamalla Heritage 酒店 $$
(📞044-27442060; www.hotelmamallaheritage.com; 104 East Raja St; 含早餐 标单 ₹2920~3160, 双 ₹3160~3400; ❄🛜🏊) 这个酒店最受旅行团的欢迎，43个房间虽然没什么特色，但是宽敞舒适，围绕着一个酷酷的蓝色泳池，还有一个高级屋顶素食餐厅。"豪华间"比"标准间"更现代。

Radisson Blu Resort Temple Bay 度假村 $$$
(📞044-27443636; radissonblu.com/hotel-mamallapuram; 57 Kovalam Rd; 房间 含早餐 ₹11,100起; ❄@🛜🏊) Radisson的豪华小木屋、别墅和平房分布在修剪整齐的花园（纵深500米）中，一直延伸到海边。花园中央是印度最长的游泳池（220米）。房间包含大房和超大房；最昂贵的房间里甚至有私人游泳池。Radisson还提供马默勒布勒姆最好（也是最贵）的餐饮和一个顶级阿育吠陀水疗馆（按摩 ₹2500）。人气极旺。在线预订最实惠。

Ideal Beach Resort 度假村 $$$
(📞044-27442240; www.idealresort.com; East Coast Rd; 含早餐 标单 ₹6600~13,200, 双 ₹7200~14,400; ❄@🛜🏊) 这座气氛悠闲的度假村位于小镇以北3公里处，附带一座美丽的花园，有自己的一片海滩，深受度周末的家庭和情侣的欢迎。虽然其中某些部分有些陈旧，但游泳池边有一个可爱的餐厅，舒适的房间配有茶/咖啡具、吹风机，某些房间还有露天

泰米尔纳德邦和金奈 马默勒布勒姆（默哈伯利布勒姆）

式淋浴。非住店客人泳池/海滩一日通票的价格是₹500。

🍴 就餐

Othavadai St和Othavadai Cross St上的餐馆让客人们在半露天的环境下享用一流的欧陆主菜和温和的印度咖喱菜肴。如果想品尝真正的印度食物，可以尝试公共汽车站附近便宜的素食餐馆。

Mamalla Bhavan　　　　　　南印度菜 $

(South Mada St; 主菜 ₹65~80, 餐 ₹70~125; ⊙6:00~21:15)想要品尝原汁原味又实惠的南印度美食的话，就来这个环境简单、挤满了人的素食餐厅吧。这里在早上供应idli、炸豆饼（vada）和薄饼（dosa），以及售价仅₹18的滤滴咖啡，午餐时间供应用蕉叶盛放的塔利套餐。就在公共汽车站旁边。

Le Yogi　　　　　　多元风味 $$

(☎9840706340; 19 Othavadai St; 主菜 ₹190~300; ⊙7:30~23:00; 🐾)供应马默勒布勒姆最棒的欧陆风味。意大利面、比萨、牛排、可丽饼和藏式饺子（momos）都很地道，尽管分量不大但味道很好，服务也很周到。环境休闲舒适，有竹竿柱子、地垫和从茅草屋顶上垂下来的吊灯，散发着一种浪漫的情调。

Gecko Restaurant　　　　　　多种风味 $$

(www.gecko-web.com; 37 Othavadai St; 主菜 ₹180~320; ⊙9:00~21:30; 🐾)这家餐厅的老板是一对热情的兄弟，墙壁被粉刷成了蓝黄相间的颜色，甚是可爱，装饰着色彩缤纷的艺术品和木雕，黑板上用粉笔写着每天的特色菜。它的食物和价格与其他旅游餐厅并无分别，但在烹饪的时候加入了稍微多一点的爱，因此味道更好。

Water's Edge Cafe　　　　　　多元风味 $$$

(☎044-27443636; www.radissonblu.com/hotel-mamallapuram; Radisson Blu Resort Temple Bay, 57 Kovalam Rd; 主菜 ₹545~800; ⊙24小时) Radisson的泳池边"咖啡馆"供应种类多样的各式菜肴，从美式薄煎饼到烤豆腐、印度素食菜肴、泛亚洲餐饮，以及绝妙的早餐自助餐（₹1190），应有尽有。价钱很贵，但时尚、人气很高。

Wharf　　　　　　多元风味 $$$

(☎044-27443636; www.radissonblu.com/hotel-mamallapuram; Radisson Blu Resort Temple Bay, 57 Kovalam Rd; 主菜 ₹695~2575; ⊙正午至15:00和19:00~23:00)虽然看上去像是海滩棚屋，但是Wharf实际上是Radisson附属的海滨高端多元风味餐厅，菜肴以新鲜海鲜为主。

🛍 购物

在马默勒布勒姆的石雕作坊里，轰鸣的电动石材研磨机刚刚取代了叮当作响的凿子，让雕塑家能够打造出越来越多的花岗岩雕像（品质不一）——从₹100的吊坠到₹400,000的甘尼许神像应有尽有。这里还有一些不错的画廊、成衣铺和古董店。

阿波罗书店　　　　　　书籍

(150 Apollo Bookshop, 89 Fishermen's Colony; ⊙9:00~21:30)有各种语言的书籍，种类多样，可以购买，也可以交换图书。

ℹ️ 实用信息

Suradeep医院 (Suradeep Hospital; ☎044-27442448; 15 Thirukula St; ⊙24小时)备受游客推崇的一家医院。

旅游办事处 (Tourist Office; ☎044-27442232; Kovalam Rd; ⊙周一至周五 10:00~17:45)

ℹ️ 到达和离开

从**长途汽车站**(bus stand; East Raja St)发车的线路有：开往金奈T Nagar长途汽车总站的599路（₹40, 1.5小时），6:50至20:30每30分钟1班；开往金奈CMBT的188路（₹40, 2小时），4:00至20:00每小时1班。去往金奈机场，可先乘坐515路汽车到Tambaram（₹27, 1.5小时，每30分钟1班），然后转乘出租车、机动三轮车或市郊火车即可到达。每天还有7班客车开往甘吉布勒姆（₹42~45; 2小时）。开往本地治里的长途车（₹90~150; 2小时）大约每15分钟有1班停靠在Kovalam Rd和去马默勒布勒姆支路的交叉路口，这个路口位于市中心以北1公里处。

你可以在**南方铁路计算机乘客订票中心**（Southern Railway Computerised Passenger Reservation Centre; 32 East Raja St, 2层; ⊙8:00~14:00）预订火车票。

在长途车站、旅行社和酒店都能找到出租车。前往金奈或机场的车费大约为₹1500，如果前往本地治里则需要₹2500。

❶ 当地交通

步行是最方便的游览方式。Kovalam Rd上有**自行车租赁**（每天₹100；⊙8:00~20:00）。

甘吉布勒姆（Kanchipuram）

☑044 / 人口 164,384

甘吉布勒姆位于金奈西南80公里处，在6世纪到8世纪之间曾是帕拉瓦王朝的都城，帕拉瓦的国王们在这段时期修建了雄伟的马默勒布勒姆石碑。今天的甘吉布勒姆是一座典型的忙碌而现代的印度城镇，以无数充满活力的重要的寺庙（以及缤纷多彩的寺庙节日）而闻名，其中有些建于帕拉瓦、朱罗及毗奢耶那伽罗时期。这里的优质丝绸纱丽也很有名，它们都是由镇上或附近村庄数以千计的家庭手工织造的。在位于市中心东南部的Gandhi Rd上，丝绸和纱丽商店随处可见，但与金奈的丝绸店相比，这里的价格并不便宜。

从马默勒布勒姆或金奈出发，前往甘吉布勒姆游览，当天即可轻松返回。

◉ 景点

所有的寺庙都不收门票，但你也许要付少量存鞋和/或照相机的费用。如果看到非印度教徒需要买门票的告示，置之不理就行了。

凯拉萨那特神庙　　印度教寺庙

（Kailasanatha Temple; SVN Pillai St; ⊙6:00~18:30，内殿 6:00至正午和16:00~18:30）凯拉萨那特神庙是甘吉布勒姆最古老的寺庙，它之所以著名并非因其规模，而是因为其所具有的历史地位和石雕的精美程度。这里既是历史遗迹，又是正在使用中的寺庙，与城内的其他寺庙相比更加安静，而且得到了大规模的修复。公元8世纪，帕拉瓦国王Narasim-havarman二世[拉贾辛哈（Rajasimha）]修建了这座供奉湿婆的寺庙，他还修建了马默勒布勒姆的海岸神庙（Shore Temple）。

这座建得很低的砂岩建筑坐落在点缀着夹竹桃的院子里，有令人着迷的雕刻，其中包括许多在达罗毗荼早期的建筑中颇为流行的

Kanchipuram 甘吉布勒姆

◉ 景点
1 Ekambareshwara Temple A1
2 Kamakshi Amman Temple A1
3 毗康塔帕奴玛庙 B2

🏠 住宿
4 GRT Regency B3
5 Sree Sakthi Residency B2

🍴 就餐
Dakshin .... （见4）
Hotel Saravana Bhavan .... （见4）
6 Hotel Saravana Bhavan A2
Upashana Veg Restaurant .... （见5）

❶ 实用信息
7 Axis Bank ATM B3
8 印度国家银行自动柜员机 A2
9 印度国家银行自动柜员机 B2

❶ 交通
10 自行车租借 A2
11 长途汽车站 B2

半兽神明的神像。它的围墙上有许多小神龛，神龛顶上有穹顶和石雕大象与神牛。留意外墙上后腿直立的狮子和从外面正对建筑的大神牛。内殿的中央是一根巨大的16边林迦棱柱，非印度教信徒可以在大约8米之外的地方观看。寺庙上方的宝塔是后来朱罗时期"印度方尖庙"（vimana）的前身。

从甘吉布勒姆市中心乘坐机动三轮车前往凯拉萨那特神庙需要₹50，但是步行也不错。

Ekambareshwara Temple　　印度教寺庙

（Ekambaranathar Temple; Ekambaranathar Sannidhi St; 拍照手机/拍照/录像 ₹10/20/100; ⊙6:00~12:30和16:00~20:30）在5座与五大元素相对应的南印度湿婆神庙中，这座神庙对应的是"土"元素，占地12公顷。从南边59米高、未雕饰的"gopuram"下面走进神庙，塔门上栩栩如生的雕刻是1509年毗奢耶那伽罗统治时期的杰作。在里面，沿着一座有圆柱的大厅向左进入神庙的中心，神牛的雕像从右边面对着中心。内殿（仅印度教教徒可以入内）有一个泥塑林迦像，还有一个反射镜室，中央的湿婆神像经过反射形成了无数影像。

据传说，女神Kamakshi（眼睛唤起欲望的女神；帕尔瓦蒂的一种形态，湿婆的配偶）在此处的一棵芒果树下敬拜湿婆，后来他们在这里结婚。内殿后面的一个院子里矗立着一棵芒果树，据说已经存活了2500年，它的4根树枝代表着4部《吠陀经》（印度教的圣典）。另外值得注意的还有寺庙的西北角，那里有众多微型林迦构成的Sahasra Lingam。

Kamakshi Amman Temple　　印度教寺庙

（Kamakshi Amman Sannidhi St; ⊙5:30至正午和16:00~20:00）这座雄伟的神庙供奉着Kamakshi（湿婆的女性化身）/帕尔瓦蒂，是印度最重要的shakti（女性能量/神明）崇拜之地，据说是帕尔瓦蒂的上腹部坠落大地的地方。人们认为它建于帕拉瓦王朝时期。整座主建筑以及它带金顶的圣殿都不允许非印度教信徒进入。不过，你可以去位于寺庙东南入口内、修建于16世纪的小巧正方形婚礼大厅，那里有装饰华美的柱子。禁止拍照。

毗康塔帕奴玛庙　　印度教寺庙

（Vaikunta Perumal Temple; Vaikunda-perumal Koil St; ⊙6:00至正午和16:00~20:00）这座毗湿奴神庙有着1200年的历史，是帕拉瓦时期的产物。环绕中心大殿的通道里有刻着雄狮图案的柱子和大量风化的墙板，有些刻画着重大历史事件的场景。主殿非常独特，分为三层，外墙上有跳跃的yalis（神话中的狮形生物），里面有毗湿奴的立像、坐像、卧像和乘着他最喜爱的坐骑迦楼罗（Garuda; 半人半鹰）的神像。

Varadaraja Perumal Temple　　印度教寺庙

（Devarajaswami Temple; 紧邻Kanchipuram-Chengalpattu Rd, Little Kanchipuram; 百柱大厅 ₹1, 拍照/录像 ₹5/100; ⊙7:30~12:30和15:30~20:00）这座位于甘吉布勒姆东南部的巨大神庙修建于公元11世纪朱罗王朝时期，供奉的是毗湿奴。非印度教徒不得进入中央腹地，不过这里的艺术亮点是16世纪的"百柱"婚礼大厅，一进西门（大门）就能看到。它的柱子（实际上是96根）上雕刻着极为精美的动物、怪物、武士和若干性爱场面。该大厅内部南侧的阶梯旁围绕着yalis雕像，而大厅四角悬挂着4条石链，每条都是由一整块石头雕琢而成的。

👉团队游

RIDE　　文化

（Rural Institute for Development Education, 即农村教育发展机构; ☏044-27268223; www.rideindia.org; 48 Periyar Nagar, Little Kanchipuram）甘吉布勒姆著名的丝织行业过去一直严重依赖童工。这个非政府组织长期以来致力于减少从业童工的数量，根据他们的估计，童工数量已经从1997年的40,000人减少到2007年的不足4000人。RIDE还帮助农村的穷人尤其是妇女获得应有的权利。它还组织一些有趣的团队游，让游客一窥该行业工人的生活面貌。

🛏食宿

RIDE　　客栈 $

（农村教育发展机构; ☏044-27268223; www.rideindia.org; 48 Periyar Nagar, Little Kanchipuram; 每人 ₹750~1000; ❄）这个非政府组织在位于住宅区的总部提供简单、干净的房间，就在甘吉布勒姆东南方向5公里处。友好的店

从甘吉布勒姆出发的长途汽车

目的地	票价(₹)	时间(小时)	发车时间
金奈	47	2	每10分钟1班 3:30~22:30
马默勒布勒姆	42	2	每2小时1班 5:30~20:30
本地治里	68	3	每30分钟1班 5:45~21:20
蒂鲁文纳默莱(Tiruvannamalai)	63~72	3	每30分钟1班 5:10~21:30
韦洛尔	41	2	每10分钟1班 3:30~23:00

主还可以把你安排在隔壁他们自己色彩缤纷的家里。提供家常早餐(₹150)、午餐(₹250)和晚餐(₹250)。提前一天预订。位于Varadaraja Perumal Temple以东1公里处,沿途有路标。

GRT Regency　　　　　　　　酒店 $$

(☏044-27225250; www.grthotels.com; 487 Gandhi Rd; 含早餐 标单 ₹2470~4010, 双 ₹4940; ❉⑤)拥有甘吉布勒姆最干净、最舒适、最有格调的房间,有大理石地板、茶/咖啡机和玻璃淋浴隔间。GRT的时尚餐厅Dakshin(主菜 ₹300~550; ◷7:00~23:00; ⑤)要价过高,但提供的食物种类丰富,包括各式早餐、煎蛋卷、南印度人气菜肴和美味的泥炉菜(tandoori)。

Sree Sakthi Residency　　　　酒店 $$

(☏044-27233799; www.sreesakthiresidency.com; 71 Nellukara St; 标单 ₹1820~2065, 双 ₹2190~2675; ❉⑤)简单的浅棕色实木家具和房间里的水壶让干净的"标准"房间足够舒适,而更新的"高级房"内则有吹风机和淋浴玻璃隔间,装修风格更为现代。底层的Upashana Veg Restaurant(菜 ₹50~110; ◷7:00~22:00)提供很棒的素食,包括塔利套餐(₹90~175)。

Hotel Saravana Bhavan　　　南印度菜 $$

(☏044-27226877; www.saravanabhavan.com; 66 Nellukara St; 主菜 ₹60~130, 餐 ₹95~125; ◷6:00~22:30)一家值得信赖的优质纯素食餐厅,供应美味的薄饼,还有一些令人惊喜的北印度菜肴,有一间带空调的宜人大厅,二楼还有塔利套餐。Gandhi Rd西侧还有一家(更破旧的)分店(☏044-27222505; www.saravanabhavan.com; 504 Gandhi Rd; 主菜 ₹60~130, 餐 ₹95~125; ◷6:00~22:30)。

❶ 到达和离开

开往甘吉布勒姆的市郊火车(₹25; 2.5小时)从金奈的Egmore火车站(10号或11号站台)发车,4:30至20:30大约每小时1班。乘坐出租车往返马默勒布勒姆的全天费用是₹2700。忙碌的**长途汽车站**(Kamarajar St)位于市中心。

❶ 当地交通

乘坐机动三轮车参观5座主要寺庙(大约₹500)需要半天时间,司机一定会带你去丝绸商店。

韦洛尔(Vellore)

☏0416 / 人口 185,800

对于一座尘土飞扬的集市城镇来说,韦洛尔有着相当国际化的氛围,这要归功于几所大院校和美国人创立的教会医学院(Christian Medical College, 简称CMC),后者是印度最好的医院之一,吸引着来自全国各地的医学生和患者。在金奈一班加罗尔的主干线上,韦洛尔是值得游览的一站,其亮点是毗奢耶那伽罗王朝时期雄伟的城堡和寺庙。很多印度人会过来参观金碧辉煌的Sripuram Temple,它位于市区西南方向10公里处。

韦洛尔中心区的北方边界为Arcot Rd(Ida Scudder Rd),那里有医院和便宜的酒店和餐厅;西边界是Anna Salai(Officer's Line),韦洛尔堡就在它的西侧。

◉ 景点

韦洛尔堡　　　　　　　　　　要塞

(Vellore Fort; 紧邻 Anna Salai; ◷全天)这座堡垒建于16世纪,先后经历了马拉地时代

和莫卧儿王朝，1760年被英国人占领。如今城堡里有宏伟的Jalakantesvara Temple、两间博物馆（⊙周六至周日9:00~17:00）免费、两片阅兵场（能够同时进行12场板球比赛）、一座教堂（⊙7:30~18:00）、政府机关和一所警察招募学校。在这里散步是城里最宁静的体验。

Jalakantesvara Temple   印度教寺庙

（Vellore Fort；⊙6:30~13:00和15:00~20:30）Jalakantesvara Temple是毗奢耶那伽罗王朝末期的建筑瑰宝，大概建于1566年，曾被用作要塞。仔细看看西南角婚礼大厅的墙壁和柱子上精致美丽的小雕像——尤其是跳跃的yali。

🛏 食宿

韦洛尔的便宜酒店都集中在Ida Scudder Rd和位于它南边的那些繁华、狭窄的街道上。很多酒店不接待外国人；一些较好的酒店很快就会客满。

Vimal Lodge   酒店 $

（☎9500531686；6/83 Babu Rao St；房间 ₹715，带空调 ₹1090~1200；❄）坐落在Ida Scudder Rd南侧繁忙的市场区域，廉价房间普普通通但是很干净，有整洁的床单，前台的工作人员乐于为游客提供帮助。

Darling Residency   酒店 $$

（☎0416-2213001；www.darlingresidency.com；11/8 Anna Salai；含早餐 标单 ₹2670~2920，双 ₹3040~3280；❄@☎）虽然不是五星级酒店，房间也没什么特色，但胜在干净、舒适（后面的房间更安静），前台热情友好，酒店内还有4间餐厅，包括轻松活泼的多元风味餐厅Aaranya Roof Garden Restaurant（主菜 ₹160~400；⊙11:30~22:30）。它位于韦洛尔堡入口以南1.5公里处。

GRT Regency Sameera   酒店 $$$

（☎0416-2206466；www.grthotels.com；145 Green Circle, New Bypass Rd；含早餐 标单 ₹4320~6790，双 ₹5560~6790；❄@☎）表面贴着镜子的餐具柜、房间内的茶/咖啡器具和跃动的色彩让GRT时尚现代的房间充满个性，

至少对韦洛尔而言。额外福利包括免费Wi-Fi、高档多元风味餐厅Gingee Restaurant（主菜 ₹260~400；⊙7:00~10:00、12:30~15:00和19:00~22:30）和24小时咖啡馆。位于韦洛尔市中心以北1.5公里处，紧邻金奈—班加罗尔的主干线（令人惊讶的是，居然并不是很吵）。

Hotel Saravana Bhavan   南印度菜

（☎0416-2217755；www.saravanabhavan.com；Sri Siva AVM Grande Hotel, 58/2 Katpadi Rd；菜肴 ₹60~125，餐 ₹110~150；⊙6:00~23:00）泰米尔纳德邦最受喜爱的素食连锁餐厅，呈现简单而美味的idli、薄饼、塔利套餐和其他南印度主食。带空调的大厅还供应北印度菜肴。就在新长途汽车站（New Bus Stand）对面。城里还有另一家分店（☎0416-2217433；www.saravanabhavan.com；25B/25C Jeevarathnam Maaligai, Arcot Rd；菜肴 ₹60~140，餐 ₹110~150；⊙10:00~18:00）。

ⓘ 实用信息

Canara Bank自动柜员机（Canara Bank ATM；Anna Salai）就在韦洛尔堡入口对面。

ⓘ 到达和离开

长途汽车

长途汽车使用的是韦洛尔市中心以北1.5公里的新长途汽车站（New Bus Stand；Katpadi Rd）。

班加罗尔 ₹156，5小时，每30分钟1班。
金奈 沃尔沃空调客车 ₹161，2.5小时，正午和14:00；其他客车 ₹81~105，3小时，每5分钟1班。
甘吉布勒姆 ₹40，2小时，每10分钟1班。
蒂鲁文纳默莱 ₹37~40，3小时，每10分钟1班。

火车

韦洛尔的火车站位于市中心以北5公里外的Katpadi。每天至少有22班高速或特快列车抵离金奈中央车站（卧铺/空调卧铺3类 ₹170/540；3~4小时），此外每天还有10班列车抵离班加罗尔的班加罗尔城市车站（Bangalore City station；₹170/490，3~4小时）。

1路和2路（₹4）公交车往返于火车站和**市长途汽车站**（Town Bus Stand；Anna Salai）之间。

泰米尔纳德邦的神庙

对于那些渴望了解印度寺庙文化的人们来说,泰米尔纳德邦简直就是一座金矿。这里不但有全国最雄伟的寺庙建筑和雕塑,而且这里的人们比印度的其他地方更狂热地崇拜印度教的神灵。泰米尔纳德邦的五千多座寺庙总是忙个不停,接待大批前来做礼拜(奉献或祈祷)的信徒,此外,还有丰富多彩的寺庙节日庆祝活动在这里举办。在印度教诸神当中,湿婆拥有最多的泰米尔神庙,而且有众多化身,其中包括舞王。舞王湿婆是宇宙的舞者,他在一个火环中翩然起舞,身生四臂,其中两手分别拿着毁灭之火和创造的手鼓。泰米尔人对湿婆那个骑着孔雀的儿子穆卢干(Murugan,也被称为Kartikeya或Skanda)也情有独钟,他与泰米尔人的文化认同有紧密的联系。

许多泰米尔寺庙的特殊意义使它们成为来自全国各地的无数印度教信徒朝圣的目标。Pancha Sabhai Sthalangal是5座寺庙,据说,湿婆就是在那里表演他的宇宙之舞的(位于吉登伯勒姆的寺庙是其中最具代表性的一座);Pancha Bootha Sthalangal也是5座寺庙,湿婆在那里化身为5种元素之一,接受人们的敬拜:蒂鲁文纳默莱的Arunachaleshwar Temple(火;见1048页),甘吉布勒姆的Ekambareshwara Temple(土;见1044页),吉登伯勒姆的娜塔罗frei神庙(空;见1060页),蒂鲁吉拉伯利的Sri Jambukeshwara Temple(水;见1070页),以及位于安得拉邦的Sri Kalahasteeswara Temple(气)。在贡伯戈讷姆(Kumbakonam)地区,9座Navagraha神庙分别是印度天文学中9个天体的住所——这显示了占星术在印度教信仰中的重要性。

泰米尔寺庙的典型设计包括高且分层的入口塔门,称为"gopuram",表面通常以色彩鲜艳的神和恶魔的雕像作为装饰;由雕刻精美的柱子支撑的被称为"mandapa"的大厅;一个圣水池;以及一系列由大到小、一个套一个的院落(prakarams),最里面的中殿是寺庙主神的居所。最早的泰米尔寺庙是由岩石雕刻的小神龛;第一座独立式的寺庙建于公元8世纪;12世纪前后首次出现"gopuram"。

大多数寺庙都不收取门票,但非印度教信徒通常不被允许进入最里面的内殿。在其他寺庙,僧侣也许会邀请你进入、拜神,并在你的额头上点一个象征吉利的小红点,然后索取捐款。

在寺庙招揽生意的人随处可见,令人反感,但也有许多出色的向导;发挥自己的判断力,寻找戴徽章的正式向导。

如果你想了解更多有关泰米尔神庙文化的信息,迈克尔·伍德(Michael Wood)的《南印度之旅》(*South Indian Journey*)和乔治·米歇尔(George Michell)的《南印度:纪念碑、古迹和博物馆指南》(*Southern India: A Guide to Monuments, Sites & Museums*)是很不错的阅读材料。TempleNet(www.templenet.com)是最好的在线资源网站之一。

蒂鲁文纳默莱(Tiruvannamalai)

☏ 04175 / 人口 145,280

有寺之城,有山之城,还有神化身为火林迦的寺庙山城。欢迎来到蒂鲁文纳默莱,泰米尔纳德邦最神圣的目的地之一。

它位于布满鹅卵石的阿如那查拉山(Mt Arunachala)下,是南印度湿婆"五元素"之城之一,湿婆在这里以其火之化身——Arunachaleshwar——接受信徒敬拜。每到满月的时候,就会有成千上万的朝圣者涌入蒂鲁文纳默莱,绕行于阿如那查拉山脚下,这种净化的仪式被称为Girivalam;无论何时你都能看到湿婆教僧侣、苦行僧(属灵之人)和信徒聚集在Arunachaleshwar Temple周围。

蒂鲁文纳默莱以强大的精神力量著称,产生了许多修行处,而且这座城市正在吸引越来越多有精神追求的旅行者。

⊙ 景点和活动

在静修所聚集的地区,瑜伽、冥想和阿育吠陀的广告无处不在。

★ Arunachaleshwar Temple 印度教寺庙

(Annamalaiyar Temple; www.arunachaleswarartemple.tnhrce.in; ◎5:30~12:30和15:30~21:30)神庙占地10公顷,是印度最大的寺庙之一。它最古老的部分建于9世纪,但是在此之前很久,这里就一直是拜神的地方。4座未上漆的白色巨大塔门标志着4个入口;其中东边的主门塔建于17世纪,有13层(高达66米),石雕通道刻画了舞者、侏儒和大象。节日期间的Arunachaleshwar神庙到处都是金色的火焰和燃烧的酥油气味,这是对化身为火的宇宙毁灭者湿婆的敬拜。

在神庙内部还有5座塔门、1座有着精美雕刻修建于17世纪的千柱大厅、2个水池以及许多神庙和神殿。东边第二个塔门内有神庙的模型,对于游客很有帮助,这个塔门还有大象为前来朝拜的信徒送上祝福。如果要进入最里面的圣所去敬拜巨大的林迦,信徒必须绕行场地(prakarams)5圈。

阿如那查拉山(Mt Arunachala) 山

这座800米高的死火山高耸于蒂鲁文纳默莱的上方,是当地人眼中火元素的象征,据说在阿如那查拉山(Arunachala)的腹地找到了神的居所。虔诚的赤脚朝圣者——尤其是在满月的时候或节日期间——会围着山脚绕行14公里(4小时),在8个著名的林迦前停留。本书调研期间,山里的路处在关闭中,但你可以沿着主路环绕这座山,或者途经两座山洞上山,拉曼纳玛哈西大师(Sri Ramana Maharshi)曾在这两座山洞中居住和冥想。

爬上山顶可以俯瞰蒂鲁文纳默莱的美丽景色,往返需要5~6小时,路上非常炎热:早点儿出发,带上水。一条没有路标的小路从Arunachaleshwar Temple的西北角一路向上,经过许多民宅和这两个山洞——**维鲁巴克沙寺庙**(Virupaksha;向上攀登大约20分钟后)和**Skandasramam**(30分钟)。建议女性不要单独攀登。

如果你没有那么虔诚,就去Sri Ramana Ashram(见1048页)的书店买一份Giripradakshina地图(₹15),然后到马路对面租一辆自行车到处转转(每小时/天 ₹10/40)。你也可以乘坐机动三轮车,绕行一圈大约需要₹300(旺季费用翻番)。

Sri Ramana Ashram 冥想

(Sri Ramanasramam; ☎04175-237200; www.sriramanamaharshi.org; Chengam Rd; ◎办公室7:30~12:30和14:00~18:30)这个安静的修行处位于蒂鲁文纳默莱市中心西南方2公里外,四周的场地绿树成荫,有许多绿色的孔雀,吸引着拉曼纳玛哈西大师的信徒。他是最早得国外追随者的印度教大师之一,在经过数十年的冥想之后,于1950年在这里仙逝。参观者可以在这里冥想或参加每天的礼拜(puja)和诵经,这些仪式大部分都在**三昧堂**(samadhi hall)进行,大师的遗体就保存在那里。

提供数量有限的免费住宿(接受捐款),只面向信徒:至少提前一个月或六周写电子邮件申请。

Sri Seshadri Swamigal Ashram 冥想

(☎04175-236999; www.tiruvarunaimahan.

火林迦

根据传说,湿婆的配偶帕尔瓦蒂和湿婆开玩笑,遮住了他的眼睛,致使大地陷入一片黑暗,湿婆在阿如那查拉山(Mt Arunachala)上化身为最早的火林迦(林迦——湿婆的阳具形象),让世界重获光明。在印度全境举办的庆典**Karthikai Deepam Festival**(全国;◎11月/12月)就是为了纪念这一传说。蒂鲁文纳默莱的庆典活动尤为盛大。在满月的夜晚,人们在阿如那查拉山山顶点燃巨大的火把(将30米高的蜡烛芯浸在3吨的酥油里),将为期10天的节庆活动推向高潮,届时会有成千上万的人们聚集在蒂鲁文纳默莱。熙熙攘攘的人群涌上山,或在山脚下绕行,吟唱着湿婆的名字。阳光酷热无情,岩石崎岖难行,而且必须赤脚步行——然而这些都不能阻止数以千计的朝圣者满怀喜悦地登上山顶。

org; Chengam Rd; ◉6:00~21:30)纪念一位与Sri Ramana同时代的助手,有冥想塔和部分住处(接受捐赠;至少提前两周预订)。它位于城市的西南部,挨着Sri Ramana Ashram。

Sri Anantha Niketan   冥想

(☏9003480013; www.srianandhaniketan.com; Periya Paliyapattu village; 接受捐款) Sri Anantha Niketan更像是有组织的休闲养生之地,而不是永久性的社区,有绿树成荫的场地、壮美的阿如那查拉山景色和温馨的房间,而且欢迎客人在漂亮的冥想大殿内加入每天一次的吟唱。紧邻Krishnagiri路,位于蒂鲁文纳默莱以西7公里处。如果12月至次年2月期间过来的话,需要至少提前3个月预订。

🏃 活动

Arunachala Animal Sanctuary   志愿者活动

(☏9442246108; www.arunachalasanctuary.com; Chengam Rd; ◉9:00~17:00) 🍃 这个非营利性庇护所位于蒂鲁文纳默莱静修区域的最西端,收容了200多只流浪狗和/或受伤的狗,还有一些猫,致力于为它们阉割、防控狂犬病,找到新家和进行费用可以承受的治疗。游客可以帮忙洗澡、喂食、涂抹药膏,或者只是简单地陪这些动物玩耍——只管直接过来就行了。还可能有招收长期志愿者的机会。

🛏️ 食宿

Rainbow Guest House   客栈 $

(☏9443886408, 04175-236408; rainbowguesthousetiru@gmail.com; 27/28 Lakshmanan Nagar, Perumbakkam Rd; 标单 ₹450, 双 ₹900~1000; 🛜) 位于Chengam Rd西南方向800米处,是个价格实惠而且非常干净整洁的地方。建筑外表有迷幻风格的涂鸦,带有雕刻的木门内是简单且无可挑剔的房间,用电扇降温,有热水和瓷砖地板。工作人员和蔼可亲,沿着走廊悬挂着秋千藤椅,从简朴的屋顶露台还能看到阿如那查拉山的美妙景色。

Arunachala Ramana Home   酒店 $

(☏9626044492, 04175-236120; www.arunachalaramanahome.com; 70 Ramana Nagar; 标单/双 ₹500/800, 房间 带空调 ₹1300; ❄🛜) 这家简单、干净、友好的酒店颇受旅客欢迎,

它位于Chengam Rd南边的一条小巷里。

Sunshine Guest House   客栈 $$

(☏04175-235335; www.sunshineguesthouseindia.com; 5 Annamalai Nagar, Perumbakkam Rd; 标单/双 ₹600/800, 带空调 ₹1400/1970; ❄🛜) 位于静修区西南方向1公里处,安静宜人。这栋色彩缤纷的新建筑前面有漂亮的花园,而且价格非常实惠。房间一尘不染而且很有品位,每个房间都以一位印度教神灵为主题,营造出一种印度小饰品商店的感觉:印花床单、饰有小圆亮片的织物、秋千藤椅和房间里的滤水器。楼上的大厅很适合做瑜伽。新鲜早餐售价₹150。

Hotel Arunachala   酒店 $$

(Arunachala Inn; ☏04175-228300; www.hotelarunachala.com; 5 Vada Sannathi St; 房间 ₹990, 带空调 标单/双 ₹1125/1690, 豪华 双 ₹2250; ❄) 紧邻Arunachaleshwar Temple的东门, Hotel Arunachala干净而体面,自称是豪华酒店,有大理石地板、丑陋的家具和大堂鱼池,管理者很热心。经过翻新的"豪华"间是最好的。楼下的严格素食餐厅**Hotel Sri Arul Jothi**(菜肴 ₹40~80; ◉6:00~22:30)供应美味的南印度菜肴(塔利套餐 ₹80~100)。

★ Dreaming Tree   咖啡馆 $$

(☏8870057753; www.dreamingtree.in; Ramana Nagar; 主菜 ₹150~250; ◉8:30~22:00) 🍃 这个地方非常酷,微风吹拂的茅草屋顶上摆放着低矮的卡座,供应精致健康的严格素食菜肴,分量很大,使用的大多是有机食材。在这里可以吃到很棒的"嬉皮沙拉"和豆腐炒菜、丰盛美味的早餐,以及各种蛋糕、果汁、印度奶昔、柠檬水和有机咖啡。就在Sri Ramana Ashram路对面,沿途有路标(500米)。

Shanti Café   咖啡馆 $$

(www.facebook.com/shanticafetiru; 115A Chengam Rd; 菜肴 ₹60~200, 饮品 ₹30~80; ◉8:30~20:30; 🛜) 这是一家人气超旺且气氛轻松的咖啡馆,地板上铺着垫子,顾客可以席地而坐。它位于一条小巷的北端,紧邻Chengam Rd,供应美味的羊角面包、蛋糕、法棍、薄煎饼、果汁、咖啡、茶、早餐和改良得格外健康的印度餐食。由一个欢快活泼的团

从蒂鲁文纳默莱出发的长途汽车

目的地	票价（₹）	行程（小时）	发车时间
金奈	120~140	5	每10分钟1班
甘吉布勒姆	63	3	每小时1班
本地治里	63	3	每小时1班
蒂鲁吉拉伯利	123	5	每45分钟1班
韦洛尔	37~50	2.5	每10分钟1班

队经营，楼下还有一家网咖（www.shantionline.com；每小时 ₹25；⊙周一至周六 8:30~13:30和15:00~19:00，周日 8:30~13:30）。

Tasty Café
咖啡馆 $$

（Lakshmanan Nagar, Perumbakkam Rd；主菜 ₹100~210；⊙7:00~22:00）气氛友好的Tasty Café位于一个绿树成荫的宁静庭院中，摆放着塑料椅子和木餐桌，供应精心烹制的印度和欧陆风味，包括比萨、意大利面、薄煎饼和沙拉。位于Chengam Rd西南方向700米处。

购物

Shantimalai Handicrafts Development Society
工艺品

（www.smhds.org；83/1 Chengam Rd；⊙9:00~19:00）出售漂亮的床罩、包包、熏香、蜡烛、油、手镯、围巾和明信片等，都是由当地村庄的妇女制作的。

到达和离开

长途汽车站（Polur Rd）位于 Arunachaleshwar Temple以北800米处。从主要的修行区乘坐机动三轮车前往长途汽车站需要₹50~60。如果想要去金奈的话，最好的选择是每小时1班的超豪华客车（Ultra Deluxe）。

京吉[Gingee（Senji）]

☏04145 / 人口 27,000

京吉横跨在蒂鲁文纳默莱至本地治里的主干线公路上，它之所以值得一游，主要是因为这里有建于16世纪的京吉堡（Gingee Fort），这片美妙的遗址坐落在小镇的西部边缘地带。

景点

京吉堡
要塞

（Gingee Fort；☏04145-222072；Gingee；印度人/外国人 ₹15/200；⊙8:00~17:00）巨大的京吉堡遗址由3座独立的山顶城堡以及方圆6公里的悬崖和厚厚的城墙组成，它矗立在泰米尔平原上，位于蒂鲁文纳默莱以东37公里处，就像是《指环王》（Lord of the Rings）的城堡被放错了位置。它的主体是在16世纪毗奢耶那伽罗王朝统治时期修建的，先后被马拉地人、莫卧儿人、法国人和英国人占领，后来在19世纪被废弃。这座城堡规模庞大，壮观美丽，四周宁静，是个非常值得来的地方。

如今很少有外国人到这里来，但京吉堡在印度国内游客中的人气很高，因为它经常出现在各种印度影片里。蒂鲁文纳默莱和本地治里之间的主路在京吉镇西边穿过城堡。在3座城堡当中，最容易到达的是道路北侧的Krishnagiri；南边的Rajagiri最高；Chakklidurg是最远的，也是最无趣的（不能攀登）。售票处（提供地图）位于Krishnagiri和Rajagiri脚下。

众多建筑的遗迹矗立在这处遗址地势较低的部分，尤其是老宫殿区Rajagiri的底部，那里的主要标志性建筑是白色、经过修复的7层婚礼大厅（Kalyana Mahal）。就在宫殿区的东边（外面）有一座建于18世纪的清真寺Sadat Ullah Khan Mosque；它的东南方向坐落着建于16世纪的Venkataramana Temple，现已被废弃。

徒步往返Krishnagiri需要1小时，徒步往返Rajagiri则要2小时（海拔高于平原150米）。留出至少半天时间攀登这两座小山。大多数旅行者只爬Rajagiri，这让Krishnagiri更加安静。早点出发，带上水。爬山入口15:00关闭。

❶ 到达和离开

乘坐出租车往来于蒂鲁文纳默莱和本地治里，中途在京吉停留2~3小时的费用大约为₹3000。

京吉处于蒂鲁文纳默莱—本地治里长途汽车线路的沿线，从蒂鲁文纳默莱出发的长途汽车（₹25~35，1小时）每10分钟1班。在城堡下车，省得从镇上走回头路。

本地治里
[Pondicherry（Puducherry）]

☏0413 / 人口 244,380

本地治里（通常称为"Pondy"）中央直辖区在1954年以前一直处于法国人的统治下。今天这里的许多人仍然讲法语（讲英语也带着法语的口音）。酒店、餐馆和"生活方式"商店都体现了法国与南亚次大陆杂糅的美学，法国创意人士以及印度艺术家和设计师进一步强化了这种效果。蜚声国际的师利·奥罗宾多静修地（Sri Aurobindo Ashram）以及它在城市北边的分支奥罗维尔（Auroville）吸引了大量具有探索精神的游客。因此本地治里有这样一种特质：与其说它是一座褪了色的殖民时期的城市，倒不如说它随性、时尚，是国际旅游路线上新时代与旧时代的碰撞之地。

市区较古老的"法国"部分（你大概会在这里度过大部分时间）到处都是宁静、干净的街道，两侧排列着殖民地风格的联排别墅，九重葛从墙上垂吊下来。较新的城区则呈现出南印度典型的忙乱景象。

尽情享受美妙的购物、法国美食（嗨，牛排）、啤酒（再见了，泰米尔纳德邦的酒精税），以及大量瑜伽和冥想的机会。

本地治里被一条部分封闭的运河从南到北分成了两半。城市的东侧（面朝大海）更具法国风情。Nehru（JN）St和Rue Bussy（Lal Bahadur Shastri St）是东西向的主干道；Mahatma Gandhi（MG）Rd和Mission St（Cathedral St）是南北干线。随着时代的变迁，许多街道的名字都变了，而且常常同时拥有英语、法语和泰米尔语的街名。

◎ 景点

海滨 水滨

（Seafront, Goubert Ave）本地治里是一座海滨城市，但并不是海滩旅游胜地；这里的沙滩只有窄窄的一条，呈现出肮脏的褐色，伸向岩石嶙峋的海堤。但Goubert Ave（Beach Rd）的确是一个散步的好地方，尤其是在黎明和黄昏时分——届时半个城市的人都会沉浸在这里的浪漫气氛中。市政府还为此做出了一个天才的决策：18点到次日7点半，此处禁止车辆通行。

师利·奥罗宾多静修地 修行地

（Sri Aurobindo Ashram; ☏0413-2233649; www.sriaurobindoashram.org; Marine St; ⏱ 8:00至正午和14:00~18:00）免费 1926年由师利·奥罗宾多（Sri Aurobindo）和一位在法国出生、被称为"母亲"的女士创办，如今这个著名的精神家园大约有2000名成员在它的多个部门工作。奥罗宾多的教学注重"整体瑜伽"，让信徒们入世修行，而非遁世。修行处主楼有灰色的墙壁，在这里的参观只是走马观花：你只能看看由花卉装饰的奥罗宾多和"母亲"的三昧堂，然后去书店看看。修行住宿的客人可以参观其他区域和参加活动。晚上在三昧堂周围进行的冥想对所有人开放。

工作日每天都有修行处团队游（每天₹50）；在线（www.sriaurobindoautocare.com）或者在修行处的Bureau Central（☏0413-2233604; bureaucentral@sriaurobindoashram.org; Ambour Salai; ⏱6:00至正午和16:00~18:00）咨询。

Sri Manakula Vinayagar Temple 印度教寺庙

（www.manakulavinayagartemple.com; Manakula Vinayagar Koil St; ⏱5:45~12:30和16:00~21:00）虽然与大部分印度城市相比，本地治里有更多教堂，但印度教的地位仍是至高无上的。这是一座供奉甘尼许的神庙，有数百年的历史，朝圣者、游客和好奇者会在这里让神庙里的大象用鼻子拍拍自己的头。神庙里还有40来处精致的画檐。

本地治里博物馆 博物馆

（Puducherry Museum; http://art.puducherry.gov.in/museum.html; St Louis St; 印度人/外国人 ₹10/50; ⏱周二至周日 9:00~18:30）天知道这座经过改造的18世纪末别墅是如何防止展品解体的，在南印度潮湿的空气中，这里竟

Puducherry (Pondicherry)
本地治里

然有整整一层楼陈列着法国时期的家具。你可以在一层细细欣赏朱罗、毗奢耶那伽罗和Nayak时期的青铜器,以及Arikamedu出土的古希腊与西班牙瓷器碎片和双耳细颈椭圆土罐(储存容器)。Arikamedu曾经是一个重要的贸易港,就在本地治里的南边。楼上是迪普莱总督(Governor Dupleix)的卧室。

本地治里法国文化中心 图书馆
(Institut Français de Pondichéry; ☏0413-2231616; www.ifpindia.org; 11 St Louis St; ◉周一至周五 9:00~13:00 和 14:00~17:30) **免费** 这座宏伟的19世纪新古典主义建筑也是一个活跃的研究中心,致力于研究印度文化、历史和生态。参观者可以在面朝海滩的图书馆里浏览图书。

◉ 法国区 (French Quarter)
在海滨的后面有一系列鹅卵石铺就的街道,街道两边种着九重葛,白色和芥末黄色相间的建筑以各种各样的形式散发着浪漫的气

Puducherry（Pondicherry）本地治里

◉ 景点
- 1 Bharathi Park..................D2
- 2 法国远东学校..................D5
- 3 甘地纪念碑..................D3
- 4 本地治里法国文化中心..................D1
- 5 圣母大教堂..................D3
- 6 老灯塔..................D2
- 7 圣母无原罪教堂..................B2
- 8 本地治里博物馆..................D2
- 9 Raj Nivas..................D2
- 10 圣心教堂..................A5
- 11 海滨..................D4
- 12 师利·奥罗宾多静修地..................D1
- 13 Sri Manakula Vinayagar Temple...C2

✪ 活动、课程和团队游
- 14 Sita..................B3

🛌 住宿
- 15 Coloniale Heritage Guest House........C5
- 16 Dune Mansion Calvé..................B1
- 17 Gratitude..................C4
- 18 Hotel de Pondichéry..................C5
- 19 International Guest House..................C2
- 20 Kailash Guest House..................C1
- 21 La Villa..................C4
- 22 Les Hibiscus..................C5
- 23 Nila Home Stay..................C4
- 24 Palais de Mahé..................D4
- 25 Park Guest House..................D5
- 26 Villa Helena..................C4
- 27 Villa Shanti..................C4

🍴 就餐
- 28 Baker Street..................B4
- 29 Café des Arts..................C3
- 30 Domus..................C5
- 31 Indian Coffee House..................B2
- 32 Kasha Ki Aasha..................C3
- 33 La Pasta World..................C1
- 34 Le Café..................D3
- Le Club..................（见18）
- 35 Nilgiri's..................B2
- Palais de Mahé..................（见24）
- 36 Surguru..................C2
- 37 Surguru Spot..................D2
- Villa Helena..................（见26）
- Villa Shanti..................（见27）

🍷 饮品和夜生活
- 38 L'e-Space..................C4

🛍 购物
- 39 Anokhi..................D3
- 40 Auroshikha..................C1
- 41 Fabindia..................C2
- 42 Focus..................B2
- 43 Kalki..................C1
- 44 La Boutique d'Auroville..................C1
- 45 LivingArt Lifestyles..................C4

ℹ 实用信息
- 46 Bureau Central..................C2
- 47 法国领事馆..................D1
- Shanti Travel..................（见16）

息，这一带即被称为法国区。你可以自行徒步参观这一地区，以海滨漫步道Goubert Ave北端附近的法国领事馆（见1214页）为起点。一路向南，经过修建于1836年的**灯塔**（Goubert Ave），然后转向内陆的方向，走到绿树成荫的**Bharathi Park**（Compagnie St；☉6:00~19:00）免费。该公园的北侧面对着新古典主义风格的总督府**Raj Nivas**（Rangapillai St）。在**甘地纪念碑**（Gandhi Memorial; Goubert Ave）处回到海滨，向南经过圣母大教堂（见1054页），然后缓步向南穿过有"白城"之称的Dumas St、Romain Rolland St、Suffren St 和Labourdonnais St。在Dumas St的南端，走进美丽的**法国远东学校**（École Française d'Extrême-Orient; www.efeo.fr; 16~19 Dumas St; ☉周一至周五8:30~12:30和14:30~17:30）免费。

该区域正在开展许多修复工程：如果你对本地治里的建筑遗产感兴趣，不妨看看**INTACH Pondicherry**（www.intachpondicherry.org）。旅游办事处（见1058页）也在网站上介绍了步行参观历史遗产的详细信息。

🏃 活动

Sita   文化项目

（☎0413-4200718; www.pondicherry-arts.com; 22 Candappa Moudaliar St; 课程₹300~1200; ☉9:00~13:00和15:00~19:30）这个充满活力的法国—印度文化中心组织各种活动（甚至包括单次课程）：印度烹饪、泰米尔古典舞蹈或宝莱坞舞蹈、制作kolam、mehndi（海娜"文身"）、瑜伽、普拉提、阿育吠陀和"纱丽"工作室，此外还有很棒的骑行和摄影团队游。

本地治里的教堂

本地治里是全印度大教堂最多的地方之一。这要感谢法国传教士。**圣母无原罪教堂**(Our Lady of the Immaculate Conception Cathedral, Mission St; ⏰7:00至正午和15:00~20:30)于1791年建成,是一座典型的耶稣会大教堂,呈天蓝色、明黄色和云白色,属于葡萄牙果阿邦风格。棕色相间的**圣心教堂**(Sacred Heart Basilica; Subbayah Salai; ⏰5:30~13:00和18:00~20:00)雄伟壮观,有着经过修复的十分绚丽的彩色玻璃和哥特式建筑的结构比例。**圣母大教堂**(Notre Dame des Anges; Dumas St; ⏰6:00~10:00和16:00~19:00)建于19世纪50年代,它的双塔以及呈柔和的粉色和奶油色的穹顶在傍晚的光线下显得庄严肃穆。教堂内部的石灰石非常光滑,这是在灰泥里掺了蛋壳的缘故;教堂对面的广场上有一座圣女贞德的雕像。

Kallialay Surf School 冲浪

(☎9442992874; www.surfschoolindia.com; Serenity Beach, Tandriankuppam; 1小时私人课程 ₹1500, 冲浪板租赁 每90分钟 ₹400~600; ⏰时间不定)在泰米尔纳德邦沿海,冲浪的人气持续高涨。这家西班牙人经营的冲浪学校已经开了很长时间,它位于本地治里以北5公里处,设备优良,开设了各种水平的课程,从初学者课程到为期两周的集中培训都有。

Pondy Nautic 乘船

(☎8220125027; www.pondynautic.com; Thengaithittu; 每人 ₹900起; ⏰9:00~13:00和15:00~19:30)时长1小时的快艇之旅带你在孟加拉湾的海面上驰骋,还可以让你在绝对开阔的海水中游泳30分钟,这样的机会独一无二;还有进入回水水域的乘船团队游。可通过Sita提前订票。

瑜伽和阿育吠陀

你可以在师利·奥罗宾多静修地(见1051页)和奥罗维尔练习和学习瑜伽。Sita提供瑜伽、阿育吠陀按摩和实施阿育吠陀的课程。

国际瑜伽教育和研究中心 瑜伽

(International Centre for Yoga Education & Research; Ananda Ashram; ☎0413-2622902; www.icyer.com; 16A Mettu St, Chinnamudaliarchavady, Kottukuppam; ⏰10:00~14:00)6个月的高强度瑜伽教师培训课程和一共10节课的一对一入门课程(₹8000),还有一家**市中心分校**(☎0413-2241561; 25 II Cross, Iyyanar Nagar; ⏰9:00~18:00)。

👉 团队游

探索本地治里的一种美妙的方式是,参加Sita(见1053页)人气很高的清晨自行车团队游Wake Up Pondy,有导游带领(每人 ₹1200),团费含早餐。

Shanti Travel(见1058页)组织步行游览(每人 ₹500)本地治里的活动,有英语或法语导游,备受游客推崇。

✱ 节日和活动

国际瑜伽节 瑜伽
(International Yoga Festival; ⏰1月4~7日)本地治里的修行和瑜伽文化将通过研讨会、示范以及比赛,吸引来自印度国内外的专家。

巴士底日 游行
(Bastille Day; ⏰7月14日)街头游行、烟花和法国仪式是这一庆典娱乐活动的组成部分。

🛏 住宿

如果你一直在存钱,打算挥霍一把,那么这里就是你要找的地方:本地治里的住宿条件在南印度数一数二。当地历史悠久的住宅将殖民地时期的浪漫主义、现代生活的舒适以及法式时尚风情完美地结合在一起,而且还有一些住宅被翻新得十分漂亮。如果是在欧洲,这样条件的房间的价格会是这里的五倍。周末提前订票。

师利·奥罗宾多静修地(见1051页)经营着几家简单、整洁的客栈。这些房间主要是为前来修行的人准备的,但许多客栈也接受愿意遵守这里规章制度(22:30后实行宵禁,不得吸烟、喝酒或吸毒)的客人。只有部分接受预订。修行处的Bureau Central(见1051页)有一个清单。

Park Guest House 修行客栈 $

(☎0413-2233644; parkgh@sriaurobindoashram.org; 1 Goubert Ave; 房间 不带/带空调 ₹900/1400; ❄)这一客栈位于海滨,位置极佳,拥有周边区域最实惠的空调客房,是本地治里最受欢迎的修行客栈,但不接受预订。所有面前的房间都面对大海,配有一个门廊或阳台。有一个用于瑜伽或冥想的花园,还提供素食自助午餐(₹125),可租赁自行车(₹50)。

International Guest House 修行客栈 $

(INGH; ☎0413-2336699; ingh@aurosociety.org; 47 NSC Bose St; 标单 ₹450, 双 ₹550~700, 带空调 标单 ₹750, 双 ₹1300~1630; ❄)这里的房间不多,但是都一尘不染,装饰着"母亲"的单人照,是很实惠的修行住宿场所。它的人气很高:需提前3周预订。

Kailash Guest House 客栈 $

(☎0413-2224485; kailashguesthouse.in; 43 Vysial St; 标单/双 ₹1000/1200, 带空调 ₹1500; ❄)非常实惠,房间简单,超级干净,还有防蚊效果极好的窗户和态度友好的管理,从顶楼能够俯瞰美丽的城市风景。它充分考虑到了旅客的需求,有酒吧间风格的公共区域,还有干衣设施和一间咖啡馆兼酒吧。

★ Les Hibiscus 客栈 $$

(☎9442066763, 0413-2227480; www.leshibiscus.in; 49 Suffren St; 标单/双 含早餐 ₹2725/2940; ❄@ 🛜)作为我们最喜爱的泰米尔纳德邦酒店的有力竞争者,柠檬黄色的Les Hibiscus只有几间一尘不染的挑高房间,配有古董床和咖啡机,以古色古香的印度艺术品和本地治里的老照片作为装饰,价格实惠得令人吃惊。整个客栈显得很有品位,新鲜的早餐很棒,管理人员非常友好、乐于助人。尽量预订。

Gratitude 客栈 $$

(☎0413-2225029; www.gratitudeheritage.in; 52 Romain Rolland St; 含早餐标单 ₹4200~6500, 双 ₹5000~7800; ❄🛜)这座建于19世纪的住宅非常安静(没有脚步声,没有电视,没有儿童),经过精心修缮后,金黄色的Gratitude甚至比从前更加宜人。9间风格各异的房间分布在两层楼里,围绕着一个绿树成荫的庭院,早餐在庭院旁边供应。还有一个用于瑜伽和按摩的屋顶露台。

Hotel de Pondichéry 历史酒店 $$

(☎0413-2227409; www.hoteldepondicherry.com; 38 Dumas St; 含早餐 标单 ₹2500, 双 ₹3000~5000; ❄🛜)这是一家五彩缤纷的作为历史文化遗址的酒店,有14个舒适、安静、通风良好的殖民地风格房间(部分客房配备的是半开放浴室),还点缀着一些原创现代艺术品。酒店内部的餐厅Le Club(见1057页)很棒,位于魅力十足的前院,员工令人愉悦。

Nila Home Stay 客栈 $$

(☎9994653006; www.nilahomestay.com; 18 Labourdonnais St; 房间 ₹1300~1800, 带空调 ₹2000~3000; ❄🛜)这家位于法国区的客栈被维护得非常好,虽然陈设简单但是很有个性。主人很热情,提供一系列清爽、多彩且颇具历史风情的房间(部分带厨房和/或露台),还有便利的公共厨房和一处低调的休息区。

Coloniale Heritage Guest House 客栈 $$

(☎0413-2224720; colonialeheritage.com; 54 Romain Rolland St; 房间 含早餐 ₹2900~3500; ❄🛜)这个郁郁葱葱的殖民时代天堂有6间个性十足的舒适客房(部分房间需要沿着陡峭的楼梯走到楼上),这要归功于主人收藏的令人难忘的镶满宝石的坦焦尔绘画、拉维·瓦尔玛(Ravi Varma)平版印刷品以及其他19世纪末20世纪初的南印度艺术品。有个房间里有秋千,另一个房间有自己的阳台。客人可以在花园旁边的下沉露台享用早餐。

★ Villa Shanti 历史酒店 $$$

(☎0413-4200028; www.lavillashanti.com; 14 Suffren St; 房间 含早餐 ₹7960~12,500; ❄🛜)这栋百年建筑得到了两位法国建筑师的翻修,让法国区的历史酒店呈现出了一抹精致的当代风情。美丽的现代房间结合了超时髦的设计和泰米尔人的典型材料以及殖民风格的优雅风情:四柱床、切提纳度(Chettinadu)的瓷砖、宽敞的浴室、泰米尔语壁画。下沉庭院里有一家人气极旺的餐厅(见1057页)和一个酒吧。

老板还在后面开了一家超级时髦的高端

酒店La Villa（☎0413-2338555；www.lavillapondicherry.com；11 Surcouf St；房间 含早餐 ₹15,960~19,380；❋⊛❄）。

Villa Helena　　　　　历史酒店 $$$

（☎0413-2226789；www.villa-helena-pondicherry.com；13 Rue Bussy；含早餐 标单 ₹4000，双 ₹5500~7000；❋⊛）一次时髦的翻修为这座法国人经营的始建于19世纪的华丽宅邸注入了当代特色。廊台上点缀着植物，房间翻新得十分清爽，色调柔和，呈现出极具品位的极简主义风格，有带条纹的床品、印花垫子、复古家具和有格调的现代浴室。浪漫的庭院餐厅（☎0413-4210806；主菜 ₹350~520；⏰正午至15:00和19:00~22:30）供应美妙的欧陆风味。

Dune Mansion Calvé　　　历史酒店 $$$

（☎0413-2656351；http://dunewellnessgroup.com；44 Vysial St；房间 含早餐 ₹6870~8180；❋⊛）🌿老泰米尔区的宅邸几乎与法国区的一样多，但大多数游客都不知情。由注重环保的管理团队翻修之后，这栋位于一条安静林荫街中、拥有150年历史的老建筑被赋予强烈的空间感，这里有带柚木柱子的中庭、切提纳德瓷砖地板，以及10间优雅时尚的房间，客房配备了独立式浴缸和太阳能热水系统。

Palais de Mahé　　　　历史酒店 $$$

（☎0413-2345611；www.cghearth.com；4 Rue Bussy；房间 含早餐 ₹14,500~18,100；❋⊛❄）这座高耸的历史酒店有三层楼，每层楼都有廊柱，矗立在一个诱人的青绿色泳池前。挑高房间非常豪华，有殖民地风格的木家具和涂了清漆的混凝土地板。一流的屋顶餐厅（☎0413-2345611；www.cghearth.com；4 Rue Bussy；主菜 ₹300~600；⏰7:30~10:30，12:30~15:00 和 19:00~23:00）供应令人难忘的创意菜，包括现点现做的早餐。5月至9月非常实惠，价格会优惠30%。

Maison Perumal　　　　历史酒店 $$$

（☎0413-2227519；www.cghearth.com；44 Perumal Koil St；房间 含早餐 ₹8360~10,450；❋⊛）这栋有着130年历史的宅邸经过了翻新，藏身于本地治里游客较少的泰米尔区（Tamil Quarter）。僻静的房间环绕着两个有柱子的露台，房间里有色彩缤纷的装饰、古董床和最初主人的照片。很棒的泰米尔/法国风味餐厅（晚餐 ₹1200，午餐主菜 ₹350~550；⏰12:30~15:00和19:30~21:30）使用市场的新鲜食材，现点现做。房费在5月至9月优惠30%。客人可以使用姊妹酒店Palais de Mahé的游泳池。

🍴 就餐

本地治里是泰米尔纳德邦的美食天堂。你可以吃到很棒的南印度菜肴、经过精心烹制的法国和意大利美食，还有美味的创意菜。如果你一直馋奶酪或者渴望羊角面包，那你的运气真不错。在法国区，随处都能买到香气四溢的煮咖啡和可丽饼。这里还有一些充满艺术气质的咖啡馆。

Surguru　　　　　　　南印度菜 $

（☎0413-4308083；www.hotelsurguru.com；235 Mission St；主菜 ₹65~140；⏰7:00~22:40）在相对豪华的环境中供应简单的南印度菜肴。如果你对塔利套餐（仅午餐时间）和薄饼上了瘾，还喜欢在冷气十足的地方享用素食，来这里就对了。更精致一些的Surguru Spot分店（☎0413-4308084；12 Nehru St；主菜 ₹60~140；⏰6:30~23:00）位于修行地附近。

Baker Street　　　　　咖啡馆

（123 Rue Bussy；菜肴 ₹40~200；⏰7:00~21:00；⊛）一家人气很高的法式面包坊，制作惹人喜爱的蛋糕、羊角面包和饼干。法棍面包、布朗尼蛋糕和乳蛋饼也不错。堂食或外带均可。

Indian Coffee House　　南印度菜 $

（125 Nehru St；菜肴 ₹30~55；⏰6:30~21:30）在本地治里的这家老店尽情享用便宜的南印度人气美食吧——薄饼、vada、uttapam和售价仅₹20的滴滤咖啡。顺便提一句，这里也是扬·马特尔（Yann Martel）开始写作小说《少年Pi的奇幻漂流》（*Life of Pi*）的地方。

Nilgiri's　　　　　　　超市

（23 Rangapillai St；⏰9:30~21:00）货品齐全，位置居中，还有空调，可以买杂货和洗漱用具。

★ Domus　　　　　　咖啡馆、欧陆风味 $$

（☎0413-4210807；www.facebook.com/

domus-pondicherry-708267965970400；59 Suffren St；菜肴₹210~350；⊙10:00~19:00；⊙）这是一家气氛悠闲、注重健康的全素食咖啡馆，位置隐蔽，藏身于一家设计工作室的茂盛花园里，陈旧的绿松石柱子和红色墙壁形成了美丽的对比。尝尝营养全面而均衡的牛奶什锦早餐，用一系列精选面包、填料和调味品自己制作三明治，或者尝试创意十足的欧式沙拉"塔利套餐"——按照传统风格盛放在不锈钢盘子里。还有美味的浓缩咖啡、奶昔和果汁。

★ La Pasta World　　　　　意大利菜 $$

（☎9994670282；www.facebook.com/lapastaworld；55 Vysial St；主菜₹295~355；⊙周四至周六 10:00~14:00和17:00~22:00，周日至周三 17:00~22:00）这个位于泰米尔区的小餐馆是意大利面爱好者的朝圣之地，只有几张铺着方格桌布的桌子。开放式布局的厨房几乎和用餐区一样大，一位真正的意大利人在这里制作她的独创美味酱汁，烹制完美的意大利面。不卖酒：一切都在于食物。

Café des Arts　　　　　咖啡馆 $$

（www.facebook.com/café-des-arts-155637583166；10 Suffren St；菜肴₹150~260；⊙周三至周一 8:30~19:00；⊙）这间波希米亚风的咖啡馆就算是在欧洲看起来也毫不违和，但这里是本地治里，所以花园里停着一辆机动三轮车。菜肴简单清爽，既有脆脆的沙拉，也有可丽饼、法棍面包、煎蛋卷和吐司。咖啡和新鲜果汁都很棒。老式联排别墅的环境很可爱，低矮的桌子和休闲椅一直摆放到一家古董精品店前面。

Kasha Ki Aasha　　　　　咖啡馆 $$

（www.kkapondy.com；23 Surcouf St；主菜₹150~250；⊙周四至周二 10:00~20:00；⊙）这座建于殖民地时期的住宅如今已被改造成了工艺品商店和咖啡馆，一支友好的全女性团队在它的茅草屋顶上供应很棒的薄煎饼、早餐、午餐和蛋糕，而创意菜包括"欧式塔利套餐"和"印度肉馅玉米卷饼"（Indian enchiladas）。楼下轻薄的纺织品和皮凉鞋是从制作者那里直接进货的。周六晚上这里有现场音乐演出。

Le Café　　　　　咖啡馆 $$

（☎0413-2334949；Goubert Ave；菜肴₹80~240；⊙24小时）这是本地治里唯一的海滨咖啡馆，擅长制作羊角面包、蛋糕、沙拉、法棍面包、早餐和有机南印度咖啡（冰的或热的），此外还有从孟加拉湾吹来的凉爽清风。它很受欢迎，所以你常常需要等位或者和别人拼桌。不过最重要的也是位置，不是吗？

★ Villa Shanti　　　　　欧陆风味、印度菜 $$$

（☎0413-4200028；www.lavillashanti.com；14 Suffren St；主菜₹225~495；⊙12:30~14:30和19:00~22:30）这家挤满了人的酒店餐厅是本地治里最热门的餐饮地点，色彩缤纷的鸡尾酒吧附带一个有柱子的庭院，庭院里点缀着芭蕉树，摆放着被烛光点亮的漂亮餐桌，创造出一种悠闲又高雅的气氛。建筑的当代法国–印度风情呼应了菜单上的北印度和欧洲风味。虽然菜量较小，但口味精致，还有几道充满创意的严格素食。不接受19:30之后的预订。

Le Club　　　　　欧陆风味、印度菜 $$$

（☎0413-2227409；www.leclubraj.com；38 Dumas St；主菜₹200~530；⊙11:45~15:00和18:00~22:00）在这家浪漫的烛光花园餐厅里，牛排（配有蓝纹奶酪或蛋黄酱调味汁）、比萨、意大利面和可丽饼都是最好的。令人垂涎欲滴的本地特色菜包括克里奥尔咖喱对虾（creole prawn curry）、蔬菜印度奶酪烤串（veg-paneer kebab）和马拉巴尔风味鱼（Malabar-style fish）。此外，还有许多葡萄酒、莫吉托鸡尾酒和玛格丽特鸡尾酒供客人佐餐。

🍷 饮品和夜生活

虽然本地治里是泰米尔纳德邦喝啤酒的最佳地点之一，但店铺强制性地在23:00打烊。尽管酒精税不高，但你其实只能在"酒类专卖店"和它们附属的昏暗酒吧里找到便宜的啤酒。酒店的餐厅和酒吧是很好的饮酒地点。

L' e-Space　　　　　酒吧

（2 Labourdonnais St；鸡尾酒₹200，菜肴₹150~300；⊙17:00~23:30）这家古怪的半露天屋顶酒吧/咖啡馆友好悠闲，社交气氛浓厚，还调制很不错的鸡尾酒（如果酒保没有玩消失的话）。

🛍 购物

由于很多瑜伽潮人都聚集在这里,本地治里产生了许多融合了时尚风格与印度集市风格的时装和纪念品商店。有些商品美丽而独特,很多都产自师利·奥罗宾多静修地或奥罗维尔。Nehru St和MG Rd是购物的热门地点;法国区有许多精品店。

★ Kalki
时装和饰品

(www.maroma.com; 134 Mission St; ◷10:00~20:30) 出售如宝石般绚烂的丝绸和纯棉时装以及饰品、熏香、精油、香薰蜡烛、手工纸制小饰品等,它们大多数都是在奥罗维尔制造的,那里还有一家分店(游客中心; ◷9:30~18:00)。

Anokhi
时装和饰品

(www.anokhi.com; 1 Caserne St; ◷10:00~19:30) 这是一家诞生于斋浦尔(Jaipur)的高级精品店,刻版印花服装美丽醒目,带有传统和现代相结合的风格,很受欢迎。这里还有绚烂多彩的床罩、桌布、围巾、手提包、家庭用品和饰品等。

Auroshikha
熏香

(www.auroshikha.com; 28 Marine St; ◷周二至周日 9:00~13:00 和15:00~19:00) 繁杂多样的熏香、香薰蜡烛、精油和其他带香味的小饰品,全都产自师利·奥罗宾多静修地。

Fabindia
服装、纺织品

(www.fabindia.com; 223 Mission St; ◷10:30~20:30) ✈自1960年以来一直生意兴隆,Fabindia连锁店供应优质手工产品,它们都是村民用传统工艺制作而成的。Fabindia推行公平贸易的原则,并促进农村地区的就业。这家分店出售漂亮的纯棉和丝绸质地的当代印度服装,还有优质织物、桌布、美容产品和家具。

La Boutique d'Auroville
工艺品

(www.auroville.com; 38 Nehru St; ◷周一至周六 9:30~20:00) 这家店非常适合让你前来一览奥罗维尔制造的各种工艺品:珠宝、陶瓷、服装、披肩、手工明信片和香草化妆品。

LivingArt Lifestyles
时装和饰品

(www.facebook.com/livingartlifestyles; 14 Rue Bazar St Laurent; ◷周二至周六 10:00~14:00 和15:00~20:00) 出售波希米亚风的刻版印花长裙、短裙、长裤和紧身短上衣,几何花纹有趣而时尚(都是在奥罗维尔手工制造的),还有来自印度各地的美丽的纱丽。

Focus
书籍

(204 Mission St; ◷周一至周六 9:30~13:30 和15:30~21:00) 这里出售各种与印度有关的图书及其他英文书籍(包括Lonely Planet指南)。

ℹ 实用信息

Bharathi St和MG Rd之间的Rue Bussy有多家诊所和药房。

新医疗中心 (New Medical Centre; ☎0413-2225287; www.nmcpondy.com; 470 MG Rd; ◷24小时) 备受推崇的私家诊所和医院。

Shanti Travel (☎0413-4210401; www.shantitravel.com; 44 Vysial St; ◷10:00~18:00) 一家专业旅行社,提供徒步游团队游、一日游和金奈机场接机服务。

旅游办事处 (Tourist Office; ☎0413-2339497; www.pondytourism.in; 40 Goubert Ave; ◷10:00~17:00)

ℹ 到达和离开

飞机

本地治里的机场位于市中心西北方向6公里处,有飞往班加罗尔和海得拉巴的航班。

长途汽车

长途汽车站 (Maraimalai Adigal Salai) 位于法国区以西2公里处。还有长途汽车从本地治里以西38公里的Villupuram (₹20, 1小时,每15分钟) 出发。私营长途汽车公司运营多数夜班车,开往各个目的地,并在长途汽车站西侧的Maraimalai Adigal Salai设有办公室。**Parveen Travels** (☎0413-2201919; www.parveentravels.com; 288 Maraimalai Adigal Salai; ◷24小时) 运营一班23:00前往科代卡那 (Kodaikanal; ₹600; 8小时) 的半卧铺客车。

出租车

乘坐出租车抵离金奈机场的费用是₹4000。

火车

本地治里火车站只有少数几班列车。每天有

两班列车开往金奈的Egmore火车站，没有预留座位（₹45～90；4～5小时）。在Villupuram换乘，那里有更多列车。本地治里车站有一个联网的售票处，出售开往印度全境各地的车票。

❶ 当地交通

本地治里街道平坦，很适合步行。有许多机动三轮车，但司机通常拒绝打表。从汽车站到法国区需要₹60。

租自行车或摩托车是探索本地治里和奥罗维尔的好方式。Nehru St和Chetty St之间的Mission St的北端有**租车处**（Mission St；每天 自行车 ₹75，小型摩托车或摩托车 ₹250～400）。

奥罗维尔（Auroville）

☏0413 / 人口2570

理想主义者一定会喜欢奥罗维尔：这个号称"黎明之城"的地方是一个国际社区，致力于和平、可持续性和"神识"，来自世界各地的人们不论宗教、肤色和国籍，共同努力建设一个具有整体性的、无现金、没有宗教的小镇。

外界对奥罗维尔居民的看法褒贬不一，有的赞同，有的则认为他们是自我放纵逃避现实。设想一下，这片泰米尔的乡间地区零星地分布着100多个乡村小社区，2500多名居民来自52个国家。近60%的奥罗维尔人都是外国人；大部分新成员需要的资金比多数印度人可能拥有的还多。但一股易于被觉察到的能量在驱使着这个地方运转，来这里一次，你就会感受到这种积极的氛围。

奥罗维尔位于本地治里西北方向约12公里处，是1968年由本地治里师利·奥罗宾多静修地的联合创始人"母亲"创立的。奥罗维尔经营各种项目，从学校和IT到有机农场、可再生能源和手工艺品制作，雇用了4000～5000名本地村民。

Auroville website（www.auroville.org）可以为你提供各方面的信息。

👁 景点和活动

奥罗维尔并不以旅游为主业——大部分居民都忙着过自己的日子。尽管如此，这里还是有一个很好的**游客中心**（☏0413-2622239；www.facebook.com/aurovillevisitorscentre；◎9:30～13:00和13:30～17:00），里面有咨询台，举办各种展览，出售奥罗维尔的产品。你可以在这里购买一份手册和地图（₹20），然后观看一段10分钟的录像。在这里领取免费通行证，然后穿过树林走1公里，可以从外面观看奥罗维尔的"灵魂"——马特里曼蒂尔庙。

游客可以免费游览奥罗维尔占地10平方公里的道路和小路网络。自奥罗维尔创立以来，这里种植了两百万棵树木，是个迷人的阴凉之地。

如果你很想了解奥罗维尔，官方建议至少停留10天，参加入门和适应项目。想要真正明白这个地方，你需要以志愿者的身份在这里待上6～12个月。**奥罗维尔接待服务**（Auroville Guest Service；☏0413-2622675；guestservice@auroville.org.in；Solar Kitchen Bldg，游客中心以东2公里；◎周一至周五 9:30～12:30和13:00～16:00，周六 9:30～12:30）可以为游客提供参与项目的建议。

马特里曼蒂尔庙   知名建筑

（Matrimandir；游客中心以东1公里；◎需通行证 周一至周六 9:45～13:00和13:30～16:30，周日 9:45～22:30）**免费** 巨大的马特里曼蒂尔庙（奥罗维尔的视觉焦点）呈金色，近似球形，常被人比作放在一层荷花花瓣上的高尔夫球。它简单、宏大的外形和周围纯净的绿地的确能唤起它所代表的"神圣觉知"。球体内部的主房间铺着白色大理石，一块巨大的球形水晶玻璃使空间沐浴在日光之下。马特里曼蒂尔庙是供人们凝神静思的地方。

在花园里观看了它的外表之后，如果你想进去冥想，必须提前1～4天在**马特里曼蒂尔庙访问办公室**（Matrimandir Access Office；☏0413-2622239，0413-2622204；mmconcentration@auroville.org.in；游客中心；◎周三至周一 10:00～11:00和14:00～15:00）预约。

🛏 住宿

奥罗维尔有超过80家客栈和家庭寄宿，档次和价格差异巨大，从₹250的宿舍床位到₹5400的带泳池的两人村舍，应有尽有。**旅客住宿服务**（Guest Accommodation Service；☏0413-2622704；www.aurovilleguesthouses.org；

游客中心；◎9:30~12:30和14:00~17:00）可提供建议，但预订则需直接联系各个客栈。如果要在旺季（8月、9月及12月至次年3月）来这里，应该提前3~4个月预订房间。

❶ 到达和离开

从East Coast Rd通向奥罗维尔的主岔路口在Periyar Mudaliarchavadi村，位于本地治里以北6公里处。从该村向西6公里即可到达游客中心。

从本地治里乘坐机动三轮车前往，单程费用是₹270。或者你也可以从本地治里的Ambour Salai乘坐一辆向北开的Kottukuppam长途汽车，在奥罗维尔岔路（₹27；每10分钟1班）下车，然后再乘坐机动三轮车（₹150）。有直达长途汽车（₹10）从本地治里长途汽车站开往奥罗维尔游客中心，发车时间是7:30、13:45和16:30，返回时间是8:15、14:20和17:15。

或者也可以在本地治里Mission St北端的租车处租一辆自行车或摩托车。

泰米尔纳德邦中部

吉登伯勒姆（Chidambaram）

📞 04144 / 人口 62,150

到吉登伯勒姆来只有一个目的：看看雄伟的娜塔罗伽神庙建筑群（Nataraja），这里供奉着作为宇宙舞者的湿婆。这是最值得推崇的湿婆神庙之一，同时也代表了达罗毗荼建筑的最高成就。从本地治里出发到这里一日游很轻松，也可以在本地治里和特兰奎巴（Tranquebar）或贡伯戈讷姆（Kumbakonam）之间往来时顺路游览这里。

大部分住宿地都集中在寺庙或长途汽车站（寺庙东南500米处）附近。再向东南方走1公里就是火车站。

◉ 景点

★ 娜塔罗伽神庙
印度教寺庙

（Nataraja Temple; East Car St; ◎内院 6:00至正午和16:30~22:00）根据传说，湿婆和卡莉（Kali）比赛跳舞，由毗湿奴做裁判。湿婆扔下一个耳环，然后用脚拾起，卡莉无法模仿这个动作，于是湿婆赢得了娜塔罗伽（舞王）的桂冠。这座雄伟的神庙敬拜的正是舞王湿婆，信徒们源源不断地来此朝圣。神庙建于朱罗时期（吉登伯勒姆是朱罗王朝的都城），而主神坛的建筑年代至少可以追溯到6世纪。

这座神庙占地22公顷，有高高的围墙，4座建于12世纪的高耸塔门由达罗毗荼石材和灰泥筑成，其风格给人一种不太协调的感觉。东边的楼台（最古老）是正门，它的通道内雕刻着泰米尔传统舞蹈的108个姿势。进入塔门，在你的右侧是由1000根柱子支撑、装饰着大象雕刻的建于12世纪的Raja Sabha（国王大厅；只在节日期间开放）和巨大的水池Sivaganga。

从东门进入神庙的中心区域（禁止拍照）。在中心区的南部（入口的左侧）坐落着13世纪落成的Nritta Sabha（舞厅），其形状像一辆战车，有56根雕刻精美的柱子。有人说这里就是湿婆与卡莉比赛跳舞并取胜的地方。

从Nritta Sabha北边的一扇门进入内院，这里是大部分仪式举行的地方。你的正前方是形似木屋的有金顶的Kanaka Sabha和Chit Sabha（智慧殿堂）。后者是最内部的圣殿，供奉着神庙的中心铜像娜塔罗伽——宇宙的舞者湿婆，其姿态寓意着他完成了一个创造周期，开始另一个循环，并统一所有对立面。湿婆的隐身形态"空间"也在这里受到敬拜。

在礼拜（puja）的时候，信徒们聚集在这

从吉登伯勒姆出发的长途汽车

目的地	票价（₹）	行程（小时）	发车频率
金奈	140	6	每10分钟1班
贡伯戈讷姆	42	3	每30分钟1班
本地治里	75	2	每10分钟1班
坦贾武尔	60	3~4	每30分钟1班
特兰奎巴	75	2~3	每30分钟1班

值得一游

宁静的特兰奎巴（TRANQUEBAR，THARANGAMBADI）

在吉登伯勒姆的南部，高韦里河（Cauvery River）支流纵横的三角洲沿海岸绵延180公里，深入内陆。高韦里河是泰米尔农业跳动的心脏，它的河谷曾经是朱罗帝国的中心。今天的三角洲是泰米尔纳德邦最美丽、最贫穷也是最传统的地方之一。

小小的海滨城镇特兰奎巴（Tharangambadi; 仍被叫作Tranquebar）无疑是三角洲上最迷人的基地。这个宁静的前丹麦殖民地坐落在一条长长的沙滩上，伴着零星的渔船和清凉的海风，是远离内陆拥挤城镇之后放松休闲的好地方。丹麦在1845年把它卖给了英国东印度公司。

修建于1792年的Landporten门（Landporten Gate）内是老城区，有许多殖民时代的建筑。自从2004年海啸以来，这里经历了大规模的修复，当地有800人在那场海啸中丧生。INTACH Pondicherry（www.intachpondicherry.org）提供了一张很不错的可下载的地图。桃子颜色的海滨丹麦城堡 **Dansborg**（Parade Ground, King's St；印度人/外国人 ₹5/50, 拍照/录像 ₹30/100；◎周六至周四 10:00~17:45）建于1624年，1801年被英国人占据；如今里面有一座规模虽小但引人入胜的博物馆。其他著名建筑包括建造于1718年的新耶路撒冷教堂（New Jerusalem Church, 又名Tamil Evangelical Lutheran Church; King's St；黎明至黄昏），结合了印度和欧洲风格；教堂里有出生在德国的Bartholomäus Ziegenbalg的墓穴，他是来到南印度的第一个路德宗传教士，并首次将《新约》翻译成泰米尔文。特兰奎巴的邮局（Post Office St；◎周一至周六 8:30~18:00）从1884年起就一直在同一栋散乱的小建筑里，而建于14世纪的海滨寺庙 **Masilamani Nathar Temple**（◎6:00至正午和16:00~20:00, 时间不定）如今被粉刷成缤纷多彩的颜色。

特兰奎巴的大部分住宿地都由面朝大海的 **Bungalow on the Beach**（☏04364-289036; http://neemranahotels.com; 24 King's St; 房间含早餐 ₹6080~10,320; ✳✳）经营。它在17世纪是当时英国行政官员的宅邸，经过了精致的修复，如今在主楼里有17间美丽的传统风格房间，在城里还有另外两处充满历史风情的住处；需要预订。总店有一个不错的餐厅（☏04364-289036; http://neemranahotels.com; 24 King's St；主菜 ₹150~300；◎7:30~9:30, 12:30~14:30, 19:00~21:30），一个梦幻的游泳池和一个美妙的弧形露台。

特兰奎巴有定期抵离吉登伯勒姆（₹75, 2小时, 每小时1班）和Karaikal（₹12, 30分钟, 半小时1班）的长途汽车，非常拥挤。从Karaikal有长途汽车开往贡伯戈讷姆（₹26~34, 2小时, 每2小时1班 4:00~22:15）、坦贾武尔（₹62, 3小时, 每2小时1班 4:00~22:15）和本地治里（₹85, 4小时, 半小时1班 4:15至午夜）。

座环形亭子周围，见证由神庙世袭婆罗门祭司——Dikshithars——主持的仪式。他们会剃掉一些头发，剩下的则留长（从而同时代表湿婆和帕尔瓦蒂）并绑成发髻。

在这两个内殿的南侧是 Govindaraja Shrine，那里有一个斜倚着身子的毗湿奴像。从西边俯瞰水池的 Shivakamasundari Shrine 陈列着9幅赭石色和白色相间的绘制于17世纪的纳亚克（Nayak）天花板壁画。

有祭司会带你参观寺庙，收费 ₹200~300。对泰米尔纳德邦而言很不寻常的是，这座宏伟的寺庙是私人赞助和管理的，所以如果你想为这座雄伟的建筑提供支持，就雇一位祭司做向导吧，这里没有官方向导。

✦ 节日和活动

战车节　　　　　　　　　　　　宗教节日

（Chariot Festivals; ◎6月至7月和12月至次年1月）在吉登伯勒姆的众多节日中，最大的两个节日就是为期各10天的战车节。

那提亚纳利舞蹈节　　　　　　舞蹈节

（Natyanjali Dance Festival; http://natyanjalichidambaram.com; ◎2月至3月）吉登伯勒姆为期5天的舞蹈节将三四百名来自印度各地的传

统舞者吸引到娜塔罗伽神庙里来。

🛏 食宿

许多面向朝圣者的便宜住处都集中在寺庙周围（其中有些条件很差）。附近还有两三家还算体面的中低档酒店（带餐厅）。

Hotel Saradharam　　　　　　　　酒店 $$

（☎04144-221336；www.hotelsaradharam.co.in；19 VGP St；房间 含早餐 ₹1100，带空调 ₹2200；❄@⑨）位于长途汽车站对面，忙碌、友好的Saradharam是最好的。虽然有点儿陈旧和乏味，但足够舒适，可以让你离开市中心的喧嚣，在这里沉静一下。大堂有免费Wi-Fi。酒店有3间餐厅，其中2个供应素菜，而Anupallavi（主菜 ₹150~225；⏰7:00~10:00，正午至15:00和19:00~22:00）则提供多种风味的美味菜肴，有空调。

ℹ 到达和离开

长途汽车

政府经营的长途汽车从**汽车站**（VGP St）出发。汽车站对面的**Universal Travels**（☎044-9842440926；VGP St；⏰9:00~22:00）经营前往金奈（₹500，5小时）的沃尔沃空调客车，发车时间是8:00和16:30。

火车

每天有3班或更多的火车开往蒂鲁吉拉伯利（二等车厢/空调卧铺3类/空调卧铺2类 ₹80/490/695，3.5小时），途经贡伯戈讷姆（₹55/490/695，1.5小时）和坦贾武尔（₹65/490/695，2小时），还有7班火车开往金奈的Egmore火车站（₹105/490/695；5.5小时）。

贡伯戈讷姆（Kumbakonam）

☎0435 / 人口 140,160

第一眼看到贡伯戈讷姆，你会觉得它只不过是印度的又一座混乱的枢纽城市，但是当你注意到许多色彩缤纷的塔门高高耸立在它的18座寺庙上方的时候，就会想起这里曾是中世纪南印度政权的中心。贡伯戈讷姆附近还有另外两座被列为世界遗产的朱罗时期的寺庙（见1063页），这里值得你为之停留，住上一晚。

👁 景点

Nageshwara Temple　　　　　印度教神庙

（Nageswaran Koil St；⏰6:30~12:30和16:00~20:30）这座公元886年由朱罗王朝修建的神庙是贡伯戈讷姆最古老的寺庙，寺内供奉的是作为蛇王的湿婆。每年有3天（3月或4月），阳光会照射在庙中的林迦上。内殿右前方是高台上的蛇王神殿，造型是典型的朱罗王朝风格，仿佛一辆马拉的二轮战车；在它旁边还矗立着几座五彩缤纷的现代大象雕塑。

Sarangapani Temple　　　　　印度教神庙

（Sarangapani Koil Sannadhi St；⏰6:30~12:30和16:00~20:30）Sarangapani是贡伯戈讷姆最大的毗湿奴神庙，东边45米高的塔门是它的正门，底层装饰着舞蹈嵌板。经过寺庙的牛棚[牧牛者克利须那（Krishna）是毗湿奴的形态之一]、另一个塔门和一座带有门柱的大厅后，你便可来到内殿，它建于12世纪朱罗王朝时期，外表呈战车状，有巨大的雕刻大象、马和轮子。内部禁止拍照。

Kumbeshwara Temple　　　　　印度教神庙

（紧邻Kumbeswarar East St；⏰6:30~12:30和16:00~20:30）穿过一座9层高的塔门、一个小市场和一座长长的廊柱大厅（mandapa），就来到了Kumbeshwara Temple——贡伯戈讷姆最大的湿婆神庙。它建于17世纪和18世纪，寺内有一个林迦，据说是湿婆亲手用不老甘露与沙子混合在一起制作的。

Mahamaham Tank　　　　　　宗教场地

（LBS Rd）周围环绕着16座亭子，巨大的Mahamaham Tank是贡伯戈讷姆最神圣的地方之一。据信印度最神圣的河流（包括恒河）的水会流入其中，每12年一次，届时会举行庆典（下一次是2028年）。在水池的北侧，Kashivishvanatha Temple（LBS Rd；⏰6:30~12:30 和 16:00~20:30）有3座有趣的女河神神像，居中的女神代表高韦里河（Cauvery River）。

🛏 食宿

Pandian Hotel　　　　　　　　酒店 $

（☎0435-2430397；52 Sarangapani Koil Sannadhi St；标单/双 ₹350/660，双 带空调

₹990；※）这家酒店给人古板的感觉，但总的来说这家干净的廉价酒店还是物有所值的。

Hotel Raya's 酒店 $$

（☎0435-2423170；www.hotelrayas.com；18 Head Post Office Rd；房间₹1200，带空调₹1560；※）这里服务热情，房间宽敞干净，是城里条件最好的住宿之选。它旗下新开的Hotel Raya's Annexe（☎0435-2423270；19 Head Post Office Rd；房间₹2000；※⊙）拥有最好最明亮的房间，还有一个装饰着壁画的大堂。这家酒店为客人提供方便的出城用车。酒店餐厅Sathars Restaurant（☎0435-2423170；主

不要错过

贡伯戈讷姆附近的朱罗时代寺庙

朱罗文明三大遗迹中有两个坐落在贡伯戈讷姆城外的村庄里：Darasuram村的艾拉瓦德斯瓦拉神庙（Airavatesvara Temple）和康凯康达秋里斯瓦拉姆神庙（Gangaikondacholapuram Temple）。与位于坦贾武尔的同被列入世界遗产名录的布里哈迪斯瓦拉神庙不同，如今前来这两座神庙的信徒（和游客）相对都比较少。无论是其整体的建筑形式（围墙环绕的长方形寺院中心耸立着高高的金字塔形塔门），还是其未上色的石雕的精致细节，这两座寺庙都堪称奇妙。

贡伯戈讷姆长途汽车站（见1064页）有班次频繁的客车开往附近的村庄，你可以在Darasuram下车；开往Gangaikondacholapuram（₹20；1.5小时）的长途汽车每15分钟1班。乘坐机动三轮车从Darasuram返回大约需要₹150。贡伯戈讷姆的Hotel Raya's（见1064页）组织参观两座寺庙的半日游，十分可靠，费用是₹1100（空调车₹1250）。

艾拉瓦德斯瓦拉神庙（Airavatesvara Temple；Darasuram；◎6:00~20:00，内殿6:00~13:00和16:00~20:00）位于贡伯戈讷姆以西3公里处，这座朱罗王朝晚期的湿婆神庙是由Rajaraja二世（1146~1173年）下令修建而成的。Rajagambhira Hall的台阶上雕刻着栩栩如生的大象和马拉战车。这座神庙内108根柱子上雕刻的精细图案各不相同，包括舞者、杂技艺人和集5种动物的躯体于一身的野兽yali（象头、狮身、羊角、猪耳和牛的脊背）。在主殿（两侧立着守卫）内，你可以敬拜中央的林迦，还可以花₹10得到一个小红点（tilak；代表吉祥的额头标记）。

康凯康达秋里斯瓦拉姆神庙（Gangaikondacholapuram Temple；Brihadishwara Temple；Gangaikondacholapuram；◎6:00至正午和16:00~20:00）康凯康达秋里斯瓦拉姆（征服恒河的朱罗之城）位于贡伯戈讷姆以北35公里处，这里的神庙是供奉湿婆的。它是按照Rajendra一世的旨意于公元11世纪修建而成的，当时他在对北印度的战争中取得了胜利，将朱罗的都城从坦贾武尔迁到了这里。这座神庙和早期在坦贾武尔修建的布里哈迪斯瓦拉神庙有许多相似之处。49米高的主塔很漂亮，呈轻微的凹形曲线，与坦贾武尔的布里哈迪斯瓦拉神庙柔和的凸形曲线相呼应。康凯康达秋里斯瓦拉姆神庙也因此被认为是布里哈迪斯瓦拉神庙的"女性配偶"。艺术亮点是主塔表面美丽优雅的雕塑。

一尊巨大的南迪（湿婆的神牛坐骑）雕塑从周围宁静的花园面对着寺庙；一头狮子站在旁边守卫着。塔下的主殿内有一个大林迦，要想近距离参观它则需通过一个长长的、建于17世纪的大厅。主塔表面精美的雕刻包括南边台阶左侧的湿婆化身乞丐Bhikshatana的雕像，阿尔达纳里希瓦拉（Ardhanarishvara；雌雄同体的湿婆像），以及南侧舞王湿婆的雕像；此外还有湿婆与恒河、湿婆从林迦中现身以及毗湿奴与女神拉克希米（Lakshmi）和大地女神Bhudevi的雕像（西侧最南边的3尊雕像）；最后还有湿婆与帕尔瓦蒂在一起（西侧最北边）的雕像。最著名的是北侧台阶旁边的技艺精湛的嵌板，上面刻有湿婆为其追随者Chandesvara戴花环的画面。

Kumbakonam 贡伯戈讷姆

泰米尔纳德邦和金奈 贡伯戈讷姆

Kumbakonam 贡伯戈讷姆

◎ 景点
- 1 Kashivishvanatha Temple C2
- 2 Kumbeshwara Temple A2
- 3 Mahamaham Tank C2
- 4 Nageshwara Temple B1
- 5 Sarangapani Temple B1

🏠 住宿
- 6 Hotel Raya's C2
- 7 Hotel Raya's Annexe C2
- 8 Pandian Hotel B1

🍴 就餐
- 9 Hotel Sri Venkkatramana B1
   Sathars Restaurant .... (见6)

菜 ₹120~240；⊙11:30~23:30）提供美味的素食和非素食菜肴，就餐环境干净。

Mantra Veppathur 度假村 $$$

（☏0435-2462261；www.mantraveppathur.com；536/537 A, 1 Bagavathapuram Main Rd Extension, Srisailapathipuram Village；含早餐 标单 ₹8500~9720，双 ₹9720~10,940；❀🛜🏊）位于贡伯戈讷姆东北方向10公里处，深藏于河畔丛林之中，这里是个远离寺庙城镇喧嚣的美妙休憩之所。舒适的现代古朴风客房带有前门廊和摇椅，有露天淋浴和柚木雕花门；可提供阿育吠陀；有雨水收集系统；餐厅擅长烹饪印度风味菜肴，使用的都是有机农场的食材，而且你可以坐在贴着绿松石地板的室外游廊上用餐。

Hotel Sri Venkkatramana 南印度菜 $

（TSR Big St；塔利套餐 ₹70~110；⊙周一至周六 6:00~22:00）美味的新鲜素食和带空调的大厅，深受当地人欢迎。

❶ 到达和离开

政府经营的长途汽车从汽车站（60 Feet Rd）出发。

每天有13班火车开往坦贾武尔（二等车厢/空调卧铺3类/空调卧铺2类 ₹45/490/695，30分钟至1

从贡伯戈讷姆出发的长途汽车

目的地	票价（₹）	行程（小时）	发车时间
金奈（AC）	300	8	13:50
吉登伯勒姆	50	2.5~3	每30分钟1班
Karaikal	40	2.25	每15分钟1班
坦贾武尔	30	2	每5分钟1班
蒂鲁吉拉伯利	60	4	每5分钟1班

小时),9班火车开往蒂鲁吉拉伯利(₹60/490/695,1.5~2.5小时)。每天有5班火车抵离金奈Egmore车站,包括夜班车Mannai Express(卧铺/空调卧铺3类/空调卧铺2类/空调卧铺1类 ₹210/555/795/1325, 6.5小时),以及日间车Chennai Express/Trichy Express(₹210/555/795/1325; 6~7小时)。

坦贾武尔(坦焦尔)
[Thanjavur(Tanjore)]

☏04362 / 人口 222,940

　　这里孕育了达罗毗荼历史上最辉煌的文明,众多赭石色的建筑地基遗迹便是最好的佐证。朱罗是少数将印度教的影响扩展到印度之外的王朝之一,其审美风格的基本原则从马杜赖一直传播到湄公河。坦贾武尔作为伟大的朱罗王朝鼎盛时期的都城,留下了多得令人眼花缭乱的历史遗产。今天的坦贾武尔是一座拥挤、忙碌、现代化的印度城市——但过去时代的影子仍然随处可见。每天,成千上万的信徒前往朱罗时期雄伟的布里哈迪斯瓦拉神庙敬拜,而这座城市迷宫般的皇家宫殿保留了朱罗王朝之后其他更强大王朝的记忆。

◉ 景点

★ 布里哈迪斯瓦拉神庙　　　印度教寺庙

　　(Brihadishwara Temple; Big Temple St; ⊙6:00~20:30, 中殿 8:30~12:30和16:00~20:30)一天来两次吧:早上,蜂蜜色的花岗岩在黎明晨光中称霸天际;傍晚时分,当岩石映射出五彩暖色之时,红色、橙色、黄色和粉色像是给这座朱罗时代的建筑加冕了皇冠。布里哈迪斯瓦拉神庙已被列入世界遗产名录,由Raja Raja一世(意为"王者之王")建于1003~1010年。寺院外部防御工事被坦贾武尔后来的纳亚克(Nayak)政权和英国统治者沿用。

　　你可以从一扇纳亚克时代的门进入神庙,沿途的两座最初的塔门上有精美的灰泥雕刻。你会在其中一座塔门的下面找到神庙的大象。神庙被围墙环绕,几座神殿分布在院内宽敞的草坪上,其中的一座有印度最大的南迪(湿婆的神牛坐骑)雕塑,面对着神庙的主要建筑。这尊16世纪的纳亚杰杰作是由一整块石料雕刻而成的,长6米,四周有细长的柱子支撑。

　　一座长长的柱廊礼堂一直通向中心神坛(central shrine),在华丽的高达61米的印度方尖庙(vimana;塔)下是4米高的湿婆林迦。礼堂南边的台阶两侧有两尊巨大的dvarapalas(寺庙力士)。印度方尖庙下层的外壁龛里有许多优雅的神像,包括从林迦中现身的湿婆(在南边台阶的旁边),湿婆化身为乞丐Bhikshatana(南边的第一个神像),化身为舞王的湿婆(南墙的西端),西面墙上的Harihara(一半湿婆,一半毗湿奴)以及位于神坛北侧、倚靠着南迪的Ardhanarishvara(湿婆雌雄同体的化身)。众多神像中间的嵌板上刻画了传统舞蹈的姿势。方尖庙上半部分的东侧是马拉地帝国末期的湿婆神龛,有三个拱。

　　院内靠近南墙的地方还有一个解说中心,西墙和北墙脚下的石柱廊内有数百根林迦。西墙和北墙沿线有精致的朱罗王朝抹灰泥壁画,它们在后来的纳亚克时期的壁画下面深埋了许多年。在寺院北侧外部防御工事的内部,是18世纪的新古典主义风格教堂 Schwartz's Church (⊙黎明至黄昏),还有一座公园,里面有Sivaganga tank(₹5, 拍照/录像 ₹10/25; ⊙黄昏至黎明)。

★ 皇家宫殿　　　宫殿

　　(Royal Palace; East Main St; 印度人/外国人 ₹50/200, 拍照 ₹30/100; ⊙9:00~13:00和13:30~17:30, 美术馆 9:00~13:00和15:00~18:00, Saraswati Mahal图书馆博物馆周三关闭)坦贾武尔的皇家宫殿是遗迹与革新、杰出的艺术作品与随意的皇室用品的混合体。迷宫一样的建筑群的一部分是由1535年占领坦贾武尔的纳亚克人修建的,另一部分则是由当地的马拉地王朝修建的,其统治年代为1676~1855年。两处不容错过的区域是Saraswati Mahal图书馆博物馆(Saraswati Mahal Library Museum)和美术馆(Art Gallery)。

　　宫殿内有7处不同的区域对外开放。"联票"包括美术馆和Saraswati Mahal图书馆博物馆,以及Mahratta Dharbar Hall、钟楼和Saarjah Madi;其他部分需要另外买票。大门朝北,紧邻East Main St。沿着这条路向里走你就会走到主售票处,然后是马拉地皇宫(Maratha Palace)建筑群。

　　经过这个售票处后,沿着左侧的一条通

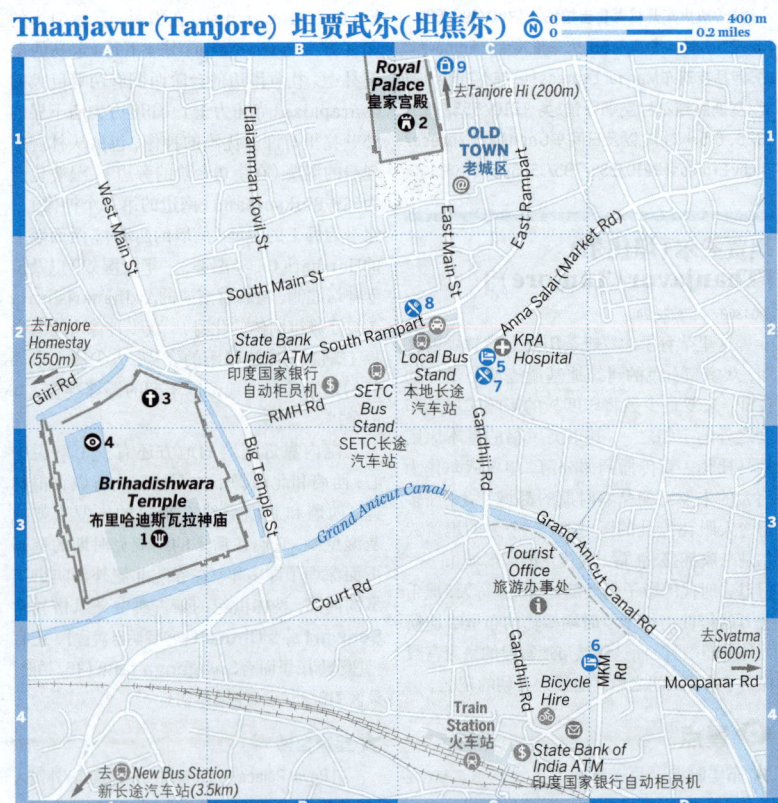

Thanjavur (Tanjore) 坦贾武尔(坦焦尔)

道走，首先映入眼帘的便是皇宫博物馆（Royal Palace Museum；₹2），它规模不大，杂乱地陈列着雕像、武器、象钟和王公的头饰。接下来是Serfoji王公纪念馆（Maharaja Serfoji Memorial Hall；₹4），它是为了纪念开明的马拉地学者国王Serfoji二世（1798~1832年）而修建的，展品更好一些，俯瞰着一个曾经辉煌、如今凌乱破碎的庭院。第三座建筑是Mahratta Dharbar Hall，马拉地的统治者在一座宏伟但破旧的亭子里接见臣民，亭子内装饰着彩色壁画（包括讲台后面统治者的肖像），还有坚固的柱子支撑着圆拱，这些圆拱上装饰着许多神像。

走出通道之后，令人赞叹的Saraswati Mahal图书馆博物馆就在你的左侧，走过一个充满活力的入口就到了。这座博物馆或许是Serfoji二世对后代最大的贡献，它佐证了这位统治者在19世纪对于知识积累的痴迷，以及他所具有的一种对世间万物兼容并蓄的精神：这里有他收集的有关中国酷刑的书籍、描绘印度动植物的奥杜邦风格的绘画、世界地图集、辞典和珍稀的中世纪图书。Serfoji积累了超过65,000册书籍，以及50,000份用印度和欧洲语言书写的棕榈叶纸手稿，但这些大部分不对外展出。每小时一次的视听展示（10:30~16:30）在隔壁的电影放映厅强调了坦贾武尔的景点、历史和传统。

离开图书馆后，左转就来到了美术馆，它坐落在钟楼后面纳亚克皇宫（Nayak Palace）的庭院内，那里陈列者许多精美的藏品，主要是朱罗王朝时期的珍品，包括青铜器和石雕；它的主展厅是建于1600年的纳亚克会客厅（Nayak Durbar Hall），里面有一尊Serfoji二世的雕像。从庭院沿着台阶向上走，经过一座巨大的塔门形状的塔楼，然后会看到一具鲸的骨架，它是在特兰奎巴被冲上岸的。

Thanjavur (Tanjore)
坦贾武尔(坦焦尔)

◎ 重要景点
1 布里哈迪斯瓦拉神庙 A3
2 皇家宫殿 C1

◎ 景点
3 Schwartz's Church A2
4 Sivaganga Tank A3

🛌 住宿
5 Hotel Gnanam C2
6 Hotel Valli D4

🍴 就餐
Diana .... (见5)
Sahana .... (见5)
7 Sri Venkata Lodge C2
8 Vasanta Bhavan C2

🛍 购物
9 Kandiya Heritage C1

经过翻修的Saarjah Madi从East Main Rd看效果最好,因为在那里可以看到漂亮的阳台。

🎊 节日和活动

Thyagaraja Aradhana　　　　音乐节
(⏰1月)这个重要的卡纳蒂克(Carnatic)音乐节在距离坦贾武尔以北13公里的Thiruvaiyaru举办,为期5天,是为了纪念圣人作曲家Thyagaraja而设立的。

🍽 食宿

坦贾武尔有一些平淡无奇的廉价住宿,集中在SETC和当地长途汽车站对面。

Hotel Valli　　　　　　　　　　酒店 $
(☎04362-231584; www.hotelvalli.in; 2948 MKM Rd; 标单/双 ₹610/770, 房间 带空调 ₹1090; ❄)刷着绿色涂料的Valli靠近火车站,房间整洁,物有所值。工作人员态度友好,酒店内有一个极好的餐馆。酒店周围林木葱郁,非常安静,靠近一批油腻的后街作坊和一家酒水店。

Hotel Gnanam　　　　　　　　酒店 $$
(☎03362-278501; www.hotelgnanam.com; Anna Salai; 标单/双 含早餐 ₹2920/3280; ❄🌐)

很显然这是城内最物有所值的酒店,房间舒适、时尚(部分房间有阳台),前台非常有效率,特别适合那些需要更多现代设施的人们,而且地处坦贾武尔市中心。它的两个餐厅Diana(主菜 ₹160~350; ⏰11:00~15:00和18:30~22:30)和Sahana(主菜 ₹120~185; ⏰7:00~23:00)都很不错。需预订。

Tanjore Homestay　　　　　家庭寄宿 $$
(☎9443157667; www.tanjorehomestay.blogspot.in; 64A Giri Rd, Srinivasa Puram; 标单/双 含早餐 ₹1800/2300; @🌐)主人是一对热情的印度情侣,供应美味的家常烹饪餐食。这个低调的家庭寄宿提供4间简约而现代化的客房,里面装饰着艺术品。早餐在漂亮的后花园供应,此外还有一个屋顶露台,以及热水、空调和Wi-Fi。位于坦贾武尔主寺庙以西1.5公里处的一个居民区里,没有路标。

Svatma　　　　　　　　　历史酒店 $$$
(☎04362-273222; www.svatma.in; 4/1116 Blake Higher Secondary School Rd, Maharnonbu Chavadi; 房间 含早餐 ₹12,150~21,870; ❄🌐🏊)这家新开业的豪华住所是精品酒店和历史酒店的华丽结合,优雅、整洁的外表受到了当地传统艺术和工艺品的启发。在其38间房间中,经过翻修的历史配楼中的房间是最具特色的。住在这里可以观赏舞蹈表演,享受水疗,在条件一流的游泳池中戏水。位于坦贾武尔市中心东南方向1.5公里处。

Vasanta Bhavan　　　　　　印度菜 $
(1338 South Rampart; 主菜 ₹70~110; ⏰6:00~22:45)本地公共汽车站对面的几家素菜馆中最繁忙的一家,供应比尔亚尼菜和北印度咖喱,此外还有奶昔、果汁和常见的南印度人气美食。

Sri Venkata Lodge　　　　　南印度菜 $
(Gandhiji Rd; 塔利套餐 ₹60; ⏰6:30~21:00)热情好客,颇受欢迎,位于市中心,供应午后薄饼和很不错的塔利套餐。

Tanjore Hi　　　　　　　　多元风味 $$
(☎04362-252111; www.duneecogroup.com; 464 East Main St; 主菜 ₹230~360; ⏰7:30~10:00, 12:30~14:30和19:30~22:00)🍴这家工业风餐厅位于一家精品酒店的屋顶,在传统

的坦贾武尔可以说是个惊喜。这家餐馆的菜单囊括了世界各国风味，使用新鲜的有机食材进行烹饪，它们都是该酒店在科代卡那（Kodaikanal）的农场种植的。可以在室外露台的餐桌旁用餐，也可选择在有落地窗和空调的餐厅里就餐。

购物

Kandiya Heritage
古董、手工艺品

（634 East Main St；周一至周六 9:30~20:00）坐落在宫殿对面，Kandiya Heritage出售古玩、青铜器仿品、色彩亮丽的木马和玩偶、古老的欧洲陶器和珠宝等。

实用信息

旅游办事处（Tourist Office；04362-230984；Hotel Tamil Nadu, Gandhiji Rd；周一至周五10:00~17:45）这是泰米尔纳德邦的一个办事处，可为游客提供很多帮助。

到达和离开

长途汽车

位于市中心的**SETC长途汽车站**（SETC Bus Stand; RMH Rd）有开往金奈的空调特快汽车（₹265，8小时15分钟），运营时间是早上7点半到中午12点半和晚上8点到11点，每小时1班。去往大多数其他城市的长途汽车从距离市中心西南5公里的新长途汽车站（New Bus Station; Trichy Main Rd）发车。许多抵达的长途汽车在开往新车站之前会让你在市中心下车。还有从新长途汽车站出发开往以下目的地的客车：

吉登伯勒姆 ₹72，4小时，每小时1班
贡伯戈讷姆 ₹29，1.5小时，每5小时1班
马杜赖 ₹90，4小时，每15分钟1班
蒂鲁吉拉伯利 ₹31，1.5小时，每5分钟1班

火车

火车站位于Gandhiji Rd的南端。每天有5班火车开往金奈的Egmore车站（7小时），包括22:45发车的Mannai Express（卧铺/空调卧铺3类/空调卧铺2类/空调卧铺1类 ₹225/605/860/1445）；每天另有8班开往蒂鲁吉拉伯利（二等车厢/空调卧铺3类/空调卧铺2类 ₹45/490/695；1.5小时）的火车和12班开往贡伯戈讷姆（二等车厢/空调卧铺3类/空调卧铺2类 ₹45/490/695；30分钟至1小时15分钟）的火车。两班火车开往马杜赖（二等车厢/空调卧铺3类/空调卧铺2类 ₹160/490/695；4~5小时）。

当地交通

74路公共汽车（₹6）往返于新长途汽车站和市中心的**公共汽车站**（South Rampart）之间；乘坐机动三轮车需要₹120。

蒂鲁吉拉伯利（Tiruchirappalli）

0431 / 人口 847,390

欢迎来到泰米尔纳德邦的地理中心（差不多位于中心地带）。蒂鲁吉拉伯利[又被广泛地称为蒂里奇（Trichy）]不仅仅是一个旅行中转站：这里还有热闹的集市和一些重要的寺庙。它是一座拥挤、繁华的大城市，而它的另一个算不得优势的特色是城里的多数酒店都聚集在庞大的长途汽车站周围。但蒂鲁吉拉伯利鲜明的个性和漫长的历史的确能给人留下深刻的印象。

蒂鲁吉拉伯利在公元前3世纪时可能曾是朱罗王朝早期的都城。它先后经历了帕瓦、中世纪的朱罗、潘地亚（Pandya）、德里苏丹国（Delhi Sultanate）和毗奢耶那伽罗的统治，最终马杜赖的纳亚克（Nayak）人使其声名鹊起，并于17世纪建都于此，还修建了著名的岩堡寺（Rock Fort Temple）。在英国统治时期，它成为重要的铁路枢纽，被称为特利奇诺波利（Trichinopoly）。

蒂鲁吉拉伯利南北距离很长。让游客感兴趣的景点大部分都分布在3个区域。蒂里奇枢纽站地区（Trichy Junction）——或称兵营（Cantonment），在城市的南部，大部分酒店和餐馆以及主要的长途汽车站和火车站都集中在这里；从此向北4公里是岩堡寺和主要的集市区；再向北4公里，高韦里河对面的Srirangam岛是其他重要寺庙的所在地。幸运的是，乘坐公共交通工具可以轻松到达所有这些景点区。

景点

★ 斯里兰甘纳萨斯瓦米寺
印度教寺庙

（Sri Ranganathaswamy Temple；见1069页地图；Srirangam；拍照/录像 ₹50/100；6:00~21:30）斯里兰甘纳萨斯瓦米寺是如此之大，

Trichy (Tiruchirappalli)
蒂里奇(蒂鲁吉拉伯利)

Trichy (Tiruchirappalli)
蒂里奇(蒂鲁吉拉伯利)

◉ 重要景点
1 岩堡寺..B4
2 斯里兰甘纳萨斯瓦米寺........................A1

◉ 景点
3 美术馆..A1
4 Rajagopuram.......................................A1

🛏 住宿
5 Home with a View...............................A2

🍴 就餐
6 Vasanta Bhavan..................................B5

ℹ 实用信息
7 Canara Bank ATM...............................B5
8 ICICI Bank ATM...................................A5
9 印度国家银行自动柜员机....................B5

给人的感觉就像是一座自我封闭的城市,很可能是印度最大的寺庙。它拥有49座独立的毗湿奴神殿。你可以像多数信徒一样,从南边进入内殿,途中需要经过7座塔门:第一座(位于最南边)是Rajagopuram(见1069页地图),是1987年添建的一座新塔门,高73米,是亚洲最高的寺庙塔门之一。非印度教信徒不得通过第6座塔门,所以看不到最里面的圣所,那里供奉的神像描绘了毗湿奴的化身Ranganatha躺在一条五头蛇上的情景。

穿过满是商店、餐厅、摩托车和小汽车的街道后,你便会来到寺庙的第4座塔门。进去之后在你的左手边有一个咨询台,出售屋顶观景台(roof viewpoint;门票₹20)的门票,在这里能够看到整个建筑群的半幅全景。有些向导会试图用天花乱坠的故事说服你雇他,不要理会他们。还是在这里,西南角是美丽的16世纪神龛Venugopal Shrine,装饰着超级精美的纳亚克时代雕刻,刻画的是精心打扮的gopis(挤奶女工)和吹长笛的克利须那(毗湿奴的第八个化身)。

在第五座塔门前右转,你便会来到一座小小的美术馆(Art Museum;见1069页地图;₹5;⏰9:00~13:00和14:00~18:00),馆内陈列着精美的青铜器、过往寺庙大象的象牙和大量精致的17世纪纳亚克象牙小雕像,后者刻画了神、恶魔以及国王和王后(包括性爱场景)。继续向左,经过博物馆,就来到了建于16世纪的廊柱大厅Sesha Mandapa,它的柱子上有描绘毗奢耶那伽罗王朝饲养战马以及毗湿奴10个化身的雕刻,非常细腻精美。而北侧就是千柱大厅(1000-pillared hall),它最近才出土的底部基座上雕刻着舞蹈的人像。

第五座塔门之内是Garuda Mandapa,里面有一个巨大的神龛,供奉的是毗湿奴半人半鹰的坐骑,还有四座引人注目的纳亚克捐赠者的雕像（腰间挂着匕首）。

1路公共汽车抵离中央公共汽车站（Central Bus Station）或Rajagopuram南边的岩堡寺。

Sri Jambukeshwara Temple
印度教寺庙

（Tiruvanakoil, Srirangam; ◐5:00~20:00）在泰米尔纳德邦的五元素湿婆神庙中，Sri Jambukeshwara供奉着湿婆、帕尔瓦蒂和作为介质的水。液体主题在中央神殿得以体现（不对非印度教徒开放），据说那里的湿婆林迦在不停地滴水。建筑群的北部有一个神殿，供奉的是Jambukeshwara的配偶Akilandeswari。

如果你乘坐1路公共汽车，就在Tiruvanakoil下车，该寺庙位于主路以东350米处。

★岩堡寺
印度教寺庙

（Rock Fort Temple; 见1069页地图; NSB Rd; ₹5, 拍照/录像 ₹20; ◐6:00~20:00）岩堡寺坐落在一块83米高的巨大而突出的岩石上，冷冷地俯瞰着蒂鲁吉拉伯利。最初，帕拉瓦人和潘地亚人在这块岩石的南边雕凿小型洞穴寺庙，后来有战争头脑的纳亚克人则看到了它的战略作用，将其作为一个天然的防御工事。爬到顶端需要攀登400多级由石头雕凿而成的台阶。

沿着南边的NSB Rd走，你会经过几家小店并穿过一条街，继而进入寺庙自身的区域，门口有一个放鞋的地方（脱了鞋才能进去）。你会在这里遇到寺庙大象。继续向上攀登180级台阶后便可到达位于左侧的Thayumanaswamy Temple，它是这块岩石上最大的寺庙（非印度教徒不可入内）；一座金顶塔高高耸立在它的圣殿上方。继续向上走，你会经过右手边的建于6世纪的帕拉瓦上石窟寺（upper cave temple; 通常会被栏杆围住，无法入内）；寺内左侧是一块著名的Gangadhara嵌板，上面刻画了湿婆用一缕头发抑制恒河水的场景。从这里再向上爬183级台阶便可登上顶端的小Uchipillaiyar Temple，寺内供奉着甘尼许（Ganesh）。此处视野开阔，雄鹰在下方盘旋，可以将偌大的蒂鲁吉拉伯利的景色一览无余。

回到底部，看看公元8世纪修建于潘地亚时期的下石窟寺（lower rock-cut cave temple），它有特别精美的柱子（离开寺庙区域后右转，经过五六座房子之后再右转，走进一条小巷）。

石头台阶会被正午的阳光晒得灼热，而你需要赤足攀登，所以要算好参观时间。

铁路博物馆
博物馆

（Railway Museum; Bhariyar Salai; 成人/儿童 ₹10/5, 拍照/录像 ₹20/40; ◐周二至周日9:30~17:30）蒂鲁吉拉伯利的铁路博物馆就像是一片令人着迷的丛林，只不过里面不是各种树木，而是废弃的铁路相关设备（电话、钟、仪表盘）、英国时代的铁路建造照片、老铁路线地图（包括印度独立前的一张1935年铁路地图），甚至还有现代的伦敦地铁车票。位于Trichy Junction以东500米处。

🛏 食宿

多数酒店都集中在中央公共汽车站（见1072页）附近，从蒂里奇枢纽火车站向北走不多远即达。岩堡寺区域也有一些选择。

Hotel Abbirami
酒店 $

（见1071页地图; ☎0431-2415001; 10 McDonald's Rd; 房间 ₹770~990, 带空调 ₹1460~2430; ✳）最迷人的是2层和5层经过翻新的房间，室内有浅色的木地板和彩色玻璃嵌板。老房间显得有点儿旧，但仍然保养得很好。这家酒店生意红火，价格实惠，员工热情好客。

Ashby Hotel
酒店 $

（见1071页地图; ☎0431-2460652; 17A Rockins Rd; 标单 ₹630~890, 双 ₹760~950, 带空调 标单 ₹1100~1380, 双 ₹1700~1930; ✳）夹在火车站和中央公共汽车站之间，这家老牌经济型酒店的位置有些糟糕，但这样的价格很是实惠。在橙红色的建筑立面后，普普通通的干净房间环绕着一个露台。

Tranquility
客栈 $$

（☎9443157667; www.tranquilitytrichy.com; Anakkarai, Melur, Srirangam; 标单/双 含早餐 ₹3200/4000; ✳ 🛜）这家古朴别致的客栈很有魅力，坐落在斯里兰甘纳萨斯瓦米寺以西6公里处，周围是漂亮的乡村风景。优雅、简约的房间装饰着赤陶马小塑像、漂亮的垫子、回收再利用的木雕门和定制家具。露台上的秋千椅俯瞰着一片棕榈树林。房费含自行车

和交通中转。知识渊博的老板还可提供一个有茅草屋顶的家庭寄宿房间(见1069页地图;43C Raghavendra Puram, Srirangam;房间 含早餐₹2000;⑨),位置就在寺庙外墙的西南边上。

Ramyas Hotel 酒店 $$

(见1071页地图;☏0431-2414646;www.ramyas.com;13D/2 Williams Rd;含早餐 标单₹2240~3020,双 ₹2670~3630;❄@⑨)舒适的房间以及良好的服务和设施让这家商务酒店非常超值,不过讽刺的是,被称为"商务级"客房的房间其实很小。铺着绿松石的餐厅Meridian(见1071页地图;主菜 ₹130~250;⊙正午至15:30和19:00~23:30)烹制美味的多元风味菜肴,早餐是美味的自助餐,微风习习的屋顶花园餐厅Thendral(见1071页地图;主菜₹130~245;⊙7:00~22:30)也非常棒。

Grand Gardenia 酒店 $$

(☏0431-4045000;www.grandgardenia.com;22-25 Mannarpuram Junction;含早餐 标单₹3020,双 ₹3630~4840;❄⑨)这家企业风格的酒店是蒂里奇枢纽最时尚的住宿选择之一,优雅、现代的房间提供舒适的床铺和玻璃淋浴间。非素餐厅Kannappa(主菜₹100~200;⊙11:30~23:30)供应很棒的切ँनादू食物;屋顶露台有一间多元风味餐厅(主菜₹120~240;⊙7:00~10:30,11:30~15:00和19:00~22:30)。酒店位于蒂里奇枢纽以南1公里处,就在公路边上,不过舒适性和便捷设施抵消了位置的劣势。

Femina Hotel 酒店 $$

(见1071页地图;☏0431-2414501;www.feminahotel.net;109 Williams Rd;含早餐 标单₹1690~4230,双 ₹2240~4840;❄⑨☆)从外表看,巨大的Femin是建于20世纪50年代的建筑,但其内部进行了翻新,某些部分如今非常现代。这里设施齐全,服务人员乐于助人。经过翻修的豪华间舒适而现代;标准间有些陈旧,不过很宽敞;有一个室外泳池,还有一个美食广场和超市。

Sangam Hotel 酒店 $$$

(☏0431-2414700;www.sangamhotels.com;Collector's Office Rd;含早餐 标单₹3950~6990,双 ₹4740~7590,套 ₹11,540~18,230;

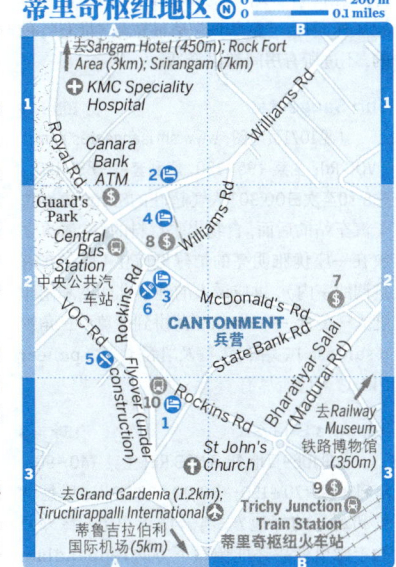

Trichy Junction Area
蒂里奇枢纽地区

🛏 住宿
1 Ashby Hotel A3
2 Femina Hotel A1
3 Hotel Abbirami A2
4 Ramyas Hotel A2

🍽 就餐
Meridian .... (见4)
5 Shri Sangeetas A2
Thendral .... (见4)
6 Vasanta Bhavan A2

ℹ 实用信息
7 印度国家银行自动柜员机 B2
8 印度国家银行自动柜员机 A2
9 印度国家银行自动柜员机 B3

ℹ 交通
Femina Travels .... (见2)
10 Parveen Travels A3
斯里兰卡航空公司 .... (见2)

❄⑨☆)这家酒店内有许多设施良好的房间、穿戴时尚的服务人员和仅住店客人使用的游泳池,Sangam是一个很不错的高端酒店选择。某些部分有些陈旧，但服务和设施都很好，包括一个24小时的咖啡馆、现场酒吧和多元风味餐厅。"豪华间"是最宽敞、最有特色的，不过所有房间都很舒适。

Shri Sangeetas 印度菜 $

（见1071页地图；www.shrisangeetas.com；2 VOC Rd；主菜 ₹95~130，塔利套餐 ₹85~150；◎5:30至次日00:30）人气超旺的Sangeetas位于汽车站的后面，食物出乎意料的好。餐桌摆放在一座优雅明亮的忙碌庭院中（或者在有空调的室内），供应诱人的纯素北印度和南印度人气美食——从idli和薄饼到萨莫萨三角饺（samosa）、塔利套餐及乳酪烧烤（paneer tikka）等应有尽有。

Vasanta Bhavan 印度菜 $

（见1069页地图；3 NSB Rd；主菜 ₹40~90，塔利套餐 ₹70~150；◎8:00~22:00）这里是就餐和观景的好地方，离岩堡寺很近。在外面的走廊里就餐还能俯瞰下方的Teppakulam Tank，也可以坐在有空调的大厅里。这里的北印度素食（例如印度奶酪和烤饼）和南印度菜肴都做得很好。很多人会在午餐时间前来享用美味的塔利套餐。它在兵营（Cantonment）还有一家**分店**（见1071页地图；Rockins Rd；主菜 ₹40~90，塔利套餐 ₹70~150；◎6:00~23:00）。

❶ 实用信息

Indian Panorama（☏0431-4226122；www.indianpanorama.in；5 Annai Ave, Srirangam；◎10:00~18:00）这家专业、可靠的旅行社总部设在蒂鲁吉拉伯利，业务范围覆盖整个印度，由一对印度、新西兰夫妇经营。

KMC Speciality Hospital（Kauvery Hospital；见1071页地图；☏0431-4077777；www.kauveryhospital.com；6 Royal Rd；◎24小时）一家设备先进的大型私立医院。

❶ 到达和离开

飞机

蒂鲁吉拉伯利的机场位于蒂里奇枢纽和中央公共汽车站东南方向6公里处。

AirAsia（www.airasia.com）每天有3趟航班飞往吉隆坡。

印度航空快运（☏0431-2341744；www.airindiaexpress.in）每天有1班航班飞往金奈、迪拜和新加坡。

印度捷特航空公司（www.jetairways.com）每天有3班航班飞往金奈；每天有1班航班飞往阿布扎比。

斯里兰卡航空公司（SriLankan Airlines；见1071页地图；☏0431-2460844；www.srilankan.com；14C Williams Rd；◎周一至周六 9:00~17:30，周日 至13:00）每天有1班飞往科伦坡的航班。

Tiger Air（www.tigerair.com）每天有2班飞往新加坡的航班。

长途汽车

国营长途汽车使用的是繁忙而有序的**中央公共汽车站**（见1071页地图；Rockins Rd）。对于距离较长的线路来说，UD（"超豪华"）客车提供的服

从蒂里奇（蒂鲁吉拉伯利）出发的国营长途汽车

目的地	票价（₹）	行程（小时）	发车时间
班加罗尔	380(A)	8	每天20班UD
金奈	188/260/325 (B)	6~7	每天15班UD, 2班AC
哥印拜陀	116~155(C)	4.5~6	每10分钟1班
科代卡那	116(C)	5.5	6:40, 8:30, 11:00, 12:15
马杜赖	80(C)	2.5	每15分钟1班
乌德格曼德勒姆	260(A)	8.5	UD 22:15
拉姆斯沃勒姆	170(C)	6	每小时1班
坦贾武尔	31(C)	1.5	每5分钟1班
特里凡得琅	365(A)	8	UD 8:00, 19:30, 21:30, 22:30

票价:(A)超豪华(UD),(B)常规/UD/AC,(C)常规。

务最好；在车站的西北角有一个售票处。要前往科代卡那，你可以先乘车前往丁迪古尔（Dindigul；₹57；2小时；每15分钟1班），然后在那里换乘。

私营长途汽车公司在中央公共汽车站附近设有办事处。

Parveen Travels（见1071页地图；☏0431-2419811；www.parveentravels.com；12B Ashby Complex, Rockins Rd；◷24小时）有空调客车开往金奈（₹815，6小时，每天5班）和特里凡得琅（₹1300，7小时，0:30和1:30发车），还有非空调客车前往本地治里（₹535，4小时，0:15）和科代卡那（₹510，4.5小时，2:15）。

出租车

旅行社和酒店都能提供带司机的小汽车。

Femina Travels（见1071页地图；☏0431-2418532；www.feminahotel.net；109 Williams Rd；◷6:30~21:30）价格合理，租一辆带空调的汽车，8小时和100公里之内的收费是₹2000。

火车

蒂里奇枢纽火车站（Trichy Junction）位于金奈至马杜赖的主干线上。在每天17班开往金奈的特快列车中，最好的日间车是9:05发车的Vaigai Express（二等车厢/座席 ₹145/515，5.5小时）。夜班车Pandian Express（卧铺/空调卧铺3类/空调卧铺2类/空调卧铺1类 ₹245/625/875/1460；6小时15分钟）23:10发车。

每天有13班列车开往马杜赖，包括7:15发车的Tirunelveli Express（二等车厢/座席 ₹95/345；2小时15分钟）和13:20发车的Guruvayar Express（二等车厢/卧铺/空调卧铺3类/空调卧铺2类 ₹80/140/490/695，2小时45分钟）。

每天另有18班列车开往坦贾武尔（二等车厢/卧铺/空调卧铺3类 ₹45/140/490；40分钟至1.5小时）。

❶ 当地交通

乘坐出租车往来于机场和中央公共汽车站之间的费用是₹300，乘坐机动三轮车的费用是₹200。从中央公共汽车站出发前往普杜科泰（Pudukkottai）的长途汽车会把你放在机场。

1路公共汽车从中央车站外面的Rockins Rd发车，几分钟1班，开往斯里兰甘纳萨斯瓦米寺（₹6），然后返回，中途在岩堡寺和Sri Jambukeshwara Temple附近停车。

在中央公共汽车站乘坐机动三轮车前往斯里兰甘纳萨斯瓦米寺需要₹170，去岩堡寺需要₹120。

泰米尔纳德邦南部

切提纳度（Chettinadu）

切蒂亚尔（Chettiars）一族非常善于经商，他们的居住地位于卡赖库迪（Karaikkudi；蒂鲁吉拉伯利以南95公里）周边。在19世纪时，这一族群中的许多人在斯里兰卡和东南亚殖民地成了金融家和企业家，切蒂亚尔一族因此声名鹊起。他们斥巨资在自己贫瘠的家乡切提纳度的75座城镇和村庄修建了10,000座（或许甚至是30,000座）超级豪华的住宅。他们不惜重金找到最好的材料，用来建造这些宫殿般的宅邸：缅甸柚木、意大利大理石、印度红木、英国的钢铁以及来自世界各地的艺术品和雕塑。

第二次世界大战后，切蒂亚尔一族的商业帝国崩溃瓦解。许多家庭不得不离开切提纳度，废弃的豪宅逐渐破败，遭到拆毁或被出售。在20世纪末21世纪初，人们逐渐认识到它们的价值。2014年，切提纳度让它们登上了联合国教科文组织的世界遗产名录。如今其中的几座豪宅已经被改造成了豪华的历史酒店，它们可以说是泰米尔纳德邦最好的酒店了。

◉ 景点和活动

酒店会组织烹饪示范活动或课程，并提供自行车或牛车供游客在乡间游玩，还为游客安排参观纱丽服织工作场景、寺庙、宅邸、Athangudi的瓷砖制作工艺（出产色彩鲜艳的手工瓷砖，你会在许多切蒂亚尔宅邸中看到）以及Ayyanar神殿（Ayyanar是人们在印度教之前信奉的神明，他的坐骑是马，所以游客只要看到巨大的陶马就能认出Ayyanar神殿）的游览活动。

Vijayalaya Cholisvaram 印度教寺庙
（Narthamalai；◷黎明至黄昏）这座神庙小巧而精致，坐落在Narthamalai村（普杜科泰以北16公里）西南1公里处的一个景色美丽的荒凉岩石坡上。这里看不到拥挤的人群，使人

切提纳度的豪宅

Lakshmi House（Athangudi Periya Veedu; Athangudi Rd, Athangudi; ₹100; ◎9:00~17:00）Lakshmi House是一个很热门的电影取景地，这里的彩绘木雕天花板或许是切提纳度最为精致的。这座宅邸使用了特别精美的建筑材料（比利时大理石、英格兰的铁）、切蒂亚尔的老板材、间色方格地板，入口上方还有英属殖民者和印度教神灵的有趣雕像。

CVRMCT House（CVRMCT St, Kanadukathan; ₹50; ◎9:00~17:00）背靠典型的列柱庭院，这座"双子别墅"令人难忘的前台大堂由同一家庭的两个分支共用。在屋顶露台可以俯瞰附近众多宅邸美妙的景色，不要错过。

VVRM House（CVRMCT St, Kanadukathan; ◎9:00~17:00, 时间不定）这是切提纳度最古老的宅邸之一，建造于1870年，有独特的蛋壳抹灰墙壁、缅甸柚木柱子、带图案的地板和精巧的木雕。游览时建议每个团体给₹50的"捐款"。

联想到马默勒布勒姆的海岸神庙，它可能建于公元8世纪或9世纪。两座（常常上锁的）石刻神殿装饰着后面的岩壁，其中的一座有着12幅巨大的毗湿奴浮雕。沿着蒂鲁吉拉伯利至普杜科泰的公路行进，在Keeranur以南7公里处就能看到通往Narthamalai的岔路；该寺庙位于Narthamalai以西2公里处。

Ellangudipatti 神殿

（Namunasamudram; ◎黎明至黄昏）位于普杜科泰西南方向仅8公里处，这是一家令人叹为观止的村庄神殿，供奉的是前印度教时代的守护神Ayyanar，只有泰米尔纳德邦和斯里兰卡的乡村地区才敬拜这位神灵。一条丛林小路通向简朴的祭坛，路边排列着数百座壮观的马和其他野兽的赤陶像，它们都是当地家庭供奉的，形态不一。

普杜科泰博物馆 博物馆

（Pudukkottai Museum; Thirukokarnam, Pudukkottai; 印度人/外国人 ₹5/100, 拍照/录像 ₹20/100; ◎周六至周四 9:30~17:00）这座绝妙的博物馆位于普杜科泰火车站以北4公里处，陈列着切提纳度的那些逝去的时代留下的文物。馆内的展品包罗万象，有乐器、邮票、珠宝、巨石墓葬文物以及一些极好的绘画、雕塑和微缩模型。

 食宿

★ Saratha Vilas 精品酒店 $$$

（☎9884203175, 9884936158; www.sarathavilas.com; 832 Main Rd, Kothamangalam; 房间 含早餐 ₹7460~11,750; ❋@☎≋）这座豪宅建造于1910年，目前由法国人经营并翻修，散发着一种与众不同的切蒂亚尔魅力，就位于Kanadukathan以东6公里处。房间将传统与现代结合在一起，凸显了法式的豪华品位；食物很精致，也是切蒂亚尔和法国风格相结合的产物；还有一个时髦的咸水泳池。知识渊博的老板热心于保护切提纳度的遗产，这里的大部分家具都是由他们亲自设计的。

他们也是致力于保护历史传统的当地非政府组织**ArcHeS**（www.arche-s.org; 832 Main Rd, Kothamangalam）的创立者。

★ Visalam 历史酒店 $$$

（☎04565-273301; www.cghearth.com; Local Fund Rd, Kanadukathan; 房间 含早餐 ₹13,800~18,500; ❋@☎≋）完美的修复和Malayali连锁酒店的专业化管理令这座切蒂亚尔豪宅重新焕发出年轻的神采，20世纪30年代时尚的装饰艺术风格更增添了它的魅力。酒店里仍然以原主人的照片、家具和绘画作为装饰。花园非常精致，15间大房间都很有个性，游泳池边上有生长得十分旺盛的九重葛，环境令人着迷，还附带一间低调的餐厅。

★ Bangala 历史酒店 $$$

（☎04565-220221; www.thebangala.com; Devakottai Rd, Karaikkudi; 房间 含早餐 ₹7050~8600; ❋☎≋）它是切提纳度最早的历史酒店，经过精心修复、管理高效的白色"平房"并不是典型的豪宅，但具备豪宅的一切特征：色彩缤纷的房间、古董家具、家庭老照片和

一个美丽的瓷砖镶边泳池。它以美食著称：蕉叶"餐"（素食/非素食 ₹850/1000）实际上是切蒂亚尔族人的婚宴大餐（12:30～14:30和20:00～22:00；需提前2小时预约）。

Chettinadu Mansion　　　　　历史酒店 $$$

（☏04565-273080; www.chettinadmansion.com; SARM House, 11 AR St, Kanadukathan; 标单/双 含早餐₹6050/7950; ❄☎❄）与切提纳度的其他历史酒店相比略显寒酸，但气氛友好、运营良好而且充满特色，是一座色彩缤纷的百年老店，如今仍归最初的家庭所有（并且住在里面）。在它的126间房间里，12间是对外开放的——全部很宽敞，有古怪的配色和私人阳台，能够纵览其他豪宅。

这里的主人还经营着附近的Chettinadu Court（☏04565-273080; www.deshadan.com; Raja's St, Kanadukathan; 标单/双 含早餐₹4250/5500; ❄☎❄），那里有8间传统风格的房间。两家酒店共用一个场外游泳池。

❶ 到达和当地交通

驾车是前往切提纳度并在周边游览的最佳方式。在蒂鲁吉拉伯利、坦贾武尔或马杜赖租一辆带司机的汽车，两天的费用大约是₹5000。

每5或10分钟有一辆从蒂鲁吉拉伯利开往普杜科泰（₹31; 1.5小时）和卡赖库迪（Karaikkudi; ₹75; 2.5小时）的长途汽车；你可以在沿途上下车。每30分钟有1班长途汽车从马杜赖开往卡赖库迪（₹80, 2小时）。另外，还有来自坦贾武尔和拉姆斯沃勒姆的长途汽车到达此处。

每天有3列火车往返于金奈Egmore火车站与普杜科泰（卧铺/空调卧铺3类/空调卧铺2类 ₹265/720/1030, 6小时）和卡赖库迪（卧铺/空调卧铺3类/空调卧铺2类 ₹285/730/1025, 6小时45分钟）之间。一列火车从金奈开往切提纳度火车站（Chettinad Station），然后再前往Kanadukathan（₹275/740/1065, 9小时）。

马杜赖（Madurai）

☏0452 / 人口 1,020,000

金奈也许是泰米尔纳德邦的首府，而马杜赖却是它的灵魂。泰米尔人生在这里，并扎根于此，它是印度最古老的城市之一，也是一个大都市，曾与古罗马有贸易往来，早在金奈很久之前就是一个伟大的都城了。

游客，无论是印度人还是外国人，都会来这里参观米纳克希安曼神庙，这座迷宫一样的建筑是印度最重要的寺庙之一。另外，鉴于它的悠久历史，它还展现了印度截然不同的两个侧面：一方面，它是一个受中世纪神庙主宰的中心城市；另一方面，其经济在IT业的驱动下快速发展，这使其具有印度大城市的忙碌、活力和激情，而且比肆意扩展的金奈看起来更易于管理。

历史

传说湿婆从自己的发绺中挤出蜜露（madhuram）洒在这座城市上，这就是马杜赖这个名字的由来——意为"蜜露之城"。

据历史文献的记载，马杜赖早在公元前3世纪就已经存在了。它是一座贸易城市，商品以香料为主，相传是第三部桑格姆（sangam; 泰米尔学者和诗人的作品集）的发源地。几个世纪以来，马杜赖的统治权一直在朱罗王朝、潘地亚王朝、当地穆斯林苏丹、印度教毗奢耶那伽罗国王和纳亚克人之间摇摆，后者对马杜赖的统治一直持续到1736年，并奠定了老城的莲花形状。在Tirumalai Nayak统治时期（1623～1659年）建成了规模宏大的米纳克希安曼神庙（Meenakshi Amman Temple），马杜赖因此成为泰米尔文化的中心，在泰米尔语言的发展中发挥了重要作用。

1840年，英国东印度公司摧毁了马杜赖的要塞，填平了护城河，还在上面修建了4条宽阔的Veli街道，如今它们仍然是老城的边界。

◉ 景点

★ 米纳克希安曼神庙　　印度教寺庙

（Meenakshi Amman Temple; East Chitrai St; 印度人/外国人 ₹5/50, 手机拍照 ₹50; ⏰5:00至正午和16:00～21:30）这里是生有3个乳房的女武神米纳克希（Meenakshi; 意为"鱼眼"，在泰米尔古典诗歌中形容完美的眼睛）的五彩缤纷的住所，它被普遍认为是南印度寺庙建筑的巅峰之作，对该地区美学传统的贡献不亚于泰姬陵之于北印度。它不太像是一座17世纪的寺庙，而是占地6公顷的建筑群，有12座高耸的塔门，所有的塔门上都有精美的雕像，包括神、女神、恶魔和英雄（光是南边高55米

Madurai 马杜赖

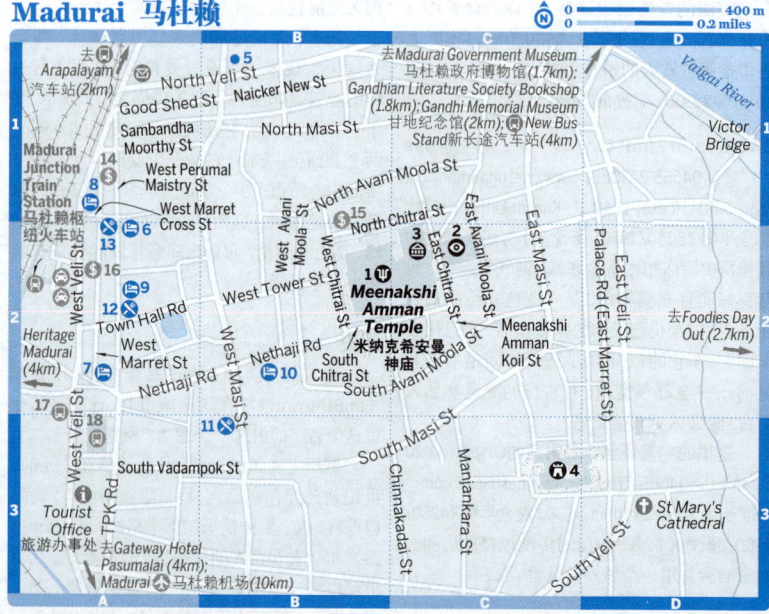

的塔门上就有1511个雕像)。

传说,美丽的米纳克希(帕尔瓦蒂的一个化身)生有3个乳房,有预言称,只要她遇到她的丈夫,多余的乳房就会消失。当她遇到湿婆的时候,多余的乳房果然消失了,于是她成了湿婆的妻子。现存的寺庙大部分建于17世纪Tirumalai Nayak统治时期,但它的起源可以追溯到2000年前,当时马杜赖还是潘地亚的都城。

环绕着寺庙的4条街都是严禁车辆通行的步行街。寺庙的着装规定和安保像机场一样严格:不能露出肩和腿(无论男女),而且不许带包和照相机入内(不过可以使用手机拍照)。尽管如此,与泰米尔纳德邦的许多庄严的神殿相比,这座寺庙洋溢着更加欢乐的气氛,尤其是屋顶和墙壁,装饰着色彩斑斓的壁画。每天21:00,一支狂热的游行队伍在香火缭绕中抬着Sundareswarar(湿婆)的圣像来到米纳克希的神庙并在这里过夜;游客可以跟着游行队伍。

在进入寺庙之前或之后,可以去Pudhu Mandapa看一看。东边的(也是最古老的)塔门是寺庙的大门。进入之后,右手边就是千柱厅(Thousand Pillared Hall),如今里面是

令人着迷的神庙美术馆(见本页)。继续深入寺庙,你会来到一座南迪神殿前,周围环绕着许多雕刻精美的柱子。前面是湿婆主殿,两侧有巨大的寺庙力士(dvarapala),左前方是位于独立围墙内的米纳克希主殿,非印度教信徒不能进入这两座主殿。任何人都可以在寺庙水池Golden Lotus Tank周围走走,水池西端有一座小亭子,天花板上的壁画描绘了湿婆和米纳克希的婚姻。途经一座卖花人的大厅和拥有拱肩的Ashta Shakti Mandapam就可以从出口离开寺庙,Ashta Shakti Mandapam两边的浮雕展示了女神的8个特征,另外,精美的天花板壁画也是寺内最漂亮的了。实际上大多数信徒都将它当作寺庙入口。

➡ 神庙美术馆

(Temple Art Museum; East Chitrai St; 印度人/外国人 ₹5/50, 手机拍照 ₹50; ⊙6:00~14:00和15:00~21:00)在米纳克希安曼神庙的东塔门内,你会在右手边找到纳亚克时代的千柱厅(实际上有985根柱子)。如今这里是艺术博物馆,有一个湿婆神殿,一条由雕刻精美的柱子支撑的走廊尽头有一尊巨大的娜塔罗伽(Nataraja)铜像,此外,还有其他精致

Madurai 马杜赖

⊙ 重要景点
1 米纳克希安曼神庙 B2

⊙ 景点
2 Pudhu Mandapa C2
3 神庙美术馆 C2
4 提鲁玛拉纳亚克宫 C3

⊕ 活动、课程和团队游
5 Storytrails B1

🛏 住宿
6 Berrys Boutique A2
7 Madurai Residency A2
8 Royal Court A1
9 TM Lodge A2
10 YMCA International Guest House B2

🍴 就餐
11 Murugan Idli Shop B3
12 Sri Sabareesh A2
13 Surya A2

ⓘ 实用信息
14 Canara Bank ATM A1
15 ICICI Bank ATM B1
16 印度国家银行自动柜员机 A2
Supreme Web .... (见13)

ⓘ 交通
17 佩里亚尔公共汽车站 A2
18 购物中心长途汽车站 A3

提鲁玛拉纳亚克宫　　　　　　　　宫殿

（Tirumalai Nayak Palace; Palace Rd; 印度人/外国人 ₹10/50, 拍照/录像 ₹30/100; ⊙9:00~13:00和13:30~17:00）马杜赖的破败宫殿提鲁玛拉纳亚克宫在纳亚克世俗建筑中的地位，就好比米纳克希安曼神庙在纳亚克时代宗教建筑中的地位。虽然据说它的面积只剩下原来的四分之一，但其巨大的规模以及达罗毗荼－伊斯兰的混合风格还是让人过目不忘，并且彰显了其缔造者的霸气。从东边的入口进入，一座巨大的庭院被高大粗壮的柱子环绕，柱子的顶端是迷人的灰泥作品，沿着庭院进入华丽的加冕室，其圆顶高25米；两匹石雕马站在向上的台阶两侧。

大殿的西北角是Natakasala（舞厅），里面陈列了一些考古文物。

甘地纪念馆　　　　　　　　　　　博物馆

（Gandhi Memorial Museum; www.gandhimmm.org; Gandhi Museum Rd; 拍照 50卢比; ⊙10:00~13:00和14:00~17:45）**免费** 这座令人难忘的博物馆位于一座17世纪落成的纳亚克皇后宫里，它以令人动容的形式详细地记录了甘地的生平，以及1757年至1947年印度为争取独立而进行的斗争；英语解说文字不吝详细地解读了英国的统治。展品包括1948年甘地在德里遇刺时裹着的沾染了血迹的dhoti（长腰布）；马杜赖正是1921年甘地率先开始围腰布并将它作为民族自豪感标志的地方。

纪念馆旁边是小型的**马杜赖政府博物馆**（Madurai Government Museum; 印度人/外国人 ₹5/100, 拍照 ₹20; ⊙周六至周四 9:30~17:00），后面是书店**Gandhian Literature Society Bookshop**（⊙周一至周六 10:00~13:00和14:30~17:45）。3路、66路、75路和700路公共汽车从**佩里亚尔公共汽车站**（Periyar Bus Stand; West Veli St）出发开往Alagarkoil Rd上的Tamukkam公共汽车站，后者位于博物馆以西600米。

🏃 活动

Sivananda Vedanta Yoga Centre　　瑜伽

（☎0452-2521170; http://sivananda.org.in; 444 KK Nagar, East 9th St; 课程 ₹500; ⊙周一至周六 6:00~20:30, 周日 6:30~17:30）每天都有

的青铜器和彩色嵌板。其中最好的雕刻包括吹长笛的克利须那神、跳舞的甘尼许和伏在他膝头的女人，一进博物馆就能看到这些雕刻。

Pudhu Mandapa　　　　　　　　知名建筑

（East Chitrai St; ⊙黎明至黄昏）**免费** 这座16世纪的柱子大厅矗立在米纳克希安曼神庙外面，正对着东塔门。这里到处都是色彩绚丽的纺织品以及出售工艺品的货摊和踩着缝纫机的裁缝，挡住了一部分精美的柱子雕刻，但是很容易找到靠近东南角、长着3个乳房的米纳克希神像，她正对着湿婆。西门内还有她在毗湿奴的陪伴下嫁给湿婆的雕刻。大厅东门外有座漂亮的淡蓝色南迪（湿婆的坐骑）雕塑。

瑜伽课程（6:00、10:00、16:00、18:00；提前1天预约），还有为期一周的项目。位于马杜赖以北22公里处的修行所里还开设了高强度的拓展课程。

👉 团队游

Foodies Day Out
美食

(📞9840992340；www.foodiesdayout.com；2nd fl, 393 Anna Nagar Main Rd；每人₹2000起) 要想领略马杜赖著名的美食文化，最好的方式是和当地烹饪爱好者一起参加美妙的夜晚团队游。有素食和严格素食两种可选。

Storytrails
步行

(📞7373675756；www.storytrails.in；35 Krishnarayar Tank Rd；4人以内团队游₹4000) 这个诞生于金奈的组织经营深受好评、以历史故事为基础的社区步行团队游。

✳ 节日和活动

提巴姆（花车）节
宗教节日

[Teppam (Float) Festival; ⏱ 1月/2月] 每年泰米尔历的Thai月的满月时节都会举行为期12天的盛大活动，届时人们会抬着米纳克希安曼神庙的神像，以精心设计的路线在城里游行，并扎一个"袖珍寺庙"的彩灯放在老城以东3公里处的水池 Mariamman Teppakkulam Tank (Kamarajar Rd) 内。

Chithirai Festival
宗教节日

(⏱ 4月/5月) 马杜赖繁忙的节庆日程中的一大亮点就是这个为期两周的庆典，它是为庆祝米纳克希嫁给Sundareswarar（湿婆）而设立的。届时，色彩斑斓的长长的游行队伍会围着米纳克希安曼神庙绕圈，其中包括载着神像的巨大战车。

🛏 住宿

马杜赖中心地带的廉价酒店大部分都沉闷无趣，但火车站附近的West Perumal Maistry St有很多相当不错的中档酒店，它们几乎有着完全一样的面貌。在市中心之外还有一些更高端的酒店。

YMCA International Guest House
客栈 $

(📞0452-2346649；www.ymcamadurai. com; Main Guard Sq, Nethaji Rd; 含早餐 标单/双₹850/1110, 带空调 ₹1300/1450) 马杜赖管理良好的基督教青年会（YMCA）客栈提供干净、超值的房间。经营收入用来为该组织的慈善工作提供资金。

TM Lodge
酒店 $

(📞0452-2341651; www.tmlodge.in; 50 West Perumal Maistry St; 标单/双₹470/720, 房间带空调₹1300; ❄) 墙壁有点儿脏，但床单很干净，管理效率很高。

Madurai Residency
酒店 $$

(📞0452-438000; www.madurairesidency. com; 15 West Marret St; 含早餐 标单₹2640~3120, 双₹3000~3480; ❄🛜) 星级的服务和舒适、清新的房间是它制胜的法宝，酒店里有一个方便的交通票务柜台和全城最高的屋顶餐厅之一。这儿的生意非常红火，尤其受印度商人的青睐；需至少提前1天预订。

Berrys Boutique
酒店 $$

(📞0452-2340256; www.berrysboutique.in; 25 West Perumal Maistry St; 含早餐 标单₹2130~3220, 双₹2430~3220; ❄🛜) 在本书调研期间才营业了3个月，Berrys有15间时尚、现代的极简主义房间，每个房间都以水果的名字命名，是这条布满酒店的街道上最有风格的一家。有一种抚慰人心的氛围，工作人员热情友好，还有一家附属餐厅。

Royal Court
酒店 $$

(📞0452-4356666; www.royalcourtindia. com; 4 West Veli St; 含早餐 标单₹4110~4960, 双₹5080~5690; ❄🛜) Royal Court将白色床单、硬木地板所代表的殖民时代的优雅与舒适成功地结合在一起，另外，它还是一个很好的就餐场所，可提供友好而专业的服务。房间里有茶/咖啡具。对于那些想要享受一下的人们来说，它是在市中心住宿的不二之选。

Gateway Hotel Pasumalai
历史酒店 $$$

(📞0452-6633000; www.gateway.tajhotels. com; 40 TPK Rd, Pasumalai; 标单₹6260~12,710, 双₹7470~13,920; @🛜❄) Gateway属于Taj集团，坐落在山顶花园中，位于马杜赖市中心西南方向6公里处，远离城市的喧嚣。绝佳的风

景、室外游泳池和60只落户在此的孔雀都非常美妙。房间奢华而舒适，设施齐全，有玻璃淋浴隔间和自助瑜伽设备。餐厅Garden All Day（见本页）非常棒。

Heritage Madurai 历史酒店 $$$

（☎0452-3244187；www.heritagemadurai.com；11 Melakkal Main Rd, Kochadai；标单 ₹4030~8820，双 ₹5370~11,600； ❋ 🅿 ❄ ）这片郁郁葱葱的天堂位于马杜赖市中心西北方向4公里处，里面是从前的马杜赖俱乐部（Madurai Club）。它被装饰得无可挑剔，有精致的喀拉拉邦风格木雕、一个迷人的下沉泳池和通风顺畅、铺着赤陶地砖的"豪华"房间。最好的是带私人跌水潭的"别墅"房。这里有一家经营南北印度菜的优质高档餐厅（主菜 ₹200~450；⏱7:00~22:30），此外还有水疗中心、酒吧和24小时营业的咖啡馆。

🍴 就餐

晚上去West Perumal Maistry St上的酒店屋顶餐馆就餐，不仅能享受到徐徐微风，还能欣赏寺庙的美景；大多数酒店还有空调餐厅，早餐和午餐时间对外开放。留意马杜赖著名的夏日饮品jigarthanda（煮牛奶、杏仁香精、玫瑰蜜露和香草冰激凌）。

★ Murugan Idli Shop 南印度菜 $

（http://muruganidlishop.com；196 West Masi St；菜品 ₹15~75；⏱7:00~23:00）虽然如今在金奈开了多家分店，但Murugan是在马杜赖诞生发展起来的。你可以尝试这里标志性的蓬松idli和酸辣酱，也可以品尝南印度人气美食如薄饼、vada和uttapam，大快朵颐。

Sri Sabareesh 印度菜 $

（49A West Perumal Maistry St；主菜 ₹65~90；⏱6:00~23:00）装饰着马杜赖的老照片的Sri Sabareesh是一个很受欢迎的纯素食廉价餐馆，可烹制美味的南印度塔利套餐（₹80）、薄饼、印度米糕（idli）、uttapam和豆饼（vada），这里供应的主食分量很充足。

Surya 多元风味 $

（www.hotelsupreme.in；Hotel Supreme, 110 West Perumal Maistry St；主菜 ₹80~160；⏱16:00至午夜）Hotel Supreme酒店的屋顶餐厅提供良好的服务和美味的纯素餐食，还能欣赏美丽的城市和寺庙风景。当你在尘土飞扬的炎热日子里喝上一杯冰咖啡的时候，你会感觉它是神仙煮出来的。

Garden All Day 多元风味 $$$

（☎0452-6633000；www.gateway.tajhotels.com；Gateway Hotel Pasumalai, 40 TPK Rd, Pasumalai；主菜 ₹300~700；⏱6:30~23:00）如果你想奢侈一把，Gateway Hotel全天开放的全景餐厅（马杜赖市中心西南方向6公里）供应一系列极其多样的美味全球菜肴，既有切提纳度咖喱，也有漂亮精致的沙拉、意大利面和汉堡包。

🛍 购物

马杜赖到处都是布摊和裁缝店，你也许会碰到向你兜售商品的裁缝。司机、向导和招揽生意的人都会很乐意带你去North Chitrai St和West Chitrai St的工艺品商店，在这些商店能够看到寺庙的屋顶——景色不错，但也会不可避免地遭遇推销。

ℹ 实用信息

旅游办事处（☎0452-2334757；1 West Veli St；⏱周一至周五 10:00~17:30）在机场和火车站也有分理办事处。

ℹ 到达和离开

飞机

马杜赖机场（Madurai Airport）位于市区以南12公里处。**香料航空公司**（SpiceJet；www.spicejet.com）每天各有1班航班飞往科伦坡、迪拜和海得拉巴（Hyderabad），4班航班飞往金奈。**捷特航空**（Jet Airways；www.jetairways.com）每天有1班航班飞往班加罗尔，5班航班飞往金奈。**印度航空公司**（www.airindia.in）每天有1班航班飞往金奈和孟买。

长途汽车

多数国营长途汽车都从位于市中心东北方向4公里处的**新长途汽车站**（New Bus Stand；Melur Rd）发车。开往哥印拜陀、科代卡那、乌德格曼德勒姆和蒙讷尔的长途汽车从距离老城西北2公里的**Arapalayam长途汽车站**（Arapalayam Bus Stand；West Veli St和TPK Rd之间）发车。票价较高

（更舒适）的私营长途汽车在**购物中心长途汽车站**（Shopping Complex Bus Stand；West Veli St和TPK Rd之间）的南侧售票；大部分都是夜班车。

火车

从马杜赖枢纽火车站出发，每天有12班火车向北开往蒂鲁吉拉伯利，10班列车开往金奈；最快的是7:00发车的Vaigai Express（蒂鲁吉拉伯利 二等车厢/座席 ₹95/345，2小时；金奈 ₹180/660，7小时45分钟）。20:35发车的Pandian Express（卧铺/空调卧铺3类/空调卧铺2类/空调卧铺1类 ₹315/810/1140/1930；9小时）是一班很好的开往金奈的夜班车。开往根尼亚古马里（Kanyakumari）的列车每天只有1班，凌晨1:30发车（卧铺/空调卧铺3类/空调卧铺2类/空调卧铺1类 ₹210/540/740/1235；5小时），有时候还有1班更晚发车的火车。

此外还有开往特里凡得琅（每天3班；卧铺/空调卧铺3类/空调卧铺2类 ₹205/545/775）、哥印拜陀（每天3班；₹235/590/825）、班加罗尔（每天2班；₹280/750/1080）和孟买（每天1班；₹645/1730/2540）等地的火车。

ⓘ 当地交通

乘坐出租车往来于市中心和机场之间的费用是₹500。你还可以乘坐10路公共汽车（₹13）抵离购物中心长途汽车站（Shopping Complex Bus Stand）。

3路、48路和700路公共汽车从**新长途汽车站**（见1079页）出发开往市内；乘坐机动三轮车需要₹120。

马杜赖火车站外有一个固定费率的出租车**站台**，张贴着费用表（在马杜赖一天的交通₹1400~1800）。Fast Track在这里设有一个**出租车预订柜台**（☎0452-2888999；Madurai Junction；◐24小时）；费率是前3公里₹90，然后每公里₹14~16。

拉姆斯沃勒姆（Rameswaram）

☑04573 / 人口 44,860

拉姆斯沃勒姆曾经是神圣印度的最南端；离开它的边界的人就等于放弃种姓，地位还不如最卑微的给圣牛剥皮的工人。当年罗摩（毗湿奴的化身）——《罗摩衍那》中的英雄——领导一支由猴子和熊组成的武装，跨过一座由猴子修建的桥，来到（斯里）兰卡，在那里打败了魔王罗波那（Ravana），救出了他的妻子悉多（Sita）。后来，罗摩和妻子来到这里向湿婆致谢。如今，数以百万计的印度教信徒涌向Ramanathaswamy Temple，在当年神拜谢神的地方敬拜。

除此之外，拉姆斯沃勒姆就只是贝壳形状的Pamban岛上的一座小小的破旧渔村，这座岛屿由2公里长的桥与内陆相连。如果你不

从马杜赖出发的国营长途汽车

目的地	票价（₹）	行程（小时）	发车时间
班加罗尔	420~730	9~10	7:00、18:00、20:30、21:00、21:15、21:30、21:35、21:45
金奈	325~420	9~10	每15分钟1班，AC 9:00、20:30、21:00
科代卡那	62	4	1:30~14:50 13班长途汽车，17:50、20:30
哥印拜陀	125	5	每10分钟1班
埃纳古勒姆（科钦）	325	9.5	9:00、20:00、21:00
根尼亚古马里	200	6	每30分钟1班
蒙讷尔	115	6	5:55、8:00、10:40
迈索尔（Mysuru）	300~430	9~12	16:35、18:00、20:00、21:00
乌德格曼德勒姆	200	8	7:30、11:20
本地治理	240~260	7.5	21:05、21:30
拉姆斯沃勒姆	150	4~5	每30分钟1班
蒂鲁吉拉伯利	90	2.25~3	每5分钟1班

> **值得一游**
>
> ## KATHADI水上运动
>
> **Kathadi North**（☏9820367412；www.quest-asia.com；Pirappan Valasai，紧邻Madurai-Rameswaram Hwy；2天风筝冲浪套餐 含住宿 ₹9250）是由一支来自孟买的探险活动专家团队创立的水上运动中心，可组织风筝冲浪、皮划艇、风帆冲浪、浮潜、桨板冲浪、帆船、露营、海滩清洁和夜间野生动物徒步活动。它位于大陆，在Pamban Island bridge（这座桥通往拉姆斯沃勒姆）以西18公里处。雪白的沙滩后面有住宿（☏9820367412；www.quest-asia.com；Pirappan Valasai，紧邻Madurai-Rameswaram Hwy；标单/双 含早餐 ₹3000/3500；❄），那是4个用电风扇降温的海滩风情小屋，小屋是用混凝土建造的，覆盖着茅草屋顶，有露天浴室。这里收集雨水利用，使用太阳能，门是回收利用的，棕榈篱笆使用的是现成的材料，而开放式厨房供应共享餐食（₹450）。
>
> 在Pamban岛的西南海岸，收费更低的分店**Kathadi South**（☏9820367412；www.quest-asia.com；紧邻Old Dhanushkodi Rd, Pamban Island；2天风筝冲浪套餐 含住宿 ₹8250）举办几乎同样的活动，另外还提供使用公共卫浴的简单小屋（☏9820367412；www.quest-asia.com；紧邻Old Dhanushkodi Rd, Pamban Island；标单/双 含早餐 ₹1250/1500）和帐篷（单人/双人 ₹650/1000）。

是朝圣者的话，光是寺庙还不足以吸引你过来看看。不过岛屿东端的Dhanushkodi（距离斯里兰卡仅30公里）却有神奇的自然之美，增加了拉姆斯沃勒姆的魅力。对于喜欢活动的旅行者来说，这些岛屿的西部边缘是个忙碌而低调的水上运动目的地。

多数酒店和餐馆都集中在Ramanathaswamy Temple周围，这座神庙被North Car Street、East Car Street、South Car Street和West Car Street这4条街道所环绕。

◉ 景点

Ramanathaswamy Temple 　印度教寺庙

(East Car St；⏰5:00至正午和15:00~20:30) 拥有全世界最神圣的沙丘（沙丘代表一个林迦，据说是罗摩的妻子悉多制造的，以便罗摩敬拜湿婆），这座寺庙是印度最神圣的神殿之一。这座主要建于16世纪到18世纪的神庙还以长长的千柱厅和22座theertham（寺庙水池）而闻名，朝圣者在拜神之前会在里面清洗身体。侍者向信徒（通常是穿戴整齐的）身上浇一桶水，然后他们再匆匆赶往下一座theertham。

🛏 食宿

拉姆斯沃勒姆的大多数酒店都是面向朝圣者的。有些廉价酒店（大多数条件相当糟糕）拒绝接收散客，但也有一些可以忍受的中档酒店。预算吃紧的游客可以尝试在酒店预订处（rooms booking office; East Car St；房间 ₹300~500；⏰24小时）进行预订。

Daiwik Hotel 　酒店 $$

(☏04573-223222；www.daiwikhotels.com；Madurai-Rameswaram Hwy；房间 ₹4830~6040；❄❄) 光辉灿烂、十分舒适且热情，"印度第一家四星级朝圣酒店"位于长途汽车站以西200米处，是你在拉姆斯沃勒姆最有品位的选择。宽敞通风的房间装修得很时髦，房间里有巨大的镜子和反映当地生活的照片。酒店有一个水疗馆，还有很不错的纯素食餐厅**Ahaan**（www.daiwikhotels.com；Daiwik Hotel, Madurai-Rameswaram Hwy；主菜 ₹145~270；⏰7:00~22:00）。

ℹ 到达和当地交通

拉姆斯沃勒姆的**长途汽车站**（Madurai-Rameswaram Hwy）位于市区以西2.5公里处。开往马杜赖（₹100，4小时）的长途汽车每5分钟1班，开往蒂鲁吉拉伯利（₹145；7小时）的长途汽车每30分钟1班。每天16:00和16:30有两班超豪华客车（UD）开往金奈（₹435；13小时），7:15和7:30开往根尼亚古马里（₹270；8小时），16:30开往班加罗尔（₹580；12小时），但有时客车会临时停运。17:00还有一班空调客车开往金奈（₹565；13

小时)。

火车站位于寺庙西南方向1.5公里处。每天有3班火车抵离马杜赖(₹35;4小时),只有未预留的座位。拉姆斯沃勒姆—金姆特快列车(Rameswaram-Chennai Express)每天20:15出发开往金奈(卧铺/空调卧铺3类/空调卧铺2类 ₹360/945/1335;11小时),途经蒂鲁吉拉伯利(₹215/535/740,4小时45分钟)。拉姆斯沃勒姆—根尼亚古马里特快列车(Rameswaram-Kanyakumari Express)会在周一、周四和周六20:45发车,次日凌晨4:05到达根尼亚古马里(卧铺/空调卧铺3类 ₹275/710)。

1路公共汽车(₹3)往返于长途汽车站和East Car St之间。从长途汽车站或火车站进城,乘坐机动三轮车需要₹50。

根尼亚古马里(科摩林角)[Kanyakumari(Cape Comorin)]

📞04652 / 人口 22,450

这里就是印度的尽头。来到"V"字形次大陆的尖端会让人有种成就感,生机勃勃的西高止山脉(Western Ghats)、绿色的田野、闪光的稻田和印度南部腹地缓慢流动着的气流,所有这一切都已离你远去。根尼亚古马里给人一种超现实的感觉:在一年中的某个时段,你能在3片大海(孟加拉湾、阿拉伯海、印度洋)的海面上同时看到太阳落下和月亮升起。尽管海神圣女庙(Temple of the Virgin Sea Goddess)、"云水僧"辨喜的遗产和"天涯海角"(Land's End)的象征意义吸引了成群的朝圣者和游客来到根尼亚古马里,但它仍然是狂热的印度之旅途中的一座能暂时让你放松身心的清新小镇。

◉ 景点

库玛丽安曼神庙   印度教寺庙

(Kumari Amman Temple; Sannathi St; ⊙4:30至正午和16:00~20:30)传说kanya(处女)女神Kumari是大女神Devi的化身,她力战群魔,让世界重获自由。在这座地处次大陆最南端的神庙里,朝圣者在一个私密、华丽的神殿内敬拜女神,阴户形状的还愿蜡烛(暗指女神神圣的女性特征)发出柔和的光芒,人们甚至能够听到远处海浪撞击的声音。

据说这座寺庙的东门一直关闭着,是为了防止女神的钻石鼻钉发出的光芒让船只偏离航线。北门是大门,在这里你有可能会被要求捐款(₹10),才能进入建造于18世纪的内部区域,男士必须脱去衬衫才能进去,不得拍照。

寺庙周围的海岸有几处小海滩和迦特

值 得 一 游

达努什科迪(DHANUSHKODI)

Pamban岛绵延22公里的海角位于拉姆斯沃勒姆东南方向,沿途逐渐收窄变成一条细长的沙丘。最东南端的尽头矗立着鬼城**达努什科迪**。达努什科迪曾经是一个繁荣的港口,直到1964年的飓风引发的海啸将这里洗劫一空为止。如今空空如也的火车站、教堂、邮局和其他废墟仍然矗立在渔夫的窝棚之间;称为亚当桥(Adam's Bridge或Rama's Bridge)的一连串珊瑚礁、沙洲和小岛一直向东延伸,几乎将印度和斯里兰卡连接起来。在日出时分,宗教信徒会在这里做礼拜(puja),那时的气氛最为奇妙。

乘坐机动三轮车前往拉姆斯沃勒姆东南方向14公里处的Moonram Chattram,往返大约需要₹500。拉姆斯沃勒姆的长途汽车站有客车前往Moonram Chattram,30分钟1班(₹12)。从Moonram Chattram到达努什科迪需要步行4公里,也可以花₹180~200坐货车或小巴前往,往返加上游览时间一共是2小时,凑齐16名乘客发车(6:00~18:00)。你还可以雇一整辆小巴或吉普(₹1500~2000往返)。也许你会忍不住想要游泳,但要当心大浪。

在本书调研期间,一条从Moonram Chattram延伸到达努什科迪、穿越曾经狂野的沙丘的柏油路已经建设完毕,但还没有投入使用。参观时间可能会有变化,而且有人担心便利的交通会破坏这座鬼城遗世独立的魅力。

Kanyakumari (Cape Comorin) 根尼亚古马里(科摩林角)

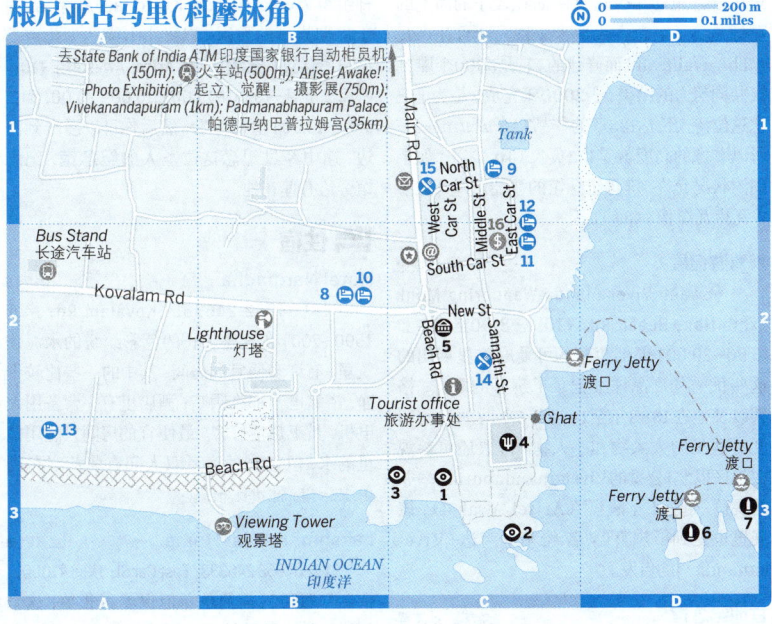

Kanyakumari (Cape Comorin)　根尼亚古马里(科摩林角)

◎ 景点
- **1** 甘地纪念馆 C3
- **2** 迦特 C3
- **3** 卡马拉杰纪念馆 C3
- **4** 库玛丽安曼神庙 C3
- **5** 辨喜游僧展 C2
- **6** 泰鲁瓦卢瓦雕像 D3
- **7** 辨喜纪念馆 D3

◎ 住宿
- **8** Hotel Narmadha B2
- **9** Hotel Sivamurugan C1
- **10** Hotel Tri Sea B2
- **11** Lakshmi Tourist Home C2
- **12** Seashore Hotel C2
- **13** Sparsa Resort A3

◎ 就餐
- Auroma .... (见13)
- **14** Hotel Anapoorna C2
- **15** Sangam Restaurant C1
- Seashore Hotel .... (见12)

◎ 实用信息
- **16** South Indian Bank ATM C2

(ghat；水畔石阶)，一些信徒拜神前会去那里清洁身体。寺庙南边的一座棚舍(mandapa)很受欢迎，适合观赏日落和白天乘凉。

辨喜纪念馆　　　　　　　　　纪念碑
(Vivekananda Memorial；₹20；◎7:45~16:00) 离岸400米的地方有块岩石，1892年12月25日到27日，著名的印度教改革家辨喜(斯瓦米·维韦卡南达)曾在这里冥想，并决定将他的道德启示传播到国外。1970年，为了纪念辨喜而修建的一座双层曼达波(mandapa；多柱厅)纪念馆体现出印度各地的建筑风格。下层的曼达波里有一个脚印，据说是女神Kumari的。它无时无刻不在吸引成群的游客到这里来，如果看到这样的景象，一定会选择到其他地方冥想。有渡船从这里开往纪念馆所在的岩石(₹34往返)。

泰鲁瓦卢瓦雕像　　　　　　　纪念碑
(Thiruvalluvar Statue；◎7:45~16:00) 免费

看上去就像是印度版的美国罗德岛巨像，高耸在辨喜纪念馆旁边这座面积较小的岛上的雕像是为了纪念古代泰米尔诗人泰鲁瓦卢瓦（Thiruvalluvar）而修建的。它是5000个雕刻家共同努力的结果，于2000年完成，是为了纪念这位诗人长达133章的作品Thirukural——所以雕像的高度就是133英尺（40.5米）。如果潮汐状况允许，辨喜纪念馆的渡船可以开往泰鲁瓦卢瓦雕像（₹34往返）。

辨喜游僧展

博物馆

（Swami Vivekananda Wandering Monk Exhibition；Beach Rd；₹10；⊙8:00至正午和16:00~20:00）郁郁葱葱的可爱庭院里展出的这些优秀的展品详细记录了辨喜的观点、格言以及他在1888年至1893年5年时间云游印度时遇见的大人物和小人物。持票还可参观在市区以北1公里的Vivekanandapuram举办的展览"起立! 觉醒!"（Arise! Awake!），该展览也受到了辨喜[又名:维韦卡南达（Vivekananda）]的启发。

甘地纪念馆

纪念物、纪念碑

（Gandhi Memorial；Beach Rd；⊙7:00~19:00）免费 这座奶油色的纪念馆被设计成一座Odishan（奥利萨邦）风格的神庙，恰到好处地坐落在甘地缔造的这个国家的末端，在装饰方面则结合了印度教、基督教和穆斯林的风格。中央基座曾被用来存放圣人的部分骨灰（后来被洒入大海），每逢甘地的生日（10月2日），阳光都会照在基座石头上。塔楼也是个观看日落的好地方。

卡马拉杰纪念馆

纪念物、纪念碑

（Kamaraj Memorial；Beach Rd；⊙7:00~19:00）免费 这座靠近海岸线的纪念馆是为了纪念有"南方甘地"之称的卡马拉杰（K Kamaraj）而建的。作为印度独立后最有影响力、最受人尊敬的政治家，卡马拉杰曾任马德拉斯邦（Madras State）及后来的泰米尔纳德邦的首席大臣。馆内布满灰尘的照片有英文注释。

Vivekanandapuram

修行处

（☎04652-247012；www.vivekanandakendra.org；Vivekanandapuram；⊙9:00~20:00）位于根尼亚古马里以北仅1公里处的这个宁静的修行处（提供各种条件的瑜伽住宿）是精神组织Vivekananda Kendra的总部，致力于贯彻辨喜的教诲。以维韦卡南达为焦点的展览"起立! 觉醒!"（'Arise! Awake!'；₹10；⊙周三至周一 9:00~13:00和16:00~20:00，周二9:00~13:00）值得一看，然后你可以漫步到海边，途中经过纪念这位圣人的纪念馆，纪念馆旁边有莲花池。

🛏 住宿

Hotel Narmadha

酒店 $

（☎04652-246365；Kovalam Rd；房间₹500~700）在这座长长的色彩缤纷的水泥建筑里，有许多便宜的房间，其中的一些比较干净，浴室也不那么阴暗；酒店里有一台备用大电机，员工热情好客。最便宜的房间只能用桶里的水，但₹700的海景双人间有薄荷绿色的条纹床单，性价比很高。

Lakshmi Tourist Home

酒店 $

（☎04652-246333；East Car St；房间₹1000，带空调₹1500）简简单单但保养得很好，这个相对比较有帮助的家庭酒店是镇中心的一个不错的选择。更好（也更贵）的房间有海景和热水，不过大多数房间都整洁干净。

Hotel Tri Sea

酒店 $$

（☎04652-246586；www.hoteltrisea.in；Kovalam Rd；房间₹1170~2220，带空调₹2340~2580；※🀫❄）你不能错过高耸的Tri Sea，它的海景房宽敞、干净、通风，尤其特别的是色彩非常艳丽。前台服务高效，人气福利包括屋顶游泳池、日出/日落观景平台和免费的房间Wi-Fi。

Hotel Sivamurugan

酒店 $$

（☎04652-246862；www.hotelsivamurugan.com；2/93 North Car St；房间₹1375，带空调₹2280~2740；※❄）这是一家服务态度热情、设施齐全的酒店，房间宽敞、干净，有大理石地板。大堂有Wi-Fi。在"超级豪华间"，目光越过两三座建筑就能看到海景。房费全年固定（对根尼亚古马里来说是一种新颖的形式），24小时有热水供应。

Sparsa Resort

度假村 $$$

（☎04652-247041；www.sparsaresorts.

com; 6/112B Beach Rd; 标单 含早餐 ₹4800~7200; ❄☎📶) 优雅的Sparsa位于小镇的西部边缘地带，远离寺庙的喧嚣，比根尼亚古马里的其他酒店好不止一个档次。清爽的橙色墙壁房间有低矮的红木床、休闲椅和气氛照明灯，营造出一种现代东方氛围，还有一个棕榈树环绕的可爱泳池。餐厅Auroma（主菜 ₹150~400; ⊙7:00~10:00，正午至15:00，19:00~23:00）制作很棒的印度菜肴。

Seashore Hotel　　　　　　　　酒店 $$$

（📞04652-246704; www.theseashorehotel.com; East Car St; 房间 ₹4140~7800; ❄📶) 这是城市中心最好的酒店，闪闪发光的宽敞房间内配备了金色的窗帘和靠垫、玻璃淋浴间和烧水壶等设施。它已经不像最初那样有朝气了，但除了最便宜的房间以外，所有房间都能看到大海的全景；7楼的餐馆是根尼亚古马里最好的。

🍴 就餐

Hotel Anapoorna　　　　　　　印度菜 $

（Sannathi St; 主菜 ₹110~150, 塔利套餐 ₹120~180; ⊙7:00~21:30) 一家很受欢迎的泛印度风味廉价餐馆，供应早餐idli、滴滤咖啡和南印度塔利套餐，此外还有咖喱和比尔亚尼菜，环境整洁而友好。

Seashore Hotel　　　　　　多种风味 $$

（www.theseashorehotel.com; East Car St; 主菜 ₹210~320; ⊙7:00~10:00和12:30~22:00) 令人惊讶的是，这家位于7层的漂亮酒店餐厅竟然是根尼亚古马里唯一能看到恰当海景的餐厅。这里有非常好的烤鱼以及许多印度素食和非素食，奇怪的是还有欧陆风味菜肴。服务殷勤，而且有很棒的早餐（自助餐 ₹270）。

Sangam Restaurant　　　　　　　印度菜 $$

（Main Rd; 主菜 ₹95~300, 塔利套餐 ₹100~135; ⊙7:00~22:30) 就好像是桑格姆从克什米尔启程，走遍印度南方，最后在这里停下来，这家餐馆可提供来自沿途各邦的美味素食和非素菜肴。座椅柔软，食物美味。

ℹ️ 实用信息

旅游办事处（📞04652-246276; Beach Rd; ⊙周一至周五 10:00~17:30）

ℹ️ 到达和离开

长途汽车

　　根尼亚古马里安静的**长途汽车站**（Kovalam Rd）位于镇中心以西，距离镇中心有10分钟的路程。最舒适的是那些"超豪华"（Ultra Deluxe，简称UD）客车。

火车

　　火车站位于根尼亚古马里镇中心以北800米处。每天有1班向北开的根尼亚古马里特快列车（Kanyakumari Express），17:20发车前往金奈（卧铺/空调卧铺3类/空调卧铺2类/空调卧铺1类 ₹415/1095/1555/2630; 13.5小时），途经马杜赖（₹210/540/740/1235; 4.5小时）和蒂鲁吉拉伯利（₹275/710/995/1670; 7小时15分钟）。每天有2班特快列车分别在6:40和10:40出发前往特里凡得琅（卧铺/空调卧铺3类/空调卧铺2类 ₹140/490/695; 2小时15分钟），它们都继续开往奎隆（Quilon; ₹140/490/695; 3.5小时）和埃尔纳古勒姆（科钦; ₹205/545/775; 7小时）。另外，还有

从根尼亚古马里出发的长途汽车

目的地	票价（₹）	行程（小时）	发车时间
班加罗尔（UD）	635	12~14	16:45、17:30
金奈（UD）	530	12~14	每天8班
科伊卡那（UD）	310	10	20:15
戈沃勒姆	120	3	6:00、14:00
马杜赖	100, UD 210	8	每天9班; UD 14:00、15:00
拉姆斯沃勒姆	250	8	7:30、19:00
特里凡得琅	75~80	2.5	每天9班

> ### 另辟蹊径
>
> ## 帕德马纳巴普拉姆宫（PADMANABHAPURAM PALACE）
>
> 迷宫般的**帕德马纳巴普拉姆宫**（☎04651-250255；Padmanabhapuram；印度人/外国人₹35/300，拍照/录像₹50/2000；☉周二至周五9:00~13:00和14:00~16:30）有着精雕细琢的藻井和抛光柚木横梁，位于根尼亚古马里西北方向35公里处，靠近喀拉拉邦的边界，被认为是传统喀拉拉邦建筑在今天最精美的范例。作为亚洲最大的木结构宫殿建筑群，它曾经是特拉凡哥尔王国（Travancore；一个不稳定的君主国，疆域包括今天的部分泰米尔纳德邦和喀拉拉邦）的首都。在历任统治者的扩建下，它逐渐扩张成了一大片华丽的建筑，到处都是廊道、庭院、带山形墙的屋顶，一共有14座宫殿。其最古老的部分的历史可以追溯到1550年。
>
> 直达长途汽车从根尼亚古马里的长途汽车站开过来，发车时间为7:30、10:45、13:30和15:20（₹35，2小时）；还有长途汽车每20分钟从根尼亚古马里开往Thuckalay（₹25），然后在那里乘坐机动三轮车或者步行15分钟即可抵达宫殿。从根尼亚古马里乘坐出租车的往返费用是₹1200。
>
> 在特里凡得琅乘坐任何一趟前往根尼亚古马里（₹70，3小时，每天4班）的长途汽车，并在Thuckalay下车。喀拉拉邦旅游发展公司（Kerala Tourist Development Corporation，简称KTDC；见948页）经营从特里凡得琅出发的根尼亚古马里一日游，路线包括帕德马纳巴普拉姆宫（₹700；4人成团）。

一些列车从根尼亚古马里西北方向20公里处的Nagercoil Junction发车。

Vivek Express是专为那些真正热爱火车旅行的人们准备的，它一直开到阿萨姆邦（Assam）的迪布鲁格尔（Dibrugarh），全长4236公里，历时80小时——是印度最长的单程火车线路。周四23:00从根尼亚古马里发车（₹1085/2830/4265）。

西高止山脉（THE WESTERN GHATS）

欢迎来到郁郁葱葱的西高止山脉，这里是印度最受欢迎的避暑胜地。它拔地而起，就像是一道不可逾越的常绿屏障横亘在孟买和泰米尔纳德邦之间。被列入世界遗产名录的高止山脉（平均海拔915米）上有印度27%的开花植物和品种多得惊人的当地特有的野生动物。在泰米尔纳德邦境内，高止山脉在科代卡那附近的Palani Hills和乌德格曼德勒姆附近的尼尔吉里斯（Nilgiris）的海拔达到2000米以上。英国人的影响在这些山区仍然存在，殖民者曾在山上修建"山中避暑地"以逃离闷热的平原，还在山坡上遍植茶树，建造起修剪整齐的茶园。在这里，不仅是空气和相对较少污染的环境令人神清气爽，对待新奇事物更加包容的态度更是令人耳目一新。你会见到有机农场、留着八字胡的徒步导游和印着豹纹的耳罩。

科代卡那（科代）[Kodaikanal（Kodai）]

☎04542 / 人口36,500 / 海拔2100米

如果你乘坐长途汽车离开炎热的平原地区奔赴科代，那么当你在清晨或晚上在科代下车时，那股突如其来的寒意会为你带来在泰米尔纳德邦最令人振奋的时刻。这是一座雾气缭绕的山城，位于马杜赖西北120公里外受保护的Palani Hills地区，与其姊妹城乌德格曼德勒姆（科代是山城公主，而乌德格曼德勒姆是皇后）相比，这里的氛围更加轻松、私密。当然这里并不总是那么冷；白天温度适宜，感觉更像是仲春而非初冬。

科代以一座美丽的星形湖泊为中心，是南印度西高止山脉中独一无二的明珠，湖泊周围起伏的山坡上生长着原始森林（shola），其中独特的常绿阔叶植物包括木兰、红木、香桃木和杜鹃花等。库尔英姬花（kurinji）也是当地特有的植物，其丁香蓝色的花朵每12年才开放一次（下次开花的时间预计是2018年）。

科代是蜜月旅行和旅行团的热门目的

地，这些游客蜂拥而至，来到壮观的观景点和瀑布观光游览。著名的科代卡那国际学校（Kodaikanal International School）为当地带来了一些国际风情。建议在工作日时间过来，此时的科代更安静。

⊙ 景点和活动

圣心自然科学博物馆　　　　博物馆

（Sacred Heart Natural Science Museum; Kodaikanal Museum; Sacred Heart College, Law's Ghat Rd; 成人/儿童 ₹20/10, 拍照 ₹20; ◎9:00~18:00）这座博物馆位于前耶稣会学院内，就在城市以东下坡方向大约4公里的地方，它就是一个迷人的大杂烩，汇集了100多年来牧师和实习生们收集的各种有趣的动植物标本。展品包括装在瓶子里的蛇、人类胚胎、巨蛾和动物标本。你还能见到著名的库尔英姬花（Strobilanthes kunthiana）的标本。

公园和观景点

科代周边有几个风景美丽的自然景点（摆满了出售纪念品和小吃的摊档），很受印度游客的欢迎。最好乘坐出租车游览；司机提供3小时游览，中途停靠12个地点，收费 ₹1500~1800。在天气晴朗的时候，距离市中心6公里的 Green Valley View（◎黎明至黄昏）免费、距市中心7公里的 Pillar Rocks（₹20; ◎9:00~16:00）免费 和距市中心13公里游人较少的 Moir's Point（₹10; ◎10:00~17:00）都在城市西部同一条道路的沿线，是纵览下方平原的好地方。

布赖恩公园　　　　　　　　　公园

（Bryant Park; 紧邻Lake Rd; 成人/儿童 ₹30/15, 拍照/录像 ₹50/100; ◎9:00~18:00）这座美丽的公园是以一位英国军官的名字命名的，他也是这座公园的风景设计师和所有人，如今则是游客们和亲密情侣的领地。

Berijam Lake　　　　　　　　湖泊

（◎9:00~15:00）免费 Berijam Lake位于科代卡那西南方向21公里处，森林环绕，到这里游览需要持有林业部的许可证。要是提前一天打招呼的话，出租车司机会帮你安排为期半天的"丛林之旅"，途经其他一些瞭望台，收费 ₹1800。

步行

在游客尚未蜂拥而至的清晨，5公里长的科代卡那湖泊环道（Kodaikanal Lake circuit）十分迷人。沿着长长的Lower Shola Rd行走会让你穿过Bombay Shola（现存最近的一片shola树林）到达科代市中心。

按照官方规定，你可以在科代周边19公里之内的区域里自由徒步，但不能超过这个范围。在受保护的地区进行更专业的徒步需要林业部的许可而办理许可证需要一定的时间、耐心和运气；如果你想尝试一下，可以联系科代的区林业局（District Forest Office; ☎04542-241287; Muthaliarpuram; ◎周一至周五 10:00~17:45）。旅游办事处（见1085页）和一些客栈如Greenlands Youth Hostel（见1088页）也能帮你联系当地导游，他们能帮忙办理许可证，还提供一些有趣的越野路线（₹600~1000 每半天）。旅游办事处的小册子列出了17条当地徒步路线。

如果你能找到足够多的同行者，为期两天的科代—蒙讷尔路线（Kodai-Munnar route）是很不错的徒步机会，它会经过Top Station进入喀拉拉邦（需要坐几次汽车/机动三轮车）。向导收费标准是每人₹5000。

Coaker's Walk　　　　　　　观景点

（₹10; ◎7:00~19:00）如果没有笼罩在雾气中的话，正在铺设路面的Coaker's Walk一带可以看到美丽的风景，你在这里能将2000米以下的平原一览无余。在这条路上漫步只需要5分钟的时间。

Trails & Tracks　　　　　　　徒步

（☎9965524279; thenaturetrails@gmail.com; 日间步行 每人每小时 ₹200）这是一家非常可靠的老牌徒步机构，经营者是经验丰富的当地向导Vijay Kumar，可组织日间步行、距离更长的徒步和过夜徒步。

划船和骑车

如果你像伤感的宝莱坞歌曲一样多愁善感，那么在科代要做的事就是从Kodaikanal Boat & Rowing Club（Lake Rd; 每30分钟 踏板船/手划船 ₹90/170, shikara 含船夫 ₹480; ◎9:00~18:00）或TTDC Boat House（Lake Rd; 每小时 踏板船 ₹180, 手划船/shikara 含船夫

Kodaikanal (Kodai) 科代卡那(科代)

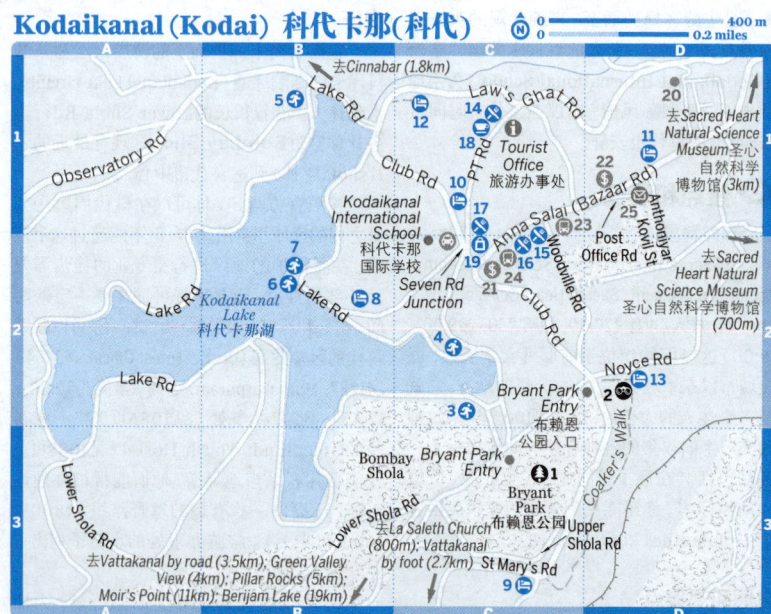

₹640/970；⊙9:00~17:30）租一条踏板船、手划船或克什米尔shikara（"蜜月船"）。

湖边分布着几个<u>自行车租赁点</u>（每小时₹50）。

🛏 住宿

每逢旺季（4月到6月），一些酒店的价格会飙涨一倍。这里有一些华丽的老房子，如果你不介意缺乏殖民时期的氛围的话，也可以选择超值的中档酒店。4月至6月，多数酒店的退房时间都是上午9点或10点。

Greenlands Youth Hostel　　　青年旅舍 $

（☎04542-240899；www.greenlandskodaikanal.com；St Mary's Rd；铺 ₹400，双 ₹900~2500；🛜）这家运营已久的青年旅舍有着浓厚的社交氛围，很受欢迎，这里有漂亮的花园，周围景色迷人。住宿条件非常简单，只在上午8点到10点之间供应热水。宿舍房间可能主要面向旅行团，而更新、更舒适的"超级豪华间"和"套间"则有着鲜艳多彩的装修和阳台。

Sri Vignesh Guest House　　　客栈 $

（☎9094972524；umaarkrishnan@gmail.com；Lake Rd；房间 ₹700~1200）沿着一条陡峭的车行道向上走，四周环绕着带秋千的整洁花园，这座简单而充满个性的英治时期民宅由一对友好的当地夫妇经营，他们欢迎"安静的"住客（而不是一大帮小伙子）。房间干净，设施非常基础；热水供应到中午。

Snooze Inn　　　酒店 $

（☎04542-240873；www.jayarajgroup.com；Anna Salai；铺 ₹330，房间 ₹880~1045；🛜）房间不像建筑外表暗示得那样有特点，但它的确是一家物超所值的廉价酒店，有干净的浴室和许多毛毯。还有一个带锁柜的12人间宿舍和1间公共卫浴。

Cinnabar　　　家庭寄宿 $$

（☎9842145220；www.cinnabar.in；Chettiar Rd；房间 含半膳宿 ₹6000；🛜）🌿 Cinnabar有2间雅致而温馨的房间，非常宜人，有24小时热水、茶/咖啡器具、淋浴玻璃隔间以及可爱的木地板和天花板。主人供应自制奶酪、面包、格兰诺拉麦片（granola）、果酱和"全球"风味料理，所有食材都来自房子前面的有机蔬果花园。他们精通当地信息，可以推荐当地徒步线路。位于小镇以北2公里处。

Kodaikanal (Kodai)
科代卡那 (科代)

◎ 景点
- 1 布赖恩公园 C3
- 2 Coaker's Walk D2

❸ 活动、课程和团队游
- 3 Bicycle Hire C2
- 4 Bicycle Hire C2
- 5 Bicycle Hire B1
- 6 Kodaikanal Boat & Rowing Club B2
- 7 TTDC Boat House B2

🛏 住宿
- 8 Carlton B2
- 9 Greenlands Youth Hostel C3
- 10 Hilltop Towers C1
- 11 Snooze Inn D1
- 12 Sri Vignesh Guest House C1
- 13 Villa Retreat D2

✖ 就餐
- Carlton ....(见8)
- 14 Cloud Street C1
- 15 Hotel Astoria C1
- 16 Pastry Corner C2
- 17 Tava C1
- Ten Degrees ....(见10)

🍷 饮品和夜生活
- 18 Cafe Cariappa C1

🛍 购物
- 19 Re Shop C2

ⓘ 实用信息
- Canara Bank ATM ....(见11)
- 20 区林业局 D1
- 21 HDFC Bank ATM C2
- Hi-Tech Internet ....(见19)
- 22 印度国家银行自动柜员机 D1

ⓘ 交通
- 23 长途汽车站 C1
- 24 Raja's Tours & Travels C2
- Taxi Stand ....(见23)
- 25 火车票预订办公室 D1

Villa Retreat
酒店 $$

(📞04542-240940; www.villaretreat.com; Club Rd; 房间 含早餐 ₹4740~7900; 🛜) 这家可爱的酒店位于一栋古老的石头房子里,在花园早餐餐桌上就能欣赏到Coaker's Walk的美景,因为它就在这条步道的北端。这里的服务人员非常热情,舒适的房间大小适中,餐厅有熊熊燃烧的壁炉可以御寒。价格高,但服务周到。

Hilltop Towers
酒店 $$

(📞04542-240413; www.hilltopgroup.in; Club Rd; 房间 含早餐 ₹2860~3440; 🛜) 虽然外观平淡无奇,但抛光柚木地板等陈设营造出了田园生活的氛围,再加上热情的员工、室内茶/咖啡具和居中的位置,Hilltop成为物有所值的中档之选。

★ Carlton
历史酒店 $$$

(📞04542-240056; www.carlton-kodaikanal.com; Lake Rd; 含半膳宿 标单 ₹10,350~11,630,双 ₹11,820~12,880,别墅 ₹17,430; 🛜) 这家五星级豪华酒店位于一座殖民地时期的豪宅里,俯瞰着湖面的景色,是科代酒店中的佼佼者。房间宽敞,有超舒适的床,部分房间里还有巨大的私人阳台。院子和公共区域很有老式山中避暑地的氛围:石头墙面、台球、夜晚的宾果游戏、壁炉、热水浴缸和一间酒吧,令你立刻有种想要畅饮一杯威士忌的冲动。

🛏 Vattakanal

小村庄Vattakanal(简称"Vatta")位于科代西南方向大约4.5公里处,对于预算紧张的游客来说是一个可以选择的美妙的住宿场所。它非常受欢迎,特别是深受团队出行的印度和以色列游客的喜爱,人多的时候这里还有一种温和的派对氛围。

Altaf's Cafe
客栈 $

(📞9487120846; www.altafscafe.com; Vattakanal; 房间 ₹1200~2000) Altaf's Cafe是一家小小的中东—意大利人气餐厅,有几间宽敞的双人间和能睡6个人(有时还能睡得更多)的三床间,房间都有独立卫浴。房间分布在Vattakanal的山腰。

Kodai Heaven
客栈 $$

(📞9865207207; www.kodaiheaven.com; 6 Dolphin's Nose Rd, Vattakanal; 房间 ₹2000~3200; 🛜) 陈设简单的山腰公共房间,可以住2~6人,色彩活泼鲜艳,还有壮观的山景。

> **值得一游**

海豚鼻徒步线路（DOLPHIN'S NOSE WALK）

这条迷人的徒步线路长约4.5公里（单程），从科代市中心出发，穿过低预算旅行者最爱流连的Vattakanal，就抵达了海豚鼻（Dolphin's Nose）——一个狭窄的岩石观景台，地势险峻，下方有一条水流湍急的瀑布。你或许能在树林里看到印度野牛或巨大的松鼠。

从Coaker's Walk的南端沿着St Mary's Rd向西，再向西南，1.2公里后经过修建于19世纪的La Saleth教堂（La Saleth Church）。经过教堂400米后有一个岔路口，向左转然后下山，很快道路就变成了未经铺设的土路，这条路会一直穿过Pambar Shola的部分树林。沿路前行450米后，你会经过一座桥，桥下是一些瀑布。桥对面有一些小吃摊，出售水果、茶、咖啡、面包煎蛋饼和搭配酸橙与马沙拉酱汁的烤玉米。沿着公路下山，走1公里到Vattakanal村，沿途视野开阔。沿着陡峭的小路下山，经过Altaf's Cafe，大约15分钟以后你便会来到海豚鼻观景台。

🍴 餐饮

PT Rd路是餐厅集中的地方。很多科代餐厅受到有机和/或国际潮流的影响，而且你能享用当地出产的奶酪、面包、咖啡和牛油果。

Pastry Corner　　　　　　　　面包坊 $

（3 Maratta Shopping Complex, Anna Salai; ⊙10:30~14:00和15:00~17:30）在这家人气面包坊挑选新鲜出炉的玛芬蛋糕、羊角面包、蛋糕、肉桂漩涡面包和三明治，或者端着一杯茶或咖啡挤在长凳上。

Tava　　　　　　　　　　　　印度菜 $

（PT Rd; 主菜 ₹70~140; ⊙周四至周二11:30~20:45）这是一家便宜、快捷、干净的纯素食餐馆，菜品品种繁多，全都是印度风味；你可以尝尝辛辣的花椰菜烤饼（gobi paratha）或酥脆的炸面包配土豆和酸辣酱（sev puri）。

Ten Degrees　　　　　　　多元风味 $$

（PT Rd; 主菜 ₹200~360; ⊙正午至22:00）蜜色木头和科代的黑白照片为这家PT Rd上的新餐厅定下了基调，这个生气勃勃的地方供应精心烹制而成并优雅地呈现出来的印度和欧陆风味菜肴。它制作令人垂涎的辣味卷饼、自制面包三明治、汉堡包、沙拉、牛排、以鸡蛋为主的早餐和用罐子装的饮品。

Altaf's Cafe　　　　　　　　多元风味 $$

（📞9487120846; www.altafscafe.com Vattakanal; 菜肴 ₹70~200; ⊙8:00~20:30）这家侧边敞开式咖啡馆为Vattakanal村的饥饿游客烹制充满灵魂的意大利、印度和中东风味菜肴，包括早餐和sabich（以色列茄子和鸡蛋皮塔三明治），另有茶、咖啡、果汁和印度奶昔。

Hotel Astoria　　　　　　　印度菜 $$

（Anna Salai; 主菜 ₹110~150, 塔利套餐 ₹115~155; ⊙7:00~22:00）这家纯素食餐厅总是挤满了当地人和游客，尤其是在午餐时间，此时它会供应绝妙的不限量塔利套餐。

Cloud Street　　　　　　　多元风味 $$$

（www.cloudstreetcafe.com; PT Rd; 主菜 ₹260~550; ⊙周三至周一 12:30~21:00; 🛜）为何推荐？因为这里有真正的意式木火烤箱。菜单上除了有鹰嘴豆沙和炸泥豆三明治之外，还有炉烤意大利面和自制蛋糕。你可以在简单、轻松的家庭经营环境中享用所有这些美食，四处摇曳着烛光，寒冷的晚上还有劈啪作响的炉火。每两周的周六就会举行一次现场音乐演出。

Carlton　　　　　　　　　多元风味 $$$

（Lake Rd; 自助餐 ₹950; ⊙7:30~10:30, 13:00~15:00和19:30~22:30）绝对是个可以奢侈一把并大快朵颐地享用自助晚餐的好地方：包括品种丰富的印度和欧洲美食，不限量取用。午餐是按菜单点的。

★ Cafe Cariappa　　　　　　　　咖啡馆

（www.facebook.com/cafecariappa; PT Rd; 咖啡 ₹80~100; ⊙周二至周日 10:30~18:30; 🛜）对咖啡因上瘾的人有福了，这个木嵌板装饰的古朴时尚风格小咖啡馆使用自己在当地种植

的有机咖啡制作美妙的饮品。这里还可制作胡萝卜蛋糕、可丽饼、三明治和新鲜果汁,并出售科代制造的奶酪。

🛍 购物

在城内随处可见出售自制巧克力、香料、天然精油和手工艺品的商店。其中一些商店还低调而长期地为致力于促进社会公平而努力。

Re Shop 工艺品

(www.facebook.com/bluemangotrust; Seven Rd Junction; ⊙周一至周六 10:00~19:00) 这家商店以合理的价格出售时髦的首饰、织物和卡片等,所售商品都是由泰米尔纳德邦一带被边缘化的村妇制作的,所得收入也被用来帮助她们。

ℹ 实用信息

旅游办事处(☎04542-241675; PT Rd; ⊙周一至周五10:00~17:30)看上去不太靠谱,但其实很有帮助。

ℹ 到达和离开

长途汽车 对于大多数目的地而言,最快捷的方式是在科代的长途汽车站(Anna Salai)乘坐长途客车。
Raja's Tours & Travels(http://rajastours.com; Anna Salai; ⊙8:00~21:00)运营20座的小巴,座椅靠背可调节。客车开往乌德格曼德勒姆(₹500,8小时,19:30发车),还有可过夜的空调卧铺和半卧铺客车开往金奈(₹650~950,12小时,18:00和18:30发车)和班加罗尔(₹650~850,12小时,18:30发车)。

火车

最近的火车站是Kodai Road,位于科代卡那以东大约80公里处的平原上。每天有4班火车抵离金奈的Egmore火车站,包括夜班车Pandiyan Express(卧铺/空调卧铺3类/空调卧铺2类/空调卧铺1类 ₹295/765/1075/1815; 8小时),21:20从金奈发车,21:10从Kodai Road向北发车。科代的邮局有一个**火车票订票处**(Post Office, Post Office Rd; ⊙周一至周五 9:00~16:00,周六 至14:00)。

从科代卡那直达Kodai Rd火车站的长途汽车每天10:20和16:25发车(₹55,3小时);火车站和Batlagundu(科代—马杜赖沿线)之间还有许多长途汽车。乘坐出租车抵离火车站的费用是₹1200。

ℹ 当地交通

科代卡那市中心的布局很紧凑,步行可轻松游遍。这里没有机动三轮车(信不信由你),但有许多出租车。最低费用是3公里之内₹150;抵离Vattakanal的费用是₹300。

科代卡那周边

科代卡那下面的Palani Hills有一些可爱的乡村休憩处。

Elephant Valley 家庭寄宿 $$

(☎7867004398; www.duneecogroup.com; Ganesh Puram, Pethupari; 房间 含早餐 ₹4010~8750; ☎) 深藏于科代卡那东北方向22公里处的山谷中,紧邻Kodaikanal-Palani Rd,这个生态友好型的休憩之所是由法国人经营的,占据着48公顷的山间丛林和有机农场。大象、孔雀和野牛在里面漫步,使用当地材料建造的村舍(包括一个树屋)坐落在一条河流的两侧。法国—印度风味餐厅供应美妙的餐食(使用的是种在花园里的新鲜蔬菜),还有自己种植的咖啡。

哥印拜陀(Coimbatore)

☎0422 / 人口 1,050,000

哥印拜陀是泰米尔纳德邦第二大城市,

从科代卡那(科代)出发的国营长途汽车

目的地	票价(₹)	行程(小时)	发车时间
班加罗尔	560~760	12	17:30、18:00
金奈	480	12	18:30
哥印拜陀	130	6	8:30、16:30
马杜赖	65	4	每天15班
蒂鲁吉拉伯利	120	6	13:30、15:30、17:40、18:00

Coimbatore 哥印拜陀

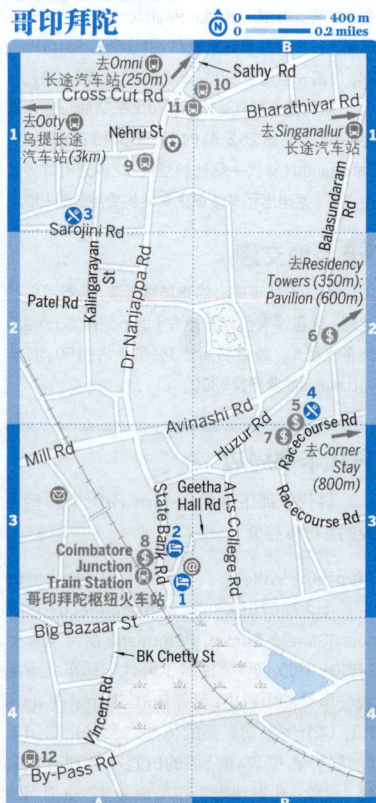

Coimbatore 哥印拜陀

住宿
- 1 Legend's Inn.................................A3
- 2 Sree Subbu...................................A3

就餐
- 3 Junior Kuppanna..........................A1
- 4 On The Go...................................B2

实用信息
- 5 HSBC ATM....................................B2
- 6 印度国家银行自动柜员机................B2
- 7 印度国家银行自动柜员机................B3
- 8 印度国家银行自动柜员机................A3

交通
- 9 中央公共汽车站............................A1
- 10 SETC长途汽车站..........................B1
- 11 城市公共汽车站............................A1
- 12 Ukkadam长途汽车站...................A4

常因其纺织业而被称为印度的曼彻斯特。这个大型的工业城市和交通枢纽虽然足够友好热情而且越来越国际化，但缺乏有趣的景点，对于大多数游客来说，它就是前往乌德外曼德勒姆和喀拉拉邦的跳板。如果你要在此过夜的话，这里有大量住宿和就餐地点可供选择。

住宿

Sree Subbu 酒店 $

(☎0422-2300006；Geetha Hall Rd；标单/双 ₹550/660）如果价格是首要因素，那么Sree Subbu就是一个足够干净的廉价之选，没有空调。

Corner Stay 客栈 $$

(☎9842220742；www.cornerstay.in；

4/1 Abdul Rahim Rd，紧邻Racecourse Rd；房间 ₹2000~3000；❄☎）这家温馨的客栈位于赛马场区域（Racecourse-area）的一条安静小巷里，有3间无可挑剔、很有品位的房间，配有公共休息间和阳台。两间房间共用一个厨房，另一间房间有自己的厨房，还提供家常烹饪餐食。位于火车站西北方向2公里处。

Legend's Inn 酒店 $$

(☎0422-4350000；www.legendsinn.com；Geetha Hall Rd；房间 ₹1460，标单/双 带空调 ₹1820/2070；❄）这条火车站对面的街上至少有10间住宿，而这里是其中物有所值的中档之选，有宽敞、干净、舒适的房间，24小时营业的前台和乐于助人的前台接待人员。这里的生意很好，需预订。

Residency Towers 酒店 $$$

(☎0422-2241414；www.theresidency.com；1076 Avinashi Rd；标单/双 含早餐 ₹6800/7600起；❄@☎☎）Residency有一个天花板很高的大堂，因为这里有专业的员工、设施齐全的房间、游泳池以及一流的餐饮可选择，包括Pavilion（自助 早餐/午餐/晚餐 ₹475/820/930；⊙7:00~10:00，12:30~15:00和19:00至正午）超值的自助餐，成为当之无愧的最佳选择。在线查看有无折扣。

✘ 就餐

Junior Kuppanna 南印度菜 $$

(☎0422-235773; www.hoteljuniorkuppanna.com; 177 Sarojini Rd, Ram Nagar; 主菜 ₹160~200, 塔利套餐 ₹170; ⏱正午至16:00和18:30~23:00)在这家餐馆，你最喜欢的南印度塔利套餐会用蕉叶盛着端到你的面前，而饥肠辘辘的肉食者则会爱上种类多样的著名非素食南印度特色佳肴，所有食物都来自一尘不染的厨房。城里有3家分店。

On The Go 多元风味 $$$

(☎0422-4520116; www.onthegocbe.com; 167 Racecourse Rd; 主菜 ₹275~575; ⏱12:30~14:45和19:00~22:30)餐厅色彩缤纷，布置现代，装饰着卡通画和蓝绿色的沙发，是享用美味（虽然有些贵）的世界各地美食的好地方，菜肴风味多样，从意大利和中东到斯里兰卡

和北印度菜应有尽有。

❶ 到达和离开

飞机

机场位于城市以东10公里处。**印度航空公司**(☎2303569; www.airindia.in)、**靛蓝航空公司**(www.goindigo.in)、**捷特航空公司**(☎2243465; www.jetairways.com)或**香料航空公司**(www.spicejet.com)等每天有飞往全国各地的直飞航班，目的地包括班加罗尔、金奈、德里、海得拉巴和孟买。**SilkAir**(www.silkair.com)每周有4个航班往返新加坡。

长途汽车

位于火车站西北方向5公里的**乌德格曼德勒姆长途汽车站**(New Bus Stand; Mettupalayam Rd)有开往乌德格曼德勒姆(₹53; 4小时)的客车，途经Mettupalayam (₹14~18; 1小时)和古努尔(Coonoor; ₹40; 3小时)，每10分钟1班。此外，

另辟蹊径

阿奈马莱老虎保护区（ANAMALAI TIGER RESERVE）

阿奈马莱老虎保护区(Anamalai Tiger Reserve; Indira Gandhi Wildlife Sanctuary & National Park; ₹30, 拍照/录像 ₹80/200; ⏱6:00至正午和15:00~17:00)是一片占地950平方公里的保护区，海拔高达2400米，热带丛林、shola原始森林和草地从西高止山脉一直蔓延进入科代卡那和哥印拜陀之间的喀拉拉邦。这里从2007年以后就成为老虎保护区，生活着各种充满异域风情的本土野生动物，其中的很多是珍稀和濒危物种——包括猎豹和大约30只行踪诡秘的老虎，此外还有狮尾猕猴、孔雀、叶猴、鳄鱼、斑鹿和大象。

保护区的**接待和解说中心**(Reception & Interpretation Centre; ☎04259-238360; Topslip; ⏱7:00~18:00)位于Topslip (Pollachi西南方向35公里)，运营官方组织的45分钟**小巴游猎**(Topslip; 每人 ₹130起; ⏱7:00~10:00和15:00~17:00)和**导游徒步**(Topslip; 2小时徒步 每人 ₹500; ⏱7:00~14:00)。Topslip提供条件简单的**林业部住宿**(Forest Department accommodation; ☎预订 04259-238360; Topslip; 房间 ₹1500~4000); 通过Pollachi的**地区林业办事处**(District Forest Office; ☎04259-225356, 住宿预订 04259-238360; www.forests.tn.nic.in; 365/1 Meenkarai Rd, Pollachi; ⏱周一至周五 10:00~17:45)提前订房。

小小的茶叶种植城镇**瓦尔巴赖**(Valparai)位于保护区的边缘，坐落在Pollachi以南65公里处。来阿奈马莱老虎保护区游览的话，这里是个更舒适的大本营。美妙的**Sinna Dorai's Bungalow** (☎7094739309; www.sinnadorai.com; Valparai; 含全膳宿 标单 ₹7650~8650, 双 ₹9750~11,000; 🅿)位置绝佳，就在一片广阔的茶园里，提供带导游的徒步、夜间乘车寻找野生动物、常常饭菜和6间宽敞的房间，房间里充满了当地20世纪初的历史风情。

有长途汽车从Pollachi往返Topslip (₹35, 2小时, 每小时1班)和瓦尔巴赖 (₹30, 3小时, 半小时1班)。开往Pollachi (₹17~23, 1小时, 每5分钟1班)的长途汽车从哥印拜陀的Ukkadam长途汽车站发车，那里每天还有一班开往瓦尔巴赖 (₹65, 4小时, 15:00)的长途汽车。从科代卡那前往Pollachi (₹110, 6小时)的长途汽车在8:30和16:30发车。

每半小时有1班长途汽车开往Kotagiri（₹30；3小时；5:15~19:15），每天还有28班客车开往迈索尔（Mysuru；₹160~400；6小时），11班车开往班加罗尔（₹400~650；9小时）。

在距离市中心以东6公里的**Singanallur长途汽车站**（Singanallur Bus Stand; Kamaraj Rd），有长途汽车开往蒂鲁吉拉伯利（₹116；5小时）、坦贾武尔（₹180, 7小时15分钟）和马杜赖（₹125；5小时），每10分钟1班。140路公共汽车（₹11）往返该汽车站与**城市公共汽车站**（Town Bus Stand; Dr Nanjappa Rd和Bharathiyar Rd交叉路口）之间，不要把后者和**中央公共汽车站**（Central Bus Stand; Dr Nanjappa Rd）弄混了。

位于火车站西南方向1.5公里的**Ukkadam长途汽车站**（Ukkadam Bus Stand, NH Rd）有开往南方的长途汽车，目的地包括Pollachi（₹17~23；1小时15分钟；每5分钟1班）、科代卡那（₹180；4小时；10:00）和蒙讷尔（Munnar；₹180；6.5小时；8:15）。

国营特快或超快空调和沃尔沃客车从**SETC长途汽车站**（Thiruvalluvar Bus Stand; Bharathiyar Rd）发车。

班加罗尔 ₹375~700, 9小时, 每天12班
金奈 ₹400~460, 11小时, 8班客车17:30~22:30
埃尔纳古勒姆 ₹170, 5.5小时, 每天8班
迈索尔 ₹160~400, 6小时, 每天27班
特里凡得琅 ₹322, 10.5小时, 每天7班

开往班加罗尔、金奈、埃尔纳古勒姆（Ernakulam）、本地治里、蒂鲁吉拉伯利和特里凡得琅（Trivandrum）的私营长途汽车从位于城市公共汽车站以北500米外的**Omni长途汽车站**（Omni Bus Stand, Sathy Rd）发车，或者从Sathy Rd路上的售票点出发。

出租车

乘坐出租车前往乌德格曼德勒姆（3小时）需要₹2500；开往乌德格曼德勒姆的长途汽车通常十分拥挤，所以乘坐出租车是值得考虑的选择。

火车

哥印拜陀枢纽火车站位于金奈和埃尔纳古勒姆（Ernakulam；科钦，喀拉拉邦）之间的主干线上，每天至少有13班火车开往各个方向。早上5点15分出发开往Mettupalayam的尼尔吉里特快列车（Nilgiri Express；卧铺/空调卧铺2类/空调卧铺3类 ₹170/535/740, 1小时）与早上7点10分从Mettupalayam开往乌德格曼德勒姆的小火车衔接。到达乌德格曼德勒姆全程7小时。

🛈 当地交通

20A路、40路、41D路或44路公共汽车（₹11）从**城市公共汽车站**（见本页）出发，停靠在距离机场1公里的地方。从市中心乘坐出租车到机场的费用是₹300~400。

有许多公共汽车往返于火车站和**城市公共汽车站**（见本页）之间。从火车站乘坐机动三轮车到**Ukkadam长途汽车站**（见本页）大约需要₹60，到**SETC长途汽车站**（见本页）或**城市公共汽车站**（见本页）需要₹80，前往**乌德格曼德勒姆长途汽车站**（见本页）需要₹150。

出租车应用Uber和Ola Cabs在这里很好用。

哥印拜陀周边

商业城镇**Mettupalayam**位于哥印拜陀以北40公里处，是7:10开往乌德格曼德勒姆的小火车的始发站。如果你需要在这里住一晚，Mettupalayam有很多住处。

从哥印拜陀出发的主要列车

目的地	列车编号和名称	票价（₹）	行程（小时）	发车时间
班加罗尔	16525 Bangalore Exp	260/695/995 (B)	8.5	22:55
金奈中央火车站	12676 Kovai Exp	180/660 (A)	7.5	14:55
	22640 Chennai Exp	315/810/1140 (B)	7.5	22:15
埃尔纳古勒姆（科钦）	12677 Ernakulam Exp	105/390 (A)	3.75	13:10
马杜赖	16610 Nagercoil Exp	205/545 (C)	5.5	20:30
特里凡得琅	12695 Trivandrum Exp	285/730/1025 (B)	8.5	23:10

票价:（A）2等车厢/空调座席；（B）卧铺/空调卧铺3类/空调卧铺2类；（C）卧铺/空调卧铺3类。

尼尔吉里斯人和他们的部落

森林覆盖、瀑布环抱的尼尔吉里斯（Nilgiris；又名青山[Blue Mountains]）高耸于低地城镇Mettupalayam（东南方向）和Gudalur（西北方向）之间的平原之上，人们只能经由曲折的山路和著名的尼尔吉里山区铁路（Nilgiri Mountain Railway）上山。山上的部分地区地势复杂，山谷和山岗纵横交错，有20多座2000米以上的山峰。这里是植物学家的梦想之地，有2300个开花植物物种，但许多当地的shola林和草地都已经被茶树、咖啡、桉树和牛所取代。

联合国教科文组织指定的尼尔吉里生物圈保护区（Nilgiri Biosphere Reserve）是一片面积更大、占地5520平方公里的广袤地带，也包括喀拉拉邦和卡纳塔克邦（Karnataka）的部分地区。作为全世界的生物多样性热点地区之一，它包括几个重要的老虎保护区、国家公园和野生动物保护区。

尼尔吉里斯部落居民长期以来过着离群索居的生活，这样的生活一直持续到2个世纪前英国人来到这里之前。如今，殖民主义的影响以及来自低地的移民已经使部落文化弱化到了崩溃的边缘，有些文化已经消失不见了。但另外一些人仍然延续着至少是半传统的生活方式。

多亏了靠近乌德格曼德勒姆，Toda是最著名的部落（约1500人）。有些人仍然住在小村庄（mund）里用竹子、藤和草搭建的传统桶状小屋里。Toda妇女留着齐肩卷发；无论男女都围着手工织成、黑红相间的棉布绣花披肩，很有特色。水牛是Toda人生活的中心，为他们提供牛奶和酥油。按照传统，严格食素的Toda人只有在葬礼上才会杀一头水牛，寓意是陪伴逝者。

一般认为，大约是在公元1600年的时候，20多万名Badaga人从卡纳塔克邦迁居尼尔吉里斯。他们的传统服饰是镶着彩条窄边的白布。他们敬拜母亲女神Hetti Amman，每年12月或1月的Hettai habba节就是献给这位女神的。

Kota人是传统工匠，生活在Kotagiri地区的7个定居点内。他们已经能够比较好地适应现代社会了，许多人在政府部门任职。

传统上以巫术闻名的Kurumba人居住在南部茂密的丛林深处，是水平很高的采集者（特别是野蜂蜜采集者），不过很多人如今从事农业。Irula人也擅长采集食物，而且是植物专家。

如果你对尼尔吉里的部落感兴趣，不要错过位于乌德格曼德勒姆西南方向10公里处的部落研究中心博物馆（Tribal Research Centre Museum; Muthorai Palada; 印度人/外国人₹5/100; ⊘周一至周五 10:00~13:00和14:00~17:00，时间不定）。Kotagiri的Keystone Foundation（见1097页）等组织致力于推广传统工艺。

古努尔（Coonoor）

☑0423 / 人口 45,490 / 海拔 1720米

古努尔是尼尔吉里山（Nilgiri hill）的三大避暑地（乌德格曼德勒姆、Kotagiri和古努尔）之一，高踞南部平原之上。与乌德格曼德勒姆（西北方向20公里）相比，古努尔更小也更安静。城内有一些很棒的历史酒店和青年旅舍，在这里可以做的事（徒步，游览茶叶种植园，赞叹山间美景）和在面积更大、更繁华的乌德格曼德勒姆是一样的。游客可以从位于市中心西北方向（上山方向）1~3公里的上古努尔（upper Coonoor）俯瞰远处山坡上那一片红瓦屋顶，享受凉爽的气候、安静的环境和美丽的景色。但是下古努尔（市中心）嘈杂、混乱，没什么吸引力。

◉ 景点

要想欣赏古努尔城外的风景，最好的方式是乘坐机动三轮车（₹600）或出租车（₹800）游览。

Sim's Park 公园

(Upper Coonoor; 成人/儿童 ₹30/15, 拍照/录像 ₹50/100; ⊙7:00~18:30) 上古努尔占地12公顷的Sim's Park建于1874年，是一片宁静的绿洲，修剪整齐的草坪沿着山坡缓缓倾斜而下，公园内有来自世界各地的1000多种植物，包括木兰、蕨类植物、玫瑰和山茶。开往Kotagiri方向的长途汽车在此停车。

Highfield Tea Estate 种植园

(Walker's Hill Rd; ⊙8:00~21:00) **免费** 这个拥有50年历史的庄园（位于上古努尔东北方向2公里处）是少数仍在运营并向游客开放的尼尔吉里茶叶工厂之一。导游很快就会围上来，但你完全可以自己独立参观制造茶叶的全过程。当然，你还可以在品尝之后购买一些茶叶。

Lamb's Rock 观景点

(Dolphin's Nose Rd; ₹10, 拍照/录像 ₹20/50; ⊙8:30~18:30) Lamb's Rock位于一片有猴子游荡的森林中，是一个很受欢迎的野餐地点，风景很美，目光越过闪闪发光的茶树和咖啡种植园，直抵雾蒙蒙的平原。这个观景点位于上古努尔以东5公里处——要是你愿意的话，走过去也不是不可以。

海豚鼻观景台 观景点

(Dolphin's Nose; Dolphin's Nose Rd; ₹10, 拍照/录像 ₹20/50; ⊙8:30~18:30) 这个很受欢迎的观景点位于小城以西10公里处，在这里可以看到山谷对面凯瑟琳瀑布（Catherine Falls; 见1097页）的壮阔全景。

🛏 食宿

你需要机动三轮车、汽车或好脚力才能抵达古努尔最好的住宿地点。在长途汽车站周边汇聚了一些便宜的南印度餐厅。

YWCA Wyoming Guesthouse 历史客栈 $

(☎0423-2234426; http://ywcaagooty.com; Bedford; 铺 ₹220, 标单 ₹600~720, 双 ₹1300) 这座摇摇欲坠的房子已经有150年的历史了，性价比很高。有些漏风而且吱吱作响，不过木质露台让它散发出殖民时代的气质，越过树梢可以俯瞰宁静的城市景色。房间不错，很干净，有热水，应客人的要求可提供简便的餐食。

★180° McIver 历史酒店 $$

(☎0423-2233323; serendipityo.com; Orange Grove Rd, Upper Coonoor; 房间 含早餐 ₹4560~7300; 🛜) 这座建于20世纪初期的传统英式平房位于城镇的最高点，被改造得个性十足。6间漂亮、宽敞的房间里摆放着古董家具，有至今仍在使用的壁炉和清爽的大浴室。酒店的餐厅La Belle Vie (主菜 ₹260~500; ⊙12:30~15:30和19:30~22:30) 让很多客人从很远的地方专程开车来此品尝欧洲和印度风味的美食，在弧形草坪（你可以在那里用餐）上可以看到壮丽的全景。

Acres Wild 农场寄宿 $$

(☎9443232621; www.acres-wild.com; 571 Upper Meanjee Estate, Kanni Mariamman Kovil St; 房间 含早餐 ₹3650~5460; 🛜) 这座农场位于古努尔的东南边缘，环境非常美丽，它是按照可持续发展的理念经营的，靠太阳能供热，收集雨水使用，这里的奶酪是用自家的牛挤出的奶制作而成的，在印度的其他地方很难吃到。分布在3间村舍中的5间房间宽敞时尚，有厨房和壁炉。热情好客的主人是孟买人，有许多远离成群游客的建议。需预订。

Gateway 历史酒店 $$$

(☎0423-2225400; https://gateway.tajhotels.com; Church Rd, Upper Coonoor; 含早餐 单 ₹7120~14,930, 双 ₹7800~16,280; 🛜) Taj集团旗下的Gateway原本是殖民时代的一座小修道院，改造后成了华丽的历史酒店。温馨的奶油色房间间沉浸在一片绿意中，大部分房间里都有可以使用的壁炉。后面的房间可以欣赏山景。晚上在草坪会燃起篝火，很不错的餐厅Gateway All Day restaurant (主菜 ₹400~600; ⊙7:30~10:30, 12:30~15:00和19:30~22:30) 俯瞰着花园，还有免费瑜伽和喀拉拉邦阿育吠陀按摩。

🔒 购物

Green Shop 手工艺品、食物

(www.lastforest.in; Jograj Bldg, Bedford Circle; ⊙周一至周六 9:30~19:30) 🍃按公平贸易原则生产出来的当地部落工艺品、服装、织

物和笔记本非常好看，另外还有有机野蜂蜜、坚果、巧克力、香皂和茶。

❶ 到达和离开

古努尔的**长途汽车站**（Lower Coonoor）有客车抵离乌德格曼德勒姆（₹10，1小时），每10分钟1班。开往Kotagiri（₹12，50分钟）和哥印拜陀（₹35，3小时）的长途汽车每30分钟1班。

古努尔位于Mettupalayam（1等座/2等座₹185/25，2小时15分钟至3小时15分钟）和乌德格曼德勒姆（₹150/25，1小时15分钟）之间的小型铁路沿线，每天有3班列车抵离乌德格曼德勒姆；另外每天还有Mettupalayam—乌德格曼德勒姆—Mettupalayam的列车。

乘坐出租车抵离乌德格曼德勒姆的费用是₹900。

Kotagiri

☏04266 / 人口 28,200 / 海拔1800米

在尼尔吉里的3个山中避暑地中，Kotagiri最古老，面积也最小，它位于乌德格曼德勒姆以东30公里处，在泰米尔纳德邦最高的山口之外。它安静而低调，在镇中心并不起眼——其魅力在于松柏林里的红土小路、蓝天和尼尔吉里丘陵的绿色屏障。

◉ 景点

包括**凯瑟琳瀑布**（Catherine Falls；Kotagiri-Mettupalayam Rd）和**Kodanad 观景台**（Kodanad；⊙黎明至黄昏）的半日租车游览花费约₹1200。

沙利文纪念馆　　　　　　　　博物馆

（Sullivan Memorial；☏9488771571；Kannerimukku；成人/儿童 ₹20/10；⊙周五至周三 10:00~17:00）位于Kotagiri中心以北2公里处，这座房子是乌德格曼德勒姆的缔造者约翰·沙利文（John Sullivan）修建的，如今被修缮成了鲜艳的红色，陈列着迷人的照片、剪报，以及与当地部落、欧洲殖民地和小型货车等标志性的文化符号相关的文物。这里还有**尼尔吉里档案中心**（Nilgiri Documentation Centre；www.nilgiridocumentation.com），致力于保存该地区的美丽景致和文化遗产。

志愿者活动

Keystone Foundation　　　　志愿者活动

（☏04266-272277；http://keystone-foundation.org；Groves Hill Rd）这个总部位于Kotagiri的非政府组织旨在改善尼尔吉里的环境，同时提升土著社区的生活水平。有时会招募志愿者。

🛏 食宿

La Maison　　　　　　　　历史酒店 $$$

（☏9585857732；www.lamaison.in；Hadatharai；标单 ₹5630~7430，双 ₹6750~8910；🛜）覆盖着鲜花、归法国人所有的La Maison是一座经过修复的十分美丽的19世纪90年代苏格兰别墅，位置绝佳，在茶园环绕的山顶上，位于Kotagiri西南方向5公里处。其设计风格是古怪的法国时髦风格：古董家具、部落手工艺品、古老的乌德格曼德勒姆绘画。你可以徒步走到瀑布，参观部落村庄，品尝家常烹饪餐食（₹800），大快朵颐，或者在面对峡谷的热水浴缸里懒洋洋地躺着。

🛍 购物

Green Shop　　　　　　　食品、手工艺品

（http://lastforest.in；Johnstone Sq；⊙周一至周六 9:30~19:00）生态环保的Keystone Foundation的商店出售野餐食品（当地巧克力、野生蜂蜜等）和可爱的部落工艺品。

❶ 到达和离开

长途汽车每半小时有1班抵离乌德格曼德勒姆（₹15，1.5小时）的车，每15分钟有1班抵离古努尔（₹11，1小时）和Mettupalayam（₹16，1.5小时）。前往哥印拜陀（₹34，2.5小时）的长途汽车每45分钟1班。乘坐出租车抵离乌德格曼德勒姆的费用是₹900。

乌提（乌德格曼德勒姆）[Ooty（Udhagamandalam）]

☏0423 / 人口 88,430 / 海拔 2240米

乌德格曼德勒姆[又称为乌提（Ooty）]也许有点儿嘈杂，尤其是它混乱的市中心，但很快你就会进入更加安静、树木郁郁葱葱的地带，这里的高高耸立的松树会让你以为来到

Nilgiri Hills 尼尔吉里山

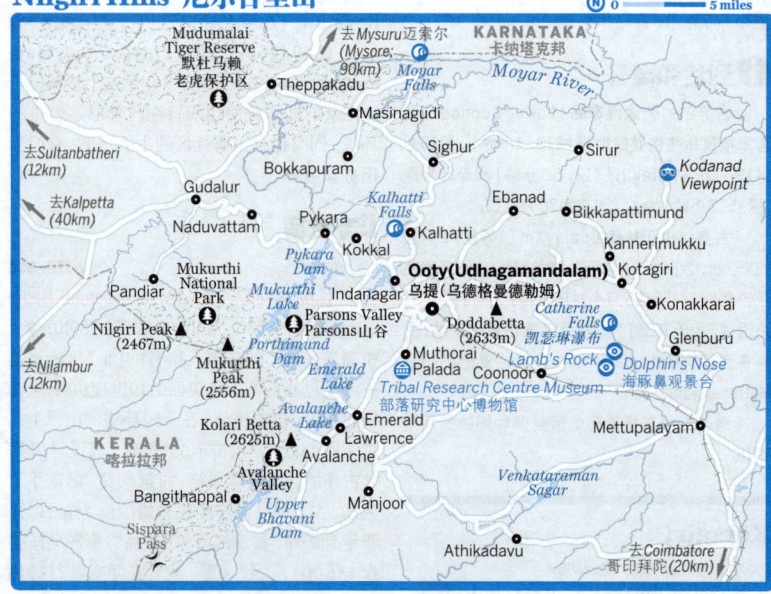

了英格兰的乡村小路上。乌德格曼德勒姆号称"山中避暑地的王后",既有印度的喧闹和印度教神庙,又有美丽的花园、国际学校和迷人的英国统治时期的别墅(后者是这里最有气氛的住宿地点)。

这座城市曾经有一个令人难忘的绰号——"自大的乌提"(Snooty Ooty),它是在19世纪初由英国人修建的,并且成为马德拉斯(Madras)政府的夏日首府。在几十年前,乌德格曼德勒姆的发展停滞了,而老城区不完全地保存了下来——你只需要走远点儿就能找到它。

你可以在这里乘坐著名的小火车开始一段浪漫的观光之旅,即使是沿途的景色也相当令人难忘。4月至6月("旺季"),乌德格曼德勒姆是躲避炎热平原的避暑胜地。而在10月到次年3月,夜间温度有时会降至零摄氏度。

火车和长途汽车站都在乌德格曼德勒姆赛马场(Ooty's racecourse)的西端,这里几乎是城市里海拔最低的区域。它们的西侧是湖泊,而城市的街道在蜿蜒向上延伸。从长途汽车站向东步行到乌德格曼德勒姆的商业中心Charing Cross需要20分钟。

◉ 景点

植物园　　　　　　　　　　　花园

(Botanical Gardens; Garden Rd; 成人/儿童 ₹30/15, 拍照/录像 ₹50/100; ⊙7:00~18:30) 这些建于1848年的可爱的花园占地22公顷,简直就是尼尔吉里的一座活生生的自然植物博物馆。留意一座典型的Toda部落mund(村庄)和一个树干化石(据信生长在2000万年前)。旺季时大约有2000万印度游客到此参观。

圣斯蒂芬教堂　　　　　　　　教堂

(St Stephen's Church; Church Hill Rd; ⊙10:00~18:00) 高踞乌德格曼德勒姆市中心上方的这座完美无瑕的浅黄色圣斯蒂芬教堂建于1829年,是尼尔吉里最古老的教堂。教堂内有漂亮的彩色玻璃,巨大的木梁是用大象从120公里以外的蒂普苏丹(Tipu Sultan)皇宫运来的,石板和饰板都是由殖民地时期经常做礼拜的人捐献的。在杂草丛生的墓地里,你会发现许多纪念乌德格曼德勒姆的英国人的墓碑,包括乌德格曼德勒姆的缔造者约翰·沙利文的妻子和女儿。

尼尔吉里图书馆 图书馆

（Nilgiri Library；☎0423-2441699；Hospital Rd；◉10:00~13:00和14:30~18:00）这座古色古香的小图书馆位于一座建于1867年的摇摇欲坠的土红色建筑里，有3万多种图书，其中包括罕见的有关尼尔吉里与山区部落的图书和19世纪的英国杂志。游客可以办理为期一个月的临时图书证（₹500），在阅览室看书。楼上有维多利亚女王的一幅肖像，是她1887年登基50周年纪念时送给乌德格曼德勒姆的。

2016年，图书馆举办了第一届乌德格曼德勒姆文学节（Ooty Literary Festival；www.ootylitfest.com）。

Doddabetta 观景点

（Ooty-Kotagiri Rd；₹6，拍照/录像 ₹10/50；◉8:00~17:00）Doddabetta位于乌德格曼德勒姆以东7公里处，是尼尔吉里的最高点（2633米）。当天气晴朗的时候，它是周边地区最好的观景点之一；早点过来可以欣赏没有雾气遮挡的风景。乘坐Kotagiri长途汽车在Dodabetta交叉路口下车，然后沿着陡峭的路走3公里，或者坐吉普车前往。也可以在Charing Cross乘坐出租车往返（₹700）。

🏃 活动

徒步和远足

乌德格曼德勒姆最美丽的部分在于美丽的**尼尔吉里山区**（Nilgiri Hills）。大多数酒店都能帮你联系带领半日徒步游的当地向导，每人收费约₹500。行程一般是开车出城，然后步行游览山区、部落村庄和茶园。

你可以在最好的林区进行更专业的徒步旅行，并有可能在途中邂逅野生动物——西南方向的Avalanche或西边位于Mukurthi国家公园（Mukurthi National Park）的Parsons山谷（Parsons Valley）都是不错的徒步林区，或者下行至Walakkad和喀拉拉邦寂静谷国家公园（Silent Valley National Park）——但需要持有泰米尔纳德邦林业部的许可证。近些年来，这里出现了几起涉及大象伤人的外国人身亡事件，还有许多次老虎对当地村民的攻击（造成数人死亡）。由于对该地区人与动物冲突的担忧，**区域管理员办公室**（Office of the Field Director；☎0423-2444098，默杜马赖住宿预订 0423-2445971；fdmtr@tn.nic.in；Mount Stuart Hill；◉周一至周五 10:00~17:45）曾停止颁发许可证，不过现在已重新开始颁发。

尼尔吉里野生动物和环境协会（Nilgiri Wildlife & Environment Association；☎0423-2447167；www.nwea.org.in；Mount Stuart Hill；◉周一至周五 10:00~13:30和14:00~17:00，周六 10:00~13:30）、**区林业局尼尔吉里南方分局**（District Forest Office Nilgiris South Division；☎0423-2444083；www.ootyavalanche.com；Mount Stuart Hill；◉周一至周五 10:00~17:45）和**区林业局尼尔吉里北方分局**（District Forest Office Nilgiris North Division；☎0423-2443968；dfonorth_ooty@yahoo.co.in；Mount Stuart Hill；◉周一至周五 10:00~17:45）可以帮忙提供最新的徒步信息并提出建议。

船

乌德格曼德勒姆湖边的**boathouse**（North Lake Rd；₹12，拍照/录像 ₹25/145；◉9:00~18:00）出租手划船和踏板船。租一条两个座位的踏板船（30分钟）最少要₹170（另交押金₹170）。

👉 团队游

固定价格的出租车观光游可以带你环绕乌德格曼德勒姆一周，历时4小时，车费₹1300；前往古努尔（4小时）的车费为₹1400，前往默杜马赖老虎保护区（Mudumalai Tiger Reserve；全天）的车费为₹2500。

🛏 住宿

乌德格曼德勒姆有许多由殖民地时期的民宅改造而成的高档酒店和一些不错的背包客旅舍，但中档酒店不多。在"旺季"（4月1日至6月15日），酒店会大幅涨价，退房时间一般是上午9点。公共假日出行需要尽早预订。

YWCA Anandagiri 客栈 $

（☎0423-2444262；www.ywcaagooty.com；Ettines Rd；铺 ₹250，标单 ₹400~2240，双 ₹800~2240）这里曾经是一家酿酒厂，周围有一些木屋，中间点缀着花园。拥有干净、个性、粉刷一新的房间，乐于助人的员工，宽敞

Ooty(Udhagamandalam) 乌提(乌德格曼德勒姆)

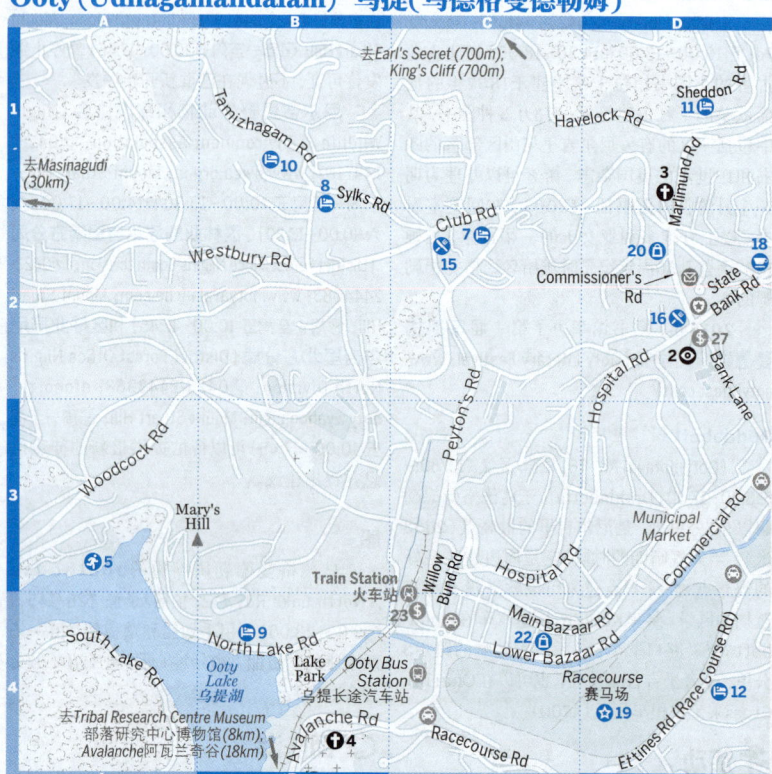

的公共区域和一家不错的餐厅（需预订），是个超值的廉价住宿之选。最便宜的房间有走廊对面的私人卫浴。天花板高高的，这意味着晚上会比较冷，不过你可以让服务员增添毛毯。

Reflections Guest House　　　　客栈 $

（☎0423-2443834; reflectionsin@yahoo.co.in; 1B North Lake Rd; 房间 ₹800~1200; ⛶）这是一家历史悠久的廉价酒店，最近进行了局部翻修，而且就坐落在乌提湖（Ooty Lake）的路对面。有12间一尘不染的超值房间，大多数房间有湖景；最好的房间里有新装修的清爽浴室。体贴的主人会应客人的要求提供小吃，还可以组织带导游的徒步。每天只提供一次热水。

★ Lymond House　　　　历史酒店 $$

（☎9843149490; www.serendipityo.com; Sylks Rd; 房间 含早餐 ₹4200~5470; ⛶）是什么让这座建于1855年的英式别墅胜过它的同类酒店呢？是花园鲜花、四柱床、熊熊燃烧的壁炉和装饰着古董的休息间打造的舒适温馨的村舍氛围？是宽敞梦幻的房间中现代设施与浓郁复古风格的结合？还是美味的多元风味菜肴和美丽的花园？毫无疑问，这些都很重要——另外还有轻松随意但高效的管理方式。

Wyoming　　　　历史酒店 $$

（☎0423-2452008; www.wyoming.in; 46 Sheddon Rd; 房间 含早餐 ₹3150~3680）这家宜人的金黄色传统民居盘踞于乌德格曼德勒姆的高处，6间简单而宽敞的房间散发出迷人的殖民风情，打开门就可以看到经典的尼尔吉里壮阔全景。所有房间里都有电水壶、瓶装水和漂亮的镶木地板。友好的主人把它打理

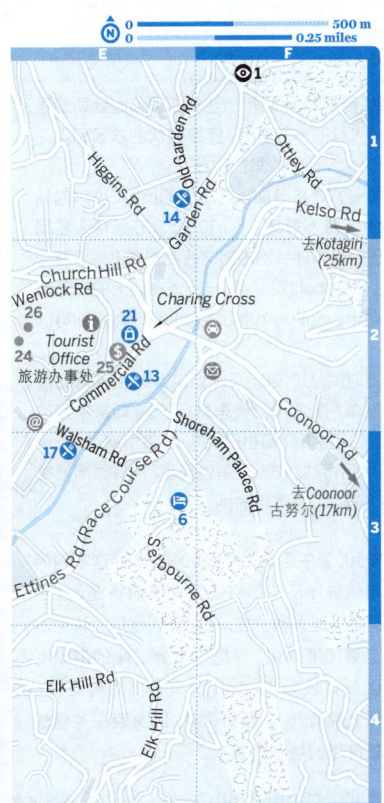

Ooty(Udhagamandalam) 乌提(乌德格曼德勒姆)

景点
1 植物园 F1
2 尼尔吉里图书馆 D2
3 圣斯蒂芬教堂 D1
4 St Thomas' Church B4

活动、课程和团队游
5 Boathouse A3

住宿
6 Fortune Sullivan Court E3
7 Hotel Welbeck Residency C2
8 Lymond House B1
9 Reflections Guest House B4
10 Savoy B1
11 Wyoming D1
12 YWCA Anandagiri D4

就餐
13 Adyar Ananda Bhavan E2
14 Modern Stores E1
15 Place to Bee C2
 Savoy .... (见10)
16 Shinkow's Chinese Restaurant D2
17 Willy's Coffee Pub E3

饮料和夜生活
18 Café Coffee Day D2
 Café Coffee Day .... (见14)

娱乐
19 Ooty Racecourse D4

购物
 Green Shop .... (见15)
20 Higginbothams D2
21 Higginbothams E2
22 K Mahaveer Chand C4

实用信息
23 Canara Bank ATM C4
24 区林业局尼尔吉里北方分局 E2
 区林业局尼尔吉里南方分局 .... (见24)
25 Indian Overseas Bank ATM E2
26 尼尔吉里野生动物和环境协会 E2
 区域管理员办公室 .... (见26)
27 印度国家银行自动柜员机 D2

得很好,而且你可以在点缀着餐桌的花园里享用早餐。

Hotel Welbeck Residency 酒店 $$
(☏0423-2223300; www.welbeck.in; Welbeck Circle, Club Rd; 房间 ₹3650~5040; ☎)
这是一座迷人的老建筑,房间很舒适,有一种殖民地时期的氛围(前门停了一辆1920年生产的Austin轿车)、一家很好的餐馆和非常热心的员工。

★ Savoy 历史酒店 $$$
(☏0423-2225500; www.gateway.tajhotels.com; 77 Sylks Rd; 房间 含早餐 ₹7500起; ☎)
Savoy是乌德格曼德勒姆最古老的酒店之一,部分建筑的历史可以追溯到1829年。村舍和秋千椅环绕着一片迷人的草坪和花园。房间低调地呈现出殖民时期的风格,有宽敞的大理石地面浴室、壁炉、飘窗和热水袋。贴心的细节包括一个鸡尾酒吧、一间阿育吠陀中心和一家极好的多元风味餐厅。4月至6月,客人必须接受包含半膳的住宿。

> ### 另辟蹊径
>
> ## 阿瓦兰奇谷（AVALANCHE VALLEY）
>
> 受到保护的阿瓦兰山谷十分幽静，从乌德格曼德勒姆西南方向大约20公里处朝着喀拉拉邦的方向延伸，是躲避乌德格曼德勒姆拥挤人群的一剂良药。连绵起伏的农场和闪闪发光的茶叶种植园逐渐变成了生长着茂盛兰花和shola原始森林的山丘。
>
> 此地出入受限，所以探索这片宁静之地的唯一方式是参加官方组织的历时2小时的林业部小巴"生态团队游"（www.ootyavalanche.com；每人₹150；9:30~15:00）或私人雇用的吉普车之旅（₹1200）。坚固的可载20人的小巴沿着半铺装的道路向西南方向进入森林，景色变得越来越狂野和迷人。沿途停车地点包括一个shola观景点，一座瀑布边上的拉克希米（Lakshmi）寺庙，以及最后的重头戏，Upper Bhavani Dam水坝的Lakkidi部分，你可以在这里漫步30分钟。
>
> 小巴从阿瓦兰奇湖的南岸出发——正式出发时间是10:00、正午和14:00，但通常会按照需要发车，而且只有在乘客达到20人时才会发车（提前30分钟来就行了）。如果乘客不到20人，会有人提供吉普车之旅。前往森林检查站、售票处和小巴发车处的岔路口位于急转弯6/34处，在Emerald村以南1公里的地方；然后再往西走5公里就到了。从乌德格曼德勒姆坐出租车，往返生态团队游出发点的费用是₹1600，含等待时间。

King's Cliff　　　　　　历史酒店 $$$

（☎0423-2244000；www.littleearth.in；Havelock Rd；房间 含早餐 ₹4200~9410；⊛）高踞Strawberry Hill山上的隐蔽之处，俯瞰乌德格曼德勒姆，这座经典的殖民地时期的住宅有木镶板、古董家具、舒适的休息间和一家很不错的印度/欧陆风味餐厅Earl's Secret（☎0423-2452888；主菜 ₹340~600；⊗8:00~10:00，正午至15:00和19:00~22:00；⊛），一间玻璃封闭的阳光房占据了餐厅的一部分。和最贵的房间相比，比较便宜的房间缺少那种旧时代的魅力。

Fortune Sullivan Court　　　　酒店 $$$

（☎0423-2441415；www.fortunehotels.in；123 Selbourne Rd；含早餐 标单 ₹6000~7200，双 ₹6600~7800；⊛）位于城镇南部边缘，周围很安静，Fortune不是英治时代的豪宅，但是有螺旋楼梯围绕着一个宏伟的大堂，通向缤纷多彩的舒适房间。房间里有大床、浅色木家具和写字台。服务完美而优雅，酒店还有自己的酒吧、水疗馆、小健身房和多元风味餐厅。

✦ 餐饮

Adyar Ananda Bhavan　　　　印度菜 $

（www.aabsweets.in；58 Commercial Rd；主菜 ₹130~200，塔利套餐 ₹100~200；⊗7:30~11:30，正午至15:30和18:00~22:30）这家闪闪发光的餐厅是乌德格曼德勒姆的新宠，总是挤满了当地人和游客，他们来到这里大快朵颐，上菜速度很快，且提供十分美味的南印度主食（薄饼、vada、idli）、北印度经典菜肴（试试乳酪烧烤）、新鲜果汁，以及装在黄色塑料餐盘里的塔利套餐。

Willy's Coffee Pub　　　　咖啡馆 $

（KCR Arcade, Walsham Rd；菜肴 ₹40~90；⊗10:00~21:30；⊛）爬上楼梯，和乌德格曼德勒姆的国际学生共享棋牌游戏、Wi-Fi、一个向外借书的阅览室和价格实惠的比萨、薯条、吐司、蛋糕和曲奇。

Modern Stores　　　　超市 $

（144 Garden Rd；⊗9:40~21:00）除了从牛奶什锦早餐到橘子酱的各种西方食品之外，这里还有特别优质的西高止山脉特产，如面包、奶酪和巧克力。

Place to Bee　　　　意大利菜 $$

（☎0423-2449464；www.facebook.com/placet0bee；176A Club Rd；主菜 ₹200~400；⊗周三至周一 12:30~15:00和 18:30~21:30）✿这家餐厅藏身于Keystone Foundation（见1097页）小小的蜜蜂博物馆（Bee Museum）内，宽敞通风，灯光照明非常漂亮。你可以在

这里一边用餐,一边了解尼尔吉里蜂类的相关知识。听上去或许有些古怪,但这个理念行之有效,食材都源自当地,超级新鲜的菜肴——很多菜使用了野蜂蜜,不会令人失望。你可以选择精心制作的意大利面、地中海风味沙拉和非常实惠的自选馅料木柴烤比萨。

Shinkow's Chinese Restaurant 中国菜 $$

(38/83 Commissioner's Rd;主菜₹100~250;⊙正午至15:45和18:30~21:45)Shinkow's在乌德格曼德勒姆很有名。简单而美味的鸡肉、猪肉、牛肉、海鲜、素食、面条和米饭菜肴品质可靠,而且很快就会端到你面前铺着方格桌布的餐桌上。

Savoy 多元风味 $$$

(☎0423-2225500; www.gateway.tajhotels.com; 77 Sylks Rd;主菜₹260~650;⊙7:30~10:00、12:30~15:00和19:30~22:30)Savoy酒店(见1101页)有着全木墙壁、氛围亲密的照明、现场钢琴表演和豪华橙色天鹅绒,烛光餐厅里可以烹制绝妙的当代欧陆、印度和泛亚风味菜肴——包括全天供应的早餐、美味的沙拉、意大利面和烤肉串,还有一些独一无二的受部落美食启发的菜品。

Café Coffee Day 咖啡馆

(www.cafecoffeeday.com; Garden Rd;饮品₹60~120;⊙9:00~22:00)这里有品质可靠的优质咖啡、茶和蛋糕。Church Hill Rd上还有一家**分店**(饮品₹70~110;⊙9:00~22:00)。

🛍 购物

K Mahaveer Chand 珠宝

(291 Main Bazaar Rd;⊙10:00~20:00)45年来一直出售特别美丽的Toda部落首饰和银饰。

Green Shop 手工艺品、食物

(www.lastforest.in; Sargan Villa,紧邻Club Rd;⊙10:00~19:00)🌿由Kotagir的Keystone Foundation(见1097页)经营,这家遵守公平贸易原则、侧重有机产品的商店出售美丽的部落工艺品和服装(包括Toda族的刺绣),还有当地土著农民收割的野蜂蜜。

Higginbothams 书籍

(Commercial Rd;⊙9:00~13:00和15:30~19:30)这家知名书店有很多英文图书,山上还有一个**分店**(Commissioner's Rd;⊙周一至周六9:00~13:00和14:00~18:00)。

ℹ️ 实用信息

旅游办事处(☎0423-2443977; Wenlock Rd;⊙周一至周五10:00~17:00)

ℹ️ 到达和离开

从Mettupalayam乘坐小火车前往乌德格曼德勒姆是一种有趣的方式。来自泰米尔纳德邦各地、喀拉拉邦、迈索尔和卡纳塔克邦班加罗尔的长途汽车频繁地上下山。

长途汽车

泰米尔纳德邦和卡纳塔克邦的长途汽车公司在乌德格曼德勒姆忙碌的**长途汽车站**设有订票处。想要去科钦的话,可以乘坐车前往帕拉克卡德(Palakkad;₹96,6小时,7:00、8:00、14:00)的长途汽车然后换乘。

出租车

出租车聚集在遍布全城的停靠点。沿着固定路线运行的单程出租车到达下列目的地的费用为古努尔(₹900)、Kotagiri(₹900)、哥印拜陀(₹2000)、默杜马赖老虎保护区(₹1300)。

火车

Mettupalayam到乌德格曼德勒姆的小火车("玩具火车")是被联合国教科文组织列入世界遗产名录的印度山区铁路之一,它也是到达乌德格曼德勒姆的最佳方式。**尼尔吉里山区铁路**(Nilgiri Mountain Railway)需要在机车上安装特殊的齿轮,以便与地面有齿的轨道吻合,来应对特别陡峭的坡度。沿途能看到景色美丽的森林、瀑布、山坡和茶园。Mettupalayam和古努尔之间的部分使用蒸汽机车推着(而不是拉着)火车上山。

如果是旺季出行,应该提前几周预订火车票;其他时间建议提前几天订票(不过并不总是需要提前订票)。火车每天早上7:10(一等车厢/二等车厢₹205/30;4小时45分钟)从Mettupalayam发车,开往乌德格曼德勒姆。从乌德格曼德勒姆到Mettupalayam的列车14:00出发(3.5小时)。乌德格曼德勒姆和古努尔之间(₹150/25;1小时15分钟)每天还有3班旅客列车对开。抵离Mettupalayam的列车与那些抵离金奈中央火车站(卧铺/空调卧

铺2类/空调卧铺3类 ₹340/890/1250, 9小时15分钟的尼尔吉里特快列车（Nilgiri Express）的运行线路彼此衔接。

乌德格曼德勒姆在火车时刻表上常常列为Udhagamandalam。

❶ 当地交通

机动三轮车和出租车到处都是。你可以在Charing Cross和长途汽车站外找到出租车价目表。长途车站外和植物园等地都贴着机动三轮车价目表。从火车站或长途汽车站乘坐机动三轮车前往Charing Cross大约需要₹60。

长途汽车站（Avalanche Rd）和**市立市场**（municipal market; Hobert Park Cross Rd）附近有吉普车出租车站；票价大约是当地出租车的1.5倍。

默杜马赖老虎保护区（Mudumalai Tiger Reserve）

☏0423

位于尼尔吉里的山麓丘陵、占地321平方公里的**默杜马赖老虎保护区**（Mudumalai Tiger Reserve, www.mudumalaitigerreserve.com; ⏱4月、5月或6月部分时间关闭），就像是一幅活生生的印度风景画：稀疏、细长的树木和光影斑驳的树叶遮住了斑鹿和野猪。保护区内栖息着大约50只老虎，这使得默杜马赖成为印度老虎种群密度最高的地方之一（不过你需要有一点运气才能看到老虎）。总之，这个保护区是在泰米尔纳德邦观赏野生动物最好的去处。你最有可能遇见鹿、孔雀、野猪、叶猴、豺、野象（公园内有几百头）和印度野牛。

默杜马赖与卡纳塔克邦的本迪布尔（Bandipur）和讷格尔霍莱（Nagarhole）、喀拉拉邦的瓦亚纳德（Wayanad）和泰米尔纳德邦的Sathyamangalam老虎保护区（Sathyamangalam Tiger Reserve）共同组成了一条完整的保护区链条，从而形成了一个重要的野生动物保护区。这个区域共生活着大约570头老虎，是世界上规模最大的单个老虎种群。

4月、5月或6月，默杜马赖有时会因火灾预警而关闭；而7月、8月雨水多，最不适宜来此。

保护区的**接待处**（☏0423-2526235; Theppakadu; ⏱6:30~18:00）和一些保护区经营的住所位于Theppakadu，位于乌德格曼德勒姆和迈索尔（Mysuru）之间的主路上。离Theppakadu最近的村庄是位于其东边7公里处的Masinagudi。

◉ 景点和活动

保护区内禁止徒步，私家车只能在乌德格曼德勒姆—Gudalur—Theppakadu—迈索尔的主路以及Theppakadu—Masinagudi路和Masinagudi—Moyar River路上通行。官方组织的小巴"游猎"是进入保护区的唯一方式。

有些经营者组织在保护区周围的缓冲地带徒步，但保护区当局强烈反对这样做；曾经有游客在非法徒步中因为和野象离得太近而丧命。更安全的选择是由较好的度假村组织的吉普车观游，有专业向导带队。

Elephant Camp　　　　　　　　观看野生动物

（Theppakadu; ₹15; ⏱8:30~9:00和17:30~18:00）早上和晚上，你可以在Theppakadu的接待处（见本页）东边看到保护区的大象在象舍被喂食，去那里需要买票。这里的大多数

从乌提（乌德格曼德勒姆）出发的长途汽车

目的地	票价（₹）	行程（小时）	发车时间
班加罗尔	250~670	8	沃尔沃客车10:00, 11:15, 17:45, 22:30
金奈	450	14	16:30, 17:45, 18:30
哥印拜陀	53	4	每20分钟1班 5:50~20:40
古努尔	10	1	每10分钟1班 5:30~22:00
Kotagiri	15	1.5	每20分钟1班 6:30~19:00, 19:40, 20:20
迈索尔	136~420	5	沃尔沃客车10:00, 11:15, 17:45

大象是被救下来的大象,或者是不适合回归野外、曾在木材行业服役的老年大象。

小巴"游猎" 观看野生动物

(每人 ₹135;◎6:00~10:00和14:00~18:00每小时1次)进入保护区的唯一方式是参加官方组织的1小时小巴"游猎",乘坐20~30人的条纹迷彩小巴行驶在长15公里的环路上。你很可能看见一些野生动物,不过这要取决于运气。提前数小时在Theppakadu的接待处(见1104页)预约。

🛏 食宿

保护区在Moyar River河上方的一条小路沿线经营着一些简单的住处。公园边界外的许多小屋和森林度假村可提供比较好的住处,其中的许多由家庭经营,热情友好,标准很高。大部分最好的住处都集中在山脚下的Bokkapuram村,位于Masinagudi以南5公里处。

🛏 Theppakadu

保护区经营的住宿必须预订;有些地方可以在线预订。至于其他住处,可以打电话或者亲自去乌德格曼德勒姆的区域管理员办公室(见1099页)预订。如果有空床的话,接待处会接受空降的旅行者。

Hotel Tamil Nadu 度假屋 $

(✆预订 0423-2445971; www.mudumalaitigerreserve.com; Theppakadu; 铺 ₹2620)这个家庭经营的度假屋提供新修建的多人间宿舍,简单干净、带卫浴,最多可住8人,还带简单的餐食(₹80)。

Theppakadu Log House 度假屋 $$

(✆预订 0423-2445971; Theppakadu; 双 ₹2510)在Theppakadu的保护区旗下住宿中是最好的:保养良好的房间,独立卫浴和售价 ₹70的餐食。

🛏 Bokkapuram及周边

Wilds at Northernhay 度假屋 $$

(✆9843149490; serendipityo.com; Singara; 房间 含早餐 ₹4800~5400; ❈ 🛜)这座美妙的度假屋位于Masinagudi西南方向8公里处,由一座咖啡仓库改造而成,就坐落在一个正在运转的咖啡种植园内,高大的树木给人一种置身树林深处的感觉。7间舒适的房间(其中1间是树屋,还有1间是部落风格的泥屋)和美味的三餐将为你的吉普车游猎之旅、自然徒步和观鸟远行补充体力,在路上你应该能看到各种野生动物。

Bamboo Banks Farm 度假屋 $$

(✆0423-2526211; www.bamboobanks.com; Masinagudi; 全膳宿 双 ₹7870; ❈ 🛜 🏊)这个家庭经营的度假屋有7间简单、舒适的村舍,藏身于它自己所有的一片乱糟糟的丛林中,位于Masinagudi以南2公里处。有鹅在这里大摇大摆地踱步;这里有一个宁静的水池区域,带有吊床、秋千椅和一个树顶观景平台;餐食是优质的印度自助餐;富有效率的老板组织骑车和骑马活动。

★ Jungle Retreat 度假村 $$$

(✆0423-2526469; www.jungleretreat.com; Bokkapuram; 铺 ₹3800, 房间 ₹5470~12,150; 🛜 🏊)这里可以说是默杜马赖最有风格的度假村,有修建得十分可爱的石头村舍、2座树屋和1间多人间宿舍(最少4人入住),所有住处都给人以遗世独立的感觉。酒吧、休息间和餐厅(每日三餐 ₹2000)都是结识其他旅行者的好地方,员工了解很多当地信息。游泳池周围景色迷人——猎豹和大象常常来这里喝水。

Jungle Hut 度假村 $$$

(✆0423-2526463; www.junglehut.in; Bokkapuram; 全膳宿 房间 ₹7310~9730; ❈ 🛜 🏊)🍃 除了注重环保的细节(太阳能、雨水收集)和一个社交氛围浓厚的休息间,拥有30年历史的Jungle Hut拥有大概是Bokkapuram最好的食物(如果天黑后你从另外一个度假村来这里吃晚饭,千万不要一个人步行回去)。宽敞的房间——游猎风格村舍中的房间最可爱——分散在广阔的场地中,这里生活着200多头斑鹿鹿(chital deer)。可以组织吉普车游猎之旅、徒步游和观鸟。

ⓘ 到达和当地交通

从乌德格曼德姆乘坐出租车前往默杜马赖

一日游的车费是₹2000，通常会途经Sighur Ghat这条路，山路上的36个急转弯令人惊心动魄。从乌德格曼德勒姆到Theppakadu乘坐出租车的单程费用是₹1300。

从乌德格曼德勒姆开往Masinagudi（₹17，1.5小时，每天12班6:50至19:30）的小型长途汽车可以选择走Sighur Ghat这条路，而在Masinagudi每天都有一些速度缓慢的本地公共汽车开往Theppakadu（₹5）。

拼车吉普车也走Masinagudi和Theppakadu之间的这条路线，每人收₹10（或者你自己包一辆车，车费大约₹120）。往返于Masinagudi和Bokkapuram之间的吉普车收费相同。

安达曼群岛

包括 ➡

布莱尔港.............................1111
哈夫洛克岛......................1116
尼尔岛..............................1121
中安达曼和北安达曼....1123
小安达曼岛.....................1126

最佳海滩
➡ Radhanagar（见1117页）
➡ Merk Bay（见1123页）
➡ 罗斯岛和史密斯岛（见1125页）
➡ Butler Bay（见1126页）
➡ Lalaji Bay（见1123页）

最佳住宿
➡ Barefoot at Havelock（见1120页）
➡ Silversand（见1120页）
➡ Pristine Beach Resort（见1125页）
➡ Hotel Sinclairs Bayview（见1114页）
➡ Blue View（见1127页）

为何去

安达曼群岛（Andaman Islands）有着美得令人忘记呼吸的海岸线、茂盛的内陆森林、绝妙的潜水条件和偏远的位置，是个到处闲逛或者在阳光沙滩上放松休息的完美之地。

闪闪发光的碧绿海水被原始丛林和红树林所环绕，雪白的沙滩在烈焰般的紫红色夕阳下仿佛就要融化了。这里的居民由热情的南亚和东南亚移民以及尼格利陀族（Negrito）组成，后者的到来一直令人类学家困惑不已。另外，它位置偏远，距离印度大陆1370公里，反而在地理上更靠近东南亚——距离印度尼西亚150公里，距缅甸190公里。

安达曼群岛由572座岛屿组成，只有十几座岛屿对游客开放，到目前为止，哈夫洛克岛（Havelock）以其华丽的沙滩和潜水最受欢迎。尼科巴群岛（Nicobar Islands）属于各个部落的那些领地是绝对禁止游人进入的。

何时去

布莱尔港

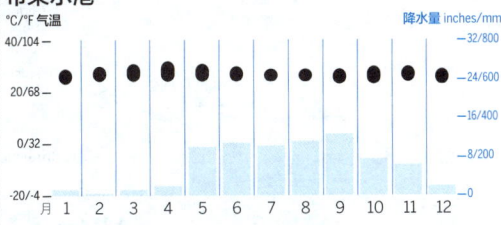

12月至次年3月 天气晴朗温暖，潜水条件最佳，这一时期同时也是海龟的产卵期。

10~12月和3月中旬至5月 天气变化多端，但游客较少，花费较低。

5~8月 小安达曼岛浪潮涌动，适合经验丰富的冲浪者。

安达曼群岛亮点

❶ 哈夫洛克岛（见1117页）在这座风景如画的岛屿浮潜、潜水和交际。

❷ 尼尔岛（见1121页）享受舒适慵懒的慢生活。

❸ 罗斯岛（见1113页）了解布莱尔港的殖民历史。

❹ Kalipur（见1125页）体验北安达曼的荒野，来往于不同的岛屿之间，领略原始海滩和珊瑚礁。

❺ 小安达曼岛（见1126页）找到Butler Bay，这里犹如一个小小的天堂。

历史

最早的人类在安达曼群岛和尼科巴群岛上居住的时间已经淹没在历史的长河中了。人类学家认为，早在大约2000年前，石器工匠就已经居住在这里了，而研究人类迁移的学者则认为，当地的土著部落源于东南亚尼格利陀人和马来人。对于外界游客来说，这些散落在大海中的岛屿一直都戴着神秘的面纱。

10世纪的波斯探险家Buzurg Ibn Shahriyar曾经描述了一个当地食人族居住的群岛，马可·波罗（Marco Polo）补充说，当地人长着狗头，泰米尔纳德邦的坦贾武尔（坦焦尔）文石碑将群岛命名为Timaittivu：不纯洁的岛屿。

虽然以上这些历史都不会写在旅行宣传册上，但客人还是源源不断：17世纪末的马拉地人（Marathas）和200年之后的英国人将安达曼群岛作为政治犯的关押地。在"二战"期间，岛上的一些居民欢迎日本人的入侵，将其奉为解放者，尽管日本军方设置了印度政客作为（傀儡）管理者，但仍然掩盖不住他们残酷占领的事实。

1947年独立后，安达曼群岛和尼科巴群岛被并入印度联邦。随着大陆移民（包括逃避分裂混乱的孟加拉难民）的到来，这里的人口从几千人激增到35万人。在此过程中，部落土地权和环境保护经常被忽视；虽然目前部分条件有所改善，但土著部落仍然呈衰落态势。

2004年群岛遭受了印度洋地震、近海的余震和随之而来的海啸袭击。尼科巴群岛遭到的破坏尤为严重；据估计，五分之一的居民罹难；其余的人迁往布莱尔港，至今仍有许多人没有返回家园。但总的来说，群岛上人们的生活已经恢复正常状态了。

地形和环境

群岛形成了不可思议的若开山脉（Arakan Yoma），它西起缅甸，延伸入海，直至印尼的苏门答腊。

安达曼群岛和尼科巴群岛与世隔绝的位置造成了许多当地植物和动物品种的进化。在62种已发现的哺乳动物中，有32种是群岛所特有的，包括安达曼野猪、食蟹猴、果子狸（masked palm civet）以及各种树鼩（tree shrew）和蝙蝠。在群岛上的250种鸟当中，有18种是当地独有的，包括地居塚雉（ground-dwelling megapode）、金丝燕（hawabills）和长着翠绿羽毛的尼科巴鸽子。

ⓘ 危险和麻烦

在安达曼群岛的许多地方，与鳄鱼相伴是一种生活方式，尤其是在小安达曼、Wandoor、Corbyn's Cove、Baratang和北安达曼。2010年一名美国游客在哈夫洛克岛[在7号海滩附近的尼尔海湾（Neils Cove）]潜水时遭到一只海水鳄鱼袭击致死的事件被认为是极不正常的，而且始终是个案。尽管此后再没发生过类似事件，但还是应该保持高度警惕。对你来说重要的是时刻了解当局发出的危险信号和警告通知，避免在清晨或傍晚入水。

白蛉（sandfly）非常恼人，海滩上这些咬人的小虫有时会造成严重伤害。为了避免感染，即使叮咬后非常痒，也不要抓挠。带上氢化可的松软膏（hydrocortisone cream）和炉甘石洗剂（calamine lotion）。一旦感染，立即就医。为了避免受到叮咬，最好带上含DEET成分的驱虫剂。黎明和黄昏不要出现在海滩上。

ⓘ 实用信息

尽管安达曼群岛位于大陆以东1000公里，但它们仍然使用印度时间。这意味着17:00天黑，凌晨4:00天亮；这里的人们都起得很早。

所有电话号码必须包含区号03192，即使拨打本地号码也不例外。

许可

所有外国人要想前往安达曼群岛都必须持有许可证；登岛时在布莱尔港机场或Haddo码头（Haddo Jetty）签发。游客持30天的许可证可以在布莱尔港、南安达曼和中安达曼（不包括部落地区）、北安达曼[迪格里普尔（Diglipur）]、长岛（Long Island）、North Passage、小安达曼岛（不包括部落地区）以及哈夫洛克岛和尼尔岛逗留。在布莱尔港的**移民局**（☏03192-237793；Kamaraj Rd；◉周一至周五 8:30～13:00和14:00～17:30，周六为13:00）或其他地方的警察局有可能办理15天的延期（但并非常规之举，所以不要过于指望）。

许可证要随身携带——离开它寸步难行。警

察会检查许可证,特别是当你登上其他岛屿的时候,旅馆也需要登记许可证的详细信息。离开安达曼群岛时过海关也需要办理许可证。

持许可证也可以前往Jolly Buoy、South Cinque、Red Skin、罗斯(Ross)、Narcondam、Interview和Rutland以及相邻诸岛做当日往返的短途旅行。大多数情况下办理一日许可证并不困难,但费用较高,如要前往圣雄甘地国家海洋公园(Mahatma Gandhi Marine National Park)以及迪格里普尔附近的罗斯岛和史密斯岛等地,办理许可证的费用为:印度人/外国人₹50/500。学生持有效身份证只需支付少许门票费,不要忘带学生证。

除了从事得到批准的科学研究、公务或贸易的印度公民之外,其他人等一律禁止进入尼科巴群岛。

🛈 到达和离开

飞机

每天都有从德里、加尔各答、班加罗尔、孟买和金奈飞往布莱尔港的航班。有航班前往布莱尔港的航空公司包括印度**捷特航空**(Jet Airways,☏03192-230545, 1800225522; www.jetairways.com)、**印度航空**(Air India,☏布莱尔港03192-233108; www.airindia.in)、**香料航空**(☏0987-1803333; www.spicejet.com)和**GoAir**(☏预订092-23222111; www.goair.in)。往返机票价格差异很大,取决于你提前多久订票。携带行李的重量不得超过15千克。布莱尔港没有国际航班。

船

你或许可以听到两种不同的说法:有人说开往布莱尔港的船只声名狼藉,或许会给你自己带来麻烦;也有人说乘坐这些船或许是前往安达曼群岛的唯一的正确方式。真相介于两者之间。通常每个月有3到4班渡轮往返于布莱尔与金奈(3天)和加尔各答(4~5天)之间,此外,每月还有1班渡轮开往维沙卡帕特南(Visakhapatnam, 4天)。所有渡轮都停靠在Haddo码头(Haddo Jetty)。

航行时间还可能进一步顺延——有旅行者反馈说他们在加尔各答的港口坐在船上等了12个小时才出发,或者在布莱尔港附近靠岸时等待了好几个小时。考虑到延误和变化多端的天气与海上状况,乘船之旅很可能比预期多一两天的时间。

安达曼船务局(Andaman Shipping Office; ☏044-25226873; 2nd fl, Jawahar Bldg, 17 Rajaji Salai George Town, Chennai; ⓘ周一至周五10:00~16:00,周六至正午)有从金奈出发的渡船,**印度船务公司**(Shipping Corporation of India; ☏033-22482354; www.shipindia.com; Strand Rd, Kolkata; ⓘ周一至周五10:00~13:00和14:00~16:00)从加尔各答发船,此外还有**AV Bhanojirow, Garuda Pattabhiramayya & Co**(☏0891-2565597; ops@avbgpr.com; Harbour Approach Rd, next to NMDC, Port Area, Visakhapatnam; ⓘ9:00~17:00)从维沙卡帕特南发船。

你可以在位于Phoenix Bay的**渡轮订票处**(ferry booking office; 见1115页)购买返程船票。需携带3张护照片和1份许可证复印件。在www.andamans.gov.in或www.shipindia.com网站上可查看最新时刻表和票价。也可以在Phoenix Bay的信息处咨询。

轮船的等级有些许差别,最便宜的是卧铺(₹2500),接下来是二等舱(6张床,₹6420)、一等舱(4张床 ₹8080)和豪华舱(2张床 ₹9750)。高端船票的价格与机票价格相仿,甚至比机票还贵。如果你选择卧铺,就要准备好忍受没有私人空间的不便,在海上苦熬三天,厕所也会变得令人难以忍受。

餐费[早餐提供印度式早餐(tiffin),午餐和晚餐提供塔利套餐(thali)]为卧铺/船舱每天₹150/200,带点儿吃的(尤其是水果)作为补充。有些船提供寝具,但如果你选择卧铺的话,就要自带床单。一些旅客将吊床绑在甲板上。

布莱尔港和泰国之间不通渡轮,但私人游艇通常可以获得出入港证。你无法通过合法渠道走水路从安达曼岛前往缅甸。这么做有坐牢的风险,更糟糕的是来自印度和缅甸海军的威胁。

🛈 当地交通

飞机

在本书调研期间,往来各个岛屿的海上飞机

🛈 许可证复印件

在预订渡轮船票的时候要提供一份许可证复印件。虽然这种情况并不是绝对的,但为了避免重新排队的麻烦,最好在去布莱尔港渡轮办公室之前带上几份复印件:很可能在旅行的后半程也会需要用到它们。

已经停止运营了,而且不确定它们会不会恢复。

虽然岛屿之间的直升机服务通常是不接待游客的,但你也可以试试运气,提前一天在**民用航空管理局办事处**(Directorate of Civil Aviation office;☎03192-233601;Port Blair Helipad, VIP Rd)申请,该办事处位于机场附近的直升机停机坪。由于行李限重5公斤,就限制了大多数游客乘坐直升机。

船

前往多数岛屿只能走水路。这听上去很浪漫,但渡轮订票处混乱不堪:除了要等待很久而且会令人大汗淋漓之外,低效率、插队和售票窗口前的拥挤都令人难以忍受。将你的护照(用照片核对身份)、许可证和船票放在容易拿到的地方。要想在队伍里站稳并且前进的话,你可不能过于谦让(但不要表现得像个混蛋),人们对女性会客气一些;女士专属队列很有秩序,不过这只有在布莱尔港才能实现。你能在出发的当天,提前1个小时在合适的码头买到船票,但这很冒险,建议提前一两天买票。只有在抵达安达曼群岛并获得许可证(见1109页)之后,才能预订渡轮船票。酒店通常可以为你预订渡船船票。

可以在码头雇用搬运工(普通大小的包预计支付大约₹50),但是如果你的行李不是很重的话,抵离码头需要走的路并不远。

有频繁开往哈夫洛克岛、尼尔岛(每天3~4班)以及兰加特(Rangat)、Mayabunder、迪格里普尔和小安达曼岛的船只。登录www.andamans.gov.in可查看岛际航行的时刻表。

几家私营轮渡公司还经营从布莱尔港开往哈夫洛克岛和尼尔岛的船只。

长途汽车

无论是乘坐长途汽车还是渡轮前往布莱尔港,你都要在安达曼住上一两个晚上为接下来的旅行订票。主要的岛群——南安达曼、中安达曼和北安达曼——有桥梁与公路相连接,也有往返穿梭的船只。长途汽车从布莱尔港发车,向南开往Wandoor,向北开往Baratang、兰加特、Mayabunder,最终到达迪格里普尔。

小汽车和摩托车

租一辆带司机的小汽车,租金为每35公里₹550,或者从布莱尔港到迪格里普尔往返费用在₹10,000左右(包括中途停留的时间)。在布莱尔港和所有岛屿都能租到摩托车,租金为每天₹300~400起。由于部落领地的限制,外国人不可以自驾车辆进入北安达曼和中安达曼。

> **ⓘ 渡轮取消**
>
> 坏天气会严重影响你的行程,如果海上风浪大的话,渡轮一般会被取消。为了防止被困在岛上或错过航班,留出几天缓冲时间是明智之举。

布莱尔港(Port Blair)

人口 108,060

活力四射的布莱尔港是安达曼的首府,其周围被热带丛林和高低起伏的海岸线所环绕。印度洋居民——孟加拉人、泰米尔人、泰卢固人、尼科巴人和缅甸人——在这里生机勃勃地融合在一起。多数旅客都不会在此作超出必要时间[等候预订继续前往群岛的船票或返程的车(船)票,通常需要一到两天的时间]的停留,不过布莱尔港引人入胜的历史值得在此探索一番。

⊙ 景点

★塞鲁拉监狱国家纪念馆 历史建筑

(Cellular Jail National Memorial; GB Pant Rd;₹30,拍照/录像 免费/₹200,声光表演 成人/儿童 ₹50/20;◷周二至周日 8:45~12:30和13:30~16:15)从前是一座英国监狱,塞鲁拉监狱国家纪念馆如今用来纪念那些曾经被关押在这里的政治犯。它始建于1896年,1906年完工——最早的7座侧楼(其中有些在"二战"期间被日本人破坏)中有698间牢房,从一座中心塔楼向外发散。和许多政治犯监狱一样,塞鲁拉监狱成了一所自由斗士大学,他们在这里交换书籍和观点,并进行讨论,就连围墙和看守也阻挡不了。

人类学博物馆 博物馆

(Anthropological Museum;☎MG Rd;₹10,拍照 ₹20;◷周二至周日 9:00~13:00和13:30~16:30)这座博物馆对群岛的土著部落进行了全面和富有同情心的描述。玻璃展示柜也许有一点儿老派,但能让你近距离地接触历

Port Blair 布莱尔港

Port Blair 布莱尔港

◎ 重要景点
- **1** 塞鲁拉监狱国家纪念馆 D2

◎ 景点
- **2** 人类学博物馆 C3
- **3** Chatham Saw Mill A1
- **4** Samudrika Naval Marine Museum B2

🛏 住宿
- **5** Aashiaanaa Rest Home C2
-   Amina Lodge .... (见6)
- **6** Azad Lodge C3
- **7** Fortune Resort – Bay Island C2
- **8** Hotel Sinclairs Bayview D3
- **9** J Hotel C2
- **10** Lalaji Bay View Hotel C2

✖ 就餐
- **11** Annapurna C3
-   Bayview .... (见8)
-   Excel Restaurant .... (见10)
- **12** Gagan Restaurant C2
- **13** Lighthouse Residency C2

🍷 饮品和夜生活
-   Nico Bar .... (见7)

ℹ 实用信息
- **14** 安达曼和尼科巴旅游局 C3
-   Axis Bank ATM .... (见9)
- **15** Axis Bank ATM C3
-   E-Cafe .... (见12)
- **16** ICICI ATM C3
-   移民局 .... (见14)
-   Island Travels .... (见13)
- **17** 印度国家银行 C3

ℹ 交通
- **18** 长途汽车站 C2
- **19** Coastal Cruise C2
- **20** Directorate of Shipping Information Office C2
-   码头售票处 .... (见20)
- **21** Saro Tours & Travels C2

史，例如刻在加洛瓦人（Jarawa）护胸上的简单的几何图案、留在桑提内尔人（Sentinelese）披棚中的一个头骨或尼科巴人萨满雕像所代表的图腾精神。

Samudrika Naval Marine Museum 博物馆
（Haddo Rd；成人/儿童 ₹50/25，拍照/录

像 ₹20/50；⊙周二至周日 9:00~13:00和14:00~17:00）这家博物馆由印度海军运营，有各种介绍群岛生态系统、部落社区、植物、动物和海洋生物（包括一个小型水族馆）的展品。外面有一具被冲上尼科巴群岛海岸的小蓝鲸骨骼。

科尔宾湾（Corbyn's Cove） *海滩*

没有人是冲着布莱尔港的海滩来的，不过如果你需要离开城市放松一下，Corbyn's Cove有一片小沙滩，旁边有许多棕榈树。这里的海滨路风景不错，中途会经过几个日本人在"二战"期间修建的掩体（Japanese WWII bunkers）。海滩位于城区以南7公里处，乘坐机动三轮车费用为₹150，或者你也可以租一辆摩托车前往。该地区偶尔有鳄鱼的目击记录。

活动

Infinity Scuba *潜水*

（☎03192-281183；www.infinityscubaandamans.wordpress.com）创始人是在安达曼群岛拥有丰富潜水经验的前海军指挥官Baath，这家机构可以安排潜水和钓鱼等日间活动。

住宿

家庭寄宿是除了标准住宿之外的廉价住宿之选；旅游办事处提供经过批准的布莱尔港家庭寄宿清单（双 ₹1000~2000）。

Aashiaanaa Rest Home *客栈 $*

（☎09474217008；shads_maria@hotmail.com；Marine Hill；房间 不带浴室 ₹600，房间 ₹750 带空调 ₹1300起；🅿🛜）作为一处可靠的廉价住处，Aashiaanaa有温馨的房间和便利的位置，位于Phoenix Bay码头的上坡。价格较高的房间内有阳台和空调。Wi-Fi收费，每小时₹60。

Amina Lodge *客栈 $*

（☎9933258703；aminalodge@ymail.com；MA Rd, Aberdeen Bazaar；标单/双 ₹550/700；🛜）这家客栈是人气很高的廉价之选，房间条件不错，有电视，位置便利，坐落在Aberdeen Bazaar集市里，不过周围比较嘈杂。不提供食物。有免费的Wi-Fi。

Azad Lodge *客栈 $*

（☎03192-242646；MA Rd, Aberdeen Bazaar；标单/双 不带浴室 ₹400/500，双 ₹700，带空调 ₹900；🅿）房间布置得较简单，不过也足够居住了，部分房间被粉刷得五彩缤纷。位置靠近市中心。

Lalaji Bay View Hotel *客栈 $$*

（☎9476005820, 03192-233322；www.lalajibay-view.com；RP Rd；双 ₹800起，带空调 ₹1200起；🅿🛜）这个很受欢迎的背包客酒店里有一些条件尚可的房间，不过最值得推荐的是其社交氛围浓郁的屋顶餐厅兼酒吧。

不 要 错 过

罗斯岛（ROSS ISLAND）

从布莱尔港乘船仅20分钟的船程，游览罗斯岛（不要与北安达曼的罗斯岛弄混了）给人的感觉像是发现了被丛林覆盖的"失落之城"吴哥窟，只不过这里的历史遗迹是英国维多利亚时期留下的，而非古代高棉时期的。罗斯岛曾被称为"东方巴黎"（本地治里和西贡等也都有此称谓），从前是英国人在安达曼的行政总部，但是这里可爱的街头、活跃的社交场面和热带花园都在1941年地震和日本人入侵的双重打击下消失殆尽了。

尽管被生长迅速的丛林植被侵扰，岛上古老的英国建筑如今仍然屹立着。风景如画的小路纵横交错，多数建筑都有标签。岛上有一座小博物馆举办历史展览，还有斑鹿栖息在岛上。每天都有精彩的声光秀表演，周三除外（₹275每人，含渡轮往返票）；渡轮16:00从布莱尔港的Aberdeen码头出发，在表演结束后的19:00返程；可以在布莱尔港的旅游办事处买票。

除周三外，开往罗斯岛的渡轮每天从布莱尔港水族馆后面的Aberdeen码头出发，8:30至14:00每小时1班。

★ Hotel Sinclairs Bayview 酒店 $$$

(☎03192-227824; www.sinclairshotels.com/portblair; South Point; 房间 含早餐 ₹12,000起; ❋🐭❄) 酒店位于城外2公里处,坐落在通往Corbyn's Cove的路上,现代化的大房间正对着大海。这里有宜人的海滨花园、品质优良的多元风味餐厅,还有一个"二战"期间日本人留下的掩体。

Fortune Resort – Bay Island 酒店 $$$

(☎03192-234101; www.fortunehotels.in; Marine Hill; 双 含早餐 ₹9,000起; ❋🐭❄) 这是布莱尔港最好的酒店之一,能看到壮阔的海湾风光,有漂亮的花园,现代的房间内铺着光亮的地板;记得要一间面朝大海的房间。

J Hotel 酒店 $$$

(☎03192-246000; www.jhotel.in; 房间 含早餐 ₹5000起; ❋🐭) 这是一家时髦的设计师酒店,坐落在Aberdeen Bazaar的正中心,有当代风格的房间和一家供应多元风味菜肴的屋顶餐厅。

🍴 餐饮

★ Excel Restaurant 各国风味、印度菜 $

(Lalaji Bay View Hotel, RP Rd; 主菜 ₹100起; ⏰7:00~23:00) 这个氛围十足的竹子屋顶餐厅位于Lalaji Bay View Hotel酒店楼顶,为这座城市带来了哈夫洛克岛风味,有烤鱼、汉堡等菜肴,是个惬意地喝着啤酒放松心情的好地方。

Gagan Restaurant 印度菜 $

(Clock Tower, Aberdeen Bazaar; 主菜 ₹100~200起; ⏰7:00~22:00) 这家简陋的孟加拉餐厅深受当地人的欢迎,以优惠的价格提供美味的食物,包括尼科巴风味鱼(Nicobari fish)、螃蟹咖喱(crab curries)和椰子鸡(coconut chicken)。

Annapurna 印度菜 $

(MG Rd; 主菜 ₹100~160; ⏰18:30~22:30) 一家很不错的素菜馆,看上去更像是一个高中食堂,经营美味薄饼和滋味浓郁的北印度风格咖喱菜肴。

Lighthouse Residency 海鲜 $$

(MA Rd; 主菜 ₹150~800; ⏰11:00~23:00) 你可以从陈列出来的红鲷、螃蟹和虎虾中挑选你想吃的用来烧烤(搭配米饭和薯条),然后到屋顶上喝一瓶冰凉的翠鸟牌啤酒。

Bayview 多元风味 $$$

(Hotel Sinclairs Bayview, South Point; 主菜 ₹300~550; ⏰11:00~23:00) Bayview就在海边,可观赏美丽的海景,是个从容不迫地用餐休闲的好地方。菜单上有多种美味的多元风味菜肴。

Nico Bar 酒吧

(Marine Hill; ⏰11:00~23:00) Fortune Bay Hotel酒店的酒吧是最接近尼科巴群岛(Nicobars)的地方,海风吹拂,风景宜人(₹20纸币上的照片就来自这里)。在这里就着一杯冰凉的鸡尾酒消磨一个下午或者温热的晚上,十分惬意。

ℹ️ 实用信息

在整个安达曼群岛,只有在布莱尔港你才能稳定可靠地兑换外币或兑现旅行支票,找到足够多的自动柜员机。城内有几个自动柜员机,包括**Aberdeen Bazaar**(Netaji Rd)和**MG Rd**上Axis Bank银行的自动柜员机,以及**ICICI**银行的自动柜员机(Foreshore Rd和MA Rd交叉路口)。**印度国家银行**(State Bank of India, MA Rd; ⏰周一至周六 9:00至正午和13:00~15:00,每月的第2和第4个周六关门)也有自动柜员机,而且可以兑换外币。

安达曼和尼科巴旅游局(Andaman & Nicobar Tourism; ☎03192-232694; www.andamans.gov.in; Kamaraj Rd; ⏰8:30~13:00和14:00~17:00) 这个位于主岛上的旅游办事处提供小册子,是预约办理布莱尔港周边区域许可证的地方。

GB Pant医院(GB Pant Hospital, ☎03192-233358, 急诊 03192-232102; GB Pant Rd) 安达曼群岛最好的公立医院。

Island Travels(☎03192-233358; www.islandtravelsandaman.com; MA Rd, Aberdeen Bazaar; ⏰周一至周六 10:00~13:00和14:00~18:00) 来这里预订机票、租船和向导。

主邮局(Main Post Office, MG Rd; ⏰周一至周六 9:00~17:00)

ℹ️ 到达和离开

船

多数岛际渡轮都从Phoenix Bay码头出

发。你可以去它的**码头售票处**（⊙周一至周五9:00~13:00和14:00~16:00，周六9:00至正午）买票。船票可以提前1到3天预订；如果船票都卖光了，你可以在当天开船前1个小时，去售票处外碰碰运气。售票处外有一个**渡轮信息处**（☎03192-245555; Phoenix Bay Jetty; ⊙5:30~18:30）。

前往哈夫洛克岛（₹195卢比, 2.5小时）的渡轮每天6:20、11:00、13:00、14:00出发，其中一些途经尼尔岛，所有班次的票都卖得很快。此外，这里还有一些私营的更昂贵的渡轮。**Makruzz**（☎03192-212355; www.makruzz.com）每天6:15和14:00有渡船前往哈夫洛克岛（₹900~1250，2小时），并继续开往尼尔岛（₹700~1000，1.5小时）。**Coastal Cruise**（☎03192-230777; 13 RP Rd, Aberdeen Bazaar）的渡船7:30开往尼尔岛（₹800~1100），途经哈夫洛克岛（₹700~1000）。

每天还有开往小安达曼岛的渡轮，但通常一票难求，每周还有几班开往迪格里普尔和长岛的船。

刚刚抵达布莱尔港的人们应该马上在码头预订船票。如果你想省时间的话，酒店通常也可以订票。

长途汽车

全天都有国营长途汽车从位于Aberdeen Bazaar的**长途汽车站**（MA Rd）发车，开往Wandoor（₹20, 1小时）和Chidiya Tapu（₹20, 1小时）。开往迪格里普尔的长途汽车在凌晨4:00（前往Aerial Bay）和7:00（₹270, 12小时）发车，有9:30发车的长途汽车开往Mayabunder（₹200, 10小时），这些车全都途经兰加特（₹160, 6小时）和Baratang（₹190, 3小时）。更加舒适、票价更高（大约贵₹50~100）的私营长途汽车在主长途汽车站对面设有"售票处"（一个小伙子拿着售票本）。

❶ 当地交通

抵离机场

乘坐出租汽车或机动三轮车从布莱尔港的机场到Aberdeen Bazaar大约需要₹100, 全程4公里。此外，每小时还有1班公共汽车（₹10）从主长途汽车站抵/离机场（机场大楼外100米）。

机动三轮车

乘坐**机动三轮车**从Aberdeen Bazaar到Phoenix Bay码头大约需要₹30, 到Haddo码头大约需要₹50。

摩托车

你可以在布莱尔港的各个地方租到摩托车，租金每天₹400。选择之一是**Saro Tours & Travels**（☎9933291466; www.rentabikeandaman.com; Marine Rd, Aberdeen Bazaar）。

布莱尔港周边

Wandoor

位于布莱尔港西南方向29公里处的小村庄Wandoor是体验这座岛屿内陆风情的好地方。人们更多地将它看作前往圣雄甘地国家海洋公园（Mahatma Gandhi Marine National Park）浮潜的出发点。

🏃 活动

Wandoor有一片漂亮的海滩，不过在本书调研期间，因为鳄鱼的缘故，这里禁止游泳。

圣雄甘地国家海洋公园　　　　　浮潜

（Mahatma Gandhi Marine National Park; 许可证 印度人/外国人 ₹50/500, 拍照/录像 ₹25/500; ⊙周二至周日）对于那些想在布莱尔港逗留期间潜水的人，前往圣雄甘地国家海洋公园的半日浮潜之旅是个很好的选择。这座公园包括15座岛屿，遍布着红树林海湾和热带雨林，海水中生长着50多种珊瑚和大量色彩鲜艳的鱼类。船只9:00和10:30从Wandoor码头出发，收费₹750，还需另加₹500的许可证费用（你需要提前在布莱尔港的旅游办事处办理）。

根据全年不同的时间，海洋公园的潜水地点在Jolly Buoy和Red Skin之间变换，这样可以使它们都有修复和再生的时间。

ANET　　　　　　　　　　　　志愿者活动

（Andaman & Nicobar Environmental Team;

住宿价格范围

下列价格范围指的是旺季（12月至次年3月）带浴室的双人间的价格。

$ 低于₹800

$$ ₹800~2500

$$$ 高于₹2500

值得一游
CINQUE ISLAND

无人居住的岛屿North Cinque和South Cinque由一条沙洲相连,是Wandoor以南的野生动物保护区的一部分。它们四周环绕着珊瑚礁,是安达曼群岛最美丽的岛屿之一。从Chidiya Tapu乘船过来需要2小时,从Wandoor乘船过来需要3.5小时。

只允许一日游。除非你参加了旅行社偶尔组织的一日游,否则需要提前从Chief Wildlife Warden获取许可证,方式是购买圣雄甘地国家海洋公园的许可证(见1110页)。

(☎03192-280081;www.anetindia.org;North Wandoor)由一群精力充沛的印度青年生态学者领导,是感受安达曼荒野苍凉气氛的地方,你将了解到包括但不限于红树林、潮间带、蛇、鳄鱼的知识。可提前致电了解更多详情。

住宿

Sea Princess Beach Resort 度假村 $$$

(☎03192-280002;www.seaprincessandaman.com;New Wandoor Beach;房间 含早餐₹7000;※@※)和海滩只有一小段步行距离,Sea Princess的房间被装饰成了漂亮的木头色调,而且包括一系列房型,其中海滨套房是最好的。

Anugama Resort 度假村 $$$

(☎03192-280068;www.anugamaresort.com;房间 含早餐₹3400起;※@)Anugama拥有陈设简单但足够舒适的村舍,位于森林和泥沼地之间,充满了田园风情。

❶ 到达和离开

在布莱尔港乘坐长途汽车(₹20,1小时),或者租一辆机动三轮车,费用是₹200。

Chidiya Tapu

Chidiya Tapu位于布莱尔港以南30公里处,是一座被海滩和红树林环绕的小聚居点,以日落美景而闻名。它还有很受欢迎的一日游目的地Munda Pahar Beach,这片海滩不但有美妙的自然景色,海底岩床也让它成了游泳的热门地点。

◉ 景点和活动

位于Chidiya Tapu的潜水公司可以安排前往Cinque Island和Rutland Island的旅行,这两座岛屿以丰富的鱼类、多彩的软珊瑚和超高的能见度而闻名。

Chidiya Tapu Biological Park 动物园

(印度人/外国人 ₹20/50;☉周二至周五9:00~16:00)这是个宜人的漫步之地。拥有树木丛生的自然环境,是本地物种的天然领地,如食蟹猴、安达曼野猪和咸水鳄等。

Lacadives 潜水

(☎03192-281013;www.lacadives.com;☉10月至次年5月)老牌潜水公司。

Reef Watch Marine Conservation 志愿者活动

(☎9867437640;www.reefwatchindia.org;Lacadives)这是一家致力于海洋保护的非政府组织,招收志愿者参加海滩清洁、鱼类调查等活动;直接和他们联系,看看有没有可能将你的技能和他们的需要相互匹配起来。

食宿

Wild Grass Resort 度假村 $$$

(☎011-65660202;www.wild-grass-resort-port-blair.hotelsgds.com;房间 含早餐₹4250;※)这座简单的双层村舍掩映在翠绿的丛林中,有着轻松随意的氛围。它还有一间很有气氛的竹子餐厅,方便了一日游旅行者。

❶ 到达和离开

每小时有1班长途汽车从布莱尔港出发(₹20,1小时),最后一班车18:00出发。

哈夫洛克岛(Havelock Island)

人口 5500

哈夫洛克岛是当之无愧的旅行者的天堂,这里有丝绸般柔滑的沙滩、闪闪发光的青绿色浅滩和南亚最好的一些潜水地点。实际上,对于许多人来说,哈夫洛克岛就代表安达

曼群岛，吸引着众多游客横向通过孟加拉湾，他们中有许多人都喜欢在这里停留，从而使自己的旅行更加圆满。

◉ 景点和活动

海滩

Radhanagar 海滩

（7号海滩）印度最漂亮、最著名的沙滩就是备受赞誉的Radhanagar。在原始森林的衬托下，洁白的沙滩呈现出美丽的弧形，被起伏的海浪簇拥着。它位于这座岛屿的西北海岸，距离码头大约12公里。

傍晚是来这里观光的最佳时段，可以避开热浪和人群，还能看到美丽的夕阳。进入正门后走得越远，就越清静。

尼尔海湾（Neils Cove） 海滩

尼尔海湾美丽的"潟湖"位于Radhanagar的西北方向，有着洁白的沙滩和透明的海水，犹如珍宝一般。黄昏和黎明禁止游泳；留意有关鳄鱼的警告。

5号海滩（Beach 5） 海滩

在岛屿的东北海岸，被棕榈树环绕的5号海滩更具热带风情，不仅树荫掩映，还没那么多白龄。但在低潮期时海水变浅，游泳非常困难。岛上的大部分住处都在这边。

Kalapathar 海滩

在5号海滩以南大约5公里处，你会发现Kalapathar，它是一片原始的海滩。你需要走一段路才能远离成群结队的旅行团。

潜水和浮潜

哈夫洛克岛是在安达曼潜水的首选地点，以其水晶般清澈的海水、深海珊瑚和色彩绚烂的海洋生物（包括海龟）而闻名。各种水平的人都适合在这里潜水。

主潜水季节大概在11月到次年4月，但潜水之旅全年经营。

所有公司都提供全套装备的船潜，价格视位置、参加人数和时间长短而定。双气罐潜水起价约₹5000~6000，可以选择PADI水肺潜水（2次潜水 ₹18000）、开放水域潜水（4次潜水 ₹24000）或是高级课程（5次潜水 ₹19500）。

虽然自2010年以来，珊瑚礁白化已经成为一个大问题（据说和厄尔尼诺气候现象有关），但这里的潜水水域仍然是世界级的。浅滩上也许没有了特别鲜艳的珊瑚礁，但还有色彩绚烂的鱼儿，而且潜到26米以下，珊瑚仍然和以前一样鲜艳。1998年安达曼岛也遭遇了类似的白化问题，但目前已经完全恢复，现在这里的珊瑚礁也同样在慢慢地自我修复。

热门潜点包括Dixon's Pinnacle和Pilot Reef，这里有色彩鲜艳的软珊瑚；South Button，适合大镜头潜水（观看小型生物），有多重岩层；在Jackson Bar或Johnny's Gorge可以潜得更深，来观看成群的鲷鱼（snapper）、鲨鱼、鳐和海龟；以及什么特色都有一点儿的Minerva's Delight。还有沉船潜水，探访20世纪50年代沉入海底的货轮Incheket号。旅行中可以密切关注更远的地

保护海洋动物

如果你计划在安达曼群岛潜水或浮潜，一定要注意保护它脆弱的海洋生态系统。只在涨潮时浮潜：在退潮时很容易踩到珊瑚或海绵，对它们造成无法修复的损伤。在水非常浅的珊瑚礁区域，为了保护海洋动物，不要佩戴脚蹼——即使是轻轻地挥动一下脚蹼也会损伤破坏这些生长了数十年的生物。潜水者在下潜靠近珊瑚礁时应该非常小心：佩戴全套装备高速撞击珊瑚礁会造成环境灾难。选择对生态负责的潜水运营商。

不要触摸包括珊瑚在内的海洋生物，否则不但会造成它们的压力和损伤（某些生物有一层保护性膜，被触摸时会被磨掉，让它们更容易遭受寄生虫和疾病的侵袭），而且它们本身可能有毒。

最后，清理你看到的任何垃圾，而且不要从海里拿走贝壳或珊瑚当作纪念品（这样做不但对生态有害，而且可能是违法的）。

Havelock Island 哈夫洛克岛

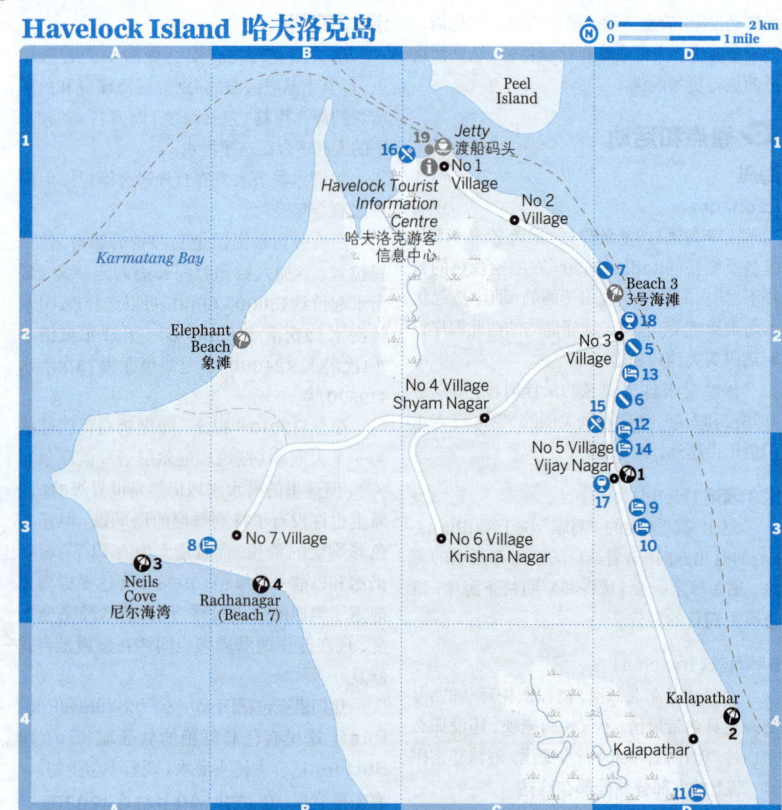

方, 例如Barren Island, 那里有印度唯一的活火山, 由此产生的火山灰在水下形成了奇异的景象。

　　潜水公司可安排浮潜之旅, 但是通过你的酒店或客栈租船游览则费用更便宜。浮潜装备在哈夫洛克岛上很容易获得, 但质量通常一般, 所以如果你打算尽兴的话, 可以考虑自带装备。

　　多数船只前往象滩（Elephant Beach）浮潜, 你也可以沿着一条大象搬运木材的泥泞小路步行40分钟前往; 沿途有清晰的路标（紧邻跨岛公路）, 但如果一直下雨的话, 这条路就会变成泥潭。在满潮的时候, 根本不可能通过——出发前可以向当地人询问更多信息。许多潜水包机纷纷涌来, 所以要有心理准备, 场面有点儿混乱。如果你在6:00左右到这里来, 很有希望一人独享这片水域。

潜水价格都是标准的, 所以关键是要找一个称心如意的商家。

Ocean Tribe   潜水
（☎03192-282255; www.ocean-tribe.com; No 3 Village）由当地著名的Karen潜水员经营（包括Dixon和Jackson）, 所有潜水员都有以自己名字命名的潜点。

Dive India   潜水
（☎03192-214247; www.diveindia.com; btwn No 3 & 5 Village; 1次/2次潜水 ₹4500/₹6000）哈夫洛克岛最早的PADI公司, 现在仍然是最好的之一。

Barefoot Scuba   潜水
（☎9566088560; www.diveandamans.com; No 3 Village）人气很高的老牌公司, 可提供包含潜水和住宿的套餐。

Havelock Island 哈夫洛克岛

◎ 景点
- **1** 5号海滩 D3
- **2** Kalapathar D4
- **3** 尼尔海湾 A3
- **4** Radhanagar B3

⊕ 活动、课程和团队游
- Andaman Bubbles .... （见14）
- **5** Barefoot Scuba D2
- **6** Dive India D2
- **7** Ocean Tribe D2

⊜ 住宿
- **8** Barefoot at Havelock A3
- **9** Coconut Grove Beach Resort D3
- **10** Emerald Gecko D3
- **11** Flying Elephant D4
- **12** Orient Legend Resort D2
- **13** Pellicon Beach Resort D2
- Sea View Beach Resort .... （见7）
- Silversand .... （见10）
- Sunrise Beach Resort .... （见12）
- **14** Wild Orchid D3

⊗ 就餐
- **15** Anju-coco Resto D2
- **16** B3 – Barefoot Bayside & Brasserie C1
- Dakshin .... （见16）
- Fat Martin's .... （见14）
- Full Moon Cafe .... （见6）
- Red Snapper .... （见14）

⊙ 饮品和夜生活
- **17** Cicada D3
- **18** Wine Shop D2

⊕ 交通
- **19** 渡口订票处 C1

Andaman Bubbles
潜水

（☎03192-282140；www.andamanbubbles.com；No 5 Village；1小时潜水₹4500，2天4次潜水套餐₹10,500）优质机构，员工专业又讨人喜欢。

其他活动

一些度假村为热忱的徒步或观鸟爱好者组织有向导的**丛林远足**，但要注意，雨后的林地非常泥泞。在雨林深处有一个灌满水的翠绿色大洞，**观鸟**收获颇多（尤其是在森林的边缘）；留意蓝黑相间的有着球拍状尾巴的卷尾鸟（drongo）或金色的黄鹂（golden oriole）。

Flying Elephant（见1120页）在旺季开设瑜伽课程（每1.5小时₹300~500）。

Andaman Kayak Tours
皮划艇

（☎9933269653；www.andamanhomestay.com/kayak-and-snorkel；最少2人 2.5小时皮划艇₹2500）天气允许的话，Andaman Kayak Tours会组织探索哈夫洛克岛红树林的海上皮划艇之旅，还有令人难忘的夜间生物荧光皮划艇之旅。

⊜ 住宿

Pellicon Beach Resort
平房 $

（☎9932081673；www.pelliconbeachresort.com；Beach 5；小屋₹700起；☎）有迷人的海滨平房以及带私人门廊的尼科巴小屋，周围环境安静，紧邻海滩。

Coconut Grove Beach Resort
客栈 $

（☎9531835592；www.coconutgrovebeachresort.com；Beach 5；小屋₹600，不带浴室₹300；☎）特别受以色列游客的欢迎，Coconut Grove有一种令人放松的公共氛围，色彩绚丽的小屋呈环形分布。

Sunrise Beach Resort
平房 $

（☎9474206183；Beach 5；房间₹600~1000，带空调₹5100）提供和几乎所有其他度假村一样的茅草屋顶小屋——让它与众不同的是这里带水景的A字形小屋。

Emerald Gecko
别墅 $$

（☎947486953；www.emerald-gecko.com；Beach 5；小屋₹1500~3000）双层平房正对大海，价格较高的房间内有氛围灯和露天浴室。所有房屋都是用缅甸的竹子建造的。

Orient Legend Resort
客栈 $$

（☎9434291008；www.havelockbeachresort.in；Beach 5；小屋 带浴室₹500，房间₹1200，带空调₹2500）这个很受欢迎的客栈位于5号海滩，提供满足各种预算的房型，从A形的小窝棚到混凝土房间和能瞥见海景的两层村舍应有尽有。

Sea View Beach Resort 别墅 $$

(☎943429877; Beach 3; 房间 ₹800~1000)适合悠闲放松的海滩平房，背靠潜水商店Ocean Tribe(见1118页)，和人群保持着一定的距离。

★ Barefoot at Havelock 度假村 $$$

(☎03192-214534; www.barefootindia.com; Beach 7; 帐篷村舍 含早餐 ₹9500, 尼科巴村舍 ₹13500, ❋)🍃这座精心设计而成、注重环保的度假村有着优雅舒适的村舍，以木头建造并用竹子做屋顶，背靠著名的Radhanagar Beach。

★ Silversand 度假村 $$$

(☎03192-211073; www.silversandhavelock.com; Beach 5; 房间 含早餐 ₹12,000; ❋☎❋)这家酒店的亮点是位置，它坐落在一片远离人群的可爱海滩上。房间很舒适，价格更高的房间离海更近。有一间很不错的酒吧兼餐厅。

Flying Elephant 别墅 $$$

(☎9474250821; www.flying-elephant.in; Kalapathar; 房间 ₹4000)这栋别墅藏身于Kalapathar海滩上，四周都是稻田和槟榔树，一派田园风情。这个宁静的休憩之所有着许多简单、朴实的竹子联排别墅，特色是风景如画的室外石头花园浴室。

Wild Orchid 度假村 $$$

(☎03192-282472; www.wildorchidandaman.com; Beach 5; 房间 含早餐 ₹6125起; ❋☎)现代化的安达曼风格村舍，所有房间都在一座迷人的热带花园里，距离海滩仅咫尺之遥。

🍴 餐饮

大多数人在他们的酒店里或酒店附近吃饭，不过码头附近有dhabas(快餐店)，你也可以去大市场(No 3 Village)品尝当地饭菜。

有一家**商店**(Beach 3; ⏱9:00至正午和15:00~20:00)可以买到酒，它就在No 3 Village的自动柜员机的隔壁。

Fat Martin's 印度菜 $

(Beach 5; 主菜 ₹70~140; ⏱7:30~22:00)这家人气很高的露天小餐馆供应多种印度菜肴和令人难忘的美味薄饼，包括泥炉烤印式芝士(paneer tikka)和花生酱薄饼(nutella)。

Anju-coco Resto 印度菜、欧陆风味 $

(Beach 5; 主菜 ₹200~800; ⏱8:00~22:30)作为哈夫洛克岛最受喜爱的餐厅之一，质朴的Anju-coco经营各种风味，最出色的是丰盛的早餐、美味的烧烤菜肴和拼盘。

★ Red Snapper 海鲜 $$$

(Wild Orchid Resort, Beach 5; 主菜 ₹250~850; ⏱7:30~10:00, 正午至14:30和18:00~21:30)这家美观而引人注目的茅草屋顶餐厅用抛光的竹子做装饰，散发出一种浪漫的岛屿氛围。菜单包括奢华的海鲜拼盘、胡椒金枪鱼和自制意面。露天平台餐位是个享用啤酒的好地方。

Full Moon Cafe 多元风味 $$$

(Dive India, Beach 5; 主菜 ₹200~490)🍃由一对爱尔兰、印度夫妇经营，酷酷的茅草屋顶和Dive India共享5号海滩的同一个地址。这里可制作非常棒的海鲜和沙拉，还供应令人神清气爽的姜汁蜂蜜柠檬水。可免费续水。

B3 – Barefoot Bayside & Brasserie 多元风味 $$$

(Village No 1; 主菜 ₹350~500; ⏱正午至21:30)来这里享用哈夫洛克岛最棒的比萨或者绝妙的自制意大利面。这里还有美味的意式冰激凌(gelato)！室外海景露台微风习习，是个等待渡轮的好地方。楼下是擅长南印度烹饪的**Dakshin**(主菜 ₹80~270; ⏱6:30~10:00和正午至15:30)。

Cicada 现场音乐

(Beach 5; ⏱时间不定)由来自Emerald Gecko的一个团队经营，这个现场音乐休闲场所位置绝妙，就在丛林之中，从5号海滩对面的主路上向下走过一条小岔路即可到达。

ℹ 实用信息

卫星网络慢得令人受不了，而且很贵，每小时费用大约₹350。

哈夫洛克游客信息中心(Havelock Tourist Information Centre;☎03192-282117;紧邻码头,Village No 1;◐8:00~16:30)官方旅游办事处,提供小册子和信息,但不预订任何团队游。

❶ 到达和离开

从哈夫洛克岛的1号村庄**码头**驶往布莱尔港的国营渡轮每天3班(₹420,2.5小时),发船时间分别是9:00、14:45和16:30。最好至少提前两天在**渡口订票处**(◐周一至周五 9:15至正午和14:00~16:00,周六 9:15至正午)订票(大多数酒店可以帮你订票,收一小笔费用)。每天有1到2班渡轮往返于哈夫洛克岛和尼尔岛(₹335,1小时15分钟)之间,每周有4班船(周一、周三、周五和周六的9:30)驶往长岛(₹335,2小时),途经兰加特(Rangat)。

像Makruzz(见1115页)和Coastal Cruise(见1115页)这样的(更舒适的)私营渡轮每天有船开往布莱尔港,途经尼尔岛。

❶ 当地交通

当地连接码头、村庄和Radhanagar的环线公共汽车(₹10,40分钟)从10:00运营到17:30,大约每小时1班。另外,你也可以租一辆小型摩托车(每24小时约₹490起)或自行车(每天₹100)——你的客栈或酒店应该能帮你租到车,或者告诉你去哪里租。

乘坐机动三轮车从码头到3号村(No 3 Village)需要₹50,到5号村需要₹90,到7号村需要₹500。

尼尔岛(Neil Island)

虽然它的海滩不如它更有名的邻居哈夫洛克岛那样华丽,但宁静的尼尔岛也有它自己独特的魅力。这里有一种从容不迫的生活节奏;骑车穿过风景如画的小村庄是领略它的性格特质的最好方式。主市场有种柔和的气氛,一到傍晚就变得非常热闹。尼尔岛距离布莱尔港大约40公里,在哈夫洛克岛乘坐渡轮很快就到了,在这里你能够体验到一种彻底远离喧嚣的惬意。

◉ 景点和活动

海滩

尼尔岛的5片海滩(1到5号)各有特色,但是由于海床较浅且岩石较多,都不太适合游泳。

1号海滩 海滩

(Beach 1; Laxmanpur)1号海滩拥有一片长长的海滨沙滩和红树林,从码头和村庄步行至此需要40分钟。这里有一个很棒的日落观景点,可以通过Pearl Park Beach Resort(见1122页)前去观景。在这里有时还能看到儒艮(Dugong)。

2号海滩(Beach 2) 海滩

在尼尔岛的北边,2号海滩有岩石形成的天然桥梁,只有在落潮的时候绕着多岩石的海湾徒步才能靠近。骑自行车前往,走边道,穿过市场,然后在交叉路口左转。

3号海滩 海滩

(Beach 3; Ram Nagar)3号海滩是一片隐蔽的岩石海湾,有粉状细沙。这里也是浮潜的好地方。

4号海滩 海滩

(Beach 4; Bharatpur)4号海滩是尼尔岛最适合游泳的海滩,但它离码头很近,不时会有一些吵闹的一日游游客乘坐机动船到海滩上来。

5号海滩 海滩

(Beach 5; Sitapur)地势更加崎岖的5号海滩距离村庄5公里,位于尼尔岛的东海岸,是沿沙滩散步的好地方,在落潮的时候可以进入小小的石灰岩洞穴。

潜水和浮潜

尼尔岛有一些非常棒的潜点,那里有色彩鲜艳的海鱼——成群结队的杰克鱼(Jack)、海龟、鳐鱼,以及柔软珊瑚虫组成的珊瑚礁。尼尔岛上有几个潜水机构,提供开放水域课程等潜水活动。

这座岛屿的最佳浮潜地点是涨潮时1号海滩的远(西)端,那里有珊瑚礁;如果你特别幸运的话,可以在浅滩看到觅食的儒艮。3号海滩也有不错的浮潜条件。租赁浮潜设备的费用是₹200左右,而且很多客栈都可以提供。

India Scuba Explorers 潜水

(☏9933271450; www.indiascubaexplorers.com; Beach 1; 1次潜水 ₹4500)尼尔岛的第一家潜水商店,由一对夫妻经营,因为其个性化服务而备受青睐。

Dive India 潜水

(☏8001122205; www.diveindia.com; 每1次/2次潜水 ₹4500/6000)这家在哈夫洛克岛成立的专业公司在尼尔岛也有一家分店。位于码头附近。

🛏 住宿

🛏 1号海滩 (Beach 1)
Sunset Garden Guesthouse 平房 $

(☏9933294573; 小屋 ₹800, 不带浴室 ₹300)很适合那些想要逃离一切的人,这些陈设简单的竹子小屋位置隐蔽,有一种遗世独立之感,需要穿过稻田,步行15分钟才能抵达。

Seashell 度假村 $$$

(☏9933239625; www.seashellhotels.net; 村舍 含早餐 ₹9000; ❄)Seashell拥有设施齐全的当代风格村舍,通向一片沿岸生长着红树林的海滩。房间内有电视以及制作茶和咖啡的器具。

Pearl Park Beach Resort 别墅 $$$

(☏9434260132; www.andamanpearlpark.com; 房间 含早餐 带电扇 ₹3500起, 带空调 ₹5500起; ❄ ❄ ❄)在一座繁花似锦的花园里分布着许多舒适的竹子小屋。

🛏 3号海滩 (Beach 3)
★ Kalapani 平房 $

(☏9474274991; 小屋 ₹600, 不带浴室 ₹300)由可爱的Prakash和Bina经营,氛围悠闲的Kalapani有简单的平房。出租摩托车、自行车和浮潜装备,老板可以提供许多活动建议。

Breakwater Beach Resort 平房 $

(☏9933292654; 小屋 ₹500~1000, 不带浴室 ₹300)轻松随意的氛围、可以接受的房间、漂亮的花园和美味的食物。

🛏 5号海滩 (Beach 5)
Sunrise Beach Resort 平房 $

(☏9933266900; 房间 ₹400, 不带浴室 ₹300)Sunrise有朴素的茅草屋顶平房,距离海滩也就一小段路。此外还有一家花丛中的甜蜜小餐馆,提供如椰子鱼肉马沙拉(coconut fish masala; ₹150)这样的美味菜肴。

Emerald Gecko 别墅 $$

(☏9474286953; www.emerald-gecko.com; 房间 ₹2000~4000)简单、环保的别墅,拥有吊扇和蚊帐,坐落于椰林之中。

🛏 Neil Kendra
Silversand 度假村 $$$

(☏03192-244914; www.silversandneil.com; 房间 含早餐 ₹12,000起; ❄ ❄)作为尼尔岛最高档的地方之一,Silversand拥有舒适的当代风格村舍,坐落在绿树成荫的棕榈林中,和水边只有一小段步行距离。

🍴 就餐

Garden View Restaurant 印度菜、欧陆风味

(Beach 5; ₹50~130; ⏰6:00~22:00)坐落在漂亮的花园里,是个令人放松的小餐厅。可以喝翠鸟牌啤酒(₹170 每瓶)或木瓜印度奶昔(₹60),享用鱼咖喱、虾肉炒饭等多种菜肴。

Blue Sea 海鲜、印度菜 $$

(Beach 3; 主菜 ₹120~300; ⏰6:00~23:00)这座搭建在海滩沙地里的小棚屋外表奇特,装饰着海滩小玩意儿,最引人注目的装饰是一个蓝鲸头骨。供应简单、美味的印度菜肴,还有一些欧陆风味美食。一条小路通向尼尔岛最好的海滩。来这里享受质朴悠闲的氛围和附近的海滩。

Moonshine 各国风味、印度菜 $$

(Beach 1; 主菜 ₹100~400; ⏰8:00~11:00, 正午至13:00, 16:00~21:30)在通往1号海滩的路上,是背包客的最爱,供应丰盛的自制意面、鱼肉塔利套餐。可以提供冰啤酒。

ℹ 实用信息

尼尔岛上既没有自动柜员机,也没有兑换货币的设施,所以要带足现金。

1号海滩上的 **Pearl Park Beach Resort**（见1122页）有Wi-Fi（₹200 2小时）。

ℹ 到达和当地交通

开往布莱尔港的渡轮一天2到3班（₹400，2小时）。此外，每天还有1到2班开往哈夫洛克岛（₹400，1小时）的渡轮，每周有3班开往长岛（₹400，5小时）的渡轮。**Makruzz**（见1115页）和 **Coastal Cruise**（见1115页）也有渡轮抵离布莱尔港（₹875起，1小时）和哈夫洛克岛（₹710起）。

租一辆自行车（每天₹100起）是最佳的游览方式；岛上道路平坦，而且距离很短。在市场或客栈都能找到自行车。从码头乘坐机动三轮车前往1号或3号海滩需要₹75~100。

中安达曼和北安达曼（Middle & North Andaman）

安达曼群岛不仅仅有阳光和沙滩，还有如侏罗纪般原始的丛林，这片树木纵横交错的葱翠的古老森林一定是大自然母亲在潜意识下化育的杰作。要想前往这个狂野、原始的地带，需要乘坐长途汽车沿着Andaman Trunk Rd（ATR）颠簸很长时间，再多次换乘渡轮横渡潜伏着咸水鳄的红色河流。

但ATR也有消极的一面：这条路贯穿加洛瓦人（Jarawa；见1124页）的家园，使部落不断地受到外界的干扰。现代的印度生活和部落生活似乎无法共存，每次加洛瓦人与移民相互沟通，都会产生误解，并导致冲突、困惑，更糟糕的还有暴力冲突和死亡。印度人类学家和Survival International等土著权利团体已经在呼吁封闭ATR；它的情况仍在评估中。目前，车辆只能在6:00到15:00这一固定时段里成对通过。绝对禁止拍照，禁止停车，禁止与任何加洛瓦人互动——他们正在变得越来越依赖过往车辆的施舍。

布莱尔港以北第一个有趣的停车点是位于Baratang的灰岩洞（limestone caves; Baratang; ☉周二至周日）。从码头乘船（₹450）前往需要45分钟，沿途穿过红树林，景色十分美丽。需要许可证，可以在码头办理。

兰加特及周边（Rangat & Around）

沿着Andaman Trunk Rd向北旅行，兰加特是Baratang Island之后中安达曼的第一个主要城镇。它主要是一个交通枢纽，没有多少旅游景点。Dhaninallah红树林（Dhaninallah Mangrove）的海龟繁殖地是最受欢迎的地方，从兰加特驾车45分钟可达，傍晚时分（12月中旬至次年4月）可以在一条长约1公里的木板路上观看海龟。

ℹ 到达和离开

渡轮从距离兰加特8公里的Yeratta码头（乘坐当地公共汽车可达）驶向长岛（₹11），发船时间是9:00和15:00。城外5公里的兰加特湾（Rangat Bay）有抵布莱尔港（₹378，6小时）和哈夫洛克岛（₹378，2小时）的渡轮。每天有一趟长途汽车开往布莱尔港（₹145，7小时）和迪格里普尔（₹65，4小时）。

长岛（Long Island）

长岛以其热情友好的社区和从容而缓慢的生活而成为那些寻求慢节奏的人们的最爱。除了几辆摩托车之外，岛上没有其他机动车辆，在某些时候，你甚至可能是这里唯一的游客。

◉ 景点和活动

海滩
Blue Planet（见1124页）旁边有一片可爱的海滩，从码头步行15分钟即可到达。

历时1.5小时的丛林徒步（如果你感觉精力充沛，可以来一场越野慢跑）将带你来到与世隔绝的Lalaji Bay，那里有洁白的细沙和清澈透明的海水，非常适合游泳和浮潜；从码头出发按照红色箭头的指示即可到达。租一艘船（2人 往返₹2500）也是一种选择。不太方便的是，你需要在码头附近的林业部办事处（Forest Office）办理一张许可证 免费 才能游览。

潜水和浮潜
Blue Planet有一家潜水商店（12月至次年3月），租赁浮潜设备的费用约为₹100。商店组织前往Campbell Shoal的潜水，观赏那里的鲹鱼（trevally）和梭鱼群。

你还可以租一条船前往North Passage Island，在碧水白沙的Merk Bay（₹3500 2

岛上的土著人

安达曼群岛和尼科巴群岛的土著居民占总人口的12%，在多数情况下，他们的数量在下降。Onge人、桑提内尔人、安达曼人和加洛瓦人都属于尼格利陀族，他们与非洲人非常相似。可悲的是，过去100年来，许多种群都已经灭绝了。2010年2月，最后一名会说Bo语的人去世，终结了一种起源于65,000年前的文化和语言。

需要记住的一点是，这些部落生活的地区严禁外国人进入——这是为了保护他们和他们的尊严，有人曾经因为试图进入这些区域而被逮捕。

加洛瓦人（Jarawa）

大约300名加洛瓦人居住在占地639平方公里的中安达曼和南安达曼上。1953年，行政长官要求一架武装海上飞机轰炸了加洛瓦人的定居点，他们的领地不断受到Andaman Trunk Rd、砍伐森林、移民和游客入侵的破坏。2012年，一段得到广泛传播的视频显示了加洛瓦人和游客之间的一场交易，一名警察命令他们跳舞以换取食物。政府介入调查，终结了这种所谓的"人类狩猎"之旅。

尼科巴人（Nicobarese）

3万尼科巴人是唯一数量没有减少的土著人。他们中的大部分都已经皈依基督教，在一定程度上被印度现代社会所同化。他们以村为单位，由一位头人领导，养猪并种植花生、甘薯和香蕉。尼科巴人可能源于马来西亚人和缅甸人，居住在尼科巴群岛的一些岛屿上，以Car Nicobar为中心，这一地区在2004年的海啸中遭受了最严重的影响。

Onge人

Onge岛属于小安达曼，岛上的三分之二区域在1977年被林业部（Forest Department）接管，并安置了居民。Onge部落剩下的100多人居住在25平方公里的保护区内，包括Dugong Creek和South Bay。人类学家说，Onge人因失去土地而意志消沉，从而导致人数下降。

桑提内尔人（Sentinelese）

桑提内尔人与这些岛屿上的其他部落不同，他们一直拒绝与外界接触。多年来，前来联络的人们已经到达桑提内尔人的最后阵地North Sentinel Island，他们带来了椰子、香蕉、猪和塑料桶等礼物，但迎接他们的却只有箭雨，不过有时候他们的敌意会稍弱一些。目前桑提内尔人的人数大约还有150人。

安达曼人（Andamanese）

在19世纪中期，这里大约有7000名安达曼人，但对殖民者的友善导致了他们的灭亡。到了1971年，除了19人之外，所有人都死于麻疹、梅毒和流感等传染病。这个群体如今只有大约50人，并被迁移到了小小的Strait Island岛上。

匈蓬人（Shompen）

Great Nicobar的丛林中只剩下大约250名匈蓬人。这个以采猎为生的半游牧部落生活在河两岸，他们拒绝融入主流社会，从不涉足被印度移民占据的区域。

人）浮潜。

Lalaji Bay有非常棒的离岸浮潜，鲜艳的珊瑚就在休息小屋前面的不远处。Blue Planet客栈（从蓝色的印度教寺庙出来就是）附近的海滩也有不错的浮潜机会，游过生长着海藻的区域就能看到珊瑚。

食宿

★ **Blue Planet** 客栈 $$

（☎9474212180；www.blueplanetandamans.com；房间 ₹1500起，不带浴室 ₹500起；@）作为一家老牌人气客栈，Blue Planet有茅草覆顶的竹屋，还有吊床分布在一棵漂亮的红木树

的周围。食物好吃，还可供应免费的过滤水。从码头步行15分钟即可抵达。在附近还有一些竹屋村舍（₹3200起）。

ⓘ 到达和离开

每周有4班渡轮驶往哈夫洛克岛、尼尔岛和布莱尔港（₹195）。如果你不在布莱尔港坐不到开往这里的渡轮，就先坐长途汽车到兰加特（Rangat），然后前往和兰加特相距8公里的Yerata码头，那里每天有2班渡轮驶往长岛（₹11,1小时），分别在9:00和15:30出发。

迪格里普尔及周边 (Digligpur & Around)

虽然这里是最北边，但迷人的景点会让那些去过的人感不虚此行。这里是专为那些热爱大自然的人们设计的户外游乐园：有世界闻名的海龟筑巢地、安达曼群岛的最高峰、连接成网状的洞穴、白色的沙滩和安达曼群岛最好的一些浮潜地。

但对迪格里普尔（人口 70,000）也不要期望过高，它是安达曼群岛的第二大城市枢纽，是一个散乱扩张的粗糙的集市城镇。你应该直接前往安静的海滨村庄Kalipur。

✈ 活动

大多数人会在海龟繁殖季过来看海龟。

★ 罗斯岛和史密斯岛 (Ross & Smith Islands)   海滩、浮潜

罗斯岛和史密斯岛就像是一对可爱的热带平衡锤，由自得耀眼的一条狭长沙洲相连，展现了安达曼群岛最美的一面，非常适合游泳和浮潜。

史密斯岛不需要许可证，可以从Aerial Bay乘船前往（₹2500每船，可坐5人）。虽然罗斯岛（₹500）理论上需要许可证才能游览，但是由于可以从史密斯岛走过去，在通常情况下根本不检查许可证。如需了解更多信息，可咨询Pristine Resort。

Saddle Peak   远足

（印度人/外国人 ₹25/250）海拔732米的Saddle Peak是安达曼群岛的最高点。你可以从Kalipur徒步穿过亚热带森林登顶，然后返回，全程大约6~7小时；远眺整个群岛的景色美得不可思议。这是一次高强度的远足，所以要带上很多水（大约4升）。需要在小道起点的林业部办事处办理一张许可证（₹250），办公时间是6:00至14:00。

聘请一位当地向导（₹300）可以防止迷路，不过也可以按照树上的红色箭头方向走。

Craggy Island   浮潜

Craggy是Kalipur附近的一座小岛，也是个浮潜的好地方。游泳高手能游过去（建议使用脚蹼），也可以乘坐汽船（₹3000往返）。

Excelsior Island   浮潜

Excelsior有着美丽的海滩、很多适合浮潜的地点和在此定居的斑鹿。需要许可证（₹500）；租船费用是₹4500，同时可坐7人。

🛏 食宿

★ Pristine Beach Resort   客栈 $$$

（☎9474286787；www.andamanpristineresorts.com；Kalipur Beach；小屋 ₹1500，房间 ₹3500~4500；❄@）气氛轻松的度假村挤在稻田和海滩之间的棕榈树之中，有简单的竹屋和更高档的房间。它的餐厅兼酒吧供应美味的尼科巴风味鱼（fish Nicobari）。

Sion   印度菜 $

（Kalipur Beach；主菜 ₹60~150；⏱10:00~22:00）这家屋顶餐厅因其海鲜菜肴备受好评。

ⓘ 到达和离开

迪格里普尔位于Mayabunder以北大约80公

不要错过

在KALIPUR筑巢的海龟

据说，这是世界上唯一一片大海龟（leatherback）、玳瑁（hawksbill）、太平洋丽龟（olive ridley marine）和绿海龟（green turtles）都在同一海岸线产卵的海滩。12月中旬至次年4月，Kalipur是观看这一夜间演出的绝佳地点。多数晚上在这里都能看到海龟，你或许能够帮助收集海龟蛋，或者放生小海龟。联系Pristine Beach Resort可了解详细信息。

另辟蹊径

马亚邦德及周边（MAYABUNDER & AROUND）

在"上"中安达曼，马亚邦德以Karen人居住的村庄最为闻名，在英国殖民时期，这些缅甸山区部落成员被重新安置于此。它是一处低调的目的地，适合那些想远离人群的游客。

你可以参加各种当日往返的短途旅游，其中的亮点是去令人毛骨悚然的Interview Island（租船₹3000，可坐6人）进行丛林探险，岛上有大约35头野象，都是20世纪50年代一家伐木公司停业后放生的。会有武装警卫陪着你进行探险，以防在途中与野象遭遇。你需要办理一张许可证（₹500），最好的办理方式是提前将你的详细资料通过电子邮件发送给客栈Sea'n'Sand。其他景点包括Dhaninallah红树林的海龟筑巢地（12月至次年3月）；Forty One Caves——hawabills（金丝燕）在那里制作珍贵的燕窝；还可以去Avis Island浮潜（租船₹1500）。

Sea'n'Sand（☏03192-273454；titusinseansand@yahoo.com；房间₹850起；☒）无疑是最好的住处。主人Titus和Elizabeth（以及他们所属的Karen家族）是你了解Karen方方面面的优秀信息来源，这里的食物也很好吃。

马亚邦德位于兰加特以北71公里处（₹75，2小时），每天有长途汽车从布莱尔港（₹200，10小时）和迪格里普尔（₹60，2小时）开过来，每周还有3班渡轮。

里处，每天都有长途汽车开往布莱尔港（₹265，12小时），发车时间是5:00和7:00，还有1班22:40的夜间车。还有长途汽车开往Mayabunder（₹55，2.5小时）和兰加特（₹100，4.5小时）。

每周有3班（周二、周四和周六）驶往布莱尔港的渡轮（座/卧铺₹110/350，9小时）。

❶ 当地交通

渡轮和部分公共汽车在Aerial Bay码头停靠，它距离迪格里普尔11公里，距离另一方向的Kalipur 8公里。

从迪格里普尔到Kalipur每45分钟有1班公共汽车（₹15，30分钟），全程18公里；乘坐机动三轮车需要₹200。

小安达曼岛（Little Andaman）

小安达曼岛是你能进入的群岛的最南端，这里有一种天涯海角的迷人感觉。茂密的红树林、丛林和成群的水鸭簇拥着好似刚出炉的面包一样新鲜的沙滩。许多旅行者都认为它是安达曼群岛自己最喜欢的地方。

在经历了2004年海啸的重创之后，小安达曼岛慢慢恢复过来。它位于布莱尔以南大约120公里处，这里的主要定居点Hut Bay是一座宜人的小镇。

◉ 景点和活动

小安达曼灯塔
(Little Andaman Lighthouse) 灯塔

位于Hut Bay以东14公里处的小安达曼岛灯塔值得一看。灯塔高41米，沿着200级螺旋形台阶登顶，可远眺海岸和森林的壮观景色。骑摩托车前往是最便捷的方式。也可以骑自行车，但会很吃力，骑得汗流浃背。还可以乘坐机动三轮车一直前行到道路无法通行的地方为止，然后沿着美丽、空旷的沙滩再走1个小时。

海滩

准备好迎接白蛉，还有鳄鱼潜伏着（向当地人打听鳄鱼当下聚集在什么地方）。

Netaji Nagar 海滩

广阔、崎岖的Netaji Nagar在Hut Bay以北延伸了8~12公里，大部分住宿地点都集中在这里。

Butler Bay 海滩

（₹20）小安达曼最好的海滩是Butler Bay——一片壮观的弧形海滩，有救生员和好的冲浪条件。位于14公里路标处。

Kalapathar 海滩

Butler Bay前面的Kalapathar潟湖，成为

一处热门的封闭游泳区,有背阴的沙滩。适合一边寻找悬崖表面的洞穴,一边慢慢欣赏迷人的海景。可以经一条小路进入,在途中能看到一些于2004年海啸后修建的现代房屋。

冲浪

自从一些年前小安达曼岛对外国人开放以来,它的名声就已经在那些勇敢的冲浪爱好者之间悄然传播开来了。这里的礁岩起浪区非常有名,最适合那些比较有经验的冲浪者。最容易抵达的是Jarawa Point,位于Butler Bay北端的一个左手礁岩冲浪点。初学者应该只在8公里和11公里之间的海滩冲浪。2月至4月通常有条件最好的浪。

Surfing Little Andaman　　　　　　　　冲浪

(☎9531877287; www.surfinglittleandaman.com; Hut Bay; 2小时课程 ₹1000)出租冲浪板,教授课程,还提供关于小安达曼岛冲浪的所有信息。

瀑布

当你在海滩上待腻了的时候,可以来到内陆的White Surf和Whisper Wave瀑布体验一下丛林探险。后者包括一段4公里的丛林远足,强烈建议请一位向导。它们是令人愉悦的瀑布,引诱你去岩石潭游泳,但要当心鳄鱼。

🛏 食宿

Hut Bay有许多地方供应便宜、美味的塔利套餐。

Blue View　　　　　　　　　　　　　　平房 $

(☎9734480840; Km11.5, Netaji Nagar; 房间不带浴室 ₹300起; ⊙10月至次年5月)拥有令人放松的氛围,这些简单的茅草屋顶平房很受欢迎,主要是因为它热情好客的主人。出租冲浪板、自行车和摩托车。

Aastha Eco Resort　　　　　　　　　平房 $

(Km10, Netaji Nagar; 房间 ₹600)置身于槟榔树和椰树之间,Aastha是个宁静的住宿和度假场所,拥有氛围满满的尼科巴小屋和茅草覆顶的村舍。

Hawwa Beach Resort　　　　　　　　平房 $

(☎9775181290; Km8, Netaji Nagar; 房间 ₹400起)这家气氛悠闲的家庭经营住宿点只有几间简单的村舍。供应滋味十足的家常烹饪食物。

Palm Groove　　　　　　　　　　　印度菜 $

(Hut Bay; 主菜 ₹60~140; ⊙7:00~21:00)位于传统风格的平房内,有一个室外花园露台。Palm Grove供应一系列美味的比尔亚尼菜(biriyanis)和咖喱。

ℹ 实用信息

在Hut Bay和16公里处的村子有一台自动柜员机。

ℹ 到达和离开

渡轮在Hut Bay码头靠岸。开往Netaji Nagar的长途汽车(₹10,每小时1班)发车时间通常与渡轮的到达时间相一致,但常常在你过海关时出发,于是你只能选择更昂贵的吉普车(每人₹100)。如果乘坐机动三轮车,从码头到Netaji Nagar需要大约₹250,到镇上需要₹80。摩托车和自行车是很受欢迎的交通方式,可以从大多数住宿地点获得;另外,拼车吉普(₹25)和长途汽车非常方便。

每天都有船只驶往布莱尔港,在下午到晚上这段时间里,离港船只从有4/2床房间(₹240/330,6~8.5小时)的大型渡轮,到速度更快、历时5.5个小时的国营轮船(₹35)等选择;所有船只都有空调。渡轮办公室周日关闭。

记事本

了解印度

今日印度 **1130**
当代印度简介。

历史 **1133**
印度辉煌的历史画卷。

生活方式 **1151**
印度的风俗习惯:到底是什么在影响这个国家的性格。

印度宗教 **1158**
印度灿烂而丰富的宗教多样性。

印度美食 **1166**
芬芳的香料、热腾腾的面饼和诱人的小吃。

印度市集 **1176**
令人难以置信的印度艺术和工艺品。

艺术 **1184**
从祷告歌到海娜装饰的一切艺术形式。

宗教建筑 **1189**
让灵魂升华的建筑。

印度野生动物和公园 **1194**
丛林老虎、野象和飞翔的鸟儿。

风景 **1199**
从白雪皑皑的山峰到棕榈成行的海滩。

今日印度

如此众多的邦、语言、宗教、传统、观点以及不断争夺发展空间和关注度的种族,印度最令人印象深刻的不是它的问题,而是它在面临这么多障碍的情况下取得的成功。尽管挑战重重(从贫穷和针对女性的暴力到宗教冲突以及与邻国的军事争端),印度仍然蓬勃发展,是南亚最成功的国家,全世界最大的民主国家。

最佳电影

《甘地传》(1982年)经典电影。

《印度往事》(2001年)阿素托史·哥瓦力克编剧并执导。

《贫民窟的百万富翁》(2009年)从电影里,追寻印度几十年的变迁。

《三傻大闹宝莱坞》(2009年)虽是一部虚构的电影,却也能让人对印度年轻一代的现状窥豹一斑。

《小萝莉的猴神大叔》(2015年)讲述了一个拥有虔诚宗教信仰的单纯印度男人帮助巴基斯坦哑女与父母重聚的故事。

最佳书籍

《午夜之子》萨尔曼·拉什迪的寓言讲述了印巴分治的历史。

《微妙的平衡》罗因顿·米斯特里著,叙述了发生在孟买的一个悲剧故事,笔触动人。

《项塔兰》格里高利·大卫·罗伯茨对自己印度经历的生动描述。旅行者的最爱!

《印度记》于坚著,一本印度随笔,大量的摄影图片与细腻的文字,展示出作者对印度精神世界的独特感知。

《印度三部曲》维·苏·奈保尔著,分别为《受伤的文明》《记忆与现实交错

政治形势

如今印度的政治面貌仍然被印度总理纳伦德拉·莫迪(Narendra Modi)继续塑造(很多情况下是受到撼动)着。2014年,印度人民党(Bharatiya Janata Party)以压倒性优势击败了执政党印度国大党(Indian National Congress)和它的世袭领导人拉胡尔·甘地(Rahul Gandhi)——印度开国总理贾瓦哈拉尔·尼赫鲁(Jawaharlal Nehru)的曾孙,莫迪任职总理。在这次大选中,莫迪被对手描绘成一名宗教原教旨主义者和鹰派人士,不断指控他对2002年古吉拉特邦的教派冲突负有责任,但他在任期内的执政表现比许多人惧怕担心的更趋于温和。

虽然部分强硬政策带来了支持率的增长(最明显的就是反对屠宰牛,该政策导致牛肉销售的禁令并引发对被指控杀牛者的悲惨攻击),但莫迪对新自由主义经济和所谓的"古吉拉特发展模式"的强力关注,为他赢得了印度各个阶层人口的坚定支持,无论他们的宗教背景如何。在他的头两年任期里,莫迪缩减了福利开支,但是也降低了税率、简化了行政手续并增加了外国公司的投资,为印度的中产阶级提供了越来越多的发展机会。

2016年11月8日,莫迪采取了也许是他最勇敢的行动。政府在毫无预警的情况下废除了印度的500卢比和1000卢比纸币,这一令人震惊的举措旨在打击偷税漏税者、腐败政府官员和恐怖主义的资助人。虽然受到多方批评——包括国际货币基金组织,该组织因为这道禁令下调了印度的经济增长预期——但废钞并没有导致预计的民间动乱,不过引发了大规模混乱,在新纸币进入流通之前各大国营银行门口都排起了长队。

莫迪政府在社会问题上的进展就没有那么活跃了。经历了一系列社会高度关注的强奸和谋杀事件之后,针对

女性的暴力仍然是严重损害印度声誉的问题，2017年在班加罗尔迎新年的庆祝活动上还发生了大规模骚扰女性事件。废钞举措产生的一个意外后果是女性控制财富的减少，因为妇女被迫暴露自己所攒的私房钱，将钱移交给男性亲属。不过进步还是有的；莫迪政府正在讨论在公共部门设置33%的女性员工配额以及禁止充满争议的塔拉克（talaq）惯例：穆斯林男性只要重复说三次talaq（休妻），就可以和自己的妻子离婚。

数量众多的人口和日益严重的空气污染

曾经是帝国附庸的印度如今正在迅速崛起，成为能够与欧洲和美国比肩的全球超级大国，但它最大的资源——13.24亿人——或许也是它最大的挑战。印度常常被列为全世界增长最快的经济体，但是它庞大且增长迅速的人口中有将近四分之一生活在官方贫困线以下，每天的购买力平均还不到1.9美元。随着每年人口增长1.2%，印度正面临着艰巨的任务：让经济增长的好处能够惠及普通民众。

众多的人口给环境带来了巨大压力，世卫组织2016年空气污染数据显示，以空气中细颗粒物（PM2.5）浓度排序，印度的坎普尔成为全球污染最严重的城市，首都新德里则排名第六。如今全球空气污染最严重的20座城市中有一半都位于印度。快速的工业化，严重依赖煤炭的能源结构，机动车尾气，当地民众焚烧垃圾和秸秆等粗放的生活方式，都成为空气污染的元凶。同时印度薄弱的环境监测基础设施也让治理变得举步维艰，很多城市甚至无法提供连续的空气质量监测数据。尽管印度政府已经制定了一系列政策以改善环境，但短时间内民众还需要承受空气质量下降带来的恶果。

克什米尔僵局

数十年来印度和巴基斯坦针对克什米尔争议地区的边境冲突一点也没有缓和的迹象，而在2016年克什米尔军事指挥官被印度军队击毙后，又发生了一轮暴力事件高潮。在随后引发的抗议中，85人丧生，13,000人受伤，很多人因警察驱散人群时使用的防暴子弹造成永久失明。自从1947年印巴分治以来，针对克什米尔地区的争议一直困扰着印巴关系，克什米尔山谷（Kashmir Valley）主要生活着穆斯林，印巴两国均宣称对该地区全境拥有主权，此外当地还存在一个克什米尔独立建国运动。

这一争端引发了三次印巴战争（1947年、1965年和1971年），而越过控制线的一系列入侵和交火事件已经造成双方数万名平民死亡。克什米尔争端还被认为触

人口：13.24亿（2018年）

国内生产总值：2.3万亿美元（2016年）

失业率：5%（2016年）

识字率：74.04%（65%/82%女性/男性）

性别比：940/1000（女性/男性）

每100个印度人中

55人说21种官方语言之一
41人说印地语
4人说其他400种官方语言之一

信仰体系

（占人口百分比）

80 印度教徒　14 穆斯林　2 基督教徒
2 锡克教徒　1 佛教徒　1 其他

每平方公里人口数

印度　中国　美国

👤 ≈ 30人

的印度》《百万叛变的今天》。诺贝尔文学奖得主以细腻笔触,带你走进这个"难以表述的国度"。

《微物之神》阿兰达蒂·洛伊著,揭示了印度女性的生存状况和让人欲哭无泪的命运。

注意事项

保守穿着 避免穿着紧身、轻薄和暴露的服装,以免惹人侧目。

鞋 在进入别人家庭和崇拜场所之前脱鞋是礼貌的行为。

摄影 在拍摄他人、典礼或圣地之前最好预先征得许可。

欠妥之举 避免将脚底对着他人或神灵,或者用脚触碰任何人。

礼节

合十礼 将双手合十呈祈祷状,口念"namaste",这是一种表示尊敬的印度教礼仪。

握手,不要拥抱 握手没有问题,但陌生人之间的拥抱并不常见。

摇头 可能表达"是""也许",或者也可能是表达"我不知道"的一种礼貌方式。

洁手 在进餐或握手时只能使用右手;左手一般是"如厕"的手。

发了穆斯林武装分子在印度境内发动多起恐怖袭击。根据印度方面的指控,巴基斯坦政府为在印度发动的数百起袭击(包括2016年印巴边境附近印度军营遭到的一系列致命袭击)的武装组织提供了庇护所,这些武装集团还得到了巴方的资金、军事和技术支持。

2008年紧张局势的缓和促进了关于在克什米尔建立自治区的对话,但是武装分子于三天时间里在孟买连发动爆炸、枪击袭击,至少造成163人遇难,局势迅速恶化。一名枪手被活捉,他是一名巴基斯坦人,与虔诚军(Lashkar-e-Taiba)有关联。这个军事组织成立于20世纪90年代,其目的是协助克什米尔的巴基斯坦军队,而且和印度境内发生的数十起袭击有所牵连。

尽管印度总理纳伦德拉·莫迪和巴基斯坦前任总理纳瓦兹·谢里夫(Nawaz Sharif)曾在2014年和2015年进行短暂会晤,但局势仍然很紧张。随着2016年印度军方在巴基斯坦控制一侧克什米尔地区对武装分子进行所谓的"外科手术式打击",两国关系进一步恶化。从那以后,控制线一带双方交火持续不断,大约10,000人从边境炮火覆盖范围内的家中撤离。克什米尔近期的未来既取决于印度或巴基斯坦政府的立场变化,也同样取决于美国现任总统唐纳德·特朗普的外交计划。

历史

印度经历了许多次征伐侵略和帝国变迁、宗教的诞生和文明的崩溃、巨大的进步和数不清的灾难,然而正如首任总理贾瓦哈拉尔·尼赫鲁所说,印度是"由强韧但无形的线绑在一起的无数个矛盾体"。印度的历史不只是一个民族国家的历史,而是一个由众多社区和文化所构成的国家的历史。在经历数世纪的斗争和冲突之后,人们发现团结比分裂让自己更强大。由此而形成的国家堪称文化上的万花筒,融合了亚洲一些最伟大文明的思想和态度。

印度河流域文明

印度河流域横跨现代的印度—巴基斯坦边界,是南亚次大陆文明的摇篮。这个地区的第一代居民是依靠农耕和畜牧为生的游牧部落。在数千年时间里,这些部落逐渐形成城邦文化,尤其是从公元前3500年开始。到公元前2500年时,大型城市已经初步形成,其核心即众所周知的哈拉帕文化(Harappan culture),该文化经历了一千多年的繁荣时期。

哈拉帕文明成熟时期的杰出城市包括位于当今巴基斯坦的摩亨佐达罗(Moenjodaro)和哈拉帕,不过艾哈迈达巴德附近的城市洛塔(Lothal;见671页)如今依然可以参观,从定位精确、布局细致的街道规划中,依然能够领略到这一拥有4500年历史的文明的复杂程度。哈拉帕文明的城市尽管分布在广阔的区域内,却拥有令人惊叹的一致性。就连它们的石工和街道都有标准尺寸。它们通常都有一个单独的卫城,用来举行各种宗教活动,还有巨大的水池,也许曾经用来举行沐浴仪式。哈拉帕文明主要城市的规模也足以让人惊叹——估计摩亨佐达罗巅峰时期的人口达到约50,000人。

到公元前3000年中期,印度河流域文化无疑可与同时期形成的其他伟大文明媲美。哈拉帕人与美索不达米亚人通商,并且开创了一套度量衡体系,还发展了以陶土和青铜塑像为代表的艺术。考古发现的各种文物,

想了解更多印度河流域古文明相关信息,可登录Harappa(www.harappa.com),这个网站有通俗易懂的学术多媒体介绍。

大事年表	公元前10,000年	公元前2600年至前1700年	公元前1500年
	比莫贝卡特(位于如今的中央邦)的石窟里出现石器时代绘画;这里的艺术持续发展了几个世纪。人们普遍认为南亚次大陆上已有人定居。	印度河流域文明的鼎盛时期。覆盖了拉贾斯坦邦、古吉拉特邦和今天巴基斯坦信德省的部分地区,在诸如哈拉帕和摩亨佐达罗等大城市附近已初具规模。	印度-雅利安文明在富饶的印度河-恒河盆地扎下根。这里的定居者开始使用一种早期的梵语,这种语言日后衍生出包括印地语在内的多种印度语言。

RK Narayan在1973年出版的小说《罗摩衍那》是对公元前3世纪印度经典著作的现代精编和重述。这位著名的小说作家还在1978年出版了缩写版《摩诃婆罗多》。

包括各种牛车和珠宝等,都为这种独特的印度文明提供了最早的佐证。事实上,许多哈拉帕文化元素后来都融入了印度教。

在哈拉帕遗址发现的陶土像展现了对于一位女性神灵(后来化身为卡莉)和一位伴有四只动物、呈瑜伽士坐姿的三面男性神灵(被认为是历史上的湿婆神)的崇拜。后来还发现了黑色石柱(与湿婆神的生殖崇拜有关)和动物形象(最突出的是弓背公牛;后来成为湿婆神的坐骑——公牛南迪)。在德里的国家博物馆(见73页)可以看到一尊小青铜像"舞蹈的女孩",她的淡然凝视已历经四千五百多年风云。该雕像说明当时的社会已经高度发达,不但能制造技艺高超的雕像,而且人们还有休闲娱乐的追求。

早期入侵和宗教兴起

哈拉帕文明从公元前2000年左右开始衰落。一些历史学家将帝国的终结归因于洪水或降雨减少,这撼动了哈拉帕文明的农业根基。虽然缺乏考古学证据和古印度文献的书面记录支持,但长久以来流传一种颇富争议的理论,认为雅利安人的某一次入侵结束了哈拉帕人的文明。而与之针锋相对的理论称雅利安人(Aryan,该词在梵文中意思是"贵族")才是印度大陆最初的原住民,没有清晰的证据表明雅利安人来自其他地方,甚至雅利安人到底是不是一个独特的种族也尚存疑问,所以"入侵"很可能只是附近文化的新理念的入侵。

摩诃毗罗和佛陀是同时代的人,他们宣扬的教义也彼此交叠。佛陀在Sankha Sutta和《天现经》(Devadaha Sutta)中阐述了两者的差异(以及他的评论),将摩诃毗罗尊称为尼乾陀(意思是"脱离苦海")·若提子。可在小乘佛教网站www.accesstoinsight.com阅读这些经文。

传统入侵理论的捍卫者认为,在公元前1500年左右,来自阿富汗和中亚地区的雅利安部落开始渗入到印度西北部。尽管他们在军事上占优势,但他们的进展却是循序渐进的,通过连续不断的部落领土争夺,新移民将势力范围逐渐向东推进到恒河平原。最后这些部落控制了远到温迪亚山脉(Vindhya Hills)的印度北部地区。根据这一理论,印度北部地区的许多原住民,即达罗毗荼人(Dravidians),被迫南迁。

可以确定的是,雅利安人造就了伟大的梵语文学传统。印度教的神圣经文《吠陀经》(Vedas),就创造于这段过渡时期(公元前1500至前1200年),种姓制度也逐渐正式化。这些发展对印度的宗教和历史影响深远。

公元前7世纪末期,随着雅利安文化传播到恒河平原的各个地区,它的追随者逐渐形成16个王国,随后又组成4个大王国。其中最强大的是公元前364年建立的难陀王朝(Nanda Dynasty),统治北印度的广袤地域。

在此期间,印度腹地勉强躲过了来自西方的两次入侵。如果这些

公元前1500年至前1200年	公元前599年至前528年	公元前563年至前483年	公元前400年至前321年
第一部也是最长的印度教经书《吠陀经》问世;后面还有三本经书。最早的祭司形式的婆罗门印度教形成。	摩诃毗罗生活的时代,他是第24任也是最后一位伟大祖师(tirthankar),创建了耆那教。与佛陀一样,他提倡慈悲为怀,认为所有种姓都能悟道。	乔达摩·悉达多生活的时代。这位王子出生于今天的尼泊尔,在菩提伽耶(比哈尔邦)的菩提树下悟道成佛(得道)。	难陀王朝在富饶的Magadha(大致在如今的比哈尔邦)异军突起,不断开疆拓土,势力范围覆盖了从孟加拉到旁遮普的广大地区。公元前321年被孔雀王朝攻陷。

入侵成功，印度的历史进程将被彻底改写。第一次是由波斯国王大流士（Darius，公元前521至前486年）发起，他吞并了旁遮普和信德（分别位于现代印度和巴基斯坦边境两侧）。亚历山大大帝于公元前326年率军东征，从希腊逼近印度（这本身就是一大成就），但他在旁遮普返回，并未将印度纳入自己的治下。

这一时期同样见证了两个重要宗教的崛起，即佛教和耆那教，均于公元前500年左右在北方平原兴起。佛陀和耆那教创始人摩诃毗罗（Mahavir）质疑《吠陀经》，并对种姓制度提出批评，吸引了许多来自低种姓的追随者。

孔雀王朝及其后续政权

如果说哈拉帕文化孕育了印度文明，那么孔雀王朝的旃陀罗笈多（Chandragupta）则创建了第一个强大的印度帝国，疆域从孟加拉延伸到阿富汗和古吉拉特邦，大概是印度历史上最广阔的版图。他于公元前321年推翻难陀王朝上台执政，不久后将帝国疆域拓展至一度为亚历山大大帝占据的印度河流域。

孔雀王朝以华氏城（即如今的巴特那）为王都（修建了带许多柱子的宫殿），占据了印度北部的广大疆域，其势力范围最南达到如今的卡纳塔克邦。同时代的耆那教和佛教典籍中有许多对这一时期的记录，此外在古代文本《治国安邦术》（Arthasastra）中还有对印度治国艺术的详细论述。这个帝国在阿育王的统治下步入鼎盛时期，他皈依了佛教，并将此信仰传遍南亚次大陆。阿育王的领导力和凝聚力是如此强势，以至在他于公元前232年去世之后，无人能阻止孔雀王朝的分崩离析。这个帝国快速瓦解，在公元前184年完全消亡。

在此后的很长时间里，没有一个帝国能与孔雀王朝的稳定和经久不衰的历史遗产相媲美，但在阿育王之后的时代里，还是至少出现过一脉皇室能够重视艺术，并且有足够能力来维持相对稳定的社会凝聚力。后来，萨达瓦哈纳王朝（Satavahana）逐渐控制了如今的马哈拉施特拉邦、中央邦、切蒂斯戈尔邦、卡纳塔克邦、安得拉邦等地区。在该王朝的统治下（公元前230年至公元200年），以文学和哲学为代表的印度艺术呈现出一派生机；佛法教义得以蓬勃发展；南亚次大陆迎来一段相当兴旺繁荣的时期。南印度也许缺乏北印度那样的辽阔肥沃的农耕平原，却构建了得天独厚的印度洋海上商贸航线，还通过陆路与罗马帝国和中国进行贸易。

孔雀王朝遗址

- 朱纳格特（古吉拉特邦）
- 安拉阿巴德堡（北方邦）
- 鹿野苑（北方邦）
- 桑吉（中央邦）
- 菩提伽耶（比哈尔邦）
- 吠舍离（比哈尔邦）
- 阿默拉沃蒂（安得拉邦）

一支强大的常备军为阿育王的统治立下了大功，它包括大约9000头大象、3万名骑兵和60万名步兵。

公元前326年	公元前321年至前185年	约公元前300年	约公元前235年
亚历山大大帝攻入印度。他击败了旁遮普的Porus国王进入次大陆。但是军队的叛乱使他没能越过旁遮普。	孔雀王朝统治时期。旃陀罗笈多建立的大帝国定都华氏城（即如今的巴特那），在阿育王统治时期短暂推行佛教。	在阿育王派出使节的大力推行下，佛教在南亚次大陆和其他地区落地生根；僧侣们前往斯里兰卡和东南亚。在阿默拉沃蒂、桑吉和其他地方建起佛塔。	早期朱罗王朝开始在南方统治；目前尚不清楚他们是否与后来的朱罗王朝存在关系。

开明皇帝

除了莫卧儿帝国和许多世纪之后的英国殖民统治时期外，控制印度领土面积最大的非孔雀王朝莫属。孔雀王朝也因此在印度历史上留下了诸多浓墨重彩的艺术符号。

阿育王统治的一大特点就是蓬勃兴盛的艺术和雕塑，他还是一位哲学家式的国王，将表述明确的法令凿刻在岩石上，一来为教化人民，对于他发动的战争造成的人民苦难表示忏悔；二来可以标志他所统治的广阔疆域。其中一些道德教义至今仍可见到，最著名的是古吉拉特邦朱纳格特（Junagadh）的阿育王法典（Ashokan Edicts；见691页）。大多数法令文告提到并定义了佛法（dharma）的概念，它有多种内涵，如良好的行为、顺从、慷慨和善良等。

阿育王统治无疑也是佛教发展的一个历史新高点：他于公元前262年皈依佛教并宣布其为国家宗教，从根本上摆脱印度教精神和社会影响。阿育王还在该地区建立了数以千计的佛塔和寺院，如今在北方邦的鹿野苑（见346页）仍然可以感受到曾经的辉煌——佛陀在这里举行首次讲道法会，宣扬八正道，即得道的中间道路。这样的地方还有中央邦的桑吉（见617页）。阿育王还向国外派出使团，他在斯里兰卡极受尊崇，因为他曾派遣自己的儿子和女儿到这个岛上弘扬佛法。

在他去世和帝国分崩离析之后，他的愿景未能成为现实，但作为一种抱负流传下来。这位伟大君主留下了许多遗产，其中之一就是印度国旗：国旗中间的图案是"阿育王法轮"，即一个有24根轴条的蓝色法轮。

笈多王朝的黄金时代

孔雀王朝覆灭之后，各个王朝都将印度的大部分疆土纳入自己名下，但他们仅仅是有名无实。在整个南亚次大陆，小部落和王国才是各自土地上的实际控制者，牢牢掌控当地事务。

公元319年，这些部落中默默无名的笈多王国（Guptas）第三任国王旃陀罗一世，在幸运地迎娶北印度最强大的Liccavis部落的公主后异军突起。笈多王朝的版图迅速拓展，在旃陀罗二世（公元375～413年在位）统治期间，帝国疆域达到顶峰。中国朝圣者法显当时前往印度取经，在文献中称印度人"十分富足"，皇帝统治开明公平。

诗歌、文学、天文学、医学和艺术也风起云涌，阿旃陀、埃洛拉、桑吉和鹿野苑出现了许多艺术精品。笈多王朝对佛教实践和艺术给予充分的宽容，甚至是某种意义上的支持。在笈多王朝统治末期，印度教成为占主导地位的宗教力量，它的蓬勃发展掩盖了耆那教和佛教的光辉；特别是佛

人们普遍认为，零和无穷的概念就是由笈多王朝时期的印度杰出数学家所发明。

公元前230年至公元220年	公元52年	公元1世纪	公元319～510年
来自安得拉的萨达瓦哈纳王朝，统治印度中部大部分地区。他们在艺术和海上贸易等方面的兴趣对区域性和东南亚的艺术发展产生了重要影响。	基督教使徒圣托马斯可能抵达喀拉拉海岸。人们通常认为他在喀拉拉和泰米尔纳德传教，将基督教引入印度。	国际贸易蓬勃兴起：该地区通达的陆上贸易网络通过港口衔接海上航线。贸易发达，远至非洲、海湾地区、索科特拉岛、东南亚、中国甚至罗马帝国。	笈多王朝统治的黄金时期，它是继孔雀王朝之后印度的第二个伟大的帝国。这个时代的标志是创造性文学和艺术的不断涌现。

教，在匈奴人入侵后，逐渐没落，此后再也没能成为印度的主流传统。

6世纪初匈奴人入侵标志着这个时代的结束。在公元510年，匈奴王头罗曼（Toramana）率军击败了笈多军队。北印度再度分裂为多个印度教王国。

印度教的南方

印度南方总是声称自己历史独特。由于远离北方的政治发展，这里曾经形成了许多独立的强大王国，其中包括萨达瓦哈纳帝国——尽管王朝统治者信奉印度教，但是他们会在阿默拉沃蒂（Amaravathi）和桑吉练习佛教冥想并倡导佛教艺术——以及羯陵迦王朝和伐迦陀迦王朝。在肥沃的沿海平原上，许多部落王国逐渐成为最强大的南部帝国，其中包括朱罗王朝、潘地亚王朝、遮娄其王朝、哲罗王朝和婆腊伐王朝等。

遮娄其王朝的主要统治区域在印度中南部的德干高原地区，但是他们的势力范围经常向北延展。在遥远的南方，婆腊伐王朝统治时期从4世纪持续至9世纪，开创了充满生机、颇具巴洛克色彩的达罗毗荼建筑风格。留存下来的婆腊伐王朝精美建筑典范位于如今的泰米尔纳德邦各地，散落于昔日婆腊伐王都甘吉布勒姆（见1043页）。

南部的繁荣昌盛建立在与其他文明的长期商贸往来基础之上，其中包括古埃及和古罗马。印度人用香料、珍珠、象牙和丝绸，换来罗马人的黄金。印度商人还将他们的影响拓展到东南亚地区。公元850年，朱罗王朝取代婆腊伐王朝成为地区强权。他们很快就将南部深远的商贸影响力转换为领土征服。在罗阁罗阁一世（Rajaraja Chola Ⅰ，985~1014年）统治期间，他们几乎控制了整个南印度，还有德干高原、斯里兰卡、马来半岛一部分以及位于苏门答腊的三佛齐王国部分领土。

但是，他们并非将注意力全部集中在海外。朱罗王朝为后世留下了许多精美非凡的达罗毗荼风格建筑，其中最引人瞩目的是位于坦贾武尔雄伟的布里哈迪斯瓦拉神庙（见1065页），以及吉登伯勒姆令人叹为观止的娜塔罗伽神庙（见1060页）。在这一时期，印度教始终是南印度文化的基石。

伊斯兰教的北方

第一批抵达印度的穆斯林以两类人为主，一类是新改信伊斯兰教的商人，他们在公元7世纪初跨越阿拉伯海而来，在南方的一些港口建立了聚居点；另一类是公元663年从北方过来的小股阿拉伯势力。在接下来的几个

德干苏丹国的建筑

Citadel、Golgumbaz、Ibrahim Rouza、贾玛清真寺（比贾布尔）

古堡、巴赫马尼陵墓（比德尔）

戈康达堡、库特卜·沙陵墓、查米纳塔门（海得拉巴）

KA Nilakanta Sastri所著的《从史前时期到毗奢耶那伽罗王朝覆灭期间的南印度历史》可以说是关于该地区最全面的（大部头）历史叙述。

公元4~9世纪	公元500~600年	公元610年	公元850年
以寺庙建筑闻名的婆腊伐王朝，势力进入政权风云变化的南印度中心地带，统治了安得拉和泰米尔纳德北部地区，其政治中心位于甘吉布勒姆。	拉其普特人开始在拉贾斯坦出现。他们起源于据称来自天上的三大民族，而后形成了36个独立的氏族，散布在这一地区，各自称雄。	先知穆罕默德创立伊斯兰教。他不久后号召麦加民众在神的感召下信奉新宗教，他的号召得到热烈的回应。	中世纪的朱罗王朝是一个泰米尔王朝，公元9世纪至13世纪控制着南印度、斯里兰卡和马尔代夫。

世纪,零星的冲突持续发生,但没有大规模的对抗,直到10世纪末为止。从这一刻起,一波接一波的陆上袭击开始撼动北方。

伊斯兰教扩张的先锋是伽色尼王朝的苏丹马哈茂德。在11世纪初,马哈茂德将伽色尼(位于当今的阿富汗境内)变成世界上最辉煌的都城之一,而大部分资金来源则是对邻国领土的掠夺。在1001年至1025年,马哈茂德先后17次入侵印度,最有名的一次是将位于古吉拉特邦的湿婆索纳特寺(见686页)洗劫一空。为了保卫这座神庙,印度军队付出7万人阵亡的巨大代价,但它最终还是于1026年年初化为一片废墟。在取得这次胜利之后,马哈茂德将无数的黄金和其他战利品运回自己的国都。这些劫掠有效地改变了北印度的力量对比,使随后的入侵者能够长驱直入索取这片土地。

马哈茂德于1033年去世后,伽色尼被塞尔柱王朝占领,随后被来自阿富汗西部的廓尔王朝吞并。廓尔王朝同样虎视眈眈地紧盯着富饶的印度。1191年,"廓尔的穆罕默德"以残酷无情的方式入侵印度,随后在与印度教统治者联盟军队的对垒中铩羽而归。但他并未气馁,第二年再度来袭,并且大获全胜。他手下的一名将军顾特卜·乌德—丁·艾巴克(Qutb ud-din Aibak)攻下德里,并被任命为总督;在他主政期间,德里宏伟的地标式建筑顾特卜高塔建筑群(见105页)拔地而起,里面有印度的第一座清真寺。孟加拉也建立了一个独立的伊斯兰教王国,短短时间内,整个北印度几乎都被穆斯林所控制。

1206年,穆罕默德去世后,顾特卜·乌德—丁·艾巴克成为首位德里苏丹。他的继任者,伊勒特密士(Iltutmish)将孟加拉重置于中央集权控制之下,并且挫败了蒙古人的入侵企图。阿拉—乌德—丁·卡尔吉(Ala-ud-din Khilji)于1296年继任苏丹,势如破竹地将帝国边界继续向南推进,同时成功抵抗了来自蒙古骑兵的不断进攻。

南北碰撞

阿拉—乌德—丁于1320年去世,穆罕默德·杜格拉克(Mohammed Tughlaq)在1324年继任苏丹。1328年,杜格拉克吞并了葛萨拉王朝的南部重镇,将贝卢尔、赫莱比德和索姆纳特布尔等要地纳入版图。然而,尽管帝国版图在前莫卧儿帝国时期的杜格拉克统治下达到顶峰,但是他过度膨胀的野心也埋下了帝国分崩离析的种子。与他的前辈不同,杜格拉克不满足于对南印度施加间接影响,而是希望对其进行直接控制。

历史

南北碰撞

泰米尔纳德邦的婆腊伐王朝建筑

海岸神庙,马默勒布勒姆

五部战车神庙,马默勒布勒姆

神庙群,甘吉布勒姆

岩堡寺,蒂鲁奇(蒂鲁吉拉伯利)

在建成后的800年里,顾特卜高塔先后被两次雷击和一次地震毁坏,前后由四位苏丹、一位英军少校和一位总督下令修复或重建。

公元12-19世纪	1192年	1206年	13世纪
作为海湾地区贸易的一部分,非洲人被运到康坎海岸线;奴隶们成为仆人、码头工人和士兵,他们被称为Siddis或Habshis。	"廓尔的穆罕默德"从普利特维拉贾·乔汉手中抢到德里。这次战败实际上结束了印度人在这个地区的最高权力,将整个次大陆都暴露给后期从西北方长驱直入的穆斯林。	廓尔在从拉合尔返回伽色尼途中祈祷时被谋杀。由于没有继承人,他的王国被手下的将军们瓜分。德里苏丹国就此诞生。	潘地亚,一个可追溯到公元前6世纪的泰米尔王朝,控制了朱罗王朝的领土,定都马杜赖后将势力扩张至安得拉邦、羯陵迦(奥里萨邦)和斯里兰卡。

在取得连战连捷后，杜格拉克决定将王都从德里迁往更加中心的位置。新都城被命名为道拉塔巴德，就位于当今马哈拉施特拉邦的奥兰加巴德附近。杜格拉克决定使用强制手段将德里的所有居民迁往南边1100公里外的新王都，这一举措造成大量的人口减损。但是，他很快就意识到这使得北方几乎不设防，于是整座都城再次北迁。规模宏大的道拉塔巴德山顶古堡（见764页）是见证他狂妄梦想的最后遗迹。

廓尔王朝的日子已屈指可数。最后一位伟大的德里苏丹——费罗兹·沙（Firoz Shah）于1388年去世。1398年，来自撒马尔罕（中亚城市）的帖木儿（Timur）入侵印度，给苏丹国带来致命一击。帖木儿残忍无情地洗掠了德里；据说他手下的士兵屠杀了所有印度教居民。

在杜格拉克撤离南印度后，几个小王国顺势而起，其中最重要的两个，分别是尊奉伊斯兰教的巴赫马尼苏丹国，它于1345年建国，定都古尔伯加，后来迁都比德尔；以及尊奉印度教的毗奢耶那伽罗王朝（Vijayanagar empire），它于1336年建国，定都亨比。这两个王国之间的征伐是印度历史上最为血腥的片段，在莫卧儿带来更开明时代之前的两个世纪里，它们始终难分伯仲。

莫卧儿帝国

毗奢耶那伽罗王朝正在经历最后的日子，下一个伟大的印度王朝已然奠基。莫卧儿帝国幅员辽阔，其巅峰时期的势力范围几乎覆盖了整个次大陆。但是，它的重要意义绝不仅仅是广阔的疆域。莫卧儿帝国的君主们带来了艺术和文学发展的黄金时代，对建筑的热爱也为印度留下了许多精美绝伦的建筑遗产——包括由沙贾汗（Shah Jahan）下令修建的壮观的泰姬陵（见310页）。

莫卧儿帝国的创始人巴布尔（Babur, 1526~1530年在位）拥有成吉思汗和帖木儿的血统。1525年，他从首都喀布尔进军旁遮普。凭借火器带来的技术优势、骑兵和炮兵的完美配合，巴布尔于1526年在帕尼帕特战役中击败了强敌德里苏丹。

尽管最初取得了胜利，但在1539年，巴布尔之子胡马雍（Humayun, 1530~1556年在位）被东印度的强大统治者谢尔·沙（Sher Shah）击败。在谢尔·沙于1545年去世后，胡马雍回来夺取他的王国，并最终在1555年征服了德里。胡马雍于次年去世，其幼子阿克巴（Akbar, 1556~1605年在位）继位。阿克巴在位期间不断扩张和巩固帝国疆域，最终建立了史无前

历史
莫卧儿帝国

从伽色尼王朝到德里苏丹国，再到莫卧儿帝国，多个帝国的官方语言都是波斯语。结合了波斯语、阿拉伯语和本土语言的乌尔都语经历数百年的演化，在莫卧儿王朝统治时期成形。

1321年
杜格拉克人开始控制德里。穆罕默德·杜格拉克扩展领土，更因荒唐作为而闻名：将国都迁往道拉塔巴德，并且创造了易于伪造的货币。

1328年
穆罕默德·杜格拉克吞并了曷萨拉王朝的南部重镇，将贝卢尔、赫莱比德等地纳入版图，势力进一步扩大。

1336年
强大的毗奢耶那伽罗王朝建立，该王朝以其国都名称命名。其遗迹至今仍可在亨比附近（在卡纳塔克邦）看到。

1345年
在针对德里的杜格拉克的起义后，巴赫马尼苏丹国在德干高原建立，定都古尔伯加，即如今的卡纳塔克邦北部，后迁都比德尔。

优秀历史读本

《旅行者的印度史》(*A Traveller's History of India*)，作者是Sinha Raja Tammita-Delgoda。

《印度河流域的帝国》(*Empires of the Indus*)，作者是Alice Albinia。

《印度历史》(*India: a History*)，作者是John Keay。

例的巨大帝国。

诚如其名，阿克巴（在阿拉伯语中意思是"伟大的"）或许是莫卧儿帝国最伟大的皇帝：他不仅具备当时统治者所必需的军事才能，而且还是一位睿智的君主和一个热爱文化的人。他看到了之前的穆斯林统治者们所忽略的东西，那就是数量庞大的印度教信众，根本无法从信仰上征服。他巧妙地将印度教徒融入自己的帝国，安排他们担任顾问、将军和行政官员。

阿克巴对宗教事务也表现出浓厚的兴趣；经常会花许多时间与各种信仰专家探讨问题，其中甚至包括基督徒和拜火教徒。不过阿克巴对其他文化的容忍仍然是相对的——在他的统治期间，针对印度教徒和其他少数民族的屠杀并不罕见。

贾汗季（Jehangir，1605~1627年在位）在阿克巴去世后继承了王位。尽管在位时遇到一些挑战，但贾汗季保持了自己父亲帝国的完整。在形势稳定时，贾汗季常会待在最喜欢的克什米尔，最终于1627年死在前往克什米尔的路上。他的儿子沙贾汗（1627~1658年在位）继承王位后，通过处决所有可能带来威胁的男性亲属，确保了自己的王位。在他统治期间，一些代表了莫卧儿辉煌生动和永恒的建筑拔地而起；除了泰姬陵，他还下令建造了宏伟的德里红堡（见62页），并且将阿格拉堡（见312页）改造成一座宫殿，后来这里却成为囚禁他的监狱。

莫卧儿帝国最后一位伟大皇帝奥朗则布（Aurangzeb，1658~1707年在位），囚禁了他的父亲（沙贾汗）之后，再经过两年的王位争夺，战胜了其他兄弟登上王位。作为一名狂热的宗教信徒，奥朗则布全力扩衍帝国域，从而也步上了300年前穆罕默德·杜格拉克的老路。糜烂的宫廷生活上印度教徒对增税和严厉的宗教控制感到不满，削弱了莫卧儿帝国的凝聚力。

莫卧儿帝国还受到印度中部马拉地人（Maratha）以及孟加拉境内英国人的重大挑战。随着奥朗则布在1707年去世，王朝已是日暮途穷，气数将尽，波斯王国的纳迪尔·沙（Nadir Shah）于1739年攻入德里。莫卧儿帝国的"皇帝们"的统治一直延续到1857年的第一次独立战争，然而他们都只是没有王国的傀儡。

拉其普特人和马拉地人

在莫卧儿帝国统治时期，印度教的力量始终不容小觑，其中最著名

1398年
帖木儿入侵德里，借口是德里苏丹对印度教臣民过于宽容。在德里之战前，他处决了数万名印度教徒。

1469年
锡克教创始人那纳克古鲁（Guru Nanak，出生在拉合尔（在如今的巴基斯坦）附近村庄。锡克教至今在印度国内外拥有数百万信众。

1484年
在一系列独立运动爆发后，巴赫马尼苏丹国陷入四分五裂；贝拉尔率先揭竿而起。1518年，德干高原形成了五个苏丹国，分别是：贝拉尔、艾哈迈德纳格、比德尔、比贾布尔和戈康达。

1498年
瓦斯科·达·伽马发现了从欧洲通往印度的海上航线。作为从海路抵达印度的第一位欧洲人，他开始与喀拉拉当地王公通商。

印度的宗教对决

作为对抗穆斯林威胁的印度教王国的联盟，毗奢耶那伽罗王朝很快发展成为印度最富裕和最伟大的印度教帝国之一。在布卡一世（Bukka Ⅰ，1343~1379年在位）统治下，南印度大部分地区都归于该王朝治下。

毗奢耶那伽罗王朝和同样位于南印度的巴赫马尼苏丹国实力旗鼓相当。在两军对垒时，毗奢耶那伽罗军队偶尔能占上风，但通常是巴赫马尼军队痛击对手。双方犯下的暴行几乎都违背了宗教信念。1366年，布卡一世为报复受到的蔑视，攻占穆斯林的大本营Mudkal，屠杀了城里的所有居民，但漏掉了一人，他设法逃跑并将遇袭消息传递给苏丹穆罕默德·沙（Mohammad Shah）。穆罕默德发誓绝不善罢甘休，一定要杀掉10万印度教徒。然而，根据穆斯林历史学家菲里什达（Firishtah）的记述，在接下来的战役中，总共有50万"异教徒"被杀。

不管怎样，毗奢耶那伽罗王朝还是幸存了下来。1484年，巴赫马尼苏丹国瓦解为五个独立王国，势力范围集中在五个主要城市——贝拉尔、艾哈迈德纳格（Ahmadnagar）、比德尔、比贾布尔和戈康达。至今在比贾布尔和比德尔仍可看到这段伊斯兰教统治时期杰出的遗迹。在几乎没有北方势力侵扰的背景之下，南部地区的印度教帝国享受到难得的黄金时期。1520年，毗奢耶那伽罗国王克利须那德瓦拉亚（Krishnadevaraya）甚至攻取了比贾布尔。

然而，与巴赫马尼苏丹国一样，毗奢耶那伽罗王朝也很快暴露出薄弱环节。一系列的起义让这个王国分崩离析，而此时穆斯林苏丹国正开始组成新的联盟。1565年，亨比在塔利科塔战役中被夷为平地。尽管毗奢耶那伽罗王朝的最后一支血脉得以逃脱，政权又苟延残喘数年，但真正的实权却旁落到当地穆斯林统治者或曾经忠于毗奢耶那伽罗国王的印度教首领手中。当巴赫马尼王朝被莫卧儿帝国攻陷后，印度最恐怖的时代之一终于画上句号。

的当属拉其普特人（Rajput），拉贾斯坦的世袭统治者。拉其普特人是一个骄傲的武士种姓，无论是战斗还是国事，都坚定执行骑士精神的准则。拉其普特人反对任何外部势力入侵他们的领地，但却是一盘散沙各为自战。当他们没有为反抗外部压迫而作战时，他们就会将精力用来自相残杀。这使他们的领地最终沦为莫卧儿帝国的附属国。但是，他们在作战时的英勇无畏受到广泛认可，莫卧儿军队的骁勇将士中就有许多拉其普特人。

马拉地人的凶悍不及前者，但结果证明其更富有战斗力。他们在伟大领袖希瓦吉（Shivaji）的率领下一举成名。希瓦吉又被称为贾特拉帕蒂·希瓦吉·马哈拉吉（Chhatrapati Shivaji Maharaj），因为支持印度教徒反抗

1510年	1526年	1542~1545年	1560~1812年
葡萄牙军队在阿方索·德阿尔布开克的率领下占领了果阿，他的第一次攻击被当时的统治者——比贾布尔的苏丹阿迪尔·沙（Adil Shah）挫败。在沙去世后，他成为继任统治者。	巴布尔在征服德里后，成为莫卧儿帝国首位皇帝。他击败联盟军队，威震比贾罗斯坦，率先为其军队装备了火枪，在战场上取得了技术优势。	圣方济首次抵达印度。他将天主教传播至果阿、泰米尔纳德和斯里兰卡，在1548~1549年和1552年远东旅行间隙重返印度。	在果阿的葡萄牙宗教裁判所，审判的主要对象是改变信仰的印度教徒和穆斯林，认为他们"故态复萌"。有数千人被审，数十人被处决，这项制度直到1812年才得以废除。

> Amar Chitra Katha 是颇受欢迎的动漫图书出版社，书籍主题包括印度民间传说、神话和历史。该社出版了几本关于希瓦吉的图书：《希瓦吉——了不起的马拉地人》(Shivaji–The Great Maratha)、《希瓦吉故事集》(Tales of Shivaji) 以及《Tanaji, 马拉地雄狮》(Tanaji, the Maratha Lion)，后者讲述了希瓦吉的伙伴和战友的故事。

穆斯林统治者而获得广泛支持。在1646年至1680年间，希瓦吉在印度中部各地反抗莫卧儿军队时表现得极为英勇。希瓦吉曾经被莫卧儿军队俘虏并被带到阿格拉，然而他成功逃脱并且继续他的英勇传奇。许多流浪的说书人如今仍会讲述他不同凡响的故事。他在马哈拉施特拉邦备受尊崇，他的许多最勇猛的事迹都是在这里发生的（如今，你在孟买随处都能见到希瓦吉的名字）。他另一让人肃然起敬之处在于，作为一个低种姓的首陀罗，他向世人展示了伟大的领袖并不一定要出身刹帝利（武士）种姓。

希瓦吉之子被奥朗则布俘虏、双眼被刺瞎，最后被杀死，而他的孙子没有那么顽强，马拉地王国继续在Peshwas这些世袭制的政府大臣们统治下维持，然而这些大臣成为真正的统治者，并逐渐攫取了日益衰败的莫卧儿帝国的更多权力。

马拉地王朝的扩张于1761年在帕尼帕特戛然而止。在200年前巴布尔赢得战斗并一举建立莫卧儿帝国的这个小镇上，马拉地人被来自阿富汗的艾哈迈德·沙·杜兰尼（Ahmad Shah Durrani）击败。马拉地的向西扩张就此止步，尽管他们巩固了其在印度中部的统治，但最终输给了印度最后的帝国主义强权——英国。

欧洲列强的到来

公元15世纪，葡萄牙人在寻找一条通往远东的海上航线，希望能直接进行香料贸易。他们还希望见到传说中的基督教统治者祭司王约翰的王国（据说那里有青春之泉），然而最终他们找到的是在印度洋海岸获利丰厚的贸易机会，而且不期而遇地发现了一个兴旺发达的叙利亚基督教社群。

> 嘉亚特里·德维和 Santha Rama Rau 撰写的《公主的回忆》(A Princess Remembers) 是斋浦尔前王公之妻、魅力非凡的嘉亚特里·德维（Gayatri Devi, 1919–2009年）引人入胜的回忆录。

1498年，葡萄牙人瓦斯科·达·伽马（Vasco da Gama）绕经好望角后，抵达如今的喀拉拉邦沿海。这条航线的开创使葡萄牙人在一个世纪时间里垄断了欧洲与印度及远东地区的海上贸易。1510年，葡萄牙人占据了果阿；1531年，他们又占据了第乌。在1961年印度军队进军果阿邦之后，它成了最后一块交还给印度人民的殖民地。在鼎盛时期，从"黄金果阿"进出口的贸易量据说可与里斯本的吞吐量相媲美。但是，葡萄牙人并没有维持全球性帝国所需的资源，在英国和法国到达后，他们很快被赶超和孤立。

1600年，伊丽莎白女王一世向一家伦敦贸易公司授予特权，准许其垄断英国与印度之间的贸易。1613年，东印度公司的代表在古吉拉特的苏拉特建立了第一个贸易站。此后，该公司于1639年在金奈（马德拉斯）、1661

1600年	1613年	1631年	1672年
英国女王伊丽莎白一世向东印度公司发放了第一张贸易特许证，第一艘船于1601年在詹姆斯·兰卡斯特爵士（Sir James Lancaster）的带领下起航。	东印度公司的代表在古吉拉特的苏拉特建立了第一个贸易站。	沙贾汗怀着对妻子蒙塔兹·玛哈尔之死的巨大悲痛，开始修建泰姬陵，发誓要建成世界上最美的陵墓。	法国东印度公司在本地治里设立贸易站，在此后一个世纪中，法国、荷兰和英国在这片土地上不断角逐。

年在孟买、1690年在加尔各答先后建立了英国贸易站,由公司派出的代表进行管理和经营。在长达250年的时间里,一直是一家贸易公司而非英国政府"统治"英属印度。

1672年,法国人在本地治里建立了自己的贸易站,甚至在英国撤离印度后,法国人还占据着本地治里这一飞地,如今这里依然可以见到法国殖民时代的建筑遗迹。英国和法国为争夺印度贸易的控制权进行了长达一个多世纪的竞争。在一段时间内,法国人似乎稍占上风,但是到18世纪50年代时,他们在南亚次大陆上的影响力已经日渐式微。

法国的深谋大略实际上在1750年就戛然而止了,当时法国东印度公司的董事们认为公司的代表过多参与政治,对贸易基本没什么作为。重要代表被解雇,并与英国达成了和解。这个决定实际上让法国丧失了在南亚次大陆的重大影响。

英国人掌权

英国从贸易商转变为行政者几乎是偶然。在获得莫卧儿帝国授予在孟加拉从事贸易的许可证后,随着1690年在加尔各答建立新的贸易站,商贸业务开始突飞猛进。在当地行政长官(nawab)不无忧虑的目光注视下,英国的贸易活动大量增长,"工厂"日益呈现出永久化(及筑防加固)的势头。

最终,行政长官渐渐觉得英国的势力太过强大。1756年6月,他率军袭击了加尔各答并占领了这座城市,将英国俘虏们关押在一座很小的囚室里。这间囚室空间狭窄且不通风,第二天早晨发现许多人已经死去。

6个月后,东印度公司的雇佣兵罗伯特·克莱夫(Robert Clive),率领一支远征队重新夺回加尔各答,并且与行政长官手下的一位将军达成协议,密谋推翻长官。在1757年6月的普拉西(Plassey;如今被称为Palashi)战役中,罗伯特·克莱夫的计划得以实施,协助他的将军被东印度公司推上傀儡王位。随着英国完全控制孟加拉国,公司的代理人开始肆无忌惮地攫取暴利。继任的当地行政长官最终拿起了武器保护自己的利益,但在1764年的布克萨尔(Baksar)战役中被英军击败。这次胜利使英国在东印度至高无上的权力获得确立。

1771年,沃伦·黑斯廷斯(Warren Hastings)成为孟加拉国总督。在任期内,他极大地扩展了公司的控制权。他充分利用了印度正处在因莫卧儿帝国瓦解而导致的权力真空这一有利条件。唯一有可能填补这一权力真

查尔斯·艾伦出版的《英国殖民时期轶事》(Plain Tales from the Raj)是一本有趣的采访合集,采访对象包括英国统治时期的英国人和印度本地人。

William Dalrymple的《白色莫卧儿》(White Mughals)讲述了一名与印度穆斯林公主结婚的东印度公司士兵的真实故事,这个悲剧爱情故事中交织着宫廷斗争、阴谋诡计和谍海风云。

1674年	1707年	1757年	1801年
希瓦吉建立了马拉地王朝,占领了印度西部、德干高原以及北印度部分地区。他自封为Chhatrapati帝王,意为"伟大守护者"。	莫卧儿帝国最后一位伟大的君主奥朗则布去世。他的死亡引发了莫卧儿帝国的分崩离析,动荡与反叛在国内此起彼伏。	东印度公司在印度土地上获得首次军事胜利。孟加拉的当地行政长官西拉吉乌德·德拉(Sirajud-Daulah)在普拉西战役中被罗伯特·克莱夫击败。	兰吉特·辛格(Ranjit Singh)成为新统一的锡克教联盟的王公,在首都拉合尔(位于如今的巴基斯坦)建立了一个强大的新王国。

空的马拉地人,却出现了内部分化。黑斯廷斯与当地统治者们签订了一系列条约,其签约对象还包括一位主要的马拉地人统治者。从1784年之后,位于伦敦的英国政府开始更直接地对印度事务进行监管,尽管该地区仍然名义上归东印度公司管理,直至1858年。

在南部,英法竞争致使局势并不明朗,双方你来我往互不相让。一系列迈索尔(Mysore)战争就明白无误地说明了这一点。战争中,海德尔·阿里(Hyder Ali)和他的儿子提普苏丹(Tipu Sultan),向英国人发动了勇敢而决绝的战争。在第四次迈索尔战争(1789~1799年)期间,提普苏丹在斯里兰加帕南阵亡,英国的统治得到进一步巩固。几年后,与马拉地人的长期斗争也宣告结束,从而只剩下旁遮普(在锡克教徒统治下)独立于英国控制之外。在两次锡克教战争之后,旁遮普最终于1849年沦陷。

到19世纪初,印度已经完全处于英国统治之下,尽管许多小邦仍在名义上独立,并拥有自己的统治者——王公(maharaja,或类似称谓的王子们)和地方行政长官。虽然这些"君主统治之邦"实行自治,但一套中央集权体系已然成型。英国官僚模式在印度政府和行政体系中得到了复制——这一政治遗产一直沿袭至今。

贸易和利润仍然是英国统治印度的重点,影响深远。铁矿和煤炭开采非常发达,茶叶、咖啡和棉花成为重要农作物。一套庞大铁路网的建设也在此时开工,并且沿用至今;灌溉项目也在不断兴建,莫卧儿时代的地主体制(zamindar)继续推行,进一步扩大了贫困者和无地农民群体的数量。

英国人还将英语定为当地官方语言。对他们而言,这一点在这个拥有众多不同语言的国家格外重要,然而这同时也令新上任统治者与印度民众保持了疏远距离。

独立之路

反对英国统治的浪潮在20世纪初叶愈演愈烈,其带头先锋是印度国民大会党。它是印度最古老的政党,又被称为国大党。

印度国大党于1885年成立,很快就开始参与到印度政府事务之中。1905年,英国想将孟加拉划分出去的企图非常不得人心,导致了大规模抗议,并且遭到印度教徒的强烈反对;穆斯林组成了自己的政治联盟,针对未来政局局面走势来保护自身权益。随着压力不断上升,印度教联盟温和派与激进派之间出现分歧,后者寻求用暴力来宣传他们的诉求。

第一次世界大战爆发后,紧张的政治局势有所缓和。印度为战争做出

英国人把很多事物引入印度,不过也把很多东西带回英国,包括几十个印地语单词。Pajamas(睡衣)、shampoo(香波)、bandannas(印花大手帕)、dinghies(无篷小船)、bangles(手镯)和bungalows(平房)全都源自印地语或乌尔都语。

殖民地时期建筑

Colaba和Kala Ghoda,孟买(英国)

BBD Bagh及周边,加尔各答(英国)

果阿老城和帕纳吉,果阿邦(葡萄牙)

本地治里,泰米尔纳德邦(法国)

1835-1858年	1857年	1858年	1869年
占西女王Lakshmi Bai生活的时代。这位马拉地王朝的女王领导军队抵抗英国人,并在丈夫死后占据了占西。她在战斗中阵亡。	抵抗英军的第一次独立战争(印度民族起义)爆发。由于缺少全国性领袖,自由战士迫使莫卧儿国王巴哈杜尔·沙·扎法尔(Bahadur Shah Zafar)宣布自己为印度皇帝。	英国政府直接控制印度——权力从东印度公司正式移交给大英帝国,开始了英国对印度的殖民统治期。	苏伊士运河开通,使欧洲前往印度的贸易大大加速,孟买成为印度第一大港。从英格兰前往印度的航程从三个月缩短至三个星期。

第一次独立战争：印度民族起义

1857年，在英国牢牢控制印度半个世纪后，英国人遭受严重的挫折。直至今日，关于印度民族起义的起因仍然众说纷纭。主要因素包括从英国进口包括纺织品在内的大量廉价商品，严重冲击了许多家庭赖以谋生的生计；从许多统治者手中剥夺领土；以及对土地所有者征税等。

人们普遍认为，印度民族起义的直接导火索是发生在1857年5月10日北方邦密鲁特（Meerut）军营的一次意外。当时，军营中流言四起，涉及新型子弹上所涂抹的油脂，印度教士兵认为子弹上涂有牛油，而穆斯林士兵则认为子弹上涂的是猪油；穆斯林认为猪是不洁的，牛对印度教徒而言是神圣的。由于步枪子弹上膛时需要咬掉弹壳末端的蜡封，这些谣言引发了极大的动荡。

在密鲁特，这样的局面未能得到很好的判断和处理。指挥官让士兵们列队集合，命令他们咬掉所发子弹的末梢。拒绝执行命令的士兵立刻被投入监狱。第二天早晨，兵营里的士兵们哗变，射杀军官并向德里挺进。孟加拉陆军的74个印度营中，有7个没有叛变（其中一个是廓尔喀军团），20个被解除武装，其余47个营全部叛变。士兵和农民将年迈的莫卧儿皇帝围困在德里。他们占领德里长达数月，并把英国驻留人员在勒克瑙围困了5个月，直到最终被镇压。这次事件给双方都留下了无可弥补的创伤。

很快，东印度公司开始退出，英国政府开始直接控制印度，并宣布支持土邦当前统治者，宣称只要他们忠于英国，就不会干涉当地事务。

历史

独立之路

了重大贡献：超过100万印度志愿者参军并被送往海外，伤亡人数超过10万人。这一举措受到国大党领袖的支持，他们期望在战争结束后能够获得相应的回报。然而根本没有任何回报，幻想就此破灭。旁遮普的紧张局面毫无缓解迹象，在阿姆利则发生骚乱后，1919年4月一支英国军队被派去平息动乱。在指挥官的直接命令下，他们在札连瓦拉园（见223页）无情地向手无寸铁的抗议者开火。大屠杀的消息迅速传遍整个印度，许多本来不关心政治的印度人成为国大党的坚定支持者。

此时，国会运动找到了一个新领袖——圣雄甘地，一位在英国接受教育的律师，他提出了一条实现印度自治的新道路，即针对英国统治的非暴力反抗（ahimsa）。虽然并不是投身独立斗争的所有人都赞同或跟随甘地的非暴力主张，但是国大党和甘地依然处在推动独立的最前沿。

随着未来政治权力分享的前景日益明显，加上甘地领导的大规模运动取得显著成效，穆斯林的反应是开始考虑自己的将来。占人口少数的穆斯

《最骄傲的一天——印度的漫长独立之路》(*The Proudest Day - India's Long Road to Independence*) 由Anthony Read和David Fisher撰写，引人入胜地讲述了印度独立之前的时期。

1885年	1905年	1919年	1930年
印度国民大会党作为印度第一个本土政治组织正式成立。它聚集起受过教育的印度人，在印度长期争取独立的斗争中发挥了重要作用。	英国将孟加拉划出印度的企图导致了大规模的抗议，并遭到印度教徒的强烈反对。	4月13日，英军在旁遮普邦阿姆利则的札连瓦拉园屠杀手无寸铁的印度示威者。甘地用非暴力不合作运动来对抗英国政府。	盐税非暴力不合作运动于3月12日拉开序幕。甘地从他位于艾哈迈达巴德的萨巴尔马蒂静修地徒步24天，前往沿海小村丹迪，以抗议英国政府征收盐税。

林意识到，独立的印度将由印度教徒统治，尽管甘地的方法开明公正，但国大党中的其他人也许并不愿意分享权力。到20世纪30年代，穆斯林开始谋求成立一个独立的伊斯兰国家。

印度的政治活动受到第二次世界大战的影响，国大党的许多支持者被关入监狱，以避免影响战事。

圣雄甘地

作为20世纪最伟大的人物之一，莫罕达斯·卡拉姆昌德·甘地（Mohandas Karamchand Gandhi）于1869年10月2日出生在古吉拉特的Porbandar。在伦敦完成学业（1888~1891年）之后，他前往南非从事律师职业。在这里，年轻的甘地开始参与政治，并且反对自己遭遇到的歧视。很快他就成为当地印度人社区的代言人，并且积极倡导人人平等的理念。

1915年，甘地带着以非暴力（ahimsa）为主的政治纲领回到印度，开始遵从一种简单自律的生活方式。他在艾哈迈达巴德建立了萨巴尔马蒂静修地（Sabarmati Ashram，现为甘地纪念馆），这是首次面向贱民种姓开放的静修所。

在短短的一年之内，甘地收获了他的第一场胜利，帮助比哈尔的农民们免受剥削。据说这是他首次从一位追随者那里获得"圣雄"（Mahatma）的称号（人们常说是孟加拉族诗人泰戈尔为他起了这个封号）。1919年带有歧视性的"罗拉特法案"（Rowlatt Act）获得通过，该法允许政治案件无须陪审团就可判决，这促使甘地采取进一步行动，继而组织了一场全国性的罢工抗议。在这次罢工之后的日子里，举国上下群情高涨。英军射杀手无寸铁抗议者的阿姆利则惨案发生后，甘地开始组织针对英国人的非暴力不合作运动。

到1920年时，甘地已经成为印度国大党的重要人物，协调组织全国范围的非暴力不合作抗议以反抗英国统治，在激发民族主义情感的同时，他也招致英国的持久敌视。1930年初，甘地在印度乃至全世界都成为焦点，当时他率领数千追随者从艾哈迈达巴德前往古吉拉特海边的丹迪。到达目的地后，甘地隆重地举行了海水蒸发取盐仪式，从而公开谴责引起众怒的盐税；他于是再次被捕入狱。在1931年获释后，他代表印度国大党出席了在伦敦举行的第二次圆桌会议。他虽然赢得了许多英国人民的好感，但却没有获得英国政府的丝毫实质性的让步。

政治幻想破灭之后，他于1934年辞去了议员之职。1942年他高调回

经久不衰的老电影《甘地传》（Gandhi），由理查德·阿滕伯勒执导，是为数不多的能够熟练表现印度坎坷的独立之路恢宏画卷的影片。

1940年	1942年	1947年	1947~1948年
穆斯林联盟通过了"拉合尔决议"，在印度寻求更大程度的穆斯林自治。穆罕默德·阿里·真纳领头开始寻求创建一个独立的伊斯兰国家。	圣雄甘地发起"退出印度"运动，要求英国政府立刻离开印度，使国家实现自治。	印度于8月15日宣布独立。巴基斯坦在一天前也宣告成立。分治引发了大规模跨境移居浪潮，印度教徒和穆斯林分别迁往相应的国家。	在克什米尔王公拖延很久才签署《加入书》将该地并入印度后，第一次印巴战争爆发。巴基斯坦质疑该文件的合法性。

归，发动了"退出印度"（Quit India）运动，以敦促英国立刻离开印度。他的行为被视为颠覆国家，他和国大党大部分领导都被关进监狱。

在第二次世界大战结束后忙乱的独立谈判中，甘地被排除在外，眼睁睁地看着国家即将被一分为二——在他看来分裂是一出可怕的悲剧。甘地几乎是孤身奋战，敦促所有人宽容和维持一个印度，而他代表所有社区成员开展工作，引起一些印度教强硬派的憎恨。1948年1月30日，在他前往德里出席祷告会时，他被一名印度教狂热分子那图拉姆·高德希（Nathuram Godse）刺杀身亡。

国家独立和印巴分治

1945年7月，工党在英国大选中获胜，这极大地改变了政治格局。印度独立终于第一次被认定为合法的目标。然而，这个新的愿望并没有转变为实际的智慧，来决定如何调和两个主要印度政党之间的诉求分歧。穆斯林联盟领袖穆罕默德·阿里·真纳（Mohammed Ali JInnah）主张建立一个独立的伊斯兰国家，而由贾瓦哈拉尔·尼赫鲁领导的国大党则希望成立一个独立的大印度。

1946年初，英国派出的使团无法弥合双方的分歧——实际上有证据表明英国人故意挑起两边的对立情绪，以免双方联合起来反抗英国人——这个国家正滑向内战边缘。穆斯林联盟于1946年8月发起的"直接行动日"，导致加尔各答的印度教徒被屠杀，这迅速激起了针对穆斯林的报复。1947年2月，紧张的英国政府做出重大决定，印度独立定在1948年6月。与此同时，阿奇博尔德·韦维尔勋爵（Lord Archibald Wavell）的总督之职由路易斯·蒙巴顿勋爵（Lord Louis Mountbatten）所取代。

新总督希望对立的两派同意建立一个统一的印度，但最终无功而返。于是将这个国家一分为二的决定提上日程，只有甘地强烈反对。由于民间暴力活动的急剧升温，蒙巴顿做出了一个鲁莽的决定，将独立日期提前到1947年8月15日。

将这个国家划分成独立的印度教和穆斯林地区是一件非常困难的事情，划定分界线几乎根本不可能。一些地区是明显的印度教或穆斯林聚居区，但是其他地区则是两者人数相当的混居地区，甚至还有许多被其他宗教包围的"孤岛型"社区。此外，两个主要穆斯林聚居地区位于这个国家的两侧，因此巴基斯坦将不可避免地被不友善的印度隔成东西两部分。这一安排的不稳定性不言而喻，但直到25年后这种分裂才最终到来，东巴基斯

甘地遗迹

- 甘地陵，德里
- 甘地纪念馆，德里
- Anand Bhavan，安拉阿巴德
- 萨巴尔马蒂静修地，艾哈迈达巴德
- Kaba Gandhi No Delo，拉杰果德
- 玛尼·巴芬纪念馆，孟买
- 甘地国家纪念碑，浦那

Rahul Pandita的《我们的月亮有血块》（Our Moon has Blood Clots）、Manoj Joshi的《失落的叛乱》（Lost Rebellion）和Basharat Peer的《宵禁之夜》（Curfewed Nights）是三本精彩的著作，以知情者的视角生动地讲述了克什米尔冲突。

1948年	1948年	1948~1956年	1949年
1月30日，圣雄甘地在新德里被那图拉姆·高德希暗杀。高德希和他的同谋纳拉扬·阿普特（Narayan Apte）后来被审讯、定罪并处以绞刑。	海得拉巴最后一位王公阿萨夫·贾七世（Asaf Jah Ⅶ）于9月17日向印度政府投降。这个穆斯林土邦曾受到巴基斯坦支持，但拒绝加入印巴任何一方。	各土邦陆续签署《加入书》，拉贾斯坦也随之形成。这些土邦放弃的领土被纳入新成立的印度共和国。	由立宪大会308名成员历时两年起草的印度宪法获得通过。立宪大会主席由B.R.安贝德卡担任，成员来自包括表列种姓在内的各个阶层。

克什米尔冲突

克什米尔是印巴分治动荡的最持久象征。在独立准备阶段,鉴于印度的"土邦"名义上是独立的,划分印度和巴基斯坦边界的棘手任务变得尤为复杂。作为和解协议的一部分,当地统治者会被问到他们希望加入哪个国家。克什米尔是一个以穆斯林为主的土邦,王公哈里·辛格(Hari Singh)却是印度教徒,他试图推迟自己的决定。一支由普什图人(巴基斯坦)组成的杂牌军越过边界,意图抢先到达斯利那加(Srinagar),将克什米尔并入巴基斯坦。面对此番挺进,克什米尔王公惊慌失措,要求印度提供武装援助。印度军队及时赶到,使得斯利那加免遭沦陷。1947年10月,克什米尔王公签署了《加入书》,将克什米尔并入印度。该文件的合法性立即受到巴基斯坦的质疑,在独立后的两个月,两国之间就发生了战争。

1948年,成立不久的联合国安理会呼吁举行公民投票(这依旧是巴基斯坦政策的核心),以决定克什米尔的地位。1949年联合国斡旋的停火确立了双方的分界线,被称为"停火线"(后来成为"实际控制线",Line of Control,简称LOC)。但这并未解决冲突。克什米尔的三分之二位于印度一侧,其余部分则在巴基斯坦的控制之下,两国仍旧宣称对整个克什米尔拥有主权。

自那时起,克什米尔印控区就包含了拉达克(以佛教徒为主,还有少量穆斯林人口)、查谟(以印度教徒为主)和130公里长、55公里宽的克什米尔山谷(以穆斯林为主,该地区大部分居民在此居住)。在克什米尔巴控区,超过300万克什米尔人住在阿扎德(自由)克什米尔,印度人称之为巴占克什米尔(Pakistan Occupied Kashmir,简称POK)。自从边界线被划分之后,跨越控制线的入侵成为危险的常态。

在1989至1990年间,因受到穆斯林多数派中的极端主义分子的迫害和谋杀,大多数克什米尔学者(pandit,通常指一个特定的印度教婆罗门种姓)逃离了家园。多达170,000人逃离,许多人在查谟附近的难民营落脚。2014年,穆克吉总统在陈述莫迪政府的五年计划时,承诺克什米尔学者们将得到帮助,返回"他们祖先的土地,并得到充分的尊严、安全和良好的生活条件"。

坦成为孟加拉国。

边界划分的棘手任务被交到独立的英国仲裁手中,他们清楚地知道这样做会对无数人产生灾难性的影响。边界的决定充满了各式各样的难题。印度教人口占大多数、拥有港口设施和黄麻纤维工厂的加尔各答,被从东孟加拉分离出来,后者穆斯林人口占多数、拥有大规模黄麻纤维资源,却没有加工厂和港口设施。100万孟加拉人大规模越过新边界,成为无家可

1950年
宪法于1月26日生效,印度成为共和国。这个日期是为纪念印度国民大会于1930年发表《印度独立宣言》。

1961年
印度军队在一场仅持续了48个小时的战役中收复了果阿邦。印度的欧洲殖民主义时代终结。

1965年
克什米尔与古吉拉特邦的争议地区Rann of Kutch的小规模冲突点燃了第二次印巴战争。此次战争中的坦克大战是"二战"以来规模最大的。联合国斡旋的停火协议最终结束了这场战争。

1966年
英迪拉·甘地,贾瓦哈拉尔·尼赫鲁之女,成为铁腕风格的印度总理。她是目前印度唯一一位女性总理。

归的难民。

问题在旁遮普更为严重，社区之间的对抗已经发展至白热化。作为印度最肥沃富饶地区的旁遮普，拥有许多大型穆斯林、印度教和锡克教社区。锡克教徒在争取成立自己国家的斗争中已然受挫，如今又看到自己的家园被一分为二。新边界从旁遮普两大城市拉合尔和阿姆利则之间一切而过。在独立之前，拉合尔的120万人口中有约50万印度教徒和10万锡克教徒。当一切都尘埃落定时，大概只剩下1000名印度教徒和锡克教徒仍留在拉合尔城。

旁遮普包含了重大灾难所需的全部元素，但是产生的流血冲突远比意料情况严重得多。大规模人口交换开始了。一列列开往西面满载穆斯林的列车，被印度教和锡克教暴徒拦截屠戮。逃向东边的印度教和锡克教徒在穆斯林手中也遭遇了同样的命运。奉命前往该地区维持秩序的军队鞭长莫及，有时甚至会加入宗派屠杀。当旁遮普的混乱告一段落时，共有超过1000万人迁往边界线另一侧，至少50万人在此过程中被杀。

1947年8月，印度和巴基斯坦按计划成为英联邦的主权国家，但是暴力、迁移和几个邦的融入问题仍在继续，尤其是在克什米尔地区。《印度宪法》最终在1949年11月正式颁布，于1950年1月26日生效，独立的印度终于正式成为一个共和国。

独立的印度

贾瓦哈拉尔·尼赫鲁（Jawaharlal Nehru）试图让印度奉行不结盟政策，在与英国和英联邦成员国的友好关系和向苏联靠拢之间寻求平衡。后者的部分原因在于与中国发生过的冲突，以及美国对宿敌巴基斯坦的支持。

1965年与巴基斯坦进行的克什米尔战争，以及1971年孟加拉国战争令许多印度人产生了腹背受敌的感觉。

值此多事之秋，广受爱戴的尼赫鲁于1964年去世，他的女儿英迪拉·甘地（Indira Gandhi，与圣雄甘地并无联系）在1966年当选为总理。英迪拉·甘地，与其前任尼赫鲁一样，她也是印度的铁腕人物。然而与尼赫鲁又有所不同，她一直充满争议，其历史影响也褒贬不一。

1975年，在面对严重的反对和动荡时，她宣布国家进入紧急状态。摆脱了议会的限制后，甘地得以大力推动经济发展，有效遏制了通货膨胀，并明显提高了工作效率。然而另一方面，政治反对者常被关进监狱，印度的

巴基斯坦（Pakistan）一词最初是剑桥大学的一群穆斯林为故土设想出来的缩略词，由P(unjab，旁遮普)、A(fghania，阿富汗尼亚)、K(ashmir，克什米尔)、I(ran，伊朗)、S(ind，信德)、T(urkharistan)、A(fghanistan，阿富汗)和(俾路支斯坦，Baluchia)N构成。该词还合并了pak和sthāna，前者是波斯语单词，意思是"纯洁/干净"，后者是印度-雅利安词，意思是"地方"。

1971年	1972年	1975年	1984年
东巴基斯坦寻求从西巴基斯坦独立。印度卷入其中，导致第三次印巴战争爆发。西巴基斯坦最终投降，失去对东巴基斯坦的主权，后者成为现在的孟加拉国。	印度和巴基斯坦签署《西姆拉协定》，致力于双边关系正常化。克什米尔停火线也明确划定："实际控制线"依然是两国之间的事实边界。	在一片争议声中，印度总理英迪拉·甘地宣布，根据印度宪法第352条，国家进入紧急状态，以应对民间动荡和政治反对浪潮。	英迪拉·甘地对占领阿姆利则金庙的锡克教分离主义者发动了蓝星行动（Operation Blue Star）；4个月后，她被自己的锡克教徒保镖刺杀。

> 纳伦德拉·莫迪废除500卢比和1000卢比的举措，不过是卢比这种货币的漫长历史中最近的小插曲。卢比（ruppe）这个名字来自一种叫作rupa的锻造银币，后者最早出现在公元前6世纪的梵语文本中。

历史
独立的印度

司法体系变成傀儡，媒体也受到诸多束缚。

甘地政府于1977年在大选中败下阵来，但是在1980年选举中，英迪拉·甘地史无前例地获得更多选民支持，卷土重来，奠定了尼赫鲁—甘地家族王朝的坚实基础，它在接下来的几十年里持续统治着印度。1984年，在决定进攻被锡克教激进派贾奈尔·辛格·宾德兰瓦勒（Sant Jarnail Singh Bhindranwale）占领的金庙后，英迪拉·甘地被自己的一名锡克教徒保镖暗杀身亡。她的儿子拉吉夫接过了母亲的权力棒，后来在1991年的一次自杀式炸弹袭击中遇害。他的遗孀索尼娅后来成为印度总统，与总理曼莫汉·辛格（Manmohan Singh）搭档。然而，随着经济发展放缓，国大党逐渐失去了民众的支持，并被指责搞裙带关系和腐败。

在2014年的联邦大选中，不受欢迎的国大党在英迪拉的孙子拉胡尔·甘地不稳固的领导下遭遇了"羞辱性的失败"。纳伦德拉·莫迪领导的印度人民党以压倒性胜利掌握了权力，许诺将震动印度的政治格局，开创新自由主义经济的新时代。莫迪是古吉拉特邦的前首席部长，该邦在他的任期内变成了经济强邦，而他极具感召力的坚定的行事风格让他在商界领袖、印度人民党的印度教民族主义保守人士，以及街头普通民众中深受欢迎。

然而，一些人仍然质疑莫迪在2002年古吉拉特邦的致命骚乱中扮演的角色，这些骚乱令将近1000人丧生，其中大多数是穆斯林。虽然2014年的官方调查认为总理在这次事件中并无过错，但仍有人认为古吉拉特邦政府蓄意串通暴力事件。骚乱的导火索是一辆从阿约提亚开出的、满载印度教朝圣者的火车遭到致命纵火袭击。

然而，作为总理的莫迪已经提出了愿景和希望，并且采取了更为世俗化的手段来实现这一目标，这也安抚了他的许多批评者。虽然支持印度教民族主义者的诉求——包括在许多邦禁止屠宰牛，但莫迪推动落实了一些更具广泛包容性的措施，专注于经济发展而非宗教对立，而且还大幅简化了官僚手续以增加投资。

> 2011年的人口调查表明，印度人口在10年间增加了1.81亿人。

2012年	2014年	2016年
一名女大学生在新德里一辆"黑公交"上惨遭轮奸致死，举国震惊，并引发全国性的示威抗议。	出身于古吉拉特邦一个杂货店家庭的纳伦德拉·莫迪，领导印度人民党获得了具有重大历史意义的压倒性胜利，击败了国大党。	莫迪政府为了打击偷税和腐败，宣布废除500卢比和1000卢比的纸币，导致数百万人在银行前面排起了长队，试图换取法定货币。

生活方式

宗教和家庭是印度社会的核心，这两大元素在各种仪式、良辰吉日和人生重要节点经常相互交织。尽管核心家庭（由父母和子女组成）数量不断增加（主要集中在孟买、班加罗尔和德里等国际化都市），但大家族依然是印度城市和乡村的重要基石。男性，通常负责养家糊口，基本都被认为是一家之主。

婚姻、出生和死亡

不同宗教有不同传统，但是对于所有社区来说，婚姻、生死都很重要，会举行相应的宗教仪式来加以纪念。印度教信徒在印度人口中占多数。穆斯林人口约占15%（大约有1.8亿，几乎相当于巴基斯坦的人口总量）。

对印度人来说，婚姻是一件尤其吉祥的喜事——在绝大多数印度人看来，三十多岁仍不结婚的想法是让人难以接受的。尽管近年来"恋爱结婚"数量正在上升（大多集中在大都市），但是大部分印度婚姻仍由家庭包办，无论是印度教、伊斯兰教、锡克教、耆那教还是佛教家庭。父母会小心翼翼地在社区内打听消息，如果无法找到适婚的对象，他们会向专业的媒人寻求帮助，或者在报纸、婚介网站上打出广告。在印度教家庭，男女方星座先要接受占卜，如果合适，双方家庭会进行一次见面。

嫁妆，尽管是非法的，目前仍是大量包办婚新郎必须向新娘支付一笔名叫mehr的钱。

印度教婚礼由一位祭司主持，新人围绕圣火步行七圈即姻中的重要议题（绝大多数是在保守社区），一些家庭会因所需现金和物品（从小汽车、计算机到冰箱、电视）而债台高筑。一些医疗工作者称，印度女性婴儿流产率一直居高不下（胎儿性别医疗鉴定在印度属于非法行为，但是仍有一些诊所私下进行），其主要原因就是为女儿提供嫁妆是一笔巨大的经济负担。穆斯林的宣告成婚。穆斯林婚礼的仪式包括宣读《古兰经》，根据传统，夫妻还要通过镜子相看彼此。尽管出现了许多小家庭，但是一般在结婚之后，妻子都和夫家一起生活，并且承担婆婆所规定的家务活。因此婆媳关系紧张也就不足为奇，印度许多电视连续剧中都有描绘。

离婚和再婚越来越平常（主要是在印度的大城市里）。但是按照惯例，离婚不被法庭承认，社会大众对此也不抱好感。在较传统地区的高等级种姓群体内，寡妇通常不能再婚，并且被要求身着白衣，坚守虔诚、独身的生活。根据伊斯兰教法，印度的穆斯林男性口头离婚是合法的（说talaq，意为"休妻"，重复该词三次即可）；不过，联邦政府和民间团体成员正在号召废除该离婚习俗，这样一来，针对所有的印度公民，都只有一种通用法律。

阿尔·巴沙姆的作品《印度奇迹》(The Wonder That Was India)讲述了印度文明、主要宗教和社会习俗，是了解印度庞杂多元化社会的一个好途径。

征婚也不可避免地进入网络时代，热门征婚网站有www.shaadi.com、www.bharatmatrimony.com和作为时代标志的www.secondshaadi.com，后者专门面向希望再婚的人士。

婴儿出生是另一件大事，拥有一整套特殊仪式，分别在孩提时代选择各种吉时进行庆祝。对于印度教信徒来说，其中包括为婴儿进行第一次占卜、起名、第一次喂固态食物以及第一次理发等。

印度教徒会火化死者遗体，并举行葬礼祭奠逝者、抚慰生者。仪式的一个重要环节是sharadda，用水和米糕祭祀祖先。这个仪式在每年故人逝世的祭日举行。火化后，骨灰被收集起来，在死者逝世13天后（血缘亲属被认为已经完成了净化仪式）通常由一位家人将骨灰撒到恒河等圣河或海洋中。类似的，锡克教信徒也会为死者沐浴，然后火葬。穆斯林也会仔细为亡者做准备，但采用土葬方式。而少数派的琐罗亚斯德教（拜火教）社群会将死者放入"寂静塔"（石塔），由鸟儿实行天葬。

种姓制度

尽管印度宪法不承认种姓制度，但是它仍拥有巨大的社会影响。尤其是在印度乡村地区，种姓出身在很大程度上决定了一个人在社区中的社会地位，还会对职业和婚姻前景产生影响。种姓可进一步细分为数千个jati，即"家庭"团体或社会群体，它们通常（但并不总是）与职业有关。保守的印度教徒只与门当户对的jati对象通婚，在征婚广告中，你经常会看到种姓也是一条标准："Mahar寻找Mahar"等。在一些传统地区，有年轻男女因为跨越种姓相爱而被谋杀。

根据传统，种姓是构成印度教社会的基本结构。行为正直，实现"达摩"（dharma，道德责任），有可能让一个人转世到更高等级种姓，从而享有更优越的条件。印度教徒生来归属四个种姓（varnas）：婆罗门（祭司和学者）、刹帝利（武士和官员）、吠舍（商人）和首陀罗（劳动者）。传说创世时，婆罗门从大神梵天的口中诞生，刹帝利生自双臂，吠舍从大腿出生，而首陀罗则从足部生出。四大种姓之下，还有地位更低的"达利特人"（Dalit，从前被称为贱民、不可接触者），从事各种最卑贱的工作，例如清洁工和厕所清洁工等。印度有许多复杂的礼仪规范，设计意图都是为了阻止高种姓的人同达利特人有身体接触。印度伊斯兰社区则没那么严格，他

印度服装

印度妇女普遍身着优雅的纱丽（sari），一种单件布料（长5米至9米，宽1米），它巧妙地裹披在身上而无须别针或纽扣。与纱丽一同穿着的是紧身短上衣（choli）和拉带衬裙。Palloo是纱丽搭在肩上的那部分。常见服装还有沙瓦克米兹（salwar kameez），由传统裙装式束腰外衣、长裤以及dupatta（长围巾）组成的套装。纱丽和沙瓦克米兹拥有丰富的面料、色彩和设计选择。

男性传统服装是腰布（dhoti），在南部地区，lungi（腰布）和mundu（芒杜）也很常见。dhoti是一种宽松的长腰布，穿着时以双腿之间向上束起。lungi更像一种纱笼，末端缝起呈圆管状。mundu与lungi类似，但通常是白色。kurta（长衬衫）是一种长款束腰外衣或衬衫，主要是男性穿着，一般都没有衣领。kurta pyjamas是一种棉布衬衫和裤子套装，休息或睡觉时穿着。churidar是一种紧身的裤子，一般穿在kurta之下。而sherwani是一种外套式的长男装，是将沙瓦克米兹和英式礼服大衣融合设计而成。

不同地区、不同宗教的族群衣着也有所不同——例如，你会看到穆斯林妇女身穿遮盖全身的长袍（burka）。

> ### 蓝果丽（RANGOLI）
>
> 蓝果丽，是用粉笔、米粉或彩粉绘制的精美绝伦的图案（也被称为kolams），代表了吉祥，充满象征意义，通常画在印度家庭门前，在印度南部尤为普遍。通常在日出时绘制蓝果丽，有时用米粉，画作可能会被小动物吃掉——表示对包括小动物在内的世间万物的尊敬。神灵会被精美的蓝果丽所吸引，以此向圣人（sadhus）传达此家可提供食物的信号。还有一些人相信，蓝果丽能够驱邪避凶。

们的社会等级分为ashraf（高出身）、ajlaf（低出身）和arzal（相当于达利特人）三种。

"贱民"（pariah）一词源自泰米尔的达利特人族群，他们被称为Paraiyars。一些达利特人领袖，如著名的B.R.安贝德卡（BR Ambedkar，1891~1956年）曾希望通过改信其他宗教改变地位，比如他就选择了皈依佛教。社会结构最底层是无名部族（Denotified Tribes）。他们过去一直被称为罪犯部族（Criminal Tribes），直到1952年的改革法案正式认可了198个部族和姓族。他们中有许多都是游牧或半游牧民族，被主流社会排挤，在社会边缘勉强度日。

为了改善达利特人的处境，政府专门为他们提供了大量的公共部门工作职位、议会席位和大学入读机会。如今，在政府职员和大学生中，达利特人已获得接近25%的配额。各地区具体情况有所差异，不同政治领袖出于获得种姓投票支持的目的，许诺将其纳入预留配额中。这种预留体制在受到广泛好评的同时，也因不公正地剥夺其他人本可凭借出色成绩而应得的高等教育和工作机会而广受诟病。但从另一方面来说，日常生活中仍然存在歧视达利特人的案例——例如，高种姓的人禁止他们进入某些寺庙。

想要了解更多有关印度种姓制度的信息，Dipankar Gupta所著的《质问种姓制度》（*Interrogating Caste*）和塔潘·巴苏（Tapan Basu）编辑的《解读种姓制度》（*Translating Caste*）是很好的入门读本。

朝圣

虔诚的印度教徒每年都应当至少进行一次朝圣（yatra）。朝圣的形式包括祈求神灵或女神保佑实现愿望，或者将逝去亲属火化之后的骨灰撒入圣河，或者进行精神上的修行。印度有数以千计的圣地可供朝圣者前往朝拜；老人们通常将瓦拉纳西作为最后一次朝圣的目的地，因为人们普遍相信在这座圣城逝去可以将自己从轮回中解脱出来。印度的苏非派圣寺吸引了数以千计的穆斯林前来纪念神圣节日，例如一位苏非派圣者的生辰，许多穆斯林也会前往沙特阿拉伯的麦加朝觐。

印度绝大部分节日都与宗教有关，吸引朝圣者蜂拥前往圣地。由于许多节日都是宗教性的——即使在那些表现出一种狂欢节般热烈氛围的节日里也别忘了——对于游客来说，重要的一点是，行动中要包含敬意。还要注意的是，曾有节日中发生踩踏致死的情况，所以人群拥挤时要格外小心。

大壶节（Kumbh Mela）

如果人潮让你感到不安，那就躲得远远的。这可是一场重大活动，异常隆重。大壶节每12年举行四次，地点在印度中部和北部四个不同地方，是地球上规模最大的宗教聚会。这个超大规模的庆祝活动将吸引来自各地的上千万印度教朝圣者，包括以乞讨为生、遵循多种印度教修行教条的

阿迪瓦西人（ADIVASIS）

印度的阿迪瓦西人（部落社区；"Adivasi"是梵文中"原住民"之意）的起源比吠陀雅利安人和南部的达罗毗荼人还要早，其中包括生活在中部平原上的冈德人（Gondi）、东北地区信奉万物有灵的部族。如今，他们占印度人口总数不到10%，由三百多个不同的部族群体组成。阿迪瓦西人的识字率大幅低于全国平均水平。

在历史上，平原上的阿迪瓦西人和印度教村民往来很少会导致冲突，因为他们之间基本不存在资源和土地之争。但是在过去的数十年里，越来越多的阿迪瓦西人被赶出世代繁衍生息的土地，变成穷困的劳动者。虽然根据议会配额体制，他们依然拥有一定的政治权利，但是时有报道称对阿迪瓦西人的驱逐和盘剥受到当局的默许。

莫迪政府掌权以来，承认必须采取更多措施来保护阿迪瓦西人。他的政府已承诺发起更多的社会福利项目，尤其是在发展、教育和健康领域。莫迪曾表示，在他执政期间，将采用现代技术（例如地下采矿），以减少对部落定居地的影响。与此同时，在健康领域，他号召采取措施，解决镰状细胞贫血高发率；有10%的部落遭受这种疾病的侵害，发病率最高的是恰尔肯德邦和切蒂斯格尔邦。政府的部落赋权举措能否成功，还有待时间考验。

想了解更多阿迪瓦西人情况，可阅读扎林·库珀（Zarine Cooper）的《考古和历史：安达曼群岛早期居民》（*Archaeology and History: Early Settlements in the Andaman Islands*）、Sunil Janah的《印度的部落》（*The Tribals of India*）以及克里斯托弗·范富雷尔—海门多夫（Christoph von Fürer-Haimendorf）的《印度的部落：为了生存的挣扎》（*Tribes of India: The Struggle for Survival*）。

---

nagas[赤膊的苦行僧（sadhus），又称"圣人"]。大壶节不属于任何特定的种姓或教派——来自印度教各个分支的信徒们聚到一起，体验令人震撼的壮观朝圣场景，并在神圣的恒河、希布拉河（Shipra River）或戈达瓦里河（Godavari River）上进行沐浴仪式。

这个节日的源头可以追溯至远古时期的正邪之战。在印度教创世神话中，神灵和魔鬼为争夺一个装有长生不老甘露的水罐（kumbh）爆发了一场大战。毗湿奴抢到罐子并试图将它悄悄带走，当他飞到天上，罐子中的四滴甘露落到地面——分别落在安拉阿巴德、赫里德瓦尔、纳西克和乌贾因。在这几座城市举行的庆祝活动持续约六周，主要集中在几个沐浴吉日，通常是六天。安拉阿巴德的庆祝活动被称为Maha Kumbh Mela（大壶节），是所有活动中规模最大的，也是参与信众最多的。每座城市每六年都会举办一次Ardh Mela（小壶节），每年还会举办一次规模更小的Magh Mela（佛浴节）。

据一份2015年的联合国报告，印度有世界上最多的海外移民（1600万）。

印度的女性

根据最新人口普查，2011年，印度人口中有5.86亿女性，据估计其中68%在农业领域务工（大部分为普通劳力）。

印度女性享有投票权，可以拥有财产。虽然从政的女性比例在过去十年中有所上升，但是她们在国会中的名额非常少，大约仅占议员总数的11%。

尽管印度职场仍然由男性占据主导地位，但妇女正在努力改善这一情形，尤其是在大都市中心。喀拉拉邦是印度最早打破社会成规的邦，这里从1938年开始招募女警官，也是首个建立全女警的警察局（1973年）的邦。

对于乡村妇女而言，获得成功更加艰难，但是类似古吉拉特邦的个体经营妇女协会（Self-Employed Women's Association，简称SEWA）这样的团体正在为她们指点迷津，将社会弱势女性群体组织起来结成团体，并为她们提供小额贷款。

在低收入家庭中，女孩可能被视为沉重的经济负担，因为在结婚时父母可能会被要求提供一笔价值不菲的嫁妆。对都市中产阶级家庭的妇女而言，她们的生活一般相对舒适，但压力依然存在。概括来说，她们更有可能接受高等教育，但是在结婚之后仍然需要"迁就"婆家，极有可能成为一个家庭主妇。与农村女性一样，如果她们无法实现婆家的期待——即使仅仅是无法生育一个男孩——其后果有时也非常可怕，最极端的做法就是"焚妻"，往妻子身上泼可燃液体然后点火。2015年的一篇报告中称，在过去的三年中，有24,771位新娘因嫁妆纠纷而被焚死，大多数发生在北方邦（7048例死亡），接着是比哈尔邦（3830例死亡）和中央邦（2252例死亡）。

尽管宪法允许离婚者（以及寡妇）再婚，但很少听说有人真正这么去做，因为离婚者通常被社会排挤，在大城市以外的地区尤其明显。印度的离婚率处在世界最低之列（大约为千分之十三），不过这一数目也在上升。大部分离婚案例都发生在中心城市，社会上等阶层对离婚者的排斥度相对较小。

2006年10月，继妇女民权运动之后，印度议会通过了一项具有里程碑意义的法案（效力在所有现有法律之上），赋予受家庭暴力侵害的妇女更多保护和权利。在这项立法之前，虽然妇女可以向警察控诉丈夫的虐待行为，但是她们不会自动享有婚姻财产份额或持续的资金支持。有批评人士认为，许多女性，尤其是生活在印度大城市之外的妇女，仍然因为社会偏见而不愿寻求法律保护。

印度社会依然较为保守，虽然宝莱坞电影中充斥着性感的女性形象（不过屏幕上依然很少见长时间亲吻的镜头），但许多持传统观念的人认为，如果女性经常在天黑后外出，或是穿着不得体，那她就是行为不够检点。

根据印度国家犯罪记录局（National Crime Records Bureau，简称NCRB）的相关数据，在过去十年里，强奸案发生比率上涨了50%，但性侵事件只有一小部分报案，造成报案率低的很大原因是因为家庭压力和/或耻辱感，尤其在犯罪者是熟人的情况下（而许多案件确实如此）。

2012年12月，德里一名23岁的学习物理疗法的印度学生惨遭轮奸谋杀身亡。这宗案件引发高度关注，成千上万人在首都和其他地方举行集会，呼吁政府尽快出台有效措施，惩治国内日益增长的针对女性的暴力犯罪。一年之后，政府才在现存法律基础上制定针对性侵问题的修订案，包括更严厉的惩罚，例如终身监禁和死刑。尽管如此，针对女性的性暴力依然是一个严重问题。

2015年，根据NCRB报告，印度各地共发生34,651起强奸案，绝大多数案件的受害女性年龄都在18到30岁之间。统计数据表明，强奸案发生率下降了5.7%（与2014年报告的36,735起相比），轮奸犯罪也从2014年的2346起下降到2015年的2113起。尽管强奸案发生率有小幅下降，但是NCRB报告称，其他性侵案件的发生率却上涨了2.5%，2015年记录总数为84,222起（2014年为82,235起）。2015年，首都德里针对女性的犯罪案件发生率最高，达到17,104起。

了解更多印度部族社区信息，可访问www.tribal.nic.in，该网站由印度政府的部族事务部建立和维护。

根据泰戈尔小说改编的电影 Chokher Bali（由Rituparno Ghosh执导）讲述了一位生活在20世纪早期的孟加拉年轻寡妇勇敢挑战"守寡规矩"的感人故事——在那个年代，这不啻为惊世骇俗之举。

政府针对性侵问题采取了大量措施。从2017年起，所有在印度出售的手机都必须强制安装应急按钮。此外，女性警察的数量也将增加，还将增开女性暴力受害者的帮助中心；660座中心将在未来几年开放。政府还推出了多种提高公众意识的项目。尽管这些举动都是朝着正确方向的努力，但印度仍然还有很长的路要走。

体育

板球长期以来一直是最受印度国民喜爱的体育项目，第一次记录在案的比赛发生在1721年。1952年，印度队在金奈（马德拉斯）的比赛中首次战胜英国队。板球不仅仅是一项国家体育运动，而且还关乎宏大的爱国主义精神，这一点在印度队对阵巴基斯坦队时表现得尤为明显。这两个从独立以来就矛盾不断的南亚邻邦之间的板球赛事会引来球迷无与伦比的热情支持，双方球员都会面临巨大压力，都竭尽全力为各自国家争得荣誉。近年来最出名的印度板球选手是萨钦·泰杜尔卡（Sachin Tendulkar）——被喜爱他的球迷们称为"小大师（Little Master）"。在2012年，他成为世界上唯一一个达到100次国际比赛个人得分达100分（century，板球得分单位）的球员，第二年他功成退役。板球——尤其是引进Twenty20规则之后（www.cricket20.com），在印度是一场商业盛宴，吸引巨额的赞助，运动员也一跃成为明星球员。但这项运动也未能摆脱不光彩事件的困扰，过去几年中就曾有一些印度板球队员卷入涉嫌操纵比赛结果的丑闻中。国际比赛通常在多个中心城市举行——可以通过印度报纸或在线查询你旅行期间的赛事详情。深入了解板球信息，可登录www.espncricinfo.com（被许多板球爱好者评为最佳网站）和www.cricbuzz.com。

2013年印度超级联赛（Indian Super League，简称ISL；www.indiansuperleague.com）推出，现已完成目标，将足球推动成为一项高收益的成功运动。赛事吸引了大批观众，也吸引了国际球员前来参加，例如尤文图斯队的传奇球员亚历桑德罗·德尔·皮耶罗（Alessandro del Piero，2014年签约加入德里Dynamos队），担任金奈球队教练的马尔科·马特拉齐（Marco Materazzi，世界杯头球王）。ISL现已成为国际热门赛事。2014

海吉拉斯（HIJRAS）

印度最常见的非异性恋群体被称为海吉拉斯，是身着女装的易装癖者和阉人的阶层。其中一些是男同性恋，一些是雌雄同体者（hermaphrodites），另外一些则是惨遭绑架和阉割的不幸者。海吉拉斯在印度文化中早就占有一席之地，2014年，印度最高法院认定海吉拉斯为第三性，作为一个团体，有权利享有教育、就业的预留配额。与此相对的是，2013年，同性恋被裁定为不合法（原本从2009年开始具有合法地位）。《印度刑法典》（Indian Penal Code）的377章重新回到1861年状态，规定同性恋性行为将受到法律制裁。

海吉拉斯主要靠在婚礼或男婴出生庆典上不请自到地表演为生，或是成为性工作者。2014年，帕德米尼·普拉卡什（Padmini Prakash）成为印度第一位变性人电视每日新闻主持人，表明公众接受度提升到一个新的水平。

想了解更多相关信息，可阅读齐亚·贾弗里（Zia Jaffrey）的《隐形人》（The Invisibles）和阿尔卡·潘德博士（Dr Alka Pande）的《雌雄同体的阴阳人》（Ardhanarishvara the Androgyne）。

年，ISL开幕的第一周吸引了1.706亿名观众——而印度板球超级联赛第一阶段的观众为1.84亿，这一数字足以说明足球人气大增。I-League是一项运营时间更长的国内联赛，但是媒体关注度和投资金额远远无法与ISL媲美。

这个国家与马球的历史渊源也广为人知。这项运动曾经在南亚次大陆（尤其是在贵族王公间）风靡一时，直至印度独立后，资金削减导致马球爱好者人数锐减。如今，在强大的赞助商支持下，这项运动重新回归人们视线。虽然它仍是一项精英运动，但正吸引这个国家迅速增长的中上阶层的更多关注。马球起源的详情尚未能考证确切。据说它产生于约2000年以前的波斯和中国，在南亚次大陆首次出现是在巴尔提斯坦（Baltistan；位于今天的巴基斯坦境内）。据说，阿克巴大帝（Emperor Akbar；1556年至1605年统治印度）首先为这项运动制定了规则。如今的马球运动，则在很大程度上受到19世纪70年代驻扎印度的英国骑兵军团的影响。第一次世界大战后开始执行一套国际规则。世界上迄今最古老的马球俱乐部于1862年成立于加尔各答——可登录加尔各答马球俱乐部网站（www.calcuttapolo.com）了解更多信息。马球比赛通常选择凉爽的冬季月份，在德里、斋浦尔、孟买和加尔各答等主要城市举行。曼尼普尔邦等地偶尔也会举行马球赛事。

> 了解印度的曲棍球现状，可登录Indian Hockey (www.indianhockey.com)和Indian Field Hockey (www.bharatiyahockey.org)。

生活方式 **体育**

曲棍球尽管被尊为印度的正式国球，但早已辉煌不再。在1928年至1956年的鼎盛时代，印度蝉联六届奥运会曲棍球金牌；此后，印度队还荣获过两次奥运会冠军，分别在1964年和1980年。近年，一些旨在恢复人们对曲棍球兴趣的举措陆续推行，但效果众说纷纭。

卡巴迪（Kabaddi）是该国另一项相当受欢迎的竞技运动。两支队伍分别占据场地两侧。进攻者朝对手进攻，在一个呼吸过程里，尽量接触对方一名或多名队员。进攻者要不停高喊"卡巴迪"，以证明他们没有换气，在呼气之前返回己方队伍。

在印度，日益流行的运动还有网球（印度明星球员包括Sania Mirza、Leander Paes和Mahesh Bhupathi——深入了解详情，可查看www.aitatennis.com），以及赛马，在孟买、德里、加尔各答和班加罗尔等大城市非常受欢迎。

> 板球爱好者一定会喜欢博里亚·马宗达（Boria Majumdar）的《图说印度板球史》（*The Illustrated History of Indian Cricket*）和拉玛钱德拉·古哈（Ramachandra Guha）的《印度板球之邦》（*The States of Indian Cricket*）。

2016年里约夏季奥运会中，印度参赛运动员达到了破纪录的118名，但是结果却令人失望，只获得一枚银牌和一枚铜牌，在奖牌榜排到第67名。在赛事中，萨克西·马丽克（Sakshi Malik）成为印度第一名赢得奥运会摔跤项目奖牌的女子摔跤选手（在女子58公斤级自由式摔跤中获得铜牌），P.V.辛杜（PV Sindhu，女子羽毛球）则成为第一位赢得奥运会银牌的印度女性。

印度宗教

从精致的城市庙宇到简易的乡村神祠,宗教融入了印度生活的方方面面。这个国家的主要宗教——印度教,可追溯至公元前1000年甚至更早,其教徒占印度总人口80%左右,是世界上现存最古老的宗教之一,与佛教、耆那教、琐罗亚斯德教有着类似的历史背景。事实上,在这片早已拥抱神性的国度,无论你去哪里,宗教一定是你永恒不变的旅伴。

印度教

印度教没有创始人或领导机构,也不是一种可改变信仰的宗教。本质而言,印度教徒信仰永恒、永存、无限的婆罗门(Brahman)。万事万物都源自婆罗门并最终归于婆罗门。众多的神与女神只不过是其表现形式,是对无形现象的认知。

印度教徒相信尘世生命存在轮回:一世接一世不断投生(这一过程被称为"轮回"),转世的质量取决于前世的因果报应(karma,即业力,行为或行动)。行为正直并奉行"达摩"(行为的道德准则、社会责任)将增加你来世出生于更高种姓、更好环境的机会。相反,如果尽是孽报,只能转世成动物。只有作为人,才能获得足够的自我认知脱离轮回获得解脱(moksha)。

神和女神

两本同名书《印度教导论》(*Hinduism: An Introduction*)均阐述了印度教基本教义,作者分别是Shakunthala Jagannathan和Dharam Vir Singh。

所有印度神灵都被视为婆罗门的表现形式,通常被描述为三大主神,即梵天、毗湿奴和湿婆的三神一体。

婆罗门

唯一神灵:终极现实。婆罗门属无形与永恒,是一切存在的根源。婆罗门没有属性(nirguna),其他所有的神和女神是婆罗门的表现形式,所以有属性(saguna)。

梵天(Brahma)

梵天只在创造宇宙之时发挥其积极作用,其余时候则在冥想。他的配偶为辩才天女萨拉斯瓦蒂(Saraswati),梵天的坐骑是天鹅。他有时坐在从毗湿奴肚脐升起、象征诸神相互依存的莲花宝座上。梵天通常被描绘四头(头戴王冠,长着胡须)的形象,分别面向四方。随着湿婆和毗湿奴信众的增多,梵天崇拜已显得黯然失色。今天,印度供奉梵天的庙宇很少。

毗湿奴(Vishnu)

毗湿奴是维护之神,与"正确行为"相关。毗湿奴保护和维持世界之

> **神圣数字——7**
>
> 数字7对印度教意义非凡。印度有七座圣城,均为主要朝圣中心:瓦拉纳西,与湿婆神有关;赫里德瓦尔,发源于喜马拉雅山的恒河自此流向平原;阿约提亚,罗摩的诞生地;德瓦尔卡,传说中紧邻古吉拉特邦海岸的克利须那之城;马图拉,克利须那的诞生地;甘吉布勒姆,古老的湿婆神庙所在地;乌贾因,每12年在此举行一次大壶节。
>
> 印度还有七条圣河:恒河(Ganga)、萨拉斯瓦蒂河(Saraswati,据说是地下河)、亚穆纳河(Yamuna)、印度河(Indus)、讷尔默达河(Narmada)、戈达瓦里河(Godavari)和高韦里河(Cauvery)。

善。他通常被描绘成四臂分持莲花、法螺(可以像喇叭一样吹响,因此象征着存在发源的宇宙振动)、法轮和神杵的形象。毗湿奴的配偶是财富女神拉克希米(Lakshmi),其坐骑是半人半鸟的迦楼罗(Garuda)。据说恒河是从毗湿奴脚下流出的。

湿婆神(Shiva)

湿婆为毁灭者——为拯救众生——没有他就不会有创造。湿婆神的创造之职通常作为男性生殖器形象而受到崇拜。湿婆拥有1008种名称及多种化身,包括娜塔罗伽(Nataraja),即舞王(tandava,宇宙胜利之舞),掌管宇宙的创造和毁灭。

有时湿婆脖子上缠着蛇,手执三叉戟(代表三神一体)作武器,骑公牛南迪(Nandi)。南迪象征权力、力量、正义和道德秩序。湿婆的配偶是同样具有多种化身的帕尔瓦蒂(Parvati)。

湿婆有时被描述为瑜伽之神,一位住在喜马拉雅山的苦行者,头发蓬乱,遍身涂灰,嗜好抽烟斗,长着象征智慧的第三目。

其他重要神灵

象头形象的甘尼许(Ganesh)是财喜之神,消灾避难之神,也是写作之神(他持破碎象牙抄写《摩诃婆罗多》的部分章节),其动物坐骑是Mooshak(一只类似于老鼠的生物)。关于甘尼许为何长着象头存在几个版本。一种传说是,帕尔瓦蒂生下甘尼许时他的父亲湿婆不在身边,因此他长大后并不认得湿婆。有一天,母亲洗澡时他把守门外,这时湿婆回来了,非要进去找帕尔瓦蒂。甘尼许认不出湿婆所以坚决不肯。湿婆一气之下砍了甘尼许的头,过后才惊恐地发现,自己杀了亲生儿子。他发誓要将自己碰上的第一个生物的头砍下给甘尼许换上,结果碰巧遇到了大象。

另一位重要神祇是克利须那(Krishna),他是毗湿奴的化身之一,被派往人间协助真善反抗邪恶。他与挤奶女工(gopi)的风流韵事以及对拉达(Radha)的爱激发了无数绘画和音乐的创作灵感。克利须那通常以蓝皮肤、吹笛子的形象出现。

哈奴曼(Hanuman)是《罗摩衍那》中的英雄及罗摩忠诚的伙伴,体现了宗教虔诚(奉献)的概念。哈奴曼是猴神,但也有其他多种形象。

在湿婆派(湿婆运动追随者)中,夏克提(shakti),神圣的女性创造力量也作为一种力量备受膜拜。夏克提化身古代女神提毗(Devi,神母),也被刻画成难近母(Durga,即杜尔迦),或具有凶猛邪恶破坏力的卡莉(Kali)。其他备受崇拜的女神包括财富女神拉克希米(Lakshmi)和辩才天女萨拉斯瓦蒂(Saraswati)。

你知道嗜血的卡莉(Kali)是丰收女神高利(Gauri)的另一种化身吗?Devdutt Pattanaik的《神秘即虚假:印度教神话手册》(*Myth = Mithya: A Handbook of Hindu Mythology*)阐述了这个故事和其他印度教民间传说。

经书

印度教经文分为两类：神之语（shruti，意思是"听到"）和人之作（smriti，意思是"记得"）。《吠陀经》（Vedas）属于shruti知识，被视为印度教的根本。印度教最古老的吠陀典籍《梨俱吠陀》（Rig-Veda）可追溯到三千多年前。经文收录1028首诗，内容为富贵和长寿的祈祷词以及对宇宙起源的解释。《奥义书》（Upanishad）作为《吠陀经》的最后部分内容，反思死亡之谜，强调宇宙合一。最古老的吠陀经典用吠陀梵语（接近于旧波斯语）写成。往后的吠陀经典则为古典梵语，但许多已被译成本地语言。

Smriti经书涵盖了传承几百年的文学作品，包括对内部仪式正确展示的论述，以及对政府、经济和宗教法律的研究。其中的著名代表作有《罗摩衍那》（Ramayana）、《摩诃婆罗多》（Mahabharata）和《往世书》（Purana），后者丰富了史诗内容，宣扬了三神一体概念。不同于《吠陀经》，《往世书》的阅读群体不局限于掌握基本知识的高种姓男子。

《摩诃婆罗多》

《摩诃婆罗多》大约创作于公元前1000年，内容侧重颂扬克利须那的丰功伟绩。大约在公元前500年，文本内容变得更为丰富，增加了大量内容，包括《薄伽梵歌》（其中有战前克利须那为阿周那（Arjuna）提供的建议）。

故事主要讲述了英勇的神（般度族，Pandavas）和恶魔（俱卢族，Kauravas）之间的战斗。冥冥中主导这一事件的是化身为人的克利须那。克利须那充当般度族英雄阿周那的驾车人，在一场激烈的战斗中阿周那最终战胜了俱卢族。

《罗摩衍那》

《罗摩衍那》成书于公元前3世纪至前2世纪，据说，它主要由一位作者完成，即诗人蚁垤（Valmiki）。其内容与《摩诃婆罗多》类似，主要讲述众神与恶魔之间的斗争。

故事讲述无子的阿约提亚国王Dasharatha向神求子。他的妻子随即生了一个男孩，而这个名叫罗摩（Rama）的孩子实际是毗湿奴的化身，他化身为人打败了楞伽（Lanka，现在的斯里兰卡）的魔王罗波那（Ravana）。

成年后的罗摩在一场比武中赢得了公主悉多（Sita）的爱。罗摩的父亲决定将王位传给他。在关键时刻罗摩的继母横加干涉并要求国王让她的儿子婆罗多（Barathan）取代罗摩继承王位。罗摩、悉多以及罗摩的弟弟罗什曼那（Lakshmana）都被流放到森林，在那里，罗摩和罗什曼那联手击败恶魔和其他黑暗力量。魔王罗波那的妹妹企图引诱罗摩但遭到拒绝，罗波那为了给妹妹报仇，抓走悉多并将其囚禁在楞伽的宫殿里。

在忠诚的猴神哈奴曼及猴群的相助下，罗摩最终找到宫殿并杀了罗波那，救回悉多。大家胜利返回阿约提亚后，罗摩受到欢迎并登基为王。

动植物崇拜

南亚次大陆一直都存在动物崇拜，特别是对蛇和母牛的崇拜。对于印度教徒而言，母牛代表生育和养育，而蛇（特别是眼镜蛇）与生育和幸福相关。那伽石（Naga Stone，蛇石）具有保护人类免受蛇害和安抚蛇神的双重作用。

印度宗教 / 印度教

据说印度教共有3.3亿位神明，数量惊人；神明崇拜属个人选择或者传统沿袭。

宗教冲突

时有发生的以宗教为基础的冲突构成了印度历史中血腥的章节。在独立之后的分治，将国家划分为印度教的印度和伊斯兰教的巴基斯坦，由此造成了恐怖的屠杀，大批民众流离失所。

之后印度又发生过重大宗派暴力冲突事件，包括1984年的印度教-锡克教暴乱，导致当时的总理英迪拉·甘地（Indira Gandhi）遇刺；以及1992年政治狂热的阿约提亚灾难，引发了印度教徒和穆斯林之间的冲突。

印度和巴基斯坦的克什米尔地区之争仍在持续，其中也危险地掺杂了宗教冲突因素。自从分治（1947年）以来，印度和巴基斯坦已经因为克什米尔爆发过两次大型战争，随后仍有交火，直至1999年战争全面爆发。这片内陆领土上的冲突仍在持续恶化，并且还将加剧两国印度教与伊斯兰教信徒彼此的仇恨。

植物也会被人们虔诚崇拜，如象征三神一体的菩提树（banyan tree，印度榕树），象征爱的芒果树——传说湿婆与帕尔瓦蒂在芒果树下成婚。与此同时，传说莲花出现在远古水域并通过莲茎与神秘的地球中心相连。莲花常常生长在污染最严重的水域，拥有出污泥绽放花朵的超凡能力。莲花的中心对应宇宙的中心，即"地球的肚脐"：一切由莲茎和永恒水域凝拢在一起。脆弱而坚强的莲花是美丽和力量的化身，时刻提醒着印度教徒该如何掌握自己的生活。莲花在印度备受崇敬，因此成为当今的印度国花。据说金刚菩提（Rudraksha，意思是"湿婆神之眼"）树是从湿婆神的眼泪中长出来的，其菩提子被用作祈祷的念珠。

苦行僧（sadhu）是舍弃所有物质财产，通过冥想、经文研究、苦修和朝圣以追求灵性的人。想进一步了解苦行僧，可阅读由Dolf Hartsuiker撰写的《苦行僧：印度的神秘圣人》（*Sadhus: India's Mystic Holy Men*）。

敬拜

敬拜及宗教仪式在印度教中扮演着重要的角色。印度教家庭里常常设有专门的敬拜区，供家庭成员敬拜他们所选择信奉的神灵。走出家门，印度教徒会在庙宇里敬拜神灵。礼拜（puja，印度教的礼拜）是敬拜的重头戏，包括无声祈祷和隆重的仪式。信徒离开庙宇时会将少许供人分享的prasad（庙宇提供的福佑食物）带走。其他敬拜形式包括河神祭（aarti，点亮灯或蜡烛祈福）和演奏拜赞歌（bhajans，虔诚的歌曲）。

伊斯兰教

伊斯兰教是印度第二大宗教，信徒约占总人口13.4%。据说伊斯兰教由穆斯林征服者（16世纪至17世纪莫卧儿帝国控制印度北部大部分地区）传入北印度，由阿拉伯商人传入南印度。

公元7世纪，先知穆罕默德在阿拉伯创立伊斯兰教。阿拉伯语"islam"意为"顺从"，其信众（Muslim，穆斯林）顺从于安拉（Allah，真主）的旨意，伊斯兰教最高经典《古兰经》中对此有字义解释。在这一神论的宗教里，真主的言辞通过先知（信使）传达，其中穆罕默德是最后一位先知。

穆罕默德死后，教内发生教派之争，形成了今天的逊尼派和什叶派。印度大部分穆斯林属逊尼派。逊尼派强调"旧时的"道路或正统方式。什叶派教徒相信只有伊玛目（模范领袖）才能揭示《古兰经》真义。印度还拥有漫长的苏非主义传统，这一派别是对伊斯兰教的神秘主义解读，历史可要了解错综复杂的锡克教，可阅读 Khushwant Singh 的《锡克教历史》(*A History of the Sikhs*) 第一卷（1469~1839年）和第二卷（1839~2004年）。

追溯到宗教起源的最早期。

然而，全部穆斯林都共同信仰五功：念功，就是要念诵清真言（信仰宣言："万物非主，唯有真主；穆罕默德是真主的使者"）；礼功，即做礼拜（理想情况下每日五次）；课功，也称天课（税），以慈善捐款的形式进行；斋功，即斋戒（斋月期间进行），全体穆斯林都要进行，病人、幼儿、孕妇、老人和踏上艰险旅途者除外；朝功，就是到麦加朝觐，每位穆斯林都渴望一生中至少要到麦加朝觐一次。

锡克教

锡克教于15世纪由那纳克古鲁（Guru Nanak）在旁遮普创立，始于对种姓制度和婆罗门统治仪式的反对。锡克教信仰一神论，但他们反对偶像崇拜，一些锡克教信徒供奉十位古鲁（Guru，即祖师）画像。锡克教圣典《格兰特·沙希卜》(*Guru Granth Sahib*) 内含锡克教十位祖师教义，其中有几位被莫卧儿王朝处死。与印度教徒和佛教徒类似，锡克教徒相信轮回和因果报应。在锡克教，没有苦行者或僧侣可以摆脱轮回。约有2%的印度公民信奉锡克教，大多生活在旁遮普邦。

那纳克古鲁（1469~1539年）出生在今天的巴基斯坦，他十分不满穆斯林和印度教教规，相信家庭生活和努力工作的价值，他结过婚，生了两个儿子。不出门云游时，他是一位农民，讲道并与穆斯林音乐家Mardana吟诵自己创作的kirtan（锡克教虔诚歌曲）。据说他有显神迹的能力，宣扬冥想真神之名作为主要的开悟之道。

早在"社会公平"流行前数百年，那纳克古鲁就开始宣扬这一概念并公开反对种姓制度。他是一位脚踏实地的祖师——"一个人诚实地活着，与他人共享财富，便可找到通往真神之路"。他任命最有才华的弟子而非儿子作为接班人。直至今日，他创作的kirtan仍在谒师所（锡克教庙宇）内

宗教礼仪

在印度，无论何时参观圣地都要衣着适宜，举止得体——不能着短裤和无袖上衣（男女同样适用），严禁吸烟。高声喧哗、打扰他人的行为均不合时宜，在公共场合的亲昵举动和嬉笑也不受欢迎。

进入圣地之前要脱鞋（取回鞋子时给看鞋人几个卢比作小费）并了解是否允许拍照。在大部分寺庙都可以穿袜子——在较热的月份通常很有必要，这时的地板烫得让人难以忍受。

宗教礼仪严禁触摸当地人的头部，脚底不要对着他人、宗教圣地或神像。不要用脚触碰他人，也不要随意触摸神像雕塑。

一些做礼拜的地方要求戴头巾（妇女要戴，有时男人也要戴），特别是在谒师所（锡克教寺庙）和清真寺等地方，最好随身携带头巾以防万一。一些地方不允许妇女入内，也有些地方禁止非信徒入内，因此最好提前打听清楚。妇女可能会被要求与男人分开坐。耆那教寺庙要求摘除你所穿着或携带的皮革类物品，也可能禁止经期女性入内。绕行任何佛教圣地（圣骨冢、佛塔、寺庙、藏传佛教寺院）都应该顺时针前进。不要用左手触碰圣地。应该用右手顺时针转动转经轮。

对于在神殿内、葬礼上、宗教仪式上或进行圣浴的人来说，拍照可能被认为是冒犯行为，最好先征得同意。在圣殿某些区域，可能禁止使用闪光灯拍照，或者根本不允许照相。

> **OM**
>
> "Om"一词在一些宗教中拥有重大意义,是印度教中最受尊敬的符号。这个词的发音是"aum",是一句非常吉利的真言(神圣字词或音节)。这个类似于数字3的形状代表宇宙的创造、维持和毁灭(因此也象征着三相神)。倒转的月亮(chandra,新月或半月)代表的是散漫的思绪,其中的明点(bindu)则象征婆罗门。
>
> 佛教徒认为,如果全神贯注地吟咏"Om"足够多的次数,将会带领人抵达极乐虚静状态。

广为传唱,他的画像挂在南亚次大陆内外数以百万计的家庭中。

锡克教徒力图追随祖师Gobind Singh指定的五位战士——锡克教兄弟会(Khalsa)的精神领导,后者完全体现了锡克教信仰的理念。受洗过的锡克教男子必须佩带dastar,或称头巾帽,虔诚的锡克教徒还会坚持"五K"戒律——kesh(不剪头发),kanga(携带木梳),kara(戴一条铁手镯),kacchera(穿棉短裤)和kirpan(佩一把短剑或匕首)。

佛教

印度的佛教徒占全国人口比率不到1%。位于比哈尔邦的菩提伽耶是佛教徒心中最神圣的地方之一,那里是佛陀悟道的地方,吸引了来自世界各地的朝圣者。

学者一般认为佛教现有两大主要分支:小乘佛教(Theravada)和大乘佛教(Mahayana)。一般来说,小乘佛教的信徒相信可以通过践行八正道(有时也被称为"中道")实现悟道——因此将个人从生死轮回中解脱出来。小乘佛教关注的前提是,个人努力是悟道的路径,冥想在其中起到重要作用。与此同时,大乘佛教信徒则认为,可以通过菩萨的道路证得佛性(即佛法教义所示的精神开悟)——在这种状态中,人会故意待在轮回之中,协助他人达到觉醒。菩萨即开悟的生命。

佛教起源于公元前6世纪,始于对婆罗门印度教限制的反对。据称,佛陀(觉悟者)生活在约公元前563年到公元前483年之间。佛陀本来是来自尼泊尔平原的王子(乔达摩·悉达多),他在29岁时开始寻求世间痛苦的解脱之道。35岁时,他在菩提伽耶达到涅槃(顿悟)。佛陀批评种姓制度和盲目的神灵崇拜,敦促其信徒以自身经验寻求真理。

佛陀认为万物基于四圣谛:苦(人生皆苦),集(欲望是苦之根源),灭(一个人可通过消灭欲望解除痛苦),道(笃行八正道可消除欲望)。八正道包括:正见、正思维、正语、正业、正命、正精进、正念、正定。笃行八正道的人方可涅槃。

20世纪初,佛教在印度部分地区式微。而在20世纪50年代,由于知识分子和达利特人对印度教种姓制度极其失望,佛教得以复兴。

耆那教

耆那教起源于公元前6世纪,始于对印度教种姓制度的限制和仪式的不满。由与佛陀同时代的摩诃毗罗创立。

耆那教徒相信:通过实现灵魂的绝对洁净可获得解脱。纯净意味着摆脱所有"因果报应"(karman),即因个人行为而束缚灵魂的物质。通过遵循各种苦行（如禁食和冥想）可摆脱"因果报应"并净化灵魂。正确的行为至关重要，而基本原则是在思想和行为上对一切有生命的事物都不伤害（非暴力）。

相比僧侣（有些天衣派僧侣不着一缕），对耆那教追随者的宗教教规要求就不那么严格了。稍宽松的苦行教规则要求保留最少量财物，如一把为避免踩到活物用来清扫道路的扫帚，和一块为防止意外吸入昆虫而绑在嘴上的布。

今天，大约0.4%的印度人口是耆那教徒，多数生活在古吉拉特邦和孟买。著名的耆那教圣地包括斯莱湾娜拜拉古拉（Sravanabelagola）、巴利塔纳（Palitana）、热那克普（Ranakpur）和阿布山寺庙。

基督教

围绕基督与南亚次大陆关系的说法版本繁多。例如，一些人相信耶稣在印度度过了他"行踪成谜的岁月"，而其他人认为基督教随使徒圣托马斯来到南印度，据说他于公元1世纪在金奈去世。然而，许多学者证明基督教可追溯到公元4世纪叙利亚商人托马斯·卡纳（Thomas Cana），当时他随同约400个家庭前往喀拉拉邦。如今，印度的基督教群体约占总人口的2.3%，大部分居住在印度南部。

1498年，瓦斯科·达·伽马（Vasco da Gama）到访印度后，天主教在南印度迅速发展，该地区道明会（Dominicans）、方济会（Franciscans）和耶稣会（Jesuits）的传教活动异常活跃——并非总受欢迎。据称，18世纪前后新教传教士到达印度开始一系列传教活动，尤其是在印度的部落地区。

琐罗亚斯德教

琐罗亚斯德教由琐罗亚斯德（也作查拉图斯特拉，Zarathustra）于公元前6世纪在波斯创立，主张二元论，即善与恶两股势力持续交战。琐罗亚

藏传佛教寺院纵览

印度部分地区，如锡金邦等，因其装饰华丽、色彩鲜艳的gompas（藏传佛教寺院）而闻名。一座寺院的第一重殿是经堂（dukhang），僧人聚集于此诵读神圣经文里的篇章（参观寺院时观看到的晨起诵经场面极为壮观）。墙上是栩栩如生的壁画或者挂着画有菩萨（觉悟的人）和护法神（保护神）的唐卡（布画）。在通向经堂的入口旁，一般会看到壁画上描绘的法轮，一种代表佛教哲学核心元素的图案（登录www.buddhanet.net/wheel1.htm，浏览对于法轮的互动式介绍）。

大部分寺院在重大节日时都会跳chaam舞（庆祝正义战胜邪恶的面具舞）。戴着大黑天护法面具跳舞可驱除邪恶，这位大护法神通常配有夸张的人头骨头饰。Durdag舞的特点是戴着代表火葬地之主（Lords of the Cremation Grounds）的骷髅面具，而Shawa舞者戴的是怒目而视的雄鹿面具。这些人物额头中心一般绘有代表自省需求的第三只眼。

佛教寺院中另一项颇有趣味的活动是制作酥油雕塑，精致的模型由彩色酥油和面团制成。这些雕刻特意使用易腐烂的材质设计，象征人类存在的无常。许多寺院还制作精美的彩沙曼荼罗（坛城）——用彩色沙子绘成的几何图样，然后予以摧毁，象征事物无常的本质。

部落宗教

部落宗教因为已同印度教和其他主流信仰紧密地融合在一起，现在已经很难辨识。印度教的一些基本戒律就被认为起源于部落文化。

印度有大量部落都信奉万物有灵论。他们认为某些器物、动物或地方居住有灵体。宗教观念与自然紧密结合——一块石头、一条河、一棵树或一座山等都可能被认为拥有一个灵性实体。举例来说，印度东北部的米佐人（Mizos）会绕着大石块而行，认为它们是灵力的居所。与此同时，同样生活在印度东北部的那加人（Naga）则认为，地球是因为一位地震之神所引发的一系列地震，而从水中诞生的。从此以后，这位地震之神的子孙们就负责照看世界，惩罚作恶之人。在东北部，还有一些部落信仰Donyi-Polo（翻译过来就是"日-月"），据说这种信仰源自藏区在接受佛教之前所存在的本教。日月分别象征着女性和男性能量——类似于阴阳理念。信徒认为所有生灵都具有同一性。

斯德教不太信奉一神论，认为善与恶并存，但敦促信徒向善。身体与灵魂在善与恶之战中合二为一。尽管人终有一死，但生命的组成却是永恒的，比如灵魂。在审判日，堕落的灵魂不会因所有罪恶受惩罚，但美好来世一定取决于人在现世的行为、言语和思想。

公元7世纪，由于伊斯兰教的兴起，琐罗亚斯德教在波斯逐渐衰落，许多琐罗亚斯德教追随者因公开抵制伊斯兰教而遭到迫害。接下来数世纪里，一些琐罗亚斯德教徒移居印度，人们称之为帕西人（Parsis）。纵观历史，帕西人定居在古吉拉特邦并成为农民；但在英国统治期间他们进入商贸领域，成为孟买的富裕群体。

在最近几十年里，印度帕西人数急剧下降，目前，印度只剩下不到70,000名帕西人，大多居住在孟买。

印度美食

印度美食异彩纷呈,从当代融合菜肴到传统小吃,无一不好,正是这种多样性,才让你感觉吃遍这个国家是十分值得的。印度的素食种类尤其丰富,不过无肉不欢者也不会失望,这里肉食种类也很多——包括丰盛的莫卧儿风味咖喱,多汁的泥炉菜。为该国美食大杂烩增添色彩的,还有地区特色菜,采用的都是最具特色的当地食材,包括本地产香料和新鲜香草。

舌尖上的嘉年华

印度烹饪历史源远流长,今天你在这里发现的食物反映了几千年的地区和全球的影响。

香料之国

Monisha Bharadwaj的《印度香料厨房》(*The Indian Spice Kitchen*)一书中有众多实用的小窍门,包括如何存储香料等。这本出色的烹饪书中还有200余种传统菜谱。

克里斯托弗·哥伦布发现美洲大陆时,他本来是去寻找产自喀拉拉邦马拉巴尔海岸(Malabar Coast)的黑胡椒。这一地区至今仍在出产这种世界上最受欢迎的高品质香料,而且它也是绝大部分香辣印度菜肴不可或缺的调味品。

姜黄(turmeric)是大部分印度咖喱的灵魂,而芫荽籽(coriander seed)是最常用的香料,在几乎每道菜肴中都能吃出它的味道并看到它的身影。印度"湿乎乎"的菜肴——西方人统称为咖喱,通常都是从小茴香籽(cumin seed)炝锅开始。罗望子(tamarind)有时被称为"印度椰枣",是南部常用的一种酸味剂。来自喀拉拉西高止山脉的绿色小豆蔻(cardamom),一直被誉为世界最佳品质,你会在咖喱、甜点和印度茶(chai)中尝到它的滋味。藏红花为生长在克什米尔的番红花干燥的柱头,它的重量是如此之轻,以至于需要人工采摘1500朵花才能产出1克调味料。

大米天堂

想了解大米烹饪方法,不妨阅读萨比娜·塞加尔·赛基亚(Sabina Sehgal Saikia)的《最佳米饭食谱》(*Finest Rice Recipes*),你将会一览这种普通谷物千变万化的烹饪方法,其中包括锅巴蟹饼与精致创意菜。

大米是一种常见主食,尤其是在印度南部。各种长粒白米最受欢迎,通常是热米饭搭配任意一道"湿乎乎"的咖喱菜一起食用。从东北部阿萨姆邦盛产的糯米到最南边喀拉拉邦特有的红米,你会发现不计其数的地方品种,当地人都称自己的地方特产米是印度最佳,不过这一殊荣通常都会授予印度香米(basmati)——一种畅销世界各地的长粒香米品种。米饭一般在你吃完roti(薄饼)之后呈上,通常会搭配凝乳丰富口感。

面包太棒了

虽然米饭是南方人的当家主食,但小麦却是北方人餐桌上的主打。roti

> ## 南方美人
>
> 可口的多莎饼（dosa，也可拼写为dosai，即薄饼），是如纸一样薄的大米薄饼的统称，通常配一碗热腾腾的sambar（扁豆汤）和一碗凉滋滋的椰子chatni（酸辣酱）一起食用。它是印度南部特有的早餐品种，在一天中任何时候都可以吃到。最受欢迎的是masala dosa（卷入香热土豆），此外还有其他各种让人垂涎欲滴的口味——rava dosa（小麦粉糊做的薄饼）、迈索尔dosa（与masala dosa类似，但是馅里加入了更丰富的蔬菜和辣椒），以及来自安得拉邦的pessrettu dosa（用绿豆木豆糊制作）。如今，多莎饼已经走出南方，风靡印度全国各地，从泰米尔纳德到喜马拉雅都能见到。

（薄饼）和chapati（恰巴提，即印度薄饼）名称可以互换，都是最常见的印度面包统称，用来描述极具诱惑力的未经发酵的圆面包。这种面包采用全麦面粉制作，在tawa（热铁板）上烘焙而成。面包表面时常被抹上ghee（酥油）或食用油。在一些地方，roti比chapati更大更厚，有时是在泥炉中烘烤而成。paratha是一种锅煎的多层扁平面包，可能会有馅料，可以作为一顿丰盛而热门的早餐。puri——炸得很蓬松的枕头面包——是另一种流行的淋酱汁的面包。馕（naan，印度烤饼）是一种较大较厚的面包，在泥炉中烘烤制成，一般搭配肉酱或烤肉食用。在旁遮普，可以找一找类似馕的kulcha，加了香草和香料调味。

美味印度木豆汤

所有印度人看法一致，都对dhal（印度木豆汤，咖喱风味的扁豆或圆豆）情有独钟。全国共有多达60种不同的豆类：最常见的是channa（鹰嘴豆）；小小的椭圆形黄色或绿色豆子被称为moong（绿豆）；深橙红色的是masoor（红扁豆）；深褐色的是南方人的最爱——tuvar（黄扁豆，又称为arhar）、rajma（红腰豆）、urad（黑豆或黑扁豆），以及lobhia（豇豆）等。

吃肉那些事儿

印度的素食主义者数量也许超过世界上其他地区素食者的总和，但这里仍不乏丰富的肉类佳肴。鸡肉、羔羊肉和绵羊肉（有时其实是山羊）是主要肉类；宗教戒律禁止印度教徒食用牛肉，穆斯林则禁食猪肉。

在印度北部，你会遇到以肉类为主的莫卧儿风味饮食，其中包括香浓的咖喱、kebabs（烤肉串）、koftas（肉丸）和比尔亚尼菜（蒸米饭配肉和蔬菜）。这种鲜辣的烹饪传统可追溯至曾经在此建立政权的（伊斯兰教）莫卧儿帝国时期。在南方，泰米尔纳德邦的切提纳度风味菜也偏肉类，但香料运用得恰到好处，又不会太过辛辣。

泥炉（tandoori）肉菜是另一种极受欢迎的印度北方特色菜，它得名于烹制腌肉时所使用的泥炉。

生猛海鲜

印度的海岸线长达7500公里，因此海鲜成为餐桌上的重要食材也就不足为奇，尤其是在从孟买向南到喀拉拉邦的西部沿海地区。喀拉拉邦的水产行业在印度首屈一指，果阿邦则拥有尤其美味的大虾和热辣的鱼类咖

布尔布尔·夏尔马（Bulbul Sharma）的《茄子的愤怒：女人和食物的故事》（*The Anger of Aubergines: Stories of Women and Food*），是一部探寻社会关系的趣味烹饪书籍，书中不时穿插着诱人的食谱。

喱。夹在果阿邦和孟买中间的康坎海岸是个渔民社区,这里的海鲜大餐赫赫有名。在奥里萨邦,有"无鱼不宴"之说;而在湖泊和池塘星罗棋布的西孟加拉邦,鱼类是餐桌上的永恒主宰。遥远的安达曼群岛不会让海鲜爱好者失望,种类丰富的各种菜单上满是当天新捕获的海产。

天然果蔬,自然馈赠

在印度各地,主餐中都会出现蔬菜。Sabzi(蔬菜)是印度任何语言中都通用的词语。通常的蔬菜烹饪方式分为sukhi(干的)或tari(与酱汁一起),这两类做法又细分为煎炸、烧烤、加咖喱、填入馅料、烤、捣碎和搅拌(制成丸子),或者蘸上鹰嘴豆面糊后制成油炸馅饼(pakora)。

土豆无处不在,通常与各种masalas(混合香料)、其他蔬菜一起烹饪,或者捣碎和煎炸之后做成街头小吃aloo tikki(土豆饼)。洋葱和其他蔬菜一起煎过之后,成为搭配其他肉类烹饪的底料,或者作为佐餐调味汁直接吃,不过耆那教徒不会食用。花椰菜通常单独烹煮,也可以加上土豆一起做成aloo gobi(土豆花椰菜咖喱),或者与胡萝卜和豆子一起烹制。新鲜的青豆可以和其他蔬菜一起快炒成肉菜饭(pilau)和比尔亚尼菜,也能烹制成印度北方的招牌菜——让人欲罢不能的mattar paneer(未经发酵的奶酪和豆子咖喱)。Baigan(圆茄子/长茄子)可以制成咖喱菜肴,或者切片之后油炸。比较常见的还有saag(绿叶蔬菜统称),其中包括芥菜、菠菜和葫芦巴等。此外较稀有的菜还有外观坑坑洼洼的karela(苦瓜),与可口的bhindi(秋葵)一样,通常是加些调味料干制。

印度拥有种类繁多的各式水果。在南部海岸,有香甜迷人的热带水果,如菠萝和木瓜等。夏季月份是芒果丰收的季节(尤其是4月和5月),而印度有500多个芒果品种——其中最为鲜美多汁的是香甜的"阿方索"(Alphoso)芒果。柑橘类水果也极为常见,广为种植的品种包括橘子(在印度通常为黄绿色)、蜜橘、粉色和白色的柚子、金橘和甜酸橙等。在秋天,喜马偕尔邦的果树上会挂满沉甸甸的脆甜苹果。人们极富创意地将水果制成酸辣酱或腌渍品,或是为印度奶昔、kulfi(质地紧实的风味冰激凌)和其他各种甜品调味。

素食和严格素食

印度是素食者的天堂,但是这里对严格素食(veganism,指不吃鸡蛋的素食者)知之甚少,绝大多数印度菜肴中都含有奶制品、黄油、酥油和奶

> 夏尔曼·欧布莱恩(Charmaine O'Brien)所著的《企鹅印度美食指南》(Penguin Food Guide to India)引人入胜,充满回忆。

> 严格来说,印度并没有一种叫"咖喱"的东西——这个单词被认为是泰米尔语中的kari(调味汁)的英语派生词,被英国人用来指代任何含有香料的菜肴。

槟榔(PAAN)

在用餐结束后,人们通常都会嚼槟榔,这是一种由槟榔果(betel nut或areca nut)、酸橙糊、香料和调味料制成的香气扑鼻的混合物,包裹在可食用的平滑槟榔叶中。沿街叫卖的槟榔小贩通常都会占据有利地形,在食客云集的餐厅外等待顾客上门。槟榔被印度人视为一种助消化和清洁口腔的食品。槟榔果有轻微的成瘾作用,一些酷爱槟榔的人嚼槟榔如同吸烟一样上瘾——长此以往这些人的牙齿可能会被腐蚀成红黑色。一般来说,要将这种黏稠的红色汁液吐出来,这并不雅观。

槟榔基本可以分为两类:mitha(甜味)和saadha(加烟叶,这和烟叶其他使用方法一样有害健康)。一包甜味槟榔叶会给一顿饭画上完美的句号。将整包槟榔扔到嘴里,仔细嚼碎,让汁液慢慢、慢慢地渗入味蕾。

> **亲爱的奶制品**
>
> 牛奶和奶制品在印度美食中占据着重要地位：dahi（凝乳/酸奶）一般会用来佐餐，很适合消暑；paneer（印度奶酪）是绝大多数素食者的天赐佳肴；Lassi（印度奶昔）是一种主要的营养甜食和开胃饮品；ghee（酥油）是传统的纯粹烹饪的媒介；还有一些最好的mithai（印度糖果）是用牛奶制作。

油等动物制品。如果你是严格素食主义者，你的首要问题可能是让厨师弄清楚你的要求，不过大酒店和较大的城市更能满足严格素食者的需求。

想了解更多信息，可登录网站查询，如**Indian Vegan**（www.indianvegan.com）和**Vegan World Network**（www.vegansworldnetwork.org）等。

泡菜、酸辣酱和调味酱

泡菜、酸辣酱和调味酱是赋予正餐更多滋味的佐餐下饭菜。调味酱的概念可以是从腌渍小洋葱到水果、干果和香料精心混制而成的酱料。这些小菜最为常见的是用酸奶制作的raita，它会让你的舌尖立刻从辛辣恢复成清爽。chatnis（酸辣酱）有许多种味道（甜味或咸辣），可以用各种蔬菜、水果、香草和香料配制而成。

糖果和甜品

印度五彩缤纷、千变万化的mithai（印度糖果）让人叹为观止，它们通常黏腻松软，其中许多甜到极致。最主要的品种是barfi（一种牛奶软糖）、酥软的halwa（原料是蔬菜、谷物、豆子、干果或水果）、ladoos（用豆面和粗小麦粉制作的糖球），以及用chhana（未压缩的印度奶酪）制作的各式糖果，例如rasgullas等。此外还有制作方法略微简单但是同样美味可口的糖果，比如在印度各地随处可见、嚼起来嘎吱作响的jalebis（浸在糖浆中的炸面圈，趁热食用）。

kheer（在南部地区被称为payasam）是印度人最喜爱的餐后甜品之一。它是一种奶油米饭布丁，口感清爽微妙，配以豆蔻、藏红花、开心果、杏仁片、腰果碎或者水果干。其他人气甜品还有热乎乎的gulab jamuns（油炸面圈，蘸着玫瑰香味糖浆吃）以及沁人心脾的kulfi（印度冰激凌）等。

据估计，制作装饰印度糖果的可食用箔衣每年要耗去14吨纯银，尤其是在盛大的排灯节期间。

到哪里用餐？

从破旧不堪的街头dhaba（小饭馆、小吃店）到豪华的五星级酒店，在印度的各种地方都能吃得很好。大部分中档餐馆都提供一些基本菜系：印度南部（通常指泰米尔纳德邦和卡纳塔克邦的素食）和印度北部（大部分由旁遮普/莫卧儿风味菜肴构成），经常还有印度改良版的中国菜。你还会找到来自其他地区和邻邦的风味菜肴。印度人经常为寻找工作背井离乡，这些餐馆可以为在异乡漂泊的人们带来熟悉的家乡味道。

印度南部挂着"快餐"（fast food）招牌的餐馆拥有一些印度最可口的

撒塔鲁帕·班纳吉（Satarupa Banerjee）的《印度甜品书》（*The Book of Indian Sweets*）讲述了印度各地区林林总总的美味甜食，从孟加拉风味的rasgullas到果阿邦的bebinca都有所涉及。

街头食品小贴士

品尝街头食品是在印度旅行的最大乐趣之一,下面是一些能够帮助你避开肠胃麻烦的小贴士:

➡ 用几天时间来适应当地饮食,尤其是如果你不习惯辛辣食物的话。

➡ 你知道什么是"随大流"原则——如果当地人都不去光顾某个摊点,你也应该避开。还可以注意食客的构成情况——全家人一起用餐的地方一般都是你最安全的选择。

➡ 看看商贩是在哪里以及如何清洗烹饪器皿,食物又是如何遮盖和存放的。如果小贩用油烹饪食物,最好先看看油是否干净。如果餐具或店面很脏,还散落着残渣剩饭或有许多苍蝇飞来飞去,那么别不好意思,赶紧撤。

➡ 当你点了某种油炸小吃,却看到厨师将它放回锅里过油时,不要感到奇怪。先将食物炸至半熟,然后在客人点餐后再进行加工是这里的通行做法。事实上,再次将小吃炸热还可以杀死细菌。

➡ 除非某个地方非常有名(而且生意兴隆),否则最好避免尝试街头的肉食。

➡ 果汁摊的卫生状况各不相同,因此要格外小心。让摊主当着你的面现榨果汁,不要喝那些从壶里倒出来的或者用玻璃杯盛的饮品(除非你能确定它们被洗干净了)。

➡ 不要被那些水灵的切片甜瓜和其他水果所诱惑,它们都会不断地被浇上水(有时水质不明)以保持卖相新鲜。

食物,不要将其与汉堡店和比萨饼餐厅等西式快餐店混为一谈。这些餐馆可提供全套的午餐(小吃)品种,而且通常还设有单独的糖果/甜品柜台。许多高档酒店都有口味出众的餐馆,通常提供品种齐全的印度菜单,从而使你能品尝到不同地区的烹饪风味。与此同时,独立餐厅如雨后春笋般在印度的大城市不断出现,提供各种菜肴,从墨西哥菜到地中海风味,再到日本料理和意大利菜,不一而足。

dhaba(小饭馆)是无数卡车司机、长途车乘客和在公路上旅行的各式旅行者的沙漠绿洲。最正宗的dhaba遍布印度北部各地,但是你会在全国各地找到它们的衍生版。这些随遇而安的摊档所提供的食物简单、快捷而且味道让人赞不绝口,甚至还有自己的流派名称——"dhaba food(印度小饭馆食物)"。

街头食品

无论是在一天当中的任何时间,街上总是有小贩在用煎、煮、烤、剥、炖、拌、榨、烘等方式制作不同类型的食物和饮品,吸引腹中空空的过往路人前来光顾。小摊贩通常全天供应某种特色食物或饮品,而其他较大的商家则会针对早餐、午餐和晚餐提供不同的食物。这些小吃在每个街区、每个城镇和每个地区都有所不同;它可以是简单的爆米花或热砂烤花生,也可能是复杂的口味丰富的chaat(可口小吃)。美味包括北印度的chole bhature(包有香辣鹰嘴豆的蓬松面包,蘸香味酱料食用),勒克瑙著名的aloo tikki(油炸辣味土豆馅饼),全国各地都有的gol gappa/Panipuri/gup chup(蓬松的圆面包,带香辣馅料),以及金奈和南方常见的idli sambar(米饼,搭配美味酱料和酸辣酱食用)。

想找小吃?不妨读读Vimla和Deb Kumar Mukerji写的《印度街头小吃》(*Street Foods of India*)。书中有许多人气印度小吃的食谱,从咖喱角和炸面圈到油炸甜卷和冰激凌一应俱全。

站台食品

在印度乘坐火车旅行最快乐的事情之一,就是几乎每座车站站台上都提供各种美食。流动小贩们在火车进站后立刻上前叫卖,上上下下在火车车厢中来回穿梭;你可以从车窗格栅购买窗外的水果、namkin(美味的小食品)、煎蛋卷饼、干果和糖果;月台上的小吃摊则用samosas(咖喱角,填有加香料的蔬菜或肉馅的油炸三角形饺子)等热气腾腾的可口美味吸引你下车购买。经常乘坐火车的旅行者对哪座车站有何种美食了解得一清二楚:马哈拉施特拉邦洛纳瓦拉车站的chikki(类似太妃糖的硬糖果)、阿格拉车站的peitha(用南瓜和葡萄糖制作的方形糖果,通常有玫瑰露、椰子或藏红花等口味),以及德里附近Dhaund车站的比尔亚尼菜等。

日常就餐习惯

在印度有一日三餐的习惯。早餐通常吃得较少,南方人通常吃idlis(南印度发酵的海绵米糕)和sambar,北方则是parathas。午餐要吃饱(通常是塔利套餐)或者随便填饱肚子,尤其是对于时间有限的白领职员而言。晚餐则是一天中的主餐,通常有较多品种——几盘咖喱蔬菜(也许还有肉)和木豆,配以米饭和/或印度薄饼。所有菜都是同时而非逐一上桌。有时会有餐后甜品,节日或其他特殊场合更为普遍。有时会上些水果以结束一餐。在许多印度家庭,晚餐时间可能会很晚(21:00之后),具体根据个人喜好或季节而定(例如温暖的月份里晚餐时间相对较晚)。城市里的餐馆通常在21:00之后会格外热闹,小城镇里的用餐高峰时间较早。

精神食粮

对许多印度人而言,食物对调节精神和维持身体有着同样的重要性。尽管没有硬性的标准,但一般说来,印度教徒通常回避那些他们眼中阻止身体和精神发展的食物。关于禁吃牛肉的教条(牛是印度教的圣物)是最严格的约束。耆那教徒戒食大蒜和洋葱等食物,除了因为将它们从地里刨出时会伤害昆虫外,这些东西会让人热血沸腾并激发性欲也是原因之一。你会遇到一些特别强调菜肴不含大蒜和洋葱的素食餐厅,其原因就在于此。一些虔诚的印度教徒也会避免食用蒜和洋葱。在许多印度教静修所,这些食物也都被禁止。

有些食物,比如乳制品,向来被认为是纯净的,人们会食用它们来清洁身体、思想和精神。阿育吠陀作为一种古老的关于生命、健康和长寿的

塔利在印地语中意思是"盘子",是整套膳食的统称,其中包括几种用小金属碗盛放的菜肴,放在一个较大的金属盘上供应,搭配面包、米饭、酸辣酱和甜点。无限量塔利套餐意思是可以再添饭菜。

印度用餐礼节

大多数印度人用右手吃饭。在南部地区,人们会根据需要使用手指;其他地方的人们通常使用指尖。左手用来进行不洁的行为,例如脱鞋等。你可以用左手持饮料,或者从公用碗中取食,但是永远不要用左手将食物放入嘴里。餐前饭后,将双手洗净是一种礼貌行为。

在食物端上桌后,用手指搅拌食物。如果你吃的是dhal(印度木豆汤)和sabzi(蔬菜),只需将扁豆汤拌入米饭里,每次只拈起一小口量的sabzi。如果你正在吃鱼或肉类咖喱菜,将肉汁拌入米饭。然后捏起一小团拌好的食物,指关节朝向盘子,用大拇指将食物送入嘴中。

科学，也深深影响着食物习俗。

穆斯林禁食猪肉，诸如酒精等刺激物也被最虔诚的信徒所回避。halal（清真）是指那些被允许食用的食物，而haram则是指被禁止的食物。斋戒被视为获得真主安拉赞许的一种方式，它能洗涤净化罪恶，体会穷人的苦难。

佛教徒都遵从ahimsa（非暴力）思想，大多数都是素食者。耆那教的中心教义是严格素食主义，他们有严格的限制，以防止伤害任何生物。地下生长的蔬菜被认为ananthkay——一个身体蕴含着许多生命——大多数耆那教徒会避免食用，因为在耕作和收获时可能会伤害到昆虫。

印度的锡克教、基督教和拜火教在饮食方面的戒律较少。

> 先在寺庙中供奉给神灵，然后由信徒分享的食物被称为prasad。

谁想来一杯？

虽然古吉拉特邦、那加兰邦和拉克沙群岛是印度仅有的禁止饮酒的邦，但是全国许多地方也有自己的饮酒法令。每个邦或许都有特定的禁酒日，在这些日子里无法从酒类商店里买到酒。喀拉拉邦的酒类消费率是全国平均水平的两倍，但到2024年之前，该邦将全面禁酒，几百家酒吧正在被关闭，目前只有五星级酒店允许售酒。在甘地生辰（10月2日），你会发现任何地方都找不到酒。在果阿邦，因为受欧洲影响，酒类税较低，饮酒文化受到的限制较少。

在多数大城市，你都能找到相当不错的酒吧，尤其是在孟买、班加罗尔（印度的精酿啤酒之都）、加尔各答和德里等地，这些地方周末最为热闹。更高档的酒吧可提供让人印象深刻的国内和进口饮品以及生啤。许多酒吧在20:00之后随时可能摇身变成音乐震耳欲聋的夜店，但是在多数大城市里也能找到安静的休闲酒吧。在小城镇，酒吧环境可能污秽不堪，而且男性占多数——这绝不是想喝一杯的女性旅行者该独自前往的地方。

> 想了解印度餐厅评论和推荐信息，可登录出色的Zomato（zomato.com）网站。

印度的葡萄酒消费群体正在稳步增加，虽然国内葡萄酒生产行业仍然处于起步阶段。部分地区优越的天气和土壤条件，例如马哈拉施特拉邦和卡纳塔克邦的部分地区，造就了一些不错的印度酿酒厂，如小有名气的Grover和Sula葡萄酒庄。

严格的酒精销售许可制度和宗教禁令使某些餐馆无法提供酒水，但是在一些依靠游客创造收入的地方，餐馆会偷偷地将啤酒装在茶壶和经过伪装的玻璃杯里——不要凡事想当然，贸然行事惹麻烦。

极少有素食餐厅会销售酒精饮品。

非酒精饮品

在印度，chai（印度奶茶）是当地民众最爱的饮品，通常加入大量的牛奶和糖制成。一杯热气腾腾、泛着泡沫的奶茶是印度旅程中缓解舟车劳顿的灵丹妙药；远处传来若隐若现的"garam chai, garam chai"（热奶茶，热奶茶！）叫卖声，将成为你的旅途中听到的最熟悉、最亲切的声音之一。马沙拉奶茶（masala chai）中会添加肉桂、生姜和其他香料。

虽然奶茶是大部分印度国民的传统选择，但是印度南部居民长期以来更钟爱咖啡。近年来，印度北部的咖啡爱好者数量正在突飞猛涨，咖啡连锁店在北部纷纷开设分店。

马沙拉苏打水（masala soda）是一种非常典型的印度软饮。这是一种

> **印度在线食谱**
>
> www.recipesindian.com
>
> www.thokalath.com/cuisine
>
> www.indianfoodforever.com

开盖即饮的瓶装汽水,里面加入了酸橙、香料、盐和糖。你也可以选择清淡些的酸橙苏打,即加新鲜酸橙汁的苏打水,根据你的喜好,可以做成甜味(加糖)或咸味。另外一种提神饮品是jal jeera,它由酸橙汁、小茴香籽、薄荷和岩盐制成。香甜可口的印度奶昔(lassi)是一种酸奶饮料,在印度国内也非常流行,是另一种不错的消暑饮品。

falooda是一种玫瑰味道饮品,采用牛奶、奶油、干果和细粉丝制成;badam牛奶(热饮或冷饮)里加入了杏仁和藏红花。

自酿佳品

据估计,印度饮酒人口中有四分之三最常畅饮的是"乡村自酿酒",例如南部地区名头响亮的arak(亚力酒,用椰子—棕榈汁、土豆或大米蒸馏而成)。这是众所周知的穷人专用酒,有数百万人沉溺其中。每年,有许多人因为喝了非法渠道销售的掺甲醇的亚力酒而致盲或致死。

另一种颇为有趣的当地烈酒是颜色清澈但喝后会上头的辛辣mahua酒,它用mahua树的花朵蒸馏而成。在每年树木开花的3月和4月间,在印度中部的村庄随处都可以见到临时搭建的酿酒摊。只要购买渠道值得信任,mahua酒可放心饮用。但也曾有因饮用掺有甲醇的mahua酒而致盲的案例。

米酒在印度东部和东北部极为常见。在喜马拉雅山脉,你会发现一种名为raksi的谷物酿造的烈酒,喝起来有一种绵长的炭烧味道,口感略像苏格兰威士忌。

棕榈汁酿造的toddy(棕榈酒),在沿海地区较为普遍,尤其是在喀拉拉邦。feni是首选的印度特产酒,是充满休闲氛围的果阿邦的保留款。椰子feni的酒酿度不高,口感较普通;更受欢迎的腰果feni——用腰果树的果实酿造,值得一试。

与此同时,如果你想体验纯正的印度王公用酒,不妨尝尝拉贾斯坦邦的传统皇家烈酒(曾经专门为贵族私人宴饮而酿造和储藏),在一些城市卖酒的商店有售,尤其是在德里和斋浦尔。酿酒原料从茴香、小豆蔻、藏红花到玫瑰、枣和薄荷,不一而足。

> 南亚次大陆的葡萄酒行业正在不断发展,在线品评印度葡萄酒,可登录www.indianwines.info。

食品词汇表

achar	腌菜
aloo	土豆;也拼写为alu
aloo tikki	土豆泥煎饼
appam	印度南部大米饼
arak	亚力酒,椰汁、土豆或大米蒸馏而成的酒
baigan	圆茄子/长茄子;也被称作brinjal
barfi	牛奶软糖
bebinca	果阿邦的16层蛋糕
besan	鹰嘴豆粉
betel	槟榔树的果实;也被称为areca nut
bhajia	油炸蔬菜

印度美食 食品词汇表

bhang lassi	大麻印度奶昔（bhang是一种大麻衍生物）
bhelpuri	炸薄面圈，配大米、扁豆、柠檬汁、洋葱、香草和酸辣酱
bhindi	秋葵
biryani	带肉或蔬菜的香辣蒸米饭
bonda	土豆泥煎饼
chaat	开胃小吃，可使用chaat masala调味
chach	酪乳饮料
chai	奶茶
channa	辣味鹰嘴豆
chapati	印度薄饼，未经发酵的印度圆面包；也被称为roti
chawal	米饭
cheiku	小而甜的棕色水果
dahi	凝乳/酸奶
dhal	辣味的扁豆菜肴，又称木豆
dhal makhani	黑扁豆和红腰豆加奶油和黄油
dhansak	帕西人菜肴；肉类，通常是鸡肉或羔羊肉，配以咖喱扁豆、南瓜或葫芦，以及米饭
dosa	多莎饼，一种可口的印度南方大薄饼
falooda	由奶、奶油、干果和细粉丝制成的、有玫瑰香味的饮品
faluda	鹰嘴豆粉制作的长面条
feni	果阿邦用椰汁或腰果蒸馏而成的酒
ghee	酥油
gobi	菜花
gulab jamun	炸面球，外裹玫瑰口味的糖汁
halwa	由蔬菜、扁豆、干果或水果制成的软糖
idli	印度南部风味的海绵状发酵圆米糕
imli	罗望子
jaggery	由棕榈树液制成的硬块状的棕色甜味剂
jalebi	橙色的油炸甜品面卷，趁热蘸糖汁食用
karela	苦瓜
keema	辣肉馅
kheer	奶油大米布丁
khichdi	微辣的米饭和扁豆混合物；也称为khichri
kofta	切碎的蔬菜或肉类；通常是丸子形状
korma	咖喱味道的炖菜
kulcha	发酵的印度软面包
kulfi	调味（通常是开心果）的紧实冰激凌
ladoo	面粉和粗小麦粉制成的甜面球；也称作ladu
lassi	印度奶昔，即酸奶和冰水饮品
malai kofta	凝乳干酪，加腰果和番茄酱烹煮
masala dosa	填有香辣土豆馅的印度南方风味大薄饼

mattar paneer	未经发酵的奶酪和豆子咖喱
methi	葫芦巴(苦豆)
mishti doi	孟加拉甜品；加粗糖的凝乳
mithai	印度糖果
momo	可口的藏式饺子
naan	泥炉烘烤的扁面包
namak	盐
namkin	可口的小吃
noon chai	咸茶(克什米尔)
pakora	小口的炸蔬菜食品
palak paneer	菠菜肉汁浸未发酵奶酪丁
paneer	用凝乳制作的未发酵的软奶酪
pani	水
pappadam	薄脆扁豆或鹰嘴豆粉制成的圆形威化饼；也称为pappad
paratha/parantha	薄饼(比chapati略厚)；通常有馅
phulka	在明火上烘焙膨胀制成的薄煎饼
pilau	用加了香料的肉汤烹制而成的米饭；也称为pulau、pilao或pilaf
pudina	薄荷
puri	油炸膨胀的扁面圈；也写作poori
raita	微辣的酸奶，通常加有黄瓜丁或菠萝块
rasam	用罗望子调味的木豆菜汤
rasgulla	玫瑰露风味的奶油干酪小丸子
rogan josh	辛辣浓郁的羔羊肉咖喱
saag	绿叶菜
sabzi	蔬菜
sambar	印度南部的扁豆汤，加入蔬菜丁
samosa	咖喱角，油炸三角形饺子，填有辣味蔬菜馅(有时有肉)
sonf	茴香籽；助消化，也作为口腔清新剂；也称为saunf
tandoor	泥炉
tawa	热铁板/铁煎锅
thali	塔利套餐，随意吃到饱的套餐；分格的不锈钢餐盘(有时是银盘)
thukpa	藏式汤面条
tiffin	小吃；也指盛餐的容器，通常由不锈钢制成
tikka	辛辣且加入腌菜汁的鸡块和印度奶酪等
toddy	棕榈酒
tsampa	藏式风味的糌粑
upma	rava(粗粒小麦粉)与洋葱、香料、辣椒和椰汁一起烹调
uttapam	印度南方香辣厚米饼，配以洋葱碎、绿辣椒、香菜和椰汁
vada	印度南部的油炸豆面圈
vindaloo	果阿菜肴；辛辣的咖喱，用醋汁和蒜汁腌制

印度市集

印度生气勃勃的市集就像是一座融汇了各种好东西的宝藏，这里有花纹精美的织物、精细的木雕、粗粗的银手镯、精致的宝石首饰和各种乡村制品。这些艺术和手工艺品种类繁多，每个地区乃至每个村落，都有自己的独特传统，其中一些的历史可谓源远流长。确实，旅途购物体验一定会与这个国家一样多姿多彩，让人迷醉。

铜像、陶器、石雕和赤陶

在印度南部和喜马拉雅山脉部分地区，人们仍在采用古老的蜡熔模工艺来制作小型神像。这种工艺的具体步骤是：首先制作一尊蜡像，然后在外面铸模，接着将蜡融化倒出，再注入金属液；然后打破模子，取出里面的造像。最受欢迎的是湿婆神的舞王化身像，此外你也可以找到佛陀像和印度教众神像。

西孟加拉邦的人们还会使用这种熔模工艺来制作Dokra部族钟铛雕塑；在切蒂斯格尔邦的巴斯塔地区，Ghadwa部族对熔模工艺进行了有趣的改进：用一根细蜡线缠绕在金属模具上，从而在最终作品表面形成一种网格状的图案。

在佛教地区，你会看到引人注目的佛陀和密宗神灵铜像，它们都经过了细致的抛光，面部还涂上了色彩。

在马默勒布勒姆（泰米尔纳德邦），工匠们使用当地特有的花岗岩和皂石，将历史悠久的Pallava雕刻艺术发扬光大；特色纪念品从小巧的石象到重达半吨的巨大神像，种类繁多。泰米尔纳德邦坦贾武尔和蒂鲁吉拉伯利的铜器更是远近闻名。

许多地方都出产极具吸引力的赤陶物品，种类从碗、装饰性花盆到神像以及儿童玩具，应有尽有。

走出印度各地的庙宇，你可以花钱请到印度教神灵的陶土或石膏小雕像。

地毯，地毯，地毯！

在印度，许多人靠织造地毯为生，遍布各地的手工作坊生产出顶级的羊毛和丝质地毯。地毯织造也是藏人的主要收入来源，大部分藏人聚居地都有合作社性质的藏毯工坊。在北方邦，你还能找到土库曼和阿富汗部落风格的复制品。古董地毯通常并非古董——除非你从拥有国际知名度的经销商处购买；坚持购买"新的"地毯。

在拉贾斯坦邦，你会找到粗纺的羊毛numdas（毡垫，又作namdas），其价格比手工打结地毯要便宜得多。喜马偕尔邦、拉贾斯坦邦和北方邦等地都出产采用平织工艺的dhurries(类似基里姆花毯的棉质地毯)。

数百年来，地毯织造行当的童工现象非常普遍。童工维持了一个贫穷的怪圈，因为他们的存在，降低成人的工资、减少成人的工作机会、剥夺孩子们的受教育机会。由藏人合作社生产的地毯几乎全部由成人制作；政府商业中心和慈善合作社是购买地毯的最佳去处。

> 在印度各地，你都能找到制作精美的金银指环、脚镯、耳环、脚趾环、项链和手镯，还可根据顾客要求进行定做。

价格和邮资

地毯的价格取决于手工打结的数量和大小、染料和颜色的种类、图案和材料的复杂程度等。丝质地毯价格更高，看上去更为华贵，但是羊毛地毯通常更耐用。质地优良的0.9米宽、1.5米长的羊毛地毯(有些地区所产地毯是0.9米宽、1.8米长)价格通常在250美元以上，相同规格的丝质地毯价格则达到2000美元。藏毯价格略低，因为图案相对简单；许多藏人合作社销售的相同规格的地毯价格仅为100美元左右。

有些人购买地毯以期望能将它们运回国再转手高价卖出获利，但除非你非常懂行，否则最好还是出于真正喜欢的目的而购买。许多商店在收取一定费用后，可以帮你将地毯运回家，但最保险的方式还是自己设法运回以避免骗局，或者你可以作为手提行李带上飞机(一张宽0.9米、长1.5米的地毯需要5至10公斤的行李额度，还要确定你的航班是否接受超大行李)。将这个尺寸的地毯船运到欧洲的价格大约为4000卢比。

珠宝首饰

事实上，印度的每个城镇至少都有一家镯饰商店，销售各种让人眼花缭乱的商品，从五颜六色的塑料和玻璃制品到黄铜和银饰，一应俱全。

醒目的民间银饰可以在全国各地买到，尤其是在拉贾斯坦邦：斋浦尔、乌代布尔和布什格尔是寻找极具异域风情的银饰的好地方。斋浦尔贵重宝石和半宝石远近闻名(同样知名的还有这里的珠宝骗局)。风格粗犷的用白银(或者白铜/藏银)和半宝石制作的藏族首饰在印度各地都能买

砍价的艺术

政府经营的商场、公平贸易合作组织、百货商场和现代购物中心的商品价格一般都是固定的。在其他地方，商品价格可能波动很大，所以需要砍价——许多旅游中心的商店老板见惯了阔绰又赶时间的游客，所以你最后可能会被收取原价两到三倍的价格。

砍价的第一"定律"是永远不要对中意的物品表现出太大的兴趣。第二，不要购买第一个吸引你注意力的商品。多转几家店，货比三家，不过也别表现得太明显；如果最后返回了第一家商店，店主就知道是因为他们卖得最便宜(砍价余地就变小了)。

先确定你想付多少钱，然后再表达有点兴趣购买。如果完全不知道某件商品的正常价格，通用方法是先对半砍。店主很有可能会表现出愤怒的样子，但是这时你们双方都可以小幅度让步，直至达成一个双方都接受的价格。你会发现，如果你边说"再想想"边离开商店，许多店主都会在宣称的"最终价"上再降低一些额度。

砍价是印度的一种生存方式，人们经常都会精力充沛地砍价，永远都不是令人难堪的举动。要随时记住，卢比与你所在国家货币的汇率，以及你在家里买这件东西的价格，这样可以客观地做出比较。如果不确定某件物件的"应有"价格，先想想它对你价值几何。如果店主的开价高得离谱，可以去别处看看。

到。许多珠宝首饰上都有佛教图案并雕刻有藏族文字,包括著名的六字真言"唵嘛呢叭咪吽"(如意宝莲花生)。在一些藏传佛教兴盛之地,如摩洛甘济和列城,确有货真价实的古董。但是印度、尼泊尔和中国的古董造假产业同样庞大。各地都能买到玛瑙散珠、绿松石、玛瑙石和银器,让你发挥创意自由组合。由宝石或名木制作的佛珠串也是不错的纪念品。

珍珠主要产自印度沿海诸邦,但是海得拉巴的珍珠最为有名。全国各地的商业中心大多有珍珠饰品销售。价格依据颜色和形状而各不相同:纯白或其他罕见的颜色(比如黑色)要价高,完美的圆形珍珠价格要比形状不规则或狭长的珍珠价格贵。一串小珍珠价格可能低至500卢比,但是质量更上乘的珍珠起价约为1200卢比。

皮革制品

由于在印度牛被视为圣物,因此印度的皮革制品都采用骆驼皮、山羊皮或其他动物皮革制作。北方邦的坎普尔(Kanpur)是印度最主要的皮革业中心。

在多数大城市都能以非常合理的价格买到时尚而款式多样的皮鞋,其中一些缝有无数闪闪发亮的装饰片。

旁遮普邦和拉贾斯坦邦(尤其是斋浦尔)有一种非常著名的被称作jootis(传统的尖头便鞋)的鞋。非常棒的chappals(通常为圆头)皮拖鞋,在印度各地都有售,但在马哈拉施特拉人聚居的戈尔哈布尔、浦那和马泰兰等城镇,你拥有最丰富的选择。

在比卡内尔(拉贾斯坦邦),工匠们用金子来装饰骆驼皮,制作出美丽的镜框、盒子和瓶瓶罐罐。在中央邦的印多尔,工匠们将皮革包裹在线布框架上,以制作可爱的玩具动物。

金属器皿和大理石制品

你在印度各地都能找到各式铜器和黄铜制品。烛台、托盘、碗钵、酒杯、小雕像和烟灰缸是最受欢迎的纪念品。在拉贾斯坦邦和北方邦,黄铜上经常嵌有精美的红色、绿色和蓝色珐琅纹饰。

许多藏族宗教用品采用将银器嵌入铜器的工艺打造而成;转经筒、仪式上用的号角和传统公文包都是价格不高的物品。不要购买镶嵌了人腿骨和颅骨的kangling(骨号)和kapala(骨钵)——它们都是非法的。

在所有印度城镇,你都能以难以想象的低价买到kadhai(印度炒锅,也被称为balti)和其他厨具。铜箔罐子非常有吸引力,铁质容器、铜底炖锅和铁质的塔利套餐餐盘也是非常热销的纪念品。问问能不能在上面刻上你的名字(通常免费刻制)。

切蒂斯格尔邦巴斯塔的人们使用一种炼铁工艺来制作抽象而纤长的动物和人像雕塑,它与考古学家发现的35,000年前的制作工艺极为相似。这种工艺还用以制作日常家用器具,例如灯座和衣帽架等。

一个颇具规模的家庭手工业在阿格拉蓬勃兴起,其主要工作是复制古老的莫卧儿宝石镶贴工艺(pietra dura,用半宝石来镶嵌大理石)。

种类繁多的乐器

最好的印度乐器都在大城市里销售,尤其是加尔各答、瓦拉纳西和德

Bidri,一种将银线嵌入炮铜(一种锌土反复擦亮的镶嵌工艺,多用来制作珠宝、箱盒和装饰品。

奥里萨邦的Cuttack以其蕾丝般的银丝装饰品而闻名,这种特产名叫tarakasi。先用银线编织出一个框架,然后填进精致的银线卷和银丝带。

里等,具体价格取决于乐器的质地和音色。

上好的双手鼓(tabla,含一对鼓),包括一只木鼓(高音鼓)和一只金属dugi或bayan(低音鼓),价格在5000卢比以上。较便宜的双手鼓通常更重,音色要差一些。

西塔琴(sitar)价格在5000至25,000卢比之间(有时甚至更高)。每把西塔琴的音色都会因木料和琴箱形状不同而有所差异,因此多尝试几把。注意有些便宜的西塔琴在寒冷或炎热的气候里可能发生变形。挑选西塔琴时,确定琴弦音色澄净,而且要仔细检查琴箱上是否有瑕疵。琴弦备件、西塔琴拨片,以及一顶旋入式"扩音器"箱体都是可以购买的配件。

其他常见乐器还有shehnai(印度长笛)、sarod(外形如同印度鲁特琴)、小风琴以及esraj(与直立提琴类似)。传统小提琴物有所值——售价约为3500卢比起。加尔各答的高音质原声吉他(价格自2500卢比起)也非常有名。

绘画

印度是当代艺术的重要中心,大城市里有许多独立画廊。在德里、孟买和加尔各答等大城市,最容易找到那些销售本地艺术家当代画作的商店和画廊。

细密画

印度细密画的复制品随处可见,但是质量却参差不齐:便宜货细节粗糙,材质粗劣。拉贾斯坦邦的乌代布尔和比卡内尔拥有许多经营纸画和丝绸画现代复制品的商店,或者你还可以到德里为数众多的国有商业中心逛逛。

在喀拉拉邦和泰米尔纳德邦等地,你会找到在树叶脉络上绘制的细密画,其内容以表现家庭生活、农村风光和神祇为主。

民间艺术

在安得拉邦,cheriyal绘画采用明快的三原色绘制而成,这原本是流浪说书人用来讲故事的卷轴画。

普里(奥里萨邦)附近的艺术家社区Raghurajpur保存有古老的艺术形式patachitra(布)画。在棉布或tassar(绸布)上覆盖一层树胶和白垩粉混合物;然后抛光,在上面用异常精细的刷子,描绘印度教传说中的神祇和场景。奥里萨邦也出产chitra pothi,其中的图像是用一根细尖笔在干掉的棕榈树叶上蚀刻出来的。

比哈尔邦特有的民间艺术为弥萨罗(或马杜巴尼,Mithila/Madhubani)绘画,是一种由马杜巴尼妇女从事的古老艺术形式。这些迷人的绘画在巴特那最容易找到,在大城市的商业中心也能购买。

唐卡

精美的唐卡(thangka,绘制在长方形布匹上的藏传佛教绘画)以表现藏传佛教诸神和佛教坛场为主,主要在藏传佛教地区销售,包括锡金邦、喜马偕尔邦部分地区。一些唐卡完美地再现了印度中世纪藏传佛教寺院壁画的辉煌,另外一些则相对简单。价格有所差别,但是一张A3纸大小

在购买需要国际运输的物品时要格外注意,避开巧舌如簧的兜售者所推荐带领前往的商店,但是也不用太担心——除了行李箱容积之外。

在安得拉邦,绘制手法复杂、形象生动的布画被称为kalamkari,内容以表现神祇和历史事件为主。

的质量不错的唐卡，至少需要4000卢比；更大、更精美的唐卡价格也更高（高达35,000卢比左右）。古董唐卡的买卖是非法行为，不过你压根找不到真正的古董。

纺织品

披肩

印度的披肩以保暖和轻薄而举世闻名——它们通常要比优质羽绒服还管用。不妨买一条披肩作为寒冷夜晚在外旅行时的毯子。披肩用各种不同的羊毛做成，其中许多都绣有错综复杂的图案。

毫无争议的印度"披肩之都"是喜马偕尔邦的库鲁谷，这里有数十家妇女合作社专门生产质地优良的羊毛披肩。制作材质可能包括羊毛（最便宜，售价700卢比起），安哥拉毛（马海毛——安哥拉兔毛）或细羊毛披肩（pashmina，帕什米纳山羊绒）。

拉达克是细羊毛披肩制品的主要产地——正品至少6000卢比起。注意，许多所谓的细羊毛披肩实际上是用羊毛和丝混纺制成；不过，这些"山寨版"细羊毛披肩一般都非常漂亮，而且便宜很多，价格约为1200卢比。东北地区的披肩以良好的保暖性而闻名，采用醒目的几何图案。在锡金邦和西孟加拉邦，你还会找到带有精美刺绣的不丹披肩。古吉拉特邦的喀奇地区还出产极具特色的羊毛披肩，采用精细的刺绣和镜面绣装饰。你还可以在北阿肯德邦的Ranikhet和阿尔莫拉找到手工披肩和粗呢服装。

纱丽

纱丽是非常受欢迎的纪念品，尤其是考虑到它们可以很容易地改头换面用在其他地方（从垫套到裙子）。真正的丝质纱丽价格极为昂贵，丝绸通常需要洗涤之后才会变软。印度的"丝绸之都"是泰米尔纳德邦的甘吉布勒姆（金奈也有大量销售），但是你在中心城市也能找到不错的丝质纱丽（以及更便宜的围巾），这些地方包括瓦拉纳西、迈索尔和加尔各答等。阿萨姆邦的muga、endi和pat丝绸（由不同品种的蚕结茧制成）颇有名气，在古瓦哈蒂的很多商店都可以买到。一件品质上乘的刺绣丝质纱丽至少需要3000卢比。

古吉拉特邦帕坦是古老而繁复的帕托拉（Patola）工艺的中心地区。这些精美丝绸纱丽的每一缕都为单独手工染色后织就，图案镶边为金线编织而成。拉杰果德地区制作的纱丽工艺略为简单。拉贾斯坦邦科塔地区非

请注意：购买shahtoosh（沙图什）披肩是违法的，因为越来越多的珍稀藏羚羊被盗猎者屠杀，以提供制作这种披肩所需的羊毛。如果你遇到有人在销售这种披肩，请立刻通知当地相关部门。

甘地布料

80多年前，圣雄甘地号召印度人通过摒弃外国产的衣服转而穿khadi（印度土布）这一方式来支持独立运动。印度土布成为印度独立运动的标志，如今，它依然与政治有着密切的关系。政府主管的非营利组织Khadi and Village Industries Commission（www.kvic.org.in）致力于推广印度土布，这种布料通常是棉质的，有时也会用丝绸或羊毛制作。

印度土布连锁商店是一个便捷简单的购物场所，在这里你可以买到非常棒的无领长袖裤子套装、头巾、纱丽，在一些分店还有各种手工艺品——这家店的分店遍布印度各地。这家商店的价格非常合理，在甘地诞辰（10月2日）期间经常会有折扣优惠。一些分店还提供定做服务。

> ### 有意义的消费
>
> 总体而言,印度旅游业收入中只有极少一部分惠及农村地区人们。旅行者可以通过在社区合作社购物来做出更大的贡献。这些合作社旨在保护和推进传统家庭手工业,并且为草根阶层提供教育、培训和可持续的生计。许多此类项目的资助对象通常是低种姓妇女、部族人口和其他生活在社会边缘的人群。
>
> 合作社销售的商品通常都有很高的质量,而且价格大多固定,这意味着你省去了讨价还价的麻烦。销售收入的一部分直接进入各种社会项目,如学校、医疗、培训和其他针对弱势群体的帮助项目等。在全国连锁的Khadi and Village Industries Commission商业中心消费,也可以为农村社区做出贡献。
>
> 无论你到何处旅行,都不妨到当地的公平贸易合作社商店逛逛。

常出名的kota doria纱丽也采用金线作为原材料。

马哈拉施特拉邦的奥兰加巴德是传统的himroo披肩、床单和纱丽生产中心,其混纺原料包括棉线、丝线和银线。拜滕(Paithan,奥兰加巴德附近)生产的丝绸和金线纱丽在印度首屈一指——其价格从7000卢比到让人称奇的300,000卢比不等。以生产纱丽而闻名的其他地区还有:中央邦的棉质maheshwari纱丽(来自玛呵什瓦)和丝质的chanderi纱丽(来自Chanderi);西孟加拉邦的baluchari纱丽(来自比什努布尔),它采用无捻丝线的传统编织工艺制作。

印度土布和刺绣

纺织业是印度的主要工业,其中有40%的生产在乡村进行,它们被称为khadi(印度土布,即手织布),因此全国各地都能找到政府扶持的印度土布商业中心。这些平价的纺织品超市销售由印度土布制作的各种纺织品,包括非常受欢迎的尼赫鲁夹克衫和kurta pyjamas(无领长袖衬衫和宽松的长裤),销售收入直接用于农村社区建设。印度土布近来越来越流行,印度设计师都会在他们的作品中采用这种材质。

在印度各地,你都会找到让人眼花缭乱的各种编织和刺绣技法。在果阿邦、拉贾斯坦邦和喜马偕尔邦等游客云集之地,纺织品绣上各种装饰制成各种热门商品,例如挎包、墙帷、垫套、床单、衣服等。在古吉拉特邦和拉贾斯坦邦的阿迪瓦西原住民(部落)地区,当地人会将小镜片绣到织物上,制作出极为抢眼的包袋、垫套和墙帷。喀奇地区尤以刺绣品远近闻名。

嵌花、扎染和木版印刷

嵌花(Appliqué)是印度一种古老的艺术形式,各邦都有自己的独特风格,通常是抽象或拟人化的图案。婚礼和节庆活动中所使用的传统灯罩和pandal(纱帐)通常都用这种工艺生产。

古吉拉特邦有纷繁复杂的纺织品传统:贾姆讷格尔颜色鲜亮的bandhani(扎染)赫赫有名,用来制作纱丽和披肩等多种物品;瓦多达拉的木版印刷织物也名扬四海,用来制作床罩和布匹。艾哈迈达巴德则是购买古吉拉特纺织品的好地方。

木版印刷和手工织物在印度各地的纺织品商店都有售:每个地区都有

约翰·吉洛(John Gillow)和尼古拉斯·巴纳德(Nicholas Barnard)合著的《传统印度纺织品》(Indian Textiles),探寻了印度美丽的地区纺织品,并介绍了扎染、编织、珠饰、织锦乃至骆驼鞍垫等。

自己的特色。遍布印度各地的连锁商店Fabindia（www.fabindia.com）和Anokhi（www.anokhi.com）致力于保护传统图案和纺织工艺，将其制作成家居装饰品和具有印度或西方风格的时装。Anokhi连锁店设立的阿诺基手工印花博物馆（见132页）中呈现了这门工艺。

奥里萨邦最著名的是颜色鲜亮的嵌花和ikat（一种东南亚工艺，在织造之前先将线染上颜色）。布巴内什瓦尔和普里之间的小镇比布利（Pipli），生产美轮美奂的嵌花制品。在安得拉邦和古吉拉特邦，用来制作kalamkari布画的工艺（这种古老艺术的中心是安得拉邦的斯里加勒赫蒂），也被用来制作漂亮的墙帷和灯罩等物品。

木雕

木雕是流传于印度各处的一种古老艺术形式。木制品镶饰是比哈尔邦最古老的手艺之一——你会发现嵌有金属和骨头的精美木质墙帷、桌面、托盘、箱盒等物品。

印度教神像檀香木雕是卡纳塔克邦的独有特产，但是真的檀香木雕制品会卖出天价——一尊10厘米高的檀香木象神像价格约为3000卢比。相比之下，用kadamb木雕刻同样的神像仅需300卢比。但是，檀香木的独特香味会持续散发多年。

在拉贾斯坦邦的乌代布尔，你可以买到芒果木雕刻、色彩鲜亮的印度教神像。在拉贾斯坦邦的许多地方，你还可以找到柚木雕制的纺织品木版印刷所用的模板。

佛像雕刻是锡金邦等地特有的手工艺品。你会发现吉祥八宝墙饰、跳藏舞时所用的神龙和chaam面具等。大部分面具都是廉价的仿制品；在有些地方可能会发现用重量较轻的白木和混合纸浆制作的地道的chaam面具，价格从3000卢比起。

其他上好特产

印度香料会成为游客们的抢手货，一点也不令人讶异。一般来说，所有镇上的商店或市集都有当地生产的香料出售，价格相当合理。卡纳塔克邦、喀拉拉邦、北方邦、拉贾斯坦邦和泰米尔纳德邦生产制作garam masala（用来烹饪可口印度菜肴的"热辣混合调味料"）所需的绝大部分香料；东北地区和锡金邦的黑豆蔻和桂皮也声名远扬。注意一些国家，例如澳大利亚，对于进口动物和植物产品有相当严格的规定。可向你所在国家的大使馆查询相关细节。

销售attar（精油，大部分都从鲜花中提取）的商店遍布全国各地。迈索尔出产的檀香精油非常有名；孟买则是传统香水贸易的主要中心，其中包括贵重的oud，它取材于沉香木树皮上生长的稀有真菌。在泰米尔纳德邦，乌提和科代卡那都出产从香草、鲜花和桉树中所提取的香氛和医用精油。

印度熏香出口至世界各地，其中卡纳塔克邦的班加罗尔和迈索尔是主产地。来自泰米尔纳德邦奥罗维尔的熏香也有着不错的口碑。

果阿邦的另一种特产是feni（椰汁或腰果树汁蒸馏后酿的酒）——一种会上头的烈酒。装酒的瓶子通常非常漂亮。

质量上乘的印度茶叶可在大吉岭和噶伦堡（都在西孟加拉邦）、阿萨

手工艺品不一定局限于它们起源的地区；艺术家会四海漂泊，有时会受到地区审美观念影响，制作出一些非常有趣、加入了时尚混搭风格的产品。举例来说，你可以参观德里郊区拉贾斯坦陶工社区。

姆邦和锡金邦以及印度南部的部分地区购买，例如喀拉拉邦的蒙讷尔和泰米尔纳德邦西高止山脉的乌提地区。在德里和其他大都市也有顶级的茶叶零售商。

在中央邦的博帕尔，五颜六色、缀着珠粒的jari背包是当地特产。在手提物品方面，东北地区出产的漂亮的手编篮子和柳条制品也非常有名——每个部落都有自己独特的篮子形状。

拉贾斯坦邦的焦特布尔等地的古董远近闻名（但是要注意，印度禁止出口古董）。

在拉贾斯坦邦，可找彩色的纸雕玩偶，一般成对出售，常见的为一对夫妇的形象，还有用芒果木雕刻的精美小寺庙，上面一般会用亮漆绘制宗教故事。

优质的手工纸制品——通常制成卡片、盒子和笔记本，值得淘淘看。德里、斋浦尔、孟买和泰米尔纳德邦的本地治里都是了解手工纸制品的好地方。

帽子也随处可见：阿萨姆人会制作芦苇编织的漂亮遮阳帽，藏人生产的毡帽、手套和披肩在全国各地都能买到。喜马拉雅部落原住民戴的传统帽子在喜马偕尔邦的许多城镇都可买到。

在印度，你可以用非常便宜的价格买到许多好书，其中包括一些皮革封面的书。大城市的书店品种最多。

印度市集 其他上好特产

拉贾斯坦邦可谓是手工艺品的聚宝盆。首府斋浦尔的木版印刷，以及采用美丽的花朵和几何图案装饰的蓝陶远近驰名。

艺术

印度灿烂的艺术遗产反映了该国丰富多彩的民族特色和传统。在印度的每一个角落你都能遇到艺术瑰宝：例如精美的曼海蒂（指甲花）人体艺术，从古老寺庙传出的悠扬的诵经声，隆隆奔驰在乡村道路上装饰艳丽的卡车。到这里旅行，最精彩的就是感受这里无与伦比的创造力，今天的诸多艺术家将古代和当代的技术相结合，创造出既有感召力又有前卫感的作品。

舞蹈

由Leela Venkataraman和Avinash Pasricha合著的《印度古典舞》(*Indian Classical Dance*)是一本图文并茂的书，介绍了婆罗多舞、奥蒂西舞、库奇普蒂舞和卡塔卡利舞等各种印度舞蹈形式。

古印度舞蹈艺术与神话和古典文学息息相关。分为两种主要类型：古典舞蹈和民间舞蹈。古典舞蹈属于界限明确的传统舞蹈范畴。古典舞蹈风格有：

婆罗多舞（Bharatanatyam，也写作Bharata Natyam）产生于泰米尔纳德邦，流行于印度各地。

卡塔克舞（Kathak）深受印度教和伊斯兰教影响，在莫卧儿帝国时期尤为流行。当它从宫廷走进平民家里时，舞女通过表演克利须那和拉达的爱情故事来挑逗观众，卡塔克舞曾一度遭受恶名。在20世纪早期，它才恢复成为一种严肃的艺术形式。

卡塔卡利舞（Kathakali）产生于喀拉拉邦，有时被称作"舞蹈"，但实际上是一种以神话故事为主题的戏剧。

库奇普蒂舞（Kuchipudi）是一种在17世纪产生于安得拉邦村落的舞剧，因该村落而得名。故事围绕克利须那妒忌心强的妻子展开。

奥蒂西舞（Odissi）产生于奥里萨邦，被认为是印度最古老的古典舞蹈形式。它最初是一种寺庙艺术，后来也在王宫里表演。

曼尼普利舞（Manipuri），这种精致优美、感情丰富的舞蹈源自曼尼普尔邦。在20世纪20年代，负有盛名的孟加拉族作家泰戈尔邀请备受尊敬的大师到桑提尼克坦（西孟加拉邦）教授舞蹈，之后这种舞蹈便吸引了无数观众的注意。

想探索印度蓬勃发展的表演艺术领域，尤其是古典舞蹈和音乐，可登录Art India(www.artindia.net)。

民间舞蹈是印度第二种主要舞蹈形式，种类广泛而多样。既有源自旁遮普邦的澎湃的彭戈拉舞（Bhangra），也有源自卡纳塔克邦和泰米尔纳德邦戏剧性的模仿马匹动作的舞蹈，还有优美的奥里萨邦渔民舞蹈。在古吉拉特邦的九夜节（Navratri；9月或10月举行的印度教节日）期间，人们会跳起生动的garba集体舞。

印度现代舞蹈的开创者包括乌代·香卡（Uday Shankar；已故西塔琴大师拉维的兄长），他曾与俄罗斯的芭蕾舞女演员安娜·巴甫洛娃（Anna Pavlova）联袂演出。泰戈尔是另一位创新者。1901年，他在西孟加拉邦的桑提尼克坦创立了一所学校，以促进艺术发展，其中就包括舞蹈。

但是，你最常见到的舞蹈可能是在电影里。"有声电影"出现以来，舞蹈已成为印度电影的重要特色，通常结合了传统、民间和当代舞蹈。

音乐

印度古典音乐的历史可追溯至吠陀时期，那时，祭司吟唱的宗教诗歌首次收录于《梨俱吠陀》文集内。在过去的千年里，古典音乐受到各种影响，传承至今的是卡纳提克音乐（Carnatic，印度南方的古典音乐）和印度斯坦音乐（Hindustani，印度北方古典音乐），相同的起源使两种音乐有许多共同之处。两者都使用拉格（raga，音乐旋律）和塔拉（tala，以拍子作为主要节奏）；例如tintal，有塔拉16节拍。观众跟随塔拉适时击掌，在tintal 第1、5、13节拍击掌，第9节拍不用击掌；并以挥手表现khali（空的节奏）。拉格和塔拉都是乐曲和即兴表演的基础。

卡纳提克音乐和印度斯坦音乐都由小乐队来演奏，一般由三至六位乐手组成，两者使用的多件乐器都相同。音乐没有固定音高，但两种音乐之间存在差异。印度斯坦音乐受波斯音乐影响更深（莫卧儿帝国统治的结果）；发展于印度南方的卡纳提克音乐更遵循乐理。对于那些不熟悉印度古典音乐形式的人来说，两者最明显的区别在于卡纳提克音乐更多地运用到人声。

最有名的印度乐器之一是西塔琴（大型弦乐器），独奏者用其演奏拉格。其他弦乐器包括萨罗德琴（sarod，弹拨表演）和沙兰吉琴（sarangi，用弓弦演奏）。双手鼓（tabla，双鼓）也颇受欢迎，用以演奏塔拉。两音调的低音乐器则包括类似于双簧管的乐器唢呐（shehnai）或弦乐器塔布拉琴（tampura，也写作tamboura）。手动键盘小风琴作为声乐的次旋律乐器。

印度地区的民间音乐分布广泛、种类多样。流浪的音乐家、魔术师、耍蛇者和说书人经常演唱歌曲娱乐观众，说书人通常演唱伟大的史诗故事。

在印度北方，你可能会在清真寺或音乐演唱会上听到卡瓦力（qawwali，苏非派虔诚吟唱）。卡瓦力音乐会通常采用mehfil（合唱）的形式，要有领唱、第二歌手、小风琴和手鼓演奏者，还有年幼的歌手和击掌者雷鸣般的合唱，所有人都盘腿席地而坐。歌者用诗句、夸张手势和宗教乐句调动观众的情绪，两股声浪里外呼应，编织在一起创造出即兴的、浪涌般的声音。接到指令后合唱加入其中，穿插以既催眠又有韵律感的副歌。观众常常晃动身体，欢呼狂喜。

filmi（宝莱坞电影音乐）是一种完全不同的音乐风格，包括曲调缓慢的现代情歌以及热烈奔放的舞蹈歌曲。

绘画

大约1500年以前，艺术家在印度西部马哈拉施特拉邦阿旃陀石窟的墙壁和天花板上绘画，描绘佛陀生前的场景。人物被赋予非凡的自由与优雅，与11世纪该地区的另一种主要艺术风格完全不同。

印度的耆那教社区创造了尤为丰富的寺庙艺术。然而，在1299年德里苏丹国征服古吉拉特邦之后，耆那教徒将注意力转向了便于藏匿的插图手稿。在伊斯兰教征服印度北方后，这些手稿是唯一已知幸存下来的印度绘画形式。

印度－波斯风格绘画——几何图形加流线型设计为主要特点——兴

要了解旋律优美的印度斯坦古典音乐世界，以及音乐术语词汇，找一本Sandeep Bagchee所著的《理解拉格音乐》(Nād: Understanding Raga Music)。

想了解印度艺术，可阅读罗伊·C.克雷文(Roy C Craven)撰写的《印度艺术》(Indian Art)和由Yashodhara Dalmia编写的《当代印度艺术：其他现实》(Contemporary Indian Art: Other Realities)，以及由Daljeet博士和PC Jain教授合著的《印度细密画》(Indian Miniature Painting)。

曼海蒂

曼海蒂是在婚礼等喜庆仪式上将精细复杂的海娜（henna）图案描绘在女人手部（有时候在足部）的传统艺术。如果用质量良好的染料，这种黄褐色设计图案最长可以保留一个月。

在旅游地区，手绘师擅长用染料在手臂、腿部和腰背部画上"环状纹饰"。如果你想尝试曼海蒂手绘，至少需要留出几个小时来绘画和等待颜料晾干（曼海蒂晾干过程中不能用手）。

进行手绘之前最好先让手绘师在手臂上做个测试：现在有些颜料含可能导致过敏的化学物质（避免使用黑色染料，因其含一些可能有害的化学物质）。如果使用的是质量较好的染料，在进行手绘时或手绘之后不应该有任何刺痛感。

起于伊斯兰皇宫，但细长眼睛的绘画手法为当地的艺术传承。1507年乌兹别克袭击赫拉特（Herat，位于现阿富汗）时，画匠逃亡印度，以及印度各邦苏丹与波斯城市设拉子（Shiraz）这座发达的小规模生产中心之间的贸易和礼物往来，都使波斯对印度绘画的影响达到顶峰。

1526年，巴布尔（Babur）在帕尼帕特战役中取得胜利，印度迎来了莫卧儿帝国时代。尽管巴布尔和他的儿子胡马雍（Humayun）都资助艺术发展，但普遍认为是胡马雍之子阿克巴（Akbar）推动了莫卧儿帝国主要绘画风格的发展。这种绘画风格通常是以五彩缤纷的细密画形式，主要描绘宫廷生活、建筑、自然、战役和狩猎场面，还有细节突出的肖像画。阿克巴从四面八方招募了各类艺术家，艺术创意首先集中在插图手稿制作（以历史或神话故事为题材），后来扩大到肖像画和对日常生活的赞颂。欧洲绘画风格影响了一部分艺术家，这种影响偶尔表现在题材和透视画法方面的尝试。

阿克巴的儿子贾汗季也喜爱绘画，但他更喜欢肖像画，他对自然科学的痴迷也带动了花卉和动物绘画的蓬勃发展。在贾汗季之子沙贾汗统治时期，莫卧儿帝国的绘画风格较显静态，虽然明亮的色彩引人注目，但是缺乏之前画作的活力。

细密画最早兴起于16世纪的莫卧儿宫廷，以及德干高原的苏丹国（戈康达、比贾布尔、比德尔等地）。随着莫卧儿帝国力量和财富的衰落，许多艺术家搬到拉贾斯坦邦，17世纪末期开始出现拉贾斯坦派。后来，拉贾斯坦的艺术家搬到旁遮普、喜马偕尔邦和北阿肯德邦的喜马拉雅山脚，18世纪和19世纪初期，帕哈里派（Pahari，山区）繁荣壮大。绘画题材既有王室出行也有狩猎（狩猎探险）场面，许多艺术家深受莫卧儿帝国绘画风格影响。今天，在一些印度宫殿的细密画和壁画上依然可以看到这些浓烈的色彩，这些颜色通常是用半宝石捣碎制成，而金色和银色则是由细致研磨的纯金箔和银箔制成。

19世纪，印度北方的绘画尤其受到西方绘画风格（特别是英国水彩画）的影响，因而形成了所谓的公司流派（Company School），中心就在德里。与此同时，在南方，画家Ravi Varma描绘的伤感神话场景以及女性肖像，极受欢迎，以非常西方的方式来描绘印度主题。也可以留意画家Jamini Roy独具特色的作品，其中描绘了乡村生活和文化。

20世纪60年代的马德拉斯运动（Madras Movement）推动了南方现

代艺术的发展。在21世纪，印度近现代艺术家创作并销往世界各地的绘画数量（以及价格）创下纪录。Saffronart（www.saffronart.com）是一个非常成功的在线艺术拍卖行。大城市，例如德里和孟买，已成为印度当代艺术中心，有大量的美术馆可供参观和购买艺术品。

文学

印度拥有历史悠久的梵语文学，尽管方言文学作品遗产更为丰富。事实上，据说有多少种书面语言就有多少种文学传统。

传统认为，孟加拉人创作了一些印度最著名的文学作品，19世纪班吉姆·钱德拉·查特吉（Bankim Chandra Chatterjee）的作品带动了被称为的"印度（或孟加拉）复兴运动"。但印度文学的主要功臣则是将丰富的印度文化推上世界舞台的第一人：拉宾德拉纳特·泰戈尔（Rabindranath Tagore），他的作品包括《吉檀迦利》（*Gitanjali*）、《戈拉》（*Gora*）和《家与世界》（*Ghare-Baire*）等。

在20世纪30年代，R.K.纳拉扬（RK Narayan）是最早用英语写作并受到国际读者喜爱的印度作家之一，他的作品描写了简单的小镇生活，但笔调幽默诙谐。Keralan Kamala Das（又名Kamala Suraiyya）用英文写作的诗歌，例如《加尔各答之夏》（*Summer in Calcutta*），以及用马拉雅拉姆语（Malayalam）书写的回忆录《我的故事》（*My Story*），后来她将这部作品翻译成英语；特别是她在20世纪60年代和70年代对爱情和性的直白描写，开创了女作家的新创作风格。

在国际享有盛誉的印度当代作家数量不断上升，尤为著名的作家包括维克拉姆·塞斯（Vikram Seth），其最有名的史诗小说是《如意郎君》（*A Suitable Boy*）。而赢得了无数赞誉的阿米塔夫·戈什（Amitav Ghosh）凭借其《罂粟之海》（*Sea of Poppies*）入围了2008年布克文学奖（Man Booker Prize）。许多印度出生的作家都获得过布克奖的殊荣。最近获奖的是阿拉文德·阿迪加（Aravind Adiga），他凭借处女作小说《白虎》（*The White Tiger*）获得了2008年布克奖。基兰·德赛（Kiran Desai）凭借《失去之遗传》（*The Inheritance of Loss*）一书摘取2006年度布克文学奖桂冠；她的母亲是曾三度获得布克奖提名的布克奖得主、印度小说家安妮塔·德赛（Anita Desai）。1997年，阿兰达蒂·洛伊（Arundhati Roy）凭借她创作的小说《微物之神》（*The God of Small Things*）获得了当年的布克奖。而萨尔曼·拉什迪（Salman Rushdie）在1981年凭借《午夜之子》（*Midnight's Children*）获得了这一令人梦寐以求的奖项。

电影

印度的电影工业诞生于19世纪晚期——第一部主要由印度人制作的影片《加尔各答全景》（*Panorama of Calcutta*）于1899年上映。印度第一部真正的故事片《哈里什昌德拉王公》（*Raja Harishchandra*）在1913年的默片时代制作而成，这部电影最终为印度电影事业奠定了基础。

今天，印度电影工业为世界最大——是好莱坞的两倍。印度电影中心孟买又被称作"宝莱坞"（Bollywood，见743页），是最大的印地语电影生产基地。印度其他主要电影生产城市包括金奈（Kollywood）、海得拉巴（Tollywood）和班加罗尔（Sandalwood），这些城市也出品了数量可观的

杰出的作家兼艺术家泰戈尔凭借《吉檀迦利》获得1913年诺贝尔文学奖。想要欣赏一下泰戈尔的多元作品，可以阅读《短篇小说精选》（*Selected Short Stories*）。

以国内外知名作家交流为主题的斋浦尔文学节（Jaipur Literature Festival; www.jaipurliteraturefestival.org）是亚洲最大规模的文学活动，于1月在斋浦尔（拉贾斯坦邦）举行。

电影。还有许多电影生产中心在本地区制作方言电影。大制作电影经常部分或全部在外国取景，一些国家不遗余力地争取印度电影制作公司来本国拍摄，正是看中了这些电影可能会带来的潜在旅游收入。

印度平均每年生产数百部故事片。除了宝莱坞、Tollywood和Kollywood千百万当地的影迷，还有数以百万计的印度海外居民（Non-Resident Indian，简称NRI）影迷，他们为印度电影走向国际舞台做出了突出的贡献。

一般说来，印度电影主要分为两种类型。最著名的是主流电影"马沙拉"——以"混合香料"命名的集各种元素于一身的电影类型。电影设计成适合各类受众，老少咸宜，汇集了浪漫、动作、幽默闹剧和道德等主题。在时长达三个多小时的大片巨作中，故事催人泪下并富含戏剧性的转折，还有众多歌舞表演穿插其间。为本土市场制作的印度电影没有露骨的性画面，甚至连接吻镜头也不多（尽管拥吻镜头正悄悄地渗入一些宝莱坞电影）。然而，裸露镜头的缺失常常通过女主角的紧身性感衣来补偿，而情色镜头的缺乏更是通过大量激烈的调情和高潮迭起的暗讽来弥补。

第二种印度电影类型是艺术电影，以印度"现实"为基础。一般说来，这些电影与社会及政治相关。这些影片的制作费用一般比商业电影低很多，在全球电影节和颁奖典礼上赢得荣誉。2013年，赖舒·彼查（Ritesh Batra）编剧和导演的非宝莱坞浪漫喜剧《午餐盒》（*Dabba*）在戛纳国际电影节国际评论周赢得了Grand Rail d'Or奖。

印度电影进入奥斯卡奖（最佳外语电影类）最终提名名单的包括《印度之母》[*Mother India*，梅赫布·罕（Mehboob Khan）导演，1957年]、《早安孟买》[*Salaam Bombay!*，米拉·奈尔（Mira Nair）导演，1988年]和《印度往事》[*Lagaan*，阿素托史·哥瓦力克（Ashutosh Gowariker）导演，2001年]。

孟加拉导演萨蒂亚吉特·雷伊（Satyajit Ray，1921~1992年）被认为是印度艺术电影之父，曾因为《大地之歌》（*Pather Panchali*）和《大河之歌》（*Aparajito*）等影片荣获全球大奖。

宗教建筑

印度拥有多姿多彩的历史和当代宗教建筑，其建筑风格受到各种宗教教派的影响。虽然只有极少数早期修建的木结构庙宇和偶尔出现的砖石庙宇经受住了变幻莫测的自然考验，但是在笈多王国时期（公元4至6世纪），一种新型的宗教建筑——采用更好的工程方法以抵御自然因素侵袭——在印度北方出现，这些庙宇成为此后数百年寺庙建筑的主要范本。

在印度教徒看来，正方形是一种完美的形状。在占卜术、占星术、天文学和宗教原则的基础上，他们运用复杂规则决定每座庙宇的地点、布局和建造。通常来说，一座寺庙表现一幅宇宙图景。未经装饰的寺庙中心，即garbhagriha（内殿），象征孕育宇宙的"发源地"。这里也是寺庙所供奉神灵的居所。

每座印度教神殿都有一个塔形尖顶，印度南部称其为vimana，印度北部则称作sikhara。Sikhara呈曲线形，顶部是一个有槽圆盘，上面立着一个壶形尖顶；vimana则是阶梯状，有槽圆盘被一个实心穹顶所取代。一些寺庙还建有mandapa（前殿），通过连廊与神殿相连。有些mandapa也带有vimanas或sikharas。

在达罗毗荼风格寺庙中的gopuram是一种高耸的锥形塔式门廊。印度南部各种不同寺庙建筑群中的高耸的gopurams，例如马杜赖的米纳克希神庙的九层gopurams，观赏性和纪念性都上升到了新的高度。

了解更多印度的多元寺庙建筑（以及其他寺庙相关信息），可登录Temple Net（www.templenet.com）。

寺庙水池通常用作举行宗教沐浴和其他仪式，并为增加美感而设，长期以来都是宗教活动的点睛之笔。它们多是面积较大、精心设计的方形蓄水池。池中既有雨水，也有一套经复杂排水系统引入的河水，以供神灵和世俗所用。据说，一些寺庙水池中的水有治病功效，另一些池子的水具有洗刷罪恶的力量。信徒（及旅行者）在进入神殿朝觐前，可能会被要求在寺庙水池中洗净双足。

就外观而言，耆那教庙宇与印度教庙宇颇为相似，但耆那教庙内常伴以丰富精致的雕塑装饰，与苦修之简朴风格对比强烈。

佛教大殿风格自成一体。由实心半球和尖顶构成的佛塔是佛教寺院的标志，本是由坟冢演化而来，用来安放佛陀和后来其他得道高僧的舍利。另一革新建筑是通往佛塔的chaitya（集会厅）。菩提伽耶——乔达摩·悉达多顿悟成佛的地方，有许多引人瞩目的佛教寺庙。锡金邦等地的藏传佛教寺院（gompa）则有与众不同的藏式图案。

萨蒂什·格罗弗（Satish Grover）的《传统印度建筑杰作》（*Masterpieces of Traditional Indian Architecture*）和克里斯托弗·塔杰尔（Christopher Tadgell）的《印度建筑史》（*The History of Architecture in India*）深入介绍了寺庙建筑，精彩有趣。

公元前262年，孔雀王朝君主阿育王皈依佛教，之后，在如今印度中部的中央邦，建立了著名的桑吉大佛塔以苦修。这是南亚次大陆上现存最古老的佛教建筑。

印度也有着为数众多的伊斯兰教圣地，曾经统治此地的穆斯林领袖带

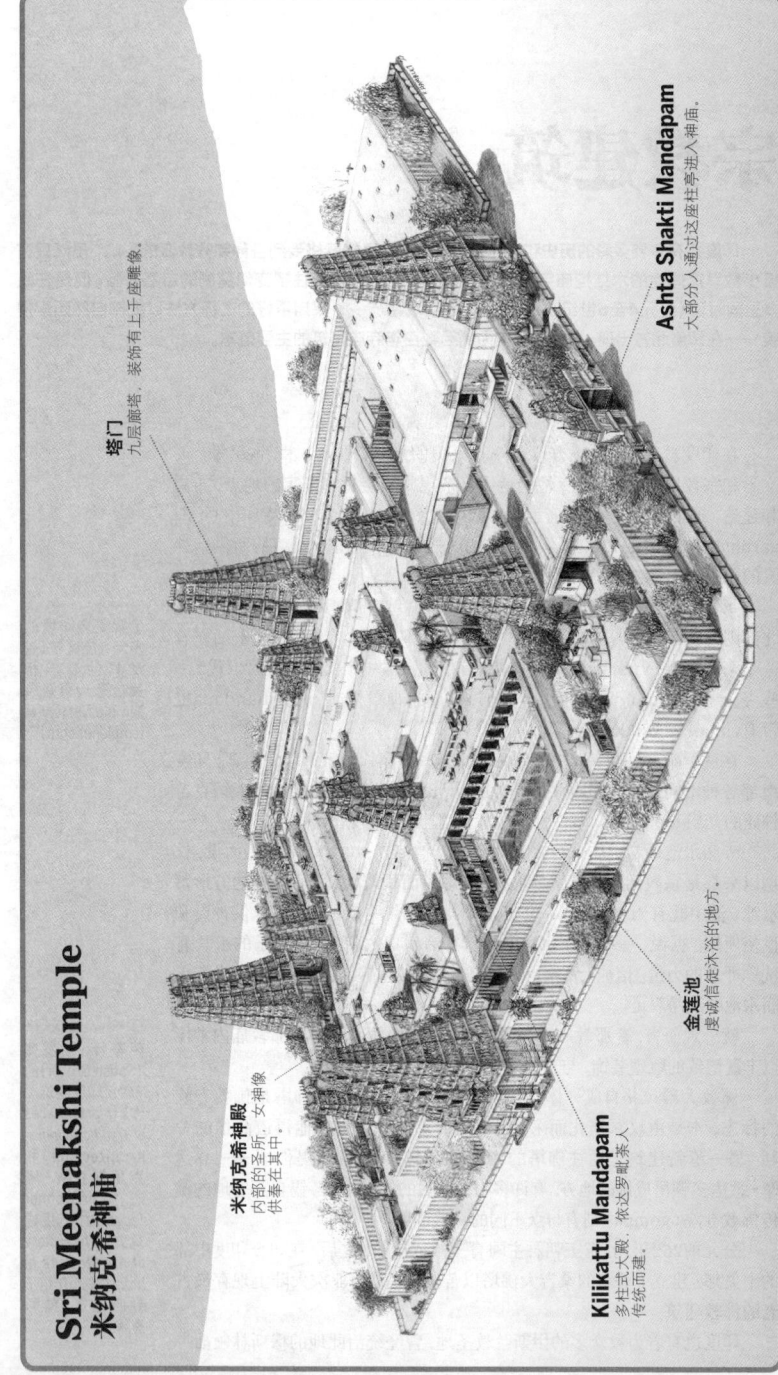

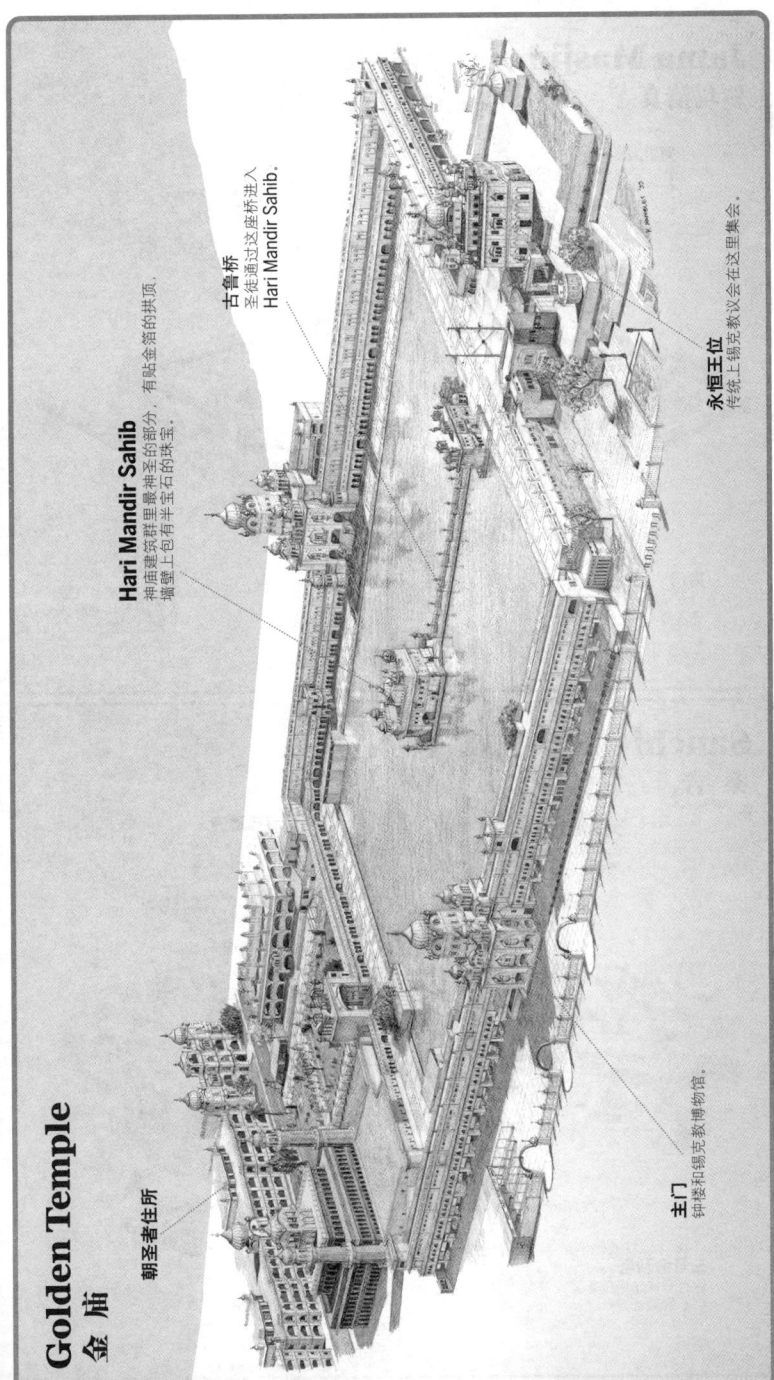

宗教建筑

Jama Masjid
贾玛清真寺

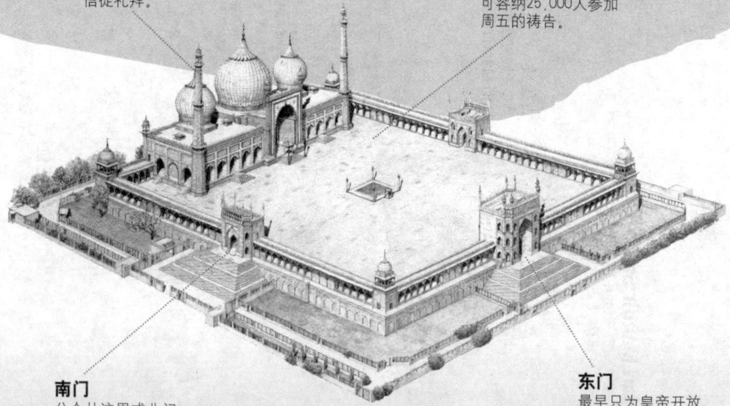

宣礼塔
宣礼吏在这座塔上昭告信徒礼拜。

中庭
可容纳25,000人参加周五的祷告。

南门
公众从这里或北门进入清真寺。

东门
最早只为皇帝开放。现在周五和穆斯林节日时开放。

Sanchi
桑吉

大佛塔
公元前2世纪由阿育王建造,为了供奉佛迹。

寺庙遗迹
住宿处,环绕一座中央庭院而建。

三号舍利塔
保存有佛陀两位重要弟子的遗迹。

游行步道
信徒沿着这条路绕行佛塔。

来了自己的建筑风格,包括拱形的回廊和穹顶。莫卧儿统治者别出心裁地将波斯、印度和地方风格融为一体。其中较为著名的有德里的胡马雍陵、阿格拉堡,以及古老的要塞之城法塔赫布尔西格里。沙贾汗大帝给世人留下了一些最为璀璨的印度建筑遗产,其中最知名的非泰姬陵莫属。

伊斯兰艺术回避任何形式的偶像崇拜或真主画像,发展出独具一格的书法和装饰设计风格。在清真寺建筑方面,世界各地的基本设计元素非常相似。主要建筑是一个巨大的共同礼拜大殿,殿中有一个miharab(圣龛)指示麦加的方向。宣礼员从建在基本方位的宣礼塔上召唤教徒做礼拜。宏伟的德里贾玛清真寺建于17世纪,是印度最大的清真寺,中庭可以容纳多达25,000人。

锡克教教义由那纳克古鲁在15世纪创立,他是10位古鲁(Guru,祖师)中的第一位。锡克教庙宇被称为gurdwara(谒师所),最明显的标志是花苞状的gumbads(圆屋顶)和nishan sahib(一根悬挂着锡克教标志三角旗的旗杆)。阿姆利则令人叹为观止的金庙是锡克教最神圣的庙宇。

> 藏传佛教寺院中心是dukhang(经堂),僧侣们会在这里聚集,吟诵佛教典籍。

印度野生动物和公园

印度堪称珍奇动物的汇聚地,有源自欧洲、亚洲和远古时代冈瓦纳古陆的野生动物,它们分布在类型多样的栖息地,从潮湿的红树林、丛林到沙漠、寒冷的高山等。印度以其体型庞大、大胆勇敢的物种而闻名——老虎、大象、犀牛、豹子、熊。但其实还有更多,包括各种各样迷人的缤纷鸟类和一些世界最濒危也最有趣的野生动物,如恒河豚和亚洲狮。

印度标志性物种

印度的国兽是老虎,国鸟是孔雀,国花是莲花。印度国徽图案是三头雄踞石柱顶端的亚洲狮。

如果要选出印度最具魅力的物种,必定包括老虎、大象和犀牛,这些都是需要严格保护的珍稀动物。

与体型更庞大的非洲象完全不同,亚洲象在印度教风俗中备受崇拜,还可以驯养用来干活,万幸的是它们没有被捕杀灭绝。许多仍生存在野外。由于大象需要长途迁徙寻找食物,因而,这些3000公斤重的动物要求广袤的开放地。由于祖先的迁徙路线已被村庄和农场占据,这些象群在迁徙途中也会频频与其他种群发生冲突。位于北阿肯德邦的科比特老虎保护区(Corbett Tiger Reserve,见399页)和位于卡纳塔克邦的讷格尔霍莱国家公园(Nagarhole National Park,见878页)是观看大象的最佳地点。

独角犀牛数量更少,占世界总数三分之二(根据2015年的普查,仅剩2401只)的独角犀牛生活在喜马拉雅山脚下加济兰加国家公园(Kaziranga National Park,见539页),在这片郁郁葱葱的冲积草原上游荡。犀牛看起来安静,却会带来难以预料的危险。拥有盔甲一般皮肤的犀牛发起进攻时仿佛远古时代的攻城槌,它们用锋利的牙齿撕下大块的肉,所以观看这种动物的最安全方式就是待在远处。

接着是老虎。这种威风凛凛的标志性动物严重濒危,不过如果运气好,在全国的老虎保护区都能看到——最有可能看到的地方是中央邦。

旅游业与保护

印度有270种蛇,其中60种是毒蛇。在各种眼镜蛇中,眼镜王蛇是世界上最大型的毒蛇,长达5米。

野生动物观赏已成为印度主要旅游观光项目,数以百计的国家公园和野生动物保护区提供了观看珍稀和奇特动物的机会。更好的是,动物观赏还有助政府和当地人了解保护濒危物种和脆弱生态的重要性及其经济价值。不妨花些时间在探险旅程中寻找犀牛或老虎的踪迹。

猫科动物和犬科动物

印度的老虎尤其声名远扬,不过这里还有其他14种猫科动物。

印度的亚洲狮保护工作卓有成效。亚洲狮是一种与人们更为熟识的非洲狮十分相似的动物。一百年前,世界上仅存20头亚洲狮,根据2015年5月

老虎计划

当自然学家吉姆·科贝特（Jim Corbett）在20世纪30年代首次发出警告时，没有人相信老虎会遭遇灭绝危机。虽然没有人统计过，但人们相信当时印度有4万只老虎。印度独立之后，手中有了枪的村民追逐高利润虎皮，闯进了原先的禁止狩猎保护区偷猎。到1972年官方调查时，印度仅存1800只老虎。来自国际社会的强烈抗议，促使英迪拉·甘地将老虎作为印度国家象征并设立**老虎计划**（Project Tiger；国家老虎保护权威机构；http://projecttiger.nic.in）。迄今为止，印度已建立了47个老虎保护区，总面积超过68,676平方公里，不仅保护了老虎这种顶级食肉动物，也同时保护生活在同一栖息地的其他动物。在取得初步成功之后，过去十年里无情的偷猎行为又致使老虎数量锐减，从2002年的3600只减少至2011年的1706只。尽管巨额资金和高科技设备也相继投入保护工作，但2013年死亡的63只老虎中，只有1只是死于衰老，48只是死于偷猎。幸运的是，2015年1月开始的最近一次老虎数量统计结果显示，印度老虎的数量有了极大的增长，达到了2226只。这份结果显示，该国年龄在1.5岁及以上的老虎数量最多的地方是卡纳塔克邦，那里的老虎总数达到了408只。紧随其后的是北阿肯德邦，为340只。数量超过100只的其他邦还包括中央邦、泰米尔纳德邦、马哈拉施特拉邦、阿萨姆邦、喀拉拉邦和北方邦。

的一份统计，如今，大约523头亚洲狮的数量似乎说明古吉拉特邦的吉尔森林国家公园（Sasan Gir National Park）的保护工作做得相当不错。

有750头雪豹生存在锡金邦、北阿肯德邦和喜马偕尔邦的高山地区，它也是喜马偕尔邦的邦兽。这种尤为著名的猫科动物是如此善于隐藏，以至于许多当地人宣称它们能随心所欲地出现和消失。你能看见的都是小兽，如果想看到这种幽灵般的大猫，可从思比堤地区开始。

其他野生猫科动物包括云豹及体型较小的近亲云猫，二者都藏于印度东北部的丛林里。它们身上有醒目的花瓣纹理和环状斑块，便于它们伪装隐藏在斑驳的森林家园里。

印度也有大约3000种野生印度狼，最常见到它们的地区是古吉拉特邦的印度黑羚国家公园（Blackbuck National Park）。乡村地区的飞地能看到豺、狐狸和野犬。一种数量稀少、历史最悠久的狼——思比堤狼——在思比堤山谷中嚎叫。

印度的哺乳动物

你在印度看到最多的野生动物种类是鹿（9种）、羚羊（6种）、山羊和绵羊（10种），以及灵长类动物（15种）。在许多公园开阔的草地上可以找寻结实的蓝牛羚（nilgai）、印度体型最大的羚羊，或者优雅有角的印度黑羚。如果你前往山区，在喜马拉雅山可仔细寻找部分弯角的蓝色绵羊。旱地动物如印度瞪羚（印度羚羊）栖息在拉贾斯坦邦和古吉拉特邦的沙漠；而中达本三角洲（Sundarban Delta）的红树林沼泽有印度瞪羚（chinkara），它们通过鼻腺排泄盐分以适应微咸的环境。在印度中部备受瞩目的老虎保护区内，斑鹿数量最为丰富。

印度的灵长类动物既有东北地区极其罕见的白眉长臂猿和金叶猴，也有十分常见都快成灾害的猴子种类——主要是结实并颇具攻击性的恒河猴和灰色的长尾叶猴。在南部庙宇和旅游景点游荡的厚脸皮的猴子是冠毛猕猴。

网络资源

想了解野生动物、保护和提升环境意识方面的信息，请登录www.sanctuaryasia.com。

想了解印度野生动植物信托基金新闻，请登录www.wti.org.in。

最佳观鸟信息和原创摄影作品交流，请登录www.birding.in。

想拍下精彩的野生动物照片，长焦——至少300毫米——相机必不可少。

濒危物种

野生动物相关书籍

Vivek Menon的《印度哺乳动物》(Mammals of India)

AS Kothari和BF Chappgar合著的《印度珍稀野生动物》(Treasures of Indian Wildlife)

Jim Corbett的《库玛奥的食人者和鲁德拉普拉亚格的食人豹》(The Maneaters of Kumaon and The Man-eating Leopard of Rudraprayag)

尽管生物多样性令人叹为观止,但印度却因其人口快速增长而面临着越来越大的挑战。偷猎和栖息地的丧失使野生动物备受威胁。一项报告表明,印度已经有超过500种濒危物种,包括247种植物、53种哺乳动物、78种鸟类、22种爬行动物、68种两栖动物、35种鱼类和22种无脊椎动物。2012年,国际自然保护联盟(International Union for Conservation of Nature)发布了世界上最濒危的100种物种,其中包括四种印度物种,一种蜘蛛、一种龟和两种鸟(迷人的印度大鸨和白腹苍鹭)。

就连资金充裕的保护项目,例如"老虎计划"也正在面临严峻的挑战。每一个正面的新闻故事背后似乎都伴随另一个涉及盗猎帮派或老虎、豹子袭击村民的故事。因栖息地丧失以及皮肤或器官可作中医药材的高额利益驱使下的偷猎行为,印度所有野生猫科动物(雪豹、黑豹和丛林猫)都面临灭绝的危险(一只完整的老虎尸体可卖到32,000英镑以上)。不过,保护工作也取得了显著成功,老虎数量增长率尤其高。

即使是备受保护的犀牛也因药材交易遭到偷猎——在中国,犀牛角是一种非常珍贵的清热凉血药,也是海湾地区制作匕首柄的材料。

为获取象牙,大象时常遭到偷猎。虽然很难找到可信数据(因为偷猎的非法性),据报道,象牙偷猎所造成的公象死亡率占印度三个邦的全部公象死亡率的44%至68%;我们恳请你通过拒绝购买象牙纪念品的行为抵制象牙交易。

各种鹿科生物因为人类捕食和打猎受到威胁,藏羚羊因其羊毛可纺成线以制作昂贵的沙图什披肩而濒临灭绝。

尽管近来禁止耍熊行业后懒熊(sloth bear)的处境有所改善,但印度的熊类仍然受到威胁。在河流中,印度著名的淡水海豚因环境污染、栖息地改变和人类直接争夺资源而处境悲惨。在奥里萨邦海岸筑巢的海龟群也面临着环境危机。

栖息在南部雨林的濒危的灵长类动物包括狮尾猴、毛色光滑的尼尔

动物袭击

近年来,人与动物冲突的发生率在印度呈螺旋形上升趋势,其原因在于野生动物栖居地面积减小,人类定居地扩张。

老虎占据人类居住区的报告一直在增多,紧随其后的是城市中看见豹的次数极大增加,曾在村子、甚至较大的城镇中看到它们的身影。有趣的是,当地人对这些外来者往往持容忍态度,将它们作为控制生态平衡的一种方式。人们很早就知道,老虎之所以会袭击人,一般都是因为年龄较大的老虎不再有能力猎捕平常的猎物,例如野猪、鹿和其他野生动物。其中的互利关系也表现得很明显:人类种植庄稼吸引野猪,它们会踩踏庄稼,最后老虎介入恢复平衡。与此同时,人类的出现会阻止潜伏的雄虎,它们原本可能会袭击雌虎的幼崽。

不过,当局依然建议提高警惕,因为据报道,每年约有100人因野生老虎死亡或受伤。此类袭击很容易被媒体大肆报道,引发恐慌,但实际上,老虎很少会转变成真正的食人兽;会吃人的一般都是年纪很大的老虎,或者是受了伤,或者两种条件都满足。与此形成对比的是,每年约有45,000名印度人因蛇咬身亡,约20,000人因被携带狂犬病毒的狗咬伤致死。

公园和人

虽然国家公园和野生动物保护区对印度濒危物种保护发挥了关键作用,但它们的建立曾经引发一些悲剧性的后果。1972年通过的《野生动物保护法案》,禁止人类在公园内居住,因此大约160万的阿迪瓦西人和其他森林居住者被迫离开传统家园。许多被迫居到村子中,被迫放弃千百年来的生活方式,因此给个人带来了巨大的痛苦,也造成了不可挽回的文化损失。今天,2006年通过的《森林权利法案》禁止将森林原住民逐出国家公园(除非是所谓的"关键野生动物保护区"),而且还应该对至今仍居住在里面的大约四百万居民实施保护。这项法律能否成功保护依然留在公园中的部落,以及他们的继续存在将对脆弱的野生动物生态环境造成怎样的影响,现在下结论还为时尚早。

想了解《森林权利法案》和"公园居民"更多信息,可登录www.forestrightsact.com;或者也可以登录www.traditionalculturesproject.org搜索传统文化项目内容。

吉里黑叶猴和体型纤长的懒猴,这种懒猴是捕虫能手,大眼睛便于夜间捕猎。

鸟

印度拥有超过1000种鸟类,是观鸟者的天堂。在这个幅员辽阔的国度散布着各种鸟,但在重要鸟类保护区内,你在任何一个地方都会看到数量惊人的鸟类。冬天是极佳的观鸟时机,因为全国各地的湿地都会迎来迁徙到葱郁的亚热带印度半岛越冬的北方候鸟。一年到头你在各地都能看到色彩斑斓的翠鸟、犀鸟、太阳鸟、大尾鹦鹉和喜鹊,或是棕胸佛法僧的蓝色身影。狂热的观鸟爱好者还会专程前往喜马拉雅山寻找印度(乃至世界)最令人心驰神往的鸟类之一——神秘的鹮嘴鹬(ibisbill)。

位于印度中心优势地带的班德哈瓦国家公园生动展示了原始印度景观。在这里你可以探索草地、森林和岩石山脊,体验激动人心的老虎、豹子和其他大型动物寻觅之旅。

拉贾斯坦邦的盖奥拉德奥季节性湿地曾是大英帝国时期王公的主要猎鸭场所,在皇家狩猎聚会上,一天之内就会射猎4000只鸭子。该湿地在1982年升级为国家公园,其中的迁徙鸟类尤为著名。如今,在大量村庄和农田包围下,湿地面积缩减成相对较小的栖息地,但这里仍是世界上最好的观鸟目的地之一。更妙的是,盖奥拉德奥及其丰富的鸟类都极易探访,在公园门口跳上自行车,然后沿平坦的车道在公园内界限分明的池塘和沼泽周围骑行。

植物

很久以前,印度几乎完全被森林覆盖,现在其森林覆盖率估计在22%左右。尽管自然栖息地大幅缩减,该国仍有49,219种植物,其中大约5200是本土植物。半岛南部的植物源自马来西亚,而拉贾斯坦邦的沙漠植物更明显地源自中东,喜马拉雅山脉的针叶林则源自欧洲和西伯利亚。印度林业统计局(Forest Survey of India)设立了将森林覆盖率恢复至33%这一乐观目标。

印度有超过16,000种开花植物,占地球植物种类总量的6.5%。

除了喜马拉雅山脉上的高山森林,几乎所有印度低地森林都是热带森林的亚型,原生森林是木材产业的支柱。其中一些热带森林可谓当之无愧的雨林,四季常绿,比如西高止山脉和东北地区的森林,而大多数森林都是落叶林;在炎热干旱的4月和5月,许多森林里的树叶会枯萎掉落。这时往往是观赏野生动物的最佳时机,因为掩护较少,而且动物会出来寻找稀少的水坑。

> **大与小**
>
> 印度最大的保护区是北阿肯德邦的楠达德维山生态圈保护区,占地2237平方公里。其中有印度的第二高峰(楠达德维峰,海拔7817米),以及著名的花之谷。印度最小的国家公园是安达曼的南纽扣岛(South Button Island),面积不到5平方公里。

高价值的树木如印度紫檀木、玛拉巴吉纳和柚木树几乎已在西高止山脉消失,由于熏香和木雕产业驱动的非法盗伐,檀香已在印度全境濒危。森林土地面临的更大威胁来自于无地农民擅自在国有土地上砍伐获取木柴。

北部地区最佳公园

科比特老虎保护区

加济兰加国家公园

盖奥拉德奥国家公园

伦腾博尔国家公园

有几种树在印度颇具宗教价值。其中,体型庞大的木棉树,树皮带刺,开大红花,创造之神梵天在劳动后就坐在木棉树下。还有两种著名的无花果树——印度榕树和菩提树(peepal),它们从枝干上垂下根并长成盘根错节、小树林般的巨大树干。据说,佛陀坐在菩提树(Bodhi)下顿悟。

喜马拉雅山脉的山麓和斜坡上保留着经典的山地植物,包括青松、喜马拉雅雪杉(Himalayan cedar)以及苹果树、栗子树、桦树、李子树和肉桂树等落叶林。雪线以上长有丰富多样的耐寒植物,如银莲花、高山火绒草和龙胆,北阿肯德邦的花之谷国家公园是观赏这些花朵的绝佳地点。

炎热的印度沙漠中长着特有的本土植物——耶里树(khejri)和各种低矮的金合欢树(acacia)。在喜马拉雅山脉的高海拔沙漠,耐寒植物沙棘灌木丛是主要的结果灌木。

国家公园和野生动物保护区

中部地区最佳公园

班德哈瓦国家公园

甘哈国家公园

潘纳国家公园

孙德尔本斯老虎保护区

1972年以前,印度只有5座国家公园,那一年《野生动物保护法》(*Wildlife Protection Act*)出台,规定每年拨出土地用于建公园并禁止虐待野生动物。随后的一系列类似法案虽雄心勃勃却少有落实的决心。

印度现在有166座国家公园和515个野生动物保护区,占印度国土约5%。另外有公园已经获得批文,但尚未落实或还在建设过程中。还有14个生物圈保护区,覆盖多个国家公园和自然保护区,为野生动物提供安全迁徙通道并使科学家对生物多样性进行监测。

我们强烈建议旅途中至少参观一个国家公园或保护区——面对面感受野生大象、犀牛或老虎会让你毕生难忘,而且,你的观赏行为会提升印度保护自然资源的动力。野生动物保护区往往地处偏远,基础设施有限——参观之前建议预订交通和住宿,了解开放时间、准入要求和门票。许多公园可能在淡季关闭以进行野生动物数量普查,雨季,观测步道可能无法通行。

南部地区最佳公园

圣甘地国家海洋公园

讷格尔霍莱国家公园

佩里亚尔野生动物保护区

几乎所有公园都提供越野车/厢型车旅行,你也可以参加导览徒步游、乘船游和骑象之旅来寻找野生动物。不过,许多动物保护组织反对骑象,既是出于对大象健康的考虑,也因为训练大象载客所使用的手段。2012年出台的新规定禁止进行"老虎表演",在这种活动中,静止不动的老虎像"坐坐鸭"一样待着,蜂拥而至的游客进来,跳下越野车骑上大象近距离观看这些理应很激动却"安静如鸡"的老虎。同时,许多保护区将游猎次数减至一周一次,一些老虎保护区将关闭游猎项目。规则千变万化,在预订游猎行程之前一定要了解最新情况。

风景

印度的地形呈现出惊人的多元化样貌,这里有潮湿的热带丛林、广阔的干旱沙漠以及银装素裹的雪峰。印度国土面积约为2,980,000平方公里,是仅次于中国的亚洲第二大国家,也是南亚次大陆的主要构成部分——在远古时期,该大陆是一大片承载着各种独特动植物的地壳,像救生船般漂浮在史前大洋上,直到4000万年前撞上亚洲板块。

地形地貌

现代印度的地理特征可以归纳为三大方面:北方边界上的喜马拉雅群峰和山脉;北部的印度河和恒河冲积平原,以及形成印度三角形南部半岛核心区的德干高原。

喜马拉雅山脉

作为世界上最高的山脉——印度的最高峰(干城章嘉峰)海拔达到8586米——喜马拉雅山脉创造了几乎无法逾越的屏障,横亘于印度与北方邻国之间。这些山脉形成于史前时代的南亚次大陆脱离冈瓦纳古陆后。冈瓦纳古陆是一个位于南半球的超级大陆,包含如今的非洲、南极洲、澳大利亚和南美洲,南亚次大陆板块也曾是其一部分。后来南亚次大陆板块,独自向北漂移,最终在4000万年前撞上了欧亚大陆板块,撞击速度缓慢,但力量巨大,使古老的海床不断隆起,形成了喜马拉雅山脉和许多其他较低的山脉。如今这些山脉分布在从阿富汗到缅甸之间,横亘2500公里。

在更新世时期(Pleistocene,距今15万年前),喜马拉雅山脉达到高度极值,它阻挡并改变了气候系统,创造了如今主导印度的季风气候,并且在北方形成了一片干燥的无雨地带。

尽管在地图上看是连续不断的山脉,但事实上,喜马拉雅山是一系列相互连接的山脊,被无数的峡谷隔开。在人们掌握穿越喜马拉雅山区的筑路技术之前,这些山谷许多都与世隔绝,也因此创造出一系列多元的山区文化。

印度河—恒河

由神圣恒河造就的这片广袤冲积平原涵盖了印度北部大部分地区。它是如此平坦,以至于德里和西孟加拉常年积水的湿地的海拔落差仅有200米。恒河在西孟加拉邦与布拉马普特拉河交汇,然后经孟加拉国流入大海。来自邻近高地的大量被侵蚀沉积物聚集在平原上,其厚度达到近2000米,创造了肥沃和水量充沛的农田土地。这片人口稠密地区曾经被广袤的森林所覆盖,并且拥有各种野生动植物。

印度最西部的古吉拉特邦和巴基斯坦的信德省以卡奇沼泽地(Raan of Kutch)分界,这片沼泽地到了雨季会变成巨大的内海;在干旱季节水会

浏览Down to Earth(www.downtoearth.org.in)网站以深入了解印度面临的环境问题。这本在线杂志深入探寻了许多被主流媒体忽视的问题。

据测量,大城市里的噪音污染超过了90分贝——超过公认"安全"上限的1.5倍。

退去,留下几个孤岛点缀在辽阔的平原上。

德干高原

在印度河—恒河(北部)平原以南,地貌抬升至德干高原,这是往昔莫卧儿帝国腹地的印度北部和南部达罗毗荼文明的分界。德干高原两侧分别以西高止和东高止山脉为界,它们在南部共同构成了泰米尔纳德邦的尼尔吉里丘陵。

在德干高原的西部界限上,西高止山海拔骤降,构筑了一个狭长的海岸低地,形成一片葱郁的热带雨林斜坡带。

印度洋群岛

印度近海有众多群岛,在政治上属于印度,但是地理上却与东南亚陆地和印度洋群岛相关联。安达曼群岛和尼科巴群岛位于孟加拉湾远处,拉克沙群岛(位于喀拉拉邦以西300公里)的珊瑚礁是马尔代夫群岛向北的延伸,陆地面积仅有32平方公里。

环境问题

超过10亿的人口、不断扩张的工业和城市中心、农业化肥用量的增加,都使印度的环境处于巨大压力之下。据估计,印度65%的土地正在经历不同程度的退化,大部分问题都颇为严重,而且历届政府在实现大部分环保目标方面一直力不从心。当前的许多环境问题都与20世纪60年代的"绿色革命"(Green Revolution)脱了干系。当时化肥和杀虫剂的使用,给印度农业产出带来了巨大的增长,但却付出了牺牲环境的巨大代价。

虽然有许多环保立法,但是腐败使环境退化问题持续恶化———一些涉及水电和采矿业的企业公然蔑视法律就是例证。一般来说,受影响最大的人都是低种姓的农民和阿迪瓦西人(部落民),他们政治实力有限,无法与背景雄厚的大公司抗争。

过度耕作导致土壤退化、土壤盐渍度不断上升,森林覆盖率持续降低、灌溉设施不足等原因,使农业产量逐年下降。人力成本低得让人心碎,所有这些问题的潜在原因都可归结为基本的马尔萨斯人口论原理:印度的土地需要支持太多的人口。

与其他地方一样,旅游业的蓬勃兴起也使当地面临着发生改变和环境问题更加恶化的双重选择。例如,果阿邦的许多环境问题就是不负责任的

> **风景 环境问题**
>
> 安达曼群岛和尼科巴群岛由572个岛屿组成,是一片巨大的海底山脉的顶峰。这片海底山脉绵延近1000公里,位于缅甸和苏门答腊岛(印度尼西亚)之间。
>
> 2016年世界卫生组织(WHO)的报告显示,印度有四个城市位列世界污染最严重的10个城市之列,而在前20大污染最严重的城市中,印度占了10个。

跨越未来

印度正在努力突破不断严重的困境:如何节俭地发展现代化,同时又不破坏剩下的环境,以及不加剧全球气候问题。在一些争议性案例中,政府饱受批评。从一方面来说,总理莫迪已将2019年之前净化恒河确立为自己的个人任务,他目前已大力宣传并展开"清洁印度"(Swachh Bharat)运动,以减少全国垃圾污染,支持大规模太阳能发电。据报道,莫迪政府正在计划一个规模达到30亿美元的全国太阳能电池板生产工业,计划到2022年前后,将可再生能源发电量提高到175千兆瓦。不过政府在国内采煤领域也遭遇了挑战(这是温室气体排放的一个主要来源)。印度是世界第三大产煤国,虽然近年来国内煤炭产量一直在增长,但是对于发电来说,这样的增长率仍无法满足需求,从而使得印度越来越依赖进口煤炭。

旅游业发展直接造成的。在印度旅行时，请时刻考虑你的行为所带来的环境影响。

气候变化

不断变化的气候模式——归因于全球碳排放——给印度的部分地区带来了令人担忧的极端天气。虽然印度的人均碳排放量远远在美国、澳大利亚和欧洲国家之后，但是庞大的人口基数使其成为一个巨大的污染源。

据估计，到2030年，洪水和旱灾造成的损害将增加30%。在拉达克的山区沙漠里，增加的降雨正在改变历史悠久的农耕模式，附近雪峰上的冰川已经在以让人警惕的速度消融。在2013年，破坏性极强的洪水袭击北阿肯德邦——据未经确认的估计，几天内，有6000至50,000人遇难。2014年，大洪水袭击克什米尔山谷，淹没了斯利那加，造成大范围毁坏，多人丧生。与此相反，其他地区的降雨量却不断减少，导致出现旱灾以及因争抢水资源而发生的骚乱。拉克沙群岛的一些岛屿以及低洼的恒河三角洲平原正面临被不断上升的海平面淹没的危险。

滥伐森林

自独立以来，印度有5万平方公里的森林被砍伐以获取木材和耕地，或者是因为城市扩张、采矿、工业化和修建拦河大坝而遭到破坏。即使是在资金充裕、受到严格保护的"老虎计划"保护区公园里，因为非法伐木而被标为"退化"的森林，面积也是原来的三倍。红树林的数量自20世纪90年代初以来减少了一半，从而使印度洋和孟加拉湾丰富的鱼类失去了栖息繁育场所。

印度于1951年开始实施的第一个五年计划，充分肯定了森林对于保持土壤的重要性，并且制定了众多政策来提升森林覆盖率。虽然取得了一些成功，但是政府官员徇私枉法，犯罪分子有法不依，普通人也砍伐林木用来生火和放牧，所有这些都让政策成为一纸空文。你能做什么？在旅行途中尽量不要使用烧柴火的炉子。此外，你可以支持众多面向农村社区鼓励人们种树的慈善团体。

> 根据《印度国家森林报告》，2013年至2015年，印度的森林覆盖面积增加了5081平方公里，米佐拉姆邦的覆盖率最高，达到88.9%。

水资源

众所周知，印度公众健康的最大威胁是缺乏洁净饮水和基本卫生设施。印度人口不断增加，农业、工业和生活用水量都将急剧上升，尽管政府已经制定了政策来引导人们控制用水。世界卫生组织（WHO）预计，在印度3000多个城镇中，只有不到12个拥有充足的污水处理设施。许多城市将未经处理的污水和部分火化的尸体直接排入河中，而露天厕所在大部分农村地区（以及许多城市）都是日常生活的一部分。

河流也受到随意丢弃的垃圾、工业污染和废弃物污染的影响——萨巴尔马蒂河、亚穆纳河和恒河是地球上污染最严重的河流。如今，印度至少有70%的淡水水源被不同程度地污染。近年来，干旱在次大陆部分地区造成严重损失（拉贾斯坦邦和古吉拉特邦尤为严重），已经成为农村向城市迁徙的极大动因。

水权分配是另一个棘手的问题。从1947年开始，估计共有3500万人因建造大坝而移民，这些大坝多用来为这个能源短缺日益加剧的国家提供水电。虽然水电是一种绿色的能源，但是为建造新电厂，印度各地众多峡谷牺牲了环境，而且流离失所的移民往往无法获得足够的补偿。

生存指南

欺诈 1204	住宿 1217
受污染的饮食 1204	地图 1220
信用卡欺诈 1204	邮政 1220
下药 1204	电话 1220
宝石欺诈 1205	上网 1222
索要高价 1205	时间 1222
摄影 1205	厕所 1222
偷窃 1205	旅行安全 1223
兜售者和佣金中间人 .. 1205	法律事务 1223
交通欺诈 1205	残障旅行者 1224
	LGBTI旅行者 1224
女性和	语言课程 1224
独自旅行者 1207	
	交通指南 1226
出行指南 1210	**到达和离开** 1226
签证 1210	**当地交通** 1229
保险 1212	
货币 1212	**健康指南** 1239
电源 1213	
使领馆 1214	**语言** 1246
海关条例 1216	**幕后** 1260
旅游信息 1216	**索引** 1261
营业时间 1216	**地图图例** 1268
节假日 1216	**我们的作者** 1269

欺诈

遗憾的是,印度的骗局非常出名,各类老套的和新式的骗局层出不穷。当然,如果多一点常识并采取适当的谨慎态度,你就可避免多数这样的骗局。不过,这些问题一般在热门大城市(例如德里或孟买),或是游客大量聚集区域(如拉贾斯坦邦)更为突出,果阿邦和喀拉拉邦则相对较少。与旅行者交流可了解最新欺诈手法。登录Lonely Planet荆棘树论坛(Thorn Tree Travel Forum; www.lonelyplanet.com/thorntree)的印度分版,常有旅行者及时发布他们在旅途中遇到的问题并予以警示。注意,在一些案例中,诈骗者会说专门针对日本游客的语言。

受污染的饮食

➡ 20世纪90年代末在印度北部曾经发生过一件诈骗案:由于餐厅与黑诊所相勾结,游客在食用了加入危险细菌的食品后死亡;近来我们没有听说此类报告,不过此类诈骗案有可能重新出现。在另一些与此类手法无关的单独的个案中,某些诊所为了骗取保险公司更多的赔偿,实施过度治疗。

➡ 大多数瓶装水是可以饮用的,但要确保瓶盖密封完好,还有瓶底没有被动过手脚。在旅途转车时,如果可能的话,尽量携带包装食品。在长途汽车站或火车站吃饭的话,最好选择顾客较多、生意兴旺的店面,并且只从东西卖得快的地方购买食物。

信用卡欺诈

用信用卡购买纪念品时要小心。政府开办的商店通常是合法的,但是据说有些私人纪念品商店会盗刷多张信用卡交易联,随后用它们伪造虚假交易。务必要求店主当面刷卡。记住卡上CVV／CVC2号码然后将数字刮掉,也不失为一个好主意,这样可以避免不当使用。在一些餐厅,侍者会问你要密码,然后将你的信用卡拿去刷卡机——永远不要把密码告诉任何人,要求亲自使用机器输入密码。

下药

曾发生过游客(尤其是独自旅行者)被下迷药后遭劫或明显遭受袭击的案例。在饮

确保安全

➡ 购买合适的旅游保险至关重要。

➡ 将你的护照身份页、签证和机票复印件扫描后保存到自己的电子邮箱,并随身携带纸质复印件。

➡ 将钱和护照放在隐蔽的贴身腰包里或者衬衫内层的安全的地方。

➡ 从大叠现金中留出至少100美元单独存放。

➡ 当支付服务费用或进行酒店入住登记时,不要当众露出一大沓现金。

➡ 在价格便宜的酒店里可考虑使用自备挂锁。

➡ 如果酒店房门不能从房间内部安全锁上,建议换个地方住。

料中下药使人昏睡是常见手法——和商贩串通加料的巧克力、奶茶以及"自制"印度食品,甚至有些瓶装水也曾被动过手脚。

宝石欺诈

巧舌如簧的行骗高手信誓旦旦保证万无一失的"快速致富"方案,听起来非常有说服力,所以要当心。在这类诈骗案中,旅行者被要求携带或邮寄宝石回国,然后再将宝石转卖给商家在海外的代理商(根本是子虚乌有的人)以获利。无一例外,这些货物即使真寄回了国,也根本不值你所支付的价格的零头,并且所谓的"代理商"根本就是不存在的。

不要相信骗子口中无法获得出口许可证这样的凄惨故事,也不要相信其他游客展示给你的证明信——都是假的。旅行者反映:此类诈骗案在阿格拉、德里、杰伊瑟尔梅尔或其他一些地方均发生过,在斋浦尔尤为严重。此类骗术还会涉及地毯、古玩和细羊毛披肩等物品。

索要高价

在接受没有规定价格的服务时一定要事先协商好价格,尤其适用于友好的街头导游、名胜景区的小吃店,还有机动三轮车以及不打表的出租车。

摄影

在拍摄人像时,请运用你的直觉(最好是先征求许可)。如果没有得到许可,你可能会被要求付费。

偷窃

➡ 无论是在印度还是在其他地方,盗窃现象都很常见。给行李上好锁并用链锁固定在公共汽车和火车上。记住,在火车出站时经常出现抢夺物品的情况,此时你要去追回物品已经来不及了。

➡ 在宿舍要格外小心,贵重物品要随身携带。

➡ 记住晚上要锁好房门;盗贼趁住客睡觉期间进屋行窃不是新鲜事。

兜售者和佣金中间人

➡ 出租车司机和机动三轮车司机经常会强迫你住进他们所推荐的酒店,只为随后收取佣金(包含在你的房费里面)。

➡ 在可能的情况下,预订酒店(只需订第一晚)并要求店接车。你经常会听"路人"称你选择的酒店"房满"或"歇业"——还是自行了解清楚为妙。到达前一天请再次确定你的预约。

➡ 对"我哥哥的店"或"我朋友给出的优惠价"这类的说辞要保持警觉。很多骗子是与纪念品摊位勾结串通起来的。

➡ 小心那些在火车站和汽车站主动提供帮助的友好之人和"官员",他们接着就会带你去找旅行社,收取回扣。表现得自信一些,如果有人问你是不是第一次来印度,就说你已经来过好几次了。告诉兜售者你已经预付了你的交通/团队游/续程费用,这或许会有助于让你甩掉他们。

交通欺诈

➡ 到达火车站和机场后,如果没有预约接站服务,可以从Uber叫车,或者去找无线电出租车、预付费出租车和机场穿梭巴士柜台。千万不要搭乘周围号称低价的黑车,尤其是在

其他高级欺诈

➡ 黏糊糊的东西(污垢、油漆、粪便)突然落在你的鞋上,此时擦鞋人就奇迹般地出现了,然后提供清洁服务——当然是收费的。

➡ 有些商店会高价出售SIM卡,而且不激活;最好是到官方商店购买SIM卡,并且在离开此地前确定能使用(激活可能要等24小时)。

➡ 商店、餐馆或导游会"假借"比他们更成功、更受欢迎的竞争对手的名号。

➡ 兜售者声称自己是"政府认可"的导游或代理,然后狠宰你一大笔钱。到当地的旅游办事处咨询获得许可证的导游,并要求查看导游的身份证明。

➡ 一些假冒成旅游办事处的"旅行社"很狡猾,他们的真正目标是以高价向你出售团队游、票券和旅游服务。

晚上。

➡ 预订多日观光游的人,请先研究好你自己的日程,千万要小心那些提供从德里出发到克什米尔的船屋旅行——多年来我们已经收到许多可疑的交易投诉。

➡ 在非正规运输公司登记处购买长途汽车车票、火车票或飞机票时,需确保你拿到符合票价相应等级的票。尽可能使用官方的网站在线预订。

➡ 火车站的骗子(甚至可能会穿制服,戴"正规"的徽章)可能会告诉你,你要坐的车取消/遭遇洪水/坏了,或者说你的车票无效,或者在站台上必须付钱才能让电子票生效。在火车站不要回应任何主动上前跟你搭话的人。

女性和独自旅行者

女性旅行者

虽然在2012年一名当地女孩惨遭轮奸和谋杀的恶劣案件发生后，惩罚条款就变得更加严厉，但据报道，印度针对女性和女孩的性侵事件的数量仍然有所上升。在过去几年中，曾发生数起针对游客的性袭击案件，不过应该记住，绝大多数旅途都是安全的。

讨人厌的关注

男性讨人厌的关注是一个普遍问题。

➡ 做好被人盯着看的准备；你只要学会适应就行了，不要被它干扰，也不要受到影响。

➡ 不要回盯男性，这会被视为一种挑逗。

➡ 墨镜、手机、书或平板电脑是避免无谓的交谈的实用道具。

➡ 戴上结婚戒指，说自己已婚，很快就要与丈夫碰头，这是另一种屏蔽讨人厌的关注的方法。

着装

虽然你会看到德里、孟买和金奈的上层/中产阶级女性的穿着和纽约、伦敦没什么两样，但其余地区的女性的穿着会趋于保守。对于游客来说，入乡随俗的得体穿着可以减少令人不悦的关注目光。

➡ 不要穿无袖背心、短裤、短裙（推荐及踝长裙），衣服忌暴露、透明、紧身或暴露太多皮肤。

➡ 穿着印度风格的服装是受欢迎的。

➡ 用一块dupatta（长头巾）覆盖在T恤衫上是另一个避免被盯着看的好方法——游览神庙时还可方便地用它包裹头部。

➡ 身着沙瓦克米兹（印度的传统服装，包括上衣和裤子的套装）有助于让你更快融入当地；遮盖住牛仔裤或裤子的kurta（长衬衫）也是个不错的选择。

➡ 不要在公众场合外穿纱丽的紧身短上衣（choli）或纱丽衬裙（一些外国女性将它错当成裙子）；那样相当于半裸着身子。

➡ 除了泳池以外，在公共场合游泳时，许多印度女性都会穿着长款短裤和T恤衫；在从海滩回酒店的路上，套一件纱笼会是个明智的选择。

性骚扰

已经收到多起女性旅行者在印度受到性骚扰的报告，最常见的是言语侮辱和身体接触。

➡ 女性游客曾遭遇挑逗性动作、戏弄，在街上遭遇"意外"的身体接触和尾随。

➡ 在热闹（且拥挤）的公众节日期间，这种情况尤为常见，比如庆祝胡里节时。如果人群聚集，一定要离开，或者找个更安全的地方观看，这样你才能躲避咸猪手。

➡ 有男性陪同的女性旅行者遭遇骚扰的概率较低。

注意安全

以下贴士能有效帮助你

避免旅途中出现的不安或危险情况：

➡ 随时注意周边环境。如果感觉不对，相信直觉。走路要小心。不要一惊一乍，但也不要鲁莽。

➡ 与陌生男性交谈的时间不要过长——跟一个萍水相逢的人进行毫无意义的交谈会被误解。

➡ 如果你感到某人正在靠近你，那多半就是如此。坚决地命令他保持距离可能会解决问题，如果你的音调高到能引来路人的注意，那样起到的效果就尤为明显。保持沉默同样有效。

➡ 遵循当地女性的行为方式，用说"Namaste"（合十礼并说你好）代替握手——这是一种礼貌的印度传统问候方式。

➡ 避免佩戴看起来价值不菲的珠宝和华丽装饰品。

➡ 有同伴陪同的女影迷在前往影院观影时，可降低遭遇骚扰的概率。

➡ 在酒店时一定要锁上门，因为工作人员（特别是在经济型旅馆和中档酒店）敲门后会在未经你允许的情况下走进房间。

➡ 不要让任何不认识的人或是刚刚遇见的人进入你的酒店房间，哪怕他们是你选择的旅游公司的工作人员，宣称要与你讨论旅途中出现的问题。

➡ 即使是在白天，也要避免孤身前往偏僻的地方。远离gallis（窄巷）、偏僻的道路、海滩和遗址。

➡ 在公共场所表现出自信；避免显露出迷路的样子（这样更显脆弱），在酒店（或餐厅内）查阅好地图方位，而不要在大街上看地图。

出租车和公共交通

女性享有几点优势；在乘坐公共汽车和火车时，女性通常可以插队上车而不用承担任何后果，火车上有专供女士使用的特殊车厢。一些车站还有女性专用候车室。

➡ 提前告知酒店来接机，飞机在夜间抵达时，这一点很有必要。

➡ 避免在晚上独自乘坐出租车，绝不允许超过一名男性（也就是司机）出现在车上——请无视他们所说的"他不过是我的兄弟"之类的话。

➡ 德里和其他城市有持许可证的配有无线电设备的预付费出租车服务，比如Easycabs——价格比普通的预付费出租车要高，但它们自诩安全，司机要通过审查才能上岗。

➡ Uber和Ola出租车也很有用，因为价格是固定的，而且能提前获得司机的车牌号，这样你就能确认是否为正确车辆，如果想保证安全，也可以将详细信息发送给其他人保存。

➡ 独自搭乘机动三轮车时，假装在给某个人打电话或发短信，表示亲友知道你的行踪。

➡ 不要安排行程致使深夜逗留/抵达汽车站或火车站，即便天刚黑也不行。

➡ 据女性独自旅行者报告：坐火车时选择高价位的车厢会使受到骚扰的情况有所减少。

➡ 如果你要在火车上过夜，最好选择2类空调卧铺外面的上铺；这样能远离咸猪手，而且周围会有许多其他乘客，不像1类空调4人卧铺包厢那样（里面可能只有另一个乘客）。

➡ 在搭乘公共交通工具时，遇到有人动手动脚时可立刻将其推开，用行李将自己和他人隔开，开口指责（吸引公众注意），或者干脆换个地方。

健康和卫生

➡ 到处都可以买到卫生巾，但卫生棉条一般只在药店有售。

实用网站

访问www.journeywoman.com和www.wanderlustandlipstick.com可获取女性旅行者的个人旅行经验。Breathe, Dream, Go（breathedreamgo.com）和Hippie in Heels（hippie-inheels.com）两个网站也提供了许多旅行方面的信息。

独自旅行者

在印度独自旅行可能很有趣，因为当地人一般都很热情，乐于助人，而且对游客很有兴趣。你很可能会被印度家庭"收留"，尤其是当你们同乘一趟长途火车时。这是结交朋友和进一步理解当地文化的绝佳机会。如果你希望结识旅行者，德里、果阿邦、拉贾斯坦邦、喀拉拉邦、默纳利、摩洛甘济、列城、阿格拉以及瓦拉纳西这些旅游热门地点都是不错的选择。你还可以在Lonely Planet的荆棘树论坛（www.lonelyplanet.com/thorntree）里寻找旅伴。

费用

独自旅行者面临的最大

问题就是费用。

➡ 单人间的价格有时候不见得比双人间便宜太多。

➡ 有些中档和高级酒店甚至不提供单人间价格。

➡ 与酒店协商获取更低的单人铺价格,这永远值得尝试一下。

安全

大多数独行者在印度旅行时不会遇到什么大问题,但是像在其他地方一样,在陌生环境里保持警觉总是明智的。

➡ 独自旅行者容易成为一些品行不端者(包括当地人和旅行者)偷窃和性骚扰的对象。

➡ 单身男性在偏僻地区闲逛时,甚至在光天化日下还遭遇过抢劫。

交通

➡ 找人合乘出租车或机动三轮车以及在租车进行长途旅行时找人一起承担费用,都能为你节省开支。

➡ 独自旅行者有机会坐在长途汽车上的"副驾驶"座位(靠近司机处),这不仅能使你尽情欣赏前方的风景,还方便放置大件行李。

出行指南

前往印度的中国个人旅行者可以申请至多90天单次入境的旅游签证，签证有效期从签发之日算起，而非从入境之日起。如果签证上没有注明停留期限，表示旅行者在签证有效期内入境，可一直停留到有效期的最后一天。如签证上注明了停留期限，则在印度停留的时间不能超过签证上的停留期天数。印度内政部外国人管理处会根据申请人不同情况，延长申请人的旅游签证时间，最长不超过3个月。在印度逗留最长时间不超过6个月。旅游签证签发给那些以单纯旅游为目的的申请者，入境只能是观光、探亲、访友等非正式的活动。旅游签证不可转为其他类别的签证。持旅游签证入境的申请人不得在印度从事其他活动。

目前，赴印的签证申请全部由印度签证中心代为递交材料，申请者需要提供的材料主要包括：

填写完整并签名的签证申请表格

近期2寸（5cm*5cm）白色背景的正面照片，面部与双耳图像清晰（不接受扫描件）

至少2张连续空白页的有效护照（到签证申请日至少6个月的护照有效期）

护照信息页和签名页的复印件各一张（护照上须用墨水笔签字）

往返机票订单复印件（接受电子机票）

中国身份证复印件（正反面）

具体行程安排（要求申请人在上面签字）

签证流程和需要提交的材料请参考印度签证中心网站www.blsindia-china.com。面向中国人的旅游签证费：709元，签证服务费：32元；若需要邮寄签证服务，再加收65元。另外，签证申请原则上按照户籍划分领区，不过也有申请者依据出示的工作证明，跨领区申请到签证的成功案例。北京领区：安徽，甘肃，贵州，河北，黑龙江，河南，湖北，江西，辽宁，青海，山西，山东，陕西，北京，天津，重庆，内蒙古，宁夏，西藏，新疆；上海领区：上海，浙江，江苏；广州领区：福建，广东，广西，海南，湖南，四川，云南。

北京印度签证中心（☎010-8446 3955；北京市朝阳区麦子店西路3号新恒基国际大厦723室；递交材料：⊙周一至周五8:30~15:00，领取签证：⊙周一至周五8:30~17:30）

上海印度签证中心（☎021-5255 6275；上海市长宁区延安西路2299号上海世贸商城展览馆10层J12室；递交材料：⊙周一至周五8:30~15:00，领取签证：⊙周一至周五8:30~17:30）

广州印度签证中心（☎020-3884 3689；广州市天河区天河北路183号大都会广场13楼1304室；递交材料：⊙周一至周五8:30~15:00，领取签证：⊙周一至周五8:30~17:30）

对于超过6个月的签证，你应该在抵达印度后的14天内到位于德里的**外国人地区登记处**[Foreigners' Regional Registration Office，简称FRRO；☎011-26711443；frrodil@nic.in；Level 2, East Block 8, Sector 1, Rama Krishna (RK) Puram, Delhi；⊙周一至周五9:30~15:00]进行登记。在你申请签证时可以咨询这些特殊情况。

印度从2015年开始推行电子签证。印度电子旅游签证的有效期为一年，可多次入境，单次停留时间不超过90天，签证费为80美元。无需单位证明和银行存款，无需提前预订机票和酒店，只需确定入境日期、入境机场以及离境机场即可。2019年8月30日，印度旅游部推出新签证政策：增加了有效期为5年的电子旅游签证，可多次入境，单次停留时间不超过90天，签证费为82美元；增加了有效期为30天的电子旅游签证，可两次入境，旺季（7月至次年3月）签证费为25美元，淡季（4月至6月）签证费为10美元；对于有效期为1年的电子旅游签证，签证费降至40美元。申请人在预计抵达日期前4天申请电子签证，至多提前120天申请。

持有印度电子签，外国人只能从28个指定机场和5个指定的港口入境。28个指定机场包括：艾哈迈达巴德、阿姆利则、巴格多格拉、班加罗尔、布巴内斯瓦尔、卡利卡特、金奈、昌迪加尔、科钦、哥印拜陀、德里、格雅、果阿、古瓦哈蒂、海得拉巴、斋浦尔、加尔各答、勒克瑙、马杜赖、门格洛尔、孟买、那格浦尔、布莱尔港、浦那、蒂鲁吉拉伯利、特里凡得琅、瓦拉纳西和维沙卡帕特南；5个指定的港口包括：科钦、果阿、门格洛尔、孟买和金奈。出境时，外国人可从印度的任何授权移民检查站（ICP）出境，也即可从任意陆海空口岸离境。

欲知详情，可查询印度电子签证网站（https://indianvisaonline.gov.in/evisa/tvoa.html）。

再次入境要求

大多数游客都可以在印度及其邻国之间自由通行。如果计划乘飞机离开印度，但没有可以再次入境印度的签证，在加德满都重新申请签证会非常麻烦。不过，阿富汗、中国、伊朗、巴基斯坦、伊拉克、苏丹、巴基斯坦外籍人士和无国籍人士在60天内禁止再次入境。

电子旅游签证

包括阿尔巴尼亚和津巴布韦在内的超过100个国家的公民均可登录网站indian-visaonline.gov申请30天的电子旅游签证，至少要在出发前4天申请，最长可提前30天申请。

申请费用为60美元，必须上传一张照片和护照复印件，而且要求护照有效期至少还有6个月并且至少有2页空白页。入境机场共有16个，包括德里、孟买、班加罗尔、金奈、科钦、果阿、海得拉巴、加尔各答和特里凡得琅等地机场，但从任何机场均可出境。还应该准备返程或继续旅行的机票，虽然并非每次都需要出示。

如果申请得到批准，你会收到一封带附件的电子邮件，你需要将其打印出来，随身携带至入境机场。然后机场会将电子旅游签证贴在护照上，也就构成"落地签"，不过此程序需要提前申请。签证从入境当日开始生效。

签证延期

印度对于签证延期申请的审理是非常严格的。在撰写本书之时，政府只在以下情况下可批准延期申请：申请人发生了紧急医疗情况或在即将离开印度时（在签证的最后期限）申请人的护照失窃。

如果你因为任何诸如此类的紧急事件而需要延长签证期限，应联系位于德里的**外国人地区注册办公室**（FRRO；见78页地图；☎011-26711443；frrodil@nic.in；Level 2, East Block 8, Sector 1, Rama Krishna Puram, Delhi；◷周一至周五9:30～15:00；ⓂGreen Park）。如果你要补发丢失或被盗的护照（离开印度前必须要做的），这里也是延期和补发签证的地方，其他各地区的FRRO不可能批准你的延期申请。

如果你满足了严格的条件，FRRO会批准为期14天的签证延期期限（为大多数国家的公民免费办理；申请时应先咨询）。你需要提供一张护照照片（带上2张，以防万一）、护照（或护照丢失时暂持的紧急旅游文件），以及如果遇到紧急就医的情况，需要提供正在接受治疗的医院出具的证明信。注意：这种延期程序是为了让你在取得必要的官方印章后及时离境，而非给予额外2周的旅行和休闲时间。

许可证

如果前往印度的某些地区，尤其是存在争议的边界地区，针对印度居民和外籍人士的许可制度会稍有区别。

内线许可证（Inner-Line Permit，简称ILP）或者禁区许可证（Restricted Area Permit，简称RAP）用于前往锡金邦、喜马偕尔邦的某些地区和北阿肯德邦等地区，这些地区都需要持有许可证。前往安达曼群岛和拉克沙群岛以及古吉拉特邦喀奇的部分地区也必须持有许可证。

取得ILP或RAP一般只是一种形式,但是旅行社必须替你申请前往某些地区的ILP或RAP,这些地区包括许多靠近边境的徒步旅行路线。

许可证由地方官员和地区长官签发,可由旅客亲自办理(免费)或通过旅行社办理(需要支付手续费)。在某些地区,你还需要支付300卢比的环境税,一定要留好收据。

前往奥里萨邦的部落地区,现在已不再需要许可证,而且也不再阻止游客乘坐公共汽车或出租车参观地区集市,不过有些村庄依然禁止游客参观(因为存在潜在的骚乱危险),所以出发前先咨询当地人。

在你动身前往这些地区之前,我们建议你咨询旅游业官员,确定许可证申请情况是否有所变更。

保险

➡ 强烈推荐购买涵盖失窃、遗失和医疗(还有紧急空中医疗撤运)的综合旅行保险,美亚、安联和中国平安等几家保险公司是中国旅行者经常会选择购买的保险。

➡ 有些保险方案会排除潜在的危险活动,如水肺潜水、滑雪、骑摩托车、滑翔伞运动,甚至是徒步旅行。要仔细阅读保险条款的细则说明。

➡ 一些徒步旅行代理商可能只会接受购买了直升机紧急撤运保险的客人。

➡ 如果你打算在印度租一辆摩托车,需确保租赁政策至少包括了第三方保险。

➡ 提前核实你的保险计划是直接付账给医生和医院,还是事后报销(保留好所有单据文件,以便索赔)。

➡ 在印度如果你有任何东西被偷的话,一定要取得警方出具的证明文件,否则保险公司有可能拒绝赔偿。

➡ 关于全球旅行保险,可登录www.lonelyplanet.com/bookings查询。你可以随时在线购买、延期和索赔保险——即使你已踏上旅程。

货币

大多数城镇都有自动柜员机;带上现金备用。万事达卡和维萨卡的接受度最广泛。

自动柜员机和电子转账

➡ 在印度,自动柜员机分布广泛。

➡ 维萨卡(Visa)、万事达卡(MasterCard)、Cirrus、万事顺卡(Maestro)是接受度最广泛的信用卡。

➡ Axis银行、花旗银行、HDFC、汇丰银行、印度工业信贷投资银行(ICICI)和印度国家银行的自动柜员机接受外国卡。其他银行接受主要的信用卡(维萨卡、万事达卡等)。在印度,所有的ICICI银行、Axis银行、联合银行、Punjab国家银行、Canara银行以及41家银行和金融机构旗下的自动柜员机可使用银联卡提取卢比现金。

➡ 每次交易的提款限制有所不同。可能低至2000卢比,一般最高为10,000卢比。提款金额越高,手续费越低。花旗银行的自动柜员机一般最适合提取大笔金额。

➡ 旅行出发前可问清楚你的银行卡是否能够被印度的银行系统顺利接受,并咨询收费的详细情况。

➡ 最好提前通知你的发卡行,你将在印度使用银行卡,以免卡被冻结。为防万一,记下你的银行客服电话。

➡ 要将你的银行信用卡电话挂失号码在安全的地方备份,与卡分开存放,一旦丢失或被盗的话要马上挂失。

➡ 在远离主要城镇的地方旅行时,一定要携带现金(包括一定数量的卢比)。

黑市

印度有货币兑换黑市,但合法的货币兑换处满街都是,因此除非是需要在陆路边境口岸兑换少量现金,否则没有必要使用非法货币兑换服务。如果有人在街上搭讪表示可以提供换钱服务,那么你就很有可能陷入欺诈骗局。

现金

➡ 在印度各地,美元、英镑和欧元等主要流通货币很容易兑换。

➡ 一些银行也接受其他币种,例如澳大利亚元和加拿大元、瑞士法郎。

➡ 私营的货币兑换处可兑换更多种类的货币,但是在边境地区以外的地方较难兑换巴基斯坦、尼泊尔和孟加拉国的货币。

➡ 在一些偏远地方旅行时,要携带足够的卢比。

➡ 换钱时,或拿到找零时,注

意检查每一张钞票。不要接受任何很脏、很皱或破损的钞票,因为这些钱可能很难花出去。

➡ 找零钱可能比较麻烦,携带一定数量的小额钞票(10卢比、20卢比和50卢比)会非常有用。

➡ 你可以将用剩的卢比换成外国货币,这在机场最容易办到。你可能需要提供兑现证明或信用卡/自动柜员机收据,并出示你的护照和机票。

信用卡和借记卡

➡ 越来越多的商店、高档餐厅以及中高档酒店可接受信用卡,通常可以用来支付机票和火车票的费用。

➡ 在一些银行可以用主要的信用卡预支现金。

➡ 万事达卡和维萨卡是最普遍的信用卡。印度境内凡贴有标识的商户均可使用银联卡。境外使用银联卡或者通过银联网络消费、取款无货币转换费用,所发生的当地货币交易金额,将按市场汇率直接转换成人民币金额。

货币

1印度卢比(₹)为100派沙(paise, p),但是只有50派沙的硬币是合法的,而且很少见。硬币的面额有1卢比、2卢比、5卢比和10卢比(1卢比硬币和2卢比硬币看起来几乎相同);纸币的面额有5卢比、10卢比、20卢比、50卢比、100卢比、500卢比和2000卢比。

印度卢比采用一揽子货币挂钩制,近年来一直受到汇率波动的影响。

兑现证明

➡ 印度的法律规定:所有的外国货币都必须在官方的货币兑换处或者银行进行兑换。

➡ 对于每笔(官方)外汇交易,你都会收到一张兑现证明(收据),这让你在离开印度时可以将卢比换回外国货币。

➡ 兑现证明上的金额应高于你最终打算换回外币的卢比总额。

➡ 大多数银行也接受自动柜员机的打印收据作为国际交易证明。

国际转账

如果出现旅费不足的情况,家里人可以通过隶属于**西联汇款**(Western Union; www.westernunion.com)的货币兑换机构向你汇款。该交易收取手续费。

取钱的时候记得带上护照,报上汇款人的姓名和监控参考号码。

货币兑换处

私营货币兑换机构的营业时间一般比银行更长,并且几乎在任何地方都可以找到(许多兑换处还兼营网吧或旅行社)。

有些酒店也可以兑换外币,但是它们提供的汇率通常并不尽如人意。

小费

➡ 在餐厅或者酒店,服务费通常都已经包含在你的账单里,所以不是必须给小费。在小一点的地方没有服务费,所以最好给点小费。

➡ 酒店行李员和火车、机场的搬运工为你搬箱子,你可以给50卢比左右的小费表示感谢,酒店的工作人员如果为你提供了职责之外的服务,也可以给同样数目的小费表达谢意。

➡ 不必给出租车司机和人力三轮车夫小费,但可以给诚实收取车费的司机小费。

➡ 如果你雇一辆带司机的小汽车,服务不错的话,建议给点小费。

➡ 馈赠(Baksheesh)也可以被大致定义成"小费"范畴。从对乞丐的施舍到贿金都可称为Baksheesh。

➡ 许多印度人会恳请游客不要给孩子糖果、笔或者钱,因为这会鼓励他们行乞。不过为产生持续性的影响,你可以捐赠给声誉良好的学校或者慈善机构。

➡ 除非是在价格固定的商店(如政府商业中心和公平贸易合作社),否则讨价还价是很常见的行为。

电源

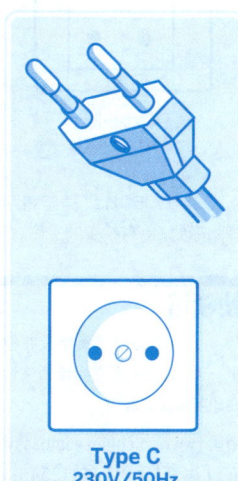

Type C
230V/50Hz

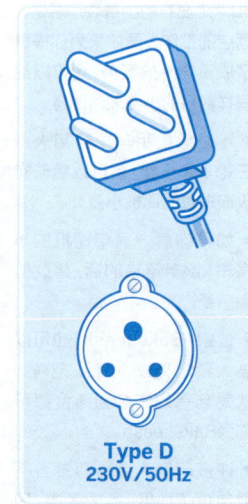

Type D
230V/50Hz

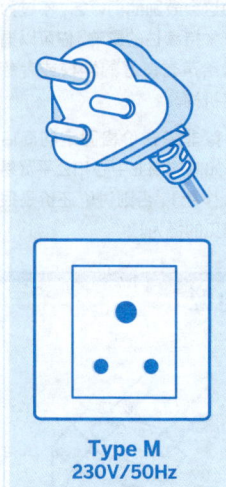

Type M
230V/50Hz

230V/50Hz。插座有两脚圆形的,也有较少的三脚。

使领馆

大多数外国使领馆设在德里,但也有几个国家的使领馆设在印度的其他城市。

中国(www.in.chineseembassy.org)德里(☏011-26112345; 50D, Shantipath, Chanakyapuri; MChanakyapuri);加尔各答(☏033-40048169; EC72, Sector I Salt Lake);孟买(☏022-56324303; Hoechst House, 193 Backbay Reclamation, Nariman Point)

新加坡(www.mfa.gov.sg/new-delhi)金奈(☏044-28158207; 17A North Boag Rd, T Nagar);德里(☏011-46000915; E6 Chandragupta Marg, Chanakyapuri);孟买(☏022-22043205; 152, Maker Chambers IV, 14th fl, 222 Jamnalal Bajaj Rd, Nariman Point)

马来西亚 德里(☏011-26111291/97; www.kln.gov.my/web/ind_new-delhi/home; 50M Satya Marg, Chanakyapuri)

孟加拉国 德里(☏011-24121394; www.bhcdelhi.org; EP39 Dr Radakrishnan Marg, Chanakyapuri);加尔各答(☏033-40127500; 9 Bangabandhu Sheikh Mujib Sarani)

不丹 德里(☏011-2688 9230; www.bhutan.gov.bt; Chandragupta Marg, Chanakyapuri)

缅甸(www.mofa.gov.mm/myanmarmissions/india.html)德里(☏011-24678822; 3/50F Nyaya Marg);加尔各答(☏033-24851658; 57K Ballygunge Circular Rd)

尼泊尔 德里(☏011-23327361; Mandi House, Barakhamba Rd);加尔各答(☏033-24561224; 1 National Library Ave, Alipore)

澳大利亚 德里(见78页地图; ☏011-41399900; www.india.highcommission.gov.au; 1/50G Shantipath, Chanakyapuri; MRacecourse);孟买(☏022-67574900; http://mumbai.consulate.gov.au; 10th fl, A Wing, Crescenzo Bldg, G Block, Plot C 38-39, Bandra Kurla Complex, Mumbai);金奈(见1022页地图; ☏044-45921300; http://chennai.consulate.gov.au; 9th fl, Express Chambers, Express Avenue Estate, White's Rd, Royapettah; ⊕周一至周五9:00~17:00)

比利时 金奈(见1022页地图; ☏044-40485500; http://india.diplomatie.belgium.be; Khader Nawaz Khan Rd, Nungambakkam; ⊕9:30~12:30和14:30~16:30)

加拿大 德里(见72页地图; ☏011-41782000; www.canadainternational.gc.ca/india-inde; 7/8 Shantipath, Chanakyapuri; ⊕领事馆 周一至周五9:00至正午);孟买(☏022-67494444; www.canadainternational.gc.ca; 21st fl, Tower 2, Indiabulls Finance Centre, Senapati Bapat Marg, Elphinstone Rd West, Mumbai)

法国 德里(见72页地图; ☏011-24196100; http://ambafrance-in.org; 2/50E Shantipath, Chanakyapuri; MChanakyapuri);孟买(☏022-66694000; www.ambafrance-in.org/-Consulate-in-Bombay; Wockhardt Towers, East Wing, 5th fl, Bandra Kurla Complex, Bandra East, Mumbai);本地治里(见1052页地图; ☏0413-2231000; www.ambafrance-in.org; 2 Marine St; ⊕周一至周五8:00~17:00)

德国 德里(见72页地图; ☏011-44199199; www.new-delhi.diplo.de; 6/50G Shantipath, Chanakyapuri; MChanakyapuri)

加尔各答（☎033-24791141；1 Hastings Park Rd, Alipore）；孟买（☎022-22832422；www.india.diplo.de；10th fl, Hoechst House, Nariman Point, Mumbai）；金奈（见1016页地图；☎044-24301600；www.india.diplo.de；9 Boat Club Rd, RA Puram；⊙周一至周四 7:30~15:30, 周五至13:30）

爱尔兰 德里（见72页地图；☎011-24940 3200；www.dfa.ie/irishembassy/india；C17 Malcha Marg, Chanakyapuri；MChanakyapuri）

以色列 德里（见72页地图；☎011-30414500；embassies.gov.il/delhi；3 Dr APJ Abdul Kalam Rd；⊙周一至周五 9:30~13:00）；孟买（☎022-61600500；http://embassies.gov.il/mumbai；Marathon Futurex, 1301, A Wing, N M Joshi Marg, Lower Parel, Mumbai）

日本 德里（见72页地图；☎011-26876581；www.in.emb-japan.go.jp；50G Shantipath, Chanakyapuri；⊙周一至周五 9:00~13:00和14:00~17:30）；孟买（☎022-23517101；www.mumbai.in.emb-japan.go.jp；1 ML Dahanukar Marg, Cumballa Hill, Mumbai）；金奈（见1016页地图；☎044-24323860；www.chennai.in.emb-japan.go.jp；12/1 1st St, Cenotaph Rd, Teynampet；⊙周一至周五 9:00~17:45）

马尔代夫 德里（见78页地图；☎011-41435701；www.maldiveshigh com.in；B2 Anand Niketan）

荷兰 德里（见72页地图；☎011-24197600；http://india.nlembassy.org；6/50F Shantipath, Chanakyapuri；⊙周一至周五 9:00~17:00）；孟买（☎022-22194200；http://india.nlembassy.org；1st fl, Forbes Bldg, Charanjit Rai Marg, Fort, Mumbai）

新西兰 德里（见72页地图；☎011-46883170；www.nzembassy.com/india；Sir Edmund Hillary Marg, Chanakyapuri；⊙周一至周五 8:30~17:00）；孟买（☎022-61316666；https://www.mfat.govt.nz/en/countries-and-regions/south-asia/india/new-zealand-high-commission/new-zealand-consulate-general-mumbai-india；Lvl 2, Maker Maxity, 3 North Ave, Bandra Kurla Complex, Mumbai）；金奈（见1016页地图；☎044-28112472；www.mfat.govt.nz；Rane Holdings Ltd, Maithri, 132 Cathedral Rd, Gopalapuram；⊙周一至周五 9:00~17:30）

巴基斯坦 德里（见72页地图；☎011-26110601；pakhcnewdelhi.org.pk；2/50G Shantipath, Chanakyapuri；⊙周一至周五 9:00~11:00）

斯里兰卡 德里（见72页地图；☎011-23010201；27 Kautilya Marg, Chanakyapuri；⊙周一至周五 8:45~17:00）；孟买（☎022-22045861；www.mumbai.mission.gov.lk；Mulla House, 34 Homi Modi St, Fort, Mumbai）；金奈（见1016页地图；☎044-28241896；www.sldhcchennai.org；56 Sterling Rd, Nungambak-

实用信息

报纸和杂志 英文日报包括《印度斯坦时报》(Hindustan Times)、《印度时报》(Times of India)、《印度快报》(Indian Express)、《印度报》(Hindu)、《政治家》(Statesman)、《每日电讯报》(Telegraph)、《每日新闻分析报》(Daily News & Analysis; 简称DNA)和《经济时报》(Economic Times)。

　　时事杂志包括《前线》(Frontline)、《印度今日》(India Today)、《一周》(Week)、《开放》(Open)、Tehelka和《展望》(Outlook)和《祖国》(Motherland)。

广播 国有的全印广播电台（All India Radio；简称AIR）是印度的国家广播公司，拥有超过220个播送本地及国际新闻的站点。FM频道很多，例如Private FM播放音乐、时事、谈话和其他类型节目，还有Mirchi FM。

电视和视频 全印电视台（Doordarshan）是印度的国家（政府）电视广播公司。更多人收看卫星和有线电视；英文频道包括BBC、CNN、Star World、HBO、National Geographic和Discovery。

度量衡 印度官方采用公制度量衡。你也可能会听到lakhs（1lakh= 100,000）和crores（1crore=1000万）这样的术语。

kam; ⊙9:00~17:15)

泰国 德里(见78页地图; ☎011-49774100; newdelhi.thaiembassy.org/en; D-1/3 Vasant Vihar; ⊙周一至周五 9:00~17:00); 加尔各答 (☎033-24407836; 18B Mandeville Gardens, Ballygunge); 孟买(☎022-22823535; www.thaiembassy.org/mumbai/en/home; 12th fl, Express Towers, Barrister Rajni Patel Marg, Nariman Point, Mumbai); 金奈(见1016页地图; ☎044-42300730; www.vfs-thailand.co.in; 3 1st Main Rd, Vidyodaya Colony, T Nagar; ⊙周一至周五 8:00至正午和13:00~15:00)

英国 德里(见72页地图; ☎011-24192100; Shantipath; MRacecourse); 加尔各答 (☎033-22885172; 1A Ho Chi Minh Sarani); 孟买(☎022-66502222; https://www.gov.uk/government/world/organisations/british-deputy-high-commission-mumbai; Naman Chambers, C/32 G Block, Bandra Kurla Complex, Bandra East, Mumbai); 金奈 (见1022页地图; ☎044-42192151; www.gov.uk; 20 Anderson Rd, Nungambakkam; ⊙周一至周四 8:30~16:30, 周五至13:30)

美国 德里(见72页地图; ☎011-24198000; http://newdelhi.usembassy.gov; Shantipath); 加尔各答 (☎033-39842400; http://kolkata.usconsulate.gov/; 5/1 Ho Chi Minh Sarani); 孟买(☎022-26724000; https://mumbai.usconsulate.gov; C49, G Block, Bandra Kurla Complex, Mumbai); 金奈 (见1016页地图; ☎044-28574000; http://in.usembassy.gov; 220 Anna Salai, Gemini Circle; ⊙周一至周五 8:30~17:00)

海关条例

按照官方规定，如果你到达印度时携带的现金超过10,000卢比、5000美元, 或货币总值超过10,000美元, 就必须进行申报。

出口禁品

为保护印度的文化遗产, 某些古董是禁止出口的, 尤其是那些被证实有超过100年历史的古董。声誉良好的古董经销商了解相关法律, 可通过申请出口通行证进行古董出口。如需了解禁止携带的物品的详细信息, 可登录印度考古局(Archaeological Survey of India, 简称ASI; http://asi.nic.in)的网站查询。

印度野生动物保护法(Indian Wildlife Protection Act)禁止任何形式的野生动物交易。不要购买任何危及濒危物种及其栖息地的产品——这样做会被处以高额罚款甚至监禁, 包括象牙、沙图什披肩(由罕见的藏羚羊的羊绒制作而成)以及由任何濒危物种的皮毛、皮、角或外壳制作而成的物品。由某些稀有植物制作而成的物品也禁止交易。

另外, 入境时不得携带超过一台笔记本电脑、两升酒、100支香烟或等值物、超过8000卢比的礼品和纪念品。

旅游信息

除了印度政府旅游办事处(也叫作"印度旅游"), 每个邦还设有自己的旅游办事处网络。其服务质量各不相同——有些旅游办事处的员工热情充沛、竭尽全力地帮人解决问题; 有些员工则很懒散, 只是忙着为本邦旅游发展公司招徕业务。

印度政府的旅游信息网站为**不可思议的印度**(Incredible India; www.incredibleindia.org)。

营业时间

以下的银行、办公室和餐厅营业时间为全年时间; 许多景点的开放时间分冬夏季, 有些淡季会歇业。

银行(国有) 周一至周五 10:00~14:00/16:00, 周六至正午/13:00/16:00; 每个月第2和第4个周六歇业

餐厅 8:00~22:00或正午至15:00, 晚餐 19:00~22:00或23:00

酒吧和俱乐部 正午至次日0:30

商店 10:00~19:00或20:00, 有些店铺周日歇业

市场 大城市 10:00~19:00, 一般会有一天歇业; 乡村集市或许每周一次, 从一大早持续至午餐前后

邮局 周一至周六 9:30~17:00

节假日

印度有3个国家法定公共

假期——共和日、独立日和甘地诞辰（国父日）——外加其他一些全国或地方节日，其中有许多是不同宗教的重要纪念日，日期每年有所不同。其中最重要的是印度各地中央政府办公室遵循的18个"公布节日"（以清单列出）。在这些节日中，大多数企业（办公室、商店等）、银行和旅游景点停业，但是交通运输通常不受影响。如果你打算在主要节日期间旅行，最好是尽早预订车票和酒店。

共和国日（Republic Day）1月26日

胡里节（洒红节，Holi）2月/3月

Ram Navami 3月/4月

摩诃毗罗诞辰（Mahavir Jayanti）3月/4月

耶稣受难节（Good Friday）3月/4月

安贝德卡博士生日（Dr BL Ambedkar's Birthday）4月14日

佛诞节（Buddha Purnima）5月

开斋节（Eid al-Fitr）6月

独立日（Independence Day）8月15日

黑天诞辰节（Janmastami）8月/9月

古尔邦节（Eid al-Adha）8月/9月

十胜节（Dussehra）9月/10月

国父日（Gandhi Jayanti）10月2日

穆哈兰姆月（Muharram）9月/10月

排灯节（Diwali）10月/11月

那纳克古鲁诞辰日（Guru Nanak Jayanti）11月

先知日（Eid-Milad-un-Nabi）11月/12月

政府旅游建议

下列政府网站上提供有旅游建议，以及关于当下的热点信息。

澳大利亚外交事务部（Australian Department of Foreign Affairs, www.smarttraveller.gov.au）

英国外交部（British Foreign Office, www.gov.uk/fco）

加拿大外交事务部（Canadian Department of Foreign Affairs, www.voyage.gc.ca）

德国外交部（German Foreign Office, www.auswaertiges-amt.de）

日本外务省（Japan Ministry of Foreign Affairs, www.mofa.go.jp）

荷兰外交部（Netherlands Ministry of Foreign Affairs, www.government.nl）

瑞士联邦对外事务部（Swiss Department of Foreign Affairs, www.eda.admin.ch）

美国国务院（US State Department, http://travel.state.gov）

圣诞节（Christmas）12月25日

住宿

在印度有各种可供选择的住所场所，从配备充电站和软枕头的新式旅舍，到带私人奢华游泳池的华丽宫殿，从用水桶洗澡的简陋住宿场所到可提供高级家常饭菜的客栈，应有尽有。我们列出的一些可供选择的住宿场所的第一考量因素是价格，其次是作者偏好。

类别

经济型住宿（$）既有城里的青年旅舍、酒店和客栈，也有乡村传统民宿。中档酒店（$$）一般提供有线/卫星电视和空调等额外设施。高端住宿（$$$）从五星级豪华连锁酒店到璀璨的历史宫殿，不一而足。

价格

考虑到在印度各地的经济型、中档和高档旅馆价格相差如此之大，因此无法准确地给每种旅馆类别划定一个"全国通用"的价格范围。大多数住宿场所的价格每年都在上涨，所以在你阅读本书时房费也许已经上涨了。在大城市（如德里、孟买）的住宿价格最高，农村地区（如比哈尔邦、安得拉邦）的价格最低。价格也有季节性变化特点——酒店价格在非旺季时段可下降20%至50%。在锡金邦等地区，直接入住比预订的价格更便宜。

价格图标

本书的价格指标指的是一间双人房的价格，包括独立卫生间，除非另有说明。

住宿价格区间

类别	孟买	拉贾斯坦邦	锡金邦
$经济型	低于2500卢比	低于1500卢比	低于1500卢比
$$中档	2500至6000卢比	1500至5000卢比	1500至5000卢比
$$$高档	高于6000卢比	高于5000卢比	高于5000卢比

预订

➡ 预订是个好想法,尤其是前往热门目的地时。有些酒店会在预订时要求用信用卡支付押金。

➡ 可以通过总部设在印度的Goibibo(www.goibibo.com)或Oyo Rooms(www.oyorooms.com)等网站预订酒店,在这两个网站注册的中高档酒店可提供高折扣价。不过质量参差不齐。

➡ 一些地方在登记入住时会要求缴纳押金,要索取收据,如果对方要求你在信用卡空白拓印件上签字也要保持警惕。如果酒店坚持要求,不妨以现金支付。

➡ 办理登记入住手续时要确认结账退房的时间。

➡ 酒店会提供各种住宿套餐价:European Plan(EP;只含房间);Continental Plan(CP;含早餐);Modified American Plan(MAP;半膳宿,含早餐和午餐/晚餐);American Plan(AP;全膳宿,包括早中晚三餐);以及Jungle Plan(在一些丛林度假屋中使用——AP外加一些巡游项目)。

季节

➡ 所列房价为旺季无折扣的全价。旺季通常是该地区观景与活动天气最好的时候——通常是在山区的春天和秋天(3月至5月和9月至11月),以及平原地区较凉爽的月份(11月前后至次年2月中旬)。

➡ 在颇受外国游客欢迎的地区,圣诞节和新年期间也是高峰时期,建议预订。

➡ 其他时段的折扣力度可能非常之大,如果酒店看上去很清静,可以试着要求打折。

➡ 一些位于果阿邦等地的酒店在雨季会歇业。像默纳利这样的山间避暑地的酒店冬天也会歇业。

➡ 许多寺庙城镇在主要节日和朝圣期间也属于住宿旺季。

税费和服务费

➡ 邦政府对酒店住宿征收各种各样的税费(除非入住价格在1000卢比以内的较为便宜的酒店),这些税费会被添加到你的房费里。

➡ 各邦的税费不尽相同。即使在一个邦内,额度也会有所不同,越昂贵的酒店,被征的税率越高。

➡ 一般会收取大约在房价10%至15%之间的"豪华税"。

➡ 许多高档酒店还增收额外的"服务税"(通常约为房价的10%)。

➡ 一般还会征收极少的Krishi Kalyan税(一项国家农业提案)和Swaccha Bharat Abhiyan税(一项国家公共卫生和基础设施提案),分别为房价的0.05%。

➡ 本指南中的房费包含税费。

➡ 注意:印度新出台的商品和服务税(GST)已开始征收,这影响到了全国的住宿税和收费。

经济型和中档旅馆

➡ 公共浴室(通常配有蹲式厕所)一般只在最便宜的住所中配备。

➡ 如果你选择经济旅馆,带上你自己的床单或睡袋衬垫、浴巾和肥皂。

➡ 在许多经济型的酒店里,驱虫剂、手电筒和挂锁是必不可少的配件。

➡ 噪音污染是令人厌烦的(特别是在城市中心);可带上一副耳塞并要求入住远离繁忙道路的房间。

➡ 将房门上锁始终是明智之举,因为有些员工(尤其是在经济型酒店)可能会在敲门后未经你的允许便走进房间。

➡ 注意:一些酒店会在晚上锁上大门。如果你回来很晚或出发很早,要提前通知酒店。

➡ 在一些远离旅游区的地方,较便宜的酒店可能不接受外国人入住,因为他们没有必备的外国旅客入住登记表。

露营和度假公园

印度的正式露营地很少。然而,野外宿营经常是徒步旅行途中唯一的住宿选择。

在一些山区或沙漠,你还会发现只在夏天才有营帐,这是附带卫生间的半永久式"瑞士帐篷"住所。

青年旅舍

印度各地出色的背包客旅舍正越来越多,尤其是在德里、瓦拉纳西、果阿和喀拉拉,这些旅舍都是高质量住宿场所,有带空调的宿舍、咖啡/酒吧、储物柜和免费的无线网络,很受那些想要与志同道合者交流的游客的欢迎。他们有男女混合宿舍,以及仅限女性居住的宿舍。全国范围的知名连锁品牌包括Stops(www.gostops.com)、Backpacker Panda(www.backpackerpanda.com)、Vedanta Wake Up!(www.vedantawakeup.com)、Moustache(http://www.moustachehostel.com)和Zostel(www.zostel.com)。有一些旅馆配有便宜的宿舍,这些可能是男女混合宿舍,在一些非旅游热点地区,店里可能住满了醉酒的男人——并不适合女性。基督教青年会(YMCA)、基督教女青年会(YWCA)和救世军组织(Salvation Army)以及与HI或YHAI(印度青年旅舍协会)相关组织经营的不少旅馆更适于旅行者,尽管有些死板。

政府招待所和游客平房

印度政府经营着许多面向出差的官员和公务员的招待所,通常被称为休息室(rest house)、驿站旅馆(dak bungalow)、环行房屋(circuit house)、PWD(公共工程部)平房和森林休息室(forest rest house)等。如果这些地方的房间没有政府工作人员入住,就可能会接受旅行者入住,但有时需要得到当地官员的许可。

"游客平房"(tourist bungalow)是由邦政府经营的——房间通常是中等价位(一些有廉价的宿舍),洁净度和服务水准不尽相同。

一些邦政府也经营着更为昂贵的连锁酒店,包括一些迷人的历史建筑。可通过邦旅游办事处了解相关细节。

家庭寄宿

喜欢规模较小、商业氛围少、可提供家常便饭的旅行者通常对这些由家庭经营的客栈比较青睐。

这里的住宿场所既有带蹲式厕所的泥石结构乡村小屋,也有舒适的城市中产阶层房屋。

在喀拉拉邦等地,家庭寄宿是主流,但设施相当简单,价格也相对较贵。

一些酒店标榜自己为"家庭寄宿",却是像酒店一样经营,很少(或根本没有)与家庭成员的互动——仔细研究你所选择的地方,以便大致了解是不是真的民宿。

联系当地的旅游办事处以索取参与民宿接待家庭的完整名单。

火车站休息室

多数大型火车站都有布置得较简单的房间,为持有效火车票或印度铁路通行证(Indrail Pass)的旅行者提供住宿服务。有些房间的条件很差,有些房间则相当不错,但是要忍受乘客和火车的噪音。

如果你要一大早赶火车的话,住在这里会很方便。可以选择宿舍或私人房间(24小时结账退房),这取决于你乘坐的火车车厢的等级。

一些较小型的火车站可能只有候车室(也分等级)。

寺庙和朝圣者休息所

在一些静修地(ashram)、谒师所(锡克教寺庙)和dharamsala(朝圣者休息所)通过捐款或支付些许费用便可入住。在餐厅里通常能吃到素食餐。

这些地方是为虔诚的朝圣者而建的,因此要判断自己是否适合留宿。

请遵守这里的各种礼仪。在这些场所内绝对不能吸烟和饮酒。

高档酒店和传统酒店

印度的高档住所奢华得惊人,营造出缓冲泡泡膜般的氛围,与外界隔离开来,既有令人惊艳的五星级连锁酒店,也有古老的宫殿。在古吉拉特和奥里萨等邦,现在由遗产建筑改造而成的酒店设施也越来越多。

可以浏览印度旅游局的网站——**不可思议的印度**(Incredible India; www.incredibleindia.org),了解印度遗产酒店组织

在线预订住宿

如果想阅读Lonely Planet作者的更多评论,可访问www.lonelyplanet.com/hotels网站。你会找到独立评论,以及最佳住宿场所推荐。最棒的一点是,你还可以在线预订。

就餐价格区间

本书所列价格是指一道标准主菜的价位（除非另有说明）。我们根据价格类别和作者偏好列出了相关的评论。

$ 经济型 低于150卢比

$$ 中档 150~300卢比

$$$ 高档 高于300卢比

（Indian Heritage Hotels Association）的成员。

地图

印度各地销售的地图质量参差不齐。在印度，大多数邦政府的旅游办事处都能找到当地的简易地图。下面都是一些质量较好的系列地图。主要的人口聚集中心也有很好的GPS覆盖。

Eicher 不同的邦地图，展示有铁路和公路网。

Leomann Maps 提供喜马偕尔邦和北阿肯德邦等地实用的徒步地图。

Nelles（www.nelles-verlag.de）

Nest & Wings（www.nestwings.in）

Survey of India（www.surveyofindia.gov.in）

TTK（www.ttkmaps.com）

邮政

印度拥有世界上最广泛的邮政系统，有超过150,000家邮局。邮政和邮件留局待取服务还算不错，但递送的速度取决于不同邮局的办事效率。航空邮寄比海运邮寄更快也更可靠，最好使用快递服务［如敦豪快递（DHL）、天地快运（TNT）］来收发贵重物品——运送1公斤物品到欧洲、澳大利亚或者美国的话，大约需要支付3500卢比的费用。较小的私人快递的价格通常比较便宜，但是为削减成本，物件可能会重新打成大包裹，有时候会丢失物件。

寄信
信件

➡ 往海外发送航空平信/航空邮件的费用是25/15卢比。

➡ 寄国际航空明信片的费用约为12卢比。

➡ 寄明信片的时候，你可以先贴好邮票，然后再往上写东西，因为有时一张明信片邮局可能会给你4张邮票。

➡ 以挂号投递的方式寄送海外信件额外收取50卢比的费用。

包裹

➡ 发送到任何国家的航空包裹（不挂号）费用为400至850卢比（最多250克），每增加250克（最高达到2000克；更重的包裹收费也会不同）加收50至150卢比。

➡ 邮寄包裹的最大限量是20公斤到30公斤不等。

➡ 航空/海运/SAL（海运和航空）邮件分别需时1至3个星期/2至4个月/1个月。

➡ 邮政特快专递（Express mail service，简称EMS；快递3天之内到达）比普通航空邮件贵大约30%。

➡ 所有包裹都必须装在白色的麻布袋里面，然后用蜡状物封口——邮局外面的代理商大多可提供此项服务。

➡ 通关申报表格可以在邮局里取得，必须缝在或粘贴到包裹上。如果邮寄的是价值低于1000卢比的"礼物"，收货人无须缴纳关税。

➡ 携带一支记号笔以便在包裹上写下柜台要求的任何信息。

➡ 印刷品可通过平邮"散包装"（Bulk Bag）邮寄，价格为350卢比（最高5千克，每增加1千克加收100卢比）。必须打开包裹以接受海关的检查。

取信

➡ 领取邮件时要出示你的护照。

➡ 要告诉给你寄信的人，以大写字母注明你的姓氏，并加下划线。然后再填写清楚留局待取服务、主要的邮局和城镇等信息。

➡ 许多"丢失的"信件就是因为它们被错误地根据名字而不是姓氏来进行分类，所以要分别检查你姓和名下是否有信件，并让寄信人注明回邮地址。

➡ 通过留局待取方式寄来的信件通常会被保留1至2个月，然后就会被退回。

➡ 如果是包裹的话，最好采用挂号投递的方法。

电话

➡ 在印度几乎没有付费电话

（机场除外），但私人STD/ISD/PCO公用电话亭可提供同样的服务。它们以比在酒店房间电话稍低的价格提供便宜的本地、国内长途和国际电话。

➡ 这些公用电话亭遍布全国各地。一个电子计价器会显示通话的费用，在通话结束后通常还会打印一张收据给你。

➡ 电话费用取决于运营商和拨打的目的地，但一般是本地拨叫费用为每分钟1卢比，国际长途每分钟大约10卢比。

➡ 一些公用电话亭还提供一种"回拨"服务——你拨打电话回家，提供公用电话亭的电话号码然后等待家里人给你打回电话，除支付最初拨打的电话费外，另收约20卢比。

➡ 在偏远地方和山区打电话并非一件容易的事——占线的信号可能只是意味着电话交换机超负荷或坏掉了，所以继续努力拨打。

➡ 有用的网站包括**Yellow Pages**（www.yellowpages.in）和**Justdial**（www.justdial.com）。

移动电话

城市地区漫游连接很好，乡村和喜马拉雅地区的信号很差。当地的预付费SIM卡到处都能买到；需要填写一些简单的文书，有时还需要等待24小时激活。

入网

➡ 在大城市和大多数旅游城镇，接入当地网络便宜简单。如果是乘飞机从大城市入境，购买一张当地的SIM卡是明智的选择。

➡ SIM卡或ISD套餐一般只在特定地区有效，一旦离开，可能还可以使用，但需要支付漫游费，不过并不是太贵（举例来说，印度境内的费用为1分钟1卢比，而非0.10卢比），互联网数据套餐不收漫游费。

➡ 如果要打长途电话，ISD（国际用户拨打）套餐很划算。

➡ 外国人须提供1至5张护照照片、护照身份页和签证页复印件。一般的手机店都能帮你搞定这一切。最好是在游客中心和城市搞定，因为在许多地区——例如泰米尔纳德邦、安得拉邦、特伦甘纳邦和喜马偕尔邦的绝大部分地区——办起来要难得多。

➡ 在有些情况下，你还必须提供一个居住地址，这可以是你的酒店地址。如果必须提供地址，那么电话公司可能会在你申请提交后的24小时里的任何时间给酒店打电话（你要提前告诉酒店可能会有电话进来），确定你确实在这里居住，有时候你还必须另外提供一个手机号码。

➡ 在你打算停留一两日的地方购买SIM卡是个好主意，这样如果出现任何问题，你都可以返回购买商店咨询。确保你只在有信誉的名牌电话商店购买SIM卡，以避免遇到欺诈。

➡ 在大多数城镇中你都可以很方便地买到一张手机预付费卡（SIM卡和电话号码，再加上一本操作指南和手册），在手机店、当地的STD/ISD/PCO电话亭或者小卖部都能找到，价格为200至500卢比。

➡ 然后你必须再购买预存更多话费的充值卡。你购充值卡的费用直接充入手机话费，扣去一些税和服务费。

费用

➡ 在你购买SIM卡的邦内或城市之内打电话价格大约为每分钟0.10卢比。国际电话费每分钟不到10卢比。

➡ 发往国外的短信价格为5卢比。接电话和短信免费。

➡ 信号不稳定，国际短信出现问题（发不出短信或收不到回复，或是延迟）并不少见。

➡ 最大的服务商包括Airtel、Vodafone、Reliance、Idea和BSNL。各个地区的信号覆盖情况不同，Airtel信号覆盖广泛，但是偏远的喜马偕尔邦地区能使用的网络只有BSNL。

阿萨姆邦

由于一直持续的恐怖威胁，在阿萨姆邦等地使用手机所受的控制更严。

AirTel和AirCell都有预付费的SIM卡；你需要提供4到5张照片、护照、地址（你住的酒店），等待至少48小时。

在阿萨姆邦（古瓦哈蒂除外），外国手机无法漫游，很难买到印度国内的SIM卡，不过你可以使用在其他地区购买的SIM卡。Airtel和BSNL的卡在这里最好用，Vodaphone的卡在锡金邦最好用。

拨打当地电话

印度的移动电话号码通常有10位数字，大多是以9开头（但有时也以7或8开头）。国际GSM手机漫游覆盖了印度大部分城市和较大的城镇。开通国际漫游的中国移动、联通和电信的手机均可在印度使用，国际漫游的资费请咨询各大运营商。为避免产生昂贵的漫游费用（通常是接收来电的费用最高），可通过申请当地的预付费SIM卡接入当地移动电话网络。在一些国家购买的手机可能被锁定到特定的网络；你需要给电话解锁或者在当地买一部手机（2000卢比起），才能使用印度SIM卡。

长途电话

从国外拨打印度电话；先拨打你所在国家的国际直拨号，接着拨91（印度的国家代码），接着是印度的地区区号（不加0），最后是当地电话号码。拨打手机号码时，不需要拨打区号和开头的0。

要从印度拨打国际长途，首先拨⬛00（国际长途接入码），然后拨你所拨叫国家的国家代码，再接着拨国内区号（不加0）和当地号码。

要从中国拨打到印度，先拨⬛0091（印度的国家代码）、印度国内区号（去掉第一个0），接着拨打当地号码。对于移动电话，不需加拨国内区号和第一个0。在印度打回中国，需在电话前加拨国际代码0086和国内区号，其中国内区号去掉首位的0。比如拨打北京的电话，应先加拨0086+10。

固定电话号码有区号，随后是最多达8位的电话号码。

免费电话号码以⬛1800开头。

拨打邦际手机电话，在拨打10位数字号码之前先拨0。

用手机拨打固定电话，先拨打区号（以0开头）。

一些呼叫中心号码可能要先拨0（如从卡纳塔克邦打电话到位于德里的航空公司票务服务处）。

国际直通服务可以让你拨回国内的国际长途电话接线员，美国（000 117）和英国（000 4417）可享受该服务。

打其他地方的国际长途接线员电话服务，可拨打000 127。接线员可以将电话打到国外，然后让你拨打对方的付费电话。

上网

现如今网吧已经很少了，无线网络/3G/4G上网非常普遍；无线网络一般免费的，不过有些地方需要收费。许多餐厅和咖啡馆提供无线网，包括Cafe Coffee Day的各家分店。

实用信息

➡ 不同地区的互联网收费也不同；费用一般为每小时15至100卢比（五星酒店会高达500卢比），并且通常有15至30分钟的最低上网时限。

➡ 带宽空闲时段一般是在大清早和下午早些时候。

➡ 一些地方可能会要求查看你的护照。

安全

在任何不安全的系统上使用网上银行都并非明智之举。如果别无选择，一定要在回家后更改所有的密码（电子邮件、网上银行、信用卡3D安全代码等）。

笔记本电脑

➡ 在没有无线网络时，最简单的上网方式是将智能手机作为个人热点（使用当地的SIM卡，以避免产生漫游费）。

➡ 或者，提供预付费无线3G/4G的上网卡（dongle）服务的公司有Reliance、Airtel、Tata Docomo和Vodafone。如果要联网的话，必须提交身份证明和在印度的住址；激活需要24小时。举例来说，Vodafone的上网卡价格为1500卢比，外加SIM卡549卢比。充值20GB价格约1999卢比。也有便携式无线网络设备，口袋大小的解调器（可以连接10个人）。设备价格为2399卢比，SIM卡费用为549卢比，充值费一样。

➡ 确保服务商的信号覆盖了你将前往的旅行目的地。

➡ 考虑买一个全球通用的保险丝变压器，这样当电流激增时可以保护你的电路板。

➡ 转接插头到处都可以买到，但最好自带家里的备用保险插头。

时间

使用印度标准时间（IST）[比格林尼治标准时间（GMT）/世界标准时间（UTC）早5小时30分钟，比北京时间晚2小时30分钟]。

厕所

在主要城市和旅游景点很容易就能找到公共厕所，最干净的厕所（通常是坐式马桶和蹲式马桶）一般是在高档餐厅、购物中心和电影院。

在城市中心以外有各种各样的蹲式厕所。当地人上厕所的习惯是"左手和水"，会用到一个小水壶和左手。以防万一，最好总是随身携带手纸和净手洗手液。

旅行安全

前往印度主要城市的旅客可能会遭遇机会型犯罪的危险，但是稍加留意并保持适度的谨慎，许多问题都是可以避免的。近年来，关于性侵的报道有所增加，所以女性应该避开有潜在危险的环境。

也可以登录Lonely Planet **荆棘树论坛**（Thorn Tree forum; www.lonelyplanet.com/thorntree）的印度分版，旅行者经常会在上面发布在路上遇到的最新问题并提出建议。可经常留意政府发布的旅行警告。

暴乱

➡ 由于一直持续的恐怖威胁，在阿萨姆邦等地使用手机所受的控制更严。

➡ AirTel和AirCell都有预付费的SIM卡；你需要提供4到5张照片、护照和地址（你住的酒店），等待至少48小时的时间。

➡ 在阿萨姆邦（古瓦哈蒂除外），外国手机无法漫游，很难买到印度国内的SIM卡，不过你可以使用在其他地区购买的SIM卡。Airtel和BSNL的卡在这里最好用，Vodaphone的卡在锡金邦最好用。

法律事务

如果你遇到棘手的法律问题，立即联系本国使馆。但要知道，本国使馆能做的可能只是监督你在扣押期间受到的待遇并为你安排律师。在印度司法系统中，被告通常要承担举证责任，审判前被关押在监狱也并非危言耸听。

违背公德行为

➡ 在公共场所吸烟是违法的，尽管很少执行处罚；一旦被抓到，就会被处以200卢比的罚款，如果更改法令提案获得通过，罚款费用可能会被提高到1000卢比。

➡ 人们可以在自家屋内吸烟，而在大部分开放空间如街道则要留意是否有禁烟标志。

➡ 电子烟的地位仍在不断变化，不过目前在卡纳塔克邦是被禁止的，马哈拉施特拉邦和旁遮普邦也禁止销售。

➡ 印度一些城市已禁止随地吐痰和乱扔垃圾，但执行力度也不是很强。

毒品

➡ 持有任何非法毒品都被视为刑事犯罪，会被判处监禁。哪怕只是个人使用，持有毒品就可能被判处最高10年的监禁，如果被认为是用来销售或分销，则amelyek可能被判处10到20年监禁。此外还要缴纳一大笔

> **警告:大麻印度奶昔（BHANG LASSI）**
>
> 虽然大麻很少会被印在菜单上，但是在人气颇旺的旅游中心的一些餐馆会暗中供应大麻印度奶昔，这是一种加入大麻（偶尔有其他毒品）、酸奶酪和冰水的饮料，通常被称为"特制印度奶昔"（special lassi）。喝了这些烈性混合饮料通常会导致不同程度的忘形、长时间的精神错乱、幻觉、恶心和妄想。一些旅客在喝了这些危险的混合饮料后会生病好几天，被抢劫或者在意外事故中受伤。一些城镇有合法（受管控的）大麻销售商。虽然这些合法的大麻销售商很乐意向外国人出售，但大麻实际上本是为宗教目的所准备的。对于游客来说，从合法店铺购买大麻并不会避免因持有大麻而被捕。

罚金。

➡ 从你被关起来到出庭审判也许要用上几个月，甚至是几年的时间，而被告可能不得不关在监狱里等待。

➡ 注意：在默纳利、果阿邦和其他背包客聚集地，旅行者已经被列为突击抓捕行动的重点目标。

➡ 部分地区都有大麻种植地，但吸大麻仍然属于犯罪行为。但在某些城镇因宗教仪式的需要，大麻可以合法买卖。

➡ 如果毒品案件涉及外国人，警察会更加强硬，所以千万不要以身试法。

➡ 仅限家庭使用的药或许可以在柜台或通过处方购买。没有专业指导就服用此类药物可能会导致各种危险。

警察

要随时带着你的护照，警察有权随时要求检查你的身份。

如果你因涉嫌犯罪被捕并且被索贿，要记住：在印度行贿属违法行为。很多人是现场付罚款，以避免被诬告。印

残障旅行者

如果你有身体残疾或者视力障碍,在印度旅游会很困难。如果行动非常不便,可能就需要与一位身体强健者同行以缓解出行困难。印度为残障旅行者提供的一个便利旅行方式是,可雇佣助手——例如,你可以雇佣一名助手、汽车和司机到处逛逛。

住宿 几乎只有高档酒店才会有适合轮椅的无障碍设施。旅行之前可详细了解这方面的情况,如果酒店缺乏相应设施,那就预订底层的房间。

辅助设施 一些餐馆和办公室设计有轮椅坡道,但大部分至少有一层台阶。楼梯通常也很陡;电梯经常停在楼层之间的夹层。

盲道 盲道即使存在,也是坑坑洼洼、满是垃圾,或者人多拥挤。如果你使用盲杖,要带上备用的橡胶垫。

交通工具 雇一辆带司机的车会使行动变得容易许多;如果你使用轮椅,确保汽车租赁公司可以提供一辆适合的车。

下列组织可以提供更多的信息。

Accessible Journeys(www.disabilitytravel.com)

Access-Able Travel Source(www.access-able.com)

Enable Holidays(www.enableholidays.com)

Global Access News(www.globalaccessnews.com)

Mobility International USA(www.miusa.org)

可登录http://lptravel.to/AccessibleTravel免费下载Lonely Planet的无障碍旅行指南。

LGBTI旅行者

同性恋刚在2009年除罪化之后,2013年又被定为非法。跨性别人士的境遇较好,2014年的一条法令赋予印度第三性别人士合法地位,向提高这一规模庞大却被边缘化的跨性别(hijra,海吉拉斯)人口的接受度又迈进了一步。

LGBTI旅行者在这个保守的国度旅行应该小心。无论是同性恋还是异性恋伴侣,在公众面前都不应有亲昵举动。

虽然有禁令,但许多城市里都有同性恋活动(和同性恋骄傲节游行),包括孟买、德里、加尔各答、金奈和班加罗尔,果阿邦的同性恋度假氛围也很好。

网站和出版物

Bombay Dost(http://bombaydost.co.in)印度的LGBTQ年刊,于1990年创刊。

Gaysi Zine(http://gaysifamily.com)有思想的月刊杂志和网站,刊载有关同性恋的文章并讨论相关问题。

Indja Pink(www.indjapink.co.in)由印度著名时装设计师成立的印度第一个"同性恋旅行组织"。

Pink Pages(https://pink-pages.co.in)全国性的同性恋杂志,有将近10年的历史。

Queer Azaadi Mumbai(www.queerazaadi.wordpress.com)孟买的同性恋博客。

Queer Ink(www.queer-ink.com)在线书店,有专门针对同性恋阅读口味的南亚次大陆书籍。

Salvation Star 孟买的一个Facebook团体,组织和推动同性恋活动和派对。

Orinam(orinam.net)提供有用的最新信息,关于LGBT支持活动、骄傲游行等,在金奈和泰米尔纳德。

支持团体

Gay Bombay(www.gaybombay.org)列有同性恋活动清单,提供支持和建议。

Gay Delhi(www.gaydelhi.org)LGBT支持团体,也在德里组织社会活动。

Indian Dost(www.indiandost.com/gay.php)新闻和信息,包括印度的联系团体。

语言课程

印度各地有种类繁多的语言课程,有些会要求最低上课时限。

德里 德里的**Central Hindi Directorate**(见78页地图;☎011-26178454;www.hindinideshalaya.nic.in/english;West Block VII, RK Puram, Vivekanand Marg;60小时基本课程 6000卢比)开设了学习印地语的课程。在**Zabaan**(http://zabaan.com/)设有学习印地语、乌尔都语和梵文的课程。

孟买 **Bharatiya Vidya Bhavan**(见722页地图;☎022-23631261;www.bhavans.info;2nd fl, KM Munshi Marg和Ramabai Rd交叉路口,Girgaum;语言 每小时 500卢比,音乐 每月 900卢比;⊙16:00~20:00)开设了印

地语、马拉地语和梵文的入门课程。

泰米尔纳德邦 International Institute of Tamil Studies（☏044-22542992, 9952448862; www.ulakaththamizh.org; CIT Campus, 2nd Main Rd, Tharamani; 3/6个月课程 5000/10,000卢比）位于金奈，开设了泰米尔语课程。

北方邦 Pragati Hindi（见338页地图; ☏9335376488; www.pragatihindi.com; B-7/176 Harar Bagh）位于瓦拉纳西，开设了印地语课程。

北阿肯德邦 Landour Language School（☏0135-2631487; www.landourlanguageschool.com; Landour; 课程 每小时 团体/私人课程 350/575卢比; ◷2月至12月）位于穆苏里，开设了印地语课程。

西孟加拉邦 Manjushree Centre of Tibetan Culture（见498页地图; ☏0354-2252977; www.manjushreetibcentre.org; 12 Ghandi Rd; 学费 每小时 200卢比; ◷3月中旬至12月中旬）位于大吉岭，开设了藏语课程。

交通指南

到达和离开

许多国际航空公司都开通了往返印度的航线,往来尼泊尔、孟加拉国和不丹的陆路通道当前都畅通无阻。机票、团队游和其他票务可以登录www.lonelyplanet.com/bookings在线预订。

入境

无论是从空中还是陆上进入印度都是比较通畅的,入境和海关手续也很标准正规。原来有一项法律禁止在离开印度之后的2个月内再次入境印度,但这条麻烦的法规已经被废止(但一些亚洲国家除外),因此大多数游客可以将印度之旅与邻近国家游组合起来。

护照

进入印度必须持有效护照、往/返票和签证。需要注意的是,在印度停留期间,你的护照必须要有至少6个月的有效期,以及至少2张空白页。如果护照遗失或者被盗,请立即联系本国的使领馆相关部门。为防万一,保管好你的机票、护照身份信息页和签证页的复印件。最好将其扫描后保存到自己的电子邮箱。

飞机

从中国飞往印度

中国本土多家航空公司设有国内往返新德里航线,包括中国国际航空(北京—新德里)、中国东方航空(上海—新德里、昆明—加尔各答)、中国南方航空(广州—新德里)。印度香料航空于2012年12月开通了广州—新德里航线,捷特航空、印度航空、国泰航空提供香港—新德里航线。新加坡航空、泰国航空、卡塔尔航空、阿联酋航空等国际航空公司设有中国与印度新德里、加尔各答的中转航线。如需了解详情,可登录航空公司网站或致电航空公司查询。

中国国际航空(95583; www.airchina.com.cn)

中国南方航空(4006 695 539; www.csair.com)

中国东方航空(95530; www.ce-air.com)

印度香料航空(0091-987 180 3333, 0091-965 400 3333; www.spicejet.com)

捷特航空(400-891-9339; www.jetairways.com)

国泰航空(4008 886 626; www.cathaypacific.com)

印度航空(0091-11-2466 7473; www.airindia.com)

气候变化和旅行

任何使用碳基燃料的交通工具都会产生二氧化碳,这是人为导致气候变化的主要原因。空中旅行耗费的燃料以每公里人均计算或许比汽车少,其行驶的距离却远得多。飞机在高空中所排放的气体(包括二氧化碳)和颗粒同样对气候变化造成了影响。许多网站上提供了"碳排量计算器",以便人们估算个人旅行所产生的碳排量,并鼓励人们参与减缓全球变暖的旅行计划,以抵消个人旅行对环境所造成的影响。Lonely Planet会抵消所有员工和作者旅行所产生的碳排放影响。

陆路抵离孟加拉国

路线/边境城镇	交通	签证	更多信息
加尔各答—达卡/Petrapole（印度）和本纳波尔（Benapole，孟加拉国）	乘坐从加尔各答开往达卡的每日1班的长途汽车；每周2趟的火车途经Darsana边防哨所	需要提前获取。购买火车票时，你的孟加拉国签证需标注有Darsana	见444页
西里古里—Chengrabandha/Chengrabandha（印度）和Burimari（孟加拉国）	乘坐从西里古里开往Chengrabandha的定期直达长途汽车；然后乘坐长途汽车前往朗布尔、博格拉和达卡。	需要提前获得。	见459页
西隆—锡莱特（Sylhet）/达乌基（Dawki，印度）和塔马比尔（Tamabil，孟加拉国）	乘坐从西隆前往达乌基的吉普车，从达乌基步行（1.5公里）或乘出租车去塔马比尔汽车站，搭乘定期公共汽车前往锡莱特。	需要提前获得。	见559页
阿加尔塔拉—达卡/阿加尔塔拉，距离边境3公里，位于Akhaura Rd路旁（印度）；阿考拉（Akhaura），距离边境5公里（孟加拉国）	阿考拉在达卡—库米拉（Comilla）列车线上。达卡—锡莱特线列车从北面3公里处的Ajampur火车站发车。	需要提前获得。	见552页

机场和航空公司

印度有6大主要国际空港；然而，科钦（Kochi）、勒克瑙（Lucknow）、特里凡得琅（Trivandrum）、果阿邦（Goa）和Kunnar等地区和城市也开通了国际直达航线。

印度的国家航空公司是**Air India**（印度航空公司；✆1800-1801407；www.airindia.com），运营国际和国内航班。在最近几年中，印度的航班保持了相当不错的安全记录。

国际机场包括：

班加罗尔（✆18004254425；www.benguluruairport.com）

金奈（✆044-22560551；Tirusulam）

德里（✆01243376000；www.newdelhiairport.in）

海得拉巴（✆040-66546370；http://www.hyderabad.aero；Shamshabad）

加尔各答[NSCBIA（CCU）；✆033-25118036]

孟买（见726页地图；✆022-66851010；www.csia.in）

喀拉拉邦（✆0484-2610115；http://cial.aero）

离境税

离境税和其他费用包括在机票内。无论你乘坐的是国际航班还是国内航班，都需要出示机票和护照方可进入机场。

海路

每周有1班客轮从金奈出发，前往安达曼群岛的布莱尔港（2500至6420卢比；60小时）。

陆路

尽管大多数游客是乘坐飞机进入印度境内，但也可以经由孟加拉国、不丹、尼泊尔、巴基斯坦和缅甸从陆路前往印度。从尼泊尔陆路进入印度是最受欢迎的路线。如果需要了解这些路线的更多最新信息，可以登录Lonely Planet荆棘树论坛（www.lonelyplanet.com/thorntree），或者在www.seat61.com网站上查看"欧洲经陆路前往印度"（Europe to India overland）部分。

穿越边境

如果你是乘坐长途汽车或者火车进入印度，需要在边境下车接受常规的入境和海关检查。

你必须提前准备好有效的印度签证，边境上没有签证处。

汽车和摩托车的司机需要准备车辆的注册文件、责任保险、国内驾照以及国际驾驶许可证。你还需要一份海关入境证明书（Carnet de Passage en Douane）作为临时车辆进口免税证书。

对于那些希望从印度前往中国西藏游览的旅行者来说，唯一的办法就是出境到尼泊尔，然后在Kodari的边境站参加团队游进入中国西藏。除此之外，你还可以从加德满都乘飞机到拉萨。

如需查阅最新的文书要求以及其他重要的驾驶信息，请联系你所在地的汽车协会。

孟加拉国

外国人可以从孟加拉国与印度之间的4处陆路过境点过境，这4个过境点都位于西孟加拉邦或东北地区。

如果从孟加拉国前往印度，必须先支付离境税，你可以在索纳利银行分行（Sonali Bank branch；在达卡、在另外的大城市或者在距离边境最近的分行）缴纳。

通过陆路离开孟加拉国过程复杂而烦琐——如果你是乘坐飞机入境的，你需要一张道路通行证（或"改变路线"许可证）方可通过陆路离境。

申请签证延期和"改变路线"许可证，你需要前往达卡的**移民和护照办公室**（Immigration and Passport Office；☎01733393323；Agargaon Rd, Dhaka, Bangladesh；◎周六至周四）。

一些旅行者曾反映，持卡机场签发的落地签证在经过陆路离开孟加拉国时会出现问题。

不丹

彭措林（Phuentsholing, Chhukha Dzong）是印度与不丹之间的主要出入境地点，尽管也可以在东部的萨姆德鲁琼卡尔（Samdrup Jongkhar）边境检查站出入境。

由于入境要求需要提前准备，并且可能发生变化，我们建议你咨询一下旅行社或者不丹大使馆以获取最新的相关详细信息。游客需要联系不丹旅行社参加团队游，并每日支付固定费用，以获取不丹签证。也可以登录网站www.tourism.gov.bt或者阅读Lonely Planet出版的旅行指南《不丹》（Bhutan）。

尼泊尔

如果政治和天气条件允许的话，印度和尼泊尔之间就有6处陆地边境站可以过境。在过境进入尼泊尔之前最好先了解一下当前的安全形势；当地的报纸和网站会是很好的信息来源。

尼泊尔移民站（需要提供2张护照照片）提供多次入境签证（15/30/90天 US$25/40/100，为美元现金，而非卢比）。现在更为便捷，可以登录http://online.nepalimmigration.gov.np/touristvisa在线申请。必须在申请的15日内到边境出具收据，上面会有出入境手续介绍。

有旅行者反映：在经由苏那利（Sunauli）边境站进入印度时会受到骚扰，并且不得不支付价格过高的长途汽车票及火车票。可以考虑乘坐出租车前往戈勒克布尔（Gorakpur），然后在那里换乘火车或长途汽车。

巴基斯坦

考虑到印度和巴基斯坦之间的紧张关系，通过陆路过境取决于两国之间的当前关系状态——可以在当地打听一下。

如果边境开放的话，那么你可以乘坐长途汽车或者火车从德里、阿姆利则（旁遮普邦）和拉贾斯坦邦前往巴基斯坦。从斯利那加（Srinagar）到巴控克什米尔地区的"Karvan-e-Aman"（和平大篷车）长途汽车线路仅开放给印度公民。

你必须持有巴基斯坦签证方可入境。最方便的做法是先在你本国的巴基斯坦使领馆申请好签证。在本书撰写之时，德里的**巴基斯坦大使馆**（Pakistan Embassy；☎011-26110601；www.mofa.gov.pk; 2/50G Shantipath, Chanakyapuri,

陆路抵离不丹

路线/边境城镇	交通	签证	更多信息
西里古里—加尔各答—彭措林/贾伊加奥恩（印度）和彭措林（不丹）	加尔各答19:00有直达长途汽车发车，每周3班。西里古里有每日1班的公共汽车及可能的合乘吉普车前往贾伊加奥恩/彭措林。	非印度国民需要签证，并通过登记在册的旅行社预订团队游	见444页 见459页

对大多数国家的旅行者都不发放旅游签证,但这种情况可能会有所改变。

当地交通

印度交通便利且价格便宜,不过可能会有超载和延迟的情况。火车、长途汽车和合乘吉普车几乎可前往任何地方,日夜都有,不过要想确定你抵达目的地的时间,会是一个挑战,因为需要考虑到延迟、堵车和机械故障等所有的问题。为了节省时间,不妨优先考虑国内航班,而非长途汽车和火车。城市交通实惠便利,出租车、人力三轮或机动三轮车很容易找到。

飞机
印度的航空公司

印度国内航空业的竞争非常激烈,每年要运送大量乘客。大型航空公司有印度航空(Air India)、靛蓝航空(IndiGo)、香料航空(Spice Jet)和捷特航空(Jet Airways)。

除了航空公司网站以外,机票还可以通过**Cleartrip**(www.cleartrip.com)、**Make My Trip**(www.makemytrip.com)和**Yatra**(www.yatra.com)等门户网站进行预订。

根据安全规定,你在进入机场时需出示机票和护照。每件随身行李都需要一个标签,必须经过安检盖章(在值机柜台领取标签)。飞往斯利那加和拉达克等敏感目的地的航班,会有额外的安全规定。在登机之前,也可能会在停机坪上抽查你的随身行李。

牢记高峰拥堵时段,我们建议提前2小时抵达机场办理国内航班登机手续——截止时间是飞机起飞前45分钟。经济舱的行李限额通常是20公斤(小型飞机则为10公斤)。

自行车

携带自行车进入印度并没有什么限制。但是,从海路将自行车运到印度需要花费几周的时间办理报关手续,所以最好是空运自行车。在当地租用或购买一辆自行车可能更便宜,而且能够避免许多麻烦。出行前最好先熟读自行车旅行相关资料,例如Rob Van Der Plas的《自行车旅行手册》(*Bicycle Touring Manual*)、Stephen Lord的《骑行探险手册》(*Adventure Cycle-Touring Handbook*)和Laura Stone的《骑行喜马拉雅》(*Himalaya by Bike*)。**印度自行车联合会**(Cycling Federation of India;☎011-23753528;www.cyclingfederationofindia.org)可以提供有用的当地信息。

租车

➜ 游客中心以及旅行者聚集的地方是最容易找到自行车出租的地方——在当地多打听一下就知道了。

➜ 价格有所差别:一辆印度制造、适于上路的自行车租金为每天40至150卢比;如果能找到山地自行车,租金通常为每天400至800卢比。

➜ 出租自行车的地方可能要求支付现金押金(显然,不要机票或护照作为抵押)。

实用信息

➜ 配备了越野胎的山地自行车是应对印度崎岖道路上车胎易扎的状况的必备利器。

➜ 路边到处都有修车摊,但你仍应携带备胎、刹车线、润滑油、修链工具包和充足的补胎片。

陆路抵离巴基斯坦

如果边境开放,Lahore Bus Service的车可从德里(每天6:00,2400卢比)出发前往拉合尔(Lahore),旅途中耗时12小时,停靠4站。必须提前订票。

出于安全考量,目前政府建议外国游客不要乘坐巴基斯坦境内的火车。每周有2班火车往返拉合尔和阿塔瑞(Attari,位于印度边境),那里有海关和移民站。有公共汽车从阿姆利则(Amritsar)开往阿塔瑞。出发前需先确认一下边境是否开放;口岸一般开放时间为4月中至10月中8:30至14:30,10月中至次年4月中9:30至15:00;至少要在口岸关闭前1小时抵达。从瓦噶(Wagah)出发,有公共汽车和出租车前往拉合尔。

运营焦特布尔(Jodhpur)至卡拉其(Karachi)铁路线的Thar Express火车每周六1:00出发(返程为周五)。只能提前订票(但不能在网上购票)。海关/移民站在穆纳巴奥(Munabao,印度边境),可以在那里换乘火车。安检可能非常严格。

➡ 自行车可以放在长途汽车车顶,而且通常是免费的,或者付一点行李费用即可——对于上坡路段来说这无疑是非常方便的。

➡ 在国内可事先联系航空公司,咨询关于空运自行车和海关报关手续的信息。

买自行车

➡ 德里的Jhandewalan自行车市场(Jhandewalan Cycle Market;见64页地图;⊙约10:00~20:00)有进口和国产的、全新和二手的自行车以及配件出售。

➡ **英雄**和**阿特拉斯**(Atlas)等知名山地自行车品牌的如起价一般约为6000卢比。

➡ 转售自行车一般比较容易——可问问当地自行车店,或在旅游布告栏上张贴广告。如果你购买的是一辆全新的自行车,并且车况仍然相当不错的话,那你应该能收回最初购买价格的50%左右。

交通规则

➡ 印度车辆靠道路左侧行驶,但你会注意到道路规则一般并没有人遵守。

➡ 市区和国道是骑行的危险地带,在可能的情况下,尽量在乡间小道上骑行。

➡ 你可以保守地估计一下你预期骑行的距离——经验丰富的自行车骑手在平原上一天可骑行60至100公里,在全天候山路上可骑行40至60公里,在土路上可骑行40公里或更少。

带着自行车上火车

对于长途旅行而言,用火车来运输你的自行车或摩托

陆路抵离尼泊尔

过境	交通	签证	更多信息
苏那利(印度)—白拉瓦(Bhairawa)/Siddharthanagar(尼泊尔)	火车从德里发车前往戈勒克布尔,那里有每半小时一班的长途汽车开往边境。目前开通了从瓦拉纳西前往加德满都(途经苏那利)的直达空调车,每晚22:00出发,票价为1370卢比。公共汽车或吉普车从白拉瓦(Bhairawa,又名Siddharthanagar)开往博克拉(Pokhara)、加德满都和尼泊尔中部地区。	尼泊尔签证只能在边境获得(6:00~22:00)	见351页
拉克绍尔集市(印度)—比尔根杰(Birganj,尼泊尔)	每天都有长途汽车从巴特那和加尔各答前往拉克绍尔集市。每天都有Mithila Express火车从加尔各答出发。白天/晚上都有固定班次的长途汽车从比尔根杰前往加德满都和博克拉。	同上(6:00~18:00)	见493页
帕尼坦吉(Panitanki,印度)—卡卡比塔(Kakarbhitta,尼泊尔)	有吉普车从西里古里、大吉岭和噶伦堡开往帕尼坦吉。固定班次的长途汽车从卡卡比塔前往加德满都(17小时)和其他目的地。巴德拉普尔(Bhadrapur)机场(距离23公里)有前往加德满都的航班。	同上(7:00~19:00)	见459页
Rupaidiha集市(印度)/Jamunaha(印度)—尼泊尔根杰(尼泊尔)	有长途汽车慢从勒克瑙开往Rupaidiha集市,接着有三轮车前往Jamunaha。尼泊尔根杰有长途汽车前往加德满都和博克拉,有航班前往加德满都。	同上	
Banbassa(印度)—Bhimdatta/马亨德拉那加(Mahendranagar;尼泊尔)	从长途汽车从哈尔德瓦尼(Haldwani)和皮特拉加尔(Pithoragarh)前往Banbassa,然后有三轮车前往边境。从Bhimdatta(马亨德拉那加)每天有长途汽车前往加德满都,每天还有1班车前往博克拉。	同上(6:00~18:00)	见407页
Gauriphanta(印度)—丹加地(Dhangadhi,尼泊尔)	每天有长途汽车从勒克瑙开往Gauriphanta。还有从加德满都前往丹加地的长途汽车和航班。	同上(8:00~17:00)	/

车是最方便的选择。你可以买张旅程所需的标准火车票，然后携带自行车/摩托车、护照、注册文件、驾驶执照和保险文件到车站行包托运处。如果要托运摩托车，需要先将油箱排空。负责打包的工作人员会用防护麻袋布包起你的车，费用约为100至200卢比，然后你要填写各种表格并支付运费，价格根据路线和火车类型而定——以及车辆申报价值1%的保险费。到站后，带齐相应文件到行包提取处取回你的车。如果车辆在目的地保存的时间超过24小时的话，你还需要支付每天约100卢比的保管费。

船

定期轮渡往返于印度大陆和安达曼群岛之间，从金奈、加尔各答和维沙卡帕特南前往布莱尔港，详细信息见www.andamans.gov.in。

在10月至次年5月之间有巡航全套游从科钦（喀拉拉邦）开往拉克沙群岛。奎隆和阿勒皮之间的一日运河渡轮航行很受欢迎。

也有许多条短途轮渡航线在各条河流上运营，既有蓬船和小圆舟，也有各种游艇。

长途汽车

乘坐长途汽车几乎能到达印度的任何地方，而且也是去许多山区的唯一方式。它们往往是最便宜的旅行方式。行程快捷，班次频繁。

山区道路或弯道很危险；客车司机的驾驶风格通常都粗犷豪放，因此总是存在发生事故的风险。

除非别无选择，否则应避免乘坐夜班长途汽车：驾驶状况会更危险，司机可能会酒驾或者疲劳驾驶。

所有的长途汽车中途都会停下来，让乘客用餐或如厕（一些车停车更频繁），在停车休息的同时，行程时间也可能会增加数小时。

在许多山区，合乘吉普车是搭乘长途汽车之外的另一种选择。

等级

国有和私营汽车公司都提供几种类型的客车，其等级大致分为"普通"、"半豪华"、"豪华"或"超豪华"。这些分类通常都是见仁见智的，某一特定等级的豪华车的奢华程度在不同地方也是各不相同的。

一般而言，普通汽车往往是老化且破旧的，而豪华等级车既有破旧程度较低的普通巴士，也有光鲜的带空调和可调座椅的沃尔沃客车。

由邦政府运营的长途汽车通常更靠谱（如果车发生故障，会另派一辆车来转运乘客），车票通常可以提前1个月预订。多个邦政府现在都经营"超豪华"巴士。

许多旅游城镇的旅行社提供相对昂贵的私营双排座巴士，它们往往在便利的中心站点发车和停车。

搭乘长途汽车时，尽量选前面几排座位以减少坑洼不平的路面带来的颠簸。永远不要选择车轮正上方的位子。在长途旅行中，耳塞的作用无与伦比。

费用

最便宜的长途汽车是"普通"政府公共汽车，但车票价格各邦不同。

"豪华"车票价约为普通票价上浮50%，空调车价格翻倍，双排座"超豪华"巴士的票价则是普通票价的3倍或4倍。

拉贾斯坦邦客运（Rajasthan Roadways）会为女性游客提供折扣。

行李

行李存放在汽车下部的行李舱内（有时会收取一小笔费用），或者放在车顶上。

至少在发车前1小时内到达——一些长途汽车会用帆布覆盖车顶放置的行李，这使得赶在最后时间放行李颇为不方便，或者根本不可能。

如果你的行李被放在车顶，要确保牢固地锁住行李，并绑定在金属行李架上——在行驶途中，没有固定好的箱包可能会在崎岖不平的道路被颠下来。

盗窃是一种（概率较低的）风险：在停车用餐和如厕时要看紧你的包。千万不要将无人看管的小背包或贵重物品随意留在车上。

预订

大多数"豪华"长途车的车票可以预订，到汽车站或旅行社预订。可通过门户网站**Cleartrip**（www.cleartrip.com）、**Makemytrip**（www.makemytrip.com）和**Redbus**（www.redbus.in）在线预订车票。

"普通"长途车的车票很少能够预订；人们一窝蜂地抢

座位时，旅行者就可能被抛在后面了。

要弄到一个座位，就必须提前让一位旅行同伴占上座位，或者从打开的窗口递进书或衣物，放到空位子上占座。

如果在长途车行驶的中途上车，你就有可能要一直站着，直到出现空位。

许多长途汽车只有客满时才会发车——身边乘客可能会突然下车，换到另外一辆看起来马上就会发车的汽车上。

许多汽车站都设有一条单独的女性队列（标志是印地语而且男乘客经常插队，所以很难发现）。但是女人享有一项不成文的特权，可以直接挤到公共汽车队列的前面。

小汽车

很少有人会为租车自驾游而操心——一方面是因为令人毛骨悚然的驾驶条件；另一方面是因为在印度租一辆带司机的小汽车价格相当合理，特别是如果几个人分摊费用的话。**Hertz**（www.hertz.com）是为数不多的在印度设有办事处的国际租车公司之一。

租一辆带司机的小汽车

大多数城镇都有出租车停靠站或小汽车租赁公司，让你可以租车进行短途或长途旅行。

并不是所有的租赁小汽车都可以合法驶出本邦。那些可以驶出本邦的车需要支付额外的邦税，这些税包含在租赁费用中。

你可以要求配一位会说简单英语并且熟悉你打算游览的地区的司机。在付款前一定要见到汽车和司机。

租车的车型可谓五花八门。从平民化的塔塔Indica掀背车到舒适的丰田伊诺华SUV，每个人都能根据经济状况找到适合自己的车型。

多天旅行的租金包含司机的食宿费用，司机应自行安排其住宿和饮食。

从第一天开始就有必要设立基本规则；为避免之后的麻烦，要礼貌而坚决地让司机知道你才是老板。

费用

租车费用取决于距离和地形（在山路上驾驶更耗油，因此费用较高）。

单程通常与双程费用一样（包含返程油费和司机费用）。

租金因邦而异。一些出租车行业协会为当日游行程设置最长时间或最大行驶里程——如果你超过规定数字，则需要支付额外费用。价格也根据出租车的车况和型号而有所不同。

为了避免产生误会，采取书面形式写下你所获得的承诺（报价应包括汽油、停车观光、所有你选择的目的地、司机的用餐和住宿）。如果司机途中因为缺少现金加油而问你要钱买油，可留取单据以备后面报销。如果你是按公里里程租车，一定要在出发前检查里程表以避免后续的争议。

只在一个城市周边进行观光一日游，大约需要支付的费用为非空调/空调汽车1400/1800卢比或更多，每天限制行驶8小时和80公里（长途行驶需额外收费）。对于多日的旅行而言，运营商通常将每天最小行驶里程限定为250公里，超出部分按非空调/空调汽车每公里约8/10卢比的标准收取费用。

旅程结束时给小费是一项惯例；每天至少150至200卢比是比较合适的数字。

边境道路局（BRO）的诗意标语

在喜马偕尔邦和锡金邦，边境道路局（Border Roads Organisation；简称BRO）修建了“天路”，包括在世界上海拔最高的可供汽车通行的山口。边境道路局冒着生命危险来保持道路畅通，在驾驶员行车警示标语方面，毫不吝啬地展示了他们的诙谐幽默：

- 人生本就短，别让它更短。
- 莫要超速行，山谷有美景。
- 喝了威士忌，驾车是禁忌。
- 在我的曲线上慢慢开。
- 晚到总好过再也到不了。

搭便车

搭便车从来不能保证绝对的安全，因此我们并不推荐。决定搭便车的旅行者应该要明白他们看似冒了个小风险，但后果可能很严重。但是，在一些长途汽车鞭长莫及的偏远地区，如果和卡车司机谈好费用，他们可能会捎你一程。由于司机几乎不会说英语，你可能很难说清楚你想去哪里，也难以达成需支付的合理费用。注意卡车司机以酒后驾驶而出名。我们强烈建议女性不要搭便车。时刻保持警惕。

当地交通工具

公共汽车、人力三轮车、机动三轮车、出租车、轮船和城市铁路都是印度各城市常见的出行方式。

公共交通工具的费用各个城镇都有所不同。

对于任何一种未设固定票价的交通工具，在你开始行程之前就要先商定好价格，并确保价格包含行李费，还要确认价格是指"每车"还是"每人"。

即使有计价器，司机也可能会拒绝使用它们而要求乘客支付昂贵的"固定"车费；不妨大幅讨价还价。

夜间费用通常会有所增加（有时多达100%），并且一些司机会额外收取几个卢比的行李费。

携带足够的小面额钞票以支付出租车和三轮车车费，因为司机很少有零钱。

在一些地方，出租车/机动和人力三轮车司机会参与从商家吃回扣的勾当中。

Uber和Ola Cabs等App已经改变当地交通，如果有智能手机，可以叫出租车或机动三轮，票价是自动计算的——无须还价。

机动三轮车、大型机动三轮车和特大型机动三轮车

机动三轮车

印度的机动三轮车与东南亚的突突车类似，是一种电机驱动的三轮交通工具，安有铁皮或帆布的车顶和车身，一般可容纳2名乘客（不过你经常能看到车上挤了更多乘客）和有限的行李。

它们也被称为机动车（autos）、小轮摩托车（scooters）和三轮车（riks）。

机动三轮车大都比出租车便宜，而且通常安有计价器，但让车夫打表是极富挑战性的。如果通过Ola Taxi和Auto的App（www.olacabs.com）网约机动三轮车，旅途结束后，软件会自动计价——再也不用纠缠不清了！起步价约25卢比，接下来每公里需支付8至14卢比的费用。

乘机动三轮车很好玩，但由于窗户是敞开的，坐在车里又吵又热（或冷得吓人）。

一些城市有更大的电动三轮车，为合乘车，所以价钱更便宜，但是必须和其他乘客顺路。

大型机动三轮车和特大型机动三轮车

大型机动三轮车（tempo）和特大型机动三轮车（vikram）都属于庞大的机动三轮车，有可容纳更多乘客的空间，以固定票价往返在固定的线路上。

在农村，你还可能看到外表吓人的"三轮车"——类似于简易拖拉机的大型三轮摩托，前轮以摇臂铰接；或者一款叫作Magic的小货车，这种车外观呆萌，可以搭载十多位乘客。

船

在印度，各式各样的当地船只提供渡河和顺河而下的服务，其中有大型的汽车渡轮、木质的独木舟和柳条小圆舟。多数大型船只都提供运载自行车和摩托车的收费服务。

公共汽车

城市公共汽车既有速度飞快、浓烟四射、塞满乘客的钢铁怪兽，也有清洁卫生、乘坐舒适、行驶平稳的空调车辆。不管怎样，选择机动三轮车或者出租车出行通常更为方便，因为它们速度更快并且随处可见。

人力三轮车

人力三轮车是一种脚踏车，两个后轮上支起长条座椅供乘客坐。大多数人力车都安装了车篷盖，在潮湿天可以升高篷盖，或者降低它以提供额外的行李空间。

费用应事先协商好——可以向当地人打听一下你的目标距离大概应付的价格。

加尔各答是人力黄包车的最后阵地。这种被称为"tana"的人力车是一种装有两个轮子的手拉车，由人力车夫直接拉动。

出租车

大多数城镇都有出租车，这些通常是打表计费的。但是，让司机使用计价器是一件很麻烦的事。为了避免各种漫天索价的花招，有条件应尽可能搭载预付费出租车。在大城市里，Uber和Ola等App，或者无线电出租汽车是最有效率的选择。

使用计价器

找到一辆带计价器的出租车不算大功告成。计价器几乎总是过时的,因此票价都是结合计价器显示和一张复杂的"票价调整卡"计算得出的。可以想见的是,这套系统很容易被滥用。可以浏览 www.taxiautofare.com 网站的价格信息,提前估算大致的车费。

预付费出租车

印度主要的机场和火车站都设置了预付费出租车和无线电出租车站点,包括长途的行程。在这里,你能以固定价格(包含行李费)预订出租车,从而避免车费欺诈。一路拿好收据直至到达目的地,这是你已付费的凭证。

无线电出租车收费略高于预付费出租车,但都装有空调并配有正规的司机。出租车内装有电子化、可打印收据的计价器,并装有GPS系统装置,因此公司可以监控车辆在城镇行驶的轨迹。这些都降低了绕路驾驶的概率或司机事后提出的额外收取车费的不合理要求。

小型机场和车站可能会有预付费机动三轮车站点。

其他当地交通工具

在一些城镇,轻便双轮马车(tonga)和马车(victoria)仍然在运营。加尔各答开通了有轨电车,而在孟买、德里、加尔各答和金奈以及其他中心城市,有从普通火车站发车的城郊列车。

摩托车

在印度,骑摩托车长途旅行很受欢迎。然而,它也是一项很艰巨的任务;对于那些不想进行漫长独行的游客来说,摩托车团队游颇受欢迎。

德里和默纳利都是摩托车旅行的热门起点,比较受欢迎的目的地包括拉贾斯坦邦和印度南部。天气是一个重要的因素,你应该查看一下游览不同地区的最佳时间。从邻国骑行进入印度境内,需要了解清楚相关外交使领馆的最新规定和文件要求。

驾驶执照

严格来说,在印度租摩托车,除了国内驾照之外,还必须持有国际驾驶许可证。在旅游地区,有些地方出租摩托车可能不要求你出示驾驶许可证/驾照,但是一旦发生交通事故,你将不会获得保险赔偿,并且还可能面临罚款。

租车

环游印度最经典的方式莫过于骑着"皇家恩菲尔德"摩托车旅行。它的设计体现了古典与现代的巧妙融合,为全手工操控,修理起来极为方便(零部件在印度各地几乎都能找到)。但另一方面,皇家恩菲尔德车的可靠性往往比不上许多新型的、由日本设计的摩托车。

很多地方都出租摩托车,让你进行本地短途游和更长距离的旅行。日本和印度制造的摩托车发动机排气量为100~150cc,比排气量在350~500cc范围内的大功率皇家恩菲尔德摩托车要便宜些。

作为担保,你需要留下大笔现金作为押金(确保你拿到一张写明退还押金数额的收据)或护照/机票。我们强烈建议不要将护照和机票等文件作为抵押,特别是护照,你需要用护照办理酒店入住手续;在被警察拦下时,你也要出示护照。

租3个星期的车,一辆发动机排量500cc的"恩菲尔德"摩托车租金为25,000至28,000卢比;发动机排量在350cc的租金为18,000至22,000卢比。这个价格包含附件、备用部件、旅途过路费和一节宝贵的免费维护课程的费用。

至于配件,头盔租金为1000至5500卢比,印度最好的头盔品牌"Studs"有许多不同型号;其他配件(挂篮、行李架、护框、后视镜、可锁油箱盖、汽油过滤器和备用工具)也很容易得到。

下面是我们推荐的经营服务商:

Lalli Motorbike Exports(见64页地图;011-28750869; www.lallisingh.com; 1740-A/55, Hari Singh Nalwa St, Abdul Aziz Rd; 周二至周日 10:00~19:00; Karol Bagh)总部设在德里,由知识渊博的Lalli Singh经营,出售和出租"恩菲尔德"摩托车和零部件,买家还可以获得参加一节速成课的机会,在课上可掌握如何驾驭和维修这些可爱但喜怒无常的机械。Lalli还会推荐本区内其他信誉良好的经销商。

Anu Auto Works(Royal Moto

Touring；见266页地图；📞9816 163378；www.royalmototouring. com；Vashisht Rd；⊙办公室9:00~21:00或更晚，约6月至9月）总部设在默纳利；出租"恩菲尔德"摩托车，6月至9月组织翻越喜马拉雅高山区前往思忖提的团队游。"恩菲尔德"摩托车的租金一般为排量500cc的每天1400至1500卢比，350cc的每天1200至1300卢比。租赁18天或以上的通常可享受折扣价。

Allibhai Premji Tyrewalla[见722页地图，📞022-23099417, 022-23099313；www.premjis. com；205/20 Dr D Bhadkamkar (Lamington) Rd；⊙周一至周六10:00~19:00]提供回购摩托车的选择，并销售新车和二手摩托车，位于孟买。

Rajasthan Auto Centre（见112页地图；📞0141-2568074, 9829188064；www.royalenfield salim.com；Sanganeri Gate, Sanjay Bazaar；⊙周一至周六10:00~20:00, 周日至14:00) 斋浦尔一家值得推荐的店铺，可在此租赁、修理或购买摩托车。

Kerala Bike Tours（📞0484-2356652, 9388476817；www.kera labiketours.com；Kirushupaly Rd, Ravipuram) 组织喀拉拉邦和西高止山脉周边的摩托车团队游，也向骑行高手出租巡游所用的高质量"恩菲尔德子弹"摩托车（每周155美元起），不限里程，提供全部保险和免费的修车/养护服务。

购买

对于更长时间的旅游而言，购买新摩托车听起来似乎是个不错的主意。然而，出售机动车给外国人伴随而来的是大量复杂的手续，外国人不能以自己的名字登记，而且在很多情况下，不太可能或根本不可以购买摩托车。

然而二手摩托车随处可见，而且手续比买新车简单。所有年限超过15年的私家车都不得在德里上路行驶。

如果想找一辆二手摩托车，可以浏览游客布告栏，或咨询摩托车机修工和其他车手。

一辆保养良好、排量为350cc的二手"恩菲尔德"摩托车售价为65,000至115,000卢比。一辆车况不错、排量500 cc的UCI Engine车价格在95,000至140,000卢比之间。你还要支付保险费。

所有权证明

购买一辆摩托车伴随的是大量的手续文件工作。这个过程复杂又耗时，所以明智的做法是征求摩托车代理商的意见。

当摩托车首次销售时，登记文件要由当地相关部门签署；当你购买二手摩托车时，就需要用到这些文件了。

外籍人士不能变更登记的名字，但必须填写所有权变更表和转让保险表。

新的登记可持续15年，之后再支付5000卢比，可续用5年；一定要确保表格上标明此车"适宜上路"（road-worthiness），而且车辆不存在未付清的欠债或涉及刑事诉讼等情况。主管该摩托车登记的邦交通部门可提供相关信息。

保险

所租摩托车必须有保险——如果你撞到别人而又没有保险，会承担非常高昂的后续赔偿代价。信誉良好的公司会包括第三方保险；那些没有保险的公司或许不可信。

如果购买摩托车，那么你还得要投保（通常可以通过摩托车销售方代为安排）。

新买的"皇家恩菲尔德"摩托车全额保险每年4000至5000卢比。二手的"皇家恩菲尔德"摩托车保险费用为800至4000卢比，具体依据车辆年限而定。

燃料、零件和配件

汽油和机油在平原地区随处可得，但山区的加油站则较少。如果到偏远地区旅行，要携带足够的备用燃油（出发前询问当地人在哪些地方可以补充燃油）。在本书撰写之时，德里汽油价格大约为每升67卢比，其他地区可能是这个价格的3倍。

将你的车辆定期送去保养（尤其较老旧的车）。印度的道路和发动机的振动使得车辆很快就会松散。

定期检查发动机和变速箱油位（至少每行驶500公里）并且每行驶几千公里清洁一次滤清器。

考虑到路况，你至少会遇到几次爆胎情况——上路旅行时换好新轮胎并带上扳手，以便自行拆卸车轮。

带上你自己的防护设备（夹克衫、手套等）会是一个不错的主意。

路况

考虑到多种复杂的路况，骑行印度对于骑车新手来说颇有挑战性。横穿马路的牛和鸡、抛锚的卡车、毫无规矩可循的交通、路上的行人、无处不在的凹坑和无标志的减速带,危险无处不在。乡间道路上还会铺着粮食作物,让过往车辆碾压——这对车手来说存在着严重的打滑危险。

一天之内尽量不要骑太长的路程并且绝不在夜晚骑行——许多车辆行驶时不开灯,并且摩托车电动大灯在低转速行驶在坑坑洼洼的路面上时毫无用武之地。

在交通繁忙的国道上,可以一气开到平均时速40至50公里;在蜿蜒的小路和土路上,车速将下降到每小时10公里。

有组织的摩托车骑行游

印度各地有几十家公司提供有组织的摩托车骑行游,并且提供后勤车、机修工和导游。下面是一些知名公司:

Lalli Singh Tours(www.lallisingh.com)

Blazing Trails(05603-666788; www.blazingtrailstours.com)

World on Wheels(www.worldonwheels.tours)

H-C Travel(www.hctravel.com)

Himalayan Roadrunners(www.ridehigh.com)

Indian Motorcycle Adventure(www.indianmotorcycleadventures.com)

Moto Discovery(www.motodiscovery.com)

Royal Expeditions(011-26238545; http://royalexpeditions.com)

合乘吉普车

在山区,合乘吉普车作为长途汽车服务的补充,收取类似的固定票价。

按照设计,吉普车只能容纳5到6名乘客,但大多数合乘吉普车会挤进更多的乘客。司机旁边和身后的座位比车尾狭窄的长板凳座位要贵一些。

吉普车通常是客满发车;人们经常是从稀稀拉拉没有坐满的吉普车跳下,挤进乘客更多的即将发车的吉普车。如果你付了所有空座位的车费以"包租"一辆车时,司机就会立刻开车。

吉普车在吉普车站或在位于主要道路交叉路口的"乘客车站"停靠;可向当地人打听,让他们为你指路。

在一些邦,吉普车被称为"sumos",以一种颇受欢迎的车型Tata Sumo而命名。

如果遇到车上有人晕车,特别是在蜿蜒的山路上,你可能会被要求放弃窗口的座位,让给呕吐的同车乘客。

火车

坐火车旅行是经典的印度体验。火车通常比长途汽车更平稳,特别推荐需要过夜行程的长途旅行时选择。印度的铁路网络是世界上最大、最繁忙的铁路网络之一,印度铁路公司是世界上最大的公用事业雇主,约有150万名员工。全国各地大约有7000座火车站。

我们列出了一些实用的火车线路,但仍有数百条线路未列入书内。获得最新铁路资讯的最好方法就是登录相应网站,如**印度铁路公司**(Indian Railways; rbs.indianrail.gov.in)和很棒的**印度铁路信息**(India Rail Info; http://.indiarailinfo.com),后者新增离线浏览功能,还有用户友好型的Erail(erail.in)。在许多火车站书摊和较好的书店/报亭都可以买到《火车一瞥》(*Trains at a Glance*; 45卢比),然而它是每年出版的,不如网站更新及时。不过它提供了覆盖所有主要线路的详尽的时刻表。

在印度订票

你可以通过旅行社或酒店(收取服务费)预订火车

特快列车票价 (₹)

距离(公里)	空调卧铺1类	空调卧铺2类	空调卧铺3类	头等座	软座(CC)	二等座
100	1047	613	428	262	205	48
200	1047	613	428	412	282	73
300	1047	613	561	558	378	103
400	1460	843	591	690	467	128
500	1794	1058	733	843	577	151
1000	2940	1708	1352	1371	931	258
1500	3787	2188	1487	1753	1189	334
2000	4620	2659	1797	2127	1443	412

票，或者亲自到火车站购票。另一个更直接的方法是通过**印度国家铁路局**（IRCTC；www.irctc.co.in；接受万事达卡和维萨卡）、印度铁路公司的电子订票网站**Cleartrip**（www.cleartrip.com）订票，需要注意的是，旅行者需要下载IRCTC的移动端APP IRCTC Rail Connect才能收到验证码。在用移动端注册完IRCTC的账户之后，去Cleartrip这个App上买火车票，这个App不强制要求印度手机号。**Make My Trip**（www.makemytrip.com）、**Yatra**（www.yatra.com）和**Redbus**（只能订长途汽车票；www.redbus.com）等门户网站也很方便，但订票时通常需要一个印度手机号。**The Man in Seat 61**（www.seat61.com）网站上有大量有用信息，详细解释了如果没有印度手机号该如何注册IRCTC账号。

不过，在线预订火车票也有不便之处：有旅行者反映在一些门户网站注册或使用信用卡时会遇到问题。大型火车站通常有会说英语的工作人员帮忙预订火车票。在较小型的火车站，火车站站长和他的副手通常可以讲英语。如果你需要建议，最好咨询旅游办事处的工作人员。

每个自然月只能在线预订6张车票，超出后只能亲自去车站购买。如果在线购票，买到的是轮候票，在火车出发后如果车票仍未得到确认，票款会退回信用卡，车票无效。

火车站购票

从信息窗口领取一张预订单，填写出发车站、抵达车站、你想乘坐的车厢等级，以及列车的名字和编号。加入购票窗口前的长龙排队购票，然后火车票会被打印出来。女性应利用单独的女性队列——如果没有女性购票队列，可以直接走到普通队伍最前面。

旅游中心订票

较大的城市和主要的旅游中心会有一个国际旅游办事处（International Tourist Bureau），那里出售火车特定等级的游客预留票，你可以相对便捷地订到票。

预订

火车票在发车前的120天开始接受预订，软座（chair-car）、豪华软座（executive-chair-car）、卧铺（sleeper）、空调卧铺1类（1AC）、空调卧铺2类（2AC）和空调卧铺3类（3AC）车厢必须提前预订。普通车厢（二等）车票不接受预订；火车一进站你就需要抢占普通车厢的座位。

火车总是很繁忙，因此尽早预订车票是明智之举，特别是需要过夜的旅程。对于一些特定的目的地，在重大节日时可能会提供加车，不过也需要尽早提前预订火车票。

预订的车票上都会有你的座位号/铺位号和车厢号。火车车身写有车厢号（车站工作人员和搬运工可以为你指出正确的方向）。每节预订车厢侧面都会贴有名字和铺位的名单。

任何火车票都可以退款，即使火车已经发车了，但会扣一些票款作为罚金——规则颇为复杂，预订车票时请注意查看。

旅途中火车随时会晚点；为了避免行程中时间紧张，你可以在旅行计划中预留出一些机动时间。

游客预留票

一种特殊的（虽然数量很少）游客预留票是专门提供给在热门车站之间旅行的外国游客的。这些座位只可以在主要城市的指定预售处预订，并且需要出示你的护照和签证作为身份证明。车票可以用卢比（一些预售处可能会要求查看外汇兑换证明——自动柜员机收据即可）支付。

Taktal火车票

印度铁路公司先预留少量热门列车的火车票，然后在列车发车前一天的10:00放票。每张车票费在原价的基础上加收10至500卢比。空调卧铺1类车厢车票未包含在该计划内。

预订退票（RAC）

即使一趟火车的车票被预订一空，印度铁路公司仍会出售每一等级的少量车票作为"预订退票"（Reservation

询价工具

登录网站www.indiarailinfo.com或erail.in，然后输入两个目的地的名称。马上就能得到该线路上每辆列车（车名、车次、到站/发车时间以及旅途细节）的列表，还有每个等级的票价。

Against Cancellation,简称RAC）。这意味着如果你有一张RAC票，而有人在火车发车之前取消了预订火车票，那么你就会取得他或她的座位（或铺位）。在出行当天你要到火车站核实一下预订名单，看看你有没有分到确认的座位/铺位。即使没有人退票，你仍然可以凭RAC票登上火车，但是没有座位/铺位。

轮候名单（WL）

如果RAC配额同样预售一空,你会拿到一张轮候票(wait-listed ticket,标有WL）。这意味着如果有足够的取消预订票,你就有可能最终上升轮候顺序等到一张确认的卧铺票,或者至少是一个RAC座位。通过登录网站rbs.indianrail.gov.in/pnr_Enq.html输入车票的PNR号可查看你的订票状态。你不能凭轮候票登上火车,但可取得退款——可以到售票处咨询一下你是否有机会等到票。

费用

票价是按距离和车厢等级计算的；Rajdhani和Shatabdi火车价格略贵，但票价包含了用餐。大多数空调车厢提供餐饮服务（食物会送到座位上）。在无法预订车票的普通车厢里，最好是带上方便零食。老年人男/女（60/58岁以上）在乘坐所有等级的各类火车时均享受40%/50%的折扣。6岁以下的儿童免火车票，6至12岁儿童需购买半票，最长可享受300公里的折扣票。

健康指南

印度的地理差异巨大，因此在不同地区，酷热、寒冷和高海拔等因素都会引起健康问题。大多数地区的卫生状况很糟糕，因此通过食物传染的疾病和水源性疾病很普遍。此外通过蚊虫传染的疾病同样存在，在热带地区尤其常见。在各地区（尤其是去城市以外的地方），医疗条件都只能满足基本需求，因此有必要做好充分的准备。

已患疾病和受到意外伤害（尤其是交通事故）是危及生命状况的主要原因。偶发疾病的情况则比较常见。幸运的是，大多数旅行者的疾病都是可以通过一些常识措施预防或者用旅行者随身携带的常备药品进行治疗。在路上谨记及时就医，自我诊断可能会带来危险。

出发前

无须医生处方你就可以在印度买到一些非处方药物，但是有些新出的药则很难找到，尤其是最新的抗抑郁药物、降血压药物和避孕药等。自己用药要小心，曾有游客因混合用错药，或用药过量导致过悲剧。请携带：

➡ 装在带药名的原装容器内的药物。

➡ 一封有医生签名和标有日期的信，写清你的健康状况和服用药物（包括药物通用名称）。

➡ 如果携带任何注射器，一定要有医生信件证明相应医疗的必要性。

➡ 如果你心脏有问题，带一份旅行前刚做的心电图。

➡ 带上你要定期服用的药物（携带常用药量的双倍）。

保险

不要在没有购买医疗保险的情况下贸然旅行。紧急医疗撤运的费用极为昂贵。购买保险时需要考虑到各种因素。要仔细阅读保险的小字条款。

➡ 在开展攀岩和水肺潜水等探险类活动时，你可能需要购买额外的保险。

➡ 在印度，医生通常要求用现金直接付费。弄清楚你的保险计划是直接付账给医疗机构，还是事后报销海外医疗费用。如果你需要事后理赔，一定要保存好所有的相关文件。

➡ 一些保险计划要求你给国内中心打电话（对方付费电话），后者会立即对你的问题进行评估。

疫苗

旅行相关疾病专科门诊是你最好的信息源。他们不但储存了所有的可用疫苗，而且还能为你的旅行提供详尽的建议。大多数疫苗在注射至少两周后才产生免疫作用，因此在出发前要尽可能提前看医生。向医生索取一份国际免疫接种证明书（俗称"黄皮本"），标明了你已接受的全部免疫接种。

常备药品清单

以下是建议随身携带的药品清单：

➡ 抗真菌霜，如克霉唑（Clotrimazole）

➡ 抗菌药膏，如莫匹罗星（Mupirocin）

➡ 治疗皮肤感染的抗生素，如阿莫西林（Amoxicillin）/克拉维酸（Clavulanate）或头孢氨苄（Cephalexin）

➡ 抗组胺药——有多种选择，如适于白天使用的西替利嗪

(Cetrizine)及夜间服用的异丙嗪(Promethazine)

➡ 抗菌药剂,例如碘伏(Betadine)

➡ 治疗胃痉挛的抗痉挛药,如解痉灵(丁溴东莨菪碱,Buscopan)

➡ 避孕药

➡ 缓解充血药物,如伪麻黄碱

➡ 含避蚊胺的驱虫剂

➡ 腹泻治疗药物——考虑口服补液溶液(如Gastrolyte)、止泻药(如洛哌丁胺)和止吐药物(如普鲁氯嗪)。治疗腹泻的抗生素包括环丙沙星,治疗细菌性腹泻的阿奇霉素,治疗贾第虫或阿米巴痢疾的替硝唑

➡ 基本急救用品如剪刀、弹性绷带、绷带、纱布、体温计(非水银体温计)、无菌针头和注射器、安全别针和镊子等

➡ 布洛芬(Ibuprofen)或其他抗炎药

要求和推荐接种的疫苗

根据相关国际法规,**黄热病**(yellow fever)疫苗是唯一必须进行免疫接种的疫苗。只有在进入印度前6天曾访问过黄热病地区的人员,需要出具抗黄热病接种证明。如果你从非洲或南美洲前往印度旅行,要了解一下自己是否需要接种证明。

以下是世界卫生组织(WHO)为前往印度的旅行者推荐的疫苗(以及仍在有效免疫期内的麻疹、腮腺炎和风疹接种):

成人白喉和破伤风 如果在过去10年里没有注射过强化针的人,建议注射一次。副作用包括手臂酸痛和发烧。

甲型肝炎 疫苗提供了长达1年接近100%的免疫保护;在12个月后再注射一针强化针可提供至少20年的免疫保护。5%至10%的人注射后会出现轻微的副作用,如头痛、手臂酸痛。

乙型肝炎 目前,大部分旅行者都会接种。6个月内注射3次。也可以快速注射,与甲型肝炎疫苗结合注射。副作用轻微而且少见,通常是头痛和手臂酸痛。95%的人可得到终生免疫保护。

脊髓灰质炎(小儿麻痹症) 只需一针的加强针便可提供成人终生免疫保护。灭活的脊髓灰质炎疫苗在怀孕期间是安全的。

伤寒 建议所有到印度旅行的旅客接种该疫苗,即使是只在城市地区旅行的人也可接种。一针疫苗可提供大约70%的保护,持续有效2至3年时间。也可服用口服药片接种,但通常推荐注射疫苗,因其副作用更少。可能出现手臂酸痛和发烧。

水痘 如果你没有出过水痘,可与你的医生讨论接种相关疫苗。

以下免疫疫苗推荐给长期旅行(逗留一个月以上)或存在特殊风险的人群(寻求更多医生建议):

流行性乙型脑炎(JBE) 总共注射3针。建议2年之后再注射加强针。最常见的副作用是手臂酸痛和头痛。在极少数情况下,在注射3针中的任何1针后的10天内会发生包括荨麻疹和肿胀等过敏反应。

脑膜炎 只需注射1针。有两种类型的接种疫苗:四价疫苗可提供2至3年的免疫保护;C组脑膜炎疫苗可提供大约10年的免疫保护。建议年龄在25岁以下的长期背包客接种后一种疫苗。

狂犬病 总共注射3针。一年后再注射一针加强针将提供10年的免疫保护。基本没有副作用——偶尔会出现头痛和手臂酸痛。

肺结核 一种非常复杂的情况。通常推荐成人旅行者在长时间旅行前后分别做一次结核病皮肤测试,而不是接种疫苗。终身只接种一次疫苗。

➡ 净化水质用碘片（在孕期内或有甲状腺疾病则不得使用）

➡ 如果你患有偏头痛，可携带治疗偏头痛的药物

➡ 扑热息痛

➡ 浸泡衣服和蚊帐所用的除虫菊酯

➡ 治疗过敏或者瘙痒性皮疹的类固醇药膏，如1%至2%浓度的氢化可的松（hydrocortisone）

➡ 高系数防晒霜

➡ 润喉片

➡ 阴道真菌感染的治疗药物，例如克霉唑阴道栓剂（Clotrimazole pessaries）或氟康唑片剂（Diflucan）

➡ Ural粉或类似药物以应对可能发生的尿路感染

网络资源

互联网上有丰富的关于旅行保健的建议——www.lonelyplanet.com是一个开始查询的很好网站。其他建议包括：

美国疾病预防控制中心（Centers for Disease Control and Prevention；简称CDC；www.cdc.gov）能找到丰富的常规信息。

旅游保健医生（MD Travel Health；www.mdtravelhealth.com）对在各个国家旅行提出了全面的旅行保健建议，信息每日更新。

世界卫生组织（World Health Organization；简称WHO；www.who.int/ith）出版的《国际旅游与保健》（*International Travel & Health*）非常棒，每年都会进行修订，可免费在线阅读。

健康指导

如果有相关的政府旅行保健网站，出发前最好先浏览一下：

澳大利亚（www.smartraveller.gov.au）
加拿大（www.travelhealth.gc.ca）
新西兰（safetravel.govt.nz/health-and-travel）
英国（www.fco.gov.uk/en/travelling-and-living-overseas）
美国（www.cdc.gov/travel）

延伸阅读

值得推荐的参考文献包括Richard Dawood博士所著的《旅游者的健康》（*Travellers' Health*）和Deborah Mills博士写的《健康旅行》（*Travelling Well*），后者现在也有了App版本，如需了解详情，也可浏览网站（www.travellingwell.com.au）。

在印度

医疗服务及费用

印度各地的医疗水平差异极大。一些城市里开设了专门针对游客和外籍人士的诊所，这些诊所通常比当地的医疗设施收费更加昂贵，并且提供更高的服务标准。此外，他们熟悉当地的医疗系统，包括著名的当地医院和专家。如果你需要紧急医疗撤运，他们也会帮你联系保险公司。不过在偏远地区通常很难找到可靠的医疗设施。

如果你的症状并不严重（如旅途腹泻），不能去推荐的诊所但随身带有相关药物，那么自我治疗是可以的。如果你怀疑自己患上了严重的疾病，特别是疟疾，尽快前往最近的、有质量保证的医疗诊所。

在购买非处方药之前，检查药品有效期，查看包装是否密封完好以及是否妥善保存（如不要在阳光下暴晒）。

传染性疾病
疟疾

这是一种非常严重并存在致命性的疾病。在你旅行出发之前，根据行程（农村地区风险更高）寻求关于药物治疗和副作用的专家建议。

疟疾是由被感染的蚊子叮咬后传播疟原虫引起的。疟疾的最主要症状是发烧，但也有可能有一般症状的表现，如头痛、腹泻、咳嗽或发冷。只能通过采集血液样本的方式进行确诊。

应将防蚊和服用抗疟药物两种措施结合起来预防疟疾。大多数患了疟疾的人都是因为没有或不正确地服用抗疟疾药物。

建议旅行者通过以下几种措施预防蚊虫叮咬：

➡ 在暴露的皮肤上使用含有

防蚊胺的驱虫剂。如果晚上在蚊帐里睡觉，可以将其洗净。天然的驱虫剂如香茅也有效，但是必须比含有防蚊胺的产品使用得更频繁。

➡ 在用苄氯菊酯浸透处理过的蚊帐里睡觉。

➡ 选择有纱窗和风扇的住处（如果没有空调）。

➡ 在高风险地区，穿着用苄氯菊酯浸透处理过的衣服。

➡ 穿浅色的长袖衣服和长裤。

➡ 使用蚊香。

➡ 外出吃晚饭前，用驱虫剂喷洒房间。

以下是可使用的各种药物：

氯喹和氯胍组合用药（Chloroquine & Paludrine）在南亚的许多地区，这两种药品共同作用的有效性仍相当有限。常见的副作用包括恶心（40%的人）和口腔溃疡。

强力霉素（Doxycycline；日服片剂）是一种广谱抗生素，可以帮助预防多种热带疾病，包括钩端螺旋体病、蜱传播疾病和斑疹伤寒。潜在的副作用有光敏感症（容易被晒伤）、妇女阴道真菌感染、消化不良、胃灼热、恶心和干扰避孕药的效果。更严重的副作用包括食管溃疡——用药时可随餐和一大杯水同服，并且服药后半个小时之内不可躺卧。此药物必须在离开高危地区后继续服用4周。

甲氟喹（Lariam, Mefloquine）这种每周服用一次的药片适用于多数人群。严重的副作用较少见，但是常伴有抑郁、焦虑、精神性疾病和癫痫。任何有过抑郁症、焦虑、其他心理障碍或癫痫病史的人都不应服用甲氟喹。

在中、晚期妊娠时服用该药物被认为是安全的。此药物必须在离开高危地区后继续服用4周。

马拉隆（Malarone）这种药是阿托喹酮（Atovaquone）和氯胍（Proguanil）的化合物。副作用少见而且轻微，最常见的是恶心和头痛。这是最适合水肺潜水者和到高危地区短期旅行的人服用的药物。必须在离开高危地区后继续服用1周。

其他疾病

禽流感 "禽流感"或甲型流感[Avian Flu; Influenza A (H5N1)]是甲型流感病毒的一种亚型。最主要的感染源是接触死禽或病禽，不过禽流感一般不会传染给人。症状包括高烧和流感样症状迅速恶化，许多情况下会导致呼吸衰竭和死亡。如果怀疑感染禽流感应立刻就医。查看网站www.who.int/en/ 或 www.avianinfluenza.com.au。

霍乱 印度有时会爆发霍乱。这种急性肠道感染疾病通过被污染的水和食物传播，包括生的或未充分煮熟的鱼和贝类。游客感染的案例很少，不过要前往高传染区域的游客应就是否注射疫苗咨询医生。

登革热 这种蚊子传播的疾病正成为日益凸显的问题，尤其是在城市。由于没有登革热的免疫疫苗，它仅能通过时刻注意避免蚊虫叮咬而进行预防。其症状包括高热、剧烈头疼和全身疼痛，有时会发生皮疹和腹泻。治疗的方法是休息和服用扑热息痛（paracetamol）。由于阿司匹林（aspirin）和布洛芬有增加出血的可能性，因此不可服用。一定要去看医生以便得到诊断和监护。

甲型肝炎 这种由食物和水传播的病毒会感染肝脏，引起黄疸（皮肤和眼睛变黄）、恶心和嗜睡。对甲型肝炎没有特殊的治疗方法；你需要时间使肝脏得到康复。所有到印度旅游的人都应当注射抗甲型肝炎的疫苗。

乙型肝炎 这种性传染疾病是经体液传播的，可通过接种疫苗来预防。长期患病的后果是可能导致肝癌和肝硬化。

戊型肝炎 通过被污染的食物和水传播，戊型肝炎与甲型肝炎的症状类似，但比较不常见。对于怀孕女性来说，戊型肝炎是个严重的问题，可能导致母亲和胎儿死亡。目前还没有商业化疫苗，可以通过遵循安全的饮食指导来预防。

艾滋病（HIV）通过受污染的体液传播。避免不安全的性行为，不使用未消毒的针头（包括在医疗机构内）和避免文身等行为。印度是世界上艾滋病感染率增长最快的国家之一。

流感 在热带地区全年出现，流行性感冒（流感）的症状包括发烧、肌肉疼痛、流鼻涕、咳嗽及喉咙痛。对于那些年龄在65岁以上或者患有例如心脏病或糖尿病等疾病的人来说，情况尤为严重——建议这类人群接种疫苗。没有具体的治疗方法，只有休息和服用扑热息痛。

流行性乙型脑炎 这是通过蚊子传播的病毒性疾病，很少在旅行者中出现。大多数病例发生在农村地区，推荐在城市以外地区旅行超过1个月的旅行者接种该疫苗。这种疾病没有治疗方法，并且可能会导致永久性的脑损伤或死亡。如需更多的细节，请咨询医生。

狂犬病 这种致命性疾病是通过

被感染动物咬甚至是舔而传播的——最常见的感染动物是狗和猴子。在被任何动物咬伤后都应立即就医并接受暴露后治疗。预先接种疫苗可使被咬之后的治疗过程大为简化。被动物咬伤后，要用肥皂和水轻轻地冲洗伤口，然后涂抹含碘抗菌药物。如果没有预先接种疫苗，要尽快注射狂犬病免疫球蛋白，而这在印度大部分地区都是很难获得的。

肺结核 虽然旅行者中很少出现肺结核，但那些与当地人有显著接触（例如医疗和援助人员以及长期旅行者）的人应该采取预防措施。通常只给5岁以下的儿童接种疫苗，但推荐处于风险的成人进行旅行之前和之后的肺结核测试。主要症状为发热、咳嗽、体重减轻、夜间盗汗和疲倦。

伤寒 这种严重的细菌性感染疾病通过水和食物传播。症状是缓慢发展的高烧和头疼，可能伴有干咳和胃疼。通过血液检查而确诊，用抗生素治疗。建议所有准备在印度旅行超过一个星期的旅行者进行疫苗接种。要知道接种疫苗并非100%有效，因此仍需小心饮食和饮水。

旅途腹泻

这是目前为止在印度的旅行者最为常见的问题——30%至70%的人可能在旅游开始的头两周受此病困扰。通常是由细菌感染引发的，所以使用抗生素治疗的效果比较显著。

旅途腹泻的定义为24小时之内有3次以上的水泻，加上至少一种其他症状，如发烧、腹绞痛、恶心、呕吐或者全身不适等。

治疗方法包括确保不要脱水；最好饮用电解质替代物（Gastrolyte）的补水溶液。使用抗生素，如氟哌酸（Norfloxacin）、环丙沙星（Ciprofloxacin）、阿奇霉素（Azithromycin），此类药物可迅速杀菌。如果你的病对适合的抗生素没有反应，应该立即就医。

洛哌丁胺（Loperamide）只能止泻，治标不治本。但是它还是有用的（比如你不得不长时间乘坐长途车）。不要在发烧或者便血时服用洛哌丁胺。

阿米巴痢疾 旅行者很少有患阿米巴痢疾的情况，但经常被劣质诊所检验室误诊。症状类似于细菌性腹泻：发烧、便血腹泻以及全身不适。如果腹泻便血，要寻求可靠的医疗护理。两种药物治疗包括：用替硝唑（Tinidazole）或灭滴灵（Metronidazole）杀死肠里的寄生虫，然后用另一种药物来杀死包囊。如果不及时治疗，会出现例如肝脏和肠道脓肿等并发症。

贾第虫病 贾第虫（Giardia）是一种在旅行者中相对常见的寄生虫。症状包括恶心、腹胀、大量的排气、疲倦和间歇性腹泻。如果不进行治疗，寄生虫最终可以排出，但是这需要几个月的时间。最好是进行药物治疗。治疗药物首选替硝唑，其次是灭滴灵。

一氧化碳中毒

一些山区依靠烧炭取暖，应该避免这样的取暖方式，因为一氧化碳中毒有致命的风险。许多山区使用厚厚的、像床垫一样的毛毯，盖上这种毯子就寝你会感到出奇的温暖。如果仍然觉得冷，可临时做一个暖水袋，方法是给你的水瓶灌满开水然后套上一条长袜子。

环境引发的疾病和不适

空气污染

空气污染，特别是机动车污染，在印度大多数中心城市是一个日益严重的问题。如果你有严重的呼吸系统问题，在去印度旅行之前可咨询医生。所有游客都应该听取媒体或政府发布的污染等级建议（如果空气质量指数的8类污染种类中，有任何一项检测结果在100或以上，就是糟糕）。如果你容易受空气质量的影响，最好戴上一次性口罩。

潜水和冲浪

在旅行之前，潜水和冲浪爱好者应该寻求专科建议，保证常备旅行药箱中包括了治疗珊瑚割伤、热带耳部感染的药物。潜水者还应该确保其保险包括减压病。可通过有关组织获取专门的潜水保险，如**潜水者警报网**（Divers Alert Network; www.danasiapacific.org）。某些身体状况不适合潜水，可咨询一下你的医生。

食物

外出就餐可能会出现腹泻。避免食物引发疾病的方法如下：

➡ 只食用刚煮熟的食物

饮用水

➡ 不要饮用自来水。

➡ 瓶装水一般是安全的,不过在购买时要检查瓶口密封是否完好。

➡ 避免食用冰块,除非能保证其制作过程中保持了干净卫生。

➡ 尤其要注意街头小摊出售的新鲜果汁,它们可能已经掺水或者装在不卫生的水壶/杯子里。

➡ 将水煮沸通常是最有效的净水方法。

➡ 最好的化学净水剂是碘。但孕妇或有甲状腺问题的人不宜使用碘。

➡ 水过滤器应该也可以过滤掉大部分病毒。确保你的过滤器有一层化学性阻挡层,例如碘和微孔径过滤层(小于4微米)。

➡ 避免吃贝类和自助餐

➡ 吃水果应先去皮

➡ 熟制蔬菜

➡ 沙拉要在碘水中浸泡至少20分钟

➡ 在顾客多、生意好的餐馆里用餐

中暑

在印度的大部分地区,特别是南部地区,气候全年炎热而潮湿。大多数人至少要花2周的时间来适应炎热的天气。踝关节和双脚肿胀,以及由于大量排汗而致的肌肉痉挛都很常见。通过避免脱水以及避免高温下过度活动可以预防这些症状的发生。不要服用盐片(会加重肠道负担);喝些补液溶液或进食咸味食物会有所帮助。治疗痉挛可通过休息、喝双倍浓度的补液溶液补水以及轻轻拉伸等方式。

脱水 是造成中暑的主因。患者很快就能恢复,只是在随后的日子里会感觉有点虚弱。症状包括:

➡ 感觉虚弱

➡ 头痛

➡ 烦躁

➡ 恶心或者呕吐

➡ 皮肤出汗

➡ 脉搏快而弱

➡ 体温正常或略有升高

治疗:

➡ 使患者远离高温环境

➡ 给患者扇风

➡ 用湿冷的毛巾敷皮肤

➡ 让患者平躺并抬高下肢

➡ 饮用盐水(1/4茶匙的盐溶于1升的水),以补充水分

中暑 这一需要紧急医疗的严重症状包括:

➡ 虚弱

➡ 恶心

➡ 全身干热

➡ 体温超过41℃

➡ 眩晕

➡ 意识模糊

➡ 动作失去协调性

➡ 癫痫

➡ 最终导致虚脱

治疗:

➡ 远离高温环境

➡ 为患者扇风

➡ 用湿冷的毛巾或者冰敷患者身体,特别是腹股沟和腋下

痱子 这是一种常见的热带皮疹,它是由过多汗液滞于皮下而导致的。治疗方法包括远离高热环境几个小时以及洗凉水澡等。乳霜类和药膏会阻塞皮肤毛孔,所以应该避免使用。在当地买的痱子粉会很有效果。

高原反应

如果你要前往海拔3000米以上地区,急性高山症(Acute Mountain Sickness,简称AMS)会是个问题。最大的风险因素是攀得过高过快,因此要遵循正确的徒步指南,做循序渐进的适应性安排,当出现与海拔相关的症状时千万不要继续上升。无法预测谁会得高原反应,很多时候,往往是队伍中更年轻、身体更强壮者会最先被压垮。

症状通常会在到达高海拔的最初24小时内出现,但也可能会稍后出现,延迟时间可能会达到3个星期。轻微的症状包括:

➡ 头痛

➡ 昏睡

➡ 眩晕

➡ 难以入睡

➡ 食欲缺乏

急性高山症可能会在没有任何征兆的情况下急剧恶化,甚至威胁生命。严重的症

状包括：

➡ 呼吸困难

➡ 刺激性干咳（可能伴有血性泡沫样痰）

➡ 剧烈头痛

➡ 动作失去协调性和平衡

➡ 意识不清

➡ 行为失去理智

➡ 呕吐

➡ 嗜睡

➡ 失去知觉

如果出现轻微症状，可以在同一海拔高度休息直到康复，通常需要1至2天的时间。服用扑热息痛或阿司匹林有助于缓解头痛。如果症状持续或进一步恶化，应当立即降低高度——即使只下降500米也会有所帮助。绝对不能以药物治疗来避免下山，或者为能继续登山而服药。

一些医生建议服用乙酰唑胺和地塞米松药物来预防高原反应；然而，对于它们的使用存在着争议。它们可以减轻症状，但也可能掩盖疾病的"警告信号"；有人在服用这些药物后发生了严重和致命的急性高山症。

预防急性高山症：

➡ 放缓登山速度，安排足够的休息日，上升1000米途中需安排2至3个晚上。

➡ 如果可能，晚上可在海拔较低处休息，而不是在当天攀升的海拔最高处过夜。当海拔升至3000米以上时，每晚就寝的高度增量不要超过300米。

➡ 多喝水。

➡ 吃清淡、高碳水化合物的食物。

➡ 避免饮酒和服用镇静剂。

蚊虫叮咬

臭虫 这种虫子不携带疾病，但是被叮咬的部位会非常痒。可以用抗组胺药物治疗瘙痒。

虱子 最常出现在头部和阴部。你可能需要多次使用除虱洗发水，如除虫菊酯。

蜱虫 在农村地区行走之后有可能感染蜱虫。蜱虫常在人的耳后、腹部和腋窝被发现。如果已被蜱虫叮咬并且叮咬处或者其他部位出现皮疹，发烧或者肌肉疼痛，应该就医。强力霉素可用于预防蜱传播的疾病。

水蛭 在潮湿的热带雨林地区可以找到水蛭。它们不传播任何疾病，但其咬伤的伤口处通常出现持续数周的瘙痒，并且很容易感染。可以用含碘抗菌剂涂在水蛭叮咬过的所有地方以预防感染。

蜜蜂和黄蜂蜇伤 任何有严重蜜蜂或黄蜂过敏的人都应该携带肾上腺素注射针[如肾上腺素自动注射器（Epipen）]。

皮肤问题

真菌性皮疹 常常影响旅行者的有两种真菌性皮疹。第一种出现在腹股沟、腋下以及脚趾间等潮湿部位。它开始时是一块红斑，逐渐扩散，通常很痒。治疗包括保持皮肤干燥、避免摩擦和使用抗真菌霜，如克霉唑或兰美抒霜剂。第二种是花斑癣，会引起淡色的小斑块，在背、胸和肩部最常见。出现症状后应当咨询医生。

割伤和擦伤 在潮湿气候中容易感染。立即用清水冲洗所有伤口并使用抗菌药物。如果出现感染的迹象（持续疼痛和红肿加剧），应该就医。

晒伤

➡ 即使是在阴天，也有可能很快被晒伤。

➡ 使用强效防晒霜（防晒指数50+），游泳过后重新涂。

➡ 戴宽檐帽和墨镜。

➡ 一天里最炎热的时段（10:00至14:00）不要躺在大太阳下。

➡ 在海拔3000米以上地区要警惕——在这个高度你很容易被晒伤。

➡ 一旦晒伤，待在阴凉地里直至恢复，使用冷敷布，如有必要，服用止疼片缓解不适。每天涂抹2次浓度百分之一的氢化可的松乳膏也有帮助。

女性健康

关于妇科方面的健康问题，建议咨询一位女医生。

避孕 携带适量的自用避孕物品。

卫生用品 卫生巾较常见，但基本买不到卫生棉条。

阴道真菌感染 炎热、潮湿和抗生素都会导致阴道真菌感染。用抗真菌乳膏和克霉唑等阴道栓剂进行治疗。此外也可以服用一片氟康唑（Diflucan）片剂进行治疗。

尿路感染 脱水或长时间坐车憋尿可能导致尿道感染；应携带适当的抗生素。

语言

在印度能够听到很多种语言,这可以帮助解释为什么英语仍然作为官方语言被广泛使用。印度宪法认定的语言还有另外22种,全国各地还使用其他1600种小语种。

印度不遗余力地推广印地语作为国家语言,以逐步淘汰英语。然而,英语仍然相当流行。印地语在北方属于主要语言,而南方的达罗毗荼语系的泰米尔语等诸多语言则几乎与其没有任何关联。因此在印度南方很少有人讲印地语。

许多受教育的印度人把英语作为他们的第一语言来使用,对于大多数印度人来说英语是他们的第二语言。尽管你会发现在印度说英语就能让你很方便地出行,但是了解一些当地语言还是很有益处的。

印地语

全世界约有6亿人使用印地语,其中有1.8亿人在印度。印地语是由古梵语发展而来的,使用天城体文字。1947和英语被共同列为印度官方语言。

大多数印地语听起来与英语相似。最主要的区别是印地语有"送气音"辅音(发音是呼出的气流声,就像在发音后加上了"h"音)和不送气辅音,也有"卷舌音"辅音(舌头向后弯曲发音)和非卷舌音辅音。我们在这本指南当中使用简化过的音译,不包括这些区别,按照英语发音来读,别人就能听懂了。

正确的元音发音很重要,特别是在发音的长度上(比如a和aa发音的比较)。ng组合在元音后"鼻音化"("通过鼻子"发音)。还要注意au发音成"how"里面的"ow"。重读单词发音很轻,我们用斜体表示重读音节。

基础

印地语动词变化形式取决于说话者的性别(或一般句子的主语),所以是通过动词,而不是代词"他"或"她"(英语是这种情况)来表达句子的主语是阳性还是阴性。在这些短语中我们会为男性和女性说话者分别标注"m"和"f"。

你好。/再见。	नमस्ते।	na·ma·ste
是。	जी हाँ।	jee haang
不。	जी नहीं।	jee na·heeng
打扰一下。	सुनिये।	su·ni·ye
对不起。	माफ़ कीजिये।	maaf kee·ji·ye
请……	कृपया ...	kri·pa·yaa ...
谢谢。	थैंक्यू।	thayn·kyoo
不客气。	कोई बात	ko·ee baat
	नहीं।	na·heeng

你好吗?
आप कैसे/कैसी aap kay·se/kay·see

想了解更多?

想深入了解语言信息和实用短语,可查询Lonely Planet的*Hindi, Urdu & Bengali Phrasebook*和*India Phrasebook*。你可以通过**shop.lonelyplanet.com**网站购买这两本手册,或者在苹果手机的应用商店购买Lonely Planet的常用语手册。

हैं?	hayng (m/f)	
很好，你呢？		
मैं ठीक हूँ।	mayng teek hoong	
आप सुनाइये।	aap su·naa·i·ye	
你叫什么名字？		
आप का नाम क्या है?	aap kaa naam kyaa hay	
我叫……		
मेरा नाम ... है।	me·raa naam ... hay	
你会说英语吗？		
क्या आपको अंग्रेज़ी आती है?	kyaa aap ko an·gre·zee aa·tee hay	
我不明白。		
मैं नहीं समझा/समझी।	mayng na·heeng sam·sam·jee (m/f)	

住宿

……在哪里？	... कहाँ है?	...ka·haang hay
客栈	गेस्ट हाउस	gest haa·us
旅馆	होटल	ho·tal
青年旅舍	यूथ हास्टल	yoot haas·tal
你有……	क्या ... कमरा है?	kyaa ...kam·raa hay
房间吗？		
单人间	सिंगल	sin·gal
双人间	डबल	da·bal
每……	... के लिये	... ke li·ye
多少钱？	कितने पैसे लगते हैं?	kit·ne pay"se lag·te hayng
晚	एक रात	ek raat
人	हर व्यक्ति	har vyak·ti
空调	ए॰ सी॰	e see
卫生间	बाथरूम	baat·room
热水	गर्म पानी	garm paa·nee
蚊帐	मसहरी	mas·ha·ree
洗衣工	धोबी	do·bee
窗户	खिड़की	kir·kee

方位

……在哪里？		
... कहाँ है?		... ka·haang hay
有多远？		
वह कितनी दूर है?		voh kit·nee door hay

数字——印地语

1	१	एक	ek
2	२	दो	do
3	३	तीन	teen
4	४	चार	chaar
5	५	पाँच	paanch
6	६	छह	chay
7	७	सात	saat
8	८	आठ	aat
9	९	नौ	nau
10	१०	दस	das
20	२०	बीस	bees
30	३०	तीस	tees
40	४०	चालीस	chaa·lees
50	५०	पचास	pa·chaas
60	६०	साठ	saat
70	७०	सत्तर	sat·tar
80	८०	अस्सी	as·see
90	९०	नब्बे	nab·be
100	१००	सौ	sau
1000	१०००	एक हज़ार	ek ha·zaar

地址是什么？

पता क्या है? pa·taa kyaa hay

你可以（在地图上）指给我看吗？

(नक्शे में) दिख सकते हैं? (nak·she meng) di·kaa sak·te hayng

向左/右转。

लेफ्ट/राइट मुड़िये। left/raa·it mu·ri·ye

在拐角处	कोने पर	ko·ne par
在交通灯处	सिगनल पर	sig·nal par
在……后面	... के पीछे	... ke pee·che
在……前面	... के सामने	... ke saam·ne
在……附近	... के पास	... ke paas
在……对面	... के सामने	... ke saam·ne
往前直走	सीधे	see·de

餐饮

什么推荐的吗？

आपके ख्याल में क्या अच्छा होगा? aap ke kyaal meng kyaa ach·chaa ho·gaa

有素菜吗？

क्या आप का खाना kyaa aap kaa kaa·naa

语言

印地语

०न अअशाकाहारी ह?	shaa·kaa·haa·ree hay	
我不吃(肉)。		
मैंब (गोश्त) नहींब	mayng(gosht)na·heeng	
खाता/खाती।	kaa·taa/kaa·tee(m/f)	
我会吃……		
मुझ... दीजिये।	mu·je ...dee·ji·ye	
非常美味。		
बहुत मजेदार हुआ।	ba·hut ma·ze·daar hu·aa	
请拿菜单/账单来。		
मेन्यू/बिल लाइये।	men·yoo/bil laa·i·ye	

关键词

瓶子	बोतल	bo·tal
碗	कटोरी	ka·to·ree
早餐	नाश्ता	naash·taa
甜品	मीठा	mee·taa
晚餐	रात का खाना	raat kaa kaa·naa
饮品	पीने की	pee·ne kee
	चीजेंब	chee·zeng
食物	खाना	kaa·naa
餐叉	कांटा	kaan·taa
玻璃杯	गिलास	glaas
餐刀	चाकू	chaa·koo
当地餐馆	ढाबा	daa·baa
午餐	दिन का खाना	din kaa kaa·naa
市场	बाजार	baa·zaar
碟	प्लेट	plet
餐馆	रेस्टोरेंट	res·to·rent
套餐	थाली	taa·lee
小吃	नाश्ता	naash·taa
勺子	चम्मच	cham·mach

肉类和水产品

牛肉	गायका गोश्त	gaai kaa gosht
鸡肉	मुर्गी	mur·gee
鸭肉	बतख	ba·tak
鱼	मछली	mach·lee
山羊	बकरा	bak·raa
龙虾	बडी झींगा	ba·ree jeeng·gaa
肉类	गोश्त	gosht
肉丸	कोफ्ता	kof·taa
猪肉	सुअर का गोश्त	su·ar kaa gosht
对虾	झींगा	jeeng·gee
	मछली	mach·lee
海鲜	मछली	mach·lee

水果和蔬菜

苹果	सेब	seb
杏	खुबानी	ku·baa·nee
香蕉	केला	ke·laa
辣椒	मिर्च	mirch
胡萝卜	गाजर	gaa·jar
菜花	फूलगोभी	pool go·bee
玉米	मक्का	mak·kaa
黄瓜	ककडी	kak·ree
枣	खजूर	ka·joor
茄子	बैंगन	bayng·gan
水果	फल	pal
大蒜	लहसुन	leh·sun
葡萄	अंगूर	an·goor
葡萄柚	चकोतरा	cha·kot·raa
柠檬	निम्बू	nim·boo
扁豆	दाल	daal
橘子	संतरा	san·ta·raa
芒果	आम	aam
蘑菇	खुंबी	kum·bee
坚果	मेवे	me·ve
橙子	नारंगी	naa·ran·gee
木瓜	पपीता	pa·pee·taa
桃子	आडू	aa·roo
豌豆	मटर	ma·tar
菠萝	अनंनास	a·nan·naas
土豆	आलू	aa·loo
南瓜	कद्दू	kad·doo
菠菜	पालक	paa·lak
蔬菜	सब्जी	sab·zee
西瓜	तरबूज	tar·booz

其他

面包	चपातीध/	cha·paa·tee/
	नान/धरोटी	naan/ro·tee
奶油	मक्खन	mak·kan
红辣椒	मिर्च	mirch
酸辣酱	चटनी	chat·nee
鸡蛋	अंडे	an·de
蜂蜜	मधु	ma·dhu
冰	बर्फ	barf
冰激凌	कुल्फी	kul·fee
印度薄饼	पपड	pa·par
胡椒	काली मिर्च	kaa·lee mirch

开胃小菜	अचार	a·chaar
米饭	चावल	chaa·val
盐	नमक	na·mak
调味料	मिर्च मसाला	mirch ma·saa·laa
糖	चीनी	chee·nee
豆腐	टोफू	to·foo

饮品

啤酒	बियर	bi·yar
咖啡	काॅफी	kaa·fee
（甘蔗）汁	(गन्ने का) रस	(gan·ne kaa) ras
牛奶	दूध	dood
红葡萄酒	लाल शराब	laal sha·raab
甜果汁饮料	शरबत	shar·bat
茶	चाय	chaai
水	पानी	paa·nee
白葡萄酒	सफेद शराब	sa·fed sha·raab
酸奶	लस्सी	las·see

紧急情况

救命！
मदद कीजिये! — ma·dad kee·ji·ye

走开！
जाओ! — jaa·o

我迷路了。
मैं रास्ता भूल गया/गयी हूँ। — mayng raas·taa bool ga·yaa/ga·yee hoong (m/f)

叫医生！
डाॅक्टर को बुलाओ! — daak·tar ko bu·laa·o

报警！
पुलिस को बुलाओ! — pu·lis ko bu·laa·o

我病了。
मैं बीमार हूँ। — mayng bee·maar hoong

厕所在哪？
टाॅइलेट कहाँ है? — taa·i·let ka·haang hay

购物和服务

我想买……
मुझे … चाहिये। — mu·je ...chaa·hi·ye

我只是看看。
सिर्फ देखने आया/आयी हूँ। — sirf dek·ne aa·yaa/aa·yee hoong (m/f)

我能看看它吗？
दिखाइये। — di·kaa·i·ye

多少钱？
कितने का है? — kit·ne kaa hay

太贵了。
यह बहुत महंगा/महंगी है। — yeh ba·hut ma·han·gaa/ma·han·gee hay (m/f)

账单有错。
बिल में गलती है। — bil meng gal·tee hay

银行	बैंक	baynk
邮局	डाक खाना	daak kaa·naa
电话	सार्वजनिक	saar·va·ja·nik
	फोन	fon
旅游	पर्यटन	par·ya·tan
办事处	ऑफिस	aa·fis

时间和日期

现在是几点？
टाइम क्या है? — taa·im kyaa hay

现在（十点）。
(दस) बजे हैं। — (das) ba·je hayng

（十点）半。
साढे (दस)। — saa·re (das)

早上	सुबह	su·bah
下午	दोपहर	do·pa·har
晚上	शाम	shaam

星期一	सोमवार	som·vaar
星期二	मंगलवार	man·gal·vaar
星期三	बुधवार	bud·vaar
星期四	गुरुवार	gu·ru·vaar
星期五	शुक्रवार	shuk·ra·vaar
星期六	शनिवार	sha·ni·vaar
星期日	रविवार	ra·vi·vaar

交通

……（汽车）是什么时候？
… (बस) कब जाती है? — ... (bas) kab jaa·tee hay

最早	पहली	peh·lee
最晚	आखिरी	aa·ki·ree

自行车	साइकिल	saa·i·kil
黄包车	रिक्शा	rik·shaa
船	जहाज	ja·haaz

公共汽车	बस	bas
飞机	हवाई	ha·vaa·ee
	जहाज	ja·haaz
火车	ट्रेन	tren
一张……票	के लिये	ke li·ye ...
	टिकट दीजिये	ti·kat dee·ji·ye
单程	एक तरफ	ek ta·ra·faa
双程	आने जानेका	aa·ne jaa·nekaa
汽车站	बसस्टॉप	bas is·taap
售票处	टिकटघर	ti·kat·gar
时刻表	समयसारणी	sa·maisaa·ra·nee
火车站	स्टेशन	ste·shan

它是否停在……?

क्या ... मेब रूकती है? kyaa ... meng ruk tee hay

请告诉我什么时候到达……?

जब ... आता है jab ...aa·taa hay

मुझे बताइये। mu·je ba·taa·i·ye

请到这个地址去。

इसी जगह को is·ee ja·gah k

फौरन जाइए। fau·ran jaa·i·ye

请在这儿停。

यहाँ रुकिये। ya·haang ru·ki·ye

泰米尔语

　　泰米尔语是印度南部泰米尔纳德邦的官方语言。文献显示泰米尔语的历史可追溯至2000多年前，是印度南方达罗毗荼语系主要语言之一。在印度约有6200万人使用泰米尔语。

　　就像印地语一样，泰米尔语发音系统包括一系列的"卷舌音"辅音（舌头向后弯曲发音）。然而与印地语不同的是，泰米尔语没有"送气音"（发音是呼出的气流声）。我们在这本指南当中使用简化的音译，不包括卷舌音辅音和非卷舌音之间的区别，按照英语发音来读，别人就能听懂了。注意aw发"law"中的"aw"的音，ow发"how"中的"ow"的音。重读音节用斜体表示。

基础

| 你好。 | வணக்கம். | va·nak·kam |

数字——泰米尔语

1	ஒன்று	on·dru
2	இரண்டு	i·ran·tu
3	மூன்று	moon·dru
4	நான்கு	naan·ku
5	ஐந்து	ain·tu
6	ஆறு	aa·ru
7	ஏழு	ey·zu
8	எட்டு	et·tu
9	ஒன்பது	on·pa·tu
10	பத்து	pat·tu
20	இருபது	i·ru·pa·tu
30	முப்பது	mup·pa·tu
40	நாற்பது	naar·pa·tu
50	ஜம்பது	aim·pa·tu
60	அறுபது	a·ru·pa·tu
70	எழுபது	e·zu·pa·tu
80	எண்பது	en·pa·tu
90	தொண்ணூறு	ton·noo·ru
100	நூறு	noo·ru
1000	ஓராயிரம்	aw·raa·yi·ram

再见。	போய்	po·i
	வருகிறேன்.	va·ru·ki·reyn
是。/不。	ஆமாம்./	aa·maam/
	இல்லை.	il·lai
打扰一下。	தயவு செய்து.	ta·ya·vu sei·du
对不起。	மன்னிக்கவும்.	man·nik·ka·vum
请。	தயவு செய்து.	ta·ya·vu chey·tu
谢谢。	நன்றி.	nan·dri

你会说英语吗?

நீங்கள் ஆங்கிலம் neeng·kal aang·ki·lam

பேசுவீர்களா? pey·chu·veer·ka·la

我不明白。

எனக்கு e·nak·ku

விளங்கவில்லை. vi·lang·ka·vil·lai

住宿

附近哪里	அருகே ஒரு	... a·ru·ke o·ru
有……?	எங்கே	eng·ke ul·
	உள்ளது?	la·tu

客栈	வீருந்தினர்	vi·run·ti·nar
	இல்லம	il·lam
旅馆	ஹோட்டல	hot·tal
你有……	உங்களிடம்	ung·ka·li·tam
房吗?	ஓர் ... அறை	awr... a·rai
	உள்ளதா?	ul·la·taa
单人	தன	ta·ni
双人	இரட்டை	i·rat·tai
每……	ஓர் ...	awr ...
多少钱?	என்னவிலை?	en·na·vi·lai
晚	இரவுக்கு	i·ra·vuk·ku
人	ஒருவருக்கு	o·ru·va·ruk·ku
带空调的	குளிர்சாதன	ku·lir·chaa·ta·na
	வசதியு	va·cha·ti·yu·
	டையது	tai·ya·tu
卫生间	குளியலறை	ku·li·ya·la·rai
床	படுக்கை	pa·tuk·kai
窗户	சன்னல	chan·nal

餐饮

你可以	நீங்கள் ஒரு ...	neeng·kal
	ஒரு ...	o·ru ...
推荐	பரிந்துரைக்க	pa·rin·tu·raik·ka
……吗?	முடியுமா?	mu·ti·yu·maa
酒吧	பார்	paar
菜肴	உணவு வகை	u·na·vu va·kai
吃饭的地方	உணவகம	u·na·va·ham
请给我	எனக்கு தயவு	e·nak·ku ta·ya·vu
拿来……	செய்து	chey·tu...
	கொடுங்கள்.	ko·tung·kal
账单	விலைச்சீட்டு	vi·laich·cheet·tu
菜单	உணவுப் –	u·na·vup·
	பட்டியல	pat·ti·yal
那道菜	உங்களிடம சைவ	
		ung·ka·li·tam chai·va
有素菜吗?	உணவு உள்ளதா?	
		u·na·vu ul·la·taa

紧急情况

| 救命! | உதவி! | u·ta·vi |
| 走开! | போய் வீடு! | pow·i vi·tu |

叫医生!		
ஐ அழைக்கவும	i a·zai·ka·vum
ஒரு மருத்துவர்!	o·ru ma·rut·tu·var
报警!		
ஐ அழைக்கவும்	i a·zai·ka·vum
போலீஸ!	pow·lees
我迷路了。		
நான் வழி தவறி	naan va·zi ta·va·ri
போய்விட்டேன்.	pow·i·vit·teyn
厕所在哪儿?		
கழிவறைகள் எங்கே?	ka·zi·va·rai·kal eng·key

购物和服务

哪里有市场?		
எங்கே சந்தை	eng·key chan·tai
இருக்கிறது?	i·ruk·ki·ra·tu
我能看看它吗?		
நான் இதைப்	naan i·taip
பார்க்கலாமா?	paark·ka·laa·maa
多少钱?		
இது என்ன விலை?	i·tu en·na vi·lai
太贵了。		
அது அதிக விலையாக	a·tu a·ti·ka vi·lai·yaa·ka
இருக்கிறது.	i·ruk·ki·ra·tu

银行	வங்கி	vang·ki
互联网	இணையம்	i·nai·yam
邮局	தபால்	ta·paal
	நிலையம்	ni·lai·yam
旅游办事处	சுற்றுப்	chut·rup·
	யண	pa·ya·na
	அலுவலகம்	a·lu·va·la·kam

时间和日期

现在几点了?		
மணி என்ன?	ma·ni en·na
现在(两)点。		
மணி (இரண்டு).	ma·ni (i·ran·tu)
(两点)半。		
(இரண்டு) முப்பது.	(i·ran·tu) mup·pa·tu

昨天	நேற்று	neyt·tru
今天	இன்று	in·dru
明天	நாளை	naa·lai

语言 泰米尔语

早上	காலை	kaa·lai
晚上	மாலை	maa·lai
夜晚	இரவு	i·ra·vu
星期一	திங்கள்	ting·kal
星期二	செவ்வாய்	chev·vai
星期三	புதன்	pu·tan
星期四	வியாழன்	vi·yaa·zan
星期五	வெள்ளி	vel·li
星期六	சனி	cha·ni
星期日	ஞாயிறு	nyaa·yi·ru

交通和方位

……在哪里？
... எங்கே இருக்கிறது? ...eng·key i·ruk·ki·ra·tu

什么地址？
வீலாசம் என்ன? vi·laa·cham en·na

你可以（在地图上）指给我看吗？
எனக்கு e·nak·ku
(வரைபடத்தில்) (va·rai·pa·tat·til)
காட்ட முடியுமா? kaat·ta mu·ti·yu·maa

这是前往 （新德里） 的……吗？	இது தானா (புது - டெல்லிக்கு) புறப்படும் ...?	i·tu taa·naa (pu·tu til·lik·kup pu·rap·pa·tum ...
公共汽车	பஸ்	pas
飞机	விமானம்	vi·maa·nam
火车	இரயில்	i·ra·yil
请给我一张 （去马杜赖 的）……票。	(மதுரைக்கு) தயவு செய்து ... டிக்கட் கொடுங்கள்.	(ma·tu·raik·ku) ta·ya·vu chey·tu ... tik·kat ko·tung·kal
单程	ஒரு	o·ru
	வழிப்பயண	va·zip·pa·ya·na
往返	இரு	i·ru
	வழிப்பயண	va·zip·pa·ya·na
自行车	சைக்கிள்	chaik·kil
船	படகு	pa·ta·ku
汽车站	பஸ்	pas
	நிறுத்தும	ni·rut·tum
经济	சிக்கன	chik·ka·na
	வகுப்பு	va·kup·pu
头等	முதல்	mu·tal
	வகுப்பு	va·kup·pu
摩托车	மோட்டார்	mowt·taar
	சைக்கிள்	chaik·kil
火车站	நிலையம	ni·lai·yam

最早/最后一班车是什么时候？
எத்தனை மணிக்கு et·ta·nai ma·nik·ku
முதல்/இறுத ி mu·tal/i·ru·ti
பஸ் வரும்? pas va·rum

车程需要多长时间？
பயணம் எவ்வளவு pa·ya·nam ev·va·la·vu
நேரம் எடுக்கும்? ney·ram e·tuk·kum

术语表

Adivasis——阿迪瓦西人,部落民、原住民

Ardhanarishvara——湿婆的半男半女形象

Arjuna——阿周那,《摩诃婆罗多》中的英雄和军事家;《薄伽梵歌》里有他和克利须那的相关内容

Aryan——梵语中是"高尚"的意思;雅利安人,指从波斯迁移而来并且在印度北方定居的人

ashram——修行处或疗养所

ASI——印度考古局;参与保护纪念碑的机构

autorickshaw——机动三轮车,噪音很大的电动三轮交通工具,可短途运输乘客、牲畜等;在印度全国各地都能见到这种车,比出租车价格便宜

Avalokitesvara——观世音菩萨,属于大乘佛教,慈悲的菩萨

avatar——化身,通常是神的化身

ayurveda——阿育吠陀,古老且复杂的印度草药疗法和自然疗法

Baba——宗教大师或父亲;敬称

bagh——花园

bahadur——阁下,勇敢或侠义的;一种尊称

baksheesh——小费,捐赠(施舍)或贿赂

banyan——印度榕树,许多印度人视之为圣树

baoli——见baori

baori——井,尤其是带平台与走廊的阶井;在古吉拉特邦常被称为baoli

barasingha——鹿

basti——贫民窟

bearer——男管家式的

Bhagavad Gita——《薄伽梵歌》,印度神之歌;有克利须那对阿周那的教导,主要强调了宗教虔诚哲学;是《摩诃婆罗多》中的一部分

bhajan——拜赞歌,虔诚的歌曲

bhakti——宗教虔诚,信服于众神;信仰、忠诚

bhang——印度大麻,大麻植株的干叶和干花芽

bhangra——彭戈拉,有节奏的旁遮普音乐或舞蹈

Bharat——巴拉特,在印地语中意为"印度"

bhavan——房子、建筑;亦写作bhawan

Bhima——《摩诃婆罗多》中的英雄;哈奴曼的兄弟,Hadimba的丈夫,Ghatotkach的父亲,以强大的力量而闻名

bindi——眉心贴,妇女额头点的红点(通常是圆点形状),由番红花粉制成

BJP——Bharatiya Janata Party,印度人民党

Bodhi Tree——菩提树,佛陀坐在菩提树下悟道成佛

bodhisattva——菩萨,悟道本体

Bollywood——宝莱坞,印度的"好莱坞";位于印度孟买的电影业制作中心

Brahma——梵天,印度教神;是印度教三大主神之一,负责创造宇宙

Brahmanism——婆罗门教,印度教的早期形式,从吠陀教(见《吠陀经》)发展而来;以婆罗门祭司和梵天命名

Brahmin——婆罗门,是由祭司/学者构成的种姓,是印度教的最高种姓

Buddha——觉醒的人;佛陀,佛教的创始者;也被印度教徒视为毗湿奴的第9个化身

Buddhism——见Early Buddhism

cantonment——英国统治时期小镇的行政区和军事区域

Carnatic music——卡纳提克音乐,印度南方的古典音乐

caste——种姓,印度教的世袭等级(社会地位);有4个主要种姓:婆罗门(Brahmin)、刹帝利(Kshatriya)、吠舍(Vaishya)和首陀罗(Shudra)

chaam——由寺院的一些佛教僧侣进行表演的仪式性面具舞蹈,庆祝正义战胜邪恶以及佛教超越先前存在的宗教

chaitya——祈祷室;会堂

chakra——人精神力量的中心;法轮,毗湿奴的盘状武器

Chamunda——杜尔迦的形象;手持弯刀、套索和狼牙棒,穿着象皮,她的使命是杀死恶魔Chanda和Munda

chandra——月亮,或者月亮神

Chandragupta——旃陀罗笈多,公元前3世纪印度的统治者

chappals——拖鞋或皮革夹趾凉鞋;人字拖

char dham——四大朝圣地伯德里纳特(Badrinath)、Kedarnath、亚姆诺德里(Yamunotri)和根戈德里(Gangotri)

charas——大麻植株的树脂；也称为大麻脂

charbagh——正规的波斯花园，分为4个部分（字面意思为"4个花园"）

chedi——见chaitya

chhatri——纪念堂（字面意思为"伞"）或亭子

chikan——绣花布（勒克瑙特产）

chillum——水烟管；通常是指用于抽大麻的烟管

chinkara——瞪羚

chital——斑鹿

chogyal——国王

choli——纱丽，女士衬衫

chorten——藏语中意为佛塔

choultry——朝圣者休息所；也被称作dharamsala

chowk——城镇广场、十字路口或市场

Cong (I)——印度国大党；也被称作国会（I）

coracle——小圆舟，一种小型传统无龙骨船只，通常是圆形或椭圆形的，用柳条或木板制作框架后蒙上油布或兽皮而成

dagoba——佛塔，见stupa

Dalit——达利特人，表示印度贱民种姓的首选词汇；另见Harijan

dargah——埋葬穆斯林圣人的圣地或者圣墓

darshan——供品或（能见神灵）而得福

deul——庙宇圣所

Devi——提毗，湿婆的妻子；女神

dhaba——简单的餐馆或小吃店

dham——神圣的印度朝圣地

dharamsala——朝圣者休息所

dharma——达摩，对于印度教来说是行为或社会责任的道德准则；佛法，对于佛教徒来说是佛陀所教导的遵循自然法则或者道路

dhobi——洗衣服的人，通常被称为洗衣工（dhobi-wallah）

dhobi ghat——洗衣场，洗衣服的地方

dhoti——男人穿的长款腰布；类似于腰布，但垂至脚踝的布自两腿之间向上束起

Digambara——天衣派，"一丝不挂的"；耆那教的一个支系，僧人们以裸行来表达对世间事物的蔑视

diwan——君主国家的主要官员；皇家法院或委员会

Diwan-i-Am——接见公众的觐见殿

Diwan-i-Khas——接见大臣的朝堂

dowry——嫁妆，新娘父母给女婿家的钱和/或物品；嫁妆是非法的，但仍然广泛存在于许多包办婚姻里

Draupadi——朵帕蒂，《摩诃婆罗多》中5位潘达瓦王子的妻子

Dravidian——达罗毗荼语系，印度南方文化和语言的通称，包括泰米尔语（Tamil）、马拉雅拉姆语（Malayalam）、泰卢固语（Telugu）和坎那达语（Kannada）

dukhang——藏族经堂

dun——谷地

dupatta——女人的长围巾，常与沙瓦克米兹一起穿戴

durbar——皇家法院；也是政府

Durga——难近母，杜尔迦；湿婆妻子的一个化身，提毗，骑着虎或狮子的美丽又凶狠的女人；维持生命秩序的大神母

Early Buddhism——原始佛教，指佛陀过世后、大乘佛教出现前直接建立的所有佛教派别；其现代派别是传播于斯里兰卡和东南亚的小乘佛教（先人们的垂训）；原始佛教区别于大乘佛教，它没有传播菩萨思想

gabba——克什米尔嵌花地毯

gali——小巷或胡同

Ganesh——甘尼许，印度教的财运之神；湿婆和帕尔瓦蒂长着象头的儿子，也被称象神，他常骑着Mooshak（一只像老鼠的生物）

Ganga——印度教女神，代表着神圣的恒河；据说是从毗湿奴的脚趾流出的

ganj——市场

gaon——村庄

garh——城堡

Garuda——迦楼罗，毗湿奴的半人半鸟坐骑

gaur——印度野牛

Gayatri——《梨俱吠陀》中神圣的诗篇，婆罗门教徒一天重复默念两次

geyser——在许多卫生间可见到的热水装置

ghat——迦特，水畔石阶或平台；山脉或者山路

giri——小山

gompa——藏传佛教寺院

Gopala——见Govinda

gopi——挤奶女工；克利须那眷顾她们

gopuram——达罗毗荼庙高耸的金字塔状门楼

Govinda——牧牛人形象的克利须那；或者意为牛倌

gumbad——伊斯兰陵墓或

清真寺的圆形拱顶
gurdwara——谒师所，锡克庙
guru——古鲁；意为大师，梵语直译为"goe"（黑暗）和"roe"（驱散）。
Guru Granth Sahib——锡克教圣典

haat——农村市场
haj——穆斯林前往麦加朝觐
haji——赴麦加朝觐过的穆斯林
hammam——土耳其澡堂；公共澡堂
Hanuman——哈奴曼，印度教中的猴神，出现在《罗摩衍那》中，是罗摩的追随者
Hari——毗湿奴的另一个名字
Harijan——圣雄甘地为印度不可接触的贱民种姓所取的名字（不再被认可），意思是"上帝之子"
hashish——大麻树脂，见charas
hathi——大象
haveli——哈维尔，有着华丽装饰的传统住宅，在拉贾斯坦邦和古吉拉特邦尤为常见
hijab——穆斯林妇女戴的头巾
hijra——海吉拉斯，阉人，易装癖者
hookah——用于吸食大麻或气味浓烈的烟草的水烟管
howdah——象轿，驮在象背上载人的座椅

ikat——用预先扎染过的线编织而成的布料
imam——伊玛目，穆斯林宗教领袖
imambara——什叶派穆斯林者的坟墓

Indo-Saracenic——印度-撒拉逊，融合了伊斯兰教、印度教和耆那教影响的殖民地西式建筑设计风格
Indra——因陀罗，最广为人知及享有声望的吠陀神；掌管下雨、打雷、闪电和战争之神

jagamohan——会堂
Jagannath——宇宙之王；克利须那的化身之一
jali——带雕刻的格子屏风（通常是大理石质地的）；也指在木雕或石雕过程中制作出的孔洞或空间
Jataka——《本生经》，讲述佛陀前生的故事
jauhar——仪式性的集体自杀祭献，传统上拉其普特的女性会在战败后实行，以免受辱
jhula——桥
ji——可以放在几乎任何语句的结尾以示尊重的敬语；例如"Babaji""Gandhiji"
jooti——翘起鞋头的传统便鞋；在印度北方很常见
juggernaut——世界的主宰，在某些印度教节日里巡游在街上的大型奢侈的装饰庙"车"
jyoti linga——相信获得了夏克提庇佑的天然男性生殖器形象

kabaddi——卡巴迪，传统游戏（类似于捉人游戏）
Kailasa——冈仁波齐，神圣的喜马拉雅山脉；湿婆的居所
Kali——卡莉，提毗的化身，具有凶残的外貌和邪恶的破坏力；通常被描绘成深黑色皮肤，滴着血、戴着头骨项链的形象
Kama——印度教爱神
Kama Sutra——《爱经》，古代梵语文本主要涵盖爱情和性等主题
kameez——克米兹，像衬衫一样的女性束腰外衣；见salwar kameez
karma——业力，印度教、佛教、锡克教对过去所作所为的因果报应的教条
khadi——印度土布；圣雄甘地鼓励人们自己织布而不是购买英国布料
Khalsa——锡克教兄弟会
Khan——汗，穆斯林的尊称
khur——亚洲野驴
kirtan——锡克教教徒虔诚的颂歌
koil——印度教庙宇
kolam——见rangoli
kot——堡垒
kothi——住宅或大厦
kotwali——警察局
Krishna——克利须那，毗湿奴的第8个化身，通常为蓝色；他教导阿周那《薄伽梵歌》
kumkum——用于点眉心贴的彩色粉末
kund——湖或者池塘；Toda村庄
kurta——短领或无领长衬衫

Lakshmana——罗什曼那，《罗摩衍那》中罗摩的同父异母兄弟和助手
Lakshmi——吉祥天女拉克希米，毗湿奴的配偶，印度教的财富女神；她手持莲花从海中涌现出来
lama——喇嘛，藏传佛教的僧侣
Laxmi——见Lakshmi
lingam——男性生殖器形象，阳具象征；湿婆吉祥的象征；复数形式"linga"
lok——人民
Lok Sabha——印度下议院人民院（人民议会）

Losar——藏历新年

lungi——男子穿戴的衣服，这是种宽松的色彩鲜艳的服装（类似于纱笼），由穿戴者在腰部打褶以穿着合身

madrasa——伊斯兰教经学院

maha——前缀词，意思是"伟大的"

Mahabharata——《摩诃婆罗多》，婆罗多王朝时期伟大的印度教吠陀梵语史诗；大约包括了10,000首诗歌，描写般度族（Pandavas）和俱卢族（Kauravas）之间的战争

Mahakala——大黑天护法；湿婆和12个男性生殖器形象像之一（圣地）

mahal——房子或宫殿

maharaja——王公，字面意思为"伟大的王"；高贵的统治者

maharana——见maharaja

maharani——高贵统治者的妻子，或者她本身就是统治者

maharao——见maharaja

maharawal——见maharaja

mahatma——圣人，字面意思为"伟大的灵魂"

Mahavir——摩诃毗罗，最后一位伟大的祖师

Mahayana——大乘佛教；后来改编的教义注重对菩萨理想的追求，教导放弃涅槃，以期在悟道进程中帮助他人

maidan——开放（经常是草地）区域；练兵场

Maitreya——弥勒菩萨

mandal——神龛

mandala——曼荼罗，圆形；印度教和佛教艺术中用于象征宇宙的图形

mandapa——柱亭，庙宇的前殿

mandi——市场

mandir——庙宇

mani stone——玛尼石，刻有藏传佛教真言"唵嘛呢叭咪吽"（"如意宝莲花生"）的石头

mani walls——玛尼墙，刻有神圣铭文的藏族石墙

mantra——真言，佛教徒和印度教徒诵念神圣的字词或音节以帮助集中精神；《吠陀经》中的韵文赞美诗篇

Maratha——马拉地人；中部印度人，曾在不同时期统治印度大部分地区，还曾与莫卧儿和拉其普特人对峙

marg——道路

masjid——清真寺

mata——母亲

math——庙宇

maya——幻觉

mehndi——曼海蒂（彩绘），海娜；妇女将绚丽的海娜设计描绘在手部（经常也绘在足部）进行装饰，传统上适用于某些节日或庆典（如婚礼）

mela——集市或节日

mithuna——庙宇雕塑上经常出现的一对对男女

Moghul——见Mughal

monsoon——雨季

muezzin——伊斯兰教宣告礼拜时刻的宣礼官，按照传统从清真寺的尖塔上宣礼

Mughal——莫卧儿帝国，南亚次大陆的伊斯兰王朝，这一王朝的皇座从巴布尔一直延续到奥朗则布

Mumbaikar——孟买居民

namaste——合十礼，印度教传统问候礼仪（你好或者再见），常伴着双掌合于胸前或头前，身子略下躬，以示尊敬

Nanda——抚养克利须那的牧牛人

Nandi——南迪，神牛，湿婆的坐骑

Narayan——创造之神毗湿奴的化身

Nataraja——舞王，湿婆是宇宙舞者

nawab——穆斯林亲王或有权势的地主

Naxalites——纳萨尔派，起源于西孟加拉邦的一场农民起义的政治运动；以暴力为特点

nilgai——羚羊

nirvana——涅槃，佛教徒的终极目标和轮回的终止解脱

niwas——房子或建筑物

nizam——尼扎姆，海得拉巴统治者的世袭称号

nullah——沟渠或小溪

Om——神圣的祷告，代表神圣准则的精髓；对于佛教徒而言，如果精神集中地重复多次，可达到空灵的境界

Osho——奥修，已故的拉吉尼西（Bhagwan Shree Rajneesh），一位受欢迎又颇具争议的导师

paan——槟榔，用以咀嚼的槟榔果和叶子的混合物

padma——莲花；印度教女神吉祥天女拉克希米的另一个名称

pagoda——宝塔，见stupa

paise——派沙，1印度卢比等于100派沙

palanquin——轿子，4名轿夫用轿杆将外形像箱子的轿子抬在肩上，乘坐者坐于轿内的座位上

Pali——巴利语，一种语言，与梵语相近，佛经曾用巴利语

记载；学者仍然参考巴利语原文

pandal——临时棚舍；庙宇神社

Parsi——帕西人，琐罗亚斯德教徒（拜火教徒）

Partition——英属印度1947年正式分为印度和巴基斯坦两个独立的国家

Parvati——帕尔瓦蒂，提毗的另一种化身

pashmina——细羊毛披肩

PCO——公用电话局，你可以在此拨打当地、邦际及国际电话

peepul——无花果树，尤其是指菩提树

peon——最底层的文员

pietra dura——宝石镶贴艺术，泰姬陵别具一格的大理石镶嵌装饰

pradesh——邦

pranayama——呼吸控制练习；冥想练习

prasad——庙宇提供的福佑食物

puja——礼拜，字面意思为"尊重"；给予或者祈祷

pukka——适当的；英属印度时期的术语

punka——布扇，通过拉绳子来摆动

Puranas——《往世书》，由18部内容广泛的梵语诗体写成的故事书组成，与三大神相关，其历史可追溯至公元5世纪

purdah——面纱，一些保守的穆斯林（也被一些印度教徒使用，尤其是拉其普特人）的习俗，要求女人过着与外界隔绝的生活；戴面纱

Purnima——满月；被认为是吉祥的日子

qawwali——伊斯兰虔诚的歌乐

qila——堡垒

Quran——《古兰经》，伊斯兰教的圣典，也写作Koran

Radha——克利须那的配偶，挤奶女工中最受尊敬的一位

raga——对任何用作自由作曲基础的传统曲调和旋律的称呼

railhead——铁路线终点的车站或小镇；终点站

raj——统治或者主权；British Raj（有时候只称为Raj）指英国政府1947年之前在印度的统治

raja——国王；也称作rana

rajkumar——王子

Rajput——拉其普特人，印度的武士阶级，曾经是印度西北部的统治者

Rama——罗摩，毗湿奴的第七种化身

Ramadan——斋月，伊斯兰教神圣的月份，每天日出到日落期间斋戒（禁止饮食和吸烟）；也写作Ramazan

Ramayana——《罗摩衍那》，罗摩（Rama）与悉多（Sita）和他们与罗波那（Ravana）斗争的故事；印度最著名的史诗之一

rana——国王；有时写作raja

rangoli——蓝果丽，用粉笔、米糊或彩色粉末绘制的精美图案；也称为kolam

rani——女性统治者或国王的妻子

ranns——沙漠

rath——用于宗教节日的精美彩车或庙车

rathas——开凿岩石修建而成的达罗毗荼庙宇

Ravana——绑架悉多的魔王罗波那；《罗摩衍那》描述了他和罗摩之间激烈的战斗

rickshaw——黄包车或人力三轮车，小型的两轮或三轮载客车辆

Rig-Veda——《梨俱吠陀》，是4部主要《吠陀经》中最早和最长的一部

rishi——任何诗人、哲学家、圣人或贤人；《吠陀经》赞美诗歌颂的就是最初的圣人

Road——火车站小镇，用来连接铁路线附近的一些较大城镇，比如阿布山（Mt Abu）和阿布罗阿德（Abu Road）

Rukmani——克利须那的妻子；死在他的火葬柴堆中

sadar——主要

sadhu——苦行僧，圣人，试图达到悟道的人；通常被称为"swamiji"或者"babaji"

sagar——湖，水库

sahib——对于绅士的尊称

salai——路

salwar——与沙瓦克米兹配套穿着的裤装

salwar kameez——沙瓦克米兹，供妇女穿戴的传统裙式罩衫和裤子的组合套装

samadhi——三摩地，在印度教中意为狂喜的状态，有时被定义为"忘形、出神、与神交通"；在佛教中意为集中、入定；圣人被火化或者埋葬的地方，通常被尊为圣地

sambar——鹿

samsara——轮回，佛教徒、印度教徒和锡克教徒相信尘世生活是周而复始的；人一次又一次地出生，轮回的质量取决于前世的因果报应

sangha——指佛教僧侣和尼姑群体

Saraswati——萨拉斯瓦蒂，

梵天的妻子，辩才天女；坐骑是白色的天鹅，一手持维纳琴（一种弦乐器）

Sat Sri Akal——锡克教问候礼

Sati——湿婆的妻子；自杀献祭（"尊贵的女人"）；一个多世纪前就被禁止，但sati习俗仍不时（时常）被执行

satra——印度教Vaishnavaite修道院和艺术中心

satyagraha——采取绝食等方式进行非暴力抗议运动，由圣雄甘地推广；用梵语直译为"坚持真理"

Scheduled Castes——表列种姓，表示贱民或达利特人种姓的官方用语

Shaivism——湿婆派，崇拜湿婆

Shaivite——湿婆的追随者

shakti——夏克提，创造性能量的女神；其信徒追随性力派

sheesha——水烟，见hookah

shikhar——狩猎探险

Shiva——湿婆，毁灭者；也是创造者，作为男性生殖器形象而受到崇拜

shola——原始森林

shree——见shri

shri——先生，对男性表示敬称的前缀；在印度其含义相当于"尊敬的阁下"

Shudra——劳动阶层的种姓人群

sikhara——印度教的庙宇尖顶或者庙宇

Singh——字面意思为"狮子"；锡克教徒使用的一种姓氏

Sita——悉多，印度教的农业女神，常出现在《罗摩衍那》中

sitar——西塔琴，印度弦乐器

siva——见Shiva

sree——见shri

sri——见shri

stupa——佛塔，佛教纪念碑，塔基为坚固的半球体，顶部是尖塔，保存着佛教的纪念物；也称作舍利塔（dagoba）或宝塔（pagoda）

Sufi——苏非派，穆斯林的一个神秘主义派别

Sufism——苏非主义，伊斯兰教的神秘主义

Surya——太阳；《吠陀经》中主要的神

sutra——弦；诗篇中的一系列规则表达

swami——表示敬称，意为"自我的主"；对新加入印度教僧侣的称谓

tabla——双手鼓

tal——湖

tank——蓄水池，一些庙宇里装圣水的水池或大型容器

tantric Buddhism——密宗佛教，具有强烈的性和神秘主义色彩的藏传佛教

tempo——噪音很大的三轮公共交通工具；比机动三轮车大；见Vikram

thakur——贵族

thangka——唐卡，藏族布画

theertham——庙宇池塘

Theravada——小乘佛教，佛教的传统形式，在斯里兰卡和东南亚地区传播，以巴利语为经典载体；字面意思为"居住"

tikka——印度教徒在额头上所做的标记

tirthankars——24位伟大的耆那教祖师

tonga——由马或者小马拉的双轮马车

torana——在庙宇入口的雕刻精美的门楣

trekkers——吉普车；徒步旅行者

Trimurti——三重形式或三面体；印度教梵天、毗湿奴和湿婆的三神一体

Untouchable——"不可接触者"，最低的种姓或者"不属于任何种姓"，他们干的是最低贱的工作；名字的来源是，人们认为如果一个高等级种姓的人触碰了这些人是很污秽的；他们曾被称为Harijan，现在则被称作达利特人

Upanishads——《奥义书》，深奥的教义；是古代典籍《吠陀经》的一部分；深入研究如宇宙的本质和灵魂等重要问题

urs——一位备受敬仰的穆斯林的忌日；为了纪念一位穆斯林圣人的纪念日

Valmiki——蚁垤，《罗摩衍那》的作者

Vedas——《吠陀经》，印度教的圣书；是公元前1000多年时用吠陀梵文创作的赞美诗集，分为4部：《梨俱吠陀》（Rig-Veda）、《耶柔吠陀》（Yajur-Veda）、《娑摩吠陀》（Sama-Veda）和《阿闼婆吠陀》（Atharva-Veda）

vihara——佛教寺院，一般有中央广场或者大厅，紧邻开放式的居住小房间，通常一端是佛陀神殿；休息场所

vikram——机动三轮车或一种特大型机动三轮车

vimana——印度教庙宇的主体部分；圣所上方的塔

vipassana——毗婆舍那，小乘佛教的内观冥想方法，对瞬息万变的头脑和身体的状态进行深入的思察

Vishnu——毗湿奴，三相神之一；毗湿奴是维护者和修复者，目前有9种化身：灵鱼马特斯亚、神龟库尔马、野猪瓦拉哈、人狮那罗辛哈、侏儒瓦摩纳、持斧罗摩、罗摩、克利须那和佛陀

wallah——人；可以同几乎任何词进行组合，比如dhobi-wallah, chai-wallah, taxi-wallah

yakshi——处女
yali——神秘的狮子生物
yatra——朝圣

yatri——朝圣者
yogini——女神的侍女
yoni——女性生育能力的象征；女性生殖器

zenana——闺房，上层社会住宅中的女人隐蔽居住的区域；女人的住处

幕 后

说出你的想法

我们很重视旅行者的反馈——你的评价将鼓励我们前行,把书做得更好。我们同样热爱旅行的团队会认真阅读你的来信,无论是表扬还是批评都非常欢迎。虽然很难一一回复,但我们保证将你的反馈信息及时交到相关作者手中,使下一版更完美。我们也会在下一版特别鸣谢来信读者。

请把你的想法发送到**china@lonelyplanet.com.au**,谢谢!

请注意:我们可能会将你的意见编辑、复制并整合到Lonely Planet的系列产品中,例如旅行指南、网站和数字产品。如果不希望书中出现自己的意见或不希望提及你的名字,请提前告知。请访问lonelyplanet.com/privacy了解我们的隐私政策。

声明

气候图表数据引用自Peel MC, Finlayson BL & McMahon TA (2007) 'Updated World Map of the Köppen-Geiger Climate Classification', *Hydrology and Earth System Sciences*, 11, 1633-44。

插图:1190~1192页由Kelli Hamblet制作;852~853页、856~857页由Michael Weldon制作;62~63页、850~851页、854~855页由Javier Zarracina制作。

封面:庆祝胡里节(洒红节)的女人/THEPALMER/Getty Images©。

本书部分地图由中国地图出版社提供,其他为原书地图,审图号GS(2018)6032号。

关于本书

这是Lonely Planet《印度》的第17版。本书的作者为阿比盖尔·布拉西、林赛·布朗、阿尼尔班·玛哈帕塔拉、伊莎贝拉·诺贝尔、约翰·诺贝尔和凯文·劳勃。迈克尔·本纳夫、马克·艾略奥特、保罗·哈丁、安娜·卡明斯基、布拉德利·梅休、萨瑞娜·辛格和伊恩·斯图尔特也参与了本书的制作。

本书为中文第二版,由以下人员制作完成:
项目负责 关媛媛
项目执行 丁立松
翻译统筹 肖斌斌 王玫珺
翻 译 李文雯 吴孟颖
邹 云 传思之窗
内容策划 熊 毅(本土化内容)
郭 瑶 李婉玉
沈明笃 周伯源
涂 识
视觉设计 李小棠 庹桢珍

协调调度 沈竹颖
责任编辑 喻 乐
地图编辑 马 珊
制 图 刘红艳
流 程 孙经纬
终 审 杨 帆
排 版 北京梧桐影电脑
科技有限公司

感谢菜哇、肖潇、兰珊、刘霜、刘蓓蕾、罗霄山、向阳、陈书香、白圆圆、敬琨卿、齐琦对本书的帮助。

索 引

A

Agartala 阿加尔塔拉 552~554, **553**
Agra 阿格拉 51, 309~325, **353**, **360**, **362**
Ahmedabad(Amdavad) 艾哈迈达巴德 660~671, **662~663**
Ajanta 阿旃陀 12, 768~771, **769**, 12, 859
Ajmer 阿杰梅尔 139~142, **140**
Alappuzha (Alleppey) 阿拉普扎（阿勒皮）964~970, **966**
Allahabad 安拉阿巴德 359~364, **360**
Alleppey 阿勒皮 964~970, **966**
Amritsar 阿姆利则 222~229, **224**
Andaman Islands 安达曼群岛 54, 1107~1127, **1108**
Andhra Pradesh 安得拉邦 53, 909~911, 931~942, **910**
Anjuna 安朱纳 813~817, **814**
Araku Valley 阿拉库峡谷 939
Assam 阿萨姆邦 532~544
Aurangabad 奥兰加巴德 760~764, **762**
Auroville 奥罗维尔 1059~1060
Ayodhya 阿约提亚 357~359

B

Badami 巴达米 903~904

000 地图页码
000 图片页码

Baga 巴加 809~813, **810**
Bandhavgarh Tiger Reserve 班德哈瓦老虎保护区 648~650
Bandipur National Park 本迪布尔国家公园 876~878
Baroda 巴罗达 673~676
Bengaluru(Bangalore) 班加罗尔 53, 839~849, 862~866, **841**
Betla (Palamau) National Park 贝特拉（伯拉穆）国家公园 503~504
Bharatpur 珀勒德布尔 132~135, **133**
Bharmour 295~296
Bhavnagar 巴夫那加尔 677~679, **678**
Bhimbetka 比莫贝卡特 620
Bhitarkanika Wildlife Sanctuary 比塔卡尼卡野生动物保护区 588~589
Bhopal 博帕尔 612~617, **614**
Bhubaneswar 布巴内什瓦尔 563~570, **564~565**
Bhuj 普杰 699~703, **700**
Bihar 比哈尔邦 52, 486~500, **488**
Bijapur 比贾布尔 905~907, **906**
Bikaner 比卡内尔 203~209, **204~205**
Bodhgaya 菩提伽耶 493~498, **494**
Bundi 本迪 150~154, **151**
Bylakuppe 拜拉库比 881

C

Calangute 卡兰瓜德 809~813, 810
Calicut 卡利卡特 1000~1002, **1001**
Chamba 昌巴 291~294
Chamba Valley 昌巴河谷 290~296
Chandigarh 昌迪加尔 212~220, **214~215**
Chapora 恰波拉 818~821, **819**
Chaturbhuj Temple 恰图尔伯胡吉寺庙 599, 859
Chennai(Madras) 金奈（马德拉斯）54, 1014~1035, **1016~1017**, **1022~1023**
Cherrapunjee (Sohra) 乞拉朋齐（Sohra）558~559
Chettinadu 切提纳度 1073~1075
Chhattisgarh 切蒂斯格尔邦 52, 651~656, **591**
Chidambaram 吉登伯勒姆 1060~1062
Chilika Lake 吉尔卡湖 577~580
Chittorgarh(Chittor) 吉多尔格尔 156~159, **157**
Coimbatore 哥印拜陀 1091~1094, **1092**

D

Dalhousie 达尔豪西 290~291, **291**
Darjeeling 大吉岭 52, 463~474, **464**, **476**, 14
Dehra Dun 台拉登 383~387, **384**
Delhi 德里 16, 50, 56~107, **58~**

59, 16
Dharamkot 达兰科特 284~286
Dharamsala 达兰萨拉 274~275, **276**
Diu 第乌 681~686, **682**
Dzongri 527~528, **528**

E

Ellora 埃洛拉 765~768, **766**

F

Fatehpur 法塔赫布尔 180
Fatehpur Sikri 法塔赫布尔西格里 325~328, **852~853**

G

Gangotri 根戈德里 393~394
Gangtok 甘托克 508~516, **510**
Gir National Park & Wildlife Sanctuary 吉尔国家公园及野生动物保护区 687~688
Goa 果阿 792~836, **793**, **14**
Goecha La 戈察拉 527~528, **528**
Gokarna 戈卡那 890~893, **861**
Golden Temple 金庙 222, **17**, **1191**
Gorakhpur 戈勒克布尔 347~348
Gujarat 古吉拉特邦 657~709, **658**
Gurgaon (Gurugram) 古尔冈 106~107
Guwahati 古瓦哈蒂 532~537, **533**
Gwalior 瓜廖尔 592~597, **594**

H

Hampi 亨比 893~901, **894**, **898**, **11**
Haridwar 赫里德瓦尔 378~382, **379**

000 地图页码
000 图片页码

Haryana 哈里亚纳邦 232~234, **211**
Havelock Island 哈夫洛克岛 1116~1121, **1118**, **23**
Himachal Pradesh 喜马偕尔邦 235~307, **236~237**
Hyderabad 海得拉巴 911~929, **913**, **914**, **916**, **918**, **925**

I

Imphal 因帕尔 549~550
Indore 印多尔 627~631, **628**

J

Jabalpur 贾巴尔普尔 643~645, **644**
Jagdalpur 杰格德尔布尔 653~656
Jagmandir Island 加格曼狄尔岛 162
Jaintia Hills 贾因蒂亚丘陵 558
Jaipur 斋浦尔 109~130, **112~113**
Jaisalmer 杰伊瑟尔梅尔 15, 192~202, **194~195**, **15**
Jaisalmer Fort 杰伊瑟尔梅尔古堡 193, **15**
Jaldhapara Wildlife Sanctuary 贾达帕拉野生动物保护区 461~462
Jama Masjid (Delhi) 贾玛清真寺（德里）67, **16**, **1192**
Jama Masjid (Fatehpur Sikri) 贾玛清真寺（法塔赫布尔西格里）326, **859**
Jamnagar 贾姆讷格尔 695~698, **696**
Jharkhand 恰尔肯德邦 501~504, **485**
Jodhpur 焦特布尔 182~191, **184~185**
Junagadh 朱纳格特 689~693, **690**

K

Kachchh (Kutch) 喀奇 699~709

Kalimpong 噶伦堡 476~483, **478**
Kanchipuram 甘吉布勒姆 1043~1045, **1043**
Kangra 康格拉 286~287
Kanha Tiger Reserve 甘哈老虎保护区 645~648
Kannur 坎纳诺尔 1005~1008
Kanyakumari (Cape Comorin) 根尼亚古马里（科摩林角）1082~1086, **1083**
Karnataka 卡纳塔克邦 837~908, **838**
Kaziranga National Park 加济兰加国家公园 539~540
Kedarnath 394~395
Keoladeo National Park 盖奥拉德奥国家公园 132~135
Kerala 喀拉拉邦 943~1010, **944**, **13**
Keylong 吉隆 297~299
Khajuraho 克久拉霍 603~611, **604**, **15**, **854~855**
Kinnaur 金瑙尔 246~251
Kochi (Cochin) 科钦 982~996, **983**, **984**
Kodagu (Coorg) 果达古（库格）879~882
Kodaikanal (Kodai) 科代卡那（科代）1086~1091, **1088**
Kohima 科希马 545~547
Kolhapur 戈尔哈布尔 789~791
Kolkata (Calcutta) 加尔各答 413, **414**, **416~417**, **428**
Kollam (Quilon) 奎隆 961~964, **962**
Konark 科纳尔克 576~577
Konkan Coast 康坎海岸 774~779
Kota 科塔 154~156
Kottayam 戈德亚姆 971~973
Kovalam (Kerala) 戈沃勒姆（喀拉拉邦）951~956, **952**
Kozhikode (Calicut) 科泽科德（卡利卡特）1000~1002, **1001**
Kullu 库鲁 261~262

Kumarakom Bird Sanctuary 库玛拉孔鸟类保护区 972
Kumbakonam 贡伯戈讷姆 1062~1065, **1062**
Kumbhalgarh 贡伯尔加尔 170~171
Kushinagar 拘尸那揭罗 348~350, **349**
Kutch 喀奇 699~709

L

Lahaul 拉胡尔 296~300
Lakshadweep 拉克沙群岛 1009~1010
Little Andaman 小安达曼岛 1126~1127
Little Rann of Kachchh 喀奇小盐沼 708~709
Lonavla 洛纳瓦拉 780~781
Lucknow 勒克瑙 350~357, **352**

M

Madhya Pradesh 中央邦 590~656
Madurai 马杜赖 1075~1080, **1076**
Maharashtra 马哈拉施特拉邦 752~791
Maheshwar 玛呵什瓦 639~641
Majuli Island 马久里岛 541~542
Malvan 马尔万 777~779
Mamallapuram (Mahabalipuram) 马默勒布勒姆（默哈伯利布勒姆）1036~1043, **1038**
Manali 默纳利 265~272, **269**
Mandawa 曼德瓦 180~182
Mandi 门迪 251~252
Mandrem 曼德雷姆 823
Mandu 曼杜 634~639, **636**
Mandvi 曼德维 707~708
Mangaluru (Mangalore) 门格洛尔 884~887, **885**
Manipur 曼尼普尔邦 549~550
Mapusa 马普萨 865~867

Marine National Park 海洋国家公园 699
Margao 马尔冈 825~827
Matheran 马泰兰 779~780
Mathura 马图拉 364~366, **365**
McLeod Ganj 摩洛甘济 275~284, **278, 276**
Meenakshi Amman Temple 米纳克希安曼神庙 1075~1076
Meghalaya 梅加拉亚邦 555~558
Mehrangarh 梅兰加尔 182~183
Mizoram 米佐拉姆邦 550~552
Mt Abu 阿布山 172~177, **174**
Mudumalai Tiger Reserve 默杜马赖老虎保护区 1104~1106
Mumbai (Bombay) 孟买 13, 710~751, **711, 714, 716~717, 722~723, 726, 13**
Munnar 蒙讷尔 977~982
Murshidabad 穆尔希达巴德 456~457
Murudeshwar 穆鲁德施瓦尔 891
Mussoorie 穆苏里 387~391, **388**
Mysuru (Mysore) 迈索尔 867~876
Mysuru Palace 迈索尔皇宫 867~869, **868**

N

Nabadwip 纳巴德维普 455~456
Nagaland 那加兰邦 544~549
Nagarhole National Park 讷格尔霍莱国家公园 878~879
Nagarjunakonda 纳格尔久纳贡达 934~935
Naggar 纳贾尔 262~265
Nagpur 那格浦尔 772~773
Nainital 奈尼塔尔 403~407
Nalanda 那烂陀 500
Namchi 南奇 519~520
Nameri National Park 纳梅里国家公园 538~539
Nasik 纳西克 754~757, **755**
Nawalgarh 讷沃尔格尔 177~179
Neil Island 尼尔岛 1121~1123
New Jalpaiguri 新杰尔拜古里 457~461
Nilgiris 尼尔吉里斯 1095
Northeast States 东北地区 530~559
North Paravur 北帕拉乌尔 997

O

Odisha 奥里萨邦 560~589
Old Goa 果阿老城 803~805
Omkareshwar 翁卡列史瓦 641~643
Ooty (Udhagamandalam) 乌提（乌德格曼德勒姆）1097~1104, **1100**
Orchha 奥恰 598~603, **600**
Osian 奥西扬 192

P

Pachmarhi 伯杰默里 623~627, **624**
Palampet 帕拉姆派特 931
Palitana 帕利塔纳 679~681
Palolem 帕洛伦 831~835, **832**
Panaji (Panjim) 帕纳吉 796~803, **798**
Pangi Valley 299
Panna Tiger Reserve 潘纳老虎保护区 611~612
Parasnath Hill 帕拉斯那特山 501
Parvati Valley 帕尔瓦蒂河谷 257~258
Patan 帕坦 672~673
Pathankot 伯坦果德 230~231
Patiala 帕蒂亚拉 229~230
Patna 巴特那 486~491, **488**
Patnem 帕内姆 835~836
Pattadakal 帕塔达卡尔 904~905
Pavagadh 巴瓦加德 676~677
Payyanur 帕伊耶恩努尔 1008
Pelling 裴林 522~525
Pench Tiger Reserve 蓬其老虎保护区 650~651
Periyar Wildlife Sanctuary 佩里亚尔野生动物保护区

973~977, **974**
Pin Valley 皮恩谷 304~305
Pobitora National Park 坡比托拉国家公园 537
Port Blair 布莱尔港 1111~1115, **1112**
Puducherry (Pondicherry) 本地治里 1051~1059, **1052**
Pune 浦那 781~788
Punjab 旁遮普邦 221~232
Puri 普里 572~576
Pushkar 布什格尔 142~148
Pusphagiri Ruins 普什帕基里遗迹 586~588

R

Raghurajpur 拉古拉基尔 572
Raipur 赖布尔 651~653
Rajaji Tiger Reserve 拉贾吉老虎保护区 382~383
Rajasthan 拉贾斯坦邦 108~209, **110~111**
Rajgir 拉杰吉尔 498~500
Rajkot 拉杰果德 694
Rambha 兰帕 579~580
Rameswaram 拉姆斯沃勒姆 1080~1082
Ramtek 拉姆代格 774
Ranakpur 热那克普 171~172
Ranchi 兰契 502~503
Rangat 兰加特 1123
Ranthambhore National Park 伦腾博尔国家公园 145~150
Ravangla (Rabongla) 拉旺格拉 520~522
Raxaul 拉克绍尔 492
Rayagada 拉耶加达 584~585
Red Fort 德里红堡 60
Residency 英国总督府 351
Rewalsar Lake 雷瓦萨湖 252~253
Rishikesh 瑞诗凯诗 370~378
Ross Island 罗斯岛 1113

000 地图页码
000 图片页码

Rumtek 隆德 516~517

S

Sagar Island 萨格尔岛 450
Sam Sand Dunes 山姆沙丘 202
Sanchi 桑吉 617~622, **618**
Sariska Tiger Reserve & National Park 沙里斯卡老虎保护区及国家公园 138
Sarnath 鹿野苑 346
Satapada 萨塔帕达 578~579
Satkosia Tiger Sanctuary 萨科斯阿老虎保护区 571
Satras 沙特拉 542
Saurashtra 索拉什特拉 677~699
Senji 京吉 1050
Serampore 塞兰坡 452
Shantiniketan 桑提尼克坦 453~455
Shekhawati 什卡瓦提 177~182
Shillong 西隆 555~558
Shimla 西姆拉 238~245
Sikkim 锡金邦 505~529, **506**
Siliguri 西里古里 457~461
Sirpur 锡尔布尔 653
Sivasagar 西瓦萨加尔 542~543
Somnath 索姆纳特 686~687
Somnathpur 索姆纳特布尔 876
Spiti 思比提 300~307
Sravanabelagola 斯莱湾娜拜拉古拉 884
Sri Kalahasti 斯里加勒赫斯蒂 942
Sultanpur National Park 苏尔坦普尔国家公园 106
Sun Temple 太阳神庙 117
Sunauli 苏那利 350
Sunderbans Tiger Reserve 孙德尔本斯老虎保护区 450~451

T

Taj Mahal 泰姬陵 310~312, **850~851**
Tamil Nadu 泰米尔纳德邦 1011~1106, **1012**
Tanjore 坦焦尔 1065~1068
Tashiding 大西定 528~529
Telangana 特伦甘纳邦 909~931, **910**
Tezpur 提斯浦尔 537~538
Thanjavur(Tanjore) 坦贾武尔（坦焦尔）1065~1068
Thiruvananthapuram (Trivandrum) 特里凡得琅 945~951, **946**
Thrissur (Trichur) 德里久尔 998~1000, **999**
Tirthan Valley 蒂尔坦谷 253~256
Tirumala 蒂鲁马拉 940~942
Tirupati 蒂鲁帕蒂 940~942
Tiruvannamalai 蒂鲁文纳默莱 1047~1050
Trichy (Tiruchirappalli) 蒂鲁吉拉伯利 1068~1073, **1069**, 107
Trimbak 特里姆巴克 759~760
Tripura 特里普拉邦 552~554
Tsomgo (Changu) Lake 桑古湖 517

U

Udaipur (Rajasthan) 乌代布尔（拉贾斯坦邦）159~170, **160**
Udayagiri Caves 乌达耶吉里石窟 570
Udhagamandalam 乌德格曼德勒姆 1097~1164, **1100~1101**
Udupi 乌迪比 888~889
Ujjain 乌贾因 631~634, **632~633**
Uttar Pradesh 北方邦 329~367, **330~331**
Uttarakhand 北阿肯德邦 368~412, **369**
Uttarkashi 北卡什 396

V

Vadodara (Baroda) 瓦多达拉（巴罗达）673~676, **674**
Vagator 瓦加托 818~821, **819**

Vaishali 吠舍离 491~492
Valley of Flowers National Park 花之谷国家公园 399
Varanasi 瓦拉纳西 332~346, **334**, **338**
Varkala 沃尔格莱 956~961, **957**
Vashisht 273~274
Vellore 韦洛尔 1045~1046
Veraval 韦拉瓦尔 685
Vijapura (Bijapur) 比贾布尔 905~907, **906**
Vijayawada 维杰亚瓦达 931~934
Visakhapatnam 维沙卡帕特南 935~938
Vishwanath Temple 湿瓦纳神庙 333
Vrindavan 维伦达文 366~367, **367**

W

Wankaner 万加内尔 693
Warangal 瓦朗加尔 930~931
Wayanad Region 瓦亚纳德地区 1002~1005, **1004**
Wayanad Wildlife Sanctuary 瓦亚纳德野生动物保护区 1002
West Bengal 西孟加拉邦 447~483, **448**

Y

Yamunotri 亚姆诺德里 391~393
Yuksom 域松 526~527

记事本

记事本

地图图例

景点
- 海滩
- 鸟类保护区
- 佛教场所
- 城堡
- 基督教场所
- 孔庙
- 印度教场所
- 伊斯兰教场所
- 耆那教场所
- 犹太教场所
- 温泉
- 神道教场所
- 锡克教场所
- 道教场所
- 纪念碑
- 博物馆/美术馆/历史建筑
- 历史遗址
- 酒庄/葡萄园
- 动物园
- 其他景点

活动、课程和团队游
- 人体冲浪
- 潜水/浮潜
- 潜水
- 皮划艇
- 滑雪
- 冲浪
- 游泳/游泳池
- 徒步
- 帆板
- 其他活动

住宿
- 住宿场所
- 露营地

就餐
- 餐馆

饮品
- 酒吧
- 咖啡馆

娱乐
- 娱乐场所

购物
- 购物场所

实用信息
- 银行
- 使领馆
- 医院/医疗机构
- 网吧
- 警察局
- 邮局
- 电话
- 公厕
- 旅游信息
- 其他信息

地理
- 棚屋/栖身所
- 灯塔
- 瞭望台
- 山峰/火山
- 绿洲
- 公园
- 关隘
- 野餐区
- 瀑布

人口
- 首都、首府
- 一级行政中心
- 城市/大型城镇
- 镇/村

交通
- 机场
- 过境处
- 公共汽车
- 缆车/索道
- 自行车路线
- 轮渡
- 地铁
- 单轨铁路
- 停车场
- 加油站
- 出租车
- 铁路/火车站
- 有轨电车
- 其他交通方式

路线
- 收费公路
- 高速公路
- 一级公路
- 二级公路
- 三级公路
- 小路
- 未封闭道路
- 广场
- 台阶
- 隧道
- 步行天桥
- 步行游览路
- 步行游览支路
- 小路

境界
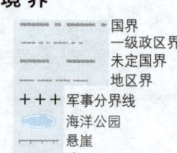
- 国界
- 一级政区界
- 未定国界
- 地区界
- 军事分界线
- 海洋公园
- 悬崖
- 墙

水文
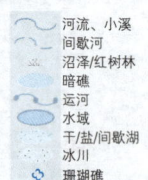
- 河流、小溪
- 沼泽/红树林
- 暗礁
- 运河
- 水域
- 干/盐/间歇湖
- 冰川
- 珊瑚礁

地区特征
- 海滩/沙漠
- 基督教墓地
- 其他墓地
- 公园/森林
- 运动场
- 一般景点(建筑物)
- 重要景点(建筑物)

注:并非所有图例都在此显示。

我们的故事

一辆破旧的老汽车,一点点钱,一份冒险的感觉——1972年,当托尼(Tony Wheeler)和莫琳(Maureen Wheeler)夫妇踏上那趟决定他们人生的旅程时,这就是全部的行头。他们穿越欧亚大陆,历时数月到达澳大利亚。旅途结束时,风尘仆仆的两人灵机一闪,在厨房的餐桌上制作完成了他们的第一本旅行指南——《便宜走亚洲》(Across Asia on the Cheap)。仅仅一周时间,销量就达到了1500本。Lonely Planet从此诞生。

现在,Lonely Planet在都柏林、富兰克林、伦敦、墨尔本、奥克兰、北京和德里都设有公司,有超过600名员工和作者。在中国,Lonely Planet被称为"孤独星球"。我们恪守托尼的信条:"一本好的旅行指南应该做好三件事:有用、有意义和有趣。"

我们的作者

阿比盖尔·布拉西(Abigail Blasi)

德里,"计划你的行程"和"生存指南"章节 阿比盖尔是一位自由旅行作家,曾在伦敦、罗马、香港和哥本哈根生活和工作。Lonely Planet曾派遣她前往印度、埃及、突尼斯、毛里塔尼亚、马里、意大利、葡萄牙、马耳他和英国各地。阿比盖尔经常为包括《独立报》《电讯报》和Lonely Planet Traveller在内的报纸和杂志撰稿。她有3个孩子,有时会带着他们一起踏上旅途。可关注她的Twitter和Instagram:@abiwhere。

林赛·布朗(Lindsay Brown)

拉贾斯坦邦 林赛的旅行经验是从年轻时探索悉尼西部的蓝山开始的。后来他作为一名海洋生物学家曾潜入澳大利亚东南海岸和岛屿的水域之中。在Lonely Planet任编辑和出版经理期间,他一有时间就继续旅行。成为自由作家和摄影师之后,他已经和其他作者联合撰写了超过30本Lonely Planet的旅行指南,包括澳大利亚、不丹、印度、尼泊尔、巴基斯坦和巴布亚新几内亚等多个国家和地区。

阿尼尔班·玛哈帕塔拉(Anirban Mahapatra)

旁遮普邦和哈里亚纳邦,加尔各答,西孟加拉邦和大吉岭,东北地区 从2009年辞去新闻记者的正式工作以来,阿尼尔班·玛哈帕塔拉就正式签约成为旅游作家和纪录片导演,一直在印度最偏远的地区旅行。2007年成为Lonely Planet的作者后,他已连续参加5版《印度》旅行指南的制作,目的地主要集中在东部和东北部地区。他要么在梅加拉亚邦与部落首领喝着米酒联络感情,要么就是在自己位于加尔各答的工作室中养精蓄锐,他的工作室地理位置方便,就在城市中最热门的酒馆和餐厅附近。

伊莎贝拉·诺尔（Isabella Noble）
泰米尔纳德邦 伊莎贝拉虽然是英裔澳大利亚人，但她内心却是一个西班牙人，从一岁那年第一次环游世界起，她就不断地在全球各地漫游。伊莎贝拉在安达卢西亚一个刷着白墙壁的村庄长大后，成为西班牙的专业旅游记者，不过她还为Lonely Planet、《每日电讯报》和其他报刊撰写过大量有关印度、泰国和英国等国家的文章。伊莎贝拉与其他作者合作撰写了Lonely Planet的《西班牙》和《安达卢西亚》旅行指南，还参与了《印度》《印度南部》《泰国》《泰国的岛屿和海滩》《东南亚》和《英国》等指南的写作，并独自撰写了《普吉岛》口袋指南。可关注她的Twitter和Instagram（@isabellamnoble）。

约翰·诺贝尔（John Noble）
喜马偕尔邦，中央邦和切蒂斯格尔邦 约翰从少年时代就一直在各地旅游，20世纪80年代成为Lonely Planet的作者之后也依然如此。他为LP撰写或联合撰写的旅行指南已超过3位数，覆盖了散布在世界各地的多个国家，不过主要集中在讲西班牙语、俄语或英语的地区（一般还包括与大量当地语言共用的地区）。每次踏上旅途，他总是激动不已，对未知的体验、将遇到的人和旅行目的地充满期待，对那些人迹罕至的偏远地方尤为神往。此外，他还热爱高山，从英国湖区到喜马拉雅山都曾留下他的足迹。可以在他的Instagram: @johnnoble11欣赏他拍摄的照片。

凯文·劳勃（Kevin Raub）
孟买，马哈拉施特拉邦 凯文·劳勃在亚特兰大长大，他的职业生涯伊始是纽约的一位音乐记者，曾任职于《男士期刊》和《滚石》杂志。作为一名啤酒花爱好者，在撰写这一版《印度》旅行指南的过程中，他很高兴能将"翠鸟"牌啤酒收入他的"酒精测试魔镜"手机应用，并且陶醉于孟买精酿啤酒的探险之旅中。这是凯文为Lonely Planet撰写的第40本指南。可关注他的Twitter和Instagram（@RaubOnTheRoad）。如果想了解凯文的更多信息，可登录www.lonelyplanet.com/members/kraub。

萨瑞娜·辛格（Sarina Singh）
安达曼群岛，"计划你的行程"和"了解印度"章节 在家乡墨尔本取得商学位后，萨瑞娜前往印度旅行并在那找了一份企业实习的工作，后来成为记者。5年后她回到澳大利亚，完成新闻专业的研究生课程后，撰写了Lonely Planet的Rajasthan第一版。除了与其他作者合著了多本Lonely Planet书籍外，萨瑞娜还为众多出版物写过文章，同时她还是位编剧和评论家。萨瑞娜也是Polo in India和India: Essential Encounters两本书的作者。她获得提名的纪录片在知名的墨尔本国际电影节进行首映后，在全球放映。

迈克尔·本纳夫（Michael Benanav）
北方邦，北阿肯德邦 迈克尔小的时候，父亲不小心递给他一本《阿拉伯的劳伦斯》的传记，以及一些诸如《八十天环游地球》之类的探险小说。这个热爱读书的男孩对这些故事中的主角产生了深深的共鸣，激发了他心中的某种火花。现在他是一名资深旅行者，同时也是作家和摄影师，热爱探索远离游客纷扰的秘境。他写过3本纪实文学作品（背景发生在3块大陆），为一些主要出版物撰稿和摄影。他还创立了一个传统文化工程，记录全世界的原住民文化。如果想了解他的作品，可登录www.michaelbenanav.com。

马克·艾略奥特（Mark Elliott）
锡金邦 英国出生的旅游作家马克·艾略奥特生活和工作的足迹遍及5座大陆，他撰写或撰稿的书籍超过60本。自1982年那次尝试各种食物的冒险之旅后，马克多次回到南亚次大陆。在陶醉于印度色彩纷呈的文化的同时，他尤其被喜马拉雅地区清爽的空气、宏伟的高山和温暖的灵性所吸引，他热衷于在斯利那加分享苏非派的奥秘，诵念祷文，或是为锡金邦的那些无与伦比的巨型寺院和雕像而深深沉醉。

保罗·哈丁（Paul Harding）
果阿邦，喀拉拉邦 作为一名作家和摄影师，保罗过去的20年里一直在环球旅行，他对遥远和少有人至的地区和文化很感兴趣。保罗撰写或参与撰稿的Lonely Planet旅行指南超过50本，包括印度、冰岛、伯利兹、瓦努阿图、伊朗、印度尼西亚、新西兰、芬兰和他的家乡澳大利亚等国家和地区。

安娜·卡明斯基（Anna Kaminski）
奥里萨邦，古吉拉特邦 只要在印度旅行，安娜就会在为这个国家着迷的同时也感到同样程度的烦恼，永远不觉得厌倦。这一趟也不例外。反对的理由？废钞危机。支持的理由？探索了这个国家两块差异极大的角落。这次旅行的亮点包括艾哈迈达巴德的古老建筑，在奥里萨邦乡村部落的传统村庄度过的时光，在吉尔国家公园观狮，以及在喀奇的村庄亲眼见证传承百年的手工技艺。

布拉德利·梅休（Bradley Mayhew）
比哈尔邦和恰尔肯德邦，西孟加拉邦和大吉岭 布拉德利撰写旅行指南已有20年历史。他的旅行经历开始于在牛津大学学习中文时，此后他的目光就一直聚焦在中国、喜马拉雅地区和中亚。他是Lonely Planet旅行指南系列中《尼泊尔》、《尼泊尔喜马拉雅地区徒步》、《不丹》、《中亚》和许多其他地区的图书的联合作者之一。布拉德利还为Arte和SWR电视台拍摄了两部电视系列片，一部记录了穿越土耳其、伊朗、阿富汗、中亚和中国重走马可·波罗之路的旅程，另一部是关于徒步欧洲十大风景最美的长途步道的。

伊恩·斯图尔特（Iain Stewart）
卡纳塔克邦，特伦甘纳邦和安得拉邦 伊恩在20世纪90年代学习新闻专业，后来在伦敦成为记者和餐厅评论家。他于1997年开始撰写旅行指南，已经为超过60个目的地撰写稿件，包括中维萨岛和柬埔寨。伊恩参与撰写的Lonely Planet指南还包括墨西哥、印度尼西亚、克罗地亚、越南、印度、斯里兰卡和中美洲。此外他还热爱网球、水肺潜水和自由潜水。他可以在任何地方工作，只要那里有一两棵棕榈树和一片沙滩就足够了。伊恩家住在英国布莱顿，与城市朝南的地平线相距不远。他的Twitter账号是@iaintravel。

撰稿作者 乔·宾德罗斯（Joe Bindloss）撰写了"历史"和"今日印度"章节。

印度

中文第二版

书名原文：India（17th edition, Oct 2017）
© Lonely Planet 2018
本中文版由中国地图出版社出版

© 书中图片由图片提供者持有版权，2018

版权所有。未经出版方许可，不得擅自以任何方式，如电子、机械、录制等手段复制，在检索系统中储存或传播本书中的任何章节，除非出于评论目的的简短摘录，也不得擅自将本书用于商业目的。

图书在版编目（CIP）数据

印度 / 澳大利亚 Lonely Planet 公司编；李文雯等译. -- 2版. -- 北京：中国地图出版社，2018.12（2020.1重印）
书名原文：India
ISBN 978-7-5204-0865-3

Ⅰ. ①印… Ⅱ. ①澳… ②李… Ⅲ. ①旅游指南 - 印度 Ⅳ. ① K935.19

中国版本图书馆 CIP 数据核字（2018）第 271072 号

出版发行	中国地图出版社
社　　址	北京市白纸坊西街3号
邮政编码	100054
网　　址	www.sinomaps.com
印　　刷	北京华联印刷有限公司
经　　销	新华书店
成品规格	197mm×128mm
印　　张	39.75
字　　数	2162千字
版　　次	2018年12月第2版
印　　次	2020年1月北京第5次印刷
定　　价	198.00元
书　　号	ISBN 978-7-5204-0865-3
审图号	GS（2018）6032号
图　字	01-2014-0661

如有印装质量问题，请与我社发行部（010-83543956）联系

虽然本书作者、信息提供者以及出版者在写作和出版过程中全力保证本书质量，但是作者、信息提供者以及出版者不能完全对本书内容之准确性、完整性做任何明示或暗示之声明或保证，并只在法律规定范围内承担责任。

Lonely Planet 与其标志系 Lonely Planet 之商标，已在美国专利商标局和其他国家进行登记。不允许如零售商、餐厅或酒店等商业机构使用 Lonely Planet 之名称或商标。如有发现，急请告知：lonelyplanet.com/ip。